CB076604

Suma
teológica
IV

Tomás de Aquino

Tomás de Aquino

Suma *teológica*

Volume IV

I Seção da II Parte – Questões 49-114

OS HÁBITOS E AS VIRTUDES
OS DONS DO ESPÍRITO SANTO
OS VÍCIOS E OS PECADOS
A PEDAGOGIA DIVINA PELA LEI
A LEI ANTIGA E A LEI NOVA
A GRAÇA

Edições Loyola

© Introdução e notas:
Thomas d'Aquin – Somme théologique,
Les Éditions du Cerf, Paris, 1984
ISBN 2-204-02-229-2

Texto latino de *Editio Leonina*, reproduzido na Edição Marietti
(ed. Cl. Suermondt, OP), Marietti, Turim, Roma, 1948ss.

Dados Internacionais de Catalogação na Publicação (CIP)
(Câmara Brasileira do Livro, SP, Brasil)

Tomás de Aquino, Santo, 1225-1274.
Suma teológica : os hábitos e as virtudes, os dons do Espírito Santo, os vícios e os pecados, a Lei antiga e a Lei nova, a graça : volume 4 : I seção da II parte : questões 49-114 / Santo Tomás de Aquino. -- 4. ed. -- São Paulo : Edições Loyola, 2021.

ISBN 978-85-15-02893-1

1. Igreja Católica - Doutrinas - Obras anteriores a 1800 2. Tomás de Aquino, Santo, 1225?-1274. Suma de teologia I. Título.

14-13117 CDD-230.2

Índices para catálogo sistemático:
1. Igreja Católica : Doutrina 230.2

Edições Loyola Jesuítas
Rua 1822, 341 – Ipiranga
04216-000 São Paulo, SP
T 55 11 3385 8500/8501 • 2063 4275
editorial@loyola.com.br
vendas@loyola.com.br
www.loyola.com.br

Todos os direitos reservados. Nenhuma parte desta obra pode ser reproduzida ou transmitida por qualquer forma e/ou quaisquer meios (eletrônico ou mecânico, incluindo fotocópia e gravação) ou arquivada em qualquer sistema ou banco de dados sem permissão escrita da Editora.

ISBN 978-85-15-02893-1

4ª edição: 2021

© EDIÇÕES LOYOLA, São Paulo, Brasil, 2005

PLANO GERAL DA OBRA

Volume I — **I Parte – Questões 1-43**
Teologia como ciência
O Deus único
Os três que são o Deus único

Volume II — **I Parte – Questões 44-119**
O Deus criador
O anjo
A obra dos seis dias
O homem
A origem do homem
O governo divino

Volume III — **I Seção da II Parte – Questões 1-48**
A bem-aventurança
Os atos humanos
As paixões da alma

Volume IV — **I Seção da II Parte – Questões 49-114**
Os hábitos e as virtudes
Os dons do Espírito Santo
Os vícios e os pecados
A pedagogia divina pela lei
A lei antiga e a lei nova
A graça

Volume V — **II Seção da II Parte – Questões 1-56**
A fé – A esperança – A caridade
A prudência

Volume VI — **II Seção da II Parte – Questões 57-122**
A justiça
A religião
As virtudes sociais

Volume VII — **II Seção da II Parte – Questões 123-189**
A força
A temperança
Os carismas a serviço da Revelação
A vida humana

Volume VIII — **III Parte – Questões 1-59**
O mistério da encarnação

Volume IX — **III Parte – Questões 60-90**
Os sacramentos da fé
O batismo
A confirmação
A eucaristia
A penitência

COLABORADORES DA EDIÇÃO BRASILEIRA

Direção:
Pe. Gabriel C. Galache, SJ
Pe. Danilo Mondoni, SJ

Coordenação geral:
Carlos-Josaphat Pinto de Oliveira, OP

Colaboraram nas traduções:

Aldo Vannucchi
Bernardino Schreiber
Bruno Palma
Carlos-Josaphat Pinto de Oliveira
Carlos Palacio
Celso Pedro da Silva
Domingos Zamagna
Eduardo Quirino
Francisco Taborda
Gilberto Gorgulho
Henrique C. de Lima Vaz
Irineu Guimarães
João B. Libanio
José de Ávila
José de Souza Mendes
Luiz Paulo Rouanet
Marcio Couto
Marcos Marcionilo
Maurílio J. Camello
Maurilo Donato Sampaio
Odilon Moura
Orlando Soares Moreira
Oscar Lustosa
Romeu Dale
Yvone Maria de Campos Teixeira da Silva
Waldemar Valle Martins

Diagramação:
So Wai Tam

Editor:
Joaquim Pereira

SIGLAS E ABREVIATURAS

Chamadas de notas, no rodapé

Formuladas em letras, referem-se às notas da tradução e das introduções.
Formuladas em algarismos, referem-se ao texto latino.

Referências bíblicas

Aparecem no texto com as siglas da Tradução Ecumênica da Bíblia — TEB.

As referências dadas por Sto. Tomás ou por seus editores foram adaptadas às bíblias traduzidas do hebraico e do grego que todos temos em mãos, hoje. A numeração dos salmos é, portanto, a do hebraico.

Após uma referência bíblica, a sigla Vg (Vulgata) não concerne à referência, mas assinala que Sto. Tomás funda-se em uma tradução cujo sentido não se encontra exatamente em nossas bíblias traduzidas do hebraico ou do grego.

Referência à *Suma teológica*

Seu título não é chamado. Suas partes são designadas por algarismos romanos.

— I, q. 1, a. 2, obj. 1 lê-se: *Suma teológica*, primeira parte, questão 1, artigo 2, objeção 1.

— I-II, q. 3, a. 1, s.c. lê-se: *Suma teológica*, primeira seção da segunda parte, questão 3, artigo 1, argumento em sentido contrário.

— II-II, q. 5, a. 2, rep, lê-se: *Suma teológica*, segunda seção da segunda parte, questão 5, artigo 2, resposta (ou "corpo do artigo").

— III, q. 10, a. 4, sol. 3 lê-se: *Suma teológica*, terceira parte, questão 10, artigo 4, solução (da objeção) 3.

Principais obras de Sto. Tomás

Com. = comentários sobre...

— IV Sent. d. 2, q. 3 lê-se: *Livro das sentenças*, de Pedro Lombardo, quarto livro, distinção 2, questão 3.

— III CG, 12 lê-se: *Suma contra os gentios*, terceiro livro, capítulo 12.

Referências aos Padres da Igreja

— PL 12, 480 significa: MIGNE, *Patrologia latina*, tomo 12, coluna 480.

— PG 80, 311 significa: MIGNE, *Patrologia grega*, tomo 80, coluna 311.

Com frequência, deu-se a referência a edições que contêm uma tradução francesa dos textos citados por Sto. Tomás:

— SC 90, 13 significa: Coleção *Sources Chrétiennes*, n. 90, p. 13.

— BA 10, 201 significa: *Bibliothèque Augustinienne*, tomo 10, p. 201.

— BL 7, 55 significa: *Correspondance de S. Jérôme*, por J. Labourt, aux éditions des Belles-Lettres, tomo 7, p. 55.

Referências ao magistério da Igreja

— DS 2044 significa: DENZINGER-SCHÖNMETZER, *Enchiridion Symbolorum*... n. 2044 (em latim)

— DUMEIGE 267 significa: GERVAIS DUMEIGE, *La Foi Catholique*... n. 267 (em francês).

AUTORES CITADOS NA SUMA TEOLÓGICA

I Seção da II Parte – Questões 49-114

AGELLIUS – É assim que os medievais chamam Aulus Gellius (Aulu-Gelle). Esse gramático latino (aproximadamente 130 d.C.), espírito fino e curioso, é autor das *Noites Antigas*. A obra é apresentada como uma série de conversações, durante a noite, entre amigos eruditos, sobra a gramática, a crítica literária e a história.

AGOSTINHO (354-431) – Agostinho é universalmente conhecido. Africano de nascimento e inicialmente seduzido pelo maniqueísmo, contou, em suas *Confissões*, sua longa caminhada interior até a conversão e seu batismo, por Sto. Ambrósio, em 387.

Descobriu, atuando em sua vida, o amor gratuito de Deus e essa experiência da graça iluminou toda a sua obra. Ordenado sacerdote, quase sem o querer, em 391, e bispo de Hipona, em 395, permaneceu sempre atraído pela experiência interior da união a Deus.

Sua obra é imensa. Excetuando Orígenes, nenhum autor cristão procurou a verdade em tantos campos: teologia, exegese, música etc. Combateu todas as heresias de seu tempo: maniqueísmo, donatismo, pelagianismo, procurando definir a doutrina cristã com força e precisão. Sua luta contra o pelagianismo levou-o demasiadamente longe no caminho da restrição à liberdade humana. Sua concepção do homem, marcada por um pessimismo latente, é transfigurada por seu amor a Cristo, o Verbo encarnado e salvador, e por sua ardente procura de Deus, fonte da vida bem-aventurada.

Agostinho não elaborou um sistema. Mas encontrou em Platão o que convinha a seu pensamento: "Nenhuma doutrina está mais próxima da nossa" (*Cidade de Deus* VIII, 5). Todavia, repensa essa doutrina como cristão. É em Deus que as Ideias subsistem, não existem em si.

Nada faz parar seu desejo de conhecer, e pesquisa longamente o mistério da Trindade (tratado sobre a Trindade). Os acontecimentos trágicos de seu tempo ditam-lhe uma grandiosa visão da história, síntese da história universal e divina, em que as duas Cidades se enfrentam (*A Cidade de Deus*).

Agostinho exerce essa atividade espantosa concomitantemente ao exercício de um cargo pastoral extenuante. Dá-se inteiramente a seu povo de Hipona. Quer comunicar-lhe a chama que devora seu coração.

De todas as partes, é consultado. É a autoridade de numerosos concílios regionais, até a morte, momento em que os vândalos sitiam sua cidade de Hipona.

Agostinho lançou inúmeras ideias fecundas e novas. A Igreja do Ocidente o escolheu por guia, julgando-o infalível. Admirou nele o doutor do amor, da unidade da Igreja na caridade de Cristo, o doutor da graça. Essa riqueza de pensamento possibilitou a quase todas as heresias do Ocidente referir-se a uma ou outra de sua obras.

Depois de Aristóteles — e quase tanto como ele —, Agostinho é, de longe, o autor mais citado por Sto. Tomás que, também, atribui a ele muitas obras de outros autores.

ALBERTO MAGNO (c. 1193-1280) – Frade dominicano, teólogo e filósofo, natural de Lauingen na Suábia. Profundamente influenciado pelo pensamento de Aristóteles, foi mestre de Sto. Tomás de Aquino. Além da filosofia e da teologia, dedicou-se ao estudo positivo da natureza. Foi declarado santo e doutor da Igreja em 1931.

ALEXANDRE DE HALES († 1245) – Teólogo franciscano, inglês de nascimento e professor na universidade de Paris. Sua obra mais conhecida é uma *Summa theologica* ou *Summa universae theologiae*. Serve-se da filosofia aristotélica no estudo da teologia.

AMBRÓSIO – Nascido provavelmente em 339, morreu em 397. Filho de um prefeito do pretório das Gálias, Ambrósio seguiu a carreira dos filhos das grandes famílias. Era prefeito consular de Ligúria e de Emília, em 374, quando morreu Auxêncio, o bispo ariano de Milão. Eleito bispo da cidade, então capital do Império no Ocidente, em oito dias foi batizado e ordenado sacerdote.

Consciente de sua falta de preparo, Ambrósio iniciou-se na leitura das Escrituras, leu cuidadosamente os autores do Oriente cristão e, principalmente, Orígenes.

Conselheiro dos imperadores, administrador e homem de ação, soube utilizar as circunstâncias, às vezes difíceis, para assegurar a vitória da Igreja sobre o arianismo e os velhos cultos pagãos. Mas era, antes de tudo, um pastor, vigoroso defensor dos fracos e dos pobres. Seus sermões atraíam as massas: "A suavidade de seu discurso encantava", afirmou Sto. Agostinho, seduzido.

Ambrósio pregou muito o Antigo Testamento, comentou longamente o evangelho de são Lucas. Tinha o senso da Escritura: não era um exegeta, mas abordava a palavra de Deus com a inteligência de seu coração, como espiritual, tomado de amor por Cristo. Escreveu numerosos tratados ascéticos e sua correspondência foi abundante.

AMBROSIASTER – Nome dado, desde o Renascimento, a um autor anônimo do século IV. Escreveu um comentário das Epístolas de S. Paulo que chegou a nós, erradamente, entre os escritos de Sto. Ambrósio.

ANAXÁGORAS (± 500-428 a.C.) – Filósofo grego para quem o universo é composto de uma infinidade de elementos ou sementes, cada um sendo estável, homogêneo, infinitamente pequeno; seus movimentos e agrupamentos em coisas dependem de um princípio motor primeiro, o espírito ou *Nous*.

ANDRÔNICO DE RODES (morto por volta de 59 a.C.) – Filósofo grego que vivia em Roma no tempo de Cícero. Sob ordem de Sila, publicou as obras de Aristóteles e de Teofrastes, levadas por Sila à Itália depois da tomada de Atenas. Foi ele quem deu nome aos doze livros de Aristóteles, conhecidos pelo título de *Metafísica*, isto é, "depois dos tratados de *Física*".

ANSELMO (1033-1109) – Monge em Bec, aos 27 anos é aluno de Lanfranco. Torna-se abade de Bec em 1078 e, em 1093, sucede a Lanfranco como bispo de Canterbury. Não tarda a entrar em conflito com o rei da Inglaterra a respeito dos direitos e das prerrogativas da Igreja. Precisa deixar a Inglaterra e vai morar em Roma; esse exílio dura praticamente até 1106.

Sua obra é considerável e seu pensamento possante domina a segunda metade do século XI. Sua grande originalidade é o método: "A fé que procura a inteligência". Aplica a razão, com todos os seus recursos, ao estudo da revelação. Já está em germe o método escolástico e a influência da obra de Anselmo sobre Sto. Tomás é importante. Anselmo quer dar ao dogma seu estatuto racional, não por preocupação apologética, mas com objetivo contemplativo. Crer para compreender e compreender para amar (*Proslogion*, cap. 1).

Suas principais obras teológicas são o *Monologion*, o *Proslogion* e o *Por que Deus fez-se homem*. Nesta última obra, particularmente, elaborou uma interpretação do mistério da redenção que influenciou toda a teologia ocidental (até as novas abordagens contemporâneas, mais fundamentadas na Escritura).

ANTÃO (251-356) – É o "pai dos monges". Nascido no Egito, retirou-se sempre mais longe no deserto e atraiu numerosos discípulos. Sto. Tomás cita duas passagens do discurso que dirige aos monges na *Vida de Antão*, de Sto. Atanásio, e três recomendações de Antão sobre a vida ascética, relatados por Cassiano em sua segunda *Conferência*.

ARISTÓTELES (384-322 a.C.) – Nascido em Estagira, chega em 367 a Atenas, onde se torna aluno de Isócrates e, depois, de Platão, durante cerca de vinte anos, até a morte deste em 347.

Preceptor de Alexandre durante dois anos, volta a Atenas em 335 e funda a escola do Liceu. Durante treze anos, forma numerosos discípulos. Graças ao apoio de Alexandre, reúne uma biblioteca e uma documentação consideráveis. É nessa época que compõe a maior parte de suas obras. Sua inteligência vastíssima possibilita-lhe trabalhar em todas as áreas: filosofia, anatomia, história, política.

Suas obras — cerca de mil, diz a tradição, das quais 162 chegaram até nós —, repartem-se em três grupos que constituem, segundo Aristóteles, o sistema das ciências:

Ciências poiéticas, que estudam as obras da inteligência enquanto a inteligência "faz" algo com materiais preexistentes: poética, retórica e lógica.

Ciências práticas, que estudam as diversas formas da atividade humana, segundo três principais direções: ética, política, econômica.

Ciências teóricas, as mais altas: ciências matemáticas, ciências físicas, ciência primeira (a metafísica), incidindo sobre o ser eterno e imutável, concreto e individual, substância e causa verdadeira, Deus.

Aquele que Sto. Tomás chama de "o Filósofo" estabeleceu as regras da arte da demonstração e do silogismo.

Separa-se completamente do sistema platônico; seu senso do concreto, do real, obriga-o a afirmar que as Ideias não existem fora dos indivíduos.

Segundo ele, tudo na natureza é composto de matéria e de forma. Toda matéria exige uma

forma, e uma matéria não pode existir sem ser determinada por uma forma. A matéria e a forma estão entre si na relação da potência e do ato.

A mais alta atividade é o pensamento. Portanto, Deus é essencialmente inteligência e pensamento. É "pensamento de pensamento", ato puro, totalidade de ser e de existir.

AULO GÉLIO – Ver AGELLIUS.

AUSONIUS, DECIMUS MAGNUS (310-394) – Escritor cristão nascido em Bordéus. Suas obras escritas, na maior parte, em versos não deixam transparecer claramente suas convicções cristãs. Correspondeu com Paulino de Nola, seu discípulo nos cursos de gramática e retórica.

AVERRÓIS (Ibn Roschd) (1126-1198) – Nascido em Córdoba e morto em Marraquesh. Grande admirador de Aristóteles, decidiu consagrar a vida ao comentário de suas obras. Tanto o fez que foi chamado, na Idade Média, de "O Comentador".

Reprova a Avicena ter deformado o pensamento de Aristóteles. Mas ele próprio mistura suas concepções com as do mestre. Segundo ele, as inteligências não emanam umas das outras, como acreditava Avicena: foram criadas de toda a eternidade por Deus, Ato puro, Motor primeiro.

Desde toda a eternidade, a matéria existe ao lado de Deus. É uma potência universal que contém em germe as formas substanciais que o Primeiro Motor dela extrai. Os medievais compreenderam, frequentemente, sua psicologia (provavelmente sem razão), da seguinte maneira: o intelecto material (ou intelecto possível), assim como o intelecto agente, é numericamente único e idêntico para todos os homens dentro da humanidade. Sua união com cada indivíduo é acidental, embora tudo morra com a morte do homem, exceto a Inteligência, comum à humanidade inteira.

As teorias de Averróis mereceram-lhe a condenação por parte das autoridades muçulmanas. Mas foi reabilitado antes de morrer. O averroísmo foi condenado pelo bispo de Paris, em 1270 e em 1277.

AVICENA (980-1037) – Filósofo e médico árabe da escola de Bagdá, muito envolvido na política de seu tempo. Foi para os escolásticos um dos grandes iniciadores ao pensamento de Aristóteles; mas introduziu no aristotelismo temas neoplatônicos, o que suscitou, mais tarde, viva reação de Averróis.

Definiu a metafísica como ciência do ser, reconheceu os limites da inteligência humana, incapaz de conhecer a essência das coisas em si mesmas e capaz, apenas, de concluí-la a partir das qualidades que lhe são inseparáveis.

Seu *Cânon da Medicina* permaneceu a base dos estudos de medicina no Oriente como no Ocidente, até o século XVIII.

BASÍLIO (319-379) – Nascido em Cesareia da Capadócia, Basílio fez sólidos estudos em Constantinopla e em Atenas, onde estabeleceu amizade com Gregório de Nazianzo. Concluídos os estudos, retirou-se, em 357, a uma propriedade às margens do Íris, a fim de levar uma vida monástica. Essa vida tranquila não durou. Em 362, Eusébio, bispo de Cesareia de Capadócia, ordenou-o sacerdote e Basílio lhe sucedeu no bispado.

Trava combates incessantes. O imperador Valente esforça-se por impor o arianismo no Oriente e exila os bispos ortodoxos. Vai mesmo a Cesareia com a certeza de fazer Basílio ceder. Mas este resiste respeitosa e resolutamente. Sua coragem faz o imperador desistir sem tomar medida alguma contra ele. Basílio passa a ser o líder da resistência antiariana.

Ao lado desse combate para a "fé católica", Basílio desenvolve uma obra social eficaz. É homem de governo, constrói hospital e hospícios. É severo com os ricos, atencioso com os fracos e os pobres. A paz da Igreja volta, enfim, em 378, com a morte de Valente, mas Basílio aproveita pouco: morre de esgotamento em 1º de janeiro de 379. Logo depois de sua morte, todas as suas ideias triunfam. Recebe logo o título de "Magno".

Sua obra importante é comandada por sua atividade prática. Suas *Regras*, compostas antes de sua ordenação sacerdotal, ainda estão na base do monaquismo no Oriente. Suas homilias fazem conhecer sua obra de pastor: sobre o *Hexameron*, sobre os Salmos etc. Enfim, sua luta contra os arianos lhe deu a ocasião de fazer duas obras importantes: o *Tratado contra Eunômio* e o *Tratado do Espírito Santo*.

BEDA, O VENERÁVEL (673-735) – Entregue muito jovem ao bispo Bento Biscop, abade do mosteiro de Wearmouth, na Inglaterra, Beda acompanha

os monges que vão fundar o novo mosteiro de Jarrow, em 682. Fica aí até a morte. É o tipo de monge estudioso, erudito. Seu prazer, diz ele, é "aprender, ensinar e escrever". Durante toda a sua vida, pesquisa manuscritos para transmitir o saber das gerações passadas. Conhece os autores da antiguidade quase tão bem como os da cristandade. Interessa-se por astronomia, matemática, retórica, gramática, música.

Sua obra é vasta e lhe valeu a admiração de seus contemporâneos e da Idade Média. Apoia-se na tradição dos Padres para comentar quase toda a Escritura, transmite todo o saber científico e literário da antiguidade, procurando fazer-lhe a síntese.

BENTO (± 480-547) – Pai e legislador dos monges do Ocidente, Bento compôs para seus monges uma *Regra* que são Gregório, seu biógrafo, afirma ser notável pela discreção e clareza da linguagem. Bento reúne toda a tradição dos antigos sobre a obediência, a humildade, no quadro de uma vida de oração, de trabalho e de caridade mútua. A obrigação da estabilidade faz da comunidade beneditina uma comunidade familiar. Devido a sua sabedoria, a *Regra de S. Bento* suplantou, pouco a pouco, todas as outras regras monásticas no Ocidente.

BOAVENTURA (1221-1274) – Teólogo franciscano, natural de Bagnoregio, na Toscana. Tornou-se superior geral dos franciscanos, cardial-bispo de Albano e legado pontifício no concílio de Lyon. Escreveu numerosas obras de teologia e filosofia, inspiradas na doutrina de Agostinho. Uniu a razão com a mística. É conhecido como Doutor Seráfico.

BOÉCIO (480-524) – Herdeiro da cultura antiga, filósofo, Boécio veio a ser mestre do palácio do rei godo Teodorico, em 520. Mas, acusado de cumplicidade com Bizâncio e de alta traição, o que era falso, foi condenado, sem mesmo poder defender-se, à prisão e à morte.

Boécio está na junção de duas civilizações. Num mundo em que a cultura se perdia, pôde fazer sólidos estudos no Oriente, sobretudo em Atenas, e transmitir aos romanos a sabedoria antiga, mostra o acordo fundamental entre Platão e Aristóteles. Além disso, Boécio é um cristão familiarizado com o pensamento de Sto. Agostinho e com o dos filósofos gregos. Tenta uma síntese que a Idade Média estudou com admiração.

Sua obra é importante. Tratados de Teologia como *Sobre a Trindade*; tradução e comentário de diversos tratados de Aristóteles, tratado sobre a música, a matemática etc; a mais célebre de suas obras, a *Consolação Filosófica*, escrita na prisão, foi lida e recopiada ao longo da Idade Média.

CALCÍDIO (séc. III e IV) – Filósofo cristão latino. Seguidor de Platão procura conciliar o platonismo com o dogma cristão. Escreveu um comentário sobre o Timeo.

CASSIODORO (± 485-580) – Discípulo e amigo de Boécio, é, como ele, ministro e conselheiro dos reis godos ao mesmo tempo que amigo das letras. Por volta de 540, retira-se à sua propriedade de Vivarium, onde funda um mosteiro. Aí, esforça-se por conservar a herança antiga, tanto grega como latina, dispersa e destruída, parcialmente, pelas invasões bárbaras. Quer utilizar essa herança para a fé. É ajudado nessa tarefa por seus monges, ardentes copistas. Graças ao trabalho deles, muitas obras antigas foram conhecidas durante a Idade Média.

Cassiodoro escreveu obras históricas, comentários da Escritura e tratados sobre as ciências profanas.

CAUSIS (*De*) – Tratado árabe (não necessariamente muçulmano) que adapta ao monoteísmo, resumindo-os, os *Elementos de Teologia* do filósofo neoplatônico Proclo (412-485). Foi traduzido para o latim em meados do século XII, com o título de *Livro da Bondade Pura*, mas foi conhecido, principalmente, como *Livro das Causas* e atribuído quer a Aristóteles, quer a autores árabes ou judeus. A tradução, em 1268, dos próprios *Elementos*, por Guilherme de Moerbecke, possibilitou aos latinos conhecer a verdadeira origem do *Livro das Causas*.

CÍCERO, TÚLIO (106-43 a.C.) – O maior dos oradores romanos. Faz estudos para advocacia no ano 80. Eleito questor na Sicília, defende os sicilianos contra o antigo governador Verres e, pelo fato, torna-se célebre. Cônsul em 63, frustra a conjuração de Catilina. Tem a ambição de desempenhar grande papel político, mas é exilado e reabilitado. Nesse período de perturbações e guerra civil, morre assassinado por ordem de Antônio.

Para Cícero, a atividade intelectual está a serviço da política. Mas foi seu talento oratório que

lhe valeu renome durável. Elaborou uma teoria da eloquência: "Provar, agradar, comover", que formou gerações de retóricos.

Formado no contato com os filósofos gregos, Cícero procurou, em seus tratados filosóficos, conciliar as diversas escolas (estoicos, epicuristas, acadêmicos) para chegar a uma moral prática (*Dos Deveres, Tusculanas*). Foi criador de uma prosa filosófica.

CÓDIGO JUSTINIANO – O imperador Justiniano I (527-565), homem de vastas ambições, empreende uma grande obra legislativa. Encarrega Triboniano e outros jurisconsultos de reunir e harmonizar as leis imperiais feitas desde Adriano. De toda essa legislação acumulada, quer fazer um todo coeso. O Código é concluído em 529. Uma nova edição aparece em 534 com o título de *Código Justiniano*: incorpora as leis promulgadas pelo imperador de 527 a 532.

De 530 a 533, Triboniano e seus ajudantes reunem no Digesto ou Pandectas extratos dos 39 jurisconsultos mais célebres, enquanto os Institutos formam uma espécie de manual resumindo os princípios do direito para os estudantes.

Todas essas obras são redigidas em latim, por fidelidade à Roma antiga.

A essa gigantesca coletânea juntam-se as Novelas, ordenanças publicadas pelo próprio Justiniano durante seu reinado, em aplicação dos princípios do Código. As Novelas são redigidas em grego.

O Código começa pelas palavras: "Em nome de Nosso Senhor Jesus Cristo", segue-se uma profissão de fé.

→ TRIBONIANO, jurisconsulto bizantino, falecido em 546. Foi o principal conselheiro do Imperador Justiniano.

COMENTADOR – Na maioria das vezes, designa AVERRÓIS. Para a Ética, trata-se de Eustrates e outros comentadores gregos.

CRISÓSTOMO, JOÃO (± 347-407) – João, a quem a posteridade deu o título de "Crisóstomo" ou "Boca de Ouro", nasceu em Antioquia onde fez excelentes estudos profanos e exegéticos. A seguir, retirou-se às montanhas vizinhas e viveu entre os monges, depois, solitário. Doente, devido a excesso de austeridades, volta a Antioquia e põe-se a serviço da Igreja. Durante doze anos, atrai a cidade pelos sermões cheios de eloquência, comenta as Escrituras, defende os direitos dos pobres, lembra a grande tradição da Igreja de que está impregnado.

Sua fama é tão grande que, com a morte de Nectário, patriarca de Constantinopla, é praticamente "sequestrado" (397) para suceder-lhe. Na capital, João enfrenta o luxo desenfreado, intrigas e rivalidades. Empreende reformas, denuncia severamente os abusos e as injustiças sociais, em nome de Cristo. Mas ele incomoda. Sua liberdade de palavra e sua intransigência unem em oposição a ele bispos ciumentos e a imperadora Eudóxia. É o exílio, de curta duração, uma primeira vez, e definitiva, uma segunda vez. Em consequência de nova ordem de exílio mandando-o sempre mais longe, João morre de esgotamento.

De sua obra considerável (tratados sobre diversos temas, mas sobretudo homilias sobre a Escritura: Antigo Testamento, Evangelho e, particularmente, Epístolas de seu querido S. Paulo), os latinos tiveram pequena parte (alguns tratados e homilias, *Comentários sobre Mateus, João e Hebreus*).

DAMASCENO, JOÃO (± 675-749) – Nascido em Damasco, daí o sobrenome, João faz-se monge de S. Sabas, perto de Jerusalém. É, antes de tudo, um teólogo. Seu nome está ligado à reação contra os iconoclastas. Ocupou-se, também, de exegese, de ascese, de moral.

Sua mais importante obra é a *Fonte do Conhecimento*, suma do pensamento oriental, em que quer "unificar as vozes múltiplas" dos séculos anteriores. A obra divide-se em três partes: 1) os capítulos filosóficos, espécie de introdução filosófica à exposição do dogma, 2) um catálogo das heresias, 3) a exposição da fé ortodoxa.

Esta última parte, a mais conhecida, foi dividida por João em cem capítulos. Mas seu tradutor latino, em 1150, apresentou-a em quatro partes. Essa tradução foi uma das fontes de Pedro Lombardo. João estabelece sua síntese teológica a partir dos Padres gregos; ignora os Padres latinos. Essa Exposição da fé ortodoxa influenciou, com certeza, os teólogos do período escolástico.

Quanto ao livro citado igualmente por Sto. Tomás: *Sobre os que adormeceram na fé*, ele provavelmente não é de João Damasceno.

DECRETAIS – Ordenanças dos papas, de alcance geral para a Igreja inteira, ou destinadas quer

a uma província eclesiástica, quer a muitas. A primeira utilização desse termo remonta ao papa Sirício (384-399).

Não se demorou em reunir essas decretais em compêndios. As primeiras coleções são cronológicas. Depois, são sistematizadas por matéria. As diversas coleções são do século IX e foram substituídas pelo famoso *Decreto* de Graciano.

Em 1234, Gregório IX promulga um novo compêndio de Decretais. É uma compilação de todos os compêndios anteriores, preparados, por ordem do papa, por Raimundo de Peñafort.

Por volta de 850, surge, na região do Mans, uma coleção de "falsas" decretais, publicadas sob o nome de Sto. Isidoro de Sevilha. O patrocínio desse suposto autor valeu-lhes ser inseridas no Decreto de Graciano.

→ RAIMUNDO DE PEÑAFORT, jurista, professor e mestre geral dos dominicanos, publicou em 1234, em cinco livros, as *Decretais de Gregório IX*.

DECRETO DE GRACIANO – Na Idade Média, a palavra "Decreto" designa uma coletânea de textos canônicos. A mais célebre é a de Graciano, morto, provavelmente, por volta de 1178. Graciano deu à obra o título de *Concordância dos Cânones Discordantes*, título modificado, depois, por *Decreto*. Teve o imenso mérito de não se contentar em juntar, como fizeram seus antecessores, textos, às vezes, contraditórios sobre um mesmo assunto. Esforçou-se por fazê-los concordar, por encontrar soluções.

Durante muito tempo, o *Decreto* serviu de base ao ensino nas escolas, sem ter, contudo, valor oficial. É uma das "autoridades" de Sto. Tomás.

DIONÍSIO AREOPAGITA – Pseudônimo de um autor do Oriente do final do século V e início de século VI. Suas obras *A Hierarquia celeste*, a *Hierarquia eclesiástica*, os *Nomes divinos* (comentados por Sto. Tomás), a *Teologia mística* exerceram uma influência considerável no Oriente como no Ocidente, sem contar que, até o século XVI, acredita-se que esse autor seja realmente o Areopagita, discípulo de S. Paulo, o que deu a seus escritos imensa autoridade.

O Pseudo-Dionísio é um místico. Afirma que para conhecer Deus temos duas vias: a positiva, pela causalidade, que atribui a Deus, ao máximo, todas as perfeições; e a negativa, que é não-conhecimento, ignorância diante desse excesso de plenitude, pois Deus, o Transcendente, está além do cognoscível.

Além das processões internas que constituem as Pessoas da Trindade, há as processões externas: a criação. Deus, em sua condescendência, penetra os seres de sua bondade e os atrai para uni-los a si.

A síntese dionisiana, centrada na transcendência divina e na participação dos seres a Deus, fascinou verdadeiramente o pensamento medieval.

ESTOICOS – Filósofos seguidores da doutrina de Zenão, fundador do estoicismo no século IV antes de Cristo. Os estoicos têm uma física, uma lógica e uma metafísica. Mas preocupam-se mais com a ação que com a ciência. Para eles, Deus é ordenador de todas as coisas, mas sem as ter criado. É Providência. Ocupa-se do homem que pode dirigir-se a ele pela oração. Dá ao homem uma alma racional. A função dessa alma consiste em dar a Deus seu assentimento: "Não obedeço a Deus, dou-lhe meu consentimento; estou de acordo, não constrangido" (Sêneca*).

Deste princípio decorre a moral estoica, que constitui a essência da doutrina e sua finalidade. O homem deve seguir sua natureza, que é "razão". A virtude é a escolha refletida e voluntária do que é conforme à natureza, isto é, conforme à razão. O bem supremo está no esforço para chegar à virtude. Todo o restante, prazer, dor etc, é indiferente. A virtude reside inteiramente na intenção. Não há graus na virtude (e nem no vício). A paixão é contrária à natureza, é uma doença da alma. O sábio deve abster-se da paixão, permanecer insensível. Quem não realizou essa libertação é um escravo. Quem possui a virtude possui a felicidade.

EVÁGRIO, PÔNTICO (346-399) – Escritor eclesiástico. Foi o primeiro monge a desenvolver extensa atividade literária. Foi grande a sua influência na história da espiritualidade cristã. Foi condenado em vários concílios por suas ideias próximas de Orígenes. Seus escritos em grego se perderam, permanecendo os textos traduzidos em siríaco e latim.

FELIPE, CHANCELER (1160-1236) – Teólogo francês. Mestre em teologia e chanceler da Universidade de Paris. Escreveu a *Summa de Bono* sobre o bem inspirando-se no neoplatonismo de Agostinho, e um Tratado sobre a sindérese.

FULGÊNCIO DE RUSPE (467-532) – Monge e abade, veio a ser bispo de Ruspe (África). Foi

exilado duas vezes na Sardenha pelos vândalos arianos. Suas obras são numerosas; algumas são dirigidas contra os arianos: o tratado *Sobre a Trindade* e o célebre tratado *A Pedro, sobre a fé*, resumo da teologia cristã. Suas outras obras são dirigidas contra os semipelagianos, sobretudo Fausto de Riez. A doutrina que ele desenvolve sobre a predestinação é um eco da doutrina de Sto. Agostinho.

GENÁDIO – Sacerdote de Marselha no final do século V. É sobretudo conhecido pelo seu *De viris illustribus*, continuação do livro do mesmo nome de S. Jerônimo. Escreveu, também, o *De ecclesiasticis dogmatibus*.

GLOSA – Compilação do século XII cujo plano foi concebido por Anselmo de Laon (1050-1117). A obra foi realizada, em parte, por Anselmo, em parte por pessoas que o cercavam. Os versículos da Bíblia são acompanhados, na margem, de excertos de comentários patrísticos.

→ GLOSA LOMBARDI, ver Pedro Lombardo*.

GREGÓRIO I MAGNO – Nascido por volta de 540, papa (de 590 a 604). Oriundo de uma grande família romana foi, por volta de 570, prefeito de Roma, o mais alto cargo da cidade. Em breve, renuncia ao mundo para tornar-se monge. É enviado a Constantinopla como apocrisiário (núncio) de 579 a 585. Em 590, após sete meses de resistência, torna-se bispo de Roma num momento particularmente infeliz: invasão lombarda, peste. Grande administrador, reorganiza o patrimônio da Igreja e a assistência aos pobres, procura defender a Itália, luta contra a simonia e a imoralidade do clero, envia missionários à Inglaterra, afirma os direitos da primazia romana.

Esse homem de ação é, também, um pastor. Escreve e prega. Sua correspondência é abundante. *As Morais sobre Jó* e as *Homilias sobre Ezequiel*, conferências para um círculo monástico, são uma exposição da teologia moral penetrada por um grande desejo de Deus; suas *Homilias sobre o Evangelho*, seus Diálogos dirigem-se, principalmente, ao povo de Deus, e sua Pastoral destina-se a quem tem responsabilidade na Igreja. São Gregório foi lido, copiado, meditado durante toda a Idade Média, que encontrou nele seu mestre espiritual.

GUILHERME DE AUXERRE († 1231) – Teólogo. Ensinou em Paris. Fez parte de uma comissão, que examinou os escritos de Aristóteles sobre as ciências naturais, proibidos desde 1210. Sua obra principal *Summa Aurea*, no uso dos argumentos aristotélicos, é devedora de Pedro Lombardo e de Sto. Anselmo.

HESÍQUIO – Monge, sacerdote e pregador em Jerusalém, em 412. Morto por volta de 450. É um adversário do nestorianismo. Segue a teologia de Cirilo de Alexandria, mas evita os termos muito técnicos. Comentou a Bíblia quase por inteiro.

HILÁRIO – Nasce por volta de 315. Após profundos estudos, Hilário, ainda pagão, descobre Cristo, recebe o batismo e, finalmente, torna-se bispo de Poitiers (aproximadamente 350). Escreve, então, seu *Comentário a Mateus*. Encontra-se envolvido nas querelas arianas que começam a invadir o Ocidente. Em 356, no Sínodo de Béziers, defende quase sozinho a causa de Niceia e de Sto. Atanásio. A corte imperial reage e o envia ao exílio. Hilário encontra-se no Oriente. Utiliza o tempo de ócio forçado para se iniciar na teologia grega e na obra de Orígenes. Trabalha no seu *Tratado sobre a Trindade*, uma obra-prima da literatura antiariana. Continua se correspondendo com seus colegas do episcopado gaulês e, para responder às suas questões doutrinais, manda-lhes seu livro *Sobre os Sínodos*.

Volta ao Ocidente, em 360, e consegue reagrupar o episcopado gaulês em torno da ortodoxia de Niceia. Publica, então, seu *Comentário dos Salmos* e o livro *Dos Mistérios*. Aquele que foi chamado de "Atanásio do Ocidente" morre em 367.

HOMERO (séc. VII a.C.) – Considerado o autor da Odisseia e da Ilíada, os maiores poemas épicos da Grécia antiga.

HUGO DE SÃO VITOR († 1141) – Nada se sabe de suas origens. Por volta de 1127, está na abadia de São Vítor, em Paris e torna-se, em 1133, mestre da escola pública da abadia. Dá-lhe grande impulso. É um dos espíritos mais cultivados da Idade Média, um homem cheio de curiosidade intelectual e do zelo de tudo aprender.

Sua obra é imensa, desde a gramática (pois todas as artes são servas da divina Sabedoria) até a teologia. Suas obras mais conhecidas são: *A Escritura e os escritores sacros*, os *Sa-*

cramentos da fé cristã, sem contar numerosos comentários da Escritura.

A *Suma das Sentenças* a que se refere Sto. Tomás não é, propriamente falando, de Hugo de São Vitor, mas recebeu sua influência.

ISAAC BEN SALOMON ISRAELI (entre 840 e 940) – Filósofo e lógico judeu, originário do Egito, praticou a medicina na corte dos califas do Cairo. Sto. Tomás lhe atribui erradamente, a famosa definição da verdade (*adaequatio rei et intellectus*) que, na realidade, é de Avicena*.

ISIDORO (± 570-636) – Sucessor de seu irmão Leandro como bispo de Sevilha, de 599 a 636, Isidoro é o mais célebre escritor do século VII. É um dos elos que unem a Antiguidade à Idade Média.

Menos profundamente perturbada pelas invasões que a Gália e a Itália, a Espanha conservou parte da herança da cultura antiga. Isidoro escreveu tratados exegéticos, teológicos e litúrgicos. Sua obra mais célebre é o *Livro das origens ou das etimologias*, verdadeira suma do saber humano de seu tempo, em todas as áreas. Seus conhecimentos enciclopédicos valeram-lhe uma admiração toda particular na Idade Média.

JERÔNIMO (± 347-420) – Temperamento impetuoso, Jerônimo passou a juventude viajando para instruir-se junto aos melhores mestres, antes de fazer um estágio no deserto onde procura dominar seu rude temperamento. "Trilíngue (sabe o grego e o hebraico), volta a Roma onde, devido a sua ciência, o papa Dâmaso* o escolhe por secretário. Depois da morte de Dâmaso, Jerônimo deve deixar a cidade em que conta com muitos amigos e, também, com numerosos inimigos. Acaba instalando-se em Belém com um grupo de "fiéis". Funda dois mosteiros e leva uma vida de trabalho assíduo e de oração. Empreende a grande obra de sua vida: a tradução da Bíblia, do hebraico para o latim. Sempre muito ativo e atento, impressionável e excessivo, imiscui-se em todas as controvérsias e sua pena ágil escreve alternadamente comentários sobre as Escrituras, cartas e panfletos.

JOÃO CRISÓSTOMO – Ver CRISÓSTOMO.

JOSEFO FLÁVIO (± 37-100) – Historiador judeu, deixou duas obras: *A História da Guerra dos Judeus* e as *Antiguidades Judaicas*.

JÚLIO CÉSAR (100-44 a.C.) – General e imperador romano. Autor de *De Bello Gallico* e *De Bello Civilli*.

JURISPERITUS = Jurisconsulto – Título dado por Sto. Tomás à coleção de extratos dos jurisconsultos romanos compilada por ordens de Justiniano.

JUSTINIANO – Imperador do Oriente de 527 a 565. Ele tem ideia muito alta de suas obrigações de imperador cristão e permite-se intervir, não sem cometer imensos erros, nas controversas teológicas. Sua obra mais durável é seu empreendimento de legislação eclesiástica e civil: *Código Justiniano, Digesto, Institutas e Novelas*.

MACRÓBIO – Escritor e gramático latino morto no começo do século V. Escreveu um comentário do sonho de Cipião, de Cícero. Inspira-se em Platão e nos neoplatônicos.

MAIMÔNIDES (Rabino Moisés) (1135-1204) – Nascido em Córdoba, célebre rabino judeu, filósofo e médico, viveu no Marrocos, na Palestina e no Egito. Numa das suas numerosas obras e, principalmente, no seu *Guia dos Indecisos*, que teve difusão considerável, tenta um primeiro acordo entre a filosofia de Aristóteles e a revelação mosaica. Como o filósofo muçulmano Avicena e muitos filósofos judeus da Espanha, prova a existência de Deus pelo primeiro Motor eterno do mundo (quer seja este mundo eterno, quer seja criado no tempo), pela existência de seres contingentes, supondo um Ser necessário pela causalidade que exige uma Causa primeira.

Nega que, fora da revelação, se possa afirmar algo da essência divina. A razão só pode conhecer o que Deus não é. Sto. Tomás corrigiu o que essa posição tem de excessivo por sua doutrina dos *Nomes Divinos*, tirada dos escritos do Pseudo-Dionísio.

MÁXIMO CONFESSOR (580-662) – No início, familiar do imperador, Máximo retira-se ao mosteiro de Crisópolis (Bósforo). Expulso pela invasão persa, passa para a África onde conhece Sofrônio, futuro bispo de Jerusalém, adversário decidido da única vontade em Cristo. A partir de 634, Máximo torna-se, juntamente com Sofrônio, o campeão da luta teológica contra o monotelismo todo-poderoso em Constantinopla. Essa luta domina sua existência. Em 646, fixa-

se em Roma e, em 649, o Concílio do Latrão condena o monotelismo. Mas em junho de 653, Máximo é preso, com o papa Martinho I, e levado a Constantinopla pela polícia imperial. É submetido a interrogatórios e exilado. A partir desse momento, sua vida é uma sucessão de processos, de exílios sucessivos. No final, com mão e língua cortadas, morre junto ao Cáucaso, em 13 de agosto de 662.

Sua obra é variada: teologia (*Respostas a Talassius*), comentários dos Padres (especialmente de Dionísio o Areopagita, citados por Sto. Tomás), ascese e mística (*Mistagogia, Centúrias sobre a caridade*).

ORÍGENES (± 185-253) – É iniciado nas Escrituras pelo pai (que acabou morrendo mártir). Clemente de Alexandria forma-o, a seguir, nos conhecimentos humanos e cristãos. Demonstra inteligência tão brilhante que o bispo de Alexandria confia-lhe a direção da escola catequética quando está com apenas 18 anos. Dá imenso brilho à escola, tanto pelo valor de seus ensinamentos como pelo exemplo de sua vida austera. Completa sua formação filosófica pelas lições de Amônio Saccas, a leitura de Platão e de Aristóteles; estuda o hebraico para ler o texto do Antigo Testamento no original. Crente ardoroso e apaixonado, "tinha recebido o dom de pesquisar e de descobrir" (Gregório Taumaturgo, seu aluno). Procura a verdade em todas as fontes mas, antes de tudo, na Escritura. Em consequência de atrito com seu bispo, parte, em 231, para Cesareia de Palestina, onde funda uma escola, que passou a ser tão próspera quanto a primeira. De todos os lugares, consultam-no sobre questões difíceis, pois não há, ainda, nem concílios nem definição de fé. É a partir da Escritura que os problemas se colocam e que se procura resolvê-los. Durante a perseguição de Décio, Orígenes é longamente torturado e morre pouco depois, em consequência das torturas.

Orígenes deixou obra imensa: 2.000 títulos. Seu pensamento ousado e novo exerceu profunda influência sobre os séculos seguintes. Foi o primeiro a fazer exegese científica sobre todos os livros da Escritura; comentários profundos, escólios sobre as passagens difíceis, homilias calorosas para os fiéis. Compôs escritos ascéticos, apologéticos (*Contra Celso*) e, sobretudo, o tratado *Dos Princípios*, a primeira *Suma Teológica* da antiguidade cristã. Numa grande síntese, Orígenes parte da natureza íntima de Deus para terminar na consumação do universo.

Quase todas as obras de Orígenes desapareceram nas querelas levantadas por seu pensamento audacioso, muitas vezes deformado por seus discípulos. Esse homem que tanto amou a Igreja e que testemunhou fidelidade à sua fé, foi condenado por seus erros sobre a preexistência das almas, a existência de vários mundos sucessivos, a salvação final universal (incluindo os demônios). Mas seus erros não podem fazer esquecer todas as descobertas e os aprofundamentos que enriqueceram o pensamento cristão.

→ AMÔNIO SACCAS, mestre grego em Alexandria. Cristão de nascimento, passou ao paganismo.

PEDRO COMESTOR († 1178) – Teólogo. Professor em Paris, aí escreveu sua obra maior *Historia Scholastica*, em 20 volumes. Começa com a criação do mundo e termina com os Atos dos Apóstolos. Todos os livros da Bíblia são apresentados e parafraseados. A obra teve grande sucesso entre os estudantes. O apelido "Comestor" foi-lhe dado em vida pela grande estima em que seu ensino era tido. Várias vezes o comenta em seus sermões. Significa, aplicado a ele, o *que se alimenta* de livros.

PEDRO DE TARANTÁSIA (1369-1387) – Bispo de Metz e Cardeal na corte de Avignon. Austero e caridoso foi beatificado por Clemente VII em 1527.

PEDRO LOMBARDO (± 1100-1160) – De origem lombarda, chega a Paris em 1136 para completar seus estudos. A partir de 1142, é mestre afamado na escola de Notre-Dame. Acompanha de perto todas as correntes de ideias de seu tempo, faz parte do corpo de jurados que, no concílio de Reims, condena Gilberto de la Porrée. Em 1159, é escolhido para bispo de Paris. Morre no ano seguinte.

Todas as suas obras são fruto de seu ensino: *Glosa-Comentário das Salmos*, espécie de compilação patrística que deve servir de complemento à brevidade da obra de Anselmo de Laon, *Glosa sobre as Epístolas de S. Paulo*, ainda mais famosa que a anterior. Mas uma obra, em especial, valeu a Pedro o título de "Mestre das Sentenças", os quatro *Livros das Sentenças*: 1) Deus trino e uno; 2) Deus criador, graça e pecado; 3) Verbo encarnado e Cristo redentor, virtudes e decálogo; 4) Sacramentos

e fins derradeiros. Esse plano marca um progresso real sobre os compêndios teológicos desse tempo.

Na efervescência do século XII em que os mestres enveredam, às vezes, em teorias arriscadas, Pedro Lombardo é um moderado. Não quer contentar-se com uma atitude meramente defensiva, e multiplicadora das condenações; sente a necessidade de pesquisar seus contemporâneos e quer mantê-los na ortodoxia. Fiel à tradição dos Padres e com uma clara preocupação pedagógica, une uns aos outros, formando como que um mosaico de sábios. Também empresta ideias de seus contemporâneos, mas não quer elaborar teorias pessoais. Não é um filósofo e não tem, provavelmente, a envergadura de seus grandes predecessores. Sua obra, contudo, apesar de algumas oposições tenazes, é logo apreciada. No Concílio de Latrão, em 1215, os *Livros das Sentenças*, atacados por Joaquim de Fiore, recebem um solene elogio pela sua ortodoxia. A partir desse momento, passam a ser o manual para o ensino da teologia. São comentados, adaptados. É só a partir do século XVII que a Suma de Sto. Tomás os substitui.

PELÁGIO (± 370-432) – Originário da Grã-Bretanha, é um monge austero. Fixa-se em Roma no tempo do papa Anastásio (399-402) e dá conselhos de ascetismo muito apreciados. Defensor da vontade humana, pensa que ela é capaz, sem a graça redentora, de querer e executar o bem; o livre-arbítrio do homem é todo-poderoso, a graça é simplesmente uma ajuda que torna a virtude mais fácil. Não existe pecado original e pode haver homens que vivem sem pecado. Pelágio esforça-se por difundir sua doutrina por todas as regiões do Império.

Sto. Agostinho, que tinha tão profundamente o senso da impotência da natureza humana entregue a suas próprias forças, luta energicamente contra as ideias de Pelágio e de seus partidários. Fá-los condenar nos Concílios de Cartago (415), de Milevi (416) e pelo papa Inocêncio I (417). O Concílio de Éfeso (431) anatematiza solenemente o pelagianismo.

PÍTACO DE MITILENE em Lesbos (± 650-570 a.C.) – Um dos sete Sábios da Grécia. Tornou-se governador de Mitilene, após depor o tirano local, Melancro, com o auxílio dos irmãos do poeta Alceu. Afastou-se do poder depois de dez anos. Diógenes Laércio lhe atribui uma carta a Creso, certamente espúria. A tradição reconhece alguns trechos de suas elegias assim como provérbios e normas jurídicas.

PLATÃO (± 428-347 a.C.) – Ateniense, por volta dos vinte anos, liga-se a Sócrates*; priva de sua intimidade por oito anos. Depois da morte de seu mestre, viaja para se instruir, e volta a Atenas onde funda uma escola de filosofia nos jardins de Academos. Aí, durante quarenta anos, ajuda seus discípulos a descobrir a verdade que trazem em si mesmos, e da qual devem tomar consciência.

Podemos conhecer o pensamento de Platão graças a seus escritos. Inicialmente fiel ao método socrático, reelabora, pouco a pouco, a doutrina das Ideias e a dialética. A Dialética é o meio que possibilita à alma elevar-se, por degraus, das aparências múltiplas e mutantes até as Ideias (essências), modelos imutáveis, das quais o mundo sensível é imagem. Assim, a alma passa do devir ao ser, da opinião à ciência, pois é “irmã das Ideias”, tem parentesco com elas. Conheceu-as numa existência anterior; mas essas Ideias permanecem latentes, adormecidas no seio do pensamento, até o choque ocasional transmitido ao espírito pelo corpo (a sensação) que desperta sua potência. Portanto, todo conhecimento é reminiscência, conversão graças à qual a alma reorienta seu olhar para as realidades verdadeiras. O conhecimento discursivo é importante, mas a forma superior do saber é uma visão, uma intuição intelectual das Essências. As Ideias relacionam-se entre si. Seu princípio é a Ideia do Bem, Deus, “medida de todas as coisas”, princípio de toda existência, causa universal e causa de cada ser. Deus é Providência e dará, numa outra vida, recompensa ou castigo à alma que é imortal.

Platão quer pôr a alma em busca da verdade. Para isso não basta raciocinar corretamente, é preciso a pureza de uma vida reta. Não se alcança a verdade seguindo ilusões vãs.

Embora durante a Idade Média os latinos só conhecessem o Timeu, Platão exerceu uma verdadeira atração sobre o pensamento cristão tanto no Oriente como no Ocidente. Os cristãos dos primeiros séculos viram nele “o maior teólogo de todos os gregos”, aquele que convida a ver com o olho da alma a luz imutável e eterna, a procurar a verdade além do mundo dos corpos,

a descobrir as perfeições invisíveis de Deus através das coisas criadas que são Ideias de Deus projetadas no ser, a reconhecer que Deus é o Bem supremo.

→ ESPEUSIPO, cunhado de Platão.

PLOTINO – Filósofo neoplatônico, discípulo da escola de Alexandria e interessado nas filosofias persas e indianas. Ensinou em Roma uma doutrina que procurava conciliar a racionalidade da filosofia grega com a mística de inspiração cristã. Porfírio, seu discípulo, publicou suas obras com o título de *Enéadas*.

PORFÍRIO (± 233-305) – De origem pagã, vai a Atenas para concluir sua formação filosófica. Chega a Roma por volta de 263, descobre Plotino e convive com esse filósofo, asceta e místico. É seu colaborador até 268 quando, esgotado pela ascese da escola plotiniana, vai tratar-se na Sicília. Plotino morre pouco depois, e Porfírio incumbe-se de perpetuar sua memória.

Porfírio é um erudito, inimigo das superstições populares, adversário resoluto do cristianismo que invade o Império. Escreveu muito, mas suas obras perderam-se quase todas. Eis as mais conhecidas: *Plotino, Vida de Pitágoras, Refutação do cristianismo*, de que sobra quase nada, *Carta ao sacerdote egípcio Anebão* e, sobretudo, a introdução deste comentário: o *Isagoge*, pequeno manual escolar sem pretensão, mas claro e preciso. Traduzido por Boécio, esse opúsculo exerceu grande influência sobre os pensadores da Idade Média.

PREPOSITINO DE CREMONA (séc. XII-XIII) – Chanceler da Universidade de Paris entre 1206 e 1210. Autor de uma *Summa Theologiae*.

PRÓSPERO DE AQUITÂNIA (± 390-455/463) – Nascido na Aquitânia, mora em Marselha em 426. Apavorado pelas doutrinas semipelagianas dos monges da região, escreve a Agostinho para assinalar-lhe o perigo. Pouco antes de morrer, Agostinho responde por *A Predestinação dos Santos* e *O Dom da Perseverança*. Sempre mais isolado em Marselha, Próspero vai a Roma, esperando obter uma condenação. O papa prega a paz aos dois partidos. Mas nenhum o leva em conta e Próspero escreve suas *Respostas* às objeções caluniosas dos Gauleses e outros tratados. Pouco a pouco, volta a sentimentos mais pacíficos e vê que é preciso abandonar certas posições intransigentes de Agostinho. Desempenha funções importantes na chancelaria pontifícia, junto a S. Leão. Escreveu um *Comentário dos Salmos*, um tratado sobre *A Vocação de todos os Povos*, um *Livro das Sentenças* tiradas das obras de Sto. Agostinho, assim como uma vasta Crônica que vai até 455.

O tratado sobre *A vida contemplativa*, que Sto. Tomás lhe atribui, é obra de Juliano Pomère, sacerdote de Arles, morto em 498.

RABANO MAURO (Hrabanus Maurus) (± 780-856) – Monge de Fulda (Alemanha), Rabano Mauro vai seguir em Tours os curso de Alcuíno. De volta, nomeado diretor de escola e abade de Fulda, torna-se, enfim, bispo da Mogúncia. Recebeu o título de "preceptor da Germânia". Espírito enciclopédico, como seu mestre ALCUINO, comentou quase todo o Antigo e o Novo Testamento. Escreveu, também, um livro sobre *A Instituição dos Clérigos* e um *De universo*, espécie de Suma onde reúne todo o saber de seu tempo.

SALÚSTIO (86-35 a.C.) – Historiador latino. Começa pela carreira política: senador no tempo de César, governador da Numídia, onde enriquece sem escrúpulo. Depois da morte de César, retira-se da política e dedica-se à história. Escreveu *A Conjuração de Catilina, A Guerra de Jugurta* e *Histórias* de que só temos fragmentos.

SÊNECA (4 a.C.-65 d.C.) – Nascido em Córdoba, chega a Roma e inicia-se na filosofia estoica. Advogado e questor, é exilado durante oito anos. Agripina o chama de volta para confiar-lhe, e a Burro, a educação de Nero. Quando Nero se torna imperador, Sêneca procura contê-lo em suas paixões. Nero o implica na conjuração de Pisão e lhe envia a ordem de matar-se.

A obra de Sêneca é variada: tragédias, tratados de filosofia dos quais alguns são muito conhecidos: *A Clemência, Os Benefícios, A Constância do sábio, A tranquilidade da alma, Cartas a Lucílio*. Sua filosofia é exclusivamente moral. Propõe o domínio de si. Os Padres da Igreja acharam que o pensamento dele estava de acordo com a moral cristã.

SIMPLÍCIO (± 500) – É um dos últimos neoplatônicos que lecionam em Atenas. Depois do fechamento das escolas de filosofia pagã, por Justiniano (529), dedica-se à sua obra escrita. Temos dele comentários de Aristóteles, sendo

dois sobre as Categorias e sobre o *Livro do Céu do Mundo*, conhecidos de Sto. Tomás.

SÓCRATES (c. 470-399 a.C.) – Filósofo grego, filho do escultor Sofronisco. A sua filosofia chegou até nós pelos Diálogos de Platão e de Xenofonte. Combateu com aspereza a sofistica e a falsa retórica. Ao contrário dos filósofos naturalistas anteriores, propôs como objeto próprio da filosofia o homem. Refletindo sobre o procedimento humano e as regras que a ele presidem, funda a moral.
→ SOFRONISCO, pai de Sócrates.

VALÉRIO MÁXIMO – Historiador latino do primeiro século a.C. e d.C., autor de nove livros de *Fatos e Ditos Memoráveis*, compêndio de relatos extraídos de diversos autores. Essa compilação conheceu vivo sucesso na Antiguidade e na Idade Média.

STO. AGOSTINHO

—— *Obras completas de S. Agustín*, 41 vols. (Madrid, BAC).

—— *Ad Episcopos Eutropium et Paulum Epistola, sive Liber De Perfectione Iustitiae Hominis*: ML 44,291-318 (*De Perfect. Iust.*).

—— *Adversus quinque Haereses seu Contra quinque Hostium genera Tractatus*: ML 42,1101-1116 (*Contra quinq. Haeres.*).

—— *Confessionum Libri tredecim*: ML 32,659-868 (*Confess.*).

—— *Contra Adimantum Manichaei Discipulum Liber unus*: ML 42,129-172 (*Contra Adimant.*).

—— *Contra duas Epistolas Pelagianorum ad Bonifacium Romanae Ecclesiae Episcopum Libri quatuor*: ML 44,549-638 (*Contra duas Epist. Pelag.*).

—— *Contra Faustum Manichaeum Libri triginta tres*: ML 42,207-518 (*Contra Faust.*).

—— *Contra Iulianum Haeresis Pelagianae Defensorem Libri sex*: ML 44,641-874 (*Contra Iulian.*).

—— *Contra Mendacium ad Consentium Liber unus*: ML 40,517-548 (*Contra Mendac.*).

—— *De Bono Coniugali Liber unus*: ML 40,373-396 (*De Bono Coniug.*).

—— *De Cathequizandis rudibus*: ML 40,333 (*De Catheq.*).

—— *De Civitate Dei contra Paganos Libri duo et viginti*: ML 41,13-804 (*De Civit. Dei*).

—— *De Consensu evangelist.*: ML 34,1114 (*De Cons. evang.*).

—— *De Diversis Quaestionibus LXXXIII Liber unus*: ML 40,11-100 (*Octog. trium Quaest.*).

—— *De Doctrina Christiana Libri quatuor*: ML 34,15-122 (*De Doctr. Christ.*).

—— *De Dono Perseverantiae Liber ad Prosperum et Hilarium secundus*: ML 45,993-1034 (*De Dono Persev.*).

—— *De duabus Animabus contra Manichaeos Liber unus*: ML 42,93-112 (*De duabus An.*).

—— *De Fide et Operibus Liber unus*: ML 40,197-230 (*De Fide et Oper.*).

—— *De Genesi ad Litteram Libri duodecim*: ML 34,345-486 (*De Genesi ad Litt.*).

—— *De Haeresibus ad Quodvultdeus Liber unus*: ML 42,21-50 (*De Haeres.*).

—— *De Libero Arbitrio Libri tres*: ML 32,1221-1310 (*De Lib. Arb.*).

—— *De Moribus Ecclesiae Catholicae et de Moribus Manichaeorum Libri duo*: ML 32,1309-1378 (*De Mor. Eccl. Cathol.*).

—— *De Natura Boni contra Manichaeos Liber unus*: ML 42,551-572 (*De Nat. Boni*).

—— *De Natura et Gratia ad Timasium et Iacobum contra Pelagium Liber unus*: ML 44,247-290 (*De Nat. et Grat.*).

—— *De Nuptiis et Concupiscentia ad Valerium Comitem Libri duo*: ML 44,413-474 (*De Nupt. et Concupisc.*).

—— *De Peccatorum Meritis et Remissione et de Baptismo Parvulorum ad Marcellinum Libri tres*: ML 44,109-200 (*De Pecc. Remiss. et Bapt. Parv.*).

—— *De Praedestinatione Sanctorum Liber ad Prosperum et Hilarium primus*: ML 44,959-992 (*De Praedest. Sanct.*).

—— *De Sermone Domini in Monte secundum Matthaeum Libri duo*: ML 34,1229-1308 (*De Serm. Dom.*).

—— *De Spiritu et Littera Liber unus*: ML 44,199-246 (*De Spir. et Litt.*).

—— *De Trinitate Libri quindecim*: ML 42,819-1098 (*De Trin.*).

—— *De Vera Religione Liber unus*: ML 34,121-172 (*De Vera Relig.*).

—— *Enarrationes in Psalmos*, ps. I-LXXIX: ML 36,68-1028; ps. LXXX-CI: ML 37,1033-1968 (*Enarr. in Psalm.*).

—— *Enchiridion ad Laurentium, sive de Fide, Spe et Caritate Liber unus*: ML 40,231-290 (*Enchir.*).

—— Epistola XXXVI *Ad Casulanum*: ML 33,136-151 (Epist. XXXVI *Ad Casulanum*).

—— Epistola LIV-LV *Ad Inquisitiones Ianuarii*: ML 33,199-223 (Epist. LIV *Ad Inquis. Ianuarii*).

—— Epistola LXXXII *Ad Hieronymum*: ML 33,275-292 (Epist. LXXXII *Ad Hieron.*).

—— Epistola CLXVII *De Hieronymum, seu Deo Sententia Iacobi*: ML 33,733-741 (Epist. CLXVII *De Sent. Iac.*).

—— Epistola CXCIX *De Fine Saeculi ad Hesychium*: ML 33,904-925 (Epist. CXCIX *Ad Hesych.*).

—— Epistola CCXI *Ad Monachas*: ML 33,958-965 (Epist. CCXI *Ad Monachas*).

—— Epistola CCXVII *Ad Vitalem*: ML 33,978-989 (Epist. CCXVII *Ad Vitalem*).
—— Epistola CCL *Ad Auxilium*: ML 33,1066-1067 (Epist. CCL *Ad Auxilium*).
—— *Epistolae ad Galatas Expositiones Liber unus*: ML 35,2105-2148 (*Ad Gal.*).
—— *In Ioannis Evangelium Tractatus centum viginti et quattuor*: ML 35,1379-1976 (*In Ioann.*).
—— *Quaestionum Evangeliorum Libri duo*: ML 35,1321-1364 (*Quaest. Evang.*).
—— *Quaestionum in Heptateuchum Libri septem*: ML 34,547-824 (*Quaest. in Heptat.*).
—— *Quaestionum septemdecim in Evangelium secundum Mattaeum Liber unus*: ML 35,1365-1376 (*Quaest. septemdecim in Matth.*).
—— *Retractationum Libri duo*: ML 32,583-656 (*Retract.*).
—— *Sermones ad Populum*, serm. I-CCCXL: ML 38,23-1484; serm. CCCXLI-CCCXCVI: ML 39,1493-1718 (*Serm. ad Popul.*).
—— *Soliloquiorum Libri duo*: ML 32,869-904 (*Solil.*).

PSEUDO-AGOSTINHO
—— *Hypomnesticon contra Pelagianos et Caelestianos vulgo Libri Hypognosticon*: ML 45,1611-1664 (*Hypognost.*).

STO. ALBERTO MAGNO
—— *Commentarii in Setentiarum Libros quatuor* (BO 25-30) (*In Sent.*).
—— *De Animalibus* (BO 11-12) (*De Anim.*).
—— *De Animalibus Libri XXVI*, edid. H. J. Stadler (Münster 1916-1920) (Beiträge zur Geschichte der Philosophie und Theologie des Mittelalters, Bände XV-XVI) (ST).
—— *Summa de Bono*, excerpta ex Ms. Bibliothecae Regiae Bruxellarum, 603 (cat. 1655), edid. O. Lottin, *Le droit naturel chez saint Thomas d'Aquin et ses prédécesseurs* (Bruges [2]1931) (*Summa de bono*, en Lottin, *Le droit naturel...*).

ALEXANDRE DE HALES
—— *Summa Theologica*, edita studio et cura PP. Collegii S. Bonaventurae (Quaracchi 1924-1930) 3 vols. (*Summa Theol.*).

AMBROSIASTER
—— *Commentaria in duodecim Epistolas Beati Pauli*: ML 17,47-536 (*In Rom.*).

STO. AMBRÓSIO
—— *De Officiis Ministrorum Libri tres*: ML 16,25-194 (*De Off. Ministr.*).
—— *De Paradiso Liber unus*: ML 14,291-332 (*De Parad.*).
—— *De Spiritu Sancto Libri tres ad Gratianum Augustum*: ML 16,731-850 (*De Spir. Sancto*).
—— *Expositio Evangelii secundum Lucam Libris decem comprehensa*: ML 15,1607-1944 (*In Luc.*).

ANÔNIMO
—— *S. Thomae in Librum De Causis expositio*, cura et studio C. Pera (Taurini 1955).

STO. ANSELMO
—— *Liber de Conceptu Virginali et Originali Peccato*: ML 158,431-464 (*De Conceptu Virginali*).
—— *Tractatus de Concordia Praescientiae et Praedestinationis nec non Gratiae Dei cum Libero Arbitrio*: ML 158,507-542 (*De Concord. Praesc. cum Lib. Arb.*).

ARISTÓTELES
—— *Analyticorum Posteriorum* (Bk 71a1-100b17) (*Post.*).
—— *Aristoteles Graece*, 2 vols., ex recensione I. Bekkeri (Academia Regia Borussica, Berolini, 1831) (Bk añadiendo la página, columna y linea).
—— *Aristoteles Opera Omnia Graece et Latine cum Indice*, 5 vols., edid. Firmin-Didot (Parisiis 1848-1878) (Quando se cita esta edição, dão-se apenas o livro, capítulo e número, quando houver).
—— *Ars Rhetorica* (Bk 1354a1-1420b4) (*Rhet.*).
—— *Categoriae sive Praedicamenta* (Bk 1a1-15b33) (*Cat.*).
—— *De Anima* (Bk 402a1-435b25) (*De An.*).
—— *De Caelo* (Bk 268a1-313b23) (*De Caelo*).
—— *De Generatione Animalium* (Bk 715a1-789b20) (*De Gen. Anim.*).

—— *De Interpretatione sive Perihermeneias* (Bk 16a1-24b9) (*Periherm.*).
—— *De Longitudine et Brevitate Vitae* (Bk 464b19-467b9) (*De Long. et Brev. Vitae*).
—— *De Memoria et Reminiscentia* (Bk 449b1-453b7) (*De Mem. et Rem.*).
—— *De Re Publica* ou *Politica* (Bk 1252a1-1342b34) (*Pol.*).
—— *De Somno et Vigilia* (Bk 453b8-458a33) (*De Somno*).
—— *Ethica ad Eudemum* (Bk 1214a1-1249b25) (*Lib. de Bona Fortuna*).
—— *Ethica Nicomachea* (Bk 1094a1-1181b23) (*Eth.*).
—— *Historiae Animalium* (Bk 486a5-638b37) (*Hist. Anim.*).
—— *Metaphysica* (Bk 980a21-1093b29) (*Metaph.*).
—— *Meteorologicorum* (Bk 338a20-390b22) (*Meteor.*).
—— *Physica Auscultatio* (Bk 184a10-267b26) (*Phys.*).
—— *Topicorum* (Bk 100a18-164b19) (*Top.*).

Ausônio Décio
—— *Sent. Pittacus vers. 5*: ML 19,876 (*Sent. Pit.*).

Averróis
—— *Commentaria in Opera Aristotelis*, 12 vols. (Venetiis 1562-1576) (*In Phys.*) (*In De caelo*) (*In de An.*).

Avicena
—— *Opera in lucem redacta ac nuper quantum ars niti potuit per canonicos emendata*, translata per Dominicum Gundissalinum (Venetiis 1508). (*De An.*) (*Metaph.*) (*Suffic.*) (*De Nat. Anim.*).

S. Basílio Magno
—— *Homilia in Hexaemeron*: MG 29,3-208 (*In Hexaem.*).
—— *Homilia XII In Principio Proverbiorum*: MG 31,385-424 (Hom. XII *In Princ. Prov.*).

Beda, o Venerável
—— *De Tabernaculo et Vasis eius ac Vestibus Sacerdotum*: MG 91,393-498 (*De Tabernaculo*).
—— *In Lucae Evangelium Expositio*: MG 92,301-634 (*In Luc.*).
—— *Super Acta Apostolorum Expositio, Ad Accam Episcopum Bedae Epistola*: ML 92,937-1032 (*In Act.*).
—— *Sententiae sive Axiomata Philosophica ex Aristotele et aliis Praestantibus Collecta, una cum Brevibus quibusdam Explicationibus ac Limitationibus*: ML 90,965-1090 (*Sent.*).

S. Bento
—— *San Benito. Su vida. Su regla* (Madrid, BAC).
—— *Regula, cum Commentariis*: ML 66,215-932 (*Reg. ad Mon.*).

S. Boaventura
—— *Opera Omnia*, 10 vols. (Quaracchi 1882-1902) (QR).
—— *Obras de San Buenaventura*, 6 vols. (Madrid, BAC).
—— *Commentarii in quatuor Libros Sententiarum Petri Lombardi*, t. 1-4 (*In Sent.*).

Boécio
—— *Commentaria in Porphyrium a se translatum*: ML 64,71-158 (*Isagoge*, Boethio interprete).
—— *In Categorias Aristotelis Libri quatuor*: ML 64,159-294 (*In Cat. Arist.*).
—— *In Librum Aristotelis de Interpretatione Libri sex. Editio secunda, seu Maiora Commentaria*: ML 64,393-640 (*Maior Comm. in De Interpret. Arist.*).
—— *Liber de Persona et duabus Naturis contra Eutychen et Nestorium ad Ioannem Diaconum Ecclesiae Romanae*: ML 64,1337-1354 (*De duabus Nat.*).
—— *Quomodo Substantiae, in eo quod sint, ipsae sint, cum non sint Substantialia Bona. Liber ad Ioannem Diaconum Ecclesiae Romanae*: ML 64,1311-1314 (*De Hebdom.*).

Calcídio, cf. J. H. Waszink
—— *Timaeus a Calcidio translatus commentarioque instructus* (Plato Latinus IV) (Londoni [2]1975) (*In Timaeum*).

Cassiodoro
—— *In Psalterium expositio*: ML 70,25-1056 (*Expos. in Psalt.*)

CÍCERO
—— *De iuvent.*: DD 1,165 (*De iuv.*).
—— *De Officiis*: 4,425-516 (*De Off.*).
—— *De Re Publica*: DD 4,279-348 (*De Republica*).
—— *De Tusculanis Quaestionibus*: DD 3,621-670; 4,1-74 (*Tuscul.*).
—— *Oeuvres Complètes de Cicéron*, 5 vols. (Paris, Firmin-Didot, 1881). (Collection des Auteurs Latins avec la traduction en français, publiée sous la direction de M. Nisard) (DD).
—— *Paradoxa*: DD 1,541-553 (*Paradox.*).
—— *Rhetorica seu De Inventione Oratoria*: DD 1,88-169 (*Rhetor.*).

CONCÍLIO ARAUXICANO, *Concilium Arausicanum II. De Gratia et Libero Arbitrio*: Mansi 8,711-724; Denz. 380-397 (*Conc. Arausic.* II).
CONCÍLIO DE CARTAGO, *Concilium Africanum* Carthagine contra Pelagianos celebratum a. 418: Mansi 4,325-345; Denz. 222-230 (*Conc. Carth.* XVI).
CONCÍLIO DE MILEVITANO, *Concilium Milevitanum II*; Mansi 4,327 (*Conc. Milev. II*).

CORPUS IURIS CANONICI
—— *Corpus Iuris Canonici*, ed. secunda, 2 vols. post A. J. Richteri curas, recensuit et adnotatione instruxit A. Friedberg (Lipsiae, Tauchnitz, 1922) (Corpus Iur. Can.: RF).
—— *Decretalium Collectiones* (*Decretal. Gregor. IX*: RF 2).
—— *Decretum Magistri Gratiani* (Gratianus, *Decretum*: RF 1).

CORPUS IURIS CIVILIS
—— *Codex Iustinianus*, recognovit et retractavit Paulus Krueger (*Codex*: KR 2).
—— *Corpus Iuris Civilis*, v. I, editio stereotypa quinta decima (Berolini 1928) (KR).
—— *Digesta*, recognovit Theodorus Mommsen, retractavit Paulus Krueger (*Dig.*: KR 1).
—— *Institutiones*, recognovit Paulus Krueger (*Instit.*: KR 1).

DENIFLE, H. e CHATELAIN, A.E.
—— *Chartularium Universitatis Parisiensis*, 4 vols. (Parisiis 1889-1897) (*Chartularium*).

PSEUDO-DIONÍSIO AREOPAGITA
—— *De Caelesti Hierarchia*: MG 3,119-370 (*De Cael. Hier.*).
—— *De Divinis Nominibus*: MG 3,585-996 (*De Div. Nom.*).
—— *De Ecclesiastica Hierarchia*, MG 3,369-584 (*De Ecclesiast. Hier.*)

ESTOICOS
—— *Stoicorum Veterum Fragmenta*, 4 vols., collegit 1. Ab Arnim (Lipsiae, in Aedibus B. G. Teubneri, 1921-1924) (*Fragm.*), *De Virtute* (*Fragm.* v. 3).

S. FULGÊNCIO
—— *Liber de Duplici Praedestinatione Dei, Una Bonorum ad Gloriam, Altera Malorum ad Poenam*: ML 65,153-178 (*De duplici Praedest. Dei*).

GENÁDIO
—— De Ecclesiasticis Dogmatibus, ML 58,999 (De Eccles. Dogm.).

GLOSA
—— *Glossa Ordinaria cum expositione Lyre litterali et morali, necnon additionibus et relicis*, 6 vols. (Basileae, Iohanni Petri de Langedorff et Iohanni Frobenio de Hammelburg, 1506-1508) (*Glossa ordin.*) (*Glossa interl.*).

S. GREGÓRIO MAGNO
—— *Homiliarum in Ezechielem Prophetam Libri duo*: ML 76,786-1072; CC 142 (*In Ezech.*).
—— *Liber Regulae Pastoralis*: ML 77,13-126 (*Reg. Pastor.*).
—— *Libri Dialogorum*: ML 77,149-430 (*Dial.*).
—— *Moralium Libri*, 1. I-XVI: ML 75,509-1162; 1. XVII-XXXV: ML 76,9-782; CC 143-143A-143B (*Moral.*).
—— *Obras de S. Gregorio Magno* (Madrid, BAC).
—— *Quadraginta Homiliarum in Evangelia Libri duo*: ML 76,1075-1312 (*In Evang.*).

GUILHERME DE POITIERS (ALTISIODERENSE)
—— *Summa Aurea in quattuor Libros Sententiarum*, 326 ff. (Parisiis, P. Pigouchet, 1500) (*Summa Aurea*).

HESÍQUIO
—— *Commentarius in Leviticum*: MG 93,787-1180 (*In Lev.*).

STO. HILÁRIO
—— *De Trinitate*: ML 10,25-472 (*De Trin.*).
—— *In Matth. evang.*: ML 9,984 (*In Matth.*).

HUGO DE SÃO VÍTOR
—— *De Sacramentis Christianae Fidei*: ML 176,173-618 (*De Sacram.*).

STO. ISIDORO
—— *De Summo Bono – Sent. 2*: ML 83,619 (*De Summo b.*).
—— *Etymologiarum Libri viginti*: ML 82,73-728; *Etimologias*, Ed. bilingue, 2 vols. (Madrid, BAC) (*Etymol.*).
—— *Mysticorum Expositiones Sacramentorum seu Quaestiones in Vetus Testamentum*: ML 83,207-424 (*Quaest. in Vet. Test.*).
—— *Synonyma. De Lamentatione Animae Peccatricis*: ML 83,825-868 (*Synon.*).

S. JERÔNIMO
—— *Adversus Iovinianum Libri duo*: ML 23,221-352 (*Adv. Iovin.*).
—— *Cartas de S. Jerónimo. Edición bilingue*, 2 vols. (Madrid, BAC).
—— Epistola CXII *Ad Augustinum*: ML 22,916-931 (Epist. CXII *Ad August.*).
—— Epistola CXIX *Ad Minervium et Alexandrum Monachos*: ML 22,966-980 (Epist. CXIX *Ad Minerv. et Alex.*).
—— Epistola CXXIV *Ad Avitum*: ML 22,1059-1072 (Epist. CXXIV *Ad Avitum*).
—— *Expositio Catholicae Fidei, in Pelagii epist. I ad Demetr.*: ML 30,32 (*Exp. Cathol. Fidei*).
—— *Libri Commentariorum in Epistolam ad Galatas*: ML 33,281 (*In Gal.*).
—— *Libri quatordecim Commentariorum in Ezechielem Prophetam*: ML 25,15-512 (*In Ezech.*).
—— *Libri quatuor Commentariorum in Evangelium Matthaei, ad Eusebium*: ML 26,15-228 (*In Matth.*).
—— *Libri tres Commentariorum in Oseam Prophetam*: ML 25,855-992 (*In Osee*).

S. JOÃO CRISÓSTOMO
—— *Obras de San Juan Crisóstomo*. Ed. bilingue. 3 vols. (Madrid, BAC).
—— *Commentarius in S. Matthaeum Evangelistam*: MG 57,13-472; 58,471-794 (*In Matth.*).
—— *Commentarius seu Homiliae in Epistolam ad Romanos*: MG 60,391-682 (*In Rom.*).

JOÃO DAMASCENO
—— *Expositio accurata Fidei Orthodoxae*: MG 94,789-1228 (*De Fide Orth.*).

JOSEFO FLÁVIO
—— *Antiquities*, t. IV-IX (*Antiqu.*).
—— *Josephus*. Opera translata ab H. Thackeray et R. Marcus, 9 vols. (Harvard University Press 1926) (The Loeb Classical Library) (TK).
—— *The Jewish War*, t. II-III (*De Bello Iudaico*).

JÚLIO CÉSAR
—— *De Bello Gallico*: DD 270 (*De Bello Gal.*).

LIBER DE CAUSIS
—— *S. Thomae in Librum De Causis expositio* cura et studio C. Pera (Taurini 1955) (*De Causis.*).

MACRÓBIO
—— *Commentarius ex Cicerone in Somnum Scipionis*, en Macrobe-Varron-Pomponius Mela, *Oeuvres Complètes* (Paris, Firmin-Didot, 1875) (Collection des Auteurs Latins avec la traduction en français, publiée sous la direction de M. Nisard) (*In Somn. Scipion.*: DD).

MAIMÔNIDES OU RABI MOISÉS
—— *Guía de Perplejos*. Ed. preparada por David Gonzalo Maeso (Madrid, Editora Nacional, 1984) (*Doct. Perplex.*).

S. MÁXIMO CONFESSOR
—— *Commentaria in S. Dionysii Aeropagitae Librum de Caelesti Hierarchia*: MG 4,29-114 (*In De Cael. Hier.*).

ORÍGENES
—— *Homiliae in Exodum*: MG 12,297-396 (*In Exod.*).
—— *Peri Archon Libri quatuor Interprete Rufino Aquileiensi Presbytero*: MG 11,115-414 (*Peri Archon*).

PEDRO COMESTOR
—— *Historia Scholastica*: ML 198,1053-1722 (*Hist. Scholastica*).

PEDRO DE TARANTASIA
—— *Super IV Libros Sententiarum*, 4 vols. (Tolosae 1652) (*In Sent.*).

PEDRO LOMBARDO
—— *Libri IV Sententiarum*, 2 vols., editi studio et cura PP Collegii S. Bonaventurae (Quaracchi 1916) (*Sent.*).

PEDRO PICTAVIENSE
—— *Sententiarum Libri quinque*: ML 211,783-1280 (*Sent.*).

PELÁGIO
—— *Commentarius in Evangelium secundum Marcum*: ML 30,609-668 (*In Marc.*).
—— Epistola I *Ad Demetriadem*: ML 30,16-47 (Epist. I *Ad Demetr.*).
—— *Libellus Fidei Pelagii ad Innocentium ab Ipso Missus, Zosimo redditus*: ML 45,1716-1718 (*Libellus Fidei ad Innocentium*).

PLATÃO
—— *Meno*, interprete Henrico Aristippo, edidit V. Kordeuter, Londini, The Warburg Institute, 1941 (Corpus Platonicum Medii Acvi, I) (*Meno*, Henrico Aristippo interprete: KO).
—— *Platonis Opera*, ex recensione R. B. Hirschigii graece et latine, 2 vols. (Parisiis, A. Firmin-Didot 1856) (*Phaedo-Thaeel.-Protag.-Philebus-Symposium-Respublica-Timaeus*).
—— *Timaeus ex Platonis Dialogo translatus et in eundem Commentarius a* Chalcidio edidit G. A. Mullachius (Parisiis 1867) (Fragmenta Philosophorum graecorum, edidit G. A. Mullachius. Parisiis, Firmin-Didot, vol. 2, p. 147-258) (*Timaeus*, Chalcidio interprete: DD).

PLOTINO
—— *Ennéades*, texte établi et traduit par E. Bréhier, 6 t. (Paris 1924-1938) (Collection des Universités de France, édition Budé, "Les Belles-Lettres") (*Ennead.*).

PORFÍRIO
—— *Isagoge et in Aristotelis Categorias Commentarium*, edidit A. Busse (Berolini 1887) (Commentaria in Aristotelem Graeca, edita consilio et auctoritate Academiae Litterarum Borussicae, vol. 4 pars 1) (*Isagoge*, Boethio interprete).

PREPOSITINO
—— *Summa*, Ms. Turone 142, ff. 53-127 (*Summa*).

PRÓSPERO DE AQUITÂNIA
—— *Sententiarum ex Operibus S. Augustini Delibatarum Liber unus*: ML 51,427-496 (*Sent.*).

RABANO MAURO
—— *Allegoriae in Universam Sacram Scripturam*: ML 112,849-1088 (*Allegor.*).
—— *Commentariorum in Ecclesiasticum Libri decem*: ML 109,763-1126 (*In Eccli.*).

SALÚSTIO

—— *Conjuration de Catilina-Guerre de Jugurtha*, texte établi et traduit par J. Roman (Paris 1924) (Collection des Universités de France, édition Budé, "Les Belles-Lettres") (*In Coniurat. Catil.*).

SÊNECA

—— *Lettres à Lucilius*. Texte établi par F. Préchach et traduit par H. Noblot (Paris 1958-1965) 5 t. (Collection des Universités de France, éditions Budé, "Les Belles-Lettres") (*Ad Lucilium*: BU).

SIMPLÍCIO

—— *In Aristotelis Categorias Commentarium*, edidit C. Kalbfleisch (Berolini 1907) (Commentaria in Aristotelem Graeca, edita consilio et auctoritate Academiae Litterarum Borussicae, vol. VIII) (*In Cat.*).

VALÉRIO MÁXIMO

—— *Cornélius Népos, Quinte-Curce, Justin, Valère Maxime, Julius Obsequens, Oeuvres complètes* (Paris, Dubochet-Firmin-Didot, 1841) (Collection des Auteurs Latins avec la traduction en français, publièe sous la direction de M. Nisard) (DD).

—— *Factorum et Dictorum Memorabilium Libri novem, ad Tiberium Caesarem Augustum* (*Factor. Dictor. Memorab.*: DD).

OS HÁBITOS E AS VIRTUDES

Introdução e notas por Albert Plé

INTRODUÇÃO

As cinco questões que têm seu início aqui preparam uma boa compreensão das questões que se seguirão sobre as virtudes e os vícios.

A palavra latina *habitus* (e seu equivalente grego *hexis*) está fora de uso há vários séculos. Significava uma constituição, um estado do corpo e da alma, uma maneira de ser; alguma coisa que se tem (de *habere*: ter). É o contrário de um "hábito", que é um mecanismo já montado e fixo.

A noção de *habitus* e a realidade que ela exprime poderiam ter sido muito úteis aos traballhos da psicologia, da antropologia e mesmo da moral, pois se trata do princípio endógeno e imediato do agir humano.

Sto. Tomás recebeu essa noção de Sto. Agostinho e da filosofia grega, especialmente de Aristóteles. Ele cita com frequência não apenas a *Ética a Nicômaco*, mas também os *Predicamentos*, entre outras.

O que é um *habitus*, portanto? É uma disposição, uma capacidade da natureza humana, a qual se enraíza em sua natureza específica e individual, finalizada pelo agir. É como um intermediário entre o dado ontológico e dinâmico da natureza e seu acabamento humano, a exemplo do processo de crescimento que conduz o recém-nascido à idade adulta, ao homem "perfeito", terminado (*perficere*, em latim).

Assim, o *habitus* é uma qualidade, e a primeira, nas categorias predicamentais de Aristóteles. Ela é mais e melhor do que mera disposição: ela "qualifica" esta última, de modo que se realiza da melhor maneira na ação. É, num homem completo, a disposição ao melhor (Aristóteles).

Os *habitus* não podem qualificar disposições ligadas ao determinismo de um só e único tipo de agir. É por isso que não pode existir *habitus* no mundo físico (e astral, segundo a cosmologia de Aristóteles), nem no dos vegetais e dos animais, e portanto na vida vegetativa do homem, em sua necessidade de ar, de alimento etc. Só existe *habitus* nas disposições naturais ao homem que, não sendo regradas *ne varietur* pelo instinto e por outros determinismos, deixam aberta — e a descobrir — a boa maneira de um agir adaptado ao concreto de um ato singular, e em fidelidade à natureza humana no que ela tem de específico: a inteligência desejante, ou o desejo refletido, no que Aristóteles garante ser o homem.

Os *habitus* não são efêmeros por si, mas duráveis — embora possam perder-se (ver q. 53). Eles qualificam aquele que os possui mediante uma boa harmonização entre seu possuidor e o que ele possui. Ele lhe "cai bem", como uma roupa (*habitus*, hábito, vestimenta) que seria "sob medida" e não "comprada pronta".

O que interessa ao moralista acima de tudo, não são os *habitus* do gênero da saúde ou da beleza corporais, mas aqueles que qualificam o homem a bem agir. O *habitus*, porque ele o tem em mãos, o possui, lhe domina a ação, encaminha o homem para a bem-aventurança — ou o afasta dela —, pois é essa a finalidade da vida moral (ver o Prólogo à q. 6).

Em suma, o homem que possui semelhantes *habitus* é aquele que, ao exercê-los, desenvolve suas capacidades naturais para levá-las a sua perfeita realização. Um pouco como um homem que, desenvolvendo seus músculos, qualifica-se de tal modo que pode exercitá-los ao máximo de sua força e de sua adaptação ao esforço exigido, e o faz com uma aparente facilidade e com prazer. Sendo as virtudes *habitus*, conforme logo se verá, pode-se dizer que o homem virtuoso é "musculoso": ele age bem, com força, habilidade e prazer.

Poder-se-ia afirmar, em termos de psicologia contemporânea, que o *habitus* é um dinamismo estruturado e estruturante da pessoa.

QUAESTIO XLIX
DE HABITIBUS IN GENERALI, QUOAD EORUM SUBSTANTIAM
in quatuor articulos divisa

Post actus et passiones, considerandum est de principiis humanorum actuum. Et primo, de principiis intrinsecis; secundo, de principiis extrinsecis. Principium autem intrinsecum est potentia et habitus; sed quia de potentiis in Prima Parte dictum est, nunc restat de habitibus considerandum. Et primo quidem, in generali; secundo vero, de virtutibus et vitiis, et aliis huiusmodi habitibus, qui sunt humanorum actuum principia.

Circa ipsos autem habitus in generali, quatuor consideranda sunt: primo quidem, de ipsa substantia habituum; secundo, de subiecto eorum; tertio, de causa generationis, augmenti et corruptionis ipsorum; quarto, de distinctione ipsorum.

Circa primum quaeruntur quatuor.

Primo: utrum habitus sit qualitas.
Secundo: utrum sit determinata species qualitatis.
Tertio: utrum habitus importet ordinem ad actum.
Quarto: de necessitate habitus.

Articulus 1
Utrum habitus sit qualitas

Ad primum sic proceditur. Videtur quod habitus non sit qualitas.

1. Dicit enim Augustinus, in libro *Octoginta trium Quaest.*[1], quod *hoc nomen habitus dictum est ab hoc verbo quod est habere*. Sed habere non solum pertinet ad qualitatem, sed ad alia genera: dicimur enim habere etiam quantitatem, et pecuniam, et alia huiusmodi. Ergo habitus non est qualitas.

2. Praeterea, Habitus ponitur unum praedicamentum; ut patet in libro *Praedicamentorum*[2]. Sed unum praedicamentum non continetur sub alio. Ergo habitus non est qualitas.

3. Praeterea, *omnis habitus est dispositio*, ut dicitur in *Praedicamentis*[3]. Sed dispositio est *ordo habentis partes*, ut dicitur in V *Metaphys.*[4]. Hoc

QUESTÃO 49
OS HÁBITOS EM GERAL QUANTO À SUA SUBSTÂNCIA
em quatro artigos

Depois dos atos e paixões há que considerar os principios dos atos humanos. Primeiro, os princípios intrínsecos. Segundo, os princípios extrínsecos. Os princípios intrínsecos são a potência e o hábito; mas como já se tratou das potências na I Parte, resta agora considerar os hábitos. Primeiro, em geral; depois, as virtudes e os vícios, e outros hábitos semelhantes, que são princípio dos atos humanos.

Sobre os próprios hábitos em geral, quatro coisas se devem examinar: 1. a própria substância do hábito; 2. o sujeito do hábito; 3. a causa da geração, do aumento e da corrupção dos hábitos; 4. sua distinção.

A respeito do primeiro, são quatro as questões:

1. O hábito é uma qualidade?
2. O hábito é uma espécie determinada de qualidade?
3. O hábito existe em ordem ao ato?
4. Sobre a necessidade do hábito.

Artigo 1
O hábito é uma qualidade?

Quanto ao primeiro artigo, assim se procede: parece que o hábito **não** é uma qualidade.

1. Com efeito, diz Agostinho que "o nome hábito deriva do verbo *habere* [haver, ter]". Ora, haver não se diz só da qualidade, mas também de outros gêneros: diz-se igualmente que se tem quantidade, dinheiro e coisas semelhantes. Logo, o hábito não é uma qualidade.

2. Além disso, o hábito se afirma como um predicamento, como se vê no livro dos *Predicamentos*. Ora, um predicamento não está contido sob outro. Logo, o hábito não é uma qualidade.

3. Ademais, diz-se nos *Predicamentos* que "todo hábito é uma disposição". Ora, a disposição é "a ordem em algo que tem partes", como diz

1 Parall.: III *Sent.*, dist. 23, q. 1, a. 1; V *Metaphys.*, lect. 20.

1. Q. 73: ML 40, 84.
2. C. 6: 8, b, 26-27.
3. Ibid.: 9, a, 10.
4. C. 19: 1022, b, 1.

autem pertinet ad praedicamentum Situs. Ergo habitus non est qualitas.

SED CONTRA est quod Philosophus dicit, in *Praedicamentis*[5], quod habitus est *qualitas de difficili mobilis*.

RESPONDEO dicendum quod hoc nomen *habitus* ab habendo est sumptum. A quo quidem nomen habitus dupliciter derivatur: uno quidem modo, secundum quod homo, vel quaecumque alia res, dicitur aliquid habere; alio modo, secundum quod aliqua res aliquo modo se habet in seipsa vel ad aliquid aliud.

Circa primum autem, considerandum est quod habere, secundum quod dicitur respectu cuiuscumque quod habetur, commune est ad diversa genera. Unde Philosophus[6] inter post praedicamenta *habere* ponit, quae scilicet diversa rerum genera consequuntur; sicunt sunt *opposita*, et *prius et posterius*, et alia huiusmodi. — Sed inter ea quae habentur, talis videtur esse distinctio, quod quaedam sunt in quibus nihil est medium inter habens et id quod habetur: sicut inter subiectum et qualitatem vel quantitatem nihil est medium. Quaedam vero sunt in quibus est aliquid medium inter utrumque, sed sola relatio: sicut dicitur aliquis habere socium vel amicum. Quaedam vero sunt inter quae est aliquid medium, non quidem actio vel passio, sed aliquid per modum actionis vel passionis, prout scilicet unum est ornans vel tegens, et aliud ornatum aut tectum: unde Philosophus dicit, in V M*etaphys*.[7], quod *habitus dicitur tanquam actio quaedam habentis et habiti*, sicut est in illis quae circa nos habemus. Et ideo in his constituitur unum speciale genus rerum, quod dicitur praedicamentum Habitus: de quo dicit Philosophus, in V *Metaphys*.[8], quod *inter habentem indumentum, et indumentum quod habetur, est habitus medius*.

Si autem sumatur habere prout res aliqua dicitur quodam modo se habere in seipsa vel ad aliud; cum iste modus se habendi sit secundum aliquam qualitatem, hoc modo habitus quaedam qualitas est: de quo Philosophus, in V *Metaphys*.[9], dicit quod habitus dicitur dispositio secundum quam bene vel male disponitur dispositum, et aut secundum se aut ad aliud, *ut sanitas habitus quidam est*.

o livro V da *Metafísica*. Ora, isso pertence ao predicamento *lugar*. Logo o hábito não é uma qualidade.

EM SENTIDO CONTRÁRIO, diz o Filósofo que o hábito é "uma qualidade dificilmente removível".

RESPONDO. A palavra *hábito* vem do verbo *habere* [haver-ter]. E deriva dele nos dois sentidos: o primeiro, em que do homem, ou de qualquer outra coisa, se diz que *tem* algo; o segundo, como algo "se tem" em si mesmo ou em relação com outro.

Quanto ao primeiro sentido, deve-se considerar que ter [*habere*], enquanto se diz a respeito de qualquer coisa que se tenha, é comum a diversos gêneros. Por isso o Filósofo o afirma entre os pós-predicamentos, que compreendem os diversos gêneros das coisas, tais como *opostos* e *antes e depois* etc. — Mas, entre as coisas que se têm, parece que é esta a distinção: algumas há em que nada existe de intermédio entre o que tem e o que é tido: por exemplo, entre o sujeito e a qualidade ou quantidade, nada há no meio. Em outras coisas, existe um meio entre elas, mas esse meio é só uma relação: por exemplo, se diz que alguém tem um companheiro ou um amigo. E há outras, enfim, que têm algo de intermédio entre si: na verdade, não uma ação ou paixão, mas à maneira da ação ou paixão, por exemplo, quando uma coisa orna ou cobre e a outra é ornada ou coberta. Assim diz o Filósofo: "O hábito se diz como se fosse uma certa ação do que tem e do que é tido"; conforme se dá com aquilo que temos à nossa volta. E aí está um gênero especial de coisas, chamado predicamento *hábito*, sobre o qual o Filósofo, diz que "entre o que tem um vestuário e o vestuário que ele tem, existe o *habitus* intermediário".

Se, porém, *ter* é tomado no sentido de uma coisa que, de alguma forma, se tem em si mesma ou relativamente a outra, como esse modo de ter supõe alguma qualidade, então o hábito é uma qualidade. Daí a afirmação do Filósofo: "chama-se hábito a disposição pela qual a coisa disposta se dispõe bem ou mal ou em si mesma ou em relação a outra coisa, de modo que a saúde é um hábito".

5. Loc. cit.: 9, a, 3; 10-13.
6. *Categ*., c. 12: 15, b, 17.
7. C. 20: 1022, b, 4-5.
8. Ibid.: 1022, b, 7-8.
9. C. 20: 1022, b, 10-12.

Et sic loquimur nunc de habitu. Unde dicendum est quod habitus est qualitas.

AD PRIMUM ergo dicendum quod obiectio illa procedit de habere communiter sumpto: sic enim est commune ad multa genera, ut dictum est[10].

AD SECUNDUM dicendum quod ratio illa procedit de habitu secundum quod intelligitur aliquid medium inter habens et id quod habetur: sic enim est quoddam praedicamentum, ut dictum est[11].

AD TERTIUM dicendum quod dispositio quidem semper importat ordinem alicuius habentis partes: sed hoc contingit tripliciter, ut statim ibidem Philosophus subdit, scilicet *aut secundum locum, aut secundum potentiam, aut secundum speciem. In quo*, ut Simplicius[12] dicit in *Commento Praedicamentorum*[13], *comprehendit omnes dispositiones. Corporales quidem, in eo quod dicit "secundum locum"*: et hoc pertinet ad praedicamentum Situs, qui est ordo partium in loco. *Quod autem dicit "secundum potentiam", includit illas dispositiones quae sunt in praeparatione et idoneitate nondum perfecte*, sicut scientia et virtus inchoata. *Quod autem dicit "secundum speciem", includit perfectas dispositiones, quae dicuntur habitus*, sicut scientia et virtus complete.

É nesse sentido que falamos agora de hábito e por isso deve-se concluir que ele é uma qualidade.

QUANTO AO 1º, portanto, deve-se dizer que essa objeção procede de *haver*, como é comumente usado, visto que é comum a muitos gêneros, como foi dito.

QUANTO AO 2º, deve-se dizer que tal argumento procede do hábito enquanto se entende como algo intermediário entre o que tem e o que é tido; pois assim é um certo predicamento, como também se disse.

QUANTO AO 3º, deve-se dizer que disposição sempre implica a ordem de algo que tem partes; mas isso ocorre de três modos, como o Filósofo acrescenta logo a seguir ao texto citado: "Segundo o lugar, segundo a potência ou segundo a espécie". E Simplício diz: "Nisso estão compreendidas todas as diposições: as disposições corporais, no que diz "*segundo o lugar*." E isto pertence ao predicamento *lugar*, que é a ordem das partes no lugar. "Ao dizer *segundo a potência*, inclui as disposições que estão, de modo ainda imperfeito, em preparação e idoneidade" como a ciência e virtude em sua fase inicial. Ao dizer *segundo a espécie*, inclui as disposições perfeitas, que se chamam hábitos, como a ciência e a virtude consumadas".

ARTICULUS 2

Utrum habitus sit determinata species qualitatis

AD SECUNDUM SIC PROCEDITUR. Videtur quod habitus non sit determinata species qualitatis.

1. Quia, ut dictum est[1], habitus, secundum quod est qualitas, dicitur *dispositio secundum quam bene aut male disponitur dispositum*. Sed hoc contingit secundum quamlibet qualitatem: nam et secundum figuram contingit aliquid bene vel male esse dispositum, et similiter secundum calorem et frigus, et secundum omnia huiusmodi. Ergo habitus non est determinata species qualitatis.

2. PRAETEREA, Philosophus, in *Praedicamentis*[2], caliditatem et frigiditatem dicit esse dispositiones

ARTIGO 2

O hábito é uma espécie determinada de qualidade?

QUANTO AO SEGUNDO, ASSIM SE PROCEDE: parece que o hábito **não** é uma espécie determinada de qualidade.

1. Porque, como foi dito, o hábito, enquanto qualidade, é "uma disposição pela qual a coisa disposta se dispõe bem ou mal". Ora, isso ocorre com qualquer qualidade: pois segundo a figura acontece que algo seja bem ou mal disposto e igualmente segundo o calor e o frio etc. Logo, o hábito não é uma espécie determinada de qualidade.

2. ALÉM DISSO, como diz o Filósofo, estar quente ou estar frio são disposições ou hábitos, como a

10. In corp.
11. In corp.
12. Discipulus Damascii, neoplatonicus, clarissimus Aristotelis Commentator (saec. VI).
13. SIMPLICII, *In Aristotelis Categorias Commentarium*, ed. C. Kalbfleisch (Comm. in Arist. graeca, edita consilio et auctoritate Acad. R. Litt. Borussicae, vol. VIII), Berolini 1907, p. 240, ll. 29-33.

2 PARALL.: *De Virtut.*, q. 1, a. 1.

1. Art. praec.
2. C. 6: 8, b, 36-37.

vel habitus, sicut aegritudinem et sanitatem. Sed calor et frigus sunt in tertia specie qualitatis. Ergo habitus vel dispositio non distinguuntur ab aliis speciebus qualitatis.

3. PRAETEREA, *difficile mobile* non est differentia pertinens ad genus qualitatis, sed magis pertinet ad motum vel passionem. Nullum autem genus determinatur ad speciem per differentiam alterius generis; sed oportet differentias per se advenire generi, ut Philosophus dicit, in VII *Metaphys.*[3]. Ergo, cum habitus dicatur esse *qualitas difficile mobilis*, videtur quod non sit determinata species qualitatis.

SED CONTRA est quod Philosophus dicit, in *Praedicamentis*[4], quod *una species qualitatis est habitus et dispositio*.

RESPONDEO dicendum quod Philosophus, in *Praedicamentis*[5], ponit inter quatuor species qualitatis primam, *dispositionem et habitum*. Quarum quidem specierum differentias sic assignat Simplicius, in *Commento Praedicamentorum*[6], dicens quod *qualitatum quaedam sunt naturales, quae secundum naturam insunt, et semper: quaedam autem sunt adventitiae, quae ab extrinseco efficiuntur, et possunt amitti. Et haec quidem*, quae sunt adventitiae, *sunt habitus et dispositiones, secundum facile et difficile amissibile differentes. Naturalium autem qualitatum quaedam sunt secundum id quod aliquid est in potentia: et sic est secunda species qualitatis. Quaedam vero secundum quod aliquid est in actu: et hoc vel in profundum, vel secundum superficiem. Si in profundum quidem, sic est tertia species qualitatis: secundum vero superficiem, est quarta species qualitatis, sicut figura et forma, quae est figura animati*. — Sed ista distinctio specierum qualitatis inconveniens videtur. Sunt enim multae figurae et qualitates passibiles non naturales, sed adventitiae: et multae dispositiones non adventitiae, sed naturales, sicut sanitas et pulchritudo et huiusmodi. Et Praeterea hoc non convenit ordini specierum: semper enim quod naturalius est, prius est.

Et ideo aliter accipienda est distinctio dispositionum et habituum ab aliis qualitatibus. Proprie enim qualitas importat quendam modum substan-

doença e a saúde. Ora, calor e frio estão na terceira espécie da qualidade. Logo, o hábito ou a disposição não se distinguem das outras espécies de qualidade.

3. ADEMAIS, *dificilmente removível* não é uma diferença pertencente ao gênero da qualidade, mas se refere antes ao movimento ou à paixão. Ora, nenhum gênero se determina em espécie pela diferença que pertence a outro gênero, ao contrário, é preciso que as diferenças se apliquem por si mesmas ao gênero, como diz o Filósofo. Logo, como o hábito se diz "qualidade dificilmente removível" parece que não é uma espécie determinada de qualidade.

EM SENTIDO CONTRÁRIO, diz o Filósofo que "uma espécie de qualidade é o hábito e a disposição".

RESPONDO. O Filósofo, afirma como primeira, entre as quatro espécies da qualidade, a *disposição* e o *hábito*. As diferenças dessas espécies, Simplicio caracteriza assim: "Entre as qualidades algumas são naturais, ou seja, existem por natureza no sujeito e sempre; algumas são adventícias, ou seja são produzidas a partir de fora e podem perder-se. Essas que são adventícias, são o hábito e a disposição, que diferem em se poderem perder facilmente ou dificilmente. Entre as qualidades naturais, algumas são segundo algo que está em potência: e é assim a segunda espécie da qualidade. Mas, outras são segundo algo que está em ato: e isso ou no profundo ou na superfície. Se é no profundo, temos a terceira espécie de qualidade; mas se está na superfície, temos a quarta espécie da qualidade, como a figura e a forma, que é a figura do que é animado"[a]. — Essa distinção das espécies da qualidade não parece adequada. Há muitas figuras e qualidades passíveis não naturais, mas adventícias; e muitas disposições não adventícias, mas naturais. como a saúde e a beleza etc. E ademais, isso não convém à ordem das espécies: pois sempre o que é mais natural é o primeiro.

Por esse motivo, deve-se estabelecer outra distinção entre as disposições e hábitos e as outras qualidades. Propriamente falando, a qualidade im-

3. C. 12: 1038, a, 9-18.
4. C. 6: 8, b, 26-27.
5. Ibid.
6. Ed. C. Kalbfleisch, p. 228, ll. 19-35.

a. Por figura, deve-se compreender a superfície quantitativa, a silhueta de um corpo, que são as manifestações visíveis da forma específica de um ser. Esse habitus é mais ontológico do que operacional. Interessa mais à estética do que à moral.

tiae. Modus autem est, ut dicit Augustinus, *super Gen. ad litteram*[7], *quem mensura praefigit*: unde importat quandam determinationem secundum aliquam mensuram. Et ideo sicut id secundum quod determinatur potentia materiae secundum esse substantiale dicitur qualitas quae est differentia substantiae; ita id secundum quod determinatur potentia subiecti secundum esse accidentale, dicitur qualitas accidentalis, quae est etiam quaedam differentia, ut patet per Philosophum in V *Metaphys.*[8].

Modus autem sive determinatio subiecti secundum esse accidentale, potest accipi vel in ordine ad ipsam naturam subiecti; vel secundum actionem et passionem quae consequuntur principia naturae, quae sunt materia et forma; vel secundum quantitatem. Si autem accipiatur modus vel determinatio subiecti secundum quantitatem, sic est quarta species qualitatis. Et quia quantitas, secundum sui rationem, est sine motu, et sine ratione boni et mali; ideo ad quartam speciem qualitatis non pertinet quod aliquid sit bene vel male, cito vel tarde transiens. — Modus autem sive determinatio subiecti secundum actionem et secunda passionem, attenditur in secunda et tertia specie qualitatis. Et ideo in utraque consideratur quod aliquid facile vel difficile fiat, vel quod sit cito transiens aut diuturnum. Non autem consideratur in his aliquid pertinens ad rationem boni vel mali: quia motus et passiones non habent rationem finis, bonum autem et malum dicitur per respectum ad finem. — Sed modus et determinatio subiecti in ordine ad naturam rei, pertinet ad primam speciem qualitatis, quae est habitus et dispositio: dicit enim Philosophus, in VII *Physic.*[9], loquens de habitibus animae et corporis, quod sunt *dispositiones quaedam perfecti ad optimum; dico autem perfecti, quod est dispositum secundum naturam*. Et quia *ipsa forma et natura rei est finis et cuius causa fit aliquid*, ut dicitur in II *Physic.*[10]; ideo in prima specie consideratur et bonum et malum; et etiam facile et difficile mobile, secundum quod aliqua natura est finis generationis et motus. Unde in V *Metaphys.*[11] Philosophus definit habitum, quod est *dispositio secundum quam aliquis disponitur bene vel male*. Et in II *Ethic.*[12] dicit quod *habitus sunt*

plica um certo modo da substância. Mas o modo, segundo Agostinho, é "prefixado pela medida", e assim implica uma certa determinação segundo alguma medida. Por isso, como o que determina a potência da matéria em seu ser substancial se chama qualidade, que é diferença da substância; assim, o que determina a potência do sujeito em seu ser acidental se chama qualidade acidental que também é uma certa diferença, como diz o Filósofo.

O modo ou a determinação do sujeito em seu ser acidental, pode entender-se ou em ordem à natureza do sujeito, ou segundo a ação ou paixão consequentes aos princípios da natureza, que são matéria e forma, ou então, segundo a qualidade. Se se entende o modo ou a determinação do sujeito segundo a quantidade, têm-se a quarta espécie de qualidade. E porque a quantidade, segundo a sua razão, é sem movimento e sem a razão de bem ou de mal, por isso não pertence à quarta espécie de qualidade que algo transcorra bem ou mal, rápida ou lentamente. — O modo ou a determinação do sujeito segundo a ação e a paixão corresponde à segunda e à terceira espécies de qualidade. Por isso, em ambas se leva em conta a facilidade ou a dificuldade com que se faz algo, se passa logo ou se dura muito. Nelas não se leva em conta a razão de bem e de mal, porque o movimento e as paixões não têm a razão de fim, e o bem e o mal se dizem em relação com o fim. — Mas o modo e a determinação do sujeito em ordem à natureza da coisa, corresponde à primeira espécie de qualidade, que é o hábito e a disposição, pois diz o Filósofo, ao falar dos hábitos da alma e do corpo, que são "certas disposições do perfeito para o ótimo; digo do perfeito, porque está disposto segundo a natureza". E porque "a própria forma e natureza da coisa é o fim e aquilo por cuja causa algo se faz" como diz o livro III da *Física*, por isso, na primeira espécie de qualidade, o bem e o mal entram em consideração e também a facilidade ou dificuldade com que algo pode ser movido, na medida em que uma natureza é fim da geração e do movimento. Por isso o Filósofo define o hábito como uma "disposição segundo a

7. L. IV, c. 3, n. 7: ML 34, 299.
8. C. 14: 1020, a, 33-b, 2.
9. C. 3: 246, a, 13-16; b, 23-24.
10. C. 7: 198, b, 3-4.
11. C. 20: 1022, b, 10-11.
12. C. 4: 1105, b, 25-28.

secundum quos ad passiones nos habemus bene vel male. Quando enim est modus conveniens naturae rei, tunc habet rationem boni: quando autem non convenit, tunc habet rationem mali. Et quia natura est id quod primum consideratur in re, ideo habitus ponitur prima species qualitatis.

AD PRIMUM ergo dicendum quod dispositio ordinem quendam importat, ut dictum est[13]. Unde non dicitur aliquis disponi per qualitatem, nisi in ordine ad aliquid. Et si addatur *bene vel male*, quod pertinet ad rationem habitus, oportet quod attendatur ordo ad naturam, quae est finis. Unde secundum figuram, vel secundum calorem vel frigus, non dicitur aliquis disponi bene vel male, nisi secundum ordinem ad naturam rei, secundum quod est conveniens vel non conveniens. Unde et ipsae figurae et passibiles qualitates, secundum quod considerantur ut convenientes vel non convenientes naturae rei, pertinent ad habitus vel dispositiones: nam figura, prout convenit naturae rei, et color, pertinent ad pulchritudinem; calor autem et frigus, secundum quod conveniunt naturae rei, pertinent ad sanitatem. Et hoc modo caliditas et frigiditas ponuntur a Philosopho[14] in prima specie qualitatis.

Unde patet solutio AD SECUNDUM. Licet a quibusdam aliter solvatur, ut Simplicius dicit, in *Commento Praedicamentorum*[15].

AD TERTIUM dicendum quod ista differentia, *difficile mobile*, non diversificat habitum ab aliis speciebus qualitatis, sed a dispositione. Dispositio autem dupliciter accipitur: uno modo, secundum quod est genus habitus, nam in V *Metaphys*.[16] dispositio ponitur in definitione habitus, alio modo, secundum quod est aliquid contra habitum divisum. Et potest intelligi dispositio proprie dicta condividi contra habitum, dupliciter. Uno modo, sicut perfectum et imperfectum in eadem specie: ut scilicet dispositio dicatur, retinens nomen commune, quando imperfecte inest, ita quod de facile amittitur; habitus autem, quando perfecte inest, ut

qual alguém se dispõe bem ou mal", e no livro II da *Ética*, diz que "é segundo os hábitos que nos comportamos em relação com as paixões, bem ou mal". Quando, pois, é um modo em harmonia com a natureza da coisa, então tem a razão de bem; e quando em desarmonia, tem a razão de mal[b]. E porque a natureza é o que primeiro se considera na coisa, por isso o hábito é afirmado como a primeira espécie de qualidade.

QUANTO AO 1º, portanto, deve-se dizer que a disposição implica certa ordem, como foi dito; por isso não se diz que alguém se dispõe pela qualidade a não ser em ordem a alguma coisa. E se for acrescentado *bem* ou *mal*, que pertence à razão de hábito, é preciso levar em conta a ordem a natureza, que é o fim. Daí, segundo a figura ou segundo o calor e o frio, não se diz que alguém está disposto bem ou mal, a não ser em ordem à natureza das coisas, segundo a qual está em harmonia ou não está. Assim, as próprias figuras e qualidades passíveis, enquanto consideradas em harmonia ou não com a natureza da coisa, pertencem aos hábitos e disposições; pois a figura, na medida em que convém à natureza da coisa, e a cor, compõem a beleza; o calor e o frio, segundo convêm à natureza da coisa, pertencem à saúde. Deste modo a quentura e a frieza são afirmadas pelo Filósofo na primeira espécie da qualidade.

QUANTO AO 2º, deve-se dizer que daí fica clara a resposta para a segunda objeção. Há quem resolva de outro modo, como diz Simplício.

QUANTO AO 3º, deve-se dizer que essa diferença, *dificilmente removível* não distingue o hábito das outras espécies da qualidade, e sim da disposição. Disposição tem dois sentidos: no primeiro, é o gênero do hábito, por isso o livro V da *Metafísica* afirma a disposição na definição do hábito. No segundo, é algo contraposto ao hábito. É a disposição propriamente dita, que se contrapõe ao hábito de duas maneiras: uma, como o perfeito e o imperfeito na mesma espécie: assim a disposição, conservando o nome comum, está inerente ao sujeito imperfeitamente, e por isso, facilmente se perde: enquanto o hábito está inerente perfei-

13. A. praec., ad 3.
14. Vide 2 a.
15. Ed. C. Kalbfleisch, p. 233, ll. 10-18 et p. 256, ll. 16-21.
16. Loc. proxime cit.: 1022, b, 10-11.

b. Um *habitus* moralmente bom é um modo de ser e de agir que concorda com a natureza humana. Note-se que, para o nosso autor, o critério fundamental do bem e do mal não é o do decálogo, mas a natureza humana, tal como ele a compreende: o que nasce (do latim *nascere*) e se desenvolve segundo leis que devem ser descobertas e seguidas pela razão humana.

non de facili amittatur. Et sic dispositio fit habitus, sicut puer fit vir. — Alio modo possunt distingui sicut diversae species unius generis subalterni: ut dicantur dispositiones illae qualitates primae speciei, quibus convenit secundum propriam rationem ut de facili amittantur, quia habent causas transmutabiles, ut aegritudo et sanitas; habitus vero dicuntur illae qualitates quae secundum suam rationem habent quod non de facili transmutentur, quia habent causas immobiles, sicut scientiae et virtutes. Et secundum hoc dispositio non fit habitus. Et hoc videtur magis consonum intentioni Aristotelis. Unde ad huius distinctionis probationem inducit communem loquendi consuetudinem, secundum quam qualitates quae secundum rationem suam sunt facile mobiles, si ex aliquo accidenti difficile mobiles reddantur, habitus dicuntur: et e converso est de qualitatibus quae secundum suam rationem sunt difficile mobiles; nam si aliquis imperfecte habeat scientiam, ut de facili possit ipsam amittere, magis dicitur disponi ad scientiam quam scientiam habere. Ex quo patet quod nomen habitus diuturnitatem quandam importat; non autem nomen dispositionis.

Nec impeditur quin secundum hoc *facile et difficile mobile* sint specificae differentiae, propter hoc quod ista pertinent ad passionem et motum, et non ad genus qualitatis. Nam istae differentiae, quamvis per accidens videantur se habere ad qualitatem, designant tamen proprias et per se differentias qualitatum. Sicut etiam in genere substantiae frequenter accipiuntur differentiae accidentales loco substantialium, inquantum per eas designantur principia essentialia.

tamente, de modo que não se perde com facilidade. Assim, as disposições se tornam hábitos, como a criança em adulto. — De outro modo podem distinguir-se como espécies diversas de um gênero subalterno, de sorte que chamaremos disposições às qualidade das primeiras espécies que, por natureza, podem se perder facilmente, porque têm causas mutáveis, como a doença e a saúde, enquanto reservamos o nome de hábitos às qualidades que, por natureza, não podem ser facilmente mutáveis, por teres causas inamovíveis, como as ciências e as virtudes e, nesse sentido, a disposição não pode vir a ser um hábito. E isso parece estar mais de acordo com o pensamento de Aristóteles. É por esse motivo que ele, para provar essa distinção, invoca o linguajar comum, segundo o qual as qualidades que por sua razão são facilmente móveis, se por algum acidente se tornam dificilmente móveis, se chamam hábitos. O contrário sucede com as qualidades que são por natureza dificilmente móveis: pois se alguém domina imperfeitamente uma ciência, a ponto de poder perdê-la com facilidade, diz-se antes estar disposto à ciência do que ter a ciência. Donde se vê que o nome de hábito implica uma certa durabilidade; mas a disposição, não.

Nada impede que facilmente ou dificilmente removível sejam diferenças especificas pelo fato de que essas noções se aplicam à paixão e ao movimento, e não ao gênero da qualidade. Pois essas diferenças, embora pareça que se relacionam por acidente com a qualidade, no entanto designam diferenças próprias e por si das qualidades. Assim também no gênero da substância com frequência se tomam diferenças acidentais em lugar das substanciais, na medida em que por elas se designam os princípios essenciais.

ARTICULUS 3

Utrum habitus importet ordinem ad actum

AD TERTIUM SIC PROCEDITUR. Videtur quod habitus non importet ordinem ad actum.

1. Unumquodque enim agit secundum quod est actu. Sed Philosophus dicit, in III *de Anima*[1], quod *cum aliquis fit sciens secundum habitum, est etiam tunc in potentia, aliter tamen quam ante addiscere*. Ergo habitus non importat habitudinem principii ad actum.

ARTIGO 3

O hábito implica ordenação ao ato?

QUANTO AO TERCEIRO, ASSIM SE PROCEDE: parece que o hábito **não** implica ordenação ao ato.

1. Com efeito, cada um age segundo está em ato. Ora, diz o Filósofo: "Se alguém se torna sábio por hábito, mesmo então é sábio em potência, embora de maneira diferente de antes de aprender. Logo, o hábito não implica relação do princípio com o ato.

3

1. C. 4: 429, b, 6-10.

2. PRAETEREA, illud quod ponitur in definitione alicuius, per se convenit illi. Sed esse principium actionis ponitur in definitione potentiae; ut patet in V *Metaphys.*[2]. Ergo esse principium actus per se convenit potentiae. Quod autem est per se, est primum in unoquoque genere. Si ergo etiam habitus sit principium actus, sequitur quod sit posterior quam potentia. Et sic non erit prima species qualitatis habitus vel dispositio.

3. PRAETEREA, sanitas quandoque est habitus, et similiter macies et pulchritudo. Sed ista non dicuntur per ordinem ad actum. Non ergo est de ratione habitus quod sit principium actus.

SED CONTRA est quod Augustinus dicit, in libro *de Bono Coniugali*[3], quod *habitus est quo aliquid agitur cum opus est*. Et Commentator dicit, in III *de Anima*[4], quod *habitus est quo quis agit cum voluerit*.

RESPONDEO dicendum quod habere ordinem ad actum potest competere habitui et secundum rationem habitus; et secundum rationem subiecti in quo est habitus. Secundum quidem rationem habitus, convenit omni habitui aliquo modo habere ordinem ad actum. Est enim de ratione habitus ut importet habitudinem quandam in ordine ad naturam rei, secundum quod convenit vel non convenit. Sed natura rei, quae est finis generationis, ulterius etiam ordinatur ad alium finem, qui vel est operatio, vel aliquod operatum, ad quod quis pervenit per operationem. Unde habitus non solum importat ordinem ad ipsam naturam rei, sed etiam consequenter ad operationem, inquantum est finis naturae, vel perducens ad finem. Unde et in V *Metaphys.*[5] dicitur in definitione habitus, quod est *dispositio secundum quam bene vel male disponitur dispositum aut secundum se*, idest secundum suam naturam, *aut ad aliud*, idest in ordine ad finem.

Sed sunt quidam habitus qui etiam ex parte subiecti in quo sunt, primo et principaliter important ordinem ad actum. Quia, ut dictum est, habitus primo et per se importat habitudinem ad naturam rei. Si igitur natura rei in qua est habitus, consistat in ipso ordine ad actum, sequitur quod habitus principaliter importet ordinem ad actum. Manifestum est autem quod natura et ratio potentiae est ut sit principium actus. Unde omnis habitus

2. ALÉM DISSO, o que se afirma na definição convém por si ao definido. Ora, ser princípio da ação afirma-se na definição da potência, como se vê no livro V da *Metafísica*. Logo, ser princípio do ato convém, por si, à potência. Mas, o que é por si é primeiro em qualquer gênero. Portanto, se também o hábito for princípio do ato, segue-se que é posterior à potência, e assim, o hábito ou a disposição não será a primeira espécie da qualidade.

3. ADEMAIS, às vezes a saúde é hábito e igualmente, a magreza e a formosura. Ora, estas coisas não se dizem em ordem ao ato. Logo, não pertence à razão de hábito que seja princípio do ato.

EM SENTIDO CONTRÁRIO, diz Agostinho "É pelo hábito que algo é realizado quando é preciso". E diz o Comentador: "É pelo hábito que alguém age quando quer"

RESPONDO. Ordenar-se ao ato pode convir ao hábito tanto pela razão de hábito, quanto pela razão do sujeito no qual está o hábito. Quanto à razão de hábito, convém a todo hábito, de certo modo, ser ordenado ao ato: é da razão de hábito implicar uma certa relação em ordem à natureza da coisa segundo o que convém ou o que não convém. Mas a natureza da coisa, que é o fim da geração, ordena-se ulteriormente a outro fim, que é ou a ação, ou algo feito, ao qual se chega pela ação. Por isso o hábito não implica só ordenação à natureza da coisa, mas também, por consequência, à ação, enquanto é fim da natureza, ou conduz para o fim. Daí dizer o livro V da *Metafísica*, na definição do hábito, que é uma "disposição segundo a qual se dispõe o disposto bem ou mal, ou em relação a si", isto é, segundo sua natureza, "ou em relação a outro", ou seja, em ordem ao fim.

Mas há alguns hábitos que também, por parte do sujeito em que estão, em primeiro lugar e principalmente implicam ordenação ao ato. Porque, como foi dito, o hábito, implica uma relação em primeiro lugar e por si, com a natureza da coisa. Se, portanto, a natureza da coisa em que o hábito está, consiste na própria ordenação ao ato, segue-se que o hábito implica principalmente ordenação ao ato É evidente que a natureza e a razão da

2. C. 12: 1019, a, 15-20.
3. C. 21, n. 25: ML 40, 390.
4. Comm. 18.
5. C. 20: 1022, b, 10-12.

qui est alicuius potentiae ut subiecti, principaliter importat ordinem ad actum.

AD PRIMUM ergo dicendum quod habitus est actus quidam, inquantum est qualitas: et secundum hoc potest esse principium operationis. Sed est in potentia per respectum ad operationem. Unde habitus dicitur *actus primus*, et operatio *actus secundus*; ut patet in II *de Anima*[6].

AD SECUNDUM dicendum quod non est de ratione habitus quod respiciat potentiam, sed quod respiciat naturam. Et quia natura praecedit actionem, quam respicit potentia; ideo prior species qualitatis ponitur habitus quam potentia.

AD TERTIUM dicendum quod sanitas dicitur habitus, vel habitualis dispositio, in ordine ad naturam, sicut dictum est[7]. Inquantum tamen natura est principium actus ex consequenti importat ordinem ad actum. Unde Philosophus dicit, in X *de Historia Animal.*[8], quod homo dicitur sanus, vel membrum aliquod, *quando potest facere operationem sani*. Et est simile in aliis.

potência é ser princípio do ato. Logo, todo hábito que é de alguma potência, enquanto seu sujeito, implica principalmente ordenação ao ato.

QUANTO AO 1º, portanto, deve-se dizer que o hábito é um certo ato, enquanto é uma qualidade, e enquanto tal pode ser princípio de ação. Mas está em potência em relação com a operação. É por isso que o hábito se chama, *ato primeiro*; e a ação, *ato segundo*, como se vê no livro II da *Alma*.

QUANTO AO 2º, deve-se dizer que não é da razão do hábito que vise a potência, mas que vise a natureza. E como a natureza precede a ação, que a potência visa, por isso como espécie anterior de qualidade se afirma o hábito e não a potência.

QUANTO AO 3º, deve-se dizer que a saúde se diz hábito, ou disposição habitual, em ordem à natureza, como se disse. Mas, enquanto a natureza é princípio do ato, implica por consequência ordenação ao ato. Daí o Filósofo dizer que o homem ou um membro se diz sadio, "quando pode fazer uma ação de sadio". E o mesmo ocorre em outros casos.

ARTICULUS 4

Utrum sit necessarium esse habitum

AD QUARTUM SIC PROCEDITUR. Videtur quod non sit necessarium esse habitus.

1. Habitus enim sunt quibus aliquid disponitur bene vel male ad aliquid, sicut dictum est[1]. Sed per suam formam aliquid bene vel male disponitur: nam secundum formam aliquid est bonum, sicut et ens. Ergo nulla necessitas est habituum.

2. PRAETEREA, habitus importat ordinem ad actum. Sed potentia importat principium actus sufficienter: nam et potentiae naturales absque habitibus sunt principia actuum. Ergo non fuit necessarium habitus esse.

3. PRAETEREA, sicut potentia se habet ad bonum et malum, ita et habitus: et sicut potentia non semper agit, ita nec habitus. Existentibus igitur potentiis, superfluum fuit habitum esse.

SED CONTRA est quod habitus sunt perfectiones quaedam, ut dicitur in VII *Physic.*[2]. Sed perfectio

ARTIGO 4

É necessário haver hábitos?

QUANTO AO QUARTO, ASSIM SE PROCEDE: parece que **não** é necessário haver hábitos.

1. Com efeito, pelos hábitos algo se dispõe bem ou mal para alguma coisa, como se disse. Ora, é por sua forma que algo se dispõe bem ou mal: pois pela forma algo é bom, como é ente. Logo, não há necessidade alguma de hábito.

2. ALÉM DISSO, hábito implica ordenação ao ato. Ora, a potência implica suficientemente o princípio do ato, pois também as potências naturais, sem hábitos, são principios dos atos. Logo, não é necessário que haja hábitos.

3. ADEMAIS, como a potência está para o bem e o mal, assim também o hábito; e como a potência nem sempre age, tampouco o hábito. Existindo, pois, as potências, é supérfluo que haja hábitos.

EM SENTIDO CONTRÁRIO, os hábitos são certas perfeições, diz o livro VII da *Física*. Mas, a

6. C. 1: 412, a, 22-28.
7. A. praec., ad 1.
8. C. 1: 633, b, 23-25.

4 PARALL.: III *Sent.*, dist. 23, q. 1, a. 1; *De Verit.*, q. 20, a. 2; *De Virtut.*, q. 1, a. 1.

1. Art. 2.
2. C. 3: 246, a, 11-13.

est maxime necessaria rei: cum habeat rationem finis. Ergo necessarium fuit habitus esse.

RESPONDEO dicendum quod, sicut supra[3] dictum est, habitus importat dispositionem quandam in ordine ad naturam rei, et ad operationem vel finem eius, secundum quam bene vel male aliquid ad hoc disponitur. Ad hoc autem quod aliquid indigeat disponi ad alterum, tria requiruntur. Primo quidem, ut id quod disponitur, sit alterum ab eo ad quod disponitur; et sic se habeat ad ipsum ut potentia ad actum. Unde si aliquid sit cuius natura non sit composita ex potentia et actu, et cuius substantia sit sua operatio, et ipsum sit propter seipsum; ibi habitus vel dispositio locum non habet, sicut patet in Deo.

Secundo requiritur quod id quod est in potentia ad alterum, possit pluribus modis determinari, et ad diversa. Unde si aliquid sit in potentia ad alterum, ita tamen quod non sit in potentia nisi ad ipsum, ibi dispositio et habitus locum non habet: quia tale subiectum ex sua natura habet debitam habitudinem ad talem actum. Unde si corpus caeleste sit compositum ex materia et forma, cum illa materia non sit in potentia ad aliam formam, ut in Primo[4] dictum est, non habet ibi locum dispositio vel habitus ad formam; aut etiam ad operationem, quia natura caelestis corporis non est in potentia nisi ad unum motum determinatum.

Tertio requiritur quod plura concurrant ad disponendum subiectum ad unum eorum ad quae est in potentia, quae diversis modis commensurari possunt, ut sic disponatur bene vel male ad formam vel ad operationem. Unde qualitates simplices elementorum, quae secundum unum modum determinatum naturis elementorum conveniunt, non dicimus dispositionem vel habitus, sed *simplices qualitates*: dicimus autem dispositiones vel habitus sanitatem, pulchritudinem et alia huiusmodi, quae important quandam commensurationem plurium quae diversis modis commensurari possunt. Propter quod Philosophus dicit, in V *Metaphys.*[5], quod *habitus est dispositio*, et dispositio est *ordo habentis partes vel secundum locum, vel secundum potentiam, vel secundum speciem*; ut supra[6] dictum est.

perfeição é sumamente necessária às coisas, já que tem a razão de fim. Portanto, é necessário que haja hábitos.

RESPONDO. Como se disse acima, o hábito implica uma certa disposição em ordem à natureza da coisa, e à ação ou ao fim da mesma, conforme alguém se dispõe bem ou mal para isso. Para que uma coisa deva se dispor para outra, três requisitos se exigem. O primeiro é este: o que se dispõe seja outra coisa que aquilo para o que se dispõe, e assim esteja em relação com ele como potência para o ato. Por isso, se há alguma coisa cuja natureza não é composta de potência e ato, e cuja substância seja sua ação, uma coisa que exista por si mesma, nela não há lugar para o hábito ou para a disposição: como é evidente em Deus.

O segundo requisito é: o que está em potência para outro, possa ser determinado de muitos modos e para diversas coisas. Por isso, se algo está em potência para outra coisa, mas de modo que só esteja em potência para esta coisa, aí não há lugar para a disposição e o hábito; porque tal sujeito tem por sua natureza a devida relação com tal ato. Donde se segue, que se o corpo celeste for composto de matéria e forma, como aquela matéria não está em potência para outra forma, como se viu na I Parte, não cabe aí a disposição ou hábito para a forma, ou também para a ação, porque a natureza do corpo celeste só está em potência para um determinado movimento.

O terceiro requisito é: quando muitos concorrem afim de dispor o sujeito a um deles, para os quais está em potência; eles podem se comensurar de diversos modos, para que assim o sujeito se disponha bem ou mal para a forma ou a ação. Por isso, as qualidades simples dos elementos, que segundo um modo determinado convêm às naturezas dos elementos, nós não as chamamos disposições ou hábitos, e sim, *qualidades simples*. Chamamos, porém, disposições ou hábitos a saúde, a formosura, etc, que implicam uma certa comensuração de muitos, que de diversas maneiras podem ser comensurados. Por isso diz o Filósofo que "o hábito é uma disposição" e que a disposição é "uma ordem do que tem partes, ou segundo o lugar, ou segundo a potência, ou segundo a espécie", como acima foi dito.

3. Art. 2, 3.
4. Q. 66, a. 2.
5. C. 20: 1022, b, 10.
6. A. 1, ad 3.

Quia igitur multa sunt entium ad quorum naturas et operationes necesse est plura concurrere quae diversis modis commensurari possunt, ideo necesse est habitus esse.

AD PRIMUM ergo dicendum quod per formam perficitur natura rei: sed oportet quod in ordine ad ipsam formam disponatur subiectum aliqua dispositione. — Ipsa tamen forma ordinatur ulterius ad operationem, quae vel est finis, vel via in finem. Et si quidem habeat forma determinata unam tantum operationem determinatam, nulla alia dispositio requiritur ad operationem praeter ipsam formam. Si autem sit talis forma quae possit diversimode operari, sicut est anima; oportet quod disponatur ad suas operationes per aliquos habitus.

AD SECUNDUM dicendum quod potentia quandoque se habet ad multa: et ideo oportet quod aliquo alio determinetur. Si vero sit aliqua potentia quae non se habeat ad multa, non indiget habitu determinante, ut dictum est[7]. Et propter hoc vires naturales non agunt operationes suas mediantibus aliquibus habitibus: quia secundum seipsas sunt determinatae ad unum.

AD TERTIUM dicendum quod non idem habitus se habet ad bonum et malum, sicut infra[8] patebit. Eadem autem potentia se habet ad bonum et malum. Et ideo necessarii sunt habitus ut potentiae determinentur ad bonum.

Como, pois, há muitos entes para cujas naturezas e ações é necessário que muitas coisas concorram, que podem comensurar-se de modos diversos, é necessário que haja hábitos.

QUANTO AO 1º, portanto, deve-se dizer que pela forma se perfaz a natureza da coisa: mas é preciso o sujeito seja disposto por alguma disposição em ordem à mesma forma. — Mas, a própria forma se ordena ulteriormente à ação, que é o fim, ou a via para o fim. Com efeito, se uma forma determinada tiver apenas uma ação determinada, nenhuma outra disposição se requer, a não ser a própria forma. Mas, se for uma forma tal que pode agir de modos diversos, como é a alma, é preciso que se disponha à ação por alguns hábitos.

QUANTO AO 2º, deve-se dizer que a potência de algum modo está para muitas coisas: por isso precisa que seja determinada por alguma outra coisa. Se houver alguma potência que não esteja para muitas coisas, não necessita de hábito determinante, como foi dito. É este o motivo por que as forças naturais não exercem suas ações por meio de hábitos, já que por si mesmas estão determinadas a uma só coisa.

QUANTO AO 3º, deve-se dizer que não é o mesmo hábito que está para o bem e para o mal, como mais adiante se verá. Mas é a mesma potência que está para o bem e para o mal. Por isso são necessários os hábitos para que as potências sejam determinadas para o bem.

7. In corp.
8. Q. 54, a. 3.

QUAESTIO L

DE SUBIECTO HABITUUM

in sex articulos divisa

Deinde considerandum est de subiecto habituum.

Et circa hoc quaeruntur sex.

Primo: utrum in corpore sit aliquis habitus.

Secundo: utrum anima sit subiectum habitus secundum suam essentiam, vel secundum suam potentiam.

Tertio: utrum in potentiis sensitivae partis possit esse aliquis habitus.

Quarto: utrum in ipso intellectu sit aliquis habitus.

Quinto: utrum in voluntate sit aliquis habitus.

Sexto: utrum in substantiis separatis.

QUESTÃO 50

O SUJEITO DOS HÁBITOS

em seis artigos

Deve-se considerar, a seguir, o sujeito dos hábitos.

Sobre isso, são seis as perguntas:

1. Existem hábitos do corpo?
2. A alma é sujeito do hábito por sua essência ou por sua potência?
3. Nas potências sensitivas, pode haver algum hábito?
4. Na inteligência, há algum hábito?
5. E na vontade?
6. E nas substâncias separadas?

ARTICULUS 1

Utrum in corpore sit aliquis habitus

AD PRIMUM SIC PROCEDITUR. Videtur quod in corpore non sit aliquis habitus.

1. Ut enim Commentator dicit, in III *de Anima*[1], *habitus est quo quis agit cum voluerit*. Sed actiones corporales non subiacent voluntati: cum sint naturales. Ergo in corpore non potest esse aliquis habitus.

2. PRAETEREA, omnes dispositiones corporales sunt facile mobiles. Sed habitus est qualitas difficile mobilis. Ergo nulla dispositio corporalis potest esse habitus.

3. PRAETEREA, omnes dispositiones corporales subiacent alterationi. Sed alteratio non est nisi in tertia specie qualitatis, quae dividitur contra habitum. Ergo nullus habitus est in corpore.

SED CONTRA est quod Philosophus, in *Praedicamentis*[2], sanitatem corporis, vel infirmitatem insanabilem, habitum nominari dicit.

RESPONDEO dicendum quod, sicut supra[3] dictum est, habitus est quaedam dispositio alicuius subiecti existentis in potentia vel ad formam, vel ad operationem. Secundum ergo quod habitus importat dispositionem ad operationem, nullus habitus est principaliter in corpore sicut in subiecto. Omnis enim operatio corporis est aut a naturali qualitate corporis; aut est ab anima movente corpus. Quantum igitur ad illas operationes quae sunt a natura, non disponitur corpus per aliquem habitum: quia virtutes naturales sunt determinatae ad unum; dictum est autem[4] quod habitualis dispositio requiritur ubi subiectum est in potentia ad multa. Operationes vero quae sunt ab anima per corpus, principaliter quidem sunt ipsius animae: secundario vero ipsius corporis. Habitus autem proportionatur operationibus: unde *ex similibus actibus similes habitus causantur*, ut dicitur in II *Ethic*.[5]. Et ideo dispositiones ad tales operationes principaliter sunt in anima. In corpore vero possunt esse secundario: inquantum scilicet corpus disponitur et habilitatur ad prompte deserviendum operationibus animae.

ARTIGO 1

Existe algum hábito no corpo?

QUANTO AO PRIMEIRO ARTIGO, ASSIM SE PROCEDE; parece que no corpo **não** existe hábito algum.

1. Com efeito, segundo escreve o Comentador, "hábito é o que permite agir quando se quer". Ora, por serem naturais, as ações do corpo não estão sujeitas à vontade. Logo, no corpo não pode haver nenhum hábito.

2. ALÉM DISSO, todas as disposições corporais são facilmente mutáveis. Ora, o hábito é uma qualidade dificilmente mutável. Logo, nenhuma disposição corporal pode ser um hábito.

3. ADEMAIS, todas as disposições corporais estão sujeitas à alteração. Ora, esta só se enquadra na terceira espécie de qualidade, que se contradistingue do hábito. Logo, no corpo não há hábito algum.

EM SENTIDO CONTRÁRIO, diz o Filósofo que a saúde do corpo ou a doença incurável se chamam hábitos.

RESPONDO. Como já foi dito, o hábito é uma disposição de um sujeito existente em potência ou para uma forma ou para uma ação. Portanto, enquanto implica disposição para uma ação, nenhum hábito existe principalmente no corpo como em seu sujeito. Toda ação corporal, com efeito, provém ou de uma qualidade natural do corpo ou da alma que o move. Portanto, no que se refere às ações provenientes da natureza, o corpo não fica disposto por nenhum hábito, pois as potências naturais são determinadas a uma só ação. Ora, já foi dito que se requer uma disposição habitual quando o sujeito está em potência para muitas coisas. As ações, porém, que procedem da alma por meio do corpo, vêm principalmente da alma, mas secundariamente, do corpo. Na verdade, os hábitos são proporcionais às ações e, por isso, se diz no livro II da *Ética*: "atos semelhantes causam hábitos semelhantes". Daí por que as disposições para essas ações estão, principalmente, na alma. Podem existir, secundariamente, no corpo, enquanto este se dispõe e se capacita a servir prontamente às atividades da alma.

1 PARALL.: III Sent., dist. 23, q. 1, a. 1.

1. Comm. 18.
2. C. 6: 9, a, 1.
3. Q. 49, a. 2 sqq.
4. Ibid. a. 4.
5. C. 1: 1103, b, 21-22.

Si vero loquamur de dispositione subiecti ad formam, sic habitualis dispositio potest esse in corpore, quod comparatur ad animam sicut subiectum ad formam. Et hoc modo sanitas et pulchritudo, et huiusmodi, habituales dispositiones dicuntur. Non tamen perfecte habent rationem habituum: quia causae eorum ex sua natura de facili transmutabiles sunt.

Alexander vero posuit nullo modo habitum vel dispositionem primae speciei esse in corpore, ut Simplicius refert in *Commento Praedicament.*[6]: sed dicebat primam speciem qualitatis pertinere tantum ad animam. Et quod Aristoteles inducit in *Praedicamentis* de sanitate et aegritudine[7], non inducit quasi haec pertineant ad primam speciem qualitatis, sed per modum exempli: ut sit sensus quod sicut aegritudo et sanitas possunt esse facile vel difficile mobiles, ita etiam qualitates primae speciei, quae dicuntur habitus et dispositio. — Sed patet hoc esse contra intentionem Aristotelis. Tum quia eodem modo loquendi utitur exemplificando de sanitate et aegritudine, et de virtute et de scientia. Tum quia in VII *Physic.*[8] expresse ponit inter habitus pulchritudinem et sanitatem.

Ad primum ergo dicendum quod obiectio illa procedit de habitu secundum quod est dispositio ad operationem, et de actibus corporis qui sunt a natura: non autem de his qui sunt ab anima, quorum principium est voluntas.

Ad secundum dicendum quod dispositiones corporales non sunt simpliciter difficile mobiles, propter mutabilitatem corporalium causarum. Possunt tamen esse difficile mobiles per comparationem ad tale subiectum, quia scilicet, tali subiecto durante, amoveri non possunt: vel quia sunt difficile mobiles per comparationem ad alias dispositiones. Sed qualitates animae sunt simpliciter difficile mobiles, propter immobilitatem subiecti. Et ideo non dicit quod sanitas difficile mobilis simpliciter sit habitus: sed quod est *ut habitus*, sicut in graeco habetur. Qualitates autem animae dicuntur simpliciter habitus.

Se, ao contrário, considerarmos a disposição do sujeito em relação à sua forma, nesse caso pode existir uma disposição habitual no corpo, que está para a alma como o sujeito para a forma[a]. É assim que se chamam disposições habituais a saúde, a beleza etc, embora não realizem perfeitamente a razão de hábito, dado que suas causas são, por natureza, facilmente mutáveis.

No entanto, Alexandre, como refere Simplício, sustentava que um hábito ou disposição da primeira espécie de modo algum existia no corpo e afirmava que a primeira espécie de qualidade pertence exclusivamente à alma. E o que Aristóteles alega, a respeito da saúde e da doença, é a título de exemplo e não que essas disposições pertençam à primeira espécie de qualidade, de sorte que o sentido seria este: assim como a doença e a saúde podem mudar fácil ou dificilmente, assim também as qualidades da primeira espécie, que são chamadas hábitos e disposições. — Evidentemente, porém, isso vai contra a intenção de Aristóteles, seja porque ele usa o mesmo modo de falar, dando exemplos como a saúde, a doença, a virtude e a ciência, seja porque no livro VII da *Física*, afirma explicitamente, a beleza e a saúde entre os hábitos.

Quanto ao 1º, portanto, deve-se dizer que essa objeção é procedente, considerando-se o hábito como disposição para agir e os atos corporais como naturais. Mas, não vale quanto aos atos provenientes da alma, cujo princípio é a vontade.

Quanto ao 2º, deve-se dizer que as disposições do corpo não são em si mesmas dificilmente mutáveis, por causa da mobilidade das causas corporais. Podem sê-lo por comparação com determinado sujeito, ou seja, por não poderem desaparecer enquanto esse sujeito permanecer; ou porque elas são dificilmente mutáveis, em comparação com outras disposições. As qualidades da alma, porém, são dificilmente mutáveis de modo absoluto, em razão da não mobilidade do sujeito. E, por isso, não diz que a saúde, mesmo quando dificilmente mutável, é absolutamente um hábito e sim que ela é *como um hábito*, conforme o texto grego. Já as qualidades da alma são consideradas absolutamente hábitos.

6. Ed. C. Kalbfleisch, p. 233, ll. 16-18; p. 241, ll. 27-29.
7. C. 6: 8, b, 36-37.
8. C. 3: 246, b, 4-5.

a. Remetemos o leitor ao princípio fundamental da antropologia de Aristóteles e de Sto. Tomás, ao que se chama hilemorfismo: a alma e o corpo constituem uma só e mesma realidade, uma unidade complexa, o "conjunto", como é afirmado com frequência. O corpo é animado em todas suas funções pela alma, ainda que, no homem, esta última seja capaz de atividades específicas, as do espírito, inteligência e vontade, o desejo-refletido de Aristóteles.

AD TERTIUM dicendum quod dispositiones corporales quae sunt in prima specie qualitatis, ut quidam posuerunt, differunt a qualitatibus tertiae speciei in hoc, quod qualitates tertiae speciei sunt ut in fieri et ut in motu: unde dicuntur passiones vel passibiles qualitates. Quando autem iam pervenerint ad perfectum, quasi ad speciem, tunc iam sunt in prima specie qualitatis. — Sed hoc improbat Simplicius, in *Commento Praedicamentorum*[9], quia secundum hoc calefactio esset in tertia specie qualitatis, calor autem in prima: Aristoteles autem ponit calorem in tertia.

Unde Porphyrius dicit, sicut idem Simplicius refert[10], quod passio vel passibilis qualitas, et dispositio et habitus, differunt in corporibus secundum intensionem et remissionem. Quando enim aliquid recipit caliditatem secundum calefieri tantum, non autem ut calefacere possit; tunc est passio, si sit cito transiens, vel passibilis qualitas, si sit manens. Quando autem iam ad hoc perducitur quod potest etiam alterum calefacere, tunc est dispositio: si autem ulterius intantum confirmetur quod sit difficile mobilis, tunc erit habitus: ut sic dispositio sit quaedam intensio seu perfectio passionis vel passibilis qualitatis, habitus autem dispositionis. — Sed hoc improbat Simplicius[11], quia talis intensio et remissio non important diversitatem ex parte ipsius formae, sed ex diversa participatione subiecti. Et ita non diversificarentur per hoc species qualitatis.

Et ideo aliter dicendum est quod, sicut supra[12] dictum est, commensuratio ipsarum qualitatum passibilium secundum convenientiam ad naturam, habet rationem dispositionis: et ideo, facta alteratione circa ipsas qualitates passibiles, quae sunt calidum et frigidum, humidum et siccum, fit ex consequenti alteratio secundum aegritudinem et sanitatem. Primo autem et per se non est alteratio secundum huiusmodi habitus et dispositiones.

QUANTO AO 3°, deve-se dizer que as disposições corporais da primeira espécie de qualidade diferem, como disseram alguns, das qualidades da terceira espécie pelo fato de estas estarem como em vir-a-ser e em movimento, sendo, por isso, denominadas paixões ou qualidades passíveis. Quando, porém, atingem a perfeição, que é a sua espécie, já pertencem à primeira espécie de qualidade. — Simplício, contudo, recusa essa explicação, porque assim a ação de esquentar pertenceria à terceira espécie de qualidade, ao passo que o calor seria da primeira e Aristóteles o afirma na terceira.

Donde Porfírio afirmar, conforme refere Simplício no lugar citado, que a paixão ou a qualidade passível, a disposição e o hábito diferem nos corpos, conforme a intensidade e a remissão. Assim, quando um corpo recebe calor só para se aquecer e não para aquecer, nele existe a paixão, se for passageira, ou a qualidade passível, se permanente. Quando, porém, chega ao ponto de poder aquecer outro corpo, então é uma disposição. E se depois essa disposição se firmar de tal modo que venha a ser dificilmente mutável, então será um hábito. E assim a disposição será certa intensidade ou perfeição da paixão ou da qualidade passível, enquanto o hábito é uma intensificação da disposição. — Todavia, Simplício desaprova isso, porque essa intensidade e essa remissão não implicam uma diversidade na forma em si mesma, mas na participação do sujeito nessa forma e assim as espécies da qualidade não se poderiam diversificar.

Deve-se, portanto, dizer de outro modo que, segundo já foi demonstrado, o equilíbrio das qualidades passíveis em si mesmas, visto em sua harmonia com a natureza, tem a razão de disposição. Por isso, havendo alteração nessas qualidades passíveis, quente e frio, úmido e seco acontece uma alteração relativamente à doença e à saúde. Mas, primariamente e por si, não há alteração nesses hábitos e disposições.

9. Ed. C. Kalbfleisch, p. 234, ll. 23-30.

10. Ed. C. Kalbfleisch, p. 234, l. 30-p. 235, l. 2. — Cfr. PORPHYRIUM, *In Arist. Cat. Comm.*, ed. A. Busse (Comm. in Arist. graeca, edita consilio et auctoritate Acad. R. Litt. Borussicae, vol. IV, pars I), Berolini 1887, p. 132, ll. 12-19.

11. Ed. C. Kalbfleisch, p. 234, ll. 3-8.

12. Q. 49, a. 2, ad 1.

ARTICULUS 2
Utrum anima sit subiectum habitus secundum suam essentiam, vel suam potentiam

AD SECUNDUM SIC PROCEDITUR. Videtur quod habitus sint in anima magis secundum essentiam quam secundum potentiam.

1. Dispositiones enim et habitus dicuntur in ordine ad naturam, ut dictum est[1]. Sed natura magis attenditur secundum essentiam animae quam secundum potentias: quia anima secundum suam essentiam est natura corporis talis, et forma eius. Ergo habitus sunt in anima secundum eius essentiam et non secundum potentiam.

2. PRAETEREA, accidentis non est accidens. Habitus autem est quoddam accidens. Sed potentiae animae sunt de genere accidentium, ut in Primo[2] dictum est. Ergo habitus non est in anima ratione suae potentiae.

3. PRAETEREA, subiectum est prius eo quod est in subiecto. Sed habitus, cum pertineat ad primam speciem qualitatis, est prior quam potentia, quae pertinet ad secundam speciem. Ergo habitus non est in potentia animae sicut in subiecto.

SED CONTRA est quod Philosophus, in I *Ethic.*[3], ponit diversos habitus in diversis partibus animae.

RESPONDEO dicendum quod, sicut supra[4] dictum est, habitus importat dispositionem quandam in ordine ad naturam, vel ad operationem. Si ergo accipiatur habitus secundum quod habet ordinem ad naturam, sic non potest esse in anima, si tamen de natura humana loquamur: quia ipsa anima est forma completiva humanae naturae; unde secundum hoc, magis potest esse aliquis habitus vel dispositio in corpore per ordinem ad animam, quam in anima per ordinem ad corpus. Sed si loquamur de aliqua superiori natura, cuius homo potest esse particeps, secundum illud 2Pe 1,4, *ut simus consortes naturae divinae*: sic nihil prohibet in anima secundum suam essentiam esse aliquem habitum, scilicet gratiam, ut infra[5] dicetur.

Si vero accipiatur habitus in ordine ad operationem, sic maxime habitus inveniuntur in anima: inquantum anima non determinatur ad unam ope-

ARTIGO 2
A alma é sujeito de hábitos segundo sua essência ou segundo sua potência?

QUANTO AO SEGUNDO, ASSIM SE PROCEDE: parece que o hábito existe na alma **mais** segundo a essência do que segundo a potência.

1. Com efeito, disposições e hábitos se definem em ordem à uma natureza. Ora, a natureza se considera mais pela essência da alma do que pelas potências, pois é por sua essência que a alma é a natureza e a forma de tal corpo. Logo, os hábitos estão na alma segundo sua essência e não segundo sua potência.

2. ALÉM DISSO, não existe acidente de acidente. Ora, o hábito é um acidente e as potências da alma também pertencem ao gênero de acidentes, como se viu na I Parte. Logo, o hábito não existe na alma em razão de sua potência.

3. ADEMAIS, o sujeito é anterior ao que nele existe. Ora, o hábito, por pertencer à primeira espécie de qualidade, é anterior à potência, que pertence à segunda. Logo, o hábito não existe na potência da alma, como em seu sujeito.

EM SENTIDO CONTRÁRIO, o Filósofo situa diversos hábitos nas diversas partes da alma.

RESPONDO. Conforme se disse acima, o hábito implica uma disposição ordenada para a natureza ou para a ação. Portanto, se se tomar o hábito enquanto ordenado para a natureza, não pode existir na alma, se falamos da natureza humana, porque a alma é em si mesma a forma que completa essa natureza. Por isso, desse ponto de vista, um hábito ou uma disposição pode existir antes no corpo, ordenado para a alma, do que na alma, ordenada para o corpo. No entanto, se falamos de alguma natureza superior, da qual o homem possa participar, segundo a palavra na Carta de Pedro: "para que estejamos em comunhão com a natureza divina", então nada impede que na alma, segundo sua essência, exista algum hábito que é a graça, como se dirá depois.

Por outro lado, se se toma o hábito em ordem à ação, nesse caso é sobretudo na alma que se encontra, porque esta não é determinada a uma

2 PARALL.: II *Sent.*, dist. 26, a. 3, ad 4, 5.

1. Q. 49, a. 2.
2. Q. 77, a. 1, ad 5.
3. C. 13: 1103, a, 3-10.
4. Q. 49, a. 2, 3.
5. Q. 110, a. 4.

rationem, sed se habet ad multas, quod requiritur ad habitum, ut supra[6] dictum est. Et quia anima est principium operationum per suas potentias, ideo secundum hoc, habitus sunt in anima secundum suas potentias.

Ad primum ergo dicendum quod essentia animae pertinet ad naturam humanam, non sicut subiectum disponendum ad aliquid aliud: sed sicut forma et natura ad quam aliquis disponitur.

Ad secundum dicendum quod accidens per se non potest esse subiectum accidentis. Sed quia etiam in ipsis accidentibus est ordo quidam, subiectum secundum quod est sub uno accidente, intelligitur esse subiectum alterius. Et sic dicitur unum accidens esse subiectum alterius: ut superficies coloris. Et hoc modo potest potentia esse subiectum habitus.

Ad tertium dicendum quod habitus praemittitur potentiae, secundum quod importat dispositionem ad naturam: potentia autem semper importat ordinem ad operationem, quae est posterior, cum natura sit operationis principium. Sed habitus cuius potentia est subiectum, non importat ordinem ad naturam, sed ad operationem. Unde est posterior potentia. — Vel potest dici quod habitus praeponitur potentiae sicut completum incompleto, et actus potentiae. Actus enim naturaliter est prior; quamvis potentia sit prior ordine generationis et temporis, ut dicitur in VII et IX *Metaphys.*[7].

única ação, mas se refere a muitas e isso é o que requer um hábito, como já foi dito. E como a alma é princípio de ação por suas potências, segue-se daí que os hábitos existem na alma segundo suas potências.

Quanto ao 1º, portanto, deve-se dizer que a essência da alma pertence à natureza humana não como um sujeito disponível a algo diferente, mas como uma forma e uma natureza à qual alguém se dispõe.

Quanto ao 2º, deve-se dizer que por si mesmo um acidente não pode ser sujeito de outro acidente. Mas, como até entre os acidentes existe uma ordem, o sujeito na medida em que está sob um acidente, compreende-se que seja sujeito de outro acidente. E assim se diz que um acidente é o sujeito de outro, como a superfície é sujeito da cor e, desse modo, a potência pode ser sujeito do hábito.

Quanto ao 3º, deve-se dizer que o hábito é anterior à potência, enquanto implica disposição para uma natureza. Já a potência sempre implica ordenação para a ação, que é posterior, porque a natureza é o princípio da ação. Ora, o hábito, cujo sujeito é a potência, não implica ordenação para a natureza, mas para a ação e por isso é posterior à potência. — Por outro lado, pode-se dizer que o hábito é anterior à potência, como o completo ao incompleto e o ato à potência, pois o ato, por natureza, é anterior, embora a potência lhe seja anterior na ordem da geração e do tempo, como se diz nos livros VII a IX da *Metafísica*[b].

Articulus 3

Utrum in potentiis sensitivae partis possit esse aliquis habitus

Ad tertium sic proceditur. Videtur quod in potentiis sensitivae partis non possit esse aliquis habitus.

1. Sicut enim potentia nutritiva pars est irrationalis, ita et sensitiva. Sed in potentiis nutritivae partis non ponitur aliquis habitus. Ergo nec in potentiis sensitivae partis aliquis habitus debet poni.

Artigo 3

Nas potências da parte sensitiva pode existir algum hábito?

Quanto ao terceiro, assim se procede: parece que **não** pode haver nenhum hábito nas potências da parte sensitiva.

1. Com efeito, como a potência sensitiva, também a nutritiva, é irracional. Ora, não se afirma nenhum hábito nas potências da parte nutritiva. Logo, também não se deve afirmar nenhum hábito nas potências da parte sensitiva.

6. Q. 49, a. 4.
7. *Met.* VII, 3: 1029, a, 5-6.

3 Parall.: III *Sent.*, dist. 14, a. 1, q.la 2; dist. 23, q. 1, a. 1; *De Virtut.*, q. 1, a. 1.

b. A natureza é vida e ação; o ato é, portanto, primeiro na ordem da natureza, considerada em sua essência e em sua finalidade. A vida, porém, é no tempo, nasce e cresce: desse ponto de vista, a potência é, cronologicamente, anterior ao ato.

2. PRAETEREA, sensitivae partes sunt communes nobis et brutis. Sed in brutis non sunt aliquid habitus: quia non est in eis voluntas, quae in definitione habitus ponitur, ut supra[1] dictum est. Ergo in potentiis sensitivis non sunt aliqui habitus.

3. PRAETEREA, habitus animae sunt scientiae et virtutes: et sicut scientia refertur ad vim apprehensivam, ita virtus ad vim appetitivam. Sed in potentiis sensitivis non sunt aliquae scientiae: cum scientia sit universalium, quae vires sensitivae apprehendere non possunt. Ergo etiam nec habitus virtutum in partibus sensitivis esse possunt.

SED CONTRA est quod Philosophus dicit, in III *Ethic.*[2], quod *aliquas virtutes*, scilicet temperantia et fortitudo, *sunt irrationabilium partium*.

RESPONDEO dicendum quod vires sensitivae dupliciter possunt considerari: uno modo, secundum quod operantur ex instinctu naturae; alio modo, secundum quod operantur ex imperio rationis. Secundum igitur quod operantur ex instinctu naturae, sic ordinantur ad unum, sicut et natura. Et ideo sicut in potentiis naturalibus non sunt aliqui habitus, ita etiam nec in potentiis sensitivis, secundum quod ex instinctu naturae operantur. — Secundum vero quod operantur ex imperio rationis, sic ad diversa ordinari possunt. Et sic possunt in eis esse aliqui habitus, quibus bene aut male ad aliquid disponuntur.

AD PRIMUM ergo dicendum quod vires nutritivae partis non sunt natae obedire imperio rationis: et ideo non sunt in eis aliqui habitus. Sed vires sensitivae natae sunt obedire imperio rationis: et ideo in eis esse possunt aliqui habitus; nam secundum quod obediunt rationi, quodammodo rationales dicuntur, ut in I *Ethic.*[3] dicitur.

AD SECUNDUM dicendum quod vires sensitivae in brutis animalibus non operantur ex imperio rationis; sed si sibi relinquantur bruta animalia, operantur ex instinctu naturae. Et sic in brutis animalibus non sunt aliqui habitus ordinati ad operationes. Sunt tamen in eis aliquae dispositiones in ordine ad naturam, ut sanitas et pulchritudo. — Sed quia bruta animalia a ratione hominis per quandam consuetudinem disponuntur ad aliquid operandum sic vel aliter, hoc modo in brutis animalibus habitus

2. ALÉM DISSO, as partes sensitivas são comuns a nós e aos animais irracionais. Ora, estes não têm hábito algum, pois carecem de vontade, dado integrante da definição do hábito, como acima se disse. Logo, não há nenhum hábito nas potências sensitivas.

3. ADEMAIS, os hábitos da alma são as ciências e as virtudes e assim como a ciência se reporta à potência apreensiva, a virtude à potência apetitiva. Ora, nas potências sensitivas não há ciências, porque estas têm por objeto o universal, que as potências sensitivas não conseguem apreender. Logo, os hábitos das virtudes não podem também existir nas partes sensitivas.

EM SENTIDO CONTRÁRIO, afirma o Filósofo que "as partes irracionais têm algumas virtudes", a saber, a temperança e a fortaleza.

RESPONDO. De duas maneiras podem ser consideradas as potências sensitivas, conforme atuam pelo instinto natural ou pelo império da razão. Na primeira hipótese, ordenam-se para uma única coisa, tal qual a natureza. E daí, como não há hábito algum nas potências naturais, assim também não existe nas partes sensitivas, pelo fato de estas atuarem por instinto natural. — Na outra hipótese, operando sob o império da razão, podem se ordenar a fins diversos, podendo então haver nelas alguns hábitos pelos quais se dispõem bem ou mal a alguma coisa.

QUANTO AO 1º, portanto, deve-se dizer que as potências da parte nutritiva não são, por natureza, destinadas a obedecer ao império da razão e é por isso que nelas não há hábitos. Mas as potências sensitivas o são e por isso podem ter alguns hábitos, porque, na medida em que obedecem à razão, são de certa maneira racionais, diz o livro I da *Ética*.

QUANTO AO 2º, deve-se dizer que nos irracionais as potências sensitivas não agem pelo império da razão, mas pelo instinto natural, desde que entregues a si mesmos. Assim, nos animais irracionais não há hábitos ordenados às ações, embora tenham eles certas disposições ordenadas à natureza, como a saúde e a beleza. — Por outro lado, como os animais irracionais estão dispostos por obra dos homens e em virtude de treinamentos, a agir deste ou daquele jeito, pode-se admitir, nesse

1. A. 1, 1 a; q. 49, a. 3, *sed c.*
2. C. 13: 1117, b, 23-24.
3. C. 13: 1102, b, 13-14, 25-28.

quodammodo poni possunt: unde Augustinus dicit, in libro *Octoginta trium Quaest.*[4], quod *videmus immanissimas bestias a maximis voluptatibus absterreri dolorum metu, quod cum in earum consuetudinem verterit, domitae et mansuetae vocantur*. Deficit tamen ratio habitus quantum ad usum voluntatis, quia non habent dominium utendi vel non utendi: quod videtur ad rationem habitus pertinere. Et ideo, proprie loquendo, in eis habitus esse non possunt.

AD TERTIUM dicendum quod appetitus sensitivus natus est moveri ab appetitu rationali, ut dicitur in III *de Anima*[5]: sed vires rationales apprehensivae natae sunt accipere a viribus sensitivis. Et ideo magis convenit quod habitus sint in viribus sensitivis appetitivis quam in viribus sensitivis apprehensivis: cum in viribus sensitivis non sint habitus nisi secundum quod operantur ex imperio rationis. — Quamvis etiam in ipsis interioribus viribus sensitivis apprehensivis possint poni aliqui habitus, secundum quos homo fit bene memorativus vel cogitativus vel imaginativus: unde etiam Philosophus dicit, in cap. d*e Memoria*[6], quod *consuetudo multum operatur ad bene memorandum*: quia etiam istae vires moventur ad operandum ex imperio rationis. Vires autem apprehensivae exteriores, ut visus et auditus et huiusmodi, non sunt susceptivae aliquorum habituum, sed secundum dispositionem suae naturae ordinantur ad suos actus determinatos; sicut et membra corporis, in quibus non sunt habitus, sed magis in viribus imperantibus motum ipsorum.

sentido, que tenham hábitos. Donde esta afirmação de Agostinho: "Vemos animais ferocíssimos absterem-se dos maiores prazeres, por medo do sofrimento. E como isso se torna para eles um hábito, chamam-se domesticados e mansos". Falta-lhes, porém, a razão do hábito quanto ao uso da vontade, porque não têm o poder de usar ou não usar, o que parece pertencer à razão do hábito. Logo, falando com propriedade, neles não podem existir hábitos.

QUANTO AO 3º, deve-se dizer que é natural que o apetite sensitivo seja movido pelo racional, como diz o livro III da *Alma*, ao passo que as potências racionais apreensivas são, as que, por natureza, recebem das potências sensitivas. Por isso, é mais conveniente que os hábitos existam nas potências sensitivas apetitivas do que nas sensitivas apreensivas, porque só ocorrem hábitos nas potências sensitivas, quando estas agem a mando da razão[c]. — Entretanto, nas próprias potências sensitivas apreensivas interiores podem existir certos hábitos pelos quais o homem pode lembrar, pensar, imaginar. Daí aquela palavra do Filósofo: "O costume ajuda bastante a boa memória", pois também essas potências são levadas a agir pelo império da razão. Já as potências apreensivas exteriores, como a vista, o ouvido e outras, não são susceptíveis de hábitos, mas estão determinadas a seus próprios atos por disposição natural. O mesmo se dá com os membros do corpo: os hábitos não residem neles e sim nas potências que os movimentam.

ARTICULUS 4

Utrum in ipso intellectu sit aliquis habitus

AD QUARTUM SIC PROCEDITUR. Videtur quod in intellectu non sint aliqui habitus.

1. Habitus enim operationibus conformatur, ut dictum est[1]. Sed operationes hominis sunt communes animae et corpori, ut dicitur in I *de Anima*[2]. Ergo et habitus. Sed intellectus non est

ARTIGO 4

Existem hábitos no intelecto?

QUANTO AO QUARTO, ASSIM SE PROCEDE: parece que no intelecto **não** existem hábitos.

1. Com efeito, os hábitos, como foi dito, são conformes às ações. Ora, as ações do homem são comuns à alma e ao corpo, como se lê no livro I da *Alma*. Logo, os hábitos também o são. Mas,

4. Q. 36: ML 40, 25.
5. C. 11: 434, a, 12-15.
6. *De mem. et rem.*, c. 2: 452, a, 28-30.

4 PARALL.: III *Sent.*, dist. 14, a. 1, q.la 2; dist. 23, q. 1, a. 1; *De Verit.*, q. 1, art. 1.

1. Art. 1.
2. C. 1: 403, a, 8-10; c. 4: 408, b, 8-9.

c. É com base nisso que Sto. Tomás avaliará a qualidade moral das paixões. Na medida em que essas paixões, no homem, são feitas para se exercer, sem nada perder de sua natureza sensível, sob a influência do desejo-refletido elas se tornam sedes de virtudes: são as virtudes da temperança (no concupiscível) e da força (no irascível).

actus corporis, ut dicitur in III *de Anima*[3]. Ergo intellectus non est subiectum alicuius habitus.

2. PRAETEREA, omne quod est in aliquo, est in eo per modum eius in quo est. Sed id quod est forma sine materia, est actus tantum: quod autem est compositum ex forma et materia, habet potentiam et actum simul. Ergo in eo quod est forma tantum, non potest esse aliquid quod sit simul in potentia et actu: sed solum in eo quod est compositum ex materia et forma. Sed intellectus est forma sine materia. Ergo habitus, qui habet potentiam simul cum actu, quasi medium inter utrumque existens, non potest esse in intellectu; sed solum in coniuncto, quod est compositum ex anima et corpore.

3. PRAETEREA, habitus est *dispositio secundum quam aliquis bene vel male disponitur ad aliquid*, ut dicitur in V *Metaph.*[4]. Sed quod aliquis bene vel male sit dispositus ad actum intellectus, provenit ex aliqua corporis dispositione: unde etiam in II *de Anima*[5] dicitur quod *molles carne bene aptos mente videmus*. Ergo habitus cognoscitivi non sunt in intellectu, qui est separatus; sed in aliqua potentia quae est actus alicuius partis corporis.

SED CONTRA est quod Philosophus, in VI *Ethic.*[6], ponit scientiam et sapientiam et intellectum, qui est habitus principiorum, in ipsa intellectiva parte animae.

RESPONDEO dicendum quod circa habitus cognoscitivos diversimode sunt aliqui opinati. Quidam enim, ponentes intellectum possibilem esse unum in omnibus hominibus, coacti sunt ponere quod habitus cognoscitivi non sunt in ipso intellectu, sed in viribus interioribus sensitivis. Manifestum est enim quod homines in habitibus diversificantur: unde non possunt habitus cognoscitivi directe poni in eo quod, unum numero existens, est omnibus hominibus commune. Unde si intellectus possibilis sit unus numero omnium hominum, habitus scientiarum, secundum quos homines diversificantur, non poterunt esse in intellectu possibili sicut in subiecto: sed erunt in viribus interioribus sensitivis, quae sunt diversae in diversis.

segundo esse mesmo tratado, o intelecto não é ato do corpo. Logo, o intelecto não é sujeito de hábito algum.

2. ALÉM DISSO, tudo o que está em alguma coisa está aí conforme o modo dessa coisa. Ora, o que é forma sem matéria é somente ato e o que é composto de forma e matéria possui, simultaneamente, potência e ato. Logo, não pode existir no que é pura forma algo que esteja, ao mesmo tempo, em potência e em ato, mas somente no que é composto de matéria e forma. Ora, o intelecto é forma sem matéria. Logo, o hábito que tem, simultaneamente, potência e ato, ficando por assim dizer entre os dois, não pode existir no intelecto, mas só no conjunto, que é composto de alma e de corpo.

3. ADEMAIS, o hábito é a "a disposição pela qual nos dispomos bem ou mal para alguma coisa", como diz o livro V da *Metafísica*. Ora, vem de uma disposição corporal estar bem ou mal disposto ao ato do intelecto e por essa razão está no livro II da *Alma* que "os de compleição delicada nós os vemos como de boa capacidade mental". Logo, os hábitos de conhecimento não estão no intelecto, que é de uma ordem à parte, mas em alguma potência que é ato de uma parte do corpo.

EM SENTIDO CONTRÁRIO, o Filósofo afirma a ciência, a sabedoria e o intelecto, que é o hábito dos princípios, precisamente na parte intelectiva da alma.

RESPONDO. Sobre os hábitos cognoscitivos, divergem as opiniões. Alguns, ensinando que o intelecto possível é o mesmo em todos os homens[d], são forçados a admitir que os hábitos de conhecimento não existem no intelecto, mas nas faculdades sensitivas interiores, pois os homens diferem, evidentemente, pelos hábitos. Portanto, os hábitos cognoscitivos não podem existir diretamente naquilo que, sendo numericamente um só, é comum a todos os homens. Logo, se o intelecto possível é numericamente um para todos os homens, os hábitos das ciências que os fazem diferentes não poderão existir nele como sujeito, mas sim nas potências sensitivas interiores, que variam conforme os indivíduos.

3. C. 4: 429, a, 24-27.
4. C. 20: 1022, b, 10-12.
5. C. 9: 421, a, 26.
6. C. 3: 1139, b, 16 sqq.

d. O intelecto passivo é essa forma de inteligência que recebe "passivamente" as impressões que lhe fornecem o conhecimento da realidade, um pouco como o faz uma película fotográfica. O intelecto ativo trabalha esse dado, o elabora, etc.

Sed ista positio, primo quidem, est contra intentionem Aristotelis. Manifestum est enim quod vires sensitivae non sunt rationales per essentiam, sed solum per participationem, ut dicitur in I *Ethic.*[7]. Philosophus autem ponit intellectuales virtutes, quae sunt sapientia, scientia et intellectus, in eo quod est rationale per essentiam. Unde non sunt in viribus sensitivis, sed in ipso intellectu. — Expresse etiam dicit, in III *de Anima*[8], quod intellectus possibilis, *cum sic fiat singula*, idest cum reducatur in actum singulorum per species intelligibiles, *tunc fit secundum actum eo modo quo sciens dicitur esse in actu, quod quidem accidit cum aliquis possit operari per seipsum*, scilicet considerando. *Est quidem igitur et tunc potentia quodammodo; non tamen similiter ut ante addiscere aut invenire*. Ipse ergo intellectus possibilis est in quo est habitus scientiae quo potest considerare etiam cum non considerat.

No entanto, essa posição é, *em primeiro lugar*, contrária ao pensamento de Aristóteles. Com efeito, é claro que as potências sensitivas não são racionais por essência, mas só por participação, como se diz no livro I da *Ética*. Ora, o Filósofo afirma as virtudes intelectuais, a saber, a sabedoria, a ciência e o entendimento no que é racional por essência. Portanto, elas não estão nas potências sensitivas, mas no próprio intelecto. — Aliás, ele diz explicitamente no livro III da *Alma*, que o intelecto possível, "ao se fazer cada coisa", isto é, quando se reduz a ato pelas espécies inteligíveis de cada coisa, "ele se realiza como ato, como se diz que quem sabe está em ato, coisa que acontece quando alguém pode agir por si mesmo", ou seja, refletindo. Na realidade, também nesse caso o intelecto está, de certa maneira, em potência, não, porém, como antes de aprender ou de descobrir". É no intelecto possível, pois, que está o hábito da ciência, pelo qual pode pensar, até quando não o está fazendo.

Secundo etiam, haec positio est contra rei veritatem. Sicut enim eius est potentia cuius est operatio, ita etiam eius est habitus cuius est operatio. Intelligere autem et considerare est proprius actus intellectus. Ergo et habitus quo consideratur, est proprie in ipso intellectu.

Em segundo lugar, esta afirmação vai contra a verdade das coisas, pois, assim como a potência, também o hábito é próprio daquele ao qual pertence a ação. Ora, conhecer e pensar é ato próprio do intelecto. Logo, também o hábito, pelo qual pensamos, está propriamente no intelecto.

AD PRIMUM ergo dicendum quod quidam dixerunt, ut Simplicius refert in *Commento Praedicamentorum*[9], quod quia omnis operatio hominis est quodammodo coniuncti, ut Philosophus dicit in I *de Anima*[10]; ideo nullus habitus est animae tantum, sed coniuncti. Et per hoc sequitur quod nullus habitus sit in intellectu, cum intellectus sit separatus: ut ratio proposita procedebat. — Sed ista ratio non cogit. Habitus enim non est dispositio obiecti ad potentiam, sed magis dispositio potentiae ad obiectum: unde habitus oportet quod sit in ipsa potentia quae est principium actus, non autem in eo quod comparatur ad potentiam sicut obiectum. Ipsum autem intelligere non dicitur commune esse animae et corpori, nisi ratione phantasmatis, ut dicitur in I *de Anima*[11]. Patet autem quod phantasma comparatur ad intellectum possibilem ut obiectum, ut dicitur in III *de Anima*[12]. Unde relinquitur quod habitus intellectivus

QUANTO AO 1º, portanto, deve-se dizer que alegaram alguns, conforme refere Simplício que, pertencendo toda ação do homem, de certo modo, ao conjunto, como diz o Filósofo, nenhum hábito pertence só à alma, senão ao conjunto. E daí se segue que, sendo o intelecto separado do corpo não há nele nenhum hábito, como pretende a objeção apresentada. — Ela, porém, não convence, porque o hábito não é uma disposição do objeto para a potência e sim uma disposição da potência para o objeto. É necessário então que o hábito exista na potência mesma, que é o princípio do ato; não, porém, no que está para a potência como seu objeto. Ora, é só em razão das representações imaginárias, que se diz ser o próprio ato de conhecer comum à alma e ao corpo. Mas é claro que a representação imaginária está para o intelecto possível como um objeto, conforme se lê no livro I da *Anima*. Conclui-se, portanto, que o hábito

7. C. 13: 1102, b, 13-14.
8. C. 4: 429, b, 6-10.
9. Ed. C. Kalbfleisch, p. 233, ll. 22-25.
10. C. 1: 403, a, 8-10; c. 4: 408, b, 8-9.
11. C. 1: 403, a, 5-10.
12. C. 7: 431, a, 14-17.

sit principaliter ex parte ipsius intellectus: non autem ex parte phantasmatis, quod est commune animae et corpori. Et ideo dicendum est quod intellectus possibilis est subiectum habitus: illi enim competit esse subiectum habitus, quod est in potentia ad multa; et hoc maxime competit intellectui possibili. Unde intellectus possibilis est subiectum habituum intellectualium.

Ad secundum dicendum quod, sicut potentia ad esse sensibile convenit materiae corporali, ita potentia ad esse intelligibile convenit intellectui possibili. Unde nihil prohibet in intellectu possibili esse habitum, qui est medius inter puram potentiam et actum perfectum.

Ad tertium dicendum quod, quia vires apprehensivae interius praeparant intellectui possibili proprium obiectum; ideo ex bona dispositione harum virium, ad quam cooperatur bona dispositio corporis, redditur homo habilis ad intelligendum. Et sic habitus intellectivus secundario potest esse in istis viribus. Principaliter autem est in intellectu possibili.

intelectivo reside sobretudo no próprio intelecto e não na representação imaginária, que é comum à alma e ao corpo. E por isso, devemos afirmar que o intelecto possível é sujeito de hábitos. Com efeito, ser sujeito de hábitos é próprio do que está em potência para muitas coisas e isso cabe, particularmente, ao intelecto possível. Logo, é ele o sujeito dos hábitos intelectuais.

Quanto ao 2º, deve-se dizer que assim como convêm à matéria corporal estar em potência para o ser sensível, assim igualmente convém ao intelecto possível estar em potência para o ser inteligível. Por essa razão, nada impede que haja hábito no intelecto possível, sendo o hábito o meio termo entre a pura potência e o ato perfeito.

Quanto ao 3º, deve-se dizer que já que as potências apreensivas preparam interiormente para o intelecto possível o objeto próprio deste, então pela boa disposição dessas potências, para a qual coopera a boa disposição corporal, torna-se o hábito apto para conhecer. E assim o hábito intelectual pode existir nessas potências secundariamente, mas é sobretudo no intelecto possível que ele reside.

Articulus 5

Utrum in voluntate sit aliquis habitus

Ad quintum sic proceditur. Videtur quod in voluntate non sit aliquis habitus.

1. Habitus enim qui in intellectu est, sunt species intelligibiles, quibus intelligit actu. Sed voluntas non operatur per aliquas species. Ergo voluntas non est subiectum alicuius habitus.

2. Praeterea, in intellectu agente non ponitur aliquis habitus, sicut in intellectu possibili, quia est potentia activa. Sed voluntas est maxime potentia activa: quia movet omnes potentias ad suos actus, ut supra[1] dictum est. Ergo in ipsa non est aliquis habitus.

3. Praeterea, in potentiis naturalibus non est aliquis habitus, quia ex sua natura sunt ad aliquid determinatae. Sed voluntas ex sua natura ordinatur ad hoc quod tendat in bonum ordinatum ratione. Ergo in voluntate non est aliquis habitus.

Sed contra est quod iustitia est habitus quidam. Sed iustitia est in voluntate: est enim iustitia *habitus secundum quem aliqui volunt et operantur*

Artigo 5

Existe algum hábito na vontade?

Quanto ao quinto, assim se procede: parece que **não** há nenhum hábito na vontade.

1. Com efeito, os hábitos existentes no intelecto são espécies inteligíveis, pelas quais conhece em ato. Ora, a vontade não opera por meio de espécies. Logo, ela não é sujeito de nenhum hábito.

2. Além disso, não se afirma nenhum hábito no intelecto agente, como no intelecto possível, porque é uma potência ativa. Ora, a vontade é uma potência sobretudo ativa, porque move todas as outras a seus atos, como se disse acima. Logo, nela não existe hábito algum.

3. Ademais, não há hábitos nas potências naturais, porque são, por natureza, determinadas a alguma coisa. Ora, a vontade está, por natureza, ordenada a tender para o bem definido pela razão. Logo, não existe hábito algum nela.

Em sentido contrário, a justiça é um hábito. Ora, ela está na vontade, pois a justiça "é o hábito de querer e de fazer o que é justo", segundo

5 Parall.: II *Sent.*, dist. 27, a. 1, ad 2; III, dist. 23, q. 1, a. 1; *De Verit.*, q. 20, a. 2; *De Virtut.*, q. 1, art. 1.

1. Q. 9, a. 1.

iusta, ut dicitur in V *Ethic.*[2]. Ergo voluntas est subiectum alicuius habitus.

RESPONDEO dicendum quod omnis potentia quae diversimode potest ordinari ad agendum, indiget habitu quo bene disponatur ad suum actum. Voluntas autem, cum sit potentia rationalis, diversimode potest ad agendum ordinari. Et ideo oportet in voluntate aliquem habitum ponere, quo bene disponatur ad suum actum. — Ex ipsa etiam ratione habitus apparet quod habet quendam principalem ordinem ad voluntatem, prout habitus est *quo quis utitur cum voluerit*, ut supra[3] dictum est.

AD PRIMUM ergo dicendum quod, sicut in intellectu est aliqua species quae est similitudo obiecti, ita oportet in voluntate, et in qualibet vi appetitiva, esse aliquid quo inclinetur in suum obiectum: cum nihil aliud sit actus appetitivae virtutis quam inclinatio quaedam, ut supra[4] dictum est. Ad ea ergo ad quae sufficienter inclinatur per naturam ipsius potentiae, non indiget aliqua qualitate inclinante. Sed quia necessarium est ad finem humanae vitae, quod vis appetitiva inclinetur in aliquid determinatum, ad quod non inclinatur ex natura potentiae, quae se habet ad multa et diversa; ideo necesse est quod in voluntate, et in aliis viribus appetitivis, sint quaedam qualitates inclinantes, quae dicuntur habitus.

AD SECUNDUM dicendum quod intellectus agens est agens tantum, et nullo modo patiens. Sed voluntas, et quaelibet vis appetitiva, est movens motum, ut dicitur in III *de Anima*[5]. Et ideo non est similis ratio de utroque: nam esse susceptivum habitus convenit ei quod est quodammodo in potentia.

AD TERTIUM dicendum quod voluntas ex ipsa natura potentiae inclinatur in bonum rationis. Sed quia hoc bonum multipliciter diversificatur, necessarium est ut ad aliquod determinatum bonum rationis voluntas per aliquem habitum inclinetur, ad hoc quod sequatur promptior operatio.

o livro V da *Ética*. Logo, a vontade é sujeito de algum hábito.

RESPONDO. Toda potência que pode ser de diversas formas ordenada à ação necessita de um hábito, pelo qual se disponha bem para o seu ato. Ora, a vontade, enquanto potência racional, pode se ordenar de diferentes modos à ação. E, por isso, deve-se afirmar nela algum hábito que a disponha bem para o seu ato. — Ademais, a própria razão de hábito revela que ele é ordenado sobretudo à vontade, pois, como já se disse, o hábito é “aquilo de que alguém se vale quando quer”.

QUANTO AO 1º, portanto, deve-se dizer que assim como no intelecto há espécies que são as semelhanças do objeto, assim também é necessário haver na vontade e em toda potência apetitiva algo que a incline para o seu objeto, pois o ato de uma potência apetitiva nada mais é que certa inclinação, como acima se disse. Portanto, no caso de objetos aos quais o apetite suficientemente se inclina pela natureza da própria potência, não se exige nenhuma qualidade para essa inclinação. Mas, como é preciso, para os fins da vida humana, que a potência apetitiva se incline a um objeto determinado, ao qual não se inclina pela própria natureza, a qual se refere a muitas e diferentes coisas, deve existir na vontade e nas outras potências apetitivas certas qualidade que imprimem essa inclinação. E tais qualidades são chamadas hábitos.

QUANTO AO 2º, deve-se dizer que o intelecto agente é exclusivamente agente e de nenhum modo passivo. A vontade, porém, como qualquer potência apetitiva, é motora e movida, segundo o livro III da *Alma*. E assim não há semelhança nos dois casos, já que ser susceptível de hábitos convém ao que está, de certo modo, em potência.

QUANTO AO 3º, deve-se dizer que pela própria natureza da potência a vontade se inclina ao bem da razão. Mas, como esse bem se diversifica sobremaneira, é necessário, para que a vontade se incline a um determinado bem da razão, que ela o faça mediante um hábito, para que daí resulte mais prontamente a ação.

2. C. 2: 1129, a, 7-11.
3. Cfr. a. 1, 1 a; q. 49, a. 3, *sed c.*
4. Q. 6, a. 4.
5. C. 10: 433, b, 16.

ARTICULUS 6

Utrum in angelis sit aliquis habitus

AD SEXTUM SIC PROCEDITUR. Videtur quod in angelis non sint habitus.

1. Dicit enim Maximus, commentator Dionysii, in 7 cap. *de Cael. Hier.*[1]: *Non convenit arbitrari virtutes intellectuales*, idest spirituales, *more accidentium, quemadmodum et in nobis sunt, in divinis intellectibus*, scilicet angelis, *esse, ut aliud in alio sit sicut in subiecto: accidens enim omne illinc repulsum est*. Sed omnis habitus est accidens. Ergo in angelis non sunt habitus.

2. PRAETEREA, sicut Dionysius dicit, in 4 cap. *de Cael. Hier.*[2], *sanctae caelestium essentiarum dispositiones* super omnia *alia Dei bonitatem participant*. Sed semper quod est per se, est prius et potius eo quod est per aliud. Ergo angelorum essentiae per seipsas perficiuntur ad conformitatem Dei. Non ergo per aliquos habitus. — Et haec videtur esse ratio Maximi, qui ibidem[3] subdit: *Si enim hoc esset, non utique maneret in semetipsa harum essentia, nec deificari per se, quantum foret possibile, valuisset*.

3. PRAETEREA, habitus est dispositio quaedam, ut dicitur in V *Metaphys.*[4]. Sed dispositio, ut ibidem[5] dicitur, est *ordo habentis partes*. Cum ergo angeli sint simplices substantiae, videtur quod in eis non sint dispositiones et habitus.

SED CONTRA est quod Dionysius dicit, 7 cap. *Cael. Hier.*[6], quod angeli primae hierarchiae *nominantur Calefacientes et Throni et Effusio sapientiae, manifestatio deiformis ipsorum habituum*.

RESPONDEO dicendum quod quidam posuerunt in angelis non esse habitus; sed quaecumque dicuntur de eis, essentialiter dicuntur. Unde Maximus, post praedicta verba quae induximus, dicit[7]: *Habitudines earum, atque virtutes quae in eis sunt, essentiales sunt, propter immaterialitatem*. Et hoc

ARTIGO 6

Existem hábitos nos anjos?[e]

QUANTO AO SEXTO, ASSIM SE PROCEDE: parece que **não** existem hábitos nos anjos.

1. Com efeito, Máximo, comentando Dionísio, diz: "Não se pode pensar que as potências intelectuais, isto é, espirituais, existam nos intelectos divinos, ou seja, nos anjos, na forma de acidentes, como em nós, de maneira que exista uma coisa na outra como num sujeito, pois todo acidente está excluído dessa esfera". Ora, todo hábito é acidente. Logo, nos anjos não há hábitos.

2. ALÉM DISSO, diz ainda Dionísio que "as disposições santas das essências celestiais participam mais que qualquer outra coisa da bondade de Deus". Ora, o que é por si é sempre anterior e superior ao que existe por meio de outro. Logo, as essências angélicas têm em si mesmas o que as faz conforme a Deus, não devendo isso a nenhum hábito. — E parece ser esse o pensamento de Máximo, que acrescenta, logo a seguir: "se isso acontecesse, a essência dos anjos não subsistiria em si mesma nem poderia alcançar por si mesma a máxima divinização possível".

3. ADEMAIS, o hábito é uma disposição, como diz o livro V da *Metafísica*. Ora, a disposição, conforme se vê no mesmo lugar, é "ordem em algo que tem partes". Logo, sendo os anjos substâncias simples, parece que neles não há disposições nem hábitos.

EM SENTIDO CONTRÁRIO, afirma Dionísio que os anjos da primeira hierarquia "chamam-se Ardentes, Tronos e Efusão da Sabedoria, manifestação deiforme de seus hábitos".

RESPONDO. Realmente, alguns afirmaram que nos anjos não existem hábitos, mas que tudo o que se diz deles pertence à sua essência. Daí Máximo afirmar, depois daquelas palavras acima citadas: "Seus hábitos e as potências neles existentes são essenciais, por causa de sua imaterialidade". E

6 PARALL.: III *Sent.*, dist. 14, a. 1, q.la 2, ad 1.

1. MG 4, 65 B. Textus Dionysii legitur apud MG 3, 205 B.
2. MG 3, 180 A.
3. MG 4, 65 B.
4. C. 20: 1022, b, 10.
5. C. 19: 1022, b, 1.
6. MG 3, 205 B.
7. MG 4, 65 C.

e. A questão parece dispensável, sem interesse e tão pouco "científica" quanto possível, já que o mundos dos anjos escapa a toda observação. Sto. Tomás, sempre respeitoso da tradição cristã, não podia deixar de pôr a questão, comum entre seus predecessores e contemporâneos.

etiam Simplicius dicit, in *Commento Praedicamentorum*[8]: *Sapientia quae est in anima, habitus est: quae autem in intellectu, substantia. Omnia enim quae sunt divina, et per se sufficientia sunt, et in seipsis existentia.*

Quae quidem positio partim habet veritatem, et partim continet falsitatem. Manifestum est enim ex praemissis quod subiectum habitus non est nisi ens in potentia. Considerantes igitur praedicti commentatores quod angeli sunt substantiae immateriales, et quod non est in illis potentia materiae; secundum hoc, ab eis habitum excluserunt, et omne accidens. Sed quia, licet in angelis non sit potentia materiae, est tamen in eis aliqua potentia (esse enim actum purum est proprium Dei; ideo inquantum invenitur in eis de potentia, intantum in eis possunt habitus inveniri. Sed quia potentia materiae et potentia intellectualis substantiae non est unius rationis, ideo per consequens nec habitus unius rationis est utrobique. Unde Simplicius dicit, in *Commento Praedicamentorum*[9], quod *habitus intellectualis substantiae non sunt similes his qui sunt hic habitibus; sed magis sunt similes simplicibus et immaterialibus speciebus quas continet in seipsa.*

Circa huiusmodi tamen habitum aliter se habet intellectus angelicus, et aliter intellectus humanus. Intellectus enim humanus, cum sit infimus in ordine intellectuum, est in potentia respectu omnium intelligibilium, sicut materia prima respectu omnium formarum sensibilium: et ideo ad omnia intelligenda indiget aliquo habitu. Sed intellectus angelicus non se habet sicut pura potentia in genere intelligibilium, sed sicut actus quidam: non autem sicut actus purus (hoc enim solius Dei est), sed cum permixtione alicuius potentiae: et tanto minus habet de potentialitate, quanto est superior. Et ideo, ut in Primo[10] dictum est, inquantum est in potentia, indiget perfici habitualiter per aliquas species intelligibiles ad operationem propriam: sed inquantum est actu, per essentiam suam potest aliqua intelligere, ad minus seipsum, et alia secundum modum suae substantiae, ut dicitur in lib. *de Causis*[11]: et tanto perfectius, quanto est perfectior.

Sed quia nullus angelus pertingit ad perfectionem Dei, sed in infinitum distat; propter hoc,

Simplício também diz: "A sabedoria numa alma é um hábito, mas no intelecto é uma substância, pois tudo o que é divino se basta a si mesmo e em si mesmo existe".

Essa afirmação, contudo, em parte é verdadeira e em parte é falsa. Com efeito, pelo sobredito é claro que só pode ser sujeito de hábitos o ente em potência. Por isso é que os referidos comentaristas, considerando que os anjos são substâncias imateriais e que neles não há a potência da matéria, excluíram deles o hábito e todos os acidentes. No entanto, embora nos anjos não ocorra a potência material, alguma potência há, porque só a Deus cabe ser ato puro. Por conseguinte, na mesma medida em que neles há potências, pode haver também hábitos. Como, porém, a potência da matéria e a potência da substância intelectual não têm a mesma razão, conclui-se que os hábitos, num e outro caso, também não a têm, donde a palavra de Simplício: "Os hábitos da substância intelectual não são semelhantes ao aqui tratados, mas são bem mais semelhantes às espécies simples e imateriais que ela contém si mesma".

Todavia, em relação a esse tipo de hábitos, um é o procedimento do intelecto angélico, outro o do intelecto humano. Este, situado em nível mais baixo na ordem intelectual, está em potência para todos os inteligíveis, como a matéria prima está para todas as formas sensíveis e, por isso, precisa de um hábito para compreender todas as coisas. O intelecto angélico, ao contrário, não se comporta como pura potência no gênero dos inteligíveis, mas como um ato. Claro que não como ato puro, que é próprio só de Deus, mas com, alguma potencialidade de permeio. E quanto menos há nele de potencialidade, mais superior é. Por essa razão, segundo foi dito na I Parte, enquanto está em potência, precisa ser aperfeiçoado de maneira habitual por certas espécies inteligíveis, em vista de sua operação própria. Mas, enquanto está em ato, pode, por sua essência, conhecer certos objetos, ao menos a si próprio e aos outros, ao modo de sua substância, conforme se diz no livro das *Causas* e isso tanto mais perfeitamente quanto mais perfeito for.

Por outro lado, como anjo algum alcança a perfeição de Deus, do qual dista infinitamente,

8. Ed. C. Kalbfleisch, p. 241, ll. 30-34.
9. Ed. C. Kalbfleisch, p. 241, ll. 27-29.
10. Q. 55, a. 1.
11. Prop. 8, § *Et intelligentia*; et prop. 13, § *Et quando scit.*

ad attingendum ad ipsum Deum per intellectum et voluntatem, indigent aliquibus habitibus, tanquam in potentia existentes respectu illius puri actus. Unde Dionysius dicit[12] habitus eorum esse *deiformes*, quibus scilicet Deo conformantur.

Habitus autem qui sunt dispositiones ad esse naturale, non sunt in angelis: cum sint immateriales.

AD PRIMUM ergo dicendum quod verbum Maximi intelligendum est de habitibus et accidentibus materialibus.

AD SECUNDUM dicendum quod quantum ad hoc quod convenit angelis per suam essentiam, non indigent habitu. Sed quia non ita sunt per seipsos entes, quin participent sapientiam et bonitatem divinam; ideo inquantum indigent participare aliquid ab exteriori, intantum necesse est in eis ponere habitus.

AD TERTIUM dicendum quod in angelis non sunt partes essentiae: sed sunt partes secundum potentiam, inquantum intellectus eorum per plures species perficitur, et voluntas eorum se habet ad plura.

para se aproximar de Deus pelo intelecto e pela vontade, os anjos precisam de certos hábitos, porque existem como em potência em relação a esse ato puro. Por isso é que Dionísio diz: os hábitos dos anjos são *deiformes*, ou seja, fazem-nos conformes a Deus.

Os hábitos, porém, que são disposições para o ser natural não existem nos anjos, porque estes são imateriais.

QUANTO AO 1º, portanto, deve-se dizer que as palavras de Máximo se entendem dos hábitos e acidentes materiais.

QUANTO AO 2º, deve-se dizer que em relação com o que lhes diz respeito essencialmente, os anjos não têm necessidade de hábitos. Mas, porque não são existentes por si mesmos a ponto de participarem da sabedoria e da bondade divina, por isso, na medida em que devem participar de algo exterior, é necessário admitir que neles existem hábitos.

QUANTO AO 3º, deve-se dizer que nos anjos não há partes quanto à essência, mas partes do ponto de vista potencial, enquanto seu intelecto se aperfeiçoa por meio de várias espécies e sua vontade se refere a muitas coisas.

12. Loc. cit. in arg. *sed c.*

QUAESTIO LI

DE CAUSA HABITUUM QUANTUM AD GENERATIONEM IPSORUM

in quatuor articulos divisa

Deinde considerandum est de causa habituum. Et primo, quantum ad generationem ipsorum; secundo, quantum ad augmentum; tertio, quantum ad diminutionem et corruptionem.

Circa primum quaeruntur quatuor.

Primo: utrum aliquis habitus sit a natura.
Secundo: utrum aliquis habitus ex actibus causetur.
Tertio: utrum per unum actum possit generari habitus.
Quarto: utrum aliqui habitus sint in hominibus infusi a Deo.

QUESTÃO 51

A CAUSA DOS HÁBITOS QUANTO À SUA GERAÇÃO

em quatro artigos

Deve-se considerar, em seguida, a causa dos hábitos. Primeiro, quanto à sua geração; segundo, quanto ao seu aumento e, terceiro, quanto à sua diminuição e desaparecimento.

Sobre o primeiro ponto, são quatro as perguntas:

1. Existem hábitos provenientes da natureza?
2. Existe algum hábito causado por atos?
3. Pode o hábito ser gerado por um só ato?
4. Existem hábitos infundidos nos homens por Deus?

ARTICULUS 1
Utrum aliquis habitus sit a natura

AD PRIMUM SIC PROCEDITUR. Videtur quod nullus habitus sit a natura.

1. Eorum enim quae sunt a natura, usus non subiacet voluntati. Sed *habitus est quo quis utitur cum voluerit*, ut dicit Commentator, in III *de Anima*[1]. Ergo habitus non est a natura.

2. PRAETEREA, natura non facit per duo quod per unum potest facere. Sed potentiae animae sunt a natura. Si igitur habitus potentiarum a natura essent, habitus et potentia essent unum.

3. PRAETEREA, natura non deficit in necessariis. Sed habitus sunt necessarii ad bene operandum, ut supra[2] dictum est. Si igitur habitus aliqui essent a natura, videtur quod natura non deficeret quin omnes habitus necessario causaret. Patet autem hoc esse falsum. Ergo habitus non sunt a natura.

SED CONTRA est quod in VI *Ethic.*[3], inter alios habitus ponitur intellectus principiorum, qui est a natura: unde et principia prima dicuntur naturaliter cognita.

RESPONDEO dicendum quod aliquid potest esse naturale alicui dupliciter. Uno modo, secundum naturam speciei: sicut naturale est homini esse risibile, et igni ferri sursum. Alio modo, secundum naturam individui: sicut naturale est Socrati vel Platoni esse aegrotativum vel sanativum, secundum propriam complexionem. — Rursus, secundum utramque naturam potest dici aliquid naturale dupliciter: uno modo, quia totum est a natura; alio modo, quia secundum aliquid est a natura, et secundum aliquid est ab exteriori prin-

ARTIGO 1
Existem hábitos provenientes da natureza?

QUANTO AO PRIMEIRO ARTIGO, ASSIM SE PROCEDE: parece que **nenhum** hábito provém da natureza.

1. Com efeito, o uso do que procede da natureza não depende da vontade. Ora, o hábito é "aquilo de que alguém se vale quando quer", como diz o Comentador de Aristóteles. Logo, o hábito não provém da natureza.

2. ALÉM DISSO, o que a natureza pode realizar por um só meio, não o faz por dois. Ora, as potências da alma provêm da natureza. Logo, se os hábitos das potências viessem dela, o hábito e a potência seriam uma única coisa.

3. ADEMAIS, a natureza não falha no necessário. Ora, os hábitos são necessários para se agir bem, como já se disse. Portanto, se houvesse hábitos oriundos da natureza, esta não deixaria de causar necessariamente todos os hábitos. Ora, isso é, evidentemente, falso. Logo, o hábito não provém da natureza.

EM SENTIDO CONTRÁRIO, no livro VI da *Ética*, entre os hábitos afirma-se o intelecto dos princípios, que provém da natureza e por isso também os primeiros princípios se consideram naturalmente conhecidos.

RESPONDO. De dois modos uma coisa pode ser natural a outra[a]: ou pela natureza específica, como ao homem é natural rir e à chama o elevar-se; ou pela natureza individual, como é natural a Sócrates ou a Platão, conforme a compleição pessoal, estar bem ou mal fisicamente. — Ademais, em ambos os casos, uma coisa pode ser denominada natural de dois modos, seja porque vem totalmente da natureza, seja porque vem em parte dela e em parte de um princípio exterior. Assim, quando alguém sara por si mesmo, toda sua saúde proveio

1 PARALL.: Infra, q. 63, a. 1.

1. Comment. 18. — Cfr. q. 49, a. 3, *sed c*, et loc. ibi cit.
2. Q. 49, a. 4.
3. C. 6: 1141, a, 5-8.

a. Este artigo efetua uma classificação dos *habitus* segundo o seu caráter mais ou menos inato. Existem *habitus* que são inatos, dados prontos ao agir; outros são adquiridos, a partir de uma disposição inata. Porém, todos estão presentes no homem em conformidade com sua natureza específica. No entanto, Sto. Tomás observa — nessa passagem como em muitas outras — que a natureza humana só existe indivdualizada por um corpo singular e dentro dele. É por esse motivo que a natureza humana é vivida concretamente de maneira multiforme. Por isso, ocorre a um homem encontrar em si maiores ou menores facilidade ou obstáculos para exercer sua inteligência, ou as virtudes da castidade, de suavidade e todas aquelas que têm sede na afetividade sensível. Essa observação e esse princípio desempenham seu papel na moral, na pastoral. Outra distinção dos *habitus* deve ser feita: aquela onde se encontram o impulso da natureza e a intervenção exterior do mundo dos homens. Sto. Tomás fornece aqui um só exemplo: o dos cuidados médicos que contribuem para a restauração do habitus que é a saúde. Em outras passagens ele fornece outros: os "usos e costumes" (hoje diríamos a cultura, a contribuição da vida familiar e social e os múltiplos processos de imitação, de projeção, o papel do superego e do ideal do eu na metapsicologia freudiana, etc.).

cipio. Sicut cum aliquis sanatur per seipsum, tota sanitas est a natura: cum autem aliquis sanatur auxilio medicinae, sanitas partim est a natura, partim ab exteriori principio.

Sic igitur si loquamur de habitu secundum quod est dispositio subiecti in ordine ad formam vel naturam, quolibet praedictorum modorum contingit habitum esse naturalem. Est enim aliqua dispositio naturalis quae debetur humanae speciei, extra quam nullus homo invenitur. Et haec est naturalis secundum naturam speciei. — Sed quia talis dispositio quandam latitudinem habet, contingit diversos gradus huiusmodi dispositionis convenire diversis hominibus secundum naturam individui. Et huiusmodi dispositio potest esse vel totaliter a natura: vel partim a natura et partim ab exteriori principio, sicut dictum est de his qui sanantur per artem.

Sed habitus qui est dispositio ad operationem, cuius subiectum est potentia animae, ut dictum est[4], potest quidem esse naturalis et secundum naturam speciei, et secundam naturam individui. Secundum quidem naturam speciei, secundum quod se tenet ex parte ipsius animae, quae, cum sit forma corporis, est principium specificum. Secundum autem naturam individui, ex parte corporis, quod est materiale principium. Sed tamen neutro modo contingit in hominibus esse habitus naturales ita quod sint totaliter a natura. In angelis siquidem contingit, eo quod habent species intelligibiles naturaliter inditas: quod non competit animae humanae, ut in Primo[5] dictum est.

Sunt ergo in hominibus aliqui habitus naturales, tanquam partim a natura existentes et partim ab exteriori principio; aliter quidem in apprehensivis potentiis, et aliter in appetitivis. In apprehensivis enim potentiis potest esse habitus naturalis secundum inchoationem, et secundum naturam speciei, et secundum naturam individui. Secundum quidem naturam speciei, ex parte ipsius animae: sicut intellectus principiorum dicitur esse habitus naturalis. Ex ipsa enim natura animae intellectualis, convenit homini quod statim, cognito quid est totum et quid est pars, cognoscat quod omne totum est maius sua parte: et simile est in ceteris. Sed quid sit totum, et quid sit pars, cognoscere non potest nisi per species intelligibiles a phantasmatibus acceptas. Et propter hoc Philosophus, in fine *Posteriorum*[6], ostendit quod cognitio

da natureza, mas quando sara com a ajuda de um remédio, a saúde se deve tanto à natureza como ao princípio externo.

Portanto, se estamos falando do hábito como disposição do sujeito em relação com a forma ou com a natureza, ele é natural em qualquer um dos modos mencionados. Há, com efeito, uma disposição natural, própria da espécie humana e fora dela nenhum ser humano se encontra. É uma disposição natural pela natureza da espécie. — Como, porém, essa disposição tem certa amplitude, acontece que ela se realiza em em graus diversos nas diferentes pessoas, conforme a natureza individual de cada uma. Tal disposição, por sua vez, pode provir inteiramente da natureza ou apenas uma parte, e outra, de um princípio exterior, como se falou dos que saram graças à medicina.

Todavia, o hábito que é disposição para a ação, cujo sujeito é uma potência da alma, como foi dito, pode, certamente, ser natural quer pela natureza específica quer pela natureza individual. Pela natureza específica, enquanto depende da própria alma que, sendo a forma do corpo, é um princípio específico. Pela natureza individual, enquanto depende do corpo, que é um princípio material. No entanto, de nenhum desses dois modos podem os homens ter hábitos naturais, originados inteiramente da natureza. Já nos anjos isso acontece, porque têm espécies inteligíveis naturalmente impressas, o que não ocorre com a natureza humana, conforme foi dito na I Parte.

Portanto, existem nos homens alguns hábitos naturais, procedentementes em parte da natureza e em parte de um princípio exterior e isso de um modo nas potências apreensivas e de outro nas potências apetitivas. Na verdade, nas potências apreensivas pode haver um hábito natural incoativamente, seja quanto à natureza específica seja quanto à natureza individual. Quanto àquela, por parte da própria alma, como é hábito natural o intelecto dos princípios. Efetivamente, pela própria natureza da alma intelectual, é próprio do homem conhecer o todo como maior que a parte, uma vez conhecido o que é um todo e o que é uma parte e assim nos demais princípios. Mas não pode conhecer o que é o todo e o que é a parte a não ser pelas espécies inteligíveis, tomadas das representações imaginárias. E, por isso, o Filósofo

4. Q. 50, a. 2.
5. Q. 55, a. 2; q. 84, a. 3.
6. L. II, c. 15: 100, a, 3.

principiorum provenit nobis ex sensu. — Secundum vero naturam individui, est aliquis habitus cognoscitivus secundum inchoationem naturalis, inquantum unus homo, ex dispositione organorum, est magis aptus ad bene intelligendum quam alius, inquantum ad operationem intellectus indigemus virtutibus sensitivis.

In appetitivis autem potentiis non est aliquis habitus naturalis secundum inchoationem, ex parte ipsius animae, quantum ad ipsam substantiam habitus: sed solum quantum ad principia quaedam ipsius, sicut principia iuris communis dicuntur esse *seminalia virtutum*. Et hoc ideo, quia inclinatio ad obiecta propria, quae videtur esse inchoatio habitus, non pertinet ad habitum, sed magis pertinet ad ipsam rationem potentiarum. — Sed ex parte corporis, secundum naturam individui, sunt aliqui habitus appetitivi secundum inchoationes naturales. Sunt enim quidam dispositi ex propria corporis complexione ad castitatem vel mansuetudinem, vel ad aliquid huiusmodi.

AD PRIMUM ergo dicendum quod obiectio illa procedit de natura secundum quod dividitur contra rationem et voluntatem: cum tamen ipsa ratio et voluntas ad naturam hominis pertineant.

AD SECUNDUM dicendum quod aliquid etiam naturaliter potest superaddi potentiae, quod tamen ad ipsam potentiam pertinere non potest. Sicut in angelis non potest pertinere ad ipsam potentiam intellectivam quod sit per se cognoscitiva omnium: quia oporteret quod esset actus omnium, quod solius Dei est. Id enim quo aliquid cognoscitur, oportet esse actualem similitudinem eius quod cognoscitur: unde sequeretur, si potentia angeli per seipsam cognosceret omnia, quod esset similitudo et actus omnium. Unde oportet quod superaddantur potentiae intellectivae ipsius aliquae species intelligibiles, quae sunt similitudines rerum intellectarum: quia per participationem divinae sapientiae, et non per essentiam propriam, possunt intellectus eorum esse actu ea quae intelligunt. Et sic patet quod non omne id quod pertinet ad habitum naturalem, potest ad potentiam pertinere.

AD TERTIUM dicendum quod natura non aequaliter se habet ad causandas omnes diversitates habituum: quia quidam possunt causari a natura, quidam non, ut supra[7] dictum est. Et ideo non sequitur, si aliqui habitus sint naturales, quod omnes sint naturales.

mostra que o conhecimento dos princípios nos vem pelos sentidos. — Por outro lado, quanto à natureza individual, existe um hábito cognoscitivo incoativamente natural, no sentido que um homem, por disposição orgânica, é mais apto que outro para bem entender, na medida em que precisamos das potências sensitivas para a ação do intelecto.

Nas potências apetitivas, porém, não há nenhum hábito natural incoativamente, por parte da própria alma quanto à substância mesma do hábito. O que existe nelas são certos princípios de hábito, do mesmo modo como se diz que os princípios do direito são os *germes das virtudes*. E isso porque a inclinação para os objetos próprios, que parece ser o início de um hábito não pertence a este, mas antes à própria razão das potências. — Quanto ao corpo, conforme a natureza individual, há certos hábitos apetitivos incoativamente naturais, pois há pessoas predispostas, pela própria compleição física, à castidade, à mansidão e a outras virtudes.

QUANTO AO 1º, portanto, deve-se dizer que essa objeção se baseia na natureza, enquanto esta se opõe à razão e à vontade, malgrado essas potências pertençam à natureza do homem.

QUANTO AO 2º, deve-se dizer que uma coisa pode ser acrescentada mesmo naturalmente a uma potência sem, entretanto, fazer parte da própria potência. Assim, não pode pertencer à própria potência intelectiva dos anjos ser por si capaz de tudo conhecer, porque então precisaria ela ser o ato de todas as coisas, o que é próprio só de Deus. É preciso, com efeito, que aquilo pelo qual algo é conhecido seja a semelhança em ato daquilo que se conhece. Donde se seguiria que, se a potência angélica conhecesse tudo por si mesma, seria a semelhança e o ato de todas as coisas. Cumpre, pois, acrescentar às potências intelectivas dos anjos algumas espécies inteligíveis, que são a semelhança das coisas entendidas, pois o intelecto deles, por participação da sabedoria divina e não por sua própria essência, pode ser em ato aquilo que entendem. E assim fica patente que nem tudo o que pertence a um hábito natural pode pertencer à potência.

QUANTO AO 3º, deve-se dizer que a natureza não se comporta do mesmo modo na geração de todas as variedades de hábitos, pois alguns podem ser causados por ela, outros não, como já foi dito. Daí por que, se certos hábitos são naturais, não se segue que todos o sejam.

7. In corp.

ARTICULUS 2
Utrum aliquis habitus causetur ex actibus

AD SECUNDUM SIC PROCEDITUR. Videtur quod nullus habitus possit ex actu causari.

1. Habitus enim est qualitas quaedam, ut supra[1] dictum est. Omnis autem qualitas causatur in aliquo subiecto, inquantum est alicuius receptivum. Cum igitur agens ex hoc quod agit, non recipiat aliquid, sed magis ex se emittat; videtur quod non possit aliquis habitus in agente ex propriis actibus generari.

2. PRAETEREA, illud in quo causatur aliqua qualitas, movetur ad qualitatem illam, sicut patet in re calefacta vel infrigidata: quod autem producit actum causantem qualitatem, movet, ut patet de calefaciente vel infringidante. Si igitur in aliquo causaretur habitus per actum sui ipsius, sequeretur quod idem esset movens et motum, agens et patiens. Quod est impossibile, ut dicitur in VII *Physic.*[2].

3. PRAETEREA, effectus non potest esse nobilior sua causa. Sed habitus est nobilior quam actus praecedens habitum: quod patet ex hoc, quod nobiliores actus reddit. Ergo habitus non potest causari ab actu praecedente habitum.

SED CONTRA est quod Philosophus, in II *Ethic.*[3], docet habitus virtutum et vitiorum ex actibus causari.

RESPONDEO dicendum quod in agente quandoque est solum activum principium sui actus: sicut in igne est solum principium activum calefaciendi. Et in tali agente non potest aliquis habitus causari ex proprio actu: et inde est quod res naturales non possunt aliquid consuescere vel dissuescere, ut dicitur in II *Ethic.*[4]. — Invenitur autem aliquod agens in quo est principium activum et passivum sui actus: sicut patet in actibus humanis. Nam actus appetitivae virtutis procedunt a vi appetitiva secundum quod movetur a vi apprehensiva repraesentante obiectum: et ulterius vis intellectiva, secundum quod ratiocinatur de conclusionibus, habet sicut principium activum propositionem per se notam. Unde ex talibus actibus possunt in

ARTIGO 2
Existem hábitos causados por atos?

QUANTO AO SEGUNDO, ASSIM SE PROCEDE: parece que nenhum hábito **pode** ser causado por um ato.

1. Com efeito, o hábito é uma qualidade, como já se viu. Ora, toda qualidade é produzida num sujeito na medida em que este é capaz de receber alguma coisa. Logo, como um agente, por isso mesmo que age, não é um receptor, mas um emissor, parece não ser possível que algum hábito seja nele gerado por seus próprios atos.

2. ALÉM DISSO, o sujeito em que uma qualidade é causada é movido para essa qualidade, como se vê na coisa aquecida ou resfriada. Ora, o que produz o ato gerador da qualidade move, como se vê no que esquenta ou esfria. Logo, se alguém pudesse causar um hábito em si mesmo, por ato próprio, resultaria que ele mesmo seria movente e movido, ou ativo e passivo, o que, segundo o livro VII da *Física*, é impossível.

3. ADEMAIS, o efeito não pode ser mais nobre que a sua própria causa. Ora, o hábito é mais nobre que o ato que o procede, porque ele torna os atos mais nobres. Logo, o hábito não pode ser produzido por um ato que o precede.

EM SENTIDO CONTRÁRIO, ensina o Filósofo que os hábitos das virtudes e dos vícios são causados pelos atos.

RESPONDO. Por vezes, o agente contém em si apenas o princípio ativo de seu ato, como no fogo há só o princípio ativo do aquecimento. Nesse agente nenhum hábito pode ser causado por sua própria atividade. Daí que as coisas da natureza, segundo o livro II da *Ética*, não podem se acostumar a alguma coisa ou se desacostumar. — Outro agente, porém, inclui em si um princípio ativo e passivo do próprio ato, como transparece nas ações humanas[b]. Com efeito, os atos da potência apetitiva dela procedem enquanto movida pela potência apreensiva que lhe apresenta seu objeto e, ulteriormente, a potência intelectiva, quando reflete sobre as conclusões, tem por princípio ativo proposições por si mesmas evidentes. Des-

2 PARALL.: *De Malo*, q. 2, a. 11, ad 4, 6; *De Virt.*, q. 1, a. 9.

1. Q. 49, a. 1.
2. C. 1: 241, b, 24-26.
3. C. 1: 1103, a, 31-b, 2.
4. C. 1: 1103, a, 19-26.

b. Há em todo *habitus* um componente "passivo" que lhe permite se ajustar a sua ação, e um componente "ativo": o sujeito age por si mesmo, é capaz de "atos humanos". O componente ativo é a ação do desejo-refletido sobre a afetividade, e portanto sobre a vida moral. No que concerne à inteligência, o princípio ativo é o das "verdades primeiras".

agentibus aliqui habitus causari, non quidem quantum ad primum activum principium, sed quantum ad principium actus quod movet motum. Nam omne quod patitur et movetur ab alio, disponitur per actum agentis: unde ex multiplicatis actibus generatur quaedam qualitas in potentia passiva et mota, quae nominatur habitus. Sicut habitus virtutum moralium causantur in appetitivis potentiis, secundum quod moventur a ratione: et habitus scientiarum causantur in intellectu, secundum quod movetur a primis propositionibus.

AD PRIMUM ergo dicendum quod agens, inquantum est agens, non recipit aliquid. Sed inquantum agit motum ab alio, sic recipit aliquid a movente: et sic causatur habitus.

AD SECUNDUM dicendum quod idem, secundum idem, non potest esse movens et motum. Nihil autem prohibet idem a seipso moveri secundum diversa, ut in VIII *Physic.*[5] probatur.

AD TERTIUM dicendum quod actus praecedens habitum inquantum procedit a principio activo, procedit a nobiliori principio quam sit habitus generatus: sicut ipsa ratio est nobilius principium quam sit habitus virtutis moralis in vi appetitiva per actuum consuetudines generatus; et intellectus principiorum est nobilius principium quam scientia conclusionum.

sa forma, por meio de tais atos, alguns hábitos podem ser causados nos seus agentes, não certo, quanto ao primeiro princípio ativo, mas quanto ao princípio ativo que move sendo movido. Pois tudo o que é influenciado e movido por outro, recebe a disposição do ato do agente e, assim, os atos multiplicados geram na potência passiva e movida uma qualidade que se chama hábito. Desse modo é que os hábitos das virtudes morais são causados nas potências apetitivas, enquanto movidas pela razão, da mesma forma como os hábitos das ciências são causados no intelecto, enquanto este é movido pelas proposições primeiras.

QUANTO AO 1º, portanto, deve-se dizer que o agente enquanto agente nada recebe. Mas, quando age movido por outro, recebe algo do princípio motor e assim é causado o hábito.

QUANTO AO 2º, deve-se dizer que não pode uma mesma coisa, sob o mesmo aspecto, ser movente e movida. Nada impede, contudo, que possa mover-se por si mesma, a títulos diferentes, como demonstra o livro VIII da *Física*.

QUANTO AO 3º, deve-se dizer que o ato que precede o hábito, enquanto provém de um princípio ativo, provém de um princípio mais nobre do que o hábito produzido. Assim, a razão é um princípio mais nobre do que o hábito da virtude moral gerado na potência apetitiva por atos rotineiros, e o intelecto dos princípios é mais nobre que a ciência das conclusões.

ARTICULUS 3

Utrum per unum actum possit generari habitus

AD TERTIUM SIC PROCEDITUR. Videtur quod per unum actum possit habitus generari.

1. Demonstratio enim actus rationis est. Sed per unam demonstrationem causatur scientia quae est habitus conclusionis unius. Ergo habitus potest causari ex uno actu.

2. PRAETEREA, sicut contingit actus crescere per multiplicationem, ita contingit actum crescere per intensionem. Sed multiplicatis actibus, generatur habitus. Ergo etiam si multum intendatur unus actus, poterit esse causa generativa habitus.

ARTIGO 3

Pode o hábito ser gerado por um só ato?

QUANTO AO TERCEIRO, ASSIM SE PROCEDE: parece que por um só ato o hábito **pode** ser gerado.

1. Com efeito, a demonstração é um ato da razão. Ora, a ciência que é hábito de uma só conclusão, é causada por uma só demonstração. Logo, pode um hábito ser causado por um só ato.

2. ALÉM DISSO, assim como um ato pode crescer multiplicando-se, assim também pode crescer intensificando-se. Ora, o hábito é causado por atos multiplicados. Logo, um único ato, desde que bastante intensificado, pode ser causa geradora do hábito.

5. C. 5: 257, a, 31-33.

3 PARALL.: I *Sent.*, dist. 17, q. 2, a. 3, ad 4; *De Virtut.*, q. 1, a. 9, ad 11.

3. PRAETEREA, sanitas et aegritudo sunt habitus quidam. Sed ex uno actu contingit hominem vel sanari vel infirmari. Ergo unus actus potest habitum causare.

SED CONTRA est quod Philosophus dicit, in I *Ethic.*[1], quod *una hirundo ver non facit, nec una dies: ita utique nec beatum nec felicem una dies, nec paucum tempus*. Sed *beatitudo est operatio secundum habitum perfectae virtutis*, ut dicitur in I *Ethic.*[2]. Ergo habitus virtutis, et eadem ratione alius habitus, non causatur per unum actum.

RESPONDEO dicendum quod, sicut iam[3] dictum est, habitus per actum generatur inquantum potentia passiva movetur ab aliquo principio activo. Ad hoc autem quod aliqua qualitas causetur in passivo, oportet quod activum totaliter vincat passivum. Unde videmus quod, quia ignis non potest statim vincere suum combustibile, non statim inflammat ipsum, sed paulatim abiicit contrarias dispositiones, ut sic totaliter vincens ipsum, similitudinem suam ipsi imprimat.

Manifestum est autem quod principium activum quod est ratio, non totaliter potest supervincere appetitivam potentiam in uno actu: eo quod appetitiva potentia se habet diversimode et ad multa; iudicatur autem per rationem, in uno actu, aliquid appetendum secundum determinatas rationes et circumstantias. Unde ex hoc non totaliter vincitur appetitiva potentia, ut feratur in idem ut in pluribus, per modum naturae: quod pertinet ad habitum virtutis. Et ideo habitus virtutis non potest causari per unum actum, sed per multos.

In apprehensivis autem potentiis considerandum est quod duplex est passivum: unum quidem ipse intellectus possibilis; aliud autem intellectus quem vocat Aristoteles[4] *passivum*, qui est *ratio particularis*, idest vis cogitativa cum memorativa et imaginativa. Respectu igitur primi passivi, potest esse aliquod activum quod uno actu totaliter vincit potentiam sui passivi: sicut una propositio per se nota convincit intellectum ad assentiendum firmiter conclusioni; quod quidem non facit propositio probabilis. Unde ex multis actibus rationis oportet causari habitum opinativum, etiam ex parte intellectus possibilis: habitum autem scientiae

3. ADEMAIS, a saúde e a doença são hábitos. Ora, por um só ato pode alguém sarar ou adoecer. Logo, um único ato pode causar um hábito.

EM SENTIDO CONTRÁRIO, diz o Filósofo: "que uma única andorinha não faz primavera, tampouco um só dia, assim também um único dia ou um pouco de tempo não fazem alguém ditoso ou feliz". Ora, a felicidade é "uma ação segundo o hábito da virtude perfeita", continua ele. Logo, o hábito da virtude e, pela mesma razão, qualquer outro hábito não pode ser causado por um só ato.

RESPONDO. Como já foi dito, o hábito é gerado pelo ato, enquanto a potência passiva é movida por algum princípio ativo. Mas para que uma qualidade seja produzida no que é passivo, é necessário que o princípio ativo domine por completo o passivo. Por isso vemos que o fogo, não podendo vencer totalmente o seu combustível, não consegue inflamá-lo de pronto, mas vai pouco a pouco eliminando as disposições contrárias, para vencê-lo de todo, e, desse modo imprime-lhe a sua semelhança.

Ora, é manifesto que o princípio ativo que é a razão não pode, num só ato, dominar a parte apetitiva, porque esta se presta de diversas maneiras a muitas coisas. Pode, contudo, num só ato, julgar se alguma coisa é desejável, segundo determinadas razões e circunstâncias. E, por isso, a potência apetitiva não é vencida totalmente, a ponto de, na maioria das vezes, ser levada, de modo natural, para o mesmo objeto, o que pertence ao hábito da virtude. Essa a razão por que esse hábito não pode ser causado por um único ato, mas por muitos.

Nas potências apreensivas, porém, deve-se levar em conta uma dupla passividade: a do próprio intelecto possível e a do intelecto chamado por Aristóteles *passivo*, que é a *razão particular*, isto é, a potência cogitativa com memória e imaginação. Quanto à primeira passividade, pode existir um princípio ativo que domine, por um só ato, totalmente, o que há de potência no passivo. Assim, uma única proposição evidente leva o intelecto a assentir, firmemente, na conclusão, o que, na verdade, uma proposição provável não faz. Consequentemente, até por parte do intelecto possível, são necessários muitos atos da razão para causar

1. C. 6: 1098, a, 18-20.
2. C. 6: 1098, a, 16-17; c. 13: 1102, a, 5-7.
3. Art. praec.
4. *De anima* III, 5: 430, a, 24-25.

possibile est causari ex uno rationis actu, quantum ad intellectum possibilem. — Sed quantum ad inferiores vires apprehensivas, necessarium est eosdem actus pluries reiterari, ut aliquid firmiter memoriae imprimatur. Unde Philosophus, in libro *de Memoria et Reminiscentia*[5], dicit quod *meditatio confirmat memoriam*.

Habitus autem corporales possibile est causari ex uno actu, si activum fuerit magnae virtutis: sicut quandoque medicina fortis statim inducit sanitatem.

Et per hoc patet responsio AD OBIECTA.

o hábito de opinar, enquanto que é possível ser o hábito de ciência causado no intelecto possível por um só ato da razão[c]. — Quanto às potências apreensivas inferiores, porém, cumpre repetir os mesmos atos muitas vezes, para produzirem uma forte impressão na memória. Daí a sentença do Filósofo: "A meditação fortalece a memória".

Quanto aos hábitos corporais, podem eles ser causados por um só ato, se o princípio ativo gozar de grande energia, como, às vezes, um remédio poderoso produz prontamente a saúde.

QUANTO ÀS OBJEÇÕES, pelo que acima se disse, fica clara a resposta.

ARTICULUS 4

Utrum aliquid habitus sint hominibus infusi a Deo

AD QUARTUM SIC PROCEDITUR. Videtur quod nullus habitus hominibus infundatur a Deo.

1. Deus enim aequaliter se habet ad omnes. Si igitur quibusdam infundit habitus aliquos, omnibus eos infunderet. Quod patet esse falsum.

2. PRAETEREA, Deus operatur in omnibus secundum modum qui convenit naturae ipsorum: quia *divinae providentiae est naturam salvare*, ut dicit Dionysius, 4 cap. *de Div. Nom.*[1]. Sed habitus in homine naturaliter causantur ex actibus, ut dictum est[2]. Non ergo causat Deus in hominibus aliquos habitus absque actibus.

3. PRAETEREA, si aliquis habitus a Deo infunditur, per illum habitum homo potest multos actus producere. Sed *ex illis actibus causatur similis habitus*, ut in II *Ethic.*[3] dicitur. Sequitur ergo duos habitus eiusdem speciei esse in eodem, unum acquisitum, et alterum infusum. Quod videtur esse impossibile: non enim duae formae unius speciei possunt esse in eodem subiecto. Non ergo habitus aliquis infunditur homini a Deo.

ARTIGO 4

Existem nos homens hábitos infundidos por Deus?

QUANTO AO QUARTO, ASSIM SE PROCEDE: parece que **nenhum** hábito é infundido por Deus nos homens.

1. Com efeito, Deus procede de modo igual para com todos. Portanto, se infundir algum hábito em alguns, há de infundi-lo em todos, o que é, evidentemente, falso.

2. ALÉM DISSO, Deus age em todos de modo conveniente a suas naturezas, porque como diz Dionísio, "é próprio da divina providência salvaguardar a natureza". Ora, os hábitos no homem são, por natureza, causados pelos atos, como foi dito. Logo, Deus não causa em nós nenhum hábito, sem nossos atos.

3. ADEMAIS, se alguém tivesse algum hábito infundido por Deus, por esse hábito poderia produzir muitos atos. Mas, diz o livro II da *Ética*: "Tais atos causariam um hábito semelhante". Daí teríamos dois hábitos da mesma espécie no mesmo indivíduo: um adquirido; outro infuso. Ora, isso parece impossível, pois duas formas da mesma espécie não podem existir no mesmo sujeito. Logo, nenhum hábito é infundido por Deus no homem.

5. C. 1: 451, a, 12-14.

4 PARALL.: Infra, q. 63, a. 3.

1. MG 3, 733 B.
2. Art. 2.
3. C. 1: 1103, b, 21-22.

c. Pelo fato da afetividade humana ser atraída por tantos objetos e de tantas maneiras diferentes (devido à singularidade das naturezas individuais), é preciso tempo e a multiplicação dos atos de um *habitus* para que nele se estabeleça de maneira firme a influência do desejo-refletido, de tal modo que ele se torne plenamente virtuoso, que se conduza sozinho, como por natureza, para os objetos que a razão considera bons, e da maneira que ela considera boa. O mesmo não ocorre no domínio da inteligência: o *habitus* da ciência pode ser adquirido por um só ato. Mas não é o caso em matéria de probabilidade e de opinião.

SED CONTRA est quod dicitur Eccli 15,5: *Implevit eum Dominus spiritu sapientiae et intellectus*. Sed sapientia et intellectus quidam habitus sunt. Ergo aliqui habitus homini a Deo infunduntur.

RESPONDEO dicendum quod duplici ratione aliqui habitus homini a Deo infunduntur. Prima ratio est, quia aliqui habitus sunt quibus homo bene disponitur ad finem excedentem facultatem humanae naturae, qui est ultima et perfecta hominis beatitudo, ut supra[4] dictum est. Et quia habitus oportet esse proportionatos ei ad quod homo disponitur secundum ipsos, ideo necesse est quod etiam habitus ad huiusmodi finem disponentes, excedant facultatem humanae naturae. Unde tales habitus nunquam possunt homini inesse nisi ex infusione divina: sicut est de omnibus gratuitis virtutibus.

Alia ratio est, quia Deus potest producere effectus causarum secundarum absque ipsis causis secundis, ut in Primo[5] dictum est. Sicut igitur quandoque, ad ostensionem suae virtutis, producit sanitatem absque naturali causa, quae tamen per naturam posset causari; ita etiam quandoque, ad ostendendam suam virtutem, infundit homini illos etiam habitus qui naturali virtute possunt causari. Sicut Apostolis dedit scientiam Scripturarum et omnium linguarum, quam homines per studium vel consuetudinem acquirere possunt, licet non ita perfecte.

AD PRIMUM ergo dicendum quod Deus, quantum ad suam naturam, aequaliter se habet ad omnes: sed secundum ordinem suae sapientiae, certa ratione quaedam tribuit aliquibus, quae non tribuit aliis.

AD SECUNDUM dicendum quod hoc quod Deus in omnibus operatur secundum modum eorum, non excludit quin Deus quaedam operetur quae natura operari non potest: sed ex hoc sequitur quod nihil operatur contra id quod naturae convenit.

AD TERTIUM dicendum quod actus qui producuntur ex habitu infuso, non causant aliquem habitum, sed confirmant habitum praeexistentem:

EM SENTIDO CONTRÁRIO, está no livro do Eclesiástico: "O Senhor o encheu com o espírito da sabedoria e do intelecto". Ora, a sabedoria e o intelecto são hábitos. Logo, alguns hábitos são infundidos por Deus no homem.

RESPONDO. Por duas razões certos hábitos são infundidos no homem por Deus. A primeira é que existem hábitos pelos quais nos dispomos favoravelmente a um fim que supera a capacidade natural humana, como é sua última e perfeita bem-aventurança, como acima foi dito. E como os hábitos devem ser proporcionais àquilo a que nos dispõem, os que nos dispõem a esse fim devem também ultrapassar a capacidade natural humana[d]. Por isso, tais hábitos jamais poderão existir no homem, a não ser por infusão divina, como é o caso de todas as virtudes gratuitamente recebidas.

A outra razão é que Deus pode produzir os efeitos das causas segundas, prescindindo delas, como se viu na I Parte. Portanto, assim como, às vezes, para mostrar sua força, Deus produz a saúde, sem o influxo de qualquer causa natural que a pudesse produzir, da mesma forma também, às vezes, para mostrar seu poder, infunde na alma hábitos que podem ser causados por uma força natural. Assim o Senhor deu aos Apóstolos a ciência das Escrituras e de todas as línguas, conhecimento que os homens podem adquirir pelo estudo ou pela prática, embora de modo não tão perfeito.

QUANTO AO 1º, portanto, deve-se dizer que Deus procede de maneira igual com todos, quanto àquilo que lhes é natural. Mas, segundo a ordem de sua sabedoria e segundo uma determinada razão, dá a alguns o que não concede a outros.

QUANTO AO 2º, deve-se dizer que o fato de Deus agir em todos conforme a seus modos, não impede que faça certas coisas que a natureza não é capaz de realizar. Isso apenas demonstra que ele nada faz contrário à natureza.

QUANTO AO 3º, deve-se dizer que os atos produzidos por um hábito infuso não causam nenhum hábito, mas confirmam um hábito preexistente.

4. Q. 5, a. 5.
5. Q. 105, a. 6.

d. O dom da graça infunde em nós *habitus*, que nos habilitam a levar nosso desejo até uma bem-aventurança fora do alcance de nossas capacidades naturais. Sto. Tomás menciona aqui uma outra espécie de *habitus* infundido: aqueles de que a natureza seria capaz por si mesma, mas cujo exercíco nos é infundido por Deus. São os "carismas". Deus não os concede a todos, mas a alguns para o bem dos outros. No que ele não falta com a justiça (r. 1), e leva em conta as "modalidades" naturais de cada homem em sua vocação singular: "as ovelhas que lhe pertencem [ao pastor], ele as chama cada uma por seu nome" (Jo 10,3).

sicut medicinalia remedia adhibita homini sano per naturam, non causant aliquam sanitatem, sed sanitatem prius habitam corroborant.

Assim, remédios ministrados a quem está naturalmente são, não causam saúde. Simplesmente reforçam a que ele já tem.

QUAESTIO LII
DE AUGMENTO HABITUUM
in tres articulos divisa

Deinde considerandum est de ugmento habituum.

Et circa hoc quaeruntur tria.

Primo: utrum habitus augeantur.

Secundo: utrum augeantur per additionem.

Tertio: utrum quilibet actus augeat habitum.

QUESTÃO 52
O AUMENTO DOS HÁBITOS
em três artigos

A seguir, deve-se considerar o aumento dos hábitos.

A respeito, são três as perguntas:

1. Podem os hábitos aumentar?
2. Aumentam por adição?
3. Qualquer ato aumenta um hábito?

ARTICULUS 1
Utrum habitus augeantur

AD PRIMUM SIC PROCEDITUR. Videtur quod habitus augeri non possint.

1. Augmentum enim est circa quantitatem, ut dicitur in V *Physic.*[1]. Sed habitus non sunt in genere quantitatis, sed in genere qualitatis. Ergo circa eos augmentum esse non potest.

2. PRAETEREA, habitus est perfectio quaedam, ut dicitur in VII *Physic.*[2]. Sed perfectio, cum importet finem et terminum, non videtur posse recipere magis et minus. Ergo habitus augeri non potest.

3. PRAETEREA, in his quae recipiunt magis et minus, contingit esse alterationem: alterari enim dicitur quod de minus calido fit magis calidum. Sed in habitibus non est alteratio, ut probatur in VII *Physic.*[3]. Ergo habitus augeri non possunt.

ARTIGO 1
Os hábitos aumentam?[a]

QUANTO AO PRIMEIRO ARTIGO, ASSIM SE PROCEDE: parece que os hábitos **não** podem aumentar.

1. Com efeito, aumento é questão de quantidade, como se diz no livro V da *Física*. Ora, os hábitos não estão no gênero da quantidade, mas da qualidade. Logo, não se pode falar de aumento deles.

2. ALÉM DISSO, "O hábito é uma perfeição", diz o livro VII da *Física*. Ora, a perfeição, por envolver um fim e um termo, não parece susceptível de mais e de menos. Logo, o hábito não pode aumentar.

3. ADEMAIS, tudo o que tem mais e menos padece alterações. Assim, falamos que se altera aquilo que passa de menos quente para mais quente. Ora, os hábitos, como o livro VII da *Física* demonstra, não sofrem alteração. Logo, eles não podem aumentar.

---

1 PARALL.: Infra, q. 66, a. 1; *De Virtut.*, q. 1, a. 11; q. 5, a. 3; X *Ethic.*, lect. 3.

1. C. 2: 226, a, 30-32.
2. C. 3: 246, a, 13.
3. C. 3: 246, a, 10-11.

---

a. Neste artigo, Sto. Tomás estuda as possibilidades de crescimento de um *habitus*. Inicia situando a questão até onde ele podia conhecê-la e discutí-la em sua época. O artigo é longo, pois ele se sente obrigado a enumerar e criticar as diversas posições a esse respeito de Platão, Aristóteles, Plotino, dos estoicos e de seus comentadores. A ser retida é a noção de crescimento, ou aumento, tomada primeiramente no domínio da quantidade, pode ser transposta para o da qualidade, o que é o *habitus*.

Dois aumentos dos *habitus* são possíveis. Um, que, de uma certa medida, é quantitativo; por exemplo, quando um erudito aumenta o número de seus conhecimentos: um sabe mais do que outro. O outro aumento é de ordem qualitativa: mede-se pela profundidade do enraizamento de um *habitus* no sujeito. Este último possui cada vez mais o seu *habitus*, ele "participa" dele com todo seu ser: a cabeça bem feita e não somente a cabeça cheia do erudito. É o *habitus* de um sujeito cuja inteligência é bem "musculosa", e isto de acordo com a diversidade das naturezas singulares e as múltiplas maneiras de exercer a sua inteligência.

SED CONTRA est quod fides est quidam habitus, et tamen augetur: unde discipuli Domino dicunt: *Domine, adauge nobis fidem*, ut habetur Lc 17,5. Ergo habitus augentur.

RESPONDEO dicendum quod *augmentum*, sicut et alia ad quantitatem pertinentia, a quantitatibus corporalibus ad res spirituales intelligibiles transfertur; propter connaturalitatem intellectus nostri ad res corporeas, quae sub imaginatione cadunt. Dicitur autem in quantitatibus corporeis aliquid magnum, secundum quod ad debitam perfectionem quantitatis perducitur: unde aliqua quantitas reputatur magna in homine, quae non reputatur magna in elephante. Unde et in formis dicimus aliquid magnum, ex hoc quod est perfectum. Et quia bonum habet rationem perfecti, propter hoc *in his quae non mole magna sunt, idem est esse maius quod melius*, ut Augustinus dicit, in VI *de Trin.*[4].

Perfectio autem formae dupliciter potest considerari: uno modo, secundum ipsam formam; alio modo, secundum quod subiectum participat formam. Inquantum igitur attenditur perfectio formae secundum ipsam formam, sic dicitur ipsa esse parva vel magna; puta magna vel parva sanitas vel scientia. Inquantum vero attenditur perfectio formae secundum participationem subiecti, dicitur magis et minus; puta magis vel minus album vel sanum. Non autem ista distinctio procedit secundum hoc, quod forma habeat esse praeter materiam aut subiectum: sed quia alia est consideratio eius secundum rationem speciei suae, et alia secundum quod participatur in subiecto.

Secundum hoc igitur, circa intensionem et remissionem habituum et formarum, fuerunt quatuor opiniones apud philosophos, ut Simplicius narrat in *Commento Praedicamentorum*[5]. Plotinus[6] enim et alii Platonici[7] ponebant ipsas qualitates et habitus suscipere magis et minus, propter hoc quod materiales erant, et ex hoc habebant indeterminationem quandam, propter materiae infinitatem. — Alii vero in contrarium ponebant quod ipsae qualitates et habitus secundum se non recipiebant magis et minus; sed *qualia* dicuntur magis et minus, secundum diversam participationem; puta quod iustitia non dicatur

EM SENTIDO CONTRÁRIO, a fé é um hábito e, no entanto, aumenta, tanto que os discípulos dizem ao Senhor, como está no Evangelho de Lucas: "Senhor, aumenta em nós a fé". Logo, os hábitos podem aumentar.

RESPONDO. O *aumento*, como tudo o que se refere à quantidade, é algo que transpomos das realidades corporais para as espirituais e intelectuais, devido à conaturalidade de nosso intelecto com as realidades corpóreas, que atingem a nossa imaginação. Ora, na esfera das quantidades corpóreas, diz-se que alguma coisa é grande, quando chega ao nível de perfeição quantitativa que ela deve ter. Por isso, uma quantidade é considerada grande no homem e não no elefante. E daí vem o dizermos, quanto à forma, que uma coisa é grande quando é perfeita. E como o bem implica a razão de perfeição assim se entende a palavra de Agostinho: "quanto àquilo que não é materialmente grande, ser maior é o mesmo que ser melhor".

A perfeição de uma forma, porém, pode ser vista de duas maneiras: quanto à forma em si mesma e quanto ao modo como o sujeito participa dessa forma. Atendendo à perfeição da forma em si mesma, podemos dizê-la pequena ou grande, como, por exemplo, saúde ou ciência grande ou pequena. Considerando, porém, a perfeição da forma no sujeito, falamos de mais ou de menos, como, por exemplo, mais ou menos são ou mais ou menos branco. Esta distinção não procede de que a forma tenha o existir fora da matéria ou do sujeito, mas de que uma é sua consideração segundo a razão de sua espécie, e outra segundo sua participação no sujeito.

Assim, no que diz respeito à intensidade e à remissão dos hábitos e das formas, quatro opiniões houve entre os filósofos, como refere Simplício. Plotino e os demais platônicos sustentavam que as qualidades e os hábitos, em si mesmos, são susceptíveis de mais e de menos, porque materiais e por terem, devido ao caráter indefinido da matéria, certa indeterminação. — Outros, ao contrário, sustentavam que as qualidades e os hábitos, em si mesmos, não são susceptíveis de mais nem de menos, mas que atribuímos às *qualidades* o mais e o menos, conforme os diversos graus de participação. Por exemplo, não dizemos que a justiça

4. C. 8: ML 42, 929.
5. Ed. C. Kalbfleisch, p. 284, ll. 12-13.
6. Vide SIMPLICIUM, *In Arist. Cat. Comm.*, ed. C. Kalbfleisch, p. 284, ll. 13-14. Cfr. PLOTINUM, *Enn.* VI, 111, 20.
7. Vide SIMPLICIUM, *op. cit.*, ed. cit., p. 284, ll. 15-17.

magis et minus, sed iustum. Et hanc opinionem tangit Aristoteles in *Praedicamentis*[8]. — Tertia fuit opinio Stoicorum[9], media inter has. Posuerunt enim quod aliqui habitus secundum se recipiunt magis et minus, sicut artes; quidan autem non, sicut virtutes. — Quarta opinio fuit quorundam dicentium quod qualitates et formae immateriales non recipiunt magis et minus, materiales autem recipiunt.

Ut igitur huius rei veritas manifestetur, considerandum est quod illud secundum quod sortitur aliquid speciem, oportet esse fixum et stans et quasi indivisibile: quaecumque enim ad illud attingunt, sub specie continentur: quaecumque autem recedunt ab illo, vel in plus vel in minus, pertinent ad aliam speciem, vel perfectiorem vel imperfectiorem. Unde Philosophus dicit, in VIII *Metaphys.*[10], quod species rerum sunt sicut numeri, in quibus additio vel diminutio variat speciem. Si igitur aliqua forma, vel quaecumque res, secundum seipsam vel secundum aliquid sui, sortiatur rationem speciei; necesse est quod, secundum se considerata, habeat determinatam rationem, quae neque in plus excedere, neque in minus deficere possit. Et huiusmodi sunt calor et albedo, et aliae huiusmodi qualitates quae non dicuntur in ordine ad aliud: et multo magis substantia, quae est per se ens. — Illa vero quae recipiunt speciem ex aliquo ad quod ordinantur, possunt secundum seipsa diversificari in plus vel in minus, et nihilominus sunt eadem specie, propter unitatem eius ad quod ordinantur, ex quo recipiunt speciem. Sicut motus secundum se est intensior et remissior: et tamen remanet eadem species, propter unitatem termini, ex quo specificatur. Et idem potest considerari in sanitate: nam corpus pertingit ad rationem sanitatis, secundum quod habet dispositionem convenientem naturae animalis, cui possunt dispositiones diversae convenientes esse; unde potest variari dispositio in plus vel in minus, et tamen semper remanet ratio sanitatis. Unde Philosophus dicit, in X *Ethic.*[11], quod *sanitas ipsa recipit magis et minus: non enim eadem est commensuratio in omnibus, neque in uno et eodem semper; sed remissa permanet sanitas usque ad aliquid.* Huiusmodi autem diversae dispositiones vel commensurationes sanitatis se habent secundum

é mais ou menos, mas que uma coisa é mais ou menos justa. A essa opinião, aliás, Aristóteles alude nos seus *Predicamentos*. — No meio termos dessas duas opiniões anteriores, temos a terceira, a dos estoicos. Sustentavam que certos hábitos, como as artes, são, em si, susceptíveis de mais e de menos; outros, porém, não, como as virtudes. — A quarta opinião é a dos que diziam que as qualidades e as formas imateriais não são susceptíveis de mais e de menos, mas as materiais, sim.

Para esclarecer o que há de verdadeiro nessa questão, deve-se considerar que aquilo pelo qual algo se constitui em espécie deve ser fixo e estável, como uma coisa indivisível, pois tudo o que ele abrange, por ele se especifica, e tudo o que dele se afasta, seja mais seja menos, pertence a outra espécie, mais ou menos perfeita. Por isso diz o Filósofo que as espécies das coisas são como os números: aumentando ou diminuindo um número, muda-se-lhe a espécie. Portanto, se uma forma ou uma realidade qualquer, por si mesma ou por algo próprio, pertencer a determinada espécie, há de, necessariamente, considerada em si mesma, ter uma determinada razão, em relação com a qual não pode ser nem excedente nem deficiente. Esse é o caso do calor, da brancura e de outras qualidades do mesmo tipo, que não se definem pela relação com outra coisa. É o caso, sobretudo, da substância, que é ente por si mesmo. — As coisas ao contrário, que se especificam por um termo ao qual estão ordenadas podem, em si mesmas, diversificar-se mais ou menos e, assim mesmo, continuar as mesmas especificamente, dada a unidade do termo para o qual se ordenam e do qual recebem a especificação. Assim, o movimento é, em si mesmo, mais intenso ou mais remisso, permanecendo, contudo, na mesma espécie, por causa da unidade do termo especificador. O mesmo pode-se dizer também da saúde, pois o corpo chega à razão de saúde, na medida em que tem as disposições convenientes à natureza do animal, disposições que podem ser diferentes e, portanto, podem variar mais ou menos, permanecendo sempre, porém, a razão de saúde. Por essa razão, o Filósofo diz que "a saúde, em si mesma, admite mais e menos, pois a medida não é a mesma em todos, nem sempre a mesma em um só e mesmo indivíduo, e uma vez dimi-

8. C. 8: 10, a, 30-b, 11. — Vide SIMPLICIUM, *op. cit.*, ed. cit., p. 284, ll. 24-30.
9. Vide SIMPLICIUM, *op. cit.*, ed. cit., p. 284, l. 32 — p. 285, l. 1.
10. C. 3: 1043, b, 33.
11. C. 3: 1173, a, 24-27.

excedens et excessum: unde si nomen sanitatis esset impositum soli perfectissimae commensurationi, tunc ipsa sanitas non diceretur maior vel minor. — Sic igitur patet qualiter aliqua qualitas vel forma possit secundum seipsam augeri vel minui, et qualiter non.

Si vero consideremus qualitatem vel formam secundum participationem subiecti, sic etiam inveniuntur quaedam qualitates et formae recipere magis et minus, et quaedam non. Huiusmodi autem diversitatis causam Simplicius assignat[12] ex hoc, quod substantia secundum seipsam non potest recipere magis et minus, quia est ens per se. Et ideo omnis forma quae substantialiter participatur in subiecto, caret intensione et remissione: unde in genere substantiae nihil dicitur secundum magis et minus. Et quia quantitas propinqua est substantiae, et figura etiam consequitur quantitatem; inde est quod neque etiam in istis dicitur aliquid secundum magis aut minus. Unde Philosophus dicit, in VII *Physic.*[13], quod cum aliquid accipit formam et figuram, non dicitur alterari, sed magis fieri. — Aliae vero qualitates, quae sunt magis distantes a substantia, et coniunguntur passionibus et actionibus, recipiunt magis et minus secundum participationem subiecti.

Potest autem et magis explicari huiusmodi diversitatis ratio. Ut enim dictum est, id a quo aliquid habet speciem, oportet manere fixum et stans in indivisibili. Duobus igitur modis potest contingere quod forma non participatur secundum magis et minus. Uno modo, quia participans habet speciem secundum ipsam. Et inde est quod nulla forma substantialis participatur secundum magis et minus. Et propter hoc Philosophus dicit, in VIII *Metaphys.*[14], quod, *sicut numerus non habet magis neque minus, sic neque substantia quae est secundum speciem*, idest quantum ad participationem formae specificae; *sed si quidem quae cum materia*, idest, secundum materiales dispositiones invenitur magis et minus in sustantia. — Alio modo potest contingere ex hoc quod ipsa indivisibilitas est de ratione formae: unde oportet quod, si aliquid participet formam illam, quod participet illam secundum rationem indivisibilitatis. Et inde est quod species numeri non dicuntur secundum magis et minus: quia unaquaeque species in eis

nuída continua saúde até certo ponto". Ora, essas diferentes disposições medidas da saúde referem-se entre si como mais e menos se se aplicasse saúde apenas à medida mais perfeita, então não se diria que a saúde é maior ou menor. — Desse modo, fica claro de que maneira uma qualidade ou forma pode ou não, em si mesma, aumentar ou diminuir.

Se, porém, considerarmos a qualidade ou a forma, pela participação do sujeito, desse modo também se encontrarão que algumas qualidades e formas admitem o mais e o menos e outras, não. E Simplício atribui a causa dessa diferença à substância que, sendo um ente por si, não pode admitir o mais e o menos. E por isso toda forma participada substancialmente no sujeito carece de intensidade e remissão. Assim, no gênero da substância, não se fala de mais nem de menos. E como a quantidade está próxima da substância e a figura, também segue a quantidade, segue-se que também a respeito destas não se fala de mais nem de menos. Por esse motivo, o Filósofo diz que, quando uma coisa toma forma e figura, não se diz que se alterou, mas que está se fazendo. — As outras qualidades, mais afastadas da substância e ligadas a paixões e ações, admitem mais e menos, conforme a participação do sujeito.

Pode-se, contudo, explicar melhor a razão dessa diferença, porque, como já foi dito, aquilo que especifica uma coisa deve permanecer fixo e indivisível. Assim, de dois modos pode acontecer que a forma não seja participada segundo o mais ou o menos. Primeiramente, porque o sujeito participante se constitui em espécie pela forma participada e assim nenhuma forma substancial é mais ou menos participada. Por isso, o Filósofo diz que "como o número não é susceptível de mais nem de menos, também não o é a substância especificada", ou seja, quanto à participação da forma específica; "mas se ela estiver unida à matéria", isto é, em razão das disposições materiais, é susceptível de mais e de menos. — De outra maneira pode acontecer, pelo fato de que a indivisibilidade é da razão da forma. Por isso, o que dela participar, há de participar dela segundo a razão de indivisibilidade. Daí vem que nos números não se fala de mais e de menos, pois cada uma dessas espécies é constituída por uma unidade

12. Loc. cit., ed. cit., p. 285, l. 27 — p. 286, l. 4.
13. C. 3: 246, a, 1-4.
14. C. 3: 1044, a, 9-11.

constituitur per indivisibilem unitatem. Et eadem ratio est de speciebus quantitatis continuae quae secundum numeros accipiuntur, ut bicubitum et tricubitum; et de relationibus, ut duplum et triplum; et de figuris, ut trigonum et tetragonum. Et hanc rationem ponit Aristoteles in *Praedicamentis*[15], ubi, assignans rationem quare figurae non recipiunt magis et minus, dicit: *Quae quidem enim recipiunt trigoni rationem et circuli, similiter trigona vel circuli sunt*: quia scilicet indivisibilitas est de ipsa eorum ratione, unde quaecumque participant rationem eorum, oportet quod indivisibiliter participent.

Sic igitur patet quod, cum habitus et dispositiones dicantur secundum ordinem ad aliquid ut dicitur in VII *Physic.*[16], dupliciter potest intensio et remissio in habitibus et dispositionibus considerari. Uno modo, secundum se: prout dicitur maior vel minor sanitas; vel maior vel minor scientia, quae ad plura vel pauciora se extendit. — Alio modo, secundum participationem subiecti: prout scilicet aequalis scientia vel sanitas magis recipitur in uno quam in alio, secundum diversam aptitudinem vel ex natura vel ex consuetudine. Non enim habitus et dispositio dat speciem subiecto: neque iterum in sui ratione includit indivisibilitatem.

Quomodo autem circa virtutes se habeat, infra[17] dicetur.

AD PRIMUM ergo dicendum quod, sicut nomen magnitudinis derivatur a quantitatibus corporalibus ad intelligibiles perfectiones formarum; ita etiam et nomem augmenti, cuius terminus est magnum.

AD SECUNDUM dicendum quod habitus quidem perfectio est: non tamen talis perfectio quae sit terminus sui subiecti, puta dans ei esse specificum. Neque etiam in sui ratione terminum includit, sicut species numerorum. Unde nihil prohibet quin recipiat magis et minus.

AD TERTIUM dicendum quod alteratio primo quidem est in qualitatibus tertiae speciei. In qualitatibus vero primae speciei potest esse alteratio per posterius: facta enim alteratione secundum calidum et frigidum, sequitur animal alterari secundum sanum et aegrum. Et similiter, facta alteratione secundum passiones appetitus sensiti-

indivisível. E o mesmo vale para as espécies de quantidade contínua, quando tomadas numericamente, como uma grandeza de dois côvados e de três côvados; e para as relações, como o duplo e o triplo e ainda para as figuras, como o triângulo e o quadrado. E essa é, precisamente, a razão dada por Aristóteles, quando diz, ao explicar por que uma figura não admite nem mais nem menos: "Aquilo que admite a razão do triângulo e do círculo é, igualmente, triângulo ou círculo", pois a indivisibilidade é da mesma razão delas e, consequentemente, tudo o que participa da razão delas deve participar indivisivelmente.

Fica, então, claro que, sendo os hábitos e as disposições chamados enquanto ordenados a alguma coisa, como diz o livro XII da *Física*, de dois modos se pode considerar a intensidade e a remissão deles: primeiro, em si mesmos, como quando se diz que a saúde é maior ou menor; ou quando se diz que uma ciência é maior ou menor, conforme se estende a mais ou menos coisas. — Em segundo lugar, quanto à participação do sujeito, quando uma mesma ciência ou saúde é recebida mais por um do que por outro indivíduo, segundo as diferentes aptidões procedentes ou da natureza ou do costume, pois o hábito e a disposição não especificam o sujeito, como também não incluem a indivisibilidade em sua razão.

No que tange, enfim, à relação do hábito com a virtude, abaixo se verá.

QUANTO AO 1º, portanto, deve-se dizer que assim como a palavra grandeza se transfere das quantidades corporais para as perfeições inteligíveis das formas, assim também a palavra aumento, cujo termo é a grandeza.

QUANTO AO 2º, deve-se dizer que o hábito, certamente, é uma perfeição. Não, porém, uma perfeição que seja o termo de seu sujeito, como se ela lhe desse o ser específico. Por outro lado, não é de sua razão ser termo, como as espécies dos números. Portanto, nada impede que admita o mais e o menos.

QUANTO AO 3º, deve-se dizer que a alteração ocorre, primeiramente, nas qualidades da terceira espécie, mas pode existir, por via de consequência, nas qualidades da primeira espécie. Se, por exemplo, houver alteração referente ao calor e ao frio, o animal terá mudanças na saúde e na doença. Da mesma forma, havendo alteração nas paixões

15. C. 6: 11, a, 7-9.
16. C. 3: 246, b, 3-4; 247, a, 1-2.
17. Q. 66, a. 1.

vi, vel secundum vires sensitivas apprehensivas, sequitur alteratio secundum scientias et virtutes, ut dicitur in VII *Physic.*[18].

do apetite sensitivo ou nas potências sensitivas apreensivas, segue-se a modificação nas ciências e nas virtudes, como diz Aristóteles[b].

ARTICULUS 2

Utrum habitus augeatur per additionem

AD SECUNDUM SIC PROCEDITUR. Videtur quod augmentum habituum fiat per additionem.

1. Nomen enim augmenti, ut dictum est[1], a quantitatibus corporalibus transfertur ad formas. Sed in quantitatibus corporalibus non fit augmentum sine additione: unde in I *de Generat.*[2] dicitur quod *augmentum est praeexistenti magnitudini additamentum*. Ergo et in habitibus non fit augmentum nisi per additionem.

2. PRAETEREA habitus non augetur nisi aliquo agente. Se omne agens aliquid facit in subiecto patiente: sicut calefaciens facit calorem in ipso calefacto. Ergo non potest esse augmentum nisi aliqua fiat additio.

3. PRAETEREA, sicut id quod non est album, est in potentia ad album; ita id quod est minus album, est in potentia ad magis album. Sed id quod non est album, non fit album nisi per adventum albedinis. Ergo id quod est minus album, non fit magis album nisi per aliquam aliam albedinem supervenientem.

SED CONTRA est quod Philosophus dicit, in IV *Physic.*[3]: *Ex calido fit magis calidum, nullo facto in materia calido, quod non esset calidum quando erat minus calidum*. Ergo, pari ratione, nec in aliis formis quae augentur, est aliqua additio.

RESPONDEO dicendum quod huius quaestionis solutio dependet ex praemissa. Dictum est enim supra[4] quod augmentum et diminutio in formis quae intenduntur et remittuntur, accidit uno modo non ex parte ipsius formae secundum se consideratae, sed ex diversa participatione subiecti. Et ideo huiusmodi augmentum habituum et aliarum

ARTIGO 2

Aumentam os hábitos por adição?

QUANTO AO SEGUNDO, ASSIM SE PROCEDE: parece que os hábitos **aumentam** por adição.

1. Com efeito, a palavra aumento, já foi dito, transfere-se das quantidades corporais para as formas. Ora, nas quantidades corporais não há aumento sem adição e por isso diz o livro das *Gerações* que "o aumento é um aditamento à grandeza preexistente". Logo, também nos hábitos todo aumento só se dá por adição.

2. ALÉM DISSO, o hábito só aumenta por força de algum agente. Ora, todo gente produz algum efeito no sujeito paciente, como o aquecedor gera calor no aquecido. Logo, não pode haver aumento sem que se produza alguma adição.

3. ADEMAIS, assim como o que não é branco está em potência para o branco, assim também o menos branco em potência para o mais branco. Ora, o que não é branco só se torna branco pela brancura. Logo, o menos branco não se faz mais branco senão sobrevindo alguma outra brancura.

EM SENTIDO CONTRÁRIO, diz o Filósofo: "O corpo quente fica mais quente, sem que se produza na matéria nenhum calor que já não existisse, quando o corpo estava menos quente". Logo, por igual razão, nenhuma adição acontece também nas outras formas, quando elas aumentam.

RESPONDO. A solução deste problema depende do que se disse antes. Ficou claro, com efeito, que, nas formas que aumentam e diminuem, o aumento e a diminuição provêm não da forma considerada em si mesma, mas das diferentes participações do sujeito. Por isso, o aumento dos hábitos e das formas não ocorre por adição de uma forma a outra, mas por-

18. C. 3: 247, a, 6-7; 248, a, 6-9.

2 PARALL.: II-II, q. 24, a. 5; *De Virt.*, q. 1, a. 11; q. 5, a. 3.

1. Art. praec.
2. C. 5: 320, b, 30-31.
3. C. 9: 217, a, 34-b, 2.
4. Art. praec.

b. Sto. Tomás termina esse artigo por uma observação de Aristóteles que merece a atenção não apenas dos moralistas, mas também dos filósofos: que mudem as paixões e as percepções das faculdades sensíveis, e o estado das ciências e das virtudes se verá modificado. O que confirma, uma vez mais, que, para nosso autor, a natureza humana específica e universal só existe particularizada no corpo e por seu intermédio. Essa singularidade explica a diversidade das capacidades intelectuais e morais dos indivíduos.

formarum, non fit per additionem formae ad formam; sed fit per hoc quod subiectum magis vel minus perfecte participat unam et eandem formam. Et sicut per agens quod est actu, fit aliquid actu calidum, quasi de novo incipiens participare formam, non quod fiat ipsa forma, ut probatur VII *Metaphys*.[5]; ita per actionem intensam ipsius agentis efficitur magis calidam, tanquam perfectius participans formam, non tanquam formae aliquid addatur.

Si enim per additionem intelligeretur huiusmodi augmentum in formis, hoc non posset esse nisi vel ex parte ipsius formae, vel ex parte subiecti. Si autem ex parte ipsius formae, iam[6] dictum est quod talis additio vel subtractio speciem variaret; sicut variatur species coloris, quando de pallido fit album. — Si vero huiusmodi additio intelligatur ex parte subiecti, hoc non posset esse nisi vel quia aliqua pars subiecti recipit formam quam prius non habebat, ut si dicatur frigus crescere in homine qui prius frigebat in una parte, quando iam in pluribus partibus friget: vel quia aliquod aliud subiectum additur participans eandem formam, sicut si calidum adiungatur calido, vel album albo. Sed secundum utrumque istorum duorum modorum, non dicitur aliquid magis album vel calidum, sed maius.

Sed quia quaedam accidentia augentur secundum seipsa, et supra[7] dictum est, in quibusdam eorum fieri potest augmentum per additionem. Augetur enim motus per hoc quod ei aliquid additur vel secundum tempus in quo est, vel secundum viam per quam est: et tamen manet eadem species, propter unitatem termini. Augetur etiam nihilominus motus per intensionem, secundum participationem subiecti: inquantum scilicet idem motus potest vel magis vel minus expedite aut prompte fieri. — Similiter etiam et scientia potest augeri secundum seipsam per additionem: sicut cum aliquis plures conclusiones geometriae addiscit, augetur in eo habitus eiusdem scientiae secundum speciem. Augetur nihilominus scientia in aliquo, secundum participationem subiecti, per

que o sujeito participa mais ou menos perfeitamente de uma única e mesma forma[c]. E assim como pela ação de um agente atualmente quente um corpo fica atualmente aquecido, como se começasse a participar da forma, sem que esta comece a existir em si mesma, como já se provou no livro V da *Metafísica*, assim também, pela ação intensa do próprio agente, o corpo se torna mais quente, como que participando mais perfeitamente da forma e não como se algo se acrescentasse a ele.

Portanto, se se entendesse, pela adição, um tal aumento nas formas, isso somente poderia acontecer por parte da forma ou por parte do sujeito. No primeiro caso, já foi dito que tal adição ou subtração mudaria a espécie, como varia a espécie da cor, quando o pálido se torna branco. — Se, porém, a adição for entendida por parte do sujeito, isso não se poderia dar senão porque uma parte do sujeito recebeu a forma que não tinha antes, como se disséssemos que o frio aumenta num homem que antes o sentia numa parte do corpo e quando já o sente em várias; ou então porque se ajunta algum outro sujeito participante da mesma forma, como se se acrescentasse o quente ao que já era quente e o branco ao branco. Mas, segundo esses dois modos não se diz que o corpo se tornou mais quente ou mais branco e sim maior.

Todavia, dado que certos acidentes aumentam em si mesmos, como foi dito acima, pode haver em alguns deles aumento por adição. O movimento, por exemplo, aumenta porque algo se lhe acrescenta, quer pelo tempo de sua duração quer pelo percurso que ele faz e, no entanto, permanece na mesma espécie, por causa da unidade do termo. Mas um movimento aumenta também em intensidade, em relação à participação do sujeito, ou seja, o mesmo movimento pode realizar-se mais ou menos fácil ou prontamente. — A ciência, igualmente, pode também aumentar em si mesma, por adição. Por exemplo, quando alguém aprende muitas conclusões de geometria, o hábito específico dessa ciência aumenta nele. A ciência, porém, aumenta em intensidade em alguém,

5. C. 8: 1033, b, 5-8; c. 9: 1034, b, 7-16.
6. Art. praec.
7. Ibid.

c. O crescimento dos *habitus* é essencialmente de ordem qualitativa: o sujeito "participa" cada vez mais, por extensão e intensidade, em tal *habitus*, o que o qualifica a agir bem, empregando os seus melhores meios, intelectualmente ou moralmente. É preciso tempo, como é preciso para que o alimento absorvido pelo corpo resulte em seu crescimento. É preciso também um feliz encaminhamento que encontra o seu dinamismo unificador no objetivo ou no termo visados, e no prazer que nele encontra o sujeito. Por exemplo, o *habitus* da inteligência aumenta a clareza, a rapidez, a exigência de verdade do olhar e do trabalho, o ócio e o prazer que dele resultam.

intensionem: prout scilicet expeditius et clarius unus homo se habet alio in eisdem conclusionibus considerandis.

In habitibus autem corporalibus non multum videtur fieri augmentum per additionem. Quia non dicitur animal sanum simpliciter, aut pulchrum, nisi secundum omnes partes suas sit tale. Quod autem ad perfectiorem commensurationem perducatur, hoc contingit secundum transmutationem simplicium qualitatum; quae non augentur nisi secundum intensionem, ex parte subiecti participantis.

Quomodo autem se habeat circa virtutes, infra[8] dicetur.

AD PRIMUM ergo dicendum quod etiam in magnitudine corporali contingit dupliciter esse augmentum. Uno modo, per additionem subiecti ad subiectum; sicut est in augmento viventium. Alio modo, per solam intensionem, absque omni additione; sicut est in his quae rarefiunt, ut dicitur in IV *Physic.*[9].

AD SECUNDUM dicendum quod causa augens habitum, facit quidem semper aliquid in subiecto, non autem novam formam. Sed facit quod subiectum perfectius participet formam praeexistentem, aut quod amplius se extendat.

AD TERTIUM dicendum quod id quod nondum est album, est in potentia ad formam ipsam, tanquam nondum habens formam: et ideo agens causat novam formam in subiecto. Sed id quod est minus calidum aut album, non est in potentia ad formam, cum iam actu formam habeat: sed est in potentia ad perfectum participationis modum. Et hoc consequitur per actionem agentis.

pela participação do sujeito, como, por exemplo, quando um homem procede com mais facilidade e com mais clareza que outro na consideração das mesmas conclusões.

Por outro lado, nos hábitos corporais não parece acontecer muito o aumento por adição, porque não se diz que um animal é realmente são ou bonito se ele não o for em todas suas partes. Se esses hábitos, contudo, conseguem chegar a uma medida mais perfeita, isso se deve à modificação de suas qualidades elementares e estas não crescem senão em intensidade, por causa do sujeito participante.

Quanto ao modo como isso ocorre com as virtudes, depois se dirá.

QUANTO AO 1º, portanto, deve-se dizer que até na grandeza corporal acontece aumento de dois modos: por adição de um sujeito a outro, como no crescimento dos seres vivos; e por mera intensificação, sem adição alguma, como no caso dos corpos rarefeitos, conforme se diz no livro IV da *Física*.

QUANTO AO 2º, deve-se dizer que a causa que faz aumentar o hábito produz sempre alguma coisa no sujeito, mas não uma nova forma. Ela faz que o sujeito participe de maneira mais perfeita da forma preexistente ou que essa forma ganhe extensão mais ampla.

QUANTO AO 3º, deve-se dizer que o que ainda não é branco está em potência para essa forma, não a possuindo ainda e, por isso, o agente causa uma nova forma no sujeito. Mas o que é menos quente ou menos branco não está em potência para a forma, porque já a tem em ato. Mas, está em potência para o modo perfeito de participação e vai consegui-lo pela ação do agente.

ARTICULUS 3

Utrum quilibet actus augeat habitum

AD TERTIUM SIC PROCEDITUR. Videtur quod quilibet actus augeat habitum.

1. Multiplicata enim causa, multiplicatur effectus. Sed actus sunt causa habituum aliquorum, ut supra[1] dictum est. Ergo habitus augetur, multiplicatis actibus.

2. PRAETEREA, de similibus idem est iudicium. Sed omnes actus ab eodem habitu procedentes

ARTIGO 3

Qualquer ato aumenta um hábito?

QUANTO AO TERCEIRO, ASSIM SE PROCEDE: parece que qualquer ato **aumenta** o hábito.

1. Com efeito, multiplicando-se a causa, multiplica-se o efeito. Ora, os atos são causas de certos hábitos, como acima se viu. Logo, o hábito aumenta com a multiplicação dos atos.

2. ALÉM DISSO, os semelhantes são julgados pelo mesmo juízo. Ora, todos os atos provenientes do

8. Q. 66, a. 1.
9. C. 7: 214, b, 2-3; c. 9: 217, b, 8-11.

3

1. Q. 51, a. 2.

sunt similes, ut dicitur in II *Ethic.*[2]. Ergo, si aliqui actus augeant habitum, quilibet actus augebit ipsum.

3. PRAETEREA, simile augetur suo simili. Sed quilibet actus est similis habitui a quo procedit. Ergo quilibet actus auget habitum.

SED CONTRA, idem non est contrariorum causa. Sed, sicut dicitur in II *Ethic.*[3], aliqui actus ab habitu procedentes diminuunt ipsum; utpote cum negligenter fiunt. Ergo non omnis actus habitum auget.

RESPONDEO dicendum quo *similes actus similes habitus causant*, ut dicitur in II *Ethic.*[4]. Similitudo autem et dissimilitudo non solum attenditur secundum qualitatem eandem vel diversam; sed etiam secundum eundem vel diversum participationis modum. Est enim dissimile non solum nigrum albo, sed etiam minus album magis albo: nam etiam motus fit a minus albo in magis album, tanquam ex opposito in oppositum, ut dicitur in V *Physic.*[5].

Quia vero usus habituum in voluntate hominis consistit, ut ex supradictis patet; sicut contingit quod aliquis habens habitum non utitur illo, vel etiam agit actum contrarium; ita etiam potest contingere quod utitur habitu secundum actum non respondentem proportionaliter intensioni habitus. Si igitur intensio actus proportionaliter aequetur intensioni habitus, vel etiam superexcedat; quilibet actus vel auget habitum, vel disponit ad augmentum ipsius; ut loquamur de augmento habituum ad similitudinem augmenti animalis. Non enim quodlibet alimentum assumptum actu auget animal, sicut nec quaelibet gutta cavat lapidem: sed, multiplicato alimento, tandem fit augmentum. Ita etiam, multiplicatis actibus, crescit habitus. — Si vero intensio actus proportionaliter deficiat ab intensione habitus, talis actus non disponit ad augmentum habitus, sed magis ad diminutionem ipsius.

Et per hoc patet responsio AD OBIECTA.

mesmo hábito são semelhantes, como se diz no livro II da *Ética*. Logo, se alguns atos aumentam o hábito, qualquer ato o aumentará.

3. ADEMAIS, o semelhante aumenta o semelhante. Ora, qualquer ato é semelhante ao hábito do qual procede. Logo, qualquer ato aumenta o hábito.

EM SENTIDO CONTRÁRIO, a mesma coisa não é causa de efeitos contrários. Ora, no livro II da *Ética* se diz que alguns atos procedentes do hábito o diminuem, como aqueles feitos negligentemente. Logo, nem todo ato aumenta o hábito.

RESPONDO. Conforme o livro II da *Ética*, "atos semelhantes causam hábitos semelhantes". Mas semelhança e dessemelhança não se consideram unicamente quanto a uma qualidade idêntica ou diversa, senão também quanto ao modo de participação semelhante ou diferente. Com efeito, o preto não só é dessemelhante do branco, mas também o menos branco o é do branco, porque o movimento se faz do menos branco para o mais branco, como o de um contrário para outro contrário, como se diz no livro V da *Física*.

No entanto, como o exercício dos hábitos depende da vontade humana[d], conforme está claro do anteriormente dito, assim como quem tem um hábito pode prescindir dele ou até agir contrariamente a ele, assim também pode acontecer que use o hábito com atos desproporcionais à intensidade deste. Portanto, se a intensidade do ato for proporcional à do hábito ou mesmo a superar, qualquer ato ou aumentará o hábito ou lhe preparará seu aumento, falando assim do aumento dos hábitos tal qual falamos do crescimento dos animais. Não é, com efeito, qualquer alimento ingerido que faz o animal crescer, como também não é qualquer gota que fura a rocha, mas o crescimento se realiza pela repetição dos alimentos. Da mesma forma, multiplicando-se os atos, aumenta o hábito. — Se, porém, a intensidade do ato for proporcionalmente inferior à do hábito, esse ato não prepara o hábito para o aumento e sim para diminuir.

QUANTO ÀS OBJEÇÕES, por tudo isso, fica evidente a resposta às objeções.

2. C. 2: 1104, a, 29.
3. C. 2: 1104, a, 18-27.
4. C. 1: 1103, b, 21-22.
5. C. 5: 229, b, 14-15.

d. É agindo, sabendo e querendo livremente que o sujeito desenvolve seus *habitus*. Em caso contrário, seriam somente hábitos. Mas pode agir de maneira contrária ou oposta a tal *habitus*; pode então "perdê-lo" (ver a questão seguinte). Pode também exercer frouxamente tal *habitus*, com menos intensidade do que ele é capaz, menos envolvimento pessoal: esse *habitus* simplesmente não se desenvolve. O melhor e mais certo é exercer esse *habitus* com toda a intensidade da qual o sujeito é capaz: o crescimento é imediato ou próximo.

QUAESTIO LIII
DE CORRUPTIONE ET DIMINUTIONE HABITUUM
in tres articulos divisa

Deinde considerandum est de corruptione et diminutione habituum.

Et circa hoc quaeruntur tria.

Primo: utrum habitus corrumpi possit.
Secundo: utrum possit diminui.
Tertio: de modo corruptionis et diminutionis.

ARTICULUS 1
Utrum habitus corrumpi possit

AD PRIMUM SIC PROCEDITUR. Videtur quod habitus corrumpi non possit.

1. Habitus enim inest sicut natura quaedam: unde operationes secundum habitum sunt delectabiles. Sed natura non corrumpitur, manente eo cuius est natura. Ergo neque habitus corrumpi potest, manente subiecto.

2. PRAETEREA, omnis corruptio formae vel est per corruptionem subiecti, vel est a contrario: sicut aegritudo corrumpitur corrupto animali, vel etiam superveniente sanitate. Sed scientia, quae est quidam habitus, non potest corrumpi per corruptionem subiecti, quia *intellectus*, qui est subiectum eius, *est substantia quaedam, et non corrumpitur*, ut dicitur in I *de Anima*[1]. Similiter etiam non potest corrumpi a contrario: nam species intelligibiles non sunt ad invicem contrariae, ut dicitur in VII *Metaphys.*[2]. Ergo habitus scientiae nullo modo corrumpi potest.

3. PRAETEREA, omnis corruptio est per aliquem motum. Sed habitus scientiae, qui est in anima, non potest corrumpi per motum per se ipsius animae: quia anima per se non movetur. Movetur autem per accidens per motum corporis. Nulla autem transmutatio corporalis videtur posse corrumpere species intelligibiles existentes in intellectu: cum intellectus sit per se locus specierum, sine corpore: unde ponitur quod nec per senium nec per mortem corrumpuntur habitus. Ergo scientia corrumpi non potest. Et per consequens, nec habitus virtutis, qui etiam est in anima rationali: et, sicut Philosophus

QUESTÃO 53
A DESTRUIÇÃO E A DIMINUIÇÃO DOS HÁBITOS
em três artigos

Em seguida, devem-se considerar a destruição e a diminuição dos hábitos.

Sobre isso, são três as perguntas:

1. Pode o hábito desaparecer?
2. Pode diminuir?
3. Sobre o modo de desaparecer e de diminuir?

ARTIGO 1
Pode o hábito desaparecer?

QUANTO AO PRIMEIRO ARTIGO, ASSIM SE PROCEDE: parece que o hábito **não** pode desaparecer.

1. Com efeito, o hábito está em nós como uma natureza, tanto que as ações habituais nos são prazerosas. Ora, enquanto permanecer o seu sujeito, a natureza não desaparece. Logo permanecendo o sujeito, o hábito também não pode desaparecer.

2. ALÉM DISSO, toda destruição de uma forma é provocada ou pela destruição do sujeito ou pela ação de seu contrário. Assim, a doença acaba quando o animal morre ou quando sobrevém a saúde. Ora, a ciência que é um hábito, não desaparece pela destruição do sujeito, porque o seu sujeito, "o intelecto, é uma substância e não se destrói", como se diz no livro *da Alma*. E também não pode ser destruída por um contrário, pois as espécies inteligíveis não são contrárias entre si, segundo o livro VII da *Metafísica*. Logo, o hábito da ciência não pode ser destruído de modo algum.

3. ADEMAIS, toda destruição acontece por algum movimento. Ora, o hábito da ciência, que existe na alma, não pode desaparecer por um movimento da própria alma, porque esta, por si, não se move, movida que é, apenas acidentalmente, pelo movimento do corpo. Contudo, nenhuma mudança do corpo parece poder destruir as espécies inteligíveis existentes no intelecto, que é, por si, o lugar das espécies, sem o concurso do corpo. Infere-se daí que os hábitos não são destruídos nem pela velhice nem pela morte. Logo, o hábito da ciência não pode ser destruído, e, por conseguinte, nem

1 PARALL.: Part. I, q. 89, a. 5.

1. C. 4: 408, b, 18-19.
2. C. 7: 1032, b, 2.

dicit in I *Ethic.*[3], *virtutes sunt permanentiores disciplinis*.

o da virtude, que também reside na alma racional, como diz o Filósofo: "As virtudes são mais duradouras que os conhecimentos".

SED CONTRA est quod Philosophus dicit, in libro *de Longitudine et Brevitate Vitae*[4], quod *scientiae corruptio est oblivio et deceptio*. Peccando etiam aliquis habitum virtutis amittit. Et ex contrariis actibus virtutes generantur et corrumpuntur, ut dicitur II *Ethic.*[5].

EM SENTIDO CONTRÁRIO, diz o Filósofo que "o esquecimento e o engano são a morte da ciência". E pelo pecado perde-se também o hábito da virtude. E o livro II da *Ética* diz que é por atos contrários que as virtudes se geram e se destroem.

RESPONDEO dicendum quod secundum se dicitur aliqua forma corrumpi per contrarium suum: per accidens autem, per corruptionem sui subiecti. Si igitur fuerit aliquis habitus cuius subiectum est corruptible, et cuius causa habet contrarium, utroque modo corrumpi poterit: sicut patet de habitibus corporalibus, scilicet sanitate et aegritudine. — Illi vero habitus quorum subiectum est incorruptible, non possunt corrumpi per accidens. Sunt tamen habitus quidam qui, etsi principaliter sint in subiecto incorruptibili, secundario tamen sunt in subiecto corruptibili: sicut habitus scientiae, qui principaliter est quidem in intellectu possibili, secundario autem in viribus apprehensivis sensitivis, ut supra[6] dictum est. Et ideo ex parte intellectus possibilis, habitus scientiae non potest corrumpi per accidens; sed solum ex parte inferiorum virium sensitivarum.

Est igitur considerandum si possunt huiusmodi habitus per se corrumpi. Si igitur fuerit aliquis habitus qui habeat aliquod contrarium, vel ex parte sua vel ex parte suae causae, poterit per se corrumpi: si vero non habet contrarium, non poterit per se corrumpi. Manifestum est autem quod species intelligibilis in intellectu possibili existens, non habet aliquid contrarium. Neque iterum intellectui agenti, qui est causa eius, potest aliquid esse contrarium. Unde si aliquis habitus sit in intellectu possibili immediate ab intellectu

RESPONDO. Uma forma se destrói por si, pelo seu contrário, e acidentalmente pela destruição de seu sujeito. Portanto, se houver algum hábito cujo sujeito seja destrutível e cuja causa tenha um contrário, ele poderá se destruir pelas duas maneiras, como o mostram os hábitos corporais, a saúde e a doença, por exemplo. — Já os hábitos cujo sujeito é indestrutível não podem ser destruídos acidentalmente. Entretanto, certos hábitos há que, embora existam principalmente num sujeito indestrutível, secundariamente existem num sujeito destrutível. Por exemplo, o hábito da ciência, que reside principalmente no intelecto possível e, secundariamente, nas potências apreensivas sensitivas, como já disse. Por isso mesmo, por parte do intelecto possível o hábito da ciência não pode se destruir por acidente, mas só por parte das potências sensitivas inferiores[a].

Importa, pois, examinar, se esses hábitos podem, por si, ser destruídos, porque se houver algum hábito que tenha um contrário ou em si mesmo ou em virtude de sua causa, ele poderá por si se destruir. Não o poderá, porém, se não tiver contrário. Ora, que uma espécie inteligível, existente no intelecto possível, não tenha nenhum contrário, é coisa evidente, como também o é que nada possa ser contrário ao intelecto agente, causa dessa espécie. Logo, se algum hábito existir no intelecto possível, causado imediatamente pelo

3. C. 11: 1100, b, 14.
4. C. 2: 465, a, 23-25.
5. C. 1: 1103, b, 7-8; c. 2: 1105, a, 15-16.
6. Q. 50, a. 3, ad 3.

a. De acordo com a antropologia e a epistemologia de Sto. Tomás e de Aristóteles, a alma humana, que dá vida a todo o corpo, é capaz de inteligência. Ela é, nessa medida, "incorruptível", situa-se "fora do tempo" (ver q. 53, a. 3, r. 3). Só está no tempo e submetida às contingências pelo corpo que ela anima. Daí vem que os *habitus* intelectuais e morais, na medida em que são qualidades da alma, possuem um fundamento estável e "incorruptível". Mas, estando "encarnados", encontram-se submetidos aos elementos aleatórios da condição humana.

Em seus processos racionais, a inteligência pode incorrer em erro, seja a partir de uma falsa base de partida, seja no desenrolar de um silogismo sofisticado. No que se refere às virtudes morais, a sua fragilidade é ainda maior, uma vez que a influência do desejo-refletido não se exerce facilmente sobre as paixões. Pode haver, então, falta dessa influência por ignorância, ou reversão da influência exercida pelas paixões sobre a razão ou, o que é pior, pela livre escolha deliberada do mal moral. Resta que as virtudes morais, sendo de uso contínuo na vida, são por si mais duráveis que as virtudes intelectuais (ver r. 3).

agente causatus, talis habitus est incorruptibilis et per se est per accidens. Huiusmodi autem sunt habitus primorum principiorum, tam speculabilium quam practicorum, qui nulla oblivione vel deceptione corrumpi possunt: sicut Philosophus dicit, in VI *Ethic.*[7], de prudentia, quod *non perditur per oblivionem*. — Aliquis vero habitus est in intellectu possibili ex ratione causatus, scilicet habitus conclusionum, qui dicitur scientia: cuius causae dupliciter potest aliquid contrarium esse. Uno modo, ex parte ipsarum propositionum ex quibus ratio procedit: etenim enuntiationi quae est, *Bonum est bonum*, contraria est ea quae est, *Bonum non est bonum*, secundum Philosophum, in II *Periherm.*[8]. Alio modo, quantum ad ipsum processum rationis; prout syllogismus sophisticus opponitur syllogismo dialectico vel demonstrativo. Sic igitur patet quod per falsam rationem potest corrumpi habitus verae opinionis, aut etiam scientiae. Unde Philosophus dicit quod *deceptio est corruptio scientiae*, sicut supra[9] dictum est.

Virtutum vero quaedam sunt intellectuales, quae sunt in ipsa ratione, ut dicitur in VI *Ethic.*[10]: de quibus est eadem ratio quae est de scientia vel opinione. — Quaedam vero sunt in parte animae appetitiva, quae sunt virtutes morales: et eadem ratio est de vitiis oppositis. Habitus autem appetitivae partis causantur per hoc quod ratio nata est appetitivam partem movere. Unde per iudicium rationis in contrarium moventis quocumque modo, scilicet sive ex ignorantia, sive ex passione, vel etiam ex electione, corrumpitur habitus virtutis vel vitii.

AD PRIMUM ergo dicendum quod, sicut dicitur in VII *Ethic.*[11], habitus similitudinem habet naturae, deficit tamen ab ipsa. Et ideo, cum natura rei nullo modo removeatur ab ipsa, habitus difficile removetur.

AD SECUNDUM dicendum quod, etsi speciebus intelligibilibus non sit aliquid contrarium, enuntiationibus tamen et processui rationis potest aliquid esse contrarium, ut dictum est[12].

AD TERTIUM dicendum quod scientia non removetur per motum corporalem quantum ad ipsam radicem habitus, sed solum quantum ad impedi-

intelecto agente, tal hábito é indestrutível tanto por si, quanto por acidente. Esses são os hábitos dos primeiros princípios, os especulativos e os práticos, que não podem ser destruídos nem pelo esquecimento nem pelo engano. Por isso, o Filósofo, falando da prudência, afirma que ela "não se perde pelo esquecimento". — Existe, todavia, no intelecto possível, um hábito causado pela razão, que é o das conclusões, chamado ciência. Ora, a causa desse hábito pode ter algo contrário duplamente: tanto nas proposições, das quais procede a razão, pois ao enunciado "o bem é o bem" se opõe "o bem não é o bem", segundo o Filósofo; quanto no próprio processo da razão, como quando um sofisma se opõe ao silogismo dialético ou demonstrativo. Fica, então, patente que por uma razão falsa pode ser destruído o hábito de uma opinião verdadeira ou até mesmo da ciência. Por isso diz o Filósofo que "o engano é a destruição da ciência", como acima foi dito.

Quanto às virtudes, algumas são intelectuais, existentes na razão mesma, conforme se diz no livro VI da *Ética*, para as quais vale a mesma razão a respeito da ciência ou da opinião. — Por outro lado, outras há, as virtudes morais, residentes na parte apetitiva da alma, nas quais vale a mesma razão a respeito dos vícios opostos. Os hábitos da parte apetitiva são causados pelo fato de que a razão existe para mover a apetitiva. Por isso, o hábito da virtude ou do vício pode ser destruído pelo juízo da razão, quando este move em sentido contrário, de alguma maneira, quer por ignorância, quer por paixão, ou ainda por escolha.

QUANTO AO 1º, portanto, deve-se dizer que de acordo com o livro VII da *Ética*, o hábito assemelha-se à natureza, mas é inferior a ela. Por isso, enquanto a natureza de uma coisa é inseparável dela, o hábito é separável com dificuldade.

QUANTO AO 2º, deve-se dizer que embora nada exista contrário às espécies inteligíveis, pode haver algo contrário às enunciações e ao processo da razão, como já se disse.

QUANTO AO 3º, deve-se dizer que quanto às próprias raízes do hábito, a ciência não pode ser eliminada por movimento corporal. Pode este

7. C. 5: 1140, b, 29-30.
8. C. 14: 24, a, 2-3; Suppl. (Caietani) ad comm.
9. A *sed c.*
10. C. 2: 1139, a, 1-3; b, 12-13.
11. C. 11: 1152, a, 31-36.
12. In corp.

mentum actus; inquantum intellectus indiget in suo actu viribus sensitivis, quibus impedimentum, affertur per corporalem transmutationem. Sed per intelligibilem motum rationis potest corrumpi habitus scientiae, etiam quantum ad ipsam radicem habitus. Et similiter etiam potest corrumpi habitus virtutis. — Tamen quod dicitur, *virtutes esse permanentiores disciplinis*, intelligendum est non ex parte subiecti vel causae, sed ex parte actus: nam virtutum usus est continuus per totam vitam, non autem usus disciplinarum.

Articulus 2

Utrum habitus possit diminui

Ad secundum sic proceditur. Videtur quod habitus diminui non possit.

1. Habitus enim est quaedam qualitas et forma simplex. Simplex autem aut totum habetur, aut totum amittitur. Ergo habitus, etsi corrumpi possit, diminui non potest.

2. Praeterea, omne quod convenit accidenti, convenit eidem secundum se, vel ratione sui subiecti. Habitus autem secundum seipsum non intenditur et remittitur: alioquin sequeretur quod aliqua species de suis individuis praedicaretur secundum magis et minus. Si igitur secundum participationem subiecti diminui possit, sequerentur quod aliquid accidat habitui proprium, quod non sit commune ei et subiecto. Cuicumque autem formae convenit aliquid proprium praeter suum subiectum, illa forma est separabilis, ut dicitur in I *de Anima*[1]. Sequitur ergo quod habitus sit forma separabilis: quod est impossibile.

3. Praeterea, ratio et natura habitus, sicut et cuiuslibet accidentis, consistit in concretione ad subiectum: unde et quodlibet accidens definitur per suum subiectum. Si igitur habitus secundum seipsum non intenditur neque remittitur, neque etiam secundum concretionem sui ad subiectum diminui poterit. Et ita nullo modo diminuetur.

Sed contra est quod contraria nata sunt fieri circa idem. Augmentum autem et diminutio sunt contraria. Cum igitur habitus possit augeri, videtur quod etiam possit diminui.

2

1. C. 1: 403, a, 10-16.

apenas impedir algum ato, na medida em que o intelecto, para o seu ato, precisa das potências sensitivas, que podem sofrer impedimento proveniente da modificação corporal. Mas, por um movimento inteligível da razão, o hábito da ciência pode ser destruído, até mesmo quanto às suas próprias raízes. E, semelhantemente, pode destruir-se também o hábito da virtude. — Quando, porém, se diz que "a virtude dura mais que os conhecimentos", é preciso entender isso não em relação com o sujeito nem com a causa, mas ao ato, pois o exercício das virtudes é contínuo, durante toda a vida, o que não ocorre com o exercício do conhecimento.

Artigo 2

Pode o hábito diminuir?

Quanto ao segundo, assim se procede: parece que o hábito **não** pode diminuir.

1. Com efeito, o hábito é uma qualidade e uma forma simples. Ora, o que é simples ou se possui todo ou se perde todo. Logo, o hábito, embora possa se destruir, não pode diminuir.

2. Além disso, tudo o que convém ao acidente convém-lhe em si mesmo ou em razão de seu sujeito. Ora, o hábito, em si mesmo, não aumenta nem decresce, porque, do contrário, se seguiria que uma espécie seria atribuída mais ou menos aos seus indivíduos. Se, portanto, o hábito pudesse diminuir pela participação do sujeito, se seguiria que o hábito tem algo de próprio que não lhe é comum e ao sujeito. Ora, sempre que uma forma tem algo de próprio, não comum com seu sujeito, é porque é uma forma separável, como foi dito no livro I *da Alma*. Logo, resulta que o hábito é uma forma separável, o que é impossível.

3. Ademais, a razão e a natureza do hábito, como a de qualquer acidente, consiste na união concreta com um sujeito e daí vem que todo acidente se define por seu sujeito. Portanto, se o hábito, em si mesmo, não aumenta nem diminui, também não poderá diminuir por sua união concreta com o sujeito e assim de modo algum poderá diminuir.

Em sentido contrário, por natureza, os contrários se dão no mesmo sujeito. Ora, o aumento e a diminuição são contrários. Logo, se o hábito pode aumentar, parece que também pode diminuir.

RESPONDEO dicendum quod habitus dupliciter diminuuntur, sicut et augentur, ut ex supradictis patet. Et sicut ex eadem causa augentur ex qua generantur, ita ex eadem causa diminuuntur ex qua corrumpuntur: nam diminutio habitus est quaedam via ad corruptionem, sicut e converso generatio habitus es quoddam fundamentum augmenti ipsius.

AD PRIMUM ergo dicendum quod habitus secundum se consideratus, est forma simplex, et secundum hoc non accidit ei diminutio: sed secundum diversum modum participandi, qui provenit ex indeterminatione potentiae ipsius participantis, quae scilicet diversimode potest unam formam participare, vel quae potest ad plura vel ad pauciora extendi.

AD SECUNDUM dicendum quod ratio illa procederet, si ipsa essentia habitus nullo modo diminueretur. Hoc autem non ponimus: sed quod quaedam diminutio essentiae habitus non habet principium ab habitu, sed a participante.

AD TERTIUM dicendum quod, quocumque modo significetur accidens, habet dependentiam ad subiectum secundum suam rationem: aliter tamen et aliter. Nam accidens significatum in abstracto, importat habitudinem ad subiectum quae incipit ab accidente, et terminatur ad subiectum: nam albedo dicitur *qua aliquid est album*. Et ideo in definitione accidentis abstracti non ponitur subiectum quasi prima pars definitionis, quae est genus; sed quasi secunda, quae est differentia; dicimus enim quod simitas est *curvitas nasi*. — Sed in concretis incipit habitudo a subiecto, et terminatur ad accidens: dicitur enim album *quod habet albedinem*. Propter quod in definitione huiusmodi accidentis ponitur subiectum tanquam genus, quod est prima pars definitionis: dicimus enim quod simum est *nasus curvus*. — Sic igitur id quod convenit accidentibus ex parte subiecti, non autem ex ipsa ratione accidentis, non atribuitur accidenti in abstracto, sed in concreto. Et huiusmodi est intensio et remissio in quibusdam accidentibus: unde albedo non dicitur magis et minus, sed album. Et eadem ratio est in habitibus et aliis qualitatibus: nisi quod quidam habitus augentur vel diminuuntur per quandam additionem, ut ex supradictis patet.

RESPONDO. Do que foi dito antes, fica claro que os hábitos de duas maneiras diminuem como também aumentam. E assim como aumentam pela mesma causa que os gera, assim também diminuem pela mesma causa que os destrói, pois a diminuição de um hábito é o caminho para sua destruição e, inversamente, a geração do hábito é uma base para seu crescimento.

QUANTO AO 1º, portanto, deve-se dizer que considerado em si mesmo, o hábito é uma forma simples e, nessa perspectiva, não lhe cabe decrescer. Mas, a diminuição acontece segundo o modo diferenciado de participar, diferença que provém da indeterminação da potência do sujeito participante e significa que essa potência pode participar de diversos modos de uma mesma forma ou que ela pode estender-se a um maior ou menor número delas.

QUANTO AO 2º, deve-se dizer que essa argumentação procederia se a essência mesma do hábito não diminuísse de modo algum. Ora, não afirmamos isso, mas sim que toda diminuição da essência do hábito tem o seu princípio não nele, mas no sujeito participante[b].

QUANTO AO 3º, deve-se dizer que o acidente, seja qual for o sentido que se lhe atribua, depende essencialmente do sujeito, porém de diferentes maneiras. Tomado em abstrato, o acidente implica uma relação com o sujeito que começa no acidente e termina no sujeito e assim se diz que a brancura é "aquilo pelo que uma coisa é branca". Por isso, ao se definir abstratamente um acidente, não se afirma como sujeito a primeira parte da definição, que é o gênero, senão a segunda, que é a diferença, pois dizemos que a aquilinidade é "a curvatura do nariz". — Em concreto, porém, a relação começa pelo sujeito e termina no acidente: chama-se branco "aquilo que tem brancura". E, por isso, para definir esse acidente, afirma-se o sujeito como gênero, que é a primeira parte da definição. Assim, dizemos que "aquilino é o nariz curvo". — Portanto, o que convém aos acidentes por parte do sujeito e não pela própria razão do acidente não se lhes atribui abstratamente, mas em concreto. Tal é em alguns deles a intensidade e a remissão; por isso, não se diz que a brancura é mais ou menos brancura, mas que algo é mais ou menos branco. E o mesmo se dá com os hábitos e outras qualidades, ressalvando-se que certos hábitos aumentam ou diminuem por alguma adição, como acima se esclareceu.

b. É o sujeito que age, qualificado por seus *habitus*, e não estes últimos. Quando eles se enfraquecem, a causa é o sujeito, porque ele enfraquece em sua "participação" em tal ou tal *habitus*.

ARTICULUS 3

Utrum habitus corrumpatur vel diminuatur per solam cessationem ab opere

AD TERTIUM SIC PROCEDITUR. Videtur quod habitus non corrumpatur aut diminuatur per solam cessationem ab opere.

1. Habitus enim permanentiores sunt quam passibiles qualitates, ut ex supradictis[1] apparet. Sed passibiles qualitates non corrumpuntur neque diminuuntur per cessationem ab actu: non enim albedo diminuitur si visum non immutet, neque calor si non calefaciat. Ergo neque habitus diminuuntur vel corrumpuntur per cessationem ab actu.

2. PRAETEREA, corruptio et diminutio sunt quaedam mutationes. Sed nihil mutatur absque aliqua causa movente. Cum igitur cessatio ab actu non importet aliquam causam moventem, non videtur quod per cessationem ab actu possit esse diminutio vel corruptio habitus.

3. PRAETEREA, habitus scientiae et virtutis sunt in anima intellectiva, quae est supra tempus. Ea vero quae sunt supra tempus, non corrumpuntur neque diminuuntur per temporis diuturnitatem. Ergo neque huiusmodi habitus corrumpuntur vel diminuuntur per temporis diuturnitatem, si diu aliquis absque exercitio permaneat.

SED CONTRA est quod Philosophus, in *livro de Longit. et Brevit. Vitae*[2], dicit quod *corruptio scientiae* non solum est *deceptio*, sed etiam *oblivio*. Et in VIII *Ethic.*[3] dicitur *quod multas amicitias inappellatio dissolvit*. Et eadem ratione, alii habitus virtutum per cessationem ab actu diminuuntur vel tolluntur.

RESPONDEO dicendum quod, sicut dicitur in VIII *Physic.*[4], aliquid potest esse movens dupliciter: uno modo, per se, quod scilicet movet secundum rationem propriae formae, sicut ignis calefacit; alio modo, per accidens, sicut id quod removet prohibens[5]. Et hoc modo cessatio ab actu causat corruptionem vel diminutionem habituum: inquantum scilicet removetur actus qui prohibebat causas corrumpentes vel diminuentes habitum. Dictum est enim[6] quod habitus per se corrum-

ARTIGO 3

Desaparece ou diminui um hábito pelo simples cessar dos atos?

QUANTO AO TERCEIRO, ASSIM SE PROCEDE: parece que os hábitos **não** desaparecem nem diminuem pelo simples cessar dos atos.

1. Com efeito, os hábitos são mais duradouros que as qualidades passivas, como se explicou antes. Ora, essas qualidades não desaparecem nem diminuem pela cessação do ato. Assim, a brancura não diminui se não impressionar nossa vista, nem o calor, se nada aquecer. Logo, também os hábitos não diminuem nem desaparecem ao cessarem os atos.

2. ALÉM DISSO, desaparecimento e diminuição são mudanças. Ora, nada muda sem uma causa eficiente. Logo, como a cessação do ato não supõe nenhuma causa eficiente, não parece que a diminuição ou o desaparecimento do hábito venha a ocorrer pela cessação do ato.

3. ADEMAIS, os hábitos da ciência e da virtude residem na alma intelectiva, que está acima do tempo. Ora, o que sobrepaira ao tempo não desaparece nem diminui pelo passar prolongado do tempo. Logo, nem aqueles hábitos desaparecem ou são diminuídos pelo passar prolongado do tempo, se algum permanecer sem exercício por muito tempo.

EM SENTIDO CONTRÁRIO, afirma o Filósofo: "O que destrói a ciência não é somente o engano, mas também o esquecimento". E no livro VIII da *Ética*, ele diz que "muitas amizades se dissolvem pela falta de comunicação". E pela mesma razão, outros hábitos das virtudes diminuem ou desaparecem, pela cessação do ato.

RESPONDO. Segundo o livro VIII da *Física*, há dois modos de algo ser movente: por si, em razão de sua própria forma, como faz o fogo ao aquecer; ou por acidente, como o que remove um obstáculo. E desse último modo é que o cessar dos atos causa a destruição ou a diminuição dos hábitos, na medida em que se removem os atos que lhes impediam as causas destruidoras ou diminuidoras. Já foi dito, com efeito, que os hábitos, por si, desaparecem ou diminuem pela

3 PARALL.: II-II, q. 24, a. 10: 1 *Sent.*, dist. 17, q. 2, a. 5.

1. Q. 49, a. 2, ad 3; q. 50, a. 1.
2. C. 2: 465, a, 23.
3. C. 6: 1157, b, 13.
4. C. 4: 254, b, 7-8.
5. Cfr. q. 88, a. 3 c.
6. Art. 1.

puntur vel diminuuntur ex contrario agente. Unde quorumcumque habituum contraria subscrescunt per temporis tractum, quae oportet subtrahi per actu ab habitu procedentem; huiusmodi habitus diminuuntur, vel etiam tolluntur totaliter, per diuturnam cessationem ab actu; ut patet et in scientia et in virtute. Manifestum est enim quod habitus virtutis moralis facit hominem promptum ad eligendum medium in operationibus et passionibus. Cum autem aliquis non utitur habitu virtutis ad moderandas passiones vel operationes proprias, necesse est quod proveniant multae passiones et operationes praeter modum virtutis, ex inclinatione appetitus sensitivi, et aliorum quae exterius movent. Unde corrumpitur virtus, vel diminuitur, per cessationem ab actu. — Similiter etiam est ex parte habituum intellectualium, secundum quos est homo promptus ad recte iudicandum de imaginatis. Cum igitur homo cessat ab usu intellectualis habitus, insurgunt imaginationes extraneae, et quandoque ad contrarium ducentes; ita quod, nisi per frequentem usum intellectualis habitus, quodammodo succidantur vel comprimantur, redditur homo minus aptus ad recte iudicandum, et quandoque totaliter disponitur ad contrarium. Et sic per cessationem ab actu diminuitur, vel etiam corrumpitur intellectualis habitus.

AD PRIMUM ergo dicendum quod ita etiam calor per cessationem a calefaciendo corrumperetur, si per hoc incresceret frigidum, quod est calidi corruptivum.

AD SECUNDUM dicendum quod cessatio ab actu est movens ad corruptionem vel diminutionem, sicut removens prohibens, ut dictum est[7].

AD TERTIUM dicendum quod pars intellectiva animae secundum se est supra tempus: sed pars sensitiva subiacet tempori. Et ideo per temporis cursum, transmutatur quantum ad passiones appetitivae partis et etiam quantum ad vires apprehensivas. Unde Philosophus dicit, in IV *Physic.*[8], quod tempus est causa oblivionis.

ação de um agente contrário. Por isso, o que é contrário a qualquer hábito cresce ao longo do tempo e é preciso suprimi-lo por atos próprios do hábito. Quando por muito tempo deixam de ser exercidos, esses hábitos diminuem e até mesmo desaparecem de todo[c], como se vê claramente na ciência e na virtude.

É claro que o hábito da virtude moral torna o homem capaz de escolher o justo meio em suas atividades e paixões. Quando, porém, não se utiliza desse hábito virtuoso para moderar as paixões e ações, muitas delas necessariamente sobrevirão sem o comedimento da virtude, pela inclinação do apetite sensitivo e de outros que movem exteriormente e em consequência, deixando de ser exercida, a virtude desaparece ou diminui. — Acontece o mesmo em relação aos hábitos intelectuais. Com eles o homem se dispõe a bem julgar o que vai na imaginação. Portanto, se o homem cessa de utilizar o hábito intelectual, aparecerão estranhas imaginações que, às vezes, levam a coisas contrárias, a tal ponto que, se não forem eliminadas ou reprimidas pelo exercício frequente do hábito intelectual, o homem se tornará menos aptos a julgar retamente, e, às vezes, disposto totalmente ao contrário. E então, pela cessação do ato, o hábito intelectual diminui ou até se destrói.

QUANTO AO 1º, portanto, deve-se dizer que deixando de aquecer, também o calor desapareceria, se isso aumentasse o frio, que elimina o calor.

QUANTO AO 2º, deve-se dizer que o cessar dos atos leva ao desaparecimento ou diminuição, como o que remove um obstáculo, como já foi dito.

QUANTO AO 3º, deve-se dizer que em si mesma, a parte intelectiva da alma está acima do tempo, mas a parte sensitiva subordina-se a ele. Por essa razão, ao longo do tempo, ela se modifica quanto às paixões da parte apetitiva e também quanto às potências apreensivas, o que faz o Filósofo dizer que "o tempo é causa do esquecimento".

7. In corp.
8. C. 12: 221, a, 32; c. 13: 222, b, 16-19.

c. É a não utilização de um desses *habitus* pelo sujeito que causa o seu debilitamento ou sua perda, em particular porque essa carência deixa o campo livre às influências de disposições contrárias. Note-se que o *habitus* torna o sujeito pronto a julgar com correção em matérias morais e intelectuais. Sendo o *habitus* uma qualidade, enriquece o sujeito como uma segunda natureza que lhe permite conhecer e julgar por "conaturalidade"; de tal modo, afirma Aristóteles, que o homem virtuoso é o melhor juiz em matéria de moralidade. Ele escreve: "O virtuoso emite, sobre cada um dos ramos da atividade moral, um juízo reto e, em cada um, uma coisa lhe parece ser o que ela na verdade é. Cada estado habitual possui seus objetos próprios, que são para ele belos e agradáveis, e a característica que distingue o virtuoso melhor do que qualquer outro é sem dúvida a sua aptidão para ver o verdadeiro em cada um dos ramos da atividade, dos quais ele é, por assim dizer, a regra e a natureza" (op. cit. III, 4, 1113 a 29-32).

QUAESTIO LIV
DE DISTINCTIONE HABITUUM
in quatuor articulos divisa

Deinde considerandum est de distinctione habituum. Et circa hoc quaeruntur quatuor.

Primo: utrum multi habitus possint esse in una potentia.

Secundo: utrum habitus distinguantur secundum obiecta.

Tertio: utrum habitus distinguantur secundum bonum et malum.

Quarto: utrm unus habitus ex multis habitibus constituatur.

ARTICULUS 1
Utrum multi habitus possint esse in una potentia

AD PRIMUM SIC PROCEDITUR. Videtur quod non possint esse multi habitus in una potentia.

1. Eorum enim quae secundum idem distinguuntur multiplicato uno, multiplicatur et aliud. Sed secundum idem protentiae et habitus distinguuntur, scilicet secundum actus et obiecta. Similiter ergo multiplicantur. Non ergo possunt esse multi habitus in una potentia.

2. PRAETEREA, potentia est virtus quaedam simplex. Sed in uno subiecto simplici non potest esse diversitas accidentium: quia subiectum est causa accidentis; ab uno autem simplici non videtur procedere nisi unum. Ergo in una potentia non possunt esse multi habitus.

3. PRAETEREA, sicut corpus formatur per figuram, ita potentia formatur per habitum. Sed unum corpus non potest simul formari diversis figuris. Ergo neque una potentia potest simul formari diversis habitibus. Non ergo plures habitus possunt simul esse in una potentia.

SED CONTRA est quod intellectus est una potentia: in qua tamen sunt diversarum scientiarum habitus.

RESPONDEO dicendum quod, sicut supra[1] dictum et, habitus sunt dispositiones quaedam alicuius in potentia existentis ad aliquid, sive ad naturam,

QUESTÃO 54
A DISTINÇÃO DOS HÁBITOS
em quatro artigos

Prosseguindo, deve-se considerar a distinção dos hábitos. E a esse respeito, são quatro as perguntas:

1. Podem existir muitos hábitos numa só potência?
2. Distinguem-se os hábitos por seus objetos?
3. Distinguem-se pelo bem e pelo mal?
4. Um hábito é constituído por muitos?

ARTIGO 1
Podem existir muitos hábitos numa só potência?

QUANTO AO PRIMEIRO ARTIGO, ASSIM SE PROCEDE: parece que **não** podem existir muitos hábitos numa só potência.

1. Com efeito, quando se multiplica uma das coisas que se distinguem pelo mesmo princípio, multiplica-se também a outra. Ora, as potências e os hábitos distinguem-se pelo mesmo princípio, ou seja, por seus atos e objetos. Logo, assim também se multiplicam, não podendo haver muitos hábitos numa só potência.

2. ALÉM DISSO, a potência é uma virtude simples. Ora, em um só sujeito simples não pode haver diversos acidentes, pois o sujeito é causa do acidente; com efeito, de um único simples parece que procede apenas um efeito. Logo, numa única potência não podem existir muitos hábitos.

3. ADEMAIS, assim como o corpo toma forma pela figura, assim a potência é formada pelo hábito. Ora, um mesmo corpo não pode ser formado, ao mesmo tempo, por várias figuras. Logo, uma potência também não pode ser formada por diversos hábitos. Por consequência, não podem existir muitos hábitos, simultaneamente, numa só potência.

EM SENTIDO CONTRÁRIO, o intelecto é uma só potência e, no entanto, nele estão hábitos de diversas ciências.

RESPONDO. Os hábitos, como se disse, são disposições de algo em potência para alguma coisa ou para a natureza, ou para uma ação, ou

1 PARALL.: III *Sent.*, dist. 33, q. 1, a. 1, q.la 1; *De Verit.*, q. 15, a. 2, ad 11; *De Virtut.*, q. 1, a. 12, ad 4.

1. Q. 49, a. 4.

sive ad operationem vel finem naturae. Et de illis quidem habitibus qui sunt dispositiones ad naturam, manifestum est quod possunt plures esse in uno subiecto: eo quod unius subiecti possunt diversimode partes accipi, secundum quarum dispositionem habitus dicuntur. Sicut, si accipiantur humani corporis partes humores, prout disponuntur secundum naturam humanam, est habitus vel dispositio sanitatis: si vero accipiantur partes similes ut nervi et ossa et carnes, earum dispositio in ordine ad naturam, est fortitudo aut macies: si vero accipiantur membra, ut manus et pes et huiusmodi, earum dispositio naturae conveniens, est pulchritudo. Et sic sunt plures habitus vel dispositiones in eodem.

Si vero loquamur de habitibus qui sunt dispositiones ad opera, qui proprie pertinent ad potentias; sic etiam contingit unius potentiae esse habitus plures. Cuius ratio est, quia subiectum habitus est potentia passiva, ut supra[2] dictum est: potentia enim activa tantum non est alicuius habitus subiectum, ut ex supradictis[3] patet. Potentia autem passiva comparatur ad actum determinatum unius speciei, sicut materia ad formam: eo quod, sicut materia determinatur ad unam formam per unum agens, ita etiam potentia passiva a ratione unius obiecti activi determinatur ad unum actum secundum speciem. Unde sicut plura obiecta possunt movere unam potentiam passivam, ita una potentia passiva potest esse subiectum diversorum actuum vel perfectionum secundum species. Habitus autem sunt quaedam qualitates aut formae inhaerentes potentiae, quibus inclinatur potentia ad determinatos actus secundum speciem. Unde ad unam potentiam possunt plures habitus pertinere, sicut et plures actus specie differentes.

AD PRIMUM ergo dicendum quod, sicut in rebus naturalibus diversitas specierum est secundum formam, diversitas autem generum est secundum materiam, ut dicitur in V *Metaphys.*[4] (ea enim sunt diversa genere, quorum est materia diversa): ita etiam diversitas obiectorum secundum genus, facit distinctionem potentiarum (unde Philosophus

para o fim da natureza. Quanto aos hábitos que são disposições para a natureza, é evidente que podem existir muitos em um único sujeito, porque as partes deste podem ser tomadas de várias maneiras, denominando-se hábitos segundo a disposição dessas partes. Assim, se consideramos os humores como partes do corpo humano, enquanto dispostos segundo a natureza humana, temos o hábito ou a disposição da saúde. Se, porém, se tomam as partes semelhantes, como os nervos, os ossos e as carnes, dispostos em ordem à natureza temos a fortaleza ou a fraqueza. Se se tomam os membros, como as mãos, os pés e outros, a disposição deles de acordo com a natureza, é a beleza. E assim há muitos hábitos ou disposições num mesmo sujeito.

Se nos referimos, porém, a hábitos que são disposições para a ação e pertencentes propriamente às potências, também nesse caso podem muitos deles ser de uma só potência. E a razão é que o sujeito do hábito é uma potência passiva, segundo se disse, porque uma potência apenas ativa não é sujeito de hábito algum, como atrás se esclareceu. Ora, uma potência passiva está para um ato determinado de uma mesma espécie, como a matéria está para a forma, pois assim como a matéria é determinada a uma só forma por um único agente, assim também a potência passiva é determinada pela razão do objeto ativo a um ato específico. Portanto, assim como muitos objetos podem mover uma única potência passiva, assim também uma única potência passiva pode ser sujeito de diferentes atos ou de diferentes perfeições específicas. Ora, os hábitos são qualidades ou formas inerentes à potência e por eles é que ela se inclina a determinados atos de uma espécie[a]. Por isso, muitos hábitos podem pertencer a uma única potência, como também muitos atos especificamente distintos.

QUANTO AO 1º, portanto, deve-se dizer que, como nas coisas naturais a diversidade das espécies depende da forma e a diversidade dos gêneros depende da matéria, segundo se diz no livro V da *Metafísica*, porque aqueles cuja matéria é diferente têm gêneros diferentes, assim também a diversidade de gêneros dos objetos cria a distinção das

2. Q. 51, a. 2.
3. Ibid.
4. C. 28: 1024, b, 9-16. Cfr. X, 3: 1054, b, 26-32.

a. Uma só potência pode sediar diversos *habitus*. Pode-se, nesse caso, distingui-los? Sim, responde Sto. Tomás, pois vários *habitus* podem estar "inerentes", enraizar-se em uma mesma potência para qualificá-la a melhor agir de acordo com diversas categorias de atos bem determinados e específicos.

dicit, in VI *Ethic.*[5], quod *ad ea quae sunt genere altera, sunt etiam animae particulae aliae*); diversitas vero obiectorum secundum speciem, facit diversitatem actuum secundum speciem, et per consequens habituum. Quaecumque autem sunt diversa genere, sunt etiam specie diversa: sed non convertitur. Et ideo diversarum potentiarum sunt diversi actus species, et diversi habitus: non autem oportet quod diversi habitus sint diversarum potentiarum, sed possunt esse plures unius. Et sicut sunt genera generum, et species specierum; ita etiam contingit esse diversas species habituum et potentiarum.

AD SECUNDUM dicendum quod potentia, etsi sit quidem simplex secundum essentiam, est tamen multiplex virtute, secundum quod ad multos actus specie differentes se extendit. Et ideo nihil prohibet in una potentia esse multos habitus specie differentes.

AD TERTIUM dicendum quod corpus formatur per figuram sicut per propriam terminationem: habitus autem non est terminatio potentiae, sed est dispositio ad actum sicut ad ultimum terminum. Et ideo non possunt esse unius potentiae simul plures actus, nisi forte secundum quod unus comprehenditur sub alio: sicut nec unius corporis plures figurae, nisi secundum quod una est in alia, sicut trigonum in tetragono. Non enim potest intellectus simul multa actu intelligere. Potest tamen simul habitu multa scire.

potência e, por isso, o Filósofo diz que "a alma tem partes distintas para as coisas que são genericamente distintas". Mas, a diversidade específica dos objetos causa a diversidade específica dos atos e, por consequência, dos hábitos. Ora, tudo o que é diferente em gênero, também o é em espécie, mas não inversamente. Por isso, a potências diversas correspondem atos especificamente diversos e diversos hábitos. Não é, porém, necessário que hábitos diversos pertençam a potências diversas; antes, muitos podem ser de uma só potência. E tal como há gêneros de gêneros e espécies de espécies, assim também podem existir diversas espécies de hábitos e de potências.

QUANTO AO 2º, deve-se dizer que embora uma potência seja simples em sua essência, ela é virtualmente múltipla, porque se estende a muitos atos especificamente diferentes. Razão por que nada impede que uma única potência tenha muitos hábitos especificamente diferentes.

QUANTO AO 3º, deve-se dizer que o corpo é formado pela figura, como seu próprio termo, enquanto que o hábito não é o termo da potência, mas disposição para o ato, como seu termo último. Portanto, numa única potência não podem existir, simultaneamente, muitos hábitos, a não ser talvez que um esteja compreendido no outro, como um corpo não pode ter muitas figuras, senão enquanto uma está na outra, como o triângulo no quadrado. Não pode, com efeito, o intelecto conhecer em ato e simultaneamente muitas coisas, malgrado possa saber muitas coisas pelo hábito e simultaneamente.

ARTICULUS 2
Utrum habitus distinguantur secundum obiecta

AD SECUNDUM SIC PROCEDITUR. Videtur quod habitus non distinguantur secundum obiecta.

1. Contraria enim sunt specie differentia. Sed idem habitus scientiae est contrariorum: sicut medicina sani et aegri. Non ergo secundum obiecta specie differentia, habitus distinguuntur.

2. PRAETEREA, diversae scientiae sunt diversi habitus. Sed idem scibile pertinet ad diversas scientias: sicut terram esse rotundam demonstrat et naturalis et astrologus, ut dicitur in II *Phy-*

ARTIGO 2
Distinguem-se os hábitos pelos objetos?

QUANTO AO SEGUNDO, ASSIM SE PROCEDE: parece que **não** se distinguem os hábitos pelos objetos.

1. Com efeito, os contrários são especificamente diferentes. Ora, o mesmo hábito da ciência é dos contrários, como a medicina é do são e do doente. Logo, os hábitos não se distinguem por objetos especificamente diferentes.

2. ALÉM DISSO, ciências diferentes são hábitos diferentes. Ora, o mesmo objeto de saber pertence a diversas ciências, como se diz, no livro II da *Física*, que tanto o físico quanto o astrônomo de-

5. C. 2: 1139, a, 8-10.

2 PARALL.: Infra, a. 3; q. 60, a. 1; q. 63, a. 4; III *Sent.*, dist. 33, q. 1, a. 1, q.la 1.

sic.[1]. Ergo habitus non distinguutur secundum obiecta.

3. PRAETEREA, eiusdem actus est idem obiectum. Sed idem actus potest pertinere ad diversos habitus virtutum, si ad diversos fines referatur: sicut dare pecuniam alicui, si sit propter Deum, pertinet ad caritatem; si vero sit propter debitum solvendum, pertinet ad iustitiam. Ergo etiam idem obiectum potest ad diversos habitus pertinere. Non ergo est diversitas habituum secundum diversitatem obiectorum.

SED CONTRA, actus differunt specie secundum diversitatem obiectorum, ut supra[2] dictum est. Sed habitus sunt dispositiones quaedam ad actus. Ergo etiam habitus distinguuntur secundum diversa obiecta.

RESPONDEO dicendum quod habitus et est forma quaedam, et est habitus. Potest ergo distinctio habituum secundum speciem attendi aut secundum communem modum quo formae specie distinguuntur; aut secundum proprium modum distinctionis habituum. Distinguuntur siquidem formae ad invicem secundum diversa principia activa: eo quod omne agens facit simile secundum speciem. — Habitus autem importat ordinem ad aliquid. Omnia autem quae dicuntur secundum ordinem ad aliquid, distinguuntur secundum distinctionem eorum ad quae dicuntur. Est autem habitus dispositio quaedam ad duo ordinata: scilicet ad naturam, et ad operationem consequentem naturam.

Sic igitur secundum tria, habitus specie distinguuntur. Uno quidem modo, secundum principia activa talium dispositionum: alio vero modo, secundum naturam; tertio vero modo, secundum obiecta specie differentia; ut per sequentia explicabitur.

AD PRIMUM ergo dicendum quod in distinctione potentiarum, vel etiam habituum, non est considerandum ipsum obiectum materialiter; sed ratio obiecti differens specie, vel etiam genere. Quamvis autem contraria specie differant diversitate rerum, tamen eadem ratio est cognoscendi utrumque: quia unum per aliud cognoscitur. Et ideo inquantum conveniunt in una ratione cognoscibilis, pertinent ad unum habitum cognoscitivum.

AD SECUNDUM dicendum quod terram esse rotundam per aliud medium demonstrat naturalis,

monstram a redondeza da terra. Logo, os hábitos não se distinguem pelo seus objetos.

3. ADEMAIS, o mesmo ato tem o mesmo objeto. Ora, o mesmo ato pode pertencer a diversos hábitos virtuosos, se se referir a fins diversos. Assim, dar dinheiro a alguém, por amor a Deus, é caridade; mas para pagar dívida, é justiça. Logo, o mesmo objeto pode também pertencer a diversos hábitos e a diversidade dos hábitos não corresponde à diversidade dos objetos.

EM SENTIDO CONTRÁRIO, os atos diferem especificamente segundo a diversidade dos objetos, como se disse acima. Ora, os hábitos são certas disposições para os atos. Logo, também eles se distinguem por seus objetos diversos.

RESPONDO. O hábito é não só uma forma como é também um hábito. Pode-se, pois, considerar a distinção específica dos hábitos ou segundo o modo comum pelo qual as formas se distinguem especificamente, ou segundo o modo próprio pelo qual os hábitos se distinguem. Quanto às formas, distinguem-se elas entre si pelos diversos princípios ativos, porque todo agente produz o que lhe é especificamente semelhante. — O hábito, porém, implica ordem para alguma coisa. Mas tudo o que se diz pela ordem para alguma coisa distingue-se pela distinção das coisas pelas quais se diz. Ora, o hábito é disposição para duas coisas: a natureza e a ação dela resultante.

Assim, pois, por três critérios os hábitos se distinguem especificamente[b]: pelos princípios ativos dessas disposições, pela natureza e pelos objetos especificamente diferentes, como se verá a seguir.

QUANTO AO 1º, portanto, deve-se dizer que para a distinção das potências e também dos hábitos, não se deve considerar o objeto materialmente, mas sua razão específica ou mesmo genericamente diferente. Ora, embora coisas especificamente contrárias difiram em sua realidade, as conhecemos pela mesma razão, já que uma é conhecida pela outra. Por isso, podendo ser conhecidas pela mesma razão, pertencem ao mesmo hábito cognoscitivo.

QUANTO AO 2º, deve-se dizer que o físico prova a redondeza da terra por um meio; o astrônomo,

1. C. 2: 193, b, 25-27.
2. Q. 18, a. 5.

b. Três critérios de diferenciação dos *habitus*: a natureza específica do sujeito, as potências que o qualificam e as realidades de espécies diferentes que eles possuem por objetos de seu agir (ver r. 3). Esses três critérios são cumulativos.

et per aliud astrologus: astrologus enim hoc demonstrat per media mathematica, sicut per figuras eclipsium, vel per aliud huiusmodi; naturalis vero hoc demonstrat per medium naturale, sicut per motum gravium ad medium, vel per aliud huiusmodi. Tota autem virtus demonstrationis, quae est *syllogismus faciens scire*, ut dicitur in I *Poster.*[3], dependet ex medio. Et ideo diversa media sunt sicut diversa principia activa, secundum quae habitus scientiarum diversificantur.

AD TERTIUM dicendum quod, sicut Philosophus dicit, in II *Physic.*[4] et in VII *Ethic.*[5], ita se habet finis in operabilibus, sicut principium in demonstrativis. Et ideo diversitas finium diversificat virtutes sicut et diversitas activorum principiorum. — Sunt etiam ipsi fines obiecta actuum interiorum: qui maxime pertinent ad virtutes, ut ex supradictis[6] patet.

por outro. Este o faz mediante a matemática, com figuras de eclipses e outras semelhantes. Já o físico demonstra isso por meios naturais, como pela queda dos corpos pesados para o centro e outros fatos parecidos. Ora, toda a força da demonstração, que é "um silogismo que nos leva ao conhecimento", conforme o livro I dos *Analíticos*, depende do termo médio. Portanto, os diversos meios de demonstração são outros tantos princípios ativos, pelos quais se diversificam os hábitos das ciências.

QUANTO AO 3º, deve-se dizer que como diz o Filósofo, o fim está para as ações como o princípio para as demonstrações. Por isso, a diversidade dos fins leva à diversidade das virtudes, como também à diversidade dos princípios ativos. — Além disso, os fins são eles próprios objetos dos atos interiores que sobretudo pertencem às virtudes, conforme consta do anteriormente dito.

ARTICULUS 3
Utrum habitus distinguantur secundum bonum et malum

AD TERTIUM SIC PROCEDITUR. Videtur quod habitus non distinguantur secundum bonum et malum.

1. Bonum enim et malum sunt contraria. Sed idem habitus est contrariorum, ut supra[1] habitum est. Ergo habitus non distinguuntur secundum bonum et malum.

2. PRAETEREA, bonum convertitur cum ente: et sic, cum sit commune omnibus, non potest sumi ut differentia alicuius speciei; ut patet per Philosophum in VI *Topic.*[2]. Similiter etiam malum, cum sit privatio et non ens, non potest esse alicuius entis differentia. Non ergo secundum bonum et malum possunt habitus specie distingui.

3. PRAETEREA, circa idem obiectum contingit esse diversos habitus malos, sicut circa concupiscentias intemperantiam et insensibilitatem: et similiter etiam plures habitus bonos, scilicet virtutem humanam et virtutem heroicam sive

ARTIGO 3
Distinguem-se os hábitos pelo bem e pelo mal?

QUANTO AO TERCEIRO, ASSIM SE PROCEDE: parece que os hábitos **não** se distinguem pelo bem e pelo mal.

1. Com efeito, o bem e o mal são contrários. Ora, como se viu acima, os contrários pertencem ao mesmo hábito. Logo, os hábitos não se distinguem pelo bem e pelo mal.

2. ALÉM DISSO, o bem é conversível com o ente, e sendo comum a tudo, não se pode tomá-lo como diferença de alguma espécie, segundo o Filósofo. Assim também o mal, sendo privação e não-ente, não pode ser diferença de algum ente. Logo, os hábitos não podem se distinguir especificamente pelo bem e pelo mal.

3. ADEMAIS, a respeito do mesmo objeto, podem existir diversos hábitos maus, como a intemperança e a insensibilidade a respeito da concupiscência. Dá-se o mesmo com vários hábitos bons, como a virtude humana e a virtude heroica ou

3. C. 2: 71, b, 18.
4. C. 9: 200, a, 15-24.
5. C. 9: 1151, a, 16.
6. Q. 18, a. 6; q. 19, a. 2, ad 1; q. 34, a. 4.

3 PARALL.: III *Sent.*, dist. 33, q. 1, a. 1, q.la 1.

1. A. 2, ad 1.
2. C. 6: 127, a, 26-38.

divinam, ut patet per Philosophum in VII *Ethic.*[3]. Non ergo distinguuntur habitus secundum bonum et malum.

SED CONTRA est quod habitus bonus contrariatur habitui malo, sicut virtus vitio. Sed contraria sunt diversa secundum speciem. Ergo habitus differunt specie secundum differentiam boni et mali.

RESPONDEO dicendum quod, sicut dictum est[4], habitus specie distinguuntur non solum secundum obiecta et principia activa, sed etiam in ordine ad naturam. Quod quidem contingit dupliciter. Uno modo, secundum convenientiam ad naturam, vel etiam secundum disconvenientiam ab ipsa. Et hoc modo distinguuntur specie habitus bonus et malus: nam habitus bonus dicitur qui disponit ad actum convenientem naturae agentis; habitus autem malus dicitur qui disponit ad actum non convenientem naturae. Sicut actus virtutum naturae humanae conveniunt, eo quod sunt secundum rationem: actus vero vitiorum, cum sint contra rationem, a natura humana discordant. Et sic manifestum est quod secundum differentiam boni et mali, habitus specie distinguuntur.

Alio modo secundum naturam habitus distinguuntur, ex eo quod habitus unus disponit ad actum convenientem naturae inferiori; alius autem habitus disponit ad actum convenientem naturae superiori. Et sic virtus humana, quae disponit ad actum convenientem naturae humanae, distinguitur a divina virtute vel heroica, quae disponit ad actum convenientem cuidam superiori naturae.

AD PRIMUM ergo dicendum quod contrariorum potest esse unus habitus, secundum quod contraria conveniunt in una ratione. Nunquam tamen contingit quod habitus contrarii sint unius speciei: contrarietas enim habituum est secundum contrarias rationes. Et ita secundum bonum et malum habitus distinguuntur, scilicet inquantum unus habitus est bonus et alius malus: non autem ex hoc quod unus est boni et alius mali.

AD SECUNDUM dicendum quod bonum commune omni enti non est differentia constituens speciem alicuius habitus: sed quoddam bonum determinatum, quod est secundum convenientiam ad determinatam naturam, scilicet humanam. Similiter

divina segundo o Filósofo. Logo, os hábitos não se distinguem pelo bem e pelo mal.

EM SENTIDO CONTRÁRIO, o hábito bom é contrário ao mau hábito, como a virtude é contrária ao vício. Ora, os contrários são especificamente diferentes. Logo, os hábitos diferem especificamente pelo bem e pelo mal.

RESPONDO. Como já se afirmou, os hábitos distinguem-se especificamente não só pelos objetos e princípios ativos, mas também em ordem à da natureza[c] e isso pode acontecer de duas maneiras. A primeira, conforme a harmonia ou desarmonia com a natureza. E assim se distinguem especificamente o bom hábito e o mau, pois chama-se bom o hábito que dispõe a atos convenientes à natureza do agente e mau o que dispõe a atos não convenientes a essa natureza, como os atos das virtudes convêm à natureza humana quando conformes à razão, ao passo que os atos viciosos, sendo contra a razão, estão em desarmonia com essa natureza. Por onde fica manifesto que a diferença específica dos hábitos é pelo bem e pelo mal.

A outra maneira de se distinguirem os hábitos quanto à natureza é que uns dispõem a atos convenientes à natureza inferior; outros, a atos convenientes à natureza superior. Assim, a virtude humana que dispõe a atos convenientes à natureza humana distingue-se da virtude divina ou heroica, que dispõe a atos convenientes a uma natureza superior.

QUANTO AO 1º, portanto, deve-se dizer que um único hábito pode referir-se a coisas contrárias, quando estas se encontram em uma mesma razão. Nunca, porém, acontece que hábitos contrários sejam da mesma espécie, pois a oposição entre eles é por razões contrárias. E assim os hábitos se distinguem pelo bem e pelo mal, ou seja, enquanto um é bom e outro é mau e não porque um tenha por objeto o bem e outro o mal.

QUANTO AO 2º, deve-se dizer que o bem que é comum a todo ente não é diferença específica de nenhum hábito, mas um bem determinado, definido pela conveniência com uma determinada natureza, a saber, a natureza humana. Da mesma

3. C. 1: 1145, a, 17-20.
4. Art. praec.

c. A medida do bem e do mal moral é a harmonização do agir com a natureza humana que é "racional". Os *habitus* moralmente ruins, os vícios, só se encontram em harmonia com a natureza "inferior", mais animal do que racional. Inversamente, a graça de Deus faz nascer em nós *habitus* que elevam nossa natureza para habilitá-la a ações "divinizantes".

etiam malum quod est differentia constitutiva habitus, non est privatio pura: sed est aliquid determinatum repugnans determinatae naturae.

AD TERTIUM dicendum quod plures habitus boni circa idem specie, distinguuntur secundum convenientiam ad diversas naturas, ut dictum est[5]. Plures vero habitus mali distinguuntur circa idem agendum, secundum diversas repugnantias ad id quod est secundum naturam: sicut uni virtuti contrariantur diversa vitia circa eandem materiam.

forma, também o mal, como diferença constitutiva do hábito, não é pura privação e sim algo determinado, que se opõe a uma determinada natureza.

QUANTO AO 3º, deve-se dizer que vários hábitos bons que versam sobre um mesmo objeto específico distinguem-se entre si segundo a conveniência com naturezas diversas, como já foi dito. Contudo, vários hábitos maus se distinguem relativamente a uma mesma ação, segundo suas oposições diversas ao que é conforme à natureza, assim como a uma mesma virtude se opõem diversos vícios relativos à mesma matéria[d].

ARTICULUS 4
Utrum unus habitus ex multis habitibus constituatur

AD QUARTUM SIC PROCEDITUR. Videtur quod unus habitus ex pluribus habitibus constituatur.

1. Illud enim cuius generatio non simul perficitur, sed successive, videtur constitui ex pluribus partibus. Sed generatio habitus non est simul, sed successive ex pluribus actibus, ut supra[1] habitum est. Ergo unus habitus constituitur ex pluribus habitibus.

2. PRAETEREA, ex partibus constituitur totum. Sed uni habitui assignantur multae partes: sicut Tullius[2] ponit multas partes fortitudinis, temperantiae et aliarum virtutum. Ergo unus habitus constituitur ex pluribus.

3. PRAETEREA, de una sola conclusione potest scientia haberi et actu et habitu. Sed multae conclusiones pertinent ad unam scientiam totam, sicut ad geometriam vel arithmeticam. Ergo unus habitus constituitur ex multis.

SED CONTRA, habitus, cum sit qualitas quaedam, est forma simplex. Sed nullum simplex constituitur ex pluribus. Ergo unus habitus non constituitur ex pluribus habitibus.

RESPONDEO dicendum quod habitus ad operationem ordinatus, de quo nunc principaliter intendimus, est perfectio quaedam potentiae. Omnis autem perfectio proportionatur suo perfectibili. Unde sicut potentiae, cum sit una, ad multa se

ARTIGO 4
Um único hábito é constituído por muitos?

QUANTO AO QUARTO, ASSIM SE PROCEDE: parece que um único hábito é constituído por muitos.

1. Com efeito, aquilo cuja geração não se realiza de pronto, mas sucessivamente, parece ser constituído de muitas partes. Ora, a geração de um hábito não é de uma vez só, mas sucessivamente, por atos repetidos, como acima se afirmou. Logo, um único hábito é constituído por muitos.

2. ALÉM DISSO, o todo faz-se com as partes. Ora, atribuem-se muitas partes a um único hábito, como afirma Cícero, referindo-se à fortaleza, à temperança e a outras virtudes. Logo, um único hábito é constituído de muitos.

3. ADEMAIS, de uma única conclusão é possível ter uma ciência tanto em ato quanto em hábito. Ora, muitas conclusões pertencem a toda uma ciência, como a geometria ou a aritmética. Logo, um único hábito é constituído de muitos.

EM SENTIDO CONTRÁRIO, o hábito, por ser uma qualidade, é uma forma simples. Ora, uma realidade simples não é constituída de muitas partes. Logo, um único hábito não é constituído de muitos hábitos.

RESPONDO. O hábito dirigido à ação, do qual aqui principalmente tratamos, é uma perfeição da potência. Ora, toda perfeição é proporcional ao sujeito apto a recebê-la. Por isso, assim como uma potência, que é única, se estende a muitas

5. In corp.

4

1. Q. 51, a. 3.
2. *Rhetor.*, l. II, c. 54: ed. Müller, Lipsiae 1908, p. 231.

d. Coloca-se aqui um princípio geral que será utilizado ao longo de todo o estudo das virtudes e dos vícios: existe uma só virtude para cada objeto específico, mas diversos vícios se contrapõem a ela, pois a desarmonia com a natureza humana pode assumir diversas formas específicas.

extendit secundum quod conveniunt in aliquo uno, idest in generali quadam ratione obiecti; ita etiam habitus ad multa se extendit secundum quod habent ordinem ad aliquod unum, puta ad unam specialem rationem obiecti, vel unam naturam, vel unum principium, ut ex supradictis[3] patet.

Si igitur consideremus habitum secundum ea ad quae ex extendit, sic inveniemus in eo quandam multiplicitatem. Sed quia illa multiplicitas est ordinata ad aliquid unum, ad quod principaliter respicit habitus, inde est quod habitus est qualitas simplex, non constituta ex pluribus habitibus, etiam si ad multa se extendat. Non enim unus habitus se extendit ad multa, nisi in ordine ad unum, ex quo habet unitatem.

AD PRIMUM ergo dicendum quod sucessio in generatione habitus non contingit ex hoc quod pars eius generetur post partem: sed ex eo quod subiectum non statim consequitur dispositionem firmam et difficile mobilem; et ex eo quod primo imperfecte incipit esse in subiecto, et paulatim perficitur. Sicut etiam est de aliis qualitatibus.

AD SECUNDUM dicendum quod partes quae singulis virtutibus cardinalibus assignantur, non sunt partes integrales, ex quibus constituatur totum: sed partes subiectivae sive potentiales, ut infra[4] patebit.

AD TERTIUM dicendum quod ille qui in aliqua scientia acquirit per demonstrationem scientiam conclusionis unius, habet quidem habitum, sed imperfecte. Cum vero acquirit per aliquam demonstrationem scientiam conclusionis alterius, non aggeneratur in eo alius habitus; sed habitus qui prius inerat fit perfectior, utpote ad plura se extendens; eo quod conclusiones et demonstrationes unius scientiae ordinatae sunt, et una derivatur ex alia.

coisas, na medida em que estas se encontram em algo uno, ou seja, na razão comum de objeto, assim também o hábito se estende a muitas coisas, enquanto estas estão ordenadas a algo uno, como, por exemplo, a uma mesma razão particular de objeto ou a uma mesma natureza ou ainda a um mesmo princípio, como já foi visto.

Se, pois, considerarmos o hábito nas realidades às quais ele se estende, nele encontraremos, certamente, alguma multiplicidade. Como, porém, essa multiplicidade se ordena a algo uno, a que o hábito visa principalmente, segue-se daí que o hábito é uma qualidade simples, não formada de vários hábitos, embora se estenda a muitas coisas. Um único hábito, na verdade, não se estende a muitas coisas a não ser em vista de algo uno, donde tem a sua unidade.

QUANTO AO 1º, portanto, deve-se dizer que na formação de um hábito a sucessão não acontece porque uma parte é gerada depois da outra, mas porque o sujeito não consegue imediatamente uma disposição firme e dificilmente mutável e também porque ele começa a existir primeiro de maneira imperfeita no sujeito, aperfeiçoando-se depois, aos poucos, como se dá com as demais qualidades.

QUANTO AO 2º, deve-se dizer que as partes atribuídas a cada uma das virtudes cardeais não são partes integrantes, de que se constitui um todo, mas partes subjetivas ou potenciais, como depois se evidenciará.

QUANTO AO 3º, deve-se dizer que quem, em determinada disciplina, adquire, por demonstração, o conhecimento de uma conclusão, possui, por certo, um hábito, mas imperfeitamente. Ao adquirir, por outra demonstração, o conhecimento de outra conclusão, não se produz nele outro hábito, mas o primeiro hábito já existente torna-se mais perfeito, estendendo-se, por assim dizer, a mais objetos. E isso porque as conclusões e as demonstrações de uma ciência seguem determinada ordem, derivando uma da outra.

3. Art. 2, 3.
4. Q. 57, a. 6, ad 4; II-II, q. 48.

QUAESTIO LV
DE VIRTUTIBUS, QUANTUM AD SUAS ESSENTIAS
in quatuor articulos divisa

Consequenter considerandum est de habitibus in specialli. Et quia habitus, ut dictum est, distinguuntur per bonum et malum, primo dicendum

QUESTÃO 55
A ESSÊNCIA DA VIRTUDE
em quatro artigos

Em seguida, devem-se considerar os hábitos em especial. E como eles, conforme foi dito, se distinguem pelo bem e pelo mal, cumpre ver,

est de habitibus bonis, qui sunt virtutes et alia eis adiuncta, scilicet dona, beatitudines et fructus; secundo, de habitibus malis, scilicet de vitiis et peccatis. Circa virtutes autem quinque consideranda sunt: primo, de essentia virtutis; secundo, de subiecto eius; tertio, de divisione virtutum; quarto de causa virtutis; quinto, de quibusdam proprietatibus virtutis.

Circa primum quaeruntur quatuor.
Primo: utrum virtus humana sit habitus.
Secundo: utrum sit habitus operativus.
Tertio: utrum sit habitus bonus.
Quarto: de definitione virtutis.

ARTICULUS 1

Utrum virtus humana sit habitus

AD PRIMUM SIC PROCEDITUR. Videtur quod virtus humana non sit habitus.

1. Virtus enim est *ultimum potentiae*, ut dicitur in I *de Coelo*[1]. Sed ultimum uniuscuiusque reducitur ad genus illud cuius est ultimum: sicut punctum ad genus lineae. Ergo virtus reducitur ad genus potentiae, et non ad genus habitus.

2. PRAETEREA, Augustinus dicit, in II *de Libero Arbit.*[2], quod *virtus est bonus usus liberi arbitrii*. Sed usus liberi arbitrii est actus. Ergo virtus non est habitus, sed actus.

3. PRAETEREA, habitibus non meremur, sed actibus: alioquin homo mereretur continue, etiam dormiendo. Sed virtutibus meremur. Ergo virtutes non sunt habitus, sed actus.

4. PRAETEREA, Augustinus dicit, in livro de *Moribus Eccles.*[3], quod *virtus est ordo amoris*. Et in libro *Octoginta trium Quaest.*[4], dicit quod *ordinatio quae virtus vocatur, est fruendis frui, et*

primeiro, os hábitos bons, ou seja, as virtudes e seus correlatos: os dons, as bem-aventuranças e os frutos[a]; e depois, os hábitos maus, a saber, os vícios e os pecados. No que tange às virtudes, deve-se considerar: 1. a essência da virtude; 2. seu sujeito; 3. sua divisão; 4. sua causa; 5. algumas propriedades suas.

Quanto ao primeiro, são quatro as perguntas:
1. A virtude humana é um hábito?
2. Um hábito operativo?
3. Um hábito bom?
4. Sobre a definição da virtude.

ARTIGO 1

A virtude humana é um hábito?

QUANTO AO PRIMEIRO ARTIGO, ASSIM SE PROCEDE: parece que a virtude humana **não** é um hábito.

1. Com efeito, para o livro I do *Céu*, a virtude é "o último grau da potência". Ora, o último grau de uma coisa reduz-se ao gênero disso, como o ponto se reduz ao gênero da linha. Logo, a virtude reduz-se ao gênero da potência e não ao do hábito.

2. ALÉM DISSO, diz Agostinho que "a virtude é o bom uso do livre arbítrio". Ora, esse uso só é um ato. Logo, a virtude não é um hábito, mas um ato.

3. ADEMAIS, não merecemos pelos hábitos, mas pelos atos, senão teríamos méritos continuamente, até dormindo. Ora, merecemos pelas virtudes. Logo, elas não são hábitos, mas atos.

4. ADEMAIS, diz também Agostinho: "a virtude é a ordem do amor"; e, em outro lugar: "essa ordenação que se chama virtude é que nos leva a desfrutar do que deve ser desfrutado e a usar

1 PARALL.: II *Sent.*, dist. 27, a. 1; III, dist. 23, q. 1, a. 3, q.la 1, 3; *De Virtut.*, q. 1, a. 1; II *Ethic.*, lect. 5.

1. C. 11: 281, a, 14-19.
2. C. 19: ML 32, 1268.
3. C. 15: ML 32, 1322.
4. Q. 30: ML 40, 19.

a. Começa aqui o tratado geral das virtudes propriamente ditas. Sto. Tomás utiliza a palavra em sua acepção latina: a força, a capacidade tendo atingido o ponto mais alto de sua eficácia (ver a. 1, r. 1). É esse *optimum* de força e de habilidade (*habitus*) ao qual acede o homem virtuoso no exercício de suas capacidade especificamente humanas. É desse modo que ele mesmo se torna bom. Isso é verdade no que se refere às virtudes intelectuais e, *a fortiori*, às virtudes morais, às quais convém acrescentar as chamadas virtudes teologais, os dons do Espírito Santo, as bem-aventuranças e os frutos do Espírito Santo. Em suma, tudo o que pode habilitar um homem a fazer o melhor uso possível de sua liberdade (a. 1, r. 2), a colocar uma ordem hamoniosa em seus amores (a. 1, r. 4) no caminho para sua bem-aventurança. Tendo as virtudes morais sua sede na afetividade (desejo-refletido e paixões), pode-se dizerr que o homem virtuoso é aquele que ama, aquele cujas capacidades afetivas, pelo fato de tê-las desenvolvido bem, são "musculosas": elas se exercem, sob o império do desejo-refletido, com força, habilidade, prazer, inteligência prática e adaptação tanto à natureza específica e individual quanto aos objetos de seu amor. Para um estudo mais desenvolvido das virtudes, consulte-se o escrito de Sto. Tomás *De Virtutibus in communi*, q. 1, a. 8 e 9.

utendis uti. Ordo autem, seu ordinatio, nominat vel actum, vel relationem. Ergo virtus non est habitus, sed actus vel relatio.

5. PRAETEREA, sicut inveniuntur virtutes humanae, ita et virtutes naturales. Sed virtutes naturales non sunt habitus, sed potentiae quaedam. Ergo etiam neque virtutes humanae.

SED CONTRA est quod Philosophus, in libro *Praedicament.*[5], scientiam et virtutem ponit esse habitus.

RESPONDEO dicendum quod virtus nominat quandam potentiae perfectionem. Uniuscuiusque autem perfectio praecipue consideratur in ordine ad suum finem. Finis autem potentiae actus est. Unde potentia dicitur esse perfecta, secundum quod determinatur ad suum actum.

Sunt autem quaedam potentiae quae secundum seipsas sunt determinatae ad suos actus; sicut potentiae naturales activae. Et ideo huiusmodi potentiae naturales secundum seipsas dicuntur virtutes. — Potentiae autem rationales, quae sunt propriae hominis, non sunt determinatae ad unum, sed se habent indeterminate ad multa: determinantur autem ad actus per habitus, sicut ex supradictis[6] patet. Et ideo virtutes humanae habitus sunt.

AD PRIMUM ergo dicendum quod quandoque virtus dicitur id ad quod est virtus, scilicet vel obiectum virtutis, vel actus eius: sicut fides dicitur quandoque id quod creditur, quandoque vero ipsum credere, quandoque autem ipse habitu quo creditur. Unde quando dicitur quod virtus est ultimum potentiae, sumitur virtus pro obiecto virtutis. Id enim in quod ultimo potentia potest, est id ad quod dicitur virtus rei: sicut si aliquis potest ferre centum libras et non plus, virtus eius consideratur secundum centum libras, non autem secundum sexaginta. Obiectio autem procedebat ac si essentialiter virtus esset ultimum potentiae.

AD SECUNDUM dicendum quod bonus usus liberi arbitrii dicitur esse virtus, secundum eandem rationem: quia scilicet est id ad quod ordinatur virtus sicut ad proprium actum. Nihil est enim aliud actus virtutis quam bonus usus liberi arbitrii.

AD TERTIUM dicendum quod aliquo dicimur mereri dupliciter. Uno modo, sicut ipso merito,

o que deve ser usado". Ora, ordem ou ordenação designa um ato ou uma relação. Logo, a virtude não é um hábito, mas um ato ou uma relação.

5. ADEMAIS, assim como há virtudes humanas, também há virtudes naturais. Ora, as virtudes naturais não são hábitos, mas potências. Logo, as virtudes humanas também não são atos.

EM SENTIDO CONTRÁRIO, assevera o Filósofo que a ciência e a virtude são hábitos.

RESPONDO. A virtude designa certa perfeição da potência. Mas a perfeição de uma coisa é considerada, principalmente, em ordem ao seu fim. Ora, o fim da potência é o ato. Portanto, a potência será perfeita na medida em que é determinada por seu ato.

Existem, porém, potências que são determinadas em si mesmas para os seus atos, como as potências naturais ativas e, por isso, elas próprias se chamam virtudes. — Já as potências racionais, próprias do homem, não são determinadas a uma coisa só, antes se prestam, indeterminadamente, a muitas coisas[b]. Ora, é pelos hábitos que elas se determinam aos atos, como se mostrou acima. Por isso, as virtudes humanas são hábitos.

QUANTO AO 1º, portanto, deve-se dizer que chama-se, às vezes, virtude aquilo a que ela se destina, ou seja o seu objeto ou o seu ato. Por isso é que, às vezes, fé significa aquilo que se crê; outras vezes, o próprio ato de crer; e outras vezes ainda, o hábito pelo qual se crê. Daí, então, quando se diz que a virtude é o último termo da potência, toma-se virtude por seu objeto, pois a virtude de uma coisa se define em relação com esse ponto último que a potência pode alcançar. Assim, se uma pessoa pode carregar cem libras e não mais, sua virtude se medirá pelas cem libras e não por sessenta. A objeção, no entanto, procedia como se a virtude fosse, essencialmente, o termo último da potência.

QUANTO AO 2º, deve-se dizer que pela mesma razão se diz que a virtude é o bom uso do livre arbítrio, a saber, porque a virtude se ordena a isso como ao seu ato próprio, pois o ato virtuoso nada mais é que o bom uso do livre arbítrio.

QUANTO AO 3º, deve-se dizer que de duas maneiras podemos dizer que merecemos algo; ou pelo

5. C. 6: 8, b, 29.
6. Q. 49, a. 4.

b. Só existe virtude onde o homem pode libertar-se do determinismo de sua natureza animal. Isto só lhe é possível pela ação de suas capacidades inteligentes. É porque essas últimas "se prestam de maneiras indeterminadas a muitas coisas" que são necessários e úteis os *habitus* virtuosos.

eo modo quo dicimur currere cursu: et hoc modo meremur actibus. Alio modo dicimur mereri aliquo sicut principio merendi, sicut dicimur currere potentia motiva: et sic dicimur mereri virtutibus et habitibus.

AD QUARTUM dicendum quod virtus dicitur ordo vel ordinatio amoris, sicut id ad quod est virtus: per virtutem enim ordinatur amor in nobis.

AD QUINTUM dicendum quod potentiae naturales sunt de se determinatae ad unum: non autem potentiae rationales. Et ideo non est simile, ut dictum est[7].

ARTICULUS 2
Utrum virtus humana sit habitus operativus

AD SECUNDUM SIC PROCEDITUR. Videtur quod non sit de ratione virtutis humanae quod sit habitus operativus.

1. Dicit enim Tullius, in IV *de Tuscul. Quaest.*[1], quod sicut est sanitas et pulchritudo corporis, ita est virtus animae. Sed sanitas et pulchritudo non sunt habitus operativi. Ergo neque etiam virtus.

2. PRAETEREA, in rebus naturalibus invenitur virtus non solum ad agere, sed etiam ad esse: ut patet per Philosophum, in I *de Caelo*[2], quod quaedam habent virtutem ut sint semper, quaedam vero non ad hoc quod sint semper, sed aliquo tempore determinato. Sed sicut se habet virtus naturalis in rebus naturalibus, ita se habet virtus humana in rationalibus. Ergo etiam virtus humana non solum est ad agere, sed etiam ad esse.

3. PRAETEREA, Philosophus dicit, in VII *Physic.*[3], quod virtus est *dispositio perfecti ad optimum*. Optimum autem ad quod hominem oportet disponi per virtutem, est ipse Deus, ut probat Augustinus in libro II *de Moribus Eccles.*[4]; ad quem disponitur anima per assimilationem ad ipsum. Ergo videtur quod virtus dicatur qualitas quaedam animae in ordine ad Deum, tanquam assimilativa ad ipsum: non autem in ordine ad operationem. Non igitur est habitus operativus.

mérito em si mesmo, como quando dizemos que corremos por correr e aí merecemos pelos atos; ou como que pelo princípio do mérito, como quando dizemos que corremos graças à potência motora, e, nesse sentido, dizemos que merecemos pelas virtudes e pelos hábitos.

QUANTO AO 4º, deve-se dizer que a virtude é a ordem ou a ordenação do amor, como aquilo para o que é a virtude, pois é por ela que o amor se ordena em nós.

QUANTO AO 5º, deve-se dizer que as potências naturais são, em si mesmas, determinadas a uma só coisa; não, porém, as racionais. Não se trata, portanto, do mesmo caso, como já se disse.

ARTIGO 2
A virtude humana é um hábito de ação?

QUANTO AO SEGUNDO, ASSIM SE PROCEDE: parece que **não** é da razão da virtude humana ser um hábito de ação.

1. Com efeito, Cícero diz que assim como a saúde e a beleza são do corpo, assim a virtude é da alma. Ora, a saúde e a beleza não são hábitos operativos. Logo, a virtude também não o é.

2. ALÉM DISSO, encontra-se virtude nas coisas naturais não só para agir, mas também para existir, tanto que o Filósofo ensina que certas coisas têm virtude para existir sempre, enquanto outras a possuem apenas durante um tempo determinado. Ora, assim como virtude natural se comporta nas coisas naturais, assim a virtude humana nas racionais. Logo, também a virtude humana não é só para o agir, mas também para o existir.

3. ADEMAIS, diz o Filósofo que a virtude é "a disposição do que é perfeito para o que é ótimo". Ora, o ótimo ao qual o homem se deve dispor pela virtude é o próprio Deus, como demonstra Agostinho, ao qual a alma se dispõe, buscando a semelhança com ele. Logo, parece que a virtude deve ser dita uma qualidade da alma ordenada para Deus, tornando-a semelhante a Deus e não ordenada para a ação. Logo, não é um hábito operativo.

7. In corp.

2 PARALL.: III *Sent.*, dist. 23, q. 1, a. 3, q.la 1.

1. C. 13: ed. Müller, Lipsiae 1908, p. 402.
2. C. 12: 281, a, 28-33.
3. C. 3: 246, b, 23-24; a, 13-16.
4. Cc. 3, 4: ML 32, 1347.

SED CONTRA est quod Philosophus dicit, in II *Ethic.*[5], quod *virtus uniuscuiusque rei est quae opus eius bonum reddit.*

RESPONDEO dicendum quod virtus, ex ipsa ratione nominis, important quandam perfectionem potentiae, ut supra[6] dictum est. Unde, cum duplex sit potentia, scilicet potentia ad esse et potentia ad agere, utriusque potentiae perfectio virtus vocatur. Sed potentia ad esse se tenet ex parte materiae, quae est ens in potentia: potentia autem ad agere se tenet ex parte formae, quae est principitum agendi, eo quod unumquodque agit inquantum est actu.

In constitutione autem hominis, corpus se habet sicut materia, anima vero sicut forma. Et quantum quidem ad corpus, homo communicat cum aliis animalibus; et similiter quantum ad vires quae sunt animae et corpori communes; solae autem illae vires quae sunt propriae animae, scilicet rationales, sunt hominis tantum. Et ideo virtus humana, de qua loquimur, non potest pertinere ad corpus; sed pertinet tantum ad id quod est proprium animae. Unde virtus humana non important ordinem ad esse, sed magis ad agere. Et ideo de ratione virtutis humanae est quod sit habitus operativus.

AD PRIMUM ergo dicendum quod modus actionis sequitur dispositionem agentis: unumquodque enim quale est, talia operatur. Et ideo, cum virtus sit principium aliqualis operationis, oportet quod in operante praeexistat secundum virtutem aliqua conformis dispositio. Facit autem virtus operationem ordinatam. Et ideo ipsa virtus est quaedam dispositio ordinata in anima: secundum scilicet quod potentiae animae ordinantur aliqualiter ad invicem, et ad id quod est extra. Et ideo virtus, inquantum est conveniens dispositio animae, assimilatur sanitati et pulchritudini, quae sunt debitae dispositiones corporis. Sed per hoc non excluditur quin virtus etiam sit operationis principium.

AD SECUNDUM dicendum quod virtus quae est ad esse, non est propria hominis: sed solum virtus quae est ad opera rationis, quae sunt propria hominis.

AD TERTIUM dicendum quod, cum Dei substantia sit eius actio, summa assimilatio hominis ad Deum

EM SENTIDO CONTRÁRIO, diz o Filósofo que "a virtude de cada coisa é o que lhe torna boa a ação".

RESPONDO. A virtude, pela própria razão do termo, implica, já o dissemos, uma perfeição da potência. Ora, como há dois tipos de potência, potência para existir e potência para agir, a perfeição de uma e de outra chama-se virtude. Mas, a potência para existir fundamenta-se na matéria, que é ente em potência, ao passo que a potência para agir fundamenta-se na forma, que é princípio de ação, porque cada um age na medida em que está em ato.

Ora, na constituição do homem, o corpo se comporta como matéria e a alma, como forma. Quanto ao corpo, tem o homem algo em comum com os outros animais e, do mesmo modo, quanto às potências comuns ao corpo e à alma. Somente as potências próprias da alma, a saber, as potências racionais, são exclusivas do homem. Por isso é que a virtude humana, de que estamos tratando, não pode pertencer ao corpo, mas só ao que é próprio da alma. Assim, a virtude humana não implica uma ordenação para o existir, mas antes para a ação. Logo, é da razão da virtude humana ser hábito operativo.

QUANTO AO 1º, portanto, deve-se dizer que o modo da ação segue a disposição do agente, pois cada um age segundo o que é[c]. Por isso, como a virtude é princípio de certas operações, é necessário que preexista no agente, relativamente à virtude, uma disposição favorável. Ora, a virtude é que faz a operação ser ordenada. Por essa razão, ela é em si mesma uma disposição ordenada da alma, no sentido que as potências da alma se ordenam, de certo modo, entre si e em relação às coisas exteriores. Portanto, a virtude, enquanto disposição conveniente da alma, assemelha-se à saúde e à beleza, que são as disposições devidas do corpo. Isso, porém, não exclui que a virtude seja também um princípio de operação.

QUANTO AO 2º, deve-se dizer que a virtude ordenada para o existir não é própria do homem, mas sim a virtude ordenada às obras da razão, as quais lhe são próprias.

QUANTO AO 3º, deve-se dizer que dado que a substância de Deus se identifica com a sua ação, a

5. C. 5: 1106, a, 15-23.
6. Art. praec.

c. Cada um age "segundo o que é", segundo sua natureza individual, conduzida para o que lhe convém, que o orienta para as finalidade e amores que lhe convêm. "Tal é cada um, tal lhe parece o fim".

est secundum aliquam operationem. Unde, sicut supra dictum est, felicitas sive beatitudo, per quam homo maxime Deo conformatur, quae est finis humanae vitae, in operatione consistit.

ARTICULUS 3

Utrum virtus humana sit habitus bonus

AD TERTIUM SIC PROCEDITUR. Videtur quod non sit de ratione virtutis quod sit habitus bonus.

1. Peccatum enim in malo semper sumitur. Sed etiam peccati est aliqua virtus; secundum illud 1Cor 15,56: *Virtus peccati lex*. Ergo virtus non semper est habitus bonus.

2. PRAETEREA, virtus potentiae respondet. Sed potentia non solum se habet ad bonum, sed etiam ad malum; secundum illud Is 5,2: *Vae, qui potentes estis ad bibendum vinum, et viri fortes ad miscendam ebrietatem*. Ergo etiam virtus se habet et ad bonum et ad malum.

3. PRAETEREA, secundum Apostolum, 2Cor 12,9, *virtus in infirmitate perficitur*. Sed infirmitas est quoddam malum. Ergo virtus non solum se habet ad bonum, sed etiam ad malum.

SED CONTRA est quod Augustinus dicit, in libro *de Moribus Eccles.*[1]: *Nemo autem dubitaverit quod virtus animam facit optimam*. Et Philosophus dicit, in II *Ethic.*[2], quod *virtus est quae bonum facit habentem, et opus eius bonum reddit*.

RESPONDEO dicendum quod, sicut supra[3] dictum est, virtus importat perfectionem potentiae: unde virtus cuiuslibet rei determinatur ad ultimum in quod res potest, ut dicitur in I *de Caelo*[4]. Ultimum autem in quod unaquaeque potentia potest, oportet quod sit bonum: nam omne malum defectum quendam importat; unde Dionysius dicit, in 4 cap. *de Div. Nom.*[5], quod omne malum est *infirmum*. Et propter hoc oportet quod virtus cuiuslibet rei dicatur in ordine ad bonum. Unde virtus humana, quae est habitus operativus, est bonus habitus, et boni operativus.

assimilação máxima do homem a Deus realiza-se por alguma ação. Segue-se daí, como já se disse, que a felicidade ou a bem-aventurança pela qual o homem atinge o máximo de conformidade com Deus, fim da vida humana, consiste na ação[d].

ARTIGO 3

A virtude humana é um hábito bom?

QUANTO AO TERCEIRO, ASSIM SE PROCEDE: parece que **não** é da razão da virtude humana ser um hábito bom.

1. Com efeito, o pecado é sempre visto como coisa má. Ora, até no pecado existe alguma virtude, conforme aquilo da primeira Carta aos Coríntios: "a virtude do pecado é a lei". Logo, a virtude nem sempre é um hábito bom.

2. ALÉM DISSO, virtude e potência se equivalem. Ora, a potência existe não só para o bem, como também para o mal, segundo a palavra do profeta Isaías: "Ai de vós, poderosos para beber vinhos e fortes para mesclar licores!" Logo, também a virtude existe para o bem e para o mal.

3. ADEMAIS, segundo o Apóstolo, "a virtude se perfaz na enfermidade". Ora, a enfermidade é um mal. Logo, a virtude é relativa não só ao bem, mas também ao mal.

EM SENTIDO CONTRÁRIO, escreve Agostinho. "Ninguém duvidará que a virtude torna a alma a melhor possível". E o Filósofo diz: "A virtude torna bom quem a tem e boas as obras que pratica".

RESPONDO. Pelo que se disse acima, a virtude implica a perfeição da potência. Por isso, segundo o livro I do *Céu*, "a virtude de uma coisa se determina em relação com o ponto máximo que essa coisa pode atingir". Ora, o ponto máximo que uma potência pode atingir tem que ser bom, pois todo mal importa defeito, donde dizer Dionísio que "todo mal é enfermo". E por isso é necessário que a virtude de qualquer coisa seja definida em relação com o bem. Logo, a virtude humana, que é um hábito de ação, é um hábito bom e produtor de bem.

3 PARALL.: III *Sent.*, dist. 23, q. 1, a. 3, q.la 1; dist. 26, q. 2, a. 1; II *Ethic.*, lect. 6.

1. C. 6: ML 32, 1314.
2. C. 5: 1106, a, 15-23.
3. Art. 1.
4. C. 11: 281, a, 14-19.
5. MG 3, 732 C.

d. É agindo (bem) que o homem atualiza e realiza o projeto de Deus sobre o homem, criado à imagem e semelhança do Criador. Agir é a felicidade de Deus e do homem.

AD PRIMUM ergo dicendum quod sicut perfectum, ita et bonum dicitur metaphorice in malis: dicitur enim et perfectus fur sive latro, et bonus fur sive latro; ut patet per Philosophum, in V *Metaphys.*[6]. Secundum hoc ergo, etiam virtus metaphorice in malis dicitur. Et sic *virtus peccati* dicitur lex, inquantum scilicet per legem occasionaliter est peccatum augmentatum, et quasi ad maximum suum posse pervenit.

QUANTO AO 1º, portanto, deve-se dizer que é só metaforicamente que se fala de perfeição e bondade nas coisas más, por exemplo, falamos não só de um perfeito gatuno ou ladrão, mas também de um bom gatuno ou ladrão, como se vê em obra do Filósofo. Nesse sentido se diz metaforicamente que a virtude existe no mal. E daí se afirmar que a "virtude do pecado" é a lei, no sentido que, por ela, o pecado aumenta ocasionalmente e alcança como que o seu ponto máximo.

AD SECUNDUM dicendum quod malum ebrietatis et nimiae potationis, consistit in defectu ordinis rationis. Contingit autem, cum defectu rationis, esse aliquam potentiam inferiorem perfectam ad id quod est sui generis, etiam cum repugnantia vel cum defectu rationis. Perfectio autem talis potentiae, cum sit cum defectu rationis, non posset dici virtus humana.

QUANTO AO 2º, deve-se dizer que o mal da embriaguez e do excesso no beber está na falta de uma regra racional. Ora, pode acontecer que, com a ausência da razão, haja alguma potência de ordem inferior perfeita em seu gênero, malgrado a repugnância ou a ausência da razão. Mas, a perfeição de uma tal potência não poderia, pela ausência da razão, ser considerada virtude humana.

AD TERTIUM dicendum quod tanto ratio perfectior esse ostenditur, quanto infirmitates corporis et inferiorum partium magis potest vincere seu tolerare. Et ideo virtus humana, quae rationi attribuitur, *in infirmitate perfici* dicitur, non quidem rationis, sed in infirmitate corporis est inferiorum partium.

QUANTO AO 3º, deve-se dizer que a razão se revela tanto mais perfeita quanto mais puder vencer ou suportar as fraquezas do corpo e das partes inferiores. E por isso se diz que a virtude humana, atribuída à razão, "se aperfeiçoa na fraqueza", não, certamente, da razão, mas do corpo e das partes inferiores.

ARTICULUS 4

Utrum virtus convenienter definiatur

AD QUARTUM SIC PROCEDITUR. Videtur quod non sit conveniens definitio virtutis quae solet assignari, scilicet: Virtus est bona qualitas mentis, qua recte vivitur, qua nullus male utitur, quam Deus in nobis sine nobis operatur.

1. Virtus enim est bonitas hominis: ipsa enim est *quae bonum facit habentem*. Sed bonitas non videtur esse bona: sicut nec albedo est alba. Igitur inconvenienter dicitur quod virtus est *bona qualitas*.

2. PRAETEREA, nulla differentia est communior suo genere: cum sit generis divisiva. Sed bonum est communius quam qualitas: convertitur enim cum ente. Ergo *bonum* non debet poni in definitione virtutis, ut differentia qualitatis.

3. PRAETEREA, sicut Augustinus dicit, in XII *de Trin.*[1]: *Ubi primo occurrit aliquid quod non sit*

ARTIGO 4

A virtude é definida convenientemente?

QUANTO AO QUARTO, ASSIM SE PROCEDE: parece que **não** é conveniente a definição que se costuma dar de virtude, a saber, "uma boa qualidade da mente pela qual se vive retamente, da qual ninguém faz mau uso e produzida por Deus em nós, sem nós",

1. Com efeito, a virtude é a bondade do homem, dado que ela "torna bom quem a possui". Ora, não parece ser boa a bondade, como também não se diz que a brancura é branca. Logo, não é conveniente dizer que a virtude é "uma boa qualidade".

2. ALÉM DISSO, nenhuma diferença é mais comum que o seu gênero, pois é ela que o divide. Ora, o bem é mais comum que a qualidade, pois ele e o ente são conversíveis entre si. Logo, o *bem* não deve constar na definição da virtude como diferença da qualidade.

3. ADEMAIS, como diz Agostinho, "no momento em que se encontra algo que não é comum a nós

6. C. 16: 1021, b, 17-20.

4 PARALL.: II *Sent.*, dist. 27, a. 2; *De Virtut.*, q. 1, art. 2.

1. C. 8: ML 42, 1005.

nobis pecoribusque commune, illud ad mentem pertinet. Sed quaedam virtutes sunt etiam irrationalibium partium; ut Philosophus dicit, in III *Ethic*.[2]. Non ergo omnis virtus est bona qualitas *mentis*.

4. PRAETEREA, rectitudo videtur ad iustitiam pertinere: unde iidem dicuntur recti, et iusti. Sed iustitia est species virtutis. Inconveniente ergo ponitur rectum in definitione virtutis, cum dicitur, *qua recte vivitur*.

5. PRAETEREA, quicumque superbit de aliquo, male utitur eo. Sed multi superbiunt de virtute: dicit enim Augustinus, in *Regula*[3], quod *superbia etiam bonis operibus insidiatur, ut pereant*. Falsum est ergo quod *nemo virtute male utatur*.

6. PRAETEREA, homo per virtutem iustificatur. Sed Augustinus dicit[4], super illud Io 14,12, *Maiora horum faciet*: *Qui creavit te sine te, non iustificabit te sine te*. Inconvenienter ergo dicitur quod virtutem *Deus in nobis sine nobis operatur*.

SED CONTRA est auctoritas Augustini, ex cuius verbis praedicta definitio colligitur, et praecipue in II *de Libero Arbitrio*[5].

RESPONDEO dicendum quod ista definitio perfecte complectitur totam rationem virtutis. Perfecta enim ratio uniuscuiusque rei colligitur ex omnibus causis eius. Comprehendit autem praedicta definitio omnes causas virtutis. Causa namque formalis virtutis, sicut et cuiuslibet rei, accipitur ex eius genere et differentia, cum dicitur *qualitas bona*: genus enim virtutis *qualitas* est, differentia autem *bonum*. Esset tamen convenientior definitio, si loco qualitatis *habitus* poneretur, qui est genus propinquum.

Virtus autem non habet materiam *ex qua*, sicut nec alia accidentia; sed habet materiam *circa quam*; est materiam *in qua*, scilicet subiectum. Materia autem *circa quam* est obiectum virtutis; quod non potuit in praedicta definitione poni, eo quod per obiectum determinatur virtus ad speciem; hic autem assignatur definitio virtutis in communi. Unde ponitur subiectum loco causae materalis, cum dicitur quod est bona qualitas *mentis*.

Finis autem virtutis, cum sit habitus operativus, est ipsa operatio. Sed notandum quod habituum

e aos animais irracionais, isso pertence à mente". Ora, há certas virtudes nas partes irracionais, como observa o Filósofo. Logo, nem toda virtude é uma boa qualidade *da mente*.

4. ADEMAIS, parece que a retidão pertence à justiça, tanto que os retos são também chamados justos. Ora, a justiça é uma espécie de virtude. Logo, não convém incluir a ideia de retidão ao se definir a virtude, dizendo que *por ela se vive retamente*.

5. ADEMAIS, quem se orgulha de alguma coisa, usa mal dela. Ora, muitos se orgulham de suas virtudes, como diz Agostinho: "O orgulho se instala até nas boas obras para destruí-las". Logo, é falso que *ninguém usa mal da virtude*.

6. ADEMAIS, é pela virtude que se é justificado. Ora, Agostinho, comentando palavras do Evangelho de João, diz: "Aquele que te criou sem ti, não te justificará sem ti". Logo, não convém afirmar que *Deus realiza a virtude em nós, sem nós*.

EM SENTIDO CONTRÁRIO, temos a autoridade de Agostinho, de cujas palavras, foi extraída a definição citada.

RESPONDO. A referida definição engloba perfeitamente toda a razão de virtude, pois a razão perfeita de qualquer coisa deduz-se de todas suas causas. Ora, a definição apresentada abarca todas as causas da virtude. Assim, a causa formal da virtude, como de tudo o mais, deduz-se de seu gênero e diferença, quando se diz que ela é "uma qualidade boa", pois o gênero da virtude é a "qualidade" e a diferença, o "bem". Melhor ainda seria a definição se, em lugar da qualidade, se se afirmasse o hábito, que é o gênero próximo.

Por outro lado, a virtude não tem uma matéria "pela qual", assim como não têm os acidentes, mas tem uma matéria "a respeito da qual", e "na qual", ou seja, um sujeito. A matéria "a respeito da qual" é o objeto da virtude, mas ela não pode entrar na definição de virtude, porque esta, por seu objeto, é especificamente determinada e aqui se indica uma definição da virtude em geral. Por isso, afirma-se o sujeito, em lugar de sua causa material, quando se diz que a virtude é uma boa qualidade "da mente".

Quanto ao fim da virtude, como se trata de hábito operativo, ele consiste na própria ação.

2. C. 13: 1117, b, 23.
3. Epist. 211, al. 109, n. 6: ML 33, 960.
4. *Serm. ad Pop*. 169, al. *de Verbis Apost*. XV, 11, n. 13: ML 38, 923.
5. C. 19: ML 32, 1268.

operativorum aliqui sunt semper ad malum, sicut habitus vitiosi; aliqui vero quandoque ad bonum, et quandoque ad malum, sicut opinio se habet ad verum et ad falsum; virtus autem est habitus semper se habens ad bonum. Et ideo, ut discernatur virtus ab his quae semper se habent ad malum, dicitur, *qua recte vivitur*: ut autem discernatur ab his quae se habent quandoque ad bonum, quandoque ad malum, dicitur, *qua nullus male utitur*.

Causa autem efficiens virtutis infusae, de qua definitio datur, Deus est. Propter quod dicitur, *quam Deus in nobis sine nobis operatur*. Quae quidem particula si auferatur, reliquum definitionis erit commune omnibus virtutibus, et acquisitis et infusis.

AD PRIMUM ergo dicendum quod id quod primo cadit in intellectu, est ens: unde unicuique apprehenso a nobis attribuimus quod sit ens; et per consequens quod sit unum et bonum, quae convertuntur cum ente. Unde dicimus quod essentia est ens et una et bona; et quod unitas est ens et una et bona; et similiter de bonitate. Non autem hoc habet locum in specialibus formis, sicut est albedo et sanitas: non enim omne quod apprehendimus, sub ratione albi et sani apprehendimus. — Sed tamen considerandum quod sicut accidentia et formae non subsistentes dicuntur entia, non quia ipsa habeant esse, sed quia eis aliquid est; ita etiam dicuntur bona vel una, non quidem aliqua alia bonitate vel unitate, sed quia eis est aliquid bonum vel unum. Sic igitur et virtus dicitur bona, quia ea aliquid est bonum.

AD SECUNDUM dicendum quod bonum quod ponitur in definitione virtutis, non est bonum commune, quod convertitur cum ente, et est in plus quam qualitas: sed est bonum rationis, secundum quod Dionysius dicit, in 4 cap. *de Div. Nom.*[6], quod *bonum animae est secundum rationem esse*.

AD TERTIUM dicendum quod virtus non potest esse in irrationali parte animae, nisi inquantum participat rationem, ut dicitur in I *Ethic.*[7]. Et ideo ratio, sive mens, est proprium subiectum virtutis humanae.

Cumpre notar, porém, que, dentre os hábitos operativos, alguns visam sempre ao mal, como os hábitos viciosos; outros, ora ao bem, ora ao mal, como as opiniões que tanto podem ser verdadeiras como falsas. Mas a virtude é um hábito sempre voltado para o bem. É por isso que, para diferenciá-la dos hábitos que visam sempre ao mal, se diz "pela qual se vive retamente". E para distingui-la dos hábitos que visam ora ao bem, ora ao mal, se diz "da qual ninguém faz mau uso".

Por fim, a causa eficiente da virtude infusa, de que trata a definição, é Deus. Razão por que se acrescenta "produzida por Deus em nós, sem nós". E se tirássemos isso da definição, o restante caberia tanto às virtudes adquiridas quanto às infusas.

QUANTO AO 1º, portanto, deve-se dizer que a primeira coisa que o intelecto apreende é o ente. Por isso atribuímos o ente a tudo o que aprendemos e, consequentemente, a unidade e o bem, que com o ente se convertem. Daí dizermos que a essência é ente, é una e boa; que a unidade é ente e boa; e o mesmo vale da bondade. Mas isso não se dá quando se trata de formas especiais, como a brancura e a saúde, porque nem tudo o que apreendemos, apreendemos como branco e como são. — É preciso observar, todavia, que, assim como os acidentes e as formas não subsistentes se chamam entes, não porque tenham por si mesmos o existir, mas porque por eles alguma coisa existe, assim também são ditos bons ou maus, não, por certo, devido à alguma outra bondade ou unidade, mas porque por eles alguma coisa é boa ou una. É assim, então, que a virtude é considerada boa, porque por ela alguma coisa é boa.

QUANTO AO 2º, deve-se dizer que o bem afirmado na definição da virtude não é o bem em geral, que se converte com o ente, e é mais comum que a qualidade; é o bem da razão, conforme diz Dionísio: "O bem da alma consiste em existir segundo a razão".

QUANTO AO 3º, deve-se dizer que não pode a virtude existir na parte irracional da alma, senão enquanto esta participa da razão, como se diz no livro I da *Ética*. Por isso, a razão ou a mente[e] é o sujeito próprio da virtude humana.

6. MG 3, 733 A.
7. C. 13: 1102, b, 13-14; 1103, a, 3.

e. Seguindo a definição agostiniana da virtude, Sto. Tomás estabelece uma equivalência aqui entre a razão e o espírito (*mens*, em latim). A noção tomista de razão é bem diversa do racionalismo dos últimos séculos. Para nosso autor, a razão reúne tudo o que diferencia o homem do animal: a inteligência em todos seus processos e sua afetividade (a vontade), o que Aristóteles chama de desejo-refletido.

AD QUARTUM dicendum quod iustitiae est propria rectitudo quae constituitur circa res exteriores quae in usum hominis veniunt, quae sunt propria materia iustitiae, ut infra[8] patebit. Sed rectitudo quae importat ordinem ad finem debitum et ad legem divinam, quae est regula voluntatis humanae, ut supra[9] dictum est, communis est omni virtuti.

AD QUINTUM dicendum quod virtute potest aliquis male uti tanquam obiecto, puta cum male sentit de virtute, cum odit eam, vel superbit de ea: non autem tanquam principio usus, ita scilicet quod malus sit actus virtutis.

AD SEXTUM dicendum quod virtus infusa causatur in nobis a Deo sine nobis agentibus, non tamen sine nobis consentientibus. Et sic est intelligendum quod dicitur, *quam Deus in nobis sine nobis operatur*. Quae vero per nos aguntur, Deus in nobis causat non sine nobis agentibus: ipse enim operatur in omni voluntate et natura.

QUANTO AO 4º, deve-se dizer que é própria da justiça a retidão que se realiza nas coisas exteriores que estão a serviço dos homens, as quais são a matéria própria da justiça, como depois se esclarecerá. Já a retidão que implica ordem ao fim devido e à lei divina, regra da vontade humana, como acima foi dito, é comum a todas as virtudes.

QUANTO AO 5º, deve-se dizer que se pode usar mal da virtude como objeto, quando, por exemplo, alguém pensa mal dela, quando a odeia ou se ensoberbece com ela. Esse mau uso, porém, não é por princípio, como se o ato da virtude fosse mau.

QUANTO AO 6º, deve-se dizer que a virtude infusa é causada em nós por Deus, sem a nossa participação, mas não sem o nosso consentimento. E nesse sentido é que devemos entender as palavras "produzida por Deus em nós, sem nós". Quanto às nossas ações, porém, Deus as causa em nós, mas não sem nossa intervenção, porque ele atua em toda vontade e natureza.

8. Q. 60, a. 2; II-II, q. 58, a. 8.
9. Q. 19, a. 4.

QUAESTIO LVI
DE SUBIECTO VIRTUTIS
in sex articulos divisa

Deinde considerandum est de subiecto virtutis.

Et circa hoc quaeruntur sex.

Primo: utrum virtus sit in potentia animae sicut in subiecto.
Secundo: utrum una virtus possit esse in pluribus potentiis.
Tertio: utrum intellectus possit esse subjectum virtutis.
Quarto: utrum irascibilis et concupiscibilis.
Quinto: utrum vires apprenhensivae sensitivae.
Sexto: utrum voluntas.

QUESTÃO 56
O SUJEITO DA VIRTUDE
em seis artigos

Deve-se considerar, a seguir, o sujeito da virtude.

Sobre isso, são seis as perguntas:

1. A virtude está na potência da alma como em seu sujeito?
2. Uma só virtude pode existir em várias potências?
3. O intelecto pode ser sujeito da virtude?
4. O irrascível e o concupiscível?
5. As potências apreensivas sensitivas?
6. E a vontade?

ARTICULUS 1
Utrum virtus sit in potentia animae sicut in subiecto

AD PRIMUM SIC PROCEDITUR. Videtur quod virtus non sit in potentia animae sicut in subjecto.

ARTIGO 1
A virtude está na potência da alma como em seu sujeito?

QUANTO AO PRIMEIRO ARTIGO, ASSIM SE PROCEDE: parece que a virtude **não** está na potência da alma como em seu sujeito.

1 PARALL.: III *Sent.*, dist. 33, q. 2, a. 4, q.la 1; *De Virtut.*, q. 1, a. 3.

1. Dicit enim Augustinus, in II *de Lib. Arbit.*[1], quod *virtus est qua recte vivitur*. Vivere autem non est per potentiam animae, sed per eius essentiam. Ergo virtus non est in potentia animae, sed in eius essentia.

2. PRAETEREA, Philosophus dicit, in II *Ethic.*[2]: *Virtus est quae bonum facit habentem, et opus eius bonum reddit*. Sed sicut opus constituitur per potentiam, ita habens virtutem constituitur per essentiam animae. Ergo virtus non magis pertinet ad potentiam animae, quam ad eius essentiam.

3. PRAETEREA, potentia est in secunda specie qualitatis. Virtus autem est quaedam qualitas, ut supra[3] dictum est. Qualitatis autem non est qualitas. Ergo virtus non est in potentia animae sicut in subiecto.

SED CONTRA, *virtus est ultimum potentiae*, ut dicitur in I *de Caelo*[4]. Sed ultimum est in eo cuius est ultimum. Ergo virtus est in potentia animae.

RESPONDEO dicendum quod virtutem pertinere ad potentiam animae, ex tribus potest esse manifestum. Primo quidem, ex ipsa ratione virtutis, quae importat perfectionem potentiae: perfectio autem est in eo cuius est perfectio. — Secundo, ex hoc quod est habitus operativus, ut supra[5] dictum est: omnis autem operatio est ab anima per aliquam potentiam. — Tertio, ex hoc quod disponit ad optimum: optimum autem est finis, qui vel est operatio rei, vel aliquid consecutum per operationem a potentia egredientem. Unde virtus humana est in potentia animae sicut in subiecto.

AD PRIMUM ergo dicendum quod vivere dupliciter sumitur. Quandoque enim dicitur vivere ipsum esse viventis: et sic pertinet ad essentiam animae, quae est viventi essendi principium. Alio modo vivere dicitur operatio viventis: et sic virtute recte vivitur, inquantum per eam aliquis recte operatur.

AD SECUNDUM dicendum quod bonum vel est finis, vel in ordine ad finem dicitur. Et ideo, cum bonum operantis consistat in operatione, hoc etiam ipsum quod virtus facit operantem bonum, refertur ad operationem, et per consequens ad potentiam.

1. Com efeito, segundo Agostinho, "é pela virtude que se vive retamente". Ora, não se vive pela potência da alma, mas por sua essência. Logo, não é numa potência da alma que está a virtude, mas em sua essência.

2. ALÉM DISSO, diz o Filósofo: "A virtude torna bom quem a tem e boas as suas obras". Ora, assim como a obra é realizada pela potência, assim também o homem virtuoso se realiza pela essência da alma. Logo, a virtude não pertence tanto à potência quanto à essência da alma.

3. ADEMAIS, a potência pertence à segunda espécie de qualidade. Ora, a virtude é uma qualidade, como já se viu e não existe qualidade de qualidade. Logo, a virtude não está numa potência da alma, como em seu sujeito.

EM SENTIDO CONTRÁRIO, "a virtude é o último grau da potência", como se diz no livro I do *Céu*. Ora, o que é último numa coisa, existe nela. Logo, a virtude está numa potência da alma.

RESPONDO. Pode-se provar por três razões que a virtude pertence à potência da alma. Primeiro, pela própria razão de virtude, que implica perfeição de uma potência e a perfeição existe naquilo de que é perfeição. — Em segundo lugar, pelo fato de a virtude ser um hábito ativo, como antes se mostrou, e toda ação procede da alma, por meio de alguma potência. — E, finalmente, pelo fato de a virtude ser uma disposição para o ótimo e o ótimo é o fim que, por sua vez, é ou uma ação de uma coisa ou o resultado obtido pela ação procedente da potência. Logo, a virtude humana está na potência da alma como em seu sujeito.

QUANTO AO 1º, portanto, deve-se dizer que viver tem duplo sentido: às vezes, significa a própria existência do ser vivo e assim pertence à essência da alma que é, para o vivente, o princípio do existir; outras vezes, viver significa a ação do ser vivo e assim, pela virtude, vive-se retamente, na medida em que por ela se age corretamente.

QUANTO AO 2º, deve-se dizer que o bem ou é o fim ou é considerado ordenado ao fim. Por isso, como o bem de quem age está no agir, esse mesmo efeito da virtude que é tornar bom aquele que age, refere-se à ação e, por consequência, à potência.

1. C. 19, n. 50: ML 32, 1268.
2. C. 5: 1106, a, 15-24.
3. Q. 55, a. 4.
4. C. 11: 281, a, 14-19.
5. Q. 55, a. 2.

AD TERTIUM dicendum quod unum accidens dicitur esse in alio sicut in subiecto, non quia accidens per seipsum possit sustentare aliud accidens: sed quia unum accidens inhaeret substantiae mediante alio accidente, ut color corpori mediante superficie; unde superficies dicitur esse subiectum coloris. Et eo modo potentia animae dicitur esse subiectum virtutis.

QUANTO AO 3º, deve-se dizer que um acidente está em outro como em seu sujeito, não porque um acidente possa sustentar outro acidente por si mesmo, mas porque um existe na substância mediante outro. É o caso da cor, inerente ao corpo, mediante a superfície e, por isso, se diz que esta é o sujeito daquela. E dessa forma é que se diz ser a potência da alma o sujeito da virtude.

ARTICULUS 2

Utrum una virtus possit esse in pluribus potentiis

AD SECUNDUM SIC PROCEDITUR. Videtur quod una virtus possit esse in duabus potentiis.

1. Habitus enim cognoscuntur per actus. Sed unus actus progreditur diversimode a diversis potentiis: sicut ambulatio procedit a ratione ut a dirigente, a voluntate sicut a movente, et a potentia motiva sicut ab exequente. Ergo etiam unus habitus virtutis potest esse in pluribus potentiis.

2. PRAETEREA, Philosophus, dicit, in II *Ethic.*[1], quod ad virtutem tria requiruntur, scilicet *scire, velle et immobiliter operari*. Sed scire pertinet ad intellectum, velle ad voluntatem. Ergo virtus potest esse in pluribus potentiis.

3. PRAETEREA, prudentia est in ratione: cum sit *recta ratio agibilium*, ut dicitur in VI *Ethic.*[2]. Est etiam in voluntate: quia non potest esse cum voluntate perversa, ut in eodem libro dicitur. Ergo una virtus potest esse in duabus potentiis.

SED CONTRA, virtus est in potentia animae sicut in subiecto. Sed idem accidens non potest esse in pluribus subiectis. Ergo una virtus non potest esse in pluribus potentiis animae.

RESPONDEO dicendum quod aliquid esse in duobus, contingit dupliciter. Uno modo, sic quod ex aequo sit in utroque. Et sic impossibile est unam virtutem esse in duabus potentiis: quia diversitas potentiarum attenditur secundum generales conditiones objectorum, diversitas autem habituum secundum speciales; unde ubicumque est diversitas potentiarum, est diversitas habituum, sed non convertitur.

ARTIGO 2

Uma só virtude pode existir em várias potências?

QUANTO AO SEGUNDO, ASSIM SE PROCEDE: parece que uma só virtude **pode** existir em várias potências.

1. Com efeito, os hábitos são conhecidos pelos atos. Ora, um mesmo ato procede, por razões diversas, de potências diversas. Assim, andar é um ato que procede, ao mesmo tempo, da razão que o dirige, da vontade que o move e da potência motora, que o executa. Logo, um mesmo hábito de virtude pode existir em várias potências.

2. ALÉM DISSO, segundo o Filósofo, três coisas se exigem da virtude: *saber*, *querer* e *agir com constância*. Ora, saber é próprio do intelecto, e querer, da vontade. Logo, pode a virtude existir em várias potências.

3. ADEMAIS, como "reta razão do que deve ser praticado", conforme diz o livro VI da *Ética*, a prudência existe na razão. Mas existe também na vontade, pois ela não pode existir com uma vontade perversa, como se diz na mesma obra. Logo, pode uma só virtude existir em duas potências.

EM SENTIDO CONTRÁRIO, a virtude está na potência da alma, como em seu sujeito. Ora, o mesmo acidente não pode estar em vários sujeitos. Logo, uma só virtude não pode existir em várias potências da alma.

RESPONDO. De dois modos pode uma coisa existir em dois. O primeiro modo seria existindo em ambos, igualmente. Ora, assim é impossível que uma só virtude esteja em duas potências, porque a diversidade das potências depende das condições gerais do objeto, ao passo que a diversidade dos hábitos depende de condições especiais. E assim, onde há diversidade de potências há também diversidade de hábitos, mas não vice-versa.

2 PARALL.: Infra, q. 60, a. 5; IV *Sent.*, dist. 14, q. 1, a. 3, q.la 1; *De Verit.*, q. 14, a. 4, ad 7.

1. C. 3: 1105, a, 31-33.

2. C. 5: 1140, b, 4-6; 20-21; c. 13: 1144, b, 27-28.

Alio modo potest esse aliquid in duobus vel pluribus, non ex aequo, sed ordine quodam. Et sic una virtus pertinere potest ad plures potentias; ita quod in una sit principaliter, et se extendat ad alias per modum diffusionis, vel per modum dispositionis; secundum quod una potentia movetur ab alia, et secundum quod una potentia accipit ab alia.

AD PRIMUM ergo dicendum quod idem actus non potest aequalite, et eodem ordine, pertinere ad diversas potentias: sed secundum diversas rationes, et diverso ordine.

AD SECUNDUM dicendum quod scire praeexigitur ad virtutem moralem, inquantum virtus moralis operatur secundum rationem rectam. Sed essentialiter in appetendo virtus moralis consistit.

AD TERTIUM dicendum quod prudentia realiter est in ratione sicut in subiecto: sed praesupponit rectitudinem voluntatis sicut principium, ut infra dicetur.

Outro modo de uma coisa existir em dois ou mais sujeitos seria não a título igual, mas segundo certa ordem. Nesse sentido, uma virtude pode pertencer a várias potências, de sorte que exista numa de modo principal e se estenda a outras a modo de difusão ou de disposição, enquanto uma potência é movida por outra ou enquanto uma potência recebe da outra[a].

QUANTO AO 1º, portanto, deve-se dizer que não pode um mesmo ato pertencer igualmente e na mesma ordem a diversas potências. Pode, porém, por razões e ordens diversas.

QUANTO AO 2º, deve-se dizer que o saber é prerequisito da virtude moral, porque esta age segundo a reta razão. Mas, essencialmente, a virtude moral consiste na tendência apetitiva[b].

QUANTO AO 3º, deve-se dizer que a prudência está, realmente, na razão como no seu sujeito, mas pressupõe, como seu princípio, a retidão da vontade, conforme depois se dirá.

ARTICULUS 3

Utrum intellectus possit esse subiectum virtutis

AD TERTIUM SIC PROCEDITUR. Videtur quod intellectus non sit subiectum virtutis.

1. Dicit enim Augustinus, in libro *de Moribus Eccles.*[1], quod omnis virtus est amor. Subiectum autem amoris non est intellectus, sed solum vis appetitiva. Ergo nulla virtus est in intellectu.

2. PRAETEREA, virtus ordinatur ad bonum, sicut ex supradictis[2] patet. Bonum autem non est obiectum intellectus, sed appetitivae virtutis. Ergo subiectum virtutis non est intellectus, sed appetitiva virtus.

3. PRAETEREA, *virtus est quae bonum facit habentem*, ut Philosophus dicit[3]. Sed habitus perficiens intellectum non facit bonum habentem: non enim propter scientiam vel artem dicitur homo bonus. Ergo intellectus non est subiectum virtutis.

ARTIGO 3

O intelecto pode ser sujeito da virtude?

QUANTO AO TERCEIRO, ASSIM SE PROCEDE: parece que o intelecto **não** é sujeito da virtude.

1. Com efeito, segundo Agostinho, toda virtude é amor. Ora, o sujeito do amor não é o intelecto, mas unicamente a potência apetitiva. Logo, nenhuma virtude está no intelecto.

2. ALÉM DISSO, conforme se viu antes, a virtude se ordena para o bem. Ora, o bem não é objeto do intelecto, mas da potência apetitiva. Logo, o sujeito da virtude não é o intelecto, mas a potência apetitiva.

3. ADEMAIS, "A virtude torna bom quem a possui", diz o Filósofo. Ora, o hábito que aperfeiçoa o intelecto não torna bom quem o tem, pois não é pela ciência nem pela arte que o homem é considerado bom. Logo, o intelecto não é sujeito de virtude.

3 PARALL.: III *Sent.*, dist. 23, q. 1, a. 4, q.la 1; *De Virtut.*, q. 1, a. 7.

1. C. 15: ML 32, 1322.
2. Q. 55, a. 3.
3. *Eth.* II, 5: 1106, a, 15-24.

a. O fato de que um habitus esteja inserido em uma só potência não o isola dos outros, não o encerra em si mesmo. É o sujeito que age, jogando, de acordo com o caso, com os seus *habitus*. O sujeito não se fragmenta em *habitus* diversos: pelo contrário, é pelo seu exercício que ele constrói sua própria unidade. Cada *habitus* estende sua atividade sobre os outros, seja por difusão (a. 4), seja por modo de preparação (a. 5). Esse princípio do jogo complexo e unificador do sujeito será desenvolvido quando se tratar da conexão das virtudes (q. 65).

b. Aplicação do princípio da conexão das virtudes da inteligência e da afetividade.

SED CONTRA est quod mens maxime dicitur intellectus. Subiectum autem virtutis est mens; ut patet ex definitione virtutis supra[4] inducta. Ergo intellectus est subiectum virtutis.

RESPONDEO dicendum quod, sicut supra[5] dictum est, virtus est habitus quo quis bene operatur. Dupliciter autem habitus aliquis ordinatur ad bonum actum. Uno modo, inquantum per huiusmodi habitum acquiritur homini facultas ad bonum actum: sicut per habitum grammaticae habet homo facultatem recte loquendi. Non tamen grammatica facit ut homo sempre recte loquatur: potest enim grammaticus barbarizare aut soloecismum facere. Et eadem ratio est in aliis scientiis et artibus. — Alio modo, aliquis habitus non solum facit facultatem agendi, sed etiam facit quod aliquis recte facultate utatur: sicut iustitia non solum facit quod homo sit promptae voluntatis ad iusta operandum, sed etiam facit ut juste operetur.

Et quia bonum, sicut et ens, non dicitur simpliciter aliquid secundum id quod est in potentia, sed secundum id quod est in actu; ideo ab huiusmodi habitibus simpliciter dicitur homo bonum operari, et esse bonus, puta quia est iustus vel temperatus; et eadem ratio est de similibus. Et quia virtus est quae bonum facit habentem, et opus eius bonum reddit, huiusmodi habitus simpliciter dicuntur virtutes: quia reddunt bonum opus in actu, et simpliciter faciunt bonum habentem. — Primi vero habitus non simpliciter dicuntur virtutes: quia non reddunt bonum opus nisi in quadam facultate, nec simpliciter faciunt bonum habentem. Non enim dicitur simpliciter aliquis homo bonus, ex hoc quod est sciens vel artifex: sed dicitur bonus solum secundum quid, puta bonus grammaticus, aut bonus faber. Et propter hoc, plerumque scientia et ars contra virtutem dividitur: quandoque autem virtutes dicuntur, ut patet in VI *Ethic.*[6].

Subiectum igitur habitus qui secundum quid dicitur virtus, potest esse intellectus, non solum practicus, sed etiam intellectus speculativus, absque omni ordine ad voluntatem: sic enim

EM SENTIDO CONTRÁRIO, diz-se intelecto, sobretudo a mente. Ora, o sujeito da virtude é a mente, como ressalta da definição supracitada de virtude. Logo, o intelecto é sujeito de virtude.

RESPONDO. A virtude, como acima foi dito, é um hábito pelo qual se age bem. Ora, de duas maneiras um hábito se orienta para o ato bom: primeiramente, enquanto, por esse hábito, se adquire a prática dos atos bons, como o hábito da gramática nos dá a prática de falar corretamente, embora a gramática não garanta a alguém que sempre fale corretamente, pois um gramático pode cometer barbarismos ou solescismos, e o mesmo se diga de outras ciências e artes. — Em segundo lugar, um hábito não só dá a prática de agir, mas ainda faz com que se use retamente essa prática, como a justiça não só nos faz dispostos às ações justas, mas também nos faz agir justamente[c].

Ora, o bem, como o ente, não é atribuído absolutamente a algo enquanto está em potência, mas enquanto está em ato e por isso é por hábitos desse tipo que se diz, de modo absoluto, que um homem age bem e é bom, no caso, por exemplo, de ser justo ou moderado e o mesmo vale de virtudes semelhantes. E, como a virtude torna bom quem a tem e boas as suas obras", tais hábitos se chamam, de modo absoluto, virtudes, porque tornam boa a ação em ato e bom, absolutamente, quem os possui. — Ao contrário, os hábitos da primeira modalidade não se dizem, absolutamente, virtudes, porque não tornam boa a ação a não ser de uma certa potência, e não tornam absolutamente bons os que os possuem. Nenhum homem, com efeito, é considerado bom, absolutamente, por ser sábio ou artesão. Será considerado bom apenas por algum aspecto, como, por exemplo, bom gramático ou bom operário e, por isso, frequentemente, a ciência e a arte se opõem à virtude, embora sejam chamadas, às vezes, de virtudes, como se vê no livro VI da *Ética*.

O sujeito do hábito, por conseguinte, que é considerado virtude em sentido relativo, pode ser o intelecto, não somente o intelecto prático, mas também o especulativo, sem relação alguma

4. Q. 55, a. 4.
5. Ibid., a. 3.
6. C. 3: 1139, b, 16-18; et b, 13.

c. Observação judiciosa e realista sobre os graus, relativos ou absolutos, do uso de um *habitus*, intelectual ou moral. Pode-se, por exemplo, realizar um ato de justiça sem ter chegado à plena posse dessa virtude, ou seja, sem estar profundamente habitado por ela a ponto de ser por ela tornado bom, de amar essa virtude, de vivê-la em sua plenitude, com verdade e prazer, ao mesmo tempo levando em conta todas as exigências de uma dada situação (ver II-II, q. 32, a. 1, r. 1).

Philosophus, in VI *Ethic.*[7], scientiam, sapientiam et intellectum, et etiam artem, ponit esse intellectuales virtutes. — Subiectum vero habitus qui simpliciter dicitur virtus, non potest esse nisi voluntas; vel aliqua potentia secundum quod est mota a voluntate. Cuius ratio est, quia voluntas movet omnes alias potentias quae aliqualiter sunt rationales, ad suos actus, ut supra[8] habitum est: et ideo quod homo actu bene agat, contingit ex hoc quod homo habet bonam voluntatem. Unde virtus quae facit bene agere in actu, non solum in facultate, oportet quod vel sit in ipsa voluntate; vel in aliqua potentia secundum quod est a voluntate mota.

Contingit autem intellectum a voluntate moveri, sicut et alias potentias: considerat enim aliquis aliquid actu, eo quod vult. Et ideo intellectus, secundum quod habet ordinem ad voluntatem, potest esse subiectum virtutis simpliciter dictae. Et hoc modo intellectus speculativus, vel ratio, est subiectum fidei: movetur enim intellectus ad assentiendum his quae sunt fidei, ex imperio voluntatis; *nullus* enim *credit nisi volens*. — Intellectus vero practicus est subiectum prudentiae. Cum enim prudentia sit recta ratio agibilium, requiritur ad prudentiam quod homo se bene habeat ad principia huius rationis agendorum, quae sunt fines; ad quos bene se habet homo per rectitudinem voluntatis, sicut ad principia speculabilium per naturale lumen intellectus agentis. Et ideo sicut subiectum scientiae, quae est ratio recta speculabilium, est intellectus speculativus in ordine ad intellectum agentem; ita subiectum prudentiae est intellectus practicus in ordine ad voluntatem rectam.

Ad primum ergo dicendum quod verbum Augustini intelligendum est de virtute simpliciter dicta non quod omnis talis virtus sit simpliciter amor; sed quia dependet aliqualiter ab amore, inquantum dependet a voluntate, cuius prima affectio est amor, ut supra[9] dictum est.

Ad secundum dicendum quod bonum uniuscuiusque est finis eius: et ideo, cum verum sit finis intellectus, cognoscere verum est bonus actus intellectus. Unde habitus perficiens intellectum ad

com a vontade. Assim, o Filósofo afirma que a ciência, a sabedoria, o intelecto e até a arte são virtudes intelectuais. — Todavia, o sujeito do hábito, considerado de modo absoluto, só pode ser a vontade ou alguma potência, enquanto movida pela vontade. E a razão é que esta, como já se viu, move para os seus atos as demais potências, que são de alguma forma racionais. Por isso, que o homem aja bem em ato se deve a que tem uma vontade boa. Logo, a virtude que faz agir bem em ato e não só em potência, necessariamente estará ou na vontade mesma ou em alguma potência enquanto movida pela vontade.

Ora, o intelecto, como as outras potências, pode ser movido pela vontade, pois quando alguém pensa alguma coisa de modo atual, é porque a quer. Portanto, o intelecto, enquanto ordenado para a vontade, pode ser sujeito da virtude como tal. E assim, o intelecto especulativo ou razão, é o sujeito da fé, pois é movido a assentir às coisas da fé, sob o comando da vontade, dado que *ninguém crê se não quiser*[d]. — Já o intelecto prático é o sujeito da prudência. E como esta é "a reta razão do que deve ser praticado", pede ela que se levem em conta os princípios dessa razão referentes ao que deve praticar, que são os fins, para os quais ela bem se dispõe pela retidão da vontade, assim como para os princípios de ordem especulativa pela luz natural do intelecto agente. Dessa forma, assim como o sujeito da ciência, que é a reta razão das coisas especulativas, é o intelecto especulativo, ordenado para o intelecto agente, assim o sujeito da prudência é o intelecto prático, ordenado à vontade reta.

Quanto ao 1º, portanto, deve-se dizer que a palavra de Agostinho deve ser entendida em referência à virtude, em seu sentido absoluto. Não é que toda virtude dessa natureza seja, absolutamente, amor; mas que ela depende, de algum modo, do amor, enquanto depende da vontade, cuja primeira afeição é o amor, como antes foi dito.

Quanto ao 2º, deve-se dizer que o bem de cada um é o seu fim. Como, porém, a verdade é o fim do intelecto, conhecê-la é um ato bom do intelecto. Por isso, o hábito que aperfeiçoa o

7. C. 3: 1139, b, 16-18.
8. Q. 9, a. 1; q. 17, a. 1, 5 sqq.; et I, q. 82, a. 4.
9. Q. 25, a. 1, 2, 3; q. 27, a. 4; et I, q. 20, a. 1.

d. Não se trata de forçar a crer, por força da vontade, conforme se compreenderia hoje, em nossa mentalidade cultural impregnada de voluntarismo. O que afirma Sto. Tomás é que não se pode acreditar sem amar a verdade revelada e sua testemunha, Jesus Cristo (r. 1).

verum cognoscendum, vel in speculativis vel in practicis, dicitur virtus.

AD TERTIUM dicendum quod ratio illa procedit de virtute simpliciter dicta.

ARTICULUS 4

Utrum irascibilis et concupiscibilis sint subiectum virtutis

AD QUARTUM SIC PROCEDITUR. Videtur quod irascibilis et concupiscibilis non possint esse subiectum virtutis.

1. Huiusmodi enim vires sunt communes nobis et brutis. Sed nunc loquimur de virtute secundum quod est propria homini: sic enim dicitur virtus humana. Non igitur humanae virtutis potest esse subiectum irascibilis et concupiscibilis, quae sunt partes appetitus sensitivi, ut in Primo[1] dictum est.

2. PRAETEREA, appetitus sensitivus est vis utens organo corporali. Sed bonum virtutis non potest esse in corpore hominis: dicit enim Apostolus, Rm 7,18: *Scio quod non habitat in carne mea bonum*. Ergo appetitus sensitivus non potest esse subiectum virtutis.

3. PRAETEREA, Augustinus probat, in libro de *Moribus Eccles*.[2], quod virtus non est in corpore, sed in anima, eo quod per animam corpus regitur: unde quod aliquis corpore bene utatur, totum refertur ad animam; *sicut si mihi auriga obtemperans, equos quibus praeest, recte regit, hoc totum mihi debetur*. Sed sicut anima regit corpus, ita etiam ratio regit appetitum sensitivum. Ergo totum rationali parti debetur, quod irascibilis et concupiscibilis recte regantur. Sed *virtus est qua recte vivitur*, ut supra[3] dictum est, Virtus igitur non est in irascibili et concupiscibili, sed solum in parte rationali.

4. PRAETEREA, *principalis actus virtutis moralis est electio*, ut dicitur in VIII *Ethic*.[4]. Sed electio non est actus irascibilis et concupiscibilis, sed rationis, ut supra[5] dictum est. Ergo virtus moralis non est in irascibili et concupiscibili, sed in ratione.

intelecto para o conhecimento da verdade, tanto na ordem especulativa como na ordem prática, chama-se virtude.

QUANTO AO 3º, deve-se dizer que o argumento procede tomando-se a virtude no sentido absoluto.

ARTIGO 4

O irascível e o concupiscível são sujeito de virtude?

QUANTO AO QUARTO, ASSIM SE PROCEDE: parece que o irascível e o concupiscível **não** são sujeito de virtude.

1. Com efeito, essas potências são comuns aos homens e aos animais irracionais. Ora, estamos falando da virtude própria do homem, por isso mesmo denominada humana. Logo, a virtude humana não pode ter por sujeito o irrascível e o concupiscível, que são partes do apetite sensitivo, conforme se observou na I Parte.

2. ALÉM DISSO, o apetite sensitivo é uma potência que se serve dos órgãos corporais. Ora, o bem da virtude não pode residir no corpo do homem, pois, diz o Apóstolo na Carta aos Romanos: "Sei que em minha carne o bem não habita". Logo, o apetite sensitivo não pode ser sujeito de virtude.

3. ADEMAIS, prova Agostinho que a virtude não tem sede no corpo, mas na alma, porque o corpo é governado por ela e é por isso que, se alguém usa bem o seu corpo, tudo se atribui à alma, do mesmo modo que "se deve totalmente a mim que, sob meu comando, o cocheiro dirija bem os cavalos". Ora, assim como a alma rege o corpo, assim também a razão rege o apetite sensitivo. Logo, cabe totalmente à razão o controle perfeito do irascível e do concupiscível. Mas, como acima foi dito, é *pela virtude que se vive retamente*. Logo, ela não está no irascível nem no concupiscível, mas exclusivamente na parte racional.

4. ADEMAIS, "O principal ato da virtude moral é a escolha", como diz o livro VIII da *Ética*. Ora, escolher não é ato do irascível nem do concupiscível, mas da razão, como acima foi dito. Logo, a virtude moral não está neles e sim na razão.

4 PARALL.: Infra, a. 5, ad 1; III *Sent*., dist. 33, q. 2, a. 4, q.la 2; *De Verit*., q. 24, a. 4, ad 9; *De Virtut*., q. 1, a. 4; a. 10, ad 5.

1. Q. 81, a. 2.
2. C. 5: ML 32, 1314.
3. Q. 55, a. 4.
4. C. 15: 1163, a, 22-23.
5. Q. 13, a. 2.

SED CONTRA est quod fortitudo ponitur esse in irascibili, temperantia autem in concupiscibili. Unde Philosophus dicit, in III *Ethic.*[6], quod *hae virtutes sunt irrationabilium partium.*

RESPONDEO dicendum quod irascibilis et concupiscibilis dupliciter considerari possunt. Uno modo secundum se, inquantum sunt partes appetitus sensitivi. Et hoc modo, non competit eis quod sint subiectum virtutis. — Alio modo possunt considerari inquantum participant rationem, per hoc quod natae sunt rationi obedire. Et sic irascibilis vel concupiscibilis potest esse subiectum virtutis humanae: sic enim est principium humani actus, inquantum participat rationem. Et in his potentiis necesse est ponere virtutes.

Quod enim in irascibili et concupiscibili sint aliquae virtutes, patet. Actus enim qui progreditur ab una potentia secundum quod est ab alia mota, non potest esse perfectus, nisi utraque potentia sit bene disposita ad actum: sicut actus artificis non potest esse congruus, nisi et artifex sit bene dispositus ad agendum, et etiam ipsum instrumentum. In his igitur circa quae operatur irascibilis et concupiscibilis secundum quod sunt a ratione motae, necesse est ut aliquis habitus perficiens ad bene agendum sit non solum in ratione, sed etiam in irascibili et concupiscibili. Et quia bona dispositio potentiae moventis motae, attenditur secundum conformitatem ad potentiam moventem; ideo virtus quae est in irascibili et concupiscibilli, nihil aliud est quam quaedam habitualis conformitas istarum potentiarum ad rationem.

AD PRIMUM ergo dicendum quod irascibilis et concupiscibilis secundum se consideratae, prout sunt partes appetitus sensitivi, communes sunt nobis et brutis. Sed secundum quod sunt rationales per participationem, ut obedientes rationi, sic sunt propriae hominis. Et hoc modo possunt esse subiectum virtutis humanae.

AD SECUNDUM dicendum quod, sicut caro hominis ex se quidem non habet bonum virtutis, fit

EM SENTIDO CONTRÁRIO, afirma-se a fortaleza no irascível e a temperança no concupiscível e, por isso, diz o Filósofo, "essas virtudes pertencem à parte irracional".

RESPONDO. Os apetites irascível e concupiscível podem ser considerados de dois modos: ou em si mesmos, enquanto partes do apetite sensitivo e então não podem ser sujeitos de virtude. — Ou enquanto participam da razão, por lhes ser natural obedecer a ela. E nesse caso, tanto um como outro podem ser sujeitos da virtude humana, visto que, enquanto participam da razão[e], são princípios de atos humanos. E nessas potências é necessário admitir as virtudes.

É evidente que algumas virtudes existem no irascível e no concupiscível. Com efeito, o ato oriundo de uma potência movida por outra não pode ser perfeito sem ambas as potências estarem bem dispostas ao ato, assim como o ato de um artífice não pode chegar a bom termo, se ele não estiver bem disposto, bem como o instrumento. Portanto, nas coisas em que intervêm o irascível e o concupiscível, enquanto movidas pela razão, é preciso que exista algum hábito que leve a bem agir não só na razão, mas também neles. E como a boa disposição da potência que move sendo movida se considera enquanto conforme com a potência que move, a virtude que está no irascível e no concupiscível não é outra coisa senão a conformidade habitual dessas potências com a razão.

QUANTO AO 1º, portanto, deve-se dizer que o irascível e o concupiscível, em si mesmos considerados, enquanto partes do apetite sensitivo, são comuns a nós e aos animais irracionais. Mas, enquanto racionais por participação, obedientes à razão, são potências próprias do homem e, desse modo, podem ser sujeitos da virtude humana.

QUANTO AO 2º, deve-se dizer que assim como a carne do homem, mesmo não tendo por si pró-

6. C. 13: 1117, b, 23-24.

e. A ação perfeita do desejo-refletido sobre o concupiscível e o irascível não é da ordem da coerção nem da mutilação das paixões. A sua influência deve exercer-se à maneira de um poder "político", e não "despótico", dizia Aristóteles (*Política*, I, 3). O poder político se exerce sobre "homens livres que conservam algo de sua vontade própria" (r. 3). Sto. Tomás dirá também que esse poder do desejo-refletido pode tomar por modelo o poder do esposo sobre a esposa (*De Veritate*, q. 15, a. 2, r. 9). Do mesmo modo, a influência da razão sobre as paixões deve visar exercer-se de forma tal que estas últimas se dirijam por si próprias para o bem, que é assim julgado e amado pela vontade. Essa inserção do desejo-refletido no próprio movimento das paixões tem por resultado que elas se tornem a sede das virtudes da temperança e da força. Deixadas a si mesmas, pelo contrário, escapando à influência do desejo-refletido, as paixões são "um foco de corrupção" (r. 2); é por esse motivo que, do mesmo modo que um poder político, por liberal que possa ser, precisa dispôr de força armada e só empregá-la com critério, também o império da razão precisa, quando for necessário, recorrer à coerção "armada".

tamen instrumentum virtuosi actus, inquantum, movente ratione, *membra nostra exhibemus ad serviendum iustitiae*[7], ita etiam irascibilis et concupiscibilis ex se quidem non habent bonum virtutis sed magis infectionem fomitis; inquantum vero conformantur rationi, sic in eis adgeneratur bonum virtutis moralis.

AD TERTIUM dicendum quod alia ratione regitur corpus ab anima, et irascibilis et concupiscibilis a ratione. Corpus enim ad nutum obedit animae absque contradictione, in his in quibus natum est ab anima moveri: unde Philosophus dicit, in I *Polit.*[8], quod *anima regit corpus despotico principatu*, idest sicut dominus servum. Et ideo totus motus corporis refertur ad animam. Et propter hoc in corpore non est virtus, sed solum in anima. — Sed irascibilis et concupiscibilis non ad nutum obediunt rationi, sed habent proprios motus suos, quibus interdum rationi repugnant: unde in eodem libro Philosophus dicit quod ratio regit irascibilem et concupiscibilem *principatu político*, quo scilicet reguntur liberi, qui habent in aliquibus propriam voluntatem. Et propter hoc etiam oportet in irascibili et concupiscibili esse aliquas virtutes, quibus bene disponantur ad actum.

AD QUARTUM dicendum quod in electione duo sunt: scilicet intentio finis, quae pertinet ad virtutem moralem; et praeacceptio eius quod est ad finem, quod pertinet ad prudentiam; ut dicitur in VI *Ethic*[9]. Quod autem habeat rectam intentionem finis circa passiones animae, hoc contingit ex bona dispositione irascibilis et concupiscibilis. Et ideo virtutes morales circa passiones, sunt in irascibili et concupiscibili: sed prudentia est in ratione.

pria o bem da virtude, torna-se instrumento de atos virtuosos, quando, sob o impulso da razão, "pomos nossos membros a serviço da justiça", assim também o irascível e o concupiscível não têm, certamente, por si próprios, o bem da virtude, senão uma inclinação infecciosa. Quando, porém, se conformam com a razão, o bem da virtude moral neles se engendra.

QUANTO AO 3º, deve-se dizer que é por razões diferentes que o corpo é regido pela alma e o irascível e o concupiscível, pela razão. O corpo, na verdade, obedece à alma de imediato e sem resistência, em tudo o que é natural ser movido por ela. Tanto que o Filósofo diz que "a alma governa o corpo com poder despótico", isto é, como o senhor governa o escravo. E assim, todo movimento do corpo é referido à alma e, consequentemente, a virtude não reside no corpo, mas só na alma. — O irascível e o concupiscível, porém, não obedecem imediatamente à razão. Têm movimentos próprios, opostos por vezes, à razão. Por isso, no mesmo livro, diz o Filósofo que a razão rege o irascível e o concupiscível com "poder político", isto é, como se governam pessoas livres, que exercem, em certas coisas, sua vontade própria. Por essa razão, é também preciso haver no irascível e no concupiscível algumas virtudes pelas quais fiquem bem preparados para os seus atos.

QUANTO AO 4º, deve-se dizer que numa escolha há duas coisas: a intenção do fim, que pertence à virtude moral e a prévia análise dos meios, que pertence à prudência, como diz o livro VI da *Ética*. Ora, é pela boa disposição do irascível e do concupiscível que se tem a reta intenção do fim, no tocante às paixões da alma. E por isso, as virtudes morais relativas às paixões se situam no irascível e no concupiscível, enquanto a prudência reside na razão.

ARTICULUS 5

Utrum vires apprehensivae sensitivae sint subiectum virtutis

AD QUINTUM SIC PROCEDITUR. Videtur quod in viribus sensitivis apprehensivis interius, possit esse aliqua virtus.

ARTIGO 5

As potências apreensivas sensitivas são sujeito de virtude?

QUANTO AO QUINTO, ASSIM SE PROCEDE: parece que **pode** haver alguma virtude nas potências apreensivas sensitivas internas.

7. Rm 6,19.
8. C. 2: 1254, b, 4-5.
9. C. 13: 1144, a, 6-11.

5 PARALL.: Supra, q. 50, a. 3, ad 3; III *Sent.*, dist. 33, q. 2, a. 4, q.la 2, ad 6; *De Virtut.*, q. 1, a. 4, ad 6.

1. Appetitus enim sensitivus potest esse subiectum virtutis, inquantum obedit rationi. Sed vires sensitivae apprehensivae interius, rationi obediunt: ad imperium enim rationis operatur et imaginativa et cogitativa et memorativa. Ergo in his viribus potest esse virtus.

2. PRAETEREA, sicut appetitus rationalis, qui est voluntas, in suo actu potest impediri, vel etiam adiuvari, per appetitum sensitivum; ita etiam intellectus vel ratio potest impediri, vel etiam iuvari, per vires praedictas. Sicut ergo in viribus sensitivis appetitivis potest esse virtus, ita etiam in apprehensivis.

3. PRAETEREA, prudentia est quaedam virtus, cuius partem ponit Tullius memoriam, in sua *Rhetorica*[1]. Ergo etiam in vi memorativa potest esse aliqua virtus. Et eadem ratione, in aliis interioribus apprehensivis viribus.

SED CONTRA est quod omnes virtutes vel sunt intellectuales, vel morales, ut dicitur in II *Ethic.*[2]. Morales autem virtutes omnes sunt in parte appetitiva: intellectuales autem in intellectu vel ratione, sicut patet in VI *Ethic.*[3]. Nulla ergo virtus est in viribus sensitivis apprehensivis interius.

RESPONDEO dicendum quod in viribus sensitivis apprehensivis interius, ponuntur aliqui habitus. Quod patet ex hoc praecipue quod Philosophus dicit, in libro *de Memoria*[4], quod *in memorando unum post aliud, operatur consuetudo, quae est quasi quaedam natura*: nihil autem est aliud habitus consuetudinalis quam habitudo acquisita per consuetudinem, quae est in modum naturae. Unde de virtute dicit Tullius, in sua *Rhetorica*[5], quod est *habitus in modum naturae, rationi consentaneus*. In homine tamen id quod ex consuetudine acquiritur in memoria, et in aliis viribus sensitivis apprehensivis, non est habitus per se; sed aliquid annexum habitibus intellectivae partis, ut supra[6] dictum est.

Sed tamen si qui sunt habitus in talibus viribus, virtutes dici non possunt. Virtus enin est habitus perfectus, quo non contingit nisi bonum operari: unde oportet quod virtus sit in illa potentia quae est consummativa boni operis. Cognitio autem veri non consummatur in viribus sensitivis apprehensi-

1. Com efeito, o apetite sensitivo pode ser sujeito da virtude, enquanto obedece à razão. Ora, essas potências obedecem à razão, pois é sob seu comando que agem a imaginativa, cogitativa e memorativa. Logo, pode haver virtude nessas potências.

2. ALÉM DISSO, assim como o apetite racional, que é a vontade, pode ser impedida ou estimulada em seu ato pelo apetite sensitivo, também o intelecto ou razão pode ser impedida ou também estimulada pelas citadas potências. Portanto, assim como é possível existir virtude nas potências sensitivas apetitivas, assim também nas apreensivas.

3. ADEMAIS, a prudência é uma virtude da qual, segundo Cícero, a memória faz parte. Logo, pode haver também na potência memorativa e, por igual razão, nas demais potências interiores apreensivas.

EM SENTIDO CONTRÁRIO, todas as virtudes, diz o livro II da *Ética*, ou são intelectuais ou são morais. Ora, todas as virtudes morais estão na parte apetitiva, como as intelectuais estão no intelecto ou razão, como bem se vê no livro VI da *Ética*. Logo, nenhuma virtude existe nas potências sensitivas apreensivas internas.

RESPONDO. Existem alguns hábitos nas potências sensitivas apreensivas internas. Isso fica claro, principalmente, pela afirmação do Filósofo de que "memorizando uma coisa depois de outra, cria-se o costume, que é quase uma natureza". Ora, o hábito costumeiro não é adquirido senão pelo costume, como se fosse natural. Por isso, diz Cícero que a virtude é "um hábito conforme à razão, a modo de natureza". No entanto, o que se adquire por costume, na memória e nas outras potências sensitivas apreensivas, não é, por si, um hábito, mas algo acrescentado aos hábitos do intelecto, como acima se expôs.

Contudo, se há certos hábitos em tais potências, não se pode dizer que são virtudes, porque a virtude é um hábito perfeito, pelo qual só se pode fazer o bem. É preciso, então, que a virtude esteja na potência capaz de levar o bem a termo. Ora, o conhecimento da verdade não se leva a termo nas

1. L. II, c. 53: ed. Müller, Lipsiae 1908, p. 230, ll. 6-8.
2. C. 1: 1103, a, 14-18.
3. C. 2: 1138, b, 35-1139, a, 3.
4. C. 2: 452, a, 27-30.
5. L. II, c. 53: ed. Müller, Lipsiae 1908, p. 230, ll. 2-3.
6. Q. 50, a. 4, ad 3.

vis; sed huiusmodi vires sunt quasi praeparatoriae ad cognitionem intellectivam. Et ideo in huiusmodi viribus non sunt virtutes, quibus cognoscitur verum; sed magis in intellectu vel ratione.

potências sensitivas apreensivas. Estas são como que preparatórias ao conhecimento intelectual. E por isso, não é nelas que residem as virtudes pelas quais se conhece a verdade, mas sim no intelecto ou razão.

AD PRIMUM ergo dicendum quod appetitus sensitivus se habet ad voluntatem, quae est appetitus rationis, sicut motus ab eo. Et ideo opus appetitivae virtutis consummatur in appetitu sensitivo. Et propter hoc, appetitus sensitivus est subiectum virtutis. — Virtutes autem sensitivae apprehensivae magis se habent ut moventes respectu intellectus: eo quod phantasmata se habent ad animam intellectivam, sicut colores ad visum, ut dicitur in III *de Anima*[7]. Et ideo opus cognitionis in intellectu terminatur. Et propter hoc, virtutes cognoscitivae sunt in ipso intellectu vel ratione.

QUANTO AO 1º, portanto, deve-se dizer que o apetite sensitivo, na relação com a vontade, que é o apetite racional, se comporta como que movido por ela. Por essa razão, a obra da potência apetitiva é levada a termo no apetite sensitivo, o qual, portanto, é sujeito de virtude. — Já as virtudes sensitivas apreensivas comportam-se antes como motoras, em relação com o intelecto, porquanto as representações imaginárias se referem à alma intelectiva como as cores à vista, conforme o livro III *da Alma*. E assim, a atividade cognoscitiva termina no intelecto. E por isso mesmo, no intelecto ou razão é que se situam as virtudes do conhecimento.

Et per hoc patet solutio AD SECUNDUM.

QUANTO AO 2º, deve-se dizer que pelo sobredito fica esclarecida a segunda objeção.

AD TERTIUM dicendum quod memoria non ponitur pars prudentiae, sicut specie est pars generis, quasi ipsa memoria sit quaedae virtus per se: sed quia unum eorum quae requiruntur ad prudentiam, est bonitas memoriae; ut sic quodammodo se habeat per modum partis integralis.

QUANTO AO 3º, deve-se dizer que não se afirma a memória como parte da prudência, como uma espécie é parte do gênero, como se ela fosse uma virtude, por si mesma, mas porque a bondade da memória é um dos elementos necessários à prudência e se tem, de certo modo, como parte integrante da virtude[f].

ARTICULUS 6

Utrum voluntas possit esse subiectum virtutis

AD SEXTUM SIC PROCEDITUR. Videtur quod voluntas non sit subiectum alicuius virtutis.

1. Ad id enim quod convenit potentiae ex ipsa ratione potentiae, non requiritur aliquis habitus. Sed de ipsa ratione voluntatis, cum sit in ratione, secundum Philosophum in III *de Anima*[1], est quod tendat in id quod est bonum secundum rationem, ad quod ordinatur omnis virtus, quia unumquodque naturaliter appetit proprium bonum: *virtus*

ARTIGO 6

A vontade pode ser sujeito da virtude?

QUANTO AO SEXTO, ASSIM SE PROCEDE: parece que a vontade **não** é sujeito de nenhuma virtude.

1. Com efeito, nenhum hábito é necessário ao que convém a uma potência pela mesma razão de potência. Ora, é da própria razão da vontade, que se situa na razão, segundo o Filósofo, visar ao bem racional, para o qual toda virtude se ordena, porque cada coisa, naturalmente, deseja o próprio bem. "A virtude é um hábito conforme à razão, a

7. Cc. 5, 7: 430, a, 16-17; 431, a, 14-17.

6 PARALL.: III *Sent.*, dist. 23, q. 1, a. 4, q.la 1; dist. 27, q. 2, a. 3, ad 5; *De Verit.*, q. 24, a. 4, ad 9; *De Virtut.*, q. 1, a. 5; a. 12, ad 10; q. 2, a. 2.

1. C. 9: 432, b, 5.

f. Sto. Tomás distingue três espécies de "partes" no domínio das virtudes. As partes integrantes, sem as quais não existiria a virtude estudada; as partes subjetivas: são as diversas espécies de virtudes ligando-se de uma maneira ou de outra a tal virtude; enfim, as partes potenciais ou anexas, que concernem aos atos ou matérias secundárias, sem que correspondam plenamente ao que especifica tal virtude.

enim *est habitus per modum naturae, consentaneus rationi*, ut Tullius dicit in sua *Rhetorica*[2]. Ergo voluntas non est subiectum virtutis.

2. PRAETEREA, omnis virtus aut est intellectualis, aut moralis, ut dicitur in I[3] et II *Ethic*.[4]. Sed virtus intellectualis est, sicut in subiecto, in intellectu et ratione, non autem in voluntate: virtus autem moralis est, sicut in subiecto, in irascibili et concupiscibili, quae sunt rationales per participationem. Ergo nulla virtus est in voluntate sicut in subiecto.

3. PRAETEREA, omnes actus humani, ad quos virtutes ordinantur, sunt voluntarii. Si igitur respectu aliquorum humanorum actuum sit aliqua virtus in voluntate, pari ratione respectu omnium actuum humanorum erit virtus in voluntate. Aut ergo in nulla alia potentia erit aliqua virtus: aut ad eundem actum ordinabuntur duae virtutes: quod videtur inconveniens. Voluntas ergo non potest esse subiectum virtutis.

SED CONTRA est quod maior perfectio requiritur in movente quam in moto. Sed voluntas movet irascibilem et concupiscibilem. Multo ergo magis debet esse virtus in voluntate, quam in irascibili et concupiscibili.

RESPONDEO dicendum quod, cum per habitum perficiatur potentia ad agendum, ibi indiget potentia habitu perficiente ad bene agendum, qui quidem habitus est virtus, ubi ad hoc non sufficit propria ratio potentiae. Omnis autem potentiae propria ratio attenditur in ordine ad obiectum. Unde cum, sicut dictum est[5], obiectum voluntatis sit bonum rationis voluntati proportionatum, quantum ad hoc non indiget voluntas virtute perficiente. Sed si quod bonum immineat homini volendum, quod excedat proportionem volentis; sive quantum ad totam speciem humanam, sicut bonum divinum, quod transcendit limites humanae naturae, sive quantum ad individuum, sicut bonum proximi; ibi voluntas indiget virtute. Et ideo huiusmodi virtutes quae ordinant affectum hominis in Deum vel in proximum, sunt in voluntate sicut in subiecto; ut caritas, iustitia et huiusmodi.

modo de natureza", no dizer de Cícero. Logo, a vontade não é sujeito de virtude.

2. ALÉM DISSO, toda virtude é intelectual ou moral, como se diz nos livros I e II da *Ética*. Ora, a virtude intelectual tem como sujeito o intelecto ou razão e não a vontade e, por outro lado, a virtude moral tem como sujeito o irascível e o concupiscível, que são racionais por participação. Logo, nenhuma virtude tem a vontade como sujeito.

3. ADEMAIS, todos os atos humanos, aos quais as virtudes se ordenam, são voluntários. Se, pois, em relação com alguns deles há uma virtude na vontade, pela mesma razão haverá relativamente com todos. E assim, ou não haverá nenhuma virtude em nenhuma outra potência, ou duas virtudes estarão ordenadas ao mesmo ato, o que parece inconveniente. Logo, a vontade não pode ser sujeito de virtude.

EM SENTIDO CONTRÁRIO, exige-se perfeição maior no que move do que naquilo que é movido. Ora, a vontade move o irascível e o concupiscível. Logo, a virtude deve existir na vontade com maior razão do que nestes últimos.

RESPONDO. Como pelo hábito a potência se aperfeiçoa para agir, esta precisa do hábito, que é uma virtude, para agir reta e perfeitamente, toda vez que sua própria razão não for suficiente para isso. Ora, é sempre em vista do objeto que se considera a razão própria de uma potência. Portanto, como já foi dito, sendo o objeto da vontade o bem da razão proporcionado à vontade, esta não precisa, quanto a isso, que a virtude venha aperfeiçoá-la. Precisa, porém, dela quando se quer um bem que ultrapassa o querer, seja relativamente a toda a espécie humana, como, por exemplo, o bem divino que transcende os limites da natureza humana, seja relativamente ao indivíduo, como, por exemplo, o bem do próximo. E assim, virtudes como caridade, justiça e outras como estas, que ordenam o afeto do homem para Deus ou para o próximo têm como sujeito a vontade[g].

2. L. II, c. 53: ed. Müller, Lipsiae 1908, p. 230, ll. 2-3.
3. C. 13: 1103, a, 4-5.
4. C. 1: 1103, a, 14-18.
5. Q. 19, a. 3.

g. É da natureza da vontade amar o Bem moral nos bens particulares para os quais ela se volta, e além deles. Essa transcendência inteligente habilita o sujeito a preferir o Bem que ele deseja à fruição que ele espera de sua posse, coisa de que a paixão deixada a si mesma é incapaz, pois só deseja o prazer pelo prazer (ver I-II, q. 42, a. 2, r. 2). Amando o universal e o absoluto em seus atos singulares, a vontade não tem necessidade de um *habitus* que a aperfeiçoa nessa atividade. Ela tem necessidade do mesmo quando se trata de regrar a vida racional com outrem: com Deus (é a virtude da religião) e com o homem (é a virtude da justiça). Ver a q. 60.

AD PRIMUM ergo dicedum quod ratio illa habet locum de virtute quae ordinat ad bonum proprium ipsius volentis: sicut temperantia et fortitudo, quae sunt circa passiones humanas et alia huiusmodi, ut ex dictis[6] patet.

AD SECUNDUM dicendum quod rationale per participationem non solum est irascibilis et concupiscibilis; sed *omnino*, idest universaliter, *appetitivum*, ut dicitur in I *Ethic.*[7]. Sub appetitivo autem comprehenditur voluntas. Et ideo, si qua virtus est in voluntate, erit moralis, nisi sit theologica, ut infra[8] patebit.

AD TERTIUM dicendum quod quaedam virtutes ordinantur ad bonum passionis moderatae, quod est proprium huius vel illius hominis: et in talibus non est necessarium quod sit aliqua virtus in voluntate, cum ad hoc sufficiat natura potentiae, ut dictum est[9]. Sed hoc solum necessarium est in illis virtutibus quae ordinantur ad aliquod bonum extrinsecum.

QUANTO AO 1º, portanto, deve-se dizer que o argumento vale no tocante à virtude que ordena ao bem próprio de quem quer, como a temperança e a fortaleza que tratam das paixões humanas e outras semelhantes, como se deduz do que já foi dito.

QUANTO AO 2º, deve-se dizer que racional por participação não é só o irascível e o concupiscível; é, *totalmente*, isto é, universalmente, o *apetitivo*, como se diz no livro I da *Ética*. Ora, no apetitivo está compreendida a vontade. E, portanto, se alguma virtude existe na vontade é a virtude moral, a menos que seja teologal, como se verá mais tarde.

QUANTO AO 3º, deve-se dizer que certas virtudes se ordenam ao bem da paixão moderada, próprio deste ou daquele homem. Nesses casos, não é necessário que haja alguma virtude na vontade, pois para tal basta a natureza da potência, como já foi dito. Isso é necessário somente naquelas virtudes que se ordenam a um bem extrínseco.

6. Q. 25, a. 6, ad 3; I, q. 21, a. 1, ad 1; q. 59, a. 4, ad 3.
7. C. 13: 1102, b, 30-33.
8. Q. 58, a. 3, ad 3; q. 62, a. 3.
9. In corp.

QUAESTIO LVII
DE DISTINCTIONE VIRTUTUM INTELLECTUALIUM
in sex articulos divisa

Deinde considerandum est de distinctione virtutum. Et primo, quantum ad virtutes intellectuales; secunduo, quantum ad morales; tertio, quantum ad theologicas.

Circa primum quaeruntur sex.

Primo: utrum habitus intellectuales speculativi sint virtutes.

Secundo: utrum sint tres, scilicet sapientia, scientia et intellectus.

Tertio: utrum habitus intellectualis qui est ars, sit virtus.

Quarto: utrum prudentia sit virtus disctincta ab arte.

Quinto: utrum prudentia sit virtus necessaria homini.

Sexto: utrum eubulia, synesis et gnome sint virtutes adiunctae prudentiae.

QUESTÃO 57
A DISTINÇÃO DAS VIRTUDES INTELECTUAIS
em seis artigos

Deve-se considerar, a seguir, a distinção das virtudes: primeiro, quanto às virtudes intelectuais; depois, quanto às virtudes morais e, por fim, quanto às teologais.

A respeito do primeiro, são seis as perguntas:

1. São virtudes os hábitos intelectuais especulativos?
2. São três, ou seja, sabedoria, ciência e intelecto?
3. É uma virtude o hábito intelectual chamado arte?
4. É a prudência uma virtude distinta da arte?
5. É a prudência virtude necessária ao homem?
6. São o bom conselho, o bom-senso e a equidade virtudes ligadas à prudência?

ARTICULUS 1
Utrum habitus intellectuales speculativi sint virtutes

AD PRIMUM SIC PROCEDITUR. Videtur quod habitus intellectuales speculativi non sint virtutes.

1. Virtus enim est habitus operativus, ut supra[1] dictum est. Sed habitus speculativi non sunt operativi: distinguitur enim speculativum a practico, idest operativo. Ergo habitus intellectuales speculativi non sunt virtutes.

2. PRAETEREA, virtus est eorum per quae fit homo felix sive beatus: eo quod *felicitas est virtutis praemium*, ut dicitur in I *Ethic.*[2]. Sed habitus intellectuales non considerant actus humanos, aut alia bona humana, per quae homo beatitudinem adipiscitur: sed magis res naturales et divinas. Ergo huiusmodi habitus virtutes dici non possunt.

3. PRAETEREA, scientia est habitus speculativus. Sed scientia et virtus distinguuntur sicut diversa genera non subalternatim posita; ut patet per Philosophum, in IV *Topic.*[3]. Ergo habitus speculativi non sunt virtutes.

SED CONTRA, soli habitus speculativi considerant necessaria quae impossibile est aliter se habere. Sed Philosophus ponit, in VI *Ethic.*[4], quasdam virtutes intellectuales in parte animae quae considerat necessaria quae non possunt aliter se habere. Ergo habitus intellectuales speculativi sunt virtutes.

RESPONDEO dicendum quod, cum omnis virtus dicatur in ordine ad bonum, sicut supra[5] dictum est, duplici ratione aliquis habitus dicitur virtus, ut supra[6] dictum est: uno modo, quia facit facultatem bene operandi; alio modo, quia cum facultate, facit etiam usum bonum. Et hoc, sicut supra[7] dictum est, pertinet solum ad illos habitus qui respiciunt partem appetitivam: eo quod vis appetitiva animae est quae facit uti omnibus potentiis et habitibus.

ARTIGO 1
Os hábitos intelectuais especulativos são virtudes?

QUANTO AO PRIMEIRO ARTIGO, ASSIM SE PROCEDE: parece que os hábitos intelectuais especulativos **não** são virtudes.

1. Com efeito, a virtude é um hábito operativo, como já foi dito. Ora, os hábitos especulativos não são operativos, pois o especulativo se distingue do prático, ou seja, do operativo. Logo, os hábitos intelectuais especulativos não são virtudes.

2. ALÉM DISSO, a virtude é daquelas coisas pelas quais o homem se torna feliz ou bem-aventurado, pois, segundo o livro I da *Ética*, "a felicidade é a recompensa da virtude". Ora, os hábitos intelectuais não consideram os atos humanos nem os outros bens humanos pelos quais se alcança a bem-aventurança, mas antes as coisas da natureza ou de Deus. Logo, não se pode dizer que esses hábitos sejam virtudes.

3. ADEMAIS, a ciência é um hábito especulativo. Ora, ciência e virtude distinguem-se entre si, como gêneros diversos não subalternos, conforme bem mostra o Filósofo. Logo, os hábitos especulativos não são virtudes.

EM SENTIDO CONTRÁRIO, só os hábitos especulativos tratam do necessário que não pode existir de outro modo. Ora, o Filósofo afirma certas virtudes intelectuais na parte da alma que considera o necessário que não pode existir de outro modo. Logo, os hábitos intelectuais especulativos são virtudes.

RESPONDO. Visto que toda virtude se define pela relação com o bem, como já foi dito, pode um hábito ser considerado virtude de duas maneiras, segundo já se viu: ou porque faz a faculdade de agir bem, ou porque, com a faculdade, faz o uso bom. Ora, este último caso, já foi dito, pertence unicamente a hábitos referentes à parte apetitiva, pois a potência apetitiva da alma é a que faz usar de todas as potências e hábitos[a].

1 PARALL.: III *Sent.*, dist. 23, q. 1, a. 4, q.la 1; *De Virtut.*, q. 1, a. 7.

1. Q. 55, a. 2.
2. C. 10: 1099, b, 16-18.
3. C. 2: 121, b, 34-122, a, 2.
4. Cc. 2, 6: 1139, a, 7-8; b, 8-11; 20-24; 1140, b, 31-1141, a, 8.
5. Q. 55, a. 3.
6. Q. 56, a. 3.
7. Ibid.

a. Na aplicação do princípio evocado (q. 56, a. 3), Sto. Tomás distingue dois tipos de virtudes: aquelas que habilitam o sujeito apenas a fazer um uso correto de um *habitus* como os da inteligência e da arte. No entanto, pode-se de maneira deli-

Cum igitur habitus intellectuales speculativi non perficiant partem appetitivam, nec aliquo modo ipsam respiciant, sed solam intellectivam; possunt quidem dici virtutes inquantum faciunt facultatem bonae operationis, quae est consideratio veri (hoc enim est bonum opus intellectus): non tamen dicuntur virtutes secundo modo, quasi facientes bene uti potentia seu habitu. Ex hoc enim quod aliquis habet habitum scientiae speculativae, non inclinatur ad utendum, sed fit potens speculari verum in his quorum habet scientiam: sed quod utatur scientia habita, hoc est movente voluntate. Et ideo virtus quae perficit voluntatem, ut caritas vel iustitia, facit etiam bene uti huiusmodi speculativis habitibus. Et secundum hoc etiam, in actibus horum habituum potest esse meritum, si ex caritate fiant: sicut Gregorius dicit, in VI *Moral.*[8], quod *contemplativa est maioris meriti quam activa*.

AD PRIMUM ergo dicendum quod duplex est opus: scilicet exterius, et interius. Practicum ergo, vel operativum, quod dividitur contra speculativum, sumitur ab opere exteriori, ad quod non habet ordinem habitus speculativus. Sed tamen habet ordinem ad interius opus intellectus, quod est speculari verum. Et secundum hoc est habitus operativus.

AD SECUNDUM dicendum quod virtus est aliquorum dupliciter. Uno modo, sicut obiectorum. Et sic huiusmodi virtutes speculativae non sunt eorum per quae homo fit beatus; nisi forte secundum quod ly *per* dicit causam efficientem vel obiectum completae beatitudinis, quod est Deus, quod est summum speculabile. — Alio modo dicitur virtus esse aliquorum sicut actuum. Et hoc modo virtutes intellectuales sunt eorum per quae homo fit beatus. Tum quia actus harum virtutum possunt

Portanto, como os hábitos intelectuais especulativos não aperfeiçoam a parte apetitiva nem lhe dizem respeito, de algum modo, senão só à parte intelectual, é possível chamá-los de virtudes, enquanto acionam a faculdade dessa boa ação, que é a consideração da verdade, pois esta é a boa obra do intelecto. Não são, porém, virtudes no segundo sentido, ou seja, enquanto proporcionam o bom uso de uma potência ou de um hábito. Na verdade, não é por se ter o hábito de uma ciência especulativa que se tende a usá-la, mas se torna apto a contemplar a verdade nas coisas das quais têm conhecimento[b]. Que se use do conhecimento adquirido, isso se dá por moção da vontade. Por isso, a virtude que aperfeiçoa a vontade, como a caridade ou a justiça, também leva a usar bem desses hábitos especulativos. Assim, pode haver mérito nas ações desses hábitos, se forem feitas com caridade. Daí aquela palavra de Gregório: "a vida contemplativa[c] tem mais méritos que a ativa".

QUANTO AO 1º, portanto, deve-se dizer que há dois tipos de atividade: a exterior e a interior. Ora, o que é prático ou operativo e se opõe ao especulativo, toma-se como atividade exterior, para a qual não se orienta o hábito especulativo. Este, na realidade, se orienta para a atividade interior do intelecto, que consiste na contemplação da verdade e, sob esse aspecto, é um hábito operativo.

QUANTO AO 2º, deve-se dizer que de dois modos a virtude diz respeito a algumas coisas. Primeiro, como a objetos. Assim, as referidas virtudes especulativas não dizem respeito às coisas pelas quais o homem se torna bem-aventurado[d], a menos que "pelas quais" indique a causa eficiente ou o objeto da bem-aventurança completa que é Deus, objeto supremo de contemplação. — Segundo, como a atos. Desse modo, as virtudes intelectuais dizem respeito ao que faz o homem feliz, seja porque os

8. C. 37, al. 18, in vet. 28: ML 75, 764 D.

berada fazer um uso errado de uma técnica, sem incorrer em pecado. Já o segundo tipo de virtudes só perrmite o bom uso. São as virtudes morais, uma vez que elas estão inseridas na afetividade. Fazer um mau uso de uma virtude moral seria contraditório: seria uma vício.

b. Sto. Tomás assinala aqui um problema moral que se tornou hoje de uma atualidade angustiante para os cientistas e pesquisadores. Ocorre, com efeito, que os especialistas de ponta na pesquisa científica (cisão do átomo, Biologia genética, etc.) experimentam a ansiedade do aprendiz de feiticeiro quando preveem ou observam os temíveis efeitos de suas descobertas sobre o homem e sobre a natureza. A conexão entre as virtudes intelectuais e morais pode então adquirir o seu maior grau de acuidade se, por felicidade, o pesquisador não se deixa embriagar pelas alegrias da descoberta e não se deixa encerrar em sua técnica.

c. Segundo a tradição grega, a vida contemplativa é a da inteligência especulativa, a da ciência pura: "Ver o verdadeiro", tal é o seu objetivo. Na tradição cristã, a vida contemplativa só tem verdade e "mérito," quando animada pela caridade, dado que tem Deus por objeto.

d. Ocasião para lembrar que a vida humana e, portanto, a vida moral, são finalizadas pela busca da felicidade, para a qual a especulação só contribui de maneira indireta, já que a felicidade é o fruto do amor.

esse meritorii, sicut dictum est[9]. Tum etiam quia sunt quaedam inchoatio perfectae beatitudinis, quae in contemplatione veri consistit, sicut supra[10] dictum est.

AD TERTIUM dicendum quod scientia dividitur contra virtutem secundo modo dictam[11], quae pertinet ad vim appetitivam.

atos dessas virtudes podem ser meritórios, como já disse; seja porque constituem um começo da bem-aventurança perfeita, que consiste, conforme foi dito, na contemplação da verdade.

QUANTO AO 3º, deve-se dizer que a ciência opõe-se à virtude na segunda acepção, a saber, enquanto pertence à potência apetitiva.

ARTICULUS 2

Utrum sint tantum tres habitus intellectuales speculativi, scilicet sapientia, scientia et intellectus

AD SECUNDUM SIC PROCEDITUR. Videtur quod incovenienter distinguantur tres virtutes intellectuales speculativae, scilicet sapientia, scientia et intellectus.

1. Species enim non debet condividi generi. Sed sapientia est quaedam scientia, ut dicitur in VI *Ethic.*[1]. Ergo sapientia non debet condividi scientiae, in numero virtutum intellectualium.

2. PRAETEREA, in distinctione potentiarum, habituum et actuum, quae attenditur secundum obiecta, attenditur principaliter distinctio quae est secundum rationem formalem obiectorum, ut ex supradictis[2] patet. Non ergo diversi habitus debent distingui secundum materiale obiectum; sed secundum rationem formalem illius obiecti. Sed principium demonstrationis est ratio sciendi conclusiones. Non ergo intellectus principiorum debet poni habitus alius, aut alia virtus, a scientia conclusionum.

3. PRAETEREA, virtus intellectualis dicitur quae est in ipso rationali per essentiam. Sed ratio, etiam speculativa, sicut ratiocinatur syllogizando demonstrative; ita etiam ratiocinatur syllogizando dialectice. Ergo sicut scientia, quae causatur ex syllogismo demonstrativo, ponitur virtus intellectualis speculativa; ita etiam et opinio.

ARTIGO 2

São apenas três os hábitos intelectuais especulativos, a saber: a sabedoria, a ciência e o intelecto?[e]

QUANTO AO SEGUNDO, ASSIM SE PROCEDE: parece **inconveniente** distinguir três virtudes intelectuais especulativas, a saber: sabedoria, ciência e intelecto.

1. Com efeito, não se deve opor uma espécie a um gênero. Ora, a sabedoria é uma espécie de ciência, como diz o livro VI da *Ética*. Logo, não se deve distingui-la da ciência, ao enumerar as virtudes intelectuais.

2. ALÉM DISSO, na distinção das potências, dos hábitos e dos atos, considerada em relação com seus objetos, considera-se sobretudo a distinção segundo a razão formal destes, como foi demonstrado anteriormente. Logo, não se deve distinguir os diferentes hábitos pelo objeto material, mas pela razão formal desse objeto. Ora, o princípio da demonstração é a razão que dá a ciência das conclusões. Logo, o intelecto dos princípios não deve ser afirmado como hábito ou virtude distinta da ciência das conclusões.

3. ADEMAIS, chama-se virtude intelectual aquela que está, por essência, na parte racional. Ora, a razão, mesmo a especulativa, raciocina, tanto por silogismos demonstrativos como por silogismos dialéticos. Logo, assim como a ciência causada pelo silogismo demonstrativo é afirmada uma virtude intelectual especulativa, assim também o é a opinião.

9. In corp.
10. Q. 3, a. 7.
11. Cfr. c. art.

2 PARALL.: *De Virtut.*, q. 1, a. 12.

1. C. 7: 1141, a, 19; b, 2-3.
2. Q. 54, a. 2, ad 1; et I, q. 77, a. 3.

e. Sto. Tomás torna sua a distinção de Aristóteles, que classifica as atividades da inteligência em três categorias: a inteligência que habilita o sujeito a fazer um bom uso dos primeiros princípios; depois, a ciência, que aperfeiçoa os múltiplos processos da inteligência; ela se diversifica então em diversos *habitus*, devido à diversidade de seus objetos; enfim, a sabedoria, na qual se completa o desenvolvimento da inteligência que se tornou capaz de emitir "um julgamento definitivo e universal" sobre todas as coisas. Os dois primeiros hábitos desse tipo são partes "potenciais" da sabedoria (sol. 2).

SED CONTRA est quod Philosophus, VI *Ethic.*[3], ponit has solum tres virtutes intellectuales speculativas, scilicet sapientiam, scientiam et intellectum.

RESPONDEO dicendum quod, sicut iam[4] dictum est, virtus intellectualis speculativa est per quam intellectus speculativus perficitur ad considerandum verum: hoc enim est bonum opus eius. Verum autem est dupliciter considerabile: uno modo, sicut per se notum; alio modo, sicut per aliud notum. Quod autem est per se notum, se habet ut principium; et percipitur statim ab intellectu. Et ideo habitus perficiens intellectum ad huiusmodi veri considerationem, vocatur intellectus, qui est habitus principiorum.

Verum autem quod est per aliud notum, non statim percipitur ab intellectu, sed per inquisitionem rationis: et se habet in ratione termini. Quod quidem potest esse dupliciter: uno modo, ut sit ultimum in aliquo genere; alio modo, ut sit ultimum respectu totius cognitionis humanae. Et quia *ea quae sunt posterius nota quoad nos, sunt priora et magis nota secundum naturam,* ut dicitur in I *Physic.*[5]; ideo id quod est ultimum respectu totius cognitionis humanae, est id quod est primum et maxime cognoscibile secundum naturam. Et circa huiusmodi est sapientia, quae considerat altissimas causas, ut dicitur in I *Metaphys.*[6]. Unde convenienter iudicat et ordinat de omnibus: quia iudicium perfectum et universale haberi non potest nisi per resolutionem ad primas causas. — Ad id vero quod est ultimum in hoc vel in illo genere cognoscibilium, perficit intellectum scientia. Et ideo secundum diversa genera scibilium, sunt diversi habitus scientiarum: cum tamen sapientia non sit nisi una.

AD PRIMUM ergo dicendum quod sapientia est quaedam scientia, inquantum habet id quod est commune omnibus scientiis, ut scilicet ex principiis conclusiones demonstret. Sed quia habet aliquid proprium supra alias scientia, inquantum scilicet de omnibus iudicat; et non solum quantum ad conclusiones, sed etiam quantum ad prima principia: ideo habet rationem perfectioris virtutis quam scientia.

EM SENTIDO CONTRÁRIO, o Filósofo afirma somente três virtudes intelectuais especulativas, que são a sabedoria, a ciência e o intelecto.

RESPONDO. Como foi dito antes, é pela virtude intelectual especulativa que o intelecto especulativo se aperfeiçoa na consideração da verdade, já que esta é a sua ação boa. Ora, a verdade pode ser considerada de dois modos: ou por si mesma, ou por meio de outra verdade. Por si mesma, comporta-se como um princípio e é imediatamente percebida pelo intelecto. E, por isso, o hábito que aperfeiçoa o intelecto para essa consideração da verdade chama-se intelecto, que é o hábito dos princípios.

Quanto à verdade conhecida mediante outra, ela não é apreendida imediatamente pelo intelecto, mas inquirida pela razão e comporta-se como um termo. E isso pode ser de dois modos: ou é o último num determinado gênero, ou é o último em relação com todo conhecimento humano. E como "as coisas que são conhecidas em último lugar em relação conosco são, por natureza, as primeiras e as mais conhecidas", conforme se diz no livro I da *Física*, por isso o que é último relativamente a todo conhecimento humano é o que, por natureza, é o primeiro e o mais cognoscível. Ora, sobre isso é que se aplica a sabedoria, que considera as causas altíssimas, como se lê no livro I da *Metafísica*. Portanto, convenientemente analisa e organiza todas as coisas, pois é remontando às causas primeiras que se pode ter um juízo perfeito e universal. — Por fim, quanto àquilo que é último neste ou naquele gênero das coisas conhecíveis, é a ciência que aperfeiçoa o intelecto. Por isso, haverá tantos diferentes hábitos das ciências quanto são os diferentes gêneros de coisas conhecíveis, ao passo que existe uma só sabedoria.

QUANTO AO 1º, portanto, deve-se dizer que a sabedoria é uma espécie de ciência, enquanto possui o que é comum a todas ciências, a saber, a demonstração das conclusões a partir dos princípios. No entanto, como tem algo mais que as outras ciências, enquanto julga tudo e não só quanto às conclusões, mas também quanto aos primeiros princípios, por isso tem uma razão de virtude mais perfeita do que a ciência.

3. C. 7: 1141, a, 19.
4. Art. praec.
5. C. 1: 184, a, 18-23.
6. Cc. 1, 2: 981, b, 28-29; 982, b, 9-10.

AD SECUNDUM dicendum quod quando ratio obiecti sub uno actu refertur ad potentiam vel habitum, tunc non distinguuntur habitus vel potentiae penes rationem obiecti et obiectum materiale: sicut ad eandem potentiam visivam pertinet videre colorem, et lumen, quod est ratio videndi colorem et simul cum ipso videtur. Principia vero demonstrationis possunt seorsum considerari, absque hoc quod considerentur conclusiones. Possunt etiam considerari simul cum conclusionibus, prout principia in conclusiones deducuntur. Considerare ergo hoc secundo modo principia, pertinet ad scientiam, quae considerat etiam conclusiones: sed considerare principia secundum seipsa, pertinet ad intellectum.

Unde, si quis recte consideret, istae tres virtutes non ex aequo distinguuntur ab invicem, sed ordine quodam; sicut accidit in totis potentialibus, quorum una pars est perfectior altera, sicut anima rationalis est perfectior quam sensibilis, et sensibilis quam vegetabilis. Hoc enim modo, scientia dependet ab intellectu sicut a principaliori. Et utrumque dependet a sapientia sicut a principalissimo, quae sub se continet et intellectum et scientiam, ut de conclusionibus scientiarum diiudicans, et de principiis earundem.

AD TERTIUM dicendum quod, sicut supra[7] dictum est, habitus virtutis determinate se habet ad bonum, nullo autem modo ad malum. Bonum autem intellectus est verum, malum autem eius est falsum. Unde soli illi habitus virtutes intellectuales dicuntur, quibus semper dicitur verum, et nunquam falsum. Opinio vero et suspicio possunt esse veri et falsi. Et ideo non sunt intellectuales virtutes, ut dicitur in VI *Ethic.*[8].

QUANTO AO 2º, deve-se dizer que quando a razão do objeto, por natureza, se refere por um único ato a uma potência ou a um hábito, então não se distinguem os hábitos ou as potências pela razão do objeto e pelo objeto material. Assim é que à mesma potência visual pertencem a cor e a luz, sendo esta a razão de se ver a cor e de se ver a luz e a cor, simultaneamente. Ora, os princípios da demonstração podem ser considerados separadamente, sem examinar as conclusões. E podem também ser considerados junto com as conclusões, enquanto são deles que se deduzem as conclusões. Assim, considerar os princípios desta última maneira é próprio da ciência, que considera também as conclusões. Mas considerar os princípios em si mesmos, é próprio do intelecto.

Por isso, pensando bem, essas três virtudes não se distinguem por igual razão, mas segundo determinada ordem, como acontece com um todo potencial, onde uma parte é mais perfeita que outra, como, por exemplo, a alma racional é mais perfeita que a alma sensitiva e esta, mais que a vegetativa. Desse modo é que a ciência depende do intelecto, como de um princípio superior e ambas dependem da sabedoria, como de um princípio supremo, dado que ela contém em si tanto o intelecto quanto a ciência, enquanto é capaz de julgar as conclusões das ciências e os princípios delas.

QUANTO AO 3º, deve-se dizer que segundo se expôs anteriormente, o hábito da virtude é determinado para o bem e de forma alguma para o mal. Ora, o bem do intelecto é a verdade e o seu mal, a falsidade. Por essa razão é que só se chamam virtudes intelectuais os hábitos pelos quais se diz sempre a verdade e nunca a falsidade. Ora, a opinião e a suspeita podem recair sobre o verdadeiro e sobre o falso e, por isso, não são virtudes intelectuais, conforme se diz no livro VI da *Ética*.

ARTICULUS 3

Utrum habitus intellectualis qui est ars, sit virtus

AD TERTIUM SIC PROCEDITUR. Videtur quod ars non sit virtus intellectualis.

ARTIGO 3

A arte, como hábito intelectual, é uma virtude?

QUANTO AO TERCEIRO, ASSIM SE PROCEDE: parece que a arte **não** é uma virtude intelectual.

7. Q. 55, a. 3, 4.
8. C. 3: 1139, b, 17-18.

3 PARALL.: *De Virtut.*, q. 1, a. 7; VI *Ethic.*, lect. 3.

1. Dicit enim Augustinus, in libro *de Libero Arbitrio*[1], quod *virtute nullus male utitur*. Sed arte aliquis male utitur: potest enim aliquis artifex, secundum scientiam artis suae, male operari. Ergo ars non est virtus.

2. PRAETEREA, virtutis non est virtus. *Artis autem est aliqua virtus*, ut dicitur in VI *Ethic.*[2]. Ergo ars non est virtus.

3. PRAETEREA, artes liberales sunt excellentiores quam artes mechanicae. Sed sicut artes mechanicae sunt practicae, ita artes liberales sunt speculativae. Ergo si ars esset virtus intellectualis, deberet virtutibus speculativis annumerari.

SED CONTRA est quod Philosophus, in VI *Ethic.*, ponit artem esse virtutem; nec tamen connumerat eam virtutibus speculativis, quarum subiectum ponit scientificam partem animae.

RESPONDEO dicendum quod ars nihil aliud est quam ratio recta aliquorum operum faciendorum. Quorum tamen bonum non consistit in eo quod appetitus humanus aliquo modo se habet: sed in eo quod ipsum opus quod fit, in se bonum est. Non enim pertinet ad laudem artificis, inquantum artifex est, qua voluntate opus faciat; sed quale sit opus quod facit.

Sic igitur ars, proprie loquendo, habitus operativus est. Et tamen in aliquo convenit cum habitibus speculativis: quia etiam ad ipsos habitus speculativos pertinet qualiter se habeat res quam considerant, non autem qualiter se habeat appetitus humanus ad illas. Dummodo enim verum geometra demonstret, non refert qualiter se habeat secundum appetitivam partem, utrum sit laetus vel iratus: sicut nec in artifice refert, ut dictum est. Et ideo eo modo ars habet rationem virtutis, sicut et habitus speculativi: inquantum scilicet nec ars, nec habitus speculativus, faciunt bonum opus quantum ad usum, quod est proprium virtutis perficientis appetitum; sed solum quantum ad facultatem bene agendi.

AD PRIMUM ergo dicendum quod, cum aliquis habens artem operatur malum artificium, hoc non est opus artis, immo est contra artem: sicut etiam cum aliquis sciens verum mentitur, hoc quod dicit non est secundum scientiam, sed contra scientiam.

1. Com efeito, Agostinho diz que "ninguém faz mau uso da virtude". Ora, existe quem use mal da arte, pois um artista pode trabalhar mal, de acordo com a ciência de sua arte. Logo, a arte não é uma virtude.

2. ALÉM DISSO, não existe virtude de virtude. Ora, segundo o livro VI da *Ética*, "há uma virtude da arte". Logo, a arte não é uma virtude.

3. ADEMAIS, as artes liberais são superiores às artes mecânicas. Ora, assim como estas são práticas, aquelas são especulativas. Logo, se a arte fosse uma virtude intelectual, deveria ser enumerada entre as especulativas.

EM SENTIDO CONTRÁRIO, o Filósofo afirma a arte como virtude, e não a enumera entre as virtudes especulativas, cujo sujeito afirma ser a parte científica da alma.

RESPONDO. A arte nada mais é que a razão reta de fazer algumas obras[f]. Mas serem elas boas ou más não está nesta ou naquela disposição do apetite humano e sim em que a própria obra que se faz seja boa em si mesma. Com efeito, o que vai em louvor do artista, como tal, não é a vontade com que realiza a obra, senão a qualidade da sua obra.

Assim, pois, a arte, falando com propriedade, é um hábito operativo. Num ponto, porém, ela se identifica com os hábitos especulativos, a saber, enquanto a estes hábitos interessa o modo de ser da coisa considerada e não como o modo de ser do apetite humano em relação com ela. Assim, desde que um geômetra demonstre uma verdade, pouco importa esteja ele, em sua parte apetitiva, alegre ou com raiva e o mesmo se dá com o artista, como já foi dito. Portanto, a arte tem razão de virtude tanto quanto os hábitos especulativos, pois nem estes nem a arte tornam a obra boa quanto ao uso que se faz dela, já que isso é próprio da virtude que aperfeiçoa o apetite, mas quanto à faculdade de bem agir.

QUANTO AO 1º, portanto, deve-se dizer que quando um artista faz uma obra má, não é uma obra de arte e sim contra a arte, da mesma forma que alguém, sabendo a verdade, profere uma mentira. O que ele diz não está de acordo com

1. L. II, c. 18, n. 50, et c. 19, n. 50: ML 32, 1267, 1268.
2. C. 5: 1140, b, 22-23.

f. Para os gregos, assim como para a Idade Média, a arte não é somente o que chamamos de Belas Artes (que os antigos chamavam de liberais), mas também todo trabalho de fabricação, a habilidade do operário manual (as artes servis). Note-se que, para a arte desse modo compreendida, assim como para a ciência, são requeridas virtudes morais para que o artífice faça um uso bom e correto de sua arte (r. 2).

Unde sicut scientia se habet semper ad bonum, ut dictum est[3], ita et ars: et secundum hoc dicitur virtus. In hoc tamen deficit a perfecta ratione virtutis, quia non facit ipsum bonum usum, sed ad hoc aliquid aliud requiritur: quamvis bonus usus sine arte esse non possit.

AD SECUNDUM dicendum quod, quia ad hoc ut homo bene utatur arte quam habet, requiritur bona voluntas, quae perficitur per virtutem moralem; ideo Philosophus dicit quod artis est virtus, scilicet moralis, inquantum ad bonum usum eius aliqua virtus moralis requiritur. Manifestum est enim quod artifex per iustitiam, quae facit voluntatem rectam, inclinatur ut opus fidele faciat.

AD TERTIUM dicendum quod etiam in ipsis speculabilibus est aliquid per modum cuiusdam operis: puta constructio syllogismi aut orationis congruae aut opus numerandi vel mensurandi. Et ideo quicumque ad huiusmodi opera rationis habitus speculativi ordinantur, dicuntur per quandam similitudinem artes, sed liberales; ad differentiam illarum artium quae ordinantur ad opera per corpus exercita, quae sunt quodammodo serviles, inquantum corpus serviliter subditur animae, et homo secundum animam est liber. Illae vero scientiae quae ad nullum huiusmodi opus ordinantur, simpliciter scientiae dicuntur, non autem artes. Nec oportet, si liberales artes sunt nobiliores, quod magis eis conveniat ratio artis.

a a ciência, mas contra ela. Por tal razão, como a ciência sempre se refere ao bem, conforme foi dito, assim também a arte e por isso ela se diz uma virtude. No entanto, ela não atinge a plena razão de virtude porque não gera o bom uso, em si mesmo. Para tanto algo mais é necessário, embora o bom uso não seja possível sem a arte.

QUANTO AO 2º, deve-se dizer que sendo uma vontade boa, aperfeiçoada pela virtude moral, necessária para o bom uso da arte, o Filósofo diz que há uma virtude da arte, virtude moral, no sentido que se requer uma virtude moral para o bom uso dela; pois é claro que o artista, pela justiça, que torna a vontade reta, se inclina a fazer um trabalho com fidelidade.

QUANTO AO 3º, deve-se dizer que até nas especulações há, de certo modo, algum trabalho a realizar, como, por exemplo, na construção de um silogismo ou de um discurso coerente ou ainda no contar ou medir. Por isso é que todos os hábitos especulativos dirigidos a essas ações da razão se chamam, por certa semelhança, artes liberais, à diferença das que são voltadas para as obras executadas pelo corpo, que são, até certo ponto, servis, se se considera que o corpo está sujeito servilmente à alma e é pela alma que o homem é livre. Por outro lado, as ciências não ordenadas a nenhuma dessas obras chamam-se simplesmente ciências e não artes. E se as artes liberais são mais nobres, nem por isso lhes convém mais a razão de arte.

ARTICULUS 4

Utrum prudentia sit virtus distincta ab arte

AD QUARTUM SIC PROCEDITUR. Videtur quod prudentia non sit alia virtus ab arte.

1. Ars enim est ratio recta aliquorum operum. Sed diversa genera operum non faciunt ut aliquid amittat rationem artis: sunt enim diversae artes circa opera valde diversa. Cum igitur etiam

ARTIGO 4

A prudência é uma virtude distinta da arte?[g]

QUANTO AO QUARTO, ASSIM SE PROCEDE: parece que a prudência **não** é virtude distinta da arte.

1. Com efeito, a arte é a razão reta de fazer certas obras. Ora, a diversidade genérica das obras não faz com que uma coisa perca a razão de arte, pois há diversas artes que se aplicam a obras bas-

3. A. praec., ad 3.

4 PARALL.: II-II, q. 47, a. 4, ad 2; a. 5; *De Virtut.*, q. 1, a. 12; VI *Ethic.*, lect. 4.

g. Os três últimos artigos da presente questão são consagrados à virtude da prudência, virtude necessária e fundamental, pois tem por objeto “a totalidade da conduta da vida e o fim último da vida humana” (a. 4, r. 3). Sto. Tomás voltará a ela de modo mais detalhado nas questões sobre a prudência (II-II, q. 47 a 56). Ela é a virtude do bom governo de si e dos outros (art. 6). Lança mão do conjunto dos *habitus*, dos quais opera a conexão: os diversos *habitus* da inteligência ligados de maneira intrínseca aos da afetividade, dado que a prudência é a habilidade de inventar, de discernir e de decidir com autoridade a respeito dos meios bons para se alcançar o fim desejado. É preciso ainda que o amor a esse fim seja reto e bem regrado sob o domínio do desejo-refletido sobre as paixões. Não há virtude autêntica sem o auxílio das outras virtudes, intelectuais e morais, em especial as da temperança e da força.

prudentia sit quaedam ratio recta operum, videtur quod etiam ipsa debeat dici ars.

2. Praeterea, prudentia magis convenit cum arte quam habitus speculativi: utrumque enim eorum est *circa contingens aliter se habere*, ut dicitur in VI *Ethic.*[1]. Sed quidam habitus speculativi dicuntur artes. Ergo multo magis prudentia debet dici ars.

3. Praeterea, *ad prudentiam pertinet bene consiliari*, ut dicitur in VI *Ethic.*[2]. Sed etiam in quibusdam artibus consiliari contingit, ut dicitur in III *Ethic.*[3]: sicut in arte militari, et gubernativa, et medicinali. Ergo prudentia ab arte non distinguuntur.

Sed contra est quod Philosophus distinguint prudentiam ab arte, in VI *Ethic.*[4].

Respondeo dicendum quod ubi invenitur diversa ratio virtutis, ibi oportet virtutes distingui. Dictum est autem supra[5] quod aliquis habitus habet rationem virtutis ex hoc solum quod facit facultatem boni operis: aliquis autem ex hoc quod facit non solum facultatem boni operis, sed etiam usum. Ars autem facit solum facultatem boni operis: quia non respicit appetitum. Prudentia autem non solum facit boni operis facultatem, sed etiam usum: respicit enim appetitum, tanquam praesupponens rectitudinem appetitus.

Cuius differentiae ratio est, quia ars est *recta ratio factibilium*; prudentia vero est *recta ratio agibilium*. Differt autem facere et agere quia, ut dicitur in IX *Metaphys.*[6], factio est actus transiens in exteriorem materiam, sicut aedificare, secare, et huiusmodi; agere autem est actus permanens in ipso agente, sicut videre, velle, et huiusmodi. Sic igitur hoc modo se habet prudentia ad huiusmodi actus humanos, qui sunt usus potentiarum et habituum, sicut se habet ars ad exteriores factiones: quia utraque est perfecta ratio respectu illorum ad quae comparatur. Perfectio autem et rectitudo rationis in speculativis, dependet ex principiis, ex quibus ratio syllogizat: sicut dictum est[7] quod scientia dependet ab intellectu, qui est habitus principiorum, et praesuponit ipsum. In humanis

tante diferentes. Logo, como a prudência também é uma razão reta de fazer as coisas, parece que ela também deve ser dita arte.

2. Além disso, a prudência combina mais com a arte do que os hábitos especulativos, pois tanto as artes como a prudência "se exercem de forma diferente em coisas contingentes", como se diz no livro VI da *Ética*. Ora, certos hábitos especulativos são chamados de artes. Logo, a prudência deve, com mais razão ainda, ser chamada de arte.

3. Ademais, diz o livro VI da *Ética* que "é próprio da prudência dar bons conselhos". Ora, como diz o livro III da *Ética*, isso cabe também a outras artes, como à arte militar, à arte de governar e à medicina. Logo, prudência e arte não se distinguem.

Em sentido contrário, o Filósofo distingue a pendência da arte.

Respondo. É preciso distinguir as virtudes, onde se encontram diversas razões de virtude. Foi dito acima que existem hábitos que têm razão de virtudes, só porque fazem a faculdade agir retamente e outros há que fazem, além dessa aptidão, o exercício também. Ora, a arte faz apenas a faculdade agir retamente, porque não diz respeito ao apetite, ao passo que a prudência não só faz essa faculdade agir bem, como também o exercício, já que diz respeito ao apetite, por lhe pressupor a retidão.

A razão dessa diferença é que a arte é "a razão reta das coisas factíveis", enquanto que a prudência é "a razão reta de nosso agir". Fazer e agir são coisas diferentes. O primeiro, como se diz no livro IX da *Metafísica*, é um ato que passa para uma matéria exterior, como construir, cortar e outros, enquanto que o segundo é um ato que fica no próprio agente, como ver, querer e semelhantes. É assim, pois, que a prudência está para os atos humanos, que são o exercício das potências e dos hábitos, como a arte, para as coisas exteriores, porque uma e outra são a razão perfeita em relação com as coisas às quais se aplicam. A perfeição e a retidão da razão nas coisas especulativas dependem dos princípios a partir dos quais a razão faz sua argumentação, do mesmo modo que,

1. C. 6: 1140, b, 35-1141, a, 8.
2. C. 5: 1140, a, 25-28.
3. C. 5: 1112, b, 3-6.
4. Cc. 3, 5: 1139, b, 16-18; 1140, b, 2-4; 21-22.
5. A. 1; q. 56, a. 3.
6. C. 8: 1050, a, 30-b, 2.
7. A. 2, ad 2.

autem actibus se habent fines sicut principia in speculativis, ut dicitur in VII *Ethic.*[8] Et ideo ad prudentiam, quae est recta ratio agibilium, requiritur quod homo sit bene dispositus circa fines: quod quidem est per appetitum rectum. Et ideo ad prudentiam requiritur moralis virtus, per quam fit appetitus rectus. Bonum autem artificialium non est bonum appetitus humani, sed bonum ipsorum operum artificialium: et ideo ars non praesupponit appetitum rectum. Et inde est quod magis laudatur artifex qui volens peccat, quam qui peccat nolens; magis autem contra prudentiam est quod aliquis peccet volens, quam nolens: quia rectitudo voluntatis est de ratione prudentiae, non autem de ratione artis. — Sic igitur patet quod prudentia est virtus distincta ab arte.

como já se disse, a ciência depende do intelecto, que é o hábito dos princípios e o pressupõe. Ora, nos atos humanos os fins têm o mesmo papel que os princípios na especulação, diz o Filósofo[h]. Por isso, a prudência, que é a razão reta do agir, exige que se esteja bem disposto em relação aos fins, o que supõe um apetite reto. Por isso também a prudência exige a virtude moral, que torna reto esse apetite. Contudo, nas obras da arte o bem não é o do apetite humano, mas o das próprias obras e, por isso, a arte não pressupõe um apetite reto. Daí vem que o artista que falha voluntariamente é mais elogiado que o outro que o faz sem querer; ao contrário, pecar contra a prudência por querer é pior que fazê-lo involuntariamente, pois a retidão da vontade é da razão da prudência e não da arte. — E assim fica evidente que a prudência é uma virtude distinta da arte.

AD PRIMUM ergo dicendum quod diversa genera artificialium omnia sunt extra hominem: et ideo non diversificatur ratio virtutis. Sed prudentia est recta ratio ipsorum actuum humanorum: unde diversificatur ratio virtutis, ut dictum est[9].

QUANTO AO 1º, portanto, deve-se dizer que os diversos gêneros das obras artísticas são todos exteriores ao homem e, por isso, a razão de virtude neles não varia. A prudência, porém, é a razão reta dos próprios atos humanos. Por conseguinte, como foi dito, a razão de virtude é diversificada.

AD SECUNDUM dicendum quod prudentia magis convenit cum arte quam habitus speculativi, quantum ad subiectum et materiam: utrumque enim est in opinativa parte animae, et circa contingens aliter se habere. Sed ars magis convenit cum habitibus speculativis in ratione virtutis, quam cum prudentia, ut ex dictis[10] patet.

QUANTO AO 2º, deve-se dizer que a prudência combina mais com a arte do que os hábitos especulativos, quanto ao seu sujeito e à sua matéria, pois ambas pertencem à parte opinativa da alma e com respeito ao que sucede contingentemente se têm diferentemente. Mas, pelo que já foi visto, fica claro que a arte, como virtude, combina mais com os hábitos especulativos do que com a prudência.

AD TERTITUM dicendum quod prudentia est bene consiliativa de his quae pertinent ad totam vitam hominis, et ad ultimum finem vitae humanae. Sed in artibus aliquibus est consilium de his quae pertinent ad fines proprios illarum artium. Unde aliqui, inquantum sunt bene consiliativi in rebus bellicis vel nauticis, dicuntur prudentes duces vel gubernatores, non autem prudentes simpliciter: sed illi solum qui bene consiliantur de his quae conferunt ad totam vitam.

QUANTO AO 3º, deve-se dizer que a prudência é boa conselheira em tudo o que concerne à conduta humana e ao fim último da vida, ao passo que certas artes aconselham apenas em matérias ligadas a seus próprios fins. Decorre daí que alguns, porque bons conselheiros em questões de guerra ou de navegação, são tidos por chefes ou pilotos prudentes, mas não prudentes de modo absoluto. Mas, apenas os que são bons conselheiros relativos à totalidade da vida.

8. C. 9: 1151, a, 16-20.
9. In corp.
10. In corp. et a. praec.

h. A prudência coloca em jogo o intelecto prático. O que significa que os critérios de verdade, nesse domínio, não são os mesmos que os da especulação. São os da ação, que tem seu princípio na finalidade. A verdade do agir se mede pela conformidade entre os meios e o apetite retificado e correto (r. 3).

ARTICULUS 5
Utrum prudentia sit virtus necessaria homini

AD QUINTUM SIC PROCEDITUR. Videtur quod prudentia non sit virtus necessaria ad bene vivendum.

1. Sicut enim se habet ars ad factibilia, quorum est ratio recta; ita se habet prudentia ad agibilia, secundum quae vita hominis consideratur: est enim eorum recta ratio prudentia, ut dicitur in VI *Ethic.*[1]. Sed ars non est necessaria in rebus factibilibus nisi ad hoc quod fiant, non autem postquam sunt factae. Ergo nec prudentia est necessaria homini ad bene vivendum, postquam est virtuosus: sed forte solum quantum ad hoc quod virtuosus fiat.

2. PRAETEREA, *prudentia est per quam recte consiliamur*, ut dicitur in VI *Ethic.*[2]. Sed homo potest ex bono consilio agere non solum propriu, sed etiam alieno. Ergo non est necessarium ad bene vivendum quod ipse homo habeat prudentiam; sed sufficit quod prudentum consilia sequatur.

3. PRAETEREA, virtus intellectualis est secundum quam contingit semper dicere verum, et nunquam falsum. Sed hoc non videtur contingere secundum prudentiam: non enim est humanum quod in consiliando de agendis nunquam erretur; cum humana agibilia sint contingentia aliter se habere. Unde dicitur Sap 9,14: *Cogitationes mortalium timidae, et incertae providentiae nostrae*. Ergo videtur quod prudentia non debeat poni intellectualis virtus.

SED CONTRA est quod Sap 8,7, connumeratur aliis virtutibus necessariis ad vitam humanam, cum dicitur de divina sapientia: *Sobrietatem et prudentiam docet, iustitiam et virtutem, quibus utilius nihil est in vita hominibus*.

RESPONDEO dicendum quod prudentia est virtus maxime necessaria ad vitam humanam. Bene enim vivere consistit in bene operari. Ad hoc autem quod aliquis bene operetur, non solum requiritur quid faciat, sed etiam quomodo faciat; ut scilicet secundum electionem rectam operetur, non solum ex impetu aut passione. Cum autem electio sit eorum quae sunt ad finem, rectitudo electionis duo

ARTIGO 5
A prudência é uma virtude necessária ao homem?

QUANTO AO QUINTO, ASSIM SE PROCEDE: parece que a prudência **não** é uma virtude necessária para o bem viver.

1. Com efeito, como está a arte para o fazer, do que ela é a razão reta, está a prudência relativamente aos atos que constituem a existência humana, já que a prudência é a reta razão desses atos, como se diz no livro VI da *Ética*. Ora, em relação às coisas que se podem fazer, a arte só é necessária para que sejam feitas e não depois de o terem sido. Logo, a prudência também não é necessária ao homem para viver bem, quando já é virtuoso, mas talvez somente para que venha a sê-lo.

2. ALÉM DISSO, como se diz no livro VI da *Ética*, "a prudência é a virtude pela qual aconselhamos acertadamente". Ora, pode-se agir não só pelo bom conselho próprio, mas também pelo alheio. Logo, para viver bem não é preciso ter, pessoalmente, prudência. Basta seguir os conselhos dos que o são.

3. ADEMAIS, é pela virtude intelectual que somos levados a sempre dizer a verdade e jamais a mentira. Ora, isso parece não acontecer pela prudência, porque não é humano nunca errar nos conselhos sobre o agir, até porque o agir humano é contingente e pode ser realizado de modos diversos. Daí a palavra do livro da Sabedoria: "Os pensamentos dos mortais são tímidos; incertas, nossas reflexões". Logo, parece que a prudência não deve ser afirmada uma virtude intelectual.

EM SENTIDO CONTRÁRIO, o livro da Sabedoria enumera entre as virtudes necessárias à vida humana, quando diz da sabedoria divina: "ela ensina moderação e prudência, justiça e coragem, e não há nada de mais útil aos homens na vida".

RESPONDO. A prudência é a virtude mais necessária à vida humana, pois viver bem consiste em agir bem. Ora, para agir bem é preciso não só fazer alguma coisa, mas fazê-lo também do modo certo, ou seja, por uma escolha correta e não por impulso ou paixão. Como, porém, a escolha visa aos meios para se conseguir um fim, para ela ser correta exigem-se duas coisas: o fim devido e os

5 PARALL.: II-II, q. 51, a. 3, ad 3; *De Virtut.*, q. 1, art. 6.

1. C. 5: 1140, b, 3-4.
2. Cc. 5, 8, 10: 1140, a, 25-28; 1141, b, 9-14; 1142, b, 31-33.

requirit: scilicet debitum finem; et id quod convenienter ordinatur ad debitum finem. Ad debitum autem finem homo convenienter disponitur per virtutem quae perficit partem animae appetitivam, cuius obiectum est bonum et finis. Ad id autem quod convenienter in finem debitum ordinatur, oportet quod homo directe disponatur per habitum rationis: quia consiliari et eligere, quae sunt eorum quae sunt ad finem, sunt actus rationis. Et ideo necesse est in ratione esse aliquam virtutem intellectualem, per quam perficiatur ratio ad hoc quod convenienter se habeat ad ea quae sunt ad finem. Et haec virtus est prudentia. Unde prudentia est virtus necessaria ad bene vivendum.

AD PRIMUM ergo dicendum quod bonum artis consideratur non in ipso artifice, sed magis in ipso artificiato, cum ars sit ratio recta factibilium: factio enim, in exteriorem materiam transiens, non est perfectio facientis, sed facti, sicut motus est actus mobilis; ars autem circa factibilia est. Sed prudentiae bonum attenditur in ipso agente, cuius perfectio est ipsum agere: est enim prudentia recta ratio agibilium, ut dictum est[3]. Et ideo ad artem non requiritur quod artifex bene operetur, sed quod bonum opus faciat. Requireretur autem magis quod ipsum artificiatum bene operaretur, sicut quod cultellus bene incideret, vel serra bene secaret; si proprie horum esset agere, et non magis agi, quia non habent dominium sui actus. Et ideo ars non est necessaria ad bene vivendum ipsi artifici; sed solum ad faciendum artificiatum bonum, et ad conservandum ipsum. Prudentia autem est necessaria homini ad bene vivendum, non solum ad hoc quod fiat bonus.

AD SECUNDUM dicendum quod, cum homo bonum operatur non secundum propriam rationem, sed motus ex consilio alterius; nondum est omnino perfecta operatio ipsius, quantum ad rationem dirigentem, et quantum ad appetitum moventem. Unde si bonum operetur, non tamen simpliciter bene; quod est bene vivere.

AD TERTIUM dicendum quod verum intellectus practici aliter accipitur quam verum intellectus speculativi, ut dicitur in VI *Ethic.*[4]. Nam verum intellectus speculativi accipitur per conformitatem intellectus ad rem. Et quia intellectus non potest infallibiliter conformari rebus in contingentibus,

meios adequados a esse fim. Ora, ao fim devido o homem se dispõe convenientemente pela virtude, que aperfeiçoa a parte apetitiva da alma, cujo objeto é o bem e o fim. Quanto aos meios adequados a esse fim, importa que o homem esteja diretamente disposto pelo hábito da razão, porque aconselhar e escolher, que são ações relacionadas com os meios, são atos da razão. É necessário, pois, haver na razão alguma virtude intelectual que a aperfeiçoe, para ela proceder com acerto em relação com os meios. Essa virtude é a prudência, virtude, portanto, necessária para se viver bem.

QUANTO AO 1º, portanto, deve-se dizer que o bem da arte é considerado não no artista, mas na própria obra, visto que a arte é a razão reta das coisas que se quer produzir. Com efeito, a produção que se concretiza numa matéria exterior não é a perfeição de quem faz, mas do que é feito, assim como o movimento é ato do que é móvel. Ora, a arte tem por matéria as coisas a serem feitas. Já o bem da prudência considera-se no próprio agente, cuja perfeição é o seu próprio agir, pois a prudência é a razão reta do agir, como já se disse. Portanto, para a arte não se exige que o artista aja bem, mas que produza uma obra boa. Mais ainda, a própria obra deve ter boa atuação, como se esperaria de uma faca que corte bem e de um serrote que serre bem, se lhes fosse próprio agir por si mesmos e não serem dirigidos pois não são donos de seus atos. Logo, a arte não é necessária para o artista viver bem, mas só para produzir uma obra boa e conservá-la. Ao contrário, a prudência é indispensável ao homem para viver bem e não só para ser bom.

QUANTO AO 2º, deve-se dizer que quando o homem faz o bem não pela própria razão, mas levado pelo conselho de outrem, sua obra ainda não é totalmente perfeita, nem quanto à razão que a dirige nem quanto ao apetite que a move. Portanto, se o bem é feito, não o é absolutamente bem, que é viver bem.

QUANTO AO 3º, deve-se dizer que a verdade do intelecto prático é tomada em sentido diferente do intelecto especulativo, diz o livro VI da *Ética*. A verdade do intelecto especulativo está na conformidade do intelecto com a coisa. E como essa conformidade não é possível de forma infalível

3. In arg. et a. praec.
4. C. 2: 1139, a, 16-17.

sed solum in necessariis; ideo nullus habitus speculativus contingentium est intellectualis virtus, sed solum est circa necessaria. — Verum autem intellectus practici accipitur per conformitatem ad appetitum rectum. Quae quidem conformitas in necessariis locum non habet, quae voluntate humana non fiunt: sed solum in contingentibus quae possunt a nobis fieri, sive sint agibilia interiora, sive factibilia exteriora. Et ideo circa sola contingentia ponitur virtus intellectus practici; circa factibilia quidem, ars; circa agibilia vero, prudentia.

nas coisas contingentes, mas só nas necessárias, conclui-se que um hábito especulativo jamais será uma virtude intelectual em matéria contingente e sim apenas nas coisas necessárias. — Por outro lado, a verdade do intelecto prático está na conformidade com o apetite reto e essa conformidade não cabe nas coisas necessárias, que não dependem da vontade humana. Ela é possível somente nas coisas contingentes, que podem ser feitas por nós, seja nas coisas interiores, seja nas exteriores. Logo, só se afirma a virtude do intelecto prático em matéria contingente: quando se trata de produzir algo, é a arte; quando se trata do agir, é a prudência.

ARTICULUS 6
Utrum eubulia, synesis et gnome sint virtutes adiunctae prudentiae

AD SEXTUM SIC PROCEDITUR. Videtur quod inconvenienter adiungantur prudentiae eubulia, synesis et gnome.

1. Eubulia enim est *habitus quo bene consiliamur*, ut dicitur in VI *Ethic.*[1]. Sed *bene consiliari pertinet ad prudentiam*, ut in eodem libro dicitur. Ergo eubulia non est virtus adiuncta prudentiae, sed magis est ipsa prudentia.

2. PRAETEREA, ad superiorem pertinet de inferioribus iudicare. Illa ergo virtus videtur suprema, cuius est actus iudicium. Sed synesis est bene iudicativa. Ergo synesis non est virtus adiuncta prudentiae, sed magis ipsa est principalis.

3. PRAETEREA, sicut diversa sunt ea de quibus est iudicandum, ita etiam diversa sunt ea de quibus est consiliandum. Sed circa omnia consiliabilia ponitur una virtus, scilicet eubulia. Ergo ad bene iudicandum de agendis, non oportet ponere, praeter synesim, aliam virtutem, scilicet gnomen.

4. PRAETEREA, Tullius ponit, in sua *Rhetorica*[2], tres alias partes prudentiae: scilicet *memoriam praeteritorum, intelligentiam praesentium*, et *providentiam futurorum*. Macrobius etiam ponit, *super Somnium Scipionis*[3], quasdam alias partes prudentiae: scilicet *cautionem, docilitatem*, et alia huiusmodi. Non videntur igitur solae huiusmodi virtutes prudentiae adiungi.

ARTIGO 6
Bom conselho, bom-senso e equidade são virtudes ligadas à prudência?

QUANTO AO SEXTO, ASSIM SE PROCEDE: parece que é inconveniente ligar o bom conselho, bom-senso e a equidade à prudência.

1. Com efeito, o bom conselho é "um hábito pelo qual, como se diz no livro VI da *Ética*, aconselhamos bem". Ora, como também se diz aí, "aconselhar bem é próprio da prudência". Logo, não é algo ligado à prudência, senão a própria prudência.

2. ALÉM DISSO, pertence ao superior julgar os inferiores. Logo, parece que a virtude suprema é aquela cujo ato é o julgar. Ora, o bom-senso tem por função julgar bem. Logo, não é virtude ligada à prudência, mas virtude principal.

3. ADEMAIS, como são diversas as coisas que devemos julgar, diversas também são as coisas sobre o que devemos aconselhar. Ora, para tudo sobre o que devemos aconselhar afirma-se uma única virtude, o bom-senso. Logo, para bem julgar a respeito do que devemos fazer não é necessário afirmar, além do bom-senso, outra virtude, a saber, a equidade.

4. ADEMAIS, Cícero atribui à prudência três outras partes, ou seja, "a memória do passado, a inteligência do presente e a previsão do futuro". E Macróbio acrescenta ainda "a precaução, a docilidade" e outras semelhantes. Logo, parece que estão ligadas à prudência não só as virtudes acima citadas.

6 PARALL.: II-II, q. 48, 51: III *Sent.*, dist. 33, q. 3, a. 1, q.la 3, 4; *De Virtut.*, q. 1, a. 12, ad 26; q. 5, art. 1.

1. C. 10: 1142, b, 16-17.
2. L. II, c. 53: ed. Müller, Lipsiae 1908, p. 230, ll. 8-12.
3. L. I, c. 8: ed. Eyssenhardt, Lipsiae 1893, p. 518, ll. 13-14.

SED CONTRA est auctoritas Philosophi, in VI *Ethic.*[4], qui has tres virtutes ponit prudentiae adiunctas.

RESPONDEO dicendum quod in omnibus potentiis ordinatis illa est principalior, quae ad principaliorem actum ordinatur. Circa agibilia autem humana tres actus rationis inveniuntur: quorum primus est consiliari, secundus iudicare, tertius est praecipere. Primi autem duo respondent actibus intellectus speculativi qui sunt inquirere et iudicare: nam consilium inquisitio quaedam est. Sed tertius actus proprius est practici intellectus, inquantum est operativus: non enim ratio habet praecipere ea quae per hominem fieri non possunt. Manifestum est autem quod in his quae per hominem fiunt, principalis actus est praecipere, ad quem alii ordinantur. Et ideo virtuti quae est praeceptiva, scilicet prudentiae, tanquam principaliori, adiunguntur tanquam secundariae, eubulia, quae est bene consiliativa, et synesis et gnome, quae sunt partes iudicativae; de quarum distinctione dicetur.

AD PRIMUM ergo dicendum quod prudentia est bene consiliativa, non quasi bene consiliari sit immediate actus eius: sed quia hunc actum perficit mediante virtute sibi subiecta, quae est eubulia.

AD SECUNDUM dicendum quod iudicium in agendis ad aliquid ulterius ordinatur: contingit enim aliquem bene iudicare de aliquo agendo, et tamen non recte exequi. Sed ultimum complementum est, quando ratio iam bene praecipit de agendis.

AD TERTIUM dicendum quod iudicium de unaquaque re fit per propria principia eius. Inquisitio autem nondum est per propria principia: quia his habitis, non esset opus inquisitione, sed iam res esset inventa. Et ideo una sola virtus ordinatur ad bene consiliandum, duae autem virtutes ad bene iudicandum: quia distinctio non est in communibus principiis, sed in propriis. Unde et in speculativis una est dialectica inquisitiva de omnibus: scientiae autem demonstrativae, quae sunt iudicativae, sunt diversae de diversis. — Distinguuntur autem synesis et gnome secundum diversas regulas quibus iudicatur: nam synesis est iudicativa de agendis secundum communem legem; gnome autem secundum ipsam rationem

EM SENTIDO CONTRÁRIO, tem-se a autoridade do Filósofo, que afirma a ligação dessas três virtudes com a prudência.

RESPONDO. Entre todas as potências ordenadas, a principal é a que se ordena para o ato mais importante. Ora, há três atos da razão referentes ao agir humano: o primeiro, aconselhar; o segundo, julgar; o terceiro, mandar. Os dois primeiros correspondem a atos do intelecto especulativo, que são inquirir e julgar, pois o conselho é um tipo de inquirição. Mas o terceiro é próprio do intelecto prático, enquanto operativo, porque a razão não pode mandar o que não pode ser feito pelo homem. Ora, é evidente que nas coisas feitas pelo homem, o ato principal é mandar, ao qual os outros se ordenam. Portanto, a essa virtude preceptiva, ou seja, à prudência, como virtude principal, se ligam, como virtudes secundárias, o bom conselho, que ajuda a bem aconselhar, mais o bom-senso e também a equidade, partes da potência judicativa, de cuja distinção logo mais se tratará.

QUANTO AO 1º, portanto, deve-se dizer que a prudência é boa conselheira não por ato imediato seu, mas por aperfeiçoar esse ato mediante uma virtude que depende dela, a saber, o bom conselho.

QUANTO AO 2º, deve-se dizer que o julgamento sobre as coisas que devem ser feitas ordena-se a um fim ulterior, pois acontece que se julgue retamente a ação por fazer, sem contudo executá-la bem. Assim, o último complemento acontece quando a razão ordena bem o que se há de fazer.

QUANTO AO 3º, deve-se dizer que o juízo sobre cada realidade se faz por seus princípios próprios. Ora, a inquirição ainda não se realiza por tais princípios, porque se já os tivéssemos, não haveria mais necessidade dela, já que a realidade estaria descoberta. Daí que só existe uma virtude para bem aconselhar, enquanto que há duas para bem julgar, pois a distinção não está nos princípios comuns, mas nos próprios. Assim, mesmo em questões especulativas, só existe uma dialética que pesquisa todas as coisas, ao passo que as ciências demonstrativas, que envolvem julgamentos, são tão diversas quanto os seus objetos. — O bom-senso e a equidade distinguem-se pelas regras diversas pelas quais julgam, pois o bom-senso julga os atos

4. Cc. 10, 12: 1142, b, 31-33; 1143, a, 25-29.

naturalem, in his in quibus deficit lex communis; sicut plenius infra[5] patebit.

AD QUARTUM dicendum quod memoria, intelligentia et providentia, similiter etiam cautio et docilitas, et alia huiusmodi; non sunt virtutes diversae a prudentia: sed quodammodo comparantur ad ipsam sicut partes integrales, inquantum omnia ista requiruntur ad perfectionem prudentiae. Sunt etiam et quaedam partes subiectivae, seu species prudentiae: sicut oeconomica, regnativa, et huiusmodi. Sed praedicta tria sunt quasi partes potentiales prudentiae: quia ordinantur sicut secundarium ad principale. Et de his infra[6] dicetur.

segundo a lei comum e a equidade, segundo a mesma razão natural, nos casos em que a lei comum é insuficiente, como se verá melhor depois.

QUANTO AO 4º, deve-se dizer que a memória, a inteligência, a previdência e, da mesma forma, a precaução, a docilidade e outras virtudes do gênero não são diferentes da prudência, mas, de algum modo, se lhe comparam, como partes integrantes, na medida em que todas são necessárias à perfeição dela. E há também certas partes subjetivas ou espécies da prudência, como a prudência doméstica, a pública e outras. Mas as três virtudes em questão são como que partes potenciais da prudência, porque se ordenam a ela como o secundário ao principal. E disso se falará mais adiante.

5. II-II, q. 51, a. 4.
6. II-II, q. 48 sqq.

QUAESTIO LVIII
DE DISTINCTIONE VIRTUTUM MORALIUM AB INTELLECTUALIBUS

in quinque articulos divisa

Deinde considerandum est de virtutibus moralibus. Et primo, de distinctione earum a virtutibus intellectualibus; secundo, de distinctione earum ab invicem, secundum propriam materiam; tertio, de distinctione principalium, vel cardinalium, ab aliis.

Circa primum quaeruntur quinque.

Primo: utrum omnis virtus sit virtus moralis.

Secundo: utrum virtus moralis distinguatur ab intellectuali.

Tertio: utrum sufficienter dividatur virtus per intellectualem et moralem.

Quarto: utrum, moralis virtus possit esse sine intellectuali.

Quinto: utrum, e converso, intellectualis virtus possit esse sine morali.

QUESTÃO 58
A DISTINÇÃO ENTRE VIRTUDES MORAIS E INTELECTUAIS

em cinco artigos

Devem-se considerar agora as virtudes morais, tratando, primeiro, da distinção entre elas e as virtudes intelectuais. Depois, a distinção das virtudes morais entre si mesmas, conforme a matéria própria de cada uma. E, por fim, a distinção entre as virtudes principais ou cardeais e as outras.

Sobre o primeiro, são cinco as perguntas:

1. Toda virtude é uma virtude moral?
2. A virtude moral distingue-se da virtude intelectual?
3. É suficiente dividir a virtude em intelectual e moral?
4. A virtude moral pode existir sem a intelectual?
5. E, inversamente, a virtude intelectual pode existir sem a moral?

ARTICULUS 1
Utrum omnis virtus sit moralis

AD PRIMUM SIC PROCEDITUR. Videtur quod omnis virtus sit moralis.

1. Virtus enim moralis dicitur a *more*, idest consuetudine. Sed omnium virtutum actus consuescere possumus. Ergo omnis virtus est moralis.

ARTIGO 1
Toda virtude é uma virtude moral?

QUANTO AO PRIMEIRO ARTIGO, ASSIM SE PROCEDE: parece que toda virtude é uma virtude moral.

1. Com efeito, virtude moral deriva de *more*, que significa costume. Ora, podemos nos acostumar aos atos de todas as virtudes. Logo, toda virtude é moral.

1 PARALL.: III *Sent.*, dist. 23, q. 1, a. 4, q.la 2; I *Ethic.*, lect. 20; II, lect. 1.

2. PRAETEREA, Philosophus dicit, in II *Ethic.*[1], quod *virtus moralis est habitus electivus in medietate rationis consistens*. Sed omnis virtus videtur esse habitus electivus: quia actus cuiuslibet virtutis possumus ex electione facere. Omnis etiam virtus aliqualiter in medio rationis consistit, ut infra[2] patebit. Ergo omnis virtus est moralis.

3. PRAETEREA, Tullius dicit, in sua *Rhetorica*[3], quod *virtus est habitus in modum naturae, rationi consentaneus*. Sed cum omnis virtus humana ordinetur ad bonum hominis, oportet quod sit consentanea rationi: cum bonum hominis sit *secundum rationem esse*, ut Dionysius dicit[4]. Ergo omnis virtus est moralis.

SED CONTRA est quod Philosophus dicit, in I *Ethic.*[5]: *Dicentes de moribus, non dicimus quoniam sapiens vel intelligens; sed quoniam mitis vel sobrius*. Sic igitur sapientia et intellectus non sunt morales. Quae tamen sunt virtutes, sicut supra[6] dictum est. Non ergo omnis virtus est moralis.

RESPONDEO dicendum quod ad huius evidentiam, considerare oportet quid sit *mos*: sic enim scire poterimus quid sit moralis virtus. Mos autem duo significat. Quandoque enim significat consuetudinem: sicut dicitur Act 15,1: *Nisi circumcidamini secundum morem Moysi, non poteritis salvi fieri*. Quandoque vero significat inclinationem quandam naturalem, vel quasi naturalem, ad aliquid agendum: unde etiam et brutorum animalium dicuntur aliqui mores; unde dicitur 2Mac 11,11, quod *leonum more irruentes in hostes, prostraverunt eos*. Et sic accipitur mos in Ps 67,7, ubi dicitur: *Qui habitare facit unius moris in domo*. — Et hae quidem duae significationes in nullo distinguuntur, apud Latinos, quantum ad vocem. In graeco autem distinguuntur: nam *ethos*, quod apud nos morem significat, quandoque habet primam longam, et scribitur per η, graecam litteram; quandoque habet primam correptam, et scribitur per ϵ.

2. ALÉM DISSO, diz o Filósofo que "a virtude moral é o hábito eletivo que consiste no meio termo da razão". Ora, toda virtude parece ser um hábito eletivo, porque podemos praticar por escolha os atos de qualquer virtude, e toda virtude consiste, de certo modo, num meio termo da razão, como se verá depois. Logo, toda virtude é moral.

3. ADEMAIS, Cícero, em sua *Retórica*, diz que "a virtude é como um hábito que se conforma com a razão a modo de natureza". Ora, toda virtude humana por ter o bem do homem como fim, deve ser conforme com a razão, pois o bem do homem consiste em "estar de acordo com a razão", segundo Dionísio. Logo, toda virtude é moral.

EM SENTIDO CONTRÁRIO, "quando falamos de costumes, diz o Filósofo, não dizemos que alguém é sábio ou inteligente, mas manso ou sóbrio". Assim, pois, a sabedoria e o intelecto, embora sejam virtudes, não são morais, como já foi dito. Logo, nem toda virtude é moral.

RESPONDO. Para esclarecer a questão, importa considerar o que é *costume*, pois assim poderemos saber o que é virtude moral[a]. Ora, a palavra latina "mos" tem dois sentido. Às vezes, significa costume, como se diz no livro dos Atos: "Se não vos fizerdes circuncidar segundo o costume de Moisés, não podeis ser salvos". Outras vezes, exprime uma inclinação natural, ou quase natural, para determinada ação e, nesse sentido, falamos também dos costumes dos animais, como se diz no livro II dos Macabeus: "precipitando-se sobre as hostes contrárias, segundo o costume dos leões, as abateram". E nesse mesmo sentido está no Salmo 67: "Ele faz habitar sob o mesmo teto os que têm costumes iguais". — Em latim esses dois significados não se distinguem, quanto ao vocábulo. Distinguem-se, porém, em grego, pois *ethos*, que em latim quer dizer *mos*, às vezes tem a sua primeira letra longa e escrita com a letra grega η; outras vezes, a tem breve e escrita com ϵ.

1. C. 6: 1106, b, 36-1107, a, 2.
2. Q. 64, a. 1, 2, 3.
3. L. II, c. 53: ed. Müller, Lipsiae 1908, p. 230, ll. 2-3.
4. MG 3, 733 A.
5. C. 13: 1103, a, 7-8.
6. Q. 57, a. 2.

a. A referência às etimologias grega e latina ilustra bem o método de Sto. Tomás, que é mais indutivo do que dedutivo. Na medida dos meios de sua época, ele considera os fatos e o que exprime a esse respeito o vocabulário então corrente. Pela palavra "costumes" [mores], os homens entendem suas maneiras de viver segundo suas "inclinações naturais" e "quase naturais" (os usos e costumes de uma dada população). É com base nisso que convém fundar uma moral, não para legitimar essas maneiras de viver, mas para julgá-las à luz das exigências da natureza humana dotada de razão, e cujo desejo-refletido é capaz de exercer o seu império sobre as paixões.

Dicitur autem virtus moralis a more, secundum quod mos significat quandam inclinationem naturalem, vel quasi naturalem, ad aliquid agendum. Et huic significationi moris propinqua est alia significatio, qua significat consuetudinem: nam consuetudo quodammodo vertitur in naturam, et facit inclinationem similem naturali. Manifestum est autem quod inclinatio ad actum proprie convenit appetitivae virtuti, cuius est movere omnes potentias ad agendum, ut ex supradictis[7] patet. Et ideo non omnis virtus dicitur moralis, sed solum illa quae est in vi appetitiva.

AD PRIMUM ergo dicendum quod obiectio illa procedit de more, secundum quod significat consuetudinem.

AD SECUNDUM dicendum quod omnis actus virtutis potest ex electione agi: sed electionem rectam agit sola virtus quae est in appetitiva parte animae; dictum est enim supra[8] quod eligere est actus appetitivae partis. Unde habitus electivus, qui scilicet est electionis principium, est solum ille qui perficit vim appetitivam: quamvis etiam aliorum habituum actus sub electione cadere possint.

AD TERTIUM dicendum quod *natura est principium motus*, sicut dicitur in II *Physic.*[9]. Movere autem ad agendum proprium est appetitivae partis. Et ideo assimilari naturae in consentiendo rationi, est proprium virtutum quae sunt in vi appetitiva.

Pois bem, a virtude moral vem de *mos*, com o sentido de inclinação natural, ou quase natural, para alguma ação. Desse significado se aproxima o outro de costume, pois este, de certa forma, converte-se em natureza e gera uma inclinação que parece natural. Ora, é evidente que a inclinação para o ato convém propriamente à virtude apetitiva, porque ela é que move todas as potências a agir, como anteriormente mostramos[b]. É por essa razão que nem toda virtude se diz moral, mas só a que está na faculdade apetitiva.

QUANTO AO 1º, portanto, deve-se dizer que procede a objeção se se tomar o termo *mos* no sentido de costume.

QUANTO AO 2º, deve-se dizer que todo ato virtuoso pode ser feito por escolha, mas só a virtude que está na parte apetitiva da alma faz uma escolha reta, pois, conforme foi dito, escolher é ato da parte apetitiva[c]. Daí vem que o hábito eletivo, isto é, o princípio da escolha, é só aquele que aperfeiçoa a potência apetitiva, embora os atos dos outros hábitos também possam depender de escolha.

QUANTO AO 3º, deve-se dizer que "a natureza é o princípio do movimento", diz o livro II da *Física*. Ora, mover a agir é próprio da parte apetitiva. Por isso, assimilar-se à natureza, por ser consentâneo com a razão, é próprio das virtudes que estão na potência apetitiva.

ARTICULUS 2

Utrum virtus moralis distinguatur ab intellectuali

AD SECUNDUM SIC PROCEDITUR. Videtur quod virtus moralis ab intellectuali non distinguatur.

1. Dicit enim Augustinus, in libro *de Civ. Dei*[1], quod *virtus est ars recte vivendi*. Sed ars est virtus intellectualis. Ergo virtus moralis ab intellectuali non differt.

ARTIGO 2

A virtude moral distingue-se da intelectual?

QUANTO AO SEGUNDO, ASSIM SE PROCEDE: parece que **não** se distingue a virtude moral da intelectual.

1. Com efeito, no dizer de Agostinho, "a virtude é a arte de viver retamente". Ora, a arte é virtude intelectual. Logo, a virtude moral não se distingue da intelectual.

7. Q. 9, a. 1.
8. Q. 13, a. 1.
9. C. 1: 192, b, 21-22.

2 PARALL.: III *Sent.*, dist. 23, q. 1, a. 4, q.la 2; *De Virtut.*, q. 1, a. 12; I *Ethic.*, lect. 20.

1. L. IV, c. 21; l. XXII, c. 24, n. 3: ML 41, 128, 789.

b. Observemos, mais uma vez, que, nessa concepção da moral, as virtudes são vivenciadas na afetividade humana, os seus desejos e aversões, motivações, prazeres e tristezas. É, com efeito, a afetividade, inteligente e sensível, que "coloca em movimento" as outras potências de agir, e permite ao homem, desse modo, realizar-se.

c. Escolher é fazer seus, deliberadamente, o fim desejado e os chamados fins secundários, que não são mais do que as etapas do primeiro. É o que as virtudes morais possibilitam, uma vez que são os *habitus* da afetividade.

2. PRAETEREA, plerique in definitione virtutum moralium ponunt scientiam: sicut quidam definiunt quod perseverantia est *scientia vel habitus eorum quibus est immanendum vel non immanendum*; et sanctitas est *scientia faciens fideles et servantes quae ad Deum iusta*. Scientia autem est virtus intellectualis. Ergo virtus moralis non debet distingui ab intellectuali.

3. PRAETEREA, Augustinus dicit, in I *Soliloq.*[2], quod *virtus est recta et perfecta ratio*. Sed hoc pertinet ad virtutem intellectualem, ut patet in VI *Ethic.*[3]. Ergo virtus moralis non est distincta ab intellectuali.

4. PRAETEREA, nihil distinguitur ab eo quod in eius definitione ponitur. Sed virtus intellectualis ponitur in definitione virtutis moralis: dicit enim Philosophus, in II *Ethic.*[4], quod *virtus moralis est habitus electivus existens in medietate determinata ratione, prout sapiens determinabit*. Huiusmodi autem recta ratio determinans medium virtutis moralis, pertinet ad virtutem intellectualem, ut dicitur in VI *Ethic.*[5]. Ergo virtus moralis non distinguitur ab intellectuali.

SED CONTRA est quod dicitur in I *Ethic.*[6]: *Determinatur virtus secundum differentiam hanc: dicimus enim harum has quidem intellectuales, has vero morales*.

RESPONDEO dicendum quod omnium humanorum operum principium primum ratio est: et quaecumque alia principia humanorum operum inveniantur, quodammodo rationi obediunt; diversimode tamen. Nam quaedam rationi obediunt omnino ad nutum, absque omni contradictione: sicut corporis membra, si fuerint in sua natura consistentia; statim enim ad imperium rationis, manus aut pes movetur ad opus. Unde Philosophus dicit, in I *Polit.*[7], quod *anima regit corpus despotico principatu*, idest sicut dominus servum, qui ius contradicendi non habet. Posuerunt igitur quidam quod omnia principia activa quae sunt in homine, hoc modo se habent ad rationem. Quod quidem si verum esset, sufficeret quod ratio esset perfecta, ad bene agendum. Unde, cum virtus sit habitus quo perficimur ad bene agendum, sequeretur quod in sola ratione esset: et sic nulla virtus esset nisi

2. ALÉM DISSO, a maioria dos autores inclui a ciência na definição das virtudes morais. Alguns, por exemplo, definem a perseverança como "a ciência ou o hábito das coisas em que devemos ou não nos deter"; e a santidade como "a ciência que nos torna fiéis respeitadores dos deveres para com Deus". Ora, a ciência é virtude intelectual. Logo não se deve distinguir a virtude moral da intelectual.

3. ADEMAIS, afirma Agostinho que "a virtude é a razão reta e perfeita". Ora, isso é próprio da virtude intelectual, como consta claramente no livro VI da *Ética*. Logo, a virtude moral não é distinta da intelectual.

4. ADEMAIS, nada se distingue do que se afirma em sua definição. Ora, a virtude intelectual se afirma na definição da virtude moral, pois o Filósofo diz que "a virtude moral é um hábito eletivo que consiste no meio termo determinado pela razão, como o sábio o faria". Essa razão reta que fixa o meio termo da virtude moral pertence à virtude intelectual, como diz o livro VI da *Ética*. Logo, a virtude moral não se distingue da intelectual.

EM SENTIDO CONTRÁRIO, diz o livro I da *Ética*: "As virtudes se definem por esta diferença: chamamos umas intelectuais; outras, morais."

RESPONDO. O princípio primeiro de todas as obras humanas é a razão e qualquer outro princípio delas obedece, de alguma forma, à razão, embora de maneiras diversas. Alguns há que lhe obedecem totalmente, ao menor sinal, sem resistência alguma, como, por exemplo, os membros do corpo, quando em seu estado natural, ao comando da razão, imediatamente a mão ou o pé se movem. Por isso, o Filósofo diz que "a alma governa o corpo com poder despótico", isto é, como um senhor faz com o escravo, que não tem direito de contradizê-lo. Assim, houve quem afirmasse que todos os princípios ativos existentes no homem se comportam dessa forma com a razão. Mas se fosse assim, bastaria, para agirmos bem, que a razão fosse perfeita e, como a virtude é um hábito que nos aperfeiçoa para agirmos corretamente, ela estaria apenas na razão e, portanto, toda virtude

2. C. 6, n. 13: ML 32, 876.
3. C. 13: 1144, b, 21-24.
4. C. 6: 1106, b, 36-1107, a, 2.
5. C. 13: 1144, b, 21-24.
6. C. 13: 1103, a, 5.
7. C. 2: 1254, b, 4-5.

intellectualis. Et haec fuit opinio Socratis, qui dixit *omnes virtutes esse prudentias*, ut dicitur in VI *Ethic.*[8]. Unde ponebat quod homo, scientia in eo existente, peccare non poterat; sed quicumque peccabat, pecabat propter ignorantiam.

Hoc autem procedit ex suppositione falsi. Pars enim appetitiva obedit rationi non omnino ad nutum, sed cum aliqua contradictione: unde Philosophus dicit, in I *Polit.*[9], quod *ratio imperat appetitivae principatu politico*, quo scilicet aliquis praeest liberis, qui habent ius in aliquo contradicendi. Unde Augustinus dicit, *super Psalm.*[10], quod *interdum praecedit intellectus, et sequitur tardus aut nullus affectus*: intantum quod quandoque passionibus vel habitibus appetitivae partis hoc agitur, ut usus rationis in particulari impediatur. Et secundum hoc, aliqualiter verum est quod Socrates dixit, quod scientia praesente, non peccatur: si tamen hoc extendatur usque ad usum rationis in particulari eligibili.

Sic igitur ad hoc quod homo bene agat, requiritur quod non solum ratio sit bene disposita per habitum virtutis intellectualis; sed etiam quod vis appetitiva sit bene disposita per habitum virtutis moralis. Sicut igitur appetitus distinguitur a ratione, ita virtus moralis distinguitur ab intellectuali. Unde sicut appetitus est principium humani actus secundum quod participat aliqualiter rationem, ita habitus moralis habet rationem virtutis humanae, inquantum rationi conformatur.

AD PRIMUM ergo dicendum quod Augustinus communiter accipit artem, pro qualibet recta ratione. Et sic sub arte includitur etiam prudentia, quae ita est recta ratio agibilium, sicut ars est recta ratio factibilium. Et secundum hoc, quod dicit quod virtus est ars recte vivendi, essentialiter convenit prudentiae: participative autem aliis virtutibus, prout secundum prudentiam diriguntur.

seria intelectual. Pensava assim Sócrates, para quem "todas as virtudes são formas de prudência" como diz o livro da *Ética*. Por isso afirmava que o homem dotado de conhecimento não podia pecar e os que pecam o fazem por ignorância.

Isso procede de um pressuposto falso, porque a parte apetitiva obedece à razão não ao menor aceno, mas com certa resistência[d]. Razão por que o Filósofo diz que "a razão rege a potência apetitiva com poder político", tal qual se governam as pessoas livres, que têm certos direitos de oposição. E, por isso, diz Agostinho que "às vezes, o intelecto toma a dianteira e os sentimentos tardam a segui-lo ou não o seguem", porque, não raro, as paixões ou os hábitos da parte apetitiva impedem o uso da razão, num caso particular. E nesse sentido é, até certo ponto, verdade, o que Sócrates diz que havendo conhecimento não há pecado, contanto que esse conhecimento se estenda ao uso da razão no caso de uma opção em particular.

Assim, pois, para agir bem é necessário que não só a razão esteja bem disposta pelo hábito da virtude intelectual, mas que a potência apetitiva também o esteja pelo hábito da virtude moral. Portanto, tal como o apetite se distingue da razão, assim também a virtude moral se distingue da intelectual. E como o apetite é princípio dos atos humanos enquanto participa, de algum modo, da razão, assim o hábito moral tem a razão de virtude humana, na medida em que se conforma com a razão.

QUANTO AO 1º, portanto, deve-se dizer que em geral, Agostinho toma a arte no sentido de toda razão reta. E assim a arte inclui também a prudência, que é a razão reta do agir, como a arte é a razão reta do que devemos produzir. Nesse sentido, a afirmação dele de que a virtude é a arte de bem viver, aplica-se essencialmente à prudência e, a título participativo, às outras virtudes, enquanto dirigidas pela prudência.

8. C. 13: 1144, b, 19-20.
9. C. 2: 1254, b, 4-5.
10. *Super Psalm.* 118, serm. 8, n. 4: ML 37, 1522.

d. Enfim, pensarão alguns, é feita uma alusão às resistências da paixões ao domínio do desejo-refletido! Tais resistências são bem conhecidas de nosso autor. Ele já observou que elas são mais fortes entre as crianças e adolescentes, pois é-lhes "natural" buscar o prazer pelo prazer (I-II, q. 4, a. 2, r. 2; q. 34, a. 1, r. 1, entre outras, e Ética a Nicômaco, VII 4, 1154 b 5-14). É o caso também, observa Aristóteles nessa mesma passagem, dos "apaixonados" e da maior parte dos homens que, "não podendo alcançar as alegrias do espírito", mergulham nos prazeres sensíveis, que lhes são melhor conhecidos (I-II, q. 31, a. 5, r. 1). O teólogo vê aí a consequência do pecado original, cujos efeitos Sto. Tomás especifica, escrevendo: "Quando se rompeu o vínculo da justiça original, que continha em ordem todas as potências da alma, cada uma dessas potências se entregou a seu próprio movimento, e com tanto mais veemência quanto mais forte ela fosse" (I-II, q. 82, a. 4, r. 1).

AD SECUNDUM dicendum quod tales definitiones, a quibuscumque inveniantur datae, processerunt ex opinione Socratica: et sunt exponendae eo modo quo de arte praedictum est[11].

Et similiter dicendum est AD TERTIUM.

AD QUARTUM dicendum quod recta ratio, quae est secundum prudentiam, ponitur in definitione virtutis moralis, non tanquam pars essentiae eius: sed sicut quiddam participatum in omnibus virtutibus moralibus, inquantum prudentia dirigit omnes virtutes morales.

QUANTO AO 2º, deve-se dizer que aquelas definições, quaisquer que sejam os seus autores, procederam da opinião de Sócrates e devem ser interpretadas como se fez com a arte.

QUANTO AO 3º, deve-se dizer que o mesmo vale para a terceira objeção.

QUANTO AO 4º, deve-se dizer que a reta razão que obedece à prudência é afirmada na definição da virtude moral, não como parte essencial dela, mas como algo participado por todas virtudes morais, enquanto a prudência as dirige todas.

ARTICULUS 3

Utrum sufficienter virtus dividatur per moralem et intellectualem

AD TERTIUM SIC PROCEDITUR. Videtur quod virtus humana non sufficienter dividatur per virtutem moralem et intellectualem.

1. Prudentia enim videtur esse aliquid medium inter virtutem moralem et intellectualem: connumeratur enim virtutibus intellectualibus in IV *Ethic*[1]; et etiam ab omnibus communiter connumeratur inter quatuor virtutes cardinales, quae sunt morales, ut infra[2] patebit. Non ergo sufficienter dividitur virtus per intellectualem et moralem, sicut per immediata.

2. PRAETEREA, continentia et perseverantia, et etiam patientia, non computantur inter virtutes intellectuales. Nec etiam sunt virtutes morales: quia non tenent medium in passionibus, sed abundant in eis passiones. Non ergo sufficienter dividitur virtus per intellectuales et morales.

3. PRAETEREA, fides, spes et caritas quaedam virtutes sunt. Non tamen sunt virtutes intellectuales: hae enim solum sunt quinque, scilicet scientia, sapientia, intellectus, prudentia et ars, ut dictum est[3]. Nec etiam sunt virtutes morales: quia non sunt circa passiones, circa quas maxime est moralis virtus. Ergo virtus non sufficienter dividitur per intellectuales et morales.

SED CONTRA est quod Philosophus dicit, in II *Ethic.*[4], *duplicem esse virtutem, hanc quidem intellectualem, illam autem moralem.*

ARTIGO 3

É suficiente dividir a virtude em moral e intelectual?

QUANTO AO TERCEIRO, ASSIM SE PROCEDE: parece que **não** é suficiente dividir a virtude humana em virtude moral e intelectual.

1. Com efeito, a prudência é vista como intermediária entre a virtude moral e a intelectual. No livro IV da *Ética* é enumerada entre as virtudes intelectuais e também é enumerada comumente por atos entre as quatro virtudes cardeais, que são morais, como se dirá mais abaixo. Logo, a virtude não se divide suficiente e imediatamente em intelectual e moral.

2. ALÉM DISSO, a continência, a perseverança e também a paciência não são incluídas entre as virtudes intelectuais. E também não são virtudes morais, porque nelas as paixões não são moderadas, mas intensas. Logo, não é suficiente dividir a virtude em intelectuais e morais.

3. ADEMAIS, a fé, a esperança e a caridade são virtudes. Não são, porém, virtudes intelectuais, porque estas são apenas cinco, a saber: ciência, sabedoria, intelecto, prudência e arte, como foi dito. Nem são virtudes morais, pois não têm por objeto as paixões, a respeito das quais principalmente trata a virtude moral. Logo, a distinção em virtude intelectual e virtude moral não é suficiente.

EM SENTIDO CONTRÁRIO, afirma o Filósofo: "Há duas espécies de virtude: uma intelectual, outra moral".

11. In resp. ad 1.

3

1. Cc. 3; 5: 1139, b, 16-17; 1140, b, 28-30. — Cfr. I, 13: 1103, a, 5-6.
2. Q. 61, a. 1.
3. Q. 57, a. 2, 3, 5.
4. C. 1: 1103, a, 14-15.

RESPONDEO dicendum quod virtus humana est quidam habitus perficiens hominem ad bene operandum. Principium autem humanorum actuum in homine non est nisi duplex, scilicet intellectus sive ratio, et appetitus: haec enim sunt duo moventia in homine, ut dicitur in III *de Anima*[5]. Unde omnis virtus humana oportet quod sit perfectiva alicuius istorum principiorum. Si quidem igitur sit perfectiva intellectus speculativi vel practici ad bonum hominis actum, erit virtus intellectualis: si autem sit perfectiva appetitivae partis, erit virtus moralis. Unde relinquitur quod omnis virtus humana vel est intellectualis vel moralis.

AD PRIMUM ergo dicendum quod prudentia, secundum essentiam suam, est intellectualis virtus. Sed secundum materiam, convenit cum virtutibus moralibus: est enim recta ratio agibilium, ut supra[6] dictum est. Et secundum hoc, virtutibus moralibus connumeratur.

AD SECUNDUM dicendum quod continentia et perseverantia non sunt perfectiones appetitivae virtutis sensitivae. Quod ex hoc patet, quod in continente et perseverante superabundant inordinatae passiones: quod non esset, si appetitus sensitivus esset perfectus aliquo habitu conformante ipsum rationi. Est autem continentia, seu perseverantia, perfectio rationalis partis, quae se tenet contra passiones ne deducatur. Deficit tamen a ratione virtutis: quia virtus intellectiva quae facit rationem se bene habere circa moralia, praesupponit appetitum rectum finis, ut recte se habeat circa principia, idest fines, ex quibus ratiocinatur; quod continenti et perseveranti deest. — Neque etiam potest esse perfecta operatio quae a duabus potentiis procedit, nisi utraque potentia perficiatur per debitum habitum: sicut non sequitur perfecta actio alicuius agentis per instrumentum, si instrumentum non sit bene dispositum, quantumcumque principale agens sit perfectum. Unde si appetitus sensitivus, quem movet rationalis pars, non sit perfectus; quantumcumque rationalis pars sit perfecta, actio consequens non erit perfecta. Unde nec principium actionis erit virtus. — Et propter hoc, continentia a delectationibus, et perseverantia a tristitiis, non

RESPONDO. A virtude humana é um hábito que aperfeiçoa o homem, para proceder bem. Ora, os atos humanos só têm dois princípios, ou seja, o intelecto ou razão e o apetite. São eles, como se diz no livro III da *Alma*, os dois motores do homem. É preciso, pois, que toda virtude humana aperfeiçoe um desses dois princípios. Se for virtude que aperfeiçoa o intelecto especulativo ou prático para o bom agir do homem, a virtude será intelectual; se aperfeiçoar a potência apetitiva, será virtude moral, donde se conclui que toda virtude humana é intelectual ou moral.

QUANTO AO 1º, portanto, deve-se dizer que a prudência é uma virtude essencialmente intelectual, mas por sua matéria é comum com as virtudes morais, porque, segundo já se disse, é a reta razão do agir. Nesse sentido, é enumerada entre as virtudes morais.

QUANTO AO 2º, deve-se dizer que a continência e a perseverança não são perfeições do apetite sensitivo[e], o que é claro porque no que é continente e perseverante abundam as paixões desordenadas, o que não aconteceria se o apetite sensitivo fosse aperfeiçoado por algum hábito que o conformasse com a razão. A continência, contudo, ou a perseverança, é uma perfeição da parte racional, que resiste às paixões, para não ser por elas subjugada. Falta-lhe algo da razão de virtude, pois a virtude intelectual que leva a razão a comportar-se retamente em relação com os atos morais, pressupõe o apetite reto do fim, para poder haver-se retamente em relação com os princípios ou fins, nos quais se baseia para raciocinar e isso falta ao continente e ao perseverante. — Por outro lado, também não pode ser perfeita uma ação decorrente de duas potências, se cada uma delas não for aperfeiçoada pelo hábito devido, assim como se alguém usa determinado instrumento, sua ação não será perfeita se o instrumento não for bem disposto, por mais perfeito que seja o agente principal. Consequentemente, se o apetite sensitivo, movido pela parte racional, não for perfeito, por maior que seja a perfeição desta, não

5. C. 10: 433, a, 9-13; 21-26.
6. Q. 57, a. 4.

e. Sto. Tomás se explicará de modo mais detalhado ao tratar da continência (II-II, q. 155) e da perseverança (II-II, q. 137), que são para ele virtudes imperfeitas. Isto porquê, se o desejo-refletido está correto, ele não é suficientemente eficaz em sua influência sobre as paixões para que, em seu próprio movimento, elas participem por si mesmas e segundo a sua própria natureza, no movimento da razão (ver III Sent. D. 24.1.c.; *De Virtutibus in communi* I, c.4, sol. 15). Por isso, elas permanecem "desordenadas", não finalizadas pelo bem racional (ver a. 3, r. 2). Há um conflito, uma vez que há uma dualidade de desejos (ver II-II, q. 155, a. 3, r. 1).

sunt virtutes, sed aliquid minus virtute, ut Philosophus dicit, in VII *Ethic.*[7].

AD TERTIUM dicendum quod fides, spes et caritas sunt supra virtutes humanas: sunt enim virtutes hominis prout est factus particeps divinae gratiae.

será perfeita a ação que dela provier. E, portanto, nem será virtude o princípio dessa ação. — Logo, a continência nos prazeres e a perseverança nas tribulações não são virtudes, mas algo inferior à virtude, diz o Filósofo.

QUANTO AO 3º, deve-se dizer que a fé, a esperança e a caridade estão acima das virtudes humanas. São virtudes do homem chamado a participar da graça divina.

ARTICULUS 4
Utrum moralis virtus possit esse sine intellectuali

AD QUATRUM SIC PROCEDITUR. Videtur quod virtus moralis possit esse sine intellectuali.

1. Virtus enim moralis, ut dicit Tullius[1], est *habitus in modum naturae, rationi consentaneus*. Sed natura etsi consentiat alicui superiori rationi moventi, non tamen oportet quod illa ratio naturae coniungatur in eodem: sicut patet in rebus naturalibus cognitione carentibus. Ergo potest esse in homine virtus moralis in modum naturae, inclinans ad consentiendum rationi, quamvis illius hominis ratio non sit perfecta per virtutem intellectualem.

2. PRAETEREA, per virtutem intellectualem homo consequitur rationis usum perfectum. Sed quandoque contingit quod aliqui in quibus non multum viget usus rationis, sunt virtuosi et Deo accepti. Ergo videtur quod virtus moralis possit esse sine virtute intellectuali.

3. PRAETEREA, virtus moralis facit inclinationem ad bene operandum. Sed quidam habent naturalem inclinationem ad bene operandum, etiam absque rationis iudicio. Ergo virtutes morales possunt esse sine intellectuali.

SED CONTRA est quod Gregorius dicit, in XXII *Moral.*[2], quod *ceterae virtutes, nisi ea quae appetunt, prudenter agant, virtutes esse nequaquam possunt*. Sed prudentia est virtus intellectualis, ut supra[3] dictum est. Ergo virtutes morales non possunt esse sine intellectualibus.

RESPONDEO dicendum quod virtus moralis potest quidem esse sine quibusdam intellectualibus

ARTIGO 4
A virtude moral pode existir sem a virtude intelectual?

QUANTO AO QUARTO, ASSIM SE PROCEDE: parece que a virtude moral **pode** existir sem a virtude intelectual.

1. Com efeito, como diz Cícero, a virtude moral "é um hábito que se conforma com a razão, a modo de natureza". Ora, a natureza embora se conforme com uma razão superior que a move, não é necessário que essa razão se una à natureza no mesmo sujeito, como se vê nas coisas naturais privadas de razão. Logo, pode haver no homem uma virtude moral, a modo de natureza, inclinando-o a se submeter à razão, embora seja sua razão não aperfeiçoada por uma virtude intelectual.

2. ALÉM DISSO, pela virtude intelectual o homem alcança o uso perfeito da razão. Ora, às vezes acontece que alguns com diminuto uso da razão são virtuosos e amados de Deus. Logo, parece que a virtude moral pode existir sem a virtude intelectual.

3. ADEMAIS, a virtude moral inclina a bem agir. Ora, alguns tem uma inclinação natural a bem agir, mesmo sem o juízo da razão. Logo, as virtudes morais podem existir sem a virtude intelectual.

EM SENTIDO CONTRÁRIO, Gregório afirma que "as outras virtudes simplesmente não podem ser virtudes, se não realizarem com prudência o que desejam". Ora, a prudência é virtude intelectual, como acima foi dito. Logo, as virtudes morais não podem existir sem as intelectuais.

RESPONDO. Em verdade, a virtude moral pode existir sem certas virtudes intelectuais, como a

7. Cc. 1, 11: 1145, b, 1-2; 1151, b, 32.

4 PARALL.: Infra, q. 65, a. 1; *De Virtut.*, q. 5, a. 2; *Quodlib.* XII, q. 15, a. 1; VI *Ethic.*, lect. 10, 11.

1. L. II, c. 53: ed. Müller, Lipsiae 1908, p. 230, ll. 2-3.
2. C. 1: ML 76, 212 CD.
3. A. praec., ad 1; q. 57, a. 5.

virtutibus, sicut sine sapientia, scientia et arte: non autem potest esse sine intellectu et prudentia. Sine prudentia quidem esse non potest moralis virtus, quia moralis virtus est habitus electivus, idest faciens bonam electionem. Ad hoc autem quod electio sit bona, duo requiruntur. Primo, ut sit debita intentio finis: et hoc fit per virtutem moralem, quae vim appetitivam inclinat ad bonum conveniens rationi, quod est finis debitus. Secundo, ut homo recte accipiat ea quae sunt ad finem: et hoc non potest esse nisi per rationem recte consiliantem, iudicantem et praecipientem; quod pertinet ad prudentiam et ad virtutes sibi annexas, ut supra[4] dictum est. Unde virtus moralis sine prudentia esse non potest.

Et per consequens nec sine intellectu. Per intellectum enim cognoscuntur principia naturaliter nota, tam in speculativis quam in operativis. Unde sicut recta ratio in speculativis, inquantum procedit ex principiis naturaliter cognitis, praesupponit intellectum principiorum; ita etiam prudentia, quae est recta ratio agibilium.

AD PRIMUM ergo dicendum quod inclinatio naturae in rebus carentibus ratione, est absque electione: et ideo talis inclinatio non requirit ex necessitate rationem. Sed inclinatio virtutis moralis est cum electione: et ideo ad suam perfectionem indiget quod sit ratio perfecta per virtutem intellectualem.

AD SECUNDUM dicendum quod in virtuoso non oportet quod vigeat usus rationis quantum ad omnia: sed solum quantum ad ea quae sunt agenda secundum virtutem. Et sic usus rationis viget in omnibus virtuosis. Unde etiam qui videntur simplices, eo quod carent mundana astutia, possunt esse prudentes: secundum illud Mt 10,16: *Estote prudentes sicut serpentes, et simplices sicut columbae*.

AD TERTIUM dicendum quod naturalis inclinatio ad bonum virtutis, est quaedam inchoatio virtutis: non autem est virtus perfecta. Huiusmodi enim inclinatio, quanto est fortior, tanto potest esse periculosior, nisi recta ratio adiungatur, per quam fiat recta electio eorum quae conveniunt ad debitum finem: sicut equus currens, si sit caecus, tanto fortius impingit et laeditur, quanto fortius currit. Et ideo, etsi virtus moralis non sit ratio recta, ut

sabedoria, a ciência e a arte. Não, porém, sem o intelecto e a prudência. Sem a prudência, não pode haver, realmente, virtude moral, já que esta é um hábito eletivo, isto é, que faz escolhas certas. Ora, para uma boa escolha, duas coisas se exigem: primeiro, que haja a devida intenção do fim, o que se faz pela virtude moral, que inclina a potência apetitiva para o bem conveniente com a razão, que é o fim devido. Segundo, que se usem corretamente os meios e isso só se alcança por uma razão que saiba aconselhar, julgar e decidir bem, o que é próprio da prudência e de virtudes a ela conexas, como acima foi dito. Logo, a virtude moral não pode existir sem a prudência.

Por consequência, também não poderá haver virtude moral sem o intelecto, pois é por ele que são conhecidos os princípios naturalmente evidentes, seja na ordem especulativa seja na prática. Assim, da mesma forma que a razão reta, na ordem especulativa, enquanto procede de princípios naturalmente conhecidos, pressupõe o intelecto deles, assim também a prudência, que é a razão reta do agir.

QUANTO AO 1º, portanto, deve-se dizer que a inclinação natural, nas coisas privadas de razão, é sem escolha e, por isso, não requer, necessariamente, a razão. A inclinação da virtude moral, ao contrário, é com escolha e, por causa disso, precisa, para sua própria perfeição, que a razão seja aperfeiçoada pela virtude intelectual.

QUANTO AO 2º, deve-se dizer que no homem virtuoso, não é necessário que o uso da razão seja vigente sob todos os aspectos, mas só em relação com o que ele deve fazer virtuosamente. E assim o uso da razão é vigente em todos os virtuosos. Donde, até aqueles que parecem simples, porque desprovidos da astúcia do mundo, podem ser prudentes, conforme a palavra do Evangelho de Mateus: "Sede prudentes como as serpentes e simples como as pombas".

QUANTO AO 3º, deve-se dizer que a natural inclinação ao bem da virtude é o começo desta, mas não é a virtude perfeita, pois quanto mais forte essa inclinação, tanto mais perigosa pode ser, se não se lhe ajuntar a razão reta, pela qual se escolhem corretamente os meios convenientes ao fim devido, assim como um cavalo cego correndo, tanto mais topadas e ferimentos terá, quanto mais impetuosamente correr. Portanto, embora a

4. Q. 57, a. 5, 6.

Socrates dicebat[5]; non tamen solum est *secundum rationem rectam*, inquantum inclinat ad id quod est secundum rationem rectam, ut Platonici posuerunt; sed etiam oportet quod sit *cum ratione recta*, ut Aristoteles dicit, in VI *Ethic.*[6].

virtude moral não seja a razão reta, como entendia Sócrates, também ela não é somente "segundo a razão reta", no sentido em que ela inclina para o que é segundo essa razão, como afirmaram os platônicos, mas é necessário, além disso, que seja "com a razão reta", como diz Aristóteles.

Articulus 5
Utrum intellectualis virtus possit esse sine morali

Ad quintum sic proceditur. Videtur quod virtus intellectualis possit esse sine virtute morali.

1. Perfectio enim prioris non dependet a perfectione posterioris. Sed ratio est prior appetitu sensitivo, et movens ipsum. Ergo virtus intellectualis, quae est perfectio rationis, non dependet a virtute morali, quae est perfectio appetitivae partis. Potest ergo esse sine ea.

2. Praeterea, moralia sunt materia prudentiae, sicut factibilia sunt materia artis. Sed ars potest esse sine propria materia: sicut faber sine ferro. Ergo et prudentia potest esse sine virtutibus moralibus, quae tamen inter omnes intellectuales virtutes, maxime moralibus coniuncta videtur.

3. Praeterea, *prudentia est virtus bene consiliativa*, ut dicitur in VI *Ethic.*[1]. Sed multi bene consiliantur, quibus tamen virtutes morales desunt. Ergo prudentia potest esse sine virtute morali.

Sed contra, velle malum facere opponitur directe virtuti morali; non autem opponitur alicui quod sine virtute morali esse potest. Opponitur autem prudentiae quod *volens peccet*, ut dicitur in VI *Ethic.*[2]. Non ergo prudentia potest esse sine virtute morali.

Respondeo dicendum quod aliae virtutes intellectuales sine virtute morali esse possunt: sed prudentia sine virtute morali esse non potest. Cuius ratio est, quia prudentia est recta ratio agibilium; non autem solum in universali, sed etiam in particulari, in quibus sunt actiones. Recta autem ratio praeexigit principia ex quibus ratio procedit.

Artigo 5
A virtude intelectual pode existir sem a virtude moral?

Quanto ao quinto, assim se procede: parece que a virtude intelectual **pode** existir sem a virtude moral.

1. Com efeito, a perfeição do que vem antes não depende do que vem depois. Ora, a razão é anterior ao apetite sensitivo e é ela que o move. Logo, a virtude intelectual, que é a perfeição da razão, não depende da virtude moral, perfeição da parte apetitiva, podendo, pois, existir sem ela.

2. Além disso, as coisas da vida moral constituem a matéria da prudência, assim como as coisas que podemos produzir são matéria da arte. Ora, pode existir arte sem matéria própria, como o ferreiro pode existir sem o ferro. Logo, também a prudência pode existir sem as virtudes morais, embora, entre todas as virtudes intelectuais, pareça ser ela a mais vinculada às virtudes morais.

3. Ademais, "A prudência é a virtude do bom aconselhamento", conforme se diz no livro VI da *Ética*. Ora, muitos são os bons conselheiros carentes de virtudes morais. Logo, a prudência pode existir sem estas.

Em sentido contrário, fazer o mal voluntariamente é algo diretamente oposto à virtude moral, mas não se opõe àquele que pode existir sem a virtude moral. Ora, o que voluntariamente peca se opõe à prudência, como está no livro VI da *Ética*. Logo, a prudência não pode existir sem a virtude moral.

Respondo. Outras virtudes intelectuais, que não a prudência, podem existir sem a virtude moral. E a razão disso é que a prudência é a reta razão do agir e não só de modo geral, mas também em particular, no que se exerce a ação. Ora, a reta razão pressupõe princípios, a partir dos quais procede. Mas é necessário que a razão, em relação com

5. Cfr. a. 2.
6. C. 13: 1144, b, 21.

5 Parall.: Infra, q. 65, a. 1; *De Virtut.*, q. 5, a. 2; *Quodlib.* XII, q. 15, a. 1; VI *Ethic.*, lect. 10.

1. Cc. 5, 8, 10: 1140, a, 25-28; 1141, b, 10; 1142, b, 31-32.
2. C. 5: 1140, b, 22-25.

Oportet autem rationem circa particularia procedere non solum ex principiis universalibus, sed etiam ex principiis particularibus. Circa principia quidem universalia agibilium, homo recte se habet per naturalem intellectum principiorum, per quem homo cognoscit quod nullum malum est agendum; vel etiam per aliquam scientiam practicam. Sed hoc non sufficit ad recte ratiocinandum circa particularia. Contingit enim quandoque quod huiusmodi universale principium cognitum per intellectum vel scientia, corrumpitur in particulari per aliquam passionem: sicut concupiscenti, quando concupiscentia vincit, videtur hoc esse bonum quod concupiscit, licet sit contra universale iudicium rationis. Et ideo, sicut homo disponitur ad recte se habendum circa principia universalia, per intellectum naturalem vel per habitum scientiae; ita ad hoc quod recte se habeat circa principia particularia agibilium, quae sunt fines, oportet quod perficiatur per aliquos habitus secundum quos fiat quodammodo homini connaturale recte iudicare de fine. Et hoc fit per virtutem moralem: virtuosus enim recte iudicat de fine virtutis, quia *qualis unusquisque est, talis finis videtur ei*, ut dicitur in III *Ethic.*[3]. Et ideo ad rectam rationem agibilium, quae est prudentia, requiritur quod homo habeat virtutem moralem.

AD PRIMUM ergo dicendum quod ratio, secundum quod est apprehensiva finis, praecedit appetitum finis: sed appetitus finis praecedit rationem ratiocinantem ad eligendum ea quae sunt ad finem, quod pertinet ad prudentiam. Sicut etiam in speculativis, intellectus principiorum est principium rationis syllogizantis.

AD SECUNDUM dicendum quod principia artificialium non diiudicantur a nobis bene vel male secundum dispositionem appetitus nostri, sicut fines, qui sunt moralium principia: sed solum per considerationem rationis. Et ideo ars non requirit virtutem perficientem appetitum, sicut requirit prudentia.

AD TERTIUM dicendum quod prudentia non solum est bene consiliativa, sed etiam bene iudicativa et bene praeceptiva. Quod esse non potest,

os casos particulares, proceda a partir não só de princípios gerais, mas também de princípios particulares. Em relação aos princípios gerais do agir, o homem se regula naturalmente pelo intelecto dos princípios pelo qual o homem conhece que não se deve praticar nenhum mal, ou também por algum conhecimento prático. Isso, porém, não basta para avaliar retamente cada situação em particular[f], pois acontece, às vezes, que o princípio universal, conhecido pelo intelecto ou pela ciência, se obscurece, em certos casos, por alguma paixão. É assim que ao concupiscente, quando a concupiscência vence, parece bom o que deseja, embora isso se oponha ao juízo universal da razão. Eis por que, assim como nos dispomos a proceder retamente, em relação aos princípios universais, pelo intelecto naturalmente, ou pela ciência habitual, assim também, para nos dispormos bem em relação aos princípios particulares de nossas ações, que são os fins, é preciso que sejamos aperfeiçoados por certos hábitos que, de alguma forma, nos tornam conatural o correto julgamento do fim. E isso se faz pela virtude moral, porque o virtuoso julga retamente sobre o fim da virtude, de acordo com o livro III da *Ética*[g]: "O fim se afigura a cada um conforme o que ele próprio é". Logo, a razão reta do agir, ou seja, a prudência, exige que o homem tenha a virtude moral.

QUANTO AO 1º, portanto, deve-se dizer que a razão, enquanto toma conhecimento do fim, precede o apetite dele, mas o apetite do fim precede a razão que raciocina para escolher os meios e isso é próprio da prudência. Da mesma forma, em matéria especulativa, o intelecto dos princípios é o princípio da razão raciocinante.

QUANTO AO 2º, deve-se dizer que em matéria de arte, não julgamos os princípios como bons ou como maus, segundo as disposições do nosso apetite, como se julgam os fins, que são os princípios da vida moral, mas só pela consideração da razão. E por isso é que a arte não exige uma virtude que aperfeiçoe o apetite, como o exige a prudência.

QUANTO AO 3º, deve-se dizer que a prudência não é só a virtude do bom conselho, mas também julga e ordena com acerto. Ora isso seria impossível se

3. C. 7: 1114, a, 32-b, 1.

f. Apreciem-se aqui os matizes assinalados no complexo jogo das virtudes intelectuais e morais, e sua unificação na prudência. Cabe a esta exercer-se na escolha dos fins e dos meios e em cada caso particular; é aí que a prudência pode ser falseada quando o desejo não ordenado pela influência da razão inventa motivos para se justificar.

g. Tema fundamental da ética de Aristóteles: o árbitro da virtude é o homem bom (op. cit., C 5, 1176 a 10-23), e o prazer que ele experimenta em agir bem serve de medida à moralidade: "O homem que não se regozija com as ações nobres não é sequer bom" (op. cit. I, 9, 1099 a 17).

nisi removeatur impedimentum passionum corrumpentium iudicium et praeceptum prudentiae; et hoc per virtutem moralem.

não se removessem os obstáculos das paixões que corrompem o juízo e a ordem da prudência e para tanto é necessária a virtude moral.

QUAESTIO LIX
DE COMPARATIONE VIRTUTIS MORALIS AD PASSIONEM

in quinque articulos divisa

Deinde considerandum est de distinctione moralium virtutum ad invicem. Et quia virtutes morales quae sunt circa passiones, distinguuntur secundum diversitatem passionum, oportet primo considerare comparationem virtutis ad passionem; secundo, distinctionem moralium virtutum secundum passiones.

Circa primum quaeruntur quinque.

Primo: utrum virtus moralis sit passio.
Secundo: utrum virtus moralis possit esse cum passione.
Tertio: utrum possit esse cum tristitia.
Quarto: utrum omnis virtus moralis sit circa passionem.
Quinto: utrum aliqua virtus moralis possit esse sine passione.

QUESTÃO 59
COMPARAÇÃO DA VIRTUDE MORAL COM A PAIXÃO

em cinco artigos

Devem-se considerar agora as diferenças das virtudes morais entre si. E, como essas virtudes que têm por matéria as paixões, se distinguem pela variedade destas, é necessário primeiro comparar virtudes com paixões e depois ver a distinção entre as virtudes morais e as paixões.

Sobre o primeiro, são cinco as perguntas:

1. A virtude moral é uma paixão?
2. A virtude moral pode coexistir com a paixão?
3. Com a tristeza?
4. Toda virtude moral está relacionada com paixão?
5. Uma virtude moral pode existir sem paixão?

ARTICULUS 1
Utrum virtus moralis sit passio

AD PRIMUM SIC PROCEDITUR. Videtur quod virtus moralis sit passio.

1. Medium enim est eiusdem generis cum extremis. Sed virtus moralis est medium inter passiones. Ergo virtus moralis est passio.

2. PRAETEREA, virtus et vitium, cum sint contraria sunt in eodem genere. Sed quaedam passiones vitia esse dicuntur, ut invidia et ira. Ergo etiam quaedam passiones sunt virtutes.

3. PRAETEREA, misericordia quaedam passio est: est enim tristitia de alienis malis, ut supra[1] dictum est. *Hanc* autem *Cicero, locutor egregius, non dubitavit appellare virtutem*; ut Augustinus dicit, in IX *de Civ. Dei*[2]. Ergo passio potest esse virtus moralis.

ARTIGO 1
A virtude moral é uma paixão?

QUANTO AO PRIMEIRO ARTIGO, ASSIM SE PROCEDE: parece que a virtude moral **é** uma paixão.

1. Com efeito, o meio é do mesmo gênero que os extremos. Ora, a virtude moral é o meio termo entre paixões. Logo, a virtude moral é uma paixão.

2. ALÉM DISSO, a virtude e o vício, embora opostos entre si, pertencem ao mesmo gênero. Ora, certas paixões, como a inveja e a ira, são consideradas vícios. Logo, há também paixões que são virtudes.

3. ADEMAIS, a misericórdia é uma paixão, pois, como acima foi dito, ela é a tristeza que sentimos pelos males alheios. Ora, nas palavras de Agostinho, "Cícero, orador famoso, não duvidou chamá-la de virtude". Logo, a paixão pode ser uma virtude moral.

1 PARALL.: III *Sent.*, dist. 23, q. 1, a. 3, q.la 2; II *Ethic.*, lect. 5.

1. Q. 35, a. 8.
2. C. 5: ML 41, 261.

SED CONTRA est quod dicitur in II *Ethic.*[3], quod *passiones neque virtutes sunt neque malitiae.*

RESPONDEO dicendum quod virtus moralis non potest esse passio. Et hoc patet triplici ratione. Primo quidem, quia passio est motus quidam appetitus sensitivi, ut supra[4] dictum est. Virtus autem moralis non est motus aliquis, sed magis principium appetitivi motus, habitus quidam existens. — Secundo, quia passiones ex seipsis non habent rationem boni vel mali. Bonum enim vel malum hominis est secundum rationem: unde passiones, secundum se consideratae, se habent et ad bonum et ad malum, secundum quod possunt convenire rationi vel non convenire. Nihil autem tale potest esse virtus: cum virtus solum ad bonum se habeat, ut supra[5] dictum est. — Tertio quia, dato quod aliqua passio se habeat solum ad bonum, vel solum ad malum, secundum aliquem modum; tamen motus passionis, inquantum passio est, principium habet in ipso appetitu, et terminum in ratione, in cuius conformitatem appetitus tendit. Motus autem virtutis est e converso, principium habens in ratione et terminum in appetitu, secundum quod a ratione movetur. Unde in definitione virtutis moralis dicitur, in II *Ethic.*[6], quod est *habitus electivus in medietate consistens determinata ratione, prout sapiens determinabit.*

AD PRIMUM ergo dicendum quod virtus, secundum suam essentiam, non est medium inter passiones: sed secundum suum effectum, quia scilicet inter passiones medium constituit.

AD SECUNDUM dicendum quod, si vitium dicatur habitus secundum quem quis male operatur, manifestum est quod nulla passio est vitium. Si vero dicatur vitium peccatum, quod est actus vitiosus, sic nihil prohibet passionem esse vitium, et e contrario concurrere ad actum virtutis; secundum quod passio vel contrariatur rationi, vel sequitur actum rationis.

AD TERTIUM dicendum quod misericordia dicitur esse virtus, idest virtutis actus, secundum quod *motus ille animi rationi servit: quando* scilicet *ita praebetur misericordia, ut iustitia conservetur, sive cum indigenti tribuitur, sive cum ignoscitur poenitenti*, ut Augustinus dicit ibidem. Si tamen

EM SENTIDO CONTRÁRIO, vem escrito no livro II da *Ética* que "as paixões não são nem virtudes nem vícios".

RESPONDO. Não pode a virtude moral ser paixão, por três razões. Em primeiro lugar, porque a paixão é um movimento do apetite sensitivo, como antes foi dito. Ora, a virtude moral, como hábito que é, não é um movimento e sim princípio do movimento apetitivo[a]. — Em segundo lugar, porque as paixões, em si mesmas, não são nem boas nem más, visto que o bem ou o mal do homem dependem da razão e, por isso, em si mesmas consideradas, se referem ao bem ou ao mal, segundo se adequem à razão ou não. Ora, a virtude não é nada disso, porque só se refere ao bem, como acima foi dito. — Em terceiro lugar, porque, supondo-se que uma paixão se refira de algum modo, só ao bem ou só ao mal, mesmo assim o movimento da paixão, enquanto paixão, tem seu princípio no apetite e seu termo na razão, à qual o apetite busca se conformar. O movimento da virtude, porém, tem movimento inverso: começa na razão e termina no apetite, enquanto movido pela razão. Daí a definição de virtude moral, no livro II da *Ética*: "Hábito eletivo que consiste no meio termo determinado pela razão, segundo o critério do sábio".

QUANTO AO 1º, portanto, deve-se dizer que em sua essência, a virtude não é meio termo entre as paixões, mas o é por seu efeito, ou seja, porque constitui o meio entre elas.

QUANTO AO 2º, deve-se dizer que se se toma o vício como o hábito do mal agir, é claro que nenhuma paixão é vício. Mas se se toma como pecado, isto é, como ato vicioso, nada impede que a paixão seja um vício ou, em sentido contrário, que concorra para o ato virtuoso, dependendo de ela seguir ou não a razão.

QUANTO AO 3º, deve-se dizer que a misericórdia é vista como virtude, isto é, como ato virtuoso, na medida em que "esse movimento do ânimo está a serviço da razão, ou seja, quando ela é praticada de tal modo que se preserve a justiça, seja oferecendo ajuda ao indigente, seja perdoando o arrependi-

3. C. 4: 1105, b, 28-31.
4. Q. 22, a. 3.
5. Q. 55, a. 3.
6. C. 6: 1106, b, 36-1107, a, 2.

a. Conforme já foi dito, e voltará a sê-lo no artigo seguinte, as paixões podem, sob a influência da razão, da qual elas participam, tornar-se a sede das virtudes. Deixadas a si mesmas, não podem tornar-se *habitus* virtuosos.

misericordia dicatur aliquis habitus quo homo perficitur ad rationabiliter miserendum, nihil prohibet misericordiam sic dictam esse virtutem. Et eadem est ratio de similibus passionibus.

do", como escreveu, na mesma obra, Agostinho. Todavia, se misericórdia é vista como um hábito que aperfeiçoa o homem para que se compadeça racionalmente, nada impede que a misericórdia assim entendida seja uma virtude[b]. E a mesma razão vale para as paixões semelhantes.

ARTICULUS 2

Utrum virtus moralis possit esse cum passione

AD SECUNDUM SIC PROCEDITUR. Videtur quod virtus moralis cum passione esse non possit.

1. Dicit enim Philosophus, in IV *Topic.*[1], quod *mitis est qui non patitur, patiens autem qui patitur et non deducitur*. Et eadem ratio est de omnibus virtutibus moralibus. Ergo omnis virtus moralis est sine passione.

2. PRAETEREA, virtus est quaedam recta habitudo animae, sicut sanitas corporis, ut dicitur in VII *Physic.*[2]: unde *virtus quaedam sanitas animae esse videtur*, ut Tullius dicit, in IV *de Tuscul. Quaest.*[3]. Passiones autem animae dicuntur *morbi quidam animae*, ut in eodem libro Tullius dicit. Sanitas autem non compatitur secum morbum. Ergo neque virtus compatitur animae passionem.

3. PRAETEREA, virtus moralis requirit perfectum usum rationis etiam in particularibus. Sed hoc impeditur per passiones: dicit enim Philosophus, in VI *Ethic.*[4], quod *delectationes corrumpunt existimationem prudentiae*; et Sallustius dicit, in *Catilinario*[5], quod *non facile verum perspicit animus, ubi illa officiunt*, scilicet animi passiones. Virtus ergo moralis non potest esse cum passione.

SED CONTRA est quod Augustinus dicit, in XIV *de Civ. Dei*[6]: *Si perversa est voluntas, perversos habebit hos motus*, scilicet passionum: *si autem recta est, non solum inculpabiles, verum etiam laudabiles erunt*. Sed nullum laudabile excluditur per virtutem moralem. Virtus ergo moralis non excludit passiones, sed potest esse cum ipsis.

ARTIGO 2

A virtude moral pode existir com a paixão?

QUANTO AO SEGUNDO, ASSIM SE PROCEDE: parece que a virtude moral **não** pode existir com a paixão.

1. Com efeito, o Filósofo diz que "manso é o que não sofre e paciente o que sofre, mas não se deixa dominar". E a mesma razão vale para todas as virtudes morais. Logo, toda virtude moral existe sem paixão.

2. ALÉM DISSO, a virtude é uma disposição reta da alma, como a saúde o é do corpo, conforme diz o livro VII da *Física*. Daí a palavra de Cícero: "A virtude parece ser a saúde da alma". Ora, diz ele na mesma obra que as paixões são como que "doenças da alma". Logo, como saúde e doença não são compatíveis entre si, a virtude também não é compatível com a paixão da alma.

3. ADEMAIS, a virtude moral requer o uso perfeito da razão, até nos casos particulares. Ora, as paixões criam obstáculos a isso, pois o Filósofo diz que "os prazeres destroem a ponderação da prudência" e Salústio acrescenta que "o espírito não capta facilmente a verdade, quando as paixões se interpõem". Logo, a virtude moral não coexiste com a paixão.

EM SENTIDO CONTRÁRIO, diz Agostinho: "A vontade perversa terá movimentos perversos também, isto é, das paixões. Ao contrário, na vontade reta eles serão não só isentos de culpa, como também louváveis". Ora, a virtude moral não elimina nada do que é louvável. Logo, também não exclui as paixões e pode existir com elas.

2 PARALL.: II *Ethic.*, lect. 3.

1. C. 5: 125, b, 22-24.
2. C. 3: 246, b, 2-5; 247, a, 2-4.
3. C. 13: ed. Müller, Lipsiae 1908, p. 402, ll. 6-7.
4. C. 5: 1140, b, 12-21.
5. C. 51: ed. Ahlberg, Lipsiae 1919, p. 37, ll. 3-4.
6. C. 6: ML 41, 409.

b. Em seu tratado da caridade, Sto. Tomás mostrará por que e como a misericórdia-paixão pode tornar-se uma virtude, e a maior delas (II-II, q. 30).

RESPONDEO dicendum quod circa hoc fuit discordia inter Stoicos et Peripateticos, sicut Augustinus dicit, IX *de Civ. Dei*[7]. Stoici enim posuerunt quod passiones animae non possunt esse in sapiente, sive virtuoso: Peripatetici vero, quorum sectam Aristoteles instituit, ut Augustinus dicit in IX *de Civ. Dei*[8], posuerunt quod passiones simul sum virtute morali esse possunt, sed ad medium reductae.

Haec autem diversitas, sicut Augustinus ibidem dicit, magis erat secundum verba, quam secundum eorum sententias. Quia enim Stoici non distinguebant inter appetitum intellectivum, qui est voluntas, et inter appetitum sensitivum, qui per irascibilem et concupiscibilem dividitur; non distinguebant in hoc passiones animae ab aliis affectionibus humanis, quod passiones animae sint motus appetitus sensitivi, aliae vero affectiones, quae non sunt passiones animae, sunt motus appetitus intellectivi, qui dicitur voluntas, sicut Peripatetici distinxerunt: sed solum quantum ad hoc, quod passiones esse dicebant quascumque affectiones rationi repugnantes. Quae si ex deliberatione oriantur, in sapiente, seu in virtuoso, esse non possunt. Si autem subito oriantur, hoc in virtuoso potest accidere: eo quod *animi visa quae appellant phantasias, non est in potestate nostra utrum aliquando incidant animo; et cum veniunt ex terribilibus rebus, necesse est ut sapientis animum moveant, ita ut paulisper vel pavescat metu, vel tristitia contrahatur, tanquam his passionibus praevenientibus rationis officium; nec tamen approbant ista, eisque consentiunt*; ut Augustinus narrat in IX *De Civ. Dei*[9], ab Agellio dictum.

Sic igitur, si passiones dicantur inordinatae affectiones, non possunt esse in virtuoso, ita quod post deliberationem eis consentiatur; ut Stoici posuerunt. Si vero passiones dicantur quicumque motus appetitus sensitivi, sic possunt esse in virtuoso, secundum quod sunt a ratione ordinati. Unde Aristoteles dicit, in II *Ethic.*[10], quod *non bene quidam determinant virtutes impassibilitates quasdam et quietes, quoniam simpliciter dicunt*: sed deberent dicere quod sunt quietes a passionibus quae sunt *ut non oportet, et quando non oportet.*

RESPONDO. Como relata Agostinho, sobre esse tema divergiram estoicos e peripatéticos[c]. Os primeiros ensinavam que não pode haver paixões da alma no sábio ou virtuoso. Os outros, porém, na esteira de Aristóteles, como diz Agostinho, ensinavam que as paixões podem existir com a virtude moral, desde que reduzidas ao justo meio.

Agostinho também observa aí que essa divergência era mais de palavras do que no modo de pensar deles. Com efeito, como os estoicos não distinguiam o apetite intelectual, ou seja, a vontade, do apetite sensitivo, que se divide em irascível e concupiscível, também não distinguiam as paixões da alma, que são movimentos do apetite sensitivo, e as outras inclinações humanas, que não são paixões, mas movimentos do apetite intelectual, a vontade. No entanto, os peripatéticos faziam essa distinção, enquanto os estoicos viam a distinção só em chamar-se de paixões todas as tendências contrárias à razão. Se estas são deliberadas, não podem existir no sábio ou virtuoso. Mas se surgirem subitamente, isso pode acontecer ao homem virtuoso, pois, segundo Agostinho, citando Aulo Gélio, "as visões interiores, chamadas fantasias, não está em nosso poder que elas alguma vez sobrevenham ao espírito, e quando surgem de coisas aterradoras, irão, necessariamente, mexer com o espírito do sábio, de modo a fazê-lo tremer de medo, por algum tempo, ou a contrair-se na tristeza, como se essas paixões levassem vantagens sobre a razão, ainda que não as aprove nem consinta nelas".

Portanto, se se considerar como paixões as inclinações desordenadas, não podem existir no homem virtuoso, como se ele deliberadamente consentisse nelas, conforme afirmavam os estoicos. Mas se se der esse nome a todo movimento do apetite sensitivo, então podem existir nele, na medida em que estão ordenados pela razão. E por isso, diz Aristóteles que "entendem de maneira simplista as virtudes os que as consideram como impassibilidade e repouso". Deveriam antes dizer que são repousos das paixões que "agem quando e como não convém".

7. C. 4: ML 41, 258.
8. Ibid.
9. Ibid.: ML 41, 259.
10. C. 2: 1104, b, 24-28.

c. Sto. Tomás não perde uma ocasião para tomar posição contra a impassibilidade dos estoicos, servindo-se principalmente de Aristóteles.

AD PRIMUM ergo dicendum quod Philosophus exemplum illud inducit, sicut et multa alia in libris logicalibus, non secundum opinionem propriam, sed secundum opinionem aliorum. Haec autem fuit opinio Stoicorum, quod virtutes essent sine passionibus animae. Quam opinionem Philosophus excludit in II *Ethic.*[11], dicens virtutes non esse impassibilitates. — Potest tamen dici quod, cum dicitur quod mitis non patitur, intelligendum est secundum passionem inordinatam.

AD SECUNDUM dicendum quod ratio illa, et omnes similes quas Tullius ad hoc inducit in IV libro *de Tuscul. Quaest.*, procedit de passionibus secundum quod significant inordinatas affectiones.

AD TERTIUM dicendum quod passio praeveniens iudicium rationis, si in animo praevaleat ut ei consentiatur, impedit consilium et iudicium rationis. Si vero sequatur, quasi ex ratione imperata, adiuvat ad exequendum imperium rationis.

QUANTO AO 1º, portanto, deve-se dizer que o Filósofo traz esse exemplo, como muitos outros, não porque representam sua opinião, mas a dos outros. Assim, era opinião dos estoicos que as virtudes existiam sem as paixões da alma. E ele rejeita essa opinião, dizendo que a virtude não é impassibilidade. — Mas, quando diz que "o manso não sofre", deve-se entender que se refere à paixão desordenada.

QUANTO AO 2º, deve-se dizer que esse argumento e outros semelhantes aduzidos por Cícero procedem das paixões enquanto tendências desordenadas.

QUANTO AO 3º, deve-se dizer que a paixão impede a deliberação e o uso da razão, quando, antecipando-se a ele, prevalece no ânimo a ponto de ter o seu consentimento. Se vier, porém, depois da razão e como que dirigida por ela, irá ajudá-la a cumprir suas ordens.

ARTICULUS 3

Utrum virtus moralis possit esse cum tristitia

AD TERTIUM SIC PROCEDITUR. Videtur quod virtus cum tristitia esse non possit.

1. Virtutes enim sunt sapientiae effectus: secundum illud Sap 8,7: *Sobrietatem et iustitiam docet*, scilicet divina sapientia, *prudentiam et virtutem*. Sed *sapientiae convictus non habet amaritudinem*, ut postea [v. 16] subditur. Ergo nec virtutes cum tristitia esse possunt.

2. PRAETEREA, tristitia est impedimentum operationis; ut patet per Philosophum, in VII[1] et X *Ethic*[2]. Sed impedimentum bonae operationis repugnat virtuti. Ergo tristitia repugnat virtuti.

3. PRAETEREA, tristitia est quaedam animi aegritudo; ut Tullius eam vocat, in III *de Tuscul. Quaest.*[3]. Sed aegritudo animae contrariatur virtuti, quae est bona animae habitudo. Ergo tristitia contrariatur virtuti, nec potest simul esse cum ea.

SED CONTRA est quod Christus fuit perfectus virtute. Sed in eo fuit tristitia: dicit enim, ut habetur

ARTIGO 3

A virtude moral pode existir com a tristeza?

QUANTO AO TERCEIRO, ASSIM SE PROCEDE: parece que a virtude **não** pode existir com a tristeza.

1. Com efeito, as virtudes são efeitos da sabedoria, segundo o livro da Sabedoria: "Ela ensina sobriedade e justiça, prudência e fortaleza". Ora, o mesmo livro acrescenta: "a sua companhia não causa amargura". Logo, virtude e tristeza não podem coexistir.

2. ALÉM DISSO, a tristeza impede a ação, como se lê claramente no Filósofo. Ora, o que impede uma boa ação é contrário à virtude. Logo, a tristeza opõe-se à virtude.

3. ADEMAIS, a tristeza é como uma doença da alma, na expressão de Cícero. Ora, uma tal doença é o oposto da virtude, que é uma boa disposição da alma. Logo, a tristeza é o contrário da virtude e não pode existir com ela.

EM SENTIDO CONTRÁRIO, Jesus Cristo foi perfeito na virtude. Entretanto, nele houve tristeza, como

11. C. 2: 1104, b, 24-28.

3

1. C. 14: 1153, b, 2-4.
2. C. 5: 1175, b, 17-24.
3. C. 7: ed. Müller, Lipsiae 1908, p. 361, ll. 17-20.

Mt 26,38: *Tristis est anima mea usque ad mortem*. Ergo tristitia potest esse cum virtute.

RESPONDEO dicendum quod sicut dicit Augustinus, XIV *de Civ. Dei*[4], *Stoici voluerunt, pro tribus perturbationibus, in animo sapientis esse tres eupathias*, idest tres bonas passiones: *pro cupiditate* scilicet *voluntatem; pro laetitia, gaudium; pro metu, cautionem. Pro tristitia vero, negaverunt posse aliquid esse in animo sapientis*, duplici ratione. Primo quidem, quia tristitia est de malo quod iam accidit. Nullum autem malum aestimant posse accidere sapienti: crediderunt enim quod, sicut solum hominis bonum est virtus, bona autem corporalia nulla bona hominis sunt; ita solum inhonestum est hominis malum, quod in virtuoso esse non potest.

Sed hoc irrationabiliter dicitur. Cum enim homo sit ex anima et corpore compositus, id quod confert ad vitam corporis conservandam, aliquod bonum hominis est: non tamen maximum, quia eo potest homo male uti. Unde et malum huic bono contrarium in sapiente esse potest, et tristitiam moderatam inducere. — Praeterea, etsi virtuosus sine gravi peccato esse possit, nullus tamen invenitur qui absque levibus peccatis vitam ducat: secundum illud 1Io 1,8: *Si dixerimus quia peccatum non habemus, nos ipsos seducimus*. — Tertio, quia virtuosus, etsi peccatum non habeat, forte quandoque habuit. Et de hoc laudabiliter dolet; secundum illud 2Cor 7,10: *Quae secundum Deum est tristitia, poenitentiam in salutem stabilem operatur*. — Quarto, quia potest etiam dolere laudabiliter de peccato alterius. — Unde eo modo quo virtus moralis compatitur alias passiones ratione moderatas, compatitur etiam tristitiam.

Secundo, movebantur ex hoc, quod tristitia est de praesenti malo, timor autem de malo futuro: sicut delectatio de bono praesenti, desiderium vero de bono futuro. Potest autem hoc ad virtutem pertinere, quod aliquis bono habito fruatur, vel non habitum habere desideret, vel quod etiam malum futurum caveat. Sed quod malo praesenti animus hominis substernatur, quod fit per tristitiam, omnino videtur contrarium rationi: unde cum virtute esse non potest.

se lê no Evangelho de Mateus: "Minha alma está triste a ponto de morrer". Logo, a tristeza pode coexistir com a virtude.

RESPONDO. Como diz Agostinho: "Para os estoicos, há na alma do sábio três eupatias, isto é três boas paixões, correspondentes a três perturbações: a vontade, em lugar da cupidez: o gozo, em lugar da alegria; a precaução, em lugar do medo. Mas, em lugar da tristeza, negaram a possibilidade de algo existir na alma do sábio". E por duas razões. A primeira é que a tristeza tem por objeto o mal já acontecido. Ora, pensam eles que nenhum mal pode suceder ao sábio, pois acreditavam que, assim como a virtude é o único bem do homem e os bens corporais, ao contrário, não lhe representam bem algum, da mesma forma o único mal do homem é a desonestidade, coisa inexistente no virtuoso.

Essa opinião, porém, não é racional, porque, sendo o homem composto de corpo e alma, tudo o que ajuda a conservar a vida de seu corpo é bom para ele, embora não lhe seja o bem máximo, pois pode usar mal dele. Portanto, o mal contrário a esse bem pode existir também no sábio e induzir-lhe alguma tristeza. — Além disso, ainda que o virtuoso possa viver sem pecado grave, nenhum há que passe a vida sem faltas leves, conforme diz o Evangelho de João: "Se dissermos: não temos pecados, enganamo-nos a nós mesmos". — Depois, ainda que o virtuoso esteja sem pecado, nem sempre, provavelmente, esteve assim e disso louvavelmente se lamenta, conforme a segunda Carta aos Coríntios: "A tristeza segundo Deus produz um arrependimento que conduz à salvação". — Por fim, pode também se condoer, de modo muito apreciável, do pecado alheio. — Consequentemente, a virtude moral é compatível com a tristeza, tanto quanto o é com outras paixões moderadas pela razão.

Em segundo lugar, os estoicos partiam do fato que a tristeza tem por objeto o mal presente e o temor, o mal futuro, assim como o prazer se liga ao bem presente e o desejo, ao bem futuro. Mas, pode ser coisa virtuosa gozar de um bem que se possui ou desejar um bem que ainda não se tem, ou, enfim, precaver-se de um mal futuro. Ora, parece totalmente contrário à razão curvar-se nosso ânimo pela tristeza, por causa de um mal presente. Logo, não pode a tristeza existir com a virtude.

4. C. 8: ML 41, 411.

Sed hoc irrationabiliter dicitur. Est enim aliquod malum quod potest esse virtuoso praesens, ut dictum est. Quod quidem malum ratio detestatur. Unde appetitus sensitivus in hoc sequitur detestationem rationis, quod de huiusmodi malo tristatur: moderate tamen, secundum rationis iudicium. Hoc autem pertinet ad virtutem, ut appetitus sensitivus rationi conformetur, ut dictum est[5]. Unde ad virtutem pertinet quod tristetur moderate in quibus tristandum est: sicut etiam Philosophus dicit in II *Ethic.*[6]. — Et hoc etiam utile est ad fugiendum mala. Sicut enim bona propter delectationem promptius quaeruntur, ita mala propter tristitiam fortius fugiuntur.

Essa opinião dos estoicos também não é razoável, pois há algum tipo de mal que pode estar presente no virtuoso, como já se disse, e detestado pela razão. Portanto, o apetite sensitivo nisso acompanha a repulsa da razão, entristecendo-se com ele, embora moderadamente, segundo o juízo racional. Ora, essa conformidade do apetite sensitivo com a razão é precisamente a virtude, como já foi dito. Por isso, é virtude entristecer-se, moderadamente, quando se deve entristecer, conforme diz também o Filósofo. — E é até útil para se fugir do mal, porquanto assim como procuramos mais prontamente o bem, pelo prazer, assim também mais energicamente evitamos o mal, pela tristeza.

Sic igitur dicendum est quod tristitia de his quae conveniunt virtuti, non potest simul esse cum virtute: quia virtus in propriis delectatur. Sed de his quae quocumque modo repugnant virtuti, virtus moderate tristatur.

Deve-se concluir, pois, que a tristeza por coisas próprias da virtude não pode coexistir com esta, porque a virtude encontra prazer no que lhe é próprio e, por outro lado, se entristece, moderadamente, com o que se lhe opõe de alguma maneira.

AD PRIMUM ergo dicendum quod ex illa auctoritate habetur quod de sapientia sapiens non tristetur. Tristatur tamen de his quae sunt impeditiva sapientiae. Et ideo in beatis, in quibus nullum impedimentum sapientiae esse potest, tristitia locum non habet.

QUANTO AO 1º, portanto, deve-se dizer que o que se deduz daquela citação é que o sábio não se entristece com a sabedoria, mas se entristece sim com aquilo que cria obstáculo a ela. Tal é a razão por que a tristeza inexiste nos bem-aventurados, nos quais não pode haver obstáculo algum à sabedoria.

AD SECUNDUM dicendum quod tristitia impedit operationem de qua tristamur: sed adiuvat ad ea promptius exequenda per quae tristitia fugitur.

QUANTO AO 2º, deve-se dizer que a tristeza impede ações que nos fazem tristes, mas nos leva a executar mais prontamente o que a afugenta.

AD TERTIUM dicendum quod tristitia immoderata est animae aegritudo: tristitia autem moderata ad bonam habitudinem animae pertinet, secundum statum praesentis vitae.

QUANTO AO 3º, deve-se dizer que a tristeza desmedida é uma doença da alma, mas a moderada faz parte da boa disposição da alma, no estado da vida presente.

ARTICULUS 4

Utrum omnis virtus moralis sit circa passiones

AD QUARTUM SIC PROCEDITUR. Videtur quod omnis virtus moralis sit circa passiones.

1. Dicit enim Philosophus, in II *Ethic*[1], quod *circa voluptates et tristitias est moralis virtus*. Sed delectatio et tristitia sunt passiones, ut supra[2] dictum est. Ergo omnis virtus moralis est circa passiones.

ARTIGO 4

Toda virtude moral diz respeito às paixões?

QUANTO AO QUARTO, ASSIM SE PROCEDE: parece que toda virtude moral **diz respeito** às paixões.

1. Com efeito, o Filósofo diz que "a virtude moral diz respeito aos prazeres e tristezas". Ora, o prazer e a tristeza, como já se disse, são paixões. Logo, toda virtude moral diz respeito às paixões.

5. A. 1, ad 2.
6. C. 5: 1106, b, 20-28.

4

1. C. 2: 1104, b, 8-9.
2. Q. 23, a. 4; q. 31, a. 1; q. 35, a. 1, 2.

2. PRAETEREA, rationale per participationem est subiectum moralium virtutum, ut dicitur in I *Ethic.*[3]. Sed huiusmodi pars animae est in qua sunt passiones, ut supra[4] dictum est. Ergo omnis virtus moralis est circa passiones.

3. PRAETEREA, in omni virtute morali est invenire aliquam passionem. Aut ergo omnes sunt circa passiones, aut nulla. Sed aliquae sunt circa passiones, ut fortitudo et temperantia, ut dicitur in III *Ethic.*[5]. Ergo omnes virtutes morales sunt circa passiones.

SED CONTRA est quod iustitia, quae est virtus moralis, non est circa passiones, ut dicitur in V *Ehic.*[6].

RESPONDEO dicendum quod virtus moralis perficit appetitivam partem animae ordinando ipsam in bonum rationis. Est autem rationis bonum id quod est secundum rationem moderatum seu ordinatum. Unde circa omne id quod contingit ratione ordinari et moderari, contingit esse virtutem moralem. Ratio autem ordinat non solum passiones appetitus sensitivi; sed etiam ordinat operationes appetitus intellectivi, qui est voluntas, quae non est subiectum passionis, ut supra[7] dictum est. Et ideo non omnis virtus moralis est circa passiones; sed quaedam circa passiones, quaedam circa operationes.

AD PRIMUM ergo dicendum quod non omnis virtus moralis est circa delectationes et tristitias sicut circa propriam materiam: sed sicut circa aliquid consequens proprium actum. Omnis enim virtuosus delectatur in actu virtutis, et tristatur in contrario. Unde Philosophus post praemissa verba subdit quod, *si virtutes sunt circa actus et passiones; omni autem passioni et omni actui sequitur delectatio et tristitia; propter hoc virtus erit circa delectationes et tristitias*, scilicet sicut circa aliquid consequens.

AD SECUNDUM dicendum quod rationale per participationem non solum est appetitus sensitivus, qui est subiectum passionum; sed etiam voluntas, in qua non sunt passiones, ut dictum est[8].

2. ALÉM DISSO, o sujeito das virtudes morais é o racional por participação, segundo se diz no livro I da *Ética*. Ora, é essa, precisamente, a parte da alma em que se dão as paixões, como anteriormente foi dito. Logo, toda virtude moral diz respeito às paixões

3. ADEMAIS, em toda virtude moral encontra-se alguma paixão. Logo, ou todas dizem respeito às paixões ou nenhuma. Mas, algumas há que dizem respeito às paixões, como a fortaleza e a temperança, segundo diz o livro III da *Ética*. Logo, todas as virtudes morais dizem respeito às paixões.

EM SENTIDO CONTRÁRIO, há a justiça, que é uma virtude moral e não diz respeito às paixões, como diz o livro V da *Ética*.

RESPONDO. A virtude moral aperfeiçoa a parte apetitiva da alma, ordenando-a ao bem da razão. Mas esse bem consiste no que é por ela moderado ou ordenado. Por isso, tudo aquilo que vem a ser ordenado ou moderado pela razão pode ser virtude moral. Ora, a razão não põe ordem apenas nas paixões do apetite sensitivo, mas também nas do apetite intelectual, que é a vontade, a qual, já foi dito, não é sujeito de paixões. Portanto, nem todas virtudes morais dizem respeito às paixões, mas umas, às paixões; outras, às ações[d].

QUANTO AO 1º, portanto, deve-se dizer que nem toda virtude moral diz respeito às prazeres e tristezas como matéria própria, mas como algo decorrente de seu próprio ato, já que todo virtuoso sente prazer com um ato de virtude e se entristece com o ato contrário. Daí a explicação do Filósofo, depois das palavras citadas na objeção: "As virtudes dizem respeito às ações e às paixões, mas o prazer e a tristeza são consequentes a toda paixão e a toda ação e, por isso, a virtude dizem respeito aos prazeres e às tristezas" como algo decorrente.

QUANTO AO 2º, deve-se dizer que o racional por participação não é só o apetite sensitivo, sujeito das paixões, mas também a vontade, na qual elas não existem, como ficou dito.

3. C. 13: 1103, a, 1-3.
4. Q. 22, a. 3.
5. Cc. 9, 13: 1115, a, 6-7; 1117, b, 25-27.
6. Cc. 1-6: 1129, a, 4-1131, a, 29.
7. Q. 22, a. 3.
8. In corp.

d. As ações "no exterior" são atribuídas à justiça, cuja sede reside na vontade. Isto será explicado ao longo da questão 60.

AD TERTIUM dicendum quod in quibusdam virtutibus sunt passiones sicut propria materia, in quibusdam autem non. Unde non est eadem ratio de omnibus, ut infra[9] ostendetur.

QUANTO AO 3º, deve-se dizer que as paixões são a matéria própria de algumas virtudes, mas não de outras. Logo, não vale a mesma razão para todas as virtudes, segundo se mostrará ainda.

ARTICULUS 5
Utrum aliqua virtus moralis possit esse absque passione

AD QUINTUM SIC PROCEDITUR. Videtur quod virtus moralis possit esse absque passione.

1. Quanto enim virtus moralis est perfectior, tanto magis superat passiones. Ergo in suo perfectissimo esse, est omnino absque passionibus.

2. PRAETEREA, tunc unumquodque est perfectum, quando est remotum a suo contrario, et ab his quae ad contrarium inclinant. Sed passiones inclinant ad peccatum, quod virtuti contrariatur: unde Rm 7,5, nominantur *passiones peccatorum*. Ergo perfecta virtus est omnino absque passione.

3. PRAETEREA, secundum virtutem Deo conformamur; ut patet per Augustinum, in libro *de Moribus Eccles.*[1]. Sed Deus omnia operatur sine passione. Ergo virtus perfectissima est absque omni passione.

SED CONTRA est quod *nullus iustus est qui non gaudet iusta operatione*, ut dicitur in I *Ethic.*[2]. Sed gaudium est passio. Ergo iustitia non potest esse sine passione. Et multo minus aliae virtutes.

RESPONDEO dicendum quod, si passiones dicamus inordinatas affectiones, sicut Stoici posuerunt; sic manifestum est quod virtus perfecta est sine passionibus. — Si vero passiones dicamus omnes motus appetitus sensitivi, sic planum est quod virtutes morales quae sunt circa passiones sicut circa propriam materiam, sine passionibus esse non possunt. Cuius ratio est, quia secundum hoc, sequeretur quod virtus moralis faceret appetitum sensitivum omnino otiosum. Non autem ad virtutem pertinet quod ea quae sunt subiecta rationi, a propriis actibus vacent: sed quod exequantur imperium rationis, proprios actus agendo. Unde sicut virtus membra corporis ordinat ad actus exteriores debitos, ita appetitum sensitivum ad motus proprios ordinatos.

ARTIGO 5
Uma virtude moral pode existir sem paixão?

QUANTO AO QUINTO, ASSIM SE PROCEDE: parece que uma virtude moral **pode** existir sem paixão.

1. Com efeito, quanto mais perfeita a virtude moral, tanto mais supera as paixões. Logo, em seu mais alto grau de perfeição, ela está inteiramente sem paixões.

2. ALÉM DISSO, uma coisa é perfeita quando está livre do que lhe é contrário e do que leva a ele. Ora, as paixões levam ao pecado, que é o contrário da virtude e, por isso, a Carta aos Romanos as denomina "paixões pecaminosas". Logo, a virtude perfeita é totalmente sem paixões.

3. ADEMAIS, Agostinho esclarece que pela virtude nos conformamos a Deus. Ora, Deus tudo faz sem paixão. Logo, a virtude em seu grau mais perfeito é sem toda paixão.

EM SENTIDO CONTRÁRIO, afirma-se no livro I da *Ética*: "Não há justo que não se alegre com a ação justa". Ora, o gozo é paixão. Logo, não pode a justiça existir sem paixão e muito menos as demais virtudes.

RESPONDO. Se, com os estoicos, considerarmos as paixões como inclinações desordenadas, é óbvio que a virtude perfeita existe sem paixões. — Se, porém, denominamos assim todos os movimentos do apetite sensitivo, é claro que as virtudes morais, que dizem respeito às paixões, como à sua matéria própria, não podem existir sem elas, pela simples razão de que, do contrário, a virtude moral tornaria plenamente inútil o apetite sensitivo. Não cabe, com efeito, à virtude fazer com que as coisas sujeitas à razão se privem de seus atos próprios e sim que elas cumpram as ordens da razão, praticando seus próprios atos. Portanto, assim como a virtude ordena os membros do corpo para os devidos atos exteriores, assim também ordena o apetite sensitivo para que tenha seus movimentos próprios ordenados.

9. Q. 60, a. 2.

5

1. Cc. 6, n. 10; 11, n. 18; 13: ML 32, 1315, 1319, 1321.
2. C. 9: 1099, a, 17-18.

Virtutes vero morales quae non sunt circa passiones, sed circa operationes, possunt esse sine passionibus (et huiusmodi virtus est iustitia): quia per eas applicatur voluntas ad proprium actum, qui non est passio. Sed tamen ad actum iustitiae sequitur gaudium, ad minus in voluntate, quod non est passio. Et si hoc gaudium multiplicetur per iustitiae perfectionem, fiet gaudii redundantia usque ad appetitum sensitivum; secundum quod vires inferiores sequuntur motum superiorum, ut supra[3] dictum est. Et sic per redundantiam huiusmodi, quanto virtus fuerit perfectior, tanto magis passionem causat.

Ad primum ergo dicendum quod virtus passiones inordinatas superat: moderatas autem producit.

Ad secundum dicendum quod passiones inordinatae inducunt ad peccandum: non autem si sunt moderatae.

Ad tertium dicendum quod bonum in unoquoque consideratur secundum conditionem suae naturae. In Deo autem et angelis non est appetitus sensitivus, sicut est in homine. Et ideo bona operatio Dei et angeli est omnino sine passione, sicut et sine corpore: bona autem operatio hominis est cum passione, sicut et cum corporis ministerio.

Por outro lado, as virtudes morais que não dizem respeito às paixões, mas às ações, podem existir sem elas, como é o caso da justiça. Na verdade, mediante elas a vontade se aplica a seu ato próprio, que não é paixão. Entretanto, o gozo segue o ato de justiça, ao menos na vontade, o que não é paixão. E se esse gozo crescer pela perfeição da justiça, redundará ele no apetite sensitivo[e], porque as potências inferiores seguem o movimento das superiores, como antes foi dito. E assim, por essa redundância, quanto mais perfeita for a virtude, mais paixão causará.

Quanto ao 1º, portanto, deve-se dizer que a virtude supera as paixões desordenadas e suscita as ordenadas[f].

Quanto ao 2º, deve-se dizer que quando desordenadas, as paixões induzem ao pecado; não, porém, quando moderadas.

Quanto ao 3º, deve-se dizer que o bem de cada coisa depende da condição de sua natureza. Ora, em Deus e nos anjos não há apetite sensitivo, como no homem. E, por isso, suas boas ações são completamente livres de paixão, assim como do corpo, enquanto que as dos homens estão sempre acompanhadas de paixão e se servem também do corpo.

3. Q. 17, a. 7; q. 24, a. 3.

e. Voltamos a encontrar, uma vez mais, o processo psíquico que Sto. Tomás chama de *redundantia*, o ressurgir de uma corrente.

f. Bela fórmula que, com concisão, resume a posição de Sto. Tomás. As virtudes morais podem despertar as paixões, quando elas não têm de temperá-las.

QUAESTIO LX

DE DISTINCTIONE VIRTUTUM MORALIUM AD INVICEM

in quinque articulos divisa

Deinde considerandum est de distinctione virtutum moralium ad invicem.

Et circa quaeruntur quinque.

Primo: utrum sit tantum una virtus moralis.

Secundo: utrum distinguantur virtutes morales quae sunt circa operationes, ab his quae sunt circa passiones.

Tertio: utrum circa operationes sit una tantum moralis virtus.

Quarto: utrum circa diversas passiones sint diversae morales virtutes.

Quinto: utrum virtutes morales distinguantur secundum diversa obiecta passionum.

QUESTÃO 60

A DISTINÇÃO DAS VIRTUDES MORAIS ENTRE SI

em cinco artigos

Deve-se considerar, a seguir, a distinção das virtudes morais entre si.

E sobre isso, são cinco as perguntas:

1. Existe apenas uma virtude moral?
2. As virtudes morais relacionadas com as ações distinguem-se das relacionadas com as paixões?
3. Há só uma virtude moral relacionada com as ações?
4. Relativamente a diversas paixões, há diversas virtudes morais?
5. As virtudes morais distinguem-se pelos diversos objetos das paixões?

ARTICULUS 1
Utrum sit una tantum virtus moralis

AD PRIMUM SIC PROCEDITUR. Videtur quod sit una tantum moralis virtus.

1. Sicut enim in actibus moralibus directio pertinet ad rationem, quae est subiectum intellectualium virtutum; ita inclinatio pertinet ad vim appetitivam, quae est subiectum moralium virtutum. Sed una est intellectualis virtus dirigens in omnibus moralibus actibus, scilicet prudentia. Ergo etiam una tantum est moralis virtus inclinans in omnibus moralibus actibus.

2. PRAETEREA, habitus non distinguuntur secundum materialia obiecta, sed secundum formales rationes obiectorum. Formalis autem ratio boni ad quod ordinatur virtus moralis, est unum, scilicet modus rationis. Ergo videtur quod sit una tantum moralis virtus.

3. PRAETEREA, moralia recipiunt speciem a fine, ut supra[1] dictum est. Sed finis omnium virtutum moralium communis est unus, scilicet felicitas; proprii autem et propinqui sunt infiniti. Non sunt autem infinitae virtutes morales. Ergo videtur quod sit una tantum.

SED CONTRA est quod unus habitus non potest esse in diversis potentiis, ut supra[2] dictum est. Sed subiectum virtutum moralium est pars appetitiva animae, quae per diversas potentias distinguitur, ut in Primo[3] dictum est. Ergo non potest esse una tantum virtus moralis.

RESPONDEO dicendum quod, sicut supra[4] dictum est, virtutes morales sunt habitus quidam appetitivae partis. Habitus autem specie differunt secundum speciales differentias obiectorum, ut supra[5] dictum est. Species autem obiecti appetibilis, sicut et cuiuslibet rei, attenditur secundum formam specificam, quae est ab agente. Est autem considerandum quod materia patientis se habet ad agens dupliciter. Quandoque enim recipit formam agentis secundum eandem rationem, prout est in agente: sicut est in omnibus agentibus univocis. Et sic necesse est quod, si agens est unum specie, quod materia recipiat formam unius speciei: sicut ab igne non generatur univoce nisi aliquid exis-

ARTIGO 1
Existe uma só virtude moral?

QUANTO AO PRIMEIRO ARTIGO, ASSIM SE PROCEDE: parece que **existe** uma só virtude moral.

1. Com efeito, assim como cabe à razão, sujeito das virtudes intelectuais, dirigir os atos morais, assim também a inclinação pertence à potência apetitiva, sujeito das virtudes morais. Ora, só existe uma virtude intelectual a dirigir todos os atos morais, a saber, a prudência. Logo, só existe também uma virtude moral a inclinar em todos os atos morais.

2. ALÉM DISSO, não se distinguem os hábitos por seus objetos materiais, mas pelas razões formais dos objetos. Ora, a razão formal do bem ao qual se ordena a virtude moral é uma só, a medida da razão. Logo, só existe, ao que parece, uma só virtude moral.

3. ADEMAIS, os atos morais especificam-se por seu fim, conforme foi dito atrás. Mas, o fim comum de todas virtudes morais é uma só: a felicidade, ao passo que os fins próprios e próximos são infinitos. Ora, as virtudes morais não são infinitas. Logo, parece que só existe uma virtude moral.

EM SENTIDO CONTRÁRIO, já se disse que não é possível um único hábito pertencer a diversas potências. Ora, o sujeito das virtudes morais é a parte apetitiva da alma que, segundo se viu na I Parte, se distingue em várias potências. Logo, não pode haver uma virtude moral só.

RESPONDO. Pelo que já foi dito, as virtudes morais são hábitos da parte apetitiva. Ora, os hábitos se distinguem especificamente pelas diferenças especiais dos objetos, como se disse. Mas, a espécie de um objeto desejável, como aliás de qualquer coisa, depende da forma específica, que, por sua vez, depende do agente. Deve-se ressaltar, contudo, que a matéria do sujeito paciente está para o agente de dois modos. Às vezes, recebe a forma dele segundo a mesma razão pela qual ela se encontra no agente, como ocorre com todos os agentes unívocos. Então é necessário que, sendo o agente especificamente uno, a matéria receba também forma especificamente una, como o fogo que

1 PARALL.: III *Sent.*, dist. 33, q. 1, a. 1, q.la 1.

1. Q. 1, a. 3.
2. Q. 56, a. 2.
3. Q. 80, a. 2; q. 81, a. 2.
4. Q. 58, a. 1, 2, 3.
5. Q. 54, a. 2.

tens in specie ignis. — Aliquando vero materia recipit formam ab agente non secundum eandem rationem, prout est in agente: sicut patet in generantibus non univocis, ut animal generatur a sole. Et tunc formae receptae in materia ab eodem agente, non sunt unius speciei, sed diversificantur secundum diversam proportionem materiae ad recipiendum influxum agentis: sicut videmus quod ab una actione solis generantur per putrefactionem animalia diversarum specierum, secundum diversam proportionem materiae.

Manifestum est autem quod in moralibus ratio est sicut imperans et movens; vis autem appetitiva est sicut imperata et mota. Non autem appetitus recipit impressionem rationis quasi univoce: quia non fit rationale per essentiam, sed per participationem, ut dicitur in I *Ethic.*[6]. Unde appetibilia secundum motionem rationis constituuntur in diversis speciebus, secundum quod diversimode se habent ad rationem. Et ita sequitur quod virtutes morales sint diversae secundum speciem, et non una tantum.

AD PRIMUM ergo dicendum quod obiectum rationis est verum. Est autem eadem ratio veri in omnibus moralibus, quae sunt contingentia agibilia. Unde est una sola virtus in eis dirigens, scilicet prudentia. — Obiectum autem appetitivae virtutis est bonum appetibile. Cuius est diversa ratio, secundum diversam habitudinem ad rationem dirigentem.

AD SECUNDUM dicendum quod illud formale est unum genere, propter unitatem agentis. Sed diversificatur specie, propter diversas habitudines recipientium, ut supra[7] dictum est.

AD TERTIUM dicendum quod moralia non habent speciem a fine ultimo, sed a finibus proximis: qui quidem, etsi infiniti sint numero, non tamen infiniti sunt specie.

não produz univocamente senão o que é de espécie ígnea. — Outras vezes, porém, a matéria recebe a forma do agente não segundo a mesma razão pela qual existe nele, como se dá nas gerações que não são unívocas, quando, por exemplo, um animal é gerado pelo sol. Nesse caso, as formas recebidas na matéria pela ação do mesmo agente não são da mesma espécie, mas se diversificam conforme as diferentes disposições da matéria para receber o influxo do agente. É o que vemos com o sol que, mediante uma única ação, gera, na matéria em putrefação e conforme suas diversas disposições, animais de diversas espécies[a].

Ora, na ordem moral, evidentemente, a razão é que governa e impulsiona e a potência apetitiva é governada e movida. Mas o apetite não recebe a impressão da razão de maneira unívoca, porque não é racional por essência, mas por participação, como se diz na *Ética*. Assim se entende por que os objetos do nosso apetite, sob a moção da razão, se constituem em espécies diferentes, segundo as diversas relações que mantêm com ela. E daí se segue que, longe de constituírem uma só virtude, as virtudes morais são de espécies variadas.

QUANTO AO 1º, portanto, deve-se dizer que o objeto da razão é a verdade. Ora, em todas as realidades morais, como contingentes que são, a razão de verdade é uma só. Portanto, só existe nelas uma única virtude dirigente, a saber, a prudência. — Mas o objeto da potência apetitiva é o bem desejável, cuja razão difere segundo a diversidade de relação com a razão dirigente.

QUANTO AO 2º, deve-se dizer que esse aspecto formal dos objetos é único quanto ao gênero, por causa da unidade do agente, mas ele se diversifica quanto à espécie, por causa das diferentes disposições dos sujeitos receptores, como acima foi dito.

QUANTO AO 3º, deve-se dizer que os atos morais não se especificam pelo fim último, mas pelos fins próximos e estes, embora numericamente infinitos, não o são em espécie.

6. C. 13: 1102, b, 13-14; 26-28.
7. In corp.

a. Os gregos atribuíam ao sol uma ação direta sobre muitos fenômenos da vida.

ARTICULUS 2

Utrum virtutes morales quae sunt circa operationes, distinguantur ab his quae sunt circa passiones

AD SECUNDUM SIC PROCEDITUR. Videtur quod virtutes morales non distinguantur ab invicem per hoc quod quaedam sunt circa operationes, quaedam circa passiones.

1. Dicit enim Philosophus, in II *Ethic.*[1], quod virtus moralis est *circa delectationes et tristitias optimorum operativa*. Sed voluptates et tristitiae sunt passiones quaedam, ut supra[2] dictum est. Ergo eadem virtus quae est circa passiones, est etiam circa operationes, utpote operativa existens.

2. PRAETEREA, passiones sunt principia exteriorum operationum. Si ergo aliquae virtutes rectificant passiones, oportet quod etiam per consequens rectificent operationes. Eaedem ergo virtutes morales sunt circa passiones et operationes.

3. PRAETEREA, ad omnem operationem exteriorem movetur appetitus sensitivus bene vel male. Sed motus appetitus sensitivi sunt passiones. Ergo eaedem virtutes quae sunt circa operationes, sunt circa passiones.

SED CONTRA est quod Philosophus[3] ponit iustitiam circa operationes; temperantiam autem et fortitudinem et mansuetudinem, circa passiones quasdam.

RESPONDEO dicendum quod operatio et passio dupliciter potest comparari ad virtutem. Uno modo, sicut effectus. Et hoc modo, omnis moralis virtus habet aliquas operationes bonas, quarum est productiva; et delectationem aliquam vel tristitiam, quae sunt passiones ut supra[4] dictum est.

Alio modo potest comparari operatio ad virtutem moralem, sicut materia circa quam est. Et secundum hoc, oportet alias esse virtutes morales circa operationes, et alias circa passiones. Cuius

ARTIGO 2

Distinguem-se as virtudes morais que dizem respeito às ações das que dizem respeito às paixões?

QUANTO AO SEGUNDO, ASSIM SE PROCEDE: parece que as virtudes morais **não** se distinguem entre si por serem umas relativas às ações e outras, às paixões.

1. Com efeito, o Filósofo diz que a virtude moral "realiza o que há de melhor no prazer e na tristeza". Ora, o prazer e a tristeza são paixões, como já foi mostrado. Logo, a mesma virtude que diz respeito às paixões, diz respeito também às ações, porque é operativa.

2. ALÉM DISSO, as paixões são princípios das ações exteriores. Por isso, se há virtudes que retificam as paixões, elas necessariamente retificarão também, por consequência, as ações. Logo, tanto para as paixões como para as ações as virtudes são as mesmas.

3. ADEMAIS, a toda operação exterior corresponde um movimento do apetite sensitivo, bom ou mau. Ora, esses movimentos são as paixões. Logo, as mesmas virtudes que dizem respeito às ações, dizem respeito também às paixões.

EM SENTIDO CONTRÁRIO, o Filósofo relaciona a justiça com as ações e, por outro lado, a temperança, a fortaleza e a mansidão com certas paixões.

RESPONDO. A ação e a paixão podem se relacionar com a virtude de duas maneiras[b]. Primeiro, como seu efeito e nesse sentido toda virtude moral contém e produz algumas obras boas, como também certo prazer ou tristeza, que são paixões, como já se disse.

Segundo, como a matéria a respeito da qual ela versa, e nesse sentido precisa haver outras virtudes morais que dizem respeito às ações e outras, às paixões. A razão disso é que, em algumas ações,

2 PARALL.: II *Ethic.*, lect. 8.

1. C. 2: 1104, b, 27-28.
2. Q. 31, a. 1; q. 35, a. 1.
3. *Eth.* II, 7: 1107, a, 33-b, 8.
4. Q. 59, a. 4, ad 1.

b. Neste artigo e nos seguintes, Sto. Tomás situa em seu lugar próprio as diferentes virtudes morais, ao mesmo tempo que suas conexões na unidade do sujeito e de sua organização deliberada em vista de um fim escolhido (a. 4, r. 1). Ele faz questão de distinguir as virtudes que se poderiam chamar de subjetivas, que possuem sua sede na afetividade humana, das virtudes "objetivas": a justiça, que encontra a sua regulação no agir bem adaptado à realidade das outras. No entanto, por mais claramente colocadas que sejam, tais distinções não são vistas como uma fragmentação do sujeito virtuoso. Todas essas virtudes se interconectam, particularmente sob a influência unificadora da prudência (ver q. 57, a. 4 e II-II, q. 47, a. 7), da justiça (a. 3, r. 2) e da caridade (II-II, q. 28, a. 7 e 8).

ratio est, quia bonum et malum in quibusdam operationibus attenditur secundum seipsas, qualitercumque homo afficiatur ad eas: inquantum scilicet bonum in eis et malum accipitur secundum rationem commensurationis ad alterum. Et in talibus oportet quod sit aliqua virtus directiva operationum secundum seipsas, sicut sunt emptio et venditio, et omnes huiusmodi operationes in quibus attenditur ratio debiti vel indebiti ad alterum. Et propter hoc, iustitia et partes eius proprie sunt circa operationes sicut circa propriam materiam. — In quibusdam vero operationibus bonum et malum attenditur solum secundum commensurationem ad operantem. Et ideo oportet in his bonum et malum considerari, secundum quod homo bene vel male afficitur circa huiusmodi. Et propter hoc, oportet quod virtutes in talibus sint principaliter circa interiores affectiones, quae dicuntur animae passiones: sicut patet de temperantia, fortitudine et aliis huiusmodi.

Contingit autem quod in operationibus quae sunt ad alterum, praetermittatur bonum virtutis propter inordinatam animi passionem. Et tunc, inquantum corrumpitur commensuratio exterioris operationis, est corruptio iustitiae: inquantum autem corrumpitur commensuratio interiorum passionum, est corruptio alicuius alterius virtutis. Sicut cum propter iram aliquis alium percutit, in ipsa percussione indebita corrumpitur iustitia: in immoderantia vero irae corrumpitur mansuetudo. Et idem patet in aliis.

Et per hoc patet responsio AD OBIECTA. Nam prima ratio procedit de operatione, secundum quod est effectus virtutis. — Aliae vero duae rationes procedunt ex hoc, quod ad idem concurrunt operatio et passio. Sed in quibusdam virtus est principaliter circa operationem, in quibusdam circa passionem, ratione praedicta.

ARTICULUS 3

Utrum circa operationes sit tantum una virtus moralis

AD TERTIUM SIC PROCEDITUR. Videtur quod sit una tantum virtus moralis circa operationes.

1. Rectitudo enim omnium operationum exteriorum videtur ad iustitiam pertinere. Sed iustitia est una virtus. Ergo una sola virtus est circa operationes.

o bem e o mal se consideram segundo as mesmas ações, como quer que o homem seja influenciado por elas, ou seja, na medida em que nelas se toma o bem e o mal pela comparação com o outro. Nesses casos é necessário haver uma virtude capaz de dirigir as ações em si mesmas, como a compra e a venda e outras ações semelhantes, nas quais se leva em conta o que se deve a outrem. E por isso a justiça e suas partes dizem respeito propriamente às ações, como sua matéria própria. — Doutra parte, em certas operações o bem e o mal se consideram apenas pela comparação com o sujeito delas. E por isso é preciso, nesse caso, considerar o bem e o mal conforme as disposições afetivas, boas ou más, provocadas no sujeito. Por essa razão, devem as virtudes relativas a essas operações visar sobretudo a essas afecções interiores chamadas paixões da alma, como se vê claramente quanto à temperança, à fortaleza e outras virtudes semelhantes.

Acontece, entretanto, que por causa de uma paixão interior desordenada, em operações relativas a outra pessoa, o bem da virtude seja preterido e então, desfeita a medida da ação exterior, desfaz-se também a justiça e, desfeita a medida das paixões interiores, alguma outra virtude se desfará. Assim, quando alguém, por causa da raiva, atinge outra pessoa, acaba desfazendo nesse mesmo gesto indevido a justiça e esse excesso de raiva desfaz a mansidão. E o mesmo se vê quanto a outras virtudes.

QUANTO ÀS OBJEÇÕES, deve-se dizer que fica assim muito clara a resposta, pois a primeira delas procede da ação como efeito da virtude. — As outras duas procedem de que a ação e a paixão concorrem para o mesmo fim, mas, em certos casos, a virtude diz respeito principalmente à ação e em outros à paixão, pela razão que foi exposta.

ARTIGO 3

Com respeito às ações, há uma só virtude moral?

QUANTO AO TERCEIRO, ASSIM SE PROCEDE: parece que quanto às ações, **há** uma só virtude moral.

1. Com efeito, em todas as ações exteriores a retidão parece pertencer à justiça. Ora, a justiça é uma única virtude. Logo, com respeito às ações há uma única virtude.

3

2. PRAETEREA, operationes maxime differentes esse videntur quae ordinantur ad bonum unius, et quae ordinantur ad bonum multitudinis. Sed ista diversitas non diversificat virtutes morales: dicit enim Philosophus, in V *Ethic.*[1], quod iustitia legalis, quae ordinat actus hominum ad commune bonum, non est aliud a virtute quae ordinat actus hominis ad unum tantum, nisi secundum rationem. Ergo diversitas operationum non causat diversitatem virtutum moralium.

3. PRAETEREA, si sunt diversae virtutes morales circa diversas operationes, oporteret quod secundum diversitatem operationum, esset diversitas virtutum moralium. Sed hoc patet esse falsum: nam ad iustitiam pertinet in diversis generibus commutationum rectitudinem statuere, et etiam in distributionibus, ut patet in V *Ethic.*[2]. Non ergo diversae virtutes sunt diversarum operationum.

SED CONTRA est quod religio est alia virtus a pietate: quarum tamen utraque est circa operationes quasdam.

RESPONDEO dicendum quod omnes virtutes morales quae sunt circa operationes, conveniunt in quadam generali ratione iustitiae, quae attenditur secundum debitum ad alterum: distinguuntur autem secundum diversas speciales rationes. Cuius ratio est quia in operationibus exterioribus ordo rationis instituitur sicut dictum est[3], non secundum proportionem ad affectionem hominis, sed secundum ipsam convenientiam rei in seipsa; secundum quam convenientiam accipitur ratio debiti, ex quo constituitur ratio iustitiae: ad iustitiam enim pertinere videtur ut quis debitum reddat. Unde omnes huiusmodi virtutes quae sunt circa operationes, habent aliquo modo rationem iustitiae. — Sed debitum non est unius rationis in omnibus: aliter enim debetur aliquid aequali, aliter superiori, aliter minori; et aliter ex pacto, vel ex promisso, vel ex beneficio suscepto. Et secundum has diversas rationes debiti, sumuntur diversae virtutes: puta religio est per quam redditur debitum Deo; pietas est per quam redditur debitum parentibus vel patriae; gratia est per quam redditur debitum benefactoribus; et sic de aliis.

2. ALÉM DISSO, parece existir a maior diferença entre as ações ordenadas ao bem individual e as ordenadas ao bem da multidão. Ora, essa diferença não diversifica as virtudes morais, pois o Filósofo afirma que a justiça legal que ordena os nossos atos para o bem comum não difere, senão por distinção de razão, da virtude que ordena os atos do homem a um só bem. Logo, a diversidade de ação não causa a diversidade das virtudes morais.

3. ADEMAIS, se as virtudes morais são diversas com respeito a ações diversas, seria necessário que à diversidade destas correspondesse a diversidade daquelas. Ora, isso é obviamente falso, porque pertence à justiça, conforme se vê no livro V da *Ética*, estabelecer a retidão nos diferentes gêneros de trocas, como nas distribuições. Logo, não há virtudes diferentes para diferentes ações.

EM SENTIDO CONTRÁRIO, a religião é uma virtude distinta da piedade e, no entanto, ambas dizem respeito a determinadas ações.

RESPONDO. Todas as virtudes morais que dizem respeito às ações concordam numa razão geral de justiça, fundamentada no que é devido ao outro, mas elas se distinguem por diversas razões especiais. E isso porque nas ações exteriores a ordem racional se instaura, como já foi dito, não pela proporção com a disposição do sujeito, mas pela própria conveniência da coisa consigo mesma, da qual conveniência se deduz a razão de débito, pela qual se estabelece a razão de justiça, pois cabe à justiça, parece, pagar a cada um o que deve. Portanto, todas essas virtudes que dizem respeito às ações participam, de certa forma, da razão de justiça[c]. — Mas, a razão de débito não é a mesma em todas as situações. Na verdade, uma coisa é o que se deve a um igual; outra, ao superior; outra ainda, a um inferior, e outra, enfim, a que decorre de um contrato, de uma promessa ou de um benefício recebido. E a essas diferentes razões de débito correspondem diferentes virtudes. Por exemplo, a religião é a virtude pela qual damos a Deus o que lhe é devido; a piedade, pela qual damos aos pais e à pátria o que lhe é devido; a gratidão, aos benfeitores e assim também as demais virtudes.

1. C. 3: 1130, a, 12-13.
2. C. 5: 1130, b, 30-33.
3. Art. praec.

c. Todas as ações que se relacionam a outrem são atribuídas à virtude da justiça. Uma só virtude, mas modulada de acordo com a natureza da dívida e a qualidade das pessoas. É desse modo que as relações com Deus são situadas no conjunto das virtudes da justiça (ver II-II, q. 81).

AD PRIMUM ergo dicendum quod iustitia proprie dicta est una specialis virtus, quae attendit perfectam rationem debiti, quod secundum aequivalentiam potest restitui. Dicitur tamen et ampliato nomine iustitia, secundum quamcumque debiti redditionem. Et sic non est una specialis virtus.

AD SECUNDUM dicendum quod iustitia quae intendit bonum commune, est alia virtus a iustitia quae ordinantur ad bonum privatum alicuius: unde et ius commune distinguitur a iure privato; et Tullius[4] ponit unam specialem virtutem, pietatem, quae ordinat ad bonum patriae. — Sed iustitia ordinans hominem ad bonum commune, est generalis per imperium: quia omnes actus virtutum ordinat ad finem suum, scilicet ad bonum commune. Virtus autem secundum quod a tali iustitia imperatur, etiam iustitiae nomen accipit. Et sic virtus a iustitia legali non differt nisi ratione: sicut sola ratione differt virtus operans secundum seipsam, et virtus operans ad imperium alterius.

AD TERTIUM dicendum quod in omnibus operationibus ad iustitiam specialem pertinentibus, est eadem ratio debiti. Et ideo est eadem virtus iustitiae, praecipue quantum ad commutationes. Forte enim distributiva est alterius speciei a commutativa: sed de hoc infra[5] quaeretur.

QUANTO AO 1º, portanto, deve-se dizer que a justiça propriamente dita é uma virtude especial, baseada na perfeita razão de débito a ser paga por equivalência. Contudo, por extensão, dá-se também o nome de justiça a qualquer pagamento de dívida e, nesse sentido, não é uma virtude especial.

QUANTO AO 2º, deve-se dizer que a justiça voltada ao bem comum é uma virtude diferente da ordenada ao bem particular de alguém, donde, aliás, a distinção entre direito comum e direito privado. E Cícero faz da piedade, que ordena para o bem da pátria, uma virtude especial. — Ora, a justiça que ordena o homem para o bem comum é uma virtude geral pelo que impõe, pois ordena todos os atos das virtudes para o que é o seu fim, a saber, o bem comum. Recebe, também, o nome de justiça a virtude ordenada pela justiça. E assim a virtude só se distingue da justiça legal por uma distinção de razão, assim como só pela razão também se distinguem a virtude que atua por si mesma e a virtude que o faz sob o império de outra.

QUANTO AO 3º, deve-se dizer que em todas as ações ligadas à justiça especial, a razão de débito é a mesma; e por isso, a virtude da justiça é a mesma, principalmente quanto às trocas. Com efeito, a justiça distributiva é talvez de espécie diferente da comutativa, mas disso trataremos depois.

ARTICULUS 4

Utrum circa diversas passiones diversae sint virtutes morales

AD QUARTUM SIC PROCEDITUR. Videtur quod circa diversas passiones non sint diversae virtutes morales.

1. Eorum enim quae conveniunt in principio et fine, unus est habitus: sicut patet maxime in scientiis. Sed omnium passionum unum est principium, scilicet amor; et omnes ad eundem finem terminantur, scilicet ad delectationem vel tristitiam: ut supra[1] habitum est. Ergo circa omnes passiones est una tantum moralis virtus.

2. PRAETEREA, si circa diversas passiones essent diversae virtutes morales, sequeretur quod tot essent virtutes morales quot passiones. Sed hoc patet

ARTIGO 4

Com respeito a diferentes paixões, há diferentes virtudes morais?

QUANTO AO QUARTO, ASSIM SE PROCEDE: parece que **não** há diferentes virtudes morais com respeito a paixões diferentes.

1. Com efeito, para as coisas que têm o mesmo princípio e o mesmo fim só existe um hábito, como se vê especialmente nas ciências. Ora, todas as paixões tem um único princípio, o amor, e todas terminam num mesmo fim, o prazer ou a tristeza, como se viu antes. Logo, para todas as paixões só existe uma única virtude moral.

2. ALÉM DISSO, se para cada paixão houvesse uma virtude moral, haveria tantas virtudes morais quantas paixões. Ora, isso é totalmente falso, pois

4. *Rhetor.*, l. II, c. 53: ed. Müller, Lipsiae 1908, p. 230, ll. 22-24.
5. II-II, q. 61, a. 1.

4

1. Q. 25, a. 1, 2, 4; q. 27, a. 4.

esse falsum: quia circa oppositas passiones est una et eadem virtus moralis: sicut fortitudo circa timores et audacias, temperantia circa delectationes et tristitias. Non ergo oportet quod circa diversas passiones sint diversae virtutes morales.

3. PRAETEREA, amor, concupiscentia et delectatio sunt passiones specie differentes, ut supra[2] habitum est. Sed circa omnes has est una virtus, scilicet temperantia. Ergo virtutes morales non sunt diversae circa diversas passiones.

SED CONTRA est quod fortitudo est circa timores et audacias; temperantia circa concupiscentias; mansuetudo circa iras; ut dicitur in III[3] et IV[4] *Ethic*.

RESPONDEO dicendum quod non potest dici quod circa omnes passiones sit una sola virtus moralis: sunt enim quaedam passiones ad diversas potentias pertinentes; aliae namque pertinent ad irascibilem, aliae ad concupiscibilem, ut supra[5] dictum est.

Nec tamen oportet quod omnis diversitas passionum sufficiat ad virtutes morales diversificandas. Primo quidem, quia quaedam passiones sunt quae sibi opponuntur secundum contrarietatem: sicut gaudium et tristitia, timor et audacia, et alia huiusmodi. Et circa huiusmodi passiones sic oppositas, oportet esse unam et eandem virtutem. Cum enim virtus moralis in quadam medietate consistat, medium in contrariis passionibus secundum eandem rationem instituitur: sicut et in naturalibus idem est medium inter contraria, ut inter album et nigrum.

Secundo, quia diversae passiones inveniuntur secundum eundem modum rationi repugnantes: puta secundum impulsum ad id quod est contra rationem; vel secundum retractionem ab eo quod est secundum rationem. Et ideo diversae passiones concupiscibilis non pertinent ad diversas virtutes morales: quia earum motus secundum quendam ordinem se invicem consequuntur, utpote ad idem ordinati, scilicet ad consequendum bonum, vel ad fugiendum malum; sicut ex amore procedit concupiscentia, et ex concupiscentia pervenitur

relativamente a paixões opostas há sempre a mesma e única virtude moral, como, por exemplo, a fortaleza, relacionada com temores e ousadias, ou a temperança, relacionada com prazeres e tristezas. Logo, não é necessário que a paixões diversas correspondam virtudes morais diversas.

3. ADEMAIS, o amor, a concupiscência e o prazer são paixões de espécies diferentes, como acima se explicou. Ora, existe uma virtude relacionada com todas elas, a saber, a temperança. Logo, as virtudes morais não são diferentes com respeito a paixões diferentes.

EM SENTIDO CONTRÁRIO, afirma-se nos livros III e IV da *Ética* que a fortaleza diz respeito a temores e ousadias; a temperança, à concupiscência; a mansidão, a iras.

RESPONDO. Não se pode dizer que haja uma única virtude moral para todas as paixões[d], pois há paixões que pertencem a diferentes potências: umas pertencem ao apetite irascível; outras, ao concupiscível, como acima foi dito.

No entanto, nem toda a diversidade das paixões basta necessariamente para diversificar as virtudes morais. Em primeiro lugar, porque há paixões que se opõem umas às outras, como contrárias, por exemplo, alegria e tristeza, temor e audácia, e outras semelhantes. E a essas paixões assim opostas deve corresponder uma só e mesma virtude, porque, se a virtude moral consiste em certo mediania, o meio termo entre paixões contrárias se estabelece pela mesma razão, assim como nas realidade naturais, os contrários, como o branco e o preto, têm o mesmo meio termo.

Em segundo lugar, porque há paixões diversas que se opõem à razão da mesma maneira, impulsionando, por exemplo, para o que é contrário à razão ou retraindo daquilo que é conforme a ela. Por isso é que as diversas paixões do concupiscível não pertencem a virtudes morais diferentes, pois os movimentos delas se seguem uns aos outros segundo certa ordem, porque ordenados ao mesmo fim, ou seja, à busca do bem ou à fuga do mal. Assim, do amor provém a concupiscência e desta se chega ao prazer. E o mesmo acontece nos

2. Q. 23, a. 4.
3. Cc. 9, 13: 1115, a, 6-7; 1117, b, 25-27.
4. C. 11: 1125, b, 26-29.
5. Q. 23, a. 1.

d. Se há apenas uma virtude da justiça, existem várias no domínio das paixões. Estas últimas, com efeito, são numerosas, como se viu anteriormente, e os seus modos de resistência à influência do desejo-refletido são diversos. Baseando-se nesse princípio, Sto. Tomás chegará (a. 5) a especificar o número e a natureza das virtudes na afetividade sensível.

ad delectationem. Et eadem ratio est de oppositis: quia ex odio sequitur fuga vel abominatio, quae perducit ad tristitiam. — Sed passiones irascibilis non sunt unius ordinis, sed ad diversa ordinantur: nam audacia et timor ordinantur ad aliquod magnum periculum; spes et desperatio ad aliquod bonum arduum; ira autem ad superandum aliquod contrarium quod nocumentum intulit. Et ideo circa has passiones diversae virtutes ordinantur: utpote temperantia circa passiones concupiscibilis; fortitudo circa timores et audacias; magnanimitas circa spem et desperationem; mansuetudo circa iras.

AD PRIMUM ergo dicendum quod omnes passiones conveniunt in uno principio et fine communi: non autem in uno proprio principio seu fine. Unde hoc non sufficit ad unitatem virtutis moralis.

AD SECUNDUM dicendum quod, sicut in naturalibus idem est principium quo receditur ab uno principio, et acceditur ad aliud; et in rationalibus est eadem ratio contrariorum: ita etiam virtus moralis, quae in modum naturae rationi consentit, est eadem contrariarum passionum.

AD TERTIUM dicendum quod illae tres passiones ad idem obiectum ordinantur secundum quendam ordinem, ut dictum est[6]. Et ideo ad eandem virtutem moralem pertinent.

casos opostos: do ódio segue-se o distanciamento ou a repulsa que leva à tristeza. — As paixões do irascível, ao contrário, não pertencem a uma ordem única[e], mas se ordenam a fins diferentes: a audácia e o temor ordenam-se a um grave perigo; e esperança e o desespero, a um bem árduo; e a ira, enfim, a superar algo contrário que causou dano. Por isso diversas virtudes se ordenam a moderar essas paixões: a temperança se ordena às paixões do concupiscível; a fortaleza, aos temores e audácias; a magnanimidade, à esperança e ao desespero; a mansidão, à ira.

QUANTO AO 1º, portanto, deve-se dizer que todas as paixões concordam em um só princípio e fim comuns; não, porém em um só princípio ou fim próprios. Portanto, a alegação não é suficiente para afirmar a unidade da virtude moral.

QUANTO AO 2º, deve-se dizer que assim como nas coisas naturais é o mesmo princípio pelo qual se afasta de um princípio e se aproxima de outro, nas racionais a razão dos contrários é a mesma, assim também a virtude moral, que obedece à razão como a uma natureza, é a mesma das paixões contrárias.

QUANTO AO 3º, deve-se dizer que as três paixões citadas ordenam-se ao mesmo objeto, segundo certa ordem, como já foi dito. E por isso pertencem à mesma virtude moral.

ARTICULUS 5

Utrum virtutes morales distinguantur secundum diversa obiecta passionum

AD QUINTUM SIC PROCEDITUR. Videtur quod virtutes morales non distinguantur secundum obiecta passionum.

1. Sicut enim sunt obiecta passionum, ita sunt obiecta operationum. Sed virtutes morales quae sunt circa operationes, non distinguuntur secundum obiecta operationum: ad eandem enim virtutem iustitiae pertinet emere vel vendere domum, et equum. Ergo etiam nec virtutes morales quae sunt circa passiones, diversificantur per obiecta passionum.

2. PRAETEREA, passiones sunt quidam vel motus appetitus sensitivi. Sed maior diversitas requiritur

ARTIGO 5

As virtudes morais distinguem-se pelos objetos das paixões?

QUANTO AO QUINTO, ASSIM SE PROCEDE: parece que as virtudes morais **não** se distinguem pelos objetos das paixões.

1. Com efeito, as paixões tem seus objetos como as ações têm os seus. Ora, as virtudes morais ligadas às ações não se distinguem pelos objetos destas. Assim, à mesma virtude da justiça cabe vender ou comprar uma casa ou um cavalo. Logo, as virtudes morais que dizem respeito às paixões também não se diversificam pelos objetos destas.

2. ALÉM DISSO, as paixões são atos ou movimentos do apetite sensitivo. Ora, exige-se uma

6. In corp.

5 PARALL.: II *Ethic.*, lect. 8, 9.

e. Pela palavra "ordem", utilizada com frequência aqui, deve-se entender, recordemos, uma organização dinâmica, não estática, uma ordem de marcha, um processo de funcionamento.

ad diversitatem habituum, quam ad diversitatem actuum. Diversa igitur obiecta quae non diversificant speciem passionis, non diversificabunt speciem virtutis moralis. Ita scilicet quod de omnibus delectabilibus erit una virtus moralis: et similiter est de aliis.

3. PRAETEREA, magis et minus non diversificant speciem. Sed diversa delectabilia non differunt nisi secundum magis et minus. Ergo omnia delectabilia pertinent ad unam speciem virtutis. Et eadem ratione, omnia terribilia: et similiter de aliis. Non ergo virtus moralis distinguitur secundum obiecta passionum.

4. PRAETEREA, sicut virtus est operativa boni, ita est impeditiva mali. Sed circa concupiscentias bonorum sunt diversae virtutes: sicut temperantia circa concupiscentias delectationum tactus, et eutrapelia circa delectationes ludi. Ergo etiam circa timores malorum debent esse diversae virtutes.

SED CONTRA est quod castitas est circa delectabilia venereorum; abstinentia vero est circa delectabilia ciborum; et eutrapelia circa delectabilia ludorum.

RESPONDEO dicendum quod perfectio virtutis ex ratione dependet: perfectio autem passionis, ex ipso appetitu sensitivo. Unde oportet quod virtutes diversificentur secundum ordinem ad rationem: passiones autem, secundum ordinem ad appetitum. Obiecta igitur passionum, secundum quod diversimode comparantur ad appetitum sensitivum, causant diversas passionum species: secundum vero quod comparantur ad rationem, causant diversas species virtutum. Non est autem idem motus rationis, et appetitus sensitivi. Unde nihil prohibet aliquam differentiam obiectorum causare diversitatem passionum, quae non causat diversitatem virtutum, sicut quando una virtus est circa multas passiones, ut dictum est[1]: et aliquam etiam differentiam obiectorum causare diversitatem virtutum, quae non causat diversitatem passionum, cum circa unam passionem, puta delectationem, diversae virtutes ordinentur.

Et quia diversae passiones ad diversas potentias pertinentes, semper pertinent ad diversas

diversidade maior para distinguir os hábitos do que para distinguir os atos. Logo, objetos diversos que não diversificam as espécies de paixões não diversificarão também as espécies de virtudes morais. E assim haverá uma só virtude moral para tudo o que é objeto de prazer, acontecendo o mesmo para todos os outros.

3. ADEMAIS, o mais e o menos não diferenciam a espécie. Ora, os diversos objetos de prazer diferenciam-se apenas pelo mais e pelo menos. Logo, pertencem todos a uma única espécie de virtude. E o mesmo se diga dos objetos que causam terror e também de outros. Não se distingue, pois, a virtude moral pelos objetos das paixões.

4. ADEMAIS, a virtude tanto realiza o bem quanto impede o mal. Ora, várias são as virtudes ligadas ao desejo do bem, como a temperança, que diz respeito aos prazeres do tato, e a eutrapelia, com os prazeres do jogo. Logo, deve haver também diversas virtudes para o temor dos males.

EM SENTIDO CONTRÁRIO, a castidade diz respeito aos prazeres sexuais; a abstinência, aos prazeres da mesa e a eutrapelia, aos prazeres do jogo.

RESPONDO. Se a perfeição da virtude depende da razão, a da paixão depende do próprio apetite sensitivo[f]. Por isso, é preciso que as virtudes se diferenciem segundo a ordenação para a razão, e as paixões, para o apetite. Como consequência, o diverso ordenar-se dos objetos das paixões para o apetite sensitivo causa as diversas espécies delas e, enquanto ordenadas para a razão, causam as diversas espécies de virtudes. Ora, o movimento da razão não é o mesmo que o do apetite sensitivo. Logo, nada impede que uma mesma diferença de objetos, que causa diversidade de paixões, não cause diversidade de virtudes, como no caso de uma única virtude que diz respeito a muitas paixões, conforme foi dito. E nada impede tampouco que uma mesma diferença de objetos cause uma diferença de virtudes, sem causar uma diversidade de paixões, como quando várias virtudes se ordenam a uma mesma paixão, tal como o prazer.

E como diversas paixões pertencentes a diversas potências sempre pertencem a diversas virtudes,

1. Art. praec.

f. "Distinguir para unir" (Jacques Maritain). Uma, a perfeição (a sua realização) da virtude, outra, a da paixão, pois o "movimento" (a atuação) da razão é diferente daquele das paixões. Diversos são, também, os objetos da paixão e da razão. Isso conduzirá Sto. Tomás a classificar as principais virtudes da afetividade sensível. Ele encontra dez; o que, adicionado à virtude da justiça, perfaz onze. Cada uma dessas virtudes será longamente estudada na segunda seção da II Parte.

virtutes, ut dictum est[2]; ideo diversitas obiectorum quae respicit diversitatem potentiarum, semper diversificat species virtutum; puta quod aliquid sit bonum absolute, et aliquid bonum cum aliqua arduitate. — Et quia ordine quodam ratio inferiores hominis partes regit, et etiam se ad exteriora extendit; ideo etiam secundum quod unum obiectum passionis apprehenditur sensu vel imaginatione, aut etiam ratione; et secundum etiam quod pertinet ad animam, corpus, vel exteriores res; diversam habitudinem habet ad rationem; et per consequens natum est diversificare virtutes. Bonum igitur hominis, quod est obiectum amoris, concupiscentiae et delectationis, potest accipi vel ad sensum corporis pertinens; vel ad interiorem animae apprehensionem. Et hoc, sive ordinetur ad bonum homini in seipso, vel quantum ad corpus vel quantum ad animam; sive ordinetur ad bonum hominis in ordine ad alios. Et omnis talis diversitas, propter diversum ordinem ad rationem, diversificat virtutem.

Sic igitur si consideretur aliquod bonum, si quidem sit per sensum tactus apprehensum, et ad consistentiam humanae vitae pertinens in individuo vel in specie, sicut sunt delectabilia ciborum et venereorum; erit pertinens ad virtutem *temperantiae*. Delectationes autem aliorum sensuum, cum non sint vehementes, non praestant aliquam difficultatem rationi: et ideo circa eas non ponitur aliqua virtus, quae *est circa difficile, sicut et ars*, ut dicitur in II *Ethic.*[3].

Bonum autem non sensu, sed interiori virtute apprehensum, ad ipsum hominem pertinens secundum seipsum, est sicut pecunia et honor; quorum pecunia ordinabilis est de se ad bonum corporis, honor autem consistit in apprehensione animae. Et haec quidem bona considerari possunt vel absolute, secundum quod pertinent ad concupiscibilem; vel cum arduitate quadam, secundum quod pertinent ad irascibilem. Quae quidem distinctio non habet locum in bonis quae delectant tactum: quia huiusmodi sunt quaedam infima, et competunt homini secundum quod convenit cum brutis. Circa bonum igitur pecuniae absolute sumptum, secundum quod est obiectum concupiscentiae vel delectationis aut amoris, est *liberalitas*. Circa bonum autem huiusmodi cum arduitate sumptum, secundum quod est obiectum

como já foi dito, assim também a diversidade dos objetos relativa à das potências sempre diversifica as espécies de virtudes; por exemplo, a diferença entre o que é bom de modo absoluto e o que é bom com certa dificuldade. — Como, porém, a razão governa, com certa ordem, as partes humanas inferiores e até alcança as realidade exteriores, por isso um mesmo objeto de paixão se relaciona diversamente com a razão, e por isso, poderá, naturalmente, diversificar as virtudes, conforme for apreendido pelos sentidos ou pela imaginação ou ainda pela razão e também conforme pertencer à alma ou ao corpo ou às coisas exteriores. Logo, o bem do homem, que é objeto de amor, de concupiscência e de prazer, pode ser tomado tanto como pertencente às sensações do corpo como às percepções interiores da alma. E isso, quer se ordene ao bem do homem em si mesmo, quanto ao corpo ou quanto à alma; quer se ordene ao bem do homem em relação com os outros. E toda essa diversidade, por causa de sua diferente ordenação à razão, diversifica as virtudes.

Assim, pois, se se tratar de algum bem apreendido pelo tato e ligado à conservação vital do indivíduo humano ou de sua espécie, como os prazeres da mesa e os do sexo, pertencerá à virtude da *temperança*. Já os prazeres dos outros sentidos, como não são tão fortes e não criam problemas para a razão, não se lhes atribui nenhuma virtude, pois a virtude, como a arte, diz respeito ao que é difícil, segundo se diz no livro II da *Ética*.

Por outro lado, o bem percebido não pelos sentidos, mas por uma potência interior, e pertencente ao indivíduo em si mesmo, é como o dinheiro e a honra, pois o dinheiro, por si, é para o bem corporal, enquanto a honra consiste numa apreensão espiritual. E esses bens podem ser considerados absolutamente, enquanto pertencentes ao concupiscível, ou enquanto acompanhados de certa dificuldade, pertencentes ao irascível. Essa distinção, no entanto, não cabe aos bens que dão prazer ao tato, pois estes são bem ínfimos, comuns ao homem e aos animais. Portanto, com respeito ao bem do dinheiro, considerado de modo absoluto, como simples objeto de concupiscência, de prazer ou de amor, temos a *liberalidade*. Com respeito, pois, a tal bem considerado como árduo, enquanto é objeto de esperança, temos a *magnifi-*

2. Art. praec.
3. C. 2: 1105, a, 9-13.

spei, est *magnificentia*. Circa bonum vero quod est honor, si quidem sit absolute sumptum, secundum quod est obiectum amoris, sic est quaedam virtus quae vocatur *philotimia*, idest amor honoris. Si vero cum arduitate consideretur, secundum quod est obiectum spei, sic est *magnanimitas*. Unde liberalitas et philotimia videntur esse in concupiscibili: magnificentia vero et magnanimitas in irascibili.

Bonum vero hominis in ordine ad alium, non videtur arduitatem habere: sed accipitur ut absolute sumptum, prout est obiectum passionum concupiscibilis. Quod quidem bonum potest esse alicui delectabile secundum quod praebet se alteri vel in his quae serio fiunt, idest in actionibus per rationem ordinatis ad debitum finem; vel in his quae fiunt ludo, idest in actionibus ordinatis ad delectationem tantum, quae non eodem modo se habent ad rationem sicut prima. In seriis autem se exhibet aliquis alteri dupliciter. Uno modo, ut delectabilem decentibus verbis et factis: et hoc pertinet ad quandam virtutem quam Aristoteles[4] nominat *amicitiam*; et potest dici *affabilitas*. Alio modo praebet se aliquis alteri ut manifestum, per dicta et facta: et hoc pertinet ad aliam virtutem, quam nominat *veritatem*. Manifestatio enim propinquius accedit ad rationem quam delectatio; et seria quam iocosa. Unde et circa delectationes ludorum est alia virtus, quam Philosophus[5] *eutrapeliam* nominat.

Sic igitur patet quod, secundum Aristotelem[6], sunt decem virtutes morales circa passiones: scilicet fortitudo, temperantia, liberalitas, magnificentia, magnanimitas, philotimia, mansuetudo, amicitia, veritas et eutrapelia. Et distinguuntur secundum diversas materias; vel secundum diversas passiones; vel secundum diversa obiecta. Si igitur addatur iustitia, quae est circa operationes, erunt omnes undecim.

AD PRIMUM ergo dicendum quod omnia obiecta eiusdem operationis secundum speciem, eandem habitudinem habent ad rationem; non autem omnia obiecta eiusdem passionis secundum speciem: quia operationes non repugnant rationi, sicut passiones.

cência. Por outro lado, com respeito ao bem que é a honra, se esse bem for tomado absolutamente, como objeto de amor, temos aí uma virtude chamada *filotimia*, ou seja, o amor da honra. Se, ao contrário, esse bem for considerado como árduo, enquanto objeto de esperança, temos a *magnanimidade*. Conclui-se, então, que a liberalidade e a filotimia parecem estar no concupiscível, ao passo que a magnificência e a magnanimidade, no irascível.

Quanto ao bem do homem na relação com os outros, não parece implicar dificuldade, mas é tomado como em sentido absoluto, como objeto das paixões do apetite concupiscível. E, na verdade, esse bem pode ser agradável a alguém na sua convivência com os outros, seja nas coisas sérias, isto é, nas ações orientadas pela razão para determinado fim; seja nas coisas feitas por diversão, isto é, nos atos ordenados somente para o prazer e que não têm o mesmo relacionamento com a razão. Nas coisas sérias, porém, comportamo-nos com os outros de duas maneiras: ou mostrando-nos simpáticos pela polidez das palavras e dos gestos, o que caracteriza a virtude chamada de *amizade* por Aristóteles e que se pode chamar de *afabilidade*; ou comunicando-nos francamente, por palavras e ações, o que pertence a outra virtude, que Aristóteles denomina *verdade*. Estamos, com efeito, mais próximos da razão pela franqueza do que pelo prazer e, igualmente, mais pelas coisas sérias do que pelas brincadeiras. E por isso a respeito dos prazeres lúdicos há uma virtude distinta que o Filósofo denomina *eutrapelia*.

Fica, assim, muito claro que, para Aristóteles, há dez virtudes morais que dizem respeito às paixões, a saber: fortaleza, temperança, liberalidade, magnificência, magnanimidade, filotimia, mansidão, amizade, verdade e eutrapelia. E essas virtudes se distinguem conforme a diversidade das matérias, ou pelas diversas paixões, ou pelos diversos objetos. Se se acrescenta a *justiça*, que diz respeito às ações, serão ao todo onze virtudes.

QUANTO AO 1º, portanto, deve-se dizer que numa mesma espécie de ação, todos os objetos têm a mesma relação com a razão, mas não todos os objetos de uma mesma espécie de paixão, porque as ações não se opõem à razão como as paixões.

4. *Eth*. II, 7: 1107, b, 32-1108, a, 4.
5. Ibid.: 1108, a, 24-26.
6. *Eth*. II, 7: 1107, a, 32 sqq.

AD SECUNDUM dicendum quod alia ratione diversificantur passiones, et aliae virtutes, sicut dictum est[7].

AD TERTIUM dicendum quod magis et minus non diversificant speciem, nisi propter diversam habitudinem ad rationem.

AD QUARTUM dicendum quod bonum fortius est ad movendum quam malum: quia malum non agit nisi virtute boni, ut Dionysius dicit, 4 cap. *de Div. Nom.*[8]. Unde malum non facit difficultatem rationi, quae requirat virtutem, nisi sit excellens: quod videtur esse unum in uno genere passionis. Unde circa iras non ponitur nisi una virtus, scilicet mansuetudo: et similiter circa audacias una sola, scilicet fortitudo. — Sed bonum ingerit difficultatem, quae requirit virtutem, etiam si non sit excellens in genere talis passionis. Et ideo circa concupiscentias ponuntur diversae virtutes morales, ut dictum est[9].

7. In corp.
8. MG 3, 717 C.
9. In corp.

QUANTO AO 2º, deve-se dizer que, como já foi dito, uma é a razão que diferencia as paixões e outra a que diferencia as virtudes.

QUANTO AO 3º, deve-se dizer que o mais e o menos não diversificam a espécie, a não ser pela relação diversa com a razão.

QUANTO AO 4º, deve-se dizer que o bem é mais forte para mover do que o mal, porque este só atua pela força daquele, como diz Dionísio. Por isso é que o mal não oferece dificuldade à razão, a ponto de exigir uma virtude, a menos que ele seja excepcional, coisa que não ocorre, parece, senão uma vez, em cada gênero de paixão. Assim, quanto às iras, não se afirma senão uma só virtude, ou seja, a mansidão; e, da mesma forma, quanto às audácias, somente a fortaleza. — Mas o bem implica dificuldade que exige virtude, ainda quando ele não seja excepcional no gênero de tal paixão. E por isso há diversas virtudes morais concernentes às concupiscências, como foi dito.

QUAESTIO LXI
DE VIRTUTIBUS CARDINALIBUS
in quinque articulos divisa

Deinde considerandum est de virtutibus cardinalibus.

Et circa hoc quaeruntur quinque.

Primo: utrum virtutes morales debeant dici cardinales, vel principales.

Secundo: de numero earum.

Tertio: quae sint.

Quarto: utrum differant ab invicem.

Quinto: utrum dividantur convenienter in virtutes politicas, et purgatorias, et purgati animi, et exemplares.

QUESTÃO 61
AS VIRTUDES CARDEAIS[a]
em cinco artigos

Devem-se considerar, a seguir, as virtudes cardeais. Sobre isso, são cinco as perguntas:

1. As virtudes morais devem ser chamadas de cardeais ou principais?
2. Qual o número delas?
3. Quais são elas?
4. Diferem elas entre si?
5. Pode-se dividi-las, acertadamente, em virtudes políticas, virtudes purificadoras, virtudes de alma purificada e virtudes exemplares?

a. As principais virtudes são chamadas de cardeais (cardo significa gonzo) porque é em torno delas que giram todas as outras. É uma denominação tradicional que Sto. Tomás recebe de Cícero, de Sto. Ambrósio, de Sto. Agostinho e de São Gregório.

ARTICULUS 1

Utrum virtutes morales debeant dici cardinales, vel principales

AD PRIMUM SIC PROCEDITUR. Videtur quod virtutes morales non debeant dici cardinales, seu principales.

1. *Quae* enim *ex opposito dividuntur, sunt simul natura*, ut dicitur in *Praedicamentis*[1]: et sic unum non est altero principalius. Sed omnes virtutes ex opposito dividunt genus virtutis. Ergo nullae earum debent dici principales.

2. PRAETEREA, finis principalior est his quae sunt ad finem. Sed virtutes theologicae sunt circa finem: virtutes autem morales circa ea quae sunt ad finem. Ergo virtutes morales non debent dici principales, seu cardinales; sed magis theologicae.

3. PRAETEREA, principalius est quod est per essentiam, quam quod est per participationem. Sed virtutes intellectuales pertinent ad rationale per essentiam: virtutes autem morales ad rationale per participationem, ut supra[2] dictum est. Ergo virtutes morales non sunt principales, sed magis virtutes intellectuales.

SED CONTRA est quod Ambrosius dicit, *super Lucam*[3], exponens illud, *Beati pauperes spiritu*: *Scimus virtutes esse quatuor cardinales, scilicet temperantiam, iustitiam, prudentiam, fortitudinem*. Hae autem sunt virtutes morales. Ergo virtutes morales sunt cardinales.

RESPONDEO dicendum quod, cum simpliciter de virtute loquimur, intelligimur loqui de virtute humana. Virtus autem humana, ut supra[4] dictum est, secundum perfectam rationem virtutis dicitur, quae requirit rectitudinem appetitus: huiusmodi enim virtus non solum facit facultatem bene agendi, sed ipsum etiam usum boni operis causat. Sed secundum imperfectam rationem virtutis dicitur virtus quae non requirit rectitudinem appetitus: quia solum facit facultatem bene agendi, non autem causat boni operis usum. Constat autem quod perfectum est principalius imperfecto. Et ideo virtutes quae continent rectitudinem appetitus, dicuntur principales. Huiusmodi autem

ARTIGO 1

As virtudes morais devem ser chamadas de cardeais ou principais?

QUANTO AO PRIMEIRO ARTIGO, ASSIM SE PROCEDE: parece que as virtudes morais **não** devem ser chamadas de cardeais ou principais.

1. Com efeito, diz o livro dos *Predicamentos* que "as coisas que se dividem por oposição existem simultaneamente na natureza" e assim, nenhuma é mais importante que outra. Ora, todas as virtudes se dividem, quanto ao gênero, por oposição. Logo, nenhuma delas deve ser considerada principal.

2. ALÉM DISSO, o fim é mais importante que os meios. Ora, as virtudes teologais dizem respeito ao fim e as virtudes morais, aos meios. Logo, as virtudes morais não devem ser chamadas de principais ou cardeais e sim teologais.

3. ADEMAIS, o que existe por essência é mais importante que o que existe por participação. Ora, as virtudes intelectuais pertencem à parte racional, por essência, enquanto que as virtudes morais pertencem à parte racional por participação, como foi dito. Logo, as virtudes principais não são as morais, mas as intelectuais.

EM SENTIDO CONTRÁRIO, Ambrósio, sobre aquilo do Evangelho de Lucas: "Felizes os pobres de espírito", escreve: "sabemos que há quatro virtudes cardeais, a saber: a temperança, a justiça, a prudência e a fortaleza". Ora, estas são virtudes morais. Logo, as virtudes morais são virtudes cardeais.

RESPONDO. Quando discorremos sobre a virtude sem mais, estamos falando da virtude humana. Ora, a virtude humana, como já foi dito, chama-se virtude segundo a perfeita razão do termo, aquela que exige a retidão do apetite, pois não só produz a potência de agir bem, mas causa também o próprio exercício da boa ação. Ao contrário, segundo a imperfeita razão do termo, chama-se virtude aquela que não exige a retidão do apetite, porque só produz a potência de agir bem, sem causar o exercício da boa ação. Ora, é certo que o perfeito é mais importante que o imperfeito e por isso as virtudes que asseguram a retidão do apetite são tidas como principais e é o caso das virtudes mo-

1 PARALL.: Infra, q. 66, a. 4; III *Sent.*, dist. 33, q. 2, a. 1, q.la 2; *De Virtut.*, q. 1, a. 12, ad 24; q. 5, a. 1.

1. C. 10: 14, b, 33-34.
2. Q. 56, a. 6, ad 2; q. 58, a. 3; q. 59, a. 4, 2 a.
3. L. V: ML 15, 1653 C.
4. Q. 56, a. 3.

sunt virtutes morales; et inter intellectuales, sola prudentia, quae etiam quodammodo moralis est, secundum materiam, ut ex supradictis[5] patet. Unde convenienter inter virtutes morales ponuntur illae quae dicuntur principales, seu cardinales.

AD PRIMUM ergo dicendum quod, quando genus univocum dividitur in suas species, tunc partes divisionis ex aequo se habent secundum rationem generis; licet secundum naturam rei, una species sit principalior et perfectior alia, sicut homo aliis animalibus. Sed quando est divisio alicuius analogi, quod dicitur de pluribus secundum prius et posterius; tunc nihil prohibet unum esse principalius altero, etiam secundum communem rationem; sicut substantia principalius dicitur ens quam accidens. Et talis est divisio virtutum in diversa genera virtutum: eo quod bonum rationis non secundum eundem ordinem invenitur in omnibus.

AD SECUNDUM dicendum quod virtutes theologicae sunt supra hominem, ut supra[6] dictum est. Unde non proprie dicuntur virtutes humanae, sed *superhumanae*, vel divinae.

AD TERTIUM dicendum, quod aliae virtutes intellectuales a prudentia, etsi sint principaliores quam morales quantum ad subiectum; non tamen sunt principaliores quantum ad rationem virtutis, quae respicit bonum, quod est obiectum appetitus.

rais e, entre as intelectuais, a prudência apenas, porque esta é também, de certa forma, uma virtude moral por sua matéria, como acima se mostrou. Logo, é correto afirmar entre as virtudes morais as chamadas virtudes principais ou cardeais[b].

QUANTO AO 1º, portanto, deve-se dizer que quando um gênero unívoco se divide em suas espécies, as partes da divisão se referem, de forma igual segundo a essência do gênero, embora na realidade uma espécie seja principal e mais perfeita que outra, como o homem em relação com os outros animais. Mas quando se divide um gênero análogo, que se predica de muitos por prioridade e posteridade, então nada impede que uma parte da divisão seja a principal, também segundo a razão comum, como a substancia é considerada um ente mais importante que o acidente. E assim é a divisão das virtudes em diversos gêneros, dado que o bem da razão não se encontra em todos os casos, segundo a mesma ordem.

QUANTO AO 2º, deve-se dizer que as virtudes teologais, já foi dito, são superiores ao homem e por isso não se dizem virtudes propriamente humanas, mas *sobre-humanas* ou divinas.

QUANTO AO 3º, deve-se dizer que ainda que as demais virtudes intelectuais, distintas da prudência, sejam mais importantes que as morais quanto ao sujeito, não o são, porém, quanto à razão de virtude, porque esta visa ao bem, que é o objeto do apetite.

ARTICULUS 2

Utrum sint quatuor virtutes cardinales

AD SECUNDUM SIC PROCEDITUR. Videtur quod non sint quatuor virtutes cardinales.

1. Prudentia enim est directiva aliarum virtutum moralium, ut ex supradictis[1] patet. Sed id quod est directivum aliorum, principalius est. Ergo prudentia sola est virtus principalis.

ARTIGO 2

As virtudes cardeais são quatro?

QUANTO AO SEGUNDO, ASSIM SE PROCEDE: parece que as virtudes cardeais **não** são quatro.

1. Com efeito, a prudência é a virtude que dirige as outras virtudes morais, conforme acima se esclareceu. Ora, o que dirige é mais importante que os dirigidos. Logo, a prudência é a única virtude principal.

5. Q. 57, a. 4; q. 58, a. 3, ad 1.
6. Q. 58, a. 3, ad 3.

2 PARALL.: Infra, q. 66, a. 4; III *Sent.*, dist. 33, q. 2, a. 1, q.la 3; *De Virtut.*, q. 1, a. 12, ad 25; q. 5, a. 1; II *Ethic.*, lect. 8.

1. Q. 58, a. 4.

b. A virtude moral, humana e humanizante, levada à perfeição, habilita o homem a agir com todo o seu ser em conformidade com sua natureza racional. É dessa forma que ela assegura, de uma vez só, tanto o bem da obra cumprida (*bonum operis*), quanto o do sujeito que age (*bonum operantis*). Já as virtudes da inteligência e da arte não tornam moralmente bom o sujeito. Elas são portanto imperfeitas quanto à total realização do homem; falta-lhes, tomadas em si mesmas, retificar o apetite, o que justamente realizam as virtudes morais (r. 3).

2. PRAETEREA, virtutes principales sunt aliquo modo morales. Sed ad operationes morales ordinamur per rationem practicam, et appetitum rectum, ut dicitur in VI *Ethic*[2]. Ergo solae duae virtutes cardinales sunt.

3. PRAETEREA, inter alias etiam virtutes una est principalior altera. Sed ad hoc quod virtus dicatur principalis, non requiritur quod sit principalis respectu omnium, sed respectu quarundam. Ergo videtur quod sint multo plures principales virtutes.

SED CONTRA est quod Gregorius dicit, in II *Moral.*[3]: *In quatuor virtutibus tota boni operis structura consurgit.*

RESPONDEO dicendum quod numerus aliquorum accipi potest aut secundum principia formalia aut secundum subiecta: et utroque modo inveniuntur quatuor cardinales virtutes. Principium enim formale virtutis de qua nunc loquimur, est rationis bonum. Quod quidem dupliciter potest considerari. Uno modo, secundum quod in ipsa consideratione rationis consistit. Et sic erit una virtus principalis, quae dicitur *prudentia*. — Alio modo, secundum quod circa aliquid ponitur rationis ordo. Et hoc vel circa operationes, et sic est *iustitia*: vel circa passiones, et sic necesse est esse duas virtutes. Ordinem enim rationis necesse est ponere circa passiones, considerata repugnantia ipsarum ad rationem. Quae quidem potest esse dupliciter. Uno modo secundum quod passio impellit ad aliquid contrarium rationi: et sic necesse est quod passio reprimatur, et ab hoc denominatur *temperantia*. Alio modo, secundum quod passio retrahit ab eo quod ratio dictat, sicut timor periculorum vel laborum: et sic necesse est quod homo firmetur in eo quod est rationis, ne recedat; et ab hoc denominatur *fortitudo*.

Similiter secundum subiecta, idem numerus invenitur. Quadruplex enim invenitur subiectum huius virtutis de qua nunc loquimur: scilicet rationale per essentiam, quod *prudentia* perficit; et ratione per participationem, quod dividitur in tria; idest in voluntatem, quae est subiectum *iustitiae*; et in concupiscibilem, quae est subiectum *temperantiae*; et in irascibilem, quae est subiectum *fortitudinis*.

2. ALÉM DISSO, as virtudes principais são, de certo modo, morais. Ora como diz o livro VI da *Ética*, as ações morais nós as ordenamos pela razão prática e pelo apetite bem regrado. Logo, só existem duas virtudes cardeais.

3. ADEMAIS, também entre outras virtudes, uma é mais importante que outra. Ora, para que uma virtude seja considerada principal em relação com as demais, basta que ela o seja em relação com algumas. Logo, parece que são muito mais numerosas as virtudes principais.

EM SENTIDO CONTRÁRIO, está a palavra de Gregório: "Toda a estrutura de uma obra boa apoia-se em quatro virtudes".

RESPONDO. O número de determinadas coisas pode ser estabelecido ou pelos princípios formais ou pelos sujeitos. Em ambos os casos, temos quatro virtudes cardeais, porque o princípio formal da virtude aqui considerada é o bem da razão[c], que pode ser considerado sob duplo aspecto: ou enquanto consiste na própria consideração da razão e se terá então uma virtude principal, que se chama *prudência*. — Ou enquanto se afirma a ordem da razão em relação com alguma coisa. E isso será ou quanto às ações e se terá então *a justiça*; ou quanto às paixões e, nesse caso, é preciso que haja duas virtudes, pois para afirmar a ordem da razão nas paixões é necessário levar em conta a oposição delas à razão. Essa oposição pode se dar de duas formas: primeiro, quando a paixão impele a algo contrário à razão e aí é preciso que a paixão seja controlada, o que chamamos de *temperança;* segundo, quando a paixão nos afasta das normas da razão, como o temor do perigo ou do sofrimento e, nesse caso, devemos nos firmar, inarredavelmente, no que é racional e a isso se dá o nome de *fortaleza*.

Também em relação com os sujeitos chegamos, igualmente, ao mesmo número, pois são quatro os sujeitos da virtude de que estamos falando aqui, a saber: o racional por essência, que a *prudência* aperfeiçoa, e o racional por participação, que se divide em três, ou seja, a vontade, sujeito *da justiça*; o apetite concupiscível, sujeito *da temperança* e o irascível, sujeito *da fortaleza*.

2. C. 2: 1139, a, 24-27.
3. C. 49, al. 27, in vet. 36: ML 75, 592 B.

c. A moral de Sto. Tomás (é preciso lembrar?) funda-se sobre a razão, sobre o império da inteligência e de sua afetividade (a vontade) e sobre todo o agir humano. É com base nisso que ele justifica a distinção clássica das quatro virtudes cardeais: a prudência, que aplica a razão ao conjunto da vida humana, e as três outras, que inserem uma "ordem de razão" nas operações (a justiça) e nas paixões (temperança e força).

AD PRIMUM ergo dicendum quod prudentia est simpliciter principalior omnibus. Sed aliae ponuntur principales unaquaeque in suo genere.

AD SECUNDUM dicendum quod rationale per participationem dividitur in tria, ut dictum est[4].

AD TERTIUM dicendum quod omnes aliae virtutes, quarum una est principalior alia, reducuntur ad praedictas quatuor, et quantum ad subiectum, et quantum ad rationes formales.

QUANTO AO 1º, portanto, deve-se dizer que a prudência é, absolutamente, a mais importante de todas as virtudes. Mas, as outras também são principais cada uma no seu gênero.

QUANTO AO 2º, deve-se dizer que o racional por participação divide-se em três, como foi dito.

QUANTO AO 3º, deve-se dizer que todas as outras virtudes das quais uma é mais importante que outra reduzem-se às quatro mencionadas, quer quanto ao sujeito, quer quanto às razões formais.

ARTICULUS 3

Utrum aliae virtutes magis debeant dici principales quam istae

AD TERTIUM SIC PROCEDITUR. Videtur quod aliae virtutes debeant dici magis principales quam istae.

1. Id enim quod est maximum in unoquoque genere, videtur esse principalius. Sed *magnanimitas operatur magnum in omnibus virtutibus*, ut dicitur in IV *Ethic.*[1]. Ergo magnanimitas maxime debet dici principalis virtus.

2. PRAETEREA, illud per quod aliae virtutes firmantur, videtur esse maxime principalis virtus. Sed humilitas est huismodi: dicit enim Gregorius[2] quod *qui ceteras virtutes sine humilitate congregat, quasi paleas in ventum portat*. Ergo humilitas videtur esse maxime principalis.

3. PRAETEREA, illud videtur esse principale, quod est perfectissimum. Sed hoc pertinet ad patientiam; secundum illud Iac 1,4: *Patientia opus perfectum habet*. Ergo patientia debet poni principalis.

SED CONTRA est quod Tullius, in sua *Rhetorica*[3], ad has quatuor omnes alias reducit.

RESPONDEO dicendum quod sicut supra[4] dictum est, huiusmodi quatuor virtutes cardinales accipiuntur secundum quatuor formales rationes virtutis de qua loquimur. Quae quidem in aliquibus actibus vel passionibus principaliter inveniuntur. Sicut bonum consistens in consideratione rationis, principaliter invenitur in ipso rationis imperio;

ARTIGO 3

As demais virtudes, mais que as mencionadas, devem chamar-se principais?

QUANTO AO TERCEIRO, ASSIM SE PROCEDE: parece que as demais virtudes, mais que as mencionadas, **devem** chamar-se principais.

1. Com efeito, o que há de maior em cada gênero parece ser aí o principal. Ora, segundo o livro IV da *Ética*, "a magnanimidade põe grandeza em todas as virtudes". Logo, deve ela ser considerada, por excelência, como virtude principal.

2. ALÉM DISSO, o que dá firmeza às demais virtudes parece ser, por excelência, a virtude principal. Ora, assim é a humildade, pois, no dizer de Gregório, "quem ajunta virtude e mais virtude, sem humildade, é comparável ao que leva palhas ao vento". Logo, a humildade parece ser a virtude principal, por excelência.

3. ADEMAIS, aquilo que é perfeitíssimo parece ser o principal. Ora, isso pertence à paciência, pois, conforme a Carta de Tiago, "a paciência produz obra perfeita", Logo, a paciência deve ser afirmada como virtude principal.

EM SENTIDO CONTRÁRIO, Cícero, em sua *Retórica,* reduz todas as outras virtudes às quatro mencionadas.

RESPONDO. Como já foi dito, essas quatro virtudes cardeais se tomam segundo as quatro razões formais da virtude de que tratamos. E estas se encontram de modo principal em alguns atos ou paixões. Assim, o bem que consiste na consideração da razão se encontra principalmente na própria ordem da razão e não no conselho nem no juízo,

4. In corp.

3 PARALL.: III *Sent.*, dist. 33, q. 2, a. 1, q.la 4; *De Virtut.*, q. 1, a. 12, ad 26; q. 5, a. 1; II *Ethic.*, lect. 8.

1. C. 7: 1123, b, 30.
2. *Homil.* 7 in Evang., n. 4: ML 76, 1103 A.
3. L. II, c. 53: ed. Müller, Lipsiae 1908, p. 230, ll. 5 sqq.
4. Art. praec.

non autem in consilio, neque in iudicio, ut supra dictum est. Similiter autem bonum rationis prout ponitur in operationibus secundum rationem recti et debiti, principaliter invenitur in commutationibus vel distribuctionibus quae sunt ad alterum cum aequalitate. Bonum autem refraenandi passiones principaliter invenitur in passionibus quas maxime difficile est reprimere, scilicet in delectationibus tactus. Bonum autem firmitatis ad standum in bono rationis contra impetum passionum, praecipue invenitur in periculis mortis, contra quae difficilimum est stare.

Sic igitur praedictas quatuor virtutes dupliciter considerare possumus. Uno modo, secundum communes rationes formales. Et secundum hoc, dicuntur principales, quasi generales ad omnes virtutes: utputa quod omnis virtus quae facit bonum in consideratione rationis, dicatur prudentia; et quod omnis virtus quae facit bonum debiti et recti in operationibus, dicatur iustitia; et omnis virtus quae cohibet passiones et deprimit, dicatur temperantia; et omnis virtus quae facit firmitatem animi contra quascumque passiones, dicatur fortitudo. Et sic multi loquuntur de istis virtutibus tam sacri doctores quam etiam philosophi. Et sic aliae virtutes sub ipsis continentur. — Unde cessant OMNES OBIECTIONES.

Alio vero modo possunt accipi, secundum quod istae virtutis denominantur ab eo quod est praecipuum in unaquaque materia. Et sic sunt speciales virtutes, contra alias divisae. Dicuntur tamen principales respectu aliarum, propter principalitatem materiae: puta quod prudentia dicatur quae praeciptiva est; iustitia, quae est circa actiones debitas inter aequales; temperantia, quae reprimit concupiscentias delectationum tactus; fortitudo, quae firmat contra pericula mortis. — Et sic etiam cessant OBIECTIONES: quia aliae virtutes possunt habere aliquas alias principalitates, sed istae dicuntur principales ratione materiae, ut supra dictum est.

como já foi dito. Da mesma forma, o bem da razão, tal como se afirma nas ações enquanto retas e devidas, se encontra principalmente nas trocas ou distribuições que se têm com os outros com igualdade. Já o bem que consiste em frear as paixões encontra-se principalmente nas mais difíceis de controlar, ou seja, as relativas aos prazeres do tato. Por fim, o bem que há na firmeza para não perder a razão no ímpeto das paixões encontra-se sobretudo nos perigos de morte, mais difíceis de serem enfrentados.

Assim, podemos considerar de duas maneiras essas quatro virtudes. Primeiro, quanto às razões formais comuns. Nesse sentido, são chamadas principais comuns a todas as virtudes, no sentido que toda virtude que faz o bem de acordo com a razão será chamada prudência, e toda virtude que faz o bem do que é devido e reto nas ações será chamada justiça, e toda virtude que coíbe as paixões e as reprime, será chamada temperança; e toda virtude que dá firmeza interior contra qualquer paixão, será chamada fortaleza. É assim que muitos falam dessas virtudes, não só os teólogos como também os filósofos e desse modo as demais virtudes estão englobadas nelas. — E com isso desfazem-se TODAS AS OBJEÇÕES.

Mas é possível analisar essas virtudes de outra maneira, a saber, pela denominação que recebem do que é mais importante em cada matéria. E nesse sentido são virtudes especiais, distintas das outras. Mas são chamadas de principais em relação com as outras, devido à principalidade da matéria: por exemplo, chama-se prudência a que é preceptiva, justiça, a que diz respeito às ações devidas entre iguais; temperança, a que reprime os desejos dos prazeres do tato[d]; fortaleza, a que dá forças contra os riscos de morte. — E assim também caem AS OBJEÇÕES, porque outras virtudes podem ter alguma outra principalidade, mas estas são ditas principais em razão da matéria, no sentido já explicado.

d. Sto. Tomás dá prova de realismo quando fornece como objeto principal da temperança os prazeres do tato, cujo domínio "é extremamente difícil" (ver a. 4). Ele desenvolverá esse ponto quando tratar dessa virtude (II-II, q. 141, a. 4, resp.). Para ele, assim como para Aristóteles (ver *De Anima* II, 9 [421 a 2-5]), o tato está na raiz de todos os outros sentidos. É através dele que o homem desperta para a vida do espírito. Retomando uma afirmação de Aristóteles, Sto. Tomás pensa que "aqueles que possuem um melhor sentido do tato possuem uma inteligência melhor". Como não pensar em Freud que, embora diferente em sua linha de pesquisa e em seu vocabulário, observou que os prazeres mais primitivos, os da criança, e que persistem no adulto, são os do tato, que ele declarou "sexuais", para grande escândalo de seus contemporâneos. Ele escrevia: "Parece que a excitação sexual da criança deriva de fontes diversas, antes de mais nada, das zonas erógenas que produzem uma satisfação uma vez excitadas de maneira apropriada. Segundo todas as probabilidades, podem ter a função de zonas erógenas qualquer órgão sensorial, e provavelmente, de maneira geral, qualquer órgão, mas existem certas zonas privilegiadas cuja excitabilidade é assegurada desde o início por certas disposições orgânicas" (Trois Essais sur la sexualité [Três Ensaios sobre a Sexualidade], Gallimard, 1962, p. 148).

ARTICULUS 4
Utrum quatuor virtutes cardinales differant ab invicem

AD QUARTUM SIC PROCEDITUR. Videtur quod quatuor praedictae virtutes non sint diversae virtutes, et ab invicem distinctae.

1. Dicit enim Gregorius, in XXII *Moral.*[1]: *Prudentia vera non est, quae iusta, temperans et fortis non est; nec perfecta temperantia, quae fortis, iusta et prudens non est; nec fortitudo integra, quae prudens, temperans et iusta non est; nec vera iustitia, quae prudens, fortis et temperans non est.* Hoc autem non contingeret, si praedictae quatuor virtutes essent ab invicem distinctae: diversae enim species eiusdem generis non denominant se invicem. Ergo praedictae virtutes non sunt ab invicem distinctae.

2. PRAETEREA, eorum quae ab invicem sunt distincta, quod est unius, non attribuitur alteri. Sed illud quod est temperantiae, attribuitur fortitudini: dicit enim Ambrosius, in I libro *de Offic.*[2]: *Iure ea fortitudo vocatur, quando unusquisque seipsum vincit, nullis illecebris emollitur atque inflectitur.* De temperantia etiam dicit[3] quod *modum vel ordinem servat omnium quae vel agenda vel dicenda arbitramur.* Ergo videtur quod huiusmodi virtutes non sunt ab invicem distinctae.

3. PRAETEREA, Philosophus dicit, in II *Ethic*[4], quod ad virtutem haec requiruntur: *primum quidem, si sciens; deinde, si eligens, et eligens propter hoc; tertium autem, si firme et immobiliter habeat et operetur.* Se horum primum videtur ad prudentiam pertinere, quae est recta ratio agibilium; secundum, scilicet eligere, ad temperantiam, ut aliquis non ex passione, sed ex electione agat, passionibus refraenatis; tertium, ut aliquis propter debitum finem operetur, rectitudinem quandam continet, quae videtur ad iustitiam pertinere; aliud, scilicet firmitas et immobilitas, pertinet ad fortitudeinem. Ergo quaelibet harum virtutum est generalis ad omnes virtutes. Ergo non distinguuntur ad invicem.

SED CONTRA est quod Augustinus dicit, in libro *de Moribus Eccles.*[5], quod *quadripartita dicitur virtus, ex ipsius amoris vario affectu*: et subiungit

ARTIGO 4
Distinguem-se entre si as quatro virtudes cardeais?

QUANTO AO QUARTO, ASSIM SE PROCEDE: parece que as quatro virtudes **não** são diversas e distintas entre si.

1. Com efeito, diz Gregório: "Não é verdadeira a prudência que não é justa, temperante e forte; nem é perfeita a temperança que não é forte, justa e prudente; nem completa a fortaleza que não é prudente, temperante e justa; nem autêntica a justiça que não é prudente, forte e temperante". Ora, não seria assim se essas quatro virtudes fossem distintas entre si, pois as diversas espécies de um mesmo gênero não se denominam uma pela outra. Logo, as referidas virtudes não são distintas entre si.

2. ALÉM DISSO, de coisas distintas entre si o que se atribui a uma não se atribui a outra. Ora, atribui-se à fortaleza o que pertence à temperança. Diz, com efeito, Ambrósio: "Quando alguém vence a si mesmo, sem se deixar amolecer nem dobrar por sedução alguma, corretamente se chama isso de fortaleza". E fala também da temperança que "mantém a medida e a ordem em tudo o que julgamos necessário fazer ou dizer". Logo, parece que essas virtudes não se distinguem entre si.

3. ADEMAIS, diz o Filósofo que a virtude exige "primeiramente, que se saiba o que se faz; depois, que se escolha o que fazer e a que fim; e, em terceiro lugar, que se tenha disposição firme e imutável para fazê-lo". Ora, parece que a primeira dessas exigências pertence à prudência, que é a reta razão do agir; a segunda, isto é escolher, à temperança que faz agir não por paixão, mas por opção, tendo sob controle nossas paixões; a terceira, a saber, agir em vista de um fim devido, envolve, de um lado, uma retidão que parece pertencer à justiça e, de outro, a firmeza e a imutabilidade, que pertencem à fortaleza. Logo, qualquer uma delas é comum a todas as virtudes e, portanto, estas não se distinguem entre si.

EM SENTIDO CONTRÁRIO, afirma Agostinho que "a virtude se diz de quatro modos pela variedade do próprio sentimento do amor" e, na sequência,

4 PARALL.: III *Sent.*, dist. 33, q. 1, a. 1, q.la 3; *De Virtut.*, q. 1, a. 12, ad 23; q. 5, a. 1, ad 1; II *Ethic.*, lect. 8.

1. C. 1: ML 76, 212 CD.
2. C. 36, n. 180: ML 16, 76 B.
3. C. 24, n. 115: ML 16, 58 B.
4. C. 3: 1105, a, 31-33.
5. C. 15: ML 32, 1322.

de praedictis quatuor virtutibus. Praedictae ergo quatuor virtutes sunt ab invicem distinctae.

RESPONDEO dicendum quod, sicut supra[6] dictum est, predictae quatuor virtutes dupliciter a diversis accipiuntur. Quidam enim accipiunt eas, prout significant quasdam generales conditiones humani animi, quae inveniuntur in omnibus virtutibus: ita scilicet quod prudentia nihil sit aliud quam quaedam rectitudo discretionis in quibuscumque actibus vel materiis; iustitia vero sit quaedam rectitudo animi, per quam homo operatur quod debet in quacumque materia; temperantia vero sit quaedam dispositio animi quae modum quibuscumque passionibus vel operationibus imponit, ne ultra debitum efferantur; fortitudo vero sit quaedam dispositio animae per quam firmetur in eo quod est secundum rationem, contra quoscumque impetus passionum vel operationum labores. Haec autem quatuor sic distincta, non important diversitatem habituum virtuosorum quantum ad iustitiam, temperantiam et fortitudinem. Cuilibet enim virtuti morali, ex hoc quod est habitus, convenit quaedam firmitas, ut a contrario non moveatur: quod dictum est ad fortitudinem pertinere. Ex hoc vero quod est virtus, habet quod ordinetur ad bonum, in quo importatur ratio recti vel debiti: quod dicebatur ad iustitiam pertinere. In hoc vero quod est virtus moralis rationem participans, habet quod modum rationis in omnibus servet, et ultra se non extendat: quod dicebatur pertinere ad temperantiam. Solum autem hoc quod est discretionem habere, quod attribuebatur prudentiae, videtur distingui ab aliis tribus, inquantum hoc est ipsius rationis per essentiam; alia vero tria important quandam participationem rationis, per modum applicationis cuiusdam ad passiones vel operationes. Sic igitur, secundum praedicta, prudentia quidem esset virtus distincta ab aliis tribus: sed aliae tres non essent virtutes distinctae ab invicem; manifestum est enim quod una et eadem virtus et est habitus, et est virtus, et est moralis.

Alii vero, et melius, accipiunt has quatuor virtutes secundum quod determinantur ad materias speciales; unaquaeque quidem illarum ad unam materiam, in qua principaliter laudatur illa gene-

fala dessas quatro virtudes. Logo, distinguem-se elas entre si.

RESPONDO. Como já foi dito, as quatro virtudes cardeais são enfocadas sob dois aspectos por diversos autores[e]. Uns, com efeito, as consideram como significativas de certas condições gerais do espírito humano, encontradiças em todas as virtudes. A essa luz, a prudência não é senão um discernimento correto em relação a alguns atos e matérias; a justiça, por sua vez, é a retidão do espírito pela qual fazemos o que devemos, em qualquer situação; a temperança é a disposição do espírito que impõe medida a todo tipo de paixão e de atividade, para que não ultrapassem os devidos limites; e, por fim, a fortaleza é a disposição da alma que fortifica no que é racional, contra todos os ataques das paixões e todas as dificuldades no agir. Distinguindo-se desse modo, essas quatro virtudes não implicam diversidade de hábitos virtuosos quanto à justiça, à temperança e à fortaleza, pois toda virtude moral, por isso mesmo que é um hábito, deve ter alguma firmeza para não ser abalada pelo que lhe é contrário e isso, foi dito, pertence à fortaleza. Mas pelo fato de ser uma virtude, compete-lhe estar ordenada para o bem, que implica a razão de reto ou devido, e isso, se dizia, pertence à justiça. Por fim, sendo uma virtude moral que participa da razão, cabe-lhe observar em tudo o comedimento da razão, sem ultrapassar limites, e isso, conforme ficou dito, pertence à temperança. Mas esse ter discernimento, que se atribui à prudência, parece ser o único princípio de distinção relativamente às outras três virtudes, pois, enquanto isso pertence essencialmente à razão, as outras implicam uma participação da razão, aplicando-a às paixões ou às ações. Assim, pois, conforme o que se disse antes, a prudência seria, realmente, uma virtude distinta das outras três, mas estas não seriam distintas entre si, porque é evidente que uma única e mesma virtude é, ao mesmo tempo, hábito, virtude e virtude moral.

Outros autores, porém, mais acertadamente, consideram essas quatro virtudes na sua determinação para matérias especiais, sendo cada uma determinada a uma única matéria, na qual se

6. Art. praec.

e. As objeções que se coloca Sto. Tomás são tomadas de São Gregório, de Sto. Ambrósio e de Aristóteles (e de Cícero, na r. 1), o que lhe fornece a ocasião para dar uma lição de clareza a seus ilustres predecessores. Ele distingue uma maneira geral de falar a respeito dessas quatro vritudes. Não é a maneira que adota. Acrescenta, porém, que cada uma "repercute" (*redundat*) nas outras, pois cada virtude contribui para a qualificação do sujeito que constrói por meio delas a sua integração.

ralis conditio a qua nomen virtutis accipitur, ut supra[7] dictum est. Et secundum hoc, manifestum est quod praedictae virtutes sunt diversi habitus, secundum diversitatem obiectorum distincti.

AD PRIMUM ergo dicendum quod Gregorius loquitur de praedictis quatuor virtutis secundum primam acceptionem. — Vel potest dici quod istae quatuor virtutes denominantur ab invicem per redundantiam quandam. Id enim quod est prudentiae, redundat in alias virtutes, inquantum a prudentia diriguntur. Unaquaeque vero aliarum redundat in alias ea ratione, quod qui potest quod est difficilius, potest et id quod minus est difficile. Unde qui potest refraenare concupiscentias delectabilium secundum tactum, ne modum excedant, quod est difficillimum; ex hoc ipso redditur habilior ut refraenet audaciam in periculis mortis, ne ultra modum procedat, quod est longe facilius; et secundum hoc, fortitudo dicitur temperata. Temperantia etiam dicitur fortis, ex redundantia fortitudinis in temperantiam: inquantum scilicet ille qui per fortitudinem habet animum firmum contra pericula mortis, quod est difficilimum, est habilior ut retineat animi firmitatem contra impetus delectationum; quia, ut dicit Tullius in I *de Offic.*[8], *non est consentaneum ut qui metu non frangitur, cupiditate frangatur; nec qui invictum se a labore praestiterit, vinci a voluptate.*

Et per hoc etiam patet responsio AD SECUNDUM. Sic enim temperantia in omnibus modum servat, et fortitudo contra illecebras voluptatum animum servat inflexum, vel inquantum istae virtutes denominant quasdam generales conditiones virtutum; vel per redundantiam praedictam.

AD TERTIUM dicendum quod illae quatuor generales virtutum conditiones quas ponit Philosophus, non sunt propriae praedictis virtutibus. Sed possunt eis appropriari, secundum modum iam[9] dictum.

acentua sobretudo a condição geral que dá nome à virtude, conforme acima foi dito. E nesse sentido é manifesto que essas virtudes são hábitos diferentes, distintos entre si pela diversidade dos seus objetos.

QUANTO AO 1º, portanto, deve-se dizer que Gregório fala dessas quatro virtudes segundo a primeira acepção. — Ou também se pode dizer que, por certa redundância, o nome de uma serve também à outra, pois o que é próprio da prudência redunda nas outras três, enquanto dirigidas por ela; e cada uma delas redunda nas outras pela razão de que quem pode o mais difícil, pode também o menos difícil. Consequentemente, quem pode refrear os desejos dos prazeres do tato, para que não passem das medidas, o que é extremamente difícil, torna-se por isso mesmo mais apto a controlar a audácia nos perigos mortais, para não proceder além da medida, o que é bem mais fácil. E aí se fala de uma fortaleza temperada. Fala-se também de temperança forte, pela redundância da fortaleza na temperança, pois quem pela fortaleza se mantém firme contra os perigos mortais, o que é dificílimo, está mais habilitado a manter essa firmeza contra os ímpetos dos prazeres, porque, no dizer de Cícero, "não é razoável que seja vencido pela cupidez, quem não o é pelo medo; nem que seja, às vezes, subjugado pelos prazer, quem não se rendeu ao sofrimento".

QUANTO AO 2º, deve-se dizer que por aí fica também patente a resposta à segunda objeção, pois se a temperança guarda a medida em todas as coisas e se a fortaleza conserva o espírito inflexível em face da atração dos prazeres, isso acontece ou porque tais virtudes designam certas condições comuns a elas ou pela redundância de que há pouco se falou.

QUANTO AO 3º, deve-se dizer que as quatro condições comuns às virtudes, afirmadas pelo Filósofo, não são próprias das virtudes em questão, mas podem-lhes ser apropriadas no modo já explicado.

7. Art. praec.
8. C. 20: ed. Müller, Lipsiae 1910, p. 24, ll. 21-23.
9. In corp.

ARTICULUS 5

Utrum virtutes cardinales convenienter dividantur in virtutes politicas, purgatorias, purgati animi, et exemplares

AD QUINTUM SIC PROCEDITUR. Videtur quod inconvenienter huiusmodi quatuor virtutes dividantur in virtutes exemplares, purgati animi, purgatorias, et politicas.

1. Ut enim Macrobius dicit, in I *super Somnium Scipionis*[1], *virtutes exemplares sunt quae in ipsa divina mente consistunt*. Sed Philosophus, in X *Ethic*[2], dicit quod *ridiculum est Deo iustitiam, fortitudinem, temperantiam et prudentiam attribuere*. Ergo virtutes huiusmodi non possunt esse exemplares.

2. PRAETEREA, virtutes purgati animi dicuntur quae sunt absque passionibus: dicit enim ibidem Macrobius[3] quod *temperantiae purgati animi est terrenas cupiditates non reprimere, sed penitus oblivisci; fortitudinis autem passiones ignorare, non vincere*. Dictum est autem supra[4] quod huiusmodi virtutes sine passionibus esse non possunt. Ergo huiusmodi virtutes purgati animi esse non possunt.

3. PRAETEREA, virtutes purgatorias dicit[5] esse eorum *qui quadam humanorum fuga solis se inserunt divinis*. Sed hoc videtur esse vitiosum: dicit enim Tullius, in I *de Offic.*[6], quod *qui despicere se dicunt ea quae plerique mirantur imperia et magistratus, his non modo non laudi, verum etiam vitio dandum puto*. Ergo non sunt aliquae virtutes purgatoriae.

4. PRAETEREA, virtutes politicas esse dicit[7] *quibus boni viri reipublicae consulunt, urbesque tuentur*. Sed ad bonum commune sola iustitia legalis ordinatur; ut Philosophus dicit, in V Ethic.[8]. Ergo aliae virtutes non debent dici politicae.

ARTIGO 5

Dividem-se convenientemente as virtudes cardeais em virtudes políticas, purificadoras, virtudes da alma purificada e exemplares?[f]

QUANTO AO QUINTO, ASSIM SE PROCEDE: parece que essas quatro virtudes **não** se distinguem convenientemente em virtudes exemplares, da alma purificada, purificadoras e políticas.

1. Com efeito, segundo Macróbio, "virtudes exemplares são as que existem na própria mente divina". Ora, diz o Filósofo que "é ridículo atribuir a Deus justiça, fortaleza, temperança e prudência". Logo, tais virtudes não podem ser exemplares.

2. ALÉM DISSO, chamam-se virtudes da alma purificada as desacompanhadas de paixões, pois diz Macróbio no mesmo lugar que "é próprio da temperança da alma purificada não reprimir as concupiscências terrenas, mas esquecê-las de todo, como é próprio da fortaleza ignorar as paixões, não vencê-las". Ora, foi dito atrás que as virtudes cardeais não podem existir sem paixões. Logo, não podem elas ser virtudes da alma purificada.

3. ADEMAIS, Macróbio diz purificadoras as virtudes dos que, "por desprezo às coisas humanas, se envolvem apenas com as coisas de Deus". Ora, isso parece errado, porque, nas palavras de Cícero, "os que dizem desprezar coisas que a maioria preza, como o poder e as magistraturas, merecem, a meu ver, não elogio, mas censura". Logo, não há virtudes purificadoras.

4. ADEMAIS, Macróbio denomina virtudes políticas aquelas "pelas quais os bons cidadãos se dedicam ao bem público e à defesa de suas cidades". Ora, só a justiça legal é que se ordena ao bem comum, segundo o Filósofo. Logo, as demais virtudes não devem ser chamadas políticas.

---

5 PARALL.: III *Sent.*, dist. 33, q. 1, a. 4, ad 2; dist. 34, q. 1, a. 1, arg. 6; *De Verit.*, q. 26, a. 8, ad 2.

1. C. 8: ed. Eyssenhardt, Lipsiae 1893, p. 519, l. 19.
2. C. 8: 1178, b, 10-23.
3. Loc. cit.: p. 519, l. 14-16.
4. Q. 59, a. 5.
5. MACROBIUS, loc. cit.: p. 519, l. 4-5.
6. C. 21: ed. Müller, Lipsiae 1910, p. 25, ll. 24-27.
7. MACROBIUS, loc. cit.: p. 518, l. 4-5.
8. C. 3: 1129, b, 15-19.

---

f. Eis uma outra maneira de classificar as virtudes, que Sto. Tomás vai buscar em Macróbio, discípulo de Platão e de Plotino (século V), mediante o qual a Idade Média conheceu um pouco de Cícero, e o qual tem a vantagem, entre outras, de situar as virtudes no tempo, na marcha rumo ao progresso moral, para chegar a seu termo nos "bem-aventurados" e "naqueles que estão bastante adiantados em perfeição".

SED CONTRA est quod Macrobius ibidem[9] dicit: *Plotinus, inter philosophiae professores cum Platone princeps, "Quatuor sunt," inquit, "quaternarum genera virtutum. Ex his primae politicae vocantur; secundae, purgatoriae; tertiae autem, iam purgati animi; quartae, exemplares"*.

RESPONDEO dicendum quod, sicut Augustinus dicit in libro *de Moribus Eccles.*[10], *oportet quod anima aliquid sequatur, ad hoc quod ei possit virtus innasci: et hoc Deus est, quem si sequimur, bene vivimus*. Oportet igitur quod exemplar humanae virtutis in Deo praeexistat, sicut et in eo praeexistunt omnium rerum rationes. Sic igitur virtus potest considerari vel prout est exemplariter in Deo: et sic dicuntur virtutes exemplares. Ita scilicet quod ipsa divina mens in Deo dicatur prudentia; temperantia vero, conversio divinae intentionis ad seipsum, sicut in nobis temperantia dicitur per hoc quod concupiscibilis conformatur rationi; fortitudo autem Dei est eius immutabilitas; iustitia vero Dei est observatio legis aeternae in suis operibus, sicut Plotinus dixit[11].

Et quia homo secundum suam naturam est animal politicum, virtutes huiusmodi, prout in homine existunt secundum conditionem suae naturae, politicae vocantur: prout scilicet homo secundum has virtutes recte se habet in rebus humanis gerendis. Secundum quem modum hactenus de his virtutibus locuti sumus.

Sed quia ad hominem pertinet ut etiam ad divina se trahat quantum potest, ut etiam Philosophus dicit, in X *Ethic.*; et hoc nobis in sacra Scriptura multipliciter commendatur, ut est illud Mt 5,48; *Estote perfecti, sicut et Pater vester caelestis perfectus est*: necesse est ponere quasdam virtutes medias inter politicas, quae sunt virtutes humanae, et exemplares, quae sunt virtutes divinae. Quae quidem virtutes distinguuntur secundum diversitatem motus et termini. Ita scilicet quod quaedam sunt virtutes transeuntium et in divinam similitudinem tendentium: et hae vocantur virtutes purgatoriae. Ita scilicet quod prudentia omnia mundana divinorum contemplatione despiciat, omnemque animae cogitationem in divina sola dirigat; temperantia vero relinquat, inquantum natura patitur, quae corporis usus requirit; fortitudinis autem est ut anima non terreatur propter

EM SENTIDO CONTRÁRIO, no mesmo lugar, diz Macróbio: "Plotino, que é com Platão o príncipe dos mestres da filosofia, diz que há quatro gêneros de virtudes, com quatro virtudes cada uma, das quais as primeiras chamam-se políticas; as segundas, purificadoras; as terceiras, da alma já purificada; as quartas, exemplares.

RESPONDO. Agostinho diz: "É preciso que a alma siga algo para que possa nascer nela a virtude e isso é Deus; se o seguirmos, viveremos bem". Logo, deve preexistir em Deus o exemplar da virtude humana, como preexistem nele as razões de todas as coisas. Assim, a virtude pode ser considerada como exemplarmente existente em Deus. E nesse sentido se fala de virtudes *exemplares*, de modo que a própria mente divina se chama em Deus prudência; temperança, a conversão da intenção divina para si mesmo, como em nós se chama temperança a conformação do apetite concupiscível à razão; em Deus, a fortaleza é a sua imutabilidade; e, por fim, a sua justiça é a observância da lei eterna em suas obras, como disse Plotino.

E como o homem é, por natureza, animal político, as virtudes cardeais, enquanto nele existentes segundo as condições próprias da sua natureza, se chamam *políticas*, ou seja, praticando-as o homem procede corretamente na gestão das coisas humanas. E é nesse sentido que temos tratado delas até aqui.

Mas, como pertence também ao homem aproximar-se o mais possível do divino, como diz também o Filósofo; e a Escritura Sagrada nos recomenda insistentemente isso quando diz no Evangelho de Mateus: "Vós, portanto, sêde perfeitos, como é perfeito o vosso Pai celeste". Por isso, devemos admitir algumas virtudes intermediárias entre as virtudes políticas, que são virtudes humanas, e as virtudes exemplares, que são divinas. E essas virtudes intermediárias, por sua vez, se distinguem como se distinguem um movimento e o seu termo. Assim, umas são virtudes dos que estão a caminho, tendendo à semelhança divina; essas são as virtudes *purificadoras*. Tal é o caso da prudência, que despreza todas as coisas mundanas, pela contemplação das realidades divinas, dirigindo só para Deus todas as cogitações da alma. Já a temperança leva a esquecer, quanto é naturalmente possível,

9. Loc. cit.: p. 517, l. 28-p. 518, l. 3.
10. C. 6, n. 9-10: ML 32, 1314-1315.
11. Cfr. MACROBIUM, loc. cit.: p. 519, l. 23-27.

excessum a corpore, et accessum ad superna; iustitia vero est ut tota anima consentiat ad huius propositi viam. — Quaedam vero sunt virtutes iam assequentium divinam similitudinem: quae vocantur virtutes iam purgati animi. Ita scilicet quod prudentia sola divina intueatur; temperantia terrenas cupiditates nesciat; fortitudo passiones ignoret; iustitia cum divina mente perpetuo foedere societur, eam scilicet imitando. Quas quidem virtutes dicimus esse beatorum, vel aliquorum in hac vita perfectissimorum.

as exigências do corpo. A fortaleza, por sua vez, fará a alma não se apavorar com a separação do corpo nem com o acesso ao mundo superior. E, finalmente, a justiça faz a alma seguir plenamente o caminho deste propósito. — Por outro lado, existem as virtudes dos que já conseguiram a semelhança divina e estas se chama virtudes *da alma já purificada*. Nessas circunstância, a prudência só tem em mira as coisas divinas; a temperança desconsidera os desejos terrenos; a fortaleza ignora as paixões e a justiça associa-se para sempre ao pensamento divino, buscando imitá-lo. E essas virtudes nós as atribuímos aos santos ou aos que nesta vida atingiram o máximo da perfeição.

AD PRIMUM ergo dicendum quod Philosophus loquitur de his virtutibus secundum quod sunt circa res humanas: puta iustitia circa emptiones et venditiones, fortitudo circa timores, temperantia circa concupiscentias. Sic enim ridiculum est eas Deo attribuere.

QUANTO AO 1º, portanto, deve-se dizer que refere-se o Filósofo às virtudes cardeais, enquanto ligadas às coisas humanas, ou seja, fala da justiça quanto a compras e vendas; da fortaleza, quanto aos temores; da temperança, quanto às concupiscências. Nesse sentido, porém, é ridículo, evidentemente atribui-las a Deus.

AD SECUNDUM dicendum quod virtutes humanae sunt circa passiones, scilicet virtutes hominum in hoc mundo conversantium. Sed virtutes eorum qui plenam beatitudinem assequuntur, sunt absque passionibus. Unde Plotinus dicit[12] quod *passiones politicae virtutes molliunt*, idest ad medium reducunt; *secundae*, scilicet purgatoriae, *auferunt; tertiae*, quae sunt purgati animi, *obliviscuntur; in quartis*, scilicet exemplaribus, *nefas est nominari*. — Quamvis dici possit quod loquitur hic de passionibus secundum quod significant aliquos inordinatos motus.

QUANTO AO 2º, deve-se dizer que as virtudes humanas dizem respeito às paixões, ou seja, são virtudes de quem vive neste mundo. Mas, as virtudes dos que já atingiram a bem-aventurança plena estão isentas de paixões. É por isso que Plotino diz que "as virtudes políticas atenuam as paixões", isto é, reduzem-nas ao meio termo; as segundas, isto é as purificadoras, "as eliminam"; as terceiras, próprias da alma purificada, "fazem-na esquecer"; e, no caso das quartas, a saber, as exemplares, "nem se pensa em nomeá-las". — Contudo, pode-se dizer também que, na citação alegada, fala-se de paixões enquanto expressão de certos movimentos desordenados.

AD TERTIUM dicendum quod desesere res humanas ubi necessitas imponitur, vitiosum est: alias est virtuosum. Unde parum supra[13] Tullius praemittit: *His forsitan concedendum est rempublicam non capessentibus, qui excellenti ingenio doctrinae se dederunt; et his qui aut valetudinis imbecillitate, aut aliqua graviori causa impediti, a republica recesserunt; cum eius administrandae potestatem aliis laudemque concederent*. Quod consonat ei quod Augustinus dicit, XIX *de Civ. Dei*[14]: *Otium sanctum quaerit caritas veritatis; negotium iustum suscipit necessitas caritatis. Quam sarcinam*

QUANTO AO 3º, deve-se dizer que abandonar os afazeres humanos impostos pela necessidade é vício[g], como é virtude nos demais casos. Por isso é que Cícero, pouco antes, dissera: "Talvez devamos conceder aos que não se ocupam do bem público, aqueles que, com excelente capacidade, se dedicaram ao ensino, e aos que, por pouca saúde ou por outra causa mais grave, se afastaram da coisa pública, que tenham deixado a outros o dever e a honra de a administrar". O que combina bem com isto de Agostinho: "O amor da verdade busca o ócio santo; a necessidade do amor assume

12. PLOTINUM, *Enn*. I, 11, 7: p. 12, l. 24-42.
13. *De officiis*, l. I, c. 21: ed. Müller, Lipsiae 1910, p. 25, ll. 18-23.
14. C. 19: ML 41, 647-648.

g. Feliz condenação da recusa incondicionada de ocupar-se dos assuntos humanos. A preocupação pelo bem público (para Cícero), e sobretudo as exigências da caridade (para Sto. Agostinho) constituem uma virtude.

si nullus imponit, percipiendae atque intuendae vacandum est veritati: si autem imponitur, suscipienda est, propter caritatis necessitatem.

AD QUARTUM dicendum quod sola iustitia legalis directe respicit bonum commune: sed per imperium omnes alias virtutes ad bonum commune trahit, ut in V *Ethic.*[15] licit Philosophus. Est enim considerandum quod ad politicas virtutes, secundum quod hic dicuntur, pertinet non solum bene operari ad commune, sed etiam bene operari ad partes communis, scilicet ad domum, vel aliquam singularem personam.

15. C. 3: 1129, b, 31-1130, a, 8.

a atividade justa. Se ninguém impõe tal fardo, entreguemo-nos a descobrir e a contemplar a verdade; mas se é imposto, aceitemo-lo por dever de caridade".

QUANTO AO 4º, deve-se dizer que só a justiça legal visa diretamente ao bem comum, mas por sua determinação ela conduz todas as demais virtudes a esse bem, diz o Filósofo, pois vale notar que às virtudes políticas, no sentido em que são aqui tratadas, pertence não só trabalhar bem pela comunidade, mas também por parcelas dela, como por exemplo, a família ou uma pessoa, em particular.

QUAESTIO LXII
DE VIRTUTIBUS THEOLOGICIS
in quatuor articulos divisa

Deinde considerandum est de virtutibus theologicis.

Et circa hoc quaeruntur quatuor.

Primo: utrum sint aliquae virtutes theologicae.

Secundo: utrum virtutes theologicae distinguantur ab intellectualibus et moralibus.

Tertio: quot, et quae sint.

Quarto: de ordine earum.

ARTICULUS 1
Utrum sint aliquae virtutes theologicae

AD PRIMUM SIC PROCEDITUR. Videtur quod non sint aliquae virtutes theologicae.

1. Ut enim dicitur in VII *Physic.*[1], *virtus est dispositio perfecti ad optimum: dico autem perfectum, quod est dispositum secundum naturam.* Sed id quod est divinum, est supra naturam hominis. Ergo virtutes theologicae non sunt virtutes hominis.

2. PRAETEREA, virtutes theologicae dicuntur quasi virtutes divinae. Sed virtutes divinae sunt exemplares, ut dictum est[2]: quae quidem non sunt

QUESTÃO 62
AS VIRTUDES TEOLOGAIS[a]
em quatro artigos

Devem-se considerar, agora, as virtudes teologais.

Sobre isso, são quatro as perguntas:

1. Existem algumas virtudes teologais?
2. Dinstinguem-se as virtudes teologais das intelectuais e morais?
3. Quantas e quais são elas?
4. Qual a ordem delas?

ARTIGO 1
Existem algumas virtudes teologais?

QUANTO AO PRIMEIRO ARTIGO, ASSIM SE PROCEDE: parece que **não** existem algumas virtudes teologais.

1. Com efeito, como se diz no livro VII da *Física*: "A virtude é a disposição do perfeito para o ótimo, entendendo-se por perfeito o que está conforme à sua natureza". Ora, o que é divino supera a natureza do homem. Logo, as virtudes teologais não são virtudes humanas.

2. ALÉM DISSO, as virtudes teologais são assim chamadas como se fossem virtudes divinas. Ora, as virtudes divinas são as exemplares e não

1 PARALL.: III *Sent.*, dist. 23, q. 1, a. 4, q.la 3; *De Virtut.*, q. 1, a. 10, 12.

1. C. 3: 246, b, 23-24.
2. Q. 61, a. 5.

a. Será preciso recordar que Sto. Tomás estudará as virtudes teologais em II-II, q. 1 a 46?

in nobis, sed in Deo. Ergo virtutes theologicae non sunt virtutes hominis.

3. PRAETEREA, virtutes theologicae dicuntur quibus ordinamur in Deum, qui est primum principium et ultimus finis rerum. Sed homo ex ipsa natura rationis et voluntatis, habet ordinem ad primum principium et ultimum finem. Non ergo requiruntur aliqui habitus virtutum theologicarum, quibus ratio et voluntas ordinetur in Deum.

SED CONTRA est quod praecepta legis sunt de actibus virtutum. Sed de actibus fidei, spei et caritatis dantur praecepta in lege divina: dicitur enim Eccli 2,8sqq.: *Qui timetis Deum, credite illi*; item, *sperate in illum*; item, *diligite illum*. Ergo fides, spes et caritas sunt virtutes in Deum ordinantes. Sunt ergo theologicae.

RESPONDEO dicendum quod per virtutem perficitur homo ad actus quibus in beatitudinem ordinatur, ut ex supradictis[3] patet. Est autem duplex hominis beatitudo sive felicitas, ut supra[4] dictum est. Una quidem proportionata humanae naturae, ad quam scilicet homo pervenire potest per principia suae naturae. Alia autem est beatitudo naturam hominis excedens, ad quam homo sola divina virtute pervenire potest, secundum quandam divinitatis participationem; secundum quod dicitur 2Pe 1,4, quod per Christum facti sumus *consortes divinae naturae*. Et quia huiusmodi beatitudo proportionem humanae naturae excedit, principia naturalia hominis, ex quibus procedit ad bene agendum secundum suam proportionem, non sufficiunt ad ordinandum hominem in beatitudinem praedictam. Unde oportet quod superaddantur homini divinitus aliqua principia, per quae ita ordinetur ad beatitudinem supernaturalem, sicut per principia naturalia ordinatur ad finem connaturalem, non tamen absque adiutorio divino. Et huiusmodi principia virtutes dicuntur theologicae: tum quia habent Deum pro obiecto, inquantum per eas recte ordinamur in Deum; tum quia a solo Deo nobis infunduntur; tum quia sola divina revelatione, in sacra Scriptura, huiusmodi virtutes traduntur.

AD PRIMUM ergo dicendum quod aliqua natura potest attribui alicui rei dupliciter. Uno modo,

existem em nós, mas em Deus. Logo, as virtudes teologais não são virtudes humanas.

3. ADEMAIS, chamam-se virtudes teologais as virtudes pelas quais nos ordenamos para Deus, princípio primeiro e fim último de todas as coisas. Ora, o ser humanos, pela própria natureza da sua razão e vontade, orienta-se para o princípio e para o fim último. Logo, a razão e a vontade, para se ordenarem para Deus, não precisam de outros hábitos de virtudes teologais.

EM SENTIDO CONTRÁRIO, os preceitos da lei referem-se aos das virtudes[b]. Ora, há preceitos dados por lei divina para os atos de fé, de esperança e de caridade. Lê-se, com efeito, no Eclesiástico: "Vós que temeis o Senhor, confiai nele" e "esperai nele" e ainda "amai-o". Logo, a fé, a esperança e a caridade são virtudes que nos orientam para Deus e, portanto, são virtudes teologias.

RESPONDO. Como ficou patente, a virtude aperfeiçoa o homem para atos pelos quais ele se ordena à bem-aventurança. Ora, conforme acima foi dito, a felicidade ou bem-aventurança humana é dupla: uma é proporcional à natureza humana, ou seja, pode o homem consegui-la pelos princípios de sua natureza; a outra supera sua natureza e só pode ser alcançada por graça divina, por certa participação da divindade, segundo se diz na Carta de Pedro, que por Cristo nos tornamos "partícipes da natureza divina". E como essa bem-aventurança excede as possibilidade da natureza humana, os princípios naturais pelos quais o homem consegue agir bem, de acordo com sua possibilidade, não bastam para ordená-lo a essa bem-aventurança. É necessário, pois, lhe sejam acrescentados por Deus certos princípios pelos quais ele se ordene à bem-aventurança sobrenatural, tal como está ordenado ao fim que lhe é conatural por princípios naturais que, porém, não excluem o auxílio divino. Ora, esses princípios se chamam virtudes teologais, primeiro por terem Deus como objeto, no sentido que nos orientam retamente para ele; depois, por nos serem infundidos só por Deus; e, finalmente, porque essas virtudes são transmitidas unicamente pela revelação divina, na Sagrada Escritura.

QUANTO AO 1º, portanto, deve-se dizer que uma natureza pode ser atribuída a algo de dois

3. Q. 5, a. 7.
4. Ibid., a. 5.

b. Quando Sto. Tomás estudar a lei (humana e divina), não fará dela o fundamento da moral (assim como o faz o Ocidente desde o século XV). Escreve, por exemplo, que "A lei tem por função conduzir os homens à virtude, não de uma vez só, mas por degraus" (I-II, q. 96, a. 2, r. 2). A lei é pedagógica: não tem o seu fim em si mesma.

essentialiter: et sic huiusmodi virtutes theologicae excedunt hominis naturam. Alio modo, participative, sicut lignum ignitum participat naturam ignis: et sic quodammodo fit homo particeps divinae naturae, ut dictum est[5]. Et sic istae virtutes conveniunt homini secundum naturam participatam.

modos: de modo essencial, e nesse sentido as virtudes teologais superam a natureza humana; ou de modo participativo, como uma lenha em brasa participa da natureza do fogo. E assim é que o homem se torna, de alguma forma, partícipe da natureza divina, como já foi dito. E assim as virtudes teologais convêm ao homem, segundo a natureza participada por ele.

AD SECUNDUM dicendum quod istae virtutes non dicuntur divinae, sicut quibus Deus sit virtuosus: sed sicut quibus nos efficimur virtuosi a Deo, et in ordine ad Deum. Unde non sunt exemplares, sed exemplatae.

QUANTO AO 2º, deve-se dizer que essas virtudes não são chamadas divinas, como se por elas Deus fosse virtuoso, mas enquanto por elas Deus nos torna a nós virtuosos e porque elas nos ordenam para Deus. Consequentemente, não são virtudes exemplares, mas virtudes plasmadas segundo o exemplar.

AD TERTIUM dicendum quod ad Deum naturaliter ratio et voluntas ordinatur prout est naturae principium et finis, secundum tamen proportionem naturae. Sed ad ipsum secundum quod est obiectum beatitudinis supernaturalis, ratio est voluntas secundum suam naturam non ordinantur sufficienter.

QUANTO AO 3º, deve-se dizer que a razão e a vontade ordenam-se naturalmente para Deus, princípio e fim da natureza, mas segundo a possibilidade dela. No entanto, enquanto ele é objeto da bem-aventurança sobrenatural, a razão e a vontade não estão suficientemente ordenadas para ele, por sua própria natureza.

ARTICULUS 2

Utrum virtutes theologicae distinguantur ab intellectualibus et moralibus

AD SECUNDUM SIC PROCEDITUR. Videtur quod virtutes theologicae non distinguantur a moralibus et intellectualibus.

1. Virtutes enim theologicae, si sunt in anima humana, oportet quod perficiant ipsam vel secundum partem intellectivam vel secundum partem appetitivam. Sed virtutes quae perficiunt partem intellectivam, dicuntur intellectuales: virtutes autem quae perficiunt partem appetitivam, sunt morales. Ergo virtutes theologicae non distinguuntur a virtutibus moralibus et intellectualibus.

2. PRAETEREA, virtutes theologicae dicuntur quae ordinant nos ad Deum. Sed inter intellectuales virtutes est aliqua quae ordinat nos ad Deum: scilicet sapientia, quae est de divinis, utpote causam altissimam considerans. Ergo virtutes theologicae ab intellectualibus virtutibus non distinguuntur.

3. PRAETEREA, Augustinus, in libro *de Moribus Eccles.*[1], manifestat in quatuor virtutibus cardinalibus quod sunt *ordo amoris*. Sed amor est caritas,

ARTIGO 2

Distinguem-se as virtudes teologais das virtudes intelectuais e morais?

QUANTO AO SEGUNDO, ASSIM SE PROCEDE: parece que as virtudes teologais **não** se distinguem das morais e intelectuais.

1. Com efeito, se as virtudes teologais existem na alma humana, hão de lhe aperfeiçoar ou a parte intelectiva ou a parte apetitiva. Ora, as virtudes que aperfeiçoam a parte intelectiva se chamam intelectuais e as que aperfeiçoam a parte apetitiva, morais. Logo, as virtudes teologais não se distinguem das virtudes morais e intelectuais.

2. ALÉM DISSO, chamam-se virtudes teologais as que nos orientam para Deus. Ora, dentre as virtudes intelectuais há uma que nos orienta para Deus, ou seja, a sabedoria, que trata das coisas divinas, dado que considera a causa suprema. Logo, as virtudes teologias não se distinguem das intelectuais.

3. ADEMAIS, Agostinho esclarece, falando das quatro virtudes cardeais, que elas constituem a ordem do amor. Ora, o amor é a caridade, uma

5. In corp.

2 PARALL.: III *Sent.*, dist. 23, q. 1, a. 4, q.la 3, ad 4; *De Verit.*, q. 14, a. 3, ad 9; *De Virtut.*, q. 1, art. 12.

1. C. 15: ML 32, 1322.

quae ponitur virtus theologica. Ergo virtutes morales non distinguuntur a theologicis.

SED CONTRA, id quod est supra naturam hominis, distinguuntur ab eo quod est secundum naturam hominis. Sed virtutes theologicae sunt super naturam hominis: cui secundum naturam conveniunt virtutes intellectuales et morales, ut ex supradictis[2] patet. Ergo distinguuntur ab invicem.

RESPONDEO dicendum quod, sicut supra[3] dictum est, habitus specie distinguuntur secundum formalem differentiam obiectorum. Obiectum autem theologicarum virtutum est ipse Deus, qui est ultimus rerum finis, prout nostrae rationis cognitionem excedit. Obiectum autem virtutum intellectualium et moralium est aliquid quod humana ratione comprehendi potest. Unde virtutes theologicae specie distinguuntur a moralibus et intellectualibus.

AD PRIMUM ergo dicendum quod virtutes intellectuales et morales perficiunt intellectum et appetitum hominis secundum proportionem naturae humanae: sed theologicae supernaturaliter.

AD SECUNDUM dicendum quod sapientia quae a Philosopho[4] ponitur intellectualis virtus, considerat divina secundum quod sunt investigabilia ratione humana. Sed theologica virtus est circa ea secundum quod rationem humanam excedunt.

AD TERTIUM dicendum quod, licet caritas sit amor, non tamen omnis amor est caritas. Cum ergo dicitur quod omnis virtus est ordo amoris, potest intelligi vel de amore communiter dicto; vel de amore caritatis. Si de amore communiter dicto, sic dicitur quaelibet virtus esse ordo amoris, inquantum ad quamlibet cardinalium virtutum requiritur ordinata affectio: omnis autem affectionis radix et principium est amor, ut supra[5] dictum est. — Si autem intelligatur de amore caritatis, non datur per hoc intelligi quod quaelibet alia virtus essentialiter sit caritas: sed quod omnes aliae virtutes aliqualiter a caritate dependeant, ut infra[6] patebit.

virtude teologal. Logo, as virtudes morais não se distinguem das virtudes teologais.

EM SENTIDO CONTRÁRIO, o que é superior à natureza humana distingue-se do que é conforme a essa natureza. Ora, as virtudes teologais estão acima da natureza do homem ao qual convêm, naturalmente, as virtudes intelectuais e morais, como antes se demonstrou. Logo, essas virtudes distinguem-se entre si.

RESPONDO. Conforme foi dito antes, os hábitos distinguem-se especificamente pela diferença formal dos objetos. Ora, o objeto das virtudes teologais é o próprio Deus, fim último das coisas, enquanto ultrapassa o conhecimento da nossa razão. Ao contrário, o objeto das virtudes intelectuais e morais é algo que a razão humana pode compreender. Logo, as virtudes teologais distinguem-se especificamente das virtudes morais e intelectuais.

QUANTO AO 1º, portanto, deve-se dizer que as virtudes intelectuais e morais aperfeiçoam o intelecto e o apetite do homem na medida da natureza humana, enquanto que as virtudes teologais o fazem sobrenaturalmente.

QUANTO AO 2º, deve-se dizer que a sabedoria, afirmada pelo Filósofo como virtude intelectual, considera as coisas divinas enquanto estas podem ser perscrutadas pela mente humana. Ao contrário, as virtudes teologais versam sobre o que excede a razão humana.

QUANTO AO 3º, deve-se dizer que embora a caridade seja amor, contudo nem todo amor é caridade. Quando se diz, pois, que toda virtude é ordem do amor, isso pode ser entendido ou do amor em geral ou do amor da caridade. Se for do amor em geral, então qualquer virtude é ordem do amor[c], na medida em que qualquer das virtudes cardeais exige uma afeição ordenada e a raiz e o princípio de toda afeição é o amor, como já disse. — Se, porém, se falar do amor da caridade, não se pode com isso considerar qualquer outra virtude como essencialmente caridade, mas que todas as outras virtudes dependem da caridade de alguma forma, como se explicará depois.

2. Q. 58, a. 3.
3. Q. 54, a. 2, ad 1.
4. *Eth.* VI, 3: 1139, b, 17.
5. Q. 27, a. 4; q. 28, a. 6, ad 2; q. 41, a. 2, ad 1.
6. Q. 65, a. 2, 4; II-II, q. 23, a. 7.

c. As virtudes morais são bons *habitus* da afetividade. Põem ordem em nossos amores. Tema favorito de Agostinho: "A definição breve e exata da virtude: a ordem do amor" (A Cidade de Deus XV, 22).

ARTICULUS 3

Utrum convenienter fides, spes et caritas ponantur virtutes theologicae

AD TERTIUM SIC PROCEDITUR. Videtur quod inconvenienter ponantur tres virtutes theologicae, fides, spes et caritas.

1. Virtutes enim theologicae se habent in ordine ad beatitudinem divinam, sicut inclinatio naturae ad finem connaturalem. Sed inter virtutes ordinatas ad finem connaturalem, ponitur una sola virtus naturalis, scilicet intellectus principiorum. Ergo debet poni una sola virtus theologica.

2. PRAETEREA, theologicae virtutes sunt perfectiores virtutibus intellectualibus et moralibus. Sed inter intellectuales virtutes fides non ponitur: sed est aliquid minus virtute, cum sit cognitio imperfecta. Similiter etiam inter virtutes morales non ponitur spes: sed est aliquid minus virtute, cum sit passio. Ergo multo minus debent poni virtutes theologicae.

3. PRAETEREA, virtutes theologicae ordinant animam hominis ad Deum. Sed ad Deum non potest anima hominis ordinari nisi per intellectivam partem, in qua est intellectus et voluntas. Ergo non debent esse nisi duae virtutes theologicae, una quae perficiat intellectum, alia quae perficiat voluntatem.

SED CONTRA est quod Apostolus dicit, 1Cor 13,13: *Nunc autem manent fides, spes, caritas, tria haec*.

RESPONDEO dicendum quod, sicut supra[1] dictum est, virtutes theologicae hoc modo ordinant hominem ad beatitudinem supernaturalem, sicut per naturalem inclinationem ordinatur homo in finem sibi connaturalem. Hoc autem contingit secundum duo. Primo quidem, secundum rationem vel intellectum: inquantum continet prima principia universalia cognita nobis per naturale lumen intellectus, ex quibus procedit ratio tam in speculandis quam in agendis. Secundo, per rectitudinem voluntatis naturaliter tendentis in bonum rationis.

Sed haec duo deficiunt ab ordine beatitudinis supernaturalis; secundum illud 1Cor 2,9: *Oculus*

ARTIGO 3

É conveniente afirmar três virtudes teologais, a saber, a fé, a esperança e a caridade?

QUANTO AO TERCEIRO, ASSIM SE PROCEDE: parece que **não** é conveniente afirmar três virtudes teologais, a fé, a esperança e a caridade.

1. Com efeito, as virtudes teologais relacionam-se com a bem-aventurança divina da mesma forma como a inclinação natural tende ao fim que lhe é conatural. Ora, entre as virtudes ordenadas a esse fim, só se afirma uma virtude natural, a saber, o intelecto dos princípios. Logo, deve-se afirmar uma só virtude teologal.

2. ALÉM DISSO, as virtudes teologais são mais perfeitas que as virtudes intelectuais e morais. Ora, entre as virtudes intelectuais nao se menciona a fé, que é algo menos que uma virtude, por ser um conhecimento imperfeito. Nem também se afirma, entre as virtudes morais, a esperança, que também é inferior à virtude, como paixão que é. Logo, muito menos devem ser afirmadas virtudes teologais.

3. ADEMAIS, as virtudes teologais ordenam a alma humana para Deus. Ora, a alma humana não pode se ordenar para Deus senão por sua parte intelectiva, na qual residem o intelecto e a vontade. Logo, só podem existir duas virtudes teologais: uma que aperfeiçoa o intelecto; outra que aperfeiçoa a vontade.

EM SENTIDO CONTRÁRIO, diz o Apóstolo na primeira Carta aos Coríntios: "Agora permanecem estas três coisas, a fé, a esperança e a caridade".

RESPONDO. Como acima foi dito, as virtudes teologais ordenam o homem à bem-aventurança sobrenatural, do mesmo modo que, por inclinação natural, ele se ordena ao fim que lhe é conatural. Ora, isso acontece de duas maneiras: em primeiro lugar, pela razão ou o intelecto, enquanto ele contém os primeiros princípios universais que nos são conhecidos pela luz natural do intelecto, e nos quais a razão se apoia, tanto na ordem especulativa como na ação; em segundo lugar, pela retidão da vontade, que tende naturalmente ao bem racional.

Ora, essas duas possibilidades são inferiores à ordem da bem-aventurança sobrenatural, segundo

3 PARALL.: II-II, q. 17, a. 6; III *Sent.*, dist. 23, q. 1, a. 5; dist. 26, q. 2, a. 3, q.la 1; *De Virtut.*, q. 1, a. 10, 12; I *Cor.*, c. 13, lect. 2, 4.

1. Art. 1.

non vidit, et auris non audivit, et in cor hominis non ascendit, quae praeparavit Deus diligentibus se. Unde oportuit quod quantum ad utrumque, aliquid homini supernaturaliter adderetur, ad ordinandum ipsum in finem supernaturalem. Et primo quidem, quantum ad intellectum, adduntur homini quaedam principia supernaturalia, quae divino lumine capiuntur: et haec sunt credibilia, de quibus est fides. — Secundo vero, voluntas ordinatur in illum finem et quantum ad motum intentionis, in ipsum tendentem sicut in id quod est possibile consequi, quod pertinet ad spem: et quantum ad unionem quandam spiritualem, per quam quodammodo transformatur in illum finem, quod fit per caritatem. Appetitus enim uniuscuiusque rei naturaliter movetur et tendit in finem sibi connaturalem: et iste motus provenit ex quadam conformitate rei ad suum finem.

a primeira Carta aos Coríntios: "O olho não viu, o ouvido não ouviu, nem subiu ao coração do homem o que Deus preparou para os que o amam". Logo, foi necessário que a ambas essas tendências se acrescentasse sobrenaturalmente algo que ordenasse o homem para o seu fim sobrenatural. Primeiramente, no que diz respeito ao intelecto, são acrescentados ao homem e apreendidos por iluminação divina alguns princípios sobrenaturais, que são o conjunto do que se deve crer, o objeto da fé. — Em segundo lugar, a vontade se ordena para o fim sobrenatural, seja pelo movimento de intenção que tende para esse fim, como para algo possível de se obter e isso é a esperança; seja por uma como união espiritual, pela qual a vontade é de certa forma transformada nesse fim, o que se concretiza pela caridade. Com efeito, o apetite de cada coisa naturalmente se move e tende para o seu fim conatural, esse movimento provém de certa conformidade da coisa ao seu fim.

AD PRIMUM ergo dicendum quod intellectus indiget speciebus intelligibilibus, per quas intelligat: et ideo oportet quod in eo ponatur aliquis habitus naturalis superadditus potentiae. Sed ipsa natura voluntatis sufficit ad naturalem ordinem in finem, sive quantum ad intentionem finis, sive quantum ad conformitatem ad ipsum. Sed in ordine ad ea quae supra naturam sunt, ad nihil horum sufficit natura potentiae. Et ideo oportet fieri superadditionem habitus supernaturalis quantum ad utrumque.

AD SECUNDUM dicendum quod fides et spes imperfectionem quandam important: quia fides est de his quae non videntur, et spes de his quae non habentur. Unde habere fidem et spem de his quae subduntur humanae potestati, deficit a ratione virtutis. Sed habere fidem et spem de his quae sunt supra facultatem naturae humanae, excedit omnem virtutem homini proportionatam; secundum illud 1Cor 1,25: *Quod infirmum est Dei, fortius est hominibus*.

AD TERTIUM dicendum quod ad appetitum duo pertinent: scilicet motus in finem; et conformatio ad finem per amorem. Et sic oportet quod in appetitu humano duae virtutes theologicae ponantur, scilicet spes et caritas.

QUANTO AO 1º, portanto, deve-se dizer que o intelecto precisa das espécies inteligíveis pelas quais conhece, e por isso deve-se supor nele um hábito natural, acrescentado à sua potencialidade. Mas a própria natureza da vontade basta para que ela se ordene naturalmente ao seu fim, quer pela intenção desse fim, quer pela conformidade a ele. Em relação, porém, ao que é superior à sua natureza, a potência por si só não basta para essa dupla ordenação e daí vem a necessidade de se lhe acrescer, quanto aos dois aspectos, um hábito sobrenatural.

QUANTO AO 2º, deve-se dizer que a fé e a esperança implicam alguma imperfeição, pois a primeira refere-se ao que não se vê e a outra, ao que não se possui. Portanto, ter fé e esperança no que está ao alcance das forças humanas carece da razão de virtude. Tê-las, porém, no que está acima da capacidade natural do homem supera toda virtude de dimensão humana, segundo a primeira Carta aos Coríntios: "O que é fraqueza de Deus é mais forte do que os homens".

QUANTO AO 3º, deve-se dizer que duas coisas são próprias do apetite: o movimento para o fim e a conformidade a ele pelo amor. E assim, cumpre afirmar duas virtudes teologais no apetite humano, a saber, a esperança e a caridade.

Articulus 4
Utrum fides sit prior spe, et spes caritate

Ad quartum sic proceditur. Videtur quod non sit hic ordo theologicarum virtutum, quod fides sit prior spe, et spes prior caritate.

1. Radix enim est prior eo quod est ex radice. Sed caritas est radix omnium virtutum; secundum illud ad Eph 3,17: *In caritate radicati et fundati*. Ergo caritas est prior aliis.

2. Praeterea, Augustinus dicit, in I *de Doct. Christ.*[1]: *Non potest aliquis diligere quod esse non crediderit. Porro si credit et diligit, bene agendo efficit ut etiam speret*. Ergo videtur quod fides praecedat caritatem, et caritas spem.

3. Praeterea, amor est principium omnis affectionis, ut supra dictum est[2]. Sed spes nominat quandam affectionem; est enim quaedam passio, ut supra[3] dictum est. Ergo caritas, quae est amor, est prior spe.

Sed contra est ordo quo Apostolus ista enumerat, dicens: *Nunc autem manent fides, spes, caritas*.

Respondeo dicendum quod duplex est ordo: scilicet generationis, et perfectionis. Ordine quidem generationis, quo materia est prior forma, et imperfectum perfecto, in uno et eodem; fides praecedit spem, et spes caritatem, secundum actus (nam habitus simul infunduntur). Non enim potest in aliquid motus appetitivus tendere vel sperando vel amando, nisi quod est apprehensum sensu aut intellectu. Per fidem autem apprehendit intellectus ea quae sperat et amat. Unde oportet quod, ordine generationis, fides praecedat spem et caritatem. — Similiter autem ex hoc homo aliquid amat, quod apprehendit illud ut bonum suum. Per hoc autem quod homo ab aliquo sperat se bonum consequi posse, reputat ipsum in quo spem habet, quoddam

Artigo 4
É a fé anterior à esperança e a esperança anterior à caridade?

Quanto ao quarto, assim se procede: parece que **não** é esta a ordem das virtudes teologais, a saber que a fé seja anterior à esperança e esta à caridade.

1. Com efeito, a raiz é anterior ao que dela procede. Ora, a caridade é a raiz de todas as virtudes, na expressão da Carta aos Efésios: "Arraigados e fundados na caridade". Logo, a caridade é anterior às demais virtudes.

2. Além disso, Agostinho diz que "ninguém pode amar aquilo em cuja existência não crê; mas se crê e ama, agindo bem, chega também a esperar". Logo, parece que a fé precede a caridade e esta precede a esperança.

3. Ademais, o amor, já foi dito, é o princípio de todo afeto. Ora, a esperança designa um afeto, pois acima foi dito que ela é uma paixão. Logo, a caridade, como amor que é, é anterior à esperança.

Em sentido contrário, eis a ordem que o Apóstolo diz, enumerando essas virtudes: "Agora permanecem a fé, a esperança e a caridade".

Respondo. Há dois tipos de ordem: a da geração e a da perfeição. Na ordem de geração, a matéria é anterior à forma e o imperfeito, anterior ao perfeito, no mesmo ser[d]. Assim é que a fé precede a esperança e esta precede a caridade, do ponto de vista dos atos, por que, quanto aos hábitos, estes são infundidos simultaneamente[e]. Na verdade, o movimento apetitivo não pode tender a alguma coisa, seja esperando-a seja amando-a, se ele não apreendeu pelos sentidos ou pelo intelecto. Ora, é pela fé que o intelecto capta o que ele espera e ama. Portanto, na ordem de geração, a fé tem que preceder a esperança e a caridade. — Da mesma forma, se se ama alguma coisa é por apreendê-la como boa para si. Ora, pelo fato de

4 Parall.: II-II, q. 4, a. 7; q. 17, a. 7, 8; III *Sent.*, dist. 23, q. 2, a. 5; dist. 26, q. 2, a. 3, q.la 2; *De Virtut.*, q. 4, a. 3.

1. C. 37: ML 34, 35.
2. Cfr. a. 2, ad 3.
3. Q. 23, a. 4.

d. Sto. Tomás se refere com frequência ao que ele chama de *via generationis*, o percurso que vai da geração à idade madura. Ele afirmará, por exemplo, que é a perfeição da parte inferior do homem que prepara a perfeição da parte superior (I-II, q. 2, a. 3, r. 3).

e. Pelo dom da graça, as três virtudes teologais são dadas e infundidas no homem ao mesmo tempo. Esses *habitus*, porém, passam ao ato segundo uma certa ordem: a fé, depois a esperança e enfim a caridade. Ordem lógica, embora eles possam conhecer simultaneamente a sua passagem ao ato. Ocorre que a esperança desperta o amor, mas "o amor precede sempre a esperança" (r. 3), pois ele faz amar um bem esperado.

bonum suum. Unde ex hoc ipso quod homo sperat de aliquo, procedit ad amandum ipsum. Et sic, ordine generationis, secundum actus, spes praecedit caritatem.

Ordine vero perfectionis, caritas praecedit fidem et spem: eo quod tam fides quam spes per caritatem formatur, et perfectionem virtutis acquirit. Sic enim caritas est mater omnium virtutum et radix, inquantum est omnium virtutum forma, ut infra[4] dicetur.

E per hoc patet responsio AD PRIMUM.

AD SECUNDUM dicendum quod Augustinus loquitur de spe qua quis sperat ex meritis iam habitis se ad beatitudinem perventurum: quod est spei formatae, quae sequitur caritatem. Potest autem aliquis sperare antequam habeat caritatem, non ex meritis quae iam habet, sed quae sperat se habiturum.

AD TERTIUM dicendum quod, sicut supra[5] dictum est, cum de passionibus ageretur, spes respicit duo. Unum quidem sicut principale obiectum: scilicet bonum quod speratur. Et respectu huius, semper amor praecedit spem: nunquam enim speratur aliquod bonum nisi desideratum et amatum. — Respicit etiam spes illum a quo se sperat posse consequi bonum. Et respectu huius, primo quidem spes praecedit amorem; quamvis postea ex ipso amore spes augeatur. Per hoc enim quod aliquis reputat per aliquem se posse consequi aliquod bonum, incipit amare ipsum: et ex hoc ipso quod ipsum amat, postea fortius de eo sperat.

4. II-II, q. 23, a. 8.
5. Q. 40, a. 7.

que o homem espera de alguém poder conseguir o bem, considera como bem seu aquele em quem põe sua esperança. Logo, do próprio fato de que o homem espera de algo procede o amor por isso, e assim, na ordem de geração, e do ponto de vista dos atos, a esperança é anterior à caridade.

Na ordem de perfeição, porém, a caridade precede a fé e a esperança, porque tanto a fé como a esperança estão informadas pela caridade e adquirem a perfeição da virtude. Assim, pois, a caridade é a mãe de todas as virtudes e a sua raiz, enquanto forma de todas elas, como se dirá depois.

QUANTO AO 1º, portanto, deve-se dizer que pelo que acaba de ser dito, fica clara a resposta.

QUANTO AO 2º, deve-se dizer que Agostinho está se referindo aí à esperança pela qual se espera, em razão de méritos já adquiridos, chegar à bem-aventurança. É a esperança formada; que vem depois da caridade. Mas, pode alguém ter esperança, antes de ter caridade, não pelos méritos que já tenha, mas pelos que espera ter.

QUANTO AO 3º, deve-se dizer que, como acima foi dito, ao tratar das paixões, a esperança visa a duas coisas. A primeira é o bem esperado, como seu objeto principal. E desse ponto de vista, sempre o amor precede a esperança, porque nunca se espera um bem não antes desejado e amado. — Contudo, a esperança também visa àquele de quem esperamos conseguir o bem. E nesse caso, a esperança primeiro precede o amor, embora depois, pelo próprio amor, a esperança cresça. Com efeito, pelo fato de que alguém julga poder conseguir um bem por meio de outrem, começa amá-lo e por que o ama, acaba por esperar mais fortemente nele.

QUAESTIO LXIII
DE CAUSA VIRTUTUM
in quatuor articulos divisa

Deinde considerandum est de causa virtutum.

Et circa hoc quaeruntur quatuor.

Primo: utrum virtus sit in nobis a natura.

Secundo: utrum aliqua virtus causetur in nobis ex assuetudine operum.

Tertio: utrum aliquae virtutes morales sint in nobis per infusionem.

QUESTÃO 63
A CAUSA DAS VIRTUDES
em cinco artigos

Em seguida deve-se considerar a causa das virtudes.

Sobre isso são cinco as perguntas:

1. Existe a virtude em nós por natureza?
2. Alguma virtude é causada em nós pela repetição das ações?
3. Há em nós algumas virtudes morais por infusão?

Quarto: utrum virtus quam acquirimus ex assuetudine operum, sit eiusdem speciei cum virtute infusa.

4. A virtude adquirida pela repetição dos atos é da mesma espécie que a virtude infusa?

Articulus 1

Utrum virtus insit nobis a natura

Ad primum sic proceditur. Videtur quod virtus sit in nobis a natura.

1. Dicit enim Damascenus, in III libro[1]: *Naturales sunt virtutes, et aequaliter insunt omnibus*. Et Antonius dicit, in sermone ad Monachos[2]: *Si naturam voluntas mutaverit, perversitas est; conditio servetur, et virtus est*. Et Mt 4,23, super illud, *Circuibat Iesus* etc., dicit Glossa[3]: *Docet naturales iustitias, scilicet castitatem, iustitiam, humilitatem, quas naturaliter habet homo*.

2. Praeterea, bonum virtutis est secundum rationem esse, ut ex dictis[4] patet. Sed id quod est secundum rationem, est homini naturale: cum ratio sit hominis natura. Ergo virtus inest homini a natura.

3. Praeterea, illud dicitur esse nobis naturale, quod nobis a nativitate inest. Sed virtutes quibusdam a nativitate insunt: dicitur enim Iob 31,18: *Ab infantia crevit mecum miseratio, et de utero egressa est mecum*. Ergo virtus inest homini a natura.

Sed contra, id quod inest homini a natura, est omnibus hominibus commune, et non tollitur per peccatum: quia etiam in daemonibus bona naturalia manent, ut Dionysius dicit, in cap. *de Div. Nom.*[5]. Sed virtus non inest omnibus hominibus; et abiicitur per peccatum. Ergo non inest homini a natura.

Respondeo dicendum quod circa formas corporales, aliqui dixerunt quod sunt totaliter ab intrinseco: sicut ponentes latitationem formarum. — Aliqui vero, quod totaliter sint ab extrinseco: sicut ponentes formas corporales esse ab aliqua causa separata. — Aliqui vero, quod partim sint ab intrinseco, inquantum scilicet praeexistunt in

Artigo 1

A virtude existe em nós por natureza?

Quanto ao primeiro artigo, assim se procede: parece que a virtude **existe** em nós por natureza.

1. Com efeito, Damasceno diz: "As virtudes são naturais e existem igualmente em todos". E Antão também diz: "Se a vontade mudar a natureza, haverá perversidade; conservada a condição, haverá virtude". E sobre aquilo do Evangelho de Mateus: "Percorria Jesus" etc., comenta a Glosa: "Ele ensina as justiças naturais, como a castidade, a justiça, a humildade, que o homem possui naturalmente".

2. Além disso, conforme ficou explicado, o bem da virtude é ser conforme à razão. Ora, o que está de acordo com a razão é natural ao homem, pois a razão é a natureza do homem. Logo, a virtude existe nele por natureza.

3. Ademais, considera-se natural em nós aquilo que está em nós desde o nascimento. Ora, há virtudes em alguns desde o nascimento, pois está no livro de Jó: "Desde a infância cresceu comigo a misericórdia e saiu comigo do ventre da minha mãe". Logo, a virtude está no homem pela natureza.

Em sentido contrário, o que existe no homem por natureza é a todos comum e não se perde pelo pecado, porque os bens naturais permanecem até nos demônios, como diz Dionísio. Ora, a virtude não existe em todos os homens e se perde pelo pecado. Logo, não está em nós por natureza.

Respondo. No que concerne às formas corporais, uns defenderam que elas procedem totalmente do interior, supondo, por assim dizer, um estado latente delas. — Outros, porém, disseram que essa procedência é totalmente extrínseca, como que provindo elas de alguma causa separada. — Outros, enfim, pensam que elas vêm em parte

1 Parall.: Supra, q. 55, a. 1; I *Sent.*, dist. 17, q. 1, a. 3; II, dist. 39, q. 2, a. 1; III, dist. 33, q. 1, a. 2, q.la 1; *De Verit.*, q. 11, a. 1; *De Virtut.*, q. 1, a. 8; II *Ethic.*, lect. 1.

1. *De fide orth.* l. III, c. 14: MG 94, 1045 A.
2. Cfr. Athanasium, *Vita S. Antonii*, n. 20: MG 26, 873.
3. Ordin.: ML 114, 88 B.
4. Q. 55, a. 4, ad 2.
5. MG 3, 725 C.

materia in potentia; et partim ab extrinseco, inquantum scilicet reducuntur ad actum per agens.

Ita etiam circa scientias et virtutes, aliqui quidem posuerunt eas totaliter esse ab intrinseco: ita scilicet quod omnes virtutes et scientiae naturaliter paeexistunt in anima; sed per disciplinam et exercititum impedimenta scientiae et virtutis tolluntur, quae adveniunt animae ex corporis gravitate; sicut cum ferrum clarificatur per limationem. Et haec fuit opinio Platonicorum. — Alii vero dixerunt quod sunt totaliter ab extrinseco, idest ex influentia intelligentiae agentis: ut ponit Avicenna[6]. — Alii vero dixerunt quod secundum aptitudinem scientiae et virtutes sunt in nobis a natura, non autem secundum perfectionem: ut Philosophus dicit, in II *Ethic.*[7]. Et hoc verius est.

Ad cuius manifestationem, oportet considerare quod aliquid dicitur alicui homini naturale dupliciter: uno modo, ex natura speciei; alio modo, ex natura individui. Et quia unumquodque habet speciem secundum suam formam, individuatur vero secundum materiam; forma vero hominis est anima rationalis, materia vero corpus: id quod convenit homini secundum animam rationalem, est ei naturale secundum rationem speciei; id vero quod est ei naturale secundum determinatam corporis complexionem, est ei naturale secundum naturam individui. Quod enim est naturale homini ex parte corporis secundum speciem, quodammodo refertur ad animam: inquantum scilicet tale corpus est tali animae proportionatum.

Utroque autem modo virtus est homini naturalis secundum quandam inchoationem. Secundum quidem naturam speciei, inquantum in ratione hominis insunt naturaliter quaedam principia naturaliter cognita tam scibilium quam agendorum, quae sunt quaedam seminalia intellectualium virtutum et moralium; et inquantum in voluntate

do interior, enquanto preexistem potencialmente na matéria, e em parte do exterior, enquanto são reduzidas ao ato por um agente.

Da mesma forma, em relação às ciências e às virtudes, alguns afirmaram que elas são inteiramente de origem intrínseca, ou seja, tanto as virtudes como todas as ciências preexistem naturalmente na alma, mas pela disciplina e pelo exercício os obstáculos que a elas se opõem, obstáculos opostos à alma pelo peso do corpo, são eliminados, assim como o ato de limar torna o ferro mais brilhante. Tal foi a opinião dos platônicos. — Outros, ao contrário, como Avicena, sustentaram que a ciência e a virtude nascem inteiramente de fora, isto é, da influência do intelecto agente. — E, finalmente, outros ainda ensinaram que quanto à aptidão as ciências e as virtudes existem em nós por natureza, e não quanto à perfeição, como diz o Filósofo no livro II da *Ética*. E essa é a opinião mais acertada[a].

Para deixar esse ponto esclarecido, importa considerar que uma coisa se declara natural no homem de dois modos: segundo a natureza específica ou segundo a natureza individual. E, como cada coisa se especifica pela forma e se individualiza pela matéria, e ainda como a forma do homem é a alma racional, e a matéria, o corpo, o que lhe convém à alma racional lhe é especificamente natural; enquanto que o que lhe convém pela determinada compleição do corpo lhe é natural por natureza individual. Com efeito, o que é natural ao homem, por parte do corpo, a título específico, refere-se de certo modo à alma, enquanto determinado corpo é proporcionado a determinada alma.

Ora, seja de um modo seja de outro, a virtude é natural no homem, incoativamente. Segundo a natureza específica, enquanto na razão do homem estão presentes naturalmente certos princípios naturalmente conhecidos, tanto na ordem do saber quanto na ordem da ação, princípios que são sementes das virtudes intelectuais e das virtudes

6. *De Anima*, p. V, c. 5.
7. C. 1: 1103, a, 25-26.

a. Notemos, mais uma vez, a noção que tem Sto. Tomás da realidade humana. Mesmo mencionando as posições da tradição platônica (no caso, São João Damasceno, Sto. Antão e a Glosa), ele declara "mais verdadeira" a posição de Aristóteles, que leva em conta o homem em sua história individual e em sua diversidade. É isso que, desde o seu nascimento, constitui o estado específico de um ser, e que irá desenvolver-se e realizar-se segundo leis endógenas e a contribuição do mundo exterior, que o cerca. Natura vem do verbo nascor: nascer. As virtudes intelectuais e morais se encontram na natureza humana como em sua fonte, em seu "começo" (inchoationes, em latim) e em seu germe (*seminalia*, em latim). Sto. Tomás volta a afirmar, uma vez mais, que a natureza humana não é feita somente de suas virtualidades específicas e comuns a todos os homens, mas que ela só existe individualizada em um corpo concreto e singular. É o que funda a diversidade das aptidões iniciais de cada um a tal virtude intelectual ou moral.

inest quidam naturalis appetitus boni quod est secundum rationem. Secundum vero naturam individui, inquantum ex corporis dispositione aliqui sunt dispositi vel melius vel peius ad quasdam virtutes: prout scilicet vires quaedam sensitivae actus sunt quarundam partium corporis, ex quarum dispositione adiuvantur vel impediuntur huismodi vires in suis actibus, et per consequens vires rationales, quibus huiusmodi sensitivae vires deserviunt. Et secundum hoc, unus homo habet naturalem aptitudinem ad scientiam, alius ad fortitudinem, alius ad temperantiam. Et his modis tam virtutes intellectuales quam morales, secundum quandam aptitudinis inchoationem, sunt in nobis a natura. — Non autem consummatio earum. Quia natura determinatur ad unum: consummatio autem huiusmodi virtutum non est secundum unum modum actionis, sed diversimode, secundum diversas materias in quibus virtutes operantur, et secundum diversas circumstantias.

Sic ergo patet virtutes in nobis sunt a natura secundum aptitudinem et inchoationem, non autem secundum perfectionem: praeter virtutes theologicas, quae sunt totaliter ab extrinseco.

Et per hoc patet responsio ad obiecta. Nam primae duae rationes procedunt secundum quod seminalia virtutum insunt nobis a natura, inquantum rationales sumus. — Tertia vero ratio procedit secundum quod ex naturali dispositione corporis, quam habet ex nativitate, unus habet aptitudinem ad miserendum, alius ad temperate vivendum, alius ad aliam virtutem.

morais; e enquanto está presente na vontade um apetite natural do bem conforme à razão. Por outro lado, segundo a natureza individual, enquanto uns são, pela disposição de seu corpo, mais ou menos bem dispostos a algumas virtudes e isso porque certas potências sensitivas são atos de algumas partes do corpo e a disposição deles favorece ou dificulta os atos dessas potências e, por consequência, as potências racionais às quais as faculdades sensitivas obedecem. Assim é que uma pessoa tem aptidão natural para a ciência, outra para a fortaleza e outra para a temperança. E dessa forma tanto as virtudes intelectuais quanto as morais existem em nós naturalmente, como que num início de aptidão. — Não, pois, de maneira consumada, porque a natureza está determinada a uma só coisa e a consumação dessas virtudes não se realiza por um só tipo de ação, mas segundo formas diversas, segundo as várias matérias sobre que versam as virtudes e segundo as diferentes circunstâncias.

Fica então patente que as virtudes existem em nós por natureza, em estado de aptidão e incoativamente; não, porém, em estado de perfeição, à exceção das virtudes teologais que procedem totalmente de fora.

Quanto às objeções, pela resposta acima, estão resolvidas as objeções. As duas primeira primeiras procedem, enquanto existem em nós, naturalmente, os germes das virtudes, por sermos dotados de razão. — Já a terceira procede porque por uma disposição natural do corpo desde o nascimento, alguém é inclinado à compaixão, outro à temperança e outro ainda, a outra virtude.

Articulus 2

Utrum aliqua virtus causetur in nobis ex assuetudine operum

Ad secundum sic proceditur. Videtur quod virtutes in nobis causari non possint ex assuetudine operum.

1. Quia super illud Rm 14,23: *Omne quod non est ex fide, peccatum est*, dicit Glossa Augustini[1]: *Omnis infidelium vita peccatum est; et nihil est bonum sine summo bono. Ubi deest cognitio veritatis, falsa est virtus etiam in optimis moribus*. Sed fides non potest acquiri ex operibus, sed causatur in nobis a Deo; secundum illud Eph 2,8: *Gratia*

Artigo 2

Alguma virtude é causada em nós pela repetição das ações?

Quanto ao segundo, assim se procede: parece que as virtudes **não** podem ser causadas em nós pela repetição das ações.

1. Com efeito, a respeito das palavras da Carta aos Romanos: "Tudo o que não procede de uma convicção de fé é pecado", diz a Glosa: "Toda a vida dos infiéis é pecado; e nada é bom sem o sumo bem. Onde falta o conhecimento da verdade, existe a falsa virtude, mesmo com ótimos costumes". Ora, a fé não pode ser adquirida pelas

2 Parall.: Supra, q. 51, a. 2; II *Sent.*, dist. 44, q. 1, a. 1, ad 6; III, dist. 33, q. 1, a. 2, q.la 2; *De Virtut.*, q. 1, a. 9; II *Ethic.*, lect. 1.

1. Glossa ordin.: ML 114, 516 C; Glossa Lombardi: ML 191, 1520 A.

estis salvati per fidem. Ergo nulla virtus potest in nobis acquiri ex assuetudine operum.

2. PRAETEREA, peccatum, cum contrarietur virtuti, non compatitur secum virtutem. Sed homo non potest vitare peccatum nisi per gratiam Dei; secundum illud Sap 8,21: *Didici quod non possum esse aliter continens, nisi Deus det*. Ergo nec virtutes aliquae possunt in nobis causari ex assuetudine operum; sed solum dono Dei.

3. PRAETEREA, actus qui sunt in virtutem, deficiunt a perfectione virtutis. Sed effectus non potest esse perfectior causa. Ergo virtus non potest causari ex actibus praecedentibus virtutem.

SED CONTRA est quod Dionysius dicit, 4 cap. *de Div. Nom.*[2], quod bonum est virtuosius quam malum. Sed ex malis actibus causantur habitus vitiorum. Ergo multo magis ex bonis actibus possunt causari habitus virtutum.

RESPONDEO dicendum quod de generatione habituum ex actibus, supra[3] in generali dictum est. Nunc autem specialiter quantum ad virtutem, considerandum est quod, sicut supra[4] dictum est, virtus hominis perficit ipsum ad bonum. Cum autem ratio boni consistat in *modo, specie et ordine*, ut Augustinus dicit in libro *de Natura Boni*[5]; sive in *numero, pondere et mensura*, ut dicitur Sap 11,21: oportet quod bonum hominis secundum aliquam regulam consideretur. Quae quidem est duplex, ut supra[6] dictum est: scilicet ratio humana, et lex divina. Et quia lex divina est superior regula, ideo ad plura se extendit: ita quod quidquid regulatur ratione humana, regulatur etiam lege divina, sed non convertitur.

Virtus igitur hominis ordinata ad bonum quod modificatur secundum regulam rationis humanae, potest ex actibus humanis causari: inquantum huiusmodi actus procedunt a ratione, sub cuius potestate et regula tale bonum consistit. — Vir-

obras, porque causada em nós por Deus, segundo diz a Carta aos Efésios: "É pela graça que vós sois salvos por meio da fé". Logo, nenhuma virtude podemos adquirir pela repetição das ações.

2. ALÉM DISSO, sendo contrário à virtude, o pecado não é compatível com ela. Ora, o homem não pode evitar o pecado senão pela graça divina, como diz o livro da Sabedoria: "Conheci que de outra maneira não posso ser continente senão por dom de Deus". Logo, também não existe virtude que possa ser causada em nós pela repetição das ações, mas só por dom de Deus.

3. ADEMAIS, carecem da perfeição da virtude os atos orientados para a virtude. Ora, o efeito não pode ser mais perfeito que a causa. Logo, a virtude não pode ser produzida por atos que a precedem.

EM SENTIDO CONTRÁRIO, afirma Dionísio que o bem é mais forte que o mal. Ora, os atos maus causam hábitos viciosos. Logo, com mais razão os atos bons podem causar hábitos virtuosos.

RESPONDO. Sobre a geração dos hábitos pelos atos, foi tratado em geral. É preciso agora considerar, de modo especial com respeito à virtude que, como foi dito, aperfeiçoa o homem para o bem. Ora, como a razão do bem consiste em *modo*, *espécie* e *ordem*, segundo Agostinho, ou "com *medida*, *número* e *peso*", segundo o livro da Sabedoria, é necessário considerar o bem do homem por alguma regra. E esta, já vimos, é dupla: a razão humana e a lei divina[b]. E como a lei divina é regra superior, sua extensão é maior, de tal sorte que tudo o que é regulado pela razão humana o é também pela lei divina, mas não inversamente[c].

Portanto, a virtude humana ordenada para o bem, que é medido pela regra da razão humana, pode ser causada pelos atos humanos, enquanto esses atos procedem da razão de cujo poder e controle depende o referido bem. — Ao contrá-

2. MG 3, 717 C.
3. Q. 51, a. 2, 3.
4. Q. 55, a. 3, 4.
5. C. 3: ML 42, 553.
6. Q. 19, a. 3, 4.

b. Como conhecer com alguma precisão o bem do homem? Essa medida é fornecida pela razão humana e pela lei divina. Esta última, porém, não é, para Sto. Tomás, o decálogo: ela está inscrita, e a ser descoberta pela razão, na natureza, como uma lei biológica, endógena, e não como uma lei exógena, promulgada pela autoridade.

c. A lei divina está inscrita em todas as naturezas criadas, e não somente na natureza humana. Aliás, a graça divina inscreve no homem uma lei sobrenatural que transcende a da razão, fornecendo-lhe uma regra superior.

tus vero ordinans hominem ad bonum secundum quod modificatur per legem divinam, et non per rationem humanam, non potest causari per actus humanos, quorum principium est ratio: sed causatur solum in nobis per operationem divinam. Et ideo, huiusmodi virtutem definiens, Augustinus[7] posuit in definitione virtutis: *quam Deus in nobis sine nobis operatur*.

Et de huiusmodi etiam virtutibus prima ratio procedit.

AD SECUNDUM dicendum quod virtus divinitus infusa, maxime si in sua perfectione consideretur, non compatitur secum aliquod peccatum mortale. Sed virtus humanitus acquisita potest secum compati aliquem actum peccati, etiam mortalis: quia usus habitus in nobis est nostrae voluntati subiectus, ut supra[8] dictum est; non autem per unum actum peccati corrumpitur habitus virtutis acquisitae; habitui enim non contrariatur directe actus, sed habitus. Et ideo, licet sine gratia homo non possit peccatum mortale vitare, ita quod nunquam peccet mortaliter; non tamen impeditur quin possit habitum virtutis acquirere, per quam a malis operibus abstineat ut in pluribus, et praecipue ab his quae sunt valde rationi contraria. — Sunt etiam quaedam peccata mortalia quae homo sine gratia nullo modo potest vitare, quae scilicet directe opponuntur virtutibus theologicis, quae ex dono gratiae sunt in nobis. Hoc tamen infra[9] manifestius fiet.

AD TERTIUM dicendum quod, sicut dictum est[10], virtutum acquisitarum praeexistunt in nobis quaedam semina sive principia, secundum naturam. Quae quidem principia sunt nobiliora virtutibus eorum virtute acquisitis: sicut intellectus principiorum speculabilium est nobilior scientia conclusionum; et naturalis rectitudo rationis est nobilior rectificatione appetitus quae fit per participationem rationis, quae quidem rectificatio pertinet ad virtutem moralem. Sic igitur actus humani, inquantum procedunt ex altioribus principiis, possunt causare virtutes acquisitas humanas.

rio, a virtude que dispõe o homem para o bem determinado pela lei divina e não pela razão humana, não pode ser causada por atos humanos, cujo princípio é a razão, mas é causada em nós só por ação divina. Por isso, ao definir tal virtude, Agostinho afirma, na definição de virtude, “que Deus a causa em nós sem nós”.

QUANTO AO 1º, portanto, deve-se dizer que o argumento procede entendendo-se a virtude nesse sentido.

QUANTO AO 2º, deve-se dizer que uma virtude infundida por Deus, máxime se tomada em sua perfeição, não é compatível com nenhum pecado mortal. Mas a virtude adquirida humanamente pode ser compatível com um ato de pecado, até mortal, porque o exercício do nosso hábito está sujeito à nossa vontade, como já foi dito. Ora, um ato pecaminoso isolado não destrói o hábito da virtude adquirida, pois o que se opõe diretamente a um hábito não é um ato, mas outro hábito[d]. Por isso é que, embora o homem, sem a graça, não consiga evitar o pecado mortal, a ponto de nunca pecar mortalmente, nada impede que ele venha a adquirir o hábito da virtude, pela qual se abstenha, na maioria das vezes, das obras más e sobretudo das mais contrárias à razão. — Há também certos pecados mortais que, sem a graça, não pode evitar de modo algum, pois se opõem diretamente às virtudes teologais, que estão em nós por dom gratuito. Isso, porém, será melhor esclarecido depois.

QUANTO AO 3º, deve-se dizer que, como já se disse, preexistem em nós, por natureza, certas sementes ou princípios das virtudes adquiridas, princípios esses que são mais nobres que as virtudes por meio deles adquiridas, assim como o intelecto dos princípios especulativos é mais nobre que a ciência das conclusões e a retidão natural da razão é mais nobre que a retificação do apetite, feita pela participação da razão e pertence à virtude moral. Assim, pois, os atos humanos, quando procedem de princípios mais altos, podem causar as virtudes humanas adquiridas.

7. Vide q. 55, a. 4, 1 a, nota 1.
8. Q. 49, a. 3, *sed c.*
9. Q. 109, a. 4.
10. A. 1; q. 51, a. 1.

d. Útil e tranqulizador acréscimo: um só ato moralmente ruim não faz por si só perder uma virtude adquirida. É preciso mais do que isso para que essa infelicidade ocorra. Somente a repetição de atos maus pode criar um *habitus* que se denomina vício, e é somente então que se perde a virtude da qual o vício é o oposto.

ARTICULUS 3
Utrum aliquae virtutes morales sint in nobis per infusionem

AD TERTIUM SIC PROCEDITUR. Videtur quod praeter virtutes theologicas, non sint aliae virtutes nobis infusae a Deo.

1. Ea enim quae possunt fieri a causis secundis, non fiunt immediate a Deo, nisi forte aliquando miraculose: quia, ut Dionysius dicit[1], *lex divinitatis est ultima per media adducere*. Sed virtutes intellectuales et morales possunt in nobis causari per nostros actus, ut dictum est[2]. Non ergo convenienter causantur in nobis per infusionem.

2. PRAETEREA, in operibus Dei multo minus est aliquid superfluum quam in operibus naturae. Sed ad ordinandum nos in bonum supernaturale, sufficiunt virtutes theologicae. Ergo non sunt aliae virtutes supernaturales, quas oporteat in nobis causari a Deo.

3. PRAETEREA, natura non facit per duo, quod potest facere per unum: et multo minus Deus. Sed Deus inseruit animae nostrae semina virtutum, ut dicit Glossa Hb 1[3]. Ergo non oportet quod alias virtutes in nobis per infusionem causet.

SED CONTRA est quod dicitur Sap 8,7: *Sobrietatem et iustitiam docet, prudentiam et virtutem.*

RESPONDEO dicendum quod oportet effectus esse suis causis et principiis proportionatos. Omnes autem virtutes tam intellectuales quam morales, quae ex nostris actibus acquiruntur, procedunt ex quibusdam naturalibus principiis in nobis praeexistentibus, ut supra[4] dictum est. Loco quorum naturalium principiorum, conferuntur nobis a Deo virtutes theologicae, quibus ordinamur ad finem supernaturalem, sicut supra[5] dictum est. Unde oportet quod his etiam virtutibus theologicis proportionaliter respondeant alii habitus divinius causati in nobis, qui sic se habeant ad virtutes theologicas sicut se habent virtutes morales et intellectuales ad principia naturalia virtutum.

ARTIGO 3
Existem em nós virtudes morais infusas?

QUANTO AO TERCEIRO, ASSIM SE PROCEDE: parece que afora as virtudes teologais, **não** há em nós outras virtudes infundidas por Deus.

1. Com efeito, o que pode ser feito pelas causas segundas não o faz Deus imediatamente, a não ser em certos casos, através de milagres, porque, segundo Dionísio, "é lei divina governar as coisas últimas por intermediários". Ora, foi dito, que as virtudes intelectuais e morais podem ser causadas em nós por nossos atos. Logo, não é conveniente que sejam causadas em nós por infusão.

2. ALÉM DISSO, nas obras de Deus há muito menos de supérfluo do que nas da natureza. Ora, para nos ordenar ao bem sobrenatural bastam as virtudes teologais. Logo, não há outras virtudes sobrenaturais que devam ser causadas em nós por Deus.

3. ADEMAIS, a natureza não faz por dois meios o que pode fazer por um só, e Deus muito menos ainda. Ora ele inseriu em nossa alma as sementes das virtudes, como diz a Glosa. Logo, não precisa infundir em nós outras virtudes.

EM SENTIDO CONTRÁRIO, diz o livro da Sabedoria: "Ensina temperança e prudência, justiça e fortaleza".

RESPONDO. Devem os efeitos ser proporcionais às suas causas e princípios. Ora, todas as virtudes, tanto as intelectuais quanto as morais, adquiridas por nossos atos, procedem de certos princípios naturais preexistentes em nós, como acima foi dito. É em lugar desses princípios naturais que Deus nos dá as virtudes teologais, pelas quais nos ordenamos a um fim sobrenatural, conforme acima foi dito. Importa, pois, que também a essas virtudes teologais correspondam proporcionalmente outros hábitos causados em nós por Deus, que estão para as virtudes teologais como as virtudes morais e intelectuais estão para os princípios naturais[e] das virtudes.

3 PARALL.: Supra, q. 51, a. 4; III *Sent.*, dist. 33, q. 1, a. 2, q.la 3; *De Virtut.*, q. 1, a. 10.

1. *Cael. Hier.*, cc. 4, 7, 8: MG 3, 181 A, 209 A, 240 B; *Eccl. Hier.*, c. 5: MG 3, 504 C.
2. Art. praec.
3. Cfr. HIERONYMUM, *Comm. in Gal.* 1, 15-16: ML 26, 326 D.
4. A. 1; q. 51, a. 1.
5. Q. 62, a. 1.

e. Sto. Tomás coloca aqui um princípio, em relação lógica com o que precede, mas que não foi bem compreendido posteriormente. Está garantido que Deus infunde em nós não apenas as virtudes teologais, que não fazem mais do que começar

AD PRIMUM ergo dicendum quod aliquae quidem virtutes morales et intellectuales possunt causari in nobis ex nostris actibus: tamen illae non sunt proportionatae virtutibus theologicis. Et ideo oportet alias, eis proportionatas, immediate a Deo causari.

AD SECUNDUM dicendum quod virtutes theologicae sufficienter nos ordinant in finem supernaturalem, secundum quandam inchoationem, quantum scilicet ad ipsum Deum immediate. Sed oportet quod per alias virtutes infusas perficiatur anima circa alias res, in ordine tamen ad Deum.

AD TERTIUM dicendum quod virtus illorum principiorum naturaliter inditorum, non se extendit ultra proportionem naturae. Et ideo in ordine ad finem supernaturalem, indiget homo perfici per alia principia superaddita.

QUANTO AO 1º, portanto, deve-se dizer que algumas virtudes morais e intelectuais podem ser causadas em nós por nossas ações, mas elas não são proporcionadas às virtudes teologais. Portanto, é necessário que outras virtudes, proporcionadas a elas, sejam causadas por Deus.

QUANTO AO 2º, deve-se dizer que as virtudes teologais nos ordenam suficientemente ao fim sobrenatural, por certa inclinação e de maneira imediata, no que se refere a Deus mesmo. É necessário, contudo, que a alma, por meio de outras virtudes infusas, se aperfeiçoe no tocante a outras coisas, mas ordenando-se para Deus.

QUANTO AO 3º, deve-se dizer que a potência desses princípios infundidos naturalmente em nós não ultrapassa os limites da natureza. E, por isso, para se ordenar ao fim sobrenatural, o homem precisa ser aperfeiçoado pelo acréscimo de outros princípios.

ARTICULUS 4

Utrum virtus quam acquirimus ex operum assuetudine, sit eiusdem speciei cum virtute infusa

AD QUARTUM SIC PROCEDITUR. Videtur quod virtutes infusae non sint alterius speciei a virtutibus acquisitis.

1. Virtus enim acquisita et virtus infusa, secundum praedicta[1], non videntur differre nisi secundum ordinem ad ultimum finem. Sed habitus et actus humani non recipiunt speciem ab ultimo fine, sed a proximo. Non ergo virtutes morales vel intellectuales infusae differunt specie ab acquisitis.

2. PRAETEREA, habitus per actus cognoscuntur. Sed idem est actus temperantiae infusae, et acquisitae: scilicet moderari concupiscentias actus. Ergo non differunt specie.

3. PRAETEREA, virtus acquisita et infusa differunt secundum illud quod est immediate a Deo factum, et a creatura. Sed idem est specie homo quem Deus formavit, et quem generat natura; et oculus

ARTIGO 4

A virtude adquirida pela repetição das ações é da mesma espécie que a virtude infusa?

QUANTO AO QUARTO, ASSIM SE PROCEDE: parece que as virtudes infusas **não** diferem especificamente das virtudes adquiridas.

1. Com efeito, segundo foi dito, a virtude adquirida e a virtude infusa não parecem diferir senão pela relação com o fim último. Ora, os hábitos e os atos humanos não se especificam pelo fim último, mas pelo fim próximo. Logo, as virtudes morais ou intelectuais infusas não diferem especificamente das virtudes adquiridas.

2. ALÉM DISSO, conhecem-se os hábitos pelos atos. Ora, o ato da temperança infusa é o mesmo da temperança adquirida, a saber, o controle dos atos da concupiscência. Logo, não existe diferença específica entre elas.

3. ADEMAIS, entre a virtude adquirida e a virtude infusa existe a diferença entre o que foi feito imediatamente por Deus e o que foi feito pela criatura. Ora, o homem que Deus formou é,

4 PARALL.: III *Sent.*, dist. 33, q. 1, a. 2, q.la 4; *De Virtut.*, q. 1, a. 10, ad 7, 8, 9; q. 5, a. 4.

1. Art. praec.

a nos ordenar ao fim sobrenatural (r. 2), mas também as virtudes intelectuais e morais. Estas, sem nada perder de seus objetos específicos, são super-elevadas, por efeito de uma finalidade supramotivante, que é o próprio Deus "imediatamente". Prudência, justiça, temperança e força encontram assim um novo modo de exercício, um estilo "inspirado". O mesmo ocorre com as virtudes intelectuais, nas quais a verdade e sua busca se acham como que sacralizadas. Voltaremos a encontrar tais virtudes infusas no artigo 4 desta questão e nas questões seguintes (q. 64, a. 1, r. 3; q. 65, a. 1, entre outras).

quem caeco nato dedit, et quem virtus formativa causat. Ergo videtur quod est eadem specie virtus acquisita, et infusa.

SED CONTRA, quaelibet differentia in definitione posita, mutata, diversificat speciem. Sed in definitione virtutis infusae ponitur: *quam Deus in nobis sine nobis operatur*, ut supra[2] dictum est. Ergo virtus acquisita, cui hoc non convenit, non est eiusdem speciei cum infusa.

RESPONDEO dicendum quod dupliciter habitus distinguuntur specie. Uno modo, sicut praedictum est[3], secundum speciales et formales rationes obiectorum. Obiectum autem virtutis cuiuslibet est bonum consideratum in materia propria: sicut temperantiae obiectum est bonum delectabilium in concupiscentiis tactus. Cuius quidem obiecti formalis ratio est a ratione, quae instituit modum in his concupiscentiis: materiale autem est id quod est ex parte concupiscentiarum. Manifestum est autem quod alterius rationis est modus qui imponitur in huiusmodi concupiscentiis secundum regulam rationis humanae, et secundum regulam divinam. Puta in sumptione ciborum, ratione humana modus statuitur ut non noceat valetudini corporis, nec impediat rationis actum: secundum autem regulam legis divinae, requiritur quod homo *castiget corpus suum, et in servitutem redigat*, per abstinentiam cibi et potus, et aliorum huiusmodi. Unde manifestum est quod temperantia infusa et acquisita differunt specie: et eadem ratio est de aliis virtutibus.

Alio modo habitus distinguuntur specie secundum ea ad quae ordinantur: non enim est eadem specie sanitas hominis et equi, propter diversas naturas ad quas ordinantur. Et eodem modo dicit Philosophus, in III *Polit.*[4], quod diversae sunt virtutes civium, secundum quod bene se habent ad diversas politias. Et per hunc etiam modum differunt specie virtutes morales infusae, per quas homines bene se habent in ordine ad hoc quod sint *cives sanctorum et domestici Dei*; et aliae virtutes

especificamente, o mesmo gerado pela natureza, como os olhos que ele deu ao cego de nascença são da mesma espécie dos olhos de formação natural. Logo, parece que a virtude adquirida é da mesma espécie que a virtude infusa.

EM SENTIDO CONTRÁRIO, mudada qualquer diferença, afirmada numa definição, diversifica a espécie. Ora, na definição de virtude infusa, afirma-se, como já foi dito, que "Deus age em nós sem nós". Logo, a virtude adquirida, à qual isso não corresponde, não é da mesma espécie da virtude infusa.

RESPONDO. Há duas formas de distinguir, especificamente, os hábitos[f]. Uma é, como se viu, pelas razões especiais e formais de seus objetos. Na verdade, o objeto de toda e qualquer virtude é o bem considerado na própria matéria. Assim, o objeto da temperança é o bem dos prazeres relacionados com os desejos do tato. Nesse objeto, a razão formal vem da razão, que estabelece a medida para esses desejos, e o aspecto material é o que provém desses mesmos desejos. Ora, é evidente que a medida imposta a essa concupiscência é de outra razão quando ela é conforme à regra da razão humana e quando é conforme à regra divina. Assim, por exemplo, na alimentação, pela razão humana se estabelece como medida que ela não seja prejudicial nem à saúde do corpo nem ao ato da razão; mas pela regra da lei divina, exige-se que o homem "castigue seu corpo e o mantenha submisso", pela abstinência no comer, no beber e em coisas semelhantes. Fica então manifesto que a temperança infusa e a temperança adquirida são de espécies diferentes. E a mesma razão vale para as demais virtudes.

Outra forma de se distinguir os hábitos especificamente é pelo fim ao qual estão ordenados. A saúde do homem não é da mesma espécie que a do cavalo, em razão da diversidade das naturezas a que estão ordenadas. E, do mesmo modo, diz o Filósofo que as virtudes dos cidadãos se diferenciam, conforme elas se ajustam devidamente às diferentes formas de governo. É assim também que as virtudes morais infusas diferem especificamente das outras. Por elas, os homens se comportam

2. A. 2; q. 55, a. 4.
3. Q. 54, a. 2; q. 56, a. 2; q. 60, a. 1.
4. C. 4: 1276, b, 31-34.

f. Não se deve confundir as virtudes infusas e essas mesmas virtudes adquiridas segundo a mera regulação da razão. Elas diferem pela especificidade de seus objetos, um exemplo nos é apresentado aqui a respeito da temperança, e por sua finalidade: ser membro da cidade celeste é diferente de ser membro da cidade terrestre.

acquisitae, secundum quas homo se bene habet in ordine ad res humanas.

AD PRIMUM ergo dicendum quod virtus infusa et acquisita non solum differunt secundum ordinem ad ultimum finem; sed etiam secundum ordinem ad propria obiecta, ut dictum est[5].

AD SECUNDUM dicendum quod alia ratione modificat concupiscentias delectabilium tactus temperantia acquisita, et temperantia infusa, ut dictum est[6]. Unde non habent eundem actum.

AD TERTIUM dicendum quod oculum caeci nati Deus fecit ad eundem actum ad quem formantur alii oculi secundum naturam: et ideo fuit eiusdem speciei. Et eadem ratio esset, si Deus vellet miraculose causare in homine virtutes quales acquiruntur ex actibus. Sed ita non est in proposito, ut dictum est[7].

bem em ordem a serem "concidadãos dos santos e da família de Deus", ao passo que, pelas outras virtudes adquiridas, eles se comportam bem em ordem às coisas humanas.

QUANTO AO 1º, portanto, deve-se dizer que a virtude infusa e a virtude adquirida se diferenciam não só pela relação com o fim último, mas também pela relação com os objetos próprios, como já foi dito.

QUANTO AO 2º, deve-se dizer que a temperança adquirida e a temperança infusa moderam as concupiscências dos prazeres do tato, segundo razões distintas, como foi dito. Logo, não têm o mesmo ato.

QUANTO AO 3º, deve-se dizer que o olho do cego de nascença Deus o fez para o mesmo ato que os olhos formados pela natureza e, por isso, foi da mesma espécie. E a mesma razão valeira se Deus quisesse causar, milagrosamente, no homem virtudes como as que são adquiridas por atos. Mas, pelo que foi dito, não é disso que se trata.

5. In corp.
6. Ibid.
7. In corp.

QUAESTIO LXIV
DE MEDIO VIRTUTUM
in quatuor articulos divisa

Deinde considerandum est de proprietatibus virtutum. Et primo quidem, de medio virtutum; secundo, de connexione virtutum; tertio, de aequalitate earum; quarto, de ipsarum duratione.

Circa primum quaeruntur quatuor.

Primo: utrum virtutes morales sint in medio.
Secundo: utrum medium virtutis moralis sit medium rei, vel rationis.
Tertio: utrum intellectuales virtutes consistant in medio.
Quarto: utrum virtutes theologicae.

ARTICULUS 1
Utrum virtutes morales sint in medio

AD PRIMUM SIC PROCEDITUR. Videtur quod virtus moralis non consistat in medio.

QUESTÃO 64
O MEIO-TERMO DAS VIRTUDES
em quatro artigos

Em seguida, devem-se considerar as propriedades das virtudes. Primeiro, o meio delas; depois, a sua conexão; em terceiro lugar, a sua igualdade, e, por último, a sua duração.

Sobre o primeiro, são quatro as perguntas:

1. As virtudes morais estão no meio?
2. Esse meio é algo real ou de razão?
3. Consistem as virtudes intelectuais no meio-termo?
4. E as virtudes teologais?

ARTIGO 1
As virtudes morais estão no meio-termo?[a]

QUANTO AO PRIMEIRO ARTIGO, ASSIM SE PROCEDE: parece que as virtudes morais **não** consistem num meio-termo.

1 PARALL.: II-II, q. 17, a. 5, ad 2; III *Sent.*, dist. 33, q. 1, a. 3, q.la 1; *De Virtut.*, q. 1, a. 13; q. 4, a. 1, ad 7; II *Ethic.*, lect. 6, 7.

a. Essa noção de justo meio é comum à filosofia e à mentalidade gregas. Deve-se entender assim: esse justo meio avalia-se de acordo com uma medida no agir. Essa medida é, para Aristóteles, a razão (e a sua afetividade, o desejo-refletido). Esse

1. Ultimum enim repugnat rationi medii. Sed de ratione virtutis est ultimum: dicitur enim in I *de Caelo*[1], quod *virtus est ultimum potentiae*. Ergo virtus moralis non consistit in medio.

2. PRAETEREA, illud quod est maximum, non est medium. Sed quaedam virtutes morales tendunt in aliquod maximum: sicut magnanimitas est circa maximos honores, et magnificentia circa maximos sumptus, ut dicitur in IV *Ethic.*[2]. Ergo non omnis virtus moralis est in medio.

3. PRAETEREA, si de ratione virtutis moralis sit in medio esse, oportet quod virtus moralis non perficiatur, sed magis corrumpatur, per hoc quod tendit ad extremum. Sed quaedam virtutes morales perficiuntur per hoc quod tendunt ad extremum: sicut virginitas, quae abstinet ab omni delectabili venereo, et sic tenet extremum, et est perfectissima castitas. Et dare omnia pauperibus est perfectissima misericordia vel liberalitas. Ergo videtur quod non sit de ratione virtutis moralis esse in medio.

SED CONTRA est quod Philosophus dicit, in II *Ethic.*[3], quod *virtus moralis est habitus electivus in medietate existens*.

RESPONDEO dicendum quod, sicut ex supradictis[4] patet, virtus de sui ratione ordinat hominem ad bonum. Moralis autem virtus proprie est perfectiva appetitivae partis animae circa aliquam determinatam materiam. Mensura autem et regula appetivi motus circa appetibilia, est ipsa ratio. Bonum autem cuiuslibet mensurati et regulati consistit in hoc quod conformetur suae regulae: sicut bonum in artificiatis est ut consequantur regulam artis. Malum autem per consequens in huiusmodi est per hoc quod aliquid discordat a sua regula vel mensura. Quod quidem contingit vel per hoc quod superexcedit mensuram, vel per hoc quod deficit ab ea: sicut manifeste apparet in omnibus regulatis et mensuratis. Et ideo patet quod bonum virtutis moralis consistit in adaequatione ad mensuram rationis. — Manifestum est autem quod inter excessum et defectum medium est aequalitas

1. Com efeito, ser o último repugna à razão de meio. Ora, é da razão da virtude ser o último; pois o livro I do *Céu* diz: "A virtude é o ponto último da potência". Logo, a virtude moral não consiste no meio-termo.

2. ALÉM DISSO, o que é máximo não é médio. Ora, certas virtudes morais tendem ao máximo, como a magnanimidade, que é referente a honras máximas, e a magnificência, referente a máximas despesas, segundo o livro IV da *Ética*. Logo, nem toda virtude moral está no meio-termo.

3. ADEMAIS, se é da razão da virtude moral estar no meio, então ela deve, necessariamente, se desfazer e não se aperfeiçoar, ao tender para o extremo. Ora, certas virtudes morais se aperfeiçoam, ao tender para o extremo, como a virgindade, que se abstém de todo prazer carnal e assim tende ao extremo, constituindo a mais perfeita castidade. Assim, dar tudo aos pobres é a mais perfeita misericórdia ou liberalidade. Logo, parece não ser da razão da virtude moral estar no meio-termo.

EM SENTIDO CONTRÁRIO, diz o Filósofo: "A virtude moral é um hábito eletivo consistente no meio-termo".

RESPONDO. Como se deduz do que foi dito, a virtude, por sua própria razão, ordena o homem humano para o bem. E é próprio da virtude moral aperfeiçoar a parte apetitiva da alma em relação a uma determinada matéria. Ora, a medida e a regra do movimento apetitivo em relação aos seus objetos é a própria razão. Por outro lado, o bem de tudo o que é medido e regulado está em conformar-se à sua regra, como o bem nas obras artísticas está em seguir as regras da arte. Consequentemente, nesses casos, o mal está, ao contrário, no desacordo de uma coisa com a sua regra ou medida. E isso pode acontecer ou porque ela ultrapassa a medida ou porque fica aquém dela, como se vê claramente em tudo o que é medido e regulado. E assim, é óbvio que o bem da virtude moral consiste no ajustamento à medida da razão. — Mas, evidentemente, entre o excesso e o defeito, o meio é a igualdade ou

1. C. 11: 281, a, 11-12; 18-19.
2. Cc. 4, 7: 1122, a, 18-19; 1123, a, 34-b, 1.
3. C. 6: 1106, b, 36-1107, a, 2.
4. Q. 55, a. 3.

meio-termo não é da ordem do compromisso entre duas rivalidades: é um cume entre dois vales, quando não dois abismos; uma linha no cimo da montanha, um "extremo". A virtude moral assegura desse modo um justo meio dominando as paixões (r. 1), que chegam então ao seu justo meio entre dois vícios opostos (r. 2).

sive conformitas. Unde manifeste apparet quod virtus moralis in medio consistit.

AD PRIMUM ergo dicendum quod virtus moralis bonitatem habet ex regula rationis: pro materia autem habet passiones vel operationes. Si ergo comparetur virtus moralis ad rationem, sic, secundum id quod rationis est, habet rationem extremi unius, quod est conformitas: excessus vero et defectus habet rationem alterius extremi, quod est difformitas. Si vero consideretur virtus moralis secundum suam materiam, sic habet rationem medii, inquantum passionem reducit ad regulam rationis. Unde Philosophus dicit, in II *Ethic.*[5], quod *virtus secundum substantiam medietas est*, inquantum regula virtutis ponitur circa propriam materiam: *secundum optimum autem et bene, est extremitas*, scilicet secundum conformitatem rationis.

AD SECUNDUM dicendum quod medium et extrema considerantur in actionibus et passionibus secundum diversas circumstantias: unde nihil prohibet in aliqua virtute esse extremum secundum unam circumstantiam, quod tamen est medium secundum alias circumstantias, per conformitatem ad rationem. Et sic est in magnificentia et magnanimitate. Nam si consideretur quantitas absoluta eius in quod tendit magnificus et magnanimus, dicetur extremum et maximum: sed si consideretur hoc ipsum per comparationem ad alias circumstantias, sic habet rationem medii; quia in hoc tendunt huiusmodi virtutes secundum regulam rationis, idest ubi oportet, et quando oportet, et propter quod oportet. Excessus autem, si in hoc maximum tendatur quando non oportet, vel ubi oportet, vel propter quod non oportet; defectus autem est, si non tendatur in hoc maximum ubi oportet, et quando oportet. Et hoc est Philosophus dicit, in IV *Ethic.*[6], quod *magnanimus est quidem magnitudine extremus; eo autem quod ut oportet, medius*.

AD TERTIUM dicendum quod eadem ratio est de virginitate et paupertate, quae est de magnanimitate. Abstinet enim virginitas ab omnibus venereis, et paupertas ab omnibus divitiis, propter

a conformidade e, por isso, é claro que a virtude moral consiste no meio-termo[b].

QUANTO AO 1º, portanto, deve-se dizer que a virtude moral recebe sua bondade da regra da razão, mas a sua matéria são as paixões ou as ações. Portanto, se cotejarmos a virtude moral com a razão, nesse caso, pelo que tem de racional, tem a razão de um extremo, a saber, a conformidade; mas, o excesso e a deficiência têm a razão de outro extremo, a saber, a não conformidade à razão. Considerando, porém, a virtude moral segundo a sua matéria, tem a razão de meio-termo, enquanto reduz a paixão à regra racional. Assim se entende por que o Filósofo ensina que "a virtude, em sua substância, está no meio", enquanto impõe regra à sua própria matéria, mas "é um extremo, no que ela tem de melhor e perfeito", isto é, enquanto conforme à razão.

QUANTO AO 2º, deve-se dizer que nos atos e nas paixões o meio e o extremo dependem de diversas circunstâncias. Assim, nada impede que em determinada virtude algo constitua um extremo, quanto a uma circunstância e um meio, quanto a outra, por sua conformidade com a razão. É o que acontece com a magnificência e a magnanimidade, pois se considerarmos a grandeza absoluta do objeto a que tendem o magnífico e o magnânimo, haverá aí algo extremo e máximo. Se as considerarmos, porém, em relação a outras circunstâncias, então têm razão de meio-termo, porque tais virtudes tendem a um máximo que é a conformidade à regra da razão, a saber, onde, quando e por que convém. Constituirão um excesso se tenderem a um máximo, quando não convém, ou onde não convém, ou porque não convém. E constituirão uma deficiência se não tenderem a esse máximo onde e quando convém. E é isso que o Filósofo diz: "O magnânimo, pela grandeza, está num extremo, mas, por agir como convém, está no meio".

QUANTO AO 3º, deve-se dizer que está a magnanimidade, vale igualmente para a virgindade e a pobreza[c]. A virgindade, com efeito, abstém-se de todo prazer carnal e a pobreza de toda rique-

5. C. 6: 1107, a, 7-8.
6. C. 7: 1123, b, 23-14.

b. A vida moral tem por função específica conduzir à sua perfeição a vida afetiva humana, e isso, no concreto e em sua diversidade. Eis uma definição da moral que, infelizmente, foi esquecida. Vista como a verdade e a expansão do coração humano, ela teria ganhado mais atrativos e eficácia que a moral do dever, reduzida ao permitido e ao proibido. O que levava Karl Marx a dizer (em A Sagrada Família): "A teologia moral é a impotência posta em ação. Todas as vezes que ela ataca um vício ela leva a pior".

c. Note-se que o discernimento moral se funda sobre a finalidade (a motivação) e sobre a maneira necessária, ou melhor, que convém (*oportet*, em latim): a aplicação desse princípio à virgindade fornece uma boa ilustração disso.

quod oportet, et secundum quod oportet; idest secundum mandatum Dei, et propter vitam aeternam. Si autem hoc fiat secundum quod non oportet, idest secundum aliquam superstitionem illicitam, vel etiam propter inanem gloriam; erit superfluum. Si autem non fiat quando oportet, vel secundum quod oportet, est vitium per defectum: ut patet in transgredientibus votum virginitatis vel paupertatis.

Articulus 2

Utrum medium virtutis moralis sit medium rei, vel rationis

Ad secundum sic proceditur. Videtur quod medium virtutis moralis non sit medium rationis, sed medium rei.

1. Bonum enim virtutis moralis consistit in hoc quod est in medio. Bonum autem, ut dicitur in VI *Metaphys.*[1], est in rebus ipsis. Ergo medium virtutis moralis est medium rei.

2. Praeterea, ratio est vis apprehensiva. Sed virtus moralis non consistit in medio apprehensionum; sed magis in medio operationum et passionum. Ergo medium virtutis moralis non est medium rationis, sed medium rei.

3. Praeterea, medium quod accipitur secundum proportionem arithmeticam vel geometricam, est medium rei. Sed tale est medium iustitiae, ut dicitur in V *Ethic.*[2]. Ergo medium virtutis moralis non est medium rationis, sed rei.

Sed contra est quod Philosophus dicit, in II *Ethic.*[3], quod *virtus moralis in medio consistit quoad nos, determinata ratione.*

Respondeo dicendum quod medium rationis dupliciter potest intelligi. Uno modo, secundum quod medium in ipso actu rationis existit, quasi ipse actus rationis ad medium reducatur. Et sic, quia virtus moralis non perficit actum rationis, sed actum virtutis appetitivae; medium virtutis moralis non est medium rationis. — Alio modo potest dici medium rationis id quod a ratione ponitur in aliqua materia. Et sic omne medium virtutis moralis est medium rationis: quia, sicut dictum est[4], virtus moralis dicitur consistere in medio, per conformitatem ad rationem rectam.

za, pelo que convém e segundo o que convém, a saber, o mandamento divino e a vida eterna. No entanto, se isso acontecer segundo o que não convém, ou seja, por alguma superstição ilícita ou ainda por vanglória, será algo inútil. Se, por outro lado, não se faz quando convém e segundo o que convém, haverá um vício por deficiência, como bem se vê nos que transgridem seus votos de virgindade ou de pobreza.

Artigo 2

O meio-termo da virtude moral é real ou de razão?

Quanto ao segundo, assim se procede: parece que o meio-termo da virtude moral **não** é de razão, mas real.

1. Com efeito, o bem da virtude moral consiste em estar no meio. Ora, o bem, como se diz no livro VI da *Metafísica*, está nas coisas mesmas. Logo, o meio-termo da virtude moral é real.

2. Além disso, a razão é uma potência apreensiva. Ora, a virtude moral não consiste no meio-termo de apreensões, mas antes de ações e de paixões. Logo, o meio-termo da virtude moral não é de razão e sim real.

3. Ademais, o meio-termo apreendido numa proporção aritmética ou geométrica é um meio real. Ora, assim é o meio-termo da justiça, como se diz no livro V da *Ética*. Logo, o meio da virtude moral não é de razão, mas real.

Em sentido contrário, o Filósofo diz que "a virtude moral consiste no meio-termo relativo a nós, fixado pela razão".

Respondo. Pode ter dois sentidos o meio-termo de razão. Num primeiro sentido, consiste no ato mesmo da razão, como se esse mesmo ato de razão se reduzisse a um meio-termo. E assim, como a virtude moral não aperfeiçoa o ato da razão, mas o da potência apetitiva, o seu meio-termo não é o da razão. — Noutro sentido, pode-se dar esse nome ao que é afirmado pela razão em alguma matéria. E assim, o meio-termo da virtude moral é sempre um meio-termo de razão, porque, como foi dito, a virtude moral consiste num meio por conformidade com a reta razão.

2 Parall.: II-II, q. 58, a. 10; III *Sent.*, dist. 33, q. 1, a. 3, q.la 2; *De Virtut.*, q. 1, a. 13.

1. C. 3: 1027, b, 26-29.
2. C. 7: 1132, a, 2-7.
3. C. 6: 1106, b, 36-1107, a, 2.
4. Art. praec.

Sed quandoque contingit quod medium rationis est etiam medium rei: et tunc oportet quod virtutis moralis medium sit medium rei; sicut est in iustitia. Quandoque autem medium rationis non est medium rei, sed accipitur per comparationem ad nos: et sic est medium in omnibus aliis virtutibus moralibus. Cuius ratio est quia iustitia est circa operationes, quae consistunt in rebus exterioribus, in quibus rectum institui debet simpliciter et secundum se, ut supra[5] dictum est: et ideo medium rationis in iustitia est idem cum medio rei, inquantum scilicet iustitia dat unicuique quod debet, et non plus nec minus. Aliae vero virtutes morales consistunt circa passiones interiores, im quibus non potest rectum constitui eodem modo, propter hoc quod homines diversimode se habent ad passiones: et ideo oportet quod rectitudo rationis in passionibus instituatur per respectum ad nos, qui afficimur secundum passiones.

Et per hoc patet responsio AD OBIECTA. Nam, primae duae rationes procedunt de medio rationis quod scilicet invenitur in ipso actu rationis. — Tertia vero ratio procedit de medio iustitiae.

Entretanto, sucede, por vezes, que o meio termo de razão também é real e aí é preciso que o meio-termo da virtude moral seja um meio real, como no caso da justiça. Outras vezes, porém, o meio-termo de razão não é um meio real, mas é relativo a nós, e assim é o meio-termo em todas as outras virtudes morais. A razão disso é que a justiça trata de ações relativas a coisas exteriores, nas quais o que é reto deve ser definido de forma absoluta e por si mesmo, como acima se mostrou. E, portanto, o meio-termo de razão na justiça coincide com o meio real, precisamente porque ela dá a cada um o que lhe é devido, nem mais nem menos. Já as virtudes morais versam sobre as paixões interiores cuja retidão não pode ser estabelecida do mesmo modo, visto que os homens se comportam de diferentes maneiras em suas paixões[d]. Torna-se então necessário que a retidão da razão, no que concerne às paixões, seja estatuída por uma relação conosco, que somos atingidos por elas.

QUANTO ÀS OBJEÇÕES, fica, assim patente a solução das objeções propostas, pois as duas primeiras procedem do meio-termo de razão, tal como ele está no próprio ato da razão. — E o terceiro argumento procede do meio-termo da justiça.

ARTICULUS 3

Utrum virtutes intellectuales consistant in medio

AD TERTIUM sic proceditur. Videtur quod virtutes intellectuales non consistant in medio.

1. Virtutes enim morales consistunt in medio, inquantum regulae rationis. Sed virtutes intellectuales sunt in ipsa ratione; et sic non videntur habere superiorem regulam. Ergo virtutes intellectuales non consistunt in medio.

2. PRAETEREA, medium virtutis moralis determinatur a virtute intellectuali: dicitur enim

ARTIGO 3

As virtudes intelectuais consistem no meio-termo?

QUANTO AO TERCEIRO, ASSIM SE PROCEDE: parece que as virtudes intelectuais **não** consistem no meio-termo.

1. Com efeito, as virtudes morais consistem no meio-termo, enquanto regras da razão. Ora, as virtudes intelectuais estão na própria razão e assim não parecem ter uma regra superior. Logo, as virtudes intelectuais não consistem no meio-termo.

2. ALÉM DISSO, o meio-termo da virtude moral é determinado pela virtude intelectual: pois se diz

5. Q. 60, a. 2.

3 PARALL.: III *Sent.*, dist. 33, q. 1, a. 3, q.la 3; *De Virtut.*, q. 1, a. 13; q. 4, a. 1, ad 7.

d. "Meio de razão... meio real". Trata-se de um meio estabelecido em referência a uma medida tomada pela razão ou pela realidade exterior ao sujeito. Ver-se-á no artigo seguinte que as virtudes intelectuais têm por medida a verdade e a realidade. As virtudes morais são medidas de maneira diversa: a justiça é medida pela realidade objetiva do que é devido; as virtudes morais que possuem sua sede nas paixões têm por medida a razão "em relação a nós", ou seja, à interioridade do sujeito. Isto introduz uma importante precisão na moral: de fato, vivendo os homens as suas paixões de uma maneira singular e cambiante ao longo dos anos, a medida do que é direito não pode ser a mesma para todos e em todas as idades. É aí que compete à virtude da prudência exercer-se para julgar e decidir sobre o que convém.

in II *Ethic*[1], quod *virtus consistit in medietate determinata ratione, prout sapiens determinabit*. Si igitur virtus intellectualis iterum consistat in medio, oportet quod determinetur sibi medium per aliquam aliam virtutem. Et sic procedetur in infinitum in virtutibus.

3. Praeterea, medium proprie est inter contraria; ut patet per Philosophum, in X *Metaphys*.[2]. Sed in intellectu non videtur esse aliqua contrarietas: cum etiam ipsa contraria, secundum quod sunt in intellectu, non sint contraria, sed simul intelligantur, ut album et nigrum, sanum et aegrum. Ergo in intellectualibus virtutibus non est medium.

Sed contra est quod ars est virtus intellectualis, ut dicitur in VI *Ethic*.[3]; et tamen artis est aliquod medium, ut dicitur in II *Ethic*.[4]. Ergo etiam virtus intellectualis consistit in medio.

Respondeo dicendum, quod bonum alicuius rei consistit in medio, secundum quod conformatur regulae vel mensurae quam contingit transcendere et ab ea deficere, sicut dictum est[5]. Virtus autem intellectualis ordinatur ad bonum, sicut et moralis, ut supra[6] dictum est. Unde secundum quod bonum virtutis intellectualis se habet ad mensuram, sic se habet ad rationem medii. Bonum autem virtutis intellectualis est verum: speculativae quidem virtutis, verum absolute, ut in VI *Ethic*.[7] dicitur; practicae autem virtutis, verum secundum conformitatem ad appetitum rectum.

Verum autem intellectus nostri absolute consideratum, est sicut mensuratum a re: res enim est mensura intellectus nostri, ut dicitur in X *Metaphys*.[8]; ex eo enim quod res est vel non est, veritas est in opinione et in oratione. Sic igitur bonum virtutis intellectualis speculativae consistit in quodam medio, per conformitatem ad ipsam rem, secundum quod dicit esse quod est, vel non esse quod non est; in quo ratio veri consistit. Excessus autem est secundum affirmationem falsam, per quam dicitur esse quod non est: defectus autem

no livro II da *Ética* que "a virtude consiste no meio-termo determinado pela razão, como determinaria o sábio". Logo, se a virtude intelectual consistir ainda noutro meio-termo, este lhe há de ser determinado por alguma outra virtude. E aí se vai de virtude em virtude ao infinito.

3. Ademais, falando com propriedade, como demonstra o Filósofo, o meio só existe entre contrários. Ora, no intelecto não parece haver nenhuma contrariedade, dado que nele os próprios contrários, como preto e branco, são e doente, não são contrários, mas são conhecidos simultaneamente. Logo, nas virtudes intelectuais não há meio-termo.

Em sentido contrário, a arte é uma virtude intelectual, como se diz no livro VI da *Ética* e, contudo, na mesma obra se afirma que há na arte um meio. Logo, a virtude intelectual consiste também no meio-termo.

Respondo. O bem de uma coisa consiste no meio-termo, na medida em que se conforma a uma regra ou medida, que pode ultrapassar ou não alcançar, como foi dito. Ora, a virtude intelectual, como a moral, ordena-se para o bem, segundo foi dito. Portanto, conforme o bem da virtude intelectual está para a medida, está também para o meio-termo da razão. Mas o bem da virtude intelectual é o verdadeiro: o verdadeiro absoluto, se se tratar de virtude especulativa, como se diz no livro VI da *Ética* e, se se tratar da virtude prática, o verdadeiro conforme a uma apetite reto[e].

Ora, a verdade de nosso intelecto, absolutamente considerada, é como que medida pela realidade, pois esta é a medida de nosso intelecto, diz o livro X da *Metafísica*: a verdade de uma opinião e de um discurso depende de uma coisa que é ou não é. Assim, pois, o bem da virtude intelectual especulativa consiste no meio-termo em conformidade com a realidade mesma, enquanto diz ser o que é e não ser o que não é. Nisso consiste a razão da verdade. O excesso está na afirmação falsa que diz ser o que não é, ao passo que a

1. C. 6: 1106, b, 36-1107, a, 2.
2. C. 7: 1057, a, 30-31.
3. C. 3: 1139, b, 16.
4. C. 5: 1106, b, 13-16.
5. Art. 1.
6. Q. 56, a. 3.
7. C. 2: 1139, a, 29-31.
8. C. 1: 1053, a, 33-b, 3.

e. As virtudes intelectuais visam a um bem, que é a verdade. As virtudes especulativas são medidas pela realidade; as virtudes práticas são medidas pela verdade do desejo; a retidão do apetite conforme à verdade da natureza humana, universal e singular.

accipitur secundum negationem falsam, per quam dicitur non esse quod est.

Verum autem virtutis intellectualis practicae, comparatum quidem ad rem, habet rationem mensurati. Et sic eodem modo accipitur medium per conformitatem ad rem, in virtutibus intellectualibus practicis, sicut in speculativis. — Sed respectu appetitus, habet rationem regulae et mensurae. Unde idem medium, quod est virtutis moralis, etiam est ipsius prudentiae, scilicet rectitudo rationis: sed prudentiae quidem est istud medium ut regulantis et mensurantis; virtutis autem moralis, ut mensuratae et regulatae. Similiter excessus et defectus accipitur diversimode utrobique.

Ad primum ergo dicendum quod etiam virtus intellectualis habet suam mensuram, ut dictum est[9]: et per conformitatem ad ipsam, accipitur in ipsa medium.

Ad secundum dicendum quod non est necesse in infinitum procedere in virtutibus: quia mensura et regula intellectualis virtutis non est aliquod aliud genus virtutis, sed ipsa res.

Ad tertium dicendum quod ipsae res contrariae non habent contrarietatem in anima, quia unum est ratio cognoscendi alterum: et tamen in intellectu est contrarietas affirmationis et negationis, quae sunt contraria, ut dicitur in fine *Peri Hermeneias*[10]. Quamvis enim esse et non esse non sint contraria, sed contradictorie opposita, si considerentur ipsa significata prout sunt in rebus, quia alterum est ens, et alterum est pure non ens: tamen si referantur ad actum animae, utrumque ponit aliquid. Unde esse et non esse sunt contradictoria: sed opinio qua opinamur quod *bonum est bonum*, est contraria opinioni qua opinamur quod *bonum non est bonum*. Et inter huiusmodi contraria medium est virtus intellectualis.

Articulus 4

Utrum virtutes theologicae consistant in medio

Ad quartum sic proceditur. Videtur quod virtus theologica consistat in medio.

deficiência se entende na negação falsa, que diz não ser o que é.

Quanto à verdade da virtude intelectual prática, comparada com a realidade, tem a razão do que é medido e assim, tanto nas virtudes intelectuais práticas como nas especulativas, o meio-termo é considerado em sua conformidade com a coisa. — Em relação, porém, com o apetite, tem a razão de regra e de medida. Consequentemente, o meio-termo da virtude moral, a saber, a retidão da razão, é idêntico ao da prudência. Mas esse meio-termo cabe à prudência, enquanto ela regula e mede, e pertence à virtude moral, enquanto medida e regulada. Da mesma forma, o excesso e a deficiência são tomados de modos diferentes num e noutro caso.

Quanto ao 1º, portanto, deve-se dizer que, como foi dito, também a virtude intelectual tem a sua medida e é pela conformidade a essa medida que se considera o meio-termo da virtude intelectual.

Quanto ao 2º, deve-se dizer que não é necessário ir de virtude em virtude até o infinito, porque a medida e a regra da virtude intelectual não é um outro gênero de virtude, mas a própria coisa.

Quanto ao 3º, deve-se dizer que as coisas que são realmente contrárias não mantêm sua contrariedade na alma, porque uma é a razão de conhecer a outra. Todavia, no intelecto, há a contrariedade da afirmação e da negação, que são contrárias entre si, como se lê no fim do *Peri Hermeneias*. Com efeito, embora ser e não-ser não sejam contrários, eles se opõem contraditoriamente, se são considerados os seus significados como existem nas coisas, porque um é ente e o outro, puro não-ente, se os referirmos, porém, ao ato da alma, um e outro afirmam algo. Portanto, ser e não-ser são contraditórios, mas a opinião pela qual pensamos que *o bem é o bem* é contrária à opinião pela qual pensamos que o *bem não é o bem*. E o meio-termo entre esses contrários é a virtude intelectual.

Artigo 4

As virtudes teologais consistem num meio-termo?

Quanto quarto, assim se procede: parece que as virtudes teológicas **consistem** num meio-termo.

9. In corp.
10. C. 14: 23, a, 27-28.

4 Parall.: II-II, q. 17, a. 5, ad 2; III *Sent.*, dist. 33, q. 1, a. 3, q.la 4; *De Virtut.*, q. 1, a. 13; q. 2, a. 2, ad 10, 13; q. 4, a. 1, ad 7; *Rom.*, c. 12, lect. 1.

1. Bonum enim aliarum virtutum consistit in medio. Sed virtus theologica excedit in bonitate alias virtutes. Ergo virtus theologica multo magis est in medio.

2. PRAETEREA, medium virtutis accipitur, moralis quidem secundum quod appetitus regulatur per rationem; intellectualis vero secundum quod intellectus noster mensuratur a re. Sed virtus theologica et perficit intellectum, et appetitum, ut supra[1] dictum est. Ergo etiam virtus theologica consistit in medio.

3. PRAETEREA, spes quae est virtus theologica, medium est inter desperationem et praesumptionem. Similiter etiam fides incedit media inter contrarias haereses, ut Boetius dicit, in libro *de Duabus Naturis*[2]: quod enim confitemur in Christo unam personam et duas naturas, medium est inter haeresim Nestorii, qui dicit duas personas et duas naturas; et haeresim Eutychis, qui dicit unam personam et unam naturam. Ergo virtus theologica consistit in medio.

SED CONTRA, in omnibus in quibus consistit virtus in medio, contingit peccare per excessum, sicut et per defectum. Sed circa Deum, qui est obiectum virtutis theologicae, non contingit peccare per excessum: dicitur enim Eccli 43,33: *Benedicentes Deum, exaltate illum quantum potestis: maior enim est omni laude*. Ergo virtus theologica non consistit in medio.

RESPONDEO dicendum quod, sicut dictum est[3], medium virtutis accipitur per conformitatem ad suam regulam vel mensuram, secundum qud contingit ipsam transcendere vel ab ea deficere. Virtutis autem theologicae duplex potest accipi mensura. Una quidem secundum ipsam rationem virtutis. Et sic mensura et regula virtutis theologicae et ipse Deus: fides enim nostra regulatur secundum veritatem divinam, caritas autem secundum bonitatem eius, spes autem secundum magnitudinem omnipotentiae et pietatis eius. Et ista est mensura excellens omnem humanam facultatem: unde nunquam potest homo tantum diligere Deum quantum diligi debet, nec tantum credere aut sperare in ipsum, quantum debet. Unde multo minus potest ibi esse excessus. Et sic bonum talis virtutis non consistit in medio: sed tanto est melius, quanto magis acceditur ad summum.

1. Com efeito, o bem das outras virtudes consiste num meio-termo. Ora, a virtude teologal supera em bondade as demais virtudes. Logo, com mais razão ainda, ela consiste num meio-termo.

2. ALÉM DISSO, o meio-termo da virtude moral está em ser o apetite regulado pela razão e o da virtude intelectual, em ser o nosso intelecto medido pela realidade. Ora, a virtude teologal, segundo se disse anteriormente, aperfeiçoa tanto a inteligência como o apetite. Logo, também a virtude teologal consiste num meio-termo.

3. ADEMAIS, a esperança, que é uma virtude teologal, é o meio-termo entre o desespero e a presunção. De modo semelhante, também a fé se apresenta como meio-termo entre heresias contrárias, como diz Boécio, pois confessar em Cristo uma só pessoa e duas naturezas é o meio termo entre a heresia de Nestório, que afirma existirem nele duas pessoas e duas naturezas, e a heresia de Eutíquio, que ensina haver só uma pessoa e só uma natureza. Logo, a virtude teologal consiste num meio-termo.

EM SENTIDO CONTRÁRIO, em todos os casos em que a virtude consiste num meio-termo, pode-se pecar por excesso ou por deficiência. Ora, em relação a Deus que é o objeto da virtude teologal, não se pode pecar por excesso, pois no livro do Eclesiástico se lê: "Para glorificar o Senhor, exaltai-o, tanto quanto puderdes, e ele estará sempre acima". Logo, a virtude teologal não consiste num meio-termo.

RESPONDO. Pelo que foi dito, o meio-termo da virtude está na conformidade com sua regra ou medida, enquanto é possível ultrapassá-la ou não atingi-la. Ora, pode-se falar de duas medidas em relação à virtude teologal. Uma, baseada na própria razão de virtude. Nesse sentido, a medida e a regra da virtude teologal é o próprio Deus, pois a nossa fé tem por regra a verdade divina; a caridade, a bondade divina; e a esperança, a grandeza de sua onipotência e misericórdia. E essa é uma medida que supera toda capacidade humana. Por isso não pode o homem jamais amar a Deus tanto quanto deve ele ser amado, nem pode nele crer e nele esperar tanto quanto deve. Portanto, com maior razão, não pode haver aí nenhum excesso. E assim o bem de tal virtude não reside num meio-termo, mas será tanto maior quanto mais se aproximar do que é o máximo.

1. Q. 62, a. 3.
2. C. 7: ML 64, 1352 C.
3. Art. 1.

Alia vero regula vel mensura virtutis theologicae est ex parte nostra: quia etsi non possumus ferri in Deum quantum debemus, debemus tamen ferri in ipsum credendo, sperando et amando, secundum mensuram nostrae conditionis. Unde per accidens potest in virtute theologica considerari medium et extrema, ex parte nostra.

AD PRIMUM ergo dicendum quod bonum virtutum intellectualium et moralium consistit in medio per conformitatem ad regulam vel mensuram quam transcedere contingit. Quod non est in virtutibus theologicis, per se loquendo, ut dictum est[4].

AD SECUNDUM dicendum quod virtutes morales et intellectuales perficiunt intellectum et appetitum nostrum in ordine ad mensuram et regulam creatam: virtutem autem theologicae in ordine ad mensuram et regulam increatam. Unde non est simiis ratio.

AD TERTIUM dicendum quod spes est media inter praesumptionem et desperationem, ex parte nostra: inquantum scilicet aliquis praesumere dicitur ex eo quod sperat a Deo bonum quod excedit suam conditionem; vel non sperat quod secundum suam conditionem sperare posset. Non autem potest esse superabundantia spei ex parte Dei, cuius bonitas est infinita. — Similiter etiam fides est media inter contrarias haereses, non per comparationem ad obiectum, quod est Deus, cui non potest aliquis nimis credere: sed inquantum ipsa opinio humana est media inter contrarias opiniones, ut ex supradictis[5] patet.

4. In corp.
5. A. praec., ad 3.

Já a outra regra ou medida da virtude teologal baseia-se em nós[f], pois, embora não possamos aproximar-nos de Deus tanto quanto devemos, devemos, contudo, aproximar-nos dele crendo, esperando e amando-o, na medida de nossas possibilidades. Logo, acidentalmente, de nossa parte, se podem considerar na virtude teologal meio e extremos.

QUANTO AO 1º, portanto, deve-se dizer que o bem das virtudes intelectuais e morais consiste num meio-termo em conformidade com uma regra ou medida, que pode ser ultrapassada, o que não ocorre com as virtudes teologais, propriamente falando, como foi dito.

QUANTO AO 2º, deve-se dizer que as virtudes morais e intelectuais aperfeiçoam o nosso intelecto e o nosso apetite, em ordem a uma medida e a uma regra criadas, enquanto as virtudes teologais o fazem, em ordem a uma medida e a uma regra incriadas. Logo, o argumento não é o mesmo.

QUANTO AO 3º, deve-se dizer que a esperança é o meio-termo entre a presunção e o desespero, no que se refere a nós, ou seja, quando se atribui presunção a alguém por esperar de Deus um bem acima de sua condição; ou quando não espera o que, por sua condição, poderia esperar. Mas, relativamente a Deus, cuja bondade é infinita, não pode haver excesso de esperança. — Assim também a fé está no meio entre heresias contrárias, não em comparação com o seu objeto, que é Deus, em que ninguém crerá demais, mas enquanto a mesma opinião humana é um meio-termo entre opiniões contrárias, segundo ficou claro no exemplo acima.

f. Não há o perigo de ultrapassar a medida quando se trata das virtudes teologais. Essas virtudes são vividas pelos homens que têm suas maneiras de pensar, de amar e de agir. Daí procede que as virtudes teologais podem conhecer excessos entre o justo meio dessas virtudes, por exemplo, a esperança entre a presunção e o desespero (resp. 3).

QUAESTIO LXV
LE CONNEXIONE VIRTUTUM
in quinque articulos divisa

Deinde considerandum est de connexione virtutum.

Et circa hoc quaeruntur quinque.

Primo: utrum virtutes morales sint ad invicem connexae.

Secundo: utrum virtutes morales possint esse sine caritate.

QUESTÃO 65
A CONEXÃO DAS VIRTUDES
em cinco artigos

Na sequência, deve-se considerar a conexão das virtudes.

Sobre isso, são cinco as perguntas:

1. As virtudes morais estão ligadas entre si?
2. Podem elas existir sem a caridade?

Tertio: utrum caritas possit esse sine eis.
Quarto: utrum fides et spes possint esse sine caritate.
Quinto: utrum caritas possit esse sine eis.

3. Pode a caridade existir sem elas?
4. Podem a fé e a esperança existir sem a caridade?
5. Pode a caridade existir sem a fé e a esperança?

ARTICULUS 1

Utrum virtutes morales sint ad invicem connexae

AD PRIMUM SIC PROCEDITUR. Videtur quod virtutes morales non sint ex necessitate connexae.

1. Virtutes enim morales quandoque causantur ex exercitio actuum, ut probatur in II *Ethic.*[1]. Sed homo potest exercitari in actibus alicuius virtutis sine hoc quod exercitetur in actibus alterius virtutis. Ergo una virtus moralis potest haberi sine altera.

2. PRAETEREA, magnificentia et magnanimitas sunt quaedam virtutes morales. Sed aliquis potest habere alias virtutes morales, sine hoc quod habeat magnificentiam et magnanimitatem: dicit enim Philosophus, in IV *Ethic.*[2], quod *inops non potest esse magnificus*, qui tamen potest habere quasdam alias virtutes: et quod *ille qui parvis est dignus, et his se dignificat, temperatus est, magnanimus autem non est*. Ergo virtutes morales non sunt connexae.

3. PRAETEREA, sicut virtutes morales perficiunt partem appetitivam animae, ita virtutes intellectuales perficiunt partem intellectivam. Sed virtutes intellectuales non sunt connexae: potest enim aliquis habere unam scientiam, sine hoc quod habeat aliam. Ergo etiam neque virtutes morales sunt connexae.

4. PRAETEREA, si virtutes morales sint connexae, hoc non est nisi quia connectuntur in prudentia. Sed hoc non sufficit ad connexionem virtutum moralium. Videtur enim quod aliquis possit esse

ARTIGO 1

As virtudes morais estão ligadas entre si?[a]

QUANTO AO PRIMEIRO ARTIGO, ASSIM SE PROCEDE: parece que as virtudes morais **não** estão necessariamente ligadas entre si.

1. Com efeito, as virtudes morais são causadas, às vezes, pelo exercício dos atos, como se prova no livro II da *Ética*. Ora, o homem pode praticar os atos de uma virtude sem praticar os de outra. Logo, pode-se ter uma virtude moral sem outra.

2. ALÉM DISSO, a magnificência e a magnanimidade são virtudes morais. Ora, pode alguém ter outras virtudes morais que não essas, pois, diz o Filósofo que "o pobre não pode ser magnífico", embora possa ter outras virtudes; e diz também: "quem é digno nas coisas pequenas e se dignifica com elas é equilibrado, mas não magnânimo". Logo, as virtudes morais não estão ligadas entre si.

3. ADEMAIS, assim como as virtudes morais aperfeiçoam a parte apetitiva da alma, assim as virtudes intelectuais aperfeiçoam a parte intelectiva. Ora, as virtudes intelectuais não estão ligadas entre si, pois pode-se ter uma ciência sem ter outra. Logo, as virtudes morais também não estão ligadas entre si.

4. ADEMAIS, caso as virtudes morais estivessem ligadas, só poderiam sê-lo pela prudência. Ora, isso não é o bastante para ligá-las, pois, ao que parece, pode alguém ser prudente em relação a

1 PARALL.: III *Sent.*, dist. 36, a. 1; IV, dist. 33, q. 3, a. 2, ad 6; *De Virtut.*, q. 5, a. 2; *Quodlib.* XII, q. 15, a. 1; VI *Ethic.*, lect. 11.

1. C. 1: 1103, a, 31-b, 2.
2. C. 5: 1122, b, 26-29.

a. É o sujeito que age, que se estrutura e se unifica mediante o exercício de seus *habitus*. Isso só é possível pelo fato de que as virtudes são conexas, interferem em suas ações, cada uma precisando das outras para tornar-se ela mesma na realização de sua capacidade. É desse modo que elas harmonizam as suas ações, um pouco como os instrumentos de uma orquestra tocam quando e como convém sob a animação do maestro. A conexão das virtudes intelectuais é garantida pela compreensão dos primeiros princípios (r. 3). A das virtudes morais adquiridas é obra da prudência, pois é por seu intermédio que se realiza a harmonização dinâmica entre a razão e o apetite, a harmonização do desejo-refletido. A conexão entre as virtudes teologais e as virtudes morais infusas é realizada pela caridade. É preciso ainda que as virtudes sejam "perfeitas", isto é, suficientemente desenvolvidas, "musculosas", para que possam exercer essa ação totalizante e unificadora do sujeito moral, pois, em caso contrário, a sua fraqueza não lhes permite efetuar o trabalho de conexão.

prudens circa agibilia quae pertinent ad unam virtutem, sine hoc quod sit prudens in his quae pertinent ad aliam: sicut etiam aliquis potest habere artem circa quaedam factibilia, sine hoc quod habeat artem circa alia. Prudentia autem est recta ratio agibilium. Ergo non est necessarium virtutes morales esse connexas.

SED CONTRA est quod Ambrosius dicit, *super Lucam*[3]: *Connexae sibi sunt, concatenataeque virtutes, ut qui unam habet, plures habere videatur*. Augustinus etiam dicit, in VI *de Trin.*[4], quod *virtutes quae sunt in animo humano, nullo modo separantur ab invicem*. Et Gregorius dicit, XXI *Moral.*[5], quod *una virtus sine aliis aut omnino nulla est, aut imperfecta*. Et Tullius dicit, in II *de Tuscul. Quaest.*[6]: *Si unam virtutem confessus es te non habere, nullam necesse est te habiturum*.

RESPONDEO dicendum quod virtus moralis potest accipi vel perfecta, vel imperfecta. Imperfecta quidem moralis virtus, ut temperantia vel fortitudo, nihil aliud est quam aliqua inclinatio in nobis existens ad opus aliquod de genere bonorum faciendum: sive talis inclinatio sit in nobis a natura, sive ex assuetudine. Et hoc modo accipiendo virtutes morales, non sunt connexae: videmus enim aliquem ex naturali complexione, vel ex aliqua consuetudine, esse promptum ad opera liberalitatis, qui tamen non est promptus ad opera castitatis.

Perfecta autem virtus moralis est habitus inclinans in bonum opus bene agendum. Et sic accipiendo virtutes morales, dicendum est eas connexas esse; ut fere ab omnibus ponitur. Cuius ratio duplex assignatur, secundum quod diversimode aliqui virtutes cardinales distinguunt. Ut enim dictum est[7], quidam distinguunt eas secundum quasdam generales conditiones virtutum: utpote quod discretio pertineat ad prudentiam, rectitudo ad iustitiam, moderantia ad temperantiam, firmitas animi ad fortitudinem, in quacumque materia ista considerentur. Et secundum hoc, manifeste apparet ratio connexionis: non enim firmitas habet laudem virtutis, si sit sine moderatione, vel rectitudine, aut discretione; et eadem ratio est de aliis. Et hanc rationem connexionis assignat Gregorius, XXII *Moral.*[8], dicens quod *virtutes, si sint disiunctae, non possunt esse perfectae*, secundum rationem

atos de uma virtude sem o ser em relação a atos de outra, como também pode alguém dominar a arte de fazer certas obras e não a possuir para fazer outras. Ora, a prudência é a razão reta do que se deve fazer. Logo, não é necessário que as virtudes morais estejam ligadas entre si.

EM SENTIDO CONTRÁRIO, diz Ambrósio: "Estão as virtudes de tal modo ligadas e concatenadas que quem possui uma parece possuir muitas". E Agostinho, igualmente, afirma. "As virtudes existentes na alma humana de nenhum modo se separam umas das outras". Gregório, por sua vez, acrescenta: "Sem as outras, uma virtude ou simplesmente não existe ou é imperfeita". E Cícero também diz: "Se confessas não ter uma virtude, necessariamente não terás nenhuma".

RESPONDO. A virtude moral pode ser considerada perfeita ou imperfeita. Imperfeita, a virtude moral, como a temperança e a fortaleza, nada mais é que uma inclinação nossa para alguma obra boa, quer essa inclinação esteja em nós pela natureza, quer pelo costume. Nesse sentido, as virtudes morais não estão ligadas entre si, pois vemos pessoas que, por temperamento ou por hábito, estão prontas para as obras de liberalidade, mas não para atos de castidade.

Perfeita, porém, a virtude moral é um hábito que predispõe a realizar bem as obras boas. E, nesse sentido, deve-se dizer que as virtudes morais estão ligadas entre si, como afirmam quase todos. Para isso há uma dupla razão, conforme as diferentes formas de distinguir as virtudes cardeais. Como já foi dito, alguns as distinguem como segundo condições gerais das virtudes, de modo que a discrição pertence à prudência; a retidão, à justiça; a moderação, à temperança; a firmeza de animo, à fortaleza, em qualquer matéria que se considerem essas condições. Ora, desse ponto de vista, a razão da conexão é evidente, pois a firmeza não é louvável como virtude se não for acompanhada da moderação, da retidão ou da discrição; e a mesma razão vale para as outras. E essa é a razão que Gregório assinala para a interligação das virtudes, ao dizer que "as virtudes, estando

3. L. 5, c. 6, 20 sqq.: ML 15, 1653 C.
4. C. 4: ML 42, 927.
5. C. 1: ML 76, 212 C.
6. C. 14: ed. Müller, Lipsiae 1908, p. 340, ll. 10-11.
7. Q. 61, a. 3, 4.
8. Loc. cit.

virtutis; *quia nec prudentia vera est quae iusta, temperans et fortis non est*; et idem subdit de aliis virtutibus. Et similem rationem assignat Augustinus, in VI *de Trin.*[9].

Alii vero distinguunt praedictas virtutes secundum materias. Et secundum hoc assignatur ratio connexionis ab Aristotele, in VI *Ethic.*[10]. Quia sicut supra[11] dictum est, nulla virtus moralis potest sine prudentia haberi: eo quod proprium virtutis moralis est facere electionem rectam, cum sit habitus electivus; ad rectam autem electionem non solum sufficit inclinatio in debitum finem, quod est directe per habitum virtutis moralis; sed etiam quod aliquis directe eligat ea quae sunt ad finem, quod fit per prudentiam, quae est consiliativa et iudicativa et praeceptiva eorum quae sunt ad finem. Similiter etiam prudentia non potest haberi nisi habeantur virtutes morales: cum prudentia sit recta ratio agibilium, quae, sicut ex principiis, procedit ex finibus agibilium, ad quos aliquis recte se habet per virtutes morales. Unde sicut scientia speculativa non potest haberi sine intellectu principiorum, ita nec prudentia sine virtutibus moralibus. Ex quo manifeste sequitur virtutes morales esse connexas.

Ad primum ergo dicendum quod virtutum moralium quaedam perficiunt hominem secundum comunem statum, scilicet quantum ad ea quae comuniter in omni vita hominum ocurrunt agenda. Unde oportet quod homo simul exercitetur circa materias omnium virtutum moralium. Et si quidem circa omnes exercitetur bene operando, acquiret habitus omnium virtutum moralium. Si autem exercitetur bene operando circa unam materiam, non autem circa aliam, puta bene se habendo circa iras, non autem circa concupiscentias; acquiret quidem habitum aliquem ad refrenandum iras, qui tamen non habebit rationem virtutis, propter defectum prudentiae, quae circa concupiscentias corrumpitur. Sicut etiam naturales inclinationes non habent perfectam rationem virtutis, si prudentia desit.

Quaedam vero virtutes morales sunt quae perficiunt hominem secundum aliquem eminentem statum: sicut magnificentia, et magnanimitas. Et quia exercitium circa materias harum virtutum non occurrit unicuique communiter, potest aliquis ha-

separadas, não podem ser perfeitas", enquanto virtudes, "porque nem a prudência é verdadeira se não for justa, moderada e forte". E continua, dizendo o mesmo das demais virtudes. Também Agostinho assinala semelhante razão.

Outros, porém, distinguem as virtudes segundo suas matérias e, é nesse sentido que Aristóteles reconhece a razão da conexão. Está ela no fato, já explicado, de nenhuma virtude moral poder existir sem a prudência, porque é próprio da virtude moral, como hábito eletivo, fazer retas escolhas. E para isso não basta apenas a inclinação para o fim devido, efetivada diretamente pelo hábito da virtude moral. Exige-se também que se escolham diretamente os meios adequados e isso se faz pela prudência, a qual cabe aconselhar, julgar e determinar os meios em vista do fim. De modo semelhante, não se pode ter prudência sem possuir as virtudes morais, pois ela é a razão reta do que se deve fazer e essa razão procede dos fins do agir humano, em relação aos quais corretamente alguém se dispõe pelas virtudes morais. Portanto, assim como não pode haver ciência especulativa sem o entendimento dos princípios, também não pode haver prudência sem as virtudes morais. Donde se segue, claramente, que elas estão ligadas entre si.

Quanto ao 1º, portanto, deve-se dizer que entre as virtudes morais, algumas aperfeiçoam o homem segundo o estado comum, ou seja, quanto às coisas que se devem fazer comumente ao longo de toda a vida. Por isso é necessário que o homem se exercite, simultaneamente, nas matérias de todas as virtudes morais. Exercitando-se em todas, com boas ações, adquirirá o hábito de todas essas virtudes. Ao contrário, se se empenhar bastante numa matéria e não em outra, moderando bem, por exemplo, a ira e não a concupiscência, adquirirá, certamente, o hábito de refrear aquela, mas esse hábito não realizará a razão de virtude, pela deficiência de prudência deformada no que respeita à concupiscência. Ocorre o mesmo com as inclinações naturais, que não perfazem a razão perfeita de virtude, se faltar a prudência.

Por outro lado, há outras virtudes morais que aperfeiçoam o homem num grau eminente, como a magnificência e a magnanimidade. E como o exercício nas matérias dessas virtudes não é comum a todos, pode alguém ter outras virtudes morais, sem

9. Loc. cit.
10. C. 13: 1144, b, 36.
11. Q. 58, a. 4.

bere alias virtutes morales, sine hoc quod habitus harum virtutum habeat actu, loquendo de virtutibus acquisitis. Sed tamen, acquisitis aliis virtutibus, habet istas virtutes in potentia propinqua. Cum enim aliquis per exercitium adeptus est liberalitatem circa mediocres donationes et sumptus, si superveniat ei abundantia pecuniarum, modico exercitio acquiret magnificentiae habitum: sicut geometer modico studio acquirit scientiam alicuius conclusionis quam nunquam consideravit. Illud autem habere dicimur, quod in promptu est ut habeamus; secundum illud Philosophi, in II *Physic.*[12]: *Quod parum deest, quasi nihil deesse videtur*.

Et per hoc patet responsio AD SECUNDUM.

AD TERTIUM dicendum quod virtutes intellectuales sunt circa diversas materias ad invicem non ordinatas: sicut patet in diversis scientiis et artibus. Et ideo non invenitur in eis connexio quae invenitur in virtutibus moralibus existentibus circa passiones et operationes, quae manifeste habent ordinem ad invicem. Nam omnes passiones, a quibusdam primis procedentes, scilicet amore et odio, ad quasdam alias terminantur, scilicet delectationem et tristitiam. Et similiter omnes operationes quae sunt virtutis moralis materia, habent ordinem ad invicem, et etiam ad passiones. Et ideo tota materia moralium virtutum sub una ratione prudentiae cadit.

Habent tamen omnia intelligibilia ordinem ad prima principia. Et secundum hoc, omnes virtutes intellectuales dependent ab intellectu principiorum; sicut prudentia a virtutibus moralibus, ut dictum est[13]. Principia autem universalia, quorum est intellectus principiorum, non dependent a conclusionibus, de quibus sunt reliquae intellectuales virtutes; sicut morales dependent a prudentia, eo quod appetitus movet quodammodo rationem, et ratio appetitum, ut supra[14] dictum est.

AD QUARTUM dicendum quod ea ad quae inclinant virtutes morales, se habent ad prudentiam sicut principia: non autem factibilia se habent ad artem sicut principia, sed solum sicut materia. Manifestum est autem quod, etsi ratio possit esse recta in una parte materiae, et non in alia; nullo tamen modo potest dici ratio recta, si sit defectus cuiuscumque principii. Sicut si quis erraret circa hoc principium. *Omne totum est maius sua parte*,

possuir em ato os hábitos dessas virtudes, falando das virtudes adquiridas. No entanto, uma vez adquiridas as outras virtudes, ele as possui em potência próxima. Quando, na verdade, alguém alcançou, pelo exercício, a liberalidade em pequenos gastos e donativos, adquirirá, com pequeno exercício, o hábito da magnificência, se lhe sobrevier a abundância de dinheiro, assim como um geômetra adquire, com pouco estudo, a ciência de uma conclusão na qual nunca pensara. Ora, é comum dizer-se que possuímos aquilo que facilmente podemos conseguir, segundo a palavra do Filósofo: "O que falta por pouco, parece não faltar nada".

QUANTO AO 2º, deve-se dizer que com o que foi dito está esclarecido.

QUANTO AO 3º, deve-se dizer que as virtudes intelectuais versam sobre matérias diversas não ordenadas entre si, como se vê nas várias ciências e artes. Por isso, não existe nelas a conexão existente entre as virtudes morais, que versam sobre as paixões e as ações, que manifestamente mantêm ordem entre si, pois todas as paixões procedem de algumas que são as primeiras, haja vista o amor e o ódio, e terminam em outras, que são o prazer e a tristeza. E, da mesma forma, todas as ações que constituem a matéria da virtude moral mantêm ordem entre si e também com as paixões. Daí que toda matéria das virtudes morais cai sob a única razão da prudência.

Entretanto, todos os objetos inteligíveis se ordenam para os primeiros princípios e, nesse sentido, todas as virtudes intelectuais dependem do entendimento dos princípios, como a prudência depende das virtudes morais, conforme foi dito. Mas os princípios universais, objeto do entendimento dos princípios, não dependem das conclusões, sobre as quais versam as outras virtudes intelectuais, assim como as virtudes morais dependem da prudência, porque o apetite move, de algum modo, a razão e esta, o apetite, como antes se disse.

QUANTO AO 4º, deve-se dizer que as coisas a que as virtudes morais inclinam comportam-se em relação à prudência como princípios, enquanto para a arte as coisas a serem feitas não são princípios, mas unicamente matéria. Ora, é evidente que, embora a razão possa ser reta em relação a uma parte da matéria e não em relação à outra, não pode, porém, ser considerada reta, de forma alguma, se houver falta de algum princípio. É

12. C. 5: 197, a, 29.
13. In corp.
14. Q. 9, a. 1; q. 58, a. 5, ad 1.

non posset habere scientiam geometricam: quia oporteret multum recedere a veritate in sequentibus. — Et praeterea agibilia sunt ordinata ad invicem; non autem factibilia, ut dictum est[15]. Et ideo defectus prudentiae circa unam partem agibilium, induceret defectum etiam circa alia agibilia. Quod in factibilibus non contingit.

o caso, por exemplo, de alguém que errasse em relação ao princípio "o todo é maior que a parte". Não poderia ele ter ciência geométrica, porque nas conclusões acabaria se afastando muito da verdade. — E, além disso, como foi dito, as ações estão ordenadas entre si, não, porém, as coisas que devemos fazer. Consequentemente, a falta de prudência em relação a uma parte dos nossos atos implicaria a mesma falta em relação aos outros, o que não acontece nas coisas que devem ser feitas.

Articulus 2

Utrum virtutes morales possint esse sine caritate

Ad secundum sic proceditur. Videtur quod virtutes morales possint esse sine caritate.

1. Dicitur enim libro *Sententiarum* Prosperi[1], quod *omnis virtus praeter caritatem, potest esse communis bonis et malis*. Sed *caritas non potest esse nisi in bonis*, ut dicitur ibidem. Ergo aliae virtutes possunt haberi sine caritate.

2. Praeterea, virtutes morales possunt acquiri ex actibus humanis, ut dicitur in II *Ethic.*[2]. Sed caritas non habetur nisi ex infusione; secundum illud Rm 5,5: *Caritas Dei diffusa est in cordibus nostris per Spiritum Sanctum, qui datus est nobis*. Ergo aliae virtutes possunt haberi sine caritate.

3. Praeterea, virtutes morales connectuntur ad invicem, inquantum dependent a prudentia. Sed caritas non dependet a prudentia; immo prudentiam excedit, secundum illud Eph 3,19: *Supereminentem scientiae caritatem Christi*. Ergo virtutes morales non connectuntur caritati, sed sine ea esse possunt.

Sed contra est quod dicitur 1Io 3,14: *Qui non diligit, manet in morte*. Sed per virtutes perficitur vita spiritualis: ipsae enim sunt *quibus recte vivitur*, ut Augustinus dicit, in II *de Lib. Arbit.*[3]. Ergo non possunt esse sine dilectione caritatis.

Artigo 2

As virtudes morais podem existir sem a caridade?

Quanto ao segundo, assim se procede: parece que as virtudes morais **podem** existir sem a caridade.

1. Com efeito, vem escrito no livro das *Sentenças* de Próspero que "todas as virtudes, à exceção da caridade, podem ser comuns aos bons e aos maus". Ora, no mesmo livro se diz que "a caridade não pode existir senão nos bons". Logo, é possível ter as outras virtudes sem a caridade.

2. Além disso, as virtudes morais podem ser adquiridas pelos atos humanos, como se diz no livro II da *Ética*. Ora, a caridade só pode ser possuída por infusão, conforme a palavra da Carta aos Romanos: "O amor de Deus foi derramado em nossos corações pelo Espírito Santo que nos foi dado". Logo, as outras virtudes podem ser possuídas sem a caridade.

3. Ademais, as virtudes morais estão ligadas entre si enquanto dependentes da prudência. Ora, a caridade não depende da prudência e até a supera, segundo diz a Carta aos Efésios: "O amor de Cristo sobrepuja todo o conhecimento". Logo, as virtudes morais não estão ligadas à caridade e podem existir sem ela.

Em sentido contrário, diz a primeira Carta de João: "Quem não ama permanece na morte". Ora, a vida espiritual se perfaz pelas virtudes, pois "por elas é que vivemos retamente", como diz Agostinho. Logo, não podem existir sem o amor da caridade.

15. In resp. ad 3.

2 Parall.: II-II, q. 23, a. 7; III *Sent.*, dist. 27, q. 2, a. 4, q.la 3, ad 2; dist. 36, a. 2; *De Virtut.*, q. 5, a. 2.

1. Sent. 7: ML 51, 428 B.
2. C. 1: 1103, a, 31-b, 2.
3. C. 19, n. 50: ML 32, 1268.

RESPONDEO dicendum quod, sicut supra[4] dictum est, virtutes morales prout sunt operativae boni in ordine ad finem qui non excedit facultatem naturalem hominis, possunt per opera humana acquiri. Et sic acquisitae sine caritate esse possunt: sicut fuerunt in multis gentilibus. — Secundum autem quod sunt operativae boni in ordine ad ultimum finem supernaturalem, sic perfecte et vere habent rationem virtutis; et non possunt humanis actibus acquiri, sed infunduntur a Deo. Et huiusmodi virtutes morales sine caritate esse non possunt. Dictum est enim supra[5] quod aliae virtutes morales non possunt esse sine prudentia; prudentia autem non potest esse sine virtutibus moralibus, inquantum virtutes morales faciunt bene se habere ad quosdam fines, ex quibus procedit ratio prudentiae. Ad rectam autem rationem prudentiae multo magis requiritur quod homo bene se habeat circa ultimum finem, quod fit per caritatem, quam circa alios fines, quod fit per virtutes morales: sicut ratio recta in speculativis maxime indiget primo principio indemonstrabili, quod est *contradictoria non simul esse vera*. Unde manifestum fit quod nec prudentia infusa potest esse sine caritate: nec aliae virtutes morales consequenter, quae sine prudentia esse non possunt.

Patet igitur ex dictis quod solae virtutes infusae sunt perfectae, et simpliciter dicendae virtutes: quia bene ordinant hominem ad finem ultimum simpliciter. Aliae vero virtutes, scilicet acquisitae, sunt secundum quid virtutes, non autem simpliciter: ordinant enim hominem bene respectu finis ultimi in aliquo genere, non autem respectu finis ultimi simpliciter. Unde Rm 14, super illud 23, *Omne quod non est ex fide, peccatum est*, dicit Glossa[6] Augustini: *Ubi deest agnitio veritatis, falsa est virtus etiam in bonis moribus*.

AD PRIMUM ergo dicendum quod virtutes ibi accipiuntur secundum imperfectam rationem virtutis.

RESPONDO. Conforme foi dito acima, as virtudes morais, enquanto obram um bem em ordem a um fim que não excede a capacidade natural humana, podem ser adquiridas pelos atos humanos. E assim adquiridas, podem existir sem a caridade, como existiram em muitas pagãos. — Mas enquanto obram um bem em ordem ao fim último sobrenatural é que atingem, perfeita e verdadeiramente, a razão da virtude[b] e não podem ser adquiridas pelos atos humanos, mas são infundidas por Deus. E essas virtudes morais não podem existir sem a caridade. Em verdade, como foi dito antes, as outras virtudes morais não podem existir sem a prudência e esta não pode existir sem aquelas, visto que as virtudes morais é que nos põem bem dispostos em relação a certos fins, dos quais procede a razão da prudência. Ora, para a reta razão da prudência se exige que o homem proceda bem em relação ao fim último, o que é feito pela caridade, muito mais que em relação aos outros fins, o que é feito pelas virtudes morais. Do mesmo modo, na ordem especulativa, a razão reta necessita sobremaneira do primeiro princípio indemonstrável, a saber, "coisas contraditórias não são simultaneamente verdadeiras". Fica, então, esclarecido que nem a prudência infusa pode existir sem a caridade nem, por conseguinte, as demais virtudes morais, que não podem existir sem a prudência.

É evidente, pois, pelo que foi dito, que só as virtudes infusas são perfeitas, e de modo absoluto devem ser chamadas virtudes, porque ordenam bem o homem ao fim absolutamente último. As outras virtudes, ou seja, as adquiridas, são virtudes em sentido relativo e não absolutamente, porque ordenam bem o homem a um fim último, não em sentido absoluto, mas só em determinado gênero. Daí, sobre aquela passagem da Carta aos Romanos: "Tudo o que não procede da fé é pecado", vem o comentário da Glosa de Agostinho: "Onde falta o conhecimento da verdade, é falsa a virtude, ainda que acompanhada de bons costumes".

QUANTO AO 1º, portanto, deve-se dizer que as virtudes aí são consideradas em sua razão imper-

4. Q. 63, a. 2.
5. A. 1; q. 58, a. 4, 5.
6. Glossa ordin.: ML 114, 516 C; LOMBARDI: ML 191, 1520 A.

b. Sto. Tomás reconhece que os pagãos podem ter acesso a uma certa perfeição das virtudes morais adquiridas. Aos olhos do teólogo, porém, falta-lhes algo, já que as virtudes são tanto mais perfeitas quanto são ligadas pelo amor ao fim "último". O dom da graça subordina aquele que crê a um fim transcendente, sobrenatural, cujo apetite está nele inserido. É por isso que é a caridade que opera a conexão entre as duas outras virtudes teologais (a. 4) e as virtudes morais infusas. Para tanto, elas realizam plenamente a noção de virtude. Finalizada pela caridade, a prudência infusa inspira e dirige as outras virtudes e assegura as suas conexões.

Alioquin, si virtus moralis secundum perfectam rationem virtutis accipiatur, *bonum facit habentem*; et per consequens in malis esse non potest.

AD SECUNDUM dicendum quod ratio illa procedit de virtutibus moralibus acquisitis.

AD TERTIUM dicendum quod, etsi caritas excedat scientiam et prudentiam, tamen prudentia dependet a caritate, ut dictum est[7]. Et per consequens, omnes virtutes morales infusae.

feita. Se, ao contrário, se toma a virtude moral segundo a razão perfeita de virtude, nesse sentido ela torna bom a quem a tem e, por isso, não pode existir nos maus.

QUANTO AO 2º, deve-se dizer que o argumento vale para as virtudes morais adquiridas.

QUANTO AO 3º, deve-se dizer que embora a caridade supere a ciência e a prudência, esta sempre depende da caridade, como foi dito, e, por conseguinte, também as demais virtudes.

ARTICULUS 3
Utrum caritas possit esse sine aliis virtutibus moralibus

AD TERTIUM SIC PROCEDITUR. Videtur quod caritas sine aliis virtutibus moralibus haberi possit.

1. Ad id enim ad quod sufficit unum, indebitum est quod plura ordinentur. Sed sola caritas sufficit ad omnia opera virtutis implenda: ut patet per id quod dicitur 1Cor 13,4 sqq.: *Caritas patiens est, benigna*, etc. Ergo videtur quod, habita caritate, aliae virtutes superfliuerent.

2. PRAETEREA, qui habet habitum virtutis, de facili operatur ea quae sunt virtutis, et ei secundum se placent: unde et *signum habitus est delectatio quae fit in opere*, ut dicitur in II *Ethic.*[1]. Sed multi habent caritatem, absque peccato mortali existentes, qui tamen difficultatem in operibus virtutum patiuntur: neque eis secundum se placent, sed solum secundum quod referuntur ad caritatem. Ergo multi habent caritatem, qui non habet alias virtutes.

3. PRAETEREA, caritas in omnibus sanctis invenitur. Sed quidam sunt sancti qui tamen aliquibus virtutibus carent: dicit enim Beda[2] quod sancti magis humiliantur de virtutibus quas non habent quam de virtutibus quas habent, glorientur. Ergo non est necessarium quod qui habent caritatem, omnes virtutes morales habeat.

SED CONTRA est quod per caritatem tota lex impletur: dicitur enim Rm 13,8: *Qui diligit proximum, legem implevit*. Sed tota lex impleri non potest nisi per omnes virtutes morales: quia lex praecipit de omnibus actibus virtutum, ut dicitur

ARTIGO 3
A caridade pode existir sem as outras virtudes morais?

QUANTO AO TERCEIRO, ASSIM SE PROCEDE: parece que a caridade **pode** existir sem as outras virtudes morais.

1. Com efeito, não se deve ordenar muitas coisas para aquilo para o qual basta uma só. Ora, a caridade sozinha basta para a realização de todas as obras virtuosas, como consta claramente da primeira Carta aos Coríntios: "O amor é paciente, benigno etc." Logo, parece que, possuindo-se a caridade, as demais virtudes são supérfluas.

2. ALÉM DISSO, quem tem um hábito virtuoso faz com facilidade as obras virtuosas e nelas se compraz, porque, segundo se lê no livro II da *Ética*, "o sinal do hábito é o prazer com que se realiza a ação". Ora, muitos que não estão em pecado mortal têm caridade e, no entanto, sentem dificuldade em realizar obras virtuosas e não as acham prazerosas em si mesmas, mas só em relação com a caridade. Logo, muitos que têm a caridade não têm as outras virtudes.

3. ADEMAIS, a caridade se encontra em todos os santos. Ora, alguns são santos e entretanto carecem de algumas virtudes. Diz Beda que os santos mais se humilham das virtudes que não têm do que se gloriam das virtudes que têm. Logo, não é necessário que aquele que possui a caridade possua todas as virtudes morais.

EM SENTIDO CONTRÁRIO, é pela caridade que se cumpre toda a lei, segundo a Carta aos Romanos: "Aquele que ama o seu próximo cumpriu plenamente a lei". Ora, a lei não pode ser cumprida totalmente senão com todas as virtudes morais, pois

7. In corp.

3 PARALL.: III *Sent.*, dist. 36, a. 2; *De Virtut.*, q. 5, a. 2.

1. C. 2: 1104, b, 3-5.
2. *In Luc.* l. V, super 17, 10: ML 92, 542 B.

in V *Ethic*[3]. Ergo qui habet caritatem, habet omnes virtutes morales. — Augustinus etiam dicit, in quadam epistola[4], quod caritas includit in se omnes virtutes cardinales.

RESPONDEO dicendum quod cum caritate simul infunduntur omnes virtutes morales. Cuius ratio est quia Deus non minus perfecte operatur in operibus gratiae, quam in operibus naturae. Sic autem videmus in operibus naturae, quod non invenitur principium aliquorum operum in aliqua re, quin inveniantur in ea quae sunt necessaria ad huiusmodi opera perficienda: sicut in animalibus inveniuntur organa quibus perfici possunt opera ad quae peragenda anima habet potestatem. Manifestum est autem quod caritas, inquantum ordinat hominem ad finem ultimum, est principium omnium bonorum operum quae in finem ultimum ordinari possunt. Unde oportet quod cum caritate simul infundantur omnes virtutes morales, quibus homo perficit singula genera bonorum operum.

Et sic patet quod virtutes morales infusae non solum habent connexionem propter prudentiam; sed etiam propter caritatem. Et quod qui amittit caritatem per peccatum mortale, amittit omnes virtutes morales infusas.

AD PRIMUM ergo dicendum quod ad hoc quod actus inferioris potentiae sit perfectus, requiritur quod non solum adsit perfectio in superiori potentia, sed etiam in inferiori: si enim principale agens debito modo se haberet, non sequeretur actio perfecta, si instrumentum non esset bene dispositum. Unde oportet ad hoc quod homo bene operetur in his quae sunt ad finem, quod non solum habeat virtutem qua bene se habeat circa finem, sed etiam virtutes quibus bene se habeat circa ea quae sunt ad finem: ad virtus quae est circa finem, se habet ut principalis et motiva respectu earum quae sunt ad finem. Et ideo cum caritate necesse est etiam habere alias virtutes morales.

AD SECUNDUM dicendum quod quandoque contingit quod aliquis habens habitum patitur difficultatem in operando, et per consequens non sentit delectationem et complacentiam in actu,

ela comanda todos os atos virtuosos, como se diz no livro V da *Ética*. Logo, quem possui a caridade possui todas as virtudes morais. — E também diz Agostinho numa de suas cartas, que a caridade encerra em si todas as virtudes cardeais.

RESPONDO. Com a caridade infundem-se, conjuntamente, todas as virtudes morais[c], pois Deus não age menos perfeitamente nas obras da graça do que nas obras da natureza. Ora, nas obras da natureza vemos que o princípio de certas obras não se encontra numa coisa sem que haja nela o necessário para levá-lo a termo. Assim, nos animais existem órgãos com que podem realizar as ações para as quais a alma tem capacidade de agir. É claro, porém, que a caridade, ordenando o homem para o seu fim último, é o princípio de todas as boas obras que podem ser ordenadas para tal fim. Portanto, é imperiosos que se infundam no homem com a caridade todas as virtudes morais, pelas quais ele realiza todos os gêneros de boa obra.

E assim fica patente que as virtudes morais infusas estão ligadas entre si, não só por causa da prudência, mas também da caridade e quem perde a caridade pelo pecado mortal, perde todas as virtudes morais infusas.

QUANTO AO 1º, portanto, deve-se dizer que para que o ato de uma potência inferior seja perfeito, é preciso existir a perfeição não só na potência superior, mas também na inferior, pois mesmo que o agente principal estivesse devidamente preparado, não se chegaria a uma ação perfeita, se o instrumento não estivesse bem disposto também. Portanto, para o homem poder agir bem naquilo que leva ao fim, é necessário que tenha não só a virtude que o disponha bem para o fim, mas também as virtudes que o disponham bem para os meios, porque a virtude referente ao fim se tem como princípio e motor em relação às que dizem respeito aos meios. Eis porque é necessário possuir, com a caridade, as demais virtudes morais.

QUANTO AO 2º, deve-se dizer que ocorre, às vezes, que a pessoas têm determinado hábito, mas sente dificuldade em agir e, por consequência, não sente gosto e prazer no que faz, por algum impe-

3. C. 3: 1129, b, 23-25; 1130, b, 18-24.
4. Ep. 167, al. 29, *de Sent. Iacobi*, ad Hier., c. 3: ML 33, 738.

c. O homem que é habitado pela graça recebe todo o conjunto do amor ao fim último que transcende as suas capacidades naturais e os meios de alcançar aquele fim (r. 1). O que não significa que as virtudes morais infusas exerçam a sua ação sem dificuldades (r. 2 e 3). Todavia, elas são dadas juntamente com a caridade que, sem elas, careceria de meios que lhe são necessários. E é por esse motivo que perder a caridade é perder simultaneamente as virtudes morais infusas.

propter aliquod impedimentum extrinsecus superveniens: sicut ille qui habet habitum scientiae, patitur difficultatem in intelligendo, propter somnolentiam vel aliquam infirmitatem. Et similiter habitus moralium virtutum infusarum patiuntur interdum difficultatem in operando, propter aliquas dispositiones contrarias ex praecedentibus actibus relictas. Quae quidem difficultas non ita accidit in virtutibus moralibus acquisitis: quia per exercitium actuum, quo acquiruntur, tolluntur etiam contrariae dispositiones.

AD TERTIUM dicendum quod aliqui sancti dicuntur aliquas virtutes non habere, inquantum patiuntur difficultatem in actibus earum, ratione iam[5] dicta; quamvis habitus omnium virtutum habeant.

dimento extrínseco ao hábito. Por exemplo, quem tem o hábito da ciência, mas sofre dificuldade em entender devido à sonolência ou a uma fraqueza qualquer. De modo semelhante, os hábitos das virtudes morais infusas padecem, por vezes, dificuldade no agir, por causa de certas disposições contrárias, resíduos de ações precedentes. E essa dificuldade não acontece nas virtudes morais adquiridas, porque o exercício dos atos com que elas são adquiridas elimina também as disposições contrárias.

QUANTO AO 3º, deve-se dizer que quando se diz que alguns santos não possuem certas virtudes, é no sentido de que sentem dificuldade em praticá-las, pela razão explicada, embora tenham os hábitos de todas as virtudes.

ARTICULUS 4

Utrum fides et spes possint esse sine caritate

AD QUARTUM SIC PROCEDITUR. Videtur quod fides et spes nunquam sint sine caritate.

1. Cum enim sint virtutes theologicae, digniores esse videntur virtutibus moralibus, etiam infusis. Sed virtutes morales infusae non possunt esse sine caritate. Ergo neque fides et spes.

2. PRAETEREA, *nullus credit nisi volens*, ut Augustinus dicit, *super Ioan.*[1]. Sed caritas est in voluntate sicut perfectio eius, ut supra[2] dictum est. Ergo fides non potest esse sine caritate.

3. PRAETEREA, Augustinus dicit, in *Enchirid.*[3], quod *spes sine amore esse non potest*. Amor autem est caritas: de hoc enim amore ibi loquitur. Ergo spes non potest esse sine caritate.

SED CONTRA est quod Mt 1,2 dicitur in Glossa[4] quod *fides generat spem, spes vero caritatem*. Sed generans est prius generato, et potest esse sine eo. Ergo fides potest esse sine spe; et spes sine caritate.

RESPONDEO dicendum quod fides et spes, sicut et virtutes morales, dupliciter considerari possunt

ARTIGO 4

A fé e a esperança podem existir sem a caridade?

QUANTO AO QUARTO, ASSIM SE PROCEDE: parece que a fé e a esperança **nunca** existem sem a caridade.

1. Com efeito, como virtudes teologais, têm, aparentemente, mais dignidade que as virtudes morais, até mesmo as infusas. Ora, as virtudes morais infusas não podem existir sem a caridade. Logo, nem a fé e a esperança.

2. ALÉM DISSO, "Só crê quem quer", diz Agostinho. Ora, a caridade está na vontade, da qual é a perfeição, segundo se disse antes. Logo, a fé não pode existir sem a caridade.

3. ADEMAIS, diz Agostinho que "a esperança não pode existir sem amor". Ora, o amor é caridade, já que desse amor é que ele está falando. Logo, a esperança não pode existir sem a caridade.

EM SENTIDO CONTRÁRIO, diz-se na Glosa, a respeito do Evangelho de Mateus, que a fé gera a esperança e esta, a caridade. Ora, o que gera é anterior ao gerado e pode existir sem ele. Logo, a fé pode existir sem a esperança e a esperança, sem a caridade.

RESPONDO. Como as virtudes morais, a fé e a esperança podem ser consideradas de dois modos:

5. In resp. ad 2.

4 PARALL.: II-II, q. 23, a. 7, ad 1; III *Sent.*, dist. 23, q. 3, a. 1, q.la 2; dist. 26, q. 2, a. 3, q.la 2; I *Cor.*, c. 13, lect. 1.

1. Tract. 26, n. 2: ML 35, 1607.
2. Q. 62, a. 3.
3. C. 8: ML 40, 235.
4. Interl.

uno modo, secundum inchoationem quandam; alio modo, secundum perfectum esse virtutis. Cum enim virtus ordinetur ad bonum opus agendum, virtus quidem perfecta dicitur ex hoc quod potest in opus perfecte bonum: quod quidem est dum non solum bonum est quod fit, sed etiam bene fit. Alioquin, si bonum sit quod fit, non autem bene fiat, non erit perfecte bonum: unde nec habitus qui est talis operis principium, habebit perfecte rationem virtutis. Sicut si aliquis operetur iusta, bonum quidem facit: sed non erit opus perfectae virtutis, nisi hoc bene faciat, idest secundum electionem rectam, quod est per prudentiam: et ideo iustitia sine prudentia non potest esse virtutis perfecta.

Sic igitur fides et spes sine caritate possunt quidem aliqualiter esse: perfectae autem virtutis rationem sine caritate non habent. Cum enim fidei opus sit credere Deo; credere autem sit alicui propria voluntate assentire: si non debito modo velit, non erit fidei opus perfectum. Quod autem debito modo velit, hoc est per caritatem, quae perficit voluntatem: omnis enim rectus motus voluntatis ex recto amore procedit, ut Augustinus dicit, in XIV *de Civ. Dei*[5]. Sic igitur fides est quidem sine caritate, sed non perfecta virtus: sicut temperantia vel fortitudo sine prudentia. — Et similiter dicendum est de spe. Nam actus spei est expectare futuram beatitudinem a Deo. Qui quidem actus perfectus est, si fiat ex meritis quae quis habet: quod non potest esse sine caritate. Si autem hoc expectet ex meritis quae nondum habet, sed proponit in futurum acquirere, erit actus imperfectus: et hoc potest esse sine caritate. — Et ideo fides et spes possunt esse sine caritate: sed sine caritate, proprie loquendo, virtutes non sunt; nam ad rationem virtutis pertinet ut non solum secundum ipsam aliquod bonum operemur, sed etiam bene, ut dicitur in II *Ethic.*[6].

AD PRIMUM ergo dicendum quod virtutes morales dependent a prudentia: prudentia autem infusa nec rationem prudentiae habere potest absque caritate, utpote deficiente debita habitudine ad primum principium, quod est ultimus finis. Fides autem et spes, secundum proprias rationes, nec a

em seu estado inicial ou no estado perfeito de virtude. Sendo, com efeito, a virtude ordenada para realizar boas obras, ela é considerada perfeita quando leva a obras perfeitamente boas, o que acontece quando o que é feito é não apenas bom, mas também bem-feito[d]. Caso contrário, se o que é feito é bom, mas não é bem-feito, a obra não será perfeitamente boa e, por isso, o hábito que é o princípio dessa obra não realizará perfeitamente a razão de virtude. Assim, quem faz o que é justo, por certo está fazendo o bem; mas a sua obra não será de uma virtude perfeita, se não a fizer bem, ou seja, segundo uma escolha reta, inspirada na prudência. Logo, sem a prudência a justiça não pode ser virtude perfeita.

Assim, pois, a fé e a esperança podem existir, certamente, de algum modo, sem a caridade, mas sem esta não têm a razão de virtude perfeita, porque, como a obra de fé é crer em Deus, e como crer é prestar assentimento por decisão própria a alguém, a obra de fé não será perfeita se a vontade não a quiser do modo devido. Ora, o querer de modo devido é dado pela caridade, que aperfeiçoa a vontade, pois todo movimento reto dela vem de um amor reto, diz Agostinho. Portanto, a fé existe sim sem a caridade, mas não como virtude perfeita; ela é semelhante à fortaleza ou à temperança sem a prudência. — E o mesmo deve-se dizer da esperança, cujo ato consiste em esperar de Deus a bem-aventurança futura. E esse ato será perfeito se apoiado nos méritos que já se tem, o que não pode se dar sem a caridade. Se, porém, essa expectativa se basear em méritos que ainda não se possui, mas que se propõe ganhar no futuro, será um ato imperfeito e pode existir sem a caridade. — Portanto, a fé e a esperança podem existir sem a caridade, mas sem esta, propriamente falando, não existem virtudes, visto que pertence à razão de virtude que não só por ela façamos o bem, mas ainda que o façamos retamente, como diz o livro II da *Ética*.

QUANTO AO 1º, portanto, deve-se dizer que as virtudes morais dependem da prudência. Ora, a prudência infusa, sem a caridade, não pode realizar a razão de prudência, por lhe faltar a relação devida com o primeiro princípio, que é o fim último. Por outro lado, a fé e a esperança não

5. C. 9: ML 41, 413.
6. C. 5: 1106, a, 23-24.

d. Notemos como Sto. Tomás caracteriza a perfeição de uma virtude: é preciso que o seu ato seja bom e bem-feito. É a prudência que permite que o ato de tal virtude seja bem-feito; é por isso que a virtude da justiça, sem a prudência, é imperfeita. É por isso ainda que as virtudes morais infusas, e mesmo as duas outras virtudes teologais, são imperfeitas sem a caridade.

prudentia nec a caritate dependent. Et ideo sine caritate esse possunt; licet non sint virtutes sine caritate, ut dictum est[7].

AD SECUNDUM dicendum quod ratio illa procedit de fide quae habet perfectam rationem virtutis.

AD TERTIUM dicendum quod Augustinus loquitur ibi de spe, secundum quod aliquis expectat futuram beatitudinem per merita quae iam habet: quod non est sine caritate.

ARTICULUS 5

Utrum caritas possit esse sine fide et spe

AD QUINTUM SIC PROCEDITUR. Videtur quod caritas possit esse sine fide et spe.

1. Caritas enim est amor Dei. Sed Deus potest a nobis amari naturaliter, etiam non praesupposita fide, vel spe futurae beatitudinis. Ergo caritas potest esse sine fide et spe.

2. PRAETEREA, caritas est radix omnium virtutum; secundum illud Eph 3,17: *In caritate radicati et fundati*. Sed radix aliquando est sine ramis. Ergo caritas potest esse aliquando sine fide et spe et aliis virtutibus.

3. PRAETEREA, in Christo fuit perfecta caritas. Ipse tamen non habuit fidem et spem: quia fuit perfectus comprehensor, ut infra[1] dicetur. Ergo caritas potest esse sine fide et spe.

SED CONTRA est quod Apostolus dicit, Hb 11,6: *Sine fide impossibile est placere Deo*; quod maxime pertinet ad caritatem, ut patet; secundum illud Pr 8,17: *Ego diligentes me diligo*. Spes etiam est quae introducit ad caritatem, ut supra[2] dictum est. Ergo caritas non potest haberi sine fide et spe.

RESPONDEO dicendum quod caritas non solum significat amorem Dei, sed etiam amicitiam quandam ad ipsum; quae quidem super amorem addit mutuam redamationem cum quadam mutua communicatione, ut dicitur in VIII *Ethic.*[3]. Et quod

dependem, segundo suas própria razões, nem da prudência nem da caridade e, por isso, podem existir sem esta, embora sem ela não sejam virtudes, conforme se explicou.

QUANTO AO 2º, deve-se dizer que o argumento é válido quanto à fé que tem a perfeita razão de virtude.

QUANTO AO 3º, deve-se dizer que nesse passo, Agostinho refere-se à esperança pela qual se tem expectativa da bem-aventurança futura, com base nos méritos já adquiridos, o que não se dá sem a caridade.

ARTIGO 5

A caridade pode existir sem a fé e a esperança?

QUANTO AO QUINTO, ASSIM SE PROCEDE: parece que a caridade **pode** existir sem a fé e a esperança.

1. Com efeito, a caridade é o amor de Deus. Ora, Deus pode ser amado por nós naturalmente, mesmo sem se pressupor a fé ou a esperança da bem-aventurança futura. Logo, a caridade pode existir sem a fé e a esperança.

2. ALÉM DISSO, a caridade é a raiz de todas as virtudes, segundo a Carta aos Efésios: "Arraigados e fundados na caridade". Ora, a raiz existe, às vezes, sem ramos. Logo, a caridade pode, às vezes, existir sem a fé, a esperança e as outras virtudes.

3. ADEMAIS, Cristo teve a caridade perfeita; não, porém, a fé nem a esperança, porque foi o compreensor perfeito, como se dirá a seguir. Logo, a caridade pode existir sem a fé e a esperança.

EM SENTIDO CONTRÁRIO, diz a Carta aos Hebreus: "Sem a fé é impossível agradar a Deus" e isso pertence, principalmente, à caridade, segundo o livro dos Provérbios: "Amo aqueles que me amam". Por sua vez, a esperança é a virtude que conduz à caridade, como antes se expôs. Logo, não pode existir caridade sem fé e esperança.

RESPONDO. A caridade não significa somente amor a Deus, mas também certa amizade com ele. Essa amizade acrescenta ao amor a reciprocidade no amor, uma comunicação mútua, como explica o livro VIII da *Ética*. E que isso pertença à cari-

7. In corp.

5

1. III, q. 7, a. 3, 4.
2. Q. 62, a. 4.
3. Cc. 2, 14: 1155, b, 28-31; 1161, b, 11-12.

hoc ad caritatem pertineat, patet per id quod dicitur 1Io 4,16: *Qui manet in caritate, in Deo manet, et Deus in eo*. Et 1Cor 1,9 dicitur: *Fidelis Deus, per quem vocati estis in societatem Filii eius*. Haec autem societas hominis ad Deum, quae est quaedam familiaris conversatio cum ipso, inchoatur quidem hic in praesenti per gratiam, perficietur autem in futuro per gloriam: quorum utrumque fide et spe tenetur. Unde sicut aliquis non posset cum aliquo amicitiam habere, si discrederet vel desperaret se posse habere aliquam societatem vel familiaren conversationem cum ipso; ita aliquis non potest habere amicitiam ad Deum, quae est caritas, nisi fidem habeat, per quam credat huiusmodi societatem et conversationem hominis cum Deo, et speret se ad hanc societatem pertinere. Et sic caritas sine fide et spe nullo modo esse potest.

AD PRIMUM ergo dicendum quod caritas non est qualiscumque amor Dei: sed amor Dei quo diligitur ut beatitudinis obiectum, ad quod ordinamur per fidem et spem.

AD SECUNDUM dicendum quod caritas est radix fidei et spei, inquantum dat eis perfectionem virtutis. Sed fides et spes, secundum rationem propriam, praesupponuntur ad caritatem, ut supra[4] dictum est. Et sic caritas sine eis esse non potest.

AD TERTIUM dicendum quod Christo defuit fides et spes, propter id quod est imperfectionis in eis. Sed loco fidei, habuit apertam visionem; et loco spei, plenam comprehensionem. Et sic fuit perfecta caritas in eo.

dade consta claramente da primeira Carta de João: "Quem permanece na caridade permanece em Deus e Deus permanece nele", e da primeira Carta aos Coríntios: "Fiel é o Deus que vos chamou à comunhão com seu Filho". Ora, essa comunhão do homem com Deus, que consiste no trato familiar com ele, começa aqui na vida presente pela graça, mas se consumará na futura, pela glória, e essas duas realidades nós as obtemos pela fé e pela esperança. Portanto, assim como não se pode ter amizade com alguém se se descrê ou se desespera de poder manter alguma comunidade de vida ou familiaridade com ele, assim também não se pode ter amizade com Deus, que é o amor, se não se tem a fé que faz crer nessa comunhão e trato familiar com ele e se não se espera pertencer a essa sociedade. E assim a caridade não pode existir de forma alguma sem a fé e a esperança[e].

QUANTO AO 1º, portanto, deve-se dizer que a caridade não é um amor qualquer a Deus, mas é aquele amor pelo qual o amamos como objeto de bem-aventurança, ao qual nos ordenamos pela fé e pela esperança.

QUANTO AO 2º, deve-se dizer que a caridade é a raiz da fé e da esperança, enquanto lhes dá a perfeição da virtude. Ora, a fé e a esperança, por sua própria natureza, são pressupostas à caridade, como acima foi dito. Logo, não pode existir sem elas[f].

QUANTO AO 3º, deve-se dizer que Cristo não teve nem fé nem esperança, pelo que há de imperfeição nessas virtudes. Mas, em lugar da fé, teve a visão total e, em lugar da esperança, gozou da compreensão plena. E assim houve nele a caridade perfeita.

4. Q. 62, a. 4.

e. Presente na objetividade redacional deste artigo, sente-se a experiência do santo. Essa comunhão com Deus é da ordem de uma comunidade: *societas*, escreve o nosso autor, seguindo São João, que utiliza a palavra grega *koinonia* (1Jo 1,3). Pode-se chamar de amizade, no sentido definido por Aristóteles, a essa familiaridade com o Pai.

f. As três virtudes teologais são dadas ao mesmo tempo, mas exercem umas sobre as outras ações diferentes e complementares. A fé e a esperança preparam a ação da caridade, mas encontram nesta última a conexão e perfeição que lhes são próprias.

QUAESTIO LXVI
DE AEQUALITATE VIRTUTUM
in sex articulos divisa

Deinde considerandum est de aequalitate virtutum.

Et circa hoc quaeruntur sex.

Primo: utrum virtus possit esse maior vel minor.

QUESTÃO 66
A IGUALDADE DAS VIRTUDES
em seis artigos

Deve-se considerar, em seguida, a igualdade das virtudes.

Sobre isso, são seis as perguntas:

1. Uma virtude pode ser maior ou menor?

Secundo: utrum omnes virtutes simul in eodem existentes, sint aequales.
Tertio: de comparatione virtutum moralium ad intellectuales.
Quarto: de comparatione virtutum moralium ad invicem.
Quinto: de comparatione virtutum intellectualium ad invicem.
Sexto: de comparatione theologicarum moralium ad invicem.

2. Todas as virtudes, simultaneamente existentes no mesmo sujeito, são iguais?
3. Sobre a comparação das virtudes morais com as virtudes intelectuais;
4. Das virtudes morais entre si.
5. Das virtudes intelectuais entre si.
6. Das virtudes teologais entre si.

Articulus 1

Utrum virtus possit esse maior vel minor

Ad primum sic proceditur. Videtur quod virtus non possit esse maior vel minor.

1. Dicitur enim in Ap 21,16, quod latera civitatis Ierusalem sunt aequalia. Per haec autem significantur virtutes, ut Glossa[1] dicit ibidem. Ergo omnes virtutes sunt aequales. Non ergo potest esse virtus maior virtute.

2. Praeterea, omne illud cuius ratio consistit in maximo, non potest esse maius vel minus. Sed ratio virtutis consistit in maximo: est enim virtus *ultimum potentiae*, ut Philosophus dicit in I *de Caelo*[2]; et Augustinus etiam dicit, in II *de Lib. Arb.*[3], quod *virtutes sunt maxima bona, quibus nullus potest male uti*. Ergo videtur quod virtus non possit esse maior neque minor.

3. Praeterea, quantitas effectus pensatur secundum virtutem agentis. Sed virtutes perfectae, quae sunt virtutes infusae, sunt a Deo, cuius virtus est uniformis et infinita. Ergo videtur quod virtus non possit esse maior virtute.

Sed contra, ubicumque potest esse augmentum et superabundantia, potest esse inaequalitas. Sed in virtutibus invenitur superabundantia et augmentum; dicitur enim Mt 5,20: *Nisi abundaverit iustitia vestra plus quam Scribarum et Pharisaeorum, non intrabitis in regnum caelorum*; et Pr 15,5 dicitur: *In abundanti iustitia virtus maxima est*. Ergo videtur quod virtus possit esse maior vel minor.

Respondeo dicendum quod cum quaeritur utrum virtus una possit esse maior alia, dupliciter intelligi potest quaestio. Uno modo, in virtutibus

Artigo 1

Uma virtude pode ser maior ou menor?

Quanto ao primeiro artigo, assim se procede: parece que uma virtude **não** pode ser maior ou menor.

1. Com efeito, lê-se no livro do Apocalipse que os lados da cidade de Jerusalém são iguais. Ora, segundo a Glosa, lados aí significam virtudes. Logo, todas as virtudes são iguais, não podendo haver uma virtudes maior que a outra.

2. Além disso, tudo aquilo cuja razão consiste no máximo, não pode ser maior nem menor. Ora, a razão de virtude consiste no máximo, já que ela é, para o Filósofo, "o ponto último da potência". E Agostinho afirma que "as virtudes são bens máximos, dos quais ninguém pode usar mal." Logo, parece impossível que uma virtude seja maior ou menor.

3. Ademais, a grandeza do efeito é medida pelo poder do agente. Ora, as virtudes perfeitas, que são as infusas, vêm de Deus, cujo poder é uniforme e infinito. Logo, não parece possível que uma virtude seja maior que outra.

Em sentido contrário, onde pode haver aumento e superabundância, pode haver desigualdade. Ora, nas virtudes isso acontece, pois está no Evangelho de Mateus: "Se a vossa justiça não ultrapassar a dos escribas e dos fariseus, de modo algum entrareis no reino dos céus", e no livro dos Provérbios: "Na abundante justiça há uma virtude máxima". Logo, parece que a virtude pode ser maior ou menor.

Respondo. Quando se pergunta se uma virtude pode ser maior que outra, a questão pode ser entendida de dois modos. Primeiro, com referência

1 Parall.: III *Sent.*, dist. 36, a. 4; *De Malo*, q. 2, a. 9, ad 8; *De Virtut.*, q. 5, a. 3.

1. Ordin.: ML 114, 747 C.
2. C. 11: 281, a, 11-12, 18-19.
3. Cc. 18, 19: ML 32, 1267, 1268.

specie differentibus. Et sic manifestum est quod una virtus est alia maior. Semper enim est potior causa suo effectu: et in effectibus, tanto aliquid est potius, quanto est causae propinquius. Manifestum est autem ex dictis[4] quod causa et radix humani boni est ratio. Et ideo prudentia, quae perficit rationem, praefertur in bonitate aliis virtutibus moralibus, perficientibus vim appetitivam inquantum participat rationem. Et in his etiam tanto est una altera melior, quanto magis ad rationem accedit. Unde et iustitia, quae est in voluntate, praefertur aliis virtutibus moralibus: et fortitudo, quae est in irascibili, praefertur temperantiae, quae est in concupiscibili, quae minus participat rationem, ut patet in VII *Ethic.*[5].

Alio modo potest intelligi quaestio in virtute eiusdem speciei. Et sic, secundum ea quae dicta sunt supra[6], cum de intensionibus habituum ageretur, virtus potest dupliciter dici maior et minor: uno modo, secundum seipsam; alio modo, ex parte participantis subiecti. Si igitur secundum seipsam consideretur, magnitudo vel parvitas eius attenditur secundum ea ad quae se extendit. Quicumque autem habet aliquam virtutem, puta temperantiam, habet ipsam quantum ad omnia ad quae se temperantia extendit. Quod de scientia et arte non contingit: non enim quicumque est grammaticus, scit omnia quae ad grammaticam pertinent. Et secundum hoc bene dixerunt Stoici, ut Simplicius dicit in *Commento Praedicamentorum*[7], quod virtus non recipit magis et minus, sicut scientia vel ars; eo quod ratio virtutis consistit in maximo.

Si vero consideretur virtus ex parte subiecti participantis, sic contingit virtutem esse maiorem vel minorem: sive secundum diversa tempora, in eodem; sive in diversis hominibus. Quia ad attingendum medium virtutis, quod est secundum rationem rectam, unus est melius dispositus quam alius: vel propter maiores assuetudinem, vel propter meliorem dispositionem naturae, vel propter perspicacius iudicium rationis, aut etiam propter maius gratiae donum, quod unicuique do-

às virtudes especificamente diferentes e, desse ponto de vista, é evidente que uma é maior que outra, pois a causa é sempre superior ao seu efeito e entre os efeitos o que está mais perto da causa é superior aos outros. Ora, é claro, pelo anteriormente dito, que a causa e raiz do bem humano é a razão[a] e, por isso, a prudência, que aperfeiçoa a razão, precede em bondade as demais virtudes morais, que aperfeiçoam a potência apetitiva, enquanto participante da razão. E entre estas também uma é melhor que a outra, quanto mais próxima estiver da razão. Por isso, tanto a justiça, que tem sua sede na vontade, precede as outras virtudes morais, como a fortaleza, cuja sede é o irascível, precede a temperança, cuja sede é o concupiscível, que participa menos da razão, como se vê no livro VII da *Ética*.

Outro modo de se entender a questão é com referência a virtudes da mesma espécie e aí, conforme antes se disse, quando se tratou da intensidade dos hábitos, a virtude pode ser maior ou menor em dois sentidos: em si mesma ou em relação ao sujeito participante. Considerada em si mesma, a grandeza ou a pequenez da virtude é medida pelos objetos aos quais se estende. Ora, quem tem uma virtude, a temperança, por exemplo, tem-na para todas as coisas às quais a temperança se estende, o que não acontece com a ciência e a arte, pois nem todo gramático sabe tudo o que respeita à gramática. E, nesse sentido, andaram bem os estoicos, como refere Simplício, dizendo que a virtude não é suscetível de mais nem de menos, como a ciência e a arte, porque a razão da virtude consiste no máximo.

Se, porém, se considera a virtude em relação com o sujeito participante, então ela pode ser maior ou menor, quer no mesmo sujeito, em tempos diversos, quer em pessoas diferentes, porque, para alcançar o meio termo da virtude, que é conforme à razão reta, um indivíduo tem melhor disposição que outro, seja porque está mais acostumado, seja por melhor disposição da natureza ou de um julgamento da razão mais perspicaz, seja ainda por um dom maior da graça,

4. Q. 18, a. 5; q. 61, a. 2.
5. C. 7: 1149, b, 1-3.
6. Q. 52, a. 1.
7. Ed. C. Kalbfleisch (Comm. in Aristot. graeca, edita consilio et auctoritate Acad. R. Litt. Borussicae, vol. VIII), Berolini 1907, p. 284, l. 32; p. 237, l. 28.

a. Não poderíamos encontrar uma fórmula mais sucinta para situar a moral de Sto. Tomás: ela se enraíza no que ele chama de razão; não a razão do racionalismo, mas aquilo que, nele, se chama alternadamente inteligência, espírito e amor do que eles fazem conhecer (a vontade).

natur *secundum mensuram donationis Christi*, ut dicitur ad Eph 4,7. — Et in hoc deficiebant Stoici, aestimantes nullum esse virtuosum dicendum, nisi qui summe fuerit dispositus ad virtutem. Non enim exigitur ad rationem virtutis, quod attingat rectae rationis medium in indivisibili, sicut Stoici putabant: sed sufficit prope medium esse, ut in II *Ethic.*[8] dicitur. Idem etiam indivisibile signum unus propinquius et promptius attingit quam alius: sicut etiam patet in sagittatoribus trahentibus ad certum signum.

pois esta é concedida a cada um "segundo a medida do dom de Cristo", diz a Carta aos Efésios. — E nesse ponto equivocaram-se os estoicos ao pensar que não pode ser dito virtuoso senão quem tiver suma disposição para a virtude. Na verdade, a razão de virtude não exige que se alcance o meio-termo da reta razão em um ponto indivisível, como acreditavam os estoicos, pois basta estar perto desse meio, como se diz no livro II da *Ética*[b]. Ademais, de um mesmo ponto indivisível um pode se aproximar mais e com mais presteza que outro, como se vê nos arqueiros, que atiram num ponto preciso.

AD PRIMUM ergo dicendum quod aequalitas illa non est secundum quantitatem absolutam, sed est secundum proportionem intelligenda: quia omnes virtutes proportionaliter crescunt in homine, ut infra[9] dicetur.

QUANTO AO 1º, portanto, deve-se dizer que essa igualdade não deve ser tomada como grandeza absoluta, mas proporcionalmente, pois é assim que todas as virtudes crescem no homem, como se verá abaixo.

AD SECUNDUM dicendum quod illud ultimum quod pertinet ad virtutem, potest habere rationem magis vel minus boni secundum praedictos modos: cum non sit ultimum indivisible, ut dictum est[10].

QUANTO AO 2º, deve-se dizer que esse ponto último que é próprio da virtude pode ter a razão de mais ou menos bom, conforme os modos supramencionados, visto que não consiste num termo último indivisível, como foi dito.

AD TERTIUM dicendum quod Deus non operatur secundum necessitatem naturae, sed secundum ordinem suae sapientiae: secundum quam diversam mensuram virtutis hominibus largitur, secundum illud ad Eph 4,7: *Unicuique vestrum data est gratia secundum mensuram donationis Christi*.

QUANTO AO 3º, deve-se dizer que Deus não age por necessidade natural, mas pela ordem de sua sabedoria e assim ele concede aos homens diferentes medidas de virtude, segundo a Carta aos Efésios: "A cada um de vós a graça foi dada segundo a medida do dom de Cristo".

ARTICULUS 2

Utrum omnes virtutes simul in eodem existentes, sint aequales

AD SECUNDUM SIC PROCEDITUR. Videtur quod non omnes virtutes in uno et eodem sint aequaliter intensae.

1. Dicit enim Apostolus, 1Cor 7,7: *Unusquisque habet proprium donum a Deo, alius quidem sic, alius autem sic*. Non esset autem unum domum magis proprium alicui quam aliud, si omnes virtutes dono Dei infusas quilibet aequaliter haberet.

ARTIGO 2

Todas as virtudes simultaneamente existentes no mesmo sujeito são iguais?

QUANTO AO SEGUNDO, ASSIM SE PROCEDE: parece que todas as virtudes **não** são igualmente intensas no mesmo sujeito.

1. Com efeito, a primeira Carta aos Coríntios diz: "Cada um recebe de Deus um dom particular, um este, outro aquele". Ora, um dom não seria mais próprio de uma pessoa que outro, se cada um tivesse de maneira igual todas as virtudes infusas

8. C. 9: 1109, b, 18-20.
9. Art. sq.
10. In corp.

2 PARALL.: II *Sent.*, dist. 42, q. 2, a. 5, ad 6; III, dist. 36, a. 4; *De Malo*, q. 2, a. 9, ad 8; *De Virtut.*, q. 5, a. 3.

b. Encontram-se resumidos, aqui, todos os fatores de individuação e, para cada um, as etapas da vida humana (ver também r. 3 e a. 2). A diversidade dos dons da graça não é esquecida. A avaliação moral deve levar em conta todos esses fatores para especificar o justo meio particular a cada um e a cada ato. Seria desejável que os moralistas, pastores e educadores não esquecessem essa realidade. E essa outra também de que basta estar "perto do meio": o absoluto na precisão e a certeza nesse domínio não sendo nem sempre possível nem necessário.

Ergo videtur quod non omnes virtutes sint aequales in uno et eodem.

2. PRAETEREA, si omnes virtutes essent aeque intensae in uno et eodem, sequeretur quod quicumque excederet aliquem in una virtute, excederet ipsum in omnibus aliis virtutibus. Sed hoc patet esse falsum: quia diversi sancti de diversis virtutibus praecipue laudantur; sicut Abraham de fide, Moyses de mansuetudine, Iob de patientia. Unde et de quolibet Confessore cantatur in Ecclesia: *Non est inventus similis illi, qui conservaret legem Excelsi*; eo quod quilibet habuit praerogativam alicuius virtutis. Non ergo omnes virtutes sunt aequales in uno et eodem.

3. PRAETEREA, quanto habitus est intensior, tanto homo secundum ipsum delectabilius et promptius operatur. Sed experimento patet quod unus homo delectabilius et promptius operatur actum unius virtutis quam actum alterius. Non ergo omnes virtutes sunt aequales in uno et eodem.

SED CONTRA est quod Augustinus dicit, in VI *de Trin.*[1], quod *quicumque sunt aequales in fortitudine, aequales sunt in prudentia et temperantia*; et sic de aliis. Hoc autem non esset, nisi omnes virtutes unius hominis essent aequales. Ergo omnes virtutes unius hominis sunt aequales.

RESPONDEO dicendum quod quantitas virtutum, sicut ex dictis[2] patet, potest attendi duplicitr. Uno modo, secundum rationem speciei. Et sic non est dubium quod una virtus unius hominis sit maior quam alia, sicut caritas fide et spe. — Alio modo potest attendi secundum participationem subiecti, prout scilicet intenditur vel remittitur in subiecto. Et secundum hoc, omnes virtutes unius hominis sunt aequales quadam aequalitate proportionis, inquantum aequaliter crescunt in homine: sicut digiti manus sunt inaequales secundum quantitatem, sed sunt aequales secundum proportionem, cum proportionaliter augeantur.

Huiusmodi autem aequalitatis oportet eodem modo rationem accipere, sicut et connexionis: aequalitas enim est quaedam connexio virtutum secundum quantitatem. Dictum est autem supra[3] quod ratio connexionis virtutum dupliciter assignari potest. Uno modo, secundum intellectum eorum qui intelligunt per has quatuor virtutes,

como dom de Deus. Logo, parece que nem todas as virtudes são iguais no mesmo sujeito.

2. ALÉM DISSO, se todas as virtudes fossem igualmente intensas no mesmo sujeito, quem superasse a outrem, em determinada virtude, também superaria em todas as outras. Ora, isso é manifestamente falso, pois os diferentes santos são louvados principalmente por virtudes diferentes, como Abraão, pela fé; Moisés, pela mansidão e Jó, pela paciência. Daí o hino da Igreja, em louvor de todo e qualquer confessor: "Não se achou outro semelhante a ele, no guardar a lei do Excelso", porque cada um teve a prerrogativa de alguma virtude. Logo, nem todas as virtudes são iguais no mesmo sujeito.

3. ADEMAIS, quanto mais intenso é o hábito, com tanto mais prazer e facilidade age o homem por ele. Ora, pela experiência consta que uma pessoa age mais prazerosa e prontamente o ato de uma virtude que o ato de outra. Logo, nem todas as virtudes são iguais num mesmo sujeito.

EM SENTIDO CONTRÁRIO, Agostinho diz que "todos os que são iguais na fortaleza, são iguais na prudência e na temperança" e assim nas demais virtudes. Ora, isso não se daria se todas as virtudes de um mesmo homem não fossem iguais. Logo, todas o são.

RESPONDO. Como foi dito, a grandeza da virtude pode ser entendida de dois modos: ou segundo a sua razão específica e assim não há dúvida de que uma virtude é, num mesmo homem, maior que outra, como a caridade é maior que a fé e a esperança. — Ou segundo a participação do sujeito, isto é, enquanto as virtudes nele crescem ou diminuem e nesse sentido todas as virtudes de um mesmo sujeito são iguais, numa igualdade proporcional, conforme crescem nele igualmente, assim como os dedos da mão são desiguais no tamanho e são iguais na proporção, crescendo proporcionalmente[c].

Quanto à razão de igualdade, é preciso compreendê-la como a de conexão, pois nas virtudes ela é uma espécie de conexão na ordem da grandeza. Ora, já foi dito que se pode entender de dois modos a razão da conexão das virtudes. Primeiro, segundo o entendimento daqueles que por essas quatro virtudes entendem as quatro condições

1. C. 4: ML 42, 927.
2. Art. praec.
3. Q. 65, a. 1.

c. A conexão das virtudes está presente igualmente em seus crescimentos e nas desigualdades de suas dimensões. A comparação com os dedos da mão é expressiva.

quatuor conditiones generales virtutum, quarum una simul invenitur cum aliis in qualibet materia. Et sic virtus in qualibet materia non potest aequalis dici, nisi habeat omnes istas conditiones aequales. Et hanc rationem aequalitatis virtutum assignat Augustinus, in VI *de Trin.*[4], dicens: *Si dixeris aequales esse istos fortitudine, sed illum praestare prudentia; sequitur quod huius fortitudo minus prudens sit. Ac per hoc, nec fortitudine aequales sunt, quando est illius fortitudo prudentior. Atque ita de ceteris virtutibus inveniens, si omnes eadem consideratione percurras.*

Alio modo assignata est[5] ratio connexionis virtutum secundum eos qui intelligunt huiusmodi virtutes habere materias determinatas. Et secundum hoc, ratio connexionis virtutum moralium accipitur ex parte prudentiae, et ex parte caritatis quantum ad virtutes infusas: non autem ex parte inclinationis, quae est ex parte subiecti, ut supra[6] dictum est. Sic igitur et ratio aequalitatis virtutum potest accipi ex parte prudentiae, quantum ad id quod est formale in omnibus virtutibus moralibus: existente enim ratione aequaliter perfecta in uno et eodem, oportet quod proportionaliter secundum rationem rectam medium constituatur in qualibet materia virtutum.

Quantum vero ad id quod est materiale in virtutibus moralibus, scilicet inclinationem ipsam ad actum virtutis; potest esse unus homo magis promptus ad actum unius virtutis quam ad actm alterius, vel ex natura, vel ex consuetudine, vel etiam ex gratiae dono.

Ad primum ergo dicendum quod verbum Apostoli potest intelligi de donis gratiae gratis datae, quae non sunt communia omnibus, nec omnia aequalia in uno et eodem. — Vel potest dici quod refertur ad mensuram gratiae gratum facientis; secundum quam unus abundat in omnibus virtutibus plus quam alius, propter maiorem abundantiam prudentiae, vel etiam caritatis, in qua connectuntur omnes virtutes infusae.

Ad secundum dicendum quod unus sanctus laudatur praecipue de una virtute, et alius de alia, propter excellentiorem promptitudinem ad actum unius virtutis, quam ad actum alterius.

Et per hoc etiam patet responsio ad tertium.

gerais das virtudes, cada uma das quais se encontra simultaneamente com as outras em qualquer matéria. E assim não se pode dizer em matéria alguma que uma virtude seja igual se não tiver todas essas condições em quantidade igual. Tal é a razão da igualdade delas assinalada por Agostinho, quando escreve: "Se disseres que certos homens são iguais em fortaleza, mas um sobressai pela prudência, segue-se que a fortaleza do outro é menos prudente e, portanto, nem todos serão de fortaleza igual, quando a fortaleza de um for mais prudente. E o mesmo verás em relação às demais virtudes, se as percorreres todas a essa luz".

Outro modo de entender a razão da conexão das virtudes é o dos que pensam que essas virtudes têm matérias determinadas e, nesse sentido, a razão da conexão das virtudes morais está na prudência e, quanto às virtudes infusas, na caridade, mas não na inclinação que nasce do sujeito, como já foi dito. Assim, pois, a razão da igualdade das virtudes também pode ser tirada da prudência, quanto ao que há de formal em todas as virtudes morais, porque, quando a razão existe com perfeição igual no mesmo indivíduo, é preciso que o meio conforme à reta razão se estabeleça proporcionalmente, em qualquer matéria das virtudes.

Quanto ao que há de material nas virtudes morais, a saber, a própria inclinação para o ato virtuoso, pode um homem praticar mais prontamente este do que aquele ato virtuoso, seja pela natureza, seja pelo costume ou ainda pelo dom da graça.

Quanto ao 1º, portanto, deve-se dizer que a frase do Apóstolo pode ser entendida quanto aos dons da graça gratuitamente concedida, que não são comuns a todos os homens nem são todos iguais no mesmo homem. — Pode-se também dizer que se refere à medida da graça santificante, pela qual alguém tem em abundância todas as virtudes mais que outro, porque tem mais prudência ou também mais caridade, na qual estão ligadas todas as virtudes infusas.

Quanto ao 2º, deve-se dizer que um santo é louvado principalmente por uma virtude; outro, por outra, pela maio prontidão para o ato de uma virtude do que ao de outra.

Quanto ao 3º, deve-se dizer que com isso, está dada a resposta também à terceira objeção.

4. C. 4: ML 42, 927.
5. Q. 65, a. 1, 2.
6. Ibid. a. 1.

ARTICULUS 3
Utrum virtutes morales praeemineant intellectualibus

AD TERTIUM SIC PROCEDITUR. Videtur quod virtutes morales praeemineant intellectualibus.

1. Quod enim magis et necessarium, et permanentius, est melius. Sed virtutes morales sunt *permanentiores etiam disciplinis*, quae sunt virtutes intellectuales: et sunt etiam magis necessariae ad vitam humanam. Ergo sunt praeferendae virtutibus intellectualibus.

2. PRAETEREA, de ratione virtutis est quod *bonum faciat habentem*. Sed secundum virtutes morales dicitur homo bonus: non autem secundum virtutes intellectuales, nisi forte secundum solam prudentiam. Ergo virtus moralis est melior quam intellectualis.

3. PRAETEREA, finis est nobilior his quae sunt ad finem. Sed sicut dicitur in VI *Ethic.*[1], *virtus moralis facit rectam intentionem finis; prudentia autem facit rectam electionem eorum quae sunt ad finem*. Ergo virtus moralis est nobilior prudentia, quae est virtus intellectualis circa moralia.

SED CONTRA, virtus moralis est in rationali per participationem, virtus autem intellectualis in rationali per essentiam, sicut dicitur in I *Ethic.*[2]. Sed rationale per essentiam est nobilius quam rationale per participationem. Ergo virtus intellectualis est nobilior virtute morali.

RESPONDEO dicendum quod aliquid potest dici maius vel minus, dupliciter: uno modo, simpliciter; alio modo, secundum quid. Nihil enim prohibet aliquid esse melius simpliciter, ut *philosophari quam ditari*, quod tamen non est melius secundum quid, idest *necessitatem patienti*. Simpliciter autem consideratur unumquodque, quando consideratur secundum propriam rationem suae speciei. Habet autem virtus speciem ex obiecto, ut ex dictis[3] patet. Unde, simpliciter loquendo, illa virtus nobilior est quae habet nobilius obiectum.

ARTIGO 3
As virtudes morais são superiores às intelectuais?

QUANTO AO TERCEIRO, ASSIM SE PROCEDE: parece que as virtudes morais **são** superiores às intelectuais.

1. Com efeito, o que é mais necessário e mais permanente é melhor. Ora, as virtudes morais são "mais permanentes que as próprias disciplinas", ou seja, as virtudes intelectuais, e são também mais necessárias à vida humana. Logo, têm preeminência sobre as virtudes intelectuais.

2. ALÉM DISSO, é da razão da virtude "tornar bom quem a possui". Ora, as virtudes morais é que tornam o homem bom e não as intelectuais, com a exceção única, talvez, da prudência. Logo, a virtude moral é melhor que a intelectual.

3. ADEMAIS, o fim é mais nobre que os meios. Ora, como diz o livro VI da *Ética*, "a virtude moral retifica a intenção do fim, ao passo que a prudência retifica a escolha dos meios". Logo, a virtude moral é mais nobre que a prudência, que é uma virtude intelectual em matéria moral.

EM SENTIDO CONTRÁRIO, a virtude moral está na parte racional por participação, enquanto que a intelectual está por essência, como diz o livro I da *Ética*. Ora, o racional por essência é mais nobre que a virtude moral. Logo, a virtude intelectual é mais nobre que a virtude moral.

RESPONDO. Pode uma coisa ser maior ou menor em dois sentidos: absoluta ou relativamente[d]. Na verdade, nada impede que uma coisa seja melhor absolutamente e não o seja relativamente. Assim, embora "filosofar seja melhor que enriquecer", não o é "para quem passa necessidade". Considera-se algo absolutamente quanto se toma segundo a razão própria de sua espécie. Ora, a virtude se especifica por seu objeto, como foi dito. Portanto, absolutamente falando, é mais nobre a virtude que tem objeto mais nobre. Ora,

3 PARALL.: II-II, q. 23, a. 6, ad 1; IV *Sent.*, dist. 33, q. 3, a. 3.

1. C. 13: 1144, a, 8-11.
2. C. 13: 1103, a, 1-3.
3. Q. 54, a. 2; q. 60, a. 1.

d. Os princípios que são aqui utilizados para comparar as virtudes intelectuais e as virtudes morais são bem reveladores da concepção de homem que possui Sto. Tomás. De uma maneira absoluta, em si, as virtudes intelectuais são mais "dignas" do que as morais particulares (r. 1), pois elas visam ao universal, ao necessário, à verdade conhecida por si mesma, caminho para a beatitude. No entanto, as virtudes morais são mais "preciosas" no dia a dia da vida humana; visam, de maneira concreta e particular, ao desenvolvimento em termos de qualidade da vida afetiva inteligente e sensível, a qual motiva e dinamiza toda a vida, mesmo a da inteligência.

Manifestum est autem quod obiectum rationis est nobilius quam obiectum appetitus: ratio enim apprehendit aliquid in universali; sed appetitus tendit in res, quae habent esse particulare. Unde, simpliciter loquendo, virtutes intellectuales, quae perficiunt rationem, sunt nobiliores quam morales, quae perficiunt appetitum.

Sed si consideretur virtus in ordine ad actum, sic virtus moralis, quae perficit appetitum, cuius est movere alias potentias ad actum, ut supra[4] dictum est, nobilior est. — Et quia virtus dicitur ex eo quod est principium alicuius actus, cum sit perfectio potentiae; sequitur etiam quod ratio virtutis magis competat virtutibus moralibus quam virtutibus intellectualibus: quamvis virtutes intellectuales sint nobiliores habitus simpliciter.

Ad primum ergo dicendum virtutes morales sunt magis permanentes quam intellectuales, propter exercitium earum in his quae pertinent ad vitam communem. Sed manifestum est quod obiecta disciplinarum, quae sunt necessaria et semper eodem modo se habentia, sunt permanentiora quam obiecta virtutum moralium, quae sunt quaedam particularia agibilia. — Quod autem virtutes morales sunt magis necessariae ad vitam humanam, non ostendit eas esse nobiliores simpliciter, sed quoad hoc. Quinimmo virtutes intellectuales speculativae, ex hoc ipso quod non ordinantur ad aliud sicut utile ordinatur ad finem, sunt digniores. Hoc enim contingit quia secundum eas quodammodo inchoatur in nobis beatitudo, quae consistit in cognitione veritatis, sicut supra[5] dictum est.

Ad secundum dicendum quod secundum virtutes morales dicitur homo bonus simplicitr, et non secundum intellectuales, ea ratione, quia appetitus movet alias potentias ad suum actum, ut supra[6] dictum est. Unde per hoc etiam non probatur nisi quod virtus moralis sit melior secundum quid.

Ad tertium dicendum quod prudentia non solum dirigit virtutes morales in eligendo ea quae sunt ad finem, sed etiam in praestituendo finem. Est autem finis uniuscuiusque virtutis moralis attingere medium in propria materia: quod quidem medium determinatur secundum rectam rationem prudentiae, ut dicitur in II[7] et VI[8] *Ethic*.

é evidente que o objeto da razão é superior ao do apetite, porque a razão apreende as coisas de modo universal e o apetite tende para as coisas em seu ser particular. Por isso, absolutamente falando, as virtudes intelectuais, que aperfeiçoam a razão, são mais nobres que as virtudes morais, que aperfeiçoam o apetite.

Se, porém, se considerar a virtude relativamente ao ato, então a virtude moral é superior, porque aperfeiçoa o apetite, ao qual cabe atualizar as outras potências, como já foi dito. — E como a virtude se chama assim por ser princípio de algum ato, dado que é perfeição da potência, segue-se também que a razão de virtude convém mais às virtudes morais do que às intelectuais, embora estas sejam, absolutamente falando, hábitos mais nobres.

Quanto ao 1º, portanto, deve-se dizer que as virtudes morais são mais permanentes que as virtudes intelectuais, porque são praticadas nas coisas que pertencem à vida comum. Mas é óbvio que os objetos das disciplinas, que são necessários e invariáveis, são mais permanentes que os objetos das virtudes morais, que são coisas particulares a serem feitas. — E o fato de as virtudes morais serem mais necessárias à vida humana não prova que sejam mais nobre em sentido absoluto, senão só nesse aspecto concreto. Mais ainda, as virtudes intelectuais especulativas, por isso mesmo que não se ordenam a outra coisa como o útil se ordena ao fim, são mais dignas. E isso acontece porque por elas começa de algum modo em nós a bem-aventurança, que consiste no conhecimento da verdade, como acima foi dito.

Quanto ao 2º, deve-se dizer que considera-se alguém absolutamente bom, por suas virtudes morais e não pelas virtudes intelectuais, porque é o apetite que move para o seu ato as demais potências, segundo se disse antes. Portanto, isso não prova senão que a virtude moral é melhor relativamente.

Quanto ao 3º, deve-se dizer que a prudência dirige as virtudes morais não só na escolha dos meios, mas também na predeterminação do fim. Ora, o fim de cada virtude moral é alcançar o meio-termo em sua matéria própria e esse meio-termo é, precisamente, determinado pela reta razão da prudência, conforme se lê no livro II da *Ética*.

4. Q. 9, a. 1.
5. Q. 3, a. 6. Cfr. q. 57, a. 1, ad 2.
6. Q. 56, a. 3.
7. C. 6: 1107, a, 1-2.
8. C. 13: 1144, b, 21-24.

ARTICULUS 4
Utrum iustitia sit praecipua inter virtutes morales

AD QUARTUM SIC PROCEDITUR. Videtur quod iustitia non sit praecipua inter virtutes morales.

1. Maius enim est dare alicui de proprio, quam reddere alicui quod ei debetur. Sed primum pertinet ad liberalitatem; secundum autem ad iustitiam. Ergo videtur quod liberalitas sit maior virtus quam iustitia.

2. PRAETEREA, illud videtur esse maximum in unoquoque, quod est perfectissimum in ipso. Sed sicut dicitur Iac 1,4, *patientia opus perfectum habet*. Ergo videtur quod patientia sit maior quam iustitia.

3. PRAETEREA, *magnanimitas operatur magnum, in omnibus virtutibus*, ut dicitur in VI *Ethic.*[1]. Ergo magnificat etiam ipsam iustitiam. Est igitur maior quam iustitia.

SED CONTRA est quod Philosophus dicit, in V *Ethic.*[2], quod *iustitia est praeclarissima virtutum*.

RESPONDEO dicendum quod virtus aliqua secundum suam speciem potest dici maior vel minor, vel simpliciter, vel secundum quid. Simpliciter quidem virtus dicitur maior, secundum quod in ea maius bonum rationis relucet, ut supra[3] dictum est. Et secundum hoc, iustitia inter omnes virtutes morales praecellit, tanquam propinquior rationi. Quod patet et ex subiecto, et ex obiecto. Ex subiecto quidem, quia est in voluntate sicut in subiecto: voluntas autem est appetitus rationalis, ut ex dictis[4] patet. Secundum autem obiectum sive materiam, quia est circa operationes, quibus homo ordinatur non solum in seipso, sed etiam ad alterum. Unde *iustitia est praeclarissima virtutum*, ut dicitur in V *Ethic.*[5]. — Inter alias autem virtutes morales, quae sunt circa passiones, tanto in unaquaque magis relucet rationis bonum, quanto circa maiora motus appetitivus subditur rationi. Maximum autem in his quae ad hominem perti-

ARTIGO 4
A justiça é a principal entre as virtudes morais?

QUANTO AO QUARTO, ASSIM SE PROCEDE: parece que a justiça **não** é a principal entre as virtudes morais.

1. Com efeito, dar a alguém algo que nos é próprio é mais do que lhe retribuir o devido. Ora, a primeira atitude é liberalidade, enquanto a outra é justiça. Logo, parece que a liberalidade é virtude maior que a justiça.

2. ALÉM DISSO, parece que o máximo em cada coisa é o que nela há de mais perfeito. Ora, diz a Carta de Tiago que "a paciência produz obra perfeita". Logo, parece que a paciência é maior que a justiça.

3. ADEMAIS, "a magnanimidade realiza o que é grande em todas as virtudes", diz o livro VI da *Ética*. Logo, engrandece a própria justiça, e, portanto, é maior que esta.

EM SENTIDO CONTRÁRIO, o Filósofo afirma que "a justiça é a mais preclara das virtudes".

RESPONDO. Pode uma virtude, em sua espécie, ser maior ou menor, absoluta ou relativamente[e]. É absolutamente maior a virtude em que resplandece um bem maior da razão, como já foi dito. E nesse sentido, a justiça sobressai entre todas as virtudes morais como a mais próxima da razão e isso se patenteia tanto pelo seu sujeito como pelo seu objeto. Por parte do sujeito, porque o sujeito da justiça é a vontade e esta é o apetite racional, como ficou já esclarecido. Por parte do objeto ou matéria, porque a justiça versa sobre os atos pelos quais o homem se ordena não só em si mesmo, mas também em relação aos outros. Daí a afirmação do livro V da *Ética*: "A justiça é a mais preclara das virtudes". — Entre as outras virtudes morais que se referem às paixões, tanto mais brilha em cada uma o bem da razão quanto maior for a matéria do movimento apetitivo submetido à razão. Ora, o maior bem para o homem é a vida, do que tudo o

4 PARALL.: Supra, a. 1; II-II, q. 58, a. 12; q. 123, a. 12; q. 141, a. 8; IV *Sent.*, dist. 33, a. 3, a. 3; *De Virtut.*, q. 5, a. 3.

1. C. 7: 1123, b, 30.
2. C. 3: 1129, b, 27-29.
3. Art. 1.
4. Q. 8, a. 1; q. 26, a. 1.
5. Vide arg. *sed c.*

e. Dois critérios para medir a grandeza de uma virtude: a sua maior ou menor proximidade entre a razão e a vida; o que há de "maior... e do qual todo o resto depende".

nent, est vita, a qua omnia alia dependent. Et ideo fortitudo, quae appetitivum motum subdit rationi in his quae ad mortem et vitam pertinent, primum locum tenet inter virtutes morales quae sunt circa passiones: tamen ordinatur infra iustitiam. Unde Philosophus dicit, in I *Rhetoric.*[6], quod *necesse est maximas esse virtutes, quae sunt aliis honoratissimae: siquidem est virtus potentia benefactiva. Propter hoc, fortes et iustos maxime honorant: haec quidem enim in bello*, scilicet fortitudo; *haec autem*, scilicet iustitia, *et in bello et in pace utilis est.* — Post fortitudinem autem ordinatur temperantia, quae subiicit rationi appetitum circa ea quae immediate ordinantur ad vitam, vel in eodem secundum numerum, vel in eodem secundum speciem, scilicet in cibis et venereis. — Et sic istae tres virtutes, simul cum prudentia, dicuntur esse principales etiam dignitate.

Secundum quid autem dicitur aliqua virtus esse maior, secundum quod adminiculum vel ornamentum praebet principali virtuti. Sicut substantia est simpliciter dignior accidente; aliquod tamen accidens est secundum quid dignius substantia, inquantum perficit substantiam in aliquo esse accidentali.

AD PRIMUM ergo dicendum quod actus liberalitatis oportet quod fundetur super actum iustitiae: *non* enim *esset liberalis datio, si non de proprio daret*, ut in II *Polit.*[7] dicitur. Unde liberalitas sine iustitia esse non posset, quae secernit suum a non suo. Iustitia autem potest esse sine liberalitate. Unde iustitia simpliciter est maior liberalitate, tanquam communior, et fundamentum ipsius: liberalitas autem est secundum quid maior, cum sit quidam ornatus iustitiae, et supplementum eius.

AD SECUNDUM dicendum quod patientia dicitur habere *opus perfectum* in tolerantia malorum: in quibus non solum excludit iniustam vindictam, quam etiam excludit iustitiae; neque solum odium, quod facit caritas; neque solum iram, quod facit mansuetudo; sed etiam excludit tristitiam inordinatam, quae est radix omnium praedictorum. Et ideo in hoc est perfectior et maior, quod in hac materia extirpat radicem. — Non autem est simpliciter

mais depende. Por isso, a fortaleza, que submete à razão o movimento apetitivo nas coisas ligadas à morte e à vida, ocupa o primeiro lugar entre as virtudes morais que se referem às paixões, ainda que inferior à justiça. Daí o Filósofo afirmar que "as maiores virtudes são necessariamente as mais prestigiadas pelos outros, pois a virtude é a faculdade de prestar benefícios; é por essa razão que se honram principalmente os fortes e os justos, pois esta (a fortaleza) é útil na guerra e aquela (a justiça), na guerra e na paz". — Depois da fortaleza, é a vez da temperança, que sujeita à razão o apetite daquelas coisas que se ordenam imediatamente à vida do indivíduo ou da espécie, a saber, as referentes à alimentação e à sexualidade. — Assim, essas três virtudes, junto com a prudência, são classificadas como principais, também em dignidade.

Por outro lado, diz-se que uma virtude é maior relativamente, quando oferece apoio ou ornamento à virtude principal. Por exemplo, a substância, absolutamente falando, é mais digna que o acidente, mas, às vezes, um acidente é, relativamente, mais digno que a substância, enquanto aperfeiçoa a substância em algum modo de ser acidental.

QUANTO AO 1º, portanto, deve-se dizer que é preciso que o ato de liberalidade se firme sobre o da justiça, pois, diz o livro II da *Política*: "Não seria liberalidade doar algo que não fosse do que é próprio". Portanto, a liberalidade não poderia existir sem a justiça, que discerne o seu do alheio. Pode, porém, a justiça existir sem a liberalidade. Logo, absolutamente falando, a justiça é superior à liberalidade, por ser mais geral e lhe servir de fundamento, embora a liberalidade seja relativamente maior, enquanto ornamento da justiça e suplemento seu.

QUANTO AO 2º, deve-se dizer que a paciência produz "obra perfeita" ao tolerar os males em relação aos quais ela não só exclui a vingança injusta, que a justiça também exclui; nem só o ódio, como faz a caridade; nem só a ira, como faz a mansidão; mas também exclui a tristeza desordenada, raiz de todos os males citados[f]. E por isso a paciência é uma virtude mais perfeita e maior, enquanto extirpa a raiz nessa matéria. — Não é,

6. C. 9: 1366, b, 3-7.
7. C. 5: 1263, b, 13-14.

f. Observação perspicaz: a tristeza "desordenada" (*inordinata*, em latim), ou seja, a tristeza não temperada pela influência do desejo-refletido, não finalizada por algo diferente de si mesma, a tristeza cultivada por si mesma e avassaladora está na raiz da vingança, do ódio, da ira, etc.

perfectior omnibus aliis virtutibus. Quia fortitudo non solum sustinet molestias absque perturbatione, quod est patientiae: sed etiam ingerit se eis, cum opus fuerit. Unde quicumque est fortis, est patiens, sed non convertitur: est enim patientia quaedam fortitudinis pars.

AD TERTIUM dicendum quod magnanimitas non potest esse nisi aliis virtutibus praeexistentibus, ut dicitur in IV *Ethic.*[8]. Unde comparatur ad alias sicut ornatus eatum. Et sic secundum quid est maior omnibus aliis: non tamen simpliciter.

porém, absolutamente falando, mais perfeita que as outras virtudes, pois a fortaleza não apenas suporta os sofrimentos sem se abalar, o que é próprio da paciência, mas também os enfrenta, quando necessário. Portanto, todo homem forte é paciente, mas não viceversa, porque a paciência é uma parte da fortaleza.

QUANTO AO 3º, deve-se dizer que a magnanimidade não pode existir sem que preexistam outras virtudes, como se diz no livro IV da *Ética* e por isso é que ela é como um enfeite das outras. E, nesse sentido, é relativamente maior que todas as outras, mas não absolutamente.

ARTICULUS 5
Utrum sapientia sit maxima inter virtutes intellectuales

AD QUINTUM SIC PROCEDITUR. Videtur quod sapientia non sit maxima inter virtutes intellectuales.

1. Imperans enim maius est eo cui imperatur. Sed prudentia videtur imperare sapientiae: dicitur enim I *Ethic.*[1], quod *quales disciplinarum debitum est esse in civitatibus, et quales unumquemque addiscere, et usquequo, haec praeordinat*, scilicet politica, quae ad prudentiam pertinet, ut dicitur in VI *Ethic.*[2]. Cum igitur inter disciplinas etiam sapientia contineatur, videtur quod prudentia sit maior quam sapientia.

2. PRAETEREA, de ratione virtutis est quod ordinet hominem ad felicitatem: est enim virtus *dispositio perfecti ad optimum*, ut dicitur in VII *Physic.*[3]. Sed prudentia est recta ratio agibilium, per quae homo ad felicitatem perducitur: sapientia autem non considerat humanos actus, quibus ad beatitudinem pervenitur. Ergo prudentia est maior virtus quam sapientia.

3. PRAETEREA, quanto cognitio est perfectior, tanto videtur esse maior. Sed perfectiorem cognitionem habere possumus de rebus humanis, de quibus est cientia, quam de rebus divinis, de quibus est sapientia, ut distinguit Augustinus in XII *de Trin.*[4]: quia divina imcomprehensibilia sunt,

ARTIGO 5
A sabedoria é a maior das virtudes intelectuais?

QUANTO AO QUINTO, ASSIM SE PROCEDE: parece que a sabedoria **não** é a maior das virtudes intelectuais.

1. Com efeito, quem dirige é maior que o dirigido. Ora, parece que a prudência dirige a sabedoria, porque, segundo o livro I da *Ética*, "ela é que predetermina quais disciplinas devem existir nas cidades, quais e até que ponto deve cada um apreendê-las". Trata-se da política, ligada à prudência, conforme se lê no livro VI da *Ética*. Logo, como entre as disciplinas se inclui também a sabedoria, parece que a prudência é maior que a sabedoria.

2. ALÉM DISSO, é da razão da virtude ordenar o homem para a felicidade, já que a virtude constitui "a disposição do que é perfeito para o ótimo", conforme diz o livro VII da *Física*. Ora, a prudência é a reta razão dos atos pelos quais o homem é levado à felicidade, atos esses que a sabedoria não considera. Logo, a prudência é virtude maior que a sabedoria.

3. ADEMAIS, parece que quanto mais perfeito é o conhecimento, maior ele é. Ora, podemos ter conhecimento mais perfeito das realidades humanas, objeto da ciência, do que das realidade divinas, objeto da sabedoria, segundo a distinção de Agostinho, dado que as coisas divinas são in-

8. C. 7: 1124, a, 2-4.

5 PARALL.: Supra, q. 57, a. 2, ad 2; VI *Ethic.*, lect. 6.

1. C. 1: 1094, a, 28-b, 2.
2. C. 7: 1141, a, 20-22.
3. C. 3: 246, b, 23-24; a, 13-16.
4. C. 14: ML 42, 1009.

secundum illud Iob 36,26: *Ecce Deus magnus, vincens scientiam nostram*. Ergo scientia est maior virtus quam sapientia.

4. PRAETEREA, cognitio principiorum est dignior quam cognitio conclusionum. Sed sapientia concludit ex principiis indemonstrabilibus, quorum est intellectus; sicut et aliae scientiae. Ergo intellectus est maior virtus quam sapientia.

SED CONTRA est quod Philosophus dicit, in VI *Ethic*.[5], quod sapientia est *sicut caput* inter virtutes intellectuales.

RESPONDEO dicendum quod, sicut dictum est[6], magnitudo virtutis secundum suam speciem, consideratur ex obiecto. Obiectum autem sapientiae praecellit inter obiecta omnium virtutum intellectualium: considerat enim causam altissimam, quae Deus est, ut dicitur in principio *Metaphys*.[7]. Et quia per causam iudicatur de effectu, et per causam superiorem de causis inferioribus; inde est quod sapientia habet iudicium de omnibus aliis virtutibus intellectualibus; et eius est ordinare omnes; et ipsa est quasi architectonica respectu omnium.

AD PRIMUM ergo dicendum quod, cum prudentia sit circa res humanas, sapientia vero circa causam altissimam; impossibile est quod prudentia sit maior virtus quam sapientia, *nisi*, ut dicitur in VI *Ethic*.[8], *maximum eorum quae sunt in mundo, esset homo*. Unde dicendum est, sicut in eodem libro dicitur, quod prudentia non imperat ipsi sapientiae, sed potius e converso: quia *spiritualis iudicat omnia, et ipse a nemine iudicatur*, ut dicitur 1Cor 2,15. Non enim prudentia habet se intromittere de altissimis, quae considerat sapientia: sed imperat de his quae ordinantur ad sapientiam, scilicet quomodo homines debeant ad sapientiam pervenire. Unde in hoc est prudentia, seu politica, ministra sapientiae: introducit enim ad eam, praeparans ei viam, sicut ostiarius ad regem.

AD SECUNDUM dicendum quod prudentia considerat ea quibus pervenitur ad felicitatem: sed

compreensíveis, conforme a palavra de Jó: "Deus é tão grande que supera a nossa ciência". Logo, a ciência é uma virtude maior que a sabedoria.

4. ADEMAIS, o conhecimento dos princípios é mais digno que o das conclusões. Ora, a sabedoria, como as demais ciência, tira conclusões a partir de princípios indemonstráveis, que são objeto do intelecto. Logo, o intelecto é virtude maior que a sabedoria.

EM SENTIDO CONTRÁRIO, o Filósofo diz que a sabedoria é "como a cabeça" das virtudes intelectuais.

RESPONDO. Como foi dito, a grandeza específica de uma virtude se mede por seu objeto. Ora, o objeto da sabedoria tem precedência sobre os objetos de todas as virtudes intelectuais[g], pois se ocupa da causa suprema, que é Deus, como se diz no início do livro da *Metafísica*. E como pela causa se julgam os efeitos e pela causa superior, as causas inferiores, vem daí que a sabedoria julgue todas as demais virtudes intelectuais e as ordene todas, desempenhando um papel de arquiteto em relação a elas.

QUANTO AO 1º, portanto, deve-se dizer que referindo-se a prudência às realidades humanas e a sabedoria à causa suprema, é impossível que a prudência seja virtude maior que a sabedoria, "a menos que o homem seja o que de maior há no mundo", como se diz no livro VI da *Ética*. Cumpre portanto, dizer, como também consta nessa obra, que a prudência não comanda a sabedoria, mas, ao contrário, como diz o a primeira Carta aos Coríntios: "É o homem espiritual que julga tudo e ele mesmo não é julgado por ninguém". À prudência, com efeito, não cabe se ocupar com realidades mais altas, que são o objeto da sabedoria. Mas ela comanda aquilo que se ordena à sabedoria, indicando como se há de chegar a esta. Logo, nisso a prudência ou a política está a serviço da sabedoria, pois conduz a ela, preparando-lhe o caminho, como o porteiro ao rei.

QUANTO AO 2º, deve-se dizer que a prudência considera os meios pelos quais se chega à feli-

5. C. 7: 1141, a, 19-20.
6. Art. 3.
7. Cc. 1, 2: 981, b, 28-29; 982, b, 9-10; 983, a, 7-11.
8. C. 7: 1141, a, 21-22.

g. A sabedoria é a maior das virtudes intelectuais, pois o seu objeto é o que há de mais elevado na ordem da inteligência, a saber, Deus. A prudência tem por objeto o que conduz à felicidade, mas está a serviço da sabedoria (r. 2). Uma vez mais, Sto. Tomás faz da felicidade e de sua busca o objetivo da vida humana e, portanto, da moral. É verdade que a sabedoria humana é imperfeita: é em nosso mundo somente um ínicio, uma participação na felicidade futura (r. 2).

sapientia considerat ipsum obiectum felicitatis, quod est altissimum intelligibile. Et si quidem esset perfecta consideratio sapientiae respectu sui obiecti, esset perfecta felicitas in actu sapientiae. Sed quia actus sapientiae in hac vita est imperfectus respectu principalis obiecti, quod est Deus; ideo actus sapientiae est quaedam inchoatio seu participatio futurae felicitatis. Et sic propinquius se habet ad felicitatem quam prudentia.

AD TERTIUM dicendum quod, sicut Philosophus dicit, in I *de Anima*[9], *una notitia praefertur alteri aut ex eo quod est nobiliorum, aut propter certitudinem*. Si igitur subiecta sint aequalia in bonitate et nobilitate, illa quae est certior, erit maior virtus. Sed illa quae est minus certa de altioribus et maioribus, praefertur ei quae est magis certa de inferioribus rebus. Unde Philosophus dicit, in II *de Caelo*[10], quod magnum est de rebus caelestibus aliquid posse cognoscere etiam debili et topica ratione. Et in I *de Partibus Animal.*[11], dicit quod *amabile est magis parvum aliquid cognoscere de rebus nobilioribus, quam multa cognoscere de rebus ignobilioribus*. — Sapientia igitus ad quam pertinet Dei cognitio, homini, maxime in statu huius vitae, non potest perfecte advenire, ut sit quasi eius possessio; sed *hoc solius Dei est*, ut dicitur in I *Metaphys.*[12]. Sed tamen illa modica cognitio quae per sapientiam de Deo haberi potest, omni alii cognitioni praefertur.

AD QUARTUM dicendum quod veritas et cognitio principiorum indemonstrabilium dependet ex ratione terminorum: cognito enim quid est totum et quid pars, statim cognoscitur quod omne totum est maius sua parte. Cognoscere autem rationem entis et non entis, et totius et partis, et aliorum quae consequuntur ad ens, ex quibus sicut ex terminis constituuntur principia indemonstrabilia, pertinet ad sapientiam: quia ens commune est proprius effectus causae altissimae, scilicet Dei. Et ideo sapientia non solum utitur principiis indemonstrabilibus, quorum est intellectus, concludendo ex eis, sicut aliae scientiae; sed etiam iudicando de eis, et disputando contra negantes. Unde sequitur quod sapientia sit maior virtus quam intellectus.

cidade, a sabedoria, porém, considera o mesmo objeto da felicidade, isto é, o que há de mais elevado na ordem inteligível. E se a consideração da sabedoria a respeito de seu objeto fosse perfeita, nesse ato consistiria a felicidade perfeita. Como, porém, o ato da sabedoria nesta vida é imperfeito em relação ao seu objeto principal que é Deus, por essa razão ele constitui um começo ou uma participação da felicidade futura. E assim a sabedoria está mais próxima da felicidade do que a prudência.

QUANTO AO 3º, deve-se dizer que como diz o Filósofo, "um conhecimento é preferível a outro ou porque é de coisas mais nobres ou porque é mais certo". Portanto, se as matérias se igualarem em bondade e nobreza, será maior a virtude que oferecer mais certeza. Mas a menos certa e, no entanto, ligada a coisas mais altas e maiores, é preferível à que é mais certa, mas ligada a coisas inferiores. Por essa razão diz o Filósofo que é importante poder saber algo das realidades celestes, ainda que por uma razão débil e provável. E ele acrescenta, em outro lugar: "É mais agradável conhecer pouco de coisas mais nobres do que saber muito de coisas não nobres". — Portanto, a sabedoria, à qual pertence o conhecimento de Deus, não pode o homem desfrutar dela, máxime no estágio da vida presente, como se fora propriedade sua, porque "isso é exclusivo de Deus", diz o livro I da *Metafísica*. Mas esse pequeno conhecimento que se pode ter dele pela sabedoria é preferível a qualquer outro saber.

QUANTO AO 4º, deve-se dizer que a verdade e o conhecimento dos princípios indemonstráveis dependem da razão dos seus termos, pois sabendo o que é o todo e o que é a parte, imediatamente se sabe que o todo é maior que a parte. Ora, conhecer a razão do ente e do não-ente, do todo e da parte e de tudo o mais que resulta do ente, todos esses dados que são os termos constitutivos dos princípios indemonstráveis, pertencem à sabedoria, porque o ente em geral é efeito próprio de causa mais alta, isto é, Deus. E, por isso, a sabedoria não só se serve dos princípios indemonstráveis, objeto do intelecto, argumentando a partir deles como as outras ciências, mas também os julga e os defende contra os que os negam. Donde se conclui que a sabedoria é virtude superior ao intelecto.

9. C. 1: 402, a, 2-4.
10. C. 12: 291, b, 27-29.
11. C. 5: 644, b, 31-35.
12. C. 2: 982, b, 28-30.

ARTICULUS 6
Utrum caritas sit maxima inter virtutes theologicas

AD SEXTUM SIC PROCEDITUR. Videtur quod caritas non sit maxima inter virtutes theologicas.

1. Cum enim fides sit in intellectu, spes autem et caritas in vi appetitiva, ut supra[1] dictum est; videtur quod fides comparetur ad spem et caritatem, sicut virtus intellectualis ad moralem. Sed virtus intellectualis est maior morali, ut ex dictis[2] patet. Ergo fides est maior spe et caritate.

2. PRAETEREA, quod se habet ex additione ad aliud, videtur esse maius eo. Sed spes, ut videtur, se habet ex additione ad caritatem: praesupponit enim spes amorem, ut Augustinus dicit in *Enchirid.*[3]; addit autem quendam motum protensionis in rem amatam. Ergo spes est maior caritate.

3. PRAETEREA, causa est potior effectu. Sed fides et spes sunt causa caritatis: dicitur enim Mt 1,2, in Glossa[4], quod *fides generat spem, et spes caritatem*. Ergo fides et spes sunt maiores caritates.

SED CONTRA est quod Apostolus dicit, 1Cor 13,13: *Nunc autem manent fides, spes, caritas, tria haec; maior autem horum est caritas.*

RESPONDEO dicendum quod, sicut supra[5] dictum est, magnitudo virtutis secundum suam speciem, consideratur ex obiecto. Cum autem tres virtutes theologicae respiciant Deum sicut proprium obiectum, non potest una earum dici maior altera ex hoc quod sit circa maius obiectum; sed ex eo quod una se habet propinquius ad obiectum quam alia. Et hoc modo caritas est maior aliis. Nam aliae important in sui ratione quandam distantiam ab obiecto: est enim fides de non visis, spes autem de non habitis. Sed amor caritatis est de eo quod iam habetur: est enim amatum quodammodo in amante, et etiam amans per affectum trahitur ad

ARTIGO 6
A caridade é a maior das virtudes teologais?

QUANTO AO SEXTO, ASSIM SE PROCEDE: parece que a caridade **não** é a maior das virtudes teologais.

1. Com efeito, como a fé está no intelecto e a esperança e a caridade na potência apetitiva, como foi dito, parece que a fé está para a esperança e a caridade como a virtude intelectual está para a virtude moral. Ora, está claro pelo já exposto, que a virtude intelectual é maior que a virtude moral. Logo, a fé é maior que a esperança e a caridade.

2. ALÉM DISSO, o que resulta de adição a outra coisa é maior que esta. Ora, a esperança parece resultar de uma adição à caridade, pois a esperança pressupõe o amor, no dizer de Agostinho, enquanto acrescenta um movimento de tensão para a coisa amada. Logo, a esperança é maior que a caridade.

3. ADEMAIS, a causa é superior ao efeito. Ora, a fé e a esperança são causa da caridade, conforme a glosa do Evangelho de Mateus: "A fé gera a esperança e a esperança, a caridade". Logo, essas duas virtudes são maiores que a caridade.

EM SENTIDO CONTRÁRIO, diz a primeira Carta aos Coríntios: "Agora permanecem estas três coisas, a fé, a esperança e a caridade, mas a caridade é a maior".

RESPONDO. Como antes foi dito, afere-se a grandeza específica de uma virtude por seu objeto[h]. Ora, como as três virtudes teologais têm a Deus por objeto próprio, não pode uma delas ser vista como maior que as outras por ter um objeto maior, mas por estar mais próxima dele. E assim a caridade é a maior das três, porque as outras duas implicam em sua razão alguma distância do objeto, já que a fé versa sobre o que não se vê e a esperança sobre o que não se tem. O amor de caridade, ao contrário, tem por objeto o que já se possui, pois o amado está, de certa forma, no que ama, e este, pelo seu afeto, é levado à união com

6 PARALL.: II-II, q. 23, a. 6.

1. Q. 62, a. 3.
2. Art. 3.
3. C. 8: ML 40, 235.
4. Interl.
5. Art. 3.

h. É a caridade que é a maior das virtudes teologais: elas têm todas os mesmo objeto, mas a caridade é que chega o mais próximo dele, pois Deus já está presente naquele que ama. Algo que nem a fé nem a esperança proporcionam. Assim, quando se trata do que está "acima de nós", o amor tem mais valor do que o conhecimento.

unionem amati; propter quod dicitur 1Io 4,16: *Qui manet in caritate, in Deo manet, et Deus in eo.*

AD PRIMUM ergo dicendum quod non hoc modo se habent fides et spes ad caritatem, sicut prudentia ad virtutem moralem. Et hoc propter duo. Primo quidem, quia virtutes theologicae habent obiectum quod est supra animam humanam: sed prudentia et virtutes morales sunt circa ea quae sunt infra hominem. In his autem quae sunt supra hominem, nobilior est dilectio quam cognitio. Perficitur enim cognitio, secundum quod cognita sunt in cognoscente: dilectio vero, secundum quod diligens trahitur ad rem dilectam. Id autem quod est supra hominem, nobilius est in seipso quam sit in homine: quia ununquodque est in altero per modum eius in quo est. E converso autem est in his quae sunt infra hominem. — Secundo, quia prudentia moderatur motus appetitivos ad morales virtutes pertinentes: sed fides non moderatur motum appetitivum tendentem in Deum, qui pertinet ad virtutes theologicas; sed solum ostendit obiectum. Motus autem appetitivus in obiectum, excedit cognitionem humanam; secundum illud *ad* Eph 3,19: *supereminentem scientiae caritatem Christi.*

AD SECUNDUM dicendum quod spes praesupponit amorem eius quod quis adipisci se sperat, qui est amor concupiscentiae: quo quidem amore magis se amat qui concupiscit bonum, quam aliquid aliud. Caritas autem importat amorem amicitiae, ad quam pervenitur spe, ut supra[6] dictum est.

AD TERTIUM dicendum quod causa perficiens est potior effectu: non autem causa disponens. Sic enim calor ignis esset potior quam anima, ad quam disponit materiam: quod patet esse falsum. Sic autem fides generat spem, et spes caritatem: secundum scilicet quod una disponit ad alteram.

o amado. Daí a afirmação da primeira Carta de João: "Quem permanece na caridade, permanece em Deus e Deus permanece nele".

QUANTO AO 1º, portanto, deve-se dizer que a fé e a esperança não estão para a caridade tal como a prudência está para a virtude moral. E isso por duas razões. A primeira, porque as virtudes teologais têm por objeto algo superior à alma humana, ao passo que a prudência e as virtudes morais se referem ao que é inferior ao homem. Ora, nas coisas superiores ao homem o amor é mais nobre que o conhecimento, porque o conhecimento se perfaz pela presença do objeto no sujeito que conhece; no amor, ao contrário, quem ama é atraído para o amado. Mas o que é superior ao homem é mais nobre em si mesmo do que no homem, pois o que existe no outro, existe ao modo deste. Acontece o contrário quando se trata de coisas inferiores ao homem. — A segunda razão é porque a prudência modera os movimentos apetitivos que pertencem às virtudes morais. Ora, a fé não modera o movimento apetitivo de tendência para Deus, que pertence às virtudes teologais, mas simplesmente aponta o objeto. Ora, o movimento apetitivo para o objeto supera o conhecimento humano, conforme a palavra da Carta aos Efésios: "A caridade de Cristo sobrepuja todo conhecimento".

QUANTO AO 2º, deve-se dizer que a esperança pressupõe o amor daquilo que se espera alcançar. É o amor de concupiscência. Por ele, quando se deseja um bem, mais se ama a si mesmo que a qualquer outra coisa. A caridade, porém, implica o amor de amizade, ao qual se chega, como acima foi dito, pela esperança.

QUANTO AO 3º, deve-se dizer que a causa aperfeiçoadora é superior ao efeito, mas não a causa dispositiva. Do contrário, o calor do fogo seria mais nobre que a alma, porque dispõe a matéria para ela, o que, certamente, é falso. Ora, é assim que a fé gera a esperança e a esperança gera a caridade, quer dizer, enquanto uma dispõe para a outra.

6. Q. 62, a. 4.

QUAESTIO LXVII

DE DURATIONE VIRTUTUM POST HANC VITAM

in sex articulos divisa

Deinde considerandum est de duratione virtutum post hanc vitam.

Et circa hoc quaeruntur sex.

Primo: utrum virtutes morales maneant post hanc vitam.
Secundo: utrum virtutes intellectuales.
Tertio: utrum fides.
Quarto: utrum remaneat spes.
Quinto: utrum aliquid fidei maneat, vel spei.
Sexto: utrum maneat caritas.

ARTICULUS 1

Utrum virtutes morales maneant post hanc vitam

AD PRIMUM SIC PROCEDITUR. Videtur quod virtutes morales non maneant post hanc vitam.

1. Homines enim in statu futurae gloriae erunt similes angelis, ut dicitur Mt 22,30. Sed ridiculum est in angelis ponere virtutes morales, ut dicitur in X *Ethic.*[1]. Ergo neque in hominibus, post hanc vitam, erunt virtutes morales.

2. PRAETEREA, virtutes morales perficiunt hominem in vita activa. Sed vita activa non manet post hanc vitam: dicit enim Gregorius, in VI *Moral.*[2]: *Activae vitae opera cum corpore transeunt*. Ergo virtutes morales non manent post hanc vitam.

3. PRAETEREA, temperantia et fortitudo, quae sunt virtutes morales, sunt irrationalium partium, ut Philosophus dicit, in III *Ethic.*[3]. Sed irrationales partes animae corrumpuntur, corrupto corpore: eo quod sunt actus organorum corporalium. Ergo videtur quo virtutes morales non maneant post hanc vitam.

SED CONTRA est quod dicitur Sap 1,15, quod *iustitia perpetua est et immortalis*.

QUESTÃO 67

A PERMANÊNCIA DAS VIRTUDES DEPOIS DESTA VIDA[a]

em seis artigos

Em seguida, deve-se tratar da permanência das virtudes depois desta vida.

A propósito, são seis as perguntas:

1. As virtudes morais permanecem depois desta vida?
2. E as virtudes intelectuais?
3. E a fé?
4. E a esperança?
5. Permanece algo da fé ou da esperança?
6. Permanece a caridade?

ARTIGO 1

As virtudes morais permanecem depois desta vida?

QUANTO AO PRIMEIRO ARTIGO, ASSIM SE PROCEDE: parece que as virtudes morais **não** permanecem depois desta vida.

1. Com efeito, no estado da glória futura, os homens serão semelhantes aos anjos, como está no Evangelho de Mateus. Ora, é ridículo atribuir aos anjos virtudes morais, como se diz no livro X da *Ética*. Logo, também nos homens não haverá virtudes morais depois desta vida.

2. ALÉM DISSO, as virtudes morais aperfeiçoam a vida ativa dos homens. Ora, depois desta vida não existe vida ativa, pois diz Gregório; "As obras da vida ativa passam com o corpo". Logo, depois desta vida virtudes morais não permanecem.

3. ADEMAIS, a temperança e a fortaleza, que são virtudes morais, pertencem às partes irracionais, como diz o Filósofo. Ora, as partes irracionais da alma desaparecem com o corpo por serem atos de órgãos corporais. Logo, parece que as virtudes morais não permanecem depois desta vida.

EM SENTIDO CONTRÁRIO, está dito no livro da Sabedoria que "a justiça é perpétua e imortal".

---

1 PARALL.: II-II, q. 136, a. 1, ad 1: III *Sent.*, dist. 33, q. 1, a. 4; *De Virtut.*, q. 5, a. 4.

1. C. 8: 1178, b, 8-23.
2. C. 37, al. 18, in vet. 28: ML 75, 764 D.
3. C. 13: 1117, b, 23-24.

---

a. A questão pode surpreender e parecer sem interesse. Sto. Tomás a põe, contudo, seguindo a tradição. As respostas a essa questão trazem algumas luzes a respeito de nossa vida moral a partir do mundo em que vivemos, e permitem diagnosticar o que, em nossa vida terrestre, pode instaurar em nós uma amostragem da vida fora do desenrolar do tempo, o que, em nossa vida mortal, possui valor de eternidade e de imortalidade.

RESPONDEO dicendum quod, sicut Augustinus dicit, in XIV *de Trin.*[4], Tullius posuit post hanc vitam quatuor virtutes cardinales non esse; sed in alia vita homines *esse beatos sola cognitione naturae, in qua nihil est melius aut amabilius*, ut Augustinus dicit ibidem, *ea natura quae creavit omnes naturas*. Ipse autem postea determinat huiusmodi quatuor virtutes in futura vita existere, tamen alio modo.

Ad cuius evidentiam, sciendum est quod in huiusmodi virtutibus aliquid est formale; et aliquid quasi materiale. Materiale quidem est in his virtutibus inclinatio quaedam partis appetitivae ad passiones vel operationes secundum modum aliquem. Sed quia iste modus determinatur a ratione, ideo formale in omnibus virtutibus est ipse ordo rationis.

Sic igitur dicendum est quod huiusmodi virtutes morales in futura vita non manent, quantum ad id quod est materiale in eis. Non enim habebunt in futura vita locum concupiscentiae et delectationes ciborum et venereorum; neque etiam timores et audaciae circa pericula mortis; neque etiam distributiones et communicationes rerum quae veniunt in usum praesentis vitae. Sed quantum ad id quod est formale, remanebunt in beatis perfectissimae post hanc vitam: inquantum ratio uniuscuiusque rectissima erit circa ea quae ad ipsum pertinent secundum statum illum; et vis appetitiva omnino movebitur secundum ordinem rationis, in his quae ad statum illum pertinent. Unde Augustinus ibidem[5] dicit quod *prudentia ibi erit sine ullo periculo erroris; fortitudo, sine molestia tolerandorum malorum: temperantia, sine repugnatione libidinum. Ut prudentiae sit nullum bonum Deo praeponere vel aequare; fortitudinis, ei firmissine cohaerere; temperantiae, nullo defectu noxio delectari*. De iustitia vero manifestius est quem actum ibi habebit, scilicet *esse subditum Deo*: quia etiam in hac vita ad iustitiam pertinet esse subditum superiori.

AD PRIMUM ergo dicendum quod Philosophus loquitur ibi de huiusmodi virtutibus moralibus, quantum ad id quod materiale est in eis: sicut de iustitia, quantum ad *commutationes et depo-*

RESPONDO. Como refere Agostinho, Cícero sustentava que, depois desta vida, as quatro virtudes cardeais não existiam mais e então os homens seriam felizes "só pelo conhecimento dessa natureza que é melhor e mais amável que tudo", ou seja, "essa natureza que criou todas as naturezas", explica Agostinho, no passo citado. Mas ele mesmo afirma depois que essas quatro virtudes existem na vida futura, embora de modo diferente.

Para evidenciá-lo, importa saber que nessas virtudes há algo formal e algo quase material. O que é material nelas é a inclinação da parte apetitiva para as paixões ou para as ações, segundo determinada maneira. Como, porém, essa maneira é determinada pela razão, o que há de formal em todas as virtudes é a ordem mesma da razão.

Assim, pois, é preciso dizer que essas virtudes morais não permanecem na vida futura pelo que têm de material, porque nela não haverá mais concupiscência nem prazeres relativos à comida e às atividades sexuais e tampouco haverá temores e ousadias diante dos perigos de morte, nem também comércio e troca de coisas que servem ao uso da vida presente. Quanto ao que há, porém, de formal nelas, essas virtudes subsistirão depois desta vida, em estado perfeitíssimo, nos bem-aventurados; será então a razão de cada um a mais reta quanto ao que lhe diz respeito nesse novo estado e a potência apetitiva se moverá totalmente de acordo com a razão nas coisas concernentes a esse estado. Por isso é que Agostinho acrescenta na mesma obra: "Então a prudência estará lá sem nenhum perigo de erro; a fortaleza, sem o peso de males por suportar; a temperança, sem o ataque dos maus desejos, de sorte que à prudência incumbirá não antepor nem equiparar nenhum bem a Deus; à fortaleza, aderir a ele com firmeza máxima e à temperança, não se deleitar com nenhuma fraqueza viciosa". Quanto à justiça, é mais fácil ver que ato haverá ali, a saber, "submeter-se a Deus", pois já nesta vida é próprio da justiça ser submisso ao superior[b].

QUANTO AO 1º, portanto, deve-se dizer que o Filósofo fala das virtudes morais, referindo-se ao que elas têm de material, como "as trocas, vendas e compras", no que toca à justiça; "os terrores e

4. C. 9: ML 42, 1046.
5. Loc. cit.

b. São desse modo apresentados, em esboço, os efeitos das virtudes em seu exercício pleno e futuro, já iniciado nesta terra, aos quais elas nos preparam e assim dinamizam a nossa vida.

sitiones: de fortitudine, quantum ad *terribilia et pericula*; de temperantia, quantum ad *concupiscentias pravas*.

Et similiter dicendum est AD SECUNDUM. Ea enim quae sunt activae vitae, materialiter se habent ad virtutes.

AD TERTIUM dicendum quod status post hanc vitam est duplex: unus quidem ante ressurrectionem, quando animae erunt a corporibus separatae: alius autem post ressurrectionem, quando animae iterato corporibus suis unientur. In illo ergo resurrectionis statu, erunt vires irrationales in organis corporis, sicut et nunc sunt. Unde et poterit in irascibili esse fortitudo, et in concupiscibili temperantia: inquantum utraque vis perfecte erit disposita ad obediendum rationi. — Sed in statu ante resurrectionem, partes irrationales non erunt actu in anima, sed solum radicaliter in essentia ipsius, ut in Primo[6] dictum est. Unde nec huiusmodi virtutes erunt in actu nisi in radice, scilicet in ratione et voluntate, in quibus sunt seminalia quaedam harum virtutum, ut dictum est[7]. Sed iustitia, quae est in voluntate, etiam actu remanebit. Unde specialiter de ea dictum est[8] quod est *perpetua et immortalis*: tum ratione subiecti, quia voluntas incorruptibilis est; tum etiam propter similitudinem actus, ut prius[9] dictum est.

perigos", quanto à fortaleza; "os desejos depravados", quanto à temperança.

QUANTO AO 2º, deve-se dizer que aqui se deve dizer a mesma coisa, pois tudo o que se refere à vida ativa constitui a parte material das virtudes.

QUANTO AO 3º, deve-se dizer que após esta vida, haverá dois estados: um, antes da ressurreição, com as almas ainda separadas dos seus corpos; outro, depois dela, quando de novo se unirem aos seus corpos. Neste último estado, haverá potências irracionais nos órgão corporais tal como existem agora e, portanto, poderá existir a fortaleza, no apetite irascível, e a temperança, no concupiscível, ficando ambas perfeitamente[c] dispostas a obedecer à razão. — Mas, no estado anterior à ressurreição, as partes não racionais não existirão em ato na alma, mas só radicalmente na essência dela, como se explicou na I Parte. Consequentemente, as virtudes de que estamos falando não existirão em ato a não ser em sua raiz, ou seja, na razão e na vontade, onde há sementes dessas virtudes, como já foi dito. No entanto, a justiça que reside na vontade, permanecerá mesmo em ato e por isso dela especialmente se diz que é "perpétua e imortal", tanto em razão do sujeito, porque a vontade é imperecível, como pela semelhança do ato que é o mesmo nesta e na outra vida, conforme foi dito anteriormente.

ARTICULUS 2

Utrum virtutes intellectuales maneant post hanc vitam

AD SECUNDUM SIC PROCEDITUR. Videtur quod virtutes intellectuales non maneant post hanc vitam.

1. Dicit enim Apostolus, 1Cor 13,8-9, quod *scientia destruetur*: et ratio est quia *ex parte cognoscimus*. Sed sicut cognitio scientiae est ex parte, idest imperfecta; ita etiam cognitio aliarum virtutum intellectualium, quandiu haec vita durat. Ergo omnes virtutes intellectuales post hanc vitam cessabunt.

ARTIGO 2

As virtudes intelectuais permanecem depois desta vida?

QUANTO AO SEGUNDO, ASSIM SE PROCEDE: parece que as virtudes intelectuais **não** permanecem depois desta vida.

1. Com efeito, a primeira Carta aos Coríntios diz: "A ciência será abolida" e a razão é que "o nosso conhecimento é limitado". Ora, assim como o conhecimento da ciência é limitado, isto é, imperfeito, assim também o conhecimento das outras virtudes intelectuais, durante esta vida. Logo, depois dela, todas desaparecerão.

6. Q. 77, a. 8.
7. Q. 63, a. 1.
8. Cfr. *sed c.*
9. In corp.

2 PARALL.: Part. I, q. 89, a. 5, 6; III *Sent.*, dist. 31, q. 2, a. 4; IV, dist. 50, q. 1, a. 2; I *Cor.*, c. 13, lect. 3.

c. Os corpos humanos, ressuscitados como o corpo ressuscitado de Cristo, serão verdadeiramente corpos de carne e de sangue. Neles se encontrarão potências não racionais, como neste mundo, mas então em perfeita harmonia sob o domínio sem obstáculo do desejo-refletido.

2. PRAETEREA, Philosophus dicit, in *Praedicamentis*[1], quod scientia, cum sit habitus, est qualitas difficile mobilis: non enim de facili amittitur, nisi ex aliqua forti transmutatione vel aegritudine. Sed nulla est tanta transmutatio corporis humani sicut per mortem. Ergo scientia et aliae virtutes intellectuales non manent post hanc vitam.

3. PRAETEREA, virtutes intellectuales perficiunt intellectum ad bene operandum proprium actum. Sed actus intellectus non videtur esse post hanc vitam: eo quod *nihil intelligit anima sine phantasmate*, ut dicitur in III *de Anima*[2]; phantasmata autem post hanc vitam non manent, cum non sint nisi in organis corporeis. Ergo virtutes intellectuales non manent post hanc vitam.

SED CONTRA est quod firmior est cognitio universalium et necessariorum, quam particularium et contingentium. Sed in homine remanet post hanc vitam cognitio particularium contingentium, puta eorum quae quis fecit vel passus est; secundum illud Lc 16,25: *Recordare quia recepisti bona in vita tua, et Lazarus similiter mala*. Ergo multo magis remanet cognitio universalium et necessariorum, quae pertinent ad scientiam et ad alias virtutes intellectuales.

RESPONDEO dicendum quod, sicut in Primo[3] dictum et, quidam posuerunt quod species intelligibiles non permanent in intellectu possibili nisi quandiu actu intelligit: nec est aliqua conservatio specierum, cessante consideratione actuali, nisi in viribus sensitivis, quae sunt actus corporalium organorum, scilicet in imaginativa et memorativa. Huiusmodi autem vires corrumpuntur, corrupto corpore. Et ideo secundum hoc, scientia nullo modo post hanc vitam remanebit, corpore corrupto; neque aliqua alia intellectualis virtus.

Sed haec opinio est contra sententiam Aristotelis, qui in III *de Anima*[4] dicit quod *intellectus possibilis est in actu, cum fit singula, sicut sciens; cum tamen sit in potentia ad considerandum in actu*. — Est etiam contra rationem: quia species intelligibiles recipiuntur in intellectu possibili immobiliter, secundum modum recipientis. Unde et intellectus possibilis dicitur *locus specierum*, quasi species intelligibiles conservans.

2. ALÉM DISSO, diz o Filósofo que a ciência, como hábito que é, constitui uma qualidade dificilmente removível, pois não se perde facilmente, a não ser por uma forte mudança ou enfermidade. Ora, não existe mudança maior do corpo humano do que a morte. Logo, a ciência e as outras virtudes intelectuais não permanecem após esta vida.

3. ADEMAIS, as virtudes intelectuais aperfeiçoam o intelecto para exercer bem o seu ato próprio. Ora, esse ato, ao que parece, não se dá depois desta vida, porque consoante diz o livro III da *Alma*, "a alma não entende nada sem as representações imaginárias" e estas não permanecem depois desta vida, porque só existem nos órgãos corporais. Logo, as virtudes intelectuais não permanecem após esta vida.

EM SENTIDO CONTRÁRIO, o conhecimento das coisas universais e necessárias é mais estável do que o das particulares e contingentes. Ora, no homem, depois desta vida, permanece o conhecimento das coisas particulares contingentes, como, por exemplo, daquilo que fez ou suportou, conforme se lê no Evangelho de Lucas: "Lembra-te de que recebeste teus bens durante a vida, e Lázaro recebeu males". Logo, com maior razão permanecerá o conhecimento das coisas universais e necessárias, objeto da ciência e das outras virtudes intelectuais.

RESPONDO. Como se viu na I Parte, sustentaram alguns que as espécies inteligíveis não permanecem no intelecto possível a não ser quando ele passa ao ato de conhecer e, cessando o pensamento em ato, as espécies só se conservam na imaginação e na memória que, como potências sensitivas, são atos de órgãos corporais. Ora, essas potências desaparecem com o corpo e, por isso, segundo essa opinião, nem a ciência nem qualquer outra virtude intelectual permanecerá de forma alguma após esta vida, uma vez destruído o corpo.

Contra essa posição, porém, está Aristóteles ensinando que "o intelecto possível se atualiza, quando se torna cada uma das coisas conhecendo-as, embora continue em potência para o conhecimento em ato". A razão também contraria essa opinião, pois as espécies inteligíveis são recebidas no intelecto possível de forma imutável, segundo o modo do receptor. Por isso é que esse intelecto é chamado de "lugar das espécies", como conservador das espécies inteligíveis.

1. C. 6: 8, b, 29-30.
2. C. 7: 431, a, 16-17.
3. Q. 79, a. 6.
4. C. 4: 429, b, 6-10.

Sed phantasmata, ad quae respiciendo homo intelligit in hac vita, applicando ad ipsa species intelligibiles, ut in Primo[5] dictum est, corrupto corpore corrumpuntur. Unde quantum ad ipsa phantasmata, quae sunt quasi materialia in virtutibus intellectualibus, virtutes intellectuales destruuntur, destructo corpore: sed quantum ad species intelligibiles, quae sunt in intellectu possibili, virtutes intellectuales manent. Species autem se habent in virtutibus intellectualibus sicut formales. Unde intellectuales virtutes manent post hanc vitam, quantum ad id quod est formale in eis, non autem quantum ad id quod est materiale: sicut et de moralibus dictum est[6].

Ad primum ergo dicendum quod verbum Apostoli est intelligendum quantum ad id quod est materiale in scientia, et quantum ad modum intelligendi: quia scilicet neque phantasmata remanebunt, destructo corpore; neque erit usus scientiae per conversionem ad phantasmata.

Ad secundum dicendum quod per aegritudinem corrumpitur habitus scientiae quantum ad id quod est materiale in eo, scilicet quantum ad phantasmata: non autem quantum ad species intelligibiles, quae sunt in intellectu possibili.

Ad tertium dicendum quod anima separata post mortem habet alium modum intelligendi quam per conversionem ad phantasmata, ut in Primo[7] dictum est. Et sic scientia manet, non tamen secundum eundem modum operandi: sicut et de virtutibus moralibus dictum est[8].

No entanto, as representações imaginárias à cuja luz o homem conhece nesta vida, aplicando a elas as espécies inteligíveis, como se disse na I Parte, desaparecem com a dissolução do corpo. Portanto, quanto às representações imaginárias que são, por assim dizer, o elemento material das virtudes intelectuais, essas virtudes são destruidas junto com o corpo; perduram, porém, quanto às espécies inteligíveis existentes no intelecto possível. Ora, essas espécies são o elemento formal das virtudes intelectuais. Logo, depois desta vida, elas permanecem pelo que têm de formal; não, porém, pelo que têm de material, como se explicou também a respeito das virtudes morais[d].

Quanto ao 1º, portanto, deve-se dizer que as palavras do Apóstolo devem ser tomadas em relação ao que há de material na ciência e ao modo de conhecer, porque, realmente, as representações imaginárias não permanecerão ao se desfazer o corpo e o conhecimento da ciência não se fará mais pelo recurso a elas.

Quanto ao 2º, deve-se dizer que com a doença se destrói o que há de material no hábito da ciência, ou seja, no referente às representações imaginárias; não, porém, no que se refere às espécies inteligíveis, que existem no intelecto possível.

Quanto ao 3º, deve-se dizer que a alma separada possui, após a morte, como foi dito na I Parte, um modo de conhecer diferente, que não se processa pelo recurso às representaçõs imaginárias. E assim, a ciência permanece, não, porém, com o mesmo modo de operar, como já se observou tratando das virtudes morais.

Articulus 3

Utrum fides maneat post hanc vitam

Ad tertium sic proceditur. Videtur quod fides maneat post hanc vitam.

Artigo 3

A fé permanece depois desta vida?[e]

Quanto ao terceiro, assim se procede: parece que a fé **permanece** depois desta vida.

5. Q. 84, a. 7; q. 85, a. 1, ad 5.
6. Art. praec.
7. Q. 89, a. 1.
8. Art. praec.

3 Parall.: II-II, q. 4, a. 4, ad 1; III *Sent.*, dist. 31, q. 2, a. 1, q.la 1; *De Virtut.*, q. 5, a. 4, ad 10.

d. Sto. Tomás não faz aqui mais do que aplicar a sua epistemologia, em essência, a mesma de Aristóteles. Ele deduz que, privado de corpo, e de seu corpo singular, a alma é privada das imagens e sensações das quais extrai as ideias. Ela só pode conservar o "formal" das virtudes intelectuais, conforme acaba de ser dito a respeito das virtudes morais.

e. Faz parte da essência da fé ser imperfeita, seja do ponto de vista de seu objeto, seja do ponto de vista de seu modo de conhecimento e do sujeito que conhece. Não sendo a visão, ela é inferior à ciência; sendo contudo uma firme adesão, é superior à mera opinião. Tal imperfeição desaparecerá na visão beatífica.

1. Nobilior enim est fides quam scientia. Sed scientia manet post hanc vitam, ut dictum est[1]. Ergo et fides.

2. PRAETEREA, 1Cor 3,11, dicitur: *Fundamentum aliud nemo potest ponere, praeter id quod positum est, quod est Christus Iesus*, id est fides Christi Iesu. Sed sublato fundamento, non remanet id quod superaedificatur. Ergo, si fides non remanet post hanc vitam, nulla alia virtus remaneret.

3. PRAETEREA, cognitio fidei et cognitio gloriae differunt secundum perfectum et imperfectum. Sed cognitio imperfecta potest esse simul cum cognitione perfecta: sicut in angelo simul potest esse cognitio vespertina cum cognitione matutina; et aliquis homo potest simul habere de eadem conclusione scientiam per syllogismum demonstrativum, et opinionem per syllogismum dialecticum. Ergo etiam fides simul esse potest, post hanc vitam, cum cognitione gloriae.

SED CONTRA est quod Apostolus dicit, 2Cor 5,6-7: *Quandiu sumus in corpore, peregrinamur a Domino: per fidem enim ambulamus, et non per speciem*. Sed illi qui sunt in gloria, non peregrinantur a Domino, sed sunt ei praesentes. Ergo fides non manet post hanc vitam in gloria.

RESPONDEO dicendum quod oppositio est per se et propria causa quod unum excludatur ab alio: inquantum scilicet in omnibus oppositis includitur oppositio affirmationis et negationis. Invenitur autem in quibusdam oppositio secundum contrarias formas: sicut in coloribus album et nigrum. In quibusdam autem, secundum perfectum et imperfectum: unde in alterationibus magis et minus accipiuntur ut contraria, ut cum de minus calido fit magis calidum, ut dicitur in V *Physic.*[2] Et quia perfectum et imperfectum opponuntur, impossibile est quod simul, secundum idem, sit perfectio et imperfectio.

Est autem considerandum quod imperfectio quidem quandoque est de ratione rei, et pertinet ad speciem ipsius: sicut defectus rationis pertinet ad rationem speciei equi vel bovis. Et quia unum et idem numero manens non potest transferri de una specie in aliam, inde est quod, tali imperfectione sublata, tollitur species rei: sicut iam non esset bos

1. Com efeito, a fé é mais nobre que a ciência. Ora, a ciência permanece depois desta vida, como foi dito. Logo, a fé também.

2. ALÉM DISSO, "Quanto ao fundamento, diz a primeira Carta aos Coríntios, ninguém pode lançar outro que não seja o já posto, Jesus Cristo", isto é, a fé em Jesus Cristo. Ora, tirado o fundamento, não permanece o que foi construído sobre ele. Logo, se a fé não continuar depois desta vida, nenhuma outra virtude irá perdurar.

3. ADEMAIS, o conhecimento da fé e o conhecimento da glória diferem entre si, como o perfeito do imperfeito. Ora, um conhecimento imperfeito pode coexistir com um conhecimento perfeito. Assim, nos anjos, podem coexistir o conhecimento vespertino e o matutino, e nos homens pode haver, ao mesmo tempo e em relação à mesma conclusão, ciência, por meio de um silogismo demonstrativo e opinião, por meio de um silogismo dialético. Logo, a fé também pode coexistir, depois desta vida, com o conhecimento da glória.

EM SENTIDO CONTRÁRIO, diz a segunda Carta aos Coríntios: "Enquanto habitamos neste corpo, estamos fora da nossa morada, longe do Senhor, pois nós caminhamos pela fé, não pela visão". Ora, os que estão na glória não estão longe do Senhor, mas lhe estão presentes. Logo, a fé não permanece depois desta vida, na glória.

RESPONDO. Por si mesma a oposição é a causa de uma coisa ser excluída por outra, porque em toda oposição se inclui a oposição entre afirmação e negação. Mas, em certas coisas encontra-se a oposição entre formas contrárias, como entre cores, o branco e o preto; em outras, entre a perfeição e a imperfeição e por isso, nas mudanças por alteração, o mais e o menos alterados são tomados como contrários. Assim, por exemplo, quando se passa do menos quente para o mais quente, segundo se diz no livro V da *Física*. E, como o perfeito e o imperfeito se opõem, é impossível que a perfeição e a imperfeição existam simultaneamente e sob o mesmo aspecto.

Cumpre, todavia, observar que, por vezes, a imperfeição é da razão específica da coisa, como a falta da razão pertence à razão específica do cavalo e do boi. E, como uma realidade, permanecendo numericamente a mesma, não pode ser transferida de uma espécie a outra, segue-se que, tirando-se essa perfeição, muda-se sua espécie,

1. Art. praec.
2. C. 2: 226, b, 2-3.

vel equus, si esset rationalis. — Quandoque vero imperfectio non pertinet ad rationem speciei, sed accidit individuo secundum aliquid aliud: sicut alicui homini quandoque accidit defectus rationis, inquantum impeditur in eo rationis usus, propter somnum vel ebrietatem vel aliquid huiusmodi. Patet autem quod, tali imperfectione remota, nihilominus substantia rei manet.

Manifestum est autem quod imperfectio cognitionis est de ratione fidei. Ponitur enim in eius definitione: fides enim est *substantia sperandarum rerum, argumentum non apparentium*, ut dicitur Hb 11,1. Et Augustinus dicit[3]: *Quid est fides? Credere quod non vides*. Quod autem cognitio sit sine apparitione vel visione, hoc ad imperfectionem cognitionis pertinet. Et sic imperfectio cognitionis est de ratione fidei. Unde manifestum est quod fides non potest esse perfecta cognitio, eadem numero manens.

Sed ulterius considerandum est utrum simul possit esse cum cognitione perfecta: nihil enim prohibet aliquam cognitionem imperfectam simul esse aliquando cum cognitione perfecta. Est igitur considerandum quod cognitio potest esse imperfecta tripliciter: uno modo, ex parte obiecti cognoscibilis; alio modo, ex parte medii; tertio modo, ex parte subiecti. Ex parte quidem obiecti cognoscibilis, differunt secundum perfectum et imperfectum cognitio matutina et vespertina in angelis: nam cognitio matutina est de rebus secundum quod habent esse in Verbo; cognitio autem vespertina est de eis secundum quod habent esse in propria natura, quod est imperfectum respectu primi esse. — Ex parte vero medii, differunt secundum perfectum et imperfectum cognitio quae est de aliqua conclusione per medium demonstrativum, et per medium probabile. — Ex parte vero subiecti differunt secundum perfectum et imperfectum opinio, fides et scientia. Nam de ratione opinionis est quod accipiatur unum cum formidine alterius oppositi: unde non habet firmam inhaesionem. De ratione vero scientiae est quod habeat firmam inhaesionem cum visione intellectiva: habet enim certitudinem procedentem ex intellectu principiorum. Fides autem medio modo se habet: excedit enim opinionem, in hoc quod habet firmam inhaesionem; deficit vero a scientia, in hoc quod non habet visionem.

como o boi ou o cavalo deixariam de ser boi ou cavalo se fossem racionais. — Outras vezes, porém, a imperfeição não pertence à razão específica, mas atinge o indivíduo por alguma outra causa. É o que, às vezes, acontece, por exemplo, quando se está privado da razão pelo sono, pela embriaguês ou coisa parecida. É claro, que afastada essa imperfeição, a substância da coisa continua a existir.

Ora, é evidente que a imperfeição do conhecimento é da razão da fé, faz parte de sua definição, já que ela, como se diz na Carta aos Hebreus, "é a substância das coisas que se devem esperar, o argumento das coisas que não se veem". E Agostinho afirma: "O que é a fé? É crer no que não vês". Mas conhecer o que não aparece nem é visto implica imperfeição de conhecimento. E assim essa imperfeição é da razão da fé. Fica, pois, manifesto que a fé, permanecendo numericamente a mesma, não pode ser um conhecimento perfeito.

Dando um passo à frente, deve-se examinar se a fé pode coexistir com um conhecimento perfeito, porque nada impede que um conhecimento imperfeito exista, às vezes, junto com um conhecimento perfeito. Vale a pena ressaltar que um conhecimento pode ser imperfeito de três modos: quanto ao objeto cognoscível, quanto ao meio de conhecimento e quanto ao sujeito cognoscente.

Quanto ao objeto cognoscível, o conhecimento angélico matinal e o vespertino diferem como o perfeito e o imperfeito, pois o conhecimento matinal é o conhecimento das coisas enquanto existentes no Verbo, ao passo que o vespertino é o conhecimento delas enquanto existentes em sua própria natureza e é imperfeito em relação à primeira existência. — Quanto ao meio, diferem, como perfeito e imperfeito, o conhecimento de uma conclusão por um meio demonstrativo e o conhecimento dessa mesma conclusão por um meio provável. — Por fim, quanto ao sujeito, a opinião, a fé e a ciência diferem entre si, como o conhecimento perfeito e o imperfeito, pois é da razão da opinião que se aceite algo com receio do oposto, e, por isso falta uma firme adesão. A razão da ciência, ao contrário, implica a adesão firme com a visão intelectiva, porque tem uma certeza baseada no entendimento dos princípios. A fé, por fim, ocupa uma posição média: por envolver uma adesão firme, supera a opinião; mas é inferior à ciência, por não gozar da visão.

3. Tract. 40, in Ioan., n. 9: ML 35, 1690.

Manifestum est autem quod perfectum et imperfectum non possunt simul esse secundum idem: sed ea quae differunt secundum perfectum et imperfectum, secundum aliquid idem possunt simul esse in aliquo alio eodem. Sic igitur cognitio perfecta et imperfecta ex parte obiecti, nullo modo possunt esse de eodem obiecto. Possunt tamen convenire in eodem medio, et in eodem subiecto: nihil enim prohibet quod unus homo simul et semel per unum et idem medium habeat cognitionem de duobus, quorum unum est perfectum et aliud imperfectum, sicut de sanitate et aegritudine, et bono et malo. — Similiter etiam impossibile est quod cognitio perfecta et imperfecta ex parte medii, conveniant in uno medio. Sed nihil prohibet quin conveniant in uno obiecto, et in uno subiecto: potest enim unus homo cognoscere eandem conclusionem per medium probabile, et demonstrativum. — Et est similiter impossibile quod cognitio perfecta et imperfecta ex parte subiecti, sint simul in eodem subiecto. Fides autem in sui ratione habet imperfectionem quae est ex parte subiecti, ut scilicet credens non videat id quod credit: beatitudo autem de sui ratione habet perfectionem ex parte subiecti, ut scilicet beatus videat id quo beatificatur, ut supra[4] dictum est. Unde manifestum est quod impossibile est quod fides maneat simul cum beatitudine in eodem subiecto.

Ora, é evidente que o perfeito e o imperfeito não podem existir simultaneamente, sob o mesmo aspecto, mas as coisas que diferem como o perfeito e o imperfeito, podem existir simultaneamente, sob um mesmo aspecto, em outras coisas. Assim, pois, um conhecimento perfeito e um conhecimento imperfeito, quanto ao objeto, de nenhum modo podem se referir ao mesmo objeto, mas podem convir no mesmo meio e no mesmo sujeito, porque nada impede que alguém tenha, uma vez e ao mesmo tempo, por um mesmo meio, o conhecimento de dois objetos, um perfeito e o outro imperfeito, como da saúde e da doença e do bem e do mal. — Da mesma forma, é impossível também que um conhecimento perfeito e um conhecimento imperfeito, quanto ao meio, convenham num mesmo meio, mas nada impede que convenham num mesmo objeto e num mesmo sujeito, pois o mesmo homem pode conhecer a mesma conclusão por um meio provável e por um meio demonstrativo. — E assim também é impossível que um conhecimento perfeito e um conhecimento imperfeito, quanto ao sujeito, existam simultaneamente num mesmo sujeito. Ora, a fé tem, em sua razão, uma imperfeição decorrente do sujeito, pois o crente não vê o que crê, a bem-aventurança, ao contrário, tem por sua própria razão, essa perfeição de fazer o bem-aventurado ver aquilo que o beatifica, como antes se mostrou. Logo, é obviamente impossível que a fé permaneça junto com a bemaventurança, no mesmo sujeito.

AD PRIMUM ergo dicendum quod fides est nobilior quam scientia, ex parte obiecti: quia eius obiectum est veritas prima. Sed scientia habet perfectiorem modum cognoscendi, qui non repugnat perfectioni beatitudinis, scilicet visioni, sicut repugnat ei modus fidei.

AD SECUNDUM dicendum quod fides est fundamentum quantum ad id quod habet de cognitione. Et ideo quando perficietur cognitio, erit perfectius fundamentum.

AD TERTIUM patet solutio ex his quae dicta sunt[5].

QUANTO AO 1º, portanto, deve-se dizer que a fé é mais nobre que a ciência, quanto ao seu objeto, que é a verdade primeira. Mas, a ciência tem um modo mais perfeito de conhecer, que não repugna à perfeição da bem-aventurança, isto é, à visão, como lhe repugna o modo da fé.

QUANTO AO 2º, deve-se dizer que a fé é um fundamento pelo que ela tem de conhecimento e, portanto, aperfeiçoando-se o conhecimento, mais perfeito será o fundamento.

QUANTO AO 3º, deve-se dizer que a solução fica patente a partir do que se explicou acima.

4. Q. 3, a. 8.
5. In corp.

ARTICULUS 4

Utrum spes maneat post mortem in statu gloriae

AD QUARTUM SIC PROCEDITUR. Videtur quod spes maneat post mortem in statu gloriae.

1. Spes enim nobiliori modo perficit appetitum humanum quam virtutes morales. Sed virtutes morales manent post hanc vitam: ut patet per Augustinum, in XIV *de Trin.*[1]. Ergo multo magis spes.

2. PRAETEREA, spei opponitur timor. Sed timor manet post hanc vitam: et in beatis quidem timor filialis, qui manet in saeculum; et in dammatis timor poenarum. Ergo spes, pari ratione, potest permanere.

3. PRAETEREA, sicut spes est futuri boni, ita et desiderium. Sed in beatis est desiderium futuri boni: et quantum ed gloriam corporis, quam animae beatorum desiderant, ut dicit Augustinus, XII *super Gen. ad litt.*[2]; et etiam quantum ad gloriam animae, secundum illud Eccli 24,29: *Qui edunt me, adhuc esurient, et qui bibunt me, adhuc sitient*; et 1Pe 1,12, dicitur: *In quem desiderant angeli prospicere*. Ergo videtur quod possit esse spes post hanc vitam in beatis.

SED CONTRA est quod Apostolus dicit, Rm 8,24: *Quod videt quis, quid sperat*? Sed beati vident id quod est obiectum spei, scilicet Deum. Ergo non sperant.

RESPONDEO dicendum quod, sicut dictum est[3], id quod de ratione sui importat imperfectionem subiecti, non potest simul stare subjecto opposita perfectione perfecto. Sicut patet quod motus in ratione sui importat imperfectionem subiecti, est enim *actus existentis in potentia, inquantum huiusmodi*: unde quando illa potentia reducitur ad actum, iam cessat motus; non enim adhuc albatur, postquam iam aliquid factum est album. Spes autem importat motum quemdam in id quod non habetur; ut patet ex his quae supra de passione. Et ideo quando habebitur id quod speratur, scilicet divina fruitio, iam spes esse non poterit.

ARTIGO 4

A esperança permanece na glória após a morte?

QUANTO AO QUARTO, ASSIM SE PROCEDE: parece que após a morte, na glória, **permanece** a esperança.

1. Com efeito, a esperança aperfeiçoa o apetite humano de modo mais nobre que as virtudes morais. Ora, essas virtudes permanecem após esta vida, como está claro em Agostinho. Logo, com maior razão, permanece a esperança.

2. ALÉM DISSO, à esperança opõe-se o temor. Ora, este perdura, após esta vida, tanto nos bem-aventurados, como temor filial, de duração sem fim, quanto nos condenados, como temor das penas. Logo, a esperança, por igual razão, pode permanecer

3. ADEMAIS, como a esperança, também o desejo visa a um bem futuro. Ora, há nos bem-aventurados o desejo de um bem futuro, seja em relação à glória do corpo, que as almas deles desejam, como diz Agostinho, seja em relação à glória da alma, segundo diz o livro do Eclesiástico: "Os que comem de mim terão ainda fome e os que bebem de mim ainda terão sede", e ainda a primeira Carta de Pedro "A quem os anjos desejam perscrutar". Logo, parece que a esperança pode existir depois desta vida, nos bem aventurados.

EM SENTIDO CONTRÁRIO, diz a Carta aos Romanos: "Quem vê algo, o que espera". Ora, os bem-aventurados veem a Deus, objeto da esperança. Logo, não esperam mais.

RESPONDO. Como foi dito a propósito da fé, o que por sua razão implica essencialmente imperfeição do sujeito não pode existir simultaneamente num sujeito revestido da perfeição oposta. É o que se vê, claramente, por exemplo, no movimento. Implicando este, em sua razão, imperfeição do sujeito, porque "é o ato do que existe em potência enquanto tal". Portanto, quando uma potência se reduz a ato, cessa o movimento, pois não se branqueia o que já ficou branco. Ora, a esperança implica um movimento para o que ainda não se tem, como consta pelo que se mostrou antes tratando da paixão. Logo, quando se possuir o que se espera, a saber, a fruição de Deus já não poderá existir esperança.

---

4 PARALL.: II-II, q. 18, a. 2; III *Sent.*, dist. 26, q. 2, a. 5, q.la 2; dist. 31, q. 2, a. 1, q.la 2; *De Virtut.*, q. 4, a. 4.

1. C. 9: ML 42, 1045-1046.
2. C. 35: ML 35, 483.
3. Art. praec.

AD PRIMUM ergo dicendum quod spes est nobilior virtutibus quantum ad obiectum, quod est Deus. Sed actus virtutum moralium non repugnant perfectioni beatitudinis, sicut actus spei; nisi forte ratione materiae, secundum quam non manent. Non enim virtus moralis perficit appetitum solum in id quod nondum habetur; sed etiam circa id quod praesentialiter habetur.

AD SECUNDUM dicendum quod timor est duplex, servilis et filialis, ut infra[4] dicetur. Servilis quidem est timor poenae: qui non poterit esse in gloria, nulla possibilitate ad poenam remanente. — Timor vero filialis habet duos actus: scilicet revereri Deum, et quantum ad hunc actum manet; et timere separationem ab ipso, et quantum ad hunc actum non manet. Separari enim a Deo habet rationem mali: nullum autem malum ibi timebitur, secundum illud Pr 1,33: *Abundantia perfruetur, malorum timore sublato*. Timor autem opponitur spei oppositione boni et mali, ut supra[5] dictum est: et ideo timor qui remanet in gloria, non opponitur spei.

In damnatis autem magis potest esse timor poenae, quam in beatis spes gloriae. Quia in damnatis erit sucessio poenarum, et sic remanet ibi ratio futuri, quod est obiectum timoris: sed gloria sanctorum est absque successione, secundum quandam aeternitatis participationem, in qua non est praeteritum et futurum, sed solum praesens. — Et tamen nec etiam in damnatis est proprie timor. Nam sicut supra[6] dictum est, timor nunquam est sine aliqua spe evasionis: quae omnino in damnatis non erit. Unde nec timor; nisi communiter loquendo, secundum quod quaelibet expectatio mali futuri dicitur timor.

AD TERTIUM dicendum quod quantum ad gloriam animae, non potest esse in beatis desiderium, secundum quod respicit futurum, ratione iam[7] dicta. Dicitur autem ibi esse esuries et sitis, per remotionem fastidii: et eadem ratione dicitur esse desiderium in angelis. — Respectu autem gloriae corporis, in animabus sanctorum potest

QUANTO AO 1º, portanto, deve-se dizer que a esperança é mais nobre que as virtudes morais, por ser Deus o seu objeto. Mas os atos dessas virtudes não são incompatíveis com a perfeição da bem-aventurança, como é o ato da esperança, a não ser, talvez, em razão da matéria, segundo a qual não permanecem. A virtude moral, com efeito, aperfeiçoa o apetite não só quanto ao que ainda não se possui, mas também quanto ao atualmente já possuído.

QUANTO AO 2º, deve-se dizer que como se verá mais tarde, há dois temores: o servil e o filial. O servil é o temor da pena, que não pode existir na glória, onde não há possibilidade alguma de castigo. — Já o temor filial tem dois atos: reverenciar a Deus, e quanto a esse ato, permanece; e temer a separação dele, e quanto a esse ato, não permanece, pois separar-se de Deus tem a razão de mal e lá não se temerá mal algum, segundo a palavra dos Provérbios: "Gozará abundamente, desaparecido o temor dos males". Ora, o temor se opõe à esperança, com base na oposição entre o bem e o mal, como antes foi dito. Por isso o temor que permanece na glória não se opõe à esperança.

Nos condenados, ao contrário, o temor da pena pode existir mais que a esperança da glória nos bem-aventurados, porque aqueles sofrerão penas sucessivas, o que implica a razão de futuro, objeto do temor, ao passo que a glória dos santos não acontece de forma sucessiva, é uma participação da eternidade, em que não há passado nem futuro, mas só presente. — Estritamente falando, porém, nem entre os condenados há temor, pois, como foi dito, o temor nunca se dá sem alguma esperança de libertação, a qual jamais existirá nos condenados. Consequentemente, também neles não haverá temor, a não ser em sentido genérico, em que se chama temor qualquer expectativa de mal futuro.

QUANTO AO 3º, deve-se dizer que quanto à glória da alma, não pode haver, como já se explicou, desejo nos bem-aventurados, porque o desejo visa ao futuro. Diz-se que aí há fome e sede, para afastar a ideia de tédio. E pela mesma razão diz-se que os anjos têm desejo. — Quanto à glória do corpo, pode bem haver desejo nas almas dos santos[f]; não,

4. II-II, q. 19, a. 2.
5. Q. 23, a. 2; q. 40, a. 1.
6. Q. 42, a. 2.
7. In resp. ad 2.

f. O céu não será tedioso, contrariamente ao que temem alguns. A razão disso é-nos apresentada: haverá desejo. O que faz refletir a respeito do papel vital do desejo, já na terra.

quidem esse desiderium, non tamen spes, proprie loquendo: neque secundum quod spes est virtus theologica, sic enim eius obiectum est Deus, non autem aliquod bonum creatum; neque secundum quod communiter sumitur. Quia obiectum spei est arduum, ut supra[8] dictum est: bonum autem cuius iam inevitabilem causam habemus, non comparatur ad nos in ratione ardui. Unde non proprie dicitur aliquis qui habet argentum, sperare se habiturum aliquid quod statim in potestate eius est ut emat. Et similiter illi qui habent gloriam animae, non proprie dicuntur sperare gloriam corporis; sed solum desiderare.

porém, esperança propriamente falando. Nem no sentido estrito de virtude teologal, porque então o seu objeto é Deus e não um bem criado. Nem também em sua acepção comum, porque o objeto da esperança está no que é árduo, como já foi dito. Ora, o bem cuja causa garantida já possuímos, não tem para nós a razão de árduo. Por isso não se diz, com propriedade, que quem tem dinheiro tem esperança de possuir algo que pode comprar imediatamente. Do mesmo modo, os que têm a glória da alma, não se diz, a bem da verdade, que esperam a glória, mas apenas que a desejam.

Articulus 5

Utrum aliquid fidei vel spei remaneat in gloria

Ad quintum sic proceditur. Videtur quod aliquid fidei vel spei remaneat in gloria.

1. Remoto enim eo quod est proprium, remanet id quod est commune: sicut dicitur in libro *de Causis*[1], quod, *remoto rationali, remanet vivum; et remoto vivo, remanet ens*. Sed in fide est aliquid quod habet commune cum beatitudine, scilicet ipsa cognitio: aliquid autem quod est sibi proprium, scilicet aenigma; est enim fides cognitio aenigmatica. Ergo, remoto aenigmate fidei, adhuc remanet ipsa cognitio fidei.

2. Praeterea, fides est quoddam spirituale lumen animae, secundum illud Eph 1,17-18: *Illuminatos oculos cordis vestri in agnitionem Dei*; sed hoc lumen est imperfectum respectu luminis gloriae, de quo dicitur in Ps 35,10: *In lumine tuo videbimus lumen*. Lumen autem imperfectum remanet, superveniente lumine perfecto: non enim candela extinguitur, claritate solis superveniente. Ergo videtur quod ipsum lumen fidei maneat cum lumine gloriae.

3. Praeterea, substantia habitus non tollitur per hoc quod subtrahitur materia: potest enim homo habitum liberalitatis retinere, etiam amissa pecunia; sed actum habere non potest. Obiectum autem fidei est veritas prima non visa. Ergo, hoc remoto per hoc quod videtur veritas prima, adhuc potest remanere ipse habitus fidei.

Artigo 5

Algo da fé ou da esperança permanece na glória?

Quanto ao quinto, assim se procede: parece que na glória **permanece** algo da fé ou da esperança.

1. Com efeito, removido o que é próprio, fica o que é comum, conforme se diz no livro *Das Causas*: "removido o racional, permanece o ser vivo e removido este, permanece o ente". Ora, a fé tem algo de comum com a bem-aventurança, ou seja, o conhecimento; e algo de próprio, a saber, o enigma, pois ela é um conhecimento enigmático. Logo, removido esse enigma da fé, permanece ainda o conhecimento mesmo da fé.

2. Além disso, a fé é uma luz espiritual da alma, segundo a Carta aos Efésios: "Iluminados os olhos do vosso coração para o conhecimento de Deus". Mas essa luz é imperfeita, em comparação com a luz da glória, de que fala o Salmo: "Em tua luz vemos a luz". Ora, a luz imperfeita permanece ao sobrevir a perfeita, pois a vela não se apaga quando vem a claridade do sol. Logo, parece também que a luz da fé permanece junto com a luz da glória.

3. Ademais, a substância de um hábito não desaparece com a eliminação de sua matéria, pois é possível conservar o hábito da liberalidade, ainda que se tenha perdido o dinheiro e não se possa exercê-la em ato. Ora, o objeto da fé é a verdade primeira não vista. Logo, ao desaparecer esse objeto com a visão da verdade primeira, ainda pode permanecer o hábito mesmo da fé.

8. Q. 40, a. 1.

5 Parall.: III *Sent.*, dist. 31, q. 2, a. 1, q.la 3.

1. Prop. 1, § *Et illius*.

SED CONTRA est quod fides est quidam habitus simplex. Simplex autem vel totum tollitur, vel totum manet. Cum igitur fides non totaliter maneat, sed evacuetur, ut dictum est[2]; videtur quod totaliter tollatur

RESPONDEO dicendum quod quidam dixerunt quod spes totaliter tollitur: fides autem partim tollitur, scilicet quantum ad aenigma, et partim manet, scilicet quantum ad substantiam cognitionis. Quod quidem si sic intelligatur quod maneat non idem numero, sed idem genere, verissime dictum est: fides enim cum visione patriae convenit in genere, quod est cognitio. Spes autem non convenit cum beatitudine in genere: comparatur enim spes ad beatitudinis fruitionem, sicut motus ad quietem in termino.

Si autem intelligatur quod eadem numero cognitio quae est fidei, maneat in patria; hoc est omnino impossibile. Non enim, remota differentia alicuius speciei, remanet substantia generis eadem numero: sicut, remota differentia constitutiva albedinis, non remanet eadem substantia coloris numero, ut sic idem numero color sit quandoque albedo, quandoque vero nigredo. Non enim comparatur genus ad differentiam sicut materia ad formam, ut remaneat substantia generis eadem numero, differentia remota; sicut remanet eadem numero substantia materiae, remota forma. Genus enim et differentia non sunt partes speciei: alioquin non praedicarentur de specie. Sed sicut species significat totum, idest compositum ex materia et forma in rebus materialibus, ita differentia significat totum, et similiter genus: sed genus denominat totum ab eo quod est sicut materia; differentia vero ab eo quod est sicut forma; species vero ab utroque. Sicut in homine sensitiva natura materialiter se habet ad intellectivam: animal autem dicitur quod habet naturam sensitivam; rationale quod habet intellectivam; homo vero quod habet utrumque. Et sic idem totum significatur per haec tria, sed non ab eodem.

Unde patet quod, cum differentia non sit nisi designativa generis, remota differentia, non potest

EM SENTIDO CONTRÁRIO, a fé é um hábito simples. Ora, o que é simples ou desaparece por completo ou permanece por completo. Logo, como a fé não permanece totalmente, mas desaparecerá, como foi dito, parece que será supressa totalmente.

RESPONDO. Afirmaram alguns que a esperança desaparece inteiramente, mas que a fé desaparece em parte, ou seja, quanto ao enigma; e em parte permanece, ou seja, quanto à substância do conhecimento. Se essa opinião defende que a fé permanece a mesma, não numérica mas genericamente, é a pura verdade, pois a fé convém com a visão da pátria no gênero do conhecimento. A esperança, ao contrário, não convém genericamente com a bem-aventurança, pois ela está para o gozo beatífico assim como o movimento para o repouso finalmente alcançado.

Se se pretende, porém, afirmar que o conhecimento da fé permanece numericamente o mesmo na pátria, isso é absolutamente impossível. Com efeito, quando se elimina a diferença de uma espécie, a substância do gênero não permanece mais numericamente a mesma. Assim, removida a diferença constitutiva da brancura, não permanece a substância da cor numericamente a mesma, de sorte que uma cor numericamente a mesma seria, às vezes, o branco, às vezes o negro. O gênero, na verdade, não se compara com a diferença, tal como a matéria com a forma, de modo que a substância do gênero continua numericamente idêntica, depois de removida a diferença; assim como a substância da matéria permanece a mesma numericamente, ao perder a forma. O gênero e a diferença não são partes da espécie; caso contrário, não se predicariam da espécie. Mas, assim como a espécie significa o todo, isto é, o composto de matéria e forma nas realidades materiais, assim também a diferença representa o todo e, de modo semelhante, o gênero. Mas o gênero designa o todo por aquilo que nele é como a matéria, enquanto a diferença o designa por aquilo que nele é como a forma e, por fim, a espécie o designa por uma e outra. Assim, no homem, a natureza sensitiva é como a matéria da intelectiva, mas se chama animal o que tem natureza sensitiva; racional, o que tem a natureza intelectiva e homem, o que tem as duas. Desse modo, o mesmo todo é expresso por esses três termos, não, porém, do mesmo ponto de vista.

Fica, então, bem esclarecido que, não designando a diferença senão o gênero, se ela for elimina-

2. Art. 3.

substantia generis eadem remanere: non enim remanet eadem animalitas, si sit alia anima constituens animal. Unde non potest esse quod eadem numero cognitio, quae prius fuit aenigmatica, postea fiat visio aperta. Et sic patet quod nihil idem numero vel specie quod est in fide, remanet in patria; sed solum idem genere.

da, a substância do gênero não pode permanecer a mesma, pois não permanece a mesma animalidade, se for diferente a alma constitutiva do animal. Portanto, não é possível que um conhecimento que existiu antes, de forma enigmática, venha a ser depois uma visão plena, permanecendo numericamente o mesmo. E assim, é evidente que nada do que há na fé permanece idêntico numérica ou especificamente na pátria, senão só o que for genericamente o mesmo.

AD PRIMUM ergo dicendum quod, remoto rationali, non remanet vivum idem numero, sed idem genere, ut ex dictis[3] patet.

QUANTO AO 1º, portanto, deve-se dizer que removido o racional, não permanece o ser vivo numericamente o mesmo, mas genericamente, como está claro pelo já exposto.

AD SECUNDUM dicendum quod imperfectio luminis candelae non opponitur perfectioni solaris luminis: quia non respiciunt idem subiectum. Sed imperfectio fidei et perfectio gloriae opponuntur ad invicem, et respiciunt idem subiectum. Unde non possunt esse simul: sicut nec claritas aeris cum obscuritate eius.

QUANTO AO 2º, deve-se dizer que a imperfeição da luz da vela não se opõe à perfeição da luz solar, porque não se referem ao mesmo sujeito. Ora, a imperfeição da fé e a perfeição da glória se opõem e se referem ao mesmo sujeito. Logo, não podem existir simultaneamente, como a claridade do ar não coexiste com a escuridão.

AD TERTIUM dicendum quod ille qui amittit pecuniam, non amittit possibilitatem habendi pecuniam: it ideo convenienter remanet habitus liberalitatis. Sed in statu gloriae non solum actu tollitur obiectum fidei, quod est non-visum; sed etiam secundum possibilitatem, propter beatitudinis stabilitatem. Et ideo frustra talis habitus remaneret.

QUANTO AO 3º, deve-se dizer que quem perde o dinheiro, não perde a possibilidade de ter dinheiro. Por isso permanece convenientemente o hábito da liberalidade. Mas, no estado da glória o objeto da fé, que é o não-visto, não só é abolido em ato, mas a sua possibilidade, devido à estabilidade da bem-aventurança. Portanto, inutilmente tal hábito permaneceria.

ARTICULUS 6

Utrum remaneat caritas post hanc vitam in gloria

AD SEXTUM SIC PROCEDITUR. Videtur quod caritas non maneat post hanc vitam in gloria.

1. Quia, ut dicitur 1Cor 13,10: *cum venerit quod perfectum est, evacuabitur quod ex parte est*, idest quod est imperfectum. Sed caritas viae est imperfecta. Ergo evacuabitur, adveniente perfectione gloriae.

2. PRAETEREA, habitus et actus distinguuntur secundum obiecta. Sed obiectum amoris est bonum apprehensum. Cum ergo alia sit apprehensio praesentis vitae, et alia apprehensio futurae

ARTIGO 6

A caridade permanece depois desta vida na glória?

QUANTO AO SEXTO, ASSIM SE PROCEDE: parece que a caridade **não** permanece depois desta vida na glória.

1. Porque, como diz a primeira Carta aos Coríntios: "Quando vier o que é perfeito, o que é limitado será abolido, isto é, o que é imperfeito". Ora, a caridade neste mundo é imperfeita. Logo, ela será abolida quando chegar a perfeição da glória.

2. ALÉM DISSO, os hábitos e os atos distinguem-se por seus objetos. Ora, o objeto do amor é o bem apreendido. Logo, como o apreender nesta vida é diferente do apreender na vida futura,

3. In corp.

6 PARALL.: III *Sent.*, dist. 31, q. 2, a. 2; *De Verit.*, q. 27, a. 5, ad 6; *De Virtut.*, q. 4, a. 4, ad 7, 13, 14; I *Cor.*, c. 13; lect. 3.

vitae; videtur quod non maneat eadem caritas utrobique.

3. PRAETEREA, eorum quae sunt unius rationis, imperfectum potest venire ad aequalitatem perfectionis, per continum augmentum. Sed caritas viae numquam potest pervenire ad aequalitatem caritatis patriae, quantumcumque augeatur. Ergo videtur quod caritas viae non remaneat in patria.

SED CONTRA est quod Apostolus dicit, 1Cor 13,8: *Caritas nunquam excidit*.

RESPONDEO dicendum quod, sicut supra[1] dictum est, quando imperfectio alicuius rei non est de ratione speciei ipsius, nihil prohibet idem numero quod prius fuit imperfectum, postea perfectum esse: sicut homo per augmentum perficitur, et albedo per intensionem. Caritas autem est amor; de cuius ratione non est aliqua imperfectio: potest enim esse et habiti et non habiti, et visi et non visi. Unde caritas non evacuatur per gloriae perfectionem, sed eadem numero manet.

AD PRIMUM ergo dicendum quod imperfectio caritatis per accidens se habet ad ipsam: quia non est de ratione amoris imperfectio. Remoto autem eo quod est per accidens, nihilominus remanet substantia rei. Unde, evacuata imperfectione caritatis, non evacuatur ipsa caritas.

AD SECUNDUM dicendum quod caritas non habet pro obiecto ipsam cognitionem: sic enim non esset eadem in via et in patria. Sed habet pro obiecto ipsam rem cognitam, quae est eadem, scilicet ipsum Deum.

AD TERTIUM dicendum quod caritas viae per augmentum non potest pervenire ad aequalitatem caritatis patriae, propter differentiam quae est ex parte causae: visio enim est quaedam causa amoris, ut dicitur in IX *Ethic*.[2]. Deus autem quanto perfectius cognoscitur, tanto perfectius amatur.

parece que a caridade não será a mesma em um e outro estado

3. ADEMAIS, nas coisas que são da mesma natureza, o imperfeito pode atingir o nível da perfeição por um crescimento contínuo. Ora, a caridade nesta vida, por mais que cresça, nunca poderá chegar ao nível da caridade na pátria. Logo, parece que a caridade desta vida não permanecerá no céu

EM SENTIDO CONTRÁRIO, afirma a primeira Carta aos Coríntios: "A caridade nunca desaparece".

RESPONDO. Conforme se disse antes, quando a imperfeição de uma coisa não pertence à razão de sua espécie, nada impede que, permanecendo numericamente a mesma, passe de imperfeita para perfeita, assim como o homem se aperfeiçoa pelo crescimento e a brancura pela intensidade. Ora, a caridade é amor cuja razão não implica imperfeição alguma, porque pode ter por objeto tanto o possuído, como o que não o é, tanto o que se vê, como o que não se vê. Logo, a caridade não será abolida pela perfeição da glória, mas permanecerá numericamente a mesma.

QUANTO AO 1º, portanto, deve-se dizer que a imperfeição é acidental à caridade, pois a imperfeição não é da razão do amor. Ora, removido o acidental, nem por isso deixa de existir a substância. Logo, abolida a imperfeição da caridade, esta não será abolida.

QUANTO AO 2º, deve-se dizer que a caridade não tem por objeto o conhecimento, pois nesse caso não seria a mesma nesta vida e na pátria[g]. Mas tem por objeto aquilo mesmo que é conhecido, que é sempre o mesmo, ou seja, o mesmo Deus.

QUANTO AO 3º, deve-se dizer que a caridade nesta vida não pode, crescendo, chegar à caridade da pátria, devido à diferença que provém da causa, pois a visão é uma causa do amor, como diz o livro IX da *Ética*. Ora, quanto mais perfeitamente Deus é conhecido, tanto mais perfeitamente é amado.

1. Art. 3.
2. C. 5: 1167, a, 4-12.

g. A caridade, que é um amor, tem por objeto Deus em sua realidade. Esse objeto permanece idêntico durante a "viagem", *in via* (ver Hb 11,13-14) e na chegada à pátria.

OS DONS DO ESPÍRITO SANTO

Introdução e notas por Albert Raulin

INTRODUÇÃO

Com a questão 49 da I-II, Sto. Tomás abordava o exame dos princípios internos do ato humano: potências e hábitos. As potências tendo sido adequadamente tratadas na I (q. 77 e ss.), esse estudo se reduz aos hábitos, bons ou ruins. Segundo um método que lhe é familiar, Sto. Tomás começa por um estudo geral, que ele completa em seguida com um estudo mais detalhado, reservando à II-II o exame particular de cada um dos hábitos.

É na q. 55 da I-II que é abordado o estudo das diferentes categorias de hábitos. A grande divisão se estabelece entre os bons e os maus, e é pelo bons que começamos.

Que rótulo utilizar para um bom hábito? O de virtude? Sem dúvida, mas não unicamente. Sto. Tomás se refere a esses bons hábitos que são as virtudes, mas acrescenta elementos anexos: os dons, as bem-aventuranças e os frutos. As questões 55 a 67 são, segundo esse programa, consagradas às virtudes. O estudo dos vícios começa com a q. 71. No meio tempo, iremos inclinar-nos sobre esses princípios internos do ato humano que, mesmo não sendo virtudes, não deixam de ser bons princípios: os dons (q. 68); as bem-aventuranças (q. 69) e os frutos (q. 70).

Filosoficamente falando, essa adição é bastante surpreendente, pois as virtudes deveriam bastar. Teologicamente, porém, tal complemento é bastante desejável, pois permite utilizar materiais da Escritura e materiais tradicionais do maior valor.

Primeiramente, os materiais da Escritura, na forma de alguns grandes textos de um e de outro Testamento.

Em Isaías 11 (se seguimos o texto latino, que era o de Sto. Tomás), lemos: "Um ramo sairá da cepa de Jessé, uma flor brotará de suas raízes. Sobre ele repousará o Espírito do Senhor: espírito de sabedoria e de inteligência, espírito de conselho e de força, espírito de ciência e de piedade, e o espírito do temor do Senhor o encherá."

Mateus e Lucas nos fornecem, cada um à sua maneira, mas sempre como exórdio do Sermão da Montanha, uma versão das bem-aventuranças (Mt 5,3-12; Lc 6,20-23).

Paulo, enfim, escreve aos Gálatas (5,22-23): "Eis o fruto do Espírito: amor, alegria, paz, paciência, bondade, benevolência, fé, doçura, domínio de si; contra tais coisas não há lei". Tal é pelo menos a tradução do texto grego, pois os manuscritos latinos fizeram passar o número de frutos de nove a doze, e é evidentemente esse texto que Sto. Tomás utilizava.

Materiais tradicionais em seguida, os da espiritualidade cristã. Eles são claramente melhor valorizados se dons, bem-aventuranças e frutos são considerados em si mesmos, independentemente do quadro das virtudes.

Sto. Tomás opta portanto por condensar semelhantes materiais com a sua riqueza profética (dons), evangélica (bem-aventuranças) e apostólica (frutos) em um estudo mais teórico e sistemático da teologia moral. Eles serão objeto de um exame específico, é o que iremos ver agora.

QUAESTIO LXVIII
DE DONIS
in octo articulos divisa

Consequenter considerandum est de donis. Et circa hoc quaeruntur octo.

Primo: utrum dona differant a virtutibus.
Secundo: de necessitate donorum.
Tertio: utrum dona sint habitus.
Quarto: quae, et quot sint.
Quinto: utrum dona sint connexa.
Sexto: utrum maneant im patria.
Septimo: de comparatione eorum ad invicem.
Octavo: de comparatione eorum ad virtutes.

QUESTÃO 68
OS DONS
em oito artigos

Na sequência, devem-se considerar os dons. A propósito, são oito as perguntas:

1. Os dons diferem das virtudes?
2. São necessários?
3. São hábitos?
4. Quais e quantos são eles?
5. São conexos?
6. Permanecem no céu?
7. Como se relacionam entre si?
8. Como se relacionam eles com as virtudes?

ARTICULUS 1
Utrum dona differant a virtutibus

AD PRIMUM SIC PROCEDITUR. Videtur quod dona non distinguantur a virtutibus.

1. Dicit enim Gregorius, in I *Moral.*[1], exponens illud Iob 1,2, "Nati sunt ei septem filii": *Septem nobis nascuntur filii, cum per conceptionem bonae cogitationis, Sancti Spiritus septem in nobis virtutes oriuntur.* Et inducit illud quod habetur Is 11,2-3: *Requiescet super eum spiritus intellectus* etc., ubi enumerantur septem Spiritus Sancti dona. Ergo septem dona Spiritus Sancti sunt virtutes.

2. PRAETEREA, Augustinus dicit, in libro de *Quaestionib. Evang.*[2], exponens illud quod habetur Mt 12,45, "Tunc vadit, et assumit septem alios spiritus etc.": *Septem vitia sunt contraria septem virtutibus Spiritus Sancti*, idest septem donis. Sunt autem septem vitia contraria virtutibus communiter dictis. Ergo dona non distinguuntur a virtutibus communiter dictis.

3. PRAETEREA, quorum est definitio eadem, ipsa quoque sunt eadem. Sed definitio virtutis convenit donis: unumquodque enim donum est *bona qualitas mentis qua recte vivitur*, etc. Similiter definitio doni convenit virtutibus infusis: est enim donum

ARTIGO 1
Os dons distinguem-se das virtudes?[a]

QUANTO AO PRIMEIRO ARTIGO, ASSIM SE PROCEDE: parece que os dons **não** se distinguem das virtudes.

1. Com efeito, comentando a passagem do livro de Jó: "Nasceram-lhe sete filhos", escreve Gregório: "Nascem-nos sete filhos quando, pela concepção de um bom pensamento, germinam em nós as sete virtudes do Espírito Santo" e cita ainda Isaías: "Sobre ele repousará o espírito de inteligência...", onde se enumeram os sete dons do Espírito Santo. Logo, os sete dons do Espírito Santo são virtudes.

2. ALÉM DISSO, Agostinho, expondo o que vem no Evangelho de Mateus: "Então vai e toma consigo outros sete espíritos etc." diz: "Os sete vícios são contrários às sete virtudes do Espírito Santo", isto é, aos sete dons. Ora, esses sete vícios são contrários ao que se chama comumente de virtude. Logo, os dons não se distinguem delas.

3. ADEMAIS, as coisas que têm a mesma definição são idênticas. Ora, a definição da virtude vale para os dons, pois cada dom é "uma boa qualidade do espírito, pela qual se vive retamente". Da mesma forma, a definição do dom convém às

1 PARALL.: III *Sent.*, dist. 34, q. 1, a. 1; in *Isaiam*, c. 11; *ad Galat.*, c. 5, lect. 6.

1. C. 27, al. 12, in vet. 28: ML 75, 544 B.
2. L. I, q. 8: ML 35, 1325.

a. Como se deduz de nossa introdução, o problema é de saber se é legítimo, como Sto. Tomás o faz aqui, tratar dos dons em separado das virtudes. Antes de encetar esse estudo complementar, tendo já as virtudes sido examinadas, é bom deixar bem claro que ele não é supérfluo. Inútil afirmar que esse método fornece por isso mesmo uma ocasião para começar a colocar o que são os dons do Espírito Santo. A noção irá desprender-se do conceito comum a todos os bons hábitos, para assumir nesse conjunto a sua consistência própria. Será somente no a. 3 que a questão da essência do dom será posta: tratar-se-á de um hábito?

datio irreddibilis, secundum Philosophum[3]. Ergo virtutes et dona non distinguuntur.

4. PRAETEREA, plura eorum quae enumerantur inter dona, sunt virtutes. Nam sicut supra[4] dictum est, sapientia et intellectus et scientia sunt virtutes intellectuales; consilium autem ad prudentiam pertinet; pietas autem species est iustitiae; fortitudo autem quaedam virtus est moralis. Ergo videtur quod virtutes non distinguantur a donis.

SED CONTRA est quod Gregorius, I *Moral.*[5], distinguit septem dona, quae dicit significari per septem filios Iob, a tribus virtutibus theologicis, quas dicit significari per tres filias Iob. Et in II *Moral.*[6], distinguit eadem septem dona a quatuor virtutibus cardinalibus, quae dicit significari per quatuor angulos domus.

RESPONDEO dicendum quod, si loquamur de dono et virtute secundum nominis rationem, sic nullam oppositionem habent ad invicem. Nam ratio virtutis sumitur secundum quod perficit hominem ad bene agendum, ut supra[7] dictum est: ratio autem doni sumitur secundum comparationem ad causam a qua est. Nihil autem prohibet illud quod est ab alio ut donum, esse perfectivum alicuius ad bene operandum: praesertim cum supra[8] dixerimus quod virtutes quaedam nobis sunt infusae a Deo. Unde secundum hoc, donum a virtute distingui non potest. Et ideo quidam posuerunt quod dona non essent a virtutibus distinguenda. — Sed eis remanet non minor difficultas: ut scilicet rationem assignent quare quaedam virtutes dicantur dona, et non omnes; et quare aliqua computentur inter dona, quae non computantur inter virtutes, ut patet de timore.

Unde alii dixerunt dona a virtutibus esse distinguenda; sed non assignaverunt convenientem distinctionis causam, quae scilicet ita communis esset virtutibus, quod nullo modo donis, aut e converso. Considerantes enim aliqui quod, inter septem dona, quatuor pertinent ad rationem, scili-

virtudes infusas, pois o dom é, segundo o Filósofo, "um presente que não dá para retribuir". Logo, as virtudes e os dons não se distinguem.

4. ADEMAIS, muitas das coisas enumeradas entre os dons são virtudes, pois, como foi dito antes, sabedoria, inteligência e ciência são virtudes intelectuais; o conselho pertence à prudência; a piedade é uma espécie de justiça e a fortaleza, uma virtude moral. Logo, parece que não há distinção entre virtudes e dons.

EM SENTIDO CONTRÁRIO, Gregório distingue os sete dons, significados, segundo ele, pelos sete filhos de Jó, das três virtudes teologais, que ele diz serem significadas por suas três filhas. E em outro lugar distingue os mesmos sete dons das quatro virtudes cardeais, que ele diz serem significadas pelos quatro ângulos da casa.

RESPONDO. Se considerarmos o dom e a virtude, atendo-nos à razão da palavra, não há oposição alguma entre eles, porque a razão da virtude é entendida por conferir ao homem a perfeição de agir corretamente, como já foi dito, e a razão de dom por referir-se à causa da qual procede. Ora, nada impede que aquilo que procede de outro como dom, aperfeiçoe alguém para bem agir, sobretudo, dissemos já, porque certas virtudes nos são infundidas por Deus. Logo, nesse sentido, o dom não pode se distinguir da virtude. Razão por que certos autores ensinaram que dons e virtudes não se distinguem. — Mas fica-lhes por resolver uma não pequena questão, a saber, porque algumas e não todas as virtudes são tidas como dons e por que certos dons não são enumerados entre as virtudes, como é o caso patente do temor[b].

Daí a razão de outros afirmarem que se deve distinguir os dons das virtudes, embora não indiquem causa adequada para essa distinção, ou seja, uma causa de tal modo comum às virtudes que de nenhum modo conviesse aos dons, ou vice-versa. Alguns, com efeito, considerando que, entre os

3. *Topic.* IV, 4: 125, a, 18.
4. Q. 57, a. 2.
5. Loc. supra cit.: ML 75, 544 C.
6. Q. 49, al. 27, in vet. 36: ML 75, 592 BD.
7. Q. 55, a. 3, 4.
8. Q. 63, a. 3.

b. A dificuldade com a qual se deparam os que não distinguem os dons das virtudes, não é fundamentalmente de ordem racional; os seus argumentos se sustentam. A resistência provém do dado teológico: as listas das virtudes e dos dons não precisam mais ser feitas, elas são tradicionais e não coincidem. O que as primeiras objeções estabelecem é que o vocabulário era ainda flutuante na época de Sto. Agostinho, e mesmo de São Gregório, não a ponto, contudo, que a diferença não fosse percebida (argumento em sentido contrário). O respeito de Sto. Tomás pelas listas tradicionais faz com que ele aceite *a priori* que existe uma diferença entre virtudes e dons. Resta examinar em que consiste racionalmente tal diferença.

cet sapientia, scientia, intellectus et consilium; et tria ad vim appetitivam, scilicet fortitudo, pietas et timor; posuerunt quod dona perficiebant liberum arbitrium secundum quod est facultas rationis, virtutes vero secundum quod est facultas voluntatis: quia invenerunt duas solas virtutes in ratione vel intellectu, scilicet fidem et prudentiam, alias vero in vi appetitiva vel affectiva. — Oporteret autem, si haec distinctio esset conveniens, quod omnes virtutes essent in vi appetitiva, et omnia dona in ratione.

Quidam vero, considerantes quod Gregorius dicit, in II *Moral.*[9], quod *donum Spiritus Sancti, quod in mente sibi subiecta format temperantiam, prudentiam, iustitiam et fortitudinem; eandem mentem munit contra singula tentamenta per septem dona*, dixerunt quod virtutes ordinantur ad bene operandum, dona vero ad resistendum tentationibus. — Sed nec ista distinctio sufficit. Quia etiam virtutes tentationibus resistunt, inducentibus ad peccata, quae contrariantur virtutibus: unumquodque enim resistit naturaliter suo contrario. Quod praecipue patet de caritate, de qua dicitur Ct 8,7: *Aquae multae non potuerunt extinguere caritatem.*

Alii vero, considerantes quod ista dona traduntur in Scriptura secundum quod fuerunt in Christo, ut patet Is 11,2-3; dixerunt quod virtutes ordinantur simpliciter ad bene operandum; sed dona ordinantur ad hoc ut per ea conformemur Christo, praecipue quantum ad ea quae passus est, quia in passione eius praecipue huiusmodi dona resplenduerunt. — Sed hoc etiam non videtur esse sufficiens. Quia ipse Dominus praecipue nos inducit ad sui conformitatem secundum humilitatem et mansuetudinem, Mt 11,29: *Discite a me, quia mitis sum et humilis corde*; et secundum caritatem, ut Ion 15,12: *Diligatis invicem, sicut dilexi vos*. Et hae etiam virtutes praecipue in passione Christi refulserunt.

Et ideo ad distinguendum dona a virtutibus, debemus sequi modum loquendi Scripturae, in qua

sete dons, quatro pertencem à razão, a saber, a sabedoria, a ciência, a inteligência e o conselho; e três, a fortaleza, a piedade e o temor, à potência apetitiva, disseram que os dons aperfeiçoam o livre arbítrio, enquanto potência da razão, e as virtudes, enquanto potência da vontade, visto que na razão ou intelecto só encontraram duas virtudes, a fé e a prudência, e as outras, na potência apetitiva ou afetiva. — Ora, se essa distinção fosse pertinente, seria preciso que todas as virtudes estivessem na potência apetitiva e todos os dons, na razão.

Outros, pelo contrário, considerando o que diz Gregório, que "o dom do Espírito Santo, que forma, no espírito a ele obediente, a prudência, a temperança, a justiça e a fortaleza, também o protege, pelos sete dons, contra cada uma das tentações", disseram que as virtudes visam ao agir correto, enquanto os dons servem para se resistir às tentações. — Contudo, essa distinção também não é suficiente, porque as virtudes também resistem às tentações que induzem aos pecados contrários, uma vez que cada um resiste naturalmente ao seu contrário. Isso claramente se vê, sobretudo no caso da caridade, da qual se diz no Cântico dos Cânticos: "As grandes águas não conseguiram apagar a caridade".

Outros finalmente, considerando que a Escritura nos revela esses dons como existiram em Cristo, segundo se vê no livro de Isaías, afirmaram que as virtudes se ordenam absolutamente ao agir correto, ao passo que os dons se ordenam a que, por meio deles, nos conformemos a Cristo, principalmente quanto aos seus sofrimentos, pois é sobretudo na sua paixão que esses dons resplandeceram[c]. — Essa opinião, no entanto, também não parece suficiente, porque o próprio Senhor nos induz a nos assemelharmos a ele especialmente pela humildade e pela mansidão: "Aprendei de mim que sou manso e humilde de coração", e também pela caridade: "Amai-vos uns aos outros, como eu vos amei". E também essas virtudes resplandeceram sobremodo na paixão de Cristo.

Portanto, para distinguir os dons das virtudes, devemos seguir o modo de falar da Escritura[d],

9. Loc. cit. in arg. *sed c*: ML 75, 592 D.

c. As duas primeiras tentativas de explicação eliminadas por Sto. Tomás se condenavam a si mesmas por sua lógica de má qualidade. A terceira, que é francamente teológica, não sofre tal defeito. Ela salienta, além disso, um elemento muito importante: o Espírito de Deus, quando nos gratifica com seus dons, só pode nos fazer conformes a Cristo, em particular em sua paixão. No entanto, Sto. Tomás não se alinhará a tal opinião, por "cristã" que seja, pois ela não se coaduna suficientemente com a Escritura. Será a Bíblia a responder à nossa questão.

d. Sabe-se o quanto foi criticado Sto. Tomás por não empregar em sua teologia a maneira de falar da Escritura, e sim a de Aristóteles e da Escolástica. É verdade que a sua linguagem é na maior parte do tempo bem técnica, e de uma técnica racio-

nobis traduntur non quidem sub nomine donorum, sed magis sub nomine *spirituum*: sic enim dicitur Is 11,2-3: *Requiescet super eum spiritus scientiae et intellectus*, etc. Ex quibus verbis manifeste datur intelligi quod ista septem enumerantur ibi, secundum quod sunt in nobis ab inspiratione divina. Inspiratio autem significat quandam motionem ab exteriori. Est enim considerandum quod in homine est duplex principium movens: unum quidem interius, quod est ratio; aliud autem exterius, quod est Deus, ut supra[10] dictum est; et etiam Philosophus hoc dicit, in cap. *de Bona Fortuna*[11].

Manifestum est autem quod omne quod movetur, necesse est proportionatum esse motori: et haec est perfectio mobilis inquantum est mobile, dispositio qua disponitur ad hoc quod bene moveatur a suo motore. Quanto igitur movens est altior, tanto necesse est quod mobile perfectiori dispositione ei proportionetur: sicut videmus quod perfectius oportet esse discipulum dispositum, ad hoc quod altiorem doctrinam capiat a docente. Manifestum est autem quod virtutes humanae perficiunt hominem secundum quod homo natus est moveri per rationem in his quae interius vel exterius agit. Oportet igitur inesse homini altiores perfectiones, secundum quas sit dispositus ad hoc quod divinitus moveatur. Et istae perfectiones vocantur dona: non solum quia infunduntur a Deo; sed quia secundum ea homo disponitur ut efficiatur prompte mobilis ab inspiratione divina, sicut dicitur Is 50,5: *Dominus aperuit mihi aurem; ego autem non contradico, retrorsum non abii*. Et Philosophus etiam dicit, in cap. *de Bona Fortuna*[12], quod his qui moventur per instinctum divinum, non expedit consiliari secundum rationem humanam, sed quod sequantur interiorem instinctum: quia moventur a meliori principio quam sit ratio humana. — Et hoc est quod quidam dicunt, quod dona perficiunt hominem ad altiores actus quam sint actus virtutum.

Ad primum ergo dicendum quod huiusmodi dona nominantur quandoque virtutes, secundum

que no-los transmite, não com o nome de dons, mas sim com o de *espíritos*. Assim, aliás, diz o livro de Isaías: "Sobre ele repousará o espírito de sabedoria e de inteligência..." Por aí se vê manifesto que esses sete dons são enumerados como existentes em nós, por inspiração divina. Ora, inspiração significa uma moção vinda de fora, pois cumpre salientar que há no homem dois princípios de movimento: um interior, que é a razão; outro, exterior, que é Deus, como acima se mostrou e o Filósofo diz o mesmo, no início do livro *da Boa Fortuna*.

É evidente que tudo o que é movido deve, necessariamente, ser proporcional ao que move e essa é a perfeição do móvel enquanto tal: a disposição pela qual se dispõe a ser bem movido por seu motor. Por isso, quanto mais elevado for o movente, tanto mais necessário é que o sujeito móvel lhe seja proporcionado por uma disposição perfeita, assim como vemos que o discípulo deve estar preparado mais perfeitamente para receber do mestre um ensinamento mais elevado. Ora, é óbvio que as virtudes humanas aperfeiçoam o homem na medida em que ele está apto, por natureza, a ser movido pela razão, nos seus atos interiores e exteriores. Logo, é necessário que existam no homem perfeições mais altas que o disponham a ser movido por Deus. E tais perfeições chamam-se dons, não só por serem infundidas por Deus, mas também porque, graças a elas, o homem se dispõe a se deixar mover prontamente pela inspiração divina, como diz o livro de Isaías: "O Senhor me abriu o ouvido e eu não me revoltei, não me virei para trás". E o Filósofo diz também que "os homens impulsionados por instinto divino não devem buscar conselho na razão humana, mas seguir esse instinto interior, porque são movidos por um princípio superior à razão humana". — E isso é o que dizem alguns, a saber que os dons aperfeiçoam o homem para ações mais elevadas que as das virtudes.

Quanto ao 1º, portanto, deve-se dizer que esses dons são, às vezes, chamados de virtudes,

10. Q. 9, a. 4, 6.
11. *Ethic. Eudem.* VII, 14: 1248, a, 14-29.
12. Loc. cit.: 1248, a, 32-36.

nal estranha à Bíblia. Não esqueçamos, todavia, o que ele afirma a respeito da *Sacra Doctrina* no início da Suma teológica (I, q. 1), não esqueçamos o seu trabalho de comentador da Escritura, e não subestimemos a atenção que ele dedica aos textos que ele comenta. Aqui, ele aponta para o fato de que o profeta Isaías emprega o termo espírito, e não dom. O dom não seria idêntico à virtude, pois teria por função acolher uma outra "in-spiração", um outro espírito. Tirando dessas constatações um certo número de consequência teológicas, Sto. Tomás se afastará novamente da maneira de falar da Escritura, o estilo racional e analítico retomará os seus direitos. Entretanto, a Escritura terá iluminado o caminho.

communem rationem virtutis. Habent tamen aliquid supereminens rationi communi virtutis, inquantum sunt quaedam divinae virtutes, perficientes hominem inquantum est a Deo motus. Unde et Philosophus, in VII *Ethic.*[13], supra virtutem communem ponit quandam virtutem *heroicam* vel *divinam*, secundum quam dicuntur aliqui *divini viri*.

AD SECUNDUM dicendum quod vitia, inquantum sunt contra bonum rationis, contrariantur virtutibus: inquantum autem sunt contra divinum instinctum, contrariantur donis. Idem enim contrariatur Deo et rationi, cuius lumen a Deo derivatur.

AD TERTIUM dicendum quod definitio illa datur de virtute secundum communem modum virtutis. Unde si volumus definitionem restringere ad virtutes prout distinguuntur a donis, dicemus quod hoc quod dicitur, *qua recte vivitur*, intelligendum est de rectitudine vitae quae accipitur secundum regulam rationis. — Similiter autem donum, prout distinguitur a virtute infusa, potest dici id quod datur a Deo in ordine ad motionem ipsius; quod scilicet facit hominem bene sequentem suos instinctus.

AD QUARTUM dicendum quod sapientia dicitur intellectualis virtus, secundum quod procedit ex iudicio rationis: dicitur autem donum, secundum quod operatur ex instictu divino. Et similiter dicendum est de aliis.

ARTICULUS 2

Utrum dona sint necessaria homini ad salutem

AD SECUNDUM SIC PROCEDITUR. Videtur quod dona non sint necessaria homini ad salutem.

segundo a razão comum de virtude. Não obstante, têm algo a mais que essa razão comum de virtude, por serem virtudes divinas que aperfeiçoam o homem, enquanto movido por Deus. Por isso, o Filósofo também afirma acima da virtude comum uma virtude heroica ou divina, pela qual certos homens são ditos divinos[e].

QUANTO AO 2º, deve-se dizer que os vícios, enquanto são contrários ao bem da razão, se opõem às virtudes. Mas, contrários ao instinto divino, se opõem aos dons[f]. Pois o mesmo contraria a Deus e à razão, cuja luz vem de Deus.

QUANTO AO 3º, deve-se dizer que essa definição refere-se à virtude em seu sentido comum. Portanto, se quisermos restringir a definição às virtudes, enquanto distintas dos dons, diremos que a expressão: "pela qual se vive retamente", deve ser entendida da retidão da vida segundo a regra da razão. — Da mesma forma, o dom, enquanto distinto da virtude infusa, pode ser definido como aquilo que é dado por Deus em vista da moção divina, ou seja, aquilo que leva o homem a seguir de pronto os instintos divinos.

QUANTO AO 4º, deve-se dizer que a sabedoria é uma virtude intelectual, enquanto procede do juízo da razão. Diz-se, porém, que é um dom, enquanto age por instinto divino. E deve-se dizer o mesmo dos outros dons.

ARTIGO 2

Os dons são necessários à salvação do homem?[g]

QUANTO AO SEGUNDO, ASSIM SE PROCEDE: parece que os dons **não** são necessários à salvação do homem.

13. C. 1: 1145, a, 20-25.

2

e. Já ao longo deste artigo, que todavia se pretende no tom da Escritura, encontramos o testemunho de Aristóteles, mas tratava-se de elementos secundários. Aqui, Sto. Tomás é mais audacioso, uma vez que, referindo-se a uma "virtude heroica ou divina", o Filósofo lhe parece assumir uma posição que lembra positivamente a doutrina dos dons do Espírito Santo.

f. Poderíamos deduzir do que é afirmado aqui que, no estudo minucioso das virtudes e dos vícios projetado para a II-II, não encontraremos, contrapondo os vícios às virtudes, maus hábitos opondo-se especificamente aos dons. Isso só é parcialmente verdadeiro. Aos dons da ciência e da inteligência serão contrapostos vícios tais como a ignorância e o embotamento. Quando à tolice, ela será diretamente contraposta ao dom da sabedoria. O que significa que Sto. Tomás não sacrifica tudo ao espírito de sistema, mas seria um erro concluir que o princípio aqui enunciado: "É do mesmo movimento que surge a oposição à razão e a Deus", sofra exceções.

g. Mais uma questão que vem interpor-se antes que seja abordada a questão da essência do dom. Por que falar aqui de necessidade dos dons, a não ser por que não caberia estender-se sobre o tema, após um estudo aprofundado das virtudes, se os dons não fossem necessários à salvação? Facultativos, eles só teriam uma importância menor, mesmo distintos das virtudes. A sua necessidade justifica a extensão da sequência de artigos que Sto. Tomás lhes consagra.

1. Dona enim ordinantur ad quandam perfectionem ultra communem perfectionem virtutis. Non autem est homini necessarium ad salutem ut huiusmodi perfectionem consequatur, quae est ultra communem statum virtutis: quia huiusmodi perfectio non cadit sub praecepto, sed sub consilio. Ergo dona non sunt necessaria homini ad salutem.

2. PRAETEREA, ad salutem hominis sufficit quod homo se bene habeat et circa divina et circa humana. Sed per virtutes theologicas homo se habet bene circa divina; per virtutes autem morales, circa humana. Ergo dona non sunt homini necessaria ad salutem.

3. PRAETEREA, Gregorius dicit, in II *Moral.*[1], quod *Spiritus Sanctus dat sapientiam contra stultitiam, intellectum contra hebetudinem, consilium contra praecipitationem, fortitudinem contra timorem, scientiam contra ignorantiam, pietatem contra duritiam, timorem contra superbiam*. Sed sufficiens remedium potest adhiberi ad omnia ista tollenda per virtutes. Ergo dona non sunt necessaria homini ad salutem.

SED CONTRA, inter dona summum videtur esse sapientia, infimum autem timor. Utrumque autem horum necessarium est ad salutem: quia de sapientia dicitur, Sap 7,28: *Neminem diligit Deus nisi eum qui cum sapientia inhabitat*; et de timore dicitur, Eccli 1,8: *Qui sine timore est, non poterit iustificari*. Ergo etiam alia dona media sunt necessaria ad salutem.

RESPONDEO dicendum quod, sicut dictum est[2], dona sunt quaedam hominis perfectiones, quibus homo disponitur ad hoc quod bene sequatur instinctum divinum. Unde in his in quibus non sufficit instinctus rationis, sed est necessarius Spiritus Sancti instinctus, per consequens est necessarium donum.

Ratio autem hominis est perfecta dupliciter a Deo: primo quidem, naturali perfectione, scilicet secundum lumen naturale rationis; alio modo, quadam supernaturali perfectione, per virtutes theologicas, ut dictum est supra[3]. Et quamvis haec

1. Com efeito, eles se ordenam a uma perfeição que ultrapassa a perfeição comum da virtude. Ora, não é necessário à sua salvação atingir tal perfeição, acima do estado comum da virtude, pois essa perfeição não é de preceito, senão apenas de conselho. Logo, os dons não são necessários à salvação do homem.

2. ALÉM DISSO, para sua salvação basta ao homem que proceda bem tanto em relação às coisas de Deus como às coisas humanas. Ora, pelas virtudes teologais, o homem procede bem no que se refere às coisas de Deus, pelas virtudes morais, no que se refere às coisas humanas. Logo, os dons não lhe são necessários à salvação.

3. ADEMAIS, ensina Gregório que "o Espírito Santo dá a sabedoria contra a estultícia; a inteligência contra a estupidez; o conselho contra a irreflexão; a fortaleza contra o medo; a ciência contra a ignorância; a piedade contra a dureza de coração; o temor contra o orgulho". Ora, pelas virtudes pode-se dispor de remédio suficiente para superar todos esses males. Logo, os dons não são necessários à sua salvação.

EM SENTIDO CONTRÁRIO, entre os dons, parece que o maior é a sabedoria e o menor, o temor. Ora, ambos são necessários à salvação, pois da sabedoria está escrito: "São amados de Deus somente os que moram com a sabedoria", e do temor: "Aquele que está sem temor não poderá ser justificado". Logo também os outros dons intermediários são necessários à salvação.

RESPONDO. Como antes se demonstrou, os dons são perfeições do homem que o dispõem a bem seguir o instinto divino[h]. Portanto, nas situações em que o instinto da razão não é suficiente, mas se exige também o do Espírito Santo, é, por consequência, necessário o dom.

A razão humana é aperfeiçoada por Deus de dois modos: primeiro, naturalmente, isto é, pela luz natural da razão; e em segundo lugar, sobrenaturalmente, pelas virtudes teologais, como já foi dito. E embora esta segunda perfeição seja

1. C. 49, al. 27, in vet. 36: ML 75, 592 D-593 A.
2. Art. praec.
3. Q. 62, a. 1.

h. Saberemos o que são os dons do Espírito Santo em um ontologia tomista quando, nessa frase, formos capazes de substituir a palavra "perfeições" pelo termo "hábitos" [*habitus*]. Mas já estamos bastante avançados em nossa investigação, pois nossa definição provisória será retomada no início dos artigos 3 e 4 de nossa questão como base da argumentação. O que será demonstrado é que os dons, sejam ou não hábitos, pelo fato de serem perfeições dessa natureza, são necessários à salvação. A sua necessidade só pode aumentar o interesse do teólogo pelos mesmos.

secunda perfectio sit maior quam prima, tamen prima perfectiori modo habetur ab homine quam secunda: nam prima habetur ab homine quasi plena possessio, secunda autem habetur quasi imperfecta; imperfecte enim diligimus et cognoscimus Deum. Manifestum est autem quod unumquodque quod perfecte habet naturam vel formam aliquam aut virtutem, potest per se secundum illam operari: non tamen exclusa operatione Dei, qui in omni natura et voluntate interius operatur. Sed id quod imperfecte habet naturam aliquam vel formam aut virtutem, non potest per se operari, nisi ab altero moveatur. Sicut sol, quia est perfecte lucidus, per seipsum potest illuminare: luna autem, in qua est imperfecte natura lucis, non illuminat nisi illuminata. Medicus etiam, qui perfecte novit artem medicinae, potest per se operari: sed discipulus eius, qui nondum est plene instructus, non potest per se operari, nisi ab eo instruatur.

Sic igitur quantum ad ea quae subsunt humanae rationi, in ordine scilicet ad finem connaturalem homini; homo potest operari per iudicium rationis. Si tamen etiam in hoc homo adiuvetur a Deo per specialem instinctum, hoc erit superabundantis bonitatis: unde secundum philosophos, non quicumque habebat virtutes morales acquisitas, habebat virtutes heroicas vel divinas. — Sed in ordine ad finem ultimum supernaturalem, ad quem ratio movet secundum quod est aliqualiter et imperfecte formata per virtutes theologicas; non sufficit ipsa motio rationis, nisi desuper adsit instinctus et motio Spiritus Sancti; secundum illud Rm 8,14-17: *Qui Spiritu Dei aguntur, hi filii Dei sunt; et si filii, et haeredes*; et in Ps 142,10 dicitur: *Spiritus tuus bonus deducet me in terram rectam*; quia scilicet in haereditatem illius terrae beatorum nullus potest pervenire, nisi moveatur et deducatur a Spiritu Sancto. Et ideo ad illum finem consequendum, necessarium est homini habere donum Spiritus Sancti.

Ad primum ergo dicendum quod dona excedunt communem perfectionem virtutum, non

maior que a anterior, contudo, o homem possui de modo mais perfeito a primeira, pois ele a tem em posse plena, enquanto a outra ele a possui imperfeitamente, porque amamos e conhecemos a Deus imperfeitamente. É claro, porém, que o que possui natureza, forma ou virtude perfeita pode, por si mesmo, agir de acordo com ela, mas sem excluir a ação divina, que age interiormente em todas as naturezas e vontades. Ao contrário, o que possui natureza, forma ou virtude imperfeita não pode agir por si mesmo, a não ser movido por outro. O sol, por exemplo, como foco perfeito de luz, pode, por si mesmo, iluminar, ao passo que a lua, na qual a luz existe apenas imperfeitamente, não ilumina se não for iluminada. É o caso também do médico. Se conhecer perfeitamente a arte médica, poderá agir por si próprio; mas o seu discípulo, ainda não plenamente instruído, não poderá fazê-lo, se não for instruído pelo mestre.

Assim, pois, quanto às coisas sujeitas à razão humana, ou seja, ordenadas ao fim conatural ao homem, este pode agir pelo juízo da razão. Se, porém, nisso também o homem for ajudado por Deus, mediante um instinto especial, isso será efeito de uma bondade superabundante. Daí vem que, segundo os filósofos, nem todos que tinham virtudes morais adquiridas, tinham virtudes heroicas ou divinas. — Mas em ordem ao fim último sobrenatural, ao qual a razão nos impulsiona, enquanto informada de certo modo e imperfeitamente pelas virtudes teologais, essa moção racional não basta, se não vier do alto o instinto e a moção do Espírito Santo, conforme diz a Carta aos Romanos: "Os que são conduzidos pelo Espírito de Deus, esses é que são filhos de Deus, e se filhos, também herdeiros", e também o Salmo: "Teu Espírito bom me conduzirá a uma terra plana". Na verdade, se não for movido e conduzido pelo Espírito Santo, ninguém conseguirá herdar a terra dos bem-aventurados. Por isso, para alcançar esse fim, precisa o homem ter o dom do Espírito Santo[i].

Quanto ao 1º, portanto, deve-se dizer que os dons superam a perfeição comum das virtudes, não

i. O argumento baseia-se aqui na disparidade entre a razão (que é a regra de toda virtude) e a atividade sobrenatural, ou teologal. Em relação a esta, a razão não exerce todo o seu peso, por assim dizer, embora tenha um papel a desempenhar. Há, portanto, um vazio a ser preenchido, que não pertence mais ao âmbito da virtude, mas de uma inspiração divina. E esta, na medida em que a razão não está equipada para acolhê-la segundo o seu modo próprio, exige no homem um outro tipo de receptores que lhe sejam proporcionais. Tais receptores são os dons do Espírito Santo. Há, portanto, uma razão teológica objetiva para distinguir os dons das virtudes, a despeito de seus numerosos traços comuns.

E, dado que os dons são necessários à salvação, concluiremos que não podemos reservá-los a seres excepcionais, a menos que se considere todo cristão, desde o batismo, ou mesmo todo homem, pelo fato de ser chamado à salvação, como um ser excepcional. Os dons são feitos para todos.

quantum ad genus operum, eo modo quo consilia excedunt praecepta: sed quantum ad modum operandi, secundum quod movetur homo ab altiori principio.

AD SECUNDUM dicendum quod per virtutes theologicas et morales non ita perficitur homo in ordine ad ultimum finem, quin semper indigeat moveri quodam superiori instinctu Spiritus Sancti, ratione iam[4] dicta.

AD TERTIUM dicendum quod rationi humanae non sunt omnia cognita, neque omnia possibilia, sive accipiatur ut perfecta perfectione naturali, sive accipiatur ut perfecta theologicis virtutibus. Unde non potest quantum ad omnia repellere stultitiam, et alia huiusmodi, de quibus ibi fit mentio. Sed Deus, cuius scientiae et potestati omnia subsunt, sua motione ab omni stultitia et ignorantia et hebetudine et duritia et ceteris huiusmodi, nos tutos reddit. Et ideo dona Spiritus Sancti, quae faciunt nos bene sequentes instinctum ipsius, dicuntur contra huiusmodi defectus dari.

quanto ao gênero das obras, do modo pelo qual os conselhos superam os preceitos, e sim quanto à maneira de agir, enquanto o homem é movido por um princípio mais alto[j].

QUANTO AO 2º, deve-se dizer que pelas virtudes teologais e morais o homem não é aperfeiçoado em ordem ao fim último a ponto de não precisar sempre ser movido pelo instinto superior do Espírito Santo, pela razão já exposta.

QUANTO AO 3º, deve-se dizer que a razão humana não conhece todas as coisas, nem todos os possíveis, quer a consideremos aperfeiçoada por uma perfeição natural, quer a consideremos aperfeiçoada pelas virtudes teologais. Portanto, não pode livrar-se em tudo da estultícia nem dos outros males mencionados na objeção. Mas Deus, a cuja ciência e poder todas as coisas estão sujeitas, com sua moção nos protege de toda estultícia, ignorância, estupidez, dureza de coração e defeitos semelhantes. Por isso se diz que os dons do Espírito Santo, que nos ajudam a bem seguir seu instinto, são dados como remédios a tais defeitos.

ARTICULUS 3

Utrum dona Spiritus Sancti sint habitus

AD TERTIUM SIC PROCEDITUR. Videtur quod dona Spiritus Sancti non sint habitus.

1. Habitus enim est qualitas in homine manens: est enim *qualitas difficile mobilis*, ut dicitur in *Praedicamentis*[1]. Sed proprium Christi est quod dona Spiritus Sancti eo requiescant; ut dicitur Is 11,2-3. Et Io1,33 dicitur: *Super quem videris Spiritum descendentem, et manentem super eum, hic est qui baptizat*: quod exponens Gregorius, in II *Moral.*[2], dicit: *In cunctis fidelibus Spiritus Sanctus venit; sed in solo Mediatore semper singulariter permanet*. Ergo dona Spiritus Sancti non sunt habitus.

ARTIGO 3

Os dons são hábitos do Espírito Santo?

QUANTO AO TERCEIRO, ASSIM SE PROCEDE: parece que os dons do Espírito Santo **não** são hábitos.

1. Com efeito, o hábito é uma qualidade permanente no homem, "uma qualidade dificilmente móvel", como se diz no livro das *Categorias*. Ora, é próprio de Cristo que os dons do Espírito Santo nele repousem, diz o livro de Isaías. E no Evangelho de João se lê: "Aquele sobre o qual vires o Espírito descer e permanecer sobre ele, é ele que batiza". Comentando esse texto, diz Gregório: "O Espírito Santo desce sobre todos os fiéis, mas só no Mediador permanece sempre, de forma única". Logo, os dons do Espírito Santo não são hábitos[k].

4. In corp.

3

1. C. 8: 8, b, 30.
2. C. 56, al. 28, in vet. 41: ML 75, 598 B.

j. Não procuremos discernir certos domínios da existência onde exerceríamos as virtudes para distingui-los de outros domínios de atividade que seriam reservados aos dons. Toda nossa existência encontra-se submetida aos dons, assim como às virtudes; é pelo modo que diferem os dons das virtudes. O que significa que as virtudes se exercem até nos atos mais sublimes e, em contrapartida, que os dons intervêm nos assuntos comuns e cotidianos. Os dons não são reservados ao que, humanamente falando, constitui as grandes circunstâncias, ainda que, falando em termos sobrenaturais, a circunstância seja sempre grande quando atravessada pelo sopro do Espírito Santo.

k. O que está em jogo na questão é duplo. Trata-se primeiramente de saber, questão ontológica, o que são os dons; e as categorias possíveis são os atos, as paixões ou os hábitos. No entanto, pelo fato de serem os hábitos caracterizados por sua

2. PRAETEREA, dona Spiritus Sancti perficiunt hominem secundum quod agitur a Spiritu Dei, sicut dictum est[3]. Sed inquantum homo agitur a Spiritu Dei, se habet quodammodo ut instrumentum respectu eius. Non autem convenit ut instrumentum perficiatur per habitum, sed principale agens. Ergo dona Spiritus Sancti non sunt habitus.

3. PRAETEREA, sicut dona Spiritus Sancti sunt ex inspiratione divina, ita et donum prophetiae. Sed prophetia non est habitus: *non* enim *semper spiritus prophetiae adest prophetis*, ut Gregorius dicit, in I Homilia Ezechielis[4]. Ergo neque etiam dona Spiritus Sancti sunt habitus.

SED CONTRA est quod Dominus dicit discipulis, de Spiritu Sancto loquens, Io 14,17: *Apud vos manebit, et in vobis erit*. Spiritus autem Sanctus non est in hominibus absque donis eius. Ergo dona eius manent in hominibus. Ergo non solum sunt actus vel passiones, sed etiam habitus permanentes.

RESPONDEO dicendum quod, sicut dictum est[5], dona sunt quaedam perfectiones hominis, quibus disponitur ad hoc quod homo bene sequatur instinctum Spiritus Sancti. Manifestum est autem ex supradictis[6] quod virtutes morales perficiunt vim appetitivam secundum quod participat aliqualiter rationem, inquantum scilicet nata est moveri per imperium rationis. Hoc igitur modo dona Spiritus Sancti se habent ad hominem in comparatione ad Spiritum Sanctum, sicut virtutes morales se habent ad vim appetitivam in comparatione ad rationem.

2. ALÉM DISSO, os dons do Espírito Santo aperfeiçoam o homem, enquanto é levado pelo Espírito de Deus, como já se disse. Mas o homem, levado pelo Espírito de Deus, comporta-se como instrumento em relação a ele. Ora, não cabe ao instrumento ser aperfeiçoado por um hábito, mas ao agente principal. Logo, os dons do Espírito Santo não são hábitos.

3. ADEMAIS, tal como os dons do Espírito Santo, o dom da profecia também procede da inspiração divina. Ora, a profecia não é um hábito, pois, diz Gregório: "O espírito de profecia não está sempre presente nos profetas". Logo, os dons do Espírito Santo também não são hábitos.

EM SENTIDO CONTRÁRIO, o Senhor diz aos seus discípulos, falando do Espírito Santo: "Ele permanece junto de vós e está em vós". Ora, o Espírito não está em nós sem os seus dons. Logo, estes permanecem nos homens[l] e não são, pois, apenas atos ou paixões, mas hábitos permanentes.

RESPONDO. Os dons, já o vimos, são perfeições que dispõem o homem a seguir bem o impulso do Espírito Santo. Ora, pelo que foi dito anteriormente, é claro que as virtudes morais aperfeiçoam a potência apetitiva, enquanto esta participa, de alguma forma, da razão, ou seja, enquanto é naturalmente capaz de ser movida pelo império da razão. Portanto, os dons do Espírito Santo estão para o homem, em relação ao Espírito Santo, como as virtudes morais para a potência apetitiva em relação à razão[m]. Mas as virtudes morais são

3. Art. 1, 2.
4. *In Ezechiel.*, l. I, hom. 1, n. 4: ML 76, 788 B.
5. Art. 1.
6. Q. 56, a. 4; q. 58, a. 2.

estabilidade, a questão teológica é saber se os dons do Espírito Santo permanecem ou não em nós. Certamente permanecem em Cristo, como se pode concluir dos textos de Isaías (repousar sobre) e de São João (permanecer), e como o afirma São Gregório. Mas, o que ocorre conosco, simples mortais?

l. O argumento "em sentido contrário" desempenha aqui à perfeição o seu papel tradicional: contrapõe citação a citação, autoridade a autoridade. João Batista havia sido convidado a reconhecer aquele que ele anunciava pelo signo de que o Espírito não somente desceria sobre ele, mas nele repousaria. O evangelista João, que nos relata esse fato, transmite-nos igualmente que Jesus, em seu discurso de adeus, prometeu aos seus que o Espírito permaneceria neles e estaria neles. Não se deve concluir portanto, pelo fato de o Espírito ter repousado sobre Jesus no batismo, que ele não se estabelece, não permanece naquele que crê após a ressurreição.

m. Comparação não é razão. Contudo, uma comparação pode ser extremamente esclarecedora. Para Sto. Tomás, há aqui uma analogia real:

$$\frac{\text{dons / homem}}{\text{Espírito Santo}} = \frac{\text{virtudes morais / potência apetitiva}}{\text{razão}}$$

Se, em um caso, para uma perfeita disposição do apetite a seguir prontamente a razão, é preciso um hábito, no outro caso, para uma perfeita disposição em obedecer ao Espírito Santo será preciso igualmente um hábito.

Pode parecer estranho postular uma disposição estável para acolher inspirações tão imprevisíveis quanto as de um Espírito que "sopra onde quer". Encontraremos um paradoxo análogo estudando a virtude da prudência, disposição estável a adaptar-se a situações concretas demasiado complexas para não serem inéditas. Pelos dons, o homem se vê em um estado constante de disponibilidade ao imprevisível!

Virtutes autem morales habitus quidam sunt, quibus vires appetitivae disponuntur ad prompte obediendum rationi. Unde et dona Spiritus Sancti sunt quidam habitus, quibus homo perficitur ad prompte obediendum Spiritu Sancto.

AD PRIMUM ergo dicendum quod Gregorius ibidem[7] solvit, dicens quod *in illis donis sine quibus ad vitam perveniri non potest, Spiritus Sanctus in electis omnibus semper manet: sed in aliis non semper manet*. Septem autem dona sunt necessaria ad salutem, ut dictum est[8]. Unde quantum ad ea, Spiritus Sanctus semper manet in sanctis.

AD SECUNDUM dicendum quod ratio illa procedit de instrumento cuius non est agere, sed solum agi. Tale autem instrumentum non est homo; sed sic agitur a Spiritu Sancto, quod etiam agit, inquantum est liberi arbitrii. Unde indiget habitu.

AD TERTIUM dicendum quod prophetia est de donis quae sunt ad manifestationem Spiritus, non autem ad necessitatem salutis. Unde non est simile.

hábitos que dispõem as potências apetitivas para obedecer prontamente à razão. Logo, também os dons do Espírito Santo são hábitos que aperfeiçoam o homem para obedecer prontamente a esse Espírito.

QUANTO AO 1º, portanto, deve-se dizer que Gregório desfaz a objeção nesse mesmo lugar, ao dizer que "o Espírito Santo permanece sempre em todos os eleitos mediante esses dons sem os quais não se pode chegar à vida eterna, mas nem sempre permanece mediante outros dons". Ora, os sete dons, como foi dito, são necessários à salvação. Logo, quanto a eles o Espírito Santo sempre permanece nos santos.

QUANTO AO 2º, deve-se dizer que a objeção vale no caso de instrumento, ao qual cabe não atuar mas ser atuado. Ora, o homem não é instrumento nesse sentido. Ele é atuado pelo Espírito Santo de tal modo que ele próprio também atua, enquanto dotado de livre-arbítrio. Logo, precisa de hábitos.

QUANTO AO 3º, deve-se dizer que a profecia é um dos dons que servem à manifestação do Espírito e não à necessidade da salvação. Não há, pois, semelhança.

ARTICULUS 4

Utrum convenienter septem dona Spiritus Sancti enumerentur

AD QUARTUM SIC PROCEDITUR. Videtur quod inconvenienter septem dona Spiritus Sancti enumerentur.

1. In illa enim enumeratione ponuntur quatuor pertinentia ad virtutes intellectuales, scilicet sapientia, intellectus, scientia et consilium, quod pertinet ad prudentiam: nihil autem ibi ponitur quod pertineat ad artem, quae est quinta virtus intellectualis. Similiter etiam ponitur aliquid pertinens ad iustitiam, scilicet pietas, et aliquid pertinens ad fortitudinem, scilicet donum fortitudinis: nihil autem ponitur ibi pertinens ad temperantiam. Ergo insufficienter enumerantur dona.

2. PRAETEREA, pietas est pars iustitiae. Sed circa fortitudinem non ponitur aliqua pars eius, sed ipsa fortitudo. Ergo non debuit poni pietas, sed ipsa iustitia.

ARTIGO 4

Os sete dons do Espírito Santo são convenientemente enumerados?

QUANTO AO QUARTO, ASSIM SE PROCEDE: parece que os sete dons do Espírito Santo **não** são convenientemente enumerados.

1. Com efeito, nessa enumeração se incluem quatro dons correspondentes às virtudes intelectuais, a saber: a sabedoria, a inteligência, a ciência e o conselho, que pertence à prudência; e nela não se inclui nada referente à arte, que é a quinta virtude intelectual. Do mesmo modo, inclui-se um dom relacionado à justiça, ou seja, a piedade; e outro que corresponde à fortaleza, a saber, o dom da fortaleza; mas não se inclui nenhum ligado à temperança. Logo, os dons estão aí insuficientemente enumerados.

2. ALÉM DISSO, a piedade é parte da justiça. Ora, no caso da fortaleza não se inclui aí como dom uma de suas partes, mas a própria fortaleza. Logo não se deveria incluir a piedade, mas a justiça mesma.

7. C. 56, al. 29, in vet. 42: ML 75, 598 D.
8. Art. 2.

4 PARALL.: II-II, q. 8, a. 6; III *Sent.*, dist. 34, q. 1, a. 2; in *Isaiam*, c. 11.

3. PRAETEREA, virtutes theologicae maxime ordinant nos ad Deum. Cum ergo dona perficiant hominem secundum quod movetur a Deo, videtur quod debuissent poni aliqua dona pertinentia ad theologicas virtutes.

4. PRAETEREA, sicut Deus timetur, ita etiam amatur, et in ipsum aliquis sperat, et de eo delectatur. Amor autem, spes et delectatio sunt passiones condivisae timori. Ergo, sicut timor ponitur donum, ita et alia tria debent poni dona.

5. PRAETEREA, intellectui adiungitur sapientia quae regit ipsum; fortitudini autem consilium, pietati vero scientia. Ergo et timori debuit addi aliquod donum directivum. Inconvenienter ergo septem dona Spiritus Sancti enumerantur.

SED IN CONTRARIUM est auctoritas Scripturae, Is 11,2-3.

RESPONDEO dicendum quod, sicut dictum est[1], dona sunt quidam habitus perficientes hominem ad hoc quod prompte sequatur instinctum Spiritus Sancti, sicut virtutes morales perficiunt vires appetitivas ad obediendum rationi. Sicut autem vires appetitivae natae sunt moveri per imperium rationis, ita omnes humanae natae sunt moveri per instinctum Dei, sicut a quadam superiori potentia. Et ideo in omnibus viribus hominis quae possunt esse principia humanorum actuum, sicut sunt virtutes, ita etiam sunt dona: scilicet in ratione, et in vi appetitiva.

Ratio autem est speculativa et practica: et in utraque consideratur apprehensio veritatis, quae pertinet ad inventionem; et iudicium de veritate. Ad apprehensionem igitur veritatis, perficitur speculativa ratio per intellectum; practica vero per consilium. Ad recte autem iudicandum, speculativa quidem per sapientiam, practica vero per scientiam perficitur. — Appetitiva autem virtus, in his quidem quae sunt ad alterum, perficitur

3. ADEMAIS, as virtudes teologais são as que mais nos ordenam para Deus. Consequentemente, como os dons aperfeiçoam o homem para ele se mover para Deus, parece que se deveria incluir alguns dons relacionados às virtudes teologais.

4. ADEMAIS, assim como tememos a Deus, também o amamos, nele esperamos e com ele nos comprazemos. Ora, o amor, a esperança e o prazer são paixões distintas do temor. Logo, assim como se inclui o temor como dom, também se deveriam incluir como tais aquelas três paixões.

5. ADEMAIS, à inteligência se junta a sabedoria, que a rege; à fortaleza, o conselho; à piedade, a ciência. Logo, também ao temor se deveria acrescentar algum dom que o pudesse dirigir. Portanto, os sete dons do Espírito Santo não são convenientemente enumerados.

EM SENTIDO CONTRÁRIO, temos a autoridade da Escritura, conforme o livro de Isaías[n].

RESPONDO. Como foi dito, os dons são hábitos que aperfeiçoam o homem para seguir prontamente o instinto do Espírito Santo, da mesma forma que as virtudes morais aperfeiçoam as potências apetitivas para obedecerem à razão. E como essas potências, por natureza, são movidas pela razão, assim todas as humanas, por natureza, devem ser movidas pelo instinto de Deus, como por um poder superior. Portanto, em todas as potências do homem que podem ser princípios de atos humanos, ou seja, na razão e na potência apetitiva, assim como há virtudes, também há dons.

A razão é especulativa e prática. E em ambas se considera a apreensão ou a descoberta da verdade e o juízo sobre ela. Assim, pois, para apreender a verdade a razão especulativa é aperfeiçoada pela inteligência e a razão prática, pelo conselho. E para julgar retamente, a razão especulativa é aperfeiçoada pela sabedoria e a prática, pela ciência. — Por seu lado, a potência apetitiva, no que diz respeito aos outros, é aperfeiçoada pela

1. Art. praec.

n. Quando Sto. Tomás invoca a autoridade de Isaías para precisar o número de dons do Espírito, e confirmar a sua enumeração tradicional, tem o texto latino a seu favor. Para nós, porém, que nos reportamos ao texto hebraico, o caso é bem menos claro. No texto original, há somente três pares de dons, logo, seis, e o pretenso sétimo se apresenta como uma retomada do sexto e último. A tradução grega dos Setenta, depois a Vulgata (latina) acrescentaram a piedade, que não destoa do conjunto, mas constitui um elemento adventício.

Embora tal gênero de enumeração seja bem relativo, a argumentação de Sto. Tomás a favor do número *sete* não perde nada de sua perspicácia teológica, mesmo que se restitua o texto primitivo do profeta. Se o número *seis* fosse tradicional, Sto. Tomás teria com certeza argumentado a seu favor, e encontrado resposta a eventuais objeções favoráveis ao número *sete*. A tradição é decisiva aqui: foi o número *sete* que se impôs, é de bom conselho ater-se a ele.

Qualquer que seja a enumeração dos dons, deve-se reter a conclusão: os dons recobrem a totalidade de nossa atividade humana, ao mesmo título que as virtudes.

per pietatem. In his autem quae sunt ad seipsum, perficitur per fortitudinem contra terrorem periculorum: contra concupiscentiam vero inordinatam delectabilium, per timorem, secundum illud Pr 15,27: *Per timorem Domini declinat omnis a malo*; et in Ps 118,120: *Confige timore tuo carnes meas, a iudiciis enim tuis timui*. Et sic patet quod haec dona extendunt se ad omnia ad quae se extendunt virtutes tam intellectuales quam morales.

Ad primum ergo dicendum quod dona Spiritus Sancti perficiunt hominem in his quae pertinent ad bene vivendum: ad quae non ordinatur ars, sed ad exteriora factibilia; est enim ars ratio recta non agibilium, sed factibilium, ut dicitur in VI *Ethic.*[2]. Potest tamen dici quod, quantum ad infusionem donorum, ars pertinet ad Spiritum Sanctum, qui est principaliter movens; non autem ad homines, qui sunt quaedam organa eius dum ab eo moventur. — Temperantiae autem respondet quodammodo donum timoris. Sicut enim ad virtutem temperantiae pertinet, secundum eius propriam rationem, ut aliquis recedat a delectationibus pravis propter bonum rationis; ita ad donum timoris pertinet quod aliquis recedat a delectationibus pravis propter Dei timorem.

Ad secundum dicendum quod nomen iustitiae imponitur a rectitudine rationis: et ideo nomen virtutis est convenientius quam nomen doni. Sed nomen pietatis importat reverentiam quam habemus ad patrem et ad patriam. Et quia pater omnium Deus est, etiam cultus Dei pietas nominatur; ut Augustinus dicit, X *de Civ. Dei*[3]. Et ideo convenienter donum quo aliquis propter reverentiam Dei bonum operatur ad omnes, pietas nominatur.

Ad tertium dicendum quod animus hominis non movetur a Spiritu Sancto, nisi ei secundum aliquem modum uniatur: sicut instrumentum non movetur ab artifice nisi per contactum, aut per aliquam aliam unionem. Prima autem unio hominis est per fidem, spem et caritatem. Unde istae virtutes praesupponuntur ad dona, sicut radices quaedam donorum. Unde omnia dona pertinent ad has tres virtutes, sicut quaedam derivationes praedictarum virtutum.

Ad quartum dicendum quod amor et spes et delectatio habent bonum pro obiecto. Summum

piedade; e no que se refere a nós mesmos, pela fortaleza, contra o medo dos perigos; e contra o desejo desordenado dos prazeres, pelo temor, segundo a palavra do livro dos Provérbios: "Todo homem evita o mal graças ao temor do Senhor", e a dos Salmos: "Minha carne treme de temor diante de ti e diante de tuas decisões". Fica, então, claro que esses dons se estendem a tudo o que as virtudes abrangem, tanto as intelectuais quanto as morais.

Quanto ao 1º, portanto, deve-se dizer que os dons do Espírito Santo aperfeiçoam o homem no referente ao bem viver, ao que a arte, voltada à criação das coisas exteriores, não se ordena, pois é a regra correta não do agir mas do fazer, como se diz no livro VI da *Ética*. Pode-se, contudo, afirmar que, no caso da infusão dos dons, a arte pertence ao Espírito Santo, o motor principal, mas não pertence aos homens, que servem de órgãos do Espírito, enquanto são movidos por ele. — Quanto à temperança, corresponde a ela, de algum modo, o dom do temor, pois assim como pertence à virtude da temperança, por sua própria razão, que alguém se afaste dos prazeres depravados por causa do bem da razão, assim pertence ao dom do temor que alguém se afaste dos prazeres depravados por causa do temor de Deus.

Quanto ao 2º, deve-se dizer que justiça é uma palavra que deriva da retidão da razão e, por isso, convém mais à virtude do que ao dom. Já a palavra piedade implica reverência para com os pais e a pátria. E como Deus é o pai de todos, o culto de Deus chama-se também piedade, como escreve Agostinho. Logo, convenientemente se chama piedade o dom pelo qual, reverenciando a Deus, fazemos o bem para com todos.

Quanto ao 3º, deve-se dizer que a alma humana não é movida pelo Espírito Santo se não estiver unida, de algum modo, a ele, como o instrumento não é movido pelo artesão senão por contato ou outra forma qualquer de união. Ora, a união primeira do homem se dá pela fé, esperança e caridade. Logo, essas virtudes se pressupõem aos dons, como suas raízes e, por isso, todos os dons pertencem a elas, como derivações delas.

Quanto ao 4º, deve-se dizer que o amor, a esperança e o prazer têm por objeto o bem. Ora,

2. C. 4: 1140, a, 10, 17.
3. C. 1: ML 41, 279.

autem bonum Deus est: unde nomina harum passionum transferuntur ad virtutes theologicas, quibus anima coniungitur Deo. Timoris autem obiectum est malum, quod Deo nullo modo competit: unde non importat coiunctionem ad Deum, sed magis recessum ab aliquibus rebus propter reverentiam Dei. Et ideo non est nomen virtutis theologicae, sed doni, quod eminentius retrahit a malis quam virtus moralis.

AD QUINTUM dicendum quod per sapientiam dirigitur et hominis intellectus, et hominis affectus. Et ideo ponuntur duo correspondentia sapientiae tanquam directivo: ex parte quidem intellectus, donum intellectus; ex parte autem affectus, donum timoris. Ratio enim timendi Deum praecipue sumitur ex consideratione excellentiae divinae, quam considerat sapientia.

o bem máximo é Deus. Daí por que os nomes dessas paixões se aplicam às virtudes teologais, pelas quais a alma se une a Deus. Em contrapartida, o objeto do temor é o mal, que não cabe, absolutamente, a Deus e, portanto, não implica união com ele, mas antes afastamento de certas coisas, por reverência a Deus. Consequentemente, não denomina nenhuma virtude teologal e sim um dom, que nos retrai do mal com muito mais força que a virtude moral.

QUANTO AO 5º, deve-se dizer que a sabedoria orienta tanto o intelecto do homem como a sua afetividade. Por isso, afirmam-se dois dons correspondentes à sabedoria, como princípios diretivos: para o intelecto, o dom da inteligência; para a afetividade, o dom do temor. Com efeito, a razão do temor de Deus se funda sobretudo na consideração da excelência divina, objeto da sabedoria.

ARTICULUS 5

Utrum dona Spiritus Sancti sint connexa

AD QUINTUM SIC PROCEDITUR. Videtur quod dona non sint connexa.

1. Dicit enim Apostolus, 1Cor 12,8: *Alii datur per Spiritum sermo sapientiae, alii sermo scientiae secundum eundem Spiritum*. Sed sapientia et scientia inter dona Spiritus Sancti computantur. Ergo dona Spiritus Sancti dantur diversis, et non connectuntur sibi invicem in eodem.

2. PRAETEREA, Augustinus dicit, in XIV *de Trin.*[1], quod *scientia non pollent fideles plurimi, quamvis polleant ipsa fide*. Sed fidem concomitatur aliquod de donis, ad minus donum timoris. Ergo videtur quod dona non sint ex necessitate connexa in uno et eodem.

3. PRAETEREA, Gregorius, in I *Moral.*[2], dicit quod *minor est sapientia, si intellectu careat; et valde inutilis est intellectus, si ex sapientia non subsistat. Vile est consilium, cui opus fortitudinis deest; et valde fortitudo destruitur, nisi per consilium fulciatur. Nulla est scientia, si utilitatem pietatis non habet: et valde inutilis est pietas, si scientiae discretione caret. Timor quoque ipse, si non has virtutes habuerit, ad nullum opus bonae*

ARTIGO 5

Os dons do Espírito Santo estão ligados entre si?

QUANTO AO QUINTO, ASSIM SE PROCEDE: parece que os dons **não** estão ligados entre si.

1. Com efeito, diz o Apóstolo, na primeira Carta aos Coríntios: "A este o Espírito dá uma palavra de sabedoria; a outro, uma palavra de ciência, conforme o mesmo Espírito". Ora, a sabedoria e a ciência são citadas entre os dons do Espírito Santo. Logo, esses dons são dados a pessoas diversas e não estão ligados entre si no mesmo sujeito.

2. ALÉM DISSO, Agostinho diz que "muitos fiéis não possuem a ciência, embora possuam a fé". Ora, a fé faz-se acompanhar por algum dom, no mínimo pelo temor. Logo, parece que os dons não estão necessariamente ligados entre si no mesmo sujeito.

3. ADEMAIS, diz Gregório que "será menor a sabedoria se lhe faltar o intelecto e este totalmente inútil, se não se apoiar na sabedoria. De pouca valia o conselho, se privado do vigor da fortaleza; e esta se desvanece de todo, se carece do conselho. A ciência será nula, se não tiver a serventia da piedade; e esta, inteiramente inútil, se carece do discernimento da ciência. E o próprio temor, sem essas virtudes, não levará à

5 PARALL.: III *Sent.*, dist. 36, a. 3.

1. C. 1, n. 3: ML 42, 1037.
2. C. 32, al. 15, in vet. 32: ML 75, 547 CD.

actionis surgit. Ex quibus videtur quod unum donum possit sine alio haberi. Non ergo dona Spiritus Sancti sunt connexa.

SED CONTRA est quod ibidem Gregorius[3] praemittit, dicens: *Illud in hoc filiorum convivio perscrutandum videtur, quod semetipsos invicem pascunt*. Per filios autem Iob, de quibus loquitur, designantur dona Spiritus Sacti. Ergo dona Spiritus Sancti sunt connexa, per hoc quod se invicem reficiunt.

RESPONDEO dicendum quod huius quaestionis veritas de facili ex praemissis potest haberi. Dictum est enim supra[4] quod sicut vires appetitivae disponuntur per virtutes morales in comparatione ad regimen rationis, ita omnes vires animae disponuntur per dona in comparatione ad Spiritum Sanctum moventem. Spiritus autem Sanctus habitat in nobis per caritatem, secundum illud Rm 5,5: *Caritas Dei diffusa est in cordibus nostris per Spiritum Sanctum, qui datus est nobis*: sicut et ratio nostra perficitur per prudentiam. Unde sicut virtutes morales connectuntur sibi invicem in prudentia, ita dona Spiritus Sancti connectuntur sibi invicem in caritate: ita scilicet quod qui caritatem habet, omnia dona Spiritus Sancti habet; quorum nullum sine caritate haberi potest.

AD PRIMUM ergo dicendum quod sapientia et scientia uno modo possunt considerari secundum quod sunt gratiae gratis datae: prout scilicet aliquis abundat intantum in cognitione rerum divinarum et humanarum, ut possit et fideles instruere et adversarios confutare. Et sic loquitur ibi Apostolus de sapientia et scientia: unde signanter fit mentio de *sermone sapientiae* et *scientiae*. — Alio modo possunt accipi prout sunt dona Spiritus Sancti. Et sic sapientia et scientia nihil aliud sunt quam quaedam perfectiones humanae mentis, secundum quas disponitur ad sequendum instinctus Spiritus Sancti in cognitione divinorum vel humanorum. Et sic patet quod huiusmodi don sunt in omnibus habentibus caritatem.

realização de qualquer boa ação". Por aí parece possível concluir que pode existir um dom sem os demais. Logo, os dons do Espírito Santo não estão ligados entre si.

EM SENTIDO CONTRÁRIO, o mesmo Gregório, na mesma obra, escreve antes que "nesse convívio de filhos parece bem averiguar que eles se nutrem mutuamente". Ora, esses filhos de Jó, aos quais ele se refere, significam os dons do Espírito Santo. Logo, esses dons estão ligados entre si, já que se alimentam um ao outro.

RESPONDO. Pelo anteriormente exposto, pode-se facilmente esclarecer a verdade sobre esta questão. De fato, viu-se que, assim como as potências apetitivas se dispõem pelas virtudes morais em sua relação com o controle da razão, assim também todas as potência da alma se dispõem pelos dons em sua relação com o Espírito Santo que as move. Ora, o Espírito Santo habita em nós pela caridade, segundo a Carta aos Romanos: "O amor de Deus foi derramado em nossos corações pelo Espírito Santo que nos foi dado", assim como a nossa razão se aperfeiçoa pela prudência. Portanto, assim como as virtudes morais se ligam umas às outras por meio da prudência, assim os dons do Espírito Santo se ligam entre si na caridade, de tal forma que quem a tiver, tem todos os dons e sem a caridade não é possível possuir nenhum deles.

QUANTO AO 1º, portanto, deve-se dizer que num primeiro sentido, a sabedoria e a ciência podem ser consideradas como graças gratuitamente dadas, o que vale dizer que alguém possui tanta abundância de conhecimento das coisas divinas e humanas que pode até instruir os fiéis e rebater os adversários. E é nesse sentido que o Apóstolo fala aí da sabedoria e da ciência, referindo-se expressamente à *palavra da sabedoria e da ciência*. — Mas a sabedoria e a ciência podem ser tomadas em outro sentido, ou seja, como dons do Espírito Santo e, nesse caso, nada mais são do que perfeições da mente humana, que a dispõem para seguir o instinto do Espírito Santo, no conhecimento das coisas divinas e humanas. E assim é claro que tais dons existem em todos os que têm a caridade[o].

3. Loc. cit.: ML 75, 547 B.
4. Art. 3.

o. A objeção da Escritura era um fator de peso. São Paulo diz explicitamente que o mesmo Espírito reparte os seus diferentes dons sobre uma multiplicidade de sujeitos diversos, o que é o contrário dessa conexão de todos os dons em cada um dos sujeitos, defendida aqui por Sto. Tomás.

A solução não é em absoluto arbitrária. Funda-se na sólida distinção entre a graça santificante e as graças gratuitamente distribuídas para a edificação da comunidade. Estas últimas são divididas sobre diferentes sujeitos, pois os diversos membros da comunidade a servem de modos diferentes; ninguém usufrui de todos os dons úteis à Igreja.

AD SECUNDUM dicendum quod Augustinus ibi loquitur de scientia exponens praedictam auctoritatem Apostoli: unde loquitur de scientia praedicto modo accepta, secundum quod est gratia gratis data. Quod patet ex hoc quod subdit: *Aliud enim est scire tantummodo quid homo credere debeat propter adipiscendam vitam beatam, quae non nisi aeterna est; aliud autem scire quemadmodum hoc ipsum et piis opituletur, et contra impios defendatur; quam proprio appellare vocabulo scientiam videtur Apostolus.*

AD TERTIUM dicendum quod, sicut uno modo connexio virtutum cardinalium probatur per hoc quod una earum perficitur quodammodo per aliam, ut supra[5] dictum est; ita Gregorius eodem modo vult probare connexionem donorum, per hoc quod unum sine alio non potest esse perfectum. Unde praemittit[6] dicens: *Valde singula quaelibet destituitur, si non una alii virtus virtuti suffragetur.* Non ergo datur intelligi quod unum donum possit esse sine alio: sed quod intellectus, si esset sine sapientia, non esset donum; sicut temperantia, si esset sine iustitia, non esset virtus.

QUANTO AO 2º, deve-se dizer que Agostinho fala da ciência, comentando a autoridade do Apóstolo antes citado. Refere-se, pois, à ciência no sentido já explicado de graça gratuitamente concedida. E isso fica muito claro pelo que ele diz em seguida: "Uma coisa é saber apenas o que se deve crer para alcançar a vida bem-aventurada, que não é senão a eterna; outra coisa é saber como isso mesmo é útil aos fiéis e como defendêlo contra os infiéis; e isso é o que o Apóstolo chama propriamente de ciência".

QUANTO AO 3º, deve-se dizer que assim como se prova a conexão das virtudes cardeais pelo fato de que uma delas é aperfeiçoada de certa forma por outra, conforme se disse antes, assim também Gregório quer provar a conexão dos dons, pelo fato de que um não pode ser perfeito sem o outro. Por isso, antes escreveu: "Cada uma das virtudes desaparecerá por completo, se não se apoiar uma na outra". Logo, esse texto não dá a entender que um dom possa existir sem o outro, mas que o intelecto, sem a sabedoria, não seria dom, como também a temperança, sem a justiça, não seria virtude.

ARTICULUS 6

Utrum dona Spiritus Sancti remaneant in patria

AD SEXTUM SIC PROCEDITUR. Videtur quod dona Spiritus Sancti non maneant in patria.

1. Dicit enim Gregorius, in II *Moral.*[1], quod *Spiritus Sanctus contra singula tentamenta septem donis erudit mentem.* Sed in patria non erunt aliqua tentamenta; secundo illud Is 11,9: *Non nocebunt et non occident un universo monte sancto meo.* Ergo dona Spiritus Sancti non erunt in patria.

2. PRAETEREA, dona Spiritus Sancti sunt habitus quidam, ut supra[2] dictum est. Frustra autem essent habitus, ubi actus esse non possunt. Actus autem

ARTIGO 6

Os dons do Espírito Santo permanecem na pátria?

QUANTO AO SEXTO, ASSIM SE PROCEDE: parece que os dons do Espírito Santo **não** permanecem na pátria.

1. Com efeito, como diz Gregório, "pelos sete dons, o Espírito Santo instrui a mente contra todas as tentações". Ora, na pátria não haverá nenhuma tentação, segundo a palavra do livro de Isaías: "Não se fará nem mal nem matarão sobre toda a minha montanha santa". Logo, na pátria não haverá mais esses dons.

2. ALÉM DISSO, os dons do Espírito Santo, já foi dito, são hábitos. Mas em vão existiriam hábitos onde não podem existir seus atos. Ora, os atos

5. Q. 65, a. 1.
6. Loc. cit.: ML 75, 547 BC.

6 PARALL.: III *Sent.*, dist. 34, q. 1, a. 3.

1. C. 49, al. 27, in vet. 36: ML 75, 592 D.
2. Art. 3.

Sem embargo, na linha da graça santificante, ninguém é por ela animado sem ter parte nessa total disponibilidade em todos os domínios que caracteriza a presença do Espírito do amor. Onde reina a caridade todos os dons estão presentes.

Dois pontos de vista diferentes são aqui complementares, e a mesma observação vale para a objeção 2 deste artigo e para sua solução.

quorundam donorum in patria esse non possunt: dicit enim Gregorius, in I *Moral.*[3], quod *intellectus facit audita penetrare, et consilium prohibet esse praecipitem, et fortitudo facit non metuere adversa, et pietas replet cordis viscera operibus misericordiae*; haec autem non competunt statui patriae. Ergo huiusmodi dona non erunt is statu gloriae.

3. PRAETEREA, donorum quaedam perficiunt hominem in vita contemplativa, ut sapientia et intellectus; quaedam in vita activa, ut pietas et fortitudo. Sed *activa vita cum hac vita terminatur*; ut Gregorius dicit, in VI *Moral.*[4]. Ergo in statu gloriae non erunt omina dona Spiritus Sancti.

SED CONTRA est quod Ambrosius dicit, in libro *de Spiritu Sancto*[5]: *Civitas Dei illa, Ierusalem caelestis, non meatu alicuius fluvii terrestris abluitur; sed ex vitae fonte procedens Spiritus Sanctus, cuius nos brevi satiamur haustu, in iliis caelestibus spiritibus redundantius videtur affluere, pleno septem virtutum spiritualium fervens meatu.*

RESPONDEO dicendum, quod de donis dupliciter possumus loqui. Uno modo, quantum ad essentiam donorum: et sic perfectissime erunt in patria, sicut patet per auctoritatem Ambrosii inductam[6]. Cuius ratio est quia dona Spiritus Sancti perficiunt mentem humanam ad sequendam motionem Spiritus Sancti: quod praecipue erit in patria, quando Deus erit *omnia in omnibus*, ut dicitur 1Cor 15,28, et quando homo erit totaliter subditus Deo. — Alio modo possunt considerari quantum ad materiam circa quam operantur: et sic in praesenti habent operationem circa aliquam materiam circa quam non habebunt operationem in statu gloriae. Et secundum hoc, non manebunt in patria: sicut supra de virtutibus cardinalibus dictum est[7].

AD PRIMUM ergo dicendum quod Gregorius loquitur ibi de donis secundum quod competunt statui praesenti: sic enim donis protegimur contra tentamenta molorum. Sed in statu gloriae, cessantibus malis, per dona Spiritus Sancti perficiemur in bono.

AD SECUNDUM dicendum quod Gregorius quasi in singulis donis ponit aliquid quod transit cum

de certos hábitos não podem acontecer na pátria, pois diz Gregório que "o intelecto faz penetrar no que se ouve; o conselho impede a irreflexão; a fortaleza leva-nos a enfrentar as situações adversas e a piedade enche o coração todo com obras de misericórdia" e tudo isso é incompatível com o estado de pátria. Logo, esses dons não existirão no estado glorioso.

3. ADEMAIS, alguns desses dons, como a sabedoria e a inteligência, aperfeiçoam o homem, na vida contemplativa; outros, como a piedade e a fortaleza, na vida ativa. Ora, "a vida ativa termina com esta vida", como diz Gregório. Logo, no estado glorioso não permanecerão todos os dons do Espírito Santo.

EM SENTIDO CONTRÁRIO, escreve Ambrósio: "A cidade de Deus, a Jerusalém celeste, não é banhada pelo percurso de nenhum rio terrestre, mas o Espírito Santo, que procede da fonte da vida, de que nós nos saciamos com breve hausto, parece afluir com maior abundância aos espíritos celeste, fervilhando plenamente no percurso das sete virtudes espirituais".

RESPONDO. Podemos discorrer de dois modos sobre os dons: quanto à sua essência e quanto à matéria sobre a qual operam. No primeiro modo eles existirão na pátria, no grau mais alto possível, como consta na autorizada citação feita por Ambrósio. E a razão é que os dons do Espírito Santo aperfeiçoam a mente humana, para seguir a moção dele, o que acontecerá especialmente na pátria, quando Deus será "tudo em todos", na expressão da primeira Carta aos Coríntios, e o homem será totalmente submisso a Deus. — No segundo modo, os dons, nesta vida, operam sobre uma matéria que desaparecerá no estado glorioso, e, por isso, desse ponto de vista, não continuarão na pátria, tal qual se disse antes a propósito das virtudes cardeais.

QUANTO AO 1º, portanto, deve-se dizer que Gregório está falando aí dos dons próprios do estado presente, pois é por eles que somos protegidos contra as tentações do mal. No estado glorioso, porém, cessando os males, os dons do Espírito Santos nos farão atingir a perfeição do bem.

QUANTO AO 2º, deve-se dizer que Gregório afirma em cada dom algo que passa com o estado

3. C. 32, al. 15: ML 75, 547 AB.
4. C. 37, al. 18, in vet. 28: ML 75, 764 D.
5. L. I, c. 16, n. 158: ML 16, 740 BC.
6. In arg. *sed c.*
7. Q. 67, a. 1.

statu praesenti, et aliquid quod permanet etiam in futuro. Dicit enim[8] quod *sapientia mentem de aeternorum spe et certitudine reficit*: quorum duorum spes transit, sed certitudo remanet. — Et de intellectu dicit quod *in eo quod audita penetrat, reficiendo cor, tenebras eius illustrat*: quorum auditus transit, quia *non docebit vir fratrem suum*, ut dicitur Ier 31,34; sed illustratio mentis manebit. — De consilio autem dicit quod *prohibet esse praecipitem*, quod est necessarium in praesenti: et iterum quod *ratione animum replet*, quod est necessarium etiam in futuro. — De fortitudine vero dicit quod *adversa non metuit*, quod est necessarium in praesenti: et iterum quod *confidentiae cibos apponit*, quod permanet etiam in futuro. —De scientia vero unum tantum ponit, scilicet quod *ignorantiae ieiunium superat*, quod pertinet ad statum praesentem. Sed quod addit, *in ventre mentis*, potest figuraliter intelligi repletio cognitionis, quae pertinet etiam ad statum futurum. — De pietate vero dicit quod *cordis viscera misericordiae operibus replet*. Quod quidem secundum verba, pertinet tantum ad statum praesentem. Sed ipse intimus affectus proximorum, per viscera designatus, pertinet etiam ad futurum statum; in quo pietas non exhibebit misericordiae opera, sed congratulationis affectum. — De timore vero dicit quod *premit mentem, ne de praesentibus superbiat*, quod pertinet ad statum praesentem; et quod *de futuris cibo spei confortat*, quod etiam pertinet ad statum praesentem, quantum ad spem; sed potest etiam ad statum futurum pertinere, quantum ad confortationem de rebus hic speratis, et ibi obtentis.

AD TERTIUM dicendum quod ratio illa procedit de donis quantum ad materiam. Opera enim activae vitae non erunt materia donorum: sed omnia habebunt actus suos circa ea quae pertinent ad vitam contemplativam, quae est vita beata.

presente e algo que permanece também no futuro. Por isso, diz que "a sabedoria fortalece a mente pela esperança e pela certeza dos bens eternos" e dessas duas, a esperança passa, mas a certeza fica. — Do intelecto, diz "que, ao penetrar as coisas ouvidas e em fortificando o coração, ele dissipa as trevas" e dessas duas coisas, o que é ouvido passa, porque "o homem não terá mais o que ensinar a seu irmão", segundo se lê no livro de Jeremias, mas a iluminação da mente permanecerá. — Do conselho, diz que "ele impede a irreflexão", o que é necessário na vida atual, mas também "faz a alma plena de razão", o que é necessário também na vida futura. — Da fortaleza, diz que "ela não teme as adversidades", o que é necessário na vida presente, e também que "ela alimenta a confiança", o que permanece também no estado futuro. — Da ciência, menciona apenas que ela "supera o jejum da ignorância", próprio desta vida, mas o que ela acrescenta "no seio da mente", pode-se entender, metaforicamente, como plenitude de conhecimento, que também pertence à vida futura. — Da piedade, diz que "ela enche as entranhas do coração com as obras de misericórdia", o que, literalmente, pertence apenas ao estado presente, mas esse mesmo sentimento profundo para com o próximo, significado pelas entranhas, pertence também ao mundo futuro, onde a piedade não exibirá obras de misericórdia, mas o afeto da congratulação. — Do temor, finalmente, diz que "refreia a mente para que não se ensoberbeça com as coisas presentes", o que pertence ao estado atual, e que "conforta com o alimento da esperança para as coisas futuras", o que é próprio, quanto à esperança, do estado presente, mas também pode pertencer ao futuro, quanto ao conforto que proporcionam as coisas que aqui esperamos e lá alcançaremos.

QUANTO AO 3º, deve-se dizer que vale a objeção quanto à matéria dos dons, pois as obras da vida ativa não serão matéria dos dons, mas todos exercerão seus atos sobre as coisas dessa vida contemplativa, que é a vida bem-aventurada.

8. Loc. cit. in arg.

ARTICULUS 7
Utrum dignitas donorum attendatur secundum enumerationem Isaiae 11

AD SEPTIMUM SIC PROCEDITUR. Videtur quod dignitas donorum non attenditur secundum enumerationem qua enumerantur Is 11,2-3.

1. Illud enim videtur esse potissimum in donis, quod maxime Deus ab homine requirit. Sed maxime requirit Deus ab homine timorem: dicitur enim Dt 10,12: *Et nunc, Israel, quid Dominus Deus tuus petit a te, nisi ut timeas Dominum Deum Tuum*? em Ml 1,6 dicitur: *Si ego Dominus, ubi timor meus*? Ergo videtur quod timor, qui enumeratur ultimo, non sit infimum donorum, sed maximum.

2. PRAETEREA, pietas videtur esse quoddam bonum universale: dicit enim Apostolus, 1Tm 4,8, quod *pietas ad omnia utilis est*. Sed bonum universale praefertur particularibus bonis. Ergo pietas, quae penultimo enumeratur, videtur esse potissimum donorum.

3. PRAETEREA, scientia perficit iudicium hominis; consilium autem ad inquisitionem pertinet. Sed iudicium praeeminet inquisitioni. Ergo scientia est potius donum quam consilium: cum tamen post enumeretur.

4. PRAETEREA, fortitudo pertinet ad vim appetitivam; scientia autem ad rationem. Sed ratio est eminentior quam vis appetitva. Ergo et scientia est eminentius donum quam fortitudo: quae tamen primo enumeratur. Non ergo dignitas donorum attenditur secundum ordinem enumerationis eorum.

SED CONTRA est quod Augustinus dicit, in libro *de Serm. Dom. in Monte*[1]: *Videtur mihi septiformis operatio Spiritus Sancti, de qua Isaias loquitur, his gradibus sententiisque congruere* (de quibus fit mentio Mt 5,3 sqq.) *sed interest ordinis. Nam ibi* (scilicet in Isaia) *enumeratio ab excellentioribus coepit: hic vero, ab inferiobus*.

RESPONDEO dicendum quod dignitas donorum dupliciter potest attendi: uno modo, simpliciter, scilicet per comparationem ad proprios actus prout procedunt a suis principiis; alio modo, secundum quid, scilicet per comparationem ad materiam. Simpliciter autem loquendo de dignitate dono-

ARTIGO 7
Considera-se a dignidade dos dons segundo a enumeração do livro de Isaías?

QUANTO AO SÉTIMO, ASSIM SE PROCEDE: parece que a dignidade dos dons **não** se considera segundo a enumeração do livro de Isaías.

1. Com efeito, entre os dons, parece que há de ser o mais importante aquele que Deus sobretudo exige do homem. Ora, o dom especialmente exigido por Deus é o temor, pois está escrito no livro do Deuteronômio: "E agora, Israel, o que o Senhor, teu Deus, espera de ti? Ele espera apenas que temas o Senhor teu Deus" e ainda no livro de Malaquias: "Se eu sou o Senhor, onde está o temor que me é devido?". Logo, parece que o temor, o último daquela lista, não é o mais baixo senão o mais alto dos dons.

2. ALÉM DISSO, a piedade parece ser um bem universal, pois diz o Apóstolo, na primeira Carta a Timóteo: que ela "é útil a tudo". Ora, o bem universal tem prioridade sobre os bens particulares. Logo, a piedade, enumerada em penúltimo lugar, parece ser o mais excelente dos dons.

3. ADEMAIS, a ciência aperfeiçoa o juízo do homem, ao passo que o conselho o leva à investigação. Ora, o juízo é superior a esta. Logo, a ciência, embora enumerada depois do conselho, é superior a este.

4. ADEMAIS, a fortaleza pertence à potência apetitiva, e a ciência, à razão. Ora, a razão é superior à potência apetitiva. Logo, também a ciência é dom mais nobre que a fortaleza, não obstante venha esta enumerada em primeiro lugar. Portanto, a dignidade dos dons não corresponde à ordem pela qual são eles ali enumerados.

EM SENTIDO CONTRÁRIO, diz Agostinho: "Parece-me que a ação septiforme do Espírito Santo, de que fala Isaías, está bem de acordo com os graus e as sentenças mencionadas no Evangelho de Mateus, mas há uma diferença de ordem, pois em Isaías, a enumeração começa pelos dons mais elevados e, em Mateus, pelos inferiores.

RESPONDO. A dignidade dos dons pode ser considerada de duas maneiras: absolutamente, ou seja, quanto aos próprios atos, enquanto procedem dos seus princípios; e relativamente, ou seja, quanto à sua matéria. Ora, falando, de modo absoluto, sobre a dignidade dos dons, sucede com eles o mesmo

7 PARALL.: in *Isaiam*, c. 11.

1. L. I, c. 4: ML 34, 1234.

rum, eadem est ratio comparationis in ipsis et in virtutibus: quia dona ad omnes actus potentiarum animae perficiunt hominem, ad quos perficiunt virtudes, ut supra[2] dictum est. Unde sicut virtutes intellectuales praeferuntur virtutibus moralibus; et in ipsis virtutibus intellectualibus contemplativae praeferuntur activis, ut sapientia et intellectus et scientia prudentiae et arti; ita tamen quod sapientia praefertur intellectui, et intellectus scientiae, sicut prudentia et synesis eubuliae: ita etiam in donis sapientia et intellectus, scientia et consilium, praeferuntur pietati et fortitudini et timori; in quibus etiam pietas praefertur fortitudini, et fortitudo timori, sicut iustitia fortitudini, et fortitudo temperantiae.

Sed quantum ad materiam, fortitudo et consilium praeferuntur scientiae et pietati: quia scilicet fortitudo et consilium in arduis locum habent; pietas autem, et etiam scientia, in communibus. — Sic igitur donorum dignitas ordini enumerationis respondet, partim quidem simpliciter, secundum quod sapientia et intellectus omnibus praeferuntur: partim autem secundum ordinem materiae, secundum quod consilium ed fortitudo praeferuntur scientiae et pietati.

AD PRIMUM ergo dicendum quod timor maxime requiritur quasi primordium quoddam perfectionis donorum, quia *initium sapientiae timor Domini*: non propter hoc quod sit ceteris dignius. Prius enim est, secundum ordinem generationis, ut

que com as virtudes, visto que os dons aperfeiçoam o homem em todos os atos das potência da alma, para os quais as virtudes também os aperfeiçoam, como já foi dito. Portanto, assim como as virtudes intelectuais são superiores às virtudes morais e, dentre as próprias virtudes intelectuais, as contemplativas, como a sabedoria, a inteligência e a ciência, são superiores às ativas, como a prudência e a arte, de modo tal que a sabedoria tem prioridade sobre a inteligência e esta sobre a ciência, bem como a prudência e o bom-senso sobre o bom conselho, assim também, entre os dons, a sabedoria e a inteligência, a ciência e o conselho são superiores à piedade, à fortaleza e ao temor, e entre este últimos, a piedade supera a fortaleza e esta supera o temor, como a justiça supera a fortaleza e esta, a temperança.

Entretanto, se considerarmos os dons relativamente, quanto à sua matéria, a fortaleza e o conselho têm preeminência sobre a ciência e a piedade, porque a fortaleza e o conselho atuam nas situações difíceis, ao passo que a ciência e a piedade se exercem nas situações comuns. — Assim, pois, a dignidade dos dons corresponde à ordem da enumeração, em parte, de modo absoluto, enquanto a sabedoria e a inteligência são superiores a todos os demais; e em parte, segundo a ordem da sua matéria, enquanto o conselho e a fortaleza são mais nobres que a ciência e a piedade[p].

QUANTO AO 1º, portanto, deve-se dizer que o temor é exigido, prioritariamente, como elemento primordial no desenvolvimento dos dons, porque "o início da sabedoria é o temor do Senhor" e não porque seja mais digno que os outros. Na verdade,

2. Art. 4.

p. O mais simples é propor um quadro.
À esquerda, colocamos a ordem bem estabelecida das virtudes e em frente a ordem que seria a dos dons (levando-se em conta o fato de que nenhum dom do Espírito Santo corresponde à arte), se falássemos de maneira absoluta.

Virtudes intelectuais		
a) contemplativas	1 - Sabedoria	1 - Dom de Sabedoria
	2 - Inteligência	2 - Dom da Inteligência
	3 - Ciência	3 - Dom de Ciência
b) ativas	4 - Prudência	4 - Dom de Conselho
Virtudes morais	5 - Arte	
	6 - Justiça	5 - Dom de Piedade
	7 - Força	6 - Dom de Força
	8 - Temperança	7 - Dom de Temor

Relativamente à matéria, convém conceder prioridade ao Conselho e à Força (tarefas árduas) em relação à Ciência e à Piedade (assuntos correntes). A ordem dos dons está modificada, e o da coluna da direita deve substituir o da coluna da esquerda.

1 - Sabedoria	1 - Sabedoria	3 - Ciência	3 - Conselho	7 - Temor	7 - Temor
2 - Inteligência	2 - Inteligência	4 - Conselho	4 - Força		
		5 - Piedade	5 - Ciência		
		6 - Força	6 - Piedade		

Corrigida desse modo, a lista está de acordo com a tradição.

aliquis recedat a malo, quod fit per timorem, ut dicitur Pr 16,16[3]; quam quod operetur bonum quod fit per alia dona.

Ad secundum dicendum quod pietas non comparatur in verbis Apostoli, omnibus donis Dei: sed soli *corporali exercitationi*, de qua praemittit quod *ad modicum utilis est*.

Ad tertium dicendum quod scientia etsi praeferatur consilio ratione iudicii, tamen consilium praefertur ratione materiae: nam consilium non habet locum nisi in arduis, ut dicitur in II *Ethic.*[4]; sed iudicium scientiae in omnibus locum habet.

Ad quartum dicendum quod dona directiva, quae pertinent ad rationem, donis exequentibus digniora sunt, si considerentur per comparationem ad actus prout egrediuntur a potentiis: ratio enim appetitivae praeeminet, ut regulans regulato. Sed ratione materiae, adiungitur consilium fortitudini, sicut directivum exequenti, et similiter scientia pietati: quia scilicet consilium et fortitudo in arduis locum habent, scientia autem et pietas etiam in communibus. Et ideo consilium simul cum fortitudine, ratione materiae, numeratur ante scientiam et pietatem.

na ordem da geração, é preciso primeiro afastar-se do mal, o que se faz pelo temor, como diz o livro dos Provérbios, e depois, praticar o bem, o que se faz mediante outros dons.

Quanto ao 2º, deve-se dizer que a piedade é comparada nesse texto do Apóstolo não com todos os dons divinos, mas só com os exercícios corporais, sobre os quais se disse que “são de pouca utilidade”.

Quanto ao 3º, deve-se dizer que embora a ciência seja superior ao conselho, em razão do juízo, o conselho é superior a ela, em razão da matéria, pois o conselho só tem lugar nos casos difíceis, como se diz no livro II da *Ética,* enquanto que o juízo da ciência tem lugar em todas as coisas.

Quanto ao 4º, deve-se dizer que os dons diretivos, que pertencem à razão, são mais dignos que os dons executivos, se considerados em relação aos seus atos, enquanto procedem das potências, pois a razão é superior ao apetite, como o regente é superior ao regido. Quanto à matéria, porém, o conselho se liga à fortaleza, como o diretivo ao executivo, e, da mesma forma, a ciência à piedade, pois o conselho e a fortaleza têm lugar nas coisas difíceis e a ciência e a piedade, nas comuns. Consequentemente, em razão da matéria, o conselho é enumerado junto com a fortaleza, antes da ciência e da piedade.

Articulus 8

Utrum virtutes sint praeferendae donis

Ad octavum sic proceditur. Videtur quod virtutes sint praeferendae donis.

1. Dicit enim Augustinus, in XV *de Trin.*[1], de caritate loquens: *Nullum est isto Dei dono excellentius. Solum est quod dividit inter filios regni aeterni, et filios perditionis aeternae. Dantur et alia per Spiritum Sanctum munera, sed sine caritate nihil prosunt*. Sed caritas est virtus. Ergo virtus est potior donis Spiritus Sancti.

2. Praeterea, ea quae sunt priora naturaliter, videntur esse potiora. Sed virtutes sunt priores donis Spiritus Sancti: dicit enim Gregorius, in II *Moral.*[2], quod *donum Spiritus Sancti in subiecta mente ante alia iustitiam, prudentiam, fortitu-*

Artigo 8

As virtudes têm prioridade sobre os dons?

Quanto ao oitavo, assim se procede: parece que as virtudes **têm** prioridade sobre os dons.

1. Com efeito, falando da caridade, diz Agostinho: “Nenhum dom divino é mais excelente que este. Somente ele separa os filhos do reino eterno e os da eterna perdição. Há outros dons ainda do Espírito Santo, mas de nada servem sem a caridade”. Ora, a caridade é uma virtude. Logo, a virtude é superior aos dons do Espírito Santo.

2. Além disso, parece que as coisas, por natureza, anteriores, são as mais importantes. Ora, as virtudes são anteriores aos dos do Espírito Santo, pois Gregório diz que “o dom do Espírito Santo forma na alma dócil, antes de qualquer outra virtude,

3. Cfr. *ib.* 15, 27.
4. C. 5: 1112, b, 9-11.

8 Parall.: III *Sent.*, dist. 34, q. 1, a. 1, ad 5; *De Virtut.*, q. 2, a. 2, ad 17.

1. C. 18: ML 42, 1082.
2. C. 49, al. 27, in vet. 36: ML 75, 592 D.

dinem et temperantiam format: et sic eandem mentem septem mox virtutibus (idest donis) *temperat, ut contra stultitiam, sapientiam; contra hebetudinem, intellectum: contra praecipitationem, consilium: contra timorem, fortitudinem; contra ignorantiam, scientiam: contra duritiam, pietatem; contra superbiam, det timorem*. Ergo virtutes sunt potiores donis.

3. PRAETEREA, *virtutibus nullus male uti potest*, ut Augustinus dicit[3]. Donis autem potest aliquis male uti: dicit enim Gregorius, in I *Moral.*[4], quod *hostiam nostrae precis immolamus ne sapientia elevet; ne intellectus, dum subtiliter currit, oberret; ne consilium, dum se multiplicat, confundat; ne fortitudo, dum fiduciam praebet, praecipitet; ne scientia, dum novit et non diligit, inflet; ne pietas, dum se extra rectitudinem inclinat, intorqueat; ne timor, dum plus iusto trepidat, in desperationis foveam mergat*. Ergo virtutes sunt digniores donis Spiritus Sancti.

SED CONTRA est quod dona dantur in adiutorium virtutum contra defectus, ut patet in auctoritate inducta; et sic videtur quod perficiant quod virtutes perficere non possunt. Sunt ergo dona potiora virtutibus.

RESPONDEO dicendum quod, sicut ex supradictis[5] patet, virtutes in tria genera distinguuntur. sunt enim quaedam virtutes theologicae, quaedam intellectuales, quaedam morales. Virtutes quidem theologicae sunt quibus mens humana Deo coniungitur; virtutes autem intellectuales sunt quibus ratio ipsa perficitur; virtutes autem morales sunt quibus vires appetitivae perficiuntur ad obediendum rationi. Dona autem Spiritus Sancti sunt quibus omnes vires animae disponuntur ad hoc subdantur motioni divinae.

Sic ergo eadem videtur esse comparatio donorum ad virtutes theologicas, per quas homo unitur Spiritui Sancto moventi; sicut virtutum moralium ad virtutes intellectuales, per quas perficitur ratio, quae est virtutum moralium motiva. Unde sicut virtutes intellectuales praeferuntur virtutibus moralibus, et regulant eas; ita virtutes theologicae

a justiça, a prudência, a temperança, e a fortaleza e assim logo equilibra essa mente com as sete virtudes, isto é, com os dons. Contra a estultícia, dá a sabedoria; contra a estupidez, a inteligência; contra a irreflexão, o conselho; contra o medo, a fortaleza; contra a ignorância, a ciência; contra a dureza, a piedade; contra a soberba, o temor". Logo, as virtudes são mais importantes que os dons.

3. ADEMAIS, "Ninguém pode fazer mau uso das virtudes", diz Agostinho. Ora, é possível usar mal dos dons, pois, conforme Gregório, "imolamos a hóstia da nossa prece, para que a sabedoria não nos ensoberbeça; para que a inteligência, elucubrando sutilezas, não nos extravie; para que o conselho, multiplicando-se, não nos confunda; para que a fortaleza, ao gerar confiança, não nos precipite; para que a ciência não nos enfatue, se conhecermos sem amor; para que a piedade não se falseie, afastando-nos do caminho certo; para que o temor, ao perturbar-se mais do que é justo, não nos lance no desespero"[q]. Logo, as virtudes têm mais dignidade que os dons do Espírito Santo.

EM SENTIDO CONTRÁRIO, os dons são concedidos para reforçar as virtudes contra os defeitos, como consta pela citação acima. E assim parece que aperfeiçoam o que as virtudes não podem aperfeiçoar. Logo, são superiores às virtudes.

RESPONDO. Segundo já se esclareceu, distinguem-se três gêneros de virtudes: as teologais, as intelectuais e as morais. As virtudes teologais são aquelas pelas quais a mente humana se une a Deus; as intelectuais, aquelas pelas quais a própria razão se aperfeiçoa; as morais, aquelas pelas quais as potências apetitivas se aperfeiçoam para obedecer à razão. É, porém, pelos dons do Espírito Santo que todas as potências da alma se tornam capazes de se submeter à moção divina.

Assim, pois, parece haver a mesma relação entre os dons e as virtudes teologais, pelas quais o homem se une ao Espírito Santo que o move, e entre as virtudes morais e as intelectuais, pelas quais se aperfeiçoa a razão, que é quem move as virtudes morais. Portanto, assim como as virtudes intelectuais são mais excelentes que as virtu-

3. De lib. arb., l. II, cc. 18, 19: ML 32, 1267, 1268.
4. C. 35, al. 18: ML 75, 549 A.
5. Q. 58, a. 3; q. 62, a. 1.

q. Revela-se que tudo o que é humano é mais ou menos ambivalente. Mesmo os nomes atribuídos aos dons do Espírito Santo podem ser tomados pelo lado ruim: a ciência pode inflar, a piedade amolecer, etc. Somente a caridade está em condições de evitar a ambiguidade, pois, onde ela age, nada deve ser tomado pelo lado ruim. A caridade nunca faz o mal, nem, por conseguinte, os dons que estão ligados a ela.

praeferuntur donis Spiritus Sancti, et regulant ea. Unde Gregorius dicit, in *Moral.*[6], quod *neque ad denarii perfectionem septem filii* (idest septem dona) *perveniunt, nisi in fide, spe et caritate fuerit omne quod agunt.*

Sed si comparemus dona ad alias virtutes intellectuales vei morales, dona praeferuntur virtutibus. Quia dona perficiunt vires animae in comparatione ad Spiritum Sactum moventem: virtutes autem perficiunt vel ipsam rationem, vel alias vires in ordine ad rationem. Manifestum est autem quod ad altiorem motorem opportet maiori perfectione mobile esse dispositum. Unde perfectiora sunt dona virtutibus.

AD PRIMUM ergo dicendum quod caritas est virtus theologica: de qua concedimus quod sit potior donis.

AD SECUNDUM dicendum quod aliquid est prius altero dupliciter. Uno modo, ordine perfectionis et dignitatis: sicut dilectio Dei est prior dilectione proximi. Et hoc modo dona sunt priora virtutibus intellectualibus et moralibus, posteriora vero virtutibus theologicis. — Alio modo, ordine generationis seu dispositionis: sicut dilectio proximi praecedit dilectionem Dei, quantum ad actum. Et sic virtutes morales et intellectuales praecedunt dona: quia per hoc quod homo bene se habet circa rationem propriam, disponitur ad hoc quod se bene habeat in ordine ad Deum.

AD TERTIUM dicendum quod sapientia et intellectus et alia huiusmodi sunt dona Spiritus Sancti, secundum quod caritate informantur; quae *non agit perperam*, ut dicitur 1Cor 13,4. Et ideo sapientia et intellectu et aliis huius modi nullus male utitur, secundum quod sunt dona Spiritus Sancti. Sed ad hoc quod a caritatis perfectione non recedant, unum ab altero adiuvatur. Et hoc est quod Gregorius dicere intendit.

6. C. 27, al. 12, in vet. 28: ML 75, 544 CD.

des morais e as regulam, assim também às virtudes teologais são superiores aos dons do Espírito Santo e os regulam. Daí a observação de Gregório: "Os sete filhos, ou seja, os sete dons, não alcançam a perfeição do número dez, se tudo o que fazem não for com fé, esperança e caridade".

Mas se compararmos os dons com as outras virtudes intelectuais ou morais, os dons são superiores a elas, porque aperfeiçoam as potências da alma em sua relação com o Espírito Santo que as move, enquanto que as virtudes aperfeiçoam ou a razão ou as demais potência, em ordem à razão. Ora, é evidente que em relação a um movente mais elevado, o móvel precisa estar disposto por uma perfeição maior. Logo, os dons são mais perfeitos que as virtudes.

QUANTO AO 1º, portanto, deve-se dizer que a caridade é virtude teologal, e concedemos que ela é superior aos dons.

QUANTO AO 2º, deve-se dizer que uma coisa é anterior a outra de dois modos. Primeiro, na ordem da perfeição e de dignidade, como o amor de Deus é anterior ao amor do próximo; e nesse sentido os dons são anteriores às virtudes intelectuais e morais, mas posteriores às virtudes teologais. — De outro modo, na ordem de geração ou de disposição, como o amor do próximo precede o amor de Deus, quanto aos atos. Assim, as virtudes morais e intelectuais são anteriores aos dons, pois, estando o homem bem disposto no que diz respeito à sua própria razão, ele se dispõe igualmente bem no concerne às suas relações com Deus.

QUANTO AO 3º, deve-se dizer que a sabedoria, a inteligência e os demais dons provêm do Espírito Santo, enquanto informados pela caridade que, segundo Paulo, "não faz o mal a ninguém". Por isso, ninguém usa mal da sabedoria, da inteligência e dos outros dons, enquanto são dons do Espírito Santo. Mas, para que não se afastem da perfeição da caridade, um é apoiado pelo outro e isso é o que Gregório quer afirmar.

QUAESTIO LXIX
DE BEATITUDINIBUS
in quatuor articulos divisa

Deinde considerandum est de beatitudinibus. Et circa hoc quaeruntur quatuor.

QUESTÃO 69
AS BEM-AVENTURANÇAS[a]
em quatro artigos

Vamos tratar, a seguir, das bem-aventuranças. Sobre isso, são quatro as perguntas:

a. O cardeal Cajetano, o mais célebre dos comentadores da Suma teológica, nota nesse momento da exposição que as questões 69 e 70 convidam a uma leitura frequente e a uma meditação assídua, mais do que a um comentário. Com efeito, ele não as comenta.

Primo: utrum beatitudines a donis et virtutibus distinguantur.
Secundo: de praemiis beatitudinum, utrum pertineant ad hac vitam.
Tertio: de numero beatitudinum.
Quarto: de convenientia praemiorum quae eis attribuuntur.

1. Distinguem-se as bem-aventuranças dos dons e das virtudes?
2. Os prêmios das bem-aventuranças pertencem a esta vida?
3. Qual o número das bem-aventuranças?
4. São convenientes os prêmios que se lhes atribuem?

ARTICULUS 1

Utrum beatitudines distinguantur a virtutibus et donis

AD PRIMUM SIC PROCEDITUR. Videtur quod beatitudines a virtutibus et donis non distinguantur.

1. Augustinus enim, in libro *de Serm. Dom. in Monte*[1], attribuit beatitudines in Mt 5,3 sqq. enumeratas donis Spiritus Sancti: Ambrosius autem, *super Lucam*[2], atribuit beatitudines ibi enumeratas, quatuor virtutibus cardinalibus. Ergo beatitudines non distinguuntur a virtutibus et donis.

2. PRAETEREA, humanae voluntatis non est nisi duplex regula: scilicet ratio, et lex aeterna, ut supra[3] habitum est. Sed virtutes perficiunt hominem in ordine ad rationem; dona autem in ordine ad legem aeternam Spiritus Sancti, ut ex dictis[4] patet. Ergo non potest esse aliquid aliud pertinens ad rectitudinem voluntatis humanae, praeter virtutes et dona. Non ergo beatitudines ab eis distinguuntur.

3. PRAETEREA, in enumeratione beatitudinum ponitur mititas, et iustitia, et miserircordia; quae dicuntur esse quaedam virtutes. Ergo beatitudines non distinguuntur a virtutibus et donis.

SED CONTRA est quod quaedam enumerantur inter beatitudines, quae nec sunt virtutes nec dona; sicut paupertas, et luctus, et pax. Differunt ergo beatitudines et a virtutibus et a donis.

ARTIGO 1

As bem-aventuranças distinguem-se das virtudes e dos dons?

QUANTO AO PRIMEIRO ARTIGO, ASSIM SE PROCEDE: parece que **não** há distinção entre as bem-aventuranças e as virtudes e os dons.

1. Com efeito, Agostinho atribui as bem-aventuranças mencionadas no Evangelho de Mateus aos dons do Espírito Santo e Ambrósio atribui as do Evangelho de Lucas às quatro virtudes cardeais. Logo, as bem-aventuranças não se distinguem das virtudes e dos dons.

2. ALÉM DISSO, para a vontade humana só existem duas regras; a razão e a lei eterna, como foi visto anteriormente. Ora, as virtudes aperfeiçoam o homem em vista da razão e os dons, em vista da lei eterna do Espírito Santo, como consta do que já se expôs. Logo, não pode haver mais nada, além das virtudes e dos dons, concernente à retidão da vontade humana. Logo, as bem-aventuranças não se distinguem deles.

3. ADEMAIS, no rol das bem-aventuranças incluem-se a mansidão, a justiça e a misericórdia, que são consideradas como virtudes. Logo, as bem-aventuranças não se distinguem das virtudes e dos dons.

EM SENTIDO CONTRÁRIO, enumeram-se entre as bem-aventuranças a pobreza, a aflição e a paz, que não são virtudes nem dons. Logo, as bem-aventuranças diferem das virtudes e dos dons.

1 PARALL.: III *Sent.*, dist. 34, q. 1, a. 4; in *Isaiam*, c. 11; in *Matth.*, c. 5.

1. L. I, c. 4: ML 34, 1234.
2. L. V, in c. 6, 20 sqq.: ML 15, 1649 C.
3. Q. 19, a. 3, 4; q. 21, a. 1.
4. Q. 68, a. 1, 3 sqq.

O P. R. Bernard, que apresenta essas questões na edição da *Revue des jeunes* [Revista dos Jovens], qualifica-as de "pequeno breviário da vida espiritual", e escreve: "Pode-se extrair dessas duas questões todo um programa de vida e de progresso espiritual. Com ajuda dos traços aí descritos, pode-se também traçar todo um retrato do homem espiritual".

Próximas uma da outra pelo espírito que as habita, essas duas questões devem igualmente, conforme veremos, ser aproximadas do ponto de vista da sistematização. Depois das virtudes e dos dons, que são hábitos, são-nos apresentadas as bem-aventuranças, depois os frutos do Espírito, que Sto. Tomás considera como atos.

RESPONDEO dicendum quod, sicut supra[5] dictum est, beatitudo est ultimus finis humanae vitae. Dicitur autem aliquis iam finem habere, propter spem finis obtinendi: unde et Philosophus dicit, in I *Ethic.*[6], quod *pueri dicuntur beati propter spem*; et Apostolus dicit, Rm 8,24: *Spe salvi facti sumus*, Spes autem de fine consequendo insurgit ex hoc quod aliquis convenienter movetur ad finem, et appropinquat ad ipsum: quod quidem fit per aliquam actionem. Ad finem autem beatitudinis movetur aliquis et appropinquat per operationes virtutum; et praecipue per operationes donorum, si loquamur de beatitudine aeterna, ad quam ratio non sufficit, sed in eam inducit Spiritus Sanctus, ad cuius obedientiam et sequelam per dona perficimur. Et ideo beatitudines distinguuntur quidem a virtutibus et donis, non sicut habitus ab eis distincti, sed sicut actus distinguuntur ab habitibus.

AD PRIMUM ergo dicendum quod Augustinus et Ambrosius attribuunt beatitudines donis et virtutibus, sicut actus attribuuntur habitibus. Dona autem sunt eminentiora virtutibus cardinalibus, ut supra[7] dictum est. Et ideo Ambrosius, exponens beatitudines turbis propositas, attribuit eas virtutibus cardinalibus; Augustinus autem, exponens beatitudines discipulis propositas in monte, tanquam perfectioribus, attribuit eas donis Spiritus Sancti.

AD SECUNDUM dicendum quod ratio illa probat quod non sunt alii habitus rectificantes humanam vitam, praeter virtutes et dona.

AD TERTIUM dicendum quod mititas accipitur pro actu mansuetudinis: et similiter dicendum est

RESPONDO. As bem-aventuranças, conforme se explicou, é o fim último da vida humana. Ora, considera-se possuidor do fim quem tem esperança de obtê-lo. Donde a afirmação do Filósofo: "As crianças são consideradas felizes por causa da esperança", e a palavra do Apóstolo, na Carta aos Romanos: "É na esperança que nós fomos salvos". A esperança de conseguir o fim resulta do nosso bom encaminhamento para ele, buscando-o, o que supõe certa atividade. Ora, para esse fim, que é a bem-aventurança, nós nos movemos para ele e dele nos aproximamos, praticando as virtudes e, principalmente, pelas ações dos dons, se nos referimos à bem-aventurança eterna, para a qual a razão é insuficiente, mas é necessário que intervenha o Espírito Santo, para cuja obediência e seguimento os dons nos aperfeiçoam. Portanto, as bem-aventuranças se distinguem das virtudes e dos dons, não como hábitos distintos deles, mas como os atos se distinguem dos hábitos[b].

QUANTO AO 1º, portanto, deve-se dizer que Agostinho e Ambrósio atribuem as bem-aventuranças aos dons e às virtudes como os atos são atribuídos aos hábitos. Os dons são superiores às virtudes cardeais, como já foi dito. E, por isso, Ambrósio, comentando as bem-aventuranças propostas à multidão, as atribui às virtudes cardeais, ao passo que Agostinho, comentando as bem-aventuranças propostas aos discípulos no monte, como a pessoas mais perfeitas, as atribui aos dons do Espírito Santo[c].

QUANTO AO 2º, deve-se dizer que essa argumentação prova que não existem outros hábitos para retificar a vida humana, além das virtudes e dos dons.

QUANTO AO 3º, deve-se dizer que a mansidão se toma pelo ato da mansidão e o mesmo se diga da

5. Q. 2, a. 7; q. 3, a. 1.
6. C. 10: 1100, a, 3-5.
7. Q. 68, a. 8.

b. Distinguir as bem-aventuranças das virtudes como se distinguem os atos dos hábitos será apenas um procedimento de classificação? Trata-se pelo contrário de uma opção carregada de sentido? Adotamos este último ponto de vista.

É verdade que a virtude, mesmo permanecendo no estado de hábito, torna-nos felizes, mas essa felicidade só toma corpo e nos encaminha para nosso fim último na medida em que a virtude se exerce. Ora, as bem-aventuranças evangélicas supõem que a virtude se exerce. É verdade que, por si sós, os termos empregados pelo Senhor não poriam fim ao debate: pobreza espiritual, doçura, pureza de coração podem ser compreendidos como hábitos, disposições. Outros termos, porém, servem antes como atos: chorar, ter fome e sede de justiça, exercer a misericórdia, fazer trabalho de pacificação, ser perseguido. É à luz de tais bem-aventuranças, que implicam uma ação concreta, que se deve interpretar aquelas cuja posição entre o ato e o hábito permanecem mais ambíguas (ver r. 3).

Portanto, em vez de bem-aventurados os virtuosos!, diga-se: Bem-aventurados aqueles que operam no espírito do Reino!

c. Notemos desde já essa tentativa de justificar a existência de divergências entre as bem-aventuranças de Mateus e as de Lucas: as de Lucas são propostas às massas (Lc 6,17 e ss.), as de Mateus aos discípulos (Mt 5,1-2). Voltaremos a encontrar essa explicação um pouco além nesta questão (a. 3, r. 6).

de iustitia et de misericordia. Et quamvis haec videantur esse virtutes, attribuuntur tamen donis, quia etiam dona perficiunt hominem circa omnia circa quae perficiunt virtutes, ut dictum est[8].

justiça e da misericórdia. E, embora estas pareçam ser virtudes, são, na verdade, atribuídas aos dons, porque também estes aperfeiçoam os homens em todos os aspectos nos quais as virtudes também os aperfeiçoam, como já foi dito.

Articulus 2

Utrum praemia quae attribuuntur beatitudinibus, ad hanc vitam pertineant

Ad secundum sic proceditur. Videtur quod praemia quae attribuuntur beatitudinibus, non pertineant ad hanc vitam.

1. Dicuntur enim aliqui beati propter spem praemiorum, ut dictum est[1]. Sed obiectum spei beatitudo est futura. Ergo praemia ista pertinent ad vitam futuram.

2. Praeterea, Lc 6,25 ponuntur quaedam poenae per oppositum ad beatitudines, cum dicitur: *Vae vobis qui saturati estis, quia esurietis. Vae vobis qui ridetis nunc, quia lugebitis et flebitis.* Sed istae poenae non intelliguntur in hac vita: quia frequenter homines in hac vita non puniuntur, secundum illud Iob 21,13: *Ducunt in bonis dies suos.* Ergo nec praemia beatitudinum pertinent ad hanc vitam.

3. Praeterea, regnum caelorum, quod ponitur praemium paupertatis, est beatitudo caelestis; ut Augustinus dicit, XIX *de Civ. Dei*[2]. Plena etiam saturitas non nisi in futura vita habetur; secundum illud Ps 16,15: *Satiabor cum apparuerit gloria tua.* Visio etiam Dei, et manifestatio filiationis divinae, ad vitam futuram pertinent; secundum illud 1Io 3,2: *Nunc filii Dei sumus, et nondum apparuit quid erimus. Scimus quoniam cum apparuerit, similes ei erimus: quoniam videbimus eum sicuti est.* Ergo praemia illa pertinent ad vitam futuram.

Sed contra est quod Augustinus dicit, in libro *de Serm. Dom. in Monte*[3]: *Ista quidem in hac vita compleri possunt, sicut completa esse in Apostolis credimus. Nam illa omnimoda, et in angelicam formam mutatio, quae post hanc vitam promittitur, nullis verbis exponi potest.*

Artigo 2

Os prêmios atribuídos às bem-aventuranças pertencem a esta vida?

Quanto ao segundo, assim se procede: parece que os prêmios atribuídos às bem-aventuranças **não** pertencem a esta vida.

1. Com efeito, como foi dito, chamam-se felizes os que têm a esperança dos prêmios. Ora, o objeto da esperança é a bem-aventurança futura. Logo, esses prêmios pertencem à vida futura.

2. Além disso, no Evangelho de Lucas, assinalam-se certas penas em oposição às bem-aventuranças, quando se diz: "Infelizes, vós que estais saciados agora, tereis fome. Infelizes, vós que rides agora, estareis no luto e chorareis". Ora, essas penas não se entendem nesta vida, porque frequentemente as pessoas não são aqui punidas, conforme a palavra do livro de Jó: "Consomem seus dias na felicidade". Logo, também os prêmios das bem-aventuranças não pertencem a esta vida.

3. Ademais, o reino dos céus, apontado como o prêmio da pobreza, é a bem-aventurança celeste, segundo escreve Agostinho. Igualmente, a plena saciedade só na vida futura se terá, como diz o Salmo: "Saciar-me-ei quando aparecer a tua glória". Também a visão de Deus e a manifestação da filiação divina pertencem à vida futura, segundo a primeira Carta de João: "Caríssimos, agora somos filhos de Deus, mas o que seremos ainda não se manifestou. Sabemos que, quando ele aparecer, seremos semelhantes a ele, já que o veremos tal como é". Logo, esses prêmios pertencem à vida futura.

Em sentido contrário, temos Agostinho dizendo: "Certamente, essas coisas podem cumprir-se nesta vida, como cremos que se cumpriram nos Apóstolos, porque a transformação total numa forma angélica, prometida para depois desta vida, não pode ser explicada com palavras".

8. Ibid. a. 2.

2 Parall.: in *Matth.*, c. 5.

1. Art. praec.
2. Cfr. l. XVII, c. 7: ML 41, 539; *De serm. Dom. in monte* l. I, c. 4: ML 34, 1231.
3. L. I, c. 4, n. 12: ML 34, 1235.

RESPONDEO dicendum quod circa ista praemia expositores sacrae Scripturae diversimode sunt locuti. Quidam enim omnia ista praemia ad futuram beatitudinem pertinere dicunt: sicut Ambrosius, *super Lucam*[4]. Augustinus vero dicit[5] ea ad praesentem vitam pertinere. Chrysostomus autem, in suis Homiliis[6], quaedam eorum dicit pertinere ad futuram vitam, quaedam autem ad praesentem.

Ad cuius evidentiam, considerandum est quod spes futurae beatitudinis potest esse in nobis propter duo: primo quidem, propter aliquam praeparationem vel dispositionem ad futuram beatitudinem, quod est per modum meriti; alio modo, per quandam inchoationem imperfectam futurae beatitudinis in viris sanctis, etiam in hac vita. Aliter enim habetur spes fructificationis arboris cum virescit frondibus: et aliter cum iam primordia fructuum incipiunt apparere.

Sic igitur ea quae in beatitudinibus tanguntur tanquam merita, sunt quaedam praeparationes vel dispositiones ad beatitudinem, vel perfectam vel inchoatam. Ea vero quae ponuntur tanquam praemia, possunt esse vel ipsa beatitudo perfecta, et sic pertinent ad futuram vitam: vel aliqua inchoatio beatitudinis, sicut est in viris perfectis, et sic praemia pertinent ad praesentem vitam. Cum enim aliquis incipit proficere in actibus virtutum et donorum, potest sperari de eo quod perveniet et ad perfectionem viae, et ad perfectionem patriae.

AD PRIMUM ergo dicendum quod spes est de futura beatitudine sicut de ultimo fine: potest etiam esse et de auxilio gratiae, sicut de eo quod ducit ad finem, secundum illus Ps 27,7: *In Deo speravit cor meum, et adiutus sum*.

AD SECUNDUM dicendum quod mali, etsi interdum in hac vita temporales poenas non patiantur, patiuntur tamen spirituales. Unde Augustinus dicit, in I *Confess.*[7]: *Iussisti, Domine, et sic est, ut poena*

RESPONDO. A respeito desses prêmios, os comentaristas da Sagrada Escritura manifestaram-se diferentemente. Uns, como Ambrósio, dizem que todos esses prêmios pertencem à vida futura; outros, como Agostinho consideram-nos, ao contrário, próprios da vida presente; e Crisóstomo, por sua vez, diz que uns pertencem à vida futura e outros, à vida presente.

Para esclarecer esse assunto[d], cumpre considerar que a esperança da bem-aventurança futura pode existir em nós por duas razões: primeiro, por uma preparação ou disposição para a bem-aventurança futura e isso se dá pelo merecimento; depois, como um início imperfeito dessa bem-aventurança nos santos, já na vida presente, pois a esperança de ver a árvore frutificando é diferente quando ele frondeja verdejante e quando começam a aparecer os primeiros frutos.

Assim, pois, tudo o que nas bem-aventuranças se indica como mérito, prepara ou dispõe para a bem-aventurança, seja ela completa ou apenas iniciada. Mas o que se afirma como prêmio pode ser ou a própria bem-aventurança perfeita e nesse sentido pertence à vida futura, ou algum início da bem-aventurança, como ocorre entre os santos e nesse sentido os prêmios pertencem à vida presente. Com efeito, quando alguém começa a progredir no exercício das virtudes e dos dons, pode-se esperar dele que chegará à perfeição de sua caminhada aqui e na pátria.

QUANTO AO 1º, portanto, deve-se dizer que a esperança visa à bem-aventurança futura, como fim último, mas pode também visar ao auxílio da graça, como meio que leva ao fim, conforme diz o Salmo: “Meu coração esperou em Deus e fui socorrido”.

QUANTO AO 2º, deve-se dizer que os maus, embora, às vezes, não sofram penas temporais nesta vida, sofrem penas espirituais. Daí a palavra de Agostinho: “Tu mandaste, Senhor, e assim é de

4. L. V, in c. 6, 20: ML 15, 1649 C.
5. Loc. prox. cit.: ML 34, 1234.
6. *Homil. XV in Matth.*: MG 57, 223.
7. C. 12: ML 32, 670.

d. Esta resposta pede algumas explicações. Para me encontrar no caminho da bem-aventurança, é preciso ou que eu tenha atingido os preliminares da bem-avenrturança (comparados aqui às flores, que são pré-liminares à formação do fruto), ou que eu tenha um antegosto da bem-aventurança (comparado aqui ao fruto em via de desenvolvimento).

Cada bem-aventurança comporta dois membros, designados aqui como “mérito” e “recompensa”. O mérito (doçura, pureza de coração, etc.) é como uma flor promissora de bem-aventurança, mas permanece pré-liminar à bem-aventurança (pré-liminar significa abaixo do umbral); o mérito prepara e dispõe à bem-aventurança, ainda não é bem-aventurança. A recompensa (possuir a terra, ver Deus, etc.), por seu lado, é comparada ao fruto. Aqui embaixo, é um fruto cuja maturidade não foi atingida; na pátria, será um fruto plenamente desenvolvido e infinitamente saboroso.

sibi sit inordinatus animus. Et Philosophus dicit, in IX *Ethic*.[8], de malis, quod *contendit ipsorum anima, et hoc quidem huc trahit, illud autem illuc*; et postea concludit: *Si autem sic miserum est malum esse, fugiendum est malitiam intense*. — Et similiter e converso boni, etsi in hac vita quandoque non habeant corporalia praemia, nunquam tamen deficiunt a spiritualibus, etiam in hac vita; secundum illud Mt 19,29, et Mc 10,30: *Centuplum accipietis etiam in hoc saeculo*.

AD TERTIUM dicendum quod omnia illa praemia perfecte quidem consummabuntur in vita futura: sed interim etiam in hac vita quodammodo inchoantur. Nam regnum caelorum, ut Augustinus dicit[9], potest intelligi perfectae sapientiae initium, secundum quod incipit in eis spiritus regnare. Possessio etiam terrae significat affectum bonum animae requiescentis per desiderium in stabilitate haereditatis perpetuae, per terram significatae. Consolantur autem in hac vita, Spiritum Sanctum, qui *Paracletus*, idest Consolator, dicitur, participando. Saturantur etiam in hac vita illo cibo de quo Dominus dicit: *Meus cibus est ut faciam voluntatem Patris mei*. In hac etiam vita consequuntur homines misericordiam Dei. In hac etiam vita, purgato oculo per donum intellectus, Deus quodammodo videri potest. Similiter etiam in hac vita qui motus suos pacificant, ad similitudinem Dei accedentes, filii Dei nominantur. — Tamen haec perfectius erunt in patria.

fato, a alma desregrada é pena para si mesma". E o Filósofo diz, referindo-se aos maus: "A alma deles vive se debatendo, arrastada por alguma coisa, ora para cá ora para lá", e conclui depois: "se ser mau causa essa miséria, é preciso com todas as forças fugir da maldade. — Da mesma forma, em sentido contrário, os bons, embora não recebam, às vezes, prêmios materiais nesta vida, nunca lhes faltam os prêmios espirituais já nesta vida, segundo os Evangelhos de Mateus e Marcos: "Recebereis o cêntuplo ainda neste tempo"[e].

QUANTO AO 3º, deve-se dizer que todos esses prêmios serão consumados, por certo, na vida futura, mas, nessa espera, eles começam de certo modo já na vida atual, pois o reino dos céus, no dizer de Agostinho, pode ser entendido como o início da sabedoria perfeita, porque o espírito começa a reinar neles. Assim também a posse da terra significa o bom afeto de uma alma cujo desejo descansa na estabilidade da herança perpétua, simbolizada pela terra. São consolados já nesta vida participando do Espírito Santo, denominado Paráclito, isto é, Consolador. Ficam também saciados nesta vida com o alimento de que fala o Senhor: "O meu alimento é fazer a vontade de meu Pai". E já na vida presente alcançam a misericórdia de Deus. E ainda aqui, com a visão purificada pelo dom da inteligência, Deus pode, de certo modo, ser visto. Da mesma forma, já na vida atual, os que apaziguam os seus movimentos, tornando-se mais semelhantes a Deus, são chamados filhos de Deus. — É na pátria, no entanto, que todos esses bens se realizarão mais perfeitamente[f].

ARTICULUS 3

Utrum convenienter enumerentur beatitudines

AD TERTIUM SIC PROCEDITUR. Videtur quod inconvenienter enumerentur beatitudines.

ARTIGO 3

As bem-aventuranças são convenientemente enumeradas?

QUANTO AO TERCEIRO, ASSIM SE PROCEDE: parece que as bem-aventuranças **são** enumeradas inconvenientemente.

8. C. 4: 1166, b, 19-22.
9. Loc. cit. in arg. *sed c*, c. 4: ML 34, 1235.

3 PARALL.: III *Sent*, dist. 34, q. 1, a. 4; in *Matth.*, cap. 5.

e. Sto. Tomás não pertence à família espiritual de Jó. Finalmente, pensa ele, mesmo nesta vida, os maus são infelizes e os bons já saboreiam recompensas espirituais. Se a sua metafísica é "existencial", a sua percepção da condição humana concreta não o é de modo algum, pelo menos aos olhos de nossos contemporâneos.

f. Sto. Tomás retoma aqui uma a uma as recompensas que Mateus relaciona com cada uma das sete bem-aventuranças (a oitava recebe a mesma recompensa que a primeira; é por isso que ela é omitida aqui) e mostra para cada uma delas que a bem-aventurança já foi iniciada. Reino de Deus, posse da terra, consolação, conforto da justiça, misericórdia, visão de Deus, filiação divina, tudo isso já se realiza aqui embaixo, por imperfeito que seja. É claramente nesse sentido que incide a insistência do artigo.

1. Attribuuntur enim beatitudines donis ut dictum est[1]. Donorum autem quaedam pertinent ad vitam contemplativam, scilicet sapientia et intellectus: nulla autem beatitudo ponitur in actu contemplationis, sed omnes in his quae pertinent ad vitam activam. Ergo insufficienter beatitudines enumerantur.

2. PRAETEREA, ad vitam activam non solum pertinent dona exequentia; sed etiam quaedam dona dirigentia, ut scientia et consilium. Nihil autem ponitur inter beatitudines quod directe ad actum scientiae vel consilii pertinere videatur. Ergo insufficienter beatitudines tanguntur.

3. PRAETEREA, inter dona exequentia in vita activa, timor ponitur ad paupertatem pertinere; pietas autem videtur pertinere ad beatitudinem misericordiae. Nihil autem ponitur directe ad fortitudinem pertinens. Ergo insufficienter enumerantur beatitudines.

4. PRAETEREA, in sacra Scriptura tanguntur multae aliae beatitudines: sicut Iob 5,17 dicitur: *Beatus homo qui corripitur a Domino*; et in Ps 1,1: *Beatus vir qui non abiit in consilio impiorum*: et Pr 3,13: *Beatus vir qui invenit sapientiam*. Ergo insufficienter beatitudines enumerantur.

SED CONTRA, 5. Videtur quod superflue enumerentur. Sunt enim septem dona Spiritus Sancti. Beatitudines autem tanguntur octo.

6. PRAETEREA, Lc 6,20sqq. ponuntur quatuor tantum beatitudines. Superflue ergo enumerantur septem, vel octo, in Mt 5,3sqq.

RESPONDEO dicendum quod beatitudines istae convenientissime enumerantur. Ad cuius evidentiam, est considerandum quod triplicem beatitudinem aliqui posuerunt: quidam enim posuerunt beatitudinem in vita voluptuosa; quidam in vita activa; quidam vero in vita contemplativa. Hae autem tres beatitudines diversimode se habent ad beatitudinem futuram, cuius spe dicimur hic beati. Nam beatitudo voluptuosa, quia falsa est et rationi contraria, impedimentum est beatitudinis futurae. Beatitudo vero activae vitae dispositiva est ad beatitudinem futuram. Beatitudo autem contemplativa, si sit perfecta, est essentialiter ipsa futura beatitudo: si autem sit imperfecta, est quaedam inchoatio eius.

1. Com efeito, foi visto que as bem-aventuranças são atribuídas aos dons. Mas destes, alguns, como a sabedoria e a inteligência, pertencem à vida contemplativa. Ora, não se afirma nenhuma bem-aventurança no ato da contemplação, mas todas nos que pertencem à vida ativa. Logo, a enumeração das bem-aventuranças é insuficiente.

2. ALÉM DISSO, à vida ativa pertencem não só os dons de execução, mas também alguns dons de direção, como a ciência e o conselho. Ora, entre as bem-aventuranças nada se afirma que pareça pertencer diretamente ao ato de ciência ou de conselho. Logo, as bem-aventuranças estão apresentadas de maneira insuficiente.

3. ADEMAIS, entre os dons executivos na vida ativa, o temor é afirmado pertencer à pobreza, e a piedade parece pertencer à bem-aventurança da misericórdia e nada se inclui que pertença diretamente à fortaleza. Logo, as bem-aventuranças estão enumeradas insuficientemente.

4. ADEMAIS, na Escritura Sagrada mencionam-se muitas outras bem-aventuranças, como, por exemplo, "Feliz o homem que o Senhor repreende!": "Feliz o homem que não toma o partido dos maus!"; e no livro dos Provérbios: "Feliz quem achou a sabedoria!". Logo, a enumeração das bem-aventuranças é insuficiente.

EM SENTIDO CONTRÁRIO, 5. parece que a enumeração é excessiva, pois os dons do Espírito Santo são sete e citam-se oito bem-aventuranças.

6. ALÉM DISSO, no Evangelho de Lucas, enumeram-se apenas quatro bem-aventuranças. Logo, há excesso nas sete ou oito enumeradas no Evangelho de Mateus.

RESPONDO. As bem-aventuranças estão enumeradas de modo muito conveniente. Para bem compreendê-lo, é preciso considerar três opiniões a respeito delas. Com efeito, uns veem a bem-aventurança na vida voluptuosa; outros, na vida ativa; outros, enfim, na vida contemplativa. Ora, essas três bem-aventuranças relacionam-se diferentemente com a bem-aventurança futura, cuja esperança já nos faz felizes nesta vida. Na verdade, a bem-aventurança voluptuosa, por ser falsa e contrária à razão, é obstáculo à futura bem-aventurança. Por outro lado, a bem-aventurança da vida ativa dispõe para a bem-aventurança eterna e a bem-aventurança contemplativa, quando perfeita, constitui essencialmente a própria bem-aventurança futura; e se for imperfeita, vem a ser o início dela.

1. A. 1, ad 1.

Et ideo Dominus primo quidem posuit quasdam beatitudines quasi removentes impedimentum voluptuosae beatitudinis. Consistit enim voluptuosa vita in duobus. Primo quidem, in affluentia exteriorum bonorum: sive sint divitiae, sive sint honores. A quibus quidem retrahitur homo per virtutem sic ut moderate eis utatur: per donum autem excellentiori modo, ut scilicet homo totaliter ea contemnat. Unde prima beatitudo ponitur, *Beati pauperes spiritu*: quod potest referri vel ad contemptum divitiarum; vel ad contemptum honorum, quod fit per humilitatem. — Secundo vero voluptuosa vita consistit in sequendo proprias passiones, sive irascibilis sive concupiscibilis. A sequela autem passionum irascibilis, retrahit virtus ne homo in eis superfluat, secundum regulam rationis: donum autem excellentiori modo, ut scilicet homo, secundum voluntatem divinam, totaliter ab eis tranquillus reddatur. Unde secunda beatitudo ponitur, *Beati mites*. — A sequela vero passionum concupiscibilis, retrahit virtus, moderate huiusmodi passionibus utendo: donum vero, eas, si necesse fuerit, totaliter abiiciendo; quinimmo, si necessarium fuerit, voluntarium luctum assumendo. Unde tertia beatitudo ponitur, B*eati qui lugent*.

Activa vero vita in his consistit praecipue quae proximis exhibemus, vel sub ratione debiti, vel sub ratione spontanei beneficii. Et ad primum quidem nos virtus disponit, ut ea quae debemus proximis, non recusemus exhibere: quod pertinet ad iustitiam. Donum autem ad hoc ipsum abundantiori quodam affectu nos inducti: ut scilicet ferventi desiderio opera iustitiae impleamus, sicut ferventi desiderio esuriens et sitiens cupit cibum vel potum. Unde quarta beatitudo ponitur, *Beati qui esuriunt et sitiunt iustitiam*. — Circa spontanea vero dona nos perficit virtus ut illis donemus quibus ratio dictat esse donandum, puta amicis aut aliis nobis coniunctis: quod pertinet ad virtutem liberalitatis. Sed donum, propter Dei reverentiam, solam necessitatem considerat in his quibus gratuita beneficia praestat: unde dicitur Lc 14,12-13: *Cum facis prandium aut coenam, noli vocare amicos neque fratres tuos* etc., *sed voca pauperes et debiles* etc.: quod proprie est misereri. Et ideo quinta beatitudo ponitur, *Beati misericordes*.

Explica-se, então, por que o Senhor afirmou primeiro certas bem-aventuranças que, por assim dizer, removem o obstáculo da bem-aventurança voluptuosa. A vida dos prazeres, com efeito, consiste em duas coisas. Antes de mais nada, na abundância de bens exteriores, quer sejam riquezas, quer sejam honrarias. Delas o homem se retrai pela virtude, usando-as com moderação; mas também de maneira superior, pelo dom que o leva a desprezá-las totalmente. Daí a primeira bem-aventurança enunciada: “Felizes os pobre de espírito!”, que pode se referir tanto ao desprezo das riquezas como ao desprezo das honrarias, por meio da humildade. — Mas a vida voluptuosa consiste também em seguir as próprias paixões, seja as do apetite irascível, seja as do concupiscível. Contra as primeiras é a virtude que faz o homem não se exceder, segundo a regra da razão, enquanto que o dom age aí de forma ainda melhor, tornando-o inteiramente livre delas, em conformidade com a vontade divina. Por isso a segunda bem-aventurança diz: “Felizes os mansos!” — Contra as paixões, porém, do apetite concupiscível, a virtude faz-nos usar moderadamente delas, ao passo que o dom nos leva a repudiá-las por completo, se preciso for e até mesmo, se necessário, a assumir voluntariamente o pranto. Daí a terceira bem-aventurança: “Felizes os que choram!”.

Quanto à vida ativa, consiste ela principalmente em darmos ao próximo coisas que lhe devemos ou coisas com que o beneficiamos espontaneamente. No primeiro caso, a virtude, a saber, a justiça, nos dispõe a não recusar ao próximo o que lhe devemos, enquanto o dom nos induz a fazer o mesmo com mais intenso afeto, de forma que pratiquemos as obras de justiça com ardente desejo, assim como quem tem fome e sede deseja ardentemente comer e beber. Por isso a quarta bem-aventurança afirma: “Felizes os que têm fome e sede da justiça!”. — No caso, porém, das coisas que espontaneamente doamos, a virtude, mais precisamente, a liberalidade, leva-nos à perfeição de darmos a quem a razão nos manda fazê-lo, como os amigos e outra pessoas a nós ligadas, enquanto que o dom, por causa de reverência para com Deus, não se fixa senão na necessidade daqueles a quem presta serviços gratuitos. Donde a recomendação do Evangelho de Lucas: “Quando deres um almoço ou um jantar, não convides teus amigos, nem teus irmãos... mas convida os pobres, os fracos etc.”, o que é, propriamente, ter misericórdia. E por isso a quinta bem-aventurança proclama: “felizes os misericordiosos!”.

Ea vero quae ad contemplativam vitam pertinent, vel sunt ipsa beatitudo finalis, vel aliqua inchoatio eius: et ideo non ponuntur in beatitudinibus tanquam merita, sed tanquam praemia. Ponuntur autem tanquam merita effectus activae vitae, quibus homo disponitur ad contemplativam vitam. Effectus autem activae vitae, quantum ad virtutes et dona quibus homo perficitur in seipso, est munditia cordis: ut scilicet mens hominis passionibus non inquinetur. Unde sexta beatitudo ponitur, *Beati mundo corde*. — Quantum vero ad virtutes et dona quibus homo perficitur in comparatione ad proximum, effectus activae vitae est pax; secundum illud Is 32,17: *Opus iustitiae pax*. Et ideo septima beatitudo ponitur, *Beati pacifici*.

Por fim, no que diz respeito às coisas da vida contemplativa, ou são elas a própria bem-aventurança final ou algum começo dela e por isso não são afirmadas nas bem-aventuranças como méritos, mas como recompensas. São, porém, considerados méritos os efeitos da vida ativa, que preparam o homem à vida contemplativa. Ora, o efeito da vida ativa, no atinente às virtudes e aos dons pelos quais o homem se aperfeiçoa a si mesmo, é a pureza de coração, que faz com que nossa mente não se manche com as paixões. E aí afirma a sexta bem-aventurança: "Felizes os corações puros!". — No caso, porém, das virtudes e dos dons, que aperfeiçoam o homem em sua relação com o próximo, o efeito da vida ativa é a paz, conforme diz o livro de Isaías; "A obra da justiça é a paz". Daí a afirmação da sétima bem-aventurança: "Felizes os pacíficos!"[g].

AD PRIMUM ergo dicendum quod actus donorum pertinentium ad vitam activam, exprimuntur in ipsis meritis: sed actus donorum pertinentium ad vitam contemplativam, exprimuntur in praemiis, ratione iam[2] dicta. Videre enim Deum respondet dono intellectus; et conformari Deo quadam filiatione adoptiva, pertinet ad donum sapientiae.

QUANTO AO 1º, portanto, deve-se dizer que os atos dos dons pertencentes à vida ativa manifestam-se nos próprios méritos e os referente à vida contemplativa manifestam-se nos prêmios, pela razão já dada. Ver a Deus, com efeito, corresponde ao dom da inteligência e conformar-se com Deus por uma filiação adotiva, pertence ao dom da sabedoria.

AD SECUNDUM dicendum quod in his quae pertinent ad activam vitam, cognitio non quaeritur propter seipsam, sed propter operationem, ut etiam Philosophus dicit, in II *Ethic.*[3]. Et ideo, quia beatitudo aliquid ultimum importat, non computantur inter beatitudines actus donorum dirigentium in vita activa, quos scilicet eliciunt, sicut consiliari est actus consiliii, et iudicare est actus scientiae: sed magis attribuuntur eis actus operativi in quibus dirigunt, sicut scientiae lugere, et consilio misereri.

QUANTO AO 2º, deve-se dizer que na vida ativa, não se busca o conhecimento por si mesmo, mas pela ação, como o próprio Filósofo diz. E como a bem-aventurança implica o que é último, não se contam entre as bem-aventuranças os atos elícitos dos dons que dirigem a vida ativa, tal como o aconselhar, que é ato próprio do conselho, e o julgar, que é ato próprio da ciência, mas se lhes atribuem os atos operativos em que dirigem, como ao dom da ciência se atribui o pranto e ao dom do conselho, a misericórdia.

AD TERTIUM dicendum quod in attributione beatitudinum ad dona, possunt duo considerari. Quorum unum est conformitas materiae. Et secundum hoc, omnes primae quinque beatitudines possunt attribui scientiae et consilio, tanquam dirigentibus. Sed inter dona exequentia distribuuntur:

QUANTO AO 3º, deve-se dizer que na atribuição das bem-aventuranças aos dons podem ser considerados dois pontos. Um, é a conformidade da matéria. Desse ponto de vista, as cinco primeiras bem-aventuranças podem ser atribuídas à ciência e ao conselho, como aos dons que dirigem. Mas elas

2. In corp.
3. C. 2: 1103, b, 27-31.

g. A exposição de Sto. Tomás sobre esse conjunto de bem-aventuranças concebidas como atos dos dons do Espírito Santo que, eles próprios, aperfeiçoam as virtudes, é efetuada com mão de mestre. A sua arquitetura é notável e se coloca de forma eficaz ao serviço do ensinamento espiritual. Não nos acreditemos por isso obrigados a pensar que Jesus, autor das bem-aventuranças, tenha partilhado uma visão tão sistemática quanto a de Sto. Tomás. O que Jesus queria era dizer de que reino ele era o iniciador. Ele não compunha um tratado de teologia ascética e mística.

Não é pelo fato de que Sto Tomás elabore e sistematize o ensinamento de Jesus que ele o aperfeiçoa. Ele simplesmente põe a sua cultura filosófica e teológica a serviço de uma doutrina face à qual ele somente pode ser um discípulo modesto.

ita scilicet quod esuries et sitis iustitiae, et etiam misericordia, pertineant ad pietatem, quae perficit hominem in his quae sunt ad alterum; mititas autem ad fortitudinem, dicit enim Ambrosius, *super Lucam*[4], quod *fortitudinis est iram vincere, indignationem cohibere*, est enim fortitudo circa passiones irascibilis; paupertas vero et luctus ad donum timoris, quo homo se retrahit a cupiditatibus et delectationibus mundi.

Alio modo possumus in his beatitudinibus considerare motiva ipsarum: et sic, quantum ad aliqua eorum, oportet aliter attribuere. Praecipue enim ad mansuetudinem movet reverentia ad Deum; quae pertinet ad pietatem. Ad lugendum autem movet praecipue scientia, per quam homo cognoscit defectus suos et rerum mundanarum; secundum illud Eccle 1,18: *Qui addit scientiam, addit et dolorem*. Ad esuriendum autem iustitiae opera, praecipue movet animi fortitudo. Ad miserendum vero praecipue movet consilium Dei; secundum illud Dn 4,24: *Consilium meum regi placeat: peccata tua eleemosynis redime, et iniquitates tuas misericordiis pauperum*. — Et hunc modum attributionis sequitur Augustinus, in libro de *Serm. Dom. in Monte*[5].

AD QUARTUM dicendum quod necesse est beatitudines omnes quae in sacra Scriptura ponuntur, ad has reduci vel quantum ad merita, vel quantum ad praemia: quia necesse est quod omnes pertineant aliquo modo vel ad vitam activam, vel ad vitam contemplativam. Unde quod dicitur, *Beatus vir qui corripitur a Domino*, pertinet ad beatitudinem luctus. Quod vero dicitur, *Beatus vir qui non abiit in consilio impiorum*, pertinet ad munditiam cordis. Quod vero dicitur, *Beatus vir qui invenit sapientiam*, pertinet ad praemium septimae beatitudinis. Et idem patet de omnibus aliis quae possunt induci.

AD QUINTUM dicendum quod octava beatitudo est quaedam confirmatio et manifestatio omnium

se incluem entre os dons executivos, de forma que a fome e a sede de justiça e também a misericórdia se referem à piedade, que aperfeiçoa o homem em relação aos outros; a mansidão, porém, à fortaleza, pois diz Ambrósio, “cabe à fortaleza vencer a ira e coibir a indignação”, dado que a fortaleza se refere às paixões do irascível. Já a pobreza e o pranto concernem ao dom do temor, pelo qual o homem se afasta da cupidez e dos prazeres do mundo.

Outro ponto, são os motivos que as inspiram. Desse ponto de vista, quanto a alguns desses motivos é necessário que a atribuição seja distinta. Com efeito, a motivação principal de mansidão é a reverência para com Deus, relacionada à piedade. O que leva às lágrimas é sobretudo a ciência, pela qual o homem conhece as próprias deficiências e as das realidades mundanas, conforme as palavras do Eclesiastes: “Quem aumenta o saber, aumenta a dor”. É a fortaleza da alma a motivação maior para se ter fome das obras da justiça, como é o conselho de Deus que move a misericórdia, segundo se diz no livro de Daniel: “Que o meu conselho seja aceito pelo rei; resgata teus pecados com as esmolas e as tuas iniquidades tendo misericórdia dos pobres” E esse modo de atribuição Santo Agostinho assumiu.

QUANTO AO 4º, deve-se dizer que todas as bem-aventuranças mencionadas na Sagrada Escritura devem ser reduzidas necessariamente a essas, seja quanto aos méritos seja quanto aos prêmios, pois é preciso que todas pertençam, de algum modo, ou à vida ativa ou à vida contemplativa. Portanto, dizer: “Feliz o homem que Deus repreende” é referir-se à bem-aventurança das lágrimas; dizer: “Feliz o homem que não toma o partido dos maus” é referir-se à pureza de coração, e dizer: “Feliz quem achou a sabedoria” é referir-se ao prêmio da sétima bem-aventurança. E o mesmo acontece, evidentemente, como todos os outros textos que se possam aduzir[h].

QUANTO AO 5º [i], deve-se dizer que a oitava bem-aventurança é uma confirmação e manifestação de

4. L. V, in c. 6, 22: ML 15, 1654 B.
5. L. I, c. 4: ML 34, 1234.

h. Jesus não inventou a forma literária das bem-aventuranças; a objeção tem razão em ressaltar que há muitas outras bem-aventuranças tanto no Antigo quanto no Novo Testamento (os exegetas as reagrupam sob o nome genérico de “macarismos”, do grego *makarios*, que significa “bem-aventurado”). A resposta de Sto. Tomás não deixa de ser pertinente: todas as bem-aventuranças bíblicas se resumem àquelas do Sermão da Montanha.

Os exegetas modernos irão mais longe, e acrescentarão que essas bem-aventuranças, por sua vez, não devem justapor-se: elas se resumem à primeira, a da pobreza.

i. Tal maneira de apresentar a bem-aventurança dos perseguidos é caracterísitca do ângulo de visão natural a Sto. Tomás. O que nós, modernos, acentuaríamos, é que o homem que optou pela pobreza, pela mansidão, etc., é o alvo assinalado das po-

praecedentium. Ex hoc enim quod aliquis est confirmatus in paupertate spiritus et mititate et aliis sequentibus, provenit quod ab his bonis propter nullam persecutionem recedit. Unde octava beatitudo quodammodo ad septem praecedentes pertinet.

AD SEXTUM dicendum quod Lucas narrat sermonem Domini factum esse ad turbas. Unde beatitudines numerantur ab eo secundum capacitatem turbarum, quae solam voluptuosam et temporalem et terrenam beatitudinem noverunt. Unde Dominus per quatuor beatitudines quatuor excludit quae ad praedictam beatitudinem pertinere videntur. Quorum primum est abundantia bonorum exteriorum: quod excludit per hoc quod dicit, *Beati pauperes*. — Secundum est quod sit bene homini quantum ad corpus, in cibis et potibus et aliis huiusmodi: et hoc excludit per secundum quod ponit, *Beati qui esuritis*. — Tertium est quod sit homini bene quantum ad cordis iucunditatem: et hoc excludit tertio, dicens, *Beati qui nunc fletis*. — Quartum est exterior hominum favor: et hoc excludit quarto, dicens, *Beati eritis cum vos oderint homines*. — Et sicut Ambrosius dicit[6], *paupertas pertinet ad temperantiam, quae illecebrosa non quaerit; esuries ad iustitiam, quia qui esurit, compatitur, et, compatiendo, largitur: fletus ad prudentiam, cuius est flere occidua; pati odium hominum, ad fortitudinem*.

todas as precedentes. Pelo fato de alguém estar confirmado na pobreza de espírito e na mansidão e nas demais, resulta que não se afastará desses bens por nenhuma perseguição. Portanto, a oitava bem-aventurança pertence, de algum modo, às sete precedentes.

QUANTO AO 6º [j], deve-se dizer que o Evangelho de Lucas narra o sermão do Senhor feito à multidão. Por isso, ele enumera as bem-aventuranças segundo a capacidade da multidão que só conheciam a bem-aventurança voluptuosa, temporal e terrena. Assim, o Senhor nas quatro bem-aventuranças exclui quatro coisas que pareciam pertencer à tal bem-aventurança. A primeira é a abundância de bens exteriores, excluída ao dizer: "Felizes os pobres". — A segunda é o bem-estar corporal nos alimentos e bebidas etc., excluída ao dizer: "Felizes os que têm sede". — A terceira é o bem-estar dos prazeres do coração, excluída ao dizer: "Feliz os que agora choram". A quarta é o favorecimento exterior dos homens, excluída ao dizer: "Feliz quando vos odiarem os homens". — Diz Ambrósio: "A pobreza pertence à temperança, que não busca as seduções; a fome à justiça, porque quem tem fome se compadece e compadecendo-se, dá; o pranto à prudência, à qual pertence chorar as coisas perecíveis; sofrer o ódio dos homens à fortaleza".

ARTICULUS 4

Utrum praemia beatitudinum convenienter enumerentur

AD QUARTUM SIC PROCEDITUR. Videtur quod praemia beatitudinem inconvenienter enumerentur.

1. In regno enim caelorum, quod est vita aeterna, bona omnia continentur. Posito ergo regno caelorum, non oportuit alia praemia ponere.

ARTIGO 4

Os prêmios das bem-aventuranças estão convenientemente enumerados?

QUANTO AO QUARTO, ASSIM SE PROCEDE: parece que os prêmios das bem-aventuranças **não** estão convenientemente enumerados.

1. Com efeito, o reino dos céus, que é a vida eterna, contém todos os bens. Logo, afirmado o reino dos céus, não era necessário propor outros prêmios.

6. Loc. cit. in v. 20 sqq.: ML 15, 1654 AB.

4 PARALL.: III *Sent.*, dist. 34, q. 1, a. 4.

tências do mal, e é portanto perseguido. Sto. Tomás vê as coisas com maior serenidade: se esse homem pobre, manso, etc., fosse perseguido, ele não abriria mão dos valores espirituais aos quais está ligado. A bem-aventurança não consiste aqui em ser perseguido, mas sim em não deixar-se intimidar pela perseguição. As bem-aventuranças (como os dons do Espírito Santo) se situam para Sto. Tomás na linha das virtudes e das virtudes confirmadas. Não é o paradoxo do justo perseguido que retém a sua atenção.

j. Já tivemos ocasião de assinalar (n. 3 da q. 69) que Sto. Tomás distingue as bem-aventuranças de São Lucas das de São Mateus de acordo com o público visado: massas ou discípulos. A exegese de Lucas prossegue aqui no mesmo sentido: Lucas preocupa-se mais do que Mateus em denunciar as posses terrestres e temporais às quais as multidões acham-se ligadas. O que observa Sto. Tomás não é com certeza estranho a São Lucas.

2. PRAETEREA, regnum caelorum ponitur pro praemio et in prima beatitudine et in octava. Ergo, eadem ratione, debuit poni in omnibus.

3. PRAETEREA, in beatitudinibus proceditur ascendendo, sicut Augustinus dicit[1]. In praemiis autem videtur procedi descendendo: nam possessio terrae est minus quam regnum caelorum. Ergo inconvenienter huiusmodi praemia assignantur.

SED CONTRA est auctoritas ipsius Domini, praemia huiusmodi proponentis.

RESPONDEO dicendum quod praemia ista convenientissime assignantur, considerata conditione beatitudinum secundum tres beatitudines supra assignatas. Tres enim primae beatitudines accipiuntur per retractionem ab his in quibus voluptuosa beatitudo consistit: quam homo desiderat quaerens id quod naturaliter desideratur, non ubi quaerere debet, scilicet in Deo, sed in rebus temporalibus et caducis. Et ideo praemia trium primarum beatitudinum accipiuntur secundum ea quae in beatitudine terrena aliqui quaerunt. Quaerunt enim homines in rebus exterioribus, scilicet divitiis et honoribus, excellentiam quandam et abundantiam: quorum utrumque importat regnum caelorum, per quod homo consequitur excellentiam et abundantiam bonorum in Deo. Et ideo regnum caelorum Dominus pauperibus spiritu repromisit. — Quaerunt autem homines feroces et immites per litigia et bella securitatem sibi acquirere, inimicos suos destruendo. Unde Dominus repromisit mitibus securam et quietam possessionem terrae viventium: per quam significatur soliditas aeternorum bonorum. — Quaerunt autem homines in concupiscentiis et delectationibus mundi, habere consolationem contra praesentis vitae labores. Et ideo Dominus consolationem lugentibus repromittit.

Aliae vero duae beatitudines pertinent ad opera activae beatitudinis, quae sunt opera virtutum ordinantium hominem ad proximum: a quibus operibus aliqui retrahuntur propter inordinatum amorem proprii boni. Et ideo Dominus attribuit illa praemia his beatitudinis, propter quae homines ab eis discedunt. Discedunt enim aliqui ab operibus iustitiae, non reddentes debitum, sed potius aliena rapientes ut bonis temporalibus repleantur. Et ideo Dominus esurientibus iustitiam,

2. ALÉM DISSO, o reino dos céus é afirmado como prêmio tanto na primeira como na oitava bem-aventurança. Logo, pela mesma razão, deveria ser afirmado em todas as demais.

3. ADEMAIS, nas bem-aventuranças, diz Agostinho, segue-se uma linha ascendente. Ora, nos prêmios, ao que parece, segue-se caminho inverso, pois a posse da terra é inferior ao reino dos céus. Logo, esses prêmios não estão enumerados convenientemente.

EM SENTIDO CONTRÁRIO, está a autoridade do próprio Senhor que propõe tais prêmios.

RESPONDO. Os referidos prêmios estão elencados de modo muito conveniente, considerando-se a condição das bem-aventuranças em relação às três acima assinaladas. Com efeito, as três primeiras bem-aventuranças tomam-se pela recusa das coisas que fazem a felicidade da bem-aventurança voluptuosa, que o homem deseja buscando o que é naturalmente desejado, não onde deve buscá-lo, ou seja, em Deus, mas nas realidade temporais e perecíveis. Por isso é que os prêmios das três primeiras bem-aventuranças se tomam pelo que alguns buscam na felicidade terrena. Na verdade, os homens buscam nas coisas exteriores, a saber, nas riquezas e nas honras, certa excelência e abundância. Ora, isso tudo está incluído no reino dos céus, onde ele consegue em Deus a excelência e a abundância dos bens. E foi por isso que o Senhor tornou a prometer o reino dos céus aos pobres de espírito. — Além disso, como os homens duros e cruéis almejam a própria segurança, destruindo os inimigos mediante processos e guerras, o Senhor prometeu ainda aos mansos a posse firme e tranquila da terra dos vivos, simbolizando assim a solidez dos bens eternos. — Por fim, os homens, nas concupiscências e prazeres do mundo, buscam ter consolação para os trabalhos da vida presente. E por isso o Senhor prometeu conforto aos que choram.

Duas outras bem-aventuranças, porém, relacionam-se às obras da bem-aventurança ativa. São as obras das virtudes que põem o homem em relação com o próximo. Dessas obras alguns se retraem pelo amor desordenado ao próprio bem. Por isso o Senhor atribui como prêmios dessas bem-aventuranças as mesmas coisas pelas quais delas se afastam. Assim, alguns se afastam da prática da justiça, não pagando o que devem, antes apoderando-se do bem alheio, para se enriquecer

1. *De serm. Domini in monte*, l. I, c. 4: ML 34, 1234.

saturitatem repromisit. — Discedunt etiam aliqui ab operibus misericordiae, ne se immisceant miseriis alienis. Et ideo Dominus misericordibus repromittit misericordiam, per quam ab omni miseria liberentur.

Aliae vero duae ultimae beatitudines pertinent ad contemplativam felicitatem seu beatitudinem: et ideo secundum convenientiam dispositionum quae ponuntur in merito, praemia redduntur. Nam munditia oculi disponit ad clare videndum: unde mundis corde divina visio repromittitur. — Constituere vero pacem vel in seipso vel inter alios, manifestat hominem esse Dei imitatorem, qui est Deus unitatis et pacis. Et ideo pro praemio redditur ei gloria divinae filiationis, quae est in perfecta coniunctione ad Deum per sapientiam consummatam.

AD PRIMUM ergo dicendum quod, sicut Chrysostomus dicit[2], omnia praemia ista unum sunt in re, scilicet beatitudo aeterna; quam intellectus humanus non capit. Et ideo oportuit quod per diversa bona nobis nota, describeretur, observata convenientia ad merita quibus praemia attribuuntur.

AD SECUNDUM dicendum quod, sicut octava beatitudo est firmitas quaedam omnium beatitudinum, ita debentur sibi omnium beatitudinum praemia. Et ideo redit ad caput, ut intelligantur sibi consequenter omnia praemia attribui. — Vel, secundum Ambrosium[3], pauperibus spiritu repromittitur regnum caelorum, quantum ad gloriam animae: sed passis persecutionem in corpore, quantum ad gloriam corporis.

AD TERTIUM dicendum quod etiam praemia secundum additionem se habent ad invicem. Nam plus est possidere terram regni caelorum, quam simpliciter habere: multa enim habemus quae non firmiter et pacifice possidemus. Plus est etiam consolari in regno, quam habere et possidere: multa enim cum dolore possidemus. Plus est etiam saturari quam simpliciter consolari: nam saturitas abundantiam consolationis importat. Misericordia vero excedit saturitatem: ut plus scilicet homo

com bens temporais. Por isso, o Senhor prometeu saciar os que têm fome da justiça. — Outros, finalmente, se afastam das obras de misericórdia, para não se envolverem com as misérias alheias. E assim o Senhor prometeu aos misericordiosos uma misericórdia que os livrará de toda miséria.

Quanto às duas últimas bem-aventuranças, visam elas à felicidade ou bem-aventurança contemplativa e por essa razão as recompensas são, nesse caso, conferidas de acordo com as disposições incluídas no mérito. Assim, a pureza dos olhos dispõe à clara visão e por isso se promete aos de coração puro que verão a Deus. — Por outro lado, contribuir à paz em si mesmo ou entre os outros, mostra que o homem é imitador de Deus, o Deus da união e da paz. Por isso é que, como prêmio, lhe é dada a glória da filiação divina, que consiste na perfeita união com Deus, consumada pela sabedoria.

QUANTO AO 1º, portanto, deve-se dizer que como Crisóstomo diz, todos esses prêmios são, na realidade, uma coisa só: a bem-aventurança eterna, que o intelecto humano não compreende. Razão por que era necessário descrevê-los pelos diferentes bens conhecidos de nós, observada a correspondência desses prêmios com os méritos aos quais são atribuídos.

QUANTO AO 2º, deve-se dizer que assim como a oitava bem-aventurança é a confirmação de todas as demais, assim também lhe são devidos os prêmios de todas. Eis por que se volta ao princípio para se entender que todos os prêmios se lhe atribuem consequentemente. — Também se pode dizer, com Ambrósio, que o reino dos céus é prometido aos pobres de espírito, quanto à glória da alma; e aos que sofrem perseguição no seu corpo, quanto à glória deste.

QUANTO AO 3º, deve-se dizer que os prêmios se referem uns aos outros segundo uma progressão[k]. Possuir, com efeito, a terra do reino dos céus é mais do que simplesmente ter, pois há muitas coisas que temos, mas não possuímos firme e pacificamente. Assim também, ser consolado no reino é mais do que ter e possuir, pois muita coisa possuímos na dor. Ser saciado é também mais do que ser simplesmente consolado, pois a saciedade implica a abundância da consolação. Por sua

2. Homil. XV in Matth.: MG 57, 228.
3. *Super Lucam*, l. V, in c. 6, 20 sqq.: ML 15, 1653 AB.

k. É pouco provável que Jesus tenha sido sensível à progressão aqui proposta por Sto. Tomás, e que é bastante sutil. É puro Sto. Tomás, mas é bem a propósito e não carece de seiva evangélica: tudo culmina em nossa dignidade de filhos de Deus. No entanto, a progressão não vem a ser convincente, pois essa dignidade já está incluída na recompensa da primeira bem-aventurança, a dos pobres: o Reino pertence apenas aos filhos de Deus.

accipiat quam meruerit, vel desiderare potuerit. Adhuc autem maius est Deum videre: sicut maior est qui in curia regis non solum prandet, sed etiam faciem regis videt. Summam autem dignitatem in domo regia filius regis habet.

vez, a misericórdia supera a saciedade, porque, por ela, o homem recebe mais do que merece ou pode desejar. E ainda maior prêmio é ver a Deus, assim como tem maior prêmio quem, na corte, não só se senta à mesa do rei, mas também lhe vê a face. No entanto, tem a dignidade máxima, na casa real, o filho do rei.

QUAESTIO LXX
DE FRUCTIBUS SPIRITUS SANCTI
in quatuor articulos divisa

Deinde considerandum est de fructibus.
Et circa hoc quaeruntur quatuor.
Primo: utrum fructus Spiritus Sancti sint actus.
Secundo: utrum differant a beatitudinibus.
Tertio: de eorum numero.
Quarto: de oppositione eorum ad opera carnis.

QUESTÃO 70
OS FRUTOS DO ESPÍRITO SANTO
em quatro artigos

Em seguida, deve-se tratar dos frutos.
Sobre isso, são quatro as perguntas:
1. Os frutos do Espírito Santo são atos?
2. Diferem eles das bem-aventuranças?
3. Quantos são eles?
4. Opõem-se às obras da carne?

ARTICULUS 1
Utrum fructus Spiritus Sancti quos Apostolus nominat *ad Galatas 5*, sint actus

AD PRIMUM SIC PROCEDITUR. Videtur quod fructus Spiritus Sancti quos Apostolus nominat ad Gl 5,22-23, non sint actus.

1. Id enim cuius est alius fructus, non debet dici fructus: sic enim in infinitum iretur. Sed actuum nostrorum est aliquis fructus: dicitur enim Sap 3,15: *Bonorum laborum gloriosus est fructus*; et Io 4,36: *Qui metit, mercedem accipit, et fructum congregat in vitam aeternam*. Ergo ipsi actus nostri non dicuntur fructus.

2. PRAETEREA, sicut Augustinus dicit, in X *de Trin.*[1], *fruimur cognitis in quibus voluntas propter ipsa delectata conquiescit*. Sed voluntas nostra non debet conquiescere in actibus nostris propter se. Ergo actus nostri fructus dici non debent.

3. PRAETEREA, inter fructus Spiritus Sancti enumerantur ab Apostolo aliquae virtutes scilicet caritas, mansuetudo, fides et castitas. Virtutes autem non sunt actus, sed habitus, ut supra[2] dictum est. Ergo fructus non sunt actus.

1 PARALL.: *Ad Galat.*, c. 5, lect. 6.

1. C. 10, n. 13: ML 42, 981.
2. Q. 55, a. 1.

ARTIGO 1
Os frutos do Espírito Santo mencionados pelo Apóstolo na Carta aos Gálatas são atos?

QUANTO AO PRIMEIRO ARTIGO, ASSIM SE PROCEDE: parece que os frutos do Espírito Santo, mencionados pelo Apóstolo na Carta aos Gálatas, **não** são atos.

1. Com efeito, o que produz outro fruto não deve ser considerado como fruto, pois assim se iria ao infinito. Ora, nossos atos produzem algum fruto, como se lê no livro da Sabedoria: "O fruto dos bons trabalhos é pleno de glória", e no Evangelho de João: "O ceifeiro recebe o seu salário e junta fruto para a vida eterna". Logo, os nosso atos não são considerados frutos.

2. ALÉM DISSO, diz Agostinho que "desfrutamos das coisas que conhecemos, dado que a vontade nelas descansa por si mesmas, com prazer". Ora, a nossa vontade não deve repousar em nossos atos por si mesmos. Logo, eles não devem ser considerados frutos.

3. ADEMAIS, entre os frutos do Espírito Santo, o Apóstolo enumera algumas virtudes, a saber, a caridade, a mansidão, a fé e a castidade. Ora, as virtudes não são atos, mas hábitos, como acima doi dito. Logo, os frutos não são atos.

SED CONTRA est quod dicitur Mt 12,33: *Ex fructu arbor cognoscitur*; idest, ex operibus suis homo, ut ibi exponitur a Sanctis. Ergo ipsi actus humani dicuntur fructus.

RESPONDEO dicendum quod nomen *fructus* a corporalibus ad spiritualia est translatum. Dicitur autem in corporalibus fructus, quod ex planta producitur cum ad perfectionem pervenerit, et quandam in se suavitatem habet. Qui quidem fructus ad duo comparari potest: scilicet ad arborem producentem ipsum; et ad hominem qui fructum ex arbore adipiscitur. Secundum hoc igitur, nomen fructus in rebus spiritualibus dupliciter accipere possumus: uno modo, ut dicatur fructus hominis, quasi arboris, id quod ab eo producitur; alio modo, ut dicatur fructus hominis id quod homo adipiscitur.

Non autem omne id quod adipiscitur homo, habet rationem fructus: sed id quod est ultimum, delectationem habens. Habet enim homo et agrum et arborem, quae fructus non dicuntur; sed solum id quod est ultimum, quod scilicet ex agro et arbore homo intendit habere. Et secundum hoc, fructus hominis dicitur ultimus hominis finis, quo debet frui.

Si autem dicatur fructus hominis id quod ex homine producitur, sic ipsi actus humani fructus dicuntur: operatio enim est actus secundus operantis, et delectationem habet, si sit conveniens operandi. Si igitur operatio hominis procedat ab homine secundum facultatem suae rationis, sic dicitur esse fructus rationis. Si vero procedat ab homine secundum altiorem virtutem, quae est virtus Spiritus Sancti; sic dicitur esse operatio hominis fructus Spiritus Sancti, quasi cuiusdam divini seminis: dicitur enim 1Io 3,9: *Omnis qui natus est ex Deo, peccatum non facit, quoniam semen ipsius in eo manet.*

AD PRIMUM ergo dicendum quod, cum fructus habeat quodammodo rationem ultimi et finis, nihil prohibet alicuius fructus esse alium fructum, sicut finis ad finem ordinatur. Opera igitur nostra inquantum sunt effectus quidam Spiritus Sancti in nobis operantis, habent rationem fructus: sed inquantum ordinantur ad finem vitae aeternae, sic

EM SENTIDO CONTRÁRIO, vem dito no Evangelho de Mateus que "é pelo fruto que se reconhece a árvore", ou seja, como os Padres explicam essa passagem, conhece-se o homem pelas suas obras. Logo, os atos humanos mesmos é que são chamados frutos.

RESPONDO. A palavra *fruto* foi transferida das coisas materiais para as espirituais. Ora, na ordem material, chama-se fruto o que a planta produz, ao atingir seu pleno desenvolvimento e traz em si certa suavidade. Nesse sentido, o fruto tem dupla relação: com a árvore que o produz e com o homem que dela o colhe. Assim, pois, podemos entender a palavra fruto nas coisas espirituais de dois modos: primeiro, diz-se fruto do homem, como da árvore, o que é produzido por ele; segundo, diz-se fruto do homem o que o homem colhe.

Nem tudo, porém, que o homem colhe tem razão de fruto, senão apenas o que é último e prazeroso, pois o homem também possui a terra e a árvore e não diz que são seus frutos, reservando esse termo só ao que entende receber deles, como resultado final. E, nesse sentido, chama-se fruto do homem o seu fim último, do que deve desfrutar[a].

Por outro lado, se considerarmos fruto do homem o que ele produz, então os próprios atos humanos são chamados de frutos, pois a ação é um ato segundo de quem age e traz consigo o prazer, se lhe for conveniente. Portanto, se a ação provier da faculdade racional do homem, se dirá que é fruto da razão; se, porém, vier do homem por uma força mais alta, qual é a do Espírito Santo, então se dirá que a ação do homem é fruto do Espírito Santo, como de uma semente divina, conforme se lê no Evangelho de João: "Todo o que é nascido de Deus não comete o pecado, porque sua semente permanece nele".

QUANTO AO 1º, portanto, deve-se dizer que como o fruto, de certo modo, tem a condição de realidade última e de fim, nada obsta que de um fruto venha outro fruto, assim como um fim pode se ordenar a outro fim. Portanto, nossas obras, enquanto efeitos do Espírito Santo que opera em nós, têm razão de frutos; mas, enquanto ordenadas

a. O que a tradução não pode exprimir é que o verbo traduzido por gozar (ver obj. 2 deste artigo), assim como substantivo latino traduzido por gozo, são da mesma raiz que "fruto": *frui*, *fruitio*. Não podemos dizer: "chama-se de fruto do homem o seu fim último, do qual ele deve ter a fruição"; é contudo o que seria preciso dizer, para que a argumentação de Sto. Tomás se torne perfeitamente clara. Seria preciso poder traduzir também Sto. Agostinho (na obj. 2): "A fruição das coisas que conhecemos provém do fato de que a vontade repousa com deleite nessas coisas por si mesmas". Isto explicaria com clareza que atos nos quais é ruim comprazer-se não devem poder ser chamados de frutos.

magis habent rationem florum. Unde dicitur Eccli 24,23: *Flores mei fructus honoris et honestatis.*

AD SECUNDUM dicendum quod, cum dicitur voluntas in aliquo propter se delectari, potest intelligi dupliciter. Uno modo, secundum quod ly *propter* dicit causam finalem: et sic propter se non delectatur aliquis nisi in ultimo fine. Alio modo, secundum quod designat causam formalem: et sic propter se aliquis potest delectari in omni eo quod delectabile est secundum suam formam. Sicut patet quod infirmus delectatur in sanitate propter se, sicut in fine; in medicina autem suavi, non sicut in fine, sed sicut in habente saporem delectabilem; in medicina autem austera, nullo modo propter se, sed solum propter aliud. — Sic igitur dicendum est quod in Deo delectari debet homo propter se, sicut propter ultimum finem: in actibus autem virtuosis, non sicut propter finem, sed propter honestatem quam continent, delectabilem virtuosis. Unde Ambrosius dicit[3] quod opera virtutum dicuntur fructus, *quia suos possessores sancta et sincera delectatione reficiunt.*

AD TERTIUM dicendum quod nomina virtutum sumuntur quandoque pro actibus earum: sicut Augustinus dicit quod *fides est credere quod non vides*[4]; et caritas est motus animi *ad diligendum Deum et proximum*[5]. Et hoc modo sumuntur nomina virtutum in enumeratione fructuum.

ARTICULUS 2

Utrum fructus a beatitudinibus differant

AD SECUNDUM SIC PROCEDITUR. Videtur quod fructus a beatitudinibus non differant.

1. Beatitudines enim attribuuntur donis, ut supra[1] dictum est. Sed dona perficiunt hominem

ao fim da vida eterna, têm mais é a razão de flores. Daí a palavra do livro do Eclesiástico: "Minhas flores deram frutos de honra e de honestidade"[b].

QUANTO AO 2º, deve-se dizer que quando se diz que a vontade se compraz com um objeto por si mesmo, isso pode ser entendido de dois modos: ou se indica a causa final com essa preposição "por" e, nesse sentido, ninguém se compraz por si mesmo a não ser com o fim último: ou se aponta a causa formal e, nesse sentido, alguém pode comprazer-se por si mesmo com tudo aquilo que é formalmente prazeroso. Exemplo muito claro disso é o doente. Compraz-se ele com a saúde por ela mesma, como fim. No remédio, se for agradável, encontra ele prazer, não como um fim, mas como algo gostoso; se for, porém, remédio amargo, o doente não vai achar nele mesmo nenhum prazer, mas só por causa da saúde. — Cumpre, pois, dizer que o homem deve se deleitar em Deus, por ele mesmo, como seu último fim. Nos atos virtuosos, ao contrário, deve se deliciar não como se fossem um fim, mas por causa da honestidade que encerram e que é agradável aos virtuosos. Por isso diz Ambrósio que os atos virtuosos se chamam frutos, "porque confortam com santo e puro prazer os que os praticam".

QUANTO AO 3º, deve-se dizer que os nomes das virtudes são, às vezes, tomados para significar seus atos, como diz Agostinho: "A fé é crer no que não vês", e "a caridade é o movimento da alma para amar a Deus e ao próximo". Dessa maneira se usam os nomes das virtudes na enumeração dos frutos.

ARTIGO 2

Os frutos diferem das bem-aventuranças?

QUANTO AO SEGUNDO, ASSIM SE PROCEDE: parece que os frutos **não** diferem das bem-aventuranças.

1. Com efeito, as bem-aventuranças são atribuídas aos dons, como foi dito antes. Ora, os dons

3. *De Parad.*, c. 13, n. 66: ML 14, 308 B.
4. *In Ioan.*, tract. 40, n. 9: ML 35, 1690.
5. *De doctr. christ.*, l. III, c. 10, n. 14: ML 34, 71.

2 PARALL.: *Ad Galat.*, c. 5, lect. 6; in *Isaiam*, c. 11.

1. Q. 69, a. 1, ad 1.

b. Na versão latina do texto, Sto. Tomás se depara com a curiosa expressão de que as flores são frutos. Isto serve bem a seu propósito, que é o de nos fazer compreender que os fins mais ou menos últimos sobrepõem-se uns aos outros: o que é fruto em relação ao termo já atingido é flor em função da etapa seguinte. Os nossos atos podem muito bem ser frutos, eles não deixam de ser também a promessa de uma frutificação posterior.

secundum quod movetur a Spiritu Sancto. Ergo beatitudines ipsae sunt fructus Spiritus Sancti.

2. PRAETEREA, sicut se habet fructus vitae aeternae ad beatitudinem futuram, quae est rei; ita se habent fructus praesentis vitae ad beatitudines praesentis vitae, quae sunt spei. Sed fructus vitae aeternae est ipsa beatitudo futura. Ergo fructus vitae praesentis sunt ipsae beatitudines.

3. PRAETEREA, de ratione fructus est quod sit quiddam ultimum et delectabile. Sed hoc pertinet ad rationem beatitudinis, ut supra[2] dictum est. Ergo eadem ratio est fructus et beatitudinis. Ergo non debent ab invicem distingui.

SED CONTRA, quorum species sunt diversae, ipsa quoque sunt diversa. Sed in diversas partes dividuntur et fructus et beatitudines; ut patet per numerationem utrorumque. Ergo fructus differunt a beatitudinibus.

RESPONDEO dicendum quod plus requiritur ad rationem beatitudinis, quam ad rationem fructus. Nam ad rationem fructus sufficit quod sit aliquid habens rationem ultimi et delectabilis: sed ad rationem beatitudinis, ulterius requiritur quod sit aliquid perfectum et excellens. Unde omnes beatitudines possunt dici fructus, sed non convertitur. Sunt enim fructus quaecumque virtuosa opera, in quibus homo delectatur. Sed beatitudines dicuntur solum perfecta opera: quae etiam, ratione suae perfectionis, magis attribuuntur donis quam virtutibus, ut supra[3] dictum est.

AD PRIMUM ergo dicendum quod ratio illa probat quod beatitudines sint fructus: non autem quod omnes fructus beatitudines sint.

AD SECUNDUM dicendum quod fructus vitae aeternae est simpliciter ultimus et perfectus: et ideo in nullo distinguitur a beatitudine futura. Fructus autem praesentis vitae non sunt simpliciter ultimi et perfecti: et ideo non omnes fructus sunt beatitudines.

AD TERTIUM dicendum quod aliquid amplius est de ratione beatitudinis quam de ratione fructus, ut dictum est[4].

aperfeiçoam o homem para que se deixe mover pelo Espírito Santo. Logo, as próprias bem-aventuranças são frutos do Espírito Santo.

2. ALÉM DISSO, o fruto da vida eterna está para a bem-aventurança futura, que é real, assim como o fruto da vida presente está para as bem-aventuranças desta vida, que são esperanças. Ora o fruto da vida eterna é a própria bem-aventurança futura. Logo, os frutos da vida presente são as próprias bem-aventuranças.

3. ADEMAIS, é da razão do fruto ser alguma coisa de último e prazerosos. Ora, isso é da razão da bem-aventurança, segundo já foi dito. Logo, fruto e bem-aventurança têm a mesma razão e, portanto, não devem ser distintos entre si.

EM SENTIDO CONTRÁRIO, quando as espécies são diferentes, as coisas também são diferentes. Ora, tanto os frutos como as bem-aventuranças dividem-se em partes diferentes, como claramente o mostra a respectiva enumeração. Logo, os frutos diferem das bem-aventuranças.

RESPONDO. A razão de bem-aventurança é mais exigente que a razão de fruto, porquanto para a razão de fruto basta que se tenha algo de último e prazeroso, ao passo que a razão de bem-aventurança exige, além disso, que seja algo perfeito e excelente. Por isso, todas as bem-aventuranças podem ser consideradas frutos, mas não vice-versa. Na verdade, são frutos todas as obras virtuosas com que nos deleitamos, mas são bem-aventuranças apenas as obras perfeitas que, em razão mesma da sua perfeição, são atribuídas mais aos dons do que às virtudes, como acima ficou dito.

QUANTO AO 1º, portanto, deve-se dizer que esse argumento prova que as bem-aventuranças são frutos, não, porém, que todos os frutos são bem-aventuranças.

QUANTO AO 2º, deve-se dizer que o fruto da vida eterna é último e perfeito, em sentido absoluto, e, por isso, não se distingue em nada da bem-aventurança futura. Mas, na vida presente, os frutos não são últimos e perfeitos de modo absoluto e, por consequência, nem todos os frutos são bem-aventuranças.

QUANTO AO 3º, deve-se dizer que há alguma coisa a mais na razão de bem-aventurança do que na razão de fruto.

2. Q. 3, a. 1; q. 4, a. 1.
3. Q. 69, a. 1, ad 1.
4. In corp.

ARTICULUS 3

Utrum fructus convenienter enumerentur ab Apostolo

AD TERTIUM SIC PROCEDITUR. Videtur quod Apostolus inconvenienter enumeret, ad Gl 5,22-23, duodecim fructus.

1. Alibi enim dicit esse tantum unum fructum praesentis vitae; secundum illud Rm 6,22: *Habetis fructum vestrum in sanctificatione*. Et Is 27,9 dicitur: *Hic est omnis fructus, ut auferatur peccatum*. Non ergo ponendi sunt duodecim fructus.

2. PRAETEREA, fructus est qui ex spirituali semine exoritur, ut dictum est[1]. Sed Dominus, Mt 13,23, ponit triplicem terrae bonae fructum ex spirituali semine provenientem: scilicet *centesimum*, et *sexagesimum*, et *trigesimum*. Ergo non sunt ponendi duodecim fructus.

3. PRAETEREA, fructus habet in sui ratione quod sit ultimum et delectabile. Sed ratio ista non invenitur in omnibus fructibus ab Apostolo enumeratis: patientia enim et longanimitas videntur in rebus contristantibus esse; fides autem non habet rationem ultimi, sed magis rationem primi fundamenti. Superflue igitur huiusmodi fructus enumerantur.

SED CONTRA, videtur quod insufficienter et diminute enumerentur. Dictum est enim[2] quod omnes beatitudines fructus dici possunt: sed non omnes hic enumerantur. Nihil etiam hic ponitur ad actum sapientiae pertinens, et multarum aliarum virtutum. Ergo videtur quod insufficienter enumerentur fructus.

RESPONDEO dicendum quod numerus duodecim fructuum ab Apostolo enumeratorum, conveniens est: et possunt significari per duodecim fructus de quibus dicitur Ap ult.,2: *Ex utraque parte fluminis lignum vitae, afferens fructus duodecim*. Quia vero fructus dicitur quod ex aliquo principio procedit sicut ex semine vel radice, attendenda est distincto horum fructuum secundum diversum processum Spiritus Sancti in nobis. Qui quidem processus attenditur secundum hoc, ut primo mens hominis in seipsa ordinetur; secundo vero, ordinetur ad

ARTIGO 3

Os frutos são enumerados convenientemente pelo Apóstolo?

QUANTO AO TERCEIRO, ASSIM SE PROCEDE: parece que o Apóstolo, na Carta aos Gálatas, **não** enumera convenientemente os doze frutos[c].

1. Com efeito, a Carta aos Romanos diz que só há um fruto para a vida presente: "Tendes o vosso fruto em santificação". E no livro de Isaías está escrito: "Todo fruto é este: que seja tirado o pecado". Logo, não se deve dizer que são doze os frutos.

2. ALÉM DISSO, fruto é o que nasce, já se disse, de uma semente espiritual. Ora, o Senhor enumera, no Evangelho de Mateus, um tríplice fruto nascido da semente espiritual em terra boa: "cem, sessenta, trinta por um". Logo, não se deve falar de doze frutos.

3. ADEMAIS, é da razão do fruto ser algo de último e prazeroso. Ora, isso não se verifica em todos os frutos enumerados pelo Apóstolo, pois a paciência e a longanimidade parecem acompanhar situações aflitivas, e a fé, por outro lado, não tem a razão de coisa última e sim a razão de fundamento. Logo, a enumeração dos frutos é excessiva.

EM SENTIDO CONTRÁRIO, parece que essa enumeração é insuficiente e falha, pois já dissemos que todas as bem-aventuranças podem se chamar frutos. Ora, nem todas as bem-aventuranças são aqui enumeradas, pois nada consta relacionado ao ato da sabedoria e de muitas outras virtudes. Logo, parece que a enumeração dos frutos é insuficiente.

RESPONDO. Está certo o Apóstolo em enumerar doze frutos e até podem ser significados pelos doze frutos de que se fala no final do Apocalipse: "Nos dois lados do rio, há uma árvore de vida que frutifica doze vezes". Como, porém, se considera fruto o que vem de algum princípio como de uma semente ou raiz, será preciso atentar para a distinção desses frutos, conforme os diferentes modos pelos quais o Espírito Santo procede conosco. Ora, esse procedimento implica, primeiro, que a mente humana se ordene em si mesma; segundo, que se ordene

3 PARALL.: III *Sent.*, dist. 34, q. 1, a. 5; *ad Galat.*, c. 5, lect. 6.

1. Art. 1.
2. Art. praec.

c. Lembremos que é no texto latino que encontramos enumerados doze frutos do Espírito Santo. O texto grego da Epístola aos Gálatas, o texto original, por conseguinte, conta apenas nove.

Precisando o argumento em sentido contrário (r. 4), Sto. Tomás é o primeiro a reconhecer que o número retido para os frutos é em grande parte arbitrário.

ea quae sunt iuxta; tertio vero, ad ea quae sunt infra.

Tunc autem bene mens hominis disponitur in seipsa, quando mens hominis bene se habet et in bonis et in malis. Prima autem dispositio mentis humanae ad bonum, est per amorem, qui est prima affectio et omnium affectionum radix, ut supra[3] dictum est. Et ideo inter fructus spiritus primo ponitur caritas; in qua specialiter Spiritus Sanctus datur, sicut in propria similitudine, cum et ipse sit amor. Unde dicitur Rm 5,5: *Caritas Dei diffusa est in cordibus nostris per Spiritum Sanctum, qui datus est nobis*. — Ad amorem autem caritatis ex necessitate sequitur gaudium. Omnis enim amans gaudet ex coniunctione amati. Caritas autem semper habet praesentem Deum, quem amat; secundum illud 1Io 4,6: *Qui manet in caritate, in Deo manet, et Deus in eo*. Unde sequela caritatis est *gaudium*. — Perfectio autem gaudii est pax, quantum ad duo. Primo quidem, quantum ad quietem ab exterioribus conturbantibus: non enim potest perfecte gaudere de bono amato, qui in eius fruitione ab aliis perturbatur; et iterum, qui perfecte cor habet in uno pacatum, a nullo alio molestari potest, cum alia quasi nihil reputet; unde dicitur in Ps 118,165: *Pax multa diligentibus legem tuam, et non est illis scandalum*, quia scilicet ab exterioribus non perturbantur, quin Deo fruantur. Secundo, quantum ad sedationem desiderii fluctuantis: non enim perfecte gaudet de aliquo, cui non sufficit id de quo gaudet. Haec autem duo importat pax: scilicet ut neque ab exterioribus perturbemur; et ut desideria nostra conquiescant in uno. Unde post caritatem et gaudium, tertio ponitur pax. — In malis autem bene se habet mens quantum ad duo. Primo quidem, ut non perturbetur mens per imminentiam malorum: quod pertinet ad patientiam. — Secundo, ut non perturbetur in dilatione bonorum, quod pertinet ad longanimitatem: nam *carere bono habet rationem mali*, ut dicitur in V *Ethic*.[4].

Ad id autem quod est iuxta hominem, scilicet proximum, bene disponitur mens hominis, primo

em relação ao que está a seu lado e, em terceiro lugar, em relação ao que lhe é inferior.

Fica a mente do homem bem disposta em si mesma quando se comporta bem tanto em relação ao bem como ao mal. Ora, a primeira disposição da mente humana para o bem é o amor, sentimento primordial e raiz de todos os sentimentos, como já foi dito. E, por isso, entre os frutos do Espírito Santo, o primeiro citado é a *caridade*, na qual o Espírito Santo se dá de modo especial, como em sua própria semelhança, porque ele mesmo também é amor. Daí a palavra da Carta aos Romanos: "A caridade de Deus foi derramada em nossos corações pelo Espírito Santo que nos foi dado". — Mas o amor de caridade gera necessariamente a *alegria*, pois quem ama se alegra de estar unido ao amado. Ora, a caridade tem Deus a quem ama sempre presente, segundo o dizer da primeira Carta de João: "Quem permanece no amor permanece em Deus, e Deus permanece nele". Portanto, a alegria é consequência da caridade. — Mas a perfeição da alegria é a paz, sob dois aspectos. Primeiro, quanto ao repouso das perturbações exteriores, pois não pode desfrutar perfeitamente do bem amado o que é perturbado por outros nessa fruição. Ao contrário, quem tem o coração perfeitamente pacificado por um único objeto, por nenhum ato pode ser molestado, pois considera tudo o mais como nada. Donde se diz no Salmo: "Grande é a paz dos que amam a tua lei: para eles não há mais obstáculos", isto é, as coisas exteriores não os impedem de fruir de Deus. Segundo, a paz é também a perfeição da alegria, no sentido que ela acalma a instabilidade dos desejos, pois não goza da alegria perfeita quem não se satisfaz com o objeto que o alegra. Ora, a paz implica duas coisas: que não sejamos perturbados pelas coisas externas e que os nossos desejos descansem num só objeto. Essa a razão por que, depois da caridade e da alegria, coloca-se em terceiro lugar *a paz*. — Em relação ao mal a mente se comporta bem de dois modos: primeiro, graças à *paciência,* não se alterando frente aos males iminentes. — Segundo, graças à *longanimidade*, não se perturbando com a prolongada espera dos bens, pois é mal estar privado de um bem, como se diz no livro V da *Ética*.

Com respeito ao que está ao lado do homem, isto é, o próximo, a mente humana fica bem dis-

3. Q. 27, a. 4; q. 28, a. 6, ad 2; q. 41, a. 2, ad 1.
4. C. 7: 1131, b, 21-24.

quidem, quantum ad voluntatem bene faciendi. Et ad hoc pertinet bonitas. — Secundo, quantum ad beneficentiae executionem. Et ad hoc pertinet benignitas: dicuntur enim benigni quos bonus ignis amoris fervere facit ad benefaciendum proximis. — Tertio, quantum ad hoc quod aequanimiter tolerentur mala ab eis illata. Et ad hoc pertinet mansuetudo, quae cohibet iras. — Quarto, quantum ad hoc quod non solum per iram proximis non noceamus, sed etiam neque per fraudem vel per dolum. Et ad hoc pertinet *fides*, si pro fidelitate sumatur. Sed si sumatur pro fide qua creditur in Deum, sic per hanc ordinatur homo ad id quod est supra se: ut scilicet homo intellectum suum Deo subiiciat, et per consequens omnia quae ipsius sunt.

Sed ad id quod infra est, bene disponitur homo, primo quidem, quantum ad exteriores actiones, per modestiam, quae in omnibus dictis et factis modum observat. — Quantum ad interiores concupiscentias, per continentiam et castitatem: sive haec duo distinguantur per hoc, quod castitas refrenat hominem ab illicitis, continentia vero etiam a licitis; sive per hoc quod continens patitur concupiscentias sed non deducitur, castus autem neque patitur neque deducitur.

AD PRIMUM ergo dicendum quod sanctificatio fit per omnes virtutes: per quas etiam peccata tolluntur. Unde fructus ibi singulariter nominatur propter unitatem generis: quod in multas species dividitur, secundum quas dicuntur multi fructus.

AD SECUNDUM dicendum quod fructus centesimus, sexagesimus et trigesimus non diversificantur secundum diversas species virtuosorum actuum: sed secundum diversos perfectionis gradus etiam unius virtutis. Sicut continentia coniugalis dicitur significari per fructum trigesimum; continentia vidualis per sexagesimum; virginalis autem per centesimum. Et aliis etiam modis Sancti distinguunt tres evangelicos fructus secundum tres gradus virtutis. Et ponuntur tres gradus, quia cuiuslibet rei perfectio attenditur secundum principium, medium et finem.

AD TERTIUM dicendum quod ipsum quod est in tristitiis non perturbari, rationem delectabilis habet. — Et fides etiam si accipiatur prout est fundamentum, habet quandam rationem ultimi et delectabilis, secundum quod continet certitudinem: unde Glossa[5] exponit: *Fides, idest de invisibilibus certitudo.*

posta, primeiro, pela vontade de agir bem e isso é a *bondade*. — Segundo, pela prática efetiva do bem, e isso é a *benignidade*, pois chamam-se benignos aqueles a quem o "fogo bom" do amor inflama em favor do próximo. — Terceiro, pela equanimidade em suportar os males inflingidos pelos outros, e isso é a *mansidão*, que refreia a ira. Quarto, pela capacidade de não só não prejudicar pela ira o próximo, mas também de não o fraudar nem enganar, e isso é *a fé*, tomada no sentido de fidelidade. E se a tomarmos como fé em Deus, então o homem por ela se ordena ao que lhe é superior, ou seja, dispõe-se a submeter seu intelecto a Deus e, por consequência, tudo o que possui.

Mas, com respeito ao que é inferior, fica o homem bem disposto, primeiro, quanto às ações exteriores, pela *modéstia*, observando o comedimento em tudo o que diz e faz. — Quanto às concupiscências interiores, pela *continência* e pela *castidade*, distinguindo-se uma da outra, quer porque a castidade nos refreia em relação ao que é ilícito, e a continência ao que é lícito, quer porque a pessoa continente sofre as concupiscências, mas não se deixa arrastar por elas, enquanto o casto nem as sofre e muito menos as segue.

QUANTO AO 1º, portanto, deve-se dizer que a santificação provém de todas as virtudes, que também eliminam os pecados. Por isso, nas passagens citadas, o fruto é nomeado no singular, na unidade de gênero, mas este se divide em muitas espécies, pelas quais muitos frutos são designados.

QUANTO AO 2º, deve-se dizer que os frutos não são diferenciados por cem, sessenta e trinta pelas diversas espécies de atos virtuosos, mas pelos diversos graus de perfeição, mesmo de uma única virtude. Assim se diz que a continência no casamento é simbolizada pelo fruto de trinta por um, a da viuvez pelo de sessenta por um, e o da virgindade, pelo de cem por um. E os Santos Doutores têm ainda outros modos de distinguir os três frutos evangélicos, como três graus nas virtudes. E falam de três graus, porque em todas as coisas, a perfeição se apresenta com princípio, meio e fim.

QUANTO AO 3º, deve-se dizer que o próprio fato de não se perturbar em meio à tristeza tem a razão de prazeroso. — E a fé, mesmo tomada como fundamento, possui uma certa razão de último e prazeroso, por incluir a certeza. Daí o comentário da Glosa: "A fé, isto é, a certeza do invisível".

5. Interl.

AD QUARTUM dicendum quod, sicut Augustinus dicit, super epistolam ad Gl c. 5, v. 22-23, *Apostolus non hoc ita suscepit, ut doceret quod sunt* (vel opera carnis, vel fructus spiritus); *sed ut ostenderet in quo genere illa vitanda, illa vero sectanda sint*. Unde potuissent vel plures, vel etiam pauciores fructus enumerari. Et tamen omnes donorum et virtutum actus possunt secundum quandam convenientiam ad haec reduci, secundum quod omnes virtutes et dona necesse est quod ordinent mentem aliquo praedictorum modorum. Unde et actus sapientiae, et quorumcumque donorum ordinantium ad bonum, reducuntur ad caritatem, gaudium et pacem. — Ideo tamen potius haec quam alia enumeravit, quia hic enumerata magis important vel fruitionem bonorum, vel sedationem malorum; quod videtur ad rationem fructus pertinere.

QUANTO AO 4º, deve-se dizer que como diz Agostinho, "o Apóstolo não quis aí ensinar quantas são as obras da carne ou os frutos do espírito, mas mostrar em que gênero de coisas aquelas devem ser evitadas e estes, buscados". Poderia, portanto, enumerar mais ou menos frutos. No entanto, todos os atos dos dons e das virtudes podem, com certa conveniência, ser reduzidos a esses frutos, dado que todas as virtudes e todos os dons hão de, necessariamente, ordenar a mente por algum dos modos apresentados. Assim, os atos da sabedoria e os de todos os dons que orientam para o bem se reduzem à caridade, à alegria e à paz. — Contudo, Paulo preferiu essa enumeração a outra, porque os frutos aqui citados implicam seja a fruição dos bens, seja o abrandamento do males e isso parece pertencer à razão do fruto.

ARTICULUS 4

Utrum fructus Spiritus Sancti contrarientur operibus carnis

AD QUARTUM SIC PROCEDITUR. Videtur quod fructus non contrarientur operibus carnis quae Apostolus enumerat[1].

1. Contraria enim sunt in eodem genere. Sed opera carnis non dicuntur fructus. Ergo fructus spiritus eis non contrariantur.

2. PRAETEREA, unum uni est contrarium. Sed plura enumerat Apostolus opera carnis quam fructus spiritus. Ergo fructus spiritus et opera carnis non contrariantur.

3. PRAETEREA, inter fructus spiritus primo ponuntur caritas, gaudium, pax: quibus non correspondent ea quae primo enumerantur inter opera carnis, quae sunt fornicatio, immunditia, impudicitia. Ergo fructus spiritus non contrariantur operibus carnis.

SED CONTRA est quod Apostolus dicit ibidem, 17, quod *caro concupiscit adversus spiritum, et spiritus adversus carnem*.

RESPONDEO dicendum quod opera carnis et fructus spiritus possunt accipi dupliciter. Uno modo, secundum communem rationem. Et hoc modo, in communi fructus Spiritus Sancti contrariantur operibus carnis. Spiritus enim Sanctus movet humanam mentem ad id quod est secundum rationem, vel potius ad id quod est supra rationem:

ARTIGO 4

Os frutos do Espírito Santo opõem-se às obras da carne?

QUANTO AO QUARTO, ASSIM SE PROCEDE: parece que os frutos **não** se opõem às obras da carne enumeradas pelo Apóstolo.

1. Com efeito, coisas contrárias pertencem ao mesmo gênero. Ora, as obras da carne não são denominadas frutos. Logo, os frutos do Espírito Santo não lhes são contrários.

2. ALÉM DISSO, a uma coisa é contrária uma outra. Ora, o Apóstolo enumera mais obras da carne do que frutos do Espírito. Logo, os frutos do Espírito e as obras da carne não são contrários.

3. ADEMAIS, entre os frutos do Espírito Santo afirma-se, em primeiro lugar, a alegria e a paz, às quais não correspondem as obras da carne citadas em primeiro lugar, a saber, a fornicação, a impureza e a lascívia. Logo, os frutos do Espírito não são contrários às obras da carne.

EM SENTIDO CONTRÁRIO, o Apóstolo diz na mesma Carta: "A carne, em seus desejos, opõe-se ao Espírito e o Espírito à carne".

RESPONDO. As obras da carne e os frutos do Espírito podem ser tomados em dois sentidos. 1, segundo a razão comum, e nesse sentido, os frutos do Espírito Santo são, em geral, contrários às obras da carne. O Espírito Santo, com efeito, move a mente humana para o que é segundo a razão, ou melhor ainda, para o que é superior à ra-

4 PARALL.: *Ad Galat.*, c. 5, lect. 6.

1. *Gal.* 5, 19 sqq.

appetitus autem carnis, qui est appetitus sensitivus, trahit ad bona sensibilia, quae sunt infra hominem. Unde sicut motus sursum et motus deorsum contrariantur in naturalibus, ita in operibus humanis contrariantur opera carnis fructibus spiritus.

Alio modo possunt considerari secundum proprias rationes singulorum fructuum enumeratorum, et operum carnis. Et sic non oportet quod singula singulis contraponantur: quia, sicut dictum est[2], Apostolus non intendit enumerare omnia opera spiritualia, nec omnia opera carnalia. — Sed tamen, secundum quandam adaptationem, Augustinus, super epistolam ad Gl c. 5, v. 22-23[3], contraponit singulis operibus carnis singulos fructus. Sicut *fornicationi, quae est amor explendae libidinis a legitimo connubio solutus, opponitur caritas, per quam anima coniungitur Deo: in qua etiam est vera castitas. Immunditiae autem sunt omnes perturbationes de illa fornicatione conceptae: quibus gaudium tranquillitatis opponitur. Idolorum autem servitus, propter quam bellum est gestum adversus evangelium Dei, opponitur paci. Contra veneficia autem, et inimicitias et contentiones et aemulationes, animositates et dissensiones, opponuntur longanimitas, ad sustinendum mala hominum inter quos vivimus; et ad curandum, benignitas; et ad ignoscendum, bonitas. Haeresibus autem opponitur fides; invidiae, mansuetudo; ebrietatibus et comessationibus, continentia.*

AD PRIMUM ergo dicendum quod id quod procedit ab arbore contra naturam arboris, non dicitur esse fructus eius, sed magis corruptio quaedam. Et quia virtutum opera sunt connaturalia rationi, opera vero vitiorum sunt contra rationem; ideo opera virtutum fructus dicuntur, non autem opera vitiorum.

AD SECUNDUM dicendum quod *bonum contingit uno modo, malum vero omnifariam*, ut Dionysius dicit, 4 cap. *de Div. Nom.*[4]: unde et uni virtuti plura vitia opponuntur. Et propter hoc, non est mirum si plura ponuntur opera carnis quam fructus spiritus.

AD TERTIUM patet solutio ex dictis[5].

zão, ao passo que o apetite da carne, que é o apetite sensitivo, inclina para os bens sensíveis, inferiores ao homem. Portanto, assim como, na natureza, o movimento para cima e o movimento para baixo são contrários, assim, nas obras humanas, as obras da carne são contrárias aos frutos do Espírito. 2, segundo as razões próprias de cada um dos frutos enumerados e das obras da carne. Nesse caso, não é necessário que se contraponham um a um, pois, como foi dito, não pretendeu o Apóstolo enumerar todas as obras espirituais nem todas as obras carnais. — Não obstante, Agostinho, fazendo uma certa adaptação, opõe a cada uma das obras da carne cada um dos frutos: "À fornicação, que é o amor pela satisfação da sensualidade fora de uma união legítima, opõe-se a caridade, pela qual a alma se une a Deus e na qual também se encontra a verdadeira castidade. Quanto às impurezas, que são todas as perturbações oriundas da fornicação, a elas se opõe a alegria da tranquilidade. À sujeição aos ídolos, que leva à guerra contra o evangelho de Deus, opõe-se a paz. Aos malefícios, às inimizades, disputas, rivalidades, animosidades e dissenssões se opõem: a longanimidade, para suportar as misérias dos homens com quem vivemos; a benignidade, para lhes oferecer ajuda; a bondade, para perdoá-los. Às heresias opõe-se a fé; à inveja, a mansidão; aos excessos no beber e no comer, a continência".

QUANTO AO 1º, portanto, deve-se dizer que o que vem de uma árvore contrariamente à sua natureza não é considerado seu fruto, mas a sua corrupção. E como as obras das virtudes são conaturais à razão, enquanto que as obras dos vícios lhe são contrárias, dá-se o nome de frutos àquelas e não a estas.

QUANTO AO 2º, deve-se dizer que conforme escreveu Dionísio, "o bem se dá de um modo só; o mal, de muitos". Vem daí que a uma única virtude se oponham muitos vícios, não sendo assim de admirar que se afirmem mais obras da carne que frutos do Espírito.

QUANTO AO 3º, deve-se dizer que pelo que já foi dito, fica evidente a resposta.

2. A. praec., ad 4.
3. N. 51: ML 35, 2141-2142.
4. MG 3, 729 C.
5. In corp.

OS VÍCIOS E OS PECADOS

Introdução e notas por Dalmazio Mongillo

INTRODUÇÃO

Seguindo Sto. Agostinho, Sto. Tomás considera o ato humano que é o pecado na linha da "contrariedade" à "lei eterna de Deus". É uma escolha. Agostinho dispunha de outras definições do pecado, e Tomás se refere a elas vez por outra.

A definição do *Contra Faustum* permanece para ele fundamental; as suas argumentações se baseiam na força de verdade por ela expressa e por meio dela nos introduz no mistério desse ato, tão frágil e tão grave, que é o pecado. As leituras redutoras desse dado-chave estão na origem de muitas falsas compreensões desse aspecto fundamental da condição humana. A lei eterna é Deus enquanto príncipe e governador do universo.

Sto. Tomás situa o tratado do pecado no centro de sua reflexão sobre a vida moral. Essa delicada análise das iniciativas empreendidas pelo espírito humano em direção à sua plenitude de ser, ou sua desumanização, encontra sua pedra angular na *ordo divinae sapientiae*, que conduz, no ser humano e por seu intermédio, a criação como um todo a seu fim, a sua perfeição. O ordenamento do ser a Deus; o papel da pessoa na história; a subordinação de toda a realidade ao ser humano, a relação da histórica com Jesus Cristo são as coordenadas fundamentais desse desígnio que se cumpre na vontade da pessoa e por meio dela, e pelas escolhas de sua liberdade. A única plenitude para o ser humano consiste em estar em relação com Deus na ordem de sua justiça. Tudo isso se realiza na vontade enquanto faculdade do fim último.

A inteligibilidade última do tratado sobre o pecado decorre do fato de que o ser humano é à imagem de Deus, ou seja, *capax dei*; ele possui a capacidade de acolher o dom de Deus, que o adota em Jesus Cristo por meio do Espírito, de realizar a tarefa que ele recebe na criação inacabada, e realizar-se a si mesmo cumprindo o seu papel. O ser humano, unido a Deus-Trindade pela inteligência e pelo amor, torna-se cooperador de Deus criador e salvador. Tais dimensões da condição humana se articulam da maneira mais estrita: no sentido pleno da palavra, elas só podem ser cumpridas conjuntamente. O pecado é o fracasso desse plano, fora do qual não se pode de modo algum penetrar na realidade profunda desse desenrolar negativo da pessoa humana. A recusa de acolher-se em Deus coincide, de fato, com a de se querer providência na história. Todo pecado, qualquer que seja, é sempre um mal para o ser humano: Deus só é ofendido por nós na medida em que agimos contra o nosso próprio bem.

O atentado à dignidade humana, aos valores que a constituem, à relação com os outros, ao compromisso diante da história, completa-se na privação da comunhão com Deus e na falta de consentimento ao desígnio de sua providência, mesmo que esses aspectos da responsabilidade humana se desenrolem segundo leis diferentes. O pecador, na maior parte dos casos, não possui consciência dessa desordem na qual ele se situa, e na qual ele arrasta a realidade. Quando ele peca, visa sempre alguma coisa que lhe parece um bem, ele só pode reportar-se ao mal visto como um bem desejável. Em todo pecado, existe um erro na apreciação do que é o verdadeiro bem, mas este depende do fato de que a razão humana negligencia a sua inclinação a seguir a lei eterna, evita referir-se às exigências de vínculos a estabelecer entre a ordem da providência e as atitudes históricas. Tal desvio é a origem e a coroação de toda a desordem existente na atividade humana. O paradoxo do ato do pecado é que o ser humano, perseguindo uma realidade que lhe parece como boa, é atingido por uma desordem fundamental pelo fato de que a sua razão não exerce o papel para o qual é feita.

As dezoito questões e os cento e oito artigos do tratado sobre o pecado compreendem três partes estreitamente imbricadas entre si. Elas analisam o pecado enquanto tal (q. 71-74), as suas causas (q. 75-84), os seus efeitos (q. 85-89).

O todo gira em torno da concepção segundo a qual o pecado é um ato humano desordenado, uma anti–bem-aventurança. Não é uma coisa em todos os pontos original e desconhecida, mas uma espécie do gênero de atos humanos pelos quais o ser humano se relaciona com o fim último, e que são bons ou maus e, por conseguinte, encontra-se submetido às condições dos atos humanos, que são voluntários, morais, imanentes; pode-se distingui-los uns dos outros pela desordem que se efetua por seu intermédio na realidade profunda do ser humano. Este é chamado a perfazer-se na relação de união com o Bem, que é sua origem e fim último, pelo cumprimento das responsabilidades históricas em relação a si mesmo e aos outros. As faculdades envolvidas na volição do ato no qual o pecado se

realiza, estão na fonte de sua desordem e são as primeiras vítimas do dano que ele opera. O pecado é obra de uma pessoa que, por seus atos, desvia-se de seu fim, subtrai-se à sua missão, negligencia e evita as suas responsabilidades, raciocina, ama, age contra a inclinação de suas faculdades. O todo se estrutura segundo uma concepção que devemos tentar esclarecer. Não se trata somente da estrutura do ser humano (um sujeito composto de alma e de corpo, a alma com suas faculdades, o encadeamento inteligência-vontade na ação), mas também de uma visão da ordem do universo e do lugar do ser humano neste: ele é o horizonte, o confim da natureza espiritual e corporal, ele possui a alma para ser, de certo modo, *totum ens*, e primeiro em sua ação. Está também sob a influência tentadora do Maligno, que se acha na origem de todo pecado; porém, no estado de redenção iniciado em Jesus Cristo, mas não terminado ainda, ele pode resistir por meio de sua liberdade e sua coerência de vida. O pecado grave não é uma fatalidade, depende da vontade humana e a pessoa pode se propiciar condições para ser fiel às exigências de sua vocação à comunhão com Deus.

QUAESTIO LXXI
DE VITIIS ET PECCATIS SECUNDUM SE

in sex articulos divisa

Consequenter considerandum est de vitiis et peccatis. Circa quae sex consideranda occurrunt: primo quidem, de ipsis vitiis et peccatis secundum se; secundo, de distinctione eorum; tertio, de comparatione eorum ad invicem; quarto, de subiecto peccati; quinto, de causa eius; sexto, de effectu ipsius.

Circa primum quaeruntur sex.

Primo: utrum vitium contrarietur virtuti.

Secundo: utrum vitium sit contra naturam.

Tertio: quid sit peius, utrum vitium vel actus vitiosus.

Quarto: utrum actus vitiosus possit esse simul cum virtute.

Quinto: utrum in omni peccato sit aliquis actus.

Sexto: de definitione peccati quam Augustinus ponit, XXII *Contra Faustum*: *Peccatum est dictum vel factum vel concupitum contra legem aeternam.*

ARTICULUS 1
Utrum vitium contrarietur virtuti

AD PRIMUM SIC PROCEDITUR. Videtur quod vitium non contrarietur virtuti.

1. Uni enim unum est contrarium, ut probatur in X *Metaphys.*[1]. Sed virtuti contrariantur peccatum

QUESTÃO 71
OS VÍCIOS E OS PECADOS EM SI MESMOS

em seis artigos

Após estudar as virtudes é preciso considerar os vícios e os pecados[a]. Sobre isso, ocorrem seis considerações: 1. Os vícios e os pecados em si mesmos; 2. sua distinção; 3. a comparação entre eles; 4. o sujeito do pecado; 5. sua causa; 6. seu efeito.

A propósito do primeiro, são seis as perguntas:

1. O vício é o contrário da virtude?
2. É ele contra a natureza?
3. Qual é o pior, o vício ou o ato vicioso?
4. Pode o ato vicioso existir junto com a virtude?
5. Em todo pecado há um ato?
6. Que pensar da definição dada por Agostinho *Contra Faustum*: "O pecado é tudo o que é dito ou feito ou desejado contra a lei eterna".

ARTIGO 1
O vício é contrário à virtude?[b]

QUANTO AO PRIMEIRO ARTIGO, ASSIM SE PROCEDE: parece que o vício **não** é contrário à saúde.

1. Com efeito, ao que é um opõe-se um contrário, diz o livro X da *Metafísica*. Ora, à virtude

---

1

1. C. 4: 1055, a, 19-21; cfr. c. 5: 1055, b, 30-32.

---

a. Como é usual, em Sto. Tomás, os primeiros artigos de um novo tratado resumem o seu conteúdo em seus dados fundamentais. Segundo a sua doutrina, há para a pessoa duas possibilidades de ser ela mesma, de atualizar as suas potencialidades, de ser livre: uma, na linha da expansão de sua natureza racional, do que a faz "boa", que a situa na bondade moral; a outra, que contraria a sua natureza, que a torna má, viciosa. Essas duas maneiras de ser, radicalmente diferentes, são reciprocamente exclusivas: a liberdade não pode jamais ser, não é jamais, neutra; tornar-se ato de uma maneira ou de outra situa o ser humano no domínio da bondade ou da malícia moral (a. 1-2), em uma situação que ressurge em todos os níveis de seu ser. O vício é exatamente o inverso da virtude, da ordem da razão: tem como consequência desviar a pessoa de seu bem, de seu fim e desregrar as atividades humanas. Deve-se considerar a palavra "natureza" no sentido mais profundo do termo: ela é anterior à ação voluntária (q. 85, a. 1, r. 2), é a forma segundo a qual o ser humano é humano (q. 71, a. 2, Sol.), o princípio de sua orientação para o fim e ao que o conduz (ibid., a. 6, r. 3). A natureza é a participação da lei eterna em nós e, por conseguinte, é a um mesmo título que vício e pecado se opõem à ordem da razão humana e se opõem à lei eterna (q. 71, a. 2, r. 4; ver também a. 6, r. 5). O vício, porém, ainda que contrário à sua natureza, não faz parte da natureza, não é natural, é o fruto de atos humanos e age mediante os atos humanos (q. 75, a. 4, r. 3; q. 78, a. 1, r. 3). Deve-se considerar então o ato vicioso ou o pecado, primeiramente em relação ao vício, à virtude e a seus atos (a. 3-4), depois em si mesmo em suas duas possibilidades de agir: por omissão ou por transgressão (a. 5-6).

b. O título do primeiro artigo do tratado não pode deixar de surpreender e fazer refletir. Tendo escolhido o termo *vitium* para designar os *habitus mali*, Sto. Tomás não se pergunta se, de maneira analógica com a virtude, não se trata de um mau hábito. Basta-lhe provar que o vício contraria a virtude para afirmar que ele é mau. É a categoria da "contrariedade", que desempenha um papel fundamental em todo o tratado, e que concentra aqui toda a sua atenção. Além disso, Sto. Tomás sempre

et malitia. Non ergo contrariatur ei vitium: quia vitium dicitur etiam si sit indebita dispositio membrorum corporalium, vel quarumcumque rerum.

2. PRAETEREA, virtus nominat quandam perfectionem potentiae. Sed vitium nihil nominat ad potentiam pertinens. Ergo vitium non contrariatur virtuti.

3. PRAETEREA, Tullius dicit, in IV *de Tusculanis Quaest*[2], quod *virtus est quaedam sanitas animae*. Sanitati autem opponitur aegritudo vel morbus, magis quam vitium. Ergo virtuti non contrariatur vitium.

SED CONTRA est quod dicit Augustinus, in libro *de Perfectione Iustitiae*[3], quod *vitium est qualitas secundum quam malus est animus*. Virtus autem est *qualitas quae facit bonum habentem*, ut ex supradictis[4] patet. Ergo vitium contrariatur virtuti.

RESPONDEO dicendum quod circa virtutem duo possumus considerare: scilicet ipsam essentiam virtutis; et id ad quod est virtus. In essentia quidem virtutis aliquid considerari potest directe; et aliquid ex consequenti. Directe quidem virtus importat dispositionem quandam alicuius convenienter se habentis secundum modum suae naturae: unde Philosophus dicit, in VII *Physic*.[5] quod *virtus est dispositio perfecti ad optimum; dico autem perfecti, quod est dispositum secundum naturam*. Ex consequenti autem sequitur quod virtus sit bonitas quaedam: in hoc enim consistit uniuscuiusque rei bonitas, quod convenienter se habeat secundum modum suae naturae. Id autem ad quod virtus ordinatur, est actus bonus, ut ex supradictis[6] patet.

Secundum hoc igitur tria inveniuntur opponi virtuti. Quorum unum est peccatum, quod opponitur sibi ex parte eius ad quod virtus ordinatur: nam pec-

2. C. 13: ed. Müller, Lipsiae 1908, p. 402, ll. 6-7.
3. C. 2: ML 44, 294.
4. Q. 55, a. 3, 4.
5. C. 3: 246, b, 23-24.
6. Q. 56, a. 3.

opõem-se o pecado e a malícia. Logo, não é o vício que lhe é contrário, porque o vício se diz da disposição indevida dos membros do corpo ou de qualquer coisa.

2. ALÉM DISSO, a virtude denomina uma perfeição da potência. Ora, não designa nada pertencente à potência. Logo, o vício não se opõe à virtude.

3. ADEMAIS, Túlio diz que "a virtude é a saúde da alma". Ora, o contrário da saúde é a doença ou a incapacidade, mais do que o vício. Logo, o vício não se opõe à virtude.

EM SENTIDO CONTRÁRIO, Agostinho diz que "o vício é a qualidade que torna o espírito mau". Ora, a virtude é a qualidade que torna bom aquele que a possui. Logo, o vício se opõe à virtude.

RESPONDO. Há duas coisas a considerar na virtude, sua essência e seu fim, Na essência da virtude pode-se considerar o que se apresenta diretamente e o que é consequência. Diretamente, a virtude implica a disposição de alguma coisa que se encontra bem conforme à sua natureza. Donde esta palavra do Filósofo: "A virtude é a disposição do que é perfeito para o melhor. Perfeito entende-se o que está disposto segundo o modo de sua natureza". Consequentemente, a virtude é uma bondade, porque a bondade consiste para cada um em encontrar-se bem segundo o modo de sua natureza. E o fim da virtude são as boas ações, como se disse acima.

Três coisas, portanto, se encontram em oposição à virtude. Ao fim que ela busca opõe-se o pecado. Pois este designa, propriamente falando, a

une vício e pecado, hábito e ato: os dois termos são quase considerados como sinônimos. Na questão 94, a. 4, obj. 1, lê-se: "os pecados com efeito contrapõem-se às virtudes", ao passo que aqui ele diz formalmente que é o vício que se contrapõe à virtude. Com efeito, "no pecado mortal, o desregramento dos atos destrói o *habitus* virtuoso" (q. 89, a. 1, r. 2). O vício atinge, em primeiro lugar e principalmente, o estado da pessoa na qual ele se enraíza: é a indisponibilidade da pessoa em relação à sua natureza e ao fim ao qual ela se ordena. O vício, em sua realidade fundamental, significa uma falta, uma desordem, um estado permanente que tende a se tornar uma maneira de ser. Segundo a descrição de Cícero, ele é "uma decomposição dos costumes e dos afetos, uma espécie de desagregação interna" (ver q. 71, a. 1, r. 3). É mais profundo e radical que os atos nos quais ele se exprime e os contém todos virtualmente (ibid., a. 3, r. 2). O pecado mortal, o único pecado no pleno sentido da palavra, tem como efeito uma desordem permanente; ele impede e frustra a inclinação a viver segundo a razão (ibid., a. 2, r. 1). Acarrreta a ruptura entre o apetite sensível e o racional. Produz na alma uma mácula, que é própria a cada gênero de pecado (q. 86, a. 1, r. 2 e 3), e esta permanece mesmo quando o ato cessou; compromete a relação com o fim último que é a fonte de toda ordem moral (q. 87, a. 5). Mesmo que o pecado mortal não derive de um vício precedente, ele é tal que o engendra (q. 75, a. 4). Implica sempre uma desordem na vida íntima da pessoa que o realiza.

catum proprie nominat actum inordinatum, sicut actus virtutis est actus ordinatus et debitus. Secundum autem quod ad rationem virtutis consequitur quod sit bonitas quaedam, opponitur virtuti malitia. Sed secundum id quod directe est de ratione virtutis, opponitur virtuti vitium: vitium enim uniuscuiusque rei esse videtur quod non sit disposita secundum quod convenit suae naturae. Unde Augustinus dicit, in III *de Lib. Arb.*[7]: *Quod perfectioni naturae deesse perspexeris, id voca vitium.*

AD PRIMUM ergo dicendum quod illa tria non contrariantur virtuti secundum idem: sed peccatum quidem contrariatur secundum quod virtus est operativa boni; malitia autem secundum quod est bonitas quaedam; vitium autem proprie secundum quod est virtus.

AD SECUNDUM dicendum quod virtus non solum importat perfectionem potentiae quae est principium agendi, sed etiam importat debitam dispositionem eius cuius est virtus: et hoc ideo quia unumquodque operatur secundum quod actu est. Requiritur ergo quod aliquid sit in se bene dispositum, quod debet esse boni operativum. Et secundum hoc virtuti vitium opponitur.

AD TERTIUM dicendum quod, sicut Tullius dicit, in IV *de Tusculanis Quaest.*[8], *morbi et aegrotationes partes sunt vitiositatis*: in corporibus enim *morbum appellant totius corporis corruptionem*, puta febrem vel aliquid huiusmodi: *aegrotationem* vero, *morbum cum imbecillitate; vitium* autem, *cum partes corporis inter se dissident*. Et quamvis in corpore quandoque sit morbus sine aegrotatione, puta cum aliquis est interius male dispositus, non tamen exterius praepeditur a solitis operationibus; *in animo tamen*, ut ipse dicit, *haec duo non possunt nisi cogitatione secerni*. Necesse est enim quod quandocumque aliquis interius est male dispositus, habens inordinatum affectum, quod ex hoc imbecillis reddatur ad debitas operationes exercendas: quia *unaquaeque arbor ex suo fructu cognoscitur*, idest homo ex opere, ut dicitur Mt 12,33. Sed *vitium animi*, ut Tullius ibidem dicit, *est habitus aut affectio animi in tota vita inconstans, et a seipsa dissentiens*. Quod quidem invenitur etiam absque morbo vel aegrotatione, ut puta cum aliquis ex infirmitate vel ex passione peccat. Unde in plus se habet vitium quam aegrotatio vel morbus: sicut etiam virtus in plus se habet quam sanitas: nam sanitas

ação desordenada. E a ação virtuosa é aquela que é ordenada e devida. E enquanto à razão de virtude se segue ser uma certa bondade, à virtude opõe-se a malícia. Mas, enquanto àquilo que diretamente é da razão de virtude, à virtude opõe-se o vício, porque o vício de uma coisa parece ser não estar nas disposições que convêm à sua natureza. Donde a palavra de Agostinho: "Chama vício o que vês faltar à perfeição da natureza".

QUANTO AO 1º, portanto, deve-se dizer que pecado, malícia e vício são contrários à virtude, mas não segundo o mesmo ponto. O pecado opõe-se à virtude enquanto é operativa do bem; a malícia, enquanto é uma certa bondade; e o vício, enquanto propriamente é uma virtude.

QUANTO AO 2º, deve-se dizer que a virtude não implica somente a perfeição da potência que está no princípio do ato. Ela implica também a boa disposição do sujeito que a possui, porque cada um age na medida em que está em ato. Portanto, é preciso que algo se encontre bem disposto para que seja operativo do bem. É nesse sentido que o vício opõe-se à virtude.

QUANTO AO 3º, deve-se dizer que Cícero afirma que a doença e as indisposições são partes do vício porque nos corpos chamam doença a corrupção de todo o corpo, por exemplo, a febre ou algo semelhante; as indisposições, a doença com debilidade; e vício, quando as partes do corpo estão em conflito entre si. E ainda que, às vezes, o corpo esteja doente sem indisposições, por exemplo, quando alguém está interiormente mal disposto, mas exteriormente não se vê impedido dos trabalhos costumeiros; no espírito, porém, como ele mesmo diz, estas duas coisas não podem se separar a não ser pelo pensamento. É necessário, pois, que sempre que alguém esteja interiormente mal disposto, tendo uma afeição desordenada, se torne em consequência fraco para realizar os trabalhos devidos, porque, como diz o Evangelho de Mateus: "Cada árvore se conhece por seu fruto", isto é, o homem pelas obras. Mas o vício do espírito, conforme diz Cícero no mesmo lugar, é um hábito ou afeição do espírito inconstante em toda vida e incoerente consigo mesmo. Com efeito, isso se encontra sem doença ou indisposição, por exemplo, quando alguém peca por fraqueza ou por paixão. Portanto, vício é algo mais que

7. C. 14, n. 41: ML 32, 1291.
8. C. 13: ed. Müller, Lipsiae 1908, p. 401, ll. 33-34, 17-27.

etiam quaedam virtus ponitur in VII *Physic.*[9]. Et ideo virtuti convenientius opponitur vitium quam aegrotatio vel morbus.

indisposição ou doença, como também virtude é algo mais que saúde, pois a saúde é também uma virtude, afirma o livro VII da *Física*. Por isso, à virtude se opõe mais convenientemente o vício, do que a indisposição ou a doença.

ARTICULUS 2
Utrum vitium sit contra naturam

AD SECUNDUM SIC PROCEDITUR. Videtur quod vitium non sit contra naturam.

1. Vitium enim contrariatur virtuti, ut dictum est[1]. Sed virtutes non sunt in nobis a natura, sed causantur in nobis per infusionem aut ab assuetudine, ut dictum est[2]. Ergo vitia non sunt contra naturam.

2. PRAETEREA, ea quae sunt contra naturam, non possunt assuefieri, sicut *lapis nunquam assuescit ferri sursum*, ut dicitur in II *Ethic.*[3]. Sed aliqui assuefiunt ad vitia. Ergo vitia non sunt contra naturam.

3. PRAETEREA, nihil quod est contra naturam, invenitur in habentibus illam naturam ut in pluribus. Sed vitia inveniuntur in hominibus ut in pluribus: quia, sicut dicitur Mt 7,13, *lata est via quae ducit ad perditionem, et multi vadunt per eam*. Ergo vitium non est contra naturam.

4. PRAETEREA, peccatum comparatur ad vitium sicut actus ad habitum, ut ex supradictis[4] patet. Sed peccatum definitur esse *dictum vel factum vel concupitum contra legem Dei*; ut patet per Augustinum, XXII *Contra Faustum*[5]. Lex autem Dei est supra naturam. Magis ergo dicendum est quod vitium sit contra legem, quam sit contra naturam.

SED CONTRA est quod Augustinus dicit, in III *de Lib. Arb.*[6]: *Omne vitium, eo ipso quod vitium est, contra naturam est*.

RESPONDEO dicendum quod, sicut dictum est[7], vitium virtuti contrariatur. Virtus autem uniuscuiusque rei consistit in hoc quod sit bene disposita secundum convenientiam suae naturae, ut

ARTIGO 2
O vício é contra a natureza?

QUANTO AO SEGUNDO, ASSIM SE PROCEDE: parece que o vício **não** é contra a natureza.

1. Com efeito, acabamos de ver que o vício é o contrário da virtude. Ora, a virtude não nos é natural. Em nós é infusa ou adquirida, como se disse acima. Logo, o vício não é contra a natureza.

2. ALÉM DISSO, não se pode acostumar com o que é contra a natureza. Uma pedra não se acostuma nunca com ir para o alto, como se diz no livro II da *Ética*. Ora, há quem se acostume com o vício. Logo, o vício não é contra a natureza.

3. ADEMAIS, o que há de mais comum em uma natureza não pode ser contra a natureza. Ora, o vício é o que há de mais comum entre os homens, porque segundo o Evangelho de Mateus: "O caminho que leva para a perdição é largo e por ele passa muita gente". Logo, o vício não é contra a natureza.

4. ADEMAIS, segundo o que foi dito, o pecado refere-se ao vício como o ato ao *habitus*. Ora, o pecado define-se, segundo Agostinho, como "uma palavra ou feito ou desejo contra a lei de Deus", e a lei de Deus está acima da natureza. Logo, é melhor dizer também que o vício é contra a lei, mais do que contra a natureza.

EM SENTIDO CONTRÁRIO, Agostinho afirma: "Todo vício, pelo fato de ser vício, é contra a natureza".

RESPONDO. O vício opõe-se à virtude. Ora, a virtude de cada coisa consiste em que esteja bem disposta segundo o que convém à sua natureza. Logo, deve-se chamar vício, em qualquer coisa, o

9. C. 3: 246, b, 4-5.

2 PARALL.: *Ad Rom.*, c. 1, lect. 8; *ad Galat.*, c. 5, lect. 6.

1. Art. praec.
2. Q. 63, a. 1, 2, 3.
3. C. 1: 1103, a, 20-26.
4. Art. praec.
5. C. 27: ML 42, 418.
6. C. 13, n. 38: ML 32, 1290.
7. Art. praec.

supra[8] dictum est. Unde oportet quod in qualibet re vitium dicatur ex hoc est disposita contra id quod convenit naturae. Unde et de hoc unaquaeque res vituperatur: *a vitio* autem *nomen vituperationis tractum creditur*, ut Augustinus dicit, in III *de Lib. Arb.*[9].

Sed considerandum est quod natura uniuscuiusque rei potissime est forma secundum quam res speciem sortitur. Homo autem in specie constituitur per animam rationalem. Et ideo id quod est contra ordinem rationis, proprie est contra naturam hominis inquantum est homo; quod autem est secundum rationem, est secundum naturam hominis inquantum est homo. Bonum autem hominis est secundum rationem esse, et malum hominis est *praeter rationem esse*, ut Dionysius dicit, 4 cap. *de Div. Nom.*[10]. Unde virtus humana, quae *hominem facit bonum, et opus ipsius bonum reddit*, intantum est secundum naturam hominis, inquantum convenit rationi: vitium autem intantum est contra naturam hominis, inquantum est contra ordinem rationis.

AD PRIMUM ergo dicendum quod virtutes, etsi non causentur a natura secundum suum esse perfectum, tamen inclinat ad id quod est secundum naturam, idest secundum ordinem rationis: dicit enim Tullius, in sua *Rhetorica*[11], quod *virtus est habitus in modum naturae rationi consentaneus*. Et hoc modo virtus dicitur esse secundum naturam: et per contrarium intelligitur quod vitium sit contra naturam.

AD SECUNDUM dicendum quod Philosophus ibi loquitur de his quae sunt contra naturam, secundum quod esse contra naturam opponitur ei quod est esse a natura: non autem secundum quod esse contra naturam opponitur ei quod est esse secundum naturam, eo modo quo virtutes dicuntur esse secundum naturam, inquantum inclinat ad id quod naturae convenit.

AD TERTIUM dicendum quod in homine est duplex natura, scilicet rationalis et sensitiva. Et quia per operationem sensus homo pervenit ad actus rationis, ideo plures sequuntur inclinationes naturae sensitivae quam ordinem rationis: plures enim sunt qui assequuntur principium rei, quam qui ad consummationem perveniunt. Ex hoc autem vitia et peccata in hominibus proveniunt, quod

fato de estar em disposições contrárias ao que convém à sua natureza. Daí que cada coisa é a respeito disso vituperada; o que faz crer, diz Agostinho, que “a palavra vituperar derive de vício”.

Mas, deve-se notar que a natureza de uma coisa é antes de tudo a forma pela qual recebe a espécie. Ora, o que constitui a espécie humana é a alma racional. Eis por que, tudo o que é contra a ordem da razão é, propriamente, contra a natureza do ser humano considerado como tal. E o que é de acordo com a razão é de acordo com a natureza do ser humano enquanto tal. “O bem do ser humano, diz Dionísio, consiste em conformar-se à razão e seu mal está em afastar-se dela”. Por conseguinte, a virtude humana, a que faz com que o ser humano seja bom e boa também sua obra, está em conformidade com a natureza humana, na medida em que ela está em harmonia com a razão. E o vício é contra a natureza humana, na medida em que é contra a ordem racional.

QUANTO AO 1º, portanto, deve-se dizer que as virtudes embora não sejam causadas pela natureza segundo o seu ser perfeito, inclinam ao que é segundo a natureza, ou a razão. Cícero, diz que a virtude é o *habitus* conforme à razão, à maneira de natureza. E deste modo a virtude é dita segundo a natureza; e o vício, contra a natureza.

QUANTO AO 2º, deve-se dizer que o Filósofo aí fala do que é contra natureza, no sentido em que “contra a natureza” se opõe a “por natureza”, e não no sentido em que “contra a natureza” se opõe a “segundo a natureza”, na maneira em que se diz das virtudes que são segundo a natureza, na medida em que inclinam ao que convém à natureza.

QUANTO AO 3º, deve-se dizer que no homem há uma dupla natureza: a racional e a sensitiva. E é pela ação dos sentidos que se chega à da razão. Por isso, há mais gente que segue as inclinações da natureza sensitiva do que a ordem da razão, e encontram-se mais pessoas que começam uma coisa do que a terminam. Ora, os vícios e os pecados provêm entre os homens de seguirem a

8. Ibid.
9. C. 14, n. 40: ML 32, 1291.
10. MG 3, 733 A.
11. L. II, c. 53: ed. Müller, Lipsiae 1908, p. 230, ll. 2-3.

sequuntur inclinationem naturae sensitivae contra ordinem rationis.

AD QUARTUM dicendum quod quidquid est contra rationem artificiati, est etiam contra naturam artis, qua artificiatum producitur. Lex autem aeterna comparatur ad ordinem rationis humanae sicut ars ad artificiatum. Unde eiusdem rationis est quod vitium et peccatum sit contra ordinem rationis humanae, et quod sit contra legem aeternam. Unde Augustinus dicit, in III *de Lib. Arb.*[12], quod *a Deo habent omnes naturae quod naturae sunt: et intantum sunt vitiosae, inquantum ab eius, qua factae sunt, arte discedunt.*

ARTICULUS 3

Utrum vitium sit peius quam actus vitiosus

AD TERTIUM SIC PROCEDITUR. Videtur quod vitium idest habitus malus, sit peius quam peccatum, idest actus malus.

1. Sicut enim bonum quod est diuturnius, est melius; ita malum quod est diuturnius, est peius. Sed habitus vitiosus est diuturnior quam actus vitiosi, qui statim transeunt. Ergo habitus vitiosus est peior quam actus vitiosus.

2. PRAETEREA, plura mala sunt magis fugienda quam unum malum. Sed habitus malus virtualiter est causa multorum malorum actuum. Ergo habitus vitiosus est peior quam actus vitiosus.

3. PRAETEREA, causa est potior quam effectus. Sed habitus perficit actum tam in bonitate quam in malitia. Ergo habitus est potior actu et in bonitate et in malitia.

SED CONTRA, pro actu vitioso aliquis iuste ponitur: non autem pro habitu vitioso, si non procedat ad actum. Ergo actus vitiosus est peior quam habitus vitiosus.

RESPONDEO dicendum quod habitus medio modo se habet inter potentiam et actum. Manifestum est autem quod actus in bono et in malo praeeminet potentiae, ut dicitur in IX *Metaphys.*[1]: melius est enim bene agere quam posse bene agere; et similiter vituperabilius est male agere quam posse male agere. Unde etiam sequitur quod habitus in bonitate et in malitia medium gradum obtineat inter potentiam et actum: ut scilicet, sicut habitus

inclinação da natureza sensitiva contra a ordem da razão[c].

QUANTO AO 4º, deve-se dizer que o que é contra a razão da obra de arte, é também contra a natureza da arte que a produziu. Ora, a lei eterna está para ordem racional humana como a arte para a obra de arte. Pela mesma razão, portanto, o vício e o pecado são contra a ordem da razão humana e contra a lei eterna. O que explica esta frase de Agostinho: "Deus dá a todas as naturezas ser o que elas são. E elas se tornam viciosas na medida que se afastam da arte que as criou".

ARTIGO 3

O vício é pior do que o ato vicioso?

QUANTO AO TERCEIRO, ASSIM SE PROCEDE: parece que o vício, isto é o hábito mau, **é** pior do que o ato vicioso.

1. Com efeito, o bem que dura mais é melhor, assim o mal que dura mais é pior. Ora, o hábito vicioso dura mais do que os atos viciosos que logo passam. Logo, o hábito vicioso é pior do que o ato vicioso.

2. ALÉM DISSO, é preciso temer mais vários males do que um só. Ora, um mau hábito é virtualmente a causa de muitas ações más. Logo, o hábito do vício é pior do que o ato vicioso.

3. ADEMAIS, uma causa é mais que seu efeito. Ora, o hábito aperfeiçoa o ato em sua bondade ou em sua malícia. Logo, ele é mais que o ato no bem e no mal.

EM SENTIDO CONTRÁRIO, pune-se justamente um ato vicioso, não um hábito vicioso se este não passa ao ato. Logo, o ato vicioso é pior do que o hábito vicioso.

RESPONDO. O hábito está no meio entre a potência e o ato. Ora, é claro que o ato é mais do que a potência, no bem como no mal, como se diz no livro IX da *Metafísica*. É melhor agir bem do que poder agir bem. E é um vitupério maior agir mal do que poder agir mal. Portanto, segue-se que o hábito deve ter, no bem como no mal, um lugar intermediário entre a potência e o ato. Isto equivale a dizer que se o hábito bom ou mau tem

12. C. 15, n. 42: ML 32, 1291-1292.

3

1. C. 9: 1051, a, 4-15.

c. O vício é contrário à natureza racional, mas nem sempre à natureza sensível, pois esta possui um poder de ação que é independente daquele da razão. As faculdades sensíveis são racionais por participação, e participam da razão mediante a vontade, e não por necessidade; podem ter atividades não submetidas às leis da racionalidade.

bonus vel malus praeeminet in bonitate vel malitia potentiae, ita etiam subdatur actui.

Quod etiam ex hoc apparet, quod habitus non dicitur bonus vel malus nisi ex hoc quod inclinat ad actum bonum vel malum. Unde propter bonitatem vel malitiam actus, dicitur habitus bonus vel malus. Et sic potior est actus in bonitate vel malitia quam habitus: quia *propter quod ununquodque tale, et illud magis est*.

AD PRIMUM ergo dicendum quod nihil prohibet aliquid esse simpliciter altero potius, quod tamen secundum quid ab eo deficit. Simpliciter enim potius iudicatur quod praeeminet quantum ad id quod per se consideratur in utroque: secundum quid autem quod praeeminet secundum id quod per accidens se habet ad utrumque. Ostensum est autem[2] ex ipsa ratione actus et habitus, quod actus est potior in bonitate et malitia quam habitus. Quod autem habitus sit diuturnior quam actus, accidit ex eo quod utrumque invenitur in tali natura quae non potest semper agere, et cuius actio est in motu transeunte. Unde simpliciter actus est potior tam in bonitate quam in malitia: sed habitus est potiot secundum quid.

AD SECUNDUM dicendum quod habitus non est simpliciter plures actus, sed secundum quid, idest virtute. Unde ex hoc non potest concludi quod habitus sit simpliciter potior in bonitate vel malitia quam actus.

AD TERTIUM dicendum quod habitus est causa actus in genere causae efficientis: sed actus est causa habitus in genere causae finalis, secundum quam consideratur ratio boni et mali. Et ideo in bonitate et malitia actus praeeminet habitui.

mais bondade ou malícia do que a potência, tem menos do que o ato.

É o que também aparece no fato de que um hábito não é qualificado de bom ou de mau senão porque inclina ao ato bom ou ao ato mau, de maneira que é pela bondade ou malícia do ato que o ato se diz bom ou mau. Portanto, é em razão da bondade ou malícia do ato que o hábito se diz bom ou mau. E assim o ato é mais pleno de bondade ou malícia do que o hábito, porque aquilo pelo qual uma coisa é tal, é superior a ela

QUANTO AO 1º, portanto, deve-se dizer que nada impede que uma coisa seja mais importante do que outra de maneira absoluta, e menos importante de maneira relativa. Julga-se mais importante de maneira absoluta a que sobressai no que se considera essencial em ambas; de maneira relativa a que sobressai no que é acidental em ambas. Ora, foi dito que segundo a razão de ambos o ato é mais do que o hábito na bondade e na malícia. Que o hábito seja mais durável do que a ação é acidental. Isso vem de que ambos se encontram em uma natureza que não pode agir sempre, e cuja ação tem um curso transitório. Portanto, o ato tem uma superioridade absoluta na bondade e na malícia, e o hábito tem uma superioridade relativa.

QUANTO AO 2º, deve-se dizer que o hábito não é absolutamente vários atos, mas de modo relativo, isto é, virtualmente. Daí, portanto, não se pode concluir que o hábito seja absolutamente mais importante na bondade ou na malícia do que o ato.

QUANTO AO 3º, deve-se dizer que o hábito é causa do ato no gênero da causa eficiente, e o ato é causa do hábito no gênero da causa final, considerada a razão de bem e de mal. Por isso, o ato é mais importante que o hábito na bondade e na malícia.

ARTICULUS 4

Utrum peccatum simul possit esse cum virtute

AD QUARTUM SIC PROCEDITUR. Videtur quod actus vitiosus, sive peccatum, non possit simul esse cum virtute.

1. Contraria enim non possunt esse simul in eodem. Sed peccatum quodammodo contrariatur virtuti, ut dictum est[1]. Ergo peccatum non potest simul esse cum virtute.

ARTIGO 4

O pecado pode existir ao mesmo tempo com a virtude?

QUANTO AO QUARTO, ASSIM SE PROCEDE: parece que o pecado **não** pode existir ao mesmo tempo com a virtude.

1. Com efeito, os contrários não podem existir simultaneamente no mesmo sujeito. Ora, o pecado é, de algum modo, contrário à virtude, como se disse. Logo, o pecado não pode existir ao mesmo tempo com a virtude.

2. In corp.

4 PARALL.: Supra, q. 63, a. 2, ad 2; infra, q. 73, a. 1, ad 2; II-II, q. 24, a. 12; *De Virtut.*, q. 1, a. 1, ad 5.

1. Art. 1.

2. PRAETEREA, peccatum est peius quam vitium, idest actus malus quam habitus malus. Sed vitium non potest simul esse in eodem cum virtute. Ergo neque peccatum.

3. PRAETEREA, sicut peccatum accidit in rebus voluntariis, ita et in rebus naturalibus, ut dicitur in II *Physic*.[2]. Sed nunquam in rebus naturalibus accidit peccatum nisi per aliquam corruptionem virtutis naturalis: sicut *monstra accidunt corrupto aliquo principio in semine*, ut dicitur in II *Physic*.[3]. Ergo etiam in rebus voluntariis non accidit peccatum nisi corrupta aliqua virtute animae. Et sic peccatum et virtus non possunt esse in eodem.

SED CONTRA est quod Philosophus dicit, in II *Ethic*.[4], quod per contraria virtus generatur et corrumpitur. Sed unus actus virtuosus non causat virtutem, ut supra[5] habitum est. Ergo neque unus actus peccati tollit virtutem. Possunt ergo simul in eodem esse.

RESPONDEO dicendum quod peccatum comparatur ad virtutem sicut actus malus ad habitum bonum. Aliter autem se habet habitus in anima, et forma in re naturali. Forma enim naturalis ex necessitate producit operationem sibi convenientem: unde non potest esse simul cum forma naturali actus formae contrariae; sicut non potest esse cum calore actus infrigidationis, neque simul cum levitate motus descensionis, nisi forte ex violentia exterioris moventis. Sed habitus in anima non ex necessitate producit suam operationem, sed homo *utitur eo cum voluerit*. Unde simul habitu in homine existente, potest non uti habitu, aut agere contrarium actum. Et sic potest habens virtutem procedere ad actum peccati.

Actus autem peccati, si comparetur ad ipsam virtutem prout est habitus quidam, non potest ipsam corrumpere, si sit unus tantum: sicut enim non generatur habitus per unum actum, ita nec per unum actum corrumpitur, ut supra[6] dictum est. Sed si comparetur actus peccati ad causam virtutum, sic possibile est quod per unum actum peccati aliquae virtutes corrumpantur. Quodlibet enim peccatum mortale contrariatur caritati, quae est radix omnium virtutum infusarum, inquantum sunt virtutes: et ideo per unum actum peccati mortalis,

2. ALÉM DISSO, o pecado é pior do que o vício, e a má ação é pior do que o mau hábito. Ora, o vício não pode existir ao mesmo tempo com a virtude no mesmo sujeito. Logo, nem o pecado.

3. ADEMAIS, o pecado acontece nas coisas voluntárias e nas naturais, como se diz no livro II da *Física*. Ora, o pecado só acontece nas coisas naturais pela corrupção da virtude natural. É o caso dos monstros que "acontecem pela corrupção de um princípio no sêmen", como se diz no livro II da *Física*. Logo, nas coisas voluntárias o pecado acontece também por uma corrupção da virtude da alma. E assim pecado e virtude não podem existir no mesmo sujeito.

EM SENTIDO CONTRÁRIO, no dizer do Filósofo, a virtude se forma e se perde por causas contrárias. Se um só ato virtuoso não faz a virtude, como se viu acima, um só pecado não a desfaz. Portanto, virtude e pecado podem existir ao mesmo tempo no mesmo sujeito.

RESPONDO. O pecado compara-se à virtude como o ato mau ao hábito bom. Ora, um hábito está na alma de maneira diferente como a forma numa coisa natural. Uma forma natural produz necessariamente o ato para o qual ela é feita, portanto, ela não pode existir ao mesmo tempo com a forma natural do ato de uma forma contrária. Por exemplo, o ato de resfriar não pode existir ao mesmo tempo com o calor, nem o movimento de descer com um corpo leve, a menos que seja forçado por um impulso exterior. Mas, um hábito na alma não produz necessariamente seu ato. O homem se serve dele quando quer. Assim, mesmo tendo em si um hábito, alguém pode dele não se servir, ou mesmo agir contrariamente. E é assim que mesmo tendo a virtude pode-se fazer um ato de pecado.

O ato do pecado, comparado à virtude enquanto é um hábito, não pode destruí-la se é um só. Pois, um só ato não faz a virtude, e também um só ato não a destrói. Mas, se o ato de pecado se compara à causa da virtude, então é possível que algumas virtudes se percam por um só ato. Com efeito, qualquer pecado mortal é contrário à caridade, e como a caridade é a raiz de todas as virtudes infusas enquanto virtudes, basta um ato de pecado mortal para fazer desaparecer com a caridade todas as virtudes infusas, pelo menos enquanto virtudes.

2. C. 8: 109, a, 33-b, 1.
3. Ibid.: 199, b, 4.
4. C. 2: 1105, a, 14-16.
5. Q. 51, a. 3.
6. Q. 63, a. 2, ad 2.

exclusa caritate, excluduntur per consequens omnes virtutes infusae, quantum ad hoc quod sunt virtutes. Et hoc dico propter fidem et spem, quarum habitus remanent informes post peccatum mortale, et sic non sunt virtutes. Sed peccatum veniale, quod non contrariatur caritati nec excludit ipsam, per consequens etiam non excludit alias virtutes. Virtutes vero acquisitae non tolluntur per unum actum cuiuscumque peccati.

Sic igitur peccatum mortale non potest simul esse cum virtutibus infusis: potest tamen simul esse cum virtutibus acquisitis. Peccatum vero veniale potest simul esse et cum virtutibus infusis, et cum acquisitis.

AD PRIMUM ergo dicendum quod peccatum non contrariatur virtuti secundum se, sed secundum suum actum. Et ideo peccatum non potest simul esse cum actu virtutis: potest tamen simul esse cum habitu.

AD SECUNDUM dicendum quod vitium directe contrariatur virtuti, sicut et peccatum actui virtuoso. Et ideo vitium excludit virtutem, sicut peccatum excludit actum virtutis.

AD TERTIUM dicendum quod virtutes naturales agunt ex necessitate: et ideo, integra existente virtute, nunquam peccatum potest in actu inveniri. Sed virtutes animae non producunt actus ex necessitate: unde non est similis ratio.

Digo isso por causa da fé e da esperança, cujos hábitos permanecem informes depois do pecado mortal, e assim não são mais virtudes. O pecado venial, não sendo contrário à caridade, não a exclui e nem as outras virtudes. Quanto às virtudes adquiridas, não basta um só ato de pecado, qualquer que seja, para fazê-las perder.

Por conseguinte, se o pecado mortal não pode existir ao mesmo tempo com as virtudes infusas, ele pode, no entanto, existir ao mesmo tempo com as virtudes adquiridas. E o pecado venial pode existir ao mesmo tempo com as virtudes infusas e adquiridas[d].

QUANTO AO 1º, portanto, deve-se dizer que o pecado não contraria a virtude em si mesma, mas em seu ato. E é por isso que o pecado não pode existir ao mesmo tempo com o ato virtuoso. Mas, ele pode coexistir com o hábito.

QUANTO AO 2º, deve-se dizer que o vício opõe-se diretamente à virtude, como o pecado ao ato da virtude. E é por isso que o vício exclui a virtude, como o pecado exclui o ato da virtude.

QUANTO AO 3º, deve-se dizer que as virtudes naturais agem por necessidade. Por isso, existindo a virtude verdadeiramente, nunca o pecado poderá encontrar-se em ato. Mas, as virtudes da alma não produzem o ato por necessidade, portanto o argumento não é o mesmo.

ARTICULUS 5

Utrum in quolibet peccato sit aliquis actus

AD QUINTUM SIC PROCEDITUR. Videtur quod in quolibet peccato sit aliquis actus.

1. Sicut enim meritum comparatur ad virtutem, ita peccatum ad vitium comparatur. Sed meritum non potest esse absque aliquo actu. Ergo nec peccatum potest esse absque aliquo actu.

2. PRAETEREA, Augustinus dicit, in libro *de Lib. Arb.*[1], quod *omne peccatum adeo est voluntarium, quod si non sit voluntarium, non est peccatum.*

ARTIGO 5

Há um ato em todo pecado?

QUANTO AO QUINTO, ASSIM SE PROCEDE: parece que em todo pecado **há** um ato.

1. Com efeito, o que é o mérito em relação à virtude, o pecado o é em relação ao vício. Ora, não há mérito sem ato. Logo, nem o pecado pode existir sem algum ato.

2. ALÉM DISSO, Agostinho diz que "todo pecado é de tal modo voluntário, que não sendo voluntário não é pecado". Ora, não se pode ter algo

5 PARALL.: II *Sent.*, dist. 35, a. 3; *De Malo*, q. 2, art. 1.

1. *De vera religione*, c. 14: ML 34, 133.

d. A virtude pertence ao gênero dos hábitos, mas hábitos e virtudes não se identificam e não respondem à mesma finalidade. O hábito, em si, perfaz a relação da faculdade humana enquanto ordenada à ação; a virtude concerne antes de mais nada à orientação da pessoa a seu fim último, à regulação da caridade. O ato do pecado mortal é contrário à virtude porque implica uma desordem no plano da inclinação da pessoa ao verdadeiro fim último. O pecado grave está na origem de um vício, ou seja, de um mau hábito, quando destrói na pessoa a orientação para o seu Bem.

Sed non potest esse aliquid voluntarium nisi per actum voluntatis. Ergo omne peccatum habet aliquem actum.

3. PRAETEREA, si peccatum esset absque aliquo actu, sequeretur quod ex hoc ipso quod aliquis cessat ab actu debito, peccaret. Sed continue aliquis cessat ab actu debito, ille scilicet qui nunquam actum debitum operatur. Ergo sequeretur quod continue peccaret: quod est falsum. Non ergo est aliquod peccatum absque actu.

SED CONTRA est quod dicitur Iac 4,17: *Scienti bonum facere et non facienti, peccatum est illi*. Sed non facere non importat aliquem actum. Ergo peccatum potest esse absque actu.

RESPONDEO dicendum quod quaestio ista principaliter movetur propter peccatum omissionis, de quo aliqui diversimode opinantur. Quidam enim dicunt quod in omni peccato omissionis est aliquis actus vel interior vel exterior. Interior quidem, sicut cum aliquis vult non ire ad ecclesiam quando ire tenetur. Exterior autem, sicut cum aliquis illa hora qua ad ecclesiam ire tenetur, vel etiam ante, occupat se talibus quibus ab eundo ad ecclesiam impeditur. Et hoc quodammodo videtur in primum redire: qui enim vult aliquid cum quo aliud simul esse non potest, ex consequenti vult illo carere; nisi forte non perpendat quod per hoc quod vult facere, impeditur ab eo quod facere tenetur; in quo casu posset per negligentiam culpabilis iudicari. — Alii vero dicunt quod in peccato omissionis non requiritur aliquis actus: ipsum enim non facere quod quis facere tenetur, peccatum est.

Utraque autem opinio secundum aliquid veritatem habet. Si enim intelligatur in peccato omissionis illud solum quod per se pertinet ad rationem peccati, sic quandoque omissionis peccatum est cum actu interiori, ut cum aliquis vult non ire ad ecclesiam: quandoque vero absque omni actu vel interiori vel exteriori, sicut cum aliquis hora qua tenetur ire ad ecclesiam, nihil cogitat de eundo vel non eundo ad ecclesiam. — Si vero in peccato omissionis intelligantur etiam causae vel occasiones omittendi, sic necesse est in peccato omissionis aliquem actum esse. Non enim est peccatum omissionis nisi cum aliquis praetermittit quod potest facere et non facere. Quod autem aliquis declinet ad non faciendum illud quod potest facere et non facere, non est nisi ex aliqua causa vel occasione coniuncta vel praecedente. Et si quidem causa illa non sit in potestate hominis, omissio non habet rationem peccati: sicut cum aliquis propter infirmitatem praetermittit ad ecclesiam ire. Si vero causa vel occasio omittendi subiaceat voluntati, omissio habet rationem peccati: et tunc semper oportet

voluntário senão por um ato da vontade. Logo, todo pecado tem um ato.

3. ADEMAIS, se o pecado existisse sem nenhum ato, seguir-se-ia que existiria pelo fato de cessar o ato que se deve realizar. Ora aquele que não cumpre nunca o seu dever cessa continuamente de agir como se deveria. Logo, peca continuamente; o que é falso. Portanto, não existe algum pecado sem um ato.

EM SENTIDO CONTRÁRIO, está o que diz a Carta de Tiago: “Peca quem sabe que deve fazer o bem e não o faz”.

RESPONDO. Esta questão surge por causa do pecado de omissão, a respeito do qual as opiniões estão divididas. Alguns dizem que em todo pecado de omissão há um ato, interior ou exterior. Ato interior, quando se quer não ir à igreja, se obrigado a isso. Ato exterior, quando na hora de ir à igreja, ou antes, alguém se entrega a ocupações que o impeçam de ir. Este último caso não parece muito diferente do primeiro. Pois, querer uma coisa incompatível com outra, é querer eximir-se desta outra, a não ser que não pondere que o que ele quer fazer é um obstáculo àquilo que ele deve fazer. Neste caso poderia, por negligência, ser julgado culpado. — Outros dizem, ao contrário, que não há necessariamente um ato no pecado de omissão: este pecado consiste em não fazer o que se deve.

Estas duas opiniões possuem uma certa verdade. Com efeito, se no pecado de omissão entende-se somente aquilo que por si pertence à razão de pecado, então, basta um ato interior, como querer não ir à igreja. Mas, às vezes, pode não haver ato algum, nem interior nem exterior. É o que acontece com aquele que, na hora de ir à igreja não pensa em nada, nem ir nem não ir. — Se ao contrário, compreende-se também no pecado de omissão o que é sua causa ou ocasião, é preciso necessariamente que haja um ato. Com efeito, não há pecado de omissão senão quando se deixa de lado uma coisa que se pode fazer e não fazer. Ora, que alguém deixe de fazer o que pode fazer ou não fazer, é preciso para isso uma causa ou ocasião, seja no momento, seja antes. E mesmo que se trate de uma causa que não depende da pessoa, a omissão não tem a razão de pecado; por exemplo, quando é a doença que faz com que não se vá à igreja. Mas, se a causa ou a ocasião dependem da vontade, a omissão tem a razão de pecado. E, então, é preciso sempre que

quod ista causa, inquantum est voluntaria, habeat aliquem actum, ad minus interiorem voluntatis.

Qui quidem actus quandoque directe fertur in ipsam omissionem: puta cum aliquis vult non ire ad ecclesiam, vitans laborem. Et tunc talis actus per se pertinet ad omissionem: voluntas enim cuiuscumque peccati per se pertinet ad peccatum illud, eo quod voluntarium est de ratione peccati. — Quandoque autem actus voluntatis directe fertur in aliud, per quod homo impeditur ab actu debito: sive illud in quod fertur voluntas, sit coniunctum omissioni, puta cum aliquis vult ludere quando ad ecclesiam debet ire; sive etiam sit praecedens, puta cum aliquis vult diu vigilare de sero, ex quo sequitur quod non vadat hora matutinali ad ecclesiam. Et tunc actus iste interior vel exterior per accidens se habet ad omissionem: quia omissio sequitur praeter intentionem; hoc autem dicimus per accidens esse, quod est praeter intentionem, ut patet in II *Physic.*[2]. Unde manifestum est quod tunc peccatum omissionis habet quidem aliquem actum coniunctum vel praecedentem, qui tamen per accidens se habet ad peccatum omissionis. Iudicium autem de rebus dandum est secundum illud quod est per se, et non secundum illud quod est per accidens. Unde verius dici potest quod aliquod peccatum possit esse absque omni actu. Alioquin etiam ad essentiam aliorum peccatorum actualium pertinerent actus et occasiones circumstantes.

AD PRIMUM ergo dicendum quod plura requiruntur ad bonum quam ad malum: eo quod *bonum contingit ex tota integra causa, malum autem ex singularibus defectibus*, ut Dionysius dicit, 4 cap. *de Div. Nom.*[3]. Et ideo peccatum potest contingere sive aliquis faciat quod non debet, sive non faciendo quod debet: sed meritum non potest esse nisi aliquis faciat voluntarie quod debet. Et ideo meritum non potest esse sine actu, sed peccatum potest esse sine actu.

AD SECUNDUM dicendum quod aliquid dicitur voluntarium non solum quia cadit super ipsum actus voluntatis, sed quia in potestate nostra est ut fiat vel non fiat, ut dicitur in III *Ethic.*[4]. Unde etiam ipsum non velle potest dici voluntarium, inquantum in potestate hominis est velle et non velle.

AD TERTIUM dicendum quod peccatum omissionis contrariatur praecepto affirmativo, quod obligat semper, sed non ad semper. Et ideo solum

esta causa, enquanto voluntária, tenha um ato da vontade, pelo menos interior.

Este ato de vontade, às vezes, refere-se diretamente à própria omissão; por exemplo, quando não se quer ir à igreja para não se incomodar. Um tal ato, por si, pertence à omissão, pois a vontade de pecado, qualquer que ele seja, é o que faz o pecado, uma vez que o ato voluntário é da razão do pecado. — Às vezes, o ato de vontade refere-se diretamente a outra coisa que é um obstáculo ao ato que se deveria fazer, seja essa coisa concomitante à omissão, como acontece a quem quer jogar quando o dever seria ir à igreja; ou, seja precedente, como quando se quer dormir tarde da noite, e depois disso não se desperta cedo para ir à igreja. O ato, então, interior ou exterior, é acidentalmente uma omissão, porque a omissão ocorre sem que se tenha a intenção. Dizemos que isso é acidental, o que está fora da intenção, como está claro no livro II da *Física*. Portanto, é evidente que o pecado de omissão, neste caso, é acompanhado ou precedido de um ato, o qual, no entanto, permanece-lhe acidental. Ora, como se deve julgar das coisas segundo o que é essencial, e não segundo o que é acidental, é permitido dizer com mais verdade que pode haver um pecado fora de todo ato. Se assim não fosse, os atos e as ocasiões circunstanciais pertenceriam à essência dos outros pecados atuais.

QUANTO AO 1º, deve-se dizer que é preciso mais coisas para o bem do que para o mal. Pois, o bem depende, como diz Dionísio, da inteira integridade da causa e o mal, de qualquer defeito. Por isso pode haver pecado, seja ao fazer o que não se deve, seja em não fazer o que se deve; mas o mérito não pode existir a não ser que alguém faça voluntariamente o que se deve. E por isso o mérito não pode existir sem o ato, mas o pecado pode existir sem o ato.

QUANTO AO 2º, deve-se dizer que uma coisa é voluntária, como se diz no livro III da *Ética*, não somente porque cai sobre ela um ato da vontade, mas porque está em nosso poder que ela se faça ou não se faça. Então, o fato de não querer pode ser dito voluntário porque está no poder do homem querer ou não querer.

QUANTO AO 3º, deve-se dizer que o pecado de omissão opõe-se ao preceito positivo, que obriga sempre, mas não a todo momento. Também é um

2. C. 5: 196, b, 23-24.
3. MG 3, 729 C.
4. C. 7: 1113, b, 20-21.

pro tempore illo aliquis cessando ab actu peccat, pro quo praeceptum affirmativum obligat.

pecado que existe somente quando se deixa de agir no momento em que o preceito positivo obriga.

ARTICULUS 6

Utrum convenienter definiatur peccatum esse *dictum vel factum vel concupitum contra legem aeternam*

AD SEXTUM SIC PROCEDITUR. Videtur quod inconvenienter definiatur peccatum, cum dicitur: *Peccatum est dictum vel factum vel concupitum contra legem aeternam*[1].

1. Dictum enim, vel factum, vel concupitum, importat aliquem actum. Sed non omne peccatum importat aliquem actum, ut dictum est[2]. Ergo haec definitio non includit omne peccatum.

2. PRAETEREA, Augustinus dicit, in libro *de Duabus Animabus*[3]: *Peccatum est voluntas retinendi vel consequendi quod iustitia vetat*. Sed voluntas sub concupiscentia comprehenditur, secundum quod concupiscentia largo modo sumitur pro omni appetitu. Ergo suffecisset dicere, *Pecatum est concupitum contra legem aeternam*; nec oportuit addere, *dictum vel factum*.

3. PRAETEREA, peccatum proprie consistere videtur in aversione a fine: nam bonum et malum principaliter considerantur secundum finem, ut ex supradictis[4] patet. Unde et Augustinus, in I *de Lib. Arb.*[5], per comparationem ad finem definit peccatum, dicens quod *peccare nihil est aliud quam, neglectis rebus aeternis, temporalia sectari*: et in libro *Octoginta trium Quaest.*[6], dicit quod *omnis humana perversitas est uti fruendis et frui utendis*. Sed in praemissa definitione nulla fit mentio de aversione a debito fine. Ergo insufficienter definitur peccatum.

4. PRAETEREA, ex hoc dicitur aliquid esse prohibitum, quia legi contrariatur. Sed non omnia peccata sunt mala quia prohibita, sed quaedam sunt prohibita quia mala. Non ergo in communi definitione peccati debuit poni quod sit contra legem Dei.

5. PRAETEREA, peccatum significat malum hominis actum, ut ex dictis[7] patet. Sed *malum hominis est contra rationem esse*, ut Dionysius

ARTIGO 6

É boa a definição "o pecado é o dito, ou o feito, ou o desejado contra a lei eterna"?

QUANTO AO SEXTO, ASSIM SE PROCEDE: parece que **não** se define convenientemente o pecado quando se diz: "O pecado é o dito, ou o feito, ou desejado contra a lei eterna".

1. Com efeito, dito, feito ou desejado implicam algum ato. Ora, nem todo pecado implica algum ato, como foi dito. Logo, a definição não se aplica a todo pecado.

2. ALÉM DISSO, Agostinho define o pecado como "uma vontade de reter ou de adquirir o que a justiça não permite". Ora, a vontade está incluída sob a concupiscência, entendida esta no sentido mais lato por todo apetite. Logo, bastaria dizer que o pecado é o desejado contra a lei eterna. Não se deveria acrescentar dito ou feito.

3. ADEMAIS, como o bem e o mal se consideram principalmente segundo o fim, o pecado consiste propriamente, parece, em desviar-se do fim. Donde Agostinho o definir, também em relação a isso, dizendo que pecar é "negligenciar as realidades eternas para ligar-se às realidades temporais". E, em outro lugar, diz que "toda perversidade humana consiste em usar do que se deveria usufruir, e usufruir do que se deveria usar". Ora, a definição apontada não faz nenhuma menção ao afastamento do verdadeiro fim. Logo, ela não é suficiente.

4. ADEMAIS, dizer que uma coisa é contra a lei, é dizer que ela é proibida. Ora, nem todos os pecados são maus porque são proibidos, e alguns são proibidos porque são maus. Logo, não se devia afirmar numa definição geral do pecado que é contra a lei de Deus.

5. ADEMAIS, o pecado significa um ato mau do homem. Ora o mal do homem, diz Dionísio, está em ser contra a razão. Logo, seria melhor dizer

6 PARALL.: II *Sent.*, dist. 35, a. 2; *De Malo*, q. 2, art. 1.

1. AUGUST., *Contra Faust.*, l. XXII, c. 27: ML 42, 418.
2. Art. praec.
3. C. 11: ML 42, 105.
4. Q. 18, a. 6.
5. C. 11: ML 32, 1233.
6. Q. 30: ML 40, 19.
7. A. 1; q. 21, a. 1.

dicit, 4 cap. *de Div. Nom.*[8]. Ergo potius debuit dici quod peccatum sit contra rationem, quam quod peccatum sit contra legem aeternam.

IN CONTRARIUM sufficit auctoritas Augustini[9].

RESPONDEO dicendum quod, sicut ex dictis[10] patet, peccatum nihil aliud est quam actus humanus malus. Quod autem aliquis actus sit humanus, habet ex hoc quod est voluntarius, sicut ex supradictis[11] patet: sive sit voluntarius quasi a voluntate elicitus, ut ipsum velle et eligere; sive quasi a voluntate imperatus, ut exteriores actus vel locutionis vel operationis. Habet autem actus humanus quod sit malus, ex eo quod caret debita commensuratione. Omnis autem commensuratio cuiuscumque rei attenditur per comparationem ad aliquam regulam, a qua si divertat, incommensurata erit. Regula autem voluntatis humanae est duplex: una propinqua et homogenea, scilicet ipsa humana ratio; alia vero est prima regula, scilicet lex aeterna, quae est quasi ratio Dei. Et ideo Augustinus in definitione peccati posuit duo: unum quod pertinet ad substantiam actus humani, quod est quasi materiale in peccato, cum dixit, dictum vel factum vel concupitum; aliud autem quod pertinet ad rationem mali, quod est quasi formale in peccato, cum dixit, contra legem aeternam.

AD PRIMUM ergo dicendum quod affirmatio et negatio reducuntur ad idem genus: sicut in divinis *genitum* et *ingenitum* ad relationem, ut Augustinus dicit, in V *de Trin.*[12]. Et ideo pro eodem est accipiendum *dictum* et *non dictum, factum* et *non factum*.

AD SECUNDUM dicendum quod prima causa peccati est in voluntate, quae imperat omnes actus voluntarios, in quibus solum invenitur peccatum: et ideo Augustinus quandoque per solam voluntatem definit peccatum. Sed quia etiam ipsi exteriores actus pertinent ad substantiam peccati, cum sint secundum se mali, ut dictum est[13], necesse fuit quod in definitione peccati poneretur etiam aliquid pertinens ad exteriores actus.

AD TERTIUM dicendum quod lex aeterna primo et principaliter ordinat hominem ad finem, consequenter autem facit hominem bene se habere

que o pecado é contra a razão do que contra a lei eterna.

EM SENTIDO CONTRÁRIO, basta a autoridade de Agostinho.

RESPONDO. O pecado, segundo o que foi dito, é o ato humano mau. Um ato é humano desde que seja voluntário, ou de modo elícito, como o querer e o escolher; ou de maneira imperada, como os atos exteriores da palavra ou da ação. Um ato humano é mau porque lhe falta a devida medida. Toda medida de uma coisa se toma por comparação a uma regra, da qual, se ela se afasta, será sem medida. Para a vontade humana há duas regras. Uma, bem próxima e homogênea, que é a própria razão humana. A outra, que serve de regra suprema, é a lei eterna, de certo modo a razão de Deus. Eis porque Agostinho afirmou duas coisas na definição do pecado. Uma diz respeito à substância do ato humano, e é por assim dizer o material no pecado, ao dizer: "dito, feito, desejado". A outra refere-se à razão de mal, e é por assim dizer o formal no pecado ao dizer: "contra a lei eterna".

Quanto ao 1º, portanto, deve-se dizer que afirmação e negação reduzem-se ao mesmo gênero, como nas processões divinas gerado e não gerado ao gênero de relação, como diz Agostinho. De maneira que mencionando o que é dito, o que é feito, deve-se também compreender o que não é dito, o que não é feito.

QUANTO AO 2º, deve-se dizer que a primeira causa do pecado está na vontade. É ela que comanda todos os atos voluntários, nos quais existe o pecado. Eis porque Agostinho, algumas vezes, o define unicamente pela vontade. Mas, como os atos exteriores pertencem à substância do pecado, uma vez que são maus em si mesmos, era necessário afirmar na definição algo que se referisse a eles.

QUANTO AO 3º, deve-se dizer que a lei eterna, primeira e principalmente, ordena o homem ao fim. E consequentemente o faz manter-se bem

8. MG 3, 733 A.
9. *Contra Faust.*, l. XXII, c. 27: ML 42, 418.
10. Loc. cit. in 5 a.
11. Q. 1, a. 1.
12. Cc. 6, 7: ML 42, 914, 915.
13. Q. 20, a. 1, 2, 3.

circa ea quae sunt ad finem. Et ideo in hoc quod dicit *contra legem aeternam*, tangit aversionem a fine, et omnes alias inordinationes.

AD QUARTUM dicendum quod, cum dicitur quod non omne peccatum ideo est malum quia est prohibitum, intelligitur de prohibitione facta per ius positivum. Si autem referatur ad ius naturale, quod continetur primo quidem in lege aeterna, secundario vero in naturali iudicatorio rationis humanae, tunc omne peccatum est malum quia prohibitum: ex hoc enim ipso quod est inordinatum, iuri naturali repugnat.

AD QUINTUM dicendum quod a theologis consideratur peccatum praecipue secundum quod est offensa contra Deum: a philosopho autem morali, secundum quod contrariatur rationi. Et ideo Augustinus convenientius definit peccatum ex hoc quod est contra legem aeternam, quam ex hoc quod est contra rationem: praecipue cum per legem aeternam regulemur in multis quae excedunt rationem humanam, sicut in his quae sunt fidei.

no uso dos meios. Portanto, ao falar: *contra a lei*, tem em vista o afastamento do fim e todas as outras desordens.

QUANTO AO 4º, deve-se dizer que quando se diz que o pecado nem sempre é mau porque proibido, isto se entende de uma proibição do direito positivo. Pois, se se refere ao direito natural como é contido primeiramente na lei eterna, e secundariamente na faculdade de julgar, natural à razão humana, então pode-se dizer que o pecado é sempre mau porque proibido, porque uma coisa repugna ao direito natural desde que é desordenada.

QUANTO AO 5º, deve-se dizer que os teólogos consideram principalmente o pecado enquanto é uma ofensa contra Deus, o filósofo moralista, enquanto é contrário à razão. Assim, Agostinho definiu o pecado de maneira mais conveniente por ser contra a lei eterna do que por ser contra a razão, principalmente porque pela lei eterna nos regulamos em muitas coisas que excedem a razão humana, como nas coisas que são da fé.

QUAESTIO LXXII
DE DISTINCTIONE PECCATORUM
in novem articulos divisa

Deinde considerandum est de distinctione peccatorum vel vitiorum.

Et circa hoc quaeruntur novem.

Primo: utrum peccata distinguantur specie secundum obiecta.

Secundo: de distinctione peccatorum spiritualium et carnalium.

Tertio: utrum secundum causas.

Quarto: utrum secundum eos in quos peccatur.

Quinto: utrum secundum diversitatem reatus.

QUESTÃO 72
DISTINÇÃO DOS PECADOS[a]
em nove artigos

Em seguida é preciso abordar a distinção entre os pecados e os vícios.

Sobre isso, são nove as perguntas:

1. Os pecados se distinguem especificamente pelos objetos?
2. Distinguem-se em pecados espirituais e carnais?
3. Distinguem-se pelas causas?
4. Pelas pessoas contra as quais são cometidos?
5. Pela diversidade das penas que incorrem?

a. O pecado, enquanto ato humano desordenado, é uma realidade complexa. Resulta de uma pluralidade de elementos coordenados entre si e que, em seu conjunto, constituem-no em sua totalidade: "Pode-se encarar uma quádrupla bondade da ação humana: uma segundo o gênero que lhe convém enquanto ação, ela possui tanto bondade como ser; uma outra segundo a espécie, que resulta do objeto adequado; uma terceira, de acordo com as circunstâncias, que são como os acidentes do ato; uma quarta segundo o fim, como a sua relação com a causa da bondade" (I-II, q. 18, a. 4, Sol.). Os mesmos elementos figuram em nossa questão. A ação pecadora é o ato de uma pessoa que, tendo em vista um objeto desordenado que a atrai, em circunstâncias bem concretas, levada pelo amor desordenado de si mesma, desvia-se do fim para o qual se orientava, e torna-se cidadã da cidade de Babilônia (q. 77, a. 4, s.c.). Tais elementos, que constituem cada ato de pecado, permitem fazer a distinção entre eles, e perceber como cada um deles se constrói em torno de um objeto que o especifica e se torna o ponto de convergência de todo o movimento da pessoa, e de sua aversão relativamente ao objetivo que orientava a sua vida. Eis portanto a ordem dos artigos: o objeto do ato, tal como constituído pela intenção do agente (a. 1-2); os fins em relação aos quais se situa a desordem (a. 3-5); o ato e suas modalidades (a. 6-7); as circunstâncias (a. 8-9).

As questões que surgem ao espírito, diante de um ato mau, são com efeito desse gênero: O que ocorreu? Que incidência tem esse ato na história da pessoa? Terá ele produzido um desvio em sua orientação de vida, ou teve apenas efeitos transitórios e acessórios? Trata-se de atos ou de omissões? De pensamentos, de palavras ou de ações? Em que circunstâncias essa pessoa agiu?

Sexto: utrum secundum omissionem et commissionem.
Septimo: utrum secundum diversum processum peccati.
Octavo: utrum secundum abundantiam et defectum.
Nono: utrum secundum diversas circumstantias.

6. Pela omissão e pela ação?
7. Pelos diversos graus no processo de pecado?
8. Pelo excesso ou pela deficiência?
9. Pelas diversas circunstâncias?

Articulus 1

Utrum peccata differant specie secundum obiecta

Ad primum sic proceditur. Videtur quod peccata non differant specie secundum obiecta.

1. Actus enim humani praecipue dicuntur boni vel mali per comparationem ad finem, ut supra[1] ostensum est. Cum igitur peccatum nihil aliud sit quam actus hominis malus, sicut dictum est[2], videtur quod secundum fines peccata debeant distingui specie, magis quam secundum obiecta.

2. Praeterea, malum, cum sit privatio, distinguitur specie secundum diversas species oppositorum. Sed peccatum est quoddam malum in genere humanorum actuum. Ergo peccata magis distinguuntur specie secundum opposita, quam secundum obiecta.

3. Praeterea, si peccata specie differrent secundum obiecta, impossibile esset idem peccatum specie circa diversa obiecta inveniri. Sed inveniuntur aliqua huiusmodi peccata: nam superbia est et in rebus spiritualibus et in corporalibus, ut Gregorius dicit, in libro XXXIV *Moral.*[3]; avaritia etiam est circa diversa genera rerum. Ergo peccata non distinguuntur specie secundum obiecta.

Sed contra est quod *peccatum est dictum vel factum vel concupitum contra legem Dei.* Sed dicta vel facta vel concupita distinguuntur specie secundum diversa obiecta: quia actus per obiecta distinguuntur, ut supra[4] dictum est. Ergo etiam peccata secundum obiecta specie distinguuntur.

Respondeo dicendum quod, sicut dictum est[5], ad rationem peccati duo concurrunt: scilicet actus voluntarius; et inordinatio eius, quae est per recessum a lege Dei. Horum autem duorum unum per

Artigo 1

Os pecados se distinguem especificamente pelos objetos?

Quanto ao primeiro artigo, assim se procede: parece que os pecados **não** se distinguem especificamente pelos objetos.

1. Com efeito, os atos humanos são bons ou maus em relação ao fim, como acima foi demonstrado. Portanto, como o pecado não é outra coisa senão um ato humano mau, parece que se devem distinguir especificamente os pecados pelos fins, mais do que pelos objetos.

2. Além disso, o mal sendo uma privação distingue-se especificamente segundo as diversas espécies de opostos. Ora, o pecado é um mal no gênero dos atos humanos. Logo, os pecados se distinguem especificamente mais pelos opostos do que pelos objetos.

3. Ademais, se os pecados se distinguissem especificamente pelos objetos, seria impossível encontrar um pecado da mesma espécie acerca de objetos diferentes. Ora, encontram-se tais pecados, pois o orgulho existe nas coisas espirituais e nas coisas corporais. A avareza existe igualmente acerca de diversos gêneros de coisas. Logo, os pecados não se distinguem especificamente pelos objetos.

Em sentido contrário, "o pecado é dito, feito, desejado contra a lei de Deus". Ora, tudo isso são atos, e como tais dintinguem-se especificamente pelos objetos, como acima foi dito.

Respondo. Como foi dito, duas coisas concorrem para a razão de pecado: o ato voluntário e a desordem que lhe advém de seu afastamento da lei divina. Destas duas coisas, uma se refere

1 Parall.: Infra, a. 3, 8; *De Malo*, q. 2, a. 6; q. 14, a. 3.

1. Q. 18, a. 6.
2. Q. 21, a. 1; q. 71, a. 1.
3. C. 23, al. 18, in vet. 19: ML 76, 745 C.
4. Q. 18, a. 5; I, q. 77, a. 3.
5. Q. 71, a. 6.

se comparatur ad peccantem, qui intendit talem actum voluntarium exercere in tali materia: aliud autem, scilicet inordinatio actus, per accidens se habet ad intentionem peccantis; *nullus* enim *intendens ad malum operatur*, ut Dionysius dicit, 4 cap. *de Div. Nom.*[6]. Manifestum est autem quod unumquodque, consequitur speciem secundum illud quod est per se, non autem secundum id quod est per accidens: quia ea quae sunt per accidens, sunt extra rationem speciei. Et ideo peccata specie distinguuntur ex parte actuum voluntariorum, magis quam ex parte inordinationis in peccato existentis. Actus autem voluntarii distinguuntur specie secundum obiecta, ut in superioribus ostensum est[7]. Unde sequitur quod peccata proprie distinguantur specie secundum obiecta.

Ad primum ergo dicendum quod finis principaliter habet rationem boni: et ideo comparatur ad actum voluntatis, qui est primordialis in omni peccato, sicut obiectum. Unde in idem redit quod peccata differant secundum obiecta, vel secundum fines.

Ad secundum dicendum quod peccatum non est pura privatio, sed est actus debito ordine privatus. Et ideo peccata magis distinguuntur specie secundum obiecta actuum, quam secundum opposita. — Quamvis etiam si distinguantur secundum oppositas virtutes, in idem rediret: virtutes enim distinguuntur specie secundum obiecta, ut supra[8] habitum est.

Ad tertium dicendum quod nihil prohibet in diversis rebus specie vel genere differentibus, invenire unam formalem rationem obiecti, a qua peccatum speciem recipit. Et hoc modo superbia circa diversas res excellentiam quaerit: avaritia vero abundantiam eorum quae usui humano accommodantur.

ao que peca, o qual tem em vista realizar em tal matéria tal ato voluntário. A outra coisa, a saber, a desordem do ato, é acidental à intenção do que peca, porque ninguém age, diz Dionísio tendo a intenção do mal. Ora, é evidente que cada coisa se especifica por aquilo que é essencial e não pelo que é acidental. Pois, o que é acidental está fora da razão de espécie. É por isso que a distinção dos pecados se faz da parte dos atos voluntários, mais do que da parte da desordem existente no pecado. Ora os atos voluntários, como já se demonstrou, distinguem-se especificamente pelos objetos. Daí se segue que os pecados propriamente distinguem-se especificamente pelos objetos.

Quanto ao 1º, portanto, deve-se dizer que o fim tem principalmente a razão de bem. Por isso refere-se como objeto ao ato da vontade, que é primordial no pecado. Daí se vê que é a mesma coisa distiguirem-se os pecados pelos objetos e pelos fins.

Quanto ao 2º, deve-se dizer que os pecados não são privações puras. São atos privados da ordem que deveriam ter. E é por isso que especificamente se distinguem pelos objetos os atos, mais do que pelos opostos. — Ainda que se se distinguissem pelas virtudes opostas, voltar-se-ia ao mesmo: pois as virtudes especificamente se distinguem pelos objetos, como acima foi tratado.

Quanto ao 3º, deve-se dizer que nada impede encontrar em diversas coisas, diferentes em espécie e em gênero, uma única razão formal do objeto, do qual o pecado recebe a espécie. É assim que em relação a diversas coisas o orgulho procura a excelência; e a avareza, a abundância do que é útil às pessoas.

Articulus 2

Utrum convenienter distinguantur peccata spiritualia a carnalibus

Ad secundum sic proceditur. Videtur quod inconvenienter distinguantur peccata spiritualia a carnalibus.

Artigo 2

É conveniente distinguir os pecados espirituais dos carnais?[b]

Quanto ao segundo, assim se procede: parece que **não** é conveniente distinguir os pecados espirituais dos carnais.

6. MG 3, 716 C, 732 C.
7. Q. 18, a. 5.
8. Q. 60, a. 5.

2 Parall.: II-II, q. 118, a. 6, I *Cor.*, c. 6, lect. 3; II, c. 7, lect. 1; *ad Galat.*, c. 5, lect. 5.

b. Neste artigo, salienta-se a importância fundamental da intenção daquele que age, e também como a expectativa do prazer constitui a sua estruturra profunda.

1. Dicit enim Apostolus, ad Gl 5,19sqq.: *Manifesta sunt opera carnis, quae sunt fornicatio, immunditia, impudicitia, luxuria, idolorum servitus, veneficia*, etc.: ex quo videtur quod omnia peccatorum genera sunt opera carnis. Sed peccata carnalia dicuntur opera carnis. Ergo non sunt distinguenda peccata carnalia a spiritualibus.

2. Praeterea, quicumque peccat, secundum carnem ambulat, secundum illud Rm 8,13: *Si secundum carnem vixeritis, moriemini; si autem spiritu facta carnis mortificaveritis, vivetis*. Sed vivere vel ambulare secundum carnem, videtur pertinere ad rationem peccati carnalis. Ergo omnia peccata sunt carnalia. Non ergo sunt distinguenda peccata carnalia a spiritualibus.

3. Praeterea, superior pars animae, quae est mens vel ratio, spiritus nominatur: secundum illud Eph 4,23: *Renovamini spiritu mentis vestrae*, ubi *spiritus* pro *ratione* ponitur, ut ibi Glossa[1] dicit. Sed omne peccatum quod secundum carnem committitur, a ratione derivatur per consensum: quia superioris rationis est consentire in actum peccati, ut infra[2] dicetur. Ergo eadem peccata sunt carnalia et spiritualia. Non ergo sunt distinguenda ad invicem.

4. Praeterea, si aliqua peccata specialiter sunt carnalia, hoc potissime intelligendum videtur de illis peccatis, quibus aliquis in corpus suum peccat. Sed sicut Apostolus, dicit 1Cor 6,18, *omne peccatum quodcumque fecerit homo, extra corpus est: qui autem fornicatur, in corpus suum peccat*. Ergo sola fornicatio esset peccatum carnale: cum tamen Apostolus, ad Eph 5,3, etiam avaritiam carnalibus peccatis ennumeret.

Sed contra est quod Gregorius, XXXI *Moral.*[3], dicit quod *septem capitalium vitiorum quinque sunt spiritualia, et duo carnalia*.

Respondeo dicendum quod, sicut dictum est[4], peccata recipiunt speciem ex obiectis. Omne autem peccatum consistit in appetitu alicuius commutabilis boni quod inordinate appetitur: et per consequens in eo iam habito inordinate aliquis delectatur. Ut autem ex superioribus[5] patet, duplex est delectatio. Una quidem animalis, quae consummatur in sola apprehensione alicuius rei ad votum habitae: et haec etiam potest dici de-

1. Com efeito, o Apóstolo diz na Carta aos Gálatas: "As obras da carne são manifestas. Elas são fornicação, impureza, devassidão, luxúria, idolatria, magia etc.". Daí se vê que todos os gêneros de pecados são obras da carne. Ora, os pecados carnais são chamados obras da carne. Logo, não se devem distinguir os pecados carnais dos espirituais.

2. Além disso, todo aquele que peca anda segundo a carne, segundo a Carta aos Romanos: "Se viverdes segundo a carne, morrereis; se pelo espírito mortificardes os feitos da carne, vivereis". Ora, viver ou andar segundo a carne, parece pertencer à razão do pecado carnal. Logo, todos os pecados são carnais. Não se devem, portanto, distinguir os pecados carnais dos espirituais.

3. Ademais, a parte superior da alma que é a mente ou razão, denomina-se espírito, segundo a Carta aos Efésios: "Renovai-vos pelo espírito de vossa mente", aí se coloca espírito por razão, como diz a Glosa. Ora, todo pecado que se comete segundo a carne, deriva da razão por consentimento, porque pertence à razão superior dar o consentimento ao ato do pecado, veremos abaixo. Logo, os mesmos pecados são carnais e espirituais. Portanto, não devem ser distinguidos entre si.

4. Ademais, se há pecados que são carnais a um título especial, parece que isso deve-se entender particularmente dos pecados pelos quais se peca contra seu corpo. Ora, o Apóstolo diz, na primeira Carta aos Coríntios: "Todo pecado que se comete, está fora do corpo; o que fornica, peca contra o próprio corpo". Logo, só a fornicação seria pecado carnal. No entanto, a Carta aos Efésios enumera a avareza entre os pecados da carne.

Em sentido contrário, Gregório diz: "Dos sete vícios capitais, cinco são espirituais e dois são carnais".

Respondo. Os pecados, como foi dito, são especificados pelos objetos.Ora, todo pecado consiste no apetite de um bem perecível que se deseja de maneira desordenada, e em cuja posse alguém se deleita, consequentemente, de maneira desordenada. Está claro pelo exposto acima, que há dois tipos de prazer. Um, da alma que se consuma na só apreensão de alguma coisa obtida segundo o desejo. Pode-se dizer que há nisso um prazer es-

1. Interlin. et ord.: ML 114, 596 C; Lombardi: ML 192, 205 B.
2. Q. 74, a. 7.
3. C. 45, al. 17, in vet. 31: ML 76, 621 C.
4. Art. praec.
5. Q. 31, a. 3.

lectatio spiritualis: sicut cum aliquis delectatur in laude humana, vel in aliquo huiusmodi. Alia vero delectatio est corporalis, sive naturalis, quae in ipso tactu corporali perficitur: quae potest etiam dici delectatio carnalis. Sic igitur illa peccata quae perficiuntur in delectatione spirituali, vocantur peccata spiritualia: illa vero quae perficiuntur in delectatione carnali, vocantur peccata carnalia; sicut gula, quae perficitur in delectatione ciborum, et luxuria, quae perficitur in delectatione venereorum. Unde et Apostolus dicit 2Cor 7,1: *Emundemus nos ab omni inquinamento, carnis et spiritus*.

AD PRIMUM ergo dicendum quod, sicut Glossa[6] ibidem dicit, illa vitia dicuntur opera carnis, *non quia in voluptate carnis perficiantur: sed caro sumitur ibi pro homine, qui dum secundum se vivit, secundum carnem vivere dicitur*; ut etiam Augustinus dicit, XIV *de Civ. Dei*[7]. Et huius ratio est ex hoc, quod omnis rationis humanae defectus ex sensu carnali aliquo modo initium habet.

Et per hoc etiam patet responsio AD SECUNDUM.

AD TERTIUM dicendum quod in peccatis etiam carnalibus est aliquis actus spiritualis, scilicet actus rationis: sed finis horum peccatorum, a quo denominantur, est delectatio carnis.

AD QUARTUM dicendum quod, sicut Glossa[8] ibidem dicit, *specialiter in fornicationis peccato servit anima corpori, intantum ut nihil aliud in ipso momento cogitare homini liceat*. Delectatio autem gulae, etsi sit carnalis, non ita absorbet rationem. — Vel potest dici quod in hoc peccato etiam quaedam iniuria fit corpori, dum inordinate maculatur. Et ideo per hoc solum peccatum dicitur specialiter homo in corpus peccare.

Avaritia vero quae in carnalibus peccatis connumeratur, pro adulterio ponitur, quod est iniusta usurpatio uxoris alienae. — Vel potest dici quod res in qua delectatur avarus, corporale quoddam est: et quantum ad hoc, connumeratur peccatis carnalibus. Sed ipsa delectatio non pertinet ad carnem, sed ad spiritum: et ideo secundum Gregorium, est spirituale peccatum.

piritual. É o que se tem, por exemplo, no louvor humano, ou em algo do mesmo gênero. O outro prazer é corporal, ou natural, que se consuma no tato corporal, e que se pode chamar de prazer carnal. Assim, os pecados que se consumam no prazer espiritual chamam-se pecados espirituais; os que se consumam no prazer carnal, são chamados de pecado carnais, por exemplo, a gula que encontra o seu bem estar no prazer dos alimentos, e a luxúria encontra o seu nos prazeres venéreos. Daí a recomendação do Apóstolo, na segunda Carta aos Coríntios: “Purifiquemo-nos de toda mancha da carne e do espírito”.

QUANTO AO 1º, portanto, deve-se dizer que, como explica a Glosa, aqueles vícios são chamados obras da carne, não porque se consumam no prazer carnal, mas porque carne é tomada aqui por homem, o qual enquanto vive segundo ele mesmo, diz-se que vive segundo a carne. Isso mesmo diz Agostinho. E a razão disso é que toda deficiência da razão humana tem início de algum modo no sentido carnal.

QUANTO AO 2º, deve-se dizer que pelo exposto, está clara a resposta.

QUANTO AO 3º, deve-se dizer que nos pecados da carne há um ato espiritual. É o ato da razão. Mas se se chamam assim estes pecados é porque o fim desses pecados está no prazer da carne.

QUANTO AO 4º, deve-se dizer que a Glosa diz que “de modo especial quando se entrega ao pecado de fornicação, a alma torna-se escrava do corpo, a tal ponto que não é mais capaz, no momento, de pensar em nada mais”. O prazer da gula, se bem que seja carnal, não absorve a tal ponto a razão. — Pode-se dizer ainda que na fornicação faz-se uma injustiça ao corpo, pelo fato de maculá-lo desordenadamente. Por isso, só por esse pecado se diz que se peca especialmente contra o corpo.

Quanto à avareza, se é contada entre os pecados da carne, é porque se toma pelo adultério que consiste em apoderar-se injustamente da mulher de um outro. — Ou então, pode-se ainda dizer que a coisa na qual o avaro se deleita é algo corporal, e por isso é enumerada entre os pecados carnais. Mas, o prazer mesmo não pertence à carne, mas ao espírito. E por isso, segundo Gregório, a avareza é um pecado espiritual.

6. Ord.: ML 114, 584 C; LOMBARDI: ML 192, 159 C.
7. Cc. 2, 3: ML 41, 404, 406.
8. LOMBARDI (super I *Cor.* 6, 18): ML 191, 1584 A; Ord. (*ibid.*): ML 114, 529 A.

ARTICULUS 3

Utrum peccata distinguantur specie secundum causas

AD TERTIUM SIC PROCEDITUR. Videtur quod peccata distinguantur specie secundum causas.

1. Ab eodem enim habet res speciem, a quo habet esse. Sed peccata habent esse ex suis causis. Ergo ab eis etiam speciem sortiuntur. Differunt ergo specie secundum diversitatem causarum.

2. PRAETEREA, inter alias causas minus videtur pertinere ad speciem causa materialis. Sed obiectum in peccato est sicut causa materialis. Cum ergo secundum obiecta peccata specie distinguantur, videtur quod peccata multo magis secundum alias causas distinguantur specie.

3. PRAETEREA, Augustinus, super illud Ps 79,17, *Incensa igni et suffossa*, dicit[1] quod *omne peccatum est ex timore male humiliante, vel ex amore male inflammante*. Dicitur etiam 1Io 2,16, quod *omne quod est in mundo, aut est concupiscentia carnis, aut concupiscentia oculorum, aut superbia vitae*: dicitur autem aliquid esse in mundo, propter peccatum, secundum quod *mundi nomine amatores mundi significantur*, ut Augustinus dicit, *super Ioan.*[2]. Gregorius etiam, XXXI *Moral.*[3], distinguit omnia peccata secundum septem vitia capitalia. Omnes autem huiusmodi divisiones respiciunt causas peccatorum. Ergo videtur quod peccata differant specie secundum diversitatem causarum.

SED CONTRA est quia secundum hoc omnia peccata essent unius speciei, cum ex una causa causentur: dicitur enim Eccli 10,15, quod *initium omnis peccati est superbia*; et 1Ti ult., 10, quod *radix omnium malorum est cupiditas*. Manifestum est autem esse diversas species peccatorum.

ARTIGO 3

Os pecados distinguem-se especificamente pelas causas?[c]

QUANTO AO TERCEIRO, ASSIM SE PROCEDE: parece que os pecados **não** se distinguem especificamente pelas causas.

1. Com efeito, uma coisa recebe a espécie daquilo mesmo do qual recebe a existência. Ora, os pecados recebem a existência de suas causas. Logo, é delas que recebem a espécie. Portanto, distinguem-se especificamente pela diversidade das causas.

2. ALÉM DISSO, entre todas, a causa que importa menos à espécie é a causa material. Ora, o objeto no pecado é como a causa material. Logo, se se pode distinguir especificamente os pecados pelos objetos, com maior razão, pelas outras causas.

3. ADEMAIS, Agostinho, comentando o versículo do Salmo 79: "Incendiada e demolida" diz: "Todo pecado provém do medo que humilha de má maneira ou do amor que inflama de má maneira". Diz-se também na primeira Carta de João que "tudo o que há no mundo é concupiscência da carne, concupiscência dos olhos, ou soberba da vida". Diz-se que alguma coisa existe no mundo por causa do pecado, significando a palavra mundo os que amam o mundo", como diz Agostinho. Também Gregório classifica todos os pecados segundo os sete pecados capitais. Ora, essas classificações têm em vista as causas dos pecados. Logo, parece que os pecados distinguem-se especificamente segundo a diversidade das causas.

EM SENTIDO CONTRÁRIO, segundo este princípio, todos os pecados seriam de uma única espécie, uma vez que teriam uma só causa. Com efeito, lê-se no livro do Eclisiástico que "a soberba é o início de todo pecado". E no final da primeira Carta a Timóteo: "A raiz de todos os males é a cupidez". No

---

3 PARALL.: II *Sent.*, dist. 22, q. 1, a. 1.

1. *Enarr. in Ps.* 79, 17, n. 13: ML 36, 1027.
2. Tract. II, n. 11: ML 35, 1393.
3. C. 45, al. 17, in vet. 31: ML 76, 621 AC.

---

c. Os atos se distinguem especificamente não apenas por sua relação com a faculdade cognitiva, que apreende o objeto, mas também por sua relação com a vontade que age sobre a atração vinda do fim. A intenção que se volta para o seu fim determina o movimento da vontade, e influencia todo o dinamismo humano. O ser humano está em relação consigo mesmo, com o próximo e com Deus. Essas três relações se imbricam reciprocamente. "A natureza humana é... subordinada a sua própria razão..., àqueles que possuem o governo externo..., Àquele que age em todo o universo. Ora, não há nenhuma dessas três ordens que não seja perturbada pelo pecado, uma vez que aquele que peca age ao mesmo tempo contra a razão, contra a lei humana e contra a lei divina" (q. 87, a. 1, Resp.). Contudo, essas três relações são distintas entre si.

Non ergo peccata distinguuntur specie secundum diversitates causarum.

RESPONDEO dicendum quod, cum quatuor sint causarum genera, diversimode diversis attribuuntur. Causa enim formalis et materialis respiciunt proprie substantiam rei: et ideo substantiae secundum formam et materiam specie et genere distinguuntur. Agens autem et finis respiciunt directe motum et operationem: et ideo motus et operationes secundum huiusmodi causas specie distinguuntur; diversimode tamen. Nam principia activa naturalia sunt determinata semper ad eosdem actus: et ideo diversae species in actibus naturalibus attenduntur non solum secundum obiecta, quae sunt fines vel termini, sed etiam secundum principia activa; sicut calefacere et infrigidare distinguuntur specie calidum et frigidum. Sed principia activa in actibus voluntariis, cuiusmodi sunt actus peccatorum, non se habent ex necessitate ad unum: et ideo ex uno principio activo vel motivo possunt diversae species peccatorum procedere; sicut ex timore male humiliante potest procedere quod homo furetur, et quod occidat, et quod deserat gregem sibi commissum; et haec eadem possunt procedere ex amore. Unde manifestum est quod peccata non differant specie secundum diversas causas activas vel motivas; sed solum secundum diversitatem causae finalis. Finis autem est obiectum voluntatis: ostensum est enim supra[4] quod actus humani habent speciem ex fine.

AD PRIMUM ergo dicendum quod principia activa in actibus voluntariis, cum non sint determinata ad unum, non sufficiunt ad producendum humanos actus, nisi determinetur voluntas ad unum per intentionem finis; ut patet per Philosophum, in IX *Metaphys.*[5]. Et ideo a fine perficitur et esse et species peccati.

AD SECUNDUM dicendum quod obiecta, secundum quod comparantur ad actus exteriores, habent rationem materiae circa quam: sed secundum quod comparantur ad actum interiorem voluntatis, habent rationem finium; et ex hoc habent quod dent speciem actui. Quamvis etiam secundum quod sunt materia circa quam, habeant rationem terminorum; a quibus motus specificantur, ut dici-

entanto, é claro que existem diversas espécies de pecados. Portanto, os pecados não se distinguem especificamente segundo a diversidade das causas.

RESPONDO. Como há quatro gêneros de causas, sua atribuição se faz diversamente e a coisas diversas. A causa formal e a causa material dizem respeito propriamente à substância da coisa. E por isso as substâncias distinguem-se específica e genericamente, segundo a forma e a matéria. A causa eficiente e a causa final dizem respeito diretamente ao movimento e à ação. E por isso os movimentos e as ações distinguem-se especificamente segundo tais causas. Entretanto, nem sempre da mesma maneira, pois o princípio ativo natural está sempre determinado para o mesmo ato. Por isso as diversas espécies, nos atos naturais, não se consideram só segundo os objetos que são fins ou termos, mas também segundo os princípios ativos. Assim, esquentar e esfriar distinguem-se especificamente pelo calor e pelo frio. Mas, nos atos voluntários, como são os pecados, os princípios ativos não são determinados necessariamente para um único efeito, e por isso um único princípio ativo ou motivo pode conduzir a diferentes espécies de pecados. O temor, por exemplo, que humilha de má maneira pode levar alguém a roubar, a matar e a abandonar o rebanho do qual tem a guarda. E os mesmos efeitos podem igualmente vir do amor. Fica claro que a diferença das espécies dos pecados não se explica pela diversidade das causas ativas ou motivas, mas unicamente pela diversidade da causa final. O fim é o objeto da vontade. Como se disse acima, é dele que os atos humanos têm a sua espécie.

QUANTO AO 1º, portanto, deve-se dizer que nas ações voluntárias, como os princípios ativos não são determinados para um único efeito, não são suficientes para a produção de um ato humano, a não ser que a vontade seja determinada a uma única coisa pela intenção do fim, como diz claramente o Filósofo. Assim, é pelo fim que o pecado existe e possui sua espécie.

QUANTO AO 2º, deve-se dizer que para os atos exteriores os objetos têm razão de matéria sobre a qual eles se exercem. Mas, para o ato interior da vontade eles têm razão de fins. E é por isso que especificam o ato. Mesmo como matéria do ato exterior, os objetos têm razão de termos pelos quais os movimentos se especificam, como se diz no livro V da *Física* e no livro X da *Ética*.

4. Q. 1, a. 3; q. 18, a. 6.
5. C. 5: 1048, a, 10-16.

tur in V *Physic.*[6] et in X *Ethic.*[7]. Sed tamen etiam termini motus dant speciem motibus, inquantum habent rationem finis.

AD TERTIUM dicendum quod illae divisiones peccatorum non dantur ad distinguendas species peccatorum; sed ad manifestandas diversas causas eorum.

Entretanto, também os termos do movimento especificam os movimentos na medida em que têm razão de fim.

QUANTO AO 3º, deve-se dizer que aquelas classificações não têm por finalidade distinguir as espécies dos pecados, mas manifestar as suas diferentes causas.

ARTICULUS 4

Utrum peccatum convenienter distinguatur in peccatum in Deum, in seipsum, et in proximum

AD QUARTUM SIC PROCEDITUR. Videtur quod inconvenienter peccatum distinguatur per peccatum quod est in Deum, in proximum, et in seipsum.

1. Illud enim quod est commune omni peccato, non debet poni quasi pars in divisione peccati. Sed commune est omni peccato quod sit contra Deum: ponitur enim in definitione peccati quod sit *contra legem Dei*, ut supra[1] dictum est. Non ergo peccatum in Deum debet poni quasi pars in divisione peccatorum.

2. PRAETEREA, omnis diviso debet fieri per opposita. Sed ista tria genera peccatorum non sunt opposita: quicumque enim peccat in proximum, peccat etiam in seipsum et in Deum. Non ergo peccatum convenienter dividitur secundum haec tria.

3. PRAETEREA, ea quae sunt extrinsecus, non conferunt speciem. Sed Deus et proximus sunt extra nos. Ergo per haec non distinguuntur peccata secundum speciem. Inconvenienter igitur secundùm haec tria peccatum dividitur.

SED CONTRA est quod Isidorus[2], in libro *de Summo Bono*, distinguens peccata, dicit quod *homo dicitur peccare in se, in Deum, et in proximum.*

RESPONDEO dicendum quod, sicut supra[3] dictum est, peccatum est actus inordinatus. Triplex autem ordo in homine debet esse. Unus quidem secundum comparationem ad regulam rationis: prout scilicet omnes actiones et passiones nostrae debent secundum regulam rationis commensurari. Alius autem ordo est per comparationem ad regulam divinae legis, per quam homo in omnibus dirigi

ARTIGO 4

O pecado se distingue convenientemente em pecado contra Deus, contra si mesmo e contra o próximo?

QUANTO AO QUARTO, ASSIM SE PROCEDE: parece que **não** é conveniente que o pecado se distinga em pecado contra Deus, contra o próximo e contra si mesmo.

1. Com efeito, aquilo que é comum a todo pecado não deve ser afirmado como parte na divisão do pecado. Ora, é comum a todo pecado ser contra Deus, pois a definição de pecado diz que é "contra a lei de Deus", como se disse acima. Logo, o pecado contra Deus não se deve afirmar como parte na divisão dos pecados.

2. ALÉM DISSO, uma divisão deve-se fazer pelos opostos. Ora, esses três gêneros de pecados não se opõem: todo aquele que peca contra o próximo peca também contra si mesmo e contra Deus. Logo, o pecado não se divide convenientemente por esses três.

3. ADEMAIS, o que é extrínseco não confere a espécie. Ora, Deus e o próximo são exteriores a nós. Logo, por eles não se distinguem especificamente os pecados. Portanto, não se distinguem convenientemente por esses três.

EM SENTIDO CONTRÁRIO, Isidoro, ao distinguir os pecados, diz que "peca contra *si mesmo, contra Deus e contra o próximo*".

RESPONDO. Acima foi dito que o pecado é um ato desordenado. De haver no homem uma tríplice ordem. Primeiro, em relação à razão, cuja regra deve servir de medida para todas nossas ações e paixões. Depois, em relação à lei divina, cuja regra deve também dirigi-lo em tudo. E, se fosse feito para viver só, lhe bastariam essas duas ordens. Mas, ele é naturalmente político e social, como se

6. C. 1: 224, b, 7-8.
7. C. 3: 1174, b, 4-7.

4 PARALL.: II *Sent.*, dist. 42, q. 2, a. 2, q.la 2; in *Psalm.* 25.

1. Q. 71, a. 6.
2. HUGO A. S. VICTORE, *Summa Sent.*, tract. III, c. 16: ML 176, 113 C.
3. Q. 71, a. 1.

debet. Et si quidem homo naturaliter esset animal solitarium, hic duplex ordo sufficeret: sed quia homo est naturaliter animal politicum et sociale, ut probatur in I *Polit.*[4], ideo necesse est quod sit tertius ordo, quo homo ordinetur ad alios homines, quibus convivere debet.

Horum autem ordinum primus continet secundum, et excedit ipsum. Quaecumque enim continentur sub ordine rationis, continentur sub ordine ipsius Dei: sed quaedam continentur sub ordine ipsius Dei, quae excedunt rationem humanam, sicut ea quae sunt fidei, et quae debentur soli Deo. Unde qui in talibus peccat, dicitur in Deum peccare: sicut haereticus et sacrilegus et blasphemus. — Similiter etiam secundus ordo includit tertium, et excedit ipsum. Quia in omnibus in quibus ordinamur ad proximum, oportet nos dirigi secundum regulam rationis: sed in quibusdam dirigimur secundum rationem quantum ad nos tantum, non autem quantum ad proximum. Et quando in his peccatur, dicitur homo peccare in seipsum: sicut patet de guloso, luxurioso et prodigo. — Quando vero peccat homo in his quibus ad proximum ordinatur, dicitur peccare in proximum: sicut patet de fure et homicida.

Sunt autem diversa quibus homo ordinatur ad Deum, et ad proximum, et ad seipsum. Unde haec distinctio peccatorum est secundum obiecta, secundum quae diversificantur species peccatorum. Unde haec distinctio peccatorum proprie est secundum diversas peccatorum species. Nam et virtutes, quibus peccata opponuntur, secundum hanc differentiam specie distinguuntur: manifestum est enim ex dictis[5] quod virtutibus theologicis homo ordinatur ad Deum, temperantia vero et fortitudine ad seipsum, iustitia autem ad proximum.

AD PRIMUM ergo dicendum quod peccare in Deum, secundum quod ordo qui est ad Deum, includit omnem humanum ordinem, commune est omni peccato. Sed quantum ad id quod ordo Dei excedit alios duos ordines, sic peccatum in Deum est speciale genus peccati.

AD SECUNDUM dicendum quod quando aliqua quorum unum includit alterum, ab invicem distinguuntur, intelligitur fieri distinctio non secundum illud quod unum continetur in altero, sed secundum illud quod unum excedit alterum. Sicut patet in

prova no livro I da *Política*, por isso lhe é preciso uma terceira ordem pela qual se ordene aos outros homens com os quais deve conviver.

A primeira dessas ordens contém a segunda e a ultrapassa. Pois, tudo o que está contido sob a ordem da razão o está também sob aquela do próprio Deus. Mas, entre as coisas contidas sob a ordem de Deus há algumas que ultrapassam a razão humana, por exemplo, as coisas da fé e aquelas que são devidas só a Deus. Portanto, se alguém peca nestas coisas, diz-se que peca contra Deus. É o caso do herege, do sacrílego, do blasfemador. — Igualmente, a segunda ordem contem a terceira e por sua vez a ultrapassa. Com efeito, é preciso que em nossos deveres para com o próximo sejamos governados pela razão. Ora, a razão nos governa em certas coisas que só dizem respeito a nós e não dizem respeito ao próximo. Quando há pecado nestas matérias, diz-se pecar contra si mesmo. Tal é o caso do guloso, do luxurioso, do pródigo. — Quando, ao contrário, peca-se nas coisas pelas quais se ordena ao próximo, diz-se pecar contra o próximo. Tal é o caso do ladrão e do homicida.

Há coisas diversas pelas quais o homem se ordena a Deus, ao próximo e a si mesmo. Assim, essa distinção dos pecados é segundo os objetos. E como é pelos objetos que se diversificam as espécies de pecados, esta distinção é propriamente segundo as diversas espécies de pecados. Esta é uma diferença que se encontra também entre as virtudes às quais os pecados se opõem, e que serve para distingui-las especificamente. Com efeito, pelas virtudes teologais o homem se ordena para Deus, pela temperança e pela fortaleza se ordena para si mesmo e pela justiça, para o próximo.

QUANTO AO 1º, portanto, deve-se dizer que pecar contra Deus é comum a todo pecado; na medida em que a ordem para Deus inclui toda a ordem humana. Mas, quanto ao fato de que a ordem para Deus supera as outras duas ordens, o pecado contra Deus é um gênero especial de pecado.

QUANTO AO 2º, deve-se dizer que quando se distinguem coisas incluidas uma na outra, a distinção entende-se segundo o que faz não com que uma esteja na outra, mas que uma ultrapasse a outra. Isto se vê claramente na divisão dos números e das figuras.

4. C. 2: 1253, a, 2-3.
5. Q. 62, a. 1; q. 66, a. 4, 6.

divisione numerorum et figurarum: non enim triangulus dividitur contra quadratum secundum quod continetur in eo, sed secundum quod exceditur ab eo; et similiter est de ternario et quaternario.

AD TERTIUM dicendum quod Deus et proximus, quamvis sint exteriora respectu ipsius peccantis, non tamen sunt extranea respectu actus peccati; sed comparantur ad ipsum sicut propria obiecta ipsius.

Assim, o triângulo não se distingue do quadrado, enquanto está contido nele, mas enquanto este o supera. E o mesmo acontece com o número três e quatro. Não se olha o que pode haver de um no outro, mas o que há de mais em um do que no outro.

QUANTO AO 3º, deve-se dizer que Deus e o próximo são exteriores ao pecador. Não, porém, ao pecado cujo ato os tem propriamente como objetos.

ARTICULUS 5

Utrum divisio peccatorum quae est secundum reatum, diversificet speciem

AD QUINTUM SIC PROCEDITUR. Videtur quod divisio peccatorum quae est secundum reatum, diversificet speciem: puta cum dividitur secundum veniale et mortale.

1. Ea enim quae in infinitum differunt, non possunt esse unius speciei, nec etiam unius generis. Sed veniale et mortale peccatum differunt in infinitum: veniale enim debetur poena temporalis, mortali poena aeterna; mensura autem poenae respondet quantitati culpae, secundum illud Dt 25,2: *Pro mensura delicti erit et plagarum modus*. Ergo veniale et mortale non sunt unius generis, nedum quod sint unius speciei.

2. PRAETEREA, quaedam peccata sunt mortalia ex genere, sicut homicidium et adulterium: quaedam vero ex suo genere sunt peccata venialia, sicut verbum otiosum et risus superfluus. Ergo peccatum veniale et mortale specie differunt.

3. PRAETEREA, sicut se habet actus virtuosus ad praemium, ita se habet peccatum ad poenam. Sed praemium est finis virtuosi actus. Ergo et poena est finis peccati. Sed peccata distinguuntur specie secundum fines, ut dictum est[1]. Ergo etiam distinguuntur specie secundum reatum poenae.

SED CONTRA, ea quae constituunt speciem sunt priora, sicut differentiae specificae. Sed poena sequitur culpam, sicut effectus eius. Ergo peccata non differunt specie secundum reatum poenae.

RESPONDEO dicendum quod eorum quae specie differunt, duplex differentia invenitur. Una quidem quae constituit diversitatem specierum: et talis

ARTIGO 5

A divisão dos pecados segundo o reato distingue especificamente?

QUANTO AO QUINTO, ASSIM SE PROCEDE: parece que a divisão dos pecados segundo o reato **diversifica** a espécie, por exemplo, quando se divide em venial e mortal.

1. Com efeito, as coisas que diferem ao infinito, não podem ser de uma única espécie e nem de um único gênero. Ora, o pecado mortal e o pecado venial diferem ao infinito: um merece uma pena eterna, o outro, uma pena temporal. E a medida da pena, segundo o livro do Deuteronômio, responde à grandeza da culpa, “segundo a medida do delito será o modo dos castigos. Logo, venial e mortal não são de um único gênero, e menos ainda da mesma espécie.

2. ALÉM DISSO, há pecados que são mortais genericamente, como o homicídio e o adultério. Outros são veniais, como as palavras ociosas e os risos supérfluos. Portanto, o pecado venial e o mortal distinguem-se especificamente.

3. ADEMAIS, o que a recompensa é para o ato virtuoso, a pena é para o pecado. Ora, a recompensa é o próprio fim do ato virtuoso. Portanto, a pena é também o fim para o pecado. Ora, dissemos que os pecados distinguem-se especificamente por seus fins. Logo, distinguem-se também pelo reato da pena.

EM SENTIDO CONTRÁRIO, o que constitui a espécie, como a diferença específica, vem em primeiro lugar. Ora, a pena segue-se ao pecado como o efeito deste pecado. Os pecados, portanto, não se distinguem especificamente segundo o reato das penas.

RESPONDO. Entre coisas que se distinguem especificamente, encontram-se dois tipos de diferenças. Há uma que constitui a diversidade das

5 PARALL.: Infra, q. 88, a. 1; II *Sent.*, dist. 42, q. 1, a. 3; *De Malo*, q. 7, a. 1.

1. A. 3.

differentia nunquam invenitur nisi in speciebus diversis; sicut rationale et irrationale, animatum et inanimatum. Alia autem differentia est consequens diversitatem speciei: et talis differentia, etsi in aliquibus consequatur diversitatem speciei, in aliis tamen potest inveniri in eadem specie; sicut album et nigrum consequuntur diversitatem speciei corvi et cygni, tamen invenitur huiusmodi differentia in eadem hominis specie.

Dicendum est ergo quod differentia venialis et mortalis peccati, vel quaecumque alia differentia sumitur penes reatum, non potest esse differentia constituens diversitatem speciei. Nunquam enim id quod est per accidens, constituit speciem. Id autem quod est praeter intentionem agentis, est per accidens, ut patet in II *Physic.*[2]. Manifestum est autem quod poena est praeter intentionem peccantis. Unde per accidens se habet ad peccatum, ex parte ipsius peccantis. — Ordinatur tamen ad peccatum ab exteriori, scilicet ex iustitia iudicantis, qui secundum diversas conditiones peccatorum diversas poenas infligit. Unde differentia quae est ex reatu poenae, potest consequi diversam speciem peccatorum; non autem constituit diversitatem speciei.

Differentia autem peccati venialis et mortalis consequitur diversitatem inordinationis, quae complet rationem peccati. Duplex enim est inordinatio: una per subtractionem principii ordinis; alia qua, salvato principio ordinis, fit inordinatio circa ea quae sunt post principium. Sicut in corpore animalis quandoque quidem inordinatio complexionis procedit usque ad destructionem principii vitalis, et haec est mors: quandoque vero, salvo principio vitae, fit inordinatio quaedam in humoribus, et tunc est aegritudo. Principium autem totius ordinis in moralibus est finis ultimus, qui ita se habet in operativis, sicut principium indemonstrabile in speculativis, ut dicitur in VII *Ethic.*[3]. Unde quando anima deordinatur per peccatum usque ad aversionem ab ultimo fine, scilicet Deo, cui unimur per caritatem, tunc est peccatum mortale: quando vero fit deordinatio citra aversionem a Deo, tunc est peccatum veniale. Sicut enim in corporalibus deordinatio mortis, quae est per remotionem principii vitae, est irreparabilis secundum naturam; inordinatio autem aegritudinis reparari potest,

espécies. Esta nunca se encontra a não ser em espécies diversas. Por exemplo, entre o que é racional e o que não o é; entre o que é animado e o que é inanimado. Há outra diferença que é consecutiva à diversidade das espécies. Esta, embora em algumas coisas seja consecutiva da diversidade da espécie, em outras, pode ser encontrada na mesma espécie. Por exemplo, o branco e o negro são para o cisne e o corvo a consequência de uma diversidade específica, e no entanto é uma diferença que se encontra na mesma espécie do homem.

Deve-se dizer, portanto, que a diferença entre o pecado mortal e o pecado venial, como toda outra que se toma pelo reato, não pode ser uma diferença constitutiva da diferença da espécie. Nunca, com efeito, o que é acidental é constitutivo da espécie. Ora o que acontece fora das intenções daquele que age é acidental, diz o livro II da *Física*. Evidentemente, a pena está fora das intenções do pecador. Do lado do pecador, portanto, ela é acidental ao pecado. — No entanto, do exterior ela ordena-se ao pecado pela justiça do juiz que inflige diferentes penas segundo as diversas condições dos pecados. Assim, a diferença que provém do reato da pena pode ser consecutiva à diversidade específica dos pecados, mas, ela não é constitutiva desta diversidade.

De fato, a diferença entre o pecado mortal e o pecado venial é consecutiva à diversidade da desordem que preenche a razão de pecado. Há uma dupla desordem. Uma consiste na subtração do princípio da ordem. A outra pela qual, salvo o princípio da ordem, torna-se desordem segundo aquilo que vem depois. Do mesmo modo que no corpo de um animal a desordem da compleição às vezes chega à destruição do princípio vital, e é a morte. Outras vezes, este princípio é salvo, e a desordem está nos humores, e então é a doença. Ora, o princípio de toda ordem moral é o fim último que exerce na ordem da ação a mesma função que exerce, na ordem especulativa, o princípio indemonstrável, como diz o livro VII da *Ética*. É por isso que quando a alma está desordenada pelo pecado a ponto de se separar de seu fim último, isto é Deus, ao qual somos unidos pela caridade, então o pecado é mortal. E ao contrário, quando a desordem produz-se aquém desta separação de Deus, então o pecado é venial. Com efeito, assim como nos corpos, a desordem da morte, que acon-

2. C. 5: 196, b, 23-24.
3. C. 9: 1151, a, 16-17.

propter id quod salvatur principium vitae; similiter est in his quae pertinent ad anima. Nam in speculativis qui errat circa principia, impersuasibilis est: qui autem errat salvatis principiis, per ipsa principia revocari potest. Et similiter in operativis qui peccando avertitur ab ultimo fine, quantum est ex natura peccati, habet lapsum irreparabilem: et ideo dicitur peccare mortaliter, aeternaliter puniendus. Qui vero peccat citra aversionem a Deo, ex ipsa ratione peccati reparabiliter deordinatur, quia salvatur principium: et ideo dicitur peccare venialiter, quia scilicet non ita peccat ut mereatur interminabilem poenam.

Ad primum ergo dicendum quod peccatum mortale et veniale differunt in infinitum ex parte aversionis: non autem ex parte conversionis, per quam respicit obiectum, unde peccatum speciem habet. Unde nihil prohibet in eadem specie inveniri aliquod peccatum mortale et veniale: sicut primus motus in genere adulterii est peccatum veniale; et verbum otiosum, quod plerumque est veniale, potest etiam esse mortale.

Ad secundum dicendum quod ex hoc quod invenitur aliquod peccatum mortale ex genere, et aliquod peccatum veniale ex genere, sequitur quod talis differentia consequatur diversitatem peccatorum secundum speciem: non autem quod causet eam. Talis autem differentia potest inveniri etiam in his quae sunt eiusdem speciei, ut dictum est[4].

Ad tertium dicendum quod praemium est de intentione merentis vel virtuose agentis: sed poena non est de intentione peccantis, sed magis est contra voluntatem ipsius. Unde non est similis ratio.

Articulus 6

Utrum peccatum commissionis et omissionis differant specie

Ad sextum sic proceditur. Videtur quod peccatum commissionis et omissionis specie differant.

1. Delictum enim contra peccatum dividitur, Eph 2,1, ubi dicitur: *Cum essetis mortui delictis*

tece pela destruição do princípio da vida, é uma desordem irreparável para a natureza, e a desordem da doença pode ser reparada, porque se salva o princípio da vida, assim acontece nas coisas da alma. Pois na ordem especulativa quem erra sobre os princípios não pode ser persuadido, mas quem erra, salvos os princípios, pode ser reconduzido por estes mesmos princípios. O mesmo acontece na ordem da ação: o que peca e se afasta do fim último comete um lapso irreparável pela natureza do pecado e por isso peca mortalmente, e terá de expiá-lo eternamente. Ao contrário, o que peca sem se separar de Deus está numa desordem que a própria razão do pecado torna reparável porque o princípio está salvo. E por isso peca venialmente, porque não peca de tal modo que mereça uma pena sem fim.

Quanto ao 1º, portanto, deve-se dizer que o pecado mortal e venial diferem ao infinito quanto à separação. Não, porém, quanto à conversão pela qual visam o objeto que especifica o pecado. Por isso, nada impede encontrar-se na mesma espécie um pecado mortal e um pecado venial. Assim, no adultério os primeiros movimentos são somente veniais. As palavras ociosas, no entanto, que são ordinariamente veniais podem também ser mortais.

Quanto ao 2º, deve-se dizer que o fato de ser um pecado genericamente mortal e outro genericamente venial indica que uma tal diferença é a consequência de uma diversidade específica dos pecados, e não que seja sua causa. Ora uma tal diferença pode também encontrar-se, como se disse acima, em realidades da mesma espécie.

Quanto ao 3º, deve-se dizer que a recompensa liga-se à intenção daquele que merece ou age virtuosamente. A pena não entra na intenção daquele que peca. Ela é antes contra a sua vontade. Por isso, o argumento não é o mesmo.

Artigo 6

O pecado de cometimento e de omissão são de espécies diferentes?

Quanto ao sexto, assim se procede: parece que o pecado de omissão e de consentimento **são** de espécies diferentes.

1. Com efeito, a Carta aos Efésios distingue o delito e o pecado quando diz: "Quando estáveis

4. In corp.

6

et peccatis vestris. Et exponit ibi Glossa[1]: *Delictis, idest dimittendo quae iubentur; et peccatis, scilicet agendo prohibita*: ex quo patet quod per delictum intelligitur peccatum omissionis, per peccatum, peccatum commissionis. Differunt igitur specie: cum ex opposito dividantur, tanquam diversae species.

2. PRAETEREA, peccato per se convenit quod sit contra legem Dei: ponitur enim in eius definitione, ut ex supradictis[2] patet. Sed in lege Dei alia sunt praecepta affirmativa, contra quae est peccatum omissionis; et alia praecepta negativa, contra quae est peccatum commissionis. Ergo peccatum omissionis et peccatum comissionis differunt specie.

3. PRAETEREA, omissio et commissio differunt sicut affirmatio et negatio. Sed affirmatio et negatio non possunt esse unius speciei: quia negatio non habet speciem; *non entis* enim *non sunt neque species neque differentiae*, ut Philosophus dicit[3]. Ergo omissio et commissio non possunt esse unius speciei.

SED CONTRA, in eadem specie peccati invenitur omissio et commissio: avarus enim et aliena rapit, quod est peccatum commissionis; et sua non dat quibus dare debet, quod est peccatum omissionis. Ergo omissio et commissio non differunt specie.

RESPONDEO dicendum quod in peccatis invenitur duplex differentia: una materialis, et alia formalis. Materialis quidem attenditur secundum naturalem speciem actuum peccati: formalis autem secundum ordinem ad unum finem proprium, quod est obiectum proprium. Unde inveniuntur aliqui actus materialiter specie differentes, qui tamen formaliter sunt in eadem specie peccati, quia ad idem ordinantur: sicut ad eandem speciem homicidii pertinet iugulatio, lapidatio et perforatio, quamvis actus sint specie differentes secundum speciem naturae.

Sic ergo si loquantur de specie peccati omissionis et commissionis materialiter, differunt specie: large tamen loquando de specie, secundum quod negatio vel privatio speciem habere potest. Si autem loquamur de specie peccati omissionis et commissionis formaliter, sic non differunt specie: quia ad idem ordinantur, et ex eodem motivo

mortos pelos vossos delitos e pecados". Segundo a Glosa "há delito ao não fazer o que está prescrito. E há pecado ao fazer o que está proíbido". É claro, pois, que por delito se entende o pecado de omissão, e por pecado, o pecado de cometimento. Portanto, diferem especificamente, pois distinguem-se como opostos, como espécies diferentes.

2. ALÉM DISSO, é essencial ao pecado ser contra a lei de Deus. Isto entra em sua própria definição. Ora, na lei de Deus alguns são preceitos afirmativos, contra os quais está o pecado de omissão. Outros, são preceitos negativos, contra os quais está o pecado de cometimento. Logo, o pecado de omissão e o pecado de cometimento diferem especificamente.

3. ADEMAIS, a omissão e o cometimento diferem como a afirmação e a negação. Ora, a afirmação e a negação não podem ser da mesma espécie, porque a negação não tem espécie. Pois, diz o Filósofo que no não-ente não há nem espécies e nem diferenças. Logo, é impossível que cometimento e omissão sejam de uma só espécie.

EM SENTIDO CONTRÁRIO, omissão e cometimento encontram-se em uma mesma espécie de pecado. É o caso do avaro. Ele usurpa o bem dos outros, o que é um pecado de cometimento. E não lhes paga as dívidas, o que é um pecado de omissão. Logo, a omissão e o cometimento não diferem especificamente.

RESPONDO. Há entre os pecados uma dupla diferença: uma material e outra formal. Entende-se a material segundo a espécie natural dos atos do pecado; a formal, segundo a ordem a seu fim único próprio, que é seu objeto próprio. Por isso há atos materialmente de espécies diferentes que pertencem formalmente à mesma espécie do pecado, porque se ordenam ao mesmo fim. Assim, estrangular, lapidar, apunhalar são espécies muito diferentes de atos segundo a natureza específica e no entanto pertencem à mesma espécie de homicídio.

Por conseguinte, se se toma o pecado de omissão e o pecado de cometimento materialmente, eles são diferentes quanto à espécie, tomando entretanto espécie num sentido amplo enquanto a negação ou a privação podem ter uma espécie. Mas se consideramos estes dois tipos de pecados formalmente, então eles são da mesma espécie porque

1. Interl.; LOMBARDI: ML 192, 179 CD.
2. Q. 71, a. 6.
3. *Phys*. IV, 8: 215, a, 10-11.

procedunt. Avarus enim ad congregandum pecuniam et rapit, et non dat ea quae dare debet; et similiter gulosus ad satisfaciendum gulae, et superflua comedit, et ieiunia debita praetermittit; et idem est videre in ceteris. Semper enim in rebus negatio fundatur super aliqua affirmatione, quae est quodammodo causa eius: unde etiam in rebus naturalibus rationis est quod ignis calefacit, et quod non infrigidet.

AD PRIMUM ergo dicendum quod illa divisio quae est per commissionem et omissionem, non est secundum diversas species formales, sed materiales tantum, ut dictum est[4].

AD SECUNDUM dicendum quod necesse fuit in lege Dei proponi diversa praecepta affirmativa et negativa, ut gradatim homines introducerentur ad virtutem, prius quidem abstinendo a malo, ad quod inducimur per praecepta negativa; et postmodum faciendo bonum, ad quod inducimur per praecepta affirmativa. Et sic praecepta affirmativa et negativa non pertinent ad diversas virtutes, sed ad diversos gradus virtutis. Et per consequens non oportet quod contrarientur diversis peccatis secundum speciem. — Peccatum etiam non habet speciem ex parte aversionis, quia secundum hoc est negatio vel privatio: sed ex parte conversionis, secundum quod est actus quidam. Unde secundum diversa praecepta legis non diversificantur peccata secundum speciem.

AD TERTIUM dicendum quod obiectio illa procedit de materiali diversitate speciei. — Sciendum est tamen quod negatio, etsi proprie non sit in specie, constituitur tamen in specie per reductionem ad aliquam affirmationem quam sequitur.

se ordenam ao mesmo fim e procedem do mesmo motivo. Assim, é sempre para ajuntar dinheiro que o avaro usurpa dos outros e não paga suas dívidas. Do mesmo modo é para satisfazer sua gulodice que o glutão come muito e não jejua quando é obrigatório. E assim se vê em muitas coisas. Com efeito, uma negação sempre está baseada em uma afirmação que de certo modo é a causa da negação, de maneira que naturalmente é pela mesma razão que o fogo aquece e que não esfrie.

QUANTO AO 1º, portanto, deve-se dizer que a divisão por cometimento e omissão não é pelas diferentes espécies formais, mas só pelos materiais, como foi dito.

QUANTO AO 2º, deve-se dizer que se na lei divina foi preciso formular preceitos diversos, positivos e negativos, isto aconteceu para levar gradualmente os homens à virtude. Primeiro, pela abstenção do mal, a que nos induzem os preceitos negativos. Depois, pela prática do bem, a que nos induzem os preceitos positivos. Deste modo os preceitos positivos e os preceitos negativos não se referem a virtudes diferentes, mas a diversos graus da virtude. Por conseguinte, não se devem opor a pecados de espécies diferentes. — Aliás, o pecado não é especificado pelo afastamento, porque nesse sentido é negação ou privação. Mas ele o é pela conversão porque nesse sentido é um ato determinado. Daí vem que os pecados não são diversificados especificamente segundo a diversidade dos preceitos da lei divina.

QUANTO AO 3º, deve-se dizer que esta objeção procede da diversidade material das espécies. — Mas deve-se notar que a negação, se bem que propriamente não esteja numa espécie, no entanto constitui-se numa espécie por redução a alguma afirmação da qual é a sequência.

ARTICULUS 7

Utrum convenienter dividatur peccatum in peccatum cordis, oris, et operis

AD SEPTIMUM SIC PROCEDITUR. Videtur quod inconvenienter dividatur peccatum in peccatum cordis, oris, et operis.

1. Augustinus enim, in XII *de Trin.*[1], ponit tres gradus peccati: quorum primus est, *cum carnalis sensus illecebram ingerit*, quod est peccatum

ARTIGO 7

É conveniente dividir o pecado em pecado do coração, de palavra e de ação?

QUANTO AO SÉTIMO, ASSIM SE PROCEDE: parece que **não** é conveniente dividir o pecado em pecado do coração, de palavra e de ação.

1. Com efeito, Agostinho reconhece três graus de pecado: o primeiro, quando o sentido carnal seduz, o que é o pecado de pensamento; o segundo

4. In corp.

7 PARALL.: Part. III; q. 90, a. 3, ad 1; II *Sent.*, dist. 42, q. 2, a. 2, q.la 1.

1. C. 12: ML 42, 1007-1008.

cogitationis: secundus gradus est, *quando sola cogitationis delectatione aliquis contentus est*; tertius gradus est, *quando faciendum decernitur per consensum*. Sed tria haec pertinent ad peccatum cordis. Ergo inconvenienter peccatum cordis ponitur quasi unum genus peccati.

2. PRAETEREA, Gregorius, in IV *Moral.*[2], ponit quatuor gradus peccati: quorum primus est *culpa latens in corde*; secundus, *cum exterius publicatur*; tertius est, *cum consuetudine roboratur*; quartus est, *cum usque ad praesumptionem divinae misericordiae, vel ad desperationem, homo procedit*. Ubi non distinguitur peccatum operis a peccato oris; et adduntur duo alii peccatorum gradus. Ergo inconveniens fuit prima divisio.

3. PRAETEREA, non potest esse peccatum in ore vel in opere, nisi fiat prius in corde. Ergo ista peccata specie non differunt. Non ergo debent contra se invicem dividi.

SED CONTRA est quod Hieronymus dicit, *super Ezech*[3]: *Tria sunt generalia delicta quibus humanum subiacet genus: aut enim cogitatione, aut sermone, aut opere peccamus*.

RESPONDEO dicendum quod aliqua inveniuntur differre specie dupliciter. Uno modo, ex eo quod utrumque habet speciem completam: sicut equus et bos differunt specie. Alio modo, secundum diversos gradus in aliqua generatione vel motu accipiuntur diversae species: sicut aedificatio est completa generatio domus, collocatio autem fundamenti et erectio parietis sunt species incompletae, ut patet per Philosophum, in X *Ethic.*[4]; et idem etiam potest dici in generationibus animalium.

Sic igitur peccatum dividitur per haec tria, scilicet peccatum oris, cordis et operis, non sicut per diversas species completas: nam consummatio peccati est in opere, unde peccatum operis habet speciem completam. Sed prima inchoatio eius est quasi fundatio in corde; secundus autem gradus eius et in ore, secundum quod homo prorumpit facile ad manifestandum conceptum cordis; tertius autem gradus iam est in consummatione operis. Et sic haec tria differunt secundum diversos gradus peccati. Patet tamen quod haec tria pertinent ad unam perfectam peccati speciem, cum ab eodem motivo procedant: iracundus enim, ex hoc quod

grau quando se está contente com a complacência de pensamento; o terceiro grau é quando pelo consentimento se decide a execução. Ora, esses três pertencem ao pecado do coração. Logo, é incoveniente afirmar o pecado do coração quase como um gênero de pecado.

2. ALÉM DISSO, Gregório distingue quatro graus de pecado. Primeiro, "a culpa latente no coração se esconde no coração. Depois, quando se afirma publicamente. Em seguida, quando se confirma com o costume. Finalmente, quando o homem chega à presunção da misericórdia divina ou ao desespero". Aí não se faz nenhuma distinção entre o pecado da palavra e o pecado da ação, e dois outros graus de pecados. Logo, a primeira divisão não foi conveniente.

3. ADEMAIS, não pode haver pecado de palavra ou de ação sem que primeiro haja pecado no coração. Portanto, não há diferentes espécies de pecados. Assim, elas não devem ser opostas umas às outras.

EM SENTIDO CONTRÁRIO, Jerônimo, comentando Ezequiel, assegura que "o gênero humano está sujeito a três grandes gêneros de pecados: de pensamento, de palavra ou de ação".

RESPONDO. Há duas maneiras pelas quais as coisas não são da mesma espécie. Primeira, cada qual tem a espécie completa. Por exemplo, o cavalo e o boi diferem especificamente. Segunda, enquanto se consideram espécies diferentes os diversos graus da geração ou do movimento. Assim, a edificação é a geração completa da casa e a colocação dos fundamentos e o levantamento das paredes são espécies incompletas, segundo diz o Filósofo.

Tal é precisamente a divisão do pecado por pensamento, palavra e ação. Não se trata de três epécies completas. Pois o pecado só é de fato consumado na ação, e somente o pecado por ação representa uma espécie completa. Mas, seu primeiro início são de certo modo os fundamentos no coração. O seu segundo grau está na boca, no sentido de que o homem irrompe facilmente para manifestar os conceitos do coração. O terceiro grau, enfim, é a ação consumada. Portanto, estas três coisas diferem segundo os diversos graus de pecado. E estas três coisas só fazem uma única espécie completa, dado que procedem do mesmo

2. C. 27, al. 25, in vet. 27: ML 75, 661 C.
3. L. XIII, in c. 43, 23 sqq.: ML 25, 427 B.
4. C. 3: 1174, a, 19-29.

appetit vindictam, primo quidem perturbatur in corde; secundo, in verba contumeliosa prorumpit; tertio vero, procedit usque ad facta iniuriosa. Et idem patet in luxuria, et in quolibet alio peccato.

AD PRIMUM ergo dicendum quod omne peccatum cordis convenit in ratione occulti: et secundum hoc ponitur unus gradus. Qui tamen per tres gradus distinguitur: scilicet cogitationis, delectationis et consensus.

AD SECUNDUM dicendum quod peccatum oris et operis conveniunt in manifestatione: et propter hoc a Gregorio sub uno computantur. Hieronymus autem distinguit ea, quia in peccato oris est manifestatio tantum, et principaliter intenta: in peccato vero operis est principaliter expletio interioris conceptus cordis, sed manifestatio est ex consequenti. Consuetudo vero et desperatio sunt gradus consequentes post speciem perfectam peccati: sicut adolescentia et iuventus post perfectam hominis generationem.

AD TERTIUM dicendum quod peccatum cordis et oris non distinguuntur a peccato operis, quando simul cum eo coniunguntur: sed prout quodlibet horum per se invenitur. Sicut etiam pars motus non distinguitur a toto motu, quando motus est continuus: sed solum quando motus sistit in medio.

motivo. Com efeito, é pela sede de vingança que o colérico, primeiro fica conturbado no coração, depois explode em palavras ofensivas, e finalmente, chega a fatos injuriosos. O mesmo acontece na luxúria e em qualquer outro pecado.

QUANTO AO 1º, portanto, deve-se dizer que todos os pecados do coração têm em comum ficarem em segredo, e segundo isso constituem um primeiro grau. Grau que se subdivide em três: pensamento, complacência e consentimento.

QUANTO AO 2º, deve-se dizer que o pecado de palavra e o pecado de ação têm em comum serem manifestos. E é por isso que Gregório os alista em um só grau. Jerônimo, porém, os distingue. Isso porque no pecado de palavra há somente, e antes de tudo, a manifestação. No pecado de ação, ao contrário, antes de tudo há a execução do conceito interior do coração, mas a manifestação está como consequência. O costume e o desespero são graus consequentes à perfeita espécie de pecado, como é a adolescência e a juventude à perfeita geração do ser humano.

QUANTO AO 3º, deve-se dizer que o pecado do coração e o pecado de palavra não são distintos do pecado da ação quando se unem com eles simultaneamente. Mas, eles o são quando algum deles encontra-se isoladamente, do mesmo modo que uma parte do movimento não se distingue do movimento total quando o movimento é contínuo, mas somente quando há interrupções no meio.

ARTICULUS 8

Utrum superabundantia et defectus diversificent species peccatorum

AD OCTAVUM SIC PROCEDITUR. Videtur quod superabundantia et defectus non diversificent species peccatorum.

1. Superabundantia enim et defectus differunt secundum magis et minus. Sed magis et minus non diversificant speciem. Ergo superabundantia et defectus non diversificant speciem peccatorum.

2. PRAETEREA, sicut peccatum in agibilibus est ex hoc quod receditur a rectitudine rationis, ita falsitas in speculativis est ex hoc quod receditur a veritate rei. Sed non diversificatur species falsitatis ex hoc quod aliquis dicit plus vel minus esse quam sit in re. Ergo etiam non diversificatur species peccati ex hoc quod recedit a rectitudine rationis in plus vel in minus.

8 PARALL.: *De Malo*, q. 14, a. 3.

ARTIGO 8

O excesso e a deficiência diversificam as espécies de pecados?

QUANTO AO OITAVO, ASSIM SE PROCEDE: parece que o excesso e a deficiência **não** diversificam as espécies de pecados.

1. Com efeito, o excesso e a deficiência diferem segundo o mais e o menos. Ora, mais e menos não diversificam a espécie. Logo, o excesso e a deficiência não diversificam as espécies de pecados.

2. ALÉM DISSO, assim como o pecado na ação vem do fato de que se afasta da retidão da razão, do mesmo modo a falsidade especulativa vem do fato de que se afasta a verdade da coisa. Ora, a espécie da falsidade não se diversifica pelo fato de que se afirme mais ou menos do que existe na coisa. Logo, nem a espécie do pecado se diversifica pelo fato de que se afasta mais ou menos da retidão da razão.

3. Praeterea, *ex duabus speciebus non constituitur una species*, ut Porphyrius dicit[1]. Sed superabundantia et defectus uniuntur in uno peccato: sunt enim simul quidam illiberales et prodigi, quorum duorum illiberalitas est peccatum secundum defectum, prodigalitas autem secundum superabundantiam. Ergo superabundantia et defectus non diversificant speciem peccatorum.

Sed contra, contraria differunt secundum speciem: nam *contrarietas est differentia secundum formam*, ut dicitur in X *Metaphys.*[2]. Sed vitia quae differunt secundum superabundantiam et defectum, sunt contraria: sicut illiberalitas prodigalitati. Ergo differunt secundum speciem.

Respondeo dicendum quod, cum in peccato sint duo, scilicet ipse actus, et inordinatio eius, prout receditur ab ordine rationis et legis divinae; species peccati attenditur non ex parte inordinationis, quae est praeter intentionem peccantis, ut supra[3] dictum est; sed magis ex parte ipsius actus, secundum quod terminatur ad obiectum in quod fertur intentio peccantis. Et ideo ubicumque occurrit diversum motivum inclinans intentionem ad peccandum, ibi est diversa species peccati. Manifestum est autem quod non est idem motivum ad peccandum in peccatis quae sunt secundum superabundantiam, et in peccatis quae sunt secundum defectum; quinimmo sunt contraria motiva; sicut motivum in peccato intemperantiae est amor delectationum corporalium, motivum autem in peccato insensibilitatis est odium earum. Unde huiusmodi peccata non solum differunt specie, sed etiam sunt sibi invicem contraria.

Ad primum ergo dicendum quod magis et minus, etsi non sint causa diversitatis speciei, consequuntur tamen quandoque species differentes, prout proveniunt ex diversis formis: sicut si dicatur quod ignis est levior aere. Unde Philosophus dicit, in VIII *Ethic.*[4], quod qui posuerunt non esse diversas species amicitiarum propter hoc quod dicuntur secundum magis et minus, *non sufficienti crediderunt signo*. Et hoc modo superexcedere rationem, vel deficere ab ea, pertinet ad diversa peccata secundum speciem, inquantum consequuntur diversa motiva.

3. Ademais, duas espécies não constituem uma única espécie, diz Porfírio. Ora, o excesso e a deficiência unem-se em um mesmo pecado. Há quem seja simultaneamente pródigo e mesquinho, o que por um lado é pecado por excesso, e por outro por deficiência. Logo, o excesso e a deficiência não diversificam a espécie de pecados.

Em sentido contrário, os contrários diferem segundo a espécie, porque sua diferença vem da forma. Ora, os vícios que diferem segundo o excesso e a deficiência é contrária à prodigalidade. Logo, diferem segundo a espécie.

Respondo. No pecado há duas coisas: o ato e a desordem deste ato, enquanto se afasta da regra da razão e da lei divina. Determina-se a espécie de pecado não pela desordem, pois esta está fora das intenções do pecador, como acima foi dito, mas pelo mesmo ato enquanto termina no objeto para o qual tende a intenção do pecador. Por isso, toda vez que há na intenção um motivo diferente para pecar, existe uma espécie diferente de pecado. Ora, é evidente que não há o mesmo motivo para pecar nos pecados por excesso e nos pecados por deficiência. Até porque há motivos contrários. O motivo da intemperança é o amor dos prazeres do corpo. O da insensibilidade é a repugnância por estes prazeres. É por isso que tais pecados não são apenas diferentes quanto à espécie, mas também contrários uns aos outros.

Quanto ao 1º, portanto, deve-se dizer que embora o mais e o menos não sejam a causa de uma diversidade específica, às vezes são uma consequência disso enquanto eles provêm de formas diversas, como quando se diz que o fogo é mais leve do que o ar. Assim, aqueles que afirmaram que não há diversas espécies de amizades pelo fato de que elas não diferem entre si senão no mais e no menos. o Filósofo diz que eles deram crédito a indício não suficiente. No mesmo sentido, ir além ou ficar aquém do que é razoável pertence a pecados especificamente diversos, enquanto resultam de diversos motivos.

1. *Isagoge*, c. ult.: ed. A. Busse, Berolini 1887 (Comment. in Arist. graeca, ed. consilio et auctoritate Acad. Litter. Borussicae, vol. IV, p. I), p. 47, l. 8.
2. C. 4: 1055, a, 3-10.
3. Art. 1.
4. C. 2: 1155, b, 13-16.

AD SECUNDUM dicendum quod intentio peccantis non est ut recedat a ratione: et ideo non efficitur eiusdem rationis peccatum superabundantiae et defectus propter recessum ab eadem rationis rectitudine. Sed quandoque ille qui dicit falsum, intendit veritatem occultare: unde quantum ad hoc, non refert utrum dicat vel plus vel minus. Si tamen recedere a veritate sit praeter intentionem, tunc manifestum est quod ex diversis causis aliquis movetur ad dicendum plus vel minus: et secundum hoc diversa est ratio falsitatis. Sicut patet de iactatore, qui superexcedit dicendo falsum quaerens gloriam; et de deceptore, qui diminuit, evadens debiti solutionem. Unde et quaedam falsae opiniones sunt sibi invicem contrariae.

AD TERTIUM dicendum quod prodigus et illiberalis potest esse aliquis secundum diversa: ut scilicet sit aliquis illiberalis in accipiendo quae non debet, et prodigus in dando quae non debet. Nihil autem prohibet contraria inesse eidem secundum diversa.

QUANTO AO 2º, deve-se dizer que aquele que peca não tem a intenção de afastar-se da retidão racional. E por isso os pecados de excesso ou de deficiência não são da mesma razão por se afastarem da mesma retidão da razão. Mas aquele que diz uma falsidade pode ter a intenção de ocultar a verdade. E quanto a isso pouco importa que afirme mais ou menos. Se, no entanto, não tem propriamente a intenção de afastar-se da verdade, então causas diversas o levam a dizer mais ou menos. Nesse sentido é diversa a razão da falsidade. Assim, o jactancioso que procura a glória, se excede em dizer falsidades. E o fraudulento, que quer evadir-se do pagamento do que deve, diminui. Portanto, há falsidades que são contrárias umas das outras.

QUANTO AO 3º, deve-se dizer que alguém pode ser pródigo e mesquinho quando não se trata da mesma coisa. Será mesquinho em receber o que não deve e pródigo em dar. Mas nada impede que os contrários se encontrem no mesmo sujeito quando não se trata da mesma coisa.

ARTICULUS 9

Utrum peccata diversificentur specie secundum diversas circumstantias

AD NONUM SIC PROCEDITUR. Videtur quod vitia et peccata diversificentur specie secundum diversas circumstantias.

1. Quia, ut dicit Dionysius, 4 cap. *de Div. Nom.*[1], *malum contingit ex singularibus defectibus*. Singulares autem defectus sunt corruptiones singularum circumstantiarum. Ergo ex singulis circumstantiis corruptis singulae species peccatorum consequuntur.

2. PRAETEREA, peccata sunt quidam actus humani. Sed actus humani interdum accipiunt speciem a circumstantiis, ut supra[2] habitum est. Ergo peccata differunt specie secundum quod diversae circumstantiae corrumpuntur.

3. PRAETEREA, diversae species gulae assignantur secundum particulas quae in hoc versiculo continentur: *Praepropere, laute, nimis, ardenter, studiose*. Haec autem pertinent ad diversas circumstantias: nam *praepropere* est antequam oportet, *nimis* plus quam oportet, et idem patet in aliis.

ARTIGO 9

Os pecados diversificam-se especificamente segundo diversas circunstâncias?

QUANTO AO NONO, ASSIM SE PROCEDE: parece que os vícios e os pecados **diversificam-se** especificamente segundo diversas circunstâncias.

1. Com efeito, Dionísio diz que o mal resulta de deficiências particulares. Ora, as deficiências particulares são corrupções de circunstâncias particulares. Logo, as espécies particulares de pecados resultam de circunstâncias particulares corrompidas.

2. ALÉM DISSO, o pecado é um ato humano. Ora, como acima foi dito, de tempos em tempos os atos humanos recebem a espécie das circunstâncias. Logo, diversas circunstâncias quando se corrompem, causam diferentes espécies de pecados.

3. ADEMAIS, as diversas espécies de gula são indicadas segundo as partículas que se encontram neste verso: "Precipitadamente, sumptuosamente, demasiadamente, ardentemente, cuidadosamente". Ora, isso pertence a diversas circunstâncias. Pois, "precipitadamente" é antes do que se deve, "de-

9 PARALL.: II-II, q. 53, a. 2, ad 3; IV *Sent.*, dist. 16, q. 3, a. 2, q.la 3; *De Malo*, q. 2, a. 6; q. 14, art. 3.

1. MG 3, 729 C.
2. Q. 18, a. 10.

Ergo species peccati diversificantur secundum diversas circumstantias.

SED CONTRA est quod Philosophus dicit, in III[3] et IV[4] *Ethic.*, quod singula vitia peccant agendo *et plus quam oportet, et quando non oportet*, et similiter secundum omnes alias circumstantias. Non ergo secundum hoc diversificantur peccatorum species.

RESPONDEO dicendum quod, sicut dictum est[5], ubi occurrit aliud motivum ad peccandum, ibi est alia peccati species: quia motivum ad peccandum est finis et obiectum. Contingit autem quandoque quod in corruptionibus diversarum circumstantiarum est idem motivum: sicut illiberalis ab eodem movetur quod accipiat quando non oportet, et ubi non oportet, et plus quam oportet, et similiter de aliis circumstantias; hoc enim facit propter inordinatum appetitum pecuniae congregandae. Et in talibus diversarum circumstantiarum corruptiones non diversificant species peccatorum, sed pertinent ad unam et eandem peccati speciem.

Quandoque vero contingit quod corruptiones diversarum circumstantiarum proveniunt a diversis motivis. Puta quod aliquis praepropere comedat, potest provenire ex hoc quod homo non potest ferre dilationem cibi, propter facilem consumptionem humiditatis; quod vero appetat immoderatum cibum, potest contingere propter virtutem naturae potentem ad convertendum multum cibum; quod autem aliquis appetat cibos deliciosos, contingit propter appetitum delectationis quae est in cibo. Unde in talibus diversarum circumstantiarum corruptiones inducunt diversas peccati species.

AD PRIMUM ergo dicendum quod malum, inquantum huiusmodi, privatio est: et ideo diversificatur specie secundum ea quae privantur, sicut et ceterae privationes. Sed peccatum non sortitur speciem ex parte privationis vel aversionis, ut supra[6] dictum est; sed ex conversione ad obiectum actus.

AD SECUNDUM dicendum quod circumstantia nunquam transfert actum in aliam speciem, nisi quando est aliud motivum.

AD TERTIUM dicendum quod in diversis speciebus gulae diversa sunt motiva, sicut dictum est[7].

masiadamente" é mais do que se deve, e o mesmo aparece nas outras. Logo, as espécies do pecado diversificam-se segundo as diversas circunstâncias.

EM SENTIDO CONTRÁRIO, o Filósofo diz que cada vício erra fazendo mais do que se deve ou quando não se deve, e assim por todas as outras circunstâncias. Logo, não é segundo as circunstâncias que os pecados diversificam-se.

RESPONDO. Como se disse, cada vez que ocorre um outro motivo para pecar, há uma outra espécie de pecado, porque o motivo para pecar é o fim e o objeto. Ora, às vezes acontece que circunstâncias diversas se corrompem por um mesmo motivo. O mesquinho é movido pelo mesmo motivo para receber quando não se deve, onde não se deve e mais do que se deve, e assim nas outras circunstâncias. Ele faz isso pelo desejo imoderado de ajuntar dinheiro. Neste caso, as corrupções das diversas circunstâncias não diversificam as espécies de pecados, mas fazem parte de uma só e mesma espécie.

Às vezes, ao contrário, provêm de motivos diversos. Por exemplo, se alguém come com precipitação, isto pode vir do fato de que o homem não pode atrasar a alimentação, pela fácil consumpção do elemento líquido. Ao contrário, que se deseje uma quantidade demasiada de alimento, pode acontecer em virtude de uma natureza forte para digerir muito alimento. Mas, que se deseje alimentos delicados acontece pelo prazer que há no alimento. Por conseguinte em tais exemplos, as corrupções das diversas circunstâncias induzem a diversas espécies de pecados.

QUANTO AO 1º, portanto, deve-se dizer que o mal enquanto tal é uma privação. Assim, como todas as privações, diversifica-se especificamente pelas coisas das quais se é privado. Mas o pecado, não é determinado especificamente pela privação ou pelo afastamento, como acima foi dito, mas pela sua conversão ao objeto do ato.

QUANTO AO 2º, deve-se dizer que uma circunstância não muda a espécie de um ato a não ser quando haja um outro motivo.

QUANTO AO 3º, deve-se dizer que nas diversas espécies de gulas, os motivos não são os mesmos, como foi dito.

3. C. 10: 1115, b, 15-17.
4. C. 1: 1119, b, 22 sqq.
5. Art. praec.
6. Art. 1.
7. In corp.

QUAESTIO LXXIII
DE COMPARATIONE PECCATORUM AD INVICEM
in decem articulos divisa

Deinde considerandum est de comparatione peccatorum ad invicem.

Et circa hoc quaeruntur decem.

Primo: utrum omnia peccata et vitia sint connexa.

Secundo: utrum omnia sint paria.

Tertio: utrum gravitas peccatorum attendatur secundum obiecta.

Quarto: utrum secundum dignitatem virtutum quibus peccata opponuntur.

Quinto: utrum peccata carnalia sint graviora quam spiritualia.

Sexto: utrum secundum causas peccatorum attendatur gravitas peccatorum.

Septimo: utrum secundum circumstantias.

Octavo: utrum secundum quantitatem nocumenti.

Nono: utrum secundum conditionem personae in quam peccatur.

Decimo: utrum propter magnitudinem personae peccantis aggravetur peccatum.

QUESTÃO 73
A COMPARAÇÃO DOS PECADOS ENTRE SI[a]
em dez artigos

Em seguida, é preciso compará-los uns com os outros.

Sobre isso, são dez as perguntas:

1. Pecados e vícios são todos conexos?
2. São todos iguais?
3. A gravidade dos pecados está em relação com seus objetos?
4. Está em relação com a dignidade das virtudes contrárias?
5. Os pecados da carne são mais graves do que os do espírito?
6. A gravidade dos pecados está em relação com suas causas?
7. Com suas circunstâncias?
8. Com a grandeza da ofensa?
9. Com a condição da pessoa contra a qual são cometidos?
10. A grandeza da pessoa que comete o pecado é uma causa agravante?

ARTICULUS 1
Utrum omnia peccata et vitia sint connexa

AD PRIMUM SIC PROCEDITUR. Videtur quod omnia peccata sint connexa.

1. Dicitur enim Iac 2,10: *Quicumque totam legem servaverit, offendat autem in uno, factus est omnium reus*. Sed idem est esse reum omnium mandatorum legis, quod habere omnia peccata: quia, sicut Ambrosius dicit[1], *peccatum est transgressio legis divinae, et caelestium inobendientia mandatorum*. Ergo quicumque peccat uno peccato, subiicitur omnibus peccatis.

2. PRAETEREA, quodlibet peccatum excludit virtutem sibi oppositam. Sed qui caret una virtute, caret omnibus, ut patet ex supradictis[2]. Ergo qui

ARTIGO 1
Todos os pecados são conexos?

QUANTO AO PRIMEIRO ARTIGO, ASSIM SE PROCEDE: parece que todos os pecados **são** conexos.

1. Com efeito, diz-se na primeira Carta de Tiago: "Se alguém observa toda a lei, mas peca contra um só mandamento, torna-se réu de todos". Ora, é o mesmo ser réu de todos os mandamentos e ter todos os pecados, porque, como diz Ambrósio, o pecado é transgressão da lei divina e desobediência aos mandamentos do céu. Logo, se alguém comete um só pecado está sujeito a todos os outros.

2. ALÉM DISSO, todo pecado exclui a virtude contrária. Ora, quem não tem uma virtude, não tem as outras, como está claro pelo que foi dito.

1 PARALL.: III *Sent.*, dist. 36, a. 5; IV, dist. 16, q. 2, a. 1, q.la 2.

1. *De Paradiso*, c. 8: ML 14, 292 D.
2. Q. 65, a. 1.

a. O problema da gravidade dos pecados é um dos principais problemas na moral de Sto. Tomás; ele volta à carga por ocasião da análise de cada vício e pecado. É interessante seguir essa análise minuciosa do enraizamento do vício no psiquismo humano. O estudo da proliferação dos vícios capitais, dividida ao longo dos diferentes tratados da *Secunda Secundae* nos fornece muitos elementos para aprofundar a patologia da vida espiritual.

peccat uno peccato, privatur omnibus virtutibus. Sed qui caret virtute, habet vitium sibi oppositum. Ergo qui habet unum peccatum, habet omnia peccata.

3. PRAETEREA, virtutes omnes sunt connexae quae conveniunt in uno principio, ut supra[3] habitum est. Sed sicut virtutes conveniunt in uno principio, ita et peccata: quia sicut *amor Dei, qui facit civitatem Dei*, est principium et radix omnium virtutum, ita *amor sui, qui facit civitatem Babylonis*, est radix omnium peccatorum; ut patet per Augustinum, XIV *de Civ. Dei*[4]. Ergo etiam omnia vitia et peccata sunt connexa, ita ut qui unum habet, habeat omnia.

SED CONTRA, quaedam vitia sunt sibi invicem contraria, ut patet per Philosophum, in II *Ethic.*[5]. Sed impossibile est contraria simul inesse eidem. Ergo impossibile est omnia peccata et vitia esse sibi invicem connexa.

RESPONDEO dicendum quod aliter se habet intentio agentis secundum virtutem ad sequendum rationem, et aliter intentio peccantis ad divertendum a ratione. Cuiuslibet enim agentis secundum virtutem intentio est ut rationis regulam sequatur: et ideo omnium virtutum intentio in idem tendit. Et propter hoc omnes virtutes habent connexionem ad invicem in ratione recta agibilium, quae est prudentia, sicut supra[6] dictum est. Sed intentio peccantis non est ad hoc quod recedat ab eo quod est secundum rationem: sed potius ut tendat in aliquod bonum appetibile, a quo speciem sortitur. Huiusmodi autem bona in quae tendit intentio peccantis a ratione recedens, sunt diversa, nullam connexionem habentia ad invicem: immo etiam interdum sunt contraria. Cum igitur vitia et peccata speciem habeant secundum illud ad quod convertuntur, manifestum est quod, secundum illud quod perficit speciem peccatorum, nullam connexionem habent peccata ad invicem. Non enim peccatum committitur in accedendo a multitudine ad unitatem, sicut accidit in virtutibus quae sunt connexae: sed potius in recedendo ab unitate ad multitudinem.

AD PRIMUM ergo dicendum quod Iacobus loquitur de peccato non ex parte conversionis,

Logo, quem comete um pecado priva-se de todas as virtudes. Ora, quem não tem uma virtude, tem o vício contrário. Logo, quem tem um pecado, tem todos.

3. ADEMAIS, todas as virtudes são conexas quando têm em comum um único princípio, como se disse acima. Ora, como as virtudes, os pecados também têm em comum um único princípio, porque, como o amor de Deus edifica a cidade de Deus e é o princípio e a raiz de todas as virtudes, do mesmo modo o amor de si que edifica a cidade de Babilônia é a raiz de todos os pecados, como Agostinho mostra na Cidade de Deus. Logo, também todos os vícios e pecados são conexos a tal ponto que quem tem um, tem todos.

EM SENTIDO CONTRÁRIO, certos vícios são contrários entre si, como diz o Filósofo. Ora, não é possível que coisas contrárias existam juntas no mesmo sujeito. Logo, não é possível que todos os pecados e vícios estejam todos em conexão uns com os outros.

RESPONDO. A intenção de quem age por virtude para seguir a razão é diferente da intenção do pecador que dela se afasta. Em todo o que age por virtude, a intenção segue a regra da razão. Por isso, a intenção de todas as virtudes tende para o mesmo. É por isso que estão todas em conexão umas com as outras na prudência que é, foi dito acima, a aplicação da reta razão no agir. Mas, no pecador a intenção não é afastar-se do que é segundo a razão. É, antes, tender para um bem desejável, do qual recebe a especificidade. Ora, estes bens aos quais tende a intenção do pecador, afastando-se da razão, são diversos e sem nenhuma conexão entre eles. Além do mais, às vezes, são contrários uns aos outros. Portanto, como os vícios e os pecados recebem a espécie segundo aquilo para o que tendem, é claro, então, que segundo aquilo que os especifica os pecados não têm nenhuma conexão entre si. Com efeito, cometer o pecado não consiste em passar da multidão para a unidade, como é o caso das virtudes que são conexas, mas antes em se afastar da unidade para a multidão.

QUANTO AO 1º, portanto, deve-se dizer que Tiago fala do pecado, não sob o aspecto da conversão,

3. Q. 65, a. 1, 2.
4. C. 28: ML 41, 436.
5. C. 8: 1108, b, 27-30.
6. Q. 65, a. 1.

secundum quod peccata distinguuntur, sicut dictum est[7]: sed loquitur de eis ex parte aversionis, inquantum scilicet homo peccando recedit a legis mandato. Omnia autem legis mandata sunt ab uno et eodem, ut ipse ibidem[8] dicit: et ideo idem Deus contemnitur in omni peccato. Et ex hac parte dicit quod *qui offendit in uno, factus est omnium reus*: quia scilicet uno peccato peccando, incurrit poenae reatum ex hoc quod contemnit Deum, ex cuius contemptu provenit omnium peccatorum reatus.

AD SECUNDUM dicendum quod, sicut supra[9] dictum est, non per quemlibet actum peccati tollitur virtus opposita: nam peccatum veniale virtutem non tollit: peccatum autem mortale tollit virtutem infusam, inquantum avertit a Deo; sed unus actus peccati etiam mortalis, non tollit habitum virtutis acquisitae. Sed si multiplicentur actus intantum quod generetur contrarius habitus, excluditur habitus virtutis acquisitae. Qua exclusa, excluditur prudentia: quia cum homo agit contra quamcumque virtutem, agit contra prudentiam. Sine prudentia autem nulla virtus moralis esse potest, ut supra[10] habitum est. Et ideo per consequens excluduntur omnes virtutes morales, quantum ad perfectum et formale esse virtutis, quod habent secundum quod participant prudentiam: remanent tamen inclinationes ad actus virtutum, non habentes rationem virtutis. — Sed non sequitur quod propter hoc homo incurrat omnia vitia vel peccata. Primo quidem, quia uni virtuti plura vitia opponuntur: ita quod virtus potest privari per unum eorum, etsi alterum non adsit. Secundo, quia peccatum directe opponitur virtuti quantum ad inclinationem virtutis ad actum, ut supra[11] dictum est: unde, remanentibus aliquibus inclinationibus virtuosis, non potest dici quod homo habeat vitia vel peccata opposita.

AD TERTIUM dicendum quod amor Dei est congregativus, inquantum affectum hominis a multis ducit in unum: et ideo virtutes, quae ex amore Dei causantur, connexionem habent. Sed amor sui disgregat affectum hominis in diversa, prout scilicet homo se amat appetendo sibi bona temporalia, quae sunt varia et diversa: et ideo

pelo que os pecados se distinguem, como foi dito. Fala deles sob o aspecto do afastamento, enquanto o homem pecando afasta-se do mandamento da lei. Ora, todos os mandamentos da lei têm um único e mesmo autor, como ele próprio diz; e é o mesmo Deus que se despreza em todo pecado. Por isso diz que "aquele que peca contra um só, torna-se réu de todos", porque cometendo um só pecado incorre no reato da pena por desprezar a Deus de cujo desprezo provém o reato de todos os pecados.

QUANTO AO 2º, deve-se dizer que não é qualquer ato de pecado que suprime a virtude contrária, foi dito acima. O pecado venial não suprime nenhuma virtude. O pecado mortal suprime a virtude infusa, enquanto afasta de Deus. Mas, um único ato de pecado mortal não destrói o hábito da virtude adquirida. O hábito da virtude adquirida desaparece somente se os atos se multiplicam ao ponto de fazer surgir um hábito contrário. E com ele também desaparece a prudência, porque, quando alguém age contra uma virtude qualquer, age contra a prudência. De fato, sem esta não pode existir nenhuma virtude moral, como acima foi dito. E com a prudência desaparecem todas as outras virtudes morais, pelo menos quanto à existência perfeita e formal de virtude que têm enquanto participam da prudência. Ficam, entretanto, inclinações aos atos virtuosos, os quais não têm a razão de virtude. — Mas, daí não se segue que se incorre em todos os vícios ou pecados. Primeiro, porque a uma virtude opõem-se vários vícios, de maneira que um entre eles pode fazer perder a virtude sem que nenhum dos outros aí estejam. Depois, porque o pecado opõe-se diretamente à inclinação da virtude para seu ato, como acima foi dito. Portanto, não se pode dizer, enquanto existem algumas inclinações virtuosas, que o homem tenha os vícios ou os pecados contrários.

QUANTO AO 3º, deve-se dizer que o amor de Deus é unitivo na medida em que conduz a afeição humana de muitas para uma só. E é por isso que as virtudes causadas pelo amor de Deus estão em conexão umas com as outras. Mas, o amor de si dispersa as afeições humanas sobre muitas coisas. Amando-se a si mesmo, o homem deseja para si

7. Q. 72, a. 1.
8. V. 11.
9. Q. 71, a. 4.
10. Q. 58, a. 4; q. 65, a. 1.
11. Q. 71, a. 1.

vitia et peccata, quae causantur ex amore sui, non sunt connexa.

Articulus 2

Utrum omnia peccata sint paria

Ad secundum sic proceditur. Videtur quod omnia peccata sint paria.

1. Hoc enim est peccare, facere quod non licet. Sed facere quod non licet, uno et eodem modo in omnibus reprehenditur. Ergo peccare uno et eodem modo reprehenditur. Non ergo unum peccatum est alio gravius.

2. Praeterea, omne peccatum consistit in hoc quod homo transgreditur regulam rationis, quae ita se habet ad actus humanos, sicut regula linearis in corporalibus rebus. Ergo peccare simile est ei quod est lineas transilire. Sed lineas transilire est aequaliter et uno modo, etiam si aliquis longius recedat vel propinquius stet: quia privationes non recipiunt magis et minus. Ergo omnia peccata sunt aequalia.

3. Praeterea, peccata virtutibus opponuntur. Sed omnes virtutes aequales sunt, ut Tullius dicit, in *Paradoxis*[1]. Ergo omnia peccata sunt paria.

Sed contra est quod Dominus dicit ad Pilatum, Ioan 19,11: *Qui tradidit me tibi, maius peccatum habet*. Et tamen constat quod Pilatus aliquod peccatum habuit. Ergo unum peccatum est maius alio.

Respondeo dicendum quod opinio Stoicorum fuit, quam Tullius prosequitur in *Paradoxis*[2], quod omnia peccata sunt paria. Et ex hoc etiam derivatus est quorundam haereticorum error, qui, ponentes omnia peccata esse paria, dicunt etiam omnes poenas inferni esse pares. Et quantum ex verbis Tullii perspici potest, Stoici movebantur

os bens deste mundo, e estes bens são variados e diversos. Eis porque os vícios e os pecados, causados pelo amor de si, não são conexos.

Artigo 2

Todos os pecados são iguais?[b]

Quanto ao segundo, assim se procede: parece que todos os pecados **são** iguais.

1. Com efeito, pecar é fazer o que não é permitido. Ora, isso é algo que é sempre repreensível de modo igual e uniforme. Logo, nenhum pecado é mais grave do que o outro.

2. Além disso, todo pecado consiste em transgredir a regra da razão, a qual está para os atos humanos, como nas coisas materiais está a régua linear. Portanto, pecar, é de certo modo não mais seguir as linhas. Ora, não seguir as linhas acontece igualmente e do mesmo modo, se se afasta mais longe ou se fica mais perto, porque nas privações não há mais e menos. Logo, todos os pecados são iguais.

3. Ademais, os pecados opõem-se às virtudes. Ora, todas as virtudes são iguais, diz-nos Cícero. Logo, todos os pecados são iguais.

Em sentido contrário, o Senhor disse a Pilatos, no Evangelho de João: "Aquele que me entregou a ti, tem um pecado maior". E é evidente que Pilatos teve algum pecado. Logo, um pecado é maior do que o outro.

Respondo. Os estoicos, e Cícero depois, pensaram que todos os pecados são iguais. Daí derivam também o erro de certos hereges que, admitindo a igualdade de todos os pecados, admitem igualmente a igualdade de todas as penas do inferno. E quanto se pode ver pelas palavras de Cícero, os estoicos eram movidos pelo fato de considerarem

2 Parall.: II *Sent.*, dist. 42, q. 2, a. 5; *Cont. Gent.* III, 139; *De Malo*, q. 2, a. 9.

1. Parad. 3: ed. Müller, Lipsiae 1910, p. 203, ll. 24 sqq.
2. Parad. 3: ed. Müller, Lipsiae 1910, p. 203, ll. 23-24.

b. Sto. Tomás não possui uma concepção monolítica do pecado grave e de sua desordem. Cada pecado é especificado por seu objeto. Ele falseia a faculdade na qual se enraíza, em sua inclinação para esse objeto, mas jamais destrói a inclinação dessa faculdade. Por sua espécie, os pecados não são nem conexos nem iguais; somente são conexos devido à sua aversão comum pelo fim último. A perda da caridade não é sempre do mesmo grau (ver II-II, q. 24, a. 12, r. 1 e 2). Nem sempre destrói todos os recursos da pessoa. As possibilidades positivas do ser humano são múltiplas, e é preciso levá-lo rigorosamente em conta se se quiser descrever a condição humana em sua verdade, sem negligenciar as energias passíveis de uma retomada das responsabilidades humanas.

Os vícios são comparáveis, embora não sejam iguais. Sob o aspecto de sua aversão em relação ao fim último, todos eles comportam o mesmo efeito: corrompem a relação com Deus; mas, no que concerne à sua especificação, não constituem todos a mesma desordem, pois não contrariam no mesmo grau a ordem da razão, e não impedem todos da mesma maneira a inclinação ao bem.

ex hoc quod considerabant peccatum ex parte privationis tantum, prout scilicet est recessus a ratione: unde simpliciter aestimantes quod nulla privatio susciperet magis et minus, posuerunt omnia peccata esse paria.

Sed si quis dilligenter consideret, inveniet duplex privationum genus. Est enim quaedam simplex et pura privatio, quae consistit quasi in corruptum esse: sicut mors est privatio vitae, et tenebra est privatio luminis. Et tales privationes non recipiunt magis et minus: quia nihil residuum est de habitu opposito. Unde non minus est mortuus aliquis primo die mortis, et tertio vel quarto, quam post annum, quando iam cadaver fuerit resolutum. Et similiter non est magis tenebrosa domus, si lucerna sit operta pluribus velaminibus, quam si sit operta uno solo velamine totum lumen intercludente.

Est autem alia privatio non simplex, sed aliquid retinens de habitu opposito; quae quidem privatio magis consistit in corrumpi, quam in corruptum esse: sicut aegritudo, quae privat debitam commensurationem humorum, ita tamen quod aliquid eius remanet, alioquin non remaneret animal vivum; et simile est de turpitudine, et aliis huiusmodi. Huiusmodi autem privationes recipiunt magis et minus ex parte eius quod remanet de habitu contrario: multum enim refert ad aegritudinem vel turpitudinem, utrum plus vel minus a debita commensuratione humorum vel membrorum recedatur. Et similiter dicendum est de vitiis et peccatis: sic enim in eis privatur debita commensuratio rationis, ut non totaliter ordo rationis tollatur; alioquin *malum, si sit integrum, destruit seipsum*, ut dicitur in IV *Ethic.*[3]; non enim posset remanere substantia actus, vel affectio agentis, nisi aliquid remaneret de ordine rationis. Et ideo multum interest ad gravitatem peccati, utrum plus vel minus recedatur a rectitudine rationis. Et secundum hoc dicendum est quod non omnia peccata sunt paria.

Ad primum ergo dicendum quod peccata committere non licet, propter aliquam deordinationem quam habent. Unde illa quae maiorem deordinationem continent, sunt magis illicita; et per consequens graviora peccata.

Ad secundum dicendum quod ratio illa procedit de peccato, ac si esset privatio pura.

no pecado somente a privação, isto é, enquanto afastamento da razão. Por isso, julgando de modo absoluto que nenhuma privação poderia comportar mais ou menos, afirmaram que todos os pecados são iguais.

Mas, se se considera com cuidado, percebem-se dois gêneros de privação. Há uma privação pura e simples, que consiste num estado completo de corrupção. É assim que a morte é a privação da vida, e as trevas da luz. Tais privações não têm mais e menos, pois nada resta do que havia. Não se está menos morto no primeiro dia, no terceiro ou no quarto, do que no final de um ano quando o cadáver está decomposto. Igualmente, uma casa não é mais escura quando se cobre a lâmpada com vários véus, ou com um único que veda totalmente a luz.

Há uma outra privação, não simples. Ela retém alguma coisa daquilo que ela exclui. Ela é, antes, um caminho para a corrupção do que um estado de corrupção completa. Tal é o caso da doença que faz perder o bom equilíbrio dos humores, de tal modo que ainda fica algumas coisa, sem a qual o animal não estaria mais com vida. Tal é igualmente o caso da feiura e de outras coisas do gênero. Ora, tais privações pelo que fica do hábito contrário, são susceptíveis de mais e de menos. De fato, muito interessa à doença e à feiura o afastar-se mais e menos do bom equilíbrio dos humores ou dos membros. Deve-se, portanto, dizer a mesma coisa dos vícios e dos pecados. Pois, neles se dá a privação da devida medida da razão de modo que não se suprime inteiramente a ordem da razão. Se o mal fosse integral, destruir-se-ia a si mesmo, como se diz no livro IV da *Ética*. Não poderia subsistir a substância de um ato, nem as afeições daquele que age, se não subsistisse algo da ordem da razão. E assim, muito interessa à gravidade do pecado, o afastar-se mais ou menos da retidão da razão. E segundo isso deve-se dizer que nem todos pecados são iguais.

Quanto ao 1º, portanto, deve-se dizer que não é permitido cometer pecados por causa da desordem que contêm. Portanto, aqueles que contêm uma desordem maior são mais ilícitos, e por conseguinte, mais graves.

Quanto ao 2º, deve-se dizer que este argumento procede do pecado como se fosse uma privação pura.

3. C. 11: 1126, a, 12-13.

AD TERTIUM dicendum quod virtutes sunt aequales proportionaliter in uno et eodem: tamen una virtus praecedit aliam dignitate secundum suam speciem; et unus etiam homo est alio virtuosior in eadem specie virtutis, ut supra[4] habitum est. — Et tamen si virtutes essent pares, non sequeretur vitia esse paria: quia virtutes habent connexionem, non autem vitia seu peccata.

QUANTO AO 3º, deve-se dizer que as virtudes são proporcionalmente iguais em um e mesmo indivíduo. No entanto, por sua espécie uma virtude precede outra em dignidade. E na mesma espécie de virtude, um homem é mais virtuoso do que o outro como acima se estabeleceu. Mesmo se as virtudes fossem iguais, não se seguiria que os vícios são iguais, porque, há conexão entre as virtudes, e não entre os vícios ou pecados.

ARTICULUS 3
Utrum gravitas peccatorum varietur secundum obiecta

AD TERTIUM SIC PROCEDITUR. Videtur quod peccatorum gravitas non varietur secundum obiecta.

1. Gravitas enim peccati pertinet ad modum vel qualitatem ipsius peccati. Sed obiectum est materia ipsius peccati. Ergo secundum diversa obiecta, peccatorum gravitas non variatur.

2. PRAETEREA, gravitas peccati est intensio malitiae ipsius. Peccatum autem non habet rationem malitiae ex parte conversionis ad proprium obiectum, quod est quoddam bonum appetibile; sed magis ex parte aversionis. Ergo gravitas peccatorum non variatur secundum diversa obiecta.

3. PRAETEREA, peccata quae habent diversa obiecta, sunt diversorum generum. Sed ea quae sunt diversorum generum, non sunt comparabilia, ut probatur in VII *Physic.*[1]. Ergo unum peccatum non est gravius altero secundum diversitatem obiectorum.

SED CONTRA, peccata recipiunt speciem ex obiectis, ut ex supradictis[2] patet. Sed aliquorum peccatorum unum est gravius altero secundum suam speciem, sicut homicidium furto. Ergo gravitas peccatorum differt secundum obiecta.

RESPONDEO dicendum quod, sicut ex supradictis[3] patet, gravitas peccatorum differt eo modo quo una aegritudo est alia gravior: sicut enim bonum sanitatis consistit in quadam commensuratione humorum per convenientiam ad naturam animalis, ita bonum virtutis consistit in quadam commen-

ARTIGO 3
A gravidade dos pecados varia segundo os objetos?

QUANTO AO TERCEIRO, ASSIM SE PROCEDE: parece que a gravidade dos pecados **não** varia segundo os objetos.

1. Com efeito, a gravidade do pecado tem relação com a modalidade ou qualidade do pecado. Ora, o objeto é a própria matéria do pecado. Logo, segundo os diversos pecados, varia a gravidade dos pecados.

2. ALÉM DISSO, a gravidade do pecado é a intensidade de sua malícia. Ora, o que constitui a razão da malícia do pecado não é a conversão ao objeto próprio, que é um certo bem desejável; é, antes, o afastamento. Logo, a gravidade do pecado não varia segundo os diversos objetos.

3. ADEMAIS, os pecados que têm objetos diversos, são de gêneros diversos. Ora, se as coisas são de gêneros diversos, não são mais comparáveis, como se prova no livro VII da *Física*. Logo, um pecado não é mais grave do que o outro pela diversidade dos objetos.

EM SENTIDO CONTRÁRIO, são os objetos que dão aos pecados suas espécies, como está claro pelo que foi dito. Ora, entre alguns pecados um é mais grave do que o outro segundo sua espécie, como o homicídio em relação ao furto. Logo, a gravidade dos pecados é diferente segundo os objetos.

RESPONDO. Como foi dito acima, a diferença de gravidade nos pecados é igual ao modo como uma doença é mais grave do que outra. Assim como o bem da saúde consiste em um certo equilíbrio dos humores em relação com a natureza animal, do mesmo modo o bem da virtude consiste em um

4. Q. 66, a. 1, 2.

3

1. C. 4: 248, b, 6-7.
2. Q. 72, a. 1.
3. Art. praec.

suratione humani actus secundum convenientiam ad regulam rationis. Manifestum est autem quod tanto est gravior aegritudo, quanto tollitur debita humorum commensuratio per commensurationem prioris principii: sicut aegritudo quae provenit in corpore humano ex corde, quod est principium vitae, vel ex aliquo quod appropinquat cordi, periculosior est. Unde oportet etiam quod peccatum sit tanto gravius, quanto deordinatio contingit circa aliquod principium quod est prius in ordine rationis.

Ratio autem ordinat omnia in agibilibus ex fine. Et ideo quanto peccatum contingit in actibus humanis ex altiori fine, tanto peccatum est gravius. Obiecta autem actuum sunt fines eorum, ut ex supradictis[4] patet. Et ideo secundum diversitatem obiectorum attenditur diversitas gravitatis in peccatis. Sicut patet quod res exteriores ordinantur ad hominem sicut ad finem; homo autem ordinatur ulterius in Deum sicut in finem. Unde peccatum quod est circa ipsam substantiam hominis, sicut homicidium est gravius peccato quod est circa res exteriores, sicut furtum; et adhuc est gravius peccatum quod immediate contra Deum committitur, sicut infidelitas, blasphemia et huiusmodi. Et in ordine quorumlibet horum peccatorum, unum peccatum est gravius altero, secundum quod est circa aliquid principalius vel minus principale. — Et quia peccata habent speciem ex obiectis, differentia gravitatis quae attenditur penes obiecta, est prima et principalis, quasi consequens speciem.

AD PRIMUM ergo dicendum quod obiectum, etsi sit materia circa quam terminatur actus, habet tamen rationem finis, secundum quod intentio agentis fertur in ipsum, ut supra[5] dictum est. Forma autem actus moralis dependet ex fine, ut ex superioribus[6] patet.

AD SECUNDUM dicendum quod ex ipsa indebita conversione ad aliquod bonum commutabile, sequitur aversio ab incommutabili bono, in qua perficitur ratio mali. Et ideo oportet quod secundum diversitatem eorum quae pertinent ad conversionem, sequatur diversa gravitas malitiae in peccatis.

AD TERTIUM dicendum quod omnia obiecta humanorum actuum habent ordinem ad invicem:

certo equilíbrio do ato humano em relação com a regra da razão. Ora, é evidente que uma doença é tanto mais grave quanto mais se desfaz o devido equilíbrio dos humores em relação com o princípio primeiro. Assim, uma doença do coração ou da região do coração, que é o princípio da vida, é mais perigosa. Portanto, necessariamente um pecado será tanto mais grave quanto mais a sua desordem acontece em relação com um princípio que é primeiro na ordem da razão.

Ora, em se tratando da ação, a razão tudo ordena pelo fim. Eis porque um pecado será mais grave na medida em que o ato humano refere-se a um fim mais elevado. Ora, está claro, pelo que foi dito, que os objetos são fins para os atos. Assim, segundo a diversidade dos objetos se considera a diversidade da gravidade nos pecados. De fato, é evidente que as coisas exteriores estão ordenadas ao homem como a seu fim. O homem, por sua vez, está ordenado a Deus como a seu fim. Eis porque o pecado que atinge a substância do homem, por exemplo, o homicídio, é mais grave do que aquele que atinge os bens exteriores, como o furto. E mais grave ainda é o pecado que é cometido imediatamente contra Deus, como a infidelidade, a blasfêmia, etc. Em cada uma destas ordens o pecado será mais ou menos grave na medida em que atinge algo mais ou menos principal. — E porque os pecados se especifica por seus objetos, a diferença de gravidade tal como resulta destes objetos é primeira e principal, como algo consequente à espécie.

QUANTO AO 1º, portanto, deve-se dizer que o objeto, embora seja a matéria na qual o ato termina, tem a razão de fim na medida em que a intenção do que age tende para ele, como acima foi dito. Ora, está claro pelo que foi dito, que a forma de um ato moral depende de seu fim.

QUANTO AO 2º, deve-se dizer que da mesma conversão indevida a um bem mutável resulta o afastamento de um bem imutável no qual se perfaz a razão do mal. Por isso, necessariamente, da diversidade das coisas que dizem respeito à conversão resulta a gravidade da malícia nos pecados.

QUANTO AO 3º, deve-se dizer que todos os objetos dos atos humanos têm uma ordem entre

4. Q. 72, a. 3, ad 2.
5. Q. 72, a. 3, ad 2.
6. Q. 18, a. 6; q. 72, a. 6.

et ideo omnes actus humani quodammodo conveniunt in uno genere, secundum quod ordinantur ad ultimum finem. Et ideo nihil prohibet omnia peccata esse comparabilia.

Articulus 4

Utrum gravitas peccatorum differat secundum dignitatem virtutum quibus opponuntur

Ad quartum sic proceditur. Videtur quod gravitas peccatorum non differant secundum dignitatem virtutum quibus peccata opponuntur, ut scilicet maiori virtuti gravius peccatum opponatur.

1. Quia ut dicitur Pr 15,5, *in abundanti iustitia virtus maxima est*. Sed sicut dicit Dominus, Mt 5,20sqq., abundans iustitia cohibet iram; quae est minus peccatum quam homicidium, quod cohibet minor iustitia. Ergo maximae virtuti opponitur minimum peccatum.

2. Praeterea, in II *Ethic.*[1] dicitur quod *virtus est circa difficile et bonum*: ex quo videtur quod maior virtus sit circa magis difficile. Sed minus est peccatum si homo deficiat in magis difficili, quam si deficiat in minus difficili. Ergo maiori virtuti minus peccatum opponitur.

3. Praeterea, caritas est maior virtus quam fides et spes, ut dicitur 1Cor 13,13. Odium autem, quod opponitur caritati, est minus peccatum quam infidelitas vel desperatio, quae opponuntur fidei et spei. Ergo maiori virtuti opponitur minus peccatum.

Sed contra est quod Philosophus dicit, in VIII *Ethic.*[2], quod *pessimum optimo contrarium est*. Optimum autem in moralibus est maxima virtus; pessimum autem, gravissimum peccatum. Ergo maximae virtuti opponitur gravissimum peccatum.

Respondeo dicendum quod virtuti opponitur aliquod peccatum, uno quidem modo principaliter et directe, quod scilicet est circa idem obiectum: nam contraria circa idem sunt. Et hoc modo oportet quod maiori virtuti opponatur gravius peccatum. Sicut enim ex parte obiecti attenditur maior gravitas peccati, ita etiam maior dignitas virtutis: utrumque enim ex obiecto specim sortitur, ut ex

si. Assim, todos os atos humanos de certo modo têm em comum um único gênero, pelo qual se ordenam para o fim último. Por isso nada impede que todos os pecados sejam comparáveis.

Artigo 4

A gravidade dos pecados difere segundo a dignidade das virtudes às quais se opõem?

Quanto ao quarto, assim se procede: parece que a gravidade dos pecados **não** difere segundo a dignidade das virtudes às quais se opõem, de tal modo que a uma maior virtude se oponha um pecado mais grave.

1. Com efeito, o livro dos Provérbios diz: “Na justiça abundante a virtude é maxima”. Ora, como diz o Senhor, no Evangelho de Mateus, a justiça abundante coíbe a ira, que é um pecado menor do que o homicídio, que uma justiça menor coíbe. Logo, à virtude maior opõe-se o pecado menor.

2. Além disso, no livro II da *Ética* diz-se que “a virtude diz respeito ao que é difícil e bom”. Daí se vê que uma virtude maior diz respeito a algo mais difícil. Ora, é menor o pecado se o homem falta no que é mais difícil, do que no menos difícil. Logo, a uma virtude maior opõe-se um pecado menor.

3. Ademais, a caridade é virtude maior do que a fé e a esperança, diz o Apóstolo na primeira Carta aos Coríntios. Ora, o ódio que se opõe à caridade é um pecado menor do que a infidelidade e o desespero que se opõem à fé e à esperança. Logo, à maior virtude opõe-se o menor pecado.

Em sentido contrário, o Filósofo diz: “O péssimo é contrário ao ótimo”. Ora, em moral o ótimo é a virtude máxima, e o péssimo é o pecado gravíssimo. Logo, à máxima virtude opõe-se o pecado gravíssimo.

Respondo. O pecado opõe-se à virtude de um modo principal e diretamente, isto é, em relação com o mesmo objeto, pois os contrários dizem respeito ao mesmo objeto. E deste modo é preciso que a uma virtude maior oponha-se um pecado mais grave. Com efeito, assim como a maior gravidade do pecado é dada pelo objeto, assim também a maior dignidade da virtude, porque

4 Parall.: II-II, q. 20, a. 3; *De Malo*, q. 2, a. 10.

1. C. 2: 1105, a, 9-13.
2. C. 12: 1160, b, 9-12.

supradictis[3] patet. Unde oportet quod maximae virtuti directe contrarietur maximum peccatum, quasi maxime ab eo distans in eodem genere.

Alio modo potest considerari oppositio virtutis ad peccatum, secundum quandam extensionem virtutis cohibentis peccatum: quanto enim fuerit virtus maior, tanto magis elongat hominem a peccato sibi contrario, ita quod non solum ipsum peccatum, sed etiam inducentia ad peccatum cohibet. Et sic manifestum est quod quanto aliqua virtus fuerit maior, tanto etiam minora peccata cohibet: sicut etiam sanitas, quanto fuerit maior, tanto etiam minores distemperantias excludit. Et per hunc modum maiori virtuti minus peccatum opponitur ex parte effectus.

AD PRIMUM ergo dicendum quod ratio illa procedit de oppositione quae attenditur secundum cohibitionem peccati: sic enim abundans iustitia etiam minora peccata cohibet.

AD SECUNDUM dicendum quod maiori virtuti, quae est circa bonum magis difficile, contrariatur directe peccatum quod est circa malum magis difficile. Utrobique enim invenitur quaedam eminentia, ex hoc quod ostenditur voluntas proclivior in bonum vel in malum, ex hoc quod difficultate non vincitur.

AD TERTIUM dicendum quod caritas non est quicumque amor, sed amor Dei. Unde non opponitur ei quodcumque odium directe, sed odium Dei, quod est gravissimum peccatorum.

uma e outra se especificam pelo objeto, como está claro pelo que acima foi dito. É preciso, portanto, que à maior virtude seja diretamente contrário o maior pecado, como distante dele ao máximo no mesmo gênero.

De outro modo pode-se considerar a oposição da virtude ao pecado, segundo uma certa extensão da virtude que coibe o pecado: pois quanto maior for a virtude, tanto mais afastará o homem do pecado a ela contrário, de tal modo que não só coibirá o mesmo pecado, como as coisas que levam ao pecado. E assim é evidente que quanto maior for a virtude tanto mais coibirá ainda os menores pecados. Por exemplo, a saúde, quanto maior for, tanto mais eliminará ainda os menores distúrbios. Desse modo, à maior virtude opõe-se o menor pecado quanto ao efeito.

QUANTO AO 1º, portanto, deve-se dizer que este argumento procede da oposição considerada segundo a repressão do pecado, porque neste sentido uma justiça plena coibe até os menores pecados.

QUANTO AO 2º, deve-se dizer que a uma virtude maior que diz respeito a um bem mais difícil, opõe-se diretamente o pecado que diz respeito a um mal mais difícil. Nestes casos, encontra-se algo extraordinário pelo fato de que a vontade se mostra mais inclinada ao bem ou ao mal ao não ser vencida pela dificuldade.

QUANTO AO 3º, deve-se dizer que a caridade não é um amor qualquer, mas o amor de Deus. Portanto, o que se opõe diretamente à caridade não é um ódio qualquer, mas o ódio de Deus, que é o mais grave dos pecados.

ARTICULUS 5

Utrum peccata carnalia sint minoris culpae quam spiritualia

AD QUINTUM SIC PROCEDITUR. Videtur quod peccata carnalia non sint minoris culpae quam peccata spiritualia.

1. Adulterium enim gravius peccatum est quam furtum: dicitur enim Pr 6,30-32: *Non grandis est culpae cum quis furatus fuerit. Qui autem adulter est, propter cordis inopiam perdet animam suam.* Sed furtum pertinet ad avaritiam, quae est peccatum spirituale; adulterium autem ad luxuriam, quae est peccatum carnale. Ergo peccata carnalia sunt maioris culpae.

ARTIGO 5

Os pecados da carne são menos culpáveis do que os do espírito?

QUANTO AO QUINTO, ASSIM SE PROCEDE: parece que os pecados carnais **não** são de menor culpa do que os pecados espirituais.

1. Com efeito, o adultério é um pecado mais grave do que o furto: diz o livro dos Provérbios: "Não é grande culpa quando alguém rouba. Mas, o que é adúltero perderá a sua alma pela pobreza do coração". Ora, o furto diz respeito à avareza, pecado do espírito, e o adultério à luxúria, pecado da carne. Logo, os pecados carne são mais culpáveis.

3. Q. 60, a. 5; q. 72, a. 1.

5 PARALL.: II-II, q. 154, a. 3; IV *Sent.*, dist. 33, q. 1, a. 3, q.la 2, ad 3; *De Verit.*, q. 25, a. 6, ad 2; in *Isaiam*, c. 1.

2. PRAETEREA, Augustinus dicit, *super Levit.*[1], quod diabolus maxime gaudet de peccato luxuriae et idololatriae. Sed de maiori culpa magis gaudet. Ergo, cum luxuria sit peccatum carnale, videtur quod peccata carnalia sint maximae culpae.

3. PRAETEREA, Philosophus probat, in VII *Ethic.*[2], quod *incontinens concupiscentiae est turpior quam incontinens irae*. Sed ira est peccatum spirituale, secundum Gregorium XXXI *Moral.*[3]; concupiscentia autem pertinet ad peccata carnalia. Ergo peccatum carnale est gravius quam peccatum spirituale.

SED CONTRA est quod Gregorius dicit[4], quod peccata carnalia sunt minoris culpae, et maioris infamiae.

RESPONDEO dicendum quod peccata spiritualia sunt maioris culpae quam peccata carnalia. Quod non est sic intelligendum quasi quodlibet peccatum spirituale sit maioris culpae quolibet peccato carnali: sed quia, considerata hac sola differentia spiritualitatis et carnalitatis, graviora sunt quam cetera peccata, ceteris paribus. Cuius ratio triplex potest assignari. Prima quidem ex parte subiecti. Nam peccata spiritualia pertinent ad spiritum, cuius est converti ad Deum et ab eo averti: peccata vero carnalia consummantur in delectatione carnalis appetitus, ad quem principaliter pertinet ad bonum corporale converti. Et ideo peccatum carnale, inquantum huiusmodi, plus habet de conversione, propter quod etiam est maioris adhaesionis: sed peccatum spirituale habet plus de aversione, ex qua procedit ratio culpae. Et ideo peccatum spirituale, inquantum huiusmodi, est maioris culpae.

Secunda ratio potest sumi ex parte eius in quem peccatur. Nam peccatum carnale, inquantum huiusmodi, est in corpus proprium; quod est minus diligendum, secundum ordinem caritatis, quam Deus et proximus, in quos peccatur per peccata spiritualia. Et ideo peccata spiritualia, inquantum huiusmodi, sunt maioris culpae.

Tertia ratio potest sumi ex parte motivi. Quia quanto est gravius impulsivum ad peccandum, tanto homo minus peccat, ut infra[5] dicetur. Peccata autem carnalia habent vehementius impulsivum, idest ipsam concupiscentiam carnis nobis innatam.

2. ALÉM DISSO, Agostinho diz que o diabo alegra-se sobretudo com os pecados de lúxuria e idolatria. Ora, alegra-se mais ainda com as culpas maiores. Logo, como a luxúria é um pecado carnal, parece que estes pecados são mais culpáveis.

3. ADEMAIS, o Filósofo prova que "é mais vergonhoso não poder conter sua concupiscência do que não poder conter sua ira". Ora, segundo Gregório, a ira é um pecado espiritual, enquanto que a concupiscência diz respeito aos pecados carnais. Logo, os pecados da carne são mais graves do que os do espírito.

EM SENTIDO CONTRÁRIO, diz Gregório que os pecados da carne são menos culpáveis e de maior infâmia.

RESPONDO. Os pecados espirituais são mais culpáveis do que os pecados da carne. Isso não quer dizer que qualquer pecado do espírito seja de maior culpa do que qualquer pecado carnal, mas que considerada somente a diferença entre espiritual e carnal, os pecados do espírito são mais graves do que os outros, em igualdade de condições. Há três razões para isso. A primeira, em relação com o sujeito. Os pecados espirituais pertencem ao espírito, pelo qual se tende para Deus, e também dele se afasta. Ao contrário, os pecados carnais consumam-se nos prazeres do apetite sensível ao qual pertence principalmente tender para o bem corporal. Eis porque o pecado carnal, enquanto tal, tem mais de tendência, e por causa disso também, maior adesão às coisas. O pecado espiritual, porém, tem mais de afastamento, do qual procede a razão de culpa. Assim, o pecado espiritual, enquanto tal, é de maior culpa.

A segunda razão pode ser tomada em relação com aquilo contra o que se comete o pecado. O pecado da carne, enquanto tal, é contra o próprio corpo. Este, na ordem da caridade deve ser menos amado do que Deus e o próximo, contra os quais se peca pelos pecados do espírito. Eis porque estes são, enquanto tais, de maior culpa.

A terceira razão pode ser tomada em relação com o sentido. Um homem tanto menos peca, abaixo se dirá, quanto mais se é impulsionado a fazê-lo. Ora, os pecados da carne têm um impulso mais forte, a saber, a mesma concupiscência da

1. *De civ. Dei*, l. II, cc. 4, 26: ML 41, 50, 74.
2. C. 7: 1149, b, 2-3, 24-26.
3. C. 45, al. 17, in vet. 31: ML 76, 621 BC.
4. *Moral.* l. XXXIII, c. 12, al. 11, in vet. 15: ML 76, 688 BC.
5. Art. sq.

Et ideo peccata spiritualia, inquantum huiusmodi, sunt maioris culpae.

AD PRIMUM ergo dicendum quod adulterium non solum pertinet ad peccatum luxuriae, sed etiam pertinet ad peccatum iniustitiae. Et quantum ad hoc, potest ad avaritiam reduci; ut Glossa[6] dicit, ad Eph 5, super illud, *Omnis fornicator, aut immundus, aut avarus*. Et tunc gravius est adulterium quam furtum, quanto homini carior est uxor quam res possessa.

AD SECUNDUM dicendum quod diabolus dicitur maxime gaudere de peccato luxuriae, quia est maximae adhaerentiae, et difficile ab eo homo potest eripi: *insatiabilis est* enim *delectabilis appetitus*, ut Philosophus dicit, in III *Ethic.*[7].

AD TERTIUM dicendum quod Philosophus dicit turpiorem esse incontinentem concupiscentiae quam incontinentem irae, quia minus participat de ratione. Et secundum hoc etiam dicit, in III *Ethic.*[8], quod peccata intemperantiae sunt maxime exprobrabilia, quia sunt circa illas delectationes quae sunt communes nobis et brutis: unde quodammodo per ista peccata homo brutalis redditur. Et inde est quod, sicut Gregorius dicit, sunt maioris infamiae.

carne que nos é inata. Logo, os pecados do espírito, enquanto tais, são de maior culpa.

QUANTO AO 1º, portanto, deve-se dizer que o adultério não é somente um pecado de luxúria. É também um pecado de injustiça. Por isso, pode-se reduzir à avareza, como diz a Glosa sobre a frase da Carta aos Efésios: "Todo fornicador, ou impuro, ou avarento". E sob este aspecto o adultério é tanto mais grave do que o roubo, quanto a esposa é mais cara ao esposo do que os bens.

QUANTO AO 2º, deve-se dizer que o diabo alegra-se muito com a luxúria porque este pecado é de adesão extrema, e é difícil ao homem livrar-se dele, porque "o apetite do prazer é insaciável", como diz o Filósofo.

QUANTO AO 3º, deve-se dizer que o Filósofo afirma que é mais vergonhoso não poder reter a concupiscência do que poder reter a ira, porque participa menos da razão. É por isso que ele diz também que os pecados de intemperança são mais execráveis porque têm por objeto os prazeres que nos são comuns com os animais, e que tais pecados tornam o homem, de certo modo, um animal irracional. Daí provêm, como diz Gregório, que são de maior infâmia.

ARTICULUS 6

Utrum gravitas peccatorum attendatur secundum causam peccati

AD SEXTUM SIC PROCEDITUR. Videtur quod gravitas peccatorum non attendatur secundum causam peccati.

1. Quanto enim peccati causa fuerit maior, tanto vehementius movet ad peccandum, et ita difficilius potest ei resisti. Sed peccatum diminuitur ex hoc quod ei difficilius resistitur: hoc enim pertinet ad infirmitatem peccantis, ut non facile resistat peccato; peccatum autem quod est ex infirmitate, levius iudicatur. Non ergo peccatum habet gravitatem ex parte suae causae.

2. PRAETEREA, concupiscentia est generalis quaedam causa peccati: unde dicit Glossa[1], super illud Rm 7,7, *Nam concupiscentiam nesciebam* etc.: *Bona est lex, que, dum concupiscentiam*

ARTIGO 6

Considera-se a gravidade dos pecados por sua causa?

QUANTO AO SEXTO, ASSIM SE PROCEDE: parece que **não** se considera a gravidade dos pecados por sua causa.

1. Com efeito, quanto maior for a causa do pecado, tanto mais fortemente move para pecar e assim, mais dificilmente pode-se resistir a ela. Ora, o pecado diminui pelo fato de que se lhe resiste mais dificilmente. Isso diz respeito à fraqueza do pecador não poder resistir facilmente ao pecado; e o pecado que é pela fraqueza é julgado mais leve. Logo, o pecado não tem gravidade por parte de sua causa.

2. ALÉM DISSO, a concupiscência é uma causa geral do pecado. Donde a reflexão da Glosa sobre a frase da Carta aos Romanos: "Pois não conhecia a concupiscência etc.". "A lei é boa porque ao

6. Ord.: ML 114, 597 D; LOMBARDI: ML 192, 209 D.
7. C. 15: 1119, b, 8-10.
8. C. 13: 1118, b, 2-8.

6 PARALL.: *De Malo*, q. 2, a. 10.

1. Interl.; Ord.: ML 114, 491 A; LOMBARDI: ML 191, 1416 C.

prohibet, omne malum prohibet. Sed quanto homo fuerit victus maiori concupiscentia, tanto est minus peccatum. Gravitas ergo peccati diminuitur ex magnitudine causae.

3. PRAETEREA, sicut rectitudo rationis est causa virtuosi actus, ita defectus rationis videtur esse causa peccati. Sed defectus rationis, quanto fuerit maior, tanto est minus peccatum: intantum quod qui carent usu rationis, omnino excusentur a peccato; et qui ex ignorantia peccat, levius peccat. Ergo gravitas peccati non augetur ex magnitudine causae.

SED CONTRA, multiplicata causa, multiplicatur effectus. Ergo, si causa peccati maior fuerit, peccatum erit gravius.

RESPONDEO dicendum quod in genere peccati, sicut et in quolibet alio genere, potest accipi duplex causa. Una quae est propria et per se causa peccati, quae est ipsa voluntas peccandi: comparatur enim ad actum peccati sicut arbor ad fructum, ut dicitur in Glossa[2], super illud Mt 7,18, *Non potest arbor bona fructus malos facere*. Et huiusmodi causa quanto fuerit maior, tanto peccatum erit gravius: quanto enim voluntas fuerit maior ad peccandum, tanto homo gravius peccat.

Aliae vero causae peccati accipiuntur quasi extrinsecae et remotae, ex quibus scilicet voluntas inclinatur ad peccandum. Et in his causis est distinguendum. Quaedam enim harum inducunt voluntatem ad peccandum, secundum ipsam naturam voluntatis: sicut finis, quod est proprium obiectum voluntatis. Et ex tali causa augetur peccatum: gravius enim peccat cuius voluntas ex intentione peioris finis inclinatur ad peccandum. — Aliae vero causae sunt quae inclinant voluntatem ad peccandum, praeter naturam et ordinem ipsius voluntatis, quae nata est moveri libere ex seipsa secundum iudicium rationis. Unde causae quae diminuunt iudicium rationis, sicut ignorantia; vel quae diminuunt liberum motum voluntatis, sicut infirmitas vel violentia aut metus, aut aliquid huiusmodi, diminuunt peccatum, sicut et diminuunt voluntarium: intantum quod si actus sit omnino involuntarius, non habet rationem peccati.

AD PRIMUM ergo dicendum quod obiectio illa procedit de causa movente extrinseca, quae dimi-

proibir a concupiscência, proíbe todo mal". Ora, o pecado é tanto menos grave quanto mais se é vencido por uma forte concupiscência. Logo, a gravidade do pecado é diminuida pela grandeza da causa.

3. ADEMAIS, assim como a retidão da razão é causa do ato virtuoso, do mesmo modo a deficiência da razão parece ser causa do pecado. Ora, quanto maior for a deficiência da razão, tanto menor é o pecado. E aquele que é privado do uso da razão está totalmente excusado, e aquele que peca por ignorância peca mais levemente. Logo, a gravidade do pecado não aumenta pela grandeza da causa.

EM SENTIDO CONTRÁRIO, multiplicada a causa multiplica-se o efeito. Portanto, se a causa do pecado for maior, ele será mais grave.

RESPONDO. No gênero do pecado, como em todo outro gênero, pode-se considerar uma dupla causa. Primeiro, a que é propriamente e por si causa do pecado é a vontade de pecar. Esta vontade está para o ato de pecado como a árvore está para seu fruto, como diz a Glosa sobre esta passagem do Evangelho de Mateus: "Uma boa árvore não pode produzir maus frutos". Esta causa, quanto maior for, mais o pecado será grave, porque alguém peca mais gravemente quando tem uma vontade maior de pecar.

Há outras causas, de certo modo extrínsecas e longínquas, pelas quais a vontade se inclina a pecar. Entre elas será preciso distinguir. Umas induzem a vontade a pecar, segundo a mesma natureza da vontade, como o fim que é o objeto próprio da vontade. E com uma tal causa o pecado cresce, porque peca mais gravemente aquele cuja vontade inclina-se para pecar pela intenção de um fim pior. — Há outras causas, ao contrário, que inclinam a vontade para pecar, fora de sua natureza e de sua ordem própria, uma vez que ela é feita para mover-se por si mesma livremente segundo o julgamento da razão. As causas que diminuem o julgamento da razão, como a ignorância, ou as que diminuem o livre movimento da vontade, como a enfermidade, ou a violência, ou o temor, ou algo do mesmo gênero, diminuem o pecado, como diminuem o voluntário de modo que se o ato é totalmente involuntário, não tem razão de pecado.

QUANTO AO 1º, deve-se dizer que esta objeção procede de uma causa motora extrínseca que dimi-

2. Ord.: ML 114, 111 A.

nuit voluntarium: cuius quidem causae augmentum diminuit peccatum, ut dictum est[3].

AD SECUNDUM dicendum quod si sub concupiscentia includatur etiam ipse motus voluntatis, sic ubi est maior concupiscentia, est maius peccatum. Si vero concupiscentia dicatur passio quaedam, quae est motus vis concupiscibilis, sic maior concupiscentia praecedens iudicium rationis et motum voluntatis, diminuit peccatum: quia qui maiori concupiscentia stimulatus peccat, cadit ex graviori tentatione; unde minus ei imputatur. Si vero concupiscentia sic sumpta sequatur iudicium rationis et motum voluntatis, sic ubi est maior concupiscentia, est maius peccatum: insurgit enim interdum maior concupiscentiae motus ex hoc quod voluntas ineffrenate tendit in suum obiectum.

AD TERTIUM dicendum quod ratio illa procedit de causa quae causat involuntarium: et haec diminuit peccatum, ut dictum est[4].

nui o voluntário; o aumento de tal causa diminui o pecado, como foi dito.

QUANTO AO 2º, deve-se dizer que se na concupiscência inclui-se o próprio ato da vontade, assim onde maior é a concupiscência, maior é o pecado. Se, porém, a concupiscência se diz uma paixão qualquer, que é o movimento da potência concupiscível, então uma concupiscência maior, que precede o julgamento da razão e o movimento da vontade, diminui o pecado, porque aquele que peca, estimulado por uma concupiscência maior, sucumbe a uma tentação mais grave; por isso menos se lhe culpa. Se, ao contrário, essa concupiscência, assim entendida, segue o julgamento da razão e o movimento da vontade, então, onde é maior a concupiscência, é maior o pecado. De fato, de tempos em tempos surge um movimento mais forte da concupiscência pelo fato de que a vontade tende a seu objeto de um modo desenfreado.

QUANTO AO 3º, deve-se dizer que o argumento procede da causa que causa o involuntário, e esta diminui o pecado, como foi dito.

ARTICULUS 7

Utrum circumstantia aggravet peccatum

AD SEPTIMUM SIC PROCEDITUR. Videtur quod circumstantia non aggravet peccatum.

1. Peccatum enim habet gravitatem ex sua specie. Circumstantia autem non dat speciem peccato: cum sit quoddam accidens eius. Ergo gravitas peccati non consideratur ex circumstantia.

2. PRAETEREA, aut circumstantia est mala, aut non. Si circumstantia mala est, ipsa per se causat quandam speciem mali: si vero non sit mala, non habet unde augeat malum. Ergo circumstantia nullo modo auget peccatum.

3. PRAETEREA, malitia peccati est ex parte aversionis. Sed circumstantiae consequuntur peccatum ex parte conversionis. Ergo non augent malitiam peccati.

SED CONTRA est quod ignorantia circumstantiae diminuit peccatum: qui enim peccat ex ignorantia circumstantiae, meretur veniam, ut dicitur in III *Ethic.*[1]. Hoc autem non esset, nisi circumstantia

ARTIGO 7

A circunstância agrava o pecado?

QUANTO AO SÉTIMO, ASSIM SE PROCEDE: parece que a circunstância **não** agrava o pecado.

1. Com efeito, o pecado tem sua gravidade de sua espécie. Ora, a circunstância não dá a espécie ao pecado, uma vez que é um seu acidente. Logo, a gravidade do pecado não se considera pela circunstância.

2. ALÉM DISSO, a circunstância é ou não é má. Se é má, causa por si uma espécie de mal. Se não é má, não tem como aumentar o mal. Portanto, de nenhuma maneira ela aumenta o pecado.

3. ADEMAIS, a malícia do pecado vem da parte do afastamento. Ora, as circunstâncias são consequentes ao pecado pelo lado da conversão. Logo, não aumentam a malícia do pecado.

EM SENTIDO CONTRÁRIO, a ignorância da circunstância diminui o pecado. Quem peca por ignorância da circunstância, merece perdão, como se diz no livro III da *Ética*. Ora, isso não aconteceria se

3. In corp.
4. In corp.

7 PARALL.: IV *Sent.*, dist. 16, q. 3, a. 2, q.la 1; *De Malo*, q. 2, a. 7.

1. C. 1: 1111, a, 1-2.

aggravaret peccatum. Ergo circumstantia peccatum aggravat.

RESPONDEO dicendum quod unumquodque ex eodem natum est augeri, ex quo causatur; sicut Philosophus dicit de habitu virtutis, in II *Ethic.*[2]. Manifestum est autem quod peccatum causatur ex defectu alicuius circumstantiae: ex hoc enim receditur ab ordine rationis, quod aliquis in operando non observat debitas circumstantias. Unde manifestum est quod peccatum natum est aggravari per circumstantiam.

Sed hoc quidem contingit tripliciter. Uno quidem modo, inquantum circumstantia transfert in aliud genus peccati. Sicut peccatum fornicationis consistit in hoc quoc homo accedit ad non suam: si autem addatur haec circumstantia, ut illa ad quam accedit sit alterius uxor, transfertur iam in aliud genus peccati, scilicet in iniustitiam, inquantum homo usurpat rem alterius. Et secundum hoc, adulterium est gravius peccatum quam fornicatio.

Aliquando vero circumstantia non aggravat peccatum quasi trahens in aliud genus peccati, sed solum quia multiplicat rationem peccati. Sicut si prodigus det quando non debet, et cui non debet, multiplicius peccat eodem genere peccati, quam si solum det cui non debet. Et ex hoc ipso peccatum fit gravius: sicut etiam aegritudo est gravior quae plures partes corporis inficit. Unde et Tullius dicit, in *Paradoxis*[3], quod *in patris vita violanda, multa peccantur: violatur enim is qui procreavit, qui aluit, qui erudivit, qui in sede ac domo, atque in republica collocavit.*

Tertio modo circumstantia aggravat peccatum ex eo quod auget deformitatem provenientem ex alia circumstantia. Sicut accipere alienum constituit peccatum furti: si autem addatur haec circumstantia, ut multum accipiat de alieno, est peccatum gravius; quamvis accipere multum vel parum, de se non dicat rationem boni vel mali.

AD PRIMUM ergo dicendum quod aliqua circumstantia dat speciem actui morali, ut supra[4] habitum est. — Et tamen circumstantia quae non dat speciem, potest aggravare peccatum. Quia sicut bonitas rei non solum pensatur ex sua specie, sed etiam ex aliquo accidente; ita militia actus

a circunstância não agravasse o pecado. Logo, a circunstância agrava o pecado.

RESPONDO. É natural que cada coisa cresça por aquilo que a causa, como diz o Filósofo a propósito do hábito virtuoso. Ora, é evidente que o pecado é causado pela deficiência de alguma circunstância, pois afastar-se da ordem racional é não observar, agindo, as circunstâncias que se devem observar. Logo, é evidente que é natural ao pecado ser agravado pela circunstância.

Mas, isso pode acontecer de três maneiras.

1. A circunstância muda o gênero do pecado. Assim, a fornicação consiste em aproximar-se de uma mulher que não é sua. Se se acrescenta a circunstância que é a mulher de um outro, então passa-se para um outro gênero de pecado, no caso a injustiça, enquanto usurpa-se algo do outro. Nesse sentido, o adultério é mais grave do que a fornicação.

2. A circunstância não agrava o pecado fazendo-o mudar de natureza, mas somente porque multiplica a razão de pecado. Assim, se um pródigo faz doações quando não deve e a quem não não deve, peca de mais maneiras no mesmo gênero de pecado, do que se desse apenas a quem não deve. E por isso o pecado torna-se mais grave, como acontece com uma doença que se torna mais grave quando se estende em mais partes do corpo. Daí a sentença de Cícero: "Há no parricídio um pecado múltiplo: é um atentado contra quem gerou, nutriu, instruiu, lhe deu um lugar na existência, na família, e no estado".

3. A circunstância agrava o pecado acrescentado a deformidade proveniente de uma outra circunstância. Assim, tomar o bem de outro constitui o pecado do furto. Se a isso acrescenta-se a circunstância de tomar em grande quantidade o bem de outro, o pecado será mais grave, ainda que tomar pouco ou muito não indique por si mesmo razão de bem ou de mal.

QUANTO AO 1º, portanto, deve-se dizer que alguma circunstância especifica o ato moral, como acima se estabeleceu. — Entretanto, a circunstância que não especifica, pode agravar o pecado. Porque a bondade de uma coisa não é ponderada unicamente por sua espécie, mas também por al-

2. C. 2: 1104, a, 27-b, 3.
3. Parad. 3: ed. Müller, Lipsiae 1910, p. 204, ll. 33-36.
4. Q. 18, a. 10.

non solum pensatur ex specie actus, sed etiam ex circumstantia.

AD SECUNDUM dicendum quod utroque modo circumstantia potest aggravare peccatum. Si enim sit mala, non tamen propter hoc oportet quod semper constituat speciem peccati: potest enim addere rationem malitiae in eadem specie, ut dictum est[5]. Si autem non sit mala, potest aggravare peccatum in ordine ad malitiam alterius circumstantiae.

AD TERTIUM dicendum quod ratio debet ordinare actum non solum quantum ad obiectum, sed etiam quantum ad omnes circumstantias. Et ideo aversio quaedam a regula rationis attenditur secundum corruptionem cuiuslibet circumstantiae: puta si aliquis operetur quando non debet, vel ubi non debet. Et huiusmodi aversio sufficit ad rationem mali. Hanc autem aversionem a regula rationis, sequitur aversio a Deo, cui debet homo per rectam rationem coniungi.

gum acidente. Também a malícia de um ato não é ponderada somente pela espécie do ato, mas ainda pelas circunstâncias.

QUANTO AO 2º, deve-se dizer que de ambas as maneiras, a circunstância pode agravar o pecado. Se é má, não é necessário que por isso ela constitua sempre uma espécie de pecado. Pode, com efeito, acrescentar a razão de malícia na mesma espécie, como foi dito. Se a circunstância não é má, pode agravar o pecado relativamente à malícia de uma outra circunstância.

QUANTO AO 3º, deve-se dizer que a razão deve ordenar o ato não somente quanto ao objeto, mas ainda quanto a todas as circunstâncias. Por isso, considera-se o afastamento da regra da razão segundo a corrupção de qualquer circunstância. Por exemplo, se alguém age quando não deve, ou onde não deve. Tal afastamento basta para a razão de mal. A este afastamento da regra da razão segue-se o afastamento de Deus, ao qual o homem deve unir-se pela reta razão.

ARTICULUS 8

Utrum gravitas peccati augeatur secundum maius nocumentum

AD OCTAVUM SIC PROCEDITUR. Videtur quod gravitas peccati non augeatur secundum maius nocumentum.

1. Nocumentum enim est quidam eventus consequens actum peccati. Sed eventus sequens non addit ad bonitatem vel malitiam actus, ut supra[1] dictum est. Ergo peccatum non aggravatur propter maius nocumentum.

2. PRAETEREA, nocumentum maxime invenitur in peccatis quae sunt contra proximum: quia sibi ipsi nemo vult nocere; Deo autem nemo potest nocere, secundum illud Iob 35,6-8: *Si multiplicatae fuerint iniquitates tuae, quid facies contra illum? Homini, qui similis tibi est, nocebit impietas tua.* Si ergo peccatum aggravaretur propter maius nocumentum, sequeretur quod peccatum quo quis peccat in proximum, esset gravius peccato quo quis peccat in Deum vel in seipsum.

3. PRAETEREA, maius nocumentum infertur alicui cum privatur vita gratiae, quam cum privatur vita naturae: quia vita gratiae est melior quam

ARTIGO 8

Um dano maior aumenta a gravidade do pecado?

QUANTO AO OITAVO, ASSIM SE PROCEDE: parece que a gravidade do pecado **não** aumenta em proporção de um dano maior.

1. Com efeito, o dano acontece depois do pecado. Ora, o que vem depois de um ato não acrescenta nada nem para a bondade nem para a malícia do ato. Logo, o pecado não é agravado pelo maior dano.

2. ALÉM DISSO, é sobretudo nos pecados contra o próximo que se encontra o dano, porque ninguém quer prejudicar-se a si mesmo. A Deus ninguém pode prejudicar, segundo o livro de Jó: "Se multiplicarem tuas iniquidades, o que farás contra ele? Tua impiedade ofenderá o homem que é teu semelhante". Portanto, se o pecado fosse agravado pelo maior dano, seguir-se-ia que o pecado cometido contra o próximo seria mais grave do que o pecado cometido contra Deus e contra si mesmo.

3. ADEMAIS, faz-se maior dano a algém privando da vida da graça do que privando-o da vida natural, porque, a vida da graça é melhor do que a

5. In corp.

8 PARALL.: Supra, q. 20, a. 5.

1. Q. 20, a. 5.

vita naturae, intantum quod homo debet vitam naturae contemnere ne amittat vitam gratiae. Sed ille qui inducit aliquam mulierem ad fornicandum, quantum est de se, privat eam vita gratiae, inducens eam ad peccatum mortale. Si ergo peccatum esset gravius propter maius nocumentum, sequeretur quod simplex fornicator gravius peccaret quam homicida: quod est manifeste falsum. Non ergo peccatum est gravius propter maius nocumentum.

SED CONTRA est quod Augustinus dicit, in III *de Lib. Arb.*[2]: *Quia vitium naturae adversatur, tantum additur malitiae vitiorum, quantum integritati naturarum minuitur*. Sed diminutio integritatis naturae est nocumentum. Ergo tanto gravius est peccatum, quanto maius est nocumentum.

RESPONDEO dicendum quod nocumentum tripliciter se habere potest ad peccatum. Quandoque enim nocumentum quod provenit ex peccato, est praevisum et intentum: sicut cum aliquis aliquid operatur nocendi alteri, ut homicida vel fur. Et tunc directe quantitas nocumenti adauget gravitatem peccati: quia tunc nocumentum est per se obiectum peccati.

Quandoque autem nocumentum est praevisum, sed non intentum: sicut cum aliquis transiens per agrum ut compendiosius vadat ad fornicandum, infert nocumentum his quae sunt seminata in agro, scienter, licet non animo nocendi. Et sic etiam quantitas nocumenti aggravat peccatum, sed indirecte: inquantum scilicet ex voluntate multum inclinata ad peccandum, procedit quod aliquis non praetermittat facere damnum sibi vel alii, quod simpliciter non vellet.

Quandoque autem nocumentum nec est praevisum nec intentum. Et tunc si per accidens se habeat ad peccatum, non aggravat peccatum directe: sed propter negligentiam considerandi nocumenta quae consequi possent, imputantur homini ad poenam mala quae eveniunt praeter eius intentionem, si dabat operam rei illicitae. — Si vero nocumentum per se sequatur ex actu peccati, licet non sit intentum nec praevisum, directe peccatum aggravat: quia quaecumque per se consequuntur ad peccatum, pertinent quodammodo ad ipsam peccati speciem. Puta si aliquis publice fornicetur, sequitur scandalum plurimorum: quod quamvis ipse non intendat, nec forte praevideat, directe per hoc aggravatur peccatum.

vida da natureza, a tal ponto que se deve desprezar esta para não perder aquela. Ora, o homem que induz uma mulher à fornicação priva-a, enquanto depende dele, da vida da graça induzindo-a ao pecado mortal. Portanto, se o pecado fosse mais grave pelo maior dano, seguir-se-ia que o simples fornicador pecaria mais gravemente do que o homicida. O que é claramente falso. Assim, o pecado não é mais grave por causa de um dano maior.

EM SENTIDO CONTRÁRIO, Agostinho diz: "Porque o vício é contrário à natureza, na medida em que cresce a malícia dos vícios, diminui a integridade da natureza". Ora, a diminuição da integridade da natureza é um dano. Logo, um pecado é tanto mais grave quanto o dano é maior.

RESPONDO. O dano refere-se ao pecado de três maneiras. 1. Ele é previsto e querido, por exemplo, quando se age com o desígnio de prejudicar, como faz o homicida ou o ladrão. Neste caso, a grandeza do dano aumenta diretamente a gravidade do pecado, porque o dano é por si o objeto do pecado.

2. O dano é previsto, mas não querido. É o caso do indivíduo que atravessa um campo para ir mais rápido à fornicação. Ele danifica o que é semeado no campo, ele o faz conscientemente, se bem que sem o espírito de danificar. Então, a quantidade do dano agrava o pecado, mas indiretamente, isto é, procede da vontade muito inclinada a pecar que alguém não evite causar dano a si ou a outro, o que absolutamente não quereria.

3. O dano não é nem previsto, nem querido. Neste caso, se por acidente se refere ao pecado, não o agrava diretamente. Entretanto, em razão da negligência em considerar os danos que poderiam seguir-se, pune-se o homem com pena pelos males que acontecem sem sua intenção, se se ocupava em coisas ilícitas. — Se ao contrário, o dano é por si mesmo consequência do ato do pecado, ainda que não seja nem previsto, nem querido, ele agrava diretamente o pecado, porque o que é por si uma consequência do pecado pertence de certa maneira à espécie mesma do pecado. Por exemplo, se alguém comete uma fornicação em público, segue-se um escândalo de muitos, o que, ainda que o autor não o queira, nem talvez o preveja, agrava diretamente o seu pecado.

2. C. 14, n. 41: ML 32, 1291.

Aliter tamen videtur se habere circa nocumentum poenale, quod incurrit ipse qui peccat. Huiusmodi enim nocumentum, si per accidens se habeat ad actum peccati, et non sit praevisum nec intentum, non aggravat peccatum, neque sequitur maiorem gravitatem peccati: sicut si aliquis currens ad occidendum, impingat et laedat sibi pedem. — Si vero tale nocumentum per se consequatur ad actum peccati, licet forte nec sit praevisum nec intentum, tunc maius nocumentum non facit gravius peccatum; sed e converso gravius peccatum inducit gravius nocumentum. Sicut aliquis infidelis, qui nihil audivit de poenis inferni, graviorem poenam in inferno patietur pro peccato homicidii quam pro peccato furti: quia enim hoc nec intendit nec praevidet, non aggravatur ex hoc peccatum (sicut contingit circa fidelem, qui ex hoc ipso videtur peccare gravius, quod maiores poenas contemnit ut impleat voluntatem peccati), sed gravitas huiusmodi nocumenti solum causatur ex gravitate peccati.

AD PRIMUM ergo dicendum quod, sicut etiam supra[3] dictum est, cum de bonitate et malitia exteriorum actuum ageretur, eventus sequens, si sit praevisus et intentus, addit ad bonitatem vel malitiam actus.

AD SECUNDUM dicendum quod, quamvis nocumentum aggravet peccatum, non tamen sequitur quod ex solo nocumento peccatum aggravetur: quinimmo peccatum per se est gravius propter inordinationem, ut supra dictum est[4]. Unde et ipsum nocumentum aggravat peccatum, inquantum facit actum esse magis inordinatum. Unde non sequitur quod, si nocumentum maxime habeat locum in peccatis quae sunt contra proximum, quod illa peccata sunt gravissima: quia multo maior inordinatio invenitur in peccatis quae sunt contra Deum, et in quibusdam eorum quae sunt contra seipsum. — Et tamen potest dici quod, etsi Deo nullus possit nocere quantum ad eius substantiam, potest tamen nocumentum attentare in his quae Dei sunt: sicut extirpando fidem, violando sacra, quae sunt peccata gravissima. Sibi etiam aliquis quandoque scienter et volenter infert nocumentum, sicut patet in his qui se interimunt: licet finaliter hoc referant ad aliquod bonum apparens, puta ad hoc quod liberentur ab aliqua angustia.

AD TERTIUM dicendum quod illa ratio non sequitur, propter duo. Primo quidem, quia homicida

Entretanto, diferentemente parece se haver relativamente ao dano penal no qual incorre o que peca. Um tal dano, se acidentalmente se liga ao ato de pecado, se não é nem previsto nem querido, não agrava o pecado, nem se segue uma maior gravidade do pecado. Tal é o caso daquele que ao correr para matar, tropeça e machuca o pé. — Se ao contrário, este dano é por si uma consequência do ato de pecado, neste caso, embora não seja previsto, nem querido o dano maior não faz mais grave o pecado, mas inversamente o pecado mais grave induz a um dano mais grave. Por exemplo, um infiel que nunca ouviu falar das penas do inferno sofrerá no inferno uma pena mais grave pelo pecado de homicídio do que pelo de furto. Com efeito, porque não previu e nem quis, por isso não se agrava o pecado (como acontece com o fiel que parece pecar mais gravemente, pelo fato de que despreza maiores penas para satisfazer sua vontade de pecar), mas a gravidade de tal dano só é causada pela gravidade do pecado.

QUANTO AO 1º, portanto, deve-se dizer que como também foi dito acima, quando se trata da bondade e da malícia dos atos exteriores, o evento seguinte, se previsto ou intencionado, aumenta a bondade ou malícia do ato.

QUANTO AO 2º, deve-se dizer que embora o dano agrave o pecado, não se segue que só se agrave o pecado pelo dano. Pelo contrário, o pecado é por si mais grave por causa da desordem, como acima foi dito. Portanto, o próprio dano agrava o pecado na medida em que torna o ato mais desordenado. Por isso, não se deve concluir que, se o dano acontece sobretudo nos pecados contra o próximo, eles seriam os pecados mais graves. Pois, há uma desordem muito mais grave nos pecados contra Deus e em alguns dos pecados contra si mesmo. — Aliás é possível dizer que, embora ninguém possa ofender a Deus quanto à sua substância, pode-se atentar contra aquilo que é de Deus, por exemplo, extirpando a fé, violando as coisas santas; estes são pecados gravíssimos. Pode-se, também, às vezes, consciente e voluntariamente causar um dano a si mesmo. É o caso dos que se matam, embora refiram o ato finalmente à aparência de um bem; por exemplo, à libertação de uma angústia.

QUANTO AO 3º, deve-se dizer que esta objeção não é concludente por duas razões: 1. O homicida

3. Loc. cit. in arg.
4. Art. 2, 3.

intendit directe nocumentum proximi: fornicator autem qui provocat mulierem, non intendit nocumentum, sed delectationem. — Secundo, quia homicida est per se et sufficiens causa corporalis mortis: spiritualis autem mortis nullus potest esse alteri causa per se et sufficiens; quia nullus spiritualiter moritur nisi propria voluntate peccando.

procura diretamente o dano do próximo, o fornicador que seduz a mulher não procura o dano, mas o prazer. — 2. O homicida é por si mesmo e de maneira suficiente causa da morte corporal, enquanto que ninguém pode ser para um outro causa da morte espiritual, por si mesmo e suficientemente, porque ninguém morre espiritualmente senão pela própria vontade de pecar.

ARTICULUS 9

Utrum peccatum aggravetur ratione personae in quam peccatur

AD NONUM SIC PROCEDITUR. Videtur quod propter conditionem personae in quam peccatur, peccatum non aggravetur.

1. Sic enim hoc esset, maxime aggravaretur ex hoc quod aliquis peccat contra aliquem virum iustum et sanctum. Sed ex hoc non aggravatur peccatum: minus enim laeditur ex iniuria illata virtuosus, qui aequanimiter tolerat, quam alii, qui etiam interius scandalizati laeduntur. Ergo conditio personae in quam peccatur, non aggravat peccatum.

2. PRAETEREA, si conditio personae aggravaret peccatum, maxime aggravaretur ex propinquitate: quia sicut Tullius dicit in *Paradoxis*[1], *in servo necando semel peccatur, in patris vita violanda multa peccantur*. Sed propinquitas personae in quam peccatur, non videtur aggravare peccatum: quia unusquisque sibi ipsi maxime est propinquus; et tamen minus peccat qui aliquod damnum sibi infert, quam si inferret alteri, puta si occideret equum suum, quam si occideret equum alterius, ut patet per Philosophum, in V *Ethic*.[2]. Ergo propinquitas personae non aggravat peccatum.

3. PRAETEREA, conditio personae peccantis praecipue aggravat pecatum ratione dignitatis vel scientiae: secundum illud Sap 6,7: *Potentes potenter tormenta patientur*; et Lc 12,47: *Servus sciens voluntatem domini, et non faciens, plagis vapulabit multis*. Ergo, pari ratione, ex parte personae in quam peccatur, magis aggravaret peccatum dignitas aut scientia personae in quam peccatur. Sed non videtur gravius peccare qui facit iniuriam personae ditiori vel potentiori, quam

ARTIGO 9

O pecado torna-se mais grave em razão da pessoa contra a qual é cometido?

QUANTO AO NONO, ASSIM SE PROCEDE: parece que o pecado **não** se torna mais grave em razão da pessoa contra a qual é cometido.

1. Com efeito, se fosse assim, seria extremamente mais grave pecar contra alguém justo e santo. Ora, por isso não é mais grave, pois uma pessoa virtuosa é menos ferida pela injúria que lhe é feita e que ela suporta de modo equânime, do que outros que injuriados escandalizam-se interiormente. Logo, deve-se dizer que a condição da pessoa contra quem se peca não torna o pecado mais grave.

2. ALÉM DISSO, se a condição da pessoa tornasse mais grave o pecado, agravaria ao máximo pela proximidade, porque, como diz Cícero: "Se é pecar uma vez matar seu escravo, é pecar várias vezes matar seu pai". Ora, a proximidade da pessoa não parece que torne mais grave o pecado, porque não se tem nada de mais próximo do que a si mesmo. Entretanto, peca menos quem se causa um dano do que quem causa a um outro. Por exemplo, é menos grave matar o seu próprio cavalo do que o do outro, como diz o Filósofo. Logo, a proximidade da pessoa não torna mais grave o pecado.

3. ADEMAIS, a condição daquele que comete o pecado torna mais grave o pecado sobretudo em razão da dignidade ou da ciência, segundo o livro da Sabedoria: "Os poderosos serão poderosamente atormentados, e o Evangelho de Lucas: "Aquele servo que conhece a vontade de seu senhor, e não a cumpre, será açoitado muitas vezes". Portanto, por uma razão semelhante, da parte da pessoa contra a qual se peca, a sua dignidade ou ciência deveriam tornar mais grave o pecado. E, no

9 PARALL.: II-II, q. 65, a. 4; Part. III, q. 80, a. 5; I *Cor*., c. 11, lect. 7.

1. Parad. 3: ed. Müller, Lipsiae 1910, p. 204, ll. 32-34.
2. C. 15: 1138, a, 24-26.

alicui pauperi: quia *non est personarum acceptio apud Deum*, secundum cuius iudicium gravitas peccati pensatur. Ergo conditio personae in quam peccatur, non aggravat peccatum.

SED CONTRA est quod in sacra Scriptura specialiter vituperatur peccatum quod contra servos Dei committitur: sicut 3Reg 19,14: *Altaria tua destruxerunt, et prophetas tuos occiderunt gladio*. Vituperatur etiam specialiter peccatum commissum contra personas propinquas: secundum illud Mich 7,6: *Filius contumeliam facit patri, filia consurgit adversus matrem suam*. Vituperatur etiam specialiter peccatum quod committitur contra personas in dignitate constitutas: ut patet Iob 34,18: *Qui dicit regi, Apostata; qui vocat duces impios*. Ergo conditio personae in quam peccatur, aggravat peccatum.

RESPONDEO dicendum quod persona in quam peccatur, est quodammodo obiectum peccati. Dictum est autem supra[3] quod prima gravitas peccati attenditur ex parte obiecti. Ex quo quidem tanto attenditur maior gravitas in peccato, quanto obiectum eius est principalior finis. Fines autem principales humanorum actuum sunt Deus, ipse homo, et proximus: quidquid enim facimus, propter aliquod horum facimus; quamvis etiam horum trium unum sub altero ordinetur. Potest igitur ex parte horum trium considerari maior vel minor gravitas in peccato secundum conditionem personae in quam peccatur. Primo quidem, ex parte Dei, cui tanto magis aliquis homo coniungitur, quanto est virtuosior vel Deo sacratior. Et ideo iniuria tali personae illata, magis redundat in Deum: secundum illud Zach 2,8: *Qui vos tetigerit, tangit pupillam oculi mei*. Unde peccatum fit gravius ex hoc quod peccatur in personam magis Deo coniunctam, vel ratione virtutis vel ratione officii.

Ex parte vero sui ipsius, manifestum est quod tanto aliquis gravius peccat, quanto in magis coniunctam personam, seu naturali necessitudine, seu beneficiis, seu quacumque coniunctione, peccaverit: quia videtur in seipsum magis peccare, et pro tanto gravius peccat, secundum illud Eccli 14,5: *Qui sibi nequam est, cui bonus erit?*.

entanto, não parece pecar mais gravemente quem injuria alguém que é mais rico e mais poderoso do que quem é pobre, porque Deus não faz acepção de pessoas. E é por seu julgamento que deve ser medida a gravidade do pecado. Logo, a condição da pessoa contra quem se peca não torna mais grave o pecado.

EM SENTIDO CONTRÁRIO, a Sagrada Escritura vitupera de modo especial os pecados contra os servos de Deus, segundo o livro dos Reis: "Destruíram teus altares e mataram teus profetas pela espada". Vitupera-se também de modo especial o pecado cometido contra pessoas próximas, segundo o livro de Miqueias: "O filho insulta seu pai, e a filha dirige-se contra sua mãe". Vitupera-se também de modo especial o pecado que se comete contra pessoas constituídas em dignidade, como aparece no livro de Jó: "Aquele que trata o rei de apóstata, e os chefes de ímpios...". Logo, a condição da pessoa contra quem se peca, torna mais grave o pecado.

RESPONDO. A pessoa contra a qual se peca é, de certo modo, o objeto do pecado. Ora, foi dito acima que a primeira gravidade do pecado vem do objeto. Por isso, o pecado é tanto mais grave quanto tem por objeto um fim mais elevado. Os fins principais dos atos humanos são Deus, o próprio homem e o próximo. Seja o que fizermos, o fazemos por algum destes objetos, embora haja entre os três uma subordinação de um ao outro. Portanto, olhando estes três objetos, pode-se considerar o pecado mais ou menos grave segundo a condição da pessoa contra quem se peca. Primeiramente, com respeito a Deus: ao qual tanto mais unido está um homem quanto mais é virtuoso ou consagrado. É por isso que a injúria feita a uma tal pessoa redunda em Deus, segundo o livro de Zacarias: "Quem vos toca, toca-me a pupila dos olhos". Portanto, um pecado torna-se mais grave pelo fato de que é cometido contra uma pessoa mais unida a Deus seja por sua virtude seja por sua função.

Com respeito a si mesmo, é evidente que alguém peca tanto mais gravemente quando peca contra uma pessoa à qual está unido por laços mais estreitos de parentesco, de serviço, ou por qualquer outro laço, porque parece que peca mais contra si mesmo, e por isso peca mais gravemente segundo a passagem do Eclesiástico: "Aquele que é mau para consigo mesmo, para quem seria ele bom?".

3. Art. 3.

Ex parte vero proximi, tanto gravius peccatur, quanto peccatum plures tangit. Et ideo peccatum quod fit in personam publicam, puta regem vel principem, qui gerit personam totius multitudinis, est gravius quam peccatum quod committitur contra unam personam privatam: unde specialiter dicitur Ex 22,28: *Principi populi tui non maledices*. Et similiter iniuria quae fit alicui famosae personae, videtur esse gravior, ex hoc quod in scandalum et in turbationem plurimorum redundat.

Quanto ao próximo, o pecado é tanto mais grave quando atinge um maior número. É por isso que um pecado cometido contra uma pessoa pública, rei ou princípe, por exemplo, que representa toda uma multidão em sua pessoa, é mais grave do que um pecado cometido contra uma pessoa privada. Donde o preceito especial do livro do Êxodo: "Tu não amaldiçoarás o príncipe de teu povo". Igualmente, uma injustiça cometida contra alguém de muito renome, pelo fato de redundar em escândalo e perturbação para um grande número de pessoas, parece ser mais grave.

AD PRIMUM ergo dicendum quod ille qui infert iniuriam virtuoso, quantum est in se, turbat eum et interius et exterius. Sed quod iste interius non turbetur, contingit ex eius bonitate, quae non diminuit peccatum iniuriantis.

QUANTO AO 1º, portanto, deve-se dizer que aquele que ofende o virtuoso, enquanto pode, o perturba interior e exteriormente. Se o virtuoso não se emociona interiormente é o resultado de sua bondade, o que não diminui em nada o pecado do ofensor.

AD SECUNDUM dicendum quod nocumentum quod quis sibi ipsi infert in his quae subsunt dominio propriae voluntatis, sicut in rebus possessis, habet minus de peccato quam si alteri inferatur, quia propria voluntate hoc agit. Sed in his quae non subduntur dominio voluntatis, sicut sunt naturalia et spiritualia bona, est gravius peccatum nocumentum sibi ipsi inferre: gravius enim peccat qui occidit seipsum, quam qui occidit alterum. Sed quia res propinquorum nostrorum non subduntur voluntatis nostrae dominio, non procedit ratio quantum ad nocumenta rebus illorum illata, quod circa ea minus peccetur; nisi forte velint, vel ratum habeant.

QUANTO AO 2º, deve-se dizer que o dano que alguém faz a si mesmo, nas coisas de seu domínio próprio, nos seus bens por exemplo, é menos culpável do que o dano feito a um outro, porque assim age por vontade própria. Mas, nas coisas que não são do domínio da vontade, como os bens naturais e espirituais, é um pecado mais grave fazer um dano a si mesmo; com efeito, é um pecado mais grave suicidar do que matar um outro. Quanto aos danos causados aos bens de nossos próximos, dado que isso não é do domínio de nossa vontade, não procede o argumento, quanto ao dano feito às coisas dos outros, de que se peque menos com respeito a isso, a não ser que queiram, ou aprovem.

AD TERTIUM dicendum quod non est acceptio personarum si Deus gravius punit peccantem contra excellentiores personas: hoc enim fit propter hoc quod hoc redundat in plurium nocumentum.

QUANTO AO 3º, deve-se dizer que se Deus pune mais gravemente aquele que peca contra pessoas de mais qualidade, não é por acepção de pessoas. Faz isso porque redunda em dano de muitos.

ARTICULUS 10

Utrum magnitudo personae peccantis aggravet peccatum

AD DECIMUM SIC PROCEDITUR. Videtur quod magnitudo personae peccantis non aggravet peccatum.

1. Homo enim maxime redditur magnus ex hoc quod Deo adhaeret: secundum illud Eccli 25,13: *Quam magnus est qui invenit sapientiam et scientiam! Sed non est super timentem Deum*. Sed quanto aliquis magis Deo adhaeret, tanto

ARTIGO 10

A grandeza pessoal do pecador agrava o pecado?

QUANTO AO DÉCIMO, ASSIM SE PROCEDE: parece que a grandeza pessoal do pecador **não** agrava o pecado.

1. Com efeito, o que sobretudo engrandece o homem é a adesão a Deus, segundo o livro do Eclesiástico: "Como é grande aquele que encontrou a sabedoria e a ciência. Entretanto, não é superior ao que teme a Deus". Ora, quanto mais

10 PARALL.: Infra, q. 89, a. 3; *De Malo*, q. 7, a. 10, ad 5; *Ad Heb.*, c. 10, lect. 3.

minus imputatur ei aliquid ad peccatum: dicitur enim 2Par 30,18-19: *Dominus bonus propitiabitur cunctis qui in toto corde requirunt Dominum Deum patrum suorum, et non imputabitur eis quod minus sanctificati sunt*. Ergo peccatum non aggravatur ex magnitudine personae peccantis.

2. PRAETEREA, *non est personarum acceptio apud Deum*, ut dicitur Rm 2,11. Ergo non magis punit pro uno et eodem peccato, unum quam alium. Non ergo aggravatur ex magnitudine personae peccantis.

3. PRAETEREA, nullus debet ex bono incommodum reportare. Reportaret autem, si id quod agit, magis ei imputaretur ad culpam. Ergo propter magnitudinem personae peccantis. non aggravatur peccatum.

SED CONTRA est quod Isidorus dicit, in II *de Summo Bono*[1]: *Tanto maius cognoscitur peccatum esse, quanto maior qui peccat habetur*.

RESPONDEO dicendum quod duplex est peccatum. Quoddam ex subreptione proveniens, propter infirmitatem humanae naturae. Et tale peccatum minus imputatur ei qui est maior in virtute: eo quod minus negligit huiusmodi peccata reprimere, quae tamen omnino subterfugere infirmitas humana non sinit. — Alia vero peccata sunt ex deliberatione procedentia. Et ista peccata tanto magis alicui imputantur, quanto maior est.

Et hoc potest esse propter quatuor. Primo quidem, quia facilius possunt resistere peccato maiores, puta qui excedunt in scientia et virtute. Unde Dominus dicit, Lc 12,47, quod *servus sciens voluntatem domini sui, et non faciens, plagis vapulabit multis*. — Secundo, propter ingratitudinem: quia omne bonum quo quis magnificatur, est Dei beneficium, cui homo fit ingratus peccando. Et quantum ad hoc, quaelibet maioritas, etiam in temporalibus bonis, peccatum aggravat: secundum illud Sap 6,7: *Potentes potenter tormenta patientur*. — Tertio, propter specialem repugnantiam actus peccati ad magnitudinem personae: sicut si princeps iustitiam violet, qui ponitur iustitiae custos; et si sacerdos fornicetur, qui castitatem vovit. — Quarto, propter exemplum, sive scandalum: quia, ut Gregorius dicit in *Pastorali*[2], *in exemplum culpa vehementer extenditur, quando pro reverentia gradus peccator honoratur*. Ad plurium etiam

alguém adere a Deus, menos as coisas lhe são imputadas em pecado. Com efeito, diz o segundo livro das Crônicas que "o Senhor será propício àqueles que buscam de todo o coração o Deus de seus pais, e não lhes imputará de não estarem bastante santificados".

2. ALÉM DISSO, "Deus não faz acepção de pessoas", segundo a Carta aos Romanos. Portanto, não punirá um indivíduo mais do que outro quando o pecado é exatamente o mesmo. Logo, a grandeza pessoal do pecado não agrava o pecado.

3. ADEMAIS, ninguém deve ter desvantagem pelo bem. Ora, isso teria se os seus atos lhe fossem mais severamente imputados em culpa. Logo, a grandeza pessoal do pecador não agrava o pecado.

EM SENTIDO CONTRÁRIO, Isidoro diz que "se reconhece a grandeza do pecado pela do pecador.

RESPONDO. Há dois tipos de pecados. Há pecados de surpresa que veem da fragilidade da natureza humana. Tais pecados são tanto menos imputáveis a alguém que está mais avançado na virtude, uma vez que é menos negligente para reprimir os pecados deste tipo, os quais, porém, a fragilidade humana não permite evitar inteiramente. — Os outros pecados são aqueles de propósito deliberado. Eles são imputados a alguém tanto mais gravemente quanto maior grandeza possui.

E isso pode-se justificar por quatro razões: 1. Porque há nos grandes mais facilidades para resistir ao mal, por exemplo, naqueles que se distinguem pela ciência e pela virtude. Por isso fala o Senhor, no Evangelho de Lucas: "O servo que conhece a vontade de seu senhor e nada faz, será castigado mais rudemente". — 2. Porque há ingratidão. Com efeito, tudo o que traz grandeza ao homem é um benefício de Deus, ao qual o homem, pecando, torna-se ingrato. A este respeito, qualquer grandeza, mesmo a que está nos bens temporais, agrava o pecado: "Os poderosos, diz o livro da Sabedoria, serão poderosamente castigados". — 3. Porque há particular repugnância entre o ato do pecado e a grandeza da pessoa, por exemplo quando um príncipe se põe a violar a justiça, ele que é seu guardião, ou quando um sacerdote entrega-se à fornicação, ele que fez voto de castidade. — 4. Porque há o exemplo, ou o

1. Al. *Sent*., c. 18: ML 83, 621 B.
2. P. I, c. 2: ML 77, 16 A.

notitiam perveniunt peccata magnorum; et magis homines ea indigne ferunt.

escândalo, como diz Gregório, quando um pecador está constituído em honra por causa do lugar respeitável que ocupa, seu pecado é um exemplo mais extenso. Com efeito, o pecado dos grandes chegam ao conhecimento de maior número de pessoas que com ele ficam mais indignadas.

AD PRIMUM ergo dicendum quod auctoritas illa loquitur de his quae per subreptionem infirmitatis humanae negligenter aguntur.

AD SECUNDUM dicendum quod Deus non accipit personas, si maiores plus punit: quia ipsorum maioritas facit ad gravitatem peccati, ut dictum est[3].

AD TERTIUM dicendum quod homo magnus non reportat incommodum ex bono quod habet, sed ex malo usu illius.

QUANTO AO 1º, portanto, deve-se dizer que a autoridade alegada fala das negligências cometidas de surpresa por causa da fragilidade humana.

QUANTO AO 2º, deve-se dizer que Deus não faz acepção de pessoas, punindo mais os grandes, porque sua grandeza, como foi dito, contribui para a gravidade do pecado.

QUANTO AO 3º, deve-se dizer que o homem posto em grandeza não sofre pelo bem que recebeu, mas pelo mau uso que dele faz.

3. In corp.

QUAESTIO LXXIV

DE SUBIECTO PECCATORUM

in decem articulos divisa

Deinde considerandum est de subiecto vitiorum, sive peccatorum.

QUESTÃO 74

O SUJEITO DOS VÍCIOS OU DOS PECADOS[a]

em dez artigos

Trata-se agora de examinar o sujeito dos vícios e dos pecados:

a. O pecado é um ato imanente e, enquanto tal, tem sua sede na própria faculdade que o realiza; essa faculdade é vítima da desordem da qual ele é a fonte; a potência humana que é princípio do ato voluntário é, em virtude disso mesmo, sujeito de sua desordem. Cada uma das potências possui sua maneira própria de se prestar ao pecado, e de cometê-lo.

Os dez artigos sobre a questão se dividem em três grupos de acordo com as três faculdades envolvidas no pecado: a vontade (a. 1-2), o apetite sensível (a sensualidade) em suas duas potências: irascível e concupiscível (a. 3-4), a razão (a. 5-10). A ordem das faculdades, na análise das causas do pecado, será inversa: ignorância (q. 76), apetite sensível (q. 77), vontade (q. 78).

O pecado liga-se existencialmente à faculdade que recusa a sua própria perfeição, que não se desenvolve na linha de sua inclinação ao bem; deteriora a faculdade por uma espécie de invasão progressiva da indisponibilidade em fazer o bem. Cada uma das potências humanas possui sua maneira característica de "envolver-se no mal moral, que afeta a pessoa segundo as suas condições próprias e o grau de resistência que ela contrapõe a seu próprio bem e ao bem em geral". No que concerne a toda essa psicologia do pecado, Sto. Tomás inspira-se abertamente em Sto. Agostinho: *Sumitur ab Augustino*, afirma (De Malo, q. 7, a. 6), No entanto, Sto. Agostinho, por sua vez, inspira-se, como se vê, em São Paulo... . Para expor os seus pontos de moral, Sto. Agostinho serviu-se de símbolos extraídos da Sagrada Escritura. Como restam aqui ainda alguns traços da mesma, é preciso apontá-los. Três seres, três personagens, poder-se-ia dizer, concorreram para o primeiro pecado da humanidade, o qual se tornou o pecado da natureza humana como um todo, a saber: o primeiro homem, a primeira mulher e a serpente, porta-voz de Satã. Simbolicamente, esses três personagens se encontram nas três potências presentes no pecado de cada um dos humanos em torno da vontade que elas assaltam: a sensualidade, que se assemelha à serpente; a razão inferior, que é a imagem da mulher; a razão superior, imagem do homem. É um indício da importância que Sto. Tomás atrribui a essa consideração. Ela ilumina a sua concepção da estrutura psicológica da vida moral e da pedagogia desta. As suas reflexões, esparsas e inseridas aqui e ali, permitem apreender o dinamismo da vida do espírito, concentram a atenção sobre as condições do crescimento espiritual e sobre a necessidade de ser clarividente para desvendar os obstáculos que obstruem o caminho rumo a Deus.

Et circa hoc quaeruntur decem.
Primo: utrum voluntas possit esse subiectum peccati.
Secundo: utrum voluntas sola sit peccati subiectum.
Tertio: utrum sensualitas possit esse subiectum peccati.
Quarto: utrum possit esse subiectum peccati mortalis.
Quinto: utrum ratio possit esse subiectum peccati.
Sexto: utrum delectatio morosa, vel non morosa, sit in ratione inferiori sicut in subiecto.
Septimo: utrum peccatum consensus in actum sit in superiori ratione sicut in subiecto.
Octavo: utrum ratio inferior possit esse subiectum peccati mortalis.
Nono: utrum ratio superior possit esse subiectum peccati venialis.
Decimo: utrum in ratione superiori possit esse peccatum veniale circa proprium obiectum.

Sobre isso, são dez as perguntas:
1. A vontade pode ser sujeito do pecado?
2. Somente a vontade é sujeito do pecado?
3. A sensualidade também pode ser sujeito do pecado?
4. Pode ser sujeito do pecado mortal?
5. Pode a razão ser sujeito do pecado?
6. A deleitação morosa, ou não morosa, está na razão inferior, como em um sujeito?
7. O pecado de consenso ao ato está na razão superior como em um sujeito?
8. A razão inferior pode ser o sujeito do pecado mortal?
9. E a razão superior pode ser sujeito do pecado venial?
10. Na razão superior pode haver pecado venial acerca do seu próprio objeto?

ARTICULUS 1
Utrum voluntas possit esse subiectum peccati

AD PRIMUM SIC PROCEDITUR. Videtur quod voluntas non possit esse subiectum peccati.

1. Dicit enim Dionysius, in 4 cap. *de Div. Nom.*[1], quod *malum est praeter voluntatem et intentionem*. Sed peccatum habet rationem mali. Ergo peccatum non potest esse in voluntate.

2. PRAETEREA, voluntas est boni, vel apparentis boni. Ex hoc autem quod voluntas vult bonum, non peccat: hoc autem quod vult apparens bonum quod non est vere bonum, magis pertinere videtur ad defectum virtutis apprehensivae quam ad defectum voluntatis. Ergo peccatum nullo modo est in voluntate.

3. PRAETEREA, non potest esse idem subiectum peccati, et causa efficiens: quia causa efficiens

ARTIGO 1
A vontade pode ser sujeito do pecado?[b]

QUANTO AO PRIMEIRO ARTIGO, ASSIM SE PROCEDE: parece que a vontade **não** pode ser sujeito do pecado.

1. Com efeito, Dionísio diz, "que o mal está fora da vontade e da intenção". Ora, o pecado tem a razão de mal. Logo, ele não pode estar na vontade.

2. ALÉM DISSO, a vontade é para o bem, ou o bem aparente. Se é de fato o bem que ela quer, ela não peca. Se ela quer um bem aparente que não é um bem verdadeiro, isso denota mais um defeito da potência apreensiva do que um defeito da vontade. Logo, nem de um modo e nem de outro o pecado está na vontade.

3. ADEMAIS, a mesma faculdade não pode ser sujeito e causa eficiente do pecado. Pois, a causa

1

1. MG 3, 732 C.

b. A vontade, a inclinação fundamental e suprema da pessoa, é o sujeito próprio do pecado, de todo pecado, pois é o princípio específico de cada pecado, e este tem sua sede na potência que o comete. O pecado é um ato humano, um ato voluntário; ora, somente é voluntário o que procede da vontade, seja por ação, seja por omissão, seja como ato produzido, seja como ato imperado (a. 1). A vontade não é o único sujeito do pecado, mas ela é a fonte de todo mal moral que, em última análise, nada mais é do que um amor pervertido (*De Malo*, q. 2, a. 3, r. 2 e 3). Pecar é subtrair-se à moção, à atração do bem, encerrar-se em si mesmo no amor desordenado por si.

et materialis non incidunt in idem, ut dicitur in II *Physic.*[2]. Sed voluntas est causa efficiens peccati: *prima* enim *causa peccandi est voluntas*, ut Augustinus dicit, in libro *de Duabus Animabus*[3]. Ergo non est subiectum peccati.

SED CONTRA est quod Augustinus dicit, in libro *Retract.*[4], quod *voluntas est qua peccatur, et recte vivitur*.

RESPONDEO dicendum quod peccatum quidam actus est, sicut supra[5] dictum est. Actuum autem quidam transeunt in exteriorem materiam, ut urere et secare: et huiusmodi actus habent pro materia et subiecto id in quod transit actio; sicut Philosophus dicit, in III *Physic.*[6], quod *motus est actus mobilis a movente*. Quidam vero actus sunt non transeuntes in exteriorem materiam, sed manentes in agente, sicut appetere et cognoscere: et tales actus sunt omnes actus morales, sive sint actus virtutum, sive peccatorum. Unde oportet quod proprium subiectum actus peccati sit potentia quae est principium actus. Cum autem proprium sit actuum moralium quod sint voluntarii, ut supra[7] habitum est; sequitur quod voluntas, quae est principium actuum voluntariorum, sive bonorum sive malorum, quae sunt peccata, sit principium peccatorum. Et ideo sequitur quod peccatum sit in voluntate sicut in subiecto.

AD PRIMUM ergo dicendum quod malum dicitur esse praeter voluntatem, quia voluntas non tendit in ipsum sub ratione mali. Sed quia aliquod malum est apparens bonum, ideo voluntas aliquando appetit aliquod malum. Et secundum hoc peccatum est in voluntate.

AD SECUNDUM dicendum quod si defectus apprehensivae virtutis nullo modo subiaceret voluntati non esset peccatum nec in voluntate nec in apprehensiva virtute: sicut patet in his qui habent ignorantiam invincibilem. Et ideo relinquitur quod etiam defectus apprehensivae virtutis subiacens voluntati, deputetur in peccatum.

AD TERTIUM dicendum quod ratio illa procedit in causis efficientibus quarum actiones transeunt in materiam exteriorem, et quae non movent se, sed alia. Cuius contrarium est in voluntate. Unde ratio non sequitur.

eficiente e material não coincidem, como se diz no livro II da *Física*. Ora, a vontade é causa eficiente do pecado: "A primeira causa do pecado é a vontade", como diz Agostinho. Logo, não é sujeito do pecado.

EM SENTIDO CONTRÁRIO, Agostinho diz que é pela vontade que se peca, e vive-se retamente".

RESPONDO. Foi dito acima que o pecado é um ato. Entre os atos há os que são transitivos como queimar, serrar. Estes atos têm por matéria e sujeito a coisa para a qual passa a ação. O Filósofo diz, no livro III da *Física*, que "o movimento é o ato transmitido ao que se move pelo motor". Há outros atos que não são transitivos, e sim imanentes ao agente, como o desejar e conhecer. Estes atos são atos morais, quer sejam atos de virtudes, ou atos de pecados. Portanto, é necessário que o sujeito próprio do ato de pecar seja uma potência que é o princípio do ato. Como é próprio dos atos morais serem voluntários, como se disse, segue-se que a vontade, que é principio de atos voluntários, bons ou maus, que são pecados, seja o princípio dos pecados. E assim se conclui que o pecado está na vontade como em um sujeito.

QUANTO AO 1º, portanto, deve-se dizer que o mal está fora da vontade porque a vontade não se inclina para ele sob a razão de mal. Mas, o mal tem por vezes a aparência do bem, e é por isso que a vontade o deseja, e eis por onde o pecado está na vontade.

QUANTO AO 2º, deve-se dizer que se o defeito da potência apreensiva não dependesse de modo algum da vontade, não haveria pecado nem na vontade e nem na potência apreensiva, como se vê nos casos de ignorância invencível. É por isso que se deve ter como pecado mesmo um defeito da potência apreensiva quando ela depende da vontade.

QUANTO AO 3º, deve-se dizer que este raciocínio é verdadeiro quando se trata de causas eficientes cuja ação passa para uma matéria exterior, e que não movem a si mesmas, mas outras coisas. No caso da vontade, é o contrário. Portanto o raciocínio não é concludente.

2. C. 7: 198, a, 24.
3. *De lib. arb.* l. III, c. 17, n. 49: ML 32, 1295.
4. L. I, c. 9, n. 4: ML 32, 596.
5. Q. 21, a. 1; q. 71, a. 1, 6.
6. C. 3: 202, a, 13-14.
7. Q. 1, a. 1; q. 18, a. 6, 9.

ARTICULUS 2

Utrum voluntas sola sit subiectum peccati

AD SECUNDUM SIC PROCEDITUR. Videtur quod sola voluntas sit subiectum peccati.

1. Dicit enim Augustinus, in libro *de Duabus Animabus*[1], quod *non nisi voluntate peccatur*. Sed peccatum est sicut in subiecto in potentia qua peccatur. Ergo sola voluntas est subiectum peccati.

2. PRAETEREA, peccatum est quoddam malum contra rationem. Sed bonum et malum ad rationem pertinens, est obiectum solius voluntatis. Ergo sola voluntas est subiectum peccati.

3. PRAETEREA, omne peccatum est actus voluntarius: quia, ut dicit Augustinus, in libro *de Lib. Arb.*[2], *peccatum adeo est voluntarium, quod si non sit voluntarium, non est peccatum*. Sed actus aliarum virium non sunt voluntarii nisi inquantum illae vires moventur a voluntate. Hoc autem non sufficit ad hoc quod sint subiectum peccati: quia secundum hoc etiam membra exteriora, quae moventur a voluntate, essent subiectum peccati; quod patet esse falsum. Ergo sola voluntas est subiectum peccati.

SED CONTRA, peccatum virtuti contrariatur. Contraria autem sunt circa idem. Sed aliae etiam vires animae praeter voluntatem, sunt subiecta virtutum, ut supra[3] dictum est. Ergo non sola voluntas est subiectum peccati.

RESPONDEO dicendum quod, sicut ex praedictis[4] patet, omne quod est principium voluntarii actus, est subiectum peccati. Actus autem voluntarii dicuntur non solum illi qui eliciuntur a voluntate, sed etiam illi qui a voluntate imperantur; ut supra[5] dictum est, cum de voluntario ageretur. Unde non sola voluntas potest esse subiectum peccati, sed omnes illae potentiae quae possunt moveri ad suos actus, vel ab eis reprimi, per voluntatem. Et eaedem etiam potentiae sunt subiecta habituum moralium bonorum vel malorum: quia eiusdem est actus et habitus.

AD PRIMUM ergo dicendum quod non peccatur nisi voluntate sicut primo movente: aliis autem potentiis peccatur sicut ab ea motis.

ARTIGO 2

Somente a vontade é o sujeito do pecado?

QUANTO AO SEGUNDO, ASSIM SE PROCEDE: parece que somente a vontade é o sujeito do pecado.

1. Com efeito, Agostinho diz que "somente pela vontade se peca". Ora, o pecado está como em um sujeito na potência pela qual se peca. Logo, somente a vontade é o sujeito do pecado.

2. ALÉM DISSO, o pecado é um certo mal que é contra a razão. Ora, o bem e o mal que se referem à razão são objeto somente da vontade. Logo, somente a vontade é sujeito do pecado.

3. ADEMAIS, todo pecado é um ato voluntário, pois, como diz Agostinho: "O pecado é de tal modo voluntário que se não é voluntário não é mais pecado". Ora, os atos das outras potências não são voluntários senão na medida em que é a vontade que move estas potências. Isto não basta para que elas sejam o sujeito do pecado, porque, nestas condições, mesmo os membros exteriores, que a vontade faz mover, seriam o sujeito do pecado, o que é evidentemente falso. Logo, somente a vontade é o sujeito do pecado.

EM SENTIDO CONTRÁRIO, o pecado opõe-se à virtude. E os contrários são sobre a mesma coisa. Ora, as virtudes na alma têm por sujeito outras potências além da vontade. Logo, não só a vontade é o sujeito do pecado.

RESPONDO. Resulta do que foi dito que o pecado tem por sujeito tudo que é o princípio de um ato voluntário. Ora, os atos voluntários não são somente os atos elícitos, mas também os atos imperados, como foi dito no tratado do ato voluntário. Portanto, não é somente a vontade que pode ser o sujeito do pecado, mas todas as potências que a vontade pode mover ou sustar em seus atos. E, como o sujeito do ato é também o do hábito, as mesmas potências serão o sujeito dos hábitos morais, dos bons e dos maus.

QUANTO AO 1º, portanto, deve-se dizer que o pecado só existe se a vontade é o motor inicial. Peca-se pelas outras faculdades enquanto movidas por ela.

2 PARALL.: II-II, q. 10, a. 2; II *Sent.*, dist. 41, q. 2, a. 2; *De Malo*, q. 7, a. 6.

1. C. 10, n. 14: ML 42, 104.
2. *De vera rel.*, c. 14: ML 34, 133.
3. Q. 56, a. 3, 4.
4. Art. praec.
5. Q. 6, a. 4.

AD SECUNDUM dicendum quod bonum et malum pertinent ad voluntatem sicut per se obiecta ipsius: sed aliae potentiae habent aliquod determinatum bonum et malum, ratione cuius potest in eis esse et virtus et vitium et peccatum, secundum quod participant voluntate et ratione.

AD TERTIUM dicendum quod membra corporis non sunt principia actuum, sed solum organa: unde et comparatur ad animam moventem sicut servus, qui agitur et non agit. Potentiae autem appetitivae interiores comparantur ad rationem quasi liberae: quia agunt quodammodo et aguntur, ut patet per id quod dicitur I *Polit.*[6]. — Et praeterea actus exteriorum membrorum sunt actiones in exteriorem materiam transeuntes: sicut patet de percussione in peccato homicidii. Et propter hoc non est similis ratio.

QUANTO AO 2º, deve-se dizer que o bem e o mal pertencem à vontade como seus objetos próprios. As outras potências possuem um bem e um mal determinado. É por isso que pode haver nas potências, enquanto participam da vontade e da razão, virtude, vício e pecado.

QUANTO AO 3º, deve-se dizer que os membros do corpo não são princípios, mas somente órgãos dos atos humanos. Eles são para a alma que os move, como o escravo que é conduzido e não conduz. Mas as potências apetitivas interiores são para a razão como os livres de que de certo modo conduzem e são conduzidos, como se vê no livro I da *Política*. — Além do mais, os atos dos membros exteriores são ações transitivas, como a ação de ferir em um pecado de homicídio. E é por isso que o argumento não é o mesmo.

ARTICULUS 3
Utrum in sensualitate possit esse peccatum

AD TERTIUM SIC PROCEDITUR. Videtur quod in sensualitate[1] non possit esse peccatum.

1. Peccatum enim est proprium homini, qui ex suis actibus laudatur vel vituperatur. Sed sensualitas est communis nobis et brutis. Ergo in sensualitate non potest esse peccatum.

2. PRAETEREA, *nullus peccat in eo quod vitare non potest*; sicut Augustinus dicit, in libro *de Lib. Arb.*[2]. Sed homo non potest vitare quin actus sensualitatis sit inordinatus: est enim sensualitas perpertuae corruptionis, quandiu in hac mortali vita vivimus; unde et per serpentem significatur, ut Augustinus dicit, XII *de Trin.*[3]. Ergo inordinatio motus sensualitatis non est peccatum.

3. PRAETEREA, illud quod homo ipse non facit, non imputatur ei ad peccatum. Sed *hoc solum videmur nos ipsi facere, quod cum deliberatione rationis facimus*; ut Philosophus dicit, in IX *Ethic.*[4]. Ergo motus sensualitatis qui est sine deliberatione rationis, non imputatur homini ad peccatum.

ARTIGO 3
Na sensualidade pode haver pecado?

QUANTO AO TERCEIRO, ASSIM SE PROCEDE: parece que o pecado **não** pode estar na sensualidade.

1. Com efeito, o pecado é próprio do ser humano, que por seus atos é louvado ou vituperado. Ora, a sensualidade é comum a nós e aos animais irracionais. Logo, na sensualidade não pode haver pecado.

2. ALÉM DISSO, "Ninguém peca, diz Agostinho, nas coisas que não pode evitar". Ora, não se pode evitar que a sensualidade tenha atos desordenados, porque ela está numa perpétua corrupção, enquanto estivermos nesta vida mortal. Por isso é representada pela serpente, como diz Agostinho. Logo, os movimentos desordenados da sensualidade não são pecados.

3. ADEMAIS, aquilo que o ser humano não faz por si mesmo não lhe é imputado como pecado. Ora, "somente o que fazemos com a deliberação da razão é o que parece ser feito por nós", diz o Filósofo. Logo, o movimento da sensualidade que é sem o consentimento da razão, não é imputado como pecado.

6. C. 5: 1254, b, 4-9.

3 PARALL.: II *Sent.*, dist. 24, q. 3, a. 2; *De Verit.*, q. 25, a. 5; *De Malo*, q. 7, a. 6; *Quodlib.* IV, q. 11, art. 1.

1. Sive in appetitu sensitivo: I, q. 81, a. 1, 2.
2. L. III, c. 18, n. 50: ML 32, 1295.
3. Cc. 12, 13: ML 42, 1007-1009.
4. C. 8: 1168, b, 35-1169, a, 1.

SED CONTRA est quod dicitur Rm 7,15: *Non enim quod volo bonum, hoc ago; sed quod odi malum, illud facio*: quod exponit Augustinus[5] de malo concupiscentiae, quam constat esse motum quendam sensualitatis. Ergo in sensualitate est aliquod peccatum.

RESPONDEO dicendum quod, sicut supra[6] dictum est, peccatum potest inveniri in qualibet potentia cuius actus potest esse voluntarius et inordinatus, in quo consistit ratio peccati. Manifestum est autem quod actus sensualitatis potest esse voluntarius, inquantum sensualitas, idest appetitus sensitivus, nata est a voluntate moveri. Unde relinquitur quod in sensualitate possit esse peccatum.

AD PRIMUM ergo dicendum quod aliquae vires sensitivae partis, etsi sint communes nobis et brutis, tamen in nobis habent aliquam excellentiam ex hoc quod rationi iunguntur: sicut nos, prae aliis animalibus, habemus in parte sensitiva cogitativam et reminiscentiam, ut in Primo[7] dictum est. Et per hunc modum etiam appetitus sensitivus in nobis prae aliis animalibus habet quandam excellentiam, scilicet quod natus est obedire rationi. Et quantum ad hoc, potest esse principium actus voluntarii; et per consequens subiectum peccati.

AD SECUNDUM dicendum quod perpetua corruptio sensualitatis est intelligenda quantum ad fomitem, qui nunquam totaliter tollitur in hac vita: transit enim peccatum originale reatu, et remanet actu. Sed talis corruptio fomitis non impedit quin homo rationabili voluntate possit reprimere singulos motus inordinatos sensualitatis, si praesentiat: puta divertendo cogitationem ad alia. Sed dum homo ad aliud cogitationem divertit, potest etiam circa illud aliquid inordinatus motus insurgere: sicut cum aliquis transfert cogitationem suam a delectabilibus carnis, volens concupiscentiae motus vitare, ad speculationem scientiae, insurgit quandoque aliquis motus inanis gloriae impraemeditatus. Et ideo non potest homo vitare omnes huiusmodi motus, propter corruptionem praedictam: sed hoc solum sufficit ad rationem peccati voluntarii, quod possit vitare singulos.

EM SENTIDO CONTRÁRIO, diz-se na Carta aos Romanos: "Não faço o bem que quero, mas faço o mal que odeio". Agostinho pensa que aí se trata do mal da concupiscência, o qual consta ser um movimento da sensualidade. Logo, existe um certo pecado na sensualidade.

RESPONDO. Como se disse acima, o pecado pode se encontrar em qualquer potência cujo ato pode ser voluntário e desordenado. Nisso consiste a razão de pecado. Ora, é evidente que um ato da sensualidade pode ser voluntário, pois a sensualidade, isto é, o apetite sensitivo, naturalmente se deixa mover pela vontade. Daí se conclui que na sensualidade pode haver pecado.

QUANTO AO 1º, portanto, deve-se dizer que há potências da parte sensitiva que, sendo comuns a nós e aos animais irracionais, possuem em nós uma certa excelência pelo fato de que são unidas à razão. É assim que nós, superiores aos demais animais, temos na parte sensitiva a cogitativa e a reminiscência, como foi dito na I Parte. Em nós também o apetite sensitivo tem uma excelência maior do que nos outros animais, a saber que é feito para obedecer à razão. E quanto a isso, pode ser princípio de um ato voluntário; e consequentemente sujeito de pecado.

QUANTO AO 2º, deve-se dizer que a perpétua corrupção da sensualidade deve ser compreendida como uma inclinação para o pecado e que nunca desaparece completamente durante esta vida, porque deste pecado original a culpa passa e o ato permanece. Mas esta inclinação para o mal não impede que o ser humano possa por sua vontade racional reprimir um a um, se os sente vir, os movimentos desordenados da sensualidade, por exemplo, dirigindo seu pensamento para outra coisa. Mas, pode acontecer que enquanto afasta assim o pensamento para outra coisa, um movimento desordenado surja também sobre este ponto. Quando um indivíduo, querendo evitar o movimento da concupiscência afasta seu pensamento dos prazeres da carne para aplicá-lo nas especulações da ciência, isto pode fazer surgir um movimento de vanglória que não era previsto. E por isso o ser humano não pode evitar todos estes movimentos, por causa da corrupção mencionada. Mas, é suficiente para a razão de pecado voluntário que o ser humano possa evitá-los um a um.

5. *Serm. ad Pop.* 30, al *de Verbis Apost.* 12, cc. 2, 3: ML 38, 188, 189; *Contra Iulian.*, l. III, c. 26: ML 44, 733.
6. Art. praec.
7. Q. 78, a. 4.

AD TERTIUM dicendum quod illud quod homo facit sine deliberatione rationis, non perfecte ipse facit: quia nihil operatur ibi id quod est principale in homine. Unde non est perfecte actus humanus. Et per consequens non potest esse perfecte actus virtutis vel peccati, sed aliquid imperfectum in genere horum. Unde talis motus sensualitatis rationem praeveniens, est peccatum veniale, quod est quiddam imperfectum in genere peccati.

QUANTO AO 3º, deve-se dizer que aquilo que o ser humano faz sem deliberação da razão, não é perfeitamente ele que o faz, porque nada aí se opera que seja principal no ser humano. Portanto, não é perfeitamente um ato humano. E por conseguinte não pode haver perfeitamente um ato de virtude ou de pecado, mas algo imperfeito no gênero deles. Por isso esse movimento da sensualidade que antecede à razão é pecado venial, isto é, algo imperfeito no gênero do pecado.

ARTICULUS 4

Utrum in sensualitate possit esse peccatum mortale

AD QUARTUM SIC PROCEDITUR. Videtur quod in sensualitate possit esse peccatum mortale.

1. Actus enim ex obiecto cognoscitur. Sed circa obiecta sensualitatis contingit peccare mortaliter: sicut circa delectabilia carnis. Ergo actus sensualitatis potest esse peccatum mortale. Et ita in sensualitate peccatum mortale invenitur.

2. PRAETEREA, peccatum mortale contrariatur virtuti. Sed virtus potest esse in sensualitate: *temperantia* enim *et fortitudo sunt virtutes irrationabilium partium*, ut Philosophus dicit, in III *Ethic.*[1]. Ergo in sensualitate potest esse peccatum mortale: cum contraria sint nata fieri circa idem.

3. PRAETEREA, veniale peccatum est dispositio ad mortale. Sed dispositio et habitus sunt in eodem. Cum igitur veniale peccatum sit in sensualitate, ut dictum est[2]; etiam mortale peccatum esse poterit in eadem.

SED CONTRA est quod Augustinus dicit, in libro *Retract.*[3], et habetur in Glossa[4] Rm 7,14: *Inordinatus concupiscentiae motus* (qui est peccatum sensualitatis) *potest etiam esse in his qui sunt in gratia*: in quibus tamen peccatum mortale non invenitur. Ergo inordinatus motus sensualitatis non est peccatum mortale.

RESPONDEO dicendum quod, sicut inordinatio corrumpens principium vitae corporalis, causat corporalem mortem; ita etiam inordinatio corrumpens principium spiritualis vitae, quod est

ARTIGO 4

Pode haver pecado mortal na sensualidade?

QUANTO AO QUARTO, ASSIM SE PROCEDE: parece que **pode** haver pecado mortal na sensualidade.

1. Com efeito, o ato se conhece pelo objeto. Ora, há objetos da sensualidade, prazeres da carne por exemplo, que são matéria para pecar mortalmente. Logo, o ato de sensualidade pode ser pecado mortal. E assim o pecado mortal encontra-se na sensualidade.

2. ALÉM DISSO, o pecado mortal é o contrário da virtude. Ora, a virtude pode estar na sensualidade: "a temperança e a fortaleza são virtudes das partes não racionais", diz o Filósofo, no livro III da *Ética*. Logo, como os contrários naturalmente se referem ao mesmo, pode haver pecado mortal na sensualidade.

3. ADEMAIS, o pecado venial é uma disposição para o mortal. Ora, disposição e hábito estão no mesmo sujeito. Logo, se o pecado venial está na sensualidade, o pecado mortal poderá aí estar também.

EM SENTIDO CONTRÁRIO, Agostinho diz e lê-se na Glosa: "O movimento desordenado da concupiscência, que é o pecado de sensualidade, pode existir mesmo naqueles que estão em estado de graça", nos quais, não há pecado mortal. O movimento desordenado da sensualidade não é, portanto, pecado mortal.

RESPONDO. Assim como a desordem que corrompe o princípio da vida corporal causa a morte corporal, do mesmo modo a desordem que corrompe o princípio da vida espiritual, que é o fim

4 PARALL.: II *Sent.*, dist. 24, q. 3, a. 2, ad 3; *De Verit.*, q. 25, a. 5; *De Malo*, q. 7, a. 6; *Quodlib.* IV, q. 11, a. 1.

1. C. 13: 1117, b, 23-24.
2. Art. praec., ad 3.
3. L. I, c. 23, n. 1: ML 32, 621.
4. Ordin.: ML 114, 492 C; LOMBARDI: ML 191, 1421 C.

finis ultimus, causat mortem spiritualem peccati mortalis, ut supra[5] dictum est. Ordinare autem aliquid in finem non est sensualitatis, sed solum rationis. Inordinatio autem a fine non est nisi eius cuius est ordinare in finem. Unde peccatum mortale non potest esse in sensualitate, sed solum in ratione.

AD PRIMUM ergo dicendum quod actus sensualitatis potest concurrere ad peccatum mortale: sed tamen actus peccati mortalis non habet quod sit peccatum mortale, ex eo quod est sensualitatis; sed ex eo quod est rationis, cuius est ordinare in finem. Et ideo peccatum mortale non attribuitur sensualitati, sed rationi.

AD SECUNDUM dicendum quod etiam actus virtutis non perficitur per id quod est sensualitatis tantum, sed magis per id quod est rationis et voluntatis, cuius est eligere: nam actus virtutis moralis non est sine electione. Unde semper cum actu virtutis moralis, quae perficit vim appetitivam, est etiam actus prudentiae, quae perficit vim rationalem. Et idem est etiam de peccato mortali, sicut dictum est[6].

AD TERTIUM dicendum quod dispositio tripliciter se habet ad id ad quod disponit. Quandoque enim est idem et in eodem: sicut scientia inchoata dicitur esse dispositio ad scientiam perfectam. Quandoque autem est in eodem, sed non idem: sicut calor est dispositio ad formam ignis. Quandoque vero nec idem nec in eodem: sicut in his quae habent ordinem ad invicem ut ex uno perveniatur in aliud, sicut bonitas imaginationis est dispositio ad scientiam, quae est in intellectu. Et hoc modo veniale peccatum, quod est in sensualitate, potest esse dispositio ad peccatum mortale, quod est in ratione.

último, causa a morte espiritual que é o pecado mortal. Ora, não pertence à sensualidade, mas somente à razão ordenar as coisas para o fim. E afastar-se do fim só pertence a quem pode ordenar para o fim. Portanto, o pecado mortal não pode estar na sensualidade, mas somente na razão.

QUANTO AO 1º, portanto, deve-se dizer que o ato de sensualidade pode concorrer para o pecado mortal. Mas, o ato mesmo do pecado mortal não recebe seu caráter mortal da sensualidade. Ele o tem da razão à qual pertence ordenar para o fim. E é por isso que o pecado mortal não é atribuído à sensualidade, mas à razão.

QUANTO AO 2º, deve-se dizer que o ato da virtude não recbe sua perfeição da sensualidade somente. Mas, muito mais da razão e da vontade, a quem pertence o escolher, pois não há ato de virtude moral sem escolha. Por isso junto com o ato da virtude moral que aperfeiçoa a potência apetitiva há um ato da prudência que aperfeiçoa a potência racional. É a mesma coisa que acontece, como foi dito, com o pecado mortal.

QUANTO AO 3º, deve-se dizer que a disposição se refere de três maneiras à coisa para a qual ela dispõe. Às vezes, é a mesma coisa no mesmo sujeito, como se diz que uma ciência nos seus começos é disposição para uma ciência perfeita. Às vezes, está no mesmo sujeito, mas não é a mesma coisa, como o calor é disposição para a forma do fogo. Às vezes, não é nem a mesma coisa nem está no mesmo sujeito. Assim acontece naquelas coisas que têm entre elas uma tal relação que se pode passar de uma para a outra, como uma boa qualidade da imaginação é uma disposição para a ciência que está no intelecto. Desse modo, o pecado venial que está na sensualidade pode ser uma disposição para o pecado mortal que está na razão.

ARTICULUS 5

Utrum peccatum possit esse in ratione

AD QUINTUM SIC PROCEDITUR. Videtur quod peccatum non possit esse in ratione.

ARTIGO 5

Pode haver pecado na razão?[c]

QUANTO AO QUINTO, ASSIM SE PROCEDE: parece que **não** pode haver pecado na razão.

5. Q. 72, a. 5.
6. In resp. ad 1.

5 PARALL.: II *Sent.*, dist. 24, q. 3, a. 3.

c. A razão possui duas funções fundamentais: ela se ordena a conhecer a verdade e a dirigir as faculdades humanas; ela é especulativa e prática. Essa vida da razão pode ser vista também sob uma outra perspectiva, a saber, segundo a ótica do inte-

1. Cuiuslibet enim potentiae peccatum est aliquis defectus ipsius. Sed defectus rationis non est peccatum, sed magis excusat peccatum: excusatur enim aliquis a peccato propter ignorantiam. Ergo in ratione non potest esse peccatum.

2. PRAETEREA, primum subiectum peccati est voluntas, ut dictum est[1]. Sed ratio praecedit voluntatem: cum sit directiva ipsius. Ergo peccatum esse non potest in ratione.

3. PRAETEREA, non potest esse peccatum nisi circa ea quae sunt in nobis. Sed perfectio et defectus rationis non est eorum quae sunt in nobis: quidam enim sunt naturaliter ratione deficientes, vel ratione solertes. Ergo in ratione non est peccatum.

SED CONTRA est quod Augustinus dicit, in libro XII *de Trin.*[2], quod peccatum est in ratione inferiori et in ratione superiori.

RESPONDEO dicendum quod peccatum cuiuslibet potentiae consistit in actu ipsius, sicut ex dictis[3] patet. Habet autem ratio duplicem actum: unum quidem secundum se, in comparatione ad proprium obiectum, quod est cognoscere aliquod verum; alius autem actus rationis est inquantum est directiva aliarum virium. Utroque igitur modo contingit esse peccatum in ratione. Et primo quidem, inquantum errat in cognitione veri: quod quidem tunc imputatur ei ad peccatum, quando habet ignorantiam vel errorem circa id quod potest et debet scire. Secundo, quando inordinatos actus inferiorum virium vel imperat, vel etiam post deliberationem non coercet.

AD PRIMUM ergo dicendum quod ratio illa procedit de defectu rationis qui pertinet ad actum proprium respectu proprii obiecti: et hoc quando est defectus cognitionis eius quod quis non potest scire. Tunc enim talis defectus rationis non est peccatum, sed excusat a peccato: sicut patet in his quae per furiosos committuntur. Si vero sit defectus rationis circa id quod homo potest et

1. Com efeito, o pecado de uma potência é uma deficiência dela. Ora, a deficiência da razão não é pecado, mas antes uma escusa. Escusa-se alguém do pecado pela ignorância. Logo, não pode haver pecado na razão.

2. ALÉM DISSO, o pecado reside em primeiro lugar, como foi dito, na vontade. Ora, a razão precede a vontade, enquanto lhe é diretiva. Logo, não pode haver pecado na razão.

3. ADEMAIS, só pode haver pecado nas coisas que dependem de nós. Ora, não depende de nós a perfeição ou a deficiência da razão, pois algumas são naturalmente deficientes ou solertes de razão. Logo, o pecado não reside na razão.

EM SENTIDO CONTRÁRIO, Agostinho diz que o pecado está na razão inferior e na razão superior.

RESPONDO. O pecado de uma potência consiste em seu ato, como fica claro pelo que já foi dito. Ora, a razão tem dois atos. Um por si mesma e relativo ao seu objeto próprio que é conhecer o verdadeiro. O outro, enquanto é diretiva das outras potências. Das duas maneiras acontece estar o pecado na razão. Primeiro, quando há erro no conhecimento do verdadeiro, erro ou ignorância que são culpáveis quando se trata de algo que a razão pode e deve saber. Segundo, quando ela impera ou simplesmente depois de deliberar, não susta os movimentos desordenados das potências inferiores.

QUANTO AO 1º, portanto, deve-se dizer que esta objeção é válida se se trata de uma deficiência da razão em seu ato próprio, relativamente a seu objeto próprio, e isso quando há deficiência de conhecimento daquilo que não se pode saber. Essa deficiência da razão não é pecado, mas uma escusa, como é evidente nos atos cometidos pelos loucos. Mas, se a deficiência da razão é sobre

1. Art. 1.
2. C. 12: ML 42, 1008.
3. Art. 1, 2, 3.

resse, da atitude fundamental, da orientação da pessoa. Estará aberta, disponível ao conhecimento e à contemplação de Deus e de sua sabedoria, seja para conhecê-las, seja para se conformar a elas? Ou então se limitará exclusivamente a considerar e realizar as coisas humanas e a encerrar-se nelas?

Fiel a uma tradição de origem agostiniana, Tomás denomina "razão superior" e "razão inferior" essas duas atividades do espírito. Tal distinção não nos é mais familiar. Tomás nela discernia um elemento precioso para esclarecer a atitude moral da inteligência. A vida cotidiana deve ser conduzida a suas origens últimas, à ordem da Sabedoria eterna que, por irrradiar a sua influência até os detalhes da praxis, deve ser contemplada em si mesma. Na falta dessa harmonia, entra-se no domínio da desordem e da dispersão. Esse estado de desintegração se manifesta não apenas no agir moral em sentido estrito, mas também no domínio do conhecimento, onde ele provoca certas faltas de ordem e de harmonia bem conhecidas. Razão superior e razão inferior são ambas necessárias ao pleno desenvolvimento do ser humano, mas não possuem o mesmo valor do ponto de vista do envolvimento no bem ou no mal.

debet scire, non omnino homo excusatur a peccato, sed ipse defectus imputatur ei ad peccatum. — Defectus autem qui est solum in dirigendo alias vires, semper imputatur ei ad peccatum: quia huic defectui occurrere potest per proprium actum.

AD SECUNDUM dicendum quod, sicut supra[4] dictum est, cum de actibus voluntatis et rationis ageretur, voluntas quodammodo movet et praecedit rationem, et ratio quodammodo voluntatem: unde et motus voluntatis dici potest rationalis, et actus rationis potest dici voluntarius. Et secundum hoc in ratione invenitur peccatum, vel prout est defectus eius voluntarius, vel prout actus rationis est principium actus voluntatis.

AD TERTIUM patet responsio ex dictis[5].

um ponto que se pode e se deve saber, a escusa não é mais completa, e a deficiência da razão é culpável. — Ora, essa deficiência que só está em dirigir as outras potências, é sempre culpável porque a essa deficiência se pode remediar pelo próprio ato.

QUANTO AO 2º, deve-se dizer que, como se disse acima sobre os atos da vontade e da razão, a vontade às vezes move a razão e a precede, e também a razão às vezes move a vontade e a precede. Isso faz com que o movimento da vontade pode ser dito racional e o o ato da razão voluntário. Isso faz também com que o pecado exista na razão ou enquanto sua deficiência é voluntária, ou enquanto ela mesma é o princípio de um ato da vontade.

QUANTO AO 3º, deve-se dizer que está clara a resposta pelo que foi exposto.

ARTICULUS 6

Utrum peccatum morosae delectationis sit in ratione

AD SEXTUM SIC PROCEDITUR. Videtur quod peccatum morosae delectationis non sit in ratione.

1. Delectatio enim importat motum appetitivae virtutis, ut supra[1] dictum est. Sed vis appetitiva distinguitur a ratione, quae est vis apprehensiva. Ergo delectatio morosa non est in ratione.

2. PRAETEREA, ex obiectis cognosci potest ad quam potentiam actus pertineat, per quem potentia ordinatur ad obiectum. Sed quandoque est delectatio morosa circa bona sensibilia, et non circa bona rationis. Ergo peccatum delectationis morosae non est in ratione.

3. PRAETEREA, morosum dicitur aliquid propter diuturnitatem temporis. Sed diuturnitas temporis non est ratio quod aliquis actus pertineat ad aliquam potentiam. Ergo delectatio morosa non pertinet ad rationem.

ARTIGO 6

O pecado da deleitação morosa está na razão?[d]

QUANTO AO SEXTO, ASSIM SE PROCEDE: parece que o pecado da deleitação morosa **não** está na razão.

1. Com efeito, a deleitação supõe um movimento da potência apetitiva, como se disse. Ora, distingue-se da razão que é uma potência apreensiva. Logo, a deleitação morosa não está na razão.

2. ALÉM DISSO, o objeto permite reconhecer a que potência pertence o ato pelo qual a potência se ordena ao objeto. Ora, a deleitação morosa, por vezes, fixa-se nos bens da sensibilidade e não naqueles da razão. Logo, o pecado de deleitação não está na razão.

3. ADEMAIS, moroso se diz do que é diuturno no tempo, Ora, o tempo longo não é uma razão para que um ato pertença a uma potência. Logo, a deleitação morosa não pertence à razão.

4. Q. 17, a. 1.
5. In resp. ad 1.

6 PARALL.: II *Sent.*, dist. 24, q. 3, a. 1.

1. Q. 31, a. 1.

d. Na expressão *delectatio morosa*, o acento não deve recair sobre o primeiro termo, mas sobre o segundo: trata-se da *mora in delectatione*, que corresponde ao consentimento ao ato. A *mora*, a demora, aqui abordada, é menos uma questão de tempo do que de aprovação do espírito que, de maneira deliberada, detém-se e não rejeita o que deveria ter rejeitado logo de saída (a. 6, r. 3; a. 7, r. 4).

SED CONTRA est quod Augustinus dicit, XII *de Trin.*[2], quod *consensus illecebrae si sola cogitationis delectatione contentus est, sic habendum existimo velut cibum vetitum mulier sola comederit*. Per mulierem autem intelligitur ratio inferior, sicut ibidem ipse exponit. Ergo peccatum morosae delectationis est in ratione.

RESPONDEO dicendum quod, sicut iam[3] dictum est, peccatum, contingit esse in ratione quandoque quidem inquantum est directiva humanorum actuum. Manifestum est autem quod ratio non solum est directiva exteriorum actuum, sed etiam interiorum passionum. Et ideo quando deficit ratio in directione interiorum passionum, dicitur esse peccatum in ratione, sicut etiam quando deficit in directione exteriorum actuum. Deficit autem in directione passionum interiorum dupliciter. Uno modo, quando imperat illicitas passiones: sicut quando homo ex deliberatione provocat sibi motum irae vel concupiscentiae. Alio modo, quando non reprimit illicitum passionis motum: sicut cum aliquis, postquam deliberavit quod motus passionis insurgens est inordinatus, nihilominus circa ipsum immoratur, et ipsum non expellit. Et secundum hoc dicitur peccatum delectationis morosae esse in ratione.

AD PRIMUM ergo dicendum quod delectatio quidem est in vi appetitiva sicut in proximo principio, sed in ratione est sicut in primo motivo: secundum hoc quod supra[4] dictum est, quod actiones quae non transeunt in exteriorem materiam, sunt sicut in subiecto in suis principiis.

AD SECUNDUM dicendum quod ratio actum proprium ellicitum habet circa proprium obiectum: sed directionem habet circa omnia obiecta inferiorum virium quae per rationem dirigi possunt. Et secundum hoc etiam delectatio circa sensibilia obiecta pertinet ad rationem.

AD TERTIUM dicendum quod delectatio dicitur morosa non ex mora temporis; sed ex eo quod ratio deliberans circa eam immoratur, nec tamen eam repellit, *tenens et volvens libenter quae statim ut attigerunt animum, respui debuerunt*, ut Augustinus dicit, XII *de Trin.*[5].

EM SENTIDO CONTRÁRIO, Agostinho diz: "Se o consentimento aos engodos se limita apenas à deleitação do pensamento, penso que se deve ter como se apenas a mulher tivesse comido o alimento proibido". Ora, a mulher, como se explica neste mesmo lugar, é a razão inferior. Logo, o pecado de deleitação morosa está na razão.

RESPONDO. O pecado, como se disse, acontece estar na razão, às vezes, enquanto é diretiva dos atos humanos. Ora, é claro que ela o é não somente diretiva dos atos exteriores, mas também das paixões interiores. Por isso quando ela falha neste governo das paixões, diz-se que o pecado está na razão na direção dos atos exteriores. Ora, ela tem duas maneiras de falhar no governo das paixões interiores. A primeira, quando impera paixões ilícitas, como a provocar em si, deliberadamente, movimentos de cólera e de concupiscência. A segunda, quando não reprime um movimento ilícito de paixão, como faz aquele que, depois de ter percebido que o movimento da paixão que surge é desordenado, no entanto nele demora, e não o rechaça. Nesse sentido se diz que o pecado de deleitação morosa está na razão.

QUANTO AO 1º, portanto, deve-se dizer que a deleitação está na potência como em seu princípio próximo. Mas, ela está na razão como em seu motor primeiro, segundo o que se disse acima; que as ações imanentes estão em seus princípios como no seu sujeito.

QUANTO AO 2º, deve-se dizer que a razão tem um ato próprio, elícito, referente a seu objeto próprio. Mas, tem também uma direção que se exerce sobre todos os objetos das potências inferiores que podem ser dirigidas pela razão. É assim que mesmo a deleitação relativa aos bens sensíveis pertence à razão.

QUANTO AO 3º, deve-se dizer que a deleitação se diz morosa não pela demora do tempo. Mas porque a razão deliberadamente demora nela e não a rechaça, "retendo e revolvendo com prazer aquilo que devia ser repelido logo que chegou ao espírito", diz Agostinho.

2. C. 12: ML 42, 1007-1008.
3. Art. praec.
4. Art. 1.
5. C. 12, n. 18: ML 42, 1008.

ARTICULUS 7
Utrum peccatum consensus in actum sit in ratione superiori

AD SEPTIMUM SIC PROCEDITUR. Videtur quod peccatum consensus in actum non sit in ratione superiori.

1. Consentire enim est actus appetitivae virtutis, ut supra[1] habitum est. Sed ratio est vis apprehensiva. Ergo peccatum consensus in actum non est in ratione superiori.

2. PRAETEREA, ratio superior intendit *rationibus aeternis inspiciendis et consulendis*, ut Augustinus dicit, XII *de Trin.*[2]. Sed quandoque consentitur in actum non consultis rationibus aeternis: non enim semper homo cogitat de rebus divinis, quando consentit in aliquem actum. Ergo peccatum consensus in actum non semper est in ratione superiori.

3. PRAETEREA, sicut per rationes aeternas potest homo regulare actus exteriores, ita etiam interiores delectationes, vel alias passiones. Sed consensus in delectationem absque hoc quod *opere statuatur implendum*, est rationis inferioris; ut dicit Augustinus, XII *de Trin.*[3]. Ergo etiam consensus in actum peccati debet interdum attribui rationi inferiori.

4. PRAETEREA, sicut ratio superior excedit inferiorem, ita ratio excedit vim imaginativam. Sed quandoque procedit homo in actum per apprehensionem virtutis imaginativae, absque omni deliberatione rationis: sicut cum aliquis ex impraemeditato movet manum aut pedem. Ergo etiam quandoque potest ratio inferior consentire in actum peccati, absque ratione superiori.

SED CONTRA est quod Augustinus dicit, XII *de Trin.*[4]: *Si in consensione male utendi rebus quae per sensum corporis sentiuntur, ita decernitur quodcumque peccatum, ut, si potestas sit, etiam corpore compleatur, intelligenda est mulier cibum illicitum viro dedisse*, per quem superior ratio significatur. Ergo ad rationem superiorem pertinet consentire in actum peccati.

RESPONDEO dicendum quod consensus importat iudicium quoddam de eo in quod consentitur: si-

ARTIGO 7
O pecado de consentimento no ato está na razão superior?

QUANTO AO SÉTIMO, ASSIM SE PROCEDE: parece que o pecado de consentimento no ato **não** está na razão superior.

1. Com efeito, consentir é um ato da potência apetitiva como se viu acima. Ora, a razão é uma potência apreensiva. Logo, o pecado do consentimento não está na razão superior.

2. ALÉM DISSO, a razão superior, como diz Agostinho, "aplica-se em contemplar e consultar as razões eternas". Ora, pode acontecer que se consente no ato sem terem sido consultadas as razões eternas. Pois, o homem não pensa sempre nas realidades divinas quando consente em um ato. Logo, este pecado não está sempre na razão superior.

3. ADEMAIS, o homem pode regular os atos exteriores pelas razões eternas. Do mesmo modo pode também regular as deleitações e outras paixões interiores. Ora, o consentimento na deleitação, sem "a determinação de realizá-lo", como diz Agostinho, é próprio da razão inferior. Logo, também o consentimento no ato do pecado deve ser atribuido, às vezes, à razão inferior.

4. ADEMAIS, a razão superior está acima da razão inferior, como a razão está acima da potência imaginativa. Ora, às vezes, o homem é levado a agir pela apreensão da potência imaginativa sem nenhuma deliberação da razão. É o que acontece quando alguém, sem ter premeditado faz um movimento da mão ou do pé. Logo, a razão inferior pode, às vezes, consentir em um ato de pecado sem a razão superior.

EM SENTIDO CONTRÁRIO, Agostinho diz: "Se no consentimento no mau uso das coisas que se sentem pelos sentidos do corpo, se discerne algum pecado, de modo que, se se pudesse, se realizam corporalmente, deve-se entender, então, que a mulher deu ao homem o alimento proibido". Por ele é significada a razão superior. Portanto, pertence à razão superior consentir no ato do pecado.

RESPONDO. O consentimento implica em um julgamento sobre aquilo em que se consente. Pois,

7 PARALL.: Supra, q. 15, a. 4; II *Sent.*, dist. 24, q. 3, a. 1; *De Verit.*, q. 15, a. 3.

1. Q. 15, a. 1.
2. C. 7: ML 42, 1005.
3. C. 12, n. 18: ML 42, 1008.
4. C. 12, n. 17: ML 42, 1008.

cut enim ratio speculativa iudicat et sententiat de rebus intelligibilibus, ita ratio practica iudicat et sententiat de agendis. Est autem considerandum quod in omni iudicio ultima sententia pertinet ad supremum iudicatorium: sicut videmus in speculativis quod ultima sententia de aliqua propositione datur per resolutionem ad prima principia. Quandiu enim remanet aliquod principium altius, adhuc per ipsum potest examinari id de quo quaeritur: unde adhuc est suspensum iudicium, quasi nondum data finali sententia.

Manifestum est autem quod actus humani regulari possunt ex regula rationis humanae, quae sumitur ex rebus creatis, quas naturaliter homo cognoscit; et ulterius ex regula legis divinae, ut supra[5] dictum est. Unde cum regula legis divinae sit superior, consequens est ut ultima sententia, per quam iudicium finaliter terminatur, pertineat ad rationem superiorem, quae intendit rationibus aeternis. Cum autem de pluribus occurrit iudicandum, finale iudicium est de eo quod ultimo occurrit. In actibus autem humanis ultimo occurrit ipse actus; praeambulum autem est delectatio, quae inducit ad actum. Et ideo ad rationem superiorem proprie pertinet consensus in actum; ad rationem vero inferiorem, quae habet inferius iudicium, pertinet iudicium praembulum, quod est de delectatione. — Quamvis etiam et de delectatione superior ratio iudicare possit: quia quidquid iudicio subditur inferioris, subditur etiam iudicio superioris, sed non convertitur.

Ad primum ergo dicendum quod consentire est actus appetitivae virtutis non absolute, sed consequenter ad actum rationis deliberantis et iudicantis, ut supra[6] dictum est: in hoc enim terminatur consensus, quod voluntas tendit in id quod est ratione iudicatum. Unde consensus potest attribui et voluntati et rationi.

Ad secundum dicendum quod ex hoc ipso quod ratio superior non dirigit actus humanos secundum legem divinam, impediens actum peccati, dicitur ipsa consentire; sive cogitet de lege aeterna, sive non. Cum enim cogitat de lege Dei, actu eam contemnit: cum vero non cogitat, eam negligit per modum omissionis cuiusdam. Unde omnibus modis consensus in actum peccati procedit ex superiori ratione: quia, ut Augustinus dicit, XII

assim como a razão especulativa julga e opina sobre coisas inteligíveis, a razão prática julga e opina sobre o que se deve fazer. Ora, deve-se notar que em todo julgamento a sentença definitiva é reservada ao tribunal supremo. Assim vemos que, na ordem especulativa, a última sentença sobre alguma proposição se dá pelo recurso aos primeiros princípios. Pois enquanto resta um princípio superior à luz do qual a questão pode ainda ser examinada, o julgamento permanece suspenso, e a sentença final, por assim dizer, ainda não foi dada.

Ora, é claro que os atos humanos podem ser submetidos à regra da razão humana, regra tirada das realidades criadas que o homem conhece naturalmente, e à regra da lei divina, como se disse acima. Sendo a regra da lei divina superior, deve-se concluir que a sentença última, a que termina o julgamento, pertence à razão superior, isto é, àquela que é aplicada às realidade eternas. Quando há várias coisas para julgar, o julgamento final se faz sobre o que vem por último. Ora, o que nas ações humanas vem por último é o próprio ato: a deleitação que induz ao ato é um preâmbulo. Eis porque pertence propriamente à razão superior consentir no ato, e ao contrário à razão inferior que tem um julgamento inferior, pertence este preâmbulo do julgamento que concerne à deleitação. — Embora a razão superior possa julgar também a deleitação, pois, tudo o que está submetido ao julgamento do inferior, está também ao julgamento do superior. Não porém reciprocamente.

Quanto ao 1º, portanto, deve-se dizer que consentir é um ato da potência apetitiva, não absolutamente, mas consequente, como foi dito, a um ato da razão que delibera e julga. O consentimento, com efeito, termina nisso: em que a vontade tenda ao que foi julgado pela razão. Daí que o consentimento se pode atribuir à vontade e à razão.

Quanto ao 2º, deve-se dizer que pelo fato de que a razão superior não dirige os atos humanos segundo a lei divina, impedindo o ato de pecado, diz-se que ela consente; seja que cogite da lei eterna, ou não. Se cogita da lei de Deus, despreza-a pelo ato. Se não cogita, despreza-a à maneira de omissão. De todo modo, por conseguinte, o fato de consentir no ato do pecado provém da razão superior porque como diz Agostinho não "se pode

5. Q. 19, a. 4; q. 71, a. 6.
6. Q. 15, a. 3.

de Trin.[7], *non potest peccatum efficaciter perpertrandum mente decerni, nisi illa mentis intentio penes quam summa potestas est membra in opus movendi vel ab opere cohibendi, malae actioni cedat aut serviat.*

AD TERTIUM dicendum quod ratio superior, per considerationem legis aeternae, sicut potest dirigere vel cohibere actum exteriorem, ita etiam delectationem interiorem. Sed tamen antequam ad iudicium superioris rationis deveniatur, statim ut sensualitas proponit delectationem, inferior ratio, per rationes temporales deliberans, quandoque huiusmodi delectationem acceptat: et tunc consensus in delectationem pertinet ad inferiorem rationem. Si vero etiam consideratis rationibus aeternis, homo in eodem consensu perseveret, iam talis consensus ad superiorem rationem pertinebit.

AD QUARTUM dicendum quod apprehensio virtutis imaginativae est subita et sine deliberatione: et ideo potest aliquem actum causare, antequam superior vel inferior ratio etiam habeat tempus deliberandi. Sed iudicium rationis inferioris est cum deliberatione, quae indiget tempore, in quo etiam ratio superior deliberare potest. Unde si non cohibeat ab actu peccati per suam deliberationem, ei imputatur.

decretar em seu espírito perpetrar eficazmente o pecado a não ser que a intenção do espírito, que tem todo o poder de colocar os membros em obra, ou de sustá-los, ceda à má ação ou a sirva".

QUANTO AO 3º, deve-se dizer que a razão superior, pela consideração da lei eterna, pode dirigir ou coibir um ato exterior, e do mesmo modo uma deleitação interior. Entretanto, pode acontecer que antes que se chegue ao julgamento da razão superior, a razão inferior fazendo valer em suas deliberações as razões temporais, aceita a deleitação logo que a sensualidade a propõe. Neste caso, o consentimento na deleitação pertence à razão inferior. Se, ao contrário, mesmo depois de ter refletido nas razões eternas, o homem persevera neste mesmo consentimento, este, então, pertencerá à razão superior.

QUANTO AO 4º, deve-se dizer que a apreensão da potência imaginativa é súbita e não deliberada. Por isso, ela pode causar um ato antes mesmo que a razão, superior ou inferior, tenha o tempo de deliberar. Ao contrário, o julgamento da razão inferior não vai sem a deliberação, e esta deliberação exige tempo. Durante este tempo, a razão superior pode deliberar também. Portanto, se esta, pela deliberação, não afasta o ato de pecado, este ato lhe será imputado.

ARTICULUS 8

Utrum consensus in delectationem sit peccatum mortale

AD OCTAVUM SIC PROCEDITUR. Videtur quod consensus in delectationem non sit peccatum mortale.

ARTIGO 8

O consentimento na deleitação é pecado mortal?[e]

QUANTO AO OITAVO, ASSIM SE PROCEDE: parece que na razão inferior, o consentimento na deleitação **não** é pecado mortal.

7. C. 12, n. 17: ML 42, 1008.

8 PARALL.: Infra, q. 88, a. 5, ad 2; II *Sent.*, dist. 24, q. 3, a. 4; *De Verit.*, q. 15, a. 4; *Quodlib.* XII, q. 22, a. 1.

e. Os três artigos (8-10) sobre os graus da desordem que se instala na razão são muito importantes. Com efeito, tornou-se banal negligenciar o conhecimento de Deus e de sua sabedoria, e não se lamenta mais esse esquecimento. O ser humano é feito para conhecer a Deus, e ele se torna negligente em cultivar-se no conhecimento do mistério e em promover a harmonia entre o agir e os fins últimos, em estabelecer o vínculo entre a ordem da sabedoria de Deus e o desenrolar dos acontecimentos humanos. Tal estilo de vida é alimentado pela inclinação do *affectus*, pela conformação do *appetitus* e a *complacentia cogitationis* (a. 8, r. 4), que levam a consentir em alegrias e atos desregrados e que desviam a atenção do bem supremo do ser humano (a. 9, r. 2). Semelhante desordem só atinge o grau de pecado grave no caso em que o consentimento incida sobre realidades que implicam a aversão ao fim último (a. 9, Res.), e sob condição de que esse consentimento seja pleno (a. 8, r. 2) e não o fruto de um movimento repentino. A razão, sobretudo a superior, é um princípio vital, como o coração o é para a vida corporal (a. 9, obj. 2). A sua ordem ou desordem são fonte de vitalidade ou de morte para o dinamismo humano. O padre M. Labourdette escreve, com muita fineza: "A distinção entre *ratio inferior* e *ratio superior* mostra-nos, na raiz da orientação intelectual, uma verdadeira opção, que é moralmente qualificável. A aplicação e o grau de ocupação da inteligência a certas ordens de objetos depende de uma escolha voluntária; é do âmbito das virtudes morais. Não é diretamente o conteúdo positivo dos conhecimentos que se cultivam o que tornará essa opção ruim, se ela o for; é antes tudo o que ela pode incluir de rejeição em relação a co-

1. Consentire enim in delectationem pertinet ad rationem inferiorem, cuius non est intendere rationibus aeternis vel legi divinae, et per consequens nec ab eis averti. Sed omne peccatum mortale est per aversionem a lege divina; ut patet per definitionem Augustini, de peccato mortali datam, quae supra[1] posita est. Ergo consensus in delectationem non est peccatum mortale.

2. PRAETEREA, consentire in aliquid non est malum nisi quia illud est malum in quod consentitur. Sed *propter quod unumquodque, et illud magis*, vel saltem non minus. Non ergo illud in quod consentitur, potest esse minus malum quam consensus. Sed delectatio sine opere non est peccatum mortale, sed veniale tantum. Ergo nec consensus in delectationem est peccatum mortale.

3. PRAETEREA, delectationes differunt in bonitate est malitia secundum differentiam operationum, ut dicit Philosophus, in X *Ethic.*[2]. Sed alia operatio est interior cogitatio, et alia actus exterior, puta fornicationis. Ergo et delectatio consequens actum interioris cogitationis, tantum differt a delectatione fornicationis in bonitate vel malitia, quantum differt cogitatio interior ab actu exteriori. Et per consequens etiam eodem modo differt consentire in utrumque. Sed cogitatio interior non est peccatum mortale; nec etiam consensus in cogitationem. Ergo per consequens nec consensus in delectationem.

4. PRAETEREA, exterior actus fornicationis vel adulterii non est peccatum mortale ratione delectationis, quae etiam invenitur in actu matrimoniali; sed ratione inordinationis ipsius actus. Sed ille qui consentit in delectationem, non propter hoc consentit in deordinationem actus. Ergo non videtur mortaliter peccare.

1. Com efeito, consentir na deleitação é um ato da razão inferior. Não pertence à razão inferior aplicar-se às razões eternas ou à lei divina, e nem delas se afastar. Ora, não há nenhum pecado mortal sem afastamento da lei divina, a definição de Agostinho, como foi dito acima, o diz claramente. Logo, o consentimento na deleitação não é pecado mortal.

2. ALÉM DISSO, consentir em algo não é um mal, a não ser que aquilo em que se consente seja um mal. Ora, aquilo pelo que uma coisa é, é mais do que ela, ou em todo caso não é menos. Portanto, a coisa em que se consente não pode ser menos má do que o consentimento. Ora, a deleitação sem a ação é apenas um pecado venial, e não é um pecado mortal. Portanto, nem o consentimento na deleitação é pecado mortal.

3. ADEMAIS, o Filósofo ensina, no livro X da *Ética*, que a diferença moral das deleitações corresponde à das operações. Ora, a cogitação interior é uma operação, e outra operação o ato exterior, a fornicação por exemplo. Portanto, a deleitação que se liga ao ato da cogitação interior difere moralmente daquela que se liga à fornicação, tanto quanto uma cogitação interior difere de um ato exterior. A mesma diferença encontra-se também no fato de consentir nestas duas deleitações. Ora, a cogitação interior não é um pecado mortal, e nem o consentimento na cogitação. Logo, em consequência nem o consentimento na deleitação.

4. ADEMAIS, o ato exterior de fornicação ou de adultério não é pecado mortal em razão da deleitação que se encontra também no ato matrimonial; mas em razão da desordem do próprio ato. Ora, aquele que consente na deleitação, não consente por isso mesmo na desordem do ato. Logo, não parece pecar mortalmente.

1. Q. 71, a. 6.
2. C. 5: 1175, b, 26-28.

nhecimentos mais altos e mais decisivos para a vida humana. Incluem-se aí pecados que, com frequência, não são bastante conscientes para superar o venial, mas que, objetivamente falando, têm tudo o que é preciso para serem faltas graves, tanto mais graves quanto a faculdade assim truncada em suas finalidades intrínsecas, é mais elevada e mais necessária à vida humana correta.

O que é verdade em relação aos indivíduos poderá ser afirmado, ao menos por atrribuição, em relação às civilizações, consideradas em seu tipo básico. Uma civilização inteiramente orientada para os valores da ciência, no domínio da *ratio inferior*, e distante dos valores de sabedoria, mesmo que os relegasse para o campo do incognoscível, não é uma civilização plenamente humana. Poder-se-á afirmar, de maneira analógica, que ela está em falta — não, é claro, no sentido estrito de um pecado coletivo imputável a cada um, mas no sentido de que as omissões de muitos dos que contribuíram para lhe dar a sua figura e estilo, nela se inscreveram como uma carência que, por sua vez, generaliza a omissão e leva a que gradualmente se perca consciência. Uma civilização fechada aos valores religiosos, imune às impregnações da fé cristã, não pode ter mais sequer as suas verdadeiras dimensões humanas; é marcada pelo pecado, qualquer que seja, aliás, o seu desenvolvimento no plano da *ratio inferior*."

5. PRAETEREA, peccatum homicidii est gravius quam simplicis fornicationis. Sed consentire in delectationem quae consequitur cogitationem de homicidio, non est peccatum mortale. Ergo multo minus consentire in delectationem quae consequitur cogitationem de fornicatione, est peccatum mortale.

6. PRAETEREA, oratio dominica quotidie dicitur pro remissione venialium, ut Augustinus dicit[3]. Sed consensum in delectationem Augustinus docet esse abolendum per orationem dominicam: dicit enim in XII *de Trin.*[4], quod *hoc est longe minus peccatum quam si opere statuatur implendum: et ideo de talibus quoque cogitationibus venia petenda est, pectusque pecutiendum, atque dicendum, Dimitte nobis debita nostra*. Ergo consensus in delectationem est peccatum veniale.

SED CONTRA est quod Augustinus post pauca subdit: *Totus homo damnabitur, nisi haec quae, sine voluntate operandi, sed tamen cum voluntate animum talibus oblectandi, solius cogitationis sentiuntur esse peccata, per Mediatoris gratiam remittantur*. Sed nullus damnatur nisi pro peccato mortali. Ergo consensus in delectationem est peccatum mortale.

RESPONDEO dicendum quod circa hoc aliqui diversimode opinati sunt. Quidam enim dixerunt quod consensus in delectationem non est peccatum mortale, sed veniale tantum. Alii vero dixerunt quod est peccatum mortale: et haec opinio est communior et verisimillior. Est enim considerandum quod, cum omnis delectatio consequatur aliquam operationem, ut dicitur in X *Ethic.*[5]; et iterum cum omnis delectatio habeat aliquod obiectum: delectatio quaelibet potest comparari ad duo, scilicet ad operationem quam consequitur, et ad obiectum in quo quis delectatur. Contingit autem quod aliqua operatio sit obiectum delectationis, sicut et aliqua alia res: quia ipsa operatio potest accipi ut bonum et finis, in quo quis delectatus requiescit. Et quandoque quidem ipsamet operatio quam consequitur delectatio, est obiectum delectationis: inquantum scilicet vis appetitiva, cuius est delectari, reflectitur in ipsam operationem sicut in quoddam bonum; puta cum aliquis cogitat, et delectatur de hoc ipso quod cogitat, inquantum sua cogitatio placet. Quandoque vero delectatio

5. ADEMAIS, o pecado de homicídio é mais grave do que o de simples fornicação. Ora, consentir na deleitação que se liga ao pensamento do homicídio não é um pecado mortal. Logo, muito menos ainda consentir na deleitação que se liga ao pensamento da fornicação é pecado mortal.

6. ADEMAIS, Agostinho diz que a oração dominical recita-se cada dia para a remissão dos pecados veniais. Ora, ele ensina que o consentimento na deleitação é um pecado que a oração dominical deve apagar, pois o consentimento é muito menor pecado do que a determinação de pô-lo em prática, e por isso por estes pensamentos é preciso pedir perdão, bater no peito, e recitar o "Perdoai nossas ofensas". Logo, o consentimento na deleitação é pecado venial.

EM SENTIDO CONTRÁRIO, logo depois Agostinho acrescenta: "O homem todo será condenado se pela graça do Mediador não obtém a remissão daqueles pecados que são apenas pecados do pensamento, porque não se tem vontade de cometê-los, mas tem-se a vontade de deleitar-se neles em espírito." Mas, ninguém é condenado senão pelo pecado mortal. Portanto, o consentimento na deleitação é um pecado mortal.

RESPONDO. Sobre isso as opiniões de alguns estão divididas. Uns dizem: o consentimento é só venial. Outros dizem: ele é mortal. A opinião destes últimos é mais comum e mais verossímil. Eis, portanto, o que se deve notar. Toda deleitação, como se diz no livro X da *Ética*, decorre de uma ação, e toda deleitação tem um objeto. Assim, pode-se comparar uma deleitação com duas coisas: com a ação que ela acompanha, e com o objeto no qual alguém se deleita. Ora, acontece que uma ação pode ser objeto de deleitação, como também uma outra coisa, porque pode-se considerar uma ação como um bem e um fim no qual o que se deleita se repousa. E, por vezes, é a própria operação à qual se liga a deleitação que se torna o objeto desta, na medida em que a potência apetitiva à qual pertence o deleitar-se volta-se para a própria ação como para algo bom: é o caso daquele que pensa e que se deleita em pensar porque seu pensamento lhe agrada. Por vezes, ao contrário, a deleitação ligada a uma ação, a um pensamento por exemplo, tem por objeto

3. *De fide et oper.*, c. 26: ML 40, 228.
4. C. 12, n. 18: ML 42, 1008.
5. C. 4: 1175, a, 5-6.

consequens unam operationem, puta cogitationem aliquam, habet pro obiecto aliam operationem quasi rem cogitatam: et tunc talis delectatio procedit ex inclinatione appetitus non quidem in cogitationem, sed in operationem cogitatam.

Sic igitur aliquis de fornicatione cogitans, de duobus potest delectari: uno modo, de ipsa cogitatione, alio modo, de fornicatione cogitata. Delectatio autem de cogitatione ipsa sequitur inclinationem affectus in cogitationem ipsam. Cogitatio autem ipsa secundum se non est peccatum mortale: immo quandoque est veniale tantum, puta cum aliquis inutiliter cogitat, quandoque autem sine peccato omnino, puta cum aliquis utiliter de ea cogitat, sicut cum vult de ea praedicare vel disputare. Et ideo per consequens affectio et delectatio quae sic est cogitatione fornicationis, non est de genere peccati mortalis: sed quandoque est peccatum veniale, quandoque nullum. Unde nec consensus in talem delectationem est peccatum mortale. Et secundum hoc prima opinio habet veritatem.

Quod autem aliquis cogitans de fornicatione, delectetur de ipso actu cogitato, hoc contingit ex hoc quoc affectio eius inclinata est in hunc actum. Unde quod aliquis consentiat in talem delectationem, hoc nihil autem est quam quod ipse consentiat in hoc quod affectus suus sit inclinatus in fornicationem: nullus enim delectatur nisi in eo quod est conforme appetitui eius. Quod autem aliquis ex deliberatione eligat quod affectus suus conformetur his quae secundum se sunt peccata mortalia, est peccatum mortale. Unde talis consensus in delectationem peccati mortalis, est peccatum mortale; ut secunda opinio ponit.

Ad primum ergo dicendum quod consensus in delectationem potest esse non solum rationis inferioris, sed etiam superioris, ut dictum est[6]. — Et tamen ipsa etiam ratio inferior potest averti a rationibus aeternis. Quia etsi non intendit eis ut secundum eas regulans, quod est proprium rationis; intendit tamen eis ut secundum eas regulata. Et hoc modo, ab eis se avertens, potest peccare mortaliter. Nam et actus inferiorum virium, et etiam exteriorum membrorum, possunt esse peccata mortalia, secundum quod deficit ordinatio superioris rationis regulantis eos secundum rationes aeternas.

Ad secundum dicendum quod consensus in peccatum quod est veniale ex genere, est veniale

uma outra ação que é como a realidade na qual se pensa: uma tal deleitação provém da inclinação do apetite não tanto para o pensamento, mas para a ação em que pensamos.

Assim, aquele que pensa na fornicação pode se deleitar em duas coisas: no próprio pensamento, ou no ato no qual pensa. A deleitação no pensamento, segue-se à inclinação do afeto ao mesmo pensamento. Ora o pensamento não é em si um pecado mortal. Pode ser simplesmente um pecado venial, por exemplo, quando se pensa inutilmente, mas ele pode também ser totalmente isento de pecado, quando se pensa sobre ela utilmente, por exemplo, quando se quer pregar ou discutir sobre ela. Eis porque a inclinação e o deleite que se experimenta por um pensamento de fornicação não são matéria de pecado mortal, por vezes, é pecado venial, e por vezes nem é pecado. O consentimento nesta deleitação também não é, portanto, pecado mortal. Neste ponto, a primeira opinião está com a razão.

Mas, se aquele que pensa na fornicação deleita-se no ato no qual ele pensa, isto vem do fato de que o seu afeto se inclina para este ato. Portanto, consentir nesta espécie de deleitação nada mais é do que consentir em que o seu afeto se incline para a fornicação; pois, ninguém se deleita a não ser naquilo que é conforme ao seu apetite. Ora, escolher deliberadamente que o seu afeto se conforme àquilo que em si mesmo é pecado mortal, é um pecado mortal. Portanto, este consentimento na deleitação do pecado mortal é um pecado mortal, como pretende a segunda opinião.

Quanto ao 1º, portanto, deve-se dizer que o consentimento na deleitação vem não só da razão inferior, mas também da superior, como foi dito. — Ademais, a razão inferior pode se afastar das razões eternas. Pois, embora ela não se ocupe em governar segundo elas, o que é o próprio da razão superior, ela se ocupa em ser governada segundo elas. O que faz com que ela, ao se afastar delas possa pecar mortalmente. Pois, os atos das potências inferiores e dos membros externos, podem ser pecados mortais, se falha a ordenação da razão superior que os governa segundo as razões eternas.

Quanto ao 2º, deve-se dizer que o consentimento no pecado que é venial em seu gênero é

6. Art. praec.

peccatum. Et secundum hoc potest concludi quod consensus in delectationem quae est de ipsa vana cogitatione fornicationis, est peccatum veniale. Sed delectatio quae est in ipso actu fornicationis, de genere suo est peccatum mortale. Sed quod ante consensum sit veniale peccatum tantum, hoc est accidens, scilicet propter imperfectionem actus. Quae quidem imperfectio tollitur per consensum deliberatum supervenientem. Unde ex hoc adducitur in suam naturam, ut sit peccatum mortale.

AD TERTIUM dicendum quod ratio illa procedit de delectatione quae habet cogitationem pro obiecto.

AD QUARTUM dicendum quod delectatio quae habet actum exteriorem pro obiecto, non potest esse absque complacentia exterioris actus secundum se; etiam si non statuatur implendum, propter prohibitionem alicuius superioris. Unde actus fit inordinatus: et per consequens delectatio erit inordinata.

AD QUINTUM dicendum quod etiam consensus in delectationem quae procedit ex complacentia ipsius actus homicidii cogitati, est peccatum mortale. Non autem consensus in delectationem quae procedit ex complacentia cogitationis de homicidio.

AD SEXTUM dicendum quod oratio dominica non solum contra peccata venialia dicenda est, sed etiam contra mortalia.

pecado venial. E por aí pode-se concluir que o consentimento na deleitação do vão pensamento da fornicação é venial. Mas a deleitação que tem por objeto o ato da fornicação é em seu gênero pecado mortal. Se antes disso há um pecado puramente venial, é por acaso, a saber, por causa da imperfeição do ato, o que desaparece desde que advém o consentimento deliberado, pelo qual é levado à sua natureza de pecado mortal.

QUANTO AO 3º, deve-se dizer que o argumento procede tratando-se da deleitação que tem por objeto o pensamento.

QUANTO AO 4º, deve-se dizer que a deleitação que tem por objeto o ato exterior não pode ter lugar sem complacência por este ato tal qual ele é, mesmo se não se está decidido de realizá-lo por qualquer proibição superior. Portanto, torna-se o ato desordenado e por conseguinte a deleitação que o tem por objeto será também desordenada.

QUANTO AO 5º, deve-se dizer que o consentimento dado à deleitação que provém de uma complacência no pensamento de um projeto homicida é pecado mortal. Mas, o consentimento dado à deleitação que provém de uma complacência nos pensamentos sobre o homicídio não é pecado mortal.

QUANTO AO 6º, deve-se dizer que a oração do Senhor deve ser recitada não somente contra os pecados veniais, mas também contra os pecados mortais.

ARTICULUS 9

Utrum in superiori ratione possit esse peccatum veniale, secundum quod est directiva inferiorum virium

AD NONUM SIC PROCEDITUR. Videtur quod in superiori ratione non possit esse peccatum veniale, secundum quod est directiva inferiorum virium, idest secundum quod consentit in actum peccati.

1. Dicit enim Augustinus, in XII *de Trin.*[1], quod ratio superior *inhaeret rationibus aeternis*. Sed peccare mortaliter est per aversionem a rationibus aeternis. Ergo videtur quod in superiori ratione ratione non possit esse peccatum nisi mortale.

2. PRAETEREA, superior ratio se habet in vita spirituali tanquam principium; sicut et cor in vita

ARTIGO 9

Pode haver pecado venial na razão superior quando se trata da direção das potências inferiores?

QUANTO AO NONO, ASSIM SE PROCEDE: parece que **não** pode haver pecado venial na razão superior quando se trata da direção das potências inferiores, a saber, enquanto consente no ato do pecado.

1. Com efeito, Agostinho diz que a razão superior "adere às razões eternas". Ora, pecar mortalmente é afastar-se das razões eternas. Logo, parece que na razão superior não pode haver senão pecado mortal.

2. ALÉM DISSO, a razão superior é para a vida espiritual como um princípio, como o coração

9 PARALL.: II *Sent.*, dist. 24, q. 3, a. 5; *De Verit.*, q. 15, a. 5; *De Malo*, q. 7, a. 5.

1. C. 7: ML 42, 1005.

corporali. Sed infirmitates cordis sunt mortales. Ergo peccata superioris rationis sunt mortalia.

3. PRAETEREA, peccatum veniale fit mortale, si fiat ex contemptu. Sed hoc non videtur esse sine contemptu, quod aliquis ex deliberatione peccet etiam venialiter. Cum ergo consensus rationis superiori semper sit cum deliberatione legis divinae videtur quod non possit esse sine peccato mortali propter contemptum divinae legis.

SED CONTRA, consensus in actum peccati pertinet ad rationem superiorem, ut supra[2] dictum est. Sed consensus in actum peccati venialis est peccatum veniale. Ergo in superiori ratione potest esse peccatum veniale.

RESPONDEO dicendum quod, sicut Augustinus dicit, in XII *de Trin.*[3], ratio superior *inhaeret rationibus aeternis conspiciendis aut consulendis* conspiciendis quidem, secundum quod earum veritatem speculatur; consulendis autem, secundum quod per rationes aeternas de aliis iudicat et ordinat; ad quod pertinet quod, deliberando per rationes aeternas, consentit in aliquem actum, vel dissenti ab eo. Contingit autem quod inordinatio actus in quem consentit, non contrariatur rationibus aeternis, quia non est cum aversione a fine ultimo, sicut contrariatur actus peccati mortalis: sed est praeter eas, sicut actus peccati venialis. Unde quando ratio superior in actum peccati venialis consentit, non avertitur a rationibus aeternis. Unde non peccat mortaliter, sed venialiter.

Et per hoc patet responsio AD PRIMUM.

AD SECUNDUM dicendum quod duplex est infirmitas cordis. Una quae est in ipsa substantia cordis, et immutat naturalem complexionem ipsius: et talis infirmitas semper est mortalis. Alia est autem infirmitas cordis propter aliquam inordinationem vel motus eius, vel alicuius eorum quae circumstant cor: et talis infirmitas non semper est mortalis. Et similiter in ratione superiori semper est peccatum mortale, quando tollitur ipsa ordinatio rationis superioris ad proprium obiectum, quod est rationes aeternae. Sed quando est inordinatio circa hoc, non est peccatum mortale, sed veniale.

AD TERTIUM dicendum quod deliberatus consensus in peccatum non semper pertinet ad contemp-

na vida corporal. Ora, as doenças do coração são mortais. Logo, também o são os pecados da razão superior.

3. ADEMAIS, o pecado venial torna-se mortal se é feito por desprezo. Ora, o fato de pecar com propósito deliberado mesmo venialmente não parece isento de desprezo. Logo, como o consentimento da razão superior acompanha-se sempre por reflexões sobre a lei divina, parece que ela não pode pecar senão mortalmente, devido ao desprezo da lei divina.

EM SENTIDO CONTRÁRIO, o consentimento ao ato de pecado pertence, como foi dito, à razão superior. Ora, ele é venial se é dado para um ato de pecado venial. Portanto, pode haver pecado venial na razão superior.

RESPONDO. Como diz Agostinho, a razão superior "adere às razões eternas contemplando ou consultando". Contempla especulando sobre sua verdade. Consulta quando a partir das razões eternas julga e ordena outras coisas. E é precisamente deliberando sob esta luz que a razão superior consente em um ato ou a ele se opõe. Ora, pode acontecer que a desordem do ato consentido, porque não traz nenhum afastamento do fim último, não seja contrário às razões eternas como o ato do pecado mortal, mas esteja somente fora delas como um ato de pecado venial. Por conseguinte, quando a razão superior consente em um ato de pecado venial, ela não se afasta das razões eternas. Também não peca mortalmente, mas venialmente.

QUANTO AO 1º, portanto, deve-se dizer que pelo que foi dito está clara a resposta.

QUANTO AO 2º, deve-se dizer que há duas espécies de doenças do coração. Uma atinge o órgão em sua substância e modifica sua constituição natural. Esta doença é sempre mortal. A outra doença provém de uma desordem no movimento do coração ou na região do coração, e nem sempre é mortal. O mesmo acontece com a razão superior. Quando está totalmente desordenada em referência a seu objeto próprio que são as razões eternas, é sempre pecado mortal. Mas, quando a desordem não se refere a isso, o pecado não é mortal, mas venial.

QUANTO AO 3º, deve-se dizer que o consentimento deliberado no pecado não significa, em

2. Art. 7.
3. C. 7: ML 42, 1005.

tum legis divinae: sed solum quando peccatum legi divinae contrariatur.

ARTICULUS 10
Utrum in ratione superiori possit esse peccatum veniale secundum seipsam

AD DECIMUM SIC PROCEDITUR. Videtur quod in superiori ratione non possit esse peccatum veniale secundum seipsam, idest secundum quod inspicit rationes aeternas.

1. Actus enim potentiae non invenitur esse deficiens, nisi per hoc quod inordinate se habet circa suum obiectum. Sed obiectum superioris rationis sunt aeternae rationes, a quibus deordinari non est sine peccato mortali. Ergo in superiori ratione non potest esse peccatum veniale secundum seipsam.

2. PRAETEREA, cum ratio sit vis deliberativa, actus rationis semper est cum deliberatione. Sed omnis inordinatus motus in his quae Dei sunt, si sit cum deliberatione, est peccatum mortale. Ergo in ratione superiori secundum seipsam, nunquam est peccatum veniale.

3. PRAETEREA, contingit quandoque quod peccatum ex subreptione est peccatum veniale, peccatum autem ex deliberatione est peccatum mortale, per hoc quod ratio deliberans recurrit ad aliquod maius bonum, contra quod homo agens gravius peccat: sicut cum de actu delectabili inordinato ratio deliberat quod est contra legem Dei, gravius peccat consentiendo, quam si solum consideraret quod est contra virtutem moralem. Sed ratio superior non potest recurrere ad aliquod altius quam sit suum obiectum. Ergo si motus ex subreptione non sit peccatum mortale, neque etiam deliberatio superveniens faciet ipsum esse peccatum mortale: quod patet esse falsum. Non ergo in ratione superiori secundum seipsam, potest esse peccatum veniale.

SED CONTRA, motus subreptitius infidelitatis est peccatum veniale. Sed pertinet ad superiorem rationem secundum seipsam. Ergo in ratione superiori potest esse peccatum veniale secundum seipsam.

RESPONDEO dicendum quod ratio superior aliter fertur in suum obiectum, atque aliter in obiecta inferiorum virium quae per ipsam diriguntur. In

todos os casos, um desprezo da lei eterna, senão quando o pecado é contrário a esta lei divina.

ARTIGO 10
Pode haver pecado venial na razão superior, enquanto tal?

QUANTO AO DÉCIMO, ASSIM SE PROCEDE: parece que **não** pode haver pecado venial na razão superior, enquanto tal, a saber, enquanto considera as razões eternas.

1. Com efeito, o ato de uma potência só é falho se, em relação a seu objeto, se comporta desordenadamente. Ora, a razão superior tem por objeto as razões eternas diante das quais não se pode desordenar sem pecado mortal. Logo, na razão superior, enquanto tal, não pode haver pecado venial.

2. ALÉM DISSO, como a razão é a potência que delibera, seu ato acompanha-se sempre de deliberação. Ora, no que concerne às coisas de Deus, todo movimento desordenado, se acompanhado de deliberação é pecado mortal. Logo, na razão superior, enquanto tal, nunca o pecado é venial.

3. ADEMAIS, um pecado de surpresa pode, por vezes, ser venial. Mas, um pecado de propósito deliberado deve ser mortal, pelo fato de que a razão que delibera recorre a algum bem superior, e aquele que age contra este bem peca mais gravemente. Assim, quando delibera sobre um ato agradável desordenado, a razão reflete que ele é contra a lei de Deus, seu consentimento é mais grave do que se ela considerasse somente este ato como contrário à virtude moral. Ora a razão superior não pode recorrer a algo que seja mais elevado que seu objeto. Portanto, se nela o movimento de supreza não é mortal, a deliberação que sobrevém não poderia fazer que ele o seja: o que é evidentemente falso. Portanto, é preciso concluir que não pode haver pecado venial na razão superior, enquanto tal.

EM SENTIDO CONTRÁRIO, um movimento de infidelidade por surpresa é venial. Mas, ele pertence à razão superior, enquanto tal. Portanto, na razão superior, enquanto tal, pode haver pecado venial.

RESPONDO. A razão superior não se refere ao seu objeto próprio da mesma maneira que aos objetos das potências inferiores que ela dirige. Com efeito,

10 PARALL.: II *Sent.*, dist. 24, q. 3, a. 5; *De Verit.*, q. 15, a. 5; *De Malo*, q. 7, a. 5.

obiecta enim inferiorum virium non fertur nisi inquantum de eis consulit rationes aeternas. Unde non fertur in ea nisi per modum deliberationis. Deliberatus autem consensus in his quae ex genere suo sunt mortalia, est mortale peccatum. Et ideo ratio superior semper mortaliter peccat, si actus inferiorum virium in quos consentit, sint peccata mortalia.

Sed circa proprium obiectum habet duos actus: scilicet simplicem intuitum; et deliberationem, secundum quod etiam de proprio obiecto consulit rationes aeternas. Secundum autem simplicem intuitum, potest aliquem inordinatum motum habere circa divina: puta cum quis patitur subitum infidelitatis motum. Et quamvis infidelitas secundum suum genus sit peccatum mortale, tamen subitus motus infidelitatis est peccatum veniale. Quia peccatum mortale non est nisi sit contra legem Dei: potest autem aliquid eorum quae pertinent ad fidem, subito rationi occurrere sub quadam alia ratione, antequam super hoc consulatur, vel consuli possit, ratio aeterna, idest lex Dei; puta cum quis resurrectionem mortuorum subito apprehendit ut impossibilem secundum naturam, et simul apprehendendo renititur, antequam tempus habeat deliberandi quod hoc est nobis traditum ut credendum secundum legem divinam. Si vero post hanc deliberationem motus infidelitatis maneat, est peccatum mortale.

Et ideo circa proprium obiectum, etsi sit peccatum mortale ex genere, potest ratio superior peccare venialiter in subitis motibus; vel etiam mortaliter per deliberatum consensum. In his autem quae pertinent ad inferiores vires, semper peccat mortaliter in his quae sunt peccata mortalia ex suo genere: non autem in his quae secundum suum genus sunt venialia peccata.

AD PRIMUM ergo dicendum quod peccatum quod est contra rationes aeternas, etsi sit peccatum mortale ex genere, potest tamen esse peccatum veniale propter imperfectionem actus subiti, ut dictum est[1].

Ad secundum dicendum quod in operativis ad rationem, ad quam pertinet deliberatio, pertinet etiam simplex intuitus eorum ex quibus deliberatio procedit: sicut etiam in speculativis ad rationem pertinet et syllogizare, et propositiones formare. Et ideo etiam ratio potest habere subitum motum.

ela refere-se aos objetos das potências inferiores só para consultar a seu respeito as razões eternas, o que não se faz senão por modo de deliberação. Ora, um consentimento deliberado em matéria de pecado mortal é ele mesmo mortal. Eis porque a razão superior peca sempre mortalmente se os atos das potênciass inferiores nos quais ela consente são pecados mortais.

Mas, em relação a seu objeto próprio ela tem dois atos, a saber, a simples intuição e a deliberação, quando ela consulta sobre seu objeto próprio as razões eternas. Ora, na simples intuição ela pode experimentar em relação às coisas divinas um movimento desordenado, um súbito movimento de infidelidade, por exemplo. Embora a infidelidade seja em seu gênero pecado mortal, este súbito movimento de infidelidade é somente venial. Um pecado mortal só existe se é contra a lei de Deus. Ora, um ponto da fé pode apresentar-se subitamente à razão sob todo um outro aspecto, antes que se consulte ou que se possa mesmo consultar a seu respeito a razão eterna, a saber, a lei de Deus. Tal é o caso de quem considera subitamente a ressurreição dos mortos como impossível à natureza, e na contemplação simultaneamente resiste em crer, antes de ter o tempo para refletir que isso nos foi revelado como objeto de fé pela lei divina. Mas se depois de uma tal deliberação o movimento de infidelidade continua, é um pecado mortal.

Assim, em referência a seu objeto próprio, e mesmo quando há matéria de pecado mortal, a razão superior pode pecar venialmente nos movimentos súbitos, ou então mortalmente se há consentimento deliberado. Mas, no que se refere às potências inferiores, ela peca sempre mortalmente quando há matéria de pecado mortal, e não quando há matéria de pecado venial.

Quanto ao 1º, portanto, deve-se dizer que quando o pecado é contra as razões eternas, se bem que mortal em seu gênero, pode no entanto ser venial por causa da imperfeição do ato súbito, como foi dito.

Quanto ao 2º, deve-se dizer que nas ações, à razão, à qual pertence a deliberação, pertence também a intuição simples das coisas das quais procede a deliberação, do mesmo modo que na especulação pertence à razão construir os silogismos e formular as proposições. Eis como pode haver mesmo na razão movimentos súbitos.

1. In corp.

AD TERTIUM dicendum quod una et eadem res potest diversas considerationes habere, quarum una est altera altior: sicut Deum esse potest considerari vel inquantum est cognoscibile ratione humana, vel inquantum creditur revelatione divina, quae est consideratio altior. Et ideo quamvis obiectum rationis superioris sit quiddam secundum naturam rei altissimum, tamen potest etiam reduci in quandam altiorem considerationem. Et hac ratione, quod in motu subito non erat peccatum mortale, per deliberationem reducentem in altiorem considerationem fit peccatum mortale, sicut supra[2] expositum est.

2. Ibid.

QUANTO AO 3º, deve-se dizer que uma única e mesma coisa pode ser objeto de diversas considerações, mais elevadas umas do que as outras. Assim, Deus, pode ser considerado enquanto e cognoscível pela razão humana, ou como objeto da revelação divina, o que é uma consideração mais elevada. Eis porque, embora o objeto da razão superior seja, na realidade, o que há de mais elevado, pode prestar-se a uma consideração mais ou menos elevada. E por essa razão, o que não era pecado mortal no movimento súbito torna-se tal quando a deliberação leva a coisa a um ponto de vista mais alto, como acima foi exposto.

QUAESTIO LXXV

DE CAUSIS PECCATORUM IN GENERALI

in quatuor articulos divisa

Deinde considerandum est de causis peccatorum.

Et primo, in generali: secundo, in speciali.

Circa primum quaeruntur quatuor.

Primo: utrum peccatum habeat causam.

Secundo: utrum habeat causam interiorem.

Tertio: utrum habeat causam exteriorem.

Quarto: utrum peccatum sit causa peccati.

QUESTÃO 75

AS CAUSAS DO PECADO CONSIDERADAS EM GERAL

em quatro artigos

Em seguida, devem-se considerar as causas dos pecados.

Primeiro em geral e depois em particular.

Sobre o primeiro são quatro as perguntas:

1. O pecado tem uma causa?
2. Uma causa interior?
3. Uma causa exterior?
4. O pecado é causa de pecado?

ARTICULUS 1

Utrum peccatum habeat causam

AD PRIMUM SIC PROCEDITUR. Videtur quod peccatum non habeat causam.

1. Peccatum enim habet rationem mali, ut dictum est[1]. Sed *malum non habet causam*, ut Dionysius dicit, 4 cap. *de Div. Nom.*[2]. Ergo peccatum non habet causam.

2. PRAETEREA, causa est *ad quam de necessitate sequitur aliud*. Sed quod est ex necessitate, non vi-

1 PARALL.: Part. I, q. 49, a. 1; II *Sent.*, dist. 34, art. 3.

1. Q. 71, a. 6.
2. MG 3, 732 C.

ARTIGO 1

O pecado tem uma causa?

QUANTO AO PRIMEIRO ARTIGO, ASSIM SE PROCEDE: parece que o pecado **não** tem uma causa.

1. Com efeito, o pecado tem a razão de mal, como foi dito. Ora, Dionísio assegura que "o mal não tem causa". Logo, o pecado não tem causa.

2. ALÉM DISSO, uma causa é o que necessariamente é seguida de um efeito. Ora, o que acontece

detur esse peccatum: eo quod omne peccatum est voluntarium. Ergo peccatum non habet causam.

3. PRAETEREA, si peccatum habet causam, aut habet pro causa bonum, aut malum. Non autem bonum: quia bonum non facit nisi bonum; *non* enim *potest arbor bona fructus malos facere*, ut dicitur Mt 7,18. Similiter autem nec malum potest esse causa peccati: quia malum poenae sequitur ad peccatum; malum autem culpae est idem quod peccatum. Peccatum igitur non habet causam.

SED CONTRA, omne quod fit, habet causam: quia, ut dicitur Iob 5,6, *nihil in terra sine causa fit*. Sed peccatum fit: est enim *dictum vel factum vel concupitum contra legem Dei*. Ergo peccatum habet causam.

RESPONDEO dicendum quod peccatum est quidam actus inordinatus. Ex parte igitur actus, potest habere per se causam: sicut et quilibet alius actus. — Ex parte autem inordinationis, habet causam eo modo quo negatio vel privatio potest habere causam. Negationis autem alicuius potest duplex causa assignari. Primo quidem, defectus causae, idest ipsius causae negatio, est causa negationis secundum seipsam: ad remotionem enim causae sequitur remotio effectus; sicut obscuritatis causa est absentia solis. Alio modo, causa affirmationis ad quam sequitur negatio, est per accidens causa negationis consequentis: sicut ignis, causando calorem ex principali intentione, consequenter causat privationem frigiditatis. Quorum primum potest sufficere ad simplicem negationem. Sed cum inordinatio peccati, et quodlibet malum, non sit simplex negatio, sed privatio eius quod quid natum est et debet habere; necesse est quod talis inordinatio habeat causam agentem per accidens: quod enim natum est inesse et debet, nunquam abesset nisi propter causam aliquam impedientem. Et secundum hoc consuevit dici quod malum, quod in quadam privatione consistit, habet causam deficientem, vel agentem per accidens.

Omnis autem causa per accidens reducitur ad causam per se. Cum igitur peccatum ex parte inordinationis habeat causam agentem per accidens, ex parte autem actus habeat causam agentem per se; sequitur quod inordinatio peccati consequatur ex ipsa causa actus. Sic igitur voluntas carens directione regulae rationis et legis divinae, intendens aliquod bonum commutabile, causat actum quidem peccati per se, sed inordinationem actus per accidens et praeter intentionem: provenit enim

necessariamente não parece ser pecado, pois que este é sempre voluntário. Logo, o pecado não tem causa.

3. ADEMAIS, se o pecado tem causa, ou é o bem ou o mal. Não é o bem, porque o bem só produz o bem, e "uma boa árvore não pode dar maus frutos", diz o Evangelho de Mateus. Ora, também não é o mal, porque o mal de pena é uma consequência do pecado, e o mal de culpa é o mesmo que o pecado. Logo, o pecado não tem causa.

EM SENTIDO CONTRÁRIO, tudo o que se faz tem uma causa. Porque, como diz o livro de Jó: "Nada sobre a terra acontece sem causa". Ora, o pecado acontece. É tudo o que é dito ou feito ou desejado contra a lei de Deus. Logo, o pecado tem uma causa.

RESPONDO. O pecado é um ato desordenado. Como ato, pode ter por si uma causa, como qualquer outro ato. — Mas, como desordem, tem uma causa como a negação ou a privação podem ter uma causa. Ora, a uma negação pode-se atribuir duas causas. Primeira, a deficiência da causa, ou a negação da própria causa, é a causa da negação em si mesma: removida a causa, remove-se consequentemente o efeito; como a causa da escuridão é a ausência do sol. Segunda, a causa da afirmação, à qual se segue a negação, é a causa acidental da negação consequente; como o fogo causa o calor diretamente, e consequentemente causa a privação do frio. A primeira destas causas pode bastar para uma simples negação. Mas, a desordem do pecado, como qualquer mal, não é uma simples negação, mas é a privação daquilo que a uma coisa lhe cabe naturalmente e deve ter. É necessário, por isso, que uma tal desordem tenha uma causa eficiente acidental, pois o que naturalmente é e deve ser, nunca deixaria de ser se não houvesse uma causa impedindo-o de existir. E assim, acostumou-se a dizer que o mal, que consiste numa certa privação, tem uma causa deficiente ou eficiente acidental.

Ora, toda causa acidental reduz-se a uma causa essencial. Portanto, como o pecado enquanto desordem tem uma causa eficiente acidental, e enquanto ato tem uma causa eficiente essencial, segue-se que a desordem do pecado é consequência da causa mesma do ato. Assim, é a vontade que, não sendo mais dirigida pela regra da razão nem pela lei divina, e procurando um bem perecível, causa o ato do pecado por si. Mas, ela causa a desordem do ato acidentalmente, e fora de toda

defectus ordinis in actu, ex defectu directionis in voluntate.

AD PRIMUM ergo dicendum quod peccatum non solum significat ipsam privationem boni, quae est inordinatio; sed significat actum sub tali privatione, quae habet rationem mali. Quod quidem qualiter habeat causam, dictum est[3].

AD SECUNDUM dicendum quod, si illa definitio causae universaliter debeat verificari, oportet ut intelligatur de causa sufficienti et non impedita. Contingit enim aliquid esse causam sufficientem alterius, et tamen non ex necessitate sequitur effectus, propter aliquod impedimentum superveniens: alioquin sequeretur quod omnia ex necessitate contingerent, ut patet in Vi *Metaphys.*[4]. Sic igitur, etsi peccatum habeat causam, non tamen sequitur quod sit necessaria: quia effectus potest impediri.

AD TERTIUM dicendum quod , sicut dictum est[5], voluntas sine adhibitione regulae rationis vel legis divinae, est causa peccati. Hoc autem quod est non adhibere regulam rationis vel legis divinae, secundum se non habet rationem mali, nec poenae nec culpae, antequam applicetur ad actum. Unde secundum hoc, peccati primi non est causa aliquod malum: sed bonum aliquod cum absentia alicuius alterius boni.

ARTICULUS 2

Utrum peccatum habeat causam interiorem

AD SECUNDUM SIC PROCEDITUR. Videtur quod peccatum non habeat causam interiorem.

1. Id enim quod est interius alicui rei, semper adest ei. Si igitur peccatum habeat causam interiorem, semper homo peccaret: cum, posita causa, ponatur effectus.

2. PRAETEREA, idem non est causa sui ipsius. Sed interiores motus hominis sunt peccatum. Ergo non sunt causa peccati.

3. PRAETEREA, quidquid est intra hominem, aut est naturale, aut voluntarium. Sed id quod est naturale, non potest esse peccati causa: quia pec-

intenção, dado que a falta de ordem no ato provem da falta de direção na vontade.

QUANTO AO 1º, portanto, deve-se dizer que o pecado não só significa esta privação de bem que é a desordem, mas significa o ato sujeito a tal privação que tem a razão de mal. De que modo esse ato possui uma causa, já o foi dito.

QUANTO AO 2º, deve-se dizer que se esta definição da causa é verdadeira em todos os casos, é preciso compreendê-la como causa suficiente e não impedida. Pois, há casos em que uma coisa é uma causa suficiente de outra coisa, e no entanto, em razão de um impedimento que sobrevém, o efeito não se segue necessariamente. Sem isto, como observa o Filósofo, seguir-se-ia que tudo acontece necessariamente. Assim, portanto, embora o pecado tenha uma causa, não se segue que seja uma causa necessária, porque o efeito pode ser impedido.

QUANTO AO 3º, deve-se dizer que a causa do pecado é a vontade sem a aplicação da regra da razão ou da lei divina. Ora o fato de não empregar tais regras não é em si um mal, nem culpa e nem pena, enquanto não se age. Portanto, segundo isso, o primeiro pecado não tem por causa um mal, mas um bem carente de um outro bem.

ARTIGO 2

O pecado tem uma causa interior?

QUANTO AO SEGUNDO, ASSIM SE PROCEDE: parece que o pecado **não** tem uma causa interior.

1. Com efeito, o que é interior a alguma coisa, sempre está presente nela. Portanto se o pecado tivesse uma causa interior, o ser humano pecaria sempre, pois, afirmada a causa, afirma-se o efeito.

2. ALÉM DISSO, uma coisa não pode ser a causa de si mesma. Ora, os movimentos interiores do ser humano são o pecado. Logo, não são causa do pecado.

3. ADEMAIS, tudo o que é interior ao ser humano ou é natural ou voluntário. Ora, o que é natural não pode ser causa de pecado, pois o pecado é contra

3. In corp.
4. C. 3: 1027, a, 29-b, 11.
5. In corp.

2

catum est *contra naturam*, ut dicit Damascenus[1]. Quod autem est voluntarium, si sit inordinatum, iam est peccatum. Non ergo aliquid intrinsecum potest esse causa primi peccati.

SED CONTRA est quod Augustinus dicit[2], quod *voluntas est causa peccati*.

RESPONDEO dicendum quod, sicut iam[3] dictum est, per se causam peccati oportet accipere ex parte ipsius actus. Actus autem humani potest accipi causa interior et mediata, et immediata. Immediata quidem causa humani actus est ratio et voluntas, secundum quam homo est liber arbitrio. Causa autem remota est apprehensio sensitivae partis, et etiam appetitus sensitivus: sicut enim ex iudicio rationis voluntas movetur ad aliquid secundum rationem, ita etiam ex apprehensione sensus appetitus sensitivus in aliquid inclinatur. Quae quidem inclinatio interdum trahit voluntatem et rationem, sicut infra[4] patebit. Sic igitur duplex causa peccati interior potest assignari: una proxima, ex parte rationis et voluntatis; alia vero remota, ex parte imaginationis vel appetitus sensitivi.

Sed quia supra[5] dictum est quod causa peccati est aliquod bonum apparens motivum cum defectu debiti motivi, scilicet regulae rationis vel legis divinae; ipsum motivum quod est apparens bonum, pertinet ad apprehensionem sensus et appetitum. Ipsa autem absentia debitae regulae pertinet ad rationem, quae nata est huiusmodi regulam considerare. Sed ipsa perfectio voluntarii actus peccati pertinet ad voluntatem: ita quod ipse voluntatis actus, praemissis suppositis, iam est quoddam peccatum.

AD PRIMUM ergo dicendum quod id quod est intrinsecum sicut potentia naturalis, semper inest; id autem quod est intrinsecum sicut actus interior appetitivae vel apprehensivae virtutis, non semper inest. Ipsa autem potentia voluntatis est causa peccati in potentia, sed reducitur in actum per motus praecedentes et sensitivae partis primo, et rationis consequenter. Ex hoc enim quod aliquid proponitur ut appetibile secundum sensum, et appetitus sensitivus inclinatur in illud, ratio interdum cessat a consideratione regulae debitae: et sic voluntas producit actum peccati. Quia igitur motus praecedentes non semper sunt in actu, neque peccatum semper est in actu.

a natureza, segundo Damasceno. O que é voluntário, se é desordenado já é pecado. Logo, nenhuma coisa interior pode ser causa do pecado.

EM SENTIDO CONTRÁRIO, Agostinho diz que "a vontade é a causa do pecado".

RESPONDO. Como foi dito, é preciso encontrar no próprio ato uma causa por si do pecado. Ora, pode-se considerar no ato humano uma causa interior mediata e uma causa imediata. A causa imediata é a razão e a vontade que fazem com que o homem tenha o livre-arbítrio. A causa remota é a apreensão da parte sensitiva e também o apetite sensível, porque assim como o julgamento da razão leva a vontade a algo racional, do mesmo modo as apreensões dos sentidos inclinam para alguma coisa o apetite sensível. E esta inclinação, se verá depois, às vezes arrasta a vontade e a razão. Portanto, pode-se assinalar uma dupla causa do pecado: uma próxima, razão e vontade, e a outra remota, imaginação e apetite sensivel.

Mas, como acima foi dito, a causa do pecado é um bem aparente que move sem o devido movente, isto é, a regra da razão ou da lei divina. O bem aparente, motivo do ato, pertence à apreensão do sentido e ao apetite. A ausência da devida regra pertence à razão, à qual cabe naturalmente a consideração da regra. Contudo, o acabamento do ato voluntário do pecado pertence à vontade. Assim, o ato da vontade, com estas premissas, já é um pecado.

QUANTO AO 1º, portanto, deve-se dizer que o que é intrínseco como a potência natural, sempre está presente. O que é intrínseco como o ato interior da potência apetitiva ou apreensiva, nem sempre está presente. A própria potência da vontade é causa do pecado em potência, mas, reduz-se a ato por movimentos precedentes, primeiro da parte sensitiva, e consequentemente da razão. Pelo fato de que alguma coisa se oferece aos sentidos como desejável, e de que o apetite sensível para ela se inclina, a razão, às vezes, cessa de considerar a regra do dever e, então, a vontade produz o ato do pecado. E porque os movimentos que o precedem não estão sempre em ato, o pecado também não está sempre em ato.

1. *De fide orth.* l. II, cc. 4, 30; l. IV, c. 20: MG 94, 876 A, 976 A, 1196 B.
2. *De lib. arb.* l. III, c. 17: ML 32, 1294.
3. Art. praec.
4. Q. 77, a. 1.
5. Art. praec.

AD SECUNDUM dicendum quod non omnes motus interiores sunt de substantia peccati, quod consistit principaliter in actu voluntatis: sed quidam praecedunt, et quidam consequuntur ipsum peccatum.

AD TERTIUM dicendum quod illud quod est causa peccati sicut potentia producens actum, est naturale. Motus etiam sensitivae partis, ex quo sequitur peccatum, interdum est naturalis: sicut cum propter appetitum cibi aliquis peccat. Sed efficitur peccatum innaturale ex hoc ipso quod deficit regula naturalis, quam homo secundum naturam suam debet attendere.

QUANTO AO 2º, deve-se dizer que os movimentos interiores não são todos da substância do pecado, que consiste principalmente no ato da vontade. Mas, alguns precedem e outros seguem-se ao próprio pecado.

QUANTO AO 3º, deve-se dizer que o que é causa do pecado, como potência produtora do ato, é natural. O movimento da parte sensitiva do qual segue-se o pecado, às vezes, é natural quando, por exemplo, se peca porque se tem fome. Mas, o pecado torna-se não natural ao lhe faltar a regra natural à qual, o homem, segundo sua natureza, deve prestar atenção.

ARTICULUS 3

Utrum peccatum habeat causam exteriorem

AD TERTIUM SIC PROCEDITUR. Videtur quod peccatum non habeat causam exteriorem.

1. Peccatum enim est actus voluntarius. Voluntaria autem sunt eorum quae sunt in nobis; et ita non habent exteriorem causam. Ergo peccatum non habet exteriorem causam.

2. PRAETEREA, sicut natura est principium interius, ita etiam voluntas. Sed peccatum in rebus naturalibus nunquam accidit nisi ex aliqua interiori causa: ut puta monstruosi partus proveniunt ex corruptione alicuius principii interioris. Ergo neque in moralibus potest contingere peccatum nisi ex interiori causa. Non ergo habet peccatum causam exteriorem.

3. PRAETEREA, multiplicata causa, multiplicatur effectus. Sed quanto plura sunt et maiora exterius inducentia ad peccandum, tanto minus id quod quis inordinate agit, ei imputatur ad peccatum. Ergo nihil exterius est causa peccati.

SED CONTRA est quod dicitur Nm 31,16: *Nonne istae sunt quae deceperunt filios Israel, et praevaricari vos fecerunt in Domino super peccato Phogor?* Ergo aliquid exterius potest esse causa faciens peccare.

RESPONDEO dicendum quod, sicut supra[1] dictum est, causa interior peccati est et voluntas, ut perficiens actum peccati; et ratio, quantum ad carentiam debitae regulae; et appetitus sensitivus inclinans. Sic ergo aliquid extrinsecum tripliciter posset esse causa peccati: vel quia moveret immediate ipsam voluntatem; vel quia moveret

ARTIGO 3

O pecado tem uma causa exterior?

QUANTO AO TERCEIRO, ASSIM SE PROCEDE: parece que o pecado **não** tem uma causa exterior.

1. Com efeito, o pecado é um ato voluntário. Ora, as coisas voluntárias são aquelas que estão em nós, e assim não têm uma causa exterior. Logo, o pecado não tem causa exterior.

2. ALÉM DISSO, como a natureza, a vontade é um princípio interior. Ora, nas coisas da natureza o pecado só acontece por uma causa interior: a geração de um monstro, por exemplo, provém da corrupção de algum princípio interior. Logo, nas coisas morais o pecado só pode acontecer por uma causa interior.

3. ADEMAIS, multiplicada uma causa, multiplica-se o efeito. Ora, quanto mais os excitantes exteriores ao pecado são numerosos e consideráveis, tanto menos aquilo que se faz desordenadamente, é imputável como pecado. Logo, nada exterior é causa do pecado.

EM SENTIDO CONTRÁRIO, o livro dos Números diz: "Não são estas as que seduziram os filhos de Israel e as que vos fizeram cometer a prevaricação pelo pecado de Fegor". Portanto, pode haver algo exterior que seja a causa capaz de fazer pecar.

RESPONDO. A causa interior do pecado, como foi dito, é a vontade enquanto perfaz o ato do pecado, e a razão, quanto à carência da regra devida, e o apetite sensitivo que inclina. Portanto, vê-se que algo exterior pode ser causa do pecado de três modos: ou movendo imediatamente a própria vontade, ou movendo a razão, ou movendo o apetite

3 PARALL.: Infra, q. 80, a. 1, 3; *De Malo*, q. 3, art. 3, 4.

1. Art. praec.

rationem; vel quia moveret appetitum sensitivum. Voluntatem autem, ut supra[2] dictum est, interius movere non potest nisi Deus; qui non potest esse causa peccati, ut infra[3] ostendetur. Unde relinquitur quod nihil exterius potest esse causa peccati, nisi vel inquantum movet rationem, sicut homo vel daemon persuadens peccatum; vel sicut movens appetitum sensitivum, sicut aliqua sensibilia exteriora movent appetitum sensitivum. Sed neque persuasio exterior in rebus agendis ex necessitate movet rationem; neque etiam res exterius propositae ex necessitate movent appetitum sensitivum, nisi forte aliquo modo dispositum; et tamen etiam appetitus sensitivus non ex necessitate movet rationem et voluntatem. Unde aliquid exterius potest esse aliqua causa movens ad peccandum, non tamen sufficienter ad peccatum inducens: sed causa sufficienter complens peccatum est sola voluntas.

AD PRIMUM ergo dicendum quod ex hoc ipso quod exteriora moventia ad peccandum non sufficienter et ex necessitate inducunt, sequitur quod remaneat in nobis peccare et non peccare.

AD SECUNDUM dicendum quod per hoc quod ponitur interior causa peccati, non excluditur exterior: non enim id quod est exterius est causa peccati, nisi mediante causa interiori, ut dictum est[4].

AD TERTIUM dicendum quod, multiplicatis exterioribus causis inclinantibus ad peccandum, multiplicantur actus peccati: quia plures ex illis causis, et pluries, inclinantur ad actus peccati. Sed tamen minuitur ratio culpae, quae consistit in hoc quod aliquid sit voluntarium et in nobis.

sensitivo. Ora, como se disse acima, somente Deus pode mover interiormente a vontade; e ele não pode ser causa do pecado, como se demonstrará abaixo. Portanto, nada exterior pode ser causa do pecado, a não ser enquanto move a razão, como um homem ou um demônio persuadindo o pecado. Ou, então, movendo o apetite sensitivo, como algumas coisas exteriores sensíveis movem o apetite sensitivo. Mas, nem a persuasão exterior pode em matéria de ação mover necessariamente a razão; nem a atração exterior das coisas pode mover o apetite sensitivo necessariamente, salvo no caso em que o apetite esteja de certo modo disposto; e mesmo assim, ele mesmo não move necessariamente nem a razão e nem a vontade. Por conseguinte uma coisa exterior pode ser uma causa que leva a pecar, não porém a causa que induz de maneira suficiente. A causa suficiente da realização do pecado é unicamente a vontade.

QUANTO AO 1º, portanto, deve-se dizer que os excitantes exteriores ao pecado não induzem de maneira suficiente e por necessidade. Por isso, pecar ou não pecar está sempre em nós.

QUANTO AO 2º, deve-se dizer que afirmar uma causa interior do pecado não exclui uma causa exterior. Nada exterior é causa do pecado senão mediante a causa interior, como foi dito.

QUANTO AO 3º, deve-se dizer que multiplicadas as causas excitantes exteriores, multiplicam-se os atos de pecado, pois quanto mais houver destas causas mais elas inclinam a tais atos. No entanto, diminui a culpa que consiste em que algo seja voluntário e em nós.

ARTICULUS 4

Utrum peccatum sit causa peccati

AD QUARTUM SIC PROCEDITUR. Videtur quod peccatum non sit causa peccati.

1. Sunt enim quatuor genera causarum, quorum nullum potest ad hoc congruere quod peccatum sit causa peccati. Finis enim habet rationem boni: quod non competit peccato, quod de sua ratione est malum. Et eadem ratione nec peccatum potest esse causa efficiens: quia malum non est causa agens, sed est *infirmum et impotens*, ut Dionysius

ARTIGO 4

O pecado é causa do pecado?

QUANTO AO QUARTO, ASSIM SE PROCEDE: parece que o pecado **não** é causa do pecado.

1. Com efeito, há quatro gêneros de causas, dos quais nenhum pode afirmar que o pecado é causa de pecado. Assim, o fim tem razão de bem o que não cabe ao pecado, que tem a razão de mal. Pela mesma razão, o pecado não pode ser causa eficiente, porque o mal não é uma causa ativa, mas algo "fraco e impotente", como diz Dionísio. A

2. Q. 9, a. 6.
3. Q. 79, a. 1.
4. In corp.

4 PARALL.: II *Sent.*, dist. 36, a. 1; dist. 42, q. 2, a. 1, 3; *De Malo*, q. 8, a. 1; *ad Rom.*, c. 1, lect. 7.

dicit, 4 cap. *de Div. Nom.*[1]. Causa autem materialis et formalis videntur habere solum locum in naturalibus corporibus quae sunt composita ex materia et forma. Ergo peccatum non potest habere causam materialem et formalem.

2. PRAETEREA, *agere sibi simile est rei perfectae*, ut dicitur in IV *Meteor.*[2]. Sed peccatum de sui ratione est imperfectum. Ergo peccatum non potest esse causa peccati.

3. PRAETEREA, si huius peccati sit causa aliud peccatum, eadem ratione et illius erit causa aliquod aliud peccatum, et sic procedetur in infinitum: quod est inconveniens. Non ergo peccatum est causa peccati.

SED CONTRA est quod Gregorius dicit, *super Ezech.*[3]: *Peccatum quod per poenitentiam citius non deletur, peccatum est et causa peccati.*

RESPONDEO dicendum quod, cum peccatum habeat causam ex parte actus, hoc modo unum peccatum posset esse causa alterius, sicut unus actus humanus potest esse causa alterius. Contingit igitur unum peccatum esse causam alterius secundum quatuor genera causarum. — Primo quidem, secundum modum causae efficientis vel moventis, et per se et per accidens. Per accidens quidem, sicut removens prohibens dicitur movens per accidens: cum enim per unum actum peccati homo amittit gratiam, vel caritatem, vel verecundiam, vel quodcumque aliud retrahens a peccato, incidit ex hoc in aliud peccatum; et sic primum peccatum est causa secundi per accidens. Per se autem, sicut cum ex uno actu peccati homo disponitur ad hoc quod alium actum consimilem facilius committit: ex actibus enim causantur dispositiones et habitus inclinantes ad similes actus. — Secundum vero genus causae materialis, unum peccatum est causa alterius, inquantum praeparat ei materiam: sicut avaritia praeparat materiam litigio, quod plerumque est de divitiis congregatis. — Secundum vero genus causae finalis, unum peccatum est causa alterius, inquantum propter finem unius peccati aliquis committit aliud peccatum: sicut cum aliquis committit simoniam propter finem ambitionis, vel fornicationem propter furtum. — Et quia finis dat formam in moralibus, ut supra[4] habitum est, ex hoc etiam sequitur quod unum peccatum sit formalis causa alterius: in actu enim fornicationis quae

causa material e formal só existem nos compostos naturais de matéria e forma. Portanto, o pecado não pode ter causa material e formal.

2. ALÉM DISSO, é próprio de uma coisa perfeita, diz o Filósofo, se reproduzir. Ora, o pecado é, por sua própria razão, imperfeito. Logo, o pecado não pode ser causa de pecado.

3. ADEMAIS, se a causa de tal pecado é um outro pecado, pela mesma razão a causa deste será ainda um outro pecado, e assim ao infinito. Ora, isso é impossível. Logo, o pecado não é causa do pecado.

EM SENTIDO CONTRÁRIO, Gregório diz: "O pecado que não é logo apagado pela penitência é pecado e causa de pecado".

RESPONDO. Como o pecado tem causa por parte do ato, pode ser causa de outro, como um ato humano pode ser causa de outro. É o que acontece com os quatro gêneros de causas. — Primeiro, segundo o modo da causa eficiente ou motora, o pecado causa o pecado, propriamente e acidentalmente. Acidentalmente, como aquilo que afasta um impedimento se diz movente acidental. Com efeito, quando um ato de pecado faz alguém perder a graça, ou a caridade, ou a vergonha, ou qualquer outro princípio que afasta do pecado, cai por isso em outro pecado; desse modo o primeiro pecado é causa acidental do segundo. Propriamente, quando um ato de pecado dispõe o homem a cometer mais facilmente outros iguais, porque os atos causam disposições e hábitos que inclinam a atos semelhantes. — No gênero da causa material, um pecado é causa de outro enquanto lhe prepara uma matéria, como a avareza prepara a matéria para os processos, os quais são quase sempre sobre riquezas acumuladas. — No gênero da causa final, um pecado é causa de outro enquanto, por causa do fim de um pecado, comete-se outro, como faz o indivíduo que comete a simonia por fins de ambição, ou a fornicação por causa do furto. — E porque em moral é o fim que dá a forma, como acima se estabeleceu, segue-se daí que um pecado pode ser igualmente causa formal de um outro. Assim, num ato de fornicação cometido em vista de um

1. MG 3, 729 A, 732 C.
2. C. 3: 380, a, 14-15.
3. Hom. 11: ML 76, 915 B.
4. Q. 1, a. 3; q. 18, a. 6.

propter furtum committitur, est quidem fornicatio sicut materiale, furtum vero sicut formale.

AD PRIMUM ergo dicendum quod peccatum, inquantum est inordinatum, habet rationem mali: sed inquantum est actus quidam, habet aliquod bonum, saltem apparens, pro fine. Et ita ex parte actus potest esse causa et finalis et effectiva alterius peccati, licet non ex parte inordinationis. Materiam autem habet peccatum non ex qua, sed circa quam. Formam autem habet ex fine. Et ideo secundum quatuor genera causarum peccatum potest dici causa peccati, ut dictum est[5].

AD SECUNDUM dicendum quod peccatum est imperfectum imperfectione morali ex parte inordinationis: sed ex parte actus potest habere perfectionem naturae. Et secundum hoc potest esse causa peccati.

AD TERTIUM dicendum quod non omnis causa peccati est peccatum. Unde non oportet quod procedatur in infinitum; sed potest perveniri ad aliquod primum peccatum, cuius causa non est aliud peccatum.

furto, a fornicação é de certo modo um elemento material, e o furto o elemento formal.

QUANTO AO 1º, portanto, deve-se dizer que como desordem o pecado tem a razão de mal. Mas, como ato tem por fim um bem, pelo menos aparente. Assim, pode ser enquanto ato causa eficiente e final de um outro pecado, mesmo que não o seja enquanto desordem. E a matéria do pecado a tem não como origem, mas como aquilo a respeito do qual incide. E a forma a tem do fim. E assim segundo os quatro gêneros de causas o pecado pode ser dito causa de pecado, como foi dito.

QUANTO AO 2º, deve-se dizer que a imperfeição do pecado é uma imperfeição moral da parte da desordem. Mas como ato o pecado pode ter uma perfeição natural, e é por isso que pode ser causa do pecado.

QUANTO AO 3º, deve-se dizer que nem toda causa do pecado é um pecado. E também não se pode ir ao infinito. Pode-se, ao contrário, chegar a um primeiro pecado cuja causa não é um outro pecado.

5. In corp.

QUAESTIO LXXVI
DE CAUSIS PECCATI IN SPECIALI
in quatuor articulos divisa

Deinde considerandum est de causis peccati in speciali. Et primo, de causis interioribus peccati; secundo, de exterioribus; tertio, de peccatis quae sunt causa aliorum peccatorum. — Prima autem consideratio, secundum praemissa, erit tripartita: nam primo, agetur de ignorantia, quae est causa peccati ex parte rationis: secundo, de infirmitate seu passione, quae est causa peccati ex parte appetitus sensitivi; tertio, de malitia, quae est causa peccati ex parte voluntatis.

QUESTÃO 76
AS CAUSAS DO PECADO EM ESPECIAL
em quatro artigos

Devem-se considerar, em seguida, as causas do pecado em especial[a]: 1. as causas interiores, 2. as causas exteriores; 3. os pecados que são causas de outros. — O estudo das causas interiores compreenderá três partes, conforme as premissas colocadas, porque aí se verá: 1. a ignorância, que é a parte da razão como causa do pecado; 2. a fraqueza ou paixão que é a parte do apetite sensível; 3. a malícia que é a parte da vontade.

a. Trata-se de determinar qual é, no pecado, a parte especial de cada uma das potências chamadas a nele concorrer ativamente. Elas estão todas presentes, conjuntamente, em todo pecado, e pode-se afirmar que não há nenhum em que a vontade não participe, sempre preponderante em última instância, a inteligência e a sensibilidade estando também presentes.

A questão é saber quando a influência própria de tal ou tal dessas faculdades se faz sentir de uma maneira característica, o suficiente para que se possa dizer que o pecado provém dela, não de maneira exclusiva, mas especial. Cada uma dessas potências interiores tem sua maneira própria de engendrar a desordem dos costumes: no que se refere à razão, é abrir mão de suas responsabilidades, não cumprir satisfatoriamente o seu papel; no que se refere à sensibilidade, é exagerar o que é seu e, no que se refere à vontade, tomar-se como medida, submetendo a sua grande faculdade de amar a fins indignos dela. Quando, portanto, na origem da falta, há de maneira característica um falta de razão, diz-se que o pecado efetua-se sobretudo pela ignorância. Se a falta provém, pelo contrário, de um forte impulso de sensibilidade, diz-se que é o pecado de paixão. E se, enfim, o mal procede de uma verdadeira perversão da vontade, diz-se que é o pecado de malícia ou de maldade.

Circa primum quaeruntur quatuor.
Primo: utrum ignorantia sit causa peccati.
Secundo: utrum ignorantia sit peccatum.
Tertio: utrum totaliter a peccato excuset.
Quarto: utrum diminuat peccatum.

Sobre a ignorânca são quatro as perguntas:
1. A ignorância é causa do pecado?
2. É um pecado?
3. Excusa totalmente do pecado?
4. Diminui o pecado?

ARTICULUS 1

Utrum ignorantia possit esse causa peccati

AD PRIMUM SIC PROCEDITUR. Videtur quod ignorantia non possit esse causa peccati.

1. Quia quod non est, nullius est causa. Sed ignorantia est non ens: cum sit privatio quaedam scientiae. Ergo ignorantia non est causa peccati.

2. PRAETEREA, causae peccati sunt accipiendae ex parte conversionis, ut ex supradictis[1] patet. Sed ignorantia videtur respicere aversionem. Ergo non debet poni causa peccati.

3. PRAETEREA, omne peccatum in voluntate consistit, ut supra[2] dictum est. Sed voluntas non fertur nisi in aliquod cognitum: quia bonum apprehensum est obiectum voluntatis. Ergo ignorantia non potest esse causa peccati.

SED CONTRA est quod Augustinus dicit, in libro *de Natura et Gratia*[3], quod quidam per ignorantiam peccant.

RESPONDEO dicendum quod, secundum Philosophum, in VIII *Physic.*[4], causa movens est duplex: una per se, et alia per accidens. Per se quidem, quae propria virtute movet: sicut generans est causa movens gravia et levia. Per accidens autem, sicut removens prohibens: vel sicut ipsa remotio prohibentis. Et hoc modo ignorantia potest esse causa actus peccati: est enim privatio scientiae perficientis rationem, quae prohibet actum peccati, inquantum dirigit actus humanos.

Considerandum est autem quod ratio secundum duplicem scientiam est humanorum actuum directiva: scilicet secundum scientiam universalem, et particularem. Conferens enim de agendis, utitur quodam syllogismo, cuius conclusio est iudicium

ARTIGO 1

A ignorância pode ser causa do pecado?

QUANTO AO PRIMEIRO ARTIGO, ASSIM SE PROCEDE: parece que a ignorância **não** pode ser causa do pecado.

1. Com efeito, o que não é, de nada é causa. Ora, a ignorância é um não-ente, enquanto é uma certa privação da ciência. Logo, a ignorância não é causa do pecado.

2. ALÉM DISSO, as causas do pecado devem ser tomadas em razão da conversão, como foi dito acima. Ora, a ingorância parece referir-se à aversão. Logo, não deve ser afirmada como causa do pecado.

3. ADEMAIS, todo pecado consiste na vontade, como foi dito. Ora, a vontade só se refere ao que é conhecido, pois o bem apreendido é objeto da vontade. Logo a ingorância não pode ser causa do pecado.

EM SENTIDO CONTRÁRIO, Agostinho diz que alguns pecam por ignorância.

RESPONDO. Há segundo o Filósofo, duas causas motoras, uma própria e a outra acidental. A causa própria é a que move por sua força própria, como o princípio gerador é a causa motora dos pesados e leves. A causa acidental é a que age afastando o impedimento, ou como sendo o próprio afastamento do impedimento. É desta maneira que a ignorância pode ser causa do ato de pecado. Ela é uma privação da ciência que aperfeiçoa a razão, e a razão enquando dirige os atos humanos é um impedimento ao ato de pecado.

Deve-se notar que a razão é diretiva dos atos humanos por duas ciências, a saber, ciência universal e a ciência particular. Com efeito, aquele que raciocina sobre o que tem de fazer serve-se de um silogismo cuja conclusão é um julgamento, ou uma

1 PARALL.: Infra, a. 3; *De Malo*, q. 3, a. 6; III *Ethic.*, lect. 3.

1. Q. 75, a. 1.
2. Q. 74, a. 1.
3. C. 67: ML 44, 287.
4. C. 4: 254, b, 7-12.

seu electio vel operatio. Actiones autem in singularibus sunt. Unde conclusio syllogismi operativi est singularis. Singularis autem propositio non concluditur ex universali nisi mediante aliqua propositione singulari: sicut homo prohibetur ab actu parricidi per hoc quod scit patrem non esse occidendam, et per hoc quod scit hunc esse patrem. Utriusque ergo ignorantia potest causare parricidii actum: scilicet et universalis principii, quod est quaedam regula rationis; et singularis circumstantiae.

Unde patet quod non quaelibet ignorantia peccantis est causa peccati: sed illa tantum quae tollit scientiam prohibentem actum peccati. Unde si voluntas alicuius esset sic disposita quod non prohiberetur ab actu parricidii, etiam si patrem agnosceret; ignorantia patris non est huic causa peccati, sed concomitanter se habet ad peccatum. Et ideo talis non peccat *propter ignorantiam*, sed peccat *ignorans*, secundum Philosophum, in III *Ethic.*[5].

Ad primum ergo dicendum quod non ens non potest esse alicuius causa per se: potest tamen esse causa per accidens, sicut remotio prohibentis.

Ad secundum dicendum quod sicut scientia quam tollit ignorantia, respicit peccatum ex parte conversionis; ita etiam ignorantia ex parte conversionis est causa peccati ut removens prohibens.

Ad tertium dicendum quod in illud quod est quantum ad omnia ignotum, non potest ferri voluntas: sed si aliquid est secundum aliquid notum et secundum aliquid ignotum, potest voluntas illud velle. Et hoc modo ignorantia est causa peccati: sicut cum aliquis scit hunc quem occidit, esse hominem, sed nescit eum esse patrem; vel cum aliquis scit aliquem actum esse delectabilem, nescit tamen eum esse peccatum.

escolha, ou uma ação. Ora, uma ação é sempre singular. Por isso, a conclusão do silogismo prático é singular. Não se pode concluir do universal para o singular senão por intermédio de uma proposição singular. Assim, alguém é impedido de parrícidio porque sabe que não se deve matar o pai e porque sabe que este homem é o pai. A ignorância de cada uma destas duas coisas pode, portanto, tornar-se causa de parrícidio, ou a ignorância do princípio universal, que é uma regra da razão, ou a ignorância da circunstância singular.

Daí se segue que não é qualquer ignorância do pecador que é causa do pecado. É somente aquela que suprime nele a ciência que impede o ato do pecado. Assim, se a vontade de alguém estivesse disposta de tal modo que não impedisse o parricídio, mesmo conhecendo o pai, a ignorância do pai não é para ele causa do pecado, mas ignorância concomitante ao pecado. Eis porque, segundo o Filósofo, um tal homem não peca *porque ignora*, mas peca *ignorando*.

Quanto ao 1º, portanto, deve-se dizer que o não-ente não pode ser causa própria de alguma coisa, mas pode ser causa acidental, enquanto afasta o impedimento.

Quanto ao 2º, deve-se dizer que assim como a ciência que tira a ignorância, diz respeito ao pecado em razão da conversão; do mesmo modo também a ignorância em razão da conversão é causa do pecado, enquanto afasta o impedimento.

Quanto ao 3º, deve-se dizer que se alguma coisa é ignorada de todos os pontos de vista, a vontade não pode a ela se referir. Mas, se uma coisa é conhecida em parte, e em parte ingorada, a vontade pode querê-la. E é assim que a ignorância é causa de pecado. Sabe-se que se mata alguém, mas não se sabe que se mata o pai. Sabe-se que um ato é muito agradável, mas ignora-se que é um pecado.

Articulus 2

Utrum ignorantia sit peccatum

Ad secundum sic proceditur. Videtur quod ignorantia non sit peccatum.

1. *Peccatum* enim *est dictum vel factum vel concupitum contra legem Dei*, ut supra[1] habitum

Artigo 2

A ignorância é um pecado?

Quanto ao segundo, assim se procede: parece que a ignorância **não** é um pecado.

1. Com efeito, o pecado é “o dito, o feito ou o desejado contra a lei de Deus”, como acima

5. C. 2: 1110, b, 25-30.

2 Parall.: Supra, q. 74, a. 1, ad 2; a. 5; II-II, q. 53, a. 2, ad 2; II *Sent.*, dist. 22, q. 2, a. 1; dist. 42, q. 2, a. 2, q.la 3, ad 3; IV, dist. 9, a. 3, q.la 2, ad 1; *De Malo*, q. 3, a. 7; *Quodlib.* I, q. 9, a. 3; III *Ethic.*, lect. 11.

1. Q. 71, a. 6.

est. Sed ignorantia non importat aliquem actum, neque interiorem neque exteriorem. Ergo ignorantia non est peccatum.

2. PRAETEREA, peccatum directius opponitur gratiae quam scientiae. Sed privatio gratiae non est peccatum, sed magis poena quaedam consequens peccatum. Ergo ignorantia, quae est privatio scientiae, non est peccatum.

3. PRAETEREA, si ignorantia est peccatum, hoc non est nisi inquantum est voluntaria. Sed si ignorantia sit peccatum inquantum est voluntaria, videtur peccatum in ipso actu voluntatis consistere magis quam in ignorantia. Ergo ignorantia non erit peccatum, sed magis aliquid consequens ad peccatum.

4. PRAETEREA, omne peccatum per poenitentiam tollitur; nec aliquod peccatum transiens reatu remanet actu, nisi solum originale. Ignorantia autem non tollitur per poenitentiam, sed adhuc remanet actu, omni reatu per poenitentiam remoto. Ergo ignorantia non est peccatum, nisi forte sit originale.

5. PRAETEREA, si ipsa ignorantia sit peccatum, quandiu ignorantia remaneret in homine, tandiu actu peccaret. Sed continue manet ignorantia in ignorante. Ergo ignorans continue peccaret. Quod patet esse falsum: quia sic ignorantia esset gravissimum. Non ergo ignorantia est peccatum.

SED CONTRA, nihil meretur poenam nisi peccatum. Sed ignorantia meretur poenam: secundum illud 1Cor 14,38: *Si quis ignorat, ignorabitur*. Ergo ignorantia est peccatum.

RESPONDEO dicendum quod ignorantia in hoc a nescientia differt, quod nescientia dicit simplicem scientiae negationem: unde cuicumque deest aliquarum rerum scientia, potest dici nescire illas; secundum quem modum Dionysius in angelis nescientiam ponit, 7 cap. *Cael. Hier.*[2]. Ignorantia vero importat scientiae privationem: dum scilicet alicui deest scientia eorum quae aptus natus est scire. Horum autem quaedam aliquis scire tenetur: illa scilicet sine quorum scientia non potest debitum actum recte exercere. Unde omnes tenentur scire communiter ea quae sunt fidei, et universalia iuris praecepta: singuli autem ea quae ad eorum statum vel officium spectant. Quaedam vero sunt quae etsi aliquis natus est scire, non tamen

foi estabelecido. Ora, a ignorância não implica nenhum ato, nem interior e nem exterior. Logo, a ignorância não é pecado.

2. ALÉM DISSO, o pecado é mais diretamente oposto à graça do que à ciência. Ora, a privação da graça não é um pecado. É, antes, uma pena consecutiva ao pecado. Logo, a ignorância que é a privação da ciência não é um pecado.

3. ADEMAIS, se a ignorância é um pecado, ela o é enquanto é voluntária. Ora, se a ignorância é pecado enquanto é voluntária, parece que o pecado esteja mais no ato da vontade do que na ignorância. Logo, esta não será um pecado, mas uma consequência do pecado.

4. ADEMAIS, todo pecado é erradicado pela penitência. E nenhum pecado permanece em ato quando nada resta de sua culpa, a não ser somente o original. Ora, a ignorância não é erradicada pela penitência. Ela permanece em ato depois que a penitência fez desaparecer toda culpabilidade. Logo, a ignorância não é um pecado, a menos que seja talvez o original.

5. ADEMAIS, se a ignorância fosse um pecado, enquanto ela permanecesse no homem, este estaria em ato no pecado. Ora, a ignorância está continuamente no ignorante. Portanto, este estaria continuamente no pecado. O que evidentemente é falso, porque a ignorância seria nestas condições algo gravíssimo. Logo, ela não é um pecado.

EM SENTIDO CONTRÁRIO, nada merece a pena senão o pecado. Ora a ignorância merece uma pena, segundo a primeira Carta aos Coríntios: "Aquele que ignora, será ignorado". Logo, ela é um pecado.

RESPONDO. A ignorância difere da nesciência em que significa a simples negação da ciência. Por isso, pode-se dizer daquele a quem falta a ciência de alguma coisa, que não a conhece. Desse modo Dionísio afirma haver nesciência nos anjos. A ignorância implica uma privação de ciência a saber, quando à alguém falta a ciência daquelas coisas que naturalmente deveria saber. Entre essas coisas há as que se é obrigado a saber, isto é, aquelas sem o conhecimento das quais não se pode fazer corretamente o que é devido. Assim, todos são obrigados a saber, em geral, as verdades da fé e os preceitos universais da lei. E cada um em particular, o que diz respeito ao seu estado e sua função. Ao contrário, há coisas que não se é obri-

2. MG 3, 209 C.

ea scire tenetur: sicut theoremata geometriae, et contingentia particularia, nisi in casu.

Manifestum est autem quod quicumque negligit habere vel facere id quod tenetur habere vel facere, peccat peccato omissionis. Unde propter negligentiam, ignorantia eorum quae aliquis scire tenetur, est peccatum. Non autem imputatur homini ad negligentiam, si nesciat ea quae scire non potest. Unde horum ignorantia invincibilis dicitur: quia scilicet studio superari non potest. Et propter hoc talis ignorantia, cum non sit voluntaria, eo quod non est in potestate nostra eam repellere, non est peccatum. Ex quo patet quod nulla ignorantia invincibilis est peccatum: ignorantia autem vincibilis est peccatum, si sit eorum quae aliquis scire tenetur; non autem si sit eorum quae quis scire non tenetur.

AD PRIMUM ergo dicendum quod, sicut supra[3] dictum est, in hoc quod dicitur *dictum vel factum vel concupitum*, sunt intelligendae etiam negationes oppositae, secundum quod omissio habet rationem peccati. Et ita negligentia, secundum quam ignorantia est peccatum, continetur sub praedicta definitione peccati, inquantum praetermittitur aliquid quod debuit dici vel fieri vel concupisci, ad scientiam debitam acquirendam.

AD SECUNDUM dicendum quod privatio gratiae, etsi secundum se non sit peccatum, tamen ratione negligentiae praeparandi se ad gratiam, potest habere rationem peccati, sicut et ignorantia. Et tamen quantum ad hoc est dissimile, quia homo potest aliquam scientiam acquirere per suos actus: gratia vero non acquiritur ex nostris actibus, sed ex Dei munere.

AD TERTIUM dicendum quod, sicut in peccato transgressionis peccatum non consistit in solo actu voluntatlis, sed etiam in actu volito qui est imperatus a voluntate; ita in peccato omissionis non solum actus voluntatis est peccatum, sed etiam ipsa omissio, inquantum est aliqualiter voluntaria. Et hoc modo ipsa negligentia sciendi, vel inconsideratio, est peccatum.

AD QUARTUM dicendum quod licet, transeunte reatu per poenitentiam, remaneat ignorantia secundum quod est privatio scientiae; non tamen remanet negligentia, secundum quam ignorantia peccatum dicitur.

gado a saber, se bem que seja natural sabê-las, por exemplo, os teoremas da geometria, e exceto em certos casos, os acontecimentos contingentes.

Evidentemente todo aquele que negligencia ter ou fazer o que é obrigado ter ou fazer, peca por omissão. Portanto, por causa de uma negligência, a ignorância das coisas que se devia saber é um pecado. Mas não se pode imputar a alguém como negligência o não saber o que não se pode saber. Por isso, essa ignorância é chamada invencível, porque nenhum estudo a pode vencer. Como tal ingorância não é voluntária, porque não está em nosso poder rechassá-la, por isso ela não é um pecado. Por ai se vê que a ignorância invencível nunca é um pecado. Mas a ignorância vencível é, se ela se refere ao que se deve saber. Mas, ela não o é, se se refere ao que não se é obrigado saber.

QUANTO AO 1º, portanto, deve-se dizer, como já se disse, que ao se dizer "dito, ou o feito, ou o desejado", deve-se compreender igualmente as negações opostas, na medida em que a omissão tem razão de pecado. E assim, a negligência, pela qual a ignorância é pecado, entra na definição de pecado, porque significa que se omite dizer ou fazer ou desejar o que seria preciso para adquirir a ciência que se deveria ter.

QUANTO AO 2º, deve-se dizer que a privação da graça, embora não seja em si um pecado, em razão da negligência para se preparar para a graça, pode ter a razão de pecado, ao mesmo título que a ignorância. No entanto, o caso não é o mesmo. O homem pode por seus próprios atos adquirir a ciência, mas a graça não se adquire por nossos atos. Ela é um dom de Deus.

QUANTO AO 3º, deve-se dizer que no pecado de transgressão o pecado não consiste só no ato da vontade, mas também no ato querido, imperado pela vontade. Do mesmo modo, para o pecado de omissão não é somente o ato da vontade que é pecado, mas é também a própria omissão, enquanto de certo modo é voluntária. Nesse sentido, há pecado na negligência em saber, ou na falta de atenção ao que se sabe.

QUANTO AO 4º, deve-se dizer que, quando nada resta da culpa pela penitência, embora a ignorância permaneça enquanto privação de ciência, não permanece a negligência pela qual a ignorância é chamada de pecado.

3. Q. 71, a. 6, ad 1.

AD QUINTUM dicendum quod, sicut in aliis peccatis omissionis solo illo tempore homo actu peccat, pro quo praeceptum affirmativum obligat; ita est etiam de peccato ignorantiae. Non enim continuo ignorans actu peccat: sed solum quando est tempus acquirendi scientiam quam habere tenetur.

QUANTO AO 5º, deve-se dizer que acontece com o pecado de ignorância o mesmo que com os outros pecados de omissão. O pecado de omissão só é ato no momento em que um preceito positivo obriga. E o ignorante não peca em ato continuamente, mas somente quando é o momento de adquirir a ciência que está obrigado a ter.

ARTICULUS 3

Utrum ignorantia excuset ex toto a peccato

AD TERTIUM SIC PROCEDITUR. Videtur quod ignorantia ex toto excuset a peccato.

1. Quia, ut Augustinus dicit[1], omne peccatum voluntarium est. Sed ignorantia causat involuntarium ut supra[2] habitum est. Ergo ignorantia totaliter excusat peccatum.

2. PRAETEREA, id quod aliquis facit praeter intentionem, per accidens agit. Sed intentio non potest esse de eo quod est ignotum. Ergo id quod per ignorantiam homo agit, per accidens se habet in actibus humanis. Sed quod est per accidens, non dat speciem. Nihil ergo quod est per ignorantiam factum, debet iudicari peccatum vel virtuosum in humanis actibus.

3. PRAETEREA, homo est subiectum virtutis et peccati inquantum est particeps rationis. Sed ignorantia excludit scientiam, per quam ratio perficitur. Ergo ignorantia totaliter excusat a peccato.

SED CONTRA est quod Augustinus dicit, in libro *de Lib. Arb.*[3], quod *quaedam per ignorantiam facta, recte improbantur*. Sed solum illa recte improbantur quae sunt peccata. Ergo quaedam per ignorantiam facta, sunt peccata. Non ergo ignorantia omnino excusat a peccato.

RESPONDEO dicendum quod ignorantia de se habet quod faciat actum quem causat, involuntarium esse. Iam autem[4] dictum est quod ignorantia dicitur causare actum quem scientia opposita prohibebat. Et ita talis actus, si scientia adesset, esset contrarius voluntati: quod importat nomen involuntarii. Si vero scientia quae per ignorantiam privatur, non prohiberet actum, propter inclinationem voluntatis in ipsum; ignorantia huius scientiae non facit hominem involuntarium, sed

ARTIGO 3

A ignorância escusa totalmente o pecado?

QUANTO AO TERCEIRO, ASSIM SE PROCEDE: parece que a ignorância **escusa** totalmente o pecado.

1. Com efeito, como Agostinho diz, todo pecado é voluntário. Ora, a ignorância causa o involuntário, como se viu acima. Logo, a ignorância escusa totalmente o pecado.

2. ALÉM DISSO, o que se faz sem intenção, faz-se acidentalmente. Ora, não se pode ter a intenção de fazer o que não se sabe. Portanto, tudo o que alguém faz por ignorância é acidental aos atos humanos. Mas, o acidental não especifica. Logo, nada do que é feito por ignorância deve ser julgado pecado ou virtude nos atos humanos.

3. ADEMAIS, o homem é sujeito da virtude e do pecado enquanto participante da razão. Ora, a ignorância exclui a ciência, que faz a perfeição da razão. Logo, ela escusa totalmente o pecado.

EM SENTIDO CONTRÁRIO, Agostinho diz que "se tem razão de desaprovar certas coisas feitas por ignorância". Ora, só se desaprovam com razão os pecados. Logo, há pecados feitos por ignorância. Portanto, a ignorância não escusa totalmente o pecado.

RESPONDO. A ignorância tem por efeito tornar involuntário o ato que ela causa. Mas o ato que ela causa, foi dito, é aquele que a ciência oposta proibia. Assim, se a ciência existisse, o ato seria contrário à vontade, o que quer dizer a palavra involuntário. Ao contrário, se a ciência, excluída pela privação, não proibisse o ato por causa da inclinação que a vontade tem para ele, neste caso a ignorância dessa ciência não torna o homem involuntário, mas "sem o querer", como diz o livro

3 PARALL.: Supra, q. 19, a. 6; II-II, q. 59, a. 4, ad 1; Part. III, q. 47, a. 5, ad 3; II *Sent.*, dist. 22, q. 2, a. 2; dist. 41, q. 2, a. 1, ad 3; IV, dist. 9, a. 3, q.la 2; *De Malo*, q. 3, a. 8.

1. *De vera rel.*, c. 14: ML 34, 133.
2. Q. 6, a. 8.
3. L. III, c. 18, n. 51: ML 32, 1295.
4. Art. 1.

non volentem, ut dicitur in III *Ethic.*[5]. Et talis ignorantia, quae non est causa actus peccati, ut dictum est[6], quia non causat involuntarium, non excusat a peccato. Et eadem ratio est de quacumque ignorantia non causante, sed consequente vel concomitante actum peccati. Sed ignorantia quae est causa actus, quia causat involuntarium, de se habet quod excuset a peccato: eo quod voluntarium est de ratione peccati.

Sed quod aliquando non totaliter excuset a peccato, potest contingere ex duobus. Uno modo, ex parte ipsius rei ignoratae. Intantum enim ignorantia excusat a peccato, inquantum ignoratur aliquid esse peccatum. Potest autem contingere quod aliquis ignoret quidem aliquam circumstantiam peccati, quam si sciret, retraheretur a peccando, sive illa circumstantia faciat ad rationem peccati sive non; et tamen adhuc remanet in eius scientia aliquid per quod cognoscit illud esse actum peccati. Puta si aliquis percutiens aliquem, sciat quidem ipsum esse hominem, quod sufficit ad rationem peccati; non tamen scit eum esse patrem, quod est circumstantia constituens novam speciem peccati; vel forte nescit quod ille se defendens repercutiat eum, quod si sciret, non percuteret, quod non pertinet ad rationem peccati. Unde licet talis propter ignorantiam peccet, non tamen totaliter excusatur a peccato: quia adhuc remanet ei cognitio peccati. — Alio modo potest hoc contingere ex parte ipsius ignorantiae, quia scilicet ipsa ignorantia est voluntaria: vel directe, sicut cum aliquis studiose vult nescire aliqua, ut liberius peccet; vel indirecte, sicut cum aliquis propter laborem, vel propter alias occupationes, negligit addiscere id per quod a peccato retraheretur. Talis enim negligentia facit ignorantiam ipsam esse voluntariam et peccatum, dummodo sit eorum quae quis scire tenetur et potest. Et ideo talis ignorantia non totaliter excusat a peccato.

Si vero sit talis ignorantia quae omnino sit involuntaria, sive quia est invincibilis, sive quia est eius quod quis scire non tenetur; talis ignorantia omnino excusat a peccato.

AD PRIMUM ergo dicendum quod non omnis ignorantia causat involuntarium, sicut supra[7]

III da *Ética*. E tal ignorância, que não é causa do ato de pecado, como foi dito, porque não causa o involuntário, não escusa o pecado. E a mesma razão se aplica a toda ignorância que não é causa, mas que é consequente ou concomitante ao ato do pecado. A ignorância, porém, que é causa do ato, porque o torna involuntário, tem por si mesma de que escusar o pecado porque é da razão do pecado ser voluntário.

Pode acontecer de dois modos que a ignorância não escuse totalmente o pecado. Primeiro, por parte da coisa ignorada. A ignorância escusa com efeito, o pecado, na medida em que se ignora que algo é pecado. Ora, pode acontecer que se ignore uma circunstância do pecado, a qual, se fosse sabida, afastaria do pecado, quer essa circunstância seja da razão do pecado, quer não. E no entanto, ainda permanece em seu conhecimento alguma coisa pela qual sabe que é um ato pecaminoso. Por exemplo: quando um indivíduo fere alguém, se ele sabe que fere um homem é suficiente para que faça um pecado. Mas, ignora que este homem é seu pai, o que é uma circunstância que muda a espécie do pecado. Ou talvez ignore que a vítima, defendendo-se, irá revidar os golpes, o que não acrescenta nada ao pecado, mas que, se fosse sabido, impediria de os ferir. Nestes casos, embora o indivíduo peque por ignorância, ele não está totalmente escusado porque ainda permanece nele o conhecimento do pecado. — Segundo, por parte da própria ignorância, o mesmo pode acontecer, porque ingorância é voluntária, seja diretamente, quando alguém procura de propósito não saber certas coisas para pecar mais livremente; seja indiretamente, quando se negligencia, por causa de seu trabalho ou de suas outras ocupações, em aprender o que impediria pecar. Uma tal negligência, com efeito, torna a própria ignorância voluntária e um pecado, uma vez que se refere ao que se deve saber ou que se pode saber. É por isso que esta ignorância não escusa totalmente o pecado.

Se se trata, ao contrário, de uma ignorância totalmente involuntária, seja porque é invencível, seja porque se refere a algo que não se está obrigado a saber, ela escusa totalmente o pecado.

QUANTO AO 1º, portanto, deve-se dizer que, como acima foi dito, não é toda ignorância que

5. C. 2: 1110, b, 23-24.
6. Art. 1.
7. In c et q. 6, a. 8.

dictum est. Unde non omnis ignorantia totaliter excusat a peccato.

AD SECUNDUM dicendum quod inquantum remanet in ignorante de voluntario, intantum remanet de intentione peccati. Et secundum hoc, non erit per accidens peccatum.

AD TERTIUM dicendum quod, si esset talis ignorantia quae totaliter usum rationis excluderet, omnino a peccato excusaret: sicut patet in furiosis et amentibus. Non autem semper ignorantia causans peccatum est talis. Et ideo non semper totaliter excusat a peccato.

causa o involuntário. Portanto, não é toda ignorância que escusa o pecado.

QUANTO AO 2º, deve-se dizer que na medida em que há algo de voluntário no caso do ignorante, também fica alguma coisa de intencional em seu pecado, e por isso o pecado não será acidental.

QUANTO AO 3º, deve-se dizer que se a ignorância fosse tal que viesse a excluir totalmente o uso da razão, ela escusaria totalmente o pecado, como se vê nos dementes e nos loucos. Ora, a ignorância causa de pecado não é sempre tal, e é por isso que ela não escusa sempre totalmente.

ARTICULUS 4

Utrum ignorantia diminuat peccatum

AD QUARTUM SIC PROCEDITUR. Videtur quod ignorantia non diminuat peccatum.

1. Illud enim quod est commune in omni peccato, non diminuit peccatum. Sed ignorantia est communis in omni peccato: dicit enim Philosophus, in III *Ethic.*[1], quod *omnis malus est ignorans*. Ergo ignorantia non diminuit peccatum.

2. PRAETEREA, peccatum additum peccato facit maius peccatum. Sed ipsa ignorantia est peccatum, ut dictum est[2]. Ergo non diminuit peccatum.

3. PRAETEREA, non est eiusdem aggravare et diminuere peccatum. Sed ignorantia aggravat peccatum: quoniam super illud Apostoli, *Ignoras quoniam benignitas Dei*, etc., dicit Ambrosius[3]: *Gravissime peccas, si ignoras*. Ergo ignorantia non diminuit peccatum.

4. PRAETEREA, si aliqua ignorantia diminuit peccatum, hoc maxime videtur de illa quae totaliter tollit usum rationis. Sed huiusmodi ignorantia non minuit peccatum, sed magis auget: dicit enim Philosophus, in III *Ethic.*[4], quod *ebrius meretur duplices maledictiones*. Ergo ignorantia non minuit peccatum.

SED CONTRA, quidquid est ratio remissionis peccati, alleviat peccatum. Sed ignorantia est huiusmodi: ut patet 1Tm 1,13: *Misericordiam consecutus sum, quia ignorans feci*. Ergo ignorantia diminuit, vel alleviat peccatum.

ARTIGO 4

A ignorância diminui o pecado?

QUANTO AO QUARTO, ASSIM SE PROCEDE: parece que a ignorância **não** diminui o pecado.

1. Com efeito, o que é comum a todo pecado não diminui o pecado. Ora, a ignorância é comum a todo pecado. O Filósofo diz que "todo mau é ignorante". Logo, a ignorância não diminui o pecado.

2. ALÉM DISSO, um pecado acrescentado a um pecado faz um pecado maior. Ora, a ignorância, foi dito, é um pecado. Logo, não diminui o pecado.

3. ADEMAIS, a mesma coisa que agrava o pecado não o dominui. Ora, a ignorância agrava o pecado, pois Ambrósio retomando a palavra do Apóstolo "Ignoras que a bondade de Deus..." afirma: "Pecas de maneira grave, se ignoras". Logo, a ignorância não diminui o pecado.

4. ADEMAIS, se alguma ignorância diminui o pecado, isso aparece sobretudo naquela que tolhe totalmente o uso da razão. Ora, tal ignorância não diminui o pecado, mas o aumenta, pois, o Filósofo diz que "o ébrio merece uma dupla punição". Logo, a ignorância não diminui o pecado.

EM SENTIDO CONTRÁRIO, tudo o que é razão para a remissão do pecado, alivia o pecado. Ora a ignorância é assim, segundo a primeira Carta a Timóteo: "Obtive misericórdia porque não sabia o que eu fazia". Portanto, a ignorância diminui, ou alivia o pecado.

4 PARALL.: Supra, q. 73, a. 6; II-II, q. 59, a. 4, ad 1; II *Sent.*, dist. 22, q. 2, a. 2; *De Malo*, q. 3, a. 8; *De Div. Nom.*, c. 4, lect. 22; V *Ethic.*, lect. 13.

1. C. 2: 1110, b, 28-30.
2. Art. 2.
3. Glossa ord.: ML 114, 474 D; LOMBARDI: ML 191, 1338 D.
4. C. 7: 1113, b, 31-32.

RESPONDEO dicendum quod, quia omne peccatum est voluntarium, intantum ignorantia potest diminuere peccatum, inquantum diminuit voluntarium: si autem voluntarium non diminuat, nullo modo diminuet peccatum. Manifestum est autem quod ignorantia quae totaliter a peccato excusat, quia totaliter voluntarium tollit, peccatum non minuit, sed omnino aufert. Ignorantia vero quae non est causa peccati, sed concomitanter se habet ad peccatum, nec minuit peccatum nec auget. Illa igitur sola ignorantia potest peccatum minuere, quae est causa peccati, et tamen totaliter a peccato non excusat.

Contingit autem quandoque quod talis ignorantia directe et per se est voluntaria: sicut cum aliquis sua sponte nescit aliquid, ut liberius peccet. Et talis ignorantia videtur augere voluntarium et peccatum: ex intensione enim voluntatis ad peccandum provenit quod aliquis vult subire ignorantiae damnum, propter libertatem peccandi. — Quandoque vero ignorantia quae est causa peccati, non est directe voluntaria, sed indirecte vel per accidens: puta cum aliquis non vult laborare in studio, ex quo sequitur eum esse ignorantem; vel cum aliquis vult bibere vinum immoderate, ex quo sequitur eum inebriari et discretione carere. Et talis ignorantia diminuit voluntarium, et per consequens peccatum. Cum enim aliquid non cognoscitur esse peccatum, non potest dici quod voluntas directe et per se feratur in peccatum, sed per accidens: unde est ibi minor contemptus, et per consequens minus peccatum.

AD PRIMUM ergo dicendum quod ignorantia secundum quam omnis malus est ignorans, non est causa peccati; sed aliquid consequens ad causam, scilicet ad passionem vel habitum inclinantem in peccatum.

AD SECUNDUM dicendum quod peccatum peccato additum facit plura peccata, non tamen facit semper maius peccatum: quia forte non coincidunt in idem peccatum, sed sunt plura. Et potest contingere, si primum diminuat secundum, quod ambo simul non habeant tantam gravitatem quantam unum solum haberet. Sicut homicidium gravius peccatum est a sobrio homine factum, quam si fiat ab ebrio, quamvis haec sint duo peccata: quia ebrietas plus diminuit de ratione sequentis peccati, quam sit sua gravitas.

AD TERTIUM dicendum quod verbum Ambrosii potest intelligi de ignorantia simpliciter affectata.

RESPONDO. Todo pecado é voluntário. A ignorância diminui o pecado na medida em que diminui o voluntário. Se não diminuir o voluntário, de modo nenhum diminuirá o pecado. Claro está que a ignorância que escusa totalmente o pecado, porque tolhe totalmente o voluntário, não diminui o pecado, mas o apaga completamente. A ignorância que não é causa do pecado, mas lhe é concomitante, nem diminui e nem aumenta o pecado. Assim, a ignorância que pode diminuir o pecado é somente aquela que é causa do pecado e contudo não escusa totalmente o pecado.

Às vezes acontece que tal ignorância é voluntária diretamente e por si, como quando alguém de propósito ignora algo para pecar mais livremente. Tal ignorância faz crescer, parece, o voluntário e o pecado. Se alguém, com efeito, quer, para dar-se a liberdade de pecar, sofrer o dano da ignorância, isso provém da intensidade da vontade de pecar. — Mas, por vezes, a ignorância causa do pecado, é querida só indiretamente ou acidentalmente, como acontece com aquele que é ignorante por não ter querido trabalhar durante seus estudos, ou com aquele que se inebria e se torna indiscreto por ter tomado muito vinho. Essa ignorância diminui o voluntário, e por consequência, o pecado. Com efeito, quando alguma coisa não é conhecida como pecado, não se pode dizer que a vontade refere-se direta e propriamente ao pecado. Ela refere-se a ele acidentalmente; isto faz com que o menosprezo seja menor, e por consequência também o pecado.

QUANTO AO 1º, portanto, deve-se dizer que a ignorância pela qual todo mau é ignorante não é causa do pecado, mas algo consecutivo à causa, isto é, à paixão ou ao hábito que inclina ao pecado.

QUANTO AO 2º, deve-se dizer que um pecado acrescentado a um pecado faz um maior número de pecados, mas não faz sempre um pecado maior, porque talvez não coincidem no mesmo pecado, mas são muitos. Então, pode acontecer, se o primeiro diminui o segundo, que ambos em conjunto não sejam tão graves como um só. Assim, o homicídio é mais grave se cometido em estado de sobriedade do que se ele o é em estado de embriaguez, se bem que haja neste último caso, dois pecados. E a razão é que a embriaguez diminui a razão do pecado seguinte mais do que a gravidade que ele tem.

QUANTO AO 3º, deve-se dizer que a palavra de Ambrósio pode ser entendida da ignorância

Vel potest intelligi in genere peccati ingratitudinis, in qua summus gradus est quod homo etiam beneficia non recognoscat. Vel potest intelligi de ignorantia infidelitatis, quae fundamentum spiritualis aedificii subvertit.

AD QUARTUM dicendum quod ebrius meretur quidem duplices maledictiones, propter duo peccata quae committit, scilicet ebrietatem et aliud peccatum quod ex ebrietate sequitur. Tamen ebrietas, ratione ignorantiae adiunctae, diminuit sequens peccatum: et forte plus quam sit gravitas ipsius ebrietatis, ut dictum est[5]. — Vel potest dici quod illud verbum inducitur secundum ordinationem cuiusdam Pittaci legislatoris, qui statuit *ebrios, si percusserint, amplius puniendos; non ad veniam respiciens, quam ebrii debent magis habere; sed ad utilitatem, quia plures iniuriantur ebrii quam sobrii*; ut patet per Philosophum in II *Politicorum*[6].

absolutamente afetada. Ou de uma espécie de ingratidão, cujo sumo grau está em o homem não reconhecer os benefícios. Ou então, da ignorância de infidelidade que arruina pela base o edifício espiritual.

QUANTO AO 4º, deve-se dizer que o ébrio merece ser castigado duplamente pelos dois pecados que comete, a embriaguez e o outro em consequência. E no entanto, a embriaguez, em razão da ingorância que a ela se ajunta, diminui o pecado que ela faz cometer. Talvez até tira-lhe, como foi dito, mais de gravidade que ele mesmo tem. — Pode-se dizer ainda que aquelas palavras estão inspiradas numa certa ordenação do legislador Pítaco, que estabelece que "os ébrios, se ferissem alguém, fossem castigados mais severamente, não atendendo à indulgência a que os ébrios têm direito, mas à utilidade, porque os ébrios ofendem mais do que os sóbrios", como está claro no livro II da *Política*.

5. In resp. ad 2.
6. C. 9: 1274, b, 18-23.

QUAESTIO LXXVII

DE CAUSA PECCATI EX PARTE APPETITUS SENSITIVI

in octo articulos divisa

Deinde considerandum est de causa peccati ex parte appetitus sensitivi, utrum passio animae sit causa peccati.

Et circa hoc quaeruntur octo.

Primo: utrum passio appetitus sensitivi possit movere vel inclinare voluntatem.

Secundo: utrum possit superare rationem contra eius scientiam.

Tertio: utrum peccatum quod ex passione provenit, sit peccatum ex infirmitate.

Quarto: utrum haec passio quae est amor sui, sit causa omnis peccati.

Quinto: de illis tribus causis quae ponuntur 1Io 2,16, *concupiscentia oculorum, concupiscentia,* carnis et *superbia vitae.*

Sexto: utrum passio quae est causa peccati, diminuat ipsum.

Septimo: utrum totaliter excuset.

Octavo: utrum peccatum quod ex passione est, possit esse mortale.

QUESTÃO 77

A CAUSA DO PECADO DA PARTE DO APETITE SENSITIVO

em oito artigos

Agora deve-se considerar a causa do pecado da parte do apetite sensitivo: se a paixão da alma é causa do pecado.

E sobre isso são oito as perguntas:

1. A paixão do apetite sensitivo pode mover ou inclinar a vontade?
2. Pode superar a razão contra sua ciência?
3. O pecado de paixão é um pecado de fraqueza?
4. Esta paixão que é amor de si é causa de todos os pecados?
5. Sobre as três causas afirmadas na primeira Carta de João: "Concupiscência dos olhos, concupiscência da carne e soberba da vida".
6. A paixão, que é causa do pecado, o diminui?
7. Ela o escusa totalmente?
8. O pecado de paixão pode ser mortal?

Articulus 1
Utrum voluntas moveatur a passione appetitus sensitivi

Ad primum sic proceditur. Videtur quod voluntas non moveatur a passione appetitus sensitivi.

1. Nulla enim potentia passiva movetur nisi a suo obiecto. Voluntas autem est potentia passiva et activa simul, inquantum est *movens et mota*: sicut in III *de Anima*[1] Philosophus dicit universaliter de vi appetitiva. Cum ergo obiectum voluntatis non sit passio appetitus sensitivi, sed magis bonum rationis; videtur quod passio appetitus sensitivi non moveat voluntatem.

2. Praeterea, superior motor non movetur ab inferiori: sicut anima non movetur a corpore. Sed voluntas, quae est appetitus rationis, comparatur ad appetitum sensitivum sicut motor superior ad inferiorem: dicit enim Philosophus, in III *de Anima*[2], quod *appetitus rationis movet appetitum sensitivum, sicut in corporibus caelestibus sphaera movet sphaeram*. Ergo voluntas non potest moveri a passione appetitus sensitivi.

3. Praeterea, nullum immateriale potest moveri ab aliquo materiali. Sed voluntas est quaedam potentia immaterialis: non enim utitur organo corporali, cum sit in ratione, ut dicitur in III *de Anima*[3]. Appetitus autem sensitivus est vis materialis: utpote fundata in organo corporali. Ergo passio appetitus sensitivi non potest movere appetitum intellectivum.

Sed contra est quod dicitur Dn 13,56: *Concupiscentia subvertit cor tuum*.

Respondeo dicendum quod passio appetitus sensitivi non potest directe trahere aut movere voluntatem, sed indirecte potest. Et hoc dupliciter. Uno quidem modo, secundum quandam abstractionem. Cum enim omnes potentiae animae in una essentia animae radicentur, necesse est quod quanto una potentia intenditur in suo actu, altera in suo actu remittatur, vel etiam totaliter impediatur. Tum quia omnis virtus ad plura dispersa fit minor: unde e contrario, quando intenditur circa unum, minus potest ad alia dispergi. Tum quia in operibus animae requiritur quaedam intentio,

Artigo 1
A vontade é movida pela paixão do apetite sensitivo?

Quanto ao primeiro artigo, assim se procede: parece que a vontade **não** é movida pela paixão do apetite sensitivo.

1. Com efeito, nenhuma potência passiva é movida senão por seu objeto. Ora, a vontade é uma potência ativa e passiva ao mesmo tempo. Ela "move e é movida", afirma o Filósofo de todas as potências apetitivas. Logo, como o objeto da vontade não é a paixão do apetite sensitivo, mas o bem da razão, parece que a paixão não move a vontade.

2. Além disso, o motor superior não é movido pelo inferior. Assim, a alma não é movida pelo corpo. Ora, a vontade, apetite racional, é para o apetite sensitivo, como um motor superior. "Ela o move como uma esfera celeste move outra esfera", no dizer do Filósofo. Logo, a vontade não pode ser movida pela paixão do apetite sensitivo.

3. Ademais, nada imaterial pode ser movido pelo que é material. Ora, a vontade é uma potência imaterial, pois, sendo racional, não precisa de órgão corporal, diz ainda o livro III da *Alma*. Mas, apetite sensitivol é uma potência material, fundada em um órgão corporal. Logo, a paixão do apetite sensitivo não pode mover o apetite intelectivo.

Em sentido contrário, está dito no livro de Daniel: "A concupiscência subverteu o teu coração".

Respondo. A paixão do apetite sensitivo não pode diretamente atrair ou mover a vontade. Mas ela o pode indiretamente. Isto de duas maneiras. Primeiro, por uma espécie de abstração. Com efeito, todas as potências da alma estão radicadas na mesma essência da alma. Quando uma tende para seu ato, necessariamente é preciso que uma outra seja relaxada no seu, ou mesmo totalmente impedida. Primeiro, porque toda energia quando é dispersada enfraquece-se. E inversamente, quando está concentrada em um ponto é menos capaz de dispersar-se sobre outros. Depois, porque as ope-

1 Parall.: Supra, q. 9, a. 2; q. 10, a. 3; *De Verit.*, q. 22, a. 9, ad 6.

1. C. 10: 433, b, 16-21.
2. C. 11: 434, a, 12-15.
3. C. 9: 432, b, 5-7.

quae dum vehementer applicatur ad unum, non potest alteri vehementer attendere. Et secundum hunc modum, per quandam distractionem, quando motus appetitus sensitivi fortificatur secundum quamcumque passionem, necesse est quod remittatur, vel totaliter impediatur motus proprius appetitus rationalis, qui est voluntas.

Alio modo, ex parte obiecti voluntatis, quod est bonum ratione apprehensum. Impeditur enim iudicium et apprehensio rationis propter vehementem et inordinatam apprehensionem imaginationis, et iudicium virtutis aestimativae: ut patet in amentibus. Manifestum est autem quod passionem appetitus sensitivi sequitur imaginationis apprehensio, et iudicium aestimativae: sicut etiam dispositionem linguae sequitur iudicium gustus. Unde videmus quod homines in aliqua passione existentes, non facile imaginationem avertunt ab his circa quae afficiuntur. Unde per consequens iudicium rationis plerumque sequitur passionem appetitus sensitivi; et per consequens motus voluntatis, qui natus est sequi iudicium rationis.

AD PRIMUM ergo dicendum quod per passionem appetitus sensitivi fit aliqua immutatio circa iudicium de obiecto voluntatis, sicut dictum est[4]; quamvis ipsa passio appetitus sensitivi non sit directe voluntatis obiectum.

AD SECUNDUM dicendum quod superius non movetur ab inferiori directe: sed indirecte quodammodo moveri potest, sicut dictum est[5].

Et similiter dicendum est AD TERTIUM.

rações da alma exigem uma tensão particular, a qual estando fortemente aplicada a alguma coisa não pode aplicar-se fortemente a outra coisa. Por isso, por uma espécie de distração, quando o movimento do apetite sensitivo se fortalece em uma paixão, o movimento do apetite racional, que é a vontade, deve necessariamente afrouxar-se ou mesmo sustar-se inteiramente.

Segundo, da parte do objeto da vontade que é o bem apreendido pela razão. Uma apreensão forte e desordenada da imaginação e o julgamento da potência estimativa podem impedir o julgamento e a apreensão da razão, como fica claro nos dementes. É claro que a apreensão da imaginação e o julgamento da estimativa seguem a paixão do apetite sensitivo, assim como o julgamento do gosto segue a disposição da língua. Também vemos que aqueles que estão comprometidos numa paixão não afastam facilmente sua imaginação das coisas às quais estão ligados. A consequência disso é que o julgamento da razão, muitas vezes, segue a paixão do apetite sensitivo; e consequentemente o movimento da vontade que, por natureza, segue o julgamento da razão.

QUANTO AO 1º, portanto, deve-se dizer que a paixão do apetite sensitivo modifica, de algum modo, o julgamento sobre o objeto da vontade, embora a própria paixão do apetite sensitivo não seja diretamente objeto da vontade.

QUANTO AO 2º, deve-se dizer que o superior não é diretamente movido pelo inferior, mas indiretamente ele pode sê-lo de uma certa maneira, como foi dito.

QUANTO AO 3º, deve-se dizer que o mesmo deve-se dizer nesta resposta.

ARTICULUS 2

Utrum ratio possit superari a passione contra suam scientiam

AD SECUNDUM SIC PROCEDITUR. Videtur quod ratio non possit superari a passione contra suam scientiam.

1. Fortius enim non vincitur a debiliori. Sed scientia, propter suam certitudinem, est fortissimum eorum quae in nobis sunt. Ergo non potest superari a passione, quae est *debilis et cito transiens*.

ARTIGO 2

A razão pode ser superada pela paixão contra a sua ciência?

QUANTO AO SEGUNDO, ASSIM SE PROCEDE: parece que a razão **não** pode ser superada pela paixão contra a sua ciência.

1. Com efeito, o mais forte não é vencido pelo mais fraco. Ora, a ciência por causa de sua certeza é o que há de mais forte em nós. Logo, ela não pode ser superada pela paixão que é "débil e passageira".

4. In corp.
5. In corp.

2 PARALL.: *De Malo*, q. 3, a. 9; VII *Ethic.*, lect. 3.

2. PRAETEREA, voluntas non est nisi boni vel apparentis boni. Sed cum passio trahit voluntatem in id quod est vere bonum, non inclinat rationem contra scientiam. Cum autem trahit eam in id quod est apparens bonum et non existens, trahit eam in id quod rationi videtur: hoc autem est in scientia rationis, quod ei videtur. Ergo passio nunquam inclinat rationem contra suam scientiam.

3. Si dicatur quod trahit rationem scientem aliquid in universali, ut contrarium iudicet in particulari, contra: Universalis et particularis propositio, si opponantur, opponuntur secundum contradictionem, sicut *omnis homo* et *non omnis homo*. Sed duae opiniones quae sunt contradictoriarum, sunt contrariae, ut dicitur in II *Peri Herm.*[1]. Si igitur aliquis sciens aliquid in universali, iudicaret oppositum in singulari sequeretur quod haberet simul contrarias opiniones: quod est impossibile.

4. PRAETEREA, quicumque scit universale, scit etiam particulare quod novit sub universali contineri; sicut quicumque scit omnem mulam esse sterilem, scit hoc animal esse sterile, dummodo sciat quod sit mula; ut patet per id quod dicitur in I *Poster.*[2]. Sed ille qui scit aliquid in universali, puta nullam fornicationem esse faciendam, scit hoc particulare sub universali contineri, puta hunc actum esse fornicarium. Ergo videtur quod etiam in particulari sciat.

5. PRAETEREA, *ea quae sunt in voce, sunt signa intellectus animae*, secundum Philosophum[3]. Sed homo in passione existens frequenter confitetur id quod eligit esse malum etiam in particulari. Ergo etiam in particulari habet scientiam. — Sic igitur videtur quod passiones non possint trahere rationem contra scientiam universalem: quia non potest esse quod habeat scientiam universalem, et existimet oppositum in particulari.

SED CONTRA est quod dicit Apostolus, Rm 7,23. *Video aliam legem in membris meis repugnantem legi mentis meae, et captivantem me in lege peccati*. Lex autem quae est in membris, est concupiscentia, de qua supra locutus fuerat. Cum igitur concupiscentia sit passio quaedam, videtur quod passio trahat rationem etiam contra hoc quod scit.

2. ALÉM DISSO, a vontade é só do bem ou do bem aparente. Ora, quando a paixão leva a vontade para o que é verdadeiramente bom, ela não inclina a razão contra a ciência. Quando leva a vontade para o bem aparente e não existente, ela leva para o que parece à razão. Ora, o que parece à razão faz parte do seu conhecimento. Logo, a paixão nunca inclina a razão contra a sua ciência.

3. ADEMAIS, se se disser que leva a razão a julgar em um caso particular ao contrário do que ela sabe no geral, responde-se: uma proposição universal e outra particular, se se opõem, opõem-se por contradição; por exemplo, "todo homem e não todo homem". Ora, duas opiniões contraditórias são contrárias, como se diz no livro II da *Interpretação*. Pois, se alguém sabe algo no universal, e julgasse o oposto no particular, seguir-se-ia que teria simultaneamente opiniões contrárias, o que é impossível.

4. ADEMAIS, quem conhece o universal, conhece também o particular que sabe contido no universal. Assim, todo aquele que sabe que toda mula é estéril, sabe que este animal é estéril, se sabe que é mula, como fica claro pelo dito no livro I dos *Analíticos*. Ora, quem sabe algo no universal, por exemplo, que nenhuma fornicação deve ser feita, sabe que este particular está contido no universal, por exemplo, que este ato é um caso de fornicação. Logo, parece que também o conhece em particular.

5. ADEMAIS, "as palavras são sinais do pensamento", segundo o Filósofo. Ora, alguém que está na paixão frequentemente confessa que o que escolheu é um mal, mesmo particular. Logo, mesmo do particular ele tem a ciência. — Por conseguinte, parece que as paixões não podem atrair a razão contra a ciência universal, pois não é possível que tenha a ciência universal, e pense o contrário em particular.

EM SENTIDO CONTRÁRIO, o Apóstolo diz, na Carta aos Romanos: "Vejo uma outra lei em meus membros que repugna à lei de meu espírito, e que me emprisiona sob a lei do pecado". Esta lei que está nos membros, é a concupiscência da qual havia falado acima. A concupiscência sendo uma paixão, parece que a paixão atraia a razão mesmo contra o que ela sabe.

1. C. 14: 23, b, 40 sqq.
2. C. 1: 71, a, 17-19.
3. Cc. 1, 14: 16, a, 3-4; 23, a, 33-34.

RESPONDEO dicendum quod opinio Socratis fuit, ut Philosophus dicit in VII *Ethic.*[4], quod scientia nunquam posset superari a passione. Unde ponebat omnes virtutes esse scientias, et omnia peccata esse ignorantias. In quo quidem aliqualiter recte sapiebat. Quia cum voluntas sit boni vel apparentis boni, nunquam voluntas in malum moveretur, nisi id quod non est bonum, aliqualiter rationi bonum appareret: et propter hoc voluntas nunquam in malum tenderet, nisi cum aliqua ignorantia vel errore rationis. Unde dicitur Pr 14,22: *Errant qui operantur malum.* — Sed quia experimento patet quod multi agunt contra ea quorum scientiam habent; et hoc etiam auctoritate divina confirmatur, secundum illud Lc 12,47: *Servus qui cognovit voluntatem domini sui et non fecit, plagis vapulabit multis*; et Iac 4,17 dicitur: *Scienti bonum facere et non facienti, peccatum est illi*: non simpliciter verum dixit, sed oportet distinguere, ut Philosophus tradit in VII *Ethic.*[5].

Cum enim ad recte agendum homo dirigatur duplici scientia, scilicet universali et particulari; utriusque defectus sufficit ad hoc quod impediatur rectitudo operis et voluntatis, ut supra[6] dictum est. Contingit igitur quod aliquis habeat scientiam in universali, puta nullam fornicationem esse faciendam; sed tamen non cognoscat in particulari hunc actum qui est fornicatio, non esse faciendum. Et hoc sufficit ad hoc quod voluntas non sequatur universalem scientiam rationis. — Iterum considerandum est quod nihil prohibet aliquid sciri in habitu, quod tamen actu non consideratur. Potest igitur contingere quod aliquis etiam rectam scientiam habeat in singulari, et non solum in universali, sed tamen in actu non consideret. Et tunc non videtur difficile quod praeter id quod actu non considerat, homo agat.

Quod autem homo non consideret in particulari id quod habitualiter scit, quandoque quidem contingit ex solo defectu intentionis: puta cum homo sciens geometriam, non intendit ad considerandum geometriae conclusiones, quas statim in promptu habet considerare. — Quandoque autem homo non considerat id quod habet in habitu propter aliquod impedimentum superveniens: puta propter aliquam occupationem exteriorem, vel propter aliquam infirmitatem corporalem. Et hoc modo

RESPONDO. A opinião de Sócrates foi, como diz o Filósofo, que a ciência nunca pode ser superada pela paixão. Por isso, afirmava que todas as virtudes são ciências, e todos os pecados são ignorâncias. Nisso, de certo modo, pensava retamente. A vontade, sendo do bem ou do bem aparente, nunca se inclinaria para o mal a não ser que aquilo que não é bom aparecesse à razão como bem. É por isso que a vontade não tenderia nunca para o mal se não houvesse do lado da razão ignorância ou erro. Donde esta palavra do livro dos Provérbios: "Estão no erro os que fazem o mal". — Mas, porque está claro pela experiência que muitos agem contra aquilo que sabem, isso também se confirma pela autoridade divina, segundo o Evangelho de Lucas: "O servo que conhece a vontade de seu senhor e não a faz, será muito castigado", e na Carta de Tiago se diz: "Aquele que sabe fazer o bem e nada faz, tem pecado". Portanto, o que Sócrates disse não é absolutamente verdade, mas é preciso distinguir, como ensina o Filósofo.

Com efeito, o homem para agir retamente rege-se por uma dupla ciência, a saber, a universal e a particular. Se uma ou outra coisa falha, é o bastante para impedir, como se disse acima, a retidão da vontade e da ação. Portanto, pode acontecer que alguém tenha a ciência universal, por exemplo, que nunca se deve cometer fornicação, e não saber, entretanto, em particular, que não se deve fazer este ato que é uma fornicação. E isso basta para que a vontade não siga a ciência universal da razão. — Há ainda outra coisa a notar: nada impede que algo seja sabido de maneira habitual, e, no entanto, não seja considerado de maneira atual. Pode acontecer que se tenha a ciência reta a respeito do singular e não só a respeito do universal, e no entanto não a considere de maneira atual. E então não parece difícil que o homem aja à margem do que não considera de maneira atual.

Quanto ao fato de não se considerar em particular o que se sabe habitualmente, por vezes acontece unicamente por falta de intenção, como quando um sábio geômetra não leva em conta conclusões da geometria que imediatamente poderia considerar. — Às vezes, o homem não considera o que tem de maneira habitual por causa de algum impedimento, por exemplo, de uma ocupação exterior ou de uma enfermidade corporal. E é precisamente assim que aquele que

4. C. 3: 1145, b, 23-27.
5. C. 5: 1146, b, 31-1147, a, 18.
6. Q. 76, a. 1.

ille qui est in passione constitutus, non considerat in particulari id quod scit in universali, inquantum passio impedit talem considerationem.

Impedit autem tripliciter. Primo, per quandam distractionem: sicut supra[7] expositum est. Secundo, per contrarietatem: quia plerumque passio inclinat ad contrarium huius quod scientia universalis habet. Tertio, per quandam immutationem corporalem, ex qua ratio quodammodo ligatur, ne libere in actum exeat: sicut etiam somnus vel ebrietas, quadam corporali transmutatione facta, ligant usum rationis. Et quod hoc contingat in passionibus, patet ex hoc quod aliquando, cum passiones multum intenduntur, homo amittit totaliter usum rationis: multi enim propter abundantiam amoris et irae, sunt in insaniam conversi. Et per hunc modum passio trahit rationem ad iudicandum in particulari contra scientiam quam habet in universali.

AD PRIMUM ergo dicendum quod scientia universalis, quae est certissima, non habet principalitatem in operatione, sed magis scientia particularis: eo quod operationes sunt circa singularia. Unde non est mirum si in operabilibus passio agit contra scientiam universalem, absente consideratione in particulari.

AD SECUNDUM dicendum quod hoc ipsum quod rationi videatur in particulari aliquid bonum quod non est bonum, contingit ex aliqua passione. Et tamen hoc particulare iudicium est contra universalem scientiam rationis.

AD TERTIUM dicendum quod non posset contingere quod aliquis haberet simul in actu scientiam aut opinionem veram de universali affirmativo, et opinionem falsam de particulari negativo, aut e converso. Sed bene potest contingere quod aliquis habeat veram scientiam habitualiter de universali affirmativo, et falsam opinionem in actu de particulari negativo: actus enim directe non contrariatur habitui, sed actui.

está dominado pela paixão não considera em particular o que sabe universalmente, porque a razão impede tal consideração.

Impede de três maneiras: 1. por uma espécie de distração, da qual se falou acima; 2. por contrariedade: pelo fato de que a paixão inclina frequentemente para o contrário daquilo que a ciência universal afirma; 3. por uma certa modificação corporal, que faz que a razão esteja como amarrada a ponto de não poder livremente passar ao ato. Por exemplo, também o sono ou a embriaguez ligam o uso da razão com as mudanças corporais que causam. Isto acontece nas paixões. Tem-se disso a prova clara no fato de que, por vezes, quando são extremamente intensas, o homem perde totalmente o uso da razão. Muitos, por excesso de amor ou de ira, foram até a loucura. Desse modo a paixão leva a razão a julgar nos casos particulares contra a ciência universal que ela possui.

QUANTO AO 1º, portanto, deve-se dizer que na ação a ciência universal, que é certíssima, não tem a função principal. Isto pertence à ciência particular, pelo fato de que a ação diz respeito ao que é singular. Portanto, não é de se admirar que em matéria de ação a paixão aja contra a ciência universal, não presente a consideração sobre o particular.

QUANTO AO 2º, deve-se dizer que o fato de que à razão lhe pareça em particular algo bom que não é tal, um bem que não o é, vem de alguma paixão. Entretanto, esse juízo particular é contra a ciência universal da razão.

QUANTO AO 3º, deve-se dizer que não pode acontecer que alguém tenha simultaneamente em ato uma ciência ou opinião verdadeira do universal afirmativo, e uma opinião falsa do particular negativo, ou ao contrário. Mas, pode acontecer que alguém tenha habitualmente uma verdadeira ciência do universal afirmativo, e uma falsa opinião em ato do particular negativo. Pois, o ato não se opõe diretamente ao hábito, mas ao ato[a].

7. Art. praec.

a. Sto. Tomás esclarece a situação que, desde Aristóteles, é conhecida sob o nome de "silogismo do homem que-não-se-contém" (*syllogismus incontinentis*). É característica da razão prática, que depende, bem mais do que a especulativa, das disposições do apetite atuado pela intenção ou, em outros termos, da relação afetiva com o fim. O julgamento dessa razão é verdadeiro se está de acordo com o apetite, que é correto. Ora, no pecado por paixão, é o apetite ruim que intervém por intermédio de uma iniciativa específica no processo de deliberação. Esta pode ter permanecido correta e verdadeira até o julgamento da consciência, mas a intervenção da paixão irá fazer que, no plano da escolha, a conclusão que seria exigida pelo julgamento da razão não é considerada; e será a conclusão de um outro julgamento que dirigirá a escolha. No *De Malo* (q. 3, a. 9, r. 7) a situação é exposta com bastante clareza. O espírito está dividido: ao mesmo tempo em que conserva as máximas que efetuam a deliberação verdadeira, ele adere aos sofismas que fazem julgar que não há mal em agir segundo a atração do apetite.

AD QUARTUM dicendum quod ille qui habet scientiam in universali, propter passionem impeditur ne possit sub illa universali sumere, et ad conclusionem pervenire: sed assumit sub alia universali, quam suggerit inclinatio passionis, et sub ea concludit. Unde Philosophus dicit, in VII *Ethic.*[8], quod syllogismus incontinentis habet quatuor propositiones, duas universales: quarum una est rationis, puta *nullam fornicationem esse committendam*; alia est passionis, puta *delectationem esse sectandam*. Passio igitur ligat rationem ne assumat et concludat sub prima: unde, ea durante, assumit et concludit sub secunda.

QUANTO AO 4º, deve-se dizer que aquele que tem o conhecimento em universal, a paixão o impede de poder deduzir desse universal e chegar à conclusão, mas deduz de outro universal, sugerido pela inclinação da paixão, e por ele chega a concluir. Por isso o Filósofo diz, no livro VII da *Ética*, que o silogismo daquele que não se domina compreende, de fato, quatro proposições: duas universais; destas, uma é o fato da razão, por exemplo: *Não se deve cometer nenhuma fornicação*; a outra, o fato da paixão, por exemplo: *É preciso procurar o seu prazer*. A paixão, por conseguinte, amarra a razão para que não assuma e não tire nenhuma conclusão da primeira, para que, enquanto ela dura, a razão assuma, e tire a conclusão da segunda.

AD QUINTUM dicendum quod, sicut ebrius quandoque proferre potest verba significantia profundas sententias, quas tamen mente diiudicare non potest, ebrietate prohibente; ita in passione existens, etsi ore proferat hoc non esse faciendum, tamen interius hoc animo sentit quod sit faciendum, ut dicitur in VII *Ethic.*[9].

QUANTO AO 5º, deve-se dizer que como o ébrio pode à vezes proferir palavras profundas das quais ele é, no entanto, incapaz mentalmente de discernir a significação, do mesmo modo aquele que está na paixão, ainda que profira com os lábios que o que ele faz não se deve fazer, não deixa de ter em seu íntimo o sentimento que é para fazer, como diz o livro VII da *Ética*.

ARTICULUS 3

Utrum peccatum quod est ex passione, debeat dici ex infirmitate

AD TERTIUM SIC PROCEDITUR. Videtur quod peccatum quod est ex passione, non debeat dici ex infirmitate.

1. Passio enim est quidam vehemens motus appetitus sensitivi, ut dictum est[1]. Vehementia autem motus magis attestatur fortitudini quam infirmitati. Ergo peccatum quod est ex passione, non debet dici ex infirmitate.

2. PRAETEREA, infirmitas hominis maxime attenditur secundum illud quod est in eo fragilius. Hoc autem est caro: unde dicitur in Ps 77,39: *Recordatus est quia caro sunt*. Ergo magis debet dici peccatum ex infirmitate quod est ex aliquo corporis defectu, quam quod est ex animae passione.

ARTIGO 3

O pecado de paixão deve ser chamado pecado de fraqueza?

QUANTO AO TERCEIRO, ASSIM SE PROCEDE: parece que o pecado de paixão **não** deve ser chamado pecado de fraqueza.

1. Com efeito, a paixão é um certo movimento veemente do apetite sensível, como foi dito. Ora, esta veemência é sinal de força mais do que de fraqueza. Logo, o pecado de paixão não deve ser chamado de fraqueza.

2. ALÉM DISSO, a fraqueza do homem é considerada sobretudo por aquilo que nele é o mais frágil. Ora, isso é a carne, como se diz no livro dos Salmos: "Lembrou-se que são carne". Logo, se há um pecado de fraqueza é aquele que vem da deficiência do corpo mais do que aquele que vem de uma paixão da alma.

8. C. 5: 1147, a, 24-31.
9. C. 5: 1147, a, 18-24.

3 PARALL.: Infra, q. 85, a. 3, ad 4; *De Malo*, q. 3, a. 9; in *Psalm*. 6.

1. Art. 1.

A paixão induz ao erro, faz pensar que o que se cobiça ou o que se faz, aqui e agora, na situação concreta e em tais circunstâncias, não é tão ruim; sabe-se o que se faz, mas não se toma como regra aquilo que se sabe e legitimam-se as próprias escolhas mediante um julgamento que, sem perturbar as convicções da razão, impede que elas iluminem a ação concreta.

3. PRAETEREA, ad ea non videtur homo esse infirmus, quae eius voluntati subduntur. Sed facere vel non facere ea ad quae passio inclinat, hominis voluntati subditur: secundum illud Gn 4,7: *Sub te erit appetitus tuus, et tu dominaberis illius*. Ergo peccatum quod est ex passione, non est ex infirmitate.

SED CONTRA est quod Tullius, in IV libro *de Tuscul. Quaest.*[2], passiones animae *aegritudines* vocat. Aegritudines autem alio nomine infirmitates dicuntur. Ergo peccatum quod est ex passione, debet dici ex infirmitate.

RESPONDEO dicendum quod causa peccati propria est ex parte animae, in qua principaliter est peccatum. Potest autem dici infirmitas in anima ad similitudinem infirmitatis corporis. Dicitur autem corpus hominis esse infirmum, quando debilitatur vel impeditur in executione propriae operationis, propter aliquam inordinationem partium corporis, ita scilicet quod humores et membra hominis non subduntur virtuti regitivae et motivae corporis. Unde et membrum dicitur esse infirmum, quando non potest perficere operationem membri sani: sicut oculus quando non potest clare videre, ut dicit Philosophus in X *de Historiis Animalium*[3]. Unde et infirmitas animae dicitur quando impeditur anima in propria operatione, propter inordinationem partium ipsius.

Sicut autem partes corporis dicuntur esse inordinatae, quando non sequuntur ordinem naturae; ita et partes animae dicuntur inordinatae, quando non subduntur ordini rationis: ratio enim est vis regitiva partium animae. Sic ergo quando extra ordinem rationis vis concupiscibilis aut irascibilis aliqua passione afficitur, et per hoc impedimentum praestatur modo praedicto[4] debitae actioni hominis, dicitur peccatum esse ex infirmitate. Unde et Philosophus, in I *Ethic.*[5], comparat incontinentem paralytico, cuius partes moventur in contrarium eius quod ipse disponit.

AD PRIMUM ergo dicendum quod, sicut quanto fuerit motus fortior in corpore praeter ordinem naturae, tanto est maior infirmitas; ita quanto fuerit motus fortior passionis praeter ordinem rationis, tanto est maior infirmitas animae.

3. ADEMAIS, quanto ao que depende da vontade não se pode dizer que o homem seja fraco. Ora, depende da vontade o fazer ou o não fazer aquilo para o que a paixão o inclina, segundo o livro do Gênesis: "Terás sob ti os teus desejos e tu os dominarás". Logo, o pecado de paixão não é uma fraqueza.

EM SENTIDO CONTRÁRIO, Cícero chama as paixões da alma de doenças. Ora, a doença tem um outro nome, fraqueza. Logo, o pecado de paixão deve ser chamado pecado de fraqueza.

RESPONDO. A causa própria do pecado vem da parte da alma, na qual o pecado está principalmente. Mas pode-se falar de uma enfermidade da alma como se fala de uma enfermidade do corpo. Ora, diz-se que o corpo humano é enfermo quando está debilitado ou entrevado na execução de suas próprias operações por alguma desordem do organismo, de tal modo que os humores e os membros não obedeçam à potência diretiva e motriz do corpo. Assim se diz que um membro está enfermo quando não pode mais fazer bem a tarefa de um membro sadio, como o olho que não pode mais ver claramente. Por conseguinte, diz-se também que a alma está enferma quando ela é impedida em sua operação própria por causa da desordem de suas partes.

Do mesmo modo que as partes do corpo são ditas desordenadas quando não seguem a ordem da natureza, do mesmo modo as partes da alma quando não se submetem à ordem da razão, sendo que a razão é a potência diretora das partes da alma. Assim, portanto, quando a concupiscência ou o irascível são afetados por uma paixão que os faz sair da ordem racional e por isso se põe um obstáculo, da maneira explicada acima, ao desenvolvimento que deve ter a ação humana, diz-se que é o pecado de fraqueza. E é por isso que o Filósofo, no livro I da *Ética*, compara aquele que não sabe se conter ao paralítico, cujas partes se movem contrariamente ao que ele dispõe.

QUANTO AO 1º, portanto, deve-se dizer que no corpo uma enfermidade será tanto maior quanto maior for o movimento contrário à ordem natural. Também na alma, a enfermidade será tanto maior quanto maior for o movimento da paixão contrário à ordem da razão.

2. C. 14: ed. Müller, Lipsiae 1908, p. 402 sq.
3. C. 1: 633, b, 20-22.
4. Art. 1.
5. C. 13: 1102, b, 18-25.

AD SECUNDUM dicendum quod peccatum principaliter consistit in actu voluntatis, qui non impeditur per corporis infirmitatem: potest enim qui est corpore infirmus, promptam habere voluntatem ad aliquid faciendum. Impeditur autem per passione, ut supra[6] dictum est. Unde cum dicitur peccatum esse ex infirmitate, magis est referendum ad infirmitatem animae quam ad infirmitatem corporis. — Dicitur tamen etiam ipsa infirmitas animae infirmitas carnis, inquantum ex conditione carnis passiones animae insurgunt in nobis, eo quod appetitus sensitivus est virtus utens organo corporali.

AD TERTIUM dicendum quod in potestate quidem voluntatis est assentire his in quae passio inclinat: et pro tanto dicitur noster appetitus sub nobis esse. Sed tamen ipse assensus vel dissensus voluntatis impeditur per passionem, modo praedicto[7].

QUANTO AO 2º, deve-se dizer que o pecado consiste principalmente no ato da vontade. Ora este ato não é impedido pela enfermidade do corpo. Pode-se estar doente do corpo e ter uma vontade disposta para fazer alguma coisa. Mas ele é impedido pela paixão, como acima foi dito. Também, quando se fala do pecado de fraqueza, isto deve ser relacionado mais à enfermidade da alma do que à enfermidade do corpo. — E a enfermidade da alma pode chamar-se também enfermidade da carne, porque pela condição desta, as paixões da alma se levantam em nós, porque o apetite sensitivo é uma potência que se utiliza dos órgãos corporais.

QUANTO AO 3º, deve-se dizer que está no poder da vontade aderir às inclinações da paixão. E por aí se diz que dominamos nossos apetites. No entanto, este assentimento ou este dissentemento da vontade a paixão pode impedí-lo da maneira que dissemos.

ARTICULUS 4

Utrum amor sui sit principium omnis peccati

AD QUARTUM SIC PROCEDITUR. Videtur quod amor sui non sit principium omnis peccati.

1. Id enim quod est secundum se bonum et debitum, non est propria causa peccati. Sed amor sui est secundum se bonum et debitum: unde et praecipitur homini ut diligat proximum sicut seipsum, Lv 19,18. Ergo amor sui non potest esse propria causa peccati.

2. PRAETEREA, Apostolus dicit, Rm 7,8: *Occasione accepta, peccatum per mandatum operatum est in me omnem concupiscentiam*: ubi Glossa[1] dicit quod *bona est lex, quae, dum concupiscentiam prohibet, omne malum prohibet*: quod dicitur propter hoc, quia concupiscentia est causa omnis peccati. Sed concupiscentia est alia passio ab amore, ut supra[2] habitum est. Ergo amor sui non est causa omnis peccati.

ARTIGO 4

O amor de si é o princípio de todo pecado?[b]

QUANTO AO QUARTO, ASSIM SE PROCEDE: parece que o amor de si **não** é o princípio de todo pecado

1. Com efeito, algo que é em si mesmo um bem ou um dever não é uma causa própria de pecado. Ora, tal é o amor de si. Por isso, no livro do Levítico, está prescrito de amar o próximo como a si mesmo. Logo, o amor de si não pode ser a causa própria de pecado.

2. ALÉM DISSO, o Apóstolo diz na Carta aos Romanos: "Dada a ocasião, por um mandamento do pecado operou-se em mim toda concupiscência", e a Glosa diz que: "boa é a lei que quando proíbe a concupiscência, proíbe todo mal". Isso se diz porque a concupiscência é a causa de todo pecado. Ora, a concupiscência é uma outra paixão diferente do amor, como se viu acima. Logo, o amor de si não é causa de todo pecado.

6. Art. 1.
7. Ibid.

4 PARALL.: Infra, q. 84, a. 2, ad 3; II-II, q. 25, a. 7, ad 1; q. 153, a. 5, ad 3; II *Sent.*, dist. 42, q. 2, a. 1; *De Malo*, q. 8, a. 1, ad 19.

1. Interl., Ord.: ML 114, 491 A; LOMBARDI: ML 191, 1416 C.
2. Q. 23, a. 4; q. 30, a. 2.

b. O título do artigo situa bem o problema. Não se trata de modo algum do amor bem ordenado por si mesmo, que é obrigatório, natural e orientado pela virtude de caridade (II-II, q. 25, a. 4, 7 e 12). A questão é formalmente a do amor-paixão enquanto subtraída à regulação da razão, desse amor levado até o desprezo de Deus, que constitui a cidade da Babilônia.

3. PRAETEREA, Augustinus, super illud Ps 79,17, *Incensa igni et suffossa*, dicit[3] quod *omne peccatum est ex amore male inflammante, vel ex timore male humiliante*. Non ergo solus amor sui est causa peccati.

4. PRAETEREA, sicut homo quandoque peccat propter inordinatum sui amorem, ita etiam interdum peccat propter inordinatum amorem proximi. Ergo amor sui non est causa omnis peccati.

SED CONTRA est quod Augustinus dicit, XIV *de Civ. Dei*[4], quod *amor sui usque ad contemptum Dei, facit civitatem Babylonis*. Sed per quodlibet peccatum pertinet homo ad civitatem Babylonis. Ergo amor sui est causa omnis peccati.

RESPONDEO dicendum quod, sicut supra[5] dictum est, propria et per se causa peccati accipienda est ex parte conversionis ad commutabile bonum; ex qua quidem parte omnis actus peccati procedit ex aliquo inordinato appetitu alicuius temporalis boni. Quod autem aliquis appetat inordinate aliquod temporale bonum, procedit ex hoc quod inordinate amat seipsum: hoc enim est amare aliquem, velle ei bonum. Unde manifestum est quod inordinatus amor sui est causa omnis peccati.

AD PRIMUM ergo dicendum quod amor sui ordinatus est debitus et naturalis, ita scilicet quod velit sibi bonum quod congruit. Sed amor sui inordinatus, qui perducit ad contemptum Dei, ponitur esse causa peccati secundum Augustinum[6].

AD SECUNDUM dicendum quod concupiscentia, qua aliquis appetit sibi bonum, reducitur ad amorem sui sicut causam, ut iam[7] dictum est.

AD TERTIUM dicendum quod aliquis dicitur amare et illud bonum quod optat sibi, et se, cui bonum optat. Amor igitur secundum quod dicitur eius esse quod optatur, puta quod aliquis dicitur amare vinum vel pecuniam, recipit pro causa timorem, qui pertinet ad fugam mali. Omne enim peccatum provenit vel ex inordinato appetitu alicuius boni, vel ex inordinata fuga alicuius mali. Sed utrumque horum reducitur ad amorem sui. Propter hoc enim homo vel appetit bona vel fugit mala, quia amat seipsum.

3. ADEMAIS, Agostinho, a respeito do Salmo 79: "Está queimada pelo fogo e decepada", diz que "todo pecado vem de um amor que inflama mal, ou de um temor que humilha mal". Portanto, somente o amor de si não é causa de todo pecado.

4. ADEMAIS, às vezes alguém peca por um amor desordenado de si mesmo. Também, de tempos em tempos, peca por um amor desordenado do próximo. Portanto, o amor de si não é a causa de todos os pecados.

EM SENTIDO CONTRÁRIO, Agostinho diz que "o amor de si levado até o desprezo de Deus faz a cidade de Babilônia". Mas, por qualquer pecado somos da cidade de Babilônia. O amor de si é, portanto, a causa de todos os pecados.

RESPONDO. Como acima foi dito, o que é propriamente e por si causa do pecado deve ser procurado em razão da conversão para o bem perecível. Ora, quanto a isso todo ato de pecado provém do apetite desordenado de um bem temporal. Mas, que alguém deseje desordenadamente um bem temporal, provém do amor desordenado de si, porque amar é querer-lhe o bem. Fica claro que todo pecado tem por causa o amor desordenado de si mesmo.

QUANTO AO 1º, portanto, deve-se dizer que o amor ordenado de si mesmo é obrigatório e natural no sentido que se deve querer a si mesmo o bem que convém. Mas, o amor desordenado de si, que leva até a desprezo de Deus, segundo afirma Agostinho, é causa do pecado.

QUANTO AO 2º, deve-se dizer que a concupiscência pela qual se deseja o bem a si mesmo reduz-se ao amor de si como à sua causa, como já foi dito.

QUANTO AO 3º, deve-se dizer que se ama tanto o bem que se deseja para si, como a si mesmo para quem se deseja este bem. Portanto, o amor enquanto se refere àquilo que se deseja, tem como causa o temor, que se liga à fuga do mal. Todo pecado provém efetivamente seja do apetite desordenado de um bem seja da fuga desordenada de um mal. Mas estas duas coisas reduzem-se ao amor de si mesmo porque se alguém tem este desejo dos bens e este medo dos males é porque ama-se a si mesmo.

3. *Enarr. in Ps*., Ps. 79, 17, n. 13: ML 36, 1027.
4. C. 28: ML 41, 436.
5. Q. 75, a. 1.
6. Cfr. *sed c*.
7. In corp.

AD QUARTUM dicendum quod amicus est quasi *alter ipse*. Et ideo quod peccatur propter amorem amici, videtur propter amorem sui peccari.

ARTICULUS 5

Utrum convenienter ponantur causae peccatorum *concupiscentia carnis, concupiscentia oculorum*, et *superbia vitae*

AD QUINTUM SIC PROCEDITUR. Videtur quod inconvenienter ponantur causae peccatorum esse *concupiscentia carnis, concupiscentia oculorum*, et *superbia vitae*.

1. Quia secundum Apostolum, 1Ti ult. 10, *radix omnium malorum est cupiditas*. Sed superbia vitae sub cupiditate non continetur. Ergo non oportet poni inter causas peccatorum.

2. PRAETEREA, concupiscentia carnis maxime ex visione oculorum excitatur: secundum illud Dn 13,56: *Species decepit te*. Ergo non debet dividi concupiscentia oculorum contra concupiscentiam carnis.

3. PRAETEREA, concupiscentia est delectabilis appetitus, ut supra[1] habitum est. Delectationes autem contingunt non solum visum, sed etiam secundum alios sensus. Ergo deberet etiam poni concupiscentia auditus, et aliorum sensuum.

4. PRAETEREA, sicut homo inducitur ad peccandum ex inordinata concupiscentia boni, ita etiam ex inordinata fuga mali, ut dictum est[2]. Sed nihil hic enumeratur pertinens ad fugam mali. Ergo insufficienter causae peccatorum tanguntur.

SED CONTRA est quod dicitur 1Io 2,16: *Omne quod est in mundo, aut est concupiscentia carnis, aut concupiscentia oculorum, aut superbia vitae*. In mundo autem dicitur aliquid esse propter peccatum: unde et ibidem 5,19 dicit quod *totus mundus in maligno positus est*. Ergo praedicta tria sunt causae peccatorum.

RESPONDEO dicendum quod, sicut iam[3] dictum est, inordinatus amor sui est causa omnis peccati. In amore autem sui includitur inordinatus appetitus boni: unusquisque enim appetit bonum ei quem amat. Unde manifestum est quod inordinatus appetitus boni est causa omnis peccati. Bonum autem

QUANTO AO 4º, deve-se dizer que um amigo é como *um outro eu*. É por isso que pecar pelo amor de um amigo é ainda pecar por amor de si mesmo.

ARTIGO 5

É conveniente afirmar que as causas dos pecados são a concupiscência da carne, a concupiscência dos olhos e a soberba da vida?

QUANTO AO QUINTO, ASSIM SE PROCEDE: parece que **não** é conveniente afirmar como causas do pecado "a concupiscência da carne, a concupiscência dos olhos", e "a soberba da vida".

1. Com efeito, segundo o Apóstolo: "A raiz de todos os males é a cupidez". Ora, a soberba da vida não está contida na cupidez. Logo, não se deve contá-la entre as causas de pecados.

2. ALÉM DISSO, é sobretudo pelos olhos que a carne se excita, segundo o livro de Daniel: "A beleza te seduziu". Logo, não se deve separar a concupiscência dos olhos da concupiscência da carne.

3. ADEMAIS, a concupiscência, como acima foi dito, é o desejo do que traz prazer. Ora, os prazeres não vêm somente pela visão, vêm também pelos outros sentidos. Logo, deve-se falar também da concupiscência do ouvido e dos outros sentidos.

4. ADEMAIS, foi dito, que alguém é induzido a pecar pela desordenada concupiscência do bem, e o é também pela fuga desordenada do mal. Ora, nada se enumera aqui que pertença à fuga do mal. Logo, as causas dos pecados não são suficientemente assinaladas.

EM SENTIDO CONTRÁRIO, a primeira Carta de João diz: "Tudo o que há no mundo é concupiscência da carne, concupiscência dos olhos, ou soberba da vida". Ora, diz-se estar no mundo por causa do pecado. Por isso e no mesmo lugar diz-se que "o mundo está totalmente sob o poder do Maligno". Logo, essas três espécies de concupiscências são as causas dos pecados.

RESPONDO. Como já se disse, o amor desordenado de si é a causa de todos os pecados. E neste amor de si está incluído o apetite desordenado do bem, porque deseja-se o bem àquele que se ama. Daí torna-se evidente que o apetite desordenado do bem é também causa de todos os pecados, Ora,

5 PARALL.: II *Sent.*, dist. 42, q. 2, a. 1.

1. Q. 30, a. 1.
2. A. praec., ad 3.
3. Art. praec.

dupliciter est obiectum sensibilis appetitus, in quo sunt animae passiones, quae sunt causa peccati: uno modo, absolute, secundum quod est obiectum concupiscibilis; alio modo, sub ratione ardui, prout est obiectum irascibilis, ut supra[4] dictum est.

Est autem duplex concupiscentia, sicut supra[5] habitum est. Una quidem naturalis, quae est eorum quibus natura corporis sustentatur; sive quantum ad conservationem individui, sicut cibus et potus et alia huiusmodi; sive quantum ad conservationem speciei, sicut in venereis. Et horum inordinatus appetitus dicitur *concupiscentia carnis*. — Alia est concupiscentia animalis, eorum scilicet quae per sensum carnis sustentationem aut delectationem non afferunt, sed sunt delectabilia secundum apprehensionem imaginationis, aut alicuius huiusmodi acceptionis: sicut sunt pecunia, ornatus vestium, et alia huiusmodi. Et haec quidem concupiscentia vocatur *concupiscentia oculorum*: sive intelligatur concupiscentia oculorum, idest ipsius visionis, quae fit per oculos, ut referatur ad curiositatem, secundum quod Augustinus exponit, X *Confess.*[6]; sive referatur ad concupiscentiam rerum quae exterius oculis proponuntur, ut referatur ad cupiditatem, secundum quod ab aliis exponitur. — Appetitus autem inordinatus boni ardui pertinet ad *superbiam vitae*: nam superbia est appetitus inordinatus excellentiae, ut inferius[7] dicetur.

Et sic patet quod ad ista tria reduci possunt omnes passiones, quae sunt causa peccati. Nam ad duo prima reducuntur omnes passiones concupiscibilis: ad tertium autem omnes passiones irascibilis; quod ideo non dividitur in duo, quia omnes passiones irascibilis conformantur concupiscentiae animali.

AD PRIMUM ergo dicendum quod secundum quod cupiditas importat universaliter appetitum cuiuscumque boni, sic etiam superbia vitae continetur sub cupiditate. Quomodo autem cupiditas, secundum quod est speciale vitium, quod avaritia nominatur, sit radix omnium peccatorum, infra[8] dicetur.

AD SECUNDUM dicendum quod concupiscentia oculorum non dicitur hic concupiscentia omnium rerum quae oculis videri possunt: sed solum earum

o bem é de, duas maneiras, objeto do apetite sensível no qual estão as paixões, causas do pecado: primeira, absolutamente, na medida em que é o objeto do concupiscível; depois, sob a razão de difícil, enquanto é o objeto do irascível, como acima foi dito. Há duas espécies de concupiscências, como foi dito acima. Uma é natural e tem por objeto tudo o que pode fisicamente sustentar o corpo seja para a conservação do indivíduo, alimento, bebida etc., seja para a conservação da espécie, as coisas venéreas: o apetite desordenado de tudo isso chama-se a *concupiscência da carne*. — A outra é concupiscência animal, e tem por objeto as coisas que não se apresentam para a sustentação e o prazer da carne, mas que agradam à imaginação ou à uma percepção semelhante, por exemplo, o dinheiro, o ornato das vestes, e outras coisas deste gênero. É esta espécie de concupiscência que se chama de *concupiscência dos olhos*. Seja ela compreendida, como faz Agostinho, como concupiscência da mesma visão, que se realiza pelos olhos de modo que se refira à curiosidade. Seja ela entendida, como outros o fazem, como concupiscência das coisas que se propõem aos olhos exteriormente, de modo que se refira à cupidez. — Quanto ao apetite desordenado do bem difícil, pertence à *soberba da vida*, sendo que a soberba é o apetite desordenado da excelência, como se dirá mais abaixo.

Assim fica claro que se pode reduzir a estas três espécies de concupiscências todas as paixões, que são causa de pecado. Às duas primeiras reduzem-se todas as paixões do apetite concupiscível. À terceira, todas as paixões do irascível. E aqui não se deve fazer duas partes porque todas as paixões do irascível conformam-se à concupiscência animal.

QUANTO AO 1º, portanto, deve-se dizer que a cupidez em sua acepção mais geral comporta o desejo de qualquer bem. Nesse sentido compreende a soberba da vida. Como vício especial ela chama-se avareza, e abaixo se dirá como é a raiz de todos os pecados.

QUANTO AO 2º, deve-se dizer que a concupiscência dos olhos não significa aqui a concupiscência de todas as coisas que se vêm. Mas, somente

4. Q. 23, a. 1.
5. Q. 30, a. 3.
6. C. 35: ML 32, 802.
7. Q. 84, a. 2; II-II, q. 162, a. 1.
8. Q. 84, a. 1.

in quibus non quaeritur delectatio carnis, quae est secundum tactum, sed solum delectatio oculi, idest cuiuscumque apprehensivae virtutis.

AD TERTIUM dicendum quod sensus visus est excellentior inter omnes sensus, et ad plura se extendens, ut dicitur in I *Metaphys.*[9]. Et ideo nomen eius transfertur ad omnes alios sensus, et etiam ad omnes interiores apprehensiones, ut Augustinus dicit, in libro *de Verbis Domini*[10].

AD QUARTUM dicendum quod fuga mali causatur ex appetitu boni, ut supra[11] dictum est. Et ideo ponuntur solum passiones inclinantes ad bonum, tanquam causae earum quae faciunt inordinate fugam mali.

daquelas nas quais procura-se não o prazer carnal referente ao tato, mas unicamente o prazer dos olhos, a saber, de qualquer potência apreensiva.

QUANTO AO 3º, deve-se dizer que a visão é o mais excelente de todos os sentidos, e o que se estende a um maior número de objetos, como se diz no livro I da *Metafísica*. É por isso que se aplica o nome deste sentido a muitos outros, e mesmo às apreensões internas, como diz Agostinho.

QUANTO AO 4º, deve-se dizer que a fuga do mal é causada pelo apetite do bem, como foi dito acima. Por isso, afirmam-se unicamente as paixões que se inclinam ao bem considerando-as como as causas daquelas que levam de uma maneira desordenada a fugir do mal.

ARTICULUS 6

Utrum peccatum allevietur propter passionem

AD SEXTUM SIC PROCEDITUR. Videtur quod peccatum non allevietur propter passionem.

1. Augmentum enim causae auget effectum: si enim calidum dissolvit, magis calidum magis dissolvit. Sed passio est causa peccati, ut habitum est[1]. Ergo quanto est intensior passio, tanto est maius peccatum. Passio igitur non minuit peccatum, sed auget.

2. PRAETEREA, sicut se habet passio bona ad meritum, ita se habet mala passio ad peccatum. Sed bona passio auget meritum: tanto enim aliquis magis videtur mereri, quanto ex maiori misericordia pauperi subvenit. Ergo etiam mala passio magis aggravat peccatum quam alleviat.

3. PRAETEREA, quanto intensiori voluntate aliquis facit peccatum, tanto gravius videtur peccare. Sed passio impellens voluntatem, facit eam vehementius ferri in actum peccati. Ergo passio aggravat peccatum.

SED CONTRA, passio ipsa concupiscentiae vocatur tentatio carnis. Sed quanto aliquis maiori tentatione prosternitur, tanto minus peccat, ut patet per Augustinum[2]. Ergo passio diminuit peccatum.

RESPONDEO dicendum quod peccatum essentialiter consistit in actu liberi arbitrii, quod est

ARTIGO 6

A paixão atenua o pecado?

QUANTO AO SEXTO, ASSIM SE PROCEDE: parece que a paixão **não** atenua o pecado.

1. Com efeito, o aumento da causa aumenta o efeito, se o quente dissolve, o mais quente dissolve mais ainda. Ora, a paixão é uma causa do pecado, como foi dito. Portanto, quanto mais é intensa, maior é o pecado. Logo, a paixão não diminui mas aumenta o pecado.

2. ALÉM DISSO, uma boa paixão está para o mérito, como a má está para o pecado. Ora, uma boa paixão aumenta o mérito, pois tanto mais parece que se merece quanto com maior misericórdia se ajuda ao pobre. Logo, uma má paixão mais agrava o pecado do que o atenua.

3. ADEMAIS, um pecado parece tanto mais grave se é cometido com uma vontade mais intensa. Ora, a paixão, pelo impulso que dá à vontade, a faz inclinar-se com mais veemência ao ato de pecado. Logo, ela agrava o pecado.

EM SENTIDO CONTRÁRIO, a paixão que é a concupiscência da carne, é chamada a tentação da carne. Ora, Agostinho mostra-nos que menos se peca quando se é dominado por uma tentação mais forte. Logo, a paixão diminui o pecado.

RESPONDO. O pecado consiste essencialmente em um ato do livre-arbítrio, *faculdade da vontade*

9. C. 1: 980, a, 23-27.
10. Serm. 33, *De verbis Domini*, al. 112, *De Verbis Evang.*, c. 6, n. 7: ML 38, 646-647.
11. Q. 25, a. 2; q. 29, a. 2.

6 PARALL.: Supra, q. 24, a. 3, ad 3; q. 73, a. 6; *De Verit.*, q. 26, a. 7, ad 1; *De Malo*, q. 3, a. 2; V *Ethic.*, lect. 13.

1. Aa. praec.
2. Cfr. *De civ. Dei*, l. XIV, c. 12: ML 41, 420; *De Nat. et grat.*, c. 25: ML 44, 261.

facultas voluntatis et rationis. Passio autem est motus appetitus sensitivi. Appetitus autem sensitivus potest se habere ad liberum arbitrium et antecedenter, et consequenter. Antecedenter quidem, secundum quod passio appetitus sensitivi trahit vel inclinat rationem et voluntatem, ut supra[3] dictum est. Consequenter autem, secundum quod motus superiorum virium, si sint vehementes, redundant in inferiores: non enim potest voluntas intense moveri in aliquid, quin excitetur aliqua passio in appetitu sensitivo.

Si igitur accipiatur passio secundum quod praecedit actum peccati, sic necesse est quod diminuat peccatum. Actus enim intantum est peccatum, inquantum est voluntarium et in nobis existens. In nobis autem aliquid esse dicitur per rationem et voluntatem. Unde quanto ratio et voluntas ex se aliquid agunt, non ex impulsu passionis, magis est voluntarium et in nobis existens. Et secundum hoc passio minuit peccatum, inquantum minuit voluntarium. — Passio autem consequens non diminuit peccatum, sed magis auget: vel potius est signum magnitudinis eius, inquantum scilicet demonstrat intensionem voluntatis ad actum peccati. Et sic verum est quod quanto aliquis maiori libidine vel concupiscentia peccat, tanto magis peccat.

AD PRIMUM ergo dicendum quod passio est causa peccati ex parte conversionis. Gravitas autem peccati magis attenditur ex parte aversionis; quae quidem ex conversione sequitur per accidens, idest praeter intentionem peccantis. Causae autem per accidens augmentatae non augmentant effectus, sed solum causae per se.

AD SECUNDUM dicendum quod bona passio consequens iudicium rationis, augmentat meritum. Si autem praecedat, ut scilicet homo magis ex passione quam ex iudicio rationis moveatur ad bene agendum, talis passio diminuit bonitatem et laudem actus.

AD TERTIUM dicendum quod, etsi motus voluntatis sit intensior ex passione incitatus, non tamen ita est voluntatis proprius, sicut si sola ratione moveretur ad peccandum.

e da razão. E a paixão é um movimento do apetite sensitivo. Ora, o apetite sensitivo pode estar para o livre-arbítrio de maneira antecedente ou consequente. Antecedente, quando a paixão leva ou inclina a razão ou a vontade, como vimos acima. Consequente, quando o movimento das potências superiores é bastante forte para ter sua repercussão nas potências inferiores, porque a vontade não pode mover-se intensamente para algo, sem que uma paixão seja excitada no apetite sensitivo.

Se se toma, portanto, a paixão que precede o ato de pecado, necessariamente ela diminui o pecado. Com efeito, um ato é um pecado na medida em que é voluntário e existe em nós. Ora é pela razão e pela vontade que alguma coisa existe em nós. Portanto, quanto mais a razão e a vontade agem por elas mesmas, e não pelo impulso da paixão, tanto mais o ato é voluntário e realmente nosso. Nesse sentido a paixão diminui o pecado na medida em que diminui o voluntário. — Quanto à paixão que segue ao ato, ela não diminui o pecado, mas o aumenta. Mais exatamente, ela é o sinal de sua gravidade, enquanto demonstra a intensidade da vontade no ato do pecado. E assim é verdade que o pecado é tanto maior quando é cometido com maior prazer e com maior lascívia ou concupiscência.

QUANTO AO 1º, portanto, deve-se dizer que a paixão é causa do pecado em razão da conversão. Mas, a gravidade do pecado é mais considerada em razão da aversão. Esta, na verdade, segue-se acidentalmente à conversão, isto é, à margem da intenção do pecador. Ora, não é o aumento das causas acidentais que aumenta os efeitos, mas unicamente as causas próprias.

QUANTO AO 2º, deve-se dizer que uma boa paixão aumenta o mérito se ela segue o julgamento da razão. Mas se ela o precede de tal modo que se é movido a bem agir mais pela paixão do que pelo julgamento da razão, então a paixão diminui o que há de bom e de louvável no ato.

QUANTO AO 3º, deve-se dizer que mesmo que o movimento da vontade seja mais intenso uma vez excitado pela paixão, ele não pertence mais propriamente à vontade, como se somente a razão movesse ao pecado.

3. A. 1, 2; q. 9, a. 2; q. 10, a. 3.

ARTICULUS 7
Utrum passio totaliter excuset a peccato

AD SEPTIMUM SIC PROCEDITUR. Videtur quod passio totaliter excuset a peccato.

1. Quidquid enim causat involuntarium, excusat totaliter a peccato. Sed concupiscentia carnis, quae est quaedam passio, causat involuntarium: secundum illud Gl 5,17: *Caro concupiscit adversus spiritum, ut non quaecumque vultis, illa faciatis*. Ergo passio totaliter excusat a peccato.

2. PRAETEREA, passio causat ignorantiam quandam in particulari, ut dictum est[1]. Sed ignorantia particularis totaliter excusat a peccato, sicut supra[2] habitum est. Ergo passio totaliter excusat a peccato.

3. PRAETEREA, infirmitas animae gravior est quam infirmitas corporis. Sed infirmitas corporis totaliter excusat a peccato, ut patet in phreneticis. Ergo multo magis passio, quae est infirmitas animae.

SED CONTRA est quod Apostolus, Rm 7,5, vocat passiones *peccatorum*, non quia peccata causant. Quod non esset, si a peccato totaliter excusarent. Ergo passiones non totaliter a peccato excusant.

RESPONDEO dicendum quod secundum hoc solum actus aliquis qui de genere suo est malus, totaliter a peccato excusatur, quod totaliter involuntarius redditur. Unde si sit talis passio quae totaliter involuntarium reddat actum sequentem, totaliter a peccato excusat: alioquin, non totaliter.

Circa quod duo consideranda videntur. Primo quidem, quod aliquid potest esse voluntarium vel secundum se, sicut quando voluntas directe in ipsum fertur: vel secundum suam cusam, quando voluntas fertur in causam et non in effectum, ut patet in eo qui voluntarie inebriatur; ex hoc enim quasi voluntarium ei imputatur quod per ebrietatem committit. — Secundo considerandum est quod aliquid dicitur voluntarium directe, vel indirecte: directe quidem, id in quod voluntas fertur; indirecte autem, illud quod voluntas potuit prohibere, sed non prohibet.

ARTIGO 7
A paixão escusa completamente o pecado?

QUANTO AO SÉTIMO, ASSIM SE PROCEDE: parece que a paixão **escusa** completamente o pecado.

1. Com efeito, tudo o que causa o involuntário, escusa totalmente o pecado. Ora, a concupiscência da carne, que é uma paixão, causa o involuntário, segundo a Carta aos Gálatas: "A carne deseja contra o espírito, para que não façais tudo o que quereis". Logo, a paixão escusa totalmente o pecado.

2. ALÉM DISSO, a paixão é a causa de uma certa ignorância no que é particular, como foi dito. Ora, a ignorância do particular escusa totalmente o pecado, como se viu acima. Logo, a paixão escusa totalmente o pecado.

3. ADEMAIS, a enfermidade da alma é mais grave do que a do corpo. Ora esta última escusa totalmente o pecado como se vê nos frenéticos. Logo, paixão que é uma doença da alma escusa muito mais ainda.

EM SENTIDO CONTRÁRIO, o Apóstolo chama as paixões de "pecados", não porque as paixões são causas de pecados. O que não diria se escusassem totalmente o pecado. Logo, as paixões não escusam totalmente o pecado.

RESPONDO. Um ato que é mau em seu gênero, somente se escusa do pecado, se se torna totalmente involuntário. Portanto, se a paixão é tal que torna completamente involuntário o ato que ela suscita como sua sequência, ela escusa completamente o pecado. Sem isso, não é completamente.

Sobre isso há dois pontos a serem considerados: 1. Algo pode ser voluntário, ou em si, quando a vontade é levada a isso diretamente; ou em sua causa, quando é para a causa e não para o efeito que a vontade é levada, como se vê naquele que se embriaga voluntariamente, porque por isso se lhe imputa, como voluntário, o que comete pela embriaguez. — 2. Algo é voluntário direta ou indiretamente. Diretamente, é aquilo para o que vontade é levada. Indiretamente, é aquilo que a vontade podia impedir, e não impede.

---

7 PARALL.: Infra, a. 8, ad 3; *De Malo*, q. 3, a. 10; V *Ethic.*, lect. 13.

1. Art. 2.
2. Q. 19, a. 6.

Secundum hoc igitur distinguendum est. Quia passio quandoque quidem est tanta quod totaliter aufert usum rationis: sicut patet in his qui propter amorem vel iram insaniunt. Et tunc si talis passio a principio fuit voluntaria, imputatur actus ad peccatum, quia est voluntarius in sua causa: sicut etiam de ebrietate dictum est. Si vero causa non fuit voluntaria, sed naturalis, puta cum aliquis ex aegritudine, vel aliqua huiusmodi causa, incidit in talem passionem quae totaliter aufert usum rationis; actus omnino redditur involuntarius, et per consequens totaliter a peccato excusatur.

Quandoque vero passio non est tanta quod totaliter intercipiat usum rationis. Et tunc ratio potest passionem excludere, divertendo ad alias cogitationes; vel impedire ne suum consequatur effectum, quia membra non aplicantur operi nisi per consensum rationis, ut supra[3] dictum est. Unde talis passio non totaliter excusat a peccato.

AD PRIMUM ergo dicendum quod hoc quod dicitur, *ut non quaecumque vultis, illa faciatis*, non est referendum ad ea quae fiunt per exteriorem actum, sed ad interiorem concupiscentiae motum: vellet enim homo nunquam concupiscere malum. Sicut etiam exponitur id quod dicitur Rm 7,15: *Quod odi malum, illud facio*. — Vel potest referri ad voluntatem praecedentem passionem: ut patet in continentibus qui contra suum propositum agunt propter suam concupiscentiam.

AD SECUNDUM dicendum quod ignorantia particularis quae totaliter excusat, est ignorantia circumstantiae quam quidem quis scire non potest, debita diligentia adhibita. Sed passio causat ignorantiam iuris in particulari, dum impedit applicationem corr.munis scientiae ad particularem actum. Quam quidem passionem ratio repellere potest, ut dictum est[4].

AD TERTIUM dicendum quod infirmitas corporis est involuntaria. Esset autem simile, si esset voluntaria: sicut de ebrietate dictum est[5], quae est quaedam corporalis infirmitas.

Segundo isso, pois, deve-se distinguir. A paixão é, às vezes, tão forte que ela tira completamente o uso da razão, como acontece naqueles que o amor ou a cólera tornam loucos. Neste caso, se ela foi voluntária no começo, seus atos são imputados em pecado porque são voluntários em sua causa, como acabamos de dizer para a embriaguez. Se ao contrário sua causa não foi voluntária, mas natural, como quando é pela doença, ou por outra causa deste gênero que alguém cai em uma paixão, de modo tal que perde totalmente a razão, o ato torna-se completamente involuntário, e por conseguinte o pecado está completamente escusado.

Mas, quando a paixão não é assim tão forte que intercepte totalmente o uso da razão, então a razão pode afastá-la voltando-se para outros pensamentos, ou impedir que a paixão chegue ao seu efeito, pois os membros não se aplicam a seus atos senão pelo consentimento da razão, como acima foi dito. Uma tal paixão, portanto, não escusa totalmente o pecado.

QUANTO AO 1º, portanto, deve-se dizer que quando se diz "que não se faz tudo o que se quer", isto deve ser relacionado não com os atos exteriores, mas com os movimentos interiores da concupiscência; pois, o homem desejaria nunca desejar o mal. E é este o sentido do que diz a Carta aos Romanos: "Eu faço o mal que odeio". — Ou então isso pode ser relacionado à vontade que precede a paixão. É o que se vê nos que sabem se conter, os quais agem contra seus propósitos por causa de sua concupiscência.

QUANTO AO 2º, deve-se dizer que a ignorância particular que escusa completamente é a ignorância de circunstância que não se pode conhecer apesar de empregada toda inteligência. Mas, a paixão causa a ignorância da lei em particular ao impedir a aplicação da ciência comum um ato particular. E essa paixão pode a razão repeli-la, como foi dito.

QUANTO AO 3º, deve-se dizer que a enfermidade do corpo é involuntária. Seria igual se fosse voluntária, como se disse a respeito da embriaguez que é uma enfermidade corporal.

3. Q. 17, a. 9.
4. In corp.
5. Ibid.

ARTICULUS 8
Utrum peccatum quod est ex passione, possit esse mortale

AD OCTAVUM SIC PROCEDITUR. Videtur quod peccatum quod est ex passione, non possit esse mortale.

1. Veniale enim peccatum dividitur contra mortale. Sed peccatum quod est ex infirmitate, est veniale: cum habeat in se causam veniae. Cum igitur peccatum quod est ex passione, sit ex infirmitate, videtur quod non mortale.

2. PRAETEREA, causa non est potior effectu. Sed passio non potest esse peccatum mortale: non enim in sensualitate est peccatum mortale, ut supra[1] habitum est. Ergo peccatum quod est ex passione, non potest esse mortale.

3. PRAETEREA, passio abducit a ratione, ut ex dictis[2] patet. Sed rationis est converti ad Deum vel averti ab eo, in quo consistit ratio peccati mortalis. Peccatum ergo quod est ex passione, non potest esse mortale.

SED CONTRA est quod Apostolus dicit, Rm 7,5, quod *passiones peccatorum operantur in membris nostris ad fructificandum morti*. Hoc autem est proprium mortalis peccati, quod fructificet morti. Ergo peccatum quod est ex passione, potest esse mortale.

RESPONDEO dicendum quod peccatum mortale, ut supra[3] dictum est, consistit in aversione ab ultimo fine, qui est Deus: quae quidem aversio pertinet ad rationem deliberantem, cuius etiam est ordinare in finem. Hoc igitur solo modo potest contingere quod inclinatio animae in aliquid quod contrariatur ultimo fini, non sit peccatum mortale, quia ratio deliberans non potest occurrere: quod contingit in subitis motibus. Cum autem ex passione aliquis procedit ad actum peccati, vel ad consensum deliberatum, hoc non fit subito. Unde ratio deliberans potest hic occurrere: potest enim excludere, vel saltem impedire passionem, ut dictum est[4]. Unde si non occurrat, est peccatum mortale: sicut videmus quod multa homicidia et adulteria per passionem committuntur.

AD PRIMUM ergo dicendum quod veniale dicitur tripliciter. Uno modo, ex causa, quia scilicet habet

ARTIGO 8
O pecado de paixão pode ser mortal?

QUANTO AO OITAVO, ASSIM SE PROCEDE: parece que o pecado de paixão **não** pode ser mortal.

1. Com efeito, o pecado venial se opõe ao mortal. Ora, o pecado que é de fraqueza é venial, uma vez que tem em si a causa da vênia. Logo, como o pecado de paixão é pecado de fraqueza, parece que não é mortal.

2. ALÉM DISSO, a causa é mais do que o efeito. Ora, a paixão não pode ser pecado mortal porque, como foi estabelecido, não há pecado mortal na sensualidade. Logo, o pecado de paixão não pode ser mortal.

3. ADEMAIS, a paixão afasta-se da razão, como fica claro pelo que foi dito. Ora, é à razão que pertence converter-se para Deus ou ter aversão a ele, nisso consiste o pecado mortal. Logo, o pecado de paixão não pode ser mortal.

EM SENTIDO CONTRÁRIO, "as paixões de pecado, diz o Apóstolo, produzem em nossos membros frutos de morte". Ora, é próprio do pecado mortal produzir frutos de morte. Logo, o pecado de paixão pode ser mortal.

RESPONDO. O pecado mortal consiste, como foi dito, na aversão do fim último que é Deus. Esta aversão pertence à razão deliberante, à qual pertence também ordenar as coisas a seu fim. Por conseguinte, somente desse modo pode acontecer que a inclinação da alma para algo contrário ao fim último não seja pecado mortal, porque a razão deliberante não pode intervir, o que acontece nos movimentos súbitos. Mas quando alguém, por paixão, procede ao ato de pecado ou ao consentimento refletido, isso não se faz subitamente. Portanto, a razão deliberante tem a possibilidade de intervir, uma vez que ela pode, como se disse, excluir ou pelo menos impedir a paixão. Portanto, se ela não intervém, há pecado mortal. Efetivamente, vemos que muitos homicídios e adultérios são cometidos por paixão.

QUANTO AO 1º, portanto, deve-se dizer que venial diz-se de três modos. 1. Pela causa; isto é,

8 PARALL.: *De Malo*, q. 3, a. 10.

1. Q. 74, a. 4.
2. Art. 1, 2.
3. Q. 72, a. 5.
4. A. praec.; q. 10, a. 3, ad 2.

aliquam causam veniae, quae diminuit peccatum: et sic peccatum ex infirmitate et ignorantia dicitur veniale. Alio modo, ex eventu: sicut omne peccatum per poenitentiam fit veniale, idest veniam consecutum. Tertio modo dicitur veniale ex genere, sicut verbum otiosum. Et hoc solum veniale opponitur mortali. Obiectio autem procedit de primo.

AD SECUNDUM dicendum quod passio est causa peccati ex parte conversionis. Quod autem sit mortale, est ex parte aversionis, quae per accidens sequitur ad conversionem, ut dictum est[5]. Unde ratio non sequitur.

AD TERTIUM dicendum quod ratio non semper in suo actu totaliter a passione impeditur: unde remanet ei liberum arbitrium, ut possit averti vel converti ad Deum. Si autem totaliter tolleretur usus rationis, iam non esset peccatum nec mortale nec veniale[6].

porque tem alguma causa de vênia que diminui o pecado. O pecado de ignorância e o pecado de fraqueza são veniais neste sentido. 2. Por um evento; assim, pela penitência todo pecado torna-se venial, isto é, alcançada a vênia. 3. Pelo gênero; assim, as palavras ociosas. É somente esse venial que se opõe a mortal. A objeção, portanto, está baseada no primeiro sentido[c].

QUANTO AO 2º, deve-se dizer que a paixão é causa do pecado em razão da conversão. Ora, o que faz com seja mortal é em razão da aversão, que acidentalmente segue-se à conversão, como foi dito. Portanto, o argumento não procede.

QUANTO AO 3º, deve-se dizer que a razão não está sempre completamente impedida no seu ato pela paixão. Portanto, resta-lhe o livre-arbítrio para poder ou ter aversão ou converter-se para Deus. Se, no entanto, o uso da razão fosse abolido completamente, então, não haveria nem pecado mortal nem pecado venial.

5. A.
6, ad 1.

c. O adágio: "Pela penitência, toda falta pode tornar-se venial", isto é, obter o perdão, é atribuída a Sto. Ambrósio na q. 88, a. 2, Solução.

QUAESTIO LXXVIII

DE CAUSA PECCATI QUAE EST MALITIA

in quatuor articulos divisa

Deinde considerandum est de causa peccati quae est ex parte voluntatis, quae dicitur malitia.

QUESTÃO 78

O PECADO DE MALÍCIA[a]

em quatro artigos

Agora é preciso ver, entre as causas do pecado, a que é da parte da vontade e que se chama malícia.

a. O Padre R. Bernard, em seu Comentário sobre o Pecado, t. I, Suma Teológica, *Revue des jeunes*, Paris, 1955, p. 307 e ss., propõe-nos uma síntese dos dados da questão 78, que nos contentamos em reproduzir. — Com o pecado de malícia atingimos as profundezas últimas da perversidade humana. A análise se faz extremamente penetrante ao longo desses quatro artigos, que se completam reciprocamente e se ligam da maneira mais estreita entre si. — Pecar é sacrificar o espiritual ao temporal. Quando isto se efetua não somente por ignorância ou por fraqueza, mas cientemente e de propósito deliberado, por cálculo e por uma preferência resoluta, é o indício de que a vontade toma a iniciativa do movimento, e que ela própria está na origem da desordem, é o indício de que ela decai de seu próprio caráter de amor. E como o fato de perder desse modo o espiritual por um ganho temporal é um mal espiritual, e portanto o "mal" simplesmente, há "malícia" em resolver a agir assim espontaneamente e bom grado (a. 1 e 3). — Psicologicamente, tal malícia pode ser reconhecida em diferentes traços observados aqui e ali. A vontade desliza então para o pecado com todo o seu peso e seu movimento próprio, levada por uma espécie de gosto perverso (a. 3, cf. *De Malo*, q. 3, a. 12, concl. fin.). Está sempre pronta a aproveitar todas as más oportunidades que se apresentam, instala-se e se deleita em sua desordem, de modo tão profundo e natural que chega a se colocar a questão de saber se ela não supõe sempre um vício ou, dito de outro modo, um costume (a. 2 e 3, *De Malo*, q. 7, a. 12, r. 4). Ela arrasta também o espírito em sua maldade, e o sujeita simples e puramente a seu desígnio (a. 1, r. 1); ela pode mesmo aplicá-lo ao mal a tal ponto que ele não experimente, ou quase não experimente, e cada vez menos, esse dualismo a que nos referimos acima, com essa resistência dos princípios da sindérese e dos julgamentos da consciência, que constitui a primeira reação vingadora da ordem ofendida (a. 3, r. 1). — Estranho desvio, deveras, esse desregramento contra a natureza de uma potência que é tão bem feita para amar grandes coisas e para dar ao amor mesmo toda a sua medida espiritual! Como explicar tal coisa psicologicamente? Os artigos 2 e 3 tentam fazê-lo. 1º É certo, aquele que está fixado em um *hábitus* vicioso, se age pela força mesma desse *hábitus*, põe nisso uma verdadeira malícia. Não é menos certo que ele pode, mesmo possuindo um *hábitus*, não agir por

Et circa hoc quaeruntur quatuor.
Primo: utrum aliquis possit ex certa malitia, seu industria, peccare.
Secundo: utrum quicumque peccat ex habitu, peccet ex certa malitia.
Tertio: utrum quicumque peccat ex certa malitia, peccet ex habitu.
Quarto: utrum ille qui peccat ex certa malitia, gravius peccet quam ille peccat ex passione.

Sobre isso são quatro as perguntas:
1. Pode-se pecar por verdadeira malícia, ou de propósito?
2. Quem peca por hábito, peca por verdadeira malícia?
3. Quem peca por verdadeira malícia, peca por hábito?
4. Quem peca por verdadeira malícia, peca mais gravemente do que o que peca por paixão?

ARTICULUS 1

Utrum aliquis peccet ex certa malitia

AD PRIMUM SIC PROCEDITUR. Videtur quod nullus peccet ex industria, sive ex certa malitia.

1. Ignorantia enim opponitur industriae, seu certae malitiae. Sed *omnis malus est ignorans*, secundum Philosophum[1]. Et Pr 14,22 dicitur: *Errant qui operantur malum*. Ergo nullus peccat ex certa malitia.

2. PRAETEREA, Dionysius dicit, 4 cap. *de Div. Nom.*[2], quod *nullus intendens ad malum operatur*. Sed hoc videtur esse peccare ex malitia, intendere malum in peccando: quod enim est praeter intentionem, est quasi per accidens, et non denominat actum. Ergo nullus ex malitia peccat.

3. PRAETEREA, malitia ipsa peccatum est. Si igitur malitia sit causa peccati, sequetur quod peccatum sit causa peccati in infinitum: quod est inconveniens. Nullus igitur ex malitia peccat.

SED CONTRA est quod dicitur Iob 34,27: *Quasi de industria recesserunt a Deo, et vias eius intelligere noluerunt*. Sed recedere a Deo est peccare. Ergo aliqui peccant ex industria, seu ex certa malitia.

RESPONDEO dicendum quod homo, sicut et qualibet alia res, naturaliter habet appetitum boni. Unde quod ad malum eius appetitus declinet, contingit ex aliqua corruptione seu inordinatione in aliquo principiorum hominis: sic enim in actio-

ARTIGO 1

Alguém peca por verdadeira malícia?

QUANTO AO PRIMEIRO ARTIGO, ASSIM SE PROCEDE: parece que ninguém **peca** de propósito ou por verdadeira malícia.

1. Com efeito, a ignorância opõe-se ao cálculo ou à verdadeira malícia. Ora, "todo mau é ignorante", segundo o Filósofo. E o livro dos Provérbios diz: "Erram os que agem mal". Logo, ninguém peca por verdadeira malícia.

2. ALÉM DISSO, Dionísio diz que "ninguém age buscando o mal". Ora, pecar por malícia parece ser buscar o mal pecando, pois o que está à margem da intenção é acidental e não dá nome ao ato. Logo, ninguém peca por malícia.

3. ADEMAIS, a malícia em si mesma é pecado. Se é também uma causa de pecado, seguir-se-ia que o pecado é causa do pecado ao infinito, o que não pode ser. Logo, ninguém peca por malícia.

EM SENTIDO CONTRÁRIO, está no livro de Jó: "Como de propósito afastaram-se de Deus e não quiseram compreeender seus caminhos". Ora, afastar-se de Deus é pecar. Logo, há quem peque de propósito ou por uma verdadeira malícia.

RESPONDO. O homem, como qualquer outra coisa, tem naturalmente o apetite do bem. Portanto, se o seu apetite inclina-se para o mal, é porque há uma corrupção ou uma desordem em algum dos princípios do homem. É desse modo que se

1 PARALL.: II *Sent.*, dist. 43, a. 1; *De Malo*, q. 2, a. 8, ad 4; q. 3, a. 12; a. 14, ad 7, 8.

1. *Eth.* III, 2: 1110, b, 28-30.
2. MG 3, 716 C, 732 B.

ele, e cometer outros pecados que não os pecados emanando do *hábitus*, que seriam pecados de malícia. Logo, aquele que está no vício não age sempre por malícia (a. 2). 2º Inversamente, aquele que age por malícia não está necessariamente desde o início no vício. Pode haver outra coisa na origem de sua perversão. É preciso mesmo que haja outra coisa desde a origem. Seja, do lado do sujeito, alguma embaraçosa propensão psicológica ou mesmo orgânica; seja, do lado dos objetos, a supressão de certas crenças ou considerações morais que constituíam um freio, ou ainda a atração contagiante de um ato que arrasta um outro (a. 3; a. 1, r. 1). — Moralmente, não há motivo para dúvida, das três causas interiores do pecado, a malícia é a mais grave (a. 4), a um ponto tal que não se trata de malícia quando a falta é venial (a. 2, r. 1).

nibus rerum naturalium peccatum invenitur. Principia autem humanorum actuum sunt intellectus et appetitus, tam rationalis, qui dicitur voluntas, quam sensitivus. Peccatum igitur in humanis actibus contingit quandoque, sicut ex defectu intellectus, puta cum aliquis per ignorantiam peccat; et ex defectu appetitus sensitivi, sicut cum aliquis ex passione peccat; ita etiam ex defectu voluntatis, qui est inordinatio ipsius.

Est autem voluntas inordinata, quando minus bonum magis amat. Consequens autem est ut aliquis eligat pati detrimentum in bono minus amato, ad hoc quod potiatur bono magis amato: sicut cum homo vult pati abscissionem membri etiam scienter, ut conservet vitam, quam magis amat. Et per hunc modum, quando aliqua inordinata voluntas aliquod bonum temporale plus amat, puta divitias vel voluptatem, quam ordinem rationis vel legis divinae, vel caritatem Dei, vel aliquid huiusmodi; sequitur quod velit dispendium pati in aliquo spiritualium bonorum, ut potiatur aliquo temporali bono. Nihil autem est aliud malum quam privatio alicuius boni. Et secundum hoc aliquis scienter vult aliquod malum spirituale, quod est malum simpliciter, per quod bonum spirituale privatur, ut bono temporali potiatur. Unde dicitur ex certa malitia, vel ex industria peccare, quasi scienter malum eligens.

AD PRIMUM ergo dicendum quod ignorantia quandoque quidem excludit scientiam qua aliquis simpliciter scit hoc esse malum quod agitur: et tunc dicitur ex ignorantia peccare. Quandoque autem excludit scientiam qua homo scit hoc nunc esse malum: sicut cum ex passione peccatur. Quandoque autem excludit scientiam qua aliquis scit hoc malum non sustinendum esse propter consecutionem illius boni, scit tamen simpliciter hoc esse malum: et sic dicitur ignorare qui ex certa malitia peccat.

AD SECUNDUM dicendum quod malum non potest esse secundum se intentum ab aliquo: potest tamen esse intentum ad vitandum aliud malum, vel ad consequendum aliud bonum, ut dictum est[3]. Et in tali casu aliquis eligeret consequi bonum per se intentum, absque hoc quod pateretur detrimentum alterius boni. Sicut aliquis lascivus

encontra o pecado nas ações das coisas naturais. Os princípios da ação humana são o intelecto e o apetite, tanto o apetite racional cujo nome é a vontade, como o apetite sensitivo. Assim, o pecado acontece nos atos humanos, às vezes, por deficiência do intelecto, por exemplo, quando alguém peca por ignorância. Também pela deficiência do apetite sensitivo, como alguém que peca por paixão. Do mesmo modo, também por uma deficiência da vontade, que é a desordem própria desta faculdade.

A desordem da vontade consiste em amar mais o bem menor. É lógico, entretanto, que alguém escolha sofrer detrimento em um bem que se ama menos, para guardar mais seguramente aquele que se ama mais. Por exemplo, quer-se, mesmo consciente, sofrer a perda de um membro para conservar a vida que se ama ainda mais. Deste modo, quando uma vontade desordenada ama um bem temporal, como as riquezas ou o prazer, mais do que a ordem racional ou o mandamento divino, ou o amor de Deus ou outra coisa do mesmo gênero, segue-se que ela quer sofrer prejuízo em algum dos bens espirituais, para poder usufruir de um bem temporal. Ora, o mal nada mais é senão a privação de um bem. E assim alguém conscientemente quer um mal espiritual, o que é um mal absoluto, pelo qual se priva do bem espiritual, para poder usufruir de um bem temporal. Eis porque se diz que se peca por uma verdadeira malícia, ou de propósito, como que escolhendo conscientemente um mal.

QUANTO AO 1º, portanto, deve-se dizer que pode acontecer que a ignorância impeça absolutamente de saber que o que se faz é um mal. É o que se diz pecar por ignorância. Pode acontecer que ela impeça de saber, no momento, que aquilo que se faz é um mal, por exemplo, quando se peca por paixão. Pode acontecer que ela impeça de saber que não se deveria consentir em tal mal para conseguir aquele bem, sabendo, entretanto, de modo absoluto que isso é um mal. Assim, se diz que ignora o que peca por verdadeira malícia.

QUANTO AO 2º, deve-se dizer que não se pode querer o mal por ele mesmo. Pode-se, no entanto, querê-lo para evitar um outro mal ou para conseguir um outro bem. Neste caso, prefere-se conseguir o bem que se quer por ele mesmo sem ter que perder um outro. Por exemplo, o lascivo gostaria de poder gozar de seus prazeres sem ofender

3. In corp.

vellet frui delectatione absque offensa Dei: sed duobus propositis, magis vult peccando incurrere offensam Dei, quam delectatione privetur.

AD TERTIUM dicendum quod malitia ex qua aliquis dicitur peccare, potest intelligi malitia habitualis: secundum quod habitus malus a Philosopho[4] nominatur *malitia*, sicut habitus bonus nominatur *virtus*. Et secundum hoc aliquis dicitur ex malitia peccare, quia peccat ex inclinatione habitus. — Potest etiam intelligi malitia actualis. Sive ipsa mali electio malitia nominetur: et sic dicitur aliquis ex malitia peccare, inquantum ex mali electione peccat. Sive etiam malitia dicatur aliqua praecedens culpa, ex qua oritur subsequens culpa: sicut cum aliquis impugnat fraternam gratiam ex invidia. Et tunc idem non est causa sui ipsius: sed actus interior est causa actus exterioris. Et unum peccatum est causa alterius, non tamen in infinitum: quia est devenire ad aliquod primum peccatum, quod non causatur ex aliquo priori peccato, ut ex supradictis[5] patet.

a Deus, mas diante das duas coisas, ele prefere ofender a Deus pelo pecado do que privar-se do prazer.

QUANTO AO 3º, deve-se dizer que quando se diz que alguém peca por malícia, pode ser entendido por uma malícia habitual. É assim que o Filósofo chama a *malícia* de hábito mau como chama a *virtude* de hábito bom. Deste ponto de vista, pecar por malícia é pecar por uma tendência habitual. — Mas, isso pode ser entendido também por uma malícia atual. Seja que se chame malícia à eleição do mal e assim se diz que se peca por malícia, porque peca pela eleição do mal. Seja que se chame malícia a uma falta precedente que está na origem de uma outra subsequente, como quando alguém impugna, por inveja, a graça fraterna. Assim, a mesma falta não é causa de si mesma, mas um ato interior é causa de um ato exterior, e um pecado é causa de um outro pecado. E não se vai ao infinito, como se disse acima, porque se chega a um primeiro pecado que não mais é causado por um pecado anterior.

ARTICULUS 2

Utrum quicumque peccet ex habitu, peccet ex certa malitia

AD SECUNDUM SIC PROCEDITUR. Videtur quod non omnis qui peccat ex habitu, peccet ex certa malitia.

1. Peccatum enim quod est ex certa malitia, videtur esse gravissimum. Sed quandoque homo aliquod leve peccatum committit ex habitu: sicut cum dicit verbum otiosum. Non ergo omne peccatum quod est ex habitu, est ex certa malitia.

2. PRAETEREA, *actus ex habitu procedentes sunt similes actibus ex quibus habitus generantur*, ut dicitur in II *Ethic.*[1]. Sed actus praecedentes habitum vitiosum non sunt ex certa malitia. Ergo etiam peccata quae sunt ex habitu, non sunt ex certa malitia.

3. PRAETEREA, in his quae aliquis ex certa malitia committit, gaudet postquam commisit: secundum illud Pr 2,14: *Qui laetantur cum male fecerint et exultant in rebus pessimis*. Et hoc ideo, quia unicuique est delectabile cum conse-

ARTIGO 2

Quem peca por hábito peca por verdadeira malícia?

QUANTO AO SEGUNDO, ASSIM SE PROCEDE: parece que quem peca por hábito **não** peca por verdadeira malícia.

1. Com efeito, o pecado por verdadeira malícia é muitíssimo grave. Ora, pode acontecer que se comete por hábito um pecado leve; por exemplo, o dizer palavras ociosas. Logo, nem todo pecado que é por hábito é um pecado por verdadeira malícia.

2. ALÉM DISSO, "os atos procedentes de um hábito são iguais àqueles que o geram", como se diz no livro II da *Ética*. Ora, os atos anteriores ao hábito vicioso não provêm de uma verdadeira malícia. Logo, os pecados que provêm do hábito não provêm de uma verdadeira malícia.

3. ADEMAIS, quem faz alguma coisa por malícia alegra-se por tê-lo feito, segundo o livro dos Provérbios: "Os que se alegram quando fizeram o mal e exultam nas piores coisas". Isto vem do fato de que cada um acha agradável obter o que procura

4. *Eth.* II, 4: 1105, b, 19-28.

5. Q. 75, a. 4, ad 3.

2 PARALL.: II *Sent.*, dist. 43, a. 2.

1. C. 2: 1104, a, 27-b, 3.

quitur id quod intendit, et qui operatur quod est ei quodammodo connaturale secundum habitum. Sed illi qui peccant ex habitu, post peccatum commissum dolent: *poenitudine* enim *replentur pravi*, idest habentes habitum vitiosum, ut dicitur in IX *Ethic.*[2]. Ergo peccata quae sunt ex habitu, non sunt ex certa malitia.

SED CONTRA, peccatum ex certa malitia dicitur esse quod est ex electione mali. Sed unicuique est eligibile id ad quod inclinatur per proprium habitum; ut dicitur in VI *Ethic.*[3] de habitu virtuoso. Ergo peccatum quod est ex habitu, est ex certa malitia.

RESPONDEO dicendum quod non est peccare habentem habitum, et peccare ex habitu. Uti enim habitu non est necessarium, sed subiacet voluntati habentis: unde et habitus definitur esse *quo quis utitur cum voluerit*. Et ideo sicut potest contingere quod aliquis habens habitum vitiosum, prorumpat in actum virtutis, eo quod ratio non totaliter corrumpitur per malum habitum, sed aliquid eius integrum manet, ex quo provenit quod peccator aliqua operatur de genere bonorum; ita etiam potest contingere quod aliquis habens habitum, interdum non ex habitu operetur, sed ex passione insurgente, vel etiam ex ignorantia. Sed quandocumque utitur habitu vitioso, necesse est quod ex certa malitia peccet. Quia unicuique habenti habitum, est per se diligibile id quod est ei conveniens secundum proprium habitum: quia fit ei quodammodo connaturale, secundum quod consuetudo et habitus vertitur in naturam. Hoc autem quod est alicui conveniens secundum habitum vitiosum, est id quod excludit bonum spirituale. Ex quo sequitur quod homo eligat malum spirituale, ut adipiscatur bonum quod est ei secundum habitum conveniens. Et hoc est ex certa malitia peccare. Unde manifestum est quod quicumque peccat ex habitu, peccet ex certa malitia.

AD PRIMUM ergo dicendum quod peccata venialia non excludunt bonum spirituale, quod est gratia Dei vel caritas. Unde non dicuntur mala simpliciter, sed secundum quid. Et propter hoc nec habitus ipsorum possunt dici simpliciter mali, sed solum secundum quid.

AD SECUNDUM dicendum quod actus qui procedunt ex habitibus, sunt similes secundum speciem

e fazer o que lhe é de certo modo conatural pelo hábito. Ora, aqueles que pecam por hábito ficam tristes depois do pecado cometido, pois, diz o livro IX da *Ética*: "que os depravados se enchem de pesar", isto é, os que têm um hábito vicioso. Logo, os pecados que provêm de um hábito não provêm de uma verdadeira malícia.

EM SENTIDO CONTRÁRIO, chama-se pecado por verdadeira malícia aquele que provém de uma eleição do mal. Mas, cada qual elege aquilo a que se inclina por seu próprio hábito, como diz o livro VI da *Ética* a respeito do hábito virtuoso. O pecado que provém de um hábito, portanto, é por verdadeira malícia.

RESPONDO. Não é a mesma coisa pecar tendo um hábito e pecar por um hábito. Pois, o uso de um hábito não é necessário, mas submetido à vontade de quem o possui, e é por isso que se define o hábito como aquilo de se utiliza quando se quer. Por isso, pode acontecer a quem tem um hábito vicioso de praticar um ato de virtude, porque o hábito mau não corrompe totalmente a razão, mas permanece nela algo íntegro, permitindo assim ao pecador fazer ainda coisas boas. Do mesmo pode acontecer que alguém tendo um hábito aja de tempos em tempos não pelo hábito, mas pela pressão da paixão ou mesmo por ingorância. Mas, toda vez que se serve do hábito vicioso, necessariamente ele peca por verdadeira malícia. Porque quem possui um hábito acha preferível por si o que está conforme ao seu próprio hábito: isto torna-se para ele de certo modo conatural, na medida em que o costume e o hábito convertem-se em uma segunda natureza. Ora, o que é conforme a alguém segundo um hábito vicioso, é aquilo que exclui o bem espiritual. Daí se segue que o homem escolha o mal espiritual para conseguir um bem que lhe é conveniente de acordo com o hábito. E isso é pecar por uma verdadeira malícia. Portanto, é evidente que aquele que peca por hábito peca por verdadeira malícia.

QUANTO AO 1º, portanto, deve-se dizer que os pecados veniais não excluem o bem espiritual que é a graça de Deus ou a caridade. Portanto, não se diz que sejam males absolutamente, mas relativamente. É por isso que não se pode dizer do hábito dos pecados veniais que sejam maus absolutamente, mas só relativamente.

QUANTO AO 2º, deve-se dizer que os atos que procedem dos hábitos são semelhantes especi-

2. C. 4: 1166, b, 24-26.
3. C. 2: 1139, a, 32-35.

actibus ex quibus habitus generantur: differunt tamen ab eis sicut perfectum ab imperfecto. Et talis est differentia peccati quod committitur ex certa malitia, ad peccatum quod committitur ex aliqua passione.

AD TERTIUM dicendum quod ille qui peccat ex habitu, semper gaudet de hoc quod ex habitu operatur, quandiu habitu utitur. Sed quia potest habitu non uti, sed per rationem, quae non est totaliter corrupta, aliquid aliud meditari; potest contingere quod, non utens habitu, doleat de hoc quod per habitum commisit. — Plerumque tamen tales poenitent de peccato, non quia eis peccatum secundum se displiceat; sed propter aliquod incommodum quod ex peccato incurrunt.

ficamente aos atos que os geram. Eles diferem deles, no entanto, como o perfeito do imperfeito. E tal é precisamente a diferença que há do pecado por verdadeira malícia e do pecado por alguma paixão.

QUANTO AO 3º, deve-se dizer que quando alguém peca por hábito, enquanto está no uso do hábito, alegra-se com o que faz pelo hábito. E porque pode não estar no uso do hábito, e pensar em outra coisa com sua razão, que não é completamente viciada, então é possível que, não se servindo de seu hábito, ele se doe pelo que ele cometeu pelo hábito. — Entretanto, o mais frequente, se estes se penitenciam pelo pecado, não é porque o pecado em si mesmo os desagrade, mas é por causa dos incômodos nos quais incorrem pelo pecado.

ARTICULUS 3

Utrum ille qui peccat ex certa malitia, peccet ex habitu

AD TERTIUM SIC PROCEDITUR. Videtur quod quicumque peccat ex certa malitia, peccet ex habitu.

1. Dicit enim Philosophus, in V *Ethic.*[1], quod non est cuiuslibet iniusta facere qualiter iniustus facit, scilicet ex electione, sed solum habentis habitum. Sed peccare ex certa malitia est peccare ex electione mali, ut dictum est[2]. Ergo peccare ex certa malitia non est nisi habentis habitum.

2. PRAETEREA, Origenes dicit, in I *Peri Archon.*[3], quod *non ad subitum quis evacuatur aut deficit, sed paulatim per partes defluere necesse est.* Sed maximus defluxus esse videtur ut aliquis ex certa malitia peccet. Ergo non statim a principio, sed per multam consuetudinem, ex qua habitus generari potest, aliquis ad hoc devenit ut ex certa malitia peccet.

3. PRAETEREA, quandocumque aliquis ex certa malitia peccat, oportet quod ipsa voluntas de se inclinetur ad malum quod eligit. Sed ex natura potentiae non inclinatur homo ad malum, sed magis ad bonum. Ergo oportet, si eligit malum, quod hoc sit ex aliquo supervenienti, quod est passio vel habitus. Sed quando aliquis peccat ex passione, non peccat ex certa malitia, sed ex infirmitate, ut

ARTIGO 3

O que peca por verdadeira malícia, peca por hábito?

QUANTO AO TERCEIRO, ASSIM SE PROCEDE: parece que o que peca por verdadeira malícia **peca** por hábito.

1. Com efeito, o Filósofo diz, que cometer injustiças como o homem injusto, a saber, por escolha, não é ato de qualquer um, mas somente daquele que tem o hábito. Ora, pecar por verdadeira malícia é pecar por eleição, como foi dito. Logo, pecar por verdadeira malícia é próprio somente de quem tem o hábito.

2. ALÉM DISSO, Orígenes diz que "não se destrói ou se perde subitamente, mas que necessariamente se decai pouco a pouco e por partes". Ora, a maior decadência parece ser que alguém peque por verdadeira malícia. Logo, não é em seguida, desde o começo, mas por um longo costume capaz de gerar um hábito, que alguém chega a pecar por verdadeira malícia.

3. ADEMAIS, cada vez que alguém peca por verdadeira malícia, é preciso que sua vontade por ela mesma se incline para o mal que ela escolheu. Ora, pela natureza da potência, o homem não é inclinado para o mal, mas antes para o bem. Se escolhe o mal, portanto, é preciso que seja por algo sobrevindo, isto é, a paixão ou o hábito. Não é a paixão porque o pecado de paixão não é um pecado

3 PARALL.: II *Sent.*, dist. 43, a. 2; in *Matth.*, c. 12.

1. C. 10: 1134, a, 17-23.
2. Art. 1.
3. C. 3: MG 11, 155 C.

dictum est[4]. Ergo quandocumque aliquis peccat ex certa malitia, oportet quod peccet ex habitu.

SED CONTRA, sicut se habet habitus bonus ad electionem boni, ita habitus malus ad electionem mali. Sed quandoque aliquis non habens habitum virtutis, eligit id quod est bonum secundum virtutem. Ergo etiam quandoque aliquis non habens habitum vitiosum, potest eligere malum: quod est ex certa malitia peccare.

RESPONDEO dicendum quod voluntas aliter se habet ad bonum, et aliter ad malum. Ex natura enim suae potentiae inclinatur ad bonum rationis, sicut ad proprium obiectum: unde et omne peccatum dicitur esse contra naturam. Quod ergo in aliquod malum voluntas eligendo inclinetur, oportet quod aliunde contingat. Et quandoque quidem contingit ex defectu rationis, sicut cum aliquis ex ignorantia peccat: quandoque autem ex impulsu appetitus sensitivi, sicut cum peccat ex passione. Sed neutrum horum est ex certa malitia peccare; sed tunc solum ex certa malitia aliquis peccat, quando ipsa voluntas ex scipsa movetur ad malum. Quod potest contingere dupliciter. Uno quidem modo, per hoc quod homo habet aliquam dispositionem corruptam inclinantem ad malum, ita quod secundum illam dispositionem fit homini quasi conveniens et simile aliquod malum, et in hoc, ratione convenientiae, tendit voluntas quasi in bonum: quia unumquodque secundum se tendit in id quod sibi est conveniens. Talis autem dispositio corrupta vel est aliquas habitus acquisitus ex consuetudine, quae vertitur in naturam: vel est aliqua aegritudinalis habitudo ex parte corporis, sicut aliquis habens quasdam naturales inclinationes ad aliqua peccata, propter corruptionem naturae in ipso. — Alio modo contingit quod voluntas per se tendit in aliquod malum, per remotionem alicuius prohibentis. Puta si aliquis prohibeatur peccare non quia peccatum ei secundum se displiceat, sed propter spem vitae aeternae vel propter timorem gehennae; remota spe per desperationem, vel timore per praesumptionem, sequitur quod ex certa malitia, quasi absque freno, peccet.

Sic igitur patet quod peccatum quod est ex certa malitia, semper praesupponit in homine aliquam inordinationem, quae tamen non semper est habitus. Unde non est necessarium quod quicumque peccat ex certa malitia, peccet ex habitu.

de verdadeira malícia, mas de fraqueza, como foi dito. Logo, sempre que alguém peca por verdadeira malícia é necessário que peque por hábito.

EM SENTIDO CONTRÁRIO, assim como o bom hábito está para a eleição do bem, assim o mau hábito para a eleição do mal. Ora, às vezes, alguém não tendo o hábito da virtude escolhe o que é bom segundo a virtude. Logo, do mesmo modo, sem ter o hábito do vício alguém pode, às vezes, escolher o que é mau, e isto é pecar por verdadeira malícia.

RESPONDO. A vontade não se inclina da mesma maneira para o bem e para o mal. Sua natureza a inclina para o bem racional como para seu objeto próprio, e é por isso que se diz que todo pecado é contra a natureza. Portanto, para que a vontade se incline para escolher um mal, é preciso que isso tenha relação com outra coisa. Efetivamente isso vem, às vezes, de uma deficiência da razão, como no pecado de ignorância; às vezes, de um impulso do apetite sensitivo como no pecado de paixão. Mas, nada disso é pecar por verdadeira malícia. Só se peca por verdadeira malícia quando a vontade se move por si mesma para o mal. Isto pode acontecer de duas maneiras: 1. Porque há no homem uma disposição corrompida que o inclina para o mal de tal modo que, por essa disposição um mal se lhe torna como que conveniente e semelhante. E em razão da conveniência, a vontade tende para isso como que para um bem, porque cada coisa tende por si ao que lhe é conveniente. Ora uma tal disposição corrompida, ou é um hábito adquirido por costume e convertido em natureza, ou é um estado doentio do corpo pelo qual alguém é naturalmente predisposto a certos pecados pela má natureza que tem. — 2. Pode também acontecer que a vontade tenda por si mesma para o mal porque nada a impede. Por exemplo se alguém é impedido de pecar não porque o pecado em si mesmo o desagrade, mas pela esperança da vida eterna ou pelo temor do inferno. Se o desespero lhe tira esta esperança, ou a presunção este temor, segue-se que, por verdadeira malícia, não tendo nenhum freio, chegue a pecar.

Assim fica claro que o pecado que é por verdadeira malícia sempre pressupõe no homem alguma desordem, a qual nem sempre é um hábito. Por conseguinte, não é necessário que todo pecado por verdadeira malícia seja um pecado por hábito.

4. Q. 77, a. 3.

AD PRIMUM ergo dicendum quod operari qualiter iniustus operatur, non solum est operari iniuste ex certa malitia, sed etiam delectabiliter, et sine gravi renisu rationis. Quod non est nisi eius qui habet habitum.

AD SECUNDUM dicendum quod non statim ad hoc aliquis labitur quod ex certa malitia peccet, sed praesupponitur aliquid: quod tamen non semper est habitus, ut dictum est[5].

AD TERTIUM dicendum quod illud propter quod voluntas inclinatur ad malum, non semper habitus est vel passio, sed quaedam alia, ut dictum est[6].

AD QUARTUM[7] dicendum quod non est similis ratio de electione boni, et de electione mali. Quia malum nunquam est sine bono naturae: sed bonum potest esse sine malo culpae perfecte.

QUANTO AO 1º, portanto, deve-se dizer que cometer a injustiça como um homem injusto é fazê-lo não apenas por uma verdadeira malícia, mas também com prazer e sem nenhuma oposição séria da razão. Isso é próprio somente de quem tem um hábito.

QUANTO AO 2º, deve-se dizer que não se cai subitamente no pecado por verdadeira malícia, mas que se pressupõe algo, que, no entanto, não é sempre um hábito, como foi dito.

QUANTO AO 3º, deve-se dizer que o que inclina a vontade para o mal não é sempre o hábito ou a paixão. Às vezes é outra coisa, como foi dito.

QUANTO AO 4º, deve-se dizer que o argumento não é o mesmo para a escolha do bem, e a do mal. Porque, o mal nunca existe sem que haja um bem natural, o bem, porém, pode existir perfeitamente sem o mal de culpa.

ARTICULUS 4

Utrum ille qui peccat ex certa malitia, gravius peccet quam qui ex passione

AD QUARTUM SIC PROCEDITUR. Videtur quod ille qui peccat ex certa malitia, non peccet gravius quam ille qui peccat ex passione.

1. Ignorantia enim excusat peccatum vel in toto vel in parte. Sed maior est ignorantia in eo qui peccat ex certa malitia, quam in eo peccat ex passione: nam ille qui peccat ex certa malitia, patitur ignorantiam principii, quae est maxima, ut Philosophus dicit, in VII *Ethic.*[1]; habet enim malam existimationem de fine, qui est principium in operativis. Ergo magis excusatur a peccato qui peccat ex certa malitia, quam ille qui peccat ex passione.

2. PRAETEREA, quanto aliquis habet maius impellens ad peccandum, tanto minus peccat: sicut patet de eo qui maiori impetu passionis deiicitur in peccatum. Sed ille qui peccat ex certa malitia, impellitur ab habitu, cuius est fortior impulsio quam passionis. Ergo ille qui peccat ex habitu, minus peccat quam ille qui peccat ex passione.

3. PRAETEREA, peccare ex certa malitia est peccare ex electione mali. Sed ille qui peccat ex passione, etiam eligit malum. Ergo non minus peccat quam ille qui peccat ex certa malitia.

ARTIGO 4

O que peca por verdadeira malícia peca mais gravemente do que o que peca por paixão?

QUANTO AO QUARTO, ASSIM SE PROCEDE: parece que o que peca por verdadeira malícia **não** peca mais gravemente do que o que peca por paixão.

1. Com efeito, a ignorância escusa o pecado em todo ou em parte. Ora, a ignorância é maior naquele que peca por verdadeira malícia do que naquele que peca por paixão, porque aquele que peca por verdadeira malícia sofre da ignorância de princípio, que é a mais grave como diz o Filósofo. Com efeito, julga mal do fim que é princípio em matéria de ação. Logo, há mais escusa do pecado no que peca por verdadeira malícia do que no que peca por paixão.

2. ALÉM DISSO, o pecado é tanto menos grave quanto o impulso para o mal foi mais forte. Por exemplo, é claro naquele que cai no pecado por um impulso de paixão mais forte. Ora aquele que peca por verdadeira malícia é impulsionado pelo hábito e o impulso do hábito é mais forte do que o da paixão. Logo, o que peca pelo hábito, peca menos do que aquele que peca por paixão.

3. ADEMAIS, pecar por verdadeira malícia é pecar por escolha do mal. Ora, no pecado de paixão também se escolhe o mal. Logo, não peca menos do que aquele que peca por verdadeira malícia.

5. In corp.
6. Ibid.
7. Arg. *sed c.*

4 PARALL.: II *Sent.*, dist. 43, a. 4; *De Malo*, q. 3, a. 13; VII *Ethic.*, lect. 8.

1. C. 9: 1151, a, 16-20.

SED CONTRA est quod peccatum quod ex industria committitur, ex hoc ipso graviorem poenam meretur: secundum illud Iob 34,26-27: *Quasi impios percussit eos in loco videntium, qui quasi de industria recesserunt ab eo*. Sed poena non augetur nisi propter gravitatem culpae. Ergo peccatum ex hoc aggravatur, quod est ex industria, seu certa malitia.

RESPONDEO dicendum quod peccatum quod est ex certa malitia, est gravius peccato quod est ex passione, triplici ratione. Primo quidem quia, cum peccatum principaliter in voluntate consistat, quanto motus peccati est magis proprius voluntati, tanto peccatum est gravius, ceteris paribus. Cum autem ex certa malitia peccatur, motus peccati est magis proprius voluntati, quae ex seipsa in malum movetur, quam quando ex passione peccatur, quasi ex quodam extrinseco impulsu ad peccandum. Unde peccatum ex hoc ipso quod est ex malitia, aggravatur: et tanto magis, quanto fuerit vehementior malitia. Ex eo vero quod est ex passione, diminuitur: et tanto magis, quanto passio fuerit magis vehemens.

Secundo, quia passio quae inclinat voluntatem ad peccandum, cito transit: et sic homo cito redit ad bonum propositum, poenitens de peccato. Sed habitus, quo homo ex malitia peccat, est qualitas permanes: et ideo qui ex malitia peccat, diuturnius peccat. Unde Philosophus, in VII *Ethic.*[2], comparat intemperatum, qui peccat ex malitia, infirmo qui continue laborat; incontinentem autem, qui peccat ex passione, ei qui laborat interpolate.

Tertio, quia ille qui peccat ex certa malitia, est male dispositus quantum ad ipsum finem, qui est principium in operabilibus. Et sic eius defectus est periculosior quam eius qui ex passione peccat, cuius propositum tendit in bonum finem, licet hoc propositum interrumpatur ad horam propter passionem. Semper autem defectus principii est pessimus. Unde manifestum est quod gravius est peccatum quod est ex malitia, quam quod est ex passione.

AD PRIMUM ergo dicendum quod ignorantia electionis, de qua obiecto procedit, neque excusat neque diminuit peccatum, ut supra[3] dictum est. Unde neque maior ignorantia talis facit esse minus peccatum.

AD SECUNDUM dicendum quod impulsio quae est ex passione, est quasi ex exteriori respectu

EM SENTIDO CONTRÁRIO, o pecado que merece uma pena mais grave é o que é cometido de propósito. No livro de Jó diz-se que, "feriu à vista de todos aqueles que se afastaram dele propositadamente como se fossem ímpios". Ora, aumenta-se uma pena somente porque a culpa é mais grave. Logo, o pecado agrava-se pelo fato de que é por verdadeira malícia ou de propósito.

RESPONDO. O pecado por verdadeira malícia é mais grave do que o pecado por paixão por três razões: 1. Como o pecado consiste principalmente na vontade, ele é tanto mais grave, em igualdade de condições, quanto seu movimento é mais próprio da vontade. Ora, quando se peca por verdadeira malícia, o movimento é mais próprio da vontade que tende por si mesma ao mal, do que quando se peca por paixão, como por um impulso extrínseco. Portanto, pelo fato de ser cometido por malícia, o pecado torna-se mais grave, e tanto mais grave quanto mais forte for a malícia. Ao contrário, desde que é por paixão, ele é atenuado e tanto mais quanto a paixão é mais forte.

2. Porque a paixão que inclina a vontade para o pecado, passa logo. E assim logo o homem volta ao bom propósito, penitenciando-se do pecado. Mas o hábito, pelo qual se peca por malícia, é uma qualidade permanente. E assim quem peca por malícia, peca mais diuturnamente. Também o Filósofo, compara o intemperante, que peca por malícia, ao enfermo cujo mal é contínuo, e o incontinente que peca por paixão, ao enfermo cujo mal é intermitente.

3. Porque quem peca por verdadeira malícia está mal disposto no que se refere ao próprio fim, que é princípio em matéria de ação. E assim sua deficiência é mais perigosa do que a daquele que peca por paixão, cujo propósito tende para um bom fim ainda que este propósito seja no momento interrompido por causa da paixão. Ora a deficiência do princípio é sempre péssima. Portanto, fica claro que o pecado de malícia é mais grave do que o pecado de paixão.

QUANTO AO 1º, portanto, deve-se dizer que a ignorância de escolha, da qual a objeção procede, nem escusa e nem diminui o pecado, como foi dito. Portanto, uma maior ignorância não faz que o pecado seja menor.

QUANTO AO 2º, deve-se dizer que o impulso que vem da paixão é por assim dizer exterior em

2. C. 9: 1150, b, 32-35.
3. Q. 76; a. 3, 4.

voluntatis: sed per habitum inclinatur voluntas quasi ab interiori. Unde non est similis ratio.

AD TERTIUM dicendum quod aliud est peccare eligentem, et aliud peccare ex electione. Ille enim qui peccat ex passione, peccat quidem eligens, non tamen ex electione: quia electio non est in eo primum peccati principium, sed inducitur ex passione ad eligendum id quod extra passionem existens non eligeret. Se ille qui peccat ex certa malitia, secundum se eligit malum, eo modo quo dictum est[4]. Et ideo electio in ipso est principium peccati, et propter hoc dicitur ex electione peccare.

4. Art. 1.

relação à vontade, mas pelo hábito, se inclina por assim dizer pelo interior. Portanto, o argumento não é semelhante.

QUANTO AO 3º, deve-se dizer que é diferente pecar escolhendo e pecar por escolha. O que peca por paixão peca escolhendo, mas não peca por escolha, porque a escolha não é para ele o primeiro princípio do pecado. A paixão o induz, ao contrário, a escolher o que ele não escolheria sem a paixão. Ao passo que aquele que peca por verdadeira malícia escolhe o mal em si mesmo, da maneira como foi dito. Por isso nele a escolha é o princípio do pecado e por causa disso diz-se que ele peca por escolha.

QUAESTIO LXXIX

DE CAUSIS EXTERIORIBUS PECCATI. ET PRIMO, EX PARTE DEI

in quatuor articulos divisa

Deinde considerandum est de causis exterioribus peccati. Et primo, ex parte Dei; secundo, ex parte diaboli; tertio, ex parte hominis.

Circa primum quaeruntur quatuor.

Primo: utrum Deus sit causa peccati.

Secundo: utrum actus peccati sit a Deo.

Tertio: utrum Deus sit causa excaecationis et obdurationis.

Quarto: utrum haec ordinentur ad salutem eorum qui excaecantur vel obdurantur.

ARTICULUS 1

Utrum Deus sit causa peccati

AD PRIMUM SIC PROCEDITUR. Videtur quod Deus sit causa peccati.

QUESTÃO 79

AS CAUSAS EXTERIORES DO PECADO. 1. DA PARTE DE DEUS

em quatro artigos

Depois das causas interiores é preciso considerar as causas exteriores do pecado: 1. da parte de Deus; 2. da parte do diabo; 3. da parte do homem.

Quanto ao primeiro, são quatro as perguntas:

1. Deus é causa do pecado?
2. O ato do pecado vem dele?
3. É ele a causa da cegueira e do endurecimento?
4. Esses se ordenam à salvação daqueles que são obcecados e endurecidos?

ARTIGO 1

Deus é causa do pecado?[a]

QUANTO AO PRIMEIRO ARTIGO, ASSIM SE PROCEDE: parece que Deus é causa do pecado.

1 PARALL.: Part. I, q. 48, a. 6; q. 49, a. 2; II-II, q. 6, a. 2, ad 2; II *Sent.*, dist. 34, a. 3; dist. 37, q. 2, a. 1; *Cont. Gent.* III, 162; *De Malo*, q. 3, a. 1, *ad Rom.*, c. 1, lect. 7.

a. "Se não quisermos viciar tudo na questão de Deus e da permissão do mal, precisamos desde o início erigir um princípio que é como um farol iluminando o debate: esse princípio é o princípio da dissemetria... radical, irredutível, entre a linha do bem e a linha do mal... O mal, por si, ou enquanto tal, é ausência de ser... Ele corrói o ser" (J. MARITAIN, *Dieu et la permission du mal*, Paris, 1963, p. 16). Deus não é absolutamente a causa, nem mesmo indireta, do mal de nossos atos livres; é o ser humano que é a sua causa primeira e que dispõe da iniciativa primeira do mal moral. Este é conhecido de Deus sem ser de modo algum causado por ele. A causa primeira da deficiência da graça provém de nós (I-II, q. 112, a. 3, r. 2). No Comentário sobre as Sentenças, lê-se que a causa primeira da deficiência da graça reside pura e simplesmento do lado do ser humano, ao qual falta a graça (porque ele não quis recebê-la); porém, do lado de Deus, não existe causa para essa falta de graça, a não ser uma vez suposto o que é causa do lado do ser humano (I Sent. D. 40, q. 4, a. 2). Na origem primordial do ato mau, e antes da má escolha que se instala no fundo do coração, há não somente a falibilidade da criatura, mas um fraquejamento atual desta, uma iniciativa criada que, dado que é uma carência do bem devido, não pode estar em Deus. A causalidade transcendente de Deus, que move cada agente criado segundo o seu modo próprio, e portanto os agentes livres segundo a sua liberdade, causando por sua vez a liberdade da decisão livre, é, no caso do bem, causa (primeira) do ato livre como um todo;

1. Dicit enim Apostolus, Rm 1,28, de quibusdam: *Tradidit eos Deus in reprobum sensum, ut faciant ea quae non conveniunt*. Et Glossa[1] ibidem dicit *voluntates eorum in quodcumque voluerit, sive in bonum sive in malum*. Sed facere quae non conveniunt, et inclinari secundum voluntatem ad malum, est peccatum. Ergo Deus hominibus est causa peccati.

2. PRAETEREA, Sap 14,11 dicitur: *Creaturae Dei in odium factae sunt, et in tentationem animae hominum*. Sed tentatio solet dici provocatio ad peccandum. Cum ergo creaturae non sint factae nisi a Deo, ut in Primo[2] habitum est, videtur quod Deus sit causa peccati provocans homines ad peccandum.

3. PRAETEREA, quidquid est causa causae, est causa effectus. Sed Deus est causa liberi arbitrii, quod est causa peccati. Ergo Deus est causa peccati.

4. PRAETEREA, omne malum opponitur bono. Sed non repugnat divinae bonitati quod ipse sit causa mali poenae: de isto enim malo dicitur Is 45,7, quod Deus est *creans malum*; et Am 3,6: *Si est malum in civitate quod Deus non fecerit*? Ergo etiam divinae bonitati non repugnat quod Deus sit causa culpae.

SED CONTRA, Sap 11,25 dicitur de Deo: *Nihil odisti eorum quae fecisti*. Odit autem Deus peccatum: secundum illud Sap 14,9: *Odio est Deo impius, et impietas eius*. Ergo Deus non est causa peccati.

RESPONDEO dicendum quod homo dupliciter est causa peccati vel sui vel alterius. Uno modo, directe, inclinando scilicet voluntatem suam vel alterius ad peccandum. Alio modo, indirecte, dum scilicet non retrahit aliquos a peccato: unde Ez 3,18 speculatori dicitur: *Si non dixeris impio, Morte morieris, sanguinem eius de manu tua requiram*. Deus autem non potest esse directe causa peccati vel sui vel alterius. Quia omne peccatum est per recessum ab ordine qui est in ipsum sicut in finem. Deus autem omnia inclinat et convertit in seipsum sicut in ultimum finem, sicut Dionysius dicit, 1 cap. *de Div. Nom*.[3]. Unde impossibile est

1. Com efeito, o Apóstolo diz de alguns "Deus os entregou a um sentimento reprovado para que façam o que não convém". E a Glosa diz nesse lugar: "inclinando suas vontades para tudo o que ele quer, para o bem e para o mal". Ora, fazer o que não convém, e inclinar-se pela vontade ao mal, é pecado. Logo, Deus é para os homens causa de pecado.

2. ALÉM DISSO, está escrito no livro da Sabedoria que "as criaturas de Deus tornaram-se em ódio e em tentação para as almas dos homens". Ora, ordinariamente chama-se de tentação o que é uma provocação ao pecado. Logo, como as criaturas não foram feitas senão por Deus, parece que ele é causa do pecado, provocando os homens para o pecado.

3. ADEMAIS, a causa de uma causa é também causa do efeito. Ora, Deus é a causa do livre-arbítrio, o qual é a causa do pecado. Logo, Deus é a causa do pecado.

4. ADEMAIS, todo mal opõe-se ao bem. Ora, não repugna à divina vontade que Deus seja a causa do mal de pena, pois deste mal diz o livro de Isaías que "Deus é o seu criador", e Amós "Há na cidade um mal que Deus não tenha feito?". Logo, não repugna à divina bondade que Deus seja a causa do mal de culpa.

EM SENTIDO CONTRÁRIO, o livro da Sabedoria diz que Deus "não odeia nada que fez". Ora, ele odeia o pecado, segundo o mesmo livro: "Deus odeia o ímpio e sua impiedade". Logo, Deus não é causa do pecado.

RESPONDO. O homem pode ser de duas maneiras causa do pecado próprio e dos outros. De maneira direta, ele inclina sua vontade ou aquela dos outros ao pecado. De maneira indireta, quando ele não afasta os outros do pecado. Por isso é dito ao vigilante em Ezequiel: "Se não disseres aos ímpios, vós morrereis, é a ti que pedirei contas do sangue deles". Ora, Deus não pode ser diretamente causa de pecado nem seu nem de outrem. Pois todo pecado se faz pelo afastamento da ordem que tem Deus por fim. Ora Deus inclina e tudo leva a si como ao último fim, segundo Dionísio. Portanto, é impossível que seja a causa do afastamento,

1. Ordin.: ML 114, 474 A.
2. Q. 44, a. 1; q. 65, a. 1.
3. MG 3, 596 CD.

já a vontade humana, movida ou ativada por Deus, é causa segunda do ato livre, também como um todo. A desordem que se instaura no ato do pecado deriva da ausência de regulação que a vontade humana poderia e deveria ter estabelecido: é uma privação de alguma coisa que podia e devia ser.

quod sit sibi vel aliis causa discedendi ab ordine qui est in ipsum. Unde non potest directe esse causa peccati.

Similiter etiam neque indirecte. Contingit enim quod Deus aliquibus non praebet auxilium ad vitandum peccata, quod si praeberet, non peccarent. Sed hoc totum facit secundum ordinem suae sapientiae et iustitiae: cum ipse sit sapientia et iustitia. Unde non imputatur ei quod alius peccat, sicut causae peccati: sicut gubernator non dicitur causa submersionis navis ex hoc quod non gubernat navem, nisi quando subtrahit gubernationem potens et debens gubernare. Et sic patet quod Deus nullo modo est causa peccati.

Ad primum ergo dicendum quod, quantum ad verba Apostoli, ex ipso textu patet solutio. Si enim Deus tradit aliquos in reprobum sensum, iam ergo reprobum sensum habent ad faciendum ea quae non conveniunt. Dicitur ergo tradere eos in reprobum sensum, inquantum non prohibet eos quin suum sensum reprobum sequantur: sicut dicimur exponere illos quos non tuemur. — Quod autem Augustinus dicit, in libro *de Gratia et Libero Arbitrio*[4], unde sumpta est Glossa, quod *Deus inclinat voluntates hominum in bonum et malum*; sic intelligendum est quod in bonum quidem directe inclinat voluntatem, in malum autem inquantum non prohibet, sicut dictum est[5]. Et tamen hoc etiam contingit ex merito praecedentis peccati.

Ad secundum dicendum quod, cum dicitur: *Creaturae Dei factae sunt in odium et in tentationem animae hominum*, haec praepositio *in* non ponitur causaliter, sed consecutive: non enim Deus fecit creaturas ad malum hominum, sed hoc consecutum est propter insipientiam hominum. Unde subditur: *et in muscipulam pedibus insipientium*, qui scilicet per suam insipientiam utuntur creaturis ad aliud quam ad quod factae sunt.

Ad tertium dicendum quod effectus causae mediae procedens ab ea secundum quod subditur ordini causae primae, reducitur etiam in causam primam. Sed si procedat a causa media secundum quod exit ordinem causae primae, non reducitur in causam primam: sicut si minister faciat aliquid contra mandatum domini, hoc non reducitur in dominum sicut in causam. Et similiter peccatum quod liberum arbitrium committit contra praeceptum Dei, non reducitur in Deum sicut in causam.

para si ou para outrem, de uma ordem orientada para ele. Portanto, não pode ser diretamente causa do pecado.

E do mesmo modo, nem indiretamente. Acontece que não dá ajuda a alguns para evitar pecados, que não cometeriam se lhes fosse dada. Mas tudo isso o faz segundo a ordem de sua sabedoria e justiça, pois ele próprio é a sabedoria e a justiça. Portanto, não se lhe imputa, como se ele fosse a causa, o que o outro peca. Por exemplo, não se diz que o piloto é causa do naufrágio de um navio porque não o governa, a não ser que, podendo e devendo governar, abandona a direção. Assim, com toda evidência, Deus não é de modo nenhum causa do pecado.

Quanto ao 1º, portanto, deve-se dizer que quanto à palavra do Apóstolo a solução vem do próprio texto. Se Deus entrega alguns ao seu sentimento reprovado, é sinal que eles já o possuem para fazer o que não convém. Diz-se que Deus os entrega a este sentimento reprovado na medida em que não os impede de segui-lo, assim como se diz de nós que expomos os que não protegemos. — Quanto ao texto de Agostinho, de onde a glosa provém, deve-se entendê-lo do seguinte modo: Deus inclina diretamente a vontade para o bem. Mas, para o mal ele se limita a não impedir como foi dito. E isso acontece porque os pecados anteriores o mereceram.

Quanto ao 2º, deve-se dizer que neste texto da Sabedoria a preposição *in* não indica uma causalidade, e sim uma consequência. Porque Deus não fez as criaturas para o mal dos homens, mas isso aconteceu pela insensatez deles. Por isso o texto acrescenta: "como uma armadilha para os pés dos insensatos", isto é, para aqueles que por sua própria insensatez fazem das criaturas um uso diferente daquele para o qual foram feitas.

Quanto ao 3º, deve-se dizer que quando uma causa intermediária produz seu efeito, enquanto subordinada à causa primeira, o seu efeito reduz-se também à causa primeira. Mas, se a causa intermediária produz seu efeito da ordem da causa primeira, o seu efeito não se reduz a esta. Assim, quando um ministro age contra as ordens de seu senhor, isto não se reduz ao senhor como à causa. Igualmente, o pecado que o livre-arbítrio comete contra o mandamento divino não se reduz a Deus como à causa.

4. C. 21, n. 43: ML 44, 909.
5. In corp.

AD QUARTUM dicendum quod poena opponitur bono eius qui punitur, qui privatur quocumque bono. Sed culpa opponitur bono ordinis qui est in Deum: unde directe opponitur bonitati divinae. Et propter hoc non est similis ratio de culpa et poena.

QUANTO AO 4º, deve-se dizer que a pena se opõe ao bem daquele que se pune, ao qual se priva de algum bem. Mas, a culpa se opõe ao bem da ordem que tem a Deus por fim. Daí que se opõe diretamente à bondade divina. Por causa disso, o argumento da culpa e da pena não é o mesmo.

ARTICULUS 2

Utrum actus peccati sit a Deo

AD SECUNDUM SIC PROCEDITUR. Videtur quod actus peccati non sit a Deo.

1. Dicit enim Augustinus, in libro *de Perfectione Iustitiae*[1], quod *actus peccati non est res aliqua*. Omne autem quod est a Deo, est res aliqua. Ergo actus peccati non est a Deo.

2. PRAETEREA, homo non dicitur esse causa peccati nisi quia homo est causa actus peccati: *nullus* enim *intendens ad malum operatur*, ut Dionysius dicit, 4 cap. *de Div. Nom.*[2]. Sed Deus non est causa peccati, ut dictum est[3]. Ergo Deus non est causa actus peccati.

3. PRAETEREA, aliqui actus secundum suam speciem sunt mali et peccata, ut ex supradictis[4] patet. Sed quidquid est causa alicuius, est causa eius quod convenit ei secundum suam speciem. Si ergo Deus esset causa actus peccati, sequeretur quod esset causa peccati. Sed hoc non est verum, ut ostensum est[5]. Ergo Deus non est causa actus peccati.

SED CONTRA, actus peccati est quidam motus liberi arbitrii. Sed *voluntas Dei est causa omnium motionum*, ut Augustinus dicit, III *de Trin.*[6]. Ergo voluntas Dei est causa actus peccati.

RESPONDEO dicendum quod actus peccati et est ens, et est actus; et ex utroque habet quod sit a Deo. Omne enim ens, quocumque modo sit, oportet quod derivetur a primo ente; ut patet per Dionysium, 5 cap. *de Div. Nom.*[7]. Omnis autem actio causatur ab aliquo existente in actu, quia nihil agit nisi secundum quod est actu: omne autem ens actu reducitur in primum actum, scilicet Deum, sicut in causam, qui est per suam essentiam

ARTIGO 2

O ato do pecado vem de Deus?

QUANTO AO SEGUNDO, ASSIM SE PROCEDE: parece que o ato do pecado **não** vem de Deus.

1. Com efeito, Agostinho diz que "o ato do pecado não é uma coisa. Ora, tudo o que vem de Deus é alguma coisa. Logo, o ato do pecado não vem de Deus.

2. ALÉM DISSO, se o homem é causa do pecado é unicamente porque ele é causa do ato do pecado, pois ninguém age buscando o mal, como diz Dionisio. Ora, foi dito que Deus não é causa do pecado. Logo, não é causa do ato de pecado.

3. ADEMAIS, há atos que são especificamente maus e pecados, está claro pelo que já foi dito. Ora, tudo o que é causa de uma coisa é causa do que lhe convém especificamente. Logo, se Deus fosse causa do ato de pecado, seria consequentemente causa do pecado. Ora, foi demonstrado que isso não é verdadeiro. Logo, Deus não é causa do ato de pecado.

EM SENTIDO CONTRÁRIO, o ato de pecado é um movimento do livre-arbítrio. Ora "a vontade de Deus é a causa", diz Agostinho, "de todos os movimentos". Portanto, ela é causa do ato de pecado.

RESPONDO. O ato de pecado é ente e é ato; seja uma coisa ou outra tem de proceder de Deus. Com efeito, todo ente, de qualquer modo que seja, necessariamente procede do primeiro ente, como Dionísio diz claramente. Do mesmo modo, toda ação é causada por algo que existe em ato, porque nada age a não ser na medida em que está em ato. E todo ente em ato reduz-se ao primeiro ato, isto é, a Deus, como à causa, que é ato por

2 PARALL.: II *Sent.*, dist. 37, q. 2, a. 2; *De Malo*, q. 3, a. 2.

1. C. 2: ML 44, 294.
2. MG 3, 716 C, 732 B.
3. Art. praec.
4. Q. 18, a. 5.
5. Art. praec.
6. C. 4, n. 9: ML 42, 873.
7. MG 3, 817 C.

actus. Unde reliquitur quod Deus sit causa omnis actionis, inquantum est actio.

Sed peccatum nominat ens et actionem cum quodam defectu. Defectus autem ille est ex causa creata, scilicet libero arbitrio, inquantum deficit ab ordine primi agentis, scilicet Dei. Unde defectus iste non reducitur in Deum sicut in causam, sed in liberum arbitrium: sicut defectus claudicationis reducitur in tibiam curvam sicut in causam, non autem in virtutem motivam, a qua tamen causatur quidquid est motionis in claudicatione. Et secundum hoc, Deus est causa actus peccati, non tamen est causa peccati: quia non est causa huius, quod actus sit cum defectu.

AD PRIMUM ergo dicendum quod Augustinus nominat ibi rem id quod est res simpliciter, scilicet substantiam. Sic enim actus peccati non est res.

AD SECUNDUM dicendum quod in hominem sicut in causam reducitur non solum actus, sed etiam ipse defectus: quia scilicet non subditur ei cui debet subdi, licet hoc ipse non intendat principaliter. Et ideo homo est causa peccati. Sed Deus sic est causa actus, quod nullo modo est causa defectus concomitantis actum. Et ideo non est causa peccati.

AD TERTIUM dicendum quod, sicut dictum est supra[8], actus et habitus non recipiunt speciem ex ipsa privatione, in qua consistit ratio mali; sed ex aliquo obiecto cui coniungitur talis privatio. Et sic ipse defectus, qui dicitur non esse a Deo, pertinet ad speciem actus consequenter, et non quasi differentia specifica.

sua essência. Portanto, conclui-se que Deus é a causa de toda ação enquanto é ação.

Mas o pecado significa o ente e a ação com alguma deficiência. Ora, esta deficiência vem de uma causa criada, o livre-arbítrio, na medida em que se afasta da ordem do primeiro agente, Deus. Daí que tal deficiência não se reduz a Deus, como à causa, mas ao livre-arbítrio, como a deficiência de mancar se reduz à deformação da tíbia, como à causa, e não à potência motora, da qual entretanto vem tudo o que há ainda de movimento no andar manco. É assim que Deus é causa do ato de pecado. No entanto, não é causa do pecado, porque não é causa de que o ato tenha um defeito.

QUANTO AO 1º, portanto, deve-se dizer que Agostinho entende por coisa o que é coisa de modo absoluto, isto é, a substância. É assim que o ato de pecado não é uma coisa.

QUANTO AO 2º, deve-se dizer que, não somente o ato mas também a deficiência, se reduzem ao homem, como à causa, porque o homem, se bem que não seja sua intenção principal, não se submete a quem deve, e por isso é causa do pecado. Mas, Deus é causa do ato de tal maneira que de nenhum modo é causa da deficiência concomitante ao ato. Eis porque ele não é causa do pecado.

QUANTO AO 3º, deve-se dizer que, como foi dito, o ato e o hábito não se especificam pela privação na qual reside a razão do mal, mas por algum objeto conexo com tal privação. E assim, esta deficiência, que se diz não vir de Deus, se refere consequentemente à espécie do ato, mas não como uma diferença específica.

ARTICULUS 3

Utrum Deus sit causa excaecationis et indurationis

AD TERTIUM SIC PROCEDITUR. Videtur quod Deus non sit causa excaecationis et indurationis.

1. Dicit enim Augustinus, in libro *Octoginta trium Quaest.*[1], quod *Deus non est causa eius quod homo sit deterior*. Sed per excaecationem et obdurationem fit homo deterior. Ergo Deus non est causa excaecationis et obdurationis.

ARTIGO 3

Deus é causa da cegueira e do endurecimento?

QUANTO AO TERCEIRO, ASSIM SE PROCEDE: parece que Deus **não** é causa da cegueira e do endurecimento.

1. Com efeito, diz Agostinho que "Deus não é a causa de que o homem seja pior. Ora, a cegueira e o endurecimento tornam o homem pior. Logo, Deus não é a causa da cegueira e do endurecimento.

8. Q. 18, a. 5, ad 2; q. 54, a. 3, ad 2.

3 PARALL.: I *Sent.*, dist. 40, q. 4, a. 2; *Cont. Gent.* III, 162; *De Verit.*, q. 24, a. 10; in *Matth.*, c. 13; in *Ioan.*, c. 12, lect. 7; *Ad Rom.*, c. 9, lect. 3; II *Cor.*, c. 4, lect. 2.

1. Q. 3: ML 40, 11.

2. PRAETEREA, Fulgentius dicit[2] quod *Deus non est ultor illius rei cuius est auctor*. Sed Deus est ultor cordis obdurati: secundum illud Eccli 3,27: *Cor durum male habebit in novissimo*. Ergo Deus non est causa obdurationis.

3. PRAETEREA, idem effectus non attribuitur causis contrariis. Sed causa excaecationis dicitur esse malitia hominis, secundum illud Sap 2,21, *Excaecavit enim eos malitia eorum*; et etiam diabolus, secundum illud 2Cor 4,4, *Deus huius saeculi excaecavit mentes infidelium*; quae quidem causae videntur esse contrariae Deo. Deus ergo non est causa excaecationis et obdurationis.

SED CONTRA est quod dicitur Is 6,10: *Excaeca cor populi huius, et aures eius aggrava*. Et Rm 9,18 dicitur: *Cuius vult, miseretur; et quem vult, indurat*.

RESPONDEO dicendum quod excaecatio et obduratio duo important. Quorum unum est motum animi humani inhaerentis et aversi a divino lumine. Et quantum ad hoc Deus non est causa excaecationis et obdurationis, sicut non est causa peccati. Aliud autem est subtractio gratiae, ex qua sequitur quod mens divinitus non illuminetur ad recte videndum, et cor hominis non emolliatur ad recte vivendum. Et quantum ad hoc Deus est causa excaecationis et obdurationis.

Est autem considerandum quod Deus est causa universalis illuminationis animarum, secundum illud Io 1,9, *Erat lux vera quae illuminat omnem hominem venientem in hunc mundum*, sicut sol est universalis causa illuminationis corporum. Aliter tamen et aliter: nam sol agit illuminando per necessitatem naturae; Deus autem agit voluntarie, per ordinem suae sapientiae. Sol autem, licet quantum est de se omnia corpora illuminet, si quod tamen impedimentum inveniat in aliquo corpore, relinquit illud tenebrosum: sicut patet de domo cuius fenestrae sunt clausae. Sed tamen illius obscurationis nullo modo causa est sol, non enim suo iudicio agit ut lumen interius non immittat, sed causa eius est solum ille qui claudit fenestram. Deus autem proprio iudicio lumen gratiae non immittit illis in quibus obstaculum invenit. Unde causa subtractionis gratiae est non solum ille qui ponit obstaculum gratiae, sed etiam Deus, qui suo iudicio gratiam non apponit. Et per hunc modum Deus est causa excaecationis, et aggravationis

2. ALÉM DISSO, Fulgêncio diz que Deus não se vinga de alguma coisa da qual é o autor. Ora, o livro do Eclesiástico diz que Deus se vingará do coração endurecido: "O coração duro nos últimos dias passará mal". Logo, Deus não é causa de endurecimento.

3. ADEMAIS, o mesmo efeito não é atribuído a causas contrárias. Ora, a causa da cegueira é a malícia do homem, segundo o livro da Sabedoria: "A malícia deles os cegou", e também o diabo, segundo a segunda Carta aos Coríntios: "O deus deste século cegou as mentes dos infiéis. Ora, essas causas parecem ser contrárias a Deus. Logo, Deus não é causa da cegueira e do endurecimento.

EM SENTIDO CONTRÁRIO, lemos no livro de Isaías "Cega o coração deste povo, e torna-lhes duros os ouvidos". E a Carta aos Romanos diz: "Tem compaixão de quem quer, e endurece a quem quer".

RESPONDO. A cegueira e o endurecimento implicam duas coisas: um movimento do espírito humano para aderir e afastar-se da luz divina. Disto Deus não é causa, como não é do pecado. A outra é uma subtração da graça do que se segue que a mente não é iluminada por Deus para ver bem, e o coração não é enternecido para bem viver. E quanto a isso Deus é causa da cegueira e do endurecimento.

Deve-se considerar que Deus é causa universal da iluminação das almas segundo o Evangelho de João: "Era a luz verdadeira que ilumina todo homem vindo a este mundo", assim como o sol é a causa universal da iluminação dos corpos. No entanto há diferenças. O sol ilumina por uma necessidade da natureza, Deus, porém, voluntariamente por uma ordem de sua sabedoria. O sol, enquanto depende dele, ilumina todos os corpos, mas se encontra um obstáculo em algum corpo, deixa-o na escuridão, como fica claro numa casa cujas janelas estão fechadas. Mas a causa desta escuridão não é o sol, pois não é por seu julgamento que a luz não penetra no interior da casa. A causa é unicamente aquele que fecha as janelas. Deus, ao contrário, por juízo próprio não envia a luz da graça àqueles nos quais encontra obstáculo. Por isso a causa da subtração da graça é não somente aquele que oferece obstáculo à graça, mas ainda Deus que, por seu juízo, não oferece a graça. Desta maneira, Deus é causa da cegueira

2. *De duplici praed. Dei, ad Monimum*, l. I, c. 19: ML 65, 167 C.

aurium, et obdurationis cordis. — Quae quidem distinguuntur secundum effectus gratiae, quae et perficit intellectum dono sapientiae, et affectum emollit igne caritatis. Et quia ad cognitionem intellectus maxime deserviunt duo sensus, scilicet visus et auditus, quorum unus deservit inventioni, scilicet visus, alius disciplinae, scilicet auditus: ideo quantum ad visum, ponitur excaecatio; quantum ad auditum, aurium aggravatio; quantum ad affectum, obduratio.

AD PRIMUM ergo dicendum quod, cum excaecatio et induratio, ex parte subtractionis gratiae, sint quaedam poenae, ex hac parte eis homo non fit deterior: sed deterior factus per culpam, haec incurrit, sicut et ceteras poenas.

AD SECUNDUM dicendum quod obiectio illa procedit de obduratione secundum quod est culpa.

AD TERTIUM dicendum quod malitia est causa excaecationis meritoria, sicut culpa est causa poenae. Et hoc etiam modo diabolus excaecare dicitur, inquantum inducit ad culpam.

e do incômodo dos ouvidos e do endurecimento do coração. — Essas coisas se distinguem pelos efeitos da graça que aperfeiçoa o intelecto pelo dom de sabedoria, e enternece o coração pelo fogo da caridade. E, porque o conhecimento intelectual é sobretudo servido por dois sentidos, a visão para descobrir e audição para aprender, por isso, afirma-se a cegueira em relação à visão, o incômodo dos ouvidos em relação ao ouvido e o endurecimento em relação ao afeto.

QUANTO AO 1º, portanto, deve-se dizer que a cegueira e o endurecimento sob o aspecto da subtração da graça são uma pena. Desta parte não são eles que tornam o homem pior. É ele que, tendo-se tornado pior pela culpa, incorre nesta e nas demais penas.

QUANTO AO 2º, deve-se dizer que a objeção procede da cegueira enquanto é culpa.

QUANTO AO 3º, deve-se dizer que a malícia é causa meritória da cegueira, como a culpa é causa da pena. Desde modo diz-se que o diabo cega enquanto induz à culpa.

ARTICULUS 4

Utrum excaecatio et obduratio semper ordinentur ad salutem eius qui excecatur et obduratur

AD QUARTUM SIC PROCEDITUR. Videtur quod excaecatio et obduratio semper ordinentur ad salutem eius qui excaecatur et obduratur.

1. Dicit enim Augustinus, in *Enchirid.*[1], quod *Deus, cum sit summe bonus, nullo modo permitteret fieri aliquod malum, nisi posset ex quolibet malo elicere bonum*. Multo igitur magis ordinat ad bonum illud malum cuius ipse est causa. Sed excaecationis et obdurationis Deus est causa, ut dictum est[2]. Ergo haec ordinantur ad salutem eius qui excaecatur vel induratur.

2. PRAETEREA, Sap 1,13 dicitur quod *Deus non delectatur in perditione impiorum*. Videretur autem in eorum perditione delectari, si eorum excaecationem in bonum eorum non converteret: sicut medicus videretur delectari in afflictione infirmi, si medicinam amaram, quam infirmo propinat, ad eius sanitatem non ordinaret. Ergo Deus excaecationem convertit in bonum excaecatorum.

ARTIGO 4

A cegueira e o endurecimento são sempre ordenados à salvação daquele que é obcecado e endurecido?

QUANTO AO QUARTO, ASSIM SE PROCEDE: parece que a cegueira e o empedernimento **são** sempre ordenados à salvação daquele que é obcecado e endurecido.

1. Com efeito, Agostinho diz que "Deus, sendo o sumo bem, não permitiria de nenhum modo algum mal, se de cada mal não pudesse tirar um bem. Com maior razão, portanto, ele ordena ao bem aquele mal do qual é a causa. Ora, Deus é a causa, como foi dito, da cegueira e do endurecimento. Logo, estes males estão ordenados à salvação daquele que é obcecado e endurecido.

2. ALÉM DISSO, está dito no livro da Sabedoria, que "Deus não tem prazer na perda dos ímpios". Ora, pareceria que tem prazer se não convertesse para o bem deles a cegueira, como, por exemplo, um médico pareceria ter prazer no sofrimento do enfermo, se o remédio amargo que receita não fosse ordenado à sua saúde. Logo, Deus converte a cegueira em bem dos obcecados.

4 PARALL.: in *Matth.*, c. 13; in *Ioan.*, c. 12, lect. 7.

1. C. 11: ML 40, 236.
2. Art. praec.

3. PRAETEREA, *Deus non est personarum acceptor*, ut dicitur At 10,34. Sed quorundam excaecationem ordinat ad eorum salutem: sicut quorundam Iudaeorum, qui excaecati sunt ut Christo non crederent, et non credentes occiderent, et postmodum compuncti converterentur, sicut de quibusdam legitur At 2,37; ut patet per Augustinum, in libro *de Quaest. Evang.*[3]. Ergo Deus omnium excaecationem convertit in eorum salutem.

SED CONTRA, non sunt facienda mala ut veniant bona, ut dicitur Rm 3,8. Sed excaecatio est malum. Ergo Deus non excaecat aliquos propter eorum bonum.

RESPONDEO dicendum quod excecatio est quoddam praeambulum ad peccatum. Peccatum autem ad duo ordinatur: ad unum quidem per se scilicet ad damnationem; ad aliud autem ex misericordi Dei providentia, scilicet ad sanationem, inquantum Deus permittit aliquos cadere in peccatum, ut peccatum suum agnoscentes, humilientur et convertantur, sicut Augustinus dicit, in libro *de Natura et Gratia*[4]. Unde et excaecatio ex sui natura ordinatur ad damnationem eius qui excaecatur, propter quod etiam ponitur reprobationis effectus: sed ex divina misericordia excaecatio ad tempus ordinatur medicinaliter ad salutem eorum qui excaecantur. Sed haec misericordia non omnibus impenditur excaecatis, sed praedestinatis solum, quibus *omnia cooperantur in bonum*, sicut dicitur Rm 8,28. Unde quantum ad quosdam, excaecatio ordinatur ad sanationem: quantum autem ad alios ad damnationem, ut Augustinus dicit, in III *de Quaest. Evang.*[5].

AD PRIMUM ergo dicendum quod omnia mala quae Deus facit vel permittit fieri, ordinantur in aliquod bonum: non tamen semper in bonum eius in quo est malum, sed quandoque ad bonum alterius, vel etiam totius universi. Sicut culpam tyrannorum ordinavit in bonum martyrum; et poenam damnatorum ordinat in gloriam suae iustitiae.

AD SECUNDUM dicendum quod Deus non delectatur in perditione hominum quantum ad ipsam perditionem: sed ratione suae iustitiae, vel propter bonum quod inde provenit.

AD TERTIUM dicendum quod hoc quod Deus aliquorum excaecationem ordinat in eorum salutem, misericordiae est: quod autem excaecatio aliorum

3. ADEMAIS, "Deus não faz acepção de pessoas" como se diz no livro dos Atos. Ora, ordena a obcecação de alguns para a salvação deles, como de alguns judeus, que foram obcecados para não crerem em Cristo e não crendo o matassem, e depois, arrependidos, se convertessem. Isso se lê no livro dos Atos e está claro em Agostinho. Logo, Deus converte a cegueira de todos na salvação deles.

EM SENTIDO CONTRÁRIO, a Carta aos Romanos diz que "não se deve fazer o mal para que disso venha o bem". Ora a cegueira é um mal. Portanto, Deus não cega alguns para o bem deles.

RESPONDO. A cegueira é preâmbulo do pecado. Ora, o pecado leva a duas coisas: por ele mesmo, à condenação; mas, pela misericordiosa providência de Deus, à cura. Assim, Deus permite que certos caiam no pecado a fim de que, como diz Agostinho, reconheçam seu pecado, humilhem-se e se convertam. Por conseguinte, a cegueira, por sua própria natureza, leva à condenação daquele que se cega e por isso se afirma como efeito da reprovação. Mas, pela misericórdia divina ela é temporariamente ordenada como uma medicina para a salvação daqueles que são obcecados. Entretanto, esta misericórdia não é concedida a todos os obcecados, mas unicamente aos predestinados, para os quais "tudo concorre para o bem", como diz a Carta aos Romanos. Deste modo, para alguns a cegueira se ordena à salvação, mas, para outros, à condenação. Assim fala Agostinho.

QUANTO AO 1º, portanto, deve-se dizer que todos os males que Deus faz ou permite são ordenados a algum bem. Entretanto, nem sempre ao bem daquele no qual está o mal, mas algumas vezes, ao bem de um outro, ou ainda ao bem de todo o conjunto. É assim que ordenou a culpa dos tiranos ao bem dos mártires; e a pena dos condenados ordena à glória de sua justiça.

QUANTO AO 2º, deve-se dizer que Deus não tem prazer na perda dos homens, por si mesma, mas em razão de sua justiça, ou do bem daí proveniente.

QUANTO AO 3º, deve-se dizer que se Deus ordena a cegueira de alguns para salvá-los, é por misericórdia. Mas, se ordena a cegueira de outros,

3. L. III, al. *Quaest. septemdecim in Matth.*, q. 14 (super 13, 15): ML 35, 1372.
4. Cc. 27, 28: ML 44, 262.
5. Loc. cit. in 3 a.

ordinetur ad eorum damnationem, iustitiae est. Quod autem misericordiam quibusdam impendit et non omnibus, non facit personarum acceptionem in Deo, sicut in Primo[6] dictum est.

AD QUARTUM[7] dicendum quod mala culpae non sunt facienda ut veniant bona: sed mala poenae sunt inferenda propter bonum.

para perdê-los, é por justiça. Se tem misericórdia para alguns, e não para todos, nele não há acepção de pessoas, como foi dito na I Parte.

QUANTO AO 4º, deve-se dizer que não se deve fazer o mal de culpa para que venha daí o bem. Mas, o mal de pena deve ser infligido para o bem.

6. Q. 23, a. 5, ad 3.
7. Arg. *sed c*.

QUAESTIO LXXX

DE CAUSA PECCATI EX PARTE DIABOLI

in quatuor articulos divisa

Deinde considerandum est de causa peccati ex parte diaboli.

Et circa hoc quaeruntur quatuor.

Primo: utrum diabolus sit directe causa peccati.

Secundo: utrum diabolus inducat ad peccandum interius persuadendo.

Tertio: utrum possit necessitatem peccandi inducere.

Quarto: utrum omnia peccata ex diaboli suggestione proveniant.

QUESTÃO 80

A CAUSA DO PECADO DA PARTE DO DIABO

em quatro artigos

Deve-se considerar agora a parte do diabo como causa do pecado:

Sobre isso, são quatro as perguntas:

1. O diabo é causa direta do pecado?
2. É por uma persuasão interior que ele induz a pecar?
3. Pode induzir à necessidade de pecar?
4. Todos os pecados provêm da sugestão do diabo?

ARTICULUS 1

Utrum diabolus sit homini directe causa peccandi

AD PRIMUM SIC PROCEDITUR. Videtur quod diabolus sit homini directe causa peccandi.

1. Peccatum enim directe in affectu consistit. Sed Augustinus dicit, IV *de Trin.*[1], quod *diabolus suae societati malignos affectus inspirat*. Et Beda, super At 5,3, dicit[2] quod *diabolus animam in affectum malitiae trahit*. Et Isidorus dicit, in libro *de Summo Bono*[3], quod *diabolus corda hominum occultis cupiditatibus replet*. Ergo diabolus directe est causa peccati.

2. PRAETEREA, Hieronymus dicit[4] quod *sicut Deus est perfector boni, ita diabolus est perfector*

ARTIGO 1

O diabo é para o homem uma causa direta de pecado?

QUANTO AO PRIMEIRO ARTIGO, ASSIM SE PROCEDE: parece que o diabo **é** para o homem uma causa direta de pecar.

1. Com efeito, o pecado consiste diretamente numa afeição. Ora, como diz Agostinho: "O diabo inspira aos seus uma afeição maligna". E Beda diz que ele a trai as almas para a afeição maliciosa. E Isidoro diz que "o diabo enche os corações humanos de secretas cupidezas. Logo, ele é causa direta de pecado.

2. ALÉM DISSO, Jerônimo diz que "assim como Deus é o artífice do bem, o diabo é do mal". Ora,

1 PARALL.: Supra, q. 75, a. 3; *De Malo*, q. 3, a. 3.

1. C. 12: ML 42, 897.
2. ML 92, 954 D.
3. Al. *Sent.*, l. II, c. 41; l. III, c. 5: ML 83, 647 B, 664 AB, 665 B.
4. *Contra Iovin.*, l. II, c. 3: ML 23, 286 D-287 A.

mali. Sed Deus est directe causa bonorum nostrorum. Ergo diabolus est directe causa peccatorum nostrorum.

3. PRAETEREA, Philosophus probat, in quodam cap. *Ethicae Eudemicae*[5], quod oportet esse quoddam principium extrinsecum humani consilii. Consilium autem humanum non solum est de bonis, sed etiam de malis. Ergo sicut Deus movet ad consilium bonum, et per hoc directe est causa boni; ita diabolus movet hominem ad consilium malum, et per hoc sequitur quod diabolus directe sit causa peccati.

SED CONTRA est quod Augustinus probat, in I[6] et III[7] *de Lib. Arb.*, quod *nulla alia re fit mens hominis serva libidinis, nisi propria voluntate*. Sed homo non fit servus libidinis nisi per peccatum. Ergo causa peccati non potest esse diabolus, sed sola propria voluntas.

RESPONDEO dicendum quod peccatum actus quidam est. Unde hoc modo potest esse aliquid directe causa peccati, per quem modum aliquis directe est causa alicuius actus. Quod quidem non contingit nisi per hoc quod proprium principium illius actus movet ad agendum. Proprium autem principium actus peccati est voluntas: quia omne peccatum est voluntarium. Unde nihil potest directe esse causa peccati, nisi quod potest movere voluntatem ad agendum. Voluntas autem, sicut supra[8] dictum est, a duobus moveri potest: uno modo, ab obiecto, sicut dicitur quod appetibile apprehensum movet appetitum; alio modo, ab eo quod interius inclinat voluntatem ad volendum. Hoc autem non est nisi vel ipsa voluntas, vel Deus, ut supra[9] ostensum est. Deus autem non potest esse causa peccati, ut dictum est[10]. Relinquitur ergo quod ex hac parte sola voluntas hominis sit directe causa peccati eius.

Ex parte autem obiecti, potest intelligi quod aliquid moveat voluntatem tripliciter. Uno modo, ipsum obiectum propositum: sicut dicimus quod cibus excitat desiderium hominis ad comedendum. Alio modo, ille qui proponit vel offert huiusmodi obiectum. Tertio modo, ille qui persuadet obiectum propositum habere rationem boni: quia et hic aliqualiter proponit proprium obiectum voluntati, quod est rationis bonum, verum vel apparens.

Deus é a causa direta de nossos bens. Logo, o diabo é diretamente a causa de nossos males.

3. ADEMAIS, o Filósofo prova que é preciso um princípio extrínseco para a deliberação humana. Ora, o homem delibera não apenas sobre o bem, mas também sobre o mal. Logo, do mesmo modo que Deus move para a boa deliberação, e assim é a causa direta do bem, do mesmo modo, o diabo move para a má deliberação, e por conseguinte, o diabo é a causa direta do pecado.

EM SENTIDO CONTRÁRIO, Agostinho prova que "nenhuma outra coisa faz a mente humana serva da libido senão a própria vontade". Ora, o homem não se torna servo da libido senão pelo pecado. Logo, a causa do pecado não pode ser o diabo, mas somente a própria vontade.

RESPONDO. O pecado é um ato. Portanto, algo pode ser causa direta do pecado pelo mesmo modo, pelo qual alguém é causa direta de um ato. Isso não acontece a não ser que o próprio princípio do ato mova para agir. Pois, todo pecado é voluntário, e o princípio próprio do ato de pecar é a vontade, porque todo ato é voluntário. Nada, por conseguinte, pode ser causa direta do pecado, senão o que pode mover a vontade. Ora, a vontade, foi dito acima, pode ser movida por duas coisas: primeiro, pelo objeto, quando se diz que uma coisa desejável e percebida move o desejo. Depois, por aquilo que de dentro inclina a vontade a querer, e isso não pode ser, como se mostrou, senão a própria vontade, ou Deus. Como Deus não pode ser a causa do pecado, somente a vontade humana pode ser causa direta de seu pecado.

Do lado do objeto, pode-se entender que algo mova a vontade de três maneiras: 1. o próprio objeto proposto, quando dizemos que o alimento excita o desejo de comer; 2. aquele que propõe ou oferece tal objeto; 3. aquele que persuade que o objeto proposto tem a razão de bem: este de certo modo oferece à vontade seu objeto próprio que é o bem da razão, verdadeiro ou aparente. Portanto, segundo o primeiro modo, as coisas sensíveis

5. L. VII, c. 14: 1248, a, 22-28.
6. C. 11, n. 21: ML 32, 1233.
7. C. 1, n. 1: ML 32, 1271.
8. Q. 9, a. 1, 4, 6; I, q. 105, a. 4.
9. Q. 9, a. 3 sqq.
10. Q. 79, a. 1.

Primo igitur modo, res sensibiles exterius apparentes movent voluntatem hominis ad peccandum: secundo autem et tertio modo, vel diabolus, vel etiam homo, potest incitare ad peccandum, vel offerendo aliquid appetibile sensui, vel persuadendo rationi. Sed nullo istorum trium modorum potest aliquid esse directa causa peccati: quia voluntas non ex necessitate movetur ab aliquo obiecto nisi ab ultimo fine, ut supra[11] dictum est; unde non est sufficiens causa peccati neque res exterius oblata, neque ille qui eam proponit, neque ille qui persuadet. Unde sequitur quod diabolus non sit causa peccati directe et sufficienter; sed solum per modum persuadentis, vel proponentis appetibile.

AD PRIMUM ergo dicendum quod omnes illae auctoritates, et si quae similes inveniantur, sunt referendae ad hoc quod diabolus suggerendo, vel aliqua appetibilia proponendo, inducit in affectum peccati.

AD SECUNDUM dicendum quod similitudo illa est attendenda quantum ad hoc, quod diabolus quodammodo est causa peccatorum nostrorum, sicut Deus est aliquo modo causa bonorum nostrorum. Non tamen attenditur quantum ad modum causandi: nam Deus causat bona interius movendo voluntatem, quod diabolo convenire non potest.

AD TERTIUM dicendum quod Deus est universale principium omnis interioris motus humani: sed quod determinetur ad malum consilium voluntas humana, hoc directe quidem est ex voluntate humana; et a diabolo per modum persuadentis, vel appetibilia proponentis.

como se apresentam exteriormente movem a vontade humana para pecar. Segundo os modos dois e três, ou o diabo ou também o homem, têm o poder de incitar a pecar; seja, oferecendo ao sentido algo de desejável, seja persuadindo a razão. Entretanto, por nenhum destes três modos, pode algo ser causa direta do pecado, porque a vontade não é movida necessariamente por algum objeto a não ser pelo fim último, como acima foi dito. Por conseguinte, nem a coisa oferecida exteriormente, nem aquele que a propõe, nem aquele que persuade são uma causa suficiente de pecado. Segue-se, pois, que o diabo não é uma causa direta ou suficiente do pecado, mas unicamente à maneira de alguém que persuade, ou à maneira de alguém que propõe uma coisa desejável.

QUANTO AO 1º, portanto, deve-se dizer que todos estes autores, ou outros que se possam encontrar, referem-se ao fato de que o diabo por suas sugestões e pela proposição de objetos desejáveis induz ao afeto do pecado.

QUANTO AO 2º, deve-se dizer que a semelhança deve ser entendida do seguinte modo: o diabo é de uma certa maneira causa de nossos pecados, como Deus é de uma certa maneira causa de nossos bens. Portanto, não se dá atenção à maneira de ser causa, porque Deus causa o bem movendo interiormente a vontade, o que não pode convir ao diabo.

QUANTO AO 3º, deve-se dizer que Deus é o princípio universal de todo movimento humano interior. Mas, o fato de que a vontade humana se determina para uma má deliberação vem diretamente da vontade, e do diabo à maneira de persuasão ou de proposição.

ARTICULUS 2

Utrum diabolus possit inducere ad peccandum interius instigando

AD SECUNDUM SIC PROCEDITUR. Videtur quod diabolus non possit inducere ad peccandum interius instigando.

1. Interiores enim motus animae sunt quaedam opera vitae. Sed nullum opus vitae potest esse nisi a principio intrinseco; nec etiam opus animae vegetabilis, quod est infimum inter opera vitae. Ergo diabolus secundum interiores motus non potest hominem instigare ad malum.

ARTIGO 2

O diabo pode por instigação interior induzir ao pecado?

QUANTO AO SEGUNDO, ASSIM SE PROCEDE: parece que o diabo **não** pode por instigação interior induzir ao pecado.

1. Com efeito, os movimentos interiores da alma são funções vitais. Ora, nenhuma função vital, mesmo as da vida vegetativa que é a mais ínfima de todas, não pode vir senão de um princípio intríseco. Logo, o diabo não pode instigar o homem ao mal por movimentos interiores.

11. Q. 10, a. 2; I, q. 105, a. 4.

2 PARALL.: *De Malo*, q. 3, a. 4.

2. PRAETEREA, omnes interiores motus, secundum ordinem naturae, a sensibus exterioribus oriuntur. Sed praeter ordinem naturae aliquid operari est solius Dei, ut in Primo[1] dictum est. Ergo diabolus non potest in interioribus hominis aliquid operari, nisi secundum ea quae exterioribus sensibus apparent.

2. ALÉM DISSO, todos os movimentos interiores, segundo a ordem da natureza, originam-se dos sentidos exteriores. Ora, pertence somente a Deus fazer alguma coisa fora da ordem da natureza, como foi dito na I Parte. Logo, o diabo nada pode fazer nos movimentos humanos interiores, a não ser por aquilo que aparece aos sentidos exteriores.

3. PRAETEREA, interiores actus animae sunt intelligere et imaginari. Sed quantum ad neutrum horum potest diabolus aliquid operari. Quia, ut in Primo[2] habitum est, diabolus non imprimit in intellectum humanum. In phantasiam etiam videtur quod imprimere non possit: quia formae imaginatae, tanquam magis spirituales, sunt digniores quam formae quae sunt in materia sensibili; quas tamen diabolus imprimere non potest, ut patet ex his quae in Primo[3] habita sunt. Ergo diabolus non potest secundum interiores motus inducere hominem ad peccatum.

3. ADEMAIS, os atos interiores da alma são o ato de compreender e de imaginar. Ora, quanto aos dois, o diabo nada pode fazer, porque, o diabo nada imprime no intelecto humano. Mesmo na imaginação, parece que não pode imprimir, porque as formas imaginadas, enquanto mais espirituais, são mais dignas do que as formas que estão na matéria sensível. Estas o diabo não pode imprimir como está claro pelo que foi estabelecido na I Parte. Logo, o diabo não pode induzir o homem ao pecado por movimentos interiores.

SED CONTRA est quia secundum hoc nunquam tentaret hominem nisi visibiliter apparendo. Quod patet esse falsum.

EM SENTIDO CONTRÁRIO, pelo que foi dito, o diabo nunca tentaria o homem senão aparecendo visivelmente, o que é evidentemente falso.

RESPONDEO dicendum quod interior pars animae est intellectiva et sensitiva. Intellectiva autem continet intellectum et voluntatem. Et de voluntate quidem iam[4] dictum est quomodo ad eam diabolus se habet. Intellectus autem per se quidem movetur ab aliquo illuminante ipsum ad cognitionem veritatis: quod diabolus circa hominem non intendit, sed magis obtenebrare rationem ipsius ad consentiendum peccato. Quae quidem obtenebratio provenit ex phantasia et appetitu sensitivo. Unde tota interior operatio diaboli esse videtur circa phantasiam et appetitum sensitivum. Quorum utrumque commovendo, potest inducere ad peccatum: potest enim operari ad hoc quod imaginationi aliquae formae imaginariae praesententur; potest etiam facere quod appetitus sensitivus concitetur ad aliquam passionem.

RESPONDO. A parte interior da alma é intelectual e sensível. Intelectual, enquanto possui inteligência e vontade. Quanto à vontade, já se disse como o diabo se comporta com ela. Quanto ao intelecto, ele é movido pelo que lhe traz luz para o conhecimento da verdade. Ora, não é isso que o diabo procura, antes ele procura obscurecer-lhe a razão para consentir no pecado. E como esse obscurecimento provém da imaginação e do apetite sensível, parece que toda a ação interior do diabo seja sobre estas duas faculdades, e que é movendo uma e outra, que ele pode induzir ao pecado. Ele pode fazer com que algumas formas imaginárias se apresentem à imaginação. Pode fazer, igualmente, que o apetite sensível seja excitado para alguma paixão.

Dictum est enim in Primo Libro[5] quod natura corporalis spirituali naturaliter obedit ad motum localem. Unde et diabolus omnia illa causare potest quae ex motu locali corporum inferiorum provenire possunt, nisi virtute divina reprimatur. Quod autem aliquae formae repraesententur ima-

Foi dito na I Parte, que a natureza corporal obedece naturalmente à espiritual, quanto ao movimento local. Por conseguinte, o diabo tem o poder, a menos que uma potência divina o impeça, de causar todas aquelas coisas que podem provir do movimento local dos corpos inferiores. Que

1. Q. 110, a. 4.
2. Q. 111, a. 2, ad 2.
3. Q. 110, a. 2.
4. Art. praec.
5. Q. 110, a. 3.

ginationi, consequitur quandoque ad motum localem. Dicit enim Philosophus, in libro *de Sommo et Vigilia*[6], quod *cum animal dormierit, descendente plurimo sanguine ad principium sensitivum, simul descendunt motus*, sive impressiones relictae ex sensibilium motionibus, quae in sensibilibus speciebus conservantur, *et movent principium apprehensivum*, ita quod apparent ac si tunc principium sensitivum a rebus ipsis exterioribus immutaretur. Unde talis motus localis spirituum vel humorum potest procurari a daemonibus, sive dormiant sive vigilent homines: et sic sequitur quod homo aliqua imaginetur.

Similiter etiam appetitus sensitivus concitatur ad aliquas passiones secundum quendam determinatum motum cordis et spirituum. Unde ad hoc etiam diabolus potest cooperari. Et ex hoc quod passiones aliquae concitantur in appetitu sensitivo, sequitur quod et motum sive intentionem sensibilem praedicto modo reductam ad principium apprehensivum, magis homo percipiat: quia, ut Philosophus in eodem libro[7] dicit, *amantes modica similitudine in apprehensionem rei amatae moventur*. Contingit etiam ex hoc quod passio est concitata, ut id quod proponitur imaginationi, iudicetur prosequendum: quia ei qui a passione detinetur, videtur esse bonum id ad quod per passionem inclinatur. Et per hunc modum diabolus interius inducit ad peccandum.

AD PRIMUM ergo dicendum quod opera vitae semper etsi sint ab aliquo principio intrinseco, tamen ad ea potest cooperari exterius agens: sicut etiam ad opera animae vegetabilis operatur calor exterior, ut facilius digeratur cibus.

AD SECUNDUM dicendum quod huiusmodi apparitio formarum imaginabilium non est omnino praeter ordinem naturae. Nec est per solum imperium, sed per motum localem, ut dictum est[8].

Unde patet responsio AD TERTIUM: quia formae illae sunt a sensibus acceptae primordialiter.

algumas formas se apresentem à imaginação é, por vezes, a sequência de um movimento local. O Filósofo diz que "quando um animal dorme, ao descer um sangue abundante ao princípio sensitivo, ao mesmo tempo descem os movimentos", ou impressões deixadas pelas moções sensíveis que se conservam nas imagens sensíveis e "movem o princípio apreensivo", de tal modo que aparecem como se então o princípio sensitivo fosse mudado pelas mesmas coisas exteriores. Portanto, este movimento local dos espíritos ou dos humores pode ser provocado pelos demônios quer durmam os homens ou estejam acordados. E assim se segue que o homem imagina algumas coisas.

Igualmente, o apetite sensível é excitado para as paixões em consequência de certos movimentos do coração e dos espíritos. Por conseguinte, também nisso o diabo pode agir. E uma vez que algumas paixões são excitadas no apetite sensitivo, segue-se que o homem perceba mais o movimento ou a intenção sensível reduzida ao princípio apreensivo, da maneira acima dita. Por esta razão, diz o Filósofo no mesmo livro que "aqueles que amam são levados à apreensão da coisa amada por uma pequena semelhança". Acontece ainda que, a paixão tendo sido excitada, o que se oferece à imaginação, julga-se dever prosseguir, porque o que foi tomado por uma paixão acha bom aquilo a que se inclina pela paixão. E por esse modo interiormente o diabo induz a pecar.

QUANTO AO 1º, portanto, deve-se dizer que as obras da vida embora procedam sempre de um princípio intrínseco, um princípio ativo exterior pode concorrer para isso. É assim que para as obras da vida vegetativa o calor exterior traz seu concurso facilitando a digestão dos alimentos.

QUANTO AO 2º, deve-se dizer que esta aparição de formas na imaginação não se faz fora da ordem da natureza, nem só por mandamento; mas pelo movimento local, como foi dito.

QUANTO AO 3º, deve-se dizer que está clara a resposta à terceira objeção, porque aquelas formas são inicialmente recebidas pelos sentidos.

6. C. 3: 461, b, 11-12.
7. C. 2: 460, b, 5-8.
8. In corp.

ARTICULUS 3
Utrum diabolus possit necessitatem inferre ad peccandum

AD TERTIUM SIC PROCEDITUR. Videtur quod diabolus possit necessitatem inferre ad peccandum.

1. Potestas enim maior potest necessitatem inferre minori. Sed de diabolo dicitur Iob 41,24: *Non est potestas super terram quae ei valeat comparari*. Ergo potest homini terreno necessitatem inferre ad peccandum.

2. PRAETEREA, ratio hominis non potest moveri nisi secundum ea quae exterius sensibus proponuntur et imaginationi repraesentantur: quia omnis nostra cognitio ortum habet a sensu, et *non est intelligere sine phantasmate*, ut dicitur in libro *de Anima*[1]. Sed diabolus potest movere imaginationem hominis, ut dictum est[2], et etiam exteriores sensus: dicit enim Augustinus, in libro *Octoginta trium Quaest.*[3], quod *serpit hoc malum*, scilicet quod est a diabolo, *per omnes aditus sensuales; dat se figuris, accommodat coloribus, adhaeret sonis, infundit saporibus*. Ergo potest rationem hominis ex necessitate inclinare ad peccandum.

3. PRAETEREA, secundum Augustinum[4], *nonnullum peccatum est, cum caro concupiscit adversus spiritum*. Sed concupiscentiam carnis diabolus potest causare, sicut et ceteras passiones, eo modo quo supra[5] dictum est. Ergo ex necessitate potest inducere ad peccandum.

SED CONTRA est quod dicitur 1Pe ult., 8-9: *Adversarius vester diabolus tanquam leo rugiens circuit, quaerens quem devoret: cui resistite fortes in fide*. Frustra autem talis admonitio daretur, si homo ei ex necessitate succumberet. Non ergo potest homini necessitatem inducere ad peccandum.

RESPONDEO. Dicendum quod diabolus propria virtute, nisi refraenetur a Deo, potest aliquem inducere ex necessitate ad faciendum aliquem actum qui de suo genere peccatum est: non autem potest inducere necessitatem peccandi. Quod patet ex hoc quod homo motivo ad peccandum non resistit nisi per rationem: cuius usum totaliter impedire potest movendo imaginationem et appetitum sensitivum,

ARTIGO 3
O diabo pode levar à necessidade de pecar?

QUANTO AO TERCEIRO, ASSIM SE PROCEDE: parece que o diabo **pode** levar à necessidade de pecar.

1. Com efeito, um poder maior pode impor necesidade ao menor. Ora, no livro de Jó está escrito do diabo: "Não há um poder na terra que se lhe possa comparar". Logo, o homem que é terrestre pode ser levado à necessidade de pecar.

2. ALÉM DISSO, a razão humana não pode ser movida senão pelo que exteriormente é proposto aos sentidos exteriores e representado à imaginação, pois todo nosso conhecimento vem dos sentidos e não se conhece sem as representações imaginárias, como se diz no livro da *Alma*. Ora, o diabo pode mover a imaginação, como foi dito, e também os sentidos exteriores. E Agostinho diz que "o mal, que provém do diabo, introduz-se por todos os acessos sensitivos, dá-se em figuras, acomoda-se às cores, adere aos sons, espalha-se nos sabores". Logo, pode inclinar necessariamente a razão humana a pecar.

3. ADEMAIS, Agostinho diz que "não há pecado quando a carne tem desejos contrários ao espírito". Ora, o diabo pode causar a concupiscência da carne, como todas as outras paixões, da maneira como foi dito. Logo, ele pode induzir necessariamente ao pecado.

EM SENTIDO CONTRÁRIO, a primeira Carta de Pedro diz: "Vosso inimigo o diabo, como um leão que ruge, ronda em torno de vós, procurando quem devorar. Resisti-lhe fortemente na fé". Uma tal advertência seria inútil se o homem sucumbisse necessariamente a ele. Portanto, não pode necessariamente levar o homem ao pecado.

RESPONDO. O diabo, por seu próprio poder, se Deus não o impede, pode levar necessariamente alguém a fazer atos que por seu gênero são pecados. Mas, não pode levá-lo à necessidade de pecar. E isso é claro pelo fato de que é pela razão que o homem resiste a um motivo para pecar. O diabo pode impedir totalmente o uso da razão movendo a imaginação e o apetite sensitivo, como se vê nos

3 PARALL.: *De Malo*, q. 3, a. 3, ad 9.

1. C. 7: 431, a, 16-17.
2. Art. praec.
3. Q. 12: ML 40, 14.
4. *De civ. Dei*, l. XIX, c. 4, n. 3: ML 41, 629.
5. Art. praec.

sicut in arreptitiis patet. Sed tunc, ratione sic ligata, quidquid homo agat, non imputatur ei ad peccatum. Sed si ratio non sit totaliter ligata, ex ea parte qua est libera, potest resistere peccato, sicut supra[6] dictum est. Unde manifestum est quod diabolus nullo modo potest necessitatem inducere homini ad peccandum.

AD PRIMUM ergo dicendum quod non quaelibet potestas maior homine, potest movere voluntatem hominis: sed solus Deus, ut supra[7] habitum est.

AD SECUNDUM dicendum quod illud quod est apprehensum per sensum vel imaginationem, non ex necessitate movet voluntatem, si homo habeat usum rationis. Nec semper huiusmodi apprehensio ligat rationem.

AD TERTIUM dicendum quod concupiscentia carnis contra spiritum, quando ratio ei actualiter resistit, non est peccatum, sed materia exercendae virtutis. Quod autem ratio ei non resistat, non est in potestate diaboli. Et ideo non potest inducere necessitatem peccati.

possessos. Mas, então, seja o que o homem fizer, se sua razão estiver ligada deste modo, não lhe é imputado como pecado. Se ao contrário, a razão não estiver completamente ligada, pode resistir ao pecado por aquela parte pela qual é livre, como foi dito. Assim fica claro que o diabo não pode de nenhuma maneira levar necessariamente o homem a pecar.

QUANTO AO 1º, portanto, deve-se dizer que não é qualquer poder superior ao homem que pode mover a vontade, mas unicamente Deus, como já se estabeleceu.

QUANTO AO 2º, deve-se dizer que o que é apreendido pelo sentido ou pela imaginação não move necessariamente a vontade se o homem tem o uso da razão. E não é sempre que tais apreensões ligam a razão.

QUANTO AO 3º, deve-se dizer que a concupiscência da carne contra o espírito, quando a razão opõe uma resistência atual, não é pecado mas matéria para exercer a virtude. Por outro lado, não está no poder do diabo fazer com que esta resistência da razão não exista. Eis porque não pode levar à necessidade de pecar.

ARTICULUS 4

Utrum omnia peccata hominum sint ex suggestione diaboli

AD QUARTUM SIC PROCEDITUR. Videtur quod omnia peccata hominum sint ex suggestione diaboli.

1. Dicit enim Dionysius, 4 cap. *de Div. Nom.*[1], quod *multitudo daemonum causa est omnium malorum et sibi et aliis*.

2. PRAETEREA, quicumque peccat mortaliter, efficitur servus diaboli; secundum illud Io 8,34: *Qui facit peccatum, servus est peccati*. Sed *ei aliquis in servitutem addicitur, a quo superatus est*, ut dicitur 2Pe 2,19. Ergo quicumque facit peccatum, superatus est a diabolo.

3. PRAETEREA, Gregorius dicit[2] quod peccatum diaboli est irreparabile, quia cecidit nullo suggerente. Si igitur aliqui homines peccarent per liberum arbitrium, nullo suggerente, eorum peccatum

ARTIGO 4

Todos os pecados humanos vêm da sugestão do diabo?

QUANTO AO QUARTO, ASSIM SE PROCEDE: parece que todos os pecados humanos **vêm** da susgestão do diabo.

1. Com efeito, Dionísio afirma que a multidão dos demônios é a causa de todos os males para si mesmos e para os outros.

2. ALÉM DISSO, segundo o Evangelho de João: "quem comete o pecado é escravo do pecado". Ora, como diz a segunda Carta de Pedro: "Alguém se entrega à escravidão daquele por quem foi vencido". Logo, aquele que comete o pecado é vencido pelo diabo.

3. ADEMAIS, Gregório diz que o pecado do diabo é irreparável, porque ele caiu sem sugestão de ninguém. Por conseguinte se os homens pecam pelo livre-arbítrio e sem sugestão de ninguém,

6. Q. 77, a. 7.
7. Q. 9, a. 6.

4 PARALL.: Part. I, q. 114, a. 3; *De Malo*, q. 3, a. 5.

1. MG 3, 716 A.
2. *Moral*. l. IV, c. 3, al. 10, in vet. 9: ML 75, 642 B.

esset irremediabile: quod patet esse falsum. Ergo omnia peccata humana a diabolo suggeruntur.

SED CONTRA est quod dicitur in libro *de Ecclesiasticis Dogmatibus*[3]: *Non omnes cogitationes nostrae malae a diabolo excitantur, sed aliquoties ex nostri arbitrii motu emergunt.*

RESPONDEO dicendum quod occasionaliter quidem et indirecte diabolus est causa omnium peccatorum nostrorum, inquantum induxit primum hominem ad peccandum, ex cuius peccato intantum vitiata est humana natura, ut omnes simus ad peccandum proclives: sicut diceretur esse causa combustionis lignorum qui ligna siccaret, ex quo sequeretur quod facile incenderetur. Directe autem non est causa omnium peccatorum humanorum, ita quod singula peccata persuadeat. Quod Origenes probat[4] ex hoc, quia etiam si diabolus non esset, homines haberent appetitum cibi et venereorum et similium, qui posset esse inordinatus nisi ratione ordinaretur, quod subiacet libero arbitrio.

AD PRIMUM ergo dicendum quod multitudo daemonum est causa omnium malorum nostrorum secundum primam originem, ut dictum est[5].

AD SECUNDUM dicendum quod non solum fit servus alicuius qui ab eo superatur, sed etiam qui se ei voluntarie subiicit. Et hoc modo fit servus diaboli qui motu proprio peccat.

AD TERTIUM dicendum quod peccatum diaboli fuit irremediabile, quia nec aliquo suggerente peccavit, nec habuit aliquam pronitatem ad peccandum ex praecedenti suggestione causatam. Quod de nullo hominis peccato dici potest.

seu pecado também seria irremediável, o que evidentemente é falso. Logo, todos os pecados humanos são sugeridos pelo diabo.

EM SENTIDO CONTRÁRIO, está dito no livro dos *Dogmas Eclesiásticos*: "Não é sempre o diabo que excita em nós os maus pensamentos; eles emergem algumas vezes pelo movimento de nosso livre-arbítrio".

RESPONDO. Ocasionalmente e indiretamente o diabo é a causa de todos os nossos pecados, pois ele induziu o primeiro homem a pecar. E em sequência deste pecado a natureza humana foi de tal modo viciada que todos nós somos inclinados a pecar. É como se dissesse que a madeira queimou por causa daquele que a fez secar. Pois uma vez seca inflama-se facilmente. — Diretamente, o diabo não é a causa de todos os pecados humanos, como se persuadisse a cada um deles. Orígenes prova pelo fato de que, mesmo se o diabo não existisse, os homens não deixariam de ter o apetite dos alimentos e das coisas venéreas e de outras semelhantes. E este apetite poderia ser desordenado se a razão não o ordenasse, o que está no poder do livre-arbítrio.

QUANTO AO 1º, portanto, deve-se dizer que a multidão dos demônios é a causa de todos os nossos males em sua primeira origem, como foi dito.

QUANTO AO 2º, deve-se dizer que alguém não se torna escravo de outrem apenas quando se é vencido por ele, mas ainda quando se submete voluntariamente a ele. É assim que aquele que peca por seu próprio movimento torna-se escravo do diabo.

QUANTO AO 3º, deve-se dizer que o pecado do diabo foi irremediável porque ele o cometeu sem que niguém lho sugerisse, sem que houvesse nenhuma inclinação para o mal causada por uma sugestão anterior. De nenhum pecado humano pode-se dizer a mesma coisa.

3. C. 49, al. 82: ML 58, 999 A.
4. *Peri Archon*, l. III, c. 2: MG 11, 305 CD.
5. In corp.

QUAESTIO LXXXI
DE CAUSA PECCATI EX PARTE HOMINIS
in quinque articulos divisa

Deinde considerandum est de causa peccati ex parte hominis. Cum autem homo sit causa peccati alteri homini exterius suggerendo, sicut et diabolus, habet quendam specialem modum causandi peccatum in alterum per originem. Unde de peccato originali dicendum est. Circa quod tria consideranda ocurrunt: primo, de eius traductione; secundo, de eius essentia; tertio, de eius subiecto.

Circa primum quaeruntur quinque.

Primo: utrum primum peccatum hominis derivetur per originem in posteros.

Secundo: utrum omnia alia peccata primi parentis, vel etiam aliorum parentum, per originem in posteros deriventur.

Tertio: utrum peccatum originale derivetur ad omnes qui ex Adam per viam seminis generantur.

Quarto: utrum derivaretur ad illos qui miraculose ex aliqua parte humani corporis formarentur.

Quinto: utrum si femina peccasset, viro non peccante, traduceretur originale peccatum.

QUESTÃO 81
A CAUSA DO PECADO DA PARTE DO HOMEM
em cinco artigos

Agora deve-se considerar a causa do pecado por parte do homem. Como o homem pode ser causa do pecado de outro homem por sugestão externa, como também o diabo, ele possui um modo especial de causar o pecado no outro por geração. Daí vem a consideração sobre o pecado original[a]. E sobre isso ocorrem três coisas: sua transmissão, sua essência, e o seu sujeito.

Sobre o primeiro, são cinco as perguntas:

1. O primeiro pecado do homem decorre para a posteridade por geração?
2. Os outros pecados do primeiro pai, como também os dos outros parentes, decorrem para a posteridade por geração?
3. O pecado original se transmite sobre todos aqueles que são gerados por Adão por meio do sêmen humano.
4. Ele se transmite também para aqueles que seriam miraculosamente formados de alguma porção do corpo humano?
5. E, se a mulher tivesse pecado e não o homem, haveria transmissão de pecado original?

ARTICULUS 1
Utrum primum peccatum primi parentis traducatur per originem in posteros

AD PRIMUM SIC PROCEDITUR. Videtur quod primum peccatum primi parentis non traducatur ad alios per originem.

ARTIGO 1
O primeiro pecado do primeiro pai é transmitido aos descendentes por geração?

QUANTO AO PRIMEIRO ARTIGO, ASSIM SE PROCEDE: parece que o primeiro pecado do primeiro pai **não** é transmitido aos descendentes por geração.

1 PARALL.: II *Sent.*, dist. 30, q. 1, a. 2; dist. 31, q. 1, a. 1; *Cont. Gent.* IV, 50, 51, 52; *De Malo*, q. 4, a. 1; *Compend. Theol.*, c. 196; *ad Rom.*, c. 5, lect. 3.

a. A reflexão sobre o pecado original retorna em diferentes seções da Suma teológica. Na Parrte I, Sto. Tomás estuda a criação do ser humano e o seu estado de perfeição original (I, q. 90-102); depois, após ter analisado a causalidade do diabo em todos os pecados humanos devido à primeira tentação (I, q. 114, a. 3), ele aborda o problema da causalidade humana na transmissão da espécie (I, q. 118-119).

Na II-II, o pecado original é examinado na perspectiva de sua espécie moral, ou seja, enquanto pecado de orgulho (II-II, q. 163-165).

Na III, Cristo é apresentado como redentor do pecado da natureza humana (III, q. 1, a. 4), e o batismo é concebido na ótica das sequências do pecado original (III, q. 61, a. 2-4).

Essa mesma doutrina é desenvolvida por Sto. Tomás ex professo em outras obras: (II Sent. D. 30-34; IV CG, 50-52). Comp. Teol., cap. 185-199; De Malo, q. 4-5; ad Rom., cap. 5, lect. 3.

Todos esses contextos forçam a refletir sobre esse drama que atinge a condição humana desde a sua origem e ao longo de toda a sua história. Aqui, no tratado sobre o pecado, o pecado original é considerado no ser humano, como componente da recusa do homem de se realizar plenamente em Deus. Em três questões, Sto. Tomás estuda: o fato propriamente dito da transmissão do pecado original (q. 81); a natureza e o caráter especial deste (q. 82); o sujeito imediato no qual ele se encontra, e as faculdades que ele afeta de maneira mais profunda (q. 83). Na questão 85, ele considera também os seus efeitos. A sua visão teológica é perfeitamente independente, em sua substância, de certas posições especificamente medievais, e é ela mesma que, pelo vigor de suas intuições, convida-nos a superá-las.

1. Dicitur enim Ez 18,20: *Filius non portabit iniquitatem patris*. Portaret autem, si ab eo iniquitatem traheret. Ergo nullus trahit ab aliquo parentum per originem aliquod peccatum.

2. PRAETEREA, accidens non traducitur per originem, nisi traducto subiecto: eo quod accidens non transit de subiecto in subiectum. Sed anima rationalis, quae est subiectum culpae, non traducitur per originem, ut in Primo[1] ostensum est. Ergo neque aliqua culpa per originem traduci potest.

3. PRAETEREA, omne illud quod traducitur per originem humanam, causatur ex semine. Sed semen non potest causare peccatum: eo quod caret rationali parte animae, quae sola potest esse causa peccati. Ergo nullum peccatum potest trahi per originem.

4. PRAETEREA, quod est perfectius in natura, virtuosius est ad agendum. Sed caro perfecta non potest inficere animam sibi unitam: alioquin anima non posset emundari a culpa originali dum est carni unita. Ergo multo minus semen potest inficere animam.

5. PRAETEREA, Philosophus dicit, in III *Ethic*[2], quod *propter naturam turpes nullus increpat, sed eos qui propter desidiam et negligentiam*. Dicuntur autem natura turpes qui habent turpitudinem ex sua origine. Ergo nihil quod est per originem, est increpabile, neque peccatum.

SED CONTRA est quod Apostolus dicit, Rm 5,12: *Per unum hominem peccatum in hunc mundum intravit*. Quod non potest intelligi per modum imitationis, propter hoc quod dicitur Sap 2,24: *Invidia diaboli mors intravit in orbem terrarum*. Restat ergo quod per originem a primo homine peccatum in mundo intravit.

RESPONDEO dicendum quod secundum fidem catholicam est tenendum quod primum peccatum primi hominis originaliter transit in posteros. Propter quod etiam pueri mox nati deferuntur ad baptismum, tanquam ab aliqua infectione culpae abluendi. Contrarium autem est haeresis Pelagianae, ut patet per Augustinum in plurimis suis libris[3].

1. Com efeito, está dito no livro de Ezequiel: "O filho não carregará a iniquidade do pai". Ora, ele a carregaria se tivesse a iniquidade dele. Logo, ninguém tem de nenhum de seus parentes, por geração, qualquer pecado.

2. ALÉM DISSO, um acidente não se transmite por geração, a não ser que se transmita o sujeito, porque o acidente não passa de sujeito para sujeito. Ora, a alma racional, que é sujeito da culpa, não se transmite por geração, como se mostrou na I Parte. Logo, nenhum culpa pode se transmitir por geração.

3. ADEMAIS, tudo o que se transmite por geração humana é causado pelo sêmen. Ora, o sêmen não pode causar o pecado, pois carece da parte racional da alma que somente ela pode ser causa de pecado. Logo, nenhum pecado pode ser transmitido por geração.

4. ADEMAIS, o que é mais perfeito na natureza tem mais força para agir. Ora, a carne humana perfeitamente formada não tem o poder de infectar a alma que lhe está unida; sem isso, a alma não poderia ser purificada da culpa original enquanto permanecer unida à carne. Logo, muito menos o sêmen pode infectar a alma.

5. ADEMAIS, o Filósofo diz que "ninguém critica os que são feios por natureza, mas somente aqueles que o são por preguiça e negligência". Ora, chama-se de feios por natureza aqueles que o são por sua geração. Logo, nada do que é por geração é criticável, nem o pecado.

EM SENTIDO CONTRÁRIO, o Apóstolo diz: "Por um homem o pecado entrou neste mundo". Isso não se pode entender à maneira de imitação, por isso diz o livro da Sabedoria que "a morte veio à terra pelo ciúme do diabo". Portanto, pela geração do primeiro homem o pecado entrou no mundo.

RESPONDO. Segundo a fé católica[b] é preciso admitir que o primeiro pecado do primeiro homem passa originalmente à posteridade, É por causa disso que mesmo as crianças recém-nascidas são levadas ao batismo como devendo ser lavadas da infecção de uma culpa. O contrário é afirmado pela heresia pelagiana, como se vê por Agostinho em vários de seus livros.

1. Q. 118, a. 2.
2. C. 7: 1114, a, 26-31.
3. Cfr. *Retract.*, l. I, c. 9: ML 32, 598; *De peccat. merit. et remiss.*, l. II, c. 9: ML 44, 158; *Contra Iulian.*, l. III, c. 1: ML 44, 703; *De dono persev.*, cc. 2, n. 4; 11, n. 26: ML 45, 996, 1008.

b. As primeiras linhas do primeiro artigo dessa primeira questão sobre o pecado original nos situam na perspectiva justa. Não se trata de provar o fato de que cada ser humano vem ao mundo já marcado pelo pecado cometido nas origens por Adão,

Ad investigandum autem qualiter peccatum primi parentis originaliter possit transire in posteros, diversi diversis viis processerunt. Quidam enim, considerantes quod peccati subiectum est anima rationalis, posuerunt quod cum semine rationalis anima traducatur, ut sic ex infecta anima animae infectae derivari videantur. — Alii vero, hoc repudiantes tanquam erroneum, conati sunt ostendere quomodo culpa animae parentis traducitur in prolem, etiam si anima non traducatur, per hoc quod corporis defectus traducuntur a parente in prolem: sicut si leprosus generati leprosum, et podagricus podagricum, propter aliquam corruptionem seminis, licet talis corruptio non dicatur lepra vel podagra. Cum autem corpus sit proportionatum animae, et defectus animae redundent in corpus, et e converso; simili modo dicunt quod culpabilis defectus animae per traductionem seminis in prolem derivatur, quamvis semen actualiter non sit culpae subiectum.

Para se investigar de que maneira o pecado do primeiro pai pode originalmente passar à posteridade, diversos autores tomaram vários caminhos. Uns, condiderando que o pecado tem por sujeito a alma racional sustentaram que esta alma transmite-se com o sêmen, de maneira que as almas infectadas parecem derivar de uma alma infectada. — Outros, ao contrário, rejeitando isto como um erro, esforçaram-se em mostrar como uma culpa da alma dos pais transmite-se aos filhos mesmo que não haja a transmissão da alma e por isso os defeitos do corpo são transmitidos pelos pais aos seus filhos. Do mesmo modo um leproso gera um leproso, e o doente de gota gera um outro doente de gota, por causa de uma corrupção do sêmen, se bem que esta corrupção não seja nem lepra e nem doença de gota. Assim, dizem eles, em razão da proporção entre o corpo e a alma, e da redundância dos defeitos da alma sobre o corpo, ou vice-versa, de modo semelhante um defeito culpável da alma deriva-se para a prole pela transmissão do sêmen, se bem que o sêmen atualmente não esteja submetido à culpa.

Sed omnes huiusmodi viae insufficientes sunt. Quia dato quod aliqui defectus corporales a parente transeant in prolem per originem; et etiam aliqui defectus animae ex consequenti, propter corporis indispositionem, sicut interdum ex fatuis fatui generantur: tamen hoc ipsum quod est ex origine aliquem defectum habere, videtur excludere rationem culpae, de cuius ratione est quod sit voluntaria. Unde etiam posito quod anima rationalis traduceretur, ex hoc ipso quod infectio

Todos estes caminhos são insuficientes. Pode ser que os defeitos corporais passem de pai para filho por geração, e mesmo os defeitos da alma por via de consequência em razão do mal estado do corpo, como de tempos em tempos os idiotas geram idiotas. Mas, o fato de ter algum defeito de nascença parece excluir a razão da culpa, cuja razão é ser voluntária. Portanto, mesmo que a alma racional seja transmitida, pelo fato de que a infecção da alma não estaria na vontade do filho,

mas de assegurar-se que essa dado pertence ao terreno da fé. Essa certeza posta, a tarefa da teologia é compreender semelhante fato, torná-lo inteligível na medida em que pode sê-lo, tentar verificar os aspectos de verdade e de falsidade das doutrinas que o negam. No que se refere a descobrir de que maneira o pecado do primeiro pai pode, originalmente, passar à posteridade, vários autores efetuaram tentativas diversas (a. 1, Sol.). Sto. Tomás busca a explicação dessa transmissão na incorporação a Adão de todos os humanos que nascem dele. Trata-se, com efeito, de esclarecer como o que é transmitido a partir de um outro pode ser pecado naquele que o recebe. O pecado original não é um pecado pessoal, não é cometido pela pessoa, é um estado de pecado, um pecado de natureza contraído com a natureza e no mesmo título que ela pela posteridade de Adão. Não sendo pessoal, só pode ser pecado se for de alguma maneira voluntário; e o é pelo fato de que a vontade de cada um acha-se comprometida na de Adão: todos os que nascem dele, na medida em que participam de sua natureza, formam um só corpo com ele, são como *unus homo*. No princípio desse ato não há nenhum outro querer pessoal a não ser o de Adão; a nossa vontade, que não está envolvida como princípio ativo, é afetada enquanto sujeito que participa nele da mesma natureza.

É um estado de pecado induzido na natureza humana pelo pecado pessoal de seu primeiro pai. Essa natureza pecadora herdada de Adão, devido ao fato mesmo de que nos constitui privados da graça de Deus, constitui-nos também como pecadores, pois tal privação é o efeito da recusa que está em sua origem. Sto. Tomás não faz sua a teoria do "pacto", embora alguns comentadores lhe tenham atribuído tal doutrina; explica a propagação do pecado original pela transmissão da natureza: contrai-se o pecado não porque se tenha cometido o mesmo em Adão, mas recebendo a natureza que, nele, está corrrompida pelo pecado (ver IV C.G. 52). A unidade da natureza recebida de Adão em cada um de seus descendentes é o fundamento que explica a possibilidade de contrair um pecado verdadeiro, mas não pessoal. Coerente com tal doutrina, Sto. Tomás afirma que os outrros pecados, sejam eles de Adão mesmo ou de qualquer um de seus descendentes, não podem ser transmitidos enquanto pecados (a. 2); o primeiro pecado é transmitido a todos os seres humanos devido ao fato que, por sua origem, eles recebem a natureza humana. As conclusões dos artigos seguintes são outras tantas consequências dessa doutrina.

animae prolis non esset in eius voluntate, amitteret rationem culpae obligantis ad poenam: quia, ut Philosophus dicit in III *Ethic.*[4], *nullus improperabit caeco nato, sed magis miserebitur*.

Et ideo alia via procedendum est, dicendo quod omnes homines qui nascuntur ex Adam, possunt considerari ut unus homo, inquantum conveniunt in natura, quam a primo parente accipiunt; secundum quod in civilibus omnes qui sunt unius communitatis, reputantur quasi unum corpus, et tota communitas quasi unus homo. Porphyrius etiam dicit[5] quod *participatione speciei plures homines sunt unus homo*. Sic igitur multi homines ex Adam derivati, sunt tanquam multa membra unius corporis. Actus autem unius membri corporalis, puta manus, non est voluntarius voluntate ipsius manus, sed voluntate animae, quae primo movet membra. Unde homicidium quod manus committit, non imputaretur manui ad peccatum, si consideraretur manus secundum se ut divisa a corpore: sed imputatur ei inquantum est aliquid hominis quod movetur a primo principio motivo hominis. Sic igitur inordinatio quae est in isto homine, ex Adam generato, non est voluntaria voluntate ipsius sed voluntate primi parentis, qui movet motione generationis omnes qui ex eius origine derivantur, sicut voluntas animae movet omnia membra ad actum. Unde peccatum quod sic a primo parente in posteros derivatur, dicitur *originale*: sicut peccatum quod ab anima derivatur ad membra corporis, dicitur actuale. Et sicut peccatum actuale quod per membrum aliquod committitur, non est peccatum illius membri nisi inquantum illud membrum est aliquid ipsius hominis, propter quod vocatur *peccatum humanum*; ita peccatum originale non est peccatum huius personae, nisi inquantum haec persona recipit naturam a primo parente. Unde et vocatur *peccatum naturae*; secundum illud Eph 2,3: *Eramus natura filii irae*.

AD PRIMUM ergo dicendum quod filius dicitur non portare peccatum patris, quia non punitur pro peccato patris, nisi sit particeps culpae. Et sic est in proposito: derivatur enim per originem culpa

perderia a razão de culpa obrigando a uma pena. Ninguém, diz o Filósofo, "acusaria um cego nato, mas dele teria compaixão".

Portanto, deve-se proceder por outro caminho, explicando que todos os homens que nascem de Adão, podem ser considerados como um só homem, enquanto têm em comum a mesma natureza recebida do primeiro pai, do mesmo modo que na cidade todos os membros de uma comunidade são considerados como um só corpo e toda a comunidade como um só homem. Porfírio diz também que "em razão de sua participação na espécie, vários homens são um só homem". Da mesma maneira, os muitos homens procedentes de Adão são como muitos membros de um único corpo. — Com efeito, o ato de um só membro do corpo, por exemplo a mão, não é voluntário pela vontade desta mão, mas por aquela da alma que é a primeira a mover os membros. É por isso que o homicídio que a mão comete não lhe seria imputado como pecado se se considerasse a mão em si mesma como separada do corpo. Mas, o pecado lhe é imputado enquanto ela é algo do homem que se move pelo primeiro princípio motor do homem. — Portanto é assim que a desordem que se encontra neste homem gerado por Adão não é voluntária por sua vontade própria, mas por aquela de seu primeiro pai, o qual move, com o movimento da geração, a todos aqueles que procedem de sua origem, como a vontade da alma move todos os membros a agir. Por isso, chama-se "original" este pecado que procede do primeiro pai para a sua posteridade, como se chama atual o pecado que procede da alma para os membros do corpo. Assim como o pecado atual cometido por um membro não é pecado de tal membro senão enquanto este membro é alguma coisa do próprio homem, e por isso chama-se *pecado humano*, assim, o pecado original não é pecado de tal pessoa senão enquanto ela recebe sua natureza do primeiro pai. Ele é chamado por isso *pecado da natureza*, segundo a Carta aos Efésios que diz: "Éramos por natureza" filhos da ira.

QUANTO AO 1º, portanto, deve-se dizer que o filho não carrega o pecado do pai porque ele não é punido pelo pecado do pai a não ser que participe da culpa. É o que acontece neste caso:

4. Loc. cit. in 5 a.
5. *Isagoge*, a. Boethio translata, c. *De specie*: ed. A. Busse, Berolini 1887, p. 32, l. 6-7; cfr. ML 64, 111.

a patre in filium, sicut et peccatum actuale per imitationem.

AD SECUNDUM dicendum quod, etsi anima non traducatur, quia virtus seminis non potest causare animam rationalem; movet tamen ad ipsam dispositive. Unde per virtutem seminis traducitur humana natura a parente in prolem, et simul cum natura naturae infectio: ex hoc enim fit iste qui nascitur consors culpae primi parentis, quod naturam ab eo sortitur per quandam generativam motionem.

AD TERTIUM dicendum quod, etsi culpa non sit actu in semine, est tamen ibi virtute humana natura, quam concomitatur talis culpa.

AD QUARTUM dicendum quod semen est principium generationis, quae est proprius actus naturae, eius propagationi deserviens. Et ideo magis inficitur anima per semen quam per carnem iam perfectam, quae iam determinata est ad personam.

AD QUINTUM dicendum quod illud quod est per originem, non est increpabile, si consideretur iste qui nascitur secundum se. Sed si consideretur prout refertur ad aliquod principium, sic potest esse ei increpabile: sicut aliquis qui nascitur patitur ignominiam generis ex culpa alicuius progenitorum causatam.

a culpa procede por geração do pai para o filho, como procede por imitação o pecado atual.

QUANTO AO 2º, deve-se dizer que mesmo que a alma não seja transmitida, porque o poder do sêmen não pode causar a alma racional, contudo move a ela dispositivamente. Portanto, pelo poder do sêmen transmite-se a natureza humana do pai à prole, e simultaneamente com a natureza a infecção da natureza: por isso este que nasce se torna participante da culpa do primeiro pai, pois a natureza vem dele por um movimento gerador.

QUANTO AO 3º, deve-se dizer que se bem que a culpa não esteja de uma maneira atual no sêmen, há aí de uma maneira virtual a natureza humana que uma tal culpa acompanha.

QUANTO AO 4º, deve-se dizer que o sêmen é o princípio da geração, que é um ato próprio da natureza, servindo à sua propagação. Por isso, a alma é infectada mais pelo sêmen do que pela carne já perfeita e já determinada à pessoa.

QUANTO AO 5º, deve-se dizer que aquilo que é por geração não é culpável, se este que nasce é considerado em si mesmo. Mas, se se considera enquanto se refere a algum princípio, então pode-se lhe inculpar. É assim que alguém sofre a ignomínia causada pela culpa de um de seus antepassados.

ARTICULUS 2

Utrum etiam alia peccata primi parentis, vel proximorum parentum, traducantur in posteros

AD SECUNDUM SIC PROCEDITUR. Videtur quod etiam alia peccata vel ipsius primi parentis, vel proximorum parentum, traducantur in posteros.

1. Poena enim nunquam debetur nisi culpae. Sed aliqui puniuntur iudicio divino pro peccato proximorum parentum; secundum illud Ex 20,5: *Ergo sum Deus zelotes, visitans iniquitatem patrum in filios, in tertiam et quartam generationem.* Iudicio etiam humano, in crimine laesae maiestatis, filii exheredantur pro peccato parentum. Ergo etiam culpa proximorum parentum transit ad posteros.

2. PRAETEREA, magis potest transferre in alterum id quod habet aliquis a seipso, quam id quod habet

ARTIGO 2

Os outros pecados do primeiro pai ou dos antepassados próximos são também transmitidos aos descendentes?

QUANTO AO SEGUNDO, ASSIM SE PROCEDE: parece que os outros pecados ou do primeiro pai, ou dos antepassados próximos **são** também transmitidos aos descendentes.

1. Com efeito, a pena só é devida à culpa. Ora, alguns são punidos, pelo juízo divino, por pecados de seus antepassados próximos, segundo o livro do Êxodo: "Eu sou um Deus zeloso, que pune a iniquidade dos pais em seus filhos até a terceira e quarta geração". Do mesmo modo, por juízo humano, no crime de lesa-majestade os filhos são deserdados pelo pecado de seus pais. Logo, a culpa dos antepassados próximos passa para os descendentes.

2. ALÉM DISSO, pode-se transferir a outro o que se tem por si mesmo mais do que o que se tem

2 PARALL.: II *Sent.*, dist. 33, q. 1, a. 1; *Cont. Gent.* IV, 52; *De Malo*, q. 4, a. 8; *Compend. Theol.*, c. 197; *ad Rom.*, c. 5, lect. 3.

ex alio: sicut ignis magis potest calefacere quam aqua calefacta. Sed homo transfert in prolem per originem peccatum quod habet ab Adam. Ergo multo magis peccatum quod ipse commisit.

3. PRAETEREA, ideo contrahimus a primo parente peccatum originale, quia in eo fuimus sicut in principio naturae, quam ipse corrupit. Sed similiter fuimus in proximis parentibus sicut in quibusdam principiis naturae, quae etsi sit corrupta, potest adhuc magis corrumpi per peccatum, secundum illud Ap ult. 11: *Qui in sordibus est, sordescat adhuc*. Ergo filii contrahunt peccata proximorum parentum per originem, sicut et primi parentis.

SED CONTRA, bonum est magis difusivum sui quam malum. Sed merita proximorum parentum non traducuntur ad posteros. Ergo multo minus peccata.

RESPONDEO dicendum quod Augustinus hanc quaestionem movet in *Enchiridio*[1], et insolutam relinquit. Sed si quis diligentur attendit, impossibile est quod aliqua peccata proximorum parentum, vel etiam primi parentis praeter primum, per originem traducantur. Cuius ratio est quia homo generat sibi idem in specie, non autem secundum individuum. Et ideo ea quae directe pertinent ad individum, sicut personales actus et quae ad eos pertinent, non traducuntur a parentibus in filios: non enim grammaticus traducit in filium scientiam grammaticae, quam proprio studio acquisivit. Sed ea quae pertinent ad naturam speciei, traducuntur a parentibus in filios, nisi sit defectus naturae: sicut oculatus generat oculatum, nisi natura deficiat. Et si natura sit fortis, etiam aliqua accidentia individualia propagantur in filios, pertinentia ad dispositionem naturae, sicut velocitas corporis, bonitas ingenii, et alia huiusmodi: nullo autem modo ea quae sunt pure personalia, ut dictum est.

Sicut autem ad personam pertinet aliquid secundum seipsam, et aliquid ex dono gratiae; ita etiam ad naturam potest aliquid pertinere secundum seipsam, scilicet quod causatur ex principiis eius, et aliquid ex dono gratiae. Et hoc modo iustitia originalis, sicut in Primo[2] dictum est, erat quoddam donum gratiae toti humanae naturae divinitus collatum in primo parente. Quod quidem primus homo amisit per primum peccatum. Unde sicut

de um outro. Por exemplo, o fogo pode esquentar mais do que a água quente. Ora, o homem transmite por geração à prole o pecado que recebe de Adão. Logo, com maior razão, aquele que ele mesmo cometeu.

3. ADEMAIS, se contraímos o pecado original do primeiro pai, é porque existimos nele como no princípio da natureza que ele corrompeu. Ora, igualmente existimos nos antepassados próximos como em certos princípios da natureza que, já corrompida pelo pecado, pode ainda o ser mais, segundo o livro do Apolicapse: "Aquele que está sujo, suja-se ainda mais". Logo, os filhos contraem, por geração, os pecados de seus antepassados próximos, como os do primeiro pai.

EM SENTIDO CONTRÁRIO, o bem é mais difusivo de si do que o mal. Ora, os méritos dos antepassados próximos não são transmitidos aos descendentes. Portanto, muito menos os pecados.

RESPONDO. Agostinho trata dessa questão e a deixa sem resposta. Mas considerando atentamente, é impossível que um pecado dos antepassados próximos ou também do primeiro pai, exceto o primeiro, seja transmitido por geração. E a razão é que o homem gera um outro si-mesmo quanto à espécie e não quanto ao indivíduo. É por isso que tudo o que se refere ao indivíduo, como os atos pessoais e o que a isso se refere, não é transmitido pelos pais aos filhos. Um gramático não transmite a seu filho a ciência da gramática que ele adquiriu por seu estudo pessoal. Ao contrário, o que se refere à natureza específica transmite-se, a não ser que haja um defeito de natureza: assim o que tem olhos gera filhos que têm olhos, a não ser que a natureza falhe. E se ela é forte, também alguns acidentes individuais se transmitem aos filhos, relativos à disposição da natureza, como a agilidade do corpo, a bondade do engenho e outros semelhantes. Nunca, porém, o que é puramente pessoal, como foi dito.

Assim como a pessoa possui alguma coisa de si mesma e alguma coisa por dom da graça, assim a natureza pode ter alguma coisa por si mesma, causada por seus próprios princípios, e alguma coisa por dom da graça. Desse modo a justiça original, como foi dito na I Parte, era um dom da graça conferido por Deus a toda natureza humana no primeiro pai. O primeiro homem perdeu este dom pelo primeiro pecado. Portanto, como a jus-

1. Cc. 46, 47: ML 40, 254, 255.
2. Q. 100, a. 1.

illa originalis iustitia traducta fuisset in posteros simul cum natura, ita etiam inordinatio opposita. — Sed alia peccata actualia vel primi parentis vel aliorum, non corrumpunt naturam quantum ad id quod naturae est; sed solum quantum ad id quod personae est, idest secundum pronitatem ad actum. Unde alia peccata non traducuntur.

AD PRIMUM ergo dicendum quod poena spirituali, sicut Augustinus dicit in Epistola *ad Avitum*[3], nunquam puniuntur filii pro parentibus, nisi communicent in culpa, vel per originem vel per imitationem: quia omnes animae immediate sunt Dei, ut dicitur Ez 18,4. Sed poena corporali interdum, iudicio divino vel humano, puniuntur filii pro parentibus, inquantum filius est aliquid patris secundum corpus.

AD SECUNDUM dicendum quod illud quod habet aliquis ex se, magis potest traducere, dummodo sit traducibile. Sed peccata actualia proximorum parentum non traducibilia: quia sunt pure personalia, ut dictum est[4].

AD TERTIUM dicendum quod primum peccatum corrumpit naturam humanam corruptione ad naturam pertinente: alia vero peccata corrumpunt eam corruptione pertinente ad solam personam.

tiça devia ter sido transmitida aos descendentes ao mesmo tempo que a natureza, do mesmo modo se transmitiu a desordem oposta. — Quanto aos pecados atuais do primeiro pai ou dos outros, eles não corrompem o que há de natural na natureza, mas somente o que há de pessoal, isto é, a inclinação para o ato. Portanto, os outros pecados não se transmitem.

QUANTO AO 1º, portanto, deve-se dizer que, com uma pena espiritual, como diz Agostinho, os filhos nunca são punidos pelos pais, a não ser que tenham em comum a culpa, ou por geração ou por imitação; pois todas as almas imediatamente são de Deus, como se diz no livro de Ezequiel. Mas, com uma pena corporal, às vezes, por juízo divino ou humano, os filhos são punidos pelos pais, enquanto os filhos são alguma coisa do pai, segundo o corpo.

QUANTO AO 2º, deve-se dizer que o que se tem por si mesmo, pode-se mais eficazmente transmitir, desde que seja transmissível. Ora, os pecados atuais dos antepassados próximos não são transmissíveis porque eles são, como foi dito, puramente pessoais.

QUANTO AO 3º, deve-se dizer que o primeiro pecado corrompeu a natureza humana com uma corrupção que se refere à natureza, os outros a corrompem com uma corrupção que se refere somente à pessoa.

ARTICULUS 3

Utrum peccatum primi parentis transeat per originem in omnes homines

AD TERTIUM SIC PROCEDITUR. Videtur quod peccatum primi parentis non transeat per originem in omnes homines.

1. Mors enim est poena consequens originale peccatum. Sed non omnes qui procedunt seminaliter ex Adam, morientur: illi enim qui vivi reperientur in adventu Domini nunquam morientur, ut videtur per hoc quod dicitur 1Thess 4,15: *Nos qui vivimus, non praeveniemus in adventu Domini eos qui dormierunt*. Ergo illi non contrahunt originale peccatum.

ARTIGO 3

O pecado do primeiro pai passa para todos os homens por geração?

QUANTO AO TERCEIRO, ASSIM SE PROCEDE: parece que o pecado do primeiro pai **não** passa para todos os homens por geração.

1. Com efeito, a morte é uma pena consequente ao pecado original. Ora, nem todos os que descendem de Adão morrerão. Pois aqueles que forem encontrados vivos na vinda do Senhor, nunca morrerão, como se lê na primeira Carta aos Tessalonicenses: "Nós que vivemos, os que ainda estivermos aqui para a vinda do Senhor, não passaremos à frente dos que morreram". Logo, eles não contraem o pecado original.

3. *Ad Auxilium*, epist. 250, al. 75: ML 33, 1066.
4. In corp.

3 PARALL.: Part. III, q. 27, a. 2; q. 31, a. 8: II *Sent.*, dist. 30, q. 1, a. 2; dist. 31, q. 1, a. 2; III, dist. 3, q. 4, a. 3, q.la 1; IV, dist. 43, a. 4, q.la 1, ad 3; *Cont. Gent.* IV, 50 sqq., 83; *De Malo*, q. 4, a. 6; *Quodlib.* VI, q. 5, a. 1; in *Psalm.* 50; *ad Rom.*, c. 5, lect. 3.

2. PRAETEREA, nullus dat alteri quod ipse non habet. Sed homo baptizatus non habet peccatum originale. Ergo non traducit ipsum in prolem.

3. PRAETEREA, donum Christi est maius quam peccatum Adae, ut Apostolus dicit, Rm 5,15 sqq. Sed donum Christi non transit in omnes homines. Ergo nec peccatum Adae.

SED CONTRA est quod Apostolus dicit, Rm 5,12: *Mors in omnes pertransiit, in quo omnes peccaverunt*.

RESPONDEO dicendum quod secundum fidem catholicam firmiter est tenendum quod omnes homines, praeter solum Christum, ex Adam derivati, peccatum originale ex eo contrahunt: alioquin non omnes indigerent redemptione quae est per Christum; quod est erroneum. Ratio autem sumi potest ex hoc quod supra[1] dictum est, quod sic ex peccato primi parentis traducitur culpa originalis in posteros, sicut a voluntate animae per motionem membrorum traducitur peccatum actuale ad membra corporis. Manifestum est autem quod peccatum actuale traduci potest ad omnia membra quae nata sunt moveri a voluntate. Unde et culpa originalis traducitur ad omnes illos qui moventur ab Adam motione generationis.

AD PRIMUM ergo dicendum quod probabilius et communius tenetur quod omnes illi qui in adventu Domini reperientur, morientur, et post modicum resurgent, ut in Tertio plenius dicetur[2]. — Si tamen hoc verum sit quod alii dicunt, quod illi nunquam morientur, sicut Hieronymus narrat diversorum opiniones in quadam epistola *ad Minerium, de Resurrectione Carnis*[3]; dicendum est ad argumentum, quod illi etsi non moriantur, est tamen in eis reatus mortis, sed poena aufertur a Deo, qui etiam peccatorum actualium poenas condonare potest.

AD SECUNDUM dicendum quod peccatum originale per baptismum aufertur reatu, inquantum anima recuperat gratiam quantum ad mentem. Remanet tamen peccatum originale actu quantum ad fomitem, qui est inordinatio inferiorum partium animae et ipsius corporis, secundum quod

2. ALÉM DISSO, ninguém dá o que não tem. Ora, o batizado não tem o pecado original. Logo, ele não o transmite à sua descendência.

3. ADEMAIS, o dom de Cristo é maior do que o pecado de Adão, como diz o Apóstolo. Ora, o dom de Cristo não passa para todos os homens. Logo, o pecado de Adão também não.

EM SENTIDO CONTRÁRIO, o Apóstolo afirma que "a morte passou para todos, naquele em quem todos pecaram".

RESPONDO. Segundo a fé católica deve-se sustentar que exceto Cristo todos os homens procedentes de Adão contraem por Adão o pecado original. De outro modo, não teriam necessidade da redenção por Cristo, o que é errôneo. A razão disso provém do que se disse acima: pelo pecado do primeiro pai a culpa original transmite-se à posteridade do mesmo modo que pela vontade da alma o pecado atual é transmitido aos membros do corpo pelo movimento dos membros. Ora, é manifesto que o pecado atual pode ser transmitido a todos os membros que naturalmente se movem pela vontade. Por conseguinte, a culpa original é ela também transmitida a todos aqueles que são movidos por Adão pela geração.

QUANTO AO 1º, portanto, deve-se dizer que é mais provável e mais comum afirmar que todos aqueles que ainda estiverem vivos na vinda do Senhor, morrerão e ressuscitarão pouco depois, como se dirá mais amplamente na III Parte. — No entanto, se é verdade o que dizem alguns: que não morrerão nunca, como Jerônimo narra em uma Carta, deve-se responder que ainda que não morram eles têm o reato da morte, mas a pena Deus a tira; ele que tem o poder de perdoar também as penas dos pecados atuais[c].

QUANTO AO 2º, deve-se dizer que pelo batismo o pecado original é tirado quanto ao reato, e a alma em sua parte espiritual recupera a graça. Entretanto o pecado original permanece em ato quanto à inclinação que é a desordem das partes inferiores da alma e do próprio corpo, pelo qual

1. Art. 1.
2. Vide Suppl., q. 78, a. 1, 3 a.
3. Epist. 119, al. 152, n. 7: ML 22, 971.

c. A doutrina exposta de maneira rigorosa e rápida no começo do corpo do artigo impede Sto. Tomás de admitir a Imaculada Concepção. Ele não via, como muitos outros santos de sua época, por exemplo s. Bernardo e s. Bonaventura, esse privilégio de Maria suficientemente atestado na Revelação. Na r. 1 desse mesmo artigo, ele vê como uma isenção da necessidade de morrer não contradiria em nada a universalidade da redenção. Por conseguinte, talvez, tivesse ele podido conceber como, mesmo preservada do pecado original, a Virgem Maria pudesse ter sido resgatada e submetida à redenção universal; porém, a tradição não lhe fornecia testemunhos suficientemente explícitos nesse sentido.

homo generat, et non secundum mentem. Et ideo baptizati traducunt peccatum originale: non enim generant inquantum sunt renovati per baptismum, sed inquantum retinent adhuc aliquid de vetustate primi peccati.

AD TERTIUM dicendum quod, sicut peccatum Adae traducitur in omnes qui ab Adam corporaliter generantur, ita gratia Christi traducitur in omnes qui ab eo spiritualiter generantur per fidem et baptismum: et non solum ad removendam culpam primi parentis, sed etiam ad removendum peccata actualia, et ad introducendum in gloriam.

o homem gera, e não pelo espírito. Por isso, os batizados transmitem o pecado original, pois não geram enquanto foram renovados pelo batismo, mas enquanto guardam ainda alguma coisa da velhice do primeiro pecado[d].

QUANTO AO 3º, deve-se dizer que do mesmo modo que o pecado de Adão é transmitido a todos aqueles que são gerados corporalmente por Adão, do mesmo modo a graça de Cristo é transmitida a todos aqueles que são gerados espiritualmente por ele, por meio da fé e do batismo, não só para suprimir a culpa do primeiro pai, mas também os pecados atuais e para introduzir na glória.

ARTICULUS 4

Utrum, si aliquis ex humana carne formaretur miraculose, contraheret originale peccatum

AD QUARTUM SIC PROCEDITUR. Videtur quod, si aliquis formaretur ex carne humana miraculose, contraheret originale peccatum.

1. Dicit enim quaedam Glossa[1] Gn 4,1, quod *in lumbis Adae fuit tota posteritas corrupta, quia non est separata prius in loco vitae, sed postea in loco exilii*. Sed si aliquis homo sic formaretur sicut dictum est, caro eius separaretur in loco exilii. Ergo contraheret originale peccatum.

2. PRAETEREA, peccatum originale causatur in nobis inquantum anima inficitur ex carne. Sed caro tota hominis est infecta. Ergo ex quacumque parte carnis homo formaretur, anima eius inficeretur infectione originalis peccati.

3. PRAETEREA, peccatum originale a primo parente pervenit in omnes, inquantum omnes in eo peccante fuerunt. Sed illi qui ex carne humana formarentur, in Adam fuissent. Ergo peccatum originale contraherent.

SED CONTRA est quia non fuissent in Adam *secundum seminalem rationem*, quod solum causat

ARTIGO 4

Se alguém fosse formado da carne humana milagrosamente contrairia o pecado original?

QUANTO AO QUARTO, ASSIM SE PROCEDE: parece que se alguém fosse formado da carne humana milagrosamente, **contrairia** o pecado original

1. Com efeito, uma Glosa diz que na carne de Adão toda a posteridade foi corrompida, porque não foi separada primeiro no lugar da vida, mas depois no lugar do exílio. Ora, se algum homem fosse formado como foi dito, sua carne se separaria no lugar do exílio. Logo, contrairia o pecado original.

2. ALÉM DISSO, é a infecção da alma pela carne que causa o pecado original. Ora, a carne do homem está inteiramente infectada. Logo, seja qual for a parte da carne da qual o homem fosse formado, sua alma seria infectada pelo pecado original.

3. ADEMAIS, o pecado original chega a todos pelo primeiro pai na medida em que todos estávamos nele quando pecou. Ora, aqueles que seriam formados da carne humana, estariam em Adão. Logo, contrairiam o pecado original.

EM SENTIDO CONTRÁRIO, não estariam em Adão *segundo a razão seminal*, que é a causa úni-

---

4 PARALL.: II *Sent.*, dist. 31, q. 1, a. 2, ad 3; dist. 33, q. 1, a. 1, ad 5; III, dist. 2, q. 1, a. 2, q.la 2, ad 2; *De Malo*, q. 4, a. 7.

1. Ord. ex AUG., *De gen. ad litt.*, l. IX, c. 4: ML 34, 396.

d. Essa solução comenta um adágio teológico cuja formulação não é muito clara, mas que se tornou tradicional a respeito dos efeitos do batismo: *peccatum originale aufertur reatu sed manet actu*. A intenção do adágio era explicar o que resta do pecado em um batizado, e como este pode ainda transmiti-lo. Mesmo que a pena da privação da graça (*reatus*) desapareça, as feridas do pecado permanecem ativas e a possibilidade de transmitir a natureza ferida permanece sempre. A pessoa recebe a graça, mas conserva uma natureza ferida, que ela transmitirá da maneira como a recebeu.

traductionem peccati originalis, ut Augustinus dicit, X *super Gen. ad litt.*[2].

RESPONDEO dicendum quod, sicut iam[3] dictum est, peccatum originale a primo parente traducitur in posteros, inquantum moventur ab ipso per generationem, sicut membra moventur ab anima ad peccatum actuale. Non autem est motio ad generationem nisi per virtutem activam in generatione. Unde illi soli peccatum originale contrahunt, qui ab Adam descendunt per virtutem activam in generatione originaliter ab Adam derivatam, quod est secundum seminalem rationem ab eo descendere: nam ratio seminalis nihil aliud est quam vis activa in generatione. Si autem aliquis formaretur virtute divina ex carne humana, manifestum est quod vis activa non derivaretur ab Adam. Unde non contraheret peccatum originale: sicut nec actus manus pertineret ad peccatum humanum, si manus non moveretur a voluntate hominis, sed ab aliquo extrinseco movente.

AD PRIMUM ergo dicendum quod Adam non fuit in loco exilii nisi post peccatum. Unde non propter locum exilii, sed propter peccatum, traducitur originalis culpa ad eos ad quos activa eius generatio pervenit.

AD SECUNDUM dicendum quod caro non inficit animam nisi inquantum est principium activum in generatione, ut dictum est[4].

AD TERTIUM dicendum quod ille qui formaretur ex carne humana, fuisset in Adam *secundum corpulentam substantiam*; sed non secundum seminalem rationem, ut dictum est[5]. Et ideo non contraheret originale peccatum.

ca da transmissão do pecado original segundo Agostinho.

RESPONDO. Como já foi dito, o pecado original é transmitido pelo primeiro pai aos seus descendentes na medida em que eles são gerados por ele, como os membros são movidos pela alma no caso do pecado atual. Ora, não há realmente geração senão por intermédio da potência ativa geradora. Portanto, somente contraem o pecado original os que descendem de Adão pela potência ativa geradora derivada originalmente dele. Isto é descender de Adão segundo a razão seminal, pois esta não é outra coisa senão a potência ativa geradora. Ora, se alguém fosse formado da carne humana por uma potência divina, claro está que não seria uma potência ativa derivada de Adão. Este homem não contrairia o pecado original, como também não pertenceria ao pecado do homem o ato da mão que não fosse movida pela vontade do homem mas por algum movente exterior.

QUANTO AO 1º, portanto, deve-se dizer que Adão não esteve no exílio senão depois do pecado. Portanto, não é pelo lugar do exílio, mas porque pecou, que a culpa original é transmitida àqueles aos quais chega a sua geração ativa.

QUANTO AO 2º, deve-se dizer que a alma é infectada pela carne na medida em que, como foi dito, esta é o princípio ativo gerador.

QUANTO AO 3º, deve-se dizer que aquele que fosse formado da carne humana, estaria em Adão *segundo a substância corporal*, mas não segundo a razão seminal, como foi dito. Por isso, não contrairia o pecado original.

ARTICULUS 5

Utrum, si Adam non peccasset, Eva peccante, filii originale peccatum contraherent

AD QUINTUM SIC PROCEDITUR. Videtur quod, si Adam non peccasset, Eva peccante, filii originale peccatum contraherent.

1. Peccatum enim originale a parentibus contrahimus, inquantum in eis fuimus: secundum illud Apostoli, Rm 5,12: *In quo omnes peccaverunt*. Sed

ARTIGO 5

Se Adão não tivesse pecado, mas somente Eva, os filhos contrairiam o pecado original?

QUANTO AO QUINTO, ASSIM SE PROCEDE: parece que se Adão não tivesse pecado, mas somente Eva, os filhos **contrairiam** o pecado original

1. Com efeito, contraímos de nossos pais o pecado original na medida em que existimos neles, segundo o Apóstolo: "Em quem todos pecaram".

2. Cc. 18, 20: ML 34, 422, 424.
3. Art. 1, 3.
4. In corp.
5. Ibid.

5 PARALL.: II *Sent.*, dist. 31, q. 1, a. 2, ad 4; IV, dist. 1, q. 2, a. 2, q.la 2, ad 1; *De Malo*, q. 4, a. 7, ad 4, 5; *ad Rom.*, c. 5, lect. 3; I *Cor.*, c. 15, lect. 3.

sicut homo praeexistit in patre suo, ita in matre. Ergo ex peccato matris homo peccatum originale contraheret, sicut et ex peccato patris.

2. PRAETEREA, si Eva peccasset, Adam non peccante, filii passibiles et mortales nascerentur: *mater* enim *dat materiam in generatione*, ut dicit Philosophus, in II *de Generat. Animal.*[1]; mors autem, et omnis passibilitas, provenit ex necessitate materiae. Sed passibilitas et necessitas moriendi sunt poena peccati originalis. Ergo, si Eva peccasset, Adam non peccante, filii contraherent originale peccatum.

3. PRAETEREA, Damascenus dicit, in libro III[2] quod *Spiritus Sanctus praevenit in virginem*, de qua Christus erat absque peccato originali nasciturus, *purgans eam*. Sed illa purgatio non fuisset necessaria, si infectio originalis peccati non traheretur ex matre. Ergo infectio originalis peccati ex matre trahitur. Et sic, Eva peccante, eius filii peccatum originale contraherent, etiam si Adam non peccasset.

SED CONTRA est quod Apostolus dicit, Rm 5,12: *Per unum hominem peccatum in hunc mundum intravit*. Magis autem fuisset dicendum quod per duos intrasset, cum ambo peccaverint; vel potius per mulierem, quae primo peccavit; si femina peccatum originale in prolem transmitteret. Non ergo peccatum originale derivatur in filios a matre, sed a patre.

RESPONDEO dicendum quod huius dubitationis solutio ex praemissis apparet. Dictum est enim supra[3] quod peccatum originale a primo parente traducitur inquantum ipse movet ad generationem natorum: unde dictum est[4] quod, si materialiter tantum aliquis ex carne humana generaretur, originale peccatum non contraheret. Manifestum est autem secundum doctrinam philosophorum, quod principium activum in generatione est a patre, materiam autem mater ministrat. Unde peccatum originale non contrahitur a matre, sed a patre. Et secundum hoc, si, Adam non peccante, Eva peccasset, filii originale peccatum non contraherent. E converso autem esset, si Adam peccasset, et Eva non peccasset.

AD PRIMUM ergo dicendum quod in patre praeexistit filius sicut in principio activo: sed in matre sicut in principio materiali et passivo. Unde non est similis ratio.

Ora, como o homem preexiste em seu pai, assim em sua mãe. Logo, ele contrairia o pecado original por parte de sua mãe como por parte do pai.

2. ALÉM DISSO, se Eva tivesse pecado e Adão não, os filhos nasceriam passíveis e mortais, pois “na geração é a mãe que dá a matéria”, diz o Filósofo; com efeito, a morte e toda passibilidade provêm necessariamente da matéria. Ora, a passibilidade e a necessidade de morrer são a pena do pecado original. Logo, se Eva tivesse pecado e Adão não, os filhos contrairiam o pecado original.

3. ADEMAIS, Damasceno diz que “o Espírito Santo antecipou-se à Virgem”, da qual Cristo nasceria sem o pecado original, *purificando-a*. Ora, uma tal purificação não seria necessária se a infecção original do pecado não se contraísse pela mãe. Logo, a infecção do pecado original se contrai pela mãe. Deste modo, se Eva pecasse, os seus filhos contrairiam o pecado original, mesmo se Adão não pecasse.

EM SENTIDO CONTRÁRIO, o Apóstolo diz: “Por um homem o pecado entrou neste mundo”. Ora, teria sido melhor dizer por dois, pois que foram dois a pecar, ou então, pela mulher, porque foi ela que pecou primeiro, se a mulher transmitisse à sua descendência o pecado original. Logo, este pecado não procede da mãe, mas do pai.

RESPONDO. A solução desta dúvida vem das premissas. Foi dito que o pecado original é transmitido pelo primeiro pai na medida em que ele contribui à geração de seus descendentes. Eis porque foi dito que se alguém fosse somente gerado da carne do homem, não contrairia o pecado original. Ora, é claro, segundo dizem os filósofos, que na geração o princípio ativo é do pai e que a mãe fornece a matéria, e é por isso que não se contrai o pecado original pela mãe mas pelo pai. De maneira que, se Eva tivesse pecado e Adão não, os filhos não contrairiam o pecado original, mas seria o contrário se Adão tivesse pecado e Eva não.

QUANTO AO 1º, portanto, deve-se dizer que os filhos prexistem no pai como em um princípio ativo, e em sua mãe como em um princípio material e passivo. Portanto, o argumento não é o mesmo.

1. C. 4: 748, b, 20.
2. *De fide orth.*, l. III, c. 2; MG 94, 985 B.
3. Art. 1.
4. Art. praec.

AD SECUNDUM dicendum quod quibusdam videtur quod, Eva peccante, si Adam non peccasset, filii essent immunes a culpa, paterentur tamen necessitatem moriendi, et alias passibilitates provenientes ex necessitate materiae, quam mater ministrat, non sub ratione poenae, sed sicut quosdam naturales defectus. — Sed hoc non videtur conveniens. Immortalitas enim et impassibilitas primi status non erat ex conditione materiae, ut in Primo[5] dictum est; sed ex originali iustitia, per quam corpus subdebatur animae, quandiu anima esset subiecta Deo. Defectus autem originalis iustitiae est peccatum originale. Si igitur, Adam non peccante, peccatum originale non transfunderetur in posteros propter peccatum Evae; manifestum est quod in filiis non esset defectus originalis iustitiae. Unde non esset in eis passibilitas vel necessitas moriendi.

AD TERTIUM dicendum quod illa purgatio praeveniens in beata Virgine, non requirebatur ad auferendum transfusionem originalis peccati: sed quia oportebat ut Mater Dei maxima puritate niteret. Non enim est aliquid digne receptaculum Dei, nisi sit mundum; secundum illud Ps 92,5: *Domum tuam, Domine, decet sanctitudo.*

QUANTO AO 2º, deve-se dizer que parece a alguns que se Eva tivesse pecado e Adão não, os filhos seriam isentos do pecado, no entanto teriam de sofrer a necessidade de morrer e as outras passibilidades que provêm das exigências da matéria, pois é a mãe que fornece a matéria, não sob a razão de pena, mas como deficiências naturais. — Mas isso não parece correto. A imortalidade e a impassibilidade do primeiro estado não dependiam das condições da matéria como foi dito na I Parte, mas da justiça original, pela qual o corpo estava submisso à alma enquanto a alma estivesse submissa a Deus. Ora, a falta desta justiça é o pecado original. Se Adão não pecasse, o pecado original não se transmitiria aos descendentes pelo pecado de Eva, e é claro que nos filhos não faltaria a justiça original, nem por conseguinte teriam eles passibilidade de qualquer espécie ou necessidade de morrer.

QUANTO AO 3º, deve-se dizer que esta purificação preventiva em favor da bem-aventurada Virgem não era requerida para impedir a transfusão do pecado original. Mas era preciso que a Mãe de Deus brilhasse com uma pureza extrema, pois somente o que é puro é digno receptáculo de Deus, segundo o Salmo: À tua casa, Senhor, convém a santidade.

5. Q. 97, a. 1; a. 2, ad 2.

QUAESTIO LXXXII
DE ORIGINALI PECCATO QUANTUM AD SUAM ESSENTIAM
in quatuor articulos divisa

Deinde considerandum est de peccato originali quantum ad suam essentiam.

Et circa hoc quaeruntur quatuor.

Primo: utrum originale peccatum sit habitus.
Secundo: utrum sit unum tantum in uno homine.
Tertio: utrum sit concupiscentia.
Quarto: utrum sit aequaliter in omnibus.

QUESTÃO 82
A ESSÊNCIA DO PECADO ORIGINAL[a]
em quatro artigos

Deve-se considerar, agora, o pecado original em sua essência.

Sobre isso, são quatro as perguntas:

1. O pecado original é um hábito?
2. Há somente um em cada homem?
3. Ele é a concupiscência?
4. Existe igualmente em todos?

a. As explicações propostas pela Escola sobre a natureza do pecado são as mais variadas. Há duas às quais Sto. Tomás se refere de maneira mais particular: a de Agostinho, que concebia tudo na linha da corrupção da concupiscência, e a de Sto. Anselmo, que considerava o pecado mais como uma privação da justiça original. Sto. Tomás apreende e une o que uma e outra possuem de verdade. A privação em questão é o elemento formal no pecado; ela engendra hábitos entitativos, é um *habitus* cor-

ARTICULUS 1

Utrum originale peccatum sit habitus

AD PRIMUM SIC PROCEDITUR. Videtur quod originale peccatum non sit habitus.

1. Originale enim peccatum est carentia originalis iustitiae, ut Anselmus dicit, in libro *de Conceptu Virginali*[1]: et sic originale peccatum est quaedam privatio. Sed privatio opponitur habitui. Ergo originale peccatum non est habitus.

2. PRAETEREA, actuale peccatum habet plus de ratione culpae quam originale, inquantum habet plus de ratione voluntarii. Sed habitus actualis peccati non habet rationem culpae: alioquin sequeretur quod homo dormiens culpabiliter, peccaret. Ergo nullus habitus originalis habet rationem culpae.

3. PRAETEREA, in malis actus semper praecedit habitum: nullus enim habitus malus est infusus, sed acquisitus. Sed originale peccatum non praecedit aliquis actus. Ergo originale peccatum non est habitus.

SED CONTRA est quod Augustinus dicit, in libro *de Baptismo Puerorum*[2], quod secundum peccatum originale parvuli sunt concupiscibiles, etsi non sint actu concupiscentes. Sed habilitas dicitur secundum aliquem habitum. Ergo peccatum originale est habitus.

ARTIGO 1

O pecado original é um hábito?

QUANTO AO PRIMEIRO ARTIGO, ASSIM SE PROCEDE: parece que o pecado original **não** é um hábito.

1. Com efeito, o pecado original é a carência da justiça original, como diz Anselmo, e assim o pecado original é uma privação. Ora, a privação opõe-se ao hábito. Logo, o pecado original não é um hábito.

2. ALÉM DISSO, o pecado atual tem mais razão de culpa do que o pecado original, na medida em que tem mais razão de voluntário. Ora, o hábito do pecado atual não tem razão de culpa, do contrário, seguir-se-ia que alguém culpado pecaria mesmo dormindo. Logo, nenhum hábito original tem razão de culpa.

3. ADEMAIS, no mal o ato precede sempre o hábito. Nenhum hábito mau é infuso, mas adquirido. Ora, nenhum ato precede o pecado original. Logo, ele não é um hábito.

EM SENTIDO CONTRÁRIO, Agostinho afirma que em consequência do pecado original, as crianças tendem para a concupicência ainda que não a tenham em ato. Ora, a tendência supõe um hábito. Portanto, o pecado original é um hábito.

---

1 PARALL.: II *Sent.*, dist. 30, q. 1, a. 3, ad 2; *De Malo*, q. 4, a. 2, ad 4.

1. Cc. 2, 3, 27 (al. 26): ML 158, 434 sq., 435, 461.
2. Al. *De pecc. merit. et remiss.*, l. I, c. 39: ML 44, 150.

rompido (a. 1, Sol.), que possui sua sede imediata nessa mesma substância da alma que, pela graça, estava unida a Deus. Assim como a graça era nela a fonte de luz, de vigor, de equilíbrio, de harmonia, pela união que ela estabelecia entre a pessoa e Deus, do mesmo modo a privação dessa graça está na origem desse estado "antinatural": a falta de energia que constitui um obstáculo ao ordenamento de todas as faculdades da pessoa. O pecado original se situa formalmente nesse nível. A realidade que ele coloca em questão é o ordenamento do ser humano a Deus, a sua possibilidade de gozar da comunhão com ele. As diversas potências, desligadas de seu vínculo com a fonte de sua integridade, tendo perdido a atração que as tornava convergentes em direção ao bem humano, voltam-se para si mesmas, e inclinam-se para seu bem particular, independentemente da busca da harmonia humana. Não mais se orientam para o bem da totalidade. Tal situação torna possíveis, muitas vezes fáceis até, todo tipo de mal. Todos os pecados atuais podem ser legitimamente considerados como os tristes frutos desse pecado, verdadeiro foco de anarquia. Há somente um pecado original em cada pessoa, pois o seu sujeito é o ser humano enquanto tal, e a sua desordem se propaga em todas as faculdades e em todas as escolhas da pessoa (a. 2, r. 3).

A tradição agostiniana chama de "concupiscência" ao conjunto dos elementos que Sto. Tomás agrupou sob a categoria "elemento material". Sabe-se o quanto esse termo de "concupiscência" é carregado tanto de atração como de repulsa: exprime tanto a força da avidez como o medo da mácula. A Igreja mesma teve de esclarecer, em certas intervenções de seu magistério, o sentido exato dessa realidade. Pense-se nas controvérsias luteranas e nas posições do Concílio de Trento (seção V, can. 5). Sto. Tomás estudou várias vezes esses problemas; ver sobretudo a longa exposição do *De Malo* (q. 4, a. 2). Mesmo conservando as fórmulas consagradas pela tradição agostiniana, ou ultra-agostiniana, Sto. Tomás desloca particularmente a sua ênfase. A concupiscência é, portanto, todo o conjunto de elementos quase materiais do pecado original; tudo o que resulta no ser humano da perda dessa união específica com Deus que se chama justiça original. Tal desordem, que pertence à essência do pecado, difunde-se em todas as potências, mas de maneiras diferentes conforme as potências e as pessoas. O que todas possuem em comum, e que age da mesma maneira em todas, é que lhes falta o poder de consentimento, algo que a presença de Deus ao ser humano e deste a Deus ter-lhes-ia assegurado. Todas são privadas da união a Deus: são todas pobres no mesmo grau, e só podem sair dessa situação mediante a sua união a Jesus Cristo.

RESPONDEO dicendum quod, sicut supra[3] dictum est, duplex est habitus. Unus quidem quo inclinatur potentia ad agendum: sicut scientiae et virtutes habitus dicuntur. Et hoc modo peccatum originale non est habitus. — Alio modo dicitur habitus dispositio alicuius naturae ex multis compositae, secundum quam bene se habet vel male ad aliquid, et praecipue cum talis dispositio versa fuerit quasi in naturam: ut patet de aegritudine et sanitate. Et hoc modo peccatum originale est habitus. Est enim quaedam inordinata dispositio proveniens ex dissolutione illius harmoniae in qua consistebat ratio originalis iustitiae: sicut etiam aegritudo corporalis est quaedam inordinata dispositio corporis, secundum quam solvitur aequalitas in qua consistit ratio sanitatis. Unde peccatum originale *languor naturae* dicitur.

RESPONDO. Como foi dito, há dois tipos de hábitos. Um inclina a potência para agir: as ciências e as virtudes são deste gênero. E deste modo o pecado original não é um hábito. — O hábito é também, em uma natureza composta, uma disposição boa ou má em relação a alguma coisa, e sobretudo quando esta disposição, por assim dizer, transforma-se na natureza: tal é o caso da doença e da saúde. Neste sentido, o pecado original é um hábito. Com efeito, ele é uma certa disposição desordenada, provinda da ruptura da harmonia na qual consistia a razão de justiça original, do mesmo modo que a doença é uma disposição desregulada do corpo, a qual destrói o equilíbrio na qual consiste a razão de saúde. Por isso se diz que o pecado original é a "languidez da natureza".

AD PRIMUM ergo dicendum quod, sicut aegritudo corporalis habet aliquid de privatione, inquantum tollitur aequalitas sanitatis; et aliquid habet positive, scilicet ipsos humores inordinate dispositos: ita etiam peccatum originale habet privationem originalis iustitiae, et cum hoc inordinatam dispositionem partium animae. Unde non est privatio pura, sed est quidam habitus corruptus.

QUANTO AO 1º, portanto, deve-se dizer que assim como a doença do corpo tem algo de privação, enquanto suprime o equilíbrio da saúde, tem algo positivo, a saber, os humores dispostos desordenadamente; assim também o pecado original comporta a privação da justiça original e com ela a disposição desordenada das partes da alma. Este pecado, portanto, não é uma pura privação, mas um certo hábito corrompido.

AD SECUNDUM dicendum quod actuale peccatum est inordinatio quaedam actus: originale vero, cum sit peccatum naturae, est quaedam inordinata dispositio ipsius naturae, quae habet rationem culpae inquantum derivatur ex primo parente, ut dictum est[4]. Huiusmodi autem dispositio naturae inordinata habet rationem habitus: sed inordinata dispositio actus non habet rationem habitus. Et propter hoc, peccatum originale potest esse habitus, non autem peccatum actuale.

QUANTO AO 2º, deve-se dizer que o pecado atual é uma desordem do ato: o pecado original, sendo o pecado da natureza, é uma disposição desordenada da própria natureza, que tem a razão de culpa enquanto ela provém, como foi dito, do primeiro pai. Ora, uma tal disposição desordenada da natureza tem a razão de hábito, enquanto que a disposição desordenada do ato não tem a razão de hábito. Por isso, o pecado original pode ser um hábito, mas não o pecado atual.

AD TERTIUM dicendum quod obiectio illa procedit de habitu quo potentia inclinatur in actum: talis autem habitus non est peccatum originale. Quamvis etiam ex peccato originali sequatur aliqua inclinatio in actum inordinatum, non directe, sed indirecte, scilicet per remotionem prohibentis, idest originalis iustitiae, quae prohibebat inordinatos motus: sicut etiam ex aegritudine corporali indirecte sequitur inclinatio ad motus corporales inordinatos. Nec debet dici quod peccatum originale sit habitus infusus; aut acquisitus per actum

QUANTO AO 3º, deve-se dizer que essa objeção procede do hábito pelo qual a potência se inclina para o ato. O pecado original não é um tal hábito, ainda que dele se siga uma inclinação a atos desordenados, não direta mas indiretamente, a saber, afastando o obstáculo, isto é, da justiça original que proibia os movimentos desordenados, do mesmo modo que de uma doença corporal se segue indiretamente a inclinação para movimentos corporais desordenados. Não se deve dizer que o pecado original é um hábito infuso, ou um hábito

3. Q. 49, a. 4; q. 50, a. 1.
4. Q. 81, a. 1.

nisi primi parentis, non autem huius personae; sed per vitiatam originem innatus.

adquirido pelo ato a não ser do primeiro pai e não desta pessoa, mas que é um hábito inato por uma origem viciada.

Articulus 2
Utrum in uno homine sint multa originalia peccata

Ad secundum sic proceditur. Videtur quod in uno homine sint multa originalia peccata.

1. Dicitur enim in Ps 50,7: *Ecce enim in iniquitatibus conceptus sum, et in peccatis concepit me mater mea*. Sed peccatum in quo homo concipitur, est originale. Ergo plura peccata originalia sunt in uno homine.

2. Praeterea, unus et idem habitus non inclinat ad contraria: habitus enim inclinat per modum naturae, quae tendit in unum. Sed peccatum originale, etiam in uno homine, inclinat ad diversa peccata et contraria. Ergo peccatum originale non est unus habitus, sed plures.

3. Praeterea, peccatum originale inficit omnes animae partes. Sed diversae partes animae sunt diversa subiecta peccati, ut ex praemissis[1] patet. Cum igitur unum peccatum non possit esse in diversis subiectis, videtur quod peccatum originale non sit unum, sed multa.

Sed contra est quod dicitur Io 1,29: *Ecce Agnus Dei, ecce qui tollit peccatum mundi*. Quod singulariter dicitur, quia *peccatum mundi*, quod est peccatum originale, est unum; ut Glossa[2] ibidem exponit.

Respondeo dicendum quod in uno homine est unum peccatum originale. Cuius ratio dupliciter accipi potest. Uno modo, ex parte causae peccati originalis. Dictum est enim supra[3] quod solum primum peccatum primi parentis in posteros traducitur. Unde peccatum originale in uno homine est unum numero; et in omnibus hominibus est unum proportione, in respectu scilicet ad primum principium.

Alio modo potest accipi ratio eius ex ipsa essentia originalis peccati. In omni enim inordinata dispositione unitas speciei consideratur ex parte causae; unitas autem secundum numerum, ex par-

Artigo 2
Há em um só homem muitos pecados originais?

Quanto ao segundo, assim se procede: parece que **há** em um só homens muitos pecados originais.

1. Com efeito, está dito no Salmo: "Eis que fui concebido nas iniquidades e nos pecados minha mãe me concebeu". Ora, o pecado no qual se foi concebido é o pecado original. Logo, há muitos pecados originais em um só homem.

2. Além disso, um único e mesmo hábito não inclina para coisas contrárias, porque um hábito inclina, como uma natureza, a qual tende para uma só coisa. Ora, o pecado original, mesmo em um só homem, inclina para pecados diversos e contrários. Logo, ele não é um hábito, mas vários.

3. Ademais, o pecado original infecta todas as partes da alma. Ora, as diversas partes da alma são, como consta das premissas, sujeitos diversos do pecado. Logo, como um só pecado não pode ter diversos sujeitos, parece que o pecado original não é único, mas muitos.

Em sentido contrário, o Evangelho de João diz: "Eis o Cordeiro de Deus, eis o que tira o pecado do mundo". A Glosa diz que se diz pecado do mundo no singular porque se trata do pecado original que é único.

Respondo. Há um só pecado original em um só homem. E duas são as razões que se podem dar disso: 1. Da parte da causa deste pecado. Foi dito que só o primeiro pecado do primeiro pai é transmitido à posteridade. Por conseguinte, o pecado original em um só homem é numericamente um; e em todos os homens, é porporcionalmente um, por referência ao seu primeiro princípio.

2. Da própria essência do pecado original. Com efeito, em toda disposição desordenada a unidade específica depende da causa e a unidade numérica do sujeito. Assim, há diversas espécies

2 Parall.: II *Sent.*, dist. 33, q. 1, a. 3; Expos. Litt.; *De Malo*, q. 4, a. 8, ad 1; in *Psalm.* 31, 50; *ad Rom.*, c. 4, lect. 1; c. 5, lect. 3.

1. Q. 74.
2. Ordin.: ML 114, 360 A.
3. Q. 81, a. 2.

te subiecti. Sicut patet in aegritudine corporali: sunt enim diversae aegritudines specie quae ex diversis causis procedunt, puta ex superabundantia calidi vel frigidi, rei ex laesione pulmonis vel hepatis; una autem aegritudo secundum speciem, in uno homine non est nisi una numero. Causa autem huius corruptae dispositionis quae dicitur originale peccatum, est una tantum, scilicet privatio originalis iustitiae, per quam sublata est subiectio humanae mentis ad Deum. Et ideo peccatum originale est unum specie. Et in uno homine non potest esse nisi unum numero: in diversis autem hominibus est unum specie et proportione, diversum autem numero.

de doenças que procedem de causas diversas, por exemplo, de um excesso de calor ou de frio, de uma lesão do fígado ou do pulmão. Uma doença especificamente una não é, num indivíduo, senão uma doença numericamente una. Ora esta disposição má que se chama pecado original só tem uma causa, a privação da justiça original, pela qual foi abolida a submissão da alma a Deus. Por causa disso o pecado original é especificamente um. E no indivíduo só pode ser numericamente um. Em diversos indivíduos, ele é um especificamente e proporcionalmente, mas diversifica-se numericamente.

AD PRIMUM ergo dicendum quod pluraliter dicitur *in peccatis*, secundum illum morem divinae Scripturae quo frequenter ponitur pluralis numerus pro singulari: sicut Mt 2,20: *Defuncti sunt qui quaerebant animam pueri*. Vel quia in peccato originali virtualiter praeexistunt omnia peccata actualia, sicut in quodam principio: unde est multiplex virtute. Vel quia in peccato primi parentis quod per originem traducitur, fuerunt plures deformitates: scilicet superbiae, inobedientiae, gulae, et alia huiusmodi. Vel quia multae partes animae inficiuntur per peccatum originale.

QUANTO AO 1º, portanto, deve-se dizer que o plural "nos pecados" é conforme ao costume da Escritura de empregar frequentemente o plural pelo singular. Por exemplo, no Evangelho de Mateus: "Morreram os que procuravam a vida do menino". Ou porque todos os pecados atuais preexistem virtualmente no pecado original como em um princípio, e por isso tem uma multiplicidade virtual. Ou porque no pecado do primeiro pai que se transmite por geração houve várias deformações, como o orgulho, a desobediência, a gula, e outros do mesmo gênero. Ou porque muitas partes da alma são infectadas pelo pecado original.

AD SECUNDUM dicendum quod unus habitus non potest inclinare per se et directe, idest per propriam formam, ad contraria. Sed indirecte et per accidens, scilicet per remotionem prohibentis, nihil prohibet: sicut, soluta harmonia corporis mixti, elementa tendunt in loca contraria. Et similiter, soluta harmonia originalis iustitiae, diversae animae potentiae in diversa feruntur.

QUANTO AO 2º, deve-se dizer que um único hábito não pode, por si mesmo e diretamente, isto é, por sua própria forma, inclinar a coisas contrárias. Mas, pode indireta e acidentalmente, isto é, pela remoção do obstáculo. Assim, uma vez destruída a harmonia de um corpo mixto, seus elementos tendem para lugares contrários. E igualmente, uma vez dissolvida a harmonia da justiça original, as diversas potências da alma dirigem-se para objetos diversos.

AD TERTIUM dicendum quod peccatum originale inficit diversas partes animae, secundum quod sunt partes unius totius: sicut et iustitia originalis continebat omnes animae partes in unum. Et ideo est unum tantum peccatum originale. Sicut etiam est una febris in uno homine, quamvis diversae partes corporis graventur.

QUANTO AO 3º, deve-se dizer que o pecado original infecta as diversas partes, enquanto são partes de um mesmo todo, do mesmo modo que a justiça original as continha todas na unidade. Eis porque só há um pecado original, como só há uma febre no indivíduo, embora diversas partes do corpo sejam incomodadas.

ARTICULUS 3

Utrum originale peccatum sit concupiscentia

AD TERTIUM SIC PROCEDITUR. Videtur quod peccatum originale non sit concupiscentia.

1. Omne enim peccatum est contra naturam, ut dicit Damascenus, in II libro[1]. Sed concupiscentia est secundum naturam: est enim proprius actus virtutis concupiscibilis, quae est potentia naturalis. Ergo concupiscentia non est peccatum originale.

2. PRAETEREA, per peccatum originale sunt in nobis *passiones peccatorum*; ut patet per Apostolum, Rm 7,5. Sed multae aliae sunt passiones praeter concupiscentiam, ut supra[2] habitum est. Ergo peccatum originale non magis est concupiscentia quam aliqua alia passio.

3. PRAETEREA, per peccatum originale deordinantur omnes animae partes, ut dictum est[3]. Sed intellectus est suprema inter animae partes; ut patet per Philosophum, in X *Ethic.*[4]. Ergo peccatum originale magis est ignorantia quam concupiscentia.

SED CONTRA est quod Augustinus dicit, in libro *Retract.*[5]: *Concupiscentia est reatus originalis peccati.*

RESPONDEO dicendum quod unumquodque habet speciem a sua forma. Dictum est autem supra[6] quod species peccati originalis sumitur ex sua causa. Unde oportet quod id quod est formale in originali peccato, accipiatur ex parte causae peccati originalis. Oppositorum autem oppositae sunt causae. Est igitur attendenda causa originalis peccati ex causa originalis iustitiae, quae ei opponitur. Tota autem ordinatio originalis iustitiae ex hoc est, quod voluntas hominis erat Deo subiecta. Quae quidem subiectio primo et principaliter erat per voluntatem, cuius est movere omnes alias partes in finem, ut supra[7] dictum est. Unde ex aversione voluntatis a Deo, consecuta est inordinatio in omnibus aliis animae viribus.

Sic ergo privatio originalis iustitiae, per quam voluntas subdebatur Deo, est formale in peccato

ARTIGO 3

O pecado original é a concupiscência?

QUANTO AO TERCEIRO, ASSIM SE PROCEDE: parece que o pecado original **não** é a concupiscência.

1. Com efeito, Damasceno diz que todo pecado é contra a natureza. Ora, a concupiscência é natural, pois é o ato próprio do concupiscível que é uma potência natural. Logo, a concupiscência não é o pecado original.

2. ALÉM DISSO, pelo pecado original existem em nós o que o Apóstolo chama "as paixões do pecado". Ora, há muitas outras paixões além da concupiscência, como se disse acima. Logo, o pecado original não é a concupiscência mais do que uma outra paixão.

3. ADEMAIS, pelo pecado original todas as partes da alma, foi dito, estão desordenadas. Ora, o que há de mais elevado na alma, no dizer do Filósofo, é o intelecto. Logo, o pecado original é mais a ignorância do que a concupiscência.

EM SENTIDO CONTRÁRIO, Agostinho diz: "A concupiscência é o reato do pecado original.

RESPONDO. Cada um tem a espécie por sua forma. Ora, foi dito que a espécie do pecado se toma por sua causa. Portanto, é preciso que o formal nele seja definido por esta causa. Ora, como as coisas opostas têm causas opostas, deve-se portanto definir a causa do pecado original pelo seu oposto que é a justiça original. Ora, toda ordem da justiça original consiste em que a vontade humana era submissa a Deus. Esta submissão era, antes de tudo e principalmente, pela vontade porque é a ela que pertence mover para o seu fim todas as outras partes da alma. Assim, foi pelo afastamento da vontade de Deus que se seguiu a desordem em todas as outras potências.

Portanto, a privação desta justiça pela qual a vontade se submetia a Deus é o formal no pecado

3 PARALL.: II *Sent.*, dist. 30, q. 1, a. 3; Expos. Litt.; dist. 31, q. 2, a. 1, ad 3; dist. 32, q. 1, a. 1, ad 1, 3, 4; *De Malo*, q. 3, a. 7; q. 4, a. 2.

1. *De fide orth.*, l. II, cc. 4, 30; l. IV, c. 20: MG 94, 876 A, 976 A, 1196 B.
2. Q. 23, a. 4.
3. A. praec., 3 a.
4. C. 7: 1177, a, 20-21.
5. L. I, c. 15: ML 32, 608-609.
6. Art. praec.
7. Q. 9, a. 1.

originali: omnis autem alia inordinato virium animae se habet in peccato originali sicut quiddam materiale. Inordinatio autem aliarum virium animae praecipue in hoc attenditur, quod inordinate convertuntur ad bonum commutabile: quae quidem inordinatio communi nomine potest dici concupiscentia. Et ita peccatum originale materialiter quidem est concupiscentia; formaliter vero, defectus originalis iustitiae.

Ad primum ergo dicendum quod, quia in homine concupiscibilis naturaliter regitur ratione, intantum concupiscere est homini naturale, inquantum est secundum rationis ordinem: concupiscentia autem quae transcendit limites rationis, est homini contra naturam. Et talis est concupiscentia originalis peccati.

Ad secundum dicendum quod, sicut supra[8] dictum est, omnes passiones irascibilis ad passiones concupiscibilis reducuntur, sicut ad principaliores. Inter quas concupiscentia vehementius movet, et magis sentitur, ut supra[9] habitum est. Et ideo concupiscentiae attribuitur, tanquam principaliori, et in qua quodammodo omnes aliae passiones includuntur.

Ad tertium dicendum quod, sicut in bonis intellectus et ratio principalitatem habent, ita e converso in malis inferior pars animae principalior invenitur, quae obnubilat et trahit rationem, ut supra[10] dictum est. Et propter hoc peccatum originale magis dicitur esse concupiscentia quam ignorantia: licet etiam ignorantia inter defectus materiales peccati originalis contineatur.

Articulus 4

Utrum peccatum originale sit aequaliter in omnibus

Ad quartum sic proceditur. Videtur quod peccatum originale non sit aequaliter in omnibus.

1. Est enim peccatum originale concupiscentia inordinata, ut dictum est[1]. Sed non omnes aequaliter sunt proni ad concupiscendum. Ergo peccatum originale non est aequaliter in omnibus.

original. Toda outra desordem das potências da alma apresenta-se neste pecado como algo material. O que constitui a desordem das outras potências da alma é sobretudo que elas estão voltadas desordenadamente para um bem mutável. Esta desordem pode ser chamada pelo nome comum de conscupiscência. Assim, o pecado original é materialmente a concupiscência, mas formalmente é a falta da justiça original.

Quanto ao 1º, portanto, deve-se dizer que como, no homem, o concupiscível é naturalmente regido pela razão, os atos da concupiscência em nós são naturais na medida em que estão subordinados à ordem da razão. Assim, a concupiscência que ultrapassa os limites da razão, é contra a natureza do homem. Tal é a concupiscência do pecado original.

Quanto ao 2º, deve-se dizer que todas as paixões do irascível reduzem-se às paixões do concupiscível como mais importantes. Entre estas, a concupiscência age com mais força e é mais vivamente sentida, já foi dito. Por isso, se atribui o pecado origianal à concupiscência como a uma paixão maior, na qual todas as outras estão incluídas de alguma maneira.

Quanto ao 3º, deve-se dizer que do mesmo modo que no bem o intelecto e a razão têm uma função principal, do mesmo modo no mal é o contrário: a parte inferior da alma se encontra em primeiro lugar, porque obscurece a razão e a atrai, como já foi dito. Por isso, diz-se que o pecado original é mais a concupiscência do que a ignorância, embora a ignorância seja também compreendida entre as deficiências do pecado original.

Artigo 4

O pecado original existe em todos igualmente?

Quanto ao quarto, assim se procede: parece que o pecado original **não** existe igualmente em todos.

1. Com efeito, o pecado original é concupiscência desordenada, como foi dito. Ora, nem todos são igualmente propensos para a concupiscência. Logo, o pecado original não existe igualmente em todos.

8. Q. 25, a. 1.
9. Ibid., a. 2, ad 1.
10. Q. 77, a. 1, 2; q. 80, a. 2.

4 Parall.: II *Sent.*, dist. 32, q. 1, a. 3.

1. Art. praec.

2. PRAETEREA, peccatum originale est quaedam inordinata dispositio animae, sicut aegritudo est quaedam inordinata dispositio corporis. Sed aegritudo recipit magis et minus. Ergo peccatum originale recipit magis et minus.

3. PRAETEREA, Augustinus dicit, in libro *de Nupt. et Concupisc.*[2], quod *libido transmittit originale peccatum in prolem*. Sed contingit esse maiorem libidinem unius in actu generationis, quam alterius. Ergo peccatum originale potest esse maius in uno quam in alio.

SED CONTRA est quia peccatum originale est peccatum naturae, ut dictum est[3]. Sed natura aequaliter est in omnibus. Ergo et peccatum originale.

RESPONDEO dicendum quod in originali peccato sunt duo: quorum unum est defectus originalis iustitiae; aliud autem est relatio huius defectus ad peccatum primi parentis, a quo per vitiatam originem deducitur. Quantum autem ad primum, peccatum originale non recipit magis et minus: quia totum donum originalis iustitiae est sublatum; privationes autem totaliter aliquid privantes, ut mors et tenebrae, non recipiunt magis et minus, sicut supra[4] dictum est. Similiter etiam nec quantum ad secundum: aequaliter enim omnes relationem habent ad primum principium vitiatae originis, ex quo peccatum originale recipit rationem culpae; relationes enim non recipiunt magis et minus. Unde manifestum est quod peccatum originale non potest esse magis in uno quam in alio.

AD PRIMUM ergo dicendum quod, soluto vinculo originalis iustitiae, sub quo quodam ordine omnes vires animae continebantur, unaquaeque vis animae tendit in suum proprium motum; et tanto vehementius, quanto fuerit fortior: Contingit autem vires aliquas animae esse fortiores in uno quam in alio, propter diversas corporis complexiones. Quod ergo unus homo sit pronior ad concupiscendum quam alter, non est ratione peccati originalis, cum in omnibus aequaliter solvatur vinculum originalis iustitiae, et aequaliter in omnibus partes inferiores animae sibi relinquantur: sed accidit hoc ex diversa dispositione potentiarum, sicut dictum est.

2. ALÉM DISSO, o pecado original é uma certa disposição desordenada da alma, como a doença é uma certa disposição desordenada do corpo. Ora, a doença admite mais e menos. Logo, o pecado original admite mais e menos.

3. ADEMAIS, Agostinho diz que é a libido que transmite o pecado original à prole. Ora, acontece que a libido é mais forte em um do que em outro no ato da geração. Logo, o pecado original pode ser maior em um do que em outro.

EM SENTIDO CONTRÁRIO, o pecado original é pecado da natureza, como foi dito. Ora, a natureza existe igualmente em todos. Portanto, também o pecado original.

RESPONDO. No pecado original há duas coisas: a falta da justiça original e a relação desta falta com o pecado do primeiro pai, do qual se transmite por uma origem viciada. Quanto ao primeiro, o pecado original não admite mais e menos, porque o dom da justiça original desapareceu inteiramente. As privações que privam totalmente de algo, como a morte e as trevas, não admitem mais e menos. O mesmo acontece quanto ao segundo, pois todos se referem igualmente ao princípio primeiro da origem viciada que deu ao pecado original a razão de culpa. As relações não admitem mais e menos. Portanto, fica claro que o pecado original não pode ser mais em um do que em outro.

QUANTO AO 1º, portanto, deve-se dizer que quando se rompeu o vínculo da justiça original, que continha em ordem todas as potências da alma, cada uma delas se entregou a seu próprio movimento e com tanto mais veemência quanto mais forte ela fosse. Ora, acontece que as potências da alma são mais fortes em um do que em outro, por causa da diversidade de compleições do corpo. Portanto, o fato de que alguém seja mais inclinado do que outro à concupiscência não é da razão do pecado original, pois o vínculo da justiça original foi igualmente rompido em todos e igualmente todas as partes inferiores da alma foram abandonadas a si mesmas. Mas, isso acontece pela diversidade de disposição das potências, como foi dito.

2. L. I, cc. 23, 24: ML 44, 428, 429.
3. Q. 81, a. 1.
4. Q. 73, a. 2.

AD SECUNDUM dicendum quod aegritudo corporalis non habet in omnibus aequalem causam, etiam si sit eiusdem speciei: puta, si sit febris ex cholera putrefacta, potest esse maior vel minor putrefactio, et propinquior vel remotior a principio vitae. Sed causa originalis peccati in omnibus est aequalis. Unde non est simile.

QUANTO AO 2º, deve-se dizer que a doença corporal, mesmo se ela é da mesma espécie, não tem em todos uma causa igual. Por exemplo, a febre que vem da cólera pútrida: o estado de decomposição pode ser mais ou menos avançado, ou mais próximo ou mais afastado do princípio da vida. Mas, a causa do pecado original é igual em todos. Portanto, o argumento não é o mesmo.

AD TERTIUM dicendum quod libido quae transmittit peccatum originale in prolem, non est libido actualis: quia dato quod virtute divina concederetur alicui quod nullam inordinatam libidinem in actu generationis sentiret, adhuc transmitteret in prolem originale peccatum. Sed libido illa est intelligenda habitualiter, secundum quod appetitus sensitivus non continetur sub ratione vinculo originalis iustitiae. Et talis libido in omnibus est aequalis.

QUANTO AO 3º, deve-se dizer que a libido que transmite o pecado original à prole, não é libido atual, porque, mesmo supondo que por uma ajuda divina fosse dado a alguém não sentir no ato de geração nenhuma libido desordenada, ele transmitiria ainda à prole o pecado original. Esta libido deve ser compreendida como habitual, significando que o apetite sensível não está mais contido sob a razão pelo vínculo da justiça original. Uma tal libido é igual em todos.

QUAESTIO LXXXIII
DE SUBIECTO ORIGINALIS PECCATI
in quatuor articulos divisa

Deinde considerandum est de subiecto originalis peccati.

Et circa hoc quaeruntur quatuor.

Primo: utrum subiectum originalis peccati per prius sit caro vel anima.

Secundo: si anima, utrum per essentiam aut per potentias suas.

Tertio: utrum voluntas per prius sit subiectum peccati originalis quam aliae potentiae.

Quarto: utrum aliquae potentiae animae sint specialiter infectae, scilicet generativa, vis concupiscibilis et sensus tactus.

QUESTÃO 83
O SUJEITO DO PECADO ORIGINAL[a]
em quatro artigos

Agora deve ser considerado o sujeito do pecado original.

E sobre isso são quatro as perguntas:

1. O sujeito do pecado original é primeiramente a carne ou a alma?
2. Se é a alma, em sua essência, ou em suas potências?
3. É antes a vontade do que as outras potências?
4. Algumas potências são especialmente infectadas, como a potência generativa, a concupiscível, e o sentido do tato?

a. Na questão 82 vimos como, no pecado original, a privação da justiça original é o seu elemento formal e determinante, sendo a desordem de todas as potências humanas decorrente dessa privação como o seu elemento material e determinado. Trata-se, agora, de explicar como um só e mesmo pecado pode atingir as diversas potências capazes de atos humanos sem se multiplicar a si mesmo. O pecado atinge os mesmos sujeitos que a justiça original, mas os atinge como ligados entre si enquanto partes de um mesmo todo, do qual ele é, por privação, a má disposição. Na problemática progressiva dos quatro artigos da questão, Sto. Tomás demonstra que o hábitus entitativo do pecado original (mesmo que ele esteja, como na causa instrumental, no germe mesmo que transmite a natureza) só é pecado na alma, única suscetível de receber a graça e dela ser privada (a. 1). Esse pecado afeta a alma em sua essência, uma vez que ela o contrai não por um ato pessoal, mas pela geração, cujo termo próprio é o sujeito que subsiste segundo a sua natureza (a. 2). No plano das faculdades, o pecado original não deve ser concebido como um princípio objetivo de tendência ao pecado, à maneira de um vício; ele é em cada uma delas a privação da ordem a seu objeto (a. 3). O título do artigo 4 esclarece o sentido do problema. Do estrito ponto de vista do pecado e da inclinação ao pecado, a vontade tem sempre prioridade, mesmo que a insubmissão, característica geral do pecado original, seja particularmente sensível na ordem das cobiças carnais, as mais independentes da vontade e mais próximas da natureza. Mediante essa doutrina, homogênea com a sua visão global, Sto. Tomás tempera o pessimismo agostiniano, sem ignorar que, no domínio da "concupiscência", a ferida original seja particularmente profunda.

Articulus 1
Utrum originale peccatum sit magis in carne quam in anima

Ad primum sic proceditur. Videtur quod peccatum originale magis sit in carne quam in anima.

1. Repugnantia enim carnis ad mentem ex corruptione originalis peccati procedit. Sed radix huius repugnantiae in carne consistit: dicit enim Apostolus *ad* Rm 7,23: *Video aliam legem in membris meis, repugnantem legi mentis meae*. Ergo originale peccatum in carne principaliter consistit.

2. Praeterea, unumquodque potius est in causa quam in effectu: sicut calor magis est in igne calefaciente quam in aqua calefacta. Sed anima inficitur infectione originalis peccati per semen carnale. Ergo peccatum originale magis est in carne quam in anima.

3. Praeterea, peccatum originale ex primo parente contrahimus,prout in eo fuimus secundum rationem seminalem. Sic autem non fuit ibi anima, sed sola caro. Ergo originale peccatum non est in anima, sed in carne.

4. Praeterea, anima rationalis creata a Deo corpori infunditur. Si igitur anima per peccatum originale inficeretur, consequens esset quod ex sua creatione vel infusione inquinaretur. Et sic Deus esset causa peccati, qui est auctor creationis et infusionis.

5. Praeterea, nullus sapiens liquorem pretiosum vasi infunderet ex quo sciret ipsum liquorem infici. Sed anima rationalis est pretiosior omni liquore. Si ergo anima ex corporis unione infici posset infectione originalis culpae, Deus, qui ipsa sapientia est, nunquam animam tali corpori infunderet. Infundit autem. Non ergo inquinatur ex carne. Sic igitur peccatum originale non est in anima, sed in carne.

Sed contra est quod idem est subiectum virtutis et vitii sive peccati, quod contrariatur virtuti. Sed caro non potest esse subiectum virtutis: dicit enim Apostolus, *ad* Rm 7,18: *Scio quod non habitat in me, hoc est in carne mea, bonum*. Ergo caro non potest esse subiectum originalis peccati, sed solum anima.

Artigo 1
O pecado original está mais na carne do que na alma?

Quanto ao primeiro artigo, assim se procede: parece que o pecado original **está** mais na carne do que na alma.

1. Com efeito, a repugnância da carne à alma procede da corrupção do pecado original. Ora, a raiz desta repugnância está na carne, pois diz o Apóstolo: “Vejo em meus membros uma outra lei que repugna àquela de minha alma”. Logo, o pecado original está principalmente na carne.

2. Além disso, cada coisa está mais na causa do que no efeito. Há mais calor no fogo que esquenta do que na água que é esquentada. Ora, a alma é infectada pelo pecado original pelo sêmen carnal. Logo, o pecado original está mais na carne do que na alma.

3. Ademais, contraímos o pecado original do primeiro pai enquanto nele estivemos segundo a razão seminal. Ora, quanto a isso não esteve aí a alma, mas somente a carne. Logo, o pecado original não está na alma, mas na carne.

4. Ademais, a alma racional criada por Deus infunde-se no corpo. Portanto, se alma fosse infectada pelo pecado original, isto seria consequência ou de sua criação ou de sua infusão. E assim Deus seria causa do pecado porque ele é o autor da criação e da infusão.

5. Ademais, nenhum sábio verteria um licor precioso em um vaso se soubesse que o licor por isso ficaria infectado. Ora, a alma racional é mais preciosa do que qualquer licor. Logo, se pela união com o corpo ela pudesse ser infectada pela culpa original, Deus, que é a própria sabedoria, nunca infundiria a alma em tal corpo. No entanto infundiu. Logo, a alma não é infectada pela carne. E assim, o pecado original não está na alma, mas na carne.

Em sentido contrário, é o mesmo sujeito da virtude e do vício ou do pecado que se opõe à virtude. Ora, a carne não pode ser o sujeito da virtude: “Eu sei, diz o Apóstolo, que o bem não habita em mim, isto é, na minha carne”. Logo, não é a carne mas a alma somente que pode ser o sujeito do pecado original.

1 Parall.: II *Sent.*, dist. 18, q. 2, a. 1, ad 3; dist. 30, q. 1, a. 2, ad 4; dist. 31, q. 1, a. 1, ad 2, 4; dist. 33, q. 1, a. 3, ad 4; *De Malo*, q. 4, a. 3.

RESPONDEO dicendum quod aliquid potest esse in aliquo dupliciter: uno modo, sicut in causa, vel principali vel instrumentali; alio modo, sicut in subiecto. Peccatum ergo originale omnium hominum fuit quidem in ipso Adam sicut in prima causa principali; secundum illud Apostoli, Rm 5,12: *In quo omnes peccaverunt*. In semine autem corporali est peccatum originale sicut in causa instrumentali: eo quod per virtutem activam seminis traducitur peccatum originale in prolem, simul cum natura humana. Sed sicut in subiecto, peccatum originale nullo modo potest esse in carne, sed solum in anima.

Cuius ratio est quia, sicut supra[1] dictum est, hoc modo ex voluntate primi parentis peccatum, originale traducitur in posteros per quandam generativam motionem, sicut a voluntate alicuius hominis derivatur peccatum actuale ad alias partes eius. In quia quidem derivatione hoc potest attendi, quod quidquid provenit ex motione voluntatis peccati ad quamcumque partem hominis quae quocumque modo potest esse particeps peccati, vel per modum subiecti vel per modum instrumenti, habet rationem culpae: sicut ex voluntate guiae provenit concupiscentia cibi ad concupiscibilem, et sumptio cibi ad manus et os, quae inquantum moventur a voluntate ad peccatum, sunt instrumenta peccati. Quod vero ulterius derivatur ad vim nutritivam et ad interiora membra, quae non sunt nata moveri a voluntate, non habet rationem culpae.

Sic igitur, cum anima possit esse subiectum culpae, caro autem de se non habeat quod sit subiectum culpae; quidquid provenit de corruptione primi peccati ad animam, habet rationem culpae; quod autem provenit ad carnem, non habet rationem culpae, sed poenae. Sic igitur anima est subiectum peccati originalis, non autem caro.

AD PRIMUM ergo dicendum quod, sicut Augustinus dicit in libro *Retract.*[2], Apostolus loquitur ibi de homine iam redempto, qui liberatus est a culpa, sed subiacet poenae, ratione cuius peccatum dicitur *habitare in carne*. Unde ex hoc non sequitur quod caro sit subiectum culpae, sed solum poenae.

AD SECUNDUM dicendum quod peccatum originale causatur ex semine sicut ex causa instrumentali. Non autem oportet quod aliquid sit principalius in causa instrumentali quam in effectu, sed solum in

RESPONDO. Alguma coisa pode estar na outra de duas maneiras: de um modo, como na causa, principal ou instrumental; de outro modo, como no sujeito. O pecado original de todos os homens esteve no primeiro homem como em sua causa primeira e principal, segundo o Apóstolo: “Em quem todos pecaram”. No sêmen corporal esteve o pecado original como em uma causa instrumental, porque é pela força ativa do sêmen que o pecado é transmitido à prole ao mesmo tempo que a natureza. Mas como em seu sujeito, o pecado original não pode estar na carne, mas somente na alma.

A razão disso, já foi dito, é que o pecado original transmite-se da vontade do primeiro pai à posteridade pelo movimento da geração, da mesma maneira que o pecado atual deriva da vontade de um homem sobre as suas outras partes. Nesta derivação pode-se observar que tudo o que procede da moção da vontade pecadora a qualquer parte do homem, que pode participar do pecado, de alguma maneira, seja como sujeito, seja como instrumento, tem a razão de culpa. Assim, da vontade de gula procede a concupiscência dos alimentos ao concupiscível e às mãos e à boca a ação de absorvê-los. Todas estas potências, na medida em que a vontade as leva a mal agir, são instrumentos do pecado. Mas o que é ulteriormente comunicado à potência nutritiva e aos órgãos inferiores que não são feitos para ser movidos pela vontade não tem a razão de culpa.

Assim, como a alma pode ser o sujeito da culpa e a carne não tem em si mesma com que sê-lo, tudo o que procede da corrupção do primeiro pecado para a alma tem a razão de culpa, mas o que procede para a carne não tem razão de culpa e sim de pena. Por conseguinte, é a alma que é o sujeito do pecado original, e não a carne.

QUANTO AO 1º, portanto, deve-se dizer que, como diz Agostinho, o Apóstolo aí fala do homem já redimido, que foi libertado da culpa mas permanece submisso à pena, por cuja razão o pecado se diz que: “habita na carne”. Portanto, daí não se segue que a carne seja sujeito de culpa, mas somente de pena.

QUANTO AO 2º, deve-se dizer que o pecado original é causado pelo sêmen como pela causa instrumental. Ora, não é preciso que algo seja mais principal na causa instrumental do que no efeito,

1. Q. 81, a. 1.
2. L. I, c. 26: ML 32, 628.

causa principali. Et hoc modo peccatum originale potiori modo fuit in Adam, in quo fuit secundum rationem actualis peccati.

AD TERTIUM dicendum quod anima huius hominis non fuit secundum seminalem rationem in Adam peccante sicut in principio effectivo, sed sicut in principio dispositivo: eo quod semen corporale, quod ex Adam traducitur, sua virtute non efficit animam rationalem, sed ad eam disponit.

AD QUARTUM dicendum quod infectio originalis peccati nullo modo causatur a Deo, sed ex solo peccato primi parentis per carnalem generationem. Et ideo, cum creatio importet respectum animae ad solum Deum, non potest dici quod anima ex sua creatione inquinetur. — Sed infusio importat respectum et ad Deum infundentem, et ad carnem cui infunditur anima. Et ideo, habito respectu ad Deum infundentem, non potest dici quod anima per infusionem maculetur; sed solum habito respectu ad corpus cui infunditur.

AD QUINTUM dicendum quod bonum commune praefertur bono singulari. Unde Deus, secundum suam sapientiam, non praetermittit universalem ordinem rerum, qui est ut tali corpori talis anima infundatur, ut vitetur singularis infectio huius animae: praesertim cum natura animae hoc habeat, ut esse non incipiat nisi in corpore, ut in Primo[3] habitum est. Melius est autem ei sic esse secundum naturam, quam nullo modo esse: praesertim cum possit per gratiam damnationem evadere.

mas somente na causa principal. Desse modo, o pecado original existiu de modo mais eminente em Adão, pois nele existiu segundo a razão de pecado atual.

QUANTO AO 3º, deve-se dizer que a alma desse homem não esteve, segundo a razão seminal, em Adão quando pecava como em um princípio efetivo, mas como em um princípio dispositivo, porque o sêmen corporal, transmitido por Adão, não produz a alma racional por sua virtude, mas dispõe para ela.

QUANTO AO 4º, deve-se dizer que a infecção do pecado original não é causada por Deus, mas unicamente pelo pecado do primeiro pai por meio da geração carnal. Por isso, como a criação implica uma relação da alma somente com Deus, não se pode dizer que a alma seja infectada por sua criação. — A infusão implica uma relação com Deus que infunde e com a carne na qual a alma é infundida. Por isso, se se tem em conta a relação com Deus que infunde, não se pode dizer que a alma se manche pela infusão, mas só se se tem em conta a relação com o corpo no qual se infunde.

QUANTO AO 5º, deve-se dizer que o bem comum vem antes do bem particular. Portanto, Deus, em sua sabedoria, a fim de impedir a infecção de cada alma em particular, não abandona a ordem geral das coisas que é que a tal corpo seja infundida tal alma, sobretudo porque a natureza da alma é tal que não começa a existir a não ser num corpo, como foi estabelecido na I Parte. É melhor para ela existir assim, segundo a natureza, do que não existir de modo algum, sobretudo por poder pela graça, livrar-se da condenação.

ARTICULUS 2

Utrum peccatum originale sit per prius in essentia animae quam in potentiis

AD SECUNDUM SIC PROCEDITUR. Videtur quod peccatum originale non sit per prius in essentia animae quam in potentiis.

1. Anima enim nata est esse subiectum peccati, quantum ad id quod potest a voluntate moveri. Sed anima non movetur a voluntate secundum suam essentiam, sed solum secundum potentias. Ergo peccatum originale non est in anima secundum suam essentiam, sed solum secundum potentias.

ARTIGO 2

O pecado original está antes na essência da alma que nas potências?

QUANTO AO SEGUNDO, ASSIM SE PROCEDE: parece que o pecado original **não** está antes na essência da alma que nas potências.

1. Com efeito, é natural à alma ser o sujeito do pecado, naquilo que pode ser movido pela vontade. Ora, a vontade não pode mover a alma em sua essência, mas apenas nas potências. Logo, o pecado original não está na alma em sua essência, mas somente nas potências.

3. Q. 90, a. 4; q. 118, a. 3.

2 PARALL.: II *Sent.*, dist. 31, q. 2, a. 1; *De Verit.*, q. 25, a. 6; q. 27, a. 6, ad 2; *De Malo*, q. 4, a. 4.

2. PRAETEREA, peccatum originale opponitur originali iustitiae. Sed originalis iustitia erat in aliqua potentia animae, quae est subiectum virtutis. Ergo et peccatum originale est magis in potentia animae quam in eius essentia.

3. PRAETEREA, sicut a carne peccatum originale derivatur ad animam, ita ab essentia animae derivatur ad potentias. Sed peccatum originale magis est in anima quam in carne. Ergo etiam magis est in potentiis animae quam in essentia.

4. PRAETEREA, peccatum originale dicitur esse concupiscentia, ut dictum est[1]. Sed concupiscentia est in potentiis animae. Ergo et peccatum originale.

SED CONTRA est quod peccatum originale dicitur esse peccatum naturale, ut supra[2] dictum est. Anima autem est forma et natura corporis secundum essentiam suam, et non secundum potentias, ut in Primo[3] habitum est. Ergo anima est subiectum originalis peccati principaliter secundum suam essentiam.

RESPONDEO dicendum quod illud animae est principaliter subiectum alicuius peccati, ad quod primo pertinet causa motiva illius peccati: sicut si causa motiva ad peccandum sit delectatio sensus, quae pertinet ad vim concupiscibilem sicut obiectum proprium eius, sequitur quod vis concupiscibilis sit proprium subiectum illius peccati. Manifestum est autem quod peccatum originale causatur per originem. Unde illud animae quod primo attingitur ab origine hominis, est primum subiectum originalis peccati. Attingit autem origo animam ut terminum generationis, secundum quod est forma corporis; quod quidem convenit ei secundum essentiam propriam, ut in Primo[4] habitum est. Unde anima secundum essentiam est primum subiectum originalis peccati.

AD PRIMUM ergo dicendum quod, sicut motio voluntatis alicuius propriae pervenit ad potentias animae, non autem ad animae essentiam; ita motio voluntatis primi generantis, per viam generationis, pervenit primo ad animae essentiam, ut dictum est[5].

AD SECUNDUM dicendum quod etiam originalis iustitia pertinebat primordialiter ad essentiam animae: erat enim donum divinitus datum hu-

2. ALÉM DISSO, o pecado original opõe-se à justiça original. Ora, a justiça original estava em uma potência da alma que é sujeito da virtude. Logo, o pecado original está mais na potência do que na essência da alma.

3. ADEMAIS, assim como o pecado original deriva da carne para a alma, assim deriva da essência da alma para as potências. Ora, ele está mais na alma do que na carne. Logo, está também nas potências da alma mais do que na essência.

4. ADEMAIS, o pecado original, já foi dito, é a concupiscência. Ora, a concupiscência está nas potências da alma. Logo, também o pecado original.

EM SENTIDO CONTRÁRIO, como foi dito, o pecado original se diz ser um pecado natural. Ora, é por sua essência e não pelas potências que a alma é a forma e a natureza do corpo, como foi estabelecido na I Parte. Logo, é principalmente em sua essência que ela é sujeito do pecado original.

RESPONDO. O sujeito de um pecado é principalmente aquela parte da alma à qual se refere a causa motora daquele pecado. Por exemplo, se esta causa é o prazer dos sentidos, que pertence à potência concupiscível como seu objeto próprio, segue-se que essa potência é o sujeito próprio deste pecado. Ora, é claro que a causa do pecado original é a geração. Por isso, o sujeito primeiro do pecado original é a parte da alma que é a primeira atingida pela geração humana. Ora, no termo da geração a origem atinge a alma enquanto esta é a forma do corpo; isto lhe convém segundo a propria essência, como se viu na I Parte. Portanto, é em sua essência que a alma é o sujeito primeiro do pecado original.

QUANTO AO 1º, portanto, deve-se dizer que como a moção da vontade própria de alguém chega às potências da alma, mas não à sua essência, do mesmo modo a moção da vontade do primeiro homem que gerou chega primeiro à essência da alma por via de geração, como foi dito.

QUANTO AO 2º, deve-se dizer que a justiça original se referia primordialmente à essência da alma. Ela era, com efeito, o dom divinamente concedido

1. Q. 82, a. 3.
2. Q. 81, a. 1.
3. Q. 76, a. 6.
4. Q. 76, a. 6.
5. In corp.

manae naturae, quam per prius respicit essentia animae quam potentiae. Potentiae enim magis videtur pertinere ad personam, inquantum sunt principia personalium actuum. Unde sunt propria subiecta peccatorum actualium, quae sunt peccata personalia.

AD TERTIUM dicendum quod corpus comparatur ad animam sicut materia ad formam, quae etsi sit posterior ordine generationis, est tamen prior ordine perfectionis et naturae. Essentia autem animae comparatur ad potentias sicut subiecta ad accidentia propria, quae sunt posteriora subiecto et ordine generationis et etiam perfectionis. Unde non est similis ratio.

AD QUARTUM dicendum quod concupiscentia se habet materialiter et ex consequenti in peccato originali, ut supra[6] dictum est.

à natureza humana. A esta natureza, a essência da alma diz mais respeito que as potências. Pois estas parecem referir-se mais à pessoa, enquanto são os princípios dos atos pessoais. Portanto, são propriamente o sujeito dos pecados atuais que são pecados pessoais.

QUANTO AO 3º, deve-se dizer que o corpo está em relação com a alma como a matéria está em relação com a forma. Esta, mesmo sendo a última na ordem da geração, é no entanto a primeira na ordem da perfeição e da natureza. Ora, a essência da alma está em relação com as potências como os sujeitos em relação com seus acidentes próprios, que são posteriores a seus sujeitos, tanto na ordem da geração, quanto na ordem da perfeição. Portanto, o argumento não é o mesmo.

QUANTO AO 4º, deve-se dizer que a concupiscência se tem como matéria e como consequência no pecado original, como acima foi dito.

ARTICULUS 3

Utrum peccatum originale per prius inficiat voluntatem quam alias potentias

AD TERTIUM SIC PROCEDITUR. Videtur quod peccatum originale non per prius inficiat voluntatem quam alias potentias.

1. Omne enim peccatum principaliter pertinet ad potentiam per cuius actum causatur. Sed peccatum originale causatur per actum generativae potentiae. Ergo inter ceteras potentias animae, videtur magis pertinere ad generativam potentiam.

2. PRAETEREA, peccatum originale per semen carnale traducitur. Sed aliae vires animae propinquiores sunt carni quam voluntas: sicut patet de omnibus sensitivis, quae utuntur organo corporali. Ergo in eis magis est peccatum originale quam in voluntate.

3. PRAETEREA, intellectus est prior voluntate: non enim est voluntas nisi de bono intellecto. Si ergo peccatum originale inficit omnes potentias animae, videtur quod per prius inficiat intellectum, tanquam priorem.

SED CONTRA est quod iustitia originalis per prius respicit voluntatem: est enim *rectitudo voluntatis*, ut Anselmus dicit, in libro *de Conceptu Virginali*[1].

ARTIGO 3

O pecado original infecta mais a vontade que as outras potências?

QUANTO AO TERCEIRO, ASSIM SE PROCEDE: parece que o pecado original **não** infecta mais a vontade que as outras potências.

1. Com efeito, todo pecado se refere principalmente à potência pela qual o ato é causado. Ora, o pecado original é causado pelo ato da potência de gerar. Logo, é a esta potência entre todas a outras que ele parece se referir.

2. ALÉM DISSO, o pecado original transmite-se pelo sêmen carnal. Ora, há outras potências da alma que são mais próximas da carne do que a vontade. Isso é claro para as potências sensíveis porque se servem de um órgão corporal. Logo, o pecado original está mais nelas do que na vontade.

3. ADEMAIS, o intelecto precede a vontade, pois só há ato de vontade de um bem apreendido pelo intelecto. Logo, se o pecado original infecta todas as potências da alma, parece que ele infecta antes o intelecto, como o primeiro.

EM SENTIDO CONTRÁRIO, Anselmo diz que a justiça original é "a retidão da vontade". Isso quer dizer que ela diz respeito primeiro à vontade. O

6. Q. 82, a. 3.

3 PARALL.: II *Sent.*, dist. 30, q. 1, a. 3; *De Verit.*, q. 25, a. 6; *De Malo*, q. 4, a. 5.

1. C. 3: ML 158, 436 A.

Ergo et peccatum originale, quod ei opponitur, per prius respicit voluntatem.

RESPONDEO dicendum quod in infectione peccati originalis duo est considerare. Primo quidem, inhaerentiam eius ad subiectum: et secundum hoc primo respicit essentiam animae, ut dictum est[2]. Deinde oportet considerare inclinationem eius ad actum: et hoc modo respicit potentias animae. Oportet ergo quod illam per prius respiciat, quae primam inclinationem habet ad peccandum. Haec autem est voluntas, ut ex supradictis[3] patet. Unde peccatum originale per prius respicit voluntatem.

AD PRIMUM ergo dicendum quod peccatum originale non causatur in homine per potentiam generativam prolis, sed per actum potentiae generativae parentis. Unde non oportet quod sua potentia generativa sit primum subiectum originalis peccati.

AD SECUNDUM dicendum quod peccatum originale habet duplicem processum: unum quidem a carne ad animam; alium vero ab essentia animae ad potentias. Primus quidem processus est secundum ordinem generationis: secundus autem secundum ordinem perfectionis. Et ideo quamvis aliae potentiae, scilicet sensitivae, propinquiores sint carni; quia tamen voluntas est propinquior essentiae animae, tanquam superior potentia, primo pervenit ad ipsam infectio originalis peccati.

AD TERTIUM dicendum quod intellectus quodam modo praecedit voluntatem, inquantum proponit ei suum obiectum. Alio vero modo voluntas praecedit intellectum, secundum ordinem motionis ad actum: quae quidem motio pertinet ad peccatum.

pecado original, portanto, que a ela se opõe, diz respeito primeiro à vontade.

RESPONDO. Na infecção do pecado original há dois aspectos a serem considerados: primeiro, a inherência em um sujeito, e neste sentido ela diz respeito primeiro à essência da alma, como foi dito. Depois, é preciso considerar sua inclinação para o ato, e neste sentido ele diz respeito às potências da alma. Portanto, é preciso que ela diga respeito antes de tudo àquela que tem a primeira inclinação para pecar. Ora, segundo o que foi dito, esta é a vontade. Portanto, o pecado original diz respeito primeiro à vontade.

QUANTO AO 1º, portanto, deve-se dizer que o que causa o pecado original no homem não é a potência de gerar da prole, mas o ato da potência de gerar do pai. Portanto, não é necessário que a potência de gerar seja o primeiro sujeito do pecado original.

QUANTO AO 2º, deve-se dizer que há no pecado original um duplo processo, um da carne para a alma, e outro da essência da alma para as potências. O primeiro é segundo a ordem da geração, e o segundo, conforme a ordem da perfeição. E por isso, se bem que outras potências como as sensitivas sejam mais próximas da carne, entretanto, porque a vontade é mais próxima da essência da alma, como potência superior, é para ela que chega em primeiro lugar a infecção do pecado original.

QUANTO AO 3º, deve-se dizer que de certa maneira o intelecto precede a vontade enquanto ele lhe propõe seu objeto. Mas, de outra maneira a vontade precede o intelecto, segundo a ordem da moção ao ato e é esta moção que se refere ao pecado.

ARTICULUS 4

Utrum praefatae potentiae sint magis infectae quam aliae

AD QUARTUM SIC PROCEDITUR. Videtur quod praedictae potentiae non sint magis infectae quam aliae.

1. Infectio enim originalis peccati magis videtur pertinere ad illam animae partem quae prius potest esse subiectum peccati. Haec autem est rationalis

ARTIGO 4

As potências mencionadas são mais infectadas do que as outras?

QUANTO AO QUARTO, ASSIM SE PROCEDE: parece que as potências mencionadas **não** são mais infectadas do que as outras.

1. Com efeito, a infecção do pecado original parece se referir mais àquela parte da alma que pode ser antes sujeito do pecado. Ora, esta é a

2. Art. praec.
3. Q. 74, a. 1, 2.

4 PARALL.: II *Sent.*, dist. 31, q. 2, a. 2; *De Verit.*, q. 25, a. 6; *De Malo*, q. 4, a. 2, ad 12; a. 5, ad 1.

pars, et praecipue voluntas. Ergo ipsa est magis infecta per peccatum originale.

2. PRAETEREA, nulla vis animae inficitur per culpam, nisi inquantum potest obedire rationi. Generativa autem non potest obedire, ut dicitur in I *Ethic.*[1]. Ergo generativa non est maxime infecta per originale peccatum.

3. PRAETEREA, visus inter alios sensus est spiritualior et propinquior rationi, inquantum *plures differentias rerum ostendit*, ut dicitur in I *Metaphys.*[2]. Sed infectio culpae primo est in ratione. Ergo visus magis est infectus quam tactus.

SED CONTRA est quod Augustinus dicit, in XIV *de Civ. Dei*[3], quod infectio originalis culpae maxime apparet in motu genitalium membrorum, qui rationi non subditur. Sed illa membra deserviunt generativae virtuti in commixtione sexuum, in qua est delectatio secundum tactum, quae maxime concupiscentiam movet. Ergo infectio originalis peccati maxime pertinet ad ista tria, scilicet potentiam generativam, vim concupiscibilem et sensum tactus.

RESPONDEO dicendum quod illa corruptio praecipue infectio nominari solet, quae nata est in aliud transferri: unde et morbi contagiosi, sicut lepra et scabies et huiusmodi, infectiones dicuntur. Corruptio autem originalis peccati traducitur per actum generationis, sicut supra[4] dictum est. Unde potentiae quae ad huiusmodi actum concurrunt, maxime dicuntur esse infectae. Huiusmodi autem actus deservit generativae, inquantum ad generationem ordinatur: habet autem in se delectationem tactus, quae est maximum obiectum concupiscibilis. Et ideo, cum omnes partes animae dicantur esse corruptae per peccatum originale, specialiter tres praedictae dicuntur esse corruptae et infectae.

AD PRIMUM ergo dicendum quod peccatum originale ex ea parte qua inclinat in peccata actualia, praecipue pertinet ad voluntatem, ut dictum est[5]. Sed ex ea parte qua traducitur in prolem, pertinet propinque ad potentias praedictas, ad voluntatem autem remote.

parte racional da alma e principalmente a vontade. Logo, a vontade é a mais infectada pelo pecado original.

2. ALÉM DISSO, nenhuma potência da alma é infectada pela culpa a não ser na medida em que ela pode obedecer à razão. Ora, o livro I da *Ética* diz que a potência de gerar não pode obedecer. Logo, não é ela a mais infectada pelo pecado original.

3. ADEMAIS, a visão é mais espiritual do que os outros sentidos e mais próxima da razão enquanto "mostra muitas diferenças das coisas" como se diz no livro I da *Metafísica*. Ora, a infeção da culpa primeiro está na razão. Logo, a visão é mais infectada do que o tato.

EM SENTIDO CONTRÁRIO, Agostinho diz que a infecção do pecado original aparece sobretudo no movimento dos órgãos genitais, os quais não estão submissos à razão. Estes órgãos estão a serviço da potência de gerar na união sexual na qual o tato tem um prazer que excita extremamente a concupiscência. Portanto, a infecção do pecado original se refere sobretudo a estas três coisas: a potência de gerar, a potência concupiscível e o sentido do tato.

RESPONDO. O que se chama de infecção é a corrupção que naturalmente se transfere. É também o nome que se dá para as doenças contagiosas como a lepra, a sarna, e outras semelhantes. A corrupção do pecado original transmite-se pelo ato da geração, como já foi dito. Assim, as potências que concorrem para este ato se dizem infectadas de modo máximo. Ora este ato está a serviço da potência de gerar enquanto se ordena à geração. E tem em si o prazer do tato que é o maior objeto da potência concupiscível. Por isso, como se diz que todas as partes da alma estão corrompidas pelo pecado original, diz-se que as três citadas encontram-se especialmente corrompidas e infectadas.

QUANTO AO 1º, portanto, deve-se dizer que o pecado original enquanto inclina para os pecados atuais refere-se principalmente à vontade, como foi dito. Mas, enquanto se transmite à prole, refere-se de maneira muito próxima às potências referidas, e à vontade remotamente.

1. C. 13: 1102, b, 29-34.
2. C. 1: 980, a. 27.
3. C. 20: ML 41, 428.
4. Q. 81, a. 1.
5. Art. praec.

AD SECUNDUM dicendum quod infectio actualis culpae non pertinet nisi ad potentias quae moventur a voluntate peccantis. Sed infectio originalis culpae non derivatur a voluntate eius qui ipsam contrahit, sed per originem naturae, cui deservit potentia generativa. Et ideo in ea est infectio originalis peccati.

AD TERTIUM dicendum quod visus non pertinet ad actum generationis nisi secundum dispositionem remotam, prout scilicet per visum apparet species concupiscibilis. Sed delectatio perficitur in tactu. Et ideo talis infectio magis attribuitur tactui quam visui.

QUANTO AO 2º, deve-se dizer que a infecção de uma culpa atual só pertence às potências movidas pela vontade do pecador. Ora, a infecção da culpa original não procede da vontade de quem o contrai, mas da geração natural à qual serve a potência de gerar. Eis porque a infecção do pecado original está nesta potência.

QUANTO AO 3º, deve-se dizer que a visão não pertence ao ato de geração a não ser como disposição remota na medida em que por ela se revela a imagem concupiscível. Mas o prazer se perfaz no tato. É por isso que a infecção original é atribuída ao tato mais do que à visão.

QUAESTIO LXXXIV
DE CAUSA PECCATI SECUNDUM QUOD UNUM PECCATUM ALTERIUS PECCATI CAUSA EST

in quatuor articulos divisa

Deinde considerandum est de causa peccati secundum quod unum peccatum est causa alterius.

Et circa hoc quaeruntur quatuor.

Primo: utrum cupiditas sit radix omnium peccatorum.

Secundo: utrum superbia sit initium omnis peccati.

Tertio: utrum praeter superbiam et avaritiam, debeant dici capitalia vitia aliqua specialia peccata.

Quarto: quot et quae sint capitalia vitia.

QUESTÃO 84
OS PECADOS CAPITAIS. A CAUSA DO PECADO COMO UM PECADO É CAUSA DE OUTROS PECADOS

em quatro artigos

É preciso agora considerar como um pecado pode ser causa de outro.

Sobre isso, são quatro as perguntas:

1. A avareza é a raiz de todos os pecados.
2. A soberba é o início de todo pecado?
3. Além do orgulho e da avareza há vícios especiais que devem ser chamados pecados capitais?
4. Quantos e quais são tais vícios?

ARTICULUS 1
Utrum cupiditas sit radix omnium peccatorum

AD PRIMUM SIC PROCEDITUR. Videtur quod cupiditas non sit radix omnium peccatorum.

1. Cupiditas enim, quae est immoderatus appetitus divitiarum, opponitur virtuti liberalitatis. Sed liberalitas non est radix omnium virtutum. Ergo cupiditas non est radix omnium peccatorum.

ARTIGO 1
A avareza é a raiz de todos os pecados?

QUANTO AO PRIMEIRO ARTIGO, ASSIM SE PROCEDE: parece que a avareza **não** é a raiz de todos os pecados.

1. Com efeito, a avareza é o imoderado apetite das riqueza e opõe-se à virtude da liberalidade. Ora, a liberalidade não é a raiz de todas as virtudes. Logo, a avareza não é a raiz de todos os vícios.

1 PARALL.: A. seq.; II-II, q. 119, a. 2, ad 1; II *Sent.*, dist. 5, q. 1, a. 3, ad 1; dist. 22, q. 1, a. 1, ad 7; dist. 42, q. 2, a. 1; a. 3, ad 1; *De Malo*, q. 8, a. 1, ad 1; I *ad Tim.*, c. 6, lect. 2.

2. PRAETEREA, appetitus eorum quae sunt ad finem, procedit ex appetitu finis. Sed divitiae, quarum appetitus est cupiditas, non appetuntur nisi ut utiles ad aliquem finem, sicut dicitur in I *Ethic.*[1]. Ergo cupiditas non est radix omnis peccati, sed procedit ex alia priori radice.

3. PRAETEREA, frequenter invenitur quod avaritia, quae cupiditas nominatur, oritur ex aliis peccatis: puta cum quis appetit pecuniam propter ambitionem, vel ut satisfaciat gulae. Non ergo est radix omnium peccatorum.

SED CONTRA est quod dicit Apostolus, 1Ti, ult. [10]: *Radix omnium malorum est cupiditas.*

RESPONDEO dicendum quod secundum quosdam cupiditas multipliciter dicitur. Uno modo, prout est appetitus inordinatus divitiarum. Et sic est speciale peccatum. — Alio modo, secundum quod significat inordinatum appetitum cuiuscumque boni temporalis. Et sic est genus omnis peccati: nam in omni peccato est inordinata conversio ad commutabile bonum, ut dictum est[2]. — Tertio modo sumitur prout significat quandam inclinationem naturae corruptae ad bona corruptibilia inordinate appetenda. Et sic dicunt cupiditatem esse radicem omnium peccatorum, ad similitudinem radicis arboris, quae ex terra trahit alimentum: sic enim ex amore rerum temporalium omne peccatum procedit.

Et haec quidem quamvis vera sint, non tamen videntur esse secundum intentionem Apostoli, qui dixit cupiditatem esse radicem omnium peccatorum. Manifeste enim ibi loquitur contra eos qui, *cum velint divites fieri, incidunt in tentationes et in laquaeum diaboli, eo quod radix omnium malorum est cupiditas*: unde manifestum est quod loquitur de cupiditate secundum quod est appetitus inordinatus divitiarum. Et secundum hoc, dicendum est quod cupiditas, secundum quod est speciale peccatum, dicitur radix omnium peccatorum, ad similitudinem radicis arboris, quae alimentum praestat toti arbori. Videmus enim quod per divitias homo acquirit facultatem perpetrandi quodcumque peccatum, et adimplendi desiderium cuiuscumque peccati: eo quod ad habenda quaecumque temporalia bona, potest homo per pecuniam iuvari; secundum quod dicitur Eccle 10,19: *Pecuniae obediunt omnia.* Et secundum hoc patet quod cupiditas divitiarum est radix omnium peccatorum.

2. ALÉM DISSO, o desejo dos meios procede do desejo do fim. Ora, as riquezas, objeto da avareza, só são desejadas como meios úteis, como diz o livro I da *Ética*. Logo, a avareza não é a raiz de todo pecado, mas procede de outra raiz anterior.

3. ADEMAIS, frequentemente a avareza, também chamada cupidez, tem sua origem em outros pecados: por exemplo, deseja-se dinheiro para fins de ambição ou para satisfazer a gula. Logo, não é a raiz de todos os pecados.

EM SENTIDO CONTRÁRIO, o Apóstolo diz: "A raiz de todos os males é a avareza".

RESPONDO. Segundo alguns a avareza tem muitos sentidos: 1) o desejo desordenado das riquezas, e nesse sentido é um pecado especial. 2) o desejo desordenado de um bem temporal qualquer, e nesse sentido é gênero de todo pecado pois que em todo pecado há, como foi dito, uma conversão desmedida para um bem mutável. 3) emprega-se ainda o termo para significar a inclinação da natureza corrompida para os bens corruptíveis, e nesse sentido dizem que a avareza é a raiz de todos os pecados, à semelhança da raiz de uma árvore que tira seu alimento do solo, porque é do amor das coisas temporais que procede todo pecado.

Embora isso seja verdade, não parece que seja segundo a intenção do Apóstolo que disse que o desejo é a raiz de todos os pecados. Manifestamente ele fala contra aqueles que "por querer tornarem-se ricos, caem nas tentações e nos laços do diabo, porque a raiz de todos os males, ele acrescenta, é a cupidez". Portanto é evidente que ele fala da cupidez como desejo imoderado das riquezas. E é neste sentido que é preciso dizer que o pecado especial de avareza é chamado a raiz de todos os pecados, à maneira de uma raiz que fornece o alimento à árvore inteira. Vemos, de fato, que o homem adquire com a riqueza a faculdade de cometer qualquer pecado e de realizar o desejo de qualquer pecado, porque o dinheiro pode ajudar a adquirir quaisquer bens deste mundo, segundo o livro do Eclesiastes: "Tudo obedece ao dinheiro". E assim fica claro que a cupidez das riquezas é a raiz de todos os pecados.

1. C. 3: 1096, a, 7-10.
2. Q. 72, a. 2.

AD PRIMUM ergo dicendum quod non ab eodem oritur virtus et peccatum. Oritur enim peccatum ex appetitu commutabilis boni: et ideo appetitus illius boni quod iuvat ad consequenda omnia temporalia bona, radix peccatorum dicitur. Virtus autem oritur ex appetitu incommutabilis boni: et ideo caritas, quae est amor Dei, ponitur radix virtutum; secundum illud Eph 3,17: *In caritate radicati et fundati*.

AD SECUNDUM dicendum quod appetitus pecuniarum dicitur esse radix peccatorum, non quia divitiae propter se quaerantur, tanquam ultimus finis: sed quia multum quaeruntur ut utiles ad omnem temporalem finem. Et quia universale bonum est appetibilius quam aliquod particulare bonum, ideo magis movent appetitum quam quaedam bona singularia, quae simul cum multis aliis per pecuniam haberi possunt.

AD TERTIUM dicendum quod, sicut in rebus naturalibus non quaeritur quid semper fiat, sed quid in pluribus accidit, eo quod natura corruptibilium rerum impediri potest, ut non semper eodem modo operetur; ita etiam in moralibus consideratur quod ut in pluribus est, non autem quod est semper, eo quod voluntas non ex necessitate operatur. Non igitur dicitur avaritia radix omnis mali, quin interdum aliquod aliud malum sit radix eius: sed quia ex ipsa frequentius alia mala oriuntur, ratione praedicta[3].

QUANTO AO 1º, portanto, deve-se dizer que a virtude não tem a mesma origem que o pecado. O pecado tem sua origem no apetite dos bens mutáveis, e por isso o desejo destes bens que ajuda a obter todos os bens deste mundo é chamado a raiz dos pecados. A virtude, ao contrário, tem sua origem no desejo dos bens imutáveis, e por isso a caridade, que é o amor a Deus, se afirma a raiz das virtudes, segundo a Carta aos Efésios: "Enraizados e fundados na caridade".

QUANTO AO 2º, deve-se dizer que o desejo do dinheiro se chama a raiz dos pecados, não é porque as riquezas são procuradas por si mesmas como um fim último, mas porque são muito procuradas como úteis para todos os fins temporais. Um bem universal sendo mais desejável que um bem particular, por isso move o desejo mais do que certos bens particulares, os quais podem ser possuídos pelo dinheiro, ao mesmo tempo com outros muitos.

QUANTO AO 3º, deve-se dizer que nas coisas naturais não se procura o que sempre acontece, mas o que acontece mais frequentemente, pois a natureza das coisas corruptíveis pode ser impedida de agir sempre do mesmo modo. Assim, em moral, considera-se o que acontece na maioria das vezes, e não o que sempre acontece, porque a vontade não age por necessidade. A avareza, portanto, não se chama a raiz de todos os males porque às vezes um outro mal seja a sua raiz, mas porque é dela que mais frequentemente nascem os outros males, pela razão já dada.

ARTICULUS 2

Utrum superbia sit initium omnis peccati

AD SECUNDUM SIC PROCEDITUR. Videtur quod superbia non sit initium omnis peccati.

1. Radix enim est quoddam principium arboris: et ita videtur idem esse radix peccati et initium peccati. Sed cupiditas est radix omnis peccati, ut dictum est[1]. Ergo ipsa etiam est initium omnis peccati, non autem superbia.

2. PRAETEREA, Eccli 10,14 dicitur: *Initium superbiae hominis apostatare a Deo*. Sed apostasia a Deo est quoddam peccatum. Ergo aliquod

ARTIGO 2

A soberba é o início de todos os pecados?

QUANTO AO SEGUNDO, ASSIM SE PROCEDE: parece que a soberba **não** é o início de todo pecado.

1. Com efeito, a raiz é um certo princípio da árvore. Assim, parece que é o mesmo a raiz e o princípio do pecado. Ora, foi dito que a avareza é a raiz de todos os pecados. Logo, ela é também, e não a soberba, o início de todo pecado.

2. ALÉM DISSO, o livro do Eclesiástico diz que "o início da soberba humana está na apostasia de Deus". Ora, esta apostasia é um pecado determi-

3. In corp. et ad 2.

2 PARALL.: II-II, q. 162, a. 2; a. 5, ad 1; II *Sent.*, dist. 5, q. 1, a. 3; dist. 42, q. 2, a. 1, ad 7; a. 3, ad 1; *De Malo*, q. 8, a. 1, ad 1, 16; II *Cor.*, c. 12, lect. 3; I *Tim.*, c. 6, lect. 2.

1. Art. praec.

peccatum est initium superbiae, et ipsa non est initium omnis peccati.

3. PRAETEREA, illud videtur esse initium omnis peccati, quod facit omnia peccata. Sed hoc est inordinatus amor sui, qui *facit civitatem Babylonis*, ut Augustinus dicit, in XIV *de Civ. Dei*[2]. Ergo amor sui est initium omnis peccati, non autem superbia.

SED CONTRA est quod dicitur Eccli 10,15: *Initium omnis peccati superbia.*

RESPONDEO dicendum quod quidam dicunt superbiam dici tripliciter. Uno modo, secundum quod superbia significat inordinatum appetitum propriae excellentiae. Et sic est speciale peccatum. — Alio modo, secundum quod importat quendam actualem contemptum Dei, quantum ad hunc effectum qui est non subdi eius praecepto. Et sic dicunt quod est generale peccatum. — Tertio modo, secundum quod importat quandam inclinationem ad huiusmodi contemptum, ex corruptione naturae. Et sic dicunt quod est initium omnis peccati. Et differt a cupiditate, quia cupiditas respicit peccatum ex parte conversionis ad bonum commutabile, ex quo peccatum quodammodo nutritur et fovetur, et propter hoc cupiditas dicitur *radix*: sed superbia respicit peccatum ex parte aversionis a Deo, cuius praecepto homo subdi recusat; et ideo vocatur *initium*, quia ex parte aversionis incipit ratio mali.

Et haec quidem quamvis vera sint, tamen non sunt secundum intentionem Sapientis, qui dixit: *Initium omnis peccati est superbia.* Manifeste enim loquitur de superbia secundum quod est inordinatus appetitus propriae excellentiae: ut patet per hoc quod subdit [v. 17]: *Sedes ducum superborum destruxit Deus.* Et de hac materia fere loquitur in toto capitulo. Et ideo dicendum est quod superbia, etiam secundum quod est speciale peccatum, est initium omnis peccati. Considerandum est enim quod in actibus voluntariis, cuiusmodi sunt peccata, duplex ordo invenitur: scilicet intentionis, et executionis. In primo quidem ordine, habet rationem principii finis, ut supra multoties dictum est[3]. Finis autem in omnibus bonis temporalibus acquirendis, est ut homo per illa quandam perfectionem et excellentiam habeat. Et ideo ex hac parte superbia, quae est appetitus excellentiae, ponitur

nado. Logo, algum pecado é o início da soberba, e não é ela o início de todo pecado.

3. ADEMAIS, parece ser o início de todos os pecados, o que faz todos os pecados. Ora, tal é o amor desordenado de si mesmo que "faz a cidade de Babilônia", como diz Agostinho. Logo, o amor de si é o início de todo pecado, e não a soberba.

EM SENTIDO CONTRÁRIO, é o que diz o livro do Eclesiástico: "O início de todo pecado é a soberba"

RESPONDO. Alguns dizem que a soberba significa três coisas: 1. O apetite desordenado da própria excelência, e assim é um pecado especial. — 2. Um certo desprezo atual de Deus, com o efeito de não submissão aos seus mandamentos: então se diz que é um pecado geral. — 3. Uma certa tendência da natureza corrompida a este desprezo, e assim dizem que é o início de todo pecado. Ela difere da avareza, porque a avareza no pecado diz respeito à conversão ao bem mutável na qual o pecado encontra de certo modo seu alimento e sustento. É por isso que a avareza se diz *raiz*, mas a soberba no pecado diz respeito à aversão de Deus cujo preceito o homem recusa aceitar. É por isso que soberba é chamada o *início*, porque é pela aversão que começa a razão do mal.

Embora essas coisas sejam verdadeiras, não são segundo a intenção do sábio, que disse: "o começo de todo pecado é a soberba". Com efeito, claramente ele fala da soberba enquanto apetite desordenado da própria excelência, como se vê claramente no que se segue: "Deus destruiu os tronos dos chefes orgulhosos". É disto que o autor fala em todo o capítulo. Eis porque deve-se dizer que a soberba, mesmo como pecado especial, é o começo de todo pecado. Deve-se considerar que nos atos voluntários, como são os pecados, há duas ordens: a da intenção e a da execução. Na ordem da intenção é o fim que tem a razão de princípio, como acima se disse várias vezes. Ora, o fim do homem na aquisição de todos os bens deste mundo consiste em obter por eles uma certa perfeição e excelência. Por isso, na ordem da intenção, a soberba que é o desejo da excelência é tido

2. C. 28: ML 41, 436. Cfr. *Enarr. in Ps.*, Ps. 64: ML 36, 773.
3. Cfr. q. 1, a. 1, ad 1; q. 18, a. 7, ad 2; q. 20, a. 1, ad 2; q. 25, a. 2.

initium omnis peccati. Sed ex parte executionis, est primum id quod praebet opportunitatem adimplendi omnia desideria peccati, quod habet rationem radicis, scilicet divitiae. Et ideo ex haec parte avaritia ponitur esse radix omnium malorum, ut dictum est[4].

Et per hoc patet responsio AD PRIMUM.

AD SECUNDUM dicendum quod apostatare a Deo dicitur esse initium superbiae ex parte aversionis: ex hoc enim quod homo non vult subdi Deo, sequitur quod inordinate velit propriam excellentiam in rebus temporalibus. Et sic apostasia a Deo non sumitur ibi quasi speciale peccatum: sed magis ut quaedam conditio generalis omnis peccati, quae est aversio ab incommutabili bono. — Vel potest dici quod apostatare a Deo dicitur esse initium superbiae, quia est prima superbiae species. Ad superbiam enim pertinet cuicumque superiori nolle subiici, et praecipue nolle subdi Deo; ex quo contingit quod homo supra seipsum indebite extollatur, quantum ad alias superbiae species.

AD TERTIUM dicendum quod in hoc homo se amat, quod sui excellentiam vult: idem enim est se amare quod sibi velle bonum. Unde ad idem pertinet quod ponatur initium omnis peccati superbia, vel amor proprius.

como o começo de todo pecado. Mas na ordem da execução, é primeiro o que dá a oportunidade de realizar todos os desejos do pecado, o que tem a razão de raiz, a saber: as riquezas. Eis porque a avareza é tida, na ordem da execução, como a raiz de todos os males, como foi dito.

QUANTO AO 1º, portanto, deve-se dizer que a resposta está clara no que foi dito.

QUANTO AO 2º, deve-se dizer que a apostasia de Deus é chamada o início da soberba, pela aversão. Pois, pelo fato que homem não quer submeter-se a Deus, segue-se que ele quer de modo não ordenado sua própria excelência nas coisas deste mundo. Assim, nesta passagem, a apostasia não é tomada como um pecado especial, mas como uma condição geral de todo pecado que é a aversão do bem imutável. — Pode-se ainda dizer que a apostasia de Deus é chamada o início da soberba porque é sua primeira forma. Pertence, pois, à soberba não submeter-se a alguém superior, e principalmente não querer submeter-se a Deus. Daí vem que o homem se eleva indevidamente acima de si mesmo segundo todas as outras formas de soberba.

QUANTO AO 3º, deve-se dizer que o homem ama-se a si mesmo enquanto quer sua excelência, porque é a mesma coisa amar-se e querer o bem para si. Portanto, é o mesmo afirmar que o início de todo pecado é a soberba ou o amor próprio.

ARTICULUS 3

Utrum praeter superbiam et avaritiam, sint alia peccata specialia quae dici debeant capitalia

AD TERTIUM SIC PROCEDITUR. Videtur quod praeter superbiam et avaritiam, non sint quaedam alia peccata specialia quae dicantur capitalia.

1. *Ita* enim *se videtur habere caput ad animalia, sicut radix ad plantas*, ut dicitur in II *de Anima*[1]: nam radices sunt ori similes. Si igitur cupiditas dicitur *radix omnium malorum*, videtur quod ipsa sola debeat dici vitium capitale, et nullum aliud peccatum.

2. PRAETEREA, caput habet quendam ordinem ad alia membra, inquantum a capite diffunditur quodammodo sensus et motus. Sed peccatum

ARTIGO 3

Além da soberba e da avareza existem outros pecados especiais que devem ser ditos capitais?

QUANTO AO TERCEIRO, ASSIM SE PROCEDE: parece que além da soberba e da avareza **não** há outros pecados especiais chamados de capitais

1. Com efeito, "a cabeça parece estar para os animais, como a raiz para as plantas", diz o livro II da *Alma*, pois as raízes são semelhantes à boca. Portanto, se a avareza é chamada a "raiz de todos os males", parece que somente ela deve ser chamada de vício capital.

2. ALÉM DISSO, a cabeça tem uma certa ordem em relação aos outros membros, enquanto a partir dela se difundem de algum modo os sentimentos

4. Art. praec.

3 PARALL.: II *Sent.*, dist. 42, q. 2, a. 3; *De Malo*, q. 8, a. 1.

1. C. 4: 416, a, 4-5.

dicitur per privationem ordinis. Ergo peccatum non habet rationem capitis. Et ita non debent poni aliqua capitalia peccata.

3. PRAETEREA, capitalia crimina dicuntur quae capite plectuntur. Sed tali poena puniuntur quaedam peccata in singulis generibus. Ergo vitia capitalia non sunt aliqua determinata secundum speciem.

SED CONTRA est quod Gregorius, XXXI *Moral.*[2], enumerat quaedam specialia vitia, quae dicit esse capitalia.

RESPONDEO dicendum quod *capitale* a capite dicitur. Caput autem proprie quidem est quoddam membrum animalis, quod est principium et directivum totius animalis. Unde metaphorice omne principium caput vocatur: et etiam homines qui alios dirigunt et gubernant, capita aliorum dicuntur. Dicitur ergo vitium capitale uno modo a capite proprie dicto: et secundum hoc, peccatum capitale dicitur peccatum quod capitis poena punitur. Sed sic nunc non intendimus de capitalibus peccatis: sed secundum quod alio modo dicitur peccatum capitale a capite prout metaphorice significat principium vel directivum aliorum. Et sic dicitur vitium capitale ex quo alia vitia oriuntur: et praecipue secundum originem causae finalis, quae est formalis origo, ut supra[3] dictum est. Et ideo vitium capitale non solum est principium aliorum, sed etiam est directivum et quodammodo ductivum aliorum: semper enim ars vel habitus ad quem pertinet finis, principatur et imperat circa ea quae sunt ad finem. Unde Gregorius, XXXI *Moral.*[4], huiusmodi vitia capitalia *ducibus exercituum* comparat.

AD PRIMUM ergo dicendum quod *capitale* dicitur denominative a capite, quod quidem est per quandam derivationem vel participationem capitis, sicut habens aliquam proprietatem capitis, non sicut simpliciter caput. Et ideo capitalia vitia dicuntur non solum illa quae habent rationem primae originis, sicut avaritia, quae dicitur *radix*, et superbia, quae dicitur *initium*: sed etiam illa quae habent rationem originis propinquae respectu plurium peccatorum.

AD SECUNDUM dicendum quod peccatum caret ordine ex parte aversionis: ex hac enim parte

e o movimento. Ora, o pecado significa privação da ordem. Logo, o pecado não tem razão de cabeça. Assim, não se deve afirmar que haja pecados capitais.

3. ADEMAIS, crimes capitais são aqueles que são corrigidos pela pena capital. Ora, tal pena pune alguns pecados em todo gênero de pecado. Logo, não são vícios capitais alguns especificamente determinados.

EM SENTIDO CONTRÁRIO, Gregório enumera alguns vícios especiais, que diz serem capitais.

RESPONDO. *Capital* vem de cabeça. Ora, a cabeça, no sentido próprio, é um membro do animal que é o princípio e o que tem a direção de todo animal. A partir daí, metaforicamente, todo princípio chama-se cabeça, e também os homens que dirigem os outros e os governam são ditos a cabeça dos outros. Portanto, chama-se vício capital, de um modo, enquanto deriva de cabeça em sentido próprio; assim, chama-se pecado capital o que pune com a pena capital. Mas, aqui não é neste sentido que tratamos sobre os pecados capitais, mas de um outro modo, enquanto deriva de cabeça em sentido metafórico; assim, chama-se pecado capital o princípio e o que tem a direção dos outros. E desse modo se diz vício capital aquele que dá origem a outros vícios, principalmente enquanto causa final, que é a origem formal, como já foi dito. Assim o vício capital não é somente o princípio de outros vícios, mas ainda os dirige e de certo modo os guia. Com efeito, a arte ou o hábito que visam o fim sempre exercem a função de princípio e de comando sobre os meios. Por isso, Gregório compara estes pecados capitais aos "chefes de exército".

QUANTO AO 1º, portanto, deve-se dizer que a denominação *capital* vem de cabeça, por uma certa derivação ou participação, como tendo alguma propriedade da cabeça e não como sendo a cabeça de modo absoluto. É por isso que os vícios capitais não são somente aqueles que constituem a primeira origem dos pecados, como a avareza que é chamada "a raiz" e a soberba que é chamada "o início"; mas são também aqueles que constituem a origem próxima de muitos pecados.

QUANTO AO 2º, deve-se dizer que o pecado carece de ordem por parte da aversão. É por

2. C. 45, al. 17, in vet. 31: ML 76, 621 A.
3. Q. 72, a. 6.
4. Loc. cit.: ML 76, 620 D.

habet rationem mali; malum autem, secundum Augustinum, in libro *de Natura Boni*[5]. Est *privatio modi, speciei et ordinis*. Sed ex parte conversionis, respicit quoddam bonum. Et ideo ex hac parte potest habere ordinem.

AD TERTIUM dicendum quod illa ratio procedit de capitali peccato secundum quod dicitur a reatu poenae. Sic autem hic non loquimur.

esta parte que tem a razão de mal. Ora, segundo Agostinho, o mal é uma privação de medida, de ordem e de beleza. Mas, da parte da conversão tem em vista algum bem. Portanto, quanto a isso pode ter uma ordem.

QUANTO AO 3º, deve-se dizer que este argumento procede do pecado capital enquanto é chamado pelo reato da pena. Não é disso que falamos aqui.

ARTICULUS 4

Utrum convenienter dicantur septem vitia capitalia

AD QUARTUM SIC PROCEDITUR. Videtur quod non sit dicendum septem esse vitia capitalia, quae sunt inanis gloria, invidia, ira, tristitia, avaritia, gula, luxuria.

1. Peccata enim virtutibus opponuntur. Virtutes autem principales sunt quatuor, ut supra[1] dictum est. Ergo et vitia principalia, sive capitalia, non sunt nisi quatuor.

2. PRAETEREA, passiones animae sunt quaedam causae peccati, ut supra[2] dictum est. Sed passiones animae principales sunt quatuor. De quarum duabus nulla fit mentio inter praedicta peccata, scilicet de spe et timore. Enumerantur autem aliqua vitia ad quae pertinet delectatio et tristitia: nam delectatio pertinet ad gulam et luxuriam, tristitia vero ad acediam et invidiam. Ergo inconvenienter enumerantur principalia peccata.

3. PRAETEREA, ira non est principalis passio. Non ergo debuit poni inter principalia vitia.

4. PRAETEREA, sicut cupiditas, sive avaritia, est radix peccati, ita superbia est peccati initium, ut supra[3] dictum est. Sed avaritia ponitur unum de septem vitiis capitalibus. Ergo superbia inter vitia capitalia enumeranda esset.

5. PRAETEREA, quaedam peccata commituntur quae ex nullo horum causari possunt: sicut cum aliquis errat ex ignorantia; vel cum aliquis ex aliqua bona intentione committit aliquod peccatum, puta cum aliquis furatur ut det eleemosynam. Ergo insufficienter capitalia vitia enumerantur.

ARTIGO 4

É exato dizer que são sete pecados capitais?

QUANTO AO QUARTO, ASSIM SE PROCEDE: parece que **não** é exato dizer que são sete pecados capitais, a saber, vanglória, inveja, ira, avareza, tristeza, gula, luxúria.

1. Com efeito, os pecados opõem-se às virtudes. Ora, as virtudes principais são, como foi dito, quatro. Logo, os vícios principais ou capitais são também somente quatro.

2. ALÉM DISSO, as paixões da alma são algumas causas do pecado. Ora, as paixões da alma principais são quatro. Mas, destas quatro há duas, esperança e temor, das quais não se faz menção nos pecados supramencionados. Enumeram-se os vícios aos quais se relacionam o prazer e a tristeza, porque o prazer pertence à gula e à luxuria; a tristeza, porém, à acídia e à inveja. Logo, enumeram-se os pecados principais de maneira inexata.

3. ADEMAIS, a ira não é uma paixão principal. Portanto, não se devia afirmá-la entre os vícios principais.

4. ADEMAIS, assim como a cupidez, ou avareza, é a raiz do pecado, assim a soberba é o início. Ora, a avareza é um dos sete vícios capitais. Logo, a soberba devia ser enumerada entre os vícios capitais.

5. ADEMAIS, cometem-se pecados que não podem ser causados por nenhum destes, como errar por ignorância ou cometer um pecado com uma boa intenção, por exemplo, roubar para dar esmola. Logo, a enumeração dos pecados capitais não é suficiente.

5. C. 4: ML 42, 553. Cfr. cc. 36, 37: ML 42, 562, 563.

4 PARALL.: II *Sent.*, dist. 42, q. 2, a. 3; *De Malo*, q. 8, a. 1.

1. Q. 61, a. 2.
2. Q. 77.
3. Art. 2.

Sed in contrarium est auctoritas Gregorii sic enumerantis, XXXI *Moralium*[4].

Respondeo dicendum quod, sicut dictum est[5], vitia capitalia dicuntur ex quibus alia oriuntur, praecipue secundum rationem causae finalis. Huiusmodi autem origo potest attendi dupliciter. Uno quidem modo, secundum conditionem peccantis, qui sic dispositus est ut maxime afficiatur ad unum finem, ex quo ut plurimum in alia peccata procedat. Sed iste modus originis sub arte cadere non potest: eo quod infinitae sunt particulares hominum dispositiones. — Alio modo, secundum naturalem habitudinem ipsorum finium ad invicem. Et secundum hoc, ut in pluribus unum vitium ex alio oritur. Unde iste modus originis sub arte cadere potest.

Secundum hoc ergo, illa vitia capitalia dicuntur, quorum fines habent quasdam primarias rationes movendi appetitum: et secundum harum rationum distinctionem, distinguuntur capitalia vitia. Movet autem aliquid appetitum dupliciter. Uno modo, directe et per se: et hoc modo bonum movet appetitum ad prosequendum, malum autem, secundum eandem rationem, ad fugiendum. Alio modo, indirecte et quasi per aliud: sicut aliquis aliquod malum prosequitur propter aliquod bonum adiunctum, vel aliquod bonum fugit propter aliquod malum adiunctum.

Bonum autem hominis est triplex. Est enim primo quoddam bonum animae, quod scilicet ex sola apprehensione rationem appetibilitatis habet, scilicet excellentia laudis vel honoris: et hoc bonum inordinate prosequitur *inanis gloria*. Aliud est bonum corporis: et hoc vel pertinet ad conservationem individui, sicut cibus et potus, et hoc bonum inordinate prosequitur *gula*; aut ad conservationem speciei, sicut coitus, et ad hoc ordinatur *luxuria*. Tertium bonum est exterius, scilicet divitiae: et ad hoc ordinatur *avaritia*. Et eadem quatuor vitia inordinate fugiunt mala contraria.

Vel aliter, bonum praecipue movet appetitum ex hoc quod participat aliquid de proprietate felicitatis, quam naturaliter omnes appetunt. De cuius ratione est quidem primo quaedam perfectio, nam felicitas est perfectum bonum: ad quod pertinet excellentia vel claritas, quam appetit *superbia* vel *inanis gloria*. Secundo de ratione eius est sufficientia: quam appetit *avaritia* in divitiis

Em sentido contrário, a enumeração tem a autoridade de Gregório.

Respondo. Como foi dito, os vícios capitais são aqueles que dão origem a outros, principalmente segundo a razão de causa final. Ora, esta origem pode ser considerada de duas maneiras: 1. Segundo a condição do pecador, disposto de tal maneira a se ligar sobretudo a um fim, a partir do qual quase sempre passa para outros pecados. Mas, este modo de origem não pode ser aceito pela arte porque as disposições particulares dos indivíduos são infinitas. — 2. Segundo a relação natural dos fins entre si. Nesse sentido, geralmente um vício nasce de outro. Portanto, este modo de origem pode ser aceito pela arte.

Nesse sentido, denominam-se vícios capitais aqueles cujos fins têm certas razões primordiais para mover o apetite. É segundo a distinção dessas razões que se distinguem os vícios capitais. Alguma coisa move o apetite de dois modos: 1. Diretamente e por si, desse modo o bem move o apetite a buscar, e o mal, pela mesma razão, a evitar. 2. Indiretamente e como por outra coisa, por exemplo, quando alguém procura um mal por causa de um bem a ele unido, ou quando se evita um bem por causa de um mal a ele unido. Ora, são três os bens do homem. Primeiro, um certo bem da alma. É aquele que tem a razão de apetecível pela só apreensão, a saber, a excelência do louvor ou da honra. É este bem que a *vanglória* procura de maneira desordenada. Segundo, o bem do corpo, e este ou se refere à conservação do indivíduo, como o alimento e a bebida. É este bem que a *gula* procura de maneira desordenada. Ou se refere à conservação da espécie, como a união dos sexos. E a esse bem se ordena a *luxúria*. Terceiro, os bens exteriores, a saber, as riquezas. É a esse bem que se ordena a avareza. E esses mesmos quatro vícios evitam de maneira desordenada os males contrários.

Ou ainda de outro modo. O bem move sobretudo o apetite, porque participa algo da propriedade da felicidade, que todos desejam naturalmente. Ora, pertence à razão da felicidade, em primeiro lugar, uma certa perfeição, pois a felicidade é o bem perfeito, ao qual se refere a excelência ou a celebridade, objeto de desejo da *soberba* ou da *vanglória*. Em segundo lugar, pertence à razão

4. C. 45, al. 17, in vet. 31: ML 76, 621 A.
5. Art. praec.

eam promittentibus. Tertio est de conditione eius delectatio, sine qua felicitas esse non potest, ut dicitur in I[6] et X *Ethic.*[7]: et hanc appetunt *gula* et *luxuria*.

Quod autem aliquis bonum fugiat propter aliquod malum coniunctum, hoc contingit dupliciter. Quia aut hoc est respectu boni proprii: et sic est acedia, quae tristatur de bono spirituali, propter laborem corporalem adiunctum. Aut est de bono alieno: et hoc, si sit sine insurrectione, pertinet ad invidiam, quae tristatur de bono alieno, inquantum est impeditivum propriae excellentiae; aut est cum quadam insurrectione ad vindictam, et sic est ira. Et ad eadem etiam vitia pertinet prosecutio mali oppositi.

AD PRIMUM ergo dicendum quod non est eadem ratio originis in virtutibus et vitiis: nam virtutes causantur per ordinem appetitus ad rationem, vel etiam ad bonum incommutabile, quod est Deus; vitia autem oriuntur ex appetitu boni commutabilis. Unde non oportet quod principalia vitia opponantur principalibus virtutibus.

AD SECUNDUM dicendum quod timor et spes sunt passiones irascibilis. Omnes autem passiones irascibilis oriuntur ex passionibus concupiscibilis: quae etiam omnes ordinantur quodammodo ad delectationem et tristitiam. Et ideo delectatio et tristitia principaliter connumerantur in peccatis capitalibus, tanquam principalissimae passiones, ut supra[8] habitum est.

AD TERTIUM dicendum quod ira, licet non sit principalis passio, quia tamen habet specialem rationem appetitivi motus, prout aliquis impugnat bonum alterius sub ratione honesti, idest iusti vindicativi; ideo distinguitur ab aliis capitalibus vitiis.

AD QUARTUM dicendum quod superbia dicitur esse initium omnis peccati secundum rationem finis, ut dictum est[9]. Et secundum eandem rationem accipitur principalitas vitiorum capitalium. Et ideo superbia, quasi universale vitium, non connumeratur, sed magis ponitur velut regina quaedam

dela a suficiência que as riquezas prometem e é objeto de desejo da *avareza*. Em terceiro lugar, pertence à condição dela o prazer, sem o qual não pode haver felicidade, como dizem os livros I e X da *Ética*, e este é objeto de desejo da *gula* e da *luxúria*.

Quanto ao evitar o bem por causa de um mal a ele unido, acontece de duas maneiras. Ou isso diz respeito a um bem pessoal, e então, é a acídia, que se entristece com o bem espiritual por causa do trabalho corporal adjunto. Ou diz respeito a um bem dos outros, e isso, se acontece sem rebelião, refere-se à *inveja*, que se entristece com o bem alheio, enquanto este impede a própria excelência. Ou acontece com alguma rebelião vingativa e então é a *ira*. E a esses mesmos vícios pertence a procura do mal oposto

QUANTO AO 1º, portanto, deve-se dizer que não é a mesma a razão de origem das virtudes e dos vícios. Pois as virtudes são causadas pela ordenação do desejo à razão, ou a uma bem imutável que é Deus. Os vícios, porém, nascem do apetite do bem mutável. Portanto, não é necessário que os principais vícios se oponham às principais virtudes.

QUANTO AO 2º, deve-se dizer que o temor e a esperança são paixões do irascível. Ora, todas as paixões do irascível nascem das paixões do concupiscível, as quais são todas, ordenadas ao prazer e à tristeza. Eis porque o prazer e a tristeza são enumerados entre os pecados capitais, como sendo as principais paixões como já foi dito.

QUANTO AO 3º, deve-se dizer que a ira embora não seja uma paixão principal, ela se distingue dos outros vícios capitais, porque tem uma razão especial do movimento apetitivo, pois alguém contesta o bem do outro sob a razão de honestidade, isto é, da justiça vindicativa.

QUANTO AO 4º, deve-se dizer que a soberba, como foi dito, é o início de todos os pecados, segundo a razão de fim. Pela mesma razão se entende a principalidade dos pecados capitais. Por isso, a soberba, como vício universal, não é enumerada, mas é afirmada como a rainha de

6. C. 9: 1099, a. 7.
7. C. 7: 1177, a, 22-27.
8. Q. 25, a. 4.
9. Art. 2.

omnium vitiorum, sicut Gregorius dicit[10]. Avaritia autem dicitur radix secundum aliam rationem, sicut supra[11] dictum est.

AD QUINTUM dicendum quod ista vitia dicuntur capitalia, quia ex eis ut frequentius alia oriuntur. Unde nihil prohibet aliqua peccata interdum ex aliis causis oriri. — Potest tamen dici quod omnia peccata quae ex ignorantia proveniunt, possunt reduci ad acediam, ad quam pertinet negligentia qua aliquis recusat bona spiritualia acquirere propter laborem: ignorantia enim quae potest esse causa peccati, ex negligentia provenit, ut supra[12] dictum est. Quod autem aliquis committat aliquod peccatum ex bona intentione, videtur ad ignorantiam pertinere: inquantum scilicet ignorat quod non sunt facienda mala ut veniant bona.

todos os vícios, segundo Gregório. A avareza se diz raiz de outra maneira, como foi dito.

QUANTO AO 5º, deve-se dizer que esses vícios são chamados capitais porque frequentemente dão origem a outros. Nada impede, por conseguinte, que às vezes, haja pecados que nasçam de outras causas. — Pode-se, no entanto, dizer que todos os pecados que provêm da ignorância podem ser reduzidos à acídia, à qual se refere a negligência pela qual alguém recusa adquirir os bens espirituais por causa do trabalho. A ignorância que pode ser causa do pecado, vem da negligência, como foi dito acima. Cometer um pecado por boa intenção parece pertencer à ignorância, na medida em que ignora que não se deve fazer o mal para que aconteça o bem.

10. Loc. cit. in arg. *sed c.*: ML 76, 620 D.
11. A. 1, 2.
12. Q. 76, a. 2.

QUAESTIO LXXXV

DE EFFECTIBUS PECCATI. ET PRIMO, DE CORRUPTIONE BONI NATURAE

in sex articulos divisa

Deinde considerandum est de effectibus peccati. Et primo quidem, de corruptione boni naturae; secundo, de macula animae; tertio, de reatu poenae.

QUESTÃO 85

OS EFEITOS DO PECADO.[a] A CORRUPÇÃO DOS BENS DA NATUREZA

em seis artigos

Agora é preciso considerar os efeitos do pecado. 1. A corrupção do bem da natureza; 2. A mancha da alma; 3. O reato da pena.

a. Ao abordar o problema dos efeitos que o pecado original produz em nós, Sto. Tomás, escreve M.-M. LABOURDETTE (*Le Péché originel et les origines de l'homme*, Paris, 1953, p. 86-87), "se deparava com duas asserções teológicas aparentemente opostas. Uma, caracterísitca do pensamento pessimista da teologia latina: o homem é despojado dos dons gratuitos e ferido em sua natureza, *spoliatus gratuitis*, *vulneratus in naturalibus*; a outra, de origem grega, lia-se no Pseudo-Dionísio a respeito dos anjos pecadores: *Naturalia remanent integra*: o que pertence à natureza conservou sua integridade. Se o atribuirmos também ao homem decaído, como conciliar tal integridade conservada com a ideia de ferida? Seria preciso sacrificar uma dessas asserções à segunda ou buscar um sentido superior no qual elas concordam? É essa última via que Sto. Tomás escolheu, e que lhe permitiu o equilíbrio excepcional de uma doutrina igualmente distante dos exageros opostos".

A solução que ele propõe funda-se sobre a distinção entre os três bens que ainda pertencem ao homem.

— nem o pecado atual nem o pecado original atinge o que pertence à natureza em seus princípios constitutivos e em suas propriedades inalienáveis (os bens naturais permanecem íntegros);

— um e outro impedem a inclinação à virtude. O homem é ferido nos bens da natureza;

— o pecado original suprimiu totalmente a justiça original que, na pessoa do primeiro homem, foi concedida à humanidade como um todo. O homem é despojado de seus dons da graça.

Tais matizes não correspondem a uma preocupação de acrobacia intelectual. O problema em questão não é teórico. Essas análises fazem com que apreendamos, mediante um procedimento de oposição, o caminho que devemos percorrer. A vida em Deus e a conduta pecadora são maneiras de ser opostas entre si, e estão em poder de nossa liberdade, de nossa vontade. A união a Deus é a vocação de cada um e é um bem querê-la, lutar contra o estado de desordem que impede atingi-la. Tal estado não é fruto do acaso, decorre de uma recusa, e é preciso converter-se para subtrair-se a suas exigências. A dificuldade da adesão a Deus reside em nós, está na estrutura congênita de nosso ser, acompanha-nos sempre, encontra cumplicidades fora do homem, mas não é tal que nos coloque na impossibilidade de responder ao Pai que nos salva em Jesus Cristo por meio de seu Espírito.

Circa primum quaeruntur sex.

Primo: utrum bonum naturae diminuatur per peccatum.

Secundo: utrum totaliter tolli possit.

Tertio: de quatuor vulneribus quae Beda ponit, quibus natura humana vulnerata est propter peccatum.

Quarto: utrum privatio modi, speciei et ordinis, sit effectus peccati.

Quinto: utrum mors et alii defectus corporales sint effectus peccati.

Sexto: utrum sint aliquo modo homini naturales.

Quanto ao primeiro, são seis as perguntas:

1. O bem da natureza é diminuido pelo pecado?
2. Pode ser totalmente suprimido?
3. Sobre as quatro feridas que, no dizer de Beda, feriram a natureza humana por causa do pecado.
4. A privação de medida, de beleza e de ordem é efeito do pecado?
5. A morte e as outras deficiências corporais são efeitos do pecado?
6. Estas deficiências não são de algum modo naturais ao homem?

Articulus 1
Utrum peccatum diminuat bonum naturae

Ad primum sic proceditur. Videtur quod peccatum non diminuat bonum naturae.

1. Peccatum enim hominis non est gravius quam peccatum daemonis. Sed bona naturalia in daemonibus manent integra post peccatum, ut Dionysius dicit, 4 cap. *de Div. Nom.*[1]. Ergo peccatum etiam bonum naturae humanae non diminuit.

2. Praeterea, transmutato posteriori, non transmutatur prius: manet enim substantia eadem, transmutatis accidentibus. Sed natura praeexistit actioni voluntariae. Ergo, facta deordinatione circa actionem voluntariam per peccatum, non transmutatur propter hoc natura, ita quod bonum naturae diminuatur.

3. Praeterea, peccatum est actus quidam, diminutio autem passio. Nullum autem agens, ex hoc ipso quod agit, patitur: potest autem contingere quod in unum agat, et ab alio patiatur. Ergo ille qui peccat, per peccatum non diminuit bonum suae naturae.

4. Praeterea, nullum accidens agit in suum subiectum: quia quod patitur, est potentia ens; quod autem subiicitur accidenti, iam est actu ens secundum accidens illud. Sed peccatum est in bono naturae sicut accidens in subiecto. Ergo peccatum non diminuit bonum naturae: diminuere enim quoddam agere est.

Artigo 1
O pecado diminui o bem da natureza?

Quanto ao primeiro artigo, assim se procede: parece que o pecado **não** diminui o bem da natureza.

1. Com efeito, o pecado do homem não é mais grave do que aquele do demônio. Ora, Dionísio diz que nos demônios os bens naturais permanecem íntegros depois do pecado. Logo, também o pecado não diminui o bem da natureza humana.

2. Além disso, mudado o posterior, não se muda o anterior, assim, os acidentes mudam, mas a substância permanece a mesma. Ora, a natureza preexiste à ação voluntária. Logo, depois que o pecado causou a desordem na ação voluntária, a natureza não se mudou por isso, a ponto de diminuir o bem da natureza.

3. Ademais, o pecado é um ato, e a diminuição é uma paixão. Ora, nenhum agente enquanto age sofre a paixão; pode acontecer que aja num ponto e sofra em outro a paixão. Logo, aquele que peca, pelo pecado não diminui o bem de sua natureza.

4. Ademais, nenhum acidente age sobre seu sujeito, porque o que sofre a paixão é ente em potência, e o que serve de sujeito para um acidente já é ente em ato em relação a este acidente. Ora, o pecado está no bem da natureza como um acidente no sujeito. Logo, o pecado não diminui o bem da natureza, porque diminuir é um certo agir.

---

1 Parall.: Part. I, q. 48, a. 4; II *Sent.*, dist. 3, q. 3, ad 5; dist. 30, q. 1, a. 1, ad 3; dist. 34, a. 5; III, dist. 20, a. 1, q.la 1, ad 1; *Cont. Gent.* III, 12; *De Malo*, q. 2, a. 11.

1. MG 3, 725 C.

SED CONTRA est quod, sicut dicitur Lc 10,30, *homo descendens a Ierusalem in Iericho, idest in defectum peccati, expoliatur gratuitis et vulneratur in naturalibus*, ut Beda[2] exponit. Ergo peccatum diminuit bonum naturae.

RESPONDEO dicendum quod bonum naturae humanae potest tripliciter dici. Primo, ipsa principia naturae, ex quibus natura constituitur, et proprietates ex his causatae, sicut potentiae animae et alia huiusmodi. Secundo, quia homo a natura habet inclinationem ad virtutem, ut supra[3] habitum est, ipsa inclinatio ad virtutem est quoddam bonum naturae. Tertio modo potest dici bonum naturae donum originalis iustitiae, quod fuit in primo homine collatum toti humanae naturae.

Primum igitur bonum naturae nec tollitur nec diminuitur per peccatum. Tertium vero bonum naturae totaliter est ablatum per peccatum primi parentis. Sed medium bonum naturae, scilicet ipsa naturalis inclinatio ad virtutem, diminuitur per peccatum. Per actus enim humanos fit quaedam inclinatio ad similes actus, ut supra[4] habitum est. Oportet autem quod ex hoc quod aliquid inclinatur ad unum contrariorum, diminuatur inclinatio eius ad aliud. Unde cum peccatum sit contrarium virtuti, ex hoc ipso quod homo peccat, diminuitur bonum naturae quod est inclinatio ad virtutem.

AD PRIMUM ergo dicendum quod Dionysius loquitur de bono primo naturae, quod est *esse, vivere et intelligere*; ut patet eius verba intuenti.

AD SECUNDUM dicendum quod natura, etsi sit prior quam voluntaria actio, tamen habet inclinationem ad quandam voluntariam actionem. Unde ipsa natura secundum se non variatur propter variationem voluntariae actionis: sed ipsa inclinatio variatur ex illa parte qua ordinatur ad terminum.

AD TERTIUM dicendum quod actio voluntaria procedit ex diversis potentiis, quarum una est activa et alia passiva. Et ex hoc contingit quod per actiones voluntarias causatur aliquid, vel aufertur ab homine sic agentes, ut supra[5] dictum est, cum de generatione habituum ageretur.

AD QUARTUM dicendum quod accidens non agit effective in subiectum; agit tamen formaliter in

EM SENTIDO CONTRÁRIO, o homem do qual é questão no Evangelho de Lucas: "que descia de Jerusalém a Jericó é aquele que cai na desordem do pecado, e que é despojado dos dons da graça e ferido nos bens da natureza". como explica Beda. Portanto, o pecado diminui os bens da natureza.

RESPONDO. O bem da natureza pode significar três coisas. Primeiro, os princípios constitutivos da natureza com as propriedades que daí decorrem, como as potências da alma, e outras semelhantes. Segundo, o homem tem, por natureza, a inclinação para a virtude, como acima foi estabelecido; esta inclinação para a virtude é um bem da natureza. Terceiro, pode-se chamar bem da natureza o dom da justiça original que foi dado à humanidade toda no primeiro homem.

Assim, destes bens da natureza, o primeiro não é nem tirado e nem diminuído pelo pecado. O terceiro, ao contrário, foi totalmente tirado pelo pecado do primeiro pai. O do meio, ou a inclinação natural para a virtude, é diminuído pelo pecado. Pois pelos atos humanos se gera uma inclinação para atos semelhantes, como foi dito. Mas, pelo fato de que alguma se incline a um dos contrários, necessariamente diminui a sua inclinação para o outro. Por conseguinte, o pecado sendo contrário à virtude, pelo fato mesmo do homem pecar, este bem da natureza que é a inclinação para a virtude diminui.

QUANTO AO 1º, portanto, deve-se dizer que Dionísio fala do primeiro bem da natureza, a saber: *o ser*, *o viver* e o *conhecer*. Isso é evidente ao que atende ao que ele diz.

QUANTO AO 2º, deve-se dizer que a natureza, embora anterior à ação voluntária, tem inclinação para ela. Por isso, as variações da ação voluntária não fazem variar a natureza em si mesma, mas fazem variar a inclinação em sua ordenação para um termo.

QUANTO AO 3º, deve-se dizer que a ação voluntária procede de potências diversas, uma ativa e outra passiva. Daí acontecer que pelas ações voluntárias alguma coisa é causada ou tirada do homem, como já foi dito quando se tratou da geração dos hábitos.

QUANTO AO 4º, deve-se dizer que um acidente não age em seu sujeito como causa eficiente. Con-

2. *In Luc.* 10, 30: ML 92, 468 D-469 A.
3. Q. 51, a. 1; q. 63, a. 1.
4. Q. 50, a. 1.
5. Q. 51, a. 2.

ipsum, eo modo loquendi quo dicitur quod albedo facit album. Et sic nihil prohibet quod peccatum diminuat bonum naturae: eo tamen modo quo est ipsa diminutio boni naturae, inquantum pertinet ad inordinationem actus. Sed quantum ad inordinationem agentis, oportet dicere quod talis inordinatio causatur per hoc quod in actibus animae aliquid est activum et aliquid passivum: sicut sensibile movet appetitum sensitivum, et appetitus sensitivus inclinat rationem et voluntatem, ut supra[6] dictum est. Et ex hoc causatur inordinatio, non quidem ita quod accidens agat in proprium subiectum; sed secundum quod obiectum agit in potentiam, et una potentia agit in aliam, et deordinat ipsam.

tudo, age formalmente nele pelo que se diz que a brancura faz branco. Desta maneira nada impede que o pecado diminua o bem da natureza, mas daquele modo pelo qual se dá a mesma diminuição do bem da natureza enquanto se refere à desordem do ato. Quanto à desordem do agente, deve-se dizer que ela é causada pelo fato de que nos atos da alma há algo ativo e algo passivo, assim como o objeto sensível move o apetite sensitivo e este por sua vez inclina a vontade e a razão, como já foi dito. E é por isso que a desordem é causada, mas não de tal modo que o acidente aja em seu sujeito, mas na medida em que o objeto age na potência, uma sobre a outra, desordenando-a.

Articulus 2

Utrum totum bonum humanae naturae possit auferri per peccatum

Ad secundum sic proceditur. Videtur quod totum bonum humanae naturae possit per peccatum auferri.

1. Bonum enim naturae humanae finitum est: cum et ipsa natura humana sit finita. Sed quodlibet finitum totaliter consumitur, facta continua ablatione. Cum ergo bonum naturae continue per peccatum diminui possit, videtur quod possit quandoque totaliter consumi.

2. Praeterea, eorum quae sunt unius naturae, similis est ratio de toto et de partibus: sicut patet in aere et in aqua et carne, et omnibus corporibus similium partium. Sed bonum naturae est totaliter uniforme. Cum igitur pars eius possit auferri per peccatum, totum etiam per peccatum auferri posse videtur.

3. Praeterea, bonum naturae quod per peccatum minuitur, est habilitas ad virtutem. Sed in quibusdam propter peccatum habilitas praedicta totaliter tollitur: ut patet in damnatis, qui reparari ad virtutem non possunt, sicut nec caecus ad visum. Ergo peccatum potest totaliter tollere bonum naturae.

Sed contra est quod Augustinus dicit, in *Enchirid.*[1], quod *malum non est nisi in bono*. Sed malum culpae non potest esse in bono virtutis vel gratiae:

Artigo 2

O pecado pode tirar todo o bem da natureza humana?

Quanto ao segundo, assim se procede: parece que o pecado **pode** tirar todo o bem da natureza humana.

1. Com efeito, a natureza humana é finita, e o seu bem o é também. Ora, uma coisa finita consuma-se por uma ablação contínua. Logo, como o bem da natureza pode ser continuamente diminuído pelo pecado, parece que alguma vez ele pode ser consumido inteiramente.

2. Além disso, naquelas coisas que são de uma única natureza, a razão do todo e das partes são semelhantes, como se vê no ar, na água, na carne, e em todos os corpos formados de partes semelhantes. Ora, o bem da natureza é totalmente uniforme. Logo, se uma parte deste bem pode ser tirada pelo pecado, parece que o todo o pode ser também.

3. Ademais, o bem natural que é diminuído pelo pecado é a aptidão para a virtude. Ora, em alguns por causa do pecado esta aptidão é tirada totalmente. É o caso dos condenados que não podem ser restabelecidos na virtude, como um cego não pode reencontrar a visão. Logo, o pecado pode tirar totalmente o bem da natureza.

Em sentido contrário, Agostinho diz que "o mal só pode existir em um bem". Ora, o mal de culpa não pode existir no bem da virtude ou da

6. Q. 77, a. 1, 2.

2 Parall.: Part. I, q. 48, a. 4: II *Sent.*, dist. 6, a. 4, ad 3; dist. 34, a. 5; *De Malo*, q. 2, a. 12; *Cont. Gent.* III, 12.

1. C. 14: ML 40, 238.

quia est ei contrarium. Ergo oportet quod sit in bono naturae. Non ergo totaliter tollit ipsum.

RESPONDEO dicendum quod, sicut dictum est[2], bonum naturae quod per peccatum diminuitur, est naturalis inclinatio ad virtutem. Quae quidem convenit homini ex hoc ipso quod rationalis est: ex hoc enim habet quod secundum rationem operetur, quod est agere secundum virtutem. Per peccatum autem non potest totaliter ab homine tolli quod sit rationalis: quia iam non esset capax peccati. Unde non est possibile quod praedictum naturae bonum totaliter tollatur.

Cum autem inveniatur huiusmodi bonum continue diminui per peccatum, quidam ad huius manifestationem usi sunt quodam exemplo, in quo invenitur aliquod finitum in infinitum diminui, nunquam tamen totaliter consumi. Dicit enim Philosophus, in III *Physic.*[3], quod si ab aliqua magnitudine finita continue auferatur aliquid secundum eandem quantitatem, totaliter tandem consumetur: puta si a quacumque quantitate finita semper subtraxero mensuram palmi. Si vero fiat subtractio semper secundum eandem proportionem, et non secundum eandem quantitatem, poterit in infinitum subtrahi: puta, si quantitas dividatur in duas partes, et a dimidio subtrahatur dimidium, ita in infinitum poterit procedi; ita tamen quod semper quod posterius subtrahitur, erit minus eo quod prius subtrahebatur. — Sed hoc in proposito non habet locum: non enim sequens peccatum minus diminuit bonum naturae quam praecedens, sed forte magis, si sit gravius.

Et ideo aliter est dicendum quod praedicta inclinatio intelligitur ut media inter duo: fundatur enim sicut in radice in natura rationali, et tendit in bonum virtutis sicut in terminum et finem. Dupliciter igitur potest intelligi eius diminutio: uno modo, ex parte radicis; alio modo, ex parte termini. Primo quidem modo non diminuitur per peccatum: eo quod peccatum non diminuit ipsam naturam, ut supra[4] dictum est. Sed diminuitur secundo modo, inquantum scilicet ponitur impedimentum pertingendi ad terminum. Si autem primo modo diminueretur, oporteret quod quandoque totaliter consumeretur, natura rationali totaliter consumpta. Sed quia diminuitur ex parte impedimenti quod ap-

graça, pois é o seu contrário. Logo, é preciso que ele exista no bem da natureza. Assim, ele não suprime completamente este bem.

RESPONDO. Como foi dito, o bem da natureza que diminui pelo pecado é a inclinação natural à virtude. Esta inclinação convém ao homem pelo fato de ser ele racional. É isso que lhe permite agir segundo a razão, e isso é agir segundo a virtude. Ora, o pecado não pode tirar completamente do homem que seja racional, porque já não seria capaz de pecado. Por conseguinte, não é possível que o predito bem da natureza seja tirado totalmente.

Como acontece que este bem é continuamente diminuído pelo pecado, alguns para esclarecer este fato serviram-se de um exemplo no qual acontece que uma coisa finita diminua ao infinito sem no entanto suprimir-se inteiramente. O Filósofo diz que se de uma grandeza finita tira-se constantemente alguma coisa da mesma quantidade, no final, ela terá desaparecido totalmente; por exemplo, quando se tira constantemente a medida de um palmo de uma quantidade finita qualquer. Se a subtração se faz não pela mesma quantidade, mas pela mesma proporção, ela poderá acontecer ao infinito; por exemplo, se uma quantidade é dividida em duas, e da metade retira-se a metade, poder-se-á assim proceder ao infinito, entretanto de tal maneira que o que posteriormente se subtrai sempre será menos que o subtraído anterior. — Mas, isso não acontece no que nos ocupa. O pecado seguinte não diminui o bem da natureza menos que o pecado precedente, talvez mais, se for mais grave.

É preciso, pois, explicar de outra maneira. A inclinação predita concebe-se como um meio entre duas coisas: ela tem um fundamento, uma raiz, na natureza racional, e tende ao bem da virtude como a um termo e a um fim. Por conseguinte, a diminuição pode se conceber de duas maneiras, do lado da raiz e do lado do termo. Do lado da raiz, o pecado não produz nenhuma diminuição pois que ele não diminui a própria natureza, como foi dito. Mas do lado termo, há uma diminuição enquanto se põe um impedimento para chegar ao termo. Se houvesse diminuição pela raiz, deveria alguma vez desaparecer totalmente, tendo desaparecido totalmente a natureza racional. Mas, porque há

2. Art. praec.
3. C. 6: 206, b, 3.
4. Art. praec.

ponitur ne pertingat ad terminum, manifestum est quod diminui quidem potest in infinitum, quia in infinitum possunt impedimenta apponi, secundum quod homo potest in infinitum addere peccatum peccato: non tamen potest totaliter consumi, quia semper manet radix talis inclinationis. Sicut patet in diaphano corpore, quod quidem habet inclinationem ad susceptionem lucis ex hoc ipso quod est diaphanum: diminuitur autem haec inclinatio vel habilitas ex parte nebularum supervenientium, cum tamen semper maneat in radice naturae.

AD PRIMUM ergo dicendum quod obiectio illa procedit quando fit diminutio per subtractionem. Hic autem fit diminutio per appositionem impedimenti, quod neque tollit neque diminuit radicem inclinationis, ut dictum est[5].

AD SECUNDUM dicendum quod inclinatio naturalis est quidem tota uniformis: sed tamen habet respectum et ad principium et ad terminum, secundum quam diversitatem quodammodo diminuitur et quodammodo non diminuitur.

AD TERTIUM dicendum quod etiam in damnatis manet naturalis inclinatio ad virtutem: alioquin non esset in eis remorsus conscientiae. Sed quod non reducatur in actum, contingit quia deest gratia, secundum divinam iustitiam. Sicut etiam in caeco remanet aptitudo ad videndum in ipsa radice naturae, inquantum est animal naturaliter habens visum: sed non reducitur in actum, quia deest causa quae reducere possit formando organum quod requiritur ad videndum.

diminuição pelo impedimento posto para não chegar ao termo, é claro que isso pode ir ao infinito, porque os obstáculos podem ser postos ao infinito, uma vez que o homem pode acrescentar ao infinito pecado sobre pecado. Entretanto, a inclinação não pode desaparecer completamente, pois sempre fica a raiz. Tem-se um exemplo disso no corpo diáfano que tem, por ser diáfono, uma inclinação para receber a luz. Esta inclinação ou aptidão é diminuida pelas nuvens que sobreveem, se bem que ela subsista sempre na raiz da natureza.

QUANTO AO 1º, portanto, deve-se dizer que esta objeção é pertinente se há diminuição por subtração. Mas aqui há diminuição por adição de impedimento. Isto não tira e nem diminui a raiz da inclinação natural, como foi dito.

QUANTO AO 2º, deve-se dizer que a inclinação natural é toda uniforme. Mas, ela tem uma relação a um princípio e a um termo. E segundo essa diversidade, ora diminui, ora não.

QUANTO AO 3º, deve-se dizer que mesmo entre os condenados permanece uma inclinação natural à virtude. De outro modo, não haveria neles remorso da consciência. Mas, se esta inclinação não passa ao ato, isto provém de que, por um desígnio da justiça divina, a graça está ausente. Assim, mesmo no cego, permanece na raiz da natureza uma aptidão para ver, enquanto é um animal que naturalmente tem a vista. Mas, a aptidão não passa ao ato porque falta a causa que poderia levá-lo a tanto, reconstituindo o órgão que é requerido para ver.

ARTICULUS 3

Utrum convenienter ponantur vulnera naturae ex peccato consequentia, infirmitas, ignorantia, malitia et concupiscentia

AD TERTIUM SIC PROCEDITUR. Videtur quod inconvenienter ponantur vulnera naturae esse, ex peccato consequentia, infirmitas, ignorantia, malitia et concupiscentia.

1. Non enim idem est effectus et causa eiusdem. Sed ista ponuntur causae peccatorum, ut ex supradictis[1] patet. Ergo non debent poni effectus peccati.

ARTIGO 3

É exato afirmar que são feridas da natureza, como sequelas do pecado, a fraqueza, a ignorância, a malícia e a concupiscência?

QUANTO AO TERCEIRO, ASSIM SE PROCEDE: parece que é exato afirmar que são feridas da natureza, como sequelas do pecado, a fraqueza, a ignorância, a malícia e a concupiscência.

1. Com efeito, não é o mesmo o efeito e sua causa. Ora, essas feridas são afirmadas como causas dos pecados, como já foi dito. Logo, não devem ser afirmadas como efeitos do pecado.

5. In corp.

3 PARALL.: *De Malo*, q. 2, a. 11.

1. Q. 76, a. 1; q. 77, a. 3, 5; q. 78, a. 1.

2. PRAETEREA, malitia nominat quoddam peccatum. Non ergo debet poni inter effectus peccati.

3. PRAETEREA, concupiscentia est quiddam naturale: cum sit actus virtutis concupiscibilis. Sed illud quod est naturale, non debet poni vulnus naturae. Ergo concupiscentia non debet poni vulnus naturae.

4. PRAETEREA, dictum est[2] quod idem est peccare ex infirmitate, et ex passione. Sed concupiscentia passio quaedam est. Ergo non debet contra infirmitatem dividi.

5. PRAETEREA, Augustinus, in libro *de Natura et Gratia*[3], ponit *duo poenalia animae peccanti*, scilicet *ignorantiam et difficultatem*, ex quibus oritur *error et cruciatus*: quae quidem quatuor non concordant istis quatuor. Ergo videtur quod alterum eorum insufficienter ponatur.

IN CONTRARIUM est auctoritas Bedae.

RESPONDEO dicendum quod per iustitiam originalem perfecte ratio continebat inferiores animae vires, et ipsa ratio a Deo perficiebatur ei subiecta. Haec autem originalis iustitia subtracta est per peccatum primi parentis, sicut iam[4] dictum est. Et ideo omnes vires animae remanent quodammodo destitutae proprio ordine, quo naturaliter ordinantur ad virtutem: et ipsa destitutio vulneratio naturae dicitur. Sunt autem quatuor potentiae animae quae possunt esse subiecta virtutum, ut supra[5] dictum est: scilicet ratio, in qua est prudentia; voluntas, in qua est iustitia; irascibilis, in qua est fortitudo; concupiscibilis, in qua est temperantia. Inquantum ergo ratio destituitur suo ordine ad verum, est vulnus ignorantiae; inquantum vero voluntas destituitur ordine ad bonum, est vulnus malitiae; inquantum vero irascibilis destituitur suo ordine ad arduum, est vulnus infirmitatis; inquantum vero concupiscentia destituitur ordine ad delectabile moderatum ratione, est vulnus concupiscentiae.

Sic igitur ista quatuor sunt vulnera inflicta toti humanae naturae ex peccato primi parentis. Sed quia inclinatio ad bonum virtutis in unoquoque diminuitur per peccatum actuale, ut ex dictis[6]

2. ALÉM DISSO, a malícia é o nome de um pecado. Portanto, não se deve afirmá-la entre os efeitos do pecado.

3. ADEMAIS, a concupiscência é algo natural, pois, é o ato da faculdade concupiscível. Ora, o que é natural não se deve afirmar como uma ferida da natureza.

4. ADEMAIS, pecar por fraqueza e pecar por paixão, foi dito, é a mesma coisa. Ora, a concupiscência é uma paixão. Logo, não se deve opô-la à fraqueza.

5. ADEMAIS, Agostinho afirma "na alma pecadora um duplo efeito penal, a ignorância e a dificuldade, que geram o erro e o tormento". Estes efeitos não concordam com os quatro em questão. Portanto, parece que um deles é afirmado de maneira insuficiente.

EM SENTIDO CONTRÁRIO, está a autoridade de Beda.

RESPONDO. Pelo justiça original, a razão continha perfeitamente as potências inferiores da alma, e a própria razão encontrava sua perfeição na submissão a Deus. Esta justiça original foi subtraída, como se disse, pelo pecado do primeiro pai. Por isso, todas as potências da alma permanecem de certo modo destituídas da própria ordem pela qual se ordenam naturalmente à virtude. É esta destituição que se diz ferida da natureza. Ora, há na alma quatro potências que podem ser, como se disse, sujeitos das virtudes, a saber: a razão, na qual está a prudência; a vontade, na qual está a justiça; o irascível, no qual está a força; e o concupiscível, no qual está a temperança. Por conseguinte, enquanto a razão é destituída de sua ordem à verdade, há a ferida da ignorância; enquanto a vontade é destituída da ordem ao bem, há a ferida da malícia; enquanto o irascível é destituído de sua ordem ao que é árduo, há a ferida da fraqueza; enquanto o concupiscível é destituído da ordem ao prazer moderado pela razão, há a ferida da concupiscência.

Portanto, são quatro feridas infligidas a toda a natureza humana pelo pecado do primeiro pai. Ora, como a inclinação ao bem da virtude é diminuída em cada um pelo pecado atual, como fica

2. Q. 77, a. 3.
3. C. 67, n. 81: ML 44, 287. Cfr. *De Lib. arb.* l. III, c. 18, n. 52: ML 32, 1296.
4. Q. 81, a. 2.
5. Q. 61, a. 2.
6. Art. 1, 2.

patet, et ista sunt quatuor vulnera ex aliis peccatis consequentia: inquantum scilicet per peccatum et ratio hebetatur, praecipue in agendis; et voluntas induratur ad bonum; et maior difficultas bene agendi accrescit; et concupiscentia magis exardescit.

Ad primum ergo dicendum quod nihil prohibet id quod est effectus unius peccati, esse causam peccati alterius. Ex hoc enim quod anima deordinatur per peccatum praecedens, facilius inclinatur ad peccandum.

Ad secundum dicendum quod malitia non sumitur hic pro peccato, sed pro quadam pronitate voluntatis ad malum; secundum quod dicitur Gn 8,21: *Proni sunt sensus hominis ad malum ab adolescentia sua*.

Ad tertium dicendum quod, sicut supra[7] dictum est, concupiscentia intantum est naturalis homini, inquantum subditur rationi. Quod autem excedat limites rationis, hoc est homini contra naturam.

Ad quartum dicendum quod infirmitas communiter potest dici omnis passio, inquantum debilitat robur animae et impedit rationem. Sed Beda accepit infirmitatem stricte, secundum quod opponitur fortitudini, quae pertinet ad irascibilem.

Ad quintum dicendum quod difficultas quae ponitur in libro Augustini, includit ista tria quae pertinent ad appetitivas potentias, scilicet malitiam, infirmitatem et concupiscentiam: ex his enim tribus contingit quod aliquis non facile tendit in bonum. Error autem et dolor sunt vulnera consequentia: ex hoc enim aliquis dolet, quod infirmatur circa ea quae concupiscit.

Articulus 4

Utrum privatio modi, speciei et ordinis, sit effectus peccati

Ad quartum sic proceditur. Videtur quod privatio modi, speciei et ordinis, non sit effectus peccati.

1. Dicit enim Augustinus, in libro *de Natura Boni*[1], quod *ubi haec tria magna sunt, magnum bonum est; ubi parva, parvum; ubi nulla, nullum*. Sed peccatum non annullat bonum naturae. Ergo non privat modum, speciem et ordinem.

claro pelo que foi dito, estas são quatro feridas consequências dos outros pecados, a saber, pelo pecado, a razão encontra-se embotada, sobretudo em matéria de ação; a vontade endurecida em relação ao bem, e aumenta uma maior dificuldade de agir bem e a concupiscência inflama-se mais.

Quanto ao 1º, portanto, deve-se dizer que nada impede que o que é efeito de um só pecado seja a causa de um outro. A alma, ao ser desordenada por um pecado precedente está mais facilmente inclinada a pecar.

Quanto ao 2º, deve-se dizer que não se toma aqui a malícia pelo pecado, mas por uma certa propensão da vontade ao mal, segundo diz o livro do Gênesis: "Os sentidos humanos são inclinados ao mal desde a adolescência".

Quanto ao 3º, deve-se dizer que a concupiscência é natural ao homem na medida em que está submissa à razão, como já foi dito. Mas, que ela exceda os limites da razão, é contra a natureza do homem.

Quanto ao 4º, deve-se dizer que toda paixão pode ser chamada comumente de fraqueza, enquanto enfraquece a força da alma e impede a razão, Mas, Beda tomou o termo estritamente, enquanto se opõe à fortaleza que pertence ao irascível.

Quanto ao 5º, deve-se dizer que a dificuldade apresentada por Agostinho inclui estas três coisas que se referem às potências afetivas, a malícia, a fraqueza, a concupiscência. São estas três coisas que fazem com que não se tenha a facilidade para tender ao bem. Quanto ao erro e à dor, são feridas consequentes, por exemplo, dói-se por sentir-se fraco em relação ao objeto que deseja.

Artigo 4

A privação de medida, de beleza e de ordem é efeito do pecado?

Quanto ao quarto, assim se procede: parece que a privação de medida, de beleza e de ordem **não** é efeito do pecado.

1. Com efeito, Agostinho diz que "onde essas três são grandes, o bem é grande; onde são pequenas, o bem é pequeno; onde são nada, o bem é nulo". Ora, o pecado não anula o bem da natureza. Logo, não é privação destas coisas.

7. Q. 82, a. 3, ad 1.

4 Parall.: *De Virtut.*, q. 1, a. 8, ad 12.

1. C. 3: ML 42, 553.

2. PRAETEREA, nihil est causa sui ipsius. Sed ipsum peccatum est *privatio modi, speciei et ordinis*, ut Augustinus dicit, in libro *de Natura Boni*[2]. Ergo privatio modi, speciei et ordinis, non est effectus peccati.

3. PRAETEREA, diversa peccata diversos habent effectus. Sed modus, species et ordo, cum sint quaedam diversa, diversas privationes habere videntur. Ergo per diversa peccata privantur. Non ergo est effectus cuiuslibet peccati privatio modi, speciei et ordinis.

SED CONTRA est quod peccatum est in anima sicut infirmitas in corpore; secundum illud Ps 6,3: *Miserere mei, Domine, quoniam infirmus sum*. Sed infirmitas privat modum, speciem et ordinem ipsius corporis. Ergo peccatum privat modum, speciem et ordinem animae.

RESPONDEO dicendum quod, sicut in Primo[3] dictum est, modus, species et ordo consequuntur unumquodque bonum creatum inquantum huiusmodi, et etiam unumquodque ens. Omne enim esse et bonum consideratur per aliquam formam, secundum quam sumitur species. Forma autem uniuscuiusque rei, qualiscumque sit, sive substantialis sive accidentalis, est secundum aliquam mensuram: unde et in VIII *Metaphys*.[4] dicitur quod *formae rerum sunt sicut numeri*. Et ex hoc habet modum quendam, qui mensuram respicit. Ex forma vero sua unumquodque ordinatur ad aliud.

Sic igitur secundum diversos gradus bonorum, sunt diversi gradus modi, speciei et ordinis. Est ergo quoddam bonum pertinens ad ipsam substantiam naturae, quod habet suum modum, speciem et ordinem: et illud nec privatur nec diminuitur per peccatum. Est etiam quoddam bonum naturalis inclinationis, et hoc etiam habet suum modum, speciem et ordinem: et hoc diminuitur per peccatum, ut dictum est[5], sed non totaliter tollitur. Est etiam quoddam bonum virtutis et gratiae, quod etiam habet suum modum, speciem et ordinem: et hoc totaliter tollitur per peccatum mortale. Est etiam quoddam bonum quod est ipse actus ordinatus, quod etiam habet suum modum, speciem et ordinem: et huius privatio est essentialiter ipsum peccatum. Et sic patet qualiter peccatum et est privatio modi, speciei et ordinis; et privat vel diminuit modum, speciem et ordinem.

2. C. 4: ML 42, 553.
3. Q. 5, a. 5.
4. C. 3: 1043, b, 36-1044, a, 2.
5. Art. 1, 2.

2. ALÉM DISSO, nada é causa de si. Ora, esta privação é o próprio pecado, como diz Agostinho. Logo, ela não é o efeito do pecado.

3. ADEMAIS, pecados diversos têm efeitos diversos. Ora, a medida, a beleza e a ordem, como são coisas diversas, parecem ter privações diversas. Logo, as privações delas são efeitos de diversos pecados e não de um pecado qualquer.

EM SENTIDO CONTRÁRIO, o pecado está na alma como a doença no corpo, segundo o Salmo: "Tende piedade de mim, Senhor, porque estou doente". Ora, a doença priva o corpo de sua medida, beleza e ordem. Logo, o pecado priva a alma igualmente delas.

RESPONDO. Como se disse, na I Parte, a medida, a beleza e a ordem seguem a cada bem criado como tal, e também a cada ente. Pois, todo existir e todo bem é considerado tal por uma forma segundo a qual a beleza é dada. E a forma de cada coisa, seja qual for, substancial ou acidental, é segundo uma medida. Por isso se diz no livro VIII da *Metafísica* que "as formas das coisas são como os números", e por isso têm um certo modo que diz respeito à medida. Finalmente, por sua forma cada coisa é ordenada a outra.

Assim, aos diversos graus de bens correspondem diversos graus de medida, de beleza e de ordem. Há portanto um bem, que pertence à substância da natureza, que tem sua medida, beleza e ordem, e deste bem o pecado não priva nem o diminui. Há ainda um outro bem que é a inclinação natural; este bem tem também sua medida e beleza e ordem, e o pecado o diminui, como foi dito, sem suprimi-lo totalmente. Finalmente, há ainda um bem, o da virtude e da graça que tem igualmente na medida, sua beleza e sua ordem: este bem, o pecado mortal o suprime totalmente. Além disso, há ainda um bem que é o próprio ato ordenado: este bem tem também sua medida, beleza e ordem, e a privação deste bem é essencialmente o próprio pecado. Assim se vê claramente como o pecado é a privação de medida, de beleza e de ordem, e que priva da medida, da beleza e da ordem ou as diminui.

Unde patet responsio ad DUO PRIMA.

AD TERTIUM dicendum quod modus, species et ordo se consequuntur, sicut ex dictis[6] patet. Unde simul privantur et diminuuntur.

QUANTO AO 1º e 2º, deve-se dizer que está clara a resposta pelo que foi dito.

QUANTO AO 3º, deve-se dizer que a medida, a beleza e a ordem se seguem uma à outra, como está claro pelo que foi dito. Por isso, a privação e a diminuição delas são simultâneas.

ARTICULUS 5
Utrum mors et alii corporales defectus sint effectus peccati

AD QUINTUM SIC PROCEDITUR. Videtur quod mors et alii corporales defectus non sint effectus peccati.

1. Si enim causa fuerit aequalis, et effectus erit aequalis. Sed huiusmodi defectus non sunt aequales in omnibus, sed in quibusdam huiusmodi defectus magis abundant: cum tamen peccatum originale sit in omnibus aequale, sicut dictum est[1], cuius videntur huiusmodi defectus maxime esse effectus. Ergo mors et huiusmodi defectus non sunt effectus peccati.

2. PRAETEREA, remota causa, removetur effectus. Sed remoto omni peccato per baptismum vel poenitentiam, non removentur huiusmodi defectus. Ergo non sunt effectus peccati.

3. PRAETEREA, peccatum actuale habet plus de ratione culpae quam originale. Sed peccatum actuale non transmutat naturam corporis ad aliquem defectum. Ergo multo minus peccatum originale. Non ergo mors et alii defectus corporales sunt effectus peccati.

SED CONTRA est quod Apostolus dicit, Rm 5,12: *Per unum hominem peccatum in hunc mundum intravit, et per peccatum mors*.

RESPONDEO dicendum quod aliquid est causa alterius dupliciter: uno quidem modo, per se; alio modo, per accidens. Per se quidem est causa alterius quod secundum virtutem suae naturae vel formae producit effectum: unde sequitur quod effectus sit per se intentus a causa. Unde cum mors et huiusmodi defectus sint praeter intentionem peccantis, manifestum est quod peccatum non est per se causa istorum defectuum.

Per accidens autem aliquid est causa alterius, si sit causa removendo prohibens: sicut dicitur

ARTIGO 5
A morte e outras deficiências corporais são efeitos do pecado?

QUANTO AO QUINTO, ASSIM SE PROCEDE: parece que a morte e outras deficiências corporais **não** são efeitos do pecado.

1. Com efeito, se a causa for igual, o efeito também será igual. Ora, estas deficiências não existem igualmente em todos, são mais abundantes em alguns, enquanto que o pecado original é igual em todos, como foi dito. É dele que estas deficiências parecem ser principalmente efeitos. Portanto, elas não são efeitos do pecado.

2. ALÉM DISSO, removida a causa remove-se o efeito. Ora, removido todo pecado pelo batismo ou pela penitência não se removem tais efeitos. Logo, eles não são efeitos do pecado.

3. ADEMAIS, há mais razão de culpa no pecado atual do que no pecado original. Ora, o pecado atual não muda em deficiências a natureza do corpo. Logo, muito menos o pecado original. Assim, a morte e as outras deficiências do corpo não são efeitos do pecado.

EM SENTIDO CONTRÁRIO, o Apóstolo diz: "Por um só homem o pecado entrou neste mundo, e pelo pecado a morte".

RESPONDO. Uma coisa é causa de outra de duas maneiras: por si, ou por acidente. Ela é por si causa de uma outra quando é em virtude de sua natureza ou de sua forma que ela produz o efeito, donde se segue que o efeito é procurado por si pela causa. Portanto, como a morte e as tais deficiências estão fora da intenção do pecador, é claro que o pecado não é por si a causa dessas deficiências.

Acidentalmente uma coisa é causa de uma outra se ela remove o obstáculo. "Quem arranca a

6. In corp.

5 PARALL.: II-II, q. 164, a. 1; II *Sent.*, dist. 30, q. 1, a. 1; III, dist. 16, q. 1, a. 1; IV, Prolog., dist. 4, q. 2, a. 1, q.la 3; *Cont. Gent.* IV, 52; *De Malo*, q. 5, a. 4; *compend. Theol.*, c. 193; *ad Rom.*, c. 5, lect. 3; *ad Heb.*, c. 9, lect. 5.

1. Q. 82, a. 4.

in VIII *Physic.*[2] quod *divellens columnam, per accidens movet lapidem columnae superpositum*. Et hoc modo peccatum primi parentis est causa mortis et omnium huiusmodi defectuum in natura humana, inquantum per peccatum primi parentis sublata est originalis iustitia, per quam non solum inferiores animae vires continebantur sub ratione absque omni deordinatione, sed totum corpus continebatur sub anima absque omni defectu, ut in Primo[3] habitum est. Et ideo, subtracta hac originali iustitia per peccatum primi parentis, sicut vulnerata est humana natura quantum ad animam per deordinationem potentiarum, ut supra[4] dictum est; ita etiam est corruptibilis effecta per deordinationem ipsius corporis.

Subtractio autem originalis iustitiae habet rationem poenae, sicut etiam subtractio gratiae. Unde etiam mors, et omnes defectus corporales consequentes, sunt quaedam poenae originalis peccati. Et quamvis huiusmodi defectus non sint intenti a peccante, sunt tamen ordinati secundum iustitiam Dei punientis.

Ad primum ergo dicendum quod aequalitas causae per se, causat aequalem effectum: augmentata enim vel diminuta causa per se, augetur vel diminuitur effectus. Sed aequalitas causae removentis prohibens, non ostendit aequalitatem effectuum. Si quis enim aequali impulsu divellat duas columnas, non sequitur quod lapides superpositi aequaliter moveantur: sed ille velocius movebitur qui gravior erit secundum proprietatem suae naturae, cui relinquitur remoto prohibente. Sic igitur, remota originali iustitia, natura corporis humani relicta est sibi: et secundum hoc, secundum diversitatem naturalis complexionis, quorundam corpora pluribus defectibus subiacent, quorundam vero paucioribus, quamvis existente originali peccato aequali.

Ad secundum dicendum quod culpa originalis et actualis removetur ab eodem a quo etiam removentur et huiusmodi defectus, secundum illud Apostoli, Rm 8,11: *Vivificabit mortalia corpora vestra per inhabitantem Spiritum eius in vobis*: sed utrumque fit secundum ordinem divinae sapientiae, congruo tempore. Oportet enim quod ad immortalitatem et impassibilitatem gloriae, quae in Christo inchoata est, et per Christum nobis acquisita, perveniamus conformati prius passionibus eius. Unde oportet quod ad tempus passibilitas in

coluna, diz o livro VIII da *Física*, acidentalmente remove a pedra sobreposta". É desta maneira que o pecado do primeiro pai é causa da morte e de todas as deficiências na natureza humana. Eis como: o pecado do primeiro pai suprimiu a justiça original, pela qual não somente as potências inferiores da alma estavam contidas sob a razão sem qualquer desordem, mas todo o corpo estava contido sob a alma sem nenhuma deficiência, como foi dito na I Parte. Uma vez suprimida este justiça original pelo pecado do primeiro pai, assim como a natureza humana foi ferida, quanto à alma, pela desordem das potências, assim também se tornou corruptível pela desordem do mesmo corpo.

A perda da justiça original, como a da graça, tem a razão de uma pena. Por conseguinte, a morte e todas as consequentes deficiências do corpo são também elas, a pena do pecado original, e embora não sejam procuradas pelo pecador, são ordenadas por Deus como penas de sua justiça.

Quanto ao 1º, portanto, deve-se dizer que a causas por si iguais correspondem efeitos iguais e aumentada ou diminuída a causa aumenta ou diminui o efeito. Se alguém com um impulso igual arranca duas colunas, não se segue que as pedras sobreposta devam mover-se igualmente. Cairá mais depressa a que for mais pesada segundo a sua própria natureza, à qual fica entregue quando o obstáculo é removido. Assim, removida a justiça original, a natureza do corpo humano ficou entregue a si mesmo, e nesse sentido segundo a diversidade da compleição natural, os corpos de alguns estão sujeitos a mais deficiências, os de outros a menos, embora o pecado original exista em todos igualmente.

Quanto ao 2º, deve-se dizer que aquele que remove a culpa original e atual é também aquele que remove as deficiências da natureza: "Ele vivificará, diz o Apóstolo, vossos corpos mortais pela habitação em vós de seu Espírito". As duas coisas se fazem segundo a ordem da divina sabedoria, no tempo oportuno. Com efeito, é preciso para chegar à imortalidade e à impassibilidade da glória que foi iniciada em Cristo e nos foi adquirida por Cristo, que nos tornemos primeiro conformes aos seus sofrimentos. É preciso, portanto, que a

2. C. 4: 255, b, 25.
3. Q. 97, a. 1.
4. A. 3; q. 82, a. 3.

nostris corporibus remaneat, ad impassibilitatem gloriae promerendam conformiter Christo.

AD TERTIUM dicendum quod in peccato actuali duo possumus considerare: scilicet ipsam substantiam actus, et rationem culpae. Ex parte quidem substantiae actus, potest peccatum actuale aliquem defectum corporalem causare: sicut ex superfluo cibo aliqui infirmantur et moriuntur. Sed ex parte culpae, privat gratiam quae datur homini ad rectificandum animae actus, non autem ad cohibendum defectus corporales, sicut originalis iustitia cohibebat. Et ideo peccatum actuale non causat huiusmodi defectus, sicut originale.

passibilidade permaneça em nossos corpos por um tempo, para que mereçamos a impassibilidade da glória em conformidade com Cristo.

QUANTO AO 3º, deve-se dizer que no pecado atual podemos considerar duas coisas: a substância do ato e a razão da culpa. Pela substância do ato, o pecado atual pode causar alguma deficiência corporal. Por exemplo, há quem é doente e que morre por excesso de alimento. Pela culpa, o pecado atual priva da graça, que é dada ao homem para retificar os atos da alma, não porém para impedir as deficiências do corpo, como impedia a justiça original. É por isso que o pecado atual não causa essas deficiências, como o pecado original.

ARTICULUS 6
Utrum mors et alii defectus sint naturales homini

AD SEXTUM SIC PROCEDITUR. Videtur quod mors et huiusmodi defectus sint homini naturales.

1. *Corruptibile* enim *et incorruptibile differunt genere*, ut dicitur in X *Metaphys.*[1]. Sed homo est eiusdem generis cum aliis animalibus, quae sunt naturaliter corruptibilia. Ergo homo est naturaliter corruptibilis.

2. PRAETEREA, omne quod est compositum ex contrariis, est naturaliter corruptibile, quasi habens in se causam corruptionis suae. Sed corpus humanum est huiusmodi. Ergo est naturaliter corruptibile.

3. PRAETEREA, calidum naturaliter consumit humidum. Vita autem hominis conservatur per calidum et humidum. Cum igitur operationes vitae expleantur per actum caloris naturalis, ut dicitur in II *de Anima*[2], videtur quod mors et huiusmodi defectus sint homini naturales.

SED CONTRA, quidquid est homini naturale, Deus in homine fecit. Sed *Deus mortem non fecit*, ut dicitur Sap 1,13. Ergo mors non est homini naturalis.

2. Praeterea, id quod est secundum naturam, non potest dici poena nec malum: quia unicuique rei est conveniens id quod est ei naturale. Sed mors et huiusmodi defectus sunt poena peccati

ARTIGO 6
A morte e as outras deficiências são naturais ao homem?

QUANTO AO SEXTO, ASSIM SE PROCEDE: parece que a morte e as outras deficiências **são** naturais ao homem.

1. Com efeito, "corruptível e incorruptível diferem em gênero, no dizer do livro X da *Metafísica*. Ora, o homem é do mesmo gênero que os outros animais que são naturalmente corruptíveis. Logo, o homem também é corruptível.

2. ALÉM DISSO, tudo o que é composto de elementos contrários é corruptivel por natureza, tendo por assim dizer em si a causa de sua corrupção. Ora, o corpo humano é assim. Logo, é naturalmente corruptível.

3. ADEMAIS, é natural que o calor consuma a humidade, Ora, a vida humana se conserva por ambos. Logo, como as operações vitais realizam-se por um ato de calor natural, como diz o livro II da *Alma*, parece que a morte e outras deficiências sejam naturais ao homem.

EM SENTIDO CONTRÁRIO, 1. Tudo o que é natural ao homem, foi Deus que nele fez. Ora, o livro da Sabedoria diz que Deus não fez a morte. Portanto, ela não é natural ao homem.

2. O que é segundo a natureza não pode ser chamado nem pena nem mal, porque a cada coisa convém o que lhe é natural. Ora, a morte e as outras deficiências, são a pena do pecado origi-

6 PARALL.: II-II, q. 164, a. 1, ad 1; II *Sent*, dist. 30, q. 1, a. 1; III, dist. 16, q. 1, a. 1; IV, dist. 36, a. 1, ad 2; *Cont. Gent.* IV, 52; *De Malo*, q. 5, a. 5; *ad Rom.*, c. 5, lect. 3; *ad Heb.*, c. 9, lect. 5.

1. C. 10: 1058, b, 28-29.
2. C. 4: 416, b, 29-31.

originalis, ut supra[3] dictum est. Ergo non sunt homini naturales.

3. Praeterea, materia proportionatur formae, et quaelibet res suo fini. Finis autem hominis est beatitudo perpetua, ut supra[4] dictum est. Forma etiam humani corporis est anima rationalis, quae est incorruptibilis, ut in Primo[5] habitum est. Ergo corpus humanum est naturaliter incorruptibile.

Respondeo dicendum quod de unaquaque re corruptibili dupliciter loqui possumus: uno modo, secundum naturam universalem; alio modo, secundum naturam particularem. Natura quidem particularis est propria virtus activa et conservativa uniuscuiusque rei. Et secundum hanc, omnis corruptio et defectus est contra naturam, ut dicitur in II *de Caelo*[6]: quia huiusmodi virtus intendit esse et conservationem eius cuius est.

Natura vero universalis est virtus activa in aliquo universali principio naturae, puta in aliquo caelestium corporum; vel alicuius superioris substantiae, secundum quod etiam Deus a quibusdam dicitur *natura naturans*. Quae quidem virtus intendit bonum et conservationem universi, ad quod exigitur alternatio generationis et corruptionis in rebus. Et secundum hoc, corruptiones et defectus rerum sunt naturales: non quidem secundum inclinationem formae, quae est principium essendi et perfectionis; sed secundum inclinationem materiae, quae proportionaliter attribuitur tali formae secundum distributionem universalis agentis. Et quamvis omnis forma intendat perpetuum esse quantum potest, nulla tamen forma rei corruptiblis potest assequi perpetuitatem sui, praeter animam rationalem: eo quod ipsa non est subiecta omnino materiae corporali, sicut aliae formae; quinimmo habet propriam operationem immaterialem, ut in Primo[7] habitum est. Unde ex parte suae formae, naturalior est homini incorruptio quam aliis rebus corruptibilibus. Sed quia et ipsa habet materiam ex contrariis compositam, ex inclinatione materiae sequitur corruptibilitas in toto. Et secundum hoc, homo est naturaliter corruptibilis secundum naturam materiae sibi relictae, sed non secundum naturam formae.

nal, como foi dito. Portanto, elas não são naturais ao homem.

3. A matéria é proporcionada à forma, e cada coisa ao seu fim, Ora, o fim do homem é a bem-aventurança perpétua e a forma do corpo humano é a alma racional que é incorruptível, como foi estabelecido na I Parte. Portanto, o corpo humano é incorruptível por natureza.

Respondo. Sobre cada coisa corruptível podemos falar de duas maneiras. Segundo a natureza universal e segundo a natureza particular. A natureza particular é a própria potência ativa e conservadora de cada coisa. Segundo ela, toda corrupção e deficiência são contra a natureza, como diz o livro II do *Céu*, pois tal potência procura a existência e a conservação daquilo no qual ela existe.

A natureza universal, ao contrário, é a potência ativa que reside em algum princípio universal da natureza, por exemplo, em um dos corpos celestes ou em alguma das substâncias superiores. É assim que Deus é chamado por alguns de "natureza das naturezas". Esta potência procura o bem e a conservação do universo, o que exige a alternância da geração e da corrupção das coisas. Nesse sentido, a corrupção e as deficiências são naturais às coisas, não segundo a tendência da forma, que é princípio de existência e de perfeição, mas segundo a tendência da matéria, a qual é atribuída proporcionalmente a tal forma segundo a distribuição do agente universal. Embora toda forma procure enquanto pode, existir perpetuamente, nenhuma forma de algo corruptível pode conseguir a sua perpetuidade, exceto a alma racional, porque ela não é totalmente submetida como as outras formas à matéria corporal. Ela tem como próprio, ao contrário, uma ação imaterial, como foi dito na I Parte. Daí resulta que a não-corrupção é mais natural ao homem, em razão de sua forma, do que às outras realidades corruptíveis. Mas, porque esta forma tem uma matéria composta de elementos contrários, a tendência da matéria leva à corruptibilidade do todo. Segundo isso, o homem é naturalmente corruptível segundo a natureza de uma matéria entregue a si mesma, não, porém, segundo a natureza da forma.

3. Art. praec.
4. Q. 2, a. 7; q. 5, a. 3, 4.
5. Q. 75, a. 6.
6. C. 6: 288, b, 14.
7. Q. 75, a. 2.

Primae autem tres rationes procedunt ex parte materiae: aliae vero tres procedunt ex parte formae. Unde ad earum solutionem, considerandum est quod forma hominis, quae est anima rationalis, secundum suam incorruptibilitatem proportionata est suo fini, qui est beatitudo perpetua. Sed corpus humanum, quod est corruptibile secundum suam naturam consideratum, quodammodo proportionatum est suae formae, et quodammodo non. Duplex enim conditio potest attendi in aliqua materia: una scilicet quam agens eligit; alia quae non est ab agente electa, sed est secundum conditionem naturalem materiae. Sicut faber ad faciendum cultellum eligit materiam duram et ductilem, quae subtiliari possit ut sit apta incisioni, et secundum hanc conditionem ferrum est materia proportionata cultello: sed hoc quod ferrum sit frangibile et rubiginem contrahens, consequitur ex naturali dispositione ferri, nec hoc eligit artifex in ferro, sed magis repudiaret si posset. Unde haec dispositio materiae non est proportionata intentioni artificis, nec intentioni artis. Similiter corpus humanum est materia electa a natura quantum ad hoc, quod est temperatae complexionis, ut possit esse convenientissimum organum tactus et aliarum virtutum sensitivarum et motivarum. Sed quod sit corruptibile, hoc est ex conditione materiae, nec est electum a natura: quin potius natura eligeret materiam incorruptibilem, si posset. Sed Deus, cui subiacet omnis natura, in ipsa institutione hominis supplevit defectum naturae, et dono iustitiae originalis dedit corpori incorruptibilitatem quandam, ut in Primo[8] dictum est. Et secundum hoc dicitur quod *Deus mortem non fecit*, et quod mors est poena peccati.

Unde patet responsio AD OBIECTA.

Ora, as três primeiras razões procedem da parte da matéria, as três outras, ao contrário, da parte da forma. Por conseguinte, para resolvê-las, é preciso considerar que a forma do homem, a alma racional, por sua incorruptibilidade, é proporcionada ao seu fim que é a bem-aventurança perpétua. Mas, o corpo humano que é corruptível considerado em sua natureza, de uma maneira é proporcionado à sua forma, e de outra não. Pode-se, com efeito, levar em conta uma dupla condição em uma matéria. Aquela que o agente escolhe, e aquela que não foi escolhida por ele, mas que é segundo a condição natural da matéria. Assim, o ferreiro escolhe para fazer facas uma matéria ao mesmo tempo dura e flexível que possa ser afiada para cortar, e segundo esta condição o ferro é uma matéria proporcionada à faca. Mas que o ferro seja quebrável e pegue ferrugem, é uma consequência de sua disposição natural. O artista não a escolheu, e se pudesse a recusaria. Assim, essa disposição da matéria não é proporcionada nem à intenção do artista nem à da arte. Semelhantemente, o corpo humano é a matéria que a natureza escolheu, por sua compleição moderada, para poder ser o órgão mais conveniente do tato e de outras potências sensíveis e motoras. Mas que ele seja corruptível, isso vem da condição da matéria, e não foi escolhido pela natureza. Esta escolheria, ao contrário, uma matéria incorruptível se pudesse. Deus, a quem toda natureza está sujeita, supriu na instituição do homem a deficiência da natureza e deu ao corpo pelo dom da justiça original uma certa incorruptibilidade como foi dito na I Parte. É por isso que se diz que Deus não fez a morte e que ela é pena do pecado.

QUANTO AO 1º, 2º e 3º, deve-se dizer que são claras as respostas às objeções.

8. Q. 97, a. 1.

QUAESTIO LXXXVI

DE MACULA PECCATI

in duos articulos divisa

Deinde considerandum est de macula peccati. Et circa hoc quaeruntur duo.

Primo: utrum macula animae sit effectus peccati.

Secundo: utrum remaneat in anima post actum peccati.

ARTICULUS 1

Utrum peccatum causet aliquam maculam in anima

AD PRIMUM SIC PROCEDITUR. Videtur quod peccatum non causet aliquam maculam in anima.

1. Natura enim superior non potest inquinari ex contactu naturae inferioris: unde radius solaris non inquinatur per tactum corporum fetidorum, ut Augustinus dicit, in libro *Contra Quinque Haereses*[1]. Sed anima humana est multo superioris naturae quam res commutabiles, ad quas peccando convertitur. Ergo ex eis maculam non contrahit peccando.

2. PRAETEREA, peccatum est principaliter in voluntate, ut supra[2] dictum est. Voluntas autem est in ratione, ut dicitur in III *de Anima*[3]. Sed ratio, sive intellectus, non maculatur ex consideratione quarumcumque rerum, sed magis perficitur. Ergo nec voluntas ex peccato maculatur.

3. PRAETEREA, si peccatum maculam causat, aut macula illa est aliquid positive, aut est privatio

QUESTÃO 86

A MANCHA DO PECADO[a]

em dois artigos

Deve-se considerar agora a mancha do pecado. Sobre isso, são duas as perguntas:

1. A mancha da alma é efeito do pecado?
2. Permanece na alma depois do ato de pecado?

ARTIGO 1

O pecado causa alguma mancha na alma?

QUANTO AO PRIMEIRO ARTIGO, ASSIM SE PROCEDE: parece que o pecado **não** causa alguma mancha na alma.

1. Com efeito, uma natureza superior não pode ser manchada pelo contato com uma natureza inferior. "O raio do sol, diz Agostinho, não é manchado pelo contato com os corpos fétidos". Ora, a alma humana é de uma natureza bem superior às coisas mutáveis para as quais ela se volta quando peca. Logo, não é por essas coisas que contrai a mancha pecando.

2. ALÉM DISSO, o pecado, foi dito, está principalmente na vontade. E a vontade, no dizer do livro III da *Alma*, está na razão. Ora, a razão, ou o intelecto, na se mancha pela consideração de quaisquer coisas, antes aperfeiçoa-se. Logo, nem a vontade se mancha pelo pecado.

3. ADEMAIS, se o pecado causa mancha, esta ou é algo positivo, ou é privação pura. Se é algo

1 PARALL.: Infra, q. 89, a. 1; IV *Sent.*, dist. 18, q. 1, a. 2, q.la 1.

1. Inter supposit. Aug., c. 5, n. 7: ML 42, 1107.
2. Q. 74, a. 1, 2.
3. C. 9: 432, b, 5-7.

a. A doutrina sobre os efeitos do pecado original e do pecado atual é importante para que nos conheçamos, para escrutar as nossas possibilidades diante de nossa vocação de viver em Deus e as condições de nossa perseverança até o fim. O bem do ser humano é a vida plena e definitiva em Deus, a vida na glória da Trindade. Tudo se há de pensar, de avaliar em relação com ela. A beleza da justiça original, a miséria do estado de pecado original, o dom da misericórdia acolhido em Jesus Cristo se hão de considerar em relação com a possibilidade concreta, para cada um de nós, de realizar em Deus o que esperamos: a nossa bem-aventurança. O pecado original é a linha demarcatória entre duas vias em direção à glória: a da economia da justiça original que, pelo pecado de Adão, tornou-se inacessível; e a da recapitulação em Jesus Cristo, o segundo Adão, que é a única via verdadeira, e à qual se chega pelo dom de Deus, e não por direito proveniente da carne ou do sangue.

Conhecer as exigências da conformação a Jesus Cristo é penetrrar a via em direção à glória, que nos foi aberta nele. Conhecer os efeitos do pecado, original e atual, é perscrutar as vias que não devem ser percorridas, é ter em vista as feridas a curar. O objetivo a atingir não é o retorno ao paraíso perdido por Adão, mas o ingresso na glória da Trindade, a suprema glorificação em Jesus Cristo ressuscitado, "primícias dos que dormem". É em relação com essa glória que os efeitos do pecado devem ser estudados. A orientação a Deus é um dom gratuito; não a recebemos pela via da geração humana, mas pelo nascimento em Jesus Cristo, nova criatura (q. 81, a. 3, r. 3). É possível acolher esse dom, mas há muitos obstáculos a superar, existem feridas a curar, uma corrupção a vencer, e tudo isto não se faz por meio de milagres, e sim pelo consentimento da liberdade e com a ajuda sacramental.

pura. Si sit aliquid positive, non potest esse nisi dispositio vel habitus: nihil enim aliud videtur ex actu causari. Dispositio autem et habitus non est: contingit enim, remota dispositione vel habitu, adhuc remanere maculam; ut patet in eo qui peccavit mortaliter prodigalitate, et postea transmutatur, mortaliter peccando, in habitum vitii oppositi. Non ergo macula ponit aliquid positive in anima. — Similiter etiam nec est privatio pura. Quia omnia peccata conveniunt ex parte aversionis et privationis gratiae. Sequeretur ergo quod omnium peccatorum esset macula una. Ergo macula non est effectus peccati.

SED CONTRA est quod dicitur, Eccli 47,22, Salomoni: *Dedisti maculam in gloria tua*. Et Eph 5,27: *Ut exhiberet sibi gloriosam Ecclesiam non habentem maculam aut rugam*. Et utrobique loquitur de macula peccati. Ergo macula est effectus peccati.

RESPONDEO dicendum quod macula proprie dicitur in corporalibus, quando aliquod corpus nitidum perdit suum nitorem ex contactu alterius corporis, sicut vestis et aurum et argentum, aut aliud huiusmodi. In rebus autem spiritualibus ad similitudinem huius oportet maculam dici. Habet autem anima hominis duplicem nitorem: unum quidem ex refulgentia luminis naturalis rationis, per quam dirigitur in suis actibus; alium vero ex refulgentia divini luminis, scilicet sapientiae et gratiae, per quam etiam homo perficitur ad bene et decenter agendum. Est autem quasi quidam animae tactus, quando inhaeret aliquibus rebus per amorem. Cum autem peccat, adhaeret rebus aliquibus contra lumen rationis et divinae legis, ut ex supradictis[4] patet. Unde ipsum detrimentum nitoris ex tali contactu proveniens, macula animae metaphorice vocatur.

AD PRIMUM ergo dicendum quod anima non inquinatur ex rebus inferioribus virtute earum, quasi agentibus eis in animam: sed magis e converso anima sua actione se inquinat, inordinate eis inhaerendo, contra lumen rationis et divinae legis.

AD SECUNDUM dicendum quod ratio intellectus perficitur secundum quod res intelligibiles sunt in intellectu per modum ipsius intellectus: et ideo intellectus ex eis non inficitur, sed magis perficitur. Sed actus voluntatis consistit in motu ad ipsas res, ita quod amor conglutinat animam

positivo, só pode ser disposição ou hábito, nenhuma outra coisa parece que seja causada pelo ato. Ora, não é disposição e nem hábito. Com efeito, acontece que removida a disposição e o hábito, a mancha ainda permanece. Isto se vê, por exemplo, no que peca mortalmente por prodigalidade e depois muda para o hábito do vício oposto, pecando mortalmente. Portanto, a mancha não põe na alma algo positivo. — Igualmente, ela não é pura privação. Pois todos os pecados têm em comum a aversão e a privação da graça. Daí resultaria que todos os pecados têm uma só mancha. Portanto, a mancha não é efeito do pecado.

EM SENTIDO CONTRÁRIO, no livro do Eclesiástico se diz a Salomão: "Manchaste a tua glória". E a Carta aos Efésios: "Para manifestar diante dele uma Igreja gloriosa que não tem mancha nem ruga". Em ambos os casos fala-se da mancha do pecado. Portanto, a mancha é efeito do pecado.

RESPONDO. O termo mancha emprega-se propriamente para coisas materiais, quando um corpo reluzente, uma vestimenta, um objeto de ouro e de prata, ou outra coisa perde seu brilho pelo contato de um outro corpo. Nas coisas espirituais é preciso que se chame mancha algo semelhante. Ora, a alma humana possui um duplo brilho: um que vem do resplendor da luz natural da razão, pela qual se dirige em seus atos. O outro, pelo refulgir da luz divina, isto é, da sabedoria e da graça, pela qual o homem se aperfeiçoa para bem agir, e agir decentemente. A alma tem um certo tato quando adere a algumas coisas por amor. E quando peca adere a algumas coisas contrárias à luz da razão e da lei divina, como já foi explicado. Por isso, a perda do brilho que provém de um tal contato chama-se metaforicamente mancha da alma.

QUANTO AO 1º, portanto, deve-se dizer que as coisas inferiores não têm o poder de infectar a alma como se eles agissem na alma. É antes o contrário: a alma infecta-se a si mesma por sua ação, aderindo às coisas de modo desordenado contra a luz da razão e da lei divina.

QUANTO AO 2º, deve-se dizer que a razão do intelecto se aperfeiçoa na medida em que as coisas inteligíveis estão no intelecto segundo o próprio modo do intelecto, e é por isso que o intelecto não se infecta por essas coisas, mas se aperfeiçoa. Ao contrário, o ato voluntário consiste em um movi-

4. Q. 71, a. 6.

rei amatae. Et ex hoc anima maculatur, quando inordinate inhaeret; secundum illud Os 9,10: *Facti sunt abominabiles, sicut ea quae dilexerunt*.

mento para as coisas, de modo que o amor une a alma ao objeto amado. É por isso que a alma se mancha, quando adere de modo desordenado, segundo o livro de Oseias: "Tornaram-se abomináveis como o objeto que amaram".

AD TERTIUM dicendum quod macula non est aliquid positive in anima, nec significat privationem solam: sed significat privationem quandam nitoris animae in ordine ad suam causam, quae est peccatum. Et ideo diversa peccata diversas maculas inducunt. Et est simile de umbra, quae est privatio luminis ex obiecto alicuius corporis, et secundum diversitatem corporum obiectorum diversificantur umbrae.

QUANTO AO 3º, deve-se dizer que a mancha não é algo positivo na alma, e não significa uma privação pura e simples. Significa uma privação do brilho da alma em relação com sua causa que é o pecado. Isto faz com que diversos pecados levem a diversas manchas. Isso é semelhante à sombra que é privação da luz proveniente da interposição de um corpo. É segundo a diversidade dos corpos interpostos que as sombras se diversificam.

ARTICULUS 2
Utrum macula maneat in anima post actum peccati

AD SECUNDUM SIC PROCEDITUR. Videtur quod macula non maneat in anima post actum peccati.

1. Nihil enim manet in anima post actum, nisi habitus vel dispositio. Sed macula non est habitus vel dispositio, ut supra[1] habitum est. Ergo macula non manet in anima post actum peccati.

2. PRAETEREA, hoc modo se habet macula ad peccatum, sicut umbra ad corpus, ut supra[2] dictum est. Sed transeunte corpore, non manet umbra. Ergo, transeunte actu peccati, non manet macula.

3. PRAETEREA, omnis effectus dependet ex sua causa. Causa autem maculae est actus peccati. Ergo, remoto actu peccati, non remanet macula in anima.

SED CONTRA est quod dicitur Ios 22,17: *An parum vobis est quod peccastis in Beelphegor, et usque in praesentem diem macula huius sceleris in vobis permanet?*

RESPONDEO dicendum quod macula peccati remanet in anima, etiam transeunte actu peccati. Cuius ratio est quia macula, sicut dictum est[3], importat quendam defectum nitoris propter recessum a lumine rationis vel divinae legis. Et ideo quandiu homo manet extra huiusmodi lumen, manet in eo macula peccati: sed postquam redit ad

ARTIGO 2
A mancha permanece na alma depois do ato de pecado?

QUANTO AO SEGUNDO, ASSIM SE PROCEDE: parece que a mancha **não** permanece na alma depois do ato de pecado.

1. Com efeito, nada permanece na alma depois do ato, a não ser o hábito ou a disposição. Ora, a mancha não é nem um hábito nem uma disposição, como foi dito. Logo, ela não permanece na alma depois do ato do pecado.

2. ALÉM DISSO, acima foi dito que a mancha está para o pecado como a sombra para o corpo. Ora, se o corpo passa, a sombra não permanece. Logo, passado o ato de pecado, não permanece a mancha.

3. ADEMAIS, todo efeito depende de sua causa. Ora, a causa da mancha é o ato de pecado. Logo, removido o ato do pecado, não permanece a mancha na alma.

EM SENTIDO CONTRÁRIO, está escrito no livro de Josué: "É pouco para vós, terdes pecado em Baalfegor, e guardado em vós até hoje a mancha deste crime?".

RESPONDO. A mancha do pecado permanece na alma, mesmo se o ato de pecado passa. A razão disso é que a mancha implica, como foi dito, uma falta de brilho por causa do afastamento da luz da razão ou da lei divina. É por isso que enquanto alguém permanece fora desta luz, a mancha do pecado permanece nele. Mas, desde

2 PARALL.: Infra, q. 87, a. 6.

1. A. praec., 3 a.
2. Ib., ad 3.
3. A. praec.

lumen divinum et ad lumen rationis, quod fit per gratiam, tunc macula cessat. Licet autem cesset actus peccati, quo homo discessit a lumine rationis vel legis divinae, non tamen statim homo ad illud redit in quo fuerat: sed requiritur aliquis motus voluntatis contrarius primo motui. Sicut si aliquis sit distans alicui per aliquem motum, non statim cessante motu fit ei propinquus, sed oportet quod appropinquet rediens per motum contrarium.

Ad primum ergo dicendum quod post actum peccati nihil positive remanet in anima nisi dispositio vel habitus: remanet tamen aliquid privative, scilicet privatio coniunctionis ad divinum lumen.

Ad secundum dicendum quod, transeunte obstaculo corporis, remanet corpus diaphanum in aequali propinquitate et habitudine ad corpus illuminans: et ideo statim umbra transit. Sed remoto actu peccati, non remanet anima in eadem habitudine ad Deum. Unde non est similis ratio.

Ad tertium dicendum quod actus peccati facit distantiam a Deo, quam quidem distantiam sequitur defectus nitoris, hoc modo sicut motus localis facit localem distantiam. Unde sicut, cessante motu, non tollitur distantia localis; ita nec, cessante actu peccati, tollitur macula.

que volta à luz, o que acontece com a ajuda da graça, a mancha cessa. Ora, mesmo que cesse o ato do pecado pelo qual se afastou da luz da razão e da lei divina, ninguém volta logo aquilo em que estava antes. Tem-se a necessidade para isso de um movimento da vontade contrário ao primeiro. Assim como se alguém está distante de outro por algum movimento, não se aproxima dele imediatamente quando cessa o movimento, mas é preciso que se aproxime por um movimento de volta contrário ao outro.

Quanto ao 1º, portanto, deve-se dizer que depois do ato de pecado nada permanece de positivo na alma, senão a disposição ou o hábito. Entretanto, permanece algo privativamente, a saber a privação da união com a luz divina.

Quanto ao 2º, deve-se dizer que passado o obstáculo do corpo, permanece o corpo diáfono na mesma proximidade e relação com o corpo que ilumina e assim a sombra passa imediatamente. Mas, quando o ato de pecado é afastado, a alma não permanece na mesma relação com Deus. Portanto, o argumento não é semelhante.

Quanto ao 3º, deve-se dizer que o ato do pecado distancia de Deus e a esta distância segue-se a falta de brilho, do mesmo modo que o movimento local cria a distância local. Portanto, cessando o movimento, não se suprime a distância local, assim também cessando o ato do pecado, não se suprime a mancha.

QUAESTIO LXXXVII

DE REATU POENAE

in octo articulos divisa

Deinde considerandum est de reatu poenae. Et primo, de ipso reatu; secundo, de mortali et veniali peccato, quae distinguuntur secundum reatum.

Circa primum quaeruntur octo.

Primo: utrum reatus poenae sit effectus peccati.

Secundo: utrum peccatum possit esse poena alterius peccati.

QUESTÃO 87

O REATO DA PENA[a]

em oito artigos

Em seguida, é preciso considerar o reato da pena: 1. O reato em si mesmo; 2. A questão do pecado mortal e do pecado venial que se distinguem segundo o reato.

Sobre o primeiro, são oito as perguntas:

1. O reato da pena é efeito do pecado?
2. Um pecado pode ser a pena de um outro?

a. O problema da pena é dos mais difíceis. A pena responde à necessidade da ordem, da paz, da harmonia das relações entre os homens e com Deus. Quando tudo isso é ameaçado, perturbado por atos, vícios, más orientações, segue-se uma situação

Tertio: utrum aliquod peccatum faciat reum aeterna poena.
Quarto: utrum faciat reum poena infinita secundum quantitatem.
Quinto: utrum omne peccatum faciat reum aeterna et infinita poena.
Sexto: utrum reatus poenae possit remanere post peccatum.
Septimo: utrum omnis poena inferatur pro aliquo peccato.
Octavo: utrum unus sit reus poenae pro peccato alterius.

3. Há um pecado que torna réu de uma pena eterna?
4. Ou de uma pena infinita em grandeza?
5. Todo pecado torna réu de uma pena eterna e infinita?
6. O reato da pena pode permanecer depois do pecado?
7. Toda pena é infligida por um pecado?
8. Alguém pode ser réu de uma pena pelo pecado de outro?

Articulus 1

Utrum reatus poenae sit effectus peccati

Ad primum sic proceditur. Videtur quod reatus poenae non sit effectus peccati.

1. Quod enim per accidens se habet ad aliquid, non videtur esse proprius effectus eius. Sed reatus poenae per accidens se habet ad peccatum: cum sit praeter intentionem peccantis. Ergo reatus poenae non est effectus peccati.

2. Praeterea, malum non est causa boni. Sed poena bona est: cum sit iusta, et a Deo. Ergo non est effectus peccati, quod est malum.

3. Praeterea, Augustinus dicit, in I *Confess.*[1], quod *omnis inordinatus animus sibi ipsi est poena*. Sed poena non causat reatum alterius poenae: quia

Artigo 1

O reato da pena é efeito do pecado?[b]

Quanto ao primeiro artigo, assim se procede: parece que o reato da pena **não** é efeito do pecado.

1. Com efeito, o que está para alguma coisa como acidental não parece ser propriamente o seu efeito. Ora, o reato da pena está para o pecado como acidental, pois está fora da intenção do pecador. Logo, não é efeito do pecado.

2. Além disso, o mal não é causa do bem. Ora, a pena é um bem porque é justa e vem de Deus. Logo, não é efeito do pecado que é um mal.

3. Ademais, Agostinho diz que todo espírito desordenado é para si mesmo sua pena. Ora, uma pena não causa o reato de outra pena, porque as-

1 Parall.: II *Sent.*, dist. 32, q. 1, a. 1; IV, dist. 14, q. 2, a. 1, q.la 2; *Cont. Gent.* III, 140; *De Malo*, q. 7, art. 10.

1. C. 12: ML 32, 670.

de desordem que exige ser regrada. Espera-se o restabelecimento de uma nova ordem, e espera-se alcançá-la provocando no autor da violação uma nova atitude, por intermédio de um sofrimento que lhe é infligido e que ele deve sofrer. Tal situação deveria forçá-lo a recuar em sua decisão, em suas volições desordenadas, e a desfazer a desordem cometida por sua ação. A pena é uma realidade bem complexa e, por sua própria natureza, é a mais apta a desvendar a natureza do crime ao qual ela se contrapõe, e o que se espera do sujeito que o cometeu. Não é da mesma ordem do crime; no máximo, ela o eclipsa, mas não o elimina, oferece uma certa segurança devido ao fato de que ela torna inofensivo aquele que o cometeu, mas, por si ela não o liberta de sua desordem; esta pode ser desfeita unicamente pela conversão da vontade ao bem ao qual ela se contrapõe. A questão 87 pode dividir-se segundo a seguinte progressão:

— o *reatus poenae* e a própria pena (a. 1-2);
— a pena do pecado mortal concebida em sua duração e sua gravidade (*acerbitas*) (a. 3-4);
— a pena do pecado venial (a. 5);
— a pena que não está ligada à falta da pessoa (a. 6) e aquela que é solidária da falta dos outros, de todos (a. 7).

b. A questão 87 é a contrapartida de I-II, q. 21, que conclui o estudo sobre os atos humanos considerados enquanto morais. As análises desenvolvidas nos dois contextos permitem apreender, em uma visão contrastante, as repercussões da decisão humana sobre a atitude fundamental da pessoa, sobretudo quando se considera o estado de pecado mortal que a falseia pela raiz. A sequência dos artigos ganharia bastante em ser lida em paralelo com os dados, difíceis mas importantes, desenvolvidos no outro contexto. Aqui, o pecado é visto como um ato humano desordenado, que falseia o ser humano e funda para ele a obrigação de reconquistar, mesmo que seja com sofrimento, a sua dignidade primeira, se ele não quer permanecer para sempre fora de sua ordem.

A primeira pena do pecado é a inclinação a outros pecados, o fato de que ele desmantela as defesas que poderiam resistir à invasão progressiva do mal (a. 2). Quanto mais se subtrai sem delongas ao pecado, mais se salvaguarda a sua própria dignidade, e mais se liberta da invasão acelerada dos efeitos da falta.

sic iretur in infinitum. Ergo peccatum non causat reatum poenae.

SED CONTRA est quod dicitur Rm 2,9: *Tribulatio et angustia in animam omnem operantis malum*. Sed operari malum est peccare. Ergo peccatum inducit poenam, quae nomine tribulationis et angustiae designatur.

RESPONDEO dicendum quod ex rebus naturalibus ad res humanas derivatur ut id quod contra aliquid insurgit, ab eo detrimentum patiatur. Videmus enim in rebus naturalibus quod unum contrarium vehementius agit, altero contrario superveniente: propter quod *aquae calefactae magis congelantur*, ut dicitur in I *Meteor.*[2]. Unde in hominibus hoc ex naturali inclinatione invenitur, ut unusquisque deprimat eum qui contra ipsum insurgit. Manifestum est autem quod quaecumque continentur sub aliquo ordine, sunt quodammodo unum in ordine ad principium ordinis. Unde quidquid contra ordinem aliquem insurgit, consequens est ut ab ipso ordine, vel principe ordinis, deprimatur. Cum autem peccatum sit actus inordinatus, manifestum est quod quicumque peccat, contra aliquem ordinem agit. Et ideo ab ipso ordine consequens est quod deprimatur. Quae quidem depressio poena est.

Unde secundum tres ordines quibus subditur humana voluntas, triplici poena potest homo puniri. Primo quidem enim subditur humana natura ordini propriae rationis; secundo, ordini exterioris hominis gubernantis vel spiritualiter vel temporaliter, politice seu oeconomice; tertio, subditur universali ordini divini regiminis. Quilibet autem horum ordinum per peccatum pervertitur: dum ille qui peccat, agit et contra rationem, et contra legem humanam, et contra legem divinam. Unde triplicem poenam incurrit: unam quidem a seipso, quae est conscientiae remorsus, aliam vero ab homine, tertiam vero a Deo.

AD PRIMUM ergo dicendum quod poena consequitur peccatum inquantum malum est, ratione suae inordinationis. Unde sicut malum est per accidens in actu peccantis, praeter intentionem ipsius, ita et reatus poenae.

AD SECUNDUM dicendum quod poena quidem iusta esse potest et a Deo, et ab homine inflicta: unde ipsa poena non est effectus peccati directe, sed solum dispositive. Sed peccatum facit homi-

sim se iria ao infinito. Logo, o pecado não causa o reato da pena

EM SENTIDO CONTRÁRIO, a Carta aos Romanos diz que há “tribulação e angústia na alma de todo aquele que faz o mal”. Ora, fazer o mal é pecar. Logo, o pecado causa a pena designada com o nome de tribulação e de angústia.

RESPONDO. Passa das coisas naturais para as humanas que aquilo que se insurge contra algo, sofra dano por parte dele. Vemos na natureza que um contrário age com mais violência ao se encontrar com outro contrário. É por isso que a água esquentada congela mais, como está dito no livro I da *Meteorologia*. Na humanidade, encontra-se esta inclinação natural que faz com que cada um reprima o que se insurge contra ele. Está claro que tudo o que está contido em uma ordem é de algum modo uma só coisa em relação com o princípio desta ordem. Portanto, tudo o que se insurge contra uma ordem consequentemente será reprimido pela mesma ordem ou pelo que a preside. Ora, como o pecado é um ato desordenado, é claro que todo aquele que peca age contra uma ordem. É por isso que consequentemente é reprimido pela própria ordem. Esta repressão é a pena.

Segundo as tres ordens às quais está submetida a vontade humana pode-se punir o homem com uma tríplice pena. Com efeito, a natureza humana é primeiramente subordinada à ordem da própria razão. Segundo, está subordinada à ordem daqueles que exteriormente governam, no espiritual ou no temporal, no político ou no econômico. Terceiro, está submetida à ordem universal do governo divino. Ora, todas estas ordens são pervertidas pelo pecado. Pois aquele que peca age contra a razão, contra a lei humana e contra a lei divina. Por isso, incorre em uma tríplice pena: uma lhe vem dele mesmo, o remorso de consciência; uma outra dos homens; uma terceira, de Deus.

QUANTO AO 1º, portanto, deve-se dizer que a pena é consequência do pecado na medida em que ele é um mal em razão de sua desordem. Por conseguinte, assim como no ato o mal é acidental e fora das intenções do pecador, do mesmo modo o reato da pena.

QUANTO AO 2º, deve-se dizer que a pena justa pode ser infligida por Deus e pelos homens. Portanto, a pena não é diretamente efeito do pecado, mas apenas dispositivamente. Ora, o pecado torna

2. C. 12: 348, b, 32.

nem esse reum poenae, quod est malum: dicit enim Dionysius, 4 cap. *de Div. Nom.*[3], quod *puniri non est malum, sed fieri poena dignum*. Unde reatus poenae directe ponitur effectus peccati.

AD TERTIUM dicendum quod poena illa inordinati animi debetur peccato ex hoc quod ordinem rationis pervertit. Fit autem reus alterius poenae, per hoc quod pervertit ordinem legis divinae vel humanae.

o homem réu da pena, que é um mal, pois diz Dionísio que "ser punido não é um mal, mas tornar-se digno da pena". Logo, o reato da pena é diretamente considerado efeito do pecado.

QUANTO AO 3º, deve-se dizer que a pena do espírito desordenado é devida ao pecado porque perverte a ordem da razão. Ele se torna réu de uma outra pena porque perverte a ordem da lei divina ou humana.

ARTICULUS 2
Utrum peccatum possit esse poena peccati

AD SECUNDUM SIC PROCEDITUR. Videtur quod peccatum non possit esse poena peccati.

1. Poenae enim sunt inductae ut per eas homines reducantur ad bonum virtutis, ut patet per Philosophum, in X *Ethic.*[1]. Sed per peccatum non reducitur homo in bonum virtutis, sed in oppositum. Ergo peccatum non est poena peccati.

2. PRAETEREA, poenae iustae sunt a Deo, ut patet per Augustinum, in libro *Octoginta trium Quaest.*[2]. Peccatum autem non est a Deo, et est iniustum. Non ergo peccatum potest esse poena peccati.

3. PRAETEREA, de ratione poenae est quod sit contra voluntatem. Sed peccatum est a voluntate, ut ex supradictis[3] patet. Ergo peccatum non potest esse poena peccati.

SED CONTRA est quod Gregorius dicit, *super Ezech.*[4], quod quaedam peccata sunt poenae peccati.

RESPONDEO dicendum quod de peccato dupliciter loqui possumus: per se, et per accidens. Per se quidem nullo modo peccatum potest esse poena peccati. Peccatum enim per se consideratur secundum quod egreditur a voluntate: sic enim habet rationem culpae. De ratione autem poenae est quod sit contra voluntatem, ut in Primo[5] habitum est. Unde manifestum est quod nullo modo, per se loquendo, peccatum potest esse poena peccati.

Per accidens autem peccatum potest esse poena peccati, tripliciter. Primo quidem, ex

ARTIGO 2
O pecado pode ser pena do pecado?

QUANTO AO SEGUNDO, ASSIM SE PROCEDE: parece que o pecado **não** pode ser pena do pecado.

1. Com efeito, as penas são infligidas, no dizer do Filósofo, para levar os homens ao bem da virtude. Ora, o pecado não o leva ao bem da virtude, mas ao oposto. Logo, o pecado não é pena do pecado.

2. ALÉM DISSO, as justas penas são de Deus, como explica Agostinho. Ora, o pecado não é de Deus e é injusto. Logo, o pecado não pode ser pena do pecado.

3. ADEMAIS, é da razão da pena ser contra a vontade. Ora, o pecado procede da vontade, como foi dito. Logo, o pecado não pode ser uma pena do pecado.

EM SENTIDO CONTRÁRIO, Gregório afirma que alguns pecados são as penas do pecado.

RESPONDO. Podemos falar do pecado de dois modos: por si e acidentalmente. Por si, o pecado não pode ser de modo algum a pena do pecado. Assim considerado, com efeito, é um ato que procede da vontade, porque é nesta condição que ele tem a razão de culpa. Foi estabelecido na I Parte, que é da razão da pena ser contra a vontade. Portanto, propriamente falando, é claro que o pecado não pode ser de nenhum modo a pena do pecado.

Acidentalmente, o pecado pode ser pena do pecado, de três maneiras: 1. Como causa que afasta

3. MG 3, 724 B.

2 PARALL.: I *Sent.*, dist. 46, a. 2, ad 4; II, dist. 36, a. 3; *De Malo*, q. 1, a. 4, ad 1 sqq.; *ad Rom.*, c. 1, lect. 7.

1. C. 10: 1180, a, 4-5.
2. Q. 82: ML 40, 98.
3. Q. 74, a. 1, 2.
4. Homil. 11, n. 24: ML 76, 915 B.
5. Q. 48, a. 5.

parte causae quae est remotio prohibentis. Sunt enim causae inclinantes ad peccatum passiones, tentatio diaboli, et alia huiusmodi; quae quidem causae impediuntur per auxilium divinae gratiae, quae subtrahitur per peccatum. Unde cum ipsa subtractio gratiae sit quaedam poena, et a Deo, ut supra[6] dictum est; sequitur quod per accidens etiam peccatum quod ex hoc sequitur, poena dicatur. Et hoc modo loquitur Apostolus, Rm 1,24, dicens: *Propter quod tradidit eos Deus in desideria cordis eorum*, quae sunt animae passiones: quia scilicet deserti homines ab auxilio divinae gratiae, vincuntur a passionibus. Et hoc modo semper peccatum dicitur esse poena praecedentis peccati. — Alio modo, ex parte substantiae actus, quae afflictionem inducit: sive sit actus interior, ut patet in ira et invidia; sive actus exterior, ut patet cum aliqui gravi labore opprimuntur et damno, ut expleant actum peccati, secundum illud Sap 5,7: *Lassati sumus in via iniquitatis*. — Tertio modo, ex parte effectus: ut scilicet aliquod peccatum dicatur poena respectu effectus consequentis. Et his duobus ultimis modis, unum peccatum non solum est poena praecedentis peccati, sed etiam sui.

AD PRIMUM ergo dicendum quod hoc etiam quod aliqui puniuntur a Deo, dum permittit eos in aliqua peccata profluere, ad bonum virtutis ordinatur. Quandoque quidem etiam ipsorum qui peccant: cum scilicet post peccatum humiliores et cautiores resurgunt. Semper autem est ad emendationem aliorum, qui videntes aliquos ruere de peccato in peccatum, magis reformidant peccare. — In aliis autem duobus modis, manifestum est quod poena ordinatur ad emendationem quia hoc ipsum quod homo laborem et detrimentum patitur in peccando, natum est retrahere homines a peccato.

AD SECUNDUM dicendum quod ratio illa procedit de peccato secundum se.

Et similiter dicendum est AD TERTIUM.

um obstáculo. Paixões, tentação do diabo, e outras semelhantes são causas que levam ao pecado. Estas causas são impedidas pela ajuda da graça divina, que é subtraída pelo pecado. Como esta subtração da graça é uma pena e de Deus, como acima foi dito, segue-se que, acidentalmente, o pecado consequente seja também pena. O Apóstolo fala neste sentido quando diz "Eis porque Deus os entregou aos desejos de seus corações". Estes desejos são as paixões da alma, porque privados do auxílio da graça divina, os homens são vencidos pelas paixões. Desse modo, pecado é sempre a pena de um pecado precedente.

2. Como a substância do ato que causa a aflição: seja o ato interior, como se vê na ira e na inveja; seja o ato exterior, como se vê em alguns que, para realizar o ato de pecado, são oprimidos por grave fadiga e dano, segundo o livro da Sabedoria: "Nós nos fatigamos no caminho da iniquidade". — 3. Como efeitos: isto é, que o pecado seja pena em relação ao pecado consequente. E destes dois últimos modos, um pecado não é somente a pena de um pecado precedente, mas também de si mesmo.

QUANTO AO 1º, portanto, deve-se dizer que quando Deus pune alguns permitindo que cometam pecados, isso se ordena ao bem da virtude; às vezes ao bem daqueles que pecam, quando depois do pecado levantam-se mais humildes e mais cautelosos. Mas, é sempre para a correção dos outros a fim de que aqueles que veem pessoas caírem assim de pecado em pecado tenham maior resistência para pecar. — Quanto aos dois outros modos, é evidente que a pena aí está ordenada à correção: assim, o fato de sofrer a fadiga e o dano cometendo o pecado, naturalmente retrai os homens de pecar.

QUANTO AO 2º, deve-se dizer que este argumento procede do pecado em si.

QUANTO AO 3º, deve-se dizer que resposta é a mesma.

ARTICULUS 3

Utrum aliquod peccatum inducat reatum aeternae poenae

AD TERTIUM SIC PROCEDITUR. Videtur quod nullum peccatum inducat reatum aeternae poenae.

ARTIGO 3

O pecado causa o reato de uma pena eterna?

QUANTO AO TERCEIRO, ASSIM SE PROCEDE: parece que **nenhum** pecado causa o reato de uma pena eterna.

6. Q. 79, a. 3.

3 PARALL.: Part. III, q. 86, a. 4; II *Sent.*, dist. 42, q. 1, a. 5; IV, dist. 21, q. 1, a. 2, q.la 3; dist. 46, q. 1, a. 3; *Cont. Gent.* III, 143, 144; *De Malo*, q. 7, a. 10; *Compend. Theol.*, c. 183; in *Matth.*, c. 25; *ad Rom.*, c. 2, lect. 2.

1. Poena enim iusta adaequatur culpae: iustitia enim aequalitas est. Unde dicitur Is 27,8: *In mensura contra mensuram, cum obiecta fuerit, iudicabit eam*. Sed peccatum est temporale. Ergo non inducit reatum poenae aeternae.

2. PRAETEREA, *poenae medicinae quaedam sunt*, ut dicitur in II *Ethic.*[1]. Sed nulla medicina debet esse infinita: quia ordinatur ad finem; *quod* autem *ordinatur ad finem, non est infinitum*, ut Philosophus dicit, in I *Polit.*[2]. Ergo nulla poena debet esse infinita.

3. PRAETEREA, nullus semper facit aliquid, nisi propter se in ipso delectetur. Sed *Deus non delectatur in perditione hominum*, ut dicitur Sap 1,13. Ergo non puniet homines poena sempiterna.

4. PRAETEREA, nihil quod est per accidens, est infinitum. Sed poena est per accidens: non est enim secundum naturam eius qui punitur. Ergo non potest in infinitum durare.

SED CONTRA est quod dicitur Mt 25,46: *Ibunt hi in supplicium aeternum*. Et Mc 3,29 dicitur: *Qui autem blasphemaverit in Spiritum Sanctum, non habebit remissionem in aeternum, sed erit reus aeterni delicti*.

RESPONDEO dicendum quod, sicut supra[3] dictum est, peccatum ex hoc inducit reatum poenae, quod pervertit aliquem ordinem. Manente autem causa, manet effectus. Unde quandiu perversitas ordinis remanet, necesse est quod remaneat reatus poenae. Pervertit autem aliquis ordinem quandoque quidem reparabiliter, quandoque autem irreparabiliter. Semper enim defectus quo subtrahitur principium, irreparabilis est: si autem salvetur principium, eius virtute defectus reparari possunt. Sicut si corrumpatur principium visivum, non potest fieri visionis reparatio, nisi sola virtute divina: si vero, salvo principio visivo, aliqua impedimenta adveniant visioni, reparari possunt per naturam vel per artem. Cuiuslibet autem ordinis est aliquod principium, per quod aliquis fit particeps illius ordinis. Et ideo si per peccatum corrumpatur principium ordinis quo voluntas hominis subditur Deo, erit inordinatio, quantum est de se, irreparabilis, etsi reparari possit virtute divina. Principium autem huius ordinis est ultimus finis, cui homo inhaeret per caritatem. Et ideo quaecumque peccata aver-

1. Com efeito, uma pena justa é adequada à culpa, porque a justiça é uma igualdade. Por isso diz o livro de Isaías: "Julga-la-ás com medida exata quando for expulsa". Ora, o pecado é temporal. Logo, não causa o reato de uma pena eterna.

2. ALÉM DISSO, as penas são remédios, como diz o livro II da *Ética*. Ora, um remédio nunca deve ser infinito, pois está ordenado a um fim. E o que é para um fim, no dizer do Filósofo, não é infinito. Logo, nenhuma pena deve ser infinita.

3. ADEMAIS, ninguém faz algo se não encontra aí um prazer para si. Ora, a Sabedoria diz que "Deus não tem prazer na perdição dos homens". Logo, não os punirá com uma pena eterna.

4. ADEMAIS, nada acidental é infinito. Ora, a pena é algo acidental, pois não é segundo a natureza daquele que por ela é punido. Logo, não pode durar ao infinito.

EM SENTIDO CONTRÁRIO, o Evangelho de Mateus diz: "Irão para o suplício eterno". E o de Marcos diz: "Quem blasfemar contra o Espírito Santo não obterá remissão por toda eternidade, mas será réu de crime eterno".

RESPONDO. O pecado causa o reato da pena pelo fato de que perverte alguma ordem. Ora, permanecendo a causa, o efeito permanece. Por conseguinte, enquanto permanecer pervertida a ordem, necessariamente permanecerá o reato da pena. — Ora, alguém perverte a ordem, às vezes de maneira reparável, e outras vezes de maneira irreparável. Sempre, com efeito, é irreparável a deficiência que elimina o princípio. Se, ao contrário, o princípio permanece salvo, por sua força as deficiências podem ser reparadas. Assim, quando o princípio da vista se corrompe, não se pode mais recuperá-la, a não ser por uma força divina. Se, ao contrário, o princípio da visão permanece salvo, advindo somente algum empecilho à visão, a natureza ou a arte podem repará-la. Mas toda ordem de coisas comporta um princípio, pelo qual alguém se torna participante daquela ordem. Por isso, se o pecado corrompe o princípio da ordem pelo qual a vontade do homem está submissa a Deus, a desordem será de si irreparável, ainda que possa ser reparada pela força divina. O princípio

1. C. 2: 1104, b, 17-18.
2. C. 9: 1257, b, 27-28.
3. Art. 1.

tunt a Deo, caritatem auferentia, quantum est de se, inducunt reatum aeternae poenae.

AD PRIMUM ergo dicendum quod poena peccato proportionatur secundum acerbitatem, tam in iudicio divino quam in humano, sicut Augustinus dicit, XXI *de Civ. Dei*[4]: in nullo iudicio requiritur ut poena adaequetur culpae secundum durationem. Non enim quia adulterium vel homicidium in momento committitur, propter hoc momentanea poena punitur: sed quandoque quidem perpetuo carcere vel exilio, quandoque etiam morte. In qua non consideratur occisionis mora, sed potius quod in perpetuum auferatur a societate viventium: et sic repraesentat suo modo aeternitatem poenae inflictae divinitus. Iustum autem est, secundum Gregorium[5], quod qui in suo aeterno peccavit contra Deum, in aeterno Dei puniatur. Dicitur autem aliquis in suo aeterno peccasse, non solum secundum continuationem actus in tota hominis vita durantis: sed quia ex hoc ipso quod finem in peccato constituit, voluntatem habet in aeternum peccandi. Unde dicit Gregorius, XXXIV *Moral.*[6], quod *iniqui voluissent sine fine vivere, ut sine fine potuissent in iniquitatibus permanere*.

AD SECUNDUM dicendum quod poena etiam quae secundum leges humanas infligitur, non semper est medicinalis ei qui punitur, sed solum aliis: sicut cum latro suspenditur, non ut ipse emendetur, sed propter alios, ut saltem metu poenae peccare desistant; secundum illud Pr 19,25: *Pestilente flagellato, stultus sapientior erit*. Sic igitur et aeternae poenae reproborum a Deo inflictae, sunt medicinales his qui consideratione poenarum abstinent a peccatis; secundum illud Ps 59,6: *Dedisti metuentibus te significationem, ut fugiant a facie arcus, ut liberentur dilecti tui*.

AD TERTIUM dicendum quod Deus non delectatur in poenis propter ipsas; sed delectatur in ordine suae iustitiae, quae haec requirit.

desta ordem de coisas é o fim último ao qual se adere pela caridade. É por isso que todos os pecados que afastam de Deus fazendo perder a caridade causam, por si mesmos, o reato de uma pena eterna.

QUANTO AO 1º, portanto, deve-se dizer que tanto no julgamento de Deus quanto no dos homens, a pena é proporcionada ao pecado quanto ao rigor. Mas, como diz Agostinho, em nenhum julgamento é requerido que a pena seja igual à culpa quanto à duração. Pois, não é porque o adultério e o homicídio são cometidos em um momento, que eles são punidos com uma pena momentânea. Ao contrário, às vezes são punidos com a prisão perpétua ou o exílio, e às vezes até com a morte. E, nesta pena de morte, não se considera o tempo da execução, mas antes que o culpado será tirado para sempre da sociedade dos vivos: assim, esta pena representa à sua maneira a eternidade da pena infligida por Deus. É justo, segundo Gregório, que aquele que, em sua eternidade pecou contra Deus, seja punido na eternidade de Deus. Diz-se que alguém pecou em sua eternidade, não somente porque continuou o ato durante toda uma vida, mas porque pelo fato de constituir o seu fim no pecado, tem a vontade de pecar eternamente. Daí, esta frase de Gregório: "Os maus gostariam de viver sem fim, para que sem fim pudessem permanecer na iniquidade".

QUANTO AO 2º, deve-se dizer que a pena, mesmo aquela que as leis humanas infligem, não é sempre medicinal para aquele que ela pune, mas somente para os outros. Assim, quando um ladrão é enforcado, não é para a sua emenda, mas por causa dos outros a fim de que pelo menos por medo da pena desistam de pecar, segundo o livro dos Provérbios: "Flagelai o pernicioso, e o estulto será mais sábio" Portanto, é desta maneira que as penas eternas dos réprobos infligida por Deus são medicinais para aqueles que, pela consideração das penas, se abstêm dos pecados, segundo o Salmo: "Deste aos que te temem um sinal para que fujam diante do arco, e sejam libertados os teus amigos".

QUANTO AO 3º, deve-se dizer que Deus não tem prazer nas penas por si mesmas. Mas tem prazer na ordem de sua justiça que exige isso.

4. C. 11: ML 41, 725.
5. Cfr. loc. cit. infra.
6. C. 19, al. 16, in vet. 12: ML 76, 738 BC.

AD QUARTUM dicendum quod poena, etsi per accidens ordinetur ad naturam, per se tamen ordinatur ad privationem ordinis et ad Dei iustitiam. Et ideo, durante inordinatione, semper durat poena.

QUANTO AO 4º, deve-se dizer que a pena, embora se ordene acidentalmente à natureza, por si ordena-se à privação da ordem e à justiça de Deus. Por isso, a pena dura tanto quanto a desordem.

ARTICULUS 4

Utrum peccato debeatur poena infinita secundum quantitatem

AD QUARTUM SIC PROCEDITUR. Videtur quod peccato debeatur poena infinita secundum quantitatem.

1. Dicitur enim Ier 10,24: *Corripe me, Domine, veruntamen in iudicio, et non in furore tuo: ne forte ad nihilum redigas me*. Ira autem vel furor Dei metaphorice significat vindictam divinae iustitiae: redigi autem in nihilum est poena infinita, sicut et ex nihilo aliquid facere est virtutis infinitae. Ergo secundum vindictam divinam, peccatum punitur poena infinita secundum quantitatem.

2. PRAETEREA, quantitati culpae respondet quantitas poenae; secundum illud Dt 25,2: *Pro mensura peccati erit et plagarum modus*. Sed peccatum quod contra Deum committitur, est infinitum: tanto enim gravius est peccatum, quanto maior est persona contra quam peccatur, sicut gravius peccatum est percutere principem quam percutere hominem privatum; Dei autem magnitudo est infinita. Ergo poena infinita debetur pro peccato quod contra Deum committitur.

3. PRAETEREA, dupliciter est aliquid infinitum: duratione scilicet, et quantitate. Sed duratione est poena infinita. Ergo et quantitate.

SED CONTRA est quia secundum hoc omnium mortalium peccatorum poenae essent aequales: non enim est infinitum infinito maius.

RESPONDEO dicendum quod poena proportionatur peccato. In peccato autem duo sunt. Quorum unum est aversio ab incommutabili bono, quod est infinitum: unde ex hac parte peccatum est infinitum. Aliud quod est in peccato, est inordinata conversio ad commutabile bonum. Et ex hac parte peccatum est finitum: tum quia ipsum bonum commutabile est finitum; tum quia ipsa conversio est finita, non enim possunt esse actus creaturae infiniti. Ex parte igitur aversionis, respondet peccato poena damni, quae etiam est infinita: est enim amissio infiniti boni, scilicet Dei. Ex parte

ARTIGO 4

Uma pena infinita em grandeza é devida ao pecado?

QUANTO AO QUARTO, ASSIM SE PROCEDE: parece que uma pena infinita em grandeza é devida ao pecado.

1. Com efeito, Jeremias diz: "Corrija-me, Senhor, em tua justiça e não em teu furor, para que não me reduzas a nada". Ora, a ira de Deus ou o seu furor, é por metáfora a vindicta da justiça divina, Quanto a ser reduzido a nada, é uma pena infinita, como fazer algo do nada é próprio de uma força infinita. Logo, segundo a vindicta divina, o pecado é punido com uma pena infinita em grandeza.

2. ALÉM DISSO, a grandeza da culpa corresponde à grandeza da pena, segundo o livro do Deuteronômio: "A medida das pragas, será a medida do pecado". Ora o pecado que é cometido contra Deus é infinito, pois o pecado é tanto mais grave quanto maior é a pessoa contra a qual é cometido. Assim, é mais grave ferir o príncipe do que ferir um homem particular. Ora, a grandeza de Deus é infinita. Logo, é devida uma pena infinita para o pecado cometido contra Deus.

3. ADEMAIS, uma coisa é infinita de duas maneiras, em duração e em grandeza. Ora, em duração, a pena é infinita. Logo, também em grandeza.

EM SENTIDO CONTRÁRIO, se fosse assim, a pena seria igual para todos os pecados mortais, porque não há um infinito maior que outro infinito.

RESPONDO. A pena é proporcionada ao pecado. Ora, no pecado há duas coisas: primeira, a aversão de um bem imutável que é infinito. Quanto a isso, por conseguinte, o pecado é infinito. Segunda, a conversão desordenada ao bem mutável. Quanto a isso, o pecado é finito. Não somente porque o bem mutável é finito, mas ainda porque a própria conversão é finita, sendo que os atos da criatura não podem ser infinitos. Assim, quanto à aversão, corresponde ao pecado a pena do dano, a qual também é infinita, pois ela é a perda de um bem infinito, isto é, de Deus. Quanto à conversão

4 PARALL.: II *Sent.*, dist. 42, q. 1, a. 5, ad 2; IV, dist. 46, q. 1, a. 3.

autem inordinatae conversionis, respondet ei poena sensus, quae etiam est finita.

AD PRIMUM ergo dicendum quod omnino redigi in nihilum eum qui peccat, non convenit divinae iustitiae: quia repugnat perpetuitati poenae, quae est secundum divinam iustitiam, ut dictum est[1]. Sed in nihilum redigi dicitur qui spiritualibus bonis privatur; secundum illud 1Cor 13,2: *Si non habuero caritatem, nihil sum*.

AD SECUNDUM dicendum quod ratio illa procedit de peccato ex parte aversionis: sic enim homo contra Deum peccat.

AD TERTIUM dicendum quod duratio poenae respondet durationi culpae, non quidem ex parte actus, sed ex parte maculae, qua durante manet reatus poenae. Sed acerbitas poenae respondet gravitati culpae. Culpa autem quae est irreparabilis, de se habet quod perpetuo duret: et ideo debetur ei poena aeterna. Non autem ex parte conversionis habet infinitatem: et ideo non debetur ei ex hac parte poena infinita secundum quantitatem.

desordenada corresponde ao pecado a pena dos sentidos, que é finita.

QUANTO AO 1º, portanto, deve-se dizer que não convém à justiça de Deus que o pecador seja totalmente reduzido ao nada, pois isto seria contrário à perpetuidade da pena, exigida pela divina justiça, como foi dito. Mas, aquele que está privado dos bens espirituais é dito que está reduzido a nada: "Se não tiver mais a caridade, escreve o Apóstolo, nada sou".

QUANTO AO 2º, deve-se dizer que este argumento procede do pecado quanto à aversão; neste sentido o homem peca contra Deus.

QUANTO AO 3º, deve-se dizer que a duração da pena corresponde à duração da culpa, não quanto ao ato, mas quanto à mancha que enquanto permanecer, permanecerá o reato da pena. Mas o rigor da pena corresponde à gravidade da culpa. Ora, se a culpa é de si irreparável, ela tem que durar perpetuamente, e é por isso que uma pena eterna lhe é devida. Mas, quanto à conversão não tem infinidade, e por isso não lhe é devida uma pena infinita em grandeza.

ARTICULUS 5

Utrum omne peccatum inducat reatum poenae aeternae

AD QUINTUM SIC PROCEDITUR. Videtur quod omne peccatum inducat reatum poenae aeternae.

1. Poena enim, ut dictum est[1], proportionatur culpae. Sed poena aeterna differt a temporali in infinitum. Nullum autem peccatum differre videtur ab altero in infinitum: cum omne peccatum sit humanus actus, qui infinitus esse non potest. Cum ergo alicui peccato debeatur poena aeterna, sicut dictum est[2], videtur quod nulli peccato debeatur poena temporalis tantum.

2. PRAETEREA, peccatum originale est minimum peccatorum: unde et Augustinus dicit, in *Enchirid*.[3], quod *mitissima poena est eorum qui pro solo peccato originali puniuntur*. Sed peccato originali

ARTIGO 5

Todo pecado causa o reato de uma pena eterna?

QUANTO AO QUINTO, ASSIM SE PROCEDE: parece que todo pecado **causa** o reato de uma pena eterna.

1. Com efeito, acabamos de dizer que a pena é proporcionada à culpa. Ora, há uma diferença infinita entre uma pena eterna e uma pena temporal. Mas, entre um pecado e um outro a diferença nunca é infinita, pois todo pecado é um ato humano, que não pode ser infinito. Logo, como há pecados aos quais é devida uma pena eterna, como foi dito, parece que a nenhum pecado é devida somente uma pena temporal.

2. ALÉM DISSO, o pecado original é o menor dos pecados. Por isso, Agostinho diz que a pena mais leve é a daqueles que são punidos só pelo pecado original. Ora, ao pecado original se deve

1. Art. praec.

5 PARALL.: Part. III, q. 86, a. 4; II *Sent*., dist. 42, q. 1, a. 5; IV, dist. 46, q. 1, a. 3; *Cont. Gent*. III, 143; *De Malo*, q. 7, a. 1, ad 24; a. 10, 11; *Compend. Theol*., c. 182.

1. Art. praec.
2. Art. 3.
3. C. 93: ML 40, 275.

debetur poena perpetua: nunquam enim videbunt regnum Dei pueri qui sine baptismo decesserunt cum originali peccato; ut patet per id quod Dominus dicit, Io 3,3: *Nisi quis renatus fuerit denuo, non potest videre regnum Dei*. Ergo multo magis omnium aliorum peccatorum poena erit aeterna.

3. PRAETEREA, peccato non debetur maior poena ex hoc quod alteri peccato adiungitur: cum utrumque peccatum suam habeat poenam taxatam secundum divinam iustitiam. Sed peccato veniali debetur poena aeterna, si cum mortali peccato inveniatur in aliquo damnato: quia in inferno nulla potest esse remissio. Ergo peccato veniali simpliciter debetur poena aeterna. Nulli ergo peccato debetur poena temporalis.

SED CONTRA est quod Gregorius dicit, in IV *Dialog.*[4], quod quaedam leviores culpae post hanc vitam remittuntur. Non ergo omnia peccata aeterna poena puniuntur.

RESPONDEO dicendum quod, sicut supra[5] dictum est, peccatum causat reatum poenae aeternae, inquantum irreparabiliter repugnat ordini divinae iustitiae, per hoc scilicet quod contrariatur ipsi principio ordinis, quod est ultimus finis. Manifestum est autem quod in quibusdam peccatis est quidem aliqua inordinatio, non tamen per contrarietatem ad ultimum finem, sed solum circa ea quae sunt ad finem, inquantum plus vel minus debite eis intenditur, salvato tamen ordine ad ultimum finem: puta cum homo, etsi nimis ad aliquam rem temporalem afficiatur, non tamen pro ea vellet Deum offendere, aliquid contra praeceptum eius faciendo. Unde huiusmodi peccatis non debetur aeterna poena, sed temporalis.

AD PRIMUM ergo dicendum quod peccata non differunt in infinitum ex parte conversionis ad bonum commutabile, in qua consistit substantia actus: differunt autem in infinitum ex parte aversionis. Nam quaedam peccata committuntur per aversionem ab ultimo fine: quaedam vero per inordinationem circa ea quae sunt ad finem. Finis autem ultimus ab his quae sunt ad finem, in infinitum differt.

AD SECUNDUM dicendum quod peccato originali non debetur poena aeterna ratione suae gravitatis: sed ratione conditionis subiecti, scilicet hominis qui sine gratia invenitur, per quam solam fit remissio poenae.

uma pena perpétua. Nunca, com efeito, as crianças mortas sem batismo, com o pecado original, verão o reino de Deus, como diz o Senhor: "Se alguém não renascer de novo, não poderá ver o reino de Deus". Logo, com maior razão, para todos os outros pecados a pena será eterna.

3. ADEMAIS, um pecado não merece uma pena maior pelo fato de ser unido a um outro pecado, cada qual tem sua própria pena taxada segundo a justiça divina. Ora, ao pecado venial é devida uma pena eterna, se ele se encontra unido ao pecado mortal em um condenado, porque não pode haver remissão no inferno. Logo, ao pecado venial se deve absolutamente uma pena eterna, e a nenhum pecado é devida uma pena temporal.

EM SENTIDO CONTRÁRIO, Gregório diz que certas culpas mais leves são remidas depois desta vida. Todos os pecados, portanto, não são punidos com uma pena eterna.

RESPONDO. O pecado causa, como foi dito, o reato de uma pena eterna na medida em que se opõe de maneira irreparável à ordem da justiça divina, a saber, por se opor ao próprio princípio da ordem, que é o fim último. É claro que em alguns pecados há alguma desordem, não por uma oposição ao fim último, mas somente quanto aos meios, enquanto se atende a estes meios mais ou menos devidamente, salva no entanto a ordem para o fim último. Por exemplo, quando alguém, embora afeiçoado demasiadamente a uma coisa temporal, não quisesse por causa desta coisa ofender a Deus fazendo alguma coisa contra um preceito dele. A tais pecados não é devida uma pena eterna, mas uma pena temporal.

QUANTO AO 1º, portanto, deve-se dizer que não há uma diferença infinita entre os pecados quanto à conversão ao bem mutável, na qual consiste a substância do ato. Mas esta diferença existe quanto à aversão. Porque há pecados que são cometidos por aversão do fim último, e há, ao contrário, os que são cometidos por uma desordem quanto aos meios. Ora, entre o fim último e os meios a diferença é infinita.

QUANTO AO 2º, deve-se dizer que ao pecado original não é devida uma pena eterna em razão de sua gravidade, mas em razão da condição do sujeito, isto é, do homem que se encontra sem a graça pela qual se faz a remissão da pena.

4. C. 39: ML 77, 396 AB.
5. Art. 3.

Et similiter dicendum est AD TERTIUM, de veniali peccato. Aeternitas enim poenae non respondet quantitati culpae, sed irremissibilitati ipsius, ut dictum est[6].

QUANTO AO 3º, deve-se dizer a mesma coisa sobre o pecado venial. A eternidade da pena, com efeito, não corresponde à grandeza da culpa, mas como foi dito, à irremissibilidade da mesma.

ARTICULUS 6
Utrum reatus poenae remaneat post peccatum

AD SEXTUM SIC PROCEDITUR. Videtur quod reatus poenae non remaneat post peccatum.

1. Remota enim causa, removetur effectus. Sed peccatum est causa reatus poenae. Ergo, remoto peccato, cessat reatus poenae.

2. PRAETEREA, peccatum removetur per hoc quod homo ad virtutem redit. Sed virtuoso non debetur poena, sed magis praemium. Ergo, remoto peccato, non remanet reatus poenae.

3. PRAETEREA, *poenae sunt medicinae*, ut dicitur in II *Ethic.*[1]. Sed postquam aliquis iam est ab infirmitate curatus, non adhibetur sibi medicina. Ergo, remoto peccato, non remanet debitum poenae.

SED CONTRA est quod dicitur 2Reg 12,13-14 quod *David dixit ad Nathan: Peccavi Domino. Dixitque Nathan ad David: Dominus quoque transtulit peccatum tuum, non morieris. Veruntamen quia blasphemare fecisti inimicos nomen Domini, filius qui natus est tibi, morte morietur.* Punitur ergo aliquis a Deo etiam postquam ei peccatum dimittitur. Et sic reatus poenae remanet, peccato remoto.

RESPONDEO dicendum quod in peccato duo possunt considerari: scilicet actus culpae, et macula sequens. Planum est autem quod, cessante actu peccati, remanet reatus, in omnibus peccatis actualibus. Actus enim peccati facit hominem reum poenae, inquantum transgreditur ordinem divinae iustitiae; ad quem non redit nisi per quandam recompensationem poenae, quae ad aequalitatem iustitiae reducit; ut scilicet qui plus voluntati suae indulsit quam debuit, contra mandatum Dei agens, secundum ordinem divinae iustitiae, aliquid contra illud quod vellet, spontaneus vel invitus patiatur.

ARTIGO 6
O reato da pena permanece depois do pecado?

QUANTO AO SEXTO, ASSIM SE PROCEDE: parece que o reato da pena **não** permanece depois do pecado.

1. Com efeito, removida a causa, remove-se o efeito. Ora, o pecado é causa do reato da pena. Logo, removido o pecado, cessa o reato da pena.

2. ALÉM DISSO, o pecado é removido pelo fato de que o homem volta para a virtude. Ora, ao virtuoso não se deve a pena, e sim o prêmio. Logo, removido o pecado, não permanece o reato da pena.

3. ADEMAIS, as penas são remédios, diz o livro II da *Ética*. Ora, uma vez que alguém já foi curado da doença, não se utiliza de remédio. Logo, removido o pecado, não permanece o débito da pena.

EM SENTIDO CONTRÁRIO, está dito no livro II dos Reis: "Davi disse a Natã: pequei diante do Senhor". E Natã a Davi: "O Senhor fez desaparecer o teu pecado, não morrerás. No entanto, porque fizeste os inimigos do Senhor blasfemar meu nome, o filho que te nasceu, morrerá". Logo, alguém foi punido por Deus mesmo depois que seu pecado foi perdoado. Assim, o reato da pena permanece, removido o pecado.

RESPONDO. No pecado podem-se considerar duas coisas, o ato da culpa e a mancha consequente. Quanto ao ato, está claro que em todos os pecados atuais, cessando o ato, o reato permanece. O ato de pecado, com efeito, torna o homem réu da pena na medida em que transgride a ordem da justiça divina, à qual não volta a não ser por uma compensação da pena que restabelece a igualdade da justiça. E assim, quem foi mais indulgente do que devia com sua vontade, agindo contra o mandamento de Deus, sofra, espontaneamente ou contra sua vontade, segundo a ordem da justiça

6. Art. 3.

6 PARALL.: Part. III, q. 86, a. 4; II *Sent.*, dist. 42, q. 1, a. 2; *Compend. Theol.*, c. 181.

1. C. 2: 1104, b, 17-18.

Quod etiam in iniuriis hominibus factis observatur, ut per recompensationem poenae reintegretur acqualitas iustitiae. Unde patet quod, cessante actu peccati vel iniuriae illatae, adhuc remanet debitum poenae.

Sed si loquamur de ablatione peccati quantum ad maculam, sic manifestum est quod macula peccati ab anima auferri non potest, nisi per hoc quod anima Deo coniungitur, per cuius distantiam detrimentum proprii nitoris incurrebat, quod est macula, ut supra[2] dictum est. Coniungitur autem homo Deo per voluntatem. Unde macula peccati ab homine tolli non potest nisi voluntas hominis ordinem divinae iustitiae acceptet, ut scilicet vel ipse poenam sibi spontaneus assumat in recompensationem culpae praeteritae, vel etiam a Deo illatam patienter sustineat: utroque enim modo poena rationem satisfactionis habet. Poena autem satisfactoris diminuit aliquid de ratione poenae. Est enim de ratione poenae quod sit contra voluntatem. Poena autem satisfactoria, etsi secundum absolutam considerationem sit contra voluntatem, tamen tunc, et pro hoc, est voluntaria. Unde simpliciter est voluntaria, secundum quid autem involuntaria: sicut patet ex his quae supra[3] de voluntario et involuntario dicta sunt. Dicendum est ergo quod, remota macula culpae, potest quidem remanere reatus non poenae simpliciter, sed satisfactoriae.

AD PRIMUM ergo dicendum quod sicut, cessante actu peccati, remanet macula, ut supra[4] dictum est; ita etiam potest remanere reatus. Cessante vero macula, non remanet reatus secundum eandem rationem, ut dictum est[5].

AD SECUNDUM dicendum quod virtuoso non debetur poena simpliciter, potest tamen sibi deberi poena ut satisfactoria: quia hoc ipsum ad virtutem pertinet, ut satisfaciat pro his in quibus offendit vel Deum vel hominem.

AD TERTIUM dicendum quod, remota macula, sanatum est vulnus peccati quantum ad voluntatem. Requiritur autem adhuc poena ad sanationem aliarum virium animae, quae per peccatum praecedens deordinatae fuerunt: ut scilicet per contraria curentur. Requiritur etiam ad restituen-

divina, algo contra aquilo que queria. Isso é observado mesmo nas injustiças feitas aos homens, de modo que pela compensação da pena se reintegra a igualdade da justiça. Portanto, é evidente que cessando o ato do pecado ou da injustiça cometida, ainda permanece o débito da pena.

Mas, se falamos da eliminação do pecado quanto à mancha, então é claro que a mancha do pecado não pode ser tirada da alma senão quando a alma se une a Deus, por cujo distanciamento incorria na perda do próprio brilho, isto é, na mancha, como acima foi dito. Ora, o homem se une a Deus pela vontade. É por isso que a mancha do pecado não pode ser tirada de alguém a não ser que a vontade aceite a ordem da justiça divina, de modo que ele espontaneamente assuma a pena em compensação da culpa passada, ou ainda, que ele suporte pacientemente a pena que Deus lhe infligiu. De um e outro modo, a pena tem razão de satisfação. Ora, uma pena satisfatória diminui em algo a razão da pena. Pois, é da razão da pena ser contra a vontade. A pena satisfatória, ainda que considerada absolutamente seja contra a vontade, neste caso é voluntária. Ela é, portanto, voluntária de modo absoluto e involuntária de certo modo, como se vê no que foi dito acima sobre o voluntário e involuntário. Deve-se, pois, dizer que removida a mancha da culpa, pode permanecer o reato não da pena absolutamente, mas da pena satisfatória.

QUANTO AO 1º, portanto, deve-se dizer que do mesmo modo que cessando o ato do pecado, a mancha permanece, como foi dito acima, do mesmo modo o reato pode permanecer. Mas, cessando a mancha, o reato não permanece segundo a mesma razão, como foi dito.

QUANTO AO 2º, deve-se dizer que ao homem virtuoso não é devida uma pena de modo absoluto, mas pode ser-lhe devida uma pena satisfatória, porque isso pertence à virtude: satisfazer por aquilo em que ofendeu a Deus ou aos homens.

QUANTO AO 3º, deve-se dizer que removida a mancha fica curada a ferida do pecado quanto à vontade. Mas, a pena é ainda requerida para a cura das outras potências da alma que o pecado passado havia desordenado. Assim, são curadas pelos contrários. A pena é requerida também para

2. Q. 86, a. 1.
3. Q. 6, a. 6.
4. Q. 86, a. 2.
5. In corp.

dum aequalitatem iustitiae; et ad amovendum scandalum aliorum, ut aedificentur in poena qui sunt scandalizati in culpa; ut patet ex exemplo de David inducto.

restabelecer a igualdade da justiça e para afastar o escândalo dos outros, de modo que a pena edifique aqueles que a culpa escandalizou, como se vê no exemplo de Davi, alegado acima.

ARTICULUS 7

Utrum omnis poena sit propter aliquam culpam

AD SEPTIMUM SIC PROCEDITUR. Videtur quod non omnis poena sit propter aliquam culpam.

1. Dicitur enim Io 9,2-3, de caeco nato: *Neque hic peccavit, neque parentes eius, ut nasceretur caecus*. Et similiter videmus quod multi pueri, etiam baptizati, graves poenas patiuntur, ut puta febres, daemonum oppressiones, et multa huiusmodi: cum tamen in eis non sit peccatum, postquam sunt baptizati. Et antequam sint baptizati, non est in eis plus de peccato quam in aliis pueris, qui haec non patiuntur. Non ergo omnis poena est pro peccato.

2. PRAETEREA, eiusdem rationis esse videtur quod peccatores prosperentur, et quod aliqui innocentes puniantur. Utrumque autem in rebus humanis frequenter invenimus: dicitur enim de iniquis in Ps 72,5: *In labore hominum non sunt, et cum hominibus non flagellabuntur*; et Io 21,7: *Impii vivunt, sublevati sunt, confortatique divitiis*; et Hab 1,13 dicitur: *Quare respicis contemptores et taces, conculcante impio iustiorem se?* Non ergo omnis poena infligitur pro culpa.

3. PRAETEREA, de Christo dicitur 1Pe 2,22, quod *peccatum non fecit, nec inventus est dolus in ore eius*. Et tamen ibidem [21] dicitur quod *passus est pro nobis*. Ergo non semper poena a Deo dispensatur pro culpa.

SED CONTRA est quod dicitur Io 4,7sqq.: *Quis unquam innocens periit? Aut quando recti deleti sunt? Quin potius vidi eos qui operantur iniquitatem, flante Deo, periisse*. Et Augustinus dicit, in I *Retract*.[1], quod *omnis poena iusta est, et pro peccato aliquo impenditur.*

RESPONDEO dicendum quod, sicut iam[2] dictum est, poena potest dupliciter considerari: simpliciter, et inquantum est satisfactoria. Poena quidem

ARTIGO 7

Toda pena é por uma culpa?

QUANTO AO SÉTIMO, ASSIM SE PROCEDE: parece que **nem** toda pena seja por uma culpa.

1. Com efeito, o Evangelho de João diz sobre o cego de nascença: "Nem ele nem seus parentes pecaram, para que nascesse cego". Vemos também que muitas crianças, mesmo batizadas, sofrem penas graves, por exemplo, febres, opressões do demônio, muitas outras semelhantes, e no entanto não têm pecado, depois que foram batizadas. E antes de serem batizadas não têm mais pecados do que outras crianças que não sofrem tais coisas. Logo, nem toda pena é por um pecado.

2. ALÉM DISSO, parece que pela mesma razão há pecadores que prosperam e inocentes que são punidos. Ora, encontramos frequentemente uma e outra coisa nas realidades humanas. O Salmo diz sobre os maus: "Eles não têm as fadigas dos outros homens; não serão castigados como toda gente". E Jó: "Os ímpios estão vivos; tiveram o alívio e o conforto de suas riquezas". E Habacuc diz: "Porque olhas os que te desprezam e te calas quando o ímpio calca aos pés um mais justo do que ele?". Logo, nem toda pena é infligida por uma culpa.

3. ADEMAIS, a primeira Carta de Pedro diz de Cristo que "não cometeu pecado, nem se encontrou mentira em sua boca". Entretanto, aí mesmo se diz que "sofreu por nós". Logo, nem sempre Deus dá a pena por uma culpa.

EM SENTIDO CONTRÁRIO, diz o livro de Jó: "Acaso já pereceu alguém inocente? Quando é que os retos foram destruído? Ao contrário, tenho visto os que praticam a iniquidade perecerem ao sopro de Deus". E Agostinho afirma que "toda pena é justa e é dada por um pecado".

RESPONDO. A pena, como foi dito, pode ser considerada de duas maneiras, absolutamente e como satisfatória. — A pena satisfatória é de certo

7 PARALL.: II-II, q. 108, a. 4; Part. III, q. 14, a. 1, ad 3; II *Sent*., dist. 30, q. 1, a. 2; dist. 36, a. 4; IV, dist. 15, q. 1, a. 4, q.la 2, ad 3; dist. 46, q. 1, a. 2, q.la 3; *Cont. Gent*. III, 141; *De Malo*, q. 1, a. 4; q. 5, a. 4; in *Ioan*., c. 9, lect. 1.

1. C. 9: ML 32, 598.
2. Art. praec.

satisfactoria est quodammodo voluntaria. Et quia contingit eos qui differunt in reatu poenae, esse unum secundum voluntatem unione amoris, inde est quod interdum aliquis qui non peccavit, poenam voluntarius pro alio portat: sicut etiam in rebus humanis videmus quod aliquis in se transfert alterius debitum. — Si vero loquamur de poena simpliciter, secundum quod habet rationem poenae, sic semper habet ordinem ad culpam propriam: sed quandoque quidem ad culpam actualem, puta quando aliquis vel a Deo vel ab homine pro peccato commisso punitur: quandoque vero ad culpam originalem. Et hoc quidem vel principaliter, vel consequenter. Principaliter quidem poena originalis peccati est quod natura humana sibi relinquitur, destituta auxilio originalis iustitiae: sed ad hoc consequuntur omnes poenalitates quae ex defectu naturae in hominibus contingunt.

Sciendum tamen est quod quandoque aliquid videtur esse poenale, quod tamen non habet simpliciter rationem poenae. Poena enim est species mali, ut in Primo[3] dictum est. Malum autem est privatio boni. Cum autem sint plura hominis bona, scilicet animae, corporis, et exteriorum rerum; contingit interdum quod homo patiatur detrimentum in minori bono, ut augeatur in maiori: sicut cum patitur detrimentum pecuniae propter sanitatem corporis, vel in utroque horum propter salutem animae et propter gloriam Dei. Et tunc tale detrimentum non est simpliciter malum hominis, sed secundum quid. Unde non dicit simpliciter rationem poenae, sed medicinae: nam et medici austeras potiones propinant infirmis, ut conferant sanitatem. Et quia huiusmodi non proprie habent rationem poenae, non reducuntur ad culpam sicut ad causam, nisi pro tanto: quia hoc ipsum quod oportet humanae naturae medicinas poenales exhibere, est ex corruptione naturae, quae est poena originalis peccati. In statu enim innocentiae non oportuisset aliquem ad profectum virtutis inducere per poenalia exercitia. Unde hoc ipsum quod est poenale in talibus, reducitur ad originalem culpam sicut ad causam.

Ad primum ergo dicendum quod huiusmodi defectus eorum qui nascuntur, vel etiam puerorum, sunt effectus et poenae originalis peccati, ut dictum est[4]. Et manent etiam post baptismum,

modo voluntária. E, como aontece que aqueles que diferem no reato da pena são um só pela união das vontades no amor, daí se segue que, às vezes, alguém que não pecou suporta voluntariamente uma pena por um outro, do mesmo modo que nos negócios humanos vemos que alguém transfere para si a dívida de um outro. — Mas, se falamos da pena absolutamente, enquanto tem razão de pena, ela está sempre ordenada a uma culpa própria, e, às vezes, a uma culpa atual, por exemplo, quando alguém é punido por Deus ou pelos homens pelo pecado que cometeu, e ao contrário, às vezes, pela culpa original, e isso ou principal ou consequentemente. Principalmente, a pena do pecado original é que a natureza humana se encontra abandonada a si mesma, destituída da ajuda da justiça original. E a isso se seguem todas as penalidades que acontecem entre os homens por deficiência da natureza. No entanto é preciso saber que às vezes alguma coisa parece ser pena, mas não tem absolutamente a razão de pena. A pena é, com efeito, uma espécie de mal, como foi dito na I Parte. O mal é uma privação do bem. Mas, como os bens humanos são muitos, a saber, da alma, do corpo e bens exteriores, acontece que às vezes se sofre uma perda num bem menor, para aumentar um maior. Assim, quando se sofre uma perda de dinheiro pela saúde, ou um perda de dinheiro e da saúde do corpo pela saúde da alma e pela glória de Deus. Tal perda não é um mal absoluto, mas relativo. Portanto, não tem absolutamente a razão de pena, mas de medicina, porque os médicos dão doses amargas aos doentes a fim de lhes restituir a saúde. Tais perdas não têm propriamente a razão de penas, e não se reduzem à culpa como à sua causa, a não ser em parte, porque a necessidade de aplicar penas medicinais à natureza humana provém da corrupção da natureza, que é a pena do pecado original. No estado de inocência, com efeito, não havia necessidade de induzir alguém a progredir na virtude por meio de práticas penais. É por isso que o que há de realmente penal nestas coisas reduz-se à culpa original como a uma causa.

Quanto ao 1º, portanto, deve-se dizer que os defeitos de nascença e os da infância são efeitos e penas do pecado original, como foi dito. Permanecem mesmo depois do batismo pela causa acima

3. Q. 48, a. 5.
4. In corp. et q. 85, a. 5.

propter causam superius[5] dictam. Et quod non sint aequaliter in omnibus, contingit propter naturae diversitatem, quae sibi relinquitur, ut supra[6] dictum est. Ordinantur tamen huiusmodi defectus, secundum divinam providentiam, ad salutem hominum, vel eorum qui patiuntur, vel aliorum, qui poenis admonentur; et etiam ad gloriam Dei.

AD SECUNDUM dicendum quod bona temporalia et corporalia sunt quidem aliqua bona hominis, sed parva: bona vero spiritualia sunt magna hominis bona. Pertinet igitur ad divinam iustitiam ut virtuosis det spiritualia bona; et de temporalibus bonis vel malis tantum det eis, quantum sufficit ad virtutem: ut enim Dionysius dicit, 8 cap. *de Div. Nom.*[7], *divinae iustitiae est non emollire optimorum fortitudinem materialium donationibus*. Aliis vero hoc ipsum quod temporalia dantur, in malum spiritualium cedit. Unde in Psalmo 72 concluditur, [6]: *Ideo tenuit eos superbia*.

AD TERTIUM dicendum quod Christus poenam sustinuit satisfactoriam non pro suis, sed pro nostris peccatis.

mencionada. Se não existem igualmente em todos, isso acontece pela diversidade da natureza que é, como foi dito, abandonada a si mesma. Estas deficiências, entretanto, segundo a providência divina, são ordenadas à salvação dos homens, ou daqueles que as sofrem, ou de outros, que por elas são admoestados. Estão também ordenadas à glória de Deus.

QUANTO AO 2º, deve-se dizer que os bens temporais e corporais são alguns bens do homem, mas pequenos bens. Ao contrário, os bens espirituais são os grandes bens do homem. Por conseguinte, pertence à justiça divina dar aos virtuosos os bens espirituais e dos bens temporais ou dos males somente dar-lhes o que é suficiente para a virtude. Como diz Dionísio: "Não é próprio da justiça divina amolecer a fortaleza dos melhores com doações de coisas materiais". Quanto aos outros, o fato dos bens materiais lhes serem dados, transforma-se em prejuízo dos bens espirituais. Daí a conclusão do Salmo: "Por isso, a soberba os possui".

QUANTO AO 3º, deve-se dizer que Cristo sofreu uma pena satisfatória não por seus pecados, mas pelos nossos pecados.

ARTICULUS 8
Utrum aliquis puniatur pro peccato alterius

AD OCTAVUM SIC PROCEDITUR. Videtur qud aliquis puniatur pro peccato alterius.

1. Dicitur enim Ex 20,5: *Ego sum Deus zelotes, visitans iniquitatem patrum in filios in tertiam et quartam generationem, his qui oderunt me*. Et Mt 23,35 dicitur: *Ut veniat super vos omnis sanguis iustus qui effusus est super terram*.

2. PRAETEREA, iustitia humana derivatur a iustitia divina. Sed secundum iustitiam humanam aliquando filii puniuntur pro parentibus: sicut patet in crimine laesae maiestatis. Ergo etiam secundum divinam iustitiam, unus punitur pro peccato alterius.

3. PRAETEREA, si dicatur filius non puniri pro peccato patris, sed pro peccato proprio, inquantum

ARTIGO 8
Alguém é punido pelo pecado de um outro?

QUANTO AO OITAVO, ASSIM SE PROCEDE: parece que alguém **é** punido pelo pecado de um outro.

1. Com efeito, o livro do Êxodo parece dizer: "Eu sou um Deus ciumento, que pune a iniquidade dos pais nos filhos até a terceira e quarta geração dos que me odeiam". E Mateus diz: "Venha sobre vós todo o sangue justo que foi derramado sobre a terra".

2. ALÉM DISSO, a justiça humana procede da justiça divina. Ora, segundo a justiça humana às vezes os filhos são punidos pelos pais, por exemplo, no crime de lesa-majestade, Logo, segundo a justiça divina um é punido pelo pecado de outro.

3. ADEMAIS, se se afirma que um filho não é punido pelo pecado do pai, mas por seu próprio

5. Q. 85, a. 5, ad 2.
6. Ibid., ad 1.
7. MG 3, 896 C.

8 PARALL.: II-II, q. 108, a. 4, ad 1; II *Sent.*, dist. 33, q. 1, a. 2; IV, dist. 46, q. 2, a. 2, q.la 2, ad 3; *De Malo*, q. 4, a. 8, ad 6, 7, 8, 9, 12, 15; q. 5, a. 4; *Quodlib.* XII, q. 16, a. 1, ad 1; in *Ioan.*, c. 9, lect. 1.

imitatur malitiam paternam: non magis hoc diceretur de filiis quam de extraneis, qui simili poena puniuntur his quorum peccata imitantur. Non ergo videntur quod filii pro peccatis propriis puniantur, sed pro peccatis parentum.

SED CONTRA est quod dicitur Ez 18,20: *Filius non portabit iniquitatem patris*.

RESPONDEO dicendum quod, si loquamur de poena satisfactoria, quae voluntarie assumitur, contingit quod unus portet poenam alterius inquantum sunt quodammodo unum, sicut iam[1] dictum est. — Si autem loquamur de poena pro peccato inflicta, inquantum habet rationem poenae, sic solum unusquisque pro peccato suo punitur: quia actus peccati aliquid personale est. — Si autem loquamur de poena quae habet rationem medicinae, sic contingit quod unus punitur pro peccato alterius. Dictum est enim[2] quod detrimenta corporalium rerum, vel etiam ipsius corporis, sunt quaedam poenales medicinae ordinatae ad salutem animae. Unde nihil prohibet talibus poenis aliquem puniri pro peccato alterius, vel a Deo vel ab homine: utpote filios pro patribus, et subditos pro dominis, inquantum sunt quaedam res eorum. Ita tamen quod, si filius vel subditus est particeps culpae, huiusmodi poenalis defectus habet rationem poenae quantum ad utrumque, scilicet eum qui punitur, et eum pro quo punitur. Si vero non sit particeps culpae, habet rationem poenae quantum ad eum pro quo punitur: quantum vero ad eum qui punitur, rationem medicinae tantum, nisi per accidens, inquantum peccato alterius consentit; ordinatur enim ei ad bonum animae, si patienter sustineat.

Poenae vero spirituales non sunt medicinales tantum: quia bonum animae non ordinatur ad aliud melius bonum. Unde in bonis animae nullus patitur detrimentum sine culpa propria. Et propter hoc etiam talibus poenis, ut dicit Augustinus in Epistola *ad Avitum*[3], unus non punitur pro alio: quia quantum ad animam, filius non est res patris. Unde et huius causam Dominus assignans, dicit, Ez 18,4: *Omnes animae meae sunt*.

AD PRIMUM ergo dicendum quod utrumque dictum videtur esse referendum ad poenas temporales vel corporales, inquantum filii sunt res quaedam

pecado enquanto ele imita a malícia paterna, seria o mesmo que dizer dos filhos ou dos estranhos que são punidos com a mesma pena daqueles cujos pecados imitam. Logo, não parece que os filhos sejam punidos pelos próprios pecados, mas pelos pecados de seus pais.

EM SENTIDO CONTRÁRIO, o livro de Ezequiel diz que "o filho não carregará a iniquidade do pai".

RESPONDO. Se falamos da pena satisfatória, a que é assumida voluntariamente, acontece que alguém a suporta por um outro enquanto são, de algum modo, um só, como foi dito. — Se falamos da pena infligida pelo pecado, que tem a razão de pena, então, cada um é punido unicamente por seu pecado, porque o ato de pecado é algo pessoal. — Se falamos da pena que tem a razão de medicina, acontece que um seja punido pelo pecado de um outro. Pois, já foi dito que a perda das coisas corporais, ou do próprio corpo, são penas medicinais ordenadas à salvação da alma. Nada impede, por conseguinte, que alguém seja punido por estas penas, por Deus ou pelos homens, pelo pecado de um outro, como os filhos por seus pais e os súditos por seus senhores, enquanto são coisas deles. Mas de tal maneira que se o filho ou o súdito participam da culpa, as deficiências penais têm razão de pena em relação a ambos, isto é, àquele que é punido e àquele pelo qual é punido. Se, ao contrário, não é participante da culpa, tem razão de pena em relação àquele pelo qual é punido, mas em relação àquele que é punido, tem razão somente de medicina, a não ser acidentalmente, enquanto consente no pecado do outro; pois se ordena ao bem de sua alma, se suporta com paciência.

As penas espirituais, porém, não são somente medicinais, porque o bem da alma não se ordena a um outro bem melhor. Por isso, ninguém sofre um dano nos bens da alma sem culpa de sua parte. E por causa disso em tais penas, "um não é punido em lugar do outro, porque no que diz respeito à alma, como diz Agostinho: o filho não é uma coisa do pai. Por isso, dando a razão disso, o Senhor diz, no livro de Ezequiel: "Todas as almas são minhas".

QUANTO AO 1º, portanto, deve-se dizer que estas duas passagens parecem se referir às penas temporais ou corporais, enquanto os filhos são coisas

1. Art. praec.
2. Art. praec.
3. Epist. 250, al. 75, *ad Auxilium*, n. 1: ML 33, 1066.

parentum, et successores praedecessorum. Vel si referatur ad poenas spirituales, hoc dicitur propter imitationem culpae: unde in *Exodo* additur, *his qui oderunt me*; et in Matthaeo dicitur, *Et vos implete mensuram patrum vestrorum*. — Dicit autem puniri peccata patrum in filiis, quia filii, in peccatis parentum nutriti, proniores sunt ad peccandum: tum propter consuetudinem; tum etiam propter exemplum, patrum quasi auctoritatem sequentes. Sunt etiam maiori poena digni, si, poenas patrum videntes, correcti non sunt. — Ideo autem addidit, *in tertiam et quartam generationem*, quia tantum consueverunt homines vivere, ut tertiam et quartam generationem videant; et sic mutuo videre possunt et filii peccata patrum ad imitandum, et patres poenas filiorum ad dolendum.

AD SECUNDUM dicendum quod poenae illae sunt corporales et temporales quas iustitia humana uni pro peccato alterius infligit. Et sunt remedia quaedam, vel medicinae, contra culpas sequentes: ut vel ipsi qui puniuntur, vel alii, cohibeantur a similibus culpis.

AD TERTIUM dicendum quod magis dicuntur puniri pro peccatis aliorum propinqui quam extranei, tum quia poena propinquorum quodammodo redundat in illos qui peccaverunt, ut dictum est[4], inquantum filius est quaedam res patris. Tum etiam quia et domestica exempla, et domesticae poenae, magis movent. Unde quando aliquis nutritus est in peccatis parentum, vehementius ea sequitur; et si ex eorum poenis non est deterritus, obstinatior videtur; unde et maiori poena dignus.

dos pais e sucessores dos predecessores. — Mas se se referem às penas espirituais, isso se diz por imitação da culpa, donde esta adição no livro do Êxodo: "aqueles que me odeiam", e no livro de Mateus: "Vós completais a medida de vossos pais". — E diz que os pecados dos pais são punidos nos filhos, porque os filhos, nutridos nos pecados de seus pais, estão mais inclinados a pecar, seja por causa do hábito, como se obedecessem à autoridade dos pais. Os filhos merecem uma pena maior se, vendo as penas de seus pais, não se corrigiram. — Por isso, acrescentou: "até a terceira e quarta geração", porque, os homens costumam viver de modo que vejam a terceira e a quarta geração. Assim, mutuamente, os filhos podem ver os pecados dos pais para imitá-los, e os pais, as penas de seus filhos para se entristecerem.

QUANTO AO 2º, deve-se dizer que essas penas que a justiça humana inflige a alguém pelo pecado de outrem são corporais e temporais. Elas são também remédios ou medicinas contra as culpas futuras, para que os que são punidos, ou os outros, sejam impedidos de cair em culpas semelhantes.

QUANTO AO 3º, deve-se dizer que, quando se fala de punições pelos pecados dos outros, os próximos são mais punidos que os estranhos. Primeiro, porque a pena dos próximos redunda de algum modo sobre aqueles que pecaram, dado que o filho é, como foi dito acima, uma coisa do pai. E também, porque os exemplos domésticos, como as penas domésticas, comovem mais. Portanto, quando alguém foi nutrido nos pecados dos pais, ele os segue com mais força. E se as penas dos pais não o dissuadiram, parece ser mais obstinado do que eles, e por isso merece uma pena maior.

4. In corp.

QUAESTIO LXXXVIII

DE PECCATO VENIALI ET MORTALI

in sex articulos divisa

Deinde, quia peccatum veniale et mortale distinguuntur secundum reatum, considerandum est de eis. Et primo, considerandum est de veniali per comparationem ad mortale; secundo, de veniali secundum se.

Circa primum quaeruntur sex.

Primo: utrum veniale peccatum convenienter dividatur contra mortale.

Secundo: utrum distinguantur genere.

Tertio: utrum veniale peccatum sit dispositio ad mortale.

Quarto: utrum veniale peccatum possit fieri mortale.

Quinto: utrum circumstantia aggravans possit de veniali peccato facere mortale.

Sexto: utrum peccatum mortale possit fieri veniale.

QUESTÃO 88

OS PECADOS VENIAL E MORTAL[a]

em seis artigos

Em seguida, porque o pecado venial e mortal se distinguem pelo reato, deve ser considerado:

1. O pecado venial em comparação com o mortal.
2. O pecado venial em si mesmo.

A respeito do primeiro, são seis as perguntas:

1. O pecado venial se distingue convenientemente do mortal?
2. Distinguem-se pelo gênero?
3. O pecado venial é disposição para o mortal?
4. Pode tornar-se mortal?
5. Uma circunstância agravante pode fazer de um pecado venial um pecado mortal?
6. O pecado mortal pode tornar-se venial?

a. Sto. Tomás efetua uma distinção entre o pecado grave/leve, por um lado, e o pecado mortal/venial, por outro. A gravidade dos pecados se situa na linha do agir: da especificação do ato pelo objeto, da hierarquia dos bens que se recusam e da desordem, do desequilíbrio que se realiza na pessoa.

A qualificação mortal/venial, pelo contrário, concerne à relação da pessoa com Deus, à "aversão de Deus", o desvio dele, a recusa da caridade que une o ser humano a ele. (Ver II-II, q. 20, a. 3): "Em todo pecado mortal, a razão principal do mal e a da gravidade provém de sua aversão em relação a Deus; se, com efeito, se pudesse operar uma conversão ao bem perecível sem aversão em relação a Deus, ainda que essa conversão fosse desordenada, ela não seria todavia pecado mortal". O pecado mortal é grave devido a sua desordem, e é mortal pela ruptura da relação com Deus, fim último do ser humano e da criação. Esse ato grave traz por si uma situação irreparável do lado do sujeito, implica a perda da vida divina, da graça, da união com Deus mediante a caridade (q. 88, a. 2, r. 1), e determina uma situação que só pode cessar se Deus converte novamente o pecador a ele. A "gravidade" e a "mortalidade" do pecado, ainda que estreitamente ligadas, não remetem à mesma raiz. A primeira responde à questão: o que é que ele fez? Estará ele consciente do que fez? Terá ele consentido em seu ato? A outra visa diretamente ao questionamento do vínculo de amor, de amizade entre o ser humano e seu Deus, "ele assinala o distanciamento do fim último... é contrário às razões eternas..." (q. 74, a. 9, Sol.).

Toda ação que não ponha em risco a condição humana, consciente e livre, não envolve completamente a pessoa (ver q. 74, a. 10; q. 88, a. 2). O ato pode ser grave sem ser mortal, mas se não é grave, não pode ser mortal. Comumente, o ato grave é mortal, e isto justifica o fato de que, em geral, o pecado grave e o pecado mortal sejam sinônimos. Recusar-se ao fim, romper a relação com Deus, contrariar o amor de Deus e do próximo é querer um ato que, por si, "por seu gênero", leva a uma situação na qual o sujeito não pode libertar-se por si mesmo e, segundo a imagem de Agostinho, torna indigno dos beijos do divino Esposo.

O pecado venial, mesmo constituindo uma desordem, não comporta uma rejeição do fim último, não coloca em risco a amizade divina. Constitui uma desordem na busca do bem humano (ver q. 78, a. 2, r. 1; q. 88, a. 1, r. 2), mas não interrompe a relação com Deus. É representado (1Co 3,15) pela madeira e pela palha no edifício construído sobre o fundamento de Cristo. Não se devem confundir os efeitos que o pecado opera por si mesmo, enquanto ato imanente de uma faculdade especificada por seu objeto, com, por um lado, os efeitos que o ato produz sobre a pessoa, ou fora dela, e, por outro, o efeito que o ato de volição que tem por objeto o fim último opera no ordenamento da pessoa a seu fim. Sto. Tomás repete que somente o pecado mortal é pecado no sentido pleno da palavra; o seu mais importante efeito é a perda de Deus, a separação dele, e esta resulta apenas do ato imanente pelo qual a vontade se situa frente a seu fim último. É unicamente o sujeito livre e voluntário que pode dizer "sim" ou "não" a Deus, e é essa possibilidade (que nenhuma realidade exterior pode atingir) que constitui o ser humano amigo de Deus ou pecador. É apenas nesse nível que o pecado é sempre plenamente, necessariamente pessoal, e que existe pecado no sentido pleno. A causalidade das realidades exteriores, humanas e culturais é e pode estar sempre em atividade, mas há um domínio no qual o ser humano está só com Deus, e é aquele do consentimento ou da recusa de Deus. Nessa dimensão, apenas o ser humano é causa, e a seriedade de seu ato consiste nesse compromisso ou nessa recusa que somente ele pode efetuar. O vínculo com Deus ou a ruptura com este não pode ter outra causa senão a vontade, enquanto faculdade do querer radical humano: aqui, a pessoa é o único árbitro de seu destino.

É o sentido de "mortal" na expressão "pecado mortal".

ARTICULUS 1

Utrum veniale peccatum convenienter dividatur contra mortale

AD PRIMUM SIC PROCEDITUR. Videtur quod veniale peccatum non convenienter dividatur contra mortale.

1. Dicit enim Augustinus, XXII libro *Contra Faustum*[1]: *Peccatum est dictum vel factum vel concupitum contra legem aeternam*. Sed esse contra legem aeternam, dat peccato quod sit mortale. Ergo omne peccatum est mortale. Non ergo peccatum veniale dividitur contra mortale.

2. PRAETEREA, Apostolus dicit, 1Cor 10,31: *Sive manducatis, sive bibitis, sive aliquid aliud facitis omnia in gloriam Dei facite*. Sed contra hoc praeceptum facit quicumque peccat: non enim peccatum fit propter gloriam Dei. Cum ergo facere contra praeceptum sit peccatum mortale, videtur quod quicumque peccat, mortaliter peccet.

3. PRAETEREA, quicumque amore alicui rei inhaeret, inhaeret ei vel sicut fruens, vel sicut utens; ut patet per Augustinum, in I *de Doctr. Christ.*[2]. Sed nullus peccans inhaeret bono commutabili quasi utens: non enim refert ipsum ad bonum quod nos beatos facit, quod proprie est uti, ut Augustinus dicit ibidem. Ergo quicumque peccat, fruitur bono commutabili. Sed *frui rebus utendis est humana perversitas*, ut Augustinus dicit, in libro *Octoginta trium Quaest.*[3]. Cum ergo perversitas peccatum mortale nominet, videtur quod quicumque peccat, mortaliter peccet.

4. PRAETEREA, quicumque accedit ad unum terminum, ex hoc ipso recedit ab alio. Sed quicumque peccat, accedit ad bonum commutabile. Ergo recedit a bono incommutabili. Ergo peccat mortaliter. Non ergo convenienter peccatum veniale contra mortale dividitur.

SED CONTRA est quod Augustinus dicit, in Homil. XLI *super Ioan.*[4], quod *crimen est quod damnationem meretur, veniale autem est quod non meretur damnationem*. Sed crimen nominat peccatum mortale. Ergo veniale peccatum convenienter dividitur contra mortale.

RESPONDEO dicendum quod aliqua, secundum quod proprie accipiuntur, non videntur esse op-

ARTIGO 1

O pecado venial se distingue convenientemente do mortal?

QUANTO AO PRIMEIRO ARTIGO, ASSIM SE PROCEDE: parece que o pecado venial **não** se distingue convenientemente do mortal.

1. Com efeito, diz Agostinho: "O pecado é um dito ou feito ou desejado contra a lei eterna". Ora, ser contra a lei eterna dá ao pecado a condição de ser mortal. Logo, todo pecado é mortal. E, em consequência o pecado venial se distingue do mortal.

2. ALÉM DISSO, o Apóstolo diz: "Quer comais, quer bebais, ou outra coisa façais, fazei tudo para a glória de Deus". Ora, quem peca age contra esse preceito, porque o pecado não se faz para a glória de Deus. Logo, como agir contra o preceito é pecado mortal, parece que quem peca, peca mortalmente.

3. ADEMAIS, quem se apega a alguma coisa, o faz ou para usufruir dela, ou para utilizar-se dela, como diz Agostinho. Ora, ninguém que peca se apega a um bem mutável para utilizá-lo, pois não o refere ao bem que nos faz bem-aventurados, o que é propriamente utilizar-se de um bem, como diz Agostinho. Logo, quem peca usufrui de um bem mutável. Ora, "usufruir das coisas que se devem utilizar é a perversidade humana", diz ainda Agostinho. Portanto, como perversidade designa o pecado mortal, parece que quem peca, peca mortalmente.

4. ADEMAIS, quem se aproxima de um termo, por isso mesmo afasta-se de outro. Ora, quem peca, aproxima-se de um bem mutável. Logo, afasta-se do bem imutável. Em consequência, peca mortalmente. Portanto, o pecado venial não se distingue convenientemente do mortal.

EM SENTIDO CONTRÁRIO, diz Agostinho: "é crime o que merece condenação, e é venial o que não merece condenação". Ora, o crime designa o pecado mortal. Logo, o pecado venial se distingue convenientemente do mortal.

RESPONDO. Há coisas que, tomadas em sentido próprio, não parecem ser opostas, mas o são em

1 PARALL.: Supra, q. 72, a. 5; II *Sent.*, dist. 42, q. 1, a. 3; *Cont. Gent.* III, 139; *De Malo*, q. 7, a. 1.

1. C. 27: ML 42, 418.
2. Cc. 3, 4: ML 34, 20.
3. Q. 30: ML 40, 19.
4. Tract. 41, n. 9: ML 35, 1697.

posita, quae si metaphorice accipiantur, opponi inveniuntur: sicut ridere non opponitur ei quod est arescere; sed secundum quod ridere metaphorice de prato dicitur propter eius floritionem et virorem, opponitur ei quod est arescere. Similiter si mortale proprie accipiatur, prout refertur ad mortem corporalem, non videtur oppositionem habere cum veniali, nec ad idem genus pertinere. Sed si mortale accipiatur metaphorice, secundum quod dicitur in peccatis, mortale opponitur ei quod est veniale.

Cum enim peccatum sit quaedam infirmitas animae, ut supra[5] habitum est, peccatum aliquod mortale dicitur ad similitudinem morbi, qui dicitur mortalis ex eo quod inducit defectum irreparabilem per destitutionem alicuius principii, ut dictum est[6]. Principium autem spiritualis vitae, quae est secundum virtutem, est ordo ad ultimum finem, ut supra[7] dictum est. Qui quidem si destitutus fuerit, reparari non potest per aliquod principium intrinsecum, sed solum per virtutem divinam, ut supra[8] dictum est: quia inordinationes eorum quae sunt ad finem, reparantur ex fine, sicut error qui accidit circa conclusiones, per veritatem principiorum. Defectus ergo ordinis ultimi finis non potest per aliquid aliud reparari quod sit principalius; sicut nec error qui est circa principia. Et ideo huiusmodi peccata dicuntur mortalia, quasi irreparabilia. — Peccata autem quae habent inordinationem circa ea quae sunt ad finem, conservato ordine ad ultimum finem, reparabilia sunt. Et haec dicuntur venialia: tunc enim peccatum veniam habet, quando reatus poenae tollitur, qui cessat cessante peccato, ut dictum est[9].

Secundum hoc ergo, mortale et veniale opponuntur sicut reparabile et irreparabile. Et hoc dico per principium interius: non autem per comparationem ad virtutem divinam, quae omnem morbum et corporalem et spiritualem potest reparare. Et propter hoc veniale peccatum convenienter dividitur contra mortale.

Ad primum ergo dicendum quod divisio peccati venialis et mortalis non est divisio generis in species, quae aequaliter participent rationem generis: sed analogi in ea de quibus praedicatur

sentido metafórico. Por exemplo, rir não se opõe a estar seco, mas se se diz metaforicamente que o prado ri por causa de suas flores e verdes, opõe-se ao que está seco. Igualmente, se mortal se toma em sentido próprio, em referência à morte temporal, não parece opor-se a venial, nem pertencer ao mesmo gênero. Mas, se mortal se toma em sentido metafórico, como se diz dos pecados, opõe-se ao que venial.

Sendo, pois, o pecado uma certa enfermidade da alma, como acima se estabeleceu, diz-se que o pecado é mortal à semelhança da doença que, por sua vez, se diz mortal porque provoca uma deficiência irreparável pela destruição de algum princípio, como foi dito. O princípio da vida espiritual, que é conforme a virtude, é a ordenação para o fim último, como acima foi dito. Se esta ordenação for destruída, não poderá ser reparada por um princípio intrínseco, mas só pelo poder divino, como acima foi dito, porque as desordens das coisas que se ordenam para o fim são reparadas pelo fim, como o erro acerca das conclusões pela verdade dos princípios. A deficiência, portanto, da ordenação para o último fim não pode ser reparada por algo que seja superior, como tampouco o erro acerca dos princípios. Por isso, se diz que tais pecados são mortais, como sendo irreparáveis. — Os pecados que são desordenados com respeito às coisas que são para o fim, mas conservam a ordenação para o último fim, são reparáveis. Estes pecados se chamam veniais e têm o perdão quando o reato da pena é retirado, o qual cessa quando o pecado cessa, como foi dito.

De acordo com isso, portanto, o mortal e o venial se opõem, como o reparável e o irreparável. Digo isso enquanto princípio interior e não por comparação com o poder divino, que pode reparar toda doença seja corporal, seja espiritual. E por isso, o pecado venial se distingue convenientemente do mortal.

Quanto ao 1º, portanto, deve-se dizer que a distinção do pecado venial e do mortal não é uma distinção do gênero em suas espécies, que participam igualmente da razão do gênero, mas

5. Cfr. q. 71, a. 1, ad 3; q. 72, a. 5; q. 74, a. 9, ad 2.
6. Q. 72, a. 5.
7. Ib.; q. 87, a. 3.
8. Q. 87, a. 3.
9. Q. 87, a. 6.

secundum prius et posterius. Et ideo perfecta ratio peccati, quam Augustinus ponit, convenit peccato mortali. Peccatum autem veniale dicitur peccatum secundum rationem imperfectam, et in ordine ad peccatum mortale: sicut accidens dicitur ens in ordine ad substantiam, secundum imperfectam rationem entis. Non enim est contra legem: quia venialiter peccans non facit quod lex prohibet, nec praetermittit id ad quod lex per praeceptum obligat; sed facit praeter legem, quia non observat modum rationis quem lex intendit.

AD SECUNDUM dicendum quod illud praeceptum Apostoli est affirmativum: unde non obligat ad semper. Et sic non facit contra hoc praeceptum quicumque non actu refert in gloriam Dei omne quod facit. Sufficit ergo quod aliquis habitualiter referat se et omnia sua in Deum, ad hoc quod non semper mortaliter peccet, cum aliquem actum non refert in gloriam Dei actualiter. Veniale autem peccatum non excludit habitualem ordinationem actus humani in gloriam Dei, sed solum actualem: quia non excludit caritatem, quae habitualiter ordinat in Deum. Unde non sequitur quod ille qui peccat venialiter, peccet mortaliter.

AD TERTIUM dicendum quod ille qui peccat venialiter, inhaeret bono temporali non ut fruens, quia non constituit in eo finem; sed ut utens, referens in Deum non actu, sed habitu.

AD QUARTUM dicendum quod bonum commutabile non accipitur ut terminus contrapositus incommutabili bono, nisi quando constituitur in eo finis. Quod enim est ad finem, non habet rationem termini.

a distinção de algo análogo naquelas coisas às quais se atribui segundo graus diversos. Por isso, a razão perfeita do pecado, afirmada por Agostinho, convém ao pecado mortal. O pecado venial se diz pecado por uma razão imperfeita e em ordem ao pecado mortal, assim como o acidente se diz ente em ordem à substância, por uma razão imperfeita de ente. Ele não é contra a lei, porque quem peca venialmente não faz o que a lei proibe, nem omite o que obriga o preceito da lei, mas age à margem da lei, porque não observa o modo da razão que a lei tem em vista.

QUANTO AO 2º, deve-se dizer que o preceito do Apóstolo é afirmativo, por isso não obriga sempre. Desse modo não age contra esse preceito quem não refere, de uma maneira atual, à glória de Deus, tudo o que faz. Basta, portanto, que alguém refira habitualmente à glória de Deus a si mesmo e todas suas coisas, para que não peque sempre mortalmente, ainda que não refira a Deus algum ato, de maneira atual. O pecado venial não exclui a ordenação habitual dos atos humanos para a glória de Deus, mas só a atual, porque não exclui a caridade, que ordena habitualmente para Deus. Portanto, não se segue que o que peca venialmente, peque mortalmente.

QUANTO AO 3º, deve-se dizer que quem peca venialmente, adere ao bem temporal não como quem dele usufrui, porque não o estabelece como fim, mas como quem dele usa, referindo-o a Deus não de maneira atual, mas habitual.

QUANTO AO 4º, deve-se dizer que o bem mutável não se toma como termo em oposição ao bem imutável a não ser quando se estabelece como fim. O meio não tem razão de termo.

ARTICULUS 2

Utrum peccatum mortale et veniale differant genere

AD SECUNDUM SIC PROCEDITUR. Videtur quod peccatum veniale et mortale non differant genere, ita scilicet quod aliquod sit peccatum mortale ex genere, et aliquod veniale ex genere.

1. Bonum enim et malum ex genere in actibus humanis accipitur per comparationem ad materiam sive ad obiectum, ut supra[1] dictum est. Sed secun-

ARTIGO 2

O pecado mortal e venial distinguem-se pelo gênero?

QUANTO AO SEGUNDO, ASSIM SE PROCEDE: parece que o pecado venial e o mortal **não** se distinguem pelo gênero, de tal modo que um pecado seja mortal por seu gênero e um venial por seu gênero.

1. Com efeito, o bem e o mal se tomam nos atos humanos pelo gênero em relação à matéria ou ao objeto, como acima foi dito. Ora, segundo

2 PARALL.: II *Sent.*, dist. 42, q. 1, a. 4; *De Malo*, q. 7, a. 1; q. 10, a. 2.

1. Q. 18, a. 2.

dum quodlibet obiectum vel materiam, contingit peccare mortaliter et venialiter: quodlibet enim bonum commutabile potest homo diligere vel infra Deum, quod est peccare venialiter, vel supra Deum quod est peccare mortaliter. Ergo peccatum veniale et mortale non differunt genere.

2. PRAETEREA, sicut dictum est supra[2], peccatum mortale dicitur quod est irreparabile, peccatum autem veniale quod est reparabile. Sed esse irreparabile convenit peccato quod fit ex malitia, quod secundum quosdam irremissibile dicitur: esse autem reparabile convenit peccato quod fit per infirmitatem vel ignorantiam, quod dicitur remissibile. Ergo peccatum mortale et veniale differunt sicut peccatum quod est ex malitia commissum, vel ex infirmitate et ignorantia. Sed secundum hoc non differunt peccata genere, sed causa, ut supra[3] dictum est. Ergo peccatum veniale et mortale non differunt genere.

3. PRAETEREA, supra[4] dictum est quod subiti motus tam sensualitatis quam rationis, sunt peccata venialia. Sed subiti motus inveniuntur in quolibet peccati genere. Ergo non sunt aliqua peccata venialia ex genere.

SED CONTRA est quod Augustinus, in sermone *de Purgatorio*[5], enumerat quaedam genera peccatorum venialium, et quaedam genera peccatorum mortalium.

RESPONDEO dicendum quod peccatum veniale a *venia* dicitur. Potest igitur aliquod peccatum dici veniale uno modo, quia est veniam consecutum: et sic dicit Ambrosius[6] quod *omne peccatum per poenitentiam fit veniale*. Et hoc dicitur veniale ex eventu. — Alio modo dicitur veniale, quia non habet in se unde veniam non consequatur vel totaliter vel in parte. In parte quidem, sicut cum habet in se aliquid diminuens culpam: ut cum fit ex infirmitate vel ignorantia. Et hoc dicitur veniale ex causa. — In toto autem, ex eo quod non tollit ordinem ad ultimum finem: unde non meretur poenam aeternam, sed temporalem. Et de hoc veniali ad praesens intendimus.

De primis enim duobus constat quod non habent genus aliquod determinatum. Sed veniale tertio modo dictum, potest habere genus determinatum, ita quod aliquod peccatum dicatur veniale

qualquer objeto ou matéria acontece que se peque mortal ou venialmente, pois qualquer bem mutável pode ser amado pelo homem ou menos que Deus, e isso é pecar venialmente, ou mais que Deus, e isso é pecar mortalmente. Logo, o pecado venial e o mortal não se distinguem pelo gênero.

2. ALÉM DISSO, como acima foi dito, o pecado mortal é irreparável e o pecado venial é reparável. Ora, ser irreparável convém ao pecado que se faz por malícia, que segundo alguns é irremissível. Ser reparável convém ao pecado que se faz por fraqueza ou ignorância, o que é remissível. Logo, o pecado mortal e o venial se distinguem como o pecado que é cometido por malícia ou por fraqueza e ignorância. Ora, por isso os pecados não se distinguem em gênero, mas pela causa, como acima foi dito. Logo, o pecado venial e o mortal não se distinguem pelo gênero.

3. ADEMAIS, acima foi dito que os movimentos repentinos da sensualidade e da razão são pecados veniais. Ora, movimentos repentinos encontram-se em qualquer gênero de pecado. Logo, não há pecados veniais pelo gênero.

EM SENTIDO CONTRÁRIO, Agostinho enumera alguns gêneros de pecados veniais e alguns gêneros de pecados mortais.

RESPONDO. O pecado venial diz-se assim de *vênia* (perdão). Por isso, pode o pecado dizer-se venial, primeiro, porque conseguiu perdão. Diz Ambrósio que "todo pecado torna-se venial pela penitência", isto é, diz-se venial pelo que aconteceu. — Segundo, diz-se venial, porque não tem em si por onde conseguir o perdão ou totalmente ou em parte. Em parte, quando tem em si algo que diminui a culpa, por exemplo: quando se faz por fraqueza ou ignorância. Esse se diz venial pela causa. — Totalmente, porque não destrói a ordenação para o fim e por isso não merece a pena eterna, mas a temporal. É desse venial que agora tratamos.

É claro que os dois primeiros sentidos não têm gênero algum determinado. Mas o venial, no terceiro sentido, pode ter um gênero determinado, de modo que um pecado seja venial por gênero e

2. A. praec.; q. 72, a. 5; q. 87, a. 3.
3. Q. 77, a. 8, ad 1.
4. Q. 74, a. 3, ad 3; a. 10.
5. In append. ad opp. Aug., Serm. 104; al. *de Sanctis*, 41: ML 39, 1946.
6. C. 14, n. 71: ML 14, 310 B.

ex genere, et aliquod mortale ex genere, secundum quod genus vel species actus determinantur ex obiecto. Cum enim voluntas fertur in aliquid quod secundum se repugnat caritati, per quam homo ordinatur in ultimum finem, peccatum ex suo obiecto habet quod sit mortale. Unde est mortale ex genere: sive sit contra dilectionem Dei, sicut blasphemia, periurium, et huiusmodi; sive contra dilectionem proximi, sicut homicidium, adulterium, et similia. Unde huiusmodi sunt peccata mortalia ex suo genere. — Quandoque vero voluntas peccantis fertur in id quod in se continet quandam inordinationem, non tamen contrariatur dilectioni Dei et proximi: sicut verbum otiosum, risus superfluus, et alia huiusmodi. Et talia sunt peccata venialia ex suo genere.

Sed quia actus morales recipiunt rationem boni et mali non solum ex obiecto, sed etiam ex aliqua dispositione agentis, ut supra[7] habitum est; contingit quandoque quod id quod est peccatum veniale ex genere ratione sui obiecti, fit mortale ex parte agentis: vel quia in eo constituit finem ultimum, vel quia ordinat ipsum ad aliquid quod est peccatum mortale ex genere, puta cum aliquis ordinat verbum otiosum ad adulterium committendum. Similiter etiam ex parte agentis contingit quod aliquod peccatum quod ex suo genere est mortale, fit veniale: propter hoc scilicet quod actus est imperfectus, idest non deliberatus ratione, quae est principium proprium mali actus: sicut supra[8] dictum est de subitis motibus infidelitatis.

AD PRIMUM ergo dicendum quod ex hoc ipso quod aliquis eligit id quod repugnat divinae caritati, convincitur praeferre illud caritati divinae, et per consequens plus amare ipsum quam Deum. Et ideo aliqua peccata ex genere, quae de se repugnant caritati, habent quod aliquid diligatur supra Deum. Et sic sunt ex genere suo mortalia.

AD SECUNDUM dicendum quod ratio illa procedit de peccato veniali ex causa.

AD TERTIUM dicendum quod ratio illa procedit de peccato quod est veniale propter imperfectionem actus.

um mortal por gênero, na medida em que o gênero e a espécie do ato são determinados pelo objeto. Assim, a vontade quando é levada a algo que por si se opõe à caridade, pela qual o homem se ordena ao último fim, o seu pecado é mortal pelo objeto. Portanto, é mortal pelo gênero, seja contra o amor de Deus, como a blasfêmia, o perjúrio etc., seja contra o amor do próximo, como o homicídio, o adultério etc. Tais pecados são mortais por seu gênero. — Às vezes, porém, a vontade de quem peca é levada a algo que contém uma certa desordem, mas que não é contrário ao amor de Deus e do próximo, como a palavra ociosa, o riso supérfluo etc. Tais pecados são veniais por seu gênero.

Mas os atos morais recebem a razão de bom ou de mau não só do objeto, mas também de alguma disposição do que age, como acima foi estabelecido; por isso, acontece às vezes que o que é pecado venial pelo gênero em razão de seu objeto, se torne mortal por parte do que age, ou porque estabelece nele o fim último, ou porque o ordena para algo que é pecado mortal pelo gênero, por exemplo, quando alguém ordena a palavra ociosa para cometer o adultério. Igualmente da parte do que age acontece que um pecado que por seu gênero é mortal, se torne venial, pelo fato de que o ato é imperfeito, isto é, não deliberado pela razão, que é o princípio próprio do ato mau, como acima foi dito dos movimentos repentinos de infidelidade.

QUANTO AO 1º, portanto, deve-se dizer que pelo fato de alguém eleger o que é contrário à caridade divina, consequentemente mais o ama do que a Deus. Por isso, alguns pecados por gênero, que por si se opõem a caridade, implicam que algo é amado acima de Deus. E assim são mortais por seu gênero.

QUANTO AO 2º, deve-se dizer que o argumento procede do pecado venial pela causa.

QUANTO AO 3º, deve-se dizer que o argumento procede do pecado que é venial pela imperfeição do ato.

7. Q. 18, a. 4, 6.
8. Q. 74, a. 10.

ARTICULUS 3
Utrum peccatum veniale sit dispositio ad mortale

AD TERTIUM SIC PROCEDITUR. Videtur quod peccatum veniale non sit dispositio ad mortale.

1. Unum enim oppositum non disponit ad aliud. Sed peccatum veniale et mortale ex opposito dividuntur, ut dictum est[1]. Ergo peccatum veniale non est dispositio ad mortale.

2. PRAETEREA, actus disponit ad aliquid simile in specie sibi: unde in II *Ethic.*[2] dicitur quod *ex similibus actibus generantur similes dispositiones et habitus*. Sed peccatum mortale et veniale differunt genere seu specie, ut dictum est[3]. Ergo peccatum veniale non disponit ad mortale.

3. PRAETEREA, si peccatum dicatur veniale quia disponit ad mortale, oportebit quod quaecumque disponunt ad mortale peccatum, sint peccata venialia. Sed omnia bona opera disponunt ad peccatum mortale: dicit enim Augustinus, in Regula[4], quod *superbia bonis operibus insidiatur, ut pereant*. Ergo etiam bona opera erunt peccata venialia: quod est inconveniens.

SED CONTRA est quod dicitur Eccli 19,1: *Qui spernit minima, paulatim defluit*. Sed ille qui peccat venialiter, videtur minima spernere. Ergo paulatim disponitur ad hoc quod totaliter defluat per peccatum mortale.

RESPONDEO dicendum quod disponens est quodammodo causa. Unde secundum duplicem modum causae, est duplex dispositionis modus. Est enim causa quaedam movens directe ad effectum: sicut calidum calefacit. Est etiam causa indirecte movens, removendo prohibens: sicut removens columnam dicitur removere lapidem superpositum. Et secundum hoc, actus peccati dupliciter ad aliquid disponit. Uno quidem modo, directe: et sic disponit ad actum similem secundum speciem. Et hoc modo, primo et per se peccatum veniale ex genere non disponit ad mortale ex genere: cum differant specie. Sed per hunc modum peccatum

ARTIGO 3
O pecado venial é disposição para o mortal?

QUANTO AO TERCEIRO, ASSIM SE PROCEDE: parece que o pecado venial **não** é disposição para o mortal.

1. Com efeito, um contrário não dispõe para o outro. Ora, o pecado venial e mortal se distinguem como contrários, como foi dito. Logo, o pecado venial não é disposição para o mortal.

2. ALÉM DISSO, um ato dispõe para algo semelhante a si mesmo na espécie; e por isso Aristóteles diz que "de atos semelhantes procedem disposições e *habitus* semelhantes". Ora, o pecado mortal e venial distinguem-se pelo gênero ou pela espécie, como foi dito. Logo, o pecado venial não dispõe para o mortal.

3. ADEMAIS, se o pecado se diz venial porque dispõe para o mortal, tudo o que dispõe para o pecado mortal é necessário que seja pecado venial. Ora, todas as boas obras dispõem para o pecado mortal, pois diz Agostinho que "a soberba arma ciladas às boas obras para que pereçam". Logo, também as boas obras são pecados veniais, e isso é inconveniente.

EM SENTIDO CONTRÁRIO, diz o livro do Eclesiástico: "Quem despreza as coisas pequenas pouco a pouco cairá". Mas, aquele que peca venialmente, parece desprezar as coisas pequenas. Logo, pouco a pouco se dispõe a cair totalmente no pecado mortal.

RESPONDO. O que dispõe é de certa maneira causa. Por isso, havendo dois modos de causa, são dois os modos de disposição. Há uma causa que move diretamente para o efeito, como o que é quente, aquece. Há também uma causa que move indiretamente removendo o impedimento, por exemplo, diz-se que quem remove uma coluna remove a pedra sobreposta. De dois modos, portanto, o ato do pecado dispõe para algo. Primeiro, diretamente, e assim dispõe para um ato semelhante segundo a espécie. Desse modo, primariamente e por si, o pecado venial por gênero não dispõe para o mortal por gênero, porque distinguem-se

3 PARALL.: II-II, q. 24, a. 10; q. 186, a. 9, ad 1; I *Sent.*, dist. 17, q. 2, a. 5; II, dist. 24, q. 3, a. 6; *De Malo*, q. 7, a. 1, ad 7; a. 3.

1. Art. 1.
2. C. 1: 1103, a, 26-b, 2.
3. Art. praec.
4. Epist. 211, al. 109, n. 6: ML 33, 960.

veniale potest disponere, per quandam consequentiam, ad peccatum quod est mortale ex parte agentis. Augmentata enim dispositione vel habitu per actus peccatorum venialium, intantum potest libido peccandi crescere, quod ille qui peccat, finem suum constituet in peccato veniali: nam unicuique habenti habitum, inquantum huiusmodi, finis est operatio secundum habitum. Et sic, multoties peccando venialiter, disponetur ad peccatum mortale.

Alio modo actus humanus disponit ad aliquid removendo prohibens. Et hoc modo peccatum veniale ex genere potest disponere ad peccatum mortale ex genere. Qui enim peccat venialiter ex genere, praetermittit aliquem ordinem: et ex hoc quod consuescit voluntatem suam in minoribus debito ordini non subiicere, disponitur ad hoc quod etiam voluntatem suam non subiiciat ordini ultimi finis, eligendo id quod est peccatum mortale ex genere.

AD PRIMUM ergo dicendum quod peccatum veniale et mortale non dividuuntur ex opposito, sicut duae species unius generis, ut dictum est[5]: sed sicut accidens contra substantiam dividitur. Unde sicut accidens potest esse dispositio ad formam substantialem, ita et veniale peccatum ad mortale.

AD SECUNDUM dicendum quod peccatum veniale non est simile mortali in specie: est tamen simile ei in genere, inquantum utrumque importat defectum debiti ordinis, licet aliter et aliter, ut dictum est[6].

AD TERTIUM dicendum quod opus bonum non est per se dispositio ad mortale peccatum: potest tamen esse materia vel occasio peccati mortalis per accidens. Sed peccatum veniale per se disponit ad mortale, ut dictum est[7].

pela espécie. Mas, por esse modo o pecado venial pode dispor, por uma certa consequência, para o pecado que é mortal da parte de quem age. Aumentada a disposição ou o hábito pelos atos dos pecados veniais, o gosto de pecar pode crescer tanto que quem peca estabelece o seu fim no pecado venial, porque o fim de quem tem um hábito, enquanto tal, é agir de acordo com o hábito. E assim, muitas vezes, ao pecar venialmente se disporá para o pecado mortal.

Segundo, removendo o impedimento. Desse modo, o pecado venial por gênero poder dispor para o pecado mortal por gênero. Quem peca venialmente por gênero, despreza alguma ordem, e pelo fato de acostumar sua vontade, nas coisas pequenas, a não submeter-se à ordem devida, dispõe-na a não se submeter à ordem do fim último, escolhendo o que é pecado mortal por gênero.

QUANTO AO 1º, portanto, deve-se dizer que o pecado venial e o mortal não se distinguem como contrários, como duas espécies de um só gênero, como foi dito, mas como o acidente se distingue da substância. Por isso, assim como o acidente pode ser disposição para a forma substancial, assim também o pecado venial para o mortal.

QUANTO AO 2º, deve-se dizer que o pecado venial não é semelhante ao mortal na espécie. É-lhe semelhante no gênero, enquanto ambos implicam uma deficiência da ordem devida, embora cada um a seu modo, como foi dito.

QUANTO AO 3º, deve-se dizer que a boa obra não é por si disposição para o pecado mortal. Pode, contudo, ser matéria ou ocasião do pecado mortal, acidentalmente. Mas, o pecado venial dispõe por si para o mortal, como foi dito.

ARTICULUS 4

Utrum peccatum veniale possit fieri mortale

AD QUARTUM SIC PROCEDITUR. Videtur quod peccatum veniale possit fieri mortale.

1. Dicit enim Augustinus[1], exponens illud Io 3,36, "Qui incredulus est Filio, non videbit vitam": *Peccata minima* (idest venialia), *si negligantur, occidunt*. Sed ex hoc dicitur peccatum mortale,

ARTIGO 4

O pecado venial pode tornar-se mortal?

QUANTO AO QUARTO, ASSIM SE PROCEDE: parece que o pecado venial **pode** tornar-se mortal.

1. Com efeito, comentando o versículo do Evangelho de João: "Quem não crê no Filho, não verá a vida", Agostinho diz: "Os pecados menores (isto é, os veniais) se são negligenciados, matam".

5. A. 1, ad 1.
6. A. 1, 2.
7. In corp.

4 PARALL.: A. 2, 6; II *Sent.*, dist. 24, q. 3, a. 6; dist. 42, q. 1, a. 4; *De Malo*, q. 7, a. 3.

1. Tract. 12 *in Ioan.*, super 3, 19 sqq.: ML 35, 1492.

quod spiritualiter occidit animam. Ergo peccatum veniale potest fieri mortale.

2. PRAETEREA, motus sensualitatis ante consensum rationis est peccatum veniale, post consensum vero est peccatum mortale, ut supra[2] dictum est. Ergo peccatum veniale potest fieri mortale.

3. PRAETEREA, peccatum veniale et mortale differunt sicut morbus curabilis et incurabilis, ut dictum est[3]. Sed morbus curabilis potest fieri incurabilis. Ergo peccatum veniale potest fieri mortale.

4. PRAETEREA, dispositio potest fieri habitus. Sed peccatum veniale est dispositio ad mortale, ut dictum est[4]. Ergo veniale peccatum potest fieri mortale.

SED CONTRA, ea quae differunt in infinitum, non transmutantur in invicem. Sed peccatum mortale et veniale differunt in infinitum, ut ex praedictis[5] patet. Ergo veniale non potest fieri mortale.

RESPONDEO dicendum quod peccatum veniale fieri mortale, potest tripliciter intelligi. Uno modo sic quod idem actus numero, primo sit peccatum veniale, et postea mortale. Et hoc esse non potest. Quia peccatum principaliter consistit in actu voluntatis, sicut et quilibet actus moralis. Unde non dicitur unus actus moraliter, si voluntas mutetur, quamvis etiam actio secundum naturam sit continua. Si autem voluntas non mutetur, non potest esse quod de veniali fiat mortale.

Alio modo potest intelligi ut id quod est veniale ex genere, fiat mortale. Et hoc quidem possibile est, inquantum constituitur in eo finis, vel inquantum refertur ad mortale peccatum sicut ad finem, ut dictum est[6].

Tertio modo potest intelligi ita quod multa venialia peccata constituant unum peccatum mortale. Quod si sic intelligatur quod ex multis peccatis venialibus integraliter constituatur unum peccatum mortale, falsum est. Non enim omnia peccata venialia de mundo, possunt habere tantum de reatu, quantum unum peccatum mortale. Quod patet ex parte durationis: quia peccatum mortale habet reatum poenae aeternae, peccatum autem

Ora, assim se diz o pecado mortal, porque mata a alma espiritualmente. Logo, o pecado venial pode tornar-se mortal.

2. ALÉM DISSO, o movimento da sensualidade anterior ao consentimento da razão é pecado venial, mas, após o consentimento é pecado mortal, como acima foi dito. Logo, o pecado venial pode tornar-se mortal.

3. ADEMAIS, o pecado venial e o mortal distinguem-se como a doença curável e a incurável, como foi dito. Ora, a doença curável pode tornar-se incurável. Logo, o pecado venial pode tornar-se mortal.

4. ADEMAIS, a disposição pode tornar-se *habitus*. Ora, o pecado venial é disposição para o mortal, como foi dito. Logo, o pecado venial pode tornar-se mortal.

EM SENTIDO CONTRÁRIO, coisas que se distinguem entre si infinitamente, não se transformam umas nas outras. Mas, o pecado mortal e o venial se distinguem infinitamente, como está claro pelo acima dito. Logo, o venial não pode tornar-se mortal.

RESPONDO. Que o pecado venial se torne mortal, pode-se entender de três modos. Primeiro, que o mesmo ato, numericamente, primeiro seja pecado venial e depois mortal. E isso é impossível, porque o pecado consiste principalmente no ato da vontade, como também todo ato moral. Por isso, não se diz um só ato moralmente, se a vontade muda, ainda que a ação seja contínua por natureza. Se a vontade não muda, é impossível que de venial se torne mortal.

Segundo, que o que é venial por gênero, se torne mortal. E isso é possível, quando se estabelece nele o fim ou quando se refere ao pecado mortal como a seu fim, como foi dito.

Terceiro, que muitos pecados veniais constituam um só pecado mortal. Isso é falso se se entende que o total de muitos pecados veniais constitui um só pecado mortal. Porque nem todos os pecados veniais do mundo podem ter tão grande reato quanto um só pecado mortal. O que fica claro da parte da duração, porque o pecado mortal tem o reato da pena eterna e o pecado venial o reato da pena temporal, como foi dito. Fica

2. Q. 74, a. 8, ad 2.
3. Art. 1.
4. Art. praec.
5. Q. 72, a. 5, ad 1; q. 87, a. 5, ad 1.
6. Art. 2.

veniale reatum poenae temporalis, ut dictum est[7]. Patet etiam ex parte poenae damni: quia peccatum mortale meretur carentiam visionis divinae, cui nulla alia poena comparari potest, ut Chrysostomus dicit[8]. Patet enim ex parte poenae sensus, quantum ad vermem conscientiae: licet forte quantum ad poenam ignis, non sint improportionales poenae. — Si vero intelligatur quod multa peccata venialia faciunt unum mortale dispositive, sic verum est, sicut supra[9] ostensum est, secundum duos modos dispositionis, quo peccatum veniale disponit ad mortale.

AD PRIMUM ergo dicendum quod Augustinus loquitur in illo sensu, quod multa peccata venialia dispositive causant mortale.

AD SECUNDUM dicendum quod ille idem motus sensualitatis qui praecessit consensum rationis nunquam fiet peccatum mortale: sed ipse actus rationis consentientis.

AD TERTIUM dicendum quod morbus corporalis non est actus, sed dispositio quaedam permanens: unde eadem manens, potest mutari. Sed peccatum veniale est actus transiens, qui resumi non potest. Et quantum ad hoc, non est simile.

AD QUARTUM dicendum quod dispositio quae fit habitus, est sicut imperfectum in eadem specie: sicut imperfecta scientia, dum perficitur, fit habitus. Sed veniale peccatum est dispositio alterius generis, sicut accidens ad formam substantialem, in quam nunquam mutatur.

claro, também, da parte da pena do dano, porque o pecado mortal merece a privação da visão divina, a que nenhuma outra pena pode comparar-se, como diz Crisóstomo. Fica claro, ainda, da parte da pena do sentido quanto ao verme da consciência, ainda que talvez, quanto à pena do fogo, as penas não sejam desproporcionadas. — Se, porém, se entende que muitos pecados veniais fazem um só mortal dispositivamente, então é verdade, como acima se demonstrou, segundo os dois modos de disposição pelos quais o pecado venial dispõe para o mortal.

QUANTO AO 1º, portanto, deve-se dizer que Agostinho fala no sentido em que muitos pecados mortais causam dispositivamente o mortal.

QUANTO AO 2º, deve-se dizer que o movimento da sensualidade que precede o consentimento da razão nunca se tornará pecado mortal, mas o ato da razão que consente.

QUANTO AO 3º, deve-se dizer que a doença corporal não é ato, mas uma disposição permanente. Por isso, pode mudar-se permanecendo ela a mesma. Mas, o pecado venial é um ato que passa, impossível de repetir-se. E quanto a isso, não há semelhança.

QUANTO AO 4º, deve-se dizer que a disposição que se torna *habitus* é como o que é imperfeito na mesma espécie, por exemplo, a ciência imperfeita, ao se aperfeiçoar, torna-se *habitus*. Mas, o pecado venial é uma disposição de outro gênero, como o acidente em relação à forma substancial, na qual ele nunca se muda.

ARTICULUS 5
Utrum circumstantia possit facere de veniali mortale

AD QUINTUM SIC PROCEDITUR. Videutr quod circumstantia possit de veniali peccato facere mortale.

1. Dicit enim Augustinus, in sermone *de Purgatorio*[1], quod *si diu teneatur iracundia, et ebrietas si assidua sit, transeunt in numerum peccatorum mortalium*. Sed ira et ebrietas non sunt ex suo genere peccata mortalia, sed venialia: alioquin

ARTIGO 5
A circunstância pode tornar mortal o pecado venial?

QUANTO AO QUINTO, ASSIM SE PROCEDE: parece que a circunstância **pode** tornar mortal o pecado venial.

1. Com efeito, diz Agostinho que "se a cólera se mantém por muito tempo e se a embriaguez é frequente passam para o número dos pecados mortais". Ora, a ira e a embriaguez não são mortais por seu gênero, mas veniais, do contrário

7. Q. 87, a. 3, 5.
8. Hom. 23, al. 24, *in Matth.*, nn. 7, 8: MG 57, 317, 317-318.
9. Art. 3.

5 PARALL.: IV *Sent.*, dist. 16, q. 3, a. 2, q.la 4; *De Malo*, q. 2, a. 8; q. 7, a. 4.

1. In app. ad opp. Aug., serm. 104, al. De sanctis 41, n. 2: ML 39, 1946.

semper essent mortalia. Ergo circumstantia facit peccatum veniale esse mortale.

2. PRAETEREA, Magister dicit, 24 dist. II libri *Sent.*, quod delectatio, si sit morosa, est peccatum mortale; si autem non sit morosa, est peccatum veniale. Sed morositas est quaedam circumstantia. Ergo circumstantia facit de peccato veniali mortale.

3. PRAETEREA, plus differunt malum et bonum quam veniale peccatum et mortale, quorum utrumque est in genere mali. Sed circumstantia facit de actu bono malum: sicut patet cum quis dat eleemosynam propter inanem gloriam. Ergo multo magis potest facere de peccato veniali mortale.

SED CONTRA est quod, cum circumstantia sit accidens, quantitas eius non potest excedere quantitatem ipsius actus, quam habet ex suo genere: semper enim subiectum praeeminet accidenti. Si igitur actus ex suo genere sit peccatum veniale, non poterit per circumstantiam fieri peccatum mortale: cum peccatum mortale in infinitum quodammodo excedat quantitatem venialis, ut ex dictis[2] patet.

RESPONDEO dicendum quod, sicut supra[3] dictum est, cum de circumstantiis ageretur, circumstantia, inquantum huiusmodi, est accidens actus moralis: contingit tamen circumstantiam accipi ut differentiam specificam actus moralis, et tunc amittit rationem circumstantiae, et constituit speciem moralis actus. Hoc autem contingit in peccatis quando circumstantia addit deformitatem alterius generis: sicut cum aliquis accedit ad non suam, est actus deformis deformitate opposita castitati; sed si accedat ad non suam quae est alterius uxor, additur deformitas opposita iustititae, contra quam est ut aliquis usurpet rem alienam; et secundum hoc huiusmodi circumstantia constituit novam speciem peccati, quae dicitur adulterium.

Impossibile est autem quod circumstantia de peccato veniali faciat mortale, nisi afferat deformitatem alterius generis. Dictum est enim[4] quod peccatum veniale habet deformitatem per hoc quod importat deordinationem circa ea quae sunt ad finem: peccatum autem mortale habet deformitatem per hoc quod importat deordinationem respectu utlimi finis. Unde manifestum est quod circumstantia non potest de veniali peccato facere mortale, manens circumstantia: sed solum tunc

seriam sempre mortais. Logo, a circunstância faz o pecado venial ser mortal.

2. ALÉM DISSO, o Mestre das Sentenças diz que o prazer, se é moroso, é pecado mortal; se não é moroso, é pecado venial. Ora, a morosidade é uma circunstância. Logo, a circunstância torna mortal o pecado venial.

3. ADEMAIS, diferem mais o mal e o bem do que o pecado venial e o mortal, pois cada um deles é do gênero do mal. Ora, a circunstância torna mau um ato bom, como fica claro quando alguém dá esmola por vanglória. Logo, com maior razão, pode tornar mortal o pecado venial.

EM SENTIDO CONTRÁRIO, sendo a circunstância um acidente, sua quantidade não pode exceder a quantidade do mesmo ato, que tem por seu gênero, porque o sujeito é sempre superior ao acidente. Se, pois, o ato por seu gênero é pecado venial, não poderia tornar-se pecado mortal pela circunstância, uma vez que o pecado mortal excede infinitamente a quantidade de venial, como ficou claro pelo que foi dito.

RESPONDO. Como acima foi dito, quando se tratou das circunstâncias, a circunstância enquanto tal é acidente do ato moral. Acontece, entretanto, que a circunstância é tomada como diferença específica do ato moral e, então, perde a razão de circunstância e constitui a espécie moral do ato. Isso acontece nos pecados quando a circunstância acrescenta uma deformidade de outro gênero; por exemplo, quando alguém se aproxima de uma mulher que não é a sua, o ato é deforme por uma deformidade oposta à castidade. Mas, se se aproxima de uma mulher não sua que é esposa de outro, acrescenta-se uma deformidade oposta à justiça, que é contrária a que alguém usurpe as coisas alheias. Nesse sentido, tal circunstância constitui uma nova espécie de pecado, que se chama adultério.

É, pois, impossível que uma circunstância faça mortal um pecado venial, a não ser que cause uma deformidade de outro gênero. Foi dito que o pecado venial tem a deformidade pelo fato de que implica uma desordem a respeito dos meios e o pecado mortal tem a deformidade pelo fato de que implica uma desordem a respeito do último fim. Por isso, é claro que a circunstância não pode fazer mortal um pecado venial, enquanto permanece como circunstância, mas só quando

2. Q. 72, a. 5, ad 1; q. 87, a. 5, ad 1.
3. Q. 7, a. 1; q. 18, a. 5, ad 4; a. 10, 11.
4. Art. 1.

quando transfert in aliam speciem, et fit quodammodo differentia specifica moralis actus.

AD PRIMUM ergo dicendum quod diuturnitas non est circumstantia trahens in aliam speciem, similiter nec frequentia vel assiduitas, nisi forte per acciddens ex aliquo supervenienti. Non enim aliquid acquirit novam speciem ex hoc quod multiplicatur vel protelatur, nisi forte in actu protelato vel multiplicato superveniat aliquid quod variet speciem, puta inobedientia vel contemptus, vel aliquid huiusmodi.

Dicendum est ergo quod, cum ira sit motus animi ad nocendum proximo, si sit tale nocumentum in quod tendit motus irae, quod ex genere suo sit peccatum mortale, sicut homicidium vel furtum, talis ira ex genere suo est peccatum mortale. Sed quod sit peccatum veniale, habet ex imperfectione actus, inquantum est motus subitus sensualitatis. Si vero sit diuturna, redit ad naturam sui generis per consensum rationis. — Si vero nocumentum in quod tendit motus irae, esset veniale ex genere suo, puta cum aliquis in hoc irascitur contra aliquem, quod vult ei dicere aliquod verbum leve et iocosum, quod modicum ipsum contristet; non erit ira peccatum mortale, quantumcumque sit diuturna; nisi forte per accidens, puta si ex hoc grave scandalum oriatur, vel propter aliquid huiusmodi.

De ebrietate vero dicendum est quod secundum suam rationem habet quod sit peccatum mortale: quod enim homo absque necessitate reddat se impotentem ad utendum ratione, per quam homo in Deum ordinatur et multa peccata occurrentia vitat, ex sola voluptate vini, expresse contrariatur virtuti. Sed quod sit peccatum veniale, contingit propter ignorantiam quandam vel infirmitatem, puta cum homo nescit virtutem vini, aut propriam debilitatem, unde non putat se inebriari: tunc enim non imputatur ei ebrietas ad peccatum, sed solum superabundantia potus. Sed quando frequenter inebriatur, non potest per hanc ignorantiam excusari quin videatur voluntas eius eligere magis pati ebrietatem, quam abstinere a vino superfluo. Unde redit peccatum ad suam naturam.

AD SECUNDUM dicendum quod delectatio morosa non dicitur esse peccatum mortale, nisi in his quae ex suo genere sunt peccata mortalia; in quibus si delectatio non morosa sit, peccatum veniale est ex imperfectione actus, sicut et de ira dictum est[5].

muda para outra espécie e se torna, de algum modo, diferença específica do ato moral.

QUANTO AO 1º, portanto, deve-se dizer que a diuturnidade não é circunstância que leve para outra espécie, como também a frequência ou a assiduidade, a não ser que acidentalmente por algo que sobrevenha. Nada adquire uma nova espécie pelo fato de se multiplicar ou protelar-se, a não ser que no ato protelado ou multiplicado sobrevenha algo que mude a espécie; por exemplo, a desobediência ou o desprezo ou algo semelhante.

Deve-se dizer, portanto, que sendo a ira um movimento do espírito para causar dano ao próximo, se tal dano, intencionado pelo movimento da ira, por seu gênero for um pecado mortal, como o homicídio ou o furto, tal ira por seu gênero será um pecado mortal. Mas, em razão da imperfeição do ato, enquanto for um movimento repentino da sensualidade, o pecado será venial. Se, porém, for diuturna, volta à natureza de seu gênero, pelo consentimento da razão. — Se, porém, o dano intencionado pelo movimento da ira, for venial por seu gênero, por exemplo, quando alguém irado contra outro, quer lhe dizer alguma palavra leve ou jocosa, que o contriste pouco, não será a ira pecado mortal, por mais diuturna que seja; a não ser que acidentalmente, por exemplo, disso surja um grave escândalo ou por algo semelhante.

A respeito da embriaguez deve-se dizer que, segundo sua razão, é pecado mortal. Que o homem, sem necessidade, torne-se impotente para usar a razão, pela qual o homem se orienta para Deus e evita muitos pecados eventuais, pelo só prazer do vinho, isso expressamente é contrário à virtude. Mas, que seja pecado venial, acontece por causa da ignorância ou fraqueza, por exemplo, quando o homem desconhece a forma do vinho ou a própria debilidade, e julga que não se embriagará. Nesse caso, a embriaguez não lhe será imputada como pecado, mas só o excesso de bebida. Mas, quando frequentemente se embriaga, não pode ser excusado pela ignorância, sem que se veja que sua vontade prefere sofrer a embriaguez do que abster-se do vinho excessivo. Desse modo, o pecado volta à sua natureza.

QUANTO AO 2º, deve-se dizer que o prazer moroso não é pecado mortal, a não ser naquelas coisas que, por seu gênero, são pecados mortais. Nessas coisas, se o prazer não é moroso, é pecado venial pela imperfeição do ato, como foi

5. In resp. ad 1.

Dicitur enim ira diuturna, et delectatio morosa, propter approbationem rationis deliberantis.

AD TERTIUM dicendum quod circumstantia non facit de bono actu malum, nisi constituens speciem peccati, ut supra[6] etiam habitum est.

dito a propósito da ira. Chama-se, com efeito, ira diuturna e prazer moroso por causa da aprovação da razão deliberante.

QUANTO AO 3º, deve-se dizer que a circunstância não faz de um ato bom um ato mau, a não ser que constitua a espécie do pecado, como acima foi estabelecido.

ARTICULUS 6

Utrum peccatum mortale possit fieri veniale

AD SEXTUM SIC PROCEDITUR. Videtur quod peccatum mortale possit fieri veniale.

1. Aequaliter enim distat peccatum veniale a mortali, et e contrario. Sed peccatum veniale fit mortale, ut dictum est[1]. Ergo etiam peccatum mortale potest fieri veniale.

2. PRAETEREA, peccatum veniale et mortale ponuntur differre secundum hoc, quod peccans mortaliter diligit creaturam plus quam Deum, peccans autem venialiter diligit creaturam infra Deum. Contingit autem quod aliquis committens id quod est ex genere suo peccatum mortale, diligat creaturam infra Deum: puta si aliquis, nesciens fornicationem simplicem esse peccatum mortale et contrariam divino amori, fornicetur, ita tamen quod propter divinum amorem paratus esset fornicationem praetermittere, si sciret fornicando se contra divinum amorem agere. Ergo peccabit venialiter. Et sic peccatum mortale potest fieri veniale.

3. PRAETEREA, sicut dictum est[2], plus differt bonum a malo quam veniale a mortali. Sed actus qui est de se malus, potest fieri bonus: sicut homicidium potest fieri actus iustitiae, sicut patet in iudice qui occidit latronem. Ergo multo magis peccatum mortale potest fieri veniale.

SED CONTRA est quod aeternum nunquam potest fieri temporale. Sed peccatum mortale meretur poenam aeternam, peccatum autem veniale poenam temporalem. Ergo peccatum mortale nunquam potest fieri veniale.

RESPONDEO dicendum quod veniale et mortale differunt sicut perfectum et imperfectum in genere peccati, ut dictum est[3]. Imperfectum autem per

ARTIGO 6

O pecado mortal pode tornar-se venial?

QUANTO AO SEXTO, ASSIM SE PROCEDE: parece que o pecado mortal **pode** tornar-se venial.

1. Com efeito, o pecado venial dista igualmente do mortal e reciprocamente. Ora, o pecado venial torna-se mortal, como foi dito. Logo, também o pecado mortal pode tornar-se venial.

2. ALÉM DISSO, afirma-se que o pecado venial e o mortal se distinguem em que quem peca mortalmente ama a criatura mais que a Deus, e quem peca venialmente ama a criatura menos que a Deus. Ora, acontece que alguém, cometendo algo que por seu gênero é pecado mortal, ame a criatura menos que a Deus; por exemplo, se alguém, desconhecendo que a fornicação simples é pecado mortal e contrária ao amor divino a cometesse, mas de tal modo que por amor a Deus estivesse disposto a abandoná-la, se soubesse que a cometendo age contra o amor divino. Logo, pecará venialmente, e desse modo o pecado mortal pode tornar-se venial.

3. ADEMAIS, como foi dito, o bem difere mais do mal, que o pecado venial do mortal. Ora, o fato que é de si mau, pode tornar-se bom; por exemplo, o homicídio pode tornar-se ato da justiça, quando o juiz condena à morte o ladrão. Logo, com maior razão o pecado mortal pode tornar-se venial.

EM SENTIDO CONTRÁRIO, o eterno nunca pode tornar-se temporal. Ora, o pecado mortal merece a pena eterna e o pecado venial a pena temporal. Logo, o pecado mortal nunca pode tornar-se venial.

RESPONDO. O venial e o mortal distinguem-se como o perfeito e o imperfeito no gênero de pecado, como foi dito. O imperfeito pode tornar-se

6. Q. 18, a. 5, ad 4.

6 PARALL.: Supra, a. 2; *De Malo*, q. 7, a. 1, ad 18; a. 3, ad 9.

1. A. 4.
2. A. praec., 3 a.
3. A. 1, ad 1.

aliquam additionem potest ad perfectionem venire. Unde et veniale, per hoc quod additur ei deformitas pertinens ad genus peccati mortalis, efficitur mortale: sicut cum quis dicit verbum otiosum ut fornicetur. Sed id quod est perfectum, non potest fieri imperfectum per additionem. Et ideo peccatum mortale non fit veniale per hoc quod additur ei aliqua deformitas pertinens ad genus peccati venialis: non enim diminuitur peccatum eius qui fornicatur ut dicat verbum otiosum, sed magis aggravatur propter deformitatem adiunctam.

Potest tamen id quod est ex genere mortale, esse veniale propter imperfectionem actus, quia non perfecte pertingit ad rationem actus moralis, cum non sit deliberatus sed subitus, ut ex dictis[4] patet. Et hoc fit per subtractionem quandam, scilicet deliberatae rationis. Et quia a ratione deliberata habet speciem moralis actus, inde est quod per talem subtractionem solvitur species.

Ad primum ergo dicendum quod veniale differt a mortali sicut imperfectum a perfecto, ut puer a viro. Fit autem ex puero vir, sed non convertitur. Unde ratio non cogit.

Ad secundum dicendum quod, si sit talis ignorantia quae peccatum omnino excuset, sicut est furiosi vel amentis, tunc ex tali ignorantia fornicationem committens nec mortaliter nec venialiter peccat. Si vero sit ignorantia non invincibilis, tunc ignorantia ipsa est peccatum, et continet in se defectum divini amoris, inquantum negligit homo addiscere ea per quae potest se in divino amore conservare.

Ad tertium dicendum quod, sicut Augustinus dicit, in libro *Contra Mendacium*[5], *ea quae sunt secundum se mala, nullo fine bene fieri possunt.* Homicidium autem est occisio innocentis: et hoc nullo modo bene fieri potest. Sed iudex qui occidit latronem, vel miles qui occidit hostem reipublicae, non apellantur homicidae, ut Augustinus dicit, in libro *de Libero Arbitrio*[6].

perfeito por algum acréscimo. Também o venial, se se lhe acrescenta a deformidade que pertence ao gênero de pecado mortal, torna-se mortal; por exemplo, quando alguém diz uma palavra ociosa tendo em vista cometer a fornicação. Mas, o que é perfeito não pode tornar-se imperfeito, por acréscimo. Por isso, o pecado mortal não se torna venial pelo fato de que se lhe acrescenta uma deformidade que pertence ao gênero de pecado venial, pois o pecado de quem comete fornicação não se torna menor por dizer uma palavra ociosa, mas antes se agrava pela deformidade acrescentada.

O que é mortal por gênero, entretanto, pode ser venial pela imperfeição do ato, porque não chega à razão do ato moral, não sendo deliberado mas repentino, como fica claro pelo que foi dito. E isso se faz por uma subtração, a saber, da razão deliberada. O ato moral é especificado pela razão deliberada, por isso tal subtração destrói a espécie.

Quanto ao 1º, portanto, deve-se dizer que o venial distingue-se do mortal como o imperfeito do perfeito; por exemplo, como a criança do homem. A criança se torna homem, mas não o contrário. Portanto, o argumento não conclui.

Quanto ao 2º, deve-se dizer que se a ignorância é tal que escuse totalmente o pecado, como é a do furioso e do louco, quem cometer a fornicação com tal ignorância não peca nem mortalmente, nem venialmente. Se, porém, a ignorância não é invencível, então a mesma ignorância é pecado e contém em si a perda do amor divino, na medida em que o homem é negligente em apreender o que pode conservá-lo no amor divino.

Quanto ao 3º, deve-se dizer que, segundo Agostinho, "o que é por si mesmo mau não pode por nenhum fim tornar-se bom". O homicídio é matar um inocente, e isso não pode de nenhum modo tornar-se um bem. Por isso, o juiz que manda matar o ladrão, ou o soldado que mata o inimigo, não se chamam homicidas, como diz Agostinho.

4. Art. 2.
5. C. 7, n. 18: ML 40, 428.
6. L. I, cc. 4, 5: ML 32, 1226, 1227.

QUAESTIO LXXXIX
DE PECCATO VENIALI SECUNDUM SE
in sex articulos divisa

Deinde considerandum est de peccato veniali secundum se.

Et circa hoc quaeruntur sex.

Primo: utrum peccatum veniale causet maculam in anima.

Secundo: de distinctione peccati venialis, prout figuratur per lignum, faenum et stipulam, 1Cor 3,12.

Tertio: utrum homo in statu innocentiae potuerit peccare venialiter.

Quarto: utrum angelus bonus vel malus possit peccare venialiter.

Quinto: utrum primi motus infidelium sint peccata venialia.

Sexto: utrum peccatum veniale possit esse in aliquo simul cum solo peccato originali.

QUESTÃO 89
O PECADO VENIAL EM SI MESMO[a]
em seis artigos

Em seguida, deve-se considerar o pecado venial em si mesmo.

A propósito, são seis as perguntas:

1. O pecado venial causa uma mancha na alma?
2. Sobre a distinção do pecado venial, figurada pela madeira, pelo feno e pela palha.
3. O homem no estado de inocência podia pecar venialmente?
4. O anjo bom ou mau pode pecar venialmente?
5. Os movimentos primeiros dos infiéis são pecados veniais?
6. O pecado venial pode existir em alguém simultaneamente só com o pecado original?

ARTICULUS 1
Utrum peccatum veniale causet maculam in anima

AD PRIMUM SIC PROCEDITUR. Videtur quod peccatum veniale causet maculam in anima.

1. Dicit enim Augustinus, in libro *de Poenit.*[1], quod peccata venialia, si multiplicentur, decorem nostrum ita exterminant, ut a caelestis sponsi amplexibus nos separent. Sed nihil aliud est macula quam detrimentum decoris. Ergo peccata venialia causant maculam in anima.

2. PRAETEREA, peccatum mortale causat maculam in anima propter inordinationem actus et affectus ipsius peccantis. Sed in peccato veniali est quaedam deordinatio actus est affectus. Ergo peccatum veniale causat maculam in anima.

3. PRAETEREA, macula animae causatur ex contactu rei temporalis per amorem, ut supra[2] dictum est. Sed in peccato veniali anima inordinato amore

ARTIGO 1
O pecado venial causa uma mancha na alma?

Quanto ao primeiro artigo, assim se procede: parece que o pecado venial **causa** uma mancha na alma.

1. Com efeito, diz Agostinho que os pecados veniais, se se multiplicam, destroem a nossa beleza de tal modo que nos privam dos amplexos do esposo celeste. Ora, a mancha nada mais é do que detrimento da beleza. Logo, os pecados veniais causam uma mancha na alma.

2. ALÉM DISSO, o pecado mortal causa uma mancha na alma pela desordem do ato e do afeto do mesmo pecador. Ora, no pecado venial há certa desordem do ato e do afeto. Logo, o pecado venial causa uma mancha na alma.

3. ADEMAIS, a mancha da alma é causada pelo contato da coisa temporal por amor, como foi dito. Ora, no pecado venial a alma entra em contato

1 PARALL.: Part. III, q. 87, a. 2, ad 3; IV *Sent.*, dist. 16, q. 2, a. 1, q.la 2, ad 3; a. 2, q.la 1, ad 1.

1. *De igne Purgatorii*, serm. 104 inter supposit., al. 41 *De Sanctis*, n. 3: ML 39, 1947.
2. Q. 86, a. 1.

a. O pecado venial não é uma realidade abstrata, mas um ato humano e, enquanto tal, é a expressão da vivência de uma pessoa. Por sua natureza, ele não falseia a dignidade radical do ser humano, não obscurece o esplendor que deriva, nele, da relação com Deus. Pertence ao gênero da "madeira, feno e palha" (1Co 3,2-15), e não está na linha do comprometimento radical da pessoa, e não o coloca em questão. Tal situação não teria sido possível no estado de justiça original (q. 89, a. 3).

contingit rem temporalem. Ergo peccatum veniale inducit maculam in anima.

SED CONTRA est quod dicitur Eph 5,27: *Ut exhiberet ipse sibi gloriosam Ecclesiam non habentem maculam*; Glossa[3]: *idest aliquod peccatum criminale*. Ergo proprium peccati mortalis esse videtur quod maculam in anima causet.

RESPONDEO dicendum quod, sicut ex dictis[4] patet, macula importat detrimentum nitoris ex aliquo contactu, sicut in corporalibus patet, ex quibus per similitudinem nomen maculae ad animam transfertur. Sicut autem in corpore est duplex nitor, unus quidem ex intrinseca dispositione membrorum et coloris, alius autem ex exteriori claritate superveniente; ita etiam in anima est duplex nitor, unus quidem habitualis, quasi intrinsecus, alius autem actualis, quasi exterior fulgor. Peccatum autem veniale impedit quidem nitorem actualem, non tamen habitualem: quia non excludit neque diminuit habitum caritatis et aliarum virtutum, ut infra[5] patebit, sed solum impedit earum actum. Macula autem importat aliquid manens in re maculata: unde magis videtur pertinere ad detrimentum habitualis nitoris quam actualis. Unde, proprie loquendo, peccatum veniale non causat maculam in anima. Et si alicubi dicatur maculam inducere, hoc est secundum quid, inquantum impedit nitorem qui est ex actibus virtutum.

AD PRIMUM ergo dicendum quod Augustinus loquitur in eo casu in quo multa peccata venialia dispositive inducunt ad mortale. Aliter enim non separarent ab amplexu caelestis sponsi.

AD SECUNDUM dicendum quod inordinatio actus in peccato mortali corrumpit habitum virtutis: non autem in peccato veniali.

AD TERTIUM dicendum quod in peccato mortali anima per amorem contingit rem temporalem quasi finem: et per hoc totaliter impeditur influxus splendoris gratiae, qui provenit in eos qui Deo adhaerent ut ultimo fini per caritatem. Sed in peccato veniali non adhaeret homo creaturae tanquam fini ultimo. Unde non est simile.

com a coisa temporal com um amor desordenado. Logo, o pecado venial causa uma mancha na alma.

EM SENTIDO CONTRÁRIO, diz a Carta aos Efésios: "Para apresentar a si mesmo a Igreja gloriosa sem mancha", e a Glosa comenta: "a saber, sem pecado algum criminal. Portanto, parece ser próprio do pecado mortal causar uma mancha na alma.

RESPONDO. Como fica claro pelo acima dito, a mancha implica detrimento de brilho por algum contato, como é claro nas coisas corporais e por semelhança com elas se transfere para a alma o nome de mancha. Assim como no corpo há um duplo brilho, um pela disposição intrínseca dos membros e da cor, e outro pela claridade exterior superveniente, assim também na alma há um duplo brilho, um que é habitual, como que intrínseco, o outro atual, como um esplendor externo. O pecado venial impede o brilho atual, mas não o habitual, porque não exclui nem diminui o *habitus* da caridade e das outras virtudes, como ficará claro adiante; só impede o ato delas. A mancha, pois, implica algo permanente na coisa manchada, por isso parece pertencer antes ao detrimento do brilho habitual, que do atual. Portanto, falando propriamente, o pecado venial não causa uma mancha na alma. E se em alguma parte se diz que causa uma mancha, isso é em certo sentido, enquanto impede o brilho que provém dos atos das virtudes.

QUANTO AO 1º, portanto, deve-se dizer que Agostinho se refere ao caso em que muitos pecados veniais causam dispositivamente o mortal, pois de outro modo não separariam do amplexo do esposo divino.

QUANTO AO 2º, deve-se dizer que a desordem do ato no pecado mortal corrompe o *habitus* da virtude, mas não no pecado venial.

QUANTO AO 3º, deve-se dizer que no pecado mortal, a alma, por amor, contata a coisa temporal como um fim, e por isso se impede totalmente o influxo do esplendor da graça, que se encontra naqueles que por caridade aderem a Deus como último fim. No pecado venial, o homem não adere à criatura como último fim. Por isso, não há semelhança.

3. Interl.; LOMBARDI: ML 192, 214 B.
4. Q. 86, a. 1.
5. II-II, q. 24, a. 10; q. 133, a. 1, ad 2.

ARTICULUS 2

Utrum convenienter peccata venialia per *lignum, faenum* et *stipulam* designentur

AD SECUNDUM SIC PROCEDITUR. Videtur quod inconvenienter peccata venialia per *lignum, faenum* et *stipulam* designentur.

1. Lignum enim, faenum et stipula dicuntur superaedificari spirituali fundamento. Sed peccata venialia sunt praeter spirituale aedificium: sicut etiam quaelibet falsae opiniones sunt praeter scientiam. Ergo peccata venialia non convenienter designantur per lignum, faenum et stipulam.

2. PRAETEREA, ille qui aedificat lignum, faenum et stipulam, *sic salvus erit quasi per ignem*. Sed quandoque ille qui committit peccata venialia, non erit salvus etiam per ignem: puta cum peccata venialia inveniuntur in eo qui decedit cum peccato mortali. Ergo inconvenienter per lignum, faenum et stipulam peccata venialia designantur.

3. PRAETEREA, secundum Apostolum, alii sunt qui aedificant *aurum, argentum, lapides pretiosos*, idest amorem Dei et proximi et bona opera; et alii qui aedificant *lignum, faenum* et *stipulam*. Sed peccata venialia committunt etiam illi qui diligunt Deum et proximum, et bona opera faciunt: dicitur enim 1Io 1,8: *Si dixerimus quia peccatum non habemus, nosipsos seducimus*. Ergo non convenienter designantur peccata venialia per ista tria.

4. PRAETEREA, multo plures differentiae et gradus sunt peccatorum venialium quam tres. Ergo inconvenienter sub his tribus comprehenduntur.

SED CONTRA est quod Apostolus dicit de eo qui superaedificat lignum, faenum et stipulam, quod *salvus erit quasi per ignem*: et sic patietur poenam, sed non aeternam. Reatus autem poenae temporalis proprie pertinet ad peccatum veniale, ut dictum est[1]. Ergo per illa tria significantur peccata venialia.

RESPONDEO dicendum quod quidam intellexerunt fundamentum esse fidem informem, super quam aliqui aedificant bona opera, quae significantur per aurum, argentum et lapides pretiosos; quidam vero peccata etiam mortalia, quae significantur, secundum eos, per lignum, faenum et stipulam. — Sed hanc expositionem improbat Augustinus, in libro

ARTIGO 2

Os pecados veniais são designados convenientemente por *madeira, feno* e *palha*?

QUANTO AO SEGUNDO, ASSIM SE PROCEDE: parece que os pecados veniais **são** designados convenientemente por *madeira, feno* e *palha*.

1. Com efeito, diz-se que madeira, feno e palha estão edificados sobre um fundamento espiritual. Ora, os pecados veniais estão à margem do edifício espiritual: como as opiniões falsas estão à margem da ciência. Logo, os pecados veniais não são designados convenientemente por madeira, feno e palha.

2. ALÉM DISSO, o que edifica com madeira, feno e palha *se salvará como por meio do fogo*. Ora, aquela que comete os pecados veniais, às vezes não será salvo, mesmo pelo fogo. Por exemplo, quando há pecados veniais naquele que morre com pecado mortal. Logo, os pecados veniais não são designados convenientemente por madeira, feno e palha.

3. ADEMAIS, alguns edificam com *ouro*, *prata*, *pedras preciosas*, isto é, com o amor de Deus e do próximo e com as boas obras; outros edificam com *madeira, feno* e *palha*. Ora, os pecados veniais são cometidos por aqueles que amam a Deus e ao próximo e que fazem boas obras, pois na primeira Carta de João se diz: "Se dissermos que não temos pecado, nós nos enganamos". Logo, os pecados veniais não são designados convenientemente pelos três.

4. ADEMAIS, são muito mais as diferenças e graus de pecados veniais do que três. Portanto, não é conveniente compreendê-los apenas nestes três.

EM SENTIDO CONTRÁRIO, diz o Apóstolo que quem edifica sobre a madeira, o feno e a palha *será salvo como por meio do fogo*; assim padecerá a pena, mas não eterna. O reato da pena temporal pertence propriamente ao pecado venial, como foi dito. Portanto, pelos três são significados os pecados veniais.

RESPONDO. Alguns entenderam que o fundamento era a fé informe, sobre a qual alguns edificam as boas obras, significadas pelo ouro, prata e pedras preciosas; outros, os pecados mesmo mortais, significadas, segundo eles, pela madeira, feno e palha. — Mas, Agostinho reprova essa explicação: porque como o Apóstolo diz na Carta aos Gálatas,

2 PARALL.: IV *Sent.*, dist. 21, q. 1, a. 2, q.la 1, 2; dist. 46, q. 2, a. 3, q.la 3, ad 3; I *Cor.*, c. 3, lect. 2.

1. Q. 87, a. 5.

de Fide et Operibus[2]: quia, ut Apostolus dicit, *ad* Gl 5,21, qui opera carnis facit, *regnum Dei non consequetur*, quod est salvum fieri; Apostolus autem dicit quod ille qui aedificat lignum, faenum et stipulam, *salvus erit quasi per ignem*. Unde non potest intelligi quod per lignum, faenum et stipulam peccata mortalia designentur.

Quidam vero dicunt quod per lignum, faenum et stipulam significantur opera bona, quae superaedificantur quidem spirituali aedificio, sed tamen commiscent se eis peccata venialia: sicut, cum aliquis habet curam rei familiaris, quod bonum est, commiscet se superfluus amor vel uxoris vel filiorum vel possessionum, sub Deo tamen, ita scilicet quod pro his homo nihil vellet facere contra Deum. — Sed hoc iterum non videtur convenienter dici. Manifestum est enim quod omnia opera bona referuntur ad caritatem Dei et proximi: unde pertinent ad aurum, argentum et lapides pretiosos. Non ergo ad lignum, faenum et stipulam.

Et ideo dicendum est quod ipsa peccata venialia quae admiscent se procurantibus terrena, significantur per lignum, faenum et stipulam. Sicut enim huiusmodi congregantur in domo, et non pertinent ad substantiam aedificii, et possunt comburi aedificio remanente; ita etiam peccata venialia multiplicantur in homine, manente spirituali aedificio; et pro istis patitur ignem vel temporalis tribulationis in hac vita, vel purgatorii post hanc vitam; et tamen salutem consequitur aeternam.

AD PRIMUM ergo dicendum quod peccata venialia non dicuntur superaedificari spirituali fundamento quasi directe supra ipsum posita: sed quia ponuntur iuxta ipsum; sicut accipitur ibi [Ps 136,1], *Super flumina Babylonis*, idest *iuxta*. Quia peccata venialia non destruunt spirituale aedificium, ut dictum est[3].

AD SECUNDUM dicendum quod non dicitur de quocumque aedificante lignum, faenum et stipulam, quod salvus sit quasi per ignem: sed solum de eo qui *aedificat supra fundamentum*. Quod quidem non est fides informis, ut quidam aestimabant: sed fides formata caritate, secundum illud Eph 3,17, *In caritate radicati et fundati*. Ille ergo qui decedit cum peccato mortali et venialibus, habet quidem lignum, faenum et stipulam, sed non

quem faz as obras da carne *não conseguirá o reino de Deus*, isto é, não se salvará. Mas o Apóstolo diz também que quem edifica com madeira, feno e palha será salvo como *por meio do fogo*. Portanto, não se pode entender que os pecados mortais sejam designados por madeira, feno e palha.

Alguns, porém, afirmam que por madeira, feno e palha são significadas as boas obras que se edificam sobre o edifício espiritual, às quais se misturam os pecados veniais. Por exemplo, quando alguém tem o cuidado da família, o que é bom, a ele se mistura o amor supérfluo ou da esposa, ou dos filhos ou das propriedades, embora subordinado a Deus, de tal modo que por eles não quisesse fazer coisa alguma contra Deus. — Mas isso tampouco parece conveniente. É claro que todas as obras boas referem-se ao amor de Deus e do próximo e por isso dizem respeito ao ouro, prata e pedras preciosas e, portanto, não à madeira, feno e palha.

Deve-se dizer, por isso, que os pecados veniais que se misturam aos que buscam os bens terrenos, são significados por madeira, feno e palha. Pois, assim como essas coisas se reúnem na casa e não pertencem à substância do edifício, podem ser queimadas permanecendo o edifício, assim também os pecados veniais se multiplicam no homem, permanecendo o edifício espiritual. Por estes sofre o fogo ou das tribulações temporais nesta vida ou do purgatório depois desta vida; entretanto consegue a salvação eterna.

QUANTO AO 1º, portanto, deve-se dizer que os pecados veniais não são edificados sobre o fundamento espiritual como se estivessem postos diretamente sobre ele, mas são postos ao lado dele, como se entende no Salmo 136: "Sobre os rios de Babilônia, isto é, junto". Isso porque os pecados veniais não destroem o edifício espiritual, como foi dito.

QUANTO AO 2º, deve-se dizer que não é qualquer um que edifica com madeira, feno e palha que é salvo como por meio do fogo, mas só o que edifica *sobre o fundamento*. Este não é a fé informe, como alguns julgavam, mas a fé informada pela caridade, segundo a Carta aos Efésios: "arraigados e fundados na caridade". Quem morre com pecado mortal e veniais tem a madeira, o feno e a palha, mas não edificados sobre o fundamento

2. C. 15: ML 40, 213.
3. In corp.

superaedificata supra fundamentum spirituale. Et ideo non erit salvus sic quasi per ignem.

AD TERTIUM dicendum quod illi qui sunt abstracti a cura temporalium rerum, etsi aliquando venialiter peccent, tamen levia peccata venialia committunt, et frequentissime per fervorem caritatis purgantur. Unde tales non superaedificant venialia: quia in eis modicum manent. Sed peccata venialia ipsorum qui circa terrena occupantur, diutius manent: quia non ita frequenter recurrere possunt ad huiusmodi peccata delenda per caritatis fervorem.

AD QUARTUM dicendum quod, sicut Philosophus dicit, in I *de Caelo*[4], *omnia tribus includuntur*, scilicet *principio, medio et fine*. Et secundum hoc, omnes gradus venialium peccatorum ad tria reducuntur: scilicet ad lignum, quod diutius manet in igne; ad stipulum, quac citissime expeditur; ad *faenum*, quod medio modo se habet. Secundum enim quod peccata venialia sunt maioris vel minoris adhaerentiae vel gravitatis, citius vel tardius per ignem purgantur.

espiritual. Por isso não será salvo como por meio do fogo.

QUANTO AO 3º, deve-se dizer que os que estão livres do cuidado das coisas temporais, embora pequem às vezes venialmente, esses pecados veniais são leves e frequentissimamente são purificados pelo fervor da caridade. Por isso não edificam sobre os veniais, porque permanecem neles pouco tempo. Os pecados veniais, porém, dos que se ocupam com os bens terrenos, permanecem mais tempo, porque não podem recorrer tão frequentemente ao perdão desses pecados pelo fervor da caridade.

QUANTO AO 4º, deve-se dizer que segundo o Filósofo: "todas as coisas se incluem em três, isto é, no princípio, meio e fim". Desse modo, todos os graus dos pecados veniais se reduzem aos três, a saber, à madeira que permanece mais tempo no fogo; à palha que muito rapidamente se consome; ao feno que está no meio. Assim, conforme os pecados veniais tenham maior ou menor aderência ou gravidade, mais rapidamente ou tardiamente são purificados pelo fogo.

ARTICULUS 3

Utrum homo in statu innocentiae potuerit peccare venialiter

AD TERTIUM sic proceditur. Videtur quod homo in statu innocentiae potuerit peccare venialiter.

1. Quia super illud 1Ti 2,14, *Adam non est seductus*, dicit Glossa[1]: *Inexpertus divinae severitatis, in eo falli potuit, ut crederet veniale esse commissum*. Sed hoc non credidisset, nisi venialiter peccare potuisset. Ergo venialiter peccare potuit, non peccando mortaliter.

2. PRAETEREA, Augustinus dicit, XI *super Gen. ad litt.*[2]: *Non est arbitrandum quod esset hominem deiecturus tentator, nisi praecessisset in anima hominis quaedam elatio comprimenda*. Elatio autem delectionem praecedens, quae facta est per peccatum mortale, non potuit esse nisi peccatum veniale. Similiter etiam in eodem[3] Augustinus dicit quod *virum sollicitavit aliqua experiendi cupidi-*

ARTIGO 3

O homem, no estado de inocência, podia pecar venialmente?

QUANTO AO TERCEIRO, ASSIM SE PROCEDE: parece que o homem, no estado de inocência **podia** pecar venialmente.

1. Com efeito, a propósito do versículo da primeira Carta a Timóteo: "Adão não foi seduzido", diz a Glosa: "Inexperiente da divina severidade, podia enganar-se de modo a crer que cometera um pecado venial". Ora, isso não teria crido a não ser que pudesse pecar venialmente. Logo, podia pecar venialmente sem pecar mortalmente.

2. ALÉM DISSO, Agostinho diz: "Não se deve pensar que o tentador teria feito cair o homem, se não precedesse na alma do homem certa arrogância que devia ser reprimida". Ora, a arrogância precedente à queda que ocorreu pelo pecado mortal não podia ser senão um pecado venial. Igualmente Agostinho no mesmo lugar diz que "uma certa cupidez de experimentar solicitou o homem

4. C. 1: 268, a, 12-13.

3 PARALL.: II *Sent.*, dist. 21, q. 2, a. 3; *De Malo*, q. 2, a. 8, ad 1; q. 7, a. 3, ad 13; a. 7.

1. Ord.: ML 114, 628 B; LOMBARDI: ML 192, 341 CD. — Vide AUG., *De civ. Dei*, l. XIV, c. 11: ML 41, 420.
2. C. 5: ML 34, 432.
3. C. 42: ML 34, 454.

tas, cum mulierem videret, sumpto vetito pomo, non esse mortuam. Videtur etiam in Eva fuisse aliquis infidelitatis motus, in hoc quod de verbis Domini dubitavi: ut patet per hoc quod dixit, *ne forte moriamur*, ut habetur Gn 3,3. Haec autem videntur esse venialia peccata. Ergo homo potuit venialiter peccare, antequam mortaliter peccaret.

3. PRAETEREA, peccatum mortale magis opponitur integritati primi status quam peccatum veniale. Sed homo potuit peccare mortaliter, non obstante integritate primi status. Ergo etiam potuit peccare venialiter.

SED CONTRA est quod cuilibet peccato debetur aliqua poena. Sed nihil poenale esse potuit in statu innocentiae, ut Augustinus dicit, XIV *de Civ. Dei*[4]. Ergo non potuit peccare aliquo peccato quo non eliceretur ab illo integritatis statu. Sed peccatum veniale non mutat statum hominis. Ergo non potuit peccare venialiter.

RESPONDEO dicendum quod communiter ponitur quod homo in statu innocentiae non potuit venialiter peccare. Hoc autem non est sic intelligendum, quasi id quod nobis est veniale, si ipse committeret, esset sibi mortale, propter altitudinem sui status. Dignitas enim personae est quaedam circumstantia aggravans peccatum, non tamen transfert in aliam speciem, nisi forte superveniente deformitate inobedientiae vel voti, vel alicuius huiusmodi: quod in proposito dici non potest. Unde id quod est de se veniale, non potuit transferri in mortale, propter dignitatem primi status. Sic ergo intelligendum est quod non potuit peccare venialiter, quia non potuit esse ut committeret aliquid quod esset de se veniale, antequam integritatem primi status amitteret peccando mortaliter.

Cuius ratio est quia peccatum veniale in nobis contingit vel propter imperfectionem actus, sicut subiti motus in genere peccatorum mortalium: vel propter inordinationem existentem circa ea quae sunt ad finem, servato debito ordine ad finem. Utrumque autem horum contingit propter quendam defectum ordinis, ex eo quod inferius non continetur firmiter sub superiori. Quod enim in nobis insurgat subitus motus sensualitatis, contingit ex hoc quod sensualitas non est omnino subdita rationi. Quod vero insurgat subitus motus in ratione ipsa, provenit in nobis ex hoc quod ipsa executio actus rationis non subditur deliberationi

ao ver que a mulher não morreu depois de comer da fruta proibida". Parece que havia também em Eva um movimento de infidelidade, pelo fato de duvidar das palavras do Senhor, como deixa claro o que disse: "não suceda que morramos", segundo o livro do Gênesis. Essas coisas parecem ser pecados veniais. Logo, o homem podia pecar venialmente, antes de pecar mortalmente.

3. ADEMAIS, o pecado mortal se opõe mais à integridade do primeiro estado, do que o pecado venial. Ora, o homem podia pecar mortalmente, não obstante esta integridade. Logo, também podia pecar venialmente.

EM SENTIDO CONTRÁRIO, a todo pecado é devida uma pena. Mas, no estado de inocência não podia haver pena, como diz Agostinho. Portanto, não podia cometer pecado algum sem que fosse excluído daquele estado de integridade. Ora, o pecado venial não muda o estado do homem. Logo, não podia pecar venialmente.

RESPONDO. Afirma-se comumente que o homem, no estado de inocência, não podia pecar venialmente. Mas, isso não se deve entender como se isso que para nós é venial, se ele cometesse, seria mortal em razão da dignidade do seu estado. Pois, a dignidade da pessoa é uma circunstância agravante do pecado, mas não lhe muda a espécie, a não ser que sobrevenha a deformidade da desobediência ou do voto ou de coisas semelhantes. Mas isso não vem ao caso. Portanto, o que é em si venial, não podia mudar-se em mortal, por causa da dignidade do primeiro estado. Assim se deve entender que não podia pecar venialmente, porque não podia acontecer que cometesse algo que fosse em si venial, antes de perder a integridade do primeiro estado pecando mortalmente.

E a razão disso está em que pecamos venialmente ou por causa da imperfeição do ato, como os movimentos repentinos no gênero dos pecados mortais, ou por causa da desordem existente a respeito do que é para o fim, conservada a ordenação devida para o fim. Ambos os casos ocorrem por uma deficiência da ordem: porque o inferior não está firmemente contido no superior. Assim, que em nós surja um movimento súbito da sensualidade, isso acontece porque a sensualidade não está totalmente sujeita à razão. Mas, que surja um movimento repentino na razão, isso acontece em nós porque a execução do ato da razão não está

4. C. 10: ML 41, 417.

quae est ex altiori bono, ut supra[5] dictum est. Quod vero humanus animus inordinetur circa ea quae sunt ad finem, servato debito ordine ad finem, provenit ex hoc quod ea quae sunt ad finem non ordinantur infallibiliter sub fine, qui tenet summum locum, quasi principium in appetibilibus, ut supra[6] dictum est. In statu autem innocentiae, ut in Primo[7] habitum est, erat infallibilis ordinis firmitas, ut semper inferius contineretur sub superiori, quandiu summum hominis contineretur sub Deo: ut etiam Augustinus dicit, XIV *de Civ. Dei*[8]. Et ideo oportebat quod inordinatio in homine non esset, nisi inciperet ab hoc quod summum hominis non subderetur Deo; quod fit per peccatum mortale. Ex quo patet quod homo in statu innocentiae non potuit peccare venialiter, antequam peccaret mortaliter.

AD PRIMUM ergo dicendum quod veniale non sumitur ibi secundum quod nunc de veniali loquimur: sed dicitur veniale quod est facile remissibile.

AD SECUNDUM dicendum quod illa elatio quae praecessit in animo hominis, fuit primum hominis peccatum mortale: dicitur autem praecessisse deiectionem eius in exteriorem actum peccati. Huiusmodi autem elationem subsecuta est et experiendi cupiditas in viro, et dubitatio in muliere; quae ex hoc solo in quandam elationem prorupit, quod praecepti mentionem a serpente audivit, quasi nollet sub praecepto contineri.

AD TERTIUM dicendum quod peccatum mortale intantum opponitur integritati primi status, quod corrumpit ipsum: quod peccatum veniale facere non potest. Et quia non potest simul esse quaecumque inordinatio cum integritate primi status, consequens est quod primus homo non potuerit peccare venialiter, antequam peccaret mortaliter.

sujeito à deliberação, que se funda num bem mais alto, como acima foi dito. Que o espírito humano se desordene a respeito dos meios, guardada a devida ordem para o fim, isso acontece porque os meios não se ordenam infalivelmente sob o fim, que ocupa o primeiro lugar, como princípio nos objetos apetecíveis, como acima foi dito. No estado de inocência, como foi estabelecido na I Parte, a firmeza da ordem era infalível, de modo que o inferior estava sempre contido no superior, enquanto a parte superior do homem se mantivesse sob Deus, como disse Agostinho. Por isso, era necessário que não houvesse desordem no homem a não ser que começasse por não se submeter a Deus a parte superior do homem, o que acontece pelo pecado mortal. Está claro, portanto, que o homem, no estado de inocência, não podia pecar venialmente, antes de pecar mortalmente.

QUANTO AO 1º, portanto, deve-se dizer que venial não se toma, no texto da Glosa, no sentido que agora falamos: diz-se venial o que é facilmente remissível.

QUANTO AO 2º, deve-se dizer que a arrogância preexistente no espírito do homem, foi o seu primeiro pecado mortal. Precedeu a sua queda, quanto ao ato exterior do pecado. A tal arrogância seguiu-se no homem o desejo de experimentar e na mulher, a dúvida; e ela entregou-se à arrogância porque ouviu a menção do preceito pela serpente como se não quisesse submeter-se a ele.

QUANTO AO 3º, deve-se dizer que o pecado mortal se opõe de tal modo à integridade do primeiro estado que o destrói. Isso não pode fazer o pecado venial. E porque não pode coexistir desordem alguma com a integridade do primeiro estado, por isso o primeiro homem não pôde pecar venialmente antes de pecar mortalmente.

ARTICULUS 4

Utrum angelus bonus vel malus possit peccare venialiter

AD QUARTUM SIC PROCEDITUR. Videtur quod angelus bonus vel malus possit peccare venialiter.

ARTIGO 4

O anjo bom ou mau pode pecar venialmente?

QUANTO AO QUARTO, ASSIM SE PROCEDE: parece que o anjo bom ou mau **pode** pecar venialmente.

5. Q. 74, a. 10.
6. Q. 10, a. 1; a. 2, ad 3; q. 72, a. 5.
7. Q. 95, a. 1.
8. Cc. 17, 23: ML 41, 425, 431.

4 PARALL.: *De Malo*, q. 7, a. 9.

1. Homo enim cum angelis convenit in superiori animae parte, quae mens vocatur; secundum illud Gregorii, in Homil.[1]: *Homo intelligit cum angelis*. Sed homo secundum superiorem partem animae potest peccare venialiter. Ergo et angelus.

2. PRAETEREA, quicumque potest quod est plus, potest etiam quod est minus. Sed angelus potuit diligere bonum creatum plus quam Deum, quod fecit peccando mortaliter. Ergo etiam potuit bonum creatum diligere infra Deum inordinate, venialiter peccando.

3. PRAETEREA, angeli mali videntur aliqua facere quae sunt ex genere suo venialia peccata, provocando homines ad risum, et ad alias huiusmodi levitates. Sed circumstantia personae non facit de veniali mortale, ut dictum est[2], nisi speciali prohibitione superveniente: quod non est in proposito. Ergo angelus potest peccare venialiter.

SED CONTRA est quod maior est perfectio angeli quam perfectio hominis in primo statu. Sed homo in primo statu non potuit peccare venialiter. Ergo multo minus angelus.

RESPONDEO dicendum quod intellectus angeli, sicut in Primo[3] dictum est, non est discursivus, ut scilicet procedat a principiis in conclusiones, seorsum utrumque intelligens, sicut in nobis contingit. Unde oportet quod quandocumque considerat conclusiones, consideret eas prout sunt in principiis. In appetibilibus autem, sicut multoties dictum est[4], fines sunt sicut principia; ea vero quae sunt ad finem, sunt sicut conclusiones. Unde mens angeli non fertur in ea quae sunt ad finem, nisi secundum quod constant sub ordine finis. Propter hoc ex natura sua habent quod non possit in eis esse deordinatio circa ea quae sunt ad finem, nisi simul sit deordinatio circa finem ipsum, quod est per peccatum mortale. Sed angeli boni non moventur in ea quae sunt ad finem, nisi in ordine ad finem debitum, qui est Deus. Et propter hoc omnes eorum actus sunt actus caritatis. Et sic in eis non potest esse peccatum veniale. Angeli vero mali in nihil moventur nisi in ordine ad finem peccati superbiae ipsorum. Et ideo in omnibus peccant mortaliter, quaecumque propria voluntate agunt. — Secus autem est de appetitu naturalis boni qui est in eis, ut in Primo[5] dictum est.

1. Com efeito, o homem tem em comum com os anjos a parte superior da alma, que se chama mente, conforme diz Gregório: “O homem conhece com os anjos”. Ora, o homem pode pecar venialmente com a parte superior da alma. Logo, também o anjo.

2. ALÉM DISSO, quem pode o mais, pode também o menos. Ora, o anjo pôde amar o bem criado mais que a Deus; o que fez pecando mortalmente. Logo, também pôde amar o bem criado menos que a Deus, de maneira desordenada, pecando venialmente.

3. ADEMAIS, os anjos maus parecem fazer algumas coisas que são pecados veniais, em seu gênero, provocando os homens ao riso e a outras leviandades. Ora, a circunstância da pessoa não faz o venial, mortal, como foi dito, a não ser por uma proibição acrescida, o que não vem ao caso. Logo, o anjo pode pecar venialmente.

EM SENTIDO CONTRÁRIO, a perfeição do anjo no primeiro estado é maior que a perfeição do homem. O homem, no primeiro estado, não pôde pecar venialmente. Logo, muito menos o anjo.

RESPONDO. Foi dito na I Parte que o intelecto do anjo não é discursivo, como acontece conosco, isto é, não procede dos princípios para as conclusões, conhecendo um e outro separadamente. Por isso, quando considera as conclusões, as considera enquanto estão nos princípios. Nas coisas apetecíveis, como muitas vezes já foi dito, os fins são como princípios, e os meios, como conclusões. Portanto, a mente do anjo não considera os meios senão enquanto estão ordenados ao fim. Assim, não podem naturalmente desordenar-se a respeito dos meios, a não ser que ao mesmo tempo estejam desordenados a respeito do próprio fim, o que acontece pelo pecado mortal. Os anjos bons, porém, não se movem para os meios, a não ser que estejam ordenados para o devido fim, que é Deus. Por isso, todos os seus atos são atos de caridade. E assim, não pode haver neles o pecado venial. Mas, os anjos maus não se movem para nada a não ser que estejam ordenados para o fim do pecado de soberba. Por isso, pecam mortalmente em tudo o que fazem pela própria vontade. — Quanto ao apetite natural do bem que neles existe, acontece de modo diferente, como na I Parte foi dito.

1. Homil. 29 in *Evang.*: ML 76, 1214 B.
2. Art. praec.
3. Q. 58, a. 3; q. 79, a. 8.
4. Cfr. q. 8, a. 2; q. 10, a. 1; a. 2, ad 3; q. 72, a. 5.
5. Q. 63, a. 4; q. 64, a. 2, ad 5.

AD PRIMUM ergo dicendum quod homo convenit quidem cum angelis in mente, sive in intellectu; sed differt in modo intelligendi, ut dictum est[6].

AD SECUNDUM dicendum quod angelus non potuit minus diligere creaturam quam Deum, nisi simul referens eam in Deum, sicut in ultimum finem, vel aliquem finem inordinatum, ratione iam[7] dicta.

AD TERTIUM dicendum quod omnia illa quae videntur esse venialia, daemones procurant ut homines ad sui familaritatem attrahant, et sic deducant eos in peccatum mortale. Unde in omnibus talibus mortaliter peccant, propter intentionem finis.

QUANTO AO 1º, portanto, deve-se dizer que o homem tem em comum com os anjos a mente ou o intelecto, mas difere no modo de conhecer, como foi dito.

QUANTO AO 2º, deve-se dizer que o anjo não pôde amar menos a criatura que a Deus, a não ser referindo-a simultaneamente a Deus como a seu último fim ou a algum fim desordenado, pela razão já dita.

QUANTO AO 3º, deve-se dizer que os demônios empregam todas aquelas coisas que parecem veniais para atrair os homens à sua familiaridade e assim levá-los ao pecado mortal. Por isso, em todas essas coisas pecam mortalmente, pela intenção do fim.

ARTICULUS 5

Utrum primi motus sensualitatis in infidelibus sint peccata mortalia

AD QUINTUM SIC PROCEDITUR. Videtur quod primi motus sensualitatis in infidelibus sint peccata mortalia.

1. Dicit enim Apostolus, Rm 8,1, quod *nihil est damnationis his qui sunt in Christo Iesu, qui non secundum carnem ambulant*: et loquitur ibi de concupiscentia sensualitatis, ut ex praemissis[1] apparet. Haec ergo causa est quare concupiscere non sit damnabile his qui non secundum carnem ambulant, consentiendo scilicet concupiscentiae, quia sunt in Christo Iesu. Sed infideles non sunt in Christo Iesu. Ergo in infidelibus est damnabile. Primi igitur motus infidelium sunt peccata mortalia.

2. PRAETEREA, Anselmus dicit, in libro *de Gratia et Lib. Arb.*[2]: *Qui non sunt in Christo, sentientes carnem, sequuntur damnationem, etiam si non secundum carnem ambulant*. Sed damnatio non debetur nisi peccato mortali. Ergo, cum homo sentiat carnem secundum primum motum concupiscentiae, videtur quod primus motus concupiscentiae in infidelibus sit peccatum mortale.

3. PRAETEREA, Anselmus dicit, in eodem libro[3]: *Sic factus est homo, ut concupiscentiam sentire non deberet*. Hoc autem debitum videtur homini

ARTIGO 5

Nos infiéis, os primeiros movimentos de sensualidade são pecados mortais?

QUANTO AO QUINTO, ASSIM SE PROCEDE: parece que nos infiéis os primeiros movimentos da sensualidade **são** pecados mortais.

1. Com efeito, o Apóstolo diz na Carta aos Romanos que "nada há de condenação para os que estão em Cristo Jesus, que não andam segundo a carne. Fala aí da concupiscência da sensualidade, como está claro pelo que antecede. Portanto, a causa pela qual a concupiscência não é condenável naqueles que não andam segundo a carne, e nela consentem, é porque estão em Cristo Jesus. Ora, os infiéis não estão em Cristo Jesus. Logo, nos infiéis é condenável. Por conseguinte, os primeiros movimentos dos infiéis são pecados mortais.

2. ALÉM DISSO, Anselmo diz: "Quem não está em Cristo, sentindo a carne, seguem a via da condenação, mesmo se não andam segundo a carne". Ora, a condenação só se deve pelo pecado mortal. Logo, uma vez que o homem sente a carne pelo primeiro movimento da concupiscência, parece que o primeiro movimento da concupiscência nos infiéis é pecado mortal.

3. ADEMAIS, Anselmo diz: "O homem foi feito de tal modo que não deveria sentir a concupiscência". Ora, esse débito parece que foi perdoado ao

6. In corp.
7. Ibid.

5 PARALL.: *De Malo*, q. 7, a. 3, ad 17; a. 8; *Quodlib.* IV, q. 11, a. 2; *ad Rom.*, c. 8, lect. 1.

1. C. 7.
2. Al. *De concord. grat. et lib. arb.*, c. 7, al. 17: ML 158, 530 C.
3. Ibid.

remissum per gratiam baptismalem, quam infideles non habent. Ergo quandocumque infidelis concupiscit, etiam si non consentiat, peccat mortaliter, contra debitum faciens.

SED CONTRA est quod dicitur Act 10,34: *Non est personarum acceptor Deus*. Quod ergo uni non imputat ad damnationem, nec alteri. Sed primos motus fidelibus non imputat ad damnationem. Ergo etiam nec infidelibus.

RESPONDEO dicendum quod irrationabiliter dicitur quod primi motus infidelium sint peccata mortalia, si eis non consentiatur. Et hoc patet dupliciter. Primo quidem, quia ipsa sensualitas non potest esse subiectum peccati mortalis, ut supra[4] habitum est. Est autem eadem natura sensualitatis in infidelibus et fidelibus. Unde non potest esse quod solus motus sensualitatis in infidelibus sit peccatum mortale.

Alio modo, ex statu ipsius peccantis. Nunquam enim dignitas personae diminuit peccatum, sed magis auget, ut ex supra[5] dictis patet. Unde nec peccatum est minus in fideli quam in infideli, sed multo maius. Nam et infidelium peccata magis merentur veniam, propter ignorantiam, secundum illud 1Ti 1,13: *Misericordiam Dei consecutus sum, quia ignorans feci in incredulitate mea*; et peccata fidelium aggravantur propter gratiae sacramenta, secundum illud Hb 10,29: *Quanto magis putatis deteriora mereri supplicia, qui sanguinem testamenti, in quo sanctificatus est, pollutum duxerit?*

AD PRIMUM ergo dicendum quod Apostolus loquitur de damnatione debita peccato originali, quae aufertur per gratiam Iesu Christi, quamvis maneat concupiscentiae fomes. Unde hoc quod fideles concupiscunt, non est in eis signum damnationis originalis peccati, sicut est in infidelibus.

Et hoc etiam modo intelligendum est dictum Anselmi[6]. Unde patet solutio AD SECUNDUM.

AD TERTIUM dicendum quod illud debitum non concupiscendi erat per originalem iustitiam. Unde id quod opponitur tali debito, non pertinet ad peccatum actuale, sed ad peccatum originale.

homem pela graça do batismo, que os infiéis não têm. Logo, quando um infiel sente a concupiscência peca mortalmente, mesmo que não consinta, porque age contra o débito.

EM SENTIDO CONTRÁRIO, diz o livro dos Atos: "Deus não faz acepção de pessoas". Portanto, o que não atribui a um para condená-lo, não o faz a outro. Ora, não atribui os primeiros movimentos aos fiéis para condená-los. Logo, não o faz aos infiéis.

RESPONDO. É irracional dizer que os primeiros movimentos dos infiéis são pecados mortais, se neles não consentem. E isso fica claro de dois modos. Primeiro, porque a sensualidade não pode ser sujeito de pecado mortal, como acima foi estabelecido. Com efeito, a natureza da sensualidade é a mesma nos infiéis e nos fiéis. Portanto, não é possível que apenas nos infiéis o movimento da sensualidade seja pecado mortal.

Segundo, da parte do mesmo pecador. Pois, a dignidade da pessoa nunca diminui o pecado, pelo contrário o aumenta, como está claro pelo que acima foi dito. Portanto, o pecado não é menor no fiel do que no infiel, mas muito maior. Os pecados dos infiéis merecem mais o perdão em razão da ignorância, segundo diz a Carta a Timóteo: "Alcancei a misericórdia do Senhor porque, em minha incredulidade, agi por ignorância". E os pecados dos fiéis são mais graves por causa dos sacramentos da graça, segundo diz a Carta aos Hebreus: "Imaginai que castigo mais severo merecerá aquele que profanou o sangue da aliança em que foi santificado".

QUANTO AO 1º, portanto, deve-se dizer que o Apóstolo fala da condenação devida ao pecado original, que é apagado pela graça de Jesus Cristo, embora permaneça a inclinação da concupiscência. Portanto, que os fiéis sintam a concupiscência, não é neles sinal da condenação do pecado original, como é nos infiéis.

Desse modo, deve-se entender também a afirmação de Anselmo. Portanto, está clara a resposta QUANTO AO SEGUNDO.

QUANTO AO 3º, deve-se dizer que o débito de não sentir concupiscência existia pela justiça original. Portanto, o que se opõe a tal débito não se refere ao pecado atual, mas ao pecado original.

4. Q. 74, a. 4.
5. Q. 73, a. 10.
6. Cit. in 2 a.

Articulus 6
Utrum peccatum veniale possit esse in aliquo cum solo originali

Ad sextum sic proceditur. Videtur quod peccatum veniale possit esse in aliquo cum solo originali.

1. Dispositio enim praecedit habitum. Sed veniale est dispositio ad mortale, ut supra[1] dictum est. Ergo veniale in infideli, cui non remittitur originale, invenitur ante mortale. Et sic quandoque infideles habent peccata venialia cum originali, sine mortalibus.

2. Praeterea, minus habet de connexione et convenientia veniale cum mortali, quam mortale peccatum cum mortali. Sed infidelis subiectus originali peccato, potest committere unum peccatum mortale et non aliud. Ergo etiam potest committere peccatum veniale, et non mortale.

3. Praeterea, determinari potest tempus in quo puer primo potest esse actor peccati actualis. Ad quod tempus cum pervenerit, potest ad minus per aliquod breve spatium stare, quin peccet mortaliter: quia hoc etiam in maximis sceleratis contingit. In illo autem spatio, quantumcumque brevi, potest peccare venialiter. Ergo peccatum veniale potest esse in aliquo cum originali peccato, absque mortali.

Sed contra est quia pro peccato originali puniuntur homines in limbo puerorum, ubi non est poena sensus, ut infra[2] dicetur. In inferno autem detruduntur homines propter solum peccatum mortale. Ergo non erit locus in quo possit puniri ille qui habet peccatum veniale cum originali solo.

Respondeo dicendum quod impossibile est quod peccatum veniale sit in aliquo cum originali peccato, absque mortali. Cuius ratio est quia antequam ad annos discretionis perveniat, defectus aetatis, prohibens usum rationis, excusat eum a peccato mortali: unde multo magis excusat eum a peccato veniali, si committat aliquid quod sit ex genere suo tale. Cum vero usum rationis habere inceperit, non omnino excusatur a culpa venialis et mortalis peccati. Sed primum quod tunc homini cogitandum occurrit, est deliberare de seipso. Et si quidem seipsum ordinaverit ad debitum finem, per gratiam consequetur remissionem originalis

Artigo 6
O pecado venial pode coexistir em alguém com apenas o original?

Quanto ao sexto, assim se procede: parece que o pecado venial **pode** coexistir com apenas o original.

1. Com efeito, a disposição precede o hábito. Ora, o venial é disposição para o mortal, como acima foi estabelecido. Logo, o venial no infiel, a quem não foi perdoado o original, encontra-se antes do mortal. Assim, os infiéis às vezes têm pecados veniais com o original, sem os mortais.

2. Além disso, tem menor conexão e conformidade o venial com o mortal do que o pecado mortal com o mortal. Ora, o infiel sujeito ao pecado original pode cometer um pecado mortal, e não outro. Logo, pode também cometer o pecado venial, e não o mortal.

3. Ademais, pode-se determinar a idade em que uma criança pode ser, pela primeira vez, autora de um pecado atual. Ao chegar a essa idade, pode permanecer sem pecar mortalmente, ao menos por um breve espaço de tempo, porque isso acontece também com os maiores criminosos. Nesse espaço, por mais breve, pode pecar venialmente. Logo, o pecado venial pode coexistir em alguém com o pecado original, sem o mortal.

Em sentido contrário, pelo pecado original os homens são punidos no limbo das crianças, onde não há a pena dos sentidos, como abaixo se dirá. Ao inferno, os homens são precipitados somente pelo pecado mortal. Logo, não haverá lugar para que possa punir aquele que tem o pecado venial com apenas o original.

Respondo. É impossível que o pecado venial coexista em alguém com o pecado original, sem o mortal. A razão disso está em que antes de chegar aos anos da discrição, a falta de idade que impede o uso da razão, o escusa do pecado mortal; portanto, muito mais o escusará do pecado venial, se comete algo que por seu gênero seja tal. Mas, começando a ter o uso da razão, não será totalmente escusado da culpa do pecado venial e do mortal. E a primeira coisa que então ocorre ao homem pensar, é deliberar sobre si mesmo. E se se ordenar ao fim devido, conseguirá pela graça a remissão do pecado original. Mas, se não se ordenar ao fim

6 Parall.: II *Sent.*, dist. 42, q. 1, a. 5, ad 7; *De Verit.*, q. 24, a. 12, ad 2; *De Malo*, q. 5, a. 2, ad 8; q. 7, a. 10, ad 8.

1. Q. 88, a. 3.
2. Cfr. *Suppl.*, q. 69, a. 6.

peccati. Si vero non ordinet seipsum ad debitum finem, secundum quod in illa aetate est capax discretionis, peccabit mortaliter, non faciens quod in se est. Et ex tunc non erit in eo peccatum veniale sine mortali, nisi postquam totum fuerit sibi per gratiam remissum.

AD PRIMUM ergo dicendum quod veniale non est dispositio ex necessitate praecedens mortale, sed contingenter, sicut labor disponit quandoque ad febrem: non autem sicut calor disponit ad formam ignis.

AD SECUNDUM dicendum quod non impeditur peccatum veniale esse simul cum solo originali propter distantiam eius vel convenientiam: sed propter defectum usus rationis, ut dictum est[3].

AD TERTIUM dicendum quod ab aliis peccatis mortalibus potest puer incipiens habere usum rationis, per aliquod tempus abstinere: sed a peccato omissionis praedictae non liberatur, nisi quam cito potest, se convertat ad Deum. Primum enim quod occurrit homini discretionem habenti est quod de seipso cogitet, ad quem alia ordinet sicut ad finem: finis enim est prior in intentione. Et ideo hoc est tempus pro quo obligatur ex Dei praecepto affirmativo, quo Dominus dicit: *Convertimini ad me, et ego convertar ad vos*, Zc 1,3.

devido, na medida em que naquela idade é capaz de discrição, pecará mortalmente, não fazendo o que está em si. E daquele momento não haverá nele pecado venial sem mortal, a não ser depois que tudo lhe for perdoado pela graça.

QUANTO AO 1º, portanto, deve-se dizer que o venial não é disposição necessária que precede o mortal, mas contingente, como o trabalho dispõe, às vezes, para a febre. Mas, não como o calor dispõe para a forma do fogo.

QUANTO AO 2º, deve-se dizer que o que impede o pecado venial de coexistir apenas com o original não é a distância ou a conformidade, mas a falta do uso da razão, como foi dito.

QUANTO AO 3º, deve-se dizer que uma criança que começa a ter o uso da razão pode se abster, por algum tempo, dos pecados mortais, mas não se livra do pecado da omissão acima dito, a não ser que se converta para Deus, o mais cedo possível. A primeira coisa que ocorre ao homem que tem a discrição é pensar sobre si mesmo, a quem ordena as outras coisas como para o fim. Com efeito, o fim é o primeiro na intenção. Portanto, esse é o tempo para o qual está obrigado pelo preceito afirmativo de Deus proclamado pelo Senhor no livro de Zacarias: "Convertei-vos a mim e eu me converterei a vós".

3. In corp.

A PEDAGOGIA DIVINA PELA LEI

Introdução e notas por Jean-Marie Aubert

INTRODUÇÃO

É indispensável situar corretamente o tratado da lei no contexto geral da Suma teológica, que esclarece o lugar da lei, de toda lei, na salvação cristã. A ideia geral que domina o procedimento de Sto. Tomás é que tudo deve ser centrado em Deus e estudado em função dessa relação, que se reveste de um duplo aspecto:

a) É primeiramente uma relação de causalidade: Deus é princípio de todas as criaturas, que tiram dele a existência, em uma espécie de movimento descendente (de *processio*, de *exitus*). Todo o universo emana de Deus, tira de sua Sabedoria criadora o seu ser, a sua atividade e significação; por sua ação essencialmente polivalente e primeira, Deus está na fonte de toda atividade no universo, cada criatura diversificando-a segundo o seu modo próprio (causalidade segunda); essa relação íntima de dependência no que se refere a Deus, como fonte do ser, é permanente e constitui o sentido formal da ideia de criação, estudada ao longo de toda a I Parte.

b) Por outro lado, é uma relação de finalidade: "em um movimento ascendente (*reditus*), o universo é como que levantado por uma finalidade que o percorre em todas as suas dimensões e o leva a retornar a Deus, a voltar a subir junto de seu Autor, para exprimir a sua grandeza, para louvá-lo e glorificá-lo; é aliás a explicação mais fundamental do motivo pelo qual ele é feito. Já que todas as criaturas realizam, cada uma em sua ordem, uma ideia de Deus, um projeto criador, elas retornam a ele cumprindo os seus desígnios, desenvolvendo-se em suas perfeições próprias. As obras de Deus não são inertes, e é na manifestação de seu dinamismo que elas realizam essa ascensão e, devido a isso, glorificam o seu Autor". (ver nosso livro *Philosophie de la Nature*, Paris, 1969, p. 81).

Para o homem, esse movimento ascendente de retorno a Deus como objetivo e fim último de sua vida consiste em uma orientação em direção ao termo divino, por meio do conhecimento e do amor, realizando-se mediante todos os atos da vida cotidiana, tanto internos como externos, permitindo ao homem aproximar-se ou afastar-se de Deus, ou seja, realizar ou não a sua vontade. Tudo isto constitui a vida moral (II Parte).

Enfim, a grandeza do desígnio de Deus em relação ao homem tem isto de particular que ele supera a ordem da mera criação. Deus chama o homem a um fim que supera as suas possibilidades nativas. Ele o convoca a participar da vida divina, a entrar em sua alegria e em sua felicidade, preenchendo, bem acima de suas aspirações, os desejos de realização do homem. É a salvação cristã. Do mesmo modo, o retorno a Deus, em uma dialética de assimilação a ele, espécie de divinização, somente pode resultar de uma iniciativa divina e de um dom de Deus, efetivados na Encarnação do Verbo Divino, na vinda de um Salvador, Deus em meio aos homens. É o objeto da III Parte.

Dito isto, para voltar à parte moral, a ascensão moral do homem, realizando a vontade divina sobre ele, resulta dessa forma de uma elevação do agir humano que, sob o influxo da graça, torna-se agir de um filho de Deus. Assim, esse agir humano, chamado a orientar-se em direção a Deus, e tornar-se um agir moral, possui uma dupla origem: primeiro, uma fonte intrínseca ao homem, que não é outra que o conjunto dos atos emanando das faculdades especificamente humanas (razão e vontade livre = I–II) e de seus *habitus* correspondentes (virtudes teologais e morais = II–II), resposta do homem ao apelo divino. Todavia, devido à desproporção entre as forças humanas e o termo que Deus lhes propõe, torna-se necessária uma fonte de ação extrínseca à criatura que é o homem, e que é Deus mesmo chamando o homem e movendo-o em direção ao Bem fundamental que Deus é para ele. Pode ser também o espírito do mal, ou demônio, tentando o homem a se desviar de Deus. Essa ação divina, exercício de sua todo-poderosa causalidade, desenvolve-se sobre dois planos, os das potências próprias ao homem: o do conhecimento racional dos atos humanos a orientar e adaptar ao fim divino; e é o papel da lei, luz e regra pedagógica dos atos humanos tendo em vista o seu fim; o do amor, obra de identificação ao querer divino, obra a realizar pela vontade humana; e é o papel da graça, fornecendo à decisão da vontade uma eficácia que ela não teria, deixada a si mesma. Essa ação dupla se realiza na plenitude pela mediação de Cristo, unificando as duas moções devido ao fato de que a sua lei, a nova lei do evangelho, não é diferente da própria graça do Espírito Santo, possuída em plenitude por Jesus Cristo e transmitida por ele ao homem, prrincipalmente pelos sacramentos (III Parte).

Semelhante plano fornece à teologia a sua unidade fundamental, centrada como é em Deus, fonte e termo do duplo movimento que liga todas as coisas a ele mediante Cristo (seja como Logos criador, seja como Salvador). A moral é aí integrada como forma fundamental da relação com Deus, e a lei como instância essencial de sua realização.

A instância da lei responde desse modo a uma profunda necessidade ética: dado que o homem deve buscar a sua expansão vital, a sua realização humana procurando atingir o objetivo de sua vida, aquilo para o qual ele foi feito — conhecer e amar Deus —, ele precisa finalizar e orientar todos os seus atos para esse fim, único capaz de satisfazer o seu desejo. É então que surge a necessidade da lei como pedagoga do encaminhamento do homem para o seu termo. Isto porquê, chamado a crescer e a desenvolver-se livremente tendo em vista tal finalidade, o homem deve dispor de um meio que lhe permita adaptar cada um de seus atos a esse objetivo que lhes confere todo o sentido. Mas, sobretudo, tal adaptação não pode ser deixada ao arbítrio de cada consciência, sob risco de incorrer na ilusão (tanto do iluminismo como da tentação); ela deve ser objetiva, tão objetiva quanto a Realidade, única capaz de trazer a Bem-aventurança, Deus em pessoa. É preciso portanto que o ser humano disponha de uma regulação sobre a qual ele possa basear a sua decisão de consciência. Essa regulação objetiva é assegurada pelo conhecimento da lei, sendo proposta ao homem para esclarecê-lo e sustentá-lo em sua progressão ética.

Em uma preocupação de profundo realismo, Sto. Tomás leva em conta o fato de que a vontade divina, fonte de toda lei, comunica-se ao homem que caminha no tempo e na história, utiliza mediadores, paticipações escalonadas, manifestações da única e essencial mediação pela salvação que é o Cristo. Daí o caráter muito analógico do conceito de lei, revestindo-se de um conteúdo bem diferenciado a partir de uma ideia básica, pois se estende desde o pensamento divino como regulação suprema (a lei eterna) até as determinações mais contingentes das leis humanas positivas.

A lei é portanto uma forma de pedagogia divina dirigindo-se ao conhecimento humano. Mesmo em sua realização mais existencial (a nova lei do Cristo), ela resume toda a pedagogia divina conduzindo-nos à salvação em virtude do fato de que ela é a própria graça, presença dinâmica do Espírito de Deus difundida a partir do Cristo Salavador, que a possui em plenitude.

QUAESTIO XC

DE ESSENTIA LEGIS

in quatuor articulos divisa

Consequenter considerandum est de principiis exterioribus actuum. Principium autem exterius ad malum inclinans est diabolus, de cuius tentatione in Primo dictum est. Principium autem exterius movens ad bonum est Deus, qui et nos instruit per legem, et iuvat per gratiam. Unde primo, de lege; secundo, de gratia dicendum est. Circa legem autem, primo oportet considerare de ipsa lege in communi; secundo, de partibus eius. Circa legem autem in communi tria occurrunt consideranda: primo quidem, de essentia ipsius; secundo, de differentia legum; tertio, de effectibus legis.

Circa primum quaeruntur quatuor.

Primo: utrum lex sit aliquid rationis.
Secundo: de fine legis.
Tertio: de causa eius.
Quarto: de promulgatione ipsius.

Articulus 1

Utrum lex sit aliquid rationis

Ad primum sic proceditur. Videtur quod lex non sit aliquid rationis.

1. Dicit enim Apostolus, Rm 7,23: *Video aliam legem in membris meis*, etc. Sed nihil quod est rationis, est in membris: quia ratio non utitur organo corporali. Ergo lex non est aliquid rationis.

2. Praeterea, in ratione non est nisi potentia, habitus et actus. Sed lex non est ipsa potentia

QUESTÃO 90

A ESSÊNCIA DA LEI

em quatro artigos

Em seguida, devem-se considerar os princípios exteriores dos atos. O princípio, porém, que inclina exteriormente ao mal é o diabo, de cuja tentação tratou-se na I Parte[a]. Já o princípio que move exteriormente ao bem é Deus, que nos instrui pela lei e ajuda pela graça. Donde, em primeiro lugar, se deve tratar da lei; em segundo da graça. A respeito da lei, primeiramente é preciso considerar a própria lei em geral; depois, as partes dela. A respeito da lei em geral há três questões que se devem considerar: a primeira, a essência da lei; a segunda, a diferença das leis; a terceira, os efeitos da lei.

A respeito da primeira, fazem-se quatro perguntas:

1. A lei é algo da razão?
2. Qual é o fim da lei?
3. Qual é a causa da lei?
4. É da razão da lei sua promulgação?

Artigo 1

A lei é algo da razão?

Quanto ao primeiro artigo, assim se procede: parece que a lei **não** é algo da razão.

1. Com efeito, diz o Apóstolo na Carta aos Romanos: "Vejo outra lei em meus membros" etc. Ora, nada que é da razão está nos membros, porque a razão não usa de órgão corporal. Logo, a lei não é algo da razão.

2. Além disso, não há na razão senão potência, hábito e ato. Ora, a lei não é a própria potência da

1

a. Vizinho da ideia de "causa", o termo "princípio" designa aqui o que está na origem, no ponto de partida de um ser e de sua atividade, e ao mesmo tempo o que permite ter dele um conhecimento original. Definido acima (I, q. 33, a. 1) como "aquilo de que uma coisa procede de algum modo", o princípio pode situar-se seja no plano do conhecimento, seja no plano da realidade existente. Nesse caso, o princípio pode ser intrínseco, designando o que constitui o ser em questão em sua estrutura íntima. Tais princípios intrínsecos dos atos humanos não são outros que as faculdades (*potentiae*) do homem (I, q. 77 e ss.) e seus hábitus correspondentes (virtudes e vícios), como lembra acima o prólogo da questão 49. Aqui, trata-se dos princípios extrínsecos dos atos humanos, ou seja, aqueles que, sem confundir-se com o indivíduo que age, por lhe serem exteriores, participam de sua ação. Quando se trata de um ato imoral, isto é, afastando o sujeito de seu verdadeiro fim, é um espírito do mal (o diabo) tentando e solicitando a vontade. Quando se trata, porém, de um ato moralmente bom, e deve ser o caso normal, é Deus que guia e sustenta a ação. Essa intervenção divina, a fim de adaptar-se à estrutura humana, diversifica-se de acordo com as duas faculdades específicas do homem, invocadas pela progressão ética: para o conhecimento racional, é o papel da lei; para o exercício da vontade, é o papel da graça vindo ajudar e aperfeiçoar a natureza humana.

Notemos de passagem a originalidade de Sto. Tomás, situando o estudo da graça no conjunto da moral fundamental (adiante, q. 109-114), e não no que, mais tarde, se chamou teologia dogmática, separada de uma moral, daí em diante reduzida na maior parte das vezes a uma mera casuística. Sto. Tomás enuncia então a divisão de seu tratado da lei: em primeiro lugar, as generalidades comuns a todas as leis (essência, espécies e efeitos), e depois as suas duas etapas na história da salvação.

rationis. Similiter etiam non est aliquis habitus rationis: quia habitus rationis sunt virtutes intellectuales, de quibus supra[1] dictum est. Nec etiam est actus rationis: quia cessante rationis actu, lex cessaret, puta in dormientibus. Ergo lex non est aliquid rationis.

3. PRAETEREA, lex movet eos qui subiiciuntur legi, ad recte agendum. Sed movere ad agendum proprie pertinet ad voluntatem, ut patet ex praemissis[2]. Ergo lex non pertinet ad rationem, sed magis ad voluntatem: secundum quod etiam Iurisperitus dicit[3]: *Quod placuit principi, legis habet vigorem*.

SED CONTRA est quod ad legem pertinet praecipere et prohibere. Sed imperare est rationis, ut supra[4] habitum est. Ergo lex est aliquid rationis.

RESPONDEO dicendum quod lex quaedam regula est et mensura actuum, secundum quam inducitur aliquis ad agendum, vel ab agendo retrahitur: dicitur enim lex a *ligando*, quia obligat ad agendum. Regula autem et mensura humanorum actuum est ratio, quae est primum principium actuum humanorum, ut ex praedictis[5] patet: rationis enim est ordinare ad finem, qui est primum principium in agendis, secundum Philosophum[6]. In unoquoque autem genere id quod est principium, est mensura et regula illius generis: sicut unitas in genere numeri, et motus primus in genere motuum. Unde relinquitur quod lex sit aliquid pertinens ad rationem.

AD PRIMUM ergo dicendum quod, cum lex sit regula quaedam et mensura, dicitur dupliciter esse in aliquo. Uno modo, sicut in mensurante et regulante. Et quia hoc est proprium rationis, ideo per hunc modum lex est in ratione sola. — Alio modo, sicut in regulato et mensurato. Et sic lex

razão. Do mesmo modo também não é algum hábito da razão, pois os hábitos da razão são as virtudes intelectuais, das quais se tratou acima. Também não é um ato da razão, pois ao cessar o ato da razão, a lei também cessaria, por exemplo nos que dormem. Logo, a lei não é algo da razão.

3. ADEMAIS, a lei move aqueles que a ela estão sujeitos para agir retamente. Ora, mover a agir pertence propriamente à vontade, como se evidencia do que foi preestabelecido. Logo, a lei não pertence à razão, porém mais à vontade, segundo o que também afirma o Jurisconsulto: "O que foi do agrado do príncipe, tem vigor de lei".

EM SENTIDO CONTRÁRIO, pertence à lei o preceituar e o proibir. Ora, ordenar é da razão, como acima se sustentou. Logo, a lei é algo da razão.

RESPONDO. A lei é certa regra e medida dos atos, segundo a qual alguém é levado a agir, ou a apartar-se da ação[b]. Diz-se, com efeito, "lei" "do que deve ser ligado", pois obriga a agir. A regra e a medida dos atos humanos é, com efeito, a razão, a qual é o primeiro princípio dos atos humanos, como se evidencia do que já foi dito; cabe, com efeito, à razão ordenar ao fim, que é o primeiro princípio do agir, segundo o Filósofo. Em cada gênero, com efeito, o que é princípio é medida e regra desse gênero, como a unidade no gênero do número, e o primeiro movimento no gênero dos movimentos. Daí resulta que a lei é algo que pertence à razão.

QUANTO AO 1º, deve-se dizer, portanto, que, como a lei é certa regra e medida, diz-se que está em algo, de dois modos. De um, como no que mede e regra. E porque isso é próprio da razão, assim, por este modo, a lei está apenas na razão. — De outro modo, como no regulado e

1. Q. 57.
2. Q. 9, a. 1.
3. *Dig.*, l. I, t. IV: De constit. principium, leg. 1.
4. Q. 17, a. 1.
5. Q. 1, a. 1, ad 3.
6. *Phys.* II, 9: 200, a, 22-24; *Eth.* VII, 9: 1151, a, 16.

b. Devido à sua própria função, a lei só pode ser uma obra da razão. Com efeito, chamado a crescer e desenvolver-se livremente tendo em vista o seu fim (bem-aventurança), o homem deve dispor de um meio que lhe permita adaptar cada um de seus atos a esse objetivo que confere a esses mesmo atos o seu sentido. Ora, quem diz adaptação entre meio e fim diz atividade racional. Com efeito, é próprio da razão estabelecer uma tal relação. Devido ao fato de que o objeto da inteligência humana (chamada de razão em sua atividade discursiva), que é o conhecimento do universal e de sua percepção no interior das realidade concretas e particulares (processo de abstração), a razão humana pode estabelecer um vínculo entre um ato (ou um objeto desejado) e o ideal perseguido. Tal doutrina não passa de uma aplicação do espírito geral da moral tomista, moral de caráter intrínseco e racional, bem distante do voluntarismo moderno. A.-D. Sertillanges resumiu-a da seguinte forma: "A moral não é uma ordem vinda de fora, nem mesmo do céu; é a voz da razão, reconhecida como uma voz divina" (*La philosophie morale de S. Thomas d'Aquin*, Paris, Aubier, 1946, p. 135). Quanto à etimologia de *lex*, se Sto. Tomás seguia a opinião corrente dos juristas de sua época, hoje deriva-se a palavra *lex* da raiz indo-europeia *lagh*, que evoca a ideia de colocar, estabelecer (Meillet).

est in omnibus quae inclinatur in aliquid ex aliqua lege: ita quod quaelibet inclinatio proveniens ex aliqua lege, potest dici lex, non essentialiter, sed quasi participative. Et hoc modo inclinatio ipsa membrorum ad concupiscendum *lex membrorum* vocatur.

AD SECUNDUM dicendum quod, sicut in actibus exterioribus est considerare operationem et operatum, puta aedificationem et aedificatum; ita in operibus rationis est considerare ipsum actum rationis, qui est intelligere et ratiocinari, et aliquid per huiusmodi actum constitutum. Quod quidem in speculativa ratione primo quidem est definitio; secundo, enunciatio; tertio vero, syllogismus vel argumentatio. Et quia ratio etiam practica utitur quodam syllogismo in operabilibus, ut supra[7] habitum est, secundum quod Philosophus docet in VII *Ethic.*[8]; ideo est invenire aliquid in ratione practica quod ita se habeat ad operationes, sicut se habet propositio in ratione speculativa ad conclusiones. Et huiusmodi propositiones universales rationis practicae ordinatae ad actiones, habent rationem legis. Quae quidem propositiones aliquando actualiter considerantur, aliquando vero habitualiter a ratione tenentur.

AD TERTIUM dicendum quod ratio habet vim movendi a voluntate, ut supra[9] dictum est: ex hoc enim quod aliquis vult finem, ratio imperat de his quae sunt ad finem. Sed voluntas de his quae imperantur, ad hoc quod legis rationem habeat, oportet quod sit aliqua ratione regulata. Et hoc modo intelligitur quod voluntas principis habet vigorem legis: alioquin voluntas principis magis esset iniquitas quam lex.

medido. E assim a lei está em tudo que se inclina a algo em razão de alguma lei; dessa forma qualquer inclinação proveniente de alguma lei pode ser dita lei, não essencial, mas por participação. E desse modo a inclinação dos membros à concupiscência se chama *lei dos membros*.

QUANTO AO 2º, deve-se dizer que, como ocorre nos atos exteriores, cumpre considerar a ação e a obra, por exemplo, a edificação e o edifício; assim, nas obras da razão, cumpre considerar o próprio ato da razão, o entender e o raciocinar, e o que é dessa maneira constituído pelo ato. Pelo que, na razão especulativa, por primeiro é a definição; em segundo, a enunciação e em terceiro o silogismo ou a argumentação. E porque também a razão prática usa de certo silogismo nas obras a realizar, como acima se mostrou, de acordo com o que ensina o Filósofo, assim cumpre achar algo na razão prática que esteja para as operações como a proposição está, na razão especulativa, para as conclusões. E tais proposições universais da razão prática ordenadas às ações, têm a razão de lei. Essas proposições às vezes se consideram atualmente, às vezes, porém, são mantidas pela razão, habitualmente.

QUANTO AO 3º, deve-se dizer que a razão tem pela vontade a força de mover, como acima foi dito; dado que alguém quer o fim, a razão ordena os meios. Ora, a vontade, com relação às coisas que são ordenadas, para que possua a razão de lei, é necessário que seja regulada por alguma razão. E desse modo se entende que a vontade do príncipe tenha vigor de lei; caso contrário, a vontade do príncipe seria mais iniquidade do que lei.

ARTICULUS 2

Utrum lex ordinetur semper ad bonum commune

AD SECUNDUM SIC PROCEDITUR. Videtur quod lex non ordinetur semper ad bonum commune sicut ad finem.

1. Ad legem enim pertinet praecipere et prohibere. Sed praecepta ordinantur ad quaedam singularia bona. Non ergo semper finis legis est bonum commune.

ARTIGO 2

A lei ordena-se sempre ao bem comum?

QUANTO AO SEGUNDO, ASSIM SE PROCEDE: parece que a lei **não** se ordena sempre ao bem comum como ao fim.

1. Com efeito, pertence à lei preceituar e proibir. Ora, os preceitos se ordenam a alguns bens singulares. Logo, nem sempre o fim da lei é o bem comum.

7. Q. 13, a. 3: q. 76, a. 1; q. 77, a. 2, ad 4.
8. C. 5: 1147, a, 24-31.
9. Q. 17, a. 1.

2 PARALL.: Infra, q. 95, a. 4; q. 96, a. 1; III *Sent.*, dist. 37, a. 2, q.la 2, ad 5; V *Ethic.*, lect. 2.

2. PRAETEREA, lex dirigit hominem ad agendum. Sed actus humani sunt in particularibus. Ergo et lex ad aliquod particulare bonum ordinatur.

3. PRAETEREA, Isidorus dicit, in libro *Etymol.*[1]: *Si ratione lex constat, lex erit omne quod ratione constiterit*. Sed ratione consistit non solum quod ordinatur ad bonum commune, sed etiam quod ordinatur ad bonum privatum. Ergo lex non ordinatur solum ad bonum commune, sed etiam ad bonum privatum unius.

SED CONTRA est quod Isidorus dicit, in V *Etymol.*[2], quod lex est *nullo privato commodo, sed pro communi utilitate civium conscripta*.

RESPONDEO dicendum quod, sicut dictum est[3], lex pertinet ad id quod est principium humanorum actuum, ex eo quod est regula et mensura. Sicut autem ratio est principium humanorum actuum, ita etiam in ipsa ratione est aliquid quod est principium respectu omnium aliorum. Unde ad hoc oportet quod principaliter et maxime pertineat lex. — Primum autem principium in operativis, quorum est ratio practica, est finis ultimus. Est autem ultimus finis humanae vitae felicitas vel beatitudo, ut supra[4] habitum est. Unde oportet quod lex maxime respiciat ordinem qui est in beatitudinem. — Rursus, cum omnis pars ordinetur ad totum sicut imperfectum ad perfectum; unus autem homo est pars communitatis perfectae: necesse est quod lex proprie respiciat ordinem ad felicitatem communem. Unde et Philosophus, in praemissa definitione legalium, mentionem facit et de felicitate et communione politica. Dicit enim, in V *Ethic.*[5], quod *legalia iusta dicimus factiva et conservativa felicitatis et particularum ipsius, politica communicatione*: perfecta enim communitas civitas est, ut dicitur in I *Polit.*[6].

In quolibet autem genere id quod maxime dicitur, est principium aliorum, et alia dicuntur secundum ordinem ad ipsum: sicut ignis, qui est maxime calidus, est causa caliditatis in corporibus mixtis, quae intantum dicuntur calida, inquantum participant de igne. Unde oportet quod, cum lex maxime dicatur secundum ordinem ad bonum commune, quodcumque aliud praeceptum de

2. ALÉM DISSO, a lei dirige o homem para agir. Ora, os atos humanos pertencem à classe dos particulares. Logo, também a lei ordena-se a algum bem particular.

3. ADEMAIS, diz Isidoro: "Se a lei existe pela razão, será lei tudo que existir pela razão". Ora, pela razão consiste não só o que se ordena ao bem comum, mas também o que se ordena ao bem particular. Logo, a lei não se ordena só ao bem comum, mas também ao bem particular de um só.

EM SENTIDO CONTRÁRIO, diz Isidoro que a lei é "escrita não para vantagem particular, mas para a comum utilidade dos cidadãos".

RESPONDO. Como foi dito, a lei pertence àquilo que é princípio dos atos humanos, dado que é regra e medida. Como a razão, porém, é princípio dos atos humanos, assim também existe na própria razão algo que é princípio com relação a todos os outros. Donde é necessário que a isso a lei pertença principal e maximamente. — O primeiro princípio no operar do qual trata a razão prática, é fim último. Mas o último fim da vida humana é a felicidade ou bem-aventurança, como acima se mostrou. Portanto, é necessário que a lei vise maximamente à ordem que é para a bem-aventurança. — Por outro lado, como toda parte se ordena ao todo como o imperfeito ao perfeito e cada homem é parte da comunidade perfeita, é necessário que a lei propriamente vise à ordem para a felicidade comum. Por isso, o Filósofo, na anteposta definição do legal, faz menção tanto da felicidade quanto da comunhão política. Diz, com efeito, no livro V da *Ética* que "dizemos justas as disposições legais que fazem e conservam a felicidade e as partes dessa, na comunicação política"; a perfeita comunidade, com efeito, é a cidade, como se diz no livro I da *Política*.

Em qualquer gênero, porém, o que se nomeia maximamente é princípio dos demais, e esses se nomeiam segundo a ordenação a ele; como o fogo que é maximamente quente, é causa do calor nos corpos mistos, que se dizem tão quentes quanto participam do fogo. Portanto, é necessário que, dado que a lei se nomeia maximamente segundo a ordenação ao bem comum, qualquer outro preceito

1. L. II, c. 10; l. V, c. 33: ML 82, 130 C, 199 A.
2. C. 21: ML 82, 203 A.
3. Art. praec.
4. Q. 2, a. 7; q. 3, a. 1; q. 69, a. 1.
5. C. 2: 1129, b, 17-19.
6. C. 1: 1252, a, 5-7.

particulari opere non habeat rationem legis nisi secundum ordinem ad bonum commune. Et ideo omnis lex ad bonum commune ordinatur.

AD PRIMUM ergo dicendum quod praeceptum importat applicationem legis ad ea quae ex lege regulantur. Ordo autem ad bonum commune, qui pertinet ad legem, est applicabilis ad singulares fines. Et secundum hoc, etiam de particularibus quibusdam praecepta dantur.

AD SECUNDUM dicendum quod operationes quidem sunt in particularibus: sed illa particularia referri possunt ad bonum commune, non quidem communitate generis vel speciei, sed communitate causae finalis, secundum quod bonum commune dicitur finis communis.

AD TERTIUM dicendum quod, sicut nihil constat firmiter secundum rationem speculativam nisi per resolutionem ad prima principia indemonstrabilia, ita firmiter nihil constat per rationem practicam nisi per ordinationem ad ultimum finem, qui est bonum commune. Quod autem hoc modo ratione constat, legis rationem habet.

sobre uma obra particular não tenha razão de lei a não ser segundo a ordenação ao bem comum. E assim toda lei ordena-se ao bem comum[c].

QUANTO AO 1º, deve-se dizer, portanto, que o preceito implica a aplicação da lei àquelas coisas que são reguladas pela lei. A ordem ao bem comum, que pertence à lei, é aplicável aos fins particulares. E segundo isso, também se dão preceitos a respeito de alguns particulares.

QUANTO AO 2º, deve-se dizer que as ações são certamente da ordem do particular, mas aqueles particulares podem referir-se ao bem comum, não certamente pela comunidade do gênero ou da espécie, mas pela comunidade da causa final, enquanto o bem comum se diz fim comum.

QUANTO AO 3º, deve-se dizer que, como nada existe firmemente segundo a razão especulativa a não ser pela resolução aos primeiros princípios indemonstráveis, também nada existe firmemente pela razão prática a não ser pela ordenação ao fim último, que é o bem comum. O que existe desse modo pela razão, tem razão de lei.

ARTICULUS 3

Utrum ratio cuiuslibet sit factiva legis

AD TERTIUM SIC PROCEDITUR. Videtur quod cuiuslibet ratio sit factiva legis.

1. Dicit enim Apostolus, Rm 2,14, quod *cum gentes, quae legem non habent, naturaliter ea quae legis sunt faciunt, ipsi sibi sunt lex*. Hoc autem communiter de omnibus dicit. Ergo quilibet potest facere sibi legem.

2. PRAETEREA, sicut Philosophus dicit, in libro II *Ethic.*[1], *intentio legislatoris est ut inducat hominem ad virtutem*. Sed quilibet homo potest alium inducere ad virtutem. Ergo cuiuslibet hominis ratio est factiva legis.

ARTIGO 3

A razão de qualquer um pode fazer leis?

QUANTO AO TERCEIRO, ASSIM SE PROCEDE: parece que a razão de qualquer um **pode** fazer leis.

1. Com efeito, diz o Apóstolo na Carta aos Romanos que "os gentios, que não têm a lei, naturalmente fazem o que é da lei e são lei para si mesmos". Ora, diz isto comumente de todos. Logo, qualquer um pode fazer-se a lei.

2. ALÉM DISSO, como diz o Filósofo "a intenção do legislador é de induzir o homem à virtude". Ora, qualquer homem pode induzir outro à virtude. Logo, a razão de qualquer homem pode fazer leis.

3 PARALL.: Infra, q. 97, a. 3, ad 3; II-II, q. 50, a. 1, ad 3.

1. C. 1: 1103, b, 3-6.

c. A lei, se é chamada a encarnar-se no agir moral de cada pessoa humana, é também na medida em que essa pessoa é membro de uma comunidade mais ou menos vasta (mundial ou simplesmente uma nação particular). Mostra-se, assim, o sentido eminentemente comunitário da moral tomista: o destino fundamental da pessoa humana, mesmo que se revista de um caráter único e singular, exprime uma comunidade entre os homens, uma universalidade na estrutura de fundo de seu ser; é sobre um fundo de universalidade objetiva que se destaca a particularidade única de cada pessoa humana. E, uma das primeiras funções da lei, como regra do agir, é instaurar esse universalismo comunitário, possibiliando a comunicação, as trocas e, finalmente, o amor entre todos os seres humanos. Ora, o meio de constituir toda comunidade humana é o bem comum, entendido como o conjunto de condições gerais que tornam possível a vida em comum, ao mesmo tempo em que facilita a cada membro a busca de sua vocação própria (bem privado), e criando entre todos uma real solidariedade na realização de um ideal comum. Enfim, como salientam as respostas 2 e 3 deste artigo, o bem comum resulta da contribuição de todos os membros ou comunidades inferiores como consistindo essencialmente na submissão à lei geral, em uma certa renúncia a bens particulares.

3. PRAETEREA, sicut princeps civitatis est civitatis gubernator, ita quilibet paterfamiliae est gubernator domus. Sed princeps civitatis potest legem in civitate facere. Ergo quilibet paterfamiliae potest in sua domo facere legem.

SED CONTRA est quod Isidorus dicit, in libro *Etymol.*[2], et habetur in *Decretis*, dist. 2[3]: *Lex est constitutio populi, secundum quam maiores natu simul cum plebibus aliquid sanxerunt*. Non est ergo cuiuslibet facere legem.

RESPONDEO dicendum quod lex proprie, primo et principaliter respicit ordinem ad bonum commune. Ordinare autem aliquid in bonum commune est vel totius multitudinis, vel alicuius gerentis vicem totius multitudinis. Et ideo condere legem vel pertinet ad totam multitudinem, vel pertinet ad personam publicam quae totius multitudinis curam habet. Quia et in omnibus aliis ordinare in finem est eius cuius est proprius ille finis.

AD PRIMUM ergo dicendum quod, sicut supra[4] dictum est, lex est in aliquo non solum sicut in regulante, sed etiam participative sicut in regulato. Et hoc modo unusquisque sibi est lex, inquantum participat ordinem alicuius regulantis. Unde et ibidem subditur [15]: *Qui ostendunt opus legis scriptum in cordibus suis*.

AD SECUNDUM dicendum quod persona privata non potest inducere efficaciter ad virtutem. Potest enim solum monere, sed si sua monitio non recipiatur, non habet vim coactivam; quam debet habere lex, ad hoc quod efficaciter inducat ad virtutem, ut Philosophus dicit, in X *Ethic.*[5]. Hanc autem virtutem coactivam habet multitudo vel persona publica, ad quam pertinet poenas infligere, ut infra[6] dicetur. Et ideo solius eius est leges facere.

AD TERTIUM dicendum quod, sicut homo est pars domus, ita domus est pars civitatis: civitas autem est communitas perfecta, ut dicitur in I *Politic.*[7]. Et ideo sicut bonum unius hominis non est ultimus

3. ADEMAIS, como o príncipe da cidade é dela o governante, assim qualquer pai de família é o governante da casa. Ora, o príncipe da cidade pode fazer a lei na cidade. Logo, qualquer pai de família pode fazer a lei em sua casa.

EM SENTIDO CONTRÁRIO, diz Isidoro e está nas Decretais: "A lei é a constituição do povo, segundo a qual os que são maiores por nascimento, juntamente com as plebes, sancionaram algo". Não é, portanto, de qualquer um fazer a lei.

RESPONDO. A lei propriamente, por primeiro e principalmente, visa a ordenação ao bem comum. Ordenar, porém, algo para o bem comum é ou de toda a multidão ou de alguém que faz as vezes de toda a multidão. E assim constituir a lei ou pertence a toda a multidão, ou pertence à pessoa pública que tem o cuidado de toda a multidão. Porque em todas as coisas ordenar para o fim é daquele de quem este fim é próprio[d].

QUANTO AO 1º, deve-se dizer, portanto, como foi afirmado acima, que a lei está em alguém não só como em quem regula, mas também, participativamente, como em quem é regulado. E desse modo cada um é lei para si mesmo, enquanto participa da ordem de alguém que regula. Por isso, aí mesmo se acrescenta: "Aqueles mostram a obra da lei, escrita em seus corações".

QUANTO AO 2º, deve-se dizer que a pessoa privada não pode induzir eficazmente à virtude. Pode, com efeito, somente admoestar, mas, se sua admoestação não é recebida, não tem força coativa, que a lei deve ter, para que eficazmente induza à virtude, como diz o Filósofo. Tal virtude coativa tem a multidão ou a pessoa pública à qual pertence infligir penas, como se dirá abaixo. E assim é apenas dela o fazer leis.

QUANTO AO 3º, deve-se dizer que, como o homem é parte da casa, assim a casa é parte da cidade; e a cidade é a comunidade perfeita, como se diz no livro I da *Política*. E assim, como o

2. L. V, c. 10: ML 82, 200 C; cfr. l. II, c. 10: ML 82, 130 C.
3. GRATIANUS (saec. XII), *Decretum*, P. I, dist. 2, can. 1: *Lex est*.
4. A. 1, ad 1.
5. C. 10: 1180, a, 20-22.
6. Cfr. q. 92, a. 2, ad 3; II-II, q. 64, a. 3.
7. C. 1: 1252, a, 5-7.

d. A destinação comunitária (o bem comum) da lei exige que ela seja conduzida pelo responsável desse bem comum, o detentor do poder. A esse propósito, o texto alude a uma doutrina tipicamente tomista, objeto de controvérsias na época atual devido a sua conotação política: o poder, ao qual cabe a promoção do bem comum, reside fundamentalmente na própria comunidade (*multitudo*), que hoje chamaríamos de "povo", ou naquele que tem a responsabilidade, e que portanto deve tê-la recebido desse povo (o que é especificado abaixo, na q. 97, a. 3, r. 3).

finis, sed ordinatur ad commune bonum; ita etiam et bonum unius domus ordinatur ad bonum unius civitatis, quae est communitas perfecta. Unde ille qui gubernat aliquam familiam, potest quidem facere aliqua praecepta vel statuta; non tamen quae proprie habeant rationem legis.

bem de um só homem não é o fim último, mas ordena-se ao bem comum, assim também o bem de uma só casa ordena-se ao bem de uma cidade, que é a comunidade perfeita. Portanto, aquele que governa uma família, pode certamente fazer alguns preceitos ou estatutos; não, porém, aqueles que têm propriamente razão de lei.

ARTICULUS 4

Utrum promulgatio sit de ratione legis

AD QUARTUM SIC PROCEDITUR. Videtur quod promulgatio non sit de ratione legis.

1. Lex enim naturalis maxime habet rationem legis. Sed lex naturalis non indiget promulgatione. Ergo non est de ratione legis quod promulgetur.

2. PRAETEREA, ad legem pertinet proprie obligare ad aliquid faciendum vel non faciendum. Sed non solum obligantur ad implendam legem illi coram quibus promulgatur lex, sed etiam alii. Ergo promulgatio non est de ratione legis.

3. PRAETEREA, obligatio legis extenditur etiam infuturum: quia *leges futuris negotiis necessitatem imponunt*, ut iura dicunt[1]. Sed promulgatio fit ad praesentes. Ergo promulgatio non est de necessitate legis.

SED CONTRA est quod dicitur in *Decretis*, 4 dist.[2], quod *leges instituuntur cum promulgantur.*

RESPONDEO dicendum quod, sicut dictum est[3], lex imponitur aliis per modum regulae et mensurae. Regula autem et mensura imponitur per hoc quod applicatur his quae regulantur et mensurantur. Unde ad hoc quod lex virtutem obligandi obtineat, quod est proprium legis, oportet quod applicetur hominibus qui secundum eam regulari debent. Talis autem applicatio fit per hoc quod in notitiam eorum deducitur ex ipsa promulgatione. Unde promulgatio necessaria est ad hoc quod lex habeat suam virtutem.

Et sic ex quatuor praedictis potest colligi definitio legis, quae nihil est aliud quam quaedam

ARTIGO 4

A promulgação é da razão de lei?

QUANTO AO QUARTO, ASSIM SE PROCEDE: parece que a promulgação **não** é da razão de lei.

1. Com efeito, a lei natural tem ao máximo razão de lei. Ora, a lei natural não necessita de promulgação. Logo, não é da razão da lei que seja promulgada.

2. ALÉM DISSO, pertence à lei, propriamente, obrigar a fazer algo ou a não fazer. Ora, não apenas são obrigados a cumprir a lei aqueles em presença dos quais é ela promulgada, mas também os outros. Logo, a promulgação não é da razão de lei.

3. ADEMAIS, a obrigação da lei se estende também ao futuro, pois "as leis impõem necessidade aos negócios futuros", como afirmam os direitos. Ora, a promulgação se faz para os presentes. Logo, a promulgação não é por necessidade da lei.

EM SENTIDO CONTRÁRIO, dizem as *Decretais* que "as leis se instituem quando são promulgadas".

RESPONDO. Como foi dito, a lei se impõe a outros por modo de regra e de medida. E a regra e a medida se impõem enquanto se aplicam naquelas coisas que são reguladas e medidas. Donde, para que a lei obtenha a força de obrigar, que é próprio dela, é necessário que se aplique aos homens que segundo ela devem ser regulados. Tal aplicação se faz enquanto é levada ao conhecimento deles pela própria promulgação. Portanto, a promulgação é necessária para que a lei tenha sua força[e].

E assim pode-se colher dos quatro elementos anteriormente ditos a definição de lei, que não é

4 PARALL.: *De Verit.*, q. 17, a. 3; *Quodlib.* I, q. 9, art. 3.

1. *Codex Iustinianus*, l. I, tit. 14: De legibus et constit., lex 7: *Leges et*.
2. GRATIANUS, *Decretum*, P. I, dist. 4, can. 3: *In istis* (append.).
3. Art. 1.

e. Devido ao fato de que a lei, como regulação racional, dirige-se a sujeitos dotados de liberdade, ela apela para sua razão; para tanto, eles devem poder conhecê-la, de algum modo, o que se realiza mediante um ato oficial da autoridade legislativa, que estabelece desse modo o contato necessário e o vínculo entre a lei e o sujeito. Tal ato é a promulgação, que assume formas diversas e analógicas adaptadas aos diferentes tipos de leis.

rationis ordinatio ad bonum commune, ab eo qui curam communitatis habet, promulgata.

AD PRIMUM ergo dicendum quod promulgatio legis naturae est ex hoc ipso quod Deus eam mentibus hominum inseruit naturaliter cognoscendam.

AD SECUNDUM dicendum quod illi coram quibus lex non promulgatur, obligantur ad legem servandam, inquantum in eorum notitiam devenit per alios, vel devenire potest, promulgatione facta.

AD TERTIUM dicendum quod promulgatio praesens in futurum extenditur per firmitatem scripturae, quae quodammodo semper eam promulgat. Unde Isidorus dicit, in II *Etymol.*[4], quod *lex a legendo vocata est, quia scripta est.*

4. Cfr. q. 90, Introd.

outra coisa que uma ordenação da razão para o bem comum, promulgada por aquele que tem o cuidado da comunidade.

QUANTO AO 1º, deve-se dizer, portanto, que a promulgação da lei natural é pelo fato mesmo que Deus a inseriu nas mentes dos homens para ser conhecida naturalmente.

QUANTO AO 2º, deve-se dizer que aqueles em presença dos quais não é promulgada a lei, são obrigados a seu cumprimento, enquanto ela chega a seu conhecimento por meio de outros, ou pode chegar, feita a promulgação.

Quanto ao 3º, deve-se dizer que a promulgação presente se estende ao futuro pela firmeza da escrita, que de certo modo sempre a promulga. Por isso, diz Isidoro que "a lei deriva de ler, pois é escrita".

QUAESTIO XCI
DE LEGUM DIVERSITATE
in sex articulos divisa

Deinde considerandum est de diversitate legum.

Et circa hoc quaeruntur sex.

Primo: utrum sit aliqua lex aeterna.
Secundo: utrum sit aliqua lex naturalis.
Tertio: utrum sit aliqua lex humana.
Quarto: utrum sit aliqua lex divina.
Quinto: utrum sit una tantum, vel plures.
Sexto: utrum sit aliqua lex peccati.

QUESTÃO 91
A DIVERSIDADE DAS LEIS
em seis artigos

Em seguida, deve-se considerar a diversidade das leis.

E a respeito disso fazem-se seis perguntas.

1. Há alguma lei eterna?
2. Uma lei natural?
3. Uma lei humana?
4. Uma lei divina?
5. Uma só ou várias?
6. Uma lei do pecado?

ARTICULUS 1
Utrum sit aliqua lex aeterna

AD PRIMUM SIC PROCEDITUR. Videtur quod non sit aliqua lex aeterna.

1. Omnis enim lex aliquibus imponitur. Sed non fuit ab aeterno aliquis cui lex posset imponi: solus enim Deus fuit ab aeterno. Ergo nulla lex est aeterna.

2. PRAETEREA, promulgatio est de ratione legis. Sed promulgatio non potuit esse ab aeterno: quia non erat ab aeterno cui promulgaretur. Ergo nulla lex potest esse aeterna.

1 PARALL.: Infra, q. 93, a. 1.

ARTIGO 1
Há uma lei eterna?

QUANTO AO PRIMEIRO ARTIGO, ASSIM SE PROCEDE: parece que **não** há uma lei eterna.

1. Toda lei, com efeito, impõe-se a alguns. Ora, não existiu desde toda a eternidade alguém ao qual a lei pudesse ser imposta; só Deus, com efeito, existiu desde toda a eternidade. Logo, nenhuma lei é eterna.

2. ALÉM DISSO, a promulgação é da razão da lei. Ora, a promulgação não pôde ser desde toda a eternidade, pois não existiu desde toda a eternidade aquele a quem tivesse sido promulgada. Logo, nenhuma lei pode ser eterna.

3. PRAETEREA, lex importat ordinem ad finem. Sed nihil est aeternum quod ordinetur ad finem: solus enim ultimus finis est aeternus. Ergo nulla lex est aeterna.

SED CONTRA est quod Augustinus dicit, in I *de Lib. Arb.*[1]: *Lex quae summa ratio nominatur, non potest cuipiam intelligenti non incommutabilis aeternaque videri.*

RESPONDEO dicendum quod, sicut supra[2] dictum est, nihil est aliud lex quam quoddam dictamen practicae rationis in principe qui gubernat aliquam communitatem perfectam. Manifestum est autem, supposito quod mundus divina providentia regatur, ut in Primo[3] habitum est, quod tota communitas universi gubernatur ratione divina. Et ideo ipsa ratio gubernationis rerum in Deo sicut in principe universitatis existens, legis habet rationem. Et quia divina ratio nihil concipit ex tempore, sed habet aeternum conceptum, ut dicitur Pr 8,23: inde est quod huiusmodi legem oportet dicere aeternam.

AD PRIMUM ergo dicendum quod ea quae in seipsis non sunt, apud Deum existunt, inquantum sunt ab ipso praecognita et praeordinata; secundum illud Rm 4,17: *Qui vocat ea quae non sunt, tanquam ea quae sunt*. Sic igitur aeternus divinae legis conceptus habet rationem legis aeternae, secundum quod a Deo ordinatur ad gubernationem rerum ab ipso praecognitarum.

AD SECUNDUM dicendum quod promulgatio fit et verbo et scripto; et utroque modo lex aeterna habet promulgationem ex parte Dei promulgantis: quia et Verbum divinum est aeternum, et scriptura libri vitae est aeterna. Sed ex parte creaturae audientis aut inspicientis, non potest esse promulgatio aeterna.

AD TERTIUM dicendum quod lex importat ordinem ad finem active, inquantum scilicet per eam ordinantur aliqua in finem: non autem passive, idest quod ipsa lex ordinetur ad finem, nisi per

3. ADEMAIS, a lei implica ordem ao fim. Ora, nada é eterno que se ordene ao fim: só o último fim, com efeito, é eterno. Logo, nenhuma lei é eterna.

EM SENTIDO CONTRÁRIO, diz Agostinho: "A lei que se nomeia razão suprema, não pode parecer não imutável e eterna a qualquer um que entenda".

RESPONDO. Assim como foi dito acima, nada é lei senão certo preceito da razão prática no príncipe que governa uma comunidade perfeita. Suposto, porém, que o mundo seja regido pela providência divina, como se mostrou na I Parte, é manifesto que toda a comunidade do universo é governada pela razão divina. E assim a própria razão do governo das coisas em Deus, como existindo no príncipe do universo, tem razão de lei. E porque a razão divina nada concebe no tempo, mas tem o conceito eterno, como é dito no livro dos Provérbios, segue-se que é necessário que tal lei eterna seja dita eterna[a].

QUANTO AO 1º, deve-se dizer, portanto, que aquelas coisas que não existem por si mesmas, existem em Deus, enquanto são preconhecidas e preordenadas por Ele, segundo aquilo da Carta aos Romanos: "Aquele que chama as coisas que não são como as que são". Assim, pois, o eterno conceito da lei divina tem a razão de lei eterna, enquanto é por Deus ordenado ao governo das coisas por Ele preconhecidas.

QUANTO AO 2º, deve-se dizer que a promulgação se faz pela palavra e por escrito; e de ambos os modos a lei eterna tem a promulgação da parte de Deus que promulga, porque o Verbo divino é eterno, e a escrita do livro da vida é eterna. Da parte, porém, da criatura que ouve ou vê, não pode ser eterna a promulgação.

QUANTO AO 3º, deve-se dizer que a lei implica ordem ao fim, ativamente, enquanto por ela se ordenam algumas coisas para o fim, não, porém, passivamente, isto é, que a mesma lei seja or-

1. C. 6, n. 15: ML 32, 1229.
2. Q. 90, a. 1, ad 2; a. 3, 4.
3. Q. 22, a. 1, 2.

a. Ao colocar no topo de sua síntese sobre as leis a noção de "lei eterna", Sto. Tomás mostrou a sua fidelidade a uma herança do pensamento antigo (o estoicismo e Cícero, principalmente) transmitido por Sto. Agostinho; ao fazê-lo, foi obrigado a dar ao conceito de lei um caráter bastante analógico, para colocar nele tanto a Providência divina como a legislação civil mais contingente (o que teólogos modernos, seguindo Suarez, terão dificuldade em admitir). Devido ao fato de que Deus é o objetivo do destino humano, trazendo-lhe a bem-aventurança perfeita, e que toda lei é a norma regulativa desse destino, ela tem sua origem no próprio Deus. Deve-se encontrar nele, portanto, segundo um modo divino, essa dialética que, por diversas mediações, esclarece a rota do homem e o sustenta em sua marcha. Deus é, portanto, a lei suprema, identificando-se com a sua Sabedoria e seu governo prrovidencial de todo o universo criado; e essa lei é tão eterna quanto a própria razão divina.

accidens in gubernante cuius finis est extra ipsum, ad quem etiam necesse est ut lex eius ordinetur. Sed finis divinae gubernationis est ipse Deus, nec eius lex est aliud ab ipso. Unde lex aeterna non ordinatur in alium finem.

denada para o fim, a não ser acidentalmente no governante, cujo fim é externo a ele, para quem também é necessário que a sua lei seja ordenada. Ora, o fim do governo divino é o próprio Deus, nem sua lei é algo diferente dele. Portanto, a lei eterna não se ordena a outro fim.

ARTICULUS 2

Utrum sit in nobis aliqua lex naturalis

AD SECUNDUM SIC PROCEDITUR. Videtur quod non sit in nobis aliqua lex naturalis.

1. Sufficienter enim homo gubernatur per legem aeternam: dicit enim Augustinus, in I *de Lib. Arb.*[1]; quod *lex aeterna est qua iustum est ut omnia sint ordinatissima*. Sed natura non abundat in superfluis, sicut nec deficit in necessariis. Ergo non est aliqua lex homini naturalis.

2. PRAETEREA, per legem ordinatur homo in suis actibus ad finem, ut supra[2] habitum est. Sed ordinatio humanorum actuum ad finem non est per naturam, sicut accidit in creaturis irrationabilibus, quae solo appetitu naturali agunt propter finem: sed agit homo propter finem per rationem et voluntatem. Ergo non est aliqua lex homini naturalis.

3. PRAETEREA, quanto aliquis est liberior, tanto minus est sub lege. Sed homo est liberior omnibus animalibus, propter liberum arbitrium, quod prae aliis animalibus habet. Cum igitur alia animalia non subdantur legi naturali, nec homo alicui legi naturali subditur.

SED CONTRA est quod, Rm 2, super illud [14]: *Cum gentes, quae legem non habent, naturaliter ea quae legis sunt faciunt*, dicit Glossa[3]: *Etsi non habent legem scriptam, habent tamen legem naturalem, qua quilibet intelligit et sibi conscius est quid sit bonum et quid malum.*

RESPONDEO dicendum quod, sicut supra[4] dictum est, lex, cum sit regula et mensura, dupliciter potest esse in aliquo: uno modo, sicut in regulante et mensurante; alio modo, sicut in regulato et mensurato, quia inquantum participat aliquid de regula vel mensura, sic regulatur vel mensuratur.

ARTIGO 2

Há em nós uma lei natural?

QUANTO AO SEGUNDO, ASSIM SE PROCEDE: parece que **não** há em nós uma lei natural.

1. Com efeito, o homem é suficientemente governado pela lei eterna: diz Agostinho que "a lei eterna é aquela pela qual é justo que todas as coisas sejam ordenadíssimas". Ora, a natureza não se excede nas coisas supérfluas, como não falta nas necessárias. Logo, não há uma lei natural para o homem.

2. ALÉM DISSO, pela lei ordena-se o homem em seus atos para o fim, como acima se mostrou. Ora, a ordenação dos atos humanos para o fim não é pela natureza, como acontece nas criaturas irracionais, que só pelo apetite natural agem em razão do fim; mas age o homem por causa do fim por razão e vontade. Logo, não há uma lei natural para o homem.

3. ADEMAIS, quanto mais é alguém livre, tanto menos é sob a lei. Ora, o homem é o mais livre de todos os animais, por causa do livre-arbítrio, que tem acima dos outros animais. Logo, como os outros animais não são sujeitos à lei natural, nem o homem é sujeito a alguma lei natural.

EM SENTIDO CONTRÁRIO, sobre aquilo da Carta aos Romanos: "Como os gentios, que não têm a lei, fazem naturalmente aquelas coisas que são da lei", diz a Glosa: "Mesmo que não tenham a lei escrita, têm, porém, a lei natural, pela qual qualquer um entende e é cônscio do que é bem e do que é mal".

RESPONDO. Como acima foi dito, a lei, dado que é regra e medida, pode estar duplamente em algo: de um modo, como no que regula e mede, de outro, como no regulado e medido, porque enquanto participa algo da regra ou medida, assim é regulado e medido. Por isso, como todas

2 PARALL.: IV *Sent.*, dist. 33, q. 1, a. 1.

1. C. 6, n. 15: ML 32, 1229.
2. Q. 90, a. 2.
3. Ordin.: ML 114, 476 A; LOMBARDI: ML 191, 1345 B.
4. Q. 90, a. 1, ad 1.

Unde cum omnia quae divinae providentiae subduntur, a lege aeterna regulentur et mensurentur, ut ex dictis[5] patet; manifestum est quod omnia participant aliqualiter legem aeternam, inquantum scilicet ex impressione eius habent inclinationes in proprios actus et fines. Inter cetera autem rationalis creatura excellentiori quodam modo divinae providentiae subiacet, inquantum et ipsa fit providentiae particeps, sibi ipsi et aliis providens. Unde et in ipsa participatur ratio aeterna, per quam habet naturalem inclinationem ad debitum actum et finem. Et talis participatio legis aeternae in rationali creatura lex naturalis dicitur. Unde cum Psalmista dixisset Ps 4,6, *Sacrificate sacrificium iustitiae*, quasi quibusdam quaerentibus quae sunt iustitiae opera, subiungit: *Multi dicunt, Quis ostendit nobis bona?* cui quaestioni respondens, dicit: *Signatum est super nos lumen vultus tui, Domine*: quasi lumen rationis naturalis, quo discernimus quid sit bonum et malum, quod pertinet ad naturalem legem, nihil aliud sit quam impressio divini luminis in nobis. Unde patet quod lex naturalis nihil aliud est quam participatio legis aeternae in rationali creatura.

as coisas que estão sujeitas à providência divina, são reguladas e medidas pela lei eterna, como se evidencia do que foi dito, é manifesto que todas participam, de algum modo, da lei eterna, enquanto por impressão dessa têm inclinações para os atos e fins próprios. Entre as demais, a criatura racional está sujeita à providência divina de um modo mais excelente, enquanto a mesma se torna participante da providência, provendo a si mesma e aos outros. Portanto, nela mesma é participada a razão eterna, por meio da qual tem a inclinação natural ao devido ato e fim. E tal participação da lei eterna na criatura racional se chama lei natural. Assim, ao dizer o Salmista, "Sacrificai um sacrifício de justiça", acrescenta como que para os que buscam quais são as obras da justiça: "Muitos dizem: Quem nos mostra os bens?", à qual questão responde, dizendo: "Foi assinalada sobre nós a luz de tua face, Senhor": como se a luz da razão natural, pela qual discernimos o que é o bem e o mal, que pertence à lei natural, nada mais seja que a impressão da luz divina em nós. Daí se evidencia que a lei natural nada mais é que a participação da lei eterna na criatura racional[b].

5. Art. praec.

b. O problema da lei natural é certamente aquele que, de toda a síntese tomista, é em nossos dias o mais mal compreendido, a um ponto tal que certos teólogos chegam a rejeitar a própria ideia de lei natural e de seu papel na salvação cristã. De igual modo, vale salientar alguns pontos nevrálgicos desse ensino para compreender o seu valor permanente. A ideia de lei natural se reveste de um conteúdo diferente de acordo com a natureza dos seres que se submetem à divina providência (lei eterna). A partir da ideia de participação, pode ocorrer participação na lei eterna de duas maneiras: seja de maneira material, como uma impressão recebida do alto, e que exprime o pensamento e o querer divinos. É de maneira analógica, portanto, que se pode falar de lei (ver a resposta 3 deste artigo). É o caso de todos os seres infra-humanos que realizam a lei eterna por seu determinismo, seus instintos, ou melhor, por suas "inclinações" (é a expressão preferida de Sto. Tomás), que os leva a agir de maneira própria de acordo com sua espécie. A lei de suas naturezas diversas, as quais eles não dominam, é chamada, na linguagem comum, empregando o plural, de "leis naturais", sinônimo de leis físicas, químicas e biológicas, exprimindo um determinismo estrito, um dado objeto da ciência. O próprio homem, enquanto animal (no sentido genérico) traz em si tais inclinações naturais, mas tendo isto de específico, que as suas inclinações, que ele tem em comum como o mundo infra-humano, devem ser assumidas e reguladas por meio de sua razão e de sua liberdade.

No homem, como ser espiritual e dotado de razão, participa-se na lei eterna também de outra maneira, de uma maneira formal, ou seja, não mais como impressão recebida, mas segundo a própria formalidade da lei, isto é, autor e fonte de regulação. Assim, o homem é chamado a ser como sua própria providência, providência de si em delegação da Providência divina. Isto está de acordo, aliás, com o ensinamento da antropologia cristã, que vê no homem a imagem de Deus. O homem se conforma a essa responsabilidade de imagem de Deus, assumindo, por sua razão e por sua liberdade, a regulação ética de seus atos. Nele, a sua razão é como uma participação da luz divina, permitindo-lhe dirigir-se a si próprio, e discernindo o bem do mal. Nesse nível, não é mais simplesmente a participação nele impressa do querer divino, mas é a participação da luz do pensamento divino.

A desgraça é que, na sequência, o pensamento moderno, principalmente depois de Descartes, reduziu o sentido da palavra "natureza" ao domínio material e corporal (o mundo infra-humano), de modo que o natural no homem designa a parte corporal de seu ser (*res extensa*), que é um dado puro contraposto a seu verdadeiro ser, que é o pensamento reflexivo (*res cogitans*) e sua liberdade. Do mesmo modo, falar de lei natural como norma moral seria o mesmo que atribuir às leis físicas e biológicas no homem uma função normativa, consequência que se encontra em nossos dias em uma certa mentalidade conservadora de homens da Igreja, um tanto quanto inquietos no que concerne à perspectiva de reconhecer à liberdade e à razão natural o lugar que Sto. Tomás lhes reservava em sua doutrina sobre a lei natural.

Dessa forma, essa derivação semântica da palavra "natureza" faz que, no momento atual, a linguagem tomista tradicional não cruze mais o discurso moderno, não mais ousando evocar a ideia de lei natural como sinônimo de lei moral. Felizmente, uma evolução mais recente do mundo, a sua socialização, em particular, implicando uma retomada de consciência do universalismo ético (sobretudo em matéria de justiça social e de desenvolvimento), manifesta-se por uma espécie de apelo ético em prol do

AD PRIMUM ergo dicendum quod ratio illa procederet, si lex naturalis esset aliquid diversum a lege aeterna. Non autem est nisi quaedam participatio eius, ut dictum est[6].

AD SECUNDUM dicendum quod omnis operatio, rationis et voluntatis derivatur in nobis ab eo quod est secundum naturam, ut supra[7] habitum est: nam omnis ratiocinatio derivatur a principiis naturaliter notis, et omnis appetitus eorum quae sunt ad finem, derivatur a naturali appetitu ultimi finis. Et sic etiam oportet quod prima directio actuum nostrorum ad finem, fiat per legem naturalem.

AD TERTIUM dicendum quod etiam animalia irrationalia participant rationem aeternam suo modo, sicut et rationalis creatura. Sed quia rationalis creatura participat eam intellectualiter et rationaliter, ideo participatio legis aeternae in creatura rationali proprie lex vocatur: nam lex est aliquid rationis, ut supra[8] dictum est. In creatura autem irrationali non participatur rationaliter: unde non potest dici lex nisi per similitudinem.

QUANTO AO 1º, deve-se dizer, portanto, que aquela razão procederia, se a lei natural fosse algo diverso da lei eterna. Não é, porém, senão uma participação dela, como foi dito.

QUANTO AO 2º, deve-se dizer que toda operação da razão e da vontade deriva em nós do que é segundo a natureza, como acima se mostrou; com efeito, todo raciocínio deriva de princípios naturais conhecidos, e todo apetite daquelas coisas que pertencem ao fim, deriva do apetite natural do fim último. E assim também é necessário que a primeira direção dos nossos atos para o fim se faça pela lei natural.

QUANTO AO 3º, deve-se dizer que também os animais irracionais participam da razão eterna a seu modo, como a criatura racional. Mas, porque a criatura racional dela participa intelectual e racionalmente, assim a participação da lei eterna na criatura racional propriamente se diz lei, pois a lei é algo da razão, como foi acima dito. Na criatura irracional, porém, não é participada racionalmente, por isso, não pode ser dita lei, senão por semelhança.

ARTICULUS 3

Utrum sit aliqua lex humana

AD TERTIUM SIC PROCEDITUR. Videtur quod non sit aliqua lex humana.

1. Lex enim naturalis est participatio legis aeternae, ut dictum est[1]. Sed per legem aeternam *omnia sunt ordinatissima*, ut Augustinus dicit, in I *de Lib. Arb.*[2]. Ergo lex naturalis sufficit ad omnia humana ordinanda. Non est ergo necessarium quod sit aliqua lex humana.

2. PRAETEREA, lex habet rationem mensurae, ut dictum est[3]. Sed ratio humana non est mensura rerum, sed potius e converso, ut in X *Metaphys.*[4] dicitur. Ergo ex ratione humana nulla lex procedere potest.

ARTIGO 3

Há uma lei humana?

QUANTO AO TERCEIRO, ASSIM SE PROCEDE: parece que **não** há uma lei humana.

1. Com efeito, a lei natural é participação da lei eterna, como foi dito. Ora, pela lei eterna, "todas as coisas são ordenadíssimas", como diz Agostinho. Logo, a lei natural basta para ordenar todas as coisas humanas. Não é, pois, necessário que haja uma lei humana.

2. ALÉM DISSO, a lei tem razão de medida, como foi dito. Ora, a razão humana não é medida das coisas, mas antes ao contrário, como se diz no livro X da *Metafísica*. Logo, da razão humana lei alguma pode proceder.

6. In corp.
7. Q. 10, a. 1.
8. Q. 90, a. 1.

3 PARALL.: Infra, q. 95, a. 1.

1. Art. praec.
2. C. 6, n. 15: ML 32, 1229.
3. Q. 90, a. 1.
4. C. 1: 1053, a, 31-b, 3.

reconhecimento de exigências comuns a todos os homens. (Ver nossa participação em *Initiation à la pratique de la théologie*, tomo IV, *Éthique*, Paris, Cerf, 1983, "*Les catégories de la vie morale: II. La conscience et la loi*", p. 232, onde se encontra um mapeamento da questão, um resumo da doutrina de Sto. Tomás e uma bibliografia dirigida.)

3. PRAETEREA, mensura debet esse certissima, ut dicitur in X *Metaphys.*[5]. Sed dictamen humanae rationis de rebus gerendis est incertum; secundum illud Sap 9,14: *Cogitationes mortalium timidae, et incertae providentiae nostrae*. Ergo ex ratione humana nulla lex procedere potest.

SED CONTRA est quod Augustinus, in I *de Lib. Arb.*[6], ponit duas leges, unam aeternam et aliam temporalem, quam dicit esse humanam.

RESPONDEO dicendum quod, sicut supra[7] dictum est, lex est quoddam dictamen practicae rationis. Similis autem processus esse invenitur rationis practicae et speculativae: utraque enim ex quibusdam principiis ad quasdam conclusiones procedit, ut superius[8] habitum est. Secundum hoc ergo dicendum est quod, sicut in ratione speculativa ex principiis indemonstrabilibus naturaliter cognitis producuntur conclusiones diversarum scientiarum, quarum cognitio non est nobis naturaliter indita, sed per industriam rationis inventa; ita etiam ex praeceptis legis naturalis, quasi ex quibusdam principiis communibus et indemonstrabilibus, necesse est quod ratio humana procedat ad aliqua magis particulariter disponenda. Et istae particulares dispositiones adinventae secundum rationem humanam, dicuntur leges humanae, servatis aliis conditionibus quae pertinent ad rationem legis, ut supra[9] dictum est. Unde et Tullius dicit, in sua *Rhetor.*[10], quod *initium iuris est a natura profectum; deinde quaedam in consuetudinem ex utilitate rationis venerunt; postea res et a natura profectas et a consuetudine probatas legum metus et religio sanxit*.

AD PRIMUM ergo dicendum quod ratio humana non potest participare ad plenum dictamen ratio-

3. ADEMAIS, a medida deve ser certíssima, como se diz no livro X da *Metafísica*. Ora, o ditame da razão humana sobre a gestão das coisas é incerto, de acordo com aquilo do livro da Sabedoria: "Os pensamentos dos mortais são tímidos, e incertas nossas providências". Logo, da razão humana lei alguma pode proceder.

EM SENTIDO CONTRÁRIO, Agostinho afirma duas leis, uma eterna e outra temporal, que diz ser humana.

RESPONDO. Como foi dito acima, a lei é certo ditame da razão prática. Ora, acha-se na razão prática processo semelhante ao da especulativa: ambas, com efeito, procedem de alguns princípios para algumas conclusões, como mais acima se mostrou. Segundo isso, deve-se dizer que, como na razão especulativa de princípios indemonstráveis naturalmente conhecidos produzem-se conclusões das diversas ciências, cujo conhecimento não nos é inato, mas descoberto por esforço da razão, assim também dos preceitos da lei natural, como de alguns princípios comuns e indemonstráveis, é necessário que a razão humana proceda para dispor mais particularmente algumas coisas[c]. E estas disposições particulares descobertas segundo a razão humana, dizem-se leis humanas, mantidas as outras condições que pertencem à razão de lei, como acima foi dito. Por isso, Túlio diz que a origem do direito veio da natureza, depois algumas coisas vieram como costumes por aprovação da razão, finalmente o que veio da natureza e foi aprovado pelo costume foi sancionado pelo medo e pela religião.

QUANTO AO 1º, deve-se dizer, portanto, que a razão humana não pode participar do pleno ditame

5. Ibid.
6. Cc. 6, 15: ML 32, 1229, 1238.
7. Q. 90, a. 1, ad 2.
8. Ibid.
9. Ibid., a. 2 sqq.
10. L. II, c. 53: ed. Müller, Lipsiae 1908, p. 230, ll. 14-17.

c. As leis humanas também são chamadas de leis positivas, pois são efeitos de um ato legislativo. A partir do momento que a lei natural incide sobre o universal, os seus preceitos gerais devem ser aplicados (como os princípios da razão especulativa) às realidades concretas da vida humana, responsabilidade que não se pode deixar às consciências individuais, sujeitas ao erro ou a influências externas. Por conseguinte, convém que essas precisões (conclusões e determinações contingentes) sejam obra das responsabilidades da sociedade (poder legislativo), em função dos costumes e da história particular de cada corpo social. Evidencia-se assim o profundo realismo tomista: por um lado, o agir ético concerne ao concreto, pois o universal só existe individualizado no concreto; logo, esse agir, para atingir o real e transformá-lo deve seguir uma regulação adaptada a esse concreto. Por outro lado, essa doutrina leva em conta a historicidade do homem, que desenvolve e expande, por meio da história e das culturas diversificadas, as virtualidades infinitas que contém o ser humano; pois, imagem de Deus, por sua alma, é virtualmente apta a "ser de alguma maneira todas as coisas" (*De Veritate*, q. I, a. 1, resp.), apta a manifestar na história e pela plasticidade de sua natureza as riquezas do modelo divino (cf. *Initiation à la pratique de la théol.*, op. cit., p. 238).

nis divinae, sed suo modo et imperfecte. Et ideo sicut ex parte rationis speculativae, per naturalem participationem divinae sapientiae, inest nobis cognitio quorundam communium principiorum, non autem cuiuslibet veritatis propria cognitio, sicut in divina sapientia continetur; ita etiam ex parte rationis practicae naturaliter homo participat legem aeternam secundum quaedam communia principia, non autem secundum particulares directiones singulorum, quae tamen in aeterna lege continentur. Et ideo necesse est ulterius quod ratio humana procedat ad particulares quasdam legum sanctiones.

AD SECUNDUM dicendum quod ratio humana secundum se non est regula rerum: sed principia ei naturaliter indita, sunt quaedam regulae generales et mensurae omnium eorum quae sunt per hominem agenda, quorum ratio naturalis est regula et mensura, licet non sit mensura eorum quae sunt a natura.

AD TERTIUM dicendum quod ratio practica est circa operabilia, quae sunt singularia et contingentia: non autem circa necessaria, sicut ratio speculativa. Et ideo leges humanae non possunt illam infallibilitatem habere quam habent conclusiones demonstrativae scientiarum. Nec oportet quod omnis mensura sit omni modo infallibilis et certa, sed secundum quod est possibile in genere suo.

da razão divina, mas a seu modo e imperfeitamente. E assim como da parte da razão especulativa, por natural participação da sabedoria divina, é presente em nós o conhecimento de alguns princípios comuns, não, porém, o conhecimento próprio de qualquer verdade, como se contém na sabedoria divina, assim também da parte da razão prática naturalmente o homem participa da lei eterna, segundo alguns princípios comuns, e não segundo direções particulares dos singulares, que, porém, se contêm na lei eterna. E assim é necessário ulteriormente que a razão humana proceda a algumas sanções particulares das leis.

QUANTO AO 2º, deve-se dizer que a razão humana em si mesma não é regra das coisas, mas os princípios inatos são certas regras gerais e medidas de todas aquelas coisas que devem ser feitas pelo homem, das quais a razão natural é regra e medida, embora não seja a medida daquelas coisas que são pela natureza.

QUANTO AO 3º, deve-se dizer que a razão prática é acerca das ações, que são singulares e contingentes, e não acerca das coisas necessárias, como a razão especulativa. E assim as leis humanas não podem ter aquela infalibilidade que têm as conclusões demonstrativas das ciências. Nem é necessário que toda medida seja de todo modo infalível e certa, mas segundo é possível em seu gênero.

ARTICULUS 4

Utrum fuerit necessarium esse aliquam legem divinam

AD QUARTUM SIC PROCEDITUR. Videtur quod non fuerit necessarium esse aliquam legem divinam.

1. Quia, ut dictum est[1], lex naturalis est quaedam participatio legis aeternae in nobis. Sed lex aeterna est lex divina, ut dictum est[2]. Ergo non oportet quod praeter legem naturalem, et leges humanas ab ea derivatas, sit aliqua alia lex divina.

2. PRAETEREA, Eccli 15,14 dicitur quod *Deus dimisit hominem in manu consilit sui*. Consilium autem est actus rationis, ut supra[3] habitum est. Ergo homo dimissus est gubernationi suae rationis. Sed dictamen rationis humanae est lex humana,

ARTIGO 4

Foi necessário haver uma lei divina?

QUANTO AO QUARTO, ASSIM SE PROCEDE: parece que **não** foi necessário haver uma lei divina.

1. Porque a lei natural, como foi dito, é uma participação da lei eterna em nós. Ora, a lei eterna é a lei divina, como foi dito. Logo, não é necessário que, além da lei natural e das leis humanas dela derivadas, haja alguma outra lei divina.

2. ALÉM DISSO, diz-se no livro do Eclesiástico que "Deus entregou o homem na mão de seu conselho". Ora, o conselho é ato da razão, como acima se mostrou. Logo, o homem foi entregue ao governo de sua razão. Ora, o ditame da razão

4 PARALL.: Part. I, q. 1, a. 1; II-II, q. 22, a. 1, ad 1; Part. III, q. 60, a. 5, ad 3; III *Sent.*, dist. 37, a. 1; in *Psalm.* 18; *ad Galat.*, c. 3, lect. 7.

1. Art. 2.
2. Art. 1.
3. Q. 14, a. 1.

ut dictum est[4]. Ergo non oportet quod homo alia lege divina gubernetur.

3. PRAETEREA, natura humana est sufficientior irrationalibus creaturis. Sed irrationales creaturae non habent aliquam legem divinam praeter inclinationem naturalem eis inditam. Ergo multo minus creatura rationalis debet habere aliquam legem divinam praeter naturalem legem.

SED CONTRA est quod David expetit legem a Deo sibi poni, dicens Ps 118,33: *Legem pone mihi, Domine, in via iustificationum tuarum.*

RESPONDEO dicendum quod praeter legem naturalem et legem humanam, necessarium fuit ad directionem humanae vitae habere legem divinam. Et hoc propter quatuor rationes. Primo quidem, quia per legem dirigitur homo ad actus proprios in ordine ad ultimum finem. Et si quidem homo ordinaretur tantum ad finem qui non excederet proportionem naturalis facultatis hominis, non oporteret quod homo haberet aliquid directivum ex parte rationis, supra legem naturalem et legem humanitus positam, quae ab ea derivatur. Sed quia homo ordinatur ad finem beatitudinis aeternae, quae excedit proportionem naturalis facultatis humanae, ut supra[5] habitum est; ideo necessarium fuit ut supra legem naturalem et humanam, dirigeretur etiam ad suum finem lege divinitus data.

Secundo, quia propter incertitudinem humani iudicii, praecipue de rebus contingentibus et particularibus, contingit de actibus humanis diversorum esse diversa iudicia, ex quibus etiam diversae et contrariae leges procedunt. Ut ergo homo absque omni dubitatione scire possit quid ei sit agendum et quid vitandum, necessarium fuit ut in actibus

humana é a lei humana, como foi dito. Logo, não é necessário que o homem seja governado por outra lei divina.

3. ADEMAIS, a natureza humana é mais suficiente que as criaturas irracionais. Ora, as criaturas irracionais não têm outra lei divina além da inclinação natural inata. Logo, muito menos a criatura racional deve ter alguma lei divina além da lei natural.

EM SENTIDO CONTRÁRIO, Davi solicitou a Deus que uma lei lhe fosse imposta, dizendo no livro dos Salmos: “Põe-me a lei, Senhor, no caminho de tuas justificações”.

RESPONDO. Além da lei natural e da lei humana, foi necessário para direção da vida humana ter a lei divina[d]. E isso por quatro razões. Em primeiro lugar, porque pela lei é dirigido o homem aos atos próprios em ordem ao fim último. E se o homem se ordenasse apenas ao fim que não excedesse a proporção da potência humana natural, não seria necessário que o homem tivesse algo diretivo da parte da razão, acima da lei natural e da lei humanamente posta, que dela derivasse. Mas, porque o homem se ordena ao fim da bem-aventurança eterna, que excede a proporção da potência natural humana, como acima se mostrou, assim foi necessário que acima da lei natural e humana, fosse dirigido também a seu fim pela lei divinamente dada.

Em segundo lugar, porque, em razão da incerteza do juízo humano, precipuamente sobre as coisas contingentes e particulares, aconteceu haver a respeito dos diversos atos humanos juízos diversos, dos quais também procedem leis diversas e contrárias. Para que o homem, pois, sem qualquer dúvida possa conhecer o que lhe cabe agir e o que

4. Art. praec.
5. Q. 5, a. 5. Cfr. etiam q. 62, a. 1.

d. Com este artigo, aborda-se um domínio essencial, o da distinção entre natural e sobrenatural, distinção muitas vezes enrijecida na época moderna (conceito de natureza pura), mas que é essencial para compreender o lugar da moral na economia da salvação. Aqui, quando se trata da lei divina, deve-se entender uma lei divina positiva, tendo sido objeto de uma intervenção especial de Deus na história, o que possibilita distinguir essa lei ao mesmo tempo da lei eterna e da lei natural, ambas também igualmente leis divinas (mas não positivas).

A existência de uma lei divina positiva é determinada primeiramente pela existência querida por Deus de uma finalidade de bem-aventurança oferecida ao homem, a qual supera radicalmente as capacidades da natureza humana. Devido ao fato de que essa finalidade transcendente é a única na qual o homem pode realizar-se e cumprir o seu destino, a busca desse fim deve ser regulada por uma lei adaptada a esse termo sobrenatural (ver-se-á adiante que ela se diversifica em duas instâncias). Outra razão para explicar essa lei divina positiva é a necessidade que dela tem o homem para vencer a debilidade introduzida em sua própria natureza pelo pecado. Do mesmo modo, devido ao fato de que o destino sobrenatural concerne ao ser humano no mais profundo de si mesmo, ela deve regrar os atos mais íntimos, e não se limitar à exterioridade do agir, regulada pelas leis humanas positivas. Enfim, não podendo estas últimas tudo regrar, convém que a sua insuficência seja suplementada por uma outra lei positiva, de origem divina.

propriis dirigeretur per legem divinitus datam, de qua constat quod non potest errare.

Tertio, quia de his potest homo legem ferre, de quibus potest iudicare. Iudicium autem hominis esse non potest de interioribus motibus, qui latent, sed solum de exterioribus actibus, qui apparent. Et tamen ad perfectionem virtutis requiritur quod in utrisque actibus homo rectus existat. Et ideo lex humana non potuit cohibere et ordinare sufficienter interiores actus, sed necessarium fuit quod ad hoc superveniret lex divina.

Quarto quia, sicut Augustinus dicit, in I *de Lib. Arb.*[6], lex humana non potest omnia quae male fiunt, punire vel prohibere: quia dum auferre vellet omnia mala, sequeretur quod etiam multa bona tollerentur, et impediretur utilitas boni communis, quod est necessarium ad conversationem humanam. Ut ergo nullum malum improhibitum et impunitum remaneat, necessarium fuit supervenire legem divinam, per quam omnia peccata prohibentur.

Et istae quatuor causae tanguntur in Ps 18,8, ubi dicitur: *Lex Domini immaculata*, idest nullam peccati turpitudinem permittens; *convertens animas*, quia non solum exteriores actus, sed etiam interiores dirigit: *testimonium Domini fidele*, propter certitudinem veritatis et rectitudinis; *sapientiam praestans parvulis*, inquantum ordinat hominem ad supernaturalem finem et divinum.

AD PRIMUM ergo dicendum quod per naturalem legem participatur lex aeterna secundum proportionem capacitatis humanae naturae. Sed oportet ut altiori modo dirigatur homo in ultimum finem supernaturalem. Et ideo superadditur lex divinitus data, per quam lex aeterna participatur altiori modo.

AD SECUNDUM dicendum quod consilium est inquisitio quaedam: unde oportet quod procedat ex aliquibus principiis. Nec sufficit quod procedat ex principiis naturaliter inditis, quae sunt praecepta legis naturae, propter praedicta[7]: sed oportet quod superaddantur quaedam alia principia, scilicet praecepta legis divinae.

AD TERTIUM dicendum quod creaturae irrationales non ordinantur ad altiorem finem quam sit finis

evitar, foi necessário que, nos atos próprios, ele fosse dirigido por lei divinamente dada, a respeito da qual consta que não pode errar.

Em terceiro lugar, porque o homem pode legislar sobre aquelas coisas das quais pode julgar. O juízo do homem, com efeito, não pode ser sobre movimentos interiores, que estão ocultos, mas apenas sobre os atos exteriores, que aparecem. E, contudo, para a perfeição da virtude requer-se que em uns e outros atos o homem viva retamente. E assim a lei humana não pôde coibir e ordenar suficientemente os atos interiores, mas foi necessário que para isso sobreviesse a lei divina.

Em quarto lugar, como diz Agostinho, a lei humana não pode punir ou proibir todas as coisas que se praticam mal, pois, se quisesse retirar todos os males, seguir-se-ia que também se suprimiriam muitos bens, e se impediria a utilidade do bem comum, que é necessário para a convivência humana. Para que, então, nenhum mal permaneça não proibido ou não punido, foi necessário que sobreviesse a lei divina, pela qual todos os pecados são proibidos.

E essas quatro causas são tocadas no livro dos Salmos, onde se diz: "A lei do Senhor imaculada", isto é, não permitindo nenhuma torpeza de pecado; "convertendo as almas", porque dirige não apenas os atos exteriores, mas também os interiores; "fiel o testemunho do Senhor", por causa da certeza e da retidão; "propiciando aos pequenos a sabedoria", enquanto ordena o homem para o fim sobrenatural e divino.

QUANTO AO 1º, deve-se dizer, portanto, que pela lei natural é participada a lei eterna, segundo a proporção da capacidade da natureza humana. Mas é necessário que de modo mais elevado seja o homem dirigido para o último fim sobrenatural. E assim acrescenta-se a lei divinamente dada, pela qual a lei eterna é participada de modo mais elevado.

QUANTO AO 2º, deve-se dizer que o conselho é certa inquisição: donde é preciso que proceda de alguns princípios. Nem basta que proceda de princípios inatos, que são os preceitos da lei da natureza, em razão do já mencionado, mas é preciso que sejam acrescentados alguns outros princípios, a saber, os preceitos da lei divina.

QUANTO AO 3º, deve-se dizer que as criaturas irracionais não são ordenadas ao fim mais alto do

6. C. 5: ML 32, 1228.

7. In corp.

qui est proportionatus naturali virtuti ipsarum. Et ideo non est similis ratio.

que o fim que é proporcionado à virtude natural das mesmas. E assim não é igual o argumento.

ARTICULUS 5

Utrum lex divina sit una tantum

AD QUINTUM SIC PROCEDITUR. Videtur quod lex divina sit una tantum.

1. Unius enim regis in uno regno est una lex. Sed totum humanum genus comparatur ad Deum sicut ad unum regem; secundum illud Ps 46,8: *Rex omnis terrae Deus*. Ergo est una tantum lex divina.

2. PRAETEREA, omnis lex ordinatur ad finem quem legislator intendit in eis quibus legem fert. Sed unum et idem est quod Deus intendit in omnibus hominibus; secundum illud 1Ti 2,4: *Vult omnes homines salvos fieri, et ad agnitionem veritatis venire*. Ergo una tantum est lex divina.

3. PRAETEREA, lex divina propinquior esse videtur legi aeternae, quae est una, quam lex naturalis, quanto altior est revelatio gratiae quam cognitio naturae. Sed lex naturalis est una omnium hominum. Ergo multo magis lex divina.

SED CONTRA est quod Apostolus dicit, Hb 7,12: *Translato sacerdotio, necesse est ut legis translatio fiat*. Sed sacerdotium est duplex, ut ibidem [v. 11sqq.] dicitur: scilicet sacerdotium Leviticum, et sacerdotium Christi. Ergo etiam duplex est lex divina: scilicet lex vetus, et lex nova.

RESPONDEO dicendum quod, sicut in Primo[1] dictum est, distinctio est causa numeri. Dupliciter autem inveniuntur aliqua distingui. Uno modo, sicut ea quae sunt omnino specie diversa: ut equus et bos. Alio modo, sicut perfectum et imperfectum in eadem specie: sicut puer et vir. Et hoc modo lex divina distinguitur in legem veterem et legem novam. Unde Apostolus, Gl 3,24-25, comparat statum veteris legis statui puerili existenti sub paedagogo: statum autem novae legis comparat statui viri perfecti, qui iam non est sub paedagogo.

ARTIGO 5

Há uma única lei divina?

QUANTO AO QUINTO, ASSIM SE PROCEDE: parece que **só há** uma lei divina.

1. Com efeito, de um só rei num único reino há uma só lei. Ora, todo o gênero humano relaciona-se a Deus como a um só rei, segundo aquilo do livro dos Salmos: "Rei da terra inteira, Deus". Logo, só há uma lei divina.

2. ALÉM DISSO, toda lei ordena-se ao fim que o legislador intencionou naqueles para os quais legisla. Ora, um e o mesmo é o que Deus intencionou em todos os homens, secundo aquilo da primeira Carta a Timóteo: "Quer que todos os homens se salvem e cheguem ao conhecimento da verdade". Logo, uma só é a lei divina.

3. ADEMAIS, a lei divina parece ser mais próxima da lei eterna, que é única, do que a lei natural, tanto quanto mais elevada é a revelação da graça que o conhecimento da natureza. Ora, a lei natural é uma para todos os homens. Logo, muito mais a lei divina.

EM SENTIDO CONTRÁRIO, diz o Apóstolo, na Carta aos Hebreus: "Transferido o sacerdócio, é necessário que se faça a transferência da lei". Ora, o sacerdócio é duplo, como se diz no mesmo lugar, a saber, o sacerdócio Levítico, e o sacerdócio de Cristo. Logo, também é dupla a lei divina: a saber, a antiga, e a lei nova.

RESPONDO. Como foi dito na I Parte, a distinção é a causa do número. Ora, algumas coisas distinguem-se de dois modos. De um modo, como aquelas que são de espécies totalmente diversas, como o cavalo e o boi. De outro modo, como o perfeito e o imperfeito na mesma espécie, como a criança e o homem. E desse modo distingue-se a lei divina em lei antiga e lei nova. Donde o Apóstolo, na Carta aos Gálatas, compara o estado da lei antiga ao estado da criança subordinada ao pedagogo; e o estado da nova lei compara ao estado do homem perfeito, que já não está sob o pedagogo[e].

5 PARALL.: Infra, q. 107, a. 1; *ad Galat.*, c. 1, lect. 2.

1. Q. 30, a. 3.

e. Lei antiga e lei nova são as duas etapas de uma única lei (realização da lei eterna), distribuindo-se ao longo da história da salvação. Mas então, qual o lugar da lei natural nessa história? A lei natural se insere como um terceiro termo na dialética

Attenditur autem perfectio et imperfectio utriusque legis secundum tria quae ad legem pertinent, ut supra dictum est. Primo enim ad legem pertinet ut ordinetur ad bonum commune sicut ad finem, ut supra[2] dictum est. Quod quidem potest esse duplex. Scilicet bonum sensibile et terrenum: et ad tale bonum ordinabat directe lex vetus; unde statim, Ex 3,8-17, in principio legis, invitatur populus ad regnum terrenum Chananaeorum. Et iterum bonum intelligibile et caeleste: et ad hoc ordinat lex nova. Unde statim Christus ad regnum caelorum in suae praedicationis principio invitavit, dicens: *Poenitentiam agite: appropinquavit enim regnum caelorum*, Mt 4,17. Et ideo Augustinus dicit, in IV *contra Faustum*[3], quod *temporalium rerum promissiones Testamento veteri continentur, et ideo vetus appellatur: sed aeternae vitae promissio ad novum pertinet Testamentum*.

Secundo ad legem pertinet dirigere humanos actus secundum ordinem iustitiae. In quo etiam superabundat lex nova legi veteri, interiores actus animi ordinando; secundum illud Mt 5,20: *Nisi abundaverit iustitia vestra plus quam Scribarum et Pharisaeorum, non intrabitis in regnum caelorum*. Et ideo dicitur quod *lex vetus cohibet manum, lex nova animum*.

Tertio ad legem pertinet inducere homines ad observantias mandatorum. Et hoc quidem lex vetus faciebat timore poenarum: lex autem nova facit hoc per amorem, qui in cordibus nostris infunditur per gratiam Christi, quae in lege nova confertur, sed in lege veteri figurabatur. Et ideo dicit Augustinus, *Contra Adimantum Manichaei Discipulum*[4], quod *brevis differentia est Legis et Evangelii, timor et amor*.

AD PRIMUM ergo dicendum quod, sicut paterfamilias in domo alia mandata proponit pueris et

Considera-se, contudo, a perfeição e a imperfeição de uma e outra lei segundo os três elementos que pertencem à lei, como foi dito acima. Em primeiro lugar, pertence à lei ordenar ao bem comum como ao fim, como foi dito acima. O que certamente pode ser duplo, a saber, o bem sensível e terreno e a tal bem ordenava diretamente a antiga lei; donde, imediatamente, no livro do Êxodo, no princípio da lei, convida-se o povo ao reino terreno dos Cananeus. E, em seguida, o bem inteligível e celeste, e a esse ordena a lei nova. Por isso, Cristo convidou, imediatamente, no princípio de sua pregação, ao reino dos céus, dizendo no Evangelho de Mateus: "Fazei penitência: aproximou-se, com efeito, o reino dos céus". E assim Agostinho diz que "as promessas das coisas temporais se contêm no Antigo Testamento, e assim se chama antigo, mas a promessa da vida eterna pertence ao Novo Testamento".

Em segundo lugar, pertence à lei dirigir os atos humanos segundo a ordem da justiça. Nisso a lei nova excede a antiga lei, ordenando os atos interiores da alma, segundo aquilo do Evangelho de Mateus: "Se não exceder a vossa justiça mais que a dos Escribas e Fariseus, não entrareis no reino dos céus". E assim se diz que "a lei antiga coíbe a mão, a lei nova, a alma".

Em terceiro lugar, pertence à lei induzir os homens à observação dos mandamentos. E isso certamente a lei antiga fazia pelo temor das penas; a nova lei, porém, faz isso por amor, que é infundido em nossos corações pela graça de Cristo, que é conferida na lei nova, mas era figurada na lei antiga. E assim diz Agostinho, que "breve é a diferença entre a Lei e o Evangelho: temor e amor".

QUANTO AO 1º, deve-se dizer, portanto, que, como o pai de família propõe ordens diferentes

2. Q. 90, a. 2.
3. C. 2: ML 42, 217-218.
4. C. 17, n. 2: ML 42, 159.

da realização que reúne as duas primeiras. A lei natural, com efeito, não deve ser posta no mesmo plano que as duas outras, a lei antiga e a lei nova, que se ligam diretamente à missão de Cristo na história e que se evidenciam em sua encarnação e redenção, a primeira sendo pré-figuração e preparação, a segunda realização e acabamento. Ao invés, a lei natural (também ela divina, mas a um outro título) se situa sobre um outro plano que não é abolido, o da Criação que permanece coextensivo com toda a história da salvação, como uma estrutura de fundo, exprimindo a vontade criadora de Deus e que se exprime por sua vez pelas tendências profundas do ser humano assumidas pela razão. Essa lei divina natural foi de certo modo como que modulada de acordo com as duas etapas da história da salvação, por uma e outra das leis; pela antiga, da qual o decálogo foi a recordação das exigências da lei natural, no quadro de uma cultura semítica determinada; e pela nova lei de Cristo, que é a única a trazer a salvação pela graça, e que confere aos dois primeiros mandamentos do decálogo um papel predominante em relação aos demais, o de ser a sua alma para vivê-los de modo mais íntimo, e pelo dinamismo da graça. O caráter eminentemente pedagógico dessa dialética é fortemente acentuado por Sto. Tomás nas três respostas do artigo, que insistem sobre a necessidade de um progresso para uma melhor acolhida da salvação em Jesus Cristo.

adultis, ita etiam unus rex Deus, in uno suo regno, aliam legem dedit hominibus adhuc imperfectis existentibus; et aliam perfectionem iam manuductis per priorem legem ad maiorem capacitatem divinorum.

AD SECUNDUM dicendum quod salus hominum non poterat esse nisi per Christum; secundum illud At 4,12: *Non est aliud nomen datum hominibus, in quo oporteat nos salvos fieri*. Et ideo lex perfecte ad salutem omnes inducens, dari non potuit nisi post Christi adventum. Antea vero dari oportuit populo ex quo Christus erat nasciturus, legem praeparatoriam ad Christi susceptionem, in qua quaedam rudimenta salutaris iustitiae continerentur.

AD TERTIUM dicendum quod lex naturalis dirigit hominem secundum quaedam praecepta communia, in quibus conveniunt tam perfecti quam imperfecti: et ideo est una omnium. Sed lex divina dirigit hominem etiam in quibusdam particularibus, ad quae non similiter se habent perfecti et imperfecti. Et ideo oportuit legem divinam esse duplicem, sicut iam[5] dictum est.

às crianças e aos adultos, assim também o único rei Deus, em seu único reino, deu uma lei aos homens ainda vivendo imperfeitamente, e outra perfeição aos já conduzidos pela lei anterior à maior capacidade das coisas divinas.

QUANTO AO 2º, deve-se dizer que a salvação dos homens não poderia dar-se a não ser por Cristo, segundo aquilo do livro dos Atos: "Não há outro nome dado aos homens, no qual fosse possível que nos tornássemos salvos". E assim a lei induzindo todos perfeitamente à salvação, não pôde ser dada a não ser depois do advento de Cristo. Antes, porém, foi necessário dar ao povo do qual Cristo haveria de nascer, uma lei preparatória para a recepção de Cristo, na qual se contivessem os rudimentos da justiça salutar.

QUANTO AO 3º, deve-se dizer que a lei natural dirige o homem segundo alguns preceitos comuns, nos quais se encontram tanto os perfeitos quanto os imperfeitos, e assim é uma para todos. Mas, a lei divina dirige o homem também em alguns particulares, para os quais não se atêm do mesmo modo os perfeitos e os imperfeitos. E assim foi necessário que a lei divina fosse dupla, como já foi dito.

ARTICULUS 6

Utrum sit aliqua lex fomitis

AD SEXTUM SIC PROCEDITUR. Videtur quod non sit aliqua lex fomitis.

1. Dicit enim Isidorus, in V *Etymol.*[1], quod *lex ratione consistit*. Fomes autem non consistit ratione, sed magis a ratione deviat. Ergo fomes non habet rationem legis.

2. PRAETEREA, omnis lex obligatoria est, ita quod qui ipsam non servant, transgressores dicuntur. Sed fomes non constituit aliquem transgressorem ex hoc quod ipsum non sequitur, sed magis transgressor redditur si quis ipsum sequatur. Ergo fomes non habet rationem legis.

3. PRAETEREA, lex ordinatur ad bonum commune, ut supra[2] habitum est. Sed fomes non inclinat ad bonum commune, sed magis ad bonum privatum. Ergo fomes non habet rationem legis.

SED CONTRA est quod Apostolus dicit, Rm 7,23: *Video aliam legem in membris meis, repugnantem legi mentis meae*.

ARTIGO 6

Há uma lei da concupiscência?

QUANTO AO SEXTO, ASSIM SE PROCEDE: parece que **não** há uma lei da concupiscência.

1. Diz, com efeito, Isidoro que "a lei funda-se na razão". Ora, a concupiscência não se funda na razão, mas antes desvia-se da razão. Logo, a concupiscência não tem razão de lei.

2. ALÉM DISSO, toda lei é obrigatória, de modo que aqueles que não a cumprem são ditos transgressores. Ora, a concupiscência não constitui alguém transgressor pelo fato de que a mesma não é seguida, mas antes se torna transgressor aquele que a segue. Logo, a concupiscência não tem razão de lei.

3. ADEMAIS, a lei ordena-se ao bem comum, como acima se mostrou. Ora, a concupiscência não inclina ao bem comum, mas antes ao bem privado. Logo, a concupiscência não tem razão de lei.

EM SENTIDO CONTRÁRIO, diz o Apóstolo na Carta aos Romanos: "Vejo outra lei em meus membros, lutando contra a lei de minha alma".

5. In corp.

6 PARALL.: Infra, q. 93, a. 3; *ad Rom.*, c. 7, lect. 4.

1. C. 3: ML 82, 199 A. Cfr. l. II, c. 10: ML 82, 130 C.
2. Q. 90, a. 2.

RESPONDEO dicendum quod, sicut supra[3] dictum est, lex essentialiter invenitur in regulante et mensurante, participative autem in eo quod mensuratur et regulatur; ita quod omnis inclinatio vel ordinatio quae invenitur in his quae subiecta sunt legi, participative dicitur lex, ut ex supradictis[4] patet. Potest autem in his quae subduntur legi, aliqua inclinatio inveniri dupliciter a legislatore. Uno modo, inquantum directe inclinat suos subditos ad aliquid; et diversos interdum ad diversos actus; secundum quem modum potest dici quod alia est lex militum, et alia est lex mercatorum. Alio modo, indirecte, inquantum scilicet per hoc quod legislator destituit aliquem sibi subditum aliqua dignitate, sequitur quod transeat in alium ordinem et quasi in aliam legem: puta si miles ex militia destituatur. Transibit in legem rusticorum vel mercatorum.

Sic igitur sub Deo legislatore diversae creaturae diversas habent naturales inclinationes, ita ut quod uni est quodammodo lex, alteri sit contra legem: ut si dicam quod furibundum esse est quodammodo lex canis, est autem contra legem ovis vel alterius mansueti animalis. Est ergo hominis lex, quam sortitur ex ordinatione divina secundum propriam conditionem, ut secundum rationem operetur. Quae quidem lex fuit tam valida in primo statu, ut nihil vel praeter rationem vel contra rationem posset subrepere homini. Sed dum homo a Deo recessit, incurrit in hoc quod feratur secundum impetum sensualitatis: ut unicuique etiam particulariter hoc contingit, quanto magis a ratione recesserit: ut sic quodammodo bestiis assimiletur, quae sensualitatis impetu feruntur; secundum illud Ps 48,21: *Homo, cum in honore esset, non intellexit: comparatus est iumentis insipientibus, et similis factus est illis*.

Sic igitur ipsa sensualitatis inclinatio, quae fomes dicitur, in aliis quidem animalibus simpliciter habet rationem legis, illo tamen modo quo in talibus lex dici potest, secundum directam inclinationem. In hominibus autem secundum hoc non habet rationem legis, sed magis est deviatio a lege rationis. Sed inquantum per divinam iustitiam homo destituitur originali iustitia et vigore rationis, ipse impetus sensualitatis qui eum ducit, habet rationem legis, inquantum est poenalis et

RESPONDO. Como acima foi dito, a lei essencialmente se acha no que regula e no que mede, porém participativamente, no que é medido e regulado, assim que toda inclinação ou ordenação que se acha naquelas coisas que estão sujeitas à lei, diz-se participativamente lei, como se evidencia pelo que foi dito acima. Naquelas coisas que estão sujeitas à lei, pode ser achada uma inclinação pelo legislador, de dois modos. De um modo, enquanto diretamente inclina seus súditos a algo, e algumas vezes os diferentes a diferentes atos; segundo esse modo, pode-se dizer que uma é a lei dos soldados, outra a lei dos mercadores. De outro modo, indiretamente, a saber, enquanto do fato de que o legislador destitui alguém, seu súdito, de uma dignidade, segue-se que passe a outra ordem e como a outra lei: por exemplo, se o soldado é destituído da milícia. Passará para a lei dos camponeses ou dos mercadores.

Assim, pois, sob Deus legislador criaturas diferentes têm inclinações naturais diferentes, de sorte que o que para uma é de certo modo a lei, para outra é contra a lei, como se digo que ser furioso é de certo modo a lei do cão, e é contra a lei da ovelha ou de outro animal manso. É, pois, a lei do homem que emerge da ordenação divina, segundo a condição própria, para que opere segundo a razão. Tal lei foi tão válida no primeiro estado que nada ou além da razão ou contra a razão pudesse sobrepor-se ao homem. Mas, ao afastar-se o homem de Deus, incorreu em ser levado segundo o impulso da sensualidade, e isso acontece a cada um também particularmente, quanto mais se afastar da razão, de sorte que, de certo modo, se assemelha aos animais, que são levados pelo ímpeto da sensualidade, segundo aquilo do Livro dos Salmos: "O homem, como estivesse em honra, não entendeu: comparou-se aos jumentos sem razão, e semelhante a eles se fez".

Assim, pois, a própria inclinação da sensualidade, que se diz concupiscência, nos outros animais tem simplesmente a razão de lei, mas de tal modo que neles se pode dizer lei segundo a inclinação reta. Nos homens, contudo, nesse sentido não tem razão de lei, mas antes é desvio da lei da razão. Mas, enquanto pela justiça divina o homem é destituído da justiça original e do vigor da razão, o mesmo impulso da sensualidade que o conduz, tem razão de lei, enquanto é penal e

3. A. 2; q. 90, a. 1, ad 1.
4. Ibid.

ex lege divina consequens, hominem destituente propria dignitate.

AD PRIMUM ergo dicendum quod ratio illa procedit de fomite secundum se considerato, prout inclinat ad malum. Sic enim non habet rationem legis, ut dictum est[5], sed secundum quod sequitur ex divinae legis iustitia: tanquam si diceretur lex esse quod aliquis nobilis, propter suam culpam, ad servilia opera induci permitteretur.

AD SECUNDUM dicendum quod obiectio illa procedit de eo quod est lex quasi regula et mensura: sic enim deviantes a lege transgressores constituuntur. Sic autem fomes non est lex, sed per quandam participationem, ut supra[6] dictum est.

AD TERTIUM dicendum quod ratio illa procedit de fomite quantum ad inclinationem propriam, non autem quantum ad suam originem. Et tamen si consideretur inclinatio sensualitatis prout est in aliis animalibus, sic ordinatur ad bonum commune, idest ad conservationem naturae in specie vel in individuo. Et hoc est etiam in homine, prout sensualitas subditur rationi. Sed fomes dicitur secundum quod exit rationis ordinem.

derivada da lei divina, destituindo o homem da própria dignidade[f].

QUANTO AO 1º, deve-se dizer, portanto, que aquela razão procede da concupiscência em si considerada, conforme inclina ao mal. Assim, pois, não tem razão de lei, como foi dito, mas enquanto se segue da justiça da lei divina, como se se dissesse ser lei que se permitisse que algum nobre, em razão de sua culpa, fosse induzido às obras servis.

QUANTO AO 2º, deve-se dizer que aquela objeção procede de que a lei é como regra e medida: assim, pois, os que se desviam da lei se constituem transgressores. Assim, então, a concupiscência não é lei, mas é por certa participação, como acima foi dito.

QUANTO AO 3º, deve-se dizer que aquela razão procede da concupiscência quanto à inclinação própria, não, porém, quanto à sua origem. E, contudo, se se considera a inclinação da sensualidade conforme é nos outros animais, assim se ordena ao bem comum, isto é, à conservação da natureza na espécie ou no indivíduo. E isso se dá também no homem, enquanto a sensualidade submete-se à razão. Mas diz-se concupiscência segundo escapa à ordem da razão.

5. In corp.
6. Ibid.

f. Aplicando aqui a sua doutrina geral sobre as duas formas de participação que podem realizar as leis, Sto. Tomás consegue legitimar o emprego paulino da palavra lei para designar a concupiscência carnal: como participação material, ela é chamada de lei nos animais desprovidos de razão, a serviço da conservação do indivíduo ou da espécie (resposta 3). No homem, porém, ferido pela queda original, essa lei, como inclinação da sensualidade, opõe-se à lei da razão. Sentida nessa oposição, uma tal lei lembra ao ser humano a sua queda; ela toma para ele, então, o aspecto de punição (lei penal).

QUAESTIO XCII
DE EFFECTIBUS LEGIS
in duos articulos divisa

Deinde considerandum est de effectibus legis.

Et circa hoc quaeruntur duo.

Primo: utrum effectus legis sit homines facere bonos.

Secundo: utrum effectus legis sint imperare, vetare, permittere et punire, sicut Legisperitus dicit.

QUESTÃO 92
OS EFEITOS DA LEI
em dois artigos

Devem-se considerar em seguida os efeitos da lei.

E a respeito disso fazem-se duas perguntas.

1. É efeito da lei tornar os homens bons?
2. O efeito da lei é ordenar, proibir, permitir e punir, como diz o Jurisconsulto?

ARTICULUS 1
Utrum effectus legis sit facere homines bonos

AD PRIMUM SIC PROCEDITUR. Videtur quod legis non sit facere homines bonos.

ARTIGO 1
É efeito da lei tornar os homens bons?

QUANTO AO PRIMEIRO ARTIGO, ASSIM SE PROCEDE: parece que **não** é próprio da lei tornar os homens bons.

1 PARALL.: *Cont. Gent.* III, 116; X *Ethic.*, lect. 14.

1. Homines enim sunt boni per virtutem: *virtus* enim *est quae bonum facit habentem*, ut dicitur in II *Ethic.*[1]. Sed virtus est homini a solo Deo: ipse enim *eam facit in nobis sine nobis*, ut supra[2] dictum est in definitione virtutis. Ergo legis non est facere homines bonos.

2. PRAETEREA, lex non prodest homini nisi legi obediat. Sed hoc ipsum quod homo obedit legi, est ex bonitate. Ergo bonitas praeexigitur in homine ad legem. Non igitur lex facit homines bonos.

3. PRAETEREA, lex ordinatur ad bonum commune, ut supra[3] dictum est. Sed quidam bene se habent in his quae ad commune pertinent, qui tamen in propriis non bene se habent. Non ergo ad legem pertinet quod faciat homines bonos.

4. PRAETEREA, quaedam leges sunt tyrannicae, ut Philosophus dicit, in sua *Politica*[4]. Sed tyrannus non intendit ad bonitatem subditorum, sed solum ad propriam utilitatem. Non ergo legis est facere homines bonos.

SED CONTRA est quod Philosophus dicit, in II *Ethic.*[5], quod *voluntas cuiuslibet legislatoris haec est, ut faciat cives bonos*.

RESPONDEO dicendum quod, sicut supra[6] dictum est, lex nihil aliud est quam dictamen rationis in praesidente, quo subditi gubernantur. Cuiuslibet autem subditi virtus est ut bene subdatur ei a quo gubernatur: sicut videmus quod virtus irascibilis et concupiscibilis in hoc consistit quod sint bene obedientes rationi. Et per hunc modum *virtus cuiuslibet subiecti est ut bene subiiciatur*

1. Os homens, com efeito, são bons pela virtude: "virtude", com efeito, "é aquela que torna bom quem a possui", como se diz no livro II da *Ética*. Ora, o homem tem a virtude somente por Deus; ele, com efeito, "a produz em nós sem nós", como acima foi dito na definição de virtude. Logo, não é próprio da lei tornar os homens bons.

2. ALÉM DISSO, a lei não aproveita ao homem, a não ser que ele obedeça à lei. Ora, o fato mesmo de o homem obedecer à lei procede da bondade. Logo, a bondade é pré-requerida no homem para a lei. A lei não torna, pois, os homens bons.

3. ADEMAIS, a lei ordena-se ao bem comum, como acima foi dito. Ora, alguns se comportam bem naquelas coisas que pertencem ao bem comum, e não se comportam bem nas próprias. Logo, não pertence à lei fazer os homens bons.

4. ADEMAIS, algumas leis são tirânicas, como diz o Filósofo. Ora, o tirano não tem em vista a bondade dos súditos, mas só a sua utilidade própria. Logo, não pertence à lei tornar os homens bons[a].

EM SENTIDO CONTRÁRIO, diz o Filósofo que "a vontade de qualquer legislador é de fazer bons os cidadãos".

RESPONDO. Como acima foi dito, a lei não é outra coisa que o ditame da razão no que preside, pelo qual os súditos são governados. E a virtude de qualquer súdito é submeter-se bem àquele pelo qual é governado, como vemos que as potências irascível e concupiscível[b] consistem em que sejam bem obedientes à razão. E por esse modo "a virtude de qualquer súdito é submeter-se bem

1. C. 5: 1106, a, 15-24.
2. Q. 55, a. 4.
3. Q. 90, a. 2.
4. L. III, c. 11: 1282, b, 12.
5. C. 1: 1103, b, 3-6.
6. Q. 90, a. 1, ad 2; a. 3, 4.

a. Neste primeiro artigo da questão 92, um traço essencial da moral tomista é posto em evidência a respeito da lei: o de uma moral cujo objetivo é tornar o homem bom, isto é, de fazê-lo perceber a sua verdadeira destinação, aquilo para que ele é feito. Devido ao fato de o homem ser como é, como todo ser vivo, um ser chamado a crescer em sua própria linha, e de que esta se caracteriza pela presença da razão, o agir moral é a aplicação dessa progressão, dessa autorrealização do homem. Assim como todo ser é considerado bom quando realiza aquilo em função do que foi feito, o homem é considerado bom quando instaura em si a ordem da razão. E, como o sentido de toda lei é realizar tal racionalidade, o seu efeito é tornar o homem bom. E mesmo que se aplique isso à lei nova de Cristo, essa finalidade se realiza em seu ponto máximo: pela graça o homem participa da bondade de Deus e pelo amor divino que anima o amor ao próximo, torna-se fundamentalmente bom para os outros, chamado a amá-los como a si mesmo. Assim, a moral tomista realiza a síntese do ideal cristão e da tradição socrática, que via na moral e na lei a arte de tornar os homens melhores pela prática da virtude.

b. O concupiscível e o irascível são, na síntese tomista, as duas tendências ou apetites da ordem da sensibilidade (o que é a vontade na ordem racional), o primeiro incidindo sobre realidades percebidas pelos sentidos ou representadas pela imaginação como convindo simplesmente ao sujeito que deseja, o segundo sendo despertado pela dificuldade em atingir essas mesmas realidades e exigindo, devido a isso, uma luta contra os obstáculos à satisfação do desejo.

principanti, ut Philosophus dicit, in I *Polit.*[7]. Ad hoc autem ordinatur unaquaeque lex, ut obediatur ei a subditis. Unde manifestum est quod hoc sit proprium legis, inducere subiectos ad propriam ipsorum virtutem. Cum igitur virtus sit *quae bonum facit habentem*, sequitur quod proprius effectus legis sit bonos facere eos quibus datur, vel simpliciter vel secundum quid. Si enim intentio ferentis legem tendat in verum bonum, quod est bonum commune secundum iustitiam divinam regulatum, sequitur quod per legem homines fiant boni simpliciter. Si vero intentio legislatoris feratur ad id quod non est bonum simpliciter, sed utile vel delectabile sibi, vel repugnans iustitiae divinae; tunc lex non facit homines bonos simpliciter, sed secundum quid, scilicet in ordine ad tale regimem. Sic autem bonum invenitur etiam in per se malis: sicut aliquis dicitur bonus latro, quia operatur accommode ad finem.

AD PRIMUM ergo dicendum quod duplex est virtus, ut ex supradictis[8] patet: scilicet acquisita, et infusa. Ad utramque autem aliquid operatur operum assuetudo, sed diversimode: nam virtutem quidem acquisitam causat; ad virtutem autem infusam disponit, et eam iam habitam conservat et promovet. Et quia lex ad hoc datur ut dirigat actus humanos, inquantum actus humani operantur ad virtutem, intantum lex facit homines bonos. Unde et Philosophus dicit, II *Polit.*[9], quod *legislatores assuefacientes faciunt bonos*.

AD SECUNDUM dicendum quod non semper aliquis obedit legi ex bonitate perfecta virtutis: sed quandoque quidem ex timore poenae; quandoque autem ex solo dictamine rationis, quod est quoddam principium virtutis, ut supra[10] habitum est.

AD TERTIUM dicendum quod bonitas cuiuslibet partis consideratur in proportione ad suum totum: unde et Augustinus dicit, in III *Confess.*[11], quod *turpis omnis pars est quae suo toti non congruit*. Cum igitur quilibet homo sit pars civitatis, impossibile est quod aliquis homo sit bonus, nisi sit bene proportionatus bono communi: nec totum potest bene consistere nisi ex partibus sibi proportionatis. Unde impossibile est quod bonum commune civitatis bene se habeat, nisi cives sint

ao príncipe", como diz o Filósofo. Qualquer lei ordena-se, pois, a que seja obedecida pelos súditos. Donde é manifesto que isso seja próprio da lei, induzir os súditos à própria virtude dos mesmos. Como a virtude é "aquela que torna bom quem a possui", segue-se que o efeito próprio da lei é tornar bons aqueles aos quais é dada, absolutamente ou relativamente. Se a intenção do legislador tende ao verdadeiro bem, que é o bem comum regulado segundo a justiça divina, segue-se que pela lei os homens se tornam bons de modo absoluto. Se, porém, a intenção do legislador se dirige para aquilo que não é bom em si, mas útil ou prazeroso para si, ou se opondo à justiça divina, então a lei não torna os homens bons absolutamente, mas relativamente, a saber em ordem a tal regime. Assim, acha-se o bem também nas coisas más em si mesmas, como alguém se diz bom ladrão, porque age adequadamente para o fim.

QUANTO AO 1º, deve-se dizer, portanto, que a virtude é dupla, como se evidencia do acima dito, a saber, adquirida e infusa. Ora, para ambas a frequência das obras produz algo, mas de diversa maneira, pois causa a virtude adquirida; e dispõe para a virtude infusa, e esta já possuída conserva e promove. E porque a lei é dada para dirigir os atos humanos, enquanto os atos humanos são realizados para a virtude, nessa medida a lei torna os homens bons. Por isso, o Filósofo diz que "os legisladores tornam bons aqueles em que geram o costume".

QUANTO AO 2º, deve-se dizer que nem sempre alguém obedece à lei pela bondade perfeita da virtude, mas às vezes, certamente, pelo temor da pena, às vezes só pelo ditame da razão, que é certo princípio da virtude, como acima se mostrou.

QUANTO AO 3º, deve-se dizer que a bondade de qualquer parte é considerada em proporção a seu todo; por isso, Agostinho diz que "é torpe toda parte que não está conforme a seu todo". Como, pois, cada homem é parte da cidade, é impossível que um homem seja bom, a menos que seja bem proporcionado ao bem comum[c], nem o todo pode subsistir bem, a não ser pelas partes a ele bem proporcionadas. Portanto, é impossível que o bem comum da cidade se obtenha bem, a não ser que

7. C. 13: 1260, a, 20-24.
8. Q. 63, a. 2.
9. *Ethic.* II, 1: 1103, b, 3-6.
10. Q. 63, a. 1.
11. C. 8: ML 32, 689.

c. Ver acima a relação entre a lei e o bem comum (q. 90, nota 3).

virtuosi, ad minus illi quibus convenit principari. Sufficit autem, quantum ad bonum communitatis, quod alii intantum sint virtuosi quod principum mandatis obediant. Et ideo Philosophus dicit, in III *Polit.*[12], quod *eadem est virtus principis et boni viri; non autem eadem est virtus cuiuscumque civis et boni viri.*

AD QUARTUM dicendum quod lex tyrannica, cum non sit secundum rationem, non est simpliciter lex, sed magis est quaedam perversitas legis. Et tamen inquantum habet aliquid de ratione legis, intendit ad hoc quod cives sint boni. Non enim habet de ratione legis nisi secundum hoc quod est dictamen alicuius praesidentis in subditis, et ad hoc tendit ut subditi legi sint bene obedientes; quod est eos esse bonos, non simpliciter, sed in ordine ad tale regimen.

os cidadãos sejam virtuosos, ao menos aqueles aos quais compete governar. Basta, contudo, quanto ao bem da comunidade, que os outros sejam virtuosos enquanto obedeçam às ordens dos governantes. E assim diz o Filósofo, no livro II da *Política* que "é a mesma a virtude do governante e do homem bom, mas não é a mesma a virtude de qualquer cidadão e do homem bom".

QUANTO AO 4º, deve-se dizer que a lei tirânica, uma vez que não é segundo a razão, não é simplesmente lei, mas antes certa perversidade da lei[d]. E, contudo, enquanto tem algo da razão de lei, pretende que os cidadãos sejam bons. Não tem, com efeito, da razão de lei senão que é ditame de alguém que preside sobre os súditos, e pretende que os súditos sejam bem obedientes à lei, isto é, que sejam bons, não absolutamente, mas em ordem a tal regime.

ARTICULUS 2

Utrum legis actus convenienter assignentur

AD SECUNDUM SIC PROCEDITUR. Videtur quod legis actus non sint convenienter assignati in hoc quod dicitur quod legis actus est *imperare, vetare, permittere* et *punire*.

1. *Lex* enim *omnis praeceptum commune est*, ut Legisconsultus[1] dicit. Sed idem est imperare quod praecipere. Ergo alia tria superfluunt.

2. PRAETEREA, effectus legis est ut inducat subditos ad bonum, sicut supra[2] dictum est. Sed consilium est de meliori bono quam praeceptum. Ergo magis pertinet ad legem consulere quam praecipere.

3. PRAETEREA, sicut homo aliquis incitatur ad bonum per poenas, ita etiam et per praemia. Ergo sicut punire ponitur effectus legis, ita etiam et praemiare.

4. PRAETEREA, intentio legislatoris est ut homines faciat bonos, sicut supra[3] dictum est. Sed ille qui solo metu poenarum obedit legi, non est bonus: nam *timore servili, qui est timor poenarum,*

ARTIGO 2

Os atos da lei são convenientemente enumerados?

QUANTO AO SEGUNDO, ASSIM SE PROCEDE: parece que os atos da lei **não** foram convenientemente enumerados enquanto se diz que o ato da lei é "ordenar, proibir, permitir e punir".

1. "Com efeito, toda lei é preceito comum", como diz o Jurisconsulto. Ora, o mesmo é ordenar e preceituar. Logo, os outros três são supérfluos.

2. ALÉM DISSO, é efeito da lei que induza os súditos ao bem, como foi dito acima. Ora, o conselho é sobre bem melhor que o preceito. Logo, pertence mais à lei o aconselhar que o preceituar.

3. ADEMAIS, assim como um homem é incitado ao bem pelas penas, assim também o é pelos prêmios. Logo, como o punir é posto como efeito da lei, assim também o premiar.

4. ADEMAIS, a intenção do legislador é de tornar os homens bons, como foi dito acima. Ora, aquele que só por medo das penas obedece à lei não é bom; com efeito, "mesmo que alguém, pelo temor

12. C. 4: 1277, a, 20-23.

2

1. *Dig.*, l. I, tit. 3: De legibus, senat. consultis, leg. 1.
2. Art. praec.
3. Ibid.

d. É aqui evocado um problema que suscitará muitas controvérsias posteriormente, o da ilegitimidade de um poder político que não busca o bem comum (então chamado de tirania) e o das leis injustas. Esse problema será especificado a propósito da q. 96, a. 4.

etsi bonum aliquis faciat, non tamen bene aliquid fit, ut Augustinus dicit[4]. Non ergo videtur esse proprium legis quod puniat.

SED CONTRA est quod Isidorus dicit, in V *Etymol.*[5]: *Omnis lex aut permittit aliquid, ut: Vir fortis praemium petat. Aut vetat, ut: Sacrarum virginum nuptias nulli liceat petere. Aut punit, ut: Qui caedem fecerit, capite plectatur.*

RESPONDEO dicendum quod, sicut enuntiatio est rationis dictamen per modum enuntiandi, ita etiam lex per modum praecipiendi. Rationis autem proprium est ut ex aliquo ad aliquid inducat. Unde sicut in demonstrativis scientiis ratio inducit ut assentiatur conclusioni per quaedam principia, ita etiam inducit ut assentiatur legis praecepto per aliquid.

Praecepta autem legis sunt de actibus humanis, in quibus lex dirigit, ut supra[6] dictum est. Sunt autem tres differentiae humanorum actuum. Nam sicut supra[7] dictum est, quidam actus sunt boni ex genere, qui sunt actus virtutum: et respectu horum, ponitur legis actus praecipere vel imperare; *praecipit* enim *lex omnes actus virtutum*, ut dicitur in V *Ethic.*[8]. Quidam vero sunt actus mali ex genere, sicut actus vitiosi: et respectu horum, lex habet prohibere. Quidam vero ex genere suo sunt actus indifferentes: et respectu horum, lex habet permittere. Et possunt etiam indifferentes dici omnes illi actus qui sunt vel parum boni vel parum mali. — Id autem per quod inducit lex ad hoc quod sibi obediatur, est timor poenae: et quantum ad hoc, ponitur legis effectus punire.

AD PRIMUM ergo dicendum quod, sicut cessare a malo habet quandam rationem boni, ita etiam prohibitio habet quandam rationem praecepti. Et secundum hoc, large accipiendo praeceptum, universaliter lex praeceptum dicitur.

AD SECUNDUM dicendum quod consulere non est proprius actus legis, sed potest pertinere etiam ad

servil, que é o temor das penas, faça o bem, não o faz bem", como diz Agostinho. Logo, punir não parece ser próprio da lei.

EM SENTIDO CONTRÁRIO, diz Isidoro: "Toda lei, ou permite algo, como: O homem forte peça um prêmio. Ou proíbe, como: A ninguém é licito pedir em casamento uma virgem consagrada. Ou pune, como: Quem cometeu uma morte, seja decapitado".

RESPONDO. Como a enunciação é o ditame da razão segundo o modo de enunciar, assim também a lei segundo o modo de preceituar. Ora, é próprio da razão que induza de algo a algo. Donde, como nas ciências demonstrativas, a razão induz a admitir a conclusão por alguns princípios, assim também induz a admitir o preceito da lei por algo.

Os preceitos da lei dizem respeito aos atos humanos, os quais a lei dirige, como foi dito acima. São, contudo, três as diferenças dos atos humanos. Como acima foi dito, alguns atos são bons pelo gênero, que são os atos das virtudes, e a respeito desses, é posto o ato da lei de preceituar ou ordenar; "ordena", pois, "a lei todos os atos das virtudes", como se diz no livro V da *Ética*. Alguns, porém, são atos maus pelo gênero, como os atos viciosos, e a respeito desses cabe à lei o proibir. Alguns, contudo, pelo seu gênero, são atos indiferentes, e a respeito desses, cabe à lei o permitir. E podem ser ditos indiferentes todos aqueles atos que são ou pouco bons ou pouco maus. — Aquilo pelo qual a lei induz a que se lhe obedeça, é o temor da pena, e quanto a isso, é posto o punir como efeito da lei[e].

QUANTO AO 1º, deve-se dizer, portanto, que, como cessar de fazer o mal tem alguma razão de bem, assim também a proibição tem alguma razão de preceito. E de acordo com isso, tomando-se o preceito em sentido largo, universalmente se diz lei, o preceito.

QUANTO AO 2º, deve-se dizer que aconselhar não é ato próprio da lei, mas pode pertencer também à pes-

4. *Contra duas epist. Pelagian.*, l. II, c. 9, n. 21: ML 44, 586.
5. C. 19: ML 82, 202 B. Cfr. l. II, c. 10: ML 82, 131 A.
6. Q. 90, a. 1, 2; q. 91, a. 4.
7. Q. 18, a. 8.
8. C. 3: 1129, b, 19-25.

e. As categorias do "preceituado", "proibido" ou simplesmente "permitido" são com frequência contestadas em nossa época, em nome de uma moral personalista subjetivista, na qual o sujeito seria o único senhor de suas escolhas. Baseando a sua moral sobre a racionalidade do agir, Sto. Tomás mantém a necessidade de referências objetivas, permitindo dizer que tal ato deve ser realizado, proibido ou permitido. Como todo o funcionamento da razão teórica, o da razão prática se estrutura a partir da possibilidade de um conhecimento do ser das coisas, da realidade que é o homem inserido em um ambiente de relações ligadas a seu ser ou impondo-se a ele.

personam privatam, cuius non est condere legem. Unde etiam Apostolus, 1Cor 7,12, cum consilium quoddam daret, dixit: *Ego dico, non Dominus*. Et ideo non ponitur inter effectus legis.

AD TERTIUM dicendum quod etiam praemiare potest ad quemlibet pertinere: sed punire non pertinet nisi ad ministrum legis, cuius auctoritate poena infertur. Et ideo praemiare non ponitur actus legis, sed solum punire.

AD QUARTUM dicendum quod per hoc quod aliquis incipit assuefieri ad vitandum mala et ad implendum bona propter metum poenae, perducitur quandoque ad hoc quod delectabiliter et ex propria voluntate hoc faciat. Et secundum hoc, lex etiam puniendo perducit ad hoc quod homines sint boni.

soa privada à qual não compete fazer a lei. Donde também o Apóstolo, na primeira Carta aos Coríntios, ao dar um conselho, disse: "Eu digo, não o Senhor". E assim não é posto entre os efeitos da lei.

QUANTO AO 3º, deve-se dizer que premiar pode caber a qualquer um, mas punir só pertence ao ministro da lei, por cuja autoridade a pena é cominada. E assim o premiar não é posto como ato da lei, mas só o punir.

QUANTO AO 4º, deve-se dizer que pelo fato de alguém começar a habituar-se a evitar o mal e a realizar o bem por causa do medo da pena, às vezes é levado a fazê-lo de modo prazeroso e por vontade própria. E de acordo com isso, a lei também, ao punir, leva a que os homens sejam bons.

QUAESTIO XCIII
DE LEGE AETERNA
in sex articulos divisa

Deinde considerandum est de singulis legibus. Et primo, de lege aeterna; secundo, de lege naturali; tertio, de lege humana; quarto, de lege veteri; quinto, de lege nova, quae est lex Evangelii. De sexta autem lege, quae est lex fomitis, sufficiat quod dictum est cum de peccato originali ageretur.

Circa primum quaeruntur sex.

Primo: quid sit lex aeterna.
Secundo: utrum sit omnibus nota.
Tertio: utrum omnis lex ab ea derivetur.
Quarto: utrum necessaria subiiciantur legi aeternae.
Quinto: utrum contingentia naturalia subiiciantur legi aeternae.
Sexto: utrum omnes res humanae ei subiiciantur.

QUESTÃO 93
A LEI ETERNA
em seis artigos

Deve-se considerar, em seguida, cada uma das leis. E em primeiro lugar, a lei eterna; em segundo, a lei natural; em terceiro, a lei humana; em quarto, a lei antiga; em quinto, a lei nova, que é a lei do Evangelho. Sobre a sexta lei, que é a lei da concupiscência, basta o que foi dito quando se tratou do pecado original.

Quanto à primeira, fazem-se seis perguntas.

1. O que é a lei eterna?
2. É de todos conhecida?
3. Dela deriva toda lei?
4. As coisas necessárias se sujeitam à lei eterna?
5. Os contingentes naturais se sujeitam à lei eterna?
6. Todas as coisas humanas estão a ela sujeitas?

ARTICULUS 1
Utrum lex aeterna sit summa ratio in Deo existens

AD PRIMUM SIC PROCEDITUR. Videtur quod lex aeterna non sit ratio summa in Deo existens.

1. Lex enim aeterna est una tantum. Sed rationes rerum in mente divina sunt plures: dicit enim

ARTIGO 1
A lei eterna é a suma razão existente em Deus?

QUANTO AO PRIMEIRO ARTIGO, ASSIM SE PROCEDE: parece que a lei eterna **não** é a suma razão existente em Deus.

1. Com efeito, a lei eterna é apenas uma. Ora, as razões das coisas na mente divina são várias;

1 PARALL.: Supra, q. 91, a. 1.

Augustinus, in libro *Octoginta trium Quaest.*[1], quod *Deus singula fecit propriis rationibus*. Ergo lex aeterna non videtur esse idem quod ratio in mente divina existens.

2. PRAETEREA, de ratione legis est quod verbo promulgetur, ut supra[2] dictum est. Sed Verbum in divinis dicitur personaliter, ut in Primo[3] habitum est: ratio autem dicitur essentialiter. Non igitur idem est lex aeterna quod ratio divina.

3. PRAETEREA, Augustinus dicit, in libro *de Vera Relig.*[4]: *Apparet supra mentem nostram legem esse, quae veritas dicitur*. Lex autem supra mentem nostram existens est lex aeterna. Ergo veritas est lex aeterna. Sed non est eadem ratio veritatis et rationis. Ergo lex aeterna non est idem quod ratio summa.

SED CONTRA est quod Augustinus dicit, in I *de Lib. Arb.*[5], quod *lex aeterna est summa ratio, cui semper obtemperandum est*.

RESPONDEO dicendum quod, sicut in quolibet artifice praeexistit ratio eorum quae constituuntur per artem, ita etiam in quolibet gubernante oportet quod praeexistat ratio ordinis eorum quae agenda sunt per eos qui gubernationi subduntur. Et sicut ratio rerum fiendarum per artem vocatur ars vel exemplar rerum artificiatarum, ita etiam ratio gubernantis actus subditorum, rationem legis obtinet, servatis aliis quae supra[6] esse diximus de legis ratione. Deus autem per suam sapientiam conditor est universarum rerum, ad quas comparatur sicut artifex ad artificiata, ut in Primo[7] habitum est. Est etiam gubernator omnium actuum et motionum quae inveniuntur in singulis creaturis, ut etiam in Primo habitum est. Unde sicut ratio divinae sapientiae inquantum per eam cuncta sunt creata, rationem habet artis vel exemplaris vel ideae; ita ratio divinae sapientiae moventis omnia ad debitum finem, obtinet rationem legis. Et secundum hoc, lex aeterna nihil aliud est quam ratio divinae sapientiae, secundum quod est directiva omnium actuum et motionum.

diz Agostinho que "Deus fez as coisas singulares com suas próprias razões". Logo, a lei eterna não parece ser o mesmo que a razão existente na mente divina.

2. ALÉM DISSO, é da razão da lei que seja promulgada verbalmente, como foi dito acima. Ora, o Verbo na divindade se diz pessoalmente, como se mostrou na I Parte; e a razão se diz essencialmente. Logo, não é o mesmo a lei eterna e a razão divina.

3. ADEMAIS, diz Agostinho: "É claro que sobre nossa mente está a lei, que se diz verdade". Ora, a lei que existe sobre nossa mente é a lei eterna. Logo, a verdade é a lei eterna. Ora, não é a mesma a razão de verdade e da razão. Logo, a lei eterna não é o mesmo que a suma razão.

EM SENTIDO CONTRÁRIO, diz Agostinho que "a lei eterna é a suma razão, à qual se deve sempre sujeitar".

RESPONDO. Como em todo artífice preexiste a razão daquelas coisas que são constituídas pela arte, assim também em qualquer governante é necessário que preexista a razão da ordem daquelas coisas que se devem fazer por aqueles que estão submetidos ao governo. E como a razão das coisas a serem feitas pela arte se chama arte ou exemplar dos artefatos, assim também a razão do que governa os atos dos súditos obtém a razão de lei, mantidas todas aquelas coisas que acima dissemos sobre a razão de lei. Deus por sua sabedoria é criador de todas as coisas, às quais se compara como o artista aos artefatos, como se mostrou na I Parte. É também o governador de todos os atos e movimentos que se acham nas criaturas singulares, como também se mostrou na I Parte. Portanto, assim como a razão da divina sabedoria, enquanto por ela foram todas as coisas criadas, tem razão de arte ou exemplar ou ideia, assim também a razão da divina sabedoria ao mover todas as coisas para o devido fim, obtém a razão de lei. E segundo isso, a lei eterna nada é senão a razão da divina sabedoria, segundo é diretiva de todos os atos e movimentos[a].

1. Q. 46, n. 2: ML 40, 30.
2. Cfr. q. 90, a. 4; q. 91, a. 1, ad 2.
3. Q. 34, a. 1.
4. C. 30: ML 34, 147.
5. C. 6, n. 15: ML 32, 1229.
6. Q. 90.
7. Q. 14, a. 8.

a. A existência de uma lei eterna decorre dos dogmas da Criação e da Providência: dado que o mundo é regido pela Providência divina, ele forma um todo ordenado e governado pela Razão divina; essa razão suprema, ordenadora universal,

AD PRIMUM ergo dicendum quod Augustinus loquitur ibi de rationibus idealibus, quae respiciunt proprias naturas singularum rerum: et ideo in eis invenitur quaedam distinctio et pluralitas, secundum diversos respectus ad res, ut in Primo[8] habitum est. Sed lex dicitur directiva actuum in ordine ad bonum commune, ut supra[9] dictum est. Ea autem quae sunt in seipsis diversa, considerantur ut unum, secundum quod ordinantur ad aliquod commune. Et ideo lex aeterna est una, quae est ratio huius ordinis.

AD SECUNDUM dicendum quod circa verbum quodcumque duo possunt considerari: scilicet ipsum verbum, et ea quae verbo exprimuntur. Verbum enim vocale est quiddam ab ore hominis prolatum; sed hoc verbo exprimuntur quae verbis humanis significantur. Et eadem ratio est de verbo hominis mentali, quod nihil est aliud quam quiddam mente conceptum, quo homo exprimit mentaliter ea de quibus cogitat. Sic igitur in divinis ipsum Verbum, quod est conceptio paterni intellectus, personaliter, dicitur: sed omnia quaecumque sunt in scientia Patris, sive essentialia sive personalia, sive etiam Dei opera exprimuntur hoc Verbo, ut patet per Augustinum, in XV *de Trin.*[10]. Et inter cetera quae hoc Verbo exprimuntur, etiam ipsa lex aeterna Verbo ipso exprimitur. Nec tamen propter hoc sequitur quod lex aeterna personaliter in divinis dicatur. Appropriatur tamen filio, propter convenientiam quam habet ratio ad verbum.

AD TERTIUM dicendum quod ratio intellectus divini aliter se habet ad res quam ratio intellectus humani. Intellectus enim humanus est mensuratus

QUANTO AO 1º, deve-se dizer, portanto, que Agostinho fala aí de razões ideais, que dizem respeito às próprias naturezas das coisas singulares, e assim acha-se nelas certa distinção e pluralidade, segundo as diversas relações com as coisas, como se mostrou na I Parte. Ora, a lei se diz diretiva dos atos em ordem ao bem comum, como acima foi dito. Aquelas coisas que são em si mesmas diversas são consideradas como uma unidade, segundo se ordenam a algo comum. E assim a lei eterna é uma, a qual é a razão dessa ordem.

QUANTO AO 2º, deve-se dizer que acerca de qualquer palavra podem-se considerar duas coisas, a saber, a própria palavra e aquelas coisas que se exprimem pela palavra. A palavra oral, com efeito, é certamente proferida pela boca do homem, mas por essa palavra se exprimem aquelas coisas que são significadas pelas palavras humanas. E a mesma razão é da palavra mental do homem, que outra coisa não é senão o concebido pela mente, pelo qual o homem exprime mentalmente aquelas coisas sobre as quais pensa. Assim, em Deus, o próprio Verbo, que é a concepção do intelecto paterno, se diz de modo pessoal, mas todas aquelas coisas que estão na ciência de Deus, quer essenciais, quer pessoais, quer também as obras de Deus são expressas por este Verbo, como se evidencia por Agostinho. E entre as restantes coisas que são expressas por este Verbo, também a mesma lei eterna exprime-se por este mesmo Verbo. Nem se segue, por causa disso, que a lei eterna seja pessoalmente dita em Deus. É apropriada, entretanto, ao Filho, em razão da conveniência que tem a razão em relação ao verbo.

QUANTO AO 3º, deve-se dizer que a razão do intelecto divino está para as coisas, diferentemente da razão do intelecto humano. Ora, o intelecto

8. Q. 15, a. 2.
9. Q. 90, a. 2.
10. C. 14: ML 42, 1076. Cfr. l. VI, a. 10: ML 42, 931.

situada fora do tempo, que move todos os seres para o seu bem, verifica a noção de lei no sentido pleno do termo; ela pode, portanto, ser chamada de lei eterna. Na Sagrada Escritura encontram-se numerosos textos relativos à Sabedoria, que evocam esse aspecto ordenador e legislador de Deus criador; os principais se encontram nos Provérbios (8,23), na Sabedoria (7,25; 9,23) e no Sirácida (24,4). Sto. Agostinho está na origem da doutrina tradicional sobre a lei eterna, da qual ele deu uma definição que se tornou clássica: "A lei eterna é a razão divina ou vontade de Deus, ordenando a conservação da ordem natural e proibindo a sua perturbação: (Contra Faust., 22,27, em provável dependência da definição fornecida por Cícero em seu *De Legibus*, 2, 4). A atribuição (por apropriação) da função de lei eterna ao Verbo de Deus deve ser relacionada com o duplo conteúdo do conceito de Logos: palavra e razão, como lembra aqui Sto. Tomás na resposta 2.

A originalidade de Sto. Tomás no assunto é ter precisado a situação da lei eterna em relação à Providência, da qual ela é o prrincípio; com efeito, a Providência é como a execução dessa lei em cada criatura. Além disso, a lei eterna é mais expressiva que uma simples ideia divina, exemplar. Ela é antes de mais nada a Sabedoria divina considerada ativamente, movendo todos os seres em conformidade com suas naturezas. Enfim, pode-se notar que, devido a seu objeto, a lei eterna não incide sobre o que concerne à natureza ou à essência mesmo de Deus; é reguladora das atividades divinas no plano externo.

a rebus, ut scilicet conceptus hominis non sit verus propter seipsum, sed dicitur verus ex hoc quod consonat rebus: *ex hoc* enim *quod res est vel non est, opinio vera vel falsa est*. Intellectus vero divinus est mensura rerum: quia unaquaeque res intantum habet de veritate, inquantum imitatur intellectum divinum, ut in Primo[11] dictum est. Et ideo intellectus divinus est verus secundum se. Unde ratio eius est ipsa veritas.

humano é medido pelas coisas, de sorte que o conceito de homem não é verdadeiro por si mesmo, mas diz-se verdadeiro na medida que é consoante com as coisas: "pelo fato de que a coisa é ou não é, a opinião é verdadeira ou falsa". O intelecto divino, porém, é medida das coisas, pois cada coisa tem tanto de verdade, quanto imita o intelecto divino, como foi dito na I Parte. E assim o intelecto divino é verdadeiro em si mesmo. Donde a razão dele ser a própria verdade.

ARTICULUS 2

Utrum lex aeterna sit omnibus nota

AD SECUNDUM SIC PROCEDITUR. Videtur quod lex aeterna non sit omnibus nota.

1. Quia ut dicit Apostolus, 1Cor 2,11, *quae sunt Dei, nemo novit nisi Spiritus Dei*. Sed lex aeterna est quaedam ratio in mente divina existens. Ergo omnibus est ignota nisi soli Deo.

2. PRAETEREA, sicut Augustinus dicit, in libro *de Lib. Arb.*[1], *lex aeterna est qua iustum est ut omnia sint ordinatissima*. Sed non omnes cognoscunt qualiter omnia sint ordinatissima. Non ergo omnes cognoscunt legem aeternam.

3. PRAETEREA, Augustinus dicit, in libro *de Vera Relig.*[2], quod *lex aeterna est de qua homines iudicare non possunt*. Sed sicut in I *Ethic.*[3] dicitur, *unusquisque bene iudicat quae cognoscit*. Ergo lex aeterna non est nobis nota.

SED CONTRA est quod Augustinus dicit, in libro *de Lib. Arb.*[4], quod *aeternae legis notio nobis impressa est*.

RESPONDEO dicendum quod dupliciter aliquid cognosci potest: uno modo, in seipso; alio modo, in suo effectu, in quo aliqua similitudo eius invenitur; sicut aliquis non videns solem in sua substantia, cognoscit ipsum in sua irradiatione. Sic igitur dicendum est quod legem aeternam nullus potest cognoscere secundum quod in seipsa est, nisi solum beati, qui Deum per essentiam vident. Sed omnis creatura rationalis ipsam cognoscit secundum aliquam eius irradiationem, vel maiorem

ARTIGO 2

A lei eterna é conhecida por todos?

QUANTO AO SEGUNDO, ASSIM SE PROCEDE: parece que a lei eterna **não** é conhecida por todos.

1. Com efeito, diz o Apóstolo na primeira Carta aos Coríntios: "aquelas coisas que são de Deus, ninguém conhece senão o Espírito de Deus". Ora, a lei eterna é certa razão existente na mente divina. Logo, a todos é desconhecida, a não ser somente a Deus.

2. ALÉM DISSO, como Agostinho diz, "a lei eterna é aquela pela qual é justo que todas as coisas sejam ordenadíssimas". Ora, nem todos conhecem de que modo todas as coisas sejam ordenadíssimas. Logo, nem todos conhecem a lei eterna.

3. ADEMAIS, Agostinho diz que "a lei eterna é aquela a respeito da qual os homens não podem julgar". Ora, como se diz no livro I da *Ética*, "cada um julga bem do que conhece". Logo, a lei eterna não nos é conhecida.

EM SENTIDO CONTRÁRIO, diz Agostinho que "o conhecimento da lei eterna foi em nós impresso".

RESPONDO. Alguma coisa pode ser conhecida duplamente: em si mesma e em seu efeito, no qual se acha uma semelhança dela, como alguém que não vê o sol em sua substância conhece-o em sua irradiação. Assim, deve-se dizer que ninguém pode conhecer a lei eterna segundo é em si mesma, a não ser os bem-aventurados, que veem a essência de Deus. Mas, toda criatura racional conhece-a segundo uma irradiação dela, ou maior ou menor. Todo conhecimento da verdade, com efeito, é

11. Q. 16, a. 1.

2 PARALL.: Supra, q. 19, a. 4, ad 3; in *Iob*, c. 11, lect. 1.

1. L. I, c. 6, n. 15: ML 32, 1229.
2. C. 31: ML 34, 148.
3. C. 1: 1094, b, 27-1095, a, 2.
4. Loc. cit.

vel minorem. Omnis enim cognitio veritatis est quaedam irradiatio et participatio legis aeternae, quae est veritas incommutabilis, ut Augustinus dicit, in libro *de Vera Relig.*[5]. Veritatem autem omnes aliqualiter cognoscunt, ad minus quantum ad principia communia legis naturalis. In aliis vero quidam plus et quidam minus participant de cognitione veritatis; et secundum hoc etiam plus vel minus cognoscunt legem aeternam.

AD PRIMUM ergo dicendum quod ea quae sunt Dei, in seipsis quidem cognosci a nobis non possunt: sed tamen in effectibus suis nobis manifestantur, secundum illud Rm 1,20: *Invisibilia Dei per ea quae facta sunt, intellecta, conspiciuntur.*

AD SECUNDUM dicendum quod legem aeternam etsi unusquisque cognoscat pro sua capacitate, secundum modum praedictum, nullus tamen eam comprehendere potest: non enim totaliter manifestari potest per suos effectus. Et ideo non oportet quod quicumque cognoscit legem aeternam secundum modum praedictum, cognoscat totum ordinem rerum, quo omnia sunt ordinatissima.

AD TERTIUM dicendum quod iudicare de aliquo potest intelligi dupliciter. Uno modo, sicut vis cognitiva diiudicat de proprio obiecto; secundum illud Io 12,11: *Nonne auris verba diiudicat, et fauces comedentis saporem?* Et secundum istum modum iudicii, Philosophus dicit quod *unusquisque bene iudicat quae cognoscit*, iudicando scilicet an sit verum quod proponitur. Alio modo, secundum quod superior iudicat de inferiori quodam practico iudicio, an scilicet ita debeat esse vel non ita. Et sic nullus potest iudicare de lege aeterna.

ARTICULUS 3

Utrum omnis lex a lege aeterna derivetur

AD TERTIUM SIC PROCEDITUR. Videtur quod non omnis lex a lege aeterna derivetur.

1. Est enim quaedam lex fomitis, ut supra[1] dictum est. Ipsa autem non derivatur a lege divi-

uma irradiação e participação da lei eterna, que é a verdade imutável, como diz Agostinho. Todos conhecem, de algum modo, a verdade, ao menos quanto aos princípios comuns da lei natural. Em outras coisas, alguns mais, alguns menos, participam do conhecimento da verdade; e de acordo com isso também conhecem mais ou menos a lei eterna[b].

QUANTO AO 1º, deve-se dizer, portanto, que aquelas coisas que são de Deus não podem certamente ser por nós conhecidas em si mesmas, mas manifestam-se-nos em seus efeitos, segundo a Carta aos Romanos: "As coisas invisíveis de Deus tornam-se visíveis à inteligência por meio daquelas que foram feitas".

QUANTO AO 2º, deve-se dizer que a lei eterna, embora cada um a conheça segundo sua capacidade, conforme o modo referido, ninguém, entretanto, pode abrangê-la: não pode, com efeito, ser manifestada totalmente pelos seus efeitos. E assim não é necessário que cada um que conheça a lei eterna segundo o modo referido, conheça toda a ordem das coisas, pela qual todas as coisas são ordenadíssimas.

QUANTO AO 3º, deve-se dizer que julgar de algo pode ser entendido de dois modos. De um, como a potência cognoscitiva julga do próprio objeto; segundo aquela passagem de livro de Jó: "Por acaso não julga a orelha as palavras e a boca de quem come, o sabor?" E segundo este modo de julgamento, diz o Filósofo que "cada um julga bem aquelas coisas que conhece", isto é, julgando se é verdadeiro o que é proposto. De outro modo, como o superior julga do inferior por algum juízo prático, a saber, se assim deve ser ou assim não. E desse modo, ninguém pode julgar a lei eterna.

ARTIGO 3

Toda lei deriva da lei eterna?

QUANTO AO TERCEIRO, ASSIM SE PROCEDE: parece que **nem** toda lei deriva da lei eterna.

1. Com efeito, há uma lei da concupiscência, como acima foi dito. Ora, tal lei não deriva da

5. C. 31: ML 34, 147.

3

1. Q. 91, a. 6.

b. Como a lei eterna se identifica com a própria essência de Deus, ela só é conhecida em si e perfeitamente por Deus e pelos eleitos mediante a visão beatífica.

na, quae est lex aeterna: ad ipsam enim pertinet prudentia carnis, de qua Apostolus dicit, Rm 8,7, quod *legi Dei non potest esse subiecta*. Ergo non omnis lex procedit, a lege aeterna.

2. PRAETEREA, a lege aeterna nihil iniquum procedere potest: quia sicut dictum est[2], *lex aeterna est secundum quam iustum est ut omnia sint ordinatissima*. Sed quaedam leges sunt iniquae; secundum illud Is 10,1: *Vae qui condunt leges iniquas*. Ergo non omnis lex procedit a lege aeterna.

3. PRAETEREA, Augustinus dicit, in I *de Lib. Arbit.*[3], quod *lex quae populo regendo scribitur, recte multa permittit quae per divinam providentiam vindicantur*. Sed ratio divinae providentiae est lex aeterna, ut dictum est[4]. Ergo nec etiam omnis lex recta procedit a lege aeterna.

SED CONTRA est quod, Pr 8,15, divina sapientia dicit: *Per me reges regnant, et legum conditores iusta decernunt*. Ratio autem divinae sapientiae est lex aeterna, ut supra[5] dictum est. Ergo omnes leges a lege aeterna procedunt.

RESPONDEO dicendum quod, sicut supra[6] dictum est, lex importat rationem quandam directivam actuum ad finem. In omnibus autem moventibus ordinatis oportet quod virtus secundi moventis derivetur a virtute moventis primi: quia movens secundum non movet nisi inquantum movetur a primo. Unde et in omnibus gubernantibus idem videmus, quod ratio gubernationis a primo gubernante ad secundos derivatur: sicut ratio eorum quae sunt agenda in civitate, derivatur a rege per praeceptum in inferiores administratores. Et in artificialibus etiam ratio artificialium actuum derivatur ab architectore ad inferiores artifices, qui manu operantur. Cum ergo lex aeterna sit ratio gubernationis in supremo gubernante, necesse est quod omnes rationes gubernationis quae sunt in inferioribus gubernantibus, a lege aeterna deriventur. Huiusmodi autem rationes inferiorum

lei divina, que é a lei eterna: a ela, com efeito, pertence a prudência da carne, da qual diz o Apóstolo na Carta aos Romanos que "não pode estar sujeita à lei de Deus". Logo, nem toda lei procede da lei eterna.

2. ALÉM DISSO, da lei eterna nada de iníquo pode proceder, pois, como foi dito, "a lei eterna é aquela segundo a qual é justo que todas as coisas sejam ordenadíssimas". Ora, algumas leis são iníquas, segundo Isaías: "Ai dos que fazem leis iníquas". Logo, nem toda lei procede da lei eterna.

3. ADEMAIS, diz Agostinho que "a lei que é escrita para reger o povo permite retamente muitas coisas que são punidas pela providência divina". Ora, a razão da providência divina é a lei eterna, como acima foi dito. Logo, nem toda lei reta procede da lei eterna.

EM SENTIDO CONTRÁRIO, diz a divina sabedoria no livro dos Provérbios: "Por mim reinam os reis, e os legisladores decretam as coisas justas". Ora, a razão da divina sabedoria é a lei eterna, como acima foi dito. Logo, todas as leis procedem da lei eterna.

RESPONDO. Como acima foi dito, a lei implica certa razão diretiva dos atos para o fim. Ora, em todos os moventes ordenados é necessário que a força do segundo movente derive da força do primeiro movente, porque o segundo movente não move a não ser enquanto é movido pelo primeiro. Por isso, em todos os que governam vemos o mesmo, que a razão de governo deriva do primeiro que governa aos segundos, como a razão daquelas coisas que devem ser feitas na cidade deriva do rei por meio de preceito aos administradores inferiores. E nos artefatos também a razão dos atos artificiais deriva do arquiteto aos artífices inferiores, que trabalham manualmente. Portanto, como a lei eterna é a razão de governo no governante supremo, é necessário que todas as razões de governo que estão nos governantes inferiores derivem da lei eterna[c]. Tais razões dos

2. A. praec., 2 a.
3. C. 5, n. 13: ML 32, 1228.
4. Art. 1.
5. Art. 1.
6. Q. 90, a. 1, 2.

c. Sto. Tomás aplica aqui a doutrina que está na base das provas da existência de Deus (I, q. 2, a. 3): a partir do momento em que a lei é uma atividade reguladora, e que os diversos tipos de leis estão em dependência recíproca (as humanas em relação às divinas), pode aplicar nesse domínio o raciocínio formulado a propósito das atividades criadas (causalidades eficiente e final). É preciso, portanto, que exista, para todo esse encadeamento causal, uma fonte que seja inesgotável e que não tenha necessidade de uma outra fonte; ela deve estar sempre em ato, em uma plenitude infinita de ser comunicando-se ao exterior. E Sto. Tomás aplica tal raciocínio à lei, para deduzir que toda lei só possui sentido e realidade como derivação de uma lei suprema e eterna.

gubernantium sunt quaecumque aliae leges praeter legem aeternam. Unde omnes leges, inquantum participant de ratione recta, intantum derivantur a lege aeterna. Et propter hoc Augustinus dicit, in I *de Lib. Arb.*[7], quod *in temporali lege nihil est iustum ac legitimum, quod non ex lege aeterna homines sibi derivaverunt*.

AD PRIMUM ergo dicendum quod fomes habet rationem legis in homine, inquantum est poena consequens divinam iustitiam: et secundum hoc manifestum est quod derivatur a lege aeterna. Inquantum vero inclinat ad peccatum, sic contrariatur legi Dei, et non habet rationem legis, ut ex supradictis[8] patet.

AD SECUNDUM dicendum quod lex humana intantum habet rationem legis, inquantum est secundum rationem rectam:et secundum hoc manifestum est quod a lege aeterna derivatur. Inquantum vero a ratione recedit, sic dicitur lex iniqua: et sic non habet rationem legis, sed magis violentiae cuiusdam. — Et tamen in ipsa lege iniqua inquantum servatur aliquid de similitudine legis propter ordinem potestatis eius, qui legem fert, secundum hoc etiam derivatur a lege aeterna: *omnis* enim *potestas a Domino Deo est*, ut dicitur Rm 13,1.

AD TERTIUM dicendum quod lex humana dicitur aliqua permittere, non quasi ea approbans, sed quasi ea dirigere non potens. Multa autem diriguntur lege divina quae dirigi non possunt lege humana: plura enim subduntur causae superiori quam inferiori. Unde hoc ipsum quod lex humana non se intromittat de his quae dirigere non potest, ex ordine legis aeternae provenit. Secus autem esset si approbaret ea quae lex aeterna reprobat. Unde ex hoc non habetur quod lex humana non derivetur a lege aeterna, sed quod non perfecte eam assequi possit.

ARTICULUS 4

Utrum necessaria et aeterna subiiciantur legi aeternae

AD QUARTUM SIC PROCEDITUR. Videtur quod necessaria et aeterna subiiciantur legi aeternae.

governantes inferiores são algumas outras leis, fora a lei eterna. Donde todas as leis, enquanto participam da razão reta, nessa medida derivam da lei eterna. E em razão disso afirma Agostinho que "na lei temporal nada é justo e legítimo que os homens não tenham derivado para si da lei eterna".

QUANTO AO 1º, deve-se dizer, portanto, que a concupiscência tem razão de lei no homem, enquanto é pena consequente à justiça divina; e segundo isso é manifesto que deriva da lei eterna. Enquanto, porém, inclina ao pecado, contraria a lei de Deus, e não tem razão de lei, como se evidencia do acima dito.

QUANTO AO 2º, deve-se dizer que a lei humana tem tanto razão de lei quanto é segundo a razão reta, e de acordo com isso é manifesto que deriva da lei eterna. Enquanto, pois, se afasta da razão eterna, diz-se assim lei iníqua, e assim não tem razão de lei, e, sim, mais de certa violência. — Entretanto, na mesma lei iníqua, enquanto se conserva algo da semelhança da lei em razão da ordem do poder de quem legisla, também nesse sentido deriva da lei eterna: "todo poder", com efeito, "vem do Senhor Deus", como se diz na Carta aos Romanos.

QUANTO AO 3º, deve-se dizer que a lei humana é dita permitir algumas coisas, não como que as aprovando, mas como não as podendo dirigir. Muitas coisas, com efeito, são dirigidas pela lei divina, as quais não podem ser dirigidas pela lei humana; mais coisas, com efeito, estão sujeitas a uma causa superior do que a uma inferior. Donde, o fato mesmo de que a lei humana não se imiscua naquelas coisas que não pode dirigir, provém da ordem da lei eterna. Dar-se-ia o contrário se aprovasse aquelas coisas que a lei eterna reprova. Não se segue disso que a lei humana não derive da lei eterna, mas que não pode segui-la perfeitamente.

ARTIGO 4

Sujeitam-se à lei eterna as coisas necessárias e eternas?

QUANTO AO QUARTO, ASSIM SE PROCEDE: parece que as coisas necessárias e eternas **se sujeitam** à lei eterna.

7. C. 6, n. 15: ML 32, 1229.
8. Q. 91, a. 6.

4

1. Omne enim quod rationabile est, rationi subditur. Sed voluntas divina est rationabilis: cum sit iusta. Ergo rationi subditur. Sed lex aeterna est ratio divina. Ergo voluntas Dei subditur legi aeternae. Voluntas autem Dei est aliquod aeternum. Ergo etiam aeterna et necessaria legi aeternae subduntur.

2. PRAETEREA, quidquid subiicitur regi, subiicitur legi regis. Fillius autem, ut dicitur 1Cor 15,24-28, *subiectus erit Deo et Patri, cum tradiderit et regnum*. Ergo Filius, qui est aeternus, subiicitur legi aeternae.

3. PRAETEREA, lex aeterna est ratio divinae providentiae. Sed multa necessaria subduntur divinae providentiae: sicut permanentia substantiarum incorporalium et corporum caelestium. Ergo legi aeternae subduntur etiam necessaria.

SED CONTRA ea quae sunt necessaria, impossibile est aliter se habere: unde cohibitione non indigent. Sed imponitur hominibus lex ut cohibeantur a malis, ut ex supradictis[1] patet. Ergo ea quae sunt necessaria, legi non subduntur.

RESPONDEO dicendum quod, sicut supra[2] dictum est, lex aeterna est ratio divinae gubernationis. Quaecumque ergo divinae gubernationi subduntur, subiiciuntur etiam legi aeternae: quae vero gubernationi aeternae non subduntur, neque legi aeternae subduntur. Horum autem distinctio attendi potest ex his quae circa nos sunt. Humanae enim gubernationi subduntur ea quae per homines fieri possunt: quae vero ad naturam hominis pertinent, non subduntur gubernationi humanae, scilicet quod homo habeat animam, vel manus aut pedes. Sic igitur legi aeternae subduntur omnia quae sunt in rebus a Deo creatis, sive sint contingentia sive sint necessaria: ea vero quae pertinent ad naturam vel essentiam divinam, legi aeternae non subduntur, sed sunt realiter ipsa lex aeterna.

AD PRIMUM ergo dicendum quod de voluntate Dei dupliciter possumus loqui. Uno modo, quantum ad ipsam voluntatem: et sic, cum voluntas Dei sit ipsa eius essentia, non subditur gubernationi divinae neque legi aeternae, sed est idem quod lex aeterna. Alio modo possumus loqui de

1. Com efeito, tudo o que é racional, sujeita-se à razão. Ora, a vontade divina é racional, enquanto é justa. Logo, sujeita-se à razão. Ora, a lei eterna é a razão divina. Logo, a vontade de Deus se sujeita à lei eterna. Mas, a vontade de Deus é algo eterno. Logo, também as coisas eternas e necessárias se sujeitam à lei eterna.

2. ALÉM DISSO, tudo o que se sujeita ao rei, sujeita-se à lei do rei. Ora, o Filho, como se diz na primeira Carta aos Coríntios, "será sujeito a Deus Pai, quando lhe entregar o reino". Logo, o Filho que é eterno sujeita-se à lei eterna.

3. ADEMAIS, a lei eterna é a razão da providência divina. Ora, muitas coisas necessárias se sujeitam à providência divina, como a permanência das substâncias incorporais e dos corpos celestes. Logo, sujeitam-se à lei eterna também as coisas necessárias.

EM SENTIDO CONTRÁRIO, é impossível que se comportem de outro modo aquelas coisas que são necessárias. Por isso, não necessitam de ser coibidas. Ora, a lei se impõe aos homens para que sejam coibidos dos males, como se evidencia do acima dito. Logo, aquelas coisas que são necessárias não se sujeitam à lei.

RESPONDO. Como foi dito acima, a lei eterna é a razão do governo divino. Quaisquer coisas, pois, que se sujeitam ao governo divino, sujeitam-se também à lei eterna; aquelas, porém, que não se sujeitam ao governo eterno não se sujeitam à lei eterna. A distinção disso pode entender-se a partir daquelas cosias que estão em torno de nós. Sujeitam-se, com efeito, ao governo humano aquelas coisas que podem ser feitas pelos homens; aquelas, porém, que pertencem à natureza humana, não se sujeitam ao governo humano, isto é, que o homem tenha alma, ou mãos ou pés. Assim, pois, sujeitam-se à lei eterna todas aquelas coisas que estão entre as criadas por Deus, quer sejam contingentes, quer sejam necessárias; aquelas coisas, porém, que pertencem à natureza ou à essência divina não se sujeitam à lei eterna, mas são realmente a mesma lei eterna.

QUANTO AO 1º, deve-se dizer, portanto, que podemos falar de dois modos da vontade de Deus. De um modo, quanto à própria vontade; e assim, como a vontade de Deus é sua própria essência, não se sujeita ao governo divino, nem à lei eterna, mas é o mesmo que a lei eterna. De

1. Q. 92, a. 2.
2. Art. 1.

voluntate divina quantum ad ipsa quae Deus vult circa creaturas: quae quidem subiecta sunt legi aeternae, inquantum horum ratio est in divina sapientia. Et ratione horum, voluntas Dei dicitur rationabilis. Alioquin, ratione sui ipsius, magis est dicenda ipsa ratio.

AD SECUNDUM dicendum quod Filius Dei non est a Deo factus, sed naturaliter ab ipso genitus. Et ideo non subditur divinae providentiae aut legi aeternae: sed magis ipse est lex aeterna per quandam appropriationem, ut patet per Augustinum, in libro *de Vera Relig.*[3]. Dicitur autem esse subiectus Patri ratione humanae naturae, secundum quam etiam Pater dicitur esse maior eo.

TERTIUM concedimus: quia procedit de necessariis creatis.

AD QUARTUM[4] dicendum quod, sicut Philosophus dicit, in V *Metaphys.*[5], quaedam necessaria habent causam suae necessitatis[6]: et sic hoc ipsum quod impossibile est ea aliter esse, habent ab alio. Et hoc ipsum est cohibitio quaedam efficacissima: nam quaecumque cohibentur, intantum cohiberi dicuntur, inquantum non possunt aliter facere quam de eis disponatur.

outro modo, podemos falar da vontade de Deus quanto às mesmas coisas que Deus quer a respeito das criaturas; essas certamente se sujeitam à lei eterna, enquanto a sua razão está na sabedoria divina. Nesse sentido, a vontade de Deus se diz racional. Ao contrário, em razão de si mesma, deve-se dizer antes a própria razão.

QUANTO AO 2º, deve-se dizer que o Filho de Deus não é feito por Deus, mas gerado naturalmente por ele. E assim não se sujeita à divina providência ou à lei eterna, mas antes ele é a lei eterna por certa apropriação, como deixa claro Agostinho. Diz-se ser sujeito ao Pai em razão da natureza humana, segundo a qual também o Pai se diz maior que ele.

QUANTO AO 3º, concedemos, porque procede de coisas necessárias criadas.

QUANTO AO 4º, deve-se dizer que, como diz o Filósofo, algumas coisas necessárias têm a causa de sua necessidade, e assim o ser impossível que sejam de outro modo tem-no de outro. E isso mesmo é uma coibição eficacíssima; com efeito, quaisquer coisas que são coibidas, dizem-se ser coibidas na medida em que não podem fazer diferentemente do que é disposto a respeito delas.

ARTICULUS 5

Utrum naturalia contingentia subsint legi aeterna

AD QUINTUM SIC PROCEDITUR. Videtur quod naturalia contingentia non subsint legi aeternae.

1. Promulgatio enim est de ratione legis, ut supra[1] dictum est. Sed promulgatio non potest fieri nisi ad creaturae rationales, quibus potest aliquid denuntiari. Ergo solae creaturae rationales subsunt legi aeternae. Non ergo naturalia contingentia.

2. PRAETEREA, *ea quae obediunt rationi, participant aliqualiter ratione*, ut dicitur in I *Ethic.*[2]. Lex autem aeterna est ratio summa, ut supra[3] dictum est. Cum igitur naturalia contingentia

ARTIGO 5

Sujeitam-se à lei eterna os contingentes naturais?

QUANTO AO QUINTO ASSIM SE PROCEDE: parece que os contingentes naturais **não** se sujeitam à lei eterna.

1. Com efeito, a promulgação é da razão da lei, como foi dito acima. Ora, a promulgação não se pode fazer a não ser para criaturas racionais, às quais se pode anunciar algo. Logo, apenas as criaturas racionais se sujeitam à lei eterna. Não, pois, os contingentes naturais.

2. ALÉM DISSO, "aquelas coisas que obedecem à razão, participam de algum modo da razão", como se diz no livro I da *Ética*. Ora, a lei eterna é a suma razão, como acima foi dito. Logo, como

3. C. 31: ML 34, 147.
4. Arg. *sed c.*
5. C. 5: 1015, b, 10-15.
6. Cfr. I, q. 2, a. 3 c: *Tertia via.*

5

1. Q. 90, a. 4.
2. C. 13: 1102, b, 25-28; 13-14.
3. Art. 1.

non participent aliqualiter ratione, sed penitus sint irrationabilia, videtur quod non subsint legi aeternae.

3. PRAETEREA, lex aeterna est efficacissima. Sed in naturalibus contingentibus accidit defectus. Non ergo subsunt legi aeternae.

SED CONTRA est quod dicitur Pr 8,29: *Quando circumdabat mari terminum suum, et legem ponebat aquis ne transirent fines suos.*

RESPONDEO dicendum quod aliter dicendum est de lege hominis, et aliter de lege aeterna, quae est lex Dei. Lex enim hominis non se extendit nisi ad creaturas rationales quae homini subiiciuntur. Cuius ratio est quia lex est directiva actuum qui conveniunt subiectis gubernationi alicuius: unde nullus, proprie loquendo, suis actibus legem imponit. Quaecumque autem aguntur circa usum rerum irrationalium homini subditarum, aguntur per actum ipsius hominis moventis huiusmodi res: nam huiusmodi irrationales creaturae non agunt seipsas, sed ab aliis aguntur, ut supra[4] habitum est. Et ideo rebus irrationalibus homo legem imponere non potest, quantumcumque ei subiiciantur. Rebus autem rationalibus sibi subiiectis potest imponere legem, inquantum suo praecepto, vel denuntiatione quacumque, imprimit menti earum quandam regulam quae est principium agendi.

Sicut autem homo imprimit, denuntiando quoddam interius principium actuum homini sibi subiecto, ita etiam Deus imprimit toti naturae principia propriorum actuum. Et ideo per hunc modum dicitur Deus praecipere toti naturae; secundum illud Ps 148,6: *Praeceptum posuit, et non praeteribit*. Et per hanc etiam rationem omnes motus et actiones totius naturae legi aeternae subduntur. Unde alio modo creaturae irrationales subduntur legi aeternae, inquantum moventur a divina providentia, non autem per intellectum divini praecepti, sicut creaturae rationales.

AD PRIMUM ergo dicendum quod hoc modo se habet impressio activi principii intrinseci, quantum ad res naturales, sicut se habet promulgatio legis quantum ad homines: quia per legis promulgatio-

os contingentes naturais não participam de algum modo da razão, mas são totalmente irracionais, vê-se que não se sujeitam à lei eterna.

3. ADEMAIS, a lei eterna é eficacíssima. Ora, nos contingentes naturais acontece a deficiência. Logo, não se sujeitam à lei eterna.

EM SENTIDO CONTRÁRIO, diz-se no livro dos Provérbios: "Quando circunscrevia ao mar o seu limite, e impunha lei às águas de modo que não transpusessem os seus termos".

RESPONDO. Fala-se diferentemente da lei do homem e da lei eterna, que é a lei de Deus. A lei do homem, com efeito, não se estende a não ser às criaturas racionais, que se submetem ao homem. A razão disso é que a lei é diretiva dos atos que convêm aos sujeitos ao governo de alguém; donde ninguém, propriamente falando, impõe lei a seus atos. Ora, quaisquer ações praticadas a respeito do uso das coisas irracionais sujeitas ao homem, são praticadas por ato do próprio homem que move tais coisas; com efeito, tais criaturas irracionais não agem por si mesmas, mas agem por outros, como acima se mostrou. E assim o homem não pode impor lei às coisas irracionais, seja qual for o modo como se sujeitam a ele. Pode, entretanto, impor lei às coisas racionais, enquanto por seu preceito ou qualquer pronunciamento, imprime na mente delas uma regra que é princípio do agir.

Assim como o homem, pela palavra, imprime um princípio interno de ação ao homem a ele sujeito, assim também Deus imprime a toda a natureza os princípios dos próprios atos. E assim, por esse modo, se diz que Deus preceitua a toda a natureza, segundo o que está no livro dos Salmos: "Pôs o preceito, e não esquecerá". E por essa razão todos os movimentos e ações de toda a natureza se sujeitam à lei eterna. Por isso, de outro modo, as criaturas irracionais se sujeitam à lei eterna, enquanto são movidas pela providência divina, e não pelo entendimento do preceito divino, como as criaturas racionais[d].

QUANTO AO 1º, deve-se dizer, portanto, que do modo como se processa a impressão do princípio ativo intrínseco quanto às coisas naturais, assim se processa a promulgação da lei quanto aos

4. Q. 1, a. 2.

d. É a doutrina sobre a participação que é aplicada aqui. Nas criaturas desprovidas de razão, Deus exerce a sua moção por suas próprias naturezas que executam passivamente e sem sabê-lo a sua vontade divina (participação material). Já no homem, a lei eterna é participada ativamente, como lei, pela razão humana que obedece livremente a Deus assumindo sua própria responsabilidade. Em ambos os casos, existe nos sujeitos da lei eterna um princípio interno de ação; nas criaturas materiais é a sua natureza física ou seu instinto; no homem, é a sua razão que age em conhecimento de causa.

nem imprimitur hominibus quoddam directivum principium humanorum actuum, ut dictum est[5].

AD SECUNDUM dicendum quod creaturae irrationales non participant ratione humana, nec ei obediunt: participant tamen, per modum obedientiae, ratione divina. Ad plura enim se extendit virtus rationis divinae quam virtus rationis humanae. Et sicut membra corporis humani moventur ad imperium rationis, non tamen participant ratione, quia non habent aliquam apprehensionem ordinatam ad rationem; ita etiam creaturae irrationales moventur a Deo, nec tamen propter hoc sunt rationales.

AD TERTIUM dicendum quod defectus qui accidunt in rebus naturalibus, quamvis sint praeter ordinem causarum particularium, non tamen sunt praeter ordinem causarum universalium; et praecipue causae primae, quae Deus est, cuius providentiam nihil subterfugere potest, ut in Primo[6] dictum est. Et quia lex aeterna est ratio divinae providentiae, ut dictum est[7], ideo defectus rerum naturalium legi aeternae subduntur.

homens, pois, pela promulgação da lei, imprime-se nos homens certo princípio diretivo dos atos humanos, como foi dito.

QUANTO AO 2º, deve-se dizer que as criaturas racionais não participam da razão humana, nem a ela obedecem; participam, entretanto, por modo de obediência da razão divina. O poder da razão divina, com efeito, se estende a mais coisas que o poder da razão humana. E assim como os membros do corpo humano são movidos sob o império da razão, mas não participam da razão, pois não têm apreensão alguma ordenada à razão, assim também as criaturas irracionais são movidas por Deus, nem por isso são racionais.

QUANTO AO 3º, deve-se dizer que as deficiências que ocorrem nas coisas naturais, embora estejam à margem da ordem das causas particulares, não estão à margem da ordem das causas universais; e principalmente da causa primeira, que é Deus, a cuja providência nada pode subtrair-se, como foi dito na I Parte. E porque a lei eterna é a razão da providência divina, como foi dito, assim as deficiências das coisas naturais sujeitam-se à lei eterna.

ARTICULUS 6

Utrum omnes res humanae subiiciantur legi aeternae

AD SEXTUM SIC PROCEDITUR. Videtur quod non omnes res humanae subiiciantur legi aeternae.

1. Dicit enim Apostolus, Gl 5,18: *Si spiritus ducimini, non estis sub lege*. Sed viri iusti, qui sunt filii Dei per adoptionem, Spiritu Dei aguntur; secundum illud Rm 8,14: *Qui Spiritu Dei aguntur, hi filii Dei sunt*. Ergo non omnes homines sunt sub lege aeterna.

2. PRAETEREA, Apostolus dicit, Rm 8,7: *Prudentia carnis inimica est Deo: legi enim Dei subiecta non est*. Sed multi homines sunt in quibus prudentia carnis dominatur. Ergo legi aeternae, quae est lex Dei, non subiiciuntur omnes homines.

3. PRAETEREA, Augustinus dicit, in I *de Lib. Arb.*[1], quod *lex aeterna est qua mali miseriam,*

ARTIGO 6

Todas as coisas humanas submetem-se à lei eterna?

QUANTO AO SEXTO, ASSIM SE PROCEDE: parece que **nem** todas as coisas humanas se submetem à lei eterna.

1. Com efeito, diz o Apóstolo na Carta aos Gálatas: "Se sois guiados pelo Espírito, não estais sob a lei". Ora, os homens justos, que são filhos de Deus por adoção, agem pelo Espírito de Deus, segundo a Carta aos Romanos: "Os que agem pelo Espírito de Deus, esses são filhos de Deus". Logo, nem todos os homens estão sob a lei eterna.

2. ALÉM DISSO, diz o Apóstolo na Carta aos Romanos: "A prudência da carne é inimiga de Deus; com efeito, não está sujeita à lei de Deus". Ora, há muitos homens nos quais domina a prudência da carne. Logo, nem todos os homens se sujeitam à lei eterna, que é a lei de Deus.

3. ADEMAIS, afirma Agostinho que "a lei eterna é aquela pela qual os maus merecem a miséria, e

5. In corp.
6. Q. 22, a. 2.
7. Art. 1.

6
1. C. 6, n. 15: ML 32, 1229.

boni vitam beatam merentur. Sed homines iam beati, vel iam damnati, non sunt in statu merendi. Ergo non subsunt legi aeternae.

SED CONTRA est quod Augustinus dicit, XIX *de Civ. Dei*[2]: *Nullo modo aliquid legibus summi Creatoris Ordinatorisque subtrahitur, a quo pax universitatis administratur.*

RESPONDEO dicendum quod duplex est modus quo aliquid subditur legi aeternae, ut ex supradictis[3] patet: uno modo, inquantum participatur lex aeterna per modum cognitionis; alio modo, per modum actionis et passionis, inquantum participatur per modum principii motivi. Et hoc secundo modo subduntur legi aeternae irrationales creaturae, ut dictum est[4]. Sed quia rationalis natura, cum eo quod est commune omnibus creaturis, habet aliquid sibi proprium inquantum est rationalis, ideo secundum utrumque modum legi aeternae subditur: quia et notionem legis aeternae aliquo modo habet, ut supra[5] dictum est; et iterum unicuique rationali creaturae inest naturalis inclinatio ad id quod est consonum legi aeternae; *sumus* enim *innati ad habendum virtutes*, ut dicitur in II *Ethic.*[6].

Uterque tamen modus imperfectus quidem est, et quodammodo corruptus, in malis; in quibus et inclinatio naturalis ad virtutem depravatur per habitum vitiosum; et iterum ipsa naturalis cognitio boni in eis obtenebratur per passiones et habitus peccatorum. In bonis autem uterque modus invenitur perfectior: quia et supra cognitionem naturalem boni, superadditur eis cognitio fidei et sapientiae; et supra naturalem inclinationem ad bonum, superadditur eis interius motivum gratiae et virtutis.

Sic igitur boni perfecte subsunt legi aeternae, tanquam semper secundum eam agentes. Mali autem subsunt quidem legi aeternae, imperfecte quidem quantum ad actiones ipsorum, prout imperfecte cognoscunt et imperfecte inclinantur ad bonum: sed quantum deficit ex parte actionis, suppletur ex parte passionis, prout scilicet intantum patiuntur quod lex aeterna dictat de eis, inquantum deficiunt facere quod legi aeternae convenit. Unde Augustinus dicit, in I *de Lib.*

os bons a vida bem-aventurada". Ora, os homens já bem-aventurados, ou já condenados, não estão em estado de merecer. Logo, não se sujeitam à lei eterna.

EM SENTIDO CONTRÁRIO, diz Agostinho: "Coisa alguma, de nenhum modo, se subtrai às leis do Supremo Criador e Ordenador, pelo qual é administrada a paz do universo".

RESPONDO. É dupla a maneira pela qual algo se sujeita à lei eterna, como fica claro pelo que foi dito: de uma maneira, enquanto é participada a lei eterna por modo de conhecimento; de outra maneira, por modo de ação e paixão, enquanto é participada por modo de princípio movente. E nessa segunda maneira sujeitam-se à lei eterna as criaturas irracionais, como foi dito. Mas por que a natureza racional, a par do que é comum a todas as criaturas, tem algo próprio enquanto é racional, assim, segundo ambas as maneiras, sujeita-se à lei eterna, pois tem também, de algum modo, uma noção da lei eterna, como foi dito; e, além disso, em cada criatura racional existe uma inclinação natural àquilo que é consoante à lei eterna; "somos", com efeito, "nascidos para ter as virtudes", como se diz no livro II da *Ética*.

Cada uma dessas maneiras é certamente imperfeita e de algum modo corrompida nos maus, nos quais tanto a inclinação natural para a virtude é depravada pelo hábito vicioso, quanto também o mesmo conhecimento natural é neles obscurecido pelas paixões e hábitos de pecados. Nos bons, contudo, cada uma das maneiras acha-se mais perfeita, pois além do conhecimento natural do bem, acrescenta-se neles o conhecimento da fé e da sabedoria; e acima da inclinação natural para o bem, acrescenta-se neles internamente a moção da graça e da virtude.

Assim, pois, os bons se sujeitam perfeitamente à lei eterna, enquanto agem sempre segundo ela. Os maus sujeitam-se certamente à lei eterna, mas imperfeitamente quanto às ações dos mesmos, enquanto imperfeitamente conhecem e imperfeitamente se inclinam para o bem; entretanto, quanto falta da parte da ação é suprido pela parte da paixão, a saber, quanto mais faltam em praticar o que convém à lei eterna, tanto mais padecem o que a lei eterna determina sobre eles. Por isso,

2. C. 12: ML 41, 640.
3. Art. praec.
4. Ibid.
5. A. 2.
6. C. 1: 1103, a, 25-26.

Arb.[7]: *Iustos sub aeterna lege agere existimo*. Et in libro *de Catechizandis Rudibus*[8], dicit quod *Deus ex iusta miseria animarum se deserentium, convenientissimis legibus inferiores partes creaturae suae novit ornare*.

AD PRIMUM ergo dicendum quod illud verbum Apostoli potest intelligi dupliciter. Uno modo, ut esse sub lege intelligatur ille qui nolens obligationi legis subditur, quasi cuidam ponderi. Unde Glossa[9] ibidem dicit quod *sub lege est qui timore supplicii quod lex minatur, non amore iustitiae, a malo opere abstinet*. Et hoc modo spirituales viri non sunt sub lege: quia per caritatem, quam Spiritus Sanctus cordibus eorum infundit, voluntarie id quod legis est, implent. — Alio modo potest etiam intelligi inquantum hominis opera qui Spiritu Sancto agitur, magis dicuntur esse opera Spiritus Sancti quam ipsius hominis. Unde cum Spiritus Sanctus non sit sub lege, sicut nec Filius, ut supra[10] dictum est; sequitur quod huiusmodi opera, inquantum sunt Spiritus Sancti, non sint sub lege. Et huic attestatur quod Apostolus dicit, 2Cor 3,17: *Ubi Spiritus Domini, ibi libertas*.

AD SECUNDUM dicendum quod prudentia carnis non potest subiici legi Dei ex parte actionis: quia inclinat ad actiones contrarias legi Dei. Subiicitur tamen legi Dei ex parte passionis: quia meretur pati poenam secundum legem divinae iustitiae. — Nihilominus tamen in nullo homine ita prudentia carnis dominatur, quod totum bonum naturae corrumpatur. Et ideo remanet in homine inclinatio ad agendum ea quae sunt legis aeternae. Habitum

afirma Agostinho: "Penso que são justos os que agem sob a lei eterna". E diz ainda que "Deus, por justa condenação das almas que o abandonaram, soube ornar com as mais convenientes leis as partes inferiores da criação"[e].

QUANTO AO 1º, deve-se dizer, portanto, que aquela palavra do Apóstolo pode ser entendida de dois modos. De um modo, entende-se estar sob a lei aquele que, não querendo, sujeita-se à obrigação da lei, como a um peso. A Glosa diz aí que "está sob a lei aquele que pelo temor do suplício com que a lei ameaça, abstém-se da obra má, não por amor à justiça". E segundo esse modo os homens espirituais não estão sob a lei, pois, pela caridade que o Espírito Santo infunde em seus corações, praticam voluntariamente o que é da lei. — De outro modo, pode-se também entender enquanto as ações do homem que age pelo Espírito Santo dizem-se ser mais obras do Espírito Santo do que do próprio homem. Portanto, como o Espírito Santo não está sob a lei, como nem o Filho, como acima foi dito, segue-se que tais obras, enquanto são do Espírito Santo, não estão sob a lei. Isso confirma o que diz o Apóstolo: "Onde o Espírito do Senhor, aí a liberdade"[f].

QUANTO AO 2º, deve-se dizer que a prudência da carne não pode sujeitar-se à lei de Deus da parte da ação, pois inclina para ações contrárias à lei de Deus. Sujeita-se, porém, à lei de Deus da parte da paixão, pois merece padecer a pena segundo a lei da justiça divina. — Entretanto, em nenhum homem a prudência da carne domina de tal modo que todo o bem da natureza se corrompa. E assim permanece no homem a inclinação para praticar aquelas ações que

7. C. 15, n. 31: ML 32, 1238.
8. C. 18: ML 40, 333.
9. Ordin.: ML 114, 584 D; LOMBARDI: ML 192, 158 D-159 A.
10. A. 4, ad 2.

e. Parra utilizar um vocabulário que Sto. Tomás emprega algumas vezes, inspirando-se nos juristas (por exemplo, q. 96, a. 5; q. 100. a. 9), distinguindo duas espécies de poderes que possui a lei: a *vis* (ou *virtus*) *directiva*, e a *vis coactiva* (que obriga), pode-se afirmar que a lei eterna possui essas duas eficácias. Com efeito, ela exerce a sua eficácia da maneira mais absoluta e universal; ninguém pode escapar a ela. Os seres sem razão são movidos por ela necessariamente; quanto ao homem, ele se submete livremente quando age moralmente, em conformidade com a razão; ele pode sem dúvida recusar-se a submeter-se a ela interiormente e fazer o mal, escapando da *vis directiva* da lei (= o que ela indica que deve ser feito); ele porém, não pode subtrair-se a sua *vis coactiva*, ou seja, ao temor da penalidade (ver resp. 1 e 2 deste artigo), retrocedendo então ao plano da criatura não dotada de razão, que é movida passivamente pelo influxo divino. Tal distinção das duas eficácias da lei voltará a aparecer adiante, principalmente a respeito das leis humanas.

f. Esta é a grande novidade introduzida pelo evangelho: essa lei nova anunciada por Jesus Cristo, lei da graça, é também lei da liberdade (Gl 5, 2-13 e Jc 1, 25). Devido ao fato de que, de ora em diante, a única lei salvífica é a graça do Espírito Santo, o aspecto de coerção (a *vis coactiva*) da lei não é mais o que move a decisão; é como que esquecida na irradiação do amor que age, não como uma norma extrínseca, mas como um dinamismo que se difunde; o que Sto. Tomás explicitou em outra parte: "O Espírito Santo nos inclina de tal modo que ele nos faz agir voluntariamente, pois ele faz de nós amigos de Deus. A partir de então, os filhos de Deus são livres, o Espírito Santo conduzindo-os pelo amor, e não como escravos, pelo temor" (IV C.G., 22; para o contexto doutrinal, ver *Initiation à la pratique de la théologie*, op. cit., IV, p. 233 e ss.).

est enim supra[11] quod peccatum non tollit totum bonum naturae.

AD TERTIUM dicendum quod idem est per quod aliquid conservatur in fine, et per quod movetur ad finem: sicut corpus grave gravitate quiescit in loco inferiori, per quam etiam ad locum ipsum movetur. Et sic dicendum est quod, sicut secundum legem aeternam aliqui merentur beatitudinem vel miseriam, ita per eandem legem in beatitudine vel miseria conservantur. Et secundum hoc, et beati et damnati subsunt legi aeternae.

são da lei eterna. Mostrou-se acima, com efeito, que o pecado não suprime todo o bem da natureza.

QUANTO AO 3º, deve-se dizer que é o mesmo aquilo pelo que se conserva algo no fim e aquilo pelo que se move ao fim, por exemplo, um corpo pesado repousa pela força da gravidade no lugar inferior, e pela mesma força é movido para esse lugar. E assim deve-se dizer que, como segundo a lei eterna alguns merecem a bem-aventurança ou a condenação, assim pela mesma lei se conservam na bem-aventurança ou na condenação. E segundo isso, tanto bem-aventurados quanto condenados sujeitam-se à lei eterna.

11. Q. 85, a. 2.

QUAESTIO XCIV
DE LEGE NATURALI
in sex articulos divisa

Deinde considerandum est de lege naturali.
Et circa hoc quaeruntur sex.
Primo: quid sit lex naturalis.
Secundo: quae sint praecepta legis naturalis.
Tertio: utrum omnes actus virtutum sint de lege naturali.
Quarto: utrum lex naturalis sit una apud omnes.
Quinto: utrum sit mutabilis.
Sexto: utrum possit a mente hominis deleri.

QUESTÃO 94
A LEI NATURAL
em seis artigos

Em seguida deve-se considerar a lei natural.
E a respeito disso fazem-se seis perguntas.

1. O que é lei natural?
2. Quais são os preceitos da lei natural?
3. Todos os atos das virtudes pertencem à lei natural?
4. A lei natural é uma para todos?
5. É mutável?
6. Pode ser apagada da alma humana?

ARTICULUS 1
Utrum lex naturalis sit habitus

AD PRIMUM SIC PROCEDITUR. Videtur quod lex naturalis sit habitus.

1. Quia ut Philosophus dicit, in II *Ethic.*[1], *tria sunt in anima: potentia, habitus et passio*. Sed naturalis lex non est aliqua potentiarum animae, nec aliqua passionum ut patet enumerando per singula. Ergo lex naturalis est habitus.

2. PRAETEREA, Basilius[2] dicit quod conscientia, sive synderesis, est *lex intellectus nostri*: quod non potest intelligi nisi de lege naturali. Sed synderesis est habitus quidam, ut in Primo[3] habitum est. Ergo lex naturalis est habitus.

ARTIGO 1
A lei natural é um hábito?

QUANTO AO PRIMEIRO ARTIGO, ASSIM SE PROCEDE: parece que a lei natural **é** um hábito.

1. Porque, como diz o Filósofo: "há três coisas na alma: a potência, o hábito e a paixão. Ora, a lei natural não uma das potências da alma, nem uma das paixões, como se evidencia enumerando uma a uma. Logo, a lei natural é um hábito.

2. ALÉM DISSO, Basílio afirma que a consciência, ou sindérese, é "a lei de nosso intelecto", o que não se pode entender senão da lei natural. Ora, a sindérese é um hábito, como se mostrou na I Parte. Logo, a lei natural é um hábito.

1

1. C. 4: 1105, b, 20-21.
2. Cfr. *In Hexaem.*, hom. VII, n. 5: MG 29, 157 C; *In princ. Prov.*, hom. XII, n. 9: MG 31, 405 C.
3. Q. 79, a. 12.

3. PRAETEREA, lex naturalis semper in homine manet, ut infra[4] patebit. Sed non semper ratio hominis, ad quam lex pertinet, cogitat de lege naturali. Ergo lex naturalis non est actus, sed habitus.

SED CONTRA est quod Augustinus dicit, in libro *de Bono Coniugali*[5], quod *habitus est quo aliquid agitur cum opus est*. Sed naturalis lex non est huiusmodi: est enim in parvulis et damnatis, qui per eam agere non possunt. Ergo lex naturalis non est habitus.

RESPONDEO dicendum quod aliquid potest dici esse habitus dupliciter. Uno modo, proprie et essentialiter: et sic lex naturalis non est habitus. Dictum est enim supra[6] quod lex naturalis est aliquid per rationem constitutum: sicut etiam propositio est quoddam opus rationis. Non est autem idem quod quis agit, et quo quis agit: aliquis enim per habitum grammaticae agit orationem congruam. Cum igitur habitus sit quo quis agit, non potest esse quod lex aliqua sit habitus proprie et essentialiter.

Alio modo potest dici habitus id quod habitu tenetur: sicut dicitur fides id quod fide tenetur. Et hoc modo, quia praecepta legis naturalis quandoque considerantur in actu a ratione, quandoque autem sunt in ea habitualiter tantum, secundum hunc modum potest dici quod lex naturalis sit habitus. Sicut etiam principia indemonstrabilia in speculativis non sunt ipse habitus principiorum, sed sunt principia quorum est habitus.

AD PRIMUM ergo dicendum quod Philosophus intendit ibi investigare genus virtutis: et cum manifestum sit quod virtus sit quoddam principium actus, illa tantum ponit quae sunt principia humanorum actuum, scilicet potentias, habitus et passiones. Praeter haec autem tria sunt quaedam alia in anima: sicut quidam actus, ut velle est in volente; et etiam cognita sunt in cognoscente; et proprietates naturales animae insunt ei, ut immortalitas et alia huiusmodi.

3. ADEMAIS, a lei natural sempre permanece no homem, como abaixo ficará claro. Ora, nem sempre a razão do homem, à qual pertence a lei, cogita na lei natural. Logo, a lei natural não é um ato, mas um hábito.

EM SENTIDO CONTRÁRIO, diz Agostinho que "o hábito é aquilo pelo que algo se faz, quando é necessário". Ora, a lei natural não é assim: está, com efeito, nas criancinhas e nos condenados, que por meio dela não podem agir. Logo, a lei natural não é um hábito.

RESPONDO. Pode-se dizer que algo é um hábito de dois modos. De um modo, própria e essencialmente, e assim a lei natural não é um hábito. Foi dito acima, com efeito, que a lei natural é algo constituído pela razão, como também a proposição é certa obra da razão. Não é o mesmo o que alguém faz, e aquilo pelo que alguém faz: alguém, com efeito, pelo hábito da gramática, faz uma oração correta. Se, pois, o hábito é aquilo pelo que alguém faz, não pode dar-se que alguma lei seja um hábito, própria e essencialmente.

De outro modo, pode dizer-se hábito aquilo que por hábito se tem, como se diz fé aquilo que se tem pela fé. E desse modo, porque os preceitos da lei natural às vezes são considerados em ato pela razão, às vezes, porém, estão nela apenas habitualmente, segundo esse modo pode dizer-se que a lei natural é um hábito. Assim também os princípios indemonstráveis nos especulativos não são o próprio hábito dos princípios, mas são princípios daquelas coisas de que é o hábito[a].

QUANTO AO 1º, deve-se dizer, portanto, que o Filósofo tenciona aí investigar o gênero da virtude, e, dado ser manifesto que a virtude é um princípio do ato, ele estabelece apenas aqueles que são princípios dos atos humanos, a saber, as potências, os hábitos e paixões. Além desses três, há outras coisas na alma, assim alguns atos como o querer naquele que quer e também o conhecido naquele que conhece, e as propriedades naturais da alma estão presentes nela, como a imortalidade e outras coisas semelhantes.

4. Art. 6.
5. C. 21: ML 40, 390.
6. Q. 90, a. 1, ad 2.

a. Os franciscanos Alexandre de Hales (1180-1245) e sobretudo S. Bonaventura (1221-1274) consideravam que, sem dúvida, a lei natural é um hábito (*habitus*), não no sentido de uma qualidade adquirida e aperfeiçoando uma faculdade, mas no sentido de uma lei intelectual fazendo-nos discernir o bem do mal (doutrina da iluminação divina), negligenciando assim o aspecto "preceptivo" da lei. Sto. Tomás marca aqui a sua preocupação de realismo, conservando à lei a sua função de vincular a consciência.

AD SECUNDUM dicendum quod synderesis dicitur lex intellectus nostri, inquantum est habitus continens praecepta legis naturalis, quae sunt prima principia operum humanorum.

AD TERTIUM dicendum quod ratio illa concludit quod lex naturalis habitualiter tenetur. Et hoc concedimus.

Ad id vero quod IN CONTRARIUM obiicitur, dicendum quod eo quod habitualiter inest, quandoque aliquis uti non potest propter aliquod impedimentum: sicut homo non potest uti habitu scientiae propter somnum. Et similiter puer non potest uti habitu intellectus principiorum, vel etiam lege naturali, quae ei habitualiter inest, propter defectum aetatis.

QUANTO AO 2º, deve-se dizer que a sindérese se diz lei de nosso intelecto, enquanto é hábito que contém os preceitos da lei natural, os quais são os primeiros princípios das obras humanas.

QUANTO AO 3º, deve-se dizer que aquele argumento conclui que se tem a lei natural de modo habitual. E isso concedemos.

Quanto àquilo, porém, que se objeta EM SENTIDO CONTRÁRIO, deve-se dizer que, às vezes, alguém não pode usar do que tem habitualmente por causa de algum impedimento, por exemplo, o homem não pode usar o hábito da ciência por causa do sono. E semelhantemente a criança não pode usar do hábito dos primeiros princípios, ou também da lei natural, que tem habitualmente, por causa da deficiência de idade.

ARTICULUS 2

Utrum lex naturalis contineat plura praecepta, vel unum tantum

AD SECUNDUM SIC PROCEDITUR. Videtur quod lex naturalis non contineat plura praecepta, sed unum tantum.

1. Lex enim continetur in genere praecepti, ut supra[1] habitum est. Si igitur essent multa praecepta legis naturalis, sequeretur quod etiam essent multae leges naturales.

2. PRAETEREA, lex naturalis consequitur hominis naturam. Sed humana natura est una secundum totum, licet sit multiplex secundum partes. Aut ergo est unum praeceptum tantum legis naturae, propter unitatem totius: aut sunt multa, secundum multitudinem partium humanae naturae. Et sic oportebit quod etiam ea quae sunt de inclinatione concupiscibilis, pertineant ad legem naturalem.

3. PRAETEREA, lex est aliquid ad rationem pertinens, ut supra[2] dictum est. Sed ratio in homine est una tantum. Ergo solum unum praeceptum est legis naturalis.

SED CONTRA est quia sic se habent praecepta legis naturalis in homine quantum ad operabilia, sicut se habent prima principia in demonstrativis. Sed prima principia indemonstrabilia sunt plura. Ergo etiam praecepta legis naturae sunt plura.

ARTIGO 2

A lei natural contém vários preceitos ou apenas um?

QUANTO AO SEGUNDO ASSIM SE PROCEDE: parece que a lei natural **não** contém vários preceitos, mas apenas um.

1. Com efeito, a lei pertence ao gênero do preceito, como acima se mostrou. Se, pois, fossem muitos os preceitos da lei natural, seguir-se-ia que também seriam muitas as leis naturais.

2. ALÉM DISSO, a lei natural acompanha a natureza do homem. Ora, a natureza humana é uma segundo o todo, embora seja múltipla segundo as partes. Logo, ou é um apenas o preceito da lei natural, por causa da unidade do todo, ou são muitos, segundo a pluralidade das partes da natureza humana. E assim será necessário que também aquelas coisas que são da inclinação concupiscível pertençam à lei natural.

3. ADEMAIS, a lei é algo que pertence à razão, como acima foi dito. Ora, a razão no homem é somente uma. Logo, só há um preceito da lei natural.

EM SENTIDO CONTRÁRIO, no homem os preceitos da lei natural estão para as obras a realizar-se como os primeiros princípios nos atos de demonstração. Ora, os primeiros princípios indemonstráveis são vários. Logo, também são vários os preceitos da lei natural.

2 PARALL.: IV *Sent.*, dist. 33, q. 1, a. 1; *Suppl.*, q. 65, a. 1.

1. Q. 92, a. 2.
2. Q. 90, a. 1.

RESPONDEO dicendum quod, sicut supra[3] dictum est, praecepta legis naturae hoc modo se habent ad rationem practicam, sicut principia prima demonstrationum se habent ad rationem speculativam: utraque enim sunt quaedam principia per se nota. Dicitur autem aliquid per se notum dupliciter: uno modo, secundum se; alio modo, quoad nos. Secundum se quidem quaelibet propositio dicitur per se nota, cuius praedicatum est de ratione subiecti: contingit tamen quod ignoranti definitionem subiecti, talis propositio non erit per se nota. Sicut ista propositio, *Homo est rationale*, est per se nota secundum sui naturam, quia qui dicit hominem, dicit rationale: et tamen ignoranti quod sit homo, haec propositio non est per se nota. Et inde est quod, sicut dicit Boetius, in libro *de Hebdomad.*[4], quaedam sunt dignitates vel propositiones per se notae communiter omnibus: et huiusmodi sunt illae propositiones quarum termini sunt omnibus noti, ut, *Omne totum est maius sua parte*, et, *Quae uni et eidem sunt aequalia, sibi invicem sunt aequalia*. Quaedam vero propositiones sunt per se notae solis sapientibus, qui terminos propositionum intelligunt quid significent; sicut intelligendi quod angelus non est corpus, per se notum est quod non est circumscriptive in loco, quod non est manifestum rudibus, qui hoc non capiunt.

In his autem quae in apprehensione omnium cadunt, quidam ordo invenitur. Nam illud quod primo cadit in apprehensione, est ens, cuius intellectus includitur in omnibus quaecumque quis apprehendit. Et ideo primum principium indemonstrabile est quod *non est simul affirmare et negare*, quod fundatur supra rationem entis et non entis: et super hoc principio omnia alia fundantur, ut dicitur in IV *Metaphys.*[5]. Sicut autem ens est primum quod cadit in apprehensione simpliciter, ita bonum est primum quod cadit in apprehensione practicae rationis, quae ordinantur ad opus: omne enim agens agit propter finem, qui habet rationem boni. Et ideo primum principium in ratione practica est quod fundatur supra rationem boni, quae est, *Bonum est quod omnia appetunt*. Hoc est ergo primum praeceptum legis, quod bonum est faciendum et prosequendum, et malum vitandum. Et super hoc fundantur omnia

RESPONDO. Como acima foi dito, os preceitos da lei da natureza se têm em relação à razão prática como os princípios primeiros das demonstrações se têm em relação à razão especulativa: uns e outros são princípios conhecidos por si. Diz-se, porém, que algo é por si mesmo conhecido de dois modos: de um modo, em si; de outro modo, quanto a nós. Em si, certamente se diz conhecida por si mesma aquela proposição da qual o predicado é da razão do sujeito; acontece que ao que ignora a razão do sujeito, tal proposição não seria conhecida por si mesma. Como esta proposição, "O homem é racional" é por si mesma conhecida segundo sua natureza, porque quem diz homem, diz racional; entretanto, ao que ignora o que é homem, tal proposição não é conhecida por si mesma. E daí que, como afirma Boécio, algumas são dignidades ou proposições conhecidas por si mesmas de modo comum a todos, e tais são aquelas proposições cujos termos são conhecidos de todos, como "Qualquer todo é maior que sua parte", e "Aquelas coisas que são iguais a uma terceira são entre si iguais". Algumas proposições, porém, são conhecidas por si mesmas apenas dos sábios, que entendem o que significam os termos das proposições, como ao que entende que o anjo não é corpo, é conhecido por si mesmo que não está circunscritivamente no lugar, o que não é manifesto aos rudes, que não o entendem.

Naquelas coisas, porém, que caem na apreensão de todos, acha-se certa ordem. Com efeito, o que por primeiro cai na apreensão é o ente, cuja intelecção está inclusa em todas aquelas coisas que alguém apreende. E assim o primeiro princípio indemonstrável é que "não se pode afirmar e negar ao mesmo tempo", que se funda sobre a razão de ente e não ente, e sobre esse princípio todas as outras coisas se fundam, como se diz no livro IV da *Metafísica*. Assim como o ente é o primeiro que cai na apreensão de modo absoluto, assim o bem é o primeiro que cai na apreensão da razão prática, que se ordena à obra: todo agente, com efeito, age por causa de um fim, que tem a razão de bem. E assim o primeiro princípio na razão prática é o que se funda sobre a razão de bem que é "Bem é aquilo que todas as coisas desejam". Este é, pois, o primeiro princípio da lei, que o bem deve ser feito e procurado, e o mal, evitado. E sobre

3. Q. 91, a. 3.
4. Al. *An omne quod est, sit bonum*: ML 64, 1311 B.
5. C. 3: 1005, b, 29-34.

alia praecepta legis naturae: ut scilicet omnia illa facienda vel vitanda pertineant ad praecepta legis naturae, quae ratio practica naturaliter apprehendit esse bona humana.

isso se fundam todos os outros preceitos da lei da natureza, como, por exemplo, todas aquelas coisas que devem ser feitas ou evitadas pertencem aos preceitos da lei de natureza, que a razão prática naturalmente apreende ser bens humanos.

Quia vero bonum habet rationem finis, malum autem rationem contrarii, inde est quod omnia illa ad quae homo habet naturalem inclinationem, ratio naturaliter apprehendit ut bona, et per consequens ut opera prosequenda, et contraria eorum ut mala et vitanda. Secundum igitur ordinem inclinationum naturalium, est ordo praeceptorum legis naturae. Inest enim primo inclinatio homini ad bonum secundum naturam in qua communicat cum omnibus substantiis: prout scilicet quaelibet substantia appetit conservationem sui esse secundum suam naturam. Et secundum hanc inclinationem, pertinent ad legem naturalem ea per quae vita hominis conservatur, et contrarium impeditur. — Secundo inest homini inclinatio ad aliqua magis specialia, secundum naturam in qua communicat cum ceteris animalibus. Et secundum hoc, dicuntur ea esse de lege naturali *quae natura omnia animalia docuit*, ut est coniunctio maris et feminae, et educatio liberorum, et similia. — Tertio modo inest homini inclinatio ad bonum secundum naturam rationis, quae est sibi propria: sicut homo habet naturalem inclinationem ad hoc quod veritatem cognoscat de Deo, et ad hoc quod in societate vivat. Et secundum hoc, ad legem naturalem pertinent ea quae ad huiusmodi inclinationem spectant: utpote quod homo ignorantiam vitet, quod alios non offendat cum quibus debet conversari, et cetera huiusmodi quae ad hoc spectant.

Porque o bem tem razão de fim, e o mal, razão do contrário, daí é que todas aquelas coisas para as quais o homem tem inclinação natural, a razão apreende como bens, e por consequência como obras a ser procuradas, e as contrárias dessas como males a serem evitados. Segundo, pois, a ordem das inclinações naturais, dá-se a ordem dos preceitos da lei da natureza. Pois é inerente ao homem, por primeiro, a inclinação para o bem segundo a natureza que tem em comum com todas as substâncias, isto é, conforme cada substância deseja a conservação de seu ser de acordo com sua natureza. E segundo essa inclinação, pertencem à lei natural aquelas coisas pelas quais a vida do homem é conservada, e o contrário é impedido. — Em segundo lugar, é inerente ao homem a inclinação a algumas coisas mais especiais, segundo a natureza que tem em comum com os outros animais. E segundo isso, dizem-se ser da lei natural aquelas coisas "que a natureza ensinou a todos os animais", como a união do macho e da fêmea, a educação dos filhos, e semelhantes. — Em terceiro lugar, é inerente ao homem a inclinação ao bem segundo a natureza da razão, que lhe é própria, como ter o homem a inclinação natural para que conheça a verdade a respeito de Deus e para que viva em sociedade. E segundo isso, pertencem à lei natural aquelas coisas que dizem respeito a tal inclinação, como que o homem evite a ignorância, que não ofenda aqueles com os quais deve conviver, e outras coisas semelhantes que a isso se referem[b].

AD PRIMUM ergo dicendum quod omnia ista praecepta legis naturae, inquantum referuntur ad unum primum praeceptum, habent rationem unius legis naturalis.

QUANTO AO 1º, deve-se dizer, portanto, que todos esses preceitos da lei da natureza, enquanto se referem a um só primeiro preceito, têm a razão de uma só lei natural.

b. É graças a um paralelismo entre a ordem das verdades teóricas e a das ações a realizar que Sto. Tomás determina o funcionamento da lei natural. Em ambos os casos, há no ponto de partida princípios evidentes (princípio tomado aqui no sentido de ponto de partida servindo de base para um raciocínio), axiomas evidentes e indemonstráveis, pois ligados à percepção do ser, objeto da inteligência, no caso das verdades teóricas; preceitos primeiros, evidentes para a razão prática, pois estreitamente ligados à percepção do ser descobrindo a riqueza de seu conteúdo em seu sinônimo que é o bem desejável. Assim, o papel que desempenha o princípio de identidade na ordem do conhecimento teórico é também aquele que desempenha o preceito primeiro da ordem moral (fazer o bem, evitar o mal).

No entanto, assim como o conhecimento teórico não se limita aos primeiros princípios, do mesmo modo o agir moral não se limita a proclamar o preceito primeiro do bem e do mal. É preciso descer às particularidade do detalhamento exigidas pela vida cotidiana. Como operar essa "encarnação" do preceito primeiro, que conteúdo concreto lhe dar? Levado por seu realismo, Sto. Tomás volta à ideia de natureza, ou seja, daquilo que constitui um ser em sua realidade profunda e em seu dinamismo. Essa natureza se exprime em inclinações originais que a revelam e são outros pontos de aplicação do preceito primeiro.

AD SECUNDUM dicendum quod omnes inclinationes quarumcumque partium humanae naturae, puta concupiscibilis et irascibilis, secundum quod regulantur ratione, pertinent ad legem naturalem, et reducuntur ad unum primum praeceptum, ut dictum est[6]. Et secundum hoc, sunt multa praecepta legis naturae in seipsis, quae tamen communicant in una radice.

AD TERTIUM dicendum quod ratio, etsi in se una sit, tamen est ordinativa omnium quae ad homines spectant. Et secundum hoc, sub lege rationis continentur omnia ea quae ratione regulari possunt.

QUANTO AO 2º, deve-se dizer que todas as inclinações de quaisquer partes da natureza humana, por exemplo do concupiscível e do irascível, na medida em que são reguladas pela razão, pertencem à lei natural, e se reduzem a um só princípio, como foi dito. E segundo isso, são muitos os preceitos da lei da natureza em si mesmos, os quais, porém, comungam numa mesma raiz[c].

QUANTO AO 3º, deve-se dizer que a razão, embora seja em si uma só, entretanto ordena todas aquelas coisas que dizem respeito ao homem. E segundo isso, sob a lei da razão estão contidas todas aquelas coisas que podem ser reguladas pela razão.

ARTICULUS 3

Utrum omnes actus virtutum sint de lege naturae

AD TERTIUM SIC PROCEDITUR. Videtur quod non omnes actus virtutum sint de lege naturae.

1. Quia, ut supra[1] dictum est, de ratione legis est ut ordinetur ad bonum commune. Sed quidam virtutum actus ordinantur ad bonum privatum alicuius: ut patet praecipue in actibus temperantiae. Non ergo omnes actus virtutum legi subduntur naturali.

2. PRAETEREA, omnia peccata aliquibus virtuosis actibus opponuntur. Si igitur omnes actus virtutum sint de lege naturae, videtur ex consequenti quod omnia peccata sint contra naturam. Quod tamen specialiter de quibusdam peccatis dicitur.

3. PRAETEREA, in his quae sunt secundum naturam, omnes conveniunt. Sed in actibus virtutum non omnes conveniunt: aliquid enim est virtuosum uni, quod est alteri vitiosum. Ergo non omnes actus virtutum sunt de lege naturae.

ARTIGO 3

Todos os atos das virtudes pertencem à lei da natureza?

QUANTO AO TERCEIRO, ASSIM SE PROCEDE: parece que **nem** todos os atos das virtudes pertencem à lei natural.

1. Porque, como acima foi dito, é da razão da lei que ordene ao bem comum. Ora, alguns atos das virtudes se ordenam ao bem privado de alguém, como se evidencia, principalmente, nos atos de temperança. Logo, nem todos os atos das virtudes se sujeitam à lei natural.

2. ALÉM DISSO, todos os pecados se opõem a alguns atos virtuosos. Se, pois, todos os atos das virtudes são da lei da natureza, parece que, por consequência, todos os pecados são contra a natureza. Isso, entretanto, se diz especialmente de alguns pecados.

3. ADEMAIS, naquelas coisas que são segundo a natureza, todos estão de acordo. Ora, nos atos das virtudes nem todos estão de acordo. Algo é, com efeito, virtuoso para um e vicioso para outro. Logo, nem todos os atos das virtudes são da lei da natureza.

6. In corp.

3

1. Q. 90, a. 2.

c. "A cada uma dessas tendências estruturais do ser humano correspondem um ou vários preceitos chamados de primeiros (pois é primeiro na categoria que corresponde a uma das tendências fundamentais), que apenas expressam de maneira mais concreta o alcance universal do princípio fundamental da lei natural (fazer o bem, evitar o mal); cada uma dessas tendências visa com efeito um bem essencial para o homem. Assim, a lei natural se revela sob sua verdadeira luz: ela não é uma construção artificial de preceitos hierarquizados a priori, que ela criaria em um esforço de reflexão conceitual; mas é a luz racional e irrecusável, obrigando o homem a assumir as suas tendências naturais, as quais se impõem a ele com uma evidência anterior a todo raciocínio, pelas regras de acordo com a sua verdadeira finalidade, mantendo-as ao serviço da destinação da pessoa humana" (extraído de nosso *Loi de Dieu, loi des hommes*, Paris, 1964, p. 58).

SED CONTRA est quod Damascenus dicit, in III libro[2], quod *virtutes sunt naturales*. Ergo et actus virtuosi subiacent legi naturae.

RESPONDEO dicendum quod de actibus virtuosis dupliciter loqui possumus: uno modo, inquantum sunt virtuosi; alio modo, inquantum sunt tales actus in propriis speciebus considerati. Si igitur loquamur de actibus virtutum inquantum sunt virtuosi, sic omnes actus virtuosi pertinent ad legem naturae. Dictum est enim[3] quod ad legem naturae pertinet omne illud ad quod homo inclinatur secundum suam naturam. Inclinatur autem unumquodque naturaliter ad operationem sibi convenientem secundum suam formam: sicut ignis ad calefaciendum. Unde cum anima rationalis sit propria forma hominis, naturalis inclinatio inest cuilibet homini ad hoc quod agat secundum rationem. Et hoc est agere secundum virtutem. Unde secundum hoc, omnes actus virtutum sunt de lege naturali: dictat enim hoc naturaliter unicuique propria ratio, ut virtuose agat. — Sed si loquamur de actibus virtuosis secundum seipsos, prout scilicet in propriis speciebus considerantur, sic non omnes actus virtuosi sunt de lege naturae. Multa enim secundum virtutem fiunt, ad quae natura non primo inclinat; sed per rationis inquisitionem ea homines adinvenerunt, quasi utilia ad bene vivendum.

AD PRIMUM ergo dicendum quod temperantia est circa concupiscentias naturales cibi et potus et venereorum, quae quidem ordinantur ad bonum commune naturae, sicut et alia legalia ordinantur ad bonum commune morale.

AD SECUNDUM dicendum quod natura hominis potest dici vel illa quae est propria homini: et secundum hoc, omnia peccata, inquantum sunt contra rationem, sunt etiam contra naturam, ut

EM SENTIDO CONTRÁRIO, diz Damasceno que "as virtudes são naturais". Logo também os atos virtuosos se subordinam à lei da natureza.

RESPONDO. Podemos falar de dois modos dos atos virtuosos: de um modo, enquanto são virtuosos; de outro modo, enquanto são tais atos, considerados nas próprias espécies. Se, pois, falamos dos atos das virtudes enquanto são virtuosos, assim todos os atos virtuosos pertencem à lei da natureza. Foi dito, com efeito, que pertence à lei da natureza tudo aquilo a que o homem se inclina segundo sua natureza. Inclina-se, porém, cada um naturalmente à operação a si conveniente segundo sua forma, como o fogo a aquecer. Portanto, como a alma racional é a própria forma do homem, é inerente a qualquer homem a inclinação natural a que aja segundo a razão. E isso é agir segundo a virtude. Segundo isso, todos os atos das virtudes dizem respeito à lei natural; a própria razão dita, com efeito, a cada um que aja virtuosamente. — Mas se falamos dos atos virtuosos segundos eles mesmos, a saber conforme se consideram nas próprias espécies, dessa maneira nem todos os atos virtuosos são da lei da natureza. Muitas coisas, com efeito, se fazem segundo a virtude para as quais a natureza não inclina por primeiro, mas pela inquisição da razão a elas chegaram os homens, como úteis para viver bem[d].

QUANTO AO 1º, deve-se dizer, portanto, que a temperança é relativa às concupiscências naturais do alimento, da bebida e do sexo, que certamente se ordenam ao bem comum da natureza, como também as outras matérias legais se ordenam ao bem comum moral.

QUANTO AO 2º, deve-se dizer que se pode considerar a natureza do homem ou aquela que é própria do homem, e segundo isso, todos os pecados, enquanto são contra a razão, são também

2. *De fide orth.*, l. III, c. 14: MG 94, 1045 A.
3. Art. praec.

d. Trata-se de conselhos evangélicos, visando bens que não são impostos pela lei natural (pobreza, obediência, ver adiante Q. 108, a. 4). A tradição teológica moderna concebeu-os em uma perspectiva voluntarista, contrapondo preceitos e conselhos, os primeiros obrigatórios, os outros não, uma espécie de excedente facultativo recomendado aos que querem se tornar mais perfeitos. Para Sto. Tomás, o problema se situa em um outro âmbito. Sabendo que Cristo chamou todos os homens à perfeição (Mt 5,48; 22,37 e ss.) pelo amor de Deus e do próximo, não se deve, no ponto de partida, colocar um limite a esse amor, pois a vocação do homem é a perfeição do amor de caridade. Ora, para atingir esse fim universal (lei nova de Cristo), existem meios que são ontologicamente ligados a ele, logo, rigorosamente necessários; são os preceitos primeiros, evocados no artigo precedente (e com frequência explicitados pela lei nova). Todavia, além desses meios indispensáveis, há outros que podem garantir melhor o mesmo fim, a perfeição, eliminando numerosos obstáculos por meio de uma renúncia total ao uso dos bens criados (riquezas, sexualidade, independência social). Tais meios constituem conselhos evangélicos; fazem parte de uma zona de indeterminação na ordem dos meios tendo em vista o fim; correspondem a vocações particulares e pessoais, para as quais eles podem se revelar como indispensáveis para atingir a perfeição, pela consagração mais plena que eles significam (ver resp. sol. 3 do artigo).

patet per Damascenum, in II libro[4]. Vel illa quae est communis hominibus et aliis animalibus: et secundum hoc, quaedam specialia peccata dicuntur esse contra naturam; sicut contra commixtionem maris et feminae, quae est naturalis omnibus animalibus, est concubitus masculorum, quod specialiter dicitur vitium contra naturam.

AD TERTIUM dicendum quod ratio illa procedit de actibus secundum seipsos consideratis. Sic enim propter diversas hominum conditiones, contingit quod aliqui actus sunt aliquibus virtuosi, tanquam eis proportionati et convenientes, qui tamen sunt aliis vitiosi, tanquam eis non proportionati.

contra a natureza, como Damasceno deixa claro. Ou aquela que é comum ao homem e aos outros animais, e segundo isso, alguns pecados especiais são ditos contra a natureza; assim contrário à união do macho e da fêmea, que é natural a todos os animais, é o concúbito dos machos, que de modo especial é dito vício contra a natureza[e].

QUANTO AO 3º, deve-se dizer que aquela razão procede quanto a atos considerados em si mesmos. Assim, por causa das diversas condições dos homens, acontece que alguns atos são em alguns virtuosos, enquanto a eles proporcionados e convenientes, os quais, porém, são viciosos em outros, enquanto não proporcionados a eles.

ARTICULUS 4

Utrum lex naturae sit una apud omnes

AD QUARTUM SIC PROCEDITUR. Videtur quod lex naturae non sit una apud omnes.

1. Dicitur enim in *Decretis*, dist. 1[1], quod *ius naturale est quod in Lege et in Evangelio continetur.* Sed hoc non est commune omnibus: quia, ut dicitur Rm 10,16, *non omnes obediunt Evangelio*. Ergo lex naturalis non est una apud omnes.

2. PRAETEREA, *ea quae sunt secundum legem, iusta esse dicuntur*, ut dicitur in V *Ethic.*[2]. Sed in eodem libro[3] dicitur quod nihil est ita iustum apud omnes, quin apud aliquos diversificetur. Ergo lex etiam naturalis non est apud omnes eadem.

3. PRAETEREA, ad legem naturae pertinet id ad quod homo secundum naturam suam inclinatur, ut supra[4] dictum est. Sed diversi homines naturaliter ad diversa inclinantur: alii quidem ad concupiscentiam voluptatum, alii ad desideria honorum, alii ad alia. Ergo non est una lex naturalis apud omnes.

ARTIGO 4

A lei da natureza é uma em todos?

QUANTO AO QUARTO, ASSIM SE PROCEDE: parece que a lei **não** é uma em todos.

1. Com efeito, diz-se nas Decretais que "o direito natural é aquele que está contido na Lei e no Evangelho". Ora, isso não é comum a todos, pois, como se diz na Carta aos Romanos, "nem todos obedecem ao Evangelho". Logo, a lei natural não é uma em todos.

2. ALÉM DISSO, "aquelas coisas que são segundo a lei, dizem-se ser justas", como se diz no livro V da *Ética*. Ora, no mesmo livro, se diz que nada é assim justo em todos, sem que se diversifique em alguns. Logo, a lei também natural não é a mesma em todos.

3. ADEMAIS, pertence à lei da natureza aquilo a que o homem se inclina segundo sua natureza, como acima foi dito. Ora, homens diferentes inclinam-se naturalmente a coisas diferentes: uns certamente à concupiscência dos prazeres, outros aos desejos das honras, outros a outras coisas. Logo, não é uma a lei natural em todos.

---

4. *De fide orth.*, l. II, cc. 4, 30: MG 94, 876 A, 976 A.

4 PARALL.: II-II, q. 57, a. 2, ad 1; III *Sent.*, dist. 37, a. 3; a. 4, ad 2; IV, dist. 33, q. 1, a. 2, ad 1; *De Malo*, q. 2, a. 4, ad 13; V *Ethic.*, lect. 12.

1. In praef. Gratiani.
2. C. 3: 1129, b, 12-14.
3. C. 10: 1134, b, 32-33.
4. A. 2, 3.

---

e. Esse ensinamento de Sto. Tomás é muitas vezes mal compreendido. Se se recordar do que significam as tendências naturais que fundam os princípios primeiros da lei natural (acima, q. 94, nota 2), compreenderse-á que o uso da sexualidade que contradiz a dualidade dos sexos (homossexualismo) vai de encontro à natureza genérica do homem, para tornar-se uma espécie de indiferenciação sexual. Mesmo que semelhante comportamento busque a sua legitimação em uma relação de amor (finalidade especificamente humana da sexualidade), assim mesmo tal relação se situa excluída, e em oposição, à exigência mais fundamental, porque mais ampla, da sexualidade reprodutiva.

SED CONTRA est quod Isidorus dicit, in libro *Etymol.*[5]: *Ius naturale est commune omnium nationum.*

RESPONDEO dicendum quod, sicut supra[6] dictum est, ad legem naturae pertinent ea ad quae homo naturaliter inclinatur; inter quae homini proprium est ut inclinetur ad agendum secundum rationem. Ad rationem autem pertinet ex communibus ad propria procedere, ut patet ex I *Physic.*[7]. Aliter tamen circa hoc se habet ratio speculativa, et aliter ratio practica. Quia enim ratio speculativa praecipue negotiatur circa necessaria, quae impossibile est aliter se habere, absque aliquo defectu invenitur veritas in conclusionibus propriis, sicut et in principiis communibus. Sed ratio practica negotiatur circa contingentia, in quibus sunt operationes humanae: et ideo, etsi in communibus sit aliqua necessitas, quanto magis ad propria descenditur, tanto magis invenitur defectus. Sic igitur in speculativis est eadem veritas apud omnes tam in principiis quam in conclusionibus: licet veritas non apud omnes cognoscatur in conclusionibus, sed solum in principiis, quae dicuntur *communes conceptiones*. In operativis autem non est eadem veritas vel rectitudo practica apud omnes quantum ad propria, sed solum quantum ad communia: et apud illos apud quos est eadem rectitudo in propriis, non est aequaliter omnibus nota.

Sic igitur patet quod, quantum ad communia principia rationis sive speculativae sive practicae, est eadem veritas seu rectitudo apud omnes, et aequaliter nota. Quantum vero ad proprias conclusiones rationis speculativae, est eadem veritas apud omnes, non tamen aequaliter omnibus nota: apud omnes enim verum est quod triangulus habet tres angulos aequales duobus rectis, quamvis hoc non sit omnibus notum. Sed quantum ad proprias conclusiones rationis practicae, nec est eadem veritas seu rectitudo apud omnes; nec etiam apud quos est eadem, est aequaliter nota. Apud omnes enim hoc rectum est et verum, ut secundum rationem agatur. Ex hoc autem principio sequitur quasi conclusio propria, quod deposita sint reddenda. Et hoc quidem ut in pluribus verum est: sed potest in aliquo casu contingere quod sit damnosum, et per consequens irrationabile, si deposita reddantur;

EM SENTIDO CONTRÁRIO, diz Isidoro: "O direito natural é comum a todas as nações".

RESPONDO. Como foi dito acima, pertencem à lei da natureza aquelas coisas às quais o homem se inclina naturalmente, entre as quais é próprio do homem que se incline a agir segundo a razão. Pertence à razão proceder das coisas comuns às próprias, como está claro no livro I da *Física*. A respeito disso diferentemente se comporta a razão especulativa e diferentemente a razão prática. Porque a razão especulativa trata precipuamente das coisas necessárias, as quais é impossível serem de outro modo. Nelas acha-se a verdade, sem nenhuma falha, nas conclusões próprias, como também nos princípios comuns. A razão prática, contudo, trata das coisas contingentes, nas quais se compreendem as operações humanas, e assim, embora exista alguma necessidade nas coisas comuns, quanto mais se desce às próprias, tanto mais se acha a falha. Dessa maneira, na especulativa é a mesma a verdade em todos tanto nos princípios quanto nas conclusões, embora a verdade nas conclusões não se conheça em todos, mas só nos princípios, que se dizem "concepções comuns". Nas práticas, não é a mesma a verdade ou retidão prática em todos quanto às coisas próprias, mas apenas quanto às comuns, e naqueles junto dos quais a retidão nas coisas próprias é a mesma, não é igualmente conhecida em todos.

Evidencia-se assim, que, quanto aos princípios comuns da razão quer especulativa quer prática, a verdade ou retidão é a mesma em todos, e igualmente conhecida. Quanto, porém, às conclusões próprias da razão especulativa, a verdade é a mesma em todos, não, porém, por todos conhecida igualmente; em todos, com efeito, é verdadeiro que o triângulo tem três ângulos iguais a dois retos, embora isso não seja conhecido por todos. Quanto às conclusões próprias da razão prática, nem a verdade ou retidão é a mesma em todos, nem também nas quais é a mesma, é igualmente conhecida. Em todos, com efeito, é verdadeiro e reto que se aja segundo a razão. Desse princípio segue-se como uma conclusão própria que os depósitos devem ser restituídos. E isso certamente em vários casos é verdadeiro, mas pode em algum caso acontecer que seja danoso, e por consequência irracional,

5. L. V, c. 4: ML 82, 199 B.
6. Art. 2, 3.
7. C. 1: 184, a, 16-21.

puta si aliquis petat ad impugnandam patriam. Et hoc tanto magis invenitur deficere, quanto magis ad particularia descenditur, puta si dicatur quod deposita sunt reddenda cum tali cautione, vel tali modo: quanto enim plures conditiones particulares apponuntur, tanto pluribus modis poterit deficere, ut non sit rectum vel in reddendo vel in non reddendo.

Sic igitur dicendum est quod lex naturae, quantum ad prima principia communia, est eadem apud omnes et secundum rectitudinem, et secundum notitiam. Sed quantum ad quaedam propria, quae sunt quasi conclusiones principiorum communium, est eadem apud omnes ut in pluribus et secundum rectitudinem et secundum notitiam: sed ut in paucioribus potest deficere et quantum ad rectitudinem, propter aliqua particularia impedimenta (sicut etiam naturae generabiles et corruptibiles deficiunt ut in paucioribus, propter impedimenta), et etiam quantum ad notitiam; et hoc propter hoc quod aliqui habent depravatam rationem ex passione, seu ex mala consuetudine, seu ex mala habitudine naturae; sicut apud Germanos olim latrocinium non reputabatur iniquum, cum tamen sit expresse contra legem naturae, ut refert Iulius Caesar, in libro *de Bello Gallico*[8].

Ad primum ergo dicendum quod verbum illud non est sic intelligendum quasi omnia quae in Lege et in Evangelio continentur, sint de lege naturae, cum multa tradantur ibi supra naturam: sed quia ea quae sunt de lege naturae, plenarie ibi traduntur. Unde cum dixisset Gratianus quod *ius naturale est quod in Lege et in Evangelio continetur*, statim, exemplificando, subiunxit: *quo quisque iubetur aliis facere quod sibi vult fieri*.

Ad secundum dicendum quod verbum Philosophi est intelligendum de his quae sunt naturaliter

se os depósitos são restituídos, por exemplo, se alguém exige, para combater a pátria. E tanto mais se manifesta essa falha, quanto mais se desce aos particulares, por exemplo, se se diz que os depósitos devem ser restituídos com tal caução, ou de tal modo; com efeito, quanto mais numerosas condições particulares forem postas, tanto mais serão os modos de falhar, de maneira a não ser reto ou restituindo ou em não restituindo.

Deve-se dizer, portanto, que a lei da natureza, quanto aos primeiros princípios comuns, é a mesma em todos tanto segundo a retidão como segundo o conhecimento. Mas quanto a alguns próprios, que são como conclusões dos princípios comuns, é a mesma em todos na maioria dos casos, tanto segundo a retidão como segundo o conhecimento, mas de modo que em poucos casos pode falhar também quanto à retidão, por causa de alguns impedimentos particulares (como também as naturezas que podem gerar e se corromper falham em poucos casos, por causa dos impedimentos), como também quanto ao conhecimento, e isso porque alguns têm a razão depravada pela paixão, ou pelo mau costume, ou pelo má disposição da natureza. Por exemplo, entre os Germanos, antigamente, o latrocínio não era reputado iníquo, embora seja expressamente contra a lei da natureza, como refere Júlio César[f].

Quanto ao 1º, deve-se dizer, portanto, que aquela palavra não deve ser entendida como se todas aquelas coisas que estão contidas na Lei e no Evangelho pertencem à lei da natureza, já que muitas coisas aí são transmitidas acima da natureza, mas porque aquelas coisas que pertencem à lei da natureza são aí de modo pleno transmitidas. Donde, ao dizer Graciano que "o direito natural é o que se contém na Lei e no Evangelho, imediatamente acrescentou: "pelo qual cada um é ordenado a fazer aos outros o que quer seja feito a ele".

Quanto ao 2º, deve-se dizer que a palavra do Filósofo deve ser entendida a respeito daquelas

8. L. VI, c. 23: ed. Du Pontet, Oxonii 1900, VI, 23, ll. 1-4.

f. Além do preceito fundamental e dos preceitos primeiros (art., precedente), a lei natural contém outros preceitos mais concretos abrangendo domínios onde não reina mais a evidência. Pode-se ainda falar de universalidade da lei natural? O problema é atual, pois a Sociologia e a Etnologia revelaram entre numerosos povos comportamentos étnicos em oposição com as normas da moral cristã tradicional. A doutrina tomista sobre os preceitos segundos permite compreender semelhantes situações. São chamados de segundos por não disporem mais da evidência imediata dos primeiros, dos quais eles prolongam o alcance na minúcia das mesmas tendências naturais. À falta de evidência pode acrescentar-se a contingência de uma situação, ou a necessidade de levar em conta um mal maior que poderiai seguir-se. Do mesmo modo, em um tal domínio particularizado, podem-se admitir exceções, o preceito segundo sendo válido apenas na maioria dos casos (*ut in pluribus*). Conforme se verá adiante, é próprio da lei humana positiva responder a tais situações; a sua especificidade consiste em trazer determinações convencionais e contingentes da lei natural ao interior de um grupo humano particular, independente de qualquer evidência universal (ver acima, q. 91, a. 3, nota 3).

iusta non sicut principia communia, sed sicut quaedam conclusiones ex his derivatae; quae ut in pluribus rectitudinem habent, et ut in paucioribus deficiunt.

AD TERTIUM dicendum quod, sicut ratio in homine dominatur et imperat aliis potentiis, ita oportet quod omnes inclinationes naturales ad alias potentias pertinentes ordinentur secundum rationem. Unde hoc est apud omnes communiter rectum, ut secundum rationem dirigantur omnes hominum inclinationes.

ARTICULUS 5

Utrum lex naturae mutari possit

AD QUINTUM SIC PROCEDITUR. Videtur quod lex naturae mutari possit.

1. Quia super illud Eccli 17,9, *Addidit eis disciplinam et legem vitae*, dicit Glossa[1]: *Legem litterae, quantum ad correctionem legis naturalis, scribi voluit*. Sed illud quod corrigitur, mutatur. Ergo lex naturalis potest mutari.

2. PRAETEREA, contra legem naturalem est occisio innocentis, et etiam adulterium et furtum. Sed ista inveniuntur esse mutata a Deo: puta cum Deus praecepit Abrahae quod occideret filium innocentem, ut habetur Gn 22,2; et cum praecepit Iudaeis ut mutuata Aegyptiorum vasa subriperent, ut habetur Ex 112,35sq.; et cum praecepit Osee ut uxorem fornicariam acciperet, ut habetur Os 1,2. Ergo lex naturalis potest mutari.

3. PRAETEREA, Isidorus dicit, in libro *Etymol.*[2], quod *communis omnium possessio, et una libertas, est de iure naturali*. Sed haec videmus esse commutata per leges humanas. Ergo videtur quod lex naturalis sit mutabilis.

SED CONTRA est quod dicitur in *Decretis*, dist. 5[3]: *Naturale ius ab exordio rationalis creaturae. Nec variatur tempore, sed immutabile permanet.*

RESPONDEO dicendum quod lex naturalis potest intelligi mutari dupliciter. Uno modo, per hoc quod aliquid ei addatur. Et sic nihil prohibet legem naturalem mutari: multa enim supra legem naturalem superaddita sunt, ad humanam vitam

coisas que são naturalmente justas não como princípios comuns, mas como certas conclusões deles derivadas, as quais na maioria dos casos têm retidão, e falham em poucos.

QUANTO AO 3º, deve-se dizer que, como a razão no homem domina e impera sobre as outras potências, assim é necessário que todas as inclinações naturais pertencentes às outras potências sejam ordenadas segundo a razão. Por isso em todos é comumente reto que todas as inclinações dos homens sejam dirigidas segundo a razão.

ARTIGO 5

A lei da natureza pode ser mudada?

QUANTO AO QUINTO, ASSIM SE PROCEDE: parece que a lei da natureza **pode** ser mudada.

1. Porque sobre aquilo do livro do Eclesiástico, "Acrescentou-lhes a disciplina e a lei da vida", diz a Glosa: "Quis que a lei fosse escrita para a correção da lei natural". Ora, o que é corrigido, é mudado. Logo, a lei natural pode ser mudada.

2. ALÉM DISSO, é contra a lei natural a morte dos inocentes, e também o adultério e o furto. Ora, essas coisas se acham mudadas por Deus, por exemplo, quando Deus ordenou a Abraão que matasse o filho inocente, como se lê no livro do Gênesis; e quando ordenou aos judeus que furtassem os vasos emprestados dos egípcios, como se lê no livro do Êxodo, e quando ordenou a Oseias que recebesse por esposa uma prostituta, como se lê no livro de Oseias. Logo, a lei natural pode ser mudada.

3. ADEMAIS, diz Isidoro que "a posse comum de todas as coisas e uma só liberdade, é de direito natural". Ora, vemos tais coisas serem mudadas pelas leis humanas. Logo, parece que a lei natural é mutável.

EM SENTIDO CONTRÁRIO, diz-se nas Decretais: "O direito natural desde a origem da criatura racional. Nem varia no tempo, mas permanece imutável".

RESPONDO. Pode-se entender que a lei natural muda, de dois modos. De um modo, por algo que se lhe acrescenta. E dessa maneira nada proíbe que a lei natural seja mudada: muitas coisas, com efeito, foram acrescentadas à lei natural, úteis

5 PARALL.: Infra, q. 97, a. 1, ad 1; II-II, q. 57, a. 2, ad 1; III *Sent.*, dist. 37, a. 3; a. 4, ad 2; IV, dist. 33, q. 1, a. 2, ad 1; *De Malo*, q. 2, a. 4, ad 13; V *Ethic.*, lect. 12.

1. Ordin.: ML 113, 1201 B; RABANUS M., *In Eccli.*, l. IV, c. 5, super 17, 9: ML 109, 876 CD.
2. L. V, c. 4: ML 82, 199 B.
3. In praef.

utilia, tam per legem divinam, quam etiam per leges humanas.

Alio modo intelligitur mutatio legis naturalis per modum subtractionis, ut scilicet aliquid desinat esse de lege naturali, quod prius fuit secundum legem naturalem. Et sic quantum ad prima principia legis naturae, lex naturae est omnino immutabilis. Quantum autem ad secunda praecepta, quae diximus esse quasi quasdam proprias conclusiones propinquas primis principiis, sic lex naturalis non immutatur quin ut in pluribus rectum sit semper quod lex naturalis habet. Potest tamen immutari in aliquo particulari, et in paucioribus, propter aliquas speciales causas impedientes observantiam talium praeceptorum, ut supra[4] dictum est.

Ad primum ergo dicendum quod lex scripta dicitur esse data ad correctionem legis naturae, vel quia per legem scriptam suppletum est quod legi naturae deerat: vel quia lex naturae in aliquorum cordibus, quantum ad aliqua, corrupta erat intantum ut existimarent esse bona quae naturaliter sunt mala: et talis corruptio correctione indigebat.

Ad secundum dicendum quod naturali morte moriuntur omnes communiter, tam nocentes quam innocentes. Quae quidem naturalis mors divina potestate inducitur propter peccatum originale; secundum illud 1Reg 2,6: *Dominus mortificat et vivificat*. Et ideo absque aliqua iniustitia, secundum mandatum Dei, potest infligi mors cuicumque homini, vel nocenti vel innocenti. — Similiter etiam adulterium est concubitus cum uxore aliena: quae quidem est ei deputata secundum legem divinitus traditam. Unde ad quamcumque mulierem aliquis accedat ex mandato divino, non est adulterium nec fornicatio. — Et eadem ratio est de furto, quod est accepti rei alienae. Quidquid enim accipit aliquis ex mandato Dei, qui est Do-

para a vida humana, tanto pela lei divina, quanto também pelas leis humanas.

De outro modo, entende-se a mudança da lei natural a modo de subtração, a saber, de modo que deixe de ser de lei natural algo que antes fora segundo a lei natural. E assim quanto aos primeiros princípios da lei da natureza, a lei da natureza é totalmente imutável. Quanto, porém, aos preceitos segundos, que dizemos ser como que conclusões próprias próximas dos primeiros princípios, assim a lei natural não muda sem que na maioria das vezes seja sempre reto o que a lei natural contém. Pode, contudo, mudar em algo particular, e em poucos casos, em razão de algumas causas especiais que impedem a observância de tais preceitos, como acima foi dito[g].

Quanto ao 1º, deve-se dizer, portanto, que a lei escrita diz-se ser dada para correção da lei da natureza, ou porque pela lei escrita é suprido o que faltava à lei da natureza, ou porque a lei da natureza em alguns corações, quanto a algumas coisas, se corrompera na medida em que avaliavam ser boas coisas que naturalmente eram más, e tal corrupção precisava de correção.

Quanto ao 2º, deve-se dizer que por morte natural morrem todos comumente, tanto os nocivos quanto os inocentes. Certamente a morte natural é induzida pelo poder divino por causa do pecado original, segundo aquela passagem do livro I dos Reis "O Senhor faz morrer e faz viver". E assim sem qualquer injustiça, segundo a ordem de Deus, pode ser infligida a morte a qualquer homem, ou nocivo, ou inocente. — Igualmente também o adultério é cópula com esposa de outrem, a qual certamente é destinada a ele segundo a lei divinamente transmitida. Donde se alguém se une a qualquer mulher por ordem divina, não é adultério nem fornicação. — E a mesma razão é a respeito do furto, que é apropriar-se de coisa alheia. Tudo

4. Art. praec.

g. Depois da universalidade da lei natural no espaço humano, é agora a sua universalidade no tempo e na história que é abordada. A lei natural muda? A resposta de Sto. Tomás é precisa, e permite falar de uma historicidade da lei natural. Com efeito, a lei natural pode mudar por adições, e isto em função de diversos fatores. As tendências profundas do ser humano em virtude de sua dialética própria não são fixas; constituem orientações, inclinações que precisam ser regradas, pelo fato de serem marcadas por muitas ambiguidades. Igualmente, o conhecimento dessas tendências pode se aperfeiçoar, e a razão pode apreciar melhor certos aspectos de tais tendências por muito tempo subestimados. Assim ocorre com a promoção moderna da finalidade personalizante da sexualidade conjugal, por muito tempo eclipsada pela finalidade procriadora, devido ao fato de que esta correspondia à necessidade social de lutar contra os perigos que ameaçavam a sobrevivência dos grupos humanos (mortalidade infantil, epidemias, miséria...). A mutação pode provir também da mudança da relação do homem com os bens econômicos; por exemplo, a teologia e a Igreja deixaram (no século XIX) de condenar o empréstimo a juros (condenação quase absoluta até o século XVII) no dia em que o dinheiro adquiriu um valor de uso (investimento industrial), em vez de limitar-se a um valor de troca (permuta), o que o condenava à esterilidade. Em ambos os casos, é o mesmo princípio segundo que funciona: dar a outro o que lhe é devido; a mudança se situa no objeto material devido.

minus universorum, non accipit absque voluntate domini, quod est furari. — Nec solum in rebus humanis quidquid a Deo mandatur, hoc ipso est debitum: sed etiam in rebus naturalibus quidquid a Deo fit, est quodammodo naturale, ut in Primo[5] dictum est.

AD TERTIUM dicendum quod aliquid dicitur esse de iure naturali dupliciter. Uno modo, quia ad hoc natura inclinat: sicut non esse iniuriam alteri faciendam. Alio modo, quia natura non induxit contrarium: sicut possemus dicere quod hominem esse nudum est de iure naturali, quia natura non dedit ei vestitum, sed ars adinvenit. Et hoc modo *communis omnium possessio, et omnium una libertas*, dicitur esse de iure naturali: quia scilicet distinctio possessionum et servitus non sunt inductae a natura, sed per hominum rationem, ad utilitatem humanae vitae. Et sic in hoc lex naturae non est mutata nisi per additionem.

aquilo que alguém recebe por ordem de Deus que é o Senhor do universo, não recebe sem a vontade do senhor, o que é furtar. — Nem apenas nas coisas humanas que, se algo é ordenado por Deus, por esse fato é devido, mas também nas coisas naturais qualquer coisa que é feita por Deus, é de certo modo natural, como foi dito na I Parte.

QUANTO AO 3º, deve-se dizer que algo é dito de direito natural de dois modos. De um modo, porque a isso inclina a natureza, como não dever fazer injúria a outrem. De outro modo, porque a natureza não induziu ao contrário, como podemos dizer que estar o homem nu é de direito natural, porque a natureza não lhe deu a veste, mas a arte inventou. E desse modo "a posse de todas as coisas, e uma só liberdade de todos" diz-se ser de direito natural, porque a distinção das posses e a servidão não são induzidas pela natureza, mas pela razão dos homens, para utilidade da vida humana. E assim, nisso, a lei da natureza não foi mudada a não ser por adição.

ARTICULUS 6

Utrum lex naturae possit a corde hominibus aboleri

AD SEXTUM SIC PROCEDITUR. Videtur quod lex naturae possit a corde hominis aboleri.

1. Quia Rm 2, super illud [14], *Cum gentes, quae legem non habent*, etc., dicit Glossa[1] quod *in interiori homine per gratiam innovato, lex iustitiae inscribitur, quam deleverat culpa*. Sed lex iustitiae est lex naturae. Ergo lex naturae potest deleri.

2. PRAETEREA, lex gratiae est efficacior quam lex naturae. Sed lex gratiae deletur per culpam. Ergo multo magis lex naturae potest deleri.

3. PRAETEREA, illud quod lege statuitur, inducitur quasi iustum. Sed multa sunt ab hominibus statuta contra legem naturae. Ergo lex naturae potest a cordibus hominum aboleri.

SED CONTRA est quod Augustinus dicit, in II *Confess.*[2]: *Lex tua scripta est in cordibus hominum, quam nec ulla quidem delet iniquitas*. Sed

ARTIGO 6

A lei da natureza pode ser abolida do coração dos homens?

QUANTO AO SEXTO, ASSIM SE PROCEDE: parece que a lei da natureza **pode** ser abolida do coração do homem.

1. Porque sobre aquilo da Carta aos Romanos: "Enquanto os gentios, que não têm a lei" etc., diz a Glosa que "no homem interior renovado pela graça, inscreve-se a lei da justiça, que a culpa destruíra". Ora, a lei da justiça é a lei da natureza. Logo, a lei da natureza pode ser destruída.

2. ALÉM DISSO, a lei da graça é mais eficaz do que a lei da natureza. Ora, a lei da graça é destruída pela culpa. Logo, muito mais a lei da natureza pode ser destruída.

3. ADEMAIS, aquilo que é estatuído pela lei, é induzido como justo. Ora, muitas são as coisas estatuídas pelos homens contra a lei da natureza. Logo, a lei da natureza pode ser abolida dos corações dos homens.

EM SENTIDO CONTRÁRIO, diz Agostinho; "A tua lei foi escrita nos corações dos homens e nenhuma iniquidade pode certamente destruí-la". Ora, a lei

5. Q. 105, a. 6, ad 1.

6 PARALL.: Supra, a. 4; infra, q. 99, a. 2, ad 2.

1. Ordin.: ML 114, 476 B; LOMBARDI: ML 191, 1345 C.
2. C. 4: ML 32, 678.

lex scripta in cordibus hominum est lex naturalis. Ergo lex naturalis deleri non potest.

RESPONDEO dicendum quod, sicut supra[3] dictum est, ad legem naturalem pertinent primo quidem quaedam praecepta communissima, quae sunt omnibus nota: quaedam autem secundaria praecepta magis propria, quae sunt quasi conclusiones propinquae principiis. Quantum ergo ad illa principia communia, lex naturalis nullo modo potest a cordibus hominum deleri in universali. Deletur tamen in particulari operabili, secundum quod ratio impeditur applicare commune principium ad particulare operabile, propter concupiscentiam vel aliquam aliam passionem, ut supra[4] dictum est. — Quantum vero ad alia praecepta secundaria, potest lex naturalis deleri de cordibus hominum, vel propter malas persuasiones, eo modo quo etiam in speculativis errores contingunt circa conclusiones necessarias; vel etiam propter pravas consuetudines et habitus corruptos; sicut apud quosdam non reputabantur latrocinia peccata, vel etiam vitia contra naturam, ut etiam Apostolus dicit, Rm 1,24sqq.

AD PRIMUM ergo dicendum quod culpa delet legem naturae in particulari, non autem in universali, nisi forte quantum ad secunda praecepta legis naturae, eo modo quo dictum est.

AD SECUNDUM dicendum quod gratia etsi sit efficacior quam natura, tamen natura essentialior est homini, et ideo magis permanens.

AD TERTIUM dicendum quod ratio illa procedit de secundis praeceptis legis naturae, contra quae aliqui legislatores statuta aliqua fecerunt, quae sunt iniqua.

escrita nos corações dos homens é a lei natural. Logo, a lei natural não pode ser destruída.

RESPONDO. Como foi dito acima, pertencem à lei natural, em primeiro lugar, alguns preceitos comuníssimos, que são conhecidos por todos; alguns outros preceitos segundos mais próprios, que são como que conclusões próximas dos princípios. Quanto, pois, àqueles princípios comuns, a lei natural, de nenhum modo, pode ser destruída dos corações dos homens, de modo universal. Destrói-se, porém, em algo particular prático, segundo o qual a razão é impedida de aplicar o princípio comum ao particular prático, em razão da concupiscência ou de alguma outra paixão, como foi dito acima. — Quanto, porém, aos outros preceitos segundos, pode a lei natural ser destruída dos corações dos homens, ou por causa das más persuasões, do mesmo modo como no especulativo acontecem os erros a respeito das conclusões necessárias; ou também em razão dos costumes depravados e hábitos corruptos, como entre alguns não se reputavam pecados os latrocínios, ou também os vícios contra a natureza, como também diz o Apóstolo na Carta aos Romanos[h].

QUANTO AO 1º, deve-se dizer, portanto, que a culpa destrói a lei da natureza em particular, não, porém, no universal, a não ser talvez quanto aos preceitos segundos da lei da natureza, do modo como foi dito.

QUANTO AO 2º, deve-se dizer que a graça, embora seja mais eficaz do que a natureza, entretanto a natureza é mais essencial ao homem, e assim mais permanente.

QUANTO AO 3º, deve-se dizer que aquela razão procede a respeito dos preceitos segundos da lei da natureza, contra os quais certos legisladores fizeram alguns estatutos, que são iníquos.

3. Art. 4, 5.
4. Q. 77, a. 2.

h. Sto. Tomás alude a uma mutação introduzida pelo pecado. Se a Reforma protestante radicalizou a influência do pecado original sobre a corrupção da natureza humana, e portanto da razão em matéria de moral, a doutrina católica sempre sustentou que a mutação introduzida pelo pecado não destruiu as capacidades da razão natural de perceber os princípios éticos. O pecado ao mesmo tempo embotou a inteligência e enfraqueceu a vontade, que se tornou mais sensível às solicitações inferiores (a violência, o egoísmo, a concupiscência...). Essa perversão das faculdades do homem pode ser encontrada então a propósito dos preceitos secundários, devido ao fato de que são menos evidentes, e de maneira excepcional, para os preceitos primeiros.

QUAESTIO XCV
DE LEGE HUMANA
in quatuor articulos divisa

Deinde considerandum est de lege humana. Et primo quidem, de ipsa lege secundum se; secundo, de potestate eius; tertio, de eius mutabilitate.

Circa primum quaeruntur quatuor.
Primo: de utilitate ipsius.
Secundo: de origine eius.
Tertio: de qualitate ipsius.
Quarto: de divisione eiusdem.

ARTICULUS 1
Utrum fuerit utile aliquas leges poni ab hominibus

AD PRIMUM SIC PROCEDITUR. Videtur quod non fuerit utile aliquas leges poni ab hominibus.

1. Intentio enim cuiuslibet legis est ut per eam homines fiant boni, sicut supra[1] dictum est. Sed homines magis inducuntur ad bonum voluntarii per monitiones, quam coacti per leges. Ergo non fuit necessarium leges ponere.

2. PRAETEREA, sicut dicit Philosophus, in V *Ethic.*[2], *ad iudicem confugiunt homines sicut ad iustum animatum*. Sed iustitia animata est melior quam inanimata, quae legibus continetur. Ergo melius fuisset ut executio iustitiae committeretur arbitrio iudicum, quam quod super hoc lex aliqua ederetur.

3. PRAETEREA, lex omnis directiva est actuum humanorum, ut ex supradictis[3] patet. Sed cum humani actus consistant in singularibus, quae sunt infinita, non possunt ea quae ad directionem humanorum actuum pertinent, sufficienter considerari, nisi ab aliquo sapiente, qui inspiciat singula. Ergo melius fuisset arbitrio sapientum dirigi actus humanos, quam aliqua lege posita. Ergo non fuit necessarium leges humanas ponere.

SED CONTRA est quod Isidorus dicit, in libro *Etymol.*[4]: *Factae sunt leges ut earum metu humana coerceretur audacia, tutaque sit inter improbos innocentia, et in ipsis improbis formidato supplicio*

QUESTÃO 95
A LEI HUMANA
em quatro artigos

Em seguida, deve-se considerar a lei humana. E, em primeiro lugar, a lei em si mesma; em segundo, seu poder; em terceiro, sua mutabilidade.

A respeito da primeira, são quatro as perguntas:
1. Sobre sua utilidade.
2. Sobre sua origem.
3. Sobre sua qualidade.
4. Sobre sua divisão.

ARTIGO 1
Foi útil que algumas leis tenham sido impostas pelos homens?

QUANTO AO PRIMEIRO ARTIGO, ASSIM SE PROCEDE: parece que **não** foi útil que algumas leis tenham sido impostas pelos homens.

1. Com efeito, a intenção de qualquer lei é que, por intermédio dela, os homens se tornem bons, como acima foi dito. Ora, os homens são induzidos mais ao bem voluntariamente, por meio de conselhos, do que coagidos por leis. Logo, não foi necessário impor leis.

2. ALÉM DISSO, como diz o Filósofo, "os homens recorrem ao juiz como à justiça viva". Ora, a justiça viva é melhor do que a morta, que se contém nas leis. Logo, teria sido melhor que a execução da justiça fosse entregue ao arbítrio dos juizes, do que se editasse a propósito alguma lei.

3. ADEMAIS, toda lei é diretiva dos atos humanos, como ficou claro pelo que foi dito. Ora, uma vez que os atos humanos consistem nos singulares, que são infinitos, aquelas coisas que pertencem à direção dos atos humanos não podem ser suficientemente consideradas a não ser por um sábio, que examine os singulares. Logo, teria sido melhor serem os atos humanos dirigidos pelo arbítrio dos sábios, do que por alguma lei imposta. Logo, não foi necessário impor leis humanas.

EM SENTIDO CONTRÁRIO, diz Isidoro: "As leis foram feitas para que pelo medo delas fosse coibida a audácia humana, e a inocência preservada entre os ímprobos, e nos mesmos ímprobos, dado

1 PARALL.: Supra, q. 91, a. 3; X *Ethic.*, lect. 14.

1. Q. 92, a. 1.
2. C. 7: 1132, a, 22-35.
3. Q. 90, a. 1, 2.
4. L. V, c. 20: ML 82, 202 B.

refrenetur nocendi facultas. Sed haec sunt maxime necessaria humano generi. Ergo necessarium fuit ponere leges humanas.

RESPONDEO dicendum quod, sicut ex supradictis[5] patet, homini naturaliter inest quaedam aptitudo ad virtutem; sed ipsa virtutis perfectio necesse est quod homini adveniat per aliquam disciplinam. Sicut etiam videmus quod per aliquam industriam subvenitur homini in suis necessitatibus, puta in cibo et vestitu, quorum initia quaedam habet a natura, scilicet rationem et manus, non autem ipsum complementum, sicut cetera animalia, quibus natura dedit sufficienter tegumentum et cibum. Ad hanc autem disciplinam non de facili invenitur homo sibi sufficiens. Quia perfectio virtutis praecipue consistit in retrahendo hominem ab indebitis delectationibus, ad quas praecipue homines sunt proni, et maxime iuvenes, circa quos efficacior est disciplina. Et ideo oportet quod huiusmodi disciplinam, per quam ad virtutem perveniatur, homines ab alio sortiantur. Et quidem quantum ad illos iuvenes qui sunt proni ad actus virtutum, ex bona dispositione naturae, vel consuetudine, vel magis divino numere, sufficit disciplina paterna, quae est per monitiones. Sed quia inveniuntur quidam protervi et ad vitia proni, qui verbis de facili moveri non possunt; necessarium fuit ut per vim et metum cohiberentur a malo, ut saltem sic male facere desistentes, et aliis quietam vitam redderent, et ipsi tandem per huiusmodi assuetudinem ad hoc perducerentur quod voluntarie facerent quae prius metu implebant, et sic fierent virtuosi. Huiusmodi autem disciplina cogens metu poenae, est disciplina legum. Unde necessarium fuit ad pacem hominum et virtutem, ut leges ponerentur: quia sicut Philosophus dicit, in I *Polit.*[6], *sicut homo, si sit perfectus virtute, est optimum animalium; sic, si sit separatus a lege et iustitia, est pessimum omnium*; quia homo habet arma rationis ad explendas concupiscentias et saevitias, quae non habent alia animalia.

o temor do suplício, fosse refreado o poder de prejudicar". Ora, essas coisas são maximamente necessárias ao gênero humano. Logo, foi necessário impor leis humanas.

RESPONDO. Como fica claro pelo que foi dito, está presente no homem, naturalmente, a aptidão para a virtude; ora, é necessário que a própria perfeição da virtude sobrevenha ao homem por meio de alguma disciplina. Assim como vemos que o homem recorre a alguma indústria em suas necessidades, por exemplo, no alimento e no vestir, cujos inícios tem ele pela natureza, a saber, a razão e as mãos, mas não o próprio complemento, como os demais animais, aos quais a natureza deu suficientemente cobertura e alimento. Para essa disciplina, porém, o homem não se acha por si mesmo suficiente, com facilidade. Porque a perfeição da virtude consiste principalmente em afastar o homem dos prazeres indevidos, aos quais os homens são inclinados principalmente e maximamente os jovens em relação aos quais a disciplina é mais eficaz. E assim é necessário que os homens obtenham tal disciplina por outro, por meio da qual se chega à virtude. E certamente quanto àqueles jovens inclinados aos atos das virtudes em razão de uma boa disposição da natureza, do costume ou, mais ainda, do dom divino, é suficiente a disciplina paterna, que se faz mediante os conselhos. Mas, porque se encontram alguns impudentes e inclinados ao vício, os quais não podem ser movidos facilmente com palavras, foi necessário que pela força e pelo medo fossem coibidos do mal, de modo que, ao menos desistindo assim de fazer o mal, aos outros tornassem tranquila a vida, e os mesmos, por fim, por força de tal costume, fossem conduzidos a fazer voluntariamente o que antes cumpriam por medo, e assim se tornassem virtuosos. Tal disciplina, obrigando por medo da pena, é a disciplina das leis. Portanto, foi necessário que as leis fossem impostas para a paz dos homens e a virtude, porque, como diz o Filósofo, "assim como o homem, se é perfeito na virtude, é o melhor dos animais, assim, se é separado da lei e da justiça, é o pior de todos", uma vez que o homem tem a arma da razão para satisfazer suas concupiscências e sevícias, que os outros animais não têm[a].

5. Q. 63, a. 1; q. 94, a. 3.
6. C. 2: 1253, a, 31-33.

a. A doutrina resumida na nota precedente também explica este artigo. Se o pecado não estivesse presente no coração dos homens, a lei natural seria suficiente para torná-los virtuosos. O vício e a perversão, porém, constituem obstáculos a esse

AD PRIMUM ergo dicendum quod homines bene dispositi melius inducuntur ad virtutem monitionibus voluntariis quam coactione: sed quidam male dispositi non ducuntur ad virtutem nisi cogantur.

AD SECUNDUM dicendum quod, sicut Philosophus dicit, I *Rhetor.*[7], *melius est omnia ordinari lege, quam dimittere iudicum arbitrio*. Et hoc propter tria. Primo quidem, quia facilius est invenire paucos sapientes, qui sufficiant ad rectas leges ponendas, quam multos, qui requirerentur ad recte iudicandum de singulis. — Secundo, quia illi qui leges ponunt, ex multo tempore considerant quid lege ferendum sit: sed iudicia de singularibus factis fiunt ex casibus subito exortis. Facilius autem ex multis considerantis potest homo videre quid rectum sit, quam solum ex aliquo uno facto. — Tertio, quia legislatores iudicant in universali, et de futuris: sed homines iudiciis praesidentes iudicant de praesentibus, ad quae afficiuntur amore vel odio, aut aliqua cupiditate; et sic eorum depravatur iudicium.

Quia ergo iustitia animata iudicis non invenitur in multis; et quia flexibilis est; ideo necessarium fuit, in quibuscumque est possibile, legem determinare quid iudicandum sit, et paucissima arbitrio hominum committere.

AD TERTIUM dicendum quod quaedam singularia, quae non possunt lege comprehendi, *necesse est committere iudicibus*, ut ibidem[8] Philosophus dicit: puta *de eo quod est factum esse vel non esse*, et de aliis huiusmodi.

QUANTO AO 1º, deve-se dizer que os homens bem dispostos são induzidos à virtude pelos conselhos voluntários melhor do que pela coação; contudo, alguns mal dispostos não são conduzidos à virtude a não ser que sejam coagidos.

QUANTO AO 2º, deve-se dizer que, como diz o Filósofo, "é melhor que todas as coisas se ordenem pela lei do que deixar ao arbítrio dos juízes". E isso por três razões. Em primeiro lugar, porque mais fácil é achar poucos sábios, que bastem para estabelecer leis retas, do que muitos, que seriam requeridos para julgar retamente cada caso. — Em segundo, porque aqueles que estabelecem as leis, já de muito tempo consideram o que deve ser estabelecido por lei, mas os juízos sobre fatos singulares fazem-se a partir de casos subitamente aparecidos. Mais facilmente um homem pode ver o que é reto a partir da consideração de muitos casos, do que a partir de um fato único. — Em terceiro lugar, porque os legisladores julgam no universal e sobre coisas futuras, mas os homens que presidem aos julgamentos julgam sobre coisas presentes, em relação às quais são afetados por amor, por ódio ou por alguma cobiça, e assim se deprava o julgamento.

Uma vez que a justiça viva do juiz não se encontra em muitos e é flexível, assim foi necessário que, em todos os casos em que era possível, a lei determinasse o que devia ser julgado, e deixasse pouquíssimas coisas ao arbítrio dos homens.

QUANTO AO 3º, deve-se dizer que "é necessário deixar aos juízes" algumas coisas singulares que não podem ser compreendidas pela lei, como no mesmo lugar diz o Filósofo, por exemplo, "a respeito daquilo que foi feito ou não foi feito", e a respeito de coisas semelhantes.

ARTICULUS 2

Utrum omnis lex humanitus posita a lege naturali derivetur

AD SECUNDUM SIC PROCEDITUR. Videtur quod non omnis lex humanitus posita a lege naturali derivetur.

ARTIGO 2

Toda lei imposta humanamente deriva da lei natural?

QUANTO AO SEGUNDO, ASSIM SE PROCEDE: parece que **nem** toda lei imposta humanamente deriva da lei natural.

7. C. 1: 1354, a, 31-34.
8. C. 1: 1354, b, 13.

2 PARALL.: *Cont. Gent.* III, 123; III *Sent.*, dist. 37, a. 3; IV, dist. 15, q. 3, a. 1, q.la 4; a. 2, q.la 1; V *Ethic.*, lect. 12.

funcionamento da lei natural. Desse modo, é indispensável que esta última seja ensinada de maneira oficial no âmbito de uma dada sociedade, seja para forçar os refratários viciosos a agir bem, seja principalmente para dar a todos uma verdadeira educação da consciência. Essa função pedagógica, absolutamente indispensável, é cumprida pela lei positiva humana: considerar os homens tais como são, ignorantes e pecadores, para transformá-los e fazê-los progredir no caminho da virtude.

1. Dicit enim Philosophus, in V *Ethic.*[1], quod *iustum legale est quod ex principio quidem nihil differt utrum sic vel aliter fiat*. Sed in his quae oriuntur ex lege naturali, differt utrum sic vel aliter fiat. Ergo ea quae sunt legibus humanis statuta, non omnia derivantur a lege naturae.

2. PRAETEREA, ius positivum dividitur contra ius naturale: ut patet per Isidorum, in libro *Etymol.*[2], et per Philosophum, in V *Ethic.*[3]. Sed ea quae derivantur a principiis communibus legis naturae sicut conclusiones, pertinent ad legem naturae, ut supra[4] dictum est. Ergo ea quae sunt de lege humana, non derivantur a lege naturae.

3. PRAETEREA, lex naturae est eadem apud omnes: dicit enim Philosophus, in V *Ethic.*[5], quod *naturale iustum est quod ubique habet eandem potentiam*. Si igitur leges humanae a naturali lege derivarentur, sequeretur quod etiam ipsae essent eaedem apud omnes. Quod patet esse falsum.

4. PRAETEREA, eorum quae a lege naturali derivantur, potest aliqua ratio assignari. Sed *non omnium quae a maioribus lege statuta sunt, ratio reddi potest*, ut Iurisperitus[6] dicit. Ergo non omnes leges humanae derivantur a lege naturali.

SED CONTRA est quod Tullius dicit, in sua *Rhetor.*[7]: *Res a natura profectas, et a consuetudine probatas, legum metus et religio sanxit*.

RESPONDEO dicendum quod, sicut Augustinus dicit, in I *de Lib. Arb.*[8], *non videtur esse lex, quae iusta non fuerit*. Unde inquantum habet de iustitia, intantum habet de virtute legis. In rebus autem humanis dicitur esse aliquid iustum ex eo quod est rectum secundum regulam rationis. Rationis autem prima regula est lex naturae, ut ex supradictis[9] patet. Unde omnis lex humanitus posita intantum habet de ratione legis, inquantum a lege naturae derivatur. Si vero in aliquo, a lege naturali discordat, iam non erit lex sed legis corruptio.

Sed sciendum est quod a lege naturali dupliciter potest aliquid derivari: uno modo, sicut conclusio-

1. Diz, com efeito, o Filósofo que "o direito legal é aquele que pelo princípio não diferencia em nada se algo deve ser feito desta ou daquela maneira". Ora, naquelas coisas que se originam da lei natural, faz diferença se se faz desta ou daquela maneira. Logo, aquelas coisas que são estatuídas pelas leis humanas, nem todas derivam da lei da natureza.

2. ALÉM DISSO, o direito se divide em positivo e natural, como se evidencia por Isidoro e pelo Filósofo. Ora, aquelas coisas que derivam dos princípios comuns da lei da natureza, como conclusões, pertencem à lei da natureza, como acima foi dito. Logo, aquelas coisas que são da lei humana não derivam da lei da natureza.

3. ADEMAIS, a lei da natureza é a mesma em todos; diz, com efeito, o Filósofo que "o direito natural é aquele que por toda parte tem o mesmo poder". Se, pois, as leis humanas derivassem da lei natural, seguir-se-ia que também elas seriam as mesmas em todos. O que claramente é falso.

4. ADEMAIS, pode-se assinalar alguma razão para aquelas coisas que derivam da lei natural. Ora, "nem de todas as coisas que foram estatuídas em lei pelos antepassados, pode-se dar a razão", como diz o Jurisconsulto. Logo, nem todas as leis humanas derivam da lei natural.

EM SENTIDO CONTRÁRIO, diz Túlio: "o temor das leis e a religião sancionaram as coisas que procederam da natureza e foram aprovadas pelo costume".

RESPONDO. Como diz Agostinho, "não parece ser lei aquela que não for justa". Portanto, quanto tem de justiça tanto tem de força de lei. Nas coisas humanas diz-se que algo é justo pelo fato de que é reto segundo a regra da razão. A primeira regra da razão, entretanto, é a lei da natureza, como fica claro pelo acima dito. Portanto, toda lei humanamente imposta tem tanto de razão de lei quanto deriva da lei da natureza. Se, contudo, em algo discorda da lei natural, já não será lei, mas corrupção de lei.

Ora, deve-se saber que algo pode derivar da lei natural de dois modos: como conclusões dos

1. C. 10: 1134, b, 20-24.
2. L. V, c. 4: ML 82, 199 B.
3. C. 10: 1134, b, 18-19.
4. Q. 94, a. 4.
5. C. 10: 1134, b, 19-20.
6. *Dig.*, l. I, tit. 3, leg. 20.
7. L. II, c. 53: ed. Müller, Lipsiae 1908, p. 230, ll. 16-17.
8. C. 5, n. 11: ML 32, 1227.
9. Q. 91, a. 2, ad 2.

nes ex principiis; alio modo, sicut determinationes quaedam aliquorum communium. Primus quidem modus est similis ei quo in scientiis ex principiis conclusiones demonstrativae producuntur. Secundo vero modo simile est quod in artibus formae communes determinantur ad aliquid speciale: sicut artifex formam communem domus necesse est quod determinet ad hanc vel illam domus figuram. Derivantur ergo quaedam a principiis communibus legis naturae per modum conclusionum: sicut hoc quod est *non esse occidendum*, ut conclusio quaedam derivari potest ab eo quod est *nulli esse malum faciendum*. Quaedam vero per modum determinationis: sicut lex naturae habet quod ille qui peccat, puniatur; sed quod tali poena puniatur, hoc est quaedam determinatio legis naturae.

Utraque igitur inveniuntur in lege humana posita. Sed ea quae sunt primi modi, continentur lege humana non tanquam sint solum lege posita, sed habent etiam aliquid vigoris ex lege naturali. Sed ea quae sunt secundi modi, ex sola lege humana vigorem habent.

AD PRIMUM ergo dicendum quod Philosophus loquitur de illis quae sunt lege posita per determinationem vel specificationem quandam praeceptorum legis naturae.

AD SECUNDUM dicendum quod ratio illa procedit de his quae derivantur a lege naturae tanquam conclusiones.

AD TERTIUM dicendum quod principia communia legis naturae non possunt eodem modo applicari omnibus, propter multam varietatem rerum humanarum. Et exinde provenit diversitas legis positivae apud diversos.

AD QUARTUM dicendum quod verbum illud Iurisperiti intelligendum est in his quae sunt introducta a maioribus circa particulares determinationes

princípios, e como algumas determinações do que é geral. O primeiro modo é semelhante àquele no qual nas ciências se produzem conclusões demonstrativas dos princípios. O segundo modo, contudo, é semelhante àquele segundo o qual nas artes as formas comuns são determinadas para algo especial. Por exemplo, é necessário que o artífice determine a forma comum da casa para essa ou aquela figura de casa. Derivam, pois, algumas coisas dos princípios comuns da lei da natureza, a modo de conclusões, por exemplo, "não se deve matar", como uma conclusão que pode derivar de "a ninguém se deve fazer o mal". Algumas coisas, entretanto, derivam a modo de determinação, por exemplo, a lei da natureza determina que aquele que peca, seja punido; mas que seja punido por tal pena é uma determinação da lei da natureza.

Umas e outras, pois, se acham na lei humana imposta. Mas aquelas que são do primeiro modo, são contidas na lei humana não apenas enquanto são impostas somente pela lei, mas têm também algo do vigor da lei natural. Aquelas coisas, porém, que são do segundo modo, têm apenas vigor de lei humana[b].

QUANTO AO 1º, deve-se dizer que o Filósofo fala daquelas coisas que estão na lei imposta por determinação ou por uma especificação dos preceitos da lei da natureza.

QUANTO AO 2º, deve-se dizer que aquela razão procede a respeito daquelas coisas que derivam da lei de natureza como conclusões.

QUANTO AO 3º, deve-se dizer que os princípios comuns da lei da natureza não podem aplicar-se do mesmo modo a todos, em razão da muita variedade das coisas humanas. E daí provém a diversidade da lei positiva nos diversos povos.

QUANTO AO 4º, deve-se dizer que aquela palavra do Jurisconsulto deve ser entendida naquelas coisas que foram introduzidas pelos antepassados sobre

b. Pode existir um vínculo mais ou menos estreito entre a lei natural e a lei positiva que a explicita. Esse vínculo se dá em função da maior ou menor proximidade entre ambas em questão de evidência racional. Em um primeiro caso, a lei humana deriva da lei natural como uma conclusão deriva das premissas em um argumento simples; a evidência dos princípios da lei natural (premissas) acarreta a da lei humana que dela decorre, em uma espécie de trasnferência de racionalidade. Desse modo, uma tal lei positiva goza da mesma autoridade e força moral que a lei natural, da qual ela prolonga a eficácia mediante a evidência racional que ela manifesta. Em contrapartida, com frequência a lei humana é levada a funcionar em domínios bastante contingentes, o dos meios a utilizar para realizar seu objetivo pedagógico. A escolha do meio dependerá muitas vezes do contexto social, de uma apreciação ponderada do legislador; carecendo da evidência da lei natural, ela só pode derivar diretamente dela como uma de suas conclusões. É apenas uma aplicação contigente, cuja eficácia e força se enraízam na autoridade do legislador e na necessidade pedagógica que funda a lei humana. Nesse domínio derivado, a escolha dos meios é ditada pela prudência, por apreciações indemonstráveis de peritos, pela opinião de homens experientes. Nessa instância, a luz reguladora da lei natural só chega por refração e recebida indiretamente pela mediação da experiência do legislador humano. Essa doutrina serve de base à exposição do artigo 4.

legis naturalis; ad quas quidem determinationes se habet expertorum et prudentum iudicium sicut ad quaedam principia; inquantum scilicet statim vident quid congruentius sit particulariter determinari. Unde Philosophus dicit, in VI *Ethic.*[10], quod in talibus *oportet attendere expertorum et seniorum vel prudentum indemonstrabilibus enuntiationibus et opinionibus, non minus quam demonstrationibus.*

as determinações particulares da lei natural. Em relação a essas determinações se tem o juízo dos experientes e prudentes, como a certos princípios, a saber, enquanto veem de imediato o que particularmente há de se determinar de modo mais congruente. Donde dizer o Filósofo que em tais coisas "é preciso atender às enunciações e opiniões indemonstráveis dos experientes e dos anciãos ou dos prudentes, não menos que às demonstrações".

Articulus 3
Utrum Isidorus convenienter qualitatem legis positivae describat

Ad tertium sic proceditur. Videtur quod Isidorus inconvenienter qualitatem legis positivae describat, dicens[1]: *Erit lex honesta, iusta, possibilis secundum naturam, secundum consuetudinem patriae, loco temporique conveniens, necessaria, utilis; manifesta quoque, ne aliquid per obscuritatem in captionem contineat; nullo privato commodo, sed pro communi utilitate civium scripta.*

1. Supra[2] enim in tribus conditionibus qualitatem legis explicaverant, dicens: *Lex erit omne quod ratione constiterit, dumtaxat quod religioni congruat, quod disciplinae conveniat, quod saluti proficiat.* Ergo superflue postmodum conditiones legis multiplicat.

2. Praeterea, iustitia pars est honestatis; ut Tullius dicit, in I *de Offic.*[3]. Ergo postquam dixerat *honesta*, superflue additur *iusta*.

3. Praeterea, lex scripta, secundum Isidorum[4], contra consuetudinem dividitur. Non ergo debuit in definitione legis poni quod esset *secundum consuetudinem patriae*.

4. Praeterea, necessarium dupliciter dicitur. Scilicet id quod est necessarium simpliciter, quod impossibile est aliter se habere: et huiusmodi necessarium non subiacet humano iudicio: unde talis necessitas ad legem humanam non pertinet. Est etiam aliquid necessarium propter finem: et talis necessitas idem est quod utilitas. Ergo superflue utrumque ponitur, *necessaria* et *utilis*.

Artigo 3
Isidoro descreve convenientemente a qualidade da lei positiva?

Quanto ao terceiro, assim se procede: parece que Isidoro **não** descreve, convenientemente, a qualidade da lei positiva, ao dizer: "Será a lei honesta, justa, possível segundo a natureza, segundo o costume da pátria, conveniente ao tempo e ao lugar, necessária, útil; será também clara, de sorte a não conter por obscuridade algo capcioso; escrita não por um interesse privado, mas para a utilidade comuns dos cidadãos".

1. Com efeito, acima explicara ele a qualidade da lei em três condições, dizendo: "A lei será tudo o que a razão estabelecer, que seja congruente com a religião, que convenha à disciplina, que seja de proveito para a salvação". Logo, após isso, multiplica superfluamente as condições da lei.

2. Além disso, a justiça é parte da honestidade, como diz Túlio. Logo, após ter dito "honesta", acrescenta superfluamente "justa".

3. Ademais, a lei escrita, segundo Isidoro, distingue-se do costume. Não devia ele, pois, afirmar na definição da lei que seria "segundo o costume da pátria".

4. Ademais, o necessário se diz de dois modos, a saber, o que é necessário em absoluto, o qual é impossível de se ter de outra maneira, e assim o necessário não se sujeita ao juízo humano. Portanto, tal necessidade não pertence à lei humana. Algo também é necessário em razão do fim, e tal necessidade é o mesmo que utilidade. Logo, ambos os termos são inseridos superfluamente, "necessária" e "útil".

10. C. 12: 1143, b, 11-17.

3 Doctr. Eccl.: Vide textus cit. ad a. praec.

1. *Etymol.*, l. V, c. 21: ML 82, 203 A. Cfr. l. II, c. 10: ML 82, 131 A.
2. L. V, c. 3: ML 82, 199 A.
3. C. 7: ed. Müller, Lipsiae 1910, p. 8, ll. 35-36.
4. *Etymol.*, l. II, c. 10; l. V, c. 3: ML 82, 131 A, 199 A.

SED CONTRA est auctoritas ipsius Isidori[5].

RESPONDEO dicendum quod uniuscuiusque rei quae est propter finem, necesse est quod forma determinetur secundum proportionem ad finem: sicut forma serrae talis est qualis convenit sectioni; ut patet in II *Physic.*[6]. Quaelibet etiam res recta et mensurata oportet quod habeat formam proportionalem suae regulae et mensurae. Lex autem humana utrumque habet: quia et est aliquid ordinatum ad finem; et est quaedam regula vel mensura regulata vel mensurata quadam superiori mensura; quae quidem est duplex, scilicet lex divina et lex naturae, ut ex supradcitis[7] patet. Finis autem humanae legis est utilitas hominum; sicut etiam Iurisperitus[8] dicit. Et ideo Isidorus in conditione legis, primo quidem tria posuit: scilicet quod religioni congruat, inquantum scilicet est proportionata legi divinae; quod disciplinae conveniat, inquantum est proportionata legi naturae; quod saluti proficiat, inquantum est proportionata utilitati humanae.

Et ad haec tria omnes aliae conditiones quas postea ponit, reducuntur. Nam quod dicitur *honesta*, refertur ad hoc quod religioni congruat. — Quod autem subditur, *iusta, possibilis secundum naturam, secundum consuetudinem patriae, loco temporique conveniens*, additur ad hoc quod conveniat disciplinae. Attenditur enim humana disciplina primum quidem quantum ad ordinem rationis, qui importatur in hoc quod dicitur *iusta*. Secundo, quantum ad facultatem agentium. Debet enim esse disciplina conveniens unicuique secundum suam possibilitatem, observata etiam possibilitate naturae (non enim eadem sunt imponenda pueris, quae imponuntur viris perfectis); et secundum humanam consuetudinem; non enim potest homo solus in societate vivere, aliis morem non gerens. Tertio, quantum ad debitas circumstantias, dicit, *loco temporique conveniens*. — Quod vero subditur, *necessaria, utilis*, etc., refertur ad hoc quod expediat saluti: ut necessitas referatur ad remotionem malorum; utilitas, ad consecutionem bonorum; manifestatio vero, ad cavendum nocumentum quod ex ipsa lege posset provenire. — Et quia, sicut supra[9] dictum

EM SENTIDO CONTRÁRIO, está a autoridade do próprio Isidoro.

RESPONDO. É necessário que a forma de cada coisa que é em razão do fim seja determinada segundo a proporção ao fim: como a forma da serra é tal que convém ao ato de cortar, como fica claro no livro II da *Física*. Com efeito, é preciso que qualquer coisa reta e medida tenha a forma proporcional à sua regra e medida. A lei humana tem ambas as coisas, porque é algo ordenado a um fim e é uma regra ou medida regulada ou mensurada por uma medida superior; e essa é dupla, a saber, a lei divina e a lei da natureza, como fica claro pelo acima dito. O fim da lei humana é a utilidade dos homens, como também afirma o Jurisconsulto. E assim Isidoro, quanto à condição da lei, primeiro estabeleceu três coisas: a saber, que seja congruente com a religião, enquanto é proporcionada à lei divina; que convenha à disciplina, enquanto é proporcionada à lei da natureza; que adiante à salvação, enquanto é proporcionada à utilidade humana.

E a essas três se reduzem todas as outras condições que estabeleceu depois. Com efeito, ao dizer "honesta", refere-se a que seja congruente com a religião. — Ao acrescentar, "justa, possível segundo a natureza, segundo o costume da pátria, conveniente ao lugar e ao tempo", ajunta que convenha à disciplina. Considera-se a disciplina humana, com efeito, por primeiro, quanto à ordem da razão, o que implica o dizer-se "justa". Em segundo lugar, quanto à faculdade dos agentes. A disciplina, com efeito, deve ser conveniente a cada qual segundo sua possibilidade, observa também a possibilidade da natureza (com efeito, não se deve impor às crianças as mesmas coisas que aos homens adultos); e segundo o costume humano, pois o homem não pode viver sozinho na sociedade, não ajustando o costume aos demais. Em terceiro lugar, quanto às devidas circunstâncias, diz "conveniente ao lugar e ao tempo". — O que, porém, acrescenta "necessária, útil" etc., refere-se a que seja proveitoso à salvação: como necessidade, refere-se à remoção dos males; utilidade, à consecução dos bens; clareza, para precaver contra o prejuízo que pudesse provir da própria lei. — E

5. *Etymol.*, l. V, c. 21: ML 82, 203 A. Cfr. l. II, c. 16: ML 82, 131 A.
6. C. 9: 200, a, 10-13; b, 5-9.
7. A. praec.; q. 93, a. 3.
8. *Dig.*, l. I, tit. 3, leg. 25.
9. Q. 90, a. 2.

est, lex ordinatur ad bonum commune, hoc ipsum in ultima parte determinationis ostenditur.

Et per hoc patet responsio ad OBIECTA.

porque, como acima foi dito, a lei se ordena ao bem comum, mostra-se isso mesmo na última parte da determinação[c].

E por meio disso evidencia-se a resposta às OBJEÇÕES.

ARTICULUS 4
Utrum Isidorus convenienter ponat divisionem humanarum legum

AD QUARTUM SIC PROCEDITUR. Videtur quod inconvenienter Isidorus divisionem legum humanarum ponat[1], sive iuris humani.

1. Sub hoc enim iure comprehendit *ius gentium*, quod ideo sic nominatur, ut ipse dicit[2], quia *eo omnes fere gentes utuntur.* Sed sicut ipse dicit[3], *ius naturale est quod est commune omnium nationum.* Ergo ius gentium non continetur sub iure positivo humano, sed magis sub iure naturali.

2. PRAETEREA, ea quae habent eandem vim, non videntur formaliter differre, sed solum materialiter. Sed *leges, plebiscita, senatusconsulta*, et alia huiusmodi quae ponit, omnia habent eandem vim. Ergo videtur quod non differant nisi materialiter. Sed talis distinctio in arte non est curanda: cum possit esse in infinitum. Ergo inconvenienter huiusmodi divisio humanarum legum introducitur.

3. PRAETEREA, sicut in civitate sunt principes et sacerdotes et milites, ita etiam sunt et alia hominum officia. Ergo videtur quod, sicut ponitur quoddam *ius militare*, et *ius publicum*, quod consistit in sacerdotibus et magistratibus; ita etiam debeant poni alia iura, ad alia officia civitatis pertinentia.

4. PRAETEREA, ea quae sunt per accidens, sunt praetermittenda. Sed accidit legi ut ab hoc vel illo homine feratur. Ergo inconvenienter ponitur divisio legum humanarum ex nominibus legislatorum,

ARTIGO 4
Isidoro estabeleceu convenientemente a divisão das leis humanas?

QUANTO AO QUARTO, ASSIM SE PROCEDE: parece que Isidoro **não** estabeleceu convenientemente a divisão das leis humanas, ou do direito humano.

1. Com efeito, sob esse direito, compreende o “direito das gentes”, o qual assim se denomina, segundo ele mesmo diz, porque “dele usam quase todas as gentes”. Ora, ele também afirma, “o direito natural é aquele que é comum a todas as nações”. Logo, o direito das gentes não está contido no direito positivo humano, mas muito mais no direito natural.

2. ALÉM DISSO, aquelas coisas que têm a mesma força não parece que difiram formalmente, mas só materialmente. Ora, “as leis, plebiscitos, senátus-consultos” e coisas semelhantes que ele estabelece, têm todos a mesma força. Logo, parece que não diferem a não ser materialmente. Ora, tal distinção na arte não deve ser contemplada, uma vez que pode ser ao infinito. Logo, introduz-se inconvenientemente tal divisão das leis humanas.

3. ADEMAIS, assim como na cidade há príncipes, sacerdotes e soldados, assim também há outros ofícios dos homens. Logo parece que, como se estabelece certo “direito militar”, e “direito público”, que concerne a sacerdotes e magistrados, assim também devem-se estabelecer outros direitos, pertencentes a outros ofícios da cidade.

4. ADEMAIS, aquelas coisas que são por acidente, devem ser deixadas de lado. Ora, é acidental à lei que seja proposta por este ou aquele homem. Logo, estabelece-se inconvenientemente a di-

4 PARALL.: V *Ethic.*, lect. 12.

1. *Etymol.*, l. V, c. 4 sqq.: ML 82, 199 sqq.
2. C. 6: ML 82, 200 A.
3. C. 4: ML 82, 199 B.

c. Trata-se do objeto da lei humana. Note-se aqui a preocupação em adaptar a lei às capacidades daqueles aos quais ela se destina, e às circunstâncias locais e históricas. Sendo uma pedagogia, a lei deve poder ser observada sem maiores dificuldades, o que elimina do objeto habitual da lei humana atos de heroísmo, impossíveis para a maior parte dos sujeitos. Se o que impõe uma lei se torna heroico, a lei deixa de existirser uma, a não ser que o bem comum o exigisse de maneira estrita. Essa adaptação da lei às possibilidades humanas é em geral assegurada pelo costume (ver infra, q. 97, a. 3). Outras qualidades do objeto da lei humana serão explicitadas na questão seguinte.

ut scilicet quaedam dicatur *Cornelia*, quaedam *Falcidia*, etc.

In contrarium auctoritas Isidori[4] sufficiat.

Respondeo dicendum quod unumquodque potest per se dividi secundum id quod in eius ratione continetur. Sicut in ratione animalis continetur anima, quae est rationalis vel irrationalis: et ideo animal proprie et per se dividitur secundum rationale et irrationale; non autem secundum album et nigrum, quae sunt omnino praeter rationem eius. Sunt autem multa de ratione legis humanae, secundum quorum quodlibet lex humana proprie et per se dividi potest. Est enim primo de ratione legis humanae quod sit derivata a lege naturae, ut ex dictis[5] patet. Et secundum hoc dividitur ius positivum in ius gentium et ius civile, secundum duos modos quibus aliquid derivatur a lege naturae, ut supra[6] dictum est. Nam ad ius gentium pertinent ea quae derivantur ex lege naturae sicut conclusiones ex principiis: ut iustae emptiones, venditiones, et alia huiusmodi, sine quibus homines, ad invicem convivere non possent; quod est de lege naturae, quia homo est naturaliter animal sociale, ut probatur in I *Polit.*[7]. Quae vero derivantur a lege naturae per modum particularis determinationis, pertinent ad iusus civile, secundum quod quaelibet civitas aliquid sibi accommodum determinat.

Secundo est de ratione legis humanae quod ordinetur ad bonum commune civitatis. Et secundum hoc lex humana dividi potest secundum diversitatem eorum qui specialiter dant operam ad bonum commune: sicut sacerdotes, pro populo Deum orantes; principes, populum gubernantes; et milites, pro salute populi pugnantes. Et ideo istis hominibus specialia quaedam iura aptantur.

Tertio est de ratione legis humanae ut instituatur a gubernante communitatem civitatis, sicut supra[8] dictum est. Et secundum hoc distinguuntur leges humanae secundum diversa regimina civitatum. Quorum unum, secundum Philosophum,

visão das leis humanas a partir dos nomes dos legisladores, como, por exemplo, uma que se diz "Cornélia", outra "Falcídia" etc.

Em sentido contrário, basta a autoridade de Isidoro.

Respondo. Cada coisa pode por si dividir-se segundo aquilo que se contém em sua razão. Assim, na razão de animal, contém-se a alma, que é racional ou irracional: e assim o animal propriamente e por si divide-se em racional e irracional, não, porém, em negro e branco, que estão inteiramente fora da razão dele. Há muitas coisas da razão da lei humana, segundo as quais qualquer lei humana pode dividir-se propriamente e por si. Primeiramente, é da razão da lei humana que seja derivada da lei da natureza, como se evidencia do que acima foi dito. E, de acordo com isso, divide-se o direito positivo em direito das gentes e direito civil, segundo os dois modos pelos quais algo deriva da lei da natureza, como foi dito acima. Com efeito, pertencem ao direito das gentes aquelas coisas que derivam da lei da natureza como as conclusões dos princípios, como as compras justas, as vendas, e outras coisas semelhantes, sem as quais os homens não podem conviver uns com os outros, o que é da lei da natureza, porque o homem é naturalmente animal social, como se prova no Livro I da *Política*. Aquelas coisas, entretanto, que derivam da lei da natureza, a modo de determinação particular, pertencem ao direito civil, segundo o qual qualquer cidade determina algo a ela acomodado.

Em segundo lugar, é da razão da lei humana que ordene ao bem comum da cidade. E, de acordo com isso, a lei humana pode dividir-se segundo a diversidade daqueles que especialmente prestam serviço ao bem comum, como os sacerdotes que oram a Deus pelo povo, os príncipes que governam o povo, e os soldados que lutam pela salvação do povo. E assim a esses homens aplicam-se alguns direitos especiais.

Em terceiro lugar, é da razão da lei humana que seja instituída pelo que governa a comunidade da cidade, como foi dito acima. E de acordo com isso distinguem-se as leis humanas segundo os diversos regimes das cidades. Desses um é,

4. *Etymol.*, l. V, c. 4 sqq.: ML 82, 199 sqq.
5. Art. 2.
6. Ibid.
7. C. 1: 1253, a, 2-3.
8. Q. 90, a. 3.

in III *Polit.*[9], est regnum, quando scilicet civitas gubernatur ab uno: et secundum hoc accipiuntur *constitutiones principum*. Aliud vero regimen est aristocratia, idest principatus optimorum, vel optimatum: et secundum hoc sumuntur *responsa prudentum*, et etiam *senatusconsulta*. Aliud regimen est oligarchia, idest principatus paucorum divitum et potentum: et secundum hoc sumitur *ius praetorium*, quod etiam *honorarium* dicitur. Aliud autem regimen est populi, quod nominatur democratia: et secundum hoc sumuntur *plebiscita*. Aliud autem est tyrannicum, quod est omnino corruptum: unde ex hoc non sumitur aliqua lex. Est etiam aliquod regimen ex istis commixtum, quod est optimum: et secundum hoc sumitur *lex*, "quam maiores natu simul cum plebibus sanxerunt", ut Isidorus dicit[10].

Quarto vero de ratione legis humanae est quod sit directiva humanorum actuum. Et secundum hoc, secundum diversa de quibus leges feruntur, distinguuntur leges, quae interdum ab auctoribus nominantur: sicut distinguitur *Lex Iulia de Adulteriis*[11], *Lex Cornelia de Sicariis*[12], et sic de aliis, non propter auctores, sed propter res de quibus sunt.

AD PRIMUM ergo dicendum quod ius gentium est quidem aliquo modo naturale homini, secundum quod est rationalis, inquantum derivatur a lege naturali per modum conclusionis quae non est multum remota a principiis. Unde de facili in huiusmodi homines consenserunt. Distinguitur tamen a lege naturali, maxime ab eo quod est omnibus animalibus commune.

segundo o Filósofo, o reino, quando a cidade é governada por um só, e segundo isso recebem-se as "constituições dos príncipes". Outro regime, porém, é a aristocracia, ou seja o principado dos ótimos ou dos nobres, e segundo isso tomam-se as "respostas dos prudentes", e também os "senátus-consultos". Outro regime é a oligarquia, ou seja, o principado de poucos, ricos e poderosos, e segundo isso toma-se o "direito pretório", que também se diz "honorário". Outro regime, porém, é o do povo, que é denominado democracia, e, de acordo com isso, tomam-se os "plebiscitos". Outro é o tirânico, que é inteiramente corrupto, donde dele não se toma nenhuma lei. Há também um regime que é a mistura de todos esses, o qual é o melhor e dele se toma a "lei", "a qual os maiores de nascimento junto com as plebes sancionaram", como diz Isidoro.

Em quarto lugar, é da razão da lei humana que seja diretiva dos atos humanos. E de acordo com isso, segundo as diversas coisas das quais as leis são produzidas, distinguem-se as leis que às vezes são denominadas a partir de seus autores: assim distingue-se a "Lei Júlia sobre os adultérios", a "Lei Cornélia sobre os sicários", e assim outras, não em razão de autores, mas sobre as matérias de que tratam[d].

QUANTO AO 1º, deve-se dizer que o direito das gentes é de algum modo natural ao homem, segundo é racional, enquanto deriva da lei natural a modo de conclusão, que não é muito afastada dos princípios. Donde, facilmente, em tal os homens consentiram. Distingue-se, porém, da lei natural, maximamente enquanto é comum a todos os animais[e].

9. C. 7: 1279, a, 32-b, 10.
10. Loc. cit., c. 10 et l. II, c. 10: ML 82, 200 C, 130 C.
11. *Dig.*, l. XLVIII, tit. 5.
12. *Dig.*, l. XLVIII, tit. 8.

d. Toda divisão é comandada pela escolha de um princípio de divisão (a sua *ratio*), que deve ser tomado da própria compreensão do ser a dividir. Aqui, Sto. Tomás cita quatro tipos de divisão da lei humana. Detenhamo-nos no primeiro, o mais fundamental, pois procede de uma das duas maneiras das quais a lei humana deriva da lei natural: seja por modo de conclusão racional, seja por modo de aplicação contingente (ver supra, a. 2). Então, no segundo caso, é o direito civil específico de uma nação, no primeiro é o "direito das gentes", ou *ius gentium*. Essa expressão exige alguma explicação em virtude de sua ambiguidade atual. Em nossos dias, com efeito, "direito das gentes" designa uma espécie de direito internacional não escrito, consuetudinário, direito que rege as relações entre nações e não entre indivíduos. Já para Sto. Tomás, a expressão, que ele retomou do direito romano por intermédio de Sto. Isidoro e dos Canonistas, designa praticamente a forma de direito natural explicitada por uma lei humana, o direito natural traduzido em uma legislação humana como em uma de suas conclusões; portanto, é ao mesmo tempo lei natural e humana. (Seguimos a história e a evolução desse vocabulário em Sto. Tomás em *Le droit romain dans l'oeuvre de Saint Thomas*, *"Bibliothèque thomiste"*, com prefácio de G. Le Bras, Vrin, 1955, p. 91-105).

e. Essa solução fornece uma precisão a respeito do direito das gentes segundo Sto. Tomás. Lembrando-nos as três camadas do humano (descobertas pelas indicações naturais, ver q. 94, a. 2), fontes de preceitos mais ou menos extensivos, Sto. Tomás, quando emprega a linguagem técnica estrita, chama simplesmente de direito natural aquele que regula o homem nas inclinações que ele tem em comum com todo o reino animal (e portanto que exigem o mínimo de raciocínio). Em contrapartida, ele fala

AD ALIA patet responsio ex his quae dicta sunt[13].

Daquelas coisas que foram ditas evidencia-se a resposta ÀS DEMAIS OBJEÇÕES.

13. In corp.

QUAESTIO XCVI
DE POTESTATE LEGIS HUMANAE
in sex articulos divisa

Deinde considerandum est de potestate legis humanae.

Et circa hoc quaeruntur sex.

Primo: utrum lex humana debeat poni in communi.

Secundo: utrum lex humana debeat omnia vitia cohibere.

Tertio: utrum omnium virtutum actus habeat ordinare.

Quarto: utrum imponat homini necessitatem quantum ad forum conscientiae.

Quinto: utrum omnes homines legi humanae subdantur.

Sexto: utrum his qui sunt sub lege, liceat agere praeter verba legis.

QUESTÃO 96
O PODER DA LEI HUMANA
em seis artigos

A seguir, deve-se considerar o poder da lei humana.

E a respeito disso, fazem-se seis perguntas:

1. A lei humana deve ser imposta em geral?
2. A lei humana deve coibir todos os vícios?
3. Deve ordenar os atos de todas as virtudes?
4. Impõe ao homem a necessidade quanto ao foro da consciência?
5. Todos os homens estão sujeitos à lei humana?
6. Aos que estão sujeitos à lei é lícito agir fora da letra da lei?

ARTICULUS 1
Utrum lex humana debeat poni in communi magis quam in particulari

AD PRIMUM SIC PROCEDITUR. Videtur quod lex humana non debeat poni in communi, sed magis in particulari.

1. Dicit enim Philosophus, in V *Ethic.*[1], quod *legalia sunt quaecumque in singularibus lege ponunt; et etiam sententialia*, quae sunt etiam singularia, quia de singularibus actibus sententiae feruntur. Ergo lex non solum ponitur in communi, sed etiam in singulari.

2. PRAETEREA, lex est directiva humanorum actuum, ut supra[2] dictum est. Sed humani actus in singularibus consistunt. Ergo leges humanae non debent in universali ferri, sed magis in singulari.

ARTIGO 1
A lei humana deve ser imposta em geral mais que em particular?

QUANTO AO PRIMEIRO ARTIGO, ASSIM SE PROCEDE: parece que a lei humana **não** deve ser imposta em geral, mas mais em particular.

1. Com efeito, diz o Filósofo que "o legal é tudo aquilo que é imposto por lei aos singulares, como também as sentenças", que são também singulares, porque as sentenças são lavradas sobre atos singulares. Logo, a lei não só é imposta sobre o geral, mas também sobre o singular.

2. ALÉM DISSO, a lei é diretiva dos atos humanos, como foi dito acima. Ora, os atos humanos são singulares. Logo, as leis humanas não devem ser lavradas em geral, no universal, mas mais no singular.

1 PARALL.: V *Ethic.*, lect. 16.

1. C. 10: 1134, b, 23-24.
2. Q. 90, a. 1, 2.

de direito das gentes a respeito do direito natural que incide sobre o que há de específico no homem, e onde a sua razão é diretamente solicitada (detalhes em nossa obra citada na nota precedente).

3. PRAETEREA, lex est regula et mensura humanorum actuum, ut supra[3] dictum est. Sed mensura debet esse certissima, ut dicitur in X *Metaphys.*[4]. Cum ergo in actibus humanis non possit esse aliquod universale certum, quin in particularibus deficiat; videtur quod necesse sit leges non in universali, sed in singulari poni.

SED CONTRA est quod Iurisperitus dicit[5], quod *iura constitui oportet in his quae saepius accidunt: ex his autem quae forte uno casu accidere possunt, iura non constituuntur.*

RESPONDEO dicendum quod unumquodque quod est propter finem, necesse est quod sit fini proportionatum. Finis autem legis est bonum commune: quia, ut Isidorus dicit, in libro *Etymol.*[6], *nullo privato commodo, sed pro communi utilitate civium lex debet esse conscripta.* Unde oportet leges humanas esse proportionatas ad bonum commune. Bonum autem commune constat ex multis. Et ideo oportet quod lex ad multa respiciat, et secundum personas, et secundum negotia, et secundum tempora. Constituitur enim communitas civitatis ex multis personis; et eius bonum per multiplices actiones procuratur; nec ad hoc solum instituitur quod aliquo modico tempore ducet, sed quod omni tempore perseveret per civium successionem, ut Augustinus dicit, in XXII *de Civ. Dei*[7].

AD PRIMUM ergo dicendum quod Philosophus in V *Ethic.*[8] ponit tres partes iusti legalis, quod est ius positivum. Sunt enim quaedam quae simpliciter in communi ponuntur. Et haec sunt leges communes. Et quantum ad huiusmodi, dicit quod *legale est quod ex principio quidem nihil differt sic vel aliter, quando autem ponitur, differt*: puta quod captivi statuto pretio redimantur. — Quaedam vero sunt quae sunt communia quantum ad aliquid, et singularia quantum ad aliquid. Et huiusmodi dicuntur *privilegia*, quasi *leges privatae*: quia respiciunt singulares personas, et tamen potestas eorum

3. ADEMAIS, a lei é regra e medida dos atos humanos, como acima foi dito. Ora, a medida deve ser certíssima, como se diz no Livro X da *Metafísica*. Uma vez que nos atos humanos não pode haver algo universal certo, sem que falhe no particular, parece que é necessário que as leis sejam impostas não no universal, mas no singular.

EM SENTIDO CONTRÁRIO, diz o Jurisconsulto que "é necessário que os direitos se constituam naquelas coisas que mais frequentemente acontecem: daquelas, porém, que podem dar-se talvez em um só caso, não se constituem direitos".

RESPONDO. Tudo aquilo que é em razão de um fim, é necessário que seja proporcionado ao fim. O fim da lei é o bem comum, pois, como diz Isidoro, "a lei deve ser escrita não em vista de um interesse privado, mas a favor da utilidade comum dos cidadãos". Portanto, é necessário que as leis humanas sejam proporcionadas ao bem comum. O bem comum consta de muitas coisas. E assim é necessário que a lei se refira a muitas coisas, já segundo as pessoas, já segundo os negócios, já segundo os tempos. Constitui-se, com efeito, a comunidade da cidade de muitas pessoas, e o bem dela é procurado por meio de múltiplas ações; nem se institui só para que conduza por módico tempo, mas que persevere por todo o tempo, através da sucessão dos cidadãos, como diz Agostinho[a].

QUANTO AO 1º, deve-se dizer que o Filósofo distingue três partes da justiça legal, que é o direito positivo. Há algumas coisas que em absoluto se impõem em geral. E essas são as leis comuns. Quanto a essas, diz que "é legal aquilo que, por princípio, em nada difere assim ou de outra maneira, mas quando estabelece, difere", por exemplo, que os cativos sejam redimidos por um preço estipulado. — Há coisas, porém, que são comuns quanto a algo, e singulares quanto a algo. E tais são ditas "privilégios", como que "leis privadas", porque dizem respeito a pessoas singulares, e,

3. Ibid.
4. C. 1: 1053, a, 1-8.
5. *Dig.*, l. I, tit. 3, leg. 3, 4.
6. L. II, c. 10; l. V, c. 21: ML 82, 131 A, 203 A.
7. C. 6: ML 41, 759.
8. C. 10: 1134, b, 20-24.

a. O vínculo entre a lei e o bem comum, que é o seu objetivo, faz que ela deva buscar a utilidade geral e não alguma vantagem privada. O seu objeto deve incidir, portanto, sobre atos que concernem ao conjunto dos cidadãos, ou seja, o que ocorre mais frequentemente, e não o que pode acontecer por acaso a um ou outro cidadão. Tais casos individuais são regulados mediante outros procedimentos; por exemplo, pelo privilégio, espécie de lei privada que concede um favor particular e de maneira durável por motivos que decorrem geralmente da função exercida pelo beneficiário a serviço do bem comum; ou também por preceitos particulares ou sentenças judiciárias que aplicam o direito geral a cidadãos particulares. Em suma, a lei deve sempre visar uma certa universalidade, o que evita multiplicar inutilmente as leis e desprestigiá-las.

extenditur ad multa negotia. Et quantum ad hoc, subdit: *adhuc quaecumque in singularibus lege ponunt*. — Dicuntur etiam quaedam legalia, non quia sint leges, sed propter applicationem legum communium ad aliqua particularia facta; sicut sunt sententiae, quae pro iure habentur. Et quantum ad hoc, subdit: *et sententialia*.

AD SECUNDUM dicendum quod illud quod est directivum, oportet esse plurium directivum: unde in X *Metaphys.*[9], Philosophus dicit quod omnia quae sunt unius generis, mensurantur aliquo uno, quod est primum in genere illo. Si enim essent tot regulae vel mensurae quot sunt mensurata vel regulata, cessaret utilitas regulae vel mensurae, quae est ut ex uno multa possint cognosci. Et ita nulla esset utilitas legis, si non se extenderet nisi ad unum singularem actum. Ad singulares enim actus dirigendos dantur singularia praecepta prudentium: sed lex est *praeceptum commune*, ut supra[10] dictum est.

AD TERTIUM dicendum quod *non est eadem certitudo quaerenda in omnibus*, ut in I *Ethic.*[11] dicitur. Unde in rebus contingentibus, sicut sunt naturalia et res humanae, sufficit talis certitudo ut aliquid sit verum ut in pluribus, licet interdum deficiat in paucioribus.

entretanto, o seu poder se estende a muitos negócios. E quanto a isso, acrescenta: "ainda quaisquer coisas que são impostas por lei aos singulares" — Também são ditas legais, não porque são leis, mas em razão da aplicação das leis comuns a alguns fatos particulares, como são as sentenças que são tidas por direito. E a esse respeito, acrescenta: também as sentenças judiciárias.

QUANTO AO 2º, deve-se dizer que aquilo que é diretivo, deve ser diretivo de muitos; donde o Filósofo dizer que todas aquelas coisas que são de um só gênero, são medidas por aquilo que é primeiro naquele gênero. Se houvesse tantas regras e medidas quanto são as coisas medidas ou regradas, cessaria a utilidade da regra ou da medida, que é permitir que muitas coisas possam ser conhecidas a partir de uma só. E assim nenhuma seria a utilidade da lei, se não se estendesse a não ser a um só ato singular. Para dirigir, com efeito, atos singulares são dados preceitos singulares dos prudentes, mas a lei é um "preceito comum", como foi dito acima.

QUANTO AO 3º, deve-se dizer que "não se deve procurar a mesma certeza em todas as coisas", como se diz no Livro I da *Ética*. Por isso, nas realidades contingentes, como são as naturais e as realidades humanas, é suficiente a certeza tal que algo seja verdadeiro o mais das vezes, embora, às vezes, falhe em poucos casos.

ARTICULUS 2

Utrum ad legem humanam pertineat omnia vitia cohibere

AD SECUNDUM SIC PROCEDITUR. Videtur quod ad legem humanam pertineat omnia vitia cohibere.

1. Dicit enim Isidorus, in libro *Etymol.*[1], quod *leges sunt factae ut earum metu coerceatur audacia*. Non autem sufficienter coerceretur, nisi quaelibet mala cohiberentur per legem. Ergo lex humana debet quaelibet mala cohibere.

2. PRAETEREA, intentio legislatoris est cives facere virtuosos. Sed non potest esse aliquis

ARTIGO 2

Pertence à lei humana coibir todos os vícios?

QUANTO AO SEGUNDO, ASSIM SE PROCEDE: parece que **pertence** à lei humana coibir todos os vícios.

1. Com efeito, diz Isidoro que "as leis são feitas para que pelo medo delas seja reprimida a audácia". Ora, não reprimiria suficientemente, a não ser que quaisquer males fossem coibidos pela lei. Logo, a lei humana deve coibir quaisquer males.

2. ADEMAIS, a intenção do legislador é fazer os cidadãos virtuosos. Ora, alguém não pode ser

9. C. 1: 1052, b, 18-22.
10. Q. 92, a. 2, 1 a.
11. C. 1: 1094, b, 13-22.

2 PARALL.: Supra, q. 91, a. 4; q. 93, a. 3, ad 3; infra, a. 3, ad 1; q. 98, a 1; II-II, q. 69, a. 2, ad 1; q. 77, a. 1, ad 1; q. 78, a. 1, ad 3; *De Malo*, q. 13, a. 4, ad 6; *Quodlib.* II, q. 5, a. 2, ad 1, 2; in *Iob*, c. 11, lect. 1; in *Psalm.* 18.

1. L. V, c. 20: ML 82, 202 B.

virtuosus, nisi ab omnibus vitiis compescatur. Ergo ad legem humanam pertinet omnia vitia compescere.

3. PRAETEREA, lex humana a lege naturali derivatur, ut supra[2] dictum est. Sed omnia vitia repugnant legi naturae. Ergo lex humana omnia vitia debet cohibere.

SED CONTRA est quod dicitur in I *de Lib. Arb.*[3]: *Videtur mihi legem istam quae populo regendo scribitur, recte ista permittere, et divinam providentiam vindicare*. Sed divina providentia non vindicat nisi vitia. Ergo recte lex humana permittit aliqua vitia, non cohibendo ipsa.

RESPONDEO dicendum quod, sicut iam[4] dictum est, lex ponitur ut quaedam regula vel mensura humanorum actuum. Mensura autem debet esse homogenea mensurato, ut dicitur in X *Metaphys.*[5]: diversa enim diversis mensuris mensurantur. Unde oportet quod etiam leges imponantur hominibus secundum eorum conditionem: quia, ut Isidorus dicit[6], lex debet esse *possibilis et secundum naturam, et secundum consuetudinem patriae*. Potestas autem sive facultas operandi ex interiori habitu seu dispositione procedit: non enim idem est possibile ei qui non habet habitum virtutis, et virtuoso; sicut etiam non est idem possibile puero et viro perfecto. Et propter hoc non ponitur eadem lex pueris quae ponitur adultis: multa enim pueris permittuntur quae in adultis lege puniuntur, vel etiam vituperantur. Et similiter multa sunt permittenda hominibus non perfectis virtute, quae non essent toleranda in hominibus virtuosis.

Lex autem humana ponitur multitudini hominum, in qua maior pars est hominum non perfectorum virtute. Et ideo lege humana non prohibentur omnia vitia, a quibus virtuosi abstinent; sed solum graviora, a quibus possibile est maiorem partem multitudinis abstinere; et praecipue quae sunt in nocumentum aliorum, sine quorum prohibitione societas humana conservari non posset, sicut prohibentur lege humana homicidia et furta et huiusmodi.

virtuoso a não ser que seja afastado de todos os vícios. Logo pertence à lei humana refrear todos os vícios.

3. ADEMAIS, a lei humana deriva da lei natural, como foi dito acima. Ora, todos os vícios repugnam à lei da natureza. Logo, a lei humana deve coibir todos os vícios.

EM SENTIDO CONTRÁRIO, diz-se no livro I do *Livre-Arbítrio*: "Parece-me que esta lei que é escrita para reger o povo, permite retamente estas coisas e à divina providência punir". Ora, a divina providência não pune senão os vícios. Logo, retamente, a lei humana permite alguns vícios, não coibindo os mesmos.

RESPONDO. Como já foi dito, a lei é imposta como uma regra ou medida dos atos humanos. A medida deve ser homogênea ao que é medido, como se diz no Livro X da *Metafísica*: coisas diversas são medidas por medidas diversas. Portanto, é necessário que também as leis sejam impostas aos homens segundo a sua condição, porque, como diz Isidoro, a lei deve ser "possível, segundo a natureza e segundo o costume da pátria". O poder ou a faculdade de agir procede de um hábito interior ou disposição: com efeito, a mesma coisa não é possível àquele que não tem o hábito da virtude e ao virtuoso, assim como também não é possível à criança e ao homem adulto. E por causa disso não se impõe às crianças a mesma lei que aos adultos: com efeito, muitas coisas são permitidas às crianças que são punidas pela lei nos adultos, ou também são condenadas. E semelhantemente muitas são permitidas aos homens não perfeitos na virtude, as quais não seriam toleradas nos homens virtuosos.

Ora, a lei humana é imposta à multidão dos homens e nessa a maior parte é de homens não perfeitos na virtude. E assim pela lei humana não são proibidos todos os vícios, dos quais se abstêm os virtuosos, mas tão só os mais graves, dos quais é possível à maior parte dos homens se abster; e principalmente aqueles que são em prejuízo dos outros, sem cuja proibição a sociedade humana não pode conservar-se; assim são proibidos pela lei humana os homicídios, os furtos, e coisas semelhantes[b].

2. Q. 95, a. 2.
3. C. 5, n. 13: ML 32, 1228.
4. Q. 90, a. 1, 2.
5. C. 1: 1053, a, 24-30.
6. *Etymol.*, l. II, c. 10; l. V, c. 21: ML 82, 131 A, 203 A.

b. Todo este artigo é uma notável ilustração da função pedagógica da lei, que deve ser adaptada às forças humanas, levando-se em conta as condições concretas de sua aplicação; nessa apreciação, é o nível moral do maior número que deve ser consi-

AD PRIMUM ergo dicendum quod audacia pertinere videtur ad invasionem aliorum. Unde praecipue pertinet ad illa peccata quibus iniuria proximis irrogatur; quae lege humana prohibentur, ut dictum est[7].

AD SECUNDUM dicendum quod lex humana intendit homines inducere ad virtutem, non subito, sed gradatim. Et ideo non statim multitudini imperfectorum imponit ea quae sunt iam virtuosorum, ut scilicet ab omnibus malis abstineant. Alioquin imperfecti, huiusmodi praecepta ferre non valentes, in deteriora mala prorumperent: sicut dicitur Pr 30,33: *Qui nimis emungit, elicit sanguinem*; et Mt 9,17 dicitur quod, *si vinum novum*, idest praecepta perfectae vitae, *mittatur in utres veteres*, idest in homines imperfectos, *utres rumpuntur, et vinum effunditur*, idest, praecepta contemnuntur, et homines ex contemptu ad peiora mala prorumpunt.

AD TERTIUM dicendum quod lex naturalis est quaedam participatio legis aeternae in nobis: lex autem humana deficit a lege aeterna. Dicit enim Augustinus, in I *de Lib. Arb.*[8]: *Lex ista quae regendis civitatibus fertur, multa concedit atque impunita relinquit, quae per divinam providentiam vindicantur. Neque enim quia non omnia facit, ideo quae facit, improbanda sunt*. Unde etiam lex humana non omnia potest prohibere quae prohibet lex naturae.

QUANTO AO 1º, deve-se dizer que a audácia parece pertencer à agressão dos outros. Por isso, principalmente pertence àqueles pecados nos quais a injúria é infligida aos próximos e que são proibidos pela lei humana, como foi dito.

QUANTO AO 2º, deve-se dizer que a lei humana tenciona induzir os homens à virtude, não de súbito, mas gradualmente. E assim não impõe imediatamente à multidão dos imperfeitos aquelas coisas que são já dos virtuosos, como, por exemplo, que se abstenham de todos os males. De outro modo, os imperfeitos, não podendo suportar tais preceitos, se lançariam a males piores, como se diz no livro dos Provérbios: "Quem é comprimido demasiadamente, sangra"; e no Evangelho de Mateus se diz que "se o vinho novo", isto é, os preceitos da vida perfeita, "é posto em odres velhos", isto é, em homens imperfeitos, "quebram-se os odres e entorna-se o vinho", isto é, os preceitos são desprezados, e os homens, pelo desprezo, lançam-se aos piores males.

QUANTO AO 3º, deve-se dizer que a lei natural é certa participação da lei eterna em nós: e a lei humana é deficiente em relação à lei eterna. Diz, com efeito, Agostinho: "Esta lei que é lavrada para reger as cidades, concede muitas coisas e deixa impunes aquelas que são punidas pela divina providência. Com efeito, não é porque não faz todas as coisas que as que faz devem ser reprovadas". Portanto, a lei humana também não pode proibir todas as coisas que a lei da natureza proíbe.

ARTICULUS 3

Utrum lex humana praecipiat actus omnium virtutum

AD TERTIUM SIC PROCEDITUR. Videtur quod lex humana non praecipiat actus omnium virtutum.

1. Actibus enim virtutum opponuntur actus vitiosi. Sed lex humana non prohibet omnia vitia, ut dictum est[1]. Ergo etiam non praecipit actus omnium virtutum.

2. PRAETEREA, actus virtutis a virtute procedit. Sed virtus est finis legis: et ita quod est ex virtute,

ARTIGO 3

A lei humana preceitua os atos de todas as virtudes?

QUANTO AO TERCEIRO, ASSIM SE PROCEDE: parece que a lei humana **não** preceitua os atos de todas as virtudes.

1. Com efeito, opõem-se aos atos das virtudes os atos viciosos. Ora, a lei humana não proíbe todos os vícios, como foi dito. Logo, ela também não preceitua os atos de todas as virtudes.

2. ALÉM DISSO, o ato da virtude procede da virtude. Ora, a virtude é o fim da lei: assim, o

7. In corp.
8. Loc. cit. in arg. *sed c*.

3 PARALL.: Infra, q. 100, a. 2; V *Ethic*., lect. 2.

1. Art. praec.

derado. Pode-se dizer, portanto, que a evolução da moralidade geral de uma sociedade levará o legislador a proibir o que era antes tolerado, ou o inverso.

sub praecepto legis cadere non potest. Ergo lex humana non praecipit actus omnium virtutum.

3. Praeterea, lex ordinatur ad bonum commune, ut dictum est[2]. Sed quidam actus virtutum non ordinantur ad bonum commune, sed ad bonum privatum. Ergo lex non praecipit actus omnium virtutum.

Sed contra est quod Philosophus dicit, in V *Ethic.*[3], quod *praecipit lex fortis opera facere, et quae temperati, et quae mansueti; similiter autem secundum alias virtutes et malitias, haec quidem iubens, haec autem prohibens.*

Respondeo dicendum quod species virtutum distinguuntur secundum obiecta, ut ex supradictis[4] patet. Omnia autem obiecta virtutum referri possunt vel ad bonum privatum alicuius personae, vel ad bonum commune multitudinis: sicut ea quae sunt fortitudinis potest aliquis exequi vel propter conservationem civitatis, vel ad conservandum ius amici sui; et simile est in aliis. Lex autem, ut dictum est[5], ordinatur ad bonum commune. Et ideo nulla virtus est de cuius actibus lex praecipere non possit. Non tamen de omnibus actibus omnium virtutum lex humana praecipit: sed solum de illis qui sunt ordinabiles ad bonum commune, vel immediate, sicut cum aliqua directe propter bonum commune fiunt; vel mediate, sicut cum aliqua ordinantur a legislatore pertinentia ad bonam disciplinam, per quam cives informantur ut commune bonum iustitiae et pacis conservent.

Ad primum ergo dicendum quod lex humana non prohibet omnes actus vitiosos, secundum obligationem praecepti, sicut nec praecipit omnes actus virtuosos. Prohibet tamen aliquos actus singulorum vitiorum, sicut etiam praecipit quosdam actus singularum virtutum.

Ad secundum dicendum quod aliquis actus dicitur esse virtutis dupliciter. Uno modo, ex eo quod homo operatur virtuosa: sicut actus iustitiae est facere recta, et actus fortitudinis facere fortia. Et sic lex praecipit aliquos actus virtutum. — Alio modo

que é da virtude não pode cair sob o preceito da lei. Logo, a lei humana não preceitua os atos de todas as virtudes.

3. Ademais, a lei ordena-se ao bem comum, como foi dito. Ora, alguns atos das virtudes não se ordenam ao bem comum, mas ao bem privado. Logo, a lei não preceitua os atos de todas as virtudes.

Em sentido contrário, diz o Filósofo que “a lei preceitua que se façam as obras do forte, as do moderado, as do manso; igualmente, segundo as demais virtudes e vícios, prescreve aquelas e proíbe esses”.

Respondo. As espécies das virtudes se distinguem segundo os objetos, como se fica claro pelo que acima foi dito. Com efeito, todos os objetos das virtudes podem referir-se ou ao bem privado de alguma pessoa, ou ao bem comum da multidão, assim como aquelas coisas que são da fortaleza pode alguém executar ou por causa da conservação da cidade, ou para conservar o direito do seu amigo, e semelhantemente nas outras. A lei, como foi dito, ordena-se ao bem comum. E assim não há nenhuma virtude sobre cujos atos a lei não possa preceituar. A lei humana, porém, não preceitua sobre todos os atos de todas as virtudes, mas apenas sobre aqueles que são ordenáveis ao bem comum, ou imediatamente, como quando algumas coisas se fazem diretamente em razão do bem comum; ou mediatamente, como quando são ordenadas pelo legislador algumas coisas pertencentes à boa disciplina, por meio da qual os cidadãos são formados para que conservem o bem comum da justiça e da paz[c].

Quanto ao 1º, deve-se dizer que a lei humana não proíbe todos os atos viciosos, por obrigação de preceito, como também não preceitua todos os atos virtuosos. Proíbe, contudo, alguns atos de vícios singulares, como também preceitua alguns atos de virtudes singulares.

Quanto ao 2º, deve-se dizer que um ato se diz ser de virtude, duplamente. De um modo, enquanto o homem realiza coisas virtuosas, como é do ato de justiça fazer o que é reto, e do ato de fortaleza fazer o que é forte. E dessa maneira a lei pre-

2. Q. 90, a. 2.
3. C. 3: 1129, b, 19-25.
4. Q. 54, a. 2; q. 60, a. 1; q. 62, a. 2.
5. Q. 90, a. 2.

c. O presente artigo é o mero complemento do anterior. Se a lei natural prescreve a cada um todos os atos de virtudes (pois estas são inseparáveis), o mesmo não ocorre com a lei positiva humana, que só deve fazê-lo na medida em que esta seja útil ao bem comum.

dicitur actus virtutis, quia aliquis operatur virtuosa eo modo quo virtuosus operatur. Et talis actus semper procedit a virtute: nec cadit sub praecepto legis, sed est finis ad quem legislator ducere intendit.

AD TERTIUM dicendum quod non est aliqua virtus cuius actus non sint ordinabiles ad bonum commune, ut dictum est[6], vel mediate vel immediate.

ARTICULUS 4

Utrum lex humana imponat homini necessitatem in foro conscientiae

AD QUARTUM SIC PROCEDITUR. Videtur quod lex humana non imponat homini necessitatem in foro conscientiae.

1. Inferior enim potestas non potest imponere legem in iudicio superioris potestatis. Sed potestas hominis, quae fert legem humanam, est infra potestatem divinam. Ergo lex humana non potest imponere legem quantum ad iudicium divinum, quod est iudicium conscientiae.

2. PRAETEREA, iudicium conscientiae maxime dependet ex divinis mandatis. Sed quandoque divina mandata evacuantur per leges humanas; secundum illud Mt 15,6: *Irritum fecistis mandatum Dei propter traditiones vestras*. Ergo lex humana non imponit necessitatem homini quantum ad conscientiam.

3. PRAETEREA, leges humanae frequenter ingerunt calumniam et iniuriam hominibus; secundum illud Is 10,1sq.: *Vae qui condunt leges iniquas, et scribentes iniustitias scripserunt, ut opprimerent in iudicio pauperes, et vim facerent causae humilium populi mei*. Sed licitum est unicuique oppressionem et violentiam evitare. Ergo leges humanae non imponunt necessitatem homini quantum ad conscientiam.

SED CONTRA est quod dicitur 1Pe 2,19: *Haec est gratia, si propter conscientiam sustineat quis tristitias, patiens iniuste*.

RESPONDEO dicendum quod leges positae humanitus vel sunt iustae, vel iniustae. Si quidem iustae sint, habent vim obligandi in foro conscientiae a lege aeterna, a qua derivantur; secundum

6. In corp.

4

ceitua alguns atos das virtudes. — De outro modo, diz-se ato de virtude, porque alguém realiza coisas virtuosas do mesmo modo que o virtuoso realiza. E tal ato sempre procede da virtude, nem cai sob preceito de lei, mas é o fim ao qual o legislador pretende conduzir.

QUANTO AO 3º, deve-se dizer que não há uma virtude cujos atos não sejam ordenáveis ao bem comum, como foi dito, ou mediata ou imediatamente.

ARTIGO 4

A lei humana impõe ao homem a necessidade no foro da consciência?

QUANTO AO QUARTO, ASSIM SE PROCEDE: parece que a lei humana **não** impõe ao homem necessidade no foro da consciência.

1. Com efeito, o poder inferior não pode impor a lei ao juízo do poder superior. Ora, o poder do homem, que lavra a lei humana, é inferior ao poder divino. Logo, a lei humana não pode impor a lei quanto ao juízo divino que é o juízo da consciência.

2. ALÉM DISSO, o juízo da consciência depende maximamente dos mandamentos divinos. Ora, às vezes, os mandamentos divinos são esvaziados pelas leis humanas, conforme o Evangelho de Mateus, "Fizestes sem efeito o mandamento de Deus por causas de vossas tradições". Logo, a lei humana não impõe necessidade ao homem quanto à consciência.

3. ADEMAIS, as leis humanas frequentemente geram calúnia e injúria aos homens, conforme o livro de Isaías; "Ai daqueles que estabelecem leis iníquas e dos escribas que escreveram injustiças para oprimir no juízo os pobres, e fazer violência à causa dos humildes de meu povo". Ora, é lícito a qualquer um evitar a opressão e a violência. Logo, as leis humanas não impõem necessidade ao homem quanto à consciência.

EM SENTIDO CONTRÁRIO, diz-se na primeira Carta de Pedro: "Esta é a graça, se por causa da consciência alguém suporta as tristezas, sofrendo injustamente".

RESPONDO. As leis impostas humanamente ou são justas, ou injustas. Se são justas, têm força de obrigar no foro da consciência pela lei eterna, da qual derivam, segundo o livro dos Provérbios:

illud Pr 8,15: *Per me reges regnant, et legum conditores iusta decernunt*. Dicuntur autem leges iustae et ex fine, quando scilicet ordinantur ad bonum commune; et ex auctore, quando scilicet lex lata non excedit potestatem ferentis; et ex forma, quando scilicet secundum aequalitatem proportionis imponuntur subditis onera in ordine ad bonum commune. Cum enim unus homo sit pars multitudinis, quilibet homo hoc ipsum quod est et quod habet, est multitudinis: sicut et quaelibet pars id quod est, est totius. Unde et natura aliquod detrimentum infert parti, ut salvet totum. Et secundum hoc, leges huiusmodi, onera proportionabiliter inferentes, iustae sunt, et obligant in foro conscientiae, et sunt leges legales.

Iniustae autem sunt leges dupliciter. Uno modo, per contrarietatem ad bonum humanum, e contrario praedictis: vel ex fine, sicut cum aliquis praesidens leges imponit onerosas subditis non pertinentes ad utilitatem communem, sed magis ad propriam cupiditatem vel gloriam; vel etiam ex auctore, sicut cum aliquis legem fert ultra sibi commissam potestatem; vel etiam ex forma, puta cum inaequaliter onera multitudini dispensatur, etiam si ordinentur ad bonum commune. Et huiusmodi magis sunt violentiae quam leges: quia, sicut Augustinus dicit, in libro *de Lib. Arb.*[1], *lex esse non videtur, quae iusta non fuerit*. Unde tales leges non obligant in foro conscientiae: nisi forte propter vitandum scandalum vel turbationem, propter quod etiam homo iuri suo debet cedere, secundum illud Mt 5,40-41: *Qui angariaverit te mille passus, vade cum eo alia duo; et qui abstulerit tibi tunicam, da ei et pallium*.

Alio modo leges possunt esse iniustae per contrarietatem ad bonum divinum: sicut leges tyrannorum inducentes ad idololatriam, vel ad quodcumque aliud quod sit contra legem divinam. Et tales leges nullo modo licet observare: quia sicut dicitur At 5,29, *obedire oportet Deo magis quam hominibus*.

AD PRIMUM ergo dicendum quod, sicut Apostolus dicit, Rm 13,1sq., *omnis potestas humana a Deo est: et ideo qui potestati resistit*, in his quae

"Por mim reinam os reis, e os que fazem as leis decretam coisas justas". As leis se dizem justas tanto em razão do fim, isto é, quando são ordenadas ao bem comum; quanto em razão do autor, isto é, quando a lei promulgada não ultrapassa a autoridade de quem a promulga; quanto em razão da forma, isto é, quando, conforme a igualdade de proporção, são impostas aos súditos obrigações quanto ao bem comum. Uma vez que cada homem é parte da multidão, qualquer homem no que é e no que tem, é da multidão, como qualquer parte no que é, é do todo. Por isso, a natureza também causa algum detrimento à parte, para que salve o todo. E de acordo com isso, tais leis, trazendo obrigações proporcionalmente, são justas, e obrigam no foro da consciência, e são leis legais.

As leis podem, contudo, ser injustas de dois modos. De um modo, por serem contrárias ao bem humano, contrariamente ao que foi dito anteriormente: ou em razão do fim, como quando alguém que preside impõe leis onerosas aos súditos, não pertinentes à utilidade comum, e mais à própria cobiça e glória; ou também em razão do autor, como quando alguém legisla além do poder que lhe foi atribuído; ou também em razão da forma, por exemplo, quando de modo desigual as obrigações são distribuídas à multidão, mesmo se se ordenam ao bem comum. E essas são mais violências que leis, pois, como diz Agostinho, "Não parece ser lei a que não for justa". Portanto, tais leis não obrigam no foro da consciência, a não ser talvez para evitar o escândalo ou a perturbação, em razão do que o homem deve ceder de seu direito, conforme o Evangelho de Mateus: "Quem te forçar a andar mil passos, vai com ele mais dois; e aquele que te tomar a túnica, dá-lhe também o manto".

De outro modo, as leis podem ser injustas por serem contrárias ao bem divino, como as leis dos tiranos que induzem à idolatria ou a qualquer outra coisa que seja contrária a lei divina. E tais leis, de modo algum, é lícito observar, porque, como diz o livro dos Atos, "é necessário obedecer mais a Deus do que aos homens"[d].

QUANTO AO 1º, deve-se dizer que, como afirma o Apóstolo, "todo poder humano vem de Deus, e assim quem resiste ao poder" naquelas coisas que

1. L. I, c. 5, n. 11: ML 32, 1227.

d. Esta questão suscitou numerosas discussões na história da teologia, pois, da resposta a dar depende em parte a coesão do grupo social em torno de seu chefe. Os "iluminados" de todas as épocas, em geral, negaram semelhante vínculo de consciência criado pela lei humana, considerando que somente o Espírito Santo poderia fazê-lo na alma dos justos.

ad ordinem potestatis pertinent, *Dei ordinationi resistit*. Et secundum hoc efficitur reus quantum ad conscientiam.

AD SECUNDUM dicendum quod ratio illa procedit de legibus humanis quae ordinantur contra Dei mandatum. Et ad hoc ordo potestatis non se extendit. Unde in talibus legi humanae non est parendum.

AD TERTIUM dicendum quod ratio illa procedit de lege quae infert gravamen iniustum subditis: ad quod etiam ordo potestatis divinitus concessus non se extendit. Unde nec in talibus homo obligatur ut obediat legi, si sine scandalo vel maiori detrimento resistere possit.

pertencem à ordem do poder, "resiste à ordenação de Deus". E de acordo com isso torna-se réu quanto à consciência.

QUANTO AO 2º, deve-se dizer que aquele argumento procede quanto às leis humanas que se ordenam contra o mandamento de Deus. E a isso não se estende a ordem do poder. Portanto, em tais coisas, não se deve atender à lei humana.

QUANTO AO 3º, deve-se dizer que aquele argumento procede quanto à lei que traz gravame injusto aos súditos, para o que também a ordem do poder divinamente concedido não se estende. Portanto, em tais coisas o homem não é obrigado a obedecer à lei, se pode resistir sem escândalo ou maior detrimento.

ARTICULUS 5

Utrum omnes subiiciantur legi

AD QUINTUM SIC PROCEDITUR. Videtur quod non omnes legi subiiciantur.

1. Illi enim soli subiiciuntur legi, quibus lex ponitur. Sed Apostolus dicit, 1Ti 1,9, quod *iusto non est lex posita*. Ergo iusti non subiiciuntur legi humanae.

2. PRAETEREA, Urbanus Papa dicit, et habetur in *Decretis*, 19, qu. 2[1]: *Qui lege privata ducitur, nulla ratio exigit ut publica constringatur.* Lege autem privata Spiritus Sancti ducuntur omnes viri spirituales, qui sunt filii Dei; secundum illud Rm 8,14: *Qui Spiritu Dei aguntur, hi filii Dei sunt*. Ergo non omnes homines legi humanae subiiciuntur.

3. PRAETEREA, Iurisperitus[2] dicit quod *princeps legibus solutus est*. Qui autem est solutus a lege, non subditur legi. Ergo non omnes subiecti sunt legi.

SED CONTRA est quod Apostolus dicit, Rm 13,1: *Omnis anima potestatibus sublimioribus subdita sit*. Sed non videtur esse subditus potestati, qui non subiicitur legi quam fert potestas. Ergo omnes homines debent esse legi humanae subiecti.

RESPONDEO dicendum quod, sicut ex supradictis[3] patet, lex de sui ratione duo habet: primo quidem, quod est regula humanorum actuum; secundo, quod habet vim coactivam. Dupliciter ergo aliquis

ARTIGO 5

Todos se submetem à lei?

QUANTO AO QUINTO, ASSIM SE PROCEDE: parece que **nem** todos se submetem à lei.

1. Com efeito, submetem-se à lei somente aqueles aos quais a lei é imposta. Ora, o Apóstolo diz que "a lei não é imposta ao justo". Logo, os justos não se submetem à lei humana.

2. ALÉM DISSO, o Papa Urbano diz, e consta nos *Decretos*: "Aquele que é conduzido pela lei privada, nenhuma razão exige que seja constringido pela pública". Ora, pela lei privada do Espírito Santo são conduzidos todos os homens espirituais, que são filhos de Deus, de acordo com a Carta aos Romanos: "Aqueles que agem pelo Espírito de Deus, esses são filhos de Deus". Logo, nem todos os homens se submetem à lei humana.

3. ADEMAIS, o Jurisconsulto afirma que "o príncipe é isento das leis". Ora, quem é isento da lei não se submete à lei. Logo, não estão todos sujeitos à lei.

EM SENTIDO CONTRÁRIO, diz o Apóstolo: "Toda alma seja sujeita às autoridades superiores". Ora, não parece ser sujeito à autoridade quem não se sujeita à lei que a autoridade estabelece. Logo, todos os homens devem ser sujeitos à lei humana.

RESPONDO. Como fica claro pelo que foi dito antes, a lei possui por sua razão dois elementos: primeiro, que é regra dos atos humanos; segundo, que tem força coativa. De dois modos, pois, pode

5 PARALL.: *Ad Rom.*, c. 13, lect. 1.

1. GRATIANUS, *Decretum*, P. II, causa 19, q. 2, can. 2: *Duae sunt*.
2. *Dig.*, l. I, tit. 3, leg. 31.
3. Q. 90, a. 1, 2; a. 3, ad 2.

homo potest esse legi subiectus. Uno modo, sicut regulatum regulae. Et hoc modo omnes illi qui subduntur potestati, subduntur legi quam fert potestas. Quod autem aliquis potestati non subdatur, potest contingere dupliciter. Uno modo, quia est simpliciter absolutus ab eius subiectione. Unde illi qui sunt de una civitate vel regno, non subduntur legibus principis alterius civitatis vel regni, sicut nec eius dominio. Alio modo, secundum quod regitur superiori lege. Puta si aliquis subiectus sit proconsuli, regulari debet eius mandato, non tamen in his quae dispensantur ei ab imperatore: quantum enim ad illa, non adstringitur mandato inferioris, cum superiori mandato dirigatur. Et secundum hoc contingit quod aliquis simpliciter subiectus legi, secundum aliqua legi non adstringitur, secundum quae regitur superiori lege.

Alio vero modo dicitur aliquis subdi legis sicut coactum cogenti. Et hoc modo homines virtuosi et iusti non subduntur legi, sed soli mali. Quod enim est coactum et violentum, est contrarium voluntati. Voluntas autem bonorum consonat legi, a qua malorum voluntas discordat. Et ideo secundum hoc boni non sunt sub lege, sed solum mali.

AD PRIMUM ergo dicendum quod ratio illa procedit de subiectione quae est per modum coactionis. Sic enim *iusto non est lex posita*: quia *ipsi sibi sunt lex*, cum *ostendunt opus legis scriptum in cordibus suis*, sicut Apostolus, Rm 2,14-15, dicit. Unde in eos non habet lex vim coactivam, sicut habet in iniustos.

AD SECUNDUM dicendum quod lex Spiritus Sancti est superior omni lege humanitus posita. Et ideo viri spirituales, secundum hoc quod lege Spiritus Sancti ducuntur, non subduntur legi, quantum ad ea quae repugnant ductioni Spiritus Sancti. Sed tamen hoc ipsum est de ductu Spiritus Sancti, quod homines spirituales legibus humanis subdantur; secundum illud 1Pe 2,13: *Subiecti estote omni humanae creaturae, propter Deum.*

AD TERTIUM dicendum quod princeps dicitur esse solutus a lege, quantum ad vim coactivam legis: nullus enim proprie cogitur a seipso; lex autem non habet vim coactivam nisi ex principis potestate. Sic igitur princeps dicitur esse solutus a lege, quia nullus in ipsum potest iudicium condemnationis ferre, si contra legem agat. Unde

um homem ser sujeito à lei. De um modo, como o regulado à regra. E desse modo todos aqueles que estão sujeitos a uma autoridade, sujeitam-se à lei que a autoridade promulga. Que alguém, porém, não se sujeite à autoridade pode dar-se de dois modos. De um modo, porque é em absoluto isento de sua sujeição. Donde aqueles que são de uma cidade ou reino, não se sujeitam às leis do príncipe da outra cidade ou reino, como nem a seu domínio. De outro modo, segundo é regido por lei superior. Por exemplo, se alguém é súdito do procônsul, deve regular-se por seu mandato, não, porém, naquelas coisas que lhe são dispensadas pelo imperador; quanto a essas, com efeito, não se adstringe ao mandato do inferior, já que é dirigido pelo mandato superior. E, de acordo com isso, acontece que alguém sujeito à lei, de modo absoluto, não se adstringe em algumas coisas à lei, segundo as quais é regido por lei superior.

De outro modo, diz-se que alguém se sujeita à lei, como o coagido ao que coage. E desse modo os homens virtuosos e justos não se sujeitam à lei, mas tão somente os maus. Com efeito, o que é coagido e violento é contrário à vontade. A vontade dos bons é consoante com a lei, da qual discorda a vontade dos maus. E assim, de acordo com isso, os bons não estão sob a lei, mas apenas os maus.

QUANTO AO 1º, portanto, deve-se dizer que aquele argumento procede quanto à sujeição que existe por modo da coação. Assim, "a lei não foi feita para o justo", pois "esses são lei para si mesmos", enquanto "manifestam a obra da lei escrita em seus corações", como diz o Apóstolo. Portanto, sobre eles a lei não tem força coativa, como tem sobre os injustos.

QUANTO AO 2º, deve-se dizer que a lei do Espírito Santo é superior a toda lei imposta humanamente. E assim os homens espirituais, enquanto são conduzidos pela lei do Espírito Santo, não se sujeitam à lei, quanto àquelas coisas que repugnam à condução do Espírito Santo. Ora, justamente pertence à condução do Espírito Santo que os homens espirituais se sujeitem às leis humanas, segundo a primeira Carta de Pedro: "Sede sujeitos a toda criatura humana, por causa de Deus".

QUANTO AO 3º, deve-se dizer que o príncipe se diz isento da lei quanto à força coativa da lei; com efeito, ninguém é propriamente coagido por si mesmo; a lei não tem força coativa a não ser em virtude do poder do príncipe. Assim, pois, o príncipe se diz isento da lei, porque ninguém pode contra ele pronunciar um juízo de condenação, se

super illud Ps 50,6, *Tibi soli peccavi* etc., dicit Glossa[4] quod *rex non habet hominem qui sua facta diiudicet*. — Sed quantum ad vim directivam legis, princeps subditur legi propria voluntate; secundum quod dicitur *Extra, de Constitutionibus*, cap. *Cum omnes*[5]: *Quod quisque iuris in alterum statuit, ipse eodem iure uti debet. Et Sapientis*[6] *dicit auctoritas: Patere legem quam ipse tuleris.* Improperatur etiam his a Domino qui *dicunt et non faciunt*; et qui *aliis onera gravia imponunt, et ipsi nec digito volunt ea movere*; ut habetur Mt 23,3-4. Unde quantum ad Dei iudicium, princeps non est solutus a lege, quantum ad vim directivam eius; sed debet voluntarius, non coactus, legem implere. — Est etiam princeps supra legem, inquantum, si expediens fuerit, potest legem mutare, et in ea dispensare, pro loco et tempore.

age contra a lei. Portanto, sobre aquela passagem do livro dos Salmos: "Só pequei contra ti", diz a *Glosa* que "o rei não tem homem que julgue seus feitos". No que diz respeito, porém, à força diretiva da lei, o príncipe se sujeita de própria vontade, de acordo com o que é dito nos *Extra sobre as Constituições*: "Todo aquele que estabelece um direito para outro, deve usar o mesmo direito. E diz a autoridade do Sábio: Sujeita-te à lei que tu mesmo estabeleceste". São também reprovados pelo Senhor aqueles que "dizem e não fazem" e aqueles que "impõem aos outros pesados fardos, e eles mesmos não querem movê-los nem com o dedo", como se tem no Evangelho de Mateus. Portanto, quanto ao juízo de Deus, o príncipe não é isento da lei quanto à sua força diretiva, mas deve de livre vontade, não coagido, cumprir a lei. — O príncipe também está acima da lei, enquanto, se for vantajoso, pode mudar a lei, e dela dispensar, segundo o lugar e o tempo[e].

ARTICULUS 6

Utrum ei qui subditur legi, liceat praeter verba legis agere

AD SEXTUM SIC PROCEDITUR. Videtur quod non liceat ei qui subditur legi, praeter verba legis agere.

1. Dicit enim Augustinus, in libro *de Vera Relig.*[1]: *In temporalibus legibus, quamvis homines iudicent de his cum eas instituunt, tamen quando fuerint institutae et firmatae, non licebit de ipsis iudicare, sed secundum ipsas*. Sed si aliquis praetermittat verba legis, dicens se intentionem legislatoris servare, videtur iudicare de lege. Ergo non licet ei qui subditur legi, ut praetermittat verba legis, ut intentionem legislatoris servet.

2. PRAETEREA, ad eum solum pertinet leges interpretari, cuius est condere leges. Sed hominum subditorum legi non est leges condere. Ergo eorum

ARTIGO 6

É lícito àquele que está sujeito à lei agir fora das palavras da lei?

QUANTO AO SEXTO, ASSIM SE PROCEDE: parece que **não** é lícito àquele que está sujeito à lei, agir fora das palavras da lei.

1. Com efeito, diz Agostinho: "Nas leis temporais, embora os homens julguem a respeito delas quando as instituem, não será lícito julgá-las uma vez instituídas e firmadas, mas agir de acordo com elas". Ora, se alguém negligencia as palavras da lei, dizendo que mantém a intenção do legislador, parece julgar a lei. Logo, não é lícito àquele que está sujeito à lei que negligencie as palavras da lei, para manter a intenção do legislador.

2. ALÉM DISSO, interpretar as leis pertence somente àquele a quem cabe estabelecer as leis. Ora, não pertence aos homens súditos da lei estabelecê-

4. Ordin.: ML 113, 919 A; LOMBARDI: ML 191, 486 A.
5. In *Libro Decretal. Gregorii IX*, l. I, tit. 2, c. 6.
6. (Dionys.) CATONIS, *Breves sententiae et disticha de moribus*, Sentent. praelim. 53.

6 PARALL.: II-II, q. 60, a. 5, ad 2, 3; q. 120, a. 1; q. 147, a. 4; III *Sent.*, dist. 37, a. 4; IV, dist. 15, q. 3, a. 2, q.la 1, 2; V *Ethic.*, lect. 16.

1. C. 31: ML 34, 148.

e. Se a doutrina resumida na resposta do artigo não apresenta dificuldade, já o problema levantado pela objeção 3 suscitou numerosos debates: o legislador encontra-se submetido à sua própria lei? Hoje, devido ao fato de que o legislador é em geral uma assembleia, a questão não se coloca mais (ela se colocava para um rei absoluto, ou um ditador); na Igreja, a questão pode concernir ao Papa ou a um Bispo. Sto. Tomás resolve o problema recorrendo a uma distinção, já assinalada acima (q. 93, a. 3, nota 6): o legislador não está submetido à *vis coactiva* da lei; sendo inviolável (imunidade do legislativo), ninguém pode coagi-lo pela força; em contrapartida, ele está submetido à *vis directiva*, isto é, à obrigação moral da lei no que ela indica que deve ser feito. Outrora, essa questão apaixonou moralistas e canonistas (ver Suarez, *De legibus*, III, 35, n. 4).

non est interpretari legislatoris intentionem, sed semper secundum verba legis agere debent.

3. PRAETEREA, omnis sapiens intentionem suam verbis novit explicare. Sed illi qui leges condiderunt, reputari debent sapientes: dicit enim Sapientia, Pr 8,15: *Per me reges regnant, et legum conditores iusta decernunt*. Ergo de intentione legislatoris non est iudicandum nisi per verba legis.

SED CONTRA est quod Hilarius dicit, in IV *de Trin.*[2]: *Intelligentia dictorum ex causis est assumenda dicendi: quia non sermoni res, sed rei debet esse sermo subiectus*. Ergo magis est attendendum ad causam quae movit legislatorem, quam ad ipsa verba legis.

RESPONDEO dicendum quod, sicut supra[3] dictum est, omnis lex ordinatur ad communem hominum salutem, et intantum obtinet vim et rationem legis; secundum vero quod ab hoc deficit, virtutem obligandi non habet. Unde Iurisperitus[4] dicit quod *nulla iuris ratio aut aequitatis benignitas patitur ut quae salubriter pro utilitate hominum introducuntur, ea nos duriori interpretatione, contra ipsorum commodum, perducamus ad severitatem*. Contingit autem multoties quod aliquid observari communi saluti est utile ut in pluribus, quod tamen in aliquibus casibus est maxime nocivum. Quia igitur legislator non potest omnes singulares casus intueri, proponit legem secundum ea quae in pluribus accidunt, ferens intentionem suam ad communem utilitatem. Unde si emergat casus in quo observatio talis legis sit damnosa communi saluti, non est observanda. Sicut si in civitate obsessa statuatur lex quod portae civitatis maneant clausae, hoc est utile communi saluti ut in pluribus: si tamen contingat casus quod hostes insequantur aliquos cives, per quos civitas conservatur, damnosissimum esset civitati nisi eis portae aperirentur: et ideo in tali casu essent portae aperiendae, contra verba legis, ut servaretur utilitas communis, quam legislator intendit.

Sed tamen hoc est considerandum, quod si observatio legis secundum verba non habeat subitum periculum, cui oportet statim occurri, non pertinet ad quemlibet ut interpretetur quid sit utile

las. Logo, não lhes pertence interpretar a intenção do legislador, mas devem sempre agir segundo as palavras da lei.

3. ADEMAIS, todo sábio soube explicar sua intenção por palavras. Ora, aqueles que estabeleceram as leis, devem ser reputados sábios; diz, com efeito, a Sabedoria, no livro dos Provérbios: "Por mim reinam os reis, e os que estabelecem as leis decretam coisas justas". Logo, sobre a intenção do legislador não se deve julgar, a não ser através das palavras da lei.

EM SENTIDO CONTRÁRIO, diz Hilário: "A compreensão das palavras deve ser tomada das causas do dizer: pois não deve a realidade submeter-se ao discurso, mas o discurso à realidade". Logo, deve-se atender mais à causa que move o legislador do que às palavras mesmas da lei.

RESPONDO. Como foi dito acima, toda lei se ordena à salvação comum dos homens, e nessa medida obtém força e razão de lei; se falta a isso, não tem a virtude de obrigar. Donde afirmar o Jurisconsulto que "nenhuma razão de direito ou benignidade de equidade aceita que aquelas coisas que salutarmente foram introduzidas para a utilidade dos homens, nós as conduzamos à severidade pela mais dura interpretação, contra o bem-estar dos mesmos". Acontece, porém, frequentemente, que observar algo é útil à salvação comum, o mais das vezes; é, contudo, em alguns casos, maximamente nocivo. Dado que o legislador não pode intuir todos os casos particulares, propõe uma lei segundo aquelas coisas que acontecem o mais das vezes, levando sua intenção à utilidade comum. Por isso, se surge um caso no qual a observância de tal lei é danosa à salvação comum, não deve ela ser observada. Assim se, na cidade sitiada, se estabelece a lei de que as portas da cidade permaneçam fechadas, isso é útil à salvação comum o mais das vezes; se, porém, acontecer o caso de que os inimigos persigam alguns cidadãos, pelos quais é a cidade defendida, seria danosíssimo à cidade que as portas não lhes fossem abertas; e assim, em tal caso, as portas deveriam ser abertas, contra as palavras da lei, para que se preservasse a utilidade comum, que o legislador intenciona.

Deve-se, entretanto, considerar que, se a observância da lei segundo as palavras não tem perigo súbito, o qual seja necessário enfrentar imediatamente, não pertence a qualquer um interpretar

2. Num. 14: ML 10, 107 C.
3. Art. 4.
4. *Dig.*, l. I, tit. 3, leg. 25.

civitati et quid inutile: sed hoc solum pertinet ad principes, qui propter huiusmodi casus habent auctoritatem in legibus dispensandi. Si vero sit subitum periculum, non patiens tantam moram ut ad superiorem recurri possit, ipsa necessitas dispensationem habet annexam: quia necessitas non subditur legi.

AD PRIMUM ergo dicendum quod ille qui in casu necessitatis agit praeter verba legis, non iudicat de ipsa lege: sed iudicat de casu singulari, in quo videt verba legis observanda non esse.

AD SECUNDUM dicendum quod ille qui sequitur intentionem legislatoris, non interpretatur legem simpliciter; sed in casu in quo manifestum est per evidentiam nocumenti, legislatorem aliud intendisse. Si enim dubium sit, debet vel secundum verba legis agere, vel superiores consulere.

AD TERTIUM dicendum quod nullius hominis sapientia tanta est ut possit omnes singulares casus excogitare: et ideo non potest sufficienter per verba sua exprimere ea quae conveniunt ad finem intentum. Et si posset legislator omnes casus considerare, non oporteret ut omnes exprimeret, propter confusionem vitandam: sed legem ferre deberet secundum ea quae in pluribus accidunt.

o que é útil à cidade e o que é inútil, mas isso pertence somente aos príncipes, os quais, em razão de semelhantes casos, têm autoridade de dispensar as leis. Se, porém, há perigo subito, que não sofre tal demora que se possa recorrer ao superior, a própria necessidade tem anexa a dispensa, pois a necessidade não se sujeita à lei[f].

QUANTO AO 1º, deve-se dizer que aquele que age em caso de necessidade fora das palavras da lei, não julga a mesma lei, mas julga o caso singular, no qual vê que as palavras da lei não devem ser observadas.

QUANTO AO 2º, deve-se dizer que aquele que segue a intenção do legislador, não interpreta a lei de modo absoluto, mas no caso em que é manifesto pela evidência do prejuízo, que o legislador intencionou outra coisa. Se há dúvida, deve ou agir de acordo com as palavras da lei, ou consultar os superiores.

QUANTO AO 3º, deve-se dizer que a sabedoria de nenhum homem é tal que possa pensar em todos os casos particulares. E assim não pode suficientemente exprimir por suas palavras aquelas coisas que convêm ao fim intencionado. E se pudesse o legislador considerar todos os casos, não seria necessário que os exprimisse todos, para evitar a confusão, mas deveria dirigir a lei segundo aquelas coisas que acontecem o mais das vezes.

f. Trata-se do problema da interpretação das leis positivas. A questão se coloca sobretudo quando nascem novos problemas nos quais o legislador não havia pensado, que a lei não prevê em sua literalidade, e para a solução dos quais ela corre o risco de se tornar um estorvo. Na ausência de uma nova lei, o que seria a melhor solução, trata-se de estender a eficácia da lei a casos imprevistos, seguindo algumas regras de bom-senso. A regra fundamental é interpretar a lei no sentido da intenção do legislador (o espírito da lei). Quando a coisa é possível, o melhor evidentemente é recorrer ao próprio legislador, a menos que haja urgência em tomar uma decisão (ninguém é obrigado ao impossível), decisão sempre ditada pela utilidade comum. Ver-se-á adiante, a propósito da dispensa da lei (q. 97, a. 4) o caso da *epikie* (ou equidade), assim como o do costume, que é o melhor intérprete da lei (q. 97, a. 3).

QUAESTIO XCVII

DE MUTATIONE LEGUM

in quatuor articulos divisa

Deinde considerandum est de mutatione legum.

Et circa hoc quaeruntur quatuor.

Primo: utrum lex humana sit mutabilis.

Secundo: utrum semper debeat mutari, quando aliquid melius occurrerit.

Tertio: utrum per consuetudinem aboleatur; et utrum consuetudo obtineat vim legis.

Quarto: utrum usus legis humanae per dispensationem rectorum immutari debeat.

QUESTÃO 97

A MUDANÇA DAS LEIS

em quatro artigos

Em seguida, deve-se considerar a mudança das leis.

E a respeito disso, fazem-se quatro perguntas.

1. A lei humana é mutável?
2. Deve sempre ser mudada, quando ocorrer algo melhor?
3. É abolida pelo costume? O costume adquire força de lei?
4. O uso da lei humana por dispensa dos governantes deve mudar?

ARTICULUS 1

Utrum lex humana debeat aliquo modo mutari

AD PRIMUM SIC PROCEDITUR. Videtur quod lex humana nullo modo debeat mutari.

1. Lex enim humana derivatur a lege naturali, ut supra[1] dictum est. Sed lex naturalis immobilis perseverat. Ergo et lex humana debet immobilis permanere.

2. PRAETEREA, sicut Philosophus dicit, in V *Ethic.*[2], mensura maxime debet esse permanens. Sed lex humana est mensura humanorum actuum, ut supra[3] dictum est. Ergo debet immobiliter permanere.

3. PRAETEREA, de ratione legis est quod sit iusta et recta, ut supra[4] dictum est. Sed illud quod semel est rectum, semper est rectum. Ergo illud quod semel est lex, semper debet esse lex.

SED CONTRA est quod Augustinus dicit, in I *de Lib. Arb.*[5]: *Lex temporalis quamvis iusta sit, commutari tamen per tempora iuste potest.*

RESPONDEO dicendum quod sicut supra[6] dictum est, lex humana est quoddam dictamen rationis, quo diriguntur humani actus. Et secundum hoc duplex causa potest esse quod lex humana iuste mutetur: una quidem ex parte rationis; alia vero ex parte hominum, quorum actus lege regulantur. Ex parte quidem rationis, quia humanae rationi naturale esse videtur ut gradatim ab imperfecto ad perfectum perveniat. Unde videmus in scientiis speculativis quod qui primo philosophati sunt, quaedam imperfecta tradiderunt, quae postmodum per posteriores sunt magis perfecta. Ita etiam est in operabilibus. Nam primi intenderunt invenire aliquid utile communitati hominum, non valentes omnia ex seipsis considerare, instituerunt quaedam imperfecta in multis deficientia; quae posteriores mutaverunt, instituentes aliqua quae in paucioribus deficere possent a communi utilitate.

Ex parte vero hominum, quorum actus lege regulantur, lex recte mutari potest propter mutationem conditionum hominum, quibus secundum

ARTIGO 1

A lei humana deve de algum modo ser mudada?

QUANTO AO PRIMEIRO ARTIGO, ASSIM SE PROCEDE: parece que a lei humana de **nenhum** modo deve ser mudada.

1. Com efeito, a lei humana deriva da lei natural, como acima foi dito. Ora, a lei natural persevera imóvel. Logo, também a lei humana deve permanecer imóvel.

2. ALÉM DISSO, como diz o Filósofo, a medida maximamente deve ser permanente. Ora, a lei humana é a medida dos atos humanos, como acima foi dito. Logo, deve permanecer imovelmente.

3. ADEMAIS, pertence à razão da lei que seja justa e reta, como acima foi dito. Ora, aquilo que uma vez é reto, é reto sempre. Logo, aquilo que uma vez é lei, sempre deve ser lei.

EM SENTIDO CONTRÁRIO, diz Agostinho: "A lei temporal, embora seja justa, pode, entretanto, ser justamente mudada pelos tempos".

RESPONDO. Como acima foi dito, a lei humana é certo ditame da razão, pelo qual se dirigem os atos humanos. E segundo isso pode haver uma dupla causa para que a lei humana seja justamente mudada: uma da parte da razão; outra da parte dos homens, cujos atos são regulados pela lei. Da parte da razão, porque parece ser natural da razão humana chegar gradualmente do imperfeito ao perfeito. Por isso, vemos nas ciências especulativas que aqueles que por primeiro filosofaram, transmitiram algumas coisas imperfeitas, que depois, pelos pósteros, se tornaram mais perfeitas. Assim também ocorre nas obras a realizar. Com efeito, os primeiros entenderam achar algo de útil à comunidade dos homens, não podendo considerar por si mesmos todas as coisas, instituíram algumas imperfeitas que falhavam em muitos casos e essas os posteriores mudaram, instituindo algumas que em poucos casos pudessem falhar quanto à utilidade comum.

Da parte dos homens, entretanto, cujos atos são regulados pela lei, a lei pode justamente ser mudada em razão da mudança das condições dos

---

1 PARALL.: Infra, q. 104, a. 3, ad 2; *ad Galat.*, c. 1, lect. 2; V *Ethic.*, lect. 12.

1. Q. 95, a. 2.
2. C. 8: 1133, a, 25-31.
3. Q. 90, a. 1, 2.
4. Q. 95, a. 2.
5. C. 6, n. 14: ML 32, 1229.
6. Q. 91, a. 3.

diversas eorum conditiones diversa expediunt. Sicut Augustinus ponit exemplum, in I *de Lib. Arb.*[7], quod *si populus sit bene moderatus et gravis, communisque utilitatis diligentissimus custos, recte lex fertur qua tali populo liceat creare sibi magistratus, per quos respublica administretur. Porro si paulatim idem populus depravatus habeat venale suffragium, et regimen flagitiosis sceleratisque committat; recte adimitur tali populo potestas dandi honores, et ad paucorum bonorum redit arbitrium.*

AD PRIMUM ergo dicendum quod naturalis lex est participatio quaedam legis aeternae, ut supra[8] dictum est, et ideo immobilis perseverat: quod habet ex immobilitate et perfectione divinae rationis instituentis naturam. Sed ratio humana mutabilis est et imperfecta. Et ideo eius lex mutabilis est. — Et praeterea lex naturalis continet quaedam universalia praecepta, quae semper manent: lex vero posita ab homine continet praecepta quaedam particularia, secundum diversos casus qui emergunt.

AD SECUNDUM dicendum quod mensura debet esse permanens quantum est possibile. Sed in rebus mutabilibus non potest esse aliquid omnino immutabiliter permanens. Et ideo lex humana non potest esse omnino immutabilis.

AD TERTIUM dicendum quod rectum in rebus corporalibus dicitur absolute: et ideo semper, quantum est de se, manet rectum. Sed rectitudo legis dicitur in ordine ad utilitatem communem, cui non semper proportionatur una eademque res, sicut supra[9] dictum est. Et ideo talis rectitudo mutatur.

homens, aos quais, segundo suas diversas condições, convêm coisas diversas. Assim Agostinho dá um exemplo: "Se o povo é bem moderado e grave e guardião diligentíssimo da utilidade comum, retamente é lavrada a lei pela qual é lícito a tal povo criar para si magistrados por meio dos quais é administrada a coisa pública. Entretanto, se paulatinamente o mesmo povo, depravado, torna venal o sufrágio e confia o regime aos dissolutos e celerados, retamente se retira a tal povo o poder de dar honras, e seja entregue ao arbítrio de uns poucos bons"[a].

QUANTO AO 1º, portanto, deve-se dizer que a lei natural é uma participação da lei eterna, como acima foi dito, e assim persevera imóvel, e isso tem da imobilidade e perfeição da razão divina, que institui a natureza. Ora, a razão humana é mutável e imperfeita. E assim sua lei é mutável. — Ademais a lei natural contém preceitos universais, que permanecem sempre, e a lei imposta pelo homem, porém, contém alguns preceitos particulares, de acordo com os diversos casos que surgem.

QUANTO AO 2º, deve-se dizer que a medida deve ser permanente quanto é possível. Ora, nas coisas mutáveis não pode haver algo que permaneça totalmente imutável. E assim a lei humana não pode ser totalmente imutável.

QUANTO AO 3º, deve-se dizer que o reto nas coisas corporais se diz de modo absoluto, e assim sempre permanece reto, quanto é em si. A retidão da lei, porém, se diz em ordem à utilidade comum, à qual nem sempre é proporcionada uma e mesma coisa, como acima foi dito. E assim se muda tal retidão.

7. C. 6, n. 14: ML 32, 1229.
8. Q. 91, a. 2; q. 96, a. 2, ad 3.
9. In corp.

a. Sobre essa questão da historicidade das leis humanas e de sua imutabilidade, Sto. Tomás permanece fiel a sua doutrina geral, resumida acima (q. 94, a. 5 e 6). Diferentemente da lei natural imutável, a lei humana positiva é sujeita a duas fontes de mutação. Por um lado, por um aguçamento da razão normativa, que pode progredir do menos conhecido para o mais conhecido e perceber melhor as exigências da lei natural a transpor para a lei positiva. (Um exemplo recente é fornecido pela declaração do Vaticano II sobre a liberdade religiosa, que deu provas de um progresso na percepção dos direitos da consciência que erra de boa fé, em relação a um longo passado de intolerância.) Por outro lado, é a própria condição do homem que pode evoluir, a sua relação com a natureza ou o seu tipo de relação com seus semelhantes (ver o exemplo fornecido acima, q. 94, nota 7, a respeito da mudança da lei canônica sobre o empréstimo a juros, condenado durante vários séculos, e depois permitido no século XIX devido à nova relação entre o homem e o dinheiro, introduzida pela mutação industrial). Também aí a função pedagógica da lei leva a adaptar o que é trazido pelos homens nas mutações históricas.

ARTICULUS 2

Utrum lex humana semper sit mutanda quando occurrit aliquid melius

AD SECUNDUM SIC PROCEDITUR. Videtur quod semper lex humana, quando aliquid melius occurrit, sit mutanda.

1. Leges enim humanae sunt adinventae per rationem humanam, sicut etiam aliae artes. Sed in aliis artibus mutatur id quod prius tenebatur, si aliquid melius occurrat. Ergo idem est etiam faciendum in legibus humanis.

2. PRAETEREA, ex his quae praeterita sunt, providere possumus de futuris. Sed nisi leges humanae mutatae fuissent supervenientibus melioribus adinventionibus, multa inconvenientia sequerentur: eo quod leges antiquae inveniuntur multas ruditates continere. Ergo videtur quod leges sint mutandae, quotiescumque aliquid melius occurrit statuendum.

3. PRAETEREA, leges humanae circa singulares actus hominum statuuntur. In singularibus autem perfectam cognitionem adipisci non possumus nisi per experientiam, quae *tempore indiget*, ut dicitur in II *Ethic*.[1]. Ergo videtur quod per successionem temporis possit aliquid melius occurrere statuendum.

SED CONTRA est quod dicitur in *Decretis*, dist. 12[2]: *Ridiculum est et satis abominabile dedecus, ut traditiones quas antiquitus a patribus suscepimus, infringi patiamur.*

RESPONDEO dicendum quod, sicut dictum est[3], lex humana intantum recte mutatur, inquantum per eius mutationem communi utilitati providetur. Habet autem ipsa legis mutatio, quantum in se est, detrimentum quoddam communis salutis. Quia ad observantiam legum plurimum valet consuetudo: intantum quod ea quae contra communem consuetudinem fiunt, etiam si sint leviora de se, graviora videantur. Unde quando mutatur lex, diminuitur vis constrictiva legis, inquantum tollitur consuetudo. Et ideo nunquam debet mutari lex humana, nisi ex aliqua parte tantum recompensetur communi saluti, quantum ex ista parte derogatur. Quod quidem contingit vel ex hoc quod aliqua maxima et evidentissima utilitas ex novo statuto provenit: vel ex eo quod est maxima necessitas, ex eo quod lex

ARTIGO 2

A lei humana deve ser sempre mudada quando ocorre algo melhor?

QUANTO AO SEGUNDO, ASSIM SE PROCEDE: parece que a lei humana **deve** ser sempre mudada quando ocorre algo melhor.

1. Com efeito, as leis humanas foram descobertas pela razão humana, assim como as outras artes. Ora, nas outras artes muda-se o que se tinha antes, se algo melhor ocorre. Logo, deve-se fazer o mesmo nas leis humanas.

2. ALÉM DISSO, por aquelas coisas que são passadas podemos prever a respeito das futuras. Ora, a menos que as leis humanas fossem mudadas sobrevindo descobertas melhores, seguir-se-iam muitos inconvenientes, porque nas leis antigas se encontram muitas rudezas. Logo, parece que as leis devem ser mudadas todas as vezes em que ocorre que algo melhor deva ser instituído.

3. ADEMAIS, as leis humanas são estatuídas a respeito dos atos humanos singulares. Ora, nos singulares não podemos alcançar conhecimento perfeito, a não ser pela experiência, que "precisa de tempo", como se diz no livro II da *Ética*. Logo, parece que pela sucessão do tempo pode ocorrer que algo melhor deva ser instituído.

EM SENTIDO CONTRÁRIO, diz-se nos *Decretos*: "É ridículo e infâmia bastante abominável que suportemos infringir as tradições que recebemos dos pais desde a antiguidade".

RESPONDO. Como foi dito, a lei humana muda retamente na medida em que por sua mudança se provê à utilidade comum. A própria mudança da lei tem em si mesma certo prejuízo da salvação comum. Porque pela observância das leis em muito vale o costume, na medida em que aquelas coisas que se fazem contra o costume comum, mesmo que sejam mais leves em si mesmas, parecem mais graves. Por isso, quando se muda a lei, diminui a força coercitiva da lei, enquanto se abole o costume. E assim nunca se deve mudar a lei humana, a não ser que se recompense a salvação comum tanto quanto a mudança lhe subtraiu. O que certamente acontece ou porque alguma máxima e evidentíssima utilidade provém do novo estatuto, ou porque há máxima necessidade em razão de

2 PARALL.: II *Polit.*, lect. 12.

1. C. 1: 1103, a, 16-18.
2. GRATIANUS, *Decretum*, P. I, dist. 12, can. 5: *Ridiculum est.*
3. Art. praec.

consueta aut manifestam iniquitatem continet, aut eius observatio est plurimum nociva. Unde dicitur a Iurisperito[4] quod *in rebus novis constituendis, evidens debet esse utilitas, ut recedatur ab eo iure quod diu aequum visum est.*

AD PRIMUM ergo dicendum quod ea quae sunt artis, habent efficaciam ex sola ratione: et ideo ubicumque melior ratio occurrat, est mutandum quod prius tenebatur. Sed *leges habent maximam virtutem ex consuetudine*, ut Philosophus dicit, in II *Polit.*[5]. Et inde non sunt de facili mutandae.

AD SECUNDUM dicendum quod ratio illa concludit quod leges sunt mutandae: non tamen pro quacumque melioratione, sed pro magna utilitate vel necessitate, ut dictum est[6].

Et similiter dicendum est AD TERTIUM.

que a lei costumeira ou contém manifesta iniquidade, ou sua observância é muito nociva. Donde dizer o Jurisconsulto que "nas coisas novas a ser constituídas, deve ser evidente a utilidade para que se afaste daquele direito que pareceu justo por muito tempo"[b].

QUANTO AO 1º, portanto, deve-se dizer que aquelas coisas que pertencem à arte têm eficácia pela razão apenas: e assim em todo lugar em que ocorra uma razão melhor, deve-se mudar o que antes se tinha. Ora, "as leis têm a máxima força pelo costume", como diz o Filósofo. E daí não são para mudar-se facilmente.

QUANTO AO 2º, deve-se dizer que aquele argumento conclui que as leis devem ser mudadas, não por qualquer melhora, mas pela grande utilidade ou necessidade, como foi dito.

E semelhantemente se deve dizer quanto ao TERCEIRO.

ARTICULUS 3

Utrum consuetudo possit obtinere vim legis

AD TERTIUM SIC PROCEDITUR. Videtur quod consuetudo non possit obtinere vim legis, nec legem amovere.

1. Lex enim humana derivatur a lege naturae et a lege divina, ut ex supradictis[1] patet. Sed consuetudo hominum non potest immutare legem naturae, nec legem divinam. Ergo etiam nec legem humanam immutare potest.

2. PRAETEREA, ex multis malis non potest fieri unum bonum. Sed ille qui incipit primo contra legem agere, male facit. Ergo, multiplicatis similibus actibus, non efficietur aliquod bonum. Lex autem est quoddam bonum: cum sit regula humanorum actuum. Ergo per consuetudinem non potest removeri lex, ut ipsa consuetudo vim legis obtineat.

3. PRAETEREA, ferre legem pertinet ad publicas personas, ad quas pertinet regere communitatem: unde privatae personae legem facere non possunt.

ARTIGO 3

O costume pode adquirir força de lei?

QUANTO AO TERCEIRO, ASSIM SE PROCEDE: parece que o costume **não** pode adquirir força de lei, nem revogar a lei.

1. Com efeito, a lei humana deriva da lei da natureza e da lei divina, como ficou claro pelo acima dito. Ora, o costume dos homens não pode mudar a lei da natureza, nem a lei divina. Logo também não pode mudar a lei humana.

2. ALÉM DISSO, de muitos males não se pode fazer um bem. Ora, aquele que começa por primeiro a agir contra a lei, faz mal. Logo, multiplicados semelhantes atos, não se produz algum bem. A lei, entretanto, é um bem, uma vez que é regra dos atos humanos. Logo, não se pode pelo costume revogar a lei, de modo que o mesmo costume adquira força de lei.

3. ADEMAIS, produzir a lei pertence às pessoas públicas, às quais pertence reger a comunidade, por isso as pessoas privadas não podem fazer lei.

4. *Dig.*, l. I, tit. 4, leg. 2.
5. C. 8: 1269, a, 20-24.
6. In corp.

3 PARALL.: II-II, q. 79, a. 2, ad 2; IV *Sent.*, dist. 33, q. 1, a. 1, ad 1; *Quodlib.* II, q. 4, a. 3; IX, q. 4, a. 2.

1. Q. 93, a. 3; q. 95, a. 2.

b. Uma lei que modificada com muita frequência perde o seu prestígio e a sua venerabilidade, indispensáveis à sua observação. Essa regra de bom-senso desaparece quando a utilidade da mudança é evidente. A observação da lei deve tornar-se um hábito entre os sujeitos, como que uma segunda natureza (por exemplo, a obediência ao Código das Estradas); ora, um hábito se cria pela repetição dos mesmos atos, coisa que mudanças muito frequentes arruinaria.

Sed consuetudo invalescit per actus privatarum personarum. Ergo consuetudo non potest obtinere vim legis, per quam lex removeatur.

Sed contra est quod Augustinus dicit, in Epist. *Ad Casulam*.[2]: *Mos populi Dei et instituta maiorum pro lege sunt tenenda. Et sicut praevaricatores legum divinarum, ita et contemptores consuetudinem ecclesiasticarum coercendi sunt.*

Respondeo dicendum quod omnis lex proficiscitur a ratione et voluntate legislatoris: lex quidem divina et naturalis a rationabili Dei voluntate; lex autem humana a voluntate hominis ratione regulata. Sicut autem ratio et voluntas hominis manifestantur verbo in rebus agendis, ita etiam manifestantur facto: hoc enim unusquisque eligere videtur ut bonum, quod opere implet. Manifestum est autem quod verbo humano potest et mutari lex, et etiam exponi, inquantum manifestat interiorem motum et conceptum rationis humanae. Unde etiam et per actus, maxime multiplicatos, qui consuetudinem efficiunt, mutari potest lex, et exponi, et etiam aliquid causari quod legis virtutem obtineat: inquantum scilicet per exteriores actus multiplicatos interior voluntatis motus, et rationis conceptus, efficacissime declaratur; cum enim aliquid multoties fit, videtur ex deliberato rationis iudicio provenire. Et secundum hoc, consuetudo et habet vim legis, et legem abolet, et est legum interpretatrix.

Ad primum ergo dicendum quod lex naturalis et divina procedit a voluntate divina, ut dictum est[3]. Unde non potest mutari per consuetudinem procedentem a voluntate hominis, sed solum per auctoritatem divinam mutari posset. Et inde est quod nulla consuetudo vim obtinere potest contra legem divinam vel legem naturalem: dicit enim Isidorus, in *Synonym*.[4]: *Usus auctoritati cedat: pravum usum lex et ratio vincat.*

Ora, o costume se consolida pelos atos das pessoas privadas. Logo, o costume não pode adquirir força de lei, pela qual a lei seja revogada.

Em sentido contrário, diz Agostinho: "O costume do povo de Deus e os institutos dos maiores devem ser tidos por lei. E assim como os prevaricadores das leis divinas, assim também os que desprezam o costume eclesiástico devem ser reprimidos".

Respondo. Toda lei procede da razão e da vontade do legislador: a lei divina e natural, da vontade racional de Deus. A lei humana, da vontade do homem regulada pela razão. Como a razão e a vontade do homem se manifestam pela palavra nas coisas que devem ser feitas, assim também se manifestam pelo fato: cada qual parece eleger como bem o que realiza na obra. É manifesto que pela palavra humana pode a lei ser mudada, como também ser exposta, enquanto manifesta o movimento interior e o conceito da razão humana. Portanto, também pelos atos, maximamente multiplicados, que constituem o costume, pode a lei ser mudada e ser exposta, como também ser causado algo que adquira força de lei, a saber, enquanto por atos exteriores multiplicados o movimento interior da vontade e o conceito da razão são declarados de modo o mais eficaz, uma vez que, quando algo se faz muitas vezes, parece provir do deliberado juízo da razão. E de acordo com isso, o costume tem força de lei, e abole a lei, e é intérprete das leis[c].

Quanto ao 1º, deve-se dizer que a lei natural e divina procede da vontade divina, como foi dito. Por isso, não pode ser mudada pelo costume que procede da vontade do homem, mas só pode ser mudada pela autoridade divina. E daí é que nenhum costume pode adquirir força contra a lei divina ou a lei natural. Diz, com efeito, Isidoro: "Ceda o uso à autoridade; prevaleça a lei e a razão sobre o uso depravado".

2. Epist. 36, al. 86, n. 2: ML 33, 136.
3. In corp.
4. L. II, n. 80: ML 83, 863 B.

c. É a mesma concepção que dá valor ao costume. Este pode ser considerado seja como forma de lei, seja como interpretação da lei positiva. No primeiro caso, o costume é uma verdadeira lei quando reúne um certo número de condições, entre as quais a aprovação do legislador. Se os direitos civis não lhe reconhecem em geral essa função, a Igreja sempre lhe reservou um lugar importante no direito canônico, cujo número de prescrições teve uma origem consuetudinária antes de se tornar leis escritas. Enquanto uso contínuo, o costume compensa o que teria de demasiado abstrato a universalidade das leis positivas. E, dado que é a "multidão", ou o povo, que é depositário fundamental do poder legislativo, parece normal ver, no comportamento contínuo de uma comunidade importante, uma forma de lei que se impõe a todos, pois é experimentada como benéfica para o bem comum (ver acima, q. 90, a. 3, nota 7). Compreende-se, então, que o costume possa ser uma lei, possa abolir uma lei e, de modo mais geral, seja o intérprete da lei escrita.

AD SECUNDUM dicendum quod, sicut supra[5] dictum est, leges humanae in aliquibus casibus deficiunt: unde possibile est quandoque praeter legem agere, in casu scilicet in quo deficit lex, et tamen actus non erit malus. Et cum tales casus multiplicantur, propter aliquam mutationem hominum, tunc manifestatur per consuetudinem quod lex ulterius utilis non est: sicut etiam manifestaretur si lex contraria verbo promulgaretur. Si autem adhuc maneat ratio eadem propter quam prima lex utilis erat, non consuetudo legem, sed lex consuetudinem vincit: nisi forte propter hoc solum inutilis lex videatur, quia non est *possibilis secundum consuetudinem patriae*, quae erat una de conditionibus legis. Difficile enim est consuetudinem multitudinis removere.

AD TERTIUM dicendum quod multitudo in qua consuetudo introducitur, duplicis conditionis esse potest. Si enim sit libera multitudo, quae possit sibi legem facere, plus est consensus totius multitudinis ad aliquid observandum, quem consuetudo manifestat, quam auctoritas principis, qui non habet potestatem condendi legem, nisi inquantum gerit personam multitudinis. Unde licet singulae personae non possint condere legem, tamen totus populus legem condere potest. — Si vero multitudo non habeat liberam potestatem condendi sibi legem, vel legem a superiori potestate positam removendi; tamen ipsa consuetudo in tali multitudine praevalens obtinet vim legis, inquantum per eos toleratur ad quos pertinet multitudini legem imponere: ex hoc enim ipso videntur approbare quod consuetudo induxit.

QUANTO AO 2º, deve-se dizer que, como acima foi dito, as leis humanas falham em alguns casos, donde é possível às vezes agir fora da lei, a saber no caso em que falha a lei e, entretanto, o ato não é mau. E quando esses atos se multiplicam, em razão de alguma mudança dos homens, então manifesta-se pelo costume que a lei não é ulteriormente útil, como também se manifestaria se uma lei contrária fosse promulgada verbalmente. Se, porém, ainda permanece a mesma razão pela qual a primeira lei era útil, o costume não vence a lei, mas a lei, o costume, a não ser que a lei pareça inútil talvez porque não é "possível segundo o costume da pátria", que era uma das condições da lei. É difícil, com efeito, afastar o costume da multidão.

QUANTO AO 3º, deve-se dizer que a multidão, na qual o costume se introduz, pode ser de dupla condição. Se, com efeito, é uma multidão livre, que pode fazer-se a lei, o consenso de toda a multidão para algo a observar-se, que o costume manifesta, é mais do que a autoridade do príncipe, que não tem poder de fazer a lei, a não ser enquanto gere a pessoa da multidão. Por isso, embora as pessoas singulares não possam fazer a lei, entretanto, todo o povo pode fazê-lo. — Se, porém, a multidão não tem o poder livre de fazer para si a lei, ou de remover a lei imposta pelo poder superior, entretanto o costume mesmo, prevalecendo em tal multidão, adquire força de lei, enquanto é tolerado por aqueles aos quais pertence impor a lei à multidão, pelo fato de que parecem aprovar o que o costume induziu[d].

ARTICULUS 4

Utrum rectores multitudinis possint in legibus humanis dispensare

AD QUARTUM SIC PROCEDITUR. Videtur quod rectores multitudinis non possint in legibus humanis dispensare.

1. Lex enim statuta est *pro communi utilitate*, ut Isidorus dicit[1]. Sed bonum commune non debet intermitti pro privato commodo alicuius personae:

ARTIGO 4

Os chefes da multidão podem dispensar nas leis humanas?

QUANTO AO QUARTO, ASSIM SE PROCEDE: parece que os chefes da multidão **não** podem dispensar nas leis humanas.

1. Com efeito, a lei foi estatuída "para a utilidade comum", como afirma Isidoro. Ora, o bem comum não deve ser interrompido pelo bem

5. Q. 96, a. 6.

4 PARALL.: Supra, q. 96, a. 6; infra, q. 100, a. 8; II-II, q. 88, a. 10; q. 89, a. 9; q. 147, a. 4; III *Sent.*, dist. 37, a. 4; IV, dist. 15, q. 3, a. 2, q.la 1; dist. 27, q. 3, a. 3, ad 4; *Cont. Gent.* III, 125.

1. *Etymol.* l. II, c. 10; l. V, c. 21: ML 82, 131 B, 203 A.

d. Esta resposta alude a dois tipos de sociedades, uma denominada livre (diríamos democrática), na qual o costume pode ser a forma normal de lei; a outra submetida a um poder autocrático (monarquia absoluta), na qual o costume pode nascer apenas com o consentimento, pelo menos tácito, do soberano.

quia, ut dicit Philosophus, in I *Ethic.*[2], *bonum gentis divinius est quam bonum unius hominis*. Ergo videtur quod non debeat dispensari cum aliquo ut contra legem communem agat.

2. PRAETEREA, illis qui super alios constituuntur, praecipitur Dt 1,17: *Ita parvum audietis ut magnum, nec accipietis cuiusquam personam: quia Dei iudicium est*. Sed concedere alicui quod communiter denegatur omnibus, videtur esse acceptio personarum. Ergo huiusmodi dispensationes facere rectores multitudinis non possunt, cum hoc sit contra praeceptum legis divinae.

3. PRAETEREA, lex humana, si sit recta, oportet quod consonet legi naturali et legi divinae: aliter enim non *congrueret religioni*, nec *conveniret disciplinae*, quod requiritur ad legem, ut Isidorus dicit[3]. Sed in lege divina et naturali nullus homo potest dispensare. Ergo nec etiam in lege humana.

SED CONTRA est quod dicit Apostolus, 1Cor 9,17: *Dispensatio mihi credita est*.

RESPONDEO dicendum quod dispensatio proprie importat commensurationem alicuius communis ad singula: unde etiam gubernator familiae dicitur dispensator, inquantum unicuique de familia cum pondere et mensura distribuit et operationes et necessaria vitae. Sic igitur et in quacumque multitudine ex eo dicitur aliquis dispensare, quod ordinat qualiter aliquod commune praeceptum sit a singulis adimplendum. Contingit autem quandoque quod aliquod praeceptum quod est ad commodum multitudinis ut in pluribus, non est conveniens huic personae, vel in hoc casu, quia vel per hoc impediretur aliquid melius, vel etiam induceretur aliquod malum, sicut ex supradictis[4] patet. Periculosum autem esset ut hoc iudicio cuiuslibet committeretur, nisi forte propter evidens et subitum periculum, ut supra[5] dictum est. Et ideo ille qui habet regere multitudinem, habet potestatem dispensandi in lege humana quae suae auctoritati innititur, ut scilicet in personis vel casibus in quibus lex deficit, licentiam tribuat ut praeceptum legis non servetur. — Si autem absque hac ratione, pro sola voluntate, licentiam tribuat, non erit fidelis in dispensatione, aut erit imprudens: infidelis quidem, si non habeat inten-

privado de alguma pessoa, porque, como diz o Filósofo, "o bem do povo é mais divino que o bem de um só homem". Logo, parece que não deva ser dispensado alguém para que aja contra a lei comum.

2. ALÉM DISSO, àqueles que são constituídos sobre os outros se preceitua no livro do Deuteronômio "Ouvireis tanto o pequeno como o grande, nem farás acepção de pessoa, pois o julgamento a Deus pertence". Ora, conceder a alguém o que comumente é negado a todos os homens, parece ser acepção de pessoas. Logo, tais dispensas não podem fazer os chefes da multidão, uma vez que isso é contra o preceito da lei divina.

3. ADEMAIS, é necessário que a lei humana, se é reta, seja consoante à lei natural e à lei divina; caso contrário, não seria "congruente com a religião", nem seria "conveniente à disciplina", o que se requer da lei, como afirma Isidoro. Ora, da lei divina e natural homem algum pode ser dispensado. Logo, nem também da lei humana.

EM SENTIDO CONTRÁRIO, diz o Apóstolo: "Foi-me confiada a dispensa".

RESPONDO. A dispensa importa propriamente na comensuração de algo comum aos singulares, donde também o que governa a família se diz dispensador, enquanto distribui a cada um da família, com peso e medida, as ações e as coisas necessárias à vida. Assim, pois, em qualquer multidão diz-se alguém dispensador enquanto ordena de que modo algum preceito comum deve ser cumprido pelos singulares. Acontece, às vezes, que certo preceito que é para o cômodo da multidão na maioria dos casos, não é conveniente a esta pessoa, ou neste caso, ou porque por ele seria impedido algo melhor, ou também porque se induziria algum mal, como fica claro pelo que foi dito acima. Seria, contudo, perigoso que isso se confiasse ao juízo de qualquer um, a não ser talvez em razão de um evidente perigo súbito, como acima foi dito. E assim aquele que tem de reger a multidão, tem o poder de dispensar da lei humana, que é confiada à sua autoridade. De modo que, nas pessoas ou nos casos em que a lei falha, dê licença para que o preceito da lei não seja observado. — Se, porém, sem esta razão e somente pela vontade, der a licença, não será fiel na dispensa, ou será imprudente: infiel certamente,

2. C. 1: 1094, b, 10-11.
3. *Etymol.* l. II, c. 10; l. V, c. 3: ML 82, 131 A, 199 A.
4. Q. 96, a. 6.
5. Ibid.

tionem ad bonum commune; imprudens autem, si rationem dispensandi ignoret. Propter quod Dominus dicit, Lc 12,42: *Quis, putas, est fidelis dispensator et prudens, quem constituit dominus super familiam suam?*

AD PRIMUM ergo dicendum quod, quando cum aliquo dispensatur ut legem communem non servet, non debet fieri in praeiudicium boni communis; sed ea intentione ut ad bonum commune proficiat.

AD SECUNDUM dicendum quod non est acceptio personarum si non serventur aequalia in personis inaequalibus. Unde quando conditio alicuius personae requirit ut rationabiliter in ea aliquid specialiter observetur, non est personarum acceptio si sibi aliqua specialis gratia fiat.

AD TERTIUM dicendum quod lex naturalis inquantum continet praecepta communia, quae nunquam fallunt, dispensationem recipere non potest. In aliis vero praeceptis, quae sunt quasi conclusiones praeceptorum communium, quandoque per hominem dispensatur: puta quod mutuum non reddatur proditori patriae, vel aliquid huiusmodi. — Ad legem autem divinam ita se habet quilibet homo, sicut persona privata ad legem publicam cui subiicitur. Unde sicut in lege humana publica non potest dispensare nisi ille a quo lex auctoritatem habet, vel is cui ipse commiserit; ita in praeceptis iuris divini, quae sunt a Deo, nullus potest dispensare nisi Deus, vel si cui ipse specialiter committeret.

se não tem a intenção do bem comum; imprudente, porém, se ignora a razão da dispensa. Por isso, diz o Senhor no Evangelho de Lucas: "Quem julgas ser o dispensador fiel e prudente, que o Senhor constitui sobre sua família?"[e].

QUANTO AO 1º, portanto, deve-se dizer que, quando se é dispensado por alguém de observar a lei comum, não se deve fazer com prejuízo do bem comum, mas com a intenção de ser de proveito para o bem comum.

QUANTO AO 2º, deve-se dizer que não é acepção de pessoas se não se observam normas iguais para pessoas desiguais. Portanto, quando a condição de alguma pessoa requer que racionalmente se observe nela algo especial, não é acepção de pessoas se a ela é feita uma graça especial.

QUANTO AO 3º, deve-se dizer que a lei natural, enquanto contém preceitos comuns, que nunca falham, não pode jamais receber dispensa. Nos outros preceitos, porém, que são como conclusões dos preceitos comuns, às vezes se dispensa pelo homem, por exemplo, que não se restitua um empréstimo ao traidor da pátria, ou algo desse tipo. — Em relação à lei divina qualquer homem está como a pessoa privada em relação à lei pública à qual está sujeita. Portanto, como na lei humana pública não pode dispensar a não ser aquele do qual a lei tem a autoridade, ou aquele a quem o mesmo confiou, assim, nos preceitos do direito divino, que vêm de Deus, ninguém pode dispensar a não ser Deus, ou alguém a quem o mesmo tiver especialmente confiado.

e. A dispensa é uma suspensão da lei em um caso especial pelo superior competente ou por seu delegado, e por uma causa justa. Difere da autorização, no sentido de que esta não é contraposta à lei como o é a dispensa. Se o recurso ao superior não é possível, existe uma outra possibilidade, da qual Sto. Tomás trata mais à frente (II-II, q. 120, a. 2); o leitor poderá se referir a essa questão. Para maiores detalhes, ver nosso *Loi de Dieu, loi des hommes*, p. 226-232.

A LEI ANTIGA

Introdução e notas por Pierre Grelot

INTRODUÇÃO

Não se deve procurar aqui nem um estudo exegético do Antigo Testamento, nem um tratado teológico que o examinasse sob suas diversas faces. Os seus diversos aspectos são apresentados na Suma em estado separado, em virtude de seu plano geral. Os princípios relativos à interpretação cristã de seus textos foram rapidamente expostos na I Parte, q. 1, a. 9 e 10 (a completar pela exposição mais ampla do *Quodlibet* 6, a. 1-3, e por diversas passagens do *Comentário da Epístola aos Gálatas*). Existe um tratado da *Profecia* (II-II, q. 171-174), mas as questões lá colocadas, no âmbito das "graças concedidas gratuitamente", permanecem muito gerais e não concernem ao papel específico dos profetas entre o povo de Israel, seja para converter os homens, seja para prometer e preparar a vinda da salvação em Cristo. O aspecto histórico das partes narrativas da Bíblia, cuja leitura literal é sempre feita sem suscitar nenhuma questão, não recebe em parte alguma um tratamento em separado. É contudo considerado na exposição consagrada aos sentidos da Escritura, uma vez que o sentido "espiritual" das "coisas" (*res*, denominação latina normal da "história" vivida) se funda sobre o fato de que Deus dirige o seu "curso" (*res cursum suum peragentes*: alusão explícita à interpretação religiosa da história humana). Trata-se, porém, apenas de alusões esporádicas, ... finalmente no estudo da "lei antiga" que o tema é abordado com maior amplitude.

Deve-se levar em conta o contexto no qual se situa tal exposição: o "tratado das leis", isto é, dos princípios que regem do exterior a conduta humana. Em virtude desse fato, a "lei antiga" não é algo diferente da "lei divina", enunciada positivamente na Escritura. O seu papel "pedagógico" de preparação à vinda do Cristo não é negligenciado; é a propósito das leis doravante ab-rogadas que ele aparece de modo mais claro. Compreende-se com facilidade o motivo: Sto. Tomás deve simultaneamente justificar o caráter obrigatório que tais leis podem ter tido provisoriamente no desenvolvimento histórico do desígnio de Deus, e os motivos de sua ab-rogação na etapa seguinte desse desígnio. Com efeito, é evidente que o ponto de vista adotado no tratado (objeto formal "*quo*") aborde exclusivamente o problema da lei sob o ângulo da obrigação que se liga às prescrições divinas enquanto regulação da conduta humana. Ele recobre assim parcialmente a função da Torá judaica no termo de sua formação, pois esta fornecia a Israel instruções práticas necessárias a sua vida. No entanto, ele opera uma seleção nos livros que constituíam a Torá, para conservar apenas os seus elementos prescritivos ou, dito de outro modo, os pontos da "lei divina" que são enunciados na Escritura sob forrma de ordens ou proibições. O conteúdo material dos textos retidos é assim estritamente limitado: não se encontra nem exortações à fidelidade, nem os relatos exemplares, nem mesmo as lições de sabedoria cujao cumprimento não será apresentado como obrigatório. Todos se relacionam com o regime jurídico sob o qual se viu acomodado o povo de Israel. Não se insiste sequer sobre o caráter de aliança (*foedus* ou *pactum*) dado por Deus a esse regime (exceto na q. 102, a. 5, sol. 1, e a q. 103, a. 3, sol. 1, onde é citado Gn 17,10-13, a propósito da circuncisão). A atenção se volta para as leis a isso ligadas. É claro que a lei desse modo compreendida é uma graça concedida a Israel para cumprir as promessas feitas a seus antepassados e para preparar a vinda do Cristo que devia nascer ali (I-II, q. 98, a. 4, sol.). É dessa forma que o regime antigo preparou o da nova aliança, que devia trazer aos homens a "lei nova", ou "evangélica" (expressão ausente da Escritura).

A apresentação desse conjunto é bastante longa (q. 98 a 105, com artigos que são por vezes bem extensos). Ela se desenvolve de maneira muito lógica. Depois das leis humanas, que são aplicações práticas da "lei da natureza" (q. 94 a 97), examinam-se primeiramente pontos gerais: considera-se a lei antiga em si mesma (q. 98), em seguida propõe-se uma classificação de seus preceitos (q. 99). A divisão em três categorias (preceitos morais, judiciários e cerimoniais) encontra seu fundamento em uma citação de Dt 6, 1 (Vg: "*praecepta*, et *coeremoniae*, atque *judicia*": q. 99, a. 4, s.c.). Essa divisão lógica feita, examinam-se sucessivamente os preceitos morais (q. 100), os preceitos cerimoniais (q. 101 a 103), os preceitos judiciários (q. 104 e 105). As citações bíblicas que vêm apoiar as exposições são, como sempre nas discussões escolásticas, dos "textos provantes" tirados da Vulgata latina e separados de seu contexto literário: o valor

das citações feitas é assim bastante limitado. O que não significa que o contexto seja ignorado; contudo, ele não é utilizado para ter um recuo em relação às fórmulas que servem de "provas" (ou, eventualmente, de objeções a resolver). Sob esse aspecto, está-se ainda muito longe da crítica moderna. Todavia, o autor se preocupa em partir da *littera* textual, livre para mostrar como a relação entre os dois Testamentos permite entrever as realidades cristãs por trás das leis doravante "caducas", graças ao sentido "espiritual" ou "típico" que comportavam as instituições abolidas depois da vinda do Cristo. Ao fazer a relação dos textos utilizados, constata-se que os do Antigo Testamento (principalmente o Pentateuco e os Salmos) introduzem à compreensão da vida de Israel sob o regime da lei antiga, ao passo que os do Novo Testamento (principalmente Mateus e as epístolas paulinas) permitem abordar as questões que serão consagradas à nova lei.

QUAESTIO XCVIII
DE LEGE VETERI
in sex articulos divisa

Consequenter considerandum est de lege veteri. Et primo, de ipsa lege; secundo, de praeceptis eius.

Circa primum quaeruntur sex.

Primo: utrum lex vetus sit bona.
Secundo: utrum sit a Deo.
Tertio: utrum sit ab eo mediantibus angelis.
Quarto: utrum data sit omnibus.
Quinto: utrum omnes obliget.
Sexto: utrum congruo tempore fuerit data.

ARTICULUS 1
Utrum lex vetus fuerit bona

AD PRIMUM SIC PROCEDITUR. Videtur quod lex vetus non fuerit bona.

1. Dicitur enim Ez 20,25: *Dedi eis praecepta non bona, et iudicia in quibus non vivent.* Sed lex non dicitur bona nisi propter bonitatem praeceptorum quae continet. Ergo lex vetus non fuit bona.

2. PRAETEREA, ad bonitatem legis pertinet ut communi saluti proficiat, sicut Isidorus dicit[1]. Sed lex vetus non fuit salutifera, sed magis mortifera et nociva. Dicit enim Apostolus, Rm 7,8sqq.: *Sine lege peccatum mortuum erat. Ego autem vivebam sine lege aliquando: sed cum venisset mandatum, peccatum revixit, ego autem mortuus sum*; Rm 5,20: *Lex subintravit ut abundaret delictum.* Ergo lex vetus non fuit bona.

3. PRAETEREA, ad bonitatem legis pertinet quod sit possibilis ad observandum et secundum naturam, et secundum humanam consuetudinem. Sed hoc non habuit lex vetus: dicit enim Petrus, At 15,10: *Quid tentatis imponere iugum super cervicem discipulorum, quod neque nos, neque patres*

QUESTÃO 98
A ANTIGA LEI
em seis artigos

Na sequência, deve-se considerar a lei antiga. E em primeiro lugar, a mesma lei; em segundo, seus preceitos.

Acerca do primeiro, fazem-se seis perguntas[a]:

1. É boa a lei antiga?
2. Vem ela de Deus?
3. Vem d'Ele mediante os anjos?
4. Foi dada a todos?
5. Obriga a todos?
6. Foi dada no tempo conveniente?

ARTIGO 1
A lei antiga foi boa?

Quanto ao primeiro artigo, assim se procede: parece que a lei antiga **não** foi boa.

1. Diz-se, com efeito, no livro de Ezequiel: "Dei-lhes preceitos não bons e juízos nos quais não vivem". Ora, a lei não se diz boa a não ser em razão da bondade dos preceitos que ela contém. Logo, a antiga lei não foi boa.

2. ALÉM DISSO, pertence à bondade da lei que aproveite à salvação comum, como afirma Isidoro. Ora, a lei antiga não foi salutar, mas mais mortífera e nociva. Diz, com efeito, o Apóstolo: "Sem a lei o pecado era morto. Eu, porém, vivia nalgum tempo sem lei, mas quando veio o mandamento, reviveu o pecado, e eu morri"; "A Lei sobreveio, para que abundasse o delito". Logo, a antiga lei não foi boa[b].

3. ADEMAIS, pertence à bondade da lei que seja possível ser observada tanto segundo a natureza, quanto segundo o costume humano. Ora, a lei antiga não teve isso: diz, com efeito, Pedro: "Porque tentais impor o jugo sobre a cerviz dos discípulos, o qual nem nós, nem nossos pais pu-

1 PARALL.: Art. seq., ad 1, 2; *ad Rom.*, c. 7, lect. 2, 3; *ad Galat.*, c. 3, lect. 7, 8; I *Tim.*, c. 1, lect. 3.

1. *Etymol.* l. II, c. 10; l. V, c. 21: ML 82, 131 B, 203 A.

a. As seis questões colocadas são questões de escola, correntes no século XIII. Hoje já não abordaríamos o problema pelo mesmo viés, caso elaborássemos uma reflexão sobre a Torá, o seu lugar e a sua função na "economia" antiga, tendo em vista uma "teologia do Antigo Testamento". Por um lado, avaliamos melhor o desenvolvimento interno da legislação em Israel. Por outro, nós o situamos melhor no âmbito social e cultural da antiguidade, depois que recuperamos diversos códigos paralelos ou mais antigos. Tudo é examinado aqui em função das questões que continuavam a se colocar aos antigos, em uma época em que a crise marcionita (na qual a lei era declarada má) estava definitivamente superada, mas onde comunidades judias (que ainda se declaram tais) constituíam uma minoria ainda viva em pleno país cristão.

b. É preciso fazer referência aqui ao comentário de Sto. Tomás sobre a Epístola aos Romanos, a fim de esclarecer ao mesmo tempo a objeção e a resposta dada adiante. Com efeito, em Rm 7-8, a palavra "lei" se reveste de uma pluralidade de sentidos que Sto. Tomás não observou. É por isso que ele aplica à "lei antiga" todos os textos nos quais essa palavra figura: isto sem dúvida complica a sua tarefa.

nostri, portare potuimus? Ergo videtur quod lex vetus non fuerit bona.

SED CONTRA est quod Apostolus dicit, Rm 7,12: *Itaque lex quidem sancta est, et mandatum sanctum et iustum et bonum.*

RESPONDEO dicendum quod absque omni dubio lex vetus bona fuit. Sicut enim doctrina ostenditur esse vera ex hoc quod consonat rationi rectae, ita etiam lex aliqua ostenditur esse bona ex eo quod consonat rationi. Lex autem vetus rationi consonabat. Quia concupiscentiam reprimebat, quae rationi adversatur; ut patet in illo mandato, *Non concupisces rem proximi tui*, quod ponitur Ex 20,17. Ipsa etiam omnia peccata prohibebat, quae sunt contra rationem. Unde manifestum est quod bona erat. Et haec est ratio Apostoli, Rm 7,22: *Condelector*, inquit, *legi Dei secundum interiorem hominem*; et iterum [16]: *Consentio legi, quoniam bona est.*

Sed notandum est quod bonum diversos gradus habet, ut Dionysius dicit, 4 cap. *de Div. Nom.*[2]: est enim aliquod bonum perfectum, et aliquod bonum imperfectum. Perfecta quidem bonitas est, in his quae ad finem ordinantur, quando aliquid est tale quod per se sufficiens est inducere ad finem: imperfectum autem bonum est quod operatur aliquid ad hoc quod perveniatur ad finem, non tamen sufficit ad hoc quod ad finem perducat. Sicut medicina perfecte bona est quae hominem sanat: imperfecta autem est quae hominem adiuvat, sed tamen sanare non potest. Est autem sciendum quod est alius finis legis humanae, et alius legis divinae. Legis enim humanae finis est temporalis tranquilitas civitatis, ad quem finem pervenit lex cohibendo exteriores actus, quantum ad illa mala quae possunt perturbare pacificum statum civitatis. Finis autem legis divinae est perducere hominem ad finem felicitatis aeternae; qui quidem finis impeditur per quodcumque peccatum, et non solum per actus exteriores, sed etiam per interiores. Et ideo illud quod sufficit ad perfectionem legis humanae, ut scilicet peccata prohibeat et

demos suportar?" Logo, parece que a lei antiga não foi boa.

EM SENTIDO CONTRÁRIO, diz o Apóstolo: "Assim a lei é certamente santa, e o mandamento, santo, justo e bom".

RESPONDO. Sem nenhuma dúvida, a lei antiga foi boa. Assim como a doutrina se mostra ser verdadeira enquanto é consoante com a razão reta, assim também uma lei se mostra ser boa enquanto é consoante à razão[c]. A lei antiga era consoante à razão. Porque reprimia a concupiscência, que é contrária à razão, como se evidencia daquele mandamento "Não desejarás a coisa de teu próximo", que é imposto no livro do Êxodo. Proibia a mesma todos os pecados que são contra a razão. Donde é manifesto que era boa. E esta é a razão do Apóstolo: "Eu me deleito", diz, "na lei de Deus, segundo o homem interior", e ainda "consinto na lei porque é boa".

Deve-se notar, porém, que o bem tem diversos graus, como afirma Dionísio: com efeito, há um bem perfeito e um bem imperfeito. A bondade perfeita está naquelas coisas que se ordenam para o fim, quando algo é tal que por si é suficiente para induzir ao fim. É imperfeito, porém, o bem que faz algo para que se atinja o fim, mas não é suficiente para que se conduza ao fim. Assim o remédio perfeitamente bom é aquele que cura o homem; o imperfeito ajuda o homem, mas não pode curar. É preciso que se saiba que um é o fim da lei humana, e outro, o da lei divina. O fim da lei humana é a tranquilidade temporal da cidade, fim ao qual chega a lei, coibindo os atos exteriores, com relação àqueles males que podem perturbar o estado pacífico da cidade. O fim da lei divina é levar o homem ao fim da felicidade eterna[d]; tal fim é impedido por qualquer pecado, e não só pelos atos exteriores, mas também interiores. E assim aquilo que é suficiente para a perfeição da lei humana, a saber, de modo que proíba os pecados e imponha uma pena, não basta para a perfeição da lei divina, mas é necessário

2. MG 3, 721 A.

c. Aqui, como mais à frente, a "razão" é compreendida no sentido que lhe dá São Paulo em Rm 7,23-25: enquanto dom de Deus ao homem, essa "razão reta" o orienta como que por instinto para o seu fim último, ainda que não tenha em si mesmo o poder de conduzir a ele plenamente.

d. Sto. Tomás mescla aqui duas questões distintas: 1) a distinção entre as finalidade imediatas das leis humanas (aplicáveis também às leis particulares do Antigo Testamento) e a finalidade última à qual o homem é destinado, e que é sempre visada pela lei divina, qualquer que seja ela; 2) a distinção entre os atos exteriores do homem e seus atos interiores (idênticos a suas intenções). Na lei "divina", todas as finalidades imediatas se subordinam à finalidade última. Esta, porém, só pode ser atingida se a lei é "interiorizada", o que é da ordem da ação do Espírito Santo, e define a "lei nova" (ver q. 106-107), chamada de "lei" em um sentido impróprio ou, no máximo, analógico.

poenam apponat, non sufficit ad perfectionem legis divinae: sed oportet quod hominem totaliter faciat idoneum ad participationem felicitatis aeternae. Quod quidem fieri non potest nisi per gratiam Spiritus Sancti, per quam *diffunditur caritas in cordibus nostris*, quae legem adimplet: *gratia* enim *Dei vita aeterna*, ut dicitur Rm 6,23. Hanc autem gratiam lex vetus conferre non potuit, reservabatur enim hoc Christo: quia, ut dicitur Io 1,17, *lex per Moysen data est; gratia et veritas per Iesum Christum facta est*. Et inde est quod lex vetus bona quidem est, sed imperfecta; secundum illud Hb 7,19: *Nihil ad perfectum adduxit lex*.

AD PRIMUM ergo dicendum quod Dominus loquitur ibi de praeceptis caeremonialibus; quae quidem dicuntur non bona, quia gratiam non conferebant, per quam homines a peccato mundarentur, cum tamen per huiusmodi se peccatores ostenderent. Unde signanter dicitur: *et iudicia in quibus non vivent*, idest per quae vitam gratiae obtinere non possunt; et postea subditur: *Et pollui eos in muneribus suis*, idest pollutos ostendi, *cum offerrent omne quod aperit vulvam, propter delicta sua*.

AD SECUNDUM dicendum quod lex dicitur occidisse, non quidem effective, sed occasionaliter, ex sua imperfectione: inquantum scilicet gratiam non conferebat, per quam homines implere possent quod mandabat, vel vitare quod vetabat. Et sic occasio ista non era data, sed sumpta ab hominibus. Unde et Apostolus ibidem dicit: *Occasione accepta peccatum per mandatum seduxit me, et per illud occidit*. — Et ex hac etiam ratione dicitur quod *lex subintravit ut abundaret delictum*, ut ly *ut* teneatur consecutive, non causaliter: inquantum scilicet homines, accipientes occasionem a lege, abundantius peccaverunt; tum quia gravius fuit peccatum post legis prohibitionem; tunc etiam quia concupiscentia crevit, magis enim concupiscimus quod nobis prohibetur.

AD TERTIUM dicendum quod iugum legis servari non poterat sine gratia adiuvante, quam lex non

que torne o homem totalmente idôneo para a perfeição da felicidade eterna. Ora, isso não se pode fazer a não ser pela graça do Espírito Santo, por meio da qual "difunde-se a caridade em nossos corações", a qual realiza a lei: com efeito "a graça de Deus é a vida eterna", como é dito na Carta aos Romanos. Tal graça, a lei antiga não pode conferir; reserva-se isso a Cristo, porque, como é dito na primeira Carta de João: "A lei foi dada por Moisés; a graça e a verdade foram feitas por Jesus Cristo". E daí é que a lei antiga é certamente boa, mas imperfeita, segundo a Carta aos Hebreus: A lei não levou nada à perfeição".

QUANTO AO 1º, portanto, deve-se dizer, que o Senhor aí fala dos preceitos cerimoniais, os quais certamente são ditos não bons, porque não conferiam a graça, por meio da qual os homens seriam purificados do pecado, embora por eles os homens se mostrassem pecadores[e]. Por isso, assinaladamente se diz: "e juízos nos quais não vivem", isto é, pelos quais não podem obter a vida da graça; e depois se acrescenta: "e manchei-os em suas oferendas", isto é, mostrei-os manchados, "ao oferecerem tudo o que abre a vulva, por causa de seus delitos".

QUANTO AO 2º, deve-se dizer que a lei matava, não de certo efetivamente, mas ocasionalmente, em razão de sua imperfeição, a saber, enquanto não conferia a graça, por meio da qual os homens pudessem realizar o que ela mandava, ou evitar aquilo que ela vetava. E assim tal ocasião não era dada, mas tomada pelos homens. Donde o Apóstolo dizer no mesmo lugar[f]: "Aceita a ocasião, o pecado por meio do mandamento me seduziu, e matou por meio dele". — E também por essa razão se diz que "a lei sobreveio para que abundasse o delito", de modo que o "para que" se entendesse consecutivamente, não causalmente, a saber, enquanto os homens, aceitando a ocasião pela lei, pecaram mais abundantemente, quer porque o pecado tornou-se mais grave após a proibição da lei, quer também porque cresceu a concupiscência, assim temos mais concupiscência do que se-nos proíbe.

QUANTO AO 3º, deve-se dizer que não se podia manter o jugo da lei sem a ajuda[g] da graça, que a

e. Trata-se sem dúvida de preceitos cerimoniais, mas o sentido de Ez 20,18-26 é notavelmente diferente: Sto. Tomás suaviza o impacto do texto para afastar toda responsabilidade de Deus na conduta dos pecadores empedernidos.

f. Em Rm 7, a "lei" e o "preceito" possuem um alcance mais geral, para apresentar dramaticamente o drama interior do homem deixado a suas próprias forças. Seguindo Sto. Agostinho, Sto. Tomás faz uma leitura "autobiográfica" da passagem à primeira pessoa do singular. Ele enfraquece de modo similar a "causalidade" em "consequência" em Rm 5,20, como autoriza o latim.

g. Não é o sentido de At 15,10, que concerne unicamente à obrigação dos preceitos cerimoniais aos quais os não judeus não estão submetidos. Mas permanece verdadeiro que o texto reage contra a pretensão de ser justo aos olhos de Deus graças

dabat: dicitur enim Rm 9,16: *Non est volentis neque currentis*, scilicet velle et currere in praeceptis Dei, *sed miserentis Dei*. Unde et in Ps 118,32 dicitur: *Viam mandatorum tuorum cucurri, cum dilatasti cor meum*, scilicet per donum gratiae et caritatis.

lei não dava. Diz-se, com efeito, na Carta aos Romanos: "Não é de quem quer nem de quem corre", isto é, o querer e o correr nos preceitos de Deus, "mas de que tem misericórdia". Por isso, se diz no livro dos Salmos: "Corri pelo caminho de teus mandamentos, quando dilataste meu coração", isto é, pelo dom da graça e da caridade.

ARTICULUS 2
Utrum lex vetus fuerit a Deo

AD SECUNDUM SIC PROCEDITUR. Videtur quod lex vetus non fuerit a Deo.

1. Dicitur enim Dt 32,4: *Dei perfecta sunt opera*. Sed lex fuit imperfecta, ut supra[1] dictum est. Ergo lex vetus non fuit a Deo.

2. PRAETEREA, Eccle 3,14 dicitur: *Didici quod omnia opera quae fecit Deus, perseverent in aeternum*. Sed lex vetus non perseverat in aeternum: dicit enim Apostolus, Hb 7,18: *Reprobatio fit quidem praecedentis mandati, propter infirmitatem eius et inutilitatem*. Ergo lex vetus non fuit a Deo.

3. PRAETEREA, ad sapientem legislatorem pertinet non solum mala auferre, sed etiam occasiones malorum. Sed vetus lex fuit occasio peccati, ut supra[2] dictum est. Ergo ad Deum, cui *nullus est similis in legislatoribus*, ut dicitur Iob 36,22, non pertinebat legem talem dare.

4. PRAETEREA, 1Ti 2,4 dicitur quod *Deus vult omnes homines salvos fieri*. Sed lex vetus non sufficiebat ad salutem hominum, ut supra[3] dictum est. Ergo ad Deum non pertinebat talem legem dare. Lex ergo vetus non est a Deo.

SED CONTRA est quod Dominus dicit, Mt 15,6, loquens Iudaeis, quibus erat lex vetus data: *Irritum fecistis mandatum Dei propter traditiones vestras*. Et paulo ante [v. 4] praemittitur, *Honora patrem*

ARTIGO 2
A lei antiga procedia de Deus?

Quanto ao segundo, assim se procede: parece que a lei antiga **não** procedeu de Deus.

1. Com efeito, diz-se no livro do Deuteronômio; "São perfeitas as obras de Deus". Ora, a lei foi imperfeita, como acima foi dito. Logo, a lei antiga não procedeu de Deus[h].

2. ALÉM DISSO, diz-se no livro do Eclesiastes: "Aprendi que todas as obras que Deus fez perseverarão para sempre". Ora, a lei antiga não persevera para sempre; com efeito, diz o Apóstolo: "A reprovação se faz certamente do mandamento precedente, por causa de sua fraqueza e inutilidade". Logo, a lei antiga não procedeu de Deus.

3. ADEMAIS, pertence ao legislador sábio não apenas remover os males, mas também a ocasião dos males. Ora, a lei antiga foi ocasião de pecado, como acima foi dito. Logo, não pertencia a Deus, a quem "nenhum é semelhante entre os legisladores", como se diz no livro de Jó, dar tal lei.

4. ADEMAIS, diz-se na primeira Carta a Timóteo, que "Deus quer que todos os homens sejam salvos". Ora, a lei antiga não era suficiente para a salvação dos homens, como acima foi dito. Logo a Deus não pertencia dar tal lei. A lei antiga, portanto, não procede de Deus.

EM SENTIDO CONTRÁRIO, diz o Senhor, falando aos judeus, aos quais a lei antiga fora dada: "Tornastes írrito o mandamento de Deus, por causa de vossas tradições". E pouco antes, estabelece:

2 PARALL.: *Ad Heb.*, c. 7, lect. 3.

1. A. praec.; q. 91, a. 5.
2. A. praec., ad 2.
3. A. praec.; q. 91, a. 5, ad 2.

a uma observação integral de todos os preceitos legais. A citação final do Sl (119,32) é uma adaptação cristã de sua tradução latina.

h. Nenhuma objeção de fundo é levantada nas dificuldades, como no marcionismo, que fazia da lei uma instituição devida ao deus mau. Não obstante, o final da resposta conserva um eco dessa opção, pois ela exclui que a lei possa ser atribuída a Satã, e o início da resposta menciona explicitamente o "Deus bom". As dificuldades fundadas sobre textos bíblicos são menores, mas a resposta dá lugar a uma exposição muito importante sobre as relações entre a lei antiga e o Cristo.

tuum et matrem tuam, quod manifeste in lege veteri continetur. Ergo lex vetus est a Deo.

RESPONDEO dicendum quod lex vetus a bono Deo data est, qui est Pater Domini Nostri Iesu Christi. Lex enim vetus homines ordinabat ad Christum dupliciter. Uno quidem modo, testimonium Christo perhibendo: unde ipse dicit, Lc ult., 44: *Oportet impleri omnia quae scripta sunt in lege et psalmis et prophetis de me*; et Io 5,46: *Si crederetis Moysi, crederetis forsitam et mihi: de me enim ille scripsit.* Alio modo, per modum cuiusdam dispositionis, dum, retrahens homines a cultu idololatriae, concludebat eos sub cultu unius Dei, a quo salvandum erat humanum genus per Christum: unde Apostolus dicit, Gl 3,23: *Priusquam veniret fides, sub lege custodiebamur conclusi in eam fidem quae revelanda erat.* Manifestum est autem quod eiusdem est disponere ad finem et ad finem perducere: et dico *eiusdem* per se vel per suos subiectos. Non enim diabolus legem tulisset per quam homines adducerentur ad Christum, per quem erat eiiciendus; secundum illud Mt 12,26: *Si Satanas Satanam ciicit, divisum est regnum eius.* Et ideo ab eodem Deo a quo facta est salus hominum per gratiam Christi, lex vetus data est.

AD PRIMUM ergo dicendum quod nihil prohibet aliquid non esse perfectum simpliciter, quod tamen est perfectum secundum tempus: sicut dicitur aliquis puer perfectus non simpliciter, sed secundum temporis conditionem. Ita etiam praecepta quae pueris dantur, sunt quidem perfecta secundum conditionem eorum quibus dantur, etsi non sint perfecta simpliciter. Et talia fuerunt praecepta legis. Unde Apostolus dicit, Gl 3,24: *Lex paedagogus noster fuit in Christo.*

AD SECUNDUM dicendum quod opera Dei perseverant in aeternum, quae sic Deus fecit ut in aeternum perseverent: et haec sunt ea quae sunt perfecta. Lex autem vetus reprobatur tempore

"Honra teu pai e tua mãe", o que manifestamente está contido na lei antiga[i]. Logo, a lei antiga procede de Deus.

RESPONDO[j]. A lei antiga foi dada pelo bom Deus, o qual é o Pai de Nosso Senhor Jesus Cristo. A lei antiga, com efeito, ordenava a Cristo, duplamente. De um modo, dando testemunho de Cristo; por isso o mesmo diz no Evangelho de Lucas: "É necessário realizar todas aquelas coisas que foram escritas na lei, nos salmos e nos profetas a respeito de mim"; e no Evangelho de João: "Se crerdes em Moisés, crereis com mais razão em mim, pois a respeito de mim ele escreveu". De outro modo, como por uma disposição, enquanto, retirando os homens do culto de idolatria, encerrava-os sob o culto do único Deus, pelo qual se devia salvar o gênero humano por meio de Cristo. Donde dizer o Apóstolo: "Antes que viesse a fé, éramos custodiados sob a lei, encerrados naquela fé que devia ser revelada". Ora, é manifesto que pertence ao mesmo dispor para um fim e ao fim conduzir: e digo "ao mesmo" por si ou por seus subordinados. Ora, o diabo não faria uma lei pela qual seriam os homens conduzidos a Cristo, por quem seria expulso, conforme o Evangelho de Mateus: "Se Satanás divide contra Satanás, dividido é seu reino". E assim foi dada a lei pelo mesmo Deus pelo qual foi feita a salvação dos homens, por meio da graça de Cristo.

QUANTO AO 1º, portanto, deve-se dizer, que nada proíbe que algo, perfeito segundo o tempo, não seja perfeito em absoluto, como dizemos que uma criança não é perfeita em absoluto, mas segundo a condição do tempo. Assim também os preceitos que são dados às crianças, são certamente perfeitos segundo a condição daqueles aos quais se dão, embora não sejam perfeitos em absoluto. E tais foram os preceitos da lei. Donde o Apóstolo dizer: "A lei foi o nosso pedagogo em Cristo".

QUANTO AO 2º, deve-se dizer que as obras de Deus perseveram para sempre, as quais Deus fez de tal modo que perseverassem para sempre, e tais são as que são perfeitas. Ora, a lei antiga era repro-

i. A autoridade aqui citada (Mt 15,6) concerne a um preceito moral, ao passo que a objeção 2 dizia respeito a um preceito cerimonial: há uma mudança de plano, explicável pelo método que consiste em citar textos no varejo, antes de escolher uma resposta clara.

j. Resposta importante, pois ela define dois aspectos das relações que o Antigo Testamento mantém com Cristo: 1º Contém a promessa (o "testemunho" antecipado) de sua vinda e da salvação proporcionado por ele aos homens. 2º Existe, tanto na ordem religiosa como na ordem moral, um valor pedagógico para preparar os homens a sua vinda. Sobre esse segundo ponto, o texto de Gl 3,23 será completado, na resposta à primeira objeção, por Gl 3,24, e depois, na resposta ao 2º, por Gl 3,25. Convém referir-se ao comentário sobre a Carta, para ver como Sto. Tomás lia esses textos importantes. Contudo, a "propedêutica" das "figuras" bíblicas não é mencionada aqui: voltaremos a encontrá-la mais longe a propósito das instituições de Israel.

perfectionis gratiae, non tanquam mala, sed tanquam infirma et inutilis pro isto tempore: quia, ut subditur, *nihil ad perfectum adduxit lex*. Unde Gl 3,25, dicit Apostolus: *Ubi venit fides, iam non sumus sub paedagogo*.

AD TERTIUM dicendum quod, sicut supra[4] dictum est. Deus aliquando permittit aliquos cadere in peccatum, ut exinde humilientur. Ita etiam voluit talem legem dare quam suis viribus homines implere non possent, ut sic dum homines de se praesumentes peccatores se invenirent, humiliati recurrerent ad auxilium gratiae.

AD QUARTUM dicendum quod, quamvis lex vetus non sufficeret ad salvandum hominem, tamen aderat aliud auxilium a Deo hominibus simul cum lege, per quod salvari poterant: scilicet fides Mediatoris, per quam iustificati sunt antiqui Patres, sicut etiam nos iustificamur. Et sic Deus non deficiebat hominibus quin daret eis salutis auxilia.

ARTICULUS 3

Utrum lex vetus data fuerit per angelos

AD TERTIUM SIC PROCEDITUR. Videtur quod lex vetus non fuerit data per angelos, sed immediate a Deo.

1. Angelus enim *nuntius* dicitur: et sic nomen angeli ministerium importat, non dominium; secundum illud Ps 102,20sq.: *Benedicite Domino, omnes angeli eius, ministri eius*. Sed vetus lex a Domino tradita esse perhibetur: dicitur enim Ex 20,1: *Locutusque est Dominus sermones hos*, et postea subditur: *Ego enim sum Dominus Deus tuus*. Et idem modus loquendi frequenter repetitur in *Exodo*, et in libris consequentibus legis. Ergo lex est immediate data a Deo.

vada no tempo da perfeição da graça, não enquanto má, mas enquanto fraca e inútil para este tempo, porque, como se acrescenta, "a nada de perfeito levou a lei". Donde dizer o Apóstolo: "Depois que veio a fé, já não estamos sob o pedagogo".

QUANTO AO 3º, deve-se dizer que, como acima foi dito, permite Deus às vezes que alguns caiam em pecado, para que daí sejam humilhados. Assim também quis dar uma lei tal que, por suas forças, os homens não pudessem cumprir, de modo que, os homens, ao se pressumirem de si mesmos, se achassem pecadores, e recorressem humilhados ao auxílio da graça.

QUANTO AO 4º, deve-se dizer que, embora a lei antiga não fosse suficiente para salvar o homem, estava presente um auxílio de Deus aos homens simultaneamente à lei, pelo qual pudessem salvar-se, a saber, a fé do Mediador, por meio da qual foram justificados os antigos pais, como também nós nos justificamos[k]. E assim Deus não faltava aos homens sem lhes dar os auxílios da salvação.

ARTIGO 3

A lei antiga foi dada pelos anjos?[l]

QUANTO AO TERCEIRO, ASSIM SE PROCEDE: parece que a lei antiga **não** foi dada pelos anjos, mas imediatamente por Deus.

1. Com efeito, anjo significa "núncio", e assim o nome de anjo implica ministério, não domínio, segundo o livro dos Salmos: "Bendizei o Senhor, todos os seus anjos, seus ministros". Ora, dá-se testemunho de que a lei antiga foi entregue pelo Senhor. Com efeito, diz o livro do Êxodo: "E o Senhor proferiu suas palavras", e depois acrescenta-se: "Eu sou o Senhor teu Deus". E o mesmo modo de dizer é frequentemente repetido no Êxodo e nos livros subsequentes da lei. Logo, a lei foi imediatamente dada por Deus.

4. Q. 79, a. 4.

3 PARALL.: in *Isaiam*, c. 6; *ad Galat*., c. 3, lect. 7; *ad Coloss*., c. 2, lect. 4; *ad Heb*., c. 2, lect. 1.

k. Princípio importante: todos os justos de todos os tempos foram salvos pela mediação do Cristo, devido à sua fé antecipada nele. Esse ponto será retomado adiante de maneira explícita (II-II, q. 106, a. 1, sol. 3; a. 3, sol. 2; q. 107, a. 1, sol. 2-3; q. 108, a. 2, sol. 3; III, q. 8, a. 3, sol. 3, onde a graça de Cristo no Antigo Testamento é relacionada à presença das "figuras" bíblicas).

l. A questão só é levantada, de fato, para levar em conta os dois textos de Gl 3,19 e At 7,53. Estes possuíam um pano de fundo judaico que os estudos modernos evidenciaram. A questão reencontra assim a crítica bíblica, sob um ângulo diferente do que adotaram os modernos. As objeções supõem que a totalidade do Pentateuco provenha diretamente de Moisés: era, na Idade Média, a opinião comum de cristãos e judeus. Supõe também que o detalhe de todos esses relatos seja tomado ao pé-da-letra, para atribuir ao profeta Moisés uma comunicação direta com Deus, o que remete explicitamente ao tratado da Profecia (II-II, q. 174, a. 4, a comparar com q. 172, a. 2). A solução das dificuldades mostra que se trata de questões discutidas na época de Sto. Tomás.

2. PRAETEREA, sicut dicitur Io 1,17, *lex per Moysen data est*. Sed Moyses immediate accepit a Deo: dicitur enim Ex 33,11: *Loquebatur Dominus ad Moysen facie ad faciem, sicut loqui solet homo ad amicum suum*. Ergo lex vetus immediate data est a Deo.

3. PRAETEREA, ad solum principem pertinet legem ferre, ut supra[1] dictum est. Sed solus Deus est princeps salutis animarum: angeli vero sunt *administratorii spiritus*, ut dicitur Hb 1,14. Ergo lex vetus per angelos dari non debuit, cum ordinaretur ad animarum salutem.

SED CONTRA est quod dicit Apostolus, Gl 3,19: *Lex data est per angelos in manu mediatoris*. Et At 7,53, dicit Stephanus: *Accepistis legem in dispositione angelorum*.

RESPONDEO dicendum quod lex data est a Deo per angelos. Et praeter generalem rationem, quam Dionysius assignat, in 4 cap. *Cael. Hier.*[2], quod *divina debent deferri ad homines mediantibus angelis*, specialis ratio est quare legem veterem per angelos dari oportuit. Dictum est enim[3] quod lex vetus imperfecta erat, sed disponebat ad salutem perfectam generis humani, quae futura erat per Christum. Sic autem videtur in omnibus potestatibus et artibus ordinatis, quod ille qui est superior, principalem et perfectum actum operatur per seipsum; ea vero quae disponunt ad perfectionem ultimam, operantur per suos ministros; sicut navigactor compaginat navem per seipsum, sed praeparat materiam per artifices subministrantes. Et ideo conveniens fuit ut lex perfecta Novi Testamenti daretur immediate per ipsum Deum hominem factum; lex autem vetus per ministros Dei, scilicet per angelos, daretur hominibus. Et per hunc modum Apostolus, in principio *ad Heb.*, probat eminentiam novae legis ad veterem: quia in Novo Testamento *locutus est nobis Deus in Filio suo* [1,2], in Veteri autem Testamento *est sermo factus per angelos* [2,2].

AD PRIMUM ergo dicendum quod, sicut Gregorius dicit, in principio *Moral.*[4], *angelus qui Moysi apparuisse describitur, modo Angelus, modo Dominus memoratur. Angelus videlicet, propter hoc quod exterius loquendo serviebat; Dominus autem*

2. ALÉM DISSO, como se diz no Evangelho de João, "a lei foi dada por Moisés". Ora, Moisés recebeu imediatamente de Deus, pois diz-se no livro do Êxodo: "Falava o Senhor a Moisés face a face, como costuma falar o homem a seu amigo". Logo, a lei antiga foi dada imediatamente por Deus.

3. ADEMAIS, pertence somente ao príncipe dar a lei, como acima foi dito. Ora, apenas Deus é o príncipe da salvação das almas, os anjos, porém, são "os administradores do espírito", como se diz na Carta aos Hebreus. Logo, a lei antiga não deveu ser dada pelos anjos, uma vez que se ordenava à salvação das almas.

EM SENTIDO CONTRÁRIO, diz o Apóstolo: "A lei foi dada pelos homens na mão do mediador". E no livro dos Atos diz Estevão: "Recebestes a lei na disposição dos anjos".

RESPONDO. A lei foi dada por Deus por meio dos anjos. E além da razão geral que Dionísio assinala, que "as coisas divinas devem ser entregues aos homens mediante dos anjos", há uma razão especial segundo a qual foi necessário que a lei antiga fosse dada pelos anjos. Foi dito que a lei antiga era imperfeita, mas dispunha à salvação perfeita do gênero humano, que haveria de se dar por intermédio de Cristo. Assim parece em todas as autoridades e artes ordenadas, que aquele que é superior, age por si mesmo o ato principal e perfeito; aquelas coisas que dispõem à perfeição última, são realizadas por seus ministros, como o construtor de um navio o planeja por si mesmo, mas prepara o material pelos operários subordinados. E assim foi conveniente que a lei perfeita do Novo Testamento fosse dada imediatamente pelo próprio Deus feito homem; e que a antiga lei o fosse por meio dos ministros de Deus, a saber, os anjos. E por esse modo o Apóstolo prova a eminência da nova lei sobre a antiga, pois no Novo Testamento "falou-nos Deus em seu Filho", no Antigo Testamento, porém, "a palavra foi dita por meio dos anjos".

QUANTO AO 1º, portanto, deve-se dizer que, como afirma Gregório, "o anjo que se descreve como tendo aparecido a Moisés, é lembrado ora como anjo, ora como o Senhor. Anjo, por causa daquilo que externamente servia ao falar; Senhor

1. Q. 90, a. 3.
2. MG 3, 180 B.
3. Art. 1, 2.
4. In Praef. c. 1, in vet. c. 2: ML 75, 517 D.

dicitur, quia interius praesidens loquendi efficaciam ministrabat. Et inde est etiam quod quasi ex persona Domini angelus loquebatur.

AD SECUNDUM dicendum quod, sicut Augustinus dicit, XII *super Gen. ad Litt.*[5], in Ex 33,11 dicitur: *Locutus est Dominus Moysi facie ad faciem*; et paulo post [v. 18] subditur: *Ostende mihi gloriam tuam. Sentiebat ergo quid videbat; et quod non videbat, desiderabat*. Non ergo videbat ipsam Dei essentiam: et ita non immediate ab eo instruebatur. Quod ergo dicitur quod loquebatur ei *facie ad faciem*, secundum opinionem populi loquitur Scriptura, qui putabat Moysen ore ad os loqui cum Deo, cum per subiectam creaturam, idest per angelum et nubem, ei loqueretur et appareret. — Vel per visionem faciei intelligitur quaedam eminens contemplatio et familiaris, infra essentiae divinae visionem.

AD TERTIUM dicendum quod solius principis est sua auctoritate legem instituere, sed quandoque legem institutam per alios promulgat. Et ita Deus sua auctoritate instituit legem, sed per angelos promulgavit.

se diz, porque presidindo internamente, ministrava a eficácia ao dizer". E daí também é que o anjo falava como pela pessoa do Senhor.

QUANTO AO 2º, deve-se dizer que, como afirma Agostinho, sobre aquela passagem do livro do Êxodo, "Falou o Senhor a Moisés face a face"; e pouco depois acrescenta: "Mostra-me tua glória. Sentia, portanto, o que via, e o que não via, desejava". Ora, não via a própria essência divina, e assim não era por ele instruído imediatamente. O que, pois, se diz que lhe falava "face a face", é dito pela Escritura, segundo a opinião do povo, que julgava que Moisés falava boca a boca com Deus, uma vez que, por meio da criatura subordinada, isto é, pelo anjo e pela nuvem, lhe falasse e aparecesse. — Ou por meio da visão da face entende-se a contemplação eminente e familiar, abaixo da visão da essência divina.

QUANTO AO 3º, deve-se dizer que cabe somente ao príncipe, por sua autoridade, instituir a lei, mas às vezes promulga a lei instituída por meio de outros. E assim Deus, por sua autoridade, institui a lei, mas a promulgou por meio dos anjos.

ARTICULUS 4
Utrum lex vetus dari debuerit soli populo Iudaeorum

AD QUARTUM SIC PROCEDITUR. Videtur quod lex vetus non debuerit dari soli populo Iudaeorum.

1. Lex enim vetus disponebat ad salutem quae futura erat per Christum, ut dictum est[1]. Sed salus illa non erat futura solum in Iudaeis, sed in omnibus gentibus; secundum illud Is 49,6: *Parum est ut sis mihi servus ad suscitandas tribus Iacob et faeces Israel convertendas: dedi te in lucem gentium, ut sis salus mea usque ad extremum terrae*. Ergo lex vetus dari debuit omnibus gentibus, et non uni populo tantum.

ARTIGO 4
A lei devia ser dada só ao povo judeu?[m]

QUANTO AO QUARTO, ASSIM SE PROCEDE: parece **não** se devia ter dado dar a lei antiga só ao povo judeu.

1. Com efeito, a lei antiga dispunha para a salvação que haveria de se dar com Cristo, como foi dito. Ora, tal salvação não haveria de se dar só para os judeus, mas para todos os povos, segundo o livro de Isaías: "É pouco que sejas para mim o servo para restaurar as tribos de Jacó e reconduzir os restos de Israel: eu te dei para luz dos povos, para que sejas a minha salvação até o extremo da terra". Logo, a antiga lei devia ter sido dada a todos os povos e não apenas a um só povo.

5. C. 27: ML 34, 477.

4

1. Art. 2, 3.

m. O artigo é dominado pela questão da relação entre o dom da lei e a realização da "economia da salvação". Não concerne ao problema da salvação individual, mas à situação respectiva dos grupos humanos entre os quais Deus operou uma escolha: a escolha de Israel constitui uma injustiça por parte de Deus? As objeções 1 e 2 partem da universalidade do desígnio de salvação, para concluir que a lei, enquanto regime religioso conduzindo à salvação, deveria ter sido dada a todo o mundo. A objeção 3 dá ao texto de Sri 17,14 uma interpretação angelológica que poderia apoiar-se em Dt 10,13, mas não é o seu sentido objetivo. A tese apenas contrapõe a essas visões uma constatação de fato, com um texto do Antigo Testamento e um texto de São Paulo. A resposta deixa subsistir um só motivo: a escolha gratuita de Deus, que deu a Israel suas promessas e sua lei para preparar positivamente a vinda do Cristo.

2. PRAETEREA, sicut dicitur At 10,34sq., *non est pesonarum acceptor Deus: sed in omni gente qui timet Deum et facit iustitiam, acceptus est illi*. Non ergo magis uni populo quam aliis viam salutis debuit aperire.

3. PRAETEREA, lex data est per angelos, sicut iam[2] dictum est. Sed ministeria angelorum Deus non solum Iudaeis, sed omnibus gentibus semper exhibuit: dicitur enim Eccli 17,14: *In unamquamque gentem praeposuit rectorem*. Omnibus etiam gentibus temporalia bona largitur, quae minus sunt curae Deo quam spiritualia bona. Ergo etiam legem omnibus populis dare debuit.

SED CONTRA est quod dicitur Rm 3,1sq.: *Quid ergo amplius est Iudaeo? Multum quidem per omnem modum. Primum quidem, quia credita sunt illis eloquia Dei*. Et in Ps 147,20 dicitur: *Non fecit taliter omni nationi, et iudicia sua non manifestavit eis*.

RESPONDEO dicendum quod posset una ratio assignari quare potius populo Iudaeorum data sit lex quam aliis populis, quia, aliis ad idololatriam declinantibus, solus populus Iudaeorum in cultu unius Dei remansit; et ideo alii populi indigni erant legem recipere, ne sanctum canibus daretur.

Sed ista ratio conveniens non videtur: quia populus ille etiam post legem latam, ad idololatriam declinavit, quod gravius fuit: ut patet Ex 32; et Am 5,25sq.: *Numquid hostias et sacrificium obtulistis mihi in deserto quadraginta annis, domus Israel? Et portastis tabernaculum Moloch vestro, et imaginem idolorum vestrorum, sidus dei vestri, quae fecistis vobis*. Expresse etiam dicitur Dt 9,6: *Seito quod non propter iustitias tuas Dominus Deus tuus dedit tibi terram hanc in possessionem, cum durissimae cervicis sis populus*. Sed ratio ibi [v. 5] praemittitur: *Ut compleret verbum suum Dominus, quod sub iuramento pollicitus est patribus tuis, Abraham, Isaac et Iacob*.

Quae autem promissio eis sit facta, ostendit Apostolus, Gl 3,16, dicens: *Abrahae dictae sunt promissiones, et semini eius. Non dicit, seminibus, quasi in multis: sed quasi in uno, et semini tuo, qui est Christus*. Deus igitur et legem et alia beneficia specialia illi populo exhibuit propter promissionem eorum patribus factam ut ex eis

2. ALÉM DISSO, como se diz no livro dos Atos, "Deus não faz acepção de pessoas, mas qualquer povo que teme a Deus e faz a justiça, esse é aceito por ele". Portanto, não devia ter aberto a via da salvação antes a um povo que aos outros.

3. ADEMAIS, a lei foi dada pelos anjos, segundo já foi dito. Ora, Deus manifestou sempre os ministérios dos anjos não só aos judeus, mas a todos os povos; diz-se, com efeito, no livro do Eclesiastes: "Estabeleceu em cada povo o governante". Favorece, com efeito, a todos os povos com bens temporais, que são menos do cuidado de Deus que os bens espirituais. Logo também devia ter dado a lei a todos os povos.

EM SENTIDO CONTRÁRIO, diz-se na Carta aos Romanos: "Que mais cabe ao judeu? Muito certamente, de todo modo. Primeiro, certamente, que lhes foram confiadas as palavras de Deus". E no livro dos Salmos se diz: "Não fez assim a toda nação, e os seus juízos não lhes manifestou".

RESPONDO. Poderia ser assinalada uma razão pela qual tenha sido dada a lei antes ao povo judeu que aos outros povos, pois, inclinando-se os outros para a idolatria, só o povo judeu permaneceu no culto de um só Deus; e assim os outros povos eram indignos de receber a lei, para que não se desse o santo aos cães.

Ora, tal razão não parece conveniente, pois aquele povo também, depois da lei dada, caiu na idolatria, o que foi mais grave, como se evidencia no livro do Êxodo e de Amós: "Por acaso, ó casa de Israel, oferecestes-me vítimas e sacrifícios, no deserto, por quarenta anos? E levastes o tabernáculo de vosso Moloc e a imagem de vossos ídolos, o astro de vosso deus, que fizestes para vós". Expressamente também se diz no livro do Deuteronômio: "Sabe, pois, que não foi por causa de tuas justiças que o Senhor teu Deus te deu esta terra por posse, uma vez que és um povo de cerviz duríssima". Ora aquela razão aí estabelece: "Para que realizasse o Senhor sua palavra, que prometeu sob juramento a teus pais, Abraão, Isaac e Jacó".

Que promessa lhes havia sido feita mostra o Apóstolo, dizendo: "A Abraão foram ditas promessas, e a seu sêmen. Não diz, aos sêmenes, como a muitos, mas como a um, e a teu sêmen, que é o Cristo". Deus, pois, deu a lei e outros benefícios especiais àquele povo, por causa da promessa feita a seus pais, de modo que Cristo

2. Art. praec.

Christus nasceretur. Decebat enim ut ille populus ex quo Christus nasciturus erat, quadam speciali sanctificatione polleret; secundum illud quod dicitur Lv 19,2: *Sancti eritis, quia ego sanctus sum.* —Nec etiam fuit propter meritum ipsius Abrahae ut talis promissio ei fieret, ut scilicet Christus ex eius semine nasceretur: sed ex gratuita electione et vocatione. Unde dicitur Is 41,2: *Quis suscitavit ab oriente iustum, vocavit eum ut sequeretur se?*

Sic ergo patet quod ex sola gratuita electione Patres promissionem acceperunt, et populus ex eis progenitus legem accepit; secundum illud Dt 4,36sq.: *Audistis verba illius de medio ignis, quia dilexit Patres, et elegit semen eorum post illos.* — Si autem rursus quaeratur quare hunc populum elegit ut ex eo Christus nasceretur, et non alium: conveniet responsio Augustini, quam dicit *super Ioan.*[3]: *Quare hunc trahat et illum non trahat, noli velle diiudicare, si non vis errare.*

AD PRIMUM ergo dicendum quod, quamvis salus futura per Christum, esset omnibus gentibus praeparata; tamen oportebat ex uno populo Christum nasci, qui propter hoc prae aliis praerogativas habuit; secundum illud Rm 9,4sq.: *Quorum*, scilicet Iudaeorum, *est adoptio filiorum Dei, et testamentum et legislatio; quorum Patres; ex quibus Christus est secundum carnem.*

AD SECUNDUM dicendum quod acceptio personarum locum habet in his quae ex debito dantur: in his vero quae ex gratuita voluntate conferuntur, acceptio personarum locum non habet. Non enim est personarum acceptor qui ex liberalitate de suo dat uni et non alteri: sed si esset dispensator bonorum communium, et non distribueret aequaliter secundum merita personarum, esset personarum acceptor. Salutaria autem beneficia Deus humano generi confert ex sua gratia. Unde non est personarum acceptor si quibusdam prae aliis conferat. Unde Augustinus dicit, in libro *de Praedest. Sanct.*[4]: *Omnes quos Deus docet, mi-*

deles nascesse. Convinha, pois, que aquele povo do qual Cristo haveria de nascer, pudesse dispor de alguma especial santificação, segundo o que é dito no livro do Levítico: "Sereis santos, porque eu sou santo". — Nem foi também por mérito do mesmo Abraão que tal promessa lhe fosse feita, a saber que Cristo nasceria de seu sêmen, mas por escolha gratuita e vocação[n]. Por isso, se diz no livro de Isaías: "Quem suscitou do oriente o justo, chamou-o para que o seguisse?".

Evidencia-se, pois, que só pela escolha gratuita receberam os pais a promessa, e o povo deles nascido recebeu a lei, segundo o livro do Deuteronômio". Ouvistes as palavras dele do meio do fogo, porque amou os pais, e escolheu o sêmen deles após eles". — Se, porém, se perguntar por que escolheu tal povo e não outro, para que dele nascesse o Cristo, é conveniente a resposta de Agostinho, que diz: "Porque a este toma e não a outro, não queiras julgar, se não queres errar".

QUANTO AO 1º, portanto, deve-se dizer que, embora a salvação futura por Cristo fosse preparada para todos os povos, era necessário que Cristo nascesse de um só povo[o], o qual, por causa disso, teve prerrogativas sobre os outros, segundo a Carta aos Romanos: "Deles", isto é, dos judeus, "é a adoção de filhos de Deus, o testamento e a legislação; deles os pais; deles é o Cristo segundo a carne".

QUANTO AO 2º, deve-se dizer que a acepção de pessoas[p] teve lugar naquelas coisas que se dão por débito. Naquelas que são ministradas por vontade gratuita, a acepção de pessoas não tem lugar. Não faz acepção de pessoas aquele que dá a um e não a outro de sua liberalidade; mas, se fosse o dispensador dos bens comuns, e não distribuísse igualmente segundo o mérito das pessoas, faria acepção de pessoas. Os benefícios salutares confere Deus ao gênero humano, por sua graça. Portanto, não faz acepção de pessoas se confere a algumas sobre outras. Daí dizer Agostinho: "A todos aqueles que Deus ensina, ensina por mise-

3. Tract. 26, n. 2: ML 35, 1607.
4. C. 8, n. 14: ML 44, 971.

n. Esse texto, originalmente relativo a Ciro, é citado de acordo com a Vulgata latina, que o glosa e aplica ao "Justo" por excelência.

o. Sem afirmá-lo explicitamente, Sto. Tomás mostra aqui a necessidade do particularismo que denota a escolha de Israel, para que o envio de Deus a este mundo seja inserido na história humana real: esse princípio deve ser retido para compreender a sua teologia da história, baseada em Rm 4,9.

p. Sem dizê-lo, Sto. Tomás se refere aqui a São Paulo (ver Rm 2,11; Cl 3,25; Ep 6,9). O final tenta justificar a aplicação mediante um apelo, bastante problemático, à "condenação" do gênero humano devida ao pecado das origens: outro traço de teologia agostiniana.

sericordia docet: quos autem non docet, iudicio non docet. Hoc enim venit ex damnatione humani generis pro peccato primi parentis.

AD TERTIUM dicendum quod beneficia gratiae subtrahuntur homini propter culpam: sed beneficia naturalia non subtrahuntur. Inter quae sunt ministeria angelorum, quae ipse naturarum ordo requirit, ut scilicet per media gubernentur infirma; et etiam corporalia subsidia, quae non solum hominibus, sed etiam iumentis Deus administrat, secundum illud Ps 35,7: *Homines et iumenta salvabis, Domine*.

ricórdia; àqueles que não ensina, por juízo não ensina". Isso provém da condenação do gênero humano em razão do pecado do primeiro pai.

QUANTO AO 3º, deve-se dizer que os benefícios da graça são subtraídos ao homem por causa da culpa, mas os benefícios naturais não são subtraídos. Entre essas coisas estão os ministérios dos anjos, que a própria ordem das naturezas requer, a saber, que as ínfimas sejam governadas pelas médias, e também os subsídios corporais, que Deus subministra não só aos homens, mas também aos jumentos, segundo o livro dos Salmos: "Salvarás, Senhor, os homens e os jumentos".

ARTICULUS 5

Utrum omnes homines obligarentur ad observandam veterem legem

AD QUINTUM SIC PROCEDITUR. Videtur quod omnes homines obligarentur ad observandam veterem legem.

1. Quicumque enim subditur regi, oportet quod subdatur legi ipsius. Sed vetus lex est data a Deo, qui est *rex omnis terrae*, ut in Ps 46,8 dicitur. Ergo omnes habitantes terram tenebantur ad observantiam legis.

2. PRAETEREA, Iudaei salvari non poterant nisi legem veterem observarent: dicitur enim Dt 27,26: *Maledictus qui non permanet in sermonibus legis huius, nec eos opere perficit*. Si igitur alii homines sine observantia legis veteris potuissent salvari, peior fuisset conditio Iudaeorum quam aliorum hominum.

3. PRAETEREA, gentiles ad ritum Iudaicum et ad observantias legis admittebantur: dicitur enim Ex 12,48: *Si quis peregrinorum in vestram voluerit transire coloniam, et facere Phase Domini, circumcidetur prius omne masculinum eius, et tunc rite celebrabit, eritque simul sicut indigena terrae*. Frustra autem ad observantias legales fuissent extranei admissi ex ordinatione divina, si absque

ARTIGO 5

Todos os homens estavam obrigados a observar a lei antiga?[q]

QUANTO AO QUINTO, ASSIM SE PROCEDE: parece que todos os homens **estavam** obrigados a observar a lei antiga.

1. Com efeito, todo aquele que está sujeito a um rei, é necessário que se sujeite à lei do mesmo. Ora, a lei antiga foi dada por Deus, que é "rei de toda a terra", como se diz no livro dos Salmos. Logo, todos os que habitam a terra estão obrigados à observância da lei.

2. ALÉM DISSO, os judeus não poderiam salvar-se a não ser que observassem a lei antiga. Diz-se, com efeito, no livro do Deuteronômio: "Maldito o que não permanece nas palavras desta lei, nem as realiza perfeitamente". Se, pois, outros homens sem a observância da lei pudessem salvar-se, teria sido pior a condição dos judeus que a dos outros homens.

3. ADEMAIS, os gentios eram admitidos ao rito dos judeus e à observância da lei. Diz-se, com efeito, no livro do Êxodo: "Se alguém dos peregrinos quiser passar à vossa colônia e celebrar a Páscoa do Senhor, circuncide-se primeiro todo varão, e então celebrará segundo os ritos, e será simultaneamente como natural da terra". Ora, inutilmente seriam admitidos os estrangeiros

5 PARALL.: in *Matth*., c. 23; *ad Rom*., c. 2, lect. 3; c. 6, lect. 3.

q. É preciso justificar o fato de que a lei antiga, enquanto lei positiva enunciando a vontade de Deus, só obrigava os membros do povo de Israel. A citação do Pseudo-Dionísio mostra que a questão levantada incide afinal sobre o problema da salvação individual, tanto para os judeus como para os membros das nações. Em sua resposta, Sto. Tomás dá uma mostra da distinção que ele fará adiante entre os preceitos morais, relacionados à "lei natural" (ou seja, inscrita na natureza do homem enquanto criatura de Deus), e os preceitos cerimoniais e jurídicos, que se devem a um direito positivo ao qual Israel é o único submetido.

legalibus observantiis salvari potuissent. Ergo nullus salvari poterat nisi legem observaret.

às observâncias legais por ordenação divina, se pudessem salvar-se sem as observâncias legais. Logo, ninguém poderia salvar-se a não ser que observasse a lei.

SED CONTRA est quod Dionysius dicit, 9 cap. *Cael. Hier.*[1], quod multi gentilium per angelos sunt reducti in Deum. Sed constat quod gentiles legem non observabant. Ergo absque observantia legis poterant aliqui salvari.

EM SENTIDO CONTRÁRIO, diz Dionísio que muitos gentios foram conduzidos a Deus pelos anjos. Ora, consta que os gentios não observavam a lei. Logo, sem observância da lei puderam alguns salvar-se.

RESPONDEO dicendum quod lex vetus manifestabat praecepta legis naturae, et superaddebat quaedam propria praecepta. Quantum igitur ad illa quae lex vetus continebat de lege naturae, omnes tenebantur ad observantiam veteris legis: non quia erant de veteri lege, sed quia erant de lege naturae. Sed quantum ad illa quae lex vetus superaddebat, non tenebantur aliqui ad observantiam veteris legis nisi solus populus Iudaeorum.

RESPONDO. A lei antiga manifestava os preceitos da lei da natureza, e acrescentava alguns preceitos próprios. Quanto, pois, àquelas coisas que a antiga lei continha da lei da natureza, estavam todos obrigados à observância da lei antiga, não porque eram da lei antiga, mas porque eram da lei da natureza. Mas quanto àquelas coisas que a lei antiga acrescentava, não estavam obrigados alguns à observância da lei antiga, a não ser somente o povo judeu.

Cuius ratio est quia lex vetus, sicut dictum est[2], data est populo Iudaeorum ut quandam praerogativam sanctitatis obtineret, propter reverentiam Christi, qui ex illo populo nasciturus erat. Quaecumque autem statuuntur ad specialem aliquorum sanctificationem, non obligant nisi illos: sicut ad quaedam obligantur clerici, qui mancipantur divino ministerio, ad quae laici non obligantur; similiter et religiosi ad quaedam perfectionis opera obligantur ex sua professione, ad quae saeculares non obligantur. Et similiter ad quaedam specialia obligabatur populus ille, ad quae alii populi non obligabantur. Unde dicitur Dt 18,13: *Perfectus eris, et absque macula, cum Domino Deo tuo*. Et propter hoc etiam quadam professione utebantur; ut patet Dt 26,3: *Profiteor hodie coram Domino Deo tuo* etc.

A razão disso é que a lei antiga, como foi dito, foi dada ao povo judeu para que obtivesse alguma prerrogativa de santidade, por causa da reverência de Cristo, que haveria de nascer daquele povo. Todas as coisas que se estabelecem para a santificação especial de alguns, não obrigam a não ser a esses, como a algumas coisas são obrigados os clérigos, que se entregam ao ministério divino, às quais os leigos não estão obrigados; igualmente os religiosos são obrigados a algumas obras de perfeição, por sua profissão, às quais os seculares não são obrigados. E semelhantemente aquele povo estava obrigado a algumas coisas especiais, às quais outros povos não estavam obrigados. Por isso, se diz no livro do Deuteronômio: "Serás perfeito e sem mácula, com o Senhor teu Deus". E por causa disso também usavam de alguma forma de declaração, como fica claro pelo livro do Deuteronômio: "Reconheço hoje em presença do Senhor, teu Deus" etc.

AD PRIMUM ergo dicendum quod quicumque subduntur regi, obligantur ad legem eius observandam quam omnibus communiter proponit. Sed si instituat aliqua observanda a suis familiaribus ministris, ad haec ceteri non obligantur.

QUANTO AO 1º, portanto, deve-se dizer que todos aqueles que estão sujeitos ao rei, são obrigados a observar a sua lei, que ele propõe comumente a todos. Mas, se institui algumas coisas a serem observadas pelos seus ministros familiares, a essas os outros não são obrigados.

AD SECUNDUM dicendum quod homo quanto Deo magis coniungitur, tanto efficitur melioris conditionis. Et ideo quanto populus Iudaeorum erat adstrictus magis ad divinum cultum, dignior aliis

QUANTO AO 2º, deve-se dizer que o homem, quanto mais se une a Deus, tanto mais se torna de melhor condição. E assim quanto mais o povo judeu era adstrito ao culto divino, mais digno era

1. MG 3, 261 D.
2. Art. praec.

populis erat. Unde dicitur Dt 4,8: *Quae est alia gens sic inclyta, ut habeat caeremonias, iustaque iudicia, et universam legem?* Et similiter etiam quantum ad hoc sunt melioris conditionis clerici quam laici, et religiosi quam saeculares.

AD TERTIUM dicendum quod gentiles perfectius et securius salutem consequebantur sub observantiis legis quam sub sola lege naturali: et ideo ad eas admittebantur. Sicut etiam nunc laici transeunt ad clericatum, et saeculares ad religionem, quamvis absque hoc possint salvari.

do que os outros povos. Por isso, se diz no livro do Deuteronômio: "Que outro povo há tão ínclito, que tenha as cerimônias, os juízos justos e toda a lei?". E semelhantemente também quanto a isso são de melhor condição os clérigos que os leigos, os religiosos que os seculares.

QUANTO AO 3º, deve-se dizer que os gentios conseguiam mais perfeita e seguramente a salvação sob as observações da lei do que apenas sob a lei natural; e assim eram admitidos a elas. Assim também agora os leigos passam ao clericato, e os seculares à religião, embora sem isso possam salvar-se.

ARTICULUS 6

Utrum lex vetus convenienter data fuerit tempore Moysi

AD SEXTUM SIC PROCEDITUR. Videtur quod lex vetus non convenienter fuerit data tempore Moysi.

1. Lex enim vetus disponebat ad salutem quae erat futura per Christum, sicut dictum est[1]. Sed statim homo post peccatum indiguit huiusmodi salutis remedio. Ergo statim post peccatum lex vetus debuit dari.

2. PRAETEREA, lex vetus data est propter sanctificationem eorum ex quibus Christus nasciturus erat. Sed Abrahae incoepit fieri promissio de *semine, quod est Christus*, ut habetur Gn 12,7. Ergo statim tempore Abrahae debuit lex dari.

3. PRAETEREA, sicut Christus non est natus ex aliis descendentibus ex Noe nisi ex Abraham, cui facta est promissio; ita etiam non est natus ex aliis filiis Abrahae nisi ex David, cui est promissio renovata, secundum illud 2Reg 23,1: *Dixit vir cui constitutum est de Christo Dei Iacob*. Ergo

ARTIGO 6

A lei antiga foi dada convenientemente no tempo a Moisés?[r]

QUANTO AO SEXTO, ASSIM SE PROCEDE: parece que a lei antiga **não** foi dada convenientemente no tempo a Moisés.

1. Com efeito, a lei antiga dispunha à salvação que haveria de se dar por Cristo, como foi dito. Ora, imediatamente o homem, após o pecado, necessitou de tal remédio de salvação. Logo, imediatamente após o pecado, a lei antiga deveria ter sido dada.

2. ALÉM DISSO, a lei antiga foi dada por causa da santificação daqueles dos quais Cristo haveria de nascer. Ora, a Abraão começou a ser feita a promessa sobre "o sêmen que é Cristo", como se acha no livro do Gênesis. Logo, a lei deveria ter sido dada imediatamente no tempo de Abraão.

3. ADEMAIS, como Cristo não nasceu de outros descendentes de Noé, mas de Abraão, ao qual foi feita a promessa, assim também não nasceu dos outros filhos de Abraão, mas de Davi, ao qual foi renovada a promessa, segundo o II livro dos Reis: "Disse o varão ao qual foi constituído sobre

6 PARALL.: Part. III, q. 70, a. 2, ad 2; IV *Sent.*, dist. 1, q. 1, a. 2, q.la 4; *ad Galat.*, c. 3, lect. 7.

1. Art. 2, 3.

r. Questão da escola, pouco importante em si mesma. Refere-se em princípio ao desenrolar histórico da economia da salvação, o que poderia ter ainda uma alcance teológico real. A informação, porém, sobre a história religiosa da humanidade depende exclusivamente do detalhe dos relatos bíblicos, recebidos como históricos em sua literalidade, segundo a leitura que se fazia na antiguidade greco-latina, tanto do lado judeu como do lado cristão. Devido a isso, os motivos apresentados para justificar a "conveniência" da época de Moisés para a promulgação de todos os preceitos contidos nos livros do Pentateuco perdem grande parte de seu peso. Resta a ideia geral de uma "história sacra", balizada por personagens que sobressaem por ocasião dessas etapas marcantes: as origens, Abraão, Moisés, Davi. No entanto, a etapa de Moisés é ela própria menos marcada pela aliança recebida de Deus do que pela lei que constitui o seu guia: é o limite da reflexão teológica exibida por Sto. Tomás. As objeções possuem um caráter escolar. O texto que funda a resposta é melhor escolhido, pois situa o dom da lei na história voltada para a vinda do Cristo a nosso mundo.

lex vetus debuit dari post David, sicut data est post Abraham.

SED CONTRA est quod Apostolus dicit, Gl 3,19, quod *lex propter transgressionem posita est, donec veniret semen cui promiserat, ordinata per angelos in manu mediatoris*: idest *ordinabiliter data*, ut Glossa[2] dicit. Ergo congruum fuit ut lex vetus illo temporis ordine traderetur.

RESPONDEO dicendum quod convenientissime lex vetus data fuit tempore Moysi. Cuius ratio potest accipi ex duobus, secundum quod quaelibet lex duobus generibus hominum imponitur. Imponitur enim quibusdam duris et superbis, qui per legem compescuntur et domantur: imponitur etiam bonis, qui, per legem instructi, adiuvantur ad implendum quod intendunt. Conveniens igitur fuit tali tempore legem veterem dari, ad superbiam hominum convincendam. De duobus enim homo superbiebat: scilicet de scientia, et de potentia. De scientia quidem, quasi ratio naturalis ei posset sufficere ad salutem. Et ideo ut de hoc eius superbia convinceretur permissus est homo regimini suae rationis absque adminiculo legis scriptae: et experimento homo discere potuit quod patiebatur rationis defectum, per hoc quod homines usque ad idololatriam et turpissima vitia circa tempora Abrahae sunt prolapsi. Et ideo post haec tempora fuit necessarium legem scriptam dari in remedium humanae ignorantiae: quia *per legem est cognitio peccati*, ut dicitur Rm 3,20. — Sed postquam homo est instructus per legem, convicta est eius superbia de infirmitate, dum implere non poterat quod cognoscebat. Et ideo, sicut Apostolus concludit, Rm 8,3sq., *quod impossibile erat legi, in qua infirmabatur per carnem, misit Deus Filium suum, ut iustificatio legis impleretur in nobis*.

Ex parte vero bonorum, lex data est in auxilium. Quod quidem tunc maxime populo necessarium fuit, quando lex naturalis obscurari incipiebat

o Cristo do Deus de Jacó". Logo, a lei antiga devia ter sido dada após Davi, assim como foi dada após Abraão.

EM SENTIDO CONTRÁRIO, diz o Apóstolo que "a lei foi imposta por causa da transgressão, até que viesse o sêmen ao qual se prometera, ordenada pelos anjos na mão do mediador", isto é, "ordenadamente dada", como diz a Glosa. Logo, foi conveniente que a lei antiga fosse ordenadamente transmitida naquele tempo.

RESPONDO. A lei antiga foi dada convenientissimamente no tempo a Moisés. A razão disso pode ser tomada a partir de duas coisas, segundo o que qualquer lei se impõe a dois gêneros de homens. Impõe-se, com efeito, a alguns duros e soberbos, que pela lei são coibidos e domados, impõe-se também aos bons, que, instruídos pela lei, são ajudados para realizar o que tencionam. Foi conveniente, pois, que a lei antiga fosse dada em tal tempo, para vencer a soberba dos homens. De duas coisas, com efeito, o homem se ensoberbecia: a saber, da ciência e do poder[s]. Da ciência, como se a razão natural[t] lhe pudesse ser suficiente para a salvação. E assim para que fosse sua soberba vencida nisso, foi entregue o homem ao regime de sua razão, sem o auxílio da lei escrita; e pela experiência o homem pôde aprender que sofria a deficiência da razão, por isso caíram os homens, nos tempos de Abraão, na idolatria e em vícios torpíssimos. E assim após esses tempos tornou-se necessário que a lei escrita fosse dada como remédio à ignorância humana, pois "pela lei dá-se o conhecimento do pecado", como se diz na Carta aos Romanos. — Ora, depois que o homem foi instruído pela lei, sua soberba foi vencida pela fraqueza, enquanto não pôde realizar aquilo que conheceu. E assim, como conclui o Apóstolo, "o que era impossível à lei, na qual se debilitava pela carne, enviou Deus seu Filho, para que a justificação da lei fosse realizada em nós".

Da parte, porém, dos bons, a lei foi dada em auxílio. O que, certamente, foi maximamente necessário ao povo, quando a lei natural[u] começou

2. Ordin.: ML 114, 576 D; LOMBARDI: ML 192, 127 D.

s. A propósito do estado da humanidade "antes de Abraão", Sto. Tomás analisa aqui um aspecto geral da condição humana: a confiança abusiva no Saber e o desejo imoderado do Poder levam a uma hipertrofia da consciência de si (ordem do Valor). Tal fenômeno é observável tanto entre os indivíduos como entre os grupos fechados que se constituem em "classes". Bastaria acrescentar a cobiça do Ter para que o quadro se junte às análise modernas. O declínio que resulta lembra o quadro que se tem em Rm 1,18-32. Semelhante diagnóstico religioso ultrapassa os dados da Sociologia e da Psicologia.

t, u. "Razão natural" e, mais à frente, "lei natural": Sto. Tomás projeta sobre essa linguagem aristotélica a sua concepção concreta do homem que provém de São Paulo: a "razão" (ver Rm 7,23-25) traz a marca da "natureza" decaída (Ep 2,3); ela

propter exuberantiam peccatorum. Oportebat autem huiusmodi auxilium quodam ordine dari, ut per imperfecta ad perfectionem manuducerentur. Et ideo inter legem naturae et legem gratiae, oportuit legem veterem dari.

AD PRIMUM ergo dicendum quod statim post peccatum primi hominis non competebat legem veterem dari: tum quia nondum homo recognoscebat se ea indigere, de sua ratione confisus. Tum quia adhuc dictamen legis naturae nondum erat obtenebratum per consuetudinem peccandi.

AD SECUNDUM dicendum quod lex non debet dari nisi populo: est enim praeceptum commune, ut dictum est[3]. Et ideo tempore Abrahae data sunt quaedam familiaria praecepta, et quasi domestica, Dei ad homines. Sed postmodum, multiplicatis eius posteris intantum quod populus esset, et liberatis eis a servitute, lex convenienter potuit dari: nam servi non sunt pars populi vel civitatis, cui legem dari competit, ut Philosophus dicit, in III *Polit.*[4].

AD TERTIUM dicendum quod, quia legem oportebat alicui populo dari, non solum illi ex quibus Christus natus est, legem acceperunt; sed totus populus consignatus signaculo circumcisionis, quae fuit signum promissionis Abrahae factae et ab eo creditae, ut dicit Apostolus, Rm 4,11. Et ideo etiam ante David oportuit legem dari tali populo iam collecto.

a obscurecer-se por causa da proliferação dos pecados. Era necessário, pois, que tal auxílio fosse dado, em alguma ordem, para que mediante as coisas imperfeitas fossem conduzidos à perfeição. E assim entre a lei da natureza e a lei da graça, foi necessário que a lei antiga fosse dada.

QUANTO AO 1º, portanto, deve-se dizer que, imediatamente após o pecado do primeiro homem, não era oportuno que a lei antiga fosse dada, seja porque o homem não reconhecia precisar dela, confiado em sua razão, seja porque o ditame da lei da natureza ainda não estava entenebrecido pelo costume de pecar.

QUANTO AO 2º, deve-se dizer que a lei não deve ser dada a não ser ao povo; com efeito, é um preceito comum, como foi dito. E assim, no tempo de Abraão, foram dados alguns preceitos familiares e como que domésticos, de Deus aos homens. Posteriormente, contudo, multiplicados seus pósteros na medida em que se constituía um povo, e libertados da servidão, a lei pôde ser convenientemente dada. Com efeito, os servos não são parte do povo ou da cidade, à qual compete ser dada a lei, como afirma o Filósofo.

QUANTO AO 3º, deve-se dizer que era necessário que a lei fosse dada a algum povo, não só a receberam aqueles dos quais Cristo nasceu, mas todo o povo marcado pelo sinal da circuncisão, que foi o sinal da promessa feita a Abraão e por ele crida, como diz o Apóstolo. E assim também, antes de Davi, foi necessário que a lei fosse dada a tal povo já constituído.

3. Q. 96, a. 1.
4. C. 9: 1280, a, 32-34.

deveria esclarecê-lo sobre a compreensão de sua própria existência; porém, ela o faz mal, de tal modo que ele toma consciência de sua decadência na medida em que constata a fragilidade e precariedade de sua condição. Pode então reconhecer a necessidade de uma graça divina que o salva. A revelação implicada pela "lei" positiva desempenha um papel essencial na educação, que prepara progressivamente a humanidade à vinda da salvação (ver a citação de Rm 8,3). Tal reinterpretação da linguagem aristotélica voltará a encontrar-se em toda a sequência da exposição.

QUAESTIO XCIX
DE PRAECEPTIS VETERIS LEGIS
in sex articulos divisa

Deinde considerandum est de praeceptis veteris legis. Et primo, de distinctione ipsorum; secundo, de singulis generibus distinctis.

QUESTÃO 99
OS PRECEITOS DA LEI ANTIGA[a]
em seis artigos

Em seguida, devem-se considerar os preceitos da lei antiga. E em primeiro lugar, a distinção dos mesmos; em segundo, cada gênero distintamente.

a. A questão tem um objetivo prático: classificar logicamente os materiais que deverão ser examinados nas q. 99 a 105. Tal classificação obrigará a definir de maneira estrita as categorias de preceitos que serão assim reconhecidos, determinando o

Circa primum quaeruntur sex.

Primo: utrum legis veteris sint plura praecepta, vel unum tantum.

Secundo: utrum lex vetus contineat aliqua praecepta moralia.

Tertio: utrum praeter moralia contineat caeremonialia.

Quarto: utrum contineat, praeter haec, iudicialia.

Quinto: utrum praeter ista tria contineat aliqua alia.

Sexto: de modo quo lex inducebat ad observantiam praedictorum.

ARTICULUS 1

Utrum in lege veteri contineatur solum unum praeceptum

AD PRIMUM SIC PROCEDITUR. Videtur quod in lege veteri non contineatur nisi unum praeceptum.

1. Lex enim est nihil aliud quam praeceptum, ut supra[1] habitum est. Sed lex vetus est una. Ergo non continet nisi unum praeceptum.

2. PRAETEREA, Apostolus dicit, Rm 13,9: *Si quod est aliud mandatum, in hoc verbo instauratur, Diliges proximum tuum sicut teipsum.* Sed istud mandatum est unum. Ergo lex vetus non continet nisi unum mandatum.

3. PRAETEREA, Mt 7,12 dicitur: *Omnia quaecumque vultis ut faciant vobis homines, et vos facite illis: haec est enim lex et prophetae.* Sed tota lex vetus continetur in lege et prophetis. Ergo tota lex vetus non habet nisi unum praeceptum.

SED CONTRA est quod Apostolus dicit, *ad* Eph 2,15: *Legem mandatorum decretis evacuans.* Et loquitur de lege veteri, ut patet per Glossam[2] ibidem. Ergo lex vetus continet in se multa mandata.

A respeito do primeiro, fazem-se seis perguntas.

1. Os preceitos da lei antiga são vários ou um só?
2. A lei antiga continha alguns preceitos morais?
3. Além dos preceitos morais, continha os cerimoniais?
4. Continha, além desses, os judiciais?
5. Continha, além desses três, alguns outros?
6. De que modo a lei induzia à observância dos preditos?

ARTIGO 1

A lei antiga continha só um preceito?[b]

Quanto ao primeiro artigo, assim se procede: parece que a lei antiga **não** continha senão um só preceito.

1. Com efeito, a lei não é outra coisa senão preceito, como acima foi mostrado. Ora, a lei antiga é uma. Logo, não contém senão um só preceito.

2. ALÉM DISSO, diz o Apóstolo: "Se há algum outro mandamento, ele se resume nesta palavra: Amarás teu próximo como a ti mesmo". Ora, este é um só mandamento. Logo, a lei antiga não contém senão um só mandamento.

3. ADEMAIS, diz o Evangelho de Mateus: "Todas aquelas coisas que quiserdes que vos façam os homens, também fazei a eles: esta, com efeito, é a lei e os profetas". Ora, toda a lei antiga está contida na lei e nos profetas. Logo, toda a lei antiga não tem senão um só preceito.

EM SENTIDO CONTRÁRIO, diz o Apóstolo: "Abolindo com decretos a lei dos mandamentos". Ele fala da lei antiga, como fica claro pela *Glosa* no mesmo lugar. Logo, a lei antiga contém em si muitos mandamentos.

1

1. Q. 92, a. 2, ad 1.
2. Interl.; Ord.: ML 114, 592 B; LOMBARDI: ML 192, 185 A.

seu objetivo e sua função no povo da antiga aliança. A associação da palavra "preceito" ao termo "lei", que conserva uma ressonância jurídica mesmo quando aplicada a Deus, mostra que não se deixará uma perspectiva prescritiva, na qual os comandos terão um caráter de obrigação. Na medida em que as obrigações retidas fossem uma condição *sine qua non* da relação religiosa com Deus, a sua enumeração resultaria na promoção de uma "ética da lei", mais próxima da filosofia grega do que do conceito bíblico de "Torá", "instrução" dada por Deus a seu povo para que ele leve uma vida digna dele. No entanto, seria um equívoco em relação ao pensamento de Sto. Tomás buscar apenas nesse tratado o fundamento da moral: os seus dados devem ser comparados com o tratado das virtudes (II-II, q. 1 a 170), para que o seu aspecto positivo seja corretamente posto em evidência.

b. O objeto real dessa questão é o seguinte: os homens devem alcançar o seu fim último mediante os atos particulares de sua existência. É a multiplicidade desses seus atos, e dos domínios aos quais estes pertencem, que exige a multiplicidade de preceitos.

RESPONDEO dicendum quod praeceptum legis, cum sit obligatorium, est de aliquo quod fieri debet. Quod autem aliquid debeat fieri, hoc provenit ex necessitate alicuius finis. Unde manifestum est quod de ratione praecepti est quod importet ordinem ad finem, inquantum scilicet illud praecipitur quod est necessarium vel expediens ad finem. Contingit autem ad unum finem multa esse necessaria vel expedientia. Et secundum hoc possunt de diversis rebus dari praecepta inquantum ordinantur ad unum finem. Unde dicendum est quod omnia praecepta legis veteris sunt unum secundum ordinem ad unum finem: sunt tamen multa secundum diversitatem eorum quae ordinantur ad finem illum.

AD PRIMUM ergo dicendum quod lex vetus dicitur esse una secundum ordinem ad finem unum: et tamen continet diversa praecepta, secundum distinctionem eorum quae ordinat ad finem. Sicut etiam ars aedificativa est una secundum unitatem finis, quia tendit ad aedificationem domus: tamen continet diversa praecepta, secundum diversos actus ad hoc ordinatos.

AD SECUNDUM dicendum quod, sicut Apostolus dicit, 1Ti 1,5, *finis praecepti caritas est*: ad hoc enim omnis lex tendit, ut amicitiam constituat vel hominum ad invicem, vel hominis ad Deum. Et ideo tota lex impletur in hoc uno mandato, *Diliges proximum tuum sicut teipsum*, sicut in quodam fine mandatorum omnium: in dilectione enim proximi includitur etiam Dei dilectio, quando proximus diligitur propter Deum. Unde Apostolus hoc unum praeceptum posuit pro duobus quae sunt de dilectione Dei et proximi, de quibus dicit Dominus, Mt 22,40: *In his duobus mandatis pendet omnis lex et prophetae*.

AD TERTIUM dicendum quod, sicut dicitur in IX *Ethic.*[3], *amicabilia quae sunt ad alterum, venerunt ex amicabilibus quae sunt homini ad seipsum*, dum scilicet homo ita se habet ad alterum sicut ad se. Et ideo in hoc quod dicitur, *Omnia quaecumque vultis ut faciant vobis homines, et vos facite illis*, explicatur quaedam regula dilectionis proximi, quae etiam implicite continetur in hoc quod dici-

RESPONDO. O preceito da lei, como é obrigatório, é de alguma coisa que deve ser feita. Que algo deva ser feito, isso provém da necessidade de algum fim. Portanto, é manifesto que pertence à razão de preceito que implique ordem a um fim, a saber, enquanto aquilo que é preceituado é necessário ou proveitoso para o fim. Acontece que para um fim muitas coisas são necessárias ou proveitosas. E, de acordo com isso, os preceitos podem ser dados sobre diversas coisas, enquanto se ordenam para um fim. Deve-se, pois, dizer que todos os preceitos da lei antiga são um só segundo a ordem a um só fim; são, porém, muitos segundo a diversidade das coisas que se ordenam àquele fim.

QUANTO AO 1º, portanto, deve-se dizer que a lei antiga é dita uma só, mas contém diversos preceitos, segundo a distinção daquelas coisas que ela ordena ao fim. Assim também a arte da edificação é uma segundo a unidade do fim, porque tende à edificação da casa; contém, porém, diversos preceitos, segundo os diversos atos ordenados a isso.

QUANTO AO 2º, deve-se dizer que, como afirma o Apóstolo, "o fim do preceito é a caridade". Com efeito, a isso toda lei tende, de modo que constitua a amizade ou dos homens entre si, ou do homem para com Deus. E assim toda a lei é realizada num só mandamento: "Amarás teu próximo como a ti mesmo", como um fim de todos os mandamentos; no amor do próximo, com efeito, é incluído o amor a Deus, quando o próximo é amado por causa de Deus. Por isso, o Apóstolo impôs este único preceito pelos dois, que são sobre o amor de Deus e do próximo, dos quais diz o Senhor no Evangelho de Mateus: "Desses dois mandamentos depende toda lei e os profetas".

QUANTO AO 3º, deve-se dizer que, como é dito no livro IX da *Ética*, "a amizade que se tem para o outro vem da amizade que o homem tem para si mesmo", a saber, o homem se tem para com o outro como para consigo[c]. E assim no ditado: "Todas aquelas coisas que quiserdes que vos façam os homens, também fazei-as a eles" explica-se uma regra de amor do próximo, que também

3. C. 4: 1166, a, 1-2.

c. O apoio filosófico fornecido por Aristóteles aos textos da Escritura relativos ao amor ao próximo não lhes acrescenta nada, quer se trate de Mt 7,12 (obj. 3), ou de Lv 19,18 (retomado em Mt 22,39 e par.; Gl 5,14; Rm 13,9; Jc 2,8). Ele mostra somente que há uma consonância entre o preceito bíblico e o "amor de amizade", que a razão pode conceber como um ideal a visar (essa questão será examinada em outro lugar: II-II, q. 23, a. 1).

tur, *Diliges proximum tuum sicut teipsum*. Unde est quaedam explicatio istius mandati.

Articulus 2
Utrum lex vetus contineat praecepta moralia

Ad secundum sic proceditur. Videtur quod lex vetus non contineat praecepta moralia.

1. Lex enim vetus distinguitur a lege naturae, ut supra[1] habitum est. Sed praecepta moralia pertinent ad legem naturae. Ergo non pertinent ad legem veterem.

2. Praeterea, ibi subvenire debuit homini lex divina, ubi deficit ratio humana: sicut patet in his quae ad fidem pertinent, quae sunt supra rationem. Sed ad praecepta moralia ratio hominis sufficere videtur. Ergo praecepta moralia non sunt de lege veteri, quae est lex divina.

3. Praeterea, lex vetus dicitur *littera occidens*, ut patet 2Cor 3,6. Sed praecepta moralia non occidunt, sed vivificant; secundum illud Ps 118,93: *In aeternum non obliviscar iustificationes tuas, quia in ipsis vivificasti me*. Ergo praecepta moralia non pertinent ad veterem legem.

Sed contra est quod dicitur Eccli 17,9: *Addidit illis disciplinam, et legem vitae haereditavit eos*. Disciplina autem pertinet ad mores: dicit enim Glossa[2] Hb 12, super illud [v. 11], *Omnis disciplina* etc.: *Disciplina est eruditio morum per difficilia*. Ergo lex a Deo data, praecepta moralia continebat.

Respondeo dicendum quod lex vetus continebat praecepta quaedam moralia: ut patet Ex 20,13-15, *Non occides, Non furtum facies*. Et hoc rationabiliter. Nam sicut intentio principalis legis humanae est ut faciat amicitiam hominum ad invicem; ita intentio legis divinae est ut constituat principaliter amicitiam hominis ad Deum. Cum autem similitudo sit ratio amoris, secundum illud Eccli

implicitamente está contida no ditado: "Amarás teu próximo como a ti mesmo". Trata-se, pois, de uma explicação deste mandamento.

Artigo 2
A lei antiga continha preceitos morais?

Quanto ao segundo, assim se procede: parece que a lei antiga **não** continha preceitos morais.

1. Com efeito, a lei antiga distingue-se da lei da natureza, como acima se mostrou. Ora, os preceitos morais pertencem à lei da natureza. Logo não pertencem à lei antiga.

2. Além disso, a lei antiga veio em socorro do homem ali onde a razão humana é deficiente, como fica claro por aquelas coisas que pertencem à fé, as quais estão acima da razão. Ora, para os preceitos morais a razão do homem parece ser suficiente. Logo, os preceitos morais não são da lei antiga, que é a lei divina.

3. Ademais, a lei antiga é dita "letra que mata", como fica claro pela segunda Carta aos Coríntios. Ora os preceitos morais não matam, mas vivificam, segundo o livro dos Salmos: "Não esquecerei para sempre as tuas justificações, porque nelas me vivificaste". Logo os preceitos morais não pertencem à lei antiga.

Em sentido contrário, diz-se no livro do Eclesiástico: "Acrescentou-lhes a disciplina e deu por herança a eles a lei da vida". A disciplina pertence aos costumes; diz, com efeito, a Glosa sobre aquela passagem da Carta aos Hebreus: "Toda disciplina etc.: A disciplina é a erudição dos costumes por meio das coisas difíceis". Logo a lei dada por Deus continha preceitos morais.

Respondo. A lei antiga continha alguns preceitos morais, como fica claro livro do Êxodo: "Não matarás. Não furtarás". E isso racionalmente. Como a intenção principal da lei humana é, com efeito, procurar a amizade dos homens entre si, assim a intenção da lei divina é constituir a amizade do homem com Deus[d]. Como a semelhança é razão do amor, conforme o livro do Eclesiástico:

2 Parall.: Infra, a. 4; in *Matth*., c. 23.

1. Q. 91, a. 4, 5; q. 98, a. 5.
2. Ord.: ML 114, 667 A; Lombardi: ML 192, 503 D.

d. A razão de ser das prescrições morais, tal como enunciada aqui, vai além na explicação da pedagogia divina, sobretudo se se substitui a terminologia grega da amizade pela terminologia bíblica do amor (*agape*) e da semelhança que Deus quer instaurar entre ele e o homem criado à sua imagem. Além da "moral da lei", é possível ver o surgimento da "moral das virtudes" com seu motivo essencial. Esse ponto permitirá situar exatamente as considerações da q. 100.

13,19, *Omne animal diligit simile sibi*; impossibile est esse amicitiam hominis ad Deum, qui est optimus, nisi homines boni efficiantur: unde dicitur Lv 19,2: *Sancti eritis, quoniam ego sanctus sum*. Bonitas autem hominis est virtus, quae *facit bonum habentem*. Et ideo oportuit praecepta legis veteris etiam de actibus virtutum dari. Et haec sunt moralia legis praecepta.

"Todo animal ama o semelhante a si", é impossível haver amizade do homem com Deus, que é ótimo, a não ser que os homens se tornem bons; por isso, se diz no livro do Levítico: "Sereis santos, porque eu sou santo". A bondade do homem é a virtude, que "o faz ter o bem". E assim foi necessário que também se dessem preceitos da lei antiga sobre atos das virtudes. E tais são os preceitos morais da lei.

AD PRIMUM ergo dicendum quod lex vetus distinguitur a lege naturae non tanquam ab ea omnino aliena, sed tanquam aliquid ei superaddens. Sicut enim gratia praesupponit naturam, ita oportet quod lex divina praesupponat legem naturalem.

QUANTO AO 1º, portanto, deve-se dizer que a lei antiga se distingue da lei da natureza não enquanto totalmente alheia a ela, mas enquanto lhe acrescenta algo[e]. Como a graça pressupõe a natureza, assim é necessário que a lei divina pressuponha a lei natural.

AD SECUNDUM dicendum quod legi divinae conveniens erat ut non solum provideret homini in his ad quae ratio non potest, sed etiam in his circa quae contingit rationem hominis impediri. Ratio autem hominis circa praecepta moralia, quantum ad ipsa communissima praecepta legis naturae, non poterat errare in universali: sed tamen, propter consuetudinem peccandi, obscurabatur in particularibus agentis. Circa alia vero praecepta moralia, quae sunt quasi conclusiones deductae ex communibus principiis legis naturae, multorum ratio oberrabat, ita ut quaedam quae secundum se sunt mala, ratio multorum licita iudicaret. Unde oportuit contra utrumque defectum homini subveniri per auctoritatem legis divinae. Sicut etiam inter credenda nobis proponuntur non solum ea ad quae ratio attingere non potest, ut Deum esse trinum; sed etiam ea ad quae ratio recta pertingere potest, ut Deum esse unum; ad excludendum rationis humanae errorem, qui accidebat in multis.

QUANTO AO 2º, deve-se dizer que era conveniente à lei divina que não só provesse ao homem naquelas coisas em relação às quais não pode a razão, mas também naquelas acerca das quais acontece ser impedida a razão do homem[f]. A razão do homem acerca dos preceitos morais, quanto aos mesmos comuníssimos preceitos da lei da natureza, não poderia errar no universal, mas, por causa do hábito de pecar, se obscurecia nos casos particulares do agente. A respeito, porém, dos outros preceitos morais, que são como conclusões deduzidas dos princípios comuns da lei da natureza, a razão de muitos errava, de modo que algumas coisas que são em si más, a razão de muitos julgava lícitas. Por isso foi necessário que contra um e outro defeito a autoridade da lei divina socorresse o homem. Assim, entre as coisas que se devem crer são-nos propostas não só aquelas que a razão não pode atingir, como ser Deus trino; mas também aquelas coisas a que a reta razão pode chegar, como ser Deus uno, para excluir o erro da razão humana, que acontecia em muitos.

AD TERTIUM dicendum quod, sicut Augustinus probat in libro *de Spiritu et Littera*[3], etiam littera legis quantum ad praecepta moralia, occidere dicitur occasionaliter: inquantum scilicet praecipit quod bonum est, non praebens auxilium gratiae ad implendum.

QUANTO AO 3º, deve-se dizer que, como prova Agostinho, também a letra da lei quanto aos preceitos morais diz-se que mata ocasionalmente: a saber, enquanto ordena o que é bom, não proporcionando o auxílio da graça para realizar.

3. C. 14: ML 44, 216.

e. Tal princípio não se aplica da mesma maneira aos preceitos morais, cerimoniais e jurídicos. A lei antiga, enquanto revelada, não desvenda ao homem apenas a sua própria natureza: mostra a finalidade última à qual aquela se ordena, ou seja, a comunhão com Deus que receberá a sua plenitude no Cristo Jesus.

f. Este ponto se relaciona à "ação" medicinal da graça, vista sob o ângulo do conhecimento da vontade de Deus. Notar a distinção entre os preceitos "gerais" e as consequências práticas que deles decorrem sob a forma de preceitos "particulares", ligados a coordenadas sociais e culturais que podem variar. Poder-se-ia desse modo vir ao encontro da distinção moderna entre a natureza e as culturas. A sua aplicação à lei antiga utiliza também o princípio do caráter progressivo da pedagogia divina.

ARTICULUS 3

Utrum lex vetus contineat praecepta caeremonialia, praeter moralia

AD TERTIUM SIC PROCEDITUR. Videtur quod lex vetus non contineat praecepta caeremonialia, praeter moralia.

1. Omnis enim lex quae hominibus datur, est directiva humanorum actuum. Actus autem humani morales dicuntur, ut supra[1] dictum est. Ergo videtur quod in lege veteri hominibus data, non debeant contineri nisi praecepta moralia.

2. PRAETEREA, praecepta quae dicuntur caeremonialia, videntur ad divinum cultum pertinere. Sed divinus cultus est actus virtutis, scilicet religionis, quae, ut Tullius dicit in sua *Rhetoric.*[2], *divinae naturae cultum caeremoniamque affert*. Cum igitur praecepta moralia sint de actibus virtutum, ut dictum est[3], videtur quod praecepta caeremonialia non sint distinguenda a moralibus.

3. PRAETEREA, praecepta caeremonialia esse videntur quae figurative aliquid significant. Sed sicut Augustinus dicit, in II *de Doctr. Christ.*[4], *verba inter homines obtinuerunt principatum significandi*. Ergo nulla necessitas fuit ut in lege continerentur praecepta caeremonialia de aliquibus actibus figurativis.

SED CONTRA est quod dicitur Dt 4,13sq.: *Decem verba scripsit in duabus tabulis lapideis: mihique mandavit in illo tempore ut docerem vos caeremonias et iudicia quae facere deberetis*. Sed decem praecepta legis sunt moralia. Ergo praeter praecepta moralia sunt etiam alia praecepta caeremonialia.

RESPONDEO dicendum quod, sicut dictum est[5], lex divina principaliter instituitur ad ordinandum homines ad Deum; lex autem humana principaliter ad ordinandum homines ad invicem. Et ideo

ARTIGO 3

A lei antiga continha preceitos cerimoniais, além dos morais?[g]

QUANTO AO TERCEIRO, ASSIM SE PROCEDE: parece que a lei antiga **não** continha preceitos cerimoniais, além dos morais.

1. Com efeito, toda lei que se dá aos homens é diretiva dos atos humanos. Ora, os atos humanos se dizem morais, como acima foi dito. Logo parece que a lei antiga dada aos homens, não devia conter a não ser preceitos morais.

2. ALÉM DISSO, os preceitos que são ditos cerimoniais, parece pertencerem ao culto divino. Ora, o culto divino é ato de virtude, a saber, da religião, que, como diz Túlio, "à natureza divina rende culto e cerimônia". Logo, como os preceitos morais são sobre atos das virtudes, como foi dito, parece que os preceitos cerimoniais não devem ser distinguidos dos morais.

3. ADEMAIS, parece que os preceitos cerimoniais são aqueles que significam algo a modo de figura. Ora, como diz Agostinho, "as palavras obtiveram entre os homens o principado de significar". Logo, não houve nenhuma necessidade que a lei contivessem preceitos cerimoniais sobre alguns atos figurativos.

EM SENTIDO CONTRÁRIO, diz-se no livro do Deuteronômio: "Escreveu dez palavras nas duas tábuas de pedra: e mandou-me naquele tempo que vos ensinasse as cerimônias e os juízos que deveríeis fazer". Ora, os dez preceitos da lei são morais. Logo, além dos preceitos morais há também outros preceitos cerimoniais.

RESPONDO[h]. Como foi dito, a lei divina é principalmente instituída para ordenar os homens para Deus; e a lei humana principalmente para ordenar os homens uns para os outros. E assim as leis

3 PARALL.: Infra, a. 4, 5; q. 101, a. 1; q. 103, a. 3; q. 104, a. 1; II-II, q. 122, a. 1, ad 2; IV *Sent.*, dist. 1, q. 1, expos. litt.; *Quodlib.* II, q. 4, a. 3; in *Matth.*, c. 23.

1. Q. 1, a. 3.
2. L. II, c. 53: ed. Müller, Lipsiae 1908, p. 230, ll. 20-22.
3. Art. praec.
4. C. 3: ML 34, 37.
5. Art. praec.

g. Este artigo será desenvolvido nas q. 101 a 103.

h. Sto. Tomás liga a relação religiosa com Deus e a virtude correspondente da "religião" ao bem "natural" do homem, isto é, à finalidade concreta de seu ser. Daí esse vínculo íntimo entre a relação "horizontal" dos homens entre si na sociedade e a sua relação "vertical" com Deus (do ponto de vista individual e comunitário). A profundidade de tal relação religiosa só será plenamente revelada em Jesus Cristo, mas já existe por sua disposição divina sob a antiga aliança, e havia indícios dela mesmo antes. Quanto à etimologia da palavra *caeremonia*, Sto. Tomás depende de fontes latinas: ela não funda de modo algum a sua reflexão teológica.

leges humanae non curaverunt aliquid instituere de cultu divino nisi in ordine ad bonum commune hominum: et propter hoc etiam multa confinxerunt circa res divinas, secundum quod videbatur eis expediens ad informandos mores hominum; sicut patet in ritu gentilium. Sed lex divina e converso homines ad invicem ordinavit secundum quod conveniebat ordini qui est in Deum, quem principaliter intendebat. Ordinatur autem homo in Deum non solum per interiores actus mentis, qui sunt credere, sperare et amare; sed etiam per quaedam exteriora opera, quibus homo divinam servitutem profitetur. Et ista opera dicuntur ad cultum Dei pertinere. Qui quidem cultus *caeremonia* vocatur, quasi *munia*, idest dona *Caereris*, quae dicebatur dea frugum, ut quidam dicunt: eo quod primo ex frugibus oblationes Deo offerebantur. Sive, ut Maximus Valerius refert[6], nomen caeremoniae introductum est ad significandum cultum divinum apud Latinos, a quodam oppido iuxta Romam, quod Caere vocabatur: eo quod, Roma capta a Gallis, illuc sacra Romanorum ablata sunt, et reverentissime habita. Sic igitur illa praecepta quae in lege pertinent ad cultum Dei, specialiter caeremonialia dicuntur.

AD PRIMUM ergo dicendum quod humani actus se extendunt etiam ad cultum divinum. Et ideo etiam de his continet praecepta lex vetus hominibus data.

AD SECUNDUM dicendum quod, sicut supra[7] dictum est, praecepta legis naturae communia sunt, et indigent determinatione. Determinantur autem et per legem humanam, et per legem divinam. Et sicut ipsae determinationes quae fiunt per legem humanam, non dicuntur esse de lege naturae, sed de iure positivo; ita ipsae determinationes praeceptorum legis naturae quae fiunt per legem divinam, distinguuntur a praeceptis moralibus, quae pertinent ad legem naturae. Colere ergo Deum, cum sit actus virtutis, pertinet ad praeceptum morale: sed determinatio huius praecepti, ut scilicet colatur talibus hostiis et talibus muneribus, hoc pertinet ad praecepta caeremonialia. Et ideo praecepta caeremonialia distinguuntur a praeceptis moralibus.

humanas não cuidaram de instituir algo sobre o culto divino a não ser em ordem ao bem comum dos homens; e por causa disso também estabeleceram muitas coisas acerca das coisas divinas, enquanto a elas parecia proveitoso para informar os costumes dos homens, como fica claro no rito dos gentios. A lei divina, inversamente, ordenou os homens uns para os outros, segundo convinha à ordem que é para Deus, ao qual principalmente visava. Ordenava-se o homem para Deus não só por meio dos atos interiores da mente, que são crer, esperar e amar, mas também por meio de algumas obras exteriores nas quais o homem professa sua dependência de Deus. E essas obras se consideram pertencer ao culto de Deus. E esse culto se chama "cerimônia", como "tributos", isto é, dons de Ceres, que se dizia deusa das messes, como alguns dizem, pelo fato de que por primeiro era delas que se ofereciam as oblações a Deus. Ou, como refere Máximo Valério, o nome de cerimônia foi introduzido para significar o culto divino entre os Latinos, a partir de um lugar fortificado junto de Roma, que se chamava Cere; tomada Roma pelos gauleses, para ali se transferiram as coisas sagradas dos romanos, e mantidas com extrema reverência. Assim, pois, aqueles preceitos que na lei pertencem ao culto de Deus dizem-se especialmente cerimoniais.

QUANTO AO 1º, portanto, deve-se dizer que os atos humanos se estendem também ao culto divino. E assim a lei antiga dada aos homens contém preceitos a respeito deles.

QUANTO AO 2º, deve-se dizer que, como acima foi dito, os preceitos da lei da natureza são comuns e precisam de determinação. São determinados tanto pela lei humana quanto pela lei divina. E assim como as mesmas determinações que se fazem pela lei humana, não se diz serem da lei da natureza, mas do direito positivo, assim as mesmas determinações dos preceitos da lei da natureza que se fazem pela lei divina, se distinguem dos preceitos morais, que pertencem à lei da natureza. Cultuar, pois, a Deus, uma vez que é ato da virtude, pertence ao preceito moral, mas a determinação desse preceito, como, por exemplo, cultuar com tais vítimas e tais ofícios, pertence isso aos preceitos cerimoniais. E assim os preceitos cerimoniais se distinguem dos preceitos morais.

6. *Factorum et dictorum memorabilium*, l. I, c. 1, § 10; ed. Kempf, Lipsiae 1888, p. 6, ll. 5-11.
7. Q. 91, a. 3.

AD TERTIUM dicendum quod, sicut Dionysius dicit, 1 cap. *Cael. Hier.*[8], divina hominibus manifestari non possunt nisi sub aliquibus similitudinibus sensibilibus. Ipsae autem similitudines magis movent animum quando non solum verbo exprimuntur, sed etiam sensui offeruntur. Et ideo divina traduntur in Scripturis non solum per similitudines verbo expressas, sicut patet in metaphoricis locutionibus; sed etiam per similitudines rerum quae visui proponuntur, quod pertinet ad praecepta caeremonialia.

QUANTO AO 3º, deve-se dizer que, como afirma Dionísio, as coisas divinas não podem manifestar-se aos homens a não ser sob algumas semelhanças sensíveis. As mesmas semelhanças movem mais o ânimo quando não se exprimem apenas pela palavra, mas também se oferecem ao sentido. E assim as coisas divinas são transmitidas nas Escrituras não apenas pelas semelhanças expressas na palavra, como fica claro nas locuções metafóricas, mas também por meio das semelhanças que são propostas ao olhar[i], o que pertence aos preceitos cerimoniais.

ARTICULUS 4
Utrum praeter praecepta moralia et caeremonialia, sint etiam praecepta iudicialia

AD QUARTUM SIC PROCEDITUR. Videtur quod praeter praecepta moralia et caeremonialia, non sint aliqua praecepta iudicialia in veteri lege.

1. Dicit enim Augustinus, *Contra Faustum*[1], quod in lege veteri sunt *praecepta vitae agendae, et praecepta vitae significandae*. Sed praecepta vitae agendae sunt moralia; praecepta autem vitae significandae sunt caeremonialia. Ergo praeter haec duo genera praeceptorum, non sunt ponenda in lege alia praecepta iudicialia.

2. PRAETEREA, super illud Ps 118,102, *A iudiciis tuis non declinavi*, dicit Glossa[2]: *idest ab his quae constituisti regulam vivendi*. Sed regula vivendi pertinet ad praecepta moralia. Ergo praecepta iudicialia non sunt distinguenda a moralibus.

3. PRAETEREA, iudicium videtur esse actus iustitiae; secundum illud Ps 93,15: *Quoadusque iustitia convertatur in iudicium*. Sed actus iustitiae, sicut et actus ceterarum virtutum, pertinet ad praecepta moralia. Ergo praecepta moralia includunt in se iudicialia, et sic non debent ab eis distingui.

SED CONTRA est quod dicitur Dt 6,1: *Haec sunt praecepta et caeremoniae atque iudicia*. Praecepta autem antonomastice dicuntur moralia. Ergo

ARTIGO 4
Além dos preceitos morais e cerimoniais há também preceitos judiciais?[j]

QUANTO AO QUARTO, ASSIM SE PROCEDE: parece que, além dos preceitos morais e cerimoniais, **não** há outros preceitos judiciais na lei antiga.

1. Com efeito, diz Agostinho que na lei antiga há "preceitos para dirigir a vida, e preceitos para significar a vida". Ora os preceitos para conduzir a vida são morais; e os preceitos para significar a vida são cerimoniais. Logo, além desses dois gêneros de preceitos não se devem pôr na lei outros preceitos judiciais.

2. ALÉM DISSO, sobre aquela passagem do livro dos Salmos: "não me afastei de teus juízos", diz a Glosa: "isto é, daqueles que constituíste como regra de viver". Ora, a regra de viver pertence aos preceitos morais. Logo, os preceitos judiciais não se hão de distinguir dos morais.

3. ADEMAIS, o juízo parece ser ato da justiça, segundo o livro dos Salmos: "Até que a justiça se converta em juízo". Ora, o ato de justiça, como também os atos das outras virtudes, pertence aos preceitos morais. Logo os preceitos morais incluem em si os judiciais, e assim não devem deles distinguir-se.

EM SENTIDO CONTRÁRIO, diz-se no livro do Deuteronômio: "Estes são os preceitos, as cerimônias e os juízos". Os preceitos se dizem morais por

8. MG 3, 121 B.

4 PARALL.: A. seq.; q. 103, a. 1; q. 104, a. 1; II-II, q. 87, a. 1; q. 122, a. 1, ad 2; *Quodlib*. II, q. 4, a. 3; in *Matth*., c. 23.

1. L. VI, c. 2; l. X, c. 2: ML 42, 228, 243.
2. Ord.: ML 113, 1041 D; LOMBARDI: ML 191, 1095 A.

i. Por intermédio do Pseudo-Dionísio, encontra-se o princípio bem moderno do papel do símbolo na linguagem religiosa e no culto.

j. Este artigo será desenvolvido nas q. 104 e 105.

praeter praecepta moralia et caeremonialia, sunt etiam iudicialia.

RESPONDEO dicendum quod, sicut dictum est[3], ad legem divinam pertinet ut ordinet homines ad invicem et ad Deum. Utrumque autem horum in communi quidem pertinet ad dictamen legis naturae, ad quod referuntur moralia praecepta: sed oportet quod determinetur utrumque per legem divinam vel humanam, quia principia naturaliter nota sunt communia tam in speculativis quam in activis. Sicut igitur determinatio communis praecepti de cultu divino fit per praecepta caeremonialia, sic et determinatio communis praecepti de iustitia observanda inter homines, determinatur per praecepta iudicialia.

Et secundum hoc, oportet tria praecepta legis veteris ponere; scilicet *moralia*, quae sunt de dictamine legis naturae; *caeremonialia*, quae sunt determinationes cultus divini; et *iudicialia*, quae sunt determinationes iustitiae inter homines observandae. Unde cum Apostolus, Rm 7,12, dixisset quod *lex est sancta*, subiungit quod *mandatum est iustum et sanctum et bonum*: iustum quidem, quantum ad iudicialia; sanctum, quantum ad caeremonialia (nam sanctum dicitur quod est Deo dicatum); bonum, idest honestum, quantum ad moralia.

AD PRIMUM ergo dicendum quod tam praecepta moralia, quam etiam iudicialia, pertinent ad directionem vitae humanae. Et ideo utraque continentur sub uno membro illorum quae ponit Augustinus, scilicet sub praeceptis vitae agendae.

AD SECUNDUM dicendum quod iudicium significat executionem iustitiae, quae quidem est secundum applicationem rationis ad aliqua particularia determinate. Unde praecepta iudicialia communicant in aliquo cum moralibus, inquantum scilicet a ratione derivantur; et in aliquo cum caeremonialibus, inquantum scilicet sunt quaedam determinationes communium praeceptorum. Et ideo quandoque sub iudiciis comprehenduntur praecepta iudicialia et moralia, sicut Dt 5,1: *Audi, Israel, caeremonias atque iudicia*; quandoque vero

antonomásia. Logo, além dos preceitos morais e cerimoniais há também os judiciais.

RESPONDO. Como foi dito, pertence à lei divina que ordene os homens uns para os outros e para Deus. Ora, uma e outra coisa pertence em comum ao ditame da lei da natureza, ao qual se referem os preceitos morais. Mas é necessário que se determinem ambas pela lei divina e humana, porque os princípios naturalmente conhecidos são comuns tanto na especulação quanto na ação. Portanto, assim como a determinação do preceito comum sobre o culto divino se faz por meio dos preceitos cerimoniais, assim também a determinação do preceito comum de observar a justiça entre os homens é determinada por meio dos preceitos judiciais.

E, de acordo com isso, é necessário afimar três preceitos da lei antiga, a saber, "os morais", que são a respeito do ditame da lei da natureza; "os cerimoniais", que são determinações do culto divino; e "os judiciais", que são determinações da justiça a ser observadas entre os homens. Por isso, quando o Apóstolo[k] disse que "a lei é santa", acrescentou que "o mandamento é justo, santo e bom": justo, enquanto se refere aos judiciais; santo, quanto aos cerimoniais (com efeito, diz-se santo o que é ditado por Deus); bom, isto é honesto, quanto aos morais[l].

QUANTO AO 1º, portanto, deve-se dizer que tanto os preceitos morais quanto também os judiciais pertencem à direção da vida humana. E assim uns e outros são contidos sob uma das partes que expõe Agostinho, isto é, sob os preceitos de direção da vida.

QUANTO AO 2º, deve-se dizer que o juízo significa a execução da sentença, a qual segue a aplicação da razão a algumas coisas particulares determinadamente. Portanto, os preceitos judiciais comunicam em algo com os morais, a saber, enquanto derivam da razão; e em algo com os cerimoniais, enquanto são certas determinações dos preceitos comuns. E assim, às vezes, sob os juízos são compreendidos preceitos judiciais e morais, como no livro do Deuteronômio: "Escuta, Israel, as cerimônias e os juízos"; às vezes, porém, os

3. Art. 2, 3.

k. A aplicação do texto de Rm 7,12 ao presente caso é uma acomodação útil para a pedagogia; no entanto, comete-se um contra-senso no uso da palavra "justiça".

l. As soluções mostram claramente que os preceitos "judiciários" (dir-se-ia melhor "jurídicos, enquanto regras das instituições civis sob todas as suas formas) têm por finalidade a justiça na sociedade. A solução 2 mostra que Sto. Tomás está atento à terminologia diferenciada do Levítico e do Deuteronômio; mas, ele depende nesse ponto da Vulgata latina. Esse trabalho deve ser então inteiramente refeito a partir do hebraico.

iudicialia et caeremonialia, sicut Lv 18,4: *Facietis iudicia mea, et praecepta mea servabitis*, ubi *praecepta* ad moralia referuntur, *iudicia* vero ad iudicialia et caeremonialia.

AD TERTIUM dicendum quod actus iustitiae in generali pertinet ad praecepta moralia: sed determinatio eius in speciali pertinet ad praecepta iudicialia.

judiciais e os morais, como no livro do Levítico: "Fareis meus juízos e observareis meus preceitos", onde "preceitos" se referem a morais, "juízos", porém, aos judiciais e cerimoniais.

QUANTO AO 3º, deve-se dizer que o ato de justiça em geral pertence aos preceitos morais, mas sua determinação em especial pertence aos preceitos judiciais.

ARTICULUS 5

Utrum aliqua alia praecepta contineantur in lege veteri praeter moralia, iudicialia et caeremonialia

AD QUINTUM SIC PROCEDITUR. Videtur quod aliqua alia praecepta contineantur in lege veteri praeter moralia, iudicialia et caeremonialia.

1. Iudicialia enim praecepta pertinent ad actum iustitiae, quae est hominis ad hominem; caeremonialia vero pertinent ad actum religionis, qua Deus colitur. Sed praeter has sunt multae aliae virtutes: scilicet temperantia, fortitudo, liberalitas, et aliae plures, ut supra[1] dictum est. Ergo praeter praedicta oportet plura alia in lege veteri contineri.

2. PRAETEREA, Dt 11,1 dicitur: *Ama Dominum Deum tuum, et observa eius praecepta et caeremonias et iudicia atque mandata*. Sed praecepta pertinent ad moralia, ut dictum est[2]. Ergo praeter moralia, iudicialia et caeremonialia, adhuc alia continentur in lege, quae dicuntur *mandata*.

3. PRAETEREA, Dt 6,17 dicitur: *Custodi praecepta Domini Dei tui, ac testimonia et caeremonias quas tibi praecepi*. Ergo praeter omnia praedicta adhuc in lege *testimonia* continentur.

4. PRAETEREA, in Ps 118,93 dicitur: *In aeternum non obliviscar iustificationes tuas*: Glossa[3], *idest legem*. Ergo praecepta legis veteris non solum sunt moralia, caeremonialia et iudicialia, sed etiam *iustificationes*.

SED CONTRA est quod dicitur Dt 6,1: *Haec sunt praecepta et caeremoniae atque iudicia quae*

ARTIGO 5

A lei antiga continha outros preceitos, além dos morais, judiciais e cerimoniais?[m]

QUANTO AO QUINTO, ASSIM SE PROCEDE: parece que a lei antiga **contém** alguns outros preceitos além dos morais, judiciais e cerimoniais.

1. Com efeito, os preceitos judiciais, pertencem ao ato da justiça, que é de homem para homem; os cerimoniais, porém, pertencem ao ato de religião, pela qual se cultua a Deus. Ora, além dessas há muitas outras virtudes, a saber, a temperança, a fortaleza, a liberalidade, e outras muitas, como acima foi dito. Logo, além dos mencionados é necessário que a lei antiga contenha muitos outros.

2. ALÉM DISSO, diz o livro do Deuteronômio: "Ama o Senhor teu Deus e observa seus preceitos e cerimônias, juízos e mandamentos. Ora, os preceitos pertencem aos morais, como foi dito. Logo, além dos morais, judiciais e cerimoniais, a lei contém ainda outros, os quais se dizem "mandamentos".

3. ADEMAIS, diz-se no livro do Deuteronômio: "Guarda os preceitos do Senhor teu Deus, e os testemunhos e cerimônias que te preceituei". Logo, além de todos os preceitos, a lei contém ainda "os testemunhos".

4. ADEMAIS, diz-se no livro dos Salmos: "Não esquecerei para sempre tuas justificações: a Glosa, "isto é a lei". Logo, os preceitos da lei antiga não somente são morais, cerimoniais e judiciais, mas também "justificações".

EM SENTIDO CONTRÁRIO, diz-se no livro do Deuteronômio: "Estes são os preceitos, cerimônias e

5 PARALL.: A. praec.; *ad Galat*., c. 5, lect. 3; *ad Heb*., c. 7, lect. 2.

1. Q. 60, a. 5.
2. Art. praec.
3. Interl.; LOMBARDI: ML 191, 1090 C.

m. O problema do vocabulário, apontado na nota procedente, domina toda a presente questão (ver obj. 2, 3 e 4). Como Sto. Tomás ignora o fundo hebraico da Vulgata latina e a terminologia bastante variada da Torá, ele é levado, ao longo da discussão, a considerações um tanto quanto artificiais, nas quais, aliás, diversas soluções são consideradas.

mandavit Dominus Deus vobis. Et haec ponuntur in principio legis. Ergo omnia praecepta legis sub his comprehenduntur.

RESPONDEO dicendum quod in lege ponuntur aliqua tanquam praecepta; aliqua vero tanquam ad praeceptorum adimpletionem ordinata. Praecepta quidem sunt de his quae sunt agenda. Ad quorum impletionem ex duobus homo inducitur: scilicet ex auctoritate praecipientis; et ex utilitate impletionis, quae quidem est consecutio alicuius boni utilis, delectabilis vel honesti, aut fuga alicuius mali contrarii. Oportuit igitur in veteri lege proponi quaedam quae auctoritatem Dei praecipientis indicarent: sicut illud Dt 6,4: *Audi, Israel, Dominus Deus tuus Deus unus est*; et illud Gn 1,1: *In principio creavit Deus caelum et terram*. Et huiusmodi dicuntur *testimonia*. — Oportuit etiam quod in lege proponerentur quaedam praemia observantium legem, et poenae transgredientium: ut patet Dt 28,1: *Si audieris vocem Domini Dei tui, faciet te excelsiorem cunctis gentibus*, etc. Et huiusmodi dicuntur *iustificationes*, secundum quod Deus aliquos iuste punit vel praemiat.

Ipsa autem agenda sub praecepto non cadunt nisi inquantum habent aliquam debiti rationem. Est autem duplex debitum: unum quidem secundum regulam rationis, aliud autem secundum regulam legis determinantis; sicut Philosophus, in V *Ethic*.[4], distinguit duplex iustum, scilicet morale et legale. Debitum autem morale est duplex: dictat enim ratio aliquid faciendum vel tanquam necessarium, sine quo non potest esse ordo virtutis; vel tanquam utile ad hoc quod ordo virtutis melius conservetur. Et secundum hoc, quaedam moralium praecise praecipiuntur vel prohibentur in lege: sicut, *Non occides, Non furtum facies*. Et haec proprie dicuntur *praecepta*. — Quaedam vero praecipiuntur vel prohibentur, non quasi praecise debita, sed propter melius. Et ista possunt dici *mandata*: quia quandam inductionem habent et persuasionem. Sicut illud Ex 22,26: *Si*

juízos que vos mandou o Senhor Deus". E estas palavras são ditas no princípio da lei. Logo, todos os preceitos da lei sob eles se compreendem.

RESPONDO. Algumas coisas são estabelecidas na lei como preceitos, outras, porém, ordenadas ao cumprimento dos preceitos. Os preceitos são certamente sobre aquelas coisas que devem ser praticadas. Ao cumprimento deles o homem é induzido de dois modos, a saber, pela autoridade de quem ordena e pela utilidade do cumprimento, a qual é a consecução de algum bem útil, deleitável ou honesto, ou fuga de algum mal contrário. Foi necessário, então, que se propusessem na lei antiga aquelas coisas que indicassem a autoridade de Deus que ordenava, como aquilo do livro do Deuteronômio: "Escuta, Israel, o Senhor teu Deus é um Deus único", e aquilo do livro do Gênesis: "No princípio criou Deus o céu e a terra". E tais coisas se dizem "testemunhos". Foi necessário também que se propusessem na lei alguns prêmios para os que observassem a lei e penas para os que transgredissem, como fica claro no livro do Deuteronômio: "Se escutares a voz do Senhor teu Deus, ele te fará o mais excelso entre todos os povos" etc. E tais coisas se dizem "justificações", porque Deus a uns pune justamente ou premia.

As mesmas coisas que se devem praticar, porém, não caem sob o preceito a não ser enquanto têm alguma razão de débito[n]. Ora, o débito é duplo: um segundo a regra da razão, outro, segundo a regra da lei que determina, como distingue o Filósofo duas justiças, a saber, moral e legal. O débito moral é duplo: com efeito, a razão dita algo a fazer-se ou como necessário, sem o que não pode existir a ordem da virtude; ou como útil para que melhor se conserve a ordem da virtude. E de acordo com isso, algumas coisas morais são precisamente preceituadas ou proibidas na lei, como: "Não matarás, Não furtarás". E essas coisas se dizem "preceitos". — Algumas coisas, porém, são preceituadas ou proibidas, não como precisamente devidas, mas por causa do melhor. E essas podem ser ditas "mandamentos", porque encerram alguma indução e persuasão. Como aquilo do livro

4. C. 10: 1134, b, 18-19.

n. A palavra "preceito" é aqui definida em função da noção aristotélica de obrigação legal, para poder ser distinguida dos "mandamentos"; daí os preceitos morais, judiciários e cerimoniais. No entanto, é arbitrário reservar a palavra "mandamento" seja às simples "incitações ao bem" (o exemplo de Ex 22,26 é mal escolhido, pois se trata de uma prescrição rigorosa de justiça social), seja às ordens transmitidas por "mandatários" de Deus (recorrendo à etimologia latina da palavra). A distinção final entre "preceitos" e "dispositivos em vistas de sua observação" será de difícil manejo. Será bem escolhida a noção aristotélica de obrigação e de "débito" para analisar as leis bíblicas? Ela força a Torá em um sentido claramente jurídico que corre o risco de marcar a concepção da moral.

pignus acceperis vestimentum a proximo tuo, ante solis occasum reddas ei; et aliqua similia. Unde Hieronymus[5] dicit quod *in praeceptis est iustitia, in mandatis vero caritas*. — Debitum autem ex determinatione legis, in rebus quidem humanis pertinet ad *iudicialia*; in rebus autem divinis, ad *caeremonialia*.

Quamvis etiam ea quae pertinent ad poenam vel praemia, dici possint *testimonia*, inquantum sunt protestationes quaedam divinae iustitiae. — Omnia vero praecepta legis possunt dici *iustificationes*, inquantum sunt quaedam executiones legalis iustitiae. — Possunt etiam aliter mandata a praeceptis distingui: ut *praecepta* dicantur quae Deus per seipsum iussit; *mandata* autem, quae per alios mandavit, ut ipsum nomen sonare videtur.

Ex quibus omnibus apparet quod omnia legis praecepta continentur sub moralibus, caeremonialibus et iudicialibus: alia vero non habent rationem praeceptorum, sed ordinantur ad praeceptorum observationem, ut dictum est.

AD PRIMUM ergo dicendum quod sola iustitia, inter alias virtutes, importat rationem debiti. Et ideo moralia intantum sunt lege determinabilia, inquantum pertinent ad iustitiam: cuius etiam quaedam pars est religio, ut Tullius dicit[6]. Unde iustum legale non potest esse aliquod praeter caeremonialia et iudicialia praecepta.

AD ALIA patet responsio per ea quae dicta sunt[7].

do Êxodo: "Se receberes como penhor a veste de teu próximo, devolve-lhe antes do pôr do sol", e outras coisas semelhantes. Donde Jerônimo dizer que "nos preceitos está a justiça, nos mandamentos, porém, a caridade. — O débito, por determinação da lei, pertence nas coisas humanas aos preceitos "judiciais", nas coisas divinas aos "cerimoniais".

Também aquelas coisas que pertencem à pena ou aos prêmios podem ser ditas "testemunhos", enquanto são declarações da justiça divina. — Todos os preceitos, porém, da lei podem ser ditos "justificações", enquanto são execuções da justiça legal. — Podem, contudo, os mandamentos de outra forma distinguir-se dos preceitos: assim dizem-se "preceitos" aquelas coisas que Deus ordenou por si mesmo; "mandamentos" as que mandou por meio de outros, como o próprio nome parece dar a entender.

De tudo isso se mostra que todos os preceitos da lei estão contidos sob os preceitos morais, cerimoniais e judiciais: outras coisas, porém, não têm razão de preceitos, mas se ordenam para a observância dos preceitos, como foi dito.

QUANTO AO 1º, portanto, deve-se dizer que apenas a justiça, entre as outras virtudes, implica a razão de débito[o]. E assim os preceitos morais são determináveis pela lei na medida em que pertencem à justiça, da qual também é uma parte a religião, como diz Túlio. Portanto, a justiça legal não pode ser algo além dos preceitos cerimoniais e judiciais.

QUANTO AOS OUTROS, é clara a resposta pelas coisas que foram ditas.

ARTICULUS 6

Utrum lex vetus debuerit inducere ad observantiam praeceptorum per temporales promissiones et comminationes

AD SEXTUM SIC PROCEDITUR. Videtur quod lex vetus non debuerit inducere ad observantiam

ARTIGO 6

A lei antiga devia induzir à observância dos preceitos por meio de promessas e cominações temporais?[p]

Quanto ao sexto, assim se procede: parece que a lei antiga **não** devia induzir à observância dos

5. Ordin., Prooem. in Marc.: ML 114, 180 A.
6. *Rhetor*., l. II, c. 53: ed. Müller, Lipsiae 1908, p. 230, l. 19.
7. In corp.

6 PARALL.: Supra, q. 91, a. 5; infra, q. 107, a. 1, ad 2; III *Sent*., dist. 40, a. 2; a. 4, q.la 1; *ad Rom*., c. 8, lect. 3; c. 10, lect. 1.

o. Essa definição da justiça não corresponde à concepção bíblica da atitude moral e da virtude social designada pela mesma palavra nas traduções grega e latina. A autoridade de Cícero, que depende aqui da corrente estoica, não adiciona nada à compreensão bíblica das relações entre os homens e Deus. Sto. Tomás tenta dar conta dos dados bíblicos no âmbito de uma cultura filosófica mal adaptada a seu conteúdo.

p. A questão aqui desenvolvida era antecipada no corpo do artigo precedente (ver citação de Dt 28,1). Diz respeito a um problema bastante difícil: o vínculo estabelecido na antiga aliança entre a observação da Lei (sob todas os seus aspectos) e as

praeceptorum per temporales promissiones et comminationes.

1. Intentio enim legis divinae est ut homines Deo subdat per timorem et amorem: unde dicitur Dt 10,12: *Et nunc, Israel, quid Dominus Deus tuus petit a te, nisi ut timeas Dominum Deum tuum, et ambules in viis eius, et diligas eum?* Sed cupiditas rerum temporalium abducit a Deo: dicit enim Augustinus, in libro *Octoginta trium Quaest.*[1], quod *venenum caritatis est cupiditas*. Ergo promissiones et comminationes temporales videntur contrariari intentioni legislatoris: quod facit legem reprobabilem, ut patet per Philosophum, in II *Polit.*[2].

2. PRAETEREA, lex divina est excellentior quam lex humana. Videmus autem in scientiis quod quanto aliqua est altior, tanto per altiora media procedit. Ergo cum lex humana procedat ad inducendum homines per temporales comminationes et promissiones, lex divina non debuit ex his procedere, sed per aliqua maiora.

3. PRAETEREA, illud non potest esse praemium iustitiae vel poena culpae, quod aequaliter evenit et bonis et malis. Sed sicut dicitur Eccle 9,2, *universa*, temporalia, *aeque eveniunt iusto et impio, bono et malo, mundo et immundo, immolanti victimas et sacrificia contemnenti*. Ergo temporalia bona vel mala non convenienter ponuntur ut poenae vel praemia mandatorum legis divinae.

SED CONTRA est quod dicitur Is 1,19sq.: *Si volueritis, et audieritis me, bona terrae comedetis. Quod si nolueritis, et me ad iracundiam provocaveritis, gladius devorabit vos*.

RESPONDEO dicendum quod, sicut in scientiis speculativis inducuntur homines ad assentiendum

preceitos por meio de promessas e cominações temporais[q].

1. Com efeito, a intenção da lei divina é de submeter os homens a Deus pelo temor e amor; donde se diz no livro do Deuteronômio: "E agora, Israel, que te pediu o Senhor teu Deus senão que temas o Senhor teu Deus e andes em seus caminhos e o ames?". Ora, a cobiça das coisas temporais desvia de Deus; diz, com efeito, Agostinho que "o veneno da caridade é a cobiça". Logo, as promessas e cominações temporais parecem contrariar a intenção do legislador, o que torna a lei reprovável, como o Filósofo deixa claro.

2. ALÉM DISSO, a lei divina é mais excelente que a lei humana. Ora, vemos nas ciências que quanto mais é alta, tanto mais procede por meios mais altos. Logo, como a lei humana procede para induzir os homens por meio de cominações temporais e promessas, a lei divina não devia ter procedido por elas, mas por outras maiores.

3. ADEMAIS, não pode ser prêmio da justiça ou pena da culpa aquilo que igualmente acontece tanto aos bons quanto aos maus[r]. Ora, como se diz no livro do Eclesiastes: "todas as coisas", temporais, "igualmente acontecem ao justo e ao ímpio, ao bom e ao mau, ao puro e ao impuro, ao que imola vítimas e ao que despreza os sacrifícios". Logo, os bens temporais e os males não são convenientemente estabelecidos como penas ou prêmios dos mandamentos da lei divina.

EM SENTIDO CONTRÁRIO, diz-se no livro de Isaías: "Se quiserdes e me ouvirdes, comereis os bens da terra. Se não quiserdes isso, e me provocardes à ira, a espada vos devorará".

RESPONDO. Como nas ciências especulativas são os homens induzidos a assentir às conclusões por

1. Q. 36: ML 40, 25.
2. Vide c. 9: 1271, a, 26-28.

recompensas ou castigos temporais. Questão insolúvel a não ser que se admitam dois princípios fundamentais. 1º A consciência humana estabelece de maneira instintiva uma relação entre a boa conduta e a felicidade: isto lhe parece ser uma exigência de justiça. 2º A antiga aliança partiu dessa situação para revelar a Israel que a comunhão com Deus constitui, em si mesma, o bem supremo prometido aos homens. As experiências de felicidade e de infelicidade temporais, compreendidas como realização das promessas e dos julgamentos de Deus desempenharam assim um papel essencial na educação da fé e da esperança. Mas, esta só é completada no Novo Testamento, graças ao paradoxo da cruz de Jesus. É preciso reler nessa perspectiva a resposta de Sto. Tomás, para lhe conferir seu pleno valor, afastando a ambiguidade de certas palavras: perfeição/imperfeição; bens temporais/bens espirituais.

q. Em princípio, todas as objeções são sofísticas: o leitor é convidado a refletir para ver por si mesmo a falha do argumento. É um exercício que deve ser praticado ainda hoje.

r. Desta vez, a objeção não é falaciosa: a citação do Eclesiastes, fundada sobre uma constatação universal, mostra que a crítica da retribuição temporal, compreendida de maneira mecânica e aplicada aos indivíduos, começou desde o Antigo Testamento (ver Jó, Qo, Sl 51 e 75). No entanto, Sto. Tomás alinha os textos sem levar em conta a sua situação no tempo e o progresso espiritual, que toma aqui o tom de um *Sic et non*.

conclusionibus per media syllogistica, ita etiam in quibuslibet legibus homines inducuntur ad observantias praeceptorum per poenas et praemia. Videmus autem in scientiis speculativis quod media proponuntur auditori secundum eius conditionem: unde oportet ordinate in scientiis procedere, ut ex notioribus disciplina incipiat. Ita etiam oportet eum qui vult inducere hominem ad observantiam praeceptorum, ut ex illis eum movere incipiat quae sunt in eius affectu: sicut pueri provocantur ad aliquid faciendum aliquibus puerilibus munusculis. Dictum est autem supra[3] quod lex vetus disponebat ad Christum sicut imperfectum ad perfectum: unde dabatur populo adhuc imperfecto in comparatione ad perfectionem quae erat futura per Christum: et ideo populus ille comparatur puero sub paedagogo existenti, ut patet Gl 3,24. Perfectio autem hominis est ut, contemptis temporalibus, spiritualibus inhaereat: ut patet per illud quod Apostolus dicit, Philp 3,13-15: *Quae quidem retro sunt obliviscens, ad ea quae priora sunt me extendo. Quicumque ergo perfecti sumus, hoc sentiamus*. Imperfectorum autem est quod temporalia bona desiderent, in ordine tamen ad Deum. Perversorum autem est quod in temporalibus bonis finem constituant. Unde legi veteri conveniebat ut per temporalia, quae erant in affectu hominum imperfectorum, manuduceret homines ad Deum.

meios silogísticos, assim também em quaisquer leis os homens são induzidos às observâncias dos preceitos por meio de penas e prêmios. Vemos nas ciências especulativas que os meios são propostos ao ouvinte segundo a sua condição; donde é necessário proceder ordenadamente nas ciências, de modo que o ensino comece pelas coisas mais conhecidas. Assim também é necessário que aquele que quer induzir o homem à observância dos preceitos, comece a movê-lo a partir daquelas coisas que existem em seu afeto. Por exemplo, as crianças são provocadas a fazer algo por meio de alguns pequenos presentes pueris. Foi dito acima, que a lei antiga dispunha para Cristo, como o imperfeito para o perfeito; donde era dada ao povo ainda imperfeito em comparação com a perfeição que haveria de ser dada por Cristo; e assim aquele povo era comparado com uma criança vivendo sob o pedagogo, como está claro na Carta aos Gálatas. A perfeição do homem é que, desprezadas as coisas temporais, adira às espirituais, como fica claro por aquilo que diz o Apóstolo: "Esquecendo certamente aquelas coisas que ficam para trás, avanço-me para aquelas que estão adiante. Todos aqueles que somos perfeitos, sintamos isso". Pertence aos imperfeitos que desejem os bens temporais, em ordem, a Deus. Pertence aos perversos, contudo, que constituam o fim nos bens temporais. Portanto, convinha à lei antiga que, por meio das coisas temporais, que são objeto da afeição dos homens imperfeitos, conduzisse os homens a Deus.

AD PRIMUM ergo dicendum quod cupiditas, qua homo constituit finem in temporalibus bonis, est caritatis venenum. Sed consecutio temporalium bonorum, quae homo desiderat in ordine ad Deum, est quaedam via inducens imperfectos ad Dei amorem; secundum illud Ps 48,19: *Confitebitur tibi cum benefeceris illi*.

QUANTO AO 1º, portanto, deve-se dizer que a cobiça, pela qual o homem constitui o fim nos bens temporais, é o veneno da caridade. A consecução, porém, dos bens temporais, que o homem deseja em ordem a Deus, é uma via que induz os imperfeitos ao amor de Deus, segundo o livro dos Salmos: "Confessar-te-á quando lhe fizeres bem".

AD SECUNDUM dicendum quod lex humana inducit homines ex temporalibus praemiis vel poenis per homines inducendis: lex vero divina ex praemiis vel poenis exhibendis per Deum. Et in hoc procedit per media altiora.

QUANTO AO 2º, deve-se dizer que a lei humana induz os homens por meio de prêmios temporais e penas introduzidos pelos homens; a lei divina, contudo, por meio de prêmios e penas dados por Deus. E nisso procede por meios mais altos.

AD TERTIUM dicendum quod, sicut patet historias Veteris Testamenti revolventi, communis status populi semper sub lege in prosperitate fuit, quandiu legem observabant; et statim declinantes a praeceptis legis, in multas adversitates incidebant.

QUANTO AO 3º, deve-se dizer, como está claro para aquele que estuda as histórias do Antigo Testamento, que o estado geral do povo, sob a lei, sempre foi de prosperidade, quando observavam a lei; e imediatamente caíam em muitas adversi-

3. Q. 91, a. 5, ad 2; q. 98, a. 1, 2, 3.

Sed aliquae personae particulares etiam iustitiam legis observantes, in aliquas adversitates incidebant, vel quia iam erant spirituales effecti, ut per hoc magis ab affectu temporalium abstraherentur, et eorum virtus probata redderetur; aut quia, opera legis exterius implentes, cor totum habebant in temporalibus defixum et a Deo elongatum, secundum quod dicitur Is 29,13: *Populus hic labiis me honorat: cor autem eorum longe est a me*.

dades, afastando-se dos preceitos da lei. Algumas pessoas particulares, porém, mesmo observando a justiça da lei, caíam em algumas adversidades, ou porque se haviam tornado espirituais, de modo a se desprenderem mais da afeição das coisas temporais, tornando-se provada sua virtude; ou porque, realizando externamente as obras da lei, tinham todo o coração apegado às coisas temporais e afastado de Deus, conforme se diz no livro de Isaías: "Este povo honra-me com os lábios: seu coração, porém, está longe de mim".

QUAESTIO C
DE PRAECEPTIS MORALIBUS VETERIS LEGIS

in duodecim articulos divisa

Deinde considerandum est de singulis generibus praeceptorum veteris legis. Et primo, de praeceptis moralibus; secundo, de caeremonialibus; tertio, de iudicialibus.

Circa primum quaeruntur duodecim.

Primo: utrum omnia praecepta moralia veteris legis sint de lege naturae.

Secundo: utrum praecepta moralia veteris legis sint de actibus omnium virtutum.

Tertio: utrum omnia praecepta moralia veteris legis reducantur ad decem praecepta decalogi.

Quarto: de distinctione praeceptorum decalogi.

Quinto: de numero eorum.

Sexto: de ordine.

Septimo: de modo tradendi ipsa.

Octavo: utrum sint dispensabilia.

Nono: utrum modus observandi virtutem cadat sub praecepto.

Decimo: utrum modus caritatis cadat sub praecepto.

QUESTÃO 100
OS PRECEITOS MORAIS DA LEI ANTIGA[a]

em doze artigos

A seguir, deve-se considerar cada um dos gêneros de preceitos da lei antiga. E em primeiro lugar os preceitos morais; em segundo, os cerimoniais; em terceiro, os judiciais.

Acerca dos primeiros, fazem-se doze perguntas.

1. Todos os preceitos morais são da lei da natureza?
2. Os preceitos morais da lei antiga são sobre atos de todas as virtudes?
3. Todos os preceitos morais da lei antiga reduzem-se aos dez preceitos do decálogo?
4. Sobre a distinção dos preceitos do decálogo.
5. Sobre o número deles.
6. Sobre a ordem.
7. Sobre o modo de sua transmissão.
8. São dispensáveis?
9. O modo de observar a virtude cai sob o preceito?
10. O modo da caridade cai sob o preceito?

a. A questão apresenta um dos dois aspectos fundamentais da moral, tal como a concebe Sto. Tomás. O outro aspecto deve ser buscado no tratado das virtudes, onde a moral especial é incorporada aos desenvolvimentos que se poderiam ligar à moral fundamental. Os dons do Espírito Santo, aliás, estão integrados ao tratado das virtudes. O risco de tal apresentação, que corresponde a uma classificação lógica das questões teológicas, é de fazer da moral cristã uma "moral da lei", em detrimento do corretivo essencial que o tratado da "lei nova" (q. 106-107) introduzirá. Os tratados clássicos de moral posteriores ao Concílio de Trento caíram geralmente nessa armadilha, subordinando as virtudes ao princípio mais geral "da lei". Além disso, a lei antiga é aqui reduzida ao decálogo. Ora, este comporta oito proibições ao lado de dois mandamentos positivos. Daí um segundo perigo: o de compreender a moral cristã como uma coleção de proibições. A moral dos casuistas clássicos caiu com frequência nesse equívoco, precisamente porque não procurava mais o seu princípio de articulação na apresentação positiva das virtudes. A própria noção de "lei", na medida em que deixa de corresponder exatamente à concepção bíblica da Torá para corresponder ao conceito greco-latino retomado acima por Sto. Tomás, corre risco de reforçar essa dificuldade, baseando a reflexão moral sobre o binômio: "permitido/proibido". Ora, para Sto. Tomás, a "lei cristã" é apenas uma etapa tendo em vista a "lei nova" que determina o sentido da moral cristã.

Undecimo: de distinctione aliorum praeceptorum moralium.
Duodecimo: utrum praecepta moralia veteris legis iustificent.

ARTICULUS 1

Utrum omnia praecepta moralia pertineant ad legem naturae

AD PRIMUM SIC PROCEDITUR. Videtur quod non omnia praecepta moralia pertineant ad legem naturae.

1. Dicitur enim Eccli 17,9: *Addidit illis disciplinam, et legem vitae haereditavit illos*. Sed disciplina dividitur contra legem naturae: eo quod lex naturalis non addiscitur, sed ex naturali instinctu habetur. Ergo non omnia praecepta moralia sunt de lege naturae.

2. PRAETEREA, lex divina perfectior est quam lex humana. Sed lex humana superaddit aliqua ad bonos mores pertinentia his quae sunt de lege naturae: quod patet ex hoc quod lex naturae est eadem apud omnes, huiusmodi autem morum instituta sunt diversa apud diversos. Ergo multo fortius divina lex aliqua ad bonos mores pertinentia debuit addere supra legem naturae.

3. PRAETEREA, sicut ratio naturalis inducit ad aliquos bonos mores, ita et fides: unde etiam dicitur Gl 5,6, quod *fides per dilectionem operatur.* Sed fides non continetur sub lege naturae: quia ea quae sunt fidei, sunt supra rationem naturalem. Ergo non omnia praecepta moralia legis divinae pertinent ad legem naturae.

SED CONTRA est quod dicit Apostolus, Rm 2,14, quod *gentes, quae legem non habent, naturaliter ea quae legis sunt, faciunt*: quod oportet intelligi de his quae pertinent ad bonos mores. Ergo omnia moralia praecepta legis sunt de lege naturae.

11. Sobre a distinção dos outros preceitos morais.
12. Os preceitos morais da lei antiga justificam?

ARTIGO 1

Todos os preceitos morais pertencem à lei da natureza?[b]

QUANTO AO PRIMEIRO ARTIGO, ASSIM SE PROCEDE: parece que nem todos os preceitos morais **pertencem** à lei da natureza.

1. Com efeito, diz-se no livro do Eclesiástico: "Acrescentou-lhes a disciplina, e deu-lhes por herança a lei da vida". Ora, a disciplina se distingue da lei da natureza, pelo fato de que a lei natural não é acrescentada, mas tem-se por instinto natural. Logo, nem todos os preceitos morais são da lei da natureza.

2. ALÉM DISSO, a lei divina é mais perfeita que a lei humana. Ora, a lei humana acrescenta aos preceitos que são da lei da natureza algumas coisas pertencentes aos bons costumes, o que fica claro pelo fato de que a lei da natureza é a mesma para todos. Essas instituições morais, porém, são diversas entre os diversos. Logo, muito mais fortemente a lei divina tinha de acrescentar à lei da natureza algumas coisas pertencentes aos bons costumes.

3. ADEMAIS, assim como a razão natural induz a alguns bons costumes, assim também a fé. Por isso, também se diz na Carta aos Gálatas, que "a fé opera por amor". Ora, a fé não está contida sob a lei da natureza, porque aquelas coisas que pertencem à fé estão acima da razão natural. Logo, nem todos os preceitos morais da lei divina pertencem à lei da natureza.

EM SENTIDO CONTRÁRIO, diz o Apóstolo[c] que "as nações que não têm a lei, observam naturalmente aquelas coisas que pertencem à lei", o que é necessário entender-se daquelas coisas que pertencem aos bons costumes. Logo, todos os preceitos morais da lei pertencem à lei da natureza.

1 PARALL.: Infra, q. 104, a. 1.

b. Sobre o emprego da palavra "natureza", ver q. 98, nota 20. Aqui, a referência a Rm 2,14 assegura a interpretação. A "moral" (regra dos costumes) inclui a conduta em relação a Deus (virtude de religião).

c. Texto importante para fundar sobre a Escritura a universalidade da lei moral, e portanto de seu caráter de "lei da natureza". De fato, a "lei" à qual se refere São Paulo não pode ser entendida nem a respeito dos preceitos jurídicos, nem a respeito dos preceitos cerimoniais, pois as pessoas visadas não são membros do povo de Israel, mas das "nações" (a palavra "pagãos" é demasiado pejorativa). Em grego, São Paulo diz que "membros" (e não "os membros") das nações observam "por natureza" (*physèi*, no dativo, que o latim traduz por *naturaliter*, 'naturalmente') as coisas da lei (= Torá, entendida exclusivamente na ordem moral).

RESPONDEO dicendum quod praecepta moralia, a caeremonialibus et iudicialibus distincta, sunt de illis quae secundum se ad bonos mores pertinent. Cum autem humani mores dicantur in ordine ad rationem, quae est proprium principium humanorum actuum, illi mores dicuntur boni qui rationi congruunt, mali autem qui a ratione discordant. Sicut autem omne iudicium rationis speculativae procedit a naturali cognitione primorum principiorum, ita etiam omne iudicium rationis practicae procedit ex quibusdam principiis naturaliter cognitis, ut supra[1] dictum est. Ex quibus diversimode procedi potest ad iudicandum de diversis. Quaedam enim sunt in humanis actibus adeo explicita quod statim, cum modica consideratione, possunt approbari vel reprobari per illa communia et prima principia. Quaedam vero sunt ad quorum iudicium requiritur multa consideratio diversarum circumstantiarum, quas considerare diligenter non est cuiuslibet, sed sapientum: sicut considerare particulares conclusiones scientiarum non pertinet ad omnes, sed ad solos philosophos. Quaedam vero sunt ad quae diiudicanda indiget homo adiuvari per instructionem divinam: sicut est circa credenda.

Sic igitur patet quod, cum moralia praecepta sint de his quae pertinent ad bonos mores; haec autem sunt quae rationi congruunt; omne autem rationis humanae iudicium aliqualiter a naturali ratione derivatur: necesse est quod omnia praecepta moralia pertineant ad legem naturae, sed diversimode. Quaedam enim sunt quae statim per se ratio naturalis cuiuslibet hominis diiudicat esse facienda vel non facienda: sicut, *Honora patrem tuum et matrem tuam*, et, *Non occides, Non furtum facies*. Et huiusmodi sunt absolute de lege naturae. — Quaedam vero sunt quae subtiliori consideratione rationis a sapientibus iudicantur esse observanda. Et ista sic sunt de lege naturae, ut tamen indigeant disciplina, qua minores a sapientioribus instruantur: sicut illud, *Coram cano capite consurge, et honora personam senis*, et alia huiusmodi. — Quaedam vero sunt ad quae iudicanda ratio humana indiget instructione divina, per quam erudimur de divinis: sicut est illud, *Non facies tibi sculptile neque omnem similitudinem; Non assumes nomen Dei tui in vanum*.

RESPONDO. Os preceitos morais, distintos dos cerimoniais e dos judiciais, dizem respeito àquelas coisas que de si mesmas pertencem aos bons costumes. Como os costumes humanos se dizem em ordem à razão, que é o próprio princípio dos atos humanos, dizem-se bons aqueles costumes que são congruentes com a razão; e maus, os que discordam da razão. Assim como todo juízo da razão especulativa procede do conhecimento natural dos primeiros princípios, assim também todo juízo da razão prática procede de alguns princípios naturalmente conhecidos, como acima foi dito. Destes se pode proceder de modo diverso ao julgar coisas diversas. Algumas, com efeito, são de tal modo explícitas nos atos humanos que imediatamente, com pequena consideração, podem ser aprovadas ou reprovadas por aqueles princípios comuns e primeiros. Há algumas, porém, para cujo juízo requer-se muita consideração das diversas circunstâncias, não sendo de qualquer um, mas dos sábios considerá-las diligentemente; assim, considerar as conclusões particulares das ciências não pertence a todos, mas apenas aos filósofos. Há algumas, porém, que para julgá-las, necessita o homem de ser ajudado pela instrução divina, por exemplo, a respeito daquelas coisas que se devem crer.

Como os preceitos morais dizem respeito àquelas coisas que pertencem aos bons costumes e estes são os que estão de acordo com a razão, que todo juízo da razão humana de algum modo deriva da razão natural, é claro que necessariamente todos os preceitos morais pertençam à lei da natureza, mas de modo diverso. Há alguns, com efeito, que, imediatamente por si, a razão natural de qualquer homem julga deverem ser feitos ou não feitos, como "Honra teu pai e tua mãe", e "Não matarás, Não furtarás". E tais coisas são absolutamente da lei da natureza. — Há outros, porém, que, numa consideração mais sutil da razão, são julgados pelos sábios deverem ser observados. E estes são de tal forma da lei da natureza que precisam da disciplina pela qual os menores são instruídos pelos mais sábios, como "Levanta-te em presença da cabeça encanecida, e honra a pessoa do idoso" e outros semelhantes. — Há alguns que, para julgá-los, a razão humana precisa da instrução divina, pela qual somos ensinados sobre as coisas divinas, como "Não farás para ti escultura nem qualquer semelhança; Não tomarás o nome de teu Senhor em vão".

1. Q. 94, a. 2, 4.

Et per hoc patet responsio AD OBIECTA.

ARTICULUS 2
Utrum praecepta moralia legis sint de omnibus actibus virtutum

AD SECUNDUM SIC PROCEDITUR. Videtur quod praecepta moralia legis non sint de omnibus actibus virtutum.

1. Observatio enim praeceptorum veteris legis iustificatio nominatur; secundum illud Ps 118,8: *Iustificationes tuas custodiam*. Sed iustificatio est executio iustitiae. Ergo praecepta moralia non sunt nisi de actibus iustitiae.

2. PRAETEREA, id quod cadit sub praecepto, habet rationem debiti. Sed ratio debiti non pertinet ad alias virtutes nisi ad solam iustitiam, cuius proprius actus est reddere unicuique debitum. Ergo praecepta legis moralia non sunt de actibus aliarum virtutum, sed solum de actibus iustitiae.

3. PRAETEREA, omnis lex ponitur propter bonum commune, ut dicit Isidorus[1]. Sed inter virtutes sola iustitia respicit bonum commune, ut Philosophus dicit, in V *Ethic.*[2]. Ergo praecepta moralia sunt solum de actibus iustitiae.

SED CONTRA est quod Ambrosius dicit[3], quod *peccatum est transgressio legis divinae, et caelestium inobedientia mandatorum*. Sed peccata contrariantur omnibus actibus virtutum. Ergo lex divina habet ordinare de actibus omnium virtutum.

RESPONDEO dicendum quod, cum praecepta legis ordinentur ad bonum commune, sicut supra[4] habitum est, necesse est quod praecepta legis diversificentur secundum diversos modos communitatum: unde et Philosophus, in sua *Politica*[5], docet quod alias leges oportet statuere in civitate quae regitur rege, et alias in ea quae regitur per populum, vel per aliquos potentes de civitate. Est autem alius

E por meio disso resulta clara a resposta ÀS OBJEÇÕES.

ARTIGO 2
Os preceitos morais da lei são sobre todos os atos das virtudes?[d]

QUANTO AO SEGUNDO, ASSIM SE PROCEDE: parece que os preceitos morais da lei **não** são sobre todos os atos das virtudes.

1. Com efeito, a observância dos preceitos da lei antiga chama-se justificação, segundo o livro dos Salmos: "Guardarei tuas justificações". Ora, justificação é execução da justiça. Logo, os preceitos morais não são senão sobre os atos da justiça.

2. ALÉM DISSO, o que cai sob o preceito tem razão de débito. Ora, a razão de débito não pertence às outras virtudes senão apenas à justiça, cujo ato próprio é dar a cada um o devido. Logo, os preceitos morais da lei não são sobre os atos das outras virtudes, mas apenas sobre os atos de justiça.

3. ADEMAIS, toda lei é imposta por causa do bem comum, como diz Isidoro. Ora, entre as virtudes só a justiça diz respeito ao bem comum, como afirma o Filósofo. Logo, os preceitos morais são apenas sobre os atos de justiça.

EM SENTIDO CONTRÁRIO, diz Ambrósio que "o pecado é a transgressão da lei divina e desobediência dos mandamentos celestes". Ora, os pecados contrariam a todos os atos das virtudes. Logo, a lei divina deve ordenar sobre os atos de todas as virtudes.

RESPONDO. Como os preceitos da lei se ordenam ao bem comum, como acima se mostrou, é necessário que os preceitos da lei se diversifiquem segundo os diversos modos das comunidades. Por isso, o Filósofo ensina que é necessário estabelecer umas leis na cidade que é regida pelo rei, e outras naquela que é regida pelo povo, ou por alguns poderosos da cidade. Um, porém, é o modo da

2 PARALL.: II-II, q. 140, a. 2.

1. *Etymol*. l. II, c. 10: l. V, c. 21: ML 82, 131 B, 203 A.
2. C. 3: 1130, a, 4-8.
3. *De Paradiso*, c. 8: ML 14, 292 D.
4. Q. 90, a. 2.
5. L. IV, c. 1: 1289, a, 11-25.

d. A questão é posta unicamente em função da noção aristotélica da lei (ver obj. 3), que não concerne à lei moral, mas às legislações humanas. É portanto fácil de resolver. Todavia, a classificação das virtudes, que prioriza a justiça, provém da filosofia grega, e não da terminologia bíblica: trata-se de uma herança da antiguidade cristã. Semelhante reclassificação recobre o conjunto dos atos humanos que devem responder às intenções do Criador.

modus communitatis ad quam ordinatur lex humana, et ad quam ordinatur lex divina. Lex enim humana ordinatur ad communitatem civilem, quae est hominum ad invicem. Homines autem ordinantur ad invicem per exteriores actus, quibus homines sibi invicem communicant. Huiusmodi autem communicatio pertinet ad rationem iustitiae, quae est proprie directiva communitatis humanae. Et ideo lex humana non proponit praecepta nisi de actibus iustitiae; et si praecipiat actus aliarum virtutum, hoc non est nisi inquantum assumunt rationem iustitiae; ut patet per Philosophum, in V *Ethic.*[6].

Sed communitas ad quam ordinat lex divina, est hominum ad Deum, vel in praesenti vel in futura vita. Et ideo lex divina praecepta proponit de omnibus illis per quae homines bene ordinentur ad communicationem cum Deo. Homo autem Deo coniungitur ratione, sive mente, in qua est Dei imago. Et ideo lex divina praecepta proponit de omnibus illis per quae ratio hominis est bene ordinata. Hoc autem contingit per actus omnium virtutum: nam virtutes intellectuales ordinant bene actus rationis in seipsis; virtutes autem morales ordinant bene actus rationis circa interiores passiones et exteriores operationes. Et ideo manifestum est quod lex divina convenienter proponit praecepta de actibus omnium virtutum: ita tamen quod quaedam, sine quibus ordo virtutis, qui est ordo rationis, observari non potest, cadunt sub obligatione praecepti; quaedam vero, quae pertinent ad bene esse virtutis perfectae, cadunt sub admonitione consilii.

Ad primum ergo dicendum quod adimpletio mandatorum legis etiam quae sunt de actibus aliarum virtutum, habet rationem iustificationis, inquantum iustum est ut homo obediat Deo. Vel etiam inquantum iustum est quod omnia quae sunt hominis, rationi subdantur.

Ad secundum dicendum quod iustitia proprie dicta attendit debitum unius hominis ad alium: sed in omnibus aliis virtutibus attenditur debitum infe-

comunidade à qual é ordenada a lei humana, e daquela à qual se ordena a lei divina. A lei humana, com efeito, se ordena à comunidade civil, que é dos homens entre si. Ordenam-se os homens entre si pelos atos exteriores, nos quais os homens se comunicam entre si. Esta comunicação pertence à razão de justiça, que é propriamente diretiva da comunidade humana. E assim a lei humana não estabelece preceitos senão sobre atos de justiça; e se ela ordena atos das outras virtudes, tal não se dá senão enquanto assumem a razão de justiça, como o Filósofo deixa claro.

Entretanto, a comunidade a que se ordena a lei divina, é dos homens para Deus ou na vida presente ou na futura. E assim a lei divina estabelece preceitos sobre todas aquelas coisas pelas quais os homens são bem ordenados à comunicação com Deus. O homem une-se a Deus pela razão, ou pela alma, na qual está a imagem de Deus. E assim a lei divina estabelece preceitos sobre todas aquelas coisas pelas quais a razão humana é bem ordenada. Isso se dá pelos atos de todas as virtudes; com efeito, as virtudes intelectuais ordenam bem os atos da razão em si mesmos e as virtudes morais ordenam bem os atos da razão acerca das paixões interiores e das ações exteriores. E assim é manifesto que a lei divina estabelece convenientemente preceitos sobre atos de todas as virtudes; de tal maneira que algumas coisas, sem as quais a ordem da virtude, que é a ordem da razão, não pode observar-se, caem sob a obrigação do preceito. Algumas, porém, que pertencem ao existir pleno da virtude perfeita, caem sob a advertência do conselho[e].

Quanto ao 1º, portanto, deve-se dizer que o cumprimento dos mandamentos da lei, também aqueles que são sobre os atos das outras virtudes, tem razão de justificação[f], enquanto é justo que o homem obedeça a Deus. Ou também, enquanto é justo que todas as coisas que são do homem, sujeitem-se à razão.

Quanto ao 2º, deve-se dizer que a justiça propriamente dita atende ao débito do homem para com outro; mas em todas as outras virtudes,

6. C. 3: 1129, b, 23-25.

e. A distinção entre preceitos e conselhos não deve ser entendida em função dos "estados de vida". Ela corresponde à distinção entre os atos dos quais todos os detalhes são determinados por uma lei precisa e aqueles atos cuja direção geral é formalmente indicada, mas dos quais é preciso especificar suas aplicações mediante um julgamento prático que depende das circunstâncias. Trata-se de uma "moral da sabedoria prática" que vai além da "moral da lei".

f. A reflexão sobre a palavra "justificação" só possui sentido em relação à terminologia latina da Vulgata.

riorum virium ad rationem. Et secundum rationem huius debiti, Philosophus assignat, in V *Ethic.*[7], quandam iustitiam metaphoricam.

AD TERTIUM patet responsio per ea quae dicta sunt[8] de diversitate communitatis.

atende ao débito das forças inferiores à razão. E segundo a razão desse débito, o Filósofo distingue certa justiça metafórica.

QUANTO AO 3º, evidencia-se a resposta por aquelas coisas que foram ditas sobre a diversidade da comunidade.

ARTICULUS 3

Utrum omnia praecepta moralia veteris legis reducantur ad decem praecepta decalogi

AD TERTIUM SIC PROCEDITUR. Videtur quod non omnia praecepta moralia veteris legis reducantur ad decem praecepta decalogi.

1. Prima enim et principalia legis praecepta sunt, *Diliges Dominum Deum tuum*, et, *Diliges proximum tuum*, ut habetur Mt 22,37-39. Sed ista duo non continentur in praeceptis decalogi. Ergo non omnia praecepta moralia continentur in praeceptis decalogi.

2. PRAETEREA, praecepta moralia non reducuntur ad praecepta caeremonialia, sed potius e converso. Sed inter praecepta decalogi est unum caeremoniale, scilicet, *Memento ut diem sabbati sanctifices*. Ergo praecepta moralia non reducuntur ad omnia praecepta decalogi.

3. PRAETEREA, praecepta moralia sunt de omnibus actibus virtutum. Sed inter praecepta decalogi ponuntur sola praecepta pertinentia ad actus iustitiae; ut patet discurrenti per singula. Ergo praecepta decalogi non continent omnia praecepta moralia.

SED CONTRA est quod, Mt 5, super illud [11], *Beati estis cum maledixerint* etc., dicit Glossa[1] quod Moyses, decem praecepta proponens, postea per partes explicat. Ergo omnia praecepta legis sunt quaedam partes praeceptorum decalogi.

ARTIGO 3

Todos os preceitos morais da lei antiga reduzem-se aos dez preceitos do decálogo?[g]

QUANTO AO TERCEIRO, ASSIM SE PROCEDE: parece que **nem todos** os preceitos morais da lei antiga se reduzem aos dez preceitos do decálogo.

1. Com efeito, os primeiros e principais preceitos da lei são: “Amarás o Senhor teu Deus” e “Amarás o teu próximo”, como se tem no Evangelho de Mateus. Ora estes dois não estão contidos nos preceitos do decálogo. Logo, nem todos os preceitos morais estão contidos nos preceitos do decálogo.

2. ALÉM DISSO, os preceitos morais não se reduzem aos preceitos cerimoniais, mas antes ao contrário. Ora, entre os preceitos do decálogo há um cerimonial, a saber, “Lembra-te de santificares o dia de sábado”. Logo, os preceitos morais não se reduzem a todos os preceitos do decálogo.

3. ADEMAIS, os preceitos morais são sobre todos os atos das virtudes. Ora, entre os preceitos do decálogo estabelecem-se apenas os preceitos pertinentes aos atos de justiça, como fica claro a quem examina cada um deles. Logo, os preceitos do decálogo não contêm todos os preceitos morais.

EM SENTIDO CONTRÁRIO, sobre aquela passagem do Evangelho de Mateus: “Bem-aventurados sereis quando vos amaldiçoarem” etc., diz a Glosa que Moisés, propondo os dez preceitos, depois explica por partes. Logo todos os preceitos da lei são algumas partes dos preceitos do decálogo.

7. C. 15: 1138, b, 5-14.
8. In corp.

3 PARALL.: Infra, a. 11; II-II, q. 122, a. 6, ad 2; III *Sent.*, dist. 37, a. 3; *De Malo*, q. 14, a. 2, ad 14; *Quodlib.* VII, q. 7, a. 1, ad 8.

1. Ordin.: ML 114, 90 D.

g. Parece que, no século XIII, a utilização do decálogo como apresentação fundamental da lei moral seja devida à corrente franciscana. Ela se generalizou devido a seu caráter prático. Sto. Tomás aceita essa questão de escola e a resolve positivamente, nela introduzindo muitos matizes (ver a resposta e as respostas das objeções). As objeções vêm à mente de todos aqueles que conhecem o decálogo e o conjunto da moral bíblica, seja na Torá (obj. 1), seja nos Sábios (obj. 3).

RESPONDEO dicendum quod praecepta decalogi ab aliis praeceptis legis differunt in hoc, quod praecepta decalogi per seipsum Deus dicitur populo proposuisse; alia vero praecepta proposuit populo per Moysen. Illa ergo praecepta ad decalogum pertinent, quorum notitiam homo habet per seipsum a Deo. Huiusmodi vero sunt illa quae statim ex principiis communibus primis cognosci possunt modica consideratione: et iterum illa quae statim ex fide divinitus infusa innotescunt. Inter praecepta ergo decalogi non computantur duo genera praeceptorum: illa scilicet quae sunt prima et communia, quorum non oportet aliam editionem esse nisi quod sunt scripta in ratione naturali quasi per se nota, sicut quod nulli debet homo malefacere, et alia huiusmodi; et iterum illa quae per diligentem inquisitionem sapientum inveniuntur rationi convenire, haec enim proveniunt a Deo ad populum mediante disciplina sapientum. Utraque tamen horum praeceptorum continentur in praeceptis decalogi, sed diversimode. Nam illa quae sunt prima et communia, continentur in eis sicut principia in conclusionibus proximis: illa vero quae per sapientes cognoscuntur, continentur in eis, e converso, sicut conclusiones in principiis.

RESPONDO. Os preceitos do decálogo diferem dos outros preceitos da lei na medida em que se diz que Deus propôs por si mesmo ao povo os preceitos do decálogo. Os outros preceitos, porém, propôs ao povo por intermédio de Moisés[h]. Logo, pertencem ao decálogo aqueles preceitos, cujo conhecimento tem o homem, por si mesmo, de Deus. Tais são aqueles que imediatamente podem ser conhecidos a partir dos primeiros princípios comuns, em pequena consideração. E em segundo lugar aqueles que imediatamente, por fé divinamente infusa, são conhecidos. Entre os preceitos do decálogo, pois, não se contam dois gêneros de preceitos: a saber, aqueles que são primeiros e comuns, dos quais não é necessário haver outra publicação a não ser que são escritos na razão natural, como evidentes por si mesmos. Por exemplo, o homem não deve fazer o mal a ninguém, e outros semelhantes[i]. Os outros são aqueles que por diligente inquisição dos sábios são tidos convir à razão; esses, com efeito, provêm de Deus para o povo, mediante o ensino dos sábios. Uns e outros desses preceitos, contudo, estão contidos nos preceitos do decálogo, mas de modo diverso. Aqueles, com efeito, que são primeiros e comuns, estão contidos como os princípios nas conclusões próximas; os que são conhecidos pelos sábios, porém, estão contidos como as conclusões nos princípios.

AD PRIMUM ergo dicendum quod illa duo praecepta sunt prima et communia praecepta legis naturae, quae sunt per se nota rationi humanae, vel per naturam vel per fidem. Et ideo omnia praecepta decalogi ad illa duo referuntur sicut conclusiones ad principia communia.

QUANTO AO 1º, portanto, deve-se dizer que aqueles dois preceitos são preceitos primeiros e comuns da lei da natureza, os quais são evidentes por si à razão humana, ou pela natureza ou pela fé. E assim todos os preceitos do decálogo referem-se àqueles dois, como as conclusões aos princípios comuns[j].

AD SECUNDUM dicendum quod praeceptum de observatione sabbati est secundum aliquid morale, inquantum scilicet per hoc praecipitur quod homo aliquo tempore vacet rebus divinis; secundum illud Ps 45,11: *Vacate, et videte quoniam ego sum Deus*. Et secundum hoc, inter praecepta decalogi computatur. Non autem quantum ad taxationem temporis: quia secundum hoc est caeremoniale.

QUANTO AO 2º, deve-se dizer que o preceito da observância do sábado é de algum modo moral, a saber, enquanto por ele se preceitua que o homem em algum tempo se entregue às coisas divinas, segundo aquela passagem do livro dos Salmos: "Parai e vede que eu sou Deus". E segundo isso, conta-se entre os preceitos do decálogo. Não, porém, quanto à determinação do tempo, pois, segundo isso, é cerimonial.

h. Esse motivo, que decorre de uma leitura demasiado literal do relato bíblico, não tem nenhum valor exegético.

i. É o pano de fundo racional do decálogo, do que se vê também o vínculo com a sabedoria humana. Com efeito, as sabedorias do antigo Oriente apresentam paralelismos com a maior parte das disposições do decálogo, exceto aqueles que estão em relação imediata com o monoteísmo. A menção dos sábios na sequência da resposta mostra que o decálogo apresenta prolongamentos necessários em seus ensinamentos: é preciso recorrer a eles, portanto, para conhecer integralmente a moral bíblica. Quanto a fazer de seus ensinamentos conclusões tiradas de seus princípios, é uma visão escolástica que não se impõe de forma alguma.

j. Sobre "lei natural" e "razão", ver q. 98, nota 20.

AD TERTIUM dicendum quod ratio debiti in aliis virtutibus est magis latens quam in iustitia. Et ideo praecepta de actibus aliarum virtutum non sunt ita nota populo sicut praecepta de actibus iustitiae. Et propter hoc actus iustitiae specialiter cadunt sub praeceptis decalogi, quae sunt prima legis elementa.

QUANTO AO 3º, deve-se dizer que a razão de débito nas outras virtudes é mais latente do que na justiça. E assim os preceitos sobre os atos das outras virtudes não são conhecidos do povo tal como os preceitos sobre os atos de justiça. E em razão disso os atos de justiça caem de modo especial sob os preceitos do decálogo, que são os primeiros elementos da lei.

ARTICULUS 4

Utrum praecepta decalogi convenienter distinguantur

AD QUARTUM SIC PROCEDITUR. Videtur quod inconvenienter praecepta decalogi distinguantur.

1. Latria enim est alia virtus a fide. Sed praecepta dantur de actibus virtutum. Sed hoc quod dicitur in principio decalogi, *Non habebis Deos alienos coram me*, pertinet ad finem: quod autem subditur, *Non facies sculptile* etc., pertinet ad latriam. Ergo sunt duo praecepta: et non unum, sicut Augustinus dicit[1].

2. PRAETEREA, praecepta affirmativa in lege distinguuntur a negativis: sicut, *Honora patrem et matrem*, et, *Non occides*. Sed hoc quod dicitur, *Ego sum Dominus Deus tuus*, est affirmativum: quod autem subditur, *Non habebis Deos alienos coram me*, est negativum. Ergo sunt duo praecepta: et non continentur sub uno, ut Augustinus ponit[2].

3. PRAETEREA, Apostolus, Rm 7,7 dicit: *Concupiscentiam nesciebam, nisi lex diceret, Non concupisces*. Et sic videtur quod hoc praeceptum, *Non concupisces*, sit unum praeceptum. Non ergo debet distingui in duo.

SED CONTRA est auctoritas Augustini, in Glossa super *Exod.*[3], ubi ponit tria praecepta pertinentia ad Deum, et septem ad proximum.

ARTIGO 4

Os preceitos do decálogo distinguem-se convenientemente?[k]

QUANTO AO QUARTO, ASSIM SE PROCEDE: parece que os preceitos do decálogo **não** se distinguem convenientemente.

1. Com efeito, a latria é uma virtude distinta da fé. Ora, os preceitos se dão sobre os atos das virtudes. Ora, o que se diz no princípio do decálogo: "Não terás deuses estrangeiros em minha presença", pertence ao fim; e o que se acrescenta: "Não farás escultura" etc., pertence à latria. Logo, são dois os preceitos e não um, como diz Agostinho.

2. ALÉM DISSO, os preceitos afirmativos na lei distinguem-se dos negativos, como "Honra o pai e a mãe" e "Não matarás". Ora, o que se diz: "Eu sou o Senhor teu Deus" é afirmativo, e o que se acrescenta: "Não terás deuses estrangeiros em minha presença", é negativo. Logo, são dois os preceitos e não estão contidos sob um, como estabelece Agostinho.

3. ADEMAIS, diz o Apóstolo: "Eu não conheceria a concupiscência se a lei não dissera: Não cobiçarás". E assim parece que este preceito: "Não cobiçarás", é um só preceito. Não deve, pois, ser dividido em dois.

EM SENTIDO CONTRÁRIO, está a autoridade de Agostinho que estabelece três preceitos pertinentes a Deus, e sete ao próximo.

4

1. *Quaest. in Exod.*, q. 71: ML 34, 621.
2. Loc. cit.
3. Ord.: ML 113, 250 B; cfr. AUG., *Quaest. in Heptat.*, l. II, q. 71, super Exod. 20, 1: ML 34, 620.

k. Essa questão toca em um ponto menor: a divisão de todo o texto do decálogo em dez mandamentos distintos. As soluções adotadas na época patrística, na Idade Média e entre os modernos, são diversas. A classificação de Sto. Tomás remonta a Sto. Agostinho e, por ele, à versão grega do Êxodo; é conservada nas tradições católica e luterana. A numeração judia, que corta Ex 20,3-4 em dois mandamentos, é atestada em, Fílon e Josefo, e é conservada nos tradições ortodoxa e reformada. Do ponto de vista exegético, nenhuma solução se impõe de modo absoluto. O nome do decálogo provém de Ex 34,28; Dt 4,13 (citado como "autoridade" na q. 100, a. 5, s.c.) e 10, 4; mas, as "dez palavras" não figuram justamente nesse contexto. Sto. Tomás só discute aqui, portanto, uma questão de escola, a propósito da qual ele cita as opiniões diversas de Orígenes, Hesíquio e de Sto. Agostinho, escolhendo a última por motivo de pura conveniência.

RESPONDEO dicendum quod praecepta decalogi diversimode a diversis distinguuntur. Hesychius enim, Lv 26, super illud, [26], *Decem mulieres in uno clibano coquunt panes*, dicit[4] praeceptum de observatione sabbati non esse de decem praeceptis, quia non est observandum, secundum litteram, secundum omne tempus. Distinguit tamen quatuor praecepta pertinentia ad Deum: ut primum sit, *Ego sum Dominus Deus tuus*; secundum sit, *Non habebis Deos alienos coram me* (et sic etiam distinguit haec duo Hieronymus, Os 10, super illud [10][5], *Propter duas iniquitates tuas*); tertium vero praeceptum esse dicit, *Non facies tibi sculptile*; quartum vero, *Non assumes nomen Dei tui in vanum*. Pertinentia vero ad proximum dicit esse sex: ut primum sit, *Honora patrem tuum et matrem tuam*; secundum, *Non occides*; tertium, *Non moechaberis*; quartum, *Non furtum facies*; quintum, *Non falsum testimonium dices*; sextum, *Non concupisces*.

Sed primo hoc videtur inconveniens, quod praeceptum de observatione sabbati praeceptis decalogi interponatur, si nullo modo ad decalogum pertineat. Secundo quia, cum scriptum sit Mt 6,24, *Nemo potest duobus dominis servire*, eiusdem rationis esse videtur, et sub eodem praecepto cadere, *Ego sum Dominus Deus tuus*, et, *Non habebis Deos alienos*. Unde Origenes[6], distinguens etiam quatuor praecepta ordinantia ad Deum, ponit ista duo pro uno praecepto; secundum vero ponit, *Non facies sculptile*; tertium, *Non assumes nomen Dei tui in vanum*; quartum, *Memento ut diem sabbati sanctifices*. Alia vero sex ponit sicut Hesychius.

Sed quia facere sculptile vel similitudinem non est prohibitum nisi secundum hoc, ut non colantur pro diis; nam et in tabernaculo Deus praecepit fieri imaginem Seraphim, ut habetur Ex 25,18sqq.; convenientius Augustinus ponit sub uno praecepto, *Non habebis Deos alienos*, et, *Non facies sculptile*. Similiter etiam concupiscentia uxoris alienae ad commixtionem, pertinet ad concupiscentiam carnis; concupiscentiae autem aliarum rerum, quae desiderantur ad possidendum, pertinent ad concupiscentiam oculorum: unde etiam Augustinus ponit[7] duo praecepta de non concupiscendo

RESPONDO. Os preceitos do decálogo são diversamente distinguidos por diversos. Hesíquio, com efeito, sobre a passagem do livro do Levítico: "Dez mulheres cozerão os pães num só forno", diz que o preceito de observância do sábado não pertence aos dez preceitos, porque não deve ser observado segundo a letra, em qualquer tempo. Distingue, porém, quatro preceitos pertinentes a Deus, de sorte que o primeiro é: "Eu sou o Senhor teu Deus"; o segundo: "não terás Deus estrangeiros em minha presença" (e assim também Jerônimo distingue esses dois, sobre a passagem de Oseias: "Por causa das tuas duas iniquidades"); diz que o terceiro preceito é: "Não farás para ti escultura"; o quarto, porém: "Não tomarás o nome de teu Deus em vão". Diz que são seis os que pertencem ao próximo; o primeiro é; "Honra teu pai e tua mãe"; o segundo: "Não matarás"; o terceiro: "Não fornicarás"; o quarto: "Não furtarás"; o quinto: "Não dirás falso testemunho"; o sexto: "Não cobiçarás".

Ora, em primeiro lugar parece inconveniente que o preceito da observância do sábado seja incluído entre os preceitos do decálogo, se de nenhum modo pertence ao decálogo. Em segundo lugar, porque, como foi escrito no Evangelho de Mateus, "Ninguém pode servir a dois senhores" parece ser da mesma razão e cair sob o mesmo preceito: "Eu sou o Senhor teu Deus", e "Não terás deuses estrangeiros". Por isso, Orígenes, distinguindo, com efeito, quatro preceitos que ordenam a Deus, considera esses dois um só preceito; considera o segundo: "Não farás escultura"; o terceiro "Não tomarás o nome de teu deus em vão"; o quarto: "Lembra-te de santificar o dia do sábado". Os outros seis considera como Hesíquio.

Ora, porque fazer escultura ou semelhanças não é proibido senão para que não se cultuem como deuses; pois, no tabernáculo Deus preceituou fazer uma imagem de Serafim, como se tem no livro do Êxodo; mais convenientemente Agostinho considera sob um só preceito: "Não terás deuses estrangeiros", e "Não farás escultura". Igualmente o cobiçar a mulher alheia para cópula pertence à concupiscência da carne; as cobiças das outras coisas, que se desejam para possuir, pertencem à concupiscência dos olhos; donde também Agostinho considera dois preceitos, o

4. HESYCHIUS hierosolymitanus († post a. 431), *In Lev.*, l. VII, super 26, 26: MG 93, 1150.
5. ML 25, 908 C.
6. Homil. VIII in *Exod.*: MG 12, 351 BC.
7. *Quaest. in Hept.*, l. II, q. 71, super Exod. 20, 17: ML 34, 621.

rem alienam, et uxorem alienam. Et sic ponit tria praecepta in ordine ad Deum, et septem in ordine ad proximum. Et hoc melius est.

AD PRIMUM ergo dicendum quod latria non est nisi quaedam protestatio fidei: unde non sunt alia praecepta danda de latria, et alia de fide. Potius tamen sunt danda de latria quam de fide, quia praeceptum fidei praesupponitur ad praecepta decalogi, sicut praeceptum dilectionis. Sicut enim prima praecepta communia legis naturae sunt per se nota habenti rationem naturalem, et promulgatione non indigent; ita etiam et hoc quod est credere in Deum, est primum et per se notum ei qui habet fidem: *accedentem enim ad Deum oportet credere quia est*, ut dicitur Hb 11,6. Et ideo non indiget alia promulgatione nisi infusione fidei.

AD SECUNDUM dicendum quod praecepta affirmativa distinguuntur a negativis, quando unum non comprehenditur in alio: sicut in honoratione parentum non includitur quod nullus homo occidatur, nec e converso. Sed quando affirmativum comprehenditur in negativo vel e converso, non dantur super hoc diversa praecepta: sicut non datur aliud praeceptum de hoc quod est, *Non furtum facies*, et de hoc quod est *conservare rem alienam*, vel *restituere eam*. Et eadem ratione non sunt diversa praecepta de credendo in Deum, et de hoc quod non credatur in alienos Deos.

AD TERTIUM dicendum quod omnis concupiscentia convenit in una communi ratione: et ideo Apostolus singulariter de mandato concupiscendi loquitur. Quia tamen in speciali diversae sunt rationes concupiscendi, ideo Augustinus distinguit diversa praecepta de non concupiscendo: differunt enim specie concupiscentiae secundum diversitatem actionum vel concupiscibilium, ut Philosophus dicit, in X *Ethic.*[8].

de não cobiçar coisa alheia, e o de não cobiçar a mulher alheia. E assim considera três preceitos em ordem a Deus, e sete em ordem ao próximo. E isso é melhor.

QUANTO AO 1º, portanto, deve-se dizer que a latria não é senão uma protestação da fé. Por isso, não se devem dar outros preceitos sobre a latria, e outros sobre a fé. Devem-se dar sobre a latria antes que sobre a fé, porque o preceito da fé é pressuposto aos preceitos do decálogo, como o preceito do amor[l]. Assim como os primeiros preceitos comuns da lei da natureza são evidentes por si mesmos a quem tem a razão natural, e não precisam de promulgação, assim também o crer em Deus é primeiro e por si evidente àquele que tem fé: "àquele, com efeito, que acede a Deus é necessário crer que ele existe", como se diz na Carta aos Hebreus. E assim não precisa de outra promulgação a não ser da infusão da fé.

QUANTO AO 2º, deve-se dizer que os preceitos afirmativos se distinguem dos negativos, quando um não é compreendido no outro, como na honra aos pais não se inclui que nenhum homem seja morto, nem inversamente. Mas quando o afirmativo é compreendido no negativo ou inversamente, não são dados a respeito disso preceitos diversos[m], como não é dado preceito diferente de "não furtarás", e "conservar a coisa alheia", ou "restituí-la". E pela mesma razão não são diversos os preceitos de crer em Deus, e não crer em deuses estrangeiros.

QUANTO AO 3º, deve-se dizer que toda concupiscência convém numa razão comum[n], e assim o Apóstolo fala singularmente do mandamento sobre a concupiscência. Porque são diversas as razões especiais de cobiçar, Agostinho distingue diversos preceitos sobre não cobiçar; diferem, com efeito, na espécie de concupiscência, segundo a diversidade das ações e dos objetos cobiçáveis, como diz o Filósofo.

8. C. 5: 1175, b, 28-36.

l. Dado que a fé e o amor de Deus são pressupostos nos preceitos dos decálogos, não se está na perspectiva da filosofia moral vinda da Grécia.

m. Sto. Tomás percebe a dificuldade suscitada pelo caráter negativo de certos preceitos (oito em dez!). Precisará então inverter esses preceitos para mostrar como eles incluem as prescrições positivas correspondentes, pois a moral exige preceitos positivos.

n. Sto. Tomás ignora que o resumo da lei fornecido por São Paulo em Rm 7,7 ("não cobiçarás") provém, na verdade, da tradição judia, atestada pelo Targum palestino do Pentateuco. Só pode produzir, portanto, razões de conveniência.

ARTICULUS 5

Utrum praecepta decalogi convenienter enumerentur

AD QUINTUM SIC PROCEDITUR. Videtur quod inconvenienter praecepta decalogi enumerentur.

1. Peccatum enim, ut Ambrosius dicit[1], est *transgressio legis divinae, et caelestium inobedientia mandatorum*. Sed peccata distinguuntur per hoc quod homo peccat vel in Deum, vel in proximum, vel in seipsum. Cum igitur in praeceptis decalogi non ponantur aliqua praecepta ordinantia hominem ad seipsum, sed solum ordinantia ipsum ad Deum et proximum; videtur quod insufficiens sit enumeratio praeceptorum decalogi.

2. PRAETEREA, sicut ad cultum Dei pertinebat observatio sabbati, ita etiam observatio aliarum solemnitatum, et immolatio sacrificiorum. Sed inter praecepta decalogi est unum pertinens ad observantiam sabbati. Ergo etiam debent esse aliqua pertinentia ad alias solemnitates, et ad ritum sacrificiorum.

3. PRAETEREA, sicut contra Deum peccare contingit periurando, ita etiam blasphemando, vel alias contra doctrinam divinam mentiendo. Sed ponitur unum praeceptum prohibens periurium, cum dicitur, *Non assumes nomen Dei tui in vanum*. Ergo peccatum blasphemiae, et falsae doctrinae, debent aliquo praecepto decalogi prohiberi.

4. PRAETEREA, sicut homo naturalem dilectionem habet ad parentes, ita etiam ad filios. Mandatum etiam caritatis ad omnes proximos extenditur. Sed praecepta decalogi ordinantur ad caritatem; secundum illud 1Ti 1,5: *Finis praecepti caritas est*. Ergo sicut ponitur quoddam praeceptum pertinens ad parentes, ita etiam debuerunt poni aliqua praecepta pertinentia ad filios et ad alios proximos.

5. PRAETEREA, in quolibet genere peccati contingit peccare corde et opere. Sed in quibusdam generibus peccatorum, scilicet in furto et adulterio,

ARTIGO 5

Os preceitos do decálogo estão convenientemente enumerados?[o]

QUANTO AO QUINTO, ASSIM SE PROCEDE: parece que os preceitos do decálogo **não** estão convenientemente enumerados.

1. Com efeito, o pecado, como diz Ambrósio, é "transgressão da lei divina e desobediência aos mandamentos celestes". Ora, os pecados se distinguem segundo o homem peca ou contra Deus, ou contra o próximo, ou contra si mesmo. Logo, como nos preceitos do decálogo não se estabelecem alguns que ordenam o homem para consigo mesmo, mas apenas os que o ordenam a Deus ou ao próximo, parece que é insuficiente a enumeração dos preceitos do decálogo.

2. ALÉM DISSO, assim como pertencia ao culto de Deus a observância do sábado, assim também a observância das outras solenidades e imolação dos sacrifícios. Ora, entre os preceitos do decálogo há um que pertence à observância do sábado. Logo, também deve haver outros que pertencem às outras solenidades e ao rito dos sacrifícios.

3. ADEMAIS, assim como acontece pecar contra Deus perjurando, assim também blasfemando e de outro modo mentindo contra a doutrina divina. Ora, estabelece-se um preceito proibindo o perjúrio, quando se diz: "Não tomarás o nome de teu Deus em vão". Logo, o pecado de blasfêmia e o de falsa doutrina devem ser proibidos por algum preceito do decálogo.

4. ADEMAIS, assim como o homem tem um amor natural para com os pais, assim também para com os filhos. O mandamento da caridade, com efeito, se estende a todos os próximos. Ora, os preceitos do decálogo se ordenam à caridade, segundo a pássagem da primeira Carta a Tito: "O fim do preceito é a caridade". Logo, como se impõe um preceito pertinente aos pais, assim também outros preceitos deviam ter sido impostos pertinentes aos filhos e aos outros próximos.

5. ADEMAIS, em qualquer gênero de pecado acontece pecar pelo coração e pela obra. Ora, em alguns gêneros de pecados, a saber, no furto e

5 PARALL.: III *Sent.*, dist. 37, a. 2, q.la 2; *Cont. Gent.* III, 120, 128; *De Virtut.*, q. 2, a. 7, ad 10; *ad Rom.*, c. 18, lect. 2.

1. *De Paradiso*, c. 8: ML 14, 292 D.

o. Todos os aspectos exegéticos da questão do decálogo são ignorados por Sto. Tomás: o caráter mnemônico do número 10; a relação das "dez palavras" com o culto dos santuários israelitas; o desenvolvimento literário das formulações primitivas nas duas recensões de Ex 20,1-17 e Dt 5,6-22; o objetivo religioso ou social das proibições e dos preceitos enumerados etc. Ele refaria completamente o presente artigo, caso conhecesse os novos dados que esclareceram o texto de um século para cá.

seorsum prohibetur peccatum operis, cum dicitur, *Non moechaberis, Non furtum facies*; et seorsum peccatum cordis, cum dicitur, *Non concupisces rem proximi tui*, et, *Non concupisces uxorem proximi tui*. Ergo etiam idem debuit poni in peccato homicidi et falsi testimonii.

6. PRAETEREA, sicut contingit peccatum provenire ex inordinatione concupiscibilis, ita etiam ex inordinatione irascibilis. Sed quibusdam praeceptis prohibetur inordinata concupiscentia, cum dicitur, *Non concupisces*. Ergo etiam aliqua praecepta in decalogo debuerunt poni per quae prohiberetur inordinatio irascibilis. Non ergo videtur quod convenienter decem praecepta decalogi enumerentur.

SED CONTRA est quod dicitur Dt 4,13: *Ostendit vobis pactum suum, quod praecepit ut faceretis; et decem verba quae scripsit in duabus tabulis lapideis*.

RESPONDEO dicendum quod, sicut supra[2] dictum est, sicut praecepta legis humanae ordinant hominem ad communitatem humanam, ita praecepta legis divinae ordinant hominem ad quandam communitatem seu rempublicam hominum sub Deo. Ad hoc autem quod aliquis in aliqua communitate bene commoretur, duo requiruntur: quorum primum est ut bene se habeat ad eum qui praeest communitati; aliud autem est ut homo bene se habeat ad alios communitatis consocios et comparticipes. Oportet igitur quod in lege divina primo ferantur quaedam praecepta ordinantia hominem ad Deum; et deinde alia praecepta ordinantia hominem ad alios proximos simul conviventes sub Deo.

Principi autem communitatis tria debet homo: primo quidem, fidelitatem; secundo, reverentiam; tertio, famulatum. Fidelitas quidem ad dominum in hoc consistit, ut honorem principatus ad alium non deferat. Et quantum ad hoc accipitur primum

no adultério, proíbe-se o pecado, à parte da obra, quando se diz "Não fornicarás, Não furtarás: e à parte o pecado do coração, quando se diz: "Não cobiçarás o bem de teu próximo" e "Não cobiçarás a esposa de teu próximo". Logo, também o mesmo devia ser imposto no pecado de homicídio e do falso testemunho.

6. ADEMAIS, como acontece provir o pecado da desordem do concupiscível, assim também da desordem do irascível[p]. Ora por alguns preceitos se proíbe a concupiscência desordenada, quando se diz: "Não cobiçarás". Logo também alguns preceitos no decálogo deviam ter sido impostos, por meio dos quais se proibisse a desordem do irascível. Não parece, pois, que os dez preceitos do decálogo se enumerem convenientemente.

EM SENTIDO CONTRÁRIO, diz o livro do Deuteronômio: "Mostrou-vos o seu pacto, que ordenou que observásseis; e dez palavras que escreveu nas duas tábuas de pedra".

RESPONDO. Como foi dito acima, os preceitos da lei humana ordenam o homem para a comunidade humana, e os preceitos da lei divina ordenam o homem para alguma comunidade ou república dos homens sob Deus. Para que alguém permaneça bem numa comunidade, requerem-se duas coisas: a primeira é que se atenha bem com relação àquele que preside a comunidade[q]; outra é que o homem se atenha bem com relação aos outros consócios e copartícipes da comunidade. É necessário, pois, que na lei divina sejam primeiro dados alguns preceitos que ordenam o homem a Deus; e depois outros preceitos que ordenam o homem aos outros próximos simultaneamente convivendo sob Deus.

Ao príncipe da comunidade o homem deve três coisas: primeira, a fidelidade; segunda, a reverência; terceira: o famulado. A fidelidade ao domínio consiste em que não dê a outro a honra do principado. E quanto a isso entende-se o pri-

2. Art. 2.

p. Aponta-se aqui com interesse um contato da psicologia escolástica com a psicologia moderna: o apetite concupiscível está em relação com a pulsão que conduz o homem ao prazer (sexual ou outro), e o apetite irascível, com a pulsão de agressividade (ver Eros e Tânatos).

q. A influência de Aristóteles sobre a concepção da lei faz-se sentir aqui a respeito do papel atribuído à Torá na antiga aliança: retém-se somente o princípio da submissão à autoridade divina, para que a sociedade constituída pelo povo de Deus funcione corretamente. Ora, o objetivo dessa sociedade, e portanto da finalidade dos preceitos que a regem, é a comunhão com Deus, da qual o decálogo fixa as condições mínimas, marcando os seus pontos de ruptura. Daí, as considerações sobre o que é devido ao "chefe da sociedade": fidelidade, respeito e serviço. Mas, o aspecto afetivo da relação dos homens com Deus é deixado na sombra. Guardar-se-á sobretudo a ligação entre os preceitos que visam a relação dos homens com Deus e os que têm por objetivo a organização justa de sua sociedade. Não se pode estabelecer plenamente a estes últimos e fazê-los passar aos atos sem que os primeiros sejam levados em consideração. Uma moral "natural" que rejeitasse a dimensão religiosa da ação humana seria destinada ao fracasso (ver a exposição de Rm 1,18-32).

praeceptum, cum dicitur, *Non habebis Deos alienos*. — Reverentia autem ad dominum requiritur ut nihil iniuriosum in eum committatur. Et quantum ad hoc accipitur secundum praeceptum, quod est, *Non assumes nomen Domini Dei tui in vanum*. — Famulatus autem debetur domino in recompensationem beneficiorum quae ab ipso percipiunt subditi. Et ad hoc pertinet tertium praeceptum, de sanctificatione sabbati in memoriam creationis rerum.

Ad proximos autem aliquis bene se habet et specialiter, et generaliter. Specialiter quidem, quantum ad illos quorum est debitor, ut eis debitum reddat. Et quantum ad hoc accipitur praeceptum de honoratione parentum. — Generaliter autem, quantum ad omnes, ut nulli nocumentum inferatur, neque opere neque ore neque corde. Opere quidem infertur nocumentum proximo, quandoque quidem in personam propriam, quantum ad consistentiam scilicet personae. Et hoc prohibetur per hoc quod dicitur, *Non occides*. — Quandoque autem in personam coniunctam quantum ad propagationem prolis. Et hoc prohibetur cum dicitur, *Non moechaberis*. — Quandoque autem in rem possessam, quae ordinatur ad utrumque. Et quantum ad hoc dicitur, *Non furtum facies*. — Nocumentum autem oris prohibetur cum dicitur, *Non loqueris contra proximum tuum falsum testimonium*. — Nocumentum autem cordis prohibetur cum dicitur, *Non concupisces*.

Et secundum hanc etiam differentiam possent distingui tria praecepta ordinantia in Deum. Quorum primum pertinet ad opus: unde ibi dicitur, *Non facies sculptile*. Secundum ad os: unde dicitur, *Non assumes nomen Dei tui in vanum*. Tertium pertinet ad cor: quia in sanctificatione sabbati, secundum quod est morale praeceptum, praecipitur quies cordis in Deum. — Vel, secundum Augustinum[3], per primum praeceptum reveremur unitatem primi principii; per secundum, veritatem divinam; per tertium, eius bonitatem, qua sanctificamur, et in qua quiescimus sicut in fine.

AD PRIMUM ergo potest responderi dupliciter. Primo quidem, quia praecepta decalogi referuntur ad praecepta dilectionis. Fuit autem dandum praeceptum homini de dilectione Dei et proximi, quia quantum ad hoc lex naturalis obscurata erat propter peccatum: non autem quantum ad dilectionem sui ipsius, quia quantum ad hoc lex

meiro preceito, quando se diz: "Não terás deuses estrangeiros". — Já a reverência ao domínio requer que nada de injurioso seja cometido contra ele. E quanto a isso entende-se o segundo preceito, que é: "Não tomarás o nome do Senhor teu Deus em vão". — O famulado é devido ao senhor em compensação dos benefícios que os súditos dele recebem. E a isso pertence o terceiro preceito, de santificação do sábado em memória da criação das coisas.

Em relação aos próximos alguém se atém devidamente tanto especial quanto geralmente. Especialmente, quanto àqueles dos quais é devedor, de modo que lhes dê o devido. E quanto a isso entende-se o preceito de honra aos pais. — Geralmente, quanto a todos, de modo que a nenhum traga prejuízo, nem por obra, nem por boca, nem por coração. Por obra traz-se prejuízo ao próximo, às vezes em sua própria pessoa, a saber, quanto à existência da pessoa. E isso é proibido pelo que é dito: "Não matarás". — Às vezes, na pessoa conjunta quanto à propagação da prole. E isso é proibido quando se diz: "Não fornicarás". — Às vezes, na coisa possuída, que se ordena a um e outro. E quanto a isso se diz: "Não furtarás". — O dano da boca é proibido quando se diz: "Não dirás contra teu próximo falso testemunho". — O dano do coração é proibido quando se diz: "Não cobiçarás".

E também segundo essa diferença podem ser distinguidos três preceitos que ordenam a Deus. O primeiro deles pertence à obra; donde ali se diz: "Não farás escultura". O segundo, à boca; onde se diz: "Não tomarás o nome do teu Deus em vão". O terceiro pertence ao coração; porque na santificação do sábado, por ser um preceito moral, preceitua-se o repouso do coração em Deus. — Ou, segundo Agostinho, por meio do primeiro preceito reverenciamos a unidade do primeiro princípio; por meio do segundo, a verdade divina; por meio do terceiro, sua bondade, pela qual somos santificados, e na qual repousamos como no fim.

QUANTO AO 1º, portanto, deve-se dizer que se pode responder de dois modos. Primeiro, porque os preceitos do decálogo se referem aos preceitos do amor. Deveu-se dar um preceito ao homem sobre o amor de Deus e do próximo, porque quanto a isso a lei natural fora obscurecida por causa do pecado; e não quanto ao amor de si mesmo,

3. *In Psalm*. 32, serm. 1, n. 6: ML 36, 281.

naturalis vigebat. — Vel quia etiam dilectio sui ipsius includitur in dilectione Dei et proximi: in hoc enim homo vere se diligit, quod se ordinat in Deum. Et ideo etiam in praeceptis decalogi ponuntur solum praecepta pertinentia ad proximum et ad Deum.

porque quanto a isso vigorava a lei natural. — Ou porque também o amor de si mesmo se inclui no amor de Deus e do próximo; com efeito, o homem se ama verdadeiramente enquanto se ordena a Deus. E assim também nos preceitos do decálogo estabelecem-se só os preceitos que pertencem ao próximo e a Deus.

Aliter potest dici quod praecepta decalogi sunt illa quae immediate populus recepit a Deo: unde dicitur Dt 10,4: *Scripsit in tabulis, iuxta id quod prius scripserat, verba decem, quae locutus est ad vos Dominus*. Unde oportet praecepta decalogi talia esse quae statim in mente populi cadere possunt. Praeceptum autem habet rationem debiti. Quod autem homo ex necessitate debeat aliquid Deo vel proximo, hoc de facili cadit in conceptione hominis, et praecipue fidelis. Sed quod aliquid ex necessitate sit debitum homini de his quae pertinent ad seipsum et non ad alium, hoc non ita in promptu apparet: videtur enim primo aspectu quod quilibet sit liber in his quae ad ipsum pertinent. Et ideo praecepta quibus prohibentur inordinationes hominis ad seipsum, perveniunt ad populum mediante instructione sapientum. Unde non pertinent ad decalogum.

De outra maneira, pode-se dizer que os preceitos do decálogo são aqueles que imediatamente[r] o povo recebe de Deus; donde se diz no livro do Deuteronômio: "Escreveu em tábuas, segundo aquilo que antes escrevera, as dez palavras, que vos disse o Senhor". Por isso, é necessário que os preceitos do decálogo sejam tais que imediatamente possam cair na mente do povo. O preceito tem razão de débito. Que o homem por necessidade deva algo a Deus ou ao próximo, isso cai facilmente na concepção do homem, e principalmente do fiel. Mas, que algo necessariamente seja devido ao homem daquelas coisas que pertencem a si mesmo e não a outro, isso não aparece assim prontamente. Parece, com efeito, num primeiro aspecto, que qualquer um seja livre naquelas coisas que pertencem a ele mesmo. E assim os preceitos pelos quais são proibidas as desordens do homem para consigo mesmo, sobrevêm ao povo mediante a instrução dos sábios[s]. Portanto, não pertencem ao decálogo.

AD SECUNDUM dicendum quod omnes solemnitates legis veteris sunt institutae in commemorationem alicuius divini beneficii vel praeteriti commemorati, vel futuri praefigurati. Et similiter propter hoc omnia sacrificia offerebantur. Inter omnia autem beneficia Dei commemoranda, primum et praecipuum erat beneficium creationis, quod commemoratur in sanctificatione sabbati: unde Ex 20,11 pro ratione huius praecepti ponitur: *Sex enim diebus fecit Deus caelum et terram* etc. Inter omnia autem futura beneficia, quae erant praefiguranda, praecipuum et finale erat quies mentis in Deo, vel in praesenti per gratiam, vel in futuro per gloriam: quae etiam figurabatur per observantiam sabbati; unde dicitur Is 58,13: *Si averteris a sabbato pedem tuum, facere voluntatem tuam in die sancto meo, et vocaveris sabbatum delicatum, et sanctum Domini gloriosum*. Haec enim beneficia primo et principaliter sunt

QUANTO AO 2º, deve-se dizer que todas as solenidades da lei antiga foram instituídas em comemoração de algum benefício divino ou do passado comemorado ou do futuro prefigurado. E igualmente por causa disso todos os sacrifícios eram oferecidos. Entre todos os benefícios de Deus a ser comemorados, o primeiro e principal era o benefício da criação, que é comemorado na santificação do sábado; donde se estabelece no livro do Êxodo pela razão desse preceito: "Em seis dias, com efeito, fez Deus o céu e a terra" etc. Entretanto, entre todos os futuros benefícios, que deviam ser prefigurados[t], o principal e final era o repouso da mente em Deus, ou no presente pela graça, ou no futuro pela glória, o que também era figurado pela observância do sábado; donde se diz no livro de Isaías: "Se apartares do sábado o teu pé, e de fazer a tua vontade no meu santo dia, e chamares o sábado delicado e santo glorioso do

r. Ver acima, nota 8, p. 637.

s. Sobre esse complemento do decálogo pela "moral da sabedoria", ver acima notas 3 e 8.

t. A interpretação figurativa das instituições de culto será retomada adiante de maneira sistemática (q. 101, a. 2). É uma pena que Sto. Tomás não cite aqui Hb 4,3-10; o comentário da epístola, que cita também Is 58,13 (nº 209) não é menos deficiente sobre esse ponto preciso. O "sabá espiritual" permanece mal definido.

in mente hominum, maxime fidelium. Aliae vero solemnitates celebrantur propter aliqua particularia beneficia temporaliter transeuntia: sicut celebratio Phase propter beneficium praeteritae liberationis ex Aegypto, et propter futuram passionem Christi, quae temporaliter transivit, inducens nos in quietem sabbati spiritualis. Et ideo, praetermissis omnibus aliis solemnitatibus et sacrificis, de solo sabbato fiebat mentio inter praecepta decalogi.

Ad tertium dicendum quod, sicut Apostolus dicit, Hb 6,16, *homines per maiorem sui iurant, et omnis controversiae eorum finis ad confirmationem est iuramentum*. Et ideo, quia iuramentum est omnibus commune, propter hoc prohibitio inordinationis circa iuramentum, specialiter praecepto decalogi prohibetur. Peccatum vero falsae doctrinae non pertinet nisi ad paucos: unde non oportebat ut de hoc fieret mentio inter praecepta decalogi. Quamvis etiam, quantum ad aliquem intellectum, in hoc quod dicitur, *Non assumes nomen Dei tui in vanum*, prohibeatur falsitas doctrinae: una enim Glossa[4] exponit: *Non dices Christum esse creaturam*.

Ad quartum dicendum quod statim ratio naturalis homini dictat quod nulli iniuriam faciat: et ideo praecepta prohibentia nocumentum, extendunt se ad omnes. Sed ratio naturalis non statim dictat quod aliquid sit pro alio faciendum, nisi cui homo aliquid debet. Debitum autem filii ad patrem adeo est manifestum quod nulla tergiversatione potest negari: eo quod pater est principium generationis et esse, et insuper educationis et doctrinae. Et ideo non ponitur sub praecepto decalogi ut aliquod beneficium vel obsequium alicui impendatur nisi parentibus. Parentes autem non videntur esse debitores filiis propter aliqua beneficia suscepta, sed potius e converso. — Filius etiam est aliquid patris; et *patres amant filios ut aliquid ipsorum*, sicut dicit Philosophus, in VIII *Ethic.*[5]. Unde eisdem rationibus non ponuntur aliqua praecepta decalogi pertinentia ad amorem filiorum, sicut neque etiam aliqua ordinantia hominem ad seipsum.

Senhor". Estes benefícios, com efeito, primeira e principalmente estão na mente dos homens, maximamente dos fiéis. As outras solenidades, porém, são celebradas por causa de alguns benefícios particulares temporalmente passageiros, como a celebração da Páscoa por causa do benefício da passada libertação do Egito, e por causa da futura paixão de Cristo, que transcorreu no tempo, induzindo-nos ao repouso do sábado espiritual. E assim, preteridas todas as outras solenidades e sacrifícios, só do sábado se fazia menção entre os preceitos do decálogo.

Quanto ao 3º, deve-se dizer que, como diz o Apóstolo, "os homens juram pelo maior que eles, e o juramento é para confirmar o fim de toda a controvérsia deles". E assim, porque o juramento é comum a todos, em razão disso a desordem a respeito do juramento, é, de modo especial, proibida pelo preceito do decálogo. O pecado da falsa doutrina, porém, não pertence senão a poucos; donde não era necessário que a respeito dele se fizesse menção entre os preceitos do decálogo. Embora também, segundo uma maneira de entender, no que se diz "Não tomarás o nome de teu Deus em vão", seja proibida a falsidade; uma Glosa, com efeito, expõe: "Não dirás que Cristo é criatura".

Quanto ao 4º, deve-se dizer que imediatamente a razão natural dita ao homem que a ninguém faça injúria; e assim os preceitos que proíbem o dano, se estendem a todos. Entretanto, a razão natural não dita imediatamente que algo deva ser feito em benefício de outrem, a não ser daquele ao qual o homem deve algo. O débito do filho para com o pai é de tal modo manifesto que não pode ser negado por nenhuma tergiversação, pois o pai é o princípio da geração e da existência, e, além disso, da educação e do ensino. E assim não se impõe sob o preceito do decálogo que seja dispensado algum benefício ou obséquio a alguém, a não ser aos pais. Os pais não parecem ser devedores aos filhos por causa de alguns benefícios recebidos, mas antes ao contrário. — O filho é também algo do pai; e os pais "amam os filhos como algo deles mesmos", como diz o Filósofo. Portanto, pelas mesmas razões, não são impostos outros preceitos do decálogo pertinentes ao amor dos filhos, como nem alguns ordenando o homem a si mesmo[u].

4. Interl.; Ord., super *Deut.* 5, 11: ML 113, 458 A.
5. C. 14: 1161, b, 19.

u. Vá lá para Aristóteles! Mas é preciso ler Cl 3,20-21.

AD QUINTUM dicendum quod delectatio adulterii, et utilitas divitiarum, sunt propter seipsa appetibilia, inquantum habet rationem boni delectabilis vel utilis. Et propter hoc oportuit in eis prohiberi non solum opus, sed etiam concupiscentiam. Sed homicidium et falsitas sunt secundum seipsa horribilia, quia proximus et veritas naturaliter amantur: et non desiderantur nisi propter aliud. Et ideo non oportuit circa peccatum homicidii et falsi testimonii prohibere peccatum cordis, sed solum operis.

AD SEXTUM dicendum quod, sicut supra[6] dictum est, omnes passiones irascibilis derivantur a passionibus concupiscibilis. Et ideo in praeceptis decalogi, quae sunt quasi prima elementa legis, non erat mentio facienda de passionibus irascibilis, sed solum de passionibus concupiscibilis.

QUANTO AO 5º, deve-se dizer que o prazer do adultério e a utilidade das riquezas são desejáveis por si mesmos, enquanto têm razão de bem deleitável ou útil. E em razão disso foi necessário que neles fosse proibida não só a obra, mas também a concupiscência. Entretanto, o homicídio e a falsidade são por si mesmos horríveis, porque o próximo e a verdade são naturalmente amados; e não são desejados senão por causa de outra coisa. E assim não foi necessário acerca do pecado de homicídio e de falso testemunho que se proibisse o pecado do coração, mas só da obra[v].

QUANTO AO 6º, deve-se dizer que, como acima foi dito, todas as paixões do irascível derivam das paixões do concupiscível. E assim nos preceitos do decálogo que são como os primeiros elementos da lei, não se devia fazer menção das paixões do irascível, mas apenas das paixões do concupiscível[w].

ARTICULUS 6

Utrum convenienter ordinentur decem praecepta decalogi

AD SEXTUM SIC PROCEDITUR. Videtur quod inconvenienter ordinentur decem praecepta decalogi.

1. Dilectio enim proximi videtur esse praevia ad dilectionem Dei, quia proximus est nobis magis notus quam Deus; secundum illud 1Io 4,20: *Qui fratrem suum, quem videt, non diligit, Deum, quem non videt, quomodo potest diligere?* Sed tria prima praecepta pertinent ad dilectionem Dei, septem vero alia ad dilectionem proximi. Ergo inconvenienter praecepta decalogi ordinantur.

2. PRAETEREA, per praecepta affirmativa imperantur actus virtutum, per praecepta vero negativa prohibentur actus vitiorum. Sed secundum Boetium, in Commento *Praedicamentorum*[1], prius sunt extirpanda vitia quam inserantur virtutes. Ergo inter

ARTIGO 6

Os dez preceitos do decálogo estão convenientemente ordenados?

QUANTO AO SEXTO, ASSIM SE PROCEDE: parece que os dez preceitos do decálogo **não** estão ordenados convenientemente.

1. Com efeito, o amor do próximo parece ser prévio ao amor de Deus, porque o próximo é-nos mais conhecido que Deus, segundo a primeira Carta de João: "Aquele que não ama a seu irmão, que vê, como poderá amar a Deus que não vê?" Ora, os três primeiros preceitos pertencem ao amor de Deus, os outros sete, porém, ao amor do próximo. Logo, os preceitos do decálogo não estão ordenados convenientemente.

2. ALÉM DISSO, pelos preceitos afirmativos são ordenados os atos das virtudes, pelos preceitos negativos são proibidos os atos dos vícios. Ora, segundo Boécio, deve-se extirpar os vícios antes de semear as virtudes. Logo, entre os preceitos

6. Q. 25, a. 1.

6 PARALL.: II-II, q. 122, a. 2 sqq.; III *Sent.*, dist. 37, a. 2, q.la 3.

1. L. IV, c. *De oppositis*, super illud: *Amplius in contrariis*: ML 64, 277 B.

v. Por trás das razões de conveniência bastante artificiais, note-se que os dois atos comparados são da ordem do apetite irascível e do apetite concupiscível, de Eros e de Tânatos. O tema poderia ser retomado nessa perspectiva psicológica, pelo menos no que concerne ao assassinato. No entanto, a mentira, enquanto escapatória da personalidade diante da relação com outrem, não é ao mesmo tempo uma negação do eu? A observação de Sto. Tomás poderia portanto ter um fundamento mais profundo do que parece ter.

w. Seria preciso retomar essa teoria das paixões sob a perspectiva da psicologia moderna: Tânatos é redutível a Eros? Em todo caso, Freud partiu da análise de Eros para progressivamente constatar o lugar ocupado por Tânatos.

praecepta pertinentia ad proximum, primo ponenda fuerunt praecepta negativa quam affirmativa.

3. PRAETEREA, praecepta legis dantur de actibus hominum. Sed prior est actus cordis quam oris vel exterioris operis. Ergo inconvenienti ordine praecepta de non concupiscendo, quae pertinent ad cor, ultimo ponuntur.

SED CONTRA est quod Apostolus dicit, Rm 13,1: *Quae a Deo sunt, ordinata sunt*. Sed praecepta decalogi sunt immediate data a Deo, ut dictum est[2]. Ergo convenientem ordinem habent.

RESPONDEO dicendum quod, sicut dictum est[3], praecepta decalogi dantur de his quae statim in promptu mens hominis suscipit. Manifestum est autem quod tanto aliquid magis a ratione suscipitur, quanto contrarium est gravius et magis rationi repugnans. Manifestum est autem quod, cum rationis ordo a fine incipiat, maxime est contra rationem ut homo inordinate se habeat circa finem. Finis autem humanae vitae et societatis est Deus. Et ideo primo oportuit per praecepta decalogi hominem ordinare ad Deum: cum eius contrarium sit gravissimum. Sicut etiam in exercitu, qui ordinatur ad ducem sicut ad finem, primum est quod miles subdatur duci, et huius contrarium est gravissimum; secundum vero est ut aliis coordinetur.

Inter ipsa autem per quae ordinamur in Deum, primum occurrit quod homo fideliter ei subdatur, nullam participationem cum inimicis habens. Secundum autem est quod ei reverentiam exhibeat. Tertium autem est quod etiam famulatum impendat. Maiusque peccatum est in exercitu si miles, infideliter agens, cum hoste pactum habeat, quam si aliquam irreverentiam faciat duci: et hoc est etiam gravius quam si in aliquo obsequio ducis deficiens inveniatur.

pertinentes ao próximo, deviam ser impostos os preceitos negativos antes que os afirmativos.

3. ADEMAIS, os preceitos da lei são dados em referência aos atos humanos. Ora, é anterior o ato do coração do que o da boca ou da obra exterior. Logo, por uma ordem não conveniente os preceitos de não cobiçar, que pertencem ao coração, são impostos por último.

EM SENTIDO CONTRÁRIO, diz o Apóstolo: “São ordenadas aquelas coisas que procedem de Deus”. Ora, os preceitos do decálogo foram imediatamente dados por Deus[x], como foi dito. Logo, têm ordem conveniente.

RESPONDO. Como foi dito, os preceitos do decálogo são dados a respeito daquelas coisas que imediatamente, de pronto, a mente do homem compreende[y]. É manifesto que algo é tanto mais compreendido pela razão quanto o contrário é mais grave e mais repugnante a ela. É manifesto que, como a ordem da razão começa do fim, maximamente é contra a razão que o homem se atenha desordenadamente com respeito ao fim. O fim da vida humana e da sociedade é Deus. E assim, em primeiro lugar, foi necessário pelos preceitos do decálogo ordenar o homem a Deus, já que seu contrário é gravíssimo[z]. Assim como no exército, que é ordenado ao comandante como ao fim, o soldado se sujeita em primeiro lugar ao comandante, e o contrário disso é gravíssimo; e em segundo lugar, coordena-se com os outros.

Entre aquelas coisas pelas quais somos ordenados para Deus, ocorre primeiro que o homem fielmente a ele se sujeite, não tendo participação alguma com o inimigo. Em segundo lugar, que lhe manifeste reverência. Em terceiro, que também lhe preste famulado[aa]. É maior pecado, no exército, se o soldado, agindo infielmente, tem um pacto com o inimigo, do que se faz alguma irreverência ao comandante; e isto é também mais grave do que se mostra deficiente em algum obséquio ao comandante.

2. Art. 3.
3. Ibid. et a. 5, ad 1.

x. Ver acima, nota 8.

y. Esse princípio, que é destinado a justificar a ordem e o conteúdo do decálogo, é bastante discutível. Por exemplo, na ordem das relações com outrem, o infanticídio aparece como imediatamente contrário aos dados da razão. Ora, a lei romana deixa a todo pai de família o direito de eliminar as crianças em número excessivo. Do mesmo modo, a relação do homem com o Deus único, seu criador, deveria ser imediatamente perceptível pela razão. Ora, é o ponto sobre o qual as religiões pagãs eram mais deficientes. Sto. Tomás raciocina aqui no interior da ordem das coisas tal como a revelação bíblica o fez conhecer.

z. Em outros termos, a finalidade última de todos os atos humanos vem antes das finalidades imediatas de cada ato tomado em particular. Isto justifica efetivamente a ordem das “duas tábuas” no decálogo, pois é escrito na perspectiva da aliança fornecida por Deus a Israel.

aa. Sobre o valor e os limites desta analogia, ver supra, nota 17.

In praeceptis autem ordinantibus ad proximum, manifestum est quod magis repugnat rationi, et gravius peccatum est, si homo non servet ordinem debitum ad personas quibus magis est debitor. Et ideo inter praecepta ordinantia ad proximum, primo ponitur praeceptum pertinens ad parentes. Inter alia vero praecepta etiam apparet ordo secundum ordinem gravitatis peccatorum. Gravius est enim, et magis rationi repugnans, peccare opere quam ore, et ore quam corde. Et inter peccata operis, gravius est homicidium, per quod tollitur vita hominis iam existentis, quam adulterium, per quod impeditur certitudo prolis nasciturae; et adulterium gravius quam furtum, quod pertinet ad bona exteriora.

AD PRIMUM ergo dicendum quod, quamvis secundum viam sensus proximus sit magis notus quam Deus, tamen dilectio Dei est ratio dilectionis proximi, ut infra[4] patebit. Et ideo praecepta ordinantia ad Deum, fuerunt praeordinanda.

AD SECUNDUM dicendum quod, sicut Deus est universale principium essendi omnibus, ita etiam pater est principium quoddam essendi filio. Et ideo convenienter post praecepta pertinentia ad Deum, ponitur praeceptum pertinens ad parentes.

Ratio autem procedit quando affirmativa et negativa pertinent ad idem genus operis. Quamvis etiam et in hoc non habeat omnimodam efficaciam. Etsi enim in executione operis, prius extirpanda sint vitia quam inserendae virtutes, secundum illud Ps 33,15, *Declina a malo, et fac bonum*, et Is 1,16sq., *Quiescite agere perverse, discite benefacere*; tamen in cognitione prior est virtus quam peccatum, quia *per rectum cognoscitur obliquum*, ut dicitur in I *de Anima*[5]. *Per legem* autem *cognitio peccati*, ut Rm 3,20 dicitur. Et secundum hoc, praeceptum affirmativum debuisset primo poni.

Nos preceitos que ordenam ao próximo, é manifesto que mais repugna à razão e é pecado mais grave, se o homem não observa a ordem devida às pessoas, às quais é mais devedor. E assim entre os preceitos que ordenam ao próximo, impõe-se em primeiro lugar o preceito pertinente aos pais. Entre os outros preceitos, contudo, também aparece a ordem, segundo a ordem de gravidade dos pecados. É mais grave, com efeito, e mais repugnante à razão pecar por obra do que por boca, e mais por boca do que por coração. E entre os pecados por obra, é mais grave o homicídio, pelo que se tira a vida do homem já existente, do que o adultério, pelo qual se impede a certeza da prole nascitura; e o adultério é mais grave do que o furto, que pertence aos bens exteriores.

QUANTO AO 1º, portanto, deve-se dizer que, embora por via do sentido, o próximo é mais conhecido do que Deus, entretanto o amor de Deus é a razão do amor do próximo, como ficará claro abaixo[bb]. E assim os preceitos que se ordenam a Deus tiveram de se impor antes.

QUANTO AO 2º, deve-se dizer que, assim como Deus é o princípio universal do existir para todos, assim também o pai é um princípio de existir para o filho. E assim convenientemente, após os preceitos pertinentes a Deus, impõe o preceito pertinente ao próximo.

O argumento procede quando os afirmativos e os negativos pertencem ao mesmo gênero de obra. Embora também nisso não tenha total eficiência. Mesmo que na execução da obra, primeiro se devam extirpar os vícios que semear as virtudes, de acordo com o livro dos Salmos: “Afasta-te do mal e faz o bem”, e o livro de Isaías: “Parai de agir perversamente e aprendei a fazer o bem”; entretanto, no conhecimento é anterior a virtude do que o pecado, pois “pelo reto se conhece o oblíquo”, como se diz no livro I da *Alma*. “Pela lei”, “o conhecimento do pecado”, como diz a Carta aos Romanos. E de acordo com isso, o preceito afirmativo devia ser imposto por primeiro[cc].

4. II-II, q. 25, a. 1; q. 26, a. 2.
5. C. 5: 411, a, 5-7.

bb. Essa remissão à II-II, q. 23 a 44 é importante: mostra que a moral “natural” do decálogo é inteiramente subordinada ao duplo mandamento do amor, que é preciso estudar por si mesmo.

cc. Sto. Tomás está prestes a admitir que a objeção é justa por um motivo racional (Aristóteles) e por motivos da Escritura (mas a citação de Rm 3,20 não corresponde, pois esse aforisma é totalmente cortado de seu texto). A única razão que o retém é ilusória: é o fato de que Deus envolveu a sua própria responsabilidade na ordem efetiva dos mandamentos. Se, no entanto, se observasse que os preceitos negativos definem somente o mínimo abaixo do qual ninguém pode descer sem romper completamente com Deus, o raciocínio e sua conclusão se apresentariam de maneira bem diferente.

Sed non est ista ratio ordinis sed quae supra[6] posita est. Quia in praeceptis pertinentibus ad Deum, quae sunt primae tabulae, ultimo ponitur praeceptum affirmativum, quia eius transgressio minorem reatum inducit.

AD TERTIUM dicendum quod peccatum cordis etsi sit prius in executione, tamen eius prohibitio posterius cadit in ratione.

Entretanto, a razão de ordem não é esta, mas aquela que acima foi estabelecida. Porque nos preceitos pertinentes a Deus, os quais são da primeira tábua, impõe-se por último o preceito afirmativo, porque sua transgressão induz menor reato.

QUANTO AO 3º, deve-se dizer que o pecado do coração, embora seja primeiro na execução, contudo sua proibição apresenta-se, posteriormente, na razão.

ARTICULUS 7

Utrum praecepta decalogi convenienter tradantur

AD SEPTIMUM SIC PROCEDITUR. Videtur quod praecepta decalogi inconvenienter tradantur.

1. Praecepta enim affirmativa ordinant ad actus virtutum, praecepta autem negativa abstrahunt ab actibus vitiorum. Sed circa quamlibet materiam opponuntur sibi virtutes et vitia. Ergo in qualibet materia de qua ordinat praeceptum decalogi, debuit poni praeceptum affirmativum et negativum. Inconvenienter igitur ponuntur quaedam affirmativa et quaedam negativa.

2. PRAETEREA, Isidorus dicit[1] quod *omnis lex ratione constat*. Sed omnia praecepta decalogi pertinent ad legem divinam. Ergo in omnibus debuit ratio assignari, et non solum in primo et tertio praecepto.

3. PRAETEREA, per observantiam praeceptorum meretur aliquis praemia a Deo. Sed divinae promissiones sunt de praemiis praeceptorum. Ergo promissio debuit poni in omnibus praeceptis, et non solum in primo et quarto.

4. PRAETEREA, lex vetus dicitur *lex timoris*, inquantum per comminationes poenarum inducebat ad observationes praeceptorum. Sed omnia praecepta decalogi pertinent ad legem veterem. Ergo in omnibus debuit poni comminatio poenae, et non solum in primo et secundo.

5. PRAETEREA, omnia praecepta Dei sunt in memoria retinenda: dicitur enim Pr 3,3: *Describe*

ARTIGO 7

Os preceitos do decálogo são convenientemente transmitidos?[dd]

QUANTO AO SÉTIMO, ASSIM SE PROCEDE: parece que os preceitos do decálogo **não** são transmitidos convenientemente.

1. Com efeito, os preceitos afirmativos ordenam aos atos das virtudes, já os preceitos negativos separam dos atos dos vícios. Ora, acerca de qualquer matéria, se opõem entre si as virtudes e os vícios. Logo, em qualquer matéria, a respeito da qual ordena o preceito do decálogo, devia impor-se o preceito afirmativo e negativo. Inconvenientemente, pois, foram impostos alguns afirmativos e alguns negativos.

2. ALÉM DISSO, diz Isidoro que "toda lei existe pela razão". Ora, todos os preceitos do decálogo pertencem à lei divina. Logo, em todos se devia assinalar a razão, e não só no primeiro e terceiro preceito.

3. ADEMAIS, alguém merece de Deus os prêmios pela observância dos preceitos. Ora, as promessas divinas se referem aos prêmios dos preceitos. Logo, a promessa devia ser estabelecida para todos os preceitos e não só para o primeiro e o quarto.

4. ADEMAIS, a lei antiga é dita "lei do temor", enquanto pela cominação de penas induzia à observância dos preceitos. Ora, todos os preceitos do decálogo pertencem à lei antiga. Logo, em todos devia ter sido imposta a cominação da pena, e não só no primeiro e no segundo.

5. ADEMAIS, todos os preceitos de Deus são para ser retidos na memória; diz-se, com efeito,

6. In corp.

7 PARALL.: II-II, q. 122, a. 2 sqq.; III *Sent.*, dist. 37, a. 2, q.la 1.

1. *Etymol.*, l. II, c. 10; l. V, c. 3; ML 82, 130 C, 199 A.

dd. Tudo deveria ser retomado aqui para dar conta da função primitiva do decálogo no âmbito da vida social e do culto de Israel, para o qual foi formulado, e do desenvolvimento literário que seu texto deve ter sofrido ao longo da história. Mas, Sto. Tomás ignora completamente esse aspecto do problema.

ea in tabulis cordis tui. Inconvenienter ergo in solo tertio praecepto fit mentio de memoria. Et ita videntur praecepta decalogi inconvenienter traditia esse.

SED CONTRA est quod dicitur Sap 11,21, quod *Deus omnia fecit in numero, pondere et mensura*. Multo magis ergo in praeceptis suae legis congruum modum tradendi servavit.

RESPONDEO dicendum quod in praeceptis divinae legis maxima sapientia continetur: unde dicitur Dt 4,6: *Haec est vestra sapientia et intellectus coram populis*. Sapientis autem est omnia debito modo et ordine disponere. Et ideo manifestum esse debet quod praecepta legis convenienti modo sunt tradita.

AD PRIMUM ergo dicendum quod semper ad affirmationem sequitur negatio oppositi: non autem semper ad negationem unius oppositi sequitur affirmatio alterius. Sequitur enim, *Si est album, non est nigrum*: non tamen sequitur, *Si non est nigrum, ergo est album*: quia ad plura sese extendit negatio quam affirmatio. Et inde est etiam quod non esse faciendum iniuriam, quod pertinet ad praecepta negativa, ad plures personas se extendit, secundum primum dictamen rationis, quam esse debitum ut alicui obsequium vel beneficium impendatur. Inest autem primo dictamen rationis quod homo debitor est beneficii vel obsequii exhibendi illis a quibus beneficia accepit, si nondum recompensavit. Duo autem sunt quorum beneficiis sufficienter nullus recompensare potest, scilicet Deus et pater, ut dicitur in VIII *Ethic*.[2]. Et ideo sola duo praecepta affirmativa ponuntur: unum de honoratione parentum; aliud de celebratione sabbati in commemorationem divini beneficii.

AD SECUNDUM dicendum quod illa praecepta quae sunt pure moralia, habent manifestam rationem: unde non oportuit quod in eis aliqua ratio adderetur. Sed quibusdam praeceptis additur caeremoniale, vel determinativum praecepti moralis communis: sicut in primo praecepto, *Non facies sculptile*; et in tertio praecepto determinatur

no livro dos Provérbios: "Grava-os nas tábuas de teu coração". Inconvenientemente, pois, apenas no terceiro preceito se faz menção da memória. E assim parece que os preceitos do decálogo não foram transmitidos convenientemente.

EM SENTIDO CONTRÁRIO, diz-se no livro da Sabedoria que "Deus fez todas as coisas em número, peso e medida". Logo, com maior razão nos preceitos de sua lei guardou o modo mais adequado de transmitir.

RESPONDO. Nos preceitos da lei divina está contida a sabedoria máxima, como se diz no livro do Deuteronômio: "Esta é vossa sabedoria e inteligência diante dos povos". Ora, é próprio do sábio dispor todas as coisas no devido modo e ordem. E assim deve ser manifesto que os preceitos da lei foram transmitidos de modo conveniente.

QUANTO AO 1º, portanto, deve-se dizer que sempre à afirmação segue-se a negação do oposto; não se segue sempre, porém, à negação de um oposto a afirmação de outro. Segue-se com efeito "Se é branco, não é negro"; não se segue, porém: "Se não é negro, logo é branco", porque a negação se estende a mais coisas que a afirmação. E daí é também que o não dever fazer injúria, que pertence aos preceitos negativos, se estende a mais pessoas, segundo o primeiro ditame da razão, do que ser devido que a alguém se preste obséquio ou benefício. O ditame da razão, primeiramente, implica que o homem é devedor do benefício ou do obséquio a ser dado àqueles dos quais recebeu os benefícios, se ainda não recompensou. Ora, há duas pessoas das quais ninguém pode recompensar suficientemente os benefícios, a saber, Deus e o pai, como se diz no livro VIII da *Ética*. E assim só dois preceitos afirmativos se impõem: um a respeito da honra aos pais; outro, a respeito da celebração do sábado, para a comemoração do benefício divino[ee].

QUANTO AO 2º, deve-se dizer que aqueles preceitos que são puramente morais têm razão manifesta; donde não foi necessário que neles uma razão fosse acrescentada. Mas a alguns preceitos se acrescenta o cerimonial, ou determinativo do preceito moral comum, como no primeiro preceito "Não farás escultura", e no terceiro preceito se

2. C. 16: 1163, b, 15-18.

ee. A razão fornecida acaba rapidamente com as hipóteses críticas que quisessem encontrar uma formulação primitiva de forma negativa para os dez mandamentos (qualquer que seja a autoridade de Aristóteles na matéria!). Deve-se levar em conta o seu partido a respeito da existência de dois preceitos positivos que concernem à relação com Deus e com os pais.

dies sabbati. Et ideo utrobique oportuit rationem assignari.

AD TERTIUM dicendum quod homines ut plurimum actus suos ad aliquam utilitatem ordinant. Et ideo in illis praeceptis necesse fuit promissionem praemii apponere, ex quibus videbatur nulla utilitas sequi, vel aliqua utilitas impediri. Quia vero parentes sunt iam in recedendo, ab eis non expectatur utilitas. Et ideo praecepto de honore parentum additur promissio. Similiter etiam praecepto de prohibitione idololatriae: quia per hoc videbatur impediri apparens utilitas quam homines credunt se posse consequi per pactum cum daemonibus initum.

AD QUARTUM dicendum quod poenae praecipue necessariae sunt contra illos qui sunt proni ad malum ut dicitur in X *Ethic.*[3]. Et ideo illis solis praeceptis legis additur comminatio poenarum, in quibus erat pronitas ad malum. Erant autem homines proni ad idololatriam, propter generalem consuetudinem gentium. Et similiter sunt etiam homines proni ad periurium, propter frequentiam iuramenti. Et ideo primis duobus praeceptis adiungitur comminatio.

AD QUINTUM dicendum quod praeceptum de sabbato ponitur ut commemorativum beneficii praeteriti. Et ideo specialiter in eo fit mentio de memoria. — Vel quia praeceptum de sabbato habet determinationem adiunctam quae non est de lege naturale; et ideo hoc praeceptum speciali admonitione indiguit.

ARTICULUS 8

Utrum praecepta decalogi sint dispensabilia

AD OCTAVUM SIC PROCEDITUR. Videtur quod praecepta decalogi sint dispensabilia.

determina o dia do sábado. E assim num e noutro caso foi necessário assinalar a razão[ff].

QUANTO AO 3º, deve-se dizer que os homens o mais das vezes ordenam seus atos para uma utilidade. E assim foi necessário anexar a promessa do prêmio àqueles preceitos, dos quais parecia não se seguir nenhuma utilidade ou impedir-se uma utilidade. Uma vez que os pais, porém, estão já se afastando, deles não se espera utilidade. E assim acrescenta-se uma promessa ao preceito sobre a honra aos pais. Semelhantemente também no preceito da proibição da idolatria, porque por ele parecia impedir-se a utilidade que os homens creem poder conseguir-se, por meio do pacto feito com os demônios[gg].

QUANTO AO 4º, deve-se dizer que as penas são precipuamente necessárias contra aqueles que são inclinados ao mal, como se diz no livro X da *Ética*. E assim acrescenta-se a cominação das penas àqueles preceitos apenas nos quais havia a inclinação para o mal. Os homens estavam inclinados à idolatria por causa do costume geral dos povos. E semelhantemente são também os homens inclinados ao perjúrio por causa da frequência do juramento. E assim aos dois primeiros preceitos ajunta-se a cominação[hh].

QUANTO AO 5º, deve-se dizer que o preceito do sábado é imposto como comemorativo do benefício passado. E assim se faz nele, especialmente, a menção da memória. — Ou porque o preceito do sábado tem a determinação adjunta, que não é de lei natural; e assim esse preceito precisou de uma advertência especial.

ARTIGO 8

Os preceitos do decálogo são dispensáveis?[ii]

QUANTO AO OITAVO, ASSIM SE PROCEDE: parece que os preceitos do decálogo **são** dispensáveis.

3. C. 10: 1180, a, 4-14.

8 PARALL.: Supra, q. 94, a. 5, ad 2; II-II, q. 104, a. 5, ad 2; I *Sent.*, dist. 47, a. 4; III, dist. 37, a. 4; *De Malo*, q. 3, a. 1, ad 17; q. 15, a. 1, ad 8.

ff. De fato, a inserção de uma motivação, às vezes diferente em Ex 20 e em Dt 5 (no que concerne ao sábado), mostra uma preocupação teológica crescente entre os redatores do texto. As observações da crítica teriam permitido a Sto. Tomás fundamentar melhor a sua reflexão.

gg. Aqui, o motivo apresentado atinge o alvo, do ponto de vista psicológico, no que se refere ao quarto mandamento, e do ponto de vista da história das religiões, no que se refere à proibição de imagens esculpidas, ligadas a uma concepção mágica do culto que a Escritura já interpretava em função de sua demonologia (ver Dt 32,17; Sl 106,37).

hh. A formulação da objeção 4 era francamente ruim. A resposta busca um motivo em Aristóteles, ao passo que a própria noção de aliança, acompanhada de promessas e ameaças forneceria o que convém.

ii. A questão é aqui colocada unicamente em função de Deus "legislador" por direito de criação no governo do mundo, e da identificação do decálogo com a "lei natural". A perspectiva de aliança, na qual ele se situa para definir as condições

1. Praecepta enim decalogi sunt de iure naturali. Sed iustum naturale in aliquibus deficit, et mutabile est, sicut et natura humana, ut Philosophus dicit, in V *Ethic.*[1]. Defectus autem legis in aliquibus particularibus casibus est ratio dispensandi, ut supra[2] dictum est. Ergo in praeceptis decalogi potest fieri dispensatio.

2. PRAETEREA, sicut se habet homo ad legem humanam, ita se habet Deus ad legem datam divinitus. Sed homo potest dispensare in praeceptis legis quae homo statuit. Ergo, cum praecepta decalogi sint instituta a Deo, videtur quod Deus in eis possit dispensare. Sed praelati vice Dei funguntur in terris: dicit enim Apostolus, 2Cor 2,10: *Nam et ego, si quid donavi, propter vos donavi in persona Christi*. Ergo etiam praelati possunt in praeceptis decalogi dispensare.

3. PRAETEREA, inter praecepta decalogi continetur prohibitio homicidii. Sed in isto praecepto videtur dispensari per homines: puta cum, secundum praeceptum legis humanae, homines licite occiduntur, puta malefactores vel hostes. Ergo praecepta decalogi sunt dispensabilia.

4. PRAETEREA, observatio sabbati continetur inter praecepta decalogi. Sed in hoc praecepto fuit dispensatum: dicitur enim I *Machab.* 2,41: *Et cogitaverunt in die illa dicentes: Omnis homo quicumque venerit ad nos in bello die sabbatorum, pugnemus adversus eum*. Ergo praecepta decalogi sunt dispensabilia.

SED CONTRA est quod dicitur Is 24,5: quidam reprehenduntur de hoc quod *mutaverunt ius, dissipaverunt foedus sempiternum*: quod maxime videtur intelligendum de praeceptis decalogi. Ergo praecepta decalogi mutari per dispensationem non possunt.

RESPONDEO dicendum quod, sicut supra[3] dictum est, tunc in praeceptis debet fieri dispensatio, quando occurrit aliquis particularis casus in quo, si verbum legis observetur, contrariatur intentioni legislatoris. Intentio autem legislatoris cuiuslibet ordinatur primo quidem et principaliter ad bonum

1. Com efeito, os preceitos do decálogo são de direito natural. Ora, a justiça natural falta em alguns, e é mutável, como a natureza humana, diz o Filósofo. A deficiência da lei em alguns casos particulares é razão de dispensar, como acima foi dito. Logo, a dispensa pode ser feita nos preceitos do decálogo.

2. ALÉM DISSO, como o homem se tem com relação à lei humana, assim Deus se tem com relação à lei divinamente dada. Ora, o homem pode dispensar nos preceitos da lei que ele estatuiu. Logo, como os preceitos do decálogo são instituídos por Deus, parece que Deus pode dispensar neles. Ora, os prelados fazem, na terra, as vezes de Deus; diz, com efeito, o Apóstolo: "Pois eu também, se alguma coisa dei, dei por causa de vós na pessoa de Cristo". Logo também os prelados podem dispensar nos preceitos do decálogo.

3. ADEMAIS, entre os preceitos do decálogo está contida a proibição do homicídio. Ora, neste preceito parece que os homens dispensam, por exemplo, quando, segundo o preceito da lei humana, homens são licitamente mortos, como os malfeitores ou inimigos. Logo, os preceitos do decálogo são dispensáveis.

4. ADEMAIS, a observância do sábado está contida entre os preceitos do decálogo. Ora, neste preceito houve dispensa; diz-se, com efeito, no primeiro livro dos Macabeus: "E pensaram naquele dia dizendo: Todo homem que vier em guerra a nós, no dia de sábado, combatamos contra ele". Logo os preceitos do decálogo são dispensáveis.

EM SENTIDO CONTRÁRIO, diz-se no livro de Isaías: alguns são repreendidos porque "mudaram o direito, destruíram a aliança sempiterna"; o que maximamente parece dever ser entendido dos preceitos do decálogo. Logo, os preceitos do decálogo não podem ser mudados por dispensa.

RESPONDO. Como acima foi dito, deve-se fazer a dispensa nos preceitos quando ocorre algum caso particular no qual, se se observa a palavra da lei, contraria-se a intenção do legislador. A intenção de qualquer legislador ordena-se primeira e principalmente ao bem comum; em segundo lugar, à

1. C. 10: 1134, b, 29-30.
2. Q. 96, a. 6; q. 97, a. 4.
3. Loc. cit. in 1 a.

mínimas, e a finalidade dessa aliança, que é a comunhão com Deus, não são tomadas em consideração (ver acima, nota 17). A autoridade citada (Is 24,5) fala da aliança, mas não concerne explicitamente ao decálogo. A noção de dispensa deve-se a uma perspectiva jurídica que a teologia escolástica não podia deixar de ter. Hoje, porém, colocaríamos o problema da observância do decálogo de maneira diferente. As duas primeiras objeções colocam questões de princípio; as duas últimas concernem à casuística.

commune; secundo autem, ad ordinem iustitiae et virtutis, secundum quem bonum commune conservatur, et ad ipsum pervenitur. Si qua ergo praecepta dentur quae contineant ipsam conservationem boni communis, vel ipsum ordinem iustitiae et virtutis; huiusmodi praecepta continent intentionem legislatoris: et ideo indispensabilia sunt. Puta si poneretur hoc praeceptum in aliqua communitate, quod nullus destrueret rempublicam, neque proderet civitatem hostibus, sive quod nullus faceret aliquid iniuste vel male; huiusmodi praecepta essent indispensabilia. Sed si aliqua alia praecepta traderentur ordinata ad ista praecepta, quibus determinantur aliqui speciales modi, in talibus praeceptis dispensatio posset fieri; intantum per omissionem huiusmodi praeceptorum in aliquibus casibus, non fieret praeiudicium primis praeceptis, quae continent intentionem legislatoris. Puta si, ad conservationem reipublicae, statueretur in aliqua civitate quod de singulis vicis aliqui vigilarent ad custodiam civitatis obsessae; posset cum aliquibus dispensari propter aliquam maiorem utilitatem.

Praecepta autem decalogi continent ipsam intentionem legislatoris, scilicet Dei. Nam praecepta primae tabulae, quae ordinant ad Deum, continent ipsum ordinem ad bonum commune et finale, quod Deus est; praecepta autem secundae tabulae continent ipsum ordinem iustitiae inter homines observandae, ut scilicet nulli fiat indebitum, et cuilibet reddatur debitum; secundum hanc enim rationem sunt intelligenda praecepta decalogi. Et ideo praecepta decalogi sunt omnino indispensabilia.

AD PRIMUM ergo dicendum quod Philosophus non loquitur de iusto naturali quod continet ipsum ordinem iustitiae: hoc enim nunquam deficit, *iustitiam esse servandam*. Sed loquitur quantum ad determinatos modos observationis iustitiae, qui in aliquibus fallunt.

AD SECUNDUM dicendum quod, sicut Apostolus dicit, 2Ti 2,13: *Deus fidelis permanet, negare seipsum non potest*. Negaret autem seipsum, si ipsum ordinem suae iustitiae auferret: cum ipse sit ipsa iustitia. Et ideo in hoc Deus dispensare non potest, ut homini liceat non ordinate se habere ad Deum,

ordem da justiça e da virtude, segundo a qual o bem comum é conservado, e ao mesmo se chega. Se se dão alguns preceitos que contêm a própria conservação do bem comum, ou a própria ordem da justiça e da virtude, tais preceitos contêm a intenção do legislador, e assim são indispensáveis. Por exemplo, se se impusesse este preceito nalguma comunidade, que ninguém destruísse a república, nem entregasse a cidade aos inimigos, ou que ninguém fizesse algo injusto ou mau; tais preceitos seriam indispensáveis. Contudo, se alguns outros preceitos se transmitissem ordenados a esses preceitos, nos quais se determinam alguns modos especiais, em tais preceitos a dispensa poderia ser feita, na medida em que, pela omissão de tais preceitos em alguns casos, não se fizesse prejuízo aos primeiros preceitos, que contêm a intenção do legislador. Por exemplo, se, para a conservação da república, se determinasse nalguma cidade que, de cada aldeia, alguns vigiariam para guarda da cidade sitiada; alguns poderiam ser dispensados em razão de alguma utilidade maior.

Os preceitos do decálogo contêm a intenção mesma do legislador, a saber, de Deus[jj]. Os preceitos da primeira tábua, com efeito, que ordenam a Deus, contêm a própria ordem ao bem comum e final, que é Deus; e os preceitos da segunda tábua contêm a própria ordem da justiça a ser observada entre os homens, a saber que a ninguém se faça o indevido, e se dê a cada um o devido. Segundo essa razão, pois, devem ser entendidos os preceitos do decálogo. E assim os preceitos do decálogo são totalmente indispensáveis.

QUANTO AO 1º, portanto, deve-se dizer que o Filósofo não fala da justiça natural que contém a própria ordem da justiça; isso, com efeito, nunca falta: "a justiça deve ser observada". Mas fala quanto a determinados modos de observância da justiça, que em alguns casos falham.

QUANTO AO 2º, deve-se dizer que o Apóstolo diz: "Deus permanece fiel, não pode negar-se a si mesmo". Negaria a si mesmo, se tirasse a própria ordem da sua justiça, uma vez que ele é a mesma justiça. E assim Deus não pode dispensar em que seja lícito ao homem não se ter ordenadamente

jj. Pode-se reduzir, mesmo que seja por analogia, a ordem da criação, na qual o homem, imagem de Deus, é chamado à comunhão com ele, à ordem interna de uma sociedade submetida a seu legislador? Sto. Tomás é fortemente influenciado aqui pelo âmbito cultural no qual elabora sua reflexão teológica, e pelo sistema filosófico que serve de instrumento a tal reflexão (Aristóteles).

vel non subdi iustitiae eius, etiam in his secundum quae homines ad invicem ordinantur.

AD TERTIUM dicendum quod occisio hominis prohibetur in decalogo secundum quod habet rationem indebiti: sic enim praeceptum continet ipsam rationem iustitiae. Lex autem humana hoc concedere non potest, quod licite homo indebite occidatur. Sed malefactores occidi, vel hostes reipublicae, hoc non est indebitum. Unde hoc non contrariatur praecepto decalogi: nec talis occisio est homicidium, quod praecepto decalogi prohibetur, ut Augustinus dicit, in I *de Lib. Arb.*[4]. — Et similiter si alicui auferatur quod suum erat, si debitum est quod ipsum amittat, hoc non est furtum vel rapina, quae praecepto decalogi prohibentur.

Et ideo quando filii Israel praecepto Dei tulerunt Aegyptiorum spolia, non fuit furtum: quia hoc eis debebatur ex sententia Dei. — Similiter etiam Abraham, cum consensit occidere filium, non consensit in homicidium: quia debitum erat eum occidi per mandatum Dei, qui est Dominus vitae et mortis. Ipse enim est qui poenam mortis infligit omnibus hominibus, iustis et iniustis, pro peccato primi parentis: cuius sententiae si homo sit executor auctoritate divina, non erit homicida, sicut nec Deus. — Et similiter etiam Osee, accedens ad uxorem fornicariam, vel ad mulierem adulteram, non est moechatus nec fornicatus: quia accessit ad eam quae sua erat secundum mandatum divinum, qui est auctor institutionis matrimonii.

Sic igitur praecepta ipsa decalogi, quantum ad rationem iustitiae quam continent, immutabilia sunt. Sed quantum ad aliquam determinationem per applicationem ad singulares actus, ut scilicet hoc vel illud sit homicidium, furtum vel adulterium, aut non, hoc quidem est mutabile: quando-

em relação a Deus, ou não se sujeitar à sua justiça[kk], também naquelas coisas segundo as quais os homens se ordenam uns aos outros.

QUANTO AO 3º, deve-se dizer que a morte de um homem é proibida no decálogo, enquanto tem razão de indevido; assim, com efeito, o preceito contém a própria razão de justiça[ll]. A lei humana não pode conceder que licitamente o homem seja indevidamente morto. Mas matar os malfeitores ou os inimigos da república, isso não é indevido. Portanto, isso não contraria o preceito do decálogo, nem tal morte é homicídio, que seja proibido pelo preceito do decálogo, como diz Agostinho. — E semelhantemente se se tira de alguém o que era seu, se é devido que ele o perca, isso não é furto nem rapina, que seja proibido pelo preceito do decálogo.

E assim, quando os filhos de Israel levaram, por preceito de Deus, os espólios dos egípcios, não foi furto, porque isso lhes era devido, por sentença de Deus. — Semelhantemente, também Abraão, quando consentiu em matar seu filho, não consentiu no homicídio, porque era devido que matasse por mandado de Deus, que é o Senhor da vida e da morte. É o mesmo, com efeito, que inflige a pena da morte a todos os homens, justos e injustos, pelo pecado do primeiro pai; se o homem se torna executor de sua sentença por autoridade divina, não será homicida, como não o é Deus. — Semelhantemente também Oseias, aproximando-se da esposa fornicária, ou da mulher adúltera, não cometeu adultério, nem fornicou, porque se aproximou daquela que era sua, segundo o mandado divino, que é o autor da instituição do matrimônio.

Assim, pois, os próprios preceitos do decálogo, quanto à razão de justiça que contêm, são imutáveis. Mas quanto a alguma determinação por aplicação aos atos singulares, a saber, que isso ou aquilo seja homicídio, furto ou adultério, ou não, isso é certamente mutável[mm]; às vezes apenas

4. C. 4, n. 9: ML 32, 1226.

kk. Pode-se criticar a redução do "direito de natureza" à "justiça", se se retornar às categorias da linguagem da Escritura: esse emprego da palavra "justiça" não corresponde à concepção bíblica da justiça do Deus "salvador". A ideia de estar "em regra" com ele também restringe a perspectiva da aliança, que não é comandada unicamente por esse juridicismo.

ll. De fato, a palavra hebraica designa o assassinato, não o homicídio de maneira geral. Todos os exemplos da Escritura citados na sequência para justificar condutas que não contradizem aparentemente o decálogo deveriam ser revistos devido ao estudo crítico dos textos. Não se pode fazê-lo aqui em detalhes. Eles mostram o tipo de dificuldades que os homens do século XIII experimentavam diante da leitura literal da Escritura: era preciso, em certos casos, encontrar desculpas aos homens do Antigo Testamento, e a Deus mesmo.

mm. Está-se aqui diante da relação entre a lei e a casuística: não existe "moral de situação", mas toda aplicação das regras morais é "em situação".

que sola auctoritate divina, in his scilicet quae a solo Deo sunt instituta, sicut in matrimonio, et in aliis huiusmodi; quandoque etiam auctoritate humana, sicut in his quae sunt commissa hominum iurisdictioni. Quantum enim ad hoc, homines gerunt vicem Dei: non autem quantum ad omnia.

AD QUARTUM dicendum quod illa excogitatio magis fuit interpretatio praecepti quam dispensatio. Non enim intelligitur violare sabbatum qui facit opus quod est necessarium ad salutem humanam; sicut Dominus probat, Mt 12,3sqq.

por autoridade divina, a saber, naquelas coisas que foram instituídas só por Deus, como no matrimônio, e em coisas semelhantes; às vezes também por autoridade humana, como naquelas coisas que são confiadas à jurisdição dos homens. Quanto a isso, com efeito, os homens fazem as vezes de Deus, não quanto a todas as coisas.

QUANTO AO 4º, deve-se dizer que aquele pensamento foi mais interpretação do preceito que dispensa[nn]. Não se entende, com efeito, violar o sábado aquele que faz obra que é necessária para a salvação humana, como o Senhor mostra, no Evangelho de Mateus.

ARTICULUS 9

Utrum modus virtutis cadat sub praecepto legis

AD NONUM SIC PROCEDITUR. Videtur quod modus virtutis cadat sub praecepto legis.

1. Est enim modus virtutis ut aliquis iuste operetur iusta, et fortiter fortia, et similiter de aliis virtutibus. Sed Dt 16,20 praecipitur: *Iuste quod iustum est exequeris*. Ergo modus virtutis cadit sub praecepto.

2. PRAETEREA, illud maxime cadit sub praecepto quod est de intentione legislatoris. Sed intentio legislatoris ad hoc principaliter fertur ut homines faciat virtuosos, sicut dicitur in II *Ethic.*[1]. Virtuosi autem est virtuose agere. Ergo modus virtutis cadit sub praecepto.

3. PRAETEREA, modus virtutis proprie esse videtur ut aliquis voluntarie et delectabiliter operetur. Sed hoc cadit sub praecepto legis divinae: dicitur enim in Ps 99,2: *Servite Domino in laetitia*; et 2Cor 9,7: *Non ex tristitia aut ex necessitate:*

ARTIGO 9

O modo da virtude cai sob o preceito da lei?[oo]

QUANTO AO NONO, ASSIM SE PROCEDE: parece que o modo da virtude **cai** sob o preceito da lei.

1. Com efeito, modo da virtude se alguém justamente realiza coisas justas, e fortemente as coisas fortes, e semelhantemente das outras virtudes. Ora, preceitua-se no livro do Deuteronômio: "Executarás justamente o que é justo". Logo, o modo da virtude cai sob o preceito.

2. ALÉM DISSO, cai maximamente sob o preceito aquilo que é da intenção do legislador. Ora, a intenção do legislador se dirige principalmente para tornar os homens virtuosos, como se diz no livro II da *Ética*. É próprio do virtuoso agir virtuosamente. Logo, o modo da virtude cai sob o preceito.

3. ADEMAIS, parece ser propriamente modo da virtude que alguém aja voluntária e prazerosamente. Ora, isso cai sob o preceito da lei divina; diz-se, com efeito, no livro dos Salmos: "Servi ao Senhor na alegria", e na segunda Carta aos Corín-

9 PARALL.: Supra, q. 96, a. 3, ad 2; II-II, q. 44, a. 4, ad 1; II *Sent.*, dist. 28, a. 3; IV, dist. 15, q. 3, a. 4, q.la 1, ad 3.

1. C. 1: 1103, b, 3-6.

nn. A observação sobre a interpretação do preceito, que discerne a meta além de sua formulação material, é importante. De qualquer modo, a regulação do sábado é do âmbito da lei positiva, não da lei natural.

oo. A questão posta neste artigo e a maneira pela qual ela é tratada são fortemente condicionadas pela filosofia de Aristóteles (concepção da lei, da coerção que ela exerce sobre seus sujeitos, da pena, da virtude, dos hábitos). De onde um distanciamento bastante notável em relação às perspectivas propriamente bíblicas. As obrigações "legais" do decálogo, que definem um mínimo indispensável, prevalecem sobre a "moral de sabedoria" que apela diretamente às disposições interiores do sujeito e à prática das virtudes (ver obj. 2). Pode-se estar "em regra" com as primeiras, mas não se pode jamais dizer que se está "em regra" com a segunda. Esta abre uma via para que o sujeito se engaje o mais perfeitamente possível, sem que as modalidades práticas desse engajamento possam ser definidas de antemão em termos jurídicos. Tal é já a moral do Antigo Testamento. A despeito do rigor lógico de que Sto. Tomás dá provas no tratamento da questão, Aristóteles, e a sua influência sobre a formulação das questões levantadas no século XIII, pregam aqui uma peça no teólogo. Pode-se reler todo o artigo em função da distinção entre a "moral da lei" e a "moral da sabedoria", que preludia diretamente a moral evangélica.

hilarem enim datorem diligit Deus; ubi Glossa[2] dicit: *Quidquid boni facis, cum hilaritate fac, et tunc bene facis: si autem cum tristitia facis, fit de te, non tu facis*. Ergo modus virtutis cadit sub praecepto legis.

tios: "Não por tristeza ou por necessidade: Deus ama a quem dá com alegria"; onde a Glosa diz: "Tudo aquilo de bem que faças, faz com alegria e então fazes bem; se, porém, fazes com tristeza, é feito de ti, não fazes". Logo, o modo da virtude cai sob o preceito da lei.

SED CONTRA, nullus potest operari eo modo quo operatur virtuosus, nisi habeat habitum virtutis; ut patet per Philosophum, in II[3] et V *Ethic.*[4]. Quicumque autem transgreditur praeceptum legis, meretur poenam. Sequeretur ergo quod ille qui non habet habitum virtutis, quidquid faceret, mereretur poenam. Hoc autem est contra intentionem legis, quae intendit hominem, assuefaciendo ad bona opera, inducere ad virtutem. Non ergo modus virtutis cadit sub praecepto.

EM SENTIDO CONTRÁRIO, ninguém pode agir como age o virtuoso, a não ser que tenha o hábito da virtude, como o Filósofo deixa claro. Todo aquele que transgride o preceito da lei, merece a pena. Seguir-se-ia que aquele que não tem o hábito da virtude, tudo o que fizer merecerá pena. Isso é contra a intenção da lei que tenciona induzir o homem à virtude, acostumando-o às boas obras. Logo, o modo da virtude não cai sob o preceito.

RESPONDEO dicendum quod, sicut supra[5] dictum est, praeceptum legis habet vim coactivam. Illud ergo directe cadit sub praecepto legis, ad quod lex cogit. Coactio autem legis est per metum poenae, ut dicitur X *Ethic.*[6]: nam illud proprie cadit sub praecepto legis, pro quo poena legis infligitur. Ad instituendam autem poenam aliter se habet lex divina, et lex humana. Non enim poena legis infligitur nisi pro illis de quibus legislator habet iudicare: quia ex iudicio lex punit. Homo autem, qui est legislator humanae, non habet iudicare nisi de exterioribus actibus: quia *homines vident ea quae parent*, ut dicitur 1Reg 16,7. Sed solius Dei, qui est lator legis divinae est iudicare de interioribus motibus voluntatum; secundum illud Ps 7,10: *Scrutans corda et renes Deus*.

RESPONDO. Como acima foi dito, o preceito da lei tem força coativa. Portanto, diretamente cai sob o preceito da lei aquilo a que a lei coage. A coação da lei é pelo medo da pena, como se diz no livro X da *Ética*; com efeito, cai propriamente sob o preceito da lei aquilo pelo que a pena da lei é infligida. Para instituir a pena de modo diferente se tem a lei divina, e a lei humana. A pena da lei, com efeito, não é infligida a não ser para aqueles a respeito dos quais o legislador tem de julgar, porque a lei pune a partir do juízo. O homem que é legislador da humana, não tem de julgar a não ser sobre atos exteriores, porque "os homens veem aquelas coisas que aparecem", como se diz no primeiro livro dos Reis. Entretanto, pertence só a Deus, que é autor da lei divina, o julgar sobre os movimentos interiores das vontades, segundo o livro dos Salmos; "Deus que perscruta os corações e os rins".

Secundum hoc igitur dicendum est quod modus virtutis quantum ad aliquid respicitur a lege humana et divina; quantum ad aliquid autem, a lege divina sed non a lege humana; quantum ad aliquid vero, nec a lege humana nec a lege divina. Modus autem virtutis in tribus consistit, secundum Philosophum, in II *Ethic.*[7]. Quorum primum est, si aliquis operetur sciens. Hoc autem diiudicatur et a lege divina et a lege humana. Quod enim aliquis facit ignorans, per accidens facit. Unde secundum

Segundo isso, pois, deve-se dizer que o modo de virtude, sob certo aspecto, é considerado pela lei humana e divina; sob outro aspecto, porém, pela lei divina, mas não pela lei humana; sob outro aspecto ainda, nem pela lei humana, nem pela lei divina. O modo da virtude consiste em três coisas, segundo o Filósofo. A primeira delas é se alguém age sabendo. Ora, isso é julgado tanto pela lei divina quanto pela lei humana. O que, com efeito, alguém faz ignorando, faz por acidente. Donde

2. Ordin.: super *Ps*. 91, 4: ML 113, 1000 D; super II *Cor*. 9, 7: ML 114, 564 B; LOMBARDI: super II *Cor*. 9, 7: ML 192, 63 B.
3. C. 3: 1105, a, 17-21.
4. C. 10: 1135, b, 24.
5. Q. 90, a. 3, ad 2.
6. C. 10: 1179, b, 11-18; 1180, a, 3-5; 21-22.
7. C. 3: 1105, a, 31-b, 5.

ignorantiam aliqua diiudicantur ad poenam vel ad veniam, tam secundum legem humanam quam secundum legem divinam.

Secundum autem est ut aliquis operetur *volens*, vel *eligens et propter hoc eligens*; in quo importatur duplex motus interior, scilicet voluntatis et intentionis, de quibus supra[8] dictum est. Et ista duo non diiudicat lex humana, sed solum lex divina. Lex enim humana non punit eum qui vult occidere et non occidit: punit autem eum lex divina, secundum illud Mt 5,22: *Qui irascitur fratri suo, reus erit iudicio*.

Tertium autem est *ut firme et immobiliter habeat et operetur*. Et ista firmitas proprie pertinet ad habitum, ut scilicet aliquis ex habitu radicato operetur. Et quantum ad hoc, modus virtutis non cadit sub praecepto neque legis divinae neque legis humanae: neque enim ab homine neque a Deo punitur tanquam praecepti transgressor, qui debitum honorem impendit parentibus, quamvis non habeat habitum pietatis.

AD PRIMUM ergo dicendum quod modus faciendi actum iustitiae qui cadit sub praecepto, est ut fiat aliquid secundum ordinem iuris: non autem quod fiat ex habitu iustitiae.

AD SECUNDUM dicendum quod intentio legislatoris est de duobus. De uno quidem, ad quod intendit per praecepta legis inducere: et hoc est virtus. Aliud autem est de quo intendit praeceptum ferre: et hoc est id quod ducit vel disponit ad virtutem, scilicet actus virtutis. Non enim idem est finis praecepti et id de quo praeceptum datur: sicut neque in aliis rebus idem est finis et quod est ad finem.

AD TERTIUM dicendum quod operari sine tristitia opus virtutis, cadit sub praecepto legis divinae: quia quicumque cum tristitia operatur, non volens operatur. Sed delectabiliter operari, sive cum laetitia vel hilaritate, quodammodo cadit sub praecepto, scilicet secundum quod sequitur delectatio ex dilectione Dei et proximi, quae cadit sub praecepto, cum amor sit causa delectationis: et quodammodo non, secundum quod delectatio consequitur habitum; *delectatio* enim *operis est signum habitus generati*, ut dicitur in II *Ethic.*[9]. Potest enim aliquis actus esse delectabilis vel propter finem, vel propter convenientiam habitus.

segundo a ignorância, algumas coisas são julgadas para a pena ou para o perdão, tanto segundo a lei humana quanto segundo a lei divina.

A segunda é quando alguém age "querendo", ou "escolhendo e por causa disso escolhendo", o que implica duplo movimento interior, a saber, da vontade e da intenção, sobre os quais foi dito acima. E estas duas a lei humana não julga, mas só a lei divina. A lei humana, com efeito, não pune aquele que quer matar e não mata; pune-o, contudo, a lei divina, segundo o Evangelho de Mateus: "Quem se ira contra seu irmão, será réu no juízo".

A terceira é "que se tenha e aja de modo firme e sem mudar". E esta firmeza pertence propriamente ao hábito, a saber, que alguém aja por hábito enraizado. E quanto a isso, o modo da virtude não cai sob o preceito, nem da lei divina, nem da lei humana; nem pelo homem, nem por Deus é punido enquanto transgressor do preceito quem presta aos pais a devida honra, embora não tenha o hábito da piedade.

QUANTO AO 1º, portanto, deve-se dizer que o modo de fazer o ato de justiça que cai sob o preceito, é que algo se faça segundo a ordem do direito, e não que se faça por hábito da justiça.

QUANTO AO 2º, deve-se dizer que a intenção do legislador é a respeito de duas coisas. Uma, aquela para a qual tenciona induzir pelos preceitos da lei; e isso é a virtude. Outra, é aquela a respeito da qual tenciona fazer o preceito, e isso é o que conduz ou dispõe para a virtude, a saber, o ato de virtude. Não é, com efeito, o mesmo o fim do preceito e aquilo a respeito de que o preceito é dado, assim como nem nas outras coisas é o mesmo o fim e o meio.

QUANTO AO 3º, deve-se dizer que fazer sem tristeza a obra da virtude cai sob o preceito da lei divina, porque todo aquele que age com tristeza, age não querendo. Entretanto, agir prazerosamente, ou com alegria ou júbilo, cai de certo modo sob o preceito, a saber, se o prazer se segue do amor de Deus e do próximo, que cai sob o preceito, quando o amor é causa do prazer; e, de certo modo, não, se o prazer acompanha o hábito; "o prazer" "da obra é o sinal do hábito gerado", como se diz no livro II da *Ética*. Pode, com efeito, algum ato ser prazeroso ou por causa do fim, ou por causa da conveniência do hábito.

8. Qq. 8, 12.
9. C. 2: 1104, b, 3-9.

ARTICULUS 10
Utrum modus caritatis cadat sub praecepto divinae legis

AD DECIMUM SIC PROCEDITUR. Videtur quod modus caritatis cadat sub praecepto divinae legis.

1. Dicitur enim Mt 19,17: *Si vis ad vitam ingredi, serva mandata*: ex quo videtur quod observatio mandatorum sufficiat ad introducendum in vitam. Sed opera bona non sufficiunt ad introducendum in vitam, nisi ex caritate fiant: dicitur enim 1Cor 13,3: *Si distribuero in cibos pauperum omnes facultates meas, et si tradidero corpus meum ita ut ardeam, caritatem autem non habuero, nihil mihi prodest*. Ergo modus caritatis est in praecepto.

2. PRAETEREA, ad modum caritatis proprie pertinet ut omnia fiant propter Deum. Sed istud cadit sub praecepto: dicit enim Apostolus, 1Cor 10,31: *Omnia in gloriam Dei facite*. Ergo modus caritatis cadit sub praecepto.

3. PRAETEREA, si modus caritatis non cadit sub praecepto, ergo aliquis potest implere praecepta legis non habens caritatem. Sed quod potest fieri sine caritate, potest fieri sine gratia, quae semper adiuncta est caritati. Ergo aliquis potest implere praecepta legis sine gratia. Hoc autem est Pelagiani erroris; ut patet per Augustinum, in libro *de Haeresibus*[1]. Ergo modus caritatis est in praecepto.

SED CONTRA est quia quicumque non servat praeceptum, peccat mortaliter. Si igitur modus caritatis cadat sub praecepto, sequitur quod quicumque operatur aliquid et non ex caritate, peccet mortaliter. Sed quicumque non habet caritatem, operatur non ex caritate. Ergo sequitur quod quicumque non habet caritatem, peccet mortaliter

ARTIGO 10
O modo da caridade cai sob o preceito da lei divina?[pp]

QUANTO AO DÉCIMO, ASSIM SE PROCEDE: parece que o modo da caridade **cai** sob o preceito da lei divina.

1. Com efeito, diz-se no Evangelho de Mateus: "Se queres entrar na vida, guarda os mandamentos": a partir disso parece que a observância dos mandamentos basta para introduzir na vida. Ora, as boas obras não bastam para introduzir na vida, a não ser que se façam por caridade; diz-se, com efeito, na primeira Carta aos Coríntios: "Se eu distribuir todos os meus bens em sustento dos pobres, e se entregar meu corpo para ser queimado, se, porém, não tiver caridade, nada me adianta". Logo, o modo da caridade está no preceito.

2. ALÉM DISSO, ao modo da caridade pertence propriamente que todas as coisas se façam por causa de Deus. Ora, isso cai sob o preceito; diz, com efeito, o Apóstolo: "Fazei todas as coisas para a glória de Deus". Logo, o modo da caridade cai sob o preceito.

3. ADEMAIS, se o modo da caridade não cai sob o preceito, logo alguém pode cumprir os preceitos da lei, não tendo caridade. Ora, o que pode fazer-se sem caridade, pode fazer-se sem a graça, que sempre é adjunta à caridade. Logo, pode alguém cumprir os preceitos da lei sem a graça. Isso, porém, pertence ao erro de Pelágio, como Agostinho deixa claro. Logo, o modo da caridade está no preceito.

EM SENTIDO CONTRÁRIO, todo aquele que não guarda o preceito, peca mortalmente. Se, pois, o modo da caridade cai sob o preceito, segue-se que todo aquele que faz algo e não por caridade, peca mortalmente[qq]. Ora, todo aquele que não tem a caridade, age não por caridade. Logo, segue-se que todo aquele que não tem caridade, peca

10 PARALL.: III *Sent.*, dist. 36, a. 6; *De Verit.*, q. 23, a. 7, ad 8; q. 24, a. 12, ad 16; *De Malo*, q. 2, a. 5, ad 7.

1. Haer. 88: ML 42, 47-48.

pp. Essa questão é ainda dominada pela exegese do decálogo fornecida a Sto. Tomás pela cultura de sua época: ele não sabe que essa lista de preceitos e sobretudo de proibições define o mínimo indispensável para não romper a relação de aliança com Deus, ao passo que o duplo preceito do amor a Deus e ao próximo mostra a via na qual cada um deve se engajar para estar em comunhão real com ele. Daí a introdução do preceito do amor ao próximo depois de vários preceitos do decálogo em Mt 19,18-19 (mas não nos textos paralelos de Marcos e Lucas). O amor a Deus e ao próximo não constituem preceitos particulares ao lado do decálogo; encontra-se aí o princípio fundamental que inspira a realização de todos os outros para fazer viver o homem na comunhão com Deus. Trata-se, portanto, de algo diverso de uma "modalidade" na observação da lei. Ainda aqui, a concepção aristotélica da lei constitui um embaraço na colocação correta do problema.

qq. O pecado mortal é aqui definido unicamente em função de sua "matéria", ou seja, da gravidade do preceito ao qual se relaciona.

in omni opere quod facit, quantumcumque sit de genere bonorum. Quod est inconveniens.

RESPONDEO dicendum quod circa hoc fuerunt contrariae opiniones. Quidam enim dixerunt absolute modum caritatis esse sub praecepto. Nec est impossibile observare hoc praeceptum caritatem non habenti: quia potest se disponere ad hoc quod caritas ei infundatur a Deo. Nec quandocumque aliquis non habens caritatem facit aliquid de genere bonorum, peccat mortaliter: quia hoc est praeceptum affirmativum, ut ex caritate operetur, et non obligat ad semper, sed pro tempore illo quo aliquis habet caritatem. — Alii vero dixerunt quod omnino modus caritatis non cadit sub praecepto.

Utrique autem quantum ad aliquid, verum dixerunt. Actus enim caritatis dupliciter considerari potest. Uno modo, secundum quod est quidam actus per se. Et hoc modo cadit sub praecepto legis quod de hoc specialiter datur, scilicet, *Diliges Dominum Deum tuum*, et, *Diliges proximum tuum*. Et quantum ad hoc, primi verum dixerunt. Non enim est impossibile hoc praeceptum observare, quod est de actu caritatis: quia homo potest se disponere ad caritatem habendam, et quando habuerit eam, potest ea uti.

Alio modo potest considerari actus caritatis secundum quod est modus actuum aliarum virtutum, hoc est secundum quod actus aliarum virtutum ordinantur ad caritatem, quae est *finis praecepti*, ut dicitur 1Ti 1,5: dictum est enim supra[2] quod intentio finis est quidam modus formalis actus ordinati in finem. Et hoc modo verum est quod secundi dixerunt, quod modus caritatis non cadit sub praecepto: hoc est dictu, quod in hoc praecepto, *Honora patrem*, non includitur quod honoretur pater ex caritate, sed solum quod honoretur pater. Unde qui honorat patrem, licet non habens caritatem, non efficitur transgressor huius praecepti: etsi sit transgressor praecepti quod est de actu caritatis, propter quam transgressionem meretur poenam.

AD PRIMUM ergo dicendum quod Dominus non dixit, *Si vis ad vitam ingredi, serva unum mandatum*: sed, *serva omnia mandata*. Inter quae etiam continetur mandatum de dilectione Dei et proximi.

mortalmente em toda obra que faz, embora seja do gênero dos bons. E isso não é exato.

RESPONDO. A respeito disso houve opiniões contrárias. Alguns, com efeito, disseram, absolutamente, que o modo da caridade cai sob o preceito. Não é impossível ao que não tem a caridade guardar este preceito, porque pode dispor-se a que a caridade lhe seja infundida por Deus. Nem toda vez que alguém, não tendo caridade, faz algo do gênero dos bons, peca mortalmente, porque é um preceito afirmativo que se opere por caridade, e não obriga para sempre, mas por aquele tempo que alguém tem a caridade. — Outros, porém, disseram que, absolutamente, o modo da caridade não cai sob o preceito.

Uns e outros, porém, em certo aspecto, disseram a verdade. O ato da caridade, com efeito, pode ser considerado duplamente. De um modo, segundo é, em si mesmo, um ato. E desse modo cai sob o preceito da lei que é dado especialmente sobre isso, a saber, "Ama o Senhor teu Deus", e "Ama o teu próximo". E quanto a isso, os primeiros disseram a verdade. Não é, com efeito, impossível guardar este preceito, que é sobre o ato da caridade, porque o homem pode dispor-se a ter a caridade, e quando a tiver, pode dela usar.

De outro modo, pode-se considerar o ato de caridade segundo é modo dos atos das outras virtudes, isto é, segundo se ordenam os atos das outras virtudes à caridade, que é o "fim do preceito", como se diz na primeira Carta a Timóteo. Foi dito acima, com efeito, que a intenção do fim é certo modo formal do ato ordenado ao fim. E desse modo é verdadeiro o que os segundos disseram, que o modo da caridade não cai sob o preceito. É dito que, neste preceito, "Honra o pai", não está incluído que se honre o pai por caridade, mas apenas que se honre o pai. Donde, aquele que honra o pai, mesmo não tendo caridade, não se torna transgressor desse preceito, embora seja transgressor do preceito que é sobre o ato de caridade, em razão de cuja transgressão merece a pena.

QUANTO AO 1º, portanto, deve-se dizer que o Senhor não disse: "Se queres entrar na vida, guarda um mandamento", mas: "guarda todos[rr] os mandamentos". Entre esses também está contido o mandamento do amor de Deus e do próximo.

2. Q. 12, a. 1, ad 3; a. 4, ad 3.

rr. A palavra "todos" não figura em nenhum texto evangélico; apenas o de Mateus menciona o amor ao próximo (ver nota 42).

AD SECUNDUM dicendum quod sub mandato caritatis continetur ut diligatur Deus ex toto corde, ad quod pertinet ut omnia referantur in Deum. Et ideo praeceptum caritatis implere homo non potest, nisi etiam omnia referantur in Deum. Sic ergo qui honorat parentes, tenetur ex caritate honorare, non ex vi huius praecepti quod est, *Honora parentes*: sed ex vi huius praecepti, *Diliges Dominum Deum tuum ex toto corde tuo*. Et cum ista sint duo praecepta affirmativa non obligantia ad semper, possunt pro diversis temporibus obligare. Et ita potest contingere quod aliquis implens praeceptum de honoratione parentum, non tunc transgrediatur praeceptum de omissione modi caritatis.

AD TERTIUM dicendum quod observare omnia praecepta legis homo non potest, nisi impleat praeceptum caritatis, quod non fit sine gratia. Et ideo impossibile est quod Pelagius dixit, hominem implere legem sine gratia.

QUANTO AO 2º, deve-se dizer que, sob o mandamento da caridade, está contido que se ame a Deus de todo o coração, ao qual pertence que todas as coisas sejam referidas a Deus. E assim o homem não pode cumprir o preceito da caridade a não ser que também todas as coisas sejam referidas a Deus. Assim, pois, quem honra os pais tem de honrar por caridade, não por força deste preceito "Honra os pais", mas por força deste preceito "Ama o Senhor teu Deus de todo o teu coração". E como esses são dois preceitos afirmativos não obrigando para sempre, podem obrigar em tempos diversos. E assim pode acontecer que alguém, cumprindo o preceito de honrar os pais, não transgrida então o preceito de omissão do modo de caridade.

QUANTO AO 3º, deve-se dizer que o homem não pode observar todos os preceitos da lei, a não ser que cumpra o preceito da caridade, o que não se faz sem a graça. E assim é impossível o que Pelágio disse, que o homem cumpre a lei sem a graça.

ARTICULUS 11

Utrum convenienter distinguantur alia moralia praecepta legis praeter decalogum

AD UNDECIMUM SIC PROCEDITUR. Videtur quod inconvenienter distinguantur alia moralia praecepta legis praeter decalogum.

1. Quia ut Dominus dicit, Mt 22,40: *In duobus praeceptis caritatis pendet omnis lex et prophetae*. Sed haec duo praecepta explicantur per decem praecepta decalogi. Ergo non oportet alia praecepta moralia esse.

2. PRAETEREA, praecepta moralia a iudicialibus et caeremonialibus distinguuntur, ut dictum est[1]. Sed determinationes communium praeceptorum moralium pertinent ad iudicialia et caeremonialia praecepta: communia autem praecepta moralia sub decalogo continentur, vel etiam decalogo praesupponuntur, ut dictum est[2]. Ergo inconvenienter traduntur alia praecepta moralia praeter decalogum.

ARTIGO 11

Distinguem-se convenientemente outros preceitos morais da lei, além do decálogo?[ss]

QUANTO AO DÉCIMO PRIMEIRO, ASSIM SE PROCEDE: parece que **não** se distinguem convenientemente outros preceitos morais da lei, além do decálogo.

1. Porque, como o Senhor diz: "Dos dois preceitos da caridade depende toda a lei e os profetas". Ora, esses dois preceitos são explicados pelos dez preceitos do decálogo. Logo, não é necessário que haja outros preceitos morais.

2. ALÉM DISSO, os preceitos morais se distinguem dos judiciais e dos cerimoniais, como foi dito. Ora, as determinações dos preceitos morais comuns pertencem aos preceitos judiciais e cerimoniais; os preceitos morais comuns se contêm sob o decálogo, ou também são pressupostos no decálogo, como foi dito. Logo, inconvenientemente são transmitidos outros preceitos morais, além do decálogo.

11 PARALL.: Supra, a. 3.

1. Q. 99, a. 3 sqq.
2. Art. 3.

ss. A questão parte de uma contradição entre um princípio fundamental admitido por Sto. Tomás — a redução do conjunto da lei aos preceitos do decálogo (q. 100, a. 3) — e um fato — a multiplicidade de preceitos que dizem respeito à moral no conjunto do Pentateuco. É preciso justificar o fato sem trair o princípio. Daí um desenvolvimento bastante escolar, onde nem tudo tem o mesmo valor.

3. PRAETEREA, praecepta moralia sunt de actibus omnium virtutum, ut supra[3] dictum est. Sicut igitur in lege ponuntur praecepta moralia praeter decalogum pertinentia ad latriam, liberalitatem et misericordiam, et castitatem; ita etiam deberent poni aliqua praecepta pertinentia ad alias virtutes, puta ad fortitudinem, sobrietatem, et alia huiusmodi. Quod tamen non invenitur. Non ergo convenienter distinguuntur in lege alia praecepta moralia quae sunt praeter decalogum.

3. ADEMAIS, os preceitos morais referem-se aos atos de todas as virtudes, como foi dito acima. Assim, pois, como na lei são impostos, além do decálogo, os preceitos morais pertinentes à latria, liberalidade, misericórdia e castidade, assim também deveriam ser impostos alguns preceitos pertinentes às outras virtudes, por exemplo, à fortaleza, sobriedade, e outras semelhantes. O que, porém, não se encontra. Logo, não se distinguem convenientemente na lei outros preceitos morais que sejam além do decálogo.

SED CONTRA est quod in Ps 18,8 dicitur: *Lex Domini immaculata, convertens animas*. Sed per alia etiam moralia quae decalogo superadduntur, homo conservatur absque macula peccati, et anima eius ad Deum convertitur. Ergo ad legem pertinebat etiam alia praecepta moralia tradere.

EM SENTIDO CONTRÁRIO, diz-se no livro dos Salmos: "A lei do Senhor imaculada, convertendo as almas". Ora, por outras coisas também morais que são acrescentadas ao decálogo, o homem se conserva sem a mancha do pecado e sua alma se converte a Deus. Logo, pertencia à lei transmitir outros preceitos morais.

RESPONDEO dicendum quod, sicut ex dictis[4] patet, praecepta iudicialia et caeremonialia ex sola institutione vim habent: quia antequam instituerentur, non videbatur differre utrum sic vel aliter fieret. Sed praecepta moralia ex ipso dictamine naturalis rationis efficaciam habent, etiam si nunquam in lege statuantur. Horum autem triplex est gradus. Nam quaedam sunt certissima, et adeo manifesta quod editione non indigent; sicut mandata de dilectione Dei et proximi, et alia huiusmodi, ut supra[5] dictum est, quae sunt quasi fines praeceptorum: unde in eis nullus potest errare secundum iudicium rationis. Quaedam vero sunt magis determinata, quorum rationem statim quilibet, etiam popularis, potest de facili videre; et tamen quia in paucioribus circa huiusmodi contingit iudicium humanum perverti, huiusmodi editione indigent: et haec sunt praecepta decalogi. Quaedam vero sunt quorum ratio non est adeo cuilibet manifesta, sed solum sapientibus: et ista sunt praecepta moralia superaddita decalogo, tradita a Deo populo per Moysen et Aaron.

RESPONDO. Como está claro pelas coisas ditas, os preceitos judiciais e cerimoniais têm força apenas pela instituição, porque, antes de serem instituídos, não parecia diferir que se agisse assim ou de outro modo. Entretanto, os preceitos morais têm eficácia pelo próprio ditame da razão natural, mesmo que nunca se estabeleçam em lei. Ora, é tríplice o grau desses preceitos. Alguns, com efeito, são certíssimos e de tal modo manifestos que não precisam de publicação, como os mandamentos de amor de Deus e do próximo, e outros semelhantes, como acima foi dito, os quais são como que fins dos preceitos. Portanto, neles ninguém pode errar segundo o juízo da razão. Alguns, porém, são mais determinados, aqueles cuja razão imediatamente qualquer um, mesmo popular, pode facilmente ver; e, entretanto, porque em poucos casos acerca de tais coisas acontece que o juízo humano se perverta, os mesmos precisam de publicação, e estes são os preceitos do decálogo. Alguns há, porém, cuja razão não é assim manifesta a qualquer um, mas só aos sábios, e estes são os preceitos morais acrescentados ao decálogo, transmitidos por Deus ao povo por meio de Moisés e Aarão.

Sed quia ea quae sunt manifesta, sunt principia cognoscendi eorum quae non sunt manifesta; alia praecepta moralia superaddita decalogo, reducuntur ad praecepta decalogi, per modum cuiusdam additionis ad ipsa. Nam in primo praecepto decalogi prohibetur cultus alienorum deorum: cui

Porque, entretanto, aqueles que são manifestos, são princípios de conhecer os que não são manifestos, os outros preceitos acrescentados ao decálogo, reduzem-se aos preceitos do decálogo, por modo de uma adição aos mesmos. No primeiro preceito do decálogo, com efeito, é proibido o

3. Art. 2.
4. Q. 99, a. 3 sqq.
5. A. 3; a. 4, ad 1.

superadduntur alia praecepta prohibitiva eorum quae ordinantur in cultum idolorum; sicut habetur Dt 18,10sq.: *Non inveniatur in te qui lustret filium suum aut filiam, ducens per ignem: nec sit maleficus atque incantator: nec pythones consulat neque divinos, et quaerat a mortuis veritatem.* — Secundum autem praeceptum prohibet periurium. Superadditur autem ei prohibitio blasphemiae, Lv 24,15sq.; et prohibitio falsae doctrinae, Dt 13. — Tertio vero praecepto superadduntur omnia caeremonialia. — Quarto autem praecepto, de honore parentum, superadditur praeceptum de honoratione senum, secundum illud Lv 19,32, *Coram cano capite consurge, et honora personam senis*; et universaliter omnia praecepta inducentia ad reverentiam exhibendam maioribus, vel ad beneficia exhibenda vel aequalibus vel minoribus. — Quinto autem praecepto, quod est de prohibitione homicidii, additur prohibitio odii et cuiuslibet violationis contra proximum, sicut illud Lv 19,16, *Non stabis contra sanguinem proximi tui*; et etiam prohibitio odii fratris, secundum illud [ib., 17], *Ne oderis fratrem tuum in corde tuo.* — Praecepto autem sexto, quod est de prohibitione adulterii, superadditur praeceptum de prohibitione meretricii, secundum illud Dt 23,17, *Non erit meretrix de filiabus Israel, neque fornicator de filiis Israel*; et iterum prohibitio vitii contra naturam, secundum illud Lv 18,22sq., *Cum masculo non commisceberis: cum omni pecore non coibis.* — Septimo autem praecepto, de prohibitione furti adiungitur praeceptum de prohibitione usurae, secundum illud Dt 23,19, *Non foenerabis fratri tuo ad usuram*; et prohibitio fraudis, secundum illud Dt 25,13, *Non habebis in sacculo diversa pondera*; et universaliter omnia quae ad prohibitionem calumniae et rapinae pertinent. — Octavo vero praecepto, quod est de prohibitione falsi testimonii, additur prohibitio falsi iudicii, secundum illud Ex 23,2, *Nec in iudicio plurimorum acquiesces sententiae, ut a veritate devies*; et prohibitio mendacii, sicut ibi subditur [v. 7], *Mendacium fugies*; et prohibitio detractionis, secundum illud Lv 19,16, *Non eris criminator et susurro in populis.* — Aliis autem duobus praeceptis nulla alia adiunguntur, quia per ea universaliter omnis mala concupiscentia prohibetur.

culto dos deuses estrangeiros; a ele se acrescentam outros preceitos proibitivos daquelas coisas que se ordenam ao culto dos ídolos, como se mostra no livro do Deuteronômio; "Não se ache em ti quem purifique seu filho ou filha, conduzindo pelo fogo, nem seja maléfico e encantador, nem consulte os magos nem os adivinhos, e indague dos mortos a verdade". — O segundo preceito proíbe o perjúrio. Acrescenta-se a ele a proibição da blasfêmia no livro do Levítico, e a proibição do falso ensinamento, no livro do Deuteronômio. — Ao terceiro preceito acrescentam-se todos os cerimoniais. — Ao quarto, sobre a honra aos pais, acrescenta-se o preceito da honra aos velhos, segundo o livro do Levítico: "Levanta-te diante da cabeça branca e honra a pessoa do velho", e universalmente todos os preceitos que induzem à reverência que se deve mostrar aos maiores, aos benefícios que devem ser mostrados ou aos iguais ou aos menores. — Ao quinto preceito, que é sobre a proibição do homicídio, acrescenta-se a proibição do ódio e de qualquer violação contra o próximo, como aquilo do livro do Levítico: "Não estarás contra o sangue de teu próximo" e também a proibição do ódio do irmão, segundo a passagem: "Não odiarás teu irmão em teu coração". — No sexto preceito, que é da proibição do adultério, acrescenta-se o preceito da proibição do meretrício[tt], segundo o Livro do Deuteronômio: "Não haja meretriz entre as filhas de Israel, nem fornicador entre os filhos de Israel", e também a proibição do vício contra a natureza, segundo o livro do Levítico: "Não terás relação com macho, não te ajuntarás com animal algum". — No sétimo preceito, da proibição do furto[uu], acrescenta-se o preceito da proibição da usura, segundo o livro do Deuteronômio: "Não emprestarás ao teu irmão com usura"; e a proibição da fraude, segundo o livro do Deuteronômio: "Não terás na bolsa pesos diferentes", e universalmente todas aquelas coisas que pertencem à proibição da calúnia e da rapina. — No oitavo preceito, que é da proibição do falso testemunho, acrescenta-se a proibição do falso juízo, segundo o livro do Êxodo: "Nem em juízo aderirás à sentença de muitos, de modo que te desvies da verdade", e a proibição da mentira, segundo aí se acrescenta:

tt. Trata-se, com efeito, da prostituição sagrada, ligada aos cultos de Canaã entre os indivíduos dos dois sexos, ao passo que a interdição do adultério é ligada, no decálogo, ao respeito do direito dos maridos. Todo o tratamento da moral sexual sob o regime da antiga aliança deveria ser inteiramente revisto.

uu. Seria preciso rever integralmente também o exame da moral social, tanto em matéria econômica como em matéria política (à qual o decálogo não se refere). Entre os teólogos medievais, todo empréstimo a juros era considerado como uma prática da usura.

AD PRIMUM ergo dicendum quod ad dilectionem Dei et proximi ordinantur quidem praecepta decalogi secundum manifestam rationem debiti: alia vero secundum rationem magis occultam.

AD SECUNDUM dicendum quod praecepta caeremonialia et iudicialia sunt determinativa praeceptorum decalogi ex vi institutionis: non autem ex vi naturalis instinctus, sicut praecepta moralia superaddita.

AD TERTIUM dicendum quod praecepta legis ordinantur ad bonum commune, ut supra[6] dictum est. Et quia virtutes ordinantes ad alium directe pertinent ad bonum commune; et similiter virtus castitatis, inquantum actus generationis deservit bono communi speciei; ideo de istis virtutibus directe dantur praecepta et decalogi et superaddita. De actu autem fortitudinis datur praeceptum proponendum per duces exhortantes in bello, quod pro bono communi suscipitur: ut patet Dt 20,3, ubi mandatur sacerdoti: *Nolite metuere, nolite cedere*. Similiter etiam actus gulae prohibendus committitur monitioni paternae, quia contrariatur bono domestico: unde dicitur Dt 21,20, ex persona parentum: *Monita nostra audire contemnit, comessationibus vacat et luxuriae atque conviviis*.

"Fugirás da mentira"; e a proibição da detração, segundo o livro do Levítico: "Não serás caluniador e difamador no meio do povo". — Aos outros dois preceitos, contudo, nada se acrescenta, pois por eles toda má concupiscência se proíbe.

QUANTO AO 1º, portanto, deve-se dizer que ao amor de Deus e do próximo ordenam-se, certamente, alguns preceitos do decálogo, segundo a razão manifesta do débito; outros, porém, segundo razão mais oculta.

QUANTO AO 2º, deve-se dizer que os preceitos cerimoniais e judiciais são determinativos dos preceitos do decálogo por força da instituição, não, porém, por força do instinto natural, como os preceitos morais acrescentados.

QUANTO AO 3º, deve-se dizer que os preceitos da lei ordenam-se ao bem comum, como acima foi dito. E uma vez que as virtudes que ordenam a outro, pertencem diretamente ao bem comum, e semelhantemente a virtude da castidade, enquanto o ato de procriação serve ao bem comum da espécie[vv], assim sobre estas virtudes são dados diretamente os preceitos tanto do decálogo quanto os acrescentados. A respeito do ato de fortaleza dá-se o preceito a ser proposto pelos comandantes na guerra, que é empreendida pelo bem comum, como é claro pelo livro do Deuteronômio, onde se ordena ao sacerdote: "Não queirais temer, não queirais retirar-vos". Semelhantemente também o ato da gula a ser proibido é confiado à advertência paterna, porque é contrária ao bem doméstico; por isso, se diz no Livro do Deuteronômio, da pessoa dos pais: "Despreza ouvir nossas admoestações, entrega-se a comilanças, à luxúria e banquetes".

ARTICULUS 12

Utrum praecepta moralia veteris legis iustificarent

AD DUODECIMUM SIC PROCEDITUR. Videtur quod praecepta moralia veteris legis iustificarent.

ARTIGO 12

Os preceitos morais da lei antiga justificavam?[ww]

QUANTO AO DÉCIMO SEGUNDO, ASSIM SE PROCEDE: parece que os preceitos morais da lei antiga **justificavam**.

6. Q. 90, a. 2.

12 PARALL.: Supra, q. 98, a. 1; III *Sent.*, dist. 40, a. 3; *ad Rom.*, c. 2, lect. 3; c. 3, lect. 2; *ad Galat.*, c. 2, lect. 4; c. 3, lect. 4.

vv. O princípio do bem comum procede de Aristóteles. Sto. Tomás reconhece duas categorias diferentes na moral sexual e na moral social (política e econômica). Mas, ele só concebe a moral sexual em relação ao bem comum da espécie humana, sem examinar o bem das pessoas que constituem o casal. Há aí uma lacuna que repercute também na hierarquia dos "fins" do casamento, tal como era concebido na Idade Média, o geral (a espécie) predominando sobre o particular (as pessoas). O final da resposta (3) não pode ser exibido como um modelo de rigor teológico, mas é a posição geral da questão que conduz a ela.

ww. O vocabulário no qual é formulada essa questão encerra uma ambiguidade que Sto. Tomás dissipa pouco a pouco, especificando os diversos sentidos possíveis das palavras "justiça/ justificar/ justificação". O esclarecimento só ocorre no meio

1. Dicit enim Apostolus, Rm 2,13: *Non enim auditores legis iusti sunt apud Deum, sed factores legis iustificabuntur.* Sed factores legis dicuntur qui implent praecepta legis. Ergo praecepta legis adimpleta iustificabant.

2. PRAETEREA, Lv 18,5 dicitur: *Custodite leges meas atque iudicia, quae faciens homo vivet in eis.* Sed vita spiritualis hominis est per iustitiam. Ergo praecepta legis adimpleta iustificabant.

3. PRAETEREA, lex divina efficacior est quam lex humana. Sed lex humana iustificat: est enim quaedam iustitia in hoc quod praecepta legis adimplentur. Ergo praecepta legis iustificabant.

SED CONTRA est quod Apostolus dicit, 2Cor 3,6: *Littera occidit.* Quod secundum Augustinum, in libro *de Spiritu et Littera*[1], intelligitur etiam de praeceptis moralibus. Ergo praecepta moralia non iustificabant.

RESPONDEO dicendum quod, sicut sanum proprie et primo dicitur quod habet sanitatem, per posterius autem quod significat sanitatem, vel quod conservat sanitatem; ita iustificatio primo et proprie dicitur ipsa factio iustitiae; secundario vero, et quasi improprie, potest dici iustificatio significatio iustitiae, vel dispositio ad iustitiam. Quibus duobus modis manifestum est quod praecepta legis iustificabant: inquantum scilicet disponebant homines ad gratiam Christi iustificantem, quam etiam significabant; quia sicut dicit Augustinus, *Contra Faustum*[2], *etiam vita illius populi prophetica erat, et Christi figurativa.*

Sed si loquamur de iustificatione proprie dicta, sic considerandum est quod iustitia potest accipi prout est in habitu, vel prout est in actu: et secundum hoc, iustificatio dupliciter dicitur. Uno quidem modo, secundum quod homo fit iustus adipiscens habitum iustitiae. Alio vero modo, se-

1. Com efeito, diz o Apóstolo: "Não são justos junto de Deus os que ouvem a lei, mas se justificarão os cumpridores da lei". Ora, chamam-se cumpridores da lei aqueles que cumprem os preceitos da lei. Logo, os preceitos da lei, cumpridos, justificavam.

2. ALÉM DISSO, diz-se no livro do Levítico: "Guardai minhas leis e juízos; realizando-os, o homem neles viverá". Ora, a vida espiritual do homem se dá pela justiça. Logo, os preceitos da lei, cumpridos, justificavam.

3. ADEMAIS, a lei divina é mais eficaz do que a lei humana. Ora, a lei humana justifica; existe, com efeito, alguma justiça no cumprimento dos preceitos da lei. Logo, os preceitos da lei justificavam.

EM SENTIDO CONTRÁRIO, diz o Apóstolo: "A letra mata". O que se entende, segundo Agostinho, também dos preceitos morais. Logo, os preceitos morais não justificavam.

RESPONDO. Assim como "são" se diz propriamente e em primeiro lugar do que tem saúde, e depois do que a significa, ou do que a conserva, assim a justificação se diz primeira e propriamente da realização mesma da justiça; secundariamente, e como impropriamente, da significação da justiça, ou da disposição para a justiça. Nesses dois modos, é manifesto que os preceitos da lei justificavam, a saber, enquanto dispunham os homens para a graça justificante de Cristo, a qual também significavam[xx], porque, como diz Agostinho, "também a vida daquele povo era profética e figurativa de Cristo".

Entretanto, se falamos da justificação propriamente dita, deve-se considerar que a justiça pode ser entendida enquanto está em hábito, ou enquanto está em ato, e segundo isso, a justificação se diz duplamente. De um modo, enquanto o homem se torna justo, adquirindo o hábito da justiça. De outro

1. C. 14: ML 44, 215.
2. L. XXII, c. 24: ML 42, 417.

da resposta (no 1°), com o apoio da citação de Rm 4,2. O problema posto é, portanto, o da justificação no sentido paulino do termo. Ora, Deus só reconhece os homens como justos porque a manifestação de sua justiça salvadora (Is 51,5-6) "os justifica pelo favor de sua graça" (Rm 3,24), devido à sua fé em Jesus Cristo (Rm 3,22). Se a questão é posta nesses termos, deve-se dizer que a justificação é obtida "pela fé no Cristo, e não pela prática da lei" (Gl 1,16), mesmo que fosse em seus preceitos morais. Mas, inversamente, não pode haver justificação se os preceitos da lei não são praticados (Gl 3,10). A solução só ocorre na nova aliança, na qual o Espírito Santo é dado, de modo que o preceito da lei seja cumprido naqueles que vivem movidos por ele (Rm 8,4). O problema se põe, portanto, de maneira especiosa, pois os preceitos morais não podem justificar-se por si mesmos. Sto. Tomás não pode resolvê-lo sem antecipar o seu tratado sobre a lei nova: "a justiça infundida não tem outra causa que Deus por sua graça" (ver a resposta).

xx. Aqui, a linguagem é imprópria: não são os preceitos que significavam por antecipação a graça do Cristo, mas as instituições regradas por eles, e pela experiência histórica ligada a essas instituições, em virtude de seu caráter figurativo (ver a citação de Sto. Agostinho).

cundum quod opera iustitiae operatur:ut secundum hoc iustificatio nihil aliud sit quam iustitiae executio. Iustitia autem, sicut et aliae virtutes potest accipi et acquisita et infusa, ut ex supradictis[3] patet. Acquisita quidem causatur ex operibus: sed infusa causatur ab ipso Deo per eius gratiam. Et haec est vera iustitia, de qua nunc loquimur, secundum quam aliquis dicitur iustus apud Deum; secundum illud Rm 4,2: *Si Abraham ex operibus legis iustificatus est, habet gloriam, sed non apud Deum*. Haec igitur iustitia causari non poterat per praecepta moralia, quae sunt de actibus humanis. Et secundum hoc, praecepta moralia iustificare non poterant iustitiam causando.

modo, enquanto realiza as obras da justiça, de sorte que, segundo isso, a justificação não é outra coisa que a execução da justiça. A justiça, como as outras virtudes, pode ser considerada como adquirida e como infusa, como está claro pelas coisas que foram ditas acima. A adquirida, certamente, é causada pelas obras, mas a infusa é causada pelo próprio Deus por meio de sua graça. E essa é a verdadeira justiça, da qual agora falamos, segundo a qual alguém se diz justo junto de Deus, segundo a Carta aos Romanos: "Se Abraão foi justificado pelas obras da lei, tem a glória, mas não junto de Deus". Essa justiça não pudera ser causada pelos preceitos morais, que são sobre atos humanos. E de acordo com isso, os preceitos morais não poderiam justificar, causando a justiça[yy].

Si vero accipiatur iustificatio pro executione iustitiae, sic omnia praecepta legis iustificabant: inquantum continebant illud quod est secundum se iustum; aliter tamen et aliter. Nam praecepta caeremonialia continebant quidem iustitiam secundum se in generali, prout scilicet exhibebantur in cultum Dei: in speciali vero non continebant secundum se iustitiam, nisi ex sola determinatione legis divinae. Et ideo de huiusmodi praeceptis dicitur quod non iustificabant nisi ex devotione et obedientia facientium. — Praecepta vero moralia et iudicialia continebant id quod erat secundum se iustum vel in generali, vel etiam in speciali. Sed moralia praecepta continebant id quod est secundum se iustum secundum iustitiam generalem quae est *omnis virtus*, ut dicitur in V *Ethic*.[4]. Praecepta vero iudicialia pertinebant ad iustitiam specialem, quae consistit circa contractus humanae vitae, qui sunt inter homines ad invicem.

Se, porém, se toma a justificação como execução da justiça, todos os preceitos da lei justificavam, enquanto continham aquilo que é justo em si mesmo, embora diversamente[zz]. Com efeito, os preceitos cerimoniais continham certamente a justiça em si mesma[aaa] em geral, a saber, enquanto se mostravam para o culto de Deus; em especial, porém, não continham a justiça em si mesma, a não ser apenas pela determinação da lei divina. E assim desses preceitos diz-se que não justificavam a não ser por devoção e obediência dos que praticavam. — Os preceitos morais e judiciais, porém, continham aquilo que era em si mesmo justo ou em geral, ou também em especial. Os preceitos morais, contudo, continham o que é em si mesmo justo, segundo a justiça geral, que é "toda virtude", como se diz no livro V da *Ética*. Já os preceitos judiciais pertenciam à justiça especial, que é sobre os contratos da vida humana, que se estabelecem entre os homens uns com os outros.

AD PRIMUM ergo dicendum quod Apostolus accipit ibi iustificationem pro executione iustitiae.

QUANTO AO 1º, portanto, deve-se dizer que o Apóstolo entende aí a justificação como execução da justiça[bbb].

AD SECUNDUM dicendum quod homo faciens praecepta legis dicitur vivere in eis, quia non incurrebat poenam mortis, quam lex transgressoribus

QUANTO AO 2º, deve-se dizer que o homem que pratica os preceitos da lei é dito neles viver, porque não incorria na pena de morte, que a lei

3. Q. 63, a. 4.
4. C. 3: 1129, b, 30-31.

yy. Não esquecer que os atos humanos que realizam esses preceitos morais são "o fruto do Espírito" (Rm 8,4; ver Gl 5,21).

zz. Os sacramentos da lei antiga não são os preceitos, mas as instituições por eles regradas (ver nota 50).

aaa. A palavra "justiça" muda de sentido, aqui: não se trata mais da justiça "subjetiva" dos homens diante de Deus, mas da justiça "objetiva" das disposições tomadas por Deus para regrar a vida de seu povo. Todas as presentes considerações antecipam as q. 101 a 103. A sua parte final refere-se à justiça subjetiva, mas visando a justiça "adquirida", e não a justiça "infundida" que é a única a constituir justificação no sentido que o Novo Testamento dá à palavra.

bbb. Volta-se aqui à justiça "objetiva" dos preceitos, de modo que o problema da justificação "subjetiva" seja deixado de lado. A definição da justiça é então a de Aristóteles, não a da linguagem da Escritura.

infligebat. In quo sensu inducit hoc Apostolus, Gl 3,12.

AD TERTIUM dicendum quod praecepta legis humanae iustificant iustitia acquisita: de qua non quaeritur ad praesens, sed solum de iustitia quae est apud Deum.

infligia aos transgressores[ccc]. Nesse sentido o Apóstolo induz isso.

QUANTO AO 3º, deve-se dizer que os preceitos da lei humana justificam pela justiça adquirida, a respeito da qual não se pergunta no presente, mas apenas da justiça diante de Deus.

ccc. Inexato, pois em Lv 18,5 a palavra "vida" concerne à vida prometida por Deus àqueles que observam seus mandamentos, na perspectiva da aliança do Sinai.

QUAESTIO CI
DE PRAECEPTIS CAEREMONIALIBUS SECUNDUM SE
in quatuor articulos divisa

Consequenter considerandum est de praeceptis caeremonialibus. Et primo, de ipsis secundum se; secundo, de causa eorum; tertio, de duratione ipsorum.

Circa primum quaeruntur quatuor.

Primo: quae sit ratio praeceptorum caeremonialium.
Secundo: utrum sint figuralia.
Tertio: utrum debuerint esse multa.
Quarto: de distinctione ipsorum.

QUESTÃO 101
OS PRECEITOS CERIMONIAIS EM SI MESMOS[a]
em quatro artigos

Em seguida, devem-se considerar os preceitos cerimoniais. E, em primeiro lugar, em si mesmos; em segundo, a causa deles; em terceiro, a duração dos mesmos.

Acerca do primeiro, fazem-se quatro perguntas.

1. Qual é a razão dos preceitos cerimoniais?
2. São figurativos?
3. Deviam ser muitos?
4. Como se distinguem?

ARTICULUS 1
Utrum ratio praeceptorum caeremonialium in hoc consistat quod pertinent ad cultum Dei

AD PRIMUM SIC PROCEDITUR. Videtur quod ratio praeceptorum caeremonialium non in hoc consistat quod pertinent ad cultum Dei.

ARTIGO 1
A razão dos preceitos cerimoniais consiste em que pertencem ao culto de Deus?

QUANTO AO PRIMEIRO ARTIGO, ASSIM SE PROCEDE: parece que a razão dos preceitos cerimoniais **não** consiste em que pertencem ao culto de Deus.

1 PARALL.: Supra, q. 99, a. 3; infra, q. 104, a. 1.

a. Os preceitos morais, enquanto constituem uma regulação universal da conduta humana, já incluíam "deveres em relação a Deus", que Sto. Tomás ligava aos primeiros mandamentos do decálogo. Os preceitos que ele chama de "cerimoniais" têm por objeto a regulamentação do culto no Antigo Testamento. É a única passagem da Suma em que as instituições de culto de Israel são o objeto de um exame teológico. É por isso que, nas três longas questões consagradas a esse assunto, o pensamento oscila sem cessar entre as próprias instituições e as normas que as estabelecem ou regulam. A documentação de Sto. Tomás é forçosamente limitada em vários pontos importantes. Ele ignora totalmente as formas cultuais (e aparentadas) que grassavam nos meios religiosos com os quais Israel, e depois o judaísmo mais tardio estiveram em contato, e dos quais eles tiveram de se distinguir para afirmar a originalidade de sua fé. Ele ignora igualmente a evolução das instituições cultuais, tal como o estudo crítico do Pentateuco permite reconstituir em suas grandes linhas: para ele, assim como para os autores cristãos e judeus de sua época, todo culto foi instaurado por Moisés no Sinai. Quanto à avaliação filosófica do fato religioso, ele só pode se referir aos dados fornecidos pelos filósofos gregos e latinos, os primeiros sendo conhecidos dele somente por meio de traduções mais ou menos parciais, os segundos sendo relidos por intermédio de Sto. Agostinho (em A Cidade de Deus). O seu objetivo não é examinar as instituições do Antigo Testamento por si mesmas, mas de compreender o objetivo enquanto preparação à revelação plena que se efetuou em Jesus Cristo. Mais ainda do que para os preceitos morais, só pode ser o caso aqui de uma situação provisória, uma etapa prévia na realização do desígnio da salvação. A contestação entre a Igreja, da qual ele é aqui o porta-voz, e os judeus, abrigados por trás de sua Torá e da fixação talmúdica de seus costumes, prossegue aliás durante toda a Idade Média. Sto. Tomás é assim levado a adotar por vezes o ponto de vista dos querelantes, para lembrar que as instituições e as leis cultuais do Antigo Testamento, mesmo tendo desempenhado um papel positivo na economia da salvação, estão ab-rogadas. É

1. In lege enim veteri dantur Iudaeis quaedam praecepta de abstinentia ciborum, ut patet Lv 11; et etiam de abstinendo ab aliquibus vestimentis, sicut illud Lv 19,19, *Vestem quae ex duobus texta est, non indueris*; et iterum quod praecipitur Nm 15,38, *Ut faciant sibi fimbrias per angulos palliorum*. Sed huiusmodi non sunt praecepta moralia: quia non manent in nova lege. Nec etiam iudicialia: quia non pertinent ad iudicium faciendum inter homines. Ergo sunt caeremonialia. Sed in nullo pertinere videntur ad cultum Dei. Ergo non est ratio caeremonialium praeceptorum quod pertineant ad cultum Dei.

2. PRAETEREA, dicunt quidam quod praecepta caeremonialia dicuntur illa quae pertinent ad solemnitates: quasi dicerentur a *cereis*, qui in solemnitatibus accenduntur. Sed multa alia sunt pertinentia ad cultum Dei praeter solemnitates. Ergo non videtur quod praecepta caeremonialia ea ratione dicantur, quia pertinent ad cultum Dei.

3. PRAETEREA, secundum quosdam, praecepta caeremonialia dicuntur quasi normae, idest regulae, salutis: nam *chaire* in graeco idem est quod *salve*. Sed omnia praecepta legis sunt regulae salutis, et non solum illa quae pertinent ad Dei cultum. Ergo non solum illa praecepta dicuntur caeremonialia quae pertinent ad cultum Dei.

4. PRAETEREA, Rabbi Moyses dicit[1] quod praecepta caeremonialia dicuntur quorum ratio non est manifesta. Sed multa pertinentia ad cultum Dei habent rationem manifestam: sicut observatio sabbati, et celebratio Phase et Scenopegiae, et multorum aliorum, quorum ratio assignatur in lege. Ergo caeremonialia non sunt quae pertinent ad cultum Dei.

SED CONTRA est quod dicitur Ex 18,19sq.: *Esto populo in his quae ad Deum pertinent, ostendasque populo caeremonias et ritum colendi*.

RESPONDEO dicendum quod, sicut supra[2] dictum est, caeremonialia praecepta determinant praecepta

1. Com efeito, na lei antiga, são dados aos judeus alguns preceitos sobre a abstinência dos alimentos, como está claro no livro do Levítico e também da abstinência de algumas roupas, como aquela passagem do livro do Levítico: "Não vistas a roupa que é tecida com dois fios diferentes"; e ainda o que é preceituado no livro dos Números: "Que façam para si guarnições nos remates das capas". Ora, tais preceitos não são morais, pois não permanecem na lei nova. Nem também judiciais, pois não pertencem ao juízo que deve ser feito entre os homens. Logo, são cerimoniais. Ora, em nada parecem pertencer ao culto de Deus. Logo não é razão dos preceitos cerimoniais que pertençam ao culto de Deus[b].

2. ALÉM DISSO, alguns dizem que se chamam preceitos cerimoniais aqueles que pertencem às solenidades, como se fossem ditos por causa dos "círios" que se acendem nas solenidades. Ora, muitas outras coisas são pertinentes ao culto de Deus, além das solenidades. Logo, não parece que os preceitos cerimoniais sejam ditos por essa razão, porque pertencem ao culto de Deus.

3. ADEMAIS, segundo alguns, os preceitos cerimoniais se dizem como normas, isto é, regras, de salvação; com efeito, "kaire" em grego é o mesmo que "salve". Ora, todos os preceitos da lei são regras de salvação, e não se dizem cerimoniais só aqueles preceitos que pertencem ao culto de Deus. Logo, não se chamam cerimoniais apenas os preceitos que pertencem ao culto de Deus.

4. ADEMAIS, Rabi Moisés diz que se chamam preceitos cerimoniais aqueles cuja razão não é manifesta. Ora, muitos preceitos pertinentes ao culto de Deus têm razão manifesta, como a observância do sábado, a celebração da Páscoa e dos Tabernáculos, e de muitos outros, cuja razão é assinalada na lei. Logo, os cerimoniais não são os que pertencem ao culto de Deus.

EM SENTIDO CONTRÁRIO, diz-se no livro do Êxodo: "Assiste ao povo naquelas coisas que pertencem a Deus e mostra ao povo as cerimônias e o rito de cultuar".

RESPONDO. Como acima foi dito, os preceitos cerimoniais determinam os preceitos morais em

1. *Doct. Perplex.*, p. III, c. 28.
2. Q. 99, a. 4.

por esse motivo que o seu desenvolvimento se dá em três questões: uma é consagrada às características gerais das leis cerimoniais (q. 101). A segunda justifica longamente o seu conteúdo, e questiona a sua razão de ser (q. 102); a terceira as situa em relação ao culto que os precedia, e em relação à "lei da graça" do Novo Testamento.

b. Essa objeção mostra uma concepção bastante estreita do "sagrado", do "culto" e de suas relações recíprocas. Os exemplos apresentados devem ser compreendidos como uma crítica corrente das práticas judias, regulamentadas pela tradição talmúdica.

moralia in ordine ad Deum, sicut iudicialia determinant praecepta moralia in ordine ad proximum. Homo autem ordinatur ad Deum per debitum cultum. Et ideo caeremonialia proprie dicuntur quae ad cultum Dei pertinent. — Ratio autem huius nominis posita est supra[3], ubi praecepta caeremonialia ab aliis sunt distincta.

AD PRIMUM ergo dicendum quod ad cultum Dei pertinent non solum sacrificia et alia huiusmodi, quae immediate ad Deum ordinari videntur, sed etiam debita praeparatio colentium Deum ad cultum ipsius: sicut etiam in aliis quaecumque sunt praeparatoria ad finem, cadunt sub scientia quae est de fine. Huiusmodi autem praecepta quae dantur in lege de vestibus et cibis colentium Deum, et aliis huiusmodi, pertinent ad quandam praeparationem ipsorum ministrantium, ut sint idonei ad cultum Dei: sicut etiam specialibus observantiis aliqui utuntur qui sunt in ministerio regis. Unde etiam sub praeceptis caeremonialibus continentur.

AD SECUNDUM dicendum quod illa expositio nominis non videtur esse multum conveniens: praesertim cum non multum inveniatur in lege quod in solemnitatibus cerei accenderentur, sed in ipso etiam candelabro lucernae cum oleo olivarum praeparabantur, ut patet Lv 24,2. Nihilominus tamen potest dici quod in solemnitatibus omnia illa quae pertinebant ad cultum Dei, diligentius observabantur: et secundum hoc, in observatione solemnitatum omnia caeremonialia includuntur.

AD TERTIUM dicendum quod nec illa expositio nominis videtur esse multum conveniens: nomen enim caeremoniae non est graecum, sed latinum. Potest tamen dici quod, cum salus hominis sit a Deo, praecipue illa praecepta videntur esse salutis regulae, quae hominem ordinant ad Deum. Et sic caeremonialia dicuntur quae ad cultum Dei pertinent.

AD QUARTUM dicendum quod illa ratio caeremonialium est quodammodo probabilis, non quod ex eo dicuntur caeremonialia quia eorum ratio non est manifesta; sed hoc est quoddam consequens. Quia enim praecepta ad cultum Dei pertinentia oportet esse figuralia, ut infra[4] dicetur, inde est quod eorum ratio non est adeo manifesta.

ordem a Deus, como os judiciais determinam os preceitos morais em ordem ao próximo. O homem, é ordenado a Deus pelo culto devido. E assim chamam-se propriamente cerimoniais aqueles que pertencem ao culto de Deus. — A razão desse nome foi estabelecida acima, onde os preceitos cerimoniais foram distinguidos dos outros.

QUANTO AO 1º, portanto, deve-se dizer que pertencem ao culto de Deus não só os sacrifícios e outras coisas semelhantes, que parecem ordenar-se imediatamente a Deus, mas também a preparação devida dos que cultuam a Deus para o culto do mesmo, como também nas outras coisas, quaisquer meios que são preparatórios para o fim, caem sob a ciência do fim. Tais preceitos que são dados na lei acerca das vestes e alimentos dos que cultuam a Deus, e outros semelhantes, pertencem a alguma preparação dos mesmos ministros, para que sejam idôneos ao culto de Deus, como também usam de observâncias especiais alguns que estão no ministério do rei. Portanto, também estão contidos sob os preceitos cerimoniais.

QUANTO AO 2º, deve-se dizer que aquela explicação do nome não parece ser muito conveniente, principalmente quando não se acha muito na lei que se acendessem círios nas solenidades, mas no próprio candelabro preparavam-se lâmpadas com óleo de oliveiras, como está claro no livro do Levítico. Entretanto, pode-se dizer que nas solenidades todas aquelas coisas que pertenciam ao culto de Deus eram observadas mais diligentemente, e segundo isso, na observância das solenidades incluem-se todos os cerimoniais.

QUANTO AO 3º, deve-se dizer que nem aquela explicação do nome parece ser muito conveniente; com efeito, o nome de cerimônia não é grego, mas latino. Pode-se dizer, porém, que como a salvação do homem vem de Deus, aqueles preceitos parecem principalmente ser regras de salvação, que ordenam o homem para Deus. E assim chamam-se cerimoniais aqueles que pertencem ao culto de Deus.

QUANTO AO 4º, deve-se dizer que aquela razão dos cerimoniais é de algum modo provável. Não que se chamem cerimoniais porque sua razão não é manifesta, mas isso é uma consequência. Porque os preceitos pertinentes ao culto de Deus necessariamente são figurativos, como se dirá abaixo, procede que a razão deles não é assim manifesta.

3. Q. 99, a. 3.
4. Art. sq.

ARTICULUS 2
Utrum praecepta caeremonialia sint figuralia

AD SECUNDUM SIC PROCEDITUR. Videtur quod praecepta caeremonialia non sint figuralia.

1. Pertinet enim ad officium cuiuslibet doctoris ut sic pronunciet ut de facili intelligi possit, sicut Augustinus dicit, in V *de Doctr. Christ.*[1]. Et hoc maxime videtur esse necessarium in legis latione: quia praecepta legis populo proponuntur. Unde lex debet esse manifesta, ut Isidorus dicit[2]. Si igitur praecepta caeremonialia data sunt in alicuius rei figuram, videtur inconvenienter tradidisse huiusmodi praecepta Moyses, non exponens quid figurarent.

2. PRAETEREA, ea quae in cultum Dei aguntur, maxime debent honestatem habere. Sed facere aliqua facta ad alia repraesentanda, videtur esse theatricum, sive poeticum: in theatris enim repraesentabantur olim per aliqua quae ibi gerebantur, quaedam aliorum facta. Ergo videtur quod huiusmodi non debeant fieri ad cultum Dei. Sed caeremonialia ordinantur ad cultum Dei, ut dictum est[3]. Ergo caeremonialia non debent esse figuralia.

3. PRAETEREA, Augustinus dicit, in *Enchirid.*[4], quod *Deus maxime colitur fide, spe et caritate*. Sed praecepta quae dantur de fide, spe et caritate, non sunt figuralia. Ergo praecepta caeremonialia non debent esse figuralia.

4. PRAETEREA, Dominus dicit, Io 4,24: *Spiritus est Deus: et eos qui adorant eum, in spiritu et veritate adorare oportet*. Sed figura non est ipsa veritas: immo contra se invicem dividuntur. Ergo

ARTIGO 2
Os preceitos cerimoniais são figurativos?[c]

QUANTO AO SEGUNDO, ASSIM SE PROCEDE: parece que os preceitos cerimoniais **não** são figurativos.

1. Com efeito, pertence ao ofício de qualquer doutor que fale de tal modo que possa ser facilmente entendido, como diz Agostinho. E isso parece ser maximamente necessário na ação de dar a lei, porque os preceitos da lei são impostos ao povo. Por isso, a lei deve ser manifesta, como diz Isidoro. Se, pois, os preceitos cerimoniais foram dados como figura de alguma coisa, parece que inconvenientemente Moisés transmitiu os preceitos, não expondo que eram figuras.

2. ALÉM DISSO, aquelas coisas que são feitas para o culto de Deus, devem ter maximamente dignidade. Ora, fazer algumas coisas para representar outras, parece ser de teatro, ou de poesia; nos teatros, com efeito, representavam-se outrora por meio de algumas coisas que aí eram produzidas alguns feitos dos outros. Logo, parece que tais coisas não devem ser feitas para o culto de Deus. Ora, os cerimoniais se ordenam ao culto de Deus, como foi dito. Logo, os cerimoniais não devem ser figurativos.

3. ADEMAIS, diz Agostinho que "Deus é maximamente cultuado pela fé, esperança e caridade". Ora os preceitos que se dão sobre a fé, a esperança e a caridade não são figurativos. Logo, os preceitos cerimoniais não devem ser figurativos.

4. ADEMAIS, diz o Senhor: "O Espírito é Deus, e é necessário que aqueles que o adoram, em espírito e verdade o adorem". Ora, a figura não é a própria verdade; antes, uma se distingue da outra por

2 PARALL.: Infra, q. 103, a. 1, 3; q. 104, a. 2.

1. Cc. 8, 10: ML 34, 98-99.
2. *Etymol.*, l. II, c. 10; l. V, c. 21: ML 82, 131 A, 203 A.
3. Art. praec.
4. Cc. 3, 4: ML 40, 232-233.

c. Este artigo é essencial para estabelecer um vínculo entre a experiência da vida teologal nos dois Testamentos, na medida em que ela é interior e que se traduz de maneira sensível nos atos do culto. A fé, a esperança e a caridade não mudaram de objeto. Mas, esse assunto só era apresentado de maneira incoativa no Antigo Testamento; o Novo Testamento trouxe a sua revelação "sacramental" na vida terrestre de Jesus e nas estruturas atuais de sua Igreja; a revelação total é reservada à vida eterna. O desenvolvimento aqui proposto a respeito do culto relaciona-se aos textos nos quais Sto. Tomás explica a sua posição sobre a questão dos sentidos da Escritura (I, q. 1, a. 9 e 10; Quodlibet 7, q. 6). Neste último lugar, ele funda de maneira mais explícita o sentido das "realidades" (*res*) do Antigo Testamento, insistindo sobre a sua pertença à história, da qual Deus governa o curso (a. 3, resp.: "Para significar certas coisas [= as realidades do Novo Testamento e da vida eterna], Deus se serve do próprio curso da história [*ipsum cursum rerum*] submetida à sua providência"). É, portanto, por seu vínculo íntimo com a experiência histórica de Israel que essas instituições cultuais, traduções de sua vida de fé, possuem um sentido "figurativo" em relação ao Cristo, à Igreja e ao "mundo a vir" que constitui o objeto da esperança cristã. Esse princípio é a chave do presente desenvolvimento, que busca seus fundamentos na Escritura em Cl 2,16 e Hb 10,1.

caeremonialia, quae pertinent ad cultum Dei, non debent esse figuralia.

SED CONTRA est quod Apostolus dicit, Cl 2,16sq.: *Nemo vos iudicet in cibo aut in potu, aut in parte diei festi aut neomeniae aut sabbatorum, quae sunt umbra futurorum.*

RESPONDEO dicendum quod, sicut iam[5] dictum est, praecepta caeremonialia dicuntur quae ordinantur ad cultum Dei. Est autem duplex cultus Dei: interior, ex exterior. Cum enim homo sit compositus ex anima et corpore, utrumque debet applicari ad colendum Deum, ut scilicet anima colat interiori cultu, et corpus exteriori: unde dicitur in Ps 83,3: *Cor meum et caro mea exultaverunt in Deum vivum.* Et sicut corpus ordinatur in Deum per animam, ita cultus exterior ordinatur ad interiorem cultum. Consistit autem interior cultus in hoc quod anima coniungatur Deo per intellectum et affectum. Et ideo secundum quod diversimode intellectus et affectus colentis Deum Deo recte coniungitur, secundum hoc diversimode exteriores actius hominis ad cultum Dei applicantur.

In statu enim futurae beatitudinis, intellectus humanus ipsam divinam veritatem in seipsa intuebitur. Et ideo exterior cultus non consistet in aliqua figura, sed solum in laude Dei, quae procedit ex interiori cognitione et affectione; secundum illud Is 51,3: *Gaudium et laetitia invenietur in ea, gratiarum actio et vox laudis.*

In statu autem praesentis vitae, non possumus divinam veritatem in seipsa intueri, sed oportet quod radius divinae veritatis nobis illucescat sub aliquibus sensibilibus figuris, sicut Dionysius dicit, 1 cap. *Cael. Hier.*[6]: diversimode tamen, secundum diversum statum cognitionis humanae. In veteri enim lege neque ipsa divina veritas in seipsa manifesta erat, neque etiam adhuc propalata erat via ad hoc perveniendi, sicut Apostolus dicit, Hb 9,8. Et ideo oportebat exteriorem cultum veteris legis non solum esse figurativum futurae veritatis manifestandae in patria; sed etiam esse

oposição. Logo, os cerimoniais, que pertencem ao culto de Deus, não devem ser figurativos.

EM SENTIDO CONTRÁRIO, diz o Apóstolo: "Ninguém vos julgue quanto ao alimento e à bebida, ou quanto à parte do dia festivo ou da lua nova ou dos sábados, que são sombra das coisas futuras".

RESPONDO. Como já foi dito, chamam-se preceitos cerimoniais os que se ordenam ao culto. O culto de Deus é duplo: interior, exterior. Uma vez que o homem é composto de alma e corpo, um e outro devem ser aplicados a cultuar a Deus, a saber, que a alma cultue por um culto interior, e corpo por um exterior; donde se diz no livro dos Salmos: "Meu coração e minha carne exultaram no Deus vivo"[d]. E como o corpo se ordena a Deus por intermédio da alma, assim o culto exterior se ordena ao culto interior. O culto interior consiste em que a alma se una a Deus pela inteligência e pelo afeto. E assim segundo diversamente o intelecto e o afeto de quem cultua a Deus se unem retamente a Deus, segundo isso, diversamente, aplicam-se ao culto de Deus os atos exteriores do homem.

No estado da futura bem-aventurança, o intelecto humano intuirá a própria verdade divina em si mesma. E assim o culto exterior não consistirá em alguma figura, mas só no louvor de Deus, que procede do conhecimento interior e da afeição, segundo o livro de Isaías: "Nela se achará o gozo e a alegria, a ação de graças e a voz do louvor".

No estado da presente vida, não podemos intuir a verdade divina em si mesma, mas é necessário que o raio da verdade divina nos ilumine sob algumas figuras sensíveis, como diz Dionísio; diversamente, porém, segundo o diverso estado do conhecimento humano[e]. Na lei antiga, com efeito, nem a própria verdade divina em si mesma era manifesta, nem também ainda era preparada a via para chegar a isso, como diz o Apóstolo. E assim era necessário que o culto exterior da lei antiga não fosse apenas figurativo da verdade futura a manifestar-se na pátria, mas também

5. A. praec.; q. 99, a. 3, 4.
6. MG 3, 121 B.

d. Tem-se aqui uma justaposição de duas expressões da antropologia: a grega (alma e corpo) e a hebraica (coração e carne). A segunda, que insiste mais na unidade concreta da pessoa humana, permite afastar o risco de dualismo que comportava a primeira. É com essa chave que se deve ler a reflexão sobre os dois aspectos inseparáveis do culto: interior e exterior. A insistência sobre o valor e pluralidade de expressões corporais do culto interior se torna-se assim mais notável ainda com isso.

e. Existem três etapas na economia da salvação: a da "lei antiga" (sombra e figura); a da "lei nova" (imagem "sacramental"); a do mundo a vir (realidade plenamente desvelada). Sto. Tomás apela ao exemplarismo neoplatônico do Pseudo-Dionísio para traduzir essa ideia que provém da Carta aos Hebreus e que está em relação direta com a realização histórica da economia da salvação.

figurativum Christi, qui est via ducens ad illam patriae veritatem. Sed in statu novae legis, haec via iam est revelata. Unde hanc praefigurari non oportet sicut futuram, sed commemorari oportet per modum praeteriti vel praesentis: sed solum oportet praefigurari futuram veritatem gloriae nondum revelatam. Et hoc est quod Apostolus dicit, Hb 10,1: *Umbram habet lex futurorum bonorum, non ipsam imaginem rerum*: umbra enim minus est quam imago; tanquam imago pertineat ad novam legem, umbra vero ad veterem.

AD PRIMUM ergo dicendum quod divina non sunt revelanda hominibus nisi secundum eorum capacitatem: alioquin daretur eis praecipitii materia, dum contemnerent quae capere non possent. Et ideo utilius fuit ut sub quodam figurarum velamine divina mysteria rudi populo traderentur, ut sic saltem ea implicite cognoscerent, dum illis figuris deservirent ad honorem Dei.

AD SECUNDUM dicendum quod, sicut poetica non capiuntur a ratione humana propter defectum veritatis qui est in eis, ita etiam ratio humana perfecte capere non potest divina propter excedentem ipsorum veritatem. Et ideo utrobique opus est repraesentatione per sensibiles figuras.

AD TERTIUM dicendum quod Augustinus ibi loquitur de cultu interiore; ad quem tamen ordinari oportet exteriorem cultum, ut dictum est[7].

Et similiter dicendum est AD QUARTUM: quia per Christum homines plenius ad spiritualem Dei cultum sunt introducti.

ARTICULUS 3

Utrum debuerint esse multa caeremonialia praecepta

AD TERTIUM SIC PROCEDITUR. Videtur quod non debuerint esse multa caeremonialia praecepta.

fosse figurativo de Cristo, que é a via que conduz àquela verdade da pátria. Ora, no estado da nova lei, essa via já foi revelada. Portanto, não é necessário que essa seja prefigurada como futura, mas é necessário que seja comemorada a modo de passado ou de presente, mas só é necessário que seja prefigurada a verdade futura da glória ainda não revelada. E isso é o que diz o Apóstolo: "A lei dos bens futuros tem uma sombra, não a própria imagem das coisas"; com efeito, a sombra é menos que a imagem: como a imagem pertence à nova lei, a sombra, porém, à antiga.

QUANTO AO 1º, portanto, deve-se dizer que as coisas divinas não se devem revelar aos homens a não ser segundo a capacidade deles. Caso contrário, dar-se-lhes-ia matéria de precipício, enquanto desprezariam aquelas coisas que não pudessem entender. E assim foi mais útil que sob algum véu de figuras, os mistérios divinos fossem transmitidos ao povo rude[f], de modo que assim ao menos as conhecessem implicitamente, na medida em que servissem àquelas figuras para honra de Deus.

QUANTO AO 2º, deve-se dizer que, como as coisas poéticas não são entendidas pela razão humana por causa de falta da verdade que existe nelas, assim também a razão humana não pode entender perfeitamente as coisas divinas, por causa da verdade das mesmas que transcendem. E por isso, em um e outro caso é necessária a representação por meio de figuras sensíveis.

QUANTO AO 3º, deve-se dizer que Agostinho fala aí do culto interior, ao qual é necessário ordenar o culto exterior, como foi dito.

E semelhantemente deve-se dizer QUANTO AO 4º, porque por Cristo os homens foram introduzidos mais plenamente ao culto espiritual de Deus.

ARTIGO 3

Os preceitos cerimoniais deveriam ser muitos?[g]

QUANTO AO TERCEIRO, ASSIM SE PROCEDE: parece que **não** deveriam ser muitos os preceitos cerimoniais.

7. In corp.

3 PARALL.: IV *Sent.*, dist. 1, q. 1, a. 5, q.la 2, ad 2; *ad Rom.*, c. 5, lect. 6.

f. O princípio aqui afirmado poderia ser relacionado com a pedagogia divina, que Sto. Tomás invoca a respeito das leis morais e de sua progressiva dispensa. Mas, a revelação "sob o véu das figuras" confere à "pedagogia" de Deus um sentido positivo que se refere às virtudes teologais.

g. Questão de escola. Objeções fúteis. Autoridade citada em função do latim, que traduz o hebraico em contrasenso com Jó 11,16, e que não passa de uma proposição concessiva em Os 8,12. Solução das objeções por meio de raciocínios de con-

1. Ea enim quae sunt ad finem, debent esse fini proportionata. Sed caeremonialia praecepta, sicut dictum est[1], ordinantur ad cultum Dei et in figuram Christi. Est autem *unus Deus, a quo omnia; et unus Dominus Iesus Christus, per quem omnia*, ut dicitur 1Cor 8,6. Ergo caeremonialia non debuerunt multiplicari.

2. Praeterea, multitudo caeremonialium praeceptorum transgressionis erat occasio; secundum illud quod dicit Petrus, At 15,10: *Quid tentatis Deum, imponere iugum super cervicem discipulorum, quod neque nos, neque patres nostri, portare potuimus?* Sed transgressio divinorum praeceptorum contrariatur humanae saluti. Cum igitur lex omnis debeat saluti congruere hominum, ut Isidorus dicit[2], videtur quod non debuerint multa praecepta caeremonialia dari.

3. Praeterea, praecepta caeremonialia pertinebant ad cultum Dei exteriorem et corporalem, ut dictum est[3]. Sed huiusmodi cultum corporalem lex debebat diminuere: quia ordinabat ad Christum, qui docuit homines Deum colere *in spiritu et veritate*, ut habetur Io 4,23sq. Non ergo debuerunt multa praecepta caeremonialia dari.

Sed contra est quod dicitur Os 8,12: *Scribam eis multiplices leges intus*; et Iob 11,6: *Ut ostenderet tibi secreta sapientiae, quod multiplex sit lex eius*.

Respondeo dicendum quod, sicut supra[4] dictum est, omnis lex alicui populo datur. In populo autem duo genera hominum continentur: quidam proni ad malum, qui sunt per praecepta legis coercendi, ut supra[5] dictum est; quidam habentes inclinationem ad bonum, vel ex natura vel ex consuetudine, vel magis ex gratia; et tales sunt per legis praeceptum instruendi et in melius promovendi. Quantum igitur ad utrumque genus hominum, expediebat praecepta caeremonialia in veteri lege multiplicari. Erant enim in illo populo aliqui ad idololatriam proni: et ideo necesse erat ut ab idololatriae cultu per praecepta caeremonialia revocarentur ad cultum Dei. Et quia multipliciter homines idololatriae deserviebant, oportebat e contrario multa institui ad singula reprimenda: et

1. Com efeito, quelas coisas que se referem ao fim, devem ser proporcionadas ao fim. Ora, os preceitos cerimoniais, como foi dito, ordenam-se ao culto de Deus e para figura de Cristo. Há "um só Deus, do qual procedem todas as coisas; e um só o Senhor Jesus Cristo, pelo qual todas as coisas", como se diz na primeira Carta aos Coríntios. Logo os cerimoniais não deviam ter sido multiplicados.

2. Além disso, a multidão dos preceitos cerimoniais era ocasião de transgressão segundo aquilo que Pedro diz: "Por que tentais a Deus, ao impor o jugo sobre a cerviz dos discípulos, o qual nem nós, nem nossos pais pudemos suportar?" Ora, a transgressão dos preceitos divinos é contrária à salvação humana. Como, pois, toda lei deve convir à salvação dos homens, conforme diz Isidoro, parece que não deveriam dar-se muitos preceitos cerimoniais.

3. Ademais, os preceitos cerimoniais pertenciam ao culto exterior e corporal de Deus, como foi dito. Ora, a lei devia diminuir semelhante culto corporal, pois ordenava a Cristo, que ensinou os homens a cultuar "em espírito e em verdade", como se tem no Evangelho de João. Logo, não deveriam dar-se muitos preceitos cerimoniais.

Em sentido contrário, diz-se no livro de Oseias: "Que eu lhes escreva muitas leis interiormente" e no livro de Jó: "Para que te mostrasse os segredos da sabedoria, que multíplice seja a sua lei".

Respondo. Como acima foi dito, toda lei é dada a um povo. No povo, existem dois gêneros de homens: uns inclinados ao mal, os quais devem ser coagidos pelos preceitos da lei, como acima foi dito; outros tendo inclinação ao bem, ou por natureza ou por costume, ou mais pela graça; e tais devem ser instruídos pelo preceito da lei e promovidos a melhor. Quanto, pois, a cada um dos gêneros de homens, era vantajoso que os preceitos cerimoniais se multiplicassem na lei antiga. Havia, com efeito, naquele povo alguns inclinados à idolatria, e assim era necessário que fossem reconduzidos pelos preceitos cerimoniais do culto de idolatria ao culto de Deus. E porque de muitos modos os homens serviam à idolatria, era necessário, ao inverso, que muitas coisas fossem

1. Art. 1, 2.
2. *Etymol.*, l. II, c. 10; l. V, c. 3: ML 82, 131 A, 199 AB.
3. Art. praec.
4. Q. 96, a. 1.
5. Q. 95, a. 1.

veniência. Resta o objetivo perseguido pela educação da fé, ao qual cooperam as práticas cultuais: o mistério do Cristo, subjacente por modo de "figuras" à experiência espiritual que aí fluía, funda na teologia cristã o sentido último do culto judeu.

iterum multa talibus imponi, ut, quasi oneratis ex his quae ad cultum Dei impenderent, non vacaret idololatriae deservire.

instituídas para reprimir os casos singulares, e ainda fossem impostos muitos preceitos a esses, de modo que, como sobrecarregados pelas coisas que deviam dar ao culto de Deus, não se empregasse o tempo em servir à idolatria.

Ex parte vero eorum qui erant prompti ad bonum, etiam necessaria fuit multiplicatio caeremonialium praeceptorum. Tum quia per hoc diversimode mens eorum referebatur in Deum, et magis assidue. Tum etiam quia mysterium Christi, quod per huiusmodi caeremonialia figurabatur, multiplices utilitates attulit mundo, et multa circa ipsum consideranda erant, quae oportuit per diversa caeremonialia figurari.

Da parte, contudo, daqueles que eram dispostos para o bem, foi também necessária a multiplicação dos preceitos cerimoniais. Quer porque por meio disso, de modo diverso, a sua mente referir-se-ia a Deus, e mais assiduamente. Quer também porque o mistério de Cristo, que era figurado por semelhantes cerimoniais, trouxe ao mundo muitas utilidades, e deviam ser consideradas acerca dele muitas coisas que necessariamente deviam ser figuradas por diversos cerimoniais.

AD PRIMUM ergo dicendum quod, quando id quod ordinatur ad finem, est sufficiens ad ducendum in finem, tunc sufficit unum ad unum finem: sicut una medicina, si sit efficax, sufficit quandoque ad sanitatem inducendam, et tunc non oportet multiplicari medicinam. Sed propter debilitatem et imperfectionem eius quod est ad finem, oportet eam multiplicari: sicut multa remedia adhibentur infirmo, quando unum non sufficit ad sanandum. Caeremoniae autem veteris legis invalidae et imperfectae erant et ad repraesentandum Christi mysterium, quod est superexcellens; et ad subiungandum mentes hominum Deo. Unde Apostolus dicit, Hb 7,18sq.: *Reprobatio fit praecedentis mandati, propter infirmitatem et inutilitatem: nihil enim ad perfectum adduxit lex.* Et ideo oportuit huiusmodi caeremonias multiplicari.

QUANTO AO 1º, portanto, deve-se dizer que, quando o que se ordena ao fim é suficiente para conduzir ao fim, então basta um para um fim, como um remédio, se é eficaz, basta às vezes para restaurar a saúde, e então não é necessário multiplicar-se o remédio. Entretanto, por causa da debilidade e imperfeição daquilo que é para o fim, é necessário que os meios sejam multiplicados, como muitos remédios são empregados no enfermo, quando um não basta para curar. As cerimônias da lei antiga eram inválidas e imperfeitas tanto para representar o mistério de Cristo, que é superexcelente, como também para sujeitar as mentes dos homens a Deus. Donde dizer o Apóstolo: "Fez-se a reprovação do mandamento precedente, por causa da fraqueza e inutilidade: nada, com efeito, a lei trouxe ao perfeito". E assim foi necessário que tais cerimônias fossem multiplicadas.

AD SECUNDUM dicendum quod sapientis legislatoris est minores transgressiones permittere, ut maiores caveantur. Et ideo, ut caveretur transgressio idololatriae, et superbiae quae in Iudaeorum cordibus nasceretur si omnia praecepta legis implerent, non propter hoc praetermisit Deus multa caeremonialia praecepta tradere, quia de facili sumebant ex hoc transgrediendi occasionem.

QUANTO AO 2º, deve-se dizer que cabe ao legislador sábio permitir as transgressões menores, para que as maiores sejam evitadas. E assim, para que se evitasse a transgressão da idolatria e da soberba que nasceria nos corações dos judeus, se todos os preceitos da lei fossem cumpridos, nem por isso deixou Deus de transmitir muitos preceitos cerimoniais, porque facilmente a partir disso tomavam a ocasião de transgredir.

AD TERTIUM dicendum quod vetus lex in multis diminuit corporalem cultum. Propter quod statuit quod non in omni loco sacrificia offerrentur, neque a quibuslibet. Et multa huiusmodi statuit ad diminutionem exterioris cultus; sicut etiam Rabbi Moyses Aegyptius dicit[6]. Oportebat tamen non ita attenuare corporalem cultum Dei, ut homines ad cultum daemonum declinarent.

QUANTO AO 3º, deve-se dizer que a lei antiga diminui em muitos casos o culto corporal. Por causa disso, estatuiu que não se oferecessem sacrifícios em qualquer lugar, nem por quaisquer uns. E muitas coisas semelhantes estatuiu para diminuição do culto exterior, como também diz Rabi Moisés Egípcio. Era necessário, entretanto, não atenuar de tal modo o culto corporal de Deus que os homens se desviassem para o culto do demônio.

6. *Doct. Perplex.*, p. III, c. 30.

ARTICULUS 4

Utrum caeremoniae veteris legis convenienter dividantur in sacrificia, sacra, sacramenta et observantias

AD QUARTUM SIC PROCEDITUR. Videtur quod caeremoniae veteris legis inconvenienter dividantur in *sacrificia, sacra, sacramenta* et *observantias*.

1. Caeremoniae enim veteris legis figurabant Christum. Sed hoc solum fiebat per sacrificia, per quae figurabatur sacrificium quo Christus se obtulit *oblationem et hostiam Deo*, ut dicitur Eph 5,2. Ergo sola sacrificia erant caeremonialia.

2. PRAETEREA, vetus lex ordinabatur ad novam. Sed in nova lege ipsum sacrificium est sacramentum Altaris. Ergo in veteri lege non debuerunt distingui *sacramenta* contra sacrificia.

3. PRAETEREA, *sacrum* dicitur quod est Deo dicatum: secundum quem modum tabernaculum et vasa eius santificari dicebantur. Sed omnia caeremonialia erant ordinata ad cultum Dei, ut dictum est[1]. Ergo caeremonialia omnia sacra erant. Non ergo una pars caeremonialium debet *sacra* nominari.

4. PRAETEREA, observantiae ab *observando* dicuntur. Sed omnia praecepta legis observari debebant: dicitur enim Dt 8,11: *Observa et cave ne quando obliviscaris Domini Dei tui, et negligas mandata eius atque iudicia et caeremonias*. Non ergo *observantiae* debent poni una pars caeremonialium.

5. PRAETEREA, solemnitates inter caeremonialia computantur: cum sint in umbram futuri, ut patet Cl 2,16sq. Similiter etiam oblationes et munera; ut patet per Apostolum, Hb 9,9. Quae tamen sub nullo horum contineri videntur. Ergo inconveniens est praedicta distinctio caeremonialium.

ARTIGO 4

As cerimônias da lei antiga dividiam-se convenientemente em sacrifícios, coisas sagradas, sacramentos e observâncias?[h]

QUANTO AO QUARTO, ASSIM SE PROCEDE: parece que as cerimônias da lei antiga **não** se dividiam convenientemente em "sacrifícios, coisas sagradas, sacramentos e observâncias".

1. Com efeito, as cerimônias da lei antiga figuravam o Cristo. Ora, isso só se fazia pelos sacrifícios, por meio dos quais se figurava o sacrifício no qual Cristo se entregou "oferenda e vítima a Deus", como se diz na Carta aos Efésios. Logo, só os sacrifícios eram cerimoniais.

2. ALÉM DISSO, a lei antiga se ordenava à nova. Ora, na lei nova, o mesmo sacrifício é o sacramento do Altar. Logo, na lei antiga não deveriam ser distinguidos "sacramentos" de sacrifícios.

3. ADEMAIS, "a coisa sagrada" é aquilo que a Deus é dedicado; segundo esse modo, diziam-se ser santificados o tabernáculo e os seus vasos. Ora, todos os cerimoniais eram ordenados ao culto de Deus, como foi dito. Logo, todos os cerimoniais eram sagrados. Portanto, uma parte dos cerimoniais não deve ser nomeada de "sagrada".

4. ADEMAIS, as observâncias dizem-se "do que deve ser observado". Ora, todos os preceitos da lei deviam ser observados; diz-se, com efeito, no livro do Deuteronômio: "Observa e cuida de não esquecer alguma vez o Senhor teu Deus, e não negligencies os seus mandamentos, juízos e cerimônias". Logo, as "observâncias" não devem ser consideradas uma parte dos cerimoniais.

5. ADEMAIS, as solenidades são contadas entre os cerimoniais, enquanto são como sombra do futuro, como está claro na Carta aos Colossenses. Igualmente também as oblações e os dons, segundo o Apóstolo. Essas coisas, porém, não parecem estar contidas sob nenhum dos enumerados. Logo, não é conveniente a mencionada distinção dos cerimoniais.

4 PARALL.: *Ad Coloss.*, c. 2, lect. 4.

1. Art. 1.

h. A formulação exata da questão posta é a seguinte: "São as cerimônias da antiga lei adequadamente classificadas em sacrifícios, sacramentos, realidades sagradas e observâncias?" Essa classificação pragmática, proveniente da antiguidade cristã, deveria ser revista na perspectiva aberta pela fenomenologia religiosa, baseada no conjunto dos cultos que existiram no antigo Oriente, e que se pôde observar em todo o mundo. Como a reflexão repousa sobre uma documentação limitada, embora mesmo buscando estabelecer uma relação entre os dois Testamentos, as objeções formuladas, as autoridades bíblicas citadas, a classificação adotada na resposta e a solução das objeções possuem forçosamente um caráter bastante artificial. Sto. Tomás depende aqui da cultura de sua época: deve-se buscar em outras partes os princípios fecundos de sua teologia.

SED CONTRA est quod in veteri lege singula praedicta caeremoniae vocantur. Sacrificia enim dicuntur caeremoniae Nm 15,24: *Offerat vitulum et sacrificia eius ac libamenta, ut caeremoniae eius postulant*. De sacramento etiam ordinis dicitur Lv 7,35: *Haec est unctio Aaron et filiorum eius in caeremoniis*. De sacris etiam dicitur Ex 38,2: *Haec sunt instrumenta tabernaculi testimonii in caeremoniis Levitarum*. De observantiis etiam dicitur IReg 9,6: *Si aversi fueritis, non sequentes me, nec observantes caeremonias quas proposui vobis*.

EM SENTIDO CONTRÁRIO, na lei antiga cada uma das coisas mencionadas se chamam cerimônias[i]. Os sacrifícios, com efeito, se dizem cerimônias, no livro dos Números: "oferecerá um bezerro e os sacrifícios dele e libações, como pedem as suas cerimônias". A respeito do sacramento da ordem também se diz no livro do Levítico: "Esta é a unção de Aarão e de seus filhos nas cerimônias". Das coisas sagradas também se diz no livro do Êxodo: "Estes são os instrumentos do tabernáculo do testemunho nas cerimônias dos Levitas". Sobre as observâncias também se diz no livro dos Reis: "Se vos desviardes, não me seguindo, nem observando as cerimônias que vos prescrevi".

RESPONDEO dicendum quod, sicut supra[2] dictum est, caeremonialia praecepta ordinantur ad cultum Dei. In quo quidem cultu considerari possunt et ipse cultus, et colentes, et instrumenta colendi. Ipse autem cultus specialiter consistit in sacrificiis, quae in Dei reverentiam offeruntur. — Instrumenta autem colendi pertinent ad sacra: sicut est tabernaculum, et vasa, et alia huiusmodi. — Ex parte autem colentium duo possunt considerari. Scilicet et eorum institutio ad cultum divinum, quod fit per quandam consecrationem vel populi, vel ministrorum: et ad hoc pertinent sacramenta. Et iterum eorum singularis conversatio, per quam distinguuntur ab his qui Deum non colunt: et ad hoc pertinent observantiae, puta in cibis et vestimentis et aliis huiusmodi.

RESPONDO. Como acima foi dito, os preceitos cerimoniais se ordenam ao culto de Deus. Nesse culto podem ser considerados: o mesmo culto, os que cultuam e os instrumentos de cultuar. O mesmo culto consiste de modo especial nos sacrifícios que se oferecem em reverência de Deus. — Os instrumentos de cultuar pertencem às coisas sagradas, como é o tabernáculo, vasos e outras coisas semelhantes. — Da parte, contudo, dos que cultuam podem ser consideradas duas coisas. A saber, a instituição deles ao culto divino, que se faz por alguma consagração ou do povo ou dos ministros, e a isso pertencem os sacramentos. E ainda seu modo de vida singular, pela qual se distinguem daqueles que não cultuam a Deus, e a isso pertencem as observâncias, por exemplo, nos alimentos, vestes e em outras coisas semelhantes.

AD PRIMUM ergo dicendum quod sacrificia oportebat offerri et in aliquibus locis, et per aliquos homines: et totum hoc ad cultum Dei pertinet. Unde sicut per sacrificia significatur Christus immolatus, ita etiam per sacramenta et sacra illorum figurabantur sacramenta et sacra novae legis; et per eorum observantias figurabatur conservatio populi novae legis. Quae omnia ad Christum pertinent.

QUANTO AO 1º, portanto, deve-se dizer que era necessário oferecer-se sacrifícios em alguns lugares e por alguns homens, e tudo isso pertence ao culto de Deus. Por isso, como pelos sacrifícios é significado Cristo imolado, assim pelos sacramentos e coisas sagradas deles eram figurados os sacramentos e as coisas sagradas da lei nova, e por suas observâncias figurava-se a conservação do povo da nova lei. Todas essas coisas pertencem a Cristo.

AD SECUNDUM dicendum quod sacrificium novae legis, idest Eucharistia, continet ipsum Christum, qui est sanctificationis auctor: *sanctificavit* enim *per suum sanguinem populum*, ut dicitur Hb ult. 12. Et ideo hoc sacrificium etiam est sacramentum. Sed sacrificia veteris legis non continebant Christum, sed ipsum figurabant: et ideo non

QUANTO AO 2º, deve-se dizer que o sacrifício da lei nova, isto é, a eucaristia contém o próprio Cristo, que é o autor da santificação: "santificou", com efeito, "o povo pelo seu sangue", como se diz na Carta aos Hebreus. E assim esse sacrifício também é sacramento. Entretanto, os sacrifícios da lei antiga não continham o Cristo, mas o figuravam,

2. Art. 1, 2.

i. Tudo se apoia repousa aqui sobre o vocabulário latino da Vulgata. Nem mesmo o texto grego o confirma: Ex 38,21 apresenta um texto diferente; Lv 7,35; Nm 15,24 e 1Rs 9,6 não utilizam as mesmas palavras.

dicuntur sacramenta. Sed ad hoc designandum seorsum erant quaedam sacramenta in veteri lege, quae erant figurae futurae consecrationis. Quamvis etiam quibusdam consecrationibus quaedam sacrificia adiungerentur.

AD TERTIUM dicendum quod etiam sacrificia et sacramenta erant sacra. Sed quaedam erant quae erant sacra, utpote ad cultum Dei dicata, nec tamen erant sacrificia nec sacramenta: et ideo retinebant sibi commune nomen sacrorum.

AD QUARTUM dicendum quod ea quae pertinebant ad conversationem populi colentis Deum, retinebant sibi commune nomen observantiarum, inquantum a praemissis deficiebant. Non enim dicebantur sacra, quia non habebant immediatum respectum ad cultum Dei, sicut tabernaculum et vasa eius. Sed per quandam consequentiam erant caeremonialia, inquantum pertinebant ad quandam idoneitatem populi colentis Deum.

AD QUINTUM dicendum quod, sicut sacrificia offerebantur in determinato loco ita etiam offerebantur in determinatis temporibus: unde etiam solemnitates inter sacra computari videntur. — Oblationes autem et munera computantur cum sacrificiis, quia Deo offerebantur: unde Apostolus dicit, Hb 5,1: *Omnis pontifex ex hominibus assumptus, pro hominibus constituitur in his quae sunt ad Deum, ut offerat dona et sacrificia.*

e assim não se dizem sacramentos. Para designar isso, porém, em separado havia alguns sacramentos na lei antiga, que eram figuras da consagração futura. Embora também a algumas consagrações se acrescentassem alguns sacrifícios.

QUANTO AO 3º, deve-se dizer que também os sacrifícios e os sacramentos eram coisas sagradas. Havia, porém, algumas coisas sagradas, enquanto dedicadas ao culto de Deus, que não eram sacrifícios nem sacramentos, e assim retinham-se o nome comum de coisas sagradas.

QUANTO AO 4º, deve-se dizer que aquelas coisas pertencentes ao modo de vida do povo que cultuava Deus, retinham o nome comum de observâncias, enquanto eram deficientes de coisas antes mencionadas. Não se diziam, com efeito, coisas sagradas, porque não tinham referência imediata ao culto de Deus, como o tabernáculo e os seus vasos. Eram, contudo, por certa consequência, cerimoniais, enquanto pertenciam a alguma idoneidade do povo que cultuava a Deus.

QUANTO AO 5º, deve-se dizer que, como os sacrifícios eram oferecidos em determinado lugar, assim também eram oferecidos em determinados tempos; por isso, também as solenidades parecem ser contadas entre as coisas sagradas. — As oblações e os dons são contados com os sacrifícios, porque eram oferecidos a Deus; donde dizer o Apóstolo: "Todo pontífice tomado de entre os homens, é constituído a favor dos homens naquelas coisas que pertencem a Deus, para que ofereça dons e sacrifícios".

QUAESTIO CII
DE CAEREMONIALIUM PRAECEPTORUM CAUSIS
in sex articulos divisa

Deinde considerandum est de causis caeremonialium praeceptorum.

Et circa hoc quaeruntur sex.

Primo: utrum praecepta caeremonialia habeant causam.

Secundo: utrum habeant causam litteralem, vel solum figuralem.

QUESTÃO 102
CAUSAS DOS PRECEITOS CERIMONIAIS[a]
em seis artigos

A seguir, devem-se considerar as causas dos preceitos cerimoniais.

E acerca disso, fazem-se seis perguntas.

1. Os preceitos cerimoniais têm causa?
2. Têm uma causa literal ou só figurada?

a. Para explicar a existência de preceitos cerimoniais, que o Novo Testamento aboliu enquanto meios de santificação, é preciso encontrar para eles uma ou duas razões de ser na economia da salvação. Daí o caráter geral dessa questão 102, na qual a reflexão de Sto. Tomás acha-se bastante embaraçada pelo limite de seus conhecimentos em matéria de história das religiões e pelo ponto de vista no qual ele se situa para abordar o problema das instituições de culto.

Tertio: de causis sacrificiorum.
Quarto: de causis sacramentorum.
Quinto: de causis sacrorum.
Sexto: de causis observantiarum.

ARTICULUS 1

Utrum caeremonialia praecepta habeant causam

AD PRIMUM SIC PROCEDITUR. Videtur quod caeremonialia praecepta non habeant causam.

1. Quia super illud Eph 2,15, *Legem mandatorum decretis evacuans*, dicit Glossa[1]: *idest, evacuans legem veterem quantum ad carnales observantias, decretis, idest praeceptis evangelicis, quae ex ratione sunt.* Sed si observantiae veteris legis ex ratione erant, frustra evacuarentur per rationabilia decreta novae legis. Non ergo caeremoniales observantiae veteris legis habebant aliquam rationem.

2. PRAETEREA, vetus lex successit legi naturae. Sed in lege naturae fuit aliquod praeceptum quod nullam rationem habebat nisi ut hominis obedientia probaretur: sicut Augustinus dicit, VIII *super Gen. ad litt.*[2], de prohibitione ligni vitae. Ergo etiam in veteri lege aliqua praecepta danda erant in quibus hominis obedientia probaretur, quae de se nullam rationem haberent.

3. PRAETEREA, opera hominis dicuntur moralia secundum quod sunt a ratione. Si igitur caeremonialium praeceptorum sit aliqua ratio, non different a moralibus praeceptis. Videtur ergo quod caeremonialia praecepta non habeant aliquam causam: ratio enim praecepti ex aliqua causa sumitur.

SED CONTRA est quod dicitur in Ps 18,9: *Praeceptum Domini lucidum, illuminans oculos.* Sed caeremonialia sunt praecepta Dei. Ergo sunt lucida. Quod non esset nisi haberent rationalem causam. Ergo praecepta caeremonialia habent rationabilem causam.

3. Quais as causas dos sacrifícios?
4. Quais as causas dos sacramentos?
5. Quais as causas das coisas sagradas?
6. Quais as causas das observâncias?

ARTIGO 1

Os preceitos cerimoniais têm causa?

QUANTO AO PRIMEIRO ARTIGO, ASSIM SE PROCEDE: parece que os preceitos cerimoniais **não** têm causa.

1. Porque sobre aquela passagem da Carta aos Efésios: "Abolindo com decretos a lei dos mandamentos"[b], diz a Glosa: "isto é, abolindo a lei antiga quanto às observâncias carnais, com decretos, isto é, com os preceitos evangélicos, que da razão procedem". Ora, se as observâncias da lei antiga procediam da razão, em vão seriam abolidas por decretos racionais da lei nova. Logo, as observâncias cerimoniais da lei antiga não tinham razão alguma.

2. ALÉM DISSO, a lei antiga sucedeu à lei da natureza. Ora, na lei da natureza, houve algum preceito que não tinha nenhuma razão a não ser que a obediência do homem fosse provada, como diz Agostinho a respeito da proibição da árvore da vida[c]. Logo, também na lei antiga alguns preceitos deviam ser dados nos quais se provasse a obediência do homem, os quais de si nenhuma razão tinham.

3. ADEMAIS, as obras do homem se dizem morais enquanto procedem da razão. Se, pois, há alguma razão dos preceitos cerimoniais, não diferem dos preceitos morais. Logo, parece que os preceitos cerimoniais não têm uma causa: a razão, com efeito, do preceito é tomada de alguma causa.

EM SENTIDO CONTRÁRIO, diz-se no livro dos Salmos: "Claro o preceito do Senhor, iluminando os olhos". Ora, os cerimoniais são preceitos de Deus. Logo, são claros. O que não se daria a não ser que tivessem uma causa racional. Logo, os preceitos cerimoniais têm uma causa racional.

1

1. Interl.; LOMBARDI: ML 192, 185 A.
2. Cc. 6, 13: ML 34, 377, 383.

b. Citação de um texto (Ef 2,15) fora de seu contexto, a partir de uma tradução latina ambígua: só existe ab-rogação da lei judia na medida em que ela estabelecia uma barreira entre o povo de Deus e as outras nações, para impedir a sua reconciliação no Cristo.

c. Em Gn 2, não há proibição da árvore da vida; a sentença final de Gn 3,22 torna-a somente inacessível à humanidade pecadora. Mas, a leitura "historicisante" do texto impede Sto. Tomás, seguindo Sto. Agostinho, de perceber o alcance exato desse símbolo. A sua resposta, mesmo distinguindo com exatidão a árvore da vida da árvore do conhecimento do bem e do mal, passa também ao largo da questão real, na impossibilidade de efetuar uma exegese exata de Gn 2-3.

RESPONDEO dicendum quod, cum *sapientis sit ordinare*, secundum Philosophum, in I *Metaphys.*[3], ea quae ex divina sapientia procedunt, oportet esse ordinata, ut Apostolus dicit, Rm 13,1. Ad hoc autem quod aliqua sint ordinata, duo requiruntur. Primo quidem, quod aliqua ordinentur ad debitum finem, qui est principium totius ordinis in rebus agendis: ea enim quae casu eveniunt praeter intentionem finis, vel quae non serio fiunt sed ludo, dicimus esse inordinata. Secundo oportet quod id quod est ad finem, sit proportionatum fini. Et ex hoc sequitur quod ratio eorum quae sunt ad finem, sumitur ex fine: sicut ratio dispositionis serrae sumitur ex sectione, quae est finis eius, ut dicitur in II *Physic.*[4]. Manifestum est autem quod praecepta caeremonialia, sicut et omnia alia praecepta legis, sunt ex divina sapientia instituta: unde dicitur Dt 4,6: *Haec est sapientia vestra et intellectus coram populis*. Unde necesse est dicere quod praecepta caeremonialia sint ordinata ad aliquem finem, ex quo eorum rationabiles causae assignari possunt.

RESPONDO. Como "cabe ao sábio ordenar", segundo o Filósofo, aquelas coisas que procedem da sabedoria divina, é necessário que sejam ordenadas, como diz o Apóstolo[d]. Para que algumas coisas sejam ordenadas duas condições se requerem. Primeira, que algumas coisas sejam ordenadas para o devido fim, que é o princípio de toda a ordem nas coisas que devem ser feitas; aquelas coisas, com efeito, que por acaso sobrevêm sem intenção do fim, ou que não se fazem seriamente, mas por diversão, dizemos ser desordenadas. Segunda, é necessário que o meio seja proporcionado ao fim. E disso se segue que a razão dos meios toma-se do fim, como a razão da disposição da serra toma-se do ato de serrar, que é seu fim, como se diz no livro II da *Física*. É manifesto que os preceitos cerimoniais, como todos os outros preceitos da lei, foram instituídos pela sabedoria divina[e]; donde se diz no livro do Deuteronômio: "Esta é vossa sabedoria e inteligência perante os povos". Por isso, é necessário dizer que os preceitos cerimoniais são ordenados a algum fim, a partir do qual suas causas racionais podem ser assinaladas.

AD PRIMUM ergo dicendum quod observantiae veteris legis possunt dici sine ratione quantum ad hoc, quod ipsa facta in sui natura rationem non habebant: puta quod vestis non conficeretur ex lana et lino. Poterant tamen habere rationem ex ordine ad aliud: inquantum scilicet vel aliquid per hoc figurabatur, vel aliquid excludebatur. Sed decreta novae legis, quae praecipue consistunt in fide et dilectione Dei, ex ipsa natura actus rationabilia sunt.

AD SECUNDUM dicendum quod prohibitio ligni scientiae boni et mali non fuit propter hoc quod illud lignum esset naturaliter malum: sed tamen ipsa prohibitio habuit aliquam rationem ex ordine ad aliud, inquantum scilicet per hoc aliquid figurabatur. Et sic etiam caeremonialia praecepta veteris legis habent rationem in ordine ad aliud.

AD TERTIUM dicendum quod praecepta moralia secundum suam naturam habent rationabiles causas: sicut, *Non occides, Non furtum facies*.

QUANTO AO 1º, portanto, deve-se dizer que as observâncias da lei antiga podem ser ditas sem razão enquanto os mesmos fatos em sua natureza não têm razão, por exemplo, que a veste não fosse confeccionada de lã e linho. Entretanto, podiam ter razão em ordem a outra coisa, a saber, enquanto ou algo era figurado por isso, ou algo era excluído. Ora, os decretos da lei nova, que consistem principalmente na fé e amor de Deus, pela própria natureza do ato são racionais.

QUANTO AO 2º, deve-se dizer que a proibição da árvore da ciência do bem e do mal não foi porque aquela árvore fosse naturalmente má, mas a proibição mesma teve uma razão em ordem a outra coisa, a saber, enquanto por isso algo era figurado. E assim também os preceitos cerimoniais da lei antiga têm uma razão em ordem a outra coisa.

QUANTO AO 3º, deve-se dizer que os preceitos morais segundo sua natureza têm causas racionais, como "Não matarás, Não furtarás". Entretanto,

3. C. 2: 982, a, 18-20.
4. C. 9: 200, a, 10-14; b, 5-8.

d. A citação recorre a um falso sentido fornecido pela Vulgata latina. A referência a Aristóteles, que vem justificar a ideia de "ordem", corre o risco de ocultar o princípio fecundo da justificação dos preceitos cerimoniais por sua finalidade, durante a etapa do desígnio de Deus no qual eles se instalaram: é a única coisa a reter neste artigo, mas é de fato importante.

e. Citação mal escolhida, pois Dt 4,6 diz respeito às leis e costumes em geral; a própria Vulgata não contém a palavra *caeremonia*. No entanto, a relação estabelecida entre a legislação e a sabedoria é importante, pois a sabedoria, na Escritura, emprega a reflexão racional. Encontra-se por esse prisma a referência de Sto. Tomás à razão.

Sed praecepta caeremonialia habent rationabiles causas ex ordine ad aliud, ut dictum est.

ARTICULUS 2

Utrum praecepta caeremonialia habeant causam litteralem, vel figuralem tantum

AD SECUNDUM SIC PROCEDITUR. Videtur quod praecepta caeremonialia non habeant causam litteralem, sed figuralem tantum.

1. Inter praecepta enim caeremonialia praecipua erant circumcisio, et immolatio agni paschalis. Sed utrumque istorum non habebat nisi causam figuralem: quia utrumque istorum datum est in signum. Dicitur enim Gn 17,11: *Circumcidetis carnem praeputii vestri, ut sit in signum foederis inter me et vos*. Et de celebratione Phase dicitur Ex 13,9: *Erit quasi signum in manu tua, et quasi monumentum ante oculos tuos*. Ergo multo magis alia caeremonialia non habent nisi causam figuralem.

2. PRAETEREA, effectus proportionatur suae causae. Sed omnia caeremonialia sunt figuralia, ut supra[1] dictum est. Ergo non habent nisi causam figuralem.

3. PRAETEREA, illud quod de se est indifferens utrum sic vel non sic fiat, non videtur habere aliquam litteralem causam. Sed quaedam sunt in praeceptis caeremonialibus quae non videntur differre utrum sic vel sic fiant: sicut est de numero animalium offerendorum, et aliis huiusmodi particularibus circumstantiis. Ergo praecepta veteris legis non habent rationem litteralem.

SED CONTRA, sicut praecepta caeremonialia figurabant Christum, ita etiam historiae Veteris Testamenti: dicitur enim 1Cor 10,11, quod *omnia in figuram contingebant illis*. Sed in historiis Veteris Testamenti, praeter intellectum mysticum

os preceitos cerimoniais têm causas racionais em ordem a outra coisa, como foi dito.

ARTIGO 2

Os preceitos cerimoniais têm uma causa literal, ou apenas figurativa?[f]

QUANTO AO SEGUNDO, ASSIM SE PROCEDE: parece que os preceitos cerimoniais **não** têm uma causa literal, mas apenas figurativa.

1. Com efeito, entre os preceitos cerimoniais, os principais eram a circuncisão e a imolação do cordeiro pascal. Ora, cada um desses não tinha senão uma causa figurativa, porque cada um desses foi dado como sinal. Diz-se, com efeito, no livro do Gênesis: "Circuncidareis a carne de vosso prepúcio, para que seja como sinal da aliança entre mim e vós". E a respeito da celebração da Páscoa diz-se no livro do Êxodo: "Será como sinal na tua mão, e como monumento ante teus olhos". Logo, com muito mais razão os outros preceitos cerimoniais não têm a não ser causa figurativa.

2. ALÉM DISSO, o efeito é proporcionado à sua causa. Ora, todos os cerimoniais são figurativos, como foi dito acima. Logo, não têm senão uma causa figurativa.

3. ADEMAIS, aquilo que de si é indiferente que se faça assim ou não, não parece ter uma causa literal. Ora, há algumas coisas nos preceitos cerimoniais que não parecem diferir se se fazem assim ou assim, por exemplo, sobre o número dos animais a serem oferecidos, e outras semelhantes circunstâncias. Logo, os preceitos da lei antiga não têm razão literal.

EM SENTIDO CONTRÁRIO, como os preceitos cerimoniais eram figuras de Cristo, assim também as histórias do Antigo Testamento. Diz-se, com efeito, na primeira Carta aos Coríntios, que "todas as coisas lhes aconteciam como figura"[g]. Ora, nas

2 PARALL.: *Ad Rom.*, c. 4, lect. 2.

1. Q. 101, a. 2.

f. Esse artigo possui uma importância capital para a leitura da Escritura, tal como a faz Sto. Tomás. Por um lado, ele justifica literalmente, nas instituições de culto do Antigo Testamento, todos os ritos atestados pelos textos, mesmo que o seu alcance não apareça de imediato e que a "lei nova" os tenha tornado caducos. Por outro lado, ele insiste sobre a função pré-figurativa desses ritos, ao mesmo título que a da história bíblica, a fim de esboçar os traços futuros do mistério do Cristo, de sua Igreja e da esperança para a qual ela se volta. Rejeita assim uma interpretação puramente literal e histórica, que não voltaria a colocar esses ritos na economia inteira da revelação. Afasta também uma interpretação puramente alegórica, que não respeitaria mais a consistência desse culto antigo em sua literalidade. Todavia, não se deve exigir de Sto. Tomás conhecimentos precisos sobre a história desse culto, ou sobre a sua comparação com as religiões que o cercavam: a cultura do século XIII não o permitia. Contudo, vê-se claramente em que lugar as pesquisas relativas a esses pontos se introduziriam em sua reflexão teológica.

g. É exatamente sobre esse texto, na qual *figura* traduz o grego *typos*, que se funda a definição das "figuras" na exegese simbólica aplicada às realidades bíblicas (ver q. 1, a. 10). A sua inserção em uma experiência histórica é essencial à sua cor-

seu figuralem, est etiam intellectus litteralis. Ergo etiam praecepta caeremonialia, praeter causas figurales, habebant etiam causas litterales.

RESPONDEO dicendum quod, sicut supra[2] dictum est, ratio eorum quae sunt ad finem, oportet quod a fine sumatur. Finis autem praeceptorum caeremonialium est duplex: ordinabatur enim ad cultum Dei pro tempore illo, et ad figurandum Christum; sicut etiam verba prophetarum sic respiciebant praesens tempus, quod etiam in figuram futuri dicebantur, ut Hieronymus dicit, *super Osee*[3]. Sic igitur rationes praeceptorum caeremonialium veteris legis dupliciter accipi possunt. Uno modo, ex ratione cultus divini qui erat pro tempore illo observandus. Et rationes istae sunt litterales: sive pertineant ad vitandum idololatriae cultum; sive ad rememoranda aliqua Dei beneficia; sive ad insinuandam excellentiam divinam; vel etiam ad designandam dispositionem mentis quae tunc requirebatur in colentibus Deum. — Alio modo possunt eorum rationes assignari secundum quod ordinantur ad figurandum Christum. Et sic habent rationes figurales et mysticas: sive accipiantur ex ipso Christo et Ecclesia, quod pertinet ad allegoriam; sive ad mores populi Christiani, quod pertinet ad moralitatem; sive ad statum futurae gloriae, prout in eam introducimur per Christum, quod pertinet ad anagogiam.

AD PRIMUM ergo dicendum quod, sicut intellectus metaphoricae locutionis in Scripturis est litteralis, quia verba ad hoc proferuntur ut hoc significent; ita etiam significationes caeremoniarum legis quae sunt commemorativae beneficiorum Dei propter quae instituta sunt, vel aliorum huiusmodi quae ad illum statum pertinebant, non transcendunt ordinem litteralium causarum. Unde quod assignetur causa celebrationis Phase quia est signum liberationis ex Aegypto, et quod circumcisio est signum pacti quod Deus habuit cum Abraham, pertinet ad causam litteralem.

AD SECUNDUM dicendum quod ratio illa procederet, si caeremonialia praecepta essent data solum ad figurandum futurum, non autem ad praesentialiter Deum colendum.

histórias do Antigo Testamento, além do místico ou figurativo, há também o sentido literal. Logo também os preceitos cerimoniais, além das causas figurativas, tinham também as causas literais.

RESPONDO. Como acima foi dito, a razão dos meios é necessário que seja tomada do fim. É duplo o fim dos preceitos cerimoniais: ordenavam-se, com efeito, ao culto de Deus para aquele tempo, e para serem figuras do Cristo, assim como as palavras dos profetas referiam-se ao tempo presente de tal modo que eram ditas também como figura do futuro, como diz Jerônimo. Assim, pois, as razões dos preceitos cerimoniais da lei antiga podem ser entendidas de duplo modo. De um, pela razão do culto divino, que devia ser observado para aquele tempo. E essas razões são literais, quer pertençam ao culto de idolatria a ser evitado, quer para relembrar alguns benefícios de Deus, quer para insinuar a excelência divina; quer também para designar a disposição da mente, que então era requerida nos que cultuavam a Deus. — De outro modo, as razões dos preceitos podem ser assinaladas segundo se ordenam para serem figuras de Cristo. E assim têm razões figurativas e místicas, quer sejam entendidas pelo mesmo Cristo e Igreja, o que pertence à alegoria; quer em relação aos costumes do povo cristão, o que pertence à moralidade; quer em relação ao estado da glória futura, enquanto nela somos introduzidos por Cristo, o que pertence à anagogia.

QUANTO AO 1º, portanto, deve-se dizer que, assim como o sentido da locução metafórica nas Escrituras é literal, porque as palavras são proferidas de modo que isto signifiquem, assim também as significações das cerimônias da lei, que são comemorativas dos benefícios de Deus, em razão dos quais foram instituídas, ou de coisas semelhantes, que pertenciam àquele estado, não transcendem a ordem das causas literais. Portanto, que a celebração da Páscoa signifique a libertação do Egito, e que a circuncisão signifique o sinal do pacto que teve Deus com Abraão, isso resulta de causas literais.

QUANTO AO 2º, deve-se dizer que procederia aquele argumento, se os preceitos cerimoniais tivessem sido dados somente para serem figuras do futuro, não, porém, para cultuar presencialmente a Deus.

2. A. praec.
3. C. 1, v. 3: ML 25, 824 B.

reta compreensão, sem prejuízo da realidade dessa experiência nem dos problemas críticos que o seu estudo pode suscitar. Na Carta aos Hebreus, a palavra *typos* (latim, *figura*) adquire o sentido oposto: designa o "modelo" celeste das realidades que têm aqui embaixo a sua réplica, particularmente no culto de Israel (*antitypos*; latim:, *exemplarium*: Hb 9,24).

AD TERTIUM dicendum quod, sicut in legibus humanis dictum est[4] quod in universali habent rationem, non autem quantum ad particulares conditiones, sed haec sunt ex arbitrio instituentium; ita etiam multae particulares determinationes in caeremoniis veteris legis non habent aliquam causam litteralem, sed solam figuralem; in communi vero habent etiam causam litteralem.

QUANTO AO 3º, deve-se dizer que, como nas leis humanas foi dito que têm razão em geral, e não quanto às condições particulares, mas essas procedem do arbítrio dos que instituem; assim também muitas determinações particulares nas cerimônias da lei antiga não têm uma razão literal, mas só figurativa; em comum, porém, têm também uma causa literal[h].

ARTICULUS 3

Utrum possit assignari conveniens ratio caeremoniarum quae ad sacrificia pertinent

AD TERTIUM SIC PROCEDITUR. Videtur quod non possit conveniens ratio assignari caeremoniarum quae ad sacrificia pertinent.

1. Ea enim quae in sacrificium offerebantur, sunt illa quae sunt necessaria ad sustentandam humanam vitam: sicut animalia quaedam, et panes quidam. Sed tali sustentamento Deus non indiget; secundum illud Ps 49,13: *Numquid manducabo carnes taurorum, aut sanguinem hircorum potabo?* Ergo inconvenienter huiusmodi sacrificia Deo offerebantur.

2. PRAETEREA, in sacrificium divinum non offerebantur nisi de tribus generibus animalium quadrupedum, scilicet de genere bovum, ovium et caprarum; et de avibus, communiter quidem turtur et columba; specialiter autem in emundatione leprosi fiebat sacrificium de passeribus. Multa autem alia animalia sunt eis nobiliora. Cum igitur omne quod est optimum Deo sit exhibendum, videtur quod non solum de istis rebus fuerint Deo sacrificia offerenda.

3. PRAETEREA, sicut homo a Deo habet dominium volatilium et bestiarum, ita etiam piscium. Inconvenienter igitur pisces a divino sacrificio excludebantur.

ARTIGO 3

Pode-se assinalar uma razão conveniente das cerimônias que pertencem aos sacrifícios?[i]

QUANTO AO TERCEIRO, ASSIM SE PROCEDE: parece que **não** se pode assinalar uma razão conveniente das cerimônias que pertencem aos sacrifícios.

1. Com efeito, aquelas coisas que se ofereciam em sacrifício são as que são necessárias para sustentar a vida humana, como alguns animais e alguns pães. Ora, de tal sustento Deus não necessita, segundo o livro dos Salmos: “Por ventura comerei carnes de touros, beberei o sangue dos bodes?”. Logo, tais sacrifícios não eram oferecidos convenientemente.

2. ALÉM DISSO, não se oferecia em sacrifício divino a não ser de três gêneros de animais quadrúpedes, a saber, do gênero dos bois, ovelhas e cabras; e de aves, comumente a rola e a pomba; especialmente, porém, para purificação do leproso fazia-se o sacrifício de pássaros. Ora, muitos outros animais são mais nobres que eles. Logo, como tudo o que é o melhor deve ser a Deus oferecido, parece que deveriam ser oferecidos sacrifícios não apenas dessas coisas.

3. ADEMAIS, como o homem recebeu de Deus o domínio das aves e dos animais, assim também dos peixes. Logo, os peixes não eram incluídos no sacrifício divino convenientemente.

4. Q. 96, a. 1, 6.

3 PARALL.: in *Psalm*. 39; in *Isaiam*, c. 1; in *Ioan*., c. 1, lect. 14.

h. Esse “princípio de totalidade” deve ser retido, pois convida à sobriedade na interpretação alegórica dos textos. Poderia ser justificado também do ponto de vista da fenomenologia moderna: um detalhe só possui sentido, em uma religião fortemente estruturada, em relação ao conjunto ao qual pertence e que pôde tomá-lo emprestado efetuando uma reinterpretação.

i. Sto. Tomás não fornece aqui nenhuma definição de sacrifício. Não obstante, ele conhece a definição de Sto. Agostinho (Cidade de Deus, VI, 10), que ele cita na III, q. 48, a. 3, resposta. A sua reflexão parte de uma evocação descritiva que procura englobar a totalidade dos ritos que o culto judeu eventualmente levou para a categoria sacrificial. Ainda aqui, a sua ignorância da história das religiões antigas e do desenvolvimento dos ritos ao longo do Antigo Testamento limita as possibilidades de suas proposições teológicas. Todo o artigo deveria, portanto, ser revisto a partir dessas novas perspectivas, mesmo que se possam levantar alguns pontos interessantes no mesmo. A justificação literal dos ritos é irremediavelmente obsoleta e a sua justificação pré-figurativa comporta um grande número de detalhes artificiais. Pode-se todavia reter que Sto. Tomás se esforça em justificar os textos do Antigo Testamento por si mesmos, no âmbito religioso em que eles se situaram.

4. Praeterea, indifferenter offerri mandantur turtures et columbae. Sicut igitur mandatur offerri *pulli columbarum*, ita etiam pulli turturum.

5. Praeterea, Deus est auctor vitae non solum hominum, sed etiam animalium; ut patet per id quod dicitur Gn 1,20sqq. Mors autem opponitur vitae. Non ergo debuerunt Deo offerri animalia occisa, sed magis animalia viventia. Praecipue quia etiam Apostolus monet, Rm 12,1, *ut exhibeamus nostra corpora hostiam viventem, sanctam, Deo placentem*.

6. Praeterea, si animalia Deo in sacrificium non offerebantur nisi occisa, nulla videtur esse differentia qualiter occidantur. Inconvenienter igitur determinatur modus immolationis, praecipue in avibus, ut patet Lv 1,15sq.

7. Praeterea, omnis defectus animalis via est ad corruptionem et mortem. Si igitur animalia occisa Deo offerebantur, inconveniens fuit prohibere oblationem animalis imperfecti, puta claudi aut caeci, aut aliter maculosi.

8. Praeterea, illi qui offerunt hostias Deo, debent de his participare; secundum illud Apostoli, 1Cor 10,18: *Nonne qui edunt hostias, participes sunt altaris?* Inconvenienter igitur quaedam partes hostiarum offerentibus subtrahebantur, scilicet sanguis et adeps, et pectusculum et armus dexter.

9. Praeterea, sicut holocausta offerebantur in honorem Dei, ita etiam hostiae pacificae et hostiae pro peccato. Sed nullum animal feminini sexus offerebatur Deo in holocaustum: fiebant tamen holocausta tam de quadrupedibus quam de avibus. Ergo inconvenienter in hostiis pacificis et pro peccato offerebantur animalia feminini sexus; et tamen in hostiis pacificis non offerebantur aves.

10. Praeterea, omnes hostiae pacificae unius generis esse videntur. Non ergo debuit poni ista differentia, quod quorundam pacificorum carnes non possent vesci in crastino, quorundam autem possent, ut mandatur Lv 7,15sq.

4. Ademais, indiferentemente se manda que se ofereçam rolas e pombas. Como, pois, se manda que se ofereçam "os filhotes das pombas", assim também os filhotes das rolas.

5. Ademais, Deus é o autor da vida não apenas dos homens, mas também dos animais, como está claro por aquilo que se diz no livro do Gênesis. Ora, a morte se opõe à vida. Logo, não se deveria oferecer animais mortos, mas antes animais vivos. Principalmente porque também o Apóstolo adverte "que ofereçamos nossos corpos como vítima viva, santa, agradável a Deus".

6. Ademais, se não se ofereciam a Deus em sacrifício a não ser os animais mortos, nenhuma diferença parece haver quanto ao modo como eram mortos. Inconvenientemente, pois, se determinava o modo de imolação, principalmente nas aves, como está claro no livro do Levítico.

7. Ademais, todo defeito do animal é caminho para a corrupção e a morte. Se, pois, os animais mortos eram oferecidos a Deus, foi inconveniente proibir a oblação do animal imperfeito, por exemplo, do manco ou cego, ou de outra forma defeituoso.

8. Ademais, aqueles que oferecem vítimas a Deus, devem delas participar, segundo o Apóstolo: "Por acaso os que comem as vítimas, não são partícipes do altar?". Inconvenientemente, pois, algumas partes das vítimas eram subtraídas aos que ofereciam, a saber, o sangue e a gordura, o peito e a espádua direita.

9. Ademais, como os holocaustos eram oferecidos em honra de Deus, assim também as vítimas pacíficas[j] e as vítimas pelo pecado. Ora, não se oferecia a Deus nenhum animal do sexo feminino como holocausto; faziam-se, porém, os holocaustos tanto de quadrúpedes quanto das aves. Logo, inconvenientemente como vítimas pacíficas e pelo pecado se ofereciam animais do sexo feminino; e, entretanto, como vítimas pacíficas não se ofereciam aves.

10. Ademais, todas as vítimas pacíficas parece serem de um só gênero. Portanto, não devia ser imposta esta diferença que de algumas pacíficas não se podia comer as carnes no dia seguinte, mas de algumas se podia, como se ordena no livro do Levítico.

j. A denominação de "sacrifícios pacíficos" provém da versão grega e da Vulgata latina. Uma expressão melhor seria "sacrifícios de comunhão" (sacrifício de louvor, ou sacrifício espontâneo de devoção, ou sacrifício votivo), terminados por uma refeição ritual na qual o ofertante participa da "mesa de Deus". Vê-se que o essencial do sacrifício não é constituído pela imolação de uma vítima animal, mas pela oferenda a Deus de um dom dele recebido, em retribuição ao qual Deus faz entrar o homem em comunhão com ele. Esses dados modernos teriam, portanto, dado uma outra amplitude à presente questão, preparando a exposição sobre a eucaristia como sacrifício e como comunhão (o tema sacrificial está curiosamente ausente da III, q. 73 a 83) e a exposição sobre a paixão de Cristo como sacrifício (III, q. 48, a. 3).

11. PRAETEREA, omnia peccata in hoc conveniunt quod a Deo avertunt. Ergo pro omnibus peccatis, in Dei reconciliationem, unum genus sacrifici debuit offerri.

12. PRAETEREA, omnia animalia quae offerebantur in sacrificium, uno modo offerebantur, scilicet occisa. Non videtur ergo conveniens quod de terrae nascentibus diversimode fiebat oblatio: nunc enim offerebantur spicae, nunc simila, nunc panis, quandoque quidem coctus in clibano, quandoque in sartagine, quandoque in craticula.

13. PRAETEREA, omnia quae in usum nostrum veniunt, a Deo recognoscere debemus. Inconvenienter ergo praeter animalia, solum haec Deo offerebantur, panis, vinum, oleum, thus et sal.

14. PRAETEREA, sacrificia corporalia exprimunt interius sacrificium cordis, quo homo spiritum suum offert Deo. Sed in interiori sacrificio plus est de dulcedine, quam repraesentat mel, quam de mordacitate, quam repraesentat sal: dicitur enim Eccli 24,27: *Spiritus meus super mel dulcis*. Ergo inconvenienter prohibebatur in sacrificio apponi mel et fermentum, quod etiam facit panem sapidum; et praecipiebatur ibi apponi sal, quod est mordicativum, et thus, quod habet saporem amarum. Videtur ergo quod ea quae pertinent ad caeremonias sacrificiorum, non habeant rationabilem causam.

SED CONTRA est quod dicitur Lv 1,13: *Oblata omnia adolebit sacerdos super altare in holocaustum et odorem suavissimum Domino*. Sed sicut dicitur Sap 7,28, *neminem diligit Deus nisi qui cum sapientia inhabitat*: ex quo potest accipi quod quidquid est Deo acceptum, est cum sapientia. Ergo illae caeremoniae sacrificiorum cum sapientia erant, velut habentes rationabiles causas.

RESPONDEO dicendum quod, sicut supra[1] dictum est, caeremoniae veteris legis duplicem causam habebant: unam scilicet litteralem, secundum quod ordinabantur ad cultum Dei; aliam vero figuralem, sive mysticam, secundum quod ordinabantur ad figurandum Christum. Et ex utraque parte potest convenienter assignari causa caeremoniarum quae ad sacrificia pertinebant. Secundum enim quod sacrificia ordinabantur ad cultum Dei, causa sacrificiorum dupliciter accipi potest. Uno modo, secundum quod per sacrificia repraesentabatur ordinatio mentis in Deum, ad quam excitabatur

11. ADEMAIS, todos os pecados têm em comum que afastam de Deus. Logo, para todos os pecados, se devia oferecer um só gênero de sacrifício, para a reconciliação com Deus.

12. ADEMAIS, todos os animais que se ofereciam em sacrifício, ofereciam-se de um modo só, a saber, mortos. Não parece, pois, conveniente que se fizesse diversamente a oblação dos que nasciam da terra; ora se ofereciam espigas, ora flor de farinha, ora pão, às vezes cozido no forno, às vezes, em frigideira, às vezes em grelha.

13. ADEMAIS, todas aquelas coisas que são para nosso uso devemos reconhecer que vêm de Deus. Logo, inconvenientemente, além dos animais, somente estas se ofereciam a Deus, o pão, o vinho, o óleo, o incenso e o sal.

14. ADEMAIS, os sacrifícios corporais exprimem interiormente o sacrifício do coração, pelo qual o homem oferece seu espírito a Deus. Ora, no sacrifício interior, há mais de doçura que representa o mel, que de picante que o sal representa; diz-se, com efeito, no livro do Eclesiástico: "Meu espírito é mais doce que o mel". Logo, no sacrifício inconvenientemente se proibia acrescentar mel e fermento, que também torna o pão saboroso. E preceituava-se acrescentar sal, que é picante, e incenso, que tem sabor amargo. Logo, parece que aquelas coisas que pertencem às cerimônias dos sacrifícios não têm uma causa racional.

EM SENTIDO CONTRÁRIO, diz-se no livro do Levítico: "O sacerdote queimará todas as ofertas sobre o altar em holocausto e odor suavíssimo ao Senhor". Ora, como se diz no livro da Sabedoria, "a ninguém Deus ama senão aquele que habita com sabedoria". Disso pode entender-se que tudo o que é recebido por Deus, é com sabedoria. Logo, aquelas cerimônias dos sacrifícios eram com sabedoria, como tendo causas racionais.

RESPONDO. Como foi dito acima, as cerimônias da lei antiga tinham dupla causa: a saber, uma literal, enquanto se ordenavam ao culto de Deus; outra, porém, figurativa ou mística, enquanto ordenavam-se a serem figuras de Cristo. E de ambas as partes pode-se convenientemente assinalar a causa das cerimônias que pertenciam aos sacrifícios. Enquanto, com efeito, ordenavam-se os sacrifícios ao culto de Deus, a causa dos sacrifícios pode ser entendida duplamente. De um modo, enquanto pelos sacrifícios representava-se a ordenação da mente para Deus, para a qual

1. Art. praec.

sacrificium offerens. Ad rectam autem ordinationem mentis in Deum pertinet quod omnia quae homo habet, recognoscat a Deo tanquam a primo principio, et ordinet in Deum tanquam in ultimum finem. Et hoc repraesentabatur in oblationibus et sacrificiis, secundum quod homo ex rebus suis, quasi in recognitionem quod haberet ea a Deo, in honorem Dei ea offerebat; secundum quod dixit David, I *Paral.* 29,14: *Tua sunt omnia; et quae de manu tua accepimus, dedimus tibi*. Et ideo in oblatione sacrificiorum protestabatur homo quod Deus esset primum principium creationis rerum et ultimus finis, ad quem essent omnia referenda.

Et quia pertinet ad rectam ordinationem mentis in Deum ut mens humana non recognoscat alium primum auctorem rerum nisi solum Deum, neque in aliquo alio finem suum constituat; propter hoc prohibebatur in lege offerre sacrificium alicui alteri nisi Deo, secundum illud Ex 22,20: *Qui immolat diis, occidetur, praeter Domino soli*. Et ideo de causa caeremoniarum circa sacrificia potest assignari ratio alio modo, ex hoc quod per huiusmodi homines retrahebantur a sacrificiis idolorum. Unde etiam praecepta de sacrificiis non fuerunt data populo Iudaeorum nisi postquam declinavit ad idololatriam, adorando virtulum conflatilem: quasi huiusmodi sacrificia sint instituta ut populus ad sacrificandum promptus, huiusmodi sacrificia magis Deo quam idolis offerret. Unde dicitur Ier 7,22: *Non sum locutus cum patribus vestris, et non praecepi eis, in die qua eduxi eos de terra Aegypti, de verbo holocautomatum et victimarum*.

Inter omnia autem dona quae Deus humano generi iam per peccatum lapso dedit, praecipuum est quod dedit Filium suum: unde dicitur Io 3,16: *Sic Deus dilexit mundum ut Filium suum unigenitum daret, ut omnis qui credit in ipsum non pereat, sed habeat vitam aeternam*. Et ideo potissimum sacrificium est quo ipse Christus seipsum obtulit Deo in odorem suavitatis, ut dicitur Eph 5,2. Et propter hoc omnia alia sacrificia offerebantur in veteri lege ut hoc unum singulare et praecipuum sacrificium figuraretur, tanquam perfectum per imperfecta. Unde Apostolus dicit, Hb 10,11sq.,

era estimulada oferecendo o sacrifício. Pertence à reta ordenação da mente para Deus que todas aquelas coisas que o homem possui, reconheça ele procedentes de Deus, como do primeiro princípio, e ordene a Deus como ao fim último. E isso era representado nas oblações e sacrifícios, porque o homem, de suas coisas, como em reconhecimento de que as tinha de Deus, oferecia-as a em honra de Deus[k], segundo disse Davi: "São tuas todas as coisas; e aquelas que recebemos de tua mão, te oferecemos". E assim na oblação dos sacrifícios protestava o homem que Deus era o primeiro princípio da criação das coisas e o fim último, ao qual todas as coisas deviam ser referidas.

E porque pertence à reta ordenação da mente a Deus que a mente humana não reconheça outro primeiro autor das coisas senão somente Deus, nem em algum outro constitua seu fim, por causa disso proibia-se na lei oferecer sacrifício a algum outro a não ser a Deus, segundo o livro do Êxodo: "Quem imola a deuses, além do único Senhor, seja morto". E assim, a respeito da causa das cerimônias referentes aos sacrifícios pode ser assinalada a razão de outro modo, enquanto pelos mesmos eram afastados dos sacrifícios dos ídolos. Por isso, também os preceitos sobre sacrifícios não foram dados ao povo judeu a não ser depois que caiu na idolatria, adorando um bezerro de metal fundido, como se desse modo os sacrifícios fossem instituídos para que o povo, preparado para sacrificar, oferecesse tais sacrifícios mais a Deus que aos ídolos. Donde se diz no livro de Jeremias: "Não falei com vossos pais, e não lhes preceituei, no dia em que os tirei da terra do Egito, palavra a respeito de holocaustos e de vítimas".

Entre todos os dons que Deus deu ao gênero humano, já caído pelo pecado, o principal é dizer seu Filho; donde dizer o Evangelho de João: "Assim Deus amou o mundo que deu seu Filho unigênito, para que todo aquele que nele crê não pereça, mas tenha a vida eterna". E assim o maior dos sacrifícios é aquele no qual o mesmo Cristo ofereceu-se a si mesmo a Deus em odor de suavidade, como se diz na Carta aos Efésios. E por causa dele, todos os outros sacrifícios eram oferecidos na lei antiga, para que fosse figurado este singular e principal sacrifício, como o perfeito

k. É a disposição interior que constitui a essência do sacrifício, não o gesto exterior (imolação, oblação, manducação) que serve para traduzi-lo. Sto. Tomás o lembrará explicitamente a propósito da paixão de Jesus, à qual o seu amor conferiu um valor sacrificial (III, q. 48, a. 3, r.sol. 3).

quod sacerdos veteris legis *easdem saepe offerebat hostias, quae nunquam possunt auferre peccata: Christus autem pro peccatis obtulit unam in sempiternum*. Et quia ex figurato sumitur ratio figurae, ideo rationes sacrificiorum figuralium veteris legis sunt sumendae ex vero sacrificio Christi.

pelos imperfeitos[l]. Por isso, diz o Apóstolo que o sacerdote da lei antiga "oferecia muitas vezes as mesmas vítimas, que nunca podem tirar os pecados; e Cristo, pelos pecados ofereceu uma única vítima, para sempre". E porque do figurativo toma-se a razão da figura, assim as razões dos sacrifícios figurativos da lei antiga deviam ser tomadas do verdadeiro sacrifício de Cristo.

AD PRIMUM ergo dicendum quod Deus non volebat huiusmodi sacrificia sibi offerri propter ipsas res quae offerebantur, quasi eis indigeret: unde dicitur Is 1,11: *holocausta arietum, et adipem pinguium, et sanguinem vitulorum et hircorum et agnorum, nolui*. Sed volebat ea sibi offerri, ut supra[2] dictum est, tum ad excludendam idololatriam; tum ad significandum debitum ordinem mentis humanae in Deum; tum etiam ad figurandum mysterium redemptionis humanae factae per Christum.

QUANTO AO 1º, portanto, deve-se dizer que Deus não queria que tais sacrifícios fossem a ele oferecidos por causas das mesmas coisas que se ofereciam, como se delas precisasse; donde se diz no livro de Isaías: "Eu não quis os holocaustos de carneiros e a gordura dos animais nédios, e o sangue dos bezerros, cabritos e cordeiros". Mas queria que se lhe oferecessem aquelas coisas, como foi dito acima, quer para excluir a idolatria, quer também para significar a devida ordem da mente humana para Deus, quer também para ser figura do mistério da redenção humana, feita por Cristo.

AD SECUNDUM dicendum quod quantum ad omnia praedicta[3], conveniens ratio fuit quare ista animalia offerebantur Deo in sacrificium, et non alia. Primo quidem, ad excludendum idololatriam. Quia omnia alia animalia offerebant idololatrae diis suis, vel eis ad maleficia utebantur: ista autem animalia apud Aegyptios, cum quibus conversati erant, abominabilia erant ad occidendum, unde ea non offerebant in sacrificium diis suis; unde dicitur Ex 8,26: *Abominationes Aegyptiorum immolabimus Domino Deo nostro*. Oves enim colebant; hircos venerabantur, quia in eorum figura daemones apparebant; bobus autem utebantur ad agriculturam, quam inter res sacras habebant.

QUANTO AO 2º, deve-se dizer que quanto a todas as coisas que foram já mencionadas, a razão conveniente foi de que estes animais se ofereciam a Deus em sacrifício, e não outros[m]. Primeiro, certamente, para excluir da idolatria. Porque os idólatras ofereciam todos os outros animais a seus deuses, deles usavam para malefícios; estes animais junto dos egípcios, com os quais conviviam, eram abomináveis para matar, donde não os ofereciam em sacrifício a seus deuses. Daí dizer o livro do Êxodo: "Imolaremos ao Senhor nosso Deus as abominações dos egípcios". Cultuavam, com efeito, as ovelhas, veneravam os bodes, porque na figura deles apareciam os demônios; usavam, porém, dos bois para a agricultura, que tinham entre as coisas sagradas.

Secundo, hoc conveniens erat ad praedictam ordinationem mentis in Deum. Et hoc dupliciter. Primo quidem, quia huiusmodi animalia maxime sunt per quae sustentatur humana vita: et cum hoc mundissima sunt, et mundissimum habent nutrimentum. Alia vero animalia vel sunt silvestria, et non sunt communiter hominum usui deputata: vel, si sunt domestica, immundum habent nutrimen-

Em segundo lugar, isso era conveniente para a mencionada ordenação da mente para Deus. E isso duplamente. Primeiro, sem dúvida, porque tais animais maximamente são aqueles pelos quais se sustenta a vida humana, e com isso são puríssimos, e têm puríssimo nutrimento. Os outros animais, porém, ou são silvestres, e não são comumente empregados no uso dos homens; ou, se

2. In corp.
3. Cfr. resp. ad 1.

l. Ef 5,2 serve de autoridade da Escritura na questão relativa à Paixão do Cristo como sacrifício (III, q. 48, a. 3, rsol. 3). Essa questão é aqui preparada de longe. Quanto à natureza do sacrifício prefigurado, é uma pena que a citação de Hb 10,11 não leve a tirar melhor partido e se estenda a Hb 10,5-10, que não é explorado em parte alguma da Suma.

m. Em todas essas respostas, Sto. Tomás justifica como pode o detalhe dos ritos sacrificiais. As razões de conveniência apresentadas são forçosamente artificiais.

tum, ut porcus et gallina; solum autem id quod est purum, Deo est attribuendum. Huiusmodi autem aves specialiter offerebantur, quia habentur in copia in terra promissionis. — Secundo, quia per immolationem huiusmodi animalium puritas mentis designatur. Quia, ut dicitur in Glossa Lv 1[4], *vitulum offerimus, cum carnis superbiam vincimus; agnum, cum irrationales motus corrigimus; haedum, cum lasciviam superamus; turturem, dum castitatem servamus; panes azymos, cum in azymis sinceritatis epulamur.* In columba vero manifestum est quod significatur caritas et simplicitas mentis.

Tertio vero, conveniens fuit haec animalia offerri in figuram Christi. Quia, ut in eadem Glossa dicitur[5], *Christus in vitulo offertur, propter virtutem crucis; in agno, propter innocentiam; in ariete, propter principatum; in hirco, propter similitudinem carnis peccati. In turture et columba duarum naturarum coniunctio monstrabatur*: vel in turture castitas, in columba caritas significatur. *In similagine aspersio credentium per aquam baptismi figurabatur.*

AD TERTIUM dicendum quod pisces, quia in aquis vivunt, magis sunt alieni ab homine quam alia animalia, quae vivunt in aere, sicut et homo. Et iterum pisces, ex aqua extracti, statim moriuntur: unde non poterant in templo offerri, sicut alia animalia.

AD QUARTUM dicendum quod in turturibus meliores sunt maiores quam pulli; in columbis autem e converso. Et ideo, ut Rabbi Moyses dicit[6], mandantur offerri turtures et pulli columbarum: quia omne quod est optimum, Deo est attribuendum.

AD QUINTUM dicendum quod animalia in sacrificium oblata occidebantur, quia veniunt in usum hominis occisa, secundum quod a Deo dantur homini ad esum. Et ideo etiam igni cremabantur: quia per ignem decocta fiunt apta humano usui.

Similiter etiam per occisionem animalium significatur destructio peccatorum. Et quod homines

são domésticos, tem um nutrimento impuro, como o porco e a galinha; somente o que é puro deve ser oferecido a Deus. Desse modo eram as aves especialmente oferecidas porque existiam copiosamente na terra da promissão. — Segundo, porque pela imolação de tais animais se designava a pureza da mente. Pois, como se diz na Glosa sobre o livro do Levítico: "oferecemos o bezerro, quando vencemos a soberba da carne; o cordeiro, quando corrigimos os movimentos irracionais; o bode, quando superamos a lascívia; a pomba, quando guardamos a castidade; os pães ázimos, quando nos nutrimos nos ázimos da sinceridade". Na pomba, porém, é claro que é significada a caridade e a simplicidade da mente.

Em terceiro lugar, entretanto, foi conveniente que estes animais se oferecessem como figura de Cristo. Porque, na mesma Glosa se diz: "Cristo se oferece no bezerro, por causa da virtude da cruz; no cordeiro, por causa da inocência; no carneiro, por causa do principado; no bode, por causa da semelhança da carne do pecado. Na rola e na pomba, mostrava-se a conjunção das duas naturezas", se na rola significava-se a castidade, na pomba, a caridade. "Na flor da farinha figurava-se a aspersão dos crentes pela água do batismo".

QUANTO AO 3º, deve-se dizer que os peixes, porque vivem nas águas, são mais alheios ao homem que os outros animais, que vivem no ar, como o homem. E ademais os peixes, tirados da água, imediatamente morrem. Por isso, não poderiam ser oferecidos no templo, como os outros animais.

QUANTO AO 4º, deve-se dizer que, entre as rolas, as maiores são melhores que os filhotes; entre as pombas, porém, o inverso. E assim, como diz o Rabi Moisés, manda-se oferecer rolas e filhotes de pombas, pois tudo que é o melhor deve ser oferecido a Deus[n].

QUANTO AO 5º, deve-se dizer que os animais oferecidos em sacrifício eram mortos, porque vêm ao uso do homem mortos, enquanto são dados por Deus ao homem para alimento. E assim também eram cremados ao fogo, porque cozidos pelo fogo faziam-se aptos ao uso humano.

Semelhantemente também significava-se pela morte dos animais a destruição dos pecados. E que

4. Ord., super *Lev*. I, prol.: ML 113, 298 C.
5. Ord., loc. cit.: ML 113, 298 B.
6. *Doct. Perplex.*, p. III, c. 46.

n. Diversas citações de Maimônides mostram, em Sto. Tomás, a preocupação em referir-se aos doutores judeus (ver as respostas às obj. 6 e 11). Os doutores judeus da Idade Média encontravam as mesmas razões artificiais para justificar as minúcias do culto antigo: judeus e cristãos participavam da mesma cultura.

erant digni occisione pro peccatis suis: ac si illa animalia loco eorum occiderentur, ad significandum expiationem peccatorum.

Per occisionem etiam huiusmodi animalium significabatur occisio Christi.

AD SEXTUM dicendum quod specialis modus occidendi animalia immolata determinabatur in lege ad excludendum alios modos, quibus idololatrae animalia idolis immolabant. — Vel etiam, ut Rabbi Moyses dicit[7], *lex elegit genus occisionis quo animalia minus affligebantur occisa*. Per quod excludebatur etiam immisericordia offerentium, et deterioratio animalium occisorum.

AD SEPTIMUM dicendum quod, quia animalia maculosa solent haberi contemptui etiam apud homines, ideo prohibitum est ne Deo in sacrificium offerrentur: propter quod etiam prohibitum erat *ne mercedem prostibuli, aut pretium canis, in domum Dei offerrent*. Et eadem etiam ratione non offerebant animalia ante septimum diem: quia talia animalia erant quasi abortiva, nondum plene consistentia, propter teneritudinem.

AD OCTAVUM dicendum quod triplex erat sacrificiorum genus. Quoddam erat quod totum comburebatur: et hoc dicebatur *holocaustum*, quasi *totum incensum*. Huiusmodi enim sacrificium offerebatur Deo specialiter ad reverentiam malestatis ipsius, et amorem bonitatis eius: et conveniebat perfectionis statui in impletione consiliorum. Et ideo totum comburebatur: ut sicut totum animal, resolutum in vaporem, sursum ascendebat, ita etiam significaretur totum hominem, et omnia quae ipsius sunt, Dei dominio esse subiecta, et ei esse offerenda.

Aliud autem erat sacrificium *pro peccato*, quod offerebatur Deo ex necessitate remissionis peccati: et conveniebat statui poenitentium in satisfactione peccatorum. Quod dividebatur in duas partes: nam una pars eius comburebatur, alia vero cedebat in usum sacerdotum; ad significandum quod expiatio

os homens eram dignos de morte por seus pecados: como se aqueles animais fossem mortos no lugar deles, para significar a expiação dos pecados.

Pela morte de tais animais também era significada a morte de Cristo[o].

QUANTO AO 6º, deve-se dizer que o modo especial de matar os animais imolados era determinado na lei para excluir outros modos, pelos quais os idólatras imolavam animais aos ídolos. — Ou também, como diz Rabi Moisés, "a lei escolhe o gênero de morte no qual eram menos afligidos os animais mortos. Por meio disso excluía-se também a falta de misericórdia dos oferentes e a deterioração dos animais mortos.

QUANTO AO 7º, deve-se dizer que, uma vez que os animais defeituosos costumam ser tidos em desprezo também junto dos homens, proibiu-se que fossem oferecidos a Deus em sacrifício; por causa disso também fora proibido "fossem oferecidos na casa de Deus o ganho do prostíbulo ou a paga do "cão"*. E também pela mesma razão não ofereciam animais antes do sétimo dia, porque tais animais eram como que abortivos, ainda não plenamente constituídos, em razão da tenra idade.

QUANTO AO 8º, deve-se dizer que era tríplice o gênero de sacrifícios[p]. Um era o que se consumia totalmente e este se dizia "holocausto", como "todo queimado". Tal sacrifício, com efeito, oferecia-se a Deus especialmente como reverência de sua majestade e amor de sua bondade; e convinha ao estado de perfeição no cumprimento dos conselhos. E era consumido totalmente, de modo que, como todo o animal, dissolvido em vapor, ascendia para o alto, assim também fosse significado que todo homem e todas as coisas que a ele pertencem são sujeitos ao domínio de Deus, e a ele devem ser oferecidos.

Outro, porém, era o sacrifício "pelo pecado", que se oferecia a Deus pela necessidade da remissão do pecado, e convinha ao estado de penitentes na satisfação dos pecados. Este dividia-se em duas partes: uma parte dele se consumia, e a outra cedia-se ao uso dos sacerdotes para significar que a expiação

7. Loc. cit., c. 49.

o. Essa frase final é das mais discutíveis por sua insistência sobre a morte dos animais, aparentemente assimilada à morte de Jesus: abre o flanco assim a todas as críticas dos modernos psicanalistas. Contudo, Sto. Tomás lembrará oportunamente que somente o amor de Jesus pôde transformar a sua morte em sacrifício, não no espírito daqueles que o matavam, mas no dom que ele fazia de si mesmo (III, q. 48, a. 3, sol. 3). Seria absurdo portanto encarar a sua morte como "sacrificial" porque a violência humana se transferiu sobre ele (ver a teoria de R. GIRARD, *La violence et le sacré*, Paris, 1972).

* A paga do cão = o pagamento do prostituto. Dt 23,18.

p. Sobre a classificação dos sacrifícios ver nota 10. A aproximação entre as três categorias e os três estágios da vida espiritual (pecadores convertidos, adiantado sem progresso e perfeitos) é apenas uma alegorização secundária.

peccatorum fit a Deo per ministerium sacerdotum. Nisi quando offerebatur sacrificium pro peccato totius populi, vel specialiter pro peccato sacerdotis: tunc enim totum comburebatur. Non enim debebant in usum sacerdotum venire ea quae pro peccato eorum offerebantur, ut nihil peccati in eis remaneret. Et quia hoc non esset satisfactio pro peccato: si enim cederet in usum eorum pro quorum peccatis offerebatur, idem esse videretur ac si non offerrent.

Tertium vero sacrificium vocabatur *hostia pacifica*, quae offerebatur Deo vel pro gratiarum actione, vel pro salute et prosperitate offerentium, ex debito beneficii vel accepti vel accipiendi: et convenit statui proficientium in impletione mandatorum. Et ista dividebantur in tres partes: nam una pars incendebatur ad honorem Dei, alia pars cedebat in usum sacerdotum, tertia vero pars in usum offerentium; ad significandum quod salus hominis procedit a Deo, dirigentibus ministris Dei, et cooperantibus ipsis hominibus qui salvantur.

Hoc autem generaliter observabatur, quod sanguis et adeps non veniebant neque in usum sacerdotum, neque in usum offerentium: sed sanguis effundebatur ad crepidinem altaris, in honorem Dei; adeps vero adurebatur in igne. Cuius ratio una quidem fuit ad excludendam idololatriam. Idololatrae enim bibebant de sanguine victimarum, et comedebant adipes; secundum illud Dt 32,38: *De quorum victimis comedebant adipes, et bibebant vinum libaminum.* — Secunda ratio est ad informationem humanae vitae. Prohibebatur enim eis usus sanguinis, ad hoc quod horrerent humani sanguinis effusionem: unde dicitur Gn 9,4sq.: *Carnem cum sanguine non comedetis: sanguinem enim animarum vestrarum requiram.* Esus vero adipum prohibebatur eis ad vitandam lasciviam: unde dicitur Ez 34,3: *Quod crassum erat, occidebatis.* — Tertia ratio est propter reverentiam divinam. Quia sanguis est maxime necessarius ad vitam, ratione cuius dicitur anima esse in sanguine: adeps autem abundantiam nutrimenti demonstrat. Et ideo ut ostenderetur quod a Deo nobis est et vita et omnis bonorum sufficientia, ad honorem Dei effundebatur sanguis, et adurebatur adeps. — Quarta ratio est quia per hoc figurabatur effusio sanguinis Christi, et pinguedo caritatis eius, per quam se obtulit Deo pro nobis.

De hostiis autem pacificis in usum sacerdotis cedebat pectusculum et armus dexter, ad excluden-

dos pecados se faz por Deus, pelo ministério dos sacerdotes. A não ser quando se oferecia o sacrifício pelo pecado de todo o povo, ou especialmente pelo pecado do sacerdote: então, era totalmente consumido. Não deviam vir ao uso dos sacerdotes aquelas coisas que eram oferecidas pelos pecados deles, para que nada de pecado neles restasse. E porque isso não seria satisfação pelo pecado: se cedesse ao uso deles por cujos pecados se oferecia, pareceria ser o mesmo que se não oferecessem.

O terceiro sacrifício, entretanto, chamava-se "vítima pacífica", que se oferecia a Deus ou por ação de graças, ou para a saúde e prosperidade dos oferentes, em razão do débito do sacrifício ou recebido ou a receber; e convém ao estado dos que progridem no cumprimento dos mandamentos. Estes se dividiam em três partes; com efeito, uma parte era queimada em honra de Deus, outra parte cedia-se ao uso dos sacerdotes; já a terceira parte ao uso dos oferentes, para significar que a salvação do homem procede de Deus, dirigindo os ministros de Deus e cooperando os mesmos homens que são salvos.

Era geralmente observado que o sangue e a gordura não eram dados nem ao uso dos sacerdotes, nem ao uso dos oferentes, mas o sangue era derramado na base do altar, em honra de Deus; já a gordura era consumida no fogo. Uma razão disso, certamente, foi para excluir a idolatria. Os idólatras, com efeito, bebiam do sangue das vítimas e comiam as gorduras, segundo o livro do Deuteronômio: "De cujas vítimas comiam as gorduras e bebiam o vinho das libações". — A segunda razão é para a formação da vida humana. Proibia-se, com efeito, a eles o uso do sangue, para que tivessem em horror a efusão do sangue humano; donde se diz no livro do Gênesis: "Não comereis a carne com sangue, pois eu exigirei o sangue de vossas almas". Proibia-se-lhes o comer as gorduras para evitar a lascívia; donde se diz no livro do Êxodo: "Matáveis o que era gordo". — A terceira razão é por causa da reverência divina. Porque o sangue é maximamente necessário à vida, em razão do qual se diz que a alma está no sangue; e a gordura indica a abundância da nutrição. E assim, para que se mostrasse que provém de Deus a vida e toda suficiência dos bens, para honra de Deus derramava-se o sangue e queimava-se a gordura. — A quarta razão é porque por isso figurava-se a efusão do sangue de Cristo e a abundância de sua caridade, pela qual se ofereceu a Deus por nós.

Das vítimas pacíficas cedia-se ao uso de sacerdote o peito e a espádua direita, para excluir certa

dum quandam divinationis speciem quae vocatur spatulamantia: quia scilicet in spatulis animalium immolatorum divinabant, et similiter in osse pectoris. Et ideo ista offerentibus subtrahebantur. — Per hoc etiam significabatur quod sacerdoti erat necessaria sapientia cordis ad instruendum populum, quod significabatur per pectus, quod est tegumentum cordis; et etiam fortitudo ad sustentandum defectus, quae significatur per armum dextrum.

AD NONUM dicendum quod, quia holocaustum erat perfectissimum inter sacrificia, ideo non offerebatur in holocaustum nisi masculus: nam femina est animal imperfectum. Oblatio autem turturum et columbarum erat propter paupertatem offerentium, qui maiora animalia offerre non poterant. Et quia hostiae pacificae gratis offerebantur, et nullus eas offerre cogebatur nisi spontaneus; ideo huiusmodi aves non offerebantur inter hostias pacificas, sed inter holocausta et hostias pro peccato, quas quandoque oportebat offerre. Aves etiam huiusmodi, propter altitudinem volatus, congruunt perfectioni holocaustorum: et etiam hostiis pro peccato, quia habent gemitum pro cantu.

AD DECIMUM dicendum quod inter omnia sacrificia holocaustum erat praecipuum: quia totum comburebatur in honorem Dei, et nihil ex eo comedebatur. Secundum vero locum in sanctitate tenebat hostia pro peccato: quae comedebatur solum in atrio a sacerdotibus, et in ipsa die sacrificii. Tertium vero gradum tenebant hostiae pacificae pro gratiarum actione: quae comedebantur ipso die, sed ubique in Ierusalem. Quartum vero locum tenebant hostiae pacificae ex voto: quarum carnes poterant etiam in crastino comedi. Et est ratio huius ordinis quia maxime obligatur homo Deo propter eius maiestatem: secundo, propter offensam commissam; tertio, propter beneficia iam suscepta; quarto, propter beneficia sperata.

AD UNDECIMUM dicendum quod peccata aggravantur ex statu peccantis, ut supra[8] dictum est. Et ideo alia hostia mandatur offerri pro peccato sacerdotis et principis, vel alterius privatae personae. *Est autem attendendum*, ut Rabbi Moyses

espécie de adivinhação, que se chamava "espatulamancia", isto é, porque adivinhavam nas espáduas dos animais imolados, e igualmente nos ossos do peito. E assim estas coisas eram subtraídas aos oferentes. — Por meio disso também era significado que ao sacerdote era necessária a sabedoria do coração para instruir o povo, o que era significado pelo peito, que é a cobertura do coração; e também a fortaleza para suportar os defeitos, a qual é significada pela espádua direita.

QUANTO AO 9º, deve-se dizer que o holocausto era o mais perfeito entre os sacrifícios; assim não se ofereciam em holocausto senão os machos, pois a fêmea é um animal imperfeito[q]. A oblação das rolas e das pombas era por causa da pobreza dos oferentes, que não poderiam oferecer animais maiores. E porque as vítimas pacíficas ofereciam-se gratuitamente e ninguém era coagido a oferecê-las, senão espontaneamente, assim tais aves não se ofereciam entre as vítimas pacíficas, mas entre os holocaustos e vítimas pelo pecado, que às vezes era necessário oferecer. Essas aves também, em razão da altura do voo, convêm à perfeição dos holocaustos e também às vítimas pelo pecado, porque têm, como canto, o gemido.

QUANTO AO 10º, deve-se dizer que entre todos os sacrifícios o holocausto era o principal, porque tudo era consumido em honra de Deus, e nada dele era comido. Tinha o segundo lugar em santidade a vítima pelo pecado, a qual era comida só no átrio pelos sacerdotes, e no dia mesmo do sacrifício. Tinham o terceiro grau as vítimas pacíficas para ação de graças, que eram comidas no mesmo dia, mas em qualquer lugar em Jerusalém. Tinham o quarto lugar as vítimas pacíficas por voto: suas carnes poderiam ser comidas no dia seguinte. E a razão dessa ordem está em que maximamente se obriga o homem a Deus por causa de sua majestade; em segundo lugar, por causa da ofensa cometida; em terceiro, por causa dos benefícios já recebidos; em quarto, por causa dos benefícios esperados.

QUANTO AO 11º, deve-se dizer que se agravam os pecados em razão do estado de quem peca, como acima foi dito. E assim outra vítima mandava-se oferecer pelo pecado do sacerdote e do príncipe, e de outra pessoa privada. "Deve-se atender", como

8. Q. 73, a. 10.

q. Nas respostas 9 a 14 todas as razões de conveniência destinadas a justificar a minúcia dos ritos e a sua respectiva importância refletem simplesmente a cultura medieval, tributária dos comentadores da época carolíngea, os quais, por sua vez, dependiam de Orígenes.

dicit[9], *quod quanto gravius erat peccatum, tanto vilior species animalis offerebatur pro eo. Unde capra, quod est vilissimum animal, offerebatur pro idololatria, quod est gravissimum peccatum; pro ignorantia vero sacerdotis offerebatur vitulus; pro negligentia autem principis, hircus.*

AD DUODECIMUM dicendum quod lex in sacrificiis providere voluit paupertati offerentium: ut qui non posset habere animal quadrupes, saltem offerret avem; quam qui habere non posset, saltem offerret panem; et si hunc habere non posset, saltem offerret farinam vel spicas.

Causa vero figuralis est quia panis significat Christum, qui est *panis vivus*, ut dicitur Io 6,41-45. Qui quidem erat sicut in spica, pro statu legis naturae, in fide Patrum; erat autem sicut simila in doctrina legis prophetarum; erat autem sicut panis formatus post humanitatem assumptam; coctus igne, idest formatus Spiritu Sancto in clibano uteri virginalis; qui etiam fuit coctus in sartagine, per labores quos in mundo sustinebat; in cruce vero quasi in craticula adustus.

AD DECIMUMTERTIUM dicendum quod ea quae in usum hominis veniunt de terrae nascentibus, vel sunt in cibum: et de eis offerebatur panis. Vel sunt in potum: et de his offerebatur vinum. Vel sunt in condimentum: et de his offerebatur oleum et sal. Vel sunt in medicamentum: et de his offerebatur thus, quod est aromaticum et consolidativum.

Per panem autem figuratur caro Christi; per vinum autem sanguis eius, per quem redempti sumus; oleum figurat gratiam Christi; sal scientiam; thus orationem.

AD DECIMUMQUARTUM dicendum quod mel non offerebatur in sacrificiis Dei, tum quia consueverat offerri in sacrificiis idolorum. Tum etiam ad excludendam omnem carnalem dulcedinem et voluptatem ab his qui Deo sacrificare intendunt. — Fermentum vero non offerebatur, ad excludendam corruptionem. Et forte etiam in sacrificiis idolorum solitum erat offerri.

Sal autem offerebatur, quia impedit corruptionem putredinis: sacrificia autem Dei debent esse incorrupta. Et etiam quia in sale significatur discretio sapientiae; vel etiam mortificatio carnis.

diz Rabi Moisés, "a que quanto mais grave era o pecado, tanto mais vil se oferecia por ele a espécie de animal. Donde, a cabra, que é o animal mais vil, era oferecida pela idolatria, que é o pecado mais grave; pela ignorância, porém, do sacerdote oferecia-se o bezerro; pela negligência do príncipe, o bode.

QUANTO AO 12º, deve-se dizer que a lei, nos sacrifícios, quis prover à pobreza dos oferentes, de modo que aquele que não pudesse ter um animal quadrúpede, ao menos ofereceria uma ave; se ele não pudesse ter uma ave, ao menos ofereceria o pão; e se não pudesse ter esse, ao menos ofereceria farinha ou espigas.

A causa figurada, entretanto, é que o pão significa o Cristo, que é "pão vivo", como se diz no Evangelho de João. O qual era como em espiga, no estado da lei da natureza, na fé dos Pais; era como farinha na doutrina da lei dos profetas; era, porém, como pão formado, após assumida a humanidade; cozido no fogo, isto é, formado pelo Espírito Santo no forno do útero virginal; que também foi cozido em frigideira, pelos trabalhos que suportou no mundo; na cruz, como que queimado em grelha.

QUANTO AO 13º, deve-se dizer que aquelas coisas que para o uso do homem procedem do que nasce da terra, ou são para comida, e delas se oferecia o pão. Ou são para a bebida, e delas se oferecia o vinho. Ou são para condimento, e delas se oferecia o óleo e o sal. Ou são para remédio, e delas se oferecia o incenso, que é aromático e fortificante.

Pelo pão, entretanto, figura-se a carne de Cristo; pelo vinho, seu sangue, pelo qual fomos redimidos; o óleo figura a graça de Cristo; o sal, a ciência; o incenso, a oração[r].

QUANTO AO 14º, deve-se dizer que o mel não se oferecia nos sacrifícios de Deus, quer porque era costume ser oferecido nos sacrifícios dos ídolos. Quer também para excluir toda doçura carnal e prazer daqueles que tencionam sacrificar a Deus. — O fermento não se oferecia, para excluir a corrupção. E talvez também era costume ser oferecido nos sacrifícios dos ídolos.

Oferecia-se o sal, porque impede a corrupção da putrefação, já que os sacrifícios de Deus devem ser incorruptos. E também porque no sal é significado o discernimento da sabedoria; ou também a mortificação da carne.

9. Loc. cit. in resp. ad 4.

r. Nas respostas 12 a 14, a parte de artifício não impede que o texto reconheça o valor simbólico dos detalhes correspondentes, tal como se apreciava na liturgia medieval em suas grandes época criadoras. Seria preciso recorrer aos liturgos do tempo para ver como eram desenvolvidos os pontos que Sto. Tomás se contenta em resumir.

Thus autem offerebatur ad designandam devotionem mentis, quae est necessaria offerentibus; et etiam ad designandum odorem bonae famae: nam thus et pingue est, et odoriferum. Et quia sacrificium zelotypiae non procedebat ex devotione, sed magis ex suspicione, ideo in eo non offerebatur thus.

O incenso era oferecido para designar a devoção da mente, que é necessária aos oferentes; e também para designar o odor de boa fama, pois o incenso é oleoso e odorífero. E porque o sacrifício do ciúme não procedia da devoção, mas antes da suspeita, assim não se oferecia nele o incenso.

ARTICULUS 4

Utrum assignari possit sufficiens ratio caeremoniarum quae ad sacra pertinent

AD QUARTUM SIC PROCEDITUR. Videtur quod caeremoniarum veteris legis quae ad sacra pertinent sufficiens ratio assignari non possit.

1. Dicit enim Paulus, Act 17,24: *Deus, qui fecit mundum et omnia quae in eo sunt, hic, caeli et terrae cum sit Dominus, non in manufactis templis habitat*. Inconvenienter igitur ad cultum Dei tabernaculum, vel templum, in lege veteri est institutum.

2. PRAETEREA, status veteris legis non fuit immutatus nisi per Christum. Sed tabernaculum designabat statum veteris legis. Non ergo debuit mutari per aedificationem alicuius templi.

3. PRAETEREA, divina lex praecipue etiam debet homines inducere ad divinum cultum. Sed ad augmentum divini cultus pertinet quod fiant multa altaria et multa templa: sicut patet in nova lege. Ergo videtur quod etiam in veteri lege non debuit esse solum unum templum aut unum tabernaculum sed multa.

4. PRAETEREA, tabernaculum, seu templum, ad cultum Dei ordinabatur. Sed in Deo praecipue oportet venerari unitatem et simplicitatem. Non videtur igitur fuisse conveniens ut tabernaculum, seu templum, per quaedam vela distingueretur.

5. PRAETEREA, virtus primi moventis, qui est Deus, primo apparet in parte orientis, a qua parte incipit primus motus. Sed tabernaculum fuit institutum ad Dei adorationem. Ergo debebat esse

ARTIGO 4

Pode-se assinalar uma razão suficiente das cerimônias que pertencem às coisas sagradas?[s]

QUANTO AO QUARTO, ASSIM SE PROCEDE: parece que **não** se pode assinalar uma razão suficiente das cerimônias da lei antiga que pertencem às coisas sagradas.

1. Com efeito, diz Paulo: "Deus que fez o mundo e todas as coisas que nele são, como é o Senhor do céu e da terra, não habita aqui em templos fabricados". Inconvenientemente, pois, foi instituído para o culto de Deus na lei antiga o tabernáculo ou templo.

2. ALÉM DISSO, o estado da lei antiga não foi mudado a não ser por Cristo. Ora, o tabernáculo designava o estado da lei antiga. Logo, não devia ter sido mudado por edificação de templo algum.

3. ADEMAIS, a lei divina deve também principalmente induzir os homens ao culto divino. Ora, pertence ao aumento do culto divino que se façam muitos altares e muitos templos, como se evidencia na lei nova. Logo, parece que também na lei antiga não devia ter havido só um templo ou um tabernáculo, mas muitos.

4. ADEMAIS, o tabernáculo ou o templo ordenava-se ao culto de Deus. Ora, em Deus é necessário que sejam veneradas principalmente a unidade e a simplicidade. Logo, não parece ter sido conveniente que o tabernáculo, ou templo, se distinguisse por certos véus.

5. ADEMAIS, o poder do primeiro motor, que é Deus, aparece por primeiro na parte do oriente, parte da qual começa o primeiro movimento. Ora, o tabernáculo foi instituído para adoração de

4 PARALL.: *Ad Coloss.*, c. 2, lect. 4; *ad Heb.*, c. 9, lect. 1.

s. Este artigo possui uma amplitude considerável, uma vez que tem por objetivo justificar a existência dos tempos sagrados, do lugar santo (tabernáculo do deserto e do templo), dos vasos e de outros instrumentos utilizados no lugar santo, e a existência do pessoal que efetua o serviço do culto (ver a resposta geral dada antes da resposta às objeções). Naturalmente, a história e a arqueologia renovaram completamente esse conjunto de questões. Tanto mais que a evolução dos cultos do Antigo Testamento, atestada pela história de sua legislação, complica de maneira considerável o recurso ao Pentateuco e aos livros narrativos para expor os seus detalhes. Não se pode esperar de Sto. Tomás mais que uma apresentação global de todos esses pontos e um esforço para lhes conferir uma razão de ser, dentro da síntese que se pode extrair de todos os livros do Antigo Testamento e que, de fato, fundava o funcionamento do culto do Templo na época de Jesus.

dispositum magis versus orientem quam versus occidentem.

6. PRAETEREA, Ex 20,4, Dominus praecepit ut non facerent sculptile, neque aliquam similitudinem. Inconvenienter igitur in tabernaculo, vel in templo, fuerunt sculptae imagines cherubin. Similiter etiam et arca, et propitiatorium, et candelabrum, et mensa, et duplex altare, sine rationabili causa ibi fuisse videntur.

7. PRAETEREA, Dominus praecepit, Ex 20,24: *Altare de terra facietis mihi*. Et iterum [26]: *Non ascendes ad altare meum per gradus*. Inconvenienter igitur mandatur postmodum altare fieri de lignis auro vel aere contextis; et tantae altitudinis ut ad illud nisi per gradus ascendi non posset. Dicitur enim Ex 27,1sq.: *Facies et altare de lignis setim, quod habebit quinque cubitos in longitudine, et totidem in latitudine, et tres cubitos in altitudine; et operies illud aere*. Et Ex 30,1sq. dicitur: *Facies altare ad adolendum thymiamata, de lignis setim, vestiesque illud auro purissimo*.

8. PRAETEREA, in operibus Dei nihil debet esse superfluum: quia nec in operibus naturae aliquid superfluum invenitur. Sed uni tabernaculo, vel domui, sufficit unum operimentum. Inconvenienter igitur tabernaculo fuerunt apposita multa tegumenta, scilicet cortinae, saga cilicina, pelles arietum rubricatae, et pelles hyacintinae.

9. PRAETEREA, consecratio exterior interiorem sanctitatem significat, cuius subiectum est anima. Inconvenienter igitur tabernaculum et eius vasa consecrabantur: cum essent quaedam corpora inanimata.

10. PRAETEREA, in Ps 33,2 dicitur: *Benedicam Dominum in omni tempore, semper laus eius in ore meo*. Sed solemnitates instituuntur ad laudandum Deum. Non ergo fuit conveniens ut aliqui certi dies statuerentur ad solemnitates peragendas. Sic igitur videtur quod caeremoniae sacrorum convenientes causas non haberent.

SED CONTRA est quod Apostolus dicit, Hb 8,4sq., quod *illi qui offerunt secundum legem munera, exemplari et umbrae deserviunt caelestium: sicut responsum est Moysi, cum consummaret tabernaculum: Vide, inquit, omnia facito secundum exemplar quod tibi in monte monstratum est*. Sed valde rationabile est quod imaginem caelestium repraesentat. Ergo caeremoniae sacrorum rationabilem causam habebant.

Deus. Logo, devia ser disposto mais em direção ao oriente do que ao ocidente.

6. ADEMAIS, no livro do Êxodo, o Senhor preceitua que não fizessem escultura, nem outra similitude. Inconvenientemente, pois, no tabernáculo, ou no templo, foram esculpidas imagens de querubins. Semelhantemente parece que aí se viam, sem causa racional, a arca, o propiciatório, o candelabro, a mesa e o duplo altar.

7. ADEMAIS, o Senhor preceituou: "Fareis para mim um altar de terra". E novamente: "Não subirás a meu altar por degraus". Inconvenientemente, portanto, se manda depois que o altar seja feito de madeiras entrelaçadas de ouro ou cobre; e de tanta altura que a ele não se pudesse subir a não ser por degraus. Diz-se, com efeito, no livro do Êxodo: "Farás o altar de madeiras de acácia, o qual terá cinco côvados de cumprimento e outros tantos de largura, e terá três côvados de altura, e o cobrirás de cobre". E diz-se no livro do Êxodo: "Farás o altar de madeiras de acácia para queimar os perfumes, e o vestirás de ouro puríssimo".

8. ADEMAIS, nas obras de Deus nada deve haver de supérfluo, porque nem nas obras da natureza algo supérfluo se encontra. Ora, a um só tabernáculo, ou casa, basta uma cobertura. Logo, inconvenientemente foram postas no tabernáculo muitas coberturas, a saber, cortinas, mantas de pele de cabra, peles de carneiros tintas de vermelho e peles tintas de roxo.

9. ADEMAIS, a consagração exterior significa a santidade interior, cujo sujeito é a alma. Inconvenientemente, pois, eram consagrados o tabernáculo e seus vasos, uma vez que eram corpos inanimados.

10. ADEMAIS, diz-se no livro dos Salmos: "Bendirei o Senhor em todo tempo, sempre em minha boca o seu louvor". Ora, as solenidades são instituídas para louvar a Deus. Logo, não foi conveniente que alguns dias determinados fossem estatuídos para realizar as solenidades. Assim, parece que as cerimônias das coisas sagradas não teriam causas convenientes.

EM SENTIDO CONTRÁRIO, diz o Apóstolo que "aqueles que oferecem os dons segundo a lei, servem de exemplar e sombra das coisas celestes, como foi respondido a Moisés, quando terminava o tabernáculo: Vê, diz, faz todas as coisas conforme o modelo que te foi mostrado no monte". Ora, muito racional é o que representa a imagem das coisas celestes[t]. Logo, as cerimônias das coisas sagradas têm uma causa racional.

t. Esse recurso à Epístola aos Hebreus omite um ponto importante de seu conteúdo: as "realidades celestes" constituem o verdadeiro santuário no qual Cristo entrou, por sua glorificação, na qualidade de "sumo sacerdote dos bens vindouros"

RESPONDEO dicendum quod totus exterior cultus Dei ad hoc praecipue ordinatur ut homines Deum in reverentia habeant. Habet autem hoc humanus affectus, ut ea quae communia sunt, et non distincta ab aliis, minus revereatur; ea vero quae habent aliquam excellentiae discretionem ab aliis, magis admiretur et revereatur. Et inde etiam hominum consuetudo inolevit ut reges et principes, quos oportet in reverentia haberi a subditis, et pretiosioribus vestibus ornentur, et etiam ampliores et pulchriores habitationes possideant. Et propter hoc oportuit ut aliqua specialia tempora, et speciale habitaculum, et specialia vasa, et speciales ministri ad cultum Dei ordinarentur, ut per hoc animi hominum ad maiorem Dei reverentiam adducerentur.

Similiter etiam status veteris legis, sicut dictum est[1], institutus erat ad figurandum mysterium Christi. Oportet autem esse aliquid determinatum id per quod aliud figurari debet, ut scilicet eius aliquam similitudinem repraesentet. Et ideo etiam oportuit aliqua specialia observari in his quae pertinent ad cultum Dei.

AD PRIMUM ergo dicendum quod cultus Dei duo respicit: scilicet Deum, qui colitur; et homines colentes. Ipse igitur Deus, qui colitur, nullo corporali loco clauditur: unde propter ipsum non oportuit tabernaculum fieri, aut templum. Sed homines ipsum colentes corporales sunt: et propter eos oportuit speciale tabernaculum, vel templum, institui ad cultum Dei, propter duo. Primo quidem, ut ad huiusmodi locum convenientes cum hac cogitatione quod deputaretur ad colendum Deum, cum maiori reverentia accederent. Secundo, ut per dispositionem talis templi, vel tabernaculi, significarentur aliqua pertinentia ad excellentiam divinitatis vel humanitatis Christi.

Et hoc est quod Salomon dicit, 3Reg 8,27: *Si caelum et caeli caelorum te capere non possunt, quanto magis domus haec, quam aedificavi tibi?* Et postea [29sq.] subdit: *Sint oculi tui aperti super*

RESPONDO. Todo o culto exterior de Deus ordena-se principalmente a que os homens tenham reverência a Deus. É próprio do afeto humano reverenciar menos aquelas coisas que são comuns e não distintas das outras; aquelas, porém, que têm alguma distinção de excelência com relação às outras, mais admira e reverencia. Daí o costume dos homens inculcar que os reis e os príncipes devem ser reverenciados pelos súditos, se ornem com roupas mais preciosas e também possuam moradias mais amplas e belas. E por causa disso foi necessário que alguns tempos, habitações e vasos especiais, e também ministros especiais fossem ordenados para o culto de Deus, de modo que por meio disso os espíritos dos homens fossem levados à maior reverência de Deus.

Semelhantemente o estado da lei antiga, como foi dito, fora instituído para figurar o mistério de Cristo. É necessário, assim, que aquilo pelo que outra coisa deve ser figurada, seja algo determinado, de modo que represente alguma semelhança dela. E assim foi necessário que algumas coisas especiais fossem observadas naquilo que pertence ao culto de Deus.

QUANTO AO 1º, portanto, deve-se dizer que o culto de Deus implica duas coisas, a saber: Deus, que é cultuado e os homens que cultuam. O próprio Deus, pois, que é cultuado, não se encerra em nenhum lugar corporal; por causa dele, não era necessário que se fizesse tabernáculo ou templo. Entretanto, os homens que o cultuam são corporais e por causa deles foi necessário instituir-se um tabernáculo especial ou templo para o culto de Deus, por duas razões. Primeira, para que, vindos a este lugar, com este pensamento de ser destinado para cultuar Deus, viessem com maior reverência. Segunda, para que, pela disposição de tal templo, ou tabernáculo, fossem significadas algumas coisas pertinentes à excelência da divindade ou humanidade de Cristo.

E isso é o que diz Salomão: "Se o céu e o céu dos céus não podem conter-te, quanto mais esta casa que edifiquei para ti?" E depois acrescenta: "Estejam teus olhos abertos sobre esta casa, da

1. A. 2; q. 100, a. 12; q. 101, a. 2.

(Hb 9,11-12). O exemplarismo da carta, que funda o simbolismo das realidades cultuais como em todas as religiões do antigo Oriente, serve ao mesmo tempo para explicar a função prefigurativa de cada uma delas em relação ao mistério do Cristo. Assim acham-se justificadas as duas funções do culto judeu, no âmbito da antiga aliança e como anúncio velado da nova: é este todo o conteúdo da resposta.

u. As instituições de culto são tratadas aqui sob um duplo ponto de vista de sua justificação literal tendo em vista a virtude da religião exigida do povo de Deus sob a antiga aliança, e a de sua justificação figurativa no exame que a teologia cristã pode fazer a posteriori. Alegorias artificiais (ver r. 2, no final) mesclam-se a reflexões teológicas bem sérias (r. 1).

domun hanc, de qua dixisti: Erit nomen meum ibi; ut exaudias deprecationem servi tui et populi tui Israel. Ex quo patet quod domus sanctuarii non est instituta ad hoc quod Deum capiat, quasi localiter inhabitantem; sed ad hoc quod *nomen Dei habitet ibi*, idest ut notitia Dei ibi manifestetur per aliqua quae ibi fiebant vel dicebantur; et quod, propter reverentiam loci, orationes fierent ibi magis exaudibiles ex devotione orantium.

AD SECUNDUM dicendum quod status veteris legis non fuit immutatus ante Christum quantum ad impletionem legis, quae facta est solum per Christum: est tamen immutatus quantum ad conditionem populi qui erat sub lege. Nam primo populus fuit in deserto, non habens certam mansionem; postmodum autem habuerunt varia bella cum finitimis gentibus; ultimo autem, tempore David et Salomonis, populus ille habuit quietissimum statum. Et tunc primo aedificatum fuit templum, in loco quem designaverat Abraham, ex divina demonstratione, ad immolandum. Dicitur enim Gn 22,2, quod Dominus mandavit Abrahae ut *offerret filium suum in holocaustum super unum montium quem monstravero tibi*. Et postea [14] dicit quod *appellavit nomen illius loci, Dominus videt*, quasi secundum Dei praevisionem esset locus ille electus ad cultum divinum. Propter quod dicitur Dt 12,5sq.: *Ad locum quem elegerit Dominus Deus vester, venietis, et offeretis holocausta et victimas vestras.*

Locus autem ille designari non debuit per aedificationem templi ante tempus praedictum, propter tres rationes, quas Rabbi Moyses assignat[2]. Prima est ne gentes appropriarent sibi locum illum. Secunda est ne gentes ipsum destruerent. Tertia vero ratio est ne quaelibet tribus vellet habere locum illum in sorte sua, et propter hoc orirentur lites et iurgia. Et ideo non fuit aedificatum templum donec haberent regem, per quem posset huiusmodi iurgium compesci. Antea vero ad cultum Dei erat ordinatum tabernaculum portatile per diversa loca, quasi nondum existente determinato loco divini cultus. Et haec est ratio litteralis diversitatis tabernaculi et templi.

Ratio autem figuralis esse potest quia per haec duo significatur duplex status. Per tabernaculum

qual disseste: Aí estará meu nome; para que ouças a prece de teu servo e de Israel, teu povo". Disso fica claro que a casa do santuário não foi instituída para que contenha a Deus, como se localmente habitasse, mas para que "o nome de Deus aí habite", isto é, para que o conhecimento de Deus aí se manifestasse por algumas coisas que aí se faziam ou se diziam; e para que, por causa da reverência do lugar, as orações aí se fizessem mais dignas de ser ouvidas pela devoção dos orantes[v].

QUANTO AO 2º, deve-se dizer que o estado da lei antiga não foi mudado antes de Cristo quanto ao cumprimento da lei, que só foi feito por Cristo: foi, porém, mudado quanto à condição do povo que estava sob a lei. Com efeito, primeiro, o povo esteve no deserto, não tendo morada certa; depois, tiveram várias guerras com os povos vizinhos; por último, no tempo de Davi e Salomão, aquele povo teve um estado de grande sossego. E então, primeiro, foi edificado o templo, no lugar que Abraão designara, por divina indicação, para imolar. Diz-se, com efeito, no livro do Gênesis que o Senhor mandou a Abraão que "oferecesse seu filho em holocausto sobre um dos montes que te mostrarei". E depois diz que "nomeou aquele lugar, O Senhor vê", como se, por previsão de Deus, fosse aquele lugar escolhido para o culto divino. Por causa disso, diz-se no livro do Deuteronômio: "Vireis ao lugar que o Senhor vosso Deus escolher e oferecereis holocaustos e vossas vítimas".

Aquele lugar não devia ser designado para edificação do templo, antes do tempo predito, por causa de três razões, que Rabi Moisés assinala. A primeira é que os povos não se apropriassem daquele lugar. A segunda é que os povos não o destruíssem. A terceira razão, porém, é que alguma tribo não quisesse ter aquele lugar como seu lote, e por causa disso nascessem demandas e litígios. Assim, não foi edificado o templo, enquanto não tivessem um rei, pelo qual pudesse tal litígio ser reprimido. Antes, porém, era ordenado para o culto de Deus o tabernáculo portátil por diversos lugares, não existindo ainda lugar do culto divino. E esta é a razão literal da diversidade do tabernáculo e do templo.

A razão figurativa pode ser porque por esses dois se significava duplo estado. Pelo tabernáculo,

2. *Doct. Perplex.*, p. III, c. 45.

v. Na época de Sto. Tomás essa reflexão sobre o Templo como lugar da presença de Deus funda também as regras colocadas para as igrejas locais, lugares santos onde o novo povo de Deus se reúne a fim de rezar e de celebrar a eucaristia.

enim, quod est mutabile, significatur status praesentis vitae mutabilis. Per templum vero, quod erat fixum et stans, significatur status futurae vitae, quae omnino invariabilis est. Et propter hoc in aedificatione templi dicitur quod non est auditus sonitus mallei vel securis, ad significandum quod omnis perturbationis tumultus longe erit a statu futuro. — Vel per tabernaculum significatur status veteris legis: per templum autem a Salomone constructum, status novae legis. Unde ad constructionem tabernaculi soli Iudaei sunt operati: ad aedificationem vero templi cooperati sunt etiam gentiles, scilicet Tyrii et Sidonii.

que é mutável, é significado o estado mutável da presente vida. Já pelo templo, que era fixo e estável, era significado o estado da vida futura, que é totalmente invariável. E por causa disso na edificação do templo diz-se que não foi ouvido o som do martelo nem machado, para significar que todo tumulto de perturbação era distinto do estado futuro. — Ou pelo tabernáculo era significado o estado da lei antiga; e pelo templo construído por Salomão, o estado da lei nova. Donde para a construção do tabernáculo só os judeus trabalharam, mas para a edificação do templo cooperaram também os gentios, a saber, os tírios e os sidônios.

AD TERTIUM dicendum quod ratio unitatis templi, vel tabernaculi, potest esse et litteralis, et figuralis. Litteralis quidem est ratio ad exclusionem idololatriae. Quia gentiles diversis diis diversa templa constituebant: et ideo, ut firmaretur in animis hominum fides unitatis divinae, voluit Deus ut in uno loco tantum sibi sacrificium offerretur. — Et iterum ut per hoc ostenderet quod corporalis cultus non propter se erat ei acceptus. Et ideo compescebantur ne passim et ubique sacrificia offerrent. Sed cultus novae legis, in cuius sacrificio spiritualis gratia continetur, est secundum se Deo acceptus. Et ideo multiplicatio altarium et templorum acceptatur in nova lege.

QUANTO AO 3º, deve-se dizer que a razão da unidade do templo, ou do tabernáculo, pode ser tanto literal quanto figurativa[w]. Literal, é a razão para exclusão da idolatria. Porque os gentios constituíam templos diversos a diversos deuses e assim, para que se firmasse nos espíritos dos homens a fé da unidade divina, quis Deus que apenas em um só lugar se oferecesse a ele o sacrifício. — E ainda para que por meio disso, mostrasse que o culto corporal, em si mesmo, não era por ele aceito. E assim se reprimia que fossem oferecidos sacrifícios a cada passo e por toda parte. Entretanto, o culto da lei nova, em cujo sacrifício se continha a graça espiritual, é, em si mesmo, aceito por Deus. E assim a multiplicação dos altares e templos é aceita na lei nova.

Quantum vero ad ea quae pertinebant ad spiritualem cultum Dei, qui consistit in doctrina legis et prophetarum, erant etiam in veteri lege diversa loca deputata in quibus conveniebant ad laudem Dei, quae dicebantur synagogae: sicut et nunc dicuntur ecclesiae, in quibus populus Christianus ad laudem Dei congregatur. Et sic ecclesia nostra succedit in locum et templi et synagogae: quia ipsum sacrificium ecclesiae spirituale est; unde non distinguitur apud nos locus sacrificit a loco doctrinae.

Quanto àquelas coisas que pertenciam ao culto espiritual de Deus, que consiste no ensino da lei e dos profetas, eram também na lei antiga destinados diversos lugares, nos quais se reuniam para o louvor de Deus, e que se chamavam sinagogas, como agora se dizem igrejas, nas quais o povo cristão se congrega para o louvor de Deus. E assim nossa igreja sucede quanto ao lugar tanto ao templo como à sinagoga, porque o mesmo sacrifício da igreja é espiritual; donde não se distingue entre nós o lugar do sacrifício do lugar do ensino.

Ratio autem figuralis esse potest quia per hoc significatur unitas ecclesiae, vel militantis vel triumphantis.

A razão figurativa pode ser que, por meio disso, é significada a unidade da igreja, ou militante ou triunfante.

AD QUARTUM dicendum quod, sicut in unitate templi, vel tabernaculi, repraesentabatur unitas

QUANTO AO 4º, deve-se dizer que, como na unidade do templo, ou do tabernáculo, repre-

w. O problema da unidade do santuário, adquirida progressivamente, foi bem mais complexa do que Sto. Tomás imagina. A razão de conveniência que ele alega tem portanto um valor bem relativo. A sua assimilação dos lugares do culto cristão a santuários, com base no modelo do antigo Templo, só encontra sua verdadeira justificação por referência ao sacrifício do Cristo presente a sua Igreja, em todo tempo e em todos os lugares: daí essa multiplicação das "igrejas". Em contrapartida, como "lugares de instrução" e lugares de reunião para a prece sucedem às sinagogas judias, que a Idade Média cristã conhecia bem. Essa reflexão sobre as edificações dos cultos conserva o seu valor hoje se ela é considerada sob esse ângulo preciso.

Dei, vel unitas ecclesiae; ita etiam in distinctione tabernaculi, vel templi, repraesentabatur distinctio eorum quae Deo sunt subiecta, ex quibus in Dei venerationem consurgimus. Distinguebatur autem tabernaculum in duas partes: in unam quae vocabatur *Sancta Sanctorum*, quae erat occidentalis; et aliam quae vocabatur *Sancta*, quae erat ad orientem. Et iterum ante tabernaculum erat atrium. Haec igitur distinctio duplicem habet rationem. Unam quidem, secundum quod tabernaculum ordinatur ad cultum Dei. Sic enim diversae partes mundi in distinctione tabernaculi figurantur. Nam pars illa quae Sancta Sanctorum dicitur, figurabat saeculum altius, quod est spiritualium substantiarum: pars vero illa quae dicitur Sancta, exprimebat mundum corporalem. — Et ideo Sancta a Sanctis Sanctorum distinguebantur quodam velo, quod quatuor coloribus erat distinctum, per quos quatuor elementa designantur: scilicet bysso, per quod designatur terra, quia byssus, idest linum, de terra nascitur; purpura, per quam significatur aqua, fiebat enim purpureus color ex quibusdam conchis quae inveniuntur in mari; hyacintho, per quem significatur aer, quia habet aereum colorem; et cocco bis tincto, per quem designatur ignis. Et hoc ideo quia materia quatuor elementorum est impedimentum per quod velantur nobis incorporales substantiae. — Et ideo in interius tabernaculum, idest in Sancta Sanctorum, solus summus sacerdos, et semel in anno, introibat: ut designaretur quod haec est finalis perfectio hominis, ut ad illud saeculum introducatur. In tabernaculum vero exterius, idest in Sancta, introibant sacerdotes quotidie, non autem populus, qui solum ad atrium accedebat: quia ipsa corpora populus percipere potest; ad interiores autem eorum rationes soli sapientes per considerationem attingere possunt.

Secundum vero rationem figuralem, per exterius tabernaculum, quod dicitur Sancta, significatur status veteris legis, ut Apostolus dicit, Hb 9,6sqq. quia ad illud tabernaculum *semper introibant sacerdotes sacrificiorum officia consummantes*. Per interius vero tabernaculum, quod dicitur Sancta Sanctorum, significatur vel caelestis gloria: vel etiam status spiritualis novae legis, qui est quaedam inchoatio futurae gloriae. In quem statum nos Christus introduxit: quod figurabatur

sentava-se a unidade de Deus, ou a unidade da igreja, assim também na distinção do tabernáculo, ou do templo, representava-se a distinção daquelas coisas que são sujeitas a Deus, das quais nos elevamos para a veneração de Deus[x]. Distinguia-se o tabernáculo em duas partes: uma, que era ocidental, chamava-se *Santo dos Santos*; e uma outra que se chamava *Santo*, que era para o oriente. E ainda ante o tabernáculo estava o átrio. Essa distinção tem dupla razão. Uma, enquanto o tabernáculo se ordena para o culto de Deus. Assim, pois, as diversas partes do mundo se figuravam na distinção do tabernáculo. Com efeito, aquela parte que se diz *Santo dos Santos*, figurava o mundo superior, que é das substâncias espirituais; já aquela parte que se chama *Santo*, exprimia o mundo corporal. — E assim o *Santo* se distinguia do *Santo dos Santos* por um véu, que era distinguido por quatro cores, pelas quais eram designados os quatro elementos, a saber: o bisso, pelo qual se designa a terra, porque o bisso, isto é, o linho, nasce da terra; a púrpura, pela qual é significada a água: fazia-se, com efeito, a cor púrpura de algumas conchas, que se acham no mar; o jacinto, pelo qual é significado o ar, porque tem a cor de cobre; e o escarlate tinto duas vezes, pelo qual designava-se o fogo. E isso porque a matéria dos quatro elementos é impedimento pelo qual se velam para nós as substâncias incorporais. – E assim no tabernáculo interior, isto é, no *Santo dos Santos*, só entrava o sumo sacerdote, e uma vez ao ano: para designar que esta é a perfeição do homem, que ele se introduza naquele mundo espiritual. Já no tabernáculo exterior, isto é, no Santo, entravam os sacerdotes cotidianamente, não, o povo, que só tinha acesso ao átrio, porque o povo pode perceber as mesmas coisas corporais, mas as razões interiores delas só os sábios podem atingir por consideração.

Segundo a razão figurativa, porém, o tabernáculo exterior, que se diz *Santo*, significava o estado da lei antiga, como diz o Apóstolo, porque naquele tabernáculo "sempre entravam os sacerdotes para cumprir os ofícios dos sacrifícios". Pelo tabernáculo interior, que se diz *Santo dos Santos*, é significada ou a glória celeste, ou também o estado espiritual da lei nova, que é certo começo da glória futura. Nesse estado Cristo nos introduziu: o que é figurado pelo fato de que o sumo sacer-

x. Inicia-se aqui uma alegoria artificial que a Idade Média prezava bastante. A justificação literal dos detalhes do santuário tem uma relação apenas longínqua com os simbolismos reais das religiões antigas.

per hoc quod summus sacerdos, semel in anno, solus in Sancta Sanctorum intrabat. — Velum autem figurabat spiritualium occultationem sacrificiorum in veteribus sacrificiis. Quod velum quatuor coloribus erat ornatum: bysso quidem, ad designandam carnis puritatem; purpura autem, ad figurandum passiones quas Sancti sustinuerunt pro Deo; cocco bis tincto, ad significandum caritatem geminam Dei et proximi; hyacintho autem significabatur caelestis meditatio. — Ad statum autem veteris legis aliter se habebat populus, et aliter sacerdotes. Nam populus ipsa corporalia sacrificia considerabat, quae in atrio offerebantur. Sacerdotes vero rationem sacrificiorum considerabant, habentes fidem magis explicitam de mysteriis Christi. Et ideo intrabant in exterius tabernaculum. Quod etiam quodam velo distinguebatur ab atrio: quia quaedam erant velata populo circa mysterium Christi, quae sacerdotibus erant nota. Non tamen erant eis plene revelata, sicut postea in novo testamento, ut habetur Eph 3,5.

dote, uma vez por ano, entrava sozinho no *Santo dos Santos*. — O véu era figura da ocultação dos sacrifícios espirituais, nos antigos sacrifícios. Esse véu era ornado de quatro cores: de bisso, para designar a pureza da carne; de púrpura, para figurar as paixões que os santos suportaram por Deus; de escarlate duas vezes tinto, para significar a dupla caridade de Deus e do próximo; de jacinto, para significar a meditação celeste. — Com relação ao estado da lei antiga, uma era a consideração do povo e outra a dos sacerdotes. O povo, com efeito, considerava os sacrifícios corporais, que se ofereciam no átrio. Já os sacerdotes consideravam a razão dos sacrifícios, tendo uma fé mais explícita sobre os mistérios de Cristo[y]. E assim entravam no tabernáculo exterior. Este também se separava por um véu do átrio, pois algumas coisas eram veladas ao povo acerca do mistério de Cristo, as quais eram conhecidas dos sacerdotes. Não eram plenamente reveladas a eles, como depois no novo testamento, como se mostra na Carta aos Efésios.

AD QUINTUM dicendum quod adoratio ad occidentem fuit introducta in lege ad excludendam idololatriam: nam omnes gentiles, in reverentiam solis, adorabant ad orientem; unde dicitur Ez 8,16, quod quidam *habebant dorsa contra templum Domini et facies ad orientem, et adorabant ad ortum solis*. Unde ad hoc excludendum, tabernaculum habebat Sancta Sanctorum ad occidentem, ut versus occidentem adorarent.

QUANTO AO 5º, deve-se dizer que a adoração em direção ao ocidente foi introduzida na lei para excluir a idolatria, pois, os gentios, em reverência do sol, adoravam em direção ao oriente. Donde se dizer no livro de Ezequiel que alguns "tinham as costas voltadas contra o templo do Senhor e os rostos em direção ao oriente e adoravam em direção ao nascer do sol". Para excluir isso, o tabernáculo tinha o *Santo dos Santos* em direção ao ocidente, de modo que adorassem voltados para o ocidente.

Ratio etiam figuralis esse potest puta totus status prioris tabernaculi ordinabatur ad figurandum mortem Christi, quae significatur per occasum; secundum illud Ps 67,5: *Qui ascendit super occasum, Dominus nomen illi*.

A razão figurativa também pode ser, por exemplo: todo o estado do primeiro tabernáculo ordenava-se a figurar a morte de Cristo, que era significada pelo ocaso, segundo o livro dos Salmos: "Aquele que ascende sobre o ocaso, Senhor é o seu nome".

AD SEXTUM dicendum quod eorum quae in tabernaculo continebantur, ratio reddi potest et litteralis et figuralis. Litteralis quidem, per relationem ad cultum divinum. Et quia dictum est[3] quod per tabernaculum interius, quod dicebatur

QUANTO AO 6º, deve-se dizer que se pode dar uma razão literal e figurativa[z] daquelas coisas que se continham no tabernáculo. Literal, pela relação ao culto divino. E porque foi dito que pelo tabernáculo interior, que se dizia *Santo dos Santos*, era

3. In resp. ad 4.

y. Sto. Tomás aborda aqui a questão do conhecimento implícito do Cristo que é preciso reconhecer na experiência de fé própria do Antigo Testamento. O seu mistério não havia ainda sido revelado (ver Ef 3,5), mas estava presente em estado virtual na relação de fé e de esperança que os homens mantinham com Deus. Supõe-se que os sacerdotes receberam um conhecimento menos obscuro do que o resto do povo. Abraão, Moisés e os profetas receberam um ainda maior.

z. A busca de uma razão literal para todos os objetos de culto é limitada pela ignorância das religiões da antiguidade e de seus simbolismos específicos. Quanto à busca dos sentidos figurativos, ela é sóbria, pois o Novo Testamento fornece poucos textos que a apoiem de modo positivo.

Sancta Sanctorum, significabatur saeculum altius spiritualium substantiarum, ideo in illo tabernaculo tria continebantur. Scilicet *arca testamenti, in qua erat urna aurea habens manna, et virga Aaron quae fronduerat, et tabulae* in quibus erant scripta decem praecepta legis. Haec autem arca sita erat inter duos *cherubim*, qui se mutuis vultibus respiciebant. Et super arcam erat quaedam tabula, quae dicebatur *propitiatorium*, super alias cherubim, quasi ab ipsis cherubim portaretur: ac si imaginaretur quod illa tabula esset sedes Dei. Unde et propitiatorium dicebatur, quasi exinde populo propitiaretur, ad preces summi sacerdotis. Et ideo quasi portabatur a cherubim, quasi Deo obsequentibus: arca vero testamenti erat quasi scabellum sedentis supra propitiatorium. — Per haec autem tria designantur tria quae sunt in illo altiori saeculo. Scilicet Deus, qui super omnia est, et incomprehensibilis omni creaturae. Et propter hoc nulla similitudo eius ponebatur, ad repraesentandam eius invisibilitatem. Sed ponebatur quaedam figura sedis eius: quia scilicet creatura comprehensibilis est, quae est subiecta Deo, sicut sedes sedenti. Sunt etiam in illo altiori saeculo spirituales substantiae, quae angeli dicuntur. Et hi significantur per duos cherubim; mutuo se respicientes, ad designandam concordiam eorum ad invicem, secundum illud Io 25,2: *Qui facit concordiam in sublimibus*. Et propter hoc etiam non fuit unus tantum cherubim, ut designaretur multitudo caelestium spirituum, et excluderetur cultus eorum ab his quibus praeceptum erat ut solum unum Deum colerent. Sunt etiam in illo intelligibili saeculo rationes omnium eorum quae in hoc saeculo perficiuntur quodammodo clausae, sicut rationes effectuum clauduntur in suis causis, et rationes artificiatorum in artifice. Et hoc significabatur per arcam, in qua repraesentabantur, per tria ibi contenta, tria quae sunt potissima in rebus humanis: scilicet sapientia, quae repraesentabatur per tabulas testamenti; potestas regiminis, quae repraesentabatur per virgam Aaron; vita, quae repraesentabatur per manna, quod fuit sustentamentum vitae. Vel per haec tria significabantur tria Dei attributa: scilicet sapientia, in tabulis; potentia, in virga; bonitas, in manna, tum propter dulcedinem, tum quia ex Dei misericordia est populo datum, et ideo in memoriam divinae misericordiae conservabatur. — Et haec tria etiam figurata sunt in visione Is 6. Vidit enim Dominum sedentem super solium excelsum et elevatum; et Seraphim assistentes; et domum impleri a gloria

significado o mundo mais alto das substâncias espirituais, assim naquele tabernáculo continham-se três coisas. A saber: a arca do testamento, na qual estava a urna de ouro contendo o maná, e a vara do Aarão que tinha florescido, e as tábuas nas quais estavam escritos os dez preceitos da lei. Essa arca situava-se entre dois "querubins", que olhavam um para o outro. E sobre a arca havia uma tábua, que se chamava "propiciatório", sobre as asas dos querubins, como se fosse levada pelos mesmos querubins, e como se se imaginasse que aquela tábua fosse a sede de Deus. Chamava-se propiciatório, como se daí fosse propício ao povo, pelas preces do sumo sacerdote. E assim como que era levado pelos querubins, como os que seguem a Deus; já a arca do testamento era como o escabelo de quem se sentava sobre o propiciatório. — Por essas três coisas designavam-se as três que há no naquele mundo mais alto. A saber: Deus, que está sobre todas as coisas, e incompreensível a toda a criatura. E por causa disso não se punha nenhuma semelhança dele, que representasse sua invisibilidade. Punha-se, porém, uma figura de sua sede, pois é compreensível a criatura que é sujeita a Deus, como sede para quem assenta. Há, também, naquele mundo mais alto as substâncias espirituais, que se dizem anjos. E esses eram significados por dois querubins; mutuamente se olhando, para designar sua recíproca concórdia, segundo o Evangelho de João: "Que fez a concórdia nas alturas". E por causa disso também não havia um querubim apenas, para designar-se a multidão dos espíritos celestes, e excluir o culto deles àqueles para os quais havia o preceito de que a um só Deus cultuassem. Há, pois, naquele mundo inteligível razões de todas aquelas coisas que se perfazem neste mundo, de certo modo encerradas, assim como as razões dos efeitos se encerram em suas causas, e as razões dos artefatos no artífice. E isso era significado pela arca, na qual eram representadas, pelas três coisas aí contidas, as três que são de maior valor nas coisas humanas; a saber, a sabedoria, que era representada pelas tábuas do testamento; o poder de governo que era representado pela vara de Aarão; a vida, que era representada pelo maná, que foi o sustento da vida. Ou, por essas três significavam-se os três atributos de Deus, a saber, a sabedoria, nas tábuas; o poder, na vara; a bondade, no maná, quer como doçura, quer porque pela misericórdia de Deus foi dado ao povo, e assim conservava-se em memória da misericórdia divina. — E essas

Dei. Unde et Seraphim dicebant: *Plena est omnis terra gloria eius*. — Et sic similitudines Seraphim non ponebantur ad cultum, quod prohibebatur primo legis praecepto: sed in signum ministerii, ut dictum est.

In exteriori vero tabernaculo, quod significat praesens saeculum, continebantur etiam tria: scilicet *altare thymiamatis*, quod erat directe contra arcam; *mensa propositionis*, super quam duodecim panes apponebantur, erat posita ex parte aquilonari; *candelabrum* vero ex parte australi. Quae tria videntur respondere tribus quae erant in arca clausa, sed magis manifeste eadem repraesentabant: oportet enim rationes rerum ad manifestiorem demonstrationem perduci quam sint in mente divina et angelorum, ad hoc quod homines sapientes eas cognoscere possint, qui significantur per sacerdotes ingredientes tabernaculum. In candelabro igitur designabatur, sicut in signo sensibili, sapientia, quae intelligibilibus verbis exprimebatur in tabulis. — Per altare vero thymiamatis significabatur officium sacerdotum, quorum erat populum ad Deum reducere: et hoc etiam significabatur per virgam. Nam in illo altari incendebatur thymiama boni odoris, per quod significabatur sanctitas populi acceptabilis Deo: dicitur enim Ap 8,3, quod per fumum aromatum significantur *iustificationes sanctorum*. Convenienter autem sacerdotalis dignitas in arca significabatur per virgam, in exteriori vero tabernaculo per altare thymiamatis: quia sacerdos mediator est inter Deum et populum, regens populum per potestatem divinam, quam virga significat; et fructum sui regiminis, scilicet sanctitatem populi, Deo offert, quasi in altari thymiamatis. — Per mensam autem significatur nutrimentum vitae, sicut et per manna. Sed hoc est communius et grossius nutrimentum: illud autem suavius et subtilius. — Convenienter autem candelabrum ponebatur ex parte australi, mensa autem ex parte aquilonari: quia australis pars est dextera pars mundi, aquilonaris autem sinistra, ut dicitur in II *de Caelo et Mundo*[4]; sapientia autem pertinet ad dextram, sicut et cetera spiritualia bona; temporale autem nutrimentum ad sinistram, secundum illud Pr 3,16: *In sinistra illius divitiae et gloria*. Potestas

três coisas também foram figuradas na visão de Isaías. Viu, com efeito, o Senhor que se assentava sobre um sólio excelso e elevado, e os serafins que assistiam, e encher-se a casa da glória de Deus. Por isso, diziam os serafins: "Cheia está a terra inteira de sua glória". — E assim as similitudes dos serafins não eram postas para o culto, que era proibido pelo primeiro preceito da lei, mas em sinal do mistério, como foi dito.

No tabernáculo exterior, porém, o qual significa o mundo presente, continham-se também três coisas, a saber: "o altar do perfume", que estava diretamente contra a arca; "a mesa da proposição", sobre a qual se colocavam doze pães, situada na parte norte; "o candelabro", na parte sul. Essas três coisas parecem corresponder às três que estavam encerradas na arca, mas representavam as mesmas de modo mais manifesto; é necessário, com efeito, que as razões das coisas sejam levadas a uma demonstração mais clara do que estão na mente divina e dos anjos, para que os homens sábios as possam conhecer, eles que são significados pelos sacerdotes entrando no tabernáculo. No candelabro, pois, era designado, como em sinal sensível, a sabedoria, que se exprimia nas tábuas com palavras inteligíveis. — Pelo altar do perfume significava-se o ofício dos sacerdotes, aos quais pertencia conduzir o povo para Deus, e isso também era significado pela vara. Naquele altar, pois, queimava-se o perfume de bom odor, pelo qual significava-se a santidade do povo aceitável a Deus. Diz-se no livro do Apocalipse que pela fumaça dos perfumes são significadas "as justificações dos santos". Convenientemente era significada a dignidade sacerdotal, na arca, pela vara, já no tabernáculo exterior pelo altar do perfume, porque o sacerdote é o mediador entre Deus e o povo, regendo o povo pelo poder divino, que a vara significa; e oferece a Deus o fruto de seu governo, a saber, a santidade do povo, como no altar do perfume. — Pela mesa é significado o nutrimento da vida, como pelo maná. Mas esse é o nutrimento mais comum e grosseiro; já aquele é mais suave e sutil. — Convenientemente punha-se o candelabro na parte sul, enquanto a mesa na parte norte, porque a parte do sul é a parte direita do mundo, já a parte norte, a esquerda, como se diz no livro II do *Céu*; e a sabedoria pertence à direita, como os outros bens espirituais; já o nutrimento temporal à esquerda, segundo o livro

4. Cfr. 19, 8.

autem sacerdotalis media est inter temporalia et spiritualem sapientiam: quia per eam et spiritualis sapientia et temporalia dispensantur.

Potest autem et horum alia ratio assignari magis litteralis. In arca enim continebantur tabulae legis, ad tollendam legis oblivionem: unde dicitur Ex 24,12: *Dabo tibi duas tabulas lapideas et legem ac mandata quae scripsi, ut doceas filios Israel*. — Virga vero Aaron ponebatur ibi ad comprimendam dissensionem populi de sacerdotio Aaron: unde dicitur Nm 17,10: *Refer virgam Aaron in tabernaculum testimonii, ut servetur in signum rebellium filiorum Israel*. — Manna autem conservabatur in arca, ad commemorandum beneficium quod Dominus praestitit filiis Israel in deserto: unde dicitur Ex 16,32: *Imple gomor ex eo, et custodiatur in futuras retro generationes, ut noverint panes de quibus alui vos in solitudine*. — Candelabrum vero erat institutum ad honorificentiam tabernaculi: pertinet enim ad magnificentiam domus quod sit bene luminosa. Habebat autem candelabrum septem calamos, ut Iosephus dicit[5], ad significandum septem planetas, quibus totus mundus illuminatur. Et ideo ponebatur candelabrum ex parte australi: quia ex illa parte est nobis planetarum cursus. — Altare vero thymiamatis erat institutum ut iugiter in tabernaculo esset fumus boni odoris: tum propter venerationem tabernaculi; tum etiam in remedium fetoris quem oportebat accidere ex effusione sanguinis et occisione animalium. Ea enim quae sunt fetida, despiciuntur quasi vilia: quae vero sunt boni odoris, homines magis appretiant. — Mensa autem apponebatur ad significandum quod sacerdotes templo servientes, in templo victum habere debebant: unde duodecim panes superpositos mensae, in memoriam duodecim tribuum, solis sacerdotibus edere licitum erat, ut habetur Mt 12,4. Mensa autem non ponebatur directe in medio ante propitiatorium, ad excludendum ritum idololatriae: nam gentiles in sacris lunae proponebant mensam coram idolo lunae; unde dicitur Ier 7,18: *Mulieres conspergunt adipem ut faciant placentas reginae caeli*.

dos Provérbios: "Na esquerda dele as riquezas e a glória". Por seu lado, o poder sacerdotal está no meio entre as coisas temporais e a sabedoria espiritual, pois, por meio dele, são dispensadas a sabedoria espiritual e as coisas temporais.

Pode-se assinalar outra razão mais literal dessas coisas. Na arca, com efeito, continham-se as tábuas da lei, para impedir o seu esquecimento: donde se diz no livro do Êxodo: "Eu te darei duas tábuas de pedra e a lei e os mandamentos que escrevi, para que ensines aos filhos de Israel". — Já a vara de Aarão aí era colocada para reprimir a dissensão do povo com respeito ao sacerdócio de Aarão; donde se diz no livro dos Números: "Torna a levar a vara de Aarão para o tabernáculo do testemunho, para que sirva de sinal dos filhos rebeldes de Israel". — O maná se conservava na arca para comemorar o benefício que Deus fez aos filhos de Israel no deserto; donde se diz no livro do Êxodo: "Enche um 'gômer' dele e guarde-se atrás para as futuras gerações, para que conheçam os pães com os quais vos alimentei na solidão". — O candelabro fora instituído para a honorificência do tabernáculo: cabe, com efeito, à magnificência da casa que seja bem iluminada. O candelabro tinha sete hastes, como diz Josefo, para significar os sete planetas, pelos quais é o mundo todo iluminado. E assim punha-se o candelabro na parte sul, pois daquela parte é em relação a nós o curso dos planetas. — O altar do perfume era instituído para que houvesse sempre no tabernáculo a fumaça do bom odor, quer por causa da veneração do tabernáculo, quer também como remédio do mau cheiro, que era necessário resultasse da efusão do sangue e da morte dos animais. Aquelas coisas que são fétidas desprezam-se como vis; já as que são de bom odor os homens apreciam mais. — Punha-se a mesa para significar que os sacerdotes servindo no templo, deviam ter nele a alimentação; donde só aos sacerdotes era lícito comer dos doze pães postos sobre a mesa, em memória das doze tribos, como se mostra no Evangelho de Mateus. A mesa não era colocada no meio diante do propiciatório, para excluir o rito da idolatria: os gentios, com efeito, nos sacrifícios à lua, punham a mesa diante do ídolo da lua[aa]; donde se diz no livro de Jeremias: "As

5. *Antiquit. Iud.*, l. III, c. 7, § 7: ed. Naber, vol. I, Lipsiae 1888, p. 173, ll. 11-14.

aa. Esse exemplo mostra os limites da informação de Sto. Tomás: a "Rainha do céu" era *Ishtar* (o planeta Vênus), sem relação com o culto do deus-Lua. O mesmo vale para todas as proposições apresentadas na justificação "literal" das instituições de culto.

In atrio vero extra tabernaculum continebatur altare holocaustorum, in quo offerebantur Deo sacrificia de his quae erant a populo possessa. Et ideo in atrio poterat esse populus, qui huiusmodi Deo offerebat per manus sacerdotum. Sed ad altare interius, in quo ipsa devotio et sanctitas populi Deo offerebatur, non poterant accedere nisi sacerdotes, quorum erat Deo offerre populum. Est autem hoc altare extra tabernaculum in atrio constitutum, ad removendum cultum idololatriae: nam gentiles infra templa altaria constituebant ad immolandum idolis.

Figuralis vero ratio omnium horum assignari potest ex relatione tabernaculi ad Christum, qui figurabatur. Est autem considerandum quod ad designandum imperfectionem legalium figurarum, diversae figurae fuerunt institutae in templo ad significandum Christum. Ipse enim significatur per propitiatorium: quia *ipse est propitiatio pro peccatis nostris*, ut dicitur 1Io 2,2. — Et convenienter hoc propitiatorium a Cherubim portatur: quia de eo scriptum est, *Adorent eum omnes angeli Dei*, ut habetur Hb 1,6. — Ipse etiam significatur per arcam: quia sicut arca erat constructa de lignis setim, ita corpus Christi de membris purissimis constabat. Erat autem deaurata: quia Christus fuit plenus sapientia et caritate, quae per aurum significantur. Intra arcam autem erat urna aurea, idest sancta anima; habens manna, idest *omnem plenitudinem divinitatis*. Erat etiam in arca virga, idest potestas sacerdotalis: quia ipse est *factus sacerdos in aeternum*. Erant etiam ibi tabulae testamenti: ad designandum quod ipse Christus est legis dator. — Ipse etiam Christus significatur per candelabrum, quia ipse dicit, *Ego sum lux mundi*: per septem lucernas, septem dona Spiritus Sancti. Ipse etiam significatur per mensam, quia ipse est spiritualis cibus, secundum illud Io 6,41-51, *Ego sum panis vivus*: duodecim autem panes significant duodecim Apostolos, vel doctrinam eorum. Sive per candelabrum et mensam potest significari doctrina et fides Ecclesiae, quae etiam illuminat et spiritualiter reficit. — Ipse etiam Christus significatur per duplex altare holocaustorum et thymiamatis. Quia per ipsum oportet nos Deo offerre omnia virtutum opera: sive illa quibus carnem affligimus, quae offeruntur quasi in altari holocaustorum; sive illa quae, maiore mentis perfectione, per spiritualia perfectorum desideria,

mulheres derramam a gordura, para fazer bolos à rainha do céu".

O átrio, fora do tabernáculo, continha o altar dos holocaustos, no qual se ofereciam a Deus os sacrifícios daquelas coisas que eram possuídas pelo povo. E assim no átrio podia estar o povo, que oferecia a Deus pelas mãos dos sacerdotes. Entretanto, junto ao altar interior, no qual se oferecia a Deus a própria devoção e santidade do povo, não podiam ter acesso senão os sacerdotes, aos quais cabia oferecer a Deus o povo. Este altar está constituído fora do tabernáculo no átrio, para remover o culto de idolatria, pois os gentios constituíam os altares dentro dos templos, para imolar aos ídolos.

A razão figurativa, contudo, de todas essas coisas pode assinalar-se pela relação do tabernáculo com o Cristo, que era figurado. Deve-se considerar que para designar a imperfeição das figuras legais, instituíram-se diversas figuras no templo, para significar o Cristo. Esse, com efeito, é significado pelo propiciatório, pois "o mesmo é a propiciação por nossos pecados", como se diz na primeira Carta de João. — E convenientemente este propiciatório é levado por querubins, pois dele foi escrito: "Adorem-no todos os anjos de Deus", como se tem na Carta aos Hebreus. — O mesmo é significado pela arca, pois, como a arca fora construída de madeiras de acácia, assim o corpo de Cristo constava de membros puríssimos. Era também dourada, pois Cristo foi pleno de sabedoria e de caridade, que são significadas pelo ouro. Dentro da arca havia uma urna áurea, isto, a santa alma; tendo o maná, isto é, "toda a plenitude da divindade". Havia também na arca a vara, isto é, o poder sacerdotal, pois ele "foi feito sacerdote para sempre". Havia também aí as tábuas do testamento, para designar que o próprio Cristo é o legislador. — O mesmo Cristo é significado pelo candelabro, porque ele diz: "Eu sou a luz do mundo"; pelas sete lâmpadas, os sete dons do Espírito Santo. Ele é também significado pela mesa, pois é o alimento espiritual, segundo o Evangelho de João: "Eu sou o pão vivo"; os doze pães significam os doze Apóstolos, ou sua doutrina. Ou pelo candelabro e pela mesa pode ser significada a doutrina e a fé da Igreja, que também ilumina e refaz espiritualmente. — O mesmo Cristo também é significado pelo duplo altar dos holocaustos e do perfume. Porque, por ele, é necessário que ofereçamos a Deus todas as obras das virtudes, quer aquelas pelas quais

Deo offeruntur in Christo, quasi in altari thymiamatis, secundum illud Hb ult. 15, *Per ipsum ergo offeramus hostiam laudis semper Deo.*

mortificamos a carne, que são oferecidas como no altar dos holocaustos; quer aquelas que, em razão da perfeição maior da mente, são oferecidas pelos desejos espirituais dos perfeitos, a Deus em Cristo, como no altar do perfume, segundo a Carta aos Hebreus: "Por ele, pois, ofereçamos sempre a Deus a vítima de louvor".

AD SEPTIMUM dicendum quod Dominus praecepit altare construi ad sacrificia et munera offerenda, in honorem Dei et sustentationem ministrorum qui tabernaculo deserviebant. De constructione autem altaris datur a Domino duplex praeceptum. Unum quidem in principio legis, Ex 20,24sqq., ubi Dominus mandavit quod facerent *altare de terra*, vel saltem *de lapidibus non sectis*; et iterum quod non facerent altare excelsum, ad quod oporteret *per gradus ascendere*. Et hoc, ad detestandum idololatriae cultum: gentiles enim idolis construebant altaria ornata et sublimia, in quibus credebant aliquid sanctitatis et numinis esse. Propter quod etiam Dominus mandavit, Dt 16,21: *Non plantabis lucum, et omnem arborem, iuxta altare Domini Dei tui*: idololatrae enim consueverunt sub arboribus sacrificare, propter amoenitatem et umbrositatem. — Quorum etiam praeceptorum ratio figuralis fuit. Quia in Christo, qui est nostrum altare, debemus confiteri veram carnis naturam, quantum ad humanitatem, quod est altare de terra facere: et quantum ad divinitatem, debemus in eo confiteri Patris aequalitatem, quod est non ascendere per gradus ad altare. Nec etiam iuxta Christum debemus admittere doctrinam gentilium, ad lasciviam provocantem.

QUANTO AO 7º, deve-se dizer que Deus preceituou que se construísse o altar para oferecer sacrifícios e dons, em honra de Deus e sustento dos ministros, que serviam no tabernáculo. A respeito da construção do altar é dado por Deus duplo preceito. Um, no princípio da lei, no livro do Êxodo, quando o Senhor mandou que fizessem "o altar de terra", ou ao menos "de pedras não lavradas", e ainda que não fizessem um altar elevado, ao qual fosse necessário "subir por degraus". E isso, para que fosse detestado o culto da idolatria; com efeito, os gentios construíam aos ídolos altares ornados e altos, nos quais acreditavam existir algo de santidade e de sagrado. Por causa disso, o Senhor mandou também no livro do Deuteronômio: "Não plantarás bosque nem qualquer árvore junto ao altar do Senhor teu Deus"; os idólatras, com efeito, acostumaram-se a sacrificar sob as árvores, por causa da amenidade e da sombra. — A razão desses preceitos também foi figurativa. Porque em Cristo, que é nosso altar, devemos confessar a verdadeira natureza da carne, quanto à humanidade, o que é fazer o altar de terra; e quanto à divindade, devemos nele confessar a igualdade do Pai, o que é não subir por degraus ao altar. Nem devemos junto a Cristo admitir a doutrina dos gentios, que provoca à lascívia.

Sed facto tabernaculo ad honorem Dei, non erant timendae huiusmodi occasiones idololatriae. Et ideo Dominus mandavit quod fieret altare holocaustorum de aere, quod esset omni populo conspicuum; et altare thymiamatis de auro, quod soli sacerdotes videbant. Nec erat tanta pretiositas aeris ut per hoc populus ad aliquam idololatriam provocaretur.

Ora, feito o tabernáculo para a honra de Deus, não eram para temer tais ocasiões de idolatria. E assim o Senhor mandou que se fizesse de bronze o altar dos holocaustos, que estivesse patente a todo o povo; e o altar do perfume de ouro, que só os sacerdotes viam. Nem era tanta a preciosidade do bronze, de modo que por isso o povo fosse provocado a alguma idolatria.

Sed quia Ex 20 ponitur pro ratione huius praecepti, *Non ascendes per gradus ad altare meum*, id quod subditur, *ne reveletur turpitudo tua*; considerandum est quod hoc etiam fuit institutum ad excludendam idololatriam: nam in sacris Priapi sua pudenda gentiles populo denudabant. Postmodum autem indictus est sacerdotibus feminalium usus ad tegimen pudendorum. Et ideo sine periculo institui potuit tanta altaris altitudo ut per aliquos gradus ligneos, non stantes sed portatiles,

Entretanto, porque, no livro do Êxodo, é posto por razão deste preceito: "Não subirás por degraus a meu altar", o que se acrescenta: "para que não se revele tua torpeza", é necessário considerar que também isso foi instituído para excluir a idolatria, pois nos sacrifícios de Príapo os gentios desnudavam suas partes pudendas ao povo. Depois foi ordenado aos sacerdotes o uso de calções como cobertura das pudendas. E assim, sem perigo, pôde ser determinada uma altura tal do altar que,

in hora sacrificii, sacerdotes ad altare ascenderent sacrificia offerentes.

AD OCTAVUM dicendum quod corpus tabernaculi constabat ex quibusdam tabulis in longitudinem erectis, quae quidem interius tegebantur quibusdam cortinis ex quatuor coloribus variatis, scilicet de bysso retorta, et hyacintho, ac purpura, cocoque bis tincto. Sed huiusmodi cortinae tegebant solum latera tabernaculi: in tecto autem tabernaculi erat operimentum unum de pellibus hyacinthinis; et super hoc aliud de pellibus arietum rubricatis; et desuper tertium de quibusdam sagis cilicinis, quae non tantum operiebant tectum tabernaculi, sed etiam descendebant usque terram, et tegebant tabulas tabernaculi exterius. Horum autem operimentorum ratio litteralis in communi erat ornatus et protectio tabernaculi, ut in reverentia haberetur. In speciali vero, secundum quosdam[6], per cortinas designabatur caelum sydereum, quod est diversis stellis variatum; per saga, aquae quae sunt supra firmamentum; per pelles rubricatas, caelum empyreum, in quo sunt angeli; per pelles hyacinthinas, caelum sanctae Trinitatis.

Figuralis autem ratio horum est quia per tabulas ex quibus construebatur tabernaculum, significantur Christi fideles, ex quibus construitur Ecclesia. Tegebantur autem interius tabulae cortinis quadricoloribus: quia fideles interius ornantur quatuor virtutibus; nam *in bysso retorta*, ut Glossa[7] dicit, *significatur caro castitate renitens; in hyacintho, mens superna cupiens; in purpura, caro passionibus subiacens; in cocco bis tincto, mens inter passiones Dei et proximi dilectione praefulgens*. Per operimenta vero tecti designantur praelati et doctores: in quibus debet renitere caelestis conversatio, quod significatur per pelles hyacinthinas; promptitudo ad martyrium, quod significant pelles rubricatae; austeritas vitae et tolerantia adversorum, quae significantur per saga cilicina, quae erant exposita ventis et pluviis, ut Glossa[8] dicit.

por alguns degraus de madeira, não permanentes, mas portáteis, na hora do sacrifício, os sacerdotes subissem ao altar para oferecer os sacrifícios.

QUANTO AO 8º, deve-se dizer que o corpo do tabernáculo constava de algumas tábuas eretas no sentido do cumprimento, as quais internamente eram cobertas por algumas cortinas de quatro cores variadas, a saber, de bisso retorcido, de jacinto, de púrpura, e de escarlate duas vezes tinto. Tais cortinas, porém, só cobriam os lados do tabernáculo, pois no teto do tabernáculo havia uma coberta de peles tintas de jacinto, e sobre essa outra, de peles de carneiro tintas de vermelho; e por cima uma terceira, de algumas mantas de peles de cabra, que não apenas cobriam o teto do tabernáculo, mas também desciam até a terra, e cobriam as tábuas do tabernáculo, externamente. A razão literal dessas coberturas, porém, era, em geral, o ornato e a proteção do tabernáculo, para que fosse mantido em reverência. Em especial, porém, segundo alguns, pelas cortinas designava-se o céu sidéreo, que é variado de diversas estrelas; pela manta, as águas que há sobre o firmamento; pelas peles tintas de vermelho, o céu empíreo, no qual estão os anjos; pelas peles tintas de jacinto, o céu da santa Trindade.

A razão figurativa dessas coisas é que pelas tábuas com as quais se construía o tabernáculo, são significados os fiéis de Cristo, com os quais se constrói a Igreja. Cobriam-se internamente as tábuas com cortinas de quatro cores, porque os fiéis internamente são ornados de quatro virtudes, pois “no bisso retorcido”, como diz a Glosa, “é significada a carne resplendente de castidade; no jacinto, a mente desejosa das coisas celestes; na púrpura, a carne que se sujeita às paixões; no escarlate duas vezes tinto, a mente refulgente entre as paixões de Deus e o amor do próximo”. Pelas coberturas do teto são designados os prelados e doutores, nos quais deve brilhar a vida celeste, o que é significado pelas peles tintas de jacinto; a prontidão ao martírio, que as peles tintas de vermelho significam; a austeridade da vida e a paciência nas coisas adversas, que são significadas pelas mantas de pele de cabra, que eram expostas aos ventos e às chuvas, como diz a Glosa.

6. PETRUS COMESTOR (saec. XII), *Histor. Schol.*, L. Exod., c. 58: ML 198, 1179.
7. Ord.: ML 113, 270 C.
8. Ord., super *Exod.* 26, 7, 14: ML 113, 271 B-272 C.

AD NONUM dicendum quod sanctificatio tabernaculi et vasorum eius habebat causam litteralem ut in maiori reverentia haberetur, quasi per huiusmodi consecrationem divino cultui deputatum. — Figuralis autem ratio est quia per huiusmodi sanctificationem significatur spiritualis sanctificatio viventis tabernaculi, scilicet fidelium, ex quibus constituitur Ecclesia Christi.

AD DECIMUM dicendum quod in veteri lege erant septem solemnitates temporales, et una continua, ut potest coliigi Nm 28 et 29. Erat enim quasi continuum festum, quia quotidie mane et vespere immolabatur agnus. Et per illud continuum festum *iugis sacrificii* repraesentabatur perpetuitas divinae beatitudinis.

Festorum autem temporalium primum erat quod iterabatur qualibet septimana. Et haec erat solemnitas *Sabbati*, quod celebratur in memoriam creationis rerum, ut supra[9] dictum est. — Alia autem solemnitas iterabatur quolibet mense, scilicet festum *Neomeniae*: quod celebratur ad commemorandum opus divinae gubernationis. Nam haec inferiora praecipue variantur secundum motum lunae: et ideo celebrabatur hoc festum in novitate lunae. Non autem in eius plenitudine, ad evitandum idololatrarum cultum, qui in tali tempore lunae sacrificabant. — Haec autem duo beneficia sunt communia toti humano generi: et ideo frequentius iterabantur.

Alia vero quinque festa celebrabantur semel in anno: et recolebantur in eis beneficia specialiter illi populo exhibita. Celebrabatur enim festum *Phase* primo mense, ad commemorandum beneficium liberationis ex Aegypto. — Celebrabatur autem festum *Pentecostes* post quinquaginta dies, ad recolendum beneficium legis datae. — Alia vero tria festa celebrabantur in mense septimo, qui quasi totus apud eos erat solemnis, sicut et septimus dies. In prima enim die mensis septimi

QUANTO AO 9º, deve-se dizer que a santificação do tabernáculo[bb] e de seus vasos tinha uma causa literal, para que fosse tido em maior reverência, como destinado por semelhante consagração ao culto divino. — Já a razão figurativa é que por tal santificação é significada a santificação espiritual do tabernáculo vivo, a saber, dos fiéis, dos quais se constitui a Igreja de Cristo.

QUANTO AO 10º, deve-se dizer que na lei antiga havia sete solenidades temporais e uma contínua, como se pode concluir do livro dos Números. Era, com efeito, como uma festa contínua[cc], porque cotidianamente, de manhã e de tarde, se imolava um cordeiro. E por aquela festa contínua "de um sacrifício perene" era representada a perpetuidade da bem-aventurança divina.

A primeira das festas temporais era a que se renovava em cada semana. E esta era a solenidade do "Sábado", que se celebra em memória da criação das coisas, como acima foi dito. — Outra solenidade se repetia cada mês, a saber, a festa da "Lua nova", que se celebrava para comemorar a obra do governo divino. Com efeito, estas coisas inferiores variam principalmente segundo o movimento da lua, e assim é celebrada esta festa na lua nova. Não, no seu plenilúnio, para evitar o culto dos idólatras, que em tal tempo sacrificavam à lua. — Estes dois benefícios são comuns a todo gênero humano, e assim mais frequentemente se repetiam.

As outras cinco festas, contudo, se celebravam uma vez no ano, e nelas se rememoravam os benefícios prestados especialmente àquele povo. Celebrava-se, com efeito, a festa da "Páscoa" no primeiro mês, para comemorar o benefício da libertação do Egito. — Celebrava-se a festa de "Pentecostes" após cinquenta dias, para rememorar o benefício da lei dada. — As outras três festas celebravam-se no sétimo mês, que, como o sétimo dia, era quase todo solene junto deles.

9. Q. 100, a. 5; a. 7, ad 5; q. 103, a. 3, ad 4.

bb. Esse ponto mereceria um estudo aprofundado para precisar o sentido da unção consecratória. Esta foi aplicada aos reis antes de sê-lo ao santuário, aos objetos sagrados e ao sumo sacerdote; ela deu o seu nome ao título de "Cristo" (= Ungido). Sto. Tomás não dispunha dos meios necessários para efetuar um tal estudo.

cc. O estudo literal do calendário das festas ignora evidentemente a sua evolução ao longo do tempo. Procede de sua fixação sacerdotal, tal como se apresenta em Nm 28-29 (ver Lv 23). Sto. Tomás completa sua documentação reunindo todos os textos que se podem relacionar-se às festas (ver Nm 10,10 para a festa de Aclamações, chamada de "das trombetas"). Ele acrescenta em vários casos informações que provêm da tradição judia mais tardia (sentido da festa de Pentecostes, lembrança da libertação de Isaac). A última festa, chamada "da assembleia" ou "da colheita" é simplesmente a oitava da festa das Tendas. Tudo deveria ser revisto em virtude dos estudos históricos efetuados na época moderna: o texto de Sto. Tomás está irremediavelmente superado. Quanto às explicações figurativas, pouco desenvolvidas em relação aos comentários alegóricos da alta Idade Média, elas deveriam ser inteiramente revistas; uma ou outra poderia receber desenvolvimentos bem mais precisos: por exemplo, o Pentecostes e a Expiação (ou festa dos Perdões).

erat festum *Tubarum*, in memoriam liberationis Isaac, quando Abraham invenit arietem haerentem cornibus, quem repraesentabant per cornua quibus buccinabant. — Erat autem festum Tubarum quasi quaedam invitatio ut praepararent se ad sequens festum, quod celebrabatur decimo die. Et hoc erat festum *Expiationis*, in memoriam illius beneficii quo Deus propitiatus est peccato populi de adoratione vituli, ad preces Moysi. — Post hoc autem celebrabatur festum *Scenopegiae*, idest *Tabernaculorum*, septem diebus, ad commemorandum beneficium divinae protectionis et deductionis per desertum, ubi in tabernaculis habitaverunt. Unde in hoc festo debebant habere *fructum arboris pulcherrimae*, idest citrum, et *lignum densarum frondium*, idest myrtum, quae sunt odorifera; et *spatulas palmarum*, et *salices de torrente*, quae diu retinent suum virorem; et haec inveniuntur in terra promissionis; ad significandum quod per aridam terram deserti eos duxerat Deus ad terram deliciosam. — Octavo autem die celebrabatur aliud festum, scilicet *Coetus atque Collectae*, in quo colligebantur a populo ea quae erant necessaria ad expensas cultus divini. Et significabatur adunatio populi et pax praestita in terra promissionis.

Figuralis autem ratio horum festorum est quia per luge sacrificium agni figuratur perpetuitas Christi, qui est *Agnus Dei*; secundum illud Hb ult., 8: *Iesus Christus heri et hodie, ipse et in saecula*. — Per Sabbatum autem significatur spiritualis requies nobis data per Christum: ut habetur Hb 4. — Per Neomeniam autem, quae est incoeptio novae lunae, significatur illuminatio primitivae ecclesiae per Christum, eo praedicante et miracula faciente. — Per festum autem Pentecostes significatur descensus Spiritus Sancti in Apostolos. — Per festum autem Tubarum significatur praedicatio Apostolorum. — Per festum autem Expiationis significatur emundatio a peccatis populi Christiani. Per festum autem Tabernaculorum, peregrinatio eorum in hoc mundo, in quo ambulant in virtutibus proficiendo. Per festum autem Coetus atque Collectae significatur congregatio fidelium in regno caelorum: et ideo istud festum dicebatur *sanctissimum* esse. Et haec tria festa erant continua ad invicem: quia oportet expiatos a vitiis proficere in virtute, quousque perveniant ad Dei visionem, ut dicitur in Ps 83,8.

No primeiro dia do sétimo mês, era a festa das "Trombetas", em memória da libertação de Isaac, quando Abraão encontrou o carneiro preso pelos chifres, o qual representavam pelos chifres de que eram feitas as trombetas. — Era a festa das Trombetas como um convite para que se preparassem para a festa seguinte, que se celebrava no décimo dia. E esta era a festa da "Expiação", em memória daquele benefício pelo qual Deus se tornou propício, sob as preces de Moisés, pelo pecado do povo na adoração do bezerro. — Depois dessa, celebrava-se a festa da "Cenopégia", isto é, dos "Tabernáculos", por sete dias, para comemorar o benefício da proteção divina e da condução pelo deserto, onde habitaram em tabernáculos. Donde, nesta festa, deviam ter "o fruto da belíssima árvore", isto é, do limoeiro, e a "árvore de densas copas", isto é, o mirto, que são odoríferos; e "as folhas das palmeiras", e "os salgueiros da torrente", que conservam por mais tempo sua cor verde; e essas se encontram na terra da promissão; para significar que pela terra árida do deserto levara-os Deus para a terra deliciosa. — No oitavo dia, celebrava-se outra festa, a saber, "da Assembleia e da Coleta", na qual se ajuntavam do povo aquelas coisas que eram necessárias para as despesas do culto divino. E significava-se a reunião do povo e a paz concedida na terra da promissão.

A razão figurativa dessas festas é que pelo sacrifício perene do cordeiro figura-se a perpetuidade de Cristo, que é o "Cordeiro de Deus", segundo a Carta aos Hebreus: "Jesus Cristo ontem e hoje, o mesmo e pelos séculos". — Pelo sábado significa-se o repouso espiritual a nós dado por Cristo, como se tem na Carta aos Hebreus. — Pela festa da Lua nova, que é o começo da lua nova, significa-se a iluminação da igreja primitiva por Cristo, pregando ele e fazendo milagres. — Pela festa de Pentecostes significa-se a descida do Espírito Santo sobre os Apóstolos. — Pela festa das Trombetas significa-se a pregação dos Apóstolos. — Pela festa da Expiação significa-se a purificação dos pecados do povo Cristão. Pela festa dos Tabernáculos, a peregrinação deles neste mundo, no qual andam adiantando-se na virtude. Pela festa da Assembleia e da Coleta significa-se a congregação dos fiéis no reino dos céus; e assim esta festa se dizia ser "santíssima". E essas três festas eram contínuas, umas em relação às outras, porque é necessário que progridam na virtude os que expiaram os vícios, até que cheguem à visão de Deus, como se diz no livro dos Salmos.

ARTICULUS 5

Utrum sacramentorum veteris legis conveniens causa esse possit

AD QUINTUM SIC PROCEDITUR. Videtur quod sacramentorum veteris legis conveniens causa esse non possit.

1. Ea enim quae ad cultum divinum fiunt, non debent esse similia his quae idololatrae observabant: dicitur enim Dt 12,31: *Non facies similiter Domino Deo tuo: omnes enim abominationes quas aversatur Dominus, fecerunt diis suis*. Sed cultores idolorum in eorum cultu se incidebant usque ad effusionem sanguinis: dicitur enim 3Reg 18,28, quod *incidebant se, iuxta ritum suum, cultris et lanceolis, donec perfunderentur sanguine*. Propter quod Dominus mandavit, Dt 14,1: *Non vos incidetis, nec facietis calvitium super mortuo*. Inconvenienter igitur circumcisio erat instituta in lege.

2. PRAETEREA, ea quae in cultum divinum fiunt, debent honestatem et gravitatem habere; secundum illud Ps 34,18: *In populo gravi laudabo te*. Sed ad levitatem quandam pertinere videtur ut homines festinanter comedant. Inconvenienter igitur praeceptum est, Ex 12,11, ut comederent festinanter agnum paschalem. Et alia etiam circa eius comestionem sunt instituta, quae videntur omnino irrationabilia esse.

3. PRAETEREA, sacramenta veteris legis figurae fuerunt sacramentorum novae legis. Sed per agnum paschalem significatur sacramentum Eucharistiae; secundum illud 1Cor 5,7: *Pascha nostrum immolatus est Christus*. Ergo etiam debuerunt esse aliqua sacramenta in lege quae praefigurarent alia sacramenta novae legis, sicut Confirmationem et Extremam Unctionem et Matrimonium, et alia sacramenta.

ARTIGO 5

Pode haver uma causa conveniente dos sacramentos da lei antiga?[dd]

QUANTO AO QUINTO, ASSIM SE PROCEDE: parece que **não** pode haver uma causa conveniente dos sacramentos da lei antiga.

1. Com efeito, aquelas coisas que se fazem para o culto divino não devem ser semelhantes às que observavam os idólatras; diz-se, com efeito, no livro do Deuteronômio: "Não farás assim com o Senhor teu Deus, pois eles fizeram a seus deuses todas as abominações que o Senhor aborrece". Ora, os adoradores dos ídolos, em seu culto, cortavam-se até à infusão de sangue; diz-se, com efeito, no livro dos Reis, que "se cortavam, segundo seu rito, com canivetes e lancetas, até se cobrirem de sangue". Por causa disso mandou Deus, no livro do Deuteronômio: "Não vos cortareis, nem fareis calvície sobre o morto". Logo, inconvenientemente, a circuncisão foi instituída na lei.

2. ALÉM DISSO, aquelas coisas que se fazem para o culto divino devem ter dignidade e gravidade, segundo o livro dos Salmos: "Louvar-te-ei no povo grave". Ora, a certa leviandade parece pertencer que os homens comam apressadamente. Logo, inconvenientemente foi preceituado no livro do Êxodo que comessem apressadamente o cordeiro pascal. E foram determinadas outras coisas também sobre seu modo de comer que parecem ser totalmente irracionais.

3. ADEMAIS, os sacramentos da lei antiga foram figuras dos sacramentos da lei nova. Ora, pelo cordeiro pascal significa-se o sacramento da Eucaristia, segundo a primeira Carta aos Coríntios: "Cristo, nossa Páscoa, foi imolado". Logo, também devia haver alguns sacramentos na lei, que prefigurassem outros sacramentos da lei nova, como a Confirmação, a Extrema Unção e o Matrimônio, e os outros sacramentos.

---

5 PARALL.: Part. III, q. 70, a. 1, 3; *ad Rom.*, c. 4, lect. 2; I *Cor.*, c. 5, lect. 2.

---

dd. O assunto tratado neste artigo explica a sua extensão interminável; é também um dos mais ultrapassados da Suma. Sto. Tomás deve analisar todos os ritos purificatórios e consecratórios que ele encontra no Antigo Testamento, para justificar racionalmente os seus detalhes, e para fornecer uma explicação figurativa em função do Cristo e dos sacramentos cristãos. Ora, sobre o primeiro ponto, a sua informação apresenta os limites habituais: as razões que ele alega carecem do fundamento sólido que trariam a ciência e a fenomenologia comparadas das religiões. Sobre o segundo ponto, ele depende dos temas clássicos que se encontram de maneira esparsa na cultura medieval. A sua exposição pode, portanto, ser lida rapidamente, "para informação": não compromete a teologia sacramental, que deve encontrar uma outra base. A noção de sacramento deve ser tomada, aliás, em sentido lato. Trata-se de atos significativos que estão em uma certa relação com o mistério do povo de Deus durante a etapa que o prepara a receber a graça da salvação pela mediação do Cristo, suscitando e traduzindo uma vida de fé que ainda não atingiu sua plenitude.

4. PRAETEREA, purificatio non potest convenienter fieri nisi ab aliquibus immunditiis. Sed quantum ad Deum, nullum corporale reputatur immundum: quia omne corpus creatura Dei est; et *omnis creatura Dei bona, et nihil reiiciendum quod cum gratiarum actione percipitur*, ut dicitur 1Ti 4,4. Inconvenienter igitur purificabantur propter contactum hominis mortui, vel alicuius huiusmodi corporalis infectionis.

5. PRAETEREA, Eccli 34,4 dicitur: *Ab immundo quid mundabitur?* Sed cinis vitulae rufae quae comburebatur, immundus erat, quia immundum reddebat: dicitur enim Nm 19,7sqq. quod sacerdos qui immolabat eam, commaculatus erat usque ad vesperum; similiter et ille qui eam comburebat; et etiam ille qui eius cineres colligebat. Ergo inconvenienter praeceptum ibi fuit ut per huiusmodi cinerem aspersum immundi purificarentur.

6. PRAETEREA, peccata non sunt aliquid corporale, quod possit deferri de loco ad locum: neque etiam per aliquid immundum potest homo a peccato mundari. Inconvenienter igitur ad expiationem peccatorum populi, sacerdos super unum hircorum confitebatur peccata filiorum Israel, ut portaret ea in desertum: per alium autem, quo utebantur ad purificationes, simul cum vitulo comburentes extra castra, immundi reddebantur, ita quod oportebat eos lavare vestimenta et carnem aqua.

7. PRAETEREA, illud quod iam est mundatum, non oportet iterum mundari. Inconvenienter igitur, mundata lepra hominis,vel etiam domus, alia purificatio adhibebatur; ut habetur Lv 14.

8. PRAETEREA, spiritualis immunditia non potest per corporalem aquam, vel pilorum rasuram, emundari. Irrationabile igitur videtur quod Dominus praecepit Ex 30,18sqq., ut fieret labium aeneum cum basi sua ad lavandum manus et pedes sacerdotum qui ingressuri erant tabernaculum; et quod praecipitur Nm 8,7, quod levitae abstergerentur aqua lustrationis, et raderent omnes pilos carnis suae.

9. PRAETEREA, quod maius est, non potest sanctificari per illud quod minus est. Inconvenienter igitur per quandam unctionem corporalem, et corporalia sacrificia, et oblationes corporales, fiebat in lege consecratio maiorum et minorum sacerdotum, ut habetur Lv 8; et levitarum, ut habetur Nm 8,5sqq.

4. ADEMAIS, a purificação não pode fazer-se convenientemente a não ser de algumas impurezas. Ora, para Deus, nada corporal se reputa impuro, porque todo corpo é criatura de Deus; e “toda criatura de Deus é boa, e nada se deve rejeitar que é recebido com ação de graças”, como se diz na primeira Carta a Tito. Logo, inconvenientemente purificavam-se por causa do contado com homem morto, e com alguma semelhante infecção corporal.

5. ADEMAIS, diz-se no livro do Eclesiástico: “Que coisa será purificada pelo impuro?”. Ora, a cinza da vaca vermelha que se queimava, era impura, pois tornava impuro; diz-se, com efeito, no livro dos Números, que o sacerdote que a imolava, estava maculado até a tarde; e também aquele que recolhia suas cinzas. Logo, inconvenientemente foi aí preceituado que por semelhante cinza aspergida se purificassem os impuros.

6. ADEMAIS, os pecados não são algo corporal, que possa ser levado de lugar a lugar, nem também por algo impuro pode o homem ser purificado do pecado. Inconvenientemente, pois, para a expiação dos pecados do povo, confessava o sacerdote sobre um bode os pecados dos filhos de Israel, para que os levasse para o deserto, e pelo outro, do qual usavam para as purificações, queimando juntamente com um bezerro fora do acampamento, tornavam-se impuros, de modo que era necessário lavar as vestes e o corpo com água.

7. ADEMAIS, aquilo que já é puro, não é necessário ser de novo purificado. Inconvenientemente, pois, purificada a lepra do homem, ou também sua casa, outra purificação era empregada, como se tem no livro do Levítico.

8. ADEMAIS, a impureza espiritual não pode ser purificada pela água corporal, ou pela raspagem dos pelos. Parece, pois, irracional o que o Senhor preceituou, no livro do Êxodo, que se fizesse uma bacia de bronze com sua base, para lavar as mãos e os pés dos sacerdotes, que deveriam ingressar no tabernáculo; e o que é preceituado, no livro dos Números, que os levitas se lavassem com a água da purificação e raspassem todos os pelos de seu corpo.

9. ADEMAIS, o que é maior, não pode ser santificado por aquilo que é menor. Inconvenientemente, pois, por certa unção corporal, sacrifícios e oblações corporais, fazia-se na lei a consagração dos sacerdotes maiores e menores, como está no livro do Levítico; e dos levitas, como está no livro dos Números.

10. PRAETEREA, sicut dicitur 1Reg 16,7, *homines vident ea quae parent, Deus autem intuetur cor.* Sed ea quae exterius parent in homine, est corporalis dispositio, et etiam indumenta. Inconvenienter igitur sacerdotibus maioribus et minoribus quaedam specialia vestimenta deputabantur, de quibus habetur Ex 28. Et sine ratione videtur quod prohiberetur aliquis a sacerdotio propter corporales defectus, secundum quod dicitur Lv 21,17sqq.: *Homo de semine tuo per familias qui habuerit maculam, non offeret panes Deo suo: si caecus fuerit, vel claudus*, etc. Sic igitur videtur quod sacramenta veteris legis irrationabilia fuerint.

SED CONTRA est quod dicitur Lv 20,8: *Ego sum Dominus, qui sanctifico vos*. Sed a Deo nihil sine ratione fit: dicitur enim in Ps 103,24: *Omnia in sapientia fecisti*. Ergo in sacramentis veteris legis, quae ordinabantur ad hominum sanctificationem, nihil erat sine rationabili causa.

RESPONDEO dicendum quod, sicut supra[1] dictum est, sacramenta proprie dicuntur illa quae adhibebantur Dei cultoribus ad quandam consecrationem, per quam scilicet deputabantur quodammodo ad cultum Dei. Cultus autem Dei generali quidem modo pertinebat ad totum populum; sed speciali modo pertinebat ad sacerdotes et levitas, qui erant ministri cultus divini. Et ideo in istis sacramentis veteris legis quaedam pertinebant communiter ad totum populum; quaedam autem specialiter ad ministros.

Et circa utrosque tria erant necessaria. Quorum primum est institutio in statu colendi Deum. Et haec quidem institutio communiter quantum ad omnes, fiebat per circumcisionem, sine qua nullus admittebatur ad aliquid legalium: quantum vero ad sacerdotes, per sacerdotum consecrationem. — Secundo requirebatur usus eorum quae pertinent ad divinum cultum. Et sic quantum ad populum, erat esus paschalis convivii, ad quem nullus incircumcisus admittebatur, ut patet Ex 12,43sqq.: et quantum ad sacerdotes, oblatio victimarum, et esus panum propositionis et aliorum quae erant sacerdotum usibus deputata. — Tertio requirebatur remotio eorum per quae aliqui impediebantur a cultu divino; scilicet immunditiarum. Et sic quantum ad populum, erant institutae quaedam purificationes a quibusdam exterioribus immunditiis, et etiam expiationes a peccatis: quantum

10. ADEMAIS, como se diz no livro dos Reis: "Os homens veem aquelas coisas que aparecem; Deus olha o coração". Ora, aquelas coisas que aparecem externamente no homem, são a disposição corporal, e também as roupas. Inconvenientemente, pois, eram destinadas aos sacerdotes maiores e menores certas roupas especiais, das quais fala o livro do Êxodo. E parece sem razão que se proibisse alguém do sacerdócio por causa de defeitos corporais, segundo o que diz o livro do Levítico: "Não oferecerá pães a seu Deus o homem de famílias de teu sêmen, que tiver mácula: se for cego, ou coxo" etc. Assim, pois, parece que os sacramentos da lei antiga foram irracionais.

EM SENTIDO CONTRÁRIO, diz o livro do Levítico: "Eu sou o Senhor, que vos santifico". Ora, nada é feito por Deus sem razão; diz, com efeito, o livro dos Salmos: "Fizeste todas as coisas com sabedoria". Logo, nos sacramentos da lei antiga, que se ordenavam para a santificação dos homens, nada era sem causa racional.

RESPONDO. Como acima foi dito, chamam-se propriamente sacramentos aqueles que são empregados pelos cultores de Deus para alguma consagração, pela qual eram destinados de certo modo ao culto de Deus. O culto de Deus pertencia de modo geral a todo o povo, mas, de modo especial, pertencia aos sacerdotes e levitas, que eram os ministros do culto divino. E assim, entre esses sacramentos da lei antiga, alguns em geral pertenciam a todo o povo; e alguns, especialmente aos ministros.

Acerca de uns e de outros três coisas eram necessárias. A primeira delas era a instituição no estado de cultuar a Deus. E essa instituição em geral quanto a todos fazia-se pela circuncisão, sem a qual ninguém era admitido a alguma das cerimônias legais; quanto, porém, aos sacerdotes, pela consagração dos sacerdotes. — Em segundo lugar, requeria-se o uso daquelas coisas que pertencem ao culto divino. E assim quanto ao povo, era o comer o banquete pascal, ao qual não se admitia ninguém incircunciso, como está claro no livro do Êxodo; quanto aos sacerdotes, a oblação das vítimas, o comer o pão da proposição e de outras coisas que eram destinadas aos sacerdotes. — Em terceiro lugar, requeria-se a remoção daquelas coisas pelas quais alguns eram impedidos do culto divino, a saber, das impurezas. E assim quanto ao povo, eram instituídas algumas purificações de

1. Q. 101, a. 4.

vero ad sacerdotes et levitas, erat instituta ablutio manuum et pedum, et rasio pilorum.

Et haec omnia habebant rationabiles causas et litterales, secundum quod ordinabantur ad cultum Dei pro tempore illo; et figurales, secundum quod ordinabantur ad figurandum Christum; ut patebit per singula.

AD PRIMUM ergo dicendum quod litteralis ratio circumcisionis principalis quidem fuit ad protestationem fidei unius Dei. Et quia Abraham fuit primus qui se ab infidelibus separavit, exiens de domo sua et de cognatione sua, ideo ipse primus circumcisionem accepit. Et hanc causam assignat Apostolus, Rm 4,9sqq.: *Signum accepit circumcisionis, signaculum iustitiae fidei quae est in praeputio*: quia scilicet in hoc legitur *Abrahae fides reputata ad iustitiam*, quod *contra spem in spem credidit*, scilicet contra spem naturae in spem gratiae, *ut fieret pater multarum gentium*, cum ipse esset senex, et uxor sua esset anus et sterilis. Et ut haec protestatio, et imitatio fidei Abrahae, firmaretur in cordibus Iudaeorum, acceperunt signum in carne sua, cuius oblivisci non possent: unde dicitur Gn 17,13: *Erit pactum meum in carne vestra in foedus aeternum*. Ideo autem fiebat octava die, quia antea puer est valde tenellus, et posset ex hoc graviter laedi, et reputatur adhuc quasi quiddam non solidatum: unde etiam nec animalia offerebantur ante octavum diem. Ideo vero non magis tardabatur, ne propter dolorem aliqui signum circumcisionis refugerent: et ne parentes etiam, quorum amor increscit ad filios post frequentem conservationem et eorum augmentum, eos circumcisioni subtraherent. — Secundo ratio esse potuit ad debilitationem concupiscentiae in membro illo. — Tertia ratio, in sugillationem sacrorum Veneris et Priapi, in quibus illa pars corporis honorabatur. — Dominus autem non prohibuit nisi incisionem quae in cultum idolorum fiebat: cui non erat similis praedicta circumcisio.

algumas impurezas exteriores, e também expiações de pecados; quanto aos sacerdotes e levitas, instituiu-se a ablução das mãos e dos pés, e a raspagem dos pelos.

E todas essas coisas tinham causas racionais e literais, enquanto se ordenavam ao culto de Deus por aquele tempo; e figurativas, enquanto se ordenavam para figurar a Cristo, como ficará claro em cada uma.

QUANTO AO 1º, portanto, deve-se dizer que a razão literal da circuncisão, e principal, foi para a protestação da fé de um só Deus[ee]. E porque Abraão foi o primeiro que se separou dos infiéis, saindo da sua casa e de sua parentela, assim ele por primeiro recebeu a circuncisão. O Apóstolo assinala essa causa: "Recebeu o sinal da circuncisão, selo da justiça da fé que está no prepúcio", isto é, porque nesse lugar se lê: "A fé de Abraão, reputada para a justiça", porque "contra a esperança creu na esperança", isto é, contra a esperança da natureza na esperança da graça, "de modo que se tornasse o pai de muitos povos", pois era velho e sua esposa era velha e estéril. E para que tal protestação e imitação da fé de Abraão se firmasse nos corações dos judeus, receberam o sinal em sua carne, do qual não pudessem esquecer-se; donde se diz no livro do Gênesis: "Estará meu pacto em vossa carne para eterna aliança". Assim, pois, fazia-se no oitavo dia, porque antes a criança é muito tenra, e podia ser lesada com isso de modo grave, e reputava-se algo ainda não consolidado; donde também nem os animais eram oferecidos antes do oitavo dia. Assim, pois, não se retardava mais, para que, por causa da dor, alguns não fugissem do sinal da circuncisão, e para que os pais também, cujo amor cresce para com os filhos após convivência frequente e desenvolvimento deles, não os subtraíssem à circuncisão. — Em segundo lugar, a razão pôde ser para enfraquecimento da concupiscência naquele membro. — A terceira razão, para escárnio dos sacrifícios de Vênus e de Príapo, nos quais aquela parte do corpo era honrada. — O Senhor não proibiu a não ser a incisão que se fazia como culto dos ídolos, à qual não era semelhante a mencionada circuncisão.

ee. Ignorância da origem do rito, de sua extensão real na sociologia, de sua relação primitiva com o casamento, da data em que foi fixado por escrito o direito costumeiro que o regulava. Sto. Tomás pode apenas constatar a regra dada em Gn 17. As razões de conveniência que se seguem são artificiais. A ideia de uma sacralização das forças genitais tendo em vista a transmissão da vida no povo de Deus poderia contudo ter aparecido nesse âmbito. A "protestação de fé" não concerne, nesse caso, ao Deus único, mas à vocação própria de Israel como povo de Deus ao qual pertence a criança circuncidada.

Figuralis vero ratio circumcisionis erat quia figurabatur ablatio corruptionis fienda per Christum, quae perfecte complebitur in octava aetate, quae est aetas resurgentium. Et quia omnis corruptio culpae et poenae provenit in nos per carnalem originem ex peccato primi parentis, ideo talis circumcisio fiebat in membro generationis. Unde Apostolus dicit, Cl 2,11: *Circumcisi estis in Christo circumcisione non manu facta in expoliatione corporis carnis, sed in circumcisione Domini nostri Iesu Christi*.

AD SECUNDUM dicendum quod litteralis ratio paschalis convivii fuit in commemorationem beneficii quo Deus eduxit eos de Aegypto. Unde per huiusmodi convivii celebrationem profitebantur se ad illum populum pertinere quem Deus sibi assumpserat ex Aegypto. Quando enim sunt ex Aegypto liberati, praeceptum est eis ut sanguine agni linirent superliminaria domorum, quasi protestantes se recedere a ritibus Aegyptiorum, qui arietem colebant. Unde et liberati sunt per sanguinis agni aspersionem vel linitionem in postibus domorum, a periculo exterminii quod imminebat Aegyptiis.

In illo autem exitu eorum de Aegypto duo fuerunt: scilicet festinantia ad egrediendum, impellebant enim eos Aegyptii ut exirent velociter, ut habetur Ex 12: imminebatque periculum ei qui non festinaret exire cum multitudine, ne remanens occideretur ab Aegyptiis. Festinantia autem designabatur dupliciter. Uno quidem modo per ea quae comedebant. Praeceptum enim erat eis quod comederent panes azymos, in huius signum, quod *non poterant fermentari, cogentibus exire Aegyptiis*; et quod comederent assum igni, sic enim velocius praeparabatur; et quod os non comminuerent ex eo, quia in festinantia non vacat ossa frangere. Alio modo, quantum ad modum comedendi. Dicitur enim: *Renes vestros accingetis, calceamenta habebitis in pedibus, tenentes baculos in manibus, et comedetis festinanter*: quod manifeste designat homines existentes in promptu itineris. Ad idem etiam pertinet quod eis praecipitur: *In una domo comedetis, neque feretis de carnibus eius foras*: quia scilicet, propter festinantiam, non vacabat

A razão figurativa[ff], porém, da circuncisão era que se figurava a ablação da corrupção a ser feita por Cristo, a qual se completava perfeitamente na oitava idade, que é a idade dos que ressurgem. E porque toda corrupção da culpa e da pena provém em nós pela origem carnal do pecado do primeiro pai, assim tal circuncisão se fazia no membro da geração. Donde o Apóstolo diz: “Estais circuncidados em Cristo por uma circuncisão não feita por mão no despojo do corpo da carne, mas na circuncisão de nosso Senhor Jesus Cristo”.

QUANTO AO 2º, deve-se dizer que a razão literal do banquete pascal[gg] foi a comemoração do benefício pelo qual Deus tirou-os do Egito. Donde pela celebração de tal banquete professavam que pertenciam àquele povo, que tomara para si do Egito. Quando, pois, foram libertados do Egito, foi lhes preceituado que tingissem com o sangue do cordeiro as vergas das casas, como que protestando afastar-se dos ritos dos Egípcios, que cultuavam o carneiro. Donde foram libertados pela aspersão ou tintura do sangue do cordeiro, nos limiares das casas, do perigo de extermínio que era iminente aos Egípcios.

Na saída deles do Egito, houve duas circunstâncias: a saber, a pressa no sair, pois impeliam-nos os Egípcios a que saíssem rapidamente, como está no livro do Êxodo: e era iminente o perigo àquele que não se apressasse a sair com a multidão e, permanecendo, fosse morto pelos Egípcios. A pressa era designada duplamente. De um modo, por aquelas coisas que comiam. Fora, com efeito, preceituado a eles que comessem pães ázimos, como sinal de que “não podiam fermentar-se, obrigando-os os Egípcios a sair”, e que comessem o assado ao fogo, assim, com efeito, mais rapidamente se preparava; e que não despedaçassem o osso dele, porque na pressa não havia tempo de quebrar os ossos. De outro modo, quanto à maneira de comer. Diz-se, com efeito: “Cingireis os vossos rins, e tereis calçados nos pés, tendo os bordões nas mãos, e comereis apressadamente”: o que claramente designa que os homens vivem na prontidão da viagem. Ao mesmo também pertence o que lhes preceitua:

ff. A razão de conveniência “figurativa” é artificial. A citação de Cl 2,11, que supõe um paralelismo entre a circuncisão e o batismo devido à “circuncisão do coração” (Dt 10,16; Jr 4,4), é mal compreendida. A transmissão do pecado original pela genitalidade masculina é demasiado próxima da teoria do “traducianismo” (Sto. Agostinho e seus discípulos) para ser retida: não tem nada a ver com a prática da circuncisão no Antigo Testamento.

gg. A longa passagem relativa à Páscoa é um comentário de Ex 12. Ele ignora, porém, as origens reais da festa e sua evolução no Antigo Testamento. A interpretação figurativa é felizmente guiada pelos textos do Novo Testamento; no entanto, os seus detalhes finais dependem da pregação moral adaptada à época de Sto. Tomás.

invicem mittere exennia. — Amaritudo autem quam passi fuerant in Aegypto, significabatur per lactucas agrestes.

Figuralis autem ratio patet. Quia per immolationem agni paschalis significabatur immolatio Christi; secundum illud 1Cor 5,7: *Pascha nostrum immolatus est Christus*. Sanguis vero agni liberans ab exterminatore, linitis superliminaribus domorum, significat fidem passionis Christi in corde et ore fidelium, per quam liberamur a peccato et a morte; secundum illud 1Pe 1,18sq.: *Redempti estis pretioso sanguine Agni immaculati*. Comedebantur autem carnes illae, ad significandum esum corporis Christi in Sacramento. Erant autem assae igni, ad significandum passionem, vel caritatem Christi. Comedebantur autem cum azymis panibus, ad significandam puram conversationem fidelium sumentium corpus Christi; secundum illud 1Cor 5,8: *Epulemur in azymis sinceritatis et veritatis*. Lactucae autem agrestes addebantur, in signum poenitentiae peccatorum, quae necessaria est sumentibus corpus Christi. Renes autem accingendi sunt cingulo castitatis. Calceamenta autem pedum sunt exempla mortuorum Patrum. Baculi autem habendi in manibus, significant pastoralem custodiam. Praecipitur autem quod in una domo agnus paschalis comedatur, idest in Ecclesia Catholicorum, non in conventiculis haereticorum.

AD TERTIUM dicendum quod quaedam sacramenta novae legis habuerunt in veteri lege sacramenta figuralia sibi correspondentia. Nam circumcisioni respondet Baptismus, qui est fidei sacramentum: unde dicitur Cl 2,11sq.: *Circumcisi estis in circumcisione Domini nostri Iesu Christi, consepulti ei in baptismo*. Convivio vero agni paschalis respondet in nova lege sacramentum Eucharistiae. Omnibus autem purificationibus veteris legis respondet in nova lege sacramentum Poenitentiae. Consecrationi autem pontificum et sacerdotum respondet sacramentum Ordinis.

Sacramento autem Confirmationis, quod est sacramentum plenitudinis gratiae, non potest respondere in veteri lege aliquod sacramentum: quia

"Comereis numa só casa, nem levareis das carnes dela para fora", isto é, porque, em razão da pressa, não havia tempo de brindar uns aos outros. — A amargura que sofreram no Egito era significada pelas alfaces agrestes.

Já a razão figurativa é evidente. Porque pela imolação do cordeiro pascal significava-se a imolação de Cristo, segundo a primeira Carta aos Coríntios: "Cristo, nossa Páscoa, foi imolado". O sangue do cordeiro, libertando do exterminador, tintas as vergas das casas, significa a fé da paixão de Cristo no coração e na boca dos fiéis, pela qual somos libertados do pecado e da morte, segundo a primeira Carta de Pedro: "Fostes redimidos pelo precioso sangue do Cordeiro imaculado". Eram comidas aquelas carnes para significar a manducação do corpo de Cristo no Sacramento. Eram assadas ao fogo, para significar a paixão, ou a caridade de Cristo. Eram comidas com pães ázimos, para significar a pura conversão dos fiéis que tomam o corpo de Cristo, segundo a primeira Carta aos Coríntios: "Banqueteemos nos ázimos da sinceridade e da verdade". As alfaces agrestes eram acrescentadas em sinal de penitência dos pecados, que é necessária aos que tomam o corpo de Cristo. Já os rins devem ser cingidos pelo cíngulo da castidade. Os calçados dos pés são os exemplos dos Pais falecidos. Os bordões que se devia ter nas mãos significam a custódia pastoral. Preceitua-se também que em uma só casa coma-se o cordeiro pascal, isto, na Igreja dos Católicos, não nos conventículos dos hereges.

QUANTO AO 3º, deve-se dizer que alguns sacramentos da lei nova tiveram, na lei antiga, sacramentos figurativos a eles correspondentes[hh]. Com efeito, à circuncisão corresponde o Batismo, que é o sacramento da fé; donde se diz na Carta aos Colossenses: "Estais circuncidados na circuncisão de nosso Senhor Jesus Cristo, sepultados juntamente com ele no batismo". Ao banquete do cordeiro pascal corresponde na lei nova o sacramento da Eucaristia. A todas as purificações da lei antiga corresponde na lei nova o sacramento da Penitência. À consagração dos pontífices e dos sacerdotes corresponde o sacramento da Ordem.

Ao sacramento da Confirmação, que é o sacramento da plenitude da graça, não pode corresponder na lei antiga sacramento algum, pois ainda

hh. As soluções aqui apresentadas são frágeis, pois vão de rito a rito para estabelecer um paralelismo entre o culto do Antigo Testamento e os sacramentos cristãos, sem se deter no mistério do Cristo, que funda estes últimos. Além disso, elas alegorizam artificialmente os ritos de purificação.

nondum advenerat tempus plenitudinis, eo quod *neminem ad perfectum adduxit lex*. — Similiter autem et sacramento Extremae Unctionis, quod est quaedam immediata praeparatio ad introitum gloriae, cuius aditus nondum patebat in veteri lege, pretio nondum soluto. — Matrimonium autem fuit quidem in veteri lege prout erat in officium naturae; non autem prout est sacramentum coniunctionis Christi et Ecclesiae, quae nondum erat facta. Unde et in veteri lege dabatur libellus repudii: quod est contra sacramenti rationem.

Ad quartum dicendum quod, sicut dictum est[2], purificationes veteris legis ordinabantur ad removendum impedimenta cultus divini. Qui quidem est duplex: scilicet spiritualis, qui consistit in devotione mentis ad Deum; et corporalis, qui consistit in sacrificiis et oblationibus et aliis huiusmodi. A cultu autem spirituali impediuntur homines per peccata, quibus homines pollui dicebantur, sicut per idololatriam et homicidium, per adulteria et incestus. Et ab istis pollutionibus purificabantur homines per aliqua sacrificia vel communiter oblata pro tota multitudine, vel etiam pro peccatis singulorum. Non quod sacrificia illa carnalia haberent ex seipsis virtutem expiandi peccatum: sed quia significabant expiationem peccatorum futuram per Christum, cuius participes erant etiam antiqui, protestantes fidem Redemptoris in figuris sacrificiorum.

A cultu vero exteriori impediebantur homines per quasdam immunditias corporales: quae quidem primo considerabantur in hominibus; consequenter etiam in aliis animalibus, et in vestimentis et domibus et vasis. In hominibus quidem immunditia reputabatur partim quidem ex ipsis hominibus; partim autem ex contactu rerum immundarum. Ex ipsis autem hominibus immundum reputabatur omne illud quod corruptionem aliquam iam habebat, vel erat corruptioni expositum. Et ideo, quia mors est corruptio quaedam, cadaver hominis reputabatur immundum. Similiter etiam, quia lepra ex corruptione humorum contingit, qui etiam exterius erumpunt et alios inficiunt, leprosi etiam reputabantur immundi. Similiter etiam mulieres patientes sanguinis fluxum, sive per infirmitatem, sive etiam per naturam vel temporibus menstruis vel etiam tempore conceptionis. Et eadem ratione viri reputabantur immundi fluxum seminis patientes, vel per infirmitatem, vel per pollutionem nocturnam,vel etiam per coitum. Nam omnis

não chegara o tempo da plenitude, enquanto "a lei a ninguém levou à perfeição". — Igualmente ao Sacramento da Extrema Unção, que é certa preparação imediata para a entrada na glória, cujo acesso ainda não estava claro na lei antiga, ainda não pago o preço. — O matrimônio existiu na lei antiga, enquanto era segundo a lei da natureza; não, contudo, enquanto é sacramento da união de Cristo e da Igreja, que ainda não fora feita. Donde na lei antiga dava-se o libelo de repúdio, que é contra a razão do sacramento.

Quanto ao 4º, deve-se dizer que, como foi dito, as purificações da lei antiga ordenavam-se para remover os impedimentos do culto divino. Esse era duplo, a saber: espiritual, que consiste na devoção da mente para com Deus; e corporal, que consiste nos sacrifícios, oblações e coisas semelhantes. Do culto espiritual são impedidos os homens pelos pecados, pelos quais se diz serem os homens poluídos, como pela idolatria e homicídio, pelos adultérios e incestos. E dessas poluições se purificavam os homens por alguns sacrifícios, ou oferecidos em comum por toda a multidão, ou também pelos pecados dos particulares. Não que aqueles sacrifícios carnais tivessem por si mesmos a virtude de expiar o pecado, mas porque significavam a expiação futura por Cristo, do qual eram partícipes também os antigos, protestando a fé do Redentor nas figuras dos sacrifícios.

Do culto exterior, porém, eram impedidos os homens por certas impurezas corporais, as quais, primeiro, eram consideradas nos homens; depois também nos outros animais, nas vestes, nas casas e nos vasos. Nos homens, em parte a impureza reputava-se a partir dos próprios homens; em parte, porém, a partir do contato das coisas impuras. A partir dos próprios homens reputava-se impuro tudo aquilo que já tinha alguma corrupção, ou estava exposto à corrupção. E assim, porque a morte é uma corrupção, o cadáver do homem reputava-se impuro. Igualmente, porque a lepra acontece pela corrupção dos humores, que externamente irrompem e contaminam os outros, também os leprosos eram reputados impuros. Semelhantemente, as mulheres que padeciam fluxo de sangue, ou por enfermidade, ou também por natureza ou pelos tempos da menstruação ou também no tempo da concepção. E pela mesma razão os homens reputavam-se impuros ao sofrer o fluxo seminal, ou por enfermidade, ou por poluição noturna, ou

2. In corp.

humiditas praedictis modis ab homine egrediens, quandam immundam infectionem habet. — Inerat etiam hominibus immunditia quaedam ex contactu quarumcumque rerum immundarum.

Istarum autem immunditiarum ratio erat et litteralis, et figuralis. Litteralis quidem, propter reverentiam eorum quae ad divinum cultum pertinent. Tum quia homines pretiosas res contingere non solent cum fuerint immundi. Tum etiam ut ex raro accessu ad sacra, ea magis venerarentur. Cum enim omnes huiusmodi immunditias raro aliquis cavere possit, contingebat quod raro poterant homines accedere ad attingendum ea quae pertinebant ad divinum cultum: et sic quando accedebant, cum maiori reverentia et humilitate mentis accedebant. — Erat autem in quibusdam horum ratio litteralis ut homines non reformidarent accedere ad divinum cultum, quasi refugientes consortium leprosorum et similium infirmorum, quorum morbus abominabilis erat et contagiosus. — In quibusdam etiam ratio erat ad vitandum idololatriae cultum: quia gentiles in ritu suorum sacrificiorum utebantur quandoque humano sanguine et semine. — Omnes autem huiusmodi immunditiae corporales purificabantur vel per solam aspersionem aquae: vel quae maiores erant, per aliquod sacrificium ad expiandum peccatum, ex quo tales infirmitates contingebant.

Ratio autem figuralis harum immunditiarum fuit quia per huiusmodi exteriores immunditias figurabantur diversa peccata. Nam immunditia cadaveris cuiuscumque significat immunditiam peccati, quod est mors animae. Immunditia autem leprae significat immunditiam haereticae doctrinae: tum quia haeretica doctrina contagiosa est, sicut et lepra; tum etiam quia nulla falsa doctrina est quae vera falsis non admisceat, sicut etiam in superficie corporis leprosi apparet quaedam distinctio quarundam macularum ab alia carne integra. Per immunditiam vero mulieris sanguinifluae, designatur immunditia idololatriae, propter immolatitium cruorem. Per immunditiam vero viri seminiflui, designatur immunditia vanae locutionis: eo quod *semen est verbum Dei*. Per immunditiam vero coitus, et mulieris parientis, designatur immunditia peccati originalis. Per immunditiam vero mulieris menstruatae, designatur immunditia mentis per voluptates emollitae. Universaliter vero per immunditiam contactus rei immundae designatur immunditia consensus in peccatum alterius;

também por cópula. Com efeito, toda umidade nos mencionados modos saindo do homem tem alguma infecção impura. — Agregava-se também aos homens alguma impureza pelo contato com quaisquer coisas impuras.

A razão dessas impurezas era tanto literal quanto figurativa. Literal, por causa da reverência daquelas coisas que pertencem ao culto divino. Quer porque os homens não costumam tocar coisas preciosas, quando estão impuros. Quer porque pelo acesso raro às coisas sagradas, são elas mais veneradas. Como alguém pode raramente precaver-se contra todas essas impurezas, acontecia que raramente podiam os homens aproximar-se para tocar aquelas coisas que pertenciam ao culto divino e assim, quando acediam, acediam com a maior reverência e humildade da mente. — Havia, entretanto, em algumas delas a razão literal de modo que os homens não temessem aceder ao culto divino, como que fugindo do consórcio com os leprosos e semelhantes enfermos, dos quais a doença era abominável e contagiosa. — Em algumas, porém, a razão era para evitar o culto da idolatria, pois os gentios no rito de seus sacrifícios usavam às vezes do sangue humano e de sêmen. — Todas essas impurezas corporais eram purificadas ou apenas pela aspersão da água, ou, as que eram maiores, por algum sacrifício para expiar o pecado, do qual tais enfermidades procediam.

A razão figurativa dessas impurezas foi que, por essas impurezas exteriores, eram figurados diversos pecados. Com efeito, a impureza de um cadáver significava a impureza do pecado, que é a morte da alma. A impureza da lepra significa a impureza da doutrina herética, quer porque a doutrina herética é contagiosa, como a lepra; quer também porque não há nenhuma falsa doutrina que não misture coisas verdadeiras com coisas falsas, como também na superfície do corpo do leproso aparece uma distinção entre algumas manchas e a carne íntegra. Pela impureza da mulher com fluxo de sangue, designa-se a impureza da idolatria, por causa do sangue corrente da imolação. Pela impureza do homem com fluxo de sêmen, designa-se a impureza da vã locução, enquanto o "sêmen é a palavra de Deus". Pela impureza da cópula, e da mulher parturiente, designa-se a impureza do pecado original. Pela impureza da mulher menstruada, designa-se a impureza da mente debilitada pelos prazeres. Universalmente, contudo, pela impureza do contato com a coisa

secundum illud 2Cor 6,17: *Exite de medio eorum et separamini, et immundum ne tetigeritis.*

Huiusmodi autem immunditia contactus derivabatur etiam ad res inanimatas: quidquid enim quocumque modo tangebat immundus, immundum erat. In quo lex attenuavit superstitionem gentilium, qui non solum per contactum immundi dicebant immunditiam contrahi, sed etiam per collocutionem aut per aspectum: ut Rabbi Moyses dicit[3] de muliere menstruata. — Per hoc autem mystice significabatur id quod dicitur Sap 14,9: *Similiter odio sunt Deo impius et impietas eius.*

Erat autem et immunditia quaedam ipsarum rerum inanimatarum secundum se: sicut erat immunditia leprae in domo et in vestimentis. Sicut enim morbus leprae accidit in hominibus ex humore corrupto putrefaciente carnem et corrumpente, ita etiam propter aliquam corruptionem et excessum humiditatis vel siccitatis, fit quandoque aliqua corrosio in lapidibus domus, vel etiam in vestimento. Et ideo hanc corruptionem vocabat lex lepram, ex qua domus vel vestis immunda iudicaretur. Tum quia omnis corruptio ad immunditiam pertinebat, ut dictum est. Tum etiam quia contra huiusmodi corruptionem gentiles deos Penates colebant: et ideo lex praecepit huiusmodi domus, in quibus fuerit talis corruptio perseverans, destrui, et vestes comburi, ad tollendam idololatriae occasionem. — Erat etiam et quaedam immunditia vasorum, de qua dicitur Nm 19,15: *Vas quod non habuerit cooperculum et ligaturam desuper, immundum erit.* Cuius immunditiae causa est quia in talia vasa de facili poterat aliquid immundum cadere, unde poterant immundari. Erat etiam hoc praeceptum ad declinandam idololatriae: credebant enim idololatriae quod, si mures aut lacertae, vel aliquid huiusmodi, quae immolabant idolis, cito caderent in vasa vel in aquas, quod essent diis gratiosa. Adhuc etiam aliquae mulierculae vasa dimittunt discooperta in obsequium nocturnorum numinum, quae Ianas vocant.

Harum autem immunditiarum ratio est figuralis quia per lepram domus significatur immunditia congregationis haereticorum. Per lepram vero in veste linea significatur perversitas morum ex amaritudine mentis. Per lepram vero vestis laneae

impura designa-se a impureza do consentimento no pecado de outrem, conforme a segunda Carta aos Coríntios: "Saí do meio deles e separai-vos e não toqueis o impuro".

Semelhante impureza do contato deriva também para as coisas inanimadas: tudo aquilo que, com efeito, o impuro de algum modo tocava, estava impuro. Nisso a lei atenuou a superstição dos gentios, que diziam que não apenas pelo contato do impuro contraía-se a impureza, mas também pela conversa ou pela vista, como diz Rabi Moisés a respeito da mulher menstruada. — Por isso misticamente significava-se o que é dito no livro da Sabedoria: "Deus igualmente odeia o ímpio e sua impiedade".

Havia também a impureza das mesmas coisas inanimadas em si mesmas, como era a impureza da lepra na casa e nas vestes. Assim como a doença da lepra acontece aos homens pelo humor corrompido que putrefaz a carne e a corrompe, assim também por causa de alguma corrupção e excesso de umidade ou de secura, faz-se às vezes alguma corrosão nas pedras da casa, ou também nas vestes. E assim a lei chamava essa corrupção de lepra, pela qual a casa ou a veste julgava-se impura. Quer porque toda corrupção pertencia à impureza, como foi dito. Quer também porque contra tais corrupções os gentios cultuavam os deuses Penates. Assim a lei preceituou que as casas nas quais fosse perseverante tal corrupção, fosse destruída, e as vestes queimadas, para retirar a ocasião de idolatria. — Havia também uma impureza dos vasos, da qual se diz no livro dos Números: "Será impuro o vaso que não tiver tampa ou ligadura". A causa dessa impureza é que sobre tais vasos facilmente poderia cair algo impuro; donde poderiam tornar-se impuros. Este preceito era também para afastar a idolatria; acreditavam, com efeito, os idólatras que se ratos, lagartos, ou outros semelhantes, que imolavam aos ídolos, caíssem de repente nos vasos ou nas águas, esses se tornariam gratos aos deuses. Ainda certas mulheres simples e idosas deixam os vasos descobertos em obséquio aos espíritos noturnos, que chamam Ianas.

A razão figurativa dessas impurezas é que pela lepra da casa significava-se a impureza da reunião dos heréticos. Pela lepra na veste de linho significava-se a perversidade dos costumes pela amargura da mente. Pela lepra da veste de lã

3. *Doct. Perplex.*, p. III, c. 47.

significatur perversitas adulatorum. Per lepram in stamine significantur vitia animae, per lepram vero in subtegmine significantur peccata carnalia: sicut enim stamen est in subtegmine, ita anima in corpore. Per vas autem quod non habet operculum nec ligaturam, significatur homo qui non habet aliquod velamen taciturnitatis, et qui non constringitur aliqua censura disciplinae.

AD QUINTUM dicendum quod, sicut dictum est[4], duplex erat immunditia in lege. Una quidem per aliquam corruptionem mentis vel corporis: et haec immunditia maior erat. Alia vero erat immunditia ex solo contactu rei immundae: et haec minor erat, et faciliori ritu expiabatur. Nam immunditia prima expiabatur sacrificio pro peccato, quia omnis corruptio ex peccato procedit et peccatum significat: sed secunda immunditia expiabatur per solam aspersionem aquae cuiusdam, de qua quidem aqua expiationis habetur Nm 19.

Mandatur enim ibi a Domino quod accipiant vaccam rufam, in memoriam pecati quod commiserunt in adoratione vituli. Et dicitur vacca magis quam vitulus, quia sic Dominus synagogam vocare consuevit; secundum illus Os 4,16: *Sicut vacca lasciviens declinavit Israel*. Et hoc forte ideo quia vaccas in morem Aegyptii, coluerunt; secundum illud Os 10,5: *Vaccas Bethaven coluerunt*. — Et in detestationem peccati idololatriae, immolabatur extra castra. Et ubicumque sacrificium fiebat pro expiatione multitudinis peccatorum, cremabatur extra castra totum. — Et ut significaretur per hoc sacrificium emundari populus ab universitate peccatorum, intingebat sacerdos digitum in sanguine eius, et aspergebat contra fores sanctuarii septem vicibus: quia septenarius universitatem significat. Et ipsa etiam aspersio sanguinis pertinebat ad detestationem idololatriae, in qua sanguis immolatitius non effundebatur, sed congregabatur, et circa ipsum homines comedebant in honorem idolorum. — Comburebatur autem in igne. Vel quia Deus Moysi in igne apparuit, et in igne data est lex. Vel quia per hoc significabatur quod idololatria totaliter erat extirpanda, et omne quod ad idololatriam pertinebat: sicut vacca cremabatur, *tam pelle et carnibus, quam sanguine et fimo, flammae traditis*. — Adiungebatur etiam in combustione lignum cedrinum, hyssopus, coccusque bis tinctus, ad significandum quod, sicut ligna cedrina non de facili putrescunt, et coccus bis tinctus non amittit colorem, et hyssopus retinet

significa-se a perversidade dos aduladores. Pela lepra da urdidura significam-se os vícios da alma, pela lepra na trama significam-se os pecados carnais, pois assim como a urdidura está na trama, assim a alma no corpo. Pelo vaso que não tem tampa ou ligadura, significa-se o homem que não tem discrição no falar, e que não se constrange por censura alguma de disciplina.

QUANTO AO 5º, deve-se dizer que, como foi dito, era dupla a impureza na lei. Uma, por alguma corrupção da mente ou do corpo, e essa impureza era a maior. Outra, a impureza só pelo contato com a coisa impura. E essa era menor e expiava-se por um rito mais fácil. A primeira impureza, com efeito, expiava-se com o sacrifício pelo pecado, porque toda corrupção procede do pecado e significa o pecado. A segunda impureza expiava-se só pela aspersão de uma água; a respeito dessa água da expiação fala o livro dos Números.

É aí ordenado, com efeito, pelo Senhor que tomem uma vaca vermelha, em memória do pecado que cometeram na adoração do bezerro. E se diz mais a vaca do que o bezerro, porque assim o Senhor costumava chamar a sinagoga, segundo o livro de Oseias: "Afastou-se Israel como uma vaca que não recebe o jugo". E isso, talvez, porque os Egípcios por costume cultuavam as vacas, segundo o livro de Oseias: "Cultuavam as vacas de Bethaven". — E imolava-se fora do acampamento para detestação do pecado da idolatria. E por toda parte em que se fazia o sacrifício pela expiação dos pecados da multidão, tudo era queimado fora do acampamento. — E para que fosse significado por esse sacrifício que o povo estava purificado da totalidade dos pecados, o sacerdote molhava o dedo no sangue dela e aspergia por sete vezes contra as portas do tabernáculo, pois o número setenário significa a totalidade. E a própria aspersão do sangue também pertencia à detestação da idolatria, na qual não se derramava o sangue da imolação, mas se recolhia, e em redor dele os homens comiam em honra dos ídolos. — Queimava-se no fogo. Ou porque Deus apareceu a Moisés no fogo, e no fogo foi dada a lei. Ou porque por isso significava-se que se devia extirpar totalmente a idolatria e tudo o que pertencia à idolatria, como a vaca que se queimava "tanto a pele e as carnes como o sangue e o excremento, entregues às chamas". — Acrescentava-se também na combustão a madeira de cedro, o hissopo, o

4. In resp. ad 4.

odorem etiam postquam fuerit desiccatus; ita etiam hoc sacrificium erat in conservationem ipsius populi, et honestatis et devotionis ipsius. Unde dicitur de cineribus vaccae: *Ut sint multitudini filiorum Israel in custodiam*. Vel, secundum Iosephum[5], quatuor elementa significata sunt: igni enim apponebatur cedrus, significans terram, propter sui terrestreitatem; hyssopus, significans aerem, propter odorem; coccus, significans aquam, eadem ratione qua et purpura, propter tincturas, quae ex aquis sumuntur: ut per hoc exprimeretur quod illud sacrificium offerebatur Creatori quatuor elementorum. — Et quia huiusmodi sacrificium offerebatur pro peccato idololatriae, in eius detestationem et comburens, et cineres colligens, et ille qui aspergit aquas in quibus cinis ponebatur, immundi reputabantur: ut per hoc ostenderetur quod quidquid quocumque modo ad idololatriam pertinet, quasi immundum est abiiciendum. Ab hac autem immunditia purificabantur per solam ablutionem vestimentorum, nec indigebant aqua aspergi propter huiusmodi immunditiam: quia sic esset processus in infinitum. Ille enim qui aspergebat aquam, immundus fiebat: et sic si ipse seipsum aspergeret, immundus remaneret; si autem alius eum aspergeret, ille immundus esset; et similiter ille qui illum aspergeret, et sic in infinitum.

escarlate duas vezes tinto, para significar que, assim como as madeiras de cedro não apodrecem facilmente, e o escarlate duas vezes tinto não perde a cor, e o hissopo guarda o cheiro mesmo depois de seco, assim também esse sacrifício era para a conservação do mesmo povo, de sua honestidade e devoção. Donde se diz a respeito das cinzas da vaca: "Para que sejam para a multidão dos filhos de Israel como custódia". Ou, segundo Josefo, os quatro elementos são significados: no fogo, com efeito, colocava-se o cedro, significando a terra, por causa de sua fixidez; o hissopo, significando o ar, por causa do cheiro; o escarlate, significando a água, pela mesma razão que a púrpura, por causa das tinturas, que se tomam das águas, para que por isso se exprimisse que se oferecia ao Criador aquele sacrifício dos quatro elementos. — E porque semelhante sacrifício se oferecia pelo pecado de idolatria, para sua detestação, eram considerados impuros tanto o que queimava, quanto o que coligia as cinzas, e aquele que asperge as águas nas quais se punha a cinza, reputavam-se impuros, de modo que por meio disso se mostrasse que tudo aquilo que, de qualquer modo, pertence à idolatria, deve ser rejeitado como impuro. Dessa impureza eram purificados só pela ablução das vestes, nem precisavam de aspergir com água por causa de tal impureza, pois assim seria um processo ao infinito. Aquele, com efeito, que aspergia a água, tornava-se impuro, e assim, se ele a si mesmo se aspergisse, permaneceria impuro; se outro o aspergisse, ficaria ele impuro e semelhantemente aquele que a esse aspergisse, e assim ao infinito.

Figuralis autem ratio huius sacrificii est quia per vaccam rufam significatur Christus secundum infirmitatem assumptam, quam femininus sexus designat. Sanguinem passionis eius designat vaccae color. Erat autem vacca rufa aetatis integrae: quia omnis operatio Christi est perfecta. In qua nulla erat macula, nec portavit iugum: quia non portavit iugum peccati. Praecipitur autem adduci ad Moysen: quia imputabant ei transgressionem Mosaicae legis in violatione sabbati. Praecipitur etiam tradi Eleazaro sacerdoti: quia Christus occidendus in manus sacerdotum traditus est. Immolatur autem extra castra: quia *extra portam* Christus *passus est*. Intingit autem sacerdos digitum in sanguine eius: quia per discretionem, quam digitus significat, mysterium passionis Christi est

A razão figurativa desse sacrifício é que pela vaca vermelha significa-se o Cristo segundo a enfermidade assumida, que o sexo feminino designa. A cor da vaca designa o sangue de sua paixão. Era também a vaca vermelha de idade íntegra, porque toda a operação de Cristo é perfeita. Nela não havia nenhuma mancha, nem levou o jugo, porque Cristo foi inocente, nem levou o jugo do pecado. Preceituou-se que fosse conduzida a Moisés, porque imputavam a ela a transgressão da lei Mosaica, na violação do sábado. Preceituou-se também que fosse entregue ao sacerdote Eleazar, porque Cristo que devia ser morto foi entregue nas mãos dos sacerdotes. Era imolada fora do acampamento, porque "fora da porta", Cristo "padeceu". O sacerdote tingia o dedo no sangue

5. Cfr. *Antiquit. Iud.*, l. III, c. 7, § 7: ed. Naber, vol. I, Lipsiae 1888, p. 173, ll. 16-20; *De bello iud.*, l. V, c. 5, § 4: ed. Naber, vol. VI, Lipsiae 1896, p. 27, l. 30-p. 28, l. 4.

considerandum et imitandum. Aspergitur autem contra tabernaculum, per quod synagoga designatur: vel ad condemnationem Iudaeorum non credentium; vel ad purificationem credentium. Et hoc septem vicibus: vel propter septem dona Spiritus Sancti; vel propter septem dies, in quibus omne tempus intelligitur. Sunt autem omnia quae ad Christi incarnationem pertinent, igne cremanda, idest spiritualiter intelligenda: nam per pellem et carnem exterior Christi operatio significatur; per sanguinem, subtilis et interna virtus exteriora vivificans; per fimum, lassitudo, sitis, et omnia huiusmodi ad infirmitatem pertinentia. Adduntur autem tria: cedrus, quod significat altitudinem spei, vel contemplationis; hyssopus, quod significat humilitatem, vel fidem; coccus bis tinctus, quod significat geminam caritatem; per haec enim debemus Christo passo adhaerere. Iste autem cinis combustionis colligitur a viro mundo: quia reliquiae passionis pervenerunt ad gentiles, qui non fuerunt culpabiles in Christi morte. Apponuntur autem cineres in aqua ad expiandum: quia ex passione Christi baptismus sortitur virtutem emundandi peccata. Sacerdos autem qui immolabat et comburebat vaccam, et ille qui comburebat, et qui colligebat cineres, immundus erat, et etiam qui aspergebat aquam: vel quia Iudaei facti sunt immundi ex occisione Christi, per quam nostra peccata expiantur; et hoc usque ad vesperum, idest usque ad finem mundi, quando reliquiae Israel convertentur. Vel quia illi qui tractant sancta intendentes ad emundationem aliorum, ipsi etiam aliquas immunditias contrahunt, ut Gregorius dicit, in *Pastorali*[6]; et hoc usque ad vesperum, idest usque ad finem praesentis vitae.

AD SEXTUM dicendum quod, sicut dictum est[7], immunditia quae ex corruptione proveniebat vel mentis vel corporis, expiabatur per sacrificia pro peccato. Offerebantur autem specialia sacrificia pro peccatis singulorum: sed quia aliqui negligentes erant circa expiationem huiusmodi peccatorum et immunditiarum; vel etiam propter ignorantiam ab expiatione huiusmodi desistebant; institutum fuit ut semel in anno, decima die septimi mensis, fieret sacrificium expiationis pro toto populo. Et

dela, porque pela separação, que o dedo significa, deve-se considerar e imitar o mistério da paixão de Cristo. Asperge-se contra o tabernáculo, pelo qual se designa a sinagoga: ou pela condenação dos judeus que não criam; ou pela purificação dos que criam. E isso por sete vezes: ou por causa dos sete dons do Espírito Santo, ou pelos sete dias, nos quais se entende todo o tempo. Todas as coisas que pertencem à encarnação de Cristo devem ser queimadas no fogo, isto é, entendidas espiritualmente, pois pela pele e carne significa-se a operação exterior de Cristo; pelo sangue, a sutil e interna virtude que vivifica as obras exteriores; pelo excremento, a lassidão, a sede, e todas as coisas semelhantes pertinentes à enfermidade. Acrescentam-se, porém, três coisas: o cedro, que significa a altura da esperança, ou da contemplação; o hissopo, que significa a humildade, ou a fé; o escarlate duas vezes tinto, que significa a caridade dupla; por essas três coisas, com efeito, devemos nos unir ao Cristo sofredor. Essa cinza da combustão é coligida por um homem limpo, porque os resultados da paixão chegaram aos gentios, que não foram culpados na morte de Cristo. As cinzas são colocadas na água para expiar, porque da paixão de Cristo sai a virtude do batismo de purificar os pecados. O sacerdote que imolava e queimava a vaca e aquele que a queimava e o que coligia as cinzas, ficavam impuros, e também aquele que aspergia a água: ou porque os judeus se fizeram impuros pela morte de Cristo, pela qual nossos pecados são expiados; e isso até a tarde, isto é, até o fim do mundo, quando os restos de Israel se converterão. Ou porque os que tratam as coisas santas, tencionando a purificação dos outros, eles mesmos também contraem impurezas, como diz Gregório; e isso até a tarde, isto é, até o fim da vida presente.

QUANTO AO 6º, deve-se dizer que, como acima foi dito, a impureza que provinha da corrupção ou da mente ou do corpo, era expiada pelos sacrifícios pelo pecado. Ofereciam-se, com efeito, sacrifícios especiais pelos pecados de cada um, mas porque alguns eram negligentes a respeito da expiação de semelhantes pecados e impurezas, ou também por causa da ignorância desistiam de semelhante expiação, foi instituído que uma vez por ano, no dia dezessete do mês, se fizesse o sacrifício de

6. P. II, c. 5: ML 77, 34 A.
7. In resp. ad 5.

quia, sicut Apostolus dicit, Hb 7,28, *lex constituit homines sacerdotes infirmitatem habentes*, oportebat quod sacerdos prius offerret pro seipso vitulum pro peccato, in commemorationem peccati quod Aaron fecerat in conflatione vituli aurei; et arietem in holocaustum, per quod significabatur quod sacerdotis praelatio, quam aries designat, qui est dux gregis, erat ordinanda ad honorem Dei. — Deinde autem offerebat pro populo duos hircos. Quorum unus immolabatur, ad expiandum peccatum multitudinis. Hircus enim animal fetidum est, et de pilis eius fiunt vestimenta pungentia: ut per hoc significaretur fetor et immunditia et aculei peccatorum. Huius autem hirci immolati sanguis inferebatur, simul etiam cum sanguine vituli, in Sancta Sanctorum, et aspergebatur ex eo totum sanctuarium: ad significandum quod tabernaculum emundabatur ab immunditiis filiorum Israel. Corpus vero hirci et vituli quae immolata sunt pro peccato, oportebat comburi: ad ostendendum consumptionem peccatorum. Non autem in altari: quia ibi non comburebantur totaliter nisi holocausta. Unde mandatum erat ut comburerentur extra castra, in detestationem peccati: hoc enim fiebat quandocumque immolabatur sacrificium pro aliquo gravi peccato, vel pro multitudine peccatorum. — Alter vero hircus emittebatur in desertum: non quidem ut offerretur daemonibus, quos colebant gentiles in desertis, quia eis nihil licebat immolari; sed ad designandum effectum illius sacrificii immolati. Et ideo sacerdos imponebat manum super caput eius, confitens peccata filiorum Israel: ac si ille hircus deportaret ea in desertum, ubi a bestiis comederetur, quasi portans poenam pro peccatis populi. Dicebatur autem portare peccata populi, vel quia in eius emissione significabatur remissio peccatorum populi: vel quia colligabatur super caput eius aliqua schedula ubi erant scripta peccata.

Ratio autem figuralis horum erat quia Christus significatur et per vitulum, propter virtutem; et per arietem, quia ipse est dux fidelium; et per hircum, propter *similitudinem carnis peccati*.

expiação por todo o povo[ii]. E porque, como diz o Apóstolo, "a lei constituiu sacerdotes a homens portadores de enfermidades" era necessário que o sacerdote, em primeiro lugar, oferecesse por si mesmo um bezerro pelo pecado, em comemoração do pecado que Aarão fizera na fundição do bezerro de ouro; e um carneiro em holocausto, pelo qual significava-se que a escolha do sacerdote, designada pelo carneiro, que é o chefe do rebanho, devia ordenar-se para a honra de Deus. — A seguir oferecia pelo povo dois bodes. Um deles era imolado para expiar o pecado da multidão. Com efeito, o bode é um animal fétido e de seus pelos se fazem vestes que picam, de modo que por meio disso se significasse o fedor, a impureza e os aguilhões dos pecados. Levava-se o sangue desse bode imolado, juntamente com o sangue do bezerro, para o *Santo dos Santos*, e aspergia-se com ele todo o santuário, para significar que o tabernáculo era purificado das impurezas dos filhos de Israel. O corpo, porém, do bode e o do bezerro, que foram imolados pelo pecado, era necessário que se queimassem, para mostrar a destruição dos pecados. Não, no altar, porque aí não se queimavam totalmente, a não ser os holocaustos. Donde fora ordenado que se queimassem fora do acampamento, para detestação do pecado; isso, com efeito, se fazia todas as vezes que se imolava o sacrifício por algum pecado grave ou pela multidão dos pecados. — O outro bode era mandado para o deserto, não certamente para que fosse oferecido aos demônios, que os gentios cultuavam nos desertos, porque a eles nada era lícito imolar, mas para designar o efeito daquele sacrifício imolado. E assim o sacerdote impunha a mão sobre a cabeça dele, confessando os pecados dos filhos de Israel, como se aquele bode os levasse para o deserto, onde seria comido pelas feras, como suportando a pena pelos pecados do povo. Dizia-se que levava os pecados do povo, ou porque em seu envio se significava a remissão dos pecados do povo, ou porque se ligava sobre sua cabeça uma página onde estavam escritos os pecados.

A razão figurativa dessas coisas era que Cristo é significado pelo bezerro, por causa da virtude, e pelo carneiro, porque ele é o chefe dos fiéis; e pelo bode, por causa da "semelhança da carne

ii. A expiação deve ser entendida como a supressão do obstáculo que os pecados (ou as simples impurezas rituais) erguem entre Deus e os homens. Para o ritual do "Dia do Grande Perdão" (Lv 16), Sto. Tomás tem felizmente à sua disposição as indicações fornecidas na Epístola aos Hebreus (cap. 9). A frase final comporta uma alegoria artificial a respeito do bode expiatório, embora a significação simbólica de sua expulsão seja corretamente apreendida. Note-se que não existe nenhuma "tipologia" desse rito, que assimilaria Cristo na cruz a uma "vítima expiatória" imolada pelos pecados dos homens: a tipologia do bode expiatório só surgirá no século XVI.

Et ipse Christus est immolatus pro peccatis et sacerdotum et populi: quia per eius passionem et maiores et minores a peccato mundantur. Sanguis autem vituli et hirci infertur in Sancta per pontificem: quia per sanguinem passionis Christi patet nobis introitus in regnum caelorum. Comburuntur autem eorum corpora extra castra: quia *extra portam* Christus *passus est*, ut Apostolus dicit, Hb ult. 12. Per hircum autem qui emittebatur, potest significari vel ipsa divinitas Christi, quae in solitudinem abiit, homine Christo patiente, non quidem locum mutans, sed virtutem cohibens: vel significatur concupiscentia mala, quam debemus a nobis abiicere, virtuosos autem motus Domino immolare.

De immunditia vero eorum qui huiusmodi sacrificia comburebant, eadem ratio est quae in sacrificio vitulae rufae dicta est[8].

AD SEPTIMUM dicendum quod per ritum legis leprosus non emundabatur a macula leprae, sed emundatus ostendebatur. Et hoc significatur Lv 14, cum dicitur [v. 3sq.] de sacerdote: *Cum invenerit lepram esse emundatam, praecipiet ei qui purificatur.* Iam ergo lepra mundata erat: sed purificari dicebatur, inquantum iudicio sacerdotis restituebatur consortio hominum et cultui divino. Contingebat tamen quandoque ut divino miraculo per ritum legis corporalis mundaretur lepra, quando sacerdos decipiebatur in iudicio.

Huiusmodi autem purificatio leprosi dupliciter flebat: nam primo, iudicabatur esse mundus; secundo autem, restituebatur tanquam mundus consortio hominum et cultui divino, scilicet post septem dies. In prima autem purificatione offerebat pro se leprosus mundandus duos passeres vivos, et lignum cedrimum, et vermiculum, et hyssopum; hoc modo ut filo coccineo ligarentur passer et hyssopus simul cum ligno cedrino, ita scilicet quod lignum cedrimum esset quasi manubrium aspersorii. Hyssopus vero et passer erant id quod de aspersorio tingebatur in sanguine alterius passeris immolati in aquis vivis. Haec autem quatuor offerebat contra quatuor defectus leprae: nam

do pecado". E o próprio Cristo foi imolado pelos pecados dos sacerdotes e do povo, porque por sua paixão maiores e menores são purificados do pecado. O sangue do bezerro e do bode é levado para o *Santo dos Santos* pelo pontífice, porque pelo sangue da paixão de Cristo é-nos aberta a entrada no reino dos céus. São queimados os corpos deles fora do acampamento, porque "fora da porta" Cristo "sofreu", como diz o Apóstolo. Pelo bode que era enviado para o deserto, pode significar-se ou a própria divindade de Cristo, que foi para a solidão, padecendo o homem Cristo, não certamente mudando de lugar, mas coibindo o poder; ou é significada a má concupiscência, que devemos de nós afastar, e imolar os movimentos virtuosos ao Senhor.

Sobre a impureza, contudo, daqueles que queimavam tais sacrifícios, é a mesma a razão que foi mencionada no sacrifício da vaca vermelha.

QUANTO AO 7º, deve-se dizer que, pelo rito da lei, o leproso não era purificado da mancha da lepra[jj], mas se mostrava purificado. E isso é significado no livro do Levítico, ao dizer-se do sacerdote: "Quando achar que a lepra foi purificada, ordenará a ele que se purifique". Já a lepra, então, fora purificada, mas dizia-se purificar-se, enquanto pelo juízo do sacerdote era restituído ao convívio dos homens e ao culto divino. Acontecia, contudo, às vezes, que, por milagre divino pelo rito da lei corporal, fosse purificado da lepra, quando o sacerdote se enganava no juízo.

Semelhante purificação do leproso fazia-se duplamente, pois, em primeiro lugar, julgava-se estar puro; em segundo, porém, restituía-se como purificado ao convívio dos homens e ao culto divino, a saber, após sete dias. Na primeira purificação, o leproso a ser purificado oferecia por si dois pássaros vivos, e o cedro, o escarlate e o hissopo; de modo que com um fio escarlate fosse ligado o pássaro junto com o hissopo e o cedro e este servisse de cabo ao aspersório. O hissopo e o pássaro eram as partes do aspersório que eram molhadas no sangue do outro pássaro imolado em águas vivas. Oferecia essas quatro coisas contra os quatro defeitos da lepra, pois contra a putrefação

8. In resp. ad 5.

jj. Os "leprosos" constituem, no antigo Oriente, uma categoria posta à parte da vida social; a "lepra" porém, abrange diversas doenças de pele contagiosas. Ainda existia de forma endêmica na Idade Média. Sto. Tomás analisa longamente o ritual de purificação, terminado pela reinserção social do doente curado. É uma pena que ele não tenha examinado sob essa luz as curas de leprosos atestadas nos relatos evangélicos como sinais do reino de Deus vindouro (ver Mt 11,5). A explicação figurativa é uma alegoria artificial que se pode pular sem inconveniente.

contra putredinem offerebatur cedrus, quae est arbor imputribilis; contra fetorem, hyssopus, quae est herba odorifera; contra insensibilitatem, passer vivus; contra turpitudinem coloris, vermicuius, qui habet vivum colorem. Passer vero vivus avolare dimittebatur in agrum: quia leprosus restituebatur pristinae libertati.

In octavo vero die admittebatur ad cultum divinum, et restituebatur consortio hominum. Primo tamen rasis pilis totius corporis et vestimentis: eo quod lepra pilos corrodit, et vestimenta inquinat et fetida reddit. Et postmodum sacrificium offerebatur pro delicto eius: quia lepra plerumque inducitur pro peccato. De sanguine autem sacrificii tingebatur extremum auriculae eius qui erat mundandus, et pollices manus dextrae et pedis: quia in istis partibus primum lepra dignoscitur et sentitur. Adhibebantur etiam huic ritui tres liquores: scilicet sanguis, contra sanguinis corruptionem; oleum, ad designandam sanationem morbi; aqua viva, ad emundandum spurcitiem.

Figuralis autem ratio erat quia per duos passeres significantur divinitas et humanitas Christi. Quorum unus, scilicet humanitas, immolatur in vase fictili super aquas viventes: quia per passionem Christi aquae baptismi consecrantur. Alius autem, scilicet impassibilis divinitas, vivus remanebat: quia divinitas mori non potest. Unde et avolabat:quia passione astringi non poterat. Hic autem passer vivus, simul cum ligno cedrino et cocco, vel vermiculo, et hyssopo, idest fide, spe et caritate, ut supra[9] dictum est, mittitur in aquam ad aspergendum: quia in fide Dei et hominis baptizamur. Lavat autem homo, per aquam baptismi vel lacrymarum, vestimenta sua, idest opera, et omnes pilos, idest cogitationes. Tingitur autem extremum auriculae dextrae eius qui mundatur, de sanguine et de oleo, ut eius auditum muniat contra corrumpentia verba: pollices autem manus dextrae et pedis tinguntur, ut sit eius actio sancta.

Alia vero quae ad hanc purificationem pertinent, vel etiam aliarum immunditiarum, non habent aliquid speciale praeter alia sacrificia pro peccatis vel pro delictis.

AD OCTAVUM ET NONUM dicendum quod, sicut populus instituebatur ad cultum Dei per circumcisionem, ita ministri per aliquam specialem pu-

era oferecido o cedro, que é uma árvore incorruptível; contra o fedor, o hissopo, que é uma erva odorífera; contra a insensibilidade, o pássaro vivo; contra a fealdade da cor, o escarlate, que tem uma cor viva. Deixava-se o pássaro vivo voar para o campo, porque o leproso era restituído à antiga liberdade.

No oitavo dia era admitido ao culto divino e era restituído ao convívio dos homens. Primeiramente, porém, raspados os pelos de todo o corpo e lavadas as vestes, na medida que a lepra corrói os pelos, contamina as vestes e as torna fétidas. E depois, o sacrifício era oferecido pelo delito dele, porque a lepra muitas vezes é induzida pelo pecado. Do sangue do sacrifício molhava-se a extremidade da orelha daquele que devia ser purificado, e os polegares da mão direita e do pé, porque nestas partes por primeiro é a lepra diagnosticada e sentida. Acrescentavam-se também a esse rito três líquidos, a saber: o sangue, contra a corrupção do sangue; o óleo, para designar a cura da doença; a água viva, para purificar a imundície.

A razão figurativa era que pelos dois pássaros são significadas a divindade e a santidade de Cristo. Um deles, a saber, a humanidade, é imolado num vaso de barro sobre as águas vivas, porque pela paixão de Cristo consagram-se as águas do batismo. O outro, a saber, a divindade impassível, permanecia vivo, porque a divindade não pode morrer. Donde voava também, porque não podia ser constrangida pela paixão. Esse pássaro vivo, juntamente com o cedro e o escarlate, ou com o carmezim e o hissopo, isto é, a fé, a esperança e a caridade, como foi dito, era posto na água para aspergir, porque somos batizados na fé em Deus e no homem. Lava o homem, pela água do batismo ou das lágrimas, as suas vestes, isto é, as obras, e todos os pelos, isto é, os pensamentos. Molha-se a extremidade da orelha direita daquele que se purifica, com o sangue e o óleo, para fortificar seu ouvido contra as palavras que corrompem; molham-se os polegares da mão direita e do pé, para que sua ação seja santa.

As outras coisas que pertencem a essa purificação, ou também a das outras impurezas não têm algo de especial, além daqueles sacrifícios pelos pecados ou pelos delitos.

QUANTO AO 8º E 9º, deve-se dizer que, assim como o povo era instituído para o culto de Deus pela circuncisão, assim os ministros por alguma

9. In resp. ad 5.

rificationem vel consecrationem: unde et separari ab aliis praecipiuntur, quasi specialiter ad ministerium cultus divini prae aliis deputati. Et totum quod circa eos fiebat in eorum consecratione vel institutione ad hoc pertinebat ut ostenderetur eos habere quandam praerogativam puritatis et virtutis et dignitatis. Et ideo in institutione ministrorum tria fiebant: primo enim, purificabantur; secundo, ornabantur et consecrabantur; tertio, applicabantur ad usum ministerii.

Purificabantur quidem communiter omnes per ablutionem aquae, et per quaedam sacrificia; specialiter autem levitae radebant omnes pilos carnis suae; ut habetur Lv 8.

Consecratio vero circa pontifices et sacerdotes hoc ordine fiebat. Primo enim, postquam abluti erant, induebantur quibusdam vestimentis specialibus pertinentibus ad designandum dignitatem ipsorum. Specialiter autem pontifex oleo unctionis in capite ungebatur: ut designaretur quod ab ipso diffundebatur potestas consecrandi ad alios, sicut oleum a capite derivatur ad inferiora; ut habetur in Ps 132,2: *Sicut unguentum in capite, quod descendit in barbam, barbam Aaron*. Levitae vero non habebant aliam consecrationem, nisi quod offerebantur Domino a filiis Israel per manus pontificis, qui orabat pro eis. Minorum vero sacerdotum solae manus consecrabantur, quae erant applicandae ad sacrificia. Et de sanguine animalis immolatitii tingebatur extremum auriculae dextrae ipsorum, et pollices pedis ac manus dextrae: ut scilicet essent obedientes legi Dei in oblatione sacrificiorum, quod significatur in intinctione auris dextrae; et quod essent solliciti et prompti in executione sacrificiorum, quod significatur in intinctione pedis et manus dextrae. Aspergebantur etiam ipsi, et vestimenta eorum, sanguine animalis immolati, in memoriam sanguinis agni per quem fuerunt liberati in Aegypto. Offerebantur autem in eorum consecratione huiusmodi sacrificia: vitulus pro peccato, in memoriam remissionis peccati Aaron circa confiationem vituli; aries in holocaustum, in memoriam oblationis Abrahae, cuius obedientiam pontifex imitari debebat; aries etiam consecrationis, qui erat quasi hostia pacifica, in memoriam liberationis de Aegypto per sanguinem agni; canistrum panum, in memoriam mannae praestiti populo.

especial purificação ou consagração[kk]; donde se preceitua que sejam separados dos outros, como especialmente destinados, em vez de outros, ao ministério do culto divino. E tudo que acerca deles se fazia na consagração deles ou instituição era para que se mostrasse que eles tinham certa prerrogativa de pureza, virtude e dignidade. E assim na instituição dos ministros faziam-se três coisas: em primeiro lugar, eram purificados; em segundo, eram ornados e consagrados; em terceiro lugar, aplicavam-se ao uso do ministério.

Comumente todos se purificavam pela ablução da água, e por alguns sacrifícios; especialmente, os levitas raspavam todos os pelos de sua carne, como está no livro do Levítico.

A consagração relativa aos dos pontífices e sacerdotes fazia-se nesta ordem. Em primeiro lugar, depois que faziam a ablução, vestiam-se com algumas vestes especiais, destinadas a designar a dignidade dos mesmos. Em especial, o pontífice era ungido na cabeça com o óleo da unção, para designar que por ele era difundido para outros o poder de consagrar, como o óleo da cabeça deriva para os membros inferiores, como está no livro dos Salmos: "Como o unguento na cabeça, que desce sobre a barba, a barba de Aarão". Os levitas não tinham outra consagração, a não ser que eram oferecidos ao Senhor pelos filhos de Israel pelas mãos do pontífice, que orava por eles. Dos sacerdotes menores só eram consagradas as mãos, que deviam se aplicar aos sacrifícios. E com o sangue do animal da imolação molhava-se a extremidade da orelha direita deles, e os polegares do pé e da mão direita, para que fossem obedientes à lei de Deus na oblação dos sacrifícios, o que é significado pelo ato de molhar a orelha direita; e que fossem solícitos e prontos na execução dos sacrifícios, o que é significado pelo ato de molhar o pé e a mão direita. Eram também aspergidos e suas roupas com o sangue do animal imolado, em memória do sangue do cordeiro pelo qual foram libertados do Egito. Eram oferecidos na sua consagração os seguintes sacrifícios: o bezerro pelo pecado, em memória da remissão do pecado de Aarão, referente à fundição do bezerro; o carneiro em holocausto, em memória da oblação de Abraão, cuja obediência o pontífice devia imitar; também o carneiro da consagração, que era como

kk. A análise da consagração e da investidura dos padres segue rapidamente os detalhes do ritual levítico. A justificação dessas minúcias comporta apenas conjecturas aleatórias. A explicação "figurativa" retém a ideia do "serviço" ministerial, para aplicá-la nos "ministros" da Igreja em uma perspectiva de exortação moral (= "tropologia").

Pertinebat autem ad applicationem ministerii quod imponebantur super manus eorum adeps arietis, et torta panis unius, et armus dexter: ut ostenderetur quod accipiebant potestatem huiusmodi offerendi Domino. Levitae vero applicabantur ad ministerium per hoc quod intromittebantur in tabernaculum foederis, quasi ad ministrandum circa vasa sanctuarii.

Figuralis vero horum ratio erat quia illi qui sunt consecrandi ad spirituale ministerium Christi, debent primo purificari per aquam baptismi et lacrymarum in fide passionis Christi, quod est expiativum et purgativum sacrificium. Et debent radere omnes pilos carnis, idest omnes pravas cogitationes. Debent etiam ornari virtutibus; et consecrari oleo Spiritus Sancti; et aspersione sanguinis Christi. Et sic debent esse intenti ad exequenda spiritualia ministeria.

AD DECIMUM dicendum quod, sicut iam[10] dictum est, intentio legis erat inducere ad reverentiam divini cultus. Et hoc dupliciter: uno modo, excludendo a cultu divino omne id quod poterat esse contemptibile; alio modo, apponendo ad cultum divinum omne illud quod videbatur ad honorificentiam pertinere. Et si hoc quidem observabatur in tabernaculo et vasis eius, et animalibus immolandis, multo magis hoc observandum erat in ipsis ministris. Et ideo ad removendum contemptum ministrorum, praeceptum fuit ut non haberent maculam vel defectum corporalem: quia huiusmodi homines solent apud alios in contemptu haberi. Propter quod etiam institutum fuit ut non sparsim ex quolibet genere ad Dei ministerium applicarentur, sed ex certa prosapia secundum generis successionem, ut ex hoc clariores et nobiliores haberentur.

Ad hoc autem quod in reverentia haberentur, adhibebatur eis specialis ornatus vestium, et specialis consecratio. Et haec est in communi causa ornatus vestium. In speciali autem sciendum est quod pontifex habebat octo ornamenta. Primo enim, habebat vestem lineam. — Secundo, habebat tunicam hyacinthinam; in cuius extremitate versus pedes, ponebantur per circuitum tintinabula quaedam, et mala punica facta ex hyacintho et purpura coccoque bis tincto. — Tertio, habebat superhume-

vítima pacífica, em memória da libertação do Egito pelo sangue do cordeiro; um cesto de pães, em memória do maná dado ao povo.

Pertencia à aplicação do ministério que se impusessem sobre as mãos deles a gordura do carneiro, a torta de um pão, e a espádua direita, para que se mostrasse que recebiam o poder de assim oferecer ao Senhor. Os levitas aplicavam-se ao ministério enquanto introduziam-se no tabernáculo da aliança, como para ministrar a respeito dos vasos do santuário.

A razão figurativa dessas coisas era que aqueles que devem ser consagrados ao ministério espiritual de Cristo, devem em primeiro lugar ser purificados pela água do batismo e das lágrimas na fé da paixão de Cristo, que é o sacrifício expiatório e purgativo. E devem raspar todos os pelos da carne, isto é, todos os maus pensamentos. Devem também ser ornados com as virtudes e ser consagrados com o óleo do Espírito Santo e pela aspersão do sangue de Cristo. E assim devem ser inclinados a desempenhar os ministérios espirituais.

QUANTO AO 10º, deve-se dizer que, como já foi dito, a intenção da lei era induzir à reverência do culto divino. E isso de dois modos: de um, excluindo do culto divino tudo aquilo que poderia ser desprezível; de outro modo, aplicando ao culto divino tudo aquilo que parecia pertencer à honorificência. E se isso era observado no tabernáculo e em seus vasos, e nos animais que deviam ser imolados, muito mais devia ser observado nos próprios ministros. E assim para afastar o desprezo dos ministros, foi preceituado que não tivessem mancha ou defeito corporal, porque tais homens costumam ser tidos em desprezo entre os outros. Por causa disso também foi instituído que não fossem escolhidos para o ministério de Deus a esmo e de qualquer família, mas de certa linhagem, segundo o gênero de sucessão, para que disso se mostrassem mais ilustres e nobres.

Para que fossem tidos em reverência, era-lhes acrescentado ornato especial das vestes e consagração especial. E essa é, em geral, a causa do ornato das vestes. Particularmente, é necessário saber que o pontífice tinha oito ornamentos. Primeiro, tinha a veste de linho. — Segundo, a túnica de jacinto, em cuja extremidade, junto aos pés e ao redor, punham-se umas campainhas, e romãs feitas de jacinto, púrpura e escarlate duas vezes tinto. — Terceiro, o "efod", que cobria os ombros e a parte

10. Art. 4.

rale, quod tegebat humeros et anteriorem partem usque ad cingulum; quod erat ex auro et hyacintho et purpura, coccoque bis tincto, et bysso retorta. Et super humeros habebat duos onychinos, in quibus erant sculpta nomina filiorum Israel. — Quartum erat *rationale*, ex eadem materia factum; quod erat quadratum, et ponebatur in pectore, et coniungebatur superhumerali. Et in hoc rationali erant duodecim lapides pretiosi distincti per quatuor ordines, in quibus etiam sculpta erant nomina filiorum Israel: quasi ad designandum quod ferret onus totius populi, per hoc quod habebat nomina eorum in humeris; et quod iugiter debebat de eorum salute cogitare, per hoc quod portabat eos in pectore, quasi in corde habens. In quo etiam rationali mandavit Dominus poni *Doctrinam et Veritatem*: quia quaedam pertinentia ad veritatem iustitiae et doctrinae, scribebantur in illo rationali. Iudaei tamen fabulantur quod in rationali erat lapis qui secundum diversos colores mutabatur, secundum diversa quae debebant accidere filiis Israel: et hoc vocant *Veritatem et Doctrinam*. — Quintum erat balteus, idest cingulus quidam, factus ex praedictis quatuor coloribus. — Sextum erat tiara, idest mitra quaedam, de bysso. — Septimum autem erat lamina aurea, pendens in fronte eius, in qua erat nomen Domini. — Octavum autem erant femoralia linea, ut operirent carnem turpitudinis suae, quando accederent ad sanctuarium vel ad altare. — Ex istis autem octo ornamentis minores sacerdotes habebant quatuor: scilicet tunicam lineam, femoralia, balteum et tiaram.

Horum autem ornamentorum quidam rationem litteralem assignant, dicentes quod in istis ornamentis designatur dispositio orbis terrarum, quasi pontifex protestaretur se esse ministrum Creatoris mundi: unde etiam Sap 18,24 dicitur quod *in veste Aaron erat descriptus orbis terrarum*. Nam femoralia linea figurabant terram, ex qua linum nascitur. Baltei circumvolutio significabat oceanum, qui circumcingit terram. Tunica hyacinthina suo colore significabat aerem: per cuius tintinabula significabantur tonitrua; per mala granata, coruscationes. Superhumerale vero significabat sua varietate caelum sidereum: duo onychini, duo hemisphaeria, vel solem et lunam. Duodecim gemmae in pectore, duodecim signa in zodiaco: quae dicebantur posita in rationali, quia in caelestibus sunt rationes terrenorum, secundum illud Io 38,33: *Numquid nosti ordinem caeli, et ponis rationem eius in terra?* Cidaris autem, vel tiara, significabat caelum empyreum. Lamina aurea, Deum omnibus praesidentem.

anterior até a cintura, que era de ouro, jacinto e púrpura, e escarlate duas vezes tinto, e de bisso retorcido. E sobre os ombros tinha duas pedras de ônix, nas quais eram esculpidos os nomes dos filhos de Israel. — O quarto era o "racional", feito da mesma matéria; era quadrado e punha-se no peito, e ligava-se ao efod. E nesse racional havia doze pedras preciosas separadas por quatro ordens, nas quais também eram esculpidos os nomes dos filhos de Israel, como para designar que trazia o peso de todo o povo, enquanto tinha os nomes deles nos ombros; e que continuamente devia pensar em sua salvação, enquanto trazia-os no peito, como os tendo no coração. Nesse racional também mandou o Senhor que se escrevesse "Doutrina e Verdade", porque nesse racional estavam escritas algumas coisas pertinentes à verdade da justiça e da doutrina. Os judeus, porém, imaginavam que no racional havia uma pedra que mudava em diversas cores, segundo as diversas coisas que deviam acontecer aos filhos de Israel, e a isso chamam "Verdade e Doutrina". — O quinto era o cíngulo, isto é, a cinta feita das mencionadas quatro cores. — O sexto era a tiara, isto é, uma mitra, de bisso. — O sétimo era a lâmina de ouro, pendente de sua cabeça, na qual estava o nome do Senhor. — O oitavo era os calções de linho, para cobrirem a carne de suas vergonhas, quando se dirigiam ao santuário ou ao altar. — Desses oito ornamentos os sacerdotes menores tinham quatro, a saber: a túnica de linho, os calções, o cíngulo e a tiara.

Alguns assinalam a razão literal desses ornamentos, dizendo que neles é designada a disposição do orbe das terras, como se o pontífice protestasse ser ministro do Criador do mundo; donde também se diz no livro da Sabedoria que "na veste de Aarão estava descrito o orbe das terras". Com efeito, os calções de linho figuravam a terra, da qual nasce o linho. A circunvolução do cíngulo significava o oceano, que circunda a terra. A túnica de jacinto, por sua cor, significava o ar; por suas campainhas eram significados os trovões; pelas romãs, os relâmpagos. O efod significava, porém, por sua variedade o céu sidéreo; as duas pedras de ônix, os dois hemisférios, ou o sol e a lua. As doze pedras preciosas no peito, os doze signos do zodíaco, que se diziam postos no racional, porque nos fenômenos celestes estão as razões dos terrestres, segundo o Evangelho de João: "Por acaso entendes a ordem do céu, e pões a razão deles na terra?" A mitra ou a tiara significava o céu empíreo. A lâmina de ouro, Deus que a todas as coisas preside.

Figuralis vero ratio manifesta est. Nam maculae vel defectus corporales a quibus debebant sacerdotes esse immunes, significant diversa vitia et peccata quibus debent carere. Prohibetur enim esse caecus: idest, ne sit ignorans. Ne sit claudus: idest instabilis, et ad diversa se inclinans. Ne sit parvo, vel grandi, vel torto naso: idest ne per defectum discretionis, vel in plus vel in minus excedat, aut etiam aliqua prava exerceat; per nasum enim discretio designatur, quia est discretivus ordoris. Ne sit fracto pede vel manu: idest ne amittat virtutem bene operandi, vel procedendi in virtutem. Repudiatur etiam si habeat gibbum vel ante vel retro: per quem significatur superfluus amor terrenorum. Si est lippus, idest per carnalem affectum eius ingenium obscuratur: contingit enim lippitudo ex fluxu humoris. Repudiatur etiam si habeat albuginem in oculo: idest praesumptionem candoris iustitiae in sua cogitatione. Repudiatur etiam si habuerit iugem scabiem: idest petulantiam carnis. Et si habuerit impetiginem, quae sine dolore corpus occupat, et membrorum decorem foedat: per quam avaritia designatur. Et etiam si sit herniosus vel ponderosus: qui scilicet gestat pondus turpitudinis in corde, licet non exerceat in opere.

A razão figurativa é clara. As manchas e os defeitos corporais, com efeito, dos quais os sacerdotes deviam estar imunes, significam os diversos vícios e pecados de que devem abster-se. Proíbe-se, com efeito, ser cego, isto é, que não seja ignorante. Que não seja coxo, isto é, instável, inclinando-se a coisas diversas. Que não seja de nariz pequeno, grande ou torto, isto é, não exceda por falta de discrição ou para mais ou para menos, ou também pratique algumas coisas perversas; pelo nariz, com efeito, é designada a discrição, porque ele é capaz de distinguir os odores. Nem seja de pé ou de mão quebrada, isto é, não perca a força de bem operar ou proceder com virtude. Repudia-se também se tem um inchaço ou na parte da frente ou de trás, pelo qual significa-se o amor supérfluo das coisas terrenas. Se é remeloso, isto é, seu engenho se obscurece por seu afeto carnal, pois a remelosidade provém do fluxo dos humores. Repudia-se também se tem névoa no olho, isto é, a presunção de beleza de justiça em seu pensamento. Repudia-se também se tiver sarna permanente, isto é, a petulância da carne. E se tiver impigem, que se dissemina sem dor pelo corpo, e ofende a beleza dos membros; por ela é designada a avareza. E também se tiver quebradura ou se for obeso, a saber, que traz o peso da torpeza no coração, embora não a realize por obra.

Per ornamenta vero designantur virtutes ministrorum Dei. Sunt autem quatuor quae sunt necessariae omnibus ministris: scilicet castitas, quae significatur per femoralia; puritas vero vitae, quae significatur per lineam tunicam; moderatio discretionis, quae significatur per cingulum; rectitudo intentionis, quae significatur per tiaram protegentem caput. — Sed prae his pontifices debent quatuor habere. Primo quidem, iugem Dei memoriam in contemplatione: et hoc significat lamina aurea habens nomen Dei, in fronte. Secundo, quod supportent infirmitates populi: quod significat superhumerale. Tertio, quod habeant populum in corde et in visceribus per sollicitudinem caritatis: quod significatur per rationale. Quarto, quod habeant conversationem caelestem per opera perfectionis: quod significatur per tunicam hyacinthinam. Unde et tunicae hyacinthinae adiunguntur in extremitate tintinabula aurea: per quae significatur doctrina divinorum, quae debet coniungi caelesti conversationi pontificis. Adiunguntur autem mala punica, per quae significatur unitas fidei et concordia in bonis moribus: quia

Pelos ornamentos, contudo, são designadas as virtudes dos ministros de Deus. São quatro, as que são necessárias aos ministros de Deus, a saber: a castidade, que é significada pelos calções; a pureza de vida, que é significada pela túnica de linho; a moderação da discrição, que é significada pelo cíngulo; a retidão da intenção, que é significada pela tiara que protege a cabeça. — Mas, além dessas, os pontífices devem ter quatro outras. Primeiro, a lembrança permanente de Deus na contemplação, e isso significa a lâmina de ouro que tem o nome de Deus, na fronte. Segundo, que suportem as enfermidades do povo, que o efod significa. Terceiro, que tenham o povo no coração e nas vísceras pela solicitude da caridade, o que é significado pelo racional. Quarto, que tenham a convivência celeste pelas obras da perfeição, o que é significado pela túnica de jacinto. Donde são acrescentadas à túnica de jacinto, na extremidade, as campainhas de ouro, pelas quais é significada a doutrina das coisas divinas, que deve unir-se à convivência celeste do pontífice. Acrescentam-se umas romãs, pelas quais é significada a unidade da

sic coniuncta debet esse eius doctrina, ut per eam fidei et pacis unitas non rumpatur.

ARTICULUS 6

Utrum fuerit aliqua rationabilis causa observantiarum caeremonialium

AD SEXTUM SIC PROCEDITUR. Videtur quod observantiarum caeremonialium nulla fuerit rationabilis causa.

1. Quia ut Apostolus dicit, 1Ti 4,4, *omnis creatura Dei est bona, et nihil reiiciendum quod cum gratiarum actione percipitur.* Inconvenienter igitur prohibiti sunt ab esu quorundam ciborum tanquam immundorum, ut patet Lv 11.

2. PRAETEREA, sicut animalia dantur in cibum hominis, ita etiam et herbae: unde dicitur Gn 9,3: *Quasi olera virentia dedi vobis omnem carnem*. Sed in herbis lex non distinxit aliquas immundas: cum tamen aliquae illarum sint maxime nocivae, ut puta venenosae. Ergo videtur quod nec de animalibus aliqua debuerint prohiberi tanquam immunda.

3. PRAETEREA, si materia est immunda ex qua aliquid generatur, pari ratione videtur quod id quod generatur ex ea, sit immundum. Sed ex sanguine generatur caro. Cum igitur non omnes carnes prohiberantur tanquam immundae, pari ratione nec sanguis debuit prohiberi quasi immundus; aut adeps, qui ex sanguine generatur.

4. PRAETEREA, Dominus dicit, Mt 10,28, eos non esse timendos qui occidunt corpus, *quia post mortem non habent quid faciant*: quod non esset verum, si in nocumentum homini cederet quid ex eo fieret. Multo igitur minus pertinet ad animal iam occisum qualiter eius carnes decoquantur. Irrationabile igitur videtur esse quod dicitur Ex 23,19: *Non coques haedum in lacte matris suae*.

fé e a concórdia nos bons costumes, porque assim conexa deve ser sua doutrina, de modo que por ela não se rompa a unidade da fé e da paz.

ARTIGO 6

Houve alguma causa racional das observâncias cerimoniais?[ll]

QUANTO AO SEXTO, ASSIM SE PROCEDE: parece que **não** houve nenhuma causa racional das observâncias cerimoniais.

1. Com efeito, diz Agostinho: "Toda criatura de Deus é boa, e nada deve ser rejeitado do que é recebido com ação de graças". Inconvenientemente, pois, foram proibidos de comer alguns alimentos como impuros, como consta no livro do Levítico.

2. ALÉM DISSO, como os animais são dados como alimento do homem, assim também as ervas; donde se diz no livro do Gênesis: "Como viçosas hortaliças dei-vos toda carne". Ora, nas ervas a lei não distinguiu algumas impuras, embora algumas delas fossem maximamente nocivas, e até venenosas. Logo, parece que alguns dos animais não deveriam ter sido proibidos como impuros.

3. ADEMAIS, se a matéria de que algo é gerado é impura, por igual razão parece que o que é gerado dela é impuro. Ora, do sangue gera-se a carne. Logo, como nem todas as carnes eram proibidas como impuras, por igual razão nem o sangue devia ter sido proibido como impuro, ou a gordura, que é gerada do sangue.

4. ADEMAIS, diz o Senhor que não se devia temer os que matam o corpo, "porque após a morte não têm o que fazer"; o que não seria verdadeiro, se resultasse em prejuízo do homem o que fosse feito do corpo morto. Muito menos, pois, pertence ao animal já morto o modo pelo qual suas carnes são cozidas. Parece ser, então, irracional o que se diz no livro do Êxodo: "Não cozerás o cabrito no leite de sua mãe".

6 PARALL.: II-II, q. 86, a. 3, ad 1, 2, 3; *ad Rom.*, c. 14, lect. 1, 3; I *Tim.*, c. 4, lect. 1; *ad Tit.*, c. 1, lect. 4.

ll. Esta última questão vem fechar o estudo dos preceitos cerimoniais. Concerne a todas as prescrições que não podem ser classificadas em nenhuma das categorias precedentes. Trata-se de indicações práticas que sancionam fatos cultuais próprios do povo de Israel e em geral recebidos de seus longínquos antepassados ou de seu meio. A sua introdução na Torá os sacraliza automaticamente. No entanto, como Sto. Tomás deve mostrar, por princípio, que todas as regras de conduta dadas por Deus a Israel são conformes à razão, deve encontrar-lhes motivos "razoáveis", seja em sua relação com o culto da antiga lei, seja enquanto prefigurações da vida cristã em algumas de suas modalidades. Para alcançar esses dois fins, ele demonstra engenhosidade e sutileza, tomando materiais emprestados à tradição exegética, seja ela judia, seja cristã, que a precedeu. Não se buscará, portanto, no conjunto do artigo uma alta teologia. Sobre o primeiro ponto, a ausência de informação sobre o meio cultural do antigo Oriente e sobre o estudo comparado das religiões e das culturas torna caducas as razões de conveniência propostas. Sobre o segundo ponto, a vinculação entre certas prescrições morais e espirituais a alegorias desse tipo está irremediavelmente superada.

5. PRAETEREA, ea quae sunt primitiva in hominibus et animalibus, tanquam perfectiora, praecipiuntur Domino offerri. Inconvenienter igitur praecipitur Lv 19,23: *Quando ingressi fueritis terram, et plantaveritis in ea ligna pomifera, auferetis praeputia eorum*, idest prima germina, *et immunda erunt vobis, nec edetis ex eis*.

6. PRAETEREA, vestimentum extra corpus hominis est. Non igitur debuerent quaedam specialia vestimenta Iudaeis interdici: puta quod dicitur Lv 19,19: *Vestem quae ex duobus texta est, non indueris*; et Dt 22,5: *Non induetur mulier veste virili, et vir non induetur veste feminea*; et infra [11]: *Non indueris vestimento quod ex lana linoque contextum est*.

7. PRAETEREA, memoria mandatorum Dei non pertinet ad corpus, sed ad cor. Inconvenienter igitur praecipitur Dt 6,8sq., quod *ligarent praecepta Dei quasi signum in manu sua*, et quod *scriberentur in limine ostiorum*; et quod *per angulos palliorum facerent fimbrias, in quibus ponerent vittas hyacinthinas, in memoriam mandatorum Dei*, ut habetur Nm 15,38sq.

8. PRAETEREA, Apostolus dicit, 1Cor 9,9, quod *non est cura Deo de bobus*: et per consequens neque de aliis animalibus irrationalibus. Inconvenienter igitur praecipitur Dt 22,6: *Si ambulaveris per viam, et inveneris nidum avis, non tenebis matrem cum filiis*; et Dt 25,4: *Non alligabis os bovis triturantis*; et Lv 19,19: *Iumenta tua non facies coire cum alterius generis animantibus*.

9. PRAETEREA, inter plantas non fiebat discretio mundorum ab immundis. Ergo multo minus circa culturam plantarum debuit aliqua discretio adhiberi. Ergo inconvenienter praecipitur Lv 19,19: *Agrum non seres diverso semine*; et Dt 22,9sq.: *Non seres vineam tuam altero semine*; et, *Non arabis in bove simul et asino*.

10. PRAETEREA, ea quae sunt inanimata, maxime videmus hominum potestati esse subiecta. Inconvenienter igitur arcetur homo ab argento et auro ex quibus fabricata sunt idola, et ab aliis quae in idolorum domibus inveniuntur, praecepto legis quod habetur Dt 7,25sq. — Ridiculum etiam videtur esse praeceptum quod habetur Dt 23,13, ut *egestiones humo operirent, fodientes in terra*.

5. ADEMAIS, preceituou-se que fossem oferecidas ao Senhor os primogênitos, como mais perfeitos, dos homens e dos animais. Inconvenientemente, pois, se preceituou no livro do Levítico: "Quando entrardes na terra e plantardes nela as árvores frutíferas, cortareis seus prepúcios", isto é, os primeiros germes, "e serão impuros para vós, e não comereis deles".

6. ADEMAIS, a veste é exterior ao corpo do homem. Não se devia, pois, proibir aos judeus algumas vestes especiais, por exemplo, o que se diz no livro do Levítico: "Não vestirás a veste que foi tecida de dois fios", e no livro do Deuteronômio: "Não se vestirá a mulher com veste masculina, e o homem não se vestirá com veste feminina", e abaixo: "Não te vestirás de veste que foi tecida de lã e linho".

7. ADEMAIS, a lembrança dos mandamentos de Deus não pertence ao corpo, mas ao coração. Inconvenientemente, pois, se preceitua no livro do Deuteronômio que "ligassem os preceitos do Senhor como sinal na sua mão", e que "fossem escritos no limiar das portas", e que "fizessem guarnições nos remates das capas, nas quais poriam fitas de cor de jacinto, em lembrança dos mandamentos de Deus", como está no *Livro dos Números*.

8. ADEMAIS, diz o Apóstolo que "não é de Deus o cuidado de bois", e por consequência nem de outros animais irracionais. Inconvenientemente, pois, se preceitua no livro do Deuteronômio: "Se fores por um caminho e encontrares um ninho de ave, não apanharás a mãe com os filhos", e no mesmo livro: "Não atarás a boca do boi que tritura", e no livro do Levítico: "Não farás teus jumentos copular com animais de outro gênero".

9. ADEMAIS, entre as plantas não se fazia diferença de puras e impuras. Logo, muito menos acerca da cultura das plantas devia ter sido empregada alguma diferença. Logo, inconvenientemente se preceitua no livro do Levítico: "Não semearás teu campo com diversa semente", e no livro do Deuteronômio: "Não semearás tua vinha com outra semente", e "Não ararás com boi juntamente com asno".

10. ADEMAIS, vemos que são maximamente sujeitas ao poder dos homens aquelas coisas que são inanimadas. Inconvenientemente, pois, se priva o homem da prata e do ouro com os quais são fabricados os ídolos, e de outras coisas que se acham nas casas dos ídolos, pelo preceito da lei que está no livro do Deuteronômio. — Parece também ridículo o que está no livro do Deuteronômio que "cobrissem com terra os dejetos, cavando na terra".

11. PRAETEREA, pietas maxime in sacerdotibus requiritur. Sed ad pietatem pertinere videtur quod aliquis funeribus amicorum intersit: unde etiam de hac Tobias laudatur, ut habetur Tb 1,20sqq. Similiter etiam quandoque ad pietatem pertinet quod aliquis in uxorem accipiat meretricem: quia per hoc eam a peccato et infamia liberat. Ergo videtur quod haec inconvenienter prohibeantur sacerdotibus, Lv 21.

SED CONTRA est quod dicitur Dt 18,14: *Tu autem a Domino Deo tuo aliter institutus es*: ex quo potest accipi quod huiusmodi observantiae sunt institutae a Deo ad quandam specialem illius populi praerogativam. Non ergo sunt irrationabiles, aut sine causa.

RESPONDEO dicendum quod populus Iudaeorum, ut supra[1] dictum est, specialiter erat deputatus ad cultum divinum; et inter eos, specialiter sacerdotes. Et sicut aliae res quae applicantur ad cultum divinum, aliquam specialitatem debent habere, quod pertinet ad honorificentiam divini cultus; ita etiam et in conversatione illius populi, et praecipue sacerdotum, debuerunt esse aliqua specialia congruentia ad cultum divinum, vel spiritualem vel corporalem. Cultus autem legis figurabat mysterium Christi: unde omnia eorum gesta figurabant ea quae ad Christum pertinent; secundum illud 1Cor 10,11: *Omnia in figuram contingebant illis*. Et ideo rationes harum observantiarum dupliciter assignari possunt: uno modo, secundum congruentiam ad divinum cultum; alio modo, secundum quod figurant aliquid circa Christianorum vitam.

AD PRIMUM ergo dicendum quod, sicut supra[2] dictum est, duplex pollutio, vel immunditia, observabatur in lege: una quidem culpae, per quam polluebatur anima; alia autem corruptionis cuiusdam, per quam quodammodo inquinatur corpus. Loquendo igitur de prima immunditia, nulla genera ciborum immunda sunt, vel hominem inquinare possunt, secundum suam naturam: unde dicitur Mt 15,11: *Non quod intrat in os, coinquinat hominem; sed quae procedunt de ore, haec coinquinant hominem* et exponitur hoc de peccatis [17sqq.]. Possunt tamen aliqui cibi per

11. ADEMAIS, requer-se maximamente nos sacerdotes a piedade. Ora, parece pertencer à piedade que alguém esteja presente aos funerais dos amigos; donde também sobre isso é louvado Tobias, como está no livro de Tobias. Semelhantemente também pertence às vezes à piedade que alguém receba como esposa uma meretriz, para que a liberte do pecado e da infâmia. Logo, parece que tais coisas são inconvenientemente proibidas aos sacerdotes, no livro do Levítico.

EM SENTIDO CONTRÁRIO, diz-se no livro do Deuteronômio: "Tu, porém, foste instituído de outra forma pelo Senhor teu Deus". Disso pode-se entender que tais observâncias foram instituídas por Deus como uma prerrogativa especial daquele povo. Não são, pois, irracionais ou sem causa.

RESPONDO. O povo judeu, como acima foi dito, era especialmente destinado ao culto divino; e entre eles, especialmente os sacerdotes. E assim como as outras coisas que se aplicam ao culto divino devem ter alguma coisa especial, que pertence à honorificência do culto divino, assim também na convivência daquele povo, e principalmente dos sacerdotes, devia haver algumas coisas especiais adequadas ao culto divino, ou espiritual ou corporal. O culto da lei figurava o mistério de Cristo; donde todas as suas observâncias figuravam aquelas coisas que pertencem a Cristo, segundo a primeira Carta aos Coríntios: "Todas as coisas aconteciam a eles como figura". E assim as razões dessas observâncias podem ser assinaladas de dois modos[mm]: de um modo, segundo a adequação com o culto divino; de outro modo, segundo figuravam algo acerca da vida dos Cristãos.

QUANTO AO 1º, portanto, deve-se dizer que, como acima foi dito, observava-se na lei dupla poluição ou impureza: uma da culpa, pela qual poluía-se a alma; outra de qualquer corrupção, pela qual de algum modo é contaminado o corpo. Falando, pois, da primeira impureza, gênero algum de alimentos é impuro, ou pode contaminar o homem, segundo sua natureza; donde se diz no Evangelho de Mateus: "Não o que entra pela boca, contamina o homem, mas aquelas coisas que procedem da boca, essas contaminam o homem" e isso é aplicado aos pecados. Podem, porém, alguns

1. Art. praec.
2. A. praec., ad 4, 5.

mm. Sto. Tomás está consciente dos limites que comporta o seu tratamento dos textos: ele só indicará *possibilidades, nas duas direções da exegese literal e da exegese alegórica. Essa simples observação relativiza as longas considerações que se seguem. À parte a referência a alguns princípios muito gerais, elas possuem um caráter totalmente artificial.*

accidens inquinare animam: inquantum scilicet contra obedientiam vel votum, vel nimia concupiscentia comeduntur; vel inquantum praebent fomentum luxuriae, propter quod aliqui a vino et carnibus abstinent.

Secundum autem corporalem immunditiam, quae est corruptionis cuiusdam, aliquae animalium carnes immunditiam habent: vel quia ex rebus immundis nutriuntur, sicut porcus; aut immunde conversantur, sicut quaedam animalia sub terra habitantia, sicut talpae et mures et alia huiusmodi, unde etiam quendam fetorem contrahunt; vel quia eorum carnes, propter superfluam humiditatem vel siccitatem, corruptos humores in corporibus humanis generant. Et ideo prohibitae sunt eis carnes animalium habentium soleas, idest ungulam unam non fissam, propter eorum terrestreitatem. Et similiter sunt eis prohibitae carnes animalium habentium multas fissuras in pedibus, quia sunt nimis cholerica et adusta: sicut carnes leonis et huiusmodi. Et eadem ratione prohibitae sunt eis aves quaedam rapaces, quae sunt nimiae siccitatis; et quaedam aves aquaticae, propter excessum humiditatis. Similiter etiam quidam pisces non habentes pinnulas et squamas, ut anguillae et huiusmodi, propter excessum humiditatis. Sunt autem eis concessa ad esum animalia ruminantia et findentia ungulam, quia habent humores bene digestos, et sunt medie complexionata: quia nec sunt nimis humida, quod significant ungulae; neque sunt nimis terrestria, cum non habeant ungulam continuam, sed fissam. In piscibus etiam concessi sunt eis pisces sicciores, quod significatur per hoc quod habent squamas et pinnulas: per hoc enim efficitur temperata complexio humida piscium. In avibus etiam sunt eis concessae magis temperatae, sicut gallinae, perdices, et aliae huiusmodi. — Alia ratio fuit in detestationem idololatriae. Nam gentiles, et praecipue Aegyptii, inter quos erant nutriti, huiusmodi animalia prohibita idolis immolabant, vel eis ad maleficia utebantur. Animalia vero quae Iudaeis sunt concessa ad esum non comedebant, sed ea tanquam deos colebant; vel propter aliam causam ab eis abstinebant, ut supra[3] dictum est. — Tertia ratio est ad tollendam nimiam diligentiam circa cibaria. Et ideo conceduntur illa animalia quae de facili et in promptu haberi possunt.

alimentos acidentalmente contaminar a alma, a saber, enquanto são comidos contra a obediência ou voto, por demasiada concupiscência; ou enquanto dão fomento à luxúria, razão pela qual alguns se abstêm do vinho e de carnes.

Segundo a impureza corporal, que é de qualquer corrupção, algumas carnes de animais têm impureza, ou porque se nutrem de coisas impuras, como o porco; ou vivem impuramente, como alguns animais que habitam sob a terra, como as toupeiras, os ratos e semelhantes, donde contraem certo mau cheiro; ou porque suas carnes, por causa da demasiada umidade ou secura, produzem humores corruptos nos corpos humanos. E por isso foram proibidas a eles carnes de animais que tinham sola, isto é, uma unha não fendida, por causa de sua terreneidade. E semelhantemente foram-lhes proibidas carnes de animais que têm muitas fendas nos pés, porque são demasiado coléricos e ardentes, como as carnes de leão e semelhantes. E pela mesma razão foram-lhes proibidas algumas aves de rapina, que são de secura demasiada; e algumas aves aquáticas, por causa do excesso de umidade. Semelhantemente também alguns peixes que não têm barbatanas e escamas, como as enguias e outros, por causa do excesso da umidade. Eram-lhes concedidos para comer os animais ruminantes, de unha fendida, porque têm os humores bem digeridos e são de compleição média, porque nem são demasiado úmidos, o que significam as unhas, nem são demasiado terrestres, enquanto não têm a unha contínua, mas fendida. Entre os peixes também foram-lhes concedidos os peixes mais secos, o que é significado pelo fato de terem escamas e barbatanas; por meio disso, com efeito, torna-se temperada a compleição úmida dos peixes. Entre as aves também lhes foram concedidas as mais temperadas, como galinhas, perdizes e outras semelhantes. — Outra razão foi para a detestação da idolatria. Os gentios, com efeito, e principalmente os egípcios, entre os quais tinham vivido, imolavam tais animais proibidos aos ídolos, ou deles usavam para malefícios. Já não comiam os animais que foram concedidos aos judeus para comer, mas os cultuavam como deuses; ou em razão de outra causa, deles se abstinham, como acima foi dito. — A terceira razão é para tirar a demasiada diligência acerca da comida. E assim concedem-se aqueles animais que podem ter-se de modo fácil e pronto.

3. A. 3, ad 2.

Generaliter tamen prohibitus est eis esus sanguinis et adipis cuiuslibet animalis. Sanguinis quidem tum ad vitandam crudelitatem, ut detestarentur humanum sanguinem effundere, sicut supra[4] dictum est. Tum etiam ad vitandum idololatriae ritum: quia eorum consuetudo erat ut circa sanguinem congregatum adunarentur ad comedendum in honorem idolorum, quibus reputabant sanguinem acceptissimum esse. Et ideo Dominus mandavit quod sanguis effunderetur, et quod pulvere operiretur. — Et propter hoc etiam prohibitum est eis comedere animalia suffocata vel strangulata: quia sanguis eorum non separaretur a carne. Vel quia in tali morte animalia multum affliguntur; et Dominus voluit eos a crudelitate prohibere etiam circa animalia bruta, ut per hoc magis recederent a crudelitate hominis, habentes exercitium pietatis etiam circa bestias. — Adipis etiam esus prohibitus est eis, tum quia idololatrae comedebant illum in honorem deorum suorum. Tum etiam quia cremabatur in honorem Dei. Tum etiam quia sanguis et adeps non generant bonum nutrimentum: quod pro causa inducit Rabbi Moyses[5]. — Causa autem prohibitionis esus nervorum exprimitur Gn 32,32, ubi dicitur quod *non comedunt filii Israel nervum, eo quod tetigerit nervum femoris Iacob, et obstupuerit.*

Figuralis autem ratio horum est quia per omnia huiusmodi animalia prohibita designantur aliqua peccata, in quorum figuram illa animalia prohibentur. Unde dicit Augustinus, in libro *Contra Faustum*[6]: *Si de porco et agno requiratur, utrumque natura mundum est, quia omnis creatura Dei bona est: quadam vero significatione, agnus mundus, porcus immundus est. Tanquam, si stultum et sapientem diceres, utrumque hoc verbum natura vocis et litterarum et syllabarum ex quibus constat, mundum est: significatione autem unum est mundum, et aliud immundum.* Animal enim quod ruminat et ungulam findit, mundum est significatione. Quia fisio ungulae significat distinctionem duorum testamentorum; vel Patris et Filii; vel duarum naturarum in Christo; vel discretionem boni et mali. Ruminatio autem significat meditationem Scripturarum, et sanum intellectum earum. Cuicumque autem horum alterum deest, spiritualiter

Em geral, contudo, foi-lhes proibido comer sangue e gordura de qualquer animal. O sangue, quer para evitar a crueldade, para que detestassem derramar o sangue humano, como acima foi dito. Quer também para evitar o rito da idolatria, porque era o costume deles reunirem-se ao redor do sangue recolhido para comer em honra dos ídolos, aos quais se reputava ser o sangue muito aceito. E assim ordenou o Senhor que o sangue fosse derramado e que se cobrisse de terra. — E por causa disso também foi-lhes proibido comer animais sufocados ou estrangulados, porque o sangue deles não se separava da carne. Ou porque em tal morte são os animais muito afligidos e quis o Senhor proibir-lhes a crueldade também em relação aos animais brutos, para que com isso mais se afastassem da crueldade do homem, tendo o exercício da piedade mesmo em relação aos brutos. — Também foi proibido a eles comer gordura, quer porque os idólatras a comiam em honra de seus deuses. Quer também porque era queimada em honra de Deus. Quer também porque o sangue e a gordura não produzem bom nutrimento pela causa que apresenta Rabi Moisés. — A causa, contudo, da proibição de comer os nervos é expressa no livro do Gênesis, onde se diz que "não comem nervo os filhos de Israel, porque o anjo tocou o nervo da coxa de Jacó, e ficou entorpecido".

A razão figurativa dessas coisas é que por todos esses animais proibidos designam-se alguns pecados, figurados nos animais proibidos. Donde dizer Agostinho: "Se se pergunta a respeito do porco e do cordeiro se um e outro é puro, porque toda criatura de Deus é boa, por uma significação, o cordeiro é puro, e o porco, impuro. Como, se dissesses estulto e sábio, se um e outro termo que por natureza do som de letras e de sílabas, de que constam, são puros; por significação um é puro, e outro impuro". O animal, com efeito, que rumina e tem o casco fendido, é puro por significação. Porque a fenda das unhas significa a distinção dos dois testamentos; ou do Pai e do Filho; ou das duas naturezas em Cristo; ou a distinção do bem e do mal. A ruminação significa a meditação das Escrituras, e a sã inteligência delas. A qualquer um a quem falte uma dessas coisas, é espiritualmente impuro. — Semelhantemente

4. Ibid.
5. *Doct. Perplex.*, P. III, c. 48.
6. L. VI, c. 7: ML 42, 233.

immundus est. — Similiter etiam in piscibus illi qui habent squamas et pinnulas, significatione mundi sunt. Quia per pinnulas significatur vita sublimis, vel contemplatio; per squamas autem significatur aspera vita; quorum utrumque necessarium est ad munditiam spiritualem. — In avibus autem specialia quaedam genera prohibentur. In aquila enim, quae alte volat, prohibetur superbia. In gryphe autem, qui equis et hominibus infestus est, crudelitas potentum prohibetur. In haliaeeto autem, qui pascitur minutis avibus, significantur illi qui sunt pauperibus molesti. In milvo autem, qui maxime insidis utitur, designantur fraudulenti. In vulture autem, qui sequitur exercitum expectans comedere cadavera mortuorum, significatur illi qui mortes et seditiones hominum affectant ut inde lucrentur. Per animalia corvini generis significantur illi qui sunt voluptatibus denigrati: vel qui sunt expertes bonae affectionis, quia corvus, semel emissus ab arca, non est reversus. Per struthionem, qui, cum sit avis, volare non potest, sed semper est circa terram, significantur Deo militantes et se negotiis saecularibus implicantes. Nycticorax, quae in nocte acuti est visus, in die autem non videt, significat eos qui in temporalibus sunt astuti, in spiritualibus hebetes. Larus autem, qui et volat in aere et natat in aqua, significat eos qui et circumcisionem et baptismum venerantur: vel significat eos qui per contemplationem volare volunt, et tamen vivunt in aquis voluptatum. Accipiter vero, qui deservit hominibus ad praedam, significat eos qui ministrant potentibus ad depraedandum pauperes. Per bubonem, qui in nocte pastum quaerit, de die autem latet, significantur luxuriosi, qui occultari quaerunt in nocturnis operibus quae agunt. Mergulus autem, cuius natura est ut sub undis diutius immoretur, significat gulosos, qui aquis deliciarum se immergunt. Ibis vero avis est in Africa habens longum nostrum, quae serpentibus pascitur, et forte est idem quod ciconia: et significat invidos, qui de malis aliorum, quasi de serpentibus, reficiuntur. Cygnus autem est coloris candidi, et longo collo quod habet, ex profunditate terrae vel aquae cibum trahit: et potest significare homines qui per exteriorem iustitiae candorem lucra terrena quaerunt. Onocrotalus autem avis est in partibus orientis, longo rostro, quae in faucibus habet quosdam folliculos, in quibus primo cibum reponit, et post horam in ventrem mittit: et significat avaros, qui immoderata sollicitudine vitae necessaria congregant. Porphyrio autem, praeter modum aliarum avium, habet unum pedem latum

também entre os peixes aqueles que têm escamas e barbatanas, são puros por significação. Porque pelas barbatanas é significada a vida sublime, ou a contemplação; pelas escamas, porém, significa-se a vida áspera, uma e outra são necessárias para a pureza espiritual. — Entre as aves proíbem-se alguns gêneros especiais. Na águia, com efeito, que voa alto, proíbe-se a soberba. No grifo, que é nocivo a cavalos e homens, proíbe-se a crueldade dos poderosos. No halieto, que se nutre de pequenas aves, são significados aqueles que são molestos aos pobres. No milhano, que usa maximamente de insídias, designam-se os fraudulentos. No abutre, que acompanha o exército, esperando comer os cadáveres dos mortos, significam-se os que provocam mortes e sedições dos homens para daí lucrarem. Pelos animais do gênero do corvo significam-se os que são difamados pelos prazeres; ou porque são desprovidos de afeição boa, pois o corvo, uma vez enviado fora da arca, não voltou. Pela avestruz, que, embora seja ave, não pode voar, mas está sempre pelo chão, significam-se os militantes de Deus e implicando-se em negócios seculares. O bufo, que é agudo de visão à noite, mas não vê de dia, significa aqueles que são astutos nas coisas temporais, mas embotados nas espirituais. A gaivota, porém, que voa no ar e nada na água, significa aqueles que veneram a circuncisão e o batismo; ou significa os que querem voar pela contemplação, e, entretanto, vivem nas águas dos prazeres. O açor, que serve aos homens com relação à presa, significa os que servem aos poderosos para depredarem os pobres. Pelo mocho, que busca alimento de noite, e de dia se esconde, são significados os luxuriosos, que buscam ocultar-se nas obras noturnas que fazem. Já o mergulo, cuja natureza é de ficar por muito tempo sob as águas, significa os gulosos, que mergulham nas águas dos prazes. A íbis, ave da África, tem um longo bico, alimenta-se de serpentes, e talvez seja o mesmo que a cegonha, significa os invejosos, que se nutrem dos males dos outros, como de serpentes. O cisne é de cor branca e com o pescoço comprido que tem, tira o alimento da profundidade da terra ou da água, e pode significar os homens que, pelo brilho exterior da justiça, buscam os lucros terrenos. O pelicano é ave das partes do oriente, de bico comprido, que tem na garganta algumas bolsinhas, nas quais primeiro repõe o alimento, e depois de uma hora manda para o ventre, e significa os avarentos que ajuntam por imoderada solicitude as coisas

ad natandum, alium fissum ad ambulandum, quia et in aqua natat ut anates, et in terra ambulat ut perdices: solo morsu bibit, omnem cibum aqua tingens: et significat eos qui nihil ad alterius arbitrium facere volunt, sed solum quod fuerit tinctum aqua propriae voluntatis. Per herodionem qui vulgariter falco dicitur, significantur illi quorum *pedes sunt veloces ad effundendum sanguinem* Ps 13,3. Charadrius autem, quae est avis garrula, significat loquaces. Upupa autem, quae nidificat in stercoribus et fetenti pascitur fimo, et gemitum in cantu simulat, significat tristitiam saeculi, quae in hominibus immundis mortem operatur. Per vespertilionem autem, quae circa terram volitat, significantur illi qui, saeculari scientia praediti, sola terrena sapiunt. — Circa volatilia autem et quadrupedia, illa sola conceduntur eis quae posteriora crura habent longiora, ut salire possint. Alia vero, quae terrae magis adhaerent, prohibentur: quia illi qui abutuntur doctrina quatuor Evangelistrarum, ut per eam in altum non subleventur, immundi reputantur. — In sanguine vero et adipe et nervo, intelligitur prohiberi crudelitas, et voluptas, et fortitudo ad peccandum.

necessárias da vida. O porfirião, fora do modo das outras aves, tem um pé espalmado para nadar, outro fendido para andar, porque nada na água como os patos e anda na terra como as perdizes e só bebe ao morder, molhando com água todo o alimento, e significa aqueles que nada querem fazer segundo o arbítrio de outrem, mas só o que for molhado pela água da própria vontade. Pela garça-real, que vulgarmente se chama falcão, são significados aqueles cujos "pés são velozes para derramar o sangue", segundo o livro dos Salmos. O caradriídeo, que é uma ave gárrula, significa os loquazes. A poupa que nidifica nos estrumes e se nutre de excremento fétido, e no canto simula um gemido, significa a tristeza do mundo, que produz a morte nos homens impuros. Pelo morcego, que voeja perto da terra, são significados aqueles, dotados da ciência mundana, que só conhecem as coisas terrenas. — Acerca das aves e dos quadrúpedes, a eles só se concedem os que têm as pernas posteriores mais longas, para poderem saltar. Os outros, contudo, que são mais ligados à terra, são proibidos, porque aqueles que abusam da doutrina dos quatro Evangelistas, de modo que sejam por ela elevados ao alto, reputam-se impuros. — No sangue, na gordura e no nervo entende-se proibir a crueldade, a volúpia e a contumácia em pecar.

AD SECUNDUM dicendum quod esus plantarum et aliorum terrae nascentium adfuit apud homines etiam ante diluvium: sed esus carnium videtur esse post diluvium introductus; dicitur enim Gn 9,3: *Quasi olera virentia dedi vobis omnem carnem.* Et hoc ideo, quia esus terrae nascentium magis pertinet ad quandam simplicitatem vitae; esus autem carnium ad quasdam delicias et curiositatem vivendi. Sponte enim terra herbam germinat, vel cum modico studio huiusmodi terrae nascentia in magna copia procurantur: oportet autem cum magno studio animalia vel nutrire, vel etiam capere. Et ideo volens Dominus populum suum reducere ad simpliciorem victum, multa in genere animalium eis prohibuit, non autem in genere terrae nascentium. — Vel etiam quia animalia immolabantur idolis, non autem terrae nascentia.

QUANTO AO 2º, deve-se dizer que o comer plantas e outras coisas que nascem da terra esteve presente junto dos homens mesmo antes do dilúvio, mas comer carnes parece ter sido introduzido após o dilúvio; diz-se, com efeito, no livro do Gênesis: "Como hortaliças viçosas dei-vos toda carne". E isso assim, porque comer das coisas que nascem da terra pertence a certa simplicidade da vida; já comer carnes, a algumas delícias e curiosidade de viver. Espontaneamente, com efeito, a terra faz germinar a erva, ou com pequeno esforço se obtêm, em grande cópia, tais coisas nascentes da terra; é necessário, contudo, com grande esforço, ou nutrir ou apanhar também os animais. E assim querendo o Senhor reduzir seu povo a sustento mais simples, muito lhes proibiu no gênero dos animais, não, porém, no gênero das coisas que nascem da terra. — Ou também porque os animais eram imolados aos ídolos, não, porém, as coisas que da terra nascem.

AD TERTIUM patet responsio ex dictis.

QUANTO AO 3º, a resposta está clara pelo que foi dito.

AD QUARTUM dicendum quod, etsi haedus occisus non sentiat qualiter carnes eius coquantur, tamen in animo decoquentis ad quandam crudelitatem pertinere videtur si lac matris, quod datum est

QUANTO AO 4º, deve-se dizer que, embora o bode imolado não sinta como lhe são as carnes cozidas, entretanto, no espírito de quem coze, parece pertencer a alguma crueldade se o leite da mãe,

ei pro nutrimento, adhibeatur ad consumptionem carnium ipsius. — Vel potest dici quod gentiles in solemnitatibus idolorum taliter carnes haedi coquebant, ad immolandum vel ad comedendum. Et ideo Ex 23, postquam praedictum fuerat de solemnitatibus celebrandis in lege, subditur: *Non coques haedum in lacte matris suae*.

Figuralis autem ratio huius prohibitionis est quia praefigurabatur quod Christus, qui est haedus propter *similitudinem carnis peccati*, non erat a Iudaeis coquendus, idest occidendus, in lacte matris, idest tempore infantiae. — Vel significatur quod haedus idest peccator, non est coquendus in lacte matris, idest non est blanditiis deliniendus.

AD QUINTUM dicendum quod gentiles fructus primitivos, quos fortunatos aestimabant, diis suis offerebant: vel etiam comburebant eos ad quaedam magica facienda. Et ideo praeceptum est eis ut fructus trium primorum annorum immundos reputarent. In tribus enim aniis fere omnes arbores terrae illius fructum producunt, quae scilicet vel seminando, vel inserendo, vel plantando coluntur. Raro autem contingit quod ossa fructuum arboris, vel semina latentia, seminentur: haec enim tardius facerent fructum, sed lex respexit ad id quod frequentius fit. Poma autem quarti anni, tanquam primitiae mundorum fructuum, Deo offerebantur: a quinto autem anno, et deinceps, comedebantur.

Figuralis autem ratio est quia per hoc praefiguratur quod post tres status legis, quorum unus est ab Abraham usque ad David, secundus usque ad transmigrationem Babylonis, tertius usque ad Christum, erat Christus Deo offerendus, qui est fructus legis. — Vel quia primordia nostrorum operum debent esse nobis suspecta, propter imperfectionem.

AD SEXTUM dicendum quod, sicut dicitur Eccli 19,27, *amictus corporis enuntiat de homine*. Et ideo voluit Dominus ut populus eius distingueretur ab aliis populis non solum signo circumcisionis, quod erat in carne, sed etiam certa habitus distinctione. Et ideo prohibitum fuit eis ne induerentur vestimento ex lana et lino contexto, et ne mulier indueretur veste virili, aut e converso, propter duo. Primo quidem, ad vitandum idololatriae cultum. Huiusmodi enim variis vestibus ex diversis confectis gentiles in cultu suorum deorum utebantur. Et etiam in cultu Martis mulieres utebantur armis virorum; in cultu autem Veneris e converso viri

que lhe foi dado para nutrimento, seja empregado para a consumpção das suas carnes. — Ou pode-se dizer que os gentios nas solenidades dos ídolos, desse modo cozinhavam as carnes do cabrito, para imolar ou para comer. E assim, no livro do Êxodo, depois que foi predito sobre as solenidades que deviam ser celebradas na lei, acrescenta-se: "Não cozinhes o cabrito no leite de sua mãe".

A razão figurativa dessa proibição é que era prefigurado que Cristo, que é o cabrito por causa da "semelhança da carne de pecado", não devia ser cozido pelos judeus, isto é, morto, no leite da mãe, isto é, no tempo da infância. — Ou significa-se que o cabrito, isto é, o pecador não deve ser cozido no leite da mãe, isto é, não deve ser corrompido pelas lisonjas.

QUANTO AO 5º, deve-se dizer que os gentios ofereciam aos seus deuses as primícias dos frutos, que julgavam afortunadas; ou também queimavam-nas para fazer algumas coisas mágicas. E assim foi-lhes preceituado que julgassem impuros os frutos dos três primeiros anos. Em três anos, com efeito, quase todas as árvores daquela terra, a saber, que se cultivam semeando, enxertando ou plantando, produzem fruto. Raramente acontece que os caroços dos frutos da árvore ou as sementes latentes, são semeados; estes, com efeito, mais tardiamente frutificariam, mas a lei diz respeito àquilo que se faz mais frequentemente. Ofereciam-se a Deus os frutos do quarto ano, como primícias dos frutos puros; do quinto ano e seguintes, eram comidos.

A razão figurativa é que por meio disso prefigura-se que, após três estados da lei, dos quais o primeiro é de Abraão até David, o segundo até a transmigração de Babilônia, o terceiro até Cristo, o Cristo, que é fruto da lei, devia ser oferecido a Deus. — Ou porque os primórdios de nossas obras devem-nos ser suspeitos, por causa da imperfeição.

QUANTO AO 6º, deve-se dizer que, como se diz no livro do Eclesiástico, "o vestido do corpo dá a conhecer o homem". E assim quis o Senhor que seu povo se distinguisse de outros povos não só pelo sinal da circuncisão, que estava na carne, mas também por certa distinção de hábito. E por isso foi-lhes proibido não se vestissem de roupa tecida de lã e de linho, e que a mulher não se vestisse com roupa masculina, ou ao inverso, por causa de duas coisas. Primeiro, para evitar o culto de idolatria. Os gentios, com efeito, usavam assim, no culto de seus deuses, de várias vestes de várias contexturas. E também no culto de Marte as

utebantur vestibus mulierum. — Alia ratio est ad declinandam luxuriam. Nam per commixtiones varias in vestimentis omnis inordinata commixtio coitus excluditur. Quod autem mulier induatur veste virili, aut e converso, incentivum est concupiscentiae, et occasionem libidini praestat.

Figuralis autem ratio est quia in vestimento contexto ex lana et lino interdicitur coniunctio simplicitatis innocentiae, quae figuratur per lanam, et subtilitatis malitiae, quae figuratur per linum. — Prohibetur etiam quod mulier non usurpet sibi doctrinam, vel alia virorum officia; vel vir declinet ad mollities mulierum.

Ad septimum dicendum quod, sicut Hieronymus dicit, *super Math.*[7], *Dominus iussit ut in quatuor angulis palliorum hyacinthinas fimbrias facerent, ad populum Israel dignoscendum ab aliis populis*. Unde per hoc se esse Iudaeos profitebantur: et ideo per aspectum huius signi inducebantur in memoriam suae legis.

Quod autem dicitur, "Ligabis ea in manu tua, et erunt semper ante oculos tuos", *Pharisaei male interpretabantur, scribentes in membranis decalogum Moysi, et ligabant in fronte, quasi coronam, ut ante oculos moverentur*[8]: cum tamen intentio Domini mandantis fuerit ut ligarentur in manu, idest in operatione; et essent ante oculos, idest in meditatione. In hyacinthinis etiam vittis, quae palliis inserebantur, significatur caelestis intentio, quae omnibus operibus nostris debet adiungi. — Potest tamen dici quod, quia populus ille carnalis erat et durae cervicis, oportuit etiam per huiusmodi sensibilia eos ad legis observantiam excitari.

Ad octavum dicendum quod affectus hominis est duplex: unus quidem secundum rationem; alius vero secundum passionem. Secundum igitur affectum rationis, non refert quid homo circa bruta animalia agat: quia omnia sunt subiecta eius potestati a Deo, secundum illud Ps 8,8: *Omnia subiecisti sub pedibus eius*. Et secundum hoc Apostolus dicit quod *non est cura Deo de bobus*: quia Deus non requirit ab homine quid circa boves agat, vel circa alia animalia.

Quantum vero ad effectum passionis, movetur affectus hominis etiam circa alia animalia: quia

mulheres usavam armas de homens; já no culto de Vênus, ao inverso, os homens usavam vestes de mulheres. — Outra razão é para afastar a luxúria. Com efeito, por misturas várias nas vestes exclui-se toda mistura desordenada de cópula. Que a mulher se vista com roupa masculina, ou ao contrário, é um inventivo à concupiscência, e dá ocasião à libidinagem.

A razão figurativa, é que na veste tecida de lã e de linho se proíbe a conjunção da simplicidade da inocência, que é figurada pela lã, e da sutileza da malícia, que é figurada pelo linho. — Proíbe-se também que a mulher não usurpe para si a doutrina, ou outros ofícios dos homens; ou que o homem se afaste da brandura das mulheres.

Quanto ao 7º, deve-se dizer, como diz Jerônimo: "O Senhor mandou que se fizessem umas guarnições de jacinto nas quatro pontas das capas, para distinguir o povo de Israel dos outros povos". Donde por meio disso professavam ser judeus, e assim pela vista desse sinal eram induzidos à memória de sua lei.

O que se diz: "Tu as atarás na tua mão, e estarão sempre diante dos olhos", "os fariseus interpretavam mal, escrevendo em pergaminhos o decálogo de Moisés, e prendiam-no na fronte, como uma coroa, para que se movessem diante dos olhos", quando, porém, a intenção de Deus que mandava foi que fossem atadas na mão, isto é, na ação, e estivessem diante dos olhos, isto é, na meditação. Nas fitas de jacinto, que eram inseridas nas capas, significa-se a intenção celeste, que deve ser unida a todas as nossas obras. — Pode-se, contudo, dizer que, dado que aquele povo era carnal e de cerviz dura, foi necessário também que por semelhantes coisas sensíveis fossem incitados à observância da lei.

Quanto ao 8º, deve-se dizer que o afeto humano é duplo: um segundo a razão; outro segundo a paixão. Conforme, pois, o afeto da razão, não importa o que o homem faça acerca dos animais brutos, porque todas as coisas foram submetidas a seu poder por Deus, segundo o livro dos Salmos: "Sujeitaste todas as coisas sob seu pé". E de acordo com isso o Apóstolo diz que "não é de Deus o cuidado com os bois", porque Deus não pede contas ao homem do que faz acerca dos bois, ou acerca dos outros animais.

Quanto, porém, ao efeito da paixão, move-se o afeto humano também em relação aos outros

7. C. 23, v. 6: ML 26, 168 B.
8. Hieronymus, *In Matth.*, loc. cit.: ML 26, 168 AB.

enim passio misericordiae consurgit ex afflictionibus aliorum, contingit autem etiam bruta animalia poenas sentire, potest in homine consurgere misericordiae affectus etiam circa afflictiones animalium. Proximum autem est ut qui exercetur in affectu misericordiae circa animalia, magis ex hoc disponatur ad affectum misericordiae circa homines: unde dicitur Pr 12,10: *Novit iustus animas iumentorum suorum; viscera autem impiorum crudelia*. Et ideo ut Dominus populum Iudaicum, ad crudelitatem pronum, ad misericordiam revocaret, voluit eos exerceri ad misericordiam etiam circa bruta animalia, prohibens quaedam circa animalia fieri quae ad crudelitatem quandam pertinere videntur. Et ideo prohibuit *ne coqueretur haedus in lacte matris*; et quod *non alligaretur os bovi trituranti*; et quod *non occideretur mater cum filiis*. — Quamvis etiam dici possit quod haec prohibita sunt eis in detestationem idololatriae. Nam Aegyptii nefarium reputabant ut boves triturantes de frugibus comederent. Aliqui etiam malefici utebantur matre avis incubante et pullis eius simul captis, ad fecunditatem et fortunam circa nutritionem filiorum. Et etiam quia in auguriis reputabatur hoc esse fortunatum, quod inveniretur mater incubans filiis.

Circa commixtionem vero animalium diversae speciei, ratio litteralis potuit esse triplex. Una quidem, ad detestationem idololatriae Aegyptiorum, qui diversis commixtionibus utebantur in servitium planetarum, qui secundum diversas coniunctiones habent diversos effectus, et super diversas species rerum. — Alia ratio est ad excludendum concubitus contra naturam. — Tertia ratio est ad tollendam universaliter occasionem concupiscentiae. Animalia enim diversarum specierum non commiscentur de facili ad invicem, nisi hoc per homines procuretur; et in aspectu coitus animalium excitatur homini concupiscentiae motus. Unde etiam in traditionibus Iudaeorum praeceptum invenitur, ut Rabbi Moyses dicit[9], ut homines avertant oculos ab animalibus coeuntibus.

Figuralis autem horum ratio est quia bovi trituranti, idest praedicatori deferenti segetes doctrinae, non sunt necessaria victus subtrahenda; ut Apostolus dicit, 1Cor 9,4sqq. — Matrem etiam non simul debemus tenere cum filiis: quia

animais; porque a paixão de misericórdia surge das aflições dos outros; acontece que também os animais brutos sentem penas: pode surgir no homem o afeto de misericórdia também em referência às aflições dos animais. Aquele que exerce o afeto de misericórdia em relação aos animais, está mais próximo, a partir disso, de se dispor ao afeto de misericórdia em relação aos homens; por isso se diz no livro dos Provérbios: "O justo conheceu as almas de seus jumentos, mas as vísceras dos ímpios são cruéis". E assim para que Deus chamasse à misericórdia o povo judeu, inclinado à crueldade, quis que eles se exercessem na misericórdia também em relação aos animais brutos, proibindo que se fizessem algumas coisas em relação aos animais, que parecem pertencer a alguma crueldade. E assim proibiu "que se cozinhasse o bode no leite da mãe"; e que "se atasse a boca ao boi que triturava"; e que "se matasse a mãe com os filhos". — Embora também se possa dizer que tais coisas foram proibidas para detestação da idolatria. Os egípcios, com efeito, julgavam nefando que os bois que trituravam comessem dos grãos. Alguns feiticeiros usavam da mãe que chocava os ovos e de seus filhotes presos ao mesmo tempo, para fecundidade e êxito em relação à nutrição dos filhos. E também porque nos augúrios julgava-se que era afortunado encontrar-se a mãe chocando os ovos.

Acerca do cruzamento dos animais de espécie diversa, a razão literal pôde ser tríplice. Uma, para detestação da idolatria dos egípcios, que usavam de várias misturas no culto aos planetas, os quais, de acordo com as diversas conjunções, têm diversos efeitos, e sobre diversas espécies das coisas. — Outra razão é para excluir a cópula contra a natureza. — A terceira razão é para tirar, de modo geral, a ocasião de concupiscência. Os animais de diversas espécies, com efeito, não se misturam facilmente uns com os outros, a não ser que isso seja procurado pelos homens; e na vista da cópula dos animais excita-se no homem o movimento de concupiscência. Por isso, também nas tradições dos judeus acha-se o preceito, como diz Rabi Moisés, que os homens desviem os olhos dos animais que copulam.

A razão figurativa dessas coisas é que ao boi que tritura, isto é, ao pregador que distribui sementes da doutrina, não se deve subtrair aquelas coisas necessárias ao sustento. Também não devemos tomar a mãe com os filhos, porque

9. *Doct. Perplex.*, P. III, c. 49.

in quibusdam retinendi sunt spirituales sensus, quasi filii, et dimittenda est litteralis observantia, quasi mater; sicut in omnibus caeremoniis legis. — Prohibetur etiam quod iumenta, idest populares homines, non faciamus coire, idest coniunctionem habere, cum alterius generis animantibus, idest cum gentilibus vel Iudaeis.

AD NONUM dicendum quod omnes illae commixtiones in agricultura sunt prohibitae, ad litteram, in detestationem idololatriae. Quia Aegyptii, in venerationem stellarum, diversas commixtiones faciebant et in seminibus et in animalibus et in vestibus, repraesentantes diversas coniunctiones stellarum. — Vel omnes huiusmodi commixtiones variae prohibentur ad detestationem coitus contra naturam.

Habent tamen figuralem rationem. Quia quod dicitur, *Non seres vineam tuam altero semine*, est spiritualiter intelligendum, quod in Ecclesia, quae est spiritualis vinea, non est seminanda aliena doctrina. — Et similiter *ager*, idest Ecclesia, *non est seminandus diverso semine*, idest catholica doctrina et haeretica. — *Non est* etiam *simul arandum in bove et asino*: quia fatuus sapienti in praedicatione non est sociandus, quia unus impedit alium.

AD DECIMUM* dicendum, Deut. 7 rationabiliter prohiberi argentum et aurum, non ex eo quod hominum potestati subiecta non sint, sed quia sicut ipsa idola, ita et omnia illa ex quibus conflata erant, anathemati subiiciebantur, utpote Deo maxime abominanda. Quod patet ex praedicto capite, ubi subditur: *Nec inferes quidpiam ex idolo in domum tuam, ne fias anathema, sicut et illud est*. Tum etiam ne, accepto auro et argento, ex cupiditate facile inciderent in idololatriam, ad quam proni erant Iudaei. Secundum autem praeceptum, Deut. 23, de egestionibus humo operiendis, iustum atque honestum fuit, tum ob munditiam corporalem; tum ob aeris salubritatem conservandam; tum ob reverentiam quae debeatur tabernaculo foederis in castris existenti, in quo Dominus habitare dicebatur, sicut ibi aperte ostenditur, ubi, posito illo praecepto, statim subditur eius ratio, scilicet: *Dominus Deus ambulat in medio castrorum ut eruat te*, etc., ut *sint castra tua sancta* (idest munda), et nihil in eis appareat foeditatis. Ratio autem figuralis huius praecepti, ex Gregorio (l. XXXI *Moral*., c. 13, a med.), est ut significaretur peccata, quae a mentis nostrae

em alguns casos devem ser retidos os sentidos espirituais, como filhos, e deve ser abandonada a observância literal, como mãe, como em todas as cerimônias da lei. — Proíbe-se também que façamos os jumentos, isto é, os homens do povo, ter cópula, isto é, conjunção com animais de outro gênero, isto é, com gentios ou judeus.

QUANTO AO 9º, deve-se dizer que todas aqueles misturas são proibidas na agricultura, segundo a letra, para a detestação da idolatria. Porque os egípcios, na adoração das estrelas, faziam diversas misturas em sementes, animais e vestes, representando as diversas conjunções das estrelas. — Ou todas essas diversas conjunções são proibidas para detestação da cópula contra a natureza.

Têm, contudo, uma razão figurativa. Porque o que se diz: "Não semearás a tua vinha com outra semente" deve ser entendido espiritualmente, que na Igreja, que é a vinha espiritual, não se há de semear outra doutrina. — E semelhantemente "campo", isto é a Igreja, "não deve ser semeado com diversa semente", isto é, a doutrina católica e a herética. — "Não se deve", também, "ao mesmo tempo, arar com boi e asno", porque o fátuo não deve ser associado ao sábio na pregação, porque um impede o outro.

QUANTO AO 10º, deve-se dizer que, segundo o livro do Deuteronômio, racionalmente se proíbem a prata e o ouro, não porque não estejam sujeitos ao poder dos homens, mas porque, como os próprios ídolos, assim também todas aquelas coisas que foram fundidas deles, sujeitavam-se ao anátema, como maximamente abominadas por Deus. O que consta do mencionado capítulo, onde se acrescenta: "Não levarás para tua casa qualquer coisa do ídolo, para que não te tornes anátema, como ele o é". Quer também porque, aceito o ouro e a prata pela cupidez, facilmente cairiam na idolatria, à qual eram inclinados os judeus. — O segundo preceito, porém, no livro do Deuteronômio, de cobrir os dejetos com terra, foi justo e honesto; quer por causa da pureza corporal; quer por causa da conservação da salubridade do ar; quer por causa da reverência, que se devia ao tabernáculo da aliança sediado no acampamento, no qual se dizia que o Senhor habitava, como aí abertamente se mostra: posto aquele preceito, imediatamente acrescenta-se sua razão, a saber: "O Senhor Deus anda no meio do acampamento, para te livrar etc.", "para que seja teu acampamento santo", isto

* Deest solutio ad DECIMUM, quam aliquae editiones hoc modo supplent.

utero tanquam excrementa fetida egeruntur, per poenitentiam tegenda esse, ut Deo accepti simus, iuxta illud Psalmi 31,1: *Beati quorum remissae sunt iniquitates, et quorum tecta sunt peccata*. Vel, iuxta Glossam (Ord. implic.), ut, cognita miseria conditionis humanae, sordes mentis elatae ac superbae sub fossa profundae considerationis per humilitatem tegerentur et purgarentur.

é, limpo, "e nenhuma fealdade nele apareça". A razão figurativa desse preceito, segundo Gregório, é para que se significasse que os pecados que "são produzidos pelo útero de nossa mente como excrementos fétidos", fossem cobertos pela penitência, para que sejamos aceitos por Deus, segundo o livro dos Salmos: "Bem-aventurados aqueles dos quais foram perdoadas as iniquidades, e dos quais foram cobertos os pecados". Ou segundo a Glosa, "para que, conhecida a miséria da condição humana, a sordidez da mente enaltecida e soberba fosse coberta e purgada pela humildade, na fossa da consideração profunda".

AD UNDECIMUM dicendum quod malefici et sacerdotes idolorum utebantur in suis ritibus ossibus vel carnibus hominum mortuorum. Et ideo, ad extirpandum idololatriae cultum, praecepit Dominus ut sacerdotes minores, qui per tempora certa ministrabant in sanctuario, *non inquinarentur in mortibus* nisi valde propinquorum, scilicet patris et matris et huiusmodi coniunctarum personarum. Pontifex autem semper debebat esse paratus ad ministerium sanctuarii: et ideo totaliter prohibitus erat ei accessus ad mortuos, quantumcumque propinquos. — Praeceptum etiam est eis ne ducerent uxorem meretricem ac repudiatam, sed virginem. Tum propter reverentiam sacerdotum, quorum dignitas quodammodo ex tali coniugio diminui videretur. Tum etiam propter filios, quibus esset ad ignominiam turpitudo matris: quod maxime tunc erat vitandum, quando sacerdotii dignitas secundum successionem generis conferebatur. — Praeceptum etiam erat eis ut non raderent caput nec barbam, nec in carnibus suis facerent incisuram, ad removendum idololatriae ritum. Nam sacerdotes gentilium radebant caput et barbam: unde dicitur Bar 6,30: *Sacerdotes sedent habentes tunicas scissas, et capita et barbam rasam*. Et etiam in cultu idolorum *incidebant se cultris et lanceolis*, ut dicitur 3Reg 18,28. Unde contraria praecepta sunt sacerdotibus veteris legis.

QUANTO AO 11º, deve-se dizer que os feiticeiros e os sacerdotes dos ídolos usavam em seus ritos de ossos e de carnes de homens mortos. E assim, para extirpar o culto da idolatria, preceituou o Senhor que os sacerdotes menores, que ministravam por determinado tempo no santuário, "não se contaminassem nas mortes", a não ser dos muitos próximos, a saber, do pai e da mãe e de semelhantes pessoas conjuntas. O pontífice, porém, devia sempre estar preparado para o ministério do santuário; e assim era totalmente proibido a ele o acesso aos mortos, mesmo que próximos. — Foi também a eles preceituado que não se casassem com meretriz ou repudiada, mas com virgem. Quer por causa da reverência dos sacerdotes, cuja dignidade pareceria de algum modo diminuída com tal união. Quer também por causa dos filhos, aos quais seria de ignomínia a torpeza da mãe, o que maximamente então era para evitar, quando se conferia a dignidade do sacerdócio segundo a sucessão na família. Fora-lhes preceituado também que não raspassem a cabeça nem a barba, nem fizessem incisão em suas carnes, para remover o rito da idolatria. Os sacerdotes dos gentios, com efeito, raspavam a cabeça e a barba; donde se diz no livro de Baruc: "Assentam-se os sacerdotes tendo as túnicas rasgadas, e as cabeças e a barba raspadas". E também, no culto dos ídolos, "cortavam-se com canivetes e lancetas", como se diz no livro dos Reis. Por isso, preceituaram-se coisas contrárias aos sacerdotes da lei antiga.

Spiritualis autem ratio horum est quia sacerdotes omnino debent esse immunes ab operibus mortuis, quae sunt opera peccati. Et etiam non debent radere caput, idest deponere sapientiam; neque deponere barbam, idest sapientiae perfectionem; neque etiam scindere vestimenta aut incidere carnes, ut scilicet vitium schismatis non incurrant.

A razão espiritual dessas coisas é que os sacerdotes devem ser imunes totalmente de obras mortas, que são as obras do pecado. E também não devem raspar a cabeça, isto é, depor a sabedoria; nem depor a barba, isto é, a perfeição da sabedoria; nem também rasgar as vestes ou cortar as carnes, a saber, que não incorram no vício do cisma.

QUAESTIO CIII
DE DURATIONE PRAECEPTORUM CAEREMONIALIUM
in quatuor articulos divisa

Deinde considerandum est de duratione caeremonialium praeceptorum.

Et circa hoc quaeruntur quatuor.

Primo: utrum praecepta caeremoniala fuerint ante legem.

Secundo: utrum in lege aliquam virtutem habuerint iustificandi.

Tertio: utrum cessaverint Christo veniente.

Quarto: utrum sit peccatum mortale observare ea post Christum.

ARTICULUS 1
Utrum caeremoniae legis fuerint ante legem

AD PRIMUM SIC PROCEDITUR. Videtur quod caeremoniae legis fuerint ante legem.

1. Sacrificia enim et holocausta pertinent ad caeremonias veteris legis, ut supra[1] dictum est. Sed sacrificia et holocausta fuerunt ante legem. Dicitur enim Gn 4,3sq., quod *Cain obtulit de fructibus terrae munera Domino; Abel autem obtulit de primogenitis gregis sui, et de adipibus eorum*. Noe etiam *obtulit holocausta Domino*, ut dicitur Gn 8,20: et Abraham similiter, ut dicitur Gn 22,13. Ergo caeremoniae veteris legis fuerunt ante legem.

2. PRAETEREA, ad caeremonias sacrorum pertinet constructio altaris, et eius inunctio. Sed ista fuerunt ante legem. Legitur enim Gn 13,18, quod *Abraham aedificavit altare Domino*; et de Iacob dicitur Gn 28,18, quod *tulit lapidem et erexit in titulum fundens oleum desuper*. Ergo caeremoniae legales fuerunt ante legem.

3. PRAETEREA, inter sacramenta legalia primum videtur fuisse circumcisio. Sed circumcisio fuit ante legem, ut patet Gn 17,10sqq. Similiter etiam sacerdotium fuit ante legem: dicitur enim Gn 14,18, quod *Melchisedech erat sacerdos Dei*

QUESTÃO 103
DURAÇÃO DOS PRECEITOS CERIMONIAIS
em quatro artigos

A seguir, deve-se considerar a duração dos preceitos cerimoniais.

E a respeito disso, fazem-se quatro perguntas:

1. Houve preceitos cerimoniais antes da lei?
2. Tiveram na lei algum poder de justificar?
3. Cessaram após a vinda de Cristo?
4. É pecado mortal observá-los depois de Cristo?

ARTIGO 1
Houve cerimônias da lei antes da lei?[a]

QUANTO AO PRIMEIRO ARTIGO, ASSIM SE PROCEDE: parece que **houve** cerimônias da lei antes da lei.

1. Com efeito, os sacrifícios e holocaustos pertencem às cerimônias da antiga lei, como acima foi dito. Ora, houve sacrifícios e holocaustos antes da lei. Diz-se, com efeito, no livro do Gênesis, que "Caim ofereceu dons ao Senhor dos frutos da terra; Abel, por sua vez, ofereceu dos primogênitos de seu rebanho e de suas gorduras". Noé também "ofereceu holocaustos ao Senhor", como se diz no livro do Gênesis, e Abraão igualmente, como no mesmo livro do Gênesis. Logo, houve cerimônias da lei antes da lei.

2. ALÉM DISSO, pertence às cerimônias das coisas sagradas a construção do altar e sua unção. Ora, houve estas coisas antes da lei. Lê-se, com efeito, no livro do Gênesis que "Abraão edificou um altar ao Senhor" e de Jacó se diz no livro do Gênesis que "tirou a pedra e erigiu em padrão, derramando óleo em cima. Logo, houve cerimônias legais antes da lei.

3. ADEMAIS, entre os sacramentos legais parece ter sido o primeiro a circuncisão. Ora, houve circuncisão antes da lei, como consta do livro do Gênesis. Semelhantemente também houve o sacerdócio antes da lei; diz-se, com efeito, no

1 PARALL.: Part. III, q. 60, a. 5, ad 3; q. 61, a. 3, ad 2; q. 70, a. 2, ad 1; IV *Sent.*, dist. 1, q. 1, a. 2, q.la 3, ad 2; q. 2, a. 6, q.la 3; *ad Heb.*, c. 7, lect. 1.

1. Q. 101, a: 4; cfr. q. 102, a. 3.

a. Sem parecer, este artigo coloca os fundamentos de uma reflexão teológica sobre o valor das religiões que não são nem a judia nem a cristã. Dado que a regulação da religião autêntica é procurada em uma lei positiva, globalmente atribuída a Moisés e relacionada à aliança sináica, todos os textos que mencionam gestos religiosos na época dos patriarcas e antes põem-lhe a questão de uma "lei" já existente: daí as objeções que concernem às quatro espécies de leis cultuais levantadas na Questão precedente: sacrifícios, realidades sagradas, sacramentos, observâncias. Uma fenomenologia mais aprofundada levaria a refazer tal classificação, mas ela não existia na época de Sto. Tomás.

summi. Ergo caeremoniae sacramentorum fuerunt ante legem.

4. PRAETEREA, discretio mundorum animalium ab immundis pertinet ad caeremonias observantiarum, ut supra[2] dictum est. Sed talis discretio fuit ante legem: dicitur enim Gn 7,2: *Ex omnibus mundis animalibus tolle septena et septena; de animantibus vero immundis, duo et duo*. Ergo caeremoniae legales fuerunt ante legem.

SED CONTRA est quod dicitur Dt 6,1: *Haec sunt praecepta et caeremoniae quae mandavit Dominus Deus vester ut docerem vos*. Non autem indiguissent super his doceri, si prius praedictae caeremoniae fuisset. Ergo caeremoniae legis non fuerunt ante legem.

RESPONDEO dicendum quod, sicut ex dicta[3] patet, caeremoniae legis ad duo ordinabantur: scilicet ad cultum Dei, et ad figurandum Christum. Quicumque autem colit Deum, oportet quod per aliqua determinata eum colat, quae ad exteriorem cultum pertinent. Determinatio autem divini cultus ad caeremonias pertinet; sicut etiam determinatio eorum per quae ordinamur ad proximum, pertinet ad praecepta iudicialia; ut supra[4] dictum est. Et ideo sicut inter homines communiter erant aliqua iudicialia, non tamen ex auctoritate legis divinae instituta, sed ratione hominum ordinata; ita etiam erant quaedam caeremoniae, non quidem ex auctoritate alicuius legis determinatae, sed solum secundum voluntatem et devotionem hominum Deum colentium. Sed quia etiam ante legem fuerunt quidam viri praecipui prophetico spiritu pollentes, credendum est quod ex instinctu divino, quasi ex quadam privata lege, inducerentur ad aliquem certum modum colendi Deum, qui et conveniens esset interiori cultui, et etiam congrueret ad significandum Christi mysteria, quae figurabantur etiam per alia eorum gesta, secundum illud 1Cor 10,11: *Omnia in figuram contingebant illis*. Fuerunt igitur ante legem quaedam caeremoniae:

livro do Gênesis que "Melquisedeque era sacerdote do sumo Deus". Logo, houve cerimônias de sacramentos antes da lei.

4. ADEMAIS, a distinção entre animais puros e impuros pertence às cerimônias das observâncias, como acima foi dito. Ora houve tal distinção antes da lei; diz-se, com efeito, no livro do Gênesis: "De todos os animais puros toma sete machos e sete fêmeas; e dos animais impuros, dois machos e duas fêmeas". Logo, houve cerimônias legais antes da lei.

EM SENTIDO CONTRÁRIO, diz-se no livro do Deuteronômio: "Estes são os preceitos e cerimônias que o Senhor vosso Deus mandou que eu vos ensinasse". Ora, não precisavam ser ensinados sobre elas, se antes não houvesse as mencionadas cerimônias. Logo, não houve antes da lei as cerimônias da lei.

RESPONDO[b]. Como está claro pelo que foi dito, as cerimônias da lei ordenavam-se para duas coisas, a saber: para o culto de Deus, e para figurar a Cristo. Todo aquele que cultua a Deus, é necessário que o cultue por algumas coisas determinadas, que pertencem ao culto exterior. A determinação do culto divino pertence às cerimônias, assim como a determinação daquelas coisas pelas quais nos ordenamos ao próximo pertence aos preceitos judiciais, como acima foi dito. E assim como entre os homens, em geral, havia alguns preceitos judiciais, não, porém, instituídos pela autoridade da lei divina, mas ordenados pela razão humana, assim também havia algumas cerimônias, não certamente determinadas pela autoridade de alguma lei, mas só segundo a vontade e a devoção dos homens de cultuar a Deus. Ora, porque também antes da lei houve alguns homens superiores dotados de espírito profético, deve-se crer que, por instinto divino, como por uma lei privada, fossem induzidos a algum determinado modo de cultuar a Deus, que fosse conveniente ao culto interior, e também fosse adequado para significar os mistérios de Cristo. Que eram figuradas também por outras coisas feitas deles, segundo a primeira Carta aos

2. Q. 102, a. 6, ad 1.
3. Q. 101, a. 2; q. 102, a. 2.
4. Q. 99, a. 4.

b. A resposta vai longe. Associa-se ao princípio patrístico: a Igreja existe "desde Abel", ou seja, desde que existem gestos religiosos autênticos e corretos. Assim como, no que se refere aos "preceitos judiciários", Sto. Tomás apelará à reta razão exprimindo-se na consciência moral, ele recorre aqui ao instinto religioso correto (vontade e devoção), que ele reduz a uma espécie de "espírito profético", e que fornece a seus olhos os elementos de uma espécie de "lei" (ver resp. 1). Chega ao ponto de afirmar que há nisso uma certa prefiguração dos mistérios do Cristo. Está aberta a via para o exame do sentimento e das práticas religiosas nos diversos paganismos: não se pode dizer que seja tudo erro. Mas, quanto às "respostas", Sto. Tomás não é um especialista em história das religiões.

non tamen caeremoniae legis, quia non erant per aliquam legislationem institutae.

Coríntios: "Todas as coisas aconteciam a eles em figura". Houve, pois, antes da lei algumas cerimônias, não, porém as cerimônias da lei, porque não haviam sido instituídas por alguma legislação.

AD PRIMUM ergo dicendum quod huiusmodi oblationes et sacrificia et holocausta offerebant antiqui ante legem ex quadam devotione propriae voluntatis, secundum quod eis videbatur conveniens ut in rebus quas a Deo acceperant, quas in reverentiam divinam offerrent, protestarentur se colere Deum, qui est omnium principium et finis.

QUANTO AO 1º, portanto, deve-se dizer que os antigos ofereciam tais oblações, sacrifícios e holocaustos, antes da lei, por alguma devoção da própria vontade, enquanto lhes parecia conveniente que, nas coisas que haviam recebido de Deus, que ofereciam em reverência divina, afirmassem cultuar a Deus, que é de todas as coisas princípio e fim.

AD SECUNDUM dicendum quod etiam sacra quaedam instituerunt, quia videbatur eis conveniens ut in reverentiam divinam essent aliqua loca ab aliis discreta, divino cultui mancipata.

QUANTO AO 2º, deve-se dizer que também instituíram algumas coisas sagradas, porque lhes parecia conveniente que para a reverência divina houvesse alguns lugares distintos de outros, destinados ao culto divino.

AD TERTIUM dicendum quod sacramentum circumcisionis praecepto divino fuit statutum ante legem. Unde non potest dici sacramentum legis quasi in lege institutum, sed solum quasi in lege observatum. Et hoc est quod Dominus dicit, Io 7,22: *Circumcisio non ex Moyse est, sed ex Patribus eius*. — Sacerdotium etiam erat ante legem apud colentes Deum, secundum humanam determinationem: quia hanc dignitatem primogenitis attribuebant.

QUANTO AO 3º, deve-se dizer que o sacramento da circuncisão foi instituído por preceito divino, antes da lei. Daí não se pode dizer sacramento da lei como na lei instituído, mas só como observado na lei. E isso é o que diz o Senhor, no Evangelho de João: "A circuncisão não vem de Moisés, mas de seus Pais". — Havia o sacerdócio também antes da lei, entre os que cultuavam a Deus, segundo a determinação humana, porque atribuíam essa dignidade aos primogênitos.

AD QUARTUM dicendum quod distinctio mundorum animalium et immundorum non fuit ante legem quantum ad esum, cum dictum sit Gn 9,3: *Omne quod movetur et vivit, erit vobis in cibum*: sed solum quantum ad sacrificiorum oblationem, quia de quibusdam determinatis animalibus sacrificia offerebant. Si tamen quantum ad esum erat aliqua discretio animalium, hoc non erat quia esus illorum reputaretur illicitus, cum nulla lege esset prohibitus, sed propter abominationem vel consuetudinem: sicut et nunc videmus quod aliqua cibaria sunt in aliquibus terris abominabilia, quae in aliis comeduntur.

QUANTO AO 4º, deve-se dizer que não houve a distinção dos animais puros e impuros antes da lei, quanto ao comer, uma vez que foi dito no livro do Gênesis: "Tudo o que se move e vive, servos-á de alimento", mas só quanto à oblação dos sacrifícios, porque ofereciam sacrifícios de alguns determinados animais. Se, porém, houvesse quanto ao comer alguma distinção de animais, isso não seria porque sua comida se reputasse ilícita, uma vez que por nenhuma lei era proibida, mas por causa da abominação ou do costume, como agora vemos que alguns alimentos são abomináveis em algumas terras, e em outras são comidos.

ARTICULUS 2
Utrum caeremoniae veteris legis habuerint virtutem iustificandi tempore legis

AD SECUNDUM SIC PROCEDITUR. Videtur quod caeremoniae veteris legis habuerint virtutem iustificandi tempore legis.

ARTIGO 2
As cerimônias da lei antiga tinham algum poder de justificar?[c]

QUANTO AO SEGUNDO, ASSIM SE PROCEDE: parece que as cerimônias da lei antiga **tinham** poder de justificar no tempo da lei.

2 PARALL.: Supra, q. 100, a. 12; q. 102, a. 5, ad 4; Part. III, q. 62, a. 6; IV *Sent.*, dist. 1, q. 1, a. 5, q.la 1, 3; *ad Galat.*, c. 2, lect. 4; c. 3, lect. 4; *ad Heb.*, c. 9, lect. 2.

c. Questão capital, pois coloca em causa a mediação da salvação exercida apenas pelo Cristo. As objeções, fundadas nos textos do Antigo Testamento, são todas falaciosas: passam indevidamente da purificação *ritual* à justificação *moral*. O princípio paulino de Gl 2,21 e 3,21 vai direto ao essencial.

1. Expiatio enim a peccato, et consecratio hominis, ad iustificationem pertinent. Sed Ex 29,21, dicitur quod per aspersionem sanguinis et inunctionem olei consecrabantur sacerdotes et vestes eorum; et Lv 16,16, dicitur quod sacerdos per aspersionem sanguinis vituli *expiabat sanctuarium ab immunditiis filiorum Israel, et a praevaricationibus eorum atque peccatis*. Ergo caeremoniae veteris legis habebant virtutem iustificandi.

2. PRAETEREA, id per quod homo placet Deo, ad iustitiam pertinet; secundum illud Ps 10,8: *Iustus Dominus, et iustitias dilexit*. Sed per caeremonias aliqui Deo placebant: secundum illud Lv 10,19: *Quomodo potui placere Domino in caeremoniis mente lugubri?* Ergo caeremoniae veteris legis habebant virtutem iustificandi.

3. PRAETEREA, ea quae sunt divini cultus magis pertinent ad animam quam ad corpus; secundum illud Ps 18,8: *Lex Domini immaculata, convertens animas*. Sed per caeremonias veteris legis mundabatur leprosus, ut dicitur Lv 14. Ergo multo magis caeremoniae veteris legis poterant mundare animam, iustificando.

SED CONTRA est quod Apostolus dicit, Gl 2,21: *Si data esset lex quae posset iustificare, Christus gratis mortuus esset*, idest sine causa. Sed hoc est inconveniens. Ergo caeremoniae veteris legis non iustificabant.

RESPONDEO dicendum quod, sicut supra[1] dictum est, in veteri lege duplex immunditia observabatur. Una quidem spiritualis, quae est immunditia culpae. Alia vero corporalis, quae tollebat idoneitatem ad cultum divinum, sicut leprosus dicebatur immundus, vel ille qui tangebat aliquod morticinum: et sic immunditia nihil aliud erat quam irregularitas quaedam. Ab hac igitur immunditia caeremoniae veteris legis habebant virtutem emundandi: quia huiusmodi caeremoniae erant quaedam remedia adhibita ex ordinatione legis ad tollendas praedictas immunditias ex statuto legis inductas. Et ideo Apostolus dicit, Hb 9,13, quod *sanguis hircorum et taurorum, et cinis vitulae aspersus, inquinatos*

1. Com efeito, a expiação do pecado e a consagração do homem pertencem à justificação. Ora, no livro do Êxodo se diz que pela aspersão do sangue e unção do óleo eram consagrados os sacerdotes e suas vestes; e se diz, no livro do Levítico, que o sacerdote pela aspersão do sangue do bezerro "expiava o santuário das impurezas dos filhos de Israel e de suas prevaricações e pecados". Logo, as cerimônias da lei antiga tinham o poder de justificar.

2. ALÉM DISSO, pertence à justiça aquilo pelo que o homem agrada a Deus, segundo o livro dos Salmos: "O Senhor é justo e amou as justiças". Ora, pelas cerimônias alguns agradavam a Deus, segundo o livro do Levítico: "Como pude agradecer ao Senhor nas cerimônias, de mente aflita?". Logo, as cerimônias da lei antiga tinham poder de justificar.

3. ADEMAIS, aquelas coisas que são do culto divino pertencem mais à alma do que ao corpo, segundo o livro dos Salmos: "A lei do Senhor imaculada, convertendo as almas". Ora, pelas cerimônias da lei antiga purificava-se o leproso, como se diz no livro do Levítico. Logo, muito mais as cerimônias da lei antiga puderam purificar a alma, justificando.

EM SENTIDO CONTRÁRIO, diz o Apóstolo: "Se tivesse sido dada a lei que pudesse justificar, Cristo teria morrido gratuitamente", isto é, sem causa. Ora, isso é inconveniente. Logo, as cerimônias da lei antiga não justificavam.

RESPONDO[d]. Como acima foi dito, na lei antiga, observava-se uma dupla impureza. Uma, espiritual, que é a impureza da culpa. Outra, corporal, que tirava a idoneidade para o culto divino, como o leproso dizia-se impuro, ou aquele que tocava algum cadáver; e assim a impureza não era outra coisa do que uma irregularidade. Desta impureza, pois, as cerimônias da lei antiga tinham o poder de purificar, porque tais cerimônias eram remédios empregados por ordenação da lei para tirar as mencionadas impurezas, induzidas por estatuto da lei. E assim diz o Apóstolo que "o sangue dos bodes e dos touros e a cinza espalhada da novilha, santifica os impuros para purificação da carne".

1. Q. 102, a. 5, ad 4.

d. A resposta resolve o sofisma do qual partira, distinguindo as duas espécies de pureza e de purificação. O problema, porém, posto pelos "justos" do Antigo Testamento permanece intacto. Sto. Tomás o resolve apelando ao que se passava na consciência religiosa dos mesmos: discerne uma fé implícita no Cristo encarnado e crucificado por trás da prática dos ritos que, de maneira obscura, prefiguravam-no. Os ritos não se justificavam em si mesmos, mas em função do seu anúncio obscuro do Cristo futuro. Tal princípio é retomado nas respostas 1 e 2. No entanto, a resp. 3 contém considerações artificiais que se podem evitar sem problemas (alusão aos "milagres" efetuados em ambos os casos).

sanctificat ad emundationem carnis. Et sicut ista immunditia quae per huiusmodi caeremonias emundabatur, erat magis carnis quam mentis; ita etiam ipsae caeremoniae *iustitiae carnis* dicuntur ab ipso Apostolo, parum supra [10]: *iustitiis*, inquit, *carnis usque ad tempus correctionis impositis*.

Ab immunditia vero mentis, quae est immunditia culpae, non habebant virtutem expiandi. Et hoc ideo quia expiatio a peccatis nunquam fieri potuit nisi per Christum, *qui tollit peccata mundi*, ut dicitur Io 1,29. Et quia mysterium incarnationis et passionis Christi nondum erat realiter peractum, illae veteris legis caeremoniae non poterant in se continere realiter virtutem profluentem a Christo incarnato et passo, sicut continent sacramenta novae legis. Et ideo non poterant a peccato mundare: sicut Apostolus dicit, Hb 10,4, quod *impossibile est sanguine taurorum aut hircorum auferri peccata*. Et hoc est quod, Gl 4,9, Apostolus vocat ea *egena et infirma elementa*: infirma quidem, quia non possunt a peccato mundare; sed haec infirmitas provenit ex eo quod sunt egena, idest eo quod non continent in se gratiam.

Poterat autem mens fidelium, tempore legis, per fidem coniungi Christo incarnato et passo: et ita ex fide Christi iustificabantur. Cuius fidei quaedam protestatio erat huiusmodi caeremoniarum observatio, inquantum erant figura Christi. Et ideo pro peccatis offerebantur sacrificia quaedam in veteri lege, non quia ipsa sacrificia a peccato emundarent, sed quia erant quaedam protestationes fidei, quae a peccato mundabat. Et hoc etiam ipsa lex innuit ex modo loquendi: dicitur enim Lv 4 et 5, quod in oblatione hostiarum pro peccato *orabit pro eo sacerdos, et dimittetur ei*; quasi peccatum dimittatur non ex vi sacrificiorum, sed ex fide et devotione offerentium. — Sciendum est tamen quod hoc ipsum quod veteris legis caeremoniae a corporalibus immunditiis expiabant, erat in figura expiationis a peccatis quae fit per Christum.

Sic igitur patet quod caeremoniae in statu veteris legis non habebant virtutem iustificandi.

AD PRIMUM ergo dicendum quod illa sanctificatio sacerdotum et filiorum eius, et vestium ipsorum, vel quorumcumque aliorum, per aspersionem sanguinis, nihil aliud erat quam deputatio ad divinum cultum, et remotio impedimentorum *ad emundationem carnis*, ut Apostolus dicit [Hb 9,13]: in praefigurationem illius sanctificationis qua *Iesus per suum sanguinem sanctificavit popu-*

E assim como essa impureza que era purificada por tais cerimônias, era mais da carne do que da mente, assim também as mesmas cerimônias se dizem "da justiça da carne" pelo próprio Apóstolo, pouco acima: "justiças da carne", diz, "postas até o tempo da correção".

Da impureza, porém, da mente, que é a impureza da culpa, não tinham o poder de expiar. E isso porque a expiação dos pecados nunca pôde fazer-se a não ser por Cristo, "que tira o pecado do mundo", como se diz no Evangelho de João. E porque o mistério da encarnação e da paixão de Cristo ainda não era realmente consumado, aquelas cerimônias da lei antiga não podiam conter em si realmente o poder que dimana de Cristo encarnado e sofredor, como contêm os sacramentos da lei nova. E desse modo não podiam purificar do pecado, como diz o Apóstolo que "é impossível que os pecados sejam tirados pelo sangue de touros e bodes". E isto é o que o Apóstolo chama "elementos fracos e pobres": fracos, porque não podem purificar do pecado; mas essa fraqueza provém de que são pobres, isto é, enquanto não contêm em si a graça.

Podia a mente dos fiéis, no tempo da lei, unir-se pela fé a Cristo encarnado e sofredor, e assim pela fé de Cristo eram justificados. A protestação de sua fé era a observação de semelhantes cerimônias, enquanto eram figuras de Cristo. E assim pelos pecados eram oferecidos alguns sacrifícios na lei antiga, não porque os mesmos sacrifícios purificassem do pecado, mas porque eram protestações da fé, que purifica do pecado. E isso também a lei indica, pelo modo de falar; diz-se, com efeito, no livro do Levítico, que na oblação das vítimas pelo pecado "o sacerdote orará por ele, e lhe será perdoado", como se o pecado é perdoado não por força dos sacrifícios, mas pela fé e devoção dos que oferecem. — Deve-se saber, porém, que aquilo mesmo que as cerimônias da lei antiga expiavam das impurezas corporais, era em figura da expiação dos pecados que se fez por Cristo.

Assim, pois, fica claro que as cerimônias, no estado da lei antiga, não tinham o poder de justificar.

QUANTO AO 1º, portanto, deve-se dizer que aquela santificação dos sacerdotes e de seus filhos, e de suas roupas, ou de quaisquer outros, pela aspersão do sangue, não era outra coisa senão a deputação ao culto divino, e a remoção dos impedimentos "para a purificação da carne", como diz o Apóstolo: na prefiguração daquela santificação pela qual "Jesus pelo seu sangue santificou o povo". — A

lum [Ib. 13, 12]. — Expiatio etiam ad remotionem huiusmodi corporalium immunditiarum referenda est, non ad remotionem culpae. Unde etiam sanctuarium expiari dicitur, quod culpae subiectum esse non poterat.

AD SECUNDUM dicendum quod sacerdotes placebant Deo in caeremoniis propter obedientiam et devotionem et fidem rei praefiguratae: non autem propter ipsas res secundum se consideratas.

AD TERTIUM dicendum quod caeremoniae illae quae erant institutae in emundatione leprosi, non ordinabantur ad tollendam immunditiam infirmitatis leprae. Quod patet ex hoc quod non adhibebantur huiusmodi caeremoniae nisi iam emundato: unde dicitur Lv 14,3sq., quod *sacerdos, egressus de castris, cum invenerit lepram esse mundatam, praecipiet ei qui purificatur ut offerat*, etc.; ex quo patet quod sacerdos constituebatur iudex leprae emundatae, non autem emundandae. Adhibebantur autem huiusmodi caeremoniae ad tollendam immunditiam irregularitatis. — Dicunt tamen quod quandoque, si contingeret sacerdotem errare in iudicando, miraculose leprosus mundabatur a Deo virtute divina, non autem virtute sacrificiorum. Sicut etiam miraculose mulieris adulterae computrescebat femur, bibitis aquis in quibus sacerdos maledicta congresserat, ut habetur Nm 5,27.

expiação deve também ser referida à remoção de tais impurezas corporais, não à remoção da culpa. Por isso, também se diz que o santuário é expiado, ele que não podia estar sujeito à culpa.

QUANTO AO 2º, deve-se dizer que os sacerdotes agradavam a Deus nas cerimônias por causa da obediência, devoção e fé da coisa prefigurada, não, porém, por causa das próprias coisas consideradas em si mesmas.

QUANTO AO 3º, deve-se dizer que aquelas cerimônias que eram instituídas na purificação do leproso não eram ordenadas a tirar a impureza da enfermidade da lepra. O que se evidencia do fato de que não se empregavam tais cerimônias a não ser com o já purificado; donde dizer o livro do Levítico que "o sacerdote, saído do acampamento, quando achar que a lepra era purificada, ordenelhe que seja purificado para que ofereça etc."; fica claro por isso que o sacerdote era constituído juiz da lepra purificada, não, porém, daquela a ser purificada. Empregavam-se tais cerimônias para tirar a impureza da irregularidade. — Dizem, contudo, que, às vezes, se acontecesse errar o sacerdote ao julgar, miraculosamente o leproso era purificado por Deus, pelo poder divino, não, porém, pelo poder dos sacrifícios. Assim também miraculosamente apodrecia a coxa da mulher adúltera, bebidas as águas nas quais o sacerdote reunira as maldições, como está no livro dos Números.

ARTICULUS 3

Utrum caeremoniae veteris legis cessaverint in adventu Christi

AD TERTIUM SIC PROCEDITUR. Videtur quod caeremoniae veteris legis non cessaverint in Christi adventu.

1. Dicitur enim Bar 4,1: *Hic est liber mandatorum Dei, et lex quae est in aeternum*. Sed ad

ARTIGO 3

As cerimônias da lei antiga cessaram com a vinda de Cristo?[e]

QUANTO AO TERCEIRO, ASSIM SE PROCEDE: parece que as cerimônias do antiga lei **não** cessaram com a vinda de Cristo.

1. Com efeito, diz-se no livro de Baruc: "Este é o livro dos mandamentos de Deus, e a lei que

3 PARALL.: IV *Sent.*, dist. 1, q. 2, a. 5, q.la 1, 2.

e. Já que se trata de preceitos relativos às instituições do Antigo Testamento, o problema levantado é o da obrigação a eles ligada. Sto. Tomás o resolve referindo-se às etapas sucessivas da economia histórica da salvação. O mesmo ocorre quando ele aplica a sua teoria dos sentidos "espirituais" da Escritura: o sentido "alegórico" relaciona-se a Cristo e à instituição eclesiástica; o sentido "analógico" às realidades celestes e escatológicas. A etapa atual da economia da salvação, inaugurada durante a vida terrestre de Jesus, só foi "consumada" depois da Cruz e da Ressurreição, pelo advento das realidades eclesiásticas. Estas, enquanto ligadas à esperança cristã, voltam-se por sua vez para o "mundo vindouro", do qual constituem os sinais sacramentais. As duas etapas sucessivas pelas quais passa a fé orientam-se para a plenitude da "visão". As quatro objeções postas de início, portanto, anulam-se diante do princípio enunciado na Epístola aos Hebreus (8,13), que visa especialmente as leis cultuais da antiga aliança. Sto. Tomás, contudo, não levanta aqui o problema posto pela frequentação do Templo e da continuação das observâncias legais entre os judeo-cristãos da época apostólica, depois da morte de Cristo.

legem pertinebant legis caeremoniae. Ergo legis caeremoniae in aeternum duraturae erant.

2. PRAETEREA, oblatio leprosi mundati ad legis caeremonias pertinebat. Sed etiam in Evangelio praecipitur leproso emundato ut huiusmodi oblationes offerat Mt 8,4. Ergo caeremoniae veteris legis non cessaverunt Christo veniente.

3. PRAETEREA, manente causa, manet effectus. Sed caeremoniae veteris legis habebant quasdam rationabiles causas, inquantum ordinabantur ad divinum cultum; etiam praeter hoc quod ordinabantur in figuram Christi. Ergo caeremoniae veteris legis cessare non debuerunt.

4. PRAETEREA, circumcisio erat instituta in signum fidei Abrahae; observatio autem sabbati ad recolendum beneficium creationis; et aliae solemnitates legis ad recolendum alia beneficia Dei; ut supra[1] dictum est. Sed fides Abrahae est semper imitanda etiam a nobis; et beneficium creationis, et alia Dei beneficia, semper sunt recolenda. Ergo ad minus circumcisio et solemnitates legis cessare non debuerunt.

SED CONTRA est quod Apostolus dicit, Cl 2,16sq.: *Nemo vos iudicet in cibo aut in potu, aut in parte diei festi aut neomeniae aut sabbatorum, quae sunt umbra futurorum.* Et Hb 8,13 dicitur quod, *dicendo novum testamentum, veteravit prius: quod autem antiquatur et senescit, prope interitum est.*

RESPONDEO dicendum quod omnia praecepta caeremonialia veteris legis ad cultum Dei sunt ordinata, ut supra[2] dictum est. Exterior autem cultus proportionari debet interiori cultui, qui consistit in fide, spe et caritate. Unde secundum diversitatem interioris cultus, debuit diversificari cultus exterior. Potest autem triplex status distingui interioris cultus. Unus quidem secundum quem habetur fides et spes et de bonis caelestibus, et de his per quae in caelestia introducimur, de utrisque quidem sicut de quibusdam futuris. Et talis fuit status fidei et spei in veteri lege. — Alius autem est status interioris cultus in quo habetur fides et spes de caelestibus bonis sicut de quibusdam futuris, sed de his per quae introducimur in caelestia, sicut de praesentibus vel praeteritis. Et iste est status novae legis. —Tertius autem status est in quo

é para sempre". Ora, à lei pertenciam as cerimônias da lei. Logo, as cerimônias da lei haviam de durar para sempre.

2. ALÉM DISSO, a oblação do leproso purificado pertencia às cerimônias da lei. Ora, também no Evangelho se preceitua ao leproso purificado que ofereça semelhantes oblações, segundo o Evangelho de Mateus. Logo, as cerimônias da lei antiga não cessaram vindo Cristo.

3. ADEMAIS, permanecendo a causa, permanece o efeito. Ora, as cerimônias da lei antiga tinham algumas causas racionais, enquanto se ordenavam ao culto divino; também porque se ordenavam como figura de Cristo. Logo, as cerimônias da lei antiga não deviam cessar.

4. ADEMAIS, a circuncisão fora instituída em sinal da fé de Abraão; já a observação do sábado para rememorar o benefício da criação; e outras solenidades da lei para rememorar outros benefícios de Deus, como acima foi dito. Ora, a fé de Abraão deve ser sempre imitada também por nós, o benefício da criação, e outros benefícios de Deus sempre hão de ser rememorados. Logo, ao menos a circuncisão e as solenidades da lei não deviam cessar.

EM SENTIDO CONTRÁRIO, diz o Apóstolo: "Ninguém vos julgue pelo alimento ou pela bebida, ou pela parte do dia de festa ou da lua nova ou dos sábados, que são sombra das coisas futuras". E, na Carta aos Hebreus, se diz que "chamando novo testamento, envelheceu o primeiro; o que se torna antigo e envelhece, está perto de perecer".

RESPONDO. Todos os preceitos cerimoniais da lei antiga foram ordenados para o culto de Deus, como acima foi dito. O culto exterior deve ser proporcionado ao culto interior, que consiste na fé, esperança e caridade. Portanto, segundo a diversidade do culto interior deve diversificar-se o culto exterior. Pode-se distinguir um tríplice estado do culto interior. Um, segundo alguém tem fé e esperança nos bens celestes, e naquelas coisas pelas quais somos introduzidos nos bens celestes, e ambos, certamente, como em bens futuros. E tal foi o estado da fé e da esperança na lei antiga. — Outro, porém, é o estado do culto interior no qual se tem a fé e a esperança nos bens celestes como em bens futuros, mas naquelas coisas pelas quais somos introduzidos nos celestes, como presentes ou passadas. E este é o estado da lei nova. — O

1. Q. 102, a. 4, ad 10; a. 5, ad 1.
2. Q. 101, a. 1, 2.

utraque habentur ut praesentia, et nihil creditur ut absens, neque speratur ut futurum. Et iste est status beatorum.

In illo ergo statu beatorum nihil erit figurale ad divinum cultum pertinens, sed solum *gratiarum actio et vox laudis* Is 51,3. Et ideo dicitur Ap 21,22, de civitate beatorum: *Templum non vidi in ea: Dominus enim Deus omnipotens templum illius est, et Agnus*. Pari igitur ratione, caeremoniae primi status, per quas figurabatur et secundus et tertius, veniente secundo statu, cessare debuerunt; et aliae caeremoniae induci, quae convenirent statui cultus divini pro tempore illo, in quo bona caelestia sunt futura, beneficia autem Dei per quae ad caelestia introducimur, sunt praesentia.

AD PRIMUM ergo dicendum quod lex vetus dicitur esse in aeternum, secundum moralia quidem, simpliciter et absolute: secundum caeremonialia vero, quantum ad veritatem per ea figuratam.

AD SECUNDUM dicendum quod mysterium redemptionis humani generis completum fuit in passione Christi: unde tunc Dominus dixit: *Consummatum est*, ut habetur Io 19,3. Et ideo tunc totaliter debuerunt cessare legalia, quasi iam veritate eorum consummata. In cuius signum, in passione Christi velum templi legitur esse scissum, Mt 27,51. Et ideo ante passionem Christi, Christo praedicante et miracula faciente, currebant simul lex et Evangelium: quia iam mysterium Christi erat inchoatum, sed nondum consummatum. Et propter hoc mandavit Dominus, ante passionem suam, leproso, ut legales caeremonias observaret.

AD TERTIUM dicendum quod rationes litterales caeremoniarum supra assignatae[3] referuntur ad divinum cultum, qui quidem cultus erat in fide venturi. Et ideo, iam veniente eo qui venturus erat, et cultus ille cessat, et omnes rationes ad hunc cultum ordinatae.

AD QUARTUM dicendum quod fides Abrahae fuit commendata in hoc quod credidit divinae promissioni de futuro semine, in quo benedicerentur omnes gentes. Et ideo quandiu hoc erat futurum, oportebat protestari fidem Abrahae in circumcisione. Sed postquam iam hoc est perfectum, oportet idem alio signo declarari, scilicet baptismo, qui in

terceiro estado é aquele no qual ambas essas coisas se têm como presentes, e nada se crê como ausente, nem se espera como futuro. E este é o estado dos bem-aventurados.

Nesse estado dos bem-aventurados nada que pertença ao culto divino é figurado, mas só "ação de graças e voz de louvor", segundo o livro de Isaías. E daí se diz no livro do Apocalipse, sobre a cidade dos bem-aventurados: "Nela não vi templo: com efeito, o Senhor Deus onipotente é seu templo, e Cordeiro". Por igual razão, as cerimônias do primeiro estado, pelas quais se figurava o segundo e o terceiro, vindo o segundo estado, deviam ter cessado; e outras cerimônias ser estabelecidas, que conviessem ao estado do culto divino para aquele tempo, no qual os bens celestes são futuros, mas os benefícios de Deus, pelos quais somos introduzidos nos celestes, são presentes.

QUANTO AO 1º, portanto, deve-se dizer que a lei antiga se diz para sempre, quanto aos preceitos morais, simples e absolutamente; segundo as cerimônias, porém, quanto à verdade por elas figurada.

QUANTO AO 2º, deve-se dizer que o mistério da redenção do gênero humano foi completado na paixão de Cristo, por isso, então disse o Senhor: "Está consumado", como está no Evangelho de João. E assim, então deviam cessar totalmente os preceitos legais, uma vez consumada a sua verdade. Em sinal disso, na paixão de Cristo lê-se no Evangelho de Mateus que o véu do templo se rasgou. E assim, antes da paixão de Cristo, pregando Cristo e fazendo milagres, corriam ao mesmo tempo a lei e o Evangelho, porque já era começado o mistério de Cristo, mas ainda não consumado. E por causa disso, antes de sua paixão, mandou o Senhor ao leproso que observasse as cerimônias legais.

QUANTO AO 3º, deve-se dizer que as razões literais das cerimônias acima assinaladas referem-se ao culto divino, culto que era na fé do futuro. E assim, vindo o que era futuro, cessa aquele culto, e todas as razões ordenadas a esse culto[f].

QUANTO AO 4º, deve-se dizer que a fé de Abraão foi tida como valiosa enquanto creu na promessa divina do sêmen futuro, no qual seriam abençoados todos os povos. E assim enquanto isso era futuro, era necessário que a fé de Abraão se afirmasse na circuncisão. Depois que isso se realizou, é necessário que o mesmo seja declarado por outro sinal,

3. Q. 102.

f. Seria preciso apontar aqui o papel providencial que teve, para a consciência cristã, a destruição do templo no ano 70.

hoc circumcisioni succedit; secundum illud Apostoli, Cl 2,11sq.: *Circumcisi estis circumcisione non manu facta in expoliatione corporis carnis, sed in circumcisione* Domini nostri Iesu *Christi, consepulti ei in baptismo*. Sabbatum autem, quod significabat primam creationem, mutatur in diem Dominicum, in quo commemoratur nova creatura inchoata in resurrectione Christi. — Et similiter aliis solemnitatibus veteris legis novae solemnitates succedunt: quia beneficia illi populo exhibita, significant beneficia nobis concessa per Christum. Unde festo Phase succedit festum Passionis Christi et Resurrectionis. Festo Pentecostes, in quo fuit data lex vetus, succedit festum Pentecostes in quo fuit data lex spiritus vitae. Festo Neomeniae succedit festum Beatae Virginis, in qua primo apparuit illuminatio solis, idest Christi, per copiam gratiae. Festo Tubarum succedunt festa Apostolorum. Festo Expiationis succedunt festa Martyrum et Confessorum. Festo Tabernaculorum succedit festum Consecrationis Ecclesiae. Festo Coetus atque Collectae succedit festum Angelorum; vel etiam festum Omnium Sanctorum.

a saber, o batismo, que sucede nisso à circuncisão, segundo o Apóstolo: "Estais circuncidados por circuncisão não feita pela mão, no despojamento do corpo de carne, mas na circuncisão de nosso Senhor Jesus Cristo, sepultados com ele no batismo". O sábado que significava a primeira criação, muda-se no dia de domingo, em que se comemora a nova criatura começada na ressurreição de Cristo. — E semelhantemente às solenidades da lei antiga sucedem as solenidades da lei nova, porque os benefícios prestados àquele povo, significam os benefícios a nós concedidos por Cristo. Daí à festa da Páscoa sucede a festa da paixão e da ressurreição de Cristo. À festa de Pentecostes, na qual foi dada a lei antiga, sucede a festa de Pentecostes na qual foi dada a lei do espírito da vida. À festa da Lua Nova, a festa da Bem-aventurada Virgem, na qual, primeiro, apareceu a iluminação do sol, isto é, de Cristo, por abundância da graça. À festa das Trombetas sucedem as festas dos Apóstolos. À festa da Expiação sucedem as festas dos Mártires e Confessores. À festa dos Tabernáculos sucede a festa da Consagração da Igreja. À festa do Assembleia e da Coleta sucede a festa dos Anjos, ou também a festa de Todos os Santos[g].

Articulus 4

Utrum post passionem Christi legalia possint servari sine peccato mortali

Ad quartum sic proceditur. Videtur quod post passionem Christi legalia possint sine peccato mortali observari.

1. Non est enim credendum quod Apostoli, post acceptum Spiritum Sanctum, mortaliter peccaverint: eius enim plenitudine sunt *induti virtute ex alto*, ut dicitur Lc ult. 49. Sed Apostoli post adventum Spiritus Sancti legalia observaverunt: dicitur enim At 16,3, quod Paulus circumcidit Timotheum; et At 21,26, dicitur quod Paulus, secundum consilium Iacobi, *assumptis viris, purificatus cum eis intravit in templum, annuntians*

Artigo 4

Depois da paixão de Cristo podem os preceitos legais ser observados sem pecado mortal?[h]

Quanto ao quarto, assim se procede: parece que, depois da paixão de Cristo, os preceitos legais **podem** ser observados sem pecado.

1. Com efeito, não se deve crer que os Apóstolos, depois de recebido o Espírito Santo, pecaram mortalmente; da plenitude dele, com efeito, "foram revestidos da virtude do alto", como se diz no Evangelho de Lucas. Ora, os Apóstolos, após a vinda do Espírito Santo, observaram os preceitos legais; diz-se, com efeito, no livro dos Atos, que Paulo circuncidou Timóteo, e ainda no livro dos Atos se diz que Paulo, segundo o conselho de

4 Parall.: Infra, q. 104, a. 3; q. 107, a. 2, ad 1; II-II, q. 93, a. 1; IV *Sent.*, dist. 1, q. 2, a. 5, q.la 3, 4; *ad Rom.*, c. 14, lect. 1; *ad Galat.*, c. 2, lect. 3; c. 5, lect. 1; *ad Coloss.*, c. 2, lect. 4.

g. Na resp. 4, o final é inteiramente artificial.

h. A questão aqui colocada se aprofunda bem mais do que a precedente. Tem também uma incidência prática sobre os comportamentos dos cristãos em uma sociedade onde as comunidades judias conservam uma existência legal. É preciso situar-se nessa perspectiva para compreender o que está em jogo: o cristão que se sentisse obrigado a observar as leis particulares do judaísmo, porque figuram na Escritura, pecaria contra sua própria fé? Com certeza, mas a opção de "pecado mortal" deve ser entendida "objetivamente", em função da única "matéria grave" que constituiria a falta: as disposições interiores dos sujeitos não são levadas em conta.

expletionem dierum purificationis, donec offeretur pro unoquoque eorum oblatio. Ergo sine peccato mortali possunt post Christi passionem legalia observari.

2. PRAETEREA, vitare consortia gentilium ad caeremonias legis pertinebat. Sed hoc observavit primus pastor Ecclesiae: dicitur enim Gl 2,12, quod, *cum venissent quidam Antiochiam, subtrahebat et segregabat se Petrus a gentilibus*. Ergo absque peccato post passionem Christi legis caeremoniae observari possunt.

3. PRAETEREA, praecepta Apostolorum non induxerunt homines ad peccatum. Sed ex decreto Apostolorum statutum fuit quod gentiles quaedam de caeremoniis legis observarent: dicitur enim At 15,28sq.: *Visum est Spiritui Sancto et nobis nihil ultra imponere oneris vobis quam haec necessaria, ut abstineatis vos ab immolatis simulacrorum, et sanguine, et suffocato, et fornicatione*. Ergo absque peccato caeremoniae legales possunt post Christi passionem observari.

SED CONTRA est quod Apostolus dicit, Gl 5,2: *Si circumcidimini, Christus nihil vobis proderit*. Sed nihil excludit fructum Christi nisi peccatum mortale. Ergo circumcidi, et alias caeremonias observare, post passionem Christi est peccatum mortale.

RESPONDEO dicendum quod omnes caeremoniae sunt quaedam protestationes fidei, in qua consistit interior Dei cultus. Sic autem fidem interiorem potest homo protestari factis, sicut et verbis: et in utraque protestatione, si aliquid homo falsum protestatur, peccat mortaliter. Quamvis autem sit eadem fides quam habemus de Christo, et quam antiqui Patres habuerunt; tamen quia ipsi praecesserunt Christum, nos autem sequimur, eadem fides diversis verbis significatur a nobis et ab eis. Nam ab eis dicebatur: *Ecce virgo concipiet et pariet filium* Is 7,14, quae sunt verba futuri temporis: nos autem idem repraesentamus per verba praeteriti temporis, dicentes quod *concepit et peperit*. Et similiter caeremoniae veteris legis significabant Christum ut nasciturum et passurum: nostra autem sacramenta significant ipsum ut natum et passum.

Tiago, "tomados os homens, entrou purificado com eles no templo, anunciando o cumprimento dos dias de expiação, até que se fizesse a oblação por cada um deles". Logo, sem pecado mortal, os preceitos legais podem ser observados após a paixão de Cristo.

2. ALÉM DISSO, pertencia às cerimônias da lei evitar os gentios. Ora, isso observou a primeiro pastor da Igreja; diz-se, com efeito, na Carta aos Gálatas que, "quando vieram alguns de Antioquia, Pedro se subtraía e se separava dos gentios". Logo, sem pecado, após a paixão de Cristo, podem as cerimônias da lei ser observadas.

3. ADEMAIS, os preceitos dos Apóstolos não induziram os homens ao pecado. Ora, pelo decreto dos Apóstolos, foi estatuído que os gentios observassem algumas coisas das cerimônias da lei; diz-se, com efeito, no livro dos Atos: "Pareceu ao Espírito Santo e a nós não vos impor mais encargo do que estes necessários: que vos abstenhais das coisas sacrificadas aos ídolos, e de sangue, e do sufocado, e da fornicação". Logo, sem pecado, podem ser observadas as cerimônias da lei, após a paixão de Cristo.

EM SENTIDO CONTRÁRIO, diz o Apóstolo: "Se vós vos circuncidais, Cristo para nada vos adiantará". Ora, nada exclui o fruto de Cristo, a não ser o pecado mortal. Logo, ser circuncidado e observar outras cerimônias, após a paixão de Cristo, é pecado mortal[i].

RESPONDO. Todas as cerimônias são proclamações da fé, na qual consiste o culto interior de Deus. Assim, o homem pode proclamar a fé interior por obras como por palavras, e em ambas as proclamações, se o homem proclama algo falso, peca mortalmente. Embora seja a mesma fé que temos em Cristo e a que os antigos Patriarcas tiveram, entretanto, como eles precederam a Cristo, e nós o seguimos, a mesma fé é significada por nós e por eles com palavras diversas. Por eles, com efeito, era dito: "Eis que uma virgem conceberá e dará à luz um filho", segundo o livro de Isaías, palavras que são do tempo futuro; nós representamos o mesmo por palavras do tempo pretérito, dizendo que "concebeu e deu à luz". E semelhantemente as cerimônias da lei antiga significavam que Cristo havia de nascer e morrer,

i. Aqui, o raciocínio, baseado no latim da Vulgata, é francamente falso. A questão posta era saber *o que serve* para a salvação: seria necessária a circuncisão *além* da fé em Cristo? Paulo leva o raciocínio até as suas consequências lógicas: se levarmos em conta a circuncisão, o Cristo seria inútil. O comentador, porém, deduz que se torna a sua obra estéril: muda-se de plano. A conclusão geral que ele tira torna-se desse modo abusiva. Ela é aliás contradita pelo texto de Rm 3,1-2, no qual se vê que a utilidade da circuncisão é grande para os judeus.

Sicut igitur peccaret mortaliter qui nunc, suam fidem protestando, diceret Christum nasciturum, quod antiqui pie et veraciter dicebant; ita etiam peccaret mortaliter, si quis nunc caeremonias observaret, quas antiqui pie et fideliter observabant. Et hoc est quod Augustinus dicit, *Contra Faustum*[1]: *Iam non promittitur nasciturus, passurus, resurrecturus, quod illa sacramenta quodammodo personabant: sed annuntiatur quod natus sit, passus sit, resurrexerit; quod haec sacramenta quae a Christianis aguntur, iam personant.*

enquanto nossos sacramentos significam que ele nasceu e sofreu. Assim como pecaria mortalmente quem, agora, proclamando sua fé, dissesse que Cristo nascerá, o que os antigos diziam piedosamente e com veracidade, assim também pecaria mortalmente, se alguém, agora, observasse as cerimônias, que os antigos observavam piedosa e fielmente. E isso é o que o Apóstolo diz: "Já não é prometido como havendo de nascer, de sofrer, de ressurgir, que aqueles sacramentos de algum modo representavam, mas anuncia-se que nasceu, sofreu, ressuscitou, o que estes sacramentos que são praticados pelos cristãos já representam".

AD PRIMUM ergo dicendum quod circa hoc diversimode sensisse videntur Hieronymus et Augustinus. Hieronymus enim[2] distinxit duo tempora. Unum tempus ante passionem Christi, in quo legalia nec erant *mortua*, quasi non habentia vim obligatoriam, aut expiativam pro suo modo; nec etiam *mortifera*, quia non peccabant ea observantes. Statim autem post passionem Christi incoeperunt esse non solum mortua, idest non habentia virtutem et obligationem; sed etiam mortifera, ita scilicet quod peccabant mortaliter quicumque ea observabant. Unde dicebat quod Apostoli nunquam legalia observaverunt post passionem secundum veritatem; sed solum quadam pia simulatione, ne scilicet scandalizarent Iudaeos et eorum conversionem impedirent. Quae quidem simulatio sic intelligenda est, non quidem ita quod illos actus secundum rei veritatem non facerent: sed quia non faciebant tanquam legis caeremonias observantes; sicut si quis pelliculam virilis membri abscinderet propter sanitatem, non causa legalis circumcisionis observandae.

QUANTO AO 1º, portanto, deve-se dizer que, a respeito disso, Jerônimo e Agostinho parece que pensaram de modo diverso[j]. Jerônimo, com efeito, distinguiu dois tempos. Um tempo antes da paixão de Cristo, no qual os preceitos legais nem eram "mortos", como não tendo força obrigatória ou expiativa, a seu modo; nem também "mortíferos", porque não pecariam aqueles que as observassem. Imediatamente, após a paixão de Cristo, começaram a ser não só mortos, isto é, não tendo poder e obrigação, mas também mortíferos, a saber: que pecavam mortalmente todos os que os observavam. Donde dizia que os Apóstolos nunca mais observaram os preceitos legais, após a paixão, segundo a verdade, mas só numa piedosa simulação, isto é, para não escandalizar os judeus e impedir sua conversão. Essa simulação deve ser assim entendida, não como não fizessem aqueles atos segundo a verdade da coisa, mas que não faziam como observando as cerimônias da lei, assim como se alguém cortasse a película do membro viril por causa da saúde, não por causa de observar a circuncisão legal.

Sed quia indecens videtur quod Apostoli ea occultarent propter scandalum quae pertinent ad veritatem vitae et doctrinae, et quod simulatione uterentur in his quae pertinent ad salutem fidelium; ideo convenientius Augustinus[3] distinxit tria tempora. Unum quidem ante Christi passionem, in quo legalia non erant neque mortifera neque mortua. Aliud autem post tempus Evangelii di-

Porque parece inconveniente que os Apóstolos, por causa do escândalo, ocultassem aquelas coisas que pertencem à verdade da vida e da doutrina, e que usassem de simulação naquelas coisas que pertencem à salvação dos fiéis, dessa maneira mais convenientemente Agostinho distinguiu três tempos. Um, antes da paixão de Cristo, no qual os preceitos legais não eram nem mortíferos

1. L. XIX, c. 16: ML 42, 357.
2. Epist. 112, al. 89, AD AUG.: ML 22, 921.
3. Epist. 82, al. 19, c. 2: ML 33, 281.

j. Numa discussão que contrapõe as opiniões de São Jerônimo e de Sto. Agostinho, Sto. Tomás escolhe justificadamente a opinião nuançada de Sto. Agostinho, que distingue um "período intermediário" entre a paixão de Cristo e a "promulgação do Evangelho". Duas dificuldades subsistem: 1) A partir de que momento pode-se dizer que o Evangelho está promulgado? 2) As práticas rituais da lei tornam-se motivo de morte para os judeus membros da Igreja, se elas constituem uma simples afirmação de sua pertença a Israel?

vulgati, in quo legalia sunt et mortua et mortifera. Tertium autem est tempus medium, scilicet a passione Christi usque ad divulgationem Evangelii, in quo legalia fuerunt quidem mortua, quia neque vim aliquam habebant, neque aliquis ea observare tenebatur; non tamen fuerunt mortifera, quia illi qui conversi erant per Christum ex Iudaeis, poterant illa legalia licite observare, dummodo non sic ponerent spem in eis quod ea reputarent sibi necessaria ad salutem, quasi sine legalibus fides Christi iustificare non posset. His autem qui convertebantur ex gentilitate ad Christum, non inerat causa ut ea observarent. Et ideo Paulus circumcidit Timotheum, qui ex matre Iudaea genitus erat; Titum autem, qui ex gentilibus natus erat, circumcidere noluit.

Ideo autem noluit Spiritus Sanctus ut statim inhiberetur his qui ex Iudaeis convertebantur observatio legalium, sicut inhibebatur his qui ex gentilibus convertebantur gentilitatis ritus, ut quaedam differentia inter hos ritus ostenderetur. Nam gentilitatis ritus repudiabatur tanquam omnino illicitus, et a Deo semper prohibitus: ritus autem legis cessabat tanquam impletus per Christi passionem, utpote a Deo in figuram Christi institutus.

AD SECUNDUM dicendum quod, secundum Hieronymum[4], Petrus simulatorie se a gentilibus subtrahebat, ut vitaret Iudaeorum scandalum, quorum erat Apostolus. Unde in hoc nullo modo peccavit: sed Paulus eum similiter simulatorie reprehendit, ut vitaret scandalum gentilium, quorum erat Apostolus. — Sed Augustinus[5] hoc improbat: quia Paulus in canonica Scriptura, scilicet Gl 2,11, in qua nefas est credere aliquid esse falsum, dicit quod Petrus *reprehensibilis erat*. Unde verum est quod Petrus peccavit: et Paulus vere eum, non simulatorie, reprehendit. Non autem peccavit Petrus in hoc quod ad tempus legalia observabat: quia hoc sibi licebat, tanquam ex Iudaeis converso. Sed peccabat in hoc quod circa legalium observantiam nimiam diligentiam adhibebat ne scandalizaret Iudaeos, ita quod ex hoc sequebatur gentilium scandalum.

nem mortos. Outro, após o tempo do Evangelho divulgado, no qual os preceitos legais são mortos e mortíferos. O terceiro é o tempo médio, a saber, da paixão de Cristo até a divulgação do Evangelho, no qual os preceitos legais estavam mortos, porque não tinham nenhuma força, nem alguém estava obrigado a cumpri-los; não foram, contudo, mortíferos, porque aqueles judeus que se haviam convertido a Cristo, podiam observar licitamente aqueles preceitos legais, enquanto neles não pusessem a esperança de tal modo que os reputassem necessários para a salvação, como se, sem os preceitos de Cristo, a fé de Cristo não pudesse justificar. Naqueles que se convertiam da gentilidade a Cristo não havia causa para que os observassem. E dessa maneira Paulo circuncidou Timóteo, que era nascido de mãe judia; a Tito que nascera entre os gentios não quis circuncidar.

Assim também não quis o Espírito Santo que imediatamente se proibisse a observância dos preceitos legais àqueles que entre os judeus se convertiam, como se proibia àqueles gentios que se convertiam do rito da gentilidade, para que se mostrasse alguma diferença entre esses ritos. O rito da gentilidade, com efeito, era repudiado como totalmente ilícito, e sempre proibido por Deus; o rito da lei cessava enquanto realizado pela paixão de Cristo, como instituído por Deus para figura de Cristo.

QUANTO AO 2º, deve-se dizer que, segundo Jerônimo, Pedro se subtraía simuladamente aos gentios, para evitar o escândalo dos judeus, dos quais era o Apóstolo. Donde não pecou nisso, de nenhum modo. — Agostinho, contudo, não aprova isso, porque Paulo na Escritura canônica, a saber, na Carta aos Gálatas, na qual é ímpio crer que algo seja falso, diz que Pedro "era repreensível". Donde é verdade que Pedro pecou, e Paulo o repreendeu verdadeiramente, não simuladamente. Não pecou Pedro, enquanto observou, em relação ao tempo, os preceitos legais, porque isso lhe era permitido, enquanto convertido dos judeus. Mas pecava enquanto empregava a respeito da observância dos preceitos legais uma demasiada diligência para não escandalizar os judeus, de modo que disso seguia-se o escândalo dos gentios[k].

4. *In Gal*, l. I, super 2, 14: ML 26, 342.
5. Loc. cit. in resp. ad 1: ML 33, 280.

k. A resposta de Sto. Agostinho é justa ainda. Mas, a conclusão extraída por Pedro a respeito das observâncias legais, que lhe eram autorizadas devido à sua nacionalidade judia, não valeriam também para todos os cristãos de origem judia ao longo do tempo?

AD TERTIUM dicendum quod quidam dixerunt quod illa prohibitio Apostolorum non est intelligenda ad litteram, sed secundum spiritualem intellectum: ut scilicet in prohibitione sanguinis, intelligatur prohibitio homicidii; in prohibitione suffocati, intelligatur prohibitio violentiae et rapinae; in prohibitione immolatorum, intelligatur prohibitio idololatriae; fornicatio autem prohibetur tanquam per se malum. Et hanc opinionem accipiunt ex quibusdam glossis, quae huiusmodi praecepta mystice exponunt. — Sed quia homicidium et rapina etiam apud gentiles reputabantur illicita, non oportuisset super hoc speciale mandatum dari his qui erant ex gentilitate conversi ad Christum.

Unde alii dicunt quod ad litteram illa comestibilia fuerunt prohibita, non propter observantiam legalium, sed propter gulam comprimendam. Unde dicit Hieronymus[6], super illud Ez 44,31, *Omne morticinum* etc.: *Condemnat sacerdotes qui in turdis et ceteris huiusmodi, haec, cupiditate gulae, non custodiunt.* — Sed quia sunt quaedam cibaria magis delicata et gulam provocantia, non videtur ratio quare fuerunt haec magis quam alia prohibita.

Et ideo dicendum, secundum tertiam opinionem, quod ad litteram ista sunt prohibita, non ad observandum caeremonias legis, sed ad hoc quod posset coalescere unio gentilium et Iudaeorum insimul habitantium. Iudaeis enim, propter antiquam consuetudinem, sanguis et suffocatum erant abominabilia: comestio autem immolatorum simulacris, poterat in Iudaeis aggenerare circa gentiles suspicionem reditus ad idololatriam. Et ideo ista fuerunt prohibita pro tempore illo, in quo de novo oportebat convenire in unum gentiles et Iudaeos. Procedente autem tempore, cessante causa, cessat effectus; manifestata Evangelicae doctrinae veritate, in qua Dominus docet quod *nihil quod per os intrat, coinquinat hominem*, ut dicitur Mt 15,11; et quod *nihil est reiiciendum quod cum gratiarum actione percipitur*, ut 1Ti 4,4 dicitur. — Fornicatio autem prohibetur specialiter, quia gentiles eam non reputabant esse peccatum.

QUANTO AO 3º, deve-se dizer que alguns disseram que não se deve entender literalmente aquela proibição dos Apóstolos, mas segundo o sentido espiritual, a saber: para que na proibição do sangue se entenda a proibição do homicídio; na proibição do sufocado, entenda-se a proibição da violência e da rapina; na proibição dos imolados, entenda-se a proibição da idolatria; a fornicação era proibida enquanto algo por si mau. E recebem tal opinião de algumas glosas, que expõem esses preceitos misticamente. — Mas, porque o homicídio e a rapina entre os gentios eram também reputados ilícitos, não foi necessário sobre isso que fosse dado um mandamento especial àqueles que se haviam convertido da gentilidade para Cristo.

Por isso, outros dizem que aqueles comestíveis foram proibidos, literalmente, não por causa da observância dos preceitos legais, mas para reprimir a gula. Donde dizer Jerônimo, sobre a passagem do livro de Ezequiel: "Todo cadáver etc.", "Condena os sacerdotes que, a propósito dos tordos e de aves semelhantes, não guardam estes mandamentos por avidez da gula". — Como, porém, são alguns alimentos mais delicados e provocadores de gula, não se vê a razão pela qual foram esses mais proibidos do que os outros.

E dessa maneira deve-se dizer, segundo a terceira opinião, que literalmente estes são proibidos, não para observar as cerimônias da lei, mas para que pudesse aumentar a união dos gentios e dos judeus, habitando em comum. Aos judeus, com efeito, por causa do antigo costume, o sangue e o sufocado eram abomináveis; o comer dos imolados aos ídolos podia gerar nos judeus acerca dos gentios a suspeita de volta à idolatria. E assim estas coisas foram proibidas para aquele tempo, no qual recentemente era necessário que gentios e judeus convivessem juntamente. Progredindo o tempo, cessando a causa, cessa o efeito, uma vez manifestada a verdade da doutrina evangélica, na qual ensina o Senhor que "nada que entra pela boca contamina o homem", como se diz no Evangelho de Mateus; e que "nada que se recebe com ação de graças se deve rejeitar", como se diz na primeira Carta a Timóteo. — A fornicação é proibida de modo especial, porque os gentios não reputavam que ela fosse pecado.

6. Loc. proxime cit.

QUAESTIO CIV
DE PRAECEPTIS IUDICIALIBUS
in quatuor articulos divisa

Consequenter considerandum est de praeceptis iudicialibus. Et primo considerandum est de ipsis in communi; secundo, de rationibus eorum.

Circa primum quaeruntur quatuor.
Primo: quae sint iudicialia praecepta.
Secundo: utrum sint figuralia.
Tertio: de duratione eorum.
Quarto: de distinctione eorum.

ARTICULUS 1
Utrum ratio praeceptorum iudicialium consistat in hoc quod sunt ordinantia ad proximum

AD PRIMUM SIC PROCEDITUR. Videtur quod ratio praeceptorum iudicialium non consistat in hoc quod sunt ordinantia ad proximum.

1. Iudicialia enim praecepta a iudicio dicuntur. Sed multa sunt alia quibus homo ad proximum ordinatur, quae non pertinent ad ordinem iudiciorum. Non ergo praecepta iudicialia dicuntur quibus homo ordinatur ad proximum.

2. PRAETEREA, praecepta iudicialia a moralibus distinguuntur, ut supra[1] dictum est. Sed multa praecepta moralia sunt quibus homo ordinatur ad proximum: sicut patet in septem praeceptis secundae tabulae. Non ergo praecepta iudicialia dicuntur ex hoc quod ad proximum ordinant.

3. PRAETEREA, sicut se habent praecepta caeremonialia ad Deum, ita se habent iudicialia praecepta ad proximum, ut supra[2] dictum est. Sed inter praecepta caeremonialia sunt quaedam quae pertinent ad seipsum, sicut observantiae ciborum

QUESTÃO 104
OS PRECEITOS JUDICIAIS
em quatro artigos

Em sequência, devem-se considerar os preceitos judiciais. Primeiro, em geral. Segundo, suas razões.

Acerca do primeiro, são quatro as perguntas:
1. Quais são os preceitos judiciais?
2. São figurados?
3. Sua duração.
4. Sua distinção.

ARTIGO 1
A razão dos preceitos judiciais consiste em que sejam ordenados ao próximo?[a]

QUANTO AO PRIMEIRO ARTIGO, ASSIM SE PROCEDE: parece que a razão dos preceitos judiciais **não** consiste em que sejam ordenados ao próximo.

1. Com efeito, os preceitos se dizem judiciais de juízo. Ora, há muitos outros preceitos pelos quais o homem se ordena ao próximo, que não pertencem à ordem dos juízos. Logo, não se dizem judiciais os preceitos pelos quais o homem se ordena ao próximo.

2. ALÉM DISSO, os preceitos judiciais se distinguem dos morais, como acima foi dito. Ora, há muitos preceitos morais pelos quais o homem se ordena ao próximo, como é claro em sete preceitos da segunda tábua. Logo, os preceitos não se dizem judiciais porque ordenam ao próximo.

3. ADEMAIS, assim como os preceitos cerimoniais estão em relação a Deus, assim estão os preceitos judiciais em relação ao próximo, como acima foi dito. Ora, entre os preceitos cerimoniais há alguns que pertencem ao próprio sujeito, como as ob-

1 PARALL.: Supra, q. 99, a. 4.

1. Q. 99, a. 4.
2. Ibid.; q. 101, a. 1.

a. Pode-se lamentar o termo escolhido para designar tudo o que, no Antigo Testamento, concerne ao direito positivo, além das simples obrigações morais aplicáveis a todos os homens fora de Israel. Todavia, no "Digesto", o latim *judicialis* não concerne somente ao que se relaciona aos processos, como a palavra "judiciário" poderia levar a crer, mas também a tudo o que diz respeito à administração da justiça segundo o direito: esse sentido é bem mais vasto, e possui um objetivo positivo. Relaciona os preceitos em questão, por um lado, ao exercício da virtude moral da justiça na sociedade e, por outro lado, às instituições que regeram o povo de Deus por tanto tempo quanto este teve por apoio a "nação" israelita e judia. Esse segundo aspecto dos preceitos permite pôr a seu respeito questões que se relacionam na verdade às *instituições* reguladas por eles, seja quanto a seu valor "figurativo" (q. 104, a. 2), seja quanto a suas disposições práticas (q. 105). O problema de sua retomada no quadro político da "cristandade", na qual a distinção entre os poderes é formalmente posta, depende da comparação que se pode fazer entre as instituições políticas e sociais de Israel, por um lado, e aquelas dos estados governados por chefes cristãos, por outro (q. 104, a. 3 e q. 105, *passim*).

et vestimentorum, de quibus supra[3] dictum est. Ergo praecepta iudicialia non ex hoc dicuntur quod ordinent hominem ad proximum.

SED CONTRA est quod dicitur Ez 18,8, inter cetera bona opera viri iusti: *Si iudicium verum fecerit inter virum et virum*. Sed iudicialia praecepta a iudicio dicuntur. Ergo praecepta iudicialia videntur dici illa quae pertinent ad ordinationem hominum ad invicem.

RESPONDEO dicendum quod, sicut ex supradictis[4] patet, praeceptorum cuiuscumque legis quaedam habent vim obligandi ex ipso dictamine rationis, quia naturalis ratio dictat hoc esse debitum fieri vel vitari. Et huiusmodi praecepta dicuntur *moralia*: eo quod a ratione dicuntur mores humani. — Alia vero praecepta sunt quae non habent vim obligandi ex ipso dictamine rationis, quia scilicet in se considerata non habent absolute rationem debiti vel indebiti; sed habent vim obligandi ex aliqua institutione divina vel humana. Et huiusmodi sunt determinationes quaedam moralium praeceptorum. Si igitur determinentur moralia praecepta per institutionem divinam in his per quae ordinatur homo ad Deum, talia dicentur praecepta *caeremonialia*. — Si autem in his quae pertinent ad ordinationem hominum ad invicem, talia dicentur praecepta *iudicialia*. In duobus ergo consistit ratio iudicialium praeceptorum: scilicet ut pertineant ad ordinationem hominum ad invicem; et ut non habeant vim obligandi ex sola ratione, sed ex institutione.

AD PRIMUM ergo dicendum quod iudicia exercentur officio aliquorum principum, qui habent potestatem iudicandi. Ad principem autem pertinet non solum ordinare de his quae veniunt in litigium, sed etiam de voluntariis contractibus qui inter homines fiunt, et de omnibus pertinentibus ad populi communitatem et regimen. Unde praecepta iudicialia non solum sunt illa quae pertinent ad lites iudiciorum; sed etiam quaecumque pertinent

servâncias dos alimentos e das vestes, dos quais se disse acima. Logo, os preceitos não se dizem judiciais porque ordenam o homem ao próximo.

EM SENTIDO CONTRÁRIO, diz-se no livro de Ezequiel, entre as demais boas obras do homem justo: "Se fizer um juízo verdadeiro entre homem e homem". Ora, os preceitos judiciais se dizem de juízo. Logo, parece que se chamam preceitos judiciais aqueles que pertencem à ordenação dos homens uns para com os outros.

RESPONDO[b]. Como está claro pelas coisas acima ditas, alguns preceitos de qualquer lei têm força de obrigar pelo próprio ditame da razão, pois a razão natural dita que isto se deve fazer ou evitar. E semelhantes preceitos se dizem "morais", porque os costumes (*mores*) se dizem humanos pela razão. — Outros preceitos há que não têm força de obrigar pelo próprio ditame da razão, isto é, porque considerados em si mesmos não têm absolutamente a razão do devido ou do indevido, mas têm força de obrigar por alguma instituição divina ou humana. E tais são algumas determinações dos preceitos morais. Se, pois, se determinam os preceitos morais por instituição divina naquelas coisas pelas quais o homem se ordena a Deus, tais são ditos preceitos "cerimoniais". — Se se determinam naquelas coisas que pertencem à ordem dos homens uns para com os outros, tais preceitos se dizem "judiciais". De duas coisas, pois, consiste a razão dos preceitos judiciais, a saber: que pertençam à ordenação dos homens uns para com os outros; e que não tenham força de obrigar apenas pela razão, mas por instituição.

QUANTO AO 1º[c], portanto, deve-se dizer que os juízos são praticados por ofício de alguns príncipes, que têm o poder de julgar. Pertence, porém, ao príncipe não só ordenar a respeito daquelas coisas que vêm em litígio, mas também dos contratos voluntários que se fazem entre os homens, e de todas as coisas que pertencem à comunidade e regime do povo. Donde, preceitos judiciais são não apenas aqueles que pertencem

3. Q. 102, a. 6, ad 1, 6.
4. Q. 95, a. 2; q. 99, a. 4.

b. Não esquecer que a razão natural que funda os preceitos morais é aqui compreendida como a lei do ser humano inscrita pelo Criador na consciência, antes de ser retomada e novamente posta em evidência pela revelação. O novo problema que se põe é o das leis positivas que, no interior das precedentes e em conformidade com elas, regulam a organização de sua sociedade. Em Israel, povo de Deus, elas não são simples leis humanas, como o são em outras partes. São incorporadas à organização que a palavra de Deus sancionou para assegurar o bem comum; a sua obrigação não é portanto simplesmente humana.

c. A solução das dificuldades manifesta algumas hesitações, pois se está no domínio misto das relações dos homens entre si, onde nem tudo é determinado somente pela moral.

ad ordinationem hominum ad invicem, quae subest ordinationi principis tanquam supremi iudicis.

AD SECUNDUM dicendum quod ratio illa procedit de illis praeceptis ordinantibus ad proximum, quae habent vim obligandi ex solo dictamine rationis.

AD TERTIUM dicendum quod etiam in his quae ordinant ad Deum, quaedam sunt moralia, quae ipsa ratio fide informata dictat: sicut Deum esse amandum et colendum. Quaedam vero sunt caeremonialia, quae non habent vim obligationis nisi ex institutione divina. Ad Deum autem pertinent non solum sacrificia oblata Deo, sed etiam quaecumque pertinent ad idoneitatem offerentium et Deum colentium. Homines enim ordinantur in Deum sicut in finem: et ideo ad cultum Dei pertinet, et per consequens ad caeremonialia praecepta, quod homo habeat quandam idoneitatem respectu cultus divini. Sed homo non ordinatur ad proximum sicut in finem, ut oporteat eum disponi in seipso in ordine ad proximum: haec enim est comparatio servorum ad dominos, qui *id quod sunt, dominorum sunt*, secundum Philosophum, in I *Polit.*[5]. Et ideo non sunt aliqua praecepta iudicialia ordinantia hominem in seipso, sed omnia talia sunt moralia: quia ratio, quae est principium moralium, se habet in homine respectu eorum quae ad ipsum pertinent, sicut princeps vel iudex in civitate. — Sciendum tamen quod, quia ordo hominis ad proximum magis subiacet rationi quam ordo hominis ad Deum, plura praecepta moralia inveniuntur per quae ordinatur homo ad proximum, quam per quae ordinatur ad Deum. Et propter hoc etiam oportuit plura esse caeremonialia in lege quam iudicialia.

às lides dos juizes, mas também quaisquer coisas que pertençam à ordenação dos homens uns para com os outros, a qual está sujeita à ordenação do príncipe, enquanto juiz supremo.

QUANTO AO 2º, deve-se dizer que o argumento procede a respeito daqueles preceitos que ordenam ao próximo, os quais têm força de obrigar só pelo ditame da razão.

QUANTO AO 3º, deve-se dizer que também naquelas coisas que ordenam a Deus, há alguns preceitos morais, que a própria razão dita informada pela fé, como Deus deve ser amado e cultuado. Alguns, porém, são cerimoniais, os quais não têm força de obrigar a não ser por instituição divina. Pertencem, com efeito, a Deus não só os sacrifícios oferecidos a Deus, mas também todas aquelas coisas que pertencem à idoneidade dos que oferecem e cultuam a Deus. Os homens, com efeito, ordenam-se para Deus como ao fim, e assim pertence ao culto de Deus, e por consequência aos preceitos cerimoniais, que tenha o homem alguma idoneidade com respeito ao culto divino. Entretanto, o homem não se ordena ao próximo como ao fim, de modo que seja necessário se dispor em si mesmo em ordem ao próximo; esta é, com efeito, a comparação dos servos com relação ao senhor, os quais "no que são, são dos senhores", segundo o Filósofo. E assim não há alguns preceitos judiciais que ordenam o homem em si mesmo, mas todos os preceitos assim são morais, pois a razão, que é princípio dos atos morais, acha-se no homem com respeito àquelas coisas que pertencem a ele por si mesmo, como o príncipe ou o juiz na cidade. — Deve-se saber que, dado que a ordem do homem ao próximo está mais sujeita à razão do que a ordem do homem a Deus, encontram-se mais preceitos morais pelos quais ordena-se o homem ao próximo do que aqueles pelos quais se ordena a Deus. E em razão disso também foi necessário que houvesse na lei mais preceitos cerimoniais do que judiciais.

ARTICULUS 2

Utrum praecepta iudicialia aliquid figurent

AD SECUNDUM SIC PROCEDITUR. Videtur quod praecepta iudicialia non figurent aliquid.

ARTIGO 2

Os preceitos judiciais são figuras de algo?[d]

QUANTO AO SEGUNDO, ASSIM SE PROCEDE: parece que os preceitos judiciais **não** são figuras de algo.

5. C. 4: 1254, a, 12-17.

2 PARALL.: A. seq.; II-II, q. 87, a. 1.

d. A questão posta se entende em função do princípio geral das prefigurações bíblicas. Ela concerne, portanto, menos aos preceitos como tais que às instituições civis de Israel. Todavia, ela é bem menos fácil de resolver do que o que se refere

1. Hoc enim videtur esse proprium caeremonialium praeceptorum, quod sint in figuram alicuius rei instituta. Si igitur etiam praecepta iudicialia aliquid figurent, non erit differentia inter iudicialia et caeremonialia praecepta.

2. PRAETEREA, sicuti illi populo Iudaeorum data sunt quaedam iudicialia praecepta, ita etiam aliis populis gentilium. Sed iudicialia praecepta aliorum populorum non figurant aliquid, sed ordinant quid fieri debeat. Ergo videtur quod neque praecepta iudicialia veteris legis aliquid figurarent.

3. PRAETEREA, ea quae ad cultum divinum pertinent, figuris quibusdam tradi oportuit, quia ea quae Dei sunt, supra nostram rationem sunt, ut supra[1] dictum est. Sed ea quae sunt proximorum, non excedunt nostram rationem. Ergo per iudicialia, quae ad proximum nos ordinant, non oportuit aliquid figurari.

SED CONTRA est quod Ex 21 iudicialia praecepta allegorice et moraliter exponuntur.

RESPONDEO dicendum quod dupliciter contingit aliquod praeceptum esse figurale. Uno modo, primo et per se: quia scilicet principaliter est institutum ad aliquid figurandum. Et hoc modo praecepta caeremonialia sunt figuralia: ad hoc enim sunt instituta, ut aliquid figurent pertinens ad cultum Dei et ad mysterium Christi. — Quaedam vero praecepta sunt figuralia non primo et per se, sed ex consequenti. Et hoc modo praecepta iudicialia veteris legis sunt figuralia. Non enim sunt instituta ad aliquid figurandum; sed ad ordinandum statum illius populi secundum iustitiam et aequitatem. Sed ex consequenti aliquid figurabant: inquantum scilicet totus status illius populi, qui per huiusmodi praecepta disponebatur, figuralis erat; secundum illud 1Cor 10,11: *Omnia in figuram contingebant illis*.

1. Com efeito, parece próprio dos preceitos cerimoniais que sejam instituídos como figuras de alguma coisa. Se, pois, também os preceitos judiciais forem figuras de algo, não haverá diferença entre os preceitos judiciais e os cerimoniais.

2. ALÉM DISSO, assim como foram dados àquele povo judeu alguns preceitos judiciais, assim também a outros povos dos gentios. Ora, os preceitos judiciais de alguns povos não são figuras de algo, mas ordenam o que se deva fazer. Logo, parece que nem os preceitos judiciais da lei antiga seriam figuras de algo.

3. ADEMAIS, aquelas coisas que pertencem ao culto divino, foi necessário se transmitissem por algumas figuras, pois as coisas que a Deus pertencem, estão acima de nossa razão, como acima foi dito. Ora, aquelas que aos próximos pertencem, não excedem nossa razão. Logo, pelos preceitos judiciais, que nos ordenam ao próximo, não foi necessário que algo fosse figurado.

EM SENTIDO CONTRÁRIO, são expostos, no livro do Êxodo, os preceitos judiciais alegórica e moralmente.

RESPONDO[e]. De dois modos acontece que um preceito possa ser figurativo. De um modo, primariamente e por si, porque foi principalmente instituído para figurar algo. E desse modo os preceitos cerimoniais são figurativos; com efeito, foram instituídos para que sejam figuras de algo pertencente ao culto de Deus e ao mistério de Cristo. — Alguns preceitos, contudo, são figurativos não primariamente e por si, mas por consequência. E desse modo os preceitos judiciais da lei antiga eram figurativos. Não foram, com efeito, instituídos para serem figuras de algo, mas para ordenar o estado daquele povo segundo a justiça e a equidade. Por consequência eram figuras de algo, a saber, enquanto todo o estado daquele povo, que era disposto por semelhantes preceitos, era figurativo, segundo a primeira Carta aos Coríntios: “Todas as coisas lhes aconteciam em figura”.

1. Q. 101, a. 2, ad 2.

aos preceitos cerimoniais, que concerniam diretamente às relações dos homens com Deus e, simultaneamente, à sua vida de fé. De onde as objeções levantadas e o caráter bastante geral do princípio que se opõe a elas: o fato da interpretação do capítulo 21 do Êxodo num sentido alegórico e moral. Mas, sobre o quê se baseia essa prática exegética?

e. O princípio apresentado na resposta precisa a noção tomista das prefigurações bíblicas. Existe uma relação intrínseca entre as instituições de culto que traduzem a vida de fé sob a antiga aliança e a plena explicitação dessa vida de fé graças à manifestação histórica de seu objeto (o mistério de Cristo) e à sua estruturação sacramental na Igreja. O culto antigo era apenas provisório, devido a seu valor educativo. Pelo contrário, as instituições civis e a história política de Israel tinham sua consistência própria, já vinculadas às exigências de uma moral prática que subsiste enquanto tal (ver sol. 2). Tal distinção deve ser retida em todo o estudo sistemático das prefigurações bíblicas.

AD PRIMUM ergo dicendum quod praecepta caeremonialia alio modo sunt figuralia quam iudicialia, ut dictum est[2].

AD SECUNDUM dicendum quod populus Iudaeorum ad hoc electus erat a Deo, quod ex eo Christus nasceretur. Et ideo oportuit totum illius populi statum esse propheticum et figuralem, ut Augustinus dicit, *Contra Faustum*[3]. Et propter hoc etiam iudicialia illi populo tradita, magis sunt figuralia quam iudicialia aliis populis tradita. Sicut etiam bella et gesta illius populi exponuntur mystice; non autem bella vel gesta Assyriorum vel Romanorum, quamvis longe clariora secundum homines.

AD TERTIUM dicendum quod ordo ad proximum in populo illo, secundum se consideratus, pervius erat rationi. Sed secundum quod referabatur ad cultum Dei, superabat rationem. Et ex haec parte erat figuralis.

QUANTO AO 1º, portanto, deve-se dizer que os preceitos cerimoniais são figurativos de modo diferente que os judiciais, como foi dito.

QUANTO AO 2º, deve-se dizer que o povo judeu fora escolhido por Deus para que dele nascesse Cristo. E assim foi necessário que todo o estado daquele povo fosse profético e figurativo, como diz Agostinho. E por causa disso também os preceitos judiciais transmitidos àquele povo são mais figurativos do que os judiciais transmitidos a outros povos. Assim também as guerras e os feitos desse povo são entendidos misticamente, não, porém, as guerras ou feitos dos assírios ou dos romanos, embora muito mais ilustres segundo os homens.

QUANTO AO 3º, deve-se dizer que a ordem ao próximo naquele povo, considerada em si mesma, era acessível à razão. Entretanto, segundo se referia ao culto de Deus, superava a razão. E por esta parte era figurativa.

ARTICULUS 3

Utrum praecepta iudicialia veteris legis perpetuam obligationem habeant

AD TERTIUM SIC PROCEDITUR. Videtur quod praecepta iudicialia veteris legis perpetuam obligationem habeant.

1. Praecepta enim iudicialia pertinent ad virtutem iustitiae: nam iudicium dicitur iustitiae executio. Iustitia autem est *perpetua et immortalis*, ut dicitur Sap 1,15. Ergo obligatio praeceptorum iudicialium est perpetua.

2. PRAETEREA, institutio divina est stabilior quam institutio humana. Sed praecepta iudicialia humanarum legum habent perpetuam obligationem. Ergo multo magis praecepta iudicialia legis divinae.

3. PRAETEREA, Apostolus dicit, Hb 7,18, quod *reprobatio fit praecedentis mandati propter infirmitatem ipsius et inutilitatem*. Quod quidem verum est de mandato caeremoniali quod *non poterat facere perfectum iuxta conscientiam servientem solummodo in cibis et in potibus et variis baptismatibus et iustitiis carnis*, ut Apostolus dicit, Hb 9,9sq. Sed praecepta iudicialia utilia erant et efficacia ad id ad quod ordinabantur, scilicet ad iustitiam et aequitatem inter homines constituen-

ARTIGO 3

Os preceitos judiciais da lei antiga têm obrigação perpétua?

QUANTO AO TERCEIRO, ASSIM SE PROCEDE: parece que os preceitos judiciais da lei antiga **têm** obrigação perpétua.

1. Com efeito, os preceitos judiciais pertencem à virtude da justiça; diz-se juízo a execução da justiça. Ora, a justiça é "perpétua e imortal", como se diz no livro da Sabedoria. Logo, a obrigação dos preceitos judiciais é perpétua.

2. ALÉM DISSO, a instituição divina é mais estável que a instituição humana. Ora, os preceitos judiciais das leis humanas têm obrigação perpétua. Logo, muito mais os preceitos judiciais da lei divina.

3. ADEMAIS, diz o Apóstolo que "fez-se a reprovação do precedente mandamento por causa da fraqueza e inutilidade do mesmo". Isso é verdadeiro do mandamento cerimonial que "era incapaz de levar à perfeição, na própria consciência, aquele que sacrificava mediante alimentos, bebidas, diversas abluções e justiças da carne", como diz o Apóstolo. Ora, os preceitos judiciais eram úteis e eficazes em relação àquilo a que se ordenavam, a saber, para constituir a justiça e equidade entre os

2. In corp.
3. L. XXII, c. 24: ML 42, 417.

3 PARALL.: Infra, q. 108, a. 2; II-II, q. 87, a. 1; IV *Sent.*, dist. 15, q. 1, a. 5, q.la 2, ad 5; *Quodlib.* II, q. 4, a. 3; IV, q. 8, a. 2; *ad Heb.*, c. 7, lect. 2.

dam. Ergo praecepta iudicialia veteris legis non reprobantur, sed adhuc efficaciam habent.

SED CONTRA est quod Apostolus dicit, Hb 7,12, quod *translato sacerdotio, necesse est ut legis translatio fiat*. Sed sacerdotium est translatum ab Aaron ad Christum. Ergo etiam et tota lex est translata. Non ergo iudicialia praecepta adhuc obligationem habent.

RESPONDEO dicendum quod iudicialia praecepta non habuerunt perpetuam obligationem, sed sunt evacuata per adventum Christi: aliter tamen quam caeremonialia. Nam caeremonialia adeo sunt evacuata ut non solum sint *mortua*, sed etiam *mortifera* observantibus post Christum, maxime post Evangelium divulgatum. Praecepta autem iudicialia sunt quidem mortua, quia non habent vim obligandi: non tamen sunt mortifera. Quia si quis princeps ordinaret in regno suo illa iudicialia observari, non peccaret: nisi forte hoc modo observarentur, vel observari mandarentur, tanquam habentia vim obligandi ex veteris legis institutione. Talis enim intentio observandi esset mortifera.

Et huius differentiae ratio potest accipi ex praemissis. Dictum est enim[1] quod praecepta caeremonialia sunt figuralia primo et per se, tanquam instituta principaliter ad figurandum Christi mysteria ut futura. Et ideo ipsa observatio eorum praeiudicat fidei veritati, secundum quam confitemur illa mysteria iam esse completa. — Praecepta autem iudicialia non sunt instituta ad figurandum, sed ad disponendum statum illius populi, qui ordinabatur ad Christum. Et ideo, mutato statu illius populi, Christo iam veniente, iudicialia praecepta obligationem amiserunt: lex enim fuit *paedagogus* ducens ad Christum, ut dicitur Gl 3,24. Quia tamen huiusmodi iudicialia praecepta non ordinantur ad figurandum, sed ad aliquid fiendum, ipsa eorum observatio absolute non praeiudicat fidei veritati. Sed intentio observandi tanquam ex obligatione

homens. Logo, os preceitos judiciais da lei antiga eram reprovados, mas ainda têm eficácia.

EM SENTIDO CONTRÁRIO, diz o Apóstolo que "transferido o sacerdócio, é necessário que se faça a transferência da lei". Ora, o sacerdócio foi transferido de Aarão para Cristo. Logo, também toda a lei é transferida. Portanto, os preceitos judiciais não têm mais obrigação.

RESPONDO[f]. Os preceitos judiciais não tiveram obrigação perpétua, mas foram anulados pela vinda de Cristo, porém de modo diferente que os cerimoniais. Os preceitos cerimoniais, com efeito, foram anulados de tal modo que não apenas são "mortos", mas também "mortíferos" aos que os observam depois de Cristo, maximamente após divulgado o Evangelho. Os preceitos judiciais, estão certamente mortos, porque não têm força de obrigar, porém não são mortíferos. Porque se algum príncipe ordenasse que em seu reino aqueles preceitos judiciais fossem observados, não pecaria, a não ser talvez se fossem observados ou mandados observar como tendo força de obrigação por instituição da lei antiga. Tal intenção de observar seria mortífera.

E a razão dessa diferença pode ser entendida a partir das coisas que foram expostas. Foi dito, com efeito, que os preceitos cerimoniais são figurativos primariamente e por si, como instituídos principalmente para serem figuras dos mistérios de Cristo como futuros. E assim a própria observação deles prejudica a verdade da fé, segundo a qual confessamos que aqueles mistérios já foram realizados. — Os preceitos judiciais não foram instituídos para serem figuras, mas para dispor o estado daquele povo, que se ordenava a Cristo. E assim, mudado o estado daquele povo, vindo já Cristo, os preceitos judiciais perderam a obrigação; a lei, com efeito, foi o "pedagogo" que conduzia a Cristo, como se diz na Carta aos Gálatas. Dado que semelhantes preceitos judiciais não se ordenam a serem figuras, mas a se fazer

1. Art. praec.

f. As objeções não careciam de pertinência, e o texto que lhes era contraposto (Hb 7,12) concernia somente à ab-rogação das instituições de culto da antiga aliança. Sto. Tomás escapa a tais dificuldades lembrando os dois sentidos que comporta a "pedagogia" da lei que prepara Israel à vinda do Cristo. A pedagogia *da fé* efetuada pelo culto antigo não tem mais razão de ser; porém, a pedagogia *moral* ligada às instituições civis de Israel não perdeu o valor fundamental como particularização da virtude de justiça. Um melhor conhecimento do antigo Oriente ter-lhe-ia permitido comparar as instituições e as leis civis de Israel às dos outros povos. Ele teria constatado então que elas se identificavam em muitos pontos. Teria visto melhor, igualmente, que, ao longo dos séculos, efetuou-se uma evolução interna em Israel e no judaísmo. Ele teria lembrado principalmente que o povo da nova aliança não tem mais por suporte histórico uma nação particular e que, por conseguinte, as instituições e as leis próprias a essa nação não poderiam aplicar-se à Igreja, aberta a todas as nações, nem às nações nas quais a Igreja está implantada, sem que constituam "partes potenciais" da mesma. Essa visão geral será melhor precisada nas respostas 2 e 3.

legis, praeiudicat veritati fidei: quia per hoc haberetur quod status prioris populi adhuc duraret, et quod Christus nondum venisset.

AD PRIMUM ergo dicendum quod iustitia quidem perpetuo est observanda. Sed determinatio eorum quae sunt iusta secundum institutionem humanam vel divinam, oportet quod varietur secundum diversum hominum statum.

AD SECUNDUM dicendum quod praecepta iudicialia ab hominibus instituta habent perpetuam obligationem, manente illo statu regiminis. Sed si civitas vel gens ad aliud regimen deveniat, oportet leges mutari. Non enim eaedem leges conveniunt in democratia, quae est potestas populi, et in oligarchia, quae est potestas divitum; ut patet per Philosophum, in sua *Politica*[2]. Et ideo etiam, mutato statu illius populi, oportuit praecepta iudicialia mutari.

AD TERTIUM dicendum quod illa praecepta iudicialia disponebant populum ad iustitiam et aequitatem secundum quod conveniebat illi statui. Sed post Christum, statum illius populi oportuit mutari, ut iam in Christo non esset discretio gentilis et Iudaei, sicut antea erat. Et propter hoc oportuit etiam praecepta iudicialia mutari.

algo, a própria observância deles em absoluto não prejudica a verdade da fé. Entretanto, a intenção de observar por obrigação da lei prejudica a verdade da fé, porque por isso se teria que o estado do povo anterior ainda perduraria, e que Cristo ainda não teria vindo.

QUANTO AO 1º, portanto, deve-se dizer que a justiça certamente deve ser observada perpetuamente. A determinação, porém, daquelas coisas que são justas segundo a instituição humana ou divina, é necessário que varie, segundo o diverso estado dos homens.

QUANTO AO 2º, deve-se dizer que os preceitos judiciais instituídos pelos homens têm obrigação perpétua, ao permanecer aquele estado de regime. Mas se a cidade ou povo passa a outro regime, é necessário que as leis mudem. As mesmas leis, com efeito, não convêm na democracia, que é o poder do povo, e na oligarquia, que é o poder dos ricos, como o Filósofo deixa claro. E assim também, mudado o estado daquele povo, foi necessário que se mudassem os preceitos judiciais.

QUANTO AO 3º, deve-se dizer que aqueles preceitos judiciais dispunham o povo para a justiça e a equidade segundo convinha àquele estado. Depois de Cristo, porém, foi necessário mudar-se o estado daquele povo, de modo que já em Cristo não houvesse a distinção de gentio e judeu, como havia antes. E por causa disso foi necessário também que se mudassem os preceitos judiciais.

ARTICULUS 4

Utrum praecepta iudicialia possint habere aliquam certam divisionem

AD QUARTUM SIC PROCEDITUR. Videtur quod praecepta iudicialia non possint habere aliquam certam divisionem.

1. Praecepta enim iudicialia ordinant homines ad invicem. Sed ea quae inter homines ordinari oportet, in usum eorum venientia, non cadunt sub certa distinctione: cum sint infinita. Ergo praecepta iudicialia non possunt habere certam distinctionem.

2. PRAETEREA, praecepta iudicialia sunt determinationes moralium. Sed moralia praecepta

ARTIGO 4

Os preceitos judiciais podem ter divisão certa?[g]

QUANTO AO QUARTO, ASSIM SE PROCEDE: parece que os preceitos judiciais **não** podem ter nenhuma divisão certa.

1. Com efeito, os preceitos judiciais ordenam os homens uns para com os outros. Ora, aquelas coisas que são de utilidade dos homens e que devem ser ordenadas entre eles, por serem infinitas, não caem sob uma distinção certa. Logo, os preceitos judiciais não podem ter distinção certa.

2. ALÉM DISSO, os preceitos judiciais são determinações dos morais. Ora, os preceitos morais

2. L. IV, c. 1: 1289, a, 11-25.

4

g. O artigo prepara a questão seguinte. Baseia-se numa classificação lógica introduzida na análise de toda a organização social, que tem por base a *Política* de Aristóteles e os outros textos greco-romanos que concernem ao mesmo tempo, e mostra aqui os seus limites: não se pode responsabilizá-lo por isto. Seria preciso retomar tudo isso em função da sociologia do antigo Oriente.

non videntur habere aliquam distinctionem, nisi secundum quod reducuntur ad praecepta decalogi. Ergo praecepta iudicialia non habent aliquam certam distinctionem.

3. Praeterea, praecepta caeremonialia quia certam distinctionem habent, eorum distinctio in lege innuitur, dum quaedam vocantur *sacrificia*, quaedam *observantiae*. Sed nulla distinctio innuitur in lege praeceptorum iudicialium. Ergo videtur quod non habeant certam distinctionem.

Sed contra, ubi est ordo, oportet quod sit distinctio. Sed ratio ordinis maxime pertinet ad praecepta iudicialia, per quae populus ille ordinabatur. Ergo maxime debent habere distinctionem certam.

Respondeo dicendum quod, cum lex sit quasi quaedam ars humanae vitae instituendae vel ordinandae, sicut in unaquaque arte est certa distinctio regularum artis, ita oportet in qualibet lege esse certam distinctionem praeceptorum: aliter enim ipsa confusio utilitatem legis auferret. Et ideo dicendum est quod praecepta iudicialia veteris legis, per quae homines ad invicem ordinabantur, distinctionem habent secundum distinctionem ordinationis humanae.

Quadruplex autem ordo in aliquo populo inveniri potest: unus quidem, principum populi ad subditos; alius autem, subditorum ad invicem; tertius autem, eorum qui sunt de populo ad extraneos; quartus autem, ad domesticos, sicut patris ad filium, uxoris ad virum, et domini ad servum. Et secundum istos quatuor ordines distingui possunt praecepta iudicialia veteris legis. Dantur enim quaedam praecepta de institutione principium et officio eorum, et de reverentia eis exhibenda: et haec est una pars iudicialium praeceptorum. — Dantur etiam quaedam praecepta pertinentia ad concives ad invicem: puta circa emptiones et venditiones, et iudicia et poenas. Et haec est secunda pars iudicialium praeceptorum. — Dantur etiam quaedam praecepta pertinentia ad extraneos: puta de bellis contra hostes, et de susceptione peregrinorum et advenarum. Et haec est tertia pars iudicialium praeceptorum. — Dantur etiam in lege quaedam praecepta pertinentia ad domesticam conversationem: sicut de servis, et uxoribus, et filiis. Et haec est quarta pars iudicialium praeceptorum.

não parecem ter distinção alguma, a não ser enquanto se reduzem aos preceitos do decálogo. Logo, os preceitos judiciais não têm distinção certa alguma.

3. Ademais, os preceitos cerimoniais que têm distinção certa, sua distinção indica-se na lei, enquanto uns são chamados "sacrifícios", e alguns "observâncias". Ora, nenhuma distinção é indicada, na lei, dos preceitos judiciais. Logo, parece que não têm distinção certa.

Em sentido contrário, onde há ordem, é necessário que haja distinção. Ora, a razão de ordem maximamente pertence aos preceitos judiciais, pelos quais aquele povo era ordenado. Logo, certamente devem ter distinção certa.

Respondo. Dado que a lei é como uma arte de instituir ou ordenar a vida humana, assim como em qualquer arte há uma distinção certa das regras da arte, assim é necessário em qualquer lei haver uma distinção certa dos preceitos; de outro modo, a própria confusão tiraria a utilidade da lei. E assim deve-se dizer que os preceitos judiciais da lei antiga, pelos quais os homens se ordenavam uns para com os outros, têm distinção segundo a distinção da ordenação humana.

Pode-se encontrar num povo quádrupla ordem: uma, dos príncipes do povo em relação aos súditos; outra, dos súditos uns para com os outros; terceira, daquelas coisas que são do povo para com os estranhos; a quarta, em relação aos domésticos, como do pai com relação ao filho, da esposa com relação ao homem, e do senhor com relação ao servo. E de acordo com essas quatro ordens, podem distinguir-se os preceitos judiciais da lei antiga. Dão-se, com efeito, alguns preceitos sobre a instituição dos príncipes e de seu ofício, e sobre a reverência que se lhes deve ser dada; e essa é uma parte dos preceitos judiciais. — Dão-se, também, alguns preceitos pertinentes aos concidadãos, uns para com os outros, por exemplo, acerca das compras e vendas, juízos e penas. E essa é a segunda parte dos preceitos judiciais. — Dão-se também alguns preceitos pertinentes aos estranhos, por exemplo, sobre guerras contra os inimigos, e sobre a recepção dos peregrinos e ádvenas. E essa é a terceira parte dos preceitos judiciais. — Dão-se também na lei alguns preceitos pertinentes à convivência doméstica, como sobre os servos, esposas e filhos. E essa é a quarta parte dos preceitos judiciais.

AD PRIMUM ergo dicendum quod ea quae pertinent ad ordinationem hominum ad invicem, sunt quidem numero infinita; sed tamen reduci possunt ad aliqua certa, secundum differentiam ordinationis humanae, ut dictum est[1].

AD SECUNDUM dicendum quod praecepta decalogi sunt prima in genere moralium, ut supra[2] dictum est: et ideo convenienter alia praecepta moralia secundum ea distinguuntur. Sed praecepta iudicialia et caeremonialia habent aliam rationem obligationis non quidem ex ratione naturali sed ex sola institutione. Et ideo distinctionis eorum est alia ratio.

AD TERTIUM dicendum quod ex ipsis rebus quae per praecepta iudicialia ordinantur in lege, innuit lex distinctionem iudicialium praeceptorum.

1. In corp.
2. Q. 100, a. 3.

QUANTO AO 1º, portanto, deve-se dizer que aquelas coisas que pertencem à ordenação dos homens, uns para com os outros, são certamente infinitas em número; entretanto, podem ser reduzidas a algumas certas, segundo a diferença da ordenação humana, como acima foi dito.

QUANTO AO 2º, deve-se dizer que os preceitos do decálogo são os primeiros no gênero dos preceitos morais, como acima foi dito; e assim convenientemente os outros preceitos morais se distinguem segundo eles. Entretanto, os preceitos judiciais e cerimoniais têm outra razão de obrigação não certamente por razão natural, mas somente por instituição. E assim há outra razão de sua distinção.

QUANTO AO 3º, deve-se dizer que a partir das próprias coisas que são ordenadas na lei pelos preceitos judiciais, indica a lei a distinção dos preceitos judiciais.

QUAESTIO CV

DE RATIONE IUDICIALIUM PRAECEPTORUM

in quatuor articulos divisa

Deinde considerandum est de ratione iudicialium praeceptorum.

Et circa hoc quaeruntur quatuor.

Primo: de ratione praeceptorum iudicialium quae pertinent ad principes.

Secundo: de his quae pertinent ad convictum hominum ad invicem.

QUESTÃO 105

A RAZÃO DOS PRECEITOS JUDICIAIS[a]

em quatro artigos

Em seguida, deve-se considerar a razão dos preceitos judiciais.

E acerca disso fazem-se quatro perguntas:

1. Sobre a razão dos preceitos judiciais que pertencem aos príncipes.
2. sobre os preceitos que pertencem à convivência dos homens, uns para com os outros.

a. A presente questão é uma daquelas nas quais se avalia melhor os limites da reflexão teológica de Sto. Tomás. Tais limites devem-se a várias causas. Do ponto de vista sociológico, Sto. Tomás ignora totalmente a estrutura e as leis das outras sociedades do antigo Oriente. Ele não pode, portanto, comparar a sociedade israelita com outras, para medir as suas dependências e diferenças, nem apreender as evoluções internas dessa sociedade, desde o tempo dos patriarcas até o limiar do Novo Testamento, sob os diversos aspectos das instituições: políticos, econômicos, sociais, familiares, internacionais. As únicas comparações que ele pode instituir são fornecidas pelas fontes greco-latinas que ele pôde consultar: Platão, Aristóteles e Cícero (lido através de Sto. Agostinho). Tais comparações são necessariamente incompletas, pois as visões ideais por eles fornecidas não correspondem à vida concreta de Israel e do judaísmo em meio aos povos que os cercavam. Do mesmo modo, o Antigo Testamento é lido como um todo cujos elementos são perfeitamente coerentes, sem que a relatividade das instituições e das leis seja exatamente medida em função das circunstâncias cambiantes. Essa leitura "literal" obriga o comentador a justificar por princípio tudo o que parece provir da Palavra de Deus e de suas ordens: isso só pode ser excelente, de acordo com os critérios da filosofia política emprestada da cultura greco-romana. O resultado são muitas considerações das quais o leitor moderno não tem dificuldade em discernir o caráter artificial. As únicas leituras "críticas" dos textos figuram nas objeções, que Sto. Tomás se vê justamente na obrigação de refutar. O estudo das instituições do Antigo Testamento, concebidas do ponto de vista teológico, deveria portanto ser inteiramente refeito. Portanto, deve-se lê-lo aqui levando em conta o contexto social e cultural do século XIII. Assim relativizado, pode-se exigir dele um certo número de princípios diretivos aplicáveis a outros contextos. A relação figurativa entre as instituições e as realidades do Novo Testamento não é examinada em parte alguma, embora Sto. Tomás tenha estabelecido como princípio que ela existia de acordo com uma modalidade "secundária" (q. 104, a. 2). Deveria ter sido aplicado pelo menos no que concerne à realeza israelita, ponto de partida do messianismo e prefiguração da função real de Jesus, sobre um plano que não é mais temporal: a linguagem da cristologia utiliza amplamente tal simbolismo figurativo.

Tertio: de his quae pertinent ad extraneos.

Quarto: de his quae pertinent ad domesticam conversationem.

3. Sobre os preceitos que pertencem aos estranhos.
4. Sobre os preceitos que pertencem à convivência doméstica.

Articulus 1

Utrum convenienter lex vetus de principibus ordinaverit

Ad primum sic proceditur. Videtur quod inconvenienter lex vetus de principibus ordinaverit.

1. Quia, ut Philosophus dicit, in III *Polit.*[1], *ordinatio populi praecipue dependet ex maximo principatu*. Sed in lege non invenitur qualiter debeat institui supremus princeps. Invenitur autem de inferioribus principibus: primo quidem, Ex 18,21sqq.: *Provide de omni plebe viros sapientes*, etc.; et Nm 11,16sqq.: *Congrega mihi septuaginta viros de senioribus Israel*; et Dt 1,13sqq.: *Date ex vobis viros sapientes et gnaros*, etc. Ergo insufficienter lex vetus principes populi ordinavit.

2. Praeterea, *optimi est optima adducere*, ut Plato dicit[2]. Sed optima ordinatio civitatis vel populi cuiuscumque est ut gubernetur per regem: quia huiusmodi regimen maxime repraesentat divinum regimen, quo unus Deus mundum gubernat a principio. Igitur lex debuit regem populo instituere; et non permittere hoc eorum arbitrio, sicut permittitur Dt 17,14sq.: *Cum dixeris, Constituam super me regem, eum constitues*, etc.

3. Praeterea, sicut dicitur Mt 12,25, *omne regnum in se divisum desolabitur*: quod etiam experimento patuit in populo Iudaeorum, in quo divisio regni fuit destructionis causa. Sed lex praecipue debet intendere ea quae pertinent ad communem salutem populi. Ergo debuit in lege prohiberi divisio regni in duos reges. Nec etiam debuit hoc auctoritate divina introduci; sicut legitur introductum auctoritate Domini per Ahiam Silonitem Prophetam, 3Reg 11,29sqq.

4. Praeterea, sicut sacerdotes instituuntur ad utilitatem populi in his quae ad Deum pertinent,

Artigo 1

A lei antiga ordenou convenientemente a respeito dos príncipes?

Quanto ao primeiro artigo, assim se procede: parece que a lei antiga **não** ordenou convenientemente sobre os príncipes.

1. Porque, como diz o Filósofo: "a ordenação do povo depende principalmente do principado máximo". Ora, na lei, não se encontra de que modo se deve instituir o príncipe supremo. Encontra-se sobre os príncipes inferiores: primeiramente, no livro do Êxodo: "Providencie dentre todo o povo homens sábios" etc.; e no livro dos Números: "Reúne para mim setenta homens dentre os mais velhos de Israel"; e no livro do Deuteronômio: "Dai dentre vós sábios e capazes" etc. Logo, a lei antiga ordenou insuficientemente os príncipes do povo.

2. Além disso, "é próprio do melhor fazer as melhores coisas", como diz Platão. Ora, a ordenação melhor da cidade ou de qualquer povo é que seja governado por um rei, pois tal regime maximamente representa o regime divino, no qual um Deus único governa o mundo desde o princípio. Logo, a lei devia ter instituído um rei para o povo, e não permitir isso ao arbítrio deles, como é permitido no livro do Deuteronômio: "Quando disseres, Constituirei sobre mim um rei, o constituirás" etc.

3. Ademais, como se diz no Evangelho de Mateus: "todo reino dividido contra si mesmo será desolado", o que também se manifestou por experiência no povo judeu, no qual a divisão do reino foi causa da destruição. Ora, a lei deve principalmente procurar aquelas coisas que pertencem à salvação comum do povo. Logo, devia ter sido proibida a divisão do reino em dois reis. Tampouco devia ter sido isso introduzido pela autoridade divina, como se lê ter sido introduzido pela autoridade do Senhor pelo profeta Ahias Silonita, no livro dos Reis.

4. Ademais, como os sacerdotes são instituídos para utilidade do povo naquelas coisas que

1

1. C. 6: 1278, b, 8-10.
2. In *Timaeo*, c. 6: ed. Hermann, vol. IV, Lipsiae 1873, p. 334 A.

ut patet Hb 5,1; ita etiam principes instituuntur ad utilitatem populi in rebus humanis. Sed sacerdotibus et levitis qui sunt in lege, deputantur aliqua ex quibus vivere debeant: sicut decimae et primitiae, et multa alia huiusmodi. Ergo similiter principibus populi debuerunt aliqua ordinari unde sustentarentur: et praecipue cum inhibita sit eis munerum acceptio, ut patet Ex 23,8: *Non accipietis munera, quae excaecant etiam prudentes, et subvertunt verba iustorum.*

pertencem a Deus, como consta na Carta aos Hebreus, assim também são instituídos os príncipes para utilidade do povo, nas coisas humanas. Ora, aos sacerdotes e aos levitas, que existem na lei, são destinadas algumas coisas das quais devem viver, como os dízimos e as primícias e muitas outras semelhantes. Logo, semelhantemente, aos príncipes do povo deviam ser ordenadas algumas coisas das quais se sustentassem, e principalmente porque lhes era proibida a aceitação de presentes, como está no livro do Êxodo: "Não recebereis presentes, que tornam cegos também os prudentes e pervertem as palavras dos justos".

5. PRAETEREA, sicut regnum est optimum regimen, ita tyrannis est pessima corruptio regiminis. Sed Dominus regi instituendo instituit ius tyrannicum: dicitur enim 1Reg 8,11sqq.: *Hoc erit ius regis qui imperaturus est vobis: Filios vestros tollet*, etc. Ergo inconvenienter fuit provisum per legem circa principum ordinationem.

5. ADEMAIS, como o reino é o melhor regime, assim o do tirano é a pior corrupção do regime. Ora, o Senhor, instituindo o rei, instituiu o direito tirânico: diz-se, com efeito, no livro dos Reis: "Este será o direito do rei que vos há de governar: tomará vossos filhos" etc. Logo, não foi providenciado convenientemente pela lei acerca da instituição dos príncipes.

SED CONTRA est quod populus Israel de pulchritudine ordinationis commendatur, Nm 24,5: *Quam pulchra tabernacula tua, Iacob; et tentoria tua, Israel!* Sed pulchritudo ordinationis populi dependet ex principibus bene institutis. Ergo per legem populus fuit circa principes bene institutus.

EM SENTIDO CONTRÁRIO, gabava-se o povo de Israel, no livro dos Números, da beleza da ordenação: "Que belos os teus tabernáculos, Jacó, e as tuas tendas, Israel!". Ora, a beleza da ordenação do povo depende dos príncipes bem instituídos. Logo, pela lei, o povo foi bem instituído acerca dos príncipes.

RESPONDEO dicendum quod circa bonam ordinationem principum in aliqua civitate vel gente, duo sunt attendenda. Quorum unum est ut omnes aliquam partem habeant in principatu: per hoc enim conservatur pax populi, et omnes talem ordinationem amant et custodiunt, ut dicitur in II *Polit.*[3]. Aliud est quod attenditur secundum speciem regiminis, vel ordinationis principatuum. Cuius cum sint diversae species, ut Philosophus tradit, in III *Polit.*[4], praecipuae tamen sunt regnum, in quo unus principatur secundum virtutem; et aristocratia, idest potestas optimorum, in qua aliqui pauci principantur secundum virtutem. Unde optima ordinatio principum est in aliqua civitate vel regno, in qua unus praeficitur secundum virtutem qui omnibus praesit; et sub ipso sunt aliqui principantes secundum virtutem; et tamen

RESPONDO[b]. Duas coisas devem ser consideradas acerca da boa ordenação dos príncipes numa cidade ou povo. Uma das quais é que todos tenham alguma parte no principado. Com efeito, por meio disso conserva-se a paz do povo e todos amam e guardam tal ordenação, como se diz no livro II da *Política*. Outra coisa é o que se considera segundo a espécie de regime ou de ordenação dos príncipes. Como há diversas espécies de regime, como diz o Filósofo, as principais são o reino, no qual um só governa com poder; e a aristocracia, isto é, o poder dos melhores, na qual alguns poucos governam com poder. Donde a melhor ordenação dos príncipes numa cidade ou reino é aquela na qual um é posto como chefe com poder, o qual a todos preside; e sob o mesmo estão todos os que governam com poder; e assim tal principado pertence a todos, quer porque podem ser

3. C. 9: 1270, b, 17-19.
4. C. 7: 1279, a, 32-b, 10.

b. A resposta é fornecida em virtude de uma ideia preconcebida sobre o regime político perfeito, na qual Sto. Tomás, inspirando-se na filosofia grega, esforça-se em dividir os poderes de maneira harmoniosa, supondo que todos os seus depositários são "virtuosos". Contudo, para incluir os diversos regimes do Antigo Testamento ele é obrigado a escolher textos que têm pouco a ver com a complexidade de suas situações sociais. Deve-se reter, todavia, que ele rejeita o regime da monarquia absoluta. Apoiando-se em 2Sm 1,4 e 5,3, ele teria podido referir-se a "monarquia constitucional" sem suprimir a ideia da sacralidade real, ligada ao caráter sagrado do soberano.

talis principatus ad omnes pertinet, tum quia ex omnibus eligi possunt, tum quia etiam ab omnibus eliguntur. Talis enim est optima politia, bene commixta ex regno, inquantum unus praeest; et aristocratia, inquantum multi principantur secundum virtutem; et ex democratia, idest potestate populi, inquantum ex popularibus possunt eligi principes, et ad populum pertinet electio principum.

Et hoc fuit institutum secundum legem divinam. Nam Moyses et eius successores gubernabant populum quasi singulariter omnibus principantes, quod est quaedam species regni. Eligebantur autem septuaginta duo seniores secundum virtutem: dicitur enim Dt 1,15: *Tuli de vestris tribubus viros sapientes et nobiles, et constitui eos principes*: et hoc erat aristocraticum. Sed democraticum erat quod isti de omni populo eligebantur; dicitur enim Ex 18,21: *Provide de omni plebe viros sapientes*, etc.: et etiam quod populus eos eligebat; unde dicitur Dt 1,13: *Date ex vobis viros sapientes*, etc. Unde patet quod optima fuit ordinatio principum quam lex instituit.

escolhidos dentre todos, quer porque também são escolhidos por todos. Tal é, com efeito, o melhor governo, bem combinado: de reino, enquanto um só preside; de aristocracia, enquanto muitos governam com poder; e de democracia, isto é, com o poder do povo, enquanto os príncipes podem ser eleitos dentre as pessoas do povo, e ao povo pertence a eleição dos príncipes.

E isso foi instituído segundo a lei divina. Moisés, com efeito, e seus sucessores governam o povo como governando singularmente a todos, o que é uma espécie de reino. Eram escolhidos setenta e dois anciãos segundo a virtude: diz-se no livro do Deuteronômio: "Tirei de vossas tribos homens sábios e nobres e os constituí príncipes"; e isso era aristocrático. Entretanto, era democrático que esses tivessem sido escolhidos dentre todo o povo; diz-se no livro do Êxodo: "Providencie de todo o povo homens sábios" etc.; e também que o povo os escolhia; donde se diz no livro do Deuteronômio: "Dai dentre vós homens sábios" etc. Portanto, fica claro que foi a melhor ordenação dos príncipes que a lei instituiu.

AD PRIMUM ergo dicendum quod populus ille sub speciali cura Dei regebatur: unde dicitur Dt 7,6: *Te elegit Dominus Deus tuus ut sis ei populus peculiaris*. Et ideo institutionem summi principis Dominus sibi reservavit. Et hoc est quod Moyses petivit, Nm 27,16: *Provideat Dominus Deus spirituum omnis carnis, hominem qui sit super multitudinem hanc*. Et sic ex Dei ordinatione institutus est Iosue in principatu post Moysen: et de singulis iudicibus qui post Iosue fuerunt, legitur quod Deus *suscitavit populo salvatorem*, et quod *spiritus Domini fuit in eis*, ut patet Iud 3,9sq.,15. Et ideo etiam electionem regis non commisit Dominus populo, sed sibi reservavit; ut patet Dt 17,15: *Eum constitues regem, quem Dominus Deus tuus elegerit*.

QUANTO AO 1º, portanto, deve-se dizer que aquele povo era regido por um cuidado especial de Deus[c]; donde se diz, no livro do Deuteronômio: "O Senhor teu Deus te elegeu para que sejas para ele um povo especial". E assim o Senhor reservou para si a instituição do príncipe supremo. E isso era o que pediu Moisés, no livro dos Números: "Providencie o Senhor Deus dos espíritos de toda carne um homem que esteja sobre esta multidão". E assim, por ordenação de Deus, foi instituído Josué, príncipe depois de Moisés; e de cada juiz que houve após Josué, lê-se que Deus "suscitou um salvador ao povo", e que "o espírito do Senhor esteve neles", como está no livro dos Juízes. E assim o Senhor Deus também não entregou ao povo a escolha do rei, mas reservou para si, como consta no livro do Deuteronômio: "Constituirás rei aquele que o Senhor teu Deus tiver escolhido".

AD SECUNDUM dicendum quod regnum est optimum regimen populi, si non corrumpatur. Sed propter magnam potestatem quae regi conceditur, de facili regnum degenerat in tyrannidem, nisi sit perfecta virtus eius cui talis potestas conceditur: quia non est nisi virtuosi bene ferre bonas fortu-

QUANTO AO 2º, deve-se dizer que o reino é o melhor regime do povo, se não se corrompe. Entretanto, por causa do grande poder que se concede ao rei, facilmente o reino degenera em tirania, a não ser que seja perfeita a virtude daquele ao qual tal poder é concedido, pois só ao virtuoso é possível

c. Pode-se reter aqui a ideia de *vocação*, ligada às funções civis do Antigo Testamento em virtude do suporte *nacional* que permite ao povo de Deus ter uma existência histórica. A ideia não poderia ser transportada tal qual para as instituições civis dos Estados, depois do "isolamento" da Igreja como sociedade histórica, na qual os batizados são reunidos em torno do Cristo Senhor. Quanto ao recurso à filosofia política de Aristóteles, ele não é necessário para fundar as virtudes exigidas do rei de Israel: os textos bíblicos bastam para descrever o verdadeiro ideal real.

nas, ut Philosophus dicit, in IV *Ethic.*[5]. Perfecta autem virtus in paucis invenitur: et praecipue Iudaei crudeles erant et ad avaritiam proni, per quae vitia maxime homines in tyrannidem decidunt. Et ideo Dominus a principio eis regem non instituit cum plena potestate, sed iudicem et gubernatorem in eorum custodiam. Sed postea regem ad petitionem populi, quasi indignatus, concessit: ut patet per hoc quod dixit ad Samuelem, 1Reg 8,7: *Non te abiecerunt, sed me, ne regnem super eos.*

Instituit tamen a principio Dt 17,14sqq. circa regem instituendum, primo quidem, modum eligendi. In quo duo determinavit: ut scilicet in eius electione expectarent iudicium Domini; et ut non facerent regem alterius gentis, quia tales reges solent parum affici ad gentem cui praeficiuntur, et per consequens non curare de eis. — Secundo, ordinavit circa reges institutos qualiter deberent se habere quantum ad seipsos: ut scilicet non multiplicarent currus et equos, neque uxores, neque etiam immensas divitias; quia ex cupiditate horum principes ad tyrannidem declinant, et iustitiam derelinquunt. — Instituit etiam qualiter se deberent habere ad Deum: ut scilicet semper legerent et cogitarent de lege Dei, et semper essent in Dei timore et obedientia. — Instituit etiam qualiter se haberent ad subditos suos: ut scilicet non superbe eos contemnerent, aut opprimerent, neque etiam a iustitia declinarent.

Ad tertium dicendum quod divisio regni, et multitudo regum, magis est populo illi data in poenam pro multis dissensionibus eorum, quas maxime contra regnum David iustum moverant, quam ad eorum profectum. Unde dicitur Os 13,11: *Dabo tibi regem in furore meo*; et Os 8,4: *Ipsi regnaverunt, et non ex me: principes extiterunt, et non cognovi.*

Ad quartum dicendum quod sacerdotes per successionem originis sacris deputabantur. Et hoc ideo ut in maiori reverentia haberentur, si non quilibet ex populo posset sacerdos fieri: quorum honor cedebat in reverentiam divini cultus. Et ideo oportuit ut eis specialia quaedam deputarentur, tam in decimis quam in primitiis, quam etiam in oblationibus et sacrificiis, ex quibus viverent. Sed principes, sicut dictum est[6], assumebantur ex

suportar as boas fortunas, como diz o Filósofo. A virtude perfeita encontra-se em poucos, e principalmente os judeus eram cruéis e propensos à avareza, vícios pelos quais principalmente os homens caem na tirania. E assim o Senhor, de princípio, não lhes instituiu um rei com pleno poder, mas um juiz e governador para guarda deles. Depois, porém, concedeu um rei à petição do povo, como que indignado, como é claro pelo que disse a Samuel, no livro dos Reis: “Não te rejeitaram, mas a mim, para que eu não reine sobre eles”.

Instituiu, porém, de princípio, no livro do Deuteronômio, acerca da instituição do rei, em primeiro lugar, o modo de escolher. Nisso determinou duas coisas, a saber: que na sua eleição estivessem à espera do juízo de Deus; e que não fizessem rei de outro povo, porque tais reis costumam afeiçoar-se pouco ao povo para o qual eram feitos chefes, e por consequência, não cuidavam deles. — Em segundo lugar, ordenou acerca dos reis instituídos como deviam se ter quanto a si mesmos, a saber, que não multiplicassem carros e cavalos, nem esposas, nem também riquezas imensas, porque pela cobiça dessas coisas os príncipes resvalam para a tirania e abandonam a justiça. — Instituiu também de que modo se devia ter para com Deus, a saber, que sempre lessem e pensassem a respeito da lei de Deus, e sempre estivessem no temor e obediência de Deus. — Instituiu também de que modo procedessem em relação aos seus súditos, a saber, que não os desprezassem com soberba, ou oprimissem, nem também se desviassem da justiça.

Quanto ao 3º, deve-se dizer que a divisão do reino e a multidão dos reis foi dada àquele povo mais como pena por suas múltiplas dissensões, que moveram maximamente contra o reino justo de Davi , do que para a perfeição deles. Donde dizer o livro de Oseias: “Eu te darei um rei em meu furor”, e ainda aí: “Eles reinaram e não por mim; mostraram-se como príncipes, e não conheci”.

Quanto ao 4º, deve-se dizer que os sacerdotes eram destinados às coisas sagradas, por sucessão de origem. E isso, afim de que fossem tidos em maior reverência, senão qualquer um do povo poderia ser feito sacerdote; sua honra redundava em reverência do culto divino. E foi necessário assim que se-lhes destinassem algumas coisas especiais, tanto nos dízimos quanto nas primícias, quanto também nas oblações e sacrifícios, de que vivessem. Entretanto,

5. C. 8: 1124, a, 30-b, 6.
6. In corp.

toto populo: et ideo habebant certas possessiones proprias, ex quibus vivere poterant. Et praecipue cum Dominus prohiberet etiam in rege ne superabundaret divitiis aut magnifico apparatu: tum quia non erat facile quin ex his in superbiam et tyrannidem erigeretur; tum etiam quia, si principes non erant multum divites, et erat laboriosus principatus et sollicitudine plenus, non multum affectabatur a popularibus, et sic tollebatur seditionis materia.

AD QUINTUM dicendum quod illud ius non dabatur regi ex institutione divina; sed magis praenuntiatur usurpatio regum, qui sibi ius iniquum constituunt in tyrannidem degenerantes, et subditos depraedantes. Et hoc patet per hoc quod in fine subdit [v. 17]: *Vosque eritis ei servi*: quod proprie pertinet ad tyrannidem, quia tyranni suis subditis principantur ut servis. Unde hoc dicebat Samuel ad deterrendum eos ne regem peterent: sequitur enim [v. 19]: *Noluit autem audire populus vocem Samuelis*. — Potest tamen contingere quod etiam bonus rex, absque tyrannide, filios tollat, et constituat tribunos et centuriones, et multa accipiat a subditis, propter commune bonum procurandum.

os príncipes, como foi dito, eram tomados dentre todo o povo, e tinham assim certas posses próprias, das quais podiam viver. E principalmente, como proibisse Deus que também quanto ao rei não superabundasse em riquezas ou aparato magnífico, quer porque não era fácil que dessas coisas não se levantassem em soberba e tirania, quer também porque, se os príncipes não fossem muito ricos, e fosse laborioso o principado e cheio de solicitude, não seria muito desejado por gente do povo, e assim acabaria a matéria de sedição.

QUANTO AO 5º, deve-se dizer que aquele direito não era dado ao rei por instituição divina, mas antes prenunciava a usurpação dos reis, que constituem para si um direito iníquo, degenerando em tirania, e depredando os súditos. E isso resulta claro pelo que se acrescenta no fim: "E vós sereis seus servos", o que propriamente pertence à tirania, porque os tiranos governam seus súditos, como servos. Portanto, Samuel dizia isso para aterrá-los, de modo que não pedissem um rei; segue-se, com efeito: "O povo não quis ouvir a voz de Samuel". — Pode, porém, acontecer que também o bom rei, sem tirania, tome os filhos e os constitua tribunos e centuriões, e receba muitas coisas de seus súditos em razão de procurar o bem comum.

ARTICULUS 2

Utrum convenienter fuerint tradita praecepta iudicialia quantum ad popularium convictum

AD SECUNDUM SIC PROCEDITUR. Videtur quod inconvenienter fuerint tradita praecepta iudicialia quantum ad popularium convictum.

1. Non enim possunt homines pacifice vivere ad invicem, si unus accipiat ea quae sunt alterius. Sed hoc videtur esse inductum in lege: dicitur enim Dt 23,24: *Ingressus vineam proximi tui, comede uvas quantum tibi placuerit*. Ergo lex vetus non convenienter providebat hominum paci.

2. PRAETEREA, ex hoc maxime multae civitates et regna destruuntur, quod possessiones ad mulie-

ARTIGO 2

Os preceitos judiciais quanto ao convívio social foram transmitidos convenientemente?

QUANTO AO SEGUNDO, ASSIM SE PROCEDE: parece que os preceitos judiciais quanto ao convívio social **não** foram convenientemente transmitidos.

1. Com efeito[d], os homens não podem viver pacificamente uns com os outros, se um toma aquelas coisas que são do outro. Ora, isso parece ter sido induzido na lei: diz-se, com efeito, no livro do Deuteronômio: "entrando na vinha de teu próximo, come as uvas, tanto quanto te aprouver". Logo, a lei antiga não providenciava convenientemente à paz dos homens.

2. ALÉM DISSO, muitas cidades e reinos são destruídos pelo fato de as propriedades se atribuírem

2

d. O conjunto dos fatos sociais visados nas doze objeções concerne a todos os aspectos possíveis das relações entre os cidadãos: encontra-se nele uma enumeração diversificada dos casos particulares. Duas menções a Aristóteles e uma a Cícero são referentes à filosofia política. As outras objeções mostram como o homem da Idade Média reage diante de certos textos bíblicos: sendo recebidos como sagrados, deveriam ser aplicáveis em qualquer sociedade. Ora, são tantas dificuldades que se é levado a efetuar uma leitura crítica. O comentador terá muita dificuldade em explicar que, não obstante, não havia problema algum com a legislação de Israel.

res perveniunt, ut Philosophus dicit, in II *Polit.*[1]. Sed hoc fuit introductum in veteri lege: dicitur enim Nm 27,8: *Homo cum mortuus fuerit absque filio, ad filiam eius transibit hereditas*. Ergo non convenienter providit lex saluti populi.

às mulheres, como diz o Filósofo. Ora, isso foi introduzido na lei antiga; diz-se, com efeito, no livro dos Números: "Quando o homem morrer sem filho, a herança passará à sua filha". Logo, a lei não providenciou convenientemente ao bem-estar do povo.

3. PRAETEREA, societas hominum maxime per hoc conservatur, quod homines emendo et vendendo sibi invicem res suas commutant quibus indigent, ut dicitur in I *Polit.*[2]. Sed lex vetus abstulit virtutem venditionis: mandavit enim quod possessio vendita reverteretur ad venditorem in quinquagesimo anno Iubilaei, ut patet Lv 25. Inconvenienter igitur lex populum illum circa hoc instituit.

3. ADEMAIS, a sociedade dos homens se conserva principalmente pelo fato de os homens, comprando e vendendo, trocarem–se mutuamente suas coisas, das quais precisam, como se diz no livro I da *Política*. Ora a lei antiga tirou a força da venda; mandou, com efeito, que a possessão vendida revertesse ao vendedor no quinquagésimo ano do Jubileu, como está no livro do Levítico. Logo, a lei não regulou convenientemente aquele povo acerca disso.

4. PRAETEREA, necessitatibus hominum maxime expedit ut homines sint prompti ad mutuum concedendum. Quae quidem promptitudo tollitur per hoc quod creditores accepta non reddunt: unde dicitur Eccli 29,10: *Multi non causa nequitiae non faenerati sunt, sed fraudari gratis timuerunt*. Hoc autem induxit lex. Primo quidem, quia mandavit Dt 15,2: *Cui debetur aliquid ab amico vel proximo ac fratre suo, repetere non poterit: quia annus remissionis est Domini*; et Ex 22,15 dicitur quod si praesente domino animal mutuatum mortuum fuerit, reddere non tenetur. Secundo, quia aufertur ei securitas quae habetur per pignus: dicitur enim Dt 24,10: *Cum repetes a proximo tuo rem aliquam quam debet tibi, non ingredieris domum eius ut pignus auferas*; et iterum [12sq.]: *Non pernoctabit apud te pignus, sed statim reddes ei*. Ergo insufficienter fuit ordinatum in lege de mutuis.

4. ADEMAIS, aproveita muitíssimo às necessidades dos homens que sejam eles prontos a conceder empréstimo. Tal prontidão se elimina pelo fato de os credores não devolverem as coisas recebidas; donde se diz no livro do Eclesiástico: "Muitos não emprestaram, não por maldade, mas temeram ser fraudados sem motivo". Ora, isso a lei induziu. Em primeiro lugar, porque mandou, no livro do Deuteronômio: "Aquele ao qual é devido algo pelo amigo ou próximo e pelo seu irmão, não poderá reivindicar, porque é o ano da remissão do Senhor"; e no livro do Êxodo se diz que se, presente o dono, o animal emprestado tiver morrido, não se tem de devolver. Em segundo lugar, porque se tira a segurança que se tem pelo penhor; diz-se, com efeito, no livro do Deuteronômio: "Quando reivindicares de teu próximo alguma coisa que ele te deve, não entrarás na casa dele para tirares o penhor"; e ainda: "Não pernoitará junto de ti o penhor, mas logo lho entregarás". Logo, insuficientemente foi ordenado na lei acerca dos empréstimos.

5. PRAETEREA, ex defraudatione depositi maximum periculum imminet, et ideo est maxima cautela adhibenda: unde etiam dicitur 2Mac 3,15, quod *sacerdotes invocabant de caelo eum qui de depositis legem posuit, ut his qui deposuerant ea, salva custodiret*. Sed in praeceptis veteris legis parva cautela circa deposita adhibetur: dicitur enim Ex 22,10sq. quod in amissione depositi statur iuramento eius apud quem fuit depositum. Ergo non fuit circa hoc legis ordinatio conveniens.

5. ADEMAIS, a defraudação do depósito gera um perigo muito grande, e por isso deve-se empregar a maior cautela; donde também se dizer no segundo livro dos Macabeus que "os sacerdotes invocavam do céu aquele que estabeleceu a lei acerca dos depósitos, para que os guardasse salvos para aqueles que os tinham depositado". Ora, nos preceitos da lei antiga, emprega-se pequena cautela acerca dos depósitos; diz-se, com efeito, no livro do Êxodo, que, na perda do depósito, é garantido pelo juramento daquele junto de quem se fez o depósito. Logo, a ordenação da lei acerca disso não foi conveniente.

6. PRAETEREA, sicut aliquis mercenarius locat operas suas, ita etiam aliqui locant domum, vel quaecumque alia huiusmodi. Sed non est neces-

6. ADEMAIS, assim como um mercenário aluga seus trabalhos, assim também uns alugam a casa, ou quaisquer outras coisas semelhantes. Ora, não

1. C. 9: 1270, a, 23-25.
2. C. 9: 1257, a, 14-17.

sarium ut statim pretium locatae domus conductor exhibeat. Ergo etiam nimis durum fuit quod praecipitur Lv 19,13: *Non morabitur opus mercenarii tui apud te usque mane*.

é necessário que o locatário pague imediatamente o preço da casa alugada. Logo, também foi demasiado duro o que se preceitua no livro do Levítico: "Não se reterá junto de ti, até a manhã, o pagamento de teu mercenário".

7. PRAETEREA, cum frequenter immineat iudiciorum necessitas, facilis debet esse accessus ad iudicem. Inconvenienter igitur statuit lex, Dt 17,8sqq., ut irent ad unum locum expetituri iudicium de suis dubiis.

7. ADEMAIS, como frequentemente se tem necessidade dos juízes, deve ser fácil o acesso ao juiz. Inconvenientemente, pois, determinou a lei, no livro do Deuteronômio, que fossem a um só lugar os que deviam obter julgamento de suas questões.

8. PRAETEREA, possibile est non solum duos, sed etiam tres vel plures concordare ad mentiendum. Inconvenienter igitur dicitur Dt 19,15: *In ore duorum vel trium testium stabit omne verbum*.

8. ADEMAIS, é possível que não apenas dois, mas também três ou mais concordem em mentir. Inconvenientemente, pois, se diz no livro do Deuteronômio: "Na boca de duas ou três testemunhas toda alegação se fixará".

9. PRAETEREA, poena debet taxari secundum quantitatem culpae: unde dicitur etiam Dt 25,2: *Pro mensura peccati erit et plagarum modus*. Sed quibusdam aequalibus culpis lex statuit inaequales poenas: dicitur enim Ex 22,1, quod restituet fur *quinque boves pro uno bove, et quatuor oves pro una ove*. Quaedam etiam non multum gravia peccata gravi poena puniuntur: sicut Nm 15,32sqq., lapidatus est qui collegerat ligna in sabbato. Filius etiam protervus propter parva delicta, quia scilicet *comessationibus vacabat et conviviis*, mandatur lapidari, Dt 21,18sq. Igitur inconvenienter in lege sunt institutae poenae.

9. ADEMAIS, a pena deve ser taxada segundo a quantidade da culpa; donde se diz também no livro do Deuteronômio: "De acordo com a medida do pecado será a medida dos golpes". Ora, para algumas culpas iguais a lei determinou penas desiguais; diz-se, com efeito, no livro do Êxodo, que o ladrão restituirá "cinco bois por um boi, e quatro ovelhas por uma ovelha". Alguns pecados não muito graves são punidos com grave pena, como no livro dos Números, foi apedrejado quem colhera lenha no sábado. Também o filho insolente, por causa de pequenos delitos, a saber, porque "entregava-se a comilanças e banquetes", se manda apedrejar, no livro do Deuteronômio. Inconvenientemente, pois, as penas foram instituídas na lei.

10. PRAETEREA, sicut Augustinus dicit, XXI *de Civ. Dei*[3], *octo genera poenarum in legibus esse scribit Tullius: damnum, vincula, verbera, talionem, ignominiam, exilium, mortem, servitutem*. Ex quibus aliqua sunt in lege statuta. Damnum quidem, sicut cum fur condemnabatur ad quintuplum vel quadruplum. Vincula vero, sicut Nm 15,34, mandatur de quodam quod in carcerem includatur. Verbera vero, sicut Dt 25,2: *Si eum qui peccavit dignum viderint plagis, prosternent, et coram se facient verberari*. Ignominiam etiam inferebat illi qui nolebat accipere uxorem fratris sui defuncti, quae tollebat calceamentum illius, et spuebat in faciem illius [ib. v. 9]. Mortem etiam inferebat, ut patet Lv 20,9: *Qui maledixerit patri suo aut matri, morte moriatur*. Poenam etiam talionis lex induxit, dicens Ex 21,24: *Oculum pro oculo, dentem pro dente*. Inconveniens igitur videtur quod alias duas poenas, scilicet exilium et servitutem, lex vetus non inflixit.

10. ADEMAIS, como diz Agostinho, "Túlio escreve que há oito gêneros de penas nas leis: a multa, as cadeias, os açoites, o talião, a ignomínia, o exílio, a morte, a servidão". Algumas dessas foram estatuídas na lei. A multa, certamente, como quando o ladrão era condenado ao quíntuplo ou quádruplo. As cadeias, também, como no livro dos Números, quando se manda que alguém seja encerrado no cárcere. Os açoites, como no livro do Deuteronômio: "Se virem que aquele que pecou é digno de golpes, deitem-no ao chão, e o façam golpear em sua presença". Aplicava-se a ignomínia àquele que não queria desposar a esposa de seu irmão falecido, a qual lhe tirava o sapato e cuspia contra o rosto dele. Também aplicava-se a morte, como consta no livro do Levítico: "Aquele que maldisser a seu pai ou mãe, morra de morte". A lei induz também a pena de talião, dizendo no livro do Êxodo: "Olho por olho, dente por dente". Parece, pois, inconveniente que as outras duas

3. C. 11: ML 41, 725.

penas, a saber, o exílio e servidão, a lei antiga não infligiu.

11. PRAETEREA, poena non debetur nisi culpae. Sed bruta animalia non possunt habere culpam. Ergo inconvenienter eis infligitur poena, Ex 21,28sqq.: *Bos lapidibus obruetur qui occiderit virum aut mulierem*. Et Lv 20,16 dicitur: *Mulier quae succubuerit cuilibet iumento, simul interficiatur cum eo*. Sic igitur videtur quod inconvenienter ea quae pertinent ad convictum hominum ad invicem, fuerint in lege veteri ordinata.

11. ADEMAIS, a pena não é devida a não ser à culpa. Ora, os animais brutos não podem ter culpa. Logo, inconvenientemente, inflige-se-lhes pena, no livro do Êxodo: "O boi que matar um homem ou uma mulher, seja destruído a pedradas". E no livro do Levítico: "A mulher que tiver cópula com um jumento, seja morta juntamente com ele". Assim, pois, parece que inconvenientemente foram ordenadas na lei antiga aquelas coisas que pertencem ao convívio dos homens.

12. PRAETEREA, Dominus mandavit Ex 21,12, quod homicidium morte hominis puniretur. Sed mors bruti animalis multo minus reputatur quam occisio hominis. Ergo non potest sufficienter recompensari poena homicidii per occisionem bruti animalis. Inconvenienter igitur mandatur Dt 21,1-4 quod *quando inventum fuerit cadaver occisi hominis, et ignorabitur caedis reus, seniores propinquioris civitatis tollant vitulam de armento quae non traxit iugum nec terram scidit vomere, et ducent eam ad vallem asperam atque saxosam quae numquam arata est nec sementa recepit, et caedent in ea cervices vitulae*.

12. ADEMAIS, o Senhor mandou, no livro do Êxodo, que o homicídio fosse punido com a morte do homem. Ora, a morte do animal bruto se considera muito menos que a morte do homem. Logo, a pena de homicídio não pode suficientemente ser recompensada pela morte do animal bruto. Inconvenientemente, pois, se manda no livro do Deuteronômio que "quando for encontrado o cadáver de um homem morto, e se ignorar o réu da morte, os anciãos da cidade mais próxima tomarão do rebanho uma novilha, que não tenha levado jugo nem fendido a terra com arado, e a levarão a um vale áspero e pedregoso, que nunca foi arado nem recebeu sementes, e nele cortarão o pescoço da novilha".

SED CONTRA est quod pro speciali beneficio commemoratur in Ps 147,20: *Non fecit taliter omni nationi, et iudicia sua non manifestavit eis*.

EM SENTIDO CONTRÁRIO, comemora-se como benefício especial, no livro dos Salmos: "Não fez assim a toda nação, e seus juízos não lhes manifestou".

RESPONDEO dicendum quod, sicut Augustinus, in II *de Civ. Dei*[4] introducit a Tullio dictum, *populus est coetus multitudinis iuris consensu et utilitatis communione sociatus*. Unde ad rationem populi pertinet ut communicatio hominum ad invicem iustis praeceptis legis ordinetur. Est autem duplex communicatio hominum ad invicem: una quidem quae fit auctoritate principum; alia autem fit propria voluntate privatarum personarum. Et quia voluntate uniuscuiusque disponi potest quod eius subditur potestati, ideo auctoritate principum, quibus subiecti sunt homines, oportet quod iudicia inter homines exerceantur, et poenae malefactoribus inferantur. Potestati vero privatarum personarum subduntur res possessae: et ideo propria voluntate

RESPONDO[e]. Como Agostinho diz, citando a sentença de Túlio, "povo é a associação da multidão, associada pelo consenso do direito e comunhão de utilidade". Portanto, pertence à razão de povo que a comunicação dos homens entre si seja ordenada por justos preceitos da lei. Há uma dupla comunicação dos homens entre si: uma que se faz pela autoridade dos príncipes; outra que se faz pela própria vontade das pessoas privadas. E porque pela vontade de qualquer um pode-se dispor o que se sujeita ao seu poder, assim pela autoridade dos príncipes, aos quais estão sujeitos os homens, é necessário que os juízos sejam entre os homens exercidos, e as penas sejam infligidas aos malfeitores. Ao poder das pessoas privadas estão sujeitas as coisas pos-

4. C. 21: ML 41, 67.

e. A resposta trata sucessivamente de dois pontos: primeiro, as relações entre as pessoas, depois, a posse, a divisão dos bens materiais. Sobre esses dois pontos é preciso estabelecer leis justas, cujas disposições práticas podem, aliás, variar. Com razão, o comentador aponta essa finalidade nas disposições previstas pelo Antigo Testamento. Em matéria de divisão e de uso dos bens, ele salienta as disposições sociais que, mesmo contando com o apoio de Aristóteles, não correspondiam aos princípios do direito humano. Ele enuncia um ideal que devia servir de inspiração à sociedade que o cerca. Teriam os princípios fundamentais desse ideal perdido atualmente o seu valor?

in his possunt sibi invicem communicare, puta emendo, vendendo, donando, et aliis huiusmodi modis.

Circa utramque autem communicationem lex sufficienter ordinavit. Statuit enim iudices: ut patet Dt 16,18: *Iudices et magistros constitues in omnibus portis eius, ut iudicent populum iusto iudicio*. Instituit etiam iustum iudicii ordinem: ut dicitur Dt 1,16sq.: *Quod iustum est iudicate: sive civis ille sit sive peregrinus, nulla erit personarum distantia*. Sustulit etiam occasionem iniusti iudicii, acceptionem munerum iudicibus prohibendo; ut patet Ex 23,8, et Dt 16,19. Instituit etiam numerum testium duorum vel trium; ut patet Dt 17,6, et 19,15. Instituit etiam certas poenas pro diversis delictis, ut post[5] dicetur.

Sed circa res possessas optimum est, sicut dicit Philosophus, in II *Polit*.[6], quod possessiones sint distinctae, et usus sit partim communis, partim autem per voluntatem possessorum communicetur. Et haec tria fuerunt in lege statuta. Primo enim, ipsae possessiones divisae erant in singulos: dicitur enim Nm 33,53sq.: *Ego dedi vobis terram in possessionem, quam sorte dividetis vobis*. Et quia per possessionum irregularitatem plures civitates destruuntur, ut Philosophus dicit, in II *Polit*.[7]; ideo circa possessiones regulandas triplex remedium lex adhibuit. Unum quidem, ut secundum numerum hominum aequaliter dividerentur: unde dicitur Nm 33,54: *Pluribus dabitis latiorem, et paucioribus angustiorem*. Aliud remedium est ut possessiones non in perpetuum alienentur, sed certo tempore ad suos possessores revertantur, ut non confundantur sortes possessionum. Tertium remedium est ad huiusmodi confusionem tollendam, ut proximi succedant morientibus: primo quidem gradu, filius; secundo autem, filia; tertio, fratres; quarto, patrui; quinto, quicumque propinqui. Et ad distinctionem sortium conservandam, ulterius lex statuit ut mulieres quae sunt haeredes, nuberent suae tribus hominibus, ut habetur Nm 36.

Secundo vero, instituit lex ut quantum ad aliqua usus rerum esset communis. Et primo, quantum ad curam: praeceptum est enim Dt 22,1-4: *Non*

suídas; e assim pela própria vontade podem nelas comunicar-se entre si, por exemplo, comprando, dando, e por outros semelhantes modos.

A lei ordenou suficientemente acerca de ambas as comunicações. Estatuiu, com efeito, juizes, como está no livro do Deuteronômio: “Constituirás juizes e mestres em todas as portas dele, para que julguem o povo por juízo justo”. Instituiu também a ordem justa do juízo, como se diz no livro do Deuteronômio: “Julgai o que é justo, quer seja cidadão, quer seja estrangeiro, não haverá nenhuma distinção de pessoas”. Retirou também a ocasião de julgamento injusto, proibindo aos juízes a aceitação de presentes, como está no livro do Êxodo e no livro do Deuteronômio. Instituiu também o número de duas ou três testemunhas, como consta no livro do Deuteronômio. Instituiu também determinadas penas para diversos delitos, como se dirá depois.

Entretanto, acerca das coisas possuídas, o melhor é que, como diz o Filósofo, as posses sejam distintas e o uso seja em parte comum, em parte, porém, seja comunicado pela vontade dos possuidores. E essas três coisas foram estatuídas na lei. Em primeiro lugar, com efeito, as mesmas posses eram divididas entre os particulares; diz-se, com efeito, no livro dos Números: “Eu vos dei a terra em posse, a qual vós dividireis por sorte”. E porque pela irregularidade das posses várias cidades foram destruídas, como diz o Filósofo; por isso, para regular as posses, a lei empregou tríplice remédio. Um, que fossem divididas igualmente segundo o número dos homens; donde se diz no livro dos Números: “Aos mais numerosos dareis a maior parte, e aos menos numerosos, a parte menor”. Outro remédio é que as posses não fossem alienadas perpetuamente, mas em tempo determinado revertessem aos seus possuidores, de modo que não se confundissem os lotes das posses. O terceiro remédio é, para suprimir tal confusão, que os próximos sucedam aos que morrem, em primeiro grau, o filho, em segundo, a filha; em terceiro, os irmãos; em quarto, os tios paternos; em quinto, quaisquer outros próximos. E para conservar a distinção dos lotes, ulteriormente a lei estatuiu que as mulheres, que são herdeiras, casassem com homens de sua tribo, como se tem no livro dos Números.

Em segundo lugar, instituiu a lei que, quanto a alguns aspectos, o uso das coisas fosse comum. E primariamente quanto ao cuidado: foi preceitu-

5. Resp. ad 10.
6. C. 5: 1263, a, 25-30.
7. C. 9: 1270, a, 23 sqq.

videbis bovem et ovem fratris tui errantem, et praeteribis, sed reduces fratri tuo; et similiter de aliis. — Secundo, quantum ad fructum. Concedebatur enim communiter quantum ad omnes, ut ingressus in vineam amici posset licite comedere, dum tamen extra non auferret. Quantum ad pauperes vero specialiter, ut eis relinquerentur manipuli obliti, et fructus et racemi remanentes, ut habetur Lv 19,9sq., et Dt 24,19sqq. Et etiam communicabantur ea quae nascebantur in septimo anno; ut habetur Ex 23,11, et Lv 25,4sqq.

Tertio vero, statuit lex communicationem factam per eos qui sunt domini rerum. Unam pure gratuitam: unde dicitur Dt 14,23sq.: *Anno tertio separabis aliam decimam, venientque levites et peregrinus et pupillus et vidua, et comedent et saturabuntur.* Aliam vero cum recompensatione utilitatis: sicut per venditionem et emptionem, et locationem et conductionem, et per mutuum, et iterum per depositum, de quibus omnibus inveniuntur ordinationes certae in lege. Unde patet quod lex vetus sufficienter ordinavit convictum illius populi.

AD PRIMUM ergo dicendum quod, sicut Apostolus dicit, Rm 13,8, *qui diligit proximum, legem implevit*: quia scilicet omnia praecepta legis, praecipue ordinata ad proximum, ad hunc finem ordinari videntur, ut homines se invicem diligant. Ex dilectione autem procedit quod homines sibi invicem bona sua communicent: quia ut dicitur 1Io 3,17: *Qui viderit fratrem suum necessitatem patientem, et clauserit viscera sua ab eo, quomodo caritas Dei manet in illo?* Et ideo intendebat lex homines assuefacere ut facile sibi invicem sua communicarent: sicut et Apostolus, 1Ti 6,18, divitibus mandat *facile tribuere* et *communicare*. Non autem facile communicativus est qui non sustinet quod proximus aliquid modicum de suo accipiat, absque magno sui detrimento. Et ideo lex ordinavit ut liceret intrantem in vineam proximi, racemos ibi comedere: non autem extra deferre, ne ex hoc daretur occasio gravis damni inferendi, ex quo pax perturbaretur. Quae inter disciplinatos non perturbatur ex modicorum acceptione: sed magis amicitia confirmatur, et assuefiunt homines ad facile communicandum.

AD SECUNDUM dicendum quod lex non statuit quod mulieres succederent in bonis paternis, nisi

ado, com efeito, no livro do Deuteronômio: "Não verás extraviados o boi e a ovelha de teu irmão e passarás de largo, mas conduzirás a teu irmão"; e semelhantemente em outros casos. — Em segundo lugar, quanto ao fruto. Concedia-se, com efeito, comumente quanto a todos que aquele que entrou na vinha do amigo, pudesse comer licitamente, contanto que não levasse para fora. Quanto aos pobres, de modo especial, que se lhes deixassem os feixes de espigas esquecidos, e os frutos e cachos de uvas remanescentes, como dizem o livro do Levítico e o livro do Deuteronômio. E também eram partilhados os frutos que nasciam no sétimo ano, como está no livro do Êxodo e no livro do Levítico.

Em terceiro lugar, a lei estatuiu a partilha feita por aqueles que são os senhores das coisas. Uma, puramente gratuita; donde se diz no livro do Deuteronômio: "No terceiro ano, separarás outro dízimo, e virão os levitas, o estrangeiro, o órfão e a viúva e comerão e se fartarão". Outra, porém, com recompensa da utilidade, por exemplo, pela venda e compra, pela locação e condução, pelo empréstimo, e ainda pelo depósito; a respeito de todas essas coisas se encontram ordenações determinadas na lei. Portanto, fica claro que a lei antiga ordenou suficientemente a convivência daquele povo.

QUANTO AO 1º, portanto, deve-se dizer que, como diz o Apóstolo, "aquele que ama o próximo, cumpriu a lei", isto é, porque todos os preceitos da lei, principalmente ordenados ao próximo, parecem ordenar-se a este fim: que os homens se amem mutuamente. Do amor, com efeito, procede que os homens partilhem entre si seus bens, porque, como diz a primeira Carta de João: "Aquele que vir seu irmão sofrendo necessidade e fechar suas estranhas para ele, como permanece nele a caridade de Deus?" Assim a lei buscava acostumar os homens a que facilmente partilhassem mutuamente seus bens, como o Apóstolo manda aos ricos "dar e partilhar com facilidade". Não é, facilmente comunicativo aquele que não suporta que o próximo receba um pouco do seu, sem grande prejuízo para si. E assim a lei ordenou que fosse lícito ao que entrava na vinha do próximo, comer cachos de uvas; não, porém, que levasse para fora, para que disso não se desse ocasião de praticar grave dano, o que perturbaria a paz. Essa não se perturba entre disciplinados pela aceitação de coisas pequenas, mas antes se confirma a amizade, e se habituam os homens a partilhar mais facilmente.

QUANTO AO 2º, deve-se dizer que a lei não estatuiu que as mulheres sucedessem nos bens paternos,

in defectu filiorum masculorum. Tunc autem necessarium erat ut successio mulieribus concederetur in consolationem patris, cui grave fuisset si eius hereditas omnino ad extraneos transiret. Adhibuit tamen circa hoc lex cautelam debitam, praecipiens ut mulieres succedentes in hereditate paterna, nuberent suae tribus hominibus, ad hoc quod sortes tribuum non confunderentur, ut habetur Nm ult.

AD TERTIUM dicendum quod, sicut Philosophus dicit, in II *Polit.*[8], regulatio possessionum multum confert ad conservationem civitatis vel gentis. Unde, sicut ipse dicit, apud quasdam gentilium civitates statutum fuit *ut nullus possessionem vendere posset, nisi pro manifesto detrimento.* Si enim passim possessiones vendantur, potest contingere quod omnes possessiones ad paucos deveniant: et ita necesse erit civitatem vel regionem habitatoribus evacuari. Et ideo lex vetus, ad huiusmodi periculum amovendum, sic ordinavit quod et necessitatibus hominum subveniretur, concedens possessionum venditionem usque ad certum tempus; et tamen periculum removit, praecipiens ut certo tempore possessio vendita ad vendentem rediret. Et hoc instituit ut sortes non confunderentur, sed semper remaneret eadem distinctio determinata in tribubus.

Quia vero domus urbanae non erant sorte distinctae, ideo concessit quod in perpetuum vendi possent, sicut et mobilia bona. Non enim erat statutus numerus domorum civitatis, sicut erat certa mensura possessionis, ad quam non addebatur: poterat autem aliquid addi ad numerum domorum civitatis. Domus vero quae non erant in urbe, sed in villa muros non habente, in perpetuum vendi non poterant: quia huiusmodi domus non construuntur nisi ad cultum et ad custodiam possessionum; et ideo lex congrue statuit idem ius circa utrumque.

AD QUARTUM dicendum quod, sicut dictum est[9], intentio legis erat assuefacere homines suis praeceptis ad hoc quod sibi invicem de facili in necessitatibus subvenirent: quia hoc maxime est

a não ser na falta de filhos varões. Então era necessário que a sucessão fosse concedida às mulheres para consolação do pai, para o qual seria grave se sua herança passasse totalmente a estranhos. A lei empregou, contudo, a respeito disso a devida cautela, preceituando que as mulheres que sucedessem na herança paterna, se casassem com homens de sua tribo, para que os lotes das tribos não se confundissem, como está no livro dos Números.

QUANTO AO 3º, deve-se dizer, como diz o Filósofo, que a regulação das posses muito contribui para a conservação da cidade ou do povo[f]. Donde, como o mesmo diz, em algumas cidades dos gentios foi estatuído "que ninguém poderia vender uma posse, a não ser por manifesta necessidade". Se, pois, as posses a cada passo são vendidas, pode acontecer que todas as posses caiam na mão de poucos, e assim se dará necessariamente que a cidade ou a região se esvaziem de habitantes. E desse modo a lei antiga, para remover semelhante perigo, ordenou de sorte a obviar às necessidades dos homens, concedendo a venda das posses até certo tempo; e, entretanto, removeu o perigo, preceituando, em certo tempo, que a posse vendida retornasse ao vendedor. E instituiu isso para que os lotes não se confundissem, mas para que sempre permanecesse a mesma distinção determinada nas tribos.

Uma vez que, porém, as casas urbanas não eram distintas por lote, concedeu assim que pudessem ser vendidas perpetuamente, como os bens móveis. Não fora, com efeito, estatuído o número de casas da cidade, como havia certa medida de posse, à qual não se acrescentava; podia, contudo, algo ser acrescentado ao número das casas da cidade. As casas, porém, que não estavam na cidade, mas na vila que não tinha muros, não podiam ser vendidas perpetuamente, porque tais casas não são construídas senão para o culto e para a guarda das posses; e assim a lei estatuiu convenientemente o mesmo direito acerca de ambos.

QUANTO AO 4º, deve-se dizer que, como foi dito, a intenção da lei era acostumar os homens a seus preceitos com a finalidade de que se socorressem mutuamente, com facilidade, nas necessidades, pois

8. C. 7: 1266, b, 14 sqq.
9. In resp. ad 1.

f. A partir deste ponto, entra-se na casuística dos problemas sociais. As soluções apresentadas por Sto. Tomás estão em relação direta com as estruturas e a vida da sociedade medieval. Não poderiam ser transportadas sem modificação a um outro contexto social e cultural. O que não significa que não poderia ser tentado um raciocínio analógico a partir dos dados da Escritura para responder às necessidades das sociedades modernas. É impossível, porém, entrar nos pormenores desses problemas, o que exigiria longos comentários. Seria preciso, além disso, considerar a relatividade das leis civis, às quais a autoridade religiosa do Antigo Testamento não confere valor absoluto em suas disposições particulares.

amicitiae fomentum. Et hanc quidem facilitatem subveniendi non solum statuit in his quae gratis et absolute donantur, sed etiam in his quae mutuo conceduntur: quia huiusmodi subventio frequentior est, et pluribus necessaria. Huiusmodi autem subventionis facilitatem multipliciter instituit. Primo quidem, ut faciles se praeberent ad mutuum exhibendum, nec ab hoc retraherentur anno remissionis appropinquante, ut habetur Dt 15,7sqq. — Secundo, ne eum cui mutuum concederent, gravarent vel usuris, vel etiam aliqua pignora omnino vitae necessaria accipiendo: et si accepta fuerint, quod statim restituerentur. Dicitur enim Dt 23,19: *Non faeneraberis fratri tuo ad usuram*; et 24,6: *Non accipies loco pignoris inferiorem et superiorem molam: quia animam suam apposuit tibi*; et Ex 22,26 dicitur: *Si pignus a proximo tuo acceperis vestimentum, ante solis occasum reddes ei*. — Tertio, ut non importune exigerent. Unde dicitur Ex 22,25: *Si pecuniam mutuam dederis populo meo pauperi qui habitat tecum, non urgebis eum quasi exactor*. Et propter hoc etiam mandatur Dt 24,10sq.: *Cum repetes a proximo tuo rem aliquam quam debet tibi, non ingredieris in domum eius ut pignus auferas; sed stabis foris, et ille tibi proferet quod habuerit*: tum quia domus est tutissimum uniuscuiusque receptaculum, unde molestum homini est ut in domo sua invadatur; tum etiam quia non concedit creditori ut accipiat pignus quod voluerit, sed magis debitori ut det quo minus indiguerit. — Quarto, instituit quod in septimo anno debita penitus remitterentur. Probabile enim erat ut illi qui commode reddere possent, ante septimum annum redderent, et gratis mutuantem non defraudarent. Si autem omnino impotentes essent, eadem ratione eis erat debitum remittendum ex dilectione, qua etiam erat eis de novo dandum propter indigentiam. — Circa animalia vero mutuata haec lex statuit, ut propter negligentiam eius cui mutuata sunt, si in ipsius absentia moriantur vel debilitentur, reddere ea compellatur. Si vero eo praesente et diligenter custodiente, mortua fuerint vel debilitata, non cogebatur restituere, et maxime si erant mercede conducta: quia ita etiam potuissent mori et debilitari apud mutuantem; et ita, si conservationem animalis consequeretur, iam aliquod lucrum reportaret ex mutuo, et non esset gratuitum mutuum. Et maxime hoc observandum erat quando animalia erant mercede conducta: quia tunc habebat certum pretium pro usu animalium; unde nihil accrescere debebat per restitutionem

isso maximamente fomenta a amizade. E não só estatuiu essa facilidade de socorrer naquelas coisas que se dão graciosa e absolutamente, mas também naquelas que são concedidas por empréstimo, pois tal socorro é mais frequente, e necessário a muitos. Instituiu de muitas maneiras a facilidade de semelhante socorro. Primeiramente, para que se mostrassem fáceis para dar o empréstimo, nem se abstivessem disso, aproximando-se o ano da remissão, como está no livro do Deuteronômio. — Em segundo lugar, não agravassem aquele a quem haviam concedido o empréstimo, ou com usuras ou também recebendo penhores totalmente necessários à vida; e se fossem recebidos, que imediatamente restituíssem. Diz-se, com efeito, no livro do Deuteronômio: "Não emprestarás a teu irmão com usura"; e "Não receberás em lugar do penhor a mó inferior e a superior, porque te depositou sua própria alma"; e diz-se no livro do Êxodo: "Se receberes de teu próximo como penhor a veste, restitui-lhe antes do ocaso do sol". — Em terceiro lugar, que não exigissem importunamente. Donde se diz no livro do Êxodo: Se deres dinheiro em empréstimo a um pobre no meu povo, que habita contigo, não o apertarás como um exator". E por causa disso também se manda no livro do Deuteronômio: "Quando reivindicares de teu próximo alguma coisa que ele te deve, não entrarás em sua casa para levares um penhor, mas ficarás fora, e ele te trará o que tiver", quer porque a casa é o mais seguro abrigo de qualquer um, donde é molesto ao homem que se invada sua casa, quer também porque não concede ao credor que receba o penhor que quiser, mas antes ao devedor que dê aquilo de que menos precisar. — Em quarto lugar, instituiu que no sétimo ano os débitos fossem totalmente perdoados. Era provável, com efeito, que aqueles que comodamente pudesse restituir, o fizessem antes do sétimo ano, e não defraudariam sem razão o prestamista. Se, porém, fossem totalmente impotentes, pela mesma razão o débito se lhe deveria ser perdoado em virtude do amor, pelo qual também se lhes devia dar novamente, em razão da indigência. — A respeito dos animais emprestados, a lei instituiu estas coisas: que, em razão da negligência daquele a quem foram emprestados, se morressem em sua ausência ou se enfraquecessem, estava compelido a restituí-los. Se, porém, estando ele presente e guardando com diligência, fossem mortos ou enfraquecidos, não estava coagido a restituir, e principalmente se tinham sido alugados, porque dessa maneira também poderiam ter morrido e enfraquecido junto ao emprestado, e

animalium, nisi propter negligentiam custodientis. Si autem non essent mercede conducta, potuisset habere aliquam aequitatem ut saltem tantum restitueret quantum usus animalis mortui vel debilitati conduci potuisset.

assim se se conseguisse a conservação do animal, já algum lucro tiraria do empréstimo, e esse não teria sido gratuito. E maximamente isso se devia observar quando os animais eram alugados, pois então tinha certo pagamento pelo uso dos animais, donde nada devia acrescentar pela restituição dos animais, a não ser em razão da negligência do locatário. Se não fossem, porém, alugados, poderia ter alguma equidade se ao menos restituísse tanto quanto o uso do animal morto ou enfraquecido pudesse dar de aluguel.

AD QUINTUM dicendum quod haec differentia est inter mutuum et depositum, quia mutuum traditur in utilitatem eius cui traditur; sed depositum traditur in utilitatem deponentis. Et ideo magis arctabatur aliquis in aliquibus casibus ad restituendum mutuum, quam ad restituendum depositum. Depositum enim perdi poterat dupliciter. Uno modo, ex causa inevitabili: vel naturali, puta si esset mortuum vel debilitatum animal depositum; vel extrinseca, puta si esset captum ab hostibus, vel si esset comestum a bestia; in quo tamen casu tenebatur deferre ad dominum animalis id quod de animali occiso supererat. In aliis autem praedictis casibus nihil reddere tenebatur: sed solum, ad expurgandam suspicionem fraudis, tenebatur iuramentum praestare. Alio modo poterat perdi ex causa evitabili, puta per furtum. Et tunc, propter negligentiam custodis, reddere tenebatur. Sed, sicut dictum est[10], ille qui mutuo accipiebat animal, tenebatur reddere, etiam si debilitatum aut mortuum fuisset in eius absentia. De minori enim negligentia tenebatur quam depositarius, qui non tenebatur nisi de furto.

QUANTO AO 5º, deve-se dizer que esta diferença é entre o empréstimo e o depósito, porque o empréstimo é entregue para utilidade daquele a quem é entregue, mas o depósito se entrega para utilidade do depositante. E assim era mais obrigado alguém, em certos casos, a restituir o empréstimo, do que a restituir o depósito. O depósito, com efeito, podia perder-se duplamente. De um modo, por causa inevitável: ou natural, por exemplo, se morresse ou se enfraquecesse o animal depositado; ou por causa extrínseca, por exemplo, se fosse tomado pelos inimigos ou se fosse comido por uma fera; nesse caso, porém, estava obrigado a levar ao dono do animal aquilo que restara do animal morto. Nos outros casos mencionados, não estava obrigado a restituir nada, mas só, para expurgar a suspeita de fraude, estava obrigado a prestar o juramento. De outro modo, podia perder-se por causa evitável, por exemplo, por furto. E então, por causa da negligência do depositário, estava obrigado a restituir. Entretanto, como foi dito, aquele que recebia em empréstimo um animal, estava obrigado a restituir, também se estivesse enfraquecido ou morto, em sua ausência. Estava obrigado, assim, por uma negligência menor do que o depositário, que não estava obrigado a não ser pelo furto.

AD SEXTUM dicendum quod mercenarii qui locant operas suas, pauperes sunt, de laboribus suis victum quaerentes quotidianum: et ideo lex provide ordinavit ut statim eis merces solveretur, ne victus eis deficeret. Sed illi qui locant alias res, divites esse consueverunt, nec ita indigent locationis pretio ad suum victum quotidianum. Et ideo non est eadem ratio in utroque.

QUANTO AO 6º, deve-se dizer que os mercenários que alugam seus trabalhos, são pobres, procurando com eles o sustento cotidiano e por isso a lei sabiamente ordenou que logo se lhes pagassem o salário, de modo a não lhes faltar o sustento. Entretanto, aqueles que alugam outras coisas, eram, de hábito, ricos, nem precisam assim do preço da locação para seu sustento cotidiano. E assim não há a mesma razão em um e outro caso.

AD SEPTIMUM dicendum quod iudices ad hoc inter homines constituuntur, quod determinent quod ambiguum inter homines circa iustitiam esse potest. Dupliciter autem aliquid potest esse

QUANTO AO 7º, deve-se dizer que são constituídos os juízes entre os homens para que determinem o que pode ser duvidoso entre os homens acerca da justiça. Ora, duplamente algo pode ser duvidoso.

10. In resp. ad 4.

ambiguum. Uno modo, apud simplices. Et ad hoc dubium tollendum, mandatur Dt 16,18, ut *iudices et magistri constituerentur per singulas tribus, ut iudicarent populum iusto iudicio*. — Alio modo contingit aliquid esse dubium etiam apud peritos. Et ideo ad hoc dubium tollendum, constituit lex ut omnes recurrerent ad locum principalem a Deo electum, in quo et summus sacerdos esset, qui determinaret dubia circa caeremonias divini cultus; et summus iudex populi, qui determinaret quae pertinent ad iudicia hominum: sicut etiam nunc per appellationem, vel per consultationem, causae ab inferioribus iudicibus ad superiores deferuntur. Unde dicitur Dt 17,8: *Si difficile et ambiguum apud te iudicium perspexeris, et iudicum intra portas tuas videris verba variari; ascende ad locum quem elegerit Dominus, veniesque ad sacerdotes levitici generis, et ad iudicem qui fuerit illo tempore*. Huiusmodi autem ambigua iudicia non frequenter emergebant. Unde ex hoc populus non gravabatur.

De um modo, junto aos simples. E para remover esta dúvida, manda-se no livro do Deuteronômio que "serão constituídos juízes e magistrados para cada uma das tribos, para que julguem o povo com juízo justo". — De outro modo, acontece que algo seja duvidoso também entre os peritos. E assim para remover essa dúvida, a lei constituiu que todos recorressem a um lugar principal, escolhido por Deus, no qual estivesse o sumo sacerdote, que determinaria as coisas duvidosas acerca das cerimônias do culto divino; e o sumo juiz do povo, que determinaria as coisas que pertencem aos juízos dos homens, como também agora, pela apelação, ou pela consulta, as causas são deferidas dos juizes inferiores aos superiores. Donde se diz no livro do Deuteronômio: "Se junto de ti examinares um juízo difícil e duvidoso, e vires que entre tuas portas as palavras variam, sobe ao lugar que o Senhor escolher, e virás aos sacerdotes do gênero levítico, e ao juiz que for naquele tempo". Semelhantes juízos duvidosos não surgiam frequentemente. Donde o povo não ficava com isso onerado.

AD OCTAVUM dicendum quod in negotiis humanis non potest haberi probatio demonstrativa et infallibilis, sed sufficit aliqua coniecturalis probabilitas, secundum quam rhetor persuadet. Et ideo, licet sit possibile duos aut tres testes in mendacium convenire, non tamen est facile nec probabile quod conveniant; et ideo accipitur eorum testimonium tanquam verum; et praecipue si in suo testimonio non vacillent, vel alias suspecti non fuerint. Et ad hoc etiam quod non de facili a veritate testes declinarent, instituit lex ut testes diligentissime examinarentur, et graviter punirentur qui invenirentur mendaces, ut habetur Dt 19,16sqq.

QUANTO AO 8º, deve-se dizer que não pode haver, nos negócios humanos, prova demonstrativa e infalível, mas basta uma probabilidade conjetural, segundo a qual persuade o orador. E assim, embora seja possível que duas ou três testemunhas convenham na mentira, não é, porém, fácil nem provável que convenham; e assim recebe-se o testemunho como verdadeiro; e principalmente se não vacilam em seu testemunho, ou não forem de outra forma suspeitos. E para que também as testemunhas não se desviassem da verdade facilmente, a lei instituiu que elas fossem diligentissamente examinadas, e gravemente punidos aqueles que fossem achados mentirosos, como consta no livro do Deuteronômio.

Fuit tamen aliqua ratio huiusmodi numeri determinandi, ad significandum infallibilem veritatem Personarum divinarum, quae quandoque numerantur duae, quia Spiritus Sanctus est nexus duorum, quandoque exprimuntur tres; ut Augustinus dicit[11], super illud Io 8,17, *In lege vestra scriptum est quia duorum hominum testimonium verum est*.

Houve, porém, uma razão para determinar semelhante número, para significar a infalível verdade das Pessoas divinas, que, às vezes, são consideradas duas, porque o Espírito Santo é o nexo das duas, às vezes, são expressas como três, como diz Agostinho, sobre aquela passagem do Evangelho de João: "Na vossa lei está escrito que é verdadeiro o testemunho de dois homens".

AD NONUM dicendum quod non solum propter gravitatem culpae, sed etiam propter alias causas gravis poena infligitur. Primo quidem, propter quantitatem peccati: quia maiori peccato, ceteris paribus, gravior poena debetur. Secundo, propter

QUANTO AO 9º, deve-se dizer que não só por causa da gravidade da culpa, mas também por outras causas se inflige uma pena grave. Primeiramente, por causa da quantidade do pecado, pois a um maior pecado, iguais as restantes circunstâncias, é devida

11. Tract. 36 *in Ioan.*, n. 10: ML 35, 1669.

peccati consuetudinem: quia a peccatis consuetis non faciliter homines abstrahuntur nisi per graves poenas. Tertio, propter multam concupiscentiam vel delectationem in peccato: ab his enim non de facili homines abstrahuntur nisi per graves poenas. Quarto, propter facilitatem committendi peccatum, et latendi in ipso: huiusmodi enim peccata, quando manifestantur, sunt magis punienda, ad terrorem aliorum.

Circa ipsam etiam quantitatem peccati quadruplex gradus est attendendus, etiam circa unum et idem factum. Quorum primus est quando involuntarius peccatum committit. Tunc enim, si omnino est involuntarius, totaliter excusatur a poena: dicitur enim Dt 22,25sqq., quod puella quae opprimitur in agro, *non est rea mortis, quia clamavit, et nullus affuit qui liberaret eam*. Si vero aliquo modo fuerit voluntarius, sed tamen ex infirmitate peccat, puta cum quis peccat ex passione, minuitur peccatum: et poena, secundum veritatem iudicii, diminui debet; nisi forte, propter communem utilitatem, poena aggravetur, ad abstrahendum homines ab huiusmodi peccatis, sicut dictum est. — Secundus gradus est quando quis per ignorantiam peccavit. Et tunc aliquo modo reus reputabatur, propter negligentiam addiscendi; sed tamen non puniebatur per iudices, sed expiabat peccatum suum per sacrificia. Unde dicitur Lv 4: *Anima quae peccaverit per ignorantiam*, etc. Sed hoc intelligendum est de ignorantia facti: non autem de ignorantia praecepti divini, quod omnes scire tenebantur. — Tertius gradus est quando aliquis ex superbia peccabat, idest ex certa electione vel ex certa malitia. Et tunc puniebatur secundum quantitatem delicti. — Quartus autem gradus est quando peccabat per proterviam et pertinaciam. Et tunc, quasi rebellis et destructor ordinationis legis, omnino occidendus erat.

Secundum hoc, dicendum est quod in poena furti considerabatur secundum legem id quod frequenter accidere poterat. Et ideo pro furto aliarum rerum, quae de facili custodiri possunt a furibus, non reddebat fur nisi duplum. Oves autem non de facili possunt custodiri a furto, quia pascuntur in agris: et ideo frequentius contingebat quod oves furto subtraherentur. Unde lex maiorem poenam apposuit: ut scilicet quatuor oves pro una ove redderentur. Adhuc autem boves difficilius custodiuntur, quia habentur in agris, et non ita

uma pena mais grave. Em segundo lugar, por causa do hábito do pecado, porque de pecados habituais os homens não são facilmente apartados a não ser por graves penas. Em terceiro lugar, por causa da demasiada concupiscência ou deleite no pecado: deles os homens não são facilmente afastados a não ser por graves penas. Em quarto lugar, por causa da facilidade de cometer o pecado, e permanecer nele: semelhantes pecados, quando se manifestam, devem ser mais punidos, para o terror dos outros.

A respeito da mesma gravidade de pecado, deve-se atender a um quádruplo grau, mesmo acerca de um e mesmo fato. O primeiro desses graus é quando, involuntário, comete o pecado. Então, com efeito, se é totalmente involuntário, é totalmente escusado da pena; diz-se, com efeito, no livro do Deuteronômio, que a moça que é oprimida no campo, "não é ré de morte, porque gritou, e ninguém houve que a libertasse". Se, porém, de algum modo for voluntário, mas peca por fraqueza, por exemplo, quando alguém peca por paixão, diminui-se o pecado, e a pena, segundo a verdade do juízo deve ser diminuída; a não ser que talvez, por causa da utilidade comum, seja agravada a pena, para afastar os homens de semelhantes pecados, como foi dito. — O segundo grau é quando alguém pecou por ignorância. E então, de algum modo, é reputado réu, por causa da negligência em aprender, porém não era punido pelos juízes, mas expiava seu pecado por meio de sacrifícios. Donde se diz no livro do Levítico: "A alma que pecar por ignorância" etc. Entretanto, isso deve ser entendido da ignorância do fato, não, porém, da ignorância do preceito divino, que todos estavam obrigados a conhecer. — O terceiro grau é quando alguém pecava por soberba, isto é, por escolha certa ou por malícia certa. E então era punido segundo a gravidade do delito. — O quarto grau é quando pecava por audácia ou pertinácia. E então, como rebelde e destruidor da ordenação da lei, absolutamente devia ser morto.

De acordo com isso, deve-se dizer que, na pena do furto, considerava-se segundo a lei aquilo que frequentemente podia acontecer. E assim pelo furto daquelas coisas, que facilmente podiam ser guardadas dos ladrões, não restituía o ladrão a não ser o duplo. As ovelhas, contudo, não podem guardar-se facilmente dos ladrões, porque pastam nos campos, e assim mais frequentemente sucedia que as ovelhas fossem subtraídas por furto. Donde a lei estabeleceu pena maior, a saber: que fossem restituídas quatro ovelhas por uma. Já os bois se

pascuntur gregatim sicut oves. Et ideo adhuc hic maiorem poenam apposuit: ut scilicet quinque boves pro uno bove redderentur. Et hoc dico, nisi forte idem animal inventum fuerit vivens apud eum: quia tunc solum duplum restituebat, sicut et in ceteris furtis; poterat enim haberi praesumptio quod cogitaret restituere, ex quo vivum servasset. Vel potest dici, secundum Glossam[12], quod *bos habet quinque utilitates, quia immolatur, arat, pascit carnibus, lactat, et corium etiam diversis usibus ministrat*: et ideo pro uno bove quinque boves reddebantur. Ovis autem habet quatuor utilitates: quia *immolatur, pascit, lac dat, et lanam ministrat*. — Filius autem contumax, non quia comedebat et bibebat, occidebatur: sed propter contumaciam et rebellionem, quae semper morte puniebatur, ut dictum est. — Ille vero qui colligebat ligna in sabbato, lapidatus fuit tanquam legis violator, quae sabbatum observari praecipiebat in commemorationem fidei novitatis mundi, sicut supra[13] dictum est. Unde occisus fuit tanquam infidelis.

AD DECIMUM dicendum quod lex vetus poenan mortis inflixit in gravioribus criminibus: scilicet in his quae contra Deum peccantur, et in homicidio, et in furto hominum, et in irreverentia ad parentes, et in adulterio, et in incestibus. In furto autem aliarum rerum adhibuit poenam damni. In percussuris autem et mutilationibus induxit poenam talionis; et similiter in peccato falsi testimonii. In aliis autem minoribus culpis induxit poenam flagellationis vel ignominiae.

Poenam autem servitutis induxit in duobus casibus. In uno quidem, quando, septimo anno remissionis, ille qui erat servus, nolebat beneficio legis uti ut liber exiret. Unde pro poena ei infligebatur ut in perpetuum servus remaneret. — Secundo, infligebatur furi, quando hon habebat quod posset restituere, sicut habetur Ex 22,3.

Poenam autem exilii universaliter lex non statuit. Quia in solo populo illo Deus colebatur, omnibus aliis populis per idololatriam corruptis: unde si quis a populo illo universaliter exclusus esset, daretur ei occasio idololatriae. Et ideo 1Reg 26,19 dicitur quod David dixit ad Saul: *Maledicti sunt qui eiecerunt me hodie, ut non habitem in hereditate Domini, dicentes: Vade,*

guardam mais dificilmente, porque são mantidos nos campos, e aí não pastam em rebanho como as ovelhas. E assim aqui estabeleceu uma pena maior, a saber: que fossem restituídos cinco bois por um. E digo isso, a menos que, por acaso, o mesmo animal fosse achado vivendo junto do ladrão, porque então só restituía o duplo, como nos outros furtos; podia, com efeito, ter-se a presunção que pensava em restituir, e por isso, o conservava vivo. Ou, pode-se dizer segundo a Glosa que "a vaca tem cinco utilidades, porque é imolada, ara, alimenta com as carnes, dá leite e ainda fornece couro para diversos usos" e assim, por um boi ou vaca devem ser restituídos cinco bois. A ovelha, contudo, tem quatro utilidades, porque é imolada, alimenta, dá leite, e fornece lã". — O filho contumaz, porém, era morto não porque comia e bebia, mas em razão da contumácia e rebelião, que sempre era punida de morte, como foi dito. — Aquele que apanhava lenha no sábado, foi apedrejado como violador da lei, que preceituava observar o sábado em comemoração da fé da novidade do mundo, como acima foi dito; donde foi morto como infiel.

QUANTO AO 10º, deve-se dizer que a lei antiga infligiu a pena de morte nos crimes mais graves, a saber: naqueles em que se pecava contra Deus, nos homicídios, no furto de homens, na irreverência aos pais, no adultério e nos incestos. No furto, porém, de outras coisas empregou a pena de dano. Nos ferimentos e mutilações induziu a pena de talião; e semelhantemente no pecado de falso testemunho. Nas outras culpas menores, contudo, induziu a pena de flagelação ou de infâmia.

Induziu a pena de servidão em dois casos. Em um, quando, no sétimo ano da remissão, aquele que era servo, não queria usar do benefício da lei para que saísse livre. Donde como pena era-lhe infligido que permanecesse servo para sempre[g]. — No segundo caso, infligia-se ao ladrão, quando não tinha o que pudesse restituir, como consta no livro do Êxodo.

A lei não estabeleceu de modo absoluto a pena de exílio. Porque, só naquele povo era Deus cultuado, todos os outros povos são corrompidos pela idolatria. Por isso, se alguém fosse excluído de modo absoluto daquele povo, dar-se-ia a ele a ocasião de idolatria. E assim se diz no livro dos Reis que Davi disse a Saul: "Malditos sejam os que me lançaram fora hoje, de modo que eu não habite na

12. Ord. super *Exod*. 22, 1: ML 113, 260 D.
13. Q. 100, a. 5 c et ad 2.

g. Assinalemos aqui um erro formal na interpretação do texto: não se trata evidentemente de uma punição.

servi diis alienis. Erat tamen aliquod particulare exilium. Dicitur enim Dt 19 quod *qui percusserit proximum suum nesciens, et qui nullum contra ipsum habuisse odium comprobatur*, ad unam urbium refugii confugiebat, et ibi manebat usque ad mortem summi sacerdotis. Tunc enim licebat ei redire ad domum suam: quia in universali damno populi consueverunt particulares irae sedari, et ita proximi defuncti non sic proni erant ad eius occisionem.

herança do Senhor, dizendo: Vai, serve aos deuses estrangeiros". Havia, contudo, um exílio particular. Diz-se, com efeito, no livro do Deuteronômio que "aquele que sem saber ferisse seu próximo e que se comprovasse não ter nenhum ódio contra ele", recolhia-se a uma das cidades de refúgio, e aí permanecia até a morte do sumo sacerdote. Era-lhe então lícito voltar para sua casa, porque no dano universal do povo as iras particulares costumam aplacar-se, e assim os próximos do defunto não estavam mais propensos à morte dele.

AD UNDECIMUM dicendum quod animalia bruta mandabantur occidi, non propter aliquam ipsorum culpam; sed in poenam dominorum, qui talia animalia non custodierant ab huiusmodi peccatis. Et ideo magis puniebatur dominus si bos cornupeta fuerat ab heri et nudiustertius, in quo casu poterat occurri periculo; quam si subito cornupeta efficeretur. — Vel occidebantur animalia in detestationem peccati; et ne ex eorum aspectu aliquis horror hominibus incuteretur.

QUANTO AO 11º, deve-se dizer que se mandava matar os animais brutos, não por causa de alguma culpa dos mesmos, mas como pena dos donos, que não guardaram tais animais de semelhantes pecados. E assim punia-se mais o dono, se o boi era de há muito chifrador, caso em que podia obviar ao perigo, do que se se tornasse chifrador de repente. — Ou eram mortos os animais em detestação do pecado e para não incutir-se pelo seu aspecto, algum horror aos homens.

AD DUODECIMUM dicendum quod ratio litteralis illius mandati fuit, ut Rabbi Moyses dicit[14], quia frequenter interfector est de civitate propinquiori. Unde occisio vitulae fiebat ad explorandum homicidium occultum. Quod quidem fiebat per tria. Quorum unum est quod seniores civitatis iurabant nihil se praetermisisse in custodia viarum. Aliud est quia ille cuius erat vitula damnificabatur in occisione animalis, et si prius manifestaretur homicidium, animal non occideretur. Tertium est quia locus in quo occidebatur vitula, remanebat incultus. Et ideo, ad evitandum utrumque damnum, homines civitatis de facili manifestarent homicidam, si scirent: et raro poterat esse quin aliqua verba vel iudicia super hoc facta essent.

QUANTO AO 12º, deve-se dizer que a razão literal daquele mandamento foi, como diz Rabi Moisés, que frequentemente o homicida é de uma cidade mais próxima. Donde a morte da novilha se fazia para descobrir o homicídio oculto. O que se fazia por três meios. Um deles é que os anciãos da cidade juravam nada terem omitido na guarda dos caminhos. Outro é que aquele de quem era a novilha era prejudicado na morte do animal, e se antes se manifestasse o homicídio, o animal não seria morto. O terceiro é que o lugar em que se matava a novilha permanecia inculto. E assim, para evitar um e outro dano, os homens da cidade facilmente revelariam o homicida, se soubessem; e raramente podia ser que algumas palavras ou indícios não fossem produzidos a respeito disso.

Vel hoc fiebat ad terrorem, in detestationem homicidii. Per occisionem enim vitulae, quae est animal utile et fortitudine plenum, praecipue antequam laboret sub iugo, significabatur quod quicumque homicidium fecisset, quamvis esset utilis et fortis, occidendus erat; et morte crudeli, quod cervicis concisio significabat; et quod tanquam vilis et abiectus a consortio hominum excludendus erat, quod significabatur per hoc quod vitula occisa in loco aspero et inculto relinquebatur, in putredinem convertenda.

Ou fazia-se isso para terror, para detestação do homicídio. Com efeito, pela morte da novilha, que é animal útil e cheio de força, principalmente antes de trabalhar sob o jugo, era significado que qualquer um que fizesse um homicídio, embora fosse útil e forte, devia ser morto; e por morte cruel, que significava o decepamento da cabeça; e que como vil e abjeto devia ser excluído da convivência dos homens, o que era significado pelo fato de a novilha morta ser deixada num lugar áspero e inculto, a converter-se em podridão.

Mystice autem per vitulam de armento significatur caro Christi; quae non traxit iugum, quia

Misticamente, contudo, pela novilha do rebanho significa-se a carne de Cristo, que não levou

14. *Doct. Perplex.*, P. III, c. 40.

non fecit peccatum; nec terram scidit vomere, idest seditionis maculam non admisit. Per hoc autem quod in valle inculta occidebatur, significabatur despecta mors Christi; per quam purgantur omnia peccata, et diabolus esse homicidii auctor ostenditur.

ARTICULUS 3

Utrum iudicialia praecepta sint convenienter tradita quantum ad extraneos

AD TERTIUM SIC PROCEDITUR. Videtur quod iudicialia praecepta non sint convenienter tradita quantum ad extraneos.

1. Dicit enim Petrus, At 10,34sq.: *In veritate comperi quoniam non est acceptor personarum Deus; sed in omni gente qui timet Deum et operatur iustitiam, acceptus est illi.* Sed illi qui sunt Deo accepti, non sunt ab ecclesia Dei excludendi. Inconvenienter igitur mandatur Dt 23,3, quod *Ammonites et Moabites, etiam post decimam generationem, non intrabunt ecclesiam Domini in aeternum*; e contrario autem ibidem [7] praecipitur de quibusdam gentibus: *Non abominaberis Idumaeum, quia frater tuus est; nec Aegyptium, quia advena fuisti in terra eius.*

2. PRAETEREA, ea quae non sunt in potestate nostra, non merentur aliquam poenam. Sed quod homo sit eunuchus, vel ex scorto natus, non est in potestate eius. Ergo inconvenienter mandatur Dt 23,1sq., quod *eunuchus, et ex scorto natus, non ingrediatur ecclesiam Domini.*

3. PRAETEREA, lex vetus misericorditer mandavit ut advenae non affligantur: dicitur enim Ex 22,21: *Advenam non contristabis, neque affliges eum: advenae enim et ipsi fuistis in terra Aegypti*; et 23,9: *Peregrino molestus non eris: scitis enim advernarum animas, quia et ipsi peregrini fuistis in terra Aegypti.* Sed ad afflictionem alicuius pertinet quod usuris opprimatur. Inconvenienter igitur lex permisit, Dt 23,19sq., ut alienis ad usuram pecuniam mutuarent.

jugo, porque não fez pecado; nem fendeu a terra com arado, isto é, não admitiu a mancha da sedição. Por ser morta num vale inculto, significava-se a morte desprezada de Cristo, por meio da qual são purgados todos os pecados, e se mostra ser o diabo o autor do homicídio.

ARTIGO 3

Os preceitos judiciais quanto aos estrangeiros foram convenientemente transmitidos?[h]

QUANTO AO TERCEIRO, ASSIM SE PROCEDE: parece que os preceitos judiciais quanto aos estrangeiros **não** foram transmitidos convenientemente.

1. Com efeito, Pedro diz: "Na verdade entendi que Deus não faz acepção de pessoas, mas em todo povo quem teme a Deus e pratica a justiça, é aceito por ele". Ora, aqueles que são aceitos por Deus, não devem ser excluídos da assembleia de Deus. Logo, inconvenientemente se manda no livro do Deuteronômio que "amonitas e moabitas, mesmo depois da décima geração, não entrarão na assembleia do Senhor para sempre"; e ao inverso, também aí, se preceitua de alguns povos: "Não abominarás o idumeu, porque é teu irmão; nem o egípcio, porque foste estrangeiro na sua terra".

2. ALÉM DISSO, aquelas coisas que não estão em nosso poder, não merecem pena alguma. Ora, que o homem seja eunuco, ou nascido de meretriz, não está em seu poder. Logo, inconvenientemente se manda no livro do Deuteronômio que "não entre na assembleia do Senhor o eunuco e o nascido de meretriz".

3. ADEMAIS, a lei antiga misericordiosamente mandou que os estrangeiros não fossem afligidos; diz-se, com efeito, no livro do Êxodo: "Não molestarás nem afligirás o estrangeiro: fostes vós mesmos estrangeiros na terra do Egito"; e: "Não serás molesto ao estrangeiro; conheceis, com efeito, as almas dos estrangeiros, porque fostes vós mesmos estrangeiros na terra do Egito". Ora, pertence à aflição de alguém que seja oprimido com usuras. Logo, inconvenientemente a lei permitiu,

3

h. As disposições inscritas no Pentateuco a respeito dos estrangeiros não apresentam uma coerência perfeita, pois refletem épocas diversas da história de Israel. Além disso, não devem ser apreciadas como leis permanentes que teriam um valor geral: permanecem fortemente condicionadas pela mentalidade comum do antigo Oriente, do qual Israel não se separa devido a sua situação religiosa particular. Compreende-se, portanto, que as objeções possam suscitar mais de uma dificuldade nos textos: tratamentos diferentes de povos vizinhos (n. 1), permissão da usura, que é proibida entre os membros das nações (n. 3), justificação teórica do genocídio (n. 4). Acrescenta-se aqui casos que não concernem em absoluto aos estrangeiros: exclusão dos bastardos e dos eunucos (n. 2), dispensa do serviço militar concedida em certos casos (n. 5 e 6). Esse conjunto é bastante heterogêneo, e a autoridade citada em sentido contrário (Pr 8,8) é um princípio geral que não concerne à questão posta.

4. PRAETEREA, multo magis appropinquant nobis homines quam arbores. Sed his quae sunt nobis magis propinqua, magis debemus affectum et effectum dilectionis impendere; secundum illud Eccli 13,19: *Omne animal diligit simile sibi: sic et omnis homo proximum sibi*. Inconvenienter igitur Dominus, Dt 20,13sqq., mandavit quod de civitatibus hostium captis omnes interficerent, et tamen arbores fructiferas non succiderent.

5. PRAETEREA, bonum commune secundum virtutem est bono privato praeferendum ab unoquoque. Sed in bello quod committitur contra hostes, quaeritur bonum commune. Inconvenienter igitur mandatur Dt 20,5sqq., quod imminente proelio, aliqui domum remittantur, puta qui aedificavit domum novam, qui plantavit vineam, vel qui despondit uxorem.

6. PRAETEREA, ex culpa non debet quis commodum reportare. Sed quod homo sit formidolosus et corde pavido, culpabile est: contrariatur enim virtuti fortitudinis. Inconvenienter igitur a labore proelii excusabantur formidolosi et pavidum cor habentes [ib. 8].

SED CONTRA est quod Sapientia divina dicit, Pr 8,8: *Recti sunt omnes sermones mei: non est in eis pravum quid neque perversum*.

RESPONDEO dicendum quod cum extraneis potest esse hominum conversatio dupliciter: uno modo, pacifice; alio modo, hostiliter. Et quantum ad utrumque modum ordinandum, lex convenientia praecepta continebat. Tripliciter enim offerebatur Iudaeis occasio ut cum extraneis pacifice communicarent. Primo quidem, quando extranei per terram eorum transitum faciebant quasi peregrini. Alio modo, quando in terram eorum adveniebant ad inhabitandum sicut advenae. Et quantum ad utrumque, lex misericordiae praecepta proposuit: nam Ex 22 dicitur: *Advenam non contristabis*; et 23 dicitur: *Peregrino molestus non eris*. — Tertio

no livro do Deuteronômio, que emprestassem dinheiro aos estrangeiros com usura.

4. ADEMAIS, muito mais estão próximos de nós os homens que as árvores. Ora, àquelas coisas que nos são mais próximas mais devemos afeto e mostrar o efeito de nosso afeto, segundo o livro do Eclesiástico: "Todo animal ama o semelhante a si: assim todo homem, o próximo a si". Logo, inconvenientemente o Senhor mandou, no livro do Deuteronômio, que das cidades tomadas dos inimigos matassem a todos, e que, entretanto, não cortassem as árvores frutíferas.

5. ADEMAIS, o bem comum segundo a virtude deve ser preferido ao bem privado por qualquer um. Ora, na guerra que se trava contra os inimigos, busca-se o bem comum. Logo, inconvenientemente se manda no livro do Deuteronômio que, iminente o combate, fossem enviados para casa alguns, por exemplo, o que havia edificado uma casa nova, que plantara uma vinha, ou que desposara uma mulher.

6. ADEMAIS, da culpa não deve alguém tirar vantagem. Ora, é culpável que o homem seja medroso e de coração tímido; é contrário, com efeito, à virtude da coragem. Logo, inconvenientemente eram escusados do trabalho de combate os medrosos e os que tinham o coração tímido.

EM SENTIDO CONTRÁRIO, diz a Sabedoria divina, no livro dos Provérbios: "São retas todas as minhas palavras; não existe nelas nada vicioso nem pervertido".

RESPONDO[i]. A convivência dos homens com estrangeiros pode ser de duplo modo: de um, pacificamente; de outro, com hostilidade. E quanto a ordenar um e outro modo, a lei continha preceitos convenientes. Tríplice ocasião se oferecia aos judeus para que se comunicassem pacificamente com os estrangeiros. Em primeiro lugar, quando os estrangeiros transitavam por sua terra, como peregrinos. De outro modo, quando iam para a terra deles, para morar como estrangeiros. E quanto a ambos, a lei propôs preceitos de misericórdia; com efeito, diz-se no livro do Êxodo: "Não molestarás o estrangeiro", e aí mesmo se diz: "Não será

i. Sto. Tomás tenta operar uma reclassificação dos casos, seja para evidenciar os traços de humanidade que se detecta em certas disposições legais, seja para justificar a qualquer custo o conteúdo dos textos embaraçosos, recorrendo eventualmente a motivos bastante artificiais. É claro que um conhecimento histórico mais preciso do antigo Oriente modificaria as considerações de princípio: estimam-se aqui os progressos teológicos que permitiram uma crítica bíblica mais aprofundada. Não se deve esquecer que as objeções aqui apresentadas permaneceram moeda corrente entre aqueles que continuam a espantar-se de não encontrar no Antigo Testamento um código de moral já pronto, inteiramente aplicável em nossos dias. É sobre essa base que se fundam as considerações de certos incrédulos sobre a "imoralidade" da Bíblia. Deve-se reconhecer, em contrapartida, que a aplicação de alguns desses textos no meio cristão acarretou também muitos abusos, na falta de uma compreensão do valor exato desses textos.

modo, quando aliqui extranei totaliter in eorum consortium et ritum admitti volebant. Et in his quidam ordo attendebatur. Non enim statim recipiebantur quasi cives: sicut etiam apud quosdam gentilium statutum erat ut non reputarentur cives nisi qui ex avo, vel abavo, cives existerent, ut Philosophus dicit, in III *Polit.*[1]. Et hoc ideo quia, si statim extranei advenientes reciperentur ad tractandum ea quae sunt populi, possent multa pericula contingere; dum extranei, non habentes adhuc amorem firmatum ad bonum publicum, aliqua contra populum attentarent. Et ideo lex statuit ut de quibusdam gentibus habentibus aliquam affinitatem ad Iudaeos, scilicet de Aegyptiis, apud quos nati fuerant et nutriti, et de Idumaeis, filiis Esau fratris Iacob, in tertia generatione reciperentur in consortium populi; quidam vero, quia hostiliter se ad eos habuerant, sicut Ammonitae et Moabitae, nunquam in consortium populi admitterentur; Amalecitae autem, qui magis eis fuerant adversati, et cum eis nullum cognationis habebant consortium, quasi hostes perpetui haberentur; dicitur enim Ex 17,16: *Bellum Dei erit contra Amalec a generatione in generationem.*

Similiter etiam quantum ad hostilem communicationem cum extraneis, lex convenientia praecepta tradidit. Nam primo quidem, instituit ut bellum iuste iniretur: mandatur enim Dt 20,10, quod quando accederent ad expugnandum civitatem, offerent ei primum pacem. — Secundo, instituit ut fortiter bellum susceptum exequerentur, habentes de Deo fiduciam. Et ad hoc melius observandum, instituit quod, imminente proelio, sacerdos eos confortaret, promittendo auxilium Dei. — Tertio, mandavit ut impedimenta proelii removerentur, remittendo quosdam ad domum, qui possent impedimenta praestare. — Quarto, instituit ut victoria moderate uterentur, parcendo mulieribus et parvullis, et etiam ligna fructifera regionis non incidendo.

AD PRIMUM ergo dicendum quod homines nullius gentis exclusit lex a cultu Dei et ab his quae pertinent ad animae salutem: dicitur enim Ex 12,48: *Si quis peregrinorum in vestram vo-*

molesto ao peregrino". — Num terceiro modo, quando alguns estrangeiros queriam ser admitidos totalmente ao convívio e rito deles. E nisso se atendia uma ordem. Não eram recebidos imediatamente como cidadãos, como também junto a alguns povos dos gentios era estatuído que não se reputassem cidadãos a não ser aqueles que desde o avô ou bisavô existissem como cidadãos, como diz o Filósofo. E isso dessa maneira, porque se os estrangeiros, ao chegar, fossem recebidos para tratar daquelas coisas que se referiam ao povo, muitos perigos poderiam acontecer; enquanto estrangeiros, não tendo um amor comprovado ao bem público, poderiam atentar algo contra o povo. E por isso a lei estatuiu que de alguns povos que tinham alguma afinidade com os judeus, a saber, dos egípcios, junto dos quais haviam nascido e se mantido, e dos idumeus, filhos de Esaú, irmão de Jacó, seriam recebidos na terceira geração ao convívio do povo; alguns, porém, porque se haviam portado com hostilidade em relação a eles, como os amonitas e moabitas, não fossem admitidos jamais ao convívio; já os amalecitas, que haviam sido seus maiores adversários, e com os quais não tinham nenhum convívio de parentesco, fossem tidos como inimigos para sempre; diz-se, com efeito, no livro do Êxodo: "A guerra de Deus será contra Amalec de geração em geração".

Semelhantemente, quanto à comunicação hostil com os estrangeiros, a lei transmitiu preceitos convenientes. Em primeiro lugar, com efeito, instituiu que a guerra fosse feita justamente; manda-se, assim, no livro do Deuteronômio que, quando se aprestassem para combater uma cidade, primeiro lhe ofereceriam a paz. — Em segundo lugar, instituiu que continuassem fortemente a guerra empreendida, tendo confiança em Deus. E para melhor observar isso, instituiu que, iminente o combate, o sacerdote os confortaria, prometendo o auxílio de Deus. — Em terceiro lugar, mandou que fossem removidos os impedimentos do combate, remetendo para casa alguns que pudessem causar tais impedimentos. — Em quarto lugar, instituiu que usassem moderadamente da vitória, poupando as mulheres e as crianças, e mesmo não cortando as árvores frutíferas da região.

QUANTO AO 1º, portanto, deve-se dizer que a lei não excluiu os homens de nenhum povo do culto de Deus e daquelas coisas que pertencem à salvação da alma; diz-se, com efeito, no livro do

1. C. 2: 1275, b, 23-26.

luerit transire coloniam, et facere Phase Domini; circumcidetur prius omne masculinum eius, et tunc rite celebrabit, eritque simul sicut indigena terrae. Sed in temporalibus, quantum ad ea quae pertinebant ad communitatem populi, non statim quilibet admittebatur, ratione supra[2] dicta: sed quidam in tertia generatione, scilicet Aegyptii et Idumaei; alii vero perpetuo excludebantur, in detestationem culpae praeteritae, sicut Moabitae et Ammonitae et Amalecitae. Sicut enim punitur unus homo propter peccatum quod commisit, ut alii videntes timeant et peccare desistant; ita etiam propter aliquod peccatum gens vel civitas potest puniri, ut alii a simili peccato abstineant.

Poterat tamen dispensative aliquis in collegium populi admitti propter aliquem virtutis actum: sicut Idt 14,6 dicitur quod Achior, dux filiorum Ammon, *appositus est ad populum Israel, et omnis successio generis eius*. — Et similiter Ruth Moabitis, quae *mulier virtutis* erat. Licet possit dici quod illa prohibitio extendebatur ad viros, non ad mulieres, quibus non competit simpliciter esse cives.

Ad secundum dicendum quod, sicut Philosophus dicit, in III *Polit*.[3], dupliciter aliquis dicitur esse civis: uno modo, simpliciter; et alio modo, secundum quid. Simpliciter quidem civis est qui potest agere ea quae sunt civium: puta dare consilium vel iudicium in populo. Secundum quid autem civis dici potest quicumque civitatem inhabitat, etiam viles personae et pueri et senes, qui non sunt idonei ad hoc quod habeant potestatem in his quae pertinent ad commune. Ideo ergo spurii, propter vilitatem originis, excludebantur *ab ecclesia*, idest a collegio populi, usque ad decimam generationem. Et similiter eunuchi, quibus non poterat competere honor qui patribus debebatur, et praecipue in populo Iudaeorum, in quo Dei cultus conservabatur per carnis generationem: nam etiam apud gentiles, qui multos filios genuerant, aliquo insigni honore donabantur, sicut Philosophus dicit, in II *Polit*.[4]. — Tamen quantum ad ea quae ad gratiam Dei pertinent, eunuchi ab aliis non

Êxodo: "Se algum dos peregrinos quiser passar à vossa colônia, e fazer a Páscoa do Senhor, será circuncidado, primeiro, todo varão deles, e então celebrará devidamente, e será ao mesmo tempo como natural da terra". Entretanto, nas coisas temporais, quanto àquilo que se referia à comunidade do povo, não se admitia qualquer um, pela razão acima dita, mas na terceira geração, a saber, os egípcios e idumeus; outros, porém, eram excluídos, para detestação da culpa passada, como os moabitas, amonitas e amalecitas[j]. Como se pune um homem pelo pecado que cometeu, para que os outros, vendo, temam e desistam de pecar, assim também por algum pecado um povo ou uma cidade pode ser punida, para que outros se abstenham de semelhante pecado.

Poderia, contudo, alguém, excepcionalmente, ser admitido no grêmio do povo, por causa de algum ato de virtude, como se diz, no livro de Judite, que Aquior, o chefe dos filhos de Amon, "foi agregado ao povo de Israel e toda a sucessão de sua linhagem". E semelhantemente Rute, a moabita, que era "mulher de virtude". Embora se possa dizer que aquela proibição se estendia aos homens, não às mulheres, às quais simplesmente não compete ser cidadãs.

Quanto ao 2º, deve-se dizer que, como diz o Filósofo, duplamente alguém se diz ser cidadão: de um modo, absolutamente; de outro modo, relativamente. Absolutamente, é cidadão aquele que pode praticar aquelas coisas que são dos cidadãos, por exemplo, participar do conselho ou do juízo do povo. Relativamente, pode dizer-se cidadão todo aquele que habita na cidade, mesmo as pessoas comuns, crianças e velhos, que não são idôneos para ter o poder naquelas coisas que pertencem à comunidade. Assim, pois, os espúrios, por causa da baixeza de origem, eram excluídos "da igreja", isto é, do grêmio do povo, até a décima geração. E semelhantemente os eunucos, aos quais não podia competir a honra que se devia aos pais, e principalmente no povo judeu, no qual se conservava o culto de Deus pela geração da carne; também junto aos gentios, que geravam muitos filhos, eram distinguidos com alguma honra insigne, como diz o Filósofo[k]. — Entretanto, quanto àquelas coisas

2. In corp.
3. C. 5: 1278, a, 2-6.
4. C. 9: 1270, b, 1-4.

j. Resposta embaraçada: a distinção entre a sociedade religiosa e a sociedade política é inaplicável a Israel e ao judaísmo. O texto ignora também a condição dos prosélitos, que se multiplicaram no judaísmo posterior ao exílio.

k. O apelo à concepção aristotélica da cidadania não esclarece a questão colocada, pois é estranha à sociologia do judaísmo. A citação de Is 56,3 denota uma evolução no direito consuetudinário da época do segundo Templo.

separabantur, sicut nec advenae, ut dictum est[5]: dicitur enim Is 56,3: *Non dicat filius advenae qui adhaeret Domino, dicens: Separatione dividet me Dominus a populo suo. Et non dicat eunuchus: Ecce ego lignum aridum.*

AD TERTIUM dicendum quod accipere usuras ab alienis non erat secundum intentionem legis: sed ex quadam permissione, propter pronitatem Iudaeorum ad avaritiam; et ut magis pacifice se haberent ad extraneos, a quibus lucrabantur.

AD QUARTUM dicendum quod circa civitates hostium quaedam distinctio adhibebatur. Quaedam enim erant remotae, non de numero illarum urbium quae eis erant repromissae: et in talibus urbibus expugnatis occidebantur masculi, qui pugnaverant contra populum Dei; mulieribus autem et infantibus parcebatur. Sed in civitatibus vicinis, quae erant eis repromissae omnes mandabantur interfici, propter iniquitates eorum priores; ad quas puniendas Dominus populum Israel quasi divinae iustitiae executorem mittebat: dicitur enim Dt 9,5: *Quia illae egerunt impie, introeunte te deletae sunt.* Ligna autem fructifera mandabantur reservari propter utilitatem ipsius populi, cuius ditioni civitas et eius territorium erat subiiciendum.

AD QUINTUM dicendum quod novus aedificator domus, aut plantator vineae, vel desponsator uxoris, excludebatur a proelio propter duo. Primo quidem, quia ea quae homo de novo habet, vel statim paratus est ad habendum, magis solet amare, et per consequens eorum amissionem timere. Unde probabile erat quod ex tali amore magis mortem timerent, et sic minus fortes essent ad pugnandum. — Secundo quia, sicut Philosophus dicit, in II *Physic.*[6], *infortunium videtur quando aliquis appropinquat ad aliquod bonum habendum, si postea impediatur ab illo.* Et ideo ne propinqui remanentes magis contristarentur de morte talium, qui bonis sibi paratis potiti non fuerunt; et etiam populus, considerans hoc, horreret; huiusmodi

que pertencem à graça de Deus, os eunucos não eram separados dos outros, como também não os estrangeiros, como foi dito; diz-se, com efeito, no livro de Isaías: "Não diga o filho do estrangeiro que se une ao Senhor, afirmando: Por separação o Senhor me separará de seu povo. E não diga o eunuco: Eis-me lenha seca".

QUANTO AO 3º, deve-se dizer que receber usuras de estrangeiros não era segundo a intenção da lei, mas por uma permissão[l], em razão da inclinação dos judeus para a avareza; e para que mais pacificamente se comportassem com os estrangeiros, dos quais lucravam.

QUANTO AO 4º, deve-se dizer que acerca das cidades dos inimigos empregava-se alguma distinção. Algumas, com efeito, eram remotas, não do número daquelas cidades que lhes eram prometidas: e em tais cidades vencidas matavam-se os varões que lutaram contra o povo de Deus; poupavam-se, porém, as mulheres e as crianças. Entretanto, nas cidades vizinhas, que lhes eram prometidas, mandava-se que todos fossem mortos, por causas das iniquidades anteriores deles. Para puni-las o Senhor enviava o povo de Israel como executor da justiça divina; diz-se, com efeito, no livro do Deuteronômio: "Porque elas agiram impiamente à tua entrada, foram destruídas". Mandava-se conservar as árvores frutíferas por causa da utilidade do mesmo povo, a cujo poder a cidade e seu território deviam ser submetidos[m].

QUANTO AO 5º, deve-se dizer que o novo edificador da casa, ou plantador da vinha, ou o que desposou uma mulher, era excluído do combate, por dois motivos. Primeiro, porque aquelas coisas que o homem possui recentemente, ou está imediatamente preparado para ter, costuma amar mais, e por consequência temer sua perda. Donde era provável que por tal amor temessem mais a morte, e assim fossem menos fortes para lutar. — O segundo, porque, como diz o Filósofo, "parece infortúnio quando alguém está próximo de ter um bem, se depois é impedido dele". E assim, para que os próximos remanescentes não se entristecessem mais com a morte desses que não puderam possuir os bens a eles preparados; e também o

5. In resp. ad 1.
6. C. 5: 197, a, 27-29.

l. A explicação aqui apresentada, embora um pouco injuriosa para os judeus, únicos a praticarem o empréstimo a juros na sociedade medieval, tem pouca relação com a sociologia da antiguidade. As soluções 4 a 6 são artificiais.

m. A vontade de tudo justificar conduz o comentador a um excesso evidente: teria sido necessário relativizar a teologia do Deuteronômio, que não representa de modo algum a última palavra do Evangelho. Senão, seria o caso de justificar o genocídio sob um pretexto religioso?

homines a mortis periculo sunt sequestrati per subtractionem a proelio.

AD SEXTUM dicendum quod timidi remittebantur ad domum, non ut ipsi ex hoc commodum consequerentur; sed ne populus ex eorum praesentia incommodum consequeretur, dum per eorum timorem et fugam etiam alii ad timendum et fugiendum provocarentur.

povo, considerando isso, ficaria horrorizado; semelhantes homens foram retirados do perigo de morte pela subtração do combate.

QUANTO AO 6º, deve-se dizer que os tímidos eram remetidos para casa, não para que os mesmos tirassem vantagem disso, mas para que o povo, em razão de sua presença, não ficasse prejudicado, enquanto pelo seu temor e fuga também outros fossem provocados a temer e a fugir.

ARTICULUS 4

Utrum convenienter lex vetus praecepta ediderit circa domesticas personas

AD QUARTUM SIC PROCEDITUR. Videtur quod inconvenienter lex vetus praecepta ediderit circa personas domesticas.

1. *Servus* enim *id quod est, domini est*, ut Philosophus dicit, in I *Polit.*[1]. Sed id quod est alicuius, perpetuo eius esse debet. Ergo inconvenienter lex mandavit Ex 21,2, quod servi septimo anno liberi abscederent.

2. PRAETEREA, sicut animal aliquod, ut asinus aut bos, est possessio domini, ita etiam servus. Sed de animalibus praecipitur Dt 22,1-3, quod restituantur dominis suis, si errare inveniantur. Inconvenienter ergo mandatur Dt 23,15: *Non tradas servum domino suo, qui ad te confugerit.*

3. PRAETEREA, lex divina debet magis ad misericordiam provocare quam etiam lex humana. Sed secundum leges humanas graviter puniuntur qui nimis aspere affligunt servos aut ancillas. Asperrima autem videtur esse afflictio ex qua sequitur mors. Inconvenienter igitur statuitur Ex 21,20sq., quod *qui percusserit servum suum vel ancillam virga, si uno die supervixerit, non subiacebit poenae, quia pecunia illius est.*

4. PRAETEREA, alius est principatus domini ad servum, et patris ad filium, ut dicitur in I[2] et III[3]

ARTIGO 4

A lei antiga estabeleceu preceitos, convenientemente, a respeito das pessoas domésticas?[n]

QUANTO AO QUARTO, ASSIM SE PROCEDE: parece que a lei antiga **não** estabeleceu, convenientemente, preceitos a respeito das pessoas domésticas.

1. Com efeito, "o servo" "é aquilo que, enquanto é, é do dono", como diz o Filósofo. Ora, aquilo que é de alguém, dele deve ser perpetuamente. Logo, inconvenientemente, mandou a lei, no livro do Êxodo, que os servos no sétimo ano se retirassem livres.

2. ALÉM DISSO, assim como um animal, um asno ou um boi, é posse do dono, assim também o servo. Ora, sobre os animais se preceitua, no livro do Deuteronômio, que sejam restituídos a seus donos, se são achados extraviados. Logo, inconvenientemente se manda no livro do Deuteronômio: "Não entregues o servo a seu dono, se ele se refugiar junto de ti".

3. ADEMAIS, a lei divina deve provocar mais à misericórdia que a lei humana. Ora, segundo as leis humanas, são gravemente punidos aqueles que afligem demasiado asperamente os servos ou as servas. Parece ser aspérrima a aflição da qual segue-se a morte. Logo, inconvenientemente é estatuído no livro do Êxodo que "aquele que ferir seu servo ou serva com uma vara, se sobreviver por um dia, não se sujeitará à pena, porque é dinheiro dele".

4. ADEMAIS, é diferente o principado do dono em relação ao servo, e do pai com relação ao filho,

4 PARALL.: IV *Sent.*, dist. 33, q. 1, a. 3, q.la 3, ad 3; q. 2, a. 2, q.la 1, 2, 4; *Cont. Gent.* III, 123, 125.

1. C. 4: 1254, a, 12-13.
2. Cc. 3, 12: 1253, b, 8-10; 1259, a, 37-39.
3. C. 6: 1278, b, 32-39.

n. A "vida doméstica" inclui, em torno do senhor, três categorias de pessoas: os escravos, as esposas e as crianças. A domesticidade constituída pelos trabalhadores livres foi incluída no artigo precedente. Sto. Tomás, tomando os textos tais como são como "palavras de Deus" (ver a autoridade citada: Sl 19), justifica seu conteúdo sem fazer muita referência a sua relatividade histórica, embora perceba claramente o seu deslocamento em relação ao ideal cristão da vida doméstica.

Polit. Sed hoc ad principatum domini ad servum pertinet, ut aliquis servum vel ancillam vendere possit. Inconvenienter igitur lex permisit quod aliquis venderet filiam suam in famulam vel ancillam.

5. PRAETEREA, pater habet sui filii potestatem. Sed eius est punire excessus, qui habet potestatem super peccantem. Inconvenienter igitur mandatur Dt 21,18sqq., quod pater ducat filium ad seniores civitatis puniendum.

6. PRAETEREA, Dominus prohibuit, Dt 7,3sqq., ut cum alienigenis non sociarent coniugia; et coniuncta etiam separarentur, ut patet I Esdrae 10. Inconvenienter igitur Dt 21,10sqq. conceditur eis ut captivas alienigenarum ducere possint uxores.

7. PRAETEREA, Dominus in uxoribus ducendis quosdam consanguinitatis et affinitatis gradus praecepit esse vitandos, ut patet Lv 18. Inconvenienter igitur mandatur Dt 25,5, quod si aliquis esset mortuus absque liberis, uxorem ipsius frater eius acciperet.

8. PRAETEREA, inter virum et uxorem, sicut est maxima familiaritas, ita debet esse firmissima fides. Sed hoc non potest esse, si matrimonium dissolubile fuerit. Inconvenienter igitur Dominus permisit, Dt 24,1-4, quod aliquis posset uxorem dimittere, scripto libello repudii; et quod etiam ulterius eam recuperare non posset.

9. PRAETEREA, sicut uxor potest frangere fidem marito, ita etiam servus domino, et filius patri. Sed ad investigandam iniuriam servi in dominum, vel filii in patrem, non est institutum in lege aliquod sacrificium. Superflue igitur videtur institui sacrificium zelotypiae ad investigandum uxoris adulterium, Nm 5,12sqq. Sic igitur inconvenienter videntur esse tradita in lege praecepta iudicialia circa personas domesticas.

SED CONTRA est quod dicitur in Ps 18,10: *Iudicia Domini vera, iustificata in semetipsa*.

RESPONDEO dicendum quod communio domesticarum personarum ad invicem, ut Philosophus dicit, in I *Polit*.[4], est secundum quotidianos actus

como se diz nos livros II e III da *Política*. Ora, pertence ao principado do dono em relação ao servo que alguém possa vender o servo ou a serva. Logo, inconvenientemente permitiu a lei que alguém vendesse sua filha como criada ou como serva.

5. ADEMAIS, o pai tem poder sobre seu filho. Ora, punir o excesso pertence àquele que tem o poder sobre quem peca. Logo, inconvenientemente se manda, no livro do Deuteronômio, que o pai leve o filho aos anciãos da cidade para ser punido.

6. ADEMAIS, o Senhor proibiu, no livro do Deuteronômio, que não unissem em matrimônio com estrangeiros, de modo que os já unidos também se separassem, como está claro no livro de Esdras. Logo, inconvenientemente é-lhes concedido que pudessem tomar por esposas as cativas dos estrangeiros.

7. ADEMAIS, o Senhor preceituou que se evitassem alguns graus de consanguinidade e afinidade ao se casarem, como está no livro do Levítico. Logo, inconvenientemente se manda, no livro do Deuteronômio, que se alguém fosse morto sem filhos, seu irmão lhe desposasse a mulher.

8. ADEMAIS, entre marido e mulher, assim como há máxima familiaridade, assim deve haver fidelidade firmíssima. Ora, isso não pode haver, se o matrimônio for dissolúvel. Logo, inconvenientemente permitiu o Senhor, no livro do Deuteronômio, que alguém pudesse deixar a esposa, escrito o libelo de repúdio; e que também, posteriormente, não a pudesse recuperar.

9. ADEMAIS, assim como a esposa pode romper a fidelidade para com o marido, assim também o servo para com o dono, e o filho para com o pai. Ora, para investigar a injúria do servo para com o dono, ou do filho para com o pai, não se instituiu na lei nenhum sacrifício. Logo, parece que foi instituído superfluamente, no livro dos Números, o sacrifício do ciúme para investigar o adultério da esposa. Logo, parece que inconvenientemente foram transmitidos na lei preceitos judiciais acerca das pessoas domésticas.

EM SENTIDO CONTRÁRIO, diz-se no livro dos Salmos: “Verdadeiros os juízos do Senhor, justificados em si mesmos”.

RESPONDO[o]. A comunhão doméstica das pessoas entre si, como diz o Filósofo, existe segundo os atos cotidianos que se ordenam às necessidades

4. C. 2: 1252, b, 13-15.

o. A referência à *Política* de Aristóteles para determinar, de um ponto de vista exclusivamente masculino, as três espécies de relações que constituem a família mostram a que fonte Sto. Tomás pode recorrer para estabelecer uma classificação lógica dos fatos sociais. É em virtude dessa sociologia que o comentador tenta exibir o caráter plenamente satisfatório das leis israelitas, mostrando que elas já constituíam um *progresso* em relação às demais sociedades antigas, que são muito mal conhecidas por

qui ordinantur ad necessitatem vitae. Vita autem hominis conservatur dupliciter. Uno modo, quantum ad individuum, prout scilicet homo idem numero vivit: et ad talem vitae conservationem opitulantur homini exteriora bona, ex quibus homo habet victum et vestitum et alia huiusmodi necessaria vitae; in quibus administrandis indiget homo servis. Alio modo conservatur vita hominis secundum speciem per generationem, ad quam indiget homo uxore, ut ex ea generet filium. Sic igitur in domestica communione sunt tres combinationes: scilicet domini ad servum, viri ad uxorem, patris ad filium. Et quantum ad omnia ista lex vetus convenientia praecepta tradidit.

Nam quantum ad servos, instituit ut modeste tractarentur, et quantum ad labores, ne scilicet immoderatis laboribus affligerentur, unde Dt 5,14, Dominus mandavit ut in die sabbati *requiesceret servus et ancilla tua sicut et tu*: et iterum quantum ad poenas infligendas, imposuit enim poenam mutilatoribus servorum ut dimitterent eos liberos, sicut habetur Ex 21,26sq. Et simile etiam statuit in ancilla quam in uxorem aliquis duxerit [ib. 7sqq.]. — Statuit etiam specialiter circa servos qui erant ex populo, ut septimo anno liberi egrederentur cum omnibus quae apportaverant, etiam vestimentis, ut habetur Ex 21,2sqq. Mandatur etiam insuper Dt 15,13sq., ut ei detur viaticum.

Circa uxores vero, statuitur in lege quantum ad uxores ducendas. Ut scilicet ducant uxores suae tribus, sicut habetur Nm ult.: et hoc ideo, ne sortes tribuum confundantur. Et quod aliquis in uxorem ducat uxorem fratris defuncti sine liberis, ut habetur Dt 25,5sq.: et hoc ideo, ut ille qui non potuit habere successores secundum carnis originem, saltem habeat per quandam adoptionem, et sic non totaliter memoria defuncti deleretur. Prohibuit etiam quasdam personas ne in coniugium ducerentur: scilicet alienigenas, propter periculum seductionis; et propinquas, propter reverentiam naturalem quae eis debetur. — Statuit etiam qualiter uxores iam ductae tractari deberent. Ut scilicet non leviter infamarentur: unde mandatur puniri ille qui falso crimen imponit uxori, ut habetur Dt 22,13sqq. Et quod etiam propter uxoris odium filius detrimentum non pateretur, ut habetur Dt 21,15sqq. Et etiam quod, propter odium uxorem non adigeret, sed potius, scripto libello, eam dimitteret, ut patet Dt 24,1. Et ut etiam maior dilectio

da vida. A vida do homem se conserva duplamente. De um modo, quanto ao indivíduo, a saber, enquanto homem é o mesmo em número, e para conservação de tal vida ajudam ao homem os bens exteriores, dos quais ele tem a alimentação, a veste e outras coisas semelhantes, necessárias à vida, para cuja administração o homem precisa de servos. De outro modo, conserva-se a vida do homem segundo a espécie por geração, para a qual precisa o homem de uma esposa, para que com ela gere o filho. Assim, pois, na comunidade doméstica há três relações, a saber: do senhor com o servo, do homem com a esposa, do pai com o filho. E quanto a todas essas coisas a lei antiga transmitiu preceitos convenientes.

Quanto aos servos, com efeito, instituiu que fossem tratados modestamente, e quanto aos trabalhos, que não fossem afligidos com trabalhos imoderados; por isso, no livro do Deuteronômio, mandou o Senhor que, no dia de sábado, "descansasse o servo e tua serva, como tu", e ainda quanto às penas a infligir, impôs também a pena aos mutiladores dos servos que os deixassem livres, como está no livro do Êxodo. E semelhantemente também estatuiu para a serva que alguém a esposasse. — Estatuiu também especialmente acerca dos servos que eram do povo, para que no sétimo ano saíssem livres com todas as coisas que haviam trazido, até as vestes, como está no livro do Êxodo. Ademais, mandava-se também, no livro do Deuteronômio, que se lhe desse o viático.

Acerca das esposas, estatui-se na lei quanto ao casar-se. A saber, que se casassem com mulheres da sua tribo, como está no livro dos Números; e isso para que não se confundissem os lotes das tribos. E que alguém desposasse a esposa de seu irmão defunto sem filhos, como está no livro do Deuteronômio: isso, para que aquele que não pôde ter sucessores segundo a origem da carne, tenha ao menos por alguma adoção, e assim não se destrua totalmente a memória do defunto. Proibiu também que algumas pessoas se casassem, a saber: estrangeiras, por causa do perigo da sedução; e parentes próximas, pela reverência natural que lhes é devida. — Estatuiu também de que modo se devesse tratar as esposas. A saber, que não fossem facilmente difamadas; por isso, manda-se que seja punido aquele que atribui falsamente um crime à esposa, como consta no livro do Deuteronômio. E que também por causa do ódio da esposa, o filho não sofresse prejuízo, como está no livro do Deuteronômio. E também que, por causa do ódio, não

inter coniuges a principio contrahatur, praecipitur [ib. 5] quod, cum aliquis nuper uxorem acceperit, nihil ei publicae necessitatis iniungatur, ut libere possit laetari cum uxore sua.

Circa filios autem, instituit ut patres eis disciplinam adhiberent, instruendo eos in fide: unde habetur Ex 12,26sq.: *Cum dixerint vobis filii vestri, Quae est ista religio? dicetis eis: Victima transitus Domini est*. Et quod etiam instruerent eos in moribus: unde dicitur Dt 21,20, quod patres dicere debent: *Monita nostra audire contemnit, commessationibus vacat et luxuriae atque conviviis*.

AD PRIMUM ergo dicendum quod, quia filii Israel erant a Domino de servitute liberati, et per hoc divinae servituti addicti, noluit Dominus ut in perpetuum servi essent. Unde dicitur Lv 25,39sqq.: *Si paupertate compulsus vendiderit se tibi frater tuus, non eum opprimes servitute famulorum, sed quasi mercenarius et colonus erit. Mei enim sunt servi, et ego eduxi eos de terra Aegypti: non veneant conditione servorum*. Et ideo, quia simpliciter servi non erant, sed secundum quid, finito tempore, dimittebantur liberi.

AD SECUNDUM dicendum quod mandatum illud intelligitur de servo qui a Domino quaeritur ad occidendum, vel ad aliquod peccati ministerium.

AD TERTIUM dicendum quod circa laesiones servis illatas, lex considerasse videtur utrum sit certa vel incerta. Si enim laesio certa esset, lex poenam adhibuit: pro mutilatione quidem, amissionem servi qui mandabatur libertati donandus; pro morte autem, homicidii poenam, cum servus in manu domini verberantis moreretur. — Si vero laesio non esset certa, sed aliquam apparentiam haberet, lex nullam poenam infligebat in proprio servo: puta cum percussus servus non statim moriebatur, sed post aliquos dies. Incertum enim erat utrum ex percussione mortuus esset. Quia si percussisset liberum hominem, ita tamen quod statim non

castigasse a esposa, mas antes, escrito o libelo, a repudiasse, como está no livro do Deuteronômio. E também para que se produza, desde o princípio, um maior amor entre os cônjuges, preceitua-se que, ao recém-casado não se lhe imponha uma obrigação pública, de sorte que possa livremente alegrar-se com sua esposa.

Acerca dos filhos instituiu que os pais os educassem, instruindo-os na fé, conforme está no livro do Êxodo: "Quando vos disserem vossos filhos, Que religião é esta? Direis a eles: É a vítima da passagem do Senhor". E que também os instruíssem nos costumes, conforme se diz no livro do Deuteronômio, que os pais devem dizer: "Despreza ouvir nossas admoestações, entrega-se a comilanças, à luxúria e aos banquetes".

QUANTO AO 1º, portanto, deve-se dizer que, dado que os filhos de Israel haviam sido libertados da servidão pelo Senhor, e por isso adjudicados à servidão divina, não quis o Senhor que fossem servos perpetuamente. Nesse sentido diz o livro do Levítico: "Se um irmão teu, compelido pela pobreza, se vender a ti, não o oprimirás com a servidão dos criados, mas será como mercenário e colono. Meus, com efeito, são os servos, e eu os tirei da terra do Egito: que não se vendam na condição de servos". E assim, porque não eram em absoluto servos, mas relativamente[p], acabado o tempo, eram deixados livres.

QUANTO AO 2º, deve-se dizer que aquele mandamento se entende do servo que é procurado pelo dono para ser morto, ou para algum ofício pecaminoso.

QUANTO AO 3º, deve-se dizer que, acerca das lesões produzidas nos servos, a lei parece ter considerado se é certa ou incerta. Se, com efeito, a lesão fosse certa, a lei impunha uma pena: pela mutilação, a perda do servo, que se mandava dar à liberdade; pela morte, contudo, a pena de homicídio, quando o servo morresse na mão do dono que o espancava. — Se, porém, a lesão não fosse certa, mas tivesse alguma aparência, a lei não infligia pena alguma no próprio servo; por exemplo, quando espancado o servo não morresse de imediato, mas depois de alguns dias. Era incerto, com efeito, se havia morrido pelo

ele. Todas essas considerações deveriam ser retomadas em função de um conhecimento mais aprofundado da antiguidade: trata-se, antes de mais nada, de questões de religião e de direito comparados, que Sto. Tomás não tem como abordar no contexto cultural em que vive.

p. A ideia de uma escravidão "relativa" (resp. 1 e 4) não possui fundamento algum no direito da época. Deve-se reter apenas o esforço tendo em vista uma amenização da condição servil, a fim de nela introduzir alguma humanização. Mostra a direção na qual a evolução do direito caminha, mas não há mais do que isso no Antigo Testamento.

moreretur, sed super baculum suum ambularet, non erat homicidii reus qui percusserat, etiam si postea moreretur. Tenebatur tamen ad impensas solvendas quas percussus in medicos fecerat. Sed hoc in servo proprio locum non habebat: quia quidquid servus habebat, et etiam ipsa persona servi, erat quaedam possessio domini. Et ideo pro causa assignatur quare non subiacet poenae pecuniariae, *quia pecunia illius est*.

espancamento. Porque se espancasse um homem livre, de modo que também morresse de imediato, mas caminhasse sobre seu bordão, não era réu de homicídio aquele que espancara, mesmo se depois viesse a morrer. Estava, porém, obrigado a pagar as despesas que o espancado fizera com médicos. Entretanto, isso não tinha lugar no servo próprio, pois qualquer coisa que o servo tinha, e também a própria pessoa do servo, era posse do senhor. E assim, como causa, assinala-se que não se sujeita à pena pecuniária, "porque é dinheiro dele".

AD QUARTUM dicendum quod, sicut dictum est[5], nullus Iudaeus poterat possidere Iudaeum quasi simpliciter servum; sed erat servus secundum quid, quasi mercenarius, usque ad tempus. Et per hunc modum permittebat lex quod, paupertate cogente, aliquis filium aut filiam venderet. Et hoc etiam verba ipsius legis ostendunt: dicit enim: *Si quis vendiderit filiam suam in famulam, non egredietur sicut ancillae exire consueverunt*. Per hunc etiam modum non solum filium, sed etiam seipsum aliquis vendere poterat, magis quasi mercenarium quam quasi servum; secundum illud Lv 25,39sq.: *Si paupertate compulsus vendiderit se tibi frater tuus, non eum opprimes servitute fannulorum, sed quasi mercenarius et colonus erit*.

QUANTO AO 4º, deve-se dizer que, como foi dito, nenhum judeu podia possuir um judeu, como servo em absoluto, mas era servo relativamente, como mercenário, por certo tempo. E por esse modo permitia a lei que, coagindo a pobreza, alguém vendesse uma filha ou um filho. E isso também mostram as palavras da própria lei; diz, com efeito: "Se alguém vender sua filha para criada, não sairá como as servas costumaram sair". Por esse modo também alguém podia vender não só o filho, mas também a si mesmo, mais como mercenário do que como servo, segundo o livro do Levítico: "Se compelido pela pobreza teu irmão se vender a ti, não o oprimirás com a servidão dos criados, mas será como mercenário e colono".

AD QUINTUM dicendum quod, sicut Philosophus dicit, in X *Ethic*.[6], principatus paternus habet solam admonendi potestatem; non autem habet vim coactivam, per quam rebelles et contumaces comprimi possunt. Et ideo in hoc casu lex mandabat ut filius contumax a principibus civitatis puniretur.

QUANTO AO 5º, deve-se dizer que, como diz o Filósofo, o principado paterno tem só o poder de admoestar, não tem, porém, a força coativa, pela qual os rebeldes e contumazes podem ser coibidos. E assim nesse caso a lei mandava que o filho contumaz fosse punido pelos príncipes da cidade.

AD SEXTUM dicendum quod Dominus alienigenas prohibuit in matrimonium duci propter periculum seductionis, ne inducerentur in idololatriam. Et specialiter hoc prohibuit de illis gentibus quae in vicino habitabant, de quibus erat magis probabile quod suos ritus retinerent. Si qua vero idololatriae cultum dimittere vellet, et ad legis cultum se transferre, poterat in matrimonium duci: sicut patet de Ruth, quam duxit Booz in uxorem. Unde ipsa dixerat socrui suae: *Populus tuus populus meus, Deus tuus Deus meus*, ut habetur Rt 1,16. Et ideo captiva non aliter permittebatur in uxorem duci nisi prius rasa caesarie, et circumcisis unguibus, et deposita veste in qua capta est, et fleret patrem et matrem: per quae significatur idololatriae perpetua abiectio.

QUANTO AO 6º, deve-se dizer que o Senhor proibiu casar-se com estrangeiras por causa do perigo da sedução, não fossem induzidos à idolatria. E especialmente proibiu isso a respeito daqueles povos que habitavam na vizinhança, dos quais era mais provável que se cativassem com seus cultos. Com aquela, porém que quisesse deixar o culto da idolatria, poder-se-ia casar, como está claro a respeito de Rute, que Booz desposou. Por isso, a mesma dissera à sua sogra: "Teu povo meu povo, teu Deus meu Deus", como consta no livro de Rute. E assim não se permitia que a cativa fosse desposada, de outra maneira, a não ser que antes, raspada a cabeleira, cortadas as unhas e deixada a veste com a qual foi feita prisioneira, chorasse o pai e a mãe, atos pelos quais é significada a rejeição perpétua da idolatria.

5. In resp. ad 1.
6. C. 10: 1180, a, 18-22.

AD SEPTIMUM dicendum quod, sicut Chrysostomus dicit, *super Matth.*[7], *quia immitigabile malum mors erat apud Iudaeos, qui omnia pro praesenti vita faciebant, statutum fuit ut defuncto filius nasceretur ex fratre: quod erat quaedam mortis mitigatio. Non autem alius quam frater vel propinquus iubebatur accipere uxorem defuncti: quia non ita crederetur* (qui ex tali coniunctione erat nasciturus) *esse filius eius qui obiit; et iterum extraneus non ita haberet necessitatem statuere domum eius qui obierat, sicut frater, cui etiam ex cognatione hoc facere iustum erat*. Ex quo patet quod frater in accipiendo uxorem fratris sui, persona fratris defuncti fungebatur.

QUANTO AO 7º, deve-se dizer que, como diz Crisóstomo[q], "porque a morte era para os judeus um mal que não se pode mitigar, eles que faziam todas as coisas para a vida presente, foi estatuído que ao que morresse sem filhos nascesse um filho do irmão, o que era certa mitigação da morte. E se mandava que somente o irmão ou o parente próximo tomaria a esposa do defunto, pois não sendo assim não se creria (*aquele que fosse nascido de tal união*) ser filho daquele que morreu; e ainda o estrangeiro não teria assim necessidade de perpetuar a casa daquele que morrera, como o irmão, ao qual também, pelo parentesco, era justo que o fizesse". Resulta claro disso que o irmão, ao tomar a esposa do seu irmão, fazia as vezes da pessoa do defunto.

AD OCTAVUM dicendum quod lex permisit repudium uxoris, non quia simpliciter iustum esset, sed propter duritiam Iudaeroum; ut Dominus dicit, Mt 19,8. Sed de hoc oportet plenius tractari cum de matrimonio agetur.

QUANTO AO 8º, deve-se saber que a lei permitiu o repúdio da esposa[r], não porque em absoluto fosse justo, mas por causa da dureza dos judeus, como o Senhor diz no Evangelho de Mateus. Disso, porém, é necessário tratar mais plenamente quando se tratar do matrimônio.

AD NONUM dicendum quod uxores fidem matrimonii frangunt per adulterium et de facili, propter delectationem; et latenter, quia *oculus adulteri observat caliginem*, ut dicitur Io 24,15. Non autem est similis ratio de filio ad patrem, vel de servo ad dominum: quia talis infidelitas non procedit ex concupiscentia delectationis, sed magis ex malitia; nec potest ita latere sicut infidelitas mulieris adulterae.

QUANTO AO 9º, deve-se dizer que as esposas rompem a fidelidade do matrimônio pelo adultério e facilmente, por causa do prazer; e ocultamente, pois "o olho do adúltero observa a escuridão", como se diz no livro de Jó. Não é, porém, semelhante a razão do filho para com o pai, ou do servo para com o dono, porque tal infidelidade não procede da concupiscência do prazer, mas antes da malícia; nem pode assim ocultar-se, como a infidelidade da mulher adúltera.

7. Homil. 48, al. 49, n. 3: MG 58, 489-490.

q. A razão de ser do levirato, que se relaciona à continuidade jurídica dos grupos familiares e à propriedade coletiva dos bens de cada grupo nos clãs e tribos, deveria ser examinada sobre bases outras do que aquelas que podia apresentar São João Crisóstomo.

r. No que se refere ao divórcio, Sto. Tomás remete ao tratado do casamento, onde os dois Testamentos devem ser comparados. A resposta dada à objeção 9 denota um antifeminismo bastante surpreendente, mesmo que um texto de Jó pareça dar-lhe um apoio.

A LEI NOVA

Introdução e notas por Servais Pinckaers

INTRODUÇÃO

A) Os termos: Lei do Evangelho ou Lei nova

O título dessas questões: "A lei do Evangelho que se chama de lei nova" exige de saída uma explicação. A linguagem de Sto. Tomás procede da Escritura e dos Padres. O termo "lei" não tem para ele, portanto, a dureza voluntarista e a exterioridade que lhe atribuirão mais tarde o nominalismo e as morais da obrigação. A lei é uma obra da Sabedoria ordenadora, que procede do amor pelo bem comum e ensina as vias da justiça de acordo com a Escritura e a razão. Essa lei é aqui de uma natureza tal que irá tornar-se interior e coincidir com a ação do Espírito Santo na fé e na caridade. A doutrina de Sto. Tomás convida-nos a conferir leveza, riqueza e interioridade ao termo lei, em conformidade com a Escritura.

B) As questões sobre a lei nova na Suma teológica

A Suma teológica é comparável a uma catedral gótica. Em sua arquitetura, as questões sobre a lei nova ocupam o lugar, e exercem a função, de uma pedra angular.

Essas questões fazem parte de um grande conjunto que estuda as diferentes espécies de leis: a lei eterna em Deus, fonte de toda verdadeira lei, a lei natural, que é uma participação direta da mesma, inscrita no coração do homem, a lei humana que dela deriva, e enfim a lei revelada, que é dupla: lei antiga e lei nova. Tais leis comunicam-se entre si por meio de uma dinâmica que atinge seu ápice e sua perfeição para o homem na lei nova.

O estudo das leis faz parte, por sua vez, de um conjunto que expõe os princípios e as causas dos atos humanos, nos quais dominam as virtudes como princípios interiores e pessoais.

Enfim, os atos humanos com seus princípios são regidos pela grande questão que domina a moral de Sto. Tomás: qual é a verdadeira bem-aventurança, o fim último do homem?

A resposta a essa questão, elaborada pela razão à luz da lei, estabelece uma relação entre a II Parte da Suma, que pode ser chamada de moral, com a primeira, consagrada a Deus, à Trindade e à obra criadora e providencial, pois o homem é chamado a encontrar sua felicidade plena na visão amante de Deus, e também com a III Parte, que estuda o Cristo, pois este é para nós, por sua humanidade, a Via necessária para aceder à visão bem-aventurada.

Desse modo, as questões sobre a lei nova ligam-se estreitamente às outras partes da Suma teológica. Apresentam-se a nós como o estudo da lei que nos é concedida por Deus no Cristo como uma fonte espiritual de sabedoria e de graça para dirigir a nossa vida em direção à verdadeira bem-aventurança. Como tal, a lei nova será, para Sto. Tomás, uma base principal da moral cristã.

C) As fontes das questões sobre a lei nova

As questões sobre a lei nova baseiam-se nas melhores fontes da Escritura e dos Padres. Expõem de maneira sucinta e sistemática, às vezes de maneira bastante original, os dados fornecidos pelas mais ricas correntes da tradição teológica.

As fontes serão principalmente as seguintes: — a Carta aos Romanos, comentada uma segunda vez por Sto. Tomás no momento de redigir a Suma, com auxílio do tratado *Do espírito e da letra*, de Sto. Agostinho, que é uma reflexão sobre a lei de Moisés que mata, quando tomada ao pé da letra, e a lei inscrita pelo Espírito Santo nos corações dos que creem, que justifica, de acordo com a Carta aos Romanos e a segunda aos Coríntios.

Tais fontes remontam até o texto profético de Jeremias (31), que anuncia a nova aliança com a lei inscrita nos corações, em ligação com Ezequiel (36,26), sobre a substituição do coração de pedra pelo coração de carne.

— O Sermão da montanha, compreendido à luz do comentário de Sto. Agostinho, que exerceu uma influência preponderante sobre a interpretação desse texto de São Mateus até Sto. Tomás. O Sermão da montanha é apresentado como o modelo perfeito da vida cristã, contendo todos os preceitos que devem reger a vida do cristão (ver q. 108, a. 3).

Além dessas fontes explicitamente citadas, deve-se mencionar a *Suma de Alexandre de Hales*, obra de um grupo franciscano precedendo em alguns anos as obras de Sto. Tomás. Comporta um longo tratado sobre a lei nova no qual são reunidos todos os materiais fornecidos pelos Padres sobre o assunto.

Semelhantes vínculos entre a Suma franciscana e a de Sto. Tomás indicam-nos que estamos lidando, no tratado da lei nova, com a expressão

teológica do poderoso movimento de retorno ao Evangelho que deu nascimento a uma nova forma de vida religiosa, representada pelos franciscanos e pelos dominicanos, e que levou a considerar essa época como uma era do Espírito Santo. É portanto, o evangelismo do século XIII que é exposto nas questões sobre a lei nova e, por essa via, o evangelismo de todos os tempos, pois essa doutrina recebe um valor universal, como um modelo, devido a seu enraizamento na Revelação, e devido à sua ligação direta com a ação do Espírito Santo na Igreja.

D) A história posterior do tratado da lei nova

O tratado de Sto. Tomás sobre a lei nova não obteve muita repercussão, a despeito de sua riqueza evangélica. Foi grandemente negligenciado pela própria tradição tomista. Poucos comentadores da Suma teológica interessaram-se por ele. Felizmente, começa-se hoje a redescobri-lo.

Bibliografia

Aubert, J.-M., *Loi de Dieu, loi des hommes*, "Le mystère chrétien", Paris, Desclée, 1964, p. 131-150.

"Loi er Évangile", in *Dictionnaire de Spiritualité* IX (1976), 966-984.

"La morale catholique est-elle évangélique?", in Aubert, J.-M., Mehl, R. e Yannaras, C., *La liberté du chrétien face aux normes éthiques*, Paris, 1972, p. 119-158.

Agostinho, *Explication du Sermon sur la montagne*, apresentação e tradução por A. G. Hamman, Col. Pères dans la Foi, Paris, desclée de Brower, 1978.

De Spiritu et littera, PL 44, 199-246, trad. Francesa: Éd. Vivès, Paris, 1872, t. 30.

Baraut, Cyprien, "Joachim de Flore", in *Dictionnaire de Spiritualité* VIII (1974), 1179-1201.

Corbin, M., "Nature et signification de la loi évangélique", in *Rech. Sc. R.* 57 (1969), p. 5-48.

Di Monda, A. M., *La Legge nuova della libertà secundo S Tommaso*, Nápoles: Convento S. Lorenzo Maggiore, 1954.

Delhaye, Ph., "La loi nouvelle dans l'enseignement de saint Thomas", in *Esprit et Vie* 84 (1974), p. 33-41; p. 49-54.

Guindon, R., *Béatitude et théologie morale chez saint Thomas d'Aquin*, Ottawa, Éditions de l'Université, 1956. Cf. Recensão *RSPT* (1960), p. 157 e ss.

Kühn, Ulrich, *Via Caritatis*, Theologie des Gesetzes bei Thomas von Aquin, Göttingen, Vandenhoeck und Ruprecht, 1965.

Cf. Froidure, M., "La théologie protestante de la loi nouvelle peut-elle se réclamer de saint Thomas?", in *RSPT* 51 (1967), p. 53-61.

Lyonnet, S., *Liberté chrétienne et loi nouvelle*, Paris, 1953; "Liberté chrétienne et loi de l'Esprit selon saint Paul", in *Christus*, 1954, n. 4, p. 6-27, retomado em *La vie selon l'Esprit, condition du chrétien*, Paris, 1965, p. 169-195.

Mennessier, A. I., "Conseils évangéliques", in *Dictionnaire de Spiritualité* II (1953), 1592-1609.

Pinckaers, S., "La morale de saint Thomas est-elle chrétienne?", in *Nova et Vetera* 51 (1976), p. 94-107.

"Esquisse d'une morale chrétienne. Ses bases: la loi évangélique et la loi naturelle", in *Nova er Vetera* 55 (1980), p. 102-125.

Pinckaers, S. e Rumpf, L., *Loi et Évangile*, Genebra, Labor et Fides, 1981.

Pinckaers, S., "Le Sermon sur la Montagne et la morale", in *Communio* VII (1982), n. 6, p. 85-92.

Salet, G., "La loi dans nos coeurs", in *NRTh* 79 (1957), p. 449-462; p. 561-578.

Tonneau, J., *La Loi nouvelle*, Col. La Somme théologique, Paris, Cerf, 1981.

Warin, P., "Les diz commandements et la loi nouvelle", in *La Foi et le Temps* 9 (1979), p. 50-65.

QUAESTIO CVI
DE LEGE EVANGELICA, QUAE DICITUR LEX NOVA, SECUNDUM SE

in quatuor articulus divisa

Consequenter considerandum est de lege Evangelii, quod dicitur lex nova. Et primo, de ipsa secundum se; secundo, de ipsa per comparationem ad legem veterem; tertio, de his quae in lege nova continentur.

Circa primum quaeruntur quatuor.

Primo: qualis sit, utrum scilicet scripta vel indita.

Secundo: de virtute eius, utrum iustificet.

Tertio: de principio eius, utrum debuerit dari a principio mundi.

Quarto: de termino eius, utrum scilicet sit duratura usque ad finem, an debeat ei alia lex succedere.

ARTICULUS 1
Utrum lex nova sit lex scripta

AD PRIMUM SIC PROCEDITUR. Videtur quod lex nova sit lex scripta.

1. Lex enim nova est ipsum Evangelium. Sed Evangelium est descriptum: Io 20,31, *Haec autem scripta sunt ut credatis*. Ergo lex nova est lex scripta.

2. PRAETEREA, lex indita est lex naturae; secundum illud Rm 2,14sq.: *Naturaliter ea quae legis sunt faciunt, qui habent opus legis scriptum in cordibus suis*. Si igitur lex Evangelii esset lex indita, non differret a lege naturae.

3. PRAETEREA, lex Evangelii propria est eorum qui sunt in statu novi testamenti. Sed lex indita communis est et eis qui sunt in novo testamento,et eis qui sunt in veteri testamento: dicitur enim Sap 7,27, quod divina sapientia *per nationes in animas sanctas se transfert, amicos Dei et prophetas constituit*. Ergo lex nova non est lex indita.

SED CONTRA est quod lex nova est lex novi testamenti. Sed lex novi testamenti est indita in corde. Apostolus enim, Hb 8,8-10, dicit, inducens auctoritatem quae habetur Ier 31,31-33: *Ecce dies venient, dicit Dominus, et consummabo super domum Israel et super domum Iuda testamentum*

QUESTÃO 106
A LEI DO EVANGELHO, QUE SE DIZ LEI NOVA, EM SI MESMA CONSIDERADA

em quatro artigos

Em seguida, deve-se considerar a lei do Evangelho, que se diz lei nova. E, primeiro, ela em si mesma; segundo, ela em comparação à lei antiga; terceiro, aquelas coisas que estão contidas na lei nova.

Acerca do primeiro, fazem-se quatro perguntas:

1. Qual é: é escrita ou infusa?
2. Sua virtude justifica?
3. Seu princípio: devia ter sido dada desde o começo do mundo?
4. Seu termo: durará até o fim ou outra lei deve sucedê-la?

ARTIGO 1
A lei nova é lei escrita?

QUANTO AO PRIMEIRO ARTIGO, ASSIM SE PROCEDE: parece que a lei nova **é** lei escrita.

1. Com efeito, a lei nova é o próprio Evangelho. Ora, João assim o descreve: "Estas coisas foram escritas para que creiais". Logo, a lei nova é lei escrita.

2. ALÉM DISSO, a lei infusa é a lei da natureza, segundo a Carta aos Romanos: "Naturalmente fazem aquelas coisas que são da lei, os que têm a obra da lei escrita em seus corações". Se, pois, a lei do Evangelho fosse lei infusa, não seria diferente da lei da natureza.

3. ADEMAIS, a lei do Evangelho é própria daqueles que estão no estado do novo testamento. Ora, a lei infusa é comum aos que estão no novo testamento, como aos que estão no antigo testamento; diz-se, com efeito, no livro da Sabedoria, que a sabedoria divina "pelas nações se transfere para as almas santas, constitui os amigos de Deus e os profetas". Logo, a lei nova não é lei infusa.

EM SENTIDO CONTRÁRIO, a lei nova é a lei do novo testamento. Ora, a lei do novo testamento é infusa no coração. O Apóstolo, com efeito, diz, citando o texto que se tem no livro de Jeremias: "Eis que virão os dias, diz o Senhor, e consumarei sobre a casa de Israel e sobre a casa de Judá

1 PARALL.: Art. seq.; q. 107, a. 1, ad 2; q. 108, a. 1; II *Cor.*, c. 3, lect. 2; *ad Heb.*, c. 8, lect. 2.

novum: et exponens quid sit hoc testamentum, dicit: *Quia hoc est testamentum quod disponam domui Israel: dando leges meas in mentem eorum, et in corde eorum superscribam eas*. Ergo lex nova est lex indita.

RESPONDEO dicendum quod *unaquaeque res illud videtur esse quod in ea est potissimum*, ut Philosophus dicit, in IX *Ethic.*[1]. Id autem quod est potissimum in lege novi testamenti, et in quo tota virtus eius consistit, est gratia Spiritus Sancti, quae datur per fidem Christi. Et ideo principaliter lex nova est ipsa gratia Spiritus Sancti, quae datur Christi fidelibus. Et hoc manifeste apparet per Apostolum, qui, Rm 3,27, dicit: *Ubi est ergo gloriatio tua? Exclusa est. Per quam legem? Factorum? Non: sed per legem fidei*: ipsam enim fidei gratiam *legem* appellat. Et expressius Rm 8,2 dicitur: *Lex Spiritus vitae in Christo Iesu liberavit me a lege peccati et mortis*. Unde et Augustinus dicit, in libro *de Spiritu et Littera*[2], quod *sicut lex factorum scripta fuit in tabulis lapideis, ita lex fidei scripta est in cordibus fidelium*. Et alibi dicit in eodem libro[3]: *Quae sunt leges Dei ab ipso Deo scriptae in cordibus, nisi ipsa praesentia Spiritus Sancti?*

Habet tamen lex nova quaedam sicut dispositiva ad gratiam Spiritus Sancti, et ad usum huius gratiae pertinentia, quae sunt quasi secundaria in lege nova, de quibus oportuit instrui fideles Christi et verbis et scriptis, tam circa credenda quam circa agenda. Et ideo dicendum est quod principaliter nova lex est lex indita, secundario autem est lex scripta.

um testamento novo"; e expondo o que seja esse testamento, diz: "Porque este é o testamento que propiciarei à casa de Israel: dando minhas leis para a mente deles, e as sobrescreverei no seu coração". Logo, a lei nova é lei infusa.

RESPONDO. "Toda coisa parece ser aquilo que nela é principal", diz o Filósofo. Aquilo que é principal na lei do novo testamento, e em que toda a virtude dela consiste, é a graça do Espírito Santo, que é dada pela fé de Cristo. E assim principalmente a lei nova é a própria graça do Espírito Santo, que é dada aos fiéis de Cristo. E isso aparece manifestamente pelo Apóstolo que diz: "Onde está então a tua glória? Foi excluída. Por qual lei? Das obras? Não: mas pela lei da fé": a própria graça da fé chama de "lei". E mais expressamente na Carta aos Romanos se diz: "A lei do espírito da vida em Cristo Jesus me libertou da lei do pecado e da morte". Donde diz Agostinho que "assim como a lei das obras foi escrita nas tábuas de pedra, assim a lei da fé foi escrita nos corações dos fiéis". E em outro lugar diz no mesmo livro: "Quais são as leis de Deus escritas pelo mesmo Deus nos corações senão a própria presença do Espírito Santo?".

A lei nova tem, contudo, algumas como disposições para a graça do Espírito Santo, e pertinentes ao uso dessa graça, as quais são como secundárias na lei nova, de que é necessário instruir os fiéis de Cristo por palavras e escritos, tanto acerca do que se deve crer, quanto do que se deve praticar. E assim deve-se dizer que principalmente a lei nova é lei infusa, secundariamente, porém, é lei escrita[a].

1. C. 8: 1169, a, 2-4.
2. C. 24, n. 41: ML 44, 225.
3. C. 21: ML 44, 222.

a. Essa definição de lei nova é uma criação de Sto. Tomás e um pequena obra-prima. A distinção entre o elemento principal e os elementos segundos, mais do que secundários, evidencia o fato da lei nova pertencer à interioridade dinâmica e espiritual na qual o homem encontra Deus na fé, sem descuidar dos elementos mais materiais e visíveis, como os escritos, que constituem instrumentos necessários.

Cada palavra da definição é ponderada, e indica uma ligação desse tratado com outras partes da teologia, de modo que o conjunto forma realmente uma pedra angular na arquitetura da Suma.

O elemento principal é constituído pela *graça do Espírito Santo*: isto nos remete às questões sobre a graça que se seguirão e à fonte dessa graça, o Espírito Santo, estudado na I Parte (q. 36), onde ele recebe o nome de "Dom" (q. 38), que novamente se verificará, em particular pela ação dos dons do Espírito Santo (I-II, q. 68). Sto. Tomás associará estes últimos às virtudes, ligando um dom a cada virtude no ordenamento de sua moral (II-II).

A graça do Espírito nos advém pela *fé*, à qual, mais tarde, Sto. Tomás acrescentará a *caridade* (q. 108, a. 1), que a torna operante. São essas, junto com a esperança, as virtudes cristãs principais que irão dominar e animar todo o organismo das virtudes, toda a moral exposta de maneira pormenorizada na II-II.

Trata-se da fé em *Cristo*, cuja vida e obra de redenção e de graça serão estudadas na III Parte da Suma. Sob a égide da fé, todas as virtudes se orientam para Cristo como a Via que nos é oferecida e necessária para atingir a prometida bem-aventurança.

Os elementos segundos, mais exteriores, ordenam-se aos primeiros como instrumentos. Sejam eles falas ou escritos, são de duas espécies, dispondo quer a receber a graça do Espírito, quer a dela usar, a pô-la em prática de maneira ativa.

AD PRIMUM ergo dicendum quod in scriptura Evangelii non continentur nisi ea quae pertinent ad gratiam Spiritus Sancti vel sicut dispositiva, vel sicut ordinativa ad usum huius gratiae. Sicut dispositiva quidem quantum ad intellectum per fidem, per quam datur Spiritus Sancti gratia, continentur in Evangelio ea quae pertinent ad manifestandam divinitatem vel humanitatem Christi. Secundum affectum vero, continentur in Evangelio ea quae pertinent ad contemptum mundi, per quem homo fit capax gratiae Spiritus Sancti: *mundus* enim, idest amatores mundi, *non potest capere Spiritum Sanctum*, ut habetur Io 14,17. Usus vero spiritualis gratiae est in operibus virtutum, ad quae multipliciter scriptura Novi Testamenti homines exhortatur.

QUANTO AO 1º, portanto, deve-se dizer que na escritura do Evangelho não se contêm a não ser aquelas coisas que pertencem à graça do Espírito Santo ou como dispositivas, ou como ordenativas para uso dessa graça. Como dispositivas, quanto à inteligência pela fé, pela qual é dada a graça do Espírito Santo, são contidas no Evangelho aquelas coisas que pertencem à manifestação da divindade ou humanidade de Cristo. Segundo o afeto, porém, o Evangelho contém aquelas coisas que pertencem ao desprezo do mundo, pelo qual o homem se torna capaz da graça do Espírito Santo: "o mundo", isto é, os amantes do mundo, "não pode receber o Espírito Santo", como está no Evangelho de João. O uso da graça espiritual está nas obras das virtudes, às quais de muitos modos a escritura do Novo Testamento exorta os homens.

AD SECUNDUM dicendum quod dupliciter est aliquid inditum homini. Uno modo, pertinens ad naturam humanam: et sic lex naturalis est lex indita homini. Alio modo est aliquid inditum homini quasi naturae superadditum per gratiae donum. Et hoc modo lex nova est indita homini, non solum indicans quid sit faciendum, sed etiam adiuvans ad implendum.

QUANTO AO 2º, deve-se dizer que de dois modos algo é infuso no homem. De um modo, pertinente à natureza humana; e assim a lei natural é lei infusa no homem. De outro modo, algo é infuso no homem como acrescentado à natureza, pelo dom da graça. E desse modo a lei nova é infusa no homem, não só indicando o que se deve fazer mas também ajudando a realizá-lo.

AD TERTIUM dicendum quod nullus unquam habuit gratiam Spiritus Sancti nisi per fidem Christi explicitam vel implicitam. Per fidem autem Christi pertinet homo ad novum testamentum. Unde quibuscumque fuit lex gratiae indita, secundum hoc ad novum testamentum pertinebant.

QUANTO AO 3º, deve-se dizer que ninguém jamais teve a graça do Espírito Santo senão pela fé em Cristo, explícita ou implícita. Pela fé em Cristo o homem pertence ao novo testamento. Portanto, todos aqueles nos quais foi infusa a lei da graça, em razão disso pertencem ao novo testamento.

ARTICULUS 2

Utrum lex nova iustificet

AD SECUNDUM SIC PROCEDITUR. Videtur quod lex nova non iustificet.

1. Nullus autem iustificatur nisi legi Dei obediat; secundum illud Hb 5,9: *Factus est*, scilicet Christus, *omnibus obtemperantibus sibi causa salutis aeternae*. Sed Evangelium non semper hoc operatur quod homines ei obediant: dicitur enim

ARTIGO 2

A lei nova justifica?

QUANTO AO SEGUNDO, ASSIM SE PROCEDE: parece que a lei nova **não** justifica.

1. Com efetio, ninguém é justificado a não ser que obedeça à lei de Deus, segundo a Carta aos Hebreus: "Foi feito", a saber, Cristo, "causa de salvação eterna para todos os que lhe obedecem". Ora, o Evangelho nem sempre faz com que os

2

Primeiramente é a *Escritura*, que é a matéria principal da teologia (I, q. 1). Na lei nova, a Escritura se concentra no *Evangelho*, ou seja, no Novo Testamento. Veremos adiante que este se resume ao "Sermão do Senhor", segundo São Mateus, que é um condensado da moral evangélica.

Para receber a graça do Espírito Santo, disporemos ainda dos *sacramentos* que provêm de Cristo, e que serão longamente estudados na III Parte e no Suplemento da Suma (q. 108, a. 1 e 2).

Como se vê, toda a teologia, todas as realidades cristãs convergem para a lei nova.

O estudo da lei nova assim concebido pode adquirir uma realidade atual para nós, seguindo o Vaticano II, que abriu aos católicos o acesso a toda a Escritura, e voltou a enfatizar a importância do papel do Espírito Santo, pela fé e pela caridade, como também dos sacramentos, na vida cristã.

Rm 10,16: *Non omnes obediunt Evangelio*. Ergo lex nova non iustificat.

2. PRAETEREA, Apostolus probat, *ad* Rm, quod lex vetus non iustificabat, quia ea adveniente praevaricatio crevit: habetur enim Rm 4,15: *Lex iram operatur: ubi enim non est lex, nec praevaricatio*. Sed multo magis lex nova praevaricationem addidit: maiori enim poena est dignus qui post legem novam datam adhuc peccat; secundum illud Hb 10,28sq.: *Irritam quis faciens legem Moysi, sine ulla miseratione, duobus vel tribus testibus, moritur. Quanto magis putatis deteriora mereri supplicia, qui Filium Dei conculcaverit*, etc.? Ergo lex nova non iustificat, sicut nec vetus.

3. PRAETEREA, iustificare est proprius effectus Dei; secundum illud Rm 8,33: *Deus qui iustificat*. Sed lex vetus fuit a Deo, sicut et lex nova. Ergo lex nova non magis iustificat quam lex vetus.

SED CONTRA est quod Apostolus dicit, Rm 1,16: *Non erubesco Evangelium: virtus enim Dei est in salutem omni credenti*. Non autem est salus nisi iustificatis. Ergo lex Evangelii iustificat.

RESPONDEO dicendum quod, sicut dictum est[1], ad legem Evangelii duo pertinent. Unum quidem principaliter: scilicet ipsa gratia Spiritus Sancti interius data. Et quantum ad hoc, nova lex iustificat. Unde Augustinus dicit, in libro *de Spiritu et Littera*[2]: *Ibi*, scilicet in veteri testamento, *lex extrinsecus posita est, qua iniusti terrerentur: hic*, scilicet in novo testamento, *intrinsecus data est, qua iustificarentur*. — Aliter pertinet ad legem Evangelii secundario: scilicet documenta fidei, et praecepta ordinantia affectum humanum et humanos actus. Et quantum ad hoc, lex nova non iustificat. Unde Apostolus dicit, 2Cor 3,6: *Littera occidit, spiritus autem vivificat*. Et Augustinus exponit, in libro *de Spiritu et Littera*[3], quod per litteram intelligitur quaelibet scriptura extra homines existens, etiam moralium praeceptorum qualia continentur in Evangelio. Unde etiam littera Evangeli occideret, nisi adesset interius gratia fidei sanans.

homens lhe obedeçam; diz-se, com efeito, na Carta aos Romanos: "Nem todos obedecem ao Evangelho". Logo, a lei nova não justifica.

2. ALÉM DISSO, o Apóstolo prova que a lei antiga não justificava, porque, advindo ela, aumentou a prevaricação; tem-se, com efeito, na Carta aos Romanos: "A lei produz ira: onde não há lei, não há prevaricação". Ora, muito mais a lei nova aumentou a prevaricação: de maior pena, com efeito, é digno aquele que ainda peca, após dada a lei nova, segundo a Carta aos Hebreus: "Aquele que faz irrita a lei de Moisés, com duas ou três testemunhas, sem nenhuma comiseração, é morto. Quanto mais julgais que mereçam os piores suplícios aquele que calcar aos pés o Filho de Deus?" etc. Logo, a lei nova não justifica, como também a antiga.

3. ADEMAIS, justificar é efeito próprio de Deus, segundo a Carta aos Romanos: "Deus que justifica". Ora, a lei antiga procedeu de Deus, assim como a lei nova. Logo, a lei nova não justifica mais que a lei antiga.

EM SENTIDO CONTRÁRIO, diz o Apóstolo: "Não me envergonho do Evangelho: pois, o poder de Deus é para a salvação de todo aquele que crê". Não há salvação senão para os justificados. Logo, a lei do Evangelho justifica.

RESPONDO. Como foi dito, duas coisas pertencem à lei do Evangelho. Uma, principalmente, a saber: a própria graça do Espírito Santo dada interiormente. E quanto a isso, a lei nova justifica. Donde diz Agostinho: "Aí", a saber no antigo testamento, "a lei foi imposta extrinsecamente, pela qual os injustos eram aterrorizados; aqui", a saber, no novo testamento, "foi dada intrinsecamente, pela qual se justificassem". — Doutra forma, pertence à lei do Evangelho secundariamente, a saber: os documentos da fé e os preceitos que ordenam o afeto humano e os atos humanos. E quanto a isso, a lei nova não justifica. Por isso, diz o Apóstolo: "A letra mata, o espírito, contudo, vivifica". E Agostinho explica que por letra entende-se qualquer escritura existente fora dos homens, mesmo dos preceitos morais, quais estão contidas no Evangelho. Portanto, também a letra do Evangelho mataria, a não ser que estivesse presente, interiormente, a graça da fé que cura[b].

1. A. praec.
2. C. 17: ML 44, 218.
3. Cc. 14, 17: ML 44, 215, 219.

b. Essa resposta é muito importante para o diálogo com o protestantismo. Esclarece as relações entre a fé e a Escritura segundo a definição da lei nova que acaba de ser proposta. É a fé em Cristo que justifica, mais exatamente, a graça de Cristo

AD PRIMUM ergo dicendum quod illa obiectio procedit de lege nova non quantum ad id quod est principale in ipsa, sed quantum ad id quod est secundarium in ipsa: scilicet quantum ad documenta et praecepta exterius homini proposita vel verbo vel scripto.

AD SECUNDUM dicendum quod gratia novi testamenti, etsi adiuvet hominem ad non peccandum, non tamen ita confirmat in bono ut homo peccare non possit: hoc enim pertinet ad statum gloriae. Et ideo si quis post acceptam gratiam novi testamenti peccaverit, maiori poena est dignus, tanquam maioribus beneficiis ingratus, et auxilio sibi dato non utens. Nec tamen propter hoc dicitur quod lex nova *iram operatur*: quia quantum est de se, sufficiens auxilium dat ad non peccandum.

AD TERTIUM dicendum quod legem novam et veterem unus Deus dedit, sed aliter et aliter. Nam legem veterem dedit scriptam in tabulis lapideis: legem autem novam dedit scriptam *in tabulis cordis carnalibus*, ut Apostolus dicit, 2Cor 3,3. Proinde sicut Augustinus dicit, in libro *de Spiritu et Littera*[4], *litteram istam extra hominem scriptam, et ministrationem mortis et ministrationem damnationis Apostolus appellat. Hanc autem, scilicet novi testamenti legem, ministrationem spiritus et ministrationem iustitiae dicit: quia per donum Spiritus operamur iustitiam, et a praevaricationis damnatione liberamur.*

QUANTO AO 1º, portanto, deve-se dizer que procede aquela objeção da lei nova não quanto àquilo que é principal nela, mas quanto àquilo que é secundário, a saber: quanto aos documentos e preceitos exteriormente propostos ao homem ou por palavra ou por escrito.

QUANTO AO 2º, deve-se dizer que a graça do novo testamento, embora ajude o homem para não pecar, não o confirma de tal modo no bem que o homem não possa pecar; isso, com efeito, pertence ao estado da glória. E assim, se alguém pecar, depois de recebida a graça do novo testamento, é digno de pena maior, como ingrato por benefícios maiores, e não usando do auxílio a ele dado. Não se diz, contudo, por isso, que a lei nova "produz a ira", pois, quanto dela depende, dá o auxílio suficiente para não pecar.

QUANTO AO 3º, deve-se dizer que um só Deus deu a lei nova e a antiga, mas de modo diferente. Deu, com efeito, a lei antiga escrita nas tábuas de pedra. Já a lei nova deu escrita "nas tábuas carnais do coração", como diz o Apóstolo. Por isso, como diz Agostinho: "esta letra escrita fora do homem, chama o Apóstolo de serviço da morte e da condenação. Esta, a saber, a lei do novo testamento, chama serviço do espírito e serviço da justiça: porque pelo dom do Espírito praticamos a justiça e nos livramos da condenação da prevaricação.

ARTICULUS 3

Utrum lex nova debuerit dari a principio mundi

AD TERTIUM SIC PROCEDITUR. Videtur quod lex nova debuerit dari a principio mundi.

1. *Non enim est personarum acceptio apud Deum*, ut dicitur Rm 2,11. Sed *omnes homines*

ARTIGO 3

A lei nova devia ter sido dada desde o princípio do mundo?

QUANTO AO TERCEIRO, ASSIM SE PROCEDE: parece que a lei nova **deveria** ter sido nova desde o princípio do mundo.

1. Com efeito, "Não há acepção de pessoas junto de Deus", como se diz na Carta aos Romanos.

4. C. 18: ML 44, 219.

3 PARALL.: Supra, q. 91, a. 5, ad 2.

recebida do Espírito pela fé. Será especificado adiante que essa graça opera pela caridade (q. 108, a. 1), ou seja, pelas virtudes e dons que a caridade anima. Assim, a justificação não permanece no exterior do homem, como sustentava Lutero, mas penetra naquele que crê para realizar nele a santificação.

Por outro lado, Sto. Tomás afirma de maneira audaciosa que a letra do Evangelho, com os preceitos morais ali contidos, não somente não justifica, como poderia matar, como era o caso no que se referia ao Antigo Testamento.

Que a Escritura evangélica não possa justificar por si mesma não impede que ela seja o instrumento necessário e privilegiado escolhido pelo Espírito Santo para realizar a sua obra de justificação e de santificação. Desse modo, a Escritura se impõe como a matéria principal da teologia, dogmática e moral, assim como da prece, na liturgia e na meditação cristãs. Mas, para produzir seus frutos, tanto no plano da inteligência como no da afetividade, a leitura da Escritura deve ser feita na fé, na qual se exercem a moção e a iluminação do Espírito Santo.

peccaverunt, et egent gloria Dei, ut dicitur Rm 3,23. Ergo a principio mundi lex Evangelii dari debuit, ut omnibus per eam subveniretur.

2. PRAETEREA, sicut in diversis locis sunt diversi homines, ita etiam in diversis temporibus. Sed Deus *qui vult omnes homines salvos fieri*, ut dicitur 1Ti 2,4, mandavit Evangelium praedicari in omnibus locis; ut patet Mt ult., 19, et Mc ult., 15. Ergo omnibus temporibus debuit adesse lex Evangelii, ita quod a principio mundi daretur.

3. PRAETEREA, magis est necessaria homini salus spiritualis, quae est aeterna, quam salus corporalis, quae est temporalis. Sed Deus ab initio mundi providit homini ea quae sunt necessaria ad salutem corporalem, tradens eius potestati omnia quae erant propter hominem creata, ut patet Gn 1,26-28sq. Ergo etiam lex nova, quae maxime est necessaria ad salutem spiritualem, debuit hominibus a principio mundi dari.

SED CONTRA est quod Apostolus dicit, 1Cor 15,46: *Non prius quod spirituale est, sed quod animale*. Sed lex nova est maxime spiritualis. Ergo lex nova non debuit dari a principio mundi.

RESPONDEO dicendum quod triplex ratio potest assignari quare lex nova non debuit dari a principio mundi. Quarum prima est quia lex nova, sicut dictum est[1], principaliter est gratia Spiritus Sancti; quae abundanter dari non debuit antequam impedimentum peccati ab humano genere tolleretur, consummata redemptione per Christum; unde dicitur Io 7,39: *Nondum erat Spiritus datus, quia Iesus nondum erat glorificatus*. Et hanc rationem manifeste assignat Apostolus Rm 8,2sqq., ubi, postquam praemiserat de *lege Spiritus vitae*, subiungit: *Deus, Filium suum mittens in similitudinem carnis peccati, de peccato damnavit peccatum in carne, ut iustificatio legis impleretur in nobis*.

Secunda ratio potest assignari ex perfectione legis novae. Non enim aliquid ad perfectum adducitur statim a principio, sed quodam temporali successionis ordine: sicut aliquis prius fit puer, et postmodum vir. Et hanc rationem assignat Apostolus Gl 3,24sq.: *Lex paedagogus noster fuit in*

"Todos os homens pecaram e necessitam da glória de Deus", como se diz aí. Logo, desde o princípio do mundo a lei do Evangelho devia ter sido dada, para que por meio dela a todos socorresse.

2. ALÉM DISSO, como existem homens diversos em lugares diversos, assim também em tempos diversos. Ora, Deus "que quer que todos os homens sejam salvos", como se diz na primeira Carta a Timóteo, mandou que o Evangelho fosse pregado em todos os lugares, como está no Evangelho de Mateus e do Evangelho de Marcos. Logo, em todos os tempos, devia ter estado presente a lei do Evangelho, de modo que fosse dada desde o princípio do mundo.

3. ADEMAIS, é mais necessária ao homem a salvação espiritual, que é eterna, do que a salvação corporal, que é temporal. Ora, Deus, desde o início do mundo, providenciou ao homem aquelas coisas que são necessárias à salvação corporal, transmitindo a seu poder todas as coisas que tinham sido criadas por causa do homem, como consta no livro do Gênesis. Logo também a lei nova, que maximamente é necessária à salvação espiritual, devia ter sido dada aos homens desde o princípio.

EM SENTIDO CONTRÁRIO, diz o Apóstolo: "Não antes o que é espiritual, mas o que é animal". Ora, a lei nova é maximamente espiritual. Logo, a lei nova não devia ter sido dada desde o princípio do mundo.

RESPONDO. Pode-se assinalar uma tríplice razão por que a lei nova não devia ter sido dada desde o princípio do mundo. A primeira delas é que a lei nova, como foi dito, principalmente é a graça do Espírito Santo, a qual não devia ter sido dada abundantemente antes que se eliminasse o impedimento do pecado pelo gênero humano, consumada a redenção por Cristo. Por isso, se diz no Evangelho de João: "Ainda não fora dado o Espírito, porque Jesus ainda não fora glorificado". E o Apóstolo assinala manifestamente essa razão aí, depois que tratara da "lei do Espírito da vida", acrescenta: "Deus, enviando seu Filho na semelhança da carne do pecado, pelo pecado condenou o pecado na carne, para que a justificação da lei se realizasse em nós".

A segunda razão pode ser assinalada pela perfeição da lei nova. Com efeito, algo não é levado à perfeição imediatamente, desde o princípio, mas numa certa ordem temporal de sucessão, assim como alguém primeiro se faz criança e depois homem. E o Apóstolo assinala esta razão: "A lei

1. Art. 1.

Christo, ut ex fide iustificemur. At ubi venit fides, iam non sumus sub paedagogo.

Tertia ratio sumitur ex hoc quod lex nova est lex gratiae: et ideo primo oportuit quod homo relinqueretur sibi in statu veteris legis, ut, in peccatum cadendo, suam infirmitatem cognoscens, recognosceret se gratia indigere. Et hanc rationem assignat Apostolus Rm 5,20, dicens: *Lex subintravit ut abundaret delictum: ubi autem abundavit delictum, superabundavit et gratia.*

Ad primum ergo dicendum quod humanum genus propter peccatum primi parentis meruit privari auxilio gratiae. Et ideo *quibuscumque non datur, hoc est ex iustitia: quibuscumque autem datur, hoc est ex gratia*, ut Augustinus dicit, in libro *de Perfect. Iustit.*[2]. Unde non est acceptio personarum apud Deum ex hoc quod non omnibus a principio mundi legem gratiae proposuit, quae erat debito ordine proponenda, ut dictum est[3].

Ad secundum dicendum quod diversitas locorum non variat diversum statum humani generis, qui variatur per temporis successionem. Et ideo omnibus locis proponitur lex nova, non autem omnibus temporibus: licet omni tempore fuerint aliqui ad novum testamentum pertinentes, ut supra[4] dictum est.

Ad tertium dicendum quod ea quae pertinent ad salutem corporalem, deserviunt homini quantum ad naturam, quae non tollitur per peccatum. Sed ea quae pertinent ad spiritualem salutem, ordinantur ad gratiam, quae amittitur per peccatum. Et ideo non est similis ratio de utrisque.

Articulus 4

Utrum lex nova sit duratura usque ad finem mundi

Ad quartum sic proceditur. Videtur quod lex nova non sit duratura usque ad finem mundi.

foi nosso pedagogo em Cristo, para que pela fé nos justificássemos. Mas quando veio a fé, já não estamos sob o pedagogo”.

A terceira razão se toma do fato de que a lei nova é a lei da graça; e assim, primeiro, foi necessário que o homem fosse deixado a si, no estado da lei antiga, para que, caindo em pecado, conhecendo sua fraqueza, reconhecesse precisar da graça. E essa razão o Apóstolo assinala, dizendo: “A lei sobreveio para que abundasse o delito; mas, onde abundou o delito, superabundou a graça”[c].

Quanto ao 1º, portanto, deve-se dizer que o gênero humano, por causa do pecado do primeiro pai, mereceu ser privado do auxílio da graça. E assim “aos que ela não é dada, o é por justiça; aos que é dada, o é por graça, diz Agostinho. Portanto, não há acepção de pessoas junto de Deus por não ter proposto a todos, desde o princípio do mundo, a lei da graça, que haveria de propor na devida ordem, como foi dito.

Quanto ao 2º, deve-se dizer que a diversidade dos lugares não varia o estado diverso do gênero humano, que varia pela sucessão do tempo. E assim, em todos os lugares, propõe-se a lei nova, não, porém, em todos os tempos; embora em todo tempo houvesse alguns que pertenciam ao novo testamento, como acima foi dito.

Quanto ao 3º, deve-se dizer que aquelas coisas que pertencem à salvação corporal, servem ao homem quanto à natureza, que não é eliminada pelo pecado. Entretanto, aquelas coisas que pertencem à salvação espiritual, ordenam-se para a graça, que se perde pelo pecado. E assim o argumento não é semelhante em ambos os casos.

Artigo 4

A lei nova durará até o fim do mundo?

Quanto ao quarto, assim se procede: parece que a lei nova **não** durará até o fim do mundo.

2. Vide Epist. 207, al. 107, *ad Vitalem*, c. 5: ML 33, 984; *De Peccat. Merit. et Remiss.*, l. II, c. 19: ML 44, 170.
3. In corp.
4. A. 1, ad 3.

4

c. Sto. Tomás nos fornece aqui uma visão cristã do tempo da humanidade que precedeu a lei nova. O centro da história é ocupado pelo dom da graça do Espírito, dependendo da redenção dos pecados por Cristo. O tempo que precedeu liga-se à lei nova como a um cume e a uma floração, do mesmo modo que um homem é levado à maturidade com auxílio de uma longa pedagogia. Tal educação é efetuada pela lei de maneira dialética: a lei antiga tinha por objetivo provocar no homem a consciência do pecado, a fim de conduzi-lo à graça, do mesmo modo que o filho pródigo foi levado por sua miséria a retornar a seu pai.

A doutrina de Sto. Tomás pressupõe a dos Padres em relação às diferentes épocas e etapas da história da redenção expostas na Escritura.

1. Quia ut Apostolus dicit, 1Cor 13,10, *cum venerit quod perfectum est, evacuabitur quod ex parte est*. Sed lex nova ex parte est: dicit enim Apostolus ibidem, [9]: *Ex parte cognoscimus, et ex parte prophetamus*. Ergo lex nova evacuanda est, alio perfectiori statu succedente.

2. PRAETEREA, Dominus, Io 16,13, promisit discipulis suis in adventu Spiritus Sancti Paracleti cognitionem *omnis veritatis*. Sed nondum Ecclesia omnem veritatem cognoscit, in statu novi testamenti. Ergo expectandus est alius status, in quo per Spiritum Sanctum omnis veritas manifestetur.

3. PRAETEREA, sicut Pater est alius a Filio et Filius a Patre, ita Spiritus Sanctus a Patre et Filio. Sed fuit quidam status conveniens personae Patris: scilicet status veteris legis, in quo homines generationi intendebant. Similiter etiam est alius status conveniens personae Filii: scilicet status novae legis, in quo clerici, intendentes sapientiae, quae appropriatur Filio, principantur. Ergo erit status tertius Spiritus Sancti, in quo spirituales viri principabuntur.

4. PRAETEREA, Dominus dicit, Mt 24,14: *Praedicabitur hoc Evangelium regni in universo orbe, et tunc veniet consummatio*. Sed Evangelium Christi iamdiu est praedicatum in universo orbe; nec tamen adhuc venit consummatio. Ergo Evangelium Christi non est Evangelium regni, sed futurum est aliud Evangelium Spiritus Sancti, quasi alia lex.

SED CONTRA est quod Dominus dicit, Mt 24,34: *Dico vobis quia non praeteribit generatio haec donec omnia fiant*: quod Chrysostomus[1] exponit de *generatione fidelium Christi*. Ergo status fidelium Christi manebit usque ad consummationem saeculi.

RESPONDEO dicendum quod status mundi variari potest dupliciter. Uno modo, secundum diversitatem legis. Et sic huic statui novae legis nullus alius status succedet. Successit enim status novae legis statui veteris legis tanquam perfectior imperfectiori. Nullus autem status praesentis vitae potest esse perfectior quam status novae legis. Nihil enim potest esse propinquius fini ultimo quam quod immediate in finem ultimum introducit. Hoc autem facit nova lex: unde Apostolus dicit, Hb 10,19sqq.: *Habentes itaque, fratres, fiduciam in introitu sanctorum in sanguine Christi, quam*

1. Porque diz o Apóstolo: "Quando vier o que é perfeito, será abolido o que é imperfeito". Ora, a lei nova é imperfeita; diz, com efeito, aí o Apóstolo: "Em parte conhecemos, e em parte profetizamos". Logo, a lei nova deve ser abolida, sucedendo outro estado mais perfeito.

2. ALÉM DISSO, o Senhor prometeu no Evangelho de João a seus discípulos, na vinda do Espírito Santo Paráclito, o conhecimento de "toda a verdade". Ora, a Igreja não conhece ainda toda a verdade, no estado do novo testamento. Logo, deve ser esperado outro estado, no qual pelo Espírito Santo toda a verdade seja manifestada.

3. ADEMAIS, como o Pai é diferente do Filho, e o Filho diferente do Pai, assim o Espírito Santo é diferente do Pai e do Filho. Ora, houve um estado conveniente à pessoa do Pai, a saber, o estado da lei antiga, no qual os homens tendiam à geração. Semelhantemente também há outro estado conveniente à pessoa do Filho, a saber, o estado da lei nova, no qual os clérigos, que tendem para a sabedoria, que é própria do Filho, são os que governam. Logo, haverá um terceiro estado do Espírito Santo, no qual os homens espirituais governarão.

4. ADEMAIS, diz o Senhor, no Evangelho de Mateus: "Será pregado este Evangelho do reino em todo o orbe, e então virá a consumação". Ora, o Evangelho de Cristo já foi pregado em todo o orbe; nem, contudo, veio a consumação. Logo, o Evangelho de Cristo não é o Evangelho do reino, mas haverá outro Evangelho do Espírito Santo, como outra lei.

EM SENTIDO CONTRÁRIO, diz o Senhor, no Evangelho de Mateus: "Digo-vos que não passará esta geração sem que todas as coisas se façam": o que Crisóstomo explica como a "geração dos fiéis em Cristo". Logo, o estado dos fiéis em Cristo permanecerá até a consumação do mundo.

RESPONDO. O estado do mundo pode variar duplamente. De um modo, segundo a diversidade da lei. E assim a este estado da lei nova nenhum outro estado sucederá. O estado da lei nova sucedeu, com efeito, ao estado da lei antiga, como o mais perfeito ao mais imperfeito. Nenhum estado da presente vida, porém, pode ser mais perfeito do que o estado da lei nova. Nada, com efeito, pode ser mais próximo ao fim último do que aquilo que introduz imediatamente ao fim último. Isso faz a lei nova; donde dizer o Apóstolo: "Tendo assim, irmãos, a confiança na entrada

1. Homil. 77, al. 78, n. 1: MG 58, 702.

initiavit nobis viam novam, accedamus ad eum. Unde non potest esse aliquis perfectior status praesentis vitae quam status novae legis: quia tanto est unumquodque perfecitus, quanto ultimo fini propinquius.

Alio modo status hominum variari potest secundum quod homines diversimode se habent ad eandem legem, vel perfectius vel minus perfecte. Et sic status veteris legis frequenter fuit mutatus: cum quandoque leges optime custodirentur, quandoque omnino praetermitterentur. Sic etiam status novae legis diversificatur, secundum diversa loca et tempora et personas, inquantum gratia Spiritus Sancti perfectius vel minus perfecte ab aliquibus habetur. Non est tamen expectandum quod sit aliquis status futurus in quo perfectius gratia Spiritus Sancti habeatur quam hactemus habita fuerit, maxime ab Apostolis, qui *primitas Spiritus* acceperunt, idest *et tempora prius et ceteris abundantius*, ut Glossa[2] dicit Rm 8,23.

AD PRIMUM ergo dicendum quod, sicut Dionysius dicit, in *Eccl. Hier.*[3], triplex est hominum status: primus quidem veteris legis; secundus novae legis: tertius status succedit non in hac vita, sed in patria. Sed sicut primus status est figuralis et imperfectus respectu status evangelici, ita hic status est figuralis et imperfectus respectu status patriae; quo veniente, iste status evacuatur, sicut ibi dicitur [2]: *Videmus nunc per speculum in aenigmate, tunc autem facie ad faciem*.

AD SECUNDUM dicendum quod, sicut Augustinus dicit in libro *Contra Faustum*[4], Montanus et Priscilla posuerunt quod promissio Domini de

do santuário no sangue de Cristo, esse caminho novo que ele iniciou para vós, aproximemo-nos dele". Portanto, não pode haver um estado mais perfeito da vida presente do que o estado da lei nova, porque é tanto mais perfeito quanto mais próximo do fim último.

De outro modo, o estado dos homens pode variar segundo diversamente se comportam os homens com relação à mesma lei, ou mais perfeita ou menos perfeitamente. E assim o estado da lei antiga foi mudado frequentemente; porque às vezes as leis eram otimamente guardadas, às vezes eram totalmente postas de lado. Assim também se diversifica o estado da lei nova, segundo os lugares diversos, tempos e pessoas, enquanto a graça do Espírito Santo é tida mais perfeita ou menos perfeitamente por alguns. Não se deve esperar, porém, que haja um estado futuro no qual a graça do Espírito Santo é tida mais perfeitamente do que até agora o foi, maximamente pelos Apóstolos, que receberam "as primícias do Espírito", isto é, "com antecedência quanto aos tempos e mais abundantemente do que aos outros", como diz a Glosa sobre a Carta aos Romanos[d].

QUANTO AO 1º, portanto, deve-se dizer que, como diz Dionísio, é tríplice o estado dos homens: o primeiro da lei antiga; o segundo da lei nova; o terceiro estado sucede não nesta vida, mas na pátria. Mas, assim como o primeiro estado é figurativo e imperfeito com relação ao estado do evangelho, assim esse estado é figurativo e imperfeito com relação ao estado da pátria; vindo esse, este estado é abolido, como aí se diz: "Vemos agora por espelho em enigma; então, porém, face a face".

QUANTO AO 2º, deve-se dizer, como diz Agostinho, que Montano e Priscila afirmaram que a promessa do Senhor de dar o Espírito Santo, não

2. Interl.; LOMBARDI: ML 191, 1444 D.
3. C. 5: MG 3, 501.
4. L. 19, c. 31: ML 42, 368; *De haeres.*, haer. 26, 46: ML 42, 30, 38; *De utilitate credendi*, c. 3, n. 7: ML 42, 70.

d. A questão era atual para Sto. Tomás, conforme indicam duas expressões um pouco vívidas (resp. 2 e resp. 4), que lhe são muito raras. Ele combate aqui os franciscanos espirituais, em particular Gérard da Borgo San Donnino, que, retomando profecias do padre calabrês Joachim de Fiore, morto no início do século, anunciava para o ano 1260 o advento de uma nova era, provocada por uma efusão do Espírito Santo que tornaria obsoletos o Novo Testamento e o sacerdócio de Cristo na Igreja. O Antigo Testamento havia sido a era do Pai, o Novo Testamento a do Filho; a era que viria seria a do Espírito Santo.

Estava diretamente em causa a ligação entre o Espírito Santo, por um lado, e os Evangelhos apostólicos e a Igreja que os ensina, por outro. O problema manifestava um dos perigos que devem evitar todos os movimentos espirituais e carismáticos: separar a ação interior do Espírito de seus apoios e instrumentos necessários, o Novo Testamento e a instituição eclesiástica. A resposta de Sto. Tomás adquire um alcance universal. Reúne de maneira indissociável toda ação do Espírito Santo com sua efusão sobre os apóstolos em Pentecostes, segundo o relato dos Atos e, por consequência, com o seu ensinamento relatado no Novo Testamento e transmitido pela pregação da Igreja. A era dos apóstolos foi a juventude da Igreja, conforme ele diz em outra passagem (II-II, q. 1, a. 7, sol. 4), a era do pleno vigor, da qual as épocas seguintes recebem participação. Existe portanto uma continuidade profunda em toda a história da Igreja depois de Pentecostes. Tal é precisamente a Tradição viva.

Spiritu Sancto dando non fuit completa in Apostolis, sed in eis. Et similiter Manichaei posuerunt quod fuit completa in Manichaeo, quem dicebant esse Spiritum Paracletum. Et ideo utrique non recipiebant *Actus Apostolorum*, in quibus manifeste ostenditur quod illa promissio fuit in Apostolis completa: sicut Dominus iterato eis promisit, At 1,5, *Baptizamini in Spiritu Sancto non post multos hos dies*; quod impletum legitur At 2. Sed istae vanitates excluduntur per hoc quod dicitur Io 7,39: *Nondum erat Spiritus datus, quia Iesus nondum erat glorificatus*: ex quo datur intelligi quod statim glorificato Christo in resurrectione et ascensione, fuit Spiritus Sanctus datus. Et per hoc etiam excluditur quorumcumque vanitas qui dicerent esse expectandum aliud tempus Spiritus Sancti.

Docuit autem Spiritus Sanctus Apostolos omnem veritatem de his quae pertinent ad necessitatem salutis: scilicet de credendis et agendis. Non tamen docuit eos de omnibus futuris eventibus: hoc enim ad eos non pertinebat, secundum illud At 1,7: *Non est vestrum nosse tempora vel momenta, quae Pater posuit in sua potestate*.

Ad tertium dicendum quod lex vetus non solum fuit Patris, sed etiam Filii: quia Christus in veteri lege figurabantur. Unde Dominus dicit, Io 5,46: *Si crederetis Moysi, crederetis forsitam et mihi: de me enim ille scripsit*. Similiter etiam lex nova non solum est Christi, sed etiam Spiritus Sancti; secundum illud Rm 8,2: *Lex Spiritus vitae in Christo Iesu*, etc.. Unde non est expectanda alia lex, quae sit Spiritus Sancti.

Ad quartum dicendum quod, cum Christus statim in principio Evangelicae praedicationis dixerit, *Appropinquavit regnum caelorum* Mt 4,17, stultissimum est dicere quod Evangelium Christi non sit Evangelium regni. Sed praedicatio Evangelii Christi potest intelligi dupliciter. Uno modo, quantum ad divulgationem notitiae Christi: et sic praedicatum fuit Evangelium in universo orbe etiam tempore Apostolorum, ut Chrysostomus dicit[5]. Et secundum hoc, quod additur, *Et tunc erit consummatio*, intelligitur de destructione Ierusalem, de qua tunc ad litteram loquebatur. —

se realizou nos Apóstolos, mas neles. E semelhantemente os maniqueus afirmaram que se realizou em Maniqueu, o qual diziam ser o Espírito Paráclito. E assim uns e outros não recebiam os Atos dos Apóstolos, nos quais manifestamente se mostra que aquela promessa se realizou nos Apóstolos; assim como o Senhor repetidamente lhes prometeu: "Sereis batizados no Espírito Santo, não muito depois desses dias"; o que se lê realizado nos Atos dos Apóstolos. Entretanto, essas pretensões são excluídas pelo que se diz no Evangelho de João: "Ainda o Espírito não fora dado, porque Jesus ainda não fora glorificado"; do que se dá a entender que, imediatamente glorificado Cristo na ressurreição e na ascensão, foi dado o Espírito Santo. E por isso também se exclui a pretensão daqueles, sejam quais forem, que disserem dever ser esperado outro tempo do Espírito Santo.

Ensinou, porém, o Espírito Santo aos Apóstolos toda verdade sobre aquelas coisas que pertencem à necessidade da salvação, a saber, sobre as que se devem crer e praticar. Não lhes ensinou, porém, sobre todos os acontecimentos futuros: isso, com efeito, não lhes pertencia, segundo o livro dos Atos dos Apóstolos: "Não vos pertence conhecer os tempos ou momentos, que o Pai estabeleceu em seu poder".

Quanto ao 3º, deve-se dizer que a lei antiga não foi só do Pai, mas também do Filho, pois o Cristo era figurado na lei antiga. Donde dizer o Senhor, no Evangelho de João: "Se vós crêsseis em Moisés, com mais razão creríeis em mim; ele, com efeito, sobre mim escreveu". Semelhantemente também a lei nova não só é de Cristo, mas também do Espírito Santo, segundo a Carta aos Romanos: "A lei do Espírito da vida em Cristo Jesus" etc. Donde não deve ser esperada outra lei, que seja do Espírito Santo.

Quanto ao 4º, deve-se dizer que, dado que Cristo disse ao início da pregação Evangélica, no Evangelho de Mateus: "Aproximou-se o reino dos Céus", é estultíssimo dizer que o Evangelho de Cristo não é o Evangelho do reino. Entretanto, a pregação do Evangelho de Cristo pode ser entendida duplamente. De um modo, quanto à divulgação do conhecimento de Cristo; e assim foi pregado o Evangelho em todo o orbe, mesmo no tempo dos Apóstolos, como diz Crisóstomo. E segundo isso, o que se acrescenta: "e agora será consumado" entende-se como a destruição de Jerusalém, da

5. Homil. 75, al. 76 *in Matth.*, n. 2: ML 58, 688-689.

Alio modo potest intelligi praedicatio Evangelii in universo orbe cum pleno effectu, ita scilicet quod in qualibet gente fundetur Ecclesia. Et ita, sicut dicit Augustinus, in Epistola *ad Hesych.*[6], nondum est praedicatum Evangelium in universo orbe: sed, hoc facto, veniet consummatio mundi.

qual se falava então literalmente. — De outro modo, pode-se entender a pregação do Evangelho em todo o orbe como pleno efeito, a saber, de modo que em qualquer povo se estabeleça a Igreja. E assim, como diz Agostinho, ainda não foi pregado o Evangelho em todo o orbe, mas, feito isso, virá a consumação do mundo.

6. Epist. 199, al. 80, c. 12: ML 33, 923.

QUAESTIO CVII
DE COMPARATIONE LEGIS NOVAE AD VETEREM
in quatuor articulos divisa

Deinde considerandum est de comparatione legis novae ad legem veterem.

Et circa hoc quaeruntur quatuor.

Primo: utrum lex nova sit alia lex a lege veteri.
Secundo: utrum lex nova impleat veterem.
Tertio: utrum lex nova contineatur in veteri.
Quarto: quae sit gravior, utrum lex nova vel vetus.

QUESTÃO 107
COMPARAÇÃO DA LEI NOVA COM A ANTIGA[a]
em quatro artigos

A seguir, deve-se considerar a comparação da lei nova com a lei antiga.

E sobre isso, fazem-se quatro perguntas:

1. A lei nova é diferente da lei antiga?
2. A lei nova completa a antiga?
3. A lei nova está contida na antiga?
4. Qual é a mais rigorosa, a lei nova ou a antiga?

ARTICULUS 1
Utrum lex nova sit alia a lege veteri

AD PRIMUM SIC PROCEDITUR. Videtur quod lex nova non sit alia a lege veteri.

1. Utraque enim lex datur fidem Dei habentibus: quia *sine fide impossibile est placere Deo*, ut dicitur Hb 11,6. Sed eadem fides est antiquorum et modernorum, ut dicitur in Glossa Mt 21,9[1]. Ergo etiam est eadem lex.

2. PRAETEREA, Augustinus dicit, in libro *Contra Adamantum Manich. discip.*[2], quod *brevis differentia Legis et Evangelii est timor et amor.* Sed secundum haec duo nova lex et vetus diversificari non possunt: quia etiam in veteri lege proponuntur praecepta caritatis; Lv 19,18: *Diliges proximum*

ARTIGO 1
A lei nova é diferente da lei antiga?

QUANTO AO PRIMEIRO ARTIGO, ASSIM SE PROCEDE: parece que a lei nova **não** é diferente da lei antiga.

1. Com efeito, uma e outra lei são dadas aos que têm fé em Deus, pois "sem fé é impossível agradar a Deus", como se diz na Carta aos Hebreus. Ora, é a mesma a fé dos antigos e dos modernos, como se diz na Glosa sobre o Evangelho de Mateus. Logo, também é a mesma lei.

2. ALÉM DISSO, diz Agostinho que "a breve diferença entre a Lei e o Evangelho é temor e amor". Ora, segundo esses dois, não podem ser diversas a lei nova e a lei antiga, pois também na antiga lei são impostos os preceitos da caridade; no livro do Levítico: "Amarás o teu próximo", e no livro

1 PARALL.: Supra, q. 91, a. 5; *ad Galat.*, c. 1, lect. 2.

1. Cfr. Glossam LOMBARDI super II *Cor.* 4, 13: ML 192, 33 D.
2. C. 17: ML 42, 159.

a. A questão 107 é uma síntese notável da doutrina dos Padres sobre as relações entre o Antigo e o Novo Testamento, centrada principalmente em São Mateus e São Paulo. A teologia de Sto. Tomás junta-se assim à resposta dada pelos apóstolos e pela primeira geração cristã à questão decisiva das relações entre o Evangelho e a Escritura antiga, entre a fé em Jesus, em seu ensinamento, e a lei judia. O nosso Novo Testamento foi escrito em meio a esse debate.

tuum; et Dt 6,5: *Diliges Dominum Deum tuum*. — Similiter etiam diversificari non possunt per aliam differentiam quam Augustinus assignat, *Contra Faustum*[3], quod *vetus testamentum habuit promissa temporalia, novum testamentum habet promissa spiritualia et aeterna*. Quia etiam in novo testamento promittuntur aliqua promissa temporalia; secundum illud Mc 10,30: *Accipiet centies tantum in tempore hoc, domos et fratres*, etc. Et in veteri testamento sperabantur promissa spiritualia et aeterna; secundum illud Hb 11,16: *Nunc autem meliorem patriam appetunt, idest caelestem*, quod dicitur de antiquis Patribus. Ergo videtur quod nova lex non sit alia a veteri.

3. PRAETEREA, Apostolus videtur distinguere utramque legem, Rm 3,27, veterem legem appellans *legem factorum*, legem vero novam appellans *legem fidei*. Sed lex vetus fuit etiam fidei; secundum illud Hb 11,39: *Omnes testimonio fidei probati sunt*, quod dicit de Patribus veteris testamenti. Similiter etiam lex nova est lex factorum: dicitur enim Mt 5,44: *Benefacite his qui oderunt vos*; et Lc 22,19: *Hoc facite in meam commemorationem*. Ergo lex nova non est alia a lege veteri.

SED CONTRA est quod Apostolus dicit, Hb 7,12: *Translato sacerdotio, necesse est ut legis translatio fiat*. Sed aliud est sacerdotium novi et veteris testamenti, ut ibidem Apostolus probat. Ergo est etiam alia lex.

RESPONDEO dicendum quod, sicut supra[4] dictum est, omnis lex ordinat conversationem humanam in ordine ad aliquem finem. Ea autem quae ordinantur ad finem, secundum rationem finis dupliciter diversificari possunt. Uno modo, quia ordinantur ad diversos fines: et haec est diversitas speciei, maxime si sit finis proximus. Alio modo, secundum propinquitatem ad finem vel distantiam ab ipso. Sicut patet quod motus differunt specie secundum quod ordinantur ad diversos terminos: secundum vero quod una pars motus est propinquor termino quam alia, attenditur differentia in motu secundum perfectum et imperfectum.

Sic ergo duae leges distingui possunt dupliciter. Uno modo, quasi omnino diversae, utpote ordinatae ad diversos fines: sicut lex civitatis quae esset ordinata ad hoc quod populus dominaretur, esset specie differens ab illa lege quae esset ad

do Deuteronômio: "Amarás o Senhor teu Deus". — Semelhantemente também não podem ser diversas por outra diferença que Agostinho aponta que "o Antigo Testamento teve promessas temporais, o Novo Testamento tem promessas espirituais e eternas". Porque também no Novo Testamento são feitas algumas promessas temporais, como no Evangelho de Marcos: "Receberá cem vezes mais tanto neste tempo, como casas e irmãos" etc. E no antigo testamento eram esperadas promessas espirituais e eternas, segundo a Carta aos Hebreus: "Agora desejam pátria melhor, isto é, a celeste", o que é dito dos antigos Pais. Logo, parece que a nova lei não é diferente da antiga.

3. ADEMAIS, parece que o Apóstolo distingue uma e outra lei, chamando a lei antiga de "lei das obras", e chamando a lei nova de "lei da fé". Ora, a lei antiga foi também da fé, segundo a Carta aos Hebreus: "Todos foram provados pelo testemunho da fé", o que diz dos Pais do antigo testamento. Semelhantemente também a lei nova é lei das obras; diz-se, com efeito, no Evangelho de Mateus: "Fazei o bem àqueles que vos odiaram". E no Evangelho de Lucas: "Fazei isto em memória de mim". Logo, a lei nova não é diferente da lei antiga.

EM SENTIDO CONTRÁRIO, diz o Apóstolo: "Transferido o sacerdócio, é necessário que se faça a transferência da lei". Ora, são diferentes o sacerdócio do Novo e o do Antigo Testamento, como aí mesmo prova o Apóstolo. Logo, é também diferente a lei.

RESPONDO. Como acima foi dito, toda lei ordena a vida humana em ordem a algum fim. Entretanto, aquelas coisas que se ordenam ao fim, podem, segundo a razão de fim, duplamente diversificar-se. De um modo, porque se ordenam a fins diversos, e tal é a diversidade da espécie, maximamente se o fim é próximo. De outro modo, segundo a proximidade ao fim ou a distância do mesmo. Resulta claro que os movimentos diferem em espécie segundo se ordenam a termos diversos: se uma parte do movimento é mais próxima do termo que outra, considera-se a diferença no movimento segundo o perfeito e o imperfeito.

Portanto, duas leis podem-se distinguir de dois modos. De um, como totalmente diversas, como ordenadas a diversos fins, assim a lei da cidade que seria ordenada a que o povo dominasse, seria especificamente diferente daquela lei que fosse

3. L. IV, c. 2: ML 42, 217-218.
4. Q. 90, a. 2; q. 91, a. 4.

hoc ordinata quod optimates civitatis dominarentur. — Alio modo duae leges distingui possunt secundum quod una propinquius ordinat ad finem, alia vero remotius. Puta in una et eadem civitate dicitur alia lex quae imponitur viris perfectis, qui statim possunt exequi ea quae pertinent ad bonum commune; et alia lex de disciplina puerorum, qui sunt instruendi qualiter postmodum opera virorum exequantur.

Dicendum est ergo quod secundum primum modum, lex nova non est alia a lege veteri: quia utriusque est unus finis, scilicet ut homines subdantur Deo; est autem unus Deus et novi et veteris testamenti, secundum illud Rm 3,30: *Unus Deus est qui iustificat circumcisionem ex fide, et praeputium per fidem*. — Alio modo, lex nova est alia a veteri. Quia lex vetus est quasi paedagogus puerorum, ut Apostolus dicit, Gl 3,24: lex autem nova est lex perfectionis, quia est lex caritatis, de qua Apostolus dicit, Cl 3,14, quod est *vinculum perfectionis*.

Ad primum ergo dicendum quod unitas fidei utriusque testamenti attestatur unitati finis: dictum est enim supra[5] quod obiectum theologicarum virtutum, inter quas est fides, est finis ultimus. Sed tamen fides habuit alium statum in veteri et in nova lege: nam quod illi credebant futurum, nos credimus factum.

Ad secundum dicendum quod omnes differentiae quae assignantur inter novam legem et veterem, accipiuntur secundum perfectum et imperfectum. Praecepta enim legis cuiuslibet dantur de actibus virtutum. Ad operanda autem virtutum opera aliter inclinantur imperfecti, qui nondum habent virtutis habitum; et aliter illi qui sunt per habitum virtutis perfecti. Illi enim qui nondum habent habitum virtutis, inclinantur ad agendum virtutis opera ex aliqua causa extrinseca: puta ex comminatione poenarum, vel ex promissione aliquarum extrinsecarum remunerationum, puta

ordenada a que os melhores da cidade dominassem. De outro modo, duas leis podem-se distinguir conforme uma ordena mais proximamente ao fim, e a outra mais remotamente. Por exemplo, numa e mesma cidade, uma é a lei que é imposta aos homens perfeitos, que imediatamente podem realizar aquelas coisas que pertencem ao bem comum; e outra, a lei de disciplina das crianças, que devem ser instruídas de modo tal que depois realizem as obras dos homens.

Deve-se dizer, pois, segundo o primeiro modo, que a lei nova não é diferente da lei antiga, porque ambas têm um só fim, a saber, que os homens se sujeitem a Deus; só há um Deus, do Novo e do Antigo Testamento, segundo a Carta aos Romanos: "Um só Deus é que justifica a circuncisão pela fé, e o prepúcio mediante a fé". — De outro modo, a lei nova é diferente da antiga. Porque a lei antiga é como pedagogo de crianças, como diz o Apóstolo: e a lei nova é a lei da perfeição, porque é a lei da caridade, da qual fala o Apóstolo, que é "vínculo da perfeição"[b].

Quanto ao 1º, portanto, deve-se dizer que a unidade da fé de ambos os testamentos é atestada pela unidade do fim; diz-se acima, com efeito, que o objeto das virtudes teologais, entre as quais está a fé, é o fim último. Entretanto, a fé teve distinto estado na antiga e na lei nova, pois aquilo que eles criam futuro, nós cremos feito.

Quanto ao 2º, deve-se dizer que todas as diferenças que são assinaladas entre a lei nova e a antiga, são entendidas segundo o perfeito e o imperfeito. Os preceitos, com efeito, de qualquer lei são dados sobre os atos das virtudes. Para realizar as obras das virtudes inclinam-se de um modo os imperfeitos, que ainda não têm o hábito da virtude; e de outro, aqueles que são perfeitos pelo hábito da virtude. Os que não têm o hábito da virtude, inclinam-se para realizar as obras da virtude, por uma causa extrínseca; por exemplo, pela cominação da pena ou pela promessa de algumas

5. Q. 62, a. 2.

b. Sto. Tomás situa no início de sua exposição a questão da diferença entre a lei nova e a lei antiga. Ele a resolve apelando à finalidade que domina sua moral desde o tratado do fim último e da bem-aventurança, e impõe-se particularmente no estudo da lei, que se define, segundo ele, por seu fim, que é o bem comum.

Na perspectiva da finalidade, poder-se-á distinguir duas espécies de diferenciação das leis: uma diferença nos fins, se são díspares; uma diferença de graus no ordenamento a um mesmo fim, como entre o imperfeito e o perfeito. É dessa última maneira que se diferenciam a Antiga e a Nova lei, que estão assim ao mesmo tempo unidas por um fim idêntico e diferentes como duas etapas no caminhar em direção a esse fim.

Desse modo, Sto. Tomás consegue relacionar a doutrina da Escritura e dos Padres às principais categorias de sua moral: o ordenamento ao fim último, ou seja, a visão de Deus, e a moção da virtude como princípio interior de ação em ligação com os dons do Espírito. Ora, a formação para a virtude, em especial a justiça, é o fim mesmo da lei em seu papel pedagógico (artigo seguinte).

honoris vel divitiarum vel alicuius huiusmodi. Et ideo lex vetus, quae dabatur imperfectis, idest nondum consecutis gratiam spiritualem, dicebatur *lex timoris*, inquantum inducebat ad observantiam praeceptorum per comminationem quarundam poenarum. Et dicitur habere temporalia quaedam promissa. — Illi autem qui habent virtutem, inclinantur ad virtutis opera agenda propter amorem virtutis, non propter aliquam poenam aut remunerationem extrinsecam. Et ideo lex nova, cuius principalitas consistit in ipsa spirituali gratia indita cordibus, dicitur *lex amoris*. Et dicitur habere promissa spiritualia et aeterna, quae sunt obiecta virtutis, praecipue caritatis. Et ita per se in ea inclinatur, non quasi in extranea, sed quasi in propria. — Et propter hoc etiam lex vetus dicitur *cohibere manum, non animum*: quia qui timore poenae ab aliquo peccato abstinet, non simplicitur eius voluntas a peccato recedit, sicut recedit voluntas eius qui amore iustitiae abstinet a peccato. Et propter hoc lex nova, quae est lex amoris, dicitur *animum cohibere*.

Fuerunt tamen aliqui in statu veteris testamenti habentes caritatem et gratiam Spiritus Sancti, qui principaliter expectabant promissiones spirituales et aeternas. Et secundum hoc pertinebant ad legem novam. — Similiter etiam in novo testamento sunt aliqui carnales nondum pertingentes ad perfectionem novae legis, quos oportuit etiam in novo testamento induci ad virtutis opera per timorem poenarum, et per aliqua temporalia promissa.

Lex autem vetus etsi praecepta caritatis daret, non tamen per eam dabatur Spiritus Sanctus, per quem *diffunditur caritas in cordibus nostris*, ut dicitur Rm 5,5.

AD TERTIUM dicendum quod, sicut supra[6] dictum est, lex nova dicitur *lex fidei*, inquantum eius principalitas consistit in ipsa gratia quae interius datur credentibus: unde dicitur *gratia fidei*. Habet autem secundario aliqua facta et moralia et sacramentalia: sed in his non consistit principalitas legis novae, sicut principalitas veteris legis in eis consistebat. Illi autem qui in veteri testamento Deo fuerunt accepti per fidem, secundum hoc ad novum tratamentum pertinebant: non enim iustificabantur nisi per fidem Christi, qui est auctor novi

remunerações extrínsecas, por exemplo, de honra ou riquezas ou algo dessa natureza. E assim a lei antiga, que era dada aos imperfeitos, isto é, aos que ainda não haviam conseguido a graça espiritual, era chamada "lei do temor", enquanto induzia à observância dos preceitos pela cominação de algumas penas. Dela se diz que tinha algumas promessas temporalmente. — Os que têm a virtude, inclinam-se para realizar as obras da virtude em razão do amor da virtude, não em razão de alguma pena ou remuneração extrínseca. E assim a lei nova, cuja principalidade consiste na própria graça espiritual infusa nos corações, é dita "lei do amor". Dela se diz que tem as promessas espirituais e eternas, que são objetos da virtude, principalmente da caridade. E assim por si a ela se inclina, não como a uma estranha, mas como própria. — E por causa disso também a lei antiga é dita "coibir a mão, não o espírito", pois o que se abstém de algum pecado pelo temor da pena, sua vontade em absoluto não se afasta do pecado, como se afasta a vontade daquele que, por amor da justiça, se abstém do pecado. E por causa disso da lei nova, que é a lei do amor, se diz "coibir o espírito".

Existiram, porém, alguns, no estado do Antigo Testamento, que tiveram a caridade e a graça do Espírito Santo, os quais principalmente esperavam as promessas espirituais e eternas. E segundo isso pertenciam à lei nova. — Semelhantemente também no Novo Testamento existem alguns carnais que ainda não alcançaram a perfeição da lei nova, os quais foi necessário também no Novo Testamento que fossem induzidos às obras da virtude pelo temor das penas e por algumas promessas temporais.

Embora a lei antiga desse preceitos de caridade, não se dava por ela o Espírito Santo, pelo qual "difunde-se a caridade nos nossos corações", como diz a Carta aos Romanos.

QUANTO AO 3º, deve-se dizer que, como acima foi dito, a lei nova se diz "lei da fé", enquanto sua principalidade consiste na própria graça, que é dada interiormente aos que creem; donde se diz "graça da fé". Tem, porém, secundariamente alguns fatos morais e sacramentais, mas neles não consiste a principalidade da lei nova, como neles consistia a principalidade da lei antiga. Os que no Antigo Testamento foram aceitos por Deus pela fé, pertenciam, segundo isso, ao Novo Testamento; não se justificavam, com efeito, senão pela fé de

6. Q. 106, a. 1, 2.

testamenti. Unde et de Moyse dicit Apostolus, Hb 11,26, quod *maiores divitias aestimabat thesauro Aegyptiorum, improperium Christi*.

Cristo, que é o autor do novo testamento. Por isso, o Apóstolo diz de Moisés que "estimava por maiores riquezas o opróbrio de Cristo que o tesouro dos egípcios"[c].

ARTICULUS 2

Utrum lex nova legem veterem impleat

AD SECUNDUM SIC PROCEDITUR. Videtur quod lex nova legem veterem non impleat.

1. Impletio enim contrariatur evacuationi. Sed lex nova evacuat, vel excludit observantias legis veteris: dicit enim Apostolus, Gl 5,2: *Si circumcidimini, Christus nihil vobis proderit*. Ergo lex nova non est impletiva veteris legis.

2. PRAETEREA, contrarium non est impletivum sui contrarii. Sed Dominus in lege nova proposuit quaedam praecepta contraria praeceptis veteris legis. Dicitur enim Mt 5,27-31sqq.: *Audistis quia dictum est antiquis: Quicumque dimiserit uxorem suam, det ei libellum repudii. Ego autem dico vobis: Quicumque dimiserit uxorem suam, facit eam moechari*. Et idem consequenter patet in prohibitione iuramenti, et etiam in prohibitione talionis, et in odio inimicorum. Similiter etiam videtur Dominus exclusisse praecepta veteris legis de discretione ciborum, Mt 15,11: *Non quod intrat in os, coinquinat hominem*. Ergo lex nova non est impletiva veteris.

3. PRAETEREA, quicumque contra legem agit, non implet legem. Sed Christus in aliquibus contra legem fecit. Tetigit enim leprosum, ut dicitur Mt 8,3: quod erat contra legem. Similiter etiam videtur sabbatum pluries violasse: unde de eo dicebant Iudaei, Io 9,16: *Non est hic homo a Deo, qui sabbatum non custodit*. Ergo Christus non implevit legem. Et ita lex nova data a Christo, non est veteris impletiva.

ARTIGO 2

A lei nova realiza a lei antiga?[d]

QUANTO AO SEGUNDO, ASSIM SE PROCEDE: parece que a lei nova **não** realiza a lei antiga.

1. Com efeito, realizar se opõe a anular. Ora, a lei nova anula ou exclui as observâncias da lei antiga. Diz, com efeito, o Apóstolo: "Se vos circuncidais, Cristo para nada vos adiantará". Logo, a lei nova não é a realização da lei antiga.

2. ALÉM DISSO, um contrário não é a realização de seu contrário. Ora, o Senhor na lei nova estabeleceu alguns preceitos contrários aos preceitos da lei antiga. Diz-se, com efeito, no Evangelho de Mateus: "Ouvistes o que foi dito aos antigos: Todo aquele que deixar sua esposa, dar-lhe-á o libelo de repúdio. Eu, porém, vos digo: "Todo aquele que deixar sua esposa, a faz cometer adultério". E o mesmo em seguida fica claro na proibição do juramento, também na proibição de talião e no ódio aos inimigos. Semelhantemente também parece que o Senhor, no Evangelho de Mateus, exclui os preceitos da lei antiga sobre a discriminação de alimentos: "Não é o que entra pela boca que contamina o homem". Logo, a lei nova não é a realização da antiga.

3. ADEMAIS, todo aquele que age contra a lei, não cumpre a lei. Ora, Cristo em alguns casos agiu contra a lei. Tocou, com efeito, o leproso, como se diz no Evangelho de Mateus, o que era contra a lei. Semelhantemente também parece que violou várias vezes o sábado. Por isso, a respeito dele os judeus diziam, no Evangelho de João: "Este homem não é de Deus, ele que não guarda o sábado". Logo, Cristo não cumpriu a

2 PARALL.: IV *Sent.*, dist. 1, q. 2, a. 5, q.la 2, ad 1, 3; *ad Rom.*, c. 3, lect. 4; c. 9, lect. 5; *ad Ephes.*, c. 2, lect. 5.

c. Essa resposta traz um complemento útil para evitar a separação abstrata entre os regimes da antiga e da nova lei; concentra-se em certas personalidades que, como Moisés, já pertencem, em certa medida, à lei nova.

d. Os artigos 1 e 2 são complementares. Depois de ter exposto qual é exatamente a diferença entre a antiga e a nova lei, Sto. Tomás mostra a continuidade entre ambas, como vindo do imperfeito ao perfeito. Junta-se à problemática cristã primitiva com São Paulo e São Mateus que, cada um à sua maneira, esforçaram-se em demonstrar que a lei e a Escritura haviam se realizado em Cristo, em sua vida e em seu ensinamento, a despeito das diferenças que se podem constatar no que respeita às observâncias e aos preceitos da lei antiga. Era uma questão vital para o cristianismo primitivo em seu debate com o judaísmo e na elaboração de sua própria doutrina. Precisava ao mesmo tempo desligar-se das práticas judias, que o teriam sufocado em sua expansão, e demonstrar a sua fidelidade essencial na linha de uma "justiça mais perfeita".

As objeções reveem as principais contradições que se podem apontar entre o ensinamento de Cristo e o Antigo Testamento no que concerne aos preceitos morais, cerimoniais e judiciários, que foram examinados nas questões consagradas à lei antiga (q. 100-105). A dificuldade se concentra nas observâncias da circuncisão e do Sábado e sobre as antíteses do "Sermão da Montanha".

4. PRAETEREA, in veteri lege continebantur praecepta moralia, caeremonialia et iudicialia, ut supra[1] dictum est. Sed Dominus, Mt 5, ubi quantum ad aliqua legem implevit, nullam mentionem videtur facere de iudicialibus et caeremonialibus. Ergo videtur quod lex nova non sit totaliter veteris impletiva.

SED CONTRA est quod Dominus dicit, Mt 5,17: *Non veni solvere legem, sed adimplere*. Et postea, [18] subdit: *Iota unum, aut unus apex, non praeteribit a lege, donec omnia fiant*.

RESPONDEO dicendum quod, sicut dictum est[2], lex nova comparatur ad veterem sicut perfectum ad imperfectum. Omne autem perfectum adimplet id quod imperfecto deest. Et secundum hoc lex nova adimplet veterem legem, inquantum supplet illud quod veteri legi deerat.

In veteri autem lege duo possunt considerari: scilicet finis; et praecepta contenta in lege. Finis vero cuiuslibet legis est ut homines efficiantur iusti et virtuosi, ut supra[3] dictum est. Unde et finis veteris legis erat iustificatio hominum. Quam quidem lex efficere non poterat, sed figurabat quibusdam caeremonialibus factis, et promittebat verbis. Et quantum ad hoc, lex nova implet veterem legem iustificando virtute passionis Christi. Et hoc est quod Apostolus dicit, Rm 8,3sq.: *Quod impossibile erat legi, Deus, Filium suum mittens in similitudinem carnis peccati, damnavit peccatum in carne, ut iustificatio legis impleretur in nobis*. — Et quantum ad hoc, lex nova exhibet quod lex vetus promittebat; secundum illud 2Cor 1,20: *Quotquot promissiones Dei sunt, in illo est*, idest in Christo. — Et iterum quantum ad hoc etiam complet quod vetus lex figurabat. Unde Cl 2,17 dicitur de caeremonialibus quod erant *umbra futurorum, corpus autem Christi*: idest, veritas pertinet ad Christum. Unde lex nova dicitur *lex veritatis*: lex autem vetus *umbrae* vel *figurae*.

Praecepta vero veteris legis adimplevit Christus et opere, et doctrina. Opere quidem, quia circumcidi voluit, et alia legalia observare, quae erant illo tempore observanda; secundum illud Gl 4,4: *Factum sub lege*. — Sua autem doctri-

1. Q. 99, a. 4.
2. A. praec.
3. Q. 92, a. 1.

lei. E assim a lei nova dada por Cristo não é o cumprimento da antiga.

4. ADEMAIS, na lei antiga continham-se preceitos morais, cerimoniais e judiciais, como acima foi dito. Ora, o Senhor, no Evangelho de Mateus, quando realizou a lei quanto a alguns aspectos, nenhuma menção parece fazer dos judiciais e cerimoniais. Logo, parece que a lei nova não é totalmente realização da antiga.

EM SENTIDO CONTRÁRIO, diz o Senhor, no Evangelho de Mateus: "Não vim abolir a lei, mas cumprir". E depois acrescenta: "Um i ou um ponto não será preterido da lei, até que todas as coisas se cumpram".

RESPONDO. Como foi dito, a lei nova se compara à antiga como o perfeito ao imperfeito. Todo perfeito realiza o que falta ao imperfeito. E segundo isso a lei nova realiza a lei antiga, enquanto supre o que faltara à lei antiga.

Na lei antiga, podem-se considerar duas coisas, a saber: o fim e os preceitos contidos na lei. O fim, contudo, de qualquer lei é que os homens se façam justos e virtuosos, como acima foi dito. Portanto, o fim da lei antiga era também a justificação dos homens. A qual, certamente, a lei antiga não podia fazer, mas figurava com alguns atos cerimoniais, e prometia por palavras. E quanto a isso, a lei nova realiza a lei antiga, justificando pela virtude da paixão de Cristo. E isso é o que o Apóstolo diz: "O que era impossível à lei, Deus, enviando seu Filho na semelhança da carne do pecado, condenou o pecado na carne, de modo que a justificação da lei se realizasse em nós". — E quanto a isso, a lei nova realiza o que a lei antiga prometia; segundo a segunda Carta aos Coríntios: "Quantas são as promessas de Deus, nele estão", isto é, em Cristo. — E de novo quanto a isso também realiza o que a lei antiga figurava. Por isso, se diz, na Carta aos Colossenses, sobre os preceitos cerimoniais, que eram "sombra dos futuros, o corpo, porém, de Cristo", isto é, a verdade pertence a Cristo. Portanto, a lei nova se chama "lei da verdade"; e a lei antiga, "da sombra" ou "da figura".

Cristo realizou os preceitos da lei antiga por obra e doutrina. Por obra, certamente, porque quis ser circuncidado, e observar outros preceitos legais, que deviam ser observados naquele tempo, segundo a Carta aos Gálatas: "Feito sob a lei".

na adimplevit praecepta legis tripliciter. Primo quidem, verum intellectum legis exprimendo. Sicut patet in homicidio et adulterio, in quorum prohibitione Scribae et Pharisaei non intelligebant nisi exteriorem actum prohibitum: unde Dominus legem adimplevit, ostendendo etiam interiores actus peccatorum cadere sub prohibitione. — Secundo, adimplevit Dominus praecepta legis, ordinando quomodo tutius observaretur quod lex vetus statuerat. Sicut lex vetus statuerat ut homo non peiuraret: et hoc tutius observatur si omnino a iuramento abstineat, nisi in casu necessitatis. — Tertio, adimplevit Dominus praecepta legis, superaddendo quaedam perfectionis consilia: ut patet Mt 19,21, ubi Dominus dicenti se observasse praecepta veteris legis, dicit: *Unum tibi deest. Si vis perfectus esse, vade et vende omnia quae habes*, etc.

— Por sua doutrina realizou os preceitos da lei de três modos: em primeiro lugar, exprimindo o verdadeiro sentido da lei. Assim resulta claro no homicídio e no adultério, em cuja proibição os escribas e os fariseus não entendiam proibido senão o ato exterior; donde o Senhor realizou a lei, mostrando que também os atos interiores dos pecados caiam sob a proibição. — Em segundo lugar, realizou o Senhor os preceitos da lei, ordenando como mais seguramente se observaria o que a lei antiga estatuíra. Assim a lei antiga estatuíra que o homem não perjurasse, e isso mais seguramente se observa se totalmente se abstiver de juramento, a não ser em caso de necessidade. — Em terceiro lugar, realizou o Senhor os preceitos da lei, acrescentando alguns conselhos de perfeição, como está no Evangelho de Mateus, onde o Senhor a quem dizia que observava os preceitos da lei antiga, diz: "Uma coisa te falta. Se queres ser perfeito, vai e vende todas as coisas que tens" etc.[e]

AD PRIMUM ergo dicendum quod lex nova non evacuat observantiam veteris legis nisi quantum ad caeremonialia, ut supra[4] habitum est. Haec autem erant in figuram futuri. Unde ex hoc ipso quod caeremonialia praecepta sunt impleta, perfectis his quae figurabantur, non sunt ulterius observanda: quia si observarentur, adhuc significaretur aliquid ut futurum et non impletum. Sicut etiam promissio futuri doni locum iam non habet, promissione iam impleta per doni exhibitionem. Et per hunc modum, caeremoniae legis tolluntur cum implentur.

QUANTO AO 1º, portanto, deve-se dizer que a lei nova não abole a observância da lei antiga senão quanto aos preceitos cerimoniais, como acima se mostrou. Estes existiam como figuras do futuro. Daí que pelo fato mesmo que os preceitos cerimoniais foram realizados, acabadas as coisas que eram figuradas, não devem mais ser observados, porque, se fossem observados, ainda se significaria algo como futuro, e não realizado. Assim como também a promessa do dom futuro já não tem lugar, realizada a promessa pela presença do dom. E por esse modo, são abolidas as cerimônias da lei, uma vez que são realizadas.

AD SECUNDUM dicendum quod, sicut Augustinus dicit, *Contra Faustum*[5], praecepta illa Domini non sunt contraria praeceptitis veteris legis. *Quod enim Dominus praecepit de uxore non dimittenda, non est contrarium ei quod lex praecepit. Neque enim ait lex: Qui voluerit, dimittat uxorem; cui esset contrarium non dimittere. Sed utique nolebat dimitti uxorem a viro, qui hanc interposuit moram, ut in dissidium animus praeceps libelli conscriptione refractus absisteret. Unde Dominus, ad hoc confirmandum ut non facile uxor dimittatur, solam causam fornicationis excepit.* — Et idem

QUANTO AO 2º, deve-se dizer que, como diz Agostinho, aqueles preceitos não são contrários aos preceitos da lei antiga. "O que o Senhor preceituou a respeito de não repudiar a mulher, não é contrário ao que a lei preceituou. Nem, com efeito, diz a lei: Aquele que quiser, repudie a esposa; a isso seria contrário não repudiar. Entretanto, como não queria que a esposa fosse repudiada pelo homem, ele interpôs essa demora, para que o ânimo pressuroso pelo dissídio, vencido pela redação do libelo, se abstivesse. Donde o Senhor, para confirmar que a esposa não fosse repudiada facilmente,

4. Q. 103, a. 3, 4.
5. L. XIX, c. 26: ML 42, 364-365.

e. Encontramos aqui uma síntese teológica notável ordenando uma matéria muito vasta. No centro, a ideia de virtude, como fim da lei, que se realiza em plenitude na paixão de Cristo, a qual é fonte de justificação que realiza em nós a lei pelo meio da fé e da caridade. A aplicação se faz no plano das observâncias e cerimônias que eram figuras do Cristo, das promessas que a visavam e dos preceitos morais que desembocam em sua efetivação na doutrina. Esta é mais perfeita, pois ela atinge o coração, além dos atos exteriores, é mais segura e comporta, além disso, conselhos de perfeição.

etiam dicendum est in prohibitione iuramenti, sicut dictum est[6]. — Et idem etiam patet in prohibitione talionis. Taxavit enim modum vindictae lex, ut non procederetur ad immoderatam vindictam: a qua Dominus perfectius removit eum quem monuit omnino a vindicta abstinere. — Circa odium vero inimicorum, removit falsum Pharisaeorum intellectum, nos monens ut persona odio non haberetur, sed culpa. — Circa discretionem vero ciborum, quae caeremonialis erat, Dominus non mandavit ut tunc non observaretur: sed ostendit quod nulli cibi secundum suam naturam erant immundi, sed solum secundum figuram, ut supra[7] dictum est.

AD TERTIUM dicendum quod tactus leprosi erat prohibitus in lege, quia ex hoc incurrebat homo quandam irregularitatis immunditiam, sicut et ex tactu mortui, ut supra[8] dictum est. Sed Dominus, qui erat mundator leprosi, immunditiam incurrere non poterat. — Per ea autem quae fecit in sabbato, sabbatum non solvit secundum rei veritatem, sicut ipse Magister in Evangelio ostendit: tum quia operabatur miracula virtute divina, quae semper operatur in rebus; tum quia salutis humanae opera faciebat, cum Pharisaei etiam saluti animalium in die sabbati providerent; tum quia etiam ratione necessitatis discipulos excusavit in sabbato spicas colligentes. Sed videbatur solvere secundum superstitiosum intellectum Pharisaeorum, qui credebant etiam a salubribus operibus esse in die sabbati abstinendum: quod erat contra intentionem legis.

AD QUARTUM dicendum quod caeremonialia praecepta legis non commemorantur Mt 5, quia eorum observantia totaliter excluditur per impletionem, ut dictum est[9]. — De iudicialibus vero praeceptis commemoravit praeceptum talionis: ut quod de hoc diceretur, de omnibus aliis esset intelligendum. In quo quidem praecepto docuit legis intentionem non esse ad hoc quod poena talionis quaereretur propter livorem vindictae, quem ipse excludit, monens quod homo debet esse paratus etiam maiores iniurias sufferre: sed solum propter amorem iustitiae. Quod adhuc in nova lege remanet.

excetuou apenas a causa de fornicação". — E o mesmo também deve ser dito na proibição do juramento, como foi dito. — E o mesmo também fica claro na proibição de talião. A lei, com efeito, determinou o modo da vindita, de modo que não se procedesse a uma vindita imoderada, da qual o Senhor afastou mais perfeitamente aquele a quem admoestou que se abstivesse totalmente dela. — Acerca do ódio dos inimigos, afastou a falsa compreensão dos fariseus, admoestando-nos que não se tivesse em ódio a pessoa, mas a culpa. — Acerca da discriminação dos alimentos, que era cerimonial, o Senhor não mandou que então não se observasse, mas mostrou que nenhum alimento era em si mesmo impuro, mas só segundo a figura, como acima foi dito.

QUANTO AO 3º, deve-se dizer que tocar o leproso era proibido na lei, porque disso incorria o homem em certa impureza de irregularidade, como o tocar o morto, como acima foi dito. Mas o Senhor, que era o purificador do leproso, não podia incorrer na impureza. — Por aquelas coisas que fez no sábado, não aboliu o sábado, segundo a verdade da coisa, como o próprio Mestre mostrou no Evangelho, quer porque operava milagres por virtude divina, que sempre opera nas coisas; quer porque fazia as obras da salvação humana, dado que os fariseus provinham também a salvação dos animais no dia de sábado; quer porque também, por razão da necessidade, escusou os discípulos que colhiam espigas. Entretanto, parecia abolir segundo a compreensão supersticiosa dos fariseus, que acreditavam dever-se abster até das obras salutares no dia de sábado, o que era contra a intenção da lei.

QUANTO AO 4º, deve-se dizer que os preceitos cerimoniais da lei não são lembrados no Evangelho de Mateus, porque sua observância é totalmente excluída pela realização, como foi dito. — Dentre os preceitos judiciais lembrou o preceito do talião, para que aquilo que dele se dissesse, se devesse entender de todos os outros. Nesse preceito ensinou que a intenção da lei não era de que se procurasse a pena de talião por causa da malignidade da vindita, que ele exclui, admoestando que o homem deve estar preparado também para sofrer as maiores injúrias, mas por causa do amor da justiça. O que ainda permanece na lei nova.

6. In corp.
7. Q. 102, a. 6, ad 1.
8. Ibid., a. 5, ad 4.
9. In resp. ad 1.

ARTICULUS 3

Utrum lex nova in lege veteri contineatur

AD TERTIUM SIC PROCEDITUR. Videtur quod lex nova in lege veteri non contineatur.

1. Lex enim nova praecipue in fide consistit: unde dicitur *lex fidei*, ut patet Rm 3,27. Sed multa credenda traduntur in nova lege quae in veteri non continentur. Ergo lex nova non continetur in veteri.

2. PRAETEREA, quaedam glossa[1] dicit, Mt 5, super illud 19, *Qui solverit unum de mandatis istis minimis*, quod mandata legis sunt minora, in Evangelio vero sunt mandata maiora. Maius autem non potest contineri in minori. Ergo lex nova non continetur in veteri.

3. PRAETEREA, quod continetur in altero, simul habetur habito illo. Si igitur lex nova contineretur in veteri, sequeretur quod, habita veteri lege, habeatur et nova. Superfluum igitur fuit, habita veteri lege, iterum dari novam. Non ergo nova lex continetur in veteri.

SED CONTRA est quod, sicut dicitur Ez 1,16, *rota erat in rota*, idest *Novum Testamentum in Veteri*, ut *Gregorius* exponit[2].

RESPONDEO dicendum quod aliquid continetur in alio dupliciter. Uno modo, in actu: sicut locatum in loco. Alio modo, virtute, sicut effectus in causa, vel complementum in incompleto: sicut genus continet species potestate, et sicut tota arbor continetur in semine. Et per hunc modum nova lex continetur in veteri: dictum est[3] enim quod nova lex comparatur ad veterem sicut perfectum ad imperfectum. Unde Chrysostomus[4] exponens illud quod habetur Mc 4,28, *Ultro terra fructificat primum herbam, deinde spicam, deinde plenum frumentum in spica*, sic dicit: *Primo herbam fructificat in lege naturae; postmodum spicas in lege Moysi; postea plenum frumentum, in*

ARTIGO 3

A lei nova está contida na lei antiga?[f]

QUANTO AO TERCEIRO, ASSIM SE PROCEDE: parece que a lei nova **não** está contida na lei antiga.

1. Com efeito, a lei nova consiste principalmente na fé; donde se chama "lei da fé", como está na Carta aos Romanos. Ora, muitas coisas que se devem crer, que não estão contidas na lei antiga, são transmitidas na lei nova. Logo, a lei nova não está contida na antiga.

2. ALÉM DISSO, uma glosa diz, sobre aquela passagem do Evangelho de Mateus: "Quem abolir um desses mínimos mandamentos", que os mandamentos da lei são menores, mas no Evangelho são mandamentos maiores. Ora, o maior não pode ser contido no menor. Logo, a lei nova não está contida na antiga.

3. ADEMAIS, aquilo que está contido em outro, é possuído ao mesmo tempo com esse. Se, pois, a lei nova estivesse contida na antiga, seguir-se-ia que, possuída a lei antiga, seria também a nova possuída. Foi assim supérfluo que, possuída a lei antiga, a nova fosse ainda dada. Logo, a lei nova não está contida na antiga.

EM SENTIDO CONTRÁRIO, como se diz no livro de Ezequiel, "a roda estava na roda", isto é, "o Novo Testamento no Antigo", como explica Gregório.

RESPONDO. Algo está contido em outro, de dois modos. De um, em ato, como o localizado no lugar. De outro modo, virtualmente, como o efeito na causa, ou o complemento no incompleto, como o gênero contém as espécies, potencialmente, e como toda árvore está contida na semente. E por esse modo a lei nova está contida na antiga; foi dito, com efeito, que a lei nova se compara à antiga como o perfeito ao imperfeito. Donde Crisóstomo, explicando o que se tem no Evangelho de Mateus: 'Primeiramente a terra frutifica a erva, depois a espiga, depois o grão cheio na espiga', assim diz: "Primeiramente frutifica a erva na lei da natureza; depois as espigas na lei

3

1. Cfr. AUG., *De Serm. Domini in monte*, l. I, c. 1: ML 34, 1231.
2. Homil. VI *in Ezechiel.*: ML 76, 834.
3. Art. 1.
4. Non invenitur.

f. Este artigo completa os dois precedentes, mostrando que existe uma continuidade da antiga à nova lei tal que esta já está contida implicitamente naquela. Lidamos com uma continuidade que não é simplesmente espacial, mas vital, como no crescimento das plantas. Tal doutrina fornece a base da leitura cristã no Antigo Testamento, que nele descobre, sob o véu das imagens e das figuras, os sinais e prefigurações das realidades manifestadas no Novo.

Evangelio. Sic igitur est lex nova in veteri sicut fructus in spica.

AD PRIMUM ergo dicendum quod omnia quae credenda traduntur in Novo Testamento explicite et aperte traduntur credenda in Veteri Testamento, sed implicite sub figura. Et secundum hoc etiam quantum ad credenda lex nova continetur in veteri.

AD SECUNDUM dicendum quod praecepta novae legis dicuntur esse maiora quam praecepta veteris legis, quantum ad explicitam manifestationem. Sed quantum ad ipsam substantiam praeceptorum Novi Testamenti, omnia continentur in Veteri Testamento. Unde Augustinus dicit, *Contra Faustum*[5], quod *pene omnia quae monuit vel praecepit Dominus, ubi adiungebat, "Ego autem dico vobis", inveniuntur etiam in illis veteribus libris. Sed quia non intelligebant homicidium nisi peremptionem corporis humani, aperuit Dominus omnem iniquum motum ad nocendum fratri, in homicidii genere deputari*. Et quantum ad huiusmodi manifestationes, praecepta novae legis dicuntur maiora praeceptis veteris legis. Nihil tamen prohibet maius in minori virtute contineri: sicut arbor continetur in semine.

AD TERTIUM dicendum quod illud quod implicite datum est, oportet explicari. Et ideo post veterem legem latam, oportuit etiam novam legem dari.

de Moisés; depois, o grão pleno no Evangelho". Assim, pois, está a lei nova na antiga, como o fruto na espiga[g].

QUANTO AO 1º, portanto, deve-se dizer que todas as coisas a crer que são transmitidas no Novo Testamento explícita e abertamente, são transmitidas a crer no Antigo Testamento, mas implicitamente, sob figura. E, segundo isso, também quanto às coisas que se devem crer a lei nova está contida na antiga.

QUANTO AO 2º, deve-se dizer que os preceitos da lei nova se diz serem maiores que os preceitos da lei antiga, quanto à manifestação explícita. Entretanto, quanto à mesma substância dos preceitos do Novo Testamento, todas as coisas se contêm no Antigo Testamento. Por isso, diz Agostinho: "Quase todas as coisas que admoestou ou preceituou o Senhor, ao acrescentar: 'Eu, porém, vos digo', acham-se também naqueles antigos livros. Mas porque não entendiam o homicídio a não ser como o assassinato do corpo, explicou o Senhor que todo movimento iníquo para prejudicar ao irmão, fosse incluído no gênero de homicídio". E quanto a semelhantes manifestações, os preceitos da lei nova se dizem maiores que os preceitos da lei antiga. Nada, porém, proíbe que o maior se contenha no menor, virtualmente, como a árvore está contida na semente.

QUANTO AO 3º, deve-se dizer que é necessário explicar-se o que é implicitamente dado. E assim, após dada a lei antiga, foi necessário também que se desse a lei nova.

ARTICULUS 4

Utrum lex nova sit gravior quam vetus

AD QUARTUM SIC PROCEDITUR. Videtur quod lex nova sit gravior quam lex vetus.

1. Math. enim 5, super illud [19], *Qui solverit unum de mandatis his minimis*, dicit Chrysostomus[1]: *Mandata Moysi in actu facilia sunt:*

ARTIGO 4

A lei nova é mais rigorosa que a antiga?[h]

QUANTO AO QUARTO, ASSIM SE PROCEDE: parece que a lei nova é mais rigorosa que a antiga.

1. Diz Crisóstomo sobre aquela passagem do Evangelho de Mateus: "Quem abolir um dentre estes mínimos mandamentos", "Os mandamentos

5. L. XIX, cc. 23, 28: ML 42, 361, 366.

4 PARALL.: III *Sent.*, dist. 40, a. 4, q.la 3; *Quodlib.* IV, q. 8, a. 2; in *Matth.*, c. 11.

1. *Opus imperf. in Matth.*, hom. 10 (inter supposit. Chrysost.): MG 56, 688.

g. O princípio de comparação entre as duas leis como entre o imperfeito e o perfeito especifica-se no sentido de uma relação vital como entre a semente e a planta, esta estando contida naquela, quaisquer que sejam as diferenças exteriores. O Antigo e o Novo Testamentos ligam-se pelo que se pode chamar de um desenvolvimento homogêneo. As diferenças exteriores se resolvem na unidade de um crescimento interior, sob o impulso do Espírito Santo, que o orienta para o Cristo. Tal é o fundamento sólido da releitura das Escrituras que empreenderam os cristãos desde as origens, à luz da Ressurreição e de Pentecostes, que os Padres prosseguiram e que nós somos convidados a retomar.

h. O problema é complexo e importante. É claro que o Evangelho trouxe uma suavização das observâncias judias; mas, não se torna ele mais pesado devido a suas exigências morais, como aquelas do Sermão da Montanha (obj. 1 e 3)? Por outro lado, o Evangelho possui palavras bastante encorajadoras e doces (argumentos *em sentido contrário*). Como associar todos esses aspectos da lei nova?

Non occides, Non adulterabis. Mandata autem Christi, idest, Non irascaris, Non concupiscas, in actu difficilia sunt. Ergo lex nova est gravior quam vetus.

2. PRAETEREA, facilius est terrena prosperitate uti quam tribulationes perpeti. Sed in veteri testamento observationem veteris legis consequebatur prosperitas temporalis, ut patet Dt 28,1-14. Observatores autem novae legis consequitur multiplex adversitas, prout dicitur 2Cor 6,4sqq.: *Exhibeamus nosmetipsos sicut Dei ministros in multa patientia, in tribulationibus, in necessitatibus, in angustiis,* etc. Ergo lex nova est gravior quam lex vetus.

3. PRAETEREA, quod se habet ex additione ad alterum, videtur esse difficilius. Sed lex nova se habet ex additione ad veterem. Nam lex vetus prohibuit periurium, lex nova etiam iuramentum: lex vetus prohibuit discidium uxoris sine libello repudii, lex autem nova omnino discidium prohibuit: ut patet Mt 5,31sqq., secundum expositionem Augustini[2]. Ergo lex nova est gravior quam vetus.

SED CONTRA est quod dicitur Mt 11,28: *Venite ad me omnes qui laboratis et onerati estis.* Quod exponens Hilarius dicit[3]: *Legis difficultatibus laborantes, et peccatis saeculi oneratos, ad se advocat.* Et postmodum de iugo Evangelii subdit [30]: *Iugum enim meum suave est, et onus meum leve.* Ergo lex nova est levior quam vetus.

RESPONDEO dicendum quod circa opera virtutis, de quibus praecepta legis dantur, duplex difficultas attendi potest. Una quidem ex parte exteriorum operum, quae ex seipsis quandam difficultatem habent et gravitatem. Et quantum ad hoc, lex vetus est multo gravior quam nova: quia ad plures actus exteriores obligabat lex vetus in multiplicibus caeremoniis, quam lex nova, quae praeter praecepta legis naturae, paucissima superaddidit in doctrina Christi et Apostolorum; licet aliqua sint postmodum superaddita ex institutione sanctorum Patrum. In quibus etiam Augustinus dicit esse moderationem attendendam, ne conversatio fidelium onerosa reddatur. Dicit enim, *Ad Inquisitiones Ianuarii*[4], de quibusdam, quod *ipsam religionem nostram, quam in manifestissimis et paucissimis*

de Moisés em ato são fáceis: Não matarás, Não cometerás adultério. Os mandamentos, porém, de Cristo, isto é, Não te encolerizarás, Não desejarás, em ato são difíceis". Logo a lei nova é mais rigorosa que a antiga.

2. ALÉM DISSO, é mais fácil usar da prosperidade terrena do que sofrer tribulações. Ora, no Antigo Testamento à observação da lei antiga seguia-se a prosperidade temporal, como está no livro do Deuteronômio. Já aos observantes da lei nova segue-se adversidade múltipla, como se diz na segunda Carta aos Coríntios: "Nós mesmos nos mostremos como ministros de Deus na muita paciência, nas tribulações, nas necessidades, nas angústias" etc. Logo, a lei nova é mais rigorosa que a lei antiga.

3. ADEMAIS, o que resulta da adição a outro, parece ser mais difícil. Ora, a lei nova resulta da adição à antiga. Com efeito, a lei antiga proibiu o perjúrio, a lei nova também o juramento; a lei antiga proibiu a separação da esposa sem o libelo de repúdio, a lei nova proibiu totalmente a separação, como está no Evangelho de Mateus, segundo a explicação de Agostinho. Logo, a lei nova é mais rigorosa que a antiga.

EM SENTIDO CONTRÁRIO, diz-se no Evangelho de Mateus: "Vinde a mim todos que trabalhais e estais onerados". O que explicando, Hilário diz: "Chama a si os que trabalham nas dificuldades da lei, e os onerados com os pecados do mundo". E depois acrescenta a respeito do jugo do Evangelho: "Meu jugo, com efeito, é suave, e leve o meu ônus". Logo, a lei nova é mais leve que a antiga.

RESPONDO. Acerca das obras da virtude, a respeito das quais se dão os preceitos da lei, pode-se considerar dupla dificuldade. Uma, da parte das obras exteriores, que de si mesmas têm alguma dificuldade e onerosidade. E quanto a isso, a lei antiga é muito mais rigorosa que a nova: porque a muitos atos exteriores a lei antiga obrigava em múltiplas cerimônias, do que a lei nova, que, além dos preceitos da lei da natureza, pouquíssimos outros acrescentou na doutrina de Cristo e dos Apóstolos, embora alguns tenham sido depois acrescentados por instituição dos santos Padres. Nesses também Agostinho diz que se deve atender à moderação, de modo que não se torne onerosa a vida dos fiéis. Afirma, com efeito, de alguns, que "sobrecarregam com encargos servis nossa própria

2. *De serm. Dom. in monte*, l. I, cc. 14, 17: ML 34, 1248, 1255; *Contra Faustum*, l. XIX, cc. 23, 26: ML 42, 361, 364-365.

3. *In Matth.*, c. 11: ML 9, 984 A.

4. Epist. 55, al. 119, c. 19: ML 33, 221.

celebrationum sacramentis Dei misericordia voluit esse liberam, servilibus premunt oneribus, adeo ut tolerabilior sit conditio Iudaeorum, qui legalibus sacramentis, non humanis praesumptionibus subiiciuntur.

Alia autem difficultas est circa opera virtutum in interioribus actibus: puta quod aliquis opus virtutis exerceat prompte et delectabiliter. Et circa hoc difficile est virtus: hoc enim non habenti virtutem est valde difficile; sed per virtutem redditur facile. Et quantum ad hoc, praecepta novae legis sunt graviora praeceptis veteris legis: quia in nova lege prohibentur interiores motus animi, qui expresse in veteri lege non prohibebantur in omnibus, etsi in aliquibus prohiberentur; in quibus tamen prohibendis poena non apponebatur. Hoc autem est difficillimum non habenti virtutem: sicut etiam Philosophus dicit, in V *Ethic.*[5], quod operari ea quae iustus operatur, facile est; sed operari ea eo modo quo iustus operatur, scilicet delectabiliter et prompte, est difficile non habenti iustitiam. Et sic etiam dicitur 1Io 5,3, quod *mandata eius gravia non sunt*: quod exponens Augustinus dicit[6] quod *non sunt gravia amanti, sed non amanti sunt gravia.*

Ad primum ergo dicendum quod auctoritas illa expresse loquitur de difficultate novae legis quantum ad expressam cohibitionem interiorum motuum.

Ad secundum dicendum quod adversitates quas patiuntur observatores novae legis, non sunt ab ipsa lege impositae. Sed tamen propter amorem,

religião, que em manifestíssimos e pouquíssimos sacramentos de celebrações quis, pela misericórdia de Deus, ser livre, de modo a ser mais tolerável a condição dos judeus, que estão sujeitos aos sacramentos legais, não às presunções humanas".

Outra dificuldade é acerca das obras das virtudes nos atos interiores. Por exemplo, que alguém pratique uma obra de virtude pronta e prazerosamente. E acerca disso é difícil a virtude: ao que não tem a virtude isso é muito difícil, mas torna-se fácil por meio dela. E quanto a isso, os preceitos da lei nova são mais onerosos que os preceitos da lei antiga, porque na lei nova são proibidos os movimentos interiores do espírito, os quais expressamente não eram proibidos na lei antiga em todos os casos, embora o fossem em alguns; nesses, porém, objeto de proibição, não se impunha a pena. Isso, contudo, é dificílimo ao que não tem a virtude, como também diz o Filósofo que fazer aquelas coisas que o justo faz é fácil; mas fazê-las do modo como o justo faz, a saber, prazerosa e prontamente, é difícil ao que não tem a justiça. E assim também se diz na primeira Carta de João que "os mandamentos dele não são onerosos", o que explicando Agostinho diz que "não são onerosos ao que ama, mas o são a quem não ama"[i].

Quanto ao 1º, portanto, deve-se dizer que aquela autoridade fala expressamente da dificuldade da lei nova, quando à expressa proibição dos movimentos interiores.

Quanto ao 2º, deve-se dizer que as adversidades que sofrem os observantes da lei nova, não são impostas pela mesma lei. Entretanto, por

5. C. 13: 1137, a, 5-9.
6. *De nat. et grat.*, c. 69: ML 44, 289; *De perfect. iust. hom.*, c. 10: ML 44, 302.

i. A resposta repousa sobre a divisão entre atos exteriores e atos interiores que, depois da análise da ação moral (I-II, q. 19-20), distingue as duas partes constitutivas da ação concreta: parte exterior no nível da obra feita, parte interior no nível do querer e da intenção. A elas correspondem o nível dos preceitos, quanto à lei exterior, e o nível das virtudes, como princípios interiores e pessoais de ação.

No plano dos atos e preceitos exteriores, a lei nova é evidentemente mais leve que a lei antiga. Sto. Tomás acrescenta todavia uma observação que conserva a sua atualidade para nós. Nesse domínio, é preciso atentar para a moderação, em limitar essas adições, pelo temor de impôr aos cristãos um domínio finalmente mais pesado do que o dos judeus.

No plano do ato interior, as exigências do Evangelho vão evidentemente mais longe do que as do antigo, pois elas atingem a raiz dos atos, no nível do coração do homem. No entanto, aqui se opera uma inversão de fato notável, graças à virtude. A virtude por excelência, com efeito, é a caridade que, inspirando as outras virtudes, faz delas como que formas do amor: amor de justiça, da verdade, da pureza, da coragem etc. Ora, sob a forma do amor, a dificuldade encontrada se inverte: longe de deter aquele que ama, a dificuldade antes o excita e torna-se para ele um elemento que o exercita e fortifica.

O próprio da lei nova, sendo o dom da graça do Espírito Santo que difunde a caridade no coração dos fiéis, será portanto tornar ligeiro e feliz, pela força do amor e das virtudes, o domínio da lei de Deus, que parece insuportável àquele que olha para ela de fora e só vê nela obrigações legais.

Temos aqui a resposta regularmente dada pelos Padres à questão da dificuldade, senão da impossibilidade, de realizar a lei nova: esta, diferentemente da lei antiga, confere uma graça interior que dá a força de realizar os preceitos propostos. Essa graça se concentra na caridade difundida em nós pelo Espírito Santo. Do mesmo modo, poder-se-ia dizer que a realização da lei nova, em particular do Sermão da Montanha, do qual se tratará adiante, é principalmente a obra do Espírito Santo em nós e conosco.

in quo ipsa lex consistit, faciliter tollerantur: quia, sicut Augustinus dicit, in libro *de Verbis Domini*[7], *omnia saeva et immania facilia et prope nulla efficit amor.*

AD TERTIUM dicendum quod illae additiones ad praecepta veteris legis, ad hoc ordinantur ut facilius impleatur quod vetus lex mandabat, sicut Augustinus dicit[8]. Et ideo per hoc non ostenditur quod lex nova sit gravior, sed magis quod sit facilior.

causa do amor, no qual a mesma lei consiste, são facilmente toleradas, porque, como diz Agostinho: "todas as coisas cruéis e desumanas o amor torna fáceis e quase nulas".

QUANTO AO 3º, deve-se dizer que aqueles acréscimos aos preceitos da lei antiga ordenam-se a que mais facilmente se cumpra o que a lei antiga mandava, como diz Agostinho. E assim por isso não se mostra que a lei nova seja mais onerosa, mas antes que é mais fácil.

7. Serm. 70, al. 9, c. 3: ML 38, 444.
8. *De serm. Dom. in monte*, l. I, cc. 17, 21: ML 34, 1256, 1265; *Contra Faustum*, l. XIX, cc. 23, 26: ML 42, 362, 365.

QUAESTIO CVIII
DE HIS QUAE CONTINENTUR IN LEGE NOVA
in quatuor articulus divisa

Deinde considerandum est de his quae continentur in lege nova.

Et circa hoc quaeruntur quatuor.

Primo: utrum lex nova debeat aliqua opera exteriora praecipere vel prohibere.

Secundo: utrum sufficienter se habeat in exterioribus actibus praecipiendis vel prohibendis.

Tertio: utrum convenienter instituat homines quantum ad actus interiores.

Quarto: utrum convenienter superaddat consilia praeceptis.

QUESTÃO 108
O QUE A LEI NOVA CONTÉM
em quatro artigos

A seguir, deve-se considerar o que a lei nova contém.

E a respeito disso, fazem-se quatro perguntas:

1. A lei nova deve preceituar ou proibir algumas obras exteriores?
2. Ela procede suficientemente ao preceituar ou proibir os atos exteriores?
3. Ela dispõe convenientemente os homens quanto aos atos interiores?
4. Ela acrescenta convenientemente os conselhos aos preceitos?

ARTICULUS 1
Utrum lex nova aliquos exteriores actus debeat praecipere vel prohibere

AD PRIMUM SIC PROCEDITUR. Videtur quod lex nova nullos exteriores actus debeat praecipere vel prohibere.

1. Lex enim nova est Evangelium regni; secundum illud Mt 24,14: *Praedicabitur hoc Evangelium regni in universo orbe*. Sed regnum Dei non consistit in exterioribus actibus, sed solum in interioribus; secundum illud Lc 17,21: *Regnum Dei intra vos est*; et Rm 14,17: *Non est regnum Dei esca et potus, sed iustitia et pax et gaudium in Spiritu Sancto*. Ergo lex nova non debet praecipere vel prohibere aliquos exteriores actus.

ARTIGO 1
A lei nova deve preceituar ou proibir alguns atos exteriores?

QUANTO AO PRIMEIRO ARTIGO, ASSIM SE PROCEDE: parece que a lei nova **não** deve preceituar ou proibir nenhum ato exterior.

1. Com efeito, a lei nova é o Evangelho do reino, segundo o Evangelho de Mateus: "Será pregado este Evangelho do reino em todo o orbe". Ora, o reino de Deus não consiste em atos exteriores, mas só nos interiores, segundo aquela passagem do Evangelho de Lucas:"O reino de Deus está dentro de vós", e da Carta aos Romanos: "O reino de Deus não é comida e bebida, mas justiça, paz e alegria no Espírito Santo". Logo, a lei nova não deve preceituar ou proibir alguns atos exteriores.

1 PARALL.: *Quodlib*. IV, q. 8, a. 2; *ad Rom*., c. 3, lect. 4.

2. PRAETEREA, lex nova est *lex Spiritus*, ut dicitur Rm 8,2. Sed *ubi Spiritus Domini, ibi libertas*, ut dicitur 2Cor 3,17. Non est autem libertas ubi homo obligatur ad aliqua exteriora opera facienda vel vitanda. Ergo lex nova non continet aliqua praecepta vel prohibitiones exteriorum actuum.

3. PRAETEREA, omnes exteriores actus pertinere intelliguntur ad manum, sicut interiores actus pertinent ad animum. Sed haec ponitur differentia inter novam legem et veterem, quod *vetus lex cohibet manum, sed lex nova cohibet animum*. Ergo in lege nova non debent poni prohibitiones et praecepta exteriorum actuum, sed solum interiorum.

SED CONTRA est quod per legem novam efficiuntur homines *filii lucis*: unde dicitur Io 12,36: *Credite in lucem, ut filii lucis sitis*. Sed filios lucis decet opera lucis facere, et opera tenebrarum abiicere; secundum illud Eph 5,8: *Eratis aliquando tenebrae, nunc autem lux in Domino. Ut filii lucis ambulate*. Ergo lex nova quaedam exteriora opera debuit prohibere, et quaedam praecipere.

RESPONDEO dicendum quod, sicut dictum est[1], principalitas legis novae est gratia Spiritus Sancti, quae manifestatur in fide per dilectionem operante. Hanc autem gratiam consequuntur homines per Dei Filium hominem factum, cuius humanitatem primo replevit gratia, et exinde est ad nos derivata. Unde dicitur Io 1,14: *Verbum caro factum est*; et postea subditur: *plenum gratiae et veritatis*; et infra, [16]: *De plenitudine eius nos omnes accepimus, et gratiam pro gratia*. Unde subditur [17] quod *gratia et veritas per Iesum Christum facta est*. Et ideo convenit ut per aliqua exteriora sensibilia gratia a Verbo Incarnato profluens in nos deducatur; et ex hac interiori gratia, per quam caro spiritui subditur, exteriora quaedam opera sensibilia producantur.

Sic igitur exteriora opera dupliciter ad gratiam pertinere possunt. Uno modo, sicut inducentia aliqualiter ad gratiam. Et talia sunt opera sacra-

2. ALÉM DISSO, a lei nova é a "lei do Espírito", como se diz na Carta aos Romanos. Ora, "onde o Espírito do Senhor, aí a liberdade", diz a segunda Carta aos Coríntios. Ora, não há liberdade onde o homem é obrigado a fazer ou evitar algumas obras exteriores. Logo, a lei nova não contém alguns preceitos ou proibições de atos exteriores.

3. ADEMAIS, todos os atos exteriores entendem-se pertencer à mão, como os atos interiores pertencem ao espírito. Ora, põe-se esta diferença entre a lei nova e a antiga, que "a lei antiga coíbe a mão, mas a lei nova coíbe o espírito". Logo, na lei nova, não se devem impor proibições ou preceitos de atos exteriores, mas só de interiores[a].

EM SENTIDO CONTRÁRIO, pela lei nova os homens se tornam "filhos da luz"; donde se diz no Evangelho de João: "Crede na luz para que sejais filhos da luz". Entretanto, convém aos filhos da luz fazer obras da luz e rejeitar as obras das trevas, segundo a passagem da Carta aos Efésios: "Éreis outrora trevas, agora, porém, luz no Senhor. Que andeis como filhos da luz". Logo, a lei nova devia ter proibido algumas obras exteriores e preceituado algumas.

RESPONDO. Como foi dito, a principalidade da lei nova é a graça do Espírito Santo, que se manifesta na fé que opera por amor. Os homens conseguem essa graça pelo Filho de Deus feito homem, cuja humanidade primeiramente encheu de graça, e depois foi comunicada a nós. Diz o Evangelho de João: "O Verbo se fez carne", e depois se acrescenta: "cheio de graça e de verdade", e abaixo: "Todos nós recebemos de sua plenitude, e a graça pela graça". E acrescenta que "a graça e a verdade foram feitas por Jesus Cristo". E assim convém que, por alguns sensíveis exteriores, a graça, promanando do Verbo Encarnado, chegue a nós; e desta graça interior, pela qual a carne se submete ao espírito, sejam produzidas algumas obras exteriores sensíveis.

Assim, pois, as obras exteriores podem pertencer à graça duplamente. De um modo, como condutores de alguma maneira à graça. E tais são

1. Q. 106, a. 1, 2.

a. As objeções fazem sentir o problema. Representam as correntes espirituais que, em todas as épocas, como no século XIII, compreenderam o Evangelho, a ação do Espírito Santo, o reino de Deus como uma realidade interior, proporcionando a mais ampla liberdade em relação aos atos exteriores. A ênfase é posta a tal ponto sobre a interioridade que não se reconhece mais vínculos provenientes do exterior: de uma lei como o decálogo, incidindo sobretudo sobre atos exteriores, de uma autoridade institucional como a da Igreja etc. Tal é pelo menos a tentação própria a esses movimentos espirituais. Ela supõe uma visão dualista da interioridade e da exterioridade, do espírito e do corpo no homem, que pode conduzir a separar o Espírito Santo do Cristo em sua humanidade.

mentorum quae in lege nova sunt instituta: sicut baptismus, eucharistia, et alia huiusmodi.

Alia vero sunt opera exteriora quae ex instinctu gratiae producuntur. Et in his est quaedam differentia attendenda. Quaedam enim habent necessariam convenientiam vel contrarietatem ad interiorem gratiam, quae in fide per dilectionem operante consistit. Et huiusmodi exteriora opera sunt praecepta vel prohibita in lege nova: sicut praecepta est confessio fidei, et prohibita negatio; dicitur enim Mt 10,32sq.: *Qui confitebitur me coram hominibus, confitebor et ego eum coram Patre meo. Qui autem negaverit me coram hominibus, negabo et ego eum coram Patre meo.* — Alia vero sunt opera quae non habent necessariam contrarietatem vel convenientiam ad fidem per dilectionem operantem. Et talia opera non sunt in nova lege praecepta vel prohibita ex ipsa prima legis institutione; sed relicta sunt a legislatore, scilicet Christo, unicuique, secundum quod aliquis curam gerere debet. Et sic unicuique liberum est circa talia determinare quid sibi expediat facere vel vitare; et cuicumque praesidenti, circa talia ordinare suis subditis quid sit in talibus faciendum vel vitandum. Unde etiam quantum ad hoc dicitur lex Evangelii *lex libertatis*: nam lex vetus multa determinabat, et pauca relinquebat hominum libertati determinanda.

AD PRIMUM ergo dicendum quod regnum Dei in interioribus actibus principaliter consistit: sed ex consequenti etiam ad regnum Dei pertinent omnia illa sine quibus interiores actus esse non possunt. Sicut si regnum Dei est interior iustitia et pax et gaudium spirituale, necesse est quod omnes exteriores actus qui repugnant iustitiae aut paci aut gaudio spirituali, repugnent regno Dei: et ideo sunt in Evangelio regni prohibendi. Illa vero quae indifferenter se habent respectu horum, puta comedere hos vel illos cibos, in his non est

as obras dos sacramentos, que foram instituídos na lei nova, como o batismo, a eucaristia e outros semelhantes.

Outras, contudo, são as obras exteriores que são produzidas por impulso da graça. E nessas deve-se considerar certa diferença. Algumas têm a conveniência necessária ou a contrariedade com relação à graça interior, que consiste na fé que opera por amor. E semelhantes obras exteriores são preceituadas ou proibidas na lei nova; assim, é preceituada a confissão da fé e proibida a negação. Diz, com efeito, o Evangelho de Mateus: "Quem me confessar diante dos homens, eu também o confessarei diante de meu Pai. Quem, porém, me negar diante dos homens, também o negarei diante de meu Pai". — Há, porém, outras obras que não têm necessária contrariedade ou conveniência em relação à fé que opera por amor. E tais obras não são preceituadas ou proibidas na lei nova, pela mesma primeira instituição da lei, mas foram deixadas pelo legislador, a saber, por Cristo, a cada um determinar como deve proceder. E assim, acerca de tais coisas cada um é livre para determinar o que aproveita fazer ou evitar e cada um que preside para ordenar a seus súditos o que é para fazer ou evitar. Quanto a isso se chama a lei do Evangelho "lei da liberdade", pois a lei antiga determinava muitas coisas e deixava poucas a serem determinadas pela liberdade dos homens[b].

QUANTO AO 1º, portanto, deve-se dizer que o reino de Deus consiste principalmente nos atos interiores, mas também, por consequência, ao reino de Deus pertencem todas aquelas coisas sem as quais os atos interiores não podem existir. Assim, se o reino de Deus é a justiça interior, a paz e a alegria espiritual, é necessário que todos os atos exteriores, que repugnam à justiça, à paz e à alegria espiritual repugnem ao reino de Deus; e assim devem ser proibidos no evangelho do reino. Aquelas coisas, porém, que se têm indiferentemen-

b. O início do artigo é magnífico. Sto. Tomás especifica primeiramente o elemento principal da lei nova: a graça do Espírito Santo, que se manifesta na fé operando por caridade. Mas, sobretudo, mostra, à luz do prólogo de São João, como essa graça se concentra sobre a pessoa do Cristo, Filho de Deus feito homem, e se conforma tão bem a ele, em sua divindade e em sua humanidade que, chegando até nós conservará a dupla dimensão de ser espiritual e encarnado, comportando portanto certas realidades e certas obras sensíveis postas ao serviço da graça. Assim, um vínculo estreito e vivo se estabeleceu entre a lei nova, com a moral que ela expõe, e a pessoa de Cristo, estudada com sua obra, entre outras os sacramentos, na III Parte da Suma.

A segunda parte do artigo especifica quais são as obras exteriores que comporta a lei nova: elas se limitam ao que é propriamente necessário à obra da graça pela fé e pela caridade. Segundo a divisão fornecida desde a definição da lei nova (q. 106, a. 1), elas se dividem segundo o que elas nos dispõem a receber da graça ou a colocá-la em prática. A recepção da graça se efetua pelos sacramentos, que devem necessariamente ser instituídos pelo Cristo, pois são como que o prolongamento de sua humanidade, em especial a eucaristia. Sobre eles se se baseará a liturgia cristã. A aplicação da graça exigirá certos atos exteriores indispensáveis. Sto. Tomás se contenta em citar a confissão da fé. Ele trará novas especificações no artigo seguinte.

regnum Dei: unde Apostolus praemittit: *Non est regnum Dei esca et potus*.

AD SECUNDUM dicendum quod, secundum Philosophum, in I *Metaphys.*[2], *liber est qui sui causa est*. Ille ergo libere aliquid agit qui ex seipso agit. Quod autem homo agit ex habitu suae naturae convenienti, ex seipso agit: quia habitus inclinat in modum naturae. Si vero habitus esset naturae repugnans, homo non ageret secundum quod est ipse, sed secundum aliquam corruptionem sibi supervenientem. Quia igitur gratia Spiritus Sancti est sicut interior habitus nobis infusus inclinans nos ad recte operandum, facit nos libere operari ea quae conveniunt gratiae, et vitare ea quae gratiae repugnant.

Sic igitur lex nova dicitur lex libertatis dupliciter. Uno modo, quia non arctat nos ad facienda vel vitanda aliqua, nisi quae de se sunt vel necessaria vel repugnantia saluti, quae cadunt sub praecepto vel prohibitione legis. Secundo, quia huiusmodi etiam praecepta vel prohibitiones facit nos libere implere, inquantum ex interiori instinctu gratiae ea implemus. Et propter haec duo lex nova dicitur *lex perfectae libertatis*, Iac 1,25.

AD TERTIUM dicendum quod lex nova, cohibendo animum ab inordinatis motibus, oportet quod etiam cohibeat manum ab inordinatis actibus, qui sunt effectus interiorum motuum.

ARTICULUS 2

Utrum lex nova sufficienter exteriores actus ordinaverit

AD SECUNDUM SIC PROCEDITUR. Videtur quod lex nova insufficienter exteriores actus ordinaverit.

1. Ad legem enim novam praecipue pertinere videtur fides per dilectionem operans; secundum illud Gl 5,6: *In Christo Iesu neque circumcisio aliquid valet neque praeputium, sed fides quae per dilectionem operatur.* Sed lex nova explicavit quaedam credenda quae non erant in veteri lege explicita: sicut de fide Trinitatis. Ergo etiam debuit

te com respeito a elas, por exemplo, comer estes ou aqueles alimentos, nessas não está o reino de Deus. Por isso, o Apóstolo antes afirmou: "Não é o reino de Deus a comida e a bebida".

QUANTO AO 2º, deve-se dizer que, segundo o Filósofo, "é livre aquele que é causa de si mesmo". Age, pois, livremente aquele que age por si mesmo. O que o homem faz pelo hábito conveniente à sua natureza, faz por si mesmo, porque o hábito inclina ao modo da natureza. Se, porém, o hábito fosse repugnante à natureza, o homem não agiria segundo ele mesmo é, mas segundo alguma corrupção sobrevinda. Porque a graça do Espírito Santo é como o hábito interior a nós infuso, que nos inclina a agir retamente, leva-nos livremente a fazer aquelas coisas que convêm à graça, e a evitar aquelas que repugnam à graça.

Assim, pois, a lei nova se chama lei da liberdade, duplamente. De um modo, porque não nos constrange a fazer ou evitar algumas coisas, senão aquelas que de si são necessárias ou repugnantes à salvação, as quais caem sob o preceito ou a proibição da lei. De outro modo, porque faz-nos cumprir livremente também tais preceitos ou proibições, enquanto os cumprimos por movimento interior da graça. E por causa dessas duas coisas a lei nova se chama, na Carta de São Tiago, "lei da perfeita liberdade".

QUANTO AO 3º, deve-se dizer que a lei nova, coibindo o espírito dos movimentos desordenados, é necessário que também coíba a mão dos atos desordenados, que são efeitos dos movimentos interiores.

ARTIGO 2

A lei nova ordenou suficientemente os atos exteriores?

QUANTO AO SEGUNDO, ASSIM SE PROCEDE: parece que a lei nova **não** ordenou suficientemente os atos exteriores.

1. Com efeito, parece que à lei nova pertence principalmente a fé que opera por amor, segundo a Carta aos Gálatas: "Em Jesus Cristo nem a circuncisão vale alguma coisa nem o prepúcio, mas a fé que opera por amor". Ora, a lei nova explicou as coisas que devem ser cridas e que não estavam explícitas na lei antiga, como a fé

2. C. 2: 982, b, 26-28.

2

superaddere aliqua exteriora opera moralia, quae non erant in veteri lege determinata.

2. PRAETEREA, in veteri lege non solum instituta sunt sacramenta, sed etiam aliqua sacra, ut supra[1] dictum est. Sed in nova lege, etsi sint instituta aliqua sacramenta, nulla tamen sacra instituta a Domino videntur: puta quae pertineant vel ad sanctificationem alicuius templi aut vasorum, vel etiam ad aliquam solemnitatem celebrandam. Ergo lex nova insufficienter exteriora ordinavit.

3. PRAETEREA, in veteri lege, sicut erant quaedam observantiae pertinentes ad Dei ministros, ita etiam erant quaedam observantiae pertinentes ad populum; ut supra[2] dictum est, cum de caeremonialibus veteris legis ageretur. Sed in nova lege videntur aliquae observantiae esse datae ministris Dei: ut patet Mt 10,9: *Nolite possidere aurum neque argentum, neque pecuniam in zonis vestris*, et cetera quae ibi sequuntur, et quae dicuntur Lc 9 et 10. Ergo etiam debuerunt aliquae observantiae institui in nova lege ad populum fidelem pertinentes.

4. PRAETEREA, in veteri lege, praeter moralia et caeremonialia, fuerunt quaedam iudicialia praecepta. Sed in lege nova non traduntur aliqua iudicialia praecepta. Ergo lex nova insufficienter exteriora opera ordinavit.

SED CONTRA est quod Dominus dicit, Mt 7,24: *Omnis qui audi verba mea haec et facit ea, assimilabitur viro sapienti qui aedificavit domum suam supra petram*. Sed sapiens edificator nihil omittit eorum quae sunt necessaria ad aedificium. Ergo in verbis Christi sufficienter sunt omnia posita quae pertinent ad salutem humanam.

RESPONDEO dicendum quod, sicut dictum est[3], lex nova in exterioribus illa solum praecipere debuit vel prohibere, per quae in gratiam introducimur, vel quae pertinent ad rectum gratiae usum ex necessitate. Et quia gratiam ex nobis consequi non possumus, sed per Christum solum, ideo sacramenta, per quae gratiam consequimur, ipse Dominus instituit per seipsum: scilicet baptismum, eucharistiam, ordinem ministrorum novae legis,

na Trindade. Logo, também devia ter acrescentado algumas obras morais exteriores, que não eram determinadas na lei antiga.

2. ALÉM DISSO, na lei antiga não apenas foram instituídos sacramentos, mas também algumas coisas sagradas, como acima foi dito. Ora, na lei nova, embora tenham sido instituídos alguns sacramentos, nenhuma coisa sagrada parece ter sido instituída pelo Senhor, por exemplo, aquelas coisas que pertencem ou à santificação de algum templo ou vasos, ou também a alguma solenidade a ser celebrada. Logo, a lei nova ordenou insuficientemente as obras exteriores.

3. ADEMAIS, na lei antiga, assim como havia algumas observâncias pertinentes aos ministros de Deus, assim também havia algumas observâncias pertinentes ao povo, como acima foi dito, ao se tratar dos preceitos cerimoniais da lei antiga. Ora, na lei nova, parece que algumas observâncias foram dadas aos ministros de Deus, como está do Evangelho de Mateus: "Não queirais possuir ouro ou prata, nem dinheiro em vossas cintas", e as outras coisas que aí se seguem, e que são ditas no Evangelho de Lucas. Logo, deviam ter sido instituídas também algumas observâncias na lei nova pertinentes ao povo fiel.

4. ADEMAIS, na lei antiga, além dos preceitos morais e cerimoniais, houve alguns preceitos judiciais. Ora, na lei nova, não se transmite nenhum preceito judicial. Logo, a lei nova ordenou insuficientemente as obras exteriores.

EM SENTIDO CONTRÁRIO, diz o Senhor no Evangelho de Mateus: "Todo aquele que ouve estas minhas palavras e as pratica, assemelha-se ao homem sábio que edificou sua casa sobre a pedra". Ora, o edificador sábio nada omite daquelas coisas que são necessárias ao edifício. Logo, nas palavras de Cristo, foram estabelecidas suficientemente todas as coisas que pertencem à salvação humana.

RESPONDO. Como foi dito, nas coisas exteriores, a lei nova somente devia ter preceituado ou proibido aquelas coisas pelas quais somos introduzidos à graça, ou que pertencem, por necessidade, ao reto uso da graça. E uma vez que não podemos de nós mesmos obter a graça, mas tão somente por Cristo, assim os sacramentos, pelos quais conseguimos a graça, o próprio Senhor instituiu por si mesmo, a saber, o batismo, a eucaristia, a ordem dos ministros

1. Q. 101, a. 4; q. 102, a. 4.
2. Q. 101, a. 4; q. 102, a. 6.
3. Art. praec.

instituendo Apostolos et septuaginta duos discipulos, et poenitentiam, et matrimonium indivisibile. Confirmationem etiam promisit per Spiritus Sancti missionem. Ex eius etiam institutione Apostoli leguntur oleo infirmos ungendo sanasse, ut habetur Mc 6,13. Quae sunt novae legis sacramenta.

Rectus autem gratiae usus est per opera caritatis. Quae quidem secundum quod sunt de necessitate virtutis, pertinent ad praecepta moralia, quae etiam in veteri lege tradebantur. Unde quantum ad hoc, lex nova super veterem addere non debuit circa exteriora agenda. — Determinatio autem praedictorum operum in ordine ad cultum Dei, pertinet ad praecepta caeremonialia legis; in ordine vero ad proximum, ad iudicialia; ut supra[4] dictum est. Et ideo, quia istae determinationes non sunt secundum se de necessitate interioris gratiae, in qua lex consistit; idcirco non cadunt sub praecepto novae legis, sed relinquuntur humano arbitrio; quaedam quidem quantum ad subditos, quae scilicet pertinent singillatim ad unumquemque; quaedam vero ad praelatos temporales vel spirituales, quae scilicet pertinent ad utilitatem communem.

Sic igitur lex nova nulla alia exteriora opera determinare debuit praecipiendo vel prohibendo, nisi sacramenta, et moralia praecepta quae de se pertinent, ad rationem virtutis, puta non esse occidendum, non esse furandum, et alia huiusmodi.

Ad primum ergo dicendum quod ea quae sunt fidei, sunt supra rationem humanam: unde in ea non possumus pervenire nisi per gratiam. Et ideo, abundantiori gratia superveniente, oportuit plura credenda explicari. Sed ad opera virtutum dirigimur per rationem naturalem, quae est regula quaedam operationis humanae, ut supra[5] dictum

da lei nova, instituindo os Apóstolos e os setenta e dois discípulos, a penitência e o matrimônio indivisível. Prometeu a confirmação pelo envio do Espírito Santo. Também por instituição do mesmo, lê-se que os Apóstolos curavam ungindo com óleo os enfermos, como se tem no Evangelho de Marcos. São esses os sacramentos da lei nova.

O reto uso da graça se faz por obras de caridade. Aquelas coisas que dizem respeito por necessidade à virtude, pertencem aos preceitos morais, que também foram transmitidos na lei antiga. Portanto, quanto a isso, a lei nova não devia acrescentar sobre a antiga acerca de obras exteriores a realizar. — A determinação das obras mencionadas em ordem ao culto de Deus pertence aos preceitos cerimoniais da lei; e em ordem ao próximo, aos judiciais, como acima foi dito. E assim, uma vez que tais determinações não são, por elas mesmas, de necessidade da graça interior, na qual consiste a lei, por essa razão não caem sob o preceito da lei nova, mas são deixadas ao arbítrio humano; algumas, certamente, quanto aos súditos, a saber, as que pertencem singularmente a cada um; umas, contudo, aos prelados temporais ou espirituais, a saber, as que pertencem à utilidade comum.

Assim, pois, a lei nova não teve de determinar nenhuma obra exterior, ao preceituar ou proibir, a não ser os sacramentos e os preceitos morais que de si pertencem à razão de virtude, por exemplo, não matar, não furtar, e os outros preceitos semelhantes[c].

Quanto ao 1º, portanto, deve-se dizer que aquelas coisas que são da fé, estão acima da razão humana; a elas não podemos chegar a não ser pela graça. E assim, sobrevindo a graça mais abundante, foi necessário explicarem-se muitas coisas que se deviam crer. Entretanto, somos dirigidos às obras das virtudes por razão natural,

4. Q. 99, a. 4.
5. Q. 19, a. 3; q. 63, a. 2.

c. Sto. Tomás mostra aqui de maneira mais precisa como a lei nova se limita a determinar os atos exteriores propriamente necessários para conferir a graça — são os sete sacramentos que somente Cristo podia instituir —, e a sua aplicação se dá pelos preceitos morais. Ele conclui que os preceitos necessários, sem os quais não há virtude possível, já foram especificados na lei antiga, no decálogo, de maneira mais prática, e que assim a lei nova não devia por si mesma acrescentar nenhum outro preceito, apenas assumir os antigos, os quais, aliás, são da ordem da razão e da lei natural (resp. 1).

Convém prevenir aqui um erro de interpretação. No contexto atual, no qual se identifica moral e preceitos legais ou normas, algumas pessoas deduziram desse ensinamento de Sto. Tomás que o Evangelho não acrescenta nada à moral natural ou racional, que a moral cristã pode reduzir-se, portanto, a uma moral simplesmente humana, com o acréscimo de uma inspiração particular. É um equívoco grave, pois a moral de Sto. Tomás não se centra sobre os preceitos, as normas e as obrigações, mas sobre as virtudes. Para ele, os preceitos estão a serviço das virtudes e a elas ordenadas. É portanto, no nível das virtudes que é preciso interrogar-se sobre o que é próprio do Evangelho e da moral cristã, ou ainda no nível dos atos interiores, que ele examinará no artigo seguinte à luz do Sermão da Montanha. Aparecerá aqui claramente, como em todas essas questões sobre a lei nova, que a moral de Sto. Tomás é especificamente cristã, mesmo assumindo e cumprindo a lei antiga e a lei natural.

est. Et ideo in his non oportuit aliqua praecepta dari ultra moralia legis praecepta, quae sunt de dictamine rationis.

AD SECUNDUM dicendum quod in sacramentis novae legis datur gratia, quae non est nisi a Christo: et ideo oportuit quod ab ipso institutionem haberent. Sed in sacris non datur aliqua gratia: puta in consecratione templi vel altaris vel aliorum huiusmodi, aut etiam in ipsa celebritate solemnitatum. Et ideo talia, quia secundum seipsa non pertinent ad necessitatem interioris gratiae, Dominus fidelibus instituenda reliquit pro suo arbitrio.

AD TERTIUM dicendum quod illa praecepta Dominus dedit Apostolis non tanquam caeremoniales observantias, sed tanquam moralia instituta. Et possunt intelligi dupliciter. Uno modo, secundum Augustinum, in libro *de Consensu Evangelist.*[6], ut non sint praecepta, sed concessiones. Concessit enim eis ut possent pergere ad praedicationis officium sine pera et baculo et aliis huiusmodi, tanquam habentes potestatem necessaria vitae accipiendi ab illis quibus praedicabant: unde subdit: *Dignus enim est operarius cibo suo*. Non autem peccat, sed supererogat, qui sua portat, ex quibus vivat in praedicationis officio, non accipiens sumptum ab his quibus Evangelium praedicat: sicut Paulus fecit.

Alio modo possunt intelligi, secundum aliorum Sanctorum expositionem, ut sint quaedam statuta temporalia Apostolis data pro illo tempore quo mittebantur ad praedicandum in Iudaea ante Christi passionem. Indigebant enim discipuli, quasi adhuc parvuli sub Christi cura existentes, accipere aliqua specialia instituta a Christo, sicut et quilibet subditi a suis praelatis: et praecipue quia erant paulatim exercitandi ut temporalium sollicitudinem abdicarent, per quod reddebantur idonei ad hoc quod Evangelium per universum orbem praedicarent. Nec est mirum si, adhuc durante statu veteris legis, et nondum perfectam libertatem Spiritus consecutis, quosdam determinatos modos vivendi instituit. Quae quidem statuta, imminente passione, removit, tanquam discipulis iam per ea sufficienter exercitatis. Unde Lc 22,35sq. dixit: *Quando misi vos sine saculo et pera et calceamentis, numquid aliquid defuit vobis? At illi dixerunt: Nihil. Dixit ergo eis: Sed nunc qui ha-*

6. C. 30: ML 34, 1114.

que é uma regra da ação humana, como acima foi dito. E assim nessas coisas não foi necessário que fossem dados alguns preceitos, além dos preceitos morais da lei, que são do ditame da razão.

QUANTO AO 2º, deve-se dizer que nos sacramentos da lei nova é dada a graça, que não procede senão de Cristo, e assim foi necessário que tivessem dele a instituição. Entretanto, nas coisas sagradas, não é dada graça alguma, por exemplo, na consagração do templo ou do altar e de outras coisas semelhantes, ou também na própria celebração das solenidades. E assim tais coisas, uma vez que de si mesmas não pertencem à necessidade da graça interior, o Senhor deixou que fossem instituídas pelos fiéis, segundo seu arbítrio.

QUANTO AO 3º, deve-se dizer que Deus deu aqueles preceitos aos Apóstolos, não como observâncias cerimoniais, mas como instituições morais. E podem ser entendidas duplamente. De um modo, segundo Agostinho, que não sejam preceitos, mas concessões. Concedeu-lhes, com efeito, que pudessem exercer o ofício da pregação, sem alforje, báculo ou coisas semelhantes, como possuidores do poder de receber as coisas necessárias da vida daqueles aos quais pregavam; donde acrescentou: "É merecedor, com efeito, o operário de seu sustento". Não peca, antes faz ainda mais, quem leva as próprias coisas das quais viva no ofício da pregação, não recebendo pagamento daqueles a quem prega o Evangelho, como fez Paulo.

De outro modo podem ser entendidas, segundo a exposição de outros Santos, como sendo alguns estatutos temporais dados aos Apóstolos para aquele tempo, no qual eram enviados para pregar na Judeia, antes da paixão de Cristo. Careciam, com efeito, os discípulos, como ainda crianças existindo sob o cuidado de Cristo, de receber alguns estatutos especiais de Cristo, como quaisquer súditos de seus prelados, e principalmente porque deviam aos poucos exercitar-se para que abdicassem da solicitude das coisas temporais, e desse modo se tornassem idôneos a pregar o Evangelho por todo o orbe. Nem é de admirar que, ainda no estado da lei antiga, e ainda não tendo eles conseguido a perfeita liberdade do Espírito, instituiu alguns determinados modos de vida, os quais aboliu estando a paixão iminente, e porque os discípulos já estavam suficientemente exercitados por eles. Por isso, disse no Evangelho de Lucas: "Quando vos enviei sem bolsa, sem

bet saculum, tollat; similiter et peram. Iam enim imminebat tempus perfectae libertatis, ut totaliter suo dimitterentur arbitrio in his quae secundum se non pertinent ad necessitatem virtutis.

AD QUARTUM dicendum quod iudicialia etiam, secundum se considerata, non sunt de necessitate virtutis quantum ad talem determinationem, sed solum quantum ad communem rationem iustitiae. Et ideo iudicialia praecepta reliquit Dominus disponenda his qui curam aliorum erant habituri vel spiritualem vel temporalem. Sed circa iudicialia praecepta veteris legis quaedam explanavit, propter malum intellectum Pharisaeorum, ut infra[7] dicetur.

alforje e sem sapatos, por acaso faltou-vos alguma coisa? E eles disseram: Nada. Disse, pois, a eles: Agora quem tem bolsa, tome-a, e igualmente o alforje". Já era iminente, com efeito, o tempo da perfeita liberdade, de modo que fossem deixados totalmente a seu arbítrio naquelas coisas que de si não pertencem à necessidade da virtude.

QUANTO AO 4º, deve-se dizer que também os preceitos judiciais, considerados em si mesmos, não são necessários para a virtude quanto a tal determinação, mas apenas quanto à razão comum de justiça. E assim estabelecer os preceitos judiciais o Senhor deixou àqueles que deveriam ter a cura dos outros ou espiritual, ou temporal. Entretanto, acerca dos preceitos judiciais da lei antiga explicou algumas coisas, por causa da má compreensão dos fariseus, como abaixo se dirá.

ARTICULUS 3
Utrum lex nova hominem circa interiores actus sufficienter ordinaverit

AD TERTIUM SIC PROCEDITUR. Videtur quod circa interiores actus lex nova insufficienter hominem ordinaverit.

1. Sunt enim decem praecepta decalogi ordinantia hominem ad Deum et proximum. Sed Dominus solum circa tria illorum aliquid adimplevit: scilicet circa prohibitionem homicidii, et circa prohibitionem adulterii, et circa prohibitionem periurii. Ergo videtur quod insufficienter hominem ordinaverit, adimpletionem aliorum praeceptorum praetermittens.

2. PRAETEREA, Dominus nihil ordinavit in Evangelio de iudicialibus praeceptis nisi circa repudium uxoris, et circa poenam talionis, et circa persecutionem inimicorum. Sed multa sunt alia iudicialia praecepta veteris legis, ut supra[1] dictum est. Ergo quantum ad hoc, insufficienter vitam hominum ordinavit.

3. PRAETEREA, in veteri lege, praeter praecepta moralia et iudicialia, erant quaedam caeremonialia. Circa quae Dominus nihil ordinavit. Ergo videtur insufficienter ordinasse.

4. PRAETEREA, ad interiorem bonam mentis dispositionem pertinet ut nullum bonum opus homo faciat propter quemcumque temporalem finem. Sed multa sunt alia temporalia bona quam favor

ARTIGO 3
A lei nova ordenou suficientemente acerca dos atos interiores?

QUANTO AO TERCEIRO, ASSIM SE PROCEDE: parece que acerca dos atos interiores a lei nova **não** ordenou suficientemente o homem.

1. Com efeito, são dez os preceitos do decálogo que ordenam o homem a Deus e ao próximo. Ora, o Senhor deu complemento apenas acerca de três deles, a saber, acerca da proibição de homicídio, da proibição de adultério e da proibição de perjúrio. Logo, parece que tenha ordenado insuficientemente o homem, omitindo o complemento dos outros preceitos.

2. ALÉM DISSO, o Senhor nada ordenou no Evangelho sobre os preceitos judiciais a não ser acerca do repúdio da esposa, da pena de talião e da perseguição dos inimigos. Ora, são muitos os outros preceitos judiciais da lei antiga, como acima foi dito. Logo, quanto a isso, ordenou insuficientemente a vida dos homens.

3. ADEMAIS, na lei antiga, além dos preceitos morais e judiciais, havia alguns cerimoniais. Acerca desses o Senhor nada ordenou. Logo, parece que tenha ordenado insuficientemente.

4. ADEMAIS, pertence à boa disposição interior da mente que o homem não faça nenhuma boa obra por causa de algum fim temporal. Ora, são muitos os outros bens temporais além do aplauso

7. A. sq., ad 2.

3

1. Q. 104, a. 4; q. 105.

humanus: multa etiam alia sunt bona opera quam ieiunium, eleemosyna et oratio. Ergo inconveniens fuit quod Dominus docuit solum circa haec tria opera gloriam favoris humani vitari, et nihil aliud terrenorum bonorum.

5. PRAETEREA, naturaliter homini inditum est ut sollicitetur circa ea quae sunt sibi necessaria ad vivendum, in qua etiam sollicitudine alia animalia cum homine conveniunt: unde dicitur Pr 6,6-8: *Vade ad formicam, O piger, et considera vias eius. Parat in aestate cibum sibi, et congregat in messe quod comedat.* Sed omne praeceptum quod datur contra inclinationem naturae, est iniquum: utpote contra legem naturalem existens. Ergo inconvenienter videtur Dominus prohibuisse sollicitudinem victus et vestitus.

6. PRAETEREA, nullus actus virtutis est prohibendus. Sed iudicium est actus iustitiae; secundum illud Ps 93,15: *Quousque iustitia convertatur in iudicium.* Ergo inconvenienter videtur Dominus iudicium prohibuisse. Et ita videtur lex nova insufficienter hominem ordinasse circa interiores actus.

SED CONTRA est quod Augustinus dicit, in libro *de Serm. Dom. in Monte*[2]: *Considerandum est quia, cum dixit, "Qui audit verba mea haec", satis significat sermonem istum Domini omnibus praeceptis quibus christiana vita formatur, esse perfectum.*

RESPONDEO dicendum quod, sicut ex inducta auctoritate Augustini apparet, sermo quem Dominus in Monte proposuit, totam informationem Christiane vitae continet. In quo perfecte interiores motus hominis ordinantur. Nam post declaratum beatitudinis finem; et commendata apostolica dignitate, per quos erat doctrina evangelica promulganda; ordinat interiores hominis motus, primo quidem quantum ad seipsum; et deinde quantum ad proximum.

humano; muitas também são as outras boas obras além do jejum, a esmola e a oração. Logo, foi inconveniente o que o Senhor ensinou apenas sobre as três obras que se evitasse a glória do aplauso humano, e nada mais dos bens terrenos.

5. ADEMAIS, naturalmente é inato no homem que seja solicitado acerca daquelas coisas que lhe são necessárias para viver, solicitude que também os outros animais têm em comum com o homem. Por isso, se diz no livro dos Provérbios: "Vai à formiga, ó preguiçoso, e considera seus caminhos, a qual, não tendo guia nem preceptor, prepara-se no verão o alimento, e reúne na messe o que comer". Ora, todo preceito que é dado contra a inclinação da natureza, é iníquo, como sendo contra a lei natural. Logo, parece que o Senhor inconvenientemente proibiu a solicitude do sustento e do vestuário.

6. ADEMAIS, nenhum ato de virtude deve ser proibido. Ora, o juízo é ato de justiça, segundo aquilo do livro dos Salmos: "Até que a justiça se converta em juízo". Logo, parece que inconvenientemente o Senhor tenha proibido o juízo. E assim parece que a lei nova ordenou insuficientemente acerca dos atos interiores.

EM SENTIDO CONTRÁRIO, diz Agostinho: "Deve-se considerar que, quando disse: 'Quem ouve estas minhas palavras', significa suficientemente que esta palavra do Senhor é perfeita para todos os preceitos com os quais se forma a vida cristã"[d].

RESPONDO. Como aparece pela autoridade aduzida de Agostinho, a palavra que o Senhor pronunciou na Montanha, contém toda a informação da vida cristã. Nela, perfeitamente se ordenam os movimentos interiores do homem. Com efeito, após declarado o fim da bem-aventurança e, exaltada a autoridade dos Apóstolos, pelos quais deveria ser promulgada a doutrina evangélica, ordena os movimentos interiores do homem, primeiro quanto a si mesmo, depois quanto ao próximo.

2. L. I, c. 1, n. 1: ML 34, 1231.

d. A citação de Sto. Agostinho revela a fonte principal que explora Sto. Tomás: *o comentário do Sermão da Montanha*, que reproduz a primeira pregação de Sto. Agostinho, padre ainda, em Hipona. Esse comentário está na origem de uma rica tradição que desemboca em Sto. Tomás. Pode-se mostrar que este releu tal obra pessoalmente e extraiu as suas ideias principais para integrá-las na Suma*. A ideia que é aqui retomada e apresentada é que o Sermão do Senhor, como gosta de chamá-lo Sto. Agostinho, contém um ensinamento completo sobre a vida cristã, com todos os preceitos necessários, e pode portanto, ser chamado de mapa da vida cristã. O Sermão da Montanha torna-se assim o texto fundamental da lei nova, como o era o decálogo para a lei antiga. Tal ideia corresponde bem à intenção de São Mateus, que concebeu o Sermão como uma síntese catequética da doutrina de Cristo sobre a justiça, ou seja, sobre a moral que ele propunha a seus discípulos, à diferença dos escribas e dos fariseus. Isto significa que, para Sto. Agostinho e Sto. Tomás, o Sermão da Montanha é a fonte principal da moral cristã, assumindo e aperfeiçoando o decálogo. (* Ver nosso artigo *Le Sermon sur la montagne et la morale*, na revista "*Communio*", t. VII, nov. 1982, p. 85-92).

Quantum autem ad seipsum, dupliciter; secundum duos interiores hominis motus circa agenda, qui sunt voluntas de agendis, et intentio de fine. Unde primo ordinat hominis voluntatem secundum diversa legis praecepta: ut scilicet abstineat aliquis non solum ab exterioribus operibus quae sunt secundum se mala, sed etiam ab interioribus, et ab occasionibus malorum. — Deinde ordinat intentionem hominis, docens quod in bonis quae agimus, neque quaeramus humanam gloriam, neque mundanas divitias, quod est thesaurizare in terra.

Consequenter autem ordinat interiorem hominis motum quoad proximum: ut scilicet eum non temerarie aut iniuste iudicemus, aut praesumptuose; neque tamen sic simus apud proximum remissi, ut eis sacra committamus, si sint indigni.

Ultimo autem docet modum adimplendi evangelicam doctrinam: scilicet implorando divinum auxilium; et conatum apponendo ad ingrediendum per angustam portam perfectae virtutis; et cautelam adhibendo ne a seductioribus corrumpamur. Et quod observatio mandatorum eius est necessaria ad virtutem: non autem sufficit sola confessio fidei, vel miraculorum operatio, vel solus auditus.

Ad primum ergo dicendum quod Dominus circa illa legis praecepta adimpletionem apposuit, in quibus Scribae et Pharisaei non rectum intellectum habebant. Et hoc contingebat praecipue circa tria praecepta decalogi. Nam circa prohibitionem adulterii et homicidii, aestimabant solum exteriorem actum prohiberi, non autem interiorem appetitum. Quod magis credebant circa

Quanto a si mesmo, duplamente: segundo os dois movimentos interiores acerca das ações a praticar, os quais são a vontade de agir e a intenção do fim. Primeiro, ordena a vontade do homem segundo os diversos preceitos da lei, a saber, para que se abstenha alguém não só das obras exteriores, que são em si mesmas más, mas também das interiores, e das ocasiões dos males. — Em seguida, ordena a intenção do homem, ensinando que, nas boas ações que praticamos, não procuremos a glória humana, nem as riquezas mundanas, que é entesourar na terra.

Ordena a seguir, o movimento interior do homem quanto ao próximo, a saber, que não o julguemos temerária ou injusta, ou presunçosamente, nem sejamos de tal modo negligentes junto ao próximo que lhes confiemos coisas sagradas, se são indignos.

Por último, ensina o modo de cumprir a doutrina evangélica, a saber, implorando o auxílio divino, e empregando o esforço para entrar pela porta estreita da virtude perfeita, e empregando a cautela para não sermos corrompidos pelos sedutores. E que a observância dos mandamentos dele é necessária para a virtude: não basta, com efeito, apenas a confissão da fé, ou a prática de milagres, ou só o ouvir[e].

Quanto ao 1º, portanto, deve-se dizer que o Senhor trouxe o complemento acerca daqueles preceitos da lei, nos quais escribas e fariseus não tinham entendimento correto. E isso acontecia principalmente acerca dos três preceitos do decálogo. Com efeito, acerca do adultério e homicídio, achavam que só o ato exterior era proibido, não, porém, o apetite interior. E isso criam mais acerca

e. Com o Sermão da Montanha, que recebe toda a sua autoridade do próprio Senhor, pronunciando-se com a famosa fórmula: "Ouvistes que foi dito... Pois eu vos digo...", uma autoridade que provocava a surpresa das multidões, penetramos novamente no centro da lei nova. Sem dúvida, lidamos com um texto que se põe entre os elementos segundos dessa lei. Ele nos introduz por seu ensinamento no plano dos atos interiores, do "coração" no sentido evangélico, justamente onde se exercem a fé e a caridade sob o impulso do Espírito Santo.

Teremos, portanto, uma interpretação do Sermão da Montanha que confere o primado aos atos interiores, ou seja, à interioridade dinâmica que está na raiz das ações humanas, e mais precisamente uma interpretação que vê no Sermão uma doutrina sobre as principais virtudes evangélicas. Isto corresponde particularmente ao texto das antíteses, que nos fazem remontar do assassinato à cólera, do adultério ao mau pensamento, e finalmente ao ódio e ao amor, como à fonte de toda ação moral. Isto corresponde também à análise da ação moral efetuada por Sto. Tomás no início da I-II, q. 18-20, onde o ato interior é primeiro, e a sua organização da moral de acordo com as virtudes.

A sequência das respostas nos propõe, de maneira sucinta, uma divisão do Sermão da Montanha determinada pelas grandes categorias de que se serve Sto. Tomás. Primeiramente, a proposição da bem-aventurança como fim. Essas duas palavras designam as bem-aventuranças que abrem o Sermão. Sto. Tomás as estuda especialmente na q. 69 da I-II. Ele vê nelas a resposta do Senhor à questão da felicidade, que domina a moral. Esse ensinamento corresponde ao primeiro mandamento do amor a Deus. O resto do Sermão é disposto segundo o mandamento da caridade, o amor ao próximo como a si mesmo. A explicação de Sto. Tomás se conforma desse modo ao critério fornecido por Sto. Agostinho, de que é preciso sempre interpretar a Escritura tendo em vista a caridade, a qual efetivamente constitui a culminação do ensinamento sobre a justiça nova com os preceitos sobre o perdão aos inimigos e o amor amplo "dos bons e malvados", à imitação do Pai.

homicidium et adulterium quam circa furtum vel falsum testimonium, quia motus irae in homicidium tendens, et concupiscentiae motus tendens in adulterium, videntur aliqualiter nobis a natura inesse; non autem appetitus furandi, vel falsum testimonium dicendi. — Circa periurium vero habebant falsum intellectum, credentes periurium quidem esse peccatum; iuramentum autem per se esse appetendum et frequentandum, quia videtur ad Dei reverentiam pertinere. Et ideo Dominus ostendit iuramentum non esse appetendum tanquam bonum; sed melius esse absque iuramento loqui, nisi necessitas cogat.

do homicídio e do adultério que acerca do furto ou do falso testemunho, porque o movimento de ira que tende ao homicídio, e o movimento de concupiscência que tende ao adultério, parecem de certo modo como existindo em nós por natureza, não, porém, o apetite de furtar, ou de dizer o falso testemunho. — Acerca do perjúrio tinham falso entendimento, crendo certamente que o perjúrio é pecado; o juramento, porém, por si deve ser desejado e repetido, pois parece pertencer à reverência de Deus. E assim o Senhor mostra que o juramento não deve ser desejado como bom, mas é melhor dizer sem juramento, a menos que a necessidade exija.

AD SECUNDUM dicendum quod circa iudicialia praecepta dupliciter Scribae et Pharisaei errabant. Primo quidem, quia quaedam quae in lege Moysi erant tradita tanquam permissiones, aestimabant esse per se iusta: scilicet repudium uxoris, et usuras accipere ab extraneis. Et ideo Dominus prohibuit uxoris repudium, Mt 5,32; et usurarum acceptionem, Lc 6,35, dicens: *Date mutuum nihil inde sperantes*.

QUANTO AO 2º, deve-se dizer que acerca dos preceitos judiciais escribas e fariseus erravam duplamente. Primeiro, porque algumas coisas que na lei de Moisés eram transmitidas como permissões, julgavam ser por si mesmas justas, a saber, o repúdio da esposa, e receber usuras de estrangeiros. E assim o Senhor proibiu o repúdio da esposa no Evangelho de Mateus, e a recepção de usuras no Evangelho de Lucas, dizendo: "Emprestai, nada daí esperando".

Alio modo errabant credentes quaedam quae lex vetus instituerat facienda propter iustitiam, esse exequenda ex appetitu vindictae; vel ex cupiditate temporalium rerum; vel ex odio inimicorum. Et hoc in tribus praeceptis. Appetitum enim vindictae credebant esse licitum, propter praeceptum datum de poena talionis. Quod quidem fuit datum ut iustitia servaretur, non ut homo vindictam quaereret. Et ideo Dominus, ad hoc removendum, docet animum hominis sic debere esse praeparatum ut, si necesse sit, etiam paratus sit plura sustinere. — Motum autem cupiditatis aestimabant esse licitum, propter praecepta iudicialia in quibus mandabatur restitutio rei ablatae fieri etiam cum aliqua additione, ut supra[3] dictum est. Et hoc quidem lex mandavit propter iustitiam observandam, non ut daret cupiditati locum. Et ideo Dominus docet ut ex cupiditate nostra non repetamus, sed simus parati, si necesse fuerit, etiam ampliora dare. — Motum vero odii credebant esse licitum, propter praecepta legis data de hostium interfectione. Quod quidem lex statuit propter iustitiam implendam, ut supra[4] dictum est, non propter odia exsaturanda. Et ideo Dominus docet ut ad inimicos dilectionem habeamus, et

De outro modo, erravam crendo que algumas coisas que a lei instituíra para serem feitas por causa da justiça, devem ser realizadas por desejo de vingança; ou pela cobiça de coisas temporais, ou por ódio dos inimigos. E isso nos três preceitos. Criam, com efeito, que o desejo de vingança era lícito, por causa do preceito dado da pena de talião. O que foi dado para que se observasse a justiça, não para que o homem buscasse a vingança. E assim o Senhor, para afastar isso, ensina que a alma do homem deve de tal modo estar preparada que, se necessário for, também esteja preparada para suportar muitas outras coisas. — Pensavam ser lícito o movimento de cobiça, por causa dos preceitos judiciais nos quais se manda que a restituição da coisa furtada se faça também com algum acréscimo, como acima foi dito. E a lei mandou certamente isso por causa da justiça a ser observada, não para dar lugar à cobiça. E assim o Senhor ensina que não exijamos a partir de nossa cobiça, mas estejamos preparados, se necessário for, a dar também coisas maiores. — Criam que era lícito o movimento de ódio, por causa dos preceitos dados da lei sobre a morte dos inimigos. O que a lei estatuiu por causa da justiça a ser

3. Q. 105, a. 2, ad 9.
4. Ibid., a. 3, ad 4.

parati simus, si opus fuerit, etiam benefacere. Haec enim praecepta *secundum praeparationem animi* sunt accipienda, ut Augustinus exponit[5].

AD TERTIUM dicendum quod praecepta moralia omnino in nova lege remanere debebant: quia secundum se pertinent ad rationem virtutis. Praecepta autem iudicialia non remanebant ex necessitate secundum modum quem lex determinavit; sed relinquebatur arbitrio hominum utrum sic vel aliter esset determinandum. Et ideo convenienter Dominus circa haec duo genera praeceptorum nos ordinavit. Praeceptorum autem caeremonialium observatio totaliter per rei impletionem tollebatur. Et ideo circa huiusmodi praecepta, in illa communi doctrina, nihil ordinavit. Ostendit tamen alibi quod totus corporalis cultus qui erat determinatus in lege, erat in spiritualem commutandus; ut patet Io 4,21-23, ubi dixit: *Venit hora quando neque in monte hoc neque in Ierosolymis adorabitis Patrem; sed veri adoratores adorabunt Patrem in spiritu et veritate*.

AD QUARTUM dicendum quod omnes res mundanae ad tria reducuntur, scilicet ad honores, divitias et delicias; secundum illud 1Io 2,16: *Omne quod est in mundo, concupiscentia carnis est*, quod pertinet ad delicias carnis; *et concupiscentia oculorum*, quod pertinet ad divitias; *et superbia vitae*, quod pertinet ad ambitum gloriae et honoris. Superfluas autem carnis delicias lex non repromisit, sed magis prohibuit. Repromisit autem celsitudinem honoris, et abundantiam divitiarum: dicitur enim Dt 28,1: *Si audieris vocem Domini Dei tui, faciet te excelsiorem cunctis gentibus*, quantum ad primum; et post pauca subdit [v. 11]: *Abundare te faciet omnibus bonis*, quantum ad secundum. Quae quidem promissa sic prave intelligebant Iudaei, ut propter ea esset Deo serviendum, sicut propter finem. Et ideo Dominus hoc removit, docens primo, quod opera virtutis non sunt facienda propter humanam gloriam. Et ponit tria opera, ad quae omnia alia reducuntur: nam omnia quae aliquis facit ad refrenandum seipsum in suis concupiscentiis, reducuntur ad ieiunium; quaecumque vero fiunt propter dilectionem proximi, reducuntur ad eleemosynam; quaecumque vero propter cultum

cumprida, como acima foi dito, não para que os ódios fossem saciados. E assim o Senhor ensina que tenhamos amor aos inimigos, e estejamos preparados, se for preciso, também a fazer-lhes o bem. Esses preceitos, com efeito, devem ser entendidos "segundo a preparação da alma", como expõe Agostinho.

QUANTO AO 3º, deve-se dizer que os preceitos morais deviam totalmente permanecer na lei nova, pois pertencem em si mesmos à razão de virtude. Não permaneciam, por necessidade, os preceitos judiciais, segundo o modo que a lei determinou; mas deixava-se ao arbítrio dos homens que fosse isso dessa ou daquela maneira determinado. E assim, convenientemente, o Senhor ordenou-nos acerca desses dois gêneros de preceitos. Abolia-se totalmente a observância dos preceitos cerimoniais, pela realização da coisa. E assim acerca de tais preceitos, nada ordenou, naquele ensinamento comum. Mostrou, porém, em outra parte, que todo culto corporal, que era determinado na lei, devia ser comutado no espiritual, como está no Evangelho de João, onde disse: "Vem a hora quando nem na montanha nem em Jerusalém adorareis o Pai, mas os verdadeiros adoradores adorarão o Pai em espírito e em verdade".

QUANTO AO 4º, deve-se dizer que todas as coisas do mundo reduzem-se a três, a saber, honras, riquezas e prazeres, segundo a primeira Carta de João: "Tudo o que há no mundo, é concupiscência da carne", o que pertence aos prazeres da carne; "e concupiscência dos olhos", o que pertence às riquezas; "e soberba da vida", o que pertence ao âmbito da glória e da honra. A lei não prometeu os prazeres supérfluos da carne, mas antes proibiu. Prometeu a excelsitude da honra e a abundância das riquezas; diz-se, com efeito, no livro do Deuteronômio: "Se escutares a voz do Senhor teu Deus, ele te fará o mais excelso entre todos os povos", quanto à primeira; e pouco depois acrescenta: "Far-te-á abundante em todos os bens", quando à segunda. Essas promessas os judeus entendiam tão erradamente que pensavam dever servir-se a Deus por elas, como por um fim. E assim o Senhor afastou isso, ensinando primeiro que as obras de virtude não devem ser praticadas em razão da glória humana. E estabeleceu três obras às quais todas as outras se reduzem: com efeito, todas aquelas que o homem faz para dominar-se em suas concupiscências, reduzem-se ao jejum; quaisquer

5. Loc. cit., c. 19, n. 58: ML 34, 1260.

Dei fiunt, reducuntur ad orationem. Ponit autem haec tria specialiter quasi praecipua, et per quae homines maxime solent gloriam venari. — Secundo, docuit quod non debemus finem constituere in divitiis, cum dixit Mt 6,19: *Nolite thesaurizare vobis thesauros in terra.*

Ad quintum dicendum quod Dominus sollicitudinem necessariam non prohibuit, sed sollicitudinem inordinatam. Est autem quadruplex inordinatio sollicitudinis vitanda circa temporalia. Primo quidem, ut in eis finem non constituamus, neque Deo serviamus propter necessaria victus et vestitus. Unde dicit [l. c.]: *Nolite thesaurizare vobis* etc. — Secundo, ut non sic sollicitemur de temporalibus, cum desperatione divini auxilii. Unde Dominus dicit [ib. v. 32]: *Scit Pater vester quia his omnibus indigetis.* — Tertio, ne sit sollicitudo praesumptuosa: ut scilicet homo confidat se necessaria vitae per suam sollicitudinem posse procurare, absque divino auxilio. Quod Dominus removet per hoc quod [ib. v.27] *homo non potest aliquid adiicere ad staturam suam.* — Quarto, per hoc quod homo sollicitudinis tempus praeoccupat: quia scilicet de hoc sollicitus est nunc, quod non pertinet ad curam praesentis temporis, sed ad curam futuri. Unde dicit [ib. v. 34]: *Nolite solliciti esse in crastimum.*

Ad sextum dicendum quod Dominus non prohibet iudicium iustitiae: sine quo non possent sancta subtrahi ab indignis. Sed prohibet iudicium inordinatum, ut dictum est[6].

que se fazem por amor ao próximo, reduzem-se à esmola; quaisquer que se fazem pelo culto de Deus, reduzem-se à oração. Estabeleceu, porém, essas três especialmente, como principais, e por elas os homens costumam maximamente buscar a glória. — Em segundo lugar, ensinou que não devemos constituir o fim nas riquezas, quando disse no Evangelho de Mateus: "Não queirais entesourar para vós tesouros na terra".

Quanto ao 5º, deve-se dizer que o Senhor não proibiu a solicitude necessária, mas a solicitude desordenada. Há, porém, quatro desordens de solicitude a serem evitadas quanto aos bens temporais. Em primeiro lugar, que neles não constituamos o fim, nem sirvamos a Deus por causa das coisas necessárias do sustento e do vestuário. Por isso, diz: "Não queirais entesourar para vós" etc. — Em segundo, que não sejamos solícitos de bens temporais, com desesperança do auxílio divino. Por isso, diz o Senhor: "Sabe o vosso Pai que precisais de todas estas coisas". — Em terceiro lugar, que não seja a solicitude presunçosa, por exemplo, que o homem confie que pode procurar por sua solicitude as coisas necessárias à vida, sem o auxílio divino. O que o Senhor afasta pelo que "o homem não pode acrescentar algo à sua estatura". — Em quarto, o homem se preocupa com o tempo da solicitude, a saber, está solícito agora com o que não pertence ao cuidado do tempo presente, mas ao cuidado do futuro. Por isso, diz: "Não queirais estar solícitos pelo dia de amanhã".

Quanto ao 6º, deve-se dizer que o Senhor não proíbe o juízo de justiça, sem o qual não poderiam as coisas santas ser negadas aos indignos. Mas proíbe o juízo desordenado, como foi dito.

Articulus 4

Utrum convenienter in lege nova consilia quaedam determinata sint proposita

Ad quartum sic proceditur. Videtur quod inconvenienter in lege nova consilia quaedam determinata sint proposita.

Artigo 4

Foram convenientemente propostos, na lei nova, alguns novos conselhos determinados?[f]

Quanto ao quarto, assim se procede: parece que **não** foram propostos convenientemente, na lei nova, alguns novos conselhos determinados.

6. In corp.

4 Parall.: *Cont. Gent.* III, 130; *Quodlib.* V, q. 10, art. 1.

f. A lei nova possui uma particularidade única: não comporta somente preceitos obrigatórios, como as outras leis, mas acrescenta conselhos como meios cômodos oferecidos à perfeição da caridade, visada por essa lei.

De fato, Sto. Tomás irá mostrar de que modo se integram à lei nova os frutos da experiência cristã produzidos pelo ideal da vida evangélica, que assumiu particularmente a forma da vida religiosa, com os três votos. No século XIII, precisamente, esse ideal evangélico suscitara uma forma de vida religiosa nova no que se refere aos monges, melhor inseridos na sociedade comunal, que aumentava e se tornava mais aberta à Palavra de Deus na Igreja e no mundo, mesmo pagão. Sto. Tomás estabelece aqui

1. Consilia enim dantur de rebus expedientibus ad finem; ut supra[1] dictum est, cum de consilio ageretur. Sed non eadem omnibus expediunt. Ergo non sunt aliqua consilia determinata omnibus proponenda.

2. PRAETEREA, consilia dantur de meliori bono. Sed non sunt determinati gradus melioris boni. Ergo non debent aliqua determinata consilia dari.

3. PRAETEREA, consilia pertinent ad perfectionem vitae. Sed obedientia pertinet ad perfectionem vitae. Ergo inconvenienter de ea consilium non datur in Evangelio.

4. PRAETEREA, multa ad perfectionem vitae pertinentia inter praecepta ponuntur: sicut hoc quod dicitur, *Diligite inimicos vestros*; et praecepta etiam quae dedit Dominus Apostolis, Mt 10. Ergo inconvenienter traduntur consilia in nova lege: tum quia non omnia ponuntur; tum etiam quia a praeceptis non distinguuntur.

SED CONTRA, consilia sapientis amici magnam utilitatem afferunt; secundum illud Pr 27,9: *Unguento et variis odoribus delectatur cor: et bonis amici consiliis anima dulcoratur.* Sed Christus maxime est sapiens et amicus. Ergo eius consilia maximam utilitatem continent, et convenientia sunt.

RESPONDEO dicendum quod haec est differentia inter consilium et praeceptum, quod praeceptum importat necessitatem, consilium autem in optione ponitur eius cui datur. Et ideo convenienter in lege nova, quae est lex libertatis, supra praecepta sunt addita consilia: non autem in veteri lege, quae erat lex servitutis. Oportet igitur quod praecepta novae legis intelligantur esse data de his quae sunt necessaria ad consequendum finem aeternae beatitudinis, in quem lex nova immediate introducit. Consilia vero oportet esse de illis per quae melius et expeditius potest homo consequi finem praedictum.

1. Com efeito, os conselhos são dados a respeito de coisas que convêm ao fim, como acima foi dito, ao se tratar do conselho. Ora, as mesmas coisas não convêm a todos. Logo, alguns conselhos determinados não devem ser propostos a todos.

2. ALÉM DISSO, os conselhos são dados a respeito do bem melhor. Ora, não são determinados os graus do bem melhor. Logo, não se devem dar alguns conselhos determinados.

3. ADEMAIS, os conselhos pertencem à perfeição da vida. Ora, a obediência pertence à perfeição da vida. Logo, inconvenientemente, não se dá conselho a respeito dela no evangelho.

4. ADEMAIS, colocam-se entre os preceitos muitas coisas que pertencem à perfeição da vida, como o que se diz: "Amai os vossos inimigos"; e também os preceitos que o Senhor deu ao Apóstolos, no Evangelho de Mateus. Logo, inconvenientemente são transmitidos conselhos na lei nova, quer porque não são afirmados todos, quer também porque não são distinguidos dos preceitos.

EM SENTIDO CONTRÁRIO, os conselhos do amigo sábio trazem grande utilidade, segundo o livro dos Provérbios: "Com perfume e vários odores se deleita o coração, e com os bons conselhos do amigo a alma se mitiga". Ora, Cristo é maximamente sábio e amigo. Logo, seus conselhos contêm máxima utilidade e são convenientes[g].

RESPONDO. Esta é a diferença entre conselho e preceito: o preceito implica necessidade; o conselho, porém, é posto na opção daquele a quem é dado. E assim convenientemente na lei nova, que é a lei da liberdade, acima dos preceitos foram acrescentados conselhos; não, porém, na lei antiga, que era a lei da servidão. É necessário, pois, que se entenda que os preceitos da lei nova são dados a respeito daquelas coisas que são necessárias para conseguir o fim da bem-aventurança eterna, ao qual a lei nova introduz imediatamente. Já os conselhos é necessário que sejam a respeito daquelas coisas pelas quais melhor e mais expeditamente pode o homem conseguir o fim mencionado.

1. Q. 14, a. 2.

o vínculo entre a lei nova e o estudo da vida religiosa, que ele situará no final da II-II (q. 186-189), numa parte consagrada às graças e aos estados especiais na Igreja.

g. O argumento é mais rico e mais forte do que parece. Segundo Aristóteles, a lei procede da sabedoria do legislador; tem por fim criar relações de justiça entre os cidadãos e, além disso, suscitar entre eles uma certa amizade. Aplicada a Cristo, tal visão adquire uma nova riqueza. Cristo se apresenta a nós, em particular no Sermão da Montanha, como Mestre de sabedoria e como amigo, ou seja, como Mestre da caridade, pois Sto. Tomás, inspirando-se em São João, irá definir a caridade como uma amizade. Ora, as relações de amizade ultrapassam o plano dos mandamentos, que supõem uma relação de superior a inferior, e se exprimem melhor pelos conselhos que estão a serviço de uma vontade comum do melhor dos bens. Além dos preceitos sempre necessários, a doutrina do Evangelho acrescentará conselhos que constituirão um traço específico e procederão da caridade de Cristo.

Est autem homo constitutus inter res mundi huius et spiritualia bona, in quibus beatitudo aeterna consistit: ita quod quanto plus inhaeret uni eorum, tanto plus recedit ab altero, et e converso. Qui ergo totaliter inhaeret rebus huius mundi, ut in eis finem constituat, habens eas quasi rationes et regulas suorum operum, totaliter excidit a spiritualibus bonis. Et ideo huiusmodi inordinatio tollitur per praecepta. — Sed quod homo totaliter ea quae sunt mundi abiiciat, non est necessarium ad perveniendum in finem praedictum: quia potest homo utens rebus huius mundi, dummodo in eis finem non constituat, ad beatitudinem aeternam pervenire. Sed expeditius perveniet totaliter bona huiusmundi abdicando. Et ideo de hoc dantur consilia Evangelii.

Bona autem huius mundi, quae pertinent ad usum humanae vitae, in tribus consistunt: scilicet in divitiis exteriorum bonorum, quae pertinent ad *concupiscentiam oculorum*; in deliciis carnis, quae pertinent ad *concupiscentiam carnis*; et in honoribus, quae pertinent ad *superbiam vitae*; sicut patet 1Io 2,16. Haec autem tria totaliter derelinquere, secundum quod possibile est, pertinet ad consilia Evangelica. In quibus etiam tribus fundatur omnis religio, quae statum perfectionis profitetur: nam divitiae abdicantur per paupertatem; deliciae carnis per perpetuam castitattem; superbia vitae per obedientiae servitutem.

Haec autem simpliciter observata pertinent ad consilia simpliciter proposita. Sed observatio uniuscuiusque eorum in aliquo speciali casu, pertinet ad consilium secundum quid, scilicet in casu illo. Puta cum homo dat aliquam eleemosynam pauperi quam dare non tenetur, consilium sequitur quantum ad factum illud. Similiter etiam quando aliquo tempore determinato a delectationibus carnis abstinet ut orationibus vacet, consilium sequitur pro tempore illo. Similiter etiam quando aliquis non sequitur voluntatem suam in aliquo facto quod licite posset facere, consilium sequitur in casu illo: puta si benefaciat inimicis quando non tenetur, vel si offensam remittat cuius iuste posset exigere vindictam. Et sic etiam omnia consilia particularia ad illa tria generalia et perfecta reducuntur.

O homem é constituído entre as coisas deste mundo e os bens espirituais, nos quais consiste a bem-aventurança eterna, de sorte que quanto mais adere a um deles, tanto mais se afasta do outro, e vice-versa. Aquele, pois, que adere totalmente às coisas deste mundo, de modo a neles constituir o fim, tendo-as como razões e regras de suas ações, afasta-se totalmente dos bens espirituais. E assim tal desordem é eliminada pelos preceitos. — Entretanto, que o homem totalmente renuncie às coisas que são deste mundo não é necessário para chegar ao fim mencionado, porque pode o homem, usando das coisas deste mundo, desde que nelas não constitua o fim, chegar à bem-aventurança eterna. Entretanto, chegará mais expeditamente, renunciando de modo total a tais bens. E assim sobre isso se dão conselhos no Evangelho.

Os bens deste mundo, que pertencem ao uso da vida humana, consistem em três coisas, a saber: nas riquezas dos bens exteriores, que pertencem "à concupiscência dos olhos"; nos prazeres da carne, que pertencem "à concupiscência da carne"; e nas honras, que pertencem "à soberba da vida", como está na primeira Carta de João. Deixar totalmente, segundo é possível, estas três coisas pertence aos conselhos evangélicos. Nessas três coisas se funda também toda religião, que professa o estado de perfeição; com efeito, renuncia-se às riquezas pela pobreza; aos prazeres da carne pela castidade perpétua; à soberba da vida pela sujeição da obediência.

Estas coisas observadas em absoluto pertencem aos conselhos propostos em absoluto. Entretanto, a observância de cada uma delas em algum caso especial pertence ao conselho de modo relativo, a saber, naquele caso. Por exemplo, quando o homem dá a um pobre uma esmola que não está obrigado a dar, segue o conselho, quanto àquele fato. Semelhantemente também quando, por algum tempo determinado, se abstém dos prazeres da carne para se entregar a orações, segue o conselho por aquele tempo. Semelhantemente, quando alguém não segue sua vontade em algum fato que pode licitamente fazer, segue o conselho naquele caso; por exemplo, se beneficia aos inimigos quando não é obrigado, ou se perdoa a ofensa daquele de quem justamente poderia vingar-se[h].

h. A doutrina exigiria um longo comentário para evitar os mal-entendidos provocados pelo surgimento, segundo Sto. Tomás, das morais da obrigação, que causaram a separação entre os preceitos e os conselhos, entre a moral e a espiritualidade, entre a vida cristão comum e a vida religiosa. Digamos simplesmente que, para Sto. Tomás, preceitos e conselhos se unem por um mesmo fim, a perfeição da caridade à qual todos são chamados, de acordo com os dois primeiros mandamentos; diferenciam-se somente como meios ou vias para atingi-lo. Além disso, a moral de Sto. Tomás não se centra sobre os preceitos, que determinam

AD PRIMUM ergo dicendum quod praedicta consilia, quantum est de se, sunt omnibus expedientia: sed ex indispositione aliquorum contingit quod alicui expedientia non sunt, quia eorum affectus ad haec non inclinatur. Et ideo Dominus, consilia Evangelica proponens, semper facit mentionem de idoneitate hominum ad observantiam consiliorum. Dans enim consilium perpetuae paupertatis, Mt 19,21, praemittit: *Si vis perfectus esse*; et postea subdit: *Vade et vende omnia quae habes*. Similiter, dans consilium perpetuae castitatis, cum dixit [ib. 12]: *Sunt eunuchi qui castraverunt seipsos propter regnum caelorum*, statim subdit: *Qui potest capere, capiat*. Et similiter Apostolus, 1Cor 7,35, praemisso consilio virginitatis, dicit: *Porro hoc ad utilitatem vestram dico: non ut laqueum vobis iniiciam*.

AD SECUNDUM dicendum quod meliora bona particulariter in singulis sunt indeterminata. Sed illa quae sunt simpliciter et absolute meliora bona in universali, sunt determinata. Ad quae etiam omnia illa particularia reducuntur, ut dictum est[2].

AD TERTIUM dicendum quod etiam consilium obedientiae Dominus intelligitur dedisse in hoc quod dixit: *Et sequatur me*; quem sequimur non solum imitando opera, sed etiam obediendo mandatis ipsius; secundum illud Io 10,27: *Oves meae vocem meam audiunt, et sequuntur me*.

AD QUARTUM dicendum quod ea quae de vera dilectione inimicorum, et similibus, Dominus dicit Mt 5 et Lc 6, si referantur ad praeparationem animi, sunt de necessitate salutis: ut scilicet homo sit paratus benefacere inimicis, et alia huiusmodi facere, cum necessitas hoc requirat. Et ideo inter praecepta ponuntur. Sed ut aliquis hoc inimicis exhibeat prompte in actu, ubi specialis necessitas

QUANTO AO 1º, portanto, deve-se dizer que os mencionados conselhos, quanto é de si, são convenientes a todos, mas, por indisposição de alguns, acontece que a alguém não sejam convenientes, pois seu afeto não se inclina para eles. E assim o Senhor, propondo os conselhos evangélicos, sempre faz menção da idoneidade dos homens para a observância dos conselhos. Dando, com efeito, o conselho da pobreza perpétua, no Evangelho de Mateus, diz antes: "Se queres ser perfeito", e depois acrescenta: "Vai e vende todas as coisas que tens". Semelhantemente, dando o conselho de castidade perpétua, ao dizer: "Há eunucos que se castraram por causa do reino dos céus", acrescenta de imediato: "Quem pode entender, entenda". E semelhantemente o Apóstolo, posto o conselho de virgindade, diz: "Em seguida digo isso para vossa utilidade: não para vos fazer uma armadilha".

QUANTO AO 2º, deve-se dizer que os bens melhores são particularmente indeterminados em cada um. Mas aqueles que são simples e absolutamente bens melhores em geral, são determinados. A esses também se reduzem os outros particulares, como foi dito.

QUANTO AO 3º, deve-se dizer também que se entende ter o Senhor dado o conselho da obediência quando disse: "E siga-me"; seguimo-lo não só imitando as obras, mas também obedecendo aos mandamentos dele, segundo o Evangelho de João: "Minhas ovelhas ouvem minha voz, e seguem-me".

QUANTO AO 4º, deve-se dizer que aquelas coisas sobre o verdadeiro amor dos inimigos, e semelhantes, que diz o Senhor nos Evangelhos de Mateus e de Lucas, se se referem à preparação da alma, são de necessidade da salvação, a saber, que o homem esteja preparado para fazer o bem aos inimigos, e outras coisas semelhantes, quando a necessidade o requerer. E assim tais coisas são

2. In corp.

o que é estritamente necessário, obrigatório, limitado a um mínimo, mas sobre as virtudes que tornam o homem capaz de produzir por iniciativa própria ações de qualidade, que tendem a uma certa perfeição, a um máximo de acordo com as possibilidades, como sabe fazer um adulto bem formado, diferentemente da criança, que ainda precisa de um apoio externo. Assim, as virtudes (amor pela verdade, pela justiça, pelo próximo, por Cristo...) estendem diante do cristão um campo de iniciativa de liberdade onde as obrigações estritas não são mais usuais, mas que ocuparão os conselhos evangélicos, emanando "da sabedoria e da amizade" de Cristo.

Os conselhos evangélicos são propostos a todos, mesmo que nem todos convenham a cada um, em cada época, circunstância e condição. Eles são múltiplos, mas a experiência e a tradição da Igreja organizaram-nos progressivamente em torno de três conselhos: pobreza, castidade e obediência (a ordem pode variar), os quais operam o desligamento em relação aos principais bens cujo cuidado arrisca-se a nos retirar a liberdade interior: os bens externos, como as riquezas, os bens do corpo, em particular o uso da sexualidade, os bens mais pessoais, como a vontade própria. Tal é a interpretação que lentamente se revelou na história e se tornou clássica na época de Sto. Tomás. No estado religioso, esses conselhos serão confirmados por votos.

non occurrit, pertinet ad consilia particularia, ut dictum est[3]. — Illa autem quae ponuntur Mt 10, et Lc 9, et 10, fuerunt quaedam praecepta disciplinae pro tempore illo, vel concessiones quaedam, ut supra[4] dictum est. Et ideo non inducuntur tanquam consilia.

postas entre os preceitos. Entretanto, que alguém proporcione isso aos inimigos, prontamente, em ato, onde não ocorre especial necessidade, pertence aos conselhos particulares, como foi dito. — Aquelas coisas, porém, que são postas no Evangelho de Mateus e no de Lucas, foram alguns preceitos de disciplina para aquele tempo, ou algumas concessões, como foi acima dito. E assim não se induzem como conselhos[i].

3. In corp.
4. A. 2, ad 3.

i. A vinculação dos conselhos às virtudes e, por meio delas, aos preceitos, permite resolver de modo conveniente a questão da origem evangélica dos três principais conselhos. Não é necessário que eles tenham sido explicitamente formulados como conselhos no Novo Testamento, como é o caso no que se refere à virgindade no texto da primeira Epístola aos Coríntios, que alimentou o ideal da virgindade desde a primeira Igreja (resp. 1). Basta que o conselho se ligue a virtudes evangélicas, expressas sob forma de preceitos e de apelos à perfeição. O que caracteriza o conselho é o modo superior de realização da virtude ao qual ele convida.

O modo superior dos conselhos permite ligá-los especialmente aos dons do Espírito Santo, que nos tornam capazes de exercer as virtudes de uma maneira mais perfeita, como expõe em detalhe Sto. Tomás em sua explicação das bem-aventuranças (q. 69). Assim, por meio dos conselhos evangélicos e da liberdade espiritual que eles acarretam, a lei nova manifesta sua natureza mais profunda, a de ser principalmente a graça do Espírito Santo pela fé, pela caridade e pelos dons, juntamente com as outras virtudes, de acordo com o ensinamento do Novo Testamento concentrado no "Sermão do Senhor".

A GRAÇA

Introdução e notas por Jean-Hervé Nicolas

INTRODUÇÃO

O lugar conferido ao tratado da graça na Suma teológica marca ao mesmo tempo o seu objeto e os seus limites. Conforme se viu, a I-II tem por meta tratar os atos humanos em sua generalidade, o estudo pormenorizado dos atos bons, que conduzem a Deus, e dos maus, que dele desviam, sendo remetido à II-II (I-II, q. 6, prol.). Esse estudo geral dos atos humanos procede em duas etapas: na primeira, são considerados os atos humanos enquanto tais; na segunda, busca-se conhecer os seus princípios. Entre estes, estuda-se em primeiro lugar os princípios interiores, que são, por um lado, as virtudes, princípios dos atos bons, e por outro os vícios, princípios dos maus atos. Em segundo lugar, estuda-se o princípio exterior, Deus, que, por meio de sua lei esclarece o homem sobre o que ele deve querer e fazer, e por intermédio de sua graça ajuda-o a querer e fazer o bem.

Assim, portanto, a graça será estudada neste tratado como um auxílio trazido por Deus ao homem para fazê-lo querer o que é bom e agir bem. A necessidade de uma tal ajuda será longamente explicada na primeira questão do tratado, na q. 109, que é a mais importante e que comanda todo o resto. Restringindo desse modo o seu campo de reflexão, Sto. Tomás é levado a considerar a graça sob o ângulo segundo o qual ela é na alma um dom recebido de Deus, que penetra suas faculdades e a faz agir: algo criado, por conseguinte, que permanece nos limites da criatura. Não será a graça algo diferente? Por meio dela a criatura não se eleva até Deus? Ao dar a sua graça, Deus não dá o Espírito Santo, ou seja, nada menos do que a si mesmo?

Sto. Tomás não ignora esse aspecto essencial do mistério da graça: tratou dele de maneira aprofundada em muitas passagens de sua obra, e especialmente na I Parte da Suma teológica, q. 43, a propósito do mérito como algo que é pressuposto e que não pode ser esquecido, mesmo que, nas perspectivas do presente tratado, ele não tivesse de ser salientado.

Seria incorrer num grave equívoco, portanto, imaginar que tudo o que Sto. Tomás pensava e ensinava sobre a graça reduz-se ao que é exposto no tratado que agora examinamos.

De certa maneira, é todo o destino humano que está compreendido no mistério da graça, e, sob esse ângulo, a teologia da graça poderia igualar-se à teologia do retorno a Deus por parte da criatura racional, mas era indispensável pesquisar num nível de generalidade suficiente como se conciliam essas duas características antinômicas da salvação de ser um puro dom de Deus e ao mesmo tempo ser uma iniciativa plenamente livre do homem. Dito de outro modo, procurar saber como a interioridade da ação humana que, para ser verdadeiramente humana, deve provir da intimidade da consciência e da liberdade, concorda com a exterioridade da ação divina — a ação criadora e governante, a ação justificadora e glorificadora —, sem a qual a ação humana estaria impotente e desvirtuada de maneira irremediável, pelo menos depois do pecado das origens. É a graça que assegura misteriosamente tal conciliação, à primeira vista impossível: pela graça, Deus interioriza esse princípio exterior do processo salvador que ele é primeiramente e, ao mesmo tempo, faz que o homem, a partir de princípios interiores de seu percurso espiritual o conduza até Deus, o Todo-Outro, e se una definitivamente a ele.

QUAESTIO CIX
DE NECESSITATE GRATIAE
in decem articulos divisa

Consequenter considerandum est de exteriori principio humanorum actuum, scilicet de Deo, prout ab ipso per gratiam adiuvamur ad recte agendum. Et primo, considerandum est de gratia Dei; secundo, de causa eius, tertio, de eius effectibus.

Prima autem consideratio erit tripartita: nam primo considerabimus de necessitate gratiae; secundo, de ipsa gratia quantum ad eius essentiam; tertio, de eius divisione.

Circa primum quaeruntur decem.

Primo: utrum absque gratia possit homo aliquod verum cognoscere.

Secundo: utrum absque gratia Dei possit homo aliquod bonum facere vel velle.

Tertio: utrum homo absque gratia possit Deum diligere super omnia.

Quarto: utrum absque gratia possit praecepta legis observare.

Quinto: utrum absque gratia possit mereri vitam aeternam.

Sexto: utrum homo possit se ad gratiam praeparare sine gratia.

Septimo: utrum homo sine gratia possit resurgere a peccato.

Octavo: utrum absque gratia possit homo vitare peccatum.

Nono: utrum homo gratiam consecutus possit, absque alio divino auxilio, bonum facere et vitare peccatum.

Decimo: utrum possit perseverare in bono per seipsum.

QUESTÃO 109
A NECESSIDADE DA GRAÇA
em dez artigos

É preciso considerar o princípio exterior dos atos humanos, isto é, Deus, enquanto nos ajuda por meio da graça a agir com retidão. Estudaremos: 1. A graça de Deus; 2. sua causa; 3. seus efeitos.

O estudo da graça em si mesma dividir-se-á em três partes: primeiro, a necessidade da graça; depois, a essência da graça, e por fim, sua divisão. A primeira destas partes terá dez artigos:

— Sem a graça:

1. Pode o homem conhecer alguma verdade?
2. Querer e fazer algum bem?
3. Amar a Deus sobre todas as coisas?
4. Observar os preceitos da lei?
5. Merecer a vida eterna?
6. Preparar-se para a graça?
7. Ressurgir do pecado?
8. Evitar o pecado?
9. Quem possui a graça pode, sem outro auxílio divino, fazer o bem e evitar o pecado?
10. Pode, por si mesmo, perseverar no bem?

ARTICULUS 1
Utrum homo sine gratia aliquod verum cognoscere possit

AD PRIMUM SIC PROCEDITUR. Videtur quod homo sine gratia nullum verum cognoscere possit.

1. Quia super illud 1Cor 12,3, *Nemo potest dicere, Dominus Iesus, nisi in Spiritu Sancto*, dicit glossa Ambrossi[1]: *Omne verum, a quocumque dicatur, a Spiritu Sancto est*. Sed Spiritus Sanctus habitat in nobis per gratiam. Ergo veritatem cognoscere non possumus sine gratia.

ARTIGO 1
Sem a graça pode o homem conhecer alguma verdade?

QUANTO AO PRIMEIRO ARTIGO, ASSIM SE PROCEDE: parece que sem a graça o homem **não** pode conhecer verdade alguma.

1. Porque, sobre o texto da primeira Carta aos Coríntios: "Ninguém pode dizer, Senhor Jesus, senão no Espírito Santo", diz a Glosa Ambrosiana: "Toda verdade, seja dita por quem for, vem do Espírito Santo". Ora, o Espírito Santo habita em nós pela graça. Logo, sem a graça não podemos conhecer a verdade.

1 PARALL.: II *Sent.*, dist. 28, a. 5; I *Cor.*, c. 12, lect. 1.

1. Glossa LOMBARDI: ML 191, 1651 A; Ord.: ML 114, 540 B.

2. PRAETEREA, Augustinus dicit, in I *Soliloq.*[2], quod *disciplinarum certissima talia sunt qualia illa quae a sole illustrantur ut videri possint; Deus autem ipse est qui illustrat; ratio autem ita est in mentibus ut in oculis est aspecuts; mentis autem oculi sunt sensus animae*. Sed sensus corporis, quantumcumque sit purus, non potest aliquod visibile videre sine solis illustratione. Ergo humana mens, quantumcumque sit perfecta, non potest ratiocinando veritatem cognoscere absque illustratione divina. Quae ad auxilium gratiae pertinet.

3. PRAETEREA, humana mens non potest veritatem intelligere nisi cogitando; ut patet per Augustinum XIV *de Trin.*[3]. Sed Apostolus dicit, 2Cor 3,5: *Non sufficientes sumus aliquid cogitare a nobis, quasi ex nobis*. Ergo homo non potest cognoscere veritatem per seipsum sine auxilio gratiae.

SED CONTRA est quod Augustinus dicit, in I *Retract.*[4]: *Non approbo quod in oratione dixi: Deus, qui non nisi mundos verum scire voluisti. Responderi enim potest multos etiam non mundos multa scire vera*. Sed per gratiam homo mundus efficitur; secundum illud Ps 50,12: *Cor mundum crea in me, Deus; et spiritum rectum innova in visceribus meis*. Ergo sine gratia potest homo per seipsum veritatem cognoscere.

RESPONDEO dicendum quod cognoscere veritatem est usus quidam, vel actus, intellectualis luminis quia secundum Apostolum, Eph 5,13, *omne quod manifestatur, lumen est*. Usus autem quilibet quendam motum importat: large accipiendo motum secundum quod intelligere et velle motus quidam esse dicuntur, ut patet per Philosophum in III *de Anima*[5]. Videmus autem in corporalibus quod ad motum non solum requiritur ipsa forma quae est principium motus vel actionis; sed etiam requiritur motio primi moventis. Primum autem movens in ordine corporalium est corpus caeleste. Unde quantumcumque ignis habeat perfectum calorem, non alteraret nisi per motionem caelestis corporis. Manifestum est autem quod, sicut omnes motus corporales reducuntur in motum caelestis corporis sicut in primum movens corporale; ita omnes motus tam corporales quam spirituales reducuntur in primum movens simpliciter, quod est Deus. Et ideo quantumcumque natura aliqua corporalis vel spiritualis ponatur perfecta, non

2. ALÉM DISSO, Agostinho diz: "As mais certas doutrinas são como as coisas que o sol ilumina para que possam ser vistas. Deus é que ilumina. A razão está para o espírito como a vista para os olhos. E os olhos do espírito são os sentidos da alma". Ora, os sentidos corporais, por mais puros que sejam, não podem ver um objeto se não estiverem iluminados pelo sol. Logo, a mente humana, seja qual for sua perfeição, não pode chegar por seu raciocínio à verdade sem a iluminação divina. Esta pertence ao auxílio da graça.

3. ADEMAIS, a mente humana não pode entender a verdade a não ser raciocinando, como diz Agostinho. Ora, o Apóstolo diz: "Não somos capazes de pensar alguma coisa que, de fato, venha de nós." Logo, o homem não pode conhecer a verdade por si mesmo sem o auxílio da graça.

EM SENTIDO CONTRÁRIO, Agostinho diz: "Não aprovo o que disse nesta oração: Ó Deus, quisestes que a verdade fosse conhecida somente pelos puros. Pode-se, entretanto, responder que muitos impuros conhecem muitas verdades". Ora, é pela graça que o homem se torna puro, segundo o Salmo: "Um coração puro cria em mim, ó Deus; e um espírito reto renova em minhas entranhas". Logo, sem o auxílio da graça o homem não pode por si mesmo conhecer a verdade.

RESPONDO. Conhecer a verdade é o exercício ou o ato da luz intelectual, porque segundo o Apóstolo: "Tudo o que se torna manifesto é luz". O exercício implica em movimento: tomando movimento num sentido amplo, de tal modo que o entender e o querer podem ser ditos um movimento, como o Filósofo deixa claro. Vemos nos corpos que o movimento não exige apenas sua forma que é princípio do movimento ou da ação; mas também requer-se a moção do primeiro movente. O primeiro movente na ordem dos corpos é o corpo celeste. Assim, mesmo que o fogo tivesse o calor perfeito, não queimaria sem a moção do corpo celeste. Fica claro, do mesmo modo, que os movimentos dos corpos dependem do movimento do corpo celeste, considerado como primeiro movente corporal. Assim todos os movimentos, corporais ou espirituais, dependem do primeiro movente absoluto que é Deus. É por isso que, seja qual for a perfeição de uma natureza corporal ou espiritual, não poderá chegar a pro-

2. C. 6: ML 32, 875.
3. C. 7: ML 42, 1043.
4. C. 4, n. 2: ML 32, 589.
5. Cc. 4, 7: 429, b, 25-26; 431, a, 4-7.

potest in suum actum procedere nisi moveatur a Deo. Quae quidem motio est secundum suae providentiae rationem; non secundum necessitatem naturae, sicut motio corporis caelestis. Non solum autem a Deo est omnis motio sicut a primo movente; sed etiam ab ipso est omnis formalis perfectio sicut a primo actu. Sic igitur actio intellectus, et cuiuscumque entis creati, dependet a Deo quantum ad duo: uno modo, inquantum ab ipso habet formam per quam agit; alio modo, inquantum ab ipso movetur ad agendum.

Unaquaeque autem forma indita rebus creatis a Deo, habet efficaciam respectu alicuius actus determinati, in quem potest secundum suam proprietatem: utra autem non potest nisi per aliquam formam superadditam, sicut aqua non potest calefacere nisi calefacta ab igne. Sic igitur intellectus humanus habet aliquam formam, scilicet ipsum intelligibile lumen, quod est de se sufficiens ad quaedam intelligibilia cognoscenda: ad ea scilicet in quorum notitiam per sensibilia possumus devenire. Altiora vero intelligibilia intellectus humanus cognoscere non potest nisi fortiori lumine perficiatur, sicut lumine fidei vel prophetiae; quod dicitur *lumen gratiae*, inquantum est naturae superadditum.

Sic igitur dicendum est quod ad cognitionem cuiuscumque veri, homo indiget auxilio divino ut intellectus a Deo moveatur ad suum actum. Non autem indiget ad cognoscendam veritatem in omnibus, nova illustratione superaddita naturali illustrationi; sed in quibusdam, quae excedunt naturalem cognitionem. — Et tamen quandoque Deus miraculose per suam gratiam aliquos instruit de his quae per naturalem rationem cognosci possunt: sicut et quandoque miraculose facit quaedam quae natura facere potest.

AD PRIMUM ergo dicendum quod omne verum, a quocumque dicatur, est a Spiritu Sancto sicut ab infundente naturale lumen, et movente ad intelligendum et loquendum veritatem. Non autem sicut ab inhabitante per gratiam gratum facientem, vel sicut a largiente aliquod habituale donum naturae superadditum: sed hoc solum est

duzir o seu ato se não for movida por Deus. Esta moção é conforme à razão de sua providência e não à necessidade da natureza, como é a moção do corpo celeste. Além disso, não é apenas a moção que vem de Deus, considerado como primeiro movente, mas também vem dele, como do ato primeiro, toda perfeição formal. Assim, a ação do intelecto e de qualquer ente criado depende de Deus, de duas maneiras: primeiro, enquanto dele recebe a forma pela qual age; depois, enquanto é movido por Ele para agir.

Toda forma dada por Deus às criaturas possui eficácia em relação a algum ato determinado que lhe é próprio. Para que seu poder estenda-se para além, é preciso que uma nova forma lhe seja acrescentada. A água, por exemplo, não pode esquentar se não foi, ela mesma, submetida à ação do fogo. Do mesmo modo, o intelecto humano tem uma forma determinada, isto é, a luz inteligível, que por si só é suficiente para conhecer algumas coisas inteligíveis, aquelas que podemos adquirir a partir das percepções sensíveis. Mas, quando se trata de conhecimentos de uma ordem superior, o intelecto humano não pode conhecer se não for reforçado por uma luz mais alta, a luz da fé, ou da profecia; é isto que se chama de luz da graça, porque é acrescentada à natureza[a].

De tudo isso é preciso dizer que para o conhecimento de uma verdade, de qualquer ordem que seja, alguém precisa do auxílio divino para que o intelecto seja movido por Deus ao seu ato. Mas, uma nova iluminação acrescentada à luz natural do intelecto não é requerida para conhecer todas as espécies de verdades, mas somente para algumas verdades que ultrapassam a ordem do conhecimento natural. — Entretanto, às vezes, Deus instrui milagrosamente por sua graça alguns a respeito de algumas verdades que, são do domínio da razão natural, do mesmo modo que, algumas vezes, opera milagrosamente fenômenos que a natureza pode produzir.

QUANTO AO 1º, portanto, deve-se dizer que toda verdade, dita por quem quer que seja, vem do Espírito Santo enquanto infunde em nós a luz natural e nos dá a moção necessária para entender e exprimir esta verdade. Não, porém, enquanto habita pela graça santificante ou enquanto confere algum dom habitual acrescentado à natureza. Isso

a. "Acrescentada": evitar entender essa imagem num contexto "entrinsecista", como se a graça se sobrepusesse à natureza. Ela se acrescenta a esta última como um enriquecimento que a transforma a partir de dentro, o que, adiante, salientará a noção de *habitus* ("dom habitual"), utilizada para dizer o que é a graça em relação à natureza (q. 110, a. 2).

in quibusdam veris cognoscendis et loquendis; et maxime in illis quae pertinent ad fidem, de quibus Apostolus loquebatur.

AD SECUNDUM dicendum quod sol corporalis illustrat exterius; sed sol intelligibilis, qui est Deus, illustrat interius. Unde ipsum lumen naturale animae inditum est illustratio Dei, qua illustramur ab ipso ad cognoscendum ea quae pertinent ad naturalem cognitionem. Et ad hoc non requiritur alia illustratio: sed solum ad illa quae naturalem cognitionem excedunt.

AD TERTIUM dicendum quod semper indigemus divino auxilio ad cogitandum quodcumque, inquantum ipse movet intellectum ad agendum: actu enim intelligere aliquid est cogitare, ut patet per Augustinum, XIV *de Trin.*[6].

acontece somente para conhecer e exprimir certas verdades, sobretudo aquelas que se referem à fé. É a respeito destas que o Apóstolo falava.

QUANTO AO 2º, deve-se dizer que o sol corporal ilumina de fora. Mas, o sol inteligível, que é Deus, ilumina interiormente. Assim, a luz natural infusa na alma é uma iluminação de Deus pela qual nos ilumina no conhecimento de verdades da ordem natural. Para isso não se necessita de outra iluminação, mas somente para aquelas realidades que excedem o conhecimento natural.

QUANTO AO 3º, deve-se dizer que sempre necessitamos do auxílio divino para pensar qualquer coisa, enquanto é ele que move o intelecto para agir: compreender algo em ato é raciocinar, como diz Agostinho[b].

ARTICULUS 2

Utrum homo possit velle et facere bonum absque gratia

AD SECUNDUM SIC PROCEDITUR. Videtur quod homo possit velle et facere bonum absque gratia.

1. Illud enim est in hominis potestate cuius ipse est dominus. Sed homo est dominus suorum actuum, et maxime eius quod est velle, ut supra[1] dictum est. Ergo homo potest velle et facere bonum per seipsum absque auxilio gratiae.

2. PRAETEREA, unumquodque magis potest in id quod est sibi secundum naturam, quam in id quod est sibi praeter naturam. Sed peccatum est contra naturam, ut Damascenus dicit, in II libro[2]: opus autem virtutis est homini secundum naturam, ut supra[3] dictum est. Cum igitur homo per seipsum

ARTIGO 2

Sem a graça pode o homem querer e fazer o bem?

QUANTO AO SEGUNDO, ASSIM SE PROCEDE: parece que o homem **pode** querer e fazer o bem sem a graça.

1. Com efeito, está no poder do homem aquilo sobre o quê ele é senhor. Ora, como foi dito acima, o homem é senhor de seus atos e principalmente do ato de querer. Logo, o homem pode querer e fazer o bem por si mesmo, sem o auxílio da graça.

2. ALÉM DISSO, cada um tem mais poder sobre aquilo que é conforme à sua natureza do que sobre aquilo que é estranho a essa natureza. Ora, o pecado como disse Damasceno é contrário à natureza, e o ato da virtude, como foi dito, está de acordo com a natureza humana. Logo, o ser

6. Loc. cit. in arg.

2 PARALL.: II *Sent.*, dist. 28, a. 1; dist. 39, expos. litt.; IV, dist. 17, q. 1, a. 2, q.la 2, ad 3; *De Verit.*, q. 24, a. 14; II *Cor.*, c. 3, lect. 1.

1. Q. 1, a. 1; q. 13, a. 6.
2. *De fide orth.*, l. II, cc. 4, 30: MG 94, 876 A, 976 A.
3. Q. 71, a. 1.

b. Esse primeiro artigo traz duas distinções essenciais, que irão comandar toda a questão, e voltarão a aparecer na sequência do tratado.

1º O auxílio divino, do qual o homem tem necessidade para agir, decompõe-se em: a) a moção, pela qual a criatura é posta em ação; b) a outorga da forma, segundo a qual ela é o que é e, sendo tal, é capaz de agir.

2º A segunda distinção incide diretamente sobre a forma: esta provém sempre de Deus, dado que tudo o que a criatura tem e é provém de Deus. Deve-se distinguir a forma natural, pela qual a criatura é constituída em seu ser e em seus limites, e a "forma acrescentada" à natureza — ou seja, conforme especificamos, enriquecendo-a —, mediante a qual ela se torna capaz de transcender seus limites por intermédio de uma ação que, por isso, será chamada de "sobrenatural". É a graça propriamente dita, isto é, um dom que é dito gratuito como à segunda potência: gratuito em relação à criatura considerada em sua natureza constitutiva, ao passo que o seu ser mesmo já lhe foi concedido gratuitamente. O próprio ato de dar a fez ser, e é a ela, que só é por meio desse primeiro dom, que é outorgada a graça.

possit peccare, videtur quod multo magis per seipsum possit bonum velle et facere.

3. PRAETEREA, bonum intellectus est verum, ut Philosophus dicit, in VI *Ethic.*[4]. Sed intellectus potest cognoscere verum per seipsum: sicut et qualibet alia res potest suam naturalem operationem per se facere. Ergo multo magis homo potest per seipsum facere et velle bonum.

SED CONTRA est quod Apostolus dicit, Rm 9,16: *Non est volentis*, scilicet velle, *neque currentis*, scilicet currere, *sed miserentis Dei*. Et Augustinus dicit, in libro *de Corrept. et Gratia*[5], quod *sine gratia nullum prorsus, sive cogitando, sive volendo et amando, sive agendo, faciunt homines bonum.*

RESPONDEO dicendum quod natura hominis dupliciter potest considerari: uno modo, in sui integritate, sicut fuit in primo parente ante peccatum; alio modo, secundum quod est corrupta in nobis post peccatum primi parentis. Secundum autem utrumque statum, natura humana indiget auxilio divino ad faciendum vel volendum quodcumque bonum, sicut primo movente, ut dictum est[6]. Sed in statu naturae integrae, quantum ad sufficientiam operativae virtutis, poterat homo per sua naturalia velle et operari bonum suae naturae proportionatum, quale est bonum virtutis acquisitae: non autem bonum superexcedens, quale est bonum virtutis infusae. Sed in statu naturae corruptae etiam deficit homo ad hoc quod secundum suam naturam potest, ut non possit totum huiusmodi bonum implere per sua naturalia. Quia tamen natura humana per peccatum non est totaliter corrupta, ut

humano por si mesmo pode pecar, e com maior razão pode querer e fazer o bem por si mesmo.

3. ADEMAIS, o bem do intelecto é o verdadeiro, disse o Filósofo. Ora, o intelecto pode conhecer o verdadeiro por si mesmo, uma vez que toda coisa pode realizar por si mesma a operação natural. Logo, com maior razão pode o o homem querer e fazer por si mesmo o bem.

EM SENTIDO CONTRÁRIO, como disse o Apóstolo: "Não pertence àquele que quer, o querer, nem ao que corre, o correr, mas a Deus que é misericordioso". E Agostinho diz que "sem a graça ninguém pode absolutamente fazer o bem: seja pensando, querendo, amando, ou agindo.

RESPONDO. A natureza humana pode ser considerada em dois estados diferentes: em sua integridade, tal como existiu em nosso primeiro pai antes do pecado; ou no estado de corrupção no qual estamos depois do pecado original[c]. Nos dois estados, ela tem necessidade para fazer e querer o bem, de qualquer ordem que seja, do auxílio divino, considerado como primeiro movente, como foi dito. No estado de integridade, com respeito à capacidade da potência operativa, o homem podia com suas forças naturais, querer e fazer o bem proporcionado à sua natureza, como é o bem da virtude adquirida, mas não um bem que a ultrapassa, como é o bem da virtude infusa. No estado de corrupção, o homem falha naquilo que lhe é possível pela sua natureza, a tal ponto que ele não pode mais por suas forças naturais realizar totalmente o bem proporcionado à sua natureza.

4. C. 2: 1139, a. 27-31.
5. C. 2: ML 44, 917.
6. Art. praec.

c. Outra distinção que irá desempenhar um papel fundamental nessa questão da necessidade da graça. Existe a necessidade que provém da desproporção da natureza em relação ao bem sobrenatural que Deus decidiu outorgar ao homem, e aquela necessidade que pode ser chamada de estrutural: é contraditório que o homem possa proporcionar-se contando apenas com as próprias forças naturais, um bem que ultrapassa a sua natureza. Existe uma outra necessidade, que se pode chamar de circunstancial, que provém do fato de que, pelo pecado cometido nas origens e que comprometeu misteriosamente a humanidade adamítica, a natureza do homem foi "corrompida", ou seja, teve sua bondade, mesmo a natural, diminuída, ferida. Trata-se, portanto, somente de uma necessidade existencial, não essencial. Necessidade inelutável, todavia, dado que o homem se encontra de fato implicado nessa situação.

Não obstante, deve-se compreender bem o que afirma Sto. Tomás aqui, e não lhe atribuir considerações, verdadeiras ou falsas, pouco importa, que estão manifestamente excluídas de suas perspectivas. A *natureza íntegra*, afirma, é a natureza humana "tal como existiu em nosso primeiro pai, antes do pecado". Ora, segundo ele, o homem foi criado com a graça (I, q. 95, a. 1), de modo que o estado de natureza íntegra ao qual ele se refere não é o estado que se encontraria em um homem que, por hipótese, não tivesse se elevado (ou não ainda) à ordem sobrenatural. É o estado em que se encontrava o primeiro homem, que dispunha da graça mas cuja natureza, que essa graça enriquecia e elevava, era perfeitamente sadia. Depois da queda, ele e todos os seus descendentes se encontram em um estado no qual a natureza humana neles está ferida, incapaz de se manter na linha do bem para o qual é feita. Assim como a natureza, que a graça enriquecia em Adão, era inicialmente a natureza íntegra, do mesmo modo a natureza que ele transmite a seus descendentes é a natureza ferida, que tem continuamente necessidade de ser curada pela graça para que o homem possa querer e fazer o bem sobrenatural, o qual transcende o bem conforme à natureza, mas, longe de excluir a este último, engloba-o.

scilicet toto bono naturae privetur; potest quidem etiam in statu naturae corruptae, per virtutem suae naturae aliquod bonum particulare agere, sicut aedificare domos, plantare vineas, et alia huiusmodi; non tamen totum bonum sibi connaturale, ita quod in nullo deficiat. Sicut homo infirmus potest per seipsum aliquem motum habere; non tamen perfecte potest moveri motu hominis sani, nisi sanetur auxilio medicinae.

Entretanto, o pecado não corrompeu totalmente a natureza humana a ponto de privá-la de todo bem que lhe é natural. Assim, mesmo neste estado de corrupção o homem pode ainda fazer, por sua potência natural, algum bem particular, como construir casas, plantar vinhas, e outros trabalhos do mesmo gênero[d]. Mas, ele não é capaz de realizar em sua totalidade o bem que lhe é conatural, sem alguma falha. Ele parece um enfermo que pode ainda executar sozinho alguns movimentos, mas não pode mover-se perfeitamente como alguém em boa saúde, enquanto não obtiver a cura com a ajuda da medicina.

Sic igitur virtute gratuita superaddita virtuti naturae indiget homo in statu naturae integrae quantum ad unum, scilicet ad operandum et volendum bonum supernaturale. Sed in statu naturae corruptae, quantum ad duo: scilicet ut sanetur; et ulterius ut bonum supernaturalis virtutis operetur, quod est meritorium. Ulterius autem in utroque statu indiget homo auxilio divino ut ab ipso moveatur ad bene agendum.

Assim, no estado de integridade, o homem tinha necessidade de uma força acrescentada gratuitamente àquela de sua natureza unicamente para realizar e querer o bem sobrenatural. No estado de corrupção, tem necessidade disso para duas coisas: primeiro, para que seja curado, e depois, para realizar o bem da ordem sobrenatural, isto é, o bem meritório. Finalmente, nos dois casos, é preciso sempre uma ajuda divina que dá a moção para agir bem.

AD PRIMUM ergo dicendum quod homo est dominus suorum actuum, et volendi et non volendi, propter deliberationem rationis, quae potest flecti ad unam partem vel ad aliam. Sed quod deliberet vel non deliberet, si huius etiam sit dominus, oportet quod hoc sit per deliberationem praecedentem. Et cum hoc non procedat in infinitum, oportet quod finaliter deveniatur ad hoc quod liberum arbitrium hominis moveatur ab aliquo exteriori principio quod est supra mentem humanam, scilicet a Deo; ut etiam Philosophus probat in cap. *de Bona Fortuna*[7]. Unde mens hominis etiam sani non ita habet dominium sui actus quin indigeat moveri a Deo. Et multo magis liberum arbitrium hominis infirmi post peccatum, quod impeditur a bono per corruptionem naturae.

QUANTO AO 1º, portanto, deve-se dizer que o homem é senhor de seus atos, tanto do querer, como do não querer, porque sua razão delibera e pode inclinar-se a uma ou outra parte. Mas, se ele é senhor de deliberar ou não deliberar, isso se deve a uma deliberação precedente. E como não se pode ir ao infinito, é preciso no fim reconhecer que o livre-arbítrio humano é movido por algum princípio exterior, acima da mente humana, isto é, Deus, como o próprio Filósofo o demonstra. Portanto, a mente humana mesmo sã não possui um tal domínio de seus atos que não necessite ser movida por Deus. Com maior razão o livre-arbítrio humano enfermo depois do pecado, está impedido de fazer o bem pela corrupção da natureza.

AD SECUNDUM dicendum quod peccare nihil aliud est quam deficere a bono quod convenit alicui secundum suam naturam. Unaquaeque autem res creata, sicut esse non habet nisi ab alio, et in se considerata est nihil, ita indiget conservari in bono suae naturae convenienti ab alio. Potest autem per seipsam deficere a bono: sicut et per

QUANTO AO 2º, deve-se dizer que pecar não é outra coisa senão afastar-se do bem que convém a alguém segundo sua natureza. Toda criatura só tem a existência porque a recebe de um outro, mas por si mesma não é nada. E assim, necessita ser conservada no bem conveniente à sua natureza por um outro. Pode por si mesma decair do bem,

7. *Eth. Eudem.*, l. VII, c. 14: 1248, a, 14-29.

d. Exemplos desconcertantes: o único bem do qual o homem é capaz sem a graça seria o da técnica, da arte? Ele seria incapaz do mínimo bem moral? Não é isso em absoluto o que Sto. Tomás pensa (I-II, q. 85, a. 2 e 4; II-II, q. 10, a. 4). Uma vez mais pode-se constatar a sua maneira de despachar rapidamente uma questão adventícia, para evitar distrair-se e distrair o leitor do objeto que ele está prestes a tratar. O que não impede que ele volte em outra ocasião a tratar do ponto evocado.

seipsam potest deficere in non esse, nisi divinitus conservaretur.

AD TERTIUM dicendum quod etiam verum non potest homo cognoscere sine auxilio divino, sicut supra[8] dictum est. Et tamen magis est natura humana corrupta per peccatum quantum ad appetitum boni, quam quantum ad cognitionem veri.

assim como por si mesma pode decair para o não ser, se não for conservada por Deus.

QUANTO AO 3º, deve-se dizer que o ser humano não pode conhecer até mesmo o verdadeiro sem o auxílio divino, como foi dito acima. Entretanto, o pecado corrompeu mais a natureza humana em seu apetite do bem do que no conhecimento do verdadeiro.

ARTICULUS 3

Utrum homo possit diligere Deum super omnia ex solis naturalibus sine gratia

AD TERTIUM SIC PROCEDITUR. Videtur quod homo non possit diligere Deum super omnia ex solis naturalibus sine gratia.

1. Diligere enim Deum super omnia est proprius et principalis caritatis actus. Sed caritatem homo non potest habere per seipsum: quia *caritas Dei diffusa est in cordibus nostris per Spiritum Sanctum, qui datus est nobis*, ut dicitur Rm 5,5. Ergo homo ex solis naturalibus non potest Deum diligere super omnia.

2. PRAETEREA, nulla natura potest supra seipsam. Sed diligere aliquid plus quam se, est tendere in aliquid supra seipsum. Ergo nulla natura creata potest Deum diligere supra seipsam sine auxilio gratiae.

3. PRAETEREA, Deo, cum sit summum bonum, debetur summus amor, qui est ut super omnia diligatur. Sed ad summum amorem Deo impendendum, qui ei a nobis debetur, homo non sufficit sine gratia: alioquin frustra gratia adderetur. Ergo homo non potest sine gratia ex solis naturalibus diligere Deum super omnia.

SED CONTRA, primus homo in solis naturalibus constitutus fuit, ut a quibusdam ponitur. In quo statu manifestum est quod aliqualiter Deum dilexit. Sed non dilexit Deum aequaliter sibi, vel minus se: quia secundum hoc peccasset. Ergo dilexit Deum supra se. Ergo homo ex solis naturalibus potest Deum diligere plus quam se, et super omnia.

ARTIGO 3

Sem a graça pode o homem amar a Deus sobre todas as coisas somente com suas forças naturais?

QUANTO AO TERCEIRO, ASSIM SE PROCEDE: parece que o homem **não** pode amar a Deus sobre todas as coisas somente com suas forças naturais, sem a graça.

1. Com efeito, amar a Deus sobre todas as coisas é o ato próprio e principal da caridade. Ora, o homem não pode ter a caridade por si mesmo, como diz o Apóstolo: "a caridade foi derramada em nossos corações pelo Espírito Santo que nos foi dado". Logo, o homem somente com suas forças naturais não pode amar a Deus sobre todas as coisas.

2. ALÉM DISSO, nenhuma natureza pode exceder a si mesma. Ora, amar algo mais que a si mesmo é ir além de si mesmo. Logo, nenhuma natureza criada pode amar a Deus sobre todas as coisas, sem o auxílio da graça.

3. ADEMAIS, a Deus que é o sumo bem, se deve o maior amor, isto é amá-lo sobre todas as coisas. Ora, para dedicar a Deus o maior amor que lhe devemos, o homem não se basta sem a graça, do contrário esta seria dada em vão. Logo, o homem não pode amar a Deus sobre todas as coisas, somente com suas forças naturais, sem a graça.

EM SENTIDO CONTRÁRIO, como disseram alguns, o primeiro homem foi constituído somente com as forças naturais. Neste estado, é claro que ele amou a Deus de certa maneira. Mas, não amou a Deus igual a si mesmo, ou menos do que a si mesmo. Porque se o fizesse teria pecado. Logo, amou a Deus mais do que a si mesmo. Por conseguinte, o homem, somente com as forças naturais, pode

8. Art. praec.

3 PARALL.: Part. I, q. 60, a. 5; II-II, q. 26, a. 3; III *Sent.*, dist. 29, a. 3; *De Virtut.*, q. 2, a. 2, ad 16; q. 4, a. 1, ad 9; *Quodlib.* I, q. 4, a. 3.

amar a Deus mais do que a si mesmo e sobre todas as coisas[e].

RESPONDEO dicendum quod, sicut supra dictum est in Primo[1], in quo etiam circa naturalem dilectionem angelorum diversae opiniones sunt positae; homo in statu naturae integrae poterat operari virtute suae naturae bonum quod est sibi connaturale, absque superadditione gratuiti doni, licet non absque auxilio Dei moventis. Diligere autem Deum super omnia est quiddam connaturale homini; et etiam cuilibet creaturae non solum rationali, sed irrationali et etiam inanimatae, secundum modum amoris qui unicuique creaturae competere potest. Cuius ratio est quia unicuique naturale est quod appetat et amet aliquid, secundum quod aptum natum est esse: *sic* enim *agit unumquodque, prout aptum natum est*, ut dicitur in II *Physic*.[2]. Manifestum est autem quod bonum partis est propter bonum totius. Unde etiam naturali appetitu vel amore unaquaeque res particularis amat bonum suum proprium propter bonum commune totius universi, quod est Deus. Unde et Dionysius dicit, in libro *de Div. Nom*.[3], quod *Deus convertit omnia ad amorem sui ipsius*. Unde homo in statu naturae integrae dilectionem sui ipsius referebat ad amorem Dei sicut ad finem, et similiter dilectionem omnium aliarum rerum. Et ita Deum diligebat plus quam seipsum, et super omnia. Sed in statu naturae corruptae homo ab hoc deficit secundum appetitum voluntatis rationalis, quae propter corruptionem naturae sequitur bonum privatum, nisi sanetur per gratiam Dei. Et ideo dicendum est quod homo in statu naturae integrae non indigebat dono gratiae superadditae naturalibus bonis ad diligendum Deum naturaliter super omnia; licet indigeret auxilio Dei ad hoc eum moventis. Sed in statu naturae corruptae indiget homo etiam ad hoc auxilio gratiae naturam sanantis.

RESPONDO. Como já foi dito na I Parte, onde foram expostas as diversas opiniões acerca do amor natural dos anjos, o ser humano em seu estado de natureza íntegra, podia fazer o bem que é conatural às forças naturais, sem acrescentar um novo dom gratuito, se bem que não sem um auxílio de Deus que move. Ora, amar a Deus sobre todas as coisas é conatural ao ser humano. E também a qualquer outra criatura, não somente racional, senão também irracional; e ainda que não tenha vida, segundo o modo que compete a cada criatura. E a razão disso está em ser natural a cada coisa desejar e amar algo conforme a sua aptidão natural, pois "todo ser age conforme a sua aptidão natural", segundo se diz no livro II da *Física*. Claro está que o bem da parte existe por causa do bem do todo. Por isso, mesmo com o apetite natural ou amor, cada coisa particular ama o seu próprio bem por causa do bem comum de todo o universo, que é Deus. Por isso, diz Dionísio que "Deus orienta todas as coisas ao amor de si mesmo". Portanto, o homem, no estado de natureza íntegra, referia o amor que ele tinha por si mesmo ao amor de Deus, como a um fim, e igualmente o amor de todas as outras coisas. E assim, ele amava a Deus mais do que a si mesmo, e acima de tudo. No estado de natureza corrompida, o homem falha nisso, de acordo com o apetite da vontade racional, a qual, por causa da corrupção da natureza, busca um bem privado, a não ser que seja sanado pela graça de Deus[f]. Portanto, deve-se dizer, que o ser humano no estado de natureza íntegra não necessitava de um dom da graça acrescentado aos bens naturais para amar a Deus naturalmente sobre todas as coisas. Se bem que necessitava do auxílio de Deus que o movia para tal. Mas, no estado de natureza corrompida, o ser humano tem necessidade também do auxílio da graça que cura a natureza.

1. Q. 60, a. 5.
2. C. 8: 199, a. 10.
3. C. 4: MG 3, 700 A.

e. Só se pode amar Deus mais do que tudo, e portanto mais do que a si mesmo, pois, se se fizesse dele um objeto entre outros, não seria de Deus que estar-se-ia tratando. Assim, se, por natureza, o homem fosse incapaz de amar Deus mais do que a si mesmo ele seria mau por natureza, e portanto por criação. Tal proposição, que seria mais tarde sustentada por *Baius*, é evidentemente falsa e até sacrílega. Se a natureza do homem está corrompida e se, devido a isso, tem necessidade de ser curada pela graça, não é porque Deus a tenha feito assim, mas porque o homem por seu pecado desfez a obra de Deus.

f. O que significa "o bem privado"? No tratado da caridade, Sto. Tomás explicará que o perfeito amor a Deus que é a caridade não exclui, mas integra o amor de si mesmo (II-II, q. 25, a. 4). O "bem privado" ao qual ele se refere aqui é o bem próprio não ordenado e subordinado ao bem divino, logo, amado como o bem absoluto ao qual todo outro bem se refere incluindo, eventualmente, aquele que se pode buscar na união com Deus. É o que ele denominou de fim último (I-II, q. 1).

AD PRIMUM ergo dicendum quod caritas diligit Deum super omnia eminentius quam natura. Natura enim diligit Deum super omnia, prout est principium et finis naturalis boni: caritas enim secundum quod est obiectum beatitudinis, et secundum quod homo habet quandam societatem spiritualem cum Deo. Addit etiam caritas super dilectionem naturalem Dei promptitudinem quandam et delectationem: sicut et quilibet habitus virtutis addit supra actum bonum qui fit ex sola naturali ratione hominis virtutis habitum non habentis.

AD SECUNDUM dicendum quod, cum dicitur quod nulla natura potest supra seipsam, non est intelligendum quod non possit ferri in aliquod obiectum quod est supra se: manifestum est enim quod intellectus noster naturali cognitione potest aliqua cognoscere quae sunt supra seipsum, ut patet in naturali cognitione Dei. Sed intelligendum est quod natura non potest in actum excedentem proportionem suae virtutis. Talis autem actus non est diligere Deum super omnia: hoc enim est naturale cuilibet naturae creatae, ut dictum est[4].

AD TERTIUM dicendum quod amor dicitur summus non solum quantum ad gradum dilectionis, sed etiam quantum ad rationem diligendi, et dilectionis modum. Et secundum hoc, supremus gradus dilectionis est quo caritas diligit Deum ut beatificantem, sicut dictum est[5].

QUANTO AO 1º, portanto, deve-se dizer que a caridade ama a Deus sobre todas as coisas de modo mais eminente do que a natureza. A natureza ama a Deus sobre todas as coisas, enquanto ele é o princípio e o fim do bem natural; a caridade, enquanto é objeto da bem-aventurança e enquanto o ser humano tem uma espécie de sociedade espiritual com Deus. A caridade acrescenta ao amor natural de Deus uma certa prontidão e gozo. Assim como todo *habitus* da virtude acrescenta ao ato bom feito só pela razão natural do homem que não tem o hábito de virtude.

QUANTO AO 2º, deve-se dizer que quando se diz que uma natureza não pode ir além de si mesma, isto não quer dizer que não pode dirigir-se a um objeto que seja superior a ela. Está claro que o nosso intelecto por um conhecimento natural pode conhecer algumas coisas que lhe são superiores, como fica claro no conhecimento natural de Deus. Mas, deve-se entender que a natureza não pode praticar um ato que exceda a proporção de sua potência. Tal ato não é amar a Deus sobre todas as coisas, pois é um ato natural a qualquer natureza criada, como foi dito.

QUANTO AO 3º, deve-se dizer que o amor se diz supremo não somente quanto ao grau de amar, mas também quanto à razão e ao modo de amar. E, neste sentido, o grau supremo do amor é aquele pelo qual a caridade ama a Deus como beatificante[g], como já foi dito.

ARTICULUS 4

Utrum homo sine gratia per sua naturalia legis praecepta implere possit

AD QUARTUM SIC PROCEDITUR. Videtur quod homo sine gratia per sua naturalia possit praecepta legis implere.

ARTIGO 4

Sem a graça pode o homem cumprir os preceitos da lei só com suas forças naturais?

QUANTO AO QUARTO, ASSIM SE PROCEDE: parece que que o homem **pode** cumprir os preceitos da lei, somente com suas forças naturais, sem a graça.

4. In corp.
5. In resp. ad 1.

4 PARALL.: II *Sent.*, dist. 28, a. 3; *De Verit.*, q. 24, a. 14, ad 1, 2, 7; *ad Rom.*, c. 2, lect. 3.

g. Ama-se uma pessoa, mas é em função do bem no qual, pela própria virtude do amor, se comunga com ela. Esse bem, para o amor natural, é o bem que as criaturas recebem de Deus pela criação, e que só é comum entre elas e ele de maneira abstrata, no sentido de que ele está em Deus como em sua fonte, em sua realização suprema: mas a *bondade*, tal como realizada em Deus, é transcendente e única, ela é o próprio Deus, de modo algum algo comum. Pela caridade é o próprio Deus, o Deus único que é amado e acima de tudo, mas o bem no qual se comunga com as três Pessoas divinas é o bem mesmo no qual elas se comunicam entre si, a sua bem-aventurança, na qual, por graça, elas acolhem a criatura racional (ver II-II, q. 23, a. 1). A partir daí, se o dom da graça não tivesse sido concedido ao homem, o amor natural de Deus acima de tudo seria o supremo amor do qual ele seria capaz, e não teria ideia de outra maneira de amar, de modo que ele o consideraria justificadamente como pura e simplesmente o amor supremo. No entanto, o dom da graça, fazendo-o aceder à caridade, faz com que ele descubra o que é o amor realmente supremo.

1. Dicit enim Apostolus, Rm 2,14, quod *gentes, quae legem non habent, naturaliter ea quae legis sunt faciunt*. Sed illud quod naturaliter homo facit, potest per seipsum facere absque gratia. Ergo homo potest legis praecepta facere absque gratia.

2. PRAETEREA, Hieronymus[1] dicit, in *Expositione Catholicae Fidei*[2], *illos esse maledicendos qui Deum praeceptos homini aliquid impossibile dicunt*. Sed impossibile est homini quod per seipsum implere non potest. Ergo homo potest implere omnia praecepta legis per seipsum.

3. PRAETEREA, inter omnia praecepta legis maximum est illud, *Diliges Dominum Deum tuum ex toto corde tuo*; ut patet Mt 22,37sqq. Sed hoc mandatum potest homo implere ex solis naturalibus, diligendo Deum super omnia, ut supra[3] dictum est. Ergo omnia mandata legis potest homo implere sine gratia.

SED CONTRA est quod Augustinus dicit, in libro *de Haeresibus*[4], hoc pertinere ad haeresim Pelagianorum, *ut credant sine gratia posse hominem facere omnia divina mandata*.

RESPONDEO dicendum quod implere mandata legis contingit dupliciter. Uno modo, quantum ad substantiam operum: prout scilicet homo operatur iusta et fortia, et alia virtutis opera. Et hoc modo homo in statu naturae integrae potuit omnia mandata legis implere: alioquin non potuisset in statu illo non peccare, cum nihil aliud sit peccare quam transgredi divina mandata. Sed in statu naturae corruptae non potest homo implere omnia mandata divina sine gratia sanante.

Alio modo posunt impleri mandata legis non solum quantum ad substantiam operis, sed etiam quantum ad modum agendi, ut scilicet ex caritate fiant. Et sic neque in statu naturae integrae, neque in statu naturae corruptae, potest homo implere absque gratia legis mandata. Unde Augustinus, in libro *de Corrept. et Grat.*[5], cum dixisset quod *sine gratia nullum prorsus bonum homines faciunt*, subdit: *non solum ut, monstrante ipsa quid faciendum sit, sciant; verum etiam ut, praestante ipsa, faciant cum dilectione quod sciunt*. — Indigent insuper in utroque statu auxilio Dei moventis ad mandata impienda, ut dictum est[6].

1. Com efeito, diz o Apóstolo que "os gentios, que não têm lei, naturalmente cumprem a lei". Ora, o que o homem faz naturalmente pode fazê-lo por si mesmo sem a graça. Logo, o homem pode cumprir os preceitos da lei sem a graça.

2. ALÉM DISSO, Jerônimo diz que "merecem ser amaldiçoados os que dizem que Deus mandou algo impossível ao ser humano". Ora, é impossível para o homem o que não pode cumprir por si mesmo. Logo, o homem pode cumprir por si mesmo todos os preceitos da lei.

3. ADEMAIS, o maior de todos os preceitos da lei é este: "Amarás ao Senhor teu Deus de todo o teu coração". Ora, como já foi dito, este mandamento pode ser cumprido pelo homem só com suas forças naturais, amando a Deus sobre todas as coisas. Logo, o homem pode cumprir todos os mandamentos da lei sem a graça.

EM SENTIDO CONTRÁRIO, Agostinho diz que é heresia dos pelagianos: "Crer que sem a graça pode o homem cumprir todos os mandamentos divinos".

RESPONDO. De dois modos podem-se cumprir os mandamentos da lei. Primeiro, quanto à substância das obras, por exemplo, as obras de justiça, fortaleza, e de outros atos virtuosos. Neste sentido, o homem em estado de natureza íntegra ponde cumprir todos os mandamentos da lei, do contrário, não poderia naquele estado não pecar, uma vez o pecado nada mais é que transgredir os mandamentos divinos. Mas, no estado de natureza corrompida não pode o homem cumprir todos os mandamentos divinos sem a graça.

Em segundo lugar, podem-se cumprir os mandamentos da lei não somente quanto à substância da obra, mas também quanto ao modo de agir, enquanto são feitos pela caridade. Deste modo, nem no estado de natureza íntegra, nem no de natureza corrompida pode o homem cumprir sem a graça os mandamentos da lei. Diz Agostinho: "Sem a graça ninguém pode absolutamente fazer o bem". E acrescenta: "não somente para que, sob sua direção, saibam o que deve ser feito mas também os ajuda a cumprir com amor aquilo que sabem". — Ambos os estados precisam do auxílio da moção divina para cumprirem os mandamentos.

1. Pelagius.
2. A. *Symboli explan. ad Damas.* (inter supposit. Hieron.): ML 30, 30 CD.
3. Art. praec.
4. Haer. 88: ML 42, 47.
5. C. 2: ML 44, 917.
6. Art. 2, 3.

AD PRIMUM ergo dicendum quod, sicut Augustinus dicit, in libro *de Spir. et Litt.*[7], *non moveat quod naturaliter eos dixit quae legis sunt facere: hoc enim agit Spiritus gratiae, ut imaginem Dei, in qua naturaliter facti sumus, instauret in nobis*.

AD SECUNDUM dicendum quod illud quod possumus cum auxilio divino, non est nobis omnino impossibile; secundum illud Philosophi, in III *Ethic.*[8]: *Quae per amicos possumus, aliqualiter per nos possumus*. Unde et Hieronymus[9] ibidem *confitetur sic nostrum liberum esse arbitrium, ut dicamus nos semper indigere Dei auxilio*.

AD TERTIUM dicendum quod praeceptum de dilectione Dei non potest homo implere ex puris naturalibus secundum quod ex caritate impletur, ut ex supradictis[10] patet.

QUANTO AO 1º, portanto, deve-se dizer que como diz Agostinho: "Não vos inquiete que tenha dito que eles cumprem naturalmente os prescritos da lei. Pois, isso o faz o Espírito da graça para restaurar em nós a imagem de Deus, no qual fomos criados segundo nossa natureza"[h].

QUANTO AO 2º, deve-se dizer que o que podemos com o auxílio divino não nos é totalmente impossível, segundo a frase do Filósofo: "O que podemos por meio dos amigos, podemos em certo sentido, por nós mesmos". Também Jerônimo afirma: "de tal maneira é livre o nosso arbítrio, que digamos que necessitamos sempre do auxílio de Deus".

QUANTO AO 3º, deve-se dizer que não pode o homem cumprir o preceito de amar a Deus só com as forças naturais, se se trata de cumprir pela caridade; como foi dito acima.

ARTICULUS 5

Utrum homo possit mereri vitam aeternam sine gratia

AD QUINTUM SIC PROCEDITUR. Videtur quod homo possit mereri vitam aeternam sine gratia.

1. Dicit enim Dominus, Mt 19,17: *Si vis ad vitam ingredi, serva mandata*: ex quo videtur quod ingredi in vitam aeternam sit constitutum in hominis voluntate. Sed id quod in nostra voluntate constitutum est, per nos ipsos possumus. Ergo videtur quod homo per seipsum possit vitam aeternam mereri.

2. PRAETEREA, vita aeterna est praemium vel merces quae hominibus redditur a Deo: secundum illud Mt 5,12: *Merces vestra multa est in caelis*. Sed merces vel praemium redditur a Deo homini secundum opera eius; secundum illud Ps 61,13: *Tu reddes unicuique secundum opera eius*. Cum igitur homo sit dominus suorum operum, videtur quod in eius potestate constitutum sit ad vitam aeternam pervenire.

3. PRAETEREA, vita aeterna est ultimus finis humanae vitae. Sed quaelibet res naturalis per

ARTIGO 5

Pode o homem merecer a vida eterna sem a graça?

QUANTO AO QUINTO, ASSIM SE PROCEDE: parece que o homem **pode** merecer a vida eterna sem a graça.

1. Com efeito, o Senhor disse: "Se queres entrar na vida eterna, guarda os mandamentos", o que parece dizer que entrar na vida eterna depende da vontade do homem. Ora, o que depende de nossa vontade, podemos por nós mesmos. Logo, parece que o homem pode merecer a vida eterna, por si mesmo.

2. ALÉM DISSO, a vida eterna é um prêmio ou uma recompensa que Deus dá aos homens: "Grande é a vossa recompensa nos céus". Ora, esta recompensa ou prêmio é dada por Deus ao homem segundo as suas obras, conforme o Salmo: "Tu retribuis a cada um segundo suas obras". Logo, como o homem é senhor das suas obras, parece que tem o poder de alcançar a vida eterna.

3. ADEMAIS, a vida eterna é o último fim da vida humana. Ora, qualquer coisa da natureza pode, por

7. C. 27: ML 44, 229.
8. C. 5: 1112, b, 27-28.
9. Cfr. PELAGIUM, *Libellus fidei ad Innocentium*, n. 13: ML 45, 1718.
10. Art. 3.

5 PARALL.: Infra, q. 114, a. 2; II *Sent.*, dist. 28, a. 1; dist. 29, a. 1; *Cont. Gent.* III, 147; *De Verit.*, q. 24, a. 1, ad 2; a. 14; *Quodlib.* I, q. 4, a. 2.

h. No sentido especificado no corpo do artigo, é natural ao homem realizar os preceitos, mas isto não ocorre sem a graça, pois a natureza corrompida tem necessidade da graça para encontrar os seus próprios poderes.

sua naturalia potest consequi finem suum. Ergo multo magis homo, qui est altioris naturae, per sua naturalia potest pervenire ad vitam aeternam absque aliqua gratia.

SED CONTRA est quod Apostolus dicit, Rm 6,23: *Gratia Dei vita aeterna*. Quod ideo dicitur, sicut Glossa[1] ibidem dicit, *ut intelligeremus Deum ad aeternam vitam pro sua miseratione nos perducere*.

RESPONDEO dicendum quod actus perducentes ad finem oportet esse fini proportionatos. Nullus autem actus excedit proportionem principii activi. Et ideo videmus in rebus naturalibus quod nulla res potest perficere effectum per suam operationem qui excedat virtutem activam, sed solum potest producere per operationem suam effectum suae virtuti proportionatum. Vita autem aeterna est finis excedens proportionem naturae humanae, ut ex supradictis[2] patet. Et ideo homo per sua naturalia non potest producere opera meritoria proportionata vitae aeternae, sed ad hoc exigitur altior virtus, quae est virtus gratiae. Et ideo sine gratia homo non potest mereri vitam aeternam. Potest tamen facere opera perducentia ad aliquod bonum homini connaturale, sicut *laborare in agro, bibere, manducare, et habere amicum*, et alia huiusmodi; ut Augustinus dicit, in tertia responsione contra Pelagianos[3].

AD PRIMUM ergo dicendum quod homo sua voluntate facit opera meritoria vitae aeternae: sed, sicut Augustinus in eodem libro dicit, ad hoc exigitur quod voluntas hominis praeparetur a Deo per gratiam.

AD SECUNDUM dicendum quod, sicut Glossa[4] dicit Rm 6, super illud, [23], "Gratia Dei vita aeterna", *certum est vitam aeternam bonis operibus reddi: sed ipsa opera quibus redditur, ad Dei gratiam pertinent*: cum etiam supra[5] dictum sit quod ad implendum mandata legis secundum debitum modum per quem eorum impletio est meritoria, requiritur gratia.

suas forças naturais, atingir o seu fim. Logo, com maior razão, o homem, que é de uma natureza superior, pode alcançar a vida eterna por suas forças naturais sem precisar de graça alguma.

EM SENTIDO CONTRÁRIO, o Apóstolo diz: "A graça de Deus é a graça eterna". O que segundo a Glosa se diz: "para que possamos compreender que é Deus que nos conduz à vida eterna por sua misericórdia".

RESPONDO. Para que os atos nos levem a um fim é preciso que sejam proporcionados a este fim. Ora, nenhum ato ultrapassa a medida do princípio que o produziu. Por isso, vemos que nenhuma coisa, por sua própria operação, pode realizar um efeito que exceda o princípio que o produziu. Apenas pode produzir, por sua atividade, um efeito proporcionado a sua própria força. Ora, a vida eterna é um fim que ultrapassa a natureza humana, como foi dito, e sem proporção com ela. Eis porque o homem, por suas forças naturais, não pode produzir as obras meritórias que sejam proporcionadas à vida eterna. Para isso, precisa-se de uma força superior, que é exatamente a força da graça. Portanto, sem a graça, o homem não pode merecer a vida eterna. É capaz, porém, de realizar as obras boas que lhe são conaturais, como por exemplo, cultivar a terra, beber, comer, fazer amizade e outras coisas do mesmo gênero. É assim que Agostinho responde aos pelagianos na terceira resposta.

QUANTO AO 1º, portanto, deve-se dizer que o homem, por sua vontade, pode realizar obras meritórias de vida eterna. Mas, segundo Agostinho, exige-se que esta vontade seja predisposta pela graça de Deus[i].

QUANTO AO 2º, deve-se dizer que a Glosa sobre o texto da Carta aos Romanos: "A graça de Deus é a vida eterna", diz: É certo que a vida eterna é dada como retribuição às boas obras. Mas estas obras, por sua vez, devem ser atribuídas à graça de Deus. Pois, como foi dito acima, para realizar os mandamentos da lei, como convém, e de maneira a obter deles o mérito, a graça é necessária.

1. LOMBARDI: ML 191, 1412.
2. Q. 5, a. 5.
3. *Hypognost.*, l. III, c. 4, n. 5: ML 45, 1623.
4. LOMBARDI: ML 191, 1412 D-1413 A.
5. Art. praec.

i. "Predisposto pela graça": expressão técnica que significa uma modificação profunda da vontade, conferindo aos atos que dela procederão um alcance sobrenatural, divino, mediante o qual a pessoa que neles se envolve participa das trocas espirituais que constituem a vida trinitária.

AD TERTIUM dicendum quod obiectio illa procedit de fine homini connaturali. Natura autem humana, ex hoc ipso quod nobilior est, potest ad altiorem finem perduci, saltem auxilio gratiae, ad quem inferiores naturae nullo modo pertingere possunt. Sicut homo est melius dispositus ad sanitatem qui aliquibus auxiliis medicinae potest sanitatem consequi, quam ille qui nullo modo; ut Philosophus introducit in II *de Caelo*[6].

QUANTO AO 3°, deve-se dizer que esta objeção procederia se se tratasse do fim conatural à natureza humana. Mas, a natureza humana, precisamente porque é mais nobre, pode ser conduzida a conseguir um fim que lhe é superior, pelo menos com o auxílio da graça, enquanto que as naturezas inferiores não podem de modo nenhum aí chegar. Por exemplo, diz o Filósofo: "Está melhor predisposto à saúde, o homem que pode recuperar a saúde com o auxílio da medicina, do que aquele que por nenhum modo consegue aí chegar.

ARTICULUS 6

Utrum homo possit seipsum ad gratiam praeparare per seipsum, absque exteriori auxilio gratiae

AD SEXTUM SIC PROCEDITUR. Videtur quod homo possit seipsum ad gratiam praeparare per seipsum, absque exteriori auxilio gratiae.

1. Nihil enim imponitur homini quod sit ei impossibile, ut supra[1] dictum est. Sed Zc 1,3 dicitur: *Convertimini ad me, et ego convertar ad vos*: nihil autem est aliud se ad gratiam praeparare quam ad Deum converti. Ergo videtur quod homo per seipsum possit se ad gratiam praeparare absque auxilio gratiae.

2. PRAETEREA, homo se ad gratiam praeparat faciendo quod in se est: quia si homo facit quod in se est, Deus ei non denegat gratiam: dicitur enim Mt 7,11, quod Deus *dat spiritum bonum petentibus se*. Sed illud in nobis esse dicitur quod est in nostra potestate. Ergo videtur quod in nostra potestate sit constitutum ut nos ad gratiam praeparemus.

3. PRAETEREA, si homo indiget gratia ad hoc quod praeparet se ad gratiam, pari ratione indigebit gratia ad hoc quod praeparet se ad illam gratiam, et sic procederetur in infinitum: quod est inconveniens. Ergo videtur standum in primo, ut scilicet homo sine gratia possit se ad gratiam praeparare.

4. PRAETEREA, Pr 16,1 dicitur: *Hominis est praeparare animum*. Sed illud dicitur esse hominis quod per seipsum potest. Ergo videtur quod homo per seipsum se possit ad gratiam praeparare.

SED CONTRA est quod dicitur Io 6,44: *Nemo potest venire ad me, nisi Pater, qui misit me,*

ARTIGO 6

Pode o homem predispor-se para a graça por si mesmo sem o auxílio exterior dela?

QUANTO AO SEXTO, ASSIM SE PROCEDE: parece que o homem **pode** se predispor para a graça por si mesmo, sem o auxílio exterior dela.

1. Com efeito, nada se impõe ao homem que lhe seja impossível, como foi dito acima. O livro de Zacarias diz: "Convertei-vos para mim e eu me voltarei para vós". Ora, voltar-se para Deus é predispor-se para a graça. Logo, parece que o homem, por si mesmo, pode predispor-se para a graça sem o auxílio dela.

2. ALÉM DISSO, o homem se predispõe para a graça fazendo o que está em seu poder. Se o homem faz o que pode, Deus não lhe nega a graça. Está dito no Evangelho de Mateus que Deus "dá um espírito bom para aqueles que o pedem". Ora, está em nós o que podemos fazer. Logo, parece que está constituído em nosso poder de nos predispor para a graça.

3. ADEMAIS, se o homem precisa da graça para predispor-se para ela, esta mesma razão fará reclamar uma nova graça anterior para que se disponha a esta graça preparatória. Isto levaria ao infinito, o que é inadmissível. Parece, portanto, que se deve ater à primeira proposição: o homem sem a graça pode predispor-se para ela.

4. ADEMAIS, o livro dos Provérbios diz: "Compete ao homem preparar seu espírito". Ora, é humano aquilo que está em seu poder. Logo, parece que se pode por si mesmo predispor-se para a graça.

EM SENTIDO CONTRÁRIO, o Evangelho de João diz: "Ninguém pode vir a mim, se o Pai que me

6. C. 12: 292, b, 13-19.

6 PARALL.: Part. I, q. 62, a. 2; II *Sent.*, dist. 5, q. 2, a. 1; dist. 28, a. 4; IV, dist. 17, q. 1, a. 2, q.la 2, ad 2; *Cont. Gent.* III, 149; *De Verit.*, q. 24, a. 15; *Quodlib.* I, q. 4, a. 2; in *Ioan.*, c. 1, lect. 6; *ad Heb.*, c. 12, lect. 3.

1. A. 4, 2 a.

traxerit eum. Si autem homo seipsum praeparare posset, non oporteret quod ab alio traheretur. Ergo homo non potest se praeparare ad gratiam absque auxilio gratiae.

RESPONDEO dicendum quod duplex est praeparatio voluntatis humanae ad bonum. Una quidem qua praeparatur ad bene operandum et ad Deo fruendum. Et talis praeparatio voluntatis non potest fieri sine habituali gratiae dono, quod sit principium operis meritorii, ut dictum est[2]. — Alio modo potest intelligi praeparatio voluntatis humanae ad consequendum ipsum gratiae habitualis donum. Ad hoc autem quod praeparet se ad susceptionem huius doni, non oportet praesupponere aliquod aliud donum habituale in anima, quia sic procederetur in infinitum: sed oportet praesupponi aliquod auxilium gratuitum Dei interius animam moventis, sive inspirantis bonum propositum. His enim duobus modis indigemus auxilio divino, ut supra[3] dictum est.

Quod autem ad hoc indigeamus auxilio Dei moventis, manifestum est. Necesse est enim, cum omne agens agat propter finem, quod omnis causa convertat suos effectus ad suum finem. Et ideo, cum secundum ordinem agentium sive moventium sit ordo finium, necesse est quod ad ultimum finem convertatur homo per motionem primi moventis, ad finem autem proximum per motionem alicuius inferiorum moventium: sicut animus militis convertitur ad quaerendum victoriam ex motione ducis exercitus, ad sequendum autem vexillum alicuius aciei ex motione tribuni. Sic igitur, cum Deus sit primum movens simpliciter, ex eius motione est quod omnia in ipsum convertantur secundum communem intentionem boni, per quam unumquodque intendit assimilari Deo secundum suum modum. Unde et Dionysius, in libro *de Div. Nom.*[4], dicit quod Deus *convertit omnia ad seipsum*. Sed homines iustos convertit ad seipsum sicut ad specialem finem, quem intendunt, et cui cupiunt adhaerere sicut bono proprio; secundum illud Ps 72,28: *Mihi adhaerere Deo bonum*

2. Art. praec.
3. Art. 2, 3.
4. C. 4: MG 3, 700 A.

enviou, não atrai". Se o homem pudesse predispor-se a si mesmo, não precisaria de um outro que o atraísse. Logo, o homem não pode predispor-se a si mesmo para a graça sem o auxílio dela.

RESPONDO. Há uma dupla predisposição da vontade humana para o bem. Uma prepara-a para agir bem, e para saborear a Deus. Esta preparação da vontade não pode realizar-se sem um dom habitual da graça. Pois, esta é o princípio da ação meritória, como foi dito. — A outra predisposição dispõe a vontade humana a receber o próprio dom da graça habitual. Para que alguém se disponha para receber este dom, não se deve supor anteriormente um outro dom habitual na alma. Isso levaria ao infinito. Mas, é preciso, pressupor algum auxílio gratuito de Deus, que imprime uma moção no interior desta alma, ou lhe inspira o bom propósito. Destes dois modos necessitamos do auxílio divino, como foi dito acima.

É claro que precisamos desta moção divina para isso. Pois, como tudo o que age, age para um fim, toda causa dirige seus efeitos para o seu fim. Portanto, a ordem dos agentes ou dos motores, corresponde à ordem dos fins. Assim, para que o homem se volte para o fim último necessita de uma moção do primeiro movente, mas para que se volte para um fim próximo, necessita da moção de algum movente inferior. Por exemplo, é a ação do general que dirige o esforço do soldado para a vitória final. Mas, quando se trata de seguir a bandeira da companhia, basta uma ordem do capitão. Portanto, como Deus é absolutamente o primeiro movente, é por uma moção vinda dele, que todas as coisas convertem-se para ele, segundo a intenção comum do bem, pela qual cada um procura assimilar-se a Deus segundo o seu modo. Por isso, Dionísio diz "que Deus converte tudo para si". Quanto aos justos, Deus os converte para si, como a um fim especial, que estes se propõem e ao qual eles desejam ligar-se, vendo nele seu bem próprio[j]; segundo o Salmo: "Unir-me a Deus, eis o meu bem". E é por

j. Distinção essencial. Toda bondade sendo uma participação da bondade realizada total e perfeitamente em Deus, e não podendo a criatura agir a não ser para adquirir, ou conservar, ou participar da bondade, toda criatura, em cada uma de suas ações — o homem, mesmo em seus atos mais aberrantes — volta-se mediante sua ação para Deus como para o fim último do universo (ele só se desvia dele pelo que ele tem, *em sua ação mesma*, de não ação, de mal). Mas, somente o homem justo, e no ato correto, o ato inspirado pela caridade, age tendo em vista o bem divino no que este tem de especialmente divino, na medida em que ele é, para Deus mesmo, o fim em virtude do qual ele age, e é sob esse aspecto que ele se torna, por graça, o fim último do justo. Todas as outras ações criadas só tendem para o bem divino pela mediação do bem próprio do agente, aquele que é apenas a sua realização particular (e aberrante, se se trata do homem pecador) da razão geral do bem, que se encontra realizada infinitamente em Deus, mas não é nessa realização absoluta que ela é visada.

est. Et ideo quod homo convertatur ad Deum, hoc non potest esse nisi Deo ipsum convertente. Hoc autem est praeparare se ad gratiam, quasi ad Deum converti: sicut ille qui habet oculum aversum a lumine solis, per hoc se praeparat ad recipiendum lumen solis, quod oculos suos convertit versus solem. Unde patet quod homo non potest se praeparare ad lumen gratiae suscipiendum, nisi per auxilium gratuitum Dei interius moventis.

isso que a conversão do homem para Deus não pode realizar-se senão pela própria ação de Deus que o converte para ele. Ora, isto é justamente predispor-se para a graça: converter-se assim para Deus. O mesmo acontece com aquele cujos olhos olham ao oposto do sol. Este prepara-se para receber a luz do sol quando dirige seus olhos para ele. Daí se conclui que o homem não pode predispor-se para receber a luz da graça a não ser que um auxílio gratuito de Deus venha movê-lo interiormente.

AD PRIMUM ergo dicendum quod conversio hominis ad Deum fit quidem per liberum arbitrium; et secundum hoc homini praecipitur quod se ad Deum convertat. Sed liberum arbitrium ad Deum converti non potest nisi Deo ipsum ad se convertente; secundum illud Ier 31,18: *Converte me, et convertar: quia tu Dominus Deus meus*; et *Thren*. Ult., [21]: *Converte nos, Domine, ad te, et convertemur.*

AD SECUNDUM dicendum quod nihil homo potest facere nisi a Deo moveatur; secundum illud Io 15,5: *Sine me nihil potestis facere*. Et ideo cum dicitur homo facere quod in se est, dicitur hoc esse in potestate hominis secundum quod est motus a Deo.

AD TERTIUM dicendum quod obiectio illa procedit de gratia habituali, ad quam requiritur aliqua praeparatio, quia omnis forma requirit susceptibile dispositum. Sed hoc quod homo moveatur a Deo, non praeexigit aliquam aliam motionem: cum Deus sit primum movens. Unde non oportet abire in infinitum.

AD QUARTUM dicendum quod hominis est praeparare animum, quia hoc facit per liberum arbitrium: sed tamen hoc non facit sine auxilio Dei moventis et ad se attrahentis, ut dictum est[5].

QUANTO AO 1º, portanto, deve-se dizer que a conversão do homem para Deus realiza-se pelo livre-arbítrio. Por isso, foi-lhe ordenado que se converta para Deus. Mas, o livre-arbítrio não pode converter-se para Deus a não ser que Deus o converta para si, segundo o que diz o livro de Jeremias: “Convertei-me, Senhor, e eu me converterei”, e na última Lamentação: “Convertei-nos, Senhor, para vós, e seremos convertidos”.

Quanto ao 2º, deve-se dizer que o homem nada pode fazer se não é movido por Deus, como ensina o Evangelho de João: “Sem mim nada podeis fazer”. É por isso que, quando se diz que o homem faz o que pode, é preciso entender que está em seu poder na medida em que está sob a moção de Deus.

QUANTO AO 3º, deve-se dizer que esta objeção procederia se se tratasse de uma graça habitual para a qual se requer uma predisposição, porque toda forma requer que o sujeito seja disposto para recebê-la. Mas, para que o homem seja movido por Deus, não é necessário fazer apelo a uma moção antecedente, e ir ao infinito, pois Deus é o primeiro movente.

QUANTO AO 4º, deve-se dizer que compete ao homem dispor o seu espírito, porque o faz por seu livre-arbítrio. Não o faz, porém, sem o auxílio de Deus que o move e o atrai a si, como foi dito.

ARTICULUS 7

Utrum homo possit resurgere a peccato sine auxilio gratiae

AD SEPTIMUM SIC PROCEDITUR. Videtur quod homo possit resurgere a peccato sine auxilio gratiae.

1. Illud enim quod praeexigitur ad gratiam, fit sine gratia. Sed resurgere a peccato praeexigitur

ARTIGO 7

Pode o homem resurgir do pecado sem o auxílio da graça?

QUANTO AO SÉTIMO, ASSIM SE PROCEDE: parece que o homem **pode** ressurgir do pecado sem o auxílio da graça

1. Com efeito, aquilo que é preexigido para a graça, faz-se sem a graça. Ora, ressurgir do

5. In corp.

7 PARALL.: Infra, q. 113, a. 2; II *Sent*., dist. 28, a. 2; *Cont. Gent*. III, 157; IV, 72; *De Verit*., q. 24, a. 12, ad 10, 11 in contr.; q. 28, a. 2; *ad Ephes*., c. 5, lect. 5.

O movimento do livre-arbítrio pela qual se efetua o retorno a Deus e a ação da graça que suscita, acompanha e termina esse movimento constituem um todo indissociável que será analisado adiante, na q. 113.

ad illuminationem gratiae: dicitur enim Eph 5,14: *Exurge a mortuis, et illuminabit te Christus*. Ergo homo potest resurgere a peccato sine gratia.

2. PRAETEREA, peccatum virtuti opponitur sicut morbus sanitati, ut supra[1] dictum est. Sed homo per virtutem naturae potest resurgere de aegritudine ad sanitatem sine auxilio exterioris medicinae, propter hoc quod intus manet principium vitae, a quo procedit operatio naturalis. Ergo videtur quod, simili ratione, homo possit reparari per seipsum, redeundo de statu peccati ad statum iustitiae, absque auxilio exterioris gratiae.

3. PRAETEREA, quaelibet res naturalis potest redire ad actum convenientem suae naturae: sicut aqua calefacta per seipsam redit ad naturalem frigiditatem, et lapis sursum proiectus per seipsum redit ad suum naturalem motum. Sed peccatum est quidam actus contra naturam; ut patet per Damascenus, in II libro[2]. Ergo videtur quod homo possit per seipsum redire de peccato ad statum iustitiae.

SED CONTRA est quod Apostolus dicit, Gl 2,21: *Si data est lex quae potest iustificare, ergo Christus gratis mortuus est*, idest sine causa. Pari ergo ratione, si homo habet naturam per quam potest iustificari, *Christus gratis*, idest sine causa, *mortuus est*. Sed hoc est inconveniens dicere. Ergo non potest homo per seipsum iustificari, idest redire de statu culpae ad statum iustitiae.

RESPONDEO dicendum quod homo nullo modo potest resurgere a peccato per seipsum sine auxilio gratiae. Cum enim peccatum transiens actu remaneat reatu, ut supra[3] dictum est; non est idem resurgere a peccato quod cessare ab actu peccati. Sed resurgere a peccato est reparari hominem ad ea quae peccando amisit. Incurrit autem homo triplex detrimentum peccando, ut ex supradictis[4] patet: scilicet maculam, corruptionem naturalis boni, et reatum poenae. Maculam quidem incurrit, inquantum privatur decore gratiae ex deformitate peccati. Bonum autem naturae corrumpitur, inquantum natura hominis deordinatur voluntate hominis Deo non subiecta: hoc enim ordine sublato, consequens est ut tota natura hominis peccantis inordinata remaneat. Reatus vero poenae est per quem homo peccando mortaliter meretur damnationem aeternam.

1. Q. 71, a. 1, ad 3.
2. *De fide orth.*, l. II, cc. 4, 30: MG 94, 876 A, 976 A.
3. Q. 87, a. 6.
4. Q. 85, a. 1; q. 86, a. 1; q. 87, a. 1.

pecado é preexigido para a iluminação da graça. Pois, na Carta aos Efésios se diz: "Levanta-te dos mortos e Cristo te iluminará". Logo, o homem pode ressurgir do pecado sem a graça.

2. ALÉM DISSO, o pecado opõe-se à virtude como a doença à saúde, como se disse acima. Ora, o homem por força da natureza pode ressurgir da doença para a saúde sem o auxílio de uma medicina exterior. Pois, interiormente permanece o princípio da vida, do qual procede a ação natural. Logo, parece que, por igual razão, o homem pode reparar-se por si mesmo, saindo do estado de pecado para o estado da justiça, sem o auxílio exterior da graça.

3. ADEMAIS, toda coisa natural pode voltar ao ato conveniente à sua natureza. Assim, a água quente, por si mesma, volta à frigidez natural. A pedra jogada para cima, por si mesma, volta ao seu movimento natural. Ora, o pecado é um ato contra a natureza; como diz Damasceno. Logo, parece que o homem pode, por si mesmo, voltar do pecado para o estado de justiça.

EM SENTIDO CONTRÁRIO, o Apóstolo diz: "Se a lei pode justificar, Cristo morreu por nada", isto é, sem causa. Com igual razão, se o homem tem uma natureza pela qual pode justificar-se, "Cristo morreu por nada", isto é, sem causa. Mas, não se deve dizer isto. Logo, não pode o homem, por si mesmo, justificar-se, isto é, voltar do estado de culpa para o estado de justiça.

RESPONDO. De nenhum modo pode o homem ressurgir do pecado, por si mesmo, sem o auxílio da graça. Com efeito, quando cessa o ato do pecado, o reato permanece, como foi dito. Ressurgir do pecado não é cessar o ato do pecado. Mas, que o homem seja reparado naquilo que pecando perdeu. Ora, este detrimento é tríplice, como foi dito acima: a mancha, a corrupção natural do bem, e o reato da pena. Incorre na mancha enquanto priva-se do decoro da graça pela deformidade do pecado. O bem da natureza corrompe-se, enquanto a natureza humana é desordenada, sendo que a vontade humana não se submete a Deus. Uma vez que esta ordem é tirada, consequentemente, toda a natureza humana permanece desordenada. O reato da pena é para aquele que peca mortalmente e merece a danação eterna.

Manifestum est autem de singulis horum trium, quod non possunt reparari nisi per Deum. Cum enim decor gratiae proveniat ex illustratione divini luminis, non potest talis decor in anima reparari, nisi Deo denuo illustrante: unde requiritur habituale donum, quod est gratiae lumen. Similiter ordo naturae reparari non potest, ut voluntas hominis Deo subiiciatur, nisi Deo voluntatem hominis ad se trahente, sicut dictum est[5]. Similiter etiam reatus poenae aeternae remitti non potest nisi a Deo, in quem est offensa commissa, et qui est hominum iudex. Et ideo requiritur auxilium gratiae ad hoc quod homo a peccato resurgat, et quantum ad habituale donum, et quantum ad interiorem Dei motionem.

Por outro lado, é claro que a reparação de cada um destes três males requer necessariamente a intervenção de Deus. Dado que o brilho da graça vem da ilustração da luz divina, este brilho não pode ser reparado na alma se, de novo, Deus não a ilumina. Para isso, é preciso o dom habitual, que é a luz da graça. Do mesmo modo, a ordem da natureza não pode ser reparada de tal modo que a vontade humana seja submissa a Deus, se Deus não a atrai a si, como foi dito. Igualmente, também, a remissão do reato da pena eterna incorrida não pode ser obtida senão de Deus que é o ofendido e o juiz. Portanto, para que o homem ressurja da morte do pecado é necessário o auxílio da graça tanto sob a forma do dom habitual quanto da moção interior de Deus.

AD PRIMUM ergo dicendum quod illud indicitur homini quod pertinet ad actum liberi arbitrii qui requiritur in hoc quod homo a peccato resurgat. Et ideo cum dicitur, *Exsurge, et illuminabit te Christus*, non est intelligendum quod tota exsurrectio a peccato praecedat illuminationem gratiae: sed quia cum homo per liberum arbitrium a Deo motum surgere conatur a peccato, recipit lumen gratiae iustificantis.

AD SECUNDUM dicendum quod naturalis ratio non est sufficiens principium huius sanitatis quae est in homine per gratiam iustificantem; sed huius principium est gratia, quae tollitur per peccatum. Et ideo non potest homo per seipsum reparari, sed indiget ut denuo ei lumen gratiae infundatur: sicut si corpori mortuo resuscitando denuo infunderetur anima.

AD TERTIUM dicendum quod, quando natura est integra, per seipsam potest reparari ad id quod est sibi conveniens et proportionatum: sed ad id quod superexcedit suam proportionem, reparari non potest sine exteriori auxilio. Sic igitur humana natura defluens per actum peccati, quia non manet integra sed corrumpitur, ut supra[6] dictum est, non potest per seipsam reparari neque etiam ad bonum sibi connaturale; et multo minus ad bonum supernaturalis iustitiae.

QUANTO AO 1º, portanto, deve-se dizer que se impõe ao homem o que pertence ao ato do livre-arbítrio necessário para que o homem ressurja do pecado. E quando se diz "Levanta-te, e Cristo te iluminará", não se deve entender que todo o ressurgir do pecado precede a iluminação da graça, mas que quando o homem, em seu livre-arbítrio movido por Deus se esforça por ressurgir do pecado, recebe a luz da graça santificante.

QUANTO AO 2º, deve-se dizer que a razão natural não é o princípio suficiente deste estado de saúde que está no homem pela graça santificante. O princípio deste estado é a graça, e o pecado o faz perder. É por isso que o homem não pode reparar-se por si mesmo. Necessita ele de uma nova infusão da luz da graça, como se para ressuscitar um corpo morto lhe fosse infundida de novo sua alma.

QUANTO AO 3º, deve-se dizer que, quando a natureza é íntegra, por si mesma pode voltar para o estado que lhe é conveniente e proporcionado. Mas para aquilo que está muito acima de sua proporção, não pode restabelecer-se sem um auxílio exterior. Assim, a natureza humana, tendo decaído pelo ato do pecado, não permanece íntegra, mas corrompida, como foi dito. Portanto, ela não pode por si mesma restabelecer-se nem mesmo quanto ao bem conatural e ainda menos, quanto ao bem da justiça sobrenatural[k].

5. Art. praec.
6. In corp.

k. A natureza poderia ter existido sem ser enriquecida e elevada pela graça, e ela teria sido então boa e sadia, mas no nível inferior da bondade natural. De fato, ela foi criada enriquecida pela graça e não poderia desenvolver o seu ser e sua bondade, mesmo naturais, senão na graça. A graça está por demais mesclada à natureza para que esta possa perdê-la sem um desprendimento que a fere em si mesma, e para que ela possa reencontrar a sua integridade e sua saúde de outro modo que pela graça, ou

ARTICULUS 8
Utrum homo sine gratia possit non peccare

AD OCTAVUM SIC PROCEDITUR. Videtur quod homo sine gratia possit non peccare.

1. *Nullus* enim *peccat in eo quod vitare non potest*; ut Augustinus dicit, in libro *de Duab. Animab.*[1], et *de Lib. Arb.*[2]. Si ergo homo existens in peccato mortali non possit vitare peccatum, videtur quod peccando non peccet. Quod est inconveniens.

2. PRAETEREA, ad hoc corripitur homo ut non peccet. Si igitur homo in peccato mortali existens non potest non peccare, videtur quod frustra ei correptio adhibeatur. Quod est inconveniens.

3. Praterea, Eccli 15,18 dicitur: *Ante hominem vita et mors, bonum et malum: quod placuerit ei, dabitur illi*. Sed aliquis peccando non desinit esse homo. Ergo adhuc in eius potestate est eligere bonum vel malum. Et ita potest homo sine gratia vitare peccatum.

SED CONTRA est quod Augustinus dicit, in libro *de Perfect. Iustit.*[3]: *Quisquis negat nos orare debere ne intremus in tentationem (negat autem hoc qui contendit ad non peccandum gratiae Dei adiutorium non esse homini necessarium, sed, sola lege accepta, humanam sufficere voluntatem), ab auribus omnium removendum, et ore omnium anathematizandum esse non dubito*.

RESPONDEO dicendum quod de homine dupliciter loqui possumus: uno modo, secundum statum naturae integrae; alio modo, secundum statum naturae corruptae. Secundum statum quidem naturae integrae, etiam sine gratia habituali, poterat homo non peccare nec mortaliter nec venialiter: quia peccare nihil aliud est quam recedere ab eo quod est secundum naturam, quod vitare homo poterat in integritate naturae. Non tamen hoc poterat sine auxilio Dei in bono conservantis: quo subtracto, etiam ipsa natura in nihilum decideret.

ARTIGO 8
Sem a graça pode o homem não pecar?

QUANTO AO OITAVO, ASSIM SE PROCEDE: parece que o homem sem a graça **pode** não pecar.

1. Com efeito, "Ninguém peca naquilo que não pode evitar", como diz Agostinho. Portanto, se o homem em estado de pecado mortal não pode evitar o pecado, parece que pecando não peca. O que é inadmissível.

2. ALÉM DISSO, corrige-se precisamente o homem para que não peque mais. Portanto, se o homem que está no pecado mortal não pode não pecar, é inútil corrigi-lo. O que é inadmissível.

3. ADEMAIS, está escrito no livro do Eclesiástico: "O homem tem diante de si a vida e a morte, o bem e o mal; o que ele escolher lhe será dado". Ora, aquele que peca não deixa de ser o homem. Logo, ele tem ainda o poder de escolher o bem e o mal, e por conseguinte, evitar o pecado sem a graça.

EM SENTIDO CONTRÁRIO, Agostinho diz: "Quem nega que devemos orar para não entrar em tentação? (Nega-o quem pretende que para evitar o pecado o auxílio da graça de Deus não é necessário; é suficiente para a vontade humana somente a lei recebida). Isto deve ser afastado dos ouvidos de todos, e pela boca de todos deve ser anatematizado. E disso não duvido."

RESPONDO. O homem pode ser considerado no estado de inocência, ou no estado de natureza corrompida. No primeiro estado, ele podia, mesmo sem a graça habitual[1], não pecar, nem mortal e nem venialmente. Pois, pecar nada mais é do que afastar-se do que é segundo a natureza, o que o homem podia evitar quando sua natureza era intacta. Entretanto, sem o auxílio divino que o conservasse no bem não podia evitar. Sem este auxílio divino a própria natureza cairia no nada.

8 PARALL.: Supra, q. 63, a. 2, ad 2; q. 74, a. 3, ad 2; II *Sent.*, dist. 20, q. 2, a. 3, ad 5; dist. 24, q. 1, a. 4; dist. 28, a. 2; *Cont. Gent.* III, 160; *De Verit.*, q. 22, a. 5, ad 7; q. 24, a. 1, ad 10, 12; a. 12, 13; *De Malo*, q. 3, a. 1, ad 9; I *Cor.*, c. 12, lect. 1; *ad Heb.*, c. 10, lect. 3.

1. Cc. 10, 11: ML 42, 103, 105.
2. L. III, c. 18, n. 50: ML 32, 1295.
3. C. 21: ML 44, 317-318.

seja, sem a bondade e a saúde sobrenaturais das quais a graça é o princípio. Assim, aquele que, pelo estudo e pela reflexão perdeu-se em posições aberrantes não pode reencontrar a saúde da inteligência voltando à sua ignorância original, mas voltando a encontrar, mediante um intenso esforço intelectual a ordem da razão, a sua ligação com o verdadeiro.

1. "Mesmo sem a graça habitual": aqui, o que é visado é o caso hipotético segundo o qual a natureza teria sido criada seja por um tempo, seja definitivamente, sem o enriquecimento que lhe traz a graça.

In statu autem naturae corruptae, indiget homo gratia habituali sanante naturam, ad hoc quod omnino a peccato abstineat. Quae quidem sanatio primo fit in praesenti vita secundum mentem, appetitu carnali nondum totaliter reparato: unde Apostolus, Rm 7,25, in persona hominis reparati, dicit: *Ego ipse mente servio legi Dei, carne autem legi peccati*. In quo quidem statu potest homo abstinere a peccato mortali quod in ratione consistit, ut supra[4] habitum est. Non autem potest homo abstinere ab omni peccato veniali, propter corruptionem inferioris appetitus sensualitatis, cuius motus singulos quidem ratio reprimere potest (ex hoc habent rationem peccati et voluntarii), non autem omnes: quia dum uni resistere nititur, fortassis alius insurgit; et etiam quia ratio non semper potest esse pervigil ad huiusmodi motus vitandos; ut supra[5] dictum est.

Similiter etiam antequam hominis ratio, in qua est peccatum mortale, reparetur per gratiam iustificantem, potest singula peccata mortalia vitare, et secundum aliquod tempus: quia non est necesse quod continuo peccet in actu. Sed quod diu maneat absque peccato mortali, esse non potest. Unde et Gregorius dicit, *super Ezech.*[6], quod *peccatum quod mox per poenitentiam non deletur, suo pondere ad aliud trahit*. Et huius ratio est quia, sicut rationi subdi debet inferior appetitus, ita etiam ratio debet subdi Deo, et in ipso constituere finem suae voluntatis. Per finem autem oportet quod regulentur omnes actus humani: sicut per rationis iudicium regulari debent motus inferioris appetitus. Sicut ergo, inferiori appetitu non totaliter subiecto rationi, non potest esse quin contingant inordinati motus in appetitu sensitivo; ita etiam, ratione hominis non existente subiecta Deo, consequens est ut contingant multae inordinationes in ipsis actibus rationis. Cum enim homo non habet cor suum firmatum in Deo, ut pro nullo bono consequendo vel malo vitando ab eo separari vellet; occurrunt multa propter quae consequenda vel vitanda homo recedit a Deo contemnendo praecepta ipsius, et ita peccat mortaliter: praecipue quia in repentinis homo operatur secundum finem praeconceptum, et secundum habitum praeexistentem, ut Philosophus dicit, in III *Ethic.*[7];

No estado de natureza corrompida, para se guardar completamente do pecado, o homem tem necessidade da graça habitual que cura sua natureza. Entretanto, esta cura, durante a vida presente, opera-se na alma sem que o apetite carnal seja totalmente reparado. É o que faz dizer o Apóstolo, em nome do homem que a graça restaurou: "Em minha alma sirvo à lei de Deus, em minha carne, à lei do pecado." Assim, o homem neste estado pode abster-se do pecado mortal, que tem sua sede na razão, como acima foi estabelecido. Mas, não de todo pecado venial, em razão da corrupção do apetite inferior da sensualidade. A razão pode reprimir cada um destes movimentos da sensualidade tomados isoladamente, (por isso têm a razão de pecados, e de atos voluntários), entretanto não é capaz de reprimir a todos. Porque, enquanto se esforça para resistir a um, um outro pode surgir, e também porque não é possível que a razão esteja sempre vigilante em afastá-los, como acima foi dito.

Pela mesma causa, antes que a razão do homem na qual está o pecado mortal, seja restabelecida pela graça santificante, pode evitar cada um dos pecados mortais e durante algum tempo, porque não é necessário que continuamente peque em ato. Mas, é impossível que ela permaneça muito tempo sem o pecado mortal. Por isso, diz Gregório: "Um pecado que não é prontamente desfeito pela penitência arrasta com seu próprio peso para um novo pecado". E a razão disso está em que, assim como o apetite inferior deve ser submetido à razão, esta, por sua vez, deve estar submissa a Deus, e constituir nele o fim de sua vontade. É o fim, com efeito, que deve regular todos os atos humanos, como é o juízo da razão que deve regular os movimentos do apetite inferior. Portanto, quando o apetite inferior não está plenamente submisso à razão, acontecem inevitavelmente movimentos desordenados no apetite sensível; do mesmo modo, quando a razão humana não está plenamente submissa a Deus, seguem-se muitos atos desordenados da razão. Quando, pois, o homem não tem o seu coração firme em Deus, de tal modo que não queira separar-se dele por qualquer bem a ser adquirido ou mal a ser evitado, advém uma multidão de coisas em razão das quais, atrativas ou repugnantes, o homem se afasta de Deus, desprezando os seus preceitos, e assim peca mortalmente, sobretudo, porque nos

4. Q. 74, a. 4.
5. Q. 74, a. 3, ad 2.
6. Homil. 11: ML 76, 915 A.
7. C. 11: 1117, a, 18-22.

quamvis ex praemeditatione rationis homo possit aliquid agere praeter ordinem finis praeconcepti, et praeter inclinationem habitus. Sed quia homo non potest semper esse in tali praemeditatione, non potest contingere ut diu permaneat quin operetur secundum consequentiam voluntatis deordinatae a Deo, nisi cito per gratiam ad debitum ordinem reparetur.

AD PRIMUM ergo dicendum quod homo potest vitare singulos actus peccati: non tamen omnes, nisi per gratiam, ut dictum est[8]. Et tamen quia ex eius defectu est quod homo se ad gratiam habendam non praeparet, per hoc a peccato non excusatur, quod sine gratia peccatum vitare non potest.

AD SECUNDUM dicendum quod correptio utilis est *ut ex dolore correptionis voluntas regenerationis oriatur. Si tamen qui corripitur filius est promissionis: ut, strepitu correptionis forinsecus insonante ac flagellante, Deus in illo intrinsecus occulta inspiratione operetur et velle*; ut Augustinus dicit, in libro *de Corrept. et Grat.*[9]. Ideo ergo necessaria est correptio, quia voluntas hominis requiritur ad hoc quod a peccato abstineat. Sed tamen correptio non est sufficiens sine Dei auxilio: unde dicitur Eccle 7,14: *Considera opera Dei, quod nemo possit corrigere quem ille despexerit.*

AD TERTIUM dicendum quod, sicut Augustinus dicit, in *Hypognost.*[10], verbum illud intelligitur de homine secundum statum naturae integrae, quando nondum erat servus peccati, unde poterat peccare et non peccare. — Nunc etiam quodcumque vult homo, datur ei. Sed hoc quod bonum velit, habet ex auxilio gratiae.

casos repentinos o homem age segundo o fim preconcebido e segundo o hábito preexistente, como observa o Filósofo. Entretanto, por um ato refletido da razão o homem é capaz de agir além da ordem do fim preconcebido e da inclinação do hábito. Mas, porque não pode manter-se sempre em um tal ato de reflexão, por isso não é possível que ele permaneça muito tempo sem que aja no sentido desta vontade desordenada, a menos que logo esta não tenha sido reconduzida pela graça à ordem que convém[m].

QUANTO AO 1º, portanto, deve-se dizer que o homem pode evitar cada um dos atos do pecado, mas não todos, a não ser pela graça, como foi dito. Entretanto, porque é por deficiência sua que o homem não se predispõe para ter a graça, por isso não é desculpado do pecado que, sem a graça, não pode evitar.

QUANTO AO 2º, deve-se dizer que a correção é útil "a fim de que a dor da correção faça nascer a vontade da regeneração. Se aquele que se corrige é filho da promessa, a fim de que, ao mesmo tempo que a correção ressoa exteriormente e flagela, Deus opere interiormente no culpado por uma inspiração secreta o querer", como explica Agostinho. É por isso que a correção é necessária, porque a vontade do homem requer para que ele se abstenha do pecado. Mas, a correção não bastaria sem o auxílio de Deus, por isso diz o livro do Eclesiastes: "Considera as obras de Deus, porque ninguém pode corrigir aquele a quem Deus desprezou"[n].

QUANTO AO 3º, deve-se dizer que como ensina Agostinho, esta palavra do sábio citada na objeção deve-se compreender do homem no estado de natureza íntegra, quando ele não era ainda escravo do pecado. Ele podia, então, pecar e não pecar. — Agora, também, tudo o que o homem quer, lhe é dado; mas, o querer bem, ele o tem de um auxílio da graça.

8. In corp.
9. C. 6, n. 9: ML 44, 921.
10. L. III, c. 2: ML 45, 1621-1622.

m. Para compreender este ponto é preciso reportar-se à análise que Sto. Tomás efetuou acima, do ponto de vista da liberdade humana, do que ele chama de "pecado de sensualidade" — que não é designado assim devido a seu objeto, o "sensual", mas por seu princípio: a sensibilidade — (ver I-II, q. 74, a. 3). Ele retoma aqui essa análise do ponto de vista da graça, e estende-a aos atos deliberados, que só podem ser garantidos na retidão moral se o princípio de tal retidão, a submissão habitual da vontade de Deus, encontra-se no homem, e ela não se encontra sem a graça santificante.

n. A referência a Sto. Agostinho introduz a ideia de uma rejeição por parte de Deus anterior à decisão que o homem tomou de escolher entre o bem e o mal. Não se pode negar que Sto. Tomás tenha sido influenciado por essa ideia. Contudo, ela contradiz o seu sentimento profundo, expresso da maneira mais clara quando ele escreve: "O mal que é o pecado (o "mal de culpa", que é a privação do ordenamento universal ao bem divino), Deus não quer de maneira alguma" (I, q. 19, a. 9), nem direta, nem indireta (ver J.-H. Nicolas, nesta edição, t. I, q. 23, n. 1).

ARTICULUS 9

Utrum ille qui iam consecutus est gratiam, per seipsum possit operari bonum et vitare peccatum, absque alio auxilio gratiae

AD NONUM SIC PROCEDITUR. Videtur quod ille qui iam consecutus est gratiam, per seipsum possit operari bonum et vitare peccatum, absque alio auxilio gratiae.

1. Unumquodque enim aut frustra est, aut imperfectum, si non implet illud ad quod datur. Sed gratia ad hoc datur nobis ut possimus bonum facere et vitare peccatum. Si igitur per gratiam hoc homo non potest, videtur quod vel gratia sit frustra data, vel sit imperfecta.

2. PRAETEREA, per gratiam ipse Spiritus Sanctus in nobis habitat; secundum illud 1Cor 3,16: *Nescitis quia templum Dei estis, et Spiritus Dei habitat in vobis?* Sed Spiritus Sanctus, cum sit omnipotens, sufficiens est ut nos inducat ad bene operandum, et ut nos a peccato custodiat. Ergo homo gratiam consecutus potest utrumque praedictorum absque alio auxilio gratiae.

3. PRAETEREA, si homo consecutus gratiam adhuc alio auxilio gratiae indiget ad hoc quod recte vivat et a peccato abstineat, pari ratione et si illud aliud auxilium gratiae consecutus fuerit, adhuc alio auxilio indigebit. Procedetur ergo in infinitum: quod est inconveniens. Ergo ille qui est in gratia, non indiget alio auxilio gratiae ad hoc quod bene operetur et a peccato abstineat.

SED CONTRA est quod Augustinus dicit, in libro *de Natura et Gratia*[1], quod *sicut oculus corporis plenissime sanus, nisi candore lucis adiutus, non potest cernere; sic et homo perfectissime etiam iustificatus, nisi aeterna luce iustitiae divinitus adiuvetur, recte non potest vivere*. Sed iustificatio fit per gratiam; secundum illud Rm 3,24: *Iustificati gratis per gratiam ipsius*. Ergo etiam homo iam habens gratiam indiget alio auxilio gratiae ad hoc quod recte vivat.

RESPONDEO dicendum quod, sicut supra[2] dictum est, homo ad recte vivendum dupliciter auxilio Dei indiget. Uno quidem modo, quantum ad aliquod habituale donum, per quod natura humana corrupta sanetur; et etiam sanata elevetur ad operandum

ARTIGO 9

Aquele que já possui a graça pode, por si mesmo e sem outro auxílio da graça, fazer o bem e evitar o pecado?

QUANTO AO NONO, ASSIM SE PROCEDE: parece que aquele que já conseguiu a graça, por si mesmo **pode** fazer o bem, e evitar o pecado, sem outro auxílio da graça.

1. Com efeito, se alguma coisa não realiza aquilo para o que foi feito, ou é inútil ou imperfeita. Logo, a graça nos é dada para que possamos fazer o bem e evitar o pecado. Logo, se pela graça o homem não pode isso, parece que a graça ou é inútil ou imperfeita.

2. ALÉM DISSO, pela graça o próprio Espírito Santo habita em nós, segundo a primeira Carta aos Coríntios: Não sabeis que sois o templo de Deus, e que o Espírito de Deus habita em vós? Ora, o Espírito Santo, que é todo poderoso, certamente basta para nos fazer agir bem e nos guardar do pecado. Logo, o homem que já conseguiu a graça pode atingir estes dois resultados sem nenhum outro auxílio da graça.

3. ADEMAIS, se o homem que já conseguiu a graça ainda precisa de outro auxílio para que viva retamente, e se abstenha do pecado, pela mesma razão, se aquele outro auxílio da graça for conseguido, ainda necessitaria de outro auxílio. Assim se procederia ao infinito; o que é inconveniente. Portanto, aquele que está em estado de graça, não necessita de outro auxílio para agir bem e abster-se do pecado.

EM SENTIDO CONTRÁRIO, Agostinho diz que “assim como o olho plenamente sadio não pode ver sem a ajuda do brilho da luz, do mesmo modo o homem perfeitamente justificado não pode viver retamente, se não é divinamente ajudado pela luz eterna da justiça”. Ora, a justificação se faz pela graça; segundo a Carta aos Romanos: “Justificados gratuitamente pela graça dele”. Portanto, o homem que já tem a graça, necessita de outro auxílio para que viva retamente.

RESPONDO. Como foi dito acima, o homem para viver retamente necessita de um duplo auxílio de Deus. O primeiro é o dom habitual, pelo qual a natureza humana corrompida é curada; e uma vez curada, é elevada para realizar obras meritórias da

9 PARALL.: II *Sent*., dist. 29, expos. lit.; *De Verit*., q. 24, a. 13, 14; q. 27, a. 5, ad 3; in *Psalm*. 31.

1. C. 26: ML 44, 261.
2. A. 2, 3, 6.

opera meritoria vitae aeternae, quae excedunt proportionem naturae. Alio modo indiget homo auxilio gratiae ut a Deo moveatur ad agendum. Quantum igitur ad primum auxilii modum, homo in gratia existens non indiget alio auxilio gratiae quasi aliquo alio habitu infuso. Indiget tamen auxilio gratiae secundum alium modum, ut scilicet a Deo moveatur ad recte agendum.

Et hoc propter duo. Primo quidem, ratione generali: propter hoc quod, sicut supra[3] dictum est, nulla res creata potest in quemcumque actum prodire nisi virtute motionis divinae. — Secundo, ratione speciali, propter conditionem status humanae naturae. Quae quidem licet per gratiam sanetur quantum ad mentem, remanet tamen in ea corruptio et infectio quantum ad carnem, per quam *servit legi peccati*, ut dicitur Rm 7,25. Remanet etiam quaedam ignorantiae obscuritas in intellectu, secundum quam, ut etiam dicitur Rm 8,26, *quid oremus sicut oportet, nescimus*. Propter varios enim rerum eventus, et quia etiam nosipsos non perfecte cognoscimus, non possumus ad plenum scire quid nobis expediat; secundum illud Sap 9,14: *Cogitationes mortalium timidae, et incertae providentiae nostrae*. Et ideo necesse est nobis ut a Deo dirigamur et protegamur, qui omnia novit et omnia potest. Et propter hoc etiam renatis in filios Dei per gratiam, convenit dicere, *Et ne nos inducas in tentationem*, et, *Fiat voluntas tua sicut in caelo et in terra*, et cetera quae in oratione Dominica continentur ad hoc pertinentia.

Ad primum ergo dicendum quod donum habitualis gratiae non ad hoc datur nobis ut per ipsum non indigeamus ulterius divino auxilio: indiget enim quaelibet creatura ut a Deo conservetur in bono quod ab ipso accepit. Et ideo si post acceptam gratiam homo adhuc indiget divino auxilio, non potest concludi quod gratia sit in vacuum data, vel quod sit imperfecta. Quia etiam in statu gloriae, quando gratia erit omnino perfecta, homo divino auxilio indigebit. Hic autem aliqualiter gratia imperfecta est, inquantum hominem non totaliter sanat, ut dictum est[4].

vida eterna, que excedem a proporção da natureza. O segundo é o auxílio da graça pelo qual Deus move para o agir. Quanto ao primeiro modo de auxílio, o homem que existe em estado de graça não necessita de outro auxílio, como se fosse um outro hábito infuso. Contudo, necessita do auxílio da graça de acordo com o segundo modo, a saber, que seja movido por Deus para agir retamente.

E isto por duas razões. — Primeiro, por uma razão geral, já indicada, nenhuma coisa criada pode chegar a um ato a não ser em virtude da moção divina. — Segundo, por uma razão especial: a condição do estado da natureza humana, que embora curada quanto à alma, permanece corrupta e infectada quanto à carne, que serve à lei do pecado, como diz a Carta aos Romanos. Também, no intelecto permanece uma certa obscuridade e ignorância que fazem com que, segundo a Carta aos Romanos, "não saibamos fazer a oração que convém". Com efeito, devido às diversas ocorrências das coisas e porque nós mesmos não nos conhecemos perfeitamente, não podemos plenamente saber o que nos convém, segundo o livro da Sabedoria: "Os pensamentos dos mortais são tímidos, e nossas previsões incertas[o]". Eis porque é necessário que Deus nos dirija e nos proteja, ele que tudo sabe e tudo pode. Eis porque ainda aqueles que a graça regenerou em filhos de Deus devem dizer: "Não nos deixes cair em tentação, e seja feita "a tua vontade assim na terra como no céu", e tudo o que a oração do Senhor contém a esse respeito.

Quanto ao 1º, portanto, deve-se dizer que o dom da graça habitual não nos é concedido para que não tenhamos mais necessidade de nenhum outro auxílio divino. Toda criatura, com efeito, necessita de que seja conservada por Deus no bem que ela recebeu dele. Assim, se depois de ter recebido a graça, o homem tem ainda necessidade do auxílio divino, não se pode concluir que a graça foi dada em vão, ou que ela é imperfeita. Mesmo quando estiver na glória, quando a graça terá toda a sua perfeição, o homem ainda necessitará do auxílio divino. Aqui na terra, a graça é imperfeita

3. A. 1.
4. In corp.

o. Mesmo em sua parte espiritual, a alma é atingida pela corrupção da natureza consequente ao pecado (ver I-II, q. 85, a. 3), e isso devido a essa necessária utilização à qual nos referimos das faculdades sensíveis pelas faculdades espirituais visando a sua ação, a qual, contudo, é em si mesma puramente espiritual. Elas se imbricam entre si na ação e então as faculdades espirituais não poderiam permanecer intactas quando as faculdades sensíveis são atingidas.

AD SECUNDUM dicendum quod operatio Spiritus Sancti qua nos movet et protegit, non circumcibitur per effectum habitualis doni quod in nobis causat; sed praeter hunc effectum nos movet et protegit, simul cum Patre et Filio.

AD TERTIUM dicendum quod ratio illa concludit quod homo non indigeat alia habituali gratia.

em um certo sentido: ela não cura totalmente o ser humano, como se disse acima[p].

QUANTO AO 2º, deve-se dizer que a ação do Espírito Santo, pela qual nos move e protege, não está limitada ao dom da graça habitual que ele causa em nós. Pois, além disso, ele nos move e nos protege ao mesmo tempo que o Pai e o Filho.

QUANTO AO 3º, deve-se dizer que o argumento conclui que o homem que possui a graça habitual não tem necessidade de uma nova graça habitual.

ARTICULUS 10

Utrum homo in gratia constitutus indigeat auxilio gratiae ad perseverandum

AD DECIMUM SIC PROCEDITUR. Videtur quod homo in grata constitutus non indigeat auxilio gratiae ad perseverandum.

1. Perseverantia enim est aliquod minus virtute, sicut et continentia, ut patet per Philosophum in VII *Ethic.*[1]. Sed homo non indiget alio auxilio gratiae ad habendum virtutes, ex quo est iustificatus per gratiam. Ergo multo minus indiget auxilio gratiae ad habendum perseverantiam.

2. PRAETEREA, omnes virtutes simul infunduntur. Sed perseverantia ponitur quaedam virtus. Ergo videtur quod, simul cum gratia infusis aliis virtutibus, perseverantia detur.

3. PRAETEREA, sicut Apostolus dicit, Rm 5,15sqq., plus restitutum est homini per donum Christi, quam amiserit per peccatum Adae. Sed Adam accepit unde posset perseverare. Ergo multo magis nobis restituitur per gratiam Christi ut perseverare possimus. Et ita homo non indiget gratia ad perseverandum.

SED CONTRA est quod Augustinus dicit, in libro *de Perseverantia*[2]: *Cur perseverantia poscitur a Deo, si non datur a Deo? An et ista irrisoria petitio est, cum id ab eo petitur quod scitur non ipsum dare, sed, ipso non dante, esse in hominis potestate?* Sed perseverantia petitur etiam ab illis

ARTIGO 10

Se o homem, constituído em graça, precisa do seu auxílio para perseverar?

QUANTO AO DÉCIMO, ASSIM SE PROCEDE: parece que o homem constituído em graça **não** precisa do seu auxílio para perseverar.

1. Com efeito, a perseverança, como a abstinência, é algo menos que a virtude, como claramente diz o Filósofo. Ora, o homem, uma vez justificado pela graça, não precisa do seu auxílio, para praticar a virtude. Logo, com maior razão, não precisa desse auxílio para perseverar.

2. ALÉM DISSO, todas as virtudes são infundidas simultaneamente. Ora, a perseverança é considerada uma virtude. Logo, a perseverança é dada ao mesmo tempo com a graça ao serem infundidas as outras virtudes.

3. ADEMAIS, como diz o Apóstolo, ao homem lhe foi restituído pelo dom de Cristo mais do que perdeu com o pecado de Adão. Ora, Adão recebera o dom de poder perseverar. Logo, muito mais nos foi restituído pela graça de Cristo, para podermos perseverar. Assim, o homem não precisa da graça para perseverar.

EM SENTIDO CONTRÁRIO, Agostinho diz: "Por que pedir a Deus a perseverança, se não é ele que a dá? Não é uma petição irrisória, uma vez que se sabe que aquilo que se pede ele não dá, mas que, já que ele não dá, está no poder do homem". Mas, a perseverança é pedida também por aque-

10 PARALL.: II-II, q. 137, a. 4; II *Sent.*, dist. 29, expos. litt.; *Cont. Gent.* III, 155; *De Verit.*, q. 24, a. 13.

1. C. 1: 1145, b, 1-2.
2. C. 2, nn. 3, 4: ML 45, 996

p. Graça imperfeita: a graça é em nosso mundo progressiva, e portanto imperfeita, no sentido de que, em qualquer momento de seu progresso ela tende a se tornar mais perfeita. Tal coisa se verificaria de qualquer modo, e mesmo para uma pessoa que, como a Igreja ensina a respeito da Virgem Santa, não seria causa, por sua infidelidade, de nenhuma diminuição de sua graça. Além disso, para o homem pecador, existe a intervenção do pecado que contraria a perfeição da graça, e que esta só reduz aos poucos.

qui sunt per gratiam sanctificati: quod intelligitur cum dicimus, *Sanctificetur nomen tuum*, ut ibidem[3] Augustinus confirmat per verba Cypriani. Ergo homo etiam in gratia constitutus, indiget ut ei perseverantia a Deo detur.

RESPONDEO dicendum quod perseverantia tripliciter dicitur. Quandoque enim significat habitum mentis per quem homo firmiter stat, ne removeatur ab eo quod est secundum virtutem, per tristitias irruentes: ut sic se habeat perseverantia ad tristitias sicut continentia ad concupiscentias et delectationes ut Philosophus dicit, in VII *Ethic.*[4]. Alio modo potest dici perseverantia habitus quidam secundum quem habet homo propositum perseverandi in bono usque in finem. Et utroque istorum modorum, perseverantia simul cum gratia infunditur sicut et continentia et ceterae virtutes.

Alio modo dicitur perseverantia continuatio quaedam boni usque ad finem vitae. Et ad talem perseverantiam habendam homo in gratia constitutus non quidem indiget aliqua alia habituali gratia, sed divino auxilio ipsum dirigente et protegente contra tentationum impulsus, sicut ex praecedenti quaestione apparet. Et ideo postquam aliquis est iustificatus per gratiam, necesse habet a Deo petere praedictum perseverantiae donum, ut scilicet custodiatur a malo usque ad finem vitae. Multis enim datur gratia, quibus non datur perseverare in gratia.

AD PRIMUM ergo dicendum quod obiectio illa procedit de primo modo perseverantiae: sicut et secunda obiectio procedit de secundo.

Unde patet solutio AD SECUNDUM.

les que são santificados pela graça. É isso que entendemos quando dizemos: "Santificado seja o teu nome", como o próprio Agostinho confirma pelas palavras de Cipriano. Logo, o homem, mesmo constituído em graça, precisa que Deus lhe dê a perseverança.

RESPONDO. A perseverança pode ser entendida de três modos. Às vezes, significa um hábito da alma, que fortifica o homem para que não se afaste da vida virtuosa, apesar das tristezas que surgem. E assim, a perseverança está para a tristeza como a continência, para a concupiscência e o prazer, segundo o Filósofo[q]. Outras vezes, pode chamar-se perseverança a um hábito pelo qual o homem tem o propósito de perseverar no bem até o fim da vida[r]. Ora, de ambos os modos a perseverança é infundida simultaneamente com a graça, assim como a continência e as demais virtudes.

De outro modo, chama-se a perseverança à continuação no bem até o fim da vida. E para obter tal perseverança, o homem constituído em graça não precisa, por certo, de nenhuma outra graça habitual. Mas precisa do auxílio divino, que o dirige e protege contra o ímpeto das tentações, conforme o artigo precedente. Portanto, quem está justificado pela graça, há necessariamente de pedir a Deus o dom da perseverança, a fim de que seja protegido do mal até o fim da vida. Pois, a muitos é dada a graça, aos quais não é dado nela perseverar[s].

QUANTO AO 1º, portanto, deve-se dizer que a objeção procede do primeiro modo de perseverança. Assim como a segunda procede do segundo modo. Portanto, fica clara a resposta à SEGUNDA OBJEÇÃO.

3. Cfr. etiam lib. *De corrept. et gratia*, c. 6: ML 44, 922.
4. C. 8: 1150, a, 13-16.

q. Segundo Aristóteles, que Sto. Tomás segue, a "continência" pela qual o homem resiste às cobiças que o assaltam não é propriamente falar de uma virtude, pois a virtude, por si, não tem de resistir às cobiças, ela as rejeita. Faz-se a aplicação dessa visão — que não se trata aqui de explicar, e menos ainda de justificar — à perseverança, no sentido em que ela significa a resistência às tristezas, e da qual se diz que é uma disposição interior, que faz parte do dom primordial da graça santificante.

r. Se se chama de perseverança à virtude cujo ato é querer perseverar no bem até o fim, é claro que essa virtude também é dada junto com a graça: não seria possuir a graça só querer estar na graça por certo tempo.

s. As especificações precedentes são preciosas para situar exatamente o problema tão intrincado do dom da "perseverança"; resulta que este se reduz a um fato: não perder a graça pelo pecado depois de tê-la recebido. Quanto à perseverança chamada "final", é esse mesmo fato, mas situado no derradeiro instante da existência humana: que o derradeiro ato humano seja feito na graça, não contra ela. A resposta de Sto. Tomás é de natureza a retirar a carga dramática do problema: para cada ato realizado segundo a graça, e portanto, também para o ato derradeiro da existência humana, o auxílio da graça é necessário. Resta a parte final do artigo, onde novamente a influência de Agostinho se faz sentir: "a muitos... não é dado perseverar na graça". Traduzir: "não ser dado" por "ser recusado" seria forçar o texto e comprometer Sto. Tomás mais do que ele gostaria. Para ele, não é da recusa da graça que provém o pecado, mas inversamente a graça é recusada a alguém devido a sua resistência culpada (ver I, q. 23, a. 3: remetemos às anotações desta questão assim como a I, q. 19, na presente edição).

AD TERTIUM dicendum quod, sicut Augustinus dicit, in libro *de Natura et Gratia*[5], *homo in primo statu accepit donum per quod perseverare posset: non autem accepit ut perseveraret. Nunc autem per gratiam Christi multi accipiunt et donum gratiae quo perseverare possunt, et ulterius eis datur quod perseverent*. Et sic donum Christi est maius quam delictum Adae. — Et tamen facilius homo per gratiae donum perseverare poterat in statu innocentiae, in quo nulla erat rebellio carnis ad spiritum, quam nunc possumus, quando reparatio gratiae Christi, etsi sit inchoata quantum ad mentem, nondum tamen est consummata quantum ad carnem. Quod erit in patria, ubi homo non solum perseverare poterit, sed etiam peccare non poterit.

QUANTO AO 3º, deve-se dizer que segundo Agostinho "o homem, no seu primeiro estado, recebeu o dom pelo qual poderia perseverar. Mas, não recebeu que perseveraria. Agora, pela graça de Cristo, muitos recebem o dom da graça, pelo qual podem perseverar, e além disso lhes é concedido perseverar". E assim, o dom de Cristo é maior que a culpa de Adão. — Entretanto, o homem mais facilmente podia, pelo dom da graça, perseverar no estado de inocência, em que não havia rebelião da carne contra o espírito, do que podemos no estado presente, em que a restauração operada pela graça de Cristo, embora começada quanto à alma, ainda não está consumada quanto à carne. Isto se dará na pátria, onde o homem, não só poderá perseverar, mas também não poderá pecar.

5. C. 12, n. 34: ML 44, 937.

QUAESTIO CX
DE GRATIA DEI QUANTUM AD EIUS ESSENTIAM

in quatuor articulos divisa

Deinde considerandum est de gratia Dei quantum ad eius essentiam.

Et circa hoc quaeruntur quatuor.

Primo: utrum gratia ponat aliquid in anima.
Secundo: utrum gratia sit qualitas.
Tertio: utrum gratia differat a virtute infusa.
Quarto: de subiecto gratiae.

QUESTÃO 110
A ESSÊNCIA DA GRAÇA DE DEUS

em quatro artigos

Em seguida, é preciso considerar a essência da graça de Deus.

Sobre isso, são quatro as perguntas:

1. A graça acrescenta algo à alma?
2. É uma qualidade?
3. Difere da virtude infusa?
4. Qual é o sujeito da graça?

ARTICULUS 1
Utrum gratia ponat aliquid in anima

AD PRIMUM SIC PROCEDITUR. Videtur quod gratia non ponat aliquid in anima.

1. Sicut enim homo dicitur habere gratiam Dei, ita etiam gratiam hominis: unde dicitur Gn 39,21, quod *Dominus dedit Ioseph gratiam in conspectu principis carceris*. Sed per hoc quod homo dicitur habere gratiam hominis, nihil ponitur in eo qui gratiam alterius habet; sed in eo cuius gratiam habet, ponitur acceptatio quaedam. Ergo per hoc quod homo dicitur gratiam Dei habere,

ARTIGO 1
A graça acrescenta algo à alma?

QUANTO AO PRIMEIRO ARTIGO, ASSIM SE PROCEDE: parece que a graça **não** acrescenta algo à alma.

1. Com efeito, assim como se diz possuir a graça de Deus, do mesmo modo se diz ter a graça de alguém. Está no livro de Gênesis que "o Senhor permitiu que José encontrasse graça junto ao chefe da prisão." Ora, o fato de alguém estar em graça junto de outro nada acrescenta a este que tem a graça do outro. Apenas acrescenta uma espécie de benevolência naquele que concede

1 PARALL.: II *Sent.*, dist. 26, a. 1; *Cont. Gent.* III, 150; *De Verit.*, q. 27, a. 1.

nihil ponitur in anima, sed solum significatur acceptatio divina.

2. PRAETEREA, sicut anima vivificat corpus, ita Deus vivificat animam: unde dicitur Dt 30,20: *Ipse est vita tua*. Sed anima vivificat corpus immediate. Ergo etiam nihil cadit medium inter Deum et animam. Non ergo gratia ponit aliquid creatum in anima.

3. PRAETEREA, Rm 1, super illud [7], *Gratia vobis et pax*, dicit Glossa[1]: *Gratia, idest remissio peccatorum*. Sed remissio peccatorum non ponit in anima aliquid, sed solum in Deo, non imputando peccatum; secundum illud Ps 31,2: *Beatus vir cui non imputavit Dominus peccatum*. Ergo nec gratia ponit aliquid in anima.

SED CONTRA, lux ponit aliquid in illuminato. Sed gratia est quaedam lux animae: unde Augustinus dicit, in libro *de Natura et Gratia*[2]: *Praevaricatorem legis digne lux deserit veritatis, qua desertus utique fit caecus*. Ergo gratia ponit aliquid in anima.

RESPONDEO dicendum quod secundum communem modum loquendi, gratia tripliciter accipi consuevit. Uno modo, pro dilectione alicuius: sicut consuevimus dicere quod iste miles habet gratiam regis, idest, rex habet etiam gratum. Secundo sumitur pro aliquo dono gratis dato: sicut consuevimus dicere, *Hanc gratiam facio tibi*. Tertio modo sumitur pro recompensatione beneficii gratis dati: secundum quod dicimur agere gratias beneficiorum. Quorum trium secundum dependet ex primo: ex amore enim quo aliquis alium gratum habet, procedit quod aliquid ei gratis impendat. Ex secundo autem procedit tertium: quia ex beneficiis gratis exhibitis gratiarum actio consurgit.

Quantum igitur ad duo ultima, manifestum est quod gratia aliquid ponit in eo qui gratiam accipit: primo quidem, ipsum donum gratis datum; secundo, huius doni recognitionem. Sed quantum ad primum, est differentia attendenda circa gratiam Dei et gratiam hominis. Quia enim bonum creaturae provenit ex voluntate divina, ideo ex dilectione Dei qua vult creaturae bonum, profluit aliquod bonum in creatura. Voluntas autem hominis movetur ex bono praeexistente in rebus: et inde est quod dilectio hominis non causat totaliter rei bonitatem, sed praesupponit ipsam vel in parte vel

a graça. Logo, dizer que se tem a graça de Deus, nada acrescenta à alma. Isso significa somente a aceitação divina.

2. ALÉM DISSO, como a alma vivifica o corpo, assim Deus vivifica a alma. É o que diz o livro do Deuteronômio: “Ele mesmo é tua vida”. Ora, a alma vivifica o corpo de modo imediato. Logo, do mesmo modo, nada se entrepõe entre Deus e a alma. Portanto, a graça não acrescenta algo criado à alma.

3. ADEMAIS, sobre a Carta aos Romanos: “A vós graça e paz”, diz a Glosa: “A graça é a remissão dos pecados”. Ora, a remissão dos pecados não acrescenta algo à alma, mas somente a Deus que não leva em conta o pecado, segundo o Salmo: “Feliz de quem o Senhor não levou em conta o pecado”. Logo, a graça nada acrescenta à alma.

EM SENTIDO CONTRÁRIO, a luz acrescenta algo ao que é iluminado. Ora, a graça é uma espécie de luz da alma. Agostinho diz: “Aquele que peca contra a lei perde merecidamente a luz da verdade e, privado desta luz, torna-se cego.” Logo, a graça acrescenta algo à alma.

RESPONDO. A linguagem usual costuma entender a graça de três maneiras. Primeiro, o amor que se tem por outro. Assim se diz que o soldado tem a graça do rei, isto é, o rei o tem por grato. Depois, toma-se por um dom concedido gratuitamente. Por isso se diz: “Eu te concedo esta graça”. Finalmente, é o reconhecimento por um benefício gratuito, como na expressão: dar graças pelos favores. Destes três sentidos, o segundo decorre do primeiro: é do amor pelo qual se tem o outro por grato, que procede que se conceda a ele algo gratuitamente. O terceiro decorre do segundo, porque dos benefícios gratuitamente feitos nasce a ação de graças.

Quanto aos dois últimos sentidos, é claro que a graça acrescenta algo àquele que a recebe: primeiro, o dom gratuito; depois, o reconhecimento deste dom. Quanto ao primeiro sentido, é preciso fazer uma distinção quando se trata da graça de Deus ou do homem. Porque é a vontade de Deus que causa o bem da criatura, pois, quando Deus ama uma criatura lhe quer o bem que se realiza nesta criatura. A vontade humana, ao contrário, é movida por um bem preexistente nas coisas. É por isso que o amor do homem não causa plenamente a bondade do objeto. Mas, a pressupõe em parte,

1. Interl.; LOMBARDI: ML 191, 1316 B.
2. C. 22: ML 44, 258.

in toto. Patet igitur quod quamlibet Dei dilectionem sequitur aliquod bonum in creatura causatum quandoque, non tamen dilectioni aeternae coaeternum. Et secundum huiusmodi boni differentiam, differens consideratur dilectio Dei ad creaturam. Una quidem communis, secundum quam *diligit omnia quae sunt*, ut dicitur Sap 11,25; secundum quam esse naturale rebus creatis largitur. Alia autem est dilectio specialis, secundum quam trahit creaturam rationalem supra conditionem naturae, ad participationem divini boni. Et secundum hanc dilectionem dicitur aliquem diligere simpliciter: quia secundum hanc dilectionem vult Deus simpliciter creaturae bonum aeternum, quod est ipse.

Sic igitur per hoc quod dicitur homo gratiam Dei habere, significatur quiddam supernaturale in homine a Deo proveniens. — Quandoque tamen gratia Dei dicitur ipsa aeterna Dei dilectio: secundum quod dicitur etiam gratia praedestinationis, inquantum Deus gratuito, et non ex meritis, aliquos praedestinavit sive elegit; dicitur enim Eph 1,5sq.: *Praedestinavit nos in adoptionem filiorum, in laudem gloriae gratiae suae.*

AD PRIMUM ergo dicendum quod etiam in hoc quod dicitur aliquis habere gratiam hominis, intelligitur in aliquo esse aliquid quod sit homini gratum, sicut et in hoc quod dicitur aliquis gratiam Dei habere; sed differenter. Nam illud quod est homini gratum in alio homine, praesupponitur eius dilectioni: causatur autem ex dilectione divina quod est in homine Deo gratum, ut dictum est[3].

AD SECUNDUM dicendum quod Deus est vita animae per modum causae efficientis: sed anima est vita corporis per modum causae formalis. Inter formam autem et materiam non cadit aliquod medium: quia forma per seipsam informat materiam vel subiectum. Sed agens informat subiectum non per suam substantiam, sed per formam quam in materia causat.

AD TERTIUM dicendum quod Augustinus dicit, in libro *Retract.*[4]: *Ubi dixi gratiam esse remissionem peccatorum, pacem vero in reconciliatione Dei: non sic accipiendum est ac si pax ipsa et reconciliatio non pertineant ad gratiam generalem; sed quod specialiter nomine gratiae remissionem significaverit peccatorum.* Non ergo sola remissio

ou totalmente. É, portanto, evidente que todo amor de Deus por uma criatura produz nela um bem, que será realizado num dado momento, mas não coeterno a este amor que é eterno. E segundo a diferença deste bem, considera-se a diferença do amor de Deus pelas criaturas. Primeiro, um amor geral pelo qual “Deus ama tudo o que existe”, como diz o livro da Sabedoria; amor pelo qual dá às coisas criadas o ser natural. Mas, há outro amor especial, pelo qual Deus atrai a criatura racional acima de sua condição natural, à participação do bem divino. E segundo este amor, diz-se que ele ama absolutamente: pois, segundo este amor Deus quer absolutamente à criatura o bem eterno que é ele mesmo.

Assim, quando se diz que alguém possui a graça divina, compreende-se que há nesta pessoa algo sobrenatural que vem de Deus. — Às vezes, entretanto, dá-se o nome de graça a este amor eterno de Deus. Diz-se também graça da predestinação, no sentido de que Deus predestinou, ou escolheu alguns gratuitamente, e não por causa de seus méritos. A Carta aos Efésios diz: “Ele nos predestinou a ser seus filhos adotivos para a glorificação de sua graça”.

QUANTO AO 1º, portanto, deve-se dizer que mesmo quando se diz que alguém está na graça de outrem, compreende-se que se encontra nele algo que o torna agradável a este outro. Assim também, quando se trata da graça de Deus. Entretanto, há uma diferença: o que é agradável a alguém em outro é anterior à sua benevolência, enquanto é o amor de Deus por nós que causa em nós o que lhe é agradável, como foi dito.

QUANTO AO 2º, deve-se dizer que Deus é vida da alma como causa eficiente. E a alma é vida do corpo como causa formal. Entre a forma e a matéria não há mediação, pois, a forma, por si mesma, informa a matéria ou o sujeito. Mas, o agente informa o sujeito não por sua substância, mas pela forma que causa na matéria.

QUANTO AO 3º, deve-se dizer que Agostinho diz em: “Onde disse que a graça consistia na remissão dos pecados, e a paz na reconciliação com Deus; não se deve entender que a paz e a reconciliação não fazem parte da graça, no sentido geral do termo, mas que, tomado num sentido especial, este termo graça designa a remissão dos pecados.”

3. In corp.
4. C. 25: ML 32, 624.

peccatorum ad gratiam pertinet, sed etiam multa alia Dei dona. Et etiam remissio peccatorum non fit sine aliquo effectu divinitus in nobis causato, ut infra[5] patebit.

Portanto, não é apenas a remissão dos pecados que constitui a graça, mas também muitos outros dons de Deus. Até porque, a remissão dos pecados não se realiza em nós sem algum efeito causado por Deus, como abaixo ficará claro.

Articulus 2

Utrum gratia sit qualitas animae

Ad secundum sic proceditur. Videtur quod gratia non sit qualitas animae.

1. Nulla enim qualitas agit in suum subiectum: quia actio qualitatis non est absque actione subiecti, et sic oporteret quod subiectum ageret in seipsum. Sed gratia agit in animam, iustificando ipsam. Ergo gratia non est qualitas.

2. Praeterea, substantia est nobilior qualitate. Sed gratia est nobilior quam natura animae: multa enim possumus per gratiam ad quae natura non sufficit, ut supra[1] dictum est. Ergo gratia non est qualitas.

3. Praeterea, nulla qualitas remanet postquam desinit esse in subiecto. Sed gratia remanet. Non enim corrumpitur: quia sic in nihilum redigeretur, sicut ex nihilo creatur, unde et dicitur *nova creatura*, Gl ult., 15. Ergo gratia non est qualitas.

Sed contra est quod, super illud Ps 103,15, *ut exhilaret faciem in oleo*, dicit Glossa[2] quod *gratia est nitor animae, sanctum concilians amorem*. Sed nitor animae est quaedam qualitas, sicut et pulchritudo corporis. Ergo gratia est quaedam qualitas.

Respondeo dicendum quod, sicut iam[3] dictum est, in eo qui dicitur gratiam Dei habere, significatur esse quidam effectus gratuitae Dei voluntatis. Dictum est autem supra[4] quod dupliciter ex gratuita Dei voluntate homo adiuvatur. Uno modo, inquantum anima hominis movetur a Deo ad aliquid cognoscendum vel volendum vel agendum. Et hoc modo ipse gratuitus effectus in homine non est qualitas, sed motus quidam ani-

Artigo 2

A graça é uma qualidade da alma?

Quanto ao segundo, assim se procede: parece que a graça **não** é uma qualidade da alma.

1. Com efeito, nenhuma qualidade age sobre seu sujeito. Pois, a ação da qualidade não existe sem a ação do sujeito. Seria necessário que o sujeito agisse sobre si mesmo. Ora, a graça age sobre a alma, justificando-a. Logo, a graça não é uma qualidade.

2. Além disso, a substância é mais nobre do que a qualidade. Ora, a graça é mais nobre do que a natureza da alma. Pois, podemos pela graça muitas coisas que a natureza é insuficiente para produzir, como foi dito acima. Logo, a graça não é qualidade.

3. Ademais, nenhuma qualidade permanece depois que deixa de existir no sujeito. Ora, a graça permanece. Não se corrompe: porque voltaria ao nada, como do nada foi criada, por isso se diz "nova criatura", na Carta aos Gálatas. Logo, a graça não é qualidade.

Em sentido contrário, a respeito do que diz o Salmo: "Para que se alegre a face com o óleo", a Glosa faz notar, que a graça é este esplendor da alma que nos vale o amor divino. Mas, o esplendor da alma é uma qualidade, como a beleza do corpo. Logo, a graça é uma qualidade.

Respondo. Já foi dito que alguém que tem a graça de Deus possui um efeito produzido gratuitamente pela vontade de Deus. Também foi dito acima que o homem é ajudado de duas maneiras pela vontade gratuita de Deus. Primeiro, enquanto a alma humana é movida por Deus para conhecer, querer ou agir. E deste modo, o efeito gratuito no homem não é qualidade, mas um movimento da alma. "Pois, a ação do motor sobre o que é

5. Q. 113, a. 2.

2 Parall.: II *Sent.*, dist. 26, a. 2; a. 4, ad 1; *Cont. Gent.* III, 150; *De Verit.*, q. 27, a. 2, ad 7.

1. Q. 109.
2. Ord.: ML 113, 1016 D; Lombardi: ML 191, 936 A.
3. Art. praec.
4. Q. 109, a. 1, 2, 5.

mae: *actus* enim *moventis in moto est motus*, ut dicitur in III *Physic*.[5].

Alio modo adiuvatur homo ex gratuita Dei voluntate, secundum quod aliquod habituale donum a Deo animae infunditur. Et hoc ideo, quia non est conveniens quod Deus minus provideat his quos diligit ad supernaturale bonum habendum, quam creaturis quas diligit ad bonum naturale habendum. Creaturis autem naturalibus sic providet ut non solum moveat eas ad actus naturales, sed etiam largiatur eis formas et virtutes quasdam, quae sunt principia actuum, ut secundum seipsas inclinentur ad huiusmodi motus. Et sic motus quibus a Deo moventur, fiunt creaturis connaturales et faciles; secundum illud Sap 8,1: *Et disponit omnia suaviter.* Multo igitur magis illis quos movet ad consequendum bonum supernaturale aeternum, infundit aliquas formas seu qualitates supernaturales, secundum quas suaviter et prompte ab ipso moveantur ad bonum aeternum consequendum. Et sic donum gratiae qualitas quaedam est.

AD PRIMUM ergo dicendum quod gratia, secundum quod est qualitas, dicitur agere in animam non per modum causae efficientis, sed per modum causae formalis: sicut albedo facit album, et iustitia iustum.

AD SECUNDUM dicendum quod omnis substantia vel est ipsa natura rei cuius est substantia: vel est pars naturae, secundum quem modum materia vel forma substantia dicitur. Et quia gratia est supra naturam humanam, non potest esse quod sit substantia aut forma substantialis: sed est forma accidentalis ipsius animae. Id enim quod substantialiter est in Deo, accidentaliter fit in anima participante divinam bonitatem: ut de scientia patet. Secundum hoc ergo, quia anima imperfecte participat divinam bonitatem, ipsa participatio divinae bonitatis quae est gratia, imperfectiori modo habet

movido é um movimento", conforme livro III da *Física*.

De outro modo, a vontade de Deus vem ainda gratuitamente em ajuda do homem por um dom habitual que ela infunde na alma. E a razão de ser deste dom é que não convém a Deus ajudar menos aqueles que o seu amor gratifica com o seu amor posse de um bem sobrenatural do que as criaturas que gratifica com bens naturais. Ora, às criaturas naturais ele provê não só movendo-as aos atos naturais, mas também dando-lhes formas e virtudes que são princípios dos atos e assim por si mesmas se inclinam a esses movimentos. E assim, os impulsos que estas criaturas recebem de Deus tornam-se-lhes conaturais e fáceis, segundo a palavra da Sabedoria: "Ele dispôs tudo suavemente". Portanto, com mais razão infunde naqueles que move para conseguir o bem sobrenatural eterno, formas e qualidades sobrenaturais que lhes permitem receber sua moção divina, suave e prontamente, para a conquista do bem eterno. E é assim que o dom da graça é uma qualidade[a].

QUANTO AO 1º, portanto, deve-se dizer que a graça enquanto qualidade, age sobre a alma não como causa eficiente, mas, como causa formal: como a brancura torna branco, e a justiça justo.

QUANTO AO 2º, deve-se dizer que toda substância constitui ou a natureza da coisa da qual é a substância, ou uma parte da natureza, dessa maneira a matéria ou a forma é dita substância. E porque a graça está acima da natureza humana, não pode ser substância ou forma substancial. Mas é forma acidental da alma. O que é substancialmente em Deus encontra-se acidentalmente na alma que participa da bondade divina, como se vê com evidência quando se trata da ciência. Portanto, como a alma participa imperfeitamente da bondade de Deus, esta participação da bondade

5. C. 3: 202, a, 13-21.

a. Sto. Tomás recorre aqui a um princípio fundamental de sua metafísica do bem e do agir. A ação é o acabamento do ser, o ato segundo, de modo que todo ser, em virtude de seus princípios constitutivos, é ordenado a agir de uma maneira determinada: determinada precisamente por seus princípios. Assim, a moção divina, embora provenha do exterior, no sentido de que Deus é um outro, harmoniza-se de modo tão perfeito com o ser do agente que não lhe faz violência alguma, atualizando seus princípios de agir, pondo-o em movimento de acordo com a inclinação de seu ser para o bem que lhe é proporcional, para o qual ele é feito. Pela graça, viu-se que Deus move a criatura racional em direção a um bem que supera infinitamente a sua inclinação natural, o bem próprio de Deus. No entanto, a interiorização da moção divina não poderia ser menos perfeita: é garantida pelo enriquecimento sobrenatural e pela elevação da natureza, que conferem a esta o poder de ser o princípio das ações sobrenaturais (aquelas que têm por objeto conhecer, querer, amar Deus) em direção às quais Deus quer movê-la. Tal moção é a graça, como vimos, mas uma graça transitória, como o movimento que ela provocou. Ela invoca as disposições habituais que fazem que o agente seja, por elas, preparado a agir dessa maneira, intrinsecamente inclinada ao bem sobrenatural, de maneira que esse bem em vista do qual ele é levado a agir seja efetivamente o seu bem, o bem para cuja realização todo o seu ser tende.

esse in anima quam anima in seipsa subsistat. Est tamen nobilior quam natura animae, inquantum est expressio vel participatio divinae bonitatis: non autem quantum ad modum essendi.

AD TERTIUM dicendum quod, sicut dicit Boetius[6], *accidentis esse est inesse*. Unde omne accidens non dicitur ens quasi ipsum esse habeat, sed quia eo aliquid est: unde et magis dicitur esse *entis* quam *ens*, ut dicitur in VII *Metaphys*.[7]. Et quia eius est fieri vel corrumpi cuius est esse, ideo, proprie loquendo, nullum accidens neque fit neque corrumpitur: sed dicitur fieri vel corrumpi, secundum quod subiectum incipit vel desinit esse in actu secundum illud accidens. Et secundum hoc etiam gratia dicitur creari, ex eo quod homines secundum ipsam creantur, idest in novo esse constituuntur, ex nihilo, idest non ex meritis; secundum illud Eph 2,9: *Creati in Christo Iesu in operibus bonis*.

divina que é a graça, tem na alma uma existência menos perfeita que a da alma que subsiste em si mesma. Entretanto, a graça é mais nobre do que a natureza da alma, enquanto é a expressão ou a participação da bondade de Deus[b], não, porém, quanto ao seu modo de existência.

QUANTO AO 3º, deve-se dizer que como diz Boécio "o ser do acidente consiste em ser em alguma coisa". Por isso, todo acidente não se diz um ente como se ele mesmo tivesse o ser. Por isso se diz, mais propriamente, o ser "de um ente" do que um "ente", como diz o livro VII da *Metafísica*. E porque somente o que tem o ser pode vir a ser ou desaparecer, nenhum acidente, falando com propriedade, não começa a existir nem é destruído. Mas, diz-se que começa ou cessa de acordo com o sujeito que se encontra em ato quanto a este acidente. E assim também se diz que a graça é criada: os homens são criados pela graça, isto é, são constituídos em um novo ser, a partir do nada, e não a partir dos méritos; como se diz na Carta aos Efésios: "Criados em Cristo para produzir obras boas."

ARTICULUS 3

Utrum gratia sit idem quod virtus

AD TERTIUM SIC PROCEDITUR. Videtur quod gratia sit idem quod virtus.

1. Dicit enim Augustinus[1] quod *gratia operans est fides quae per dilectionem operatur*; ut habetur in libro *de Spiritu et Littera*. Sed fides quae per dilectionem operatur, est virtus. Ergo gratia est virus.

2. PRAETEREA, cuicumque convenit definitio, et definitum. Sed definitiones de virtute datae sive a Sanctis sive a philosophis, conveniunt gratiae: ipsa enim *bonum facit habentem et opus eius bonum reddit*; ipsa etiam est *bona qualitas mentis qua recte vivitur*, etc. Ergo gratia est virtus.

ARTIGO 3

A graça é a mesma coisa que a virtude?

QUANTO AO TERCEIRO, ASSIM SE PROCEDE: parece que a graça **é** o mesmo que a virtude.

1. Com efeito, Agostinho diz que "a graça que opera, é a fé que opera pelo amor". Ora, a fé que opera pelo amor é uma virtude. Logo, a graça é uma virtude.

2. ALÉM DISSO, ao que convém a definição, convém também o definido. Ora, a definição que os santos e os filósofos dão da virtude convém à graça. Pois, "ela confere a bondade àquele que a possui e à sua obra. Ela mesma é "a boa qualidade da alma pela qual se vive retamente". Logo, a graça é virtude.

6. Pseudo-Beda, *Sent. Phil. ex Arist.*, sect. I, litt. A: 1: ML 90, 968 D.
7. C. 1: 1028, a, 18-20.

3 PARALL.: II *Sent.*, dist. 26, a. 4; *De Verit.*, q. 27, art. 2.

1. MAGIST., II *Sent.*, dist. 26.

b. A criatura que recebe a graça está constituída no ser por sua própria substância, de tal modo que a graça que o enriquece não pode ser, do ponto de vista do ser, senão um acidente subordinado à substância, dela dependendo. Mas, por meio desse acidente, a criatura recebe participação no bem divino, que está infinitamente acima de seu bem natural, de modo que, do ponto de vista do bem, a graça é bastante superior à alma. É o paradoxo da graça criada, fonte de um mal-entendido persistente entre a teologia latina e a teologia da Ortodoxia. É a distinção virtual entre o ser e o bem que resolve esse paradoxo: pela graça, a alma é realmente divinizada, ou seja, penetrada pela divindade, elevada, em suas operações e na ordem do bem, ao infinito além dela mesma. Porém, a própria graça só pode ser alguma coisa nela, entre seus limites ontológicos, do mesmo modo que um acidente completa a natureza sem poder assumi-la.

3. PRAETEREA, gratia est qualitas quaedam. Sed manifestum est quod non est in quarta specie qualitatis, quae est *forma et circa aliquid constans figura*: quia non pertinet ad corpus. Neque etiam in tertia est: quia non est *passio vel passibilis qualitas*, quae est in parte animae sensitiva, ut probatur in VII *Physic.*[2]; ipsa autem gratia principaliter est in mente. Neque iterum est in secunda specie, quae est *potentia vel impotentia naturalis*: quia gratia est supra naturam; et non se habet ad bonum et malum, sicut potentia naturalis. Ergo relinquitur quod sit in prima specie, quae est *habitus vel dispositio*. Habitus autem mentis sunt virtutes: quia etiam ipsa scientia quodammodo est virtus, ut supra[3] dictum est. Ergo gratia est idem quod virtus.

SED CONTRA, si gratia est virtus, maxime videtur quod sit aliqua trium theologicarum virtutum. Sed gratia non est fides vel spes: quia haec possunt esse sine gratia gratum faciente. Neque etiam caritas: quia *gratia praevenit caritatem*, ut Augustinus dicit, in libro *de Praedest. Sanctorum*[4]. Ergo gratia non est virtus.

RESPONDEO dicendum quod quidam posuerunt idem esse gratiam et virtutem secundum essentiam, sed differre solum secundum rationem: ut gratia dicatur secundum quod facit hominem Deo gratum, vel secundum quod gratis datur; virtus autem, secundum quod perficit ad bene operandum. Et hoc videtur sensisse Magister, in II *Sent.*[5].

Sed si quis recte consideret rationem virtutis, hoc stare non potest. Quia, ut Philosophus dicit, in VII *Physic.*[6], *virtus est quaedam dispositio perfecti: dico autem perfectum, quod est dispositum secundum naturam*. Ex quo patet quod virtus uniuscuiusque rei dicitur in ordine ad aliquam naturam praeexistentem: quando scilicet unumquodque sic est dispositum, secundum quod congruit suae naturae. Manifestum est autem quod virtutes acquisitae per actus humanos, de quibus supra[7] dictum est, sunt dispositiones quibus homo convenienter disponitur in ordine ad naturam qua homo est. Virtutes autem infusae disponunt hominem altiori modo, et ad altiorem finem: unde etiam oportet quod in ordine ad aliquam altiorem naturam. Hoc autem est in ordine ad

3. ADEMAIS, a graça é uma qualidade. Ora, claro está que não pertence à quarta espécie da qualidade que é a *forma* e a *figura*, pois que ela não é corporal. Não é da terceira espécie, porque não é uma *paixão* ou uma *qualidade passiva*: esta refere-se à parte sensitiva da alma, como prova o livro VII da *Física*, e a graça está principalmente na alma. Não é também da segunda espécie que é "*potência* ou *impotência natural*", pois, a graça está acima da natureza, e não se refere ao bem e ao mal como uma potência natural. Resta, portanto, que a graça seja da primeira espécie que é o *habitus* ou a *disposição*. Os *habitus* da alma são virtudes, porque, de certo modo a própria ciência é uma virtude, como se disse acima. Logo, a graça é o mesmo que virtude.

EM SENTIDO CONTRÁRIO, se a graça é uma virtude, é evidente que seja uma das três virtudes teologais. Mas, a graça não é a fé ou a esperança que podem existir sem a graça santificante. Não é também a caridade, porque segundo Agostinho, "a graça é anterior à caridade". Portanto, a graça não é uma virtude.

RESPONDO. Alguns disseram que graça e virtude são idênticas quanto à essência, mas que, diferem somente quanto à razão: de modo que a graça se diz enquanto torna o homem agradável a Deus, ou enquanto é dada gratuitamente; e virtude, enquanto é uma perfeição que torna boa a ação. Esta parece ser a opinião do Mestre das Sentenças.

Contudo, considerada a razão exata de virtude não se pode sustentar esta opinião. O Filósofo diz no livro VII da *Física*. que "a virtude é uma disposição do que é perfeito, e o perfeito é o que está disposto segundo a natureza". Daí resulta que quando se diz virtude de alguma coisa refere-se a uma natureza preexistente, e há virtude quando tudo está disposto de acordo com esta natureza. Claro está que as virtudes adquiridas pelos atos humanos, como se disse acima, são disposições pelas quais o homem convenientemente se dispõe segundo a sua natureza. Entretanto, as virtudes infusas dispõem o homem de uma maneira superior, e para um fim mais alto, portanto, em relação a uma natureza igualmente mais elevada. Esta natureza mais elevada é a natureza divina participada,

2. C. 3: 245, b, 3-9.
3. Q. 56, a. 3; q. 57, a. 1, 2.
4. *De dono persev.*, al. lib. II *De praedest. Sanct.*, c. 16, n. 41: ML 45, 1018.
5. Dist. 27.
6. C. 3: 246, a, 13.
7. Q. 55 sqq.

naturam divinam participatam; secundum quod dicitur 2Pe 1,4: *Maxima et pretiosa nobis promissa donavit, ut per haec efficiamini divinae consortes naturae*. Et secundum acceptionem huius naturae, dicimur regenerari in filios Dei.

Sicut igitur lumen naturale rationis est aliquid praeter virtutes acquisitas, quae dicuntur in ordine ad ipsum lumen naturale; ita etiam ipsum lumen gratiae, quod est participatio divinae naturae, est aliquid praeter virtutes infusas, quae a lumine illo derivantur, et ad illud lumen ordinantur. Unde et Apostolus dicit, Eph 5,8: *Eratis aliquando tenebrae, nunc autem lux in Domino: ut filii lucis ambulate*. Sicut enim virtutes acquisitae perficiunt hominem ad ambulandum congruenter lumini naturali rationis; ita virtutes infusae perficiunt hominem ad ambulandum congruenter lumini gratiae.

AD PRIMUM ergo dicendum quod Augustinus nominat fidem per dilectionem operantem *gratiam*, quia actus fidei per dilectionem operantis est primus actus in quo gratia gratum faciens manifestatur.

AD SECUNDUM dicendum quod *bonum* positum in definitione virtutis, dicitur secundum convenientiam ad aliquam naturam praeexistentem, vel essentialem vel participatam. Sic autem bonum non attribuitur gratiae: sed sicut radici bonitatis in homine, ut dictum est[8].

AD TERTIUM dicendum quod gratia reducitur ad primam speciem qualitatis. Nec tamen est idem quod virtus: vel habitudo quaedam quae praesupponitur virtutibus infusis, sicut earum principium et radix.

como se diz na segunda Carta de Pedro: "Ele nos concedeu as promessas maiores e mais preciosas, a fim de nos tornar assim participantes da natureza divina". E é porque recebemos esta natureza que nascemos de novo como filhos de Deus.

Assim como a luz natural da razão é distinta das virtudes adquiridas, que se referem a esta mesma luz natural, do mesmo modo esta luz da graça que é uma participação à natureza divina é distinta das virtudes infusas que derivam desta luz e lhe são ordenadas. O Apóstolo diz: "Outrora, éreis trevas, agora sois luz no Senhor: andai como filhos da luz". Assim como as virtudes adquiridas aperfeiçoam o homem para que ande segundo a luz natural da razão, do mesmo modo as virtudes infusas o aperfeiçoam para que ande segundo a luz da graça.

QUANTO AO 1º, portanto, deve-se dizer que Agostinho dá o nome de *graça* à fé que opera pelo amor, porque este ato de fé operante pela caridade é a primeira manifestação da graça santificante.

QUANTO AO 2º, deve-se dizer que a *bondade* de que se trata na definição da virtude exprime sempre uma relação de conveniência a uma natureza preexistente, essencial ou participada. Não é neste sentido que se atribui a bondade à graça. É enquanto ela é a raiz da bondade no homem[c], como foi dito.

QUANTO AO 3º, deve-se dizer que a graça reduz-se à primeira espécie de qualidade. Mas, não se identifica com a virtude. Ela é disposição anterior às virtudes infusas das quais é o princípio e a raiz.

8. In corp.

c. A virtude "faz o homem bom e torna boa a sua ação"; ela é "uma boa qualidade no espírito que faz que se viva na retidão" etc., no sentido de que, pela virtude o homem se dispõe internamente a agir bem. Mas, o que significa: agir bem? É, para todo ser, agir como convém à sua natureza, ou seja, fazer transferir para a ação a bondade da natureza do agente. Para o homem, essa bondade não é somente a de sua natureza, é a bondade divina participada pela graça, a primeira não podendo existir sem a segunda, de forma tal que, de fato, o homem é chamado à via divinizada. Quando se diz que a graça é boa quer-se dizer, não que ela habilita a atos bons, mas que ela confere ao homem essa bondade à qual os seus atos devem conformar-se para ser bons. É a bondade de Deus, a bem-aventurança trinitária, da qual o homem participa pela graça. É nesse sentido que Sto. Tomás compreende a participação na natureza divina à qual se refere o texto famoso da segunda Epístola de São Pedro, que ele cita, algo que uma tradição muito antiga e valiosa denominará de divinização.

ARTICULUS 4
Utrum gratia sit in essentia animae sicut in subiecto, an in aliqua potentiarum

AD QUARTUM SIC PROCEDITUR. Videtur quod gratia non sit in essentia animae sicut in subiecto, sed in aliqua potentiarum.

1. Dicit enim Augustinus, in *Hypognost.*[1], quod gratia comparatur ad voluntatem, sive ad liberum arbitrium, *sicut sessor ad equum*. Sed voluntas, sive liberum arbitrium, et potentia quaedam, ut in Primo[2] dictum est. Ergo gratia est in potentia animae sicut in subiecto.

2. PRAETEREA, *ex gratia incipiunt merita hominis*, ut Augustinus dicit[3]. Sed meritum consistit in actu, qui ex aliqua potentia procedit. Ergo videtur quod gratia sit perfectio alicuius potentiae animae.

3. PRAETEREA, si essentia animae sit proprium subiectum gratiae,oportet quod anima inquantum habet essentiam, sit capax gratiae. Sed hoc est falsum: quia sic sequeretur quod omnis anima esset gratiae capax. Non ergo essentia animae est proprium subiectum gratiae.

4. PRAETEREA, essentia animae est prior potentiis eius. Prius autem potest intelligi sine posteriori. Ergo sequitur quod gratia possit intelligi in anima, nulla parte vel potentia animae intellecta, scilicet neque voluntate neque intellectu neque aliquo huiusmodi. Quod est inconveniens.

SED CONTRA est quod per gratiam regeneramur in filios Dei. Sed generatio per prius terminatur ad essentiam quam ad potentias. Ergo gratia per prius est in essentia animae quam in potentiis.

RESPONDEO dicendum quod ista quaestio ex praecedenti dependet. Si enim gratia sit idem quod virtus, necesse est quod sit in potentia animae sicut in subiecto: nam potentia animae est proprium subiectum virtutis, ut supra[4] dictum est. Si autem gratia differt a virtute, non potest dici quod

ARTIGO 4
A graça tem por sujeito a essência da alma ou alguma de suas potências?

QUANTO AO QUARTO, ASSIM SE PROCEDE: parece que a graça **não** tem por sujeito a essência da alma, mas alguma das potências.

1. Com efeito, Agostinho diz que a graça é comparada à vontade, ou ao livre-arbítrio, "como o cavaleiro ao cavalo". Ora, a vontade ou o livre-arbítrio é uma potência da alma. Logo, a graça tem por sujeito uma potência da alma.

2. ALÉM DISSO, "É pela graça que começam os méritos do homem", diz ainda Agostinho. Ora, o mérito consiste em um ato que procede de uma potência. Logo, a graça é a perfeição de uma potência da alma.

3. ADEMAIS, se a essência da alma é o sujeito próprio da graça, segue-se que a alma por sua essência é capaz de receber a graça. Ora, isso é falso, porque seguir-se-ia que toda alma seria capaz da graça[d]. Logo, a essência da alma não é o sujeito próprio da graça.

4. ADEMAIS, a essência da alma é anterior às suas potências. Ora, o anterior pode ser entendido sem o que se segue. Logo, poder-se-ia conceber a graça existindo em uma alma, abstração feita de toda a parte ou potência desta alma, a saber, da vontade, do intelecto e outros do mesmo gênero. Isto é inconveniente.

EM SENTIDO CONTRÁRIO, pela graça nascemos de novo como filhos de Deus. Ora, a geração tem por termo a essência, que é anterior às potências. Logo, a graça está na essência da alma, antes que nas potências.

RESPONDO. Esta questão depende da precedente. Se a graça é o mesmo que a virtude, necessariamente ela tem por sujeito uma potência da alma. Pois, são as potências da alma, os sujeitos próprios das virtudes, como já foi dito. Se, ao contrário, a graça é distinta da virtude, é impossível pre-

4 PARALL.: II *Sent.*, dist. 26, a. 3; IV, dist. 4, q. 1, a. 3, q.la 3, ad 1; *De Verit.*, q. 27, a. 6.

1. L. III, c. 11: ML 45, 1632.
2. Q. 83, a. 2.
3. *De gratia et lib. arb.*, c. 6: ML 44, 889.
4. Q. 56, a. 1.

d. Para compreender essa objeção, tão especiosa que chega a ser desconcertante, é preciso recordar que, etimologicamente, "alma" designa o princípio da vida no ser vivo. De onde a pressuposição absurda: a vida é uma perfeição unívoca, todas as almas possuem a mesma essência, só se distinguindo entre si pelas operações das quais uma é capaz, outra não. Assim, se é a essência da alma que *é o sujeito próprio da graça*, isto é, o sujeito a quem cabe ter a graça (ou dela estar privado), toda alma, incluindo a do vegetal, será capaz da graça.

potentia animae sit gratiae subiectum: quia omnis perfectio potentiae animae habet rationem virtutis, ut supra[5] dictum est. Unde relinquitur quod gratia, sicut est prius virtute, ita habeat subiectum prius potentiis animae: ita scilicet quod sit in essentia animae. Sicut enim per potentiam intellectivam homo participat cognitionem divinam per virtutem fidei; et secundum potentiam voluntatis amorem divinum, per virtutem caritatis; ita etiam per naturam animae participat, secundum quandam similitudinem, naturam divinam, per quandam regenerationem sive recreationem.

Ad primum ergo dicendum quod, sicut ab essentia animae effluunt eius potentiae, quae sunt operum principia; ita etiam ab ipsa gratia effluunt virtutes in potentias animae, per quas potentiae moventur ad actus. Et secundum hoc gratia comparatur ad voluntatem ut movens ad motum, quae est comparatio sessoris ad equum: non autem sicut accidens ad subiectum.

Et per hoc etiam patet solutio Ad secundum. Est enim gratia principium meritorii operis mediantibus virtutibus: sicut essentia animae est principium operum vitae mediantibus potentiis.

Ad tertium dicendum quod anima est subiectum gratiae secundum quod est in specie intellectualis vel rationalis naturae. Non autem constituitur anima in specie per aliquam potentiam: cum potentiae sint proprietates naturales animae speciem consequentes. Et ideo anima secundum suam essentiam differt specie ab aliis animabus, scilicet brutorum animalium et plantarum. Et propter hoc, non sequitur, si essentia animae humanae sit subiectum gratiae, quod quaelibet anima possit esse gratiae subiectum: hoc enim convenit essentiae animae inquantum est talis speciei.

Ad quartum dicendum quod, cum potentiae animae sint naturales proprietates speciem consequentes, anima non potest sine his esse. Dato autem quod sine his esset, adhuc tamen anima diceretur secundum speciem suam intellectualis vel rationalis: non quia actu haberet has potentias; sed propter speciem talis essentiae ex qua natae sunt huiusmodi potentiae effluere.

tender que uma potência da alma seja o sujeito da graça, porque toda perfeição de uma potência da alma tem razão de virtude, como já foi dito. Portanto, resulta que como a graça é anterior à virtude, é preciso que seu sujeito seja anterior às potências, isto é, seja a própria essência da alma. E do mesmo modo que pela potência intelectual o homem participa do conhecimento divino pela virtude da fé, e que pela potência da virtude ele participa do amor divino pela caridade, assim pela natureza de sua alma, ele participa, com uma certa semelhança, da natureza divina por uma espécie de geração ou de criação novas.

Quanto ao 1º, portanto, deve-se dizer que da essência da alma decorrem suas potências que são o princípio de suas ações. Igualmente, da graça decorrem sobre as potências da alma as virtudes que movimentam estas potências para os seus atos. E assim, a graça é comparada à vontade, como o motor em relação à coisa movida, como é a comparação do cavaleiro e do cavalo, e não como o acidente em relação ao seu sujeito.

Quanto ao 2º, pelo que foi dito fica clara a resposta. A graça por intermédio das virtudes é o princípio da ação meritória, como a essência da alma por intermédio de suas potências é o princípio de suas ações.

Quanto ao 3º, deve-se dizer que a alma é sujeito da graça enquanto pertence à espécie de uma natureza intelectual ou racional. Ora, a alma não se constitui em sua espécie por uma de suas potências, porque as potências são propriedades naturais que decorrem da espécie. E por isso a alma, por sua essência difere especificamente das outras almas, dos animais irracionais e das plantas. E porque a essência da alma é o sujeito da graça, não se pode concluir disso que qualquer alma possa ser sujeito da graça. É enquanto ela pertence a esta espécie que isso convém à essência da alma.

Quanto ao 4º, deve-se dizer que as potências da alma são propriedades naturais que decorrem da espécie. A alma não pode existir sem elas. Mesmo supondo que ela existisse sem estas potências, a alma não deixaria de ser classificada por sua espécie como intelectual e racional; não pelo fato de ter em ato estas potências, mas porque é natural a uma essência desta espécie que dela decorram tais potências.

5. Q. 55, a. 1; q. 56, a. 1.

QUAESTIO CXI

DE DIVISIONE GRATIAE

in quinque articulos divisa

Deinde considerandum est de divisione gratiae.

Et circa hoc quaeruntur quinque.

Primo: utrum convenienter dividatur gratia per gratiam gratis datam et gratiam gratum facientem.

Secundo: de divisione gratiae gratum facientis per operantem et cooperantem.

Tertio: de divisione eiusdem per gratiam praevenientem et subsequentem.

Quarto: de divisione gratiae gratis datae.

Quinto: de comparatione gratiae gratum facientis et gratis datae.

QUESTÃO 111

AS DIVISÕES DA GRAÇA

em cinco artigos

Em seguida, é preciso considerar as divisões de graça.

Sobre isso, são cinco as perguntas:

1. É correto dividir a graça em graça dada gratuitamente, e graça que nos torna agradáveis a Deus?
2. Esta última divide-se em graça operante e cooperante?
3. E pode ainda ser dividida em graça preveniente e graça subsequente?
4. Há alguma divisão da graça dada gratuitamente?
5. Pode-se comparar a graça dada gratuitamente com a graça que torna agradável a Deus?

Articulus 1

Utrum gratia convenienter dividatur per gratiam gratum facientem et gratiam gratis datam

Ad primum sic proceditur. Videtur quod gratia non convenienter dividatur per gratiam gratum facientem et gratiam gratis datam.

1. Gratia enim est quodam Dei donum, ut ex supradictis[1] patet. Homo autem ideo non est Deo gratus quia aliquid est ei datum a Deo, sed potius e converso: ideo enim aliquid datur alicui gratis a Deo, quia est homo gratus ei. Ergo nulla est gratia gratum faciens.

2. Praeterea, quaecumque non dantur ex meritis praecedentibus, dantur gratis. Sed etiam ipsum bonum naturae datur homini absque merito praecedenti: quia natura praesupponitur ad meritum. Ergo ipsa natura est etiam gratis data a Deo. Natura autem dividitur contra gratiam. Inconvenienter igitur hoc quod est *gratis datum*, ponitur ut gratiae differentia: quia invenitur etiam extra gratiae genus.

3. Praeterea, omnis divisio debet esse per opposita. Sed etiam ipsa gratia gratum faciens, per quam iustificamur, gratis nobis a Deo conceditur; secundum illud Rm 3,24: *Iustificati gratis per gra-*

Artigo 1

É correto dividir a graça em graça que torna agradável a Deus e graça dada gratuitamente?

Quanto ao primeiro artigo, assim se procede: parece que **não** é correto dividir a graça, em graça que torna agradável a Deus e graça dada gratuitamente.

1. Com efeito, a graça é um dom de Deus, como já foi dito. Ora, alguém não é agradável a Deus porque Deus lhe deu alguma coisa. É o contrário que é verdadeiro: se Deus dá alguma coisa gratuitamente a alguém, é porque este alguém lhe é agradável. Logo, não há a graça que torna agradável a Deus.

2. Além disso, tudo o que não é dado como recompensa de méritos anteriores é dado gratuitamente. Ora, o bem da natureza é dado sem mérito anterior, porque o mérito supõe a natureza. Logo, a própria natureza é dada gratuitamente por Deus. E a natureza é de um outro gênero do que a graça. Por isso não é correto fazer da gratuidade uma diferença da graça, porque ela se encontra até mesmo fora do gênero da graça.

3. Ademais, toda divisão se faz pelos opostos. Ora, até mesmo a graça que nos torna agradáveis a Deus, e nos justifica, nos é concedida gratuitamente. "Justificados gratuitamente por sua graça",

1 Parall.: *Cont. Gent.* III, 154; *Compend. Theol.*, c. 214; *ad Rom.*, c. 1, lect. 3; *ad Ephes.*, c. 1, lect. 2.

1. Q. 110, a. 1.

tiam ipsius. Ergo gratia gratum faciens non debet dividi contra gratiam gratis datam.

SED CONTRA est quod Apostolus utrumque attribuit gratiae, scilicet et gratum facere, et esse gratis datum. Dicit enim quantum AD PRIMUM, Eph 1,6: *Gratificavit nos in dilecto Filio suo*. Quantum vero AD SECUNDUM, dicitur ad Rm 11,6: *Si autem gratia, iam non ex operibus: alioquin gratia iam non est gratia*. Potest ergo distingui gratia quae vel habet unum tantum, vel utrumque.

RESPONDEO dicendum quod, sicut Apostolus dicit, ad Rm 13,1, *quae a Deo sunt, ordinata sunt*. In hoc autem ordo rerum consistit, quod quaedam per alia in Deum reducuntur; ut Dionysius dicit, in *Cael. Hier*[2]. Cum igitur gratia ad hoc ordinetur ut homo reducatur in Deum, ordine quodam hoc agitur, ut scilicet quidam per alios in Deum reducantur. Secundum hoc igitur duplex est gratia. Una quidem per quam ipse homo Deo coniungitur: quae vocatur *gratia gratum faciens*. Alia vero per quam unus homo cooperatur alteri ad hoc quod ad Deum reducatur. Huiusmodi autem donum vocatur *gratia gratis data*, quia supra facultatem naturae, et supra meritum personae, homini conceditur: sed quia non datur ad hoc ut homo ipse per eam iustificetur, sed potius ut ad iustificationem alterius cooperetur, ideo non vocatur gratum faciens. Et de hac dicit Apostolus, 1Cor 12,7: *Unicuique datur manifestatio Spiritus ad utilitatem*, scilicet aliorum.

AD PRIMUM ergo dicendum quod gratia non dicitur facere gratum effective, sed formaliter: scilicet quia per hanc homo iustificatur, et dignus efficitur vocari Deo gratus; secundum quod dicitur ad Cl 1,12: *Dignos nos fecit in partem sortis sanctorum in lumine*.

AD SECUNDUM dicendum quod gratia, secundum quod gratis datur, excludit rationem debiti. Potest autem intelligi duplex debitum. Unum quidem ex merito proveniens, quod refertur ad personam, cuius est agere meritoria opera; secundum illud ad Rm 4,4: *Ei qui operatur, merces imputatur secundum debitum, non secundum gratiam*. Aliud est debitum ex conditione naturae: puta si dicamus debitum esse homini quod habeat rationem et alia quae ad humanam pertinent naturam. Neutro autem modo dicitur debitum propter hoc quod Deus

diz a Carta aos Romanos. Logo, não se deve opor a graça que torna agradável a Deus à graça dada gratuitamente.

EM SENTIDO CONTRÁRIO, o Apóstolo atribui à graça tanto o tornar agradável e o ser gratuita. O primeiro, na Carta aos Efésios, "Ele nos tornou agradáveis em seu Filho bem amado"; o segundo, na Carta aos Romanos "se é por graça, não é em consequência das obras, pois de outro modo a graça não seria mais graça". Pode-se, pois, distinguir a graça que tem apenas um ou os dois aspectos.

RESPONDO. O Apóstolo diz na Carta aos Romanos: "O que vem de Deus é ordenado". A ordem das coisas consiste em que algumas coisas sejam levadas a Deus por outras, como mostra Dionísio. E como a graça se ordena a levar o homem para Deus, age com uma certa ordem, de tal maneira que alguns são levados a Deus por outros. De acordo com isso, portanto, duas são as graças: a primeira que une o homem a Deus, e é a graça que torna agradável a Deus; e a segunda que faz com que alguém ajude o outro a chegar a Deus. Este dom chama-se graça dada gratuitamente, porque é concedida ao homem acima do poder de sua natureza e de seus méritos pessoais. Ela não é dada para que aquele que a recebe seja justificado, mas para que coopere na justificação de um outro; por isso ela não tem o nome de graça que torna agradável a Deus. É a seu respeito que o Apóstolo diz na primeira Carta aos Coríntios: "A manifestação do Espírito é dada a cada um para ser útil", a saber, dos outros.

QUANTO AO 1º, portanto, deve-se dizer que a graça não torna agradável da maneira da causa eficiente, mas da causa formal: quem a possui encontra-se justificado e torna-se digno de ser chamado amigo de Deus. É o que diz a Carta aos Colossenses: "Ele nos tornou dignos de participar da condição dos santos na luz".

QUANTO AO 2º, deve-se dizer que a graça, sendo dada gratuitamente, exclui a razão de devido. Algo pode ser entendido como devido de duas maneiras. Primeiro, por causa de um mérito, o que se refere às pessoas que realizam obras meritórias, segundo a Carta aos Romanos: "O salário é dado a quem faz uma obra como uma dívida e não como uma graça". Depois, algo é devido pela condição da natureza: por exemplo, se dizemos que é um direito para o homem ter a razão e tudo o que pertence à natureza humana. De nenhum modo se diz que

2. C. 4: MG 3, 181.

creaturae obligatur: sed potius inquantum creatura debet subiici Deo ut in ea divina ordinatio impleatur, quae quidem est ut talis natura tales conditiones vel proprietates habeat, et quod talia operans talia consequatur. Dona igitur naturalia carent primo debito, non autem carent secundo debito. Sed dona supernaturalia utroque debito carent: et ideo specialius sibi nomen gratiae vindicant.

AD TERTIUM dicendum quod gratia gratum faciens addit aliquid supra rationem gratiae gratis datae quod etiam ad rationem gratiae pertinet: quia scilicet hominem gratum facit Deo. Et ideo gratia gratis data, quae hoc non facit, retinet sibi nomen commune: sicut in pluribus aliis contingit. Et sic opponuntur duae partes divisionis sicut *gratum faciens et non faciens gratum*.

Deus está obrigado à criatura. Ao contrário, é a criatura que deve estar sob o poder de Deus para que a ordem divina nela se realize, a saber, que tal natureza possua tal condição ou tal propriedade e que aquele que realiza tal ação receba tal recompensa. Os dons naturais não são devidos no primeiro sentido, mas no segundo. Os dons sobrenaturais de nenhum modo são devidos. Eis porque a eles cabem de modo especial o nome de graça[a].

QUANTO AO 3º, deve-se dizer que a graça que torna agradável a Deus diz algo a mais do que a graça dada gratuitamente, a qual pertence também a noção de graça, isto é, tornar alguém agradável a Deus. Quanto à graça gratuitamente dada, que não produz este resultado, guarda o nome comum, como acontece em muitas classificações. As duas partes da divisão são opostas: a graça que torna agradável a Deus e a outra que não torna agradável a Deus[b].

ARTICULUS 2
Utrum gratia convenienter dividatur per operantem et cooperantem

AD SECUNDUM SIC PROCEDITUR. Videtur quod gratia inconvenienter dividatur per operantem et cooperantem.

1. Gratia enim accidens quoddam est, ut supra[1] dictum est. Sed accidens non potest agere in subiectum. Ergo nulla gratia debet dici operans.

ARTIGO 2
É conveniente dividir a graça em operante e cooperante?

QUANTO AO SEGUNDO, ASSIM SE PROCEDE: parece que **não** é conveniente dividir a graça em operante e cooperante.

1. Com efeito, a graça é um acidente como foi dito. Ora, um acidente não pode agir sobre o seu sujeito. Logo, nenhuma graça pode ser chamada de operante.

2 PARALL.: II *Sent.*, dist. 26, q. 1, a. 5; a. 6, ad 2; *De Verit.*, q. 27, a. 5, ad 1, 2; II *Cor.*, c. 6, lect. 1.

1. Q. 110, a. 2, ad 2.

a. "Gratuito" se contrapõe a "devido", e concerne sempre a uma pessoa, pois apenas a pessoa é sujeito de um direito no sentido próprio. Entretanto, um bem pode ser devido à pessoa em virtude do que ela fez pessoalmente, isto é, livremente: é o devido fundado no mérito; ou em virtude do que ela é: Sto. Tomás se refere aqui ao que é devido ao homem pelo fato de ser um homem; digamos, por exemplo, o direito à vida. No polo oposto, é de duas maneiras que se dirá que uma vantagem é dada gratuitamente: no sentido forte da palavra, será dada gratuitamente àquele que não fez para merecê-la; em um sentido menor, será dada gratuitamente a uma pessoa que não pode prevalecer-se do que ela é para recebê-la. Por exemplo, um cidadão, por merecedor que seja, não pode exigir ser nomeado ministro pela única razão de que ele é um cidadão, ou membro de um partido político, ou de tal família etc.

A graça é duplamente gratuita: não é concedida por causa de um mérito pessoal, uma vez que, conforme veremos de maneira pormenorizada na q. 114, ela é o princípio de todo mérito; não é necessária à integridade da natureza humana (exceto, como se viu na q. 109, no caso em que o homem tenha sido agraciado e tenha recusado receber a graça).

Em contrapartida, ser um homem invoca naturalmente algumas prerrogativas, que são devidas, de certa maneira, como constituindo parte integrante da natureza humana: mas, é por um dom gratuito que o homem existe, que esse homem existe, pois, é evidente, a natureza só poderia ser sujeito de direito concretizada em uma pessoa. Daí a observação de Sto. Tomás: não se trata em caso algum de uma "obrigação" pela qual Deus seria dependente de sua criatura, pois esta só existe por uma pura iniciativa de seu amor e numa dependência radical e total a seu respeito.

Por meio de tal distinção é afastada a objeção que alguns ainda hoje colocam, de maneira inconsiderada, sobre a distinção entre a natureza e a graça: tudo é gratuito, dizem, e a graça não o é mais do que a natureza! Deus, de qualquer modo, não deve nada a ninguém. Isto é verdade, e contudo a gratuidade absoluta e singular da graça permanece um dado primeiro da teologia da salvação.

b. A graça da qual se diz que é "gratuitamente dada" não é mais gratuita do que a outra. É a outra que, além de sua gratuidade, tem a preciosa propriedade de tornar agradável a Deus aquele que é agraciado.

2. PRAETEREA, si gratia aliquid operetur in nobis, maxime operatur iustificationem. Sed hoc non sola gratia operatur in nobis: dicit enim Augustinus[2], super illud Io 14,12, "Opera quae ergo facio, et ipse faciet": *Qui creavit te sine te, non iustificabit te sine te*. Ergo nulla gratia debet dici simpliciter operans.

3. PRAETEREA, cooperari alicui videtur pertinere ad inferius agens, non autem ad principalius. Sed gratia principalius operatur in nobis quam liberum arbitrium; secundum illud Rm 9,16: *Non est volentis neque currentis, sed miserentis Dei*. Ergo gratia non debet dici cooperans.

4. PRAETEREA, divisio debet dari per opposita. Sed operari et cooperari non sunt opposita: idem enim potest operari et cooperari. Ergo inconvenienter dividitur gratia per operantem et cooperantem.

SED CONTRA est quod augustinus dicit, in libro *de Grat. et Lib. Arb.*[3]: *Cooperando Deus in nobis perficit quod operando incipit: quia ipse ut velimus operatur incipiens, qui volentibus cooperatur perficiens*. Sed operationes Dei quibus movet nos ad bonum, ad gratiam pertinent. Ergo convenienter gratia dividitur per operantem et cooperantem.

RESPONDEO dicendum quod, sicut supra[4] dictum est, gratia dupliciter potest intelligi: uno modo, divinum auxilium quo nos movet ad bene volendum et agendum; alio modo, habituale donum nobis divinitus inditum. Utroque autem modo gratia dicta convenienter dividitur per operantem et cooperantem. Operatio enim alicuius effectus non attribuitur mobili, sed moventi. In illo ergo effectu in quo mens nostra est mota et non movens, solus autem Deus movens, operatio Deo attribuitur: et secundum hoc dicitur *gratia operans*. In illo autem effectu in quo mens nostra et movet et movetur, operatio non solum attribuitur Deo, sed etiam animae: et secundum hoc dicitur *gratia cooperans*.

Est autem in nobis duplex actus. Primus quidem, interior voluntatis. Et quantum ad istum actum, voluntas se habet ut mota, Deus autem ut movens: et praesertim cum voluntas incipit bonum velle quae prius malum volebat. Et ideo secundum quod Deus movet humanam mentem ad hunc actum, dicitur gratia operans. — Alius

2. ALÉM DISSO, se a graça opera alguma coisa em nós, trata-se sobretudo da justificação. Ora, a justificação não é obra exclusiva da graça. "Aquele que te criou sem ti, não te justificará sem ti", diz Agostinho, comentando a frase do Evangelho de João: "Portanto, as obras que eu faço, ele fará". Logo, nenhuma graça é absolutamente operante.

3. ADEMAIS, cooperar é próprio de um agente secundário e não de um agente principal. Ora, a graça mais do que o livre-arbítrio é em nós o agente principal, segundo a Carta aos Romanos: "Não é tanto obra de quem quer ou de quem corre mas de Deus que tem piedade". Logo, não se deve falar de graça cooperante.

4. ADEMAIS, uma divisão se faz entre objetos que se opõem. Ora, operar e cooperar não se opõem: o mesmo agente pode operar e cooperar. Logo, não se trata de uma boa divisão.

EM SENTIDO CONTRÁRIO, Agostinho diz: "Deus termina, cooperando conosco, o que começou em nós por sua operação; porque, tomando a iniciativa, opera primeiro a fim de que queiramos, e depois, quando queremos, ele termina cooperando com nossa ação". Ora, estas operações pelas quais Deus nos move ao bem pertencem à graça. Portanto, divide-se de maneira conveniente a graça em operante e cooperante.

RESPONDO. Como foi dito, a graça pode ser entendida de duas maneiras: é uma ajuda divina que nos excita a querer e a fazer o bem, e é o dom habitual que Deus insere em nós. Nos dois casos, pode-se dividir em graça operante e cooperante. Com efeito, a operação não deve ser atribuída ao que é movido, mas ao motor. Quando nossa mente é movida sem que se mova a si mesma, sendo somente Deus o motor, a operação deve ser atribuída a Deus, e temos, então, a *graça operante*. Quando, nossa mente ao mesmo tempo move e é movida, a operação não deve ser atribuída somente a Deus mas também à alma, e assim temos a *graça cooperante*.

Em nós o ato é duplo. Primeiro, o ato interior da vontade. Ao produzi-lo a vontade é movida e Deus é seu motor, sobretudo quando começa a querer o bem, ela que antes queria o mal. Portanto, enquanto Deus move a mente humana para levá-la ao ato, deve-se falar de graça operante. — Distinto é o ato exterior. Este tendo sido ordenado pela

2. Serm. 169, al. *De verbis Apost.*, serm. 15, c. 11, n. 13: ML 38, 923.
3. C. 17: ML 44, 901.
4. Q. 109, a. 2, 3, 6, 9; q. 110, a. 2.

autem actus est exterior; qui cum a voluntate imperetur, ut supra[5] habitum est, consequens est ut ad hunc actum operatio attribuatur voluntati. Et quia etiam ad hunc actum Deus nos adiuvat, et interius confirmando voluntatem ut ad actum perveniat, et exterius facultatem operandi praebendo; respectu huius actus dicitur gratia cooperans. Unde post praemissa verba subdit Augustinus: *Ut autem velimus operatur: cum autem volumus, ut perfeciamus nobis cooperatur*. — Sic igitur si gratia accipiatur pro gratuita Dei motione qua movet nos ad bonum meritorium, convenienter dividitur gratia per operantem et cooperantem.

Si vero accipiatur gratia pro habituali dono, sic etiam duplex est gratiae effectus, sicut et cuiuslibet alterius formae: quorum primus est esse, secundus est operatio; sicut caloris operatio est facere calidum, et exterior calefactio. Sic igitur habitualis gratia, inquantum animam sanat vel iustificat, sive gratam Deo facit, dicitur gratia operans: inquantum vero est principium operis meritorii, quod etiam ex libero arbitrio procedit, dicitur cooperans.

AD PRIMUM ergo dicendum quod, secundum quod gratia est quaedam qualitas accidentalis, non agit in animam effective, sed formaliter: sicut albedo dicitur facere albam superficiem.

AD SECUNDUM dicendum quod Deus non sine nobis nos iustificat, quia per motum liberi arbitrii, dum iustificamur, Dei iustitiae consentimus. Ille tamen motus non est causa gratiae, sed effectus. Unde tota operatio pertinet ad gratiam.

AD TERTIUM dicendum quod cooperari dicitur aliquis alicui non solum sicut secundarium agens principali agenti, sed sicut adiuvans ad praesuppositum finem. Homo autem per gratiam operantem adiuvatur a Deo ut bonum velit. Et ideo,

vontade como foi explicado, é claro que a operação seja atribuída à vontade. Porque também neste caso Deus nos ajuda interiormente firmando nossa vontade para que ela chegue ao ato e exteriormente assegurando o poder de execução. Assim, com respeito a esse ato diz-se *graça cooperante*. Por isso, depois do texto que citamos Agostinho continua nestes termos: "Deus opera para que queiramos, e quando queremos, ele coopera conosco para que concluamos. — Portanto, se a graça é compreendida como a moção gratuita de Deus pela qual nos move ao bem meritório, a graça divide-se de maneira conveniente em operante e cooperante[c].

Se se entende a graça como um dom habitual, ela produz um duplo efeito, como toda forma. O primeiro é de dar o ser, e o segundo a operação. O calor, por exemplo, faz com que o objeto seja quente, e depois que ele esquente ao redor. Assim a graça habitual enquanto cura a alma ou a justifica, ou a torna a agradável a Deus, diz-se graça operante. Mas, enquanto é o princípio da obra meritória, que também procede do livre-arbítrio, diz-se graça cooperante.

QUANTO AO 1º, portanto, deve-se dizer que enquanto a graça é qualidade acidental, não age sobre a alma como causa eficiente, e sim como causa formal, como se diz que a brancura torna branca uma superfície.

QUANTO AO 2º, deve-se dizer que Deus não nos justifica sem nós. Pois, quando somos justificados, consentimos por um movimento do livre-arbítrio à justiça de Deus. Entretanto, este movimento não é causa da graça. Ele é seu efeito. Portanto, toda a operação pertence à graça.

QUANTO AO 3º, deve-se dizer que se fala de cooperação não somente de um agente secundário em relação a um agente principal. Mas também quando se trata de uma ajuda dada em vista de um fim pressuposto. Ora pela graça operante Deus

5. Q. 17, a. 9.

c. Só se pode compreender o presente artigo aproximando-o da análise efetuada acima (I-II, q. 9 e 10; q. 17) sobre o ato do querer, e sobre o ato denominado "intemperado", isto é, o ato exterior feito sob o impulso da vontade. No entanto, percebe-se então que Sto. Tomás negligencia um elo no presente artigo: entre o ato interior, o próprio querer, e o ato exterior (o ato que se quis) situa-se o ato pelo qual a vontade se impulsiona a querer (q. 9, a. 3). Tal omissão é certamente intencional. No final da q. 9, com efeito, ele estabelece que afinal é preciso remontar a um ato inicial da vontade, e que se encontra em todos os outros, no qual a vontade é pura e simplesmente movida por Deus. Por outro lado, na ordem da salvação, que é a única que importa aqui, esse querer inicial não é apenas aquele que comanda a totalidade do processo volitivo, mas se encontra no princípio do processo salvífico — na conversão —, e se encontra em cada nova conversão. Comentando a noção agostiniana de graça operante, Sto. Tomás só se ocupava com esse ato inicial no qual a vontade é pura e simplesmente movida pela graça para romper com o pecado e voltar-se para Deus, como ele próprio nota. Resta que, uma vez efetuada a conversão, e não repudiada, a vontade humana enriquecida pela graça, erguida pela caridade, move-se a si mesma a querer novamente o bem divino sob tal ou tal aspecto particular, e que a noção de graça sob a qual ela se move é uma graça cooperante: um querer particular é um "ato exterior" em relação ao querer do fim último que é o único puramente interior (I-II, q. 17, a. 5).

praesupposito iam fine, consequens est ut gratia nobis cooperetur.

AD QUARTUM dicendum quod gratia operans et cooperans est eadem gratia, sed distinguitur secundum diversos effectus, ut ex dictis[6] patet.

ajuda alguém a querer o bem. E quando este fim é pressuposto, então a graça coopera conosco.

QUANTO AO 4º, deve-se dizer que graça operante e cooperante são a mesma e única graça. Mas, distinguem-se pela diversidade dos efeitos como está claro pelo que foi dito.

ARTICULUS 3

Utrum gratia convenienter dividatur in praevenientem et subsequentem

AD TERTIUM SIC PROCEDITUR. Videtur quod gratia inconvenienter dividatur in praevenientem et subsequentem.

1. Gratia enim est divinae dilectionis effectus. Sed Dei dilectio nunquam est subsequens, sed semper praeveniens; secundum illud 1Io 4,10: *Non quasi nos dilexerimus Deum, sed quia ipse prior dilexit nos*. Ergo gratia non debet poni praeveniens et subsequens.

2. PRAETEREA, gratia gratum faciens est una tantum in homine: cum sit sufficiens, secundum illud 2Cor 12,9: *Sufficit tibi gratia mea*. Sed idem non potest esse prius et posterius. Ergo gratia inconvenienter dividitur in praevenientem et subsequentem.

3. PRAETEREA, gratia cognoscitur per effectus. Sed infiniti sunt effectus gratiae, quorum unus praecedit alium. Ergo si penes hoc gratia deberet dividi in praevenientem et subsequentem, videtur quod infinitae essent species gratiae. Infinita autem relinquuntur a qualibet arte. Non ergo gratia convenienter dividitur in praevenientem et subsequentem.

SED CONTRA est quod gratia Dei ex eius misericordia provenit. Sed utrumque in Psalmo 58, 11 legitur: *Misericordia eius praeveniet me*; et iterum Ps 22,6: *Misericordia eius subsequetur me*. Ergo gratia convenienter dividitur in praevenientem et subsequentem.

RESPONDEO dicendum quod, sicut gratia dividitur in operantem et cooperantem secundum diversos effectus, ita etiam in praevenientem et subsequentem: qualitercumque gratia accipiatur. Sunt autem quinque effectus gratiae in nobis: quorum primus est ut anima sanetur; secundus est ut bonum velit; tertius est ut bonum quod vult, efficaciter operetur; quartus est ut in bono perseveret; quintus est ut ad gloriam perveniat.

ARTIGO 3

A graça divide-se convenientemente em graça preveniente e subsequente?

QUANTO AO TERCEIRO, ASSIM SE PROCEDE: parece que a graça **não** se divide de modo conveniente em preveniente e subsequente.

1. Com efeito, a graça é um efeito do amor de Deus. Ora, este amor é sempre preveniente, e nunca subsequente. "Não é que tenhamos amado a Deus, diz a primeira Carta de João, mas é Deus que nos amou primeiro." Logo, não se deve distinguir a graça em preveniente e subsequente.

2. ALÉM DISSO, a graça que torna agradável a Deus é uma só no homem porque é suficiente, segundo o Apóstolo: "Minha graça te é suficiente". Ora, a mesma realidade não pode ser ao mesmo tempo anterior e posterior. Logo, a graça não se divide convenientemente em preveniente e subsequente.

3. ADEMAIS, conhece-se a graça por seus efeitos. Ora, são infinitos os efeitos da graça, dos quais um precede o outro. Se por isso fosse preciso dividir a graça em preveniente e subsequente, haveria espécies de graças ao infinito. Ora, nenhuma ciência trata do infinito. Logo, a graça não se divide convenientemente em preveniente e subsequente.

EM SENTIDO CONTRÁRIO, está dito nos Salmos "Sua misericórdia me prevenirá", e também: "Sua misericórdia me seguirá". Ora, a graça vem da misericórdia. Portanto, pode-se dividir a graça em preveniente e subsequente.

RESPONDO. A graça divide-se em operante e cooperante por causa dos seus efeitos. A mesma consideração leva a dividir a graça em preveniente e subsequente, seja qual for a maneira de compreender a graça. Os efeitos da graça em nós são cinco: ela cura, faz querer o bem, ela permite que o bem querido realize-se eficazmente, faz perseverar no bem, e conduz à glória.

Em quanto produz em nós o primeiro destes efeitos, a graça é preveniente em relação ao

6. In corp. Cfr. a. sq., ad 2.

3 PARALL.: II *Sent.*, dist. 26, a. 5; a. 6, ad 2; *De Verit.*, q. 27, a. 5, ad 6; in *Psalm.* 22; II *Cor.*, c. 6, lect. 1.

Et ideo gratia secundum quod causat in nobis primum effectum, vocatur praeveniens respectu secundi effectus; et prout causat in nobis secundum, vocatur subsequens respectu primi effectus. Et sicut unus effectus est posterior uno effectu et prior alio, ita gratia potest dici et praeveniens et subsequens secundum eundem effectum, respectu diversorum. Et hoc est quod Augustinus dicit, in libro de *nat. et Grat.*[1]: *Praevenit ut sanemur, subsequitur ut sanati vegetemur: praevenit ut vocemur, subsequitur ut glorificemur*.

AD PRIMUM ergo dicendum quod dilectio Dei nominat aliquid aeternum: et ideo nunquam potest dici nisi praeveniens. Sed gratia significat effectum temporalem, qui potest praecedere aliquid et ad aliquid subsequi. Et ideo gratia potest dici praeveniens et subsequens.

AD SECUNDUM dicendum quod gratia non diversificatur per hoc quod est praeveniens et subsequens, secundum essentiam. sed solum secundum effectum: sicut et de operante et cooperante dictum est[2]. Quia etiam secundum quod gratia subsequens ad gloriam pertinet, non est alia numero a gratia praeveniente per quam nunc iustificamur. Sicut enim caritas viae non evacuatur, sed perficitur in patria, ita etiam et de lumine gratiae est dicendum: quia neutrum in sui ratione imperfectionem importat.

AD TERTIUM dicendum quod, quamvis effectus gratiae possint esse infiniti numero, sicut sunt infiniti actus humani; tamen omnes reducuntur ad aliqua determinata in specie. Et praeterea omnes conveniunt in hoc quod unus alium praecedit.

segundo; e em quanto produz o segundo, ela é subsequente em relação ao primeiro. Qualquer um destes efeitos da graça é ao mesmo tempo posterior ao que o precede e anterior ao que se segue, por isso a graça pode ser chamada de uma vez preveniente e subsequente a propósito do mesmo de seus efeitos, considerado sob aspectos diferentes. É o que ensina Agostinho: "Ela nos previne para que sejamos curados, ela nos segue para que, depois de nossa cura, permaneçamos em vida. Ela nos previne em nossa vocação, ela nos segue para assegurar nossa glorificação."

QUANTO AO 1º, portanto, deve-se dizer que o amor de Deus é eterno. Portanto, somente pode ser preveniente. Mas a graça é seu efeito realizado no tempo, e pode por conseguinte preceder ou seguir outra coisa. Por isso pode-se chamá-la de preveniente ou subsequente.

QUANTO AO 2º, deve-se dizer que graça não se distingue em preveniente e subsequente pela essência, mas, somente pelos efeitos, como foi dito para a graça operante e cooperante. Igualmente, não é porque a graça subsequente se refere à glória, que ela é numericamente distinta da graça preveniente que nos justifica no presente. Do mesmo modo, a caridade da terra não desaparece, mas chega à perfeição na pátria, e o mesmo se deve dizer da luz da graça porque nenhuma das duas em suas razões implica imperfeição[d].

QUANTO AO 3º, deve-se dizer que os efeitos da graça podem ser infinitos em número, como o são os atos humanos. Entretanto, encontra-se em todos alguns caracteres específicos determinados. E todos tem em comum o fato de que um precede o outro.

ARTICULUS 4

Utrum gratia gratis data convenienter ab Apostolo dividatur

AD QUARTUM SIC PROCEDITUR. Videtur quod gratia gratis data inconvenienter ab Apostolo distinguatur.

1. Omne enim donum quod nobis a Deo gratis datur, potest dici gratia gratis data. Sed infinita

ARTIGO 4

O Apóstolo divide convenientemente a graça gratuitamente dada?

QUANTO AO QUARTO, ASSIM SE PROCEDE: parece que a graça gratuitamente dada **não** é dividida convenientemente.

1. Com efeito, todo dom que nos é dado por Deus gratuitamente, pode ser chamado graça

1. C. 31: ML 44, 264.
2. A. praec., ad 4.

4 PARALL.: *Cont. Gent.* III, 154; I *Cor.*, c. 12, lect. 2.

d. A graça, como a caridade, é perfeita em si mesma, embora realizada entre nós em condições de imperfeição, que a impedem de desenvolver plenamente a sua virtude. Ela encontra no além as suas condições ótimas, de modo que ela não é outra, pelo contrário, ela se torna plenamente ela mesma. Sto. Tomás alude nesse texto à fé que é entre nós um conhecimento imperfeito de Deus, e portanto provisório; no além, é transformado em outro conhecimento, o perfeito conhecimento de Deus: a visão.

sunt dona quae nobis gratis a Deo conceduntur, tam in bonis animae quam in bonis corporis, quae tamen nos Deo gratos non faciunt. Ergo gratiae gratis datae non possunt comprehendi sub aliqua certa divisione.

gratuitamente dada. Ora, são infinitos os dons que Deus nos dá gratuitamente, sem nos tornar por isso agradáveis a Deus, tanto na ordem dos bens da alma como do corpo. Logo, as graças gratuitamente dadas não podem ser o objeto de nenhuma divisão precisa.

2. PRAETEREA, gratia gratis data distinguitur contra gratiam gratum facientem. Sed fides pertinet ad gratiam gratum facientem: quia per ipsam iustificamur, secundum illud Rm 5,1: *Iustificati ergo ex fide*, etc. Ergo inconvenienter fides ponitur inter gratias gratis datas: praesertim cum aliae virtutes ibi non ponantur, ut spes et caritas.

2. ALÉM DISSO, a graça gratuitamente dada opõe-se à graça que nos torna agradáveis a Deus. Ora, a fé pertence à graça que nos torna agradável a Deus, porque nos justifica, segundo a Carta aos Romanos: "Justificados pela fé". Logo, é sem razão que a fé é colocada entre as graças gratuitamente dadas, tanto mais que as outras virtudes como a esperança e a caridade aí não estão alistadas.

3. PRAETEREA, operatio sanitatum, et loqui diversa genera linguarum, miracula quaedam sunt. Interpretatio etiam sermonum ad sapientiam vel scientiam pertinet; secundum illud Dn 1,17: *Pueris his dedit Deus scientiam et disciplinam in omni libro et sapientia*. Ergo inconvenienter dividitur gratia sanitatum, et genera linguarum, contra operationem virtutum; et interpretatio sermonum contra sermonem sapientiae et scientiae.

3. ADEMAIS, operar curas e falar várias línguas são milagres. Também, a interpretação dos discursos pertence à sabedoria e à ciência. "A estes jovens, diz o livro de Daniel, Deus concedeu a ciência e a habilidade em toda a literatura, e em toda sabedoria". É, portanto, sem razão que o dom de curar e o dom das línguas encontram-se opostos ao poder dos milagres, e do mesmo modo, a interpretação dos discursos ao dom de falar com sabedoria e com ciência.

4. PRAETEREA, sicut sapientia et scientia sunt quaedam dona Spiritus Sancti, ita etiam intellectus et consilium, pietas, fortitudo et timor, ut supra[1] dictum est. Ergo haec etiam deberent poni inter gratias gratis data.

4. ADEMAIS, a sabedoria e a ciência estão entre os dons do Espírito Santo. Como também, e ao mesmo título, a inteligência, o conselho, a piedade, a fortaleza e o temor de Deus, como foi dito acima. Portanto, estes últimos deveriam ser enumerados entre as graças gratuitamente dadas?

SED CONTRA est quod Apostolus dicit, 1Cor 12,8 sqq.: *Alii per Spiritum datur sermo sapientiae, alii autem sermo scientiae secundum eundem Spiritum, alteri fides in eodem Spiritu, alii gratia sanitatum, alii operatio virtutum, alii prophetia, alii discretio spirituum, alii genera linguarum, alii interpretatio sermontum*.

EM SENTIDO CONTRÁRIO, o Apóstolo diz: "Um recebe do Espírito o dom de falar com sabedoria, o outro o dom de falar com ciência segundo o mesmo Espírito. Este recebe no mesmo Espírito a fé. Aquele a graça de curar os enfermos. Um outro ainda a profecia. Um outro o discernimento dos espíritos. Um outro as línguas. Um outro, finalmente, a interpretação dos discursos em línguas".

RESPONDEO dicendum quod, sicut supra[2] dictum est, gratia gratis data ordinatur ad hoc quod homo alteri cooperetur ut reducatur ad Deum. Homo autem ad hoc operari non potest interius movendo, hoc enim solius Dei est; sed solum exterius docendo vel persuadendo. Et ideo gratia gratis data illa sub se continet quibus homo indiget ad hoc quod alterum instruat in rebus divinis, quae sunt supra rationem. Ad hoc autem tria requiruntur. Primo quidem, quod homo sit sortitus plenitu-

RESPONDO. A graça dada gratuitamente, foi dito acima, ordena-se a que o homem coopere com o outro afim de ser levado a Deus. Mas, alguém não pode realizar esta obra por uma ação interior. Isso compete somente a Deus. Ele deve instruir e persuadir exteriormente. Eis porque sob o nome de graça dada gratuitamente compreende-se o que é necessário para instruir os outros sobre as verdades divinas que ultrapassam a razão. Para isso, três são as condições requeridas: primeiro,

1. Q. 68, a. 4.
2. Art. 1.

dinem cognitionis divinorum, ut ex hoc possit alios instruere. Secundo, ut possit confirmare vel probare ea quae dicit: alias non esset efficax eius doctrina. Tertio, ut ea quae concipit, possit convenienter auditoribus proferre.

Quantum igitur ad primum, tria sunt necessaria: sicut etiam apparet in magisterio humano. Oportet enim quod ille qui debet alium instruere in aliqua scientia, primo quidem, ut principia illius scientiae sint ei certissima. Et quantum ad hoc ponitur *fides*, quae est certitudo de rebus invisibilibus, quae supponuntur ut principia in catholica doctrina. — Secundo, oportet quod doctor recte se habeat circa principales conclusiones scientiae. Et sic ponitur *sermo sapientiae*, quae est cognitio divinorum. — Tertio, oportet ut etiam abundet exemplis et cognitione effectuum, per quos interdum oportet manifestare causas. Et quantum ad hoc ponitur *sermo scientiae*, quae est cognitio rerum humanarum: quia *invisibilia Dei per ea quae facta sunt, conspiciuntur*.

Confirmatio autem in his quae subduntur rationi, est per argumenta. In his autem quae sunt supra rationem divinitus revelata, confirmatio est per ea quae sunt divinae virtuti propria. Et hoc dupliciter. Uno quidem modo, ut doctor sacrae doctrinae faciat quae solus Deus facere potest, in operibus miraculosis: sive sint ad salutem corporum, et quantum ad hoc ponitur *gratia sanitatum*; sive ordinentur ad solam divinae potestatis manifestationem, sicut quod sol stet aut tenebrescat, quod mare dividatur; et quantum ad hoc ponitur *operatio virtutum*. — Secundo, ut possit manifestare ea quae solius Dei est scire. Et haec sunt contingentia futura, et quantum ad hoc ponitur *prophetia*; et etiam occulta cordium, et quantum ad hoc ponitur *discretio spirituum*.

Facultas autem pronuntiandi potest attendi vel quantum ad idioma in quo aliquis intelligi possit, et secundum hoc ponuntur *genera linguarum*: vel quantum ad sensum eorum quae sunt proferenda, et quantum ad hoc ponitur *interpretatio sermonum*.

que possua um conhecimento completo destas verdades divinas a fim de ser capaz de ensiná-las; depois, que possa confirmar e de provar o que diz, sem o que, este ensinamento seria sem eficácia; e finalmente, a capacidade de comunicar como convém aos auditores aquilo que concebeu.

Para o primeiro ponto três qualidades são necessárias, como em uma disciplina humana. — Primeiro, é preciso que aquele que deve ensinar uma ciência esteja bem fixado nos princípios desta ciência. É a isso que se refere *a fé*. Ela é a certeza referente a estas verdades invisíveis, as quais formam como os princípios da doutrina católica. — Depois, é preciso que este mestre possua perfeitamente as principais conclusões desta ciência. Donde o *dom de falar com sabedoria*, sendo esta o conhecimento das verdades divinas. — Finalmente, é necessário que tenha muitos exemplos e que esteja ao par dos efeitos que às vezes servem para expor as causas. Donde o *dom de falar com ciência*. Sendo esta o conhecimento das coisas humanas, porque "o que é invisível em Deus torna-se visível pelas criaturas".

Para confirmar o ensinamento dado de verdades que são do domínio da razão, serve-se de argumentos. Mas, quando se trata de verdades que ultrapassam a razão e nos são reveladas por Deus, encontra-se a confirmação delas nas manifestações que são próprias do poder divino. Estas são de dois tipos. — Primeiro, aquele que anuncia a doutrina sagrada realiza sob forma de milagres as obras que Deus somente pode realizar. Estas obras ou se destinam à saúde dos corpos, e temos a *graça das curas*. Ou elas tendem unicamente a mostrar a intervenção da poder divino, quando, por exemplo, o sol para ou se escurece, o mar divide-se, e tem-se o *poder de operar prodígios*. — Segundo, que possa revelar o que pertence somente a Deus conhecer, como são os futuros contingentes, e tem-se a *profecia*. Ainda os segredos das consciências, e tem-se o *discernimento dos espíritos*.

Finalmente, para exprimir-se é preciso primeiro falar o idioma que será compreendido, e tem-se o *dom das línguas*. É preciso além do mais compreender o sentido das palavras que serão ditas e tem-se a *interpretação dos discursos*[e].

e. Para compreender o presente artigo é preciso penetrar na mentalidade de um teólogo da Idade Média, para quem o perfeito rigor formal constitui a própria perfeição do discurso, de modo que ele deve ser descoberto em toda autoridade utilizada, e sobretudo na Escritura. Daí a enumeração dos carismas feita por Paulo deve ser compreendida como uma classificação exaustiva e perfeitamente ordenada. De onde as sutilezas da interpretação. No entanto, além do que parece por vezes um puro jogo verbal, o teólogo percebe e diz coisas essenciais. Somos convidados aqui a compreender de maneira mais profunda

AD PRIMUM ergo dicendum quod, sicut supra[3] dictum est, non omnia beneficia quae nobis divinitus conceduntur, gratiae gratis datae dicuntur: sed solum illa quae excedunt facultatem naturae, sicut quod piscator abundet sermone sapientiae et scientiae et aliis huiusmodi. Et talia ponuntur hic sub gratia gratis data.

AD SECUNDUM dicendum quod fides non numeratur hic inter gratias gratis datas secundum quod est quaedam virtus iustificans hominem in seipso: sed secundum quod importat quandam supereminentem certitudinem fidei, ex qua homo sit idoneus ad instruendum alios de his quae ad fidem pertinent. Spes autem et caritas pertinent ad vim appetitivam, secundum quod per eam homo in Deum ordinatur.

AD TERTIUM dicendum quod gratia sanitatum distinguitur a generali virtutum, quia habet specialem rationem inducendi ad fidem; ad quam aliquis magis promptus redditur per beneficium corporalis sanitatis quam per fidei virtutem assequitur. Similiter etiam loqui variis linguis, et interpretari sermones, habent speciales quasdam rationes movendi ad fidem: et ideo ponuntur speciales gratiae gratis datae.

AD QUARTUM dicendum quod sapientia et scientia non computantur inter gratias gratis datas secundum quod enumerantur inter dona Spiritus Sancti, prout scilicet mens hominis est bene mobilis per Spiritum Sanctum ad ea quae sunt sapientiae vel scientiae: sic enim sunt dona Spiritus Sancti, ut supra[4] dictum est. Sed computantur inter gratias gratis datas secundum quod important quandam abundantiam scientiae et sapientiae, ut homo possit non solum in seipso recte sapere de divinis, sed etiam alios instruere et contradicentes revincere. Et ideo inter gratias gratis datas signanter ponitur *sermo sapientiae*, et *sermo scientiae*: quia ut Augustinus dicit, XIV *de Trin.*[5], *aliud est scire tantummodo quid homo credere debeat propter adipiscendam vitam beatam;*

QUANTO AO 1º, portanto, deve-se dizer que a denominação de graça gratuitamente dada não se estende, como foi dito, a todos os benefícios de Deus. Mas, unicamente àqueles que ultrapassam o poder de nossa natureza, por exemplo, se um simples pescador, esteja repleto em suas palavras do espírito de sabedoria e de ciência e de outras maravilhas semelhantes, eis as graças gratuitamente dadas.

QUANTO AO 2º, deve-se dizer que a fé não é referida aqui entre as graças gratuitamente dadas, na medida em que é uma virtude que justifica o homem em si mesmo, mas na medida em que implica uma supereminente certeza de fé, pela qual o homem seja idôneo para instruir os outros nas coisas da fé. Quanto a esperança e a caridade, elas pertencem à potência apetitiva e pela qual o homem se ordena para Deus.

QUANTO AO 3º, deve-se dizer que a graça das curas é distinta do poder geral de fazer milagres, porque ela tem uma razão especial para conduzir à fé. O benefício da saúde corporal adquirida pela virtude da fé torna alguém mais disposto a abraçá-la. Igualmente o dom das línguas e a interpretação dos discursos têm razões especiais de mover para a fé. Por isso se afirmam especiais graças gratuitamente dadas.

QUANTO AO 4º, deve-se dizer que não é ao mesmo título que a sabedoria e a ciência estão alistadas entre as graças gratuitamente dadas e entre os dons do Espírito Santo, uma vez que o Espírito Santo move bem a mente do homem às coisas que dizem respeito à ciência e à sabedoria, pois assim se entendem os dons do Espírito, como foi dito. Mas se elas figuram entre as graças gratuitamente dadas, é enquanto comportam uma certa abundância de ciência e de sabedoria que permite ao homem não somente possuir por si mesmo justas noções das coisas divinas, mas ainda instruir os outros e refutar os contraditores. Por isso, entre as graças gratuitamente dadas se afirmam claramente a palavra de sabedoria e de ciência. Agostinho diz: "Uma coisa é saber o que

3. Art. 1.
4. Loc. cit. in a., a. 1, 4.
5. C. 1, n. 3: ML 42, 1037.

e mais moderna a distinção entre a "graça gratuitamente dada" (os *carismas*, segundo a terminologia atual) e a "graça que torna agradável a Deus". Na verdade, não importa que graça possui uma dupla dimensão: ela justifica e une a Deus aquele que a recebe; ela põe a serviço dos outros para que também eles recebam a graça e sejam salvos. Essa dupla dimensão surge particularmente a respeito da fé, a segunda solução: a fé dá ao que crê uma certeza pela qual ele é purificado e justificado; simultaneamente, porém, dá à sua palavra uma força de convicção que a torna eficaz para se comunicar com os outros. Que a segunda dimensão da graça possa encontrar-se na primeira, isto provém dessa disjunção de que o homem é bastante capaz entre o ser o dizer, mas, em si, isto traduz uma incoerência que, manifestamente, não provém da graça.

aliud, scire quemadmodum hoc et piis opituletur, et contra impios defendatur.

ARTICULUS 5
Utrum gratia gratis data sit dignior quam gratia gratum faciens

AD QUINTUM SIC PROCEDITUR. Videtur quod gratia gratis data sit dignior quam gratia gratum faciens.

1. *Bonum* enim *gentis est melius quam bonum unius*; ut Philosophus dicit, in I *Ethic.*[1]. Sed gratia gratum faciens ordinatur solum ad bonum unius hominis: gratia autem gratis data ordinatur ad bonum commune totius Ecclesiae, ut supra[2] dictum est. Ergo gratia gratis data est dignior quam gratia gratum faciens.

2. PRAETEREA, maioris virtutis est quod aliquid possit agere in aliud, quam quod solum in seipso perficiatur: sicut maior est claritas corporis quod potest etiam alia corpora illuminare, quam eius quod ita in se lucet quod alia illuminare non potest. Propter quod etiam Philosophus dicit, in V *Ethic.*[3], quod *iustitia est praeclarissima virtutum*, per quam homo recte se habet etiam ad alios. Sed per gratiam gratum facientem homo perficitur in seipso: per gratiam autem gratis datam homo operatur ad perfectionem aliorum. Ergo gratia gratis data est dignior quam gratia gratum faciens.

3. PRAETEREA, id quod est proprium meliorum, dignius est quam id quod est commune omnium: sicut ratiocinari, quod est proprium hominis, dignius est quam sentire, quod est commune omnibus animalibus. Sed gratia gratum faciens est communis omnibus membris Ecclesiae: gratia autem gratis data est proprium donum digniorum membrorum Ecclesiae. Ergo gratia gratis data est dignior quam gratia gratum faciens.

SED CONTRA est quod Apostolus, 1Cor 12, enumeratis gratiis gratis datis, subdit v. 31: *Adhuc excellentiorem viam vobis demonstro*: et sicut per subsequentia patet, loquitur de caritate, quae pertinet ad gratiam gratum facientem. Ergo gratia gratum faciens excellentior est quam gratia gratis data.

se deve crer para obter a vida eterna; e outra coisa é saber por estas luzes vir em ajuda às almas piedosas e defendê-las contra os ímpios".

ARTIGO 5
A graça gratuitamente dada é mais digna do que a graça que torna agradável a Deus?

QUANTO AO QUINTO, ASSIM SE PROCEDE: parece que a graça gratuitamente dada é mais digna do que a graça que torna agradável a Deus.

1. Com efeito, "o bem do conjunto, como diz o Filósofo, é melhor do que o bem de um só. "Ora, a graça que torna agradável a Deus ordena-se somente ao bem do indivíduo, enquanto que a graça gratuitamente dada visa ao bem comum de toda a Igreja. Logo, a graça gratuitamente dada é mais digna do que a graça que torna agradável a Deus.

2. ALÉM DISSO, é melhor poder agir sobre outrem do que somente aperfeicoar-se a si mesmo. Assim como é maior a claridade de um corpo que pode também iluminar outros corpos, do que aquele que tem o brilho em si, e não pode iluminar os outros. Por isso, disse o Filósofo que "a justiça é a mais preclara das virtudes", porque por ela o homem se comporta retamente também com os outros. Ora, pela graça que torna agradável a Deus, o homem se aperfeiçoa em si mesmo, enquanto que a graça gratuitamente dada faz com que ele se aplique na perfeição dos outros. Logo, esta última é mais digna.

3. ADEMAIS, o que é próprio dos melhores, é mais digno do que aquilo que é comum a todos. Assim, o raciocinar que é próprio do homem, é mais digno do que sentir que é comum a todos os animais. Ora, a graça que torna agradável é comum a todos os membros da Igreja. A graça gratuitamente dada, ao contrário, é um dom própria de membros da Igreja mais dignos. Logo, a graça gratuitamente dada é mais digna.

EM SENTIDO CONTRÁRIO, o Apóstolo, depois de enumerar as graças gratuitamente dadas acrescenta: "Vou mostrar-vos um caminho ainda mais perfeito". E como fica claro pelo que segue, fala da caridade que se refere à graça que torna agradável a Deus. Portanto, a graça que torna agradável a Deus é superior à graça gratuitamente dada.

5

1. C. 1: 1094, b, 8-11.
2. Art. 1, 4.
3. C. 3: 1129, b, 27-1130, a, 8.

RESPONDEO dicendum quod unaquaeque virtus tanto excellentior est, quanto ad altius bonum ordinatur. Semper autem finis potior est his quae sunt ad finem. Gratia autem gratum faciens ordinat hominem immediate ad coniunctionem ultimi finis. Gratiae autem gratis datae ordinant hominem ad quaedam praeparatoria finis ultimi: sicut per prophetiam et miracula et alia huiusmodi homines inducuntur ad hoc quod ultimo fini coniungantur. Et ideo gratia gratum faciens est multo excellentior quam gratia gratis data.

AD PRIMUM ergo dicendum quod, sicut Philosophus dicit, in XII *Metaphys.*[4], bonum multitudinis, sicut exercitus, est duplex. Unum quidem quod est in ipsa multitudine: puta ordo exercitus. Aliud autem quod est separatum a multitudine, sicut bonum ducis: et hoc melius est, quia ad hoc etiam illud aliud ordinatur. Gratia autem gratis data ordinatur ad bonum commune Ecclesiae quod est ordo ecclesiasticus: sed gratia gratum faciens ordinatur ad bonum commune separatum, quod est ipse Deus. Et ideo gratia gratum faciens est nobilior.

AD SECUNDUM dicendum quod, si gratia gratis data posset hoc agere in altero quod homo per gratiam gratum facientem consequitur, sequeretur quod gratia gratis data esset nobilior: sicut excellentior est claritas solis illuminantis quam corporis illuminati. Sed per gratiam gratis datam homo non potest causare in alio coiunctionem ad Deum, quam ipse habet per gratiam gratum facientem; sed causat quasdam dispositiones ad hoc. Et ideo non oportet quod gratia gratis data sit excellentior: sicut nec in igne calor manifestativus speciei eius, per quam agit ad inducendum calorem in alia, est nobilior quam forma substantialis ipsius.

AD TERTIUM dicendum quod sentire ordinatur ad ratiocinari sicut ad finem: et ideo ratiocinari est nobilius. Hic autem est e converso: quia id quod est proprium, ordinatur ad id quod est commune sicut ad finem. Unde non est simile.

RESPONDO. Uma virtude é tanto mais excelente na medida em que se ordena a um bem mais elevado. Pois sempre o fim está acima daquilo que é apenas um meio em vista do fim. Ora, a graça que torna agradável a Deus ordena o homem imediatamente à união com o fim último. As graças gratuitamente dadas, ao contrário, ordenam o homem ao que é uma preparação para o fim último. Assim, a profecia, o milagre e tudo o que é do mesmo gênero nos levam ao que une ao fim último. Eis porque a graça que torna agradável a Deus é bem superior à graça gratuitamente dada.

QUANTO AO 1º, portanto, deve-se dizer que segundo o Filósofo, o bem da multidão, por exemplo o exército, é duplo. Um que reside na própria multidão, por exemplo, a organização deste exército, e outro que é distinto da multidão, por exemplo, o bem do chefe. Este último bem é o mais importante, porque a ele se ordena aquele outro. Ora, a graça gratuita ordena-se ao bem comum da Igreja que é a ordem eclesiástica. Mas a graça que torna agradável a Deus ordena-se a um bem comum distinto que é o próprio Deus. Eis porque a graça que torna agradável a Deus é mais nobre.

QUANTO AO 2º, deve-se dizer que se a graça gratuita pudesse realizar no outro aquilo que a graça que torna agradável a Deus realiza naquele que a recebe, a graça gratuita seria superior. Assim a claridade do sol que ilumina é melhor do que aquela do corpo clareado. Mas, é impossível que alguém favorecido com a graça gratuita produza em outro esta união com Deus que lhe traz a graça que torna agradável a Deus. O que ela causa são algumas disposições a esta união. Eis porque a graça gratuitamente dada não deve ter o primeiro lugar. Igualmente quando se trata do fogo, o calor, que manifesta sua natureza especial e difunde a ação ao redor, não é por isso mais importante do que a forma substancial do próprio fogo.

QUANTO AO 3º, deve-se dizer que o sentir ordena-se ao raciocinar como ao fim, e por isso o raciocinar é mais nobre. Mas no caso presente a ordem é inversa. O que é próprio ordena-se ao que é comum, como ao fim. Não há, portanto, comparação possível.

4. C. 10: 1075, a, 11-15.

QUAESTIO CXII

DE CAUSA GRATIAE

in quinque articulos divisa

Deinde considerandum est de causa gratiae. Et circa hoc quaeruntur quinque.

Primo: utrum solus Deus sit causa efficiens gratiae.

Segundo: utrum requiratur aliqua dispositio ad gratiam ex parte recipientis ipsam, per actum liberi arbitrii.

Tertio: utrum talis dispositio possit esse necessitas ad gratiam.

Quarto: utrum gratia sit aequalis in omnibus.

Quinto: utrum aliquis possit scire se habere gratiam.

ARTICULUS 1

Utrum solus Deus sit causa gratiae

AD PRIMUM SIC PROCEDITUR. Videtur quod non solus Deus sit causa gratiae.

1. Dicitur enim Io 17: *Gratia et veritas per Iesum Christum facta est*. Sed in nomine Iesu Christi intelligitur non solum natura divina assumens, sed etiam natura creata assumpta. Ergo aliqua creatura potest esse causa gratiae.

2. PRAETEREA, ista differentia ponitur inter sacramenta novae legis et veteris, quod sacramenta novae legis causant gratiam, quam sacramenta veteris legis solum significant. Sed sacramenta novae legis sunt quaedam visibilia elementa. Ergo non solus Deus est causa gratiae.

3. PRAETEREA, secundum Dionysium, in libro *Cael Hier*.[1], angeli purgant et illuminant et perficiunt et angelos inferiores et etiam homines. Sed rationalis creatura purgatur, illuminatur et perficitur per gratiam. Ergo non solus Deus est causa gratiae.

SED CONTRA est quod in Ps 83,12 dicitur: *Gratiam et gloriam dabit Dominus*.

RESPONDEO dicendum quod nulla res agere potest ultra suam speciem: quia semper oportet quod causa potior sit effectu. Donum autem gratiae excedit omnem facultatem naturae creatae: cum nihil aliud sit quam quaedam participatio divinae naturae, quae excedit omnem aliam naturam. Et

QUESTÃO 112

A CAUSA DA GRAÇA

em cinco artigos

Agora é preciso considerar a causa da graça. Sobre isso, são cinco as perguntas:

1. Somente Deus é a causa eficiente da graça?
2. Há naquele que recebe a graça uma disposição requerida e que se realiza por um ato do livre-arbítrio?
3. Uma tal disposição acarreta necessariamente a vinda da graça?
4. A graça é igual em todos.
5. Pode alguém saber que possui a graça?

ARTIGO 1

Somente Deus é causa da graça?

QUANTO AO PRIMEIRO ARTIGO, ASSIM SE PROCEDE: parece que **não** é somente Deus a causa da graça.

1. Com efeito, diz-se no Evangelho de João: "A graça e a verdade vieram por Jesus Cristo". Ora, este nome de Jesus Cristo não designa somente a natureza divina que assume, mas também a natureza criada assumida. Logo, pode haver uma criatura que seja a causa da graça.

2. ALÉM DISSO, entre os sacramentos da nova lei e os da antiga afirma-se esta diferença: os da nova lei causam a graça, aqueles da antiga lei apenas significam. Ora, os sacramentos da nova lei são elementos visíveis. Logo, Deus não é a única causa da graça.

3. ADEMAIS, Dionísio afirma que os anjos purificam, iluminam e aperfeiçoam os anjos inferiores, e também os homens. Ora, é pela graça que a criatura racional se torna purificada, iluminada e aperfeiçoada. Logo, Deus não é o único a ser causa da graça.

EM SENTIDO CONTRÁRIO, está dito no Salmo: "É o Senhor que dará a graça e a glória".

RESPONDO. Nenhuma coisa pode agir além dos limites de sua espécie. Pois, é sempre necessário que a causa seja superior ao efeito. Ora, o dom da graça ultrapassa toda a potência da natureza criada. Com efeito, a graça é uma participação na natureza divina, a qual ultrapassa toda outra

1 PARALL.: Part. III, q. 62, a. 1; q. 64, a. 1; I *Sent*., dist. 14, part. 1, q. 3; dist. 40, q. 4, a. 2, ad 3; II, dist. 26, a. 2; IV, dist. 5, q. 1, a. 3, q.la 1; *De Verit*., q. 27, a. 3; *ad Rom*., c. 5, lect. 1.

1. Cc. 3, 4, 7, 8: MG 3, 165 B, 181 A, 209 CD, 240 C.

ideo impossibile est quod aliqua creatura gratiam causet. Sic enim necesse est quod solus Deus deificet, communicando consortium divinae naturae per quandam similitudinis participationem, sicut impossibile est quod aliquid igniat nisi solus ignis.

AD PRIMUM ergo dicendum quod humanitas Christi est *sicut quoddam organum divinitatis eius*; ut Damascenus dicit, in III libro[2]. Instrumentum autem non agit actionem agentis principalis propria virtute, sed virtute principalis agentis. Et ideo humanitas Christi non causat gratiam propria virtute, sed virtute divinitatis adiunctae, ex qua actiones humanitatis Christi sunt salutares.

AD SECUNDUM dicendum quod, sicut in ipsa persona Christi humanitas causat salutem nostram per gratiam, virtute divina principaliter operante; ita etiam in sacramentis novae legis, quae derivantur a Christo, causatur gratia instrumentaliter quidem per ipsa sacramenta, sed principaliter per virtutem Spiritus Sancti in sacramentis operantis; secundum illud Io 3,5: *Nisi quis renatus fuerit ex aqua et Spiritu Sancto*, etc.

AD TERTIUM dicendum quod angelus purgat, illuminat et perficit angelum vel hominem, per modum instructionis cuiusdam: non autem iustificando per gratiam. Unde Dionysius dicit, 7 cap. *de Div. Nom.*[3], quod huiusmodi *purgatio, illuminatio et perfectio nihil est aliud quam divinae scientiae assumptio*.

natureza. Eis por que nenhuma criatura pode ser causa da graça. Somente Deus pode deificar, comunicando um consórcio com a natureza divina, por uma participação de semelhança. Do mesmo modo, somente o fogo e nenhuma outra coisa pode queimar.

QUANTO AO 1º, portanto, deve-se dizer que a humanidade de Cristo é, segundo Damasceno, "uma espécie de instrumento de sua divindade". Ora, não é por seu próprio poder que o instrumento realiza a ação do agente principal, mas em virtude deste agente. Não é, portanto, por seu próprio poder que a humanidade de Cristo produz a graça, mas pela virtude mesma da divindade à qual ela está unida e que dá às obras da humanidade de Cristo que sejam salvadoras.

QUANTO AO 2º, deve-se dizer que na pessoa de Cristo, a humanidade causa nossa salvação pela graça, sob a ação da potência divina que é o agente principal. Também os sacramentos da nova lei que derivam de Cristo são eles mesmos a causa instrumental da graça, mas a causa principal é a virtude do Espírito Santo que opera neles, segundo o Evangelho de João: "Se alguém não renascer da água e do Espírito Santo etc.".

QUANTO AO 3º, deve-se dizer que se o anjo purifica, ilumina e aperfeiçoa um outro anjo e mesmo o homem, é instruindo-o de uma certa maneira, e não justificando pela graça. Também Dionísio diz que "esta purificação, esta iluminação e este aperfeiçoamento nada mais são do que a recepção da ciência divina".

ARTICULUS 2

Utrum requiratur aliqua praeparatio sive dispositio ad gratiam ex parte hominis

AD SECUNDUM SIC PROCEDITUR. Videtur quod non requiratur aliqua praeparatio sive dispositio ad gratiam ex parte hominis.

1. Quia ut Apostolus dicit, Rm 4,4, *ei qui operatur, merces non imputatur secundum gratiam, sed secundum debitum*. Sed praeparatio hominis per liberum arbitrium non est nisi per aliquam operationem. Ergo tolleretur ratio gratiae.

2. PRAETEREA, ille qui in peccato progreditur, non se praeparat ad gratiam habendam. Sed aliquibus in peccato progredientibus data est gratia:

ARTIGO 2

Uma preparação ou uma disposição para a graça é requerida da parte do homem?

QUANTO AO SEGUNDO, ASSIM SE PROCEDE: parece que **não** se requer uma preparação, ou disposição para a graça da parte do homem.

1. Com efeito, o Apóstolo diz: "A quem faz o trabalho, o salário não é considerado gratificação, mas uma dívida". Ora, preparar-se pelo livre-arbítrio só é possível por uma ação. Logo, se destruiria a razão da graça.

2. ALÉM DISSO, aquele que progride no pecado não se prepara para a graça. Ora, a graça é dada aos que progridem no pecado. Tal foi o caso

2. *De fide orth.*, l. III, c. 19: MG 94, 1080 B.
3. *Cael. Hier.*, c. 7: MG 3, 209 C.

2 PARALL.: Q. sq., a. 3; IV *Sent.*, dist. 17, a. 2, q.la 1, 2; in *Ioan.*, c. 4, lect. 2; *ad Heb.*, c. 12, lect. 3.

sicut patet de Paulo, qui gratiam consecutus est dum esset *spirans minarum et caedis in discipulos Domini*, ut dicitur Act 9,1. Ergo nulla praeparatio ad gratiam requiritur ex parte hominis.

3. PRAETEREA, agens infinitae virtutis non requirit dispositionem in materia: cum nec ipsam materiam requirat, sicut in creatione apparet; cui collatio gratiae comparatur, quae dicitum *nova creatura, ad* Gl ult.,15. Sed solus Deus, qui est infinitae virtutis, gratiam causat, ut dictum est[1]. Ergo nulla praeparatio requiritur ex parte hominis ad gratiam consequendam.

SED CONTRA est quod dicitur Am 4,12: *Praeparare in occursum Dei tui, Israel*. Et 1Reg 7,3 dicitur: *Praeparate corda vestra Domino*.

RESPONDEO dicendum quod, sicut supra[2] dictum est, gratia dupliciter dicitur: quandoque quidem ipsum habituale donum Dei; quandoque autem ipsum auxilium Dei moventis animam ad bonum. Primo igitur modo accipiendo gratiam, praeexigitur ad gratiam aliqua gratiae praeparatio: quia nulla forma potest esse nisi in materia disposita. Sed si loquamur de gratia secundum quod significat auxilium Dei moventis ad bonum, sic nulla praeparatio requiritur ex parte hominis quasi praeveniens divinum auxilium: sed potius quaecumque praeparatio in homine esse potest, est ex auxilio Dei moventis animam ad bonum. Et secundum hoc, ipse bonus motus liberi arbitrii quo quis praeparatur ad donum gratiae suscipiendum, est actus liberi arbitrii moti a Deo: et quantum ad hoc, dicitur homo se praeparare, secundum illud Pr 16,1: *Hominis est praeparare animum*. Et est principaliter a Deo movente liberum arbitrium: et secundum hoc, dicitur *a Deo voluntas hominis praeparari* Pr 8,35 et *a Domino gressus hominis dirigi* Ps 36,23.

AD PRIMUM ergo dicendum quod praeparatio hominis ad gratiam habendam, quaedam est simul cum ipsa infusione gratiae. Et talis operatio est quidem meritoria; sed non gratiae, quae iam habetur, sed gloriae, quae nondum habetur. — Est autem alia praeparatio gratiae imperfecta, quae aliquando praecedit donum gratiae gratum facientis, quae tamen est a Deo movente. Sed ista non sufficit ad meritum, nondum homine per gratiam

de Paulo que recebeu a graça no momento em que "respirava ameaças e massacres contra os discípulos do Senhor", como dizem os Atos dos Apóstolos. Logo, nenhuma preparação para a graça é requerida da parte do homem.

3. ADEMAIS, um agente de poder infinito não precisa de uma disposição na matéria. Pois, nem mesmo requer a matéria como se vê na criação. É exatamente à criação que se compara a infusão da graça que é dita "nova criatura", na Carta aos Gálatas. Ora, Deus, único que causa a graça, como foi dito, possui um poder infinito. Logo, não é preciso uma preparação da parte do homem para conseguir a graça.

EM SENTIDO CONTRÁRIO, lê-se no livro de Amós: "Prepara-te, Israel, para o encontro com teu Deus". E o livro dos Reis diz: "Preparai vossos corações para o Senhor".

RESPONDO. Foi dito acima que há duas espécies de graça: o dom habitual de Deus, e o auxílio de Deus que move a alma para o bem. Se se considera o dom habitual, ele exige em nós uma preparação, porque não pode haver nenhuma forma senão na matéria disposta. Se se fala do auxílio de Deus que move para o bem, nenhuma preparação, anterior a este auxílio de Deus, é requerida da parte do homem. Até mais, toda preparação que se possa encontrar no homem já vem do auxílio de Deus que move a alma para o bem. E este movimento bom do livre-arbítrio, pelo qual prepara-se para receber o dom da graça, é um ato do livre-arbítrio realizado sob a ação de Deus. É neste sentido que se pode dizer que alguém se prepara, segundo a palavra do livro dos Provérbios: "Compete ao homem preparar sua alma". Mas, é Deus, causa principal, que move o livre-arbítrio. Eis por que está escrito: "É Deus que prepara a vontade do homem"; e, "é o Senhor que dirige os seus passos".

QUANTO AO 1º, portanto, deve-se dizer que há uma preparação para a graça que se realiza ao mesmo tempo que a infusão da graça. Esta ação, é certamente meritória, não porém da graça que já se possui, mas da glória que ainda não possui. — Por outro lado, há uma outra preparação para a graça, esta imperfeita, que por vezes precede o dom da graça que torna agradável a Deus, e que entretanto supõe a moção divina. Mas esta preparação não

1. Art. praec.
2. Q. 109, a. 2, 3, 6, 9; q. 110, a. 2; q. 111, a. 2.

iustificato: quia nullum meritum potest esse nisi ex gratia, ut infra[3] dicetur.

Ad secundum dicendum quod, cum homo ad gratiam se praeparare non possit nisi Deo eum praeveniente et movente ad bonum, non refert utrum subito vel paulatim aliquis ad perfectam praeparationem perveniat: dicitur enim Eccli 11,23, quod *facile est in oculis Dei subito honestare pauperem*. Contingit autem quandoque quod Deus movet hominem ad aliquod bonum, non tamen perfectum: et talis praeparatio praecedit gratiam. Sed quandoque statim perfecte movet ipsum ad bonum, et subito homo gratiam accipit; secundum illud Io 6,45: *Omnis qui audivit a Patre et didicit, venit ad me*. Et ita contigit Paulo: quia subito, cum eset in progressu peccati, perfecte motum est cor eius a Deo, audiendo et addiscendo et veniendo; et ideo subito est gratiam consecutus.

Ad tertium dicendum quod agens infinitae virtutis non exigit materiam, vel dispositionem materiae, quasi praesuppositam ex alterius causae actione. Sed tamen oportet quod, secundum conditionem rei causandae, in ipsa re causet et materiam et dispositionem debitam ad formam. Et similiter ad hoc quod Deus gratiam infundat animae, nulla praeparatio exigitur quam ipse non faciat.

é suficiente para o mérito, porque o homem não está ainda justificado pela graça, e não pode haver mérito sem a graça, como se verá abaixo.

Quanto ao 2º, deve-se dizer que uma vez que ninguém pode se preparar para a graça sem que Deus o previna e o mova para o bem, pouco importa que se chegue rapidamente ou aos poucos a esta preparação completa. Está dito no livro do Eclesiástico: "É fácil aos olhos de Deus enriquecer subitamente o que é pobre". Acontece, portanto, às vezes que a moção divina leva o homem a um certo bem, mas não perfeito. Tal preparação precede a graça. Mas, às vezes a moção divina leva ao bem perfeito e então, o homem recebe a graça imediatamente, de acordo com esta palavra de João: "Quem ouve o Pai e recebe seu ensinamento vem a mim". E este é o caso de Paulo. Subitamente, quando até progredia no pecado, seu coração recebeu em sua perfeição a moção divina: ele ouviu, escutou e veio, e por isso recebeu a graça de modo súbito.

Quanto ao 3º, deve-se dizer que o agente que possui uma força infinita não tem necessidade de uma matéria, ou uma disposição da matéria que seja pressuposta e que venha da ação de uma outra causa. Mas, é preciso que, segundo a condição do que deve ser produzido, ele causa na própria coisa, a uma só vez, a matéria e a disposição devida para a forma. Igualmente, para que Deus infunda sua graça na alma, não é necessário nenhuma preparação da qual Deus não seja ele mesmo o autor.

Articulus 3

Utrum necessario detur gratia se praeparanti ad gratiam, vel facienti quod in se est

Ad tertium sic proceditur. Videtur quod ex necessitate detur gratia se praeparanti ad gratiam, vel facienti quod in se est.

1. Quia super illud Rm 5,1, *Iustificati ex fide pacem habeamus* etc., dicit Glossa[1]: *Deus recipit eum qui ad se confugit: aliter esset in eo iniquitas*. Sed impossibile est in Deo iniquitatem esse. Ergo impossibile est quod Deus non recipiat eum qui ad se confugit. Ex necessitate igitur gratiam assequitur.

Artigo 3

A graça é dada necessariamente a quem se preparar ou fizer o que está em seu poder?

Quanto ao terceiro, assim se procede: parece que a graça **é dada** necessariamente a quem a ela se preparou ou fez o que está em seu poder.

1. Com efeito, sobre as palavras da Carta aos Romanos: "Justificados pela fé tenhamos paz etc.", a Glosa diz: "Deus recebe aquele que nele se refugia; sem o que haveria iniquidade em Deus". Ora, é impossível haver iniquidade em Deus. Logo, é impossível que Deus não receba aquele que nele se refugia. E, portanto, este necessariamente alcança a graça.

3. Q. 114, a. 2.

3 Parall.: IV *Sent.*, dist. 17, q. 1, a. 2, q.la 3.

1. Ordin., super *Rom.* 3, 22: ML 114, 480 B; Lombardi, super *Rom.*, 3, 21: ML 191, 1360 B.

2. PRAETEREA, Anselmus dicit, in libro *de Casu Diaboli*[2], quod ista est causa quare Deus non concedit diabolo gratiam, quia ipse non voluit accipere, nec paratus fuit. Sed remota causa, necesse est removeri effectum. Ergo si aliquis velit accipere gratiam, necesse est quod ei detur.

3. PRAETEREA, bonum est communicativum sui; ut patet per Dionysium, in 4 cap. *de Div. Nom*[3]. Sed bonum gratiae est melius quam bonum naturae. Cum igitur forma naturalis ex necessitate adveniat materiae dispositae, videtur quod multo magis gratia ex necessitate detur praeparanti se ad gratiam.

SED CONTRA est quod homo comparatur ad Deum sicut lutum ad figulum; secundum illud Ier 18,6: *Sicut lutum in manu figuli, sic vos in manu mea*. Sed lutum non ex necessitate accipit formam a figulo, quantumcumque sit praeparatum. Ergo neque homo recipit ex necessitate gratiam a Deo, quantumcumque se praeparet.

RESPONDEO dicendum quod, sicut supra[4] dictum est, praeparatio ad hominis gratiam est a Deo sicut a movente, a libero autem arbitrio sicut a moto. Potest igitur praeparatio dupliciter considerari. Uno quidem modo, secundum quod est a libero arbitrio. Et secundum hoc, nullam necessitatem habet ad gratiae consecutionem: quia donum gratiae excedit omnem praeparationem virtutis humanae. — Alio modo potest considerari secundum quod est a Deo movente. Et tunc habet necessitatem ad id ad quod ordinatur a Deo, non quidem coactionis, sed infallibilitatis: quia intentio Dei deficere non potest; secundum quod et Augustinus dicit, in libro *de Praedest. Sanct.*[5], quod *per beneficia Dei certissime liberantur quicumque liberantur*. Unde si ex intentione Dei moventis est quod homo cuius cor movet, gratiam consequatur, infallibiliter ipsam consequitur; secundum illud Io 6,45: *Omnis qui audivit a Patre et didicit, venit ad me*.

2. ALÉM DISSO, Anselmo diz que a causa porque Deus não concedeu a graça ao diabo foi porque não a quis receber, e nem estava preparado. Ora, se se retira a causa, o efeito desaparece. Logo, quando alguém quer receber a graça, necessariamente esta deve lhe ser dada.

3. ADEMAIS, o bem tende a se comunicar como demonstra Dionísio. Ora, o bem da graça é melhor do que o bem da natureza. Logo, como a forma natural advém necessariamente à matéria disposta, parece que, com maior razão, a graça é dada necessariamente ao que se prepara para ela.

EM SENTIDO CONTRÁRIO, o homem está para Deus como a argila para o oleiro. Jeremias diz: “Como a argila na mão do oleiro, assim estais vós em minha mão”. Ora, a argila, por mais preparada que seja, não recebe necessariamente uma forma do oleiro. Logo, seja qual for a preparação do homem, não se segue que ele receberá necessariamente a graça de Deus.

RESPONDO. A preparação do homem para a graça, como foi dito, é, ao mesmo tempo, obra de Deus que age como movente e do livre-arbítrio como movido. Esta preparação pode ser considerada de dois modos. Por um lado, ela vem do livre-arbítrio. Deste ponto de vista, se a graça se segue, não há entre ambos nenhuma ligação necessária. Pois, o dom da graça ultrapassa o alcance de toda preparação humana. — Por outro lado, esta preparação é obra da moção divina. E assim, atinge, necessariamente, o resultado a que ordenou, não por coação mas por infalibilidade, porque a intenção de Deus não pode falhar. Assim, Agostinho diz que “aqueles que Deus salva o são certissimamente por seus benefícios”. Eis porque se está na intenção de Deus, agindo no coração humano, que alguém chegue à graça, este a alcança infalivelmente, segundo o Evangelho de João: “Todo o que ouviu a voz do Pai, e recebeu seu ensinamento, vem a mim”[a].

2. C. 3: ML 158, 328-329.
3. MG 3, 693 B.
4. Art. praec.
5. *De dono persev.*, al. l. II *De praedest. Sanct.*, c. 14, n. 35: ML 45, 1014.

a. A preparação determinante para a graça é o ato de conversão, que é simultaneamente o efeito da graça, como será mostrado na q. 113, a. 8. O vínculo que existe entre os atos preparatórios do livre-arbítrio e o dom da graça que produz conversão e, simultaneamente, torna o convertido agradável a Deus é de qualquer maneira contingente. Contudo, caso se considere esses atos preparatórios como suscitados e conduzidos pela moção divina que, segundo a intenção de Deus, liga-se à graça última da conversão, a intenção divina se cumpre certamente. Isto levanta o temível problema das graças que não se realizam: seria o caso de dizer que Deus não tinha a intenção que elas se realizassem? O problema já foi encontrado justamente a propósito desses atos divinos que se relacionam à salvação do homem, entre os quais o primeiro e principal é a intenção de salvar (I, q. 19, a. 6; q. 23: pode-se consultar as anotações desse texto). Lembremos somente que a intenção de salvar todos

AD PRIMUM ergo dicendum quod glossa illa loquitur de illo qui confugit ad Deum per actum meritorium liberi arbitrii iam per gratiam informati: quem si non reciperet, esset contra iustitiam quam ipse statuit. — Vel si refertur ad motum liberi arbitrii ante gratiam, loquitur secundum quod ipsum confugium hominis ad Deum est per motionem divinam: quam iustum est non deficere.

AD SECUNDUM dicendum quod defectus gratiae prima causa est ex nobis, sed collationis gratiae prima causa est a Deo; secundum illud Os 13,9: *Perditio tua, Israel: tantummodo ex me auxilium tuum.*

AD TERTIUM dicendum quod etiam in rebus naturalibus dispositio materiae non ex necessitate consequitur formam, nisi per virtutem agentis qui dispositionem causat.

QUANTO AO 1º, portanto, deve-se dizer que esta glosa fala do homem que se refugia em Deus por um ato meritório do livre-arbítrio já informado pela graça. Neste caso, é claro que se Deus não o recebesse, seria contra a justiça que ele mesmo estabeleceu. — Ou se se refere ao movimento do livre-arbítrio que precede a graça, diz que esse refugiar-se do homem em Deus é o resultado de uma moção divina. É justo, então, que ela não seja vã.

QUANTO AO 2º, deve-se dizer que quando a graça falta, a causa primeira desta falta está em nós. Quando, ao contrário, nos é dada, a causa primeira está em Deus. Oseias diz: "Tua é a perdição, Israel. Mas, teu auxílio está somente em mim".

QUANTO AO 3º, deve-se dizer que mesmo nas coisas naturais, a disposição da matéria não comporta necessariamente a forma senão pela ação do agente que causa esta disposição.

ARTICULUS 4

Utrum gratia sit maior in uno quam in alio

AD QUARTUM SIC PROCEDITUR. Videtur quod gratia non sit maior in uno quam in alio.

1. Gratia enim causatur in nobis ex dilectione divina, ut dictum est[1]. Sed Sap 6,8 dicitur: *Pusillum est et magnum ipse fecit, et aequaliter est illi cura de omnibus*. Ergo omnes aequaliter gratiam ab eo consequuntur.

2. PRAETEREA, ea quae in summo dicuntur, non recipiunt magis et minus. Sed gratia in summo dicitur: quia coiungit ultimo fini. Ergo non recipit magis et minus. Non ergo est maior in uno quam in alio.

3. PRAETEREA, gratia est vita animae, ut supra[2] dictum est. Sed vivere non dicitur secundum magis et minus. Ergo etiam neque gratia.

SED CONTRA est quod dicitur Eph 4,7: *Unicuique data est gratia secundum mensuram donationis Christi*. Quod autem mensurate datur, non omnibus aequaliter datur. Ergo non omnes aequalem gratiam habent.

ARTIGO 4

A graça é maior em um do que em outro?

QUANTO AO QUARTO, ASSIM SE PROCEDE: parece que a graça **não** é maior em um do que em outro.

1. Com efeito, é o amor de Deus por nós que causa a graça em nós, como foi dito. Ora, o livro da Sabedoria diz: "Ele faz o pequeno e o grande, e igualmente cuida de todos". Logo, todos alcançam a graça igualmente dele.

2. ALÉM DISSO, entre as coisas que se consideram supremas não há mais ou menos. Ora, a graça se considera suprema, porque leva ao fim último. Logo, não há mais ou menos em um do que em outro.

3. ADEMAIS, a graça, como foi dito, é a vida da alma. Ora, o viver não comporta mais e menos. Logo, nem a graça.

EM SENTIDO CONTRÁRIO, a Carta aos Efésios diz: "A graça foi dada a cada um segundo a medida do dom de Cristo". Ora, o que se dá segundo uma medida, não se dá igualmente a todos. Logo, nem todos têm a graça igualmente.

4

1. Q. 110, a. 1.
2. Q. 110, a. 1, ad 2.

e cada um dos homens está inscrita na vontade da encarnação e da redenção pela morte e a ressurreição de Cristo. Pecando, cada um pode contrariar a intenção divina. Afirmar que esta se realiza certamente só pode ser compreendido na perspectiva do presente da eternidade, no qual se situa, e que não afeta a sucessão à qual se submete no homem sua realização. Que Sto. Tomás sofra bastante aqui a influência de Sto. Agostinho já tivemos ocasião de notar. Mas, notamos também que as explicações por meio das quais se pode desprendê-lo dessa influência encontram nele o seu princípio. Talvez também em Sto. Agostinho!

RESPONDEO dicendum quod, sicut supra[3] dictum est, habitus duplicem magnitudinem habere potest: unam ex parte finis vel obiecti, secundum quod dicitur una virtus alia nobilior inquantum ad maius bonum ordinatur; aliam vero ex parte subiecti, quod magis vel minus participat habitum inhaerentem. Secundum igitur primam magnitudinem, gratia gratum faciens non potest esse maior et minor: quia gratia secundum sui rationem coiungit hominem summo bono, quod est Deus. Sed ex parte subiecti, gratia potest suscipere magis vel minus: prout scilicet unus perfectius illustratur a lumine gratiae quam alius.

Cuius diversitatis ratio quidem est aliqua ex parte praeparantis se ad gratiam: qui enim se magis ad gratiam praeparat, pleniorem gratiam accipit. Sed ex hac parte non potest accipi prima ratio huius diversitatis: quia praeparatio ad gratiam non est hominis inquantum liberum arbitrium eius praeparatur a Deo. Unde prima causa huius diversitatis accipienda est ex parte ipsius Dei, qui diversimode suae gratiae dona dispensat, ad hoc quod ex diversis gradibus pulchritudo et perfectio Ecclesiae consurgat: sicut etiam diversos gradus rerum instituit ut esset universum perfectum. Unde Apostolus, Eph 4, postquam dixerat 7, *Unicuique data est gratia secundum mensuram donationis Christi*, enumeratis diversis gratiis, subiungit 12: *ad consummationem sanctorum, in aedificationem corporis Christi*.

AD PRIMUM ergo dicendum quod cura divina dupliciter considerari potest. Uno modo, quantum ad ipsum divinum actum, qui est simplex et uniformis. Et secundum hoc, aequaliter se habet eius cura ad omnes: quia scilicet uno actu et simplici et maiora et minora dispensat. — Alio modo potest considerari ex parte eorum quae in creaturis ex divina cura proveniunt. Et secundum hoc invenitur inaequalitas: inquantum scilicet Deus sua cura quibusdam maiora, quibusdam minora providet dona.

AD SECUNDUM dicendum quod ratio illa procedit secundum primum modum magnitudinis gratiae. Non enim potest gratia secundum hoc maior esse, quod ad maius bonum ordinet: sed ex eo quod magis vel minus ordinat ad idem bonum magis vel minus participandum. Potest enim esse diversitas intensionis et remissionis secundum participationem subiecti, et in ipsa gratia et in finali gloria.

RESPONDO. Como foi dito acima, há uma dupla grandeza para o hábito. Uma depende de seu fim ou de seu objeto. Diz-se que uma virtude é mais nobre do que outra porque se ordena a um bem mais elevado. A outra vem do sujeito, segundo que este possua mais ou menos este hábito em si mesmo. Considerada em relação ao objeto, a graça que torna agradável a Deus não pode ser maior ou menor. Pois, sua razão é unir o homem ao soberano bem que é Deus. Mas, da parte do sujeito, a graça é susceptível de mais ou de menos. Alguém pode ser mais perfeitamente do que outro iluminado pelo luz da graça.

A razão da diversidade está da parte do que se prepara para a graça. Aquele que para ela se prepara melhor, a recebe com maior abundância. Mas, nisso não se deve encontrar a razão primeira desta diversidade. Pois, a preparação para a graça não se refere ao homem senão enquanto o seu livre-arbítrio é preparado por Deus. Portanto, a causa primeira desta diversidade deve ser procurada no próprio Deus, que dispensa os dons de sua graça de diversas maneiras, a fim de que, nesta variedade, a Igreja encontre beleza e perfeição, como ele estabeleceu os diversos graus das coisas para a perfeição do universo. É por isso que o Apóstolo, depois de dizer, "A cada um é dada a graça segundo a medida do dom de Cristo", e depois de ter enumerado as diversas graças, acrescenta: "em vista da perfeição dos santos, para a edificação do corpo de Cristo".

QUANTO AO 1º, portanto, deve-se dizer que este cuidado de Deus pode ser considerado sob duplo aspecto. Primeiro, o próprio ato de Deus, que é simples e sempre o mesmo. Deste ponto de vista, o cuidado de Deus é igual para todos. Pois, é por um único ato simples que ele outorga os seus dons tanto os maiores como os menores. — Depois, os bens que resultam para as criaturas. Deste ponto de vista, há desigualdade, na medida em que o cuidado divino faz a uns dons maiores do que aos outros.

QUANTO AO 2º, deve-se dizer que este argumento procede segundo a primeira maneira da grandeza da graça. A graça não pode ser maior no sentido que ela ordena a um bem superior. Mas, pode sê-lo pelo fato de que ordena, mais ou menos, a este bem sempre o mesmo, que deverá ser participado em uma medida maior ou menor. Há lugar, para uma diversidade de intensidade segundo o grau

3. Q. 52, a. 1, 2; q. 66, a. 1, 2.

AD TERTIUM dicendum quod vita naturalis pertinet ad substantiam hominis: et ideo non recipit magis et minus. Sed vitam gratiae participat homo accidentaliter: et ideo eam potest homo magis vel minus habere.

de participação do sujeito, quer se trate da própria graça ou da glória final.

QUANTO AO 3º, deve-se dizer que a vida natural pertence à substância do homem. E é por isso que não comporta mais ou menos. Mas, o homem participa da vida da graça de maneira acidental. Por isso o homem pode tê-la mais ou menos.

ARTICULUS 5

Utrum homo possit scire se habere gratiam

AD QUINTUM SIC PROCEDITUR. Videtur quod homo possit scire se habere gratiam.

1. Gratia enim est in anima per sui essentiam. Sed certissima cognitio animae est eorum quae sunt in anima per sui essentiam; ut patet per Augustinum, XII *super Gen. ad Litt*[1]. Ergo gratia certissime potest cognosci ab eo qui gratiam habet.

2. PRAETEREA, sicut scientia est donum Dei, ita et gratia. Sed qui ab eo scientiam accipit, scit se scientiam habere; secundum illud Sap 7,17: *Dominus dedit mihi horum quae sunt veram scientiam*. Ergo pari ratione qui accipit gratiam a Deo, scit se gratiam habere.

3. PRAETEREA, lumen est magis cognoscibile quam tenebra: quia secundum Apostolum, Eph 5,13, *omne quod manifestatur, lumen est*. Sed peccatum, quod est spiritualis tenebra, per certitudinem potest sciri ab eo qui habet peccatum. Ergo multo magis gratia, quae est spirituale lumen.

4. PRAETEREA, Apostolus dicit, 1Cor 2,12: *Nos autem non spiritum huius mundi accepimus, sed Spiritum qui a Deo est, ut sciamus quae a Deo donata sunt nobis*. Sed gratia est praecipuum donum Dei. Ergo homo qui accepit gratiam per Spiritum Sanctum, per eundem Spiritum scit gratiam esse sibi datam.

5. PRAETEREA, Gn 22,12, ex persona Domini dicitur ad Abraham: *Nunc cognovi quod timeas Dominum*: idest, *cognoscere te feci*. Loquitur autem ibi de timore casto, qui non est sine gratia. Ergo homo potest cognoscere se habere gratiam.

SED CONTRA est quod dicitur Eccle 9,1: *Nemo scit utrum sit dignus odio vel amore*. Sed gratia gratum faciens facit hominem dignum Dei amore.

ARTIGO 5

O homem pode saber que possui a graça?

QUANTO AO QUINTO, ASSIM SE PROCEDE: parece que o homem **pode** saber que possui a graça.

1. Com efeito, a graça está por sua essência na alma. Ora, toda realidade que se encontra por sua essência na alma, é conhecida com certeza absoluta. É o que resulta do ensinamento de Agostinho. Logo, quem possui a graça pode conhecê-la com certeza perfeita.

2. ALÉM DISSO, a graça é um dom de Deus do mesmo modo que a ciência. Ora, aquele ao qual Deus concede a ciência sabe que possui a ciência, segundo o livro da Sabedoria: "Ele me deu um conhecimento infalível do que existe". Logo, pela mesma razão quem recebe a graça de Deus sabe que possui a graça.

3. ADEMAIS, a luz é mais fácil de conhecer do que as trevas. "Tudo o que se vê é luz", segundo o Apóstolo. Ora, o pecado que são trevas espirituais é conhecido certamente por aquele que o cometeu. Logo, com maior razão, a graça é conhecida uma vez que é luz espiritual.

4. ADEMAIS, o Apóstolo diz: "Recebemos, não o espírito do mundo, mas o espírito de Deus, a fim de conhecer os dons que nos fez". Ora, a graça é o principal dom de Deus. Logo, alguém que recebe a graça do Espírito Santo, sabe por este mesmo Espírito que ela lhe foi dada.

5. ADEMAIS, no livro do Gênesis é dito a Abraão por parte do Senhor: "Sei que agora temes a Deus", o que quer dizer: "Eu te fiz conhecer". Ora, aqui se trata do temor que é bom e que não existe sem a graça. Logo, o homem pode saber que possui a graça.

EM SENTIDO CONTRÁRIO, segundo o livro do Eclesiastes: "Ninguém sabe se é digno de amor ou de ódio". Ora, pela graça que torna agradável

5 PARALL.: I *Sent.*, dist. 17, a. 4; III, dist. 23, q. 1, a. 2, ad 1; IV, dist. 9, q. 1, a. 3, q.la 2; dist. 21, q. 2, a. 2, ad 2; *De Verit.*, q. 10, a. 10; II *Cor.*, c. 12, lect. 1; c. 13, lect. 2.

1. Cc. 25, 31: ML 34, 475, 479.

Ergo nullus potest scire utrum habeat gratiam gratum facientem.

RESPONDEO dicendum quod tripliciter aliquid cognosci potest. Uno modo, per revelationem. Et hoc modo potest aliquis scire se habere gratiam. Revelat enim Deus hoc aliquando aliquibus ex speciali privilegio, ut securitatis gaudium etiam im hac vita in eis incipiat, et confidentius et fortius magnifica opera prosequantur, et mala praesentis vitae sustineant: sicut Paulo dictum est, II 1Cor 12,9: *Sufficit tibi gratia mea*.

Alio modo homo cognoscit aliquid per seipsum, et hoc certitudinaliter. Et sic nullus potest scire se habere gratiam. Certitudo enim non potest haberi de aliquo, nisi possit diiudicari per proprium principium: sic enim certitudo habetur de conclusionibus demonstrativis per indemonstrabilia universalia principia; nullus autem posset scire se habere scientiam alicuius conclusionis, si principium ignoraret. Principium autem gratiae, et obiectum eius, est ipse Deus, qui propter sui excellentiam est nobis ignotus; secundum illud Io 36,26: *Ecce, Deus magnus, vincens scientiam nostram*. Et ideo eius praesentia in nobis vel absentia per certitudinem cognosci non potest; secundum illud Io 9,11: *Si venerit ad me, non videbo eum: si autem abierit, non intelligam*. Et ideo homo non potest per certitudinem diiudicare utrum ipse habeat gratiam; secundum illud 1Cor 4,3sq: *Sed neque meipsum iudico: qui autem iudicat me, Dominus est*.

Tertio modo cognoscitur aliquid coniecturaliter per aliqua signa. Et hoc modo aliquis cognoscere potest se habere gratiam: inquantum scilicet percipit se delectari in Deo, et contemnere res mundanas; et inquantum homo non est conscius sibi alicuius peccati mortalis. Secundum quem modum potest intelligi quod habetur Ap 2,17, *Vincenti dabo manna abscondium, quod nemo novit nisi qui accipit*: quia scilicet ille qui accipit, per quandam experientiam dulcedinis novit, quam non experitur ille qui non accipit. ista tamen cognitio imperfecta est. Unde Apostolus dicit, 1Cor 4,4: *Nihil mihi conscius sum, sed non in hoc iustificatus sum*. Quia ut dicitur in Ps 18,13: *Delicta quis intelligit? Ab occultis meis munda me, Domine*.

a Deus o homem torna-se digno do amor de Deus. Logo, ninguém pode saber que possui a graça que o torna agradável.

RESPONDO. Há três maneiras de se conhecer uma realidade. Primeiro, por revelação. Por este meio pode-se saber que se tem a graça. Deus, com efeito, concede a certos privilegiados esta revelação, dando-lhes assim, mesmo desde esta vida, a alegria da segurança para que realizem com mais confiança e força grandes obras e que suportem com mais coragem os males desta vida. É assim que foi dito a Paulo: “Minha graça te é suficiente”.

Em segundo lugar, pode-se conhecer uma coisa por si mesma e com alguma certeza. Mas, deste modo, ninguém pode saber que possui a graça. Com efeito, para que haja certeza é preciso poder julgar segundo o princípio próprio do objeto a conhecer. Tem-se a certeza de uma conclusão demonstrável pelos princípios universais indemonstráveis. Mas, ninguém pode saber que possui a ciência de uma conclusão, se ignora o seu princípio. Ora, o princípio da graça, como seu objeto, é Deus que, por sua excelência, nos permanece desconhecido. “Deus é tão grande, diz o livro de Jó, que ele triunfa de nossa ciência”. Também sua presença em nós, como também sua ausência, não pode ser conhecida com certeza, como Jó ainda faz notar: “Se ele vem a mim, não o verei; se ele se retira, não perceberei”. É por isso que alguém não pode saber, de ciência certa, que possui a graça, segundo a primeira Carta aos Coríntios: “Não me julgo a mim mesmo. Quem me julga é o Senhor”.

Finalmente, um objeto pode ser conhecido na forma de conjecturas, de acordo com certos sinais. Desta maneira, alguém pode saber que possui a graça, enquanto constata que encontra sua felicidade em Deus e despreza os prazeres do mundo; e também que tem consciência de não ter nenhum pecado mortal. É neste sentido que se pode entender o livro do Apocalipse: “Ao vencedor darei o maná escondido, ignorado de todos, exceto daquele que o recebe”, porque aquele que recebe conhece a seu respeito pela doçura que experimenta, a qual não é experimentado por aquele que não recebe. Entretanto, este conhecimento é imperfeito. Donde o Apóstolo dizer: “Minha consciência não me reprova nada, mas não é isto que me justifica”. E a palavra do Salmo: “Quem conhece suas faltas? Purificai-me, Senhor, das que me são ocultas”.

AD PRIMUM ergo dicendum quod illa quae sunt per essentiam sui in anima, cognoscuntur experimentali cognitione, inquantum homo experitur per actus principia intrinseca: sicut voluntatem percipimus volendo, et vitam in operibus vitae.

AD SECUNDUM dicendum quod de ratione scientiae est quod homo certitudinem habeat de his quorum habet scientiam: et similiter de ratione fidel est quod homo sit certus de his quorum habet fidem. Et hoc ideo, quia certitudo pertinet ad perfectionem intellectus, in quo praedicta dona existunt. Et ideo quicumque habet scientiam vel fidem, certus est se habere. Non est autem similis ratio de gratia et caritate et aliis huiusmodi, quae perficiunt vim appetitivam.

AD TERTIUM dicendum quod peccatum habet pro principio et pro obiecto bonum commutabile, quod nobis est notum. Obiectum autem vel finis gratiae est nobis ignotum, propter sui luminis immensitatem; secundum illud 1Ti ult,16: *Lucem habitat inaccessibilem*.

AD QUARTUM dicendum quod Apostolus ibi loquitur de donis gloriae, quae sunt nobis data in spe, quae certisime cognoscimus per fidem; licet non conoscamus per certitudinem nos habere gratiam, per quam nos possumus ea promereri. — Vel potest dici quod loquitur de notitia privilegiata, quae est per revelationem. Unde subdit: *Nobis autem revelavit Deus per Spiritum Sanctum*.

AD QUINTUM dicendum quod illud etiam verbum Abrahae dictum, potest referri ad notitiam experimentalem, quae est per exhibitionem operis in opere enim illo quod fecerat Abraham, cognoscere potuit experimentaliter se Dei timorem habere. Vel potest etiam ad revelationem referri.

QUANTO AO 1º, portanto, deve-se dizer que aquilo que está por sua essência na alma é conhecido por um conhecimento experimental, enquanto o homem experimenta por meio de seus atos os princípios internos, do mesmo modo que percebemos a vontade no ato de querer, e a vida nas operações da vida[b].

QUANTO AO 2º, deve-se dizer que é da razão da ciência que o homem tenha a certeza do que tem ciência. Igualmente é da razão da fé que o homem esteja certo das verdades nas quais tem fé. A razão é que a certeza pertence à perfeição do intelecto, no qual os dons mencionados existem. Eis por que aquele que possui a ciência ou a fé está seguro que as possui. Mas, esta razão não vale para a graça, a caridade e os outros dons da mesma graça, que concorrem para a perfeição da potência apetitiva.

QUANTO AO 3º, deve-se dizer que o pecado tem por princípio e por objeto o bem mutável que nos é conhecido. Ao contrário, o objeto ou o fim da graça é por nós desconhecido, em razão da imensidade de sua luz, segundo a primeira Carta a Tito: "Ele habita em luz inacessível".

QUANTO AO 4º, deve-se dizer que o Apóstolo, no texto invocado pela objeção, fala dos dons da glória, que nos são dados em esperança e que conhecemos com uma certeza perfeita pela fé, se bem que não saibamos com certeza se possuímos a graça, que nos permite merecê-los. — Ou, então, pode-se dizer que fala do conhecimento privilegiado por meio da revelação, e por isso acrescenta: "Deus nos revelou pelo Espírito Santo".

QUANTO AO 5º, deve-se dizer que esta palavra dirigida a Abraão pode referir-se ao conhecimento experimental que se tem pela constatação da obra que Abraão fizera. Ele pôde saber por experiência que tinha o temor de Deus. Ou, então, pode referir-se a uma revelação.

b. Essa solução e a objeção que ela pretende resolver, relaciona-se ao imenso problema do conhecimento da alma por si mesma e à tomada de posição de Sto. Tomás sobre esse problema (ver I, q. 87, e também *De Veritate*, q. 10, a. 8): é por isso que ela é aqui tratada brevemente. O que está presente na alma por sua essência é a própria alma e o que dela faz parte. A graça faz parte da essência da alma? Sto. Tomás não se pronuncia sobre essa afirmação do objetante, sem dúvida porque isto o distanciaria demais de seu tema, pois se a graça não pertence, como é evidente, aos princípios constitutivos da alma, uma vez que ela é dada, ela não lhe permanece exterior do mesmo modo que um líquido permanece na superfície de um outro cuja densidade é maior do que a dele. Pelo contrário, ela penetra nas profundezas últimas da essência, sem contudo se misturar a ela. Mas Sto. Tomás se atém ao ponto preciso em consideração no artigo: que a graça esteja ou não presente por sua essência na pessoa agraciada, ela só pode ser conhecida pela mediação desses princípios e atos que dela procedem, do mesmo modo que a alma só se conhece pela mediação de seus atos. Ora, a graça tem sua fonte e seu termo no mistério de Deus, que, em virtude de sua transcendência, está infinitamente além da percepção, por espiritual que seja, da alma. Contudo, nem toda experiência espiritual de Deus e de sua presença está excluída, a partir do momento que se reconhece a sua obscuridade e incerteza. É o que aponta a terceira parte do corpo do artigo.

QUAESTIO CXII

DE EFFECTIBUS GRATIAE. ET PRIMO, DE IUSTIFICATIONE IMPII

in decem articulos divisa

Deinde considerandum est de effectibus gratiae.

Et primo, de iustificatione impii, quae est effectus gratiae operantis; secundo, de merito, quod est effectus gratiae cooperantis.

Circa primum quaeruntur decem.

Primo: quid sit iustificatio impii.

Secundo: utrum ad eam requiratur gratiae infusio.

Tertio: utrum ad eam requiratur aliquis motus liberi arbitrii.

Quarto: utrum ad eam requiratur motus fidei.

Quinto: utrum ad eam requiratur motus liberi arbitrii contra peccatum.

Sexto: utrum praemissis sit connumeranda remissio peccatorum.

Septimo: utrum in iustificatione impii sit ordo temporis, aut sit subito.

Octavo: de naturali ordine eorum quae ad iustificationem concurrunt.

Nono: utrum iustificatio impii sit maximum opus Dei.

Decimo: utrum iustificatio impii sit miraculosa.

QUESTÃO 113

OS EFEITOS DA GRAÇA. PRIMEIRO: A JUSTIFICAÇÃO DO ÍMPIO

em dez artigos

É preciso considerar os efeitos da graça. E primeiro, a justificação do ímpio, efeito da graça operante. Depois, o mérito, efeito da graça cooperante.

A respeito do primeiro, são dez as perguntas:

1. O que é a justificação do ímpio?
2. Requer a infusão da graça?
3. Requer algum movimento do livre-arbítrio?
4. Requer um movimento da fé?
5. Requer um movimento do livre-arbítrio contra o pecado?
6. Deve acrescentar a estas condições a remissão dos pecados?
7. Esta justificação do ímpio se realiza numa ordem temporal, ou se faz de modo súbito?
8. Qual a ordem natural dos elementos que concorrem para isso?
9. É a maior das obras de Deus?
10. É uma obra milagrosa?

ARTICULUS 1

Utrum iustificatio sit remissio peccatorum

AD PRIMUM SIC PROCEDITUR. Videtur quod iustificatio impii non sit remissio peccatorum.

1. Peccatum enim non solum iustitiae opponitur, sed omnibus virtutibus; ut ex supradictis[1] patet. Sed iustificatio significat motum quendam ad iustitiam. Non ergo omnis peccati remissio est iustificatio: cum omnis motus sit de contrario in contrarium.

2. PRAETEREA, ununquodque debet denominari ab eo quod est potissimum in ipso, ut dicitur in II *de Anima*[2]. Sed remissio peccatorum praecipue fit per fidem, secundum illud Act 15,9, *Fide purificans corda eorum*; et per caritatem, secundum illud Pr 10,12, *Universa delicta operit caritas*. Ma-

ARTIGO 1

A justificação é a remissão dos pecados?

QUANTO AO PRIMEIRO ARTIGO, ASSIM SE PROCEDE: parece que a justificação do ímpio **não** é a remissão dos pecados.

1. Com efeito, o pecado não se opõe somente à justiça, mas a todas as virtudes. Ora, a justificação significa um movimento para a justiça. Logo, não é toda remissão de pecado que se chama justificação, pois, todo movimento parte de um contrário para ir a outro contrário.

2. ALÉM DISSO, o nome deve ser escolhido segundo o que há de mais importante no objeto a nomear, como se diz no livro II da *Alma*. Ora, a remissão dos pecados se faz principalmente pela fé, segundo o livro dos Atos: "Purificando a fé seus corações", e pela caridade, segundo o

1 PARALL.: Infra, a. 6, ad 1; IV *Sent.*, dist. 17, q. 1, a. 1, q.la 1; *De Verit.*, q. 28, a. 1.

1. Q. 71, a. 1.
2. C. 4: 416, b, 23-25.

gis ergo remissio peccatorum debuit denominari a fide vel a caritate, quam a iustitia.

3. PRAETEREA, remissio peccatorum idem esse videtur quod vocatio: vocatur enim qui distat; distat autem aliquis a Deo per peccatum. Sed vocatio iustificationem praecedit; secundum illud Rm 8,30: *Quos vocavit, hos et iustificavit*. Ergo iustificatio non est remissio peccatorum.

SED CONTRA est quod, Rm 8,30 super illud, *Quos vocavit, hos et iustificavit*, dicit Glossa[3]: *remissione peccatorum*. Ergo remissio peccatorum est iustificatio.

RESPONDEO dicendum quod iustificatio passive accepta importat motum ad iustitiam; sicut et calefactio motum ad calorem. Cum autem iustitia de sui ratione importet quandam rectitudinem ordinis, dupliciter accipi potest. Uno modo, secundum quod importat ordinem rectum in ipso actu hominis. Et secundum hoc iustitia ponitur virtus quedam: sive sit particularis iustitia, quae ordinat actum hominis secundum rectitudinem in comparatione ad alium singularem hominem; sive sit iustitia legalis, quae ordinat secundum rectitudinem actum hominis in comparatione ad bonum commune multitudinis; ut patet in V *Ethic*[4].

Alio modo dicitur iustitia prout importat rectitudinem quandam ordinis in ipsa interiori dispositione hominis: prout scilicet supremum hominis subditur Deo, et inferiores vires animae subduntur supremae, scilicet ratione. Et hanc etiam dispositionem vocat Philosophus, in V *Ethic*[5], iustitiam *metaphorice dictam*. Haec autem iustita in homine potest fieri dupliciter. Uno quidem modo, per modum simplicis generationis, quae est ex privatione ad formam. Et hoc modo iustificatio posset competere ei qui non esset in peccato, dum huiusmodi iustitiam a Deo acciperet: sicut Adam dicitur accepisse originalem iustitiam.

Alio modo potest fieri huiusmodi iustitia in homine secundum rationem motus qui est de contrario in contrarium. Et secundum hoc, iustificatio importat transmutationem quandam de statu iniustitiae ad statum iustitiae praedictae. Et hoc modo loquimur hic de iustificatione impii; secundum illud Apostoli, Rm 4,5: *Ei qui non operatur, cre-*

livro dos Provérbios: "A caridade cobre todos os pecados". Logo, é pela fé e pela caridade que dever-se-ia denominar a remissão dos pecados, mais do que pela justiça.

3. ADEMAIS, remissão dos pecados parece dizer a mesma coisa que vocação, pois é quem está longe que se chama, e é o pecado que mantém longe de Deus. Ora, a vocação precede a justificação segundo a Carta aos Romanos: "Aqueles que chamou, ele os justificou". Logo, a justificação não é a remissão dos pecados.

EM SENTIDO CONTRÁRIO, é a respeito da Carta aos Romanos: "Aqueles que chamou, ele os justificou" que a Glosa diz: "Pela remissão dos pecados". Portanto, a remissão dos pecados é a justificação.

RESPONDO. A justificação, no sentido passivo, comporta um movimento para a justiça, como a calefação um movimento para o calor. Ora, como a justiça implica, em sua razão, uma retidão da ordem, pode ser compreendida de duas maneiras. Primeiro, enquanto implica a ordem reta no mesmo ato do homem. Assim compreendida a justiça é um virtude especial. Seja a justiça individual que ordena os atos do indivíduo em suas relações com os outros indivíduos. Seja a justiça legal que regulamenta estes atos em relação ao bem comum de muitos, como se vê no livro V da *Ética*.

Depois, enquanto implica uma retidão da ordem nas disposições interiores do homem pela submissão da parte mais nobre do homem a Deus e das potências inferiores da alma à mais nobre, a saber, à razão. O Filósofo chama esta disposição de justiça num sentido *metafórico*. Mas, esta espécie de justiça pode se realizar no homem de duas maneiras. Ou por simples geração, isto é, pela passagem da privação à fome. Neste caso, poder-se-ia falar de justificação mesmo para aquele que não se encontrasse em pecado e nestas condições recebesse esta justiça de Deus. É assim que se diz que Adão recebeu a justiça original.

Ou, então, a justiça pode realizar-se pela razão do movimento que vai de um contrário a outro contrário. Neste caso, a justificação será a passagem do estado de injustiça ao estado de justiça. Ora, é neste sentido que a compreendemos quando falamos da justificação do ímpio, segundo a expressão do Apóstolo: "Aquele que

3. Interl.; LOMBARDI: ML 191, 1450 D.
4. C. 3: 1129, b, 13-14; 1130, a, 14-16.
5. C. 15: 1138, b, 5-14.

denti autem in eum qui iustificat impium, etc. Et quia motus magis denominatur a termino ad quem quam a termino a quo ideo huiusmodi transmutatio, qua aliquis transmutatur a statu iniustitiae per remissionem peccati, sortitur nomen a termino ad quem, et vocatur iustificatio impii.

AD PRIMUM ergo dicendum quod omne peccatum, secundum quod importat quandam inordina tionem mentis non subditae Deo, iustitia potest dici praedictae iustitiae contraria; secundum illud 1Io 3,4: *Omnis qui facit peccatum, et iniquitatem facit: et peccatum est iniquitas*. Et secundum hoc, remotio cuiuslibet peccati dicitur iustificatio.

AD SECUNDUM dicendum quod fides et caritas dicunt ordinem specialem mentis humanae ad Deum secundum intellectum vel affectum. Sed iustitia importat generaliter totam rectitudinem ordinis. Et ideo magis denominatur huiusmodi transmutatio a iustitia quam a caritate vel fide.

AD TERTIUM dicendum quod vocatio refertur ad auxilium Dei interius moventis et excitantis mentem ad deserendum peccatum. Quae quidem motio Dei non est ipsa remissio peccati, sed causa eius.

não realiza obras, mas crê naquele que justifica o ímpio" etc. E, porque o movimento recebe mais o seu nome do fim para onde tende do que de seu ponto de partida, esta transformação, que faz sair pela remissão dos pecados do estado de injustiça, recebe o seu nome do termo no qual ela termina, e chama-se justificação do ímpio.

QUANTO AO 1º, portanto, deve-se dizer que todo pecado, pelo fato de implicar uma desordem da mente não submissa a Deus, merece ser chamado uma injustiça, em oposição àquela justiça da qual acabamos de falar, segundo a primeira Carta de João: "Todo o que comete o pecado, faz uma iniquidade, e o pecado é a iniquidade". Nesse sentido, sair de qualquer pecado chama-se justificação.

QUANTO AO 2º, deve-se dizer que a fé e a caridade indicam especialmente uma orientação da mente humana para Deus segundo o intelecto e as faculdades afetivas. A justiça, ao contrário, implica de modo geral a retidão inteira da ordem. Eis porque a mudança de que falamos recebe o nome mais da justiça do que da caridade ou da fé.

QUANTO AO 3º, deve-se dizer que a vocação, refere-se ao auxílio de Deus que move interiormente e excita a mente para fazê-la abandonar o pecado. Esta moção não é a remissão do pecado, mas é sua causa.

ARTICULUS 2

Utrum ad remissionem culpae, quae est iustificatio impii, requiratur gratiae infusio

AD SECUNDUM SIC PROCEDITUR. Videtur quod ad remissionem culpae, quae est iustificatio impii, non requiratur gratiae infusio.

1. Potest enim aliquis removeri ab uno contrario sine hoc quod perducatur ad alterum, si contraria sint mediata. Sed status culpae et status gratiae sunt contraria mediata: est enim medius status innocentiae, in quo homo nec gratiam habet nec culpam. Ergo potest alicui remitti culpa sine hoc quod perducatur ad gratiam.

2. PRAETEREA, remissio culpae consistit in reputatione divina; secundum illud Ps 31,2: *Beatus vir cui non imputavit Dominus peccatum*. Sed infusio gratiae ponit etiam aliquid in nobis, ut supra[1] habitum est. Ergo infusio gratiae non requiritur ad remissionem culpae.

ARTIGO 2

A remissão da culpa que é a justificação do ímpio requer a infusão da graça?

QUANTO AO SEGUNDO, ASSIM SE PROCEDE: parece que a remissão da culpa, que é a justificação do ímpio **não** requer a infusão da graça.

1. Com efeito, pode-se sair de um contrário, sem que por isso seja levado para outro, se esses contrários são intermediados. Ora, entre o estado de pecado e o estado de graça existe um intermediário, o estado de inocência, sem a graça e sem a culpa. Logo, pode alguém ser perdoado da culpa, sem que por isso seja levado à graça.

2. ALÉM DISSO, a remissão do pecado consiste em que Deus não leve mais em conta a culpa, segundo o Salmo: "Feliz daquele cuja culpa o Senhor não leva em conta". Ora, a infusão da graça acrescenta também algo a mais em nós, como já foi dito. Logo, a infusão da graça não é requerida para a remissão da culpa.

2 PARALL.: IV *Sent*., dist. 17, q. 1, a. 3, q.la 1; *De Verit*., q. 28, a. 2; *ad Ephes*., c. 5, lect. 5.

1. Q. 110, a. 1.

3. PRAETEREA, nullus subiicitur simul duobus contrariis. Sed quaedam peccata sunt contraria: sicut prodigalitas et illiberalitas. Ergo qui subiicitur peccato prodigalitatis, non simul subiicitur peccato illiberalitatis. Potest tamen contingere quod prius ei subiiciebatur. Ergo peccando vitio prodigalitatis, liberatur a peccato illiberalitatis. Et sic remittitur aliquod peccatum sine gratia.

SED CONTRA est quod dicitur Rm 3,24: *Iustificati gratis per gratiam ipsius.*

RESPONDEO dicendum quod homo peccando Deum offendit, sicut ex supradictis[2] patet. Offensa autem non remittitur alicui nisi per hoc quod animus offensi pacatur offendenti. Et ideo secundum hoc peccatum nobis remitti dicitur, quod Deus nobis pacatur. Quae quidem pax consistit in dilectione qua Deus nos diligit. Dilectio autem Dei, quantum est ex parte actus divini, est aeterna et immutabilis: sed quantum ad effectum quem nobis imprimit, quandoque interrumpitur, pront scilicet ab ipso quandoque deficimus et quandoque iterum recuperamus. Effectus autem divinae dilectionis in nobis qui per peccatum tollitur, est gratia, qua homo fit dignus vita aeterna, a qua peccatum mortale excludit. Et ideo non posset intelligi remissio culpae, nisi adesset infusio gratiae.

AD PRIMUM ergo dicendum quod plus requiritur ad hoc quod offendenti remittatur offensa, quam ad hoc quod simpliciter aliquis non offendens non habeatur odio. Potest enim apud homines contingere quod unus homo aliquem alium nec diligat nec odiat; sed si eum offendat, quod ei dimittat offensam, hoc non potest contingere absque speciali benevolentia. Benevolentia autem Dei ad hominem reparari dicitur per donum gratiae. Et ideo licet, antequam homo peccet, potuerit esse sine gratia et sine culpa; tamen post peccatum, non potest esse sine culpa nisi gratiam habeat.

3. ADEMAIS, ninguém se encontra ao mesmo tempo sob a ação de dois contrários. Ora, existem pecado opostos um ao outro, como ser pródigo e avarento. Portanto, se alguém cai no pecado da prodigalidade não cai, ao mesmo tempo, na avareza. Mas pode acontecer que alguém antes estava inclinado para ela. Neste caso, cedendo ao vício da prodigalidade, libertou-se do pecado de avareza. Portanto, desse modo perdoa-se um pecado sem a graça.

EM SENTIDO CONTRÁRIO, diz a Carta aos Romanos: "Eles são gratuitamente justificados por sua graça".

RESPONDO. Aquele que peca ofende a Deus, como já foi dito. Ora, uma ofensa não é perdoada a não ser que o ofendido seja aplacado em relação ao culpado. Se falamos da remissão de nossos pecados, é precisamente porque Deus está aplacado em relação a nós. Esta paz consiste no amor com o qual Deus nos ama. Este amor, enquanto ato divino, é eterno e imutável. Mas, em relação ao efeito que imprime em nós, ele se encontra por vezes suspenso, se nos afastamos dele ou se o reencontramos. Ora, o efeito do amor divino em nós, efeito que o pecado destrói, é a graça que nos torna dignos da vida eterna, da qual nos exclui o pecado mortal. E é por isso que a remissão dos pecados não pode ser compreendida sem que haja infusão da graça[a].

QUANTO AO 1º, portanto, deve-se dizer que para perdoar uma ofensa exige-se algo mais do que para simplesmente não odiar aquele que não ofendeu. Pode acontecer que alguém não tenha para com o semelhante nem amor nem ódio. Mas, se depois de ter recebido uma ofensa, ele a perdoa, isto só acontece por uma benevolência especial. Ora, a benevolência de Deus em relação ao homem diz-se que se recupera pelo dom da graça. É por isso que, antes do pecado, alguém poderia existir sem a graça ou o pecado. Mas, depois do pecado, não pode existir sem pecado a não ser que possua a graça.

2. Q. 71, a. 6; q. 87, a. 3 sqq.

a. Sto. Tomás recorre aqui a um princípio fundamental de sua criteriologia teológica: nós só podemos conhecer Deus a partir de seus efeitos, as criaturas, ou seja, como o termo de sua relação a ele (I, q. 12, a. 12). No entanto, essa relação somente é real na criatura, pois Deus é absolutamente imutável; na imóvel eternidade, ele não poderia adquirir uma determinação nova, mesmo que fosse uma simples relação: a relação de Deus com a criatura que responde à relação da criatura com Deus é e só pode ser uma relação de razão, e contudo o que digo de Deus por meio dessa relação é real (ver I, q. 13, a. 7, anotação). A aplicação desse princípio é feita aqui ao amor de Deus: em si mesmo ele é eterno e imutável; é a criatura que muda em relação a esse amor, de não amada tornando-se amada, ou inversamente. Todavia, é bem efetivamente que Deus ama aquele que não coloca obstáculos a seu amor, que não se desvia dele; é efetivamente que ele ama novamente aquele de quem ele perdoa o pecado. Mas, para que seja real, é preciso que, *pela virtude de seu amor*, uma mudança real tenha se produzido na criatura, que ela tenha se tornado objeto de seu amor. Essa mudança é efetivada pelo dom da graça, pois o amor de Deus é realizador, torna bom e digno de ser amado aquele que ele ama (I, q. 20, a. 2-4).

AD SECUNDUM dicendum quod, sicut dilectio Dei non solum consistit in actu voluntatis divinae, sed etiam importat quendam gratiae effectum, ut supra[3] dictum est; ita etiam et hoc quod est Deum non imputare peccatum homini, importat quendam effectum in ipso cuius peccatum non imputatur. Quod enim alicui non imputetur peccatum a Deo, ex divina dilectione procedit.

AD TERTIUM dicendum quod, sicut Augustinus dicit, in libro de *Nupiis et Concup*[4], *si a peccato desistere, hoc esset non habere peccatum, sufficeret ut hoc moneret Scriptura: "Fili, peccasti: non adiicias iterum". Non autem sufficit, sed additur: "Et de pristinis deprecare, ut remittantur"*.Transit enim peccatum actu, et remanet reatu, ut supra[5] dictum est. Et ideo cum aliquis a peccato unius vitii transit in peccatum contrarii vitii, desinit quidem habere actum praeteriti, sed non desinit habere reatum: unde simul habet reatum utriusque peccati. Non enim peccata sunt sibi contraria ex parte aversionis a Deo, ex qua parte peccatum reatum habet.

QUANTO AO 2º, deve-se dizer que assim como o amor de Deus não consiste somente em um ato de vontade divina, mas produz também o efeito graça, como foi dito acima, do mesmo modo o fato de que Deus não leva mais em conta o pecado do pecador produz um igual efeito naquele cujo pecado não é levado em conta. Pois, se Deus não leva mais em conta o pecado de alguém, isto procede do amor divino.

QUANTO AO 3º, deve-se dizer que Agostinho diz: "se desistir do pecado fosse apenas não ter pecado, bastaria que a Escritura advertisse: 'Meu filho, pecaste, não recomeces de novo'. Mas, isto não basta, e acrescenta: Tenha o cuidado de orar para que tuas faltas passadas te sejam perdoadas". O pecado, com efeito, é transitório quanto ao ato, mas permanece quanto ao reato, como foi dito. Eis porque, quando alguém, depois de ter pecado cedendo a tal vício, se põe a pecar caindo no vício contrário, o ato correspondente ao primeiro destes vícios cessou, mas o reato permanece, portanto há simultaneamente o reato de um e de outro pecado. O reato do pecado vem do fato da aversão a Deus, e deste ponto de vista não há nenhuma contrariedade entre os pecados.

ARTICULUS 3

Utrum ad iustificationem impii requiratur motus liberi arbitrii

AD TERTIUM SIC PROCEDITUR. Videtur quod ad iustificationem impii non requiratur motus liberi arbitrii.

1. Videmus enim quod per sacramentum baptismi iustificantur pueri absque motu liberi arbitrii, et etiam interdum adulti: dicit enim Augustinus, in IV *Confess*[1], quod cum quidam suus amicus laboraret febribus, *iacuit diu sine sensu in sudore letali; et dum desperaretur, baptizatus est nesciens, et recreatus est*; quod fit per gratiam iustificantem. Sed Deus potentiam suam non aliigavit sacramentis. Ergo etiam potest iustificare hominem sine sacramentis absque omni motu liberi arbitrii.

2. PRAETEREA, in dormiendo homo non habet usum rationis, sine quo non potest esse motus

ARTIGO 3

A justificação do ímpio requer o exercício do livre-arbítrio?

QUANTO AO TERCEIRO, ASSIM SE PROCEDE: parece que para a justificação do ímpio **não** se requer o exercício do livre-arbítrio.

1. Com efeito, as crianças são justificadas pelo sacramento do batismo sem o exercício do livre-arbítrio. Por vezes, isso acontece também com os adultos. Agostinho diz que um de seus amigos atingido pela febre "permaneceu muito tempo banhado num suor de morte e privado de conhecimento. Como perdia-se a esperança, conferiu-se-lhe o batismo sem que ele o soubesse, e ele foi regenerado", o que é o resultado da graça da justificação. Ora, Deus não limitou o seu poder aos sacramentos. Logo, pode justificar alguém fora da recepção dos sacramentos sem nenhum exercício do livre-arbítrio.

2. ALÉM DISSO, no sono o homem não tem o uso da razão, e sem o exercício da razão não há ação

3. Q. 110, a. 1.
4. L. I, c. 26: ML 44, 430.
5. Q. 87, a. 6; q. 109, a. 7 c.

3 PARALL.: II *Sent.*, dist. 27, a. 2, ad 7; IV, dist. 17, q. 1, a. 3, q.la 2; *De Verit.*, q. 28, a. 3, 4; in *Ioan.*, c. 4, lect. 2; *ad Ephes.*, c. 5, lect. 5.

1. C. 4, n. 8: ML 32, 696.

liberi arbitrii. Sed Salomon in dormiendo consecutus est a Deo donum sapientiae; ut habetur III Reg 3,5sqq, et 2Paral 1,7sqq. Ergo etiam, pari ratione, donum gratiae iustificantis quandoque datur homini a Deo absque motu liberi arbitrii.

3. PRAETEREA, per eandem causam gratia producitur in esse et conservatur: dicit enim Augustinus, VIII *super Gen. ad litt*[2], quod *ita se debet homo ad Deum convertere, ut ad illo semper fiat iustus*. Sed absque motu liberi arbitrii gratia in homine conservatur. Ergo absque motu liberi arbitrii potest a princípio infundi.

SED CONTRA est quod dicitur Io 6,45: *Omnis qui audit a Patre et didicit, venit ad me*. Sed discere non est sine motu liberi arbitrii: addiscens enim consentit docenti. Ergo nullus venit ad Deum per gratiam iustificantem absque motu liberi arbitrii.

RESPONDEO dicendum quod iustificatio impii fit Deo movente hominem ad iustitiam: ipse enim est *qui iustificat impium*, ut dicitur Rm 4,5. Deus autem movet omnia secundum modum uniuscuiusque: sicut in naturalibus videmus quod aliter moventur ab ipso gravia et aliter levia, propter diversam naturam utriusque. Unde et homines ad iustitiam movet secundum conditionem naturae humanae. Homo autem secundum propriam naturam habet quod sit liberi arbitrii. Et ideo in eo qui habet usum liberi arbitrii, non fit motio a Deo ad iustitiam absque motu liberi arbitrii, sed ita infundit donum gratiae iustificantis, quo etiam simul cum hoc movet liberum arbitrium ad donum gratiae acceptandum, in his qui sunt huius motionis capaces.

AD PRIMUM ergo dicendum quod pueri non sunt capaces motus liberi arbitrii, et ideo moventur a Deo ad iustitiam per solam informationem animae ipsorum. Non autem hoc fit sine sacramento: quia sicut peccatum originale, a quo iustificantur, non propria voluntate ad eos pervenit, sed per carnalem originem; ita etiam per spiritualem regenerationem a Christo in eos gratia derivatur. Et eadem ratio est de furiosis et amentibus qui nunquam usum liberi arbitrii habuerunt. Sed si quis aliquando habuerit usum liberi arbitrii, et postmodum eo careat vel per infirmitatem vel per somnum; non consequitur gratiam iustificantem per baptismum exterius

do livre-arbítrio. Ora, Salomão durante o sono recebeu de Deus o dom da sabedoria, como se vê no livro dos Reis e dos Paralipômenos. Logo, da mesma maneira Deus concede por vezes ao homem a graça da justificação sem que haja algum exercício do livre-arbítrio.

3. ADEMAIS, é a mesma causa que produz a graça e a conserva. Agostinho diz que, "o homem deve se converter a Deus de tal modo que seja sempre justificado por ele". Ora, a conservação da graça se realiza sem o movimento do livre-arbítrio. Logo, a infusão inicial da graça pode também realizar-se sem o exercício do livre-arbítrio.

EM SENTIDO CONTRÁRIO, diz o Evangelho de João: "Quem ouviu o ensinamento do Pai e nele foi instruído, vem a mim". Ora, a gente não se instrui sem que o livre-arbítrio entre em ação: aquele que se instrui consente no ensinamento do mestre. Portanto, ninguém vem a Deus pela graça da justificação sem o exercício de seu livre-arbítrio.

RESPONDO. A justificação do ímpio provém da moção de Deus para a justiça. Pois, é Deus "quem justifica o ímpio", segundo a Carta aos Romanos. Deus tudo move segundo o modo próprio de cada um. No mundo físico vemos que se movem de modo diferente os corpos pesados e os corpos leves porque sua natureza não é a mesma. Igualmente ele move os homens para a justiça segundo a condição da natureza humana. Ora, a natureza própria do homem é estar dotado de livre-arbítrio. Portanto, quando se trata de um indivíduo que tem o uso de seu livre-arbítrio, a moção de Deus para a justiça não acontece sem que se exerça este livre-arbítrio. Deus infunde a graça da justificação de tal modo que move ao mesmo tempo o livre-arbítrio para aceitar o dom da graça, e isto em todos aqueles que são capazes de receber esta moção.

QUANTO AO 1º, portanto, deve-se dizer que as crianças não são capazes de um ato do livre-arbítrio, por isso Deus as move para justiça simplesmente dando a forma à alma delas. Isso não acontece sem o sacramento. Com efeito, do mesmo modo que o pecado original, do qual são justificados, não veio a elas em consequência de um ato de sua vontade, mas em consequência de sua geração carnal, do mesmo modo a graça deriva de Cristo nelas pela regeneração espiritual. E a mesma razão vale para os loucos e os dementes que nunca tiveram o uso do livre-arbítrio. Mas aquele que já usou do livre-arbítrio, e que dele se acha privado seja

2. C. 12: ML 34, 382-383.

adhibitum, aut per aliquod aliud sacramentum, nisi prius habuerit sacramentum in proposito; quod sine usu liberi arbitrii non contingit. Et hoc modo ille de quo loquitur Augustinus, recreatus fuit: quia et prius et postea baptismum acceptavit.

por uma doença seja pelo sono, este não recebe a graça da justificação, quando se lhe administra exteriormente o batismo ou um outro sacramento, a não ser que previamente ele teve a intenção de receber este sacramento, o que supõe o uso do livre-arbítrio. E é desta maneira que aquele de que fala Agostinho foi regenerado: ele havia aceito o batismo anteriormente, e também depois.

AD SECUNDUM dicendum quod etiam Salomon dormiendo non meruit sapientiam, nec accepit. Sed in somno declaratum est ei quod, propter praecedens desiderium, ei a Deo sapientia infunderetur: unde ex eius persona dicitur, Sap 7,7: *Optavi, et datus est mihi sensus.* — Vel potest dici quod ille somnus non fuit naturalis, sed somnus prophetiae; secundum quod dicitur Nm 12,6: *Si quis fueri inter vos propheta Domini, per somnium aut in visione loquar ad eum.* In quo casu aliquis usum liberi arbitrii habet.

Et tamen sciendum est quod non est eadem ratio de dono sapientiae et de dono gratiae iustificantis. Nam donum gratiae iustificantis praecipue ordinat hominem ad bonum, quod est obiectum voluntatis: et ideo ad ipsum movetur homo per motum voluntatis, qui est motus liberi arbitrii. Sed sapientia perficit intellectum, qui praecedit voluntatem: unde absque completo motu liberi arbitrii, potest intellectus dono sapientiae illuminari. Sicut etiam videmus quod in dormiendo aliqua hominibus revelentur: sicut dicitur Io 33,15sq: *Quando irruit sopor super homines et dormiunt in lectulo, tunc aperit aures virorum, et erudiens eos instruit disciplina.*

QUANTO AO 2º, deve-se dizer que Salomão no sono não mereceu nem recebeu a sabedoria. Mas, enquanto dormia, foi declarado que pelo desejo que teve, Deus lha comunicaria. Por isso dele se diz no livro da Sabedoria: "Desejei e foi dada a percepção". — Ou então, pode-se responder que o sono não foi natural, mas um sono profético, como aquele do qual fala o livro dos Números: "Se há entre vós algum profeta do Senhor, eu lhe falarei em sonho ou em visão". E neste caso, alguém tem o uso do livre-arbítrio.

Entretanto, deve-se saber que não se pode assimilar o dom da sabedoria com a graça da justificação. Pois esta antes de tudo ordena o homem para o bem, que é objeto da vontade; e por esta razão o homem é movido para isso por um movimento da vontade, que é um movimento do livre-arbítrio. A sabedoria, ao contrário, é uma perfeição do intelecto, que precede a vontade, e por isso o intelecto pode, sem que haja um movimento completo do livre-arbítrio, ser iluminado pelo dom de sabedoria. Também se vê que revelações são feitas a quem está dormindo, como se diz no livro de Jó: "Quando um profundo sono cai sobre os homens, quando dormem em seus leitos, neste momento Deus lhes abre o ouvido, ele os instrui e lhes comunica seus ensinamentos."

AD TERTIUM dicendum quod in infusione gratiae iustificantis est quaedam transmutatio animae: et ideo requiritur motus proprius animae humanae, ut anima moveatur secundum modum suum. Sed conservatio gratiae est absque transmutatione: unde non requiritur aliquis motus ex parte animae, sed sola continuatio influxus divini.

QUANTO AO 3º, deve-se dizer que na infusão da graça que justifica há uma transformação da alma. É por isso que um movimento vindo da alma humana é requerido a fim de que esta alma seja movida segundo sua natureza. A conservação da graça, ao contrário, se faz sem transformação. Então, não se requer um movimento por parte da alma. Basta a continuação do influxo divino.

ARTICULUS 4

Utrum ad iustificationem impii requiratur motus fidei

AD QUARTUM SIC PROCEDITUR. Videtur quod ad iustificationem impii non requiratur motus fidei.

ARTIGO 4

A justificação do ímpio exige um ato de fé?

QUANTO AO QUARTO, ASSIM SE PROCEDE: parece que para a justificação do ímpio **não** se requer um ato de fé.

4 PARALL.: IV *Sent.*, dist. 17, q. 1, a. 3, q.la 3; *De Verit.*, q. 28, a. 4; *ad Ephes.*, c. 2, lect. 3.

1. Sicut enim per fidem iustificatur homo, ita etiam et per quaedam alia. Scilicet per timorem; de quo dicitur Eccli 1,27sq: *Timor Domini expellit peccatum: nam qui sine timore est, non poterit iustificari*. Et iterum per caritatem; secundum illud Lc 7,47: *Dimissa sunt ei peccata multa, quoniam dilexit multum*. Et iterum per humilitatem; secundum illud Iac 4,6: *Deus superbis resistit, humilibus autem dat gratiam*. Et iterum per misericordiam; secundum illud Pr 15,27: *Per misericordiam et fidem purgantur peccata*. Non ergo magis motus fidei requiritur ad iustificationem quam motus praedictarum virtutum.

2. Praeterea, actus fidei non requiritur ad iustificationem nisi inquantum per fidem homo cognoscit Deum. Sed etiam aliis modis homo Deum cognoscere: scilicet per cognitionem naturalem, et per donum sapientiae. Ergo non requiritur actus fidei ad iustificationem impii.

3. Praeterea, diversi sunt articuli fidei. Si igitur actus fidei requiratur ad iustificationem impii, videtur quod oporteret hominem, quando primo iustificatur, de omnibus articulis fidei cogitare. Sed hoc videtur inconveniens: cum talis cogitatio longam temporis moram requirat. Ergo videtur quod actus fidei non requiratur ad iustificationem.

Sed contra est quod dicitur Rm 5,1: *Iustificati igitur ex fide, pacem habeamus ad Deum*.

Respondeo dicendum quod, sicut dictum est[1], motus liberi arbitrii requiritur ad iustificationem impii, secundum quod mens hominis movetur a Deo. Deus autem movet animam hominis convertendo eam ad seipsum; ut dicitur in Ps 84,7, secundum aliam litteram: *Deus, ut convertens vivificabis nos*. Et ideo ad iustificationem impii requiritur motus mentis quo convertitur in Deum. Prima autem conversio in Deum fit per fidem; secundum illud Hb 11,6: *Accedentem ad Deum oportet credere quia est*. Et ideo motus fidei requiritur ad iustificationem impii.

Ad primum ergo dicendum quod motus fidei non est perfectus nisi sit caritate informatus: unde simul in iustificationem impii cum motu fidei, est etiam motus caritatis. Movetur autem liberum arbitrium in Deum ad hoc quod ei se subiiciat: unde etiam concurrit actus timoris filialis, et actus humilitatis. Contingit enim unum et eundem actum

1. Com efeito, se alguém é justificado pela fé, ele o é também por outras coisas, por exemplo: pelo temor: Diz o livro do Eclesiástico: "O temor do Senhor afasta o pecado, e aquele que não tem o temor não poderia ser justificado". E igualmente pela caridade: Está no Evangelho de Lucas: "Muitos pecados lhe são perdoados porque ela amou muito". O mesmo pela humildade: segundo a Carta de Tiago: "Deus resiste aos soberbos e dá sua graça aos humildes". O mesmo pela misericórdia: Como se vê no livro dos Provérbios: "É por misericórdia e fé que os pecados são perdoados". Portanto, o ato de fé não parece ser mais exigido para a justificação do que o exercício destas outras virtudes.

2. Além disso, o ato de fé não é necessário para a justificação senão enquanto pela fé o homem conhece a Deus. Ora, há outras maneiras para o homem conhecer a Deus: há o conhecimento natural e o dom de sabedoria. Logo, o ato de fé não se requer para a justificação do ímpio.

3. Ademais, os artigos de fé são muitos. Se o ato de fé é necessário para a justificação do ímpio, parece que seria preciso, no momento em que é justificado, que ele tenha na mente todos os artigos de fé. Ora, isto seria difícil, pois um tal conhecimento exige longo tempo. Logo, parece que o ato de fé não é requerido para a justificação.

Em sentido contrário, está escrito na Carta aos Romanos: "Justificados pela fé, temos a paz com Deus".

Respondo. Já foi dito que o exercício do livre-arbítrio é necessário para a justificação do ímpio uma vez que a mente humana é movida por Deus. Ora, é orientando-a para si que Deus move a alma humana, como diz o Salmo: "Ó Deus, voltando-nos para ti, tu nos vivificarás". Por isso, para a justificação do ímpio se exige um movimento da alma de conversão para Deus. Mas, a primeira conversão para Deus opera-se pela fé, segundo a Carta aos Hebreus: "Aquele que se aproxima de Deus deve crer que ele existe". Logo, o ato de fé é requerido para a justificação do ímpio.

Quanto ao 1º, portanto, deve-se dizer que o ato de fé não é perfeito se não for informado pela caridade. Portanto, na justificação do ímpio, ao mesmo tempo que há um movimento de fé, há um movimento de caridade. Por outro lado, o livre-arbítrio é movido para Deus para se submeter a ele, e para isso concorrem também os atos de

1. Art. praec.

liberi arbitrii diversarum virtutum esse, secundum quod una imperat et alia imperatur: prout scilicet actus est ordinabilis ad diversos fines. Actus autem misericordiae operatur contra peccatum per modum satisfactionis, et sic sequitur iustificationem: vel per modum praeparationis, inquantum *misericordes misericordiam consequuntur*, et sic etiam potest praecedere iustificationem; vel etiam ad iustificationem concurrere simul cum praedictis virtutibus, secundum quod misericordia includitur in dilectione proximi.

Ad secundum dicendum quod per cognitionem naturalem homo non convertitur in Deum inquantum est obiectum beatitudinis et iustificationis causa: unde talis cognitio non sufficit ad iustificationem. Donum autem sapientiae praesupponit cognitionem fidei, ut ex supradictis[2] patet.

Ad tertium dicendum quod sicut Apostolus dicit Rm 4,5, *credenti in eum qui iustificat impium, reputabitur fides eius ad iustitiam, secundum propositum gratiae Dei*. Ex quo patet quod in iustificatione impii requiritur actus fidei quantum ad hoc, quod homo credat Deum esse iustificatorem hominum per mysterium Christi.

Articulus 5

Utrum ad iustificationem impii requiratur motus liberi arbitrii in peccatum

Ad quintum sic proceditur. Videtur quod ad iustificationem impii non requiratur motus liberi arbitrii in peccatum.

1. Sola enim caritas sufficit ad deletionem peccati: secundum illud Pr 10,12: *Universa delicta operit caritas*. Sed caritatis obiectum non est peccatum. Ergo non requiritur ad iustificationem impii motus liberi arbitrii in peccatum.

2. Praeterea, qui in anteriora tendit, ad posteriora respicere non debet; secundum illud

temor filial e de humildade. Pode acontecer, com efeito, que um único ato do livre-arbítrio seja o ato de diversas virtudes, enquanto uma ordena e a outra é ordenada, na medida em que o ato é suscetível de ser ordenado a fins diversos. O ato da misericórdia opera contra o pecado, seja a título de satisfação e neste caso é consecutivo à justificação; seja preparando esta justificação, porque "os misericordiosos encontrarão misericórdia", então ela pode precedê-la; seja ainda concorrendo para esta mesma justificação de acordo com as virtudes das quais acabamos de falar, pelo fato de que a misericórdia inclui-se no amor ao próximo[b].

Quanto ao 2º, portanto, deve-se dizer que pelo conhecimento natural, o homem não se converte para Deus enquanto objeto da bem-aventurança e causa da justificação. Um tal conhecimento não é suficiente para a justificação. Quanto ao dom de sabedoria, ele pressupõe o conhecimento de fé, como foi dito acima.

Quanto ao 3º, deve-se dizer que segundo o Apóstolo: "Para aquele que crê naquele que justifica o ímpio, sua fé lhe é considerada como justiça, segundo o decreto da graça de Deus". Disso resulta que para a justificação do ímpio exige-se como ato de fé, crer que Deus justifica os homens pelo mistério de Cristo.

Artigo 5

A justificação do ímpio exige um ato do livre-arbítrio contra o pecado?

Quanto ao quinto, assim se procede: parece que para a justificação do ímpio **não** se requer um ato do livre-arbítrio contra o pecado.

1. Com efeito, a caridade sozinha basta para tirar o pecado, segundo o livro dos Provérbios: "A caridade cobre todos os pecados". Ora, o objeto da caridade não é o pecado. Logo, a justificação do ímpio não exige um ato do livre-arbítrio contra o pecado.

2. Além disso, aquele que tende para avançar não deve olhar para trás. O Apóstolo escreve: "Es-

---

2. Q. 68, a. 2; a. 4, ad 3.

5 Parall.: Part. III, q. 86, q. 2; IV *Sent.*, dist. 17, q. 1, a. 3, q.la 4; *Cont. Gent.* III, 158; *De Verit.*, q. 28, a. 5.

---

b. O que é requerido para a justificação é a fé no sentido bíblico, na qual ela é compreendida como a acolhida pelo homem da salvação, a qual é produzida unicamente pelo amor de Deus. Tal fé é rica de todas as virtudes que a tornam viva (a caridade) e fecunda (todas as virtudes morais). Designa, portanto, a atitude fundamental do homem em relação ao dom da graça: não um ato pelo qual o homem busca a graça para si, mas o ato que o coloca em disposição para receber o dom de Deus. Por que então atribuir tal ato à fé, mais do que a uma das virtudes que a integram? Deus salva por sua Palavra, é acolhendo a Palavra que se é salvo.

Apostoli, Philp 3,13sq.: *Quae quidem retro sunt obliviscens, ad ea vero quae sunt priora extendens meipsum, ad destinatum persequor bravium: supernae vocationis.* Sed tendenti in iustitiam retrorsum sunt peccata praeterita. Ergo eorum debet oblivisci, nec in ea se debet extendere per motum liberi arbitrii.

3. PRAETEREA, in iustificatione impii non remittitur unum peccatum sine alio: *impium* enim *est a Deo dimidiam sperare veniam*[1]. Si igitur in iustificatione impii oporteat liberum arbitrium moveri contra peccatum, oporteret quod de omnibus peccatis suis cogitaret. Quod videtur inconveniens: tum quia requireretur magnum tempus ad huiusmodi cogitationem; tum etiam quia peccatorum quorum est homo oblitus, veniam habere non posset. Ergo motus liberi arbitrii in peccatum non requiritur ad iutificationem impii.

SED CONTRA est quod dicitur in Psalmo 31,5: *Dixi, Confitebor adversum me iniustitiam meam Domino: et tu remisisti impietatem peccati mei.*

RESPONDEO dicendum quod, sicut supra[2] dictum est, iustificatio impii est quidam motus quo humana mens movetur a Deo a statu peccati in statum iustitiae. Oportet igitur quod humana mens se habeat ad utrumque extremorum secundum motum liberi arbitrii, sicut se habet corpus localiter motum ab aliquo movente ad duos terminos motus. Manifestum est autem in motu locali corporum quod corpus motum recedit a termino a quo, et accedit ad terminum ad quem. Unde oportet quod mens humana, dum iustificatur, per motum liberi arbitrii recedat a peccato, et accedat ad iustitiam. Recessus autem et accessus in motu liberi arbitrii accipitur secundum detestationem et desiderium: dicit enim Augustinus, *super Ioan*[3] exponens illud, "Mercenarius autem fugit": *Affectiones nostrae motus animorum sunt: laetitia animi diffusio, timor animi fuga est; progrederis animo cum appetis, fugis animo cum metuis.* Oportet igitur quod in iustificatione impii sit motus liberi arbitrii duplex: unus quo per desiderium tendat in Dei iustitiam; et alius quo detestetur peccatum.

AD PRIMUM ergo dicendum quod ad eandem virtutem pertinet prosequi unum oppositorum, et refugere aliud. Et ideo sicut ad caritatem pertinet diligere Deum, ita etiam detestari peccata, per quae anima separatur a Deo.

quecendo do que está atrás de mim, e lançando-me para frente, corro direto para a recompensa que me destinou a vocação celeste". Ora, para aquele que tende para a justiça os pecados passados estão atrás dele. Logo, deve esquecê-los e não tem de fazer um ato do livre-arbítrio para voltar-se para eles.

3. ADEMAIS, na justificação do ímpio, um pecado não é perdoado sem o outro. "É ímpio esperar de Deus um perdão incompleto". Se, portanto, para a justificação do ímpio, o livre-arbítrio deveria voltar-se contra seus pecados, seria preciso que se lembrasse de todos os seus pecados. Isto parece inconveniente, porque uma tal revisão exigiria muito tempo, e depois, porque se esquecesse alguns desses pecados, não se poderia obter o perdão. Portanto, a justificação do ímpio não requer um ato do livre-arbítrio contra o pecado.

EM SENTIDO CONTRÁRIO, diz o Salmo: "Confessarei contra mim ao Senhor a minha injustiça, e tu me perdoaste a impiedade do meu pecado".

RESPONDO. Como já foi dito, a justificação do ímpio é um movimento no qual a alma humana, sob a moção divina, passa do estado de pecado para o estado de justiça. É preciso, portanto que a alma humana se refira aos dois extremos no ato do livre-arbítrio, como se comporta um corpo movido por um motor para dois términos do movimento. Ora, no movimento local, vemos a coisa movida afastar-se do ponto de partida e aproximar-se do ponto de chegada. Igualmente, a alma humana no momento da justificação, afasta-se do pecado por um ato do livre-arbítrio e encaminha-se para a justiça. Mas afastamento e aproximação no ato do livre-arbítrio entende-se como a detestação e o desejo. Agostinho no comentário de João expondo: "O mercenário foge"... "Os movimentos de nossas almas são nossos afetos. A alegria é dilatação da alma. O temor é sua fuga. Aproxima-se quando deseja. Foge-se quando teme". É preciso, portanto, que na justificação do ímpio haja um duplo movimento do livre-arbítrio: um que pelo desejo tende para a justiça de Deus e o outro que o faz detestar o pecado.

QUANTO AO 1º, portanto, deve-se dizer que é próprio da mesma virtude buscar um dos termos opostos e afastar-se do outro. É por isso que a caridade à qual pertence o amar a Deus, pertence também o detestar os pecados que separam a alma de Deus.

1. GRATIANI *Decretum*, p. II, causa 33, q. 3, dist. 3, can. 42.
2. Art. 1.
3. Tract. 46: ML 35, 1732.

AD SECUNDUM dicendum quod ad posteriora non debet homo regredi per amorem; sed quantum ad hoc debet ea oblivisci, ut ad ea non afficiatur. Debet tamen eorum recordari per considerationem ut ea detestetur: sic enim ad eis recedit.

AD TERTIUM dicendum quod in tempore praecedente iustificationem, oportet quod homo singula peccata quae commisit detestetur, quorum memoriam habet. Et ex tali consideratione praecedenti subsequitur in anima quidam motus detestantis universaliter omnia peccata commissa, inter quae etiam includuntur peccata oblivioni tradita: quia homo in statu illo est sic dispositus ut etiam de his quae non meminit, conteretur, si memoriae adessent. Et iste motus concurrit ad iustificationem.

QUANTO AO 2º, deve-se dizer que não se deve regredir ao passado por amor. Nesse sentido, deve-se esquecê-lo para não ficar amarrado a ele. Mas, deve-se recordar dele a fim de detestá-lo: é assim que dele nos afastamos.

QUANTO AO 3º, deve-se dizer que no tempo que precede a justificação, é preciso detestar cada um dos pecados cometidos dos quais se tem memória. De tal consideração precedente segue-se na alma um movimento geral de reprovação de todos os pecados cometidos, entre os quais encontram-se os pecados esquecidos. O homem neste estado está de tal modo disposto que ele teria a mesma contrição das faltas das quais não se recorda, se elas viessem a sua memória. E é este movimento que concorre para a justificação.

ARTICULUS 6

Utrum remissio peccatorum debeat numerari inter ea quae requiruntur ad iustificationem impii

AD SEXTUM SIC PROCEDITUR. Videtur quod remissio peccatorum non debet numerari inter ea quae requiruntur ad iustificationem impii.

1. Substantia enim rei non connumeratur his quae ad rem requiruntur: sicut homo non debet connumerari animae et corpori. Sed ipsa iustificatio impii est remissio peccatorum, ut dictum est[1]. Ergo remissio peccatorum non debet computari inter ea quae ad iustificationem impii requiruntur.

2. PRAETEREA, idem est gratiae infusio et culpae remissio: sicut idem est illuminatio et tenebrarum expulsio. Sed idem non debet connumerari sibi ipsi: unum enim multitudini opponitur. Ergo non debet culpae remissio connumerari infusioni gratiae.

3. PRAETEREA, remissio peccatorum consequitur ad motum liberi arbitrii in Deum et in peccatum, sicut effectus ad causam: per fidem enim et contritionem remittuntur peccata Sed effectus non debet connumerari suae causae: quia ea quae connumerantur quasi ad invicem condivisa, sunt simul natura. Ergo remissio culpae non debet connumerari aliis quae requiruntur ad iustificationem impii.

ARTIGO 6

A remissão dos pecados deve ser enumerada entre os requisitos para a justificação do ímpio?

QUANTO AO SEXTO, ASSIM SE PROCEDE: parece que a remissão dos pecados **não** deve ser enumerada entre os requisitos para a justificação do ímpio.

1. Com efeito, a substância de uma coisa não se enumera com os elementos requeridos para a existência dessa coisa; o homem, por exemplo, não é enumerado com sua alma e seu corpo. Ora, a justificação do ímpio é precisamente a remissão dos pecados, como se disse acima. Logo, a remissão dos pecados não deve ser enumerada entre os requisitos para a justificação do ímpio.

2. ALÉM DISSO, a infusão da graça e a remissão do pecado são a mesma coisa, como a difusão da luz e o desaparecimento das trevas. Ora, a mesma coisa não se enumera consigo mesma, pois há oposição entre o uno e o múltiplo. Logo, não se deve enumerar a remissão do pecado com a infusão da graça.

3. ADEMAIS, a remissão dos pecados resulta, como o efeito da causa, do ato do livre-arbítrio para Deus e contra o pecado; pois é a fé e a contrição que causam a remissão dos pecados. Ora, o efeito não deve ser enumerado com sua causa, porque aquelas coisas que se enumeram, como se fossem distintas entre si, são naturalmente simultâneas. Logo, a remissão dos pecados não deve ser enumerada com os demais requisitos para a justificação do ímpio.

6 PARALL.: IV *Sent.*, dist. 17, q. 1, a. 3, q.la 5.

1. Art. 1.

SED CONTRA est quod in enumeratione eorum quae requiruntur ad rem, non debet praetermitti finis, qui est potissimum in unoquoque. Sed remissio peccatorum est finis in iustificatione impii: dicitur enim Is 27,9: *Iste est omnis fructus, ut auferatur peccatum eius*. Ergo remissio peccatorum debet connumerari inter ea quae requiruntur ad iustificationem impii.

RESPONDEO dicendum quod quatuor enumerantur quae requiruntur ad iustificationem impii: scilicet gratiae infusio; motus liberi arbitrii in Deum per fidem; et motus liberi arbitrii in peccatum; et remissio culpae. Cuius ratio est quia, sicut dictum est[2], iustificatio est quidam motus quo anima movetur a Deo a statu culpae in statum iustitiae. In quolibet autem motu quo aliquid ab altero movetur, tria requiruntur: primo quidem, motio ipsius moventis; secundo, motus mobilis; et tertio, consummatio motus, sive perventio ad finem. Ex parte igitur motionis divinae, accipitur gratiae infusio; ex parte vero liberi arbitrii moti, accipiuntur duo motus ipsius, secundum recessum a termino quo, et accessum ad terminum ad quem; consummatio autem, sive perventio ad terminum huius motus, importatur per remissionem culpae, in hoc enim iustificatio consummatur.

AD PRIMUM ergo dicendum quod iustificatio impii dicitur esse ipsa remissio peccatorum, secundum quod omnis motus accipit speciem a termino. Et tamen ad terminum consequendum multa alia requiruntur, ut ex supradictis[3] patet.

AD SECUNDUM dicendum quod gratiae infusio et remissio culpae dupliciter considerari possunt. Uno modo, secundum ipsam substantiam actus. Et sic idem sunt: eodem enim actu Deus et largitur gratiam et remittit culpam. — Alio modo possunt considerari ex parte obiectorum. Et sic differunt, secundum differentiam culpae quae tollitur, et gratiae quae infunditur. Sicut etiam in rebus naturalibus generatio et corruptio differunt, quamvis generatio unius sit corruptio alterius.

EM SENTIDO CONTRÁRIO, na enumeração dos requisitos de uma coisa, não se deve omitir o fim, que é o que há de mais importante. Ora, na justificação do ímpio, o fim é a remissão dos pecados. Com efeito, diz o livro de Isaías: “Eis todo o fruto, que o seu pecado seja tirado”. Logo, a remissão dos pecados deve ser enumerada com os requisitos para a justificação do ímpio.

RESPONDO. Enumeram-se quatro requisitos para a justificação do ímpio: a infusão da graça, o ato do livre-arbítrio para Deus pela fé, o ato do livre-arbítrio contra o pecado, e finalmente, a remissão do pecado. A razão disso é que a justificação, como se disse, é um movimento no qual a alma passa, pela moção de Deus, do estado de pecado para o estado de justiça. Ora, em todo movimento em que algo é movido por um outro são requeridos três elementos: o impulso do motor, o movimento do móvel, e o acabamento do movimento, isto é, a chegada ao termo. Aqui, o impulso divino é a infusão da graça; o movimento do livre-arbítrio é duplo: é o afastamento do ponto de partida e o encaminhamento para o termo; e finalmente o acabamento, isto é, a chegada ao termo deste movimento, que implica a remissão do pecado: é nisso que a justicação se realiza completamente.

QUANTO AO 1º, portanto, deve-se dizer que a justificação do ímpio é identificada com a remissão dos pecados, no sentido de que todo movimento é especificado por seu termo. Entretanto, para chegar a este termo muitas outras coisas são requeridas, como fica claro pelo acima exposto.

QUANTO AO 2º, deve-se dizer que a infusão da graça e a remissão do pecado podem ser considerados de duas maneiras. Primeiro, segundo a própria substância do ato. Deste ponto de vista há identidade, porque é o mesmo ato de Deus que confere a graça e perdoa a culpa. — Em segundo lugar, enquanto objetos. Desta vez, há diversidade, pois o pecado que se tira não é o mesmo que a infusão da graça. Assim, em nosso mundo físico, a geração e a corrupção diferem entre si, se bem que a geração de um seja a corrupção do outro[c].

2. Art. 1.
3. In corp. et in a. praec.

c. Pelos termos “substância do ato”, “objetos”, Sto. Tomás distingue, no próprio ato pelo qual Deus efetua a remissão dos pecados, o que ele é em si mesmo e sua objetivação para o homem que se esforça em conhecê-lo. Em si mesmo, ele é o ato de infusão da graça, e é preciso dizer que é infundindo a graça que Deus efetua a remissão dos pecados: na verdade, todos os atos divinos, quanto a sua “substância”, identificam-se entre si e com a única, transcendente, infinitamente compreensiva substância de Deus! Mas é impossível à inteligência humana apreender em sua unidade inteligível infinitamente rica tal substância, que é o Ato puro, simultaneamente na ordem da substância, na ordem do agir e na ordem do inteligível. Ela só pode atingir esse Objeto infinito decompondo-o em uma série de objetos particulares, pela mediação dos quais ela se volta para a substância

AD TERTIUM dicendum quod ista non est connumeratio secundum divisionem generis in species, in qua oportet quod connumerata sint simul: sed secundum differentiam eorum quae requiruntur ad completionem alicuius. In qua quidem enumeratione aliquid potest esse prius, et aliquid posterius: quia principiorum et partium rei compositae potest esse aliquid alio prius.

QUANTO AO 3º, deve-se dizer que não se trata aqui de uma enumeração segundo a divisão do gênero em suas espécies. Neste caso, é necessário que os enumerados existam simultâneos. Mas, segundo a diferença que existe entre os diversos elementos requeridos para que uma coisa seja completa. Nesta enumeração, uma coisa pode ser anterior a uma outra, porque os princípios e as partes de um composto podem ser anteriores uns aos outros.

ARTICULUS 7

Utrum iustificatio impii fiat in instanti, vel successive

AD SEPTIMUM SIC PROCEDITUR. Videtur quod iustificatio impii non fiat in instanti, sed successive.

1. Quia ut dictum est[1], ad iustificationem impii requiritur motus liberi arbitrii. Actus autem liberi arbitrii est eligere, qui praeexistit deliberationem consilii, ut supra[2] habitum est. Cum igitur deliberatio discursum quendam importet, qui successionem quandam habet, videtur quod iustificatio impii sit successiva.

2. PRAETEREA, motus liberi arbitrii non est absque actuali consideratione. Sed impossibile est simul multa intelligere in actu, ut in Primo[3] dictum est. Cum igitur ad iustificationem impii requiratur motus liberi arbitrii in diversa, scilicet in Deum et in peccatum, videtur quod iustificatio impii non possit esse in instati.

3. PRAETEREA, forma quae suscipit magis et minus, successive recipitur in subiecto: sicut patet de albedine et nigredine. Sed gratia suscipit magis et minus, ut supra[4] dictum est. Ergo non recipitur subito in subiecto. Cum igitur ad iustificationem

ARTIGO 7

A justificação do ímpio é instantânea ou sucessiva?

QUANTO AO SÉTIMO, ASSIM SE PROCEDE: parece que a justificação do ímpio **não** é instantânea, mas sucessiva.

1. Com efeito, já se disse, para a justificação do ímpio é necessária a moção do livre-arbítrio. Ora, o ato deste é escolher; o que preexige a deliberação do conselho, como já se estabeleceu. Logo, como a deliberação implica um certo discurso, que supõe sucessão, parece que a justificação do ímpio é sucessiva.

2. ALÉM DISSO, o ato do livre-arbítrio não existe sem uma reflexão atual. Ora, é impossível conhecer muitas coisas simultânea e atualmente, como na I Parte se estabeleceu. Logo, como na justificação do ímpio exige o movimento do livre-arbítrio para objetos diversos, isto é, para Deus e contra o pecado, parece que tal justificação não pode ser instantânea.

3. ADEMAIS, uma forma susceptível de mais e de menos é recebida sucessivamente pelo sujeito, como bem o demonstra a brancura e a negrura. Ora, a graça é susceptível de mais e de menos, como já se estabeleceu. Logo, não é recebida

7 PARALL.: IV *Sent.*, dist. 17, q. 1, a. 5, q.la 2, 3; *De Verit.*, q. 28, a. 2, ad 10; a. 9.

1. Art. 3.
2. Q. 15, a. 3.
3. Q. 85, a. 4.
4. Q. 112, a. 4.

que neles refrata a sua inteligibilidade, conhecendo-a verdadeiramente, embora parcial e obscuramente. Tem-se em vista aqui um objeto já parcial e limitado, o ato de perdoar os pecados, e observa-se que, por sua vez, ele se decompõe para o espírito humano em dois objetos, ambos relacionando-se com essa mesma realidade divina, o ato justificador, e contudo sendo distintos entre si: o ato de amor realizador pelo qual Deus torna a sua criatura boa, "justa", digna de ser por ele amada é a infusão da graça; e o ato pelo qual Deus proclama justa, perdoando-lhe seus pecados passados essa mesma criatura que, pelo dom de sua graça, não é mais pecadora. Como deixar de ver aí a solução dessa antinomia que Lutero iria, genialmente, perceber, mas que infelizmente não possuía instrumentos para resolver, entre a "justificação forense" e a justificação real? Deus proclama justo aquele que, pela graça, ele realmente tornou justo. A justificação é um ato de Deus que ao mesmo tempo suprime os pecados e efetua a sua remissão.

impii requiratur gratiae infusio, videtur quod iustificatio impii non possit esse in instanti.

4. Praeterea, motus liberi arbitrii qui ad iustificationem impii concurrit, est meritorius: et ita oportet quod procedat a gratia, sine qua nullum est meritum, ut infra[5] dicetur. Sed prius est aliquid consequi formam, quam secundum formam operari. Ergo prius infunditur gratia, et postea liberum arbitrium movetur in Deum et in detestationem peccati. Non ergo iustificatio est tota simul.

5. Praeterea, si gratia infundatur animae, oportet dare aliquod instans in quo primo animae insit. Similiter si culpa remittitur, oportet ultimum instans dare in quo homo culpae subiaceat. Sed non potest esse idem instans: quia sic opposita simul inessent eidem. Ergo oportet esse duo instantia sibi duccedentia: inter quae, secundum Philosophum in VI *Physic*[6], oportet esse tempus medium. Non ergo iustificatio fit tota simul, sed successive.

Sed contra est quod iustificatio impii fit per gratiam Spiritus Sancti iustificantis. Sed Spiritus Sanctus subito advenit mentibus hominum; secundum illud Act 2,2: *Factus est repente de caelo sonus tanquam advenientis spiritus vehementis*; ubi dicit Glossa[7] quod *nescit tarda molimina Spiritus Sancti gratia*. Ergo iustificatio impii non est successiva, sed instantanea.

Respondeo dicendum quod tota iustificatio impii originaliter consistit in gratiae infusione: per eam enim et liberum arbitrium movetur, et culpa remittitur. Gratiae autem infusio fit in instanti absque successione. Cuius ratio est quia quod aliqua forma non subito imprimatur subiecto, contingit ex hoc quod subiectum non est dispositum, et agens indiget tempore ad hoc quod subiectum disponat. Et ideo videmus quod statim cum materia est disposita per alterationem praecedentem, forma substantialis acquiritur materiae: et eadem ratione, quia diaphanum est secundum se dispositum ad lumen recipiendum, subito illuminatur a corpore lucido in actu. Dictum est autem supra[8] quod Deus ad hoc quod gratiam infundat animae, non requirit aliquam dispositionem nisi quam ipse facit. Fa-

instantaneamente pelo sujeito. E como, para a justificação do ímpio, é requerida a infusão da graça, parece que ela não pode ser instantânea.

4. Ademais, o ato do livre-arbítrio, que concorre para a justificação do ímpio, é meritório; e portanto, há de necessariamente proceder da graça, sem a qual não há nenhum mérito, como a seguir se dirá. Ora, uma coisa primeiro recebe a forma, e depois, por meio dela, age. Logo, primeiro, é infundida a graça, e, depois, o livre-arbítrio move-se para Deus e detesta o pecado. Logo, a justificação não é toda simultânea.

5. Ademais, se a graça é infundida na alma, há de necessariamente, haver um momento em que ela aí começou a existir. Semelhantemente, se a culpa é perdoada, há de, por força, haver um último instante em que o homem ainda está no estado da culpa. Ora, não pode ser o mesmo instante, porque, então, dois contrários coexistiriam. Logo, é necessário sejam os dois instantes sucessivos, devendo então haver, entre eles, conforme diz o Filósofo, um tempo médio. Logo, a justificação não é totalmente simultânea, mas sucessiva.

Em sentido contrário, a justificação do ímpio se faz pela graça do Espírito Santo, justificante. Ora, o Espírito Santo advém subitamente ao espírito do homem, conforme o livro dos Atos: "E de repente veio do céu um ruído, como de violento vendaval". Ao que diz a Glosa: "A graça do Espírito Santo não conhece a lentidão dos grandes esforços". Logo, a justificação do ímpio não é sucessiva, mas instantânea.

Respondo. A justificação do ímpio consiste total e originalmente na infusão da graça, pela qual é movido o livre-arbítrio e perdoada a culpa. Ora, essa infusão se dá instantaneamente e sem sucessão. E a razão é a seguinte: uma forma não se imprime subitamente num sujeito que para ela não está disposto, precisando, por isso, o agente de tempo para dispor o sujeito. Por isso vemos que, logo que a matéria está disposta, por uma alteração precedente, ela se une à forma substancial. Pela mesma razão, como um corpo diáfano tem, por si mesmo, disposição para receber a luz, é subitamente iluminado por um corpo atualmente lúcido. Ora, segundo já foi dito, Deus, para infundir a graça na alma, não exige outra disposição senão a que Ele mesmo produz. Mas essa dispo-

5. Q. 114, a. 2.
6. C. 1: 231, b, 6-10.
7. Interl.
8. Q. 112, a. 2.

cit autem huiusmodi dispositionem sufficientem ad susceptionem gratiae, quandoque quidem subito, quandoque autem paulatim et successive, ut supra[9] dictum est. Quod enim agens naturale non subito possit disponere materiam, contingit ex hoc quod est aliqua disproportio eius quod in materia resistit, ad virtutem agentis: et propter hoc videmus quod quanto virtus agentis fueri fortio, tanto materia citius disponitur. Cum igitur virtus divina sit infinita, potest quancumque materiam creatam subito disponere ad formam: et multo magis liberum arbitrium hominis, cuius motus potest esse instantaneus secundum naturam. Sic igitur iustificatio impii fit a Deo in instanti.

AD PRIMUM ergo dicendum quod motus liberi arbitrii qui concurrit ad iustificationem impii, est consensus ad detestandum peccatum et ad accedendum ad Deum: qui quidem consensus subito fit. Contingit autem quandoque quod praecedit aliqua deliberatio, quae non est de substantia iustificationis, sed via in iustificationem: sicut motus localis est via ad illuminationem, et alteratio ad generationem.

AD SECUNDUM dicendum quod, sicut in Primo[10] dictum est, nihil prohibet duo simul intelligere actu, secundum quod sunt quodammodo unum: sicut simul intelligimus subiectum et praedicatum, inquantum uniuntur in ordine affirmationis unius. Et per eundem modum liberum arbitrium potest in duo simul moveri, secundum quod unum ordinatur in aliud. Motus autem liberi arbitrii in peccatum, ordinatur ad motum liberi arbitrii in Deum: propter hoc enim homo detestatur peccatum, quia est contra Deum, cui vult adhaerere. Et ideo liberum arbitrium in iustificatione impii simul detestatur peccatum et convertit se ad Deum: sicut etiam corpus simul, recedendo ab uno loco, accedit ad alium.

AD TERTIUM dicendum quod non est ratio quare forma subito in materia non recipiatur, quia magis et minus inesse potest: sic enim lumen non subito reciperetur in aere, qui potest magis et minus illuminari. Sed ratio est accipienda ex parte dispositionis materiae vel subiecti, ut dictum est[11].

sição, suficiente à recepção da graça, ele a opera, ora subitamente; ora, paulatina e sucessivamente, como já se disse. Pois, que um agente natural não possa dispor a matéria subitamente, isso acontece porque há alguma desproporção entre a resistência da matéria e a virtude do agente. E por isso, vemos que quanto mais forte for a virtude do agente, tanto mais prontamente se dispõe a matéria. Ora, o poder divino é infinito. Pode, pois, dispor subitamente, para a forma qualquer matéria criada; e com maior razão o livre-arbítrio do homem, cuja moção pode, por natureza, ser instantânea. Por isso, a justificação do ímpio Deus a opera instantaneamente[d].

QUANTO AO 1º, portanto, deve-se dizer que o ato do livre-arbítrio, que concorre para a justificação do ímpio, é um consentimento em detestar o pecado e converter-se para Deus; e esse consentimento é dado instantaneamente. Acontece, porém, às vezes, preceder alguma deliberação, que não é da substância da justificação, mas via para a mesma; assim como o movimento local é uma via para a iluminação, e a alteração, para a geração.

QUANTO AO 2º, como já se disse na I Parte, nada impede entender em ato e simultaneamente dois objetos, na medida em que, de certo modo, são um. Assim, simultaneamente entendemos o sujeito e o predicado, enquanto unidos para formar uma só afirmação. Do mesmo modo, o livre-arbítrio pode mover-se simultaneamente para dois objetos, na medida em que um é ordenado para o outro. Ora, o ato do livre-arbítrio contra o pecado se ordena para o que o leva para Deus; pois o homem detesta o pecado por ser contrário a Deus, com quem quer unir-se. Por isso, o livre-arbítrio, na justificação do ímpio, simultaneamente detesta o pecado e se converte para Deus; assim como um corpo, afastando-se de um lugar, aproxima-se, simultaneamente, de outro.

QUANTO AO 3º, deve-se dizer que a razão de uma forma não ser recebida instantaneamente por uma certa matéria, não é ser essa forma susceptível de mais e de menos. Desse modo, a luz não seria recebida instantaneamente pelo ar, que pode ser mais ou menos iluminado. Mas se deve buscar

9. Ibid., ad 2.
10. Loc. cit. in arg.; et q. 58, a. 2.
11. In corp.

d. A geração natural, ou seja, o movimento pelo qual, a partir de uma substância anterior que desaparece, uma nova substância passa a existir, não é, em relação ao movimento espiritual que é a justificação, uma mera comparação, mas uma verdadeira analogia. Possui valor explicativo.

a razão na disposição da matéria ou do sujeito, como já foi dito.

AD QUARTUM dicendum quod in eodem instanti in quo forma acquiritur, incipit res operari secundum formam: sicut ignis statim cum est generatus, movetur sursum; et si motus eis esset instantaneus, in eodem instanti compleretur. Motus autem liberi arbitrii, qui est velle, non est successivus, sed instantaneus. Et ideo non oportet quod iustificatio impii sit successiva.

QUANTO AO 4º, deve-se dizer que no mesmo instante em que recebe a forma, uma coisa começa a agir em conformidade com ela; assim como o fogo, desde que foi gerado, move-se para cima e, se o seu movimento fosse instantâneo, imediatamente estaria perfeito. Ora, o ato do livre-arbítrio, que é o querer, não é sucessivo, mas instantâneo. Logo, não é necessário que a justificação do ímpio seja sucessiva.

AD QUINTUM dicendum quod successio duorum oppositorum in eodem subiecto aliter est consideranda in his quae subiacent tempori, et aliter in his quae sunt supra tempus. In his enim subiacent tempori, non est dare ultimum instans in quo forma prior subiecto inest: est autem dare ultimum tempus, et primum instans in quo forma sequens inest materiae vel subiecto. Cuius ratio est quia in tempore non potest accipi ante unum instans aliud instans praecedens immediate: eo quod instantia non consequenter se habeant in tempore, sicut nec puncta in linea, ut probatur in VI *Physic*[12]. Sed tempus terminatur ad instans. Et ideo in toto tempore praecedenti, quo aliquid movetur ad unam formam, subest formae oppositae: et in ultimo instanti illud temporis, quod est primum instans sequentis temporis, habet formam, quae est terminus motus.

QUANTO AO 5º, deve-se dizer que a sucessão de dois contrários, no mesmo sujeito, deve ser considerada diferentemente, segundo se trata de coisas sujeitas ou não ao tempo. Assim, pois, nas que são sujeitas ao tempo, não há lugar para um último instante, em que a forma anterior ainda permanece no sujeito; há porém, para um último tempo e para um primeiro instante em que a forma subsequente já está presente na matéria ou no sujeito. A razão disso é que, no tempo, não é possível haver um instante imediatamente precedente a outro. Pois, o tempo não se compõe de instantes consecutivos, como a linha não se compõe de pontos, segundo o prova Aristóteles. Contudo, o tempo é limitado pelo instante. Por isso, durante todo o tempo precedente, em que algo se move para uma determinada forma, permanece ligado à forma oposta. Só no último instante desse tempo, que é o primeiro do tempo seguinte, tem a forma, que constitui o termo do movimento.

Sed in his quae sunt supra tempus, aliter se habet. Si qua enim successio sit ibi affectum vel intellectualium conceptionum, puta in angelis, talis successio non mensuratur tempore continuo, sed tempore discreto, sicut et ipsa quae mensurantur non sunt continua, ut in Primo[13] habitum est. Unde in talibus est dandum ultimum instans in quo primum fuit, et primum instans in quo est id quod sequitur: nec oportet esse tempus medium, quia non est ibi continuitas temporis, quae hoc requirebat.

Mas, nas coisas que estão fora do tempo acontece de outro modo. Pois, se há alguma sucessão de sentimentos ou de pensamentos, por exemplo, nos anjos, ela se mede por um tempo, não contínuo, mas discreto, porque as realidades mesmas, que são medidas, não são contínuas, conforme se estabeleceu na I Parte. Por isso, em tais casos, há lugar para um último instante, em que subsistia o estado anterior e um primeiro em que já existe o estado subsequente. Nem é necessário haver um tempo médio, por não haver, no caso, continuidade do tempo, que o exigiria.

Mens autem humana quae iustificatur, secundum se quidem est supra tempus, sed per accidens subditur tempori: inquantum scilicet intelligit cum continuo et tempore secundum phantasmata, in quibus species intelligibiles considerat, ut in Primo[14] dictum est. Et ideo iudicandum est,

A alma humana, justificada, está, por si mesma, fora do tempo, embora lhe seja acidentalmente sujeita, por conhecer em dependência do contínuo e do tempo, por meio das representações inteligíveis, nas quais considera as espécies inteligíveis, como se disse na I Parte. Por isso, deve-se consi-

12. C. 1: 231, b, 6-10.
13. Q. 53, a. 3.
14. Q. 84, a. 7.

secundum hoc, de eius mutatione secundum conditionem temporalium motuum: ut scilicet dicamus quod non est dare ultimum instans in quo culpa infuit, sed ultimum tempus; est autem dare primum instans in quo gratia inest, in toto autem tempore praecedenti inerat culpa.

derar-lhe as mudanças de acordo com a condição dos movimentos temporais. E então, diremos que não há um último instante, em que o pecado aí esteve, mas um último tempo. Ao contrário, há um primeiro instante, em que a graça está presente, enquanto que, em todo o tempo precedente, estava presente a culpa.

Articulus 8

Utrum gratiae infusio sit prima ordine naturae inter ea quae requiruntur ad iustificationem impii

Ad octavum sic proceditur. Videtur quod gratiae infusio non sit prima ordine naturae inter ea quae requiruntur ad iustificationem impii.

1. Prius enim est receere a malo quam accedere ad bonum; secundum illud Ps 36,27: *Declina a malo, et fac bonum*. Sed remissio culpae pertinet ad recessum a malo: infusio autem gratiae pertinet ad prosecutionem boni. Ergo naturaliter prius est remissio culpae quam infusio gratiae.

2. Praeterea, dispositio praecedit naturaliter formam ad quam disponit. Sed motus liberi arbitrii est quaedam dispositio ad susceptionem gratiae. Ergo naturaliter praecedit infusionem gratiae.

3. Praeterea, peccatum impedit animam ne libere tendat in Deum. Sed prius est removere id quod prohibet motum, quam motus sequatur. Ergo prius est naturaliter remissio culpae et motus liberi arbitrii in peccatum, quam motus liberi arbitrii in Deum, et quam infusio gratiae.

Sed contra, causa naturaliter est prior effectu. Sed gratiae infusio causa est omnium aliorum quae requiruntur ad iustificationem impii, ut supra[1] dictum est. Ergo est naturaliter prior.

Respondeo dicendum quod praedicta quatuor quae requiruntur ad iustificationem impii, tempore quidem sunt simul, quia iustificatio impii non est successiva, ut dictum est[2]: sed ordine naturae unum eorum est prius altero. Et inter ea naturali ordine primum est gratiae infusio; secundum, motus liberi arbitrii in Deum; tertium est motus liberi arbitrii in peccatum; quartum vero est remissio culpae.

Artigo 8

A infusão da graça é, na ordem da natureza, o primeiro requisito para a justificação do ímpio?

Quanto ao oitavo, assim se procede: parece que a infusão da graça **não** é, na ordem da natureza, o primeiro requisito para a justificação do ímpio.

1. Com efeito, o afastamento do mal precede a prática do bem, conforme o Salmo: "Desvia-te do mal e faze o bem". Ora, a remissão da culpa implica o afastamento do mal; ao passo que a infusão da graça, a prossecução no bem. Logo, a remissão da culpa é naturalmente anterior à infusão da graça.

2. Além disso, a disposição precede naturalmente a forma. Ora, a moção do livre-arbítrio é uma disposição para receber a graça. Logo, precede naturalmente a infusão dela.

3. Ademais, o pecado impede a alma de tender livremente para Deus. Ora, antes de se seguir um movimento, deve-se remover-lhe os obstáculos. Logo, a remissão da culpa e o ato do livre-arbítrio contra o pecado são naturalmente anteriores ao ato do livre-arbítrio para Deus e à infusão da graça.

Em sentido contrário, a causa é naturalmente anterior ao seu efeito. Ora, a infusão da graça é a causa de todos os requisitos para a justificação do ímpio, como já se disse antes. Logo, é naturalmente anterior.

Respondo. Os quatro requisitos referidos para a justificação do ímpio são simultâneos no tempo, pois essa justificação não é sucessiva, como já se disse; mas, na ordem da natureza, um é anterior aos outros. Assim, nessa ordem, o primeiro dentre eles é a infusão da graça; o segundo, o movimento do livre-arbítrio para Deus; o terceiro, o movimento do livre-arbítrio contra o pecado; o quarto enfim, a remissão da culpa.

8 Parall.: IV *Sent.*, dist. 17, q. 1, a. 4; *De Verit.*, q. 28, a. 7, 8.

1. Art. praec.
2. Art. praec.

Cuius ratio est quia in quolibet motu naturaliter primum est motio ipsius moventis; secundum autem est dispositio materiae, sive motus ipsius mobilis ultimum vero est finis vel terminus motus, ad quem terminatur motio moventis. Ipsa igitur Dei moventis motio est gratiae infusio, ut dictum est supra[3]; motus autem vel dispositio mobilis est duplex motus liberi arbitrii; terminus autem vel finis motus est remissio culpae, ut ex supradictis[4] patet. Et ideo naturali ordine primum in iustificatione impii est gratiae infusio; secundum est motus liberi arbitrii in Deum; tertium vero est motus liberi arbitrii in peccatum propter hoc enim ille qui iustificatur, detestatur peccatum, quia est contra Deum: unde motus liberi arbitrii in Deum, praecedit naturaliter motum liberi arbitrii in peccatum, cum sit causa et ratio eius; quartum vero et ultimum est remissio culpae, ad quam tota ista transmutatio ordinatur sicut ad finem, ut dictum est[5].

E a razão é que, em qualquer movimento vem naturalmente em primeiro lugar, a moção do motor; depois, a disposição da matéria, ou o movimento do móvel; e por último, o fim ou o termo do movimento, em que termina a moção do motor. Ora, a moção de Deus, enquanto motor, é a infusão da graça, como já se disse; o movimento ou a disposição do móvel é a dupla moção do livre-arbítrio; ultimamente, o termo ou o fim do movimento é a remissão do pecado, como do sobredito resulta. Por isso, pela ordem natural, a infusão da graça vem em primeiro lugar, na justificação do ímpio. Em segundo, o movimento do livre-arbítrio para Deus. Em terceiro, o movimento do livre-arbítrio contra o pecado; pois quem é justificado detesta o pecado, por ser contrário a Deus. Por isso, o movimento do livre-arbítrio para Deus precede naturalmente ao do livre-arbítrio contra o pecado, pois aquele é a causa e a razão deste. Em quarto e último lugar, está a remissão do pecado, para a qual, como para o fim, se ordena essa transformação, segundo ficou dito.

Ad primum ergo dicendum quod recessus a termino et accessus ad terminum dupliciter considerari possunt. Uno modo, ex parte mobilis. Et sic naturaliter recessus a termino praecedit accessum ad terminum: prius enim est in subiecto mobili oppositum quod abiicitur, et postmodum est id quod per motum assequitur mobile. Sed ex parte agentis, est e converso. Agens enim per formam quae in eo praexistit, agit ad removendum contrarium: sicut sol per suam lucem agit ad removendum tenebras. Et ideo ex parte solis, prius est illuminare quam tenebras removare; ex parte autem aeris illuminandi, prius est purgari a tenebris quam consequi lumen, ordine naturae; licet utrumque sit simul tempore. Et quia infusio gratiae et remissio culpae dicuntur ex parte Dei iustificantis, ideo ordine naturae prior est gratiae infusio quam culpae remissio. Sed si sumantur ea quae sunt ex parte hominis iustificati, est e converso: nam prius est naturae ordine liberatio a culpa, quam consecutio gratiae iustificantis. — Vel potest dici quod termini iustificationis sunt culpa sicut a quo, et iustitia sicut ad quem: gratia vero est causa remissionis culpae, et adeptionis iustitiae.

Quanto ao 1º, portanto, deve-se dizer que o afastamento e a aproximação do termo podem-se considerar de dois modos. Primeiro, relativamente ao móvel. E assim, naturalmente, o afastamento precede o aproximar-se do termo. Pois, no móvel, o contrário que se perde é anterior ao que o móvel alcança, pelo seu movimento. Quanto ao agente, porém, dá-se o inverso. Pois, o agente, pela forma nele preexistente, age afim de remover o contrário. Assim como o sol, pela sua luz, age para remover as trevas; por isso, deve ele, antes de expulsar as trevas, iluminar. O ar iluminado, por seu lado, e segundo a ordem natural deve, antes de receber a luz, purificar-se das trevas, embora esses dois fenômenos sejam temporalmente simultâneos. E como a infusão da graça e a remissão da culpa se consideram da parte de Deus, que justifica, aquela é, na ordem da natureza, anterior a esta. Se porém considerarmos o homem justificado, dá-se o inverso: primeiro, na ordem da natureza, está a libertação do pecado e depois, a consecução da graça justificante. — Ou, pode-se dizer que os termos da justificação são: o pecado como origem, e a justiça, como fim, enquanto que a graça é a causa da remissão do pecado e da obtenção da justiça.

3. Art. 6.
4. Art. 1, 6.
5. Ibid.

AD SECUNDUM dicendum quod dispositio subiecti praecedit susceptionem formae ordine naturae: sequitur tamen actionem agentis, per quam etiam ipsum subiectum disponitur. Et ideo motus liberi arbitrii naturae ordine praecedit consecutionem gratiae, sequitur autem gratiae infusionem.

AD TERTIUM dicendum quod, sicut Philosophus dicit, in II *Physic*[6], in motibus animi omnino praecedit motus in principium speculationis, vel in finem actionis: sed in exterioribus motibus remotio impedimenti praecedit assecutionem finis. Et quia motus liberi arbitrii est motus animi, prius naturae ordine moventur in Deum sicut in finem, quam ad removendum impedimentum peccati.

QUANTO AO 2º, deve-se dizer que a disposição do sujeito precede, na ordem natural, a recepção da forma; é consecutiva, porém, à ação do agente, pela qual também o sujeito é disposto. Por isso, o movimento do livre-arbítrio precede naturalmente a consecução da graça; é consecutivo porém à infusão dela[e].

QUANTO AO 3º, deve-se dizer que, como diz o Filósofo, nos movimentos da alma, é totalmente primeiro o movimento que tem por objeto o princípio da especulação, ou o fim de uma ação. Mas, nos movimentos exteriores, a remoção do obstáculo precede a consecução do fim. E sendo o movimento do livre-arbítrio um movimento da alma, esta, primeira e naturalmente, há de mover-se para Deus, como para o fim, e depois remover o obstáculo do pecado.

ARTICULUS 9

Utrum iustificatio impii sit maximum opus Dei

AD NONUM SIC PROCEDITUR. Videtur quod iustificatio impii non sit maximum opus Dei.

1. Per iustificationem enim impii consequitur aliquis gratiam viae. Sed per glorificationem consequitur aliquis gratiam patriae, quae maior est. Ergo glorificatio angelorum vel hominum est maius opus quam iustificatio impii.

2. PRAETEREA, iustificatio impii ordinatur ad bonum particulare unius hominis. Sed bonum universi est maius quam bonum unius hominis; ut patet in I *Ethic*[1]. Ergo maius opus est creatio caeli et terrae quam iustificatio impii.

ARTIGO 9

A justificação do ímpio é a máxima obra de Deus?

QUANTO AO NONO, ASSIM SE PROCEDE: parece que a justificação do ímpio **não** é a máxima obra de Deus.

1. Com efeito, pela justificação, o ímpio consegue a graça nesta vida. Ora, pela glorificação, consegue-se a glória da pátria, que é maior. Logo, a glorificação dos anjos ou dos homens é obra maior que a justificação do ímpio.

2. ALÉM DISSO, a justificação do ímpio ordena-se ao bem particular de um só homem. Ora, o bem do universo é melhor que o de um só homem, como está claro em Aristóteles. Logo, maior obra é a criação do céu e da terra que a justificação do ímpio.

6. C. 9: 200, a, 19-24.

9 PARALL.: Part. III, q. 43, a. 4, ad 2; IV *Sent.*, dist. 17, q. 1, a. 5, q.la 1, ad 1, 2; dist. 46, q. 2, a. 1, q.la 3, ad 2; in *Ioan.*, c. 14, lect. 3.

1. C. 1: 1094, b, 10-11.

e. À primeira vista, isto parece contraditório. Sto. Tomás não apenas nos leva a descobrir uma ordem interna no interior de um ato único (a justificação, ato de Deus sobre o homem, ato do homem movido por Deus), mas quer revelar uma dupla (e contrária) ordem interna entre o ato do livre-arbítrio que é a conversão e o ato de Deus que justifica: este é primeiro, absolutamente falando, porque é somente sob a ação da graça que o livre-arbítrio se volta a Deus, rompendo o círculo de amor próprio, onde o seu pecado o mantinha preso; porém, esse ato do livre-arbítrio é primeiro relativamente, pois a graça não poderia ser conferida a quem não se volta para Deus, esse movimento para Deus sendo o próprio movimento da graça. Trata-se de duas maneiras de constatar em sua relação mútua dois elementos interdependentes do ato único e simples que é a justificação. Sto. Tomás tenta revelar essa dupla relação de interioridade empregando duas palavras diferentes: a *obtenção* (*consecutio*) da graça segue o movimento do livre-arbítrio, a *infusão* (ou: outorga) da graça o precede. Quanto ao sentido, essas duas palavras são equivalentes, mas a primeira designa a graça como recebida no sujeito, a segunda como causada por Deus, e isto indica de maneira suficiente a distinção entre pontos de vista para que a contradição seja evitada: a graça só pode ser recebida num sujeito que consinta, isto é que esteja "convertido" a Deus; mas o sujeito só pode ser assim convertido pela ação de Deus causando nele a graça.

3. PRAETEREA, maius est ex nihilo aliquid facere, et ubi nihil cooperatur agenti, quam ex aliquo facere aliquid cum aliqua cooperatione patientis. Sed in opere creationis ex nihilo fit aliud: unde nihil potest cooperari agenti. Sed in iustificatione impii Deus ex aliquo aliquid facit, idest ex impio iustum: et est ibi aliqua cooperatio ex parte hominis, quia est ibi motus liberi arbitrii, ut dictum est[2]. Ergo iustificatio impii non est maximum opus Dei.

SED CONTRA est quod in Ps 144,9 dicitur: *Miserationes eius super omnia opera eius*. Et in collecta dicitur: *Deus, qui omnipotentiam tuam parcendo maxime et miserando manifestas*. Et Augustinus dicit[3] exponens illud Io 14,12, *Maiora horum faciet*, quod *maius opus est ut ex impio iustus fiat, quam creare caelum et terram*.

RESPONDEO dicendum quod opus aliquod potest dici magnum dupliciter. Uno modo, ex parte modi agendi. Et sic maximum est opus creationis, in quo ex nihilo fit aliquid. — Alio modo potest dici opus magnum propter magnitudinem eius quod fit. Et secundum hoc, maius opus est iustificatio impii, quae terminatur ad bonum aeternum divinae participationis, quam creatio caeli et terrae, quae terminatur ad bonum naturae mutabilis. Et ideo Augustinus, cum dixisset quod *maius est quod ex impio fiat iustus, quam creare caelum et terram*, subiungit: *Caelum enim et terra transibit: praedestinatorum autem salus et iustificatio permanebit*.

Sed sciendum est quod aliquid magnum dicitur dupliciter. Uno modo, secundum quantitatem absolutam. Et hoc modo donum gloriae est maius quam donum gratiae iustificans impium. Et secundum hoc, glorificato iustorum est maius opus quam iustificatio impli. — Alio modo dicitur aliquid magnum quantitate proportionis: sicut dicitur mons parvus, et milium magnum. Et hoc modo donum gratiae impium iustificantis est maius quam donum gloriae beatificantis iustum: quia plus excedit donum gratiae dignitatem impii, qui erat dignus poena, quam donum gloriae dignitatem iusti, qui ex hoc ipso quod est iustificatus, est dignus gloria. Et ideo Augustinus dicit ibidem: *Iudicet qui potest, utrum maius sit iustos angelos creare quam impios iustificare. Certe, si aequalis est utrumque potentiae, hoc maioris est misericordiae*.

3. ADEMAIS, fazer algo do nada e sem cooperação é maior obra que fazer uma coisa, de outra, com a cooperação de alguém. Ora, a obra da criação faz algo do nada, e, portanto, sem cooperação. Ao passo que, na justificação do ímpio, Deus faz uma coisa, de outra, isto é, do ímpio, um justo. E há aí uma cooperação por parte do homem, porque há o ato do livre-arbítrio, como já se disse. Logo, a justificação do ímpio não é a máxima obra de Deus.

EM SENTIDO CONTRÁRIO, diz o Salmo: "As suas misericórdias são sobre todas as suas obras". E a oração diz: "Deus, que manifestas a tua onipotência sobretudo perdoando e fazendo misericórdia". E Agostinho expondo o texto do Evangelho de João: "Farás outras coisas ainda maiores", diz que "é maior obra fazer do ímpio um justo, que criar o céu e a terra".

RESPONDO. De dois modos pode-se dizer que uma obra é grande. Quanto ao modo de agir e então a maior obra é a da criação, em que algo foi feito do nada. Ou quanto à grandeza da obra. E neste sentido maior obra é a justificação do ímpio, que termina no bem eterno da participação divina, do que a criação do céu e da terra, que termina no bem da natureza mutável. Por isso, Agostinho, depois de ter dito, que "maior obra é fazer do ímpio um justo, que criar o céu e a terra", acrescenta: "O céu e a terra passarão; porém a salvação e a justificação dos predestinados permanecerão".

Deve-se saber que algo grande se diz de duas maneiras: Uma, segundo uma quantidade absoluta. E então, o dom da glória é maior que o da graça que justifica o ímpio. Por isso, a glorificação dos justos é maior obra que a justificação do ímpio. — Outra, segundo uma quantidade proporcional; assim, se diz que um monte é pequeno e um grão de milho é grande. E então, o dom da graça que justifica o ímpio é maior que o da glória, que beatifica o justo, porque o dom da graça excede mais à dignidade do ímpio, que era digno da pena, do que o dom da glória à dignidade do justo, que pelo fato mesmo de ter sido justificado é digno da glória. Por isso, Agostinho diz no mesmo lugar: "Julgue quem puder, se é maior obra criar os anjos justos, que justificar os ímpios. Por certo, se ambos os casos exigem poder igual, o último exige maior misericórdia.

2. Art. 3.
3. *In Ioann.*, tract. 72, n. 3: ML 35, 1823.

Et per hoc patet responsio AD PRIMUM.

AD SECUNDUM dicendum quod bonum universi est maius quam bonum particulare unuius, si accipiatur utrumque in eodem genere. Sed bonum gratiae unius maius est quam bonum naturae totius universi.

AD TERTIUM dicendum quod ratio illa procedit ex parte modi agendi, secundum quem creatio est maximum opus Dei.

QUANTO AO 1º, portanto, deve-se dizer que a resposta é clara pelo acima exposto.

QUANTO AO 2º, deve-se dizer que o bem do universo é melhor que o do indivíduo, um e outro considerados no mesmo gênero. Mas o bem da graça é, para o indivíduo, melhor que o da natureza de todo o universo.

QUANTO AO 3º, deve-se dizer que o argumento procede quanto ao modo de agir, pelo qual a criação é a maior obra de Deus.

ARTICULUS 10
Utrum iustificatio impii sit opus miraculosum

AD DECIMUM SIC PROCEDITUR. Videtur quod iustificatio impii sit opus miraculosum.

1. Opera enim miraculosa sunt maiora non miraculosis. Sed iustificatio impii est maius opus quam alia opera miraculosa; ut patet per Augustinum in auctoritate inducta[1]. Ergo iustificatio impii est opus miraculosum.

2. PRAETEREA, motus voluntatis ita est in anima, sicut inclinatio naturalis in rebus naturalibus. Sed quando Deus aliquid operatur in rebus naturalibus contra inclinationem naturae, est opus miraculosum: sicut cum illuminat caecum, vel suscitat mortuum. Voluntas autem impii tendit in malum. Cum igitur Deus, iustificando hominem, moveat eum in bonum, videtur quod iustificatio impii sit miraculosa.

3. PRAETEREA, sicut sapientia est donum Dei, ita et iustitia. Sed miraculosum est quod aliquis subito sine studio sapientiam assequatur a Deo. Ergo miraculosum est quod aliquis impius iustificetur a Deo.

SED CONTRA, opera miraculosa sunt supra potentiam naturalem. Sed iustificatio impii non est supra potentiam naturalem: dicit enim Augustinus, in libro *de Praedest Sanct*[2], quod *posse habere fidem, sicut posse habere caritatem, naturae est hominum: habere autem gratiae est fidelium*. Ergo iustificatio impii non est miraculosa.

RESPONDEO dicendum quod in operaibus miraculosis tria consueverunt inveniri. Quorum unum est ex parte potentiae agentis: quia sola divina virtute fieri possunt. Et ideo sunt simpliciter mira,

ARTIGO 10
A justificação do ímpio é obra milagrosa?

QUANTO AO DÉCIMO, ASSIM SE PROCEDE: parece que a justificação do ímpio **é** obra milagrosa.

1. Com efeito, as obras milagrosas são maiores que as não milagrosas. Ora, a justificação do ímpio é maior obra que as outras, que são milagrosas, como claramente o diz Agostinho no lugar referido. Logo, a justificação do ímpio é uma obra milagrosa.

2. ALÉM DISSO, o movimento da vontade está na alma, como a inclinação natural nos seres da natureza. E só operando milagrosamente é que Deus age sobre os seres naturais, contra a inclinação da natureza. Assim, quando dá a vista a um cego ou ressuscita um morto. Ora, a vontade do ímpio tende para o mal. Logo, como Deus, ao justificar o homem, move-o para o bem, parece que a justificação do ímpio é milagrosa.

3. ADEMAIS, como a sabedoria, também a justiça é um dom de Deus. Ora, por milagre é que alguém subitamente e sem estudo, recebe de Deus a sabedoria. Logo, milagrosamente é o ímpio justificado por Deus.

EM SENTIDO CONTRÁRIO, as obras milagrosas são superiores ao poder natural. Ora, a justificação do ímpio não o é, pois, diz Agostinho: "O homem, por natureza, pode ter tanto a fé como a caridade; mas possuí-las é devido à graça dos fiéis". Logo, a justificação do ímpio não é milagrosa.

RESPONDO. Costumam distinguir três elementos nas obras milagrosas. Um, da parte do poder do agente: aquelas que só o poder divino pode fazer. Por isso, são absolutamente admiráveis, como

10 PARALL.: Part. I, q. 105, a. 7, ad 1; II *Sent.*, dist. 18, q. 1, a. 3, ad 2; IV, dist. 17, q. 1, a. 5, q.la 1.

1. A. praec., *sed c.*
2. C. 5: ML 44, 968.

quasi habentia causam occultam, ut in Primo[3] dictum est. Et secundum hoc, tam iustificatio impii quam creatio mundi, et universaliter omne opus quod a solo Deo fieri potest, miraculosum dici potest.

Secundo, in quibusdam miraculosis operibus invenitur quod forma inducta est supra naturalem potentiam talis materiae: sicut in suscitatione mortui vita est supra naturalem potentiam talis corporis. Et quantum ad hoc, iustificatio impii non est miraculosa: quia naturaliter anima est gratiae capax; *eo* enim *ipso quod facta est ad imaginem Dei, capax est Dei per gratiam,* ut Augustinus dici[4].

Tertio modo, in operibus miraculosis invenitur aliquid praeter solitum et consuetum ordinem causandi effectum: sicut cum aliquis infirmus sanitatem perfectam assequitur subito, praeter solitum cursum sanationis quae fit a natura vel arte. Et quantum ad hoc, iustificatio impii quandoque est miraculosa, et quandoque non. Est enim iste consuetus et communis cursus iustificationis, ut, Deo movente interius animam, homo convertatur ad Deum, primo quidem conversione imperfecta, et postmodum ad perfectam deveniat: quia *caritas inchoata meretur augeri, ut aucta mereaur perfici*, sicut Augustinus dicit[5]. Quandoque vero tam vehementer Deus animam movet ut statim quandam perfectionem iustitiae assequatur: sicut fuit in conversione Pauli, adhibita etiam exterius miraculosa prostratione. Et ideo conversio Pauli, tanquam miraculosa, in Ecclesia commemoratur celebriter.

AD PRIMUM ergo dicendum quod quaedam miraculosa opera, etsi sint minora quam iustificatio impii quantum ad bonum quod fit, sunt tamen praeter consuetum ordinem talium effectuum. Et ideo plus habent de ratione miraculi.

AD SECUNDUM dicendum quod non quandocumque res naturalis movetur contra suam inclinationem, est opus miraculosum, alioquin miraculosum esset quod aqua calefieret, vel quod lapis sursum proiiceretur: sed quando hoc fit praeter ordinem propriae causae, quae nata est hoc facere. Iustificare autem impium nulla alia causa potest nisi Deus: sicut nec aquam calefacere nisi ignis. Et ideo iustificatio impii a Deo, quantum ad hoc, non est miraculosa.

tendo uma causa oculta, conforme já se disse na I Parte. E assim, tanto a justificação do ímpio, como a criação do mundo e, universalmente, todas as obras que só a Deus cabe fazer, podem chamar-se milagrosas.

Em segundo lugar, em certas obras milagrosas, se dá que a forma impressa é superior ao poder natural de tal matéria. Assim, na ressurreição de um morto, a vida excede o poder natural do corpo ressurrecto. E a este respeito, a justificação do ímpio não é milagrosa, por ser naturalmente a alma capaz da graça. Pois, no dizer de Agostinho, "por isso mesmo que é feita à imagem de Deus, a graça a torna capaz de ver a Deus".

Em terceiro lugar, há, nas obras milagrosas, algo contrário à ordem habitual e ordinária de se causar o efeito. Assim, quando um doente adquire subitamente a saúde perfeita, contra o curso habitual da cura operada pela natureza ou pela ciência. E então, a justificação do ímpio é, ora, milagre e, ora, não. Pois, o curso comum e habitual da justificação é que Deus, movendo interiormente a alma, o homem se lhe converta, primeiro, por uma conversão imperfeita, que, depois, vem a ser perfeita. Pois, "a caridade começada merece ser aumentada para que, assim, mereça chegar à perfeição", como diz Agostinho. Outras vezes, porém, Deus move a alma tão veementemente, que ela rapidamente chega a uma certa perfeição da justiça. Tal se deu com a conversão de Paulo, em que ele, por milagre, ficou até mesmo exteriormente prostrado; e por isso a sua conversão é comemorada pela Igreja como milagrosa.

QUANTO AO 1º, portanto, deve-se dizer que embora certas obras milagrosas sejam, quanto ao bem que encerram, menores que a justificação do ímpio, contrariam, contudo, a ordem habitual de tais efeitos. E, portanto, possuem mais razão de milagres.

QUANTO AO 2º, deve-se dizer que não há milagre sempre que um ser natural se move contra a sua inclinação; do contrário, seria milagre o aquecer-se a água ou uma pedra ser atirada para cima. Milagre há quando um efeito se realiza, contra a ordem regular da causa própria, que, por natureza, o produz. Ora, nenhuma outra causa há da justificação do ímpio, senão Deus, assim como só o fogo é a causa do aquecimento da água. Portanto, a esta luz, a justificação do ímpio não é milagrosa.

3. Q. 105, a. 7.
4. *De Trin.*, l. XIV, c. 8: ML 42, 1044.
5. Epist. 186, al. 106, c. 3, n. 10: ML 33, 819.

AD TERTIUM dicendum quod sapientiam et scientiam homo natus est acquirere a Deo per proprium ingenium et studium: et ideo quando praeter hunc modum homo sapiens vel sciens efficitur, est miraculosum. Sed gratiam iustificantem non est homo natus acquirere por suam operationem, sed Deo operante. Unde non est simile.

QUANTO AO 3º, deve-se dizer que é natural ao homem adquirir a sabedoria e a ciência, de Deus, por meio do seu engenho e estudo próprios. Por isso, há milagre quando, por outro modo, o homem se torna sábio ou conhecedor. Ao passo que não lhe é natural adquirir, por operação própria, a graça justificante, senão por ação de Deus. Logo, os casos não são semelhantes.

QUAESTIO CXIV

DE MERITO

in decem articulos divisa

Deinde considerandum est de merito, quod est effectus gratiae cooperantis.

Et circa hoc quaeruntur decem.

Primo: utrum homo possit aliquid mereri a Deo.

Secundo: utrum aliquis sine gratia possit mereri vitam aeternam.

Tertio: utrum aliquis per gratiam possit mereri vitam aeternam ex condigno.

Quarto: utrum gratia sit principium merendi mediante caritate principaliter.

Quinto: utrum homo possit sibi mereri primam gratiam.

Sexto: utrum homo possit eam mereri alii.

Septimo: utrum possit sibi aliquis mereri reparationem post lapsum.

Octavo: utrum possit sibi mereri augmentum gratiae vel caritatis.

Nono: utrum possit sibi mereri finalem perseverantiam.

Decimo: utrum bona temporalia cadant merito.

QUESTÃO 114

O MÉRITO

em dez artigos

É preciso, em último lugar, estudar o mérito que é o efeito da graça cooperante.

E sobre isto, são dez as perguntas:

1. Pode o homem merecer alguma coisa de Deus?
2. Pode alguém sem a graça merecer a vida eterna?
3. Pode alguém com a graça merecer rigorosamente a vida eterna?
4. A graça é o princípio do mérito principalmente por meio da caridade?
5. Pode o homem por si mesmo merecer a primeira graça?
6. Pode o homem merecê-la para um outro?
7. Pode alguém merecer para si a reparação depois da queda?
8. Pode merecer para si o aumento da graça ou da caridade ?
9. Pode merecer a perseverança final?
10. Os bens temporais são objeto de mérito?

ARTICULUS 1

Utrum homo possit aliquid mereri a Deo

AD PRIMUM SIC PROCEDITUR. Videtur quod hom non possit aliquid mereri a Deo.

1. Nullus enim videtur mercedem mereri ex hoc quod reddit alteri quod debet. Sed *per omnia bona quae facimus, non possumus sufficienter recompensare Deo quod debemus, quin semper*

ARTIGO 1

O homem pode merecer alguma coisa de Deus?

QUANTO AO PRIMEIRO ARTIGO, ASSIM SE PROCEDE: parece que o homem **não** pode merecer alguma coisa de Deus.

1. Com efeito, ninguém, parece merecer recompensa por pagar o que deve. Ora, "nossas boas ações no seu conjunto não nos capacitam a recompensar de modo suficiente a Deus por tudo

1 PARALL.: Supra, q. 21, a. 4; III *Sent.*, dist. 18, art. 2.

amplius debeamus; ut etiam Philosophus dicit, in VIII *Ethic*[1]. Unde et Lc 17,10 dicitur: *Cum omnia quae praecepta sunt, feceritis, dicite: Servi inutiles sumus, quod debuimus facere, fecimus*. Ergo homo non potest aliquid mereri a Deo.

2. PRAETEREA, ex eo quod aliquis sibi proficit, nihil videtur mereri apud eum cui nihil proficit. Sed homo bene operando sibi proficit, vel alteri homini, non autem Deo: dicitur enim Io 35,7: *Si iuste egeris, quid donabis ei, aut quid de manu tua accipiet*? Ergo homo non potest aliquid a Deo mereri.

3. PRAETEREA, quincumque apud aliquem aliquid meretur, constituit eum sibi debitorem: debitum enim est ut aliquis merenti mercedem rependat. Sed Deus nulli est debitor: unde dicitur Rm 11,35: *Quis prior dedit ei, et retribuetur ei*? Ergo nullus a Deo potest aliquid mereri.

SED CONTRA est quod dicitur Ier 31,16: *Est merces operi tuo*. Sed merces dicitur quod pro merito redditur. Ergo videtur quod homo possit a Deo mereri.

RESPONDEO dicendum quod meritum et merces ad idem referuntur: id enim merces dicitur quod alicui recompensatur pro retributione operis vel laboris, quasi quoddam pretium ipsius. Unde sicut reddere iustum pretium pro re accepta ab aliquo, est actus iustitiae; ita etiam recompensare mercedem operis vel laboris, est actus iustitiae. Iustitia autem aequalitas quaedam est; ut patet per Philosophum, in V *Ethic*[2]. Et ideo simpliciter est iustitia inter eos quorum est simpliciter aequalitas: eorum vero quorum non est simpliciter aequalitas, non est simpliciter iustitia, sed quidam iustitiae modus potest esse, sicut dicitur quoddam ius paternum vel dominativum, ut in eodem libro Philosophus dicit[3]. Et propter hoc, in his in quibus est simpliciter iustum, est etiam simpliciter ratio meriti et mercedis. In quibus autem est secundum quid iustum, et non simpliciter, in his etiam non simpliciter est ratio meriti, sed secundum quid, inquantum salvatur ibi iustitiae ratio: sic enim et filius meretur aliquid a patre, et servus a domino.

1. C. 16: 1163, b, 15-18.
2. C. 6: 1131, a, 12-14.
3. C. 10: 1134, a, 25-28; b, 8-9.

o que lhe devemos; nós devemos sempre mais", como nota o Filósofo. Também está escrito no Evangelho de Lucas: "Quando tiverdes feito tudo que foi ordenado, dizei: somos servos inúteis; fizemos o que éramos obrigados a fazer". Logo, parece, que o homem não pode merecer alguma coisa de Deus.

2. ALÉM DISSO, pelo fato de alguém se beneficiar, não parece merecer junto de alguém a quem nenhum benefício traz. Ora, o homem ao realizar uma boa ação, se beneficia, ou a um outro, não, porém, a Deus. Com efeito, está escrito no livro de Jó: "Se agires com justiça, que lhe darás, ou o que receberá de tuas mãos?" Logo, o homem não pode merecer alguma coisa de Deus.

3. ADEMAIS, quem adquire um mérito junto de alguém, faz deste o seu devedor, pois é devido que alguém recompense ao que mereceu. Ora, Deus não é devedor de ninguém, por isso diz a Carta aos Romanos: "Quem lhe deu alguma coisa em primeiro lugar, e poderá pretender uma retribuição?" Logo, ninguém pode merecer alguma coisa junto de Deus.

EM SENTIDO CONTRÁRIO, o livro de Jeremias diz: "Tua obra terá sua recompensa". Ora, chama-se recompensa o que é dado por motivo do mérito. Portanto, parece que o homem pode merecer junto de Deus.

RESPONDO. Mérito e recompensa referem-se ao mesmo objeto. Chama-se, com efeito, recompensa o que se dá a alguém em retribuição por sua obra ou trabalho. De certo modo isto é um preço. Mas, do mesmo modo que pagar o justo preço por aquilo que se recebe é um ato de justiça, do mesmo modo dar a retribuição que convém por uma obra ou um trabalho é um ato de justiça. Ora a justiça consiste numa espécie de igualdade, como ensina o Filósofo. Assim, a justiça absoluta só existe entre aqueles que são perfeitamente iguais. Lá onde não se encontra a igualdade perfeita, não há justiça absoluta. Mas, pode-se ainda aí reconhecer uma certa espécie de justiça. Assim, fala-se de direito paterno ou do direito do senhor sobre sua casa, como diz o Filósofo no mesmo livro. Por conseguinte, quando há relações de justiça absoluta, pode-se falar na razão absoluta de mérito ou de recompensa. Quando, ao contrário, só existe uma justiça relativa e não absoluta, não se pode falar de uma razão absoluta de mérito, mas de

Manifestum est autem quod inter Deum et hominem est maxima inaequalitas: in infinitum enim distant, et totum quod est hominis bonum, est a Deo. Unde non potest hominis ad Deum esse iustitia secundum absolutam aequalitatem, sed secundum proportionem quandam: inquantum scilicet uterque operatur secundum modum suum. Modus autem et mensura humanae virtutis homini est a Deo. Et ideo meritum hominis apud Deum esse non potest nisi secundum praesuppositionem divinae ordinationis: ita scilicet ut id homo consequatur a Deo per suam operationem quasi mercedem, ad quod Deus ei virtutem operandi deputavit. Sicut etiam res naturales hoc consequuntur per proprios motus et operationes, ad quod a Deo sunt ordinatae. Differenter tamen: quia creatura rationalis seipsam movet ad agendum per liberum arbitrium, unde sua actio habet rationem meriti; quod non est in aliis creaturis.

AD PRIMUM ergo dicendum quod homo inquantum propria voluntate facit illud quod debet, meretur. Alioquin actus iustitiae quo quis reddit debitum, non esset meritorius.

AD SECUNDUM dicendum quod Deus ex bonis nostris non quaerit utilitatem, sed gloriam, idest manifestationem suae bonitatis: quod etiam ex suis operibus quaerit. Ex hoc autem quod eum colimus, nihil ei accrescit, sed nobis. Et ideo meremur aliquid a Deo, non quasi ex nostris operibus aliquid ei accrescat, sed inquantum propter eius gloriam operamur.

mérito relativo, enquanto a razão de justiça ainda aí se encontra. É assim, por exemplo que o filho adquire algum mérito junto a seu pai, e o escravo junto ao seu senhor.

Ora, é claro que entre Deus e o homem existe a máxima desigualdade: o infinito os separa. Além do mais, em sua totalidade, o bem do homem vem de Deus. Portanto, da parte do homem em relação a Deus não se pode falar de justiça segundo uma igualdade absoluta, mas de uma justiça proporcional; na medida em que cada um age segundo o seu modo próprio. Mas, o modo e a medida da virtude do homem lhe vêm de Deus. É por isso que não pode haver mérito para o homem junto de Deus a não ser numa ordem preestabelecida por Deus, de tal modo que o homem por sua ação obtenha de Deus, a título de recompensa, os bens em vista dos quais Deus lhe concedeu este poder para agir. É assim que os seres da natureza conseguem, por seus movimentos e suas operações próprias, aquilo para o que Deus os ordenou. Há entretanto esta diferença: a criatura racional move-se a si mesma à ação por seu livre-arbítrio, o que confere à sua ação a razão de mérito, o que não pertence aos movimentos das outras criaturas[a].

QUANTO AO 1º, portanto, deve-se dizer que o homem merece, desde que faça o que deve por um ato de sua própria vontade. Do contrário, o ato de justiça pelo qual se dá o que se deve não seria meritório.

QUANTO AO 2º, deve-se dizer que Deus não procura em nossas boas ações uma utilidade para si mas a sua glória, isto é a manifestação de sua bondade. É igualmente o que ele pretende com suas obras. Nada se acrescenta a ele, no culto que lhe rendemos, mas a nós. Portanto, se adquirimos algum mérito junto de Deus, não é porque nossas obras lhe trazem alguma coisa, é enquanto nós agimos para sua glória.

---

a. Sto. Tomás introduz aqui essa ideia fundamental de que todo mérito da criatura diante de Deus pressupõe o ordenamento divino, e portanto, a iniciativa primeira de Deus, a sua absoluta independência estando plenamente salvaguardada. Para tanto, situa o caso singular do mérito nas perspectivas universais da fidelidade: por meio de sua ação, a criatura tende a seu bem e dele se aproxima, mas o próprio fato de ser realizada, e para tal fim, provém do ser que ela recebeu de Deus, que, por sua única iniciativa, deu-lhe o ser, esse ser ordenado a esse fim, capaz de ações pelas quais pode se concretizar e realizar essa ordem. De modo que é ainda Deus que dá o bem que a criatura se dá por sua ação: ele lhe dá o ato de se dar. Existe algo análogo no mérito: só se merece aquilo pelo que se agiu, e só se age de acordo com a ordem inscrita em seu ser e em suas faculdades pelo Criador. Porém, no centro dessa continuidade é preciso revelar-se a descontinuidade: aquilo pelo qual a criatura não racional age, ela o atinge ou não, atinge de maneira mais ou menos completa na medida em que a sua ação é mais ou menos eficaz. Esse *por que* age a criatura racional, ela recebe daquele *por quem* ela age. A liberdade de seu ato funda uma relação de pessoa a pessoa entre ela e Deus, que é o mérito (eventualmente, o demérito, pois a liberdade introduz na ação uma forma superior de indeterminação, indeterminação que cabe precisamente à vontade suprimir por intermédio de seu ato livre e que ela pode suprimir no sentido desejado por Deus ou num sentido oposto). Tal relação já estava contida na noção de justiça utilizada para definir de modo geral o mérito, mas era necessário que ao fim ela fosse explicitada.

AD TERTIUM dicendum quod, quia actio nostra non habet rationem meriti nisi ex praesuppositione divinae ordinationis, non sequitur quod Deus efficiatur simpliciter debitor nobis, sed sibi ipsi: inquantum debitum est ut sua ordinatio impleatur.

QUANTO AO 3º, deve-se dizer que se nossas ações não têm razão de mérito senão em virtude da ordem preestabelecida por Deus, daí não se segue que Deus se torne, absolutamente, nosso devedor, mas de si mesmo, no sentido de que o devido é que a sua ordenação seja realizada[b].

ARTICULUS 2

Utrum aliquis sine gratia possit mereri vitam aeternam

AD SECUNDUM SIC PROCEDITUR. Videtur quod aliquis sine gratia possit mereri vitam aeternam.

1. Illud enim homo a Deo meretur ad quod divinitus ordinatur, sicut dictum est[1]. Sed homo secundum suam naturam ordinatur ad beatitudinem sicut ad finem: unde etiam naturaliter appetit esse beatus. Ergo homo per sua naturalia, absque gratia, mereri potest beatitudinem, quae est vita aeterna.

2. PRAETEREA, idem opus quanto est minus debitum, tanto est magis meritorium. Sed minus debitum est bonum quod fit ab eo qui minoribus beneficiis est praeventus. Cum igitur ille qui habet solum bona naturalia, minora beneficia sit consecutus a Deo quam ille qui cum naturalibus habet gratuita; videtur quod eius opera sint apud Deum magis meritoria. Et ita, si ille qui habet gratiam, potest mereri aliquo modo vitam aeternam, multo magis ille qui non habet.

3. PRAETEREA, misericordia et liberalitas Dei in infinitum excedit misericordiam et liberalitatem humanam. Sed unus homo potest apud alium mereri, etiam si nunquam suam gratiam ante habuerit. Ergo videtur quod multo magis homo absque gratia vitam aeternam possit a Deo mereri.

SED CONTRA est quod Apostolus dicit, Rm 6,23: *Gratia Dei vita aeterna*.

RESPONDEO dicendum quod hominis sine gratia duplex status considerari potest sicut supra[2] dictum est: unus quidem naturae integrae, qualis fui in Adam ante peccatum; alius autem naturae corruptae, sicut est in nobis ante reparationem gratiae. Si ergo loquamur de homine quantum ad

ARTIGO 2

Alguém pode sem a graça merecer a vida eterna?

QUANTO AO SEGUNDO, ASSIM SE PROCEDE: parece que alguém sem a graça **pode** merecer a vida eterna.

1. Com efeito, o homem merece de Deus aquilo para o qual é divinamente ordenado. Ora, o homem, segundo a sua natureza, ordena-se à bem-aventurança como ao fim. Portanto mesmo naturalmente deseja ser bem-aventurado. Logo, por seus meios naturais, sem a graça, ele pode merecer a bem-aventurança que é a vida eterna.

2. ALÉM DISSO, uma obra é tanto mais meritória quanto menos é devida. Ora, uma boa ação realizada por aquele que foi menos favorecido é menos devida. Se é assim, aquele que possui somente os bens naturais, tendo sido menos favorecido por Deus do que aquele que recebeu em mais os dons gratuitos, suas obras serão, parece, mais meritórias diante de Deus. Portanto, se aquele que possui a graça pode de um certo modo merecer a vida eterna, com maior razão aquele que não a possui.

3. ADEMAIS, a misericórdia e a liberalidade de Deus excedem infinitamente a misericórdia e a liberalidade humanas. Ora, o homem pode merecer de um outro, mesmo quando anteriormente não teve sua graça. Logo, parece que com maior razão, pode-se sem a graça merecer de Deus a vida eterna.

EM SENTIDO CONTRÁRIO, o Apóstolo diz: "A graça de Deus é a vida eterna".

RESPONDO. Sem a graça o homem pode ser considerado em dois estados, como se disse acima. Primeiro, o da natureza íntegra, que foi o de Adão antes do pecado. O outro, da natureza corrompida, como existe em nós antes da reparação pela graça. Se, portanto, falamos do homem quanto ao primei-

2 PARALL.: Supra, q. 109, a. 5, et locis ibi citatis.

1. Art. praec.
2. Q. 109, a. 2.

b. É a faculdade fundamental que se choca com a ideia de um mérito em relação a Deus: pode-se dizer que ela está presente ao longo de toda a questão. A resposta apresentada não é plenamente satisfatória, pois, precisamente, ocorre que a criatura racional não se submete à ordem nela inscrita, e então é o demérito! A questão será retomada adiante, nos artigos 7 e 9.

primum statum, sic una ratione non potest mereri absque gratia vitam aeternam per pura naturalia. Quia scilicet meritum hominis dependet ex praeordinatione divina. Actus autem cuiuscumque rei non ordinatur divinitus ad aliquid excedens proportionem virtutis quae est principium actus: hoc enim est ex institutione divinae providentiae, ut nihil agat ultra suam virtutem. Vita autem aeterna est quodam bonum excedens proportionem naturae creatae: quia etiam excedit cognitionem et desiderium eius, secundum illud 1Cor 2,9: *Nec oculus vidii, nec auris audivit, nec in cor hominis ascendit*. Et inde est quod nulla natura creata est sufficiens principium actus meritorii vitae aeternae, nisi superaddatur aliquod supernaturale donum, quod gratia dicitur.

Si vero loquamur de homine sub peccato existente, additur cum hac secunda ratio, propter impedimentum peccati. Cum enim peccatum sit quaedam Dei offensa excludens a vita aeterna, ut patet per supradicta[3]; nullus in statu peccati existens potest vitam aeternam mereri, nisi prius Dei reconcilietur, dimisso peccato, quod fit per gratiam. Peccatori enim non debetur vita, sed mors; secundum illud Rm 6,23: *Stipendia peccati mors*.

AD PRIMUM ergo dicendum quod Deus ordinavit humanam naturam ad finem vitae aeternae consequendum non propria virtute, sed per auxilium gratiae. Et hoc modo eius actus potest esse meritorius vitae aeternae.

AD SECUNDUM dicendum quod homo sine gratia non potest habere aequale opus operi quod ex gratia procedit: quia quanto est perfectius principium actionis, tanto est perfectior actio. Sequeretur autem ratio, supposita aequalitate operationis utrobique.

AD TERTIUM dicendum quod, quantum ad primam rationem inductam, dissimiliter se habet in Deo et in homine. Nam homo omnem virtutem benefaciendi habet a Deo, non autem ab homine. Et ideo a Deo non potest homo aliquid mereri nisi per donum eius: quod Apostolus signanter exprimit, dicens: *Quis prior dedit ei, et retribuetur*

ro estado, não pode ele merecer a vida eterna sem a graça, só por suas faculdades naturais, pela só razão que o seu mérito depende da ordem estabelecida por Deus de antemão. Com efeito, o ato de qualquer coisa não se ordena para algo que exceda a proporção da potência, que é o princípio deste ato. É uma lei da divina providência que nada aja para além de sua potência[c]. Ora, a vida eterna é um bem que excede a proporção da natureza criada. Pois, excede o seu conhecimento e desejo, segundo a primeira Carta aos Coríntios: "Nem o olho viu, nem o ouvido ouviu, e nem entrou no seu coração...". Por isso nenhuma natureza criada é o princípio suficiente de um ato que mereça a vida eterna, a não ser que um dom sobrenatural lhe seja acrescentado. E este dom chamamos graça.

Se falamos do ser humano que existe sob o pecado, a esta razão acrescenta-se uma segunda que é o impedimento do pecado. Com efeito, o pecado é uma ofensa feita a Deus, a qual nos exclui da vida eterna, como se viu acima. Ninguém existindo em estado de pecado pode merecer a vida eterna, a não ser que primeiramente se reconcilie com Deus, e que seu pecado seja afastado, o que acontece pela graça. Ao pecador não é devida a vida e sim a morte, como diz a Carta aos Romanos: "O salário do pecado é a morte".

QUANTO AO 1º, portanto, deve-se dizer que Deus ordenou a natureza humana para conseguir o fim da vida eterna, não pela própria capacidade, mas pelo auxílio da graça. E deste modo o seu ato pode ser meritório da vida eterna.

QUANTO AO 2º, deve-se dizer que o homem sem a graça não pode produzir uma obra igual à que procede da graça. Pois, quanto mais é perfeito o princípio da ação, tanto é mais perfeita a ação. O argumento procederia, suposta a igualdade de obras de ambos os lados.

QUANTO AO 3º, deve-se dizer que quanto à primeira razão aduzida não há semelhança entre Deus e o homem. Pois, o homem tem toda a capacidade de fazer o bem da parte de Deus, e não da parte do homem. E por isso o homem não pode merecer alguma coisa de Deus a não ser por um dom dele, o que o Apóstolo diz claramente: "Quem

3. Q. 87, a. 3 sqq.; q. 113, a. 2.

c. Ficar atento para não tomar a afirmação no sentido voluntarista: não se trata de uma lei estabelecida de maneira arbitrária, de uma lei totalmente imposta do exterior à criatura: "Tu não irás longe"! Trata-se de uma lei inscrita no ser da criatura, ao mesmo tempo necessária e contingente a ela: *contingente*, pois a criatura poderia não ter existido e pode deixar de existir, e não teria então poder algum; *necessária*, pois, na medida em que ela é e que é como tal, possui esse poder e não poderia agir além dele... a menos que esse poder seja ampliado, o que exige então que, em seu ser, ela seja enriquecida, conforme foi dito acima (q. 110, a. 3) e como foi retomado no artigo que estamos lendo.

*illi?*Sed ab homine potest aliquis mereri antequam ab eo acceperit, per id quod accepit a Deo.

Sed quantum ad secundam rationem, sumptam ex impedimento peccati, simile est de homine et de Deo: quia etiam homo ab alio mereri non potest quem offendit prius, nisi ei satisfaciens reconcilietur.

foi o primeiro a doar alguma coisa a Deus para esperar dele uma retribuição". Mas, do homem pode alguém merecer antes de receber, e isto por meio do que recebeu de Deus.

Quanto ao segundo argumento, tomado do impedimento do pecado, a situação é a mesma para o homem e para Deus. Pois, não se pode merecer de alguém que se ofendeu a não ser tendo feito uma satisfação e de ter-se reconciliado com ele.

ARTICULUS 3

Utrum homo in gratia constitutus possit mereri vitam aeternam ex condigno

AD TERTIUM SIC PROCEDITUR. Videtur quod homo in gratia constitutus non possit mereri vitam aeternam ex condigno.

1. Dicit enim Apostolus, ad Rm 8,18: *Non sunt condignae passiones huius temporis ad futuram gloriam quae revelabitur in nobis*. Sed inter alia opera meritoria maxime videntur esse meritoriae sanctorum passiones. Ergo nulla opera hominum sunt meritoria vitae aeternae ex condigno.

2. PRAETEREA, super illud Rm 6,23, *Gratia Dei vita aeterna*, dicit Glossa[1]: *Posset recte dicere, "Stipendium iustitiae vita aeterna": sed maluit dicere, "Gratia Dei vita aeterna", ut intelligeremus Deum ad aeternam vitam pro sua miseratione nos perducere, non meritis nostris*. Sed id quod ex condigno quis meretur, non ex miseratione, sed ex merito accipit. Ergo videtur quod homo non possit per gratiam mereri vitam aeternam ex condigno.

3. PRAETEREA, illud meritum videtur esse condignum quod aequatur mercedi. Sed nullus actus praesentis vitae potest aequari vitae aeternae, quae cognitionem et desiderium nostrum excedit. Excedit etiam caritatem vel dilectionem viae, sicut et excedit naturam. Ergo homo non potest ver gratiam mereri vitam aeternam ex condigno.

ARTIGO 3

O homem constituído em graça pode merecer a vida eterna de pleno direito?[d]

QUANTO AO TERCEIRO, ASSIM SE PROCEDE: parece que o homem constituído em graça **não** pode merecer a vida eterna de pleno direito.

1. Com efeito, o Apóstolo diz: "Os sofrimentos do tempo presente não têm proporção com a glória futura que deve ser manifestada em nós" Ora, entre as obras meritórias as maiores parecem ser as provações dos santos. Logo, nenhuma obra humana é meritória da vida eterna de pleno direito.

2. ALÉM DISSO, sobre o texto da Carta aos Romanos: "A graça de Deus é a vida eterna", a Glosa diz: "o Apóstolo poderia dizer: o salário da justiça é a vida eterna. Mas, preferiu dizer: A graça de Deus é a vida eterna, para nos fazer compreender que Deus nos conduz à vida eterna por um efeito de sua misericórdia, e não em razão de nossos méritos". Ora, o que se merece de pleno direito, obtém-se não por misericórdia, mas por causa de seu mérito. Logo, parece que o homem não pode pela graça merecer a vida eterna de pleno direito.

3. ADEMAIS, este mérito de pleno direito é aquele que se iguala à retribuição. Ora, nenhuma ação da vida presente pode igualar-se à vida eterna. Esta, de fato, excede nosso conhecimento e nosso desejo. Excede até mesmo a caridade, ou o amor do caminho, como excede a natureza. Logo, o homem não pode pela graça merecer a vida eterna de pleno direito.

3 PARALL.: II *Sent.*, dist. 27, a. 3; III, dist. 18, a. 2; *ad Rom.*, c. 4, lect. 1; c. 6, lect. 4; c. 8, lect. 4.

1. LOMBARDI: ML 191, 1412 C. — Cfr. AUG., *Enchir.*, c. 107: ML 40, 282.

d. Sto. Tomás emprega aqui um termo técnico que ocupa bastante espaço em toda essa questão do mérito: *ex condigno*. Significa exatamente que, por seu ato meritório, a criatura tornou-se digna do que se diz que ela merece. Digna de recebê-lo. Como traduzir? Falar de "justiça estrita" não é introduzir entre a criatura e Deus um tipo de relações que precisamente foi rejeitado no artigo 1, e do qual o presente artigo tem por objetivo eliminar a ambiguidade? A melhor tradução parece ser: *de pleno direito*, pois reserva a impossibilidade para a criatura de fazer valer o seu direito junto a Deus, por maior que ele seja.

O mérito "de pleno direito" é o mérito propriamente dito.

Sed contra, id quod redditur secundum iustum iudicium, videtur esse merces condigna. Sed vita aeterna redditur a Deo secundum iudicium iustitiae; secundum illud 2Ti 4,8: *In reliquo reposita est mihi corona iustitiae, quam reddet mihi Dominus in illa die, iustus index*. Ergo homo meretur vitam aeternam ex condigno.

Respondeo dicendum quod opus meritorium hominis dupliciter considerari potest: uno modo, secundum quod procedit ex libero arbitrio; alio modo, secundum quod procedit ex gratia Spiritus Sancti. Si consideretur secundum substantiam operis, et secundum quod procedit ex libero arbitrio, sic non potest ibi esse condignitas, propter maximam inaequalitatem. Sed est ibi congruitas, propter quandam aequalitatem proportionis: videtur enim congruum ut homini operanti secundum suam virtutem, Deus recompenset secundum excellentiam suae virtutis.

Si autem loquamur de opere meritorio secundum quod procedit ex gratia Spiritus Sancti, sic est meritorium vitae aeternae ex condigno. Sic enim valor meriti attenditur secundum virtutem Spiritus Sancti moventis nos in vitam aeternam; secundum illud Io 4,14: *Fiet in eo fons aquae salientis in vitam aeternam*. Attenditur etiam pretium operis secundum dignitatem gratiae, per quam homo, consors factus divinae naturae, adoptatur in filium Dei, cui debetur hereditas ex ipso iure adoptionis, secundum illud Rm 8,17: *Si filii, et heredes*.

Ad primum ergo dicendum quod Apostolus loquitur de passionibus sanctorum secundum eorum substantiam.

Ad secundum dicendum quod verbum Glossae intelligendum est quantum ad primam causam perveniendi ad vitam aeternam, quae est miseratio Dei. Meritum autem nostrum est causa subsequens.

Ad tertium dicendum quod gratia Spiritus Sancti quam in praesenti habemus, etsi non sit aequalis gloriae in actu, est tamen aequalis in

Em sentido contrário, a retribuição dada segundo um julgamento justo parece ser uma recompensa de pleno direito. Ora, a vida eterna é uma retribuição dada por Deus segundo um julgamento da justiça, conforme a segunda Carta a Timóteo: "Desde agora, me está reservada a coroa da justiça; o Senhor ma dará naquele dia, pois ele é um justo juiz". Portanto, o homem merece a vida eterna de pleno direito.

Respondo. A obra meritória do homem pode ser vista de duas maneiras. De um modo, segundo procede do livre-arbítrio. De outro modo, segundo procede da graça do Espírito Santo. Se considerar segundo a substância da obra e segundo procede do livre-arbítrio, não pode haver pleno direito, por motivo da extrema desigualdade. Há entretanto um mérito de côngruo, por causa de uma certa igualdade proporcional. Com efeito, parece congruente que, quando o homem age segundo a sua capacidade, Deus o recompense segundo a excelência de seu poder.

Se falamos da obra meritória, enquanto procede da graça do Espírito Santo, então merece a vida eterna de pleno direito. O mérito neste caso é avaliado segundo o poder do Espírito Santo que nos move para a vida eterna, segundo o Evangelho de João: "Haverá nele uma fonte de água que corre para a vida eterna". O preço desta obra deve ser estimado segundo a dignidade da graça que torna o homem participante da natureza divina e o faz adotar como filho de Deus. A herança lhe é devida em razão deste direito de adoção, segundo a Carta aos Romanos: "Se somos filhos, somos também herdeiros"[e].

Quanto ao 1º, portanto, deve-se dizer que o Apóstolo fala dos sofrimentos dos santos considerados em sua substância.

Quanto ao 2º, deve-se dizer que este comentário da Glosa deve ser entendido como se referindo à causa primeira de nossa chegada à vida eterna que é a misericórdia de Deus. Mas, nosso mérito é uma causa subsequente.

Quanto ao 3º, deve-se dizer que a graça do Espírito Santo, tal como a possuímos no presente, mesmo se não é igual à glória em ato, é igual

e. Coloca-se a pergunta: afinal, segundo Sto. Tomás, a vida eterna é ou não merecida de pleno direito por aquele que age segundo a graça e pela caridade? É preciso sem dúvida responder pela afirmativa (aliás, as objeções têm por alvo essa afirmação, e são em seguida refutadas), mas com esta reserva: é da moção do Espírito Santo que as obras sobrenaturais do homem adquirem a propriedade de torná-lo digno da vida eterna. Assim, dir-se-á, não é da graça, e a graça não basta? É da graça, sem contradição, pois a graça não é somente, nem principalmente, o princípio de ação pelo qual a alma é enriquecida, o impulso pelo qual ela é levada a agir de acordo com os seus preceitos. É antes de mais nada e essencialmente o Espírito Santo presente na alma que lhe comunica a adoção dos filhos, e impulsiona-a aos atos da vida divinizada. Essa referência à presença do Espírito Santo na alma completa o que foi colocado na q. 110, no sentido da teologia das missões exposta acima, I, q. 43, em especial no artigo 3.

virtute: sicut et semen arborum, in quo est virtus ad totam arborem. Et similiter per gratiam inhabitat hominem Spiritus Sanctus, qui est sufficiens causa vitae aeternae: unde et dicitur esse *pignus hereditatis nostrae*, 2Cor 1,22.

virtualmente, como a semente das árvores contêm virtualmente a árvore inteira. Do mesmo modo, pela graça habita no homem o Espírito Santo, que é a causa suficiente da vida eterna. Por isso ele é chamado na segunda Carta aos Coríntios: "O penhor de nossa herança".

ARTICULUS 4

Utrum gratia sit principium meriti principalius per caritatem quam per alias virtutes

AD QUANTUM SIC PROCEDITUR. Videtur quod gratia non sit principium meritii principalius per caritatem quam per alias virtutes.

1. Merces enim operi debetur; secundum illud Mt 20,8: *Voca operarios, et redde illis mercedeum* suam. Sed quaelibet virtus est principium alicuius operis: est enim virtus habitus operativus, ut supra[1] habitum est. Ergo quaelibet virtus est aequaliter principium merendi.

2. PRAETEREA, Apostolus dicit, 1Cor 3,8: *Unusquisque propriam mercedem accipiet secundum proprium laborem*. Sed caritas magis diminuit laborem quam augeat: quia sicut Augustinus dicit, in libro *de Verbis Dom.*[2], *omnia saeva et immania, facilia et prope nulla facit amor*. Ergo caritas non est principalius principium merendi quam alia virtus.

3. PRAETEREA, illa virtus videtur principalius esse principium merendi, cuius actus sunt maxime meritorii. Sed maxime meritorii videntur esse actus fidei et patentiae, sive fortitudinis: sicut patet in martyribus, qui pro fide patienter et fortiter usque ad mortem certaverunt. Ergo aliae virtutes principalius sunt principium merendi quam caritas.

SED CONTRA est quod Dominus, Io 14,21, dicit: *Si quis diligit me, diligetur a Patre meo: et ego diligam eum, et manifestabo ei meipsum*. Sed in manifesta Dei cognitione consistit vita aeterna; secundum illud Io 17,3: *Haec est vita aeterna, ut cognoscant te solum Deum verum* et vivum. Ergo meritum vitae aeternae maxime residet penes caritatem.

RESPONDEO dicendum quod, sicut ex dictis[3] accipi potest, humanus actus habet rationem

ARTIGO 4

A graça é o princípio do mérito, mais pela caridade do que pelas outras virtudes?

QUANTO AO QUARTO, ASSIM SE PROCEDE: parece que a graça **não** é princípio do mérito, mais pela caridade do que pelas outras virtudes.

1. Com efeito, a recompensa é devida à obra, conforme o Evangelho de Mateus: "Chama os trabalhadores e paga-lhes o jornal". Ora, toda virtude, sendo um hábito operativo, é princípio de alguma obra, como já se disse. Logo, todas as virtudes são igualmente princípio de mérito.

2. ALÉM DISSO, o Apóstolo diz: "Cada um receberá a sua recompensa particular segundo o seu trabalho". Ora, a caridade, antes diminui que aumenta o trabalho; pois, como diz Agostinho, "tudo o que é duro e cruel o amor torna fácil e quase reduz a nada". Logo, a caridade não é, mais que as outras virtudes, o princípio do mérito.

3. ADEMAIS, parece ser o princípio primeiro do mérito a virtude, cujos atos são, por excelência meritórios. Ora, por excelência meritórios parecem ser os atos de fé, de paciência ou de fortaleza, como bem o demonstraram os mártires que, pela fé, lutaram paciente e fortemente até a morte. Logo, as outras virtudes são, mais que a caridade, o princípio do mérito.

EM SENTIDO CONTRÁRIO, diz o Senhor: "Aquele que me ama será amado de meu Pai, e eu o amarei também, e me manifestarei a ele". Ora, a vida eterna consiste no conhecimento claro de Deus, conforme o Evangelho de João: "A vida eterna consiste em que eles te conheçam um só verdadeiro Deus e vivo". Logo, o mérito da vida eterna reside sobretudo na caridade.

RESPONDO. Como se pode entender do que já foi dito, um ato humano é meritório por duas razões.

4 PARALL.: III *Sent.*, dist. 30, a. 5; IV, dist. 49, q. 1, a. 4, q.la 4; q. 5, a. 1; *De Verit.*, q. 14, a. 5, ad 5; *De Pot.*, q. 6, a. 9; *ad Rom.*, c. 8, lect. 5; I *Tim.*, c. 4, lect. 2; *ad Heb.*, c. 6, lect. 3.

1. Q. 55, a. 2.
2. Serm. 70, al. 9, c. 3: ML 38, 444.
3. Art. 1.

merendi ex duobus: primo quidem et principaliter, ex divina ordinatione, secundum quod actus dicitur esse meritorius illius boni ad quod homo divinitus ordinatur; secundo vero, ex parte liberi arbitrii, inquantum scilicet homo habet prae ceteris creaturis ut per se agat, voluntarie agens. Et quantum ad utrumque, principalitas meriti penes caritatem consistit.

Primo enim considerandum est quod vita aeterna in Dei fruitione consistit. Motus autem humanae mentis ad fruitionem divini boni, est proprius actus caritatis, per quem omnes actus aliarum virtutum ordinantur in hunc finem, secundum quod aliae virtutes imperantur a caritate. Et ideo meritum vitae aeternae primo pertinet ad caritatem: ad alias autem virtutes secundario, secundum quod eorum actus a caritate imperantur.

Similiter etiam manifestum est quod id quod ex amore facimus, maxime voluntarie facimus. Unde etiam secundum quod ad rationem meriti requiritur quod sit voluntarium, principaliter meritum caritati attribuitur.

AD PRIMUM ergo dicendum quod caritas, inquantum habet ultimum finem pro obiecto, movet alias virtutes ad operandum. Semper enim habitus ad quem pertinet finis, imperat habitibus ad quod pertinent ea quae sunt ad finem; ut ex supradictis[4] patet.

AD SECUNDUM dicendum quod opus aliquod potest esse laboriosum et difficile dupliciter. Uno modo, ex magnitudine operis. Et sic magnitudo laboris pertinet ad augmentum meriti. Et sic caritas non diminuit laborem: immo facit aggredi opera maxima; *magna* enim *operatur, si est*, ut Gregorius dicit in quandam homilia. — Alio modo ex defectu ipsius operantis: unicuique enim est laboriosum et difficile quod non prompta voluntate facit. Et talis labor diminuit meritum: et a caritate tollitur.

AD TERTIUM dicendum quod fidei actus non est meritorius nisi fides *per dilectionem operetur*, ut dicitur Gl 5,6. — Similiter etiam actus patientiae et fortitudinis non est meritorius nisi aliquis ex caritate haec operetur; secundum illud 1Cor 13,8: *Si tradidero corpus meum ita ut ardeam, caritatem autem non habuero, nihil mihi prodest.*

Primeiro e principalmente, por ordenação divina pela qual um ato se torna meritório do bem para o qual o homem é divinamente ordenado. Em segundo lugar, pelo livre-arbítrio, que torna o homem capaz, diferentemente das outras criaturas, de agir por si mesmo, isto é, voluntariamente. E, em ambos os casos, o mérito consiste sobretudo na caridade.

Deve-se considerar, primeiro, que a vida eterna consiste no gozo de Deus. Ora, o movimento da alma humana para fruir do bem divino é o ato próprio da caridade, pela qual todos os atos das outras virtudes, enquanto governadas pela caridade, se ordenam para tal fim[f]. Por isso, o mérito da vida eterna pertence, primeiramente, à caridade e, secundariamente, às outras virtudes, enquanto a caridade lhes governa os atos.

Do mesmo modo, como é manifesto, o que fazemos por amor o fazemos de maneira soberanamente voluntária. Por isso, enquanto a razão do mérito exige o ato voluntário, deve ser atribuído principalmente à caridade.

QUANTO AO 1º, portanto, deve-se dizer que a caridade, tendo o fim último como objeto, move as outras virtudes a agirem. Pois, sempre, o hábito concernente ao fim governa os concernentes aos meios, como está claro pelo acima dito.

QUANTO AO 2º, deve-se dizer que uma obra pode ser laboriosa e difícil, de dois modos. Pela sua grandeza; e então a grandeza do trabalho aumenta o mérito. Desse modo, a caridade não diminui o trabalho, antes, leva a empreender as maiores obras; pois, como diz Gregório: "Se ela existe, obra grandes coisas". — De outro modo, por deficiência do seu autor; pois, o que se faz sem vontade pronta é laborioso e difícil. E esse labor diminui o mérito, mas a caridade o elimina.

QUANTO AO 3º, deve-se dizer que o ato de fé não é meritório, senão quando "a fé obra com caridade", como diz a Carta aos Gálatas. — Semelhantemente, os atos de paciência e de fortaleza não são meritórios, a não ser que alguém os faça com caridade, conforme a primeira Carta aos Coríntios: "Se entregar o meu corpo para ser queimado, se todavia não tiver caridade, nada disto me aproveita".

4. Q. 9, a. 1.

f. O termo latino empregado por Sto. Tomás é *fruitio*. Traduzi-lo por "gozo" é falsear o sentido agostiniano, que é o de Sto. Tomás, o da teologia do fim último e da esperança. Deus não é um objeto bom do qual o homem gostaria de gozar. É um sujeito, três sujeitos, três Pessoas e o fim último no qual a graça floresce, é ser com as três Pessoas e encontrar a sua alegria nelas. É isto a fruição.

ARTICULUS 5

Utrum homo possit sibi mereri primam gratiam

AD QUINTUM SIC PROCEDITUR. Videtur quod homo possit sibi mereri primam gratiam.

1. Quia ut Augustinus dicit[1], *fides meretur iustificationem*. Iustificatur autem homo per primam gratiam. Ergo homo potest sibi mereri primam gratiam.

2. PRAETEREA, Deus non dat gratiam nisi dignis. Sed non dicitur aliquis dignus aliquo dono, nisi qui ipsum promeruit ex condigno. Ergo aliquis ex condigno potest mereri primam gratiam.

3. PRAETEREA, apud homines aliquis potest promereri donum iam acceptum: sicut qui accepit equum a domino, meretur ipsum bene utendo eo in servitio domini. Sed Deus est liberalior quam homo. Ergo multo magis primam gratiam iam susceptam potest homo promereri a Deo per subsequentia opera.

SED CONTRA est quod ratio gratiae repugnat mercedi operum; secundum illud Rm 4,4: *Ei qui operatur, merces non imputatur secundum gratiam, sed secundum debitum*. Sed illud meretur homo quod imputatur quasi merces operis eius. Ergo primam gratiam non potest homo mereri.

RESPONDEO dicendum quod donum gratiae considerari potest dupliciter. Uno modo, secundum rationem gratuiti doni. Et sic manisfestum est quod omne meritum repugnat gratiae: quia ut Rm 11,6 Apostolus dicit, *si ex operibus, iam non ex gratia*. — Alio modo potest considerari secundum naturam ipsius rei quae donatur. Et sic etiam non potest cadere sub merito non habentis gratiam: tum quia excedit proportionem naturae; tum etiam quia ante gratiam, in statu peccati, homo habet impedimentum promerendi gratiam, scilicet ipsum peccatum. Postquam autem iam aliquis habet gratiam, non potest gratia iam habita sub merito cadere: quia merces est terminus operis, gratia vero est principium cuiuslibet boni operis in nobis, ut supra[2] dictum est. Si vero aliud donum gratuitum aliquis mereatur virtute gratiae praecedentis, iam non erit prima. Unde manifestum est quod nullus potest sibi mereri primam gratiam.

ARTIGO 5

O homem pode merecer para si a primeira graça?

QUANTO AO QUINTO, ASSIM SE PROCEDE: parece que o homem **pode** merecer para si a primeira graça.

1. Com efeito, diz Agostinho, que "a fé merece a justificação". Ora, o homem é justificado pela primeira graça. Logo, pode merecê-la para si.

2. ALÉM DISSO, Deus não dá a graça senão aos dignos. Ora, ninguém é digno de um dom senão por tê-lo merecido de pleno direito. Logo, pode-se merecer de pleno direito a primeira graça.

3. ADEMAIS, entre os homens, pode-se merecer um dom já recebido. Assim, quem recebeu um cavalo do senhor, pode merecê-lo, usando bem dele no serviço desse mesmo senhor. Ora, Deus é mais liberal que o homem. Logo, com maior razão, o homem pode merecer de Deus, por obras subsequentes, a primeira graça, já recebida.

EM SENTIDO CONTRÁRIO, repugna à razão da graça ser recompensa de obras, conforme a Carta aos Romanos: "Ao que obra não se lhe conta o jornal por graça, mas por dívida". Ora, o homem merece o que lhe é imputado como recompensa da sua obra. Logo, não pode merecer a primeira graça.

RESPONDO. O dom da graça pode ser considerado de duas maneiras. Primeiro, quanto à razão de dom gratuito. E então, é manifesto que todo mérito repugna à graça, pois, como diz o Apóstolo, "se isto foi por graça, não foi pelas obras". Segundo, quanto à natureza do que é dado. E assim, também a graça não pode ser merecida por alguém que não a possui; quer por exceder ela a capacidade da natureza, quer também porque, antes de recebê-la, o homem, no estado de pecado, está impedido de merecê-la, pelo próprio pecado. Mas depois de havê-la recebido, já não pode merecer a graça possuída, porque a recompensa é o termo da obra, ao passo que a graça é o princípio de qualquer boa obra nossa, como já foi dito. Outro dom gratuito, porém, que alguém venha a merecer, em virtude da graça precedente, já não será a primeira graça. Por isso, é claro que ninguém pode merecer para si a primeira graça.

5 PARALL.: II *Sent.*, dist. 27, a. 4; a. 5, ad 3; III, dist. 18, a. 4, q.la 1; dist. 19, a. 1, q.la 1; *Cont. Gent.* III, 149; *De Verit.*, q. 29, a. 6; in *Ioan.*, c. 10, lect. 4; *ad Ephes.*, c. 2, lect. 3.

1. Epist. 186, al. 106, c. 3: ML 33, 818.
2. Q. 109.

AD PRIMUM ergo dicendum quod, sicut Augustinus dicit in libro *Retract*[3], ipse aliquando in hoc fuit deceptus, quod credidit initium fidei esse ex nobis, sed consummationem nobis dari ex Deo: quod ipse ibidem retractat. Et ad hunc sensum videtur pertinere quod *fides iustificationem mereatur*. Sed si supponamus, sicut fidei veritas habet, quod initium fidei sit in nobis a Deo; iam etiam ipse actus fidei consequitur primam gratiam, et ita non potest esse meritorius primae gratiae. Per fidem igitur iustificatur homo, non quasi homo credendo mereatur iustificationem: sed quia, dum iustificatur, credit; eo quod motus fidei requiritur ad iustificationem impii, ut supra[4] dictum est.

AD SECUNDUM dicendum quod Deus non dat gratiam nisi dignis. Non tamen ita quod prius digni fuerint: sed quia ipse per gratiam eos facit dignos, *qui solus potest facere mundum de immundo conceptum semine*.

AD TERTIUM dicendum quod omne bonum opus hominis procedit a prima gratia sicut a princípio. Non autem procedit a quocumque humano dono. Et ideo non est similis ratio de dono gratiae et de dono humano.

QUANTO AO 1º, portanto, deve-se dizer que Agostinho escreveu que ele se enganou durante certo tempo, acreditando que o início da fé está em nós, ao passo que a consumação nos é dada por Deus. Esse erro ele o retrata. Ora, a afirmação que "a fé merece a justificação", parece referir-se a essa opinião retratada. Se, porém, supusermos, como o exige a verdade da fé, que Deus nos dá o início da mesma, então o ato de fé já resulta da primeira graça, e portanto não pode merecê-la. Logo, o homem é justificado pela fé, não porque, crendo, mereça a justificação, mas porque, sendo justificado, crê; pois, o ato de fé é necessário à justificação do ímpio, como já foi dito[g].

QUANTO AO 2º, deve-se dizer que Deus não dá a graça senão aos dignos; não porém porque já fossem dignos, mas porque ele os faz dignos pela graça. "Só ele pode fazer puro ao que foi concebido de imunda semente".

QUANTO AO 3º, deve-se dizer que toda boa obra do homem procede da primeira graça, como do princípio. Não procede, porém, de nenhum dom humano. E portanto, não há semelhança entre o dom da graça e o dom humano.

ARTICULUS 6

Utrum homo possit alteri mereri primam gratiam

AD SEXTUM SIC PROCEDITUR. Videtur quod homo possit alteri mereri primam gratiam.

1. Quia Mt 9,2, super illud, *Videns Iesus fidem illorum* etc., dicit Glossa[1]: *Quantum valet apud Deum fides propria, apud quem sic valuit aliena ut intus et extra sanaret hominem*! Sed interior sanatio hominis est per primam gratiam. Ergo homo potest alteri mereri primam gratiam.

2. PRAETEREA, orationes iustorum non sunt vacuae, sed efficaces; secundum illud Iac. utl, 16:

ARTIGO 6

O homem pode merecer para outro a primeira graça?

QUANTO AO SEXTO, ASSIM SE PROCEDE: parece que um homem **pode** merecer para outro a primeira graça.

1. Com efeito, ao que diz o Evangelho de Mateus: "Vendo Jesus a fé deles" etc., diz a Glosa: "Que poder tem perante Deus a fé pessoal, pois que junto d'Ele tanto valeu a alheia, que o levou a curar esse homem, interna e externamente!" Ora, a cura interior do homem é operada pela primeira graça. Logo, um homem pode merecê-la para outro.

2. ALÉM DISSO, as orações dos justos não são vãs, mas eficazes, conforme a Carta de Tiago: "A

3. L. I, c. 23: ML 32, 621.
4. Q. 113, a. 4.

6 PARALL.: A. seq., ad 2; II *Sent.*, dist. 27, a. 6; III, dist. 19, a. 5, q.la 3, ad 5; IV, dist. 45, q. 2, a. 1, q.la 1; *De Verit.*, q. 29, a. 7; I *Tim.*, c. 4, lect. 2.

1. Ordin.: ML 114, 115 B.

g. A fé não é um preâmbulo à justificação, como se, para receber a graça justificadora fosse preciso primeiramente crer... e sem a graça. Se a justificação pela fé se contrapõe à justificação pela obra, a fé não é uma obra que mereceria a justiça. Ninguém é justificado sem a fé, conforme foi estabelecido (acima, q. 113, a. 4), e quem quer que creia é justificado devido a isso: a solução do paradoxo é que a graça que justifica converte o coração e, simultaneamente, o coração assim convertido está disposto a receber a graça, conforme foi explicado acima, na q. 113, a. 8.

Multum valet deprecatio iusti assidua. Sed ibidem praemittitur: *Orate pro invicem ut salvemini*. Cum igitur salus hominis non possit esse nisi per gratiam, videtur quod unus homo possit alteri mereri primam gratiam.

3. PRAETEREA, Lc 16,9 dicitur: *Facite vobis amicos de mammona iniquitatis, ut cum defeceritis, recipiant vos in tabernacula*. Sed nullus recipitur in aeterna tabenacula nisi per gratiam, per quam solam aliquis meretur vitam aeternam, ut supra[2] dictum est. Ergo unus homo potest alteri acquirere, merendo, primam gratiam.

SED CONTRA est quod dicitur Ier 15,1: *Si steterint Moyses et Samuel coram me, non est anima mea ad populum istum*: qui tamen fuerunt maximi meriti apud Deum. Videtur ergo quod nullus possit alteri mereri primam gratiam.

RESPONDEO dicendum quod, sicut ex supradictis[3] patet, opus nostrum habet rationem meriti ex duobus. Primo quidem, ex vi motionis divinae: et sic meretur aliquis ex condigno. Alio modo habet rationem meriti, secundum quod procedit ex libero arbitrio, inquantum voluntarie aliquid facimus. Et ex hac parte est meritum congrui: quia congruum est ut, dum homo bene utitur sua virtute, Deus secundum superexcellentem virtutem excellentius operetur.

Ex quo patet quod merito condigni nullus potest mereri alteri primam gratiam nisi solus Christus. Quia unusquisque nostrum movetur a Deo per donum gratiae ut ipse ad vitam aeternam perveniat: et ideo meritum condigni ultra hanc motionem non se extendit. Sed anima Christi mota est a Deo per gratiam non solum ut ipse perveniret ad gloriam vitae aeternae, sed etiam ut alios in eam adduceret, inquantum est caput Ecclesiae et Auctor salutis humanae; secundum illud Hb 2,10: *Qui multos filios in gloriam adduxerat, Auctorem salutis* etc.

Sed merito congrui potest aliquis alteri mereri primam gratiam. Quia enim homo in gratia constitutus implet Dei voluntatem, congruum est, secundum amicitiae proportionem, ut Deus impleat hominis voluntatem in salvatione alterius: licet quandoque possit habere impedimentum ex parte illius cuius aliquis sanctus iustificationem

oração do justo, sendo assídua, vale muito". Ora, no mesmo lugar se diz: "orai uns pelos outros, para serdes salvos". Logo, como a salvação do homem não pode vir senão da graça, parece que um homem pode merecer para outro a primeira graça.

3. ADEMAIS, o Evangelho de Lucas diz: "Grangeai amigos com as riquezas da iniquidade, para que, quando vós vierdes a faltar, vos recebam eles nos tabernáculos eternos". Ora, ninguém é recebido nos tabernáculos eternos senão pela graça, pela qual somente alguém merece a vida eterna, como já se disse. Logo, um homem pode adquirir para outro, merecendo, a primeira graça.

EM SENTIDO CONTRÁRIO, o livro de Jeremias: "Ainda que Moisés e Samuel se pusessem diante de mim, não está a minha alma com este povo". Entretanto, eles foram os que mais mereceram perante Deus. Logo, parece que ninguém pode merecer para outro a primeira graça.

RESPONDO. Como do sobredito resulta, as nossas obras podem ser meritórias, por duas razões. Primeiro, em virtude da moção divina, e então, alguém merece de pleno direito. Depois, por procederem do livre-arbítrio, na medida em que fazemos algo voluntariamente. E por este lado, o mérito é de côngruo; pois é congruente, que o homem, usando bem das suas capacidades, Deus obre mais excelentemente, em conformidade com a sobreexcelência do seu poder.

Por isso, é claro que, por mérito de pleno direito, ninguém, salvo Cristo, pode merecer para outrem a primeira graça. Porque todos nós somos movidos por Deus, pelo dom da graça, para chegarmos à vida eterna; e, portanto, o mérito de pleno direito não pode ir além dessa moção. A alma de Cristo, porém, foi movida por Deus pela graça, não só para alcançar a glória da vida eterna, mas também para levar os outros para ela, como cabeça da Igreja e autor da salvação humana, conforme a Carta aos Hebreus: "Levou muitos filhos à glória, ele, o autor da salvação" etc.

Por mérito de côngruo, porém, alguém pode merecer para outrem a primeira graça. Pois, quando o homem, constituído em graça, cumpre a vontade de Deus, é congruente que Deus, por uma amizade proporcional, cumpra a vontade do homem relativa à salvação de outro. Embora, às vezes, possa haver impedimento por parte daquele

2. A. 2; q. 109, a. 5.
3. A. 1, 3, 4.

desiderat. Et in hoc casu loquitur auctoritas Ieremiae ultimo inducta.

a quem esse justo deseja a justificação. Ora, é a um caso dessa espécie que se refere o texto de Jeremias, ultimamente citado.

AD PRIMUM ergo dicendum quod fides aliorum valet alii ad salutem merito congrui, non merito condigni.

QUANTO AO 1º, portanto, deve-se dizer que a fé de um vale para a salvação de outro, por mérito de côngruo e não de pleno direito.

AD SECUNDUM dicendum quod impetratio orationis innititur misericordiae: meritum autem condigni innititur iustitiae. Et ideo multa orando impetrat homo ex divina misericordia, que tamen non meretur secundum iustitiam; secundum illud Dn 9,18: *Neque enim in iustificationibus nostris prosternimus preces ante faciem tuam, sed in miserationibus tuis multis.*

QUANTO AO 2º, deve-se dizer que a oração impetratória funda-se na misericórdia; ao passo que o mérito de pleno direito, na justiça. Por isso, o homem, orando, impetra muitos bens da divina misericórdia que, contudo, por justiça, não merece, conforme o livro de Daniel: "Nós, prostrando-nos diante da tua face não fazemos estas preces fundados em nossas justiças, mas, sim, na multidão das tuas misericórdias.

AD TERTIUM dicendum quod pauperes eleemosynas recipientes dicuntur recipere alios in aeterna tabernacula, vel impetrando eis veniam orando; vel merendo per alia bona ex congruo vel etiam materialiter loquendo, quia per ipsa opera misericordiae quae quis in pauperes exercet, meretur recipi in aeterna tabernacula.

QUANTO AO 3º, deve-se dizer que os pobres, recebendo a esmola, recebem os outros nos tabernáculos eternos, ou por lhes pedir o perdão, orando; ou por merecerem de côngruo em favor deles por outras boas ações; ou também, materialmente falando, porque, pelas próprias obras de misericórdia, que alguém pratica com os pobres, merece ser recebido nos tabernáculos eternos.

ARTICULUS 7

Utrum homo possit sibi mereri reparationem post lapsum

AD SEPTIMUM SIC PROCEDITUR. Videtur quod aliquis possit mereri sibi ipsi reparationem post lapsum.

1. Illud enim quod iuste a Deo petitur, homo videtur posse mereri. Sed nihil iustius a Deo petitur, ut Augustinus dicit, quam quod reparetur post lapsum; secundum illud Ps 70,9: *Cum defecerit virtus mea, ne derelinquas me, Domine*. Ergo homo potest mereri ut reparetur post lapsum.

2. PRAETEREA, multo magis homini prosunt opera sua quam prosint alii. Sed homo potest aliquo modo alteri mereri reparationem post lapsum, sicut et primam gratiam. Ergo multo magis sibi potest mereri ut reparetur post lapsum.

3. PRAETEREA, homo qui aliquando fuit in gratia, per bona opera quae fecit, meruit sibi vitam aeternam; ut supradictis[1] patet. Sed ad vitam aeternam non potest quis pervenire nisi reparetur

ARTIGO 7

O homem pode merecer para si a reparação depois da queda?

QUANTO AO OITAVO, ASSIM SE PROCEDE: parece que o homem **pode** merecer para si a reparação depois da queda.

1. Com efeito, parece que o homem pode merecer o que justamente pede a Deus. Ora, nada de mais justo, como diz Agostinho, se pede a Deus, do que a reparação depois da queda, conforme o Salmo: "Quando faltar a minha fortaleza, não me desampares, Senhor". Logo, o homem pode merecer a reparação depois da queda.

2. ALÉM DISSO, aproveitam muito mais a um homem as suas obras do que os outros aproveitariam. Ora, o homem pode, de certo modo merecer para outro a reparação depois da queda, assim como merecer-lhe a primeira graça. Logo, com maior razão, pode merecer para si a reparação depois da queda.

3. ADEMAIS, quem esteve em graça mereceu para si, pelas boas obras praticadas, a vida eterna, como do sobredito resulta. Ora, ninguém pode alcançar a vida eterna senão reparado pela graça.

7 PARALL.: II *Sent.*, dist. 27, a. 4, ad 3; a. 6; *ad Heb.*, c. 6, lect. 3.

1. A. 2; q. 109, a. 5.

per gratiam. Ergo videtur quod sibi meruit reparationem per gratiam.

SED CONTRA est quod dicitur Ez 18,24: *Si averterit se iustus a iustitia sua, et fecerit iniquitatem; omnes iustitae eius quas fecerat, non recordabuntur*. Ergo nihil valebunt ei praecedentia merita ad hoc quod resurgat. Non ergo aliquis potest sibi mereri reparationem post lapsum futurum.

RESPONDEO dicendum quod nullus potest sibi mereri reparationem post lapsum futurum, neque merito condigni, neque merito congrui. Merito quidem condigni hoc sibi mereri non potest, quia ratio huius meriti dependet ex motione divinae gratiae, quae quidem motio interrumpitur per sequens peccatum. Unde omnia beneficia quae postmodum aliquis a Deo consequitur, quibus reparatur, non cadunt sub merito; tanquam motione prioris gratiae usque ad hoc non se extendente.

Meritum etiam congrui quo quis alteri primam gratiam meretur, impeditur ne consequatur effectum, propter impedimentum peccati in eo cui quis meretur. Multo igitur magis impeditur talis meriti efficacia per impedimentum quod est et in eo qui meretur et in cui meretur: hic enim utrumque in unam personam concurrit. Et ideo nullo modo aliquis potest sibi mereri reparationem post lapsum.

AD PRIMUM ergo dicendum quod desiderium quo quis desiderat reparationem post lapsum, iustum dicitur, et similiter oratio, quia tendit ad iustitiam. Non tamen ita quod iustitiae innitatur per modum meriti: sed solum misericordiae.

AD SECUNDUM dicendum quod aliquis potest alteri mereri ex congruo primam gratiam, quia non est ibi impedimentum saltem ex parte merentis. Quod invenitur dum aliquis post meritum gratiae a iustitia recedit.

AD TERTIUM dicendum quod quidam dixerunt quod nullus meretur absolute vitam aeternam, nisi per actum finalis gratiae; sed solum sub con-

Logo, parece que mereceu para si a reparação pela graça.

EM SENTIDO CONTRÁRIO, diz o livro de Ezequiel: “Se o justo se apartar da sua justiça e vier a cometer a iniquidade, de nenhuma das obras de justiça que tiver feito se fará memória”. Logo, para sua reparação, de nada lhe valerão os méritos precedentes. Portanto, não pode merecer para si a reparação para uma queda futura.

RESPONDO. Ninguém pode, para si mesmo, merecer a reparação para uma queda futura, nem por mérito de pleno direito, nem por mérito de côngruo. Não o pode por mérito de pleno direito, porque a razão desse mérito depende da moção da graça divina, a qual fica impedida pelo pecado sobreveniente. Por isso, todos os benefícios que alguém conseguir de Deus em seguida, com os quais se repara, não são merecidos, pois a moção da graça, anteriormente recebida, não se estende até esse ponto.

Por outro lado, o pecado daquele, em favor de quem alguém merece a primeira graça, impede o mérito de côngruo de produzir o seu efeito. Logo, com maior razão, a eficácia desse mérito fica impedida pelo obstáculo existente em quem merece e naquele em favor de quem merece; porque então ambos esses obstáculos concorrem na mesma pessoa. Portanto, ninguém pode, de nenhum modo, merecer para si mesmo a reparação, depois de ter caído[h].

QUANTO AO 1º, portanto, deve-se dizer que tanto o desejo que temos da reparação da queda, como a oração, consideram-se justos, por tenderem para a justiça. Não porém, que se apoiem na justiça, a modo de mérito, mas só, de misericórdia.

QUANTO AO 2º, deve-se dizer que podemos merecer para outrem de côngruo a primeira graça, por não haver obstáculo, ao menos por parte de quem merece. Mas os obstáculos sobrevêm, quando, alguém depois do mérito da graça, se afasta da justiça.

QUANTO AO 3º, deve-se dizer que alguns disseram que ninguém pode merecer absolutamente a vida eterna senão pelo ato da graça final; mas, só

h. Ao pecar, aquele que antes era justo interrompe o impulso do Espírito Santo que tornava a sua ação meritória: mas, se ela era antes meritória, esse mérito não permanece nele como um direito adquirido? Precisamente o “pleno direito” em que consiste o mérito propriamente dito não é um direito adquirido, pois provém da moção do Espírito Santo. O Espírito Santo é uma força que está sempre brotando, a graça que ele faz nascer na alma brota de maneira contínua e, logo, o mesmo ocorre com o mérito que ela confere aos atos que dela procedem. Pelo pecado, perdem-se os méritos antecedentes: não que eles sejam retirados, mas eles deixam de atuar (jaillir) quando cessa a ação (jaillissement) do Espírito.

Quanto ao mérito de côngruo, que provém do livre-arbítrio, também ele se extingue naquele que peca, pois ao pecar ele se desvia do bem para o qual ela agia e que, daí em diante, enquanto ele permanecer no pecado, não é mais seu bem, o bem para o qual ele se ordena livremente: ele se comprometeu e permanece comprometido em outra direção.

ditione, *si perseverat*. — Sed hoc irrationabiliter dicitur: quia quandoque actus ultimae gratiae non est magis meritorius, sed minus, quam actus praecedentis, propter aegritudinis oppressionem.

Unde dicendum quod quilibet actus caritatis meretur absolute vitam aeternam. Sed per peccatum sequens ponitur impedimentum praecedenti merito, ut non sortiatur effectum: sicut etiam causae naturales deficiunt a suis effectibus propter superveniens impedimentum.

com a condição de *perseverar*. — Esta opinião, porém, é irracional, pois às vezes o ato da última graça não é mais meritório, mas menos que os atos precedentes, por causa do peso da doença. — Por isso, deve-se dizer que, absolutamente, qualquer ato de caridade merece a vida eterna. Mas o pecado sobreveniente impede o mérito precedente de produzir o seu efeito; assim como as causas naturais deixam de produzir os seus efeitos por causa de um obstáculo sobreveniente.

ARTICULUS 8

Utrum homo possit mereri augmentum gratiae vel caritatis

AD OCTAVUM SIC PROCEDITUR. Videtur quod homo non possit mereri augmentum gratiae vel caritatis.

1. Cum enim aliquis acceperit praemium quod meruit, non debetur ei alia merces: sicut de quibusdam dicitur Mt 6,5: *Receperunt mercedem suam*. Si igitur aliquis mereretur augmentum caritatis vel gratiae, sequeretur quod, gratia augmentata, non posset ulterius expecatare aliud praemium. Quod est inconveniens.

2. PRAETEREA, nihil agit ultra suam speciem. Sed principium meriti est gratia vel caritas, ut ex supra dictis[1] patet. Ergo nullus potest maiorem gratiam vel caritatem mereri quam habeat.

3. PRAETEREA, id quod cadit sub merito, meretur homo per quemlibet actum a gratia vel caritate procedentem: sicut per quemlibet talem actum meretur homo vitam aeternam. Si igitur augmentum gratiae vel caritatis cadat sub merito, videtur quod per quemlibet actum caritate informatum aliquis meretur augmentum caritatis. Sed id quod homo meretur, infalibiliter a Deo consequitur, nisi impediatur per peccatum sequens: dicitur enim 2 Ti 1,12: *Scio cui credidi, et certus sum quia potens est depositum meum servare*. Sic ergo sequerentur quod per quemlibet actum meritorium gratia vel caritas augeretur. Quod videtur esse inconveniens: cum quandoque actus meritorii non sint multum ferventes, ita quod sufficiant ad caritatis augmentum. Non ergo augmentum caritatis cadit sub merito.

ARTIGO 8

O homem pode merecer o aumento da graça ou da caridade?

QUANTO AO OITAVO, ASSIM SE PROCEDE: parece que o homem **não** pode merecer o aumento da graça ou da caridade.

1. Com efeito, a quem já recebeu o prêmio merecido, nenhuma outra recompensa lhe é devida, como aqueles de quem diz o Evangelho de Mateus: "Receberam a sua recompensa". Se pois alguém merecesse o aumento de caridade ou de graça, resultaria que, uma vez aumentada a graça, não poderia esperar mais nenhum prêmio, o que é inadmissível.

2. ALÉM DISSO, nada age além da sua espécie. Ora, o princípio do mérito é a graça ou a caridade, como do sobredito resulta. Logo, ninguém pode merecer graça ou caridade maior do que a que tem.

3. ADEMAIS, o que o homem pode merecer, o merece por qualquer ato procedente da graça ou da caridade; assim como pode merecer a vida eterna por qualquer ato meritório. Se pois, o aumento da graça ou da caridade pode ser merecido, resulta que alguém merece esse aumento por qualquer ato informado pela caridade. Ora, o homem que merece, infalivelmente recebe de Deus, se não é impedido pelo pecado, conforme a segunda Carta de Timóteo: "Sei a quem tenho crido, e estou certo de que ele é poderoso para guardar o meu depósito". Assim, pois, se seguiria que, por qualquer ato meritório, a graça ou a caridade ficaria aumentada. Ora, isto é inadmissível porque às vezes esses atos meritórios não são muito fervorosos, de modo a bastarem para causar o aumento da caridade. Logo, o aumento da caridade não pode ser merecido.

8 PARALL.: II *Sent.*, dist. 27, a. 5; in *Ioan.*, c. 10, lect. 4.

1. Art. 2, 4.

SED CONTRA est quod Augustinus dicit, *super Epist Ioan*[2], quod *caritas meretur augeri, ut aucta mereatur perfici*. Ergo augmentum caritatis vel gratiae cadit sub merito.

RESPONDEO dicendum quod, sicut supra[3] dictum est, illud cadit sub merito condigni, ad quod motio gratiae se extendit. Motio autem alicuis moventis non solum se extendit ad ultimum terminum motus, sed etiam ad totum progressum in motu. Terminus autem motus gratiae est vita aeterna: progressus autem in hoc motu est secundum augmentum caritatis vel gratiae secundum illud Pr 4,18: *Iustorum semita quasi lux splendens procedit, et crescit usque ad perfectum diem*, qui est dies gloriae. Sic igitur augmentum gratiae cadit sub merito condigni.

AD PRIMUM ergo dicendum quod praemium est terminus meriti. Est autem duplex terminus motus: scilicet ultimus; et medius, qui est et principium et terminus. Et talis terminus est merces augmenti. Merces autem favoris humani est sicut ultimus terminus his qui finem in hoc constituunt: unde tales nullam aliam mercedem recipiunt.

AD SECUNDUM dicendum quod augmentum gratiae non est supra virtutem praeexistentis gratiae, licet sit supra quantitatem ipsius: sicut arbor, etsi sit supra quantitatem seminis, non est tamen supra virtutem ipsius.

AD TERTIUM dicendum quod quolibet actu meritorio meretur homo augmentum gratiae, sicut et gratiae consummationem, quae est vita aeterna. Sed sicut vita aeterna non statim redditur, sed suo tempore; ita nec gratia statim augetur, sed suo tempore; cum scilicet aliquis sufficienter fuerit dispositus ad gratiae augmentum.

ARTICULUS 9

Utrum homo possit perseverantiam mereri

AD NONUM SIC PROCEDITUR. Videtur quod aliquis possit perseverantiam mereri.

1. Illud enim quod obtinet petendo, potest cadere sub merito habentis gratiam. Sed perseverantiam petendo homines a Deo obtinent: alioquin frusta peteretur a Deo in petitionibus orationis

EM SENTIDO CONTRÁRIO, diz Agostinho: "a caridade merece ser aumentada, para que, aumentada, mereça chegar à perfeição". Logo, o aumento da caridade ou da graça pode ser merecido.

RESPONDO. Como já se disse, pode ser merecido de condigno aquilo a que se estende a moção da graça. Ora, a moção de um motor não se estende só ao último termo do movimento, mas também a todo o desenvolvimento dele. Ora, o termo do movimento da graça é a vida eterna. E o desenvolvimento desse movimento depende do aumento da caridade ou da graça, conforme o livro dos Provérbios: "O caminho dos justos procede como luz que resplandece e cresce até o dia perfeito", que é o dia da glória. Logo, o aumento da graça pode ser merecido.

QUANTO AO 1º, portanto, deve-se dizer que o prêmio é o termo do mérito. Ora, o movimento tem duplo termo: o último e o médio que constitui ao mesmo tempo um princípio e um termo. A recompensa do aumento, é um termo médio. Pelo contrário, a recompensa do favor dos homens é como o último termo para os que o consideram como fim. Por isso, esses tais não receberão nenhuma outra recompensa.

QUANTO AO 2º, deve-se dizer que o aumento da graça não sobrepuja o poder da graça preexistente, embora lhe sobrepuje a grandeza. Assim como uma árvore, de tamanho muito superior à da sua semente, não lhe sobrepuja, contudo, o poder.

QUANTO AO 3º, deve-se dizer que por qualquer ato meritório o homem merece o aumento da graça, bem como a consumação dela, que é a vida eterna. Mas, como esta não é concedida imediatamente, mas em tempo oportuno, assim também a graça não aumenta imediatamente, mas oportunamente, isto é, quando alguém estiver suficientemente disposto a lhe receber o aumento.

ARTIGO 9

O homem pode merecer a perseverança?

QUANTO AO NONO, ASSIM SE PROCEDE: parece que alguém **pode** merecer a perseverança.

1. Com efeito, o que se obtém pedindo pode-se merecer quando se tem a graça. Ora, pedindo-a, os homens obtêm de Deus a perseverança, do contrário pediriam em vão a Deus nas petições da oração

2. Epist. 186, al. 106, c. 3: ML 33, 819.
3. A. 3, 6, 7.

9

Dominicae, ut Augustinus exponit, in libro *de Dono Persever*[1]. Ergo perseverantia potest cadere sub merito habentis gratiam.

2. PRAETEREA, magis est non posse peccare quam non peccare. Sed non posse peccare cadit sub merito: meretur enim aliquis vitam aeternam, de cuius ratione est impeccabilitas. Ergo multo magis potest aliquis mereri ut non peccet: quod est perseverare.

3. PRAETEREA, maius est augmentum gratiae quam perseverantia in gratia quam quis habet. Sed homo potest mereri augmentum gratiae, ut supra[2] dictum est. Ergo multo magis potest mereri perseverantiam in gratia quam quis habet.

SED CONTRA est quod omne quod quis meretur, a Deo consequitur, nisi impediatur per peccatum. Sed multi habent opera meritoria, qui non consequuntur perseverantiam. Nec potest dici quod hoc fiat propter impedimentum peccati: quia hoc ipsum quod est peccare, opponitur perseverantiae; ita quod, si aliquis perseverantiam mereretur, Deus non permitteret aliquem cadere in peccatum. Non igitur perseverantia cadit sub merito.

RESPONDEO dicendum quod, cum homo naturaliter habeat liberum arbitrium flexibile ad bonum et ad malum, dupliciter potest aliquis perseverantiam in bono obtinere a Deo. Uno quidem modo, per hoc quod liberum arbitrium determinatur ad bonum per gratiam consummatam: quod erit in gloria. Alio modo, ex parte motionis divinae, quae hominem inclinat ad bonum usque in finem. Sicut autem ex dictis[3] patet, illud cadit sub humano merito, quod comparatur ad motum liberi arbitrii directi a Deo movente, sicut terminus: non autem id quod comparatur ad praedictum motum sicut principium. Unde patet quod perseverantia gloriae, quae est terminus praedicti motus, cadit sub merito: perseverantia autem viae non cadit sub merito, quia dependet solum ex motione divina, quae est principium omnis meriti. Sed Deus gratis perseverantiae bonum largitur, cuicumque illud largitur.

AD PRIMUM ergo dicendum quod etiam ea quae non meremur, orando impetramus. Nam et peccatores Deus audit, peccatorum veniam petentes, quam non merentur: ut patet per Augustinum[4], super illud Io 9,3: *Scimus quia peccatores Deus nos exaudit*; alioquin frusta dixisset publicanus:

dominical, como nota Agostinho. Logo, tendo a graça, pode-se merecer a perseverança.

2. ALÉM DISSO, é melhor não poder pecar do que não pecar. Ora, pode-se merecer não poder pecar; pois, alguém merece a vida eterna que implica em sua razão a impecabilidade. Logo, com maior razão, pode alguém merecer não pecar, isto é, perseverar.

3. ADEMAIS, o aumento da graça é mais que a perseverança na graça já obtida. Ora, o homem pode merecer o aumento da graça, como já se disse. Logo, com maior razão, pode merecer a perseverança na graça obtida.

EM SENTIDO CONTRÁRIO, tudo o que alguém merece recebe de Deus, se não é impedido pelo pecado. Ora, muitos praticam obras meritórias, sem contudo alcançarem a perseverança. Nem se pode dizer que tal se dá por causa do impedimento do pecado, pois, o fato mesmo de pecar opõe-se à perseverança; de modo que se alguém tivesse merecido a perseverança Deus não permitiria que ele caísse em pecado. Logo, não se pode merecer a perseverança.

RESPONDO. Tendo o homem naturalmente o livre-arbítrio, capaz de tender para o bem e para o mal, de dois modos pode ele obter de Deus a perseverança no bem. De um modo, porque, com o auxílio da graça consumada, o livre-arbítrio seja determinado no bem, o que se dará na glória. De outro modo, por influência da moção divina, que inclina o homem ao bem, até o fim. Pois, como resulta claro do sobredito, pode-se merecer humanamente o que está como um termo para o ato do livre-arbítrio, movido diretamente por Deus; não porém o que está para esse ato, como princípio. Portanto, é claro que a perseverança da glória, termo do referido movimento, pode ser merecida. Mas a perseverança, nesta vida, não pode ser merecida por depender somente da moção divina, princípio de todo mérito. Mas aqueles a quem Deus concede o benefício dessa perseverança a recebem gratuitamente.

QUANTO AO 1º, portanto, deve-se dizer que mesmo o que não merecemos, impetramos nas orações; pois Deus ouve os pecadores que pedem o perdão dos pecados que não merecem, como claramente diz Agostinho, comentando aquilo do Evangelho de João: "Sabemos que Deus não ouve

1. C. 2 sqq.: ML 45, 996-999.
2. Art. praec.
3. Art. 5, 8.
4. Tract. 44 *in Ioan.*, n. 13: ML 35, 1718.

Deus, propitius esto mihi peccatori, ut dicitur Lc 18,13. Et similiter perseverantiae donum aliquis petendo a Deo impetrat vel sibi vel alii, quamvis sub merito non cadat.

AD SECUNDUM dicendum quod perseverantia quae erit in gloria, comparatur ad motum liberi arbitrii meritorium sicut terminus: non autem perseverantia viae, ratione praedicta.

Et similiter dicendum est AD TERTIUM, de augmento gratiae: ut per praedicta patet.

os pecadores". Pois, do contrário, o publicano teria dito em vão: "Meu Deus, sê propício a mim pecador", como se lê no Evangelho de João. E semelhantemente, alguém pedindo, obterá de Deus o dom da perseverança para si ou para outrem, embora não se possa merecer[i].

QUANTO AO 2º, deve-se dizer que a perseverança da glória está para o ato meritório do livre-arbítrio, como um termo; não porém, a perseverança desta vida, pela razão exposta.

QUANTO AO 3º, deve-se dizer o mesmo, quanto ao aumento da graça, como resulta claro do que foi dito.

ARTICULUS 10
Utrum temporalia bona cadant sub merito

AD DECIMUM SIC PROCEDITUR. Videtur quod temporalia bona cadant sub merito.

1. Illud enim quod promittitur aliquibus ut praemium iustitiae, cadit sub merito. Sed temporalia bona promissa sunt in lege veteri sicut merces iustitiae, ut patet Dt 28. Ergo videtur quod bona temporalia cadant sub merito.

2. PRAETEREA, illud videtur sub merito cadere, quod Deus alicui retribuit pro aliquo servitio quod fecit. Sed Deus aliquando recompensat hominibus pro servitio sibi facto, aliqua bona temporalia. Dicitur enim Ex 1,21: *Et quia timuerunt obstetrices Deum, aedificavit iliis domos*; ubi Glossa Gregorii[1] dicit quod *benignitatis eorum merces potuit in aeterna vita retribui: sed culpa mendacii, terrenam recompensationem accepit*. Et

ARTIGO 10
Os bens temporais podem ser merecidos?

QUANTO AO DÉCIMO, ASSIM SE PROCEDE: parece que os bens temporais **podem** ser merecidos.

1. Com efeito, pode-se merecer o que é prometido a alguns como prêmio da justiça. Ora, a lei antiga promete os bens temporais como recompensa da justiça, conforme está no livro do Deuteronômio. Logo, parece que se podem merecer os bens temporais.

2. ALÉM DISSO, parece que se pode merecer o que Deus dá a alguém em paga de algum serviço feito. Ora, Deus às vezes recompensa os homens com alguns bens temporais pelo serviço que lhe fizeram. Assim, diz o livro do Êxodo: "E porque as parteiras temeram a Deus ele lhes edificou as suas casas". Ao que a Glosa comenta: "o benefício delas podia consistir na vida eterna; mas, por causa do pecado de mentira, recebem uma

10 PARALL.: II-II, q. 122, a. 5, ad 4; Part. III, q. 89, a. 6, ad 3; *De Pot.*, q. 6, a. 9.

1. *Glossa ord. super Ex.* 1, 19: ML 113, 187 D-188 A.

i. Se não se pode merecer a perseverança é pela razão óbvia de que apenas o pecado se contrapõe à perseverança, e que do pecado a criatura livre é a única causa: não se merece o que depende de si mesmo.

É-nos dito, porém, que a perseverança, se não pode ser merecida, pode ser pedida: é portanto uma graça, e a esse título depende de Deus. Encontra-se aí, de maneira inevitável, o mistério do pecado em sua oposição ao mistério da graça: a vontade criada tem o poder de contrapor-se à vontade de Deus sobre ela, e se ela o faz é ela que tem a iniciativa de sua perda; mas Deus pode salvá-la dela mesma, não apenas quando ela está perdida pecando, mas já impedindo-a de tomar a iniciativa de pecar, de modo que a iniciativa da salvação, da graça, permanece plenamente sua. Sto. Tomás esboça a solução de tal antinomia, sem dúvida não passível de supressão, quando escreve no argumento *em sentido contrário*: "Se alguém tivesse merecido a perseverança Deus não permitiria que ele caísse em pecado". "Permitir" nesse contexto significa: "não impedir", o que seria o mesmo que traduzir por "Deus não o deixaria cair no pecado". Acima, na q. 109, a. 2, ele explicou que, no estado de natureza corrompida, o homem tinha necessidade da graça para evitar todo pecado, sem que, por isso, o pecado que ele comete seja de fato inevitável. Nessa perspectiva, que é a do homem concreto, a graça da perseverança, que pode ser pedida, mas não merecida, seria a graça de não pecar, que a queda original tornou necessária. No entanto, essa resposta não vai ao fundo das coisas, pois Adão, no estado de natureza íntegra, "recebe o dom de poder perseverar, mas não de perseverar de fato" (q. 109, a. 10, sol. 3). Em que consiste o dom de perseverar de fato? Isto permanece obscuro, uma obscuridade talvez invencível: o que se deve reter é que a não outorga desse dom não retira de modo algum do homem que peca a iniciativa primeira e plena responsabilidade de seu pecado, pois o que o dom teria impedido é precisamente que o homem tome essa iniciativa. Digamos que a graça a teria evitado.

Ez 29,18sq. dicitur: *Rex Babylonis servire fecit exercitum suum servitute magna adversus Tyrum, et merces non est reddita ei*; et postea subdit: *Erit merces exercitui illius*, et *dedi ei terram Aegypti pro eo quod laboraverit mihi*. Ergo bona temporalia cadunt sub merito.

3. PRAETEREA, sicut bonum se habet ad meritum, ita malum se habet ad demeritum. Sed propter demeritum peccati aliqui puniuntur a Deo temporalibus poenis: sicut patet de Sodomitis, Gn 19. Ergo et bona temporalia cadunt sub merito.

SED CONTRA est quod illa quae cadunt sub merito, non similiter se habent ad omnes. Sed bona temporalia et mala similiter se habent ad bonos et malos; secundum illud Eccle 9,2: *Universa aeque eveniunt iusto et impio, bono et malo, mundo et inmundo, inmolanti victimas et sacrificia contemnenti*. Ergo bona temporalia non cadunt sub merito.

RESPONDEO dicendum quod illud quod sub merito cadit, est praemium vel merces, quod habet rationem alicuius boni. Bonum autem hominis est duplex: unum simpliciter, et aliud secundum quid. Simpliciter quidem bonum hominis est ultimus finis eius, secundum illud Ps 72,28: *Mihi autem adhaerere Deo bonum est*: et per consequens omnia illa quae ordinantur ut ducentia ad hunc finem. Et talia simpliciter cadunt sub merito. — Bonum autem secundum quid et non simpliciter hominis, est quod est bonum ei ut nunc, vel quod ei est secundum aliquid bonum. Et huiusmodi non cadunt sub merito simpliciter, sed secundum quid.

Secundum hoc ergo dicendum est quod, si temporalia bona considerentur prout sunt utilia ad opera virtutum, quibus perducimur in vitam aeternam, secundum hoc directe et simpliciter cadunt sub merito: sicut et augmentum gratiae, et omnia illa quibus homo adiuvatur ad perveniendum in beatitudinem, post primam gratiam. Tantum enim dat Deus viris iustis de bonis temporalibus, et etiam de malis, quantum eis expedit ad perveniendum ad vitam aeternam. Et intantum sunt simpliciter bona huiusmodi temporalia. Unde dicitur in Ps 33,11: *Timentes autem Dominum non minuentur omni bono*; et alibi Ps 36, 25: *Non vidi iustum derelictum*.

Si autem considerentur huiusmodi temporalia bona secundum se, sic non sunt simpliciter bona hominis, sed secundum quid. Et ita non simpliciter

recompensa terrestre". E noutro lugar, o livro de Ezequiel diz: "O rei de Babilônia me prestou com o seu exército um grande serviço no cerco de Tiro e não se lhe deu nenhuma recompensa"; e depois, acrescenta: "haverá uma recompensa para o seu exército; eu lhe entregarei a terra do Egito porque ele trabalhou para mim". Logo, os bens temporais podem ser merecidos.

3. ADEMAIS, o bem está para o mérito como o mal para o demérito. Ora, por causa do demérito do pecado, Deus puniu alguns homens com penas temporais, como demonstra claramente o caso dos sodomitas. Logo, também os bens temporais podem ser merecidos.

EM SENTIDO CONTRÁRIO, nem todos recebem igualmente os bens que podem merecer. Mas, os bens temporais e os males os bons e os maus os recebem da mesma maneira, segundo o livro do Eclesiástico: "Acontecem igualmente todas as coisas ao justo e ao ímpio, ao bom e ao mau, ao puro e ao impuro, ao que sacrifica vítimas e ao que despreza os sacrifícios". Logo, os bens temporais não podem ser merecidos.

RESPONDO. O que se pode merecer é um prêmio ou uma recompensa, que tem a razão de um bem. Ora, duplo é o bem do homem: um absoluto e o outro relativo. O bem absoluto do homem é o fim último, conforme o Salmo: "Para mim é bom unir-me a Deus"; e por consequência, tudo o que se ordena a conduzir para esse fim. E tudo isso pode-se, absolutamente, merecer. — O bem relativo e não absoluto do homem é o que lhe é atualmente bem, ou sob um certo aspecto. E esse não se pode merecer absoluta, mas, relativamente.

Assim sendo, deve-se dizer que os bens temporais, considerados enquanto úteis à prática da virtude, que nos conduz à vida eterna, podem ser direta e absolutamente merecidos, como o aumento da graça e tudo o que, depois da primeira graça, ajuda o homem a chegar à bem-aventurança. Pois Deus dá aos justos os bens temporais, e também aos maus, o quanto lhes basta para alcançarem a vida eterna. E nessa medida esses bens temporais o são absolutamente. Por isso, diz o Salmo: "Os que temem o Senhor não serão privados de bem algum"; e, noutro lugar: "Não vi o justo desamparado".

Considerados, porém, esses bens temporais em si mesmos, são bens do homem, não absolutos, mas relativos. E então não podem ser

cadunt sub merito, sed secundum quid: inquantum scilicet homines moventur a Deo ad aliqua temporaliter agenda, in quibus suum propositum consequuntur, Deo favente. Ut sicut vita aeterna est simpliciter praemium operum iustititiae per relationem ad motionem divinam, sicut supra[2] dictum est; ita temporalia bona in se considerata habeant rationem mercedis, habito respectu ad motionem divinam qua voluntates hominum moventur ad haec prosequenda; licet interdum in his non habeant homines rectam intentionem.

AD PRIMUM ergo dicendum quod, sicut Augustinus dicit, *Contra Faust*, libro IV[3], *in iliis temporalibus promissis figurae fuerunt futurorum spiritualium, quae implentur in nobis. Carnalis enim populus promissis vitae praesentis inhaerebat: et illorum non tantum lingua, sed etiam vita prophetica fuit.*

AD SECUNDUM dicendum quod illae retributiones dicuntur esse divinitus factae secundum comparationem ad divinam motionem: non autem secundum respectum ad malitiam voluntatis. Praecipue quantum ad regem Babylonis, qui non impugnavit Tyrum quasi volens Deo servire, sed potius ut sibi dominium usurparet. Similiter etiam obstetrices, licet habuerunt bonam voluntatem quantum ad liberationem puerorum, non tamen fuit earum recta voluntas quantum ad hoc quod mendacium confinxerunt.

AD TERTIUM dicendum quod temporalia mala infliguntur in poenam impiis: inquantum per ea non adiuvantur ad consecutionem vitae aeternae. Iustis autem, qui per huiusmodi mala iuvantur, non sunt poenae, sed magis medicinae, ut etiam supra[4] dictum est.

AD QUARTUM dicendum quod omnia aeque eveniunt bonis et malis, quantum ad ipsam substantiam bonorum vel malorum temporalium. Sed non quantum ad finem: quia boni per huiusmodi manuducuntur ad beatitudinem, non autem mali.

Et haec de moralibus in communi dicta sufficiant.

absolutamente merecidos, mas relativamente, isto é, enquanto os homens são movidos por Deus à prática de certos atos temporais, pelos quais, com o favor divino, conseguem o que se propuseram. De modo que, assim como a vida eterna é, absolutamente, o prêmio das obras justas, por causa da moção divina, conforme já foi dito, assim também os bens temporais, considerados em si mesmos, têm a razão de recompensa, levando-se em conta a moção divina, que move as vontades humanas a buscá-los, embora, por vezes, os homens não tenham uma intenção reta.

QUANTO AO 1º, portanto, deve-se dizer que como diz Agostinho, "essas promessas temporais foram figuras dos bens espirituais futuros, que se realizam em nós. Pois esse povo carnal se apegava às promessas da vida presente; mas não só a língua, como também a vida deles foi profética".

QUANTO AO 2º, deve-se dizer que aquelas retribuições se consideram feitas por Deus por causa da moção divina; não porém em consideração à malícia da vontade, sobretudo no concernente ao rei de Babilônia, que não combateu contra Tiro por querer servir a Deus, mas antes, para usurpar para si o seu domínio. Semelhantemente, também as parteiras, embora tivessem boa vontade relativamente à salvação das crianças, contudo essa vontade não foi reta, pois falaram mentirosamente.

QUANTO AO 3º, deve-se dizer que os males temporais são inflingidos aos ímpios como pena, enquanto não os ajudam a alcançar a vida eterna. Aos justos, pelo contrário, que são ajudados por esses males, não são penas, mas antes, remédios, como já foi dito.

QUANTO AO 4º, deve-se dizer que tudo acontece igualmente, tanto para os bons como para os maus, quanto à substância mesma dos bens ou dos males temporais. Mas não, quanto ao fim; pois, os bons são conduzidos por eles à bem-aventurança, os maus não o são.

E o que foi dito até aqui, sobre a moral geral, é o bastante.

2. Art. 3.
3. C. 2: ML 42, 218-219.
4. Q. 87, a. 7 sq.

ÍNDICE DO VOLUME 4 DA SUMA TEOLÓGICA

I Seção da II Parte – Questões 49 a 114

OS DONS DO ESPÍRITO SANTO

OS VÍCIOS E OS PECADOS

A PEDAGOGIA DIVINA PELA LEI

A LEI ANTIGA

A LEI NOVA

A GRAÇA

Edições Loyola é uma obra da Companhia de Jesus do Brasil e foi fundada em 1958. De inspiração cristã, tem como maior objetivo o desenvolvimento integral do ser humano. Atua como editora de livros e revistas e também como gráfica, que atende às demandas internas e externas. Por meio de suas publicações, promove fé, justiça e cultura.

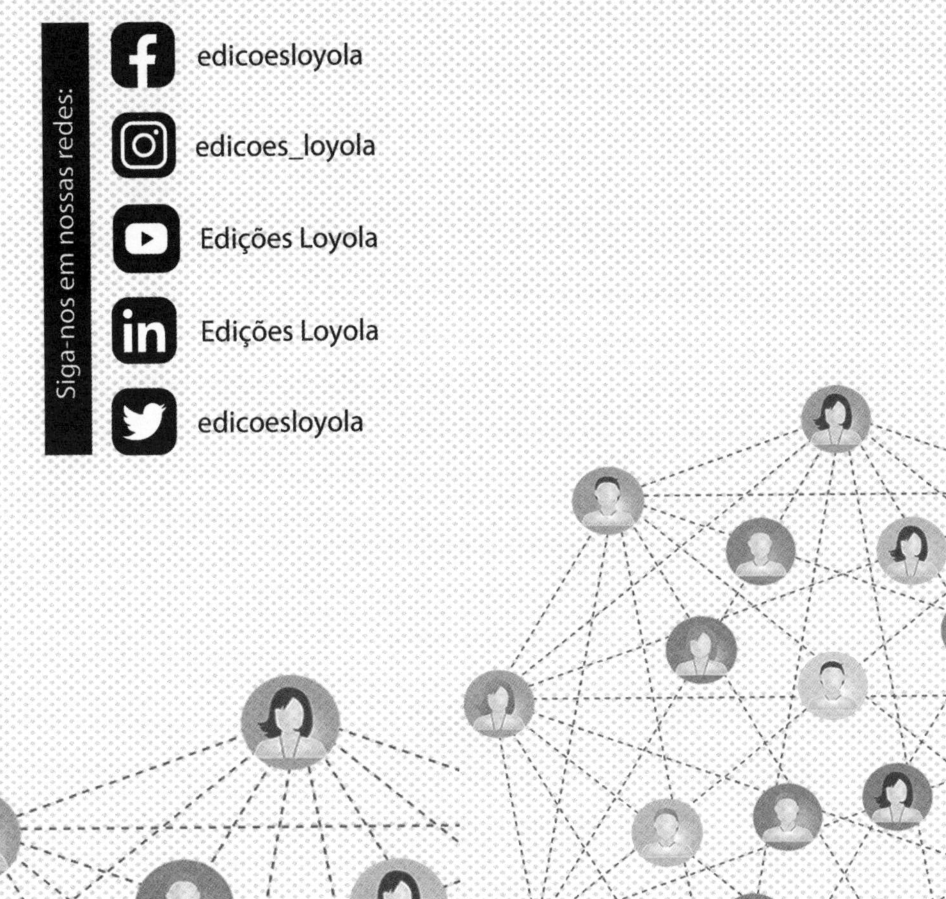

Edições Loyola

editoração impressão acabamento

rua 1822 nº 341
04216-000 são paulo sp
T 55 11 3385 8500/8501 • 2063 4275
www.loyola.com.br